1936年创刊

世界知识

年鉴

2012/2013

世界知识出版社

《世界知识年鉴》
编辑委员会

编 辑 说 明

一、《世界知识年鉴》（2012/2013）主要介绍2011年的世界政治经济大事和各国（地区）基本情况，所收材料一般截至2011年底，书中部分资料收至2012年，光盘中部分资料收至2012年底。

二、本年鉴在保持原有篇幅和体例基本不变的前提下，力求增加反映当年变化的新材料，压缩历年不变的内容，便于使用者在仍能查到基本情况的条件下掌握更多动态资料。同时，力求增加对外交往中的实用材料。为了扩大信息量和更及时反映世界各国最新情况，本卷年鉴继续随书赠送光盘。书中包括各国（地区）概况，国际组织、政府间多边机构和国际会议两部分。光盘中则包括国家、地区（含各国行政区划、长途、区号、时差、国旗图案、重要人物、世界遗产，等等）、国际要闻荟萃、世界大事记及一些统计资料等。

三、本年鉴以2000年颁布的中华人民共和国国家标准《世界各国和地区名称代码》（GB/T2 659—2000）为基础，收录世界200多个国家和地区的基本情况，各国（地区）的顺序仍沿用往年年鉴办法，根据其所处的地理位置，先按亚洲、非洲、欧洲、美洲、大洋洲、南极地区和北极地区顺序分别排列（某些小岛屿则视情况散分至各洲部分），洲内再以各国（地区）名称的汉语拼音先后为序。

四、本年鉴所用资料来源不同，在编辑过程中虽尽可能订正和统一，但前后不一之处尚未能完全避免。所用译名尽量采用通用译法。

五、本年鉴在编辑、出版过程中，得到许多单位和个人的帮助和支持，谨在此表示谢意。

六、本年鉴涉及面广，编者水平有限，缺点和错误在所难免，欢迎读者和各界专家指正。对本年鉴的批评和建议请寄“世界知识出版社世界知识年鉴编辑部”。地址：北京市东城区干面胡同51号；邮编：100010；电话：010-65265945，65252333；传真：010-65265945；E-mail：waa1936@yahoo.com.cn。

《世界知识年鉴》创办于1936年，本卷为第40卷。
1936、1937两卷在上海出版，以后各卷出版于北京。
1953、1954、1955、1957四卷以《世界知识手册》为名。
以后各卷为：
1958、1959、1961、1965；
1982、1983、1984、1985~1986、1987、1988、1989/90、1990/91、1991/92、1992/93、1993/94、1994/95、1995/96、1996/97、1997/98、1998/99、1999/2000、2000/2001、2001/2002、2002/2003、2003/2004、2004/2005、2005/2006、2006/2007、2007/2008、2008/2009、2009/2010、2010/2011、2011/2012、2012/2013。

目　录

各国（地区）概况

亚　洲

非 洲

欧 洲

美　洲

大洋洲

南极地区和北极地区

国际组织、政府间多边机制和国际会议

联 合 国

科学技术文化类

其　　他

国际会议

公　　约

各国（地区）概况

亚　洲

中　　国

国名　中华人民共和国（The People's Republic of China）。

面积　陆地面积约960万平方公里。

人口　2011年末全国大陆总人口为134735万人，比上年末增加644万人，其中城镇人口为69079万人，占总人口比重首次超过50%，达到51.3%。全年出生人口1604万人，出生率为11.93‰；死亡人口960万人，死亡率为7.14‰；自然增长率为4.79‰。出生人口性别比为117.78。香港特别行政区人口为7071600人（2011年6月底，其中6859400人为常住居民）。澳门特别行政区人口为552500人（2011年8月12日）。台湾地区人口为23261747人（2012年6月）。

中国是统一的多民族国家，有56个民族。根据第六次全国人口普查（2010年）数据，在大陆人口中，汉族人口占91.51%，各少数民族人口占8.49%。55个少数民族是：壮、满、回、苗、维吾尔、彝、土家、蒙古、藏、布依、侗、瑶、朝鲜、白、哈尼、哈萨克、黎、傣、畲、傈僳、仡佬、拉祜、东乡、佤、水、纳西、羌、土、锡伯、仫佬、柯尔克孜、达斡尔、景颇、撒拉、布朗、毛南、塔吉克、普米、阿昌、怒、鄂温克、京、基诺、德昂、乌孜别克、俄罗斯、裕固、保安、门巴、鄂伦春、独龙、塔塔尔、赫哲、高山、珞巴。此外，还有一些尚待识别的民族。通用汉语。

中国是个多宗教的国家。中国宗教徒信奉的主要有佛教、道教、伊斯兰教、天主教和基督教，中国公民可以自由地选择、表达自己的信仰和表明宗教身份。据不完全统计，中国现有各种宗教信徒1亿多人，经批准开放的宗教活动场所近13.9万处，宗教教职人员36万余人，宗教团体5500多个。

首都　北京，2011年年末全市常住人口2018.6万人，户籍人口1277.9万人。

国家元首　中华人民共和国主席胡锦涛，2003年3月当选，2008年3月连任。

重要节日　中国法定节日有新年（1月1日）；春节（农历新年）；清明节（农历清明）；国际劳动妇女节（3月8日）；植树节（3月12日）；国际劳动节（5月1日）；中国青年节（5月4日）；端午节（农历端午）；国际护士节（5月12日）；儿童节（6月1日）；中国共产党诞生纪念日（7月1日）；中国人民解放军建军纪念日（8月1日）；教师节（9月10日）；中秋节（农历中秋）；国庆节（10月1日）；记者节（11月8日）。

简　况

中国位于亚洲东部，太平洋西岸，东部和南部大陆海岸线1.8万多公里，内海和边海的水域面积约470多万平方公里。海域分布有大小岛屿7600个，其中台湾岛最大，面积35798平方公里。中国在陆地上同14国接壤（陆地边境线长2.2万多公里），与8国海上相邻。中国幅员辽阔，大部处于北温带，气候复杂多样，季风气候显著，也称作大陆性季风气候。

2011年，中国气候总体呈现暖干特征。全国年平均气温为9.3℃（较常年偏高0.5℃），为1997年以来连续第15个暖年；年降水量556.8毫米，较常年偏少9%，为1951年以来最少；共有7个台风登陆。

世界文明古国之一。约4000年前进入阶级社会。从公元前21世纪夏王朝建立起，历经商、周、秦、汉、三国、晋、南北朝、隋、唐、五代、宋、辽、金、元、明，到清朝前期为古代社会。1840年鸦片战争后逐步沦为半殖民地半封建社会。1911年的辛亥革命终结了统治中国两千多年的君主专制制度。1912年中华民国宣告成立。1921年中国共产党成立，之后她领导中国人民进行彻底反帝反封建反官僚资本主义的斗争，历经北伐战争、土地革命战争、抗日战争和解放战争，推翻了帝国主义、封建主义和官僚资本主义的统治，取得新民主主义革命的伟大胜利。1949年10月1日建立中华人民共和国。

政　治

2011年是中国“十二五”时期开局之年。面对复杂多变的国际形势和艰巨繁重的国内改革发展稳定任务，中国人民同心协力、锐意进取，继续推进改革开放和社会主义现代化建设，经济保持平稳较快发展，全面建设小康社会取得新进展。

【庆祝中国共产党成立90周年大会】7月1日，庆祝中国共产党成立90周年大会在北京人民大会堂隆重举行。中共中央总书记胡锦涛在会上发表重要讲话，回顾中国共产党90年的光辉历程和取得的伟大成就，总结党和人民创造的宝贵经验，提出新的历史条件下提高党的建设科学化水平的目标任务，阐述在新的历史起点上把中国特色社会主义伟大事业全面推向前进的大政方针。

【纪念辛亥革命100周年大会】10月9日，纪念辛亥革命100周年大会在北京人民大会堂隆重举行。中共中央总书记、国家主席、中央军委主席胡锦涛出席大会并发表重要讲话。胡锦涛强调，100年前，以孙中山先生为代表的革命党人发动了震惊世界的辛亥革命，开启了中国前所未有的社会变革。今天，我们隆重纪念辛亥革命100周年，深切缅怀孙中山先生等辛亥革命先驱的历史功勋，就是要学习和弘扬他们为振兴中华而矢志不渝的崇高精神，激励海内外中华儿女为实现中华民族伟大复兴而共同奋斗。

【中国特色社会主义法律体系形成】3月10日，全国人大常委会委员长吴邦国在十一届全国人大四次会议上宣布，一个立足中国国情和实际、适应改革开放和社会主义现代化建设需要、集中体现党和人民意志的，以宪法为统帅，以宪法相关法、民法商法等多个法律部门的法律为主干，由法律、行政法规、地方性法规等多个层次的法律规范构成的中国特色社会主义法律体系已经形成，国家经济建设、政治建设、文化建设、社会建设以及生态文明建设的各个方面实现有法可依，中共十五大提出到2010年形成中国特色社会主义法律体系的立法工作目标如期完成。据相关统计，截至2011年8月底，中国已制定现行宪法和有效法律240部、行政法规706部、地方性法规8600多部，法律体系内部总体做到科学和谐统一。

【宪法】现行的《中华人民共和国宪法》是新中国第四部宪法，于1982年12月第五届全国人大第五次会议上正式通过并颁布。为了适应中国经济和社会的发展变化，全国人大分别于1988年4月、1993年3月、1999年3月、2004年3月对这部宪法逐步进行了修改、完善。现行宪法包括序言和总纲、公民的基本权利和义务、国家机构、国旗国歌国徽首都等4章，共138条。宪法规定，中华人民共和国是工人阶级领导的、以工农联盟为基础的人民民主专政的社会主义国家。社会主义制度是国家的根本制度。国家的一切权力属于人民。国家的根本任务是沿着建设有中国特色社会主义的道路，集中力量进行社会主义现代化建设。台湾是中国领土不可分割的一部分。

【全国人民代表大会（National People's Congress，NPC）】最高国家权力机关，每届任期五年，全体会议每年举行一次。它的常设机关是常务委员会。全国人民代表大会和全国人民代表大会常务委员会（NPC Standing Committee）行使国家立法权。

2008年3月，第十一届全国人民代表大会第一次全体会议选举和任命了新一届国家机构领导人员。胡锦涛连任中华人民共和国主席和中华人民共和国中央军事委员会主席，习近平当选为国家副主席。吴邦国连任全国人大常委会委员长，温家宝连任中华人民共和国国务院总理。

2011年3月5～14日，十一届全国人大四次会议在北京举行，会议审议并批准了政府工作报告、《中华人民共和国国民经济和社会发展第十二个五年规划纲要》、全国人大常委会工作报告及其他报告。纲要以科学发展为主题、以加快转变经济发展方式为主线，阐明国家战略意图，明确政府工作重点，引导市场主体行为，是未来五年中国经济社会发展的宏伟蓝图，是全国各族人民共同的行动纲领，是政府履行经济调节、市场监管、社会管理和公共服务职责的重要依据。

2012年3月5～14日，十一届全国人大五次会议在北京举行。会议批准政府工作报告、全国人大常委会工作报告及其他重要报告，表决通过关于修改刑事诉讼法的决定和其他法律文件。

中国人大网：http://www.npc.gov.cn/npc/xinwen/index.htm。

【政府】中央人民政府称国务院（State Council），国家权力机关的执行机关和最高国家行政机关。它执行全国人大和全国人大常委会制定的法律和通过的决议，对全国人大及其常委会负责并报告工作。国务院由总理、副总理、国务委员、各部部长、各委员会主任、中国人民银行行长、审计长、秘书长组成。实行总理负责制。各部、各委员会实行部长、主任负责制。每届任期五年。总理、副总理、国务委员连续任职不得超过两届。本届国务院于2008年3月组成，根据国务院机构改革方案，涉及调整变动的机构15个，正部级机构减少4个。改革后，除国务院办公厅外，国务院组成部门设置27个，组成人员如下（截至2012年12月）：

国务院总理：温家宝

国务院副总理：李克强、回良玉（回族）、张德江、王岐山

国务委员：刘延东（女）、梁光烈、马凯、孟建柱、戴秉国（土家族）

国务院秘书长：马凯（兼）

外交部部长：杨洁篪

国防部部长：梁光烈（兼）
国家发展和改革委员会主任：张平
教育部部长：袁贵仁
科学技术部部长：万钢
工业和信息化部部长：苗圩
国家民族事务委员会主任：杨晶（蒙古族）
公安部部长：郭声琨（2012年12月28日任命）
国家安全部部长：耿惠昌
监察部部长：马馼（女）
民政部部长：李立国
司法部部长：吴爱英（女）
财政部部长：谢旭人
人力资源和社会保障部部长：尹蔚民
国土资源部部长：徐绍史
环境保护部部长：周生贤
住房和城乡建设部部长：姜伟新
交通运输部部长：杨传堂（2012年8月31日任命）
铁道部部长：盛光祖（2011年2月25日任命）
水利部部长：陈雷
农业部部长：韩长赋
商务部部长：陈德铭
文化部部长：蔡武
卫生部部长：陈竺
国家人口和计划生育委员会主任：王侠（女，2011年12月31日任命）
中国人民银行行长：周小川
审计署审计长：刘家义

中华人民共和国中央人民政府门户网站：http://www.gov.cn/。

【人民法院】国家的审判机关。设立最高人民法院、地方各级人民法院和军事法院等专门机构。最高人民法院院长、首席大法官王胜俊，2008年3月当选。

【人民检察院】国家的法律监督机关。它的设置同人民法院相对应。设立最高人民检察院、地方各级人民检察院和军事检察院等专门机构。最高人民检察院检察长、首席大检察官曹建明，2008年3月当选。

【行政区划】全国划分为23个省、4个直辖市、5个自治区和2个特别行政区。

【中国人民政治协商会议（Chinese People's Political Consultative Conference，CPPCC）】中国政协是中国人民爱国统一战线的组织，是中国共产党领导的多党合作和政治协商的重要机构，是中国政治生活中发扬社会主义民主的重要形式。在中国共产党的领导下由中国共产党、各民主党派、无党派民主人士、人民团体、少数民族和各界的代表，香港、澳门特别行政区同胞、台湾同胞和归国侨胞的代表以及特别邀请的人士组成。设全国委员会（简称全国政协）（National Committee of the Chinese People's Political Consultative Conference）和地方委员会。全国政协设主席、副主席若干人和秘书长，每届任期五年，全体会议每年举行一次。全国政协围绕团结和民主两大主题开展工作，履行政治协商、民主监督、参政议政职能，平时组织委员进行一些专门活动，就国家的大政方针、地方重要事务、统一战线中的重大问题进行政治协商，通过提出意见和建议的形式进行参政议政，对国家机关的工作和国家宪法、法律的执行情况进行民主监督。

2008年3月，中国人民政治协商会议第十一届全国委员会第一次会议选举出第十一届全国政协领导人。贾庆林连任全国政协主席。

2011年3月3～13日，全国政协十一届四次会议在北京举行。

2012年3月3～13日，全国政协十一届五次会议在北京举行。

网址：http://www.cppcc.gov.cn/。

【政党和团体】中国共产党领导的多党合作和政治协商制度是中华人民共和国的一项基本的政治制度：中国共产党是中华人民共和国的唯一执政党，八个民主党派在接受中国共产党领导的前提下，具有参政党的地位，与中共合作，参与执政。政治协商制度是在中国共产党的领导下，各民主党派、各人民团体、各少数民族和社会各界的代表，对国家的大政方针以及政治、经济、文化和社会生活中的重要问题在决策之前举行协商和就决策执行过程中的重要问题进行协商的制度。

中国共产党（Communist Party of China，CPC）：1921年7月底成立（以7月1日为成立纪念日），是中国工人阶级的先锋队，同时是中国人民和中华民族的先锋队，是中国特色社会主义事业的领导核心，代表中国先进生产力的发展要求，代表中国先进文化的前进方向，代表中国最广大人民的根本利益。党的行动指南是马克思列宁主义、毛泽东思想、邓小平理论、“三个代表”重要思想和科学发展观，最高理想和最终目标是实现共产主义。

胡锦涛于2002年10月当选中共中央总书记，2007年10月当选连任。

截至2011年底，中国共产党党员总数达8260.2万名，比上年增加233.3万名，增长2.9%；党的基层组织总数达402.7万个，比上年增加13.5万个，增长3.5%。

2011年10月15～18日，中共第十七届六中全会在北京举行。会议听取和讨论胡锦涛受中央政治局委托作的工作报告，审议通过《中共中央关于深化文化体制改革、推动社会主义文化大发展大繁荣若干重大问题的决定》。全会审议通过《关于召开党的第十八次全国代表大会的决议》，决定党的十八大于2012年下半年在北京召开。

2012年11月1～4日，中共第十七届七中全会在北京举行。会议决定党的十八大于11月8日召开；增补范长龙、许其亮为中共中央军委副主席；确认给予薄熙来、刘志军开除党籍的处分。

2012年11月8～14日，中国共产党第十八次全国代表大会在北京召开。大会选举产生了新一届中央委员会和中央纪律检查委员会，通过了关于十七届中央委员会报告的决议、关于中央纪律检查委员会工作报告的决议、关于《中国共产党章程（修正案）》的决议。大会号召，全党全国各族人民高举中国特色社会主义伟大旗帜，更加紧密地团结在党中央周围，为全面建成小康社会而奋斗，不断夺取中国特色社会主义新胜利，共同创造中国人民和中华民族更加幸福美好的未来。11月15日，十八届一中全会选举产生了中央领导机构。

中央政治局常务委员会委员：习近平、李克强、张德江、俞正声、刘云山、王岐山、张高丽

中央委员会总书记：习近平

中央军事委员会主席：习近平

中央纪律检查委员会书记：王岐山

2012年11～12月，中国八个民主党派分别完成各自全国代表大会的既定议程，顺利实现新老交替。各民主党派在全国代表大会上均表示，坚持中国共产党的领导，走中国特色社会主义政治发展道路，是民主党派发挥作用的政治保证。作为参政党，必须毫不动摇地坚持中国共产党的领导，与中国共产党在思想上同心同德、目标上同心同向、行动上同心同行。

中国国民党革命委员会（Revolutionary Committee of the Chinese Kuomintang，RCCK）：简称“民革”。1948年1月1日在香港成立，由原中国国民党民主派及其他爱国民主人士所创建，是具有政治联盟性质的、致力于建设中国特色社会主义和祖国统一事业的政党，是中国共产党领导的多党合作和政治协商制度中的参政党。目前有党员8.2万多人。2012年12月12～18日，民革第十二次全国代表大会在北京举行，听取和审议第十一届中央委员会工作报告，审议通过《中国国民党革命委员会章程（修正案）》，选举第十二届中央委员会等。主席万鄂湘，2012年12月当选。

中国民主同盟（China Democratic League，CDL）：简称“民盟”。1941年10月在重庆组成，原名中国民主政团同盟。1944年9月改为现名。主要由从事文化教育和科学技术工作的高中级知识分子组成。是具有政治联盟特点的、致力于中国特色社会主义事业的政党。截至2011年底有盟员22.4万余人。2012年12月9～13日，民盟第十一次全国代表大会在北京举行，听取和审议第十届中央委员会的工作报告，审议通过《中国民主同盟章程（修正案）》，选举第十一届中央委员会等。主席张宝文，2012年12月当选。

中国民主建国会（China National Democratic Construction Association，CNDCA）：简称“民建”。1945年12月在重庆成立。主要由经济界人士组成。是具有政治联盟特点的、致力于中国特色社会主义事业的政党。目前有成员11万多人。2012年12月16～20日，民建第十次全国代表大会在北京举行，听取和审议第九届中央委员会工作报告，审议通过《中国民主建国会章程（修正案）》，选举第十届中央委员会等。主席陈昌智，2007年12月当选，2012年连任。

中国民主促进会（China Association for Promoting Democracy，CAPD）：简称“民进”。1945年12月创立。主要由从事教育、文化、出版、科学和其他工作的高中级知识分子组成。是具有政治联盟性质的、致力于中国特色社会主义事业的政党。截至2011年底有会员12.7万余人。2012年12月15～21日，民进第十一次全国代表大会在北京举行，听取和审议第十二届中央委员会报告，审议通过《中国民主促进会章程（修正案）》，选举第十三届中央委员会等。主席严隽琪（女），2007年12月当选，2012年连任。

中国农工民主党（Chinese Peasants and Workers Democratic Party，CPWDP）：简称“农工党”。1930年8月在上海创建，当时称中国国民党临时行动委员会。1947年2月改为现名。主要是由医药卫生和科学技术、文化教育界的高中级知识分子组成。是具有政治联盟特点、致力于中国特色社会主义事业的政党。目前有党员10.2万多人。2012年12月6～10日，农工党第十五次全国代表大会在北京举行，听取和审议第十四届中央委员会工作报告，审议通过《中国农工民主党章程（修正案）》，选举第十五届中央委员会等。主席陈竺（卫生部长），2012年12月当选。

中国致公党（China Zhi Gong Dang，CZGD）：简称“致公党”。由华侨社团美洲致公总党发起，于1925年在美国旧金山成立。主要由归国华侨、侨眷和海外有联系的代表性人士、专家学者组成。是具有政治联盟特点的、致力于中国特色社会主义事业的政党。目前有党员3万多人。2012年12月3～6日，致公党第十四次全国代表大会在北京举行，大会听取和审议第十三届中央委员会工作报告，审议通过《中国致公党章程（修正案）》，选举第十四届中央委员会等。主席万钢（科技部长），2007年12月当选，2012年连任。

九三学社（Jiu San Society）：1944年，一批进步学者发扬“五四”运动反帝爱国精神，以民主与科学为宗旨，在重庆组织“民主科学座谈会”。后为纪念1945年9月3日抗日战争和世界反法西斯战争的伟大胜利，改建为“九三学社”。主要由科学技术界高中级知识分子组成。是具有政治联盟特点的、致力于中国特色社会主义事业的政党。2010年底有成员12.5万余人。2012年11月30日至12月4日，九三学社第十次全国代表大会在北京举行，听取和审议第十二届中央委员会工作报告，审议通过《九三学社章程（修正案）》，选举第十三届中央委员会等。主席韩启德，2002年12月

当选，2007年、2012年连任。

台湾民主自治同盟（Taiwan Democratic Self-Government League，TSL）：简称“台盟”。在台湾人民“二·二八”起义以后，由一部分从事爱国民主运动的台湾省人士于1947年11月12日在香港成立。是由台湾省人士组成的、社会主义劳动者和拥护社会主义的爱国者的政治同盟，是为社会主义服务的政党。目前有成员2100多人。2012年12月11～15日，台盟第九次全盟代表大会在北京举行，听取和审议第八届中央委员会工作报告，审议通过《台湾民主自治同盟章程（修正案）》，选举第九届中央委员会等。主席林文漪（女），2005年12月当选，2007年、2012年连任。

此外，社会团体是当代中国政治生活的重要组成部分。目前有全国性社会团体近2000个。其中政治地位特殊，社会影响广泛的全国性的人民团体有：

中华全国工商业联合会（All-China Federation of Industry & Commerce，ACFIC）：简称“全国工商联”，又称中国民间商会（All-China General Chamber of Industry & Commerce）。1953年成立。是中国工商界组织的全国性的人民团体。改革开放后，成员主体为非公有制企业和非公有制经济人士。截至2010年底，全国工商联共有县级（含县级）以上组织3345个，县级以下基层组织26359个，行业组织14251个；会员分为企业会员、团体会员和个人会员。截至2010年底，全国工商联共有会员271万多个，其中企业会员116万多个。全国工商联同世界上100多个国家和地区的400多个组织、机构、商会、企业等建立了广泛联系。2012年12月7～9日，全国工商联第十一次会员代表大会在北京举行，听取和审议第十届执行委员会工作报告，审议通过《中华全国工商业联合会章程（修改草案）》，选举中华全国工商业联合会第十一届执行委员会。名誉主席黄孟复，主席王钦敏（致公党常务副主席），2012年12月当选。

中华全国总工会（All-China Federation of Trade Unions）：简称“全总”。1925年5月成立。是中国各地方总工会和各产业工会全国组织的领导机关。全国总工会由中共中央书记处领导。目前全国有会员2.58亿人。中华全国总工会主席王兆国，2002年12月任职。

中国共产主义青年团（Chinese Communist Youth League，CCYL）：1922年5月成立。是先进青年的群众组织，中国共产党的助手。2008年6月，第十六次全国代表大会召开。截至2008年底，全国共有共青团员7858.8万人。团中央书记处第一书记陆昊，2008年5月任职。

中华全国妇女联合会（All-China Federation of Women，ACFW）：1949年4月成立。是全国各族女职工、女农民、女知识分子和其他劳动妇女、拥护社会主义的爱国妇女和拥护祖国统一的爱国妇女的群众组织。全国妇联有着健全的组织机构，从中央、省、市、县到城镇街道、乡村均有妇联组织，现有全职工作人员5万多人。2008年10月，中国妇女第十次全国代表大会在北京举行。全国妇联主席陈至立，2008年10月当选。

经 济

2011年，面对复杂严峻的国内外环境，全国各族人民在党中央、国务院的正确领导下，坚持以邓小平理论和“三个代表”重要思想为指导，坚持以科学发展为主题、以加快转变经济发展方式为主线，全面贯彻落实加强和改善宏观调控的各项政策措施，国民经济保持平稳较快发展，各项社会事业取得新的进步，实现了“十二五”时期良好开局。2011年经济主要数据如下：

初步核算，全年国内生产总值471564亿元，比上年增长9.2%。其中，第一产业增加值47712亿元，增长4.5%；第二产业增加值220592亿元，增长10.6%；第三产业增加值203260亿元，增长8.9%。第一产业增加值占国内生产总值的比重为10.1%，第二产业增加值比重为46.8%，第三产业增加值比重为43.1%。

全年居民消费价格比上年上涨5.4%，其中食品价格上涨11.8%。

年末全国就业人员76420万人，其中城镇就业人员35914万人。全年城镇新增就业1221万人。年末城镇登记失业率为4.1%，与上年末持平。全年农民工总量为25278万人，比上年增长4.4%。其中，外出农民工15863万人，增长3.4%；本地农民工9415万人，增长5.9%。

年末国家外汇储备31811亿美元，比上年末增加3338亿美元。根据世界黄金协会2012年2月公布的2月份世界各国官方黄金储备数据显示，中国的黄金储备为1054.1吨（与2010年持平，世界排名第五），占整体外汇储备的1.6%。黄金储备排名前四位的国家（组织）是美国（8133.5吨）、国际货币基金组织、德国和法国。

货币名称：人民币元。年末人民币汇率为1美元兑6.3009元人民币，比上年末升值5.1%。

全年公共财政收入103740亿元，比上年增加20639亿元，增长24.8%；其中税收收入89720亿元，增加16510亿元，增长22.6%。

【资源】中国水能资源蕴藏量达6.8亿千瓦，居世界第一位。矿产资源丰富，矿产171种。已探明储量的有157种。其中钨、锑、稀土、钼、钒和钛等的探明储量居世界首位。煤、铁、铅锌、铜、银、汞、锡、镍、磷灰石、石棉等的储量均居世界前列。

2011年全国水资源总量为23256.7亿立方米，比常年值偏少16.1%，为1956年以来最少的一年。年末全国422座大型水库蓄水总量1956亿立方米，比上年末少蓄水69亿立方米。全年总用水量6080亿立方米，比上年增长1.0%。人均用水量452立方米，增长0.4%。

根据第七次全国森林资源清查结果，截至2008年，森林面积19545万公顷，森林覆盖率20.36%，活立木总蓄积量149.13亿立方米，森林蓄积量137.21亿立方米。2011年完成造林面积614万公顷，其中人工造林414万公顷。林业重点工程完成造林面积311万公顷，占全部造林面积的50.7%。截至年底，自然保护区达到2640个，其中国家级自然保护区335个。新增水土流失治理面积3.9万平方公里，新增实施水土流失地区封育保护面积2.8万平方公里。

【农业】截至2011年底，全国耕地保有量为18.2476亿亩。年内耕地增减相抵，耕地面积净减少49万亩。

2011年粮食种植面积11057万公顷，比上年增加70万公顷；棉花种植面积504万公顷，增加19万公顷；油料种植面积1379万公顷，减少10万公顷；糖料种植面积195万公顷，增加4万公顷。

全年粮食产量57121万吨，比上年增加2473万吨，增产4.5%，不仅再创历史纪录，而且达到2020年粮食产能规划水平。这也是中国粮食产量连续第八年增长。其中，夏粮产量12627万吨，增产2.5%；早稻产量3276万吨，增产4.5%；秋粮产量41218万吨，增产5.1%。

全年棉花产量660万吨，比上年增产10.7%。油料产量3279万吨，增产1.5%。糖料产量12520万吨，增产4.3%。烤烟产量287万吨，增产5.1%。茶叶产量162万吨，增产9.9%。

全年肉类总产量7957万吨，比上年增长0.4%。其中，猪肉产量5053万吨，下降0.4%；牛肉产量648万吨，下降0.9%；羊肉产量393万吨，下降1.4%。年末生猪存栏46767万头，增长0.7%；生猪出栏66170万头，下降0.8%。禽蛋产量2811万吨，增长1.8%。牛奶产量3656万吨，增长2.2%。

全年水产品产量5600万吨，比上年增长4.2%。其中，养殖水产品产量4026万吨，增长5.2%；捕捞水产品产量1574万吨，增长1.9%。

全年木材产量7272万立方米，比上年下降10.1%。

全年新增有效灌溉面积181万公顷，新增节水灌溉面积221万公顷。

【工业和建筑业】2011年全部工业增加值188572亿元，比上年增长10.7%。全年全社会建筑业增加值32020亿元，比上年增长10.0%。2011年主要工业产品产量及其增长速度如下：

	产量	比上年增长%
纱（万吨）	2900.0	6.7
布（亿米）	837.0	4.6
化学纤维（万吨）	3390.0	9.7
成品糖（万吨）	1187.4	6.2
卷烟（亿支）	22474.0	3.0
彩色电视机（万台）	12231.4	3.4
其中：液晶电视机（万台）	10298.5	15.2
家用电冰箱（万台）	8699.2	19.2
房间空气调节器（万台）	13912.5	27.8
一次能源生产总量（亿吨标准煤）	31.8	7.0
原煤（亿吨）	35.2	8.7
原油（亿吨）	2.04	0.3
天然气（亿立方米）	1030.6	8.7
发电量（亿千瓦小时）	47000.7	11.7
其中：火电（亿千瓦小时）	38253.2	14.8
水电（亿千瓦小时）	6940.4	-3.9
核电（亿千瓦小时）	863.5	16.9
粗钢（万吨）	68388.3	7.3
钢材（万吨）	88258.2	9.9
十种有色金属（万吨）	3834.0	10.0
其中：精炼铜（电解铜）（万吨）	517.9	12.9
原铝（电解铝）（万吨）	1767.7	12.1
氧化铝（万吨）	3417.2	18.1
水泥（亿吨）	20.9	10.8
硫酸（万吨）	7466.4	5.3
纯碱（万吨）	2308.2	13.4
烧碱（万吨）	2466.2	10.7
乙烯（万吨）	1527.5	7.5
化肥（折100%）（万吨）	6217.2	-1.9
发电机组（发电设备）（万千瓦）	14410.4	11.9
汽车（万辆）	1841.6	0.8
其中：基本型乘用车（轿车）（万辆）	1012.7	5.8
大中型拖拉机（万台）	40.2	19.3
集成电路（亿块）	917.6	10.3
程控交换机（万线）	3034.0	-3.3
移动通信手持机（万台）	113257.6	13.5
微型计算机设备（万台）	32036.7	30.3

【固定资产投资】2011年全社会固定资产投资311022亿元，比上年增长23.6%，扣除价格因素，实际增长15.9%。全年房地产开发投资61740亿元，比上年增长27.9%。2011年固定资产投资新增主要生产能力如下：

指标	绝对数
新增发电机组容量（万千瓦）	9041
新增220千伏及以上变电设备（万千伏安）	20906
新建铁路投产里程（公里）	2167
其中：高速铁路（公里）	1421
增建铁路复线投产里程（公里）	1889
电气化铁路投产里程（公里）	3398
新建公路（公里）	55285
其中：高速公路（公里）	9124
港口万吨级码头泊位新增吞吐能力（万吨）	26639
新增光缆线路长度（万公里）	209
新增数字蜂窝移动电话交换机容量（万户）	20406

【国内贸易】2011年社会消费品零售总额183919亿元，比上年增长17.1%，扣除价格因素，实际增长11.6%。按经营地统计，城镇消费品零售额159552亿元，增长17.2%；乡村消费品零售额24367亿元，增长16.7%。按消费形态统计，商品零售额163284亿元，增长17.2%；餐饮收入额20635亿元，增长16.9%。

【对外经济】2011年，中国的对外贸易取得了不错的成绩，进出口额再创历史新高。与此同时，2011年的对外贸易也出现了一些细微的问题，对外贸易显现放缓迹象。

2011年货物进出口总额为36421亿美元，比上年增长22.5%。其中，出口额18986亿美元，增长20.3%；进口额17435亿美元，增长24.9%。进出口差额1551亿美元，比上年减少264亿美元。2011年主要商品出口数量、金额及其增长速度如下：

	数量	比上年增长%	金额（亿美元）	比上年增长%
煤（万吨）	1466	-23.0	27	20.6
钢材（万吨）	4888	14.9	513	39.2
纺织纱线、织物及制品	—	—	947	22.9
服装及衣着附件	—	—	1532	18.3
鞋类	—	—	417	17.1
家具及其零件	—	—	379	15.0
自动数据处理设备及其部件（万台）	183427	10.1	1763	7.5
手持或车载无线电话（万台）	87509	15.5	628	34.3
集装箱（万个）	324	29.6	114	57.7
液晶显示板（万个）	244141	8.5	295	11.5
汽车（包括整套散件）（万辆）	82	52.2	99	60.5

2011年主要商品进口数量、金额及其增长速度如下：

	数量（万吨）	比上年增长%	金额（亿美元）	比上年增长%
谷物及谷物粉	545	-4.6	20	33.8
大豆	5264	-3.9	298	18.9
食用植物油	657	-4.4	77	28.0
铁矿砂及其精矿	68608	10.9	1124	40.9
氧化铝	188	-56.4	8	-48.1
煤	18240	10.8	209	23.6
原油	25738	6.0	1967	45.3
成品油	4060	10.1	327	45.5
初级形状的塑料	2304	-3.7	472	8.3
纸浆	1445	27.1	119	35.3
钢材	1558	-5.2	216	7.3
未锻造的铜及铜材	407	-5.1	368	12.0

2011年对主要国家和地区货物进出口额及其增长速度如下：

国家和地区	出口额（亿美元）	比上年增长%	进口额（亿美元）	比上年增长%
欧盟	3560	14.4	2112	25.4
美国	3245	14.5	1222	19.6
中国香港	2680	22.8	155	26.4
东盟	1701	23.1	1928	24.6
日本	1483	22.5	1946	10.1
韩国	829	20.6	1627	17.6
印度	505	23.5	234	12.1
俄罗斯	389	31.4	403	55.6
中国台湾	351	18.3	1249	7.9

全年非金融领域新批外商直接投资企业27712家，比上年增长1.1%。实际使用外商直接投资金额1160亿美元，增长9.7%。

全年非金融类对外直接投资额601亿美元，比上年增长1.8%。

全年对外承包工程业务完成营业额1034亿美元，比上年增长12.2%；对外劳务合作派出各类劳务人员45.2万人，增加4.1万人。

【交通运输、邮电业】以铁路、公路、水运、民航和管道组成的综合运输网基本形成。2011年货物运输总量369亿吨，比上年增长13.7%。货物运输周转量159014亿吨公里，增长12.1%。旅客运输周转量30935.8亿人公里，增长10.9%。2011年各种运输方式情况如下：

铁路：旅客运输周转量9612.3亿人公里，比上年增长29.6%；货物运输周转量29465.8亿吨公里，比上年增长6.6%。截至2011年底，中国铁路营业里程达9.3万公里（仅次于美国居世界第二），复线率和电气化率分别达到42.4%和49.4%。随着京沪高铁（2011年6月）、京广高铁（2012年12月）等的相继开通，高铁总里程将近1万公里，中国已成为世界上高铁发展最快、运营里程最长、运营时速最高、在建规模最大、拥有系统技术最全的国家。

公路：旅客运输周转量16732.6亿人公里，比上年增长11.4%；货物运输周转量51333.2亿吨公里，比上年增长18.3%。截至2011年底，全国公路总里程达410.64万公里，比上年增加7.14万公里。高速公路的通车总里程达8.5万公里，仅次于美国（约10万公里）居世界第二位，比上年增加1.1万公里。年末全国民用汽车保有量达到10578万辆（包括三轮汽车和低速货车1228万辆），比上年末增长16.4%，其中私人汽车保有量7872万辆，增长20.4%。民用轿车保有量4962万辆，增长23.2%，其中私人轿车4322万辆，增长25.5%。

水运：旅客运输周转量74.2亿人公里，比上年增长2.6%；货物运输周转量75196.2亿吨公里，比上年增长9.9%。全年规模以上港口完成货物吞吐量90.7亿吨，比上年增长11.9%，其中外贸货物吞吐量27.5亿吨，增长10.8%。规模以上港口集装箱吞吐量16231万标准箱，增长11.4%。

民航：旅客运输周转量4516.7亿人公里，比上年增长11.8%；货物运输周转量171.7亿吨公里，比上年增长-4.0%。截至2011年底，全行业有运输航空公司46家，同比增加3家；全货运航空公司11家，与上年持平。全国共有民用机场180个，较上年增加5个。全行业在册运输类航空器1745架（2011年11月），较上年底净增148架。2011年新签订双边航空运输协定1个，使与中国签订双边航空运输协定的国家（地区）总数达到114个。国内航空公司定期航班与世界60个国家的140个城市实现通航。通航香港的内地城市有43个；通航澳门的内地城市有10个；大陆已开通41个对台直航点，两岸每周直航班次由去年的370班增至现在的558班。

管道运输：货物运输周转量2847.2亿吨公里，比上年增长29.6%。

2011年完成邮电业务总量13379亿元，比上年增长16.5%。其中，邮政业务总量1608亿元，增长25.0%；电信业务总量11772亿元，增长15.5%。全年局用交换机容量减少3070万门，总容量43467万门；新增移动电话交换机容量20406万户，达到170691万户。年末固定电话用户28512万户。其中，城市电话用户19110万户，农村电话用户9402万户。新增移动电话用户12725万户，年末达到98625万户，其中3G移动电话用户12842万户。年末全国固定及移动电话用户总数达到127137万户，比上年末增加11802万户。电话普及率达到94.9部/百人。互联网上网人数5.13亿人，互联网普及率达到38.3%。

【旅游业】2011年国内出游人数26.4亿人次，比上年增长13.2%；国内旅游收入19306亿元，增长23.6%。入境旅游人数13542万人次，增长1.2%。其中，外国人2711万人次，增长3.8%；香港、澳门和台湾同胞10831万人次，增长0.6%。在入境旅游者中，过夜旅游者5758万人次，增长3.4%。国际旅游外汇收入485亿美元，增长5.8%。国内居民出境人数7025万人次，增长22.4%。其中因私出境6412万人次，增长24.5%，占出境人数的91.3%。

经国务院批准，自2011年起，每年的5月19日（《徐霞客游记》记载的开篇日，在中国旅游史上具有标志性意义，时间上适宜全国多数地区出游）定为中国旅游日。

【金融】2011年末广义货币供应量（M2）余额为85.2万亿元，比上年末增长13.6%；狭义货币供应量（M1）余额为29.0万亿元，增长7.9%；流通中现金（M0）余额为5.1万亿元，增长13.8%。年末全部金融机构本外币各项存款余额82.7万亿元，比年初增加9.9万亿元，其中人民币各项存款余额80.9万亿元，增加9.6万亿元。全部金融机构本外币各项贷款余额58.2万亿元，增加7.9万亿元，其中人民币各项贷款余额54.8万亿元，增加7.5万亿元。

全年上市公司通过境内市场累计筹资6780亿元，比上年减少3495亿元。其中，首次公开发行A股282只，筹资2825亿元，减少2058亿元；A股再筹资（包括配股、公开增发、非公开增发、认股权证）筹资2248亿元，减少1824亿元；上市公司通过发行可转债、可分离债、公司债筹资1707亿元，增加387亿元。全年公开发行创业板股票128只，筹资791亿元。

全年发行非上市公司企业（公司）债券3485亿元，比上年减少142亿元。企业发行短期融资券8029亿元，增加1287亿元；中期票据7270亿元，增加2346亿元。

全年保险公司原保险保费收入14339亿元，比上年增长10.5%，其中寿险业务原保险保费收入8696亿元；健康险和意外伤害险业务原保险保费收入1025亿元；财产险业务原保险保费收入4618亿元。支付各类赔款及给付3929亿元，其中寿险业务给付1301亿元；健康险和意外伤害险赔款及给付441亿元；财产险业务赔款2187亿元。

教育和科学技术

【教育】2011年全年研究生教育招生56.0万人，在学研究生164.6万人，毕业生43.0万人。普通高等教育本专科招生681.5万人，在校生2308.5万人，毕业生608.2万人。各类中等职业教育招生808.9万人，在校生2196.6万人，毕业生662.7万人。全国普通高中招生850.8万人，在校生2454.8万人，毕业生787.7万人。全国初中招生1634.7万人，在校生5066.8万人，毕业生1736.7万人。普通小学招生1736.8万人，在校生9926.4万人，毕业生1662.8万人。特殊教育招生6.4万人，在校生39.9万人，毕业生4.4万人。幼儿园在园幼儿3424.4万人。

【科学技术】2011年全年研究与试验发展（R&D）经费支出8610亿元，比上年增长21.9%，占国内生产总值的1.83%，其中基础研究经费396亿元。全年国家安排了952项科技支撑计划课题，524项“863”计划课题。累计建设国家工程研究中心130个，国家工程实验室119个。累计建设国家地方联合工程研究中心101个，国家地方联合工程实验室116个。国家认定企业技术中心达到793家。省级企业技术中心达到6824家。实施新兴产业创投计划，累计支持设立61家创业投资企业，投资创业企业108家。全年受理境内外专利申请163.3万件，其中境内申请147.9万件，占90.5%。受理境内外发明专利申请52.6万件，其中境内申请40.4万件，占76.7%。全年授予专利权96.1万件，其中境内授权86.4万件，占89.9%。授予发明专利权17.2万件，其中境内授权10.6万件，占61.5%。截至年底，有效专利274.0万件，其中境内有效专利220.2万件，占80.4%；有效发明专利69.7万件，其中境内有效发明专利31.8万件，占45.7%。全年共签订技术合同25.6万项，技术合同成交金额4763.6亿元，比上年增长21.9%。全年成功发射卫星19次。载人深潜器“蛟龙”号成功完成5000米海试（2012年完成7000米海试）。

2011年11月1日5时58分，中国自行研制的神舟八号飞船，在酒泉卫星发射中心发射升空，583秒后成功进入预定轨道。11月3日1时36分，神舟八号与此前发射的天宫一号目标飞行器成功交会对接。中国成为继美、俄之后世界上第三个完全独立掌握太空交会对接技术的国家。作为中国载人航天“三步走”战略目标第二步中的关键环节，突破和掌握空间交会对接技术，为开展更大规模的载人航天活动奠定了基础。

2011年末全国共有产品检测实验室25669个，其中国家检测中心476个。全国现有产品质量、体系认证机构174个，已累计完成对83549个企业的产品认证。全国共有法定计量技术机构3740个，全年强制检定计量器具6179万台（件）。全年制定、修订国家标准1993项，其中新制定1559项。全年中央气象台和省级气象台共发布气象预警信号4034次，警报4337次。全国共有地震台站1480个，地震监测台网32个。全国共有海洋观测站74个。测绘地理信息部门公开出版地图2103种。

2011年1月14日和2012年2月14日，中共中央、国务院先后在北京隆重举行国家科学技术奖励大会，获得2010年度国家最高科学技术奖的是中国科学院院士、中国工程院院士、国家自然科学基金委员会特邀顾问、中国科学院金属研究所名誉所长、著名材料科学家师昌绪和中国工程院院士、上海交通大学医学院附属瑞金医院终身教授、著名血液学专家王振义，获得2011年度国家最高科学技术奖的是中国科学院院士、中国科学院高能物理研究所原副所长谢家麟和中国科学院院士、中国工程院院士、清华大学建筑与城市研究所所长吴良镛。

中国科学院成立于1949年11月1日。2011年3月，白春礼出任中国科学院院长。

中国工程院成立于1994年6月3日。2010年6月，周济（前教育部长）当选为中国工程院院长。

文化、卫生和体育

【文化】2011年末全国文化系统共有艺术表演团体2481个，博物馆2571个，全国共有公共图书馆2925个，文化馆3276个。广播电台197座，电视台213座，广播电视台2153座，教育电视台44个。有线电视用户20152万户，有线数字电视用户11455万户。年末广播节目综合人口覆盖率为97.1%；电视节目综合人口覆盖率为97.8%。全年生产电视剧469部14939集，动画电视261444分钟。全年生产故事影片558部，科教、纪录、动画和特种影片131部。出版各类报纸467亿份，各类期刊33亿册，图书77亿册（张）。2011年年末全国共有档案馆4107个，已开放各类档案10376万卷（件）。

2011年全国共有出版社580家，音像制品出版单位369家，电子出版物出版单位268家；共出版各类期刊9849种，少儿期刊118种，画刊58种；共出版报纸1928种。

【卫生】2011年末全国共有医疗卫生机构953432个，其中医院21638个，乡镇卫生院37374个，社区卫生服务中心（站）32812个，诊所（卫生所、医务室）177754个，村卫生室659596个，疾病预防控制中心3499个，卫生监督所（中心）3005个。卫生技术人员620万人，其中执业医师和执业助理医师251万人，注册护士224万人。医疗卫生机构床位515万张，其中医院368万张，乡镇卫生院103万张。全年甲、乙类法定报告传染病发病人数323.8万例，报告死亡15264人；报告传染病发病率241.44/10万，死亡率1.14/10万。

2011年年末全国共有各类提供住宿的社会服务机构4.5万个，床位367.2万张，收养救助各类人员279.6万人。其中，农村养老服务机构3.2万个，床位232.6万张，收养各类人员182.8万人。各类社区服务设施14.8万个，其中，社区服务中心1.4万个，社区服务站4.9万个。年末2276.8万城市居民得到政府最低生活保障，比上年末减少33.7万人；5313.5万农村居民得到政府最低生活保障，增加99.5万人；552.0万农村居民得到政府五保救济，减少4.3万人。全年救助城市医疗困难群众711.4万人次，救助农村医疗困难群众1558.1万人次；资助1276.5万城镇困难群众参加城镇医疗保险，资助4544.3万农村困难群众参加新型农村合作医疗。

【体育】2011年中国运动员在24个大项中获得138个世界冠军，共有4人1队8次创8项世界纪录。

人民生活

2011年11月29日，中央扶贫开发工作会议在北京召开。中央决定将农民人均纯收入2300元（2010年不变价）作为新的国家扶贫标准。这个标准比2009年提高了92%。按照这一新标准，年末农村扶贫对象为12238万人。

2011年全年农村居民人均纯收入6977元，比上年增长17.9%，扣除价格因素，实际增长11.4%；农村居民人均纯收入中位数为6194元，增长19.1%。城镇居民人均可支配收入21810元，比上年增长14.1%，扣除价格因素，实际增长8.4%；城镇居民人均可支配收入中位数为19118元，增长13.5%。农村居民食品消费支出占消费总支出的比重为40.4%，城镇为36.3%。

2011年末全国参加城镇职工基本养老保险人数为28392万人，比上年末增加2685万人。其中，参保职工21574万人，参保离退休人员6819万人。参加城镇基本医疗保险的人数为47291万人，增加4028万人。其中，参加城镇职工基本医疗保险人数为25226万人，参加城镇居民基本医疗保险人数为22066万人。参加城镇基本医疗保险的农民工4641万人，增加58万人。参加失业保险的人数为14317万人，增加941万人。参加工伤保险的人数为17689万人，增加1528万人，其中参加工伤保险的农民工6837万人，增加537万人。参加生育保险的人数为13880万人，增加1544万人。截至2011年9月底，2646个县（市、区）开展了新型农村合作医疗工作，新型农村合作医疗参合率97.5%；新型农村合作医疗基金支出总额为1114亿元，受益8.4亿人次。全国列入国家新型农村社会养老保险试点地区参保人数为32643万人。年末全国领取失业保险金人数为197万人。

军　事

中华人民共和国武装力量由中国人民解放军现役部队和预备役部队、中国人民武装警察部队、民兵组成。中国的武装力量属于人民，受中国共产党领导。中华人民共和国中央军事委员会（简称中央军委）领导全国武装力量。中央军委由主席，副主席若干人，委员若干人组成，实行主席负责制。主席由全国人大选举产生，对全国人大及其常务委员会负责，每届任期与全国人大每届任期相同，但没有届数限制。2012年11月15日，中共十八届一中全会决定习近平为中央军事委员会主席，范长龙、许其亮为中央军事委员会副主席。

中国人民解放军现役部队是国家的常备军，实行中央军事委员会领导下的总参谋部、总政治部、总后勤部、总装备部体制。中国人民解放军由陆军（未设独立的领导机关）、海军、空军和第二炮兵组成，在全国范围内设立7个军区（沈阳、北京、兰州、济南、南京、广州、成都）。

2012年10月，包括四总部在内的解放军一些单位的领导有部分调整：总参谋长房峰辉上将、总政治部主任张阳上将、总后勤部部长赵克石上将、总装备部部长张又侠上将。中国人民解放军海军司令员吴胜利上将、空军司令员马晓天上将、第二炮兵司令员魏凤和中将（11月晋升为上将）。中国人民武装警察部队司令员王建平上将。

中国奉行防御性的国防政策。依照宪法和法律，中国武装力量肩负对外抵抗侵略、保卫祖国，对内维护社会大局稳定、保卫人民和平劳动的神圣职责。建设与国家安全和发展利益相适应的巩固国防和强大军队，是中国现代化建设的战略任务，是中国各族人民的共同事业。

2011年1月11日，中国自行研制的、被外界称为歼20的新一代隐形战斗机在四川成都成功首飞。这标志着继美国和俄罗斯之后，中国成为世界上第三个能够自主研制第四代战机的国家。3月1日，中国海军“徐州”舰与搭载2142名从利比亚撤离人员的“卫尼泽洛斯”号商船顺利会合，为撤离中国在利人员船舶实施护航任务。这是中国首次动用军事力量撤离海外人员。6月，中国海军舰艇编队通过冲绳－宫古公海水道驶向太平洋海域。此次中国海军出动大规模舰艇前往太平洋海域，意味着中国正式突破了所谓的第一岛链，可以自由出入近海和太平洋。8月起，用于科研试验和训练的中国航母平台（利用原乌克兰废旧的“瓦良格”号航空母舰平台改造而成）进行了数次出海航行试验。2012年9月25日，中国第一艘航空母舰“辽宁”号（舷号16，说明该舰主要用于训练科研）正式交接入列人民海军。中国成为世界上第10个现役航空母舰拥有国。中国歼－15飞鲨舰载机成功在“辽宁”号航母上完成了起降。

2011年10月29日，十一届全国人大常委会第二十三次会议通过了关于修改《中华人民共和国兵役法》的决定。修改后的兵役法主要做了三大调整：一是适当调整征集范围，删去了现行兵役法关于正在全日制学校就学的学生可以缓征的规定，将普通高等学校毕业生的征集年龄放宽至24周岁；二是明确了国家实行兵役登记制度，每年12月31日以前年满18周岁的男性公民都应当进行兵役登记；三是明确了政府和社会有关方面在征兵工作中的责任。同年11月，解放军战略规划部成立。它是主管军队建设发展规划的职能部门，隶属总参谋部。

2011年中国国防费预算大约为6011亿元人民币，比上年预算执行数约增加676亿元，约增长12.7%。国防费预算占当年全国财政支出预算的6%，与前几年相比，所占比重有所下降。

中国政府坚持国防建设与经济建设协调发展的方针，根据国防需求和国民经济发展水平合理确定国防费规模。2012年中国国防费预算6702.74亿元人民币，比上年预算执行数增加676.04亿元人民币，增长11.2%。

对外关系

中国外交政策的宗旨是维护世界和平、促进共同发展。中国坚持独立自主的和平外交政策，始终不渝走和平发展道路，始终不渝奉行互利共赢的开放战略，在和平共处五项原则的基础上发展同各国的友好交往和互利合作，积极参与应对全球性问题的国际合作。

2011年国际形势发生极为深刻的变化，各种重大突发事件接连不断，动荡不定的一面较为突出，中国发展的外部环境更趋复杂。面对复杂严峻的国际形势，在党中央、国务院的正确领导下，中国外交坚持统筹国内国际两个大局，全面推进外交工作总体布局，妥善应对各种国际乱局，积极引导国际体系变革，努力为全面建设小康社会营造良好国际环境和更多有利外部条件。

2011年9月6日，中国国务院新闻办公室发表了《中国的和平发展》白皮书，向世界全面系统阐明中国所走的道路、追求的目标、奉行的内外政策以及如何处理与外部世界的关系，引起了国际社会高度关注。

2011年，台湾海峡两岸关系保持和平发展的良好势头。中国政府理解台湾同胞对参与国际活动的需求和感受，重视解决相关问题，主张两岸在涉外事务中避免不必要的内耗，在不造成“两个中国”、“一中一台”的前提下，继续通过务实协商处理台参与国际活动问题。但台湾方面仍继续单方面寻求扩大参与国际活动，包括推动他国支持其加入一些联合国专门机构和国际公约、继续推动向美国购买武器，谋求与一些国家发展所谓“实质关系”，上述举动不利于两岸通过协商处理相关问题，也与两岸关系和平发展的气氛不协调。中国政府在台湾问题上继续广泛并有针对性地做国际社会工作，争取理解和支持。

2011年，中国政府大力开展安全外交工作，坚决遏制达赖集团“藏独”分裂活动、大力开展涉疆外交，与反华势力进行坚决斗争，继续参加国际反恐合作，有力维护了国家主权、安全和发展利益。

截至2012年底，中国同172个国家建立了外交关系。2011年7月9日，中国同南苏丹共和国建交。

2011年，中国同2个国家签订了领事协定；同18个国家就设立、升格领事机构及有关领区扩大事宜达成一致。截至2011年底，中国在外国设立总领事馆78个、领事馆6个、领事办公室3个；外国在中国内地设立总领事馆160个、领事馆6个、领事代理处1个、领事办公室7个、名誉领事9个；外国在中国香港设立总领事馆65个、名誉领事72个；外国在中国澳门设立总领事馆3个、名誉领事13个。

【同亚洲国家的关系】2011年，中国同亚洲国家关系总体呈现稳定发展的良好势头，睦邻友好、政治互信与互利合作进一步深化。

中国与亚洲国家不断加强战略沟通，增进政治互信。中国同亚洲国家高层交往频繁，外长以上高层互访近90起。国家主席胡锦涛出席博鳌亚洲论坛2011年年会。全国人大常委会委员长吴邦国访问马尔代夫。国务院总理温家宝赴日本出席中日韩领导人会议，访问印度尼西亚、马来西亚，赴印尼出席东亚领导人系列会议并访问文莱。全国政协主席贾庆林访问缅甸。国家副主席习近平访问越南、泰国。国务院副总理李克强访问朝鲜、韩国。中共中央政治局常委、中央政法委书记周永康访问尼泊尔、老挝、柬埔寨、塔吉克斯坦、蒙古。日本、韩国、朝鲜、蒙古、缅甸、越南、菲律宾、老挝、巴基斯坦等国领导人访华。通过这些交往，中国同有关国家加强了沟通，增进了理解与互信，就推动双边务实合作提出重要举措，有力带动了双边关系发展。

中国与亚洲国家深化经贸合作，加强利益融合，促进共同发展。中国同亚洲国家贸易往来势头良好。2011年，中国同亚洲国家贸易总额达10608.7亿美元，同比增长19.8%。从亚洲国家进口额达5823.6亿美元，同比增长17.3%，出口额4785.1亿美元，同比增长22.9%。中国对亚洲国家贸易逆差超过1000亿美元。中国保持亚洲国家第一大出口市场地位，继续成为朝鲜、蒙古、日本、韩国、越南、马来西亚、印度等国的最大贸易伙伴。中国同亚洲国家的贸易结构不断优化，实现了由初级产品向工业制成品的转变，特别是高新技术产品贸易的比重逐年提升。

中国对亚洲投资迅速增长。2011年，中国对亚洲国家非金融类直接投资金额达397.5亿美元，同比增长3.8%。亚洲成为中国企业“走出去”最为集中的地区。中国是缅甸、柬埔寨、朝鲜、蒙古等国最大外资来源地。中国还将在东盟国家各建一个经贸合作区，通过集群式投资提高经贸合作水平。

中国积极参与解决地区热点问题，妥善处理与邻国的分歧，维护地区和平稳定。

【同西亚北非国家的关系】2011年，西亚北非地区局势发生剧烈变化，地区国家政治、经济、安全形势遭受严重冲击，给中国同地区国家的双边关系带来一定影响。中国积极应对局势变化，努力维护和发展同地区国家的传统友好关系，取得良好成效。

双方保持了高层和各级别的密切交往。国家主席胡锦涛在哈萨克斯坦举行的上海合作组织会议期间与伊朗总统马哈茂德·艾哈迈迪内贾德会晤；胡锦涛主席特使、住房和城乡建设部部长姜伟新出席南苏丹共和国独立庆典；胡锦涛主席特使、民政部长李立国赴沙特出席沙特王储兼副首相苏尔坦·本·阿卜杜勒阿齐兹·阿勒沙特逝世吊唁活动；胡锦涛主席特使、国家体育总局局长刘鹏赴科威特出席科国庆50周年暨解放20周年庆典；中共中央政治局常委、中央纪委书记贺国强，中共中央政治局委员、天津市委书记张高丽，全国人大常委会副委员长、全国妇联主席陈至立，全国政协副主席王刚，全国政协副主席、科技部长万钢，中央军委委员、总参谋长陈炳德上将，中央军委委员、海军司令吴胜利上将，武警部队司令员王建平中将，最高人民检察院检察长曹建明，商务部长陈德铭，文化部长蔡武，卫生部长陈竺，审计署署长刘家义等分别访问地区国家。外交部长杨洁篪、副部长张志军、副部长翟隽等外交部领导访问了埃及、阿联酋、土耳其、突尼斯、伊拉克等近10个地区国家。苏丹总统、毛里塔尼亚总统、伊拉克总理、约旦参议长、利比亚“国家过渡委员会”执行局主席、以色列副总理、土耳其副总理、卡塔尔副首相、沙特协商会议主席等多位地区国家领导人及30余位外长、特使及部级官员先后访华。

针对地区部分国家政局的剧烈变化，中国坚持不干涉内政原则，尊重和支持各国自主处理内部事务，尊重各国人民寻求变革、发展的愿望诉求，呼吁国际社会根据《联合国宪章》宗旨和国际法准则，采取建设性的举措，促进局势走向缓和，并加强对地区有关国家的经济援助与合作。中国的上述立场得到了地区国家的理解和赞赏。中国与突尼斯、埃及、利比亚、也门等国关系平稳过渡，与地区其他国家的关系继续向前发展，与阿拉伯国家的集体合作稳步推进。5月，中阿合作论坛第八次高官会在卡塔尔首都多哈举行。同月，中国与海湾合作委员会第二轮战略对话在阿联酋举行。12月，中阿合作论坛第四届中阿关系暨中阿文明对话研讨会在阿联酋举行。上述各项活动进一步巩固了中阿战略合作关系，加强了中阿双方在各领域的全面合作。

中国积极应对西亚北非地区局势变化给经贸、能源合作带来的负面影响，努力维护与地区国家务实合作。2011年，中国与地区国家双边贸易额达2689.19亿美元，同比增长36.5%。

中国为缓解西亚北非紧张局势、推动解决地区热点问题发挥了建设性作用。在中东问题上，中国秉持公正立场积极劝和促谈，中国领导人在不同场合分别做有关国家领导人工作；中国中东问题特使两度访问地区国家；中国明确支持巴勒斯坦通过和谈建立以“东耶路撒冷”为首都的独立国家，并支持巴方谋求成为联合国正式会员国。在伊朗核问题上，中国坚持推动外交解决进程，积极做有关各方工作，为和平解决伊朗核问题发挥建设性作用。在苏丹问题上，中国领导人及中国政府达尔富尔问题特别代表在不同场合广做各方工作，积极参与推动达尔富尔地区政治进程，妥善处理了苏丹南方独立公投和建国等问题，中国与苏丹北南双方关系均衡发展。

【同撒哈拉以南非洲国家的关系】2011年中非关系继续全面、快速发展。中非合作论坛第四届部长级会议成果得到有效落实。

中非高层交往密切，政治互信不断深化。1月，国务院副总理回良玉访问毛里求斯、赞比亚、刚果（金）、喀麦隆和塞内加尔。2月，国务院副总理王岐山访问肯尼亚、津巴布韦和安哥拉。4月，中共中央政治局常委李长春访问肯尼亚、莫桑比克。5月，全国人大常委会委员长吴邦国访问纳米比亚、安哥拉、南非。11月，中共中央政治局委员刘云山访问埃塞俄比亚、坦桑尼亚和津巴布韦。同月，国务委员兼国防部长梁光烈上将访问加纳、乌干达和塞舌尔。11月底至12月初，国务委员刘延东访问纳米比亚、博茨瓦纳和喀麦隆。此外，全国人大常委会副委员长陈至立和周铁农、全国政协副主席李兆焯、厉无畏、罗富和、王志珍等多位党和国家领导人以及外交部长杨洁篪等分别访问撒哈拉以南非洲地区国家。喀麦隆总统比亚、莫桑比克总统格布扎分别于7月和8月对中国进行国事访问。4月，南非总统祖马来华出席金砖国家领导人第三次会晤和博鳌亚洲论坛2011年年会开幕式。6月，南部非洲发展共同体轮值主席、纳米比亚总统波汉巴来华访问。9月，几内亚总统孔戴、贝宁总统亚伊来华出席夏季达沃斯论坛。毛里求斯总统贾格纳特、塞舌尔总统米歇尔、津巴布韦总统穆加贝分别于7月、10月和11月来华进行非正式访问。8月，埃塞俄比亚总理梅莱斯来华出席深圳大学生运动会开幕式并访华。

中国与非洲地区组织关系不断加强。5月，中国—非盟第四次战略对话成功举行。6月，非盟委员会副主席里亚斯塔斯·姆温查来华进行工作访问。12月，中国援建的非盟会议中心顺利竣工。年内，西非国家经济共同体委员会主席詹姆斯·维克多·贝霍访华，中方同南部非洲发展共同体秘书处举行首次政治磋商，与东非共同体商签经贸合作框架协议，促进了与上述非洲次区域组织的合作。

中非合作论坛第四届部长级会议后续行动落实工作取得积极进展。“中非科技伙伴计划”、“中非联合研究交流计划”、“2011年中国文化聚焦”等项目顺利开展；对非免债、免关税、优惠贷款、非洲中小企业发展专项贷款等举措进展良好；派遣农业技术组、援建农业示范中心和中非友好小学、援赠医疗设备和抗疟物资等工作有序推进；中非青年领导人论坛、中非民间论坛、中非智库论坛、中非科技合作论坛等活动先后举行。10月，中国成功主办中非合作论坛第八届高官会，非盟委员会和南苏丹成为论坛成员。中非经贸合作跃上新水平，2011年中非贸易额达1663亿美元，同比增长31%。

中非继续在重大地区和国际问题上相互配合。中方积极支持非洲自主解决本地区问题的努力，在安理会等场合为非洲仗义执言。在多哈回合谈判、国际经济治理等问题上，中方呼应非方立场与诉求。非洲之角地区国家因旱灾爆发饥荒后，中国向有关国家提供了总额为4.432亿元人民币的粮食援助。这是新中国成立以来中国提供的最大一笔对外粮援，受到非洲国家和国际社会高度赞赏。

【同欧亚地区国家的关系】2011年，中国与欧亚地区国家友好合作关系继续全面快速发展，成果丰硕。中国在与欧亚地区国家交往中继续奉行“与邻为善、以邻为伴”的方针，坚持互利共赢，尊重欧亚地区国家的主权和领土完整，不干涉内政，尊重各国人民自主选择的发展道路。欧亚地区国家在台湾、涉藏、涉疆、人权等问题上明确支持中国的原则立场。

中国与欧亚地区国家保持密切的高层交往，政治互信水平不断提升。6月12～20日，国家主席胡锦涛访问俄罗斯、哈萨克斯坦、乌克兰并出席阿斯塔纳上海合作组织成员国元首理事会第11次会议和第15届圣彼得堡国际经济论坛。中俄领导人决定将两国关系提升为平等信任、相互支持、共同繁荣、世代友好的全面战略协作伙伴关系，制定了未来十年两国各领域合作规划。中哈战略伙伴关系提升为全面战略伙伴关系，中乌建立战略伙伴关系。9月14～27日，全国人大常委会委员长吴邦国对俄罗斯、白俄罗斯、乌兹别克斯坦、哈萨克斯坦进行正式友好访问，并出席中俄议会合作委员会第五次会议。11月6～8日，国务院总理温家宝赴俄罗斯圣彼得堡出席上海合作组织成员国总理第十次会议，向各方传递了中方作为上合组织轮值主席国，致力于谋长远、办实事、促进本地区国家共同发展的积极意愿，彰显了负责任的大国形象。

2011年来华访问的欧亚地区国家元首和领导人有：哈萨克斯坦总统纳扎尔巴耶夫、乌兹别克斯坦总统卡里莫夫、俄罗斯总理普京、土库曼斯坦总统别尔德穆哈梅多夫。4月，俄罗斯总统梅德韦杰夫来华出席金砖国家领导人第三次会晤和博鳌亚洲论坛2011年年会开幕式。

中国与欧亚地区国家务实合作全面推进。2011年，中国与欧亚地区国家双边贸易额达到1327.69亿美元，同比增长38.25%。

【同欧洲国家的关系】2011年，中国与欧洲地区国家关系总体保持良好发展态势，各领域务实合作稳步推进。

高层交往频繁，政治互信加强。国家主席胡锦涛、全国人大常委会委员长吴邦国、国务院总理温家宝、全国政协主席贾庆林、中共中央政治局常委李长春、国家副主席习近平、国务院副总理李克强、中共中央政治局常委贺国强等20余位党和国家领导人分别访问英国、法国、德国、奥地利、荷兰、希腊、意大利、西班牙、匈牙利、罗马尼亚、塞尔维亚、斯洛文尼亚等20余个欧洲国家。欧洲理事会主席、法国总统、波兰总统、奥地利总理、西班牙首相、比利时王储、卢森堡大公储等欧洲领导人相继访华。在二十国集团戛纳峰会、博鳌亚洲论坛、联合国大会等多边场合，胡锦涛主席、温家宝总理等领导人与欧盟、法国、德国、西班牙等国领导人会见或寒暄。温家宝总理还与欧盟、法国、德国等欧方领导人通电话，就双边、中欧关系及重大国际和地区问题交换看法。

各级政治对话与磋商顺利开展。首轮中德政府磋商以及第二轮中欧高级别战略对话、新一轮中英战略对话和首轮中德外长级战略对话成功举行。外交部长杨洁篪访问瑞士、塞尔维亚、阿尔巴尼亚、波兰、丹麦、德国等国，欧盟外交与安全政策高级代表以及法国、德国、马耳他、立陶宛等国外长先后访华。杨洁篪外长多次与欧洲多国外长通电话或在多边场合举行会晤。中国外交部与欧盟对外行动署以及德国、希腊、荷兰、西班牙、葡萄牙、意大利、斯洛伐克、匈牙利、克罗地亚、斯洛文尼亚、波斯尼亚和黑塞哥维那、黑山等十余个欧洲国家外交部在不同级别就双边关系、外交政策、人权、领事等事务举行专业磋商。

议会、政党和智库交往频密。全国人大常委会副委员长王兆国、乌云其木格、韩启德、周铁农、严隽琪、桑国卫及全国政协副主席杜青林、陈奎元、黄孟复、孙家正、林文漪分别访问德国、匈牙利、爱尔兰、波兰、西班牙、芬兰、马其顿、克罗地亚、斯洛文尼亚等十多个欧洲国家。法国国民议会议长、爱沙尼亚议长、斯洛文尼亚议长、斯洛文尼亚国民委员会主席及塞尔维亚议长分别访华。全国人大与法国参议院、法国国民议会、欧洲议会的定期交流机制进展顺利。

中国经济社会理事会与欧盟经济社会委员会举行第九次和第十次圆桌会议。中国驻欧盟使团和欧洲智库“欧洲之友”在布鲁塞尔联合举办首届中欧论坛，国务院总理温家宝致信表示祝贺。外交部副部长傅莹分别出席斯德哥尔摩中国论坛、布鲁塞尔论坛和第六届布莱德战略论坛等。

经贸关系持续深入发展。虽然受到国际金融危机和欧洲主权债务问题的影响，但中欧经贸关系总体持续深入发展。2011年，中国同欧盟27国贸易额突破5000亿美元大关，达5672.13亿美元，同比增长18.3%。欧盟持续保持中国第一大贸易伙伴、出口市场、技术引进来源地，并成为中国最大的进口来源地。金融与投资合作不断扩大。2011年，欧盟在华直接投资项目1743个，实际投入63.5亿美元。

2011年是中欧（盟）青年交流年，这是中国与欧盟建交以来双方联合举办的第一个主题年，也是最大规模的一次人文交流活动，共吸引1万多名中欧青少年直接参加活动，动员16万人通过新媒体参与交流，产生了广泛的积极影响。9月，首届中欧民间友好合作对话会在北京和天津举行。中国与英国宣布建立高级别人文交流机制，这是中国与欧盟国家建立的首个类似机制。中法语言年、西班牙“汉语年”、意大利“中国文化年”活动、波兰“中国文化节”、第二届中欧文化高峰论坛和第四届中欧文化对话顺利举办。

越来越多的欧洲人开始学习中文，在马耳他、瑞士、瑞典、拉脱维亚、西班牙等国新设立七所孔子学院，中国孔子学院总部还与奥地利维也纳大学签署关于合作设立维也纳大学孔子学院的协议。

此外，中欧在科技、交通、军事、地方等各领域务实合作稳步推进。

【同北美洲和大洋洲国家的关系】2011年，中国与美国关系总体保持稳定发展势头。两国高层和各级别交往密切。1月，国家主席胡锦涛对美国进行国事访问。11月，胡锦涛主席分别在二十国集团戛纳峰会、亚太经合组织领导人夏威夷非正式会议期间与美国总统奥巴马交谈、会晤。当月，国务院总理温家宝在出席印尼巴厘岛东亚峰会期间与美国总统奥巴马会晤。8月，美国副总统拜登访华。5月，第三轮中美战略与经济对话在华盛顿举行，对话期间，中美在战略对话框架下举行首次战略安全对话，并启动亚太事务磋商机制。12月，第22届中美商贸联委会会议在四川成都召开。4月，第二轮中美人文交流高层磋商在华盛顿举行。6月和10月，中美首次和第二次亚太事务磋商先后在夏威夷和北京举行。两国经贸、科技、能源、环境、反恐、执法、防扩散、人文等广泛领域交流合作继续推进，两军关系得到改善和发展。两国地方和民间交往密切，7月首届中美省州长论坛在美国盐湖城举行，10月作为论坛后续活动的中美省州长对话在北京举行。双方并就朝鲜半岛局势、伊朗核、南亚局势、苏丹等地区热点问题以及全球经济治理、国际金融危机、气候变化等全球性问题保持密切沟通和协调。7月，美方安排领导人会见达赖。9月，美方宣布大规模售台武器计划，总额达58.52亿美元，使中美关系受到严重干扰。中方从维护国家主权、安全和利益出发，对美方错误行径进行了坚决斗争。经过双方密集沟通，美方多次表明将坚定致力于发展中美合作伙伴关系，并重申在台湾、涉藏问题上的有关承诺。

2011年，中国同加拿大关系保持良好发展势头。双方高层及各级别交往频繁。双方成功举行中加战略工作组第三次会议以及经贸、科技、环境、执法、教育、卫生、气候变化等领域的磋商和对话，推动两国各领域务实合作取得新进展。中国成为加拿大第二大贸易伙伴和第七大投资来源国。中国驻蒙特利尔总领馆开馆。双方民间交往更加活跃，在联合国改革、二十国集团等重大国际和地区问题上密切沟通与协调。

2011年，中国与澳大利亚、新西兰关系保持良好发展势头。双方高层交往密切。国家主席胡锦涛在二十国集团戛纳峰会和亚太经合组织领导人夏威夷非正式会议期间同澳大利亚总理朱莉娅·吉拉德简短寒暄。国务院总理温家宝在印尼巴厘岛出席第六届东亚峰会期间会见澳大利亚总理吉拉德。全国政协主席贾庆林、全国人大常委会副委员长严隽琪访问澳大利亚。国务院副总理回良玉，全国政协副主席、中国—大洋洲友好协会会长廖晖访问新西兰。全国政协副主席、科技部长万钢访问澳大利亚和新西兰。澳大利亚总理吉拉德正式访华。新西兰副总理比尔·英格利希访华并出席博鳌亚洲论坛2011年年会。中澳、中新经贸合作不断扩大，双边贸易继续快速增长，中国继续保持澳大利亚第一大、新西兰第二大贸易伙伴地位。中新自由贸易协定总体实施顺利。中国人民银行与新西兰储备银行签署《中国人民银行与新西兰储备银行双边本币互换协议》。中澳、中新两军继续保持密切交往，在科教、文化、旅游等领域的交流合作富有成果，民间交往活跃，在应对气候变化、金融危机等国际和地区问题上保持良好沟通与协调。

2011年，中国与太平洋岛国关系继续全面、深入发展。双方保持高层交往势头。全国政协主席贾庆林访问萨摩亚，国务院副总理回良玉过境斐济和巴布亚新几内亚，全国政协副主席、中国—大洋洲友好协会会长廖晖访问汤加、斐济和萨摩亚，外交部长杨洁篪在纽约出席第66届联合国大会期间会见瓦努阿图总理萨托·基尔曼，外交部副部长崔天凯赴新西兰出席第23届太平洋岛国论坛会后对话会并会见多位岛国领导人，中国政府特使、卫生部副部长王国强出席密克罗尼西亚联邦新一届领导人就职庆典，中共中央宣传部副部长蔡名照访问斐济和瓦努阿图，中国—太平洋岛国论坛对话会特使杜起文访问萨摩亚和库克群岛。斐济总统、总理、外长，萨摩亚总理、副总理，汤加国王、副首相、副议长，库克群岛总理，密克罗尼西亚联邦副总统、议长、副议长等政要来华访问、过境或出席有关活动。

双方贸易与投资不断扩大，文教、体育、卫生等领域合作富有成果。中国在太平洋岛国地区最大的投资项目巴新拉姆镍矿进入投产准备阶段。中国援建的斐济电子政务、萨摩亚新政府综合办公楼和国际会议中心、汤加塔布岛医疗保健中心、密克罗尼西亚联邦示范农场等项目竣工移交，巴新戈洛卡大学学生宿舍、汤加瓦瓦乌岛瓦伊普阿大桥、斐济低造价住房、瓦努阿图国家会议中心、萨摩亚国家医疗中心等项目顺利进行。中国为岛国举办高级外交官和防务官员等培训班并安排岛国学生来华留学，中国武术团、广东省艺术团等文化团组赴多个建交岛国访演，中国派出的医疗队、农业技术专家和体育教练继续在有关岛国提供高质量服务，斐济等岛国体育代表团来华参加第26届世界大学生夏季运动会，汤加皇家军乐队来华参加军乐节，增进了双方民间了解和友谊。

双方在国际和地区事务中保持良好沟通与协调。中国积极参与地区多边对话与合作，理解、支持岛国在可持续发展、气候变化等重大问题上的关切和主张，积极资助有关区域合作项目。外交部副部长崔天凯在出席第23届太平洋岛国论坛会后对话会期间会见太平洋岛国论坛秘书长图伊洛马·斯莱德，中国—太平洋岛国论坛对话会特使杜起文访问萨摩亚期间会见太平洋区域环境规划署主任大卫·谢泼德。第三届中国—太平洋岛国农业合作论坛在斐济成功召开。国家旅游局副局长祝善忠率团出席在瓦努阿图举行的第21届南太旅游组织部长理事会会议。

【同拉丁美洲和加勒比地区国家的关系】2011年，中国坚持平等互利、共同发展的方针政策，推动同拉丁美洲和加勒比国家全面合作伙伴关系取得新进展，各领域成果丰硕。

中国同拉美和加勒比国家高层交往频繁。国家主席胡锦涛在金砖国家领导人第三次会晤、二十国集团领导人戛纳峰会、亚太经合组织第19次领导人非正式会议期间分别会见巴西和秘鲁总统，并派特使出席巴西、阿根廷总统就职仪式和中国援建哥斯达黎加体育场启用仪式，进一步推动了双边关系发展。国家副主席习近平访问古巴、乌拉圭和智利，中方与三国共签署40项合作协议，推进了双方各领域务实合作。习近平副主席还在总部位于智利首都圣地亚哥的联合国拉丁美洲和加勒比经济委员会发表面向整个拉美地区、题为《携手开创中拉全面合作更加美好的未来》的演讲，为中拉关系发展指明了方向。中共中央政治局委员、中央政法委副书记王乐泉访问巴西、哥伦比亚，增进了中国与上述国家在政法领域的相互了解。国务院副总理王岐山出席在特立尼达和多巴哥首都西班牙港举办的第三届中国—加勒比经贸合作论坛，代表中国政府宣布了未来三年加强中加合作的六项举措，受到加勒比国家普遍欢迎。国务院副总理回良玉访问牙买加、玻利维亚和秘鲁，促进了中国同上述国家双边关系发展。中共中央政治局委员、中央军委副主席郭伯雄上将访问古巴、玻利维亚、秘鲁，推进了中国与上述国家在军事领域的交流与合作。外交部长杨洁篪访问巴哈马。巴西和玻利维亚两国总统、巴巴多斯总理、委内瑞拉全国代表大会主席、古巴部长会议副主席等分别访华，双边政治友好与互信得到进一步增强。

中国同拉美和加勒比地区组织的交流与合作取得新进展。国家主席胡锦涛电贺拉美和加勒比国家共同体成立，获得拉美国家积极反响。外交部长杨洁篪同里约集团“扩大的三驾马车”外长在联大期间举行会晤，外交部部长助理张昆生出席东亚—拉美合作论坛第五届外长会，全国人大代表团出席拉美议会第27届年会，进一步推进了中国同拉美地区组织关系。

中国同拉美和加勒比国家在国际事务中的合作进一步加强。中国同拉美国家特别是巴西、墨西哥、阿根廷等地区新兴大国围绕二十国集团、金砖国家、全球经济治理、多哈回合谈判、德班气候变化会议以及西亚北非局势等热点议题开展良好沟通与协调，为维护广大发展中国家正当权益，促进世界和平、稳定与发展作出积极贡献。

中国同拉美和加勒比国家的务实合作深入发展。2011年，中拉贸易额突破2500亿美元，中国连续三年保持拉美第二大贸易国地位。中拉双向投资规模不断扩大，中国成为拉美第三大投资来源国。中拉金融、投资、能源、基础设施、高科技等领域合作进一步扩大。中国同哥斯达黎加自由贸易协定正式生效，第五届中国—拉美企业家高峰会在秘鲁首都利马成功举行。

【同联合国的关系】2011年，中国积极参与联合国在政治与安全领域、经济领域、人权领域、社会领域以及联合国框架内军控与裁军的各项工作。9月19～28日，外交部长杨洁篪赴美国纽约出席第66届联大一般性辩论。2011年1月8～11日，第65届联大主席戴斯（瑞士人）对中国进行正式访问。8月28～30日，第66届联大当选主席纳赛尔（卡塔尔人）对中国进行正式访问。（*石宜　依翩*）

台　湾　省

【面积】约3.6万平方公里。由台湾本岛和周围21个属岛以及澎湖列岛64个岛屿组成；其中本岛面积35798平方公里，约占全省总面积的97%以上；南北长394公里，东西最宽处144公里，环岛海岸线1239公里，是中国第一大岛。目前所称的中国台湾地区，还包括台湾当局控制的福建省金门、马祖等岛屿。

【人口】2325.2万人（截至2012年5月）。2011年人口增长率为1.9‰。人口密度642人/平方公里（截至2012年4月），其中台北、高雄两大城市的人口密度为每平方公里近万人。2011年人口出生率为8.5‰。65岁以上人口252万人，占总人口的10.9%，高于联合国定义人口老龄化社会的门槛。

【简况】位于中国大陆架的东南缘，北临东海，东北接琉球群岛，东濒太平洋，南界巴士海峡与菲律宾相邻，西隔台湾海峡与福建省相望；扼西太平洋航道中心，战略地位重要。台湾岛多山，高山和丘陵面积占全部面积的2/3以上，最高峰为玉山，海拔3997米；沿海有一些狭长的平原。地处温带和热带之间，属热带和亚热带气候，年均气温约22℃，年均降水量多在2000毫米以上。

台湾自古以来就是中国不可分割的一部分。据有关研究，台湾很早以前本与大陆相连，后因海平面上升，相连的陆地部分被淹而成为海峡，台湾遂成海岛。台湾在历史上曾被称为“岱员”、“岛夷”，汉朝时称“东鯷”，三国时称“夷洲”，隋朝时称“流求”，宋、元时称“琉球”。明代叫法最多，除习称“琉球”外，亦称“台员”、“大湾”、“大园”等，明万历年间始称“台湾”，并在官方文书上正式使用。

公元230年（三国孙吴黄龙二年），吴王孙权派遣卫温、诸葛直率兵万人渡海到台，这是大陆军民东渡台湾，垦拓、经营台湾的最早记载。宋、元时期中国政府在台正式设官建制。1624年，荷兰殖民者侵占台湾南部。1626年，西班牙殖民者占领台湾北部。1642年，荷兰殖民者赶走西班牙人，占领全部台湾。1662年，民族英雄郑成功在台民众的协助下收复台湾。1683年，郑成功之孙郑克塽归顺清朝，清政府正式管辖台湾，并于1684年（清康熙二十三年）在台设“分巡台厦兵备道”及“台湾府”，隶属福建省。1727年（清雍正五年），清政府正式定“台湾”为官方统一的名称。

1840年鸦片战争以后，美、英、法、日等帝国主义国家都曾入侵过台湾。1885年，清政府将台湾划为单一行省，成为当时中国第20个行省。1895年，清政府在中日甲午战争中战败，日本迫使清政府签订《马关条约》，割让台湾、澎湖列岛。

第二次世界大战期间，中、美、英三国1943年12月1日发表的《开罗宣言》规定：日本所窃取于中国之领土，例如满洲、台湾、澎湖列岛等，归还中国。1945年7月26日，中、美、英三国签署（后苏联参加）的《波茨坦公告》重申，“《开罗宣言》之条件必将实施”。1945年8月15日，日本无条件投降。10月25日，台湾重归中国版图。1949年，蒋介石集团在中国内战中遭到彻底失败。1949年10月1日，中华人民共和国中央人民政府成立。蒋介石集团残余军政人员退踞台湾。

【政治】国民党统治集团退踞台湾后，蒋介石、蒋经国长期统治台湾。1988年1月蒋经国去世后，李登辉主政台湾。2000年3月18日，台湾地区举行第10任“总统”、“副总统”选举，民进党候选人陈水扁、吕秀莲以39.3%的得票率当选。2004年3月20日，陈、吕二人以50.11%的得票率获得连任。2008年3月22日，国民党候选人马英九、萧万长以58.45%的得票率当选正、副“总统”，并于5月20日“就职”，国民党重新上台。2012年1月14日，国民党候选人马英九、吴敦义以51.6%的得票率当选正、副“总统”，并于5月20日“就职”。

陈水扁在任期间，顽固坚持“台独”分裂路线，抛出“一边一国论”的分裂主张，不断推动“台独”分裂活动升级，尤其是企图通过推动“宪政改造”和举办“入联公投”谋求“台湾法理独立”，严重破坏两岸关系和平稳定发展，严重威胁中国主权和领土完整。陈水扁背离民意，大肆贪腐，下台后遭起诉，被判刑入狱。

马英九上台后，在两岸关系政策上，坚持“九二共识”，反对“台独”，主张两岸人民同属中华民族，海峡两岸“不是两个国家”，两岸关系“不是国与国的关系”。在“九二共识”基础上恢复两岸协商。大幅松绑两岸经贸和交流政策，推动实现两岸“三通”，开放大陆居民赴台旅游，放宽台湾企业赴大陆投资上限和类别限制，开放大陆企业赴台投资，放宽县市长、公务人员赴大陆的限制，与大陆商签两岸经济合作框架协议（ECFA）等。同时，宣称在“中华民国宪法”架构下，奉行“不统、不独、不武”的理念，维持台湾海峡的现状，秉持“以台湾为主，对人民有利”的原则。军事上，调整台军战略，采取“守势战略”。对外政策上，推行“活路外交”，着力谋求扩大台湾“国际空间”。

台湾地区的政治架构根据1946年国民党当局制定的“中华民国宪法”设置。根据“五权分立”精神，分设“立法院”、“行政院”、“司法院”、“考试院”和“监察院”。

“立法院”，台湾地区“最高立法机关”，行使“立法权”。设“院长”、“副院长”各1人，由“立法委员”选举产生。“立法院”会议每年举行2次，每次4个月，必要时延长。第八届“立法委员”于2012年1月当选，任期四年。目前，113席“立法委员”中，国民党64席，民进党40席，台湾团结联盟3席，亲民党3席，无党团结联盟2席，无党籍1席。现任“立法院长”王金平。

“行政院”，台湾地区“最高行政机关”，负责制定施政方针与重要政策，并具体推行。设“院长”、“副院长”各1人，另设“政务委员”5至7名及有关委员会处理特定事务。现任“行政院长”陈冲。

“司法院”，台湾地区“最高司法机关”，负责民事、刑事、行政诉讼审判及公务员惩戒，审理政党“违宪”等事宜，解释“宪法”及统一解释法律和命令。设“大法官”15人，包括“院长”、“副院长”各1人。下设“最高法院”、“高等法院”及其分院、“地方法院”及其分院、“行政法院”及“公务员惩戒委员会”。现任“司法院长”赖浩敏。

“考试院”，台湾地区“最高考试机关”，负责考试、公务员铨叙、考绩、级俸、升迁、褒奖、抚恤、退休等事宜。设“院长”、“副院长”各1人。现任“考试院长”关中。

“监察院”，台湾地区“最高监察机关”，行使弹劾、纠举及审计权。设“监察委员”29人，包括“院长”、“副院长”各1人，任期六年。“监察院”分设“内政”、“外交”、“国防”、财政等7个常设委员会和5个特种委员会，调查“行政院”及其各部门工作是否违法或失职。现任“监察院长”王建煊。

根据台“内政部”记录，台湾地区共有224个政党（截至2012年7月），其中影响较大的为中国国民党、民主进步党、亲民党、台湾团结联盟、无党团结联盟、新党等6个政党。台湾政坛分别以国民党、民进党为首，形成“泛蓝”（国民党党旗的颜色）和“泛绿”（民进党党旗的颜色）两大阵营。中国国民党、亲民党、新党属泛蓝阵营，民主进步党、台湾团结联盟属泛绿阵营。

中国国民党（Kuomintang，KMT）：简称“国民党”。成立于1894年11月，由孙中山创建。现为台湾地区执政党和第一大政党。2011年，公布党员人数为1090000人。

国民党的组织架构分为中央、县市、乡镇市区级党部三级。“全国代表大会”为该党最高权力机关，由全体党员选举产生。设中央委员会和中央评议委员会，中央委员会下设中央常务委员会。“全国代表大会”每两年召开一次会议，代表任期四年。主要职责为：修改党章，决定政纲、政策，通过党主席提名及“总统”、“副总统”候选人提名等。

国民党在台历任领导人为蒋介石、蒋经国、李登辉、连战、马英九、吴伯雄。现任党主席马英九，副主席林丰正、詹春柏、蒋孝严、曾永权、洪秀柱、黄敏惠，秘书长曾永权。

1949年国民党统治集团退踞台湾后，长期在台执政。2000年3月，国民党在“总统”选举中败北，沦为在野党，党主席李登辉下台，由连战代理主席。同年6月，国民党召开第十五次“全国代表大会”临时会议，连战当选党主席。在2001年“立法院”选举中，国民党沦为“立法院”第二大党。2004年3月，党主席连战与其搭档亲民党主席宋楚瑜在第11任“总统”选举中落败。2005年7月16日，国民党举行党主席选举，“立法院长”王金平、台北市长马英九参选，52万多名登记党员参加投票，马英九获37.5万票，以72.4%的得票率当选为党主席。连战任该党荣誉主席。

2005年12月3日，国民党在台湾县市长、县市议员和乡镇长“三合一”选举中获得胜利。其中在县市长方面，国民党获得23席县市长中的14席，总得票率为50.96%。

2006年7月，马英九“市长特别费案”爆发。2007年2月13日，台北地方检察署认为马贪污1117万元新台币，以涉嫌“贪污罪”对其提出起诉。马英九随即辞去国民党主席职务，同时宣布参加2008年“总统”选举。4月7日，时任国民党副主席的吴伯雄当选国民党主席。

2008年1月，台湾地区举行第七届“立法委员”选举。在“立法院”113个席位中，国民党共获得81席。3月，国民党在台湾地区领导人选举中获胜，重新执政。

2009年7月26日，马英九以28.5万票、93.87%的得票率当选国民党主席。10月17日，国民党召开第十八次代表大会，马英九正式就任党主席。连战、吴伯雄任荣誉主席，江丙坤、林丰正、詹春柏、蒋孝严、曾永权、黄敏惠为副主席。“两岸和平发展共同愿景”再度被列入国民党政纲。

12月5日，台湾17个县市举行县市长、县市议员、乡镇长“三合一”选举。国民党赢得12个县市长席位。泛蓝阵营在县市议员及乡镇长选举中赢得多数席位。

2010年11月27日，台湾举行五个“院辖市”市长选举，国民党候选人郝龙斌、朱立伦、胡志强分别当选台北市、新北市和台中市市长。

2012年1月，在与“总统”大选一起举行的第八届“立法委员”选举中，国民党获得“立法院”113个席位中的64席。

民主进步党（Democratic Progressive Party，DPP）：简称“民进党”。成立于1986年9月，2012年公布党员人数为335643人，是台湾地区第二大政党。

民进党组织结构分为中央、县市及乡镇市区党部三级。各级区域组织以党员代表大会为最高议事机关，执行委员会为执行机关，评议委员会为评议机关。“全国党员代表大会”为该党最高权力机关，每年召开一次会议。大会主要职权为修订党章、党纲、选举或罢免党主席等。

民进党历任主席为江鹏坚、姚嘉文、黄信介、许信良（两届）、施明德、林义雄、谢长廷（两届）、陈水扁（两届）、苏贞昌、游锡堃、蔡英文。现任主席苏贞昌，秘书长林锡耀。

民进党的前身是台湾的“党外运动”，吸收了台湾社会各阶层中反国民党的政治势力，其中包括“台独”分子。从20世纪70年代中期开始，“党外”人士利用创办刊物、参加选举同国民党斗争，势力逐渐发展壮大。1986年9月28日，“党外后援会”在台北圆山大饭店集会，谢长廷等人即席发起与会100多人联署组建“民主进步党”，当晚民进党召开记者会，宣布该党成立。民进党成立之初，以“公民自决论”（即所谓“台湾前途，应由台湾全体住民，以自由、民主、普遍、公平而平等的方式共同决定”）作为主要政治主张，采取“体制外抗争”的“街头运动”与“体制内竞争”的“议会斗争”相结合的策略，在“台独”问题上采取了一定程度的克制态度。

1988年李登辉主政后，对“台独”势力采取纵容态度，海外“台独”势力纷纷返台，加入民进党，其实力迅速增强，并开始公然鼓吹“台湾主权独立”等主张。1990年10月，民进党四届二次会议通过了“台湾主权决议案”（即“一〇〇七决议文”），声称台湾未来“宪政体制及内政、外交政策，应建立在事实领土范围之上”。1991年8月，民进党召开所谓“人民制宪会议”，通过了“台独”势力炮制的“台湾宪法草案”，首次提出要“建立台湾共和国”。同年10月，该党第五次“全国代表大会”将“建立主权独立自主的台湾共和国暨制定新宪法”、“台湾前途应交由台湾人以公民投票方式选择决定”等内容列入党纲。此后，民进党在1991年第二届“国大代表”选举、1992年第二届“立法委员”选举、1993年县市长选举、1994年台北市长选举、1995年第三届“立法委员”选举、1996年第三届“国大代表”选举等选举中，得票率稳步上升。

随着民进党实力的壮大和岛内多党政治的发展，民进党的斗争策略也由体制外抗争为主转变为体制内竞争，力争通过选举走上“执政之路”。在1997年底的县市长选举中，民进党的得票率和所获席次首次超过国民党。1999年5月，民进党八届二次会议通过“台湾前途决议文”，称“台湾，固然依目前宪法称为中华民国，但与中华人民共和国互不隶属，任何有关独立现状变动，都必须经由台湾全体住民以公投方式决定”。

2000年3月，在台湾地区领导人选举中，由于国民党内部分裂，民进党候选人陈水扁当选，民进党成为执政党。2001年底“立法院”改选后，民进党获得87席，首次成为“立法院”第一大党。2002年7月，陈水扁接替谢长廷成为民进党主席。2004年3月，陈水扁、吕秀莲以微弱优势连任“总统”、“副总统”。当年底，陈水扁为民进党定下在第六届“立法委员”选举中获得超过101席的目标，但结果民进党仅获89席，陈水扁被迫辞去党主席职务。

2005年1月27日，苏贞昌接任民进党主席。年底，民进党在台县市“三合一”选举中失败，苏贞昌辞去党主席职务。2006年1月26日，游锡堃接任党主席。2006年4月，民进党在“立法院”的席位从89席减到86席，沦为第二大党。2007年9月，游锡堃辞去民进党主席一职，陈水扁回任民进党主席。

2008年1月，民进党在第七届“立法委员”选举中失败，陈水扁被迫辞去党主席，谢长廷出任党主席。3月22日，谢长廷、苏贞昌在“总统”选举中惨败，民进党竭力推动的“入联公投”亦遭否决。民进党失去政权，接连遭受重大打击，陷入低谷。5月18日，民进党举行新一届党主席选举，前“行政院副院长”蔡英文当选。

民进党下台以来，顽固坚持“台独”分裂立场和目标，宣称捍卫“台湾主权”，拼命阻挠两岸关系发展，攻击马英九当局两岸政策“倾中卖台”、“损害主权”，反对两岸商签经济合作框架协议（ECFA），竭力推动“ECFA公投”。2009年7月20日，民进党向“中选会”递交“公投”提案。8月27日，台“行政院公投审议委员会”否决了民进党“ECFA公投”提案。

2009年12月5日，台湾17个县市举行“三合一”选举，民进党获得4个县市长席位，比上届（2005年）增加1席。

2010年5月23日，民进党举行第13届党主席选举，蔡英文以78192票、90.29%的得票率当选。

11月27日，民进党参加台五个“院辖市”市长选举，该党候选人赖清德和陈菊分别当选台南市、高雄市市长。

2012年5月27日，民进党举行第14届党主席选举，苏贞昌以55894票、50.47%的得票率当选。

2012年1月，在第八届“立法委员”选举中，民进党获得40席。

陈水扁弊案情况：2008年8月，陈水扁、吴淑珍夫妇向海外银行汇款7亿元新台币的丑闻曝光。民进党向民众道歉，对陈家庭涉案党员予以党内停权处分。11月11日，陈水扁被台北地方法院收押禁见。12月12日，陈水扁“国务机要费”、“洗钱”、“龙潭购地”、“南港展览馆”等四项弊案侦结，台“最高检察署”特侦组以侵占、贪污、洗钱、伪造文书及诈财等罪名对陈水扁夫妇等14人提起公诉，并请法院予陈水扁“最严厉之制裁”。2009年5月5日，特侦组以受贿、非主管监督事务图利及非法收受政治献金等罪对陈水扁夫妇追加起诉。此外，陈水扁及其家人、亲信还涉及“二次金改”、“机密外交款”、伪证等案。陈水扁弊案对民进党造成重大打击。

2009年9月11日，台北地方法院对陈水扁夫妇等13人所涉“国务机要费”等罪名及追加起诉部分作出一审判决，认为陈水扁夫妇贪污、收贿、洗钱、伪造文书等罪名成立，判处二人无期徒刑，剥夺公权终身，并各处罚金2亿和3亿元新台币。陈成为台首位被判刑的卸任领导人。陈水扁随即就一审判决结果提起上诉。

2010年6月11日，台高等法院对陈水扁家族弊案做出二审判决，陈水扁夫妇均被判处20年有期徒刑，剥夺公权10年，并各处罚金1.7亿和2亿元新台币。12月2日，陈水扁被押送至台北监狱服刑，成为台湾地区历史上第一位被判入狱的前任领导人。

2012年7月，陈水扁又因洗钱罪被判有期徒刑2年，罚金300万元新台币。11月1日，台高等法院裁定，陈水扁数罪并罚，应执行刑期为18年6个月，并科罚金1.56亿元新台币。

亲民党（People First Party，PFP）：成立于2000年3月31日，成立之初发展较快，成为台湾第三大政党。现任党主席宋楚瑜，副主席张昭雄，秘书长秦金生。

2004年3月，国民党、亲民党联盟在“总统”选举中败北后，两党酝酿合并。国民党中常会于5月19日通过“国亲合并案”。7月，合并任务小组提出在年底“立法委员”选举前暂缓合并。“立法委员”选举后，国、亲两党也未实施合并。

2007年1月22日，宋楚瑜与国民党主席马英九通过视讯会议的方式签署国亲联盟协议，确定两党在新一届“立法委员”选举中合作。4月20日，国亲两党就“立法委员”选举及两党协商合并问题达成6项共识。11月，两党完成“共同提名”，协调参加“立法委员”选举。

在2008年1月“立法委员”选举中，亲民党获得1席，另有5人以国民党名义当选区域“立法委员”，3人以国民党名义当选不分区“立法委员”。

2010年7月26日，亲民党唯一“立法委员”林正二，由于违反选罢法被解除“立法委员”职务，亲民党完全退出“立法院”。

2012年1月14日，在第八届“立法委员”选举中，亲民党获得3席。

台湾团结联盟（Taiwan Solidarity Union，TSU）：简称“台联党”。成立于2001年8月12日，系李登辉一手推动成立，主要成员多为亲李人物。该党奉李登辉为精神领袖，全面继承李登辉的分裂路线，在党纲中公然将两岸关系定位为“特殊国与国关系”，将推动“公投立法”、“台湾正名”及以台湾作为“国家定位”等也列入其中，声称台前途须由台全体人民“公投决定”，主张在两岸经贸领域继续执行李登辉“戒急用忍”政策，并且在意识形态领域加速灌输“台独认同”，鼓动教育部门扬弃过去中小学史地教材的“大中国”观点，推广乡土语言教学，将闽南话列为“第二官方语言”等。现任党主席黄昆辉，秘书长林志嘉。

2006年5月，台联党公布党版“新宪”草案，内容包括“国名正名为台湾”、“公投决定中央政府体制”、“赋予公民修宪提案权、降低复决门槛”等。

2007年1月22日，台联党新任党主席黄昆辉宣称，将走坚定的“台湾主体路线”，走照顾中产阶级与弱势群体的“中间偏左路线”。4月21日，台联党新党纲党章出炉，提出坚持“主权”在民，维护台湾主体，以新时代台湾人的价值团结台湾、确保社会正义下促进公平竞争，以及根除金权勾结、建立廉能政府等五项主张。10月底，台联党大动作展开“清党”，自行提出“立法委员”参选名单，与民进党长期结盟关系形同破裂。在2008年1月的“立法委员”选举中，台联党未获席位。在2012年1月的“立法委员”选举中，台联党获3席。

无党团结联盟（Non-Partisan Solidarity Union, NPSU）：简称“无盟”。2004年6月15日成立，由台当局前“内政部长”张博雅（女）担任首届党主席。现任主席林炳坤，秘书长陈杰儒。在2012年1月的“立法委员”选举中，无党团结联盟获2席。

新党（New Party）：成立于1993年8月，系由部分反“台独”、反李登辉的国民党少壮派“立法委员”脱党组成。现任党主席郁慕明。

【经济】农、林资源较丰富。森林面积约占全岛的1/2，树木品种多达4000余种，尤以出产樟脑和樟油闻名于世。盛产稻米、甘蔗、茶叶、热带及亚热带水果和鱼类。

自1963年起，工业在台经济中的比重超过农业。以台北为中心的北部工业区是台湾省最大的工业区，以纺织、食品、电子、机械工业为主。以高雄为中心的南部工业区，以钢铁、造船、石化业为主。电力以火力发电为主，已建成三座核电厂，第四座在建设中。陆、海、空交通运输便利，有环岛铁路、台北—高雄高速铁路；公路运输发达，有贯穿全岛南北的高速公路；海上和空中航线通往日本、东南亚以及欧、美各地，桃园、高雄为主要航空港。经济属外贸出口型，高度依赖海外市场。

20世纪80年代以来，台经济开始从制造业向高科技产业、金融业、服务业转型。台信息产业借助定牌加工（OEM）、IC设计等形式取得迅速发展，现已成为台第一大出口产业，其芯片、专用芯片、主机板、笔记本电脑、光盘机等产品的国际市场占有率较高，产量和产值均居世界前列。

2010年台湾外贸逐渐走出金融危机的阴影。2011年，台湾对外贸易总额5896.9亿美元，较同比（下同）增长12.2%。其中，出口额3082.6亿美元，增长12.3%；进口额2814.4亿美元，增长12%；全年贸易顺差268.2亿美元，增长14.8%。

2011年台湾本地生产总值（GDP）为4665亿美元，增长率为4%。人均GDP为20122美元，人均GNP20690美元。居民消费价格指数（CPI）平均上升1.42%，全年平均失业率为4.4%。

台湾现行货币为新台币（New Taiwan Dollar，简称NTD）。按2012年7月上旬汇率，1美元约合30元新台币。

【教育】台湾现行教育制度自1968年起正式推动实施，分为正规教育和技术职业教育两大体系。正规教育分为“国民”教育、高级中等教育和高等教育三个阶段。“国民”教育（即九年“国民”义务教育）是由台当局财政拨款，对6 ~ 14岁的少年儿童开办的教育，包括小学6年、中学（即初级中学）3年。高级中等教育分为高级中学3年和高级职业学校3年两种，或进入五年制专科学校学习。学生在学年龄一般为15 ~ 17岁。高等教育分为专科学校、独立学院、大学以及院校研究所。大学院校分文、理、法、医、农、工、商及其他学院。凡设有3个学院以上者称大学，不符合以上条件者称独立学院。大学或独立学院各学系办理完善、成绩优良者，得设研究所。正规高等院校的学制一般为4年，但师范院校、法律、建筑专业为5年，医学专业为6 ~ 7年。据台“教育部”统计，2011年台湾当局教育经费支出为534012446000新台币（约180亿美元），占GDP的4.42%。

台湾现有大专院校近163所，著名高等学府有台湾大学、政治大学、清华大学、交通大学、台湾师范大学、中山大学、中正大学、成功大学、中国文化大学、辅仁大学、东吴大学、淡江大学、东海大学等。

【新闻出版】截至2009年6月，台湾岛内共有无线电视台5家，有线电视台64家、广播公司172家。5家无线电视台分别是，“台湾电视公司”、“中国电视公司”、“中华电视公司”、“民间全民电视公司”、“公共电视台”。有线电视台主要有东森、中天、TVBS、三立等。台有线电视普及率为63.8%。广播电台中较有影响力的有“中广”、“央广”、飞碟、光华、复兴、宝岛客家等。网络媒体发达，台湾网民人数超过1600万，占全台人口的69.5%，宽带使用普及率超过67%。

台湾共有报社2037家，杂志社5949家，通讯社近1300家，出版社10258家。主要报刊有:《中国时报》、《联合报》、《自由时报》、《台湾时报》、《经济日报》、《苹果日报（台湾版）》、《工商时报》、《新新闻》、《新台湾》、《壹周刊》、《远见》、《财讯》、《商业周刊》、《今周刊》等。外国在台媒体76家。

台湾知名通讯社为“中央通讯社”，简称“中央社”，1924年4月1日成立于广州，由国民党创办，隶属国民党中央宣传部。1949年国民党败退台湾，“中央社”随之迁台。1995年，经台“立法院”同意，“中央社”改为台当局官方通讯社。

【台湾与祖国大陆统一问题】中国共产党和中国政府一直把解决台湾问题，实现祖国统一，作为自己神圣的历史使命，并根据国内外形势变化，适时制定、实施和发展对台方针政策，实现了从“解放台湾”到“和平统一、一国两制”的转变。邓小平同志在毛泽东同志、周恩来同志关于争取和平解决台湾问题思想的基础上，作出了和平统一的战略决策，创造性地提出“一个国家、两种制度”的伟大构想，为确立“和平统一、一国两制”的方针作出了历史性的贡献。

1978年12月，中国共产党十一届三中全会公报首次以“台湾回到祖国怀抱，实现统一大业”来代替“解放台湾”的表述。

1979年元旦，全国人大常委会发表《告台湾同胞书》，标志着我们党和政府解决台湾问题的理论和实践进入一个新的历史时期，其要点有：

（一）强调坚持一个中国的立场，反对台湾独立。这是我们与台湾当局“共同的立场，合作的基础”。

（二）强调在解决统一问题时，一定要考虑到台湾的现实情况，“尊重台湾现状和台湾各界人士的意见，采取合情合理的政策和办法，不使台湾人民蒙受损失”。

（三）提出寄希望于台湾人民。

（四）提出通过商谈结束台湾海峡军事对峙状态。

（五）提出“双方尽快实现通航通邮”，“发展贸易、互通有无、进行经济交流”（后被概括为“三通”）。

其后，叶剑英和邓小平先后就解决台湾问题的方针政策提出“叶九条”、“邓六条”。经过《告台湾同胞书》以及党和国家领导人一系列论述，特别是解决香港、澳门问题的实践，和平统一的大政方针和“一国两制”构想的内容大大丰富了。在此基础上，中国共产党和中国政府确立了“和平统一、一国两制”的基本方针。基本内容是：

（一）一个中国。

（二）两制并存。

（三）高度自治。

（四）尽最大努力争取和平统一，但不承诺放弃使用武力。

（五）解决台湾问题，实现祖国的完全统一，寄希望于台湾人民。

（六）积极促谈，争取通过谈判实现统一。

（七）积极促进两岸“三通”和各项交流，增进两岸同胞的相互了解和感情，密切两岸经济、文化关系，为实现和平统一创造条件。

（八）坚决反对任何“台湾独立”的言行。

（九）坚决反对外国势力插手和干涉台湾问题。

（十）集中精力搞好经济建设，是解决国际国内问题的基础，也是实现国家统一的基础。

1995年1月30日，江泽民总书记发表题为《为促进祖国统一大业的完成而继续奋斗》的重要讲话，精辟地阐述了“和平统一、一国两制”的精髓，提出了发展两岸关系、推进祖国和平统一进程的八项主张（简称“八项主张”），成为解决台湾问题的纲领性文件。其主要内容是：

（一）坚持一个中国的原则，是实现和平统一的基础和前提。中国的主权和领土决不容许分割；任何制造“台湾独立”的言论和行动，都应坚决反对；主张“分裂分治”、“阶段性两个中国”等等，违背一个中国的原则，也应坚决反对。

（二）对于台湾同外国发展民间性经济文化关系，不持异议。

（三）主张海峡两岸进行和平统一谈判。谈判可以分步骤进行；在谈判过程中，可以吸收两岸各党派、团体有代表性的人士参加。

（四）努力实现和平统一，中国人不打中国人。不承诺放弃使用武力，决不是针对台湾同胞，而是针对外国势力干涉中国统一和搞“台湾独立”的图谋的。

（五）大力发展两岸经济交流与合作，不以政治分歧去影响、干扰两岸经济合作，以利于两岸经济共同繁荣，造福整个中华民族。

（六）中华各族儿女共同创造的五千年灿烂文化，是维系全体中国人的精神纽带，也是实现和平统一的一个重要基础。

（七）2100万台湾同胞，都是中国人，都是骨肉同胞、手足兄弟。充分尊重台湾同胞的生活方式和当家做主的愿望，保护台湾同胞的一切正当权益。

（八）欢迎台湾当局的领导人以适当身份前来访问，也愿意接受台湾方面的邀请，前往台湾。

进入新世纪以来，中国共产党和中国政府领导全国各族人民，继续发展两岸关系，推进祖国和平统一进程。2000年10月，中国共产党十五届五中全会将“完成祖国统一”列为党在本世纪的三大任务之一。2002年11月，党的十六大提出了今后一个时期对台工作的指导思想和基本要求。以胡锦涛同志为总书记的党中央陆续发表对两岸关系重大问题的主张，赋予对台方针政策新的内涵。

2003年3月11日，胡锦涛总书记出席十届全国人大一次会议台湾省代表团会议时，提出对台工作四点意见：始终坚持一个中国原则；大力促进两岸的经济文化交流；深入贯彻寄希望于台湾人民的方针；团结两岸同胞共同推进中华民族的伟大复兴。

2005年3月4日，胡锦涛总书记在参加全国政协十届三次会议民革、台盟、台联联组会时发表重要讲话，就发展两岸关系提出四点意见：坚持一个中国原则决不动摇；争取和平统一的努力决不放弃；贯彻寄希望于台湾人民的方针决不改变；反对“台独”分裂活动决不妥协。

3月14日，十届全国人大三次会议表决通过《反分裂国家法》。这是中国政府将关于解决台湾问题的大政方针以法律的形式固定下来，充分表明我们争取和平统一的极大诚意和坚决制止“台独”的坚强意志。

4月29日，胡锦涛总书记与国民党主席连战举行会谈，就构建和平稳定发展的两岸关系提出四点主张：（一）建立政治上的互信，相互尊重，求同存异。（二）加强经济上的交流合作，互利互惠，共同发展。（三）

开展平等协商，加强沟通，扩大共识。（四）鼓励两岸民众加强交往，增进了解，融合亲情。会谈后，双方发表会谈新闻公报，发布“两岸和平发展共同愿景”，内容包括：促进尽速恢复两岸谈判，共谋两岸人民福祉；促进终止敌对状态，达成和平协议；促进两岸经济全面交流，建立两岸经济合作机制；促进协商台湾民众关心的参与国际活动的问题；建立党对党定期沟通平台。

5月12日，胡锦涛总书记与率团访问大陆的亲民党主席宋楚瑜举行会谈，并发表会谈公报。

2006年4月16日，胡锦涛总书记会见来京参加两岸经贸论坛的中国国民党荣誉主席连战时强调，和平发展理应成为两岸关系发展的主题，成为两岸同胞共同为之奋斗的目标。胡总书记就推动两岸关系和平发展提出四点建议：第一，坚持“九二共识”，是实现两岸关系和平发展的重要基础。第二，为两岸同胞谋福祉，是实现两岸关系和平发展的根本归宿。第三，深化互利双赢的交流合作，是实现两岸关系和平发展的有效途径。第四，开展平等协商，是实现两岸关系和平发展的必由之路。

2007年10月15日，胡锦涛总书记在党的十七大报告中指出：解决台湾问题、实现祖国完全统一，是全体中华儿女的共同心愿。我们将遵循“和平统一、一国两制”的方针和现阶段发展两岸关系、推进祖国和平统一进程的八项主张，坚持一个中国原则决不动摇，争取和平统一的努力决不放弃，贯彻寄希望于台湾人民的方针决不改变，反对“台独”分裂活动决不妥协，牢牢把握两岸关系和平发展的主题，真诚为两岸同胞谋福祉、为台海地区谋和平，维护国家主权和领土完整，维护中华民族根本利益。

2008年3月4日，胡锦涛总书记在参加全国政协十一届十次会议民革、台盟、台联联组会时指出，要牢牢把握两岸关系和平发展的主题，真诚为两岸同胞谋福祉，为台海地区谋和平，维护国家主权和领土完整，维护中华民族根本利益。要最广泛地团结台湾同胞，团结的人越多越好。只有实现大团结，才能促进两岸关系大发展。

4月12日，胡锦涛总书记在博鳌论坛会见萧万长时指出，当前，两岸经济交流合作面临着重要的历史机遇，需要双方共同努力，大力推进。在新的形势下，我们将继续推动两岸经济文化等各领域交流合作，继续推动两岸周末包机和大陆居民赴台旅游的磋商，继续关心台湾同胞福祉并切实维护台湾同胞的正当权益，继续促进恢复两岸协商谈判。

4月29日，胡锦涛总书记会见中国国民党荣誉主席连战时指出，当前台海局势发生了积极变化，两岸关系呈现出良好发展势头。两岸双方应共同努力，建立互信、搁置争议、求同存异、共创双赢，切实为两岸同胞谋福祉，为台海地区谋和平，开创两岸关系和平发展新局面。

5月28日，胡锦涛总书记与中国国民党主席吴伯雄举行会谈时指出，在国共两党和两岸同胞共同努力下，台湾局势发生积极变化，两岸关系发展面临难得的历史机遇。这一局面来之不易，值得倍加珍惜。希望国共两党和两岸双方共同努力，建立互信、搁置争议、求同存异、共创双赢，继续遵循并切实落实“两岸和平发展共同愿景”，以富有成效的努力，扎扎实实推动两岸关系不断取得实际进展，增强广大台湾同胞对两岸关系和平发展的信心。胡主席强调，反对“台独”、坚持“九二共识”是双方建立互信的根本基础。

6月13日，胡锦涛总书记会见台湾海基会董事长江丙坤时指出，海协会和海基会在“九二共识”的共同政治基础上恢复协商并取得实际成果，标志着新形势下两岸关系改善和发展有了一个良好开端，表明双方有智慧、有能力通过协商谈判解决有关问题，造福两岸同胞。只要双方秉持建立互信、搁置争议、求同存异、共创双赢的精神，就一定能够不断推动两岸协商进程，不断取得更多积极成果。并指出，我们应该把这一精神贯彻于两会协商之中，希望两会今后在协商中做到平等协商、善意沟通、积累共识、务实进取。

12月31日，胡锦涛总书记在纪念全国人大常委会发表《告台湾同胞书》30周年座谈会上发表题为《携手推动两岸关系和平发展　同心实现中华民族伟大复兴》的重要讲话。讲话在党的十七大关于对台工作总体要求和中央对台大政方针的基础上，深刻阐述了中央为继续推进两岸关系和平发展、促进祖国和平统一提出的重大主张和方针政策，体现了我们为两岸同胞谋福祉、为台海地区谋和平、为中华民族谋复兴的决心和诚意，是新形势下指导对台工作的纲领性文件。讲话重点阐述了两岸关系和平发展的重要思想，提出了推动两岸关系和平发展的六点意见。指出解决台湾问题的核心是实现祖国统一，目的是维护和确保国家主权和领土完整，追求包括台湾同胞在内的全体中华儿女的幸福，实现中华民族伟大复兴。以和平方式实现祖国统一最符合包括台湾同胞在内的中华民族根本利益，也符合求和平、谋发展、促合作的时代潮流。我们一定要以最大诚意、尽最大努力争取祖国和平统一。首先要确保两岸关系和平发展。要牢牢把握两岸关系和平发展的主题，把坚持大陆和台湾同属一个中国作为推动两岸关系和平发展的政治基础，把深化交流合作、推进协商谈判作为推动两岸关系和平发展的重要途径，把促进两岸同胞团结奋斗作为推动两岸关系和平发展的强大动力，继续反对“台独”分裂活动是推动两岸关系和平发展的必要条件。推动两岸关系和平发展六点意见的要点是：

一、恪守一个中国，增进政治互信。维护国家主权和领土完整是国家核心利益。两岸在事关维护一个中国框架这一原则问题上形成共同认知和一致立场，就有了构筑政治互信的基石，什么事情都好商量。

二、推进经济合作，促进共同发展。两岸同胞要开展经济大合作。我们期待实现两岸经济关系正常化，推动经济合作制度化。两岸可以为此签订综合性经济合作协议，建立具有两岸特色的经济合作机制，以最大限度实现优势互补、互惠互利。

三、弘扬中华文化，加强精神纽带。两岸同胞要共同继承和弘扬中华文化优秀传统。我们将继续采取积极措施，包括愿意协商两岸文化教育交流协议，推动两岸文化教育交流合作迈上范围更广、层次更高的新台阶。

四、加强人员往来，扩大各界交流。两岸同胞要扩大交流，两岸各界及其代表性人士要扩大交流，加强善意沟通，增进相互了解。

五、维护国家主权，协商涉外事务。两岸在涉外事务中避免不必要的内耗，有利于增进中华民族整体利益。对于台湾参与国际组织活动问题，在不造成“两个中国”、“一中一台”的前提下，可以通过两岸务实协商作出合情合理安排。

六、结束敌对状态，达成和平协议。海峡两岸中国人有责任共同终结两岸敌对的历史。为有利于两岸协商谈判、对彼此往来作出安排，两岸可以就在国家尚未统一的特殊情况下的政治关系展开务实探讨。为有利于稳定台海局势，减轻军事安全顾虑，两岸可以适时就军事问题进行接触交流，探讨建立军事安全互信机制问题。在一个中国原则的基础上，协商正式结束两岸敌对状态，达成和平协议，构建两岸关系和平发展框架。

2009年5月26日，胡锦涛总书记会见国民党主席吴伯雄，就在新的起点上进一步推动两岸关系向前发展发表重要意见，主要内容包括：

（一）关于增进两岸政治互信。2008年5月以来，两岸双方在反对“台独”、坚持“九二共识”的基础上建立了互信，从而推动解决了两岸关系中一系列复杂问题。考虑到今后两岸关系的发展前景，包括需要逐步破解一些政治难题，巩固和增进双方的政治互信尤为重要。坚持大陆和台湾同属一个中国是关键所在。

（二）关于两岸经济合作。今后一个时期仍然要把全面加强两岸经济合作作为重点，当前最突出的任务是共同应对国际金融危机冲击。考虑到两岸同胞是一家人，我们采取了一些实际措施同你们共克时艰。今后，如果形势需要，我们还会继续这样做。签订两岸经济合作协议，关键是协议内容要有利于两岸经济共同发展、两岸同胞福祉增进，有利于建立具有两岸特色的经济合作机制。双方应该共同推进商签协议准备工作，争取下半年谈起来。

（三）关于加强两岸文化教育交流。要比以往更加努力地开展两岸文化教育交流，共同传承和弘扬中华文化，增强中华文化认同、中华民族认同。

（四）关于涉外事务。中华台北卫生署应邀派出人员作为观察员参加了世界卫生大会。这表明，两岸中国人有能力、有智慧妥善解决台湾参与国际组织活动问题，也表明我们促进两岸关系和平发展的诚意。

（五）关于结束两岸敌对状态、达成和平协议。促进正式结束两岸敌对状态、达成和平协议，是“两岸和平发展共同愿景”提出的目标，已经成为两岸双方的重要主张。我们提出，两岸可以就国家尚未统一的特殊情况下的政治关系问题、建立两岸军事安全互信机制问题进行务实探讨，表明了我们解决问题的积极思考。两岸协商总体上还是要先易后难、先经后政、把握节奏、循序渐进，但双方要为解决这些问题进行准备、创造条件。双方可以先由初级形式开始接触，积累经验，以逐步破解难题。

（六）关于国共两党交流对话。国共两党交流对话特别是高层交往对保持两岸关系发展势头具有不可替代的重要作用。国共论坛是一个成功的论坛，应该继续办下去，而且要越办越好。同时，两岸关系发展需要两岸广大同胞特别是基层民众参与。

2010年4月29日，胡锦涛总书记会见出席上海世博会开幕式的国民党荣誉主席连战、吴伯雄和亲民党主席宋楚瑜等台湾各界人士时，就两岸关系发展提出四点意见：一是要继续增进两岸政治互信，不断增强两岸关系和平发展的推动力；二是要继续扩大两岸各界交流，不断激发两岸关系和平发展的生命力；三是要继续深化经济合作，不断提高两岸经济的竞争力；四是要继续推动两岸关系和平发展，不断增强中华民族的凝聚力。

7月12日，胡锦涛总书记会见国民党荣誉主席吴伯雄时强调，两岸经济合作框架协议是一份为民谋利、互利双赢、影响深远的好协议，符合两岸同胞共同利益，符合中华民族整体利益。协议的签署是两岸关系和平发展的重要成果，标志着两岸经济合作进入新的阶段，向两岸同胞展现了我们共同推动两岸关系和平发展的决心。这也再次表明，在反对“台独”、坚持“九二共识”的共同政治基础上，只要双方良性互动、平等协商，就能够推动两岸关系不断向前发展，也能够为逐步解决制约两岸关系发展的难题找到可行办法。推动两岸关系和平发展，不但要厚植共同利益，也要增强休戚与共的民族认同。两岸双方增进在共同政治基础上的互信，对下一步两党和两岸关系发展至为重要。真诚希望两岸都从中华民族长远利益出发，通过增进互信，求同存异，为两岸关系和平发展创造更有利的条件。

11月13日，胡锦涛总书记在日本横滨APEC会议期间会见国民党荣誉主席连战时指出，两岸签订经济合作框架协议，标志着两岸关系发展取得新的重要成果。继续推进两岸关系持续稳定发展，需要我们珍惜成果，巩固基础，保持正确方向。我们将继续按照先易后难、先经后政、循序渐进的思路，深化两岸经济合作，促进两岸文教交流，扩大两岸各界交往，稳步推进两岸关系。两岸关系得以实现历史性转折并取得一系列重要进展，关键在于两岸双方就反对“台独”、坚持“九二共识”达成了一致，建立了互信，形成了良性互动。两岸应当继续在此基础上求同存异，巩固和增进互信。

2011年5月10日，胡锦涛总书记会见国民党荣誉主席吴伯雄时强调，面对新形势，我们要牢牢把握两岸关系和平发展大局，巩固政治基础，坚持正确方向，推进协商谈判，扩大交流合作，为两岸关系发展创造更好条件。胡锦涛就推动两岸关系发展提出四点意见：第一，要继续把握两岸关系和平发展大局；第二，要继续维护国共两党、两岸双方的良性互动；第三，要继续稳步推进两岸交流合作；第四，要继续保障台湾基层民众共享两岸交流合作成果。

7月1日，中国共产党建党90周年纪念大会在北京举行，胡锦涛总书记在大会上发表重要讲话。胡总书记表示，要牢牢把握两岸关系和平发展主题，全面深化两岸交流合作，扩大两岸各界往来，共同反对和遏制“台独”分裂活动，为两岸同胞谋幸福，为中华民族创未来。

7月12日，中共中央总书记胡锦涛在北京人民大会堂参加两岸万名青年大交流主题联欢活动。总书记指出，近年来，两岸关系保持和平发展的良好态势。正是由于两岸关系的改善和发展，两岸青年朋友才有机会像今天这样自由往来。胡锦涛特别强调，青年昭示着未来，推动两岸关系未来发展归根到底要靠青年。希望两岸青年一代接过发展两岸关系的接力棒，更加踊跃地投身到两岸交流合作中来，携手开创中华民族伟大复兴的美好未来。

11月11日，中共中央总书记胡锦涛在美国夏威夷会见中国国民党荣誉主席连战。胡锦涛表示，3年多来，在两岸双方共同努力下，台海局势发生重大积极变化，两岸关系开创出和平发展新局面。事实证明，两岸关系和平发展符合两岸同胞共同意愿，符合中华民族整体利益，方向是正确的。两岸双方应该继续努力，牢牢把握两岸关系和平发展主题，巩固反对“台独”、认同“九二共识”的共同政治基础，把两岸关系良性发展势头保持下去。“九二共识”是1992年由两岸正式授权的民间团体达成的，是客观存在的事实。“九二共识”的精髓是求同存异，这体现了对待两岸间政治问题的务实态度。认同“九二共识”是两岸开展对话协商的必要前提，也是两岸关系和平发展的重要基础。为了保持台海形势稳定，为了两岸民众福祉，双方应该继续坚持和维护“九二共识”，增进政治互信，继续引领和推动两岸关系开辟新的前景。

2012年2月29日至3月1日，对台工作会议在北京举行。中共中央政治局常委、全国政协主席贾庆林出席会议并作重要讲话。贾庆林强调，要坚持中央对台工作大政方针，以持续推进两岸关系和平发展为主题，以深入贯彻寄希望于台湾人民的方针为主线，进一步扎实有效做好各项对台工作，进一步巩固深化两岸关系和平发展，为实现祖国和平统一大业创造有利条件。

3月22日，中共中央总书记胡锦涛在北京人民大会堂会见中国国民党荣誉主席吴伯雄。胡锦涛强调，在反对“台独”、认同“九二共识”的基础上推动两岸关系和平发展，符合两岸同胞的共同愿望，符合中华民族的整体利益，符合时代发展进步的潮流。我们应该沿着这条正确道路继续向前迈进，不断巩固成果、深化合作，努力再创新局，为台海地区谋和平，为两岸同胞谋福祉，为中华民族谋复兴。两党和两岸双方继续巩固和增进政治互信，仍然是今后两岸关系保持良好发展势头的首要关键和前进动力。增进政治互信，重在坚持“九二共识”，坚决反对“台独”。为此，需要采取实际行动，作出更多努力。两岸虽然还没有统一，但中国领土和主权没有分裂，大陆和台湾同属一个中国的事实没有改变。确认这一事实，符合两岸现行规定，应该是双方都可以做到的。维护一个中国框架，对增进双方政治互信有利，对两岸关系稳定发展有利。同时，两岸双方可以通过加强两岸文化交流，宣导认同中华文化、中华民族的理念，增进台湾同胞身为中国人的认同。在此基础上搁置争议、求同存异、良性互动，这是两党和两岸双方这些年彼此交往的一条基本经验，也是两岸关系改善发展的重要条件。希望双方继续保持良性互动，维护两岸关系的积极和谐气氛。要继续稳步推进两岸经济文化等领域的交流合作。双方应该积极促进两岸经济合作框架协议各项后续商谈取得新成果，推动两岸产业合作取得实质进展，积极扩大金融领域互利合作。同时，双方还应该积极考虑在文化教育领域商签相关协议，以推动两岸文教交流机制化和向更高水平迈进。希望通过双方共同努力，使两岸同胞在经济合作中增加共同利益，在文化交流中增强精神纽带，在直接往来中增进彼此感情，真正像一家人一样，携手推动两岸关系和平发展。

4月1日，中共中央政治局常委、国务院副总理李克强在海南省博鳌会见出席博鳌亚洲论坛2012年年会的台湾两岸共同市场基金会最高顾问吴敦义时表示，希望两岸各界进一步携手合作，增进相互信任，厚植共同利益，融洽同胞感情，不断推动两岸关系向前迈进。两岸双方应共同努力，促进两岸经济合作在新的起点上开拓创新，更好地适应两岸经济发展的要求，更多地让两岸广大民众共享和平发展成果。

7月28日，中共中央政治局常委、全国政协主席贾庆林出席第八届两岸经贸文化论坛开幕式并发表演讲。贾庆林就开辟两岸关系和平发展更加光明的前景提出四点意见：巩固政治基础，保持和平发展势头；深化经贸合作，扩大和平发展成效；加强文教交流，拓展和平发展内涵；造福两岸同胞，汇聚和平发展力量。贾庆林强调，巩固共同政治基础，不断增进互信，是保持两岸关系正确方向和良好势头的首要关键。当前，增进政治互信就是要维护和巩固一个中国的框架。两岸虽然尚未统一，但中国的领土和主权没有分裂。一个中国框架的核心是大陆和台湾同属一个国家，两岸关系不是国与国的关系。两岸从各自现行规定出发，确认这一客观事实，形成共同认知，就确立、维护和巩固了一个中国框架。在此基础上，双方可以求同存异，增强彼此的包容性。两岸双方应本着对历史、对人民负责的态度，充分发挥政治智慧，采取更多实际行动，巩固和深化双方的“同”，搁置并包容彼此的“异”，积极探讨国家尚未统一特殊情况下的两岸政治关系，为逐步解决两岸关系中的深层次问题开辟道路。在此过程中，应摒弃各种不合时宜的对立思维，积极促进两岸民众增强“两岸一家人”的观念。

9月7日，中共中央总书记胡锦涛在俄罗斯符拉迪沃斯托克会见了中国国民党荣誉主席连战。胡锦涛就巩固和深化两岸关系和平发展阐述了三点看法：第一，要坚定不移走两岸关系和平发展道路。两岸关系和平发展道路，符合两岸同胞共同愿望，符合中华民族整体利益，符合时代发展进步潮流。我们必须坚持这条务实道路，保持这一正确方向，加强两岸关系和平发展的制度化建设。第二，要不断巩固两岸关系和平发展的政治基础。这几年，两岸双方确立了反对“台独”、坚持“九二共识”的共同政治基础，这是确保两岸关系沿着正确道路前进的关键所在。巩固和深化两岸关系和平发展，需要我们不断增进互信、扩大共识，尤其是要在共同坚持一个中国原则这一重大问题上毫不动摇，态度鲜明。第三，要在世界格局变化和民族复兴的历史进程中把握两岸关系的前途。当今世界格局正在经历重大变革，国际力量对比发生着深刻变化。实现民族复兴，是近代以来中华儿女为之奋斗的夙愿，两岸关系和平发展应该成为中华民族伟大复兴的重要组成部分。两岸同胞应该更紧密地携起手来，共同壮大全民族的整体实力，共同应对复兴进程中面临的各种挑战。

9月18日，中共中央政治局常委、全国政协主席贾庆林在南京会见了中国国民党荣誉主席连战。贾庆林强调，两岸关系正面临继往开来的新形势，同时也面对巩固深化的新要求，机遇和挑战并存，机遇大于挑战。我们两党和两岸双方应当进一步总结有益经验，坚持正确方向，保持良性互动，采取积极举措，克服各种阻碍，不断加强两岸关系和平发展的制度化建设。要使两岸关系和平发展的基础更为牢固、方向更为明确、动力更为强劲、趋势更加不可逆转。贾庆林指出，当前，两岸中国人正迎来共同繁荣发展、共谋民族振兴的历史机遇，中华民族任人欺凌的时代已经一去不复返了。最近，日本在钓鱼岛问题上的所作所为，严重侵犯了中国的领土主权，也严重伤害了两岸同胞的民族感情。在民族大义面前，两岸双方应超越彼此分歧，以各自的方式，共同维护国家的领土完整，共同维护民族的利益和尊严。

10月7日，国务委员戴秉国在北京会见了来京参访的台湾维新基金会董事长谢长廷，双方就共同关心的问题交换了意见。

10月17日，中共中央政治局常委、全国政协主席贾庆林会见了来访的台湾海基会董事长林中森。贾庆林就不断开创两岸关系和平发展的新局面提出四点意见：一是要进一步坚定信念。二是要进一步巩固基础。三是要进一步发挥智慧。四是要进一步增强勇气。

2012年11月8～14日，中国共产党第十八次全国代表大会在北京召开。党的十八大报告指出，解决台湾问题、实现祖国完全统一，是不可阻挡的历史进程。和平统一最符合包括台湾同胞在内的中华民族的根本利益。实现和平统一首先要确保两岸关系和平发展。必须坚持“和平统一、一国两制”方针，坚持发展两岸关系、推进祖国和平统一进程的八项主张，全面贯彻两岸关系和平发展重要思想，巩固和深化两岸关系和平发展的政治、经济、文化、社会基础，为和平统一创造更充分的条件。

我们要始终坚持一个中国原则。大陆和台湾虽然尚未统一，但两岸同属一个中国的事实从未改变，国家领土和主权从未分割、也不容分割。两岸双方应恪守反对“台独”、坚持“九二共识”的共同立场，增进维护一个中国框架的共同认知，在此基础上求同存异。对台湾任何政党，只要不主张“台独”、认同一个中国，我们都愿意同他们交往、对话、合作。

我们要持续推进两岸交流合作。深化经济合作，厚植共同利益。扩大文化交流，增强民族认同。密切人民往来，融洽同胞感情。促进平等协商，加强制度建设。希望双方共同努力，探讨国家尚未统一特殊情况下的两岸政治关系，作出合情合理安排；商谈建立两岸军事安全互信机制，稳定台海局势；协商达成两岸和平协议，开创两岸关系和平发展新前景。

我们要努力促进两岸同胞团结奋斗。两岸同胞同属中华民族，是血脉相连的命运共同体，理应相互关爱信赖，共同推进两岸关系，共同享有发展成果。凡是有利于增进两岸同胞共同福祉的事情，我们都会尽最大努力做好。我们要切实保护台湾同胞权益，团结台湾同胞维护好、建设好中华民族共同家园。

我们坚决反对“台独”分裂图谋。中国人民绝不允许任何人任何势力以任何方式把台湾从祖国分割出去。“台独”分裂行径损害两岸同胞共同利益，必然走向彻底失败。

全体中华儿女携手努力，就一定能在同心实现中华民族伟大复兴进程中完成祖国统一大业。

【两岸往来简况】1979年1月全国人大常委会发表《告台湾同胞书》，标志着两岸关系进入了一个新的发展阶段。在祖国大陆的推动下，在两岸同胞的共同努力下，1987年底两岸同胞隔绝状态被打破，两岸人员往来和各项交流迅速发展起来。

20世纪90年代中期后，随着李登辉实行“戒急用忍”政策和抛出“两国论”分裂主张，两岸交流受到严重干扰和破坏。陈水扁执政八年间，顽固坚持“一边一国论”，拒绝承认“九二共识”，推行一系列“台独”活动，破坏两岸关系和平稳定。但是求和平、求安定、求发展一直是台湾社会的民意，在祖国大陆“和平统一、一国两制”方针政策推动下，经过两岸同胞共同努力，双方人员往来、经贸交流合作都保持了稳步发展势头。

2005年，国民党副主席江丙坤、主席连战，亲民党主席宋楚瑜，新党主席郁慕明相继率团访问大陆。江丙坤与中共中央台湾工作办公室主任陈云林举行会谈，双方就加强两岸经贸等领域的交流与合作取得12项初步成果。胡锦涛总书记先后与连战、宋楚瑜会谈，就反对“台独”、坚持“九二共识”等促进两岸关系改善和发展的重大问题及与国民党、亲民党的交往事宜，广泛深入地交换了意见，达成重要共识。

2006年，两岸经贸论坛、两岸农业合作论坛相继在北京和海南博鳌举行，全国政协主席贾庆林、国民党荣誉主席连战以及两岸工商界代表、农业界人士、专家学者与会。中共中央台湾工作办公室主任陈云林在两岸经贸论坛上宣布了促进两岸交流合作、惠及台湾同胞的15项政策措施，在两岸农业合作论坛上宣布20项政策措施。

2007年4月28～29日，第三届两岸经贸文化论坛在北京举办，来自海峡两岸的500多位代表，就两岸同胞关心的问题展开深入探讨。全国政协主席贾庆林、国民党荣誉主席连战与会。论坛达成六项共同建议。教育部、公安部、人事部、交通部、民航总局和国家旅游局负责人宣布了13项进一步促进两岸交流交往与合作的政策措施。

2008年4月，胡锦涛总书记会见了出席博鳌亚洲论坛年会的两岸共同市场基金会董事长萧万长。胡总书记指出，当前两岸经济交流合作面临着重要的历史性机遇，需要双方共同努力，大力推进。在新的形势下，我们将继续推动两岸经济文化等各领域交流合作，继续推动两岸周末包机和大陆居民赴台旅游的磋商，继续关心台湾同胞福祉并维护台湾同胞的正当权益，继续促进两岸恢复协商谈判。

“5·12”四川汶川地震发生后，台湾各界踊跃捐助和救援，其中捐款近19亿元人民币。

12月20～21日，第四届两岸经贸文化论坛在上海举行。全国政协主席贾庆林、国民党主席吴伯雄、荣誉主席连战出席。贾庆林主席在开幕式上发表重要讲话，就全面扩大和深化两岸经济交流合作提出五点建议，并表示如果世界经济形势持续恶化，台湾方面提出缓解经济困难的要求，大陆方面愿意尽最大努力，提供协助。论坛就两岸加强合作，共同应对国际金融危机达成九项共同建议，中共中央台办主任王毅在会上宣布大陆方面的十项政策措施。

2009年春节，大陆同胞赠送的大熊猫“团团”、“圆圆”正式与台湾民众见面，反响热烈。

3月20～23日，“海峡两岸客家高峰论坛”在台北举行，原全国人大常委会副委员长许嘉璐以世界汉语教学学会会长身份与会，成为首位赴台访问的离任国家领导人。

3月28日至4月1日，第二届世界佛教论坛在无锡和台北两地召开，成为两岸宗教界首次共同举办的大型国际性宗教多边论坛。

4月18日，国务院总理温家宝在海南省博鳌会见了出席博鳌亚洲论坛2009年年会的台湾两岸共同市场基金会最高顾问钱复一行。

5月15～22日，首届海峡论坛在福建举行。论坛以“扩大民间交流、加强两岸合作、促进共同发展”为主题，是专为两岸普通民众打造的交流平台。首届论坛由两岸54个机构共同主办，台湾25个县市的8000多位各界人士与会。中共中央政治局常委、全国政协主席贾庆林和国民党副主席、桃园县长朱立伦出席有关活动。中台办、国台办主任王毅在论坛开幕式上宣布推出协助缓解台湾经济困难的八项落实方案。

7月1日起，台湾开放制造业、服务业和公共建设领域的192项大陆资本赴台投资项目。两岸投资由单向发展为双向。

7月11～12日，第五届两岸经贸文化论坛在湖南长沙举行，以加强两岸文化教育合作为主题。全国政协主席贾庆林、国民党主席吴伯雄出席论坛并发表演讲，两岸各界人士及专家学者约500余人与会。大陆四部门公布了促进两岸文化教育交流的多项政策措施。论坛提出了6个方面29项共同建议。

8月8日，“莫拉克”台风袭击台湾，造成台中南部地区重大生命财产损失。海协会致函海基会表示慰问。大陆各界捐款近8亿元人民币。

11月5～8日，两岸农渔水利合作交流会分两阶段在上海和浙江举行，中共中央政治局常委、全国政协主席贾庆林和亲民党主席宋楚瑜出席会议并致辞。会议就深化两岸农渔水利合作提出12项共同建议。

11月13日，“两岸一甲子”研讨会在台举行，首次在岛内就包括政治议题在内的广泛议题进行了探讨。前中央党校常务副校长郑必坚率团出席。

2010年1月16日，两岸金融监管合作备忘录（MOU）正式生效。MOU内容包括两岸银行、证券及期货、保险业等多个层面的监管合作，涉及信息交换、信息保密、共同监管、事后联系与互访以及危机处理等。

2月12日（农历腊月二十九），胡锦涛总书记赴福建省漳州市看望在当地创业的台商，并向广大台湾同胞致以新春祝福。

3月17日，两岸民间文化交流座谈会在北京举行，海协会会长陈云林与"海峡两岸民意代表联谊会"会长饶颖奇共同主持。

3月24～30日，海基会董事长江丙坤率大陆华中台商访问团赴湖南、安徽、江西三省寻访商机并考察台资企业发展情况，在长沙与海协会会长陈云林会见。

4月10日，国家副主席习近平会见了出席博鳌亚洲论坛2010年年会的台湾两岸共同市场基金会最高顾问钱复一行。

4月14日，青海玉树发生地震。海基会致函海协会表示慰问，台红十字组织召集20人医疗团队赴青海参加救援行动，台湾有关方面通过海基会捐款100万美元用于灾后重建。

4月28日，2010年海峡两岸企业家紫金山峰会在南京举行，会议以"创新转型、合作共赢——海峡两岸经贸关系的愿景"为主题，中国国民党荣誉主席连战，中台办、国台办主任王毅和海协会会长陈云林出席开幕式。两岸政界、商界共600多人与会。

5月1日，上海世博会盛大开幕，台湾各界人士密集参访。台湾馆、城市最佳实践区台北案例馆、震旦馆各具特色，受到观众欢迎。

5月初，海峡两岸旅游协会（海旅会）与台湾海峡两岸观光旅游协会（台旅会）互设办事机构分别在台北和北京挂牌运作。海旅会副秘书长范贵山为首任驻台代表，台旅会首任驻北京办事处代表为杨瑞宗。

6月19～25日，第二届海峡论坛在福建举行。中共中央政治局常委、全国政协主席贾庆林出席论坛并会见了台湾嘉宾。国民党副主席、嘉义市长黄敏惠及郁慕明、秦金生、林炳坤、许荣淑等台湾知名人士出席论坛。本届论坛由两岸62个机构共同主办，在福建省9个区市举办了25场交流活动。台湾25个县市、30个界别逾万名民众参加。

7月8～11日，第六届两岸经贸文化论坛在广州市举行，以"加强新兴产业合作，提升两岸竞争力"为主题。中共中央政治局常委、全国政协主席贾庆林和中国国民党荣誉主席吴伯雄出席论坛并致辞。两党有关方面负责人、台湾其他党派代表、两岸经济、科技产业以及文教、体育等各界人士和专家学者400余人出席，提出了22条共同建议。

8月17日，台"立法院"审议通过《海峡两岸经济合作框架协议》（ECFA）。ECFA于9月12日正式生效。

8月19日，台"立法院"正式通过"陆生三法"修正案，标志着台湾将正式承认大陆41所高校学历，并有限制地开放大陆学生赴台湾大专院校就学。

9月2～8日，文化部长蔡武以中华文化联谊会名誉会长身份赴台交流访问，提出希望两岸通过协商适时签署文化交流协议的建议，得到两岸文化界响应。

10月26日，台"警政署长"王卓钧以台湾刑事侦防协会顾问身份参访大陆，成为台湾警界参访大陆的最高层级官员。两岸警方就落实《两岸共同打击犯罪及互助司法协议》达成多项共识。

11月6日，台北花博会隆重开幕，北京、上海、西安花卉协会赴台设馆参展。

11月8日，中华台北奥委会派出560人代表团参加广州亚运会。国民党荣誉主席吴伯雄出席了开幕式。中华台北队共获13金、16银、38铜，列奖牌榜第七位。

2011年1月1日，ECFA早期收获清单正式开始实施，按照降税安排，台湾对大陆267项产品、大陆对台湾539种产品将逐步降低关税，并在三年内全部降为零。

3月14日，第十一届全国人大第四次会议讨论并通过《关于国民经济和社会发展第十二个五年规划纲要的决议》。《纲要》专章阐述了促进两岸关系发展的政策，提出，"十二五"期间，要坚持"和平统一、一国两制"方针和现阶段发展两岸关系、推进祖国和平统一进程八项主张，全面贯彻推动两岸关系和平发展重要思想和六点意见，牢牢把握两岸关系和平发展主题，反对和遏制"台独"分裂活动。巩固两岸关系发展的政治、经济、文化基础，全面深化两岸经济合作，努力加强两岸文化、教育、旅游等领域交流，积极扩大两岸各界往来，持续推进两岸交往机制化进程，构建两岸关系和平发展框架。

4月16日，台湾同胞赠送大陆同胞的梅花鹿"繁星""点点"和长鬃山羊"喜羊羊""乐羊羊"抵达刘公岛国家森林公园。当日在山东省威海举行了"迎接台湾梅花鹿和长鬃山羊入住威海刘公岛仪式"。

4月25日，大陆银行业监督管理机构和台湾金融监督管理机构在台北举行第一次两岸银行业监管磋商。这是继两岸签署《海峡两岸金融合作协议》与《海峡两岸银行业监督管理合作谅解备忘录》之后，两岸金融合作的又一重要进展。

5月7～8日，第七届两岸经贸文化论坛在成都举行。本届论坛以"深化两岸合作、共创双赢前景"为主题，集中研讨大陆"十二五"规划与台湾"黄金十年"蓝图、两岸经济合作框架协议实施与促进两岸经济发展、两岸文教合作与青年交流等三项议题。中共中央政治局常委、全国政协主席贾庆林和中国国民党荣誉主席吴伯雄出席开幕式并致辞。中共中央台办主任王毅、中国国民党副主席林丰正共同主持开幕式，中国国民党副主席蒋孝严、新党主席郁慕明以及两岸工商、实业、文化、教育界代表人士、专家学者、青年代表400多人出席。论坛提出19项共同建议。

6月1日，“山水合璧——黄公望与富春山居图特展”在台北故宫博物院开展，历时3个月。经两岸三地文化人十余年努力，分藏两岸的《富春山居图·无用师卷》和《富春山居图·剩山图》终在时隔约360年后合璧，重现黄公望旷世杰作的原貌，被视为两岸文化交流一大盛事。

6月9日，海峡两岸警方与柬埔寨、印尼等国警方联合行动，成功破获“11·30”电信诈骗案，抓获电信诈骗犯罪嫌疑人598名（其中大陆居民186名、台湾居民410名、柬埔寨居民1名、越南居民1名）。

6月12日，第三届海峡论坛在厦门举行。中共中央政治局常委、全国政协主席贾庆林，全国政协副主席林文漪、厉无畏，中国国民党副主席曾永权、亲民党荣誉副主席钟荣吉、无党团结联盟主席林炳坤、中国统一联盟主席纪欣、人民最大党主席许荣淑等出席。贾庆林主席在论坛大会上就维护和推进两岸关系和平发展提出五点希望：第一，切实打牢两岸关系和平发展的政治基础；第二，不断扩大两岸关系和平发展的成果；第三，努力推进改善民生的政策措施；第四，着力促进两岸基层的对接与互助；第五，积极把握海峡西岸经济区大发展的难得机遇。本届论坛由两岸66家单位共同主办，1万多名台湾民众参加。

6月21日，海峡两岸关系协会与台湾海峡交流基金会分别换函，确认试点开放大陆居民赴台湾个人旅游、增加两岸空运直航客货运班次和航点等具体安排。

6月28日，大陆居民赴台湾个人旅游正式启动。290名北京、上海、厦门的游客当日抵达宝岛台湾进行个人旅游。

6月29日，国家开发银行与台湾合作金库银行在京签订合作备忘录。这是海峡两岸经济合作框架协议（ECFA）签署一周年之际，两岸金融机构携手助推两岸经贸合作发展的实质性举措。

7月6日，大陆警方将涉“11·30”电信诈骗案的14名台湾犯罪嫌疑人移交台湾方面进行惩处。

7月7日，中共中央政治局常委、全国政协主席贾庆林在人民大会堂会见来京参访的台湾台中市市长胡志强一行。

11月7日，中共中央政治局常委、全国政协主席贾庆林在北京会见了出席“第十四届京台科技论坛暨2011年北京台湾名品博览会”的台湾工商界代表。贾庆林指出，两岸经济合作要顺利开展，尤其是两岸经济合作要制度化和机制化，需要一个良好的两岸关系。当前，两岸关系发展正处在承前启后的关键时刻。巩固两岸关系和平发展的良好局面，事关两岸同胞的切身利益，也与每一位台商息息相关。认同“九二共识”是两岸协商的前提，是两岸关系发展的基础。否定了“九二共识”，将使两岸协商不得不中断，也将使两岸关系发展的基础遭到损害，引起两岸关系重新动荡不安。两岸同胞要共同确保两岸关系继续和平发展的必要条件，为两岸关系的未来争取更加光明的前景。

12月22日，中国银行正式宣布已获台湾地区银行业监管机构批准筹设台北分行。这使得中国银行成为首批获准在台湾地区筹设分行的大陆商业银行。

据商务部统计，2011年，大陆批准台商投资项目2639个，同比下降14.1%；实际使用台资金额21.8亿美元，同比下降11.81%。截至2011年12月底，大陆累计批准台资项目85772个，实际利用台资542亿美元。按实际使用外资统计，台资在大陆累计吸收境外投资中占4.6%。台湾当局统计，截至2012年6月，台商投资大陆累计为39891件、1174.5亿美元。

祖国大陆十分重视保障台商在大陆投资的合法权益，并积极采取和落实各项惠台政策措施。1999年底，《中华人民共和国台湾同胞投资保护法实施细则》颁布并实施。2000年底，外经贸部（现商务部）发布《对台湾地区贸易管理办法》，就对台贸易的指导原则、管理方式、纠纷解决等进行了规范。2005年9月，国台办与国家开发银行签署了《关于支持台湾同胞投资企业发展开发性金融合作协议》，为大陆台资企业安排了开发性专项贷款。2007年，大陆公布了台湾农民在海峡两岸农业合作试验区和台湾农民创业园设立个体工商户的具体办法等一系列惠台政策，帮助扩大台湾农产品在大陆销售、推动两岸信息产业标准化合作以及为台资企业提供融资等。2012年8月9日签署的“海峡两岸投资保护和促进协议”，为保护两岸投资者权益提供了制度性安排，进一步提高了保障水平。

2011年，大陆与台湾的贸易额为1600.3亿美元，同比上升10.1%。其中，大陆对台湾出口额为351.1亿美元，同比上升18.3%；自台湾进口额为1249.2亿美元，同比上升7.9%。大陆对台贸易逆差为898.1亿美元。大陆仍为台第一大贸易伙伴。

两岸人员往来保持上升趋势。2011年，台湾居民往来大陆526万人次，同比增长2.38%，大陆居民赴台184万人次，同比增长11.02%；大陆居民赴台旅游125.1万人次，其中团队旅游122.3万人次，个人旅游2.8万人次。2012年1～9月，大陆居民赴台旅游达145.6万人次，同比增长73.6%；其中团队游客134万人次，个人游客11.6万人次。

2012年4月1日，海峡两岸旅游交流协会（以下简称“海旅会”）宣布开放天津、重庆、南京、杭州、广州、成都、济南、西安、福州、深圳等十个城市为第二批赴台个人旅游试点城市。

6月17～23日，第四届海峡论坛在福建厦门召开，中共中央政治局常委、全国政协主席贾庆林出席并致辞。

7月28～29日，第八届两岸经贸文化论坛在黑龙江哈尔滨召开，论坛主题为“深化和平发展，造福两岸民众”。中共中央政治局常委、全国政协主席贾庆林和中国国民党荣誉主席吴伯雄出席并致词。论坛首度全面研讨两岸关系中的经济、政治等重大问题，形成的共同建议强调继续落实“两岸和平发展共同愿景”。

8月31日，两岸货币管理机构签署《海峡两岸货币清算合作备忘录》，双方同意以备忘录确定的原则和合作架构建立两岸货币清算机制。根据备忘录，双方同意各自选择一家货币清算机构为对方开展本方货币业务提供结算及清算服务，货币清算机构可依照两岸相关监管法规办理两岸货币的现钞调运。双方同意两岸货币用于商品、服务和投资等经贸活动的结算与支付，两岸金融机构可互开相应币种代理账户办理多种形式结算业务，也可办理双方法规许可的其他业务。双方表示将努力确保两岸货币清算机制按照双方的有关法规及管理要求稳健运作，并明确了双方监管合作的相关机制，包括对货币清算机构的要求、讯息交换、保密要求、业务检查、风险处置、联系机制等。

9月18～19日，两岸35家工商团体和经济组织在南京共同举办海峡两岸全球紫金山峰会。会议以“世界经济调整中的两岸企业合作”为主题，设两岸实业合作、企业创新与人才合作、两岸双向投资、两岸金融合作等4个专题论坛，突出“权威性、开放性、互动性、务实性”的特点。全国政协主席贾庆林、国民党荣誉主席连战及两岸著名企业家、专家学者等共600余人出席会议。紫金山峰会是继两岸经贸文化论坛、海协会与海基会协商及海峡论坛之后，为两岸企业家和经济界人士搭建的一个沟通对话的新平台，以后将每年举办。峰会发表的“共同倡议”，提出了深化两岸经济合作、企业合作的努力方向，并倡议成立峰会理事会，由曾培炎和萧万长共同担任理事长。

【两岸“三通”】从1979年开始，大陆方面一直努力推动两岸“三通”。随着海峡两岸民间往来与经济交流持续发展，台湾岛内要求与大陆实现直接“三通”的呼声越来越高。1996年8月，交通部、外经贸部（现商务部）分别颁布了《台湾海峡两岸间航运管理办法》和《关于台湾海峡两岸间货物运输代理业管理办法》，提出了“一个中国、双向直航、互惠互利”的原则，表明了祖国大陆对促进两岸直接“三通”的诚意。1997年初，两岸有关团体就两岸海上试点直航进行商谈并达成共识，并于同年4月实现局部试点直航。2001年1月2日，厦门、金门之间实现首次直航。

2002年，钱其琛副总理多次接见台湾“三通”参访团，并先后于1月、7月、9月发表关于“三通”的重要谈话，充分展现祖国大陆积极推动两岸全面直接“三通”的诚意，在台湾各界产生热烈反响。2003年1月26日，两岸断航54年以来，台商春节包机首度经香港，完成台北、上海间的航行。同年12月17日，国务院台湾事务办公室发布《以民为本，为民谋利，积极务实推进两岸“三通”》的政策说明书，提出关于“三通”的具体主张。

2005年1月29日，大陆民航客机自1949年以来首次降落台湾，台湾民航客机也首次飞赴北京和广州。

2006年6月14日，两岸客运包机在春节包机的基础上，增开清明、端午、中秋节包机，同时对有特殊要求的货运包机、紧急医疗包机及特定人道包机做出框架性安排。7月19日，两岸货运包机实现首航，开启两岸专案包机直航的新页。2007年6月15～22日，两岸首次端午节包机顺利成行。

2008年7月4日，根据海协会与台湾海基会达成的协议，两岸周末包机正式启动，大陆居民赴台旅游首发团总计约760人搭乘包机，由北京、上海、南京、厦门、广州五地启程赴台。

7月18日，大陆居民赴台旅游正式启动，当日共有38个团、1000多名游客从北京、上海、广州等地赴台。

11月3～7日，海协会与海基会在台北举行协商，就两岸空运直航、海运直航、直接通邮、食品安全合作等议题达成协议，这是两会协商取得的又一批重要成果，推动两岸关系又向前迈出了重要一步。

12月15日，两岸海运、空运直航与直接通邮全面启动，两岸全面直接双向“三通”迈出历史性步伐，两岸船舶往来不再弯靠香港和日本的石垣岛，周末包机扩大为每周108班次的平日包机，两岸邮件缩短至两天即可送达。

2009年8月31日，两岸定期航班正式开航，每周直航航班从108班增至270班。

2010年5月21～22日，海峡两岸航空运输交流委员会与台北市航空运输商业同业公会在台北举行沟通会议，决定两岸每周增加客运航班100班次，货运航班20班次。截至5月底，两岸客运直航航班每周达370个班次，大陆33个机场和台湾8个机场成为两岸通航航点。

6月，两岸客运直航航班每周达558班，两岸航点增加到50个。

7月20日，台湾花莲至合肥航线成功首航。

8月，交通运输部向福建海峡高速客滚航运有限公司颁发台湾海峡两岸间水路运输许可证，经营范围为台湾海峡两岸间海上直航客货滚装运输；给“海峡号”高速客滚船颁发了台湾海峡两岸间船舶营运证，批准从事平潭直航台中、基隆、台北客货滚装航线运输。

8月31日，厦航厦门至台北松山航线于每周三新增一班，航班加密至每周5班。

9月6日，台湾“中华航空”公司正式开通“台北至三亚”的直航航班。

9月8日，台湾立荣航空公司B72515航班抵达厦门高崎国际机场；立荣航空B72516航班从厦门飞往台南。厦门与台南实现首次空中直航。

10月31日，台湾华航和长荣航空执飞的两架客机相继抵达海口美兰国际机场，标志着这两家航空公司

"海口—台北"直航航线开通。

11月15日，广州首条由大陆航空公司运营的两岸直航定期全货运航线正式开通。

11月29日，福建泉港新增对台货运肖厝沙格码头至马祖的货运直航航线。

11月30日，平潭"海峡"号客滚轮直航台湾旅游首发团正式起航。

2012年1月11日，甘肃首条定期直飞台湾的航班开通。

1月21日，由台湾远东航空执飞的FE189次航班降落海口美兰国际机场，海南与台湾高雄间首条直航航线正式开通，这也是海南直航台湾南部的第一条航线。

4月2日，台湾远东航空公司正式运营成都直飞高雄航班。自此川台直航每周航班高达30架次。

自2008年12月两岸开始空运、海运直航到2012年12月，在空运方面，两岸开通直航航点达64个（其中大陆54个，台湾10个），定期航班总班次每周616班；货运航点8个（其中大陆6个，台湾2个），总班次每周56班。在海运方面，两岸已公布85个港口（港区）为直航港口（其中大陆72个，台湾13个）。

【两会协商】随着两岸民间往来日益频繁，许多问题需要协商解决。为此，两岸分别成立海峡两岸关系协会与台湾海峡交流基金会。

海峡两岸关系协会（"海协会"）成立于1991年12月，其宗旨是：促进海峡两岸交往，发展两岸关系，实现祖国和平统一。该会致力于加强同赞成其宗旨的社会团体和各界人士的联系与合作；协助有关方面促进海峡两岸各项交往与交流；协助有关方面处理海峡两岸同胞交往中的问题，维护两岸同胞的正当权益；接受有关方面委托，与台湾有关部门和授权团体、人士商谈海峡两岸交往中的有关问题，并可签订协议性文件。2002年2月4日，海协会在澳门设立办事处，为台胞提供服务。目前海协会会长为陈云林、常务副会长郑立中、执行副会长兼秘书长李亚飞、驻会副会长李炳才。

台湾海峡交流基金会（"海基会"）成立于1990年11月，并于1991年3月9日正式运作，为台民间团体，其主要功能是接受台当局委托，与大陆协商解决民间交流等事务性问题。海基会以接受台湾"陆委会"委托及签订契约方式，办理两岸间经贸投资事务，以及涉及两岸人民往来、交流等事务。目前海基会董事长林中森，副董事长兼秘书长为高孔廉。

海协会和海基会成立以来，就两岸间事务性问题进行了接触和协商。1993年4月，时任海协会会长汪道涵和台湾海基会董事长辜振甫在新加坡举行了"汪辜会谈"，并达成四项协议。1998年10月14～19日，应汪道涵邀请，辜振甫参访大陆，达成汪道涵在适当时候访问台湾等四项共识。然而，由于李登辉抛出"两国论"分裂主张，破坏了两岸关系及两会协商的政治基础，致使汪道涵会长无法访问台湾，两会接触、协商和对话中断。

陈水扁执政时期，坚持"台独"立场，拒不接受一个中国原则、否认"九二共识"，两会无法重开对话与谈判。

2005年1月3日，辜振甫病逝。2月1日，海协会副会长孙亚夫、秘书长李亚飞作为海协会会长汪道涵的个人代表飞抵台北，参加了2日举行的追思会。同年12月24日，汪道涵病逝。马英九、连战、宋楚瑜、郁慕明等分别发唁电表示哀悼。

2008年3月，国民党候选人马英九当选台湾地区领导人后表示，愿在"九二共识"基础上恢复两岸协商。6月11～14日，应海协会邀请，海基会董事长江丙坤率团来北京进行会谈。两会在"九二共识"基础上恢复了中断9年之久的协商，签署了两岸包机会谈纪要和大陆居民赴台湾旅游协议，并就两会今后的协商议题和步骤进行了规划。

11月3至7日，海协会陈云林会长率团赴台，在台北市与海基会董事长江丙坤举行第二次会谈，签署两岸空运直航、海运直航、直接通邮、食品安全合作四项协议。

2009年4月26～27日，江丙坤率团来南京与海协会举行第三次会谈，签署了两岸金融合作协议、共同打击犯罪及司法互助协议和空运补充协议，并就大陆资本赴台投资达成原则共识。

12月21～25日，陈云林赴台，在台中市与江丙坤举行第四次会谈，签署了两岸渔船船员劳务合作、两岸农产品检疫检验合作和两岸标准计量检验认证合作等三项协议，达成了鼓励双方专业机构在地震、风灾、水灾等自然灾害的预报、预警和检测等方面加强交流与合作的共识，双方还就推动商签两岸经济合作框架协议（ECFA）原则性交换了意见，同意作为第五次会谈重点推动的议题，尽快安排两会框架下的专家级磋商。

2010年1月26日，两岸商签ECFA第一次两会专家工作商谈在北京举行，海协会常务副会长郑立中、海基会副董事长兼秘书长高孔廉分别率有关人士就协议名称、基本结构等进行沟通。

3月31日至4月1日，ECFA第二次两会专家工作商谈在台湾桃园县举行。双方就ECFA货物、服务贸易等早期收获计划和协议文本交换意见。

6月13日，ECFA第三次两会专家工作商谈在北京举行，就协议文本的主要内容、包括货物贸易和服务贸易早期收获计划在内的五个附件交换了意见。

6月24日，两会第五次会谈预备性磋商在台北举行，商定了第五次会谈时间、地点及主要安排，并为签署ECFA和《海峡两岸知识产权保护合作协议》预做准备。

6月28～29日，海协会和台湾海基会在重庆举行第五次会谈，签署了ECFA和《海峡两岸知识产权保护合作协议》两项协议。ECFA的签署推进了两岸经济关系正常化进程，明确了两岸经济往来自由化目标，构建了两岸经济合作机制化平台，是两岸关系和平发展的重要成果，标志着两岸经济合作进入新的阶段，成为两岸关系史上的又一座里程碑，对未来两岸关系发展具有重大和深远的影响。

12月20～22日，海协会和台湾海基会在台北举行第六次会谈，双方签订《海峡两岸医药卫生合作协议》，并同意将两岸投资保障协议议题列入第七次会谈。

2011年1月6日，两岸经济合作委员会在两会框架下正式成立。

2月22日，海协会与海基会在台湾桃园举行两岸经济合作委员会（经合会）第一次例会。会议就经合会工作小组设置、启动ECFA后续协议磋商等议题深入交换意见，并取得多项共识。

6月8日，两会协议执行成果总结会在台北圆山饭店举行。海协会常务副会长郑立中、海基会副董事长兼秘书长高孔廉各率双方有关业务部门专家与会。这是两会复谈三年来，双方首次系统总结两会各项协议和共识的执行情况。会议全面总结了两会协议的执行情况，对协议成果予以充分肯定，并讨论了大陆居民赴台湾旅游协议、空运相关协议、农产品检疫检验合作协议、食品安全协议、共同打击犯罪及司法互助协议、大陆企业赴台投资共识执行中关心的问题，就进一步加强上述协议的执行形成了共同意见。

10月20日，海协会与台湾海基会在天津举行第七次会谈，签署《海峡两岸核电安全合作协议》。两会还公布了关于继续推进两岸投保协议协商和加强两岸产业合作两项共同意见。

11月1日，两岸经济合作委员会（经合会）在杭州举行第二次例会，会议就第一次例会以来6个工作小组的运作，ECFA（两岸经济合作框架协议）后续单项协议的商谈进展、货物和服务贸易早期收获计划的实施，两岸产业合作，海关合作，两岸经贸社团互设办事机构，未来一段时期的工作安排等深入交换了意见。会议充分肯定了第一次例会以来各小组工作成果，双方表示将依据ECFA规定积极有序推进协议商谈、扩大早收成果、促进投资便利、完善经济合作。

2012年8月9日，海协会与台湾海基会在台北举行第八次会谈，签署《海峡两岸投资保护和促进协议》、《海峡两岸海关合作协议》。两会并发表有关投保协议人身自由与安全保护的共识。

自2008年6月海协会与台湾海基会恢复协商至2012年11月，两会已签署18项协议，达成2项共识和2项共同意见。 （曾嵘）

香港特别行政区

【地理】香港特别行政区位于祖国大陆东南部，珠江口东侧，毗邻广东省，地处亚洲太平洋地区中心，地理条件优越。拥有天然良港，境内多丘陵。属亚热带季风区，气候温暖湿润，历史最高气温36.1摄氏度，最低气温0摄氏度。雨量充沛，年均降水量2214.3毫米。

【面积】1104.4平方公里，其中香港岛80.6平方公里，九龙46.9平方公里，新界及离岛976.9平方公里。

【人口】香港人口总数为713.63万人（截至2012年中），其中常住居民693.55万人，流动人口20.1万人，人口增长率为0.9%。

【正式语文】香港特别行政区的行政机关、立法机关和司法机关，除使用中文外，还可使用英文，英文也是正式语文（《中华人民共和国香港特别行政区基本法》第9条）。

【主要宗教和节日】香港是多宗教并存地区。主要宗教有佛教、道教、孔教（以儒家思想为基础）、天主教、基督教、伊斯兰教（回教）、印度教、锡克教和犹太教。佛教徒和道教徒人数最多，各有约100万信徒，基督教徒约48万人，伊斯兰教徒约22万人。

中国传统节日春节、清明节、端午节、中秋节、重阳节和主要宗教节日耶稣受难日、复活节、佛诞日和圣诞节均为公众假期。

【简史】香港自古以来就是中国的领土。1840年鸦片战争后，英国先后强迫清政府签订《南京条约》、《北京条约》和《展拓香港界址专条》，逐步占领香港。新中国成立后，中国政府多次阐明对香港问题的立场，即：香港是中国的领土，中国不承认帝国主义强加给中国的不平等条约；中国政府主张在适当时机通过谈判和平解决香港问题，此前暂时维持现状。1972年11月，第27届联合国大会通过决议，批准联合国非殖民化特别委员会关于从殖民地名单中删去香港和澳门的决议。

20世纪80年代初，在“一国两制”方针指导下，中国政府就解决香港问题开始与英国政府进行谈判。1983年7月至1984年9月，中英两国政府进行了22轮会谈。1984年12月19日，两国政府首脑在北京签署了《中华人民共和国政府和大不列颠及北爱尔兰联合王国政府关于香港问题的联合声明》。在《联合声明》中，中国政府声明：收回香港地区（包括香港岛、九龙和“新界”）是全中国人民的共同愿望，中国政府决定于1997年7月1日对香港恢复行使主权。英国政府声明：英国政府于1997年7月1日将香港交还给中国。1985年5月27日，两国政府在北京互换了《联合声明》的批准书，《联合声明》正式生效。《联合声明》的签署为国家间以和平方式解决历史遗留问题和国际争端树立了典范，对促进世界和平与进步事业具有重要意义。

1997年6月30日午夜，中英两国政府在香港举行香港政权交接仪式。中国国家主席江泽民率领中国政府代表团、英国王储查尔斯王子率领英国政府代表团参加了交接仪式。7月1日零时，中华人民共和国国旗和中华人民共和国香港特别行政区区旗在香港庄严升起，宣告中国政府对香港恢复行使主权。香港在经历百年沧桑后回到伟大祖国的怀抱，进入了新的纪元。

7月1日，中华人民共和国香港特别行政区正式成立，特区政府宣誓就职。第一任行政长官董建华、特区政府主要官员、行政会议成员、临时立法会议员、终审法院和高等法院法官依次宣誓就职。同日，中华人民共和国外交部在香港特区正式设立特派员公署，负责处理与香港特别行政区有关的外交事务；中国人民解放军驻港部队在香港开始执行防务。香港回归祖国和特区成立，标志着邓小平提出的“一国两制”伟大构想开始成功实施，是中国人民为实现祖国完全统一而努力取得的重大成果。

【《基本法》】“一国两制”是中国政府为实现国家完全统一提出的基本国策。按照这一基本国策，中国政府制定了对香港的一系列方针、政策。《中华人民共和国香港特别行政区基本法》就是以宪法为依据，以“一国两制”为指导方针，将国家对香港的各项方针政策用法律的形式规定下来。《基本法》既是一项重要的全国性法律，又是香港特别行政区的根本性法律。《基本法》的起草工作于1985年7月1日开始，在广泛征求香港、内地各界意见的基础上于1990年2月全部完成。1990年4月4日，第七届全国人民代表大会第三次会议审议通过了《基本法》包括附件及其有关文件。同日，国家主席杨尚昆发布《中华人民共和国主席令第二十六号》，公布《基本法》，自1997年7月1日起实施。

《基本法》的主要规定有：香港特别行政区是中国不可分离的部分；全国人民代表大会授权香港特别行政区依照《基本法》规定实行高度自治，享有行政管理权、立法权、独立的司法权和终审权；香港特别行政区是中国的一个享有高度自治权的地方行政区域，直辖于中央人民政府；香港特别行政区不实行社会主义制度和政策，保持原有的资本主义制度和生活方式，50年不变；中央人民政府负责管理与香港特别行政区有关的外交事务和香港特别行政区的防务，中央人民政府授权香港特别行政区依照《基本法》自行处理有关的对外事务；中央人民政府各部门、各省、自治区、直辖市不得干预香港特别行政区根据《基本法》自行管理的事务；香港原有法律，除同《基本法》相抵触或经香港特别行政区立法机关作出修改者外，予以保留；全国性法律除列于《基本法》附件三者外，不在香港特别行政区实施；香港居民在法律面前一律平等，人身自由不受侵犯，享有言论、新闻、出版、结社、集会、游行、示威、通讯、迁徙、宗教信仰和婚姻的自由，组织和参加工会、罢工的权利和自由，等等。

【政治体制】香港特别行政区实行“行政主导”的政治架构。根据《基本法》的规定，香港特别行政区的政治体制要符合“一国两制”的原则，要从香港的法律地位和实际情况出发，以保障香港的稳定繁荣为目的，必须兼顾社会各阶层的利益，循序渐进地发展适合香港情况的民主制度。

行政长官是香港特别行政区的首长，对中央政府和香港特别行政区负责。行政长官由年满40周岁，在香港通常居住连续满20年并在外国无居留权的香港特别行政区永久性居民中的中国公民担任，在当地通过选举或协商产生，由中央政府任命；任期五年，可连任一次。其产生办法根据香港特别行政区的实际情况和循序渐进的原则而规定，最终达至由一个有广泛代表性的提名委员会按民主程序提名后普选产生的目标。《基本法》附件一对香港特别行政区行政长官的产生办法作了具体规定。2007年12月，第十届全国人民代表大会常务委员会第三十一次会议决定认为，2017年香港特别行政区第五任行政长官的选举可以实行由普选产生的办法。2010年6月，特区政府提出的2012年行政长官产生办法修订议案获立法会2/3多数通过，同年8月经全国人大常委会批准和备案，2011年3月特区立法会完成对该办法的本地立法。根据该办法，行政长官选举委员会人数由800人增至1200人，选委会四大界别各增加100人。

行政会议是协助行政长官决策的机构，每周举行一次会议，由行政长官主持。行政长官在作出重要决策、向立法会提交法案、制定附属法规和解散立法会前，须征询行政会议的意见。但在人事任免、纪律制裁和紧急情况下采取措施的事宜上，行政长官则无须征询行政会议。行政长官如不采纳行政会议多数成员的意见，应将具体理由记录在案。行政会议成员均以个人身份提出意见，但行政会议所有决议均属集体决议。按照《基本法》第55条的规定，香港特别行政区行政会议的成员由行政长官从行政机关的主要官员、立法会议员和社会人士中委任。行政会议的成员必须由在外国没有居留权的香港特别行政区永久性居民中的中国公民担任，其任免由行政长官决定。行政会议成员任期应不超过委任他的行政长官的任期。

行政机关是香港特别行政区政府，首长为行政长官，下设政务司、财政司、律政司和各局、处、署。香港特别行政区政府根据《基本法》第62条规定行使职权，主要包括制定并执行政策；管理各项行政事务；办理中央政府授权的对外事务；编制并提出财政预算、决算；拟定并提出法案、议案、附属法规。《基本法》第64条规定，“香港特别行政区政府必须遵守法律，对香港特别行政区立法会负责：执行立法会通过并已生效的法律；定期向立法会作施政报告；答复立法会议员的质询；征税和公共开支须经立法会批准。”

2002年7月1日，香港特别行政区政府开始实施主要官员问责制。政务司司长、财政司司长和律政司司长和各政策局局长不再由公务员担任，改由行政长官以合约方式聘用，任期不超过聘用其的行政长官的任期。问责制主要官员直接向行政长官负责，各自统领其所辖部门工作，负责制定、解释及推介政策，争取立法会和市民支持。2007年7月1日起，特区政府宣布将政府总部重组为公务员事务局、政制及内地事务局、教育局、环境局、食物及卫生局、民政事务局、劳工及福利局、保安局、运输及房屋局、商务及经济发展、发展局、财经事务及库务等12个局。同年10月10日，行政长官曾荫权在施政报告中提出，为进一步发展政治问责制，将增设副局长和局长助理两层政治委任职位。随后，特区政府发表《进一步发展政治委任制度报告书》。2008年5月，特区政府任命首批8名政治问责制副局长及9名政治助理。

立法机关是香港特别行政区立法会。立法会由在外国无居留权的香港特别行政区永久性居民中的中国公民组成；但非中国籍的香港特别行政区永久性居民和在外国有居留权的香港特别行政区永久性居民也可当选为立法会议员，其所占比例不得超过全体议员的20%。立法会由选举产生，其产生办法根据香港特别行政区的实际情况和循序渐进的原则而规定，最终达至全部议员由普选产生的目标。《基本法》附件二对香港特别行政区立法的产生办法和表决程序作了具体规定。立法会除第一届任期为两年外，每届任期四年。立法会主席必须年满40周岁、在香港通常居住连续满20年并在外国无居留权的香港特别行政区永久性居民中的中国公民担任，并由立法会议员互选产生。立法会行使《基本法》第73条规定的职权，主要有：根据《基本法》规定并依照法定程序制定、修改和废除法律；根据政府的提案，审核、通过财政预算案；批准税收和公共开支；听取行政长官的施政报告并进行辩论；对政府的工作提出质询等。

根据《基本法》及其附件二以及第七届全国人民代表大会第三次会议通过的《关于香港特别行政区第一届政府和立法会产生办法的决定》，第一届立法会（1998 ~ 2000年）由功能团体选举议员30名、选举委员会选举议员10名、分区直接选举议员20名，共60名议员组成；第二届（2000 ~ 2004年）由功能团体选举议员30名、选举委员会选举议员6名、分区直接选举议员24名，共60名组成；第三届（2004 ~ 2008年）和第四届（2008 ~ 2012年）由功能团体选举议员30名和分区直接选举议员30名，共60名组成。2007年12月，第十届全国人民代表大会常务委员会第三十一次会议决定认为，香港特别行政区行政长官由普选产生以后，香港特别行政区立法会的选举可以实行全部议员由普选产生的办法。2010年6月，特区政府提出的2012年立法会产生办法修订议案获立法会2/3多数通过，同年8月经全国人大常委会批准和备案，2011年3月特区立法会完成对该产生办法的本地立法。根据该办法，第五届立法会（2012 ~ 2016年）由功能团体选举议员35名和分区直接选举议员35名，共70名组成，其中功能团体增加的5席分配给区议会组别，由民选区议员提名、全港没有功能界别选举权的选民一人一票选出。第五届立法会选举于2012年9月9日举行，当选议员于10月10日正式宣誓就职，任期至2016年9月30日。

司法机关为香港特别行政区各级法院，行使香港特别行政区的审判权。香港特别行政区法院除继续保持香港原有法律制度和原则对法院审判权所作限制外，对香港特别行政区所有的案件均有审判权；香港特别行政区法院对国防、外交等国家行为无管辖权。法院在审理案件中遇有涉及国防、外交等国家行为的事实问题，应取得行政长官就该等问题发出的证明文件，上述文件对法院有约束力；行政长官在发出证明文件前，须取得中央政府的证明书。香港特别行政区的终审权属于香港特别行政区终审法院。终审法院和高等法院的首席法官应由在外国无居留权的香港特别行政区永久性居民中的中国公民担任。终审法院法官和高等法院首席法官的任命或免职还须由行政长官征得立法会同意，并报全国人大常委会备案。

【总的形势】香港回归后，“一国两制”、“港人治港”、高度自治方针和《基本法》得到全面贯彻落实。香港原有的社会、经济制度没有改变，法律基本不变，港人的生活方式没有改变。香港经济持续增长、民生不断改善、社会更趋和谐，呈现出积极发展的良好势头。中央政府全力支持行政长官和特区政府依法施政，继续通过深化落实《内地与香港关于建立更紧密经贸关系的安排》（CEPA）、进一步开放内地在港投资及香港银行经营人民币业务等措施，支持香港经济的发展。行政长官和特区政府利用“背靠内地，面向世界”的独特优势，致力于发展经济，改善民生，促进社会和谐。香港特区继续保持自由港和国际大都市的特色，继续保持国际贸易、金融和航运中心的地位，继续被公认为全球最自由开放的经济体和最具发展活力、营商环境最好的地区之一。

【经济】2011年，香港本地生产总值为18967亿港元（约2437亿美元。根据2011年平均汇率1美元兑换7.784港元换算，下同），同比增长10.2%，人均本地生产总值为268213港元（约34457美元）。全年进口总额为37646亿港元（约4836亿美元），同比增长11.9%；整体出口总额为33373亿港元（约4287亿美元），同比增长10.1%，其中转口贸易32716亿港元（约4203亿美元），同比增长10.5%，港产品出口656.6亿港元（约84.4亿美元），同比下跌5.5%，全年贸易逆差4273亿港元（约549亿美元），截至2011年底，香港官方外汇储备资产达2854亿美元。全年通胀率平均为5.3%，失业率为3.4%。

2012年前三季度访港旅客总数为3537万人次，同比增长16.3%。中国内地继续是香港最大的客源市场，访港人数达2532万人次，同比增长24.2%，占整体访港旅客的71.5%。

截至2012年9月，香港股市全球排名第六，亚洲排名第二。香港交易所2012年前三季度平均每日成交金额为531亿港元（约68.1亿美元）。截至2012年12月20日，港交所证券化衍生产品成交额3851.9亿美元，高举全球第一位。截至2012年12月14日，港交所新股集资额约107.6亿美元，居世界第五位。

香港是国际性银行最集中的城市之一。全球最大的100家银行，近70家在香港开展业务。截至2012年9月底，香港共有199家认可银行机构（包括154家持牌银行、20家有限制牌照银行和25家接受存款公司）以及61家代表办事处。国际清算银行2012年3月公布对全球金融市场的外汇与衍生工具市场的排名调查结果显示，香港仍是全球第六大外汇市场及第七大场外衍生工具市场。伦敦金融城于2011年9月发表的全球金融中心指数（Global Financial Centres Index）中，香港排名第三。根据世界经济论坛2011金融发展报告，香港金融发展指数的排名跃居首位，是指数编制以来，香港排名首次超越伦敦及纽约。此外，香港凭借跨境贸易人民币结算计划及相关金融活动，已跻身为举足轻重的人民币离岸中心。

香港是亚洲商贸枢纽。特区政府投资推广署及统计处2012年10月18日发表的统计调查结果显示，海外及内地母公司在港运作的公司共7250家，同比增加4.3%，创历史新高。其中地区总部1367家、地区办事处2516家、驻港当地办事处3367家。母公司所在的国家和地区，前三位分别为美国（1388家）、日本（1218家）、中国内地（853家）。

香港是国际会议和展览的主要举办地。每年有300多场会议和展览在港举行，吸引约80万海外及中国内地旅客。2008年1月，香港获选为“亚太区最佳会议、展览、企业会议及奖励旅游（MICE）城市”。2009年2月，获选为“亚太区最佳商务城市”。根据国际大会及会议协会2011年排名，香港2011年召开国际会议77次，排名全球第22位。

香港是国际和亚太地区的主要航空中心和航运中心。在香港国际机场营运的航空公司超过100家，每天提供约1000班航机，前往全球逾170个航点，包括50多个内地城市。2012年前11个月，香港国际机场运送了365.4万吨货物和5151万名旅客，是世界十大最繁忙客运机场之一。2011年，香港国际机场夺得Skytrax全球最佳机场大奖，并在国际机场协会举办的机场服务质量评比中排名第四。香港亦是全球最繁忙的集装箱港口之一，截至2012年3月，香港注册船舶达2035只，吨位达7252万吨。2011年，香港共处理2440万个标准货柜，是全球第三大货柜港。

香港是全球通讯枢纽，通讯设施十分先进发达。截至2011年12月，香港住户固定电话线普及率达102.3%，移动无线电话服务用户普及率达210.2%，宽带普及率达86.6%。香港是全球第一个采用全面数字化电话网络和实施可移植性固定网络电话号码的国际大都市。根据世界经济论坛2010/2011年度《全球信息科技报告》，香港网络准备程度指数在亚洲排名第四，全球排名第十二。

香港与中国内地的经贸关系日益密切。2011年，中国内地是香港最大的贸易伙伴，居香港出口目的地和进口来源地第一位。两地进出口总额为4665.9亿美元，同比增长14.9%。其中，香港对内地出口额2465.9亿美元，同比增长17.2%，占香港出口总额54.1%。香港自内地进口额2200.0亿美元，增长12.4%，占香港进口总额43.0%。香港与内地贸易顺差265.9亿美元，增长81.5%。截至2012年4月底，内地在港上市公司695家，占港交所上市公司总数45.8%；市值11.87万亿港元，占香港上市公司总市值58.7%。

自2003年年中内地与香港签署《关于建立更紧密经贸关系的安排》（CEPA）以来，迄今共签署8个补充协议。CEPA的实施对进一步促进香港与内地的经济关系起到了显著作用。在货物贸易方面，截至2012年3月底，内地累计进口香港CEPA项下受惠货物49.6亿美元，关税优惠额达到28.4亿元人民币。在服务贸易领域，内地对香港服务贸易的开放领域拓展到47个，开放部门达到148个，开放措施达到301项。截至2012年4月底，香港工贸署共给近1400家香港企业签发逾2500份《香港服务提供者证明书》，包括运输物流、分销、航空运输等。在金融领域，2011年，经香港银行处理的跨境人民币贸易结算交易量达19149亿元人民币，同比上升4.19倍。香港人民币存款在2011年底达5885亿元，同比增长87%。

【教育】教育是香港特区政府确定的有进一步发展潜力的六项优势产业之一，预算开支超过经常公共开支总额的1/5。2010/2011财年，特区政府教育方面总开支达637亿港元。特区政府设有学生资助计划，确保学生不会因经济问题而失去受教育的机会，并推行各项措施，确保香港维持高水平的教育。从2008/2009学年起，特区政府将免费教育由9年延伸至12年（至公立高中），并全面资助职业训练局为修毕中三学生开办的全日制课程，为他们提供进修途径。香港现有13所颁授学位的高等教育院校，包括9所大学、1所师资培训学院、1所演艺学院和2所专上学院。2010年，香港大学、香港理工大学、香港中文大学名列全球最佳大学排行前50名，在入围的亚洲大学中排名第一、第二及第四位。

2004年7月11日，内地与香港签订《关于相互承认高等教育学位证书的备忘录》，相互承认两地高等学校颁发的学士及以上学位。

【新闻出版】香港作为国际商业和金融中心，通讯及传媒业高度发达，吸引了不少海外报社及广播公司、国际通讯社在港设立亚太区总部或办事处。截至2010年底，香港共有46份日报（包括21份中文日报、13份英文日报、7份中英文双语日报和5份日语报章）、642份期刊、2个本地免费电视节目服务持牌机构、3个本地收费电视节目服务持牌机构、18个非本地电视节目服务持牌机构、1家政府电台和2家商业电台。主要本地报纸有《大公报》、《文汇报》、《香港商报》、《明报》、《信报》、《星岛日报》、《东方日报》、《南华早报》、《苹果日报》等，国际报刊主要有《亚洲华尔街日报》、《金融时报》和《国际先驱论坛报》等。

【对外事务】香港特区每年派代表以中国代表团成员身份参加以国家为单位参加的、同香港有关的、适当领域的国际组织和国际会议，或以“中国香港”名义单独组团出席不以国家为单位参加的国际组织和国际会议。

经中央政府授权，香港特区政府与65个国家签署了民航协定（截至2011年3月4日）；与17个国家签署了促进和保护投资协定（截至2011年6月14日）；与10个国家签署了移交被判刑人协定（截至2012年11月15日），与18个国家签署了移交逃犯协定（截至2012年10月19日），与28个国家签署了刑事司法协助协定（截至2012年11月15日）。

有242项国际公约适用于香港特区，其中有76项国际公约目前尚不适用于内地（截至2012年6月11日）。

截至2012年底，驻港外国代表机构共有58个总领事馆、64个领事馆及5个官方认可代表机构。截至2012年8月2日，有147个国家和地区给予香港特区护照持有人免签证或落地签证入境待遇。

香港特区政府目前共设有12个驻外经济贸易办事处，分别设于日内瓦、布鲁塞尔、伦敦、多伦多、东京、新加坡、悉尼、华盛顿、纽约、旧金山、柏林、温哥华。除驻日内瓦经济贸易办事处主要职责是代表香港参与世界贸易组织事务外，其他经贸办事处的主要职责是促进香港与有关国家或地区的经贸、投资利益及公共关系。（王安宁）

澳门特别行政区

【地理】位于珠江口西岸，毗邻广东省，北与珠海市拱北接壤，南濒中国南海，西与珠海市湾仔和横琴岛隔河相对，东与香港隔海相望。港澳相距42海里，两地之间有喷射船、水翼船和直升机客运服务。澳门半岛和氹仔岛之间由友谊大桥、澳氹大桥和西湾大桥相接。氹仔岛和路环岛之间由路氹连贯公路相连。路氹连贯公路周边区域不断发展，逐步形成路氹填海区（或称路氹城）。地处亚热带季风区，气候温暖湿润，雨量充沛。

【面积】29.9平方公里，包括澳门半岛、氹仔岛和路环岛。

【人口】55.74万（截至2011年底），年增长率3.1%。

【正式语文】澳门特别行政区的行政机关、立法机关和司法机关，除使用中文外，还可使用葡文，葡文也是正式语文（《中华人民共和国澳门特别行政区基本法》第9条）。

【主要宗教和节日】澳门特别行政区为多宗教并存地区。主要宗教有佛教、道教、天主教、新教、伊斯兰教、巴哈伊教。

中国传统节日春节、端午节、清明节、中秋节、重阳节及主要宗教节日耶稣受难日、复活节、佛诞和圣诞节均为公众假期。

【简史】澳门历来是中国领土，旧属广东省香山县（今中山市）管辖。1535年（明嘉靖十四年），葡萄牙人贿赂广东地方官吏，取得在码头停靠船舶和进行贸易的权利。1553年（明嘉靖三十二年），葡人以曝晒水浸货物为由上岸居住。1557年（明嘉靖三十六年）起在澳门建房定居。鸦片战争后，葡乘机扩大其在澳门侵占的地盘，1851年和1864年先后侵占了氹仔岛和路环岛。1887年葡迫使清政府签订《中葡会议草约》和《北京条约》，塞进了“永驻管理澳门”的条款。此后，葡一直占领澳门并把澳门划为葡领土。1976年，葡宪法始规定澳门是葡萄牙管辖的特殊地区。

中华人民共和国成立后，我国政府曾多次阐明对澳门问题的立场：澳门是中国领土的一部分，澳门问题属历史遗留下来的问题，中国政府主张在条件成熟时，通过谈判解决。中葡两国政府自1986年6月30日起经过历时9个月的四轮谈判，于1987年3月26日草签了《中华人民共和国政府和葡萄牙共和国政府关于澳门问题的联合声明》及《中华人民共和国政府对澳门的基本政策的具体说明》、《关于过渡时期的安排》两个附件。同年4月13日，两国总理分别代表本国政府正式签署联合声明，1988年1月15日两国政府交换批准书，联合声明从该日起生效。中葡联合声明规定，中华人民共和国政府于1999年12月20日对澳门恢复行使主权。中国政府在联合声明中阐述了对解决澳门问题的基本方针政策。联合声明的签署为国家间以和平方式解决历史遗留问题和国际争端树立了典范，对促进世界和平与进步事业具有重要的现实意义。

1999年12月19日午夜，中葡双方在澳门文化中心花园馆成功举行澳门政权交接仪式。由中国国家主席江泽民率领的中国政府代表团和由葡萄牙总统桑帕约率领的葡萄牙政府代表团出席了该仪式。50多个国家和20多个国际组织的嘉宾以及澳门各界人士共2500人应邀出席。20日零点，中国政府对澳门恢复行使主权。随即在澳门综艺馆举行了澳门特别行政区成立暨特区政府宣誓就职仪式。国家主席江泽民宣布澳门特别行政区成立。澳门特别行政区第一任行政长官何厚铧、特区政府主要官员、立法会议员、终审法院院长和检察长宣誓就职。20日中午12时，中国人民解放军驻澳部队进驻澳门。澳门顺利回归祖国、澳门特别行政区成立是继香港回归后中国人民在实现祖国统一伟业进程中的又一历史丰碑。

【**基本法**】《中华人民共和国澳门特别行政区基本法》以宪法为依据，以“一国两制”为指导方针，将国家对澳门的各项方针、政策用基本法律的形式规定下来。基本法既是一项重要的全国性法律，又是澳门特别行政区的根本性法律。基本法的起草工作于1988年10月开始，在澳门和内地广泛征求意见的基础上，基本法草案及其附件于1993年3月获第八届全国人民代表大会第一次会议通过。《中华人民共和国澳门特别行政区基本法》自1999年12月20日起实施。

基本法的主要规定有：澳门特别行政区是中国不可分离的部分，是一个享有高度自治权的地方行政区域，直辖于中央人民政府；全国人大授权澳门特别行政区依照基本法规定实行高度自治，享有行政管理权、立法权、独立的司法权和终审权；澳门特别行政区不实行社会主义制度和政策，保持原有的资本主义制度和生活方式，50年不变；中央人民政府负责管理与澳门特别行政区有关的外交事务和澳门特别行政区的防务；中央政府各部门、各省、自治区、直辖市不得干预澳门特别行政区根据基本法自行管理的事务；澳门原有法律，除同基本法相抵触或经澳门特别行政区立法机关或其他有关机关依照法定程序作出修改者外，予以保留；全国性法律除列于基本法附件三者外，不在澳门特别行政区实施；澳门居民在法律面前一律平等，享有言论、新闻、出版、结社、集会、游行、示威、通讯、迁徙、宗教信仰和婚姻的自由，组织和参加工会、罢工的权利和自由；人身自由不受侵犯，等等。

【**政治体制**】行政长官是澳门特别行政区的首长，对中央人民政府和澳门特别行政区负责。行政长官由年满40周岁，在澳门通常居住连续满20年的澳门特别行政区永久性居民中的中国公民担任，在当地通过选举或协商产生，由中央人民政府任命。行政长官任期为五年，可连任一次。1999年5月15日，由澳门居民组成的澳门特别行政区推选委员会根据公平、公正、公开、民主和廉洁的原则，以无记名投票方式，选出何厚铧为澳门特别行政区第一任行政长官人选。5月24日，朱镕基总理代表国务院向何厚铧颁发了任命其为澳门特别行政区第一任行政长官的国务院令。12月20日，何厚铧宣誓就职。2004年8月29日，澳门特区举行第二任行政长官选举，何厚铧获得300名选举委员会委员中的296票，当选澳门特区第二任行政长官候任人。9月1日，国务院任命何厚铧为澳门特区第二任行政长官。12月20日，何厚铧宣誓就职。2009年7月26日，澳门特区举行第三任行政长官选举，崔世安获得300名选举委员会委员中的282票，当选澳门特区第三任行政长官候任人。8月10日，国务院任命崔世安为澳门特区第三任行政长官。12月20日，崔世安宣誓就职。

澳门特别行政区政府是澳门特别行政区的行政机关，政府首长是行政长官。澳门特别行政区政府设司、局、厅、处。行政法务司司长、经济财政司司长、保安司司长、社会文化司司长、运输工务司司长、廉政公署廉政专员、审计署审计长、警察总局局长和海关关长为特区政府主要官员。主要官员由在澳门通常居住连续满15年的澳门特别行政区永久性居民中的中国公民担任。澳门特别行政区政府根据《基本法》第64条规定行使职权，主要包括制定并执行政策；管理各项行政事务；办理中央政府授权的对外事务；编制并提出财政预算、决算；拟定并提出法案、议案，草拟行政法规，等等。

澳门特别行政区行政会是协助行政长官决策的机构，每月至少举行一次会议，由行政长官主持。行政会委员由澳门特别行政区永久性居民中的中国公民担任，由行政长官从政府主要官员、立法会议员和社会人士中委任。行政会委员的人数为7～11人，目前共有10名委员。《基本法》规定，行政长官在作出重要决策、向立法会提交法案、制定行政法规和解散立法会前，须征询行政会的意见，但人事任免、纪律制裁和紧急情况下采取的措施除外。

澳门特别行政区立法会是澳门特别行政区的立法机关。立法会除第一届另有规定外，每届任期为四年。立法会行使基本法第71条规定的职权，主要有：根据基本法规定并依照法定程序制定、修改、暂停实施和废除法律；审核、通过政府提出的财政预算案；审议政府提出的预算执行情况报告；根据政府提案决定税收，批准由政府承担的债务；听取行政长官的施政报告并进行辩论；就公共利益问题进行辩论；接受澳门居民申诉并作出处理，等等。特区第一届立法会由23名议员组成，包括直选议员8人、间选议员8人、委任议员7人。立法会设主席、副主席各一人。第一届立法会议员的任期至2001年10月15日。第二届立法会选举于2001年9月23日举行。第二届立法会由27名议员组成，包括直选议员10名、间选议员10名、委任议员7名。第三届立法会选举于2005年9月25日举行。第三届立法会由29名议员组成，包括直选议员12名、间选议员10名、委任议员7名，任期至2009年10月15日。第四届立法会选举于2009年9月20日举行。第四届立法会议员人数及构成与第三届立法会相同，任期至2013年10月15日。

澳门特别行政区的审判权属澳门特别行政区法院。澳门特别行政区设立初级法院、中级法院和终审法院。终审权属于澳门特别行政区终审法院。澳门特别行政区法院除继续保持澳门原有法律制度和原则对法院审判权所作的限制外，对澳门特别行政区所有的案件均有审判权。澳门特别行政区法院对国防、外交等国家行为无管辖权。澳门特别行政区法院在审理案件中遇有涉及国防、外交等国家行为的事实问题，应取得行政长官就该等问题发出的证明文件，上述文件对法院有约束力。行政长官在发出证明文件前，须取得中央人民政府的证明书。澳门特别行政区各级法院的法官，根据当地法官、律师和知名人士组成的独立委员会的推荐，由行政长官任命。各级法院的院长由行政长官从法官中选任。终审法院院长由澳门特别行政区永久性居民中的中国公民担任。终审法院院长、法官的任命和免职须报全国人民代表大会常务委员会备案。

澳门特别行政区检察院独立行使法律赋予的检察职能，不受任何干涉。澳门特别行政区检察长由澳门特别行政区永久性居民中的中国公民担任，由行政长官提名，报中央人民政府任命。检察官经检察长提名，由行政长官任命。检察院的组织、职权和运作由法律规定。目前，检察院司法官共有34人，包括检察长1人，助理检察长12人和检察官21人，主要负责对刑事案件的调查和起诉，在各级法院代表检察院出庭，依法参与刑事、民事和行政诉讼。

【总的形势】2011年，澳门特区总体形势良好，政治、社会稳定，经济受旅游博彩业拉动增长强劲，对外交流与合作持续扩大。以崔世安为首的第三届特区政府致力于依法、廉洁、透明施政，加大与立法、司法机构和社会各界沟通协调，着力改善住房、交通、社保等民生问题，社会文化等事业进一步发展。

2011年，特区政府积极拓展对外交流，进一步深化区域合作，致力于打造世界旅游休闲中心和中国与葡语国家商贸合作服务平台，努力提高特区国际知名度和经济竞争力。1月，行政长官崔世安成功访问新加坡。6月，全国政协副主席、前行政长官何厚铧成功访问新加坡和东帝汶。

【经济】澳门是自由港。过去只有鞭炮、火柴、神香等手工业，经济长期以来以博彩业为主。20世纪60年代中期至80年代中期，出口加工业带动澳门经济迅速增长。澳门经济自80年代开始呈现高速增长，逐渐形成四大产业，分别为博彩旅游业、出口加工业、金融保险业和建筑地产业。这四大产业曾对澳门经济起着举足轻重的作用。进入90年代，澳门经济转入调整期，发展速度放缓。回归以来，澳门经济逐渐走出谷底，连续11年保持持续增长态势。

2011年，受旅游博彩业拉动，全年本地生产总值2955.4亿元（澳门元，下同），较上年增长21.9%，人均本地生产总值53.8万元（约合67094美元）。澳门特区公共财政总收入1127.21亿元，总支出489.77亿元，财政盈余637.45亿元。博彩总收入2690.58亿元，同比增长41.9%；博彩税收996.56亿元，同比增长44.9%。全年入境旅客2800.23万人次，同比增加12%，旅客人均消费1619元，同比增长7%。货物出口贸易额69.7亿元，同比微升0.2%；货物进口额622.9亿元，增长41.2%，贸易逆差扩大48.9%至553.2亿元。2011年澳门银行业继续保持良好经营业绩，全年银行业盈利约45.4亿元；银行业资产总额达6577亿元，同比上升21.8%；存款总额4177亿元，同比增长22.3%；贷款总额3220亿元，增长31%；资本充足比率为14.1%，呆坏账率为0.38%；保险费收入43.5亿元，同比上升15.4%。截至2011年底，特区外汇储备总额2724亿元（约340.3亿美元），同比增长43.2%；特区政府储备基金达131亿元，同比持平。全年新动工楼宇建筑面积36.7万平方米，同比上升1倍；建成楼宇建筑面积116.3万平方米，同比减少8.6%。房屋买卖27624套，同比减少6.7%，交易金额762.6亿元，同比增长34.4%。全年本地居民失业率为2.2%。通货膨胀率为5.81%。

自2003年10月17日内地与澳门签署《关于建立更紧密经贸关系的安排》（CEPA）以来，迄今共签署了9个补充协议，内地已对原产于澳门的进口货物全面实施零关税，向澳门开放了48个服务贸易领域。CEPA的实施对进一步促进澳门与内地的经济关系起到了显著作用。截至2012年9月底，内地累计进口享受零关税待遇澳门货物总值3.35亿元，关税优惠额约2700.54万元；在服务贸易领域，截至2012年12月底，澳门经济局共核发澳门服务提供者证明书429张；在贸易投资便利化方面，内地与澳门通过提高透明度、标准一致化和加强信息交流等措施，推动贸易投资便利化，目前已在10个领域开展相关合作。

【教育】特区实行15年免费教育。2010/2011学年，澳门共有各类学前、小学、中学学校106所，其中公立学校13所，私立学校93所（77所已纳入免费教育系统），上述学校共有教师4977名，学生71832人。澳门共有10所高等院校，公立4所，私立6所，分别为澳门大学、澳门理工学院、旅游学院、澳门保安部队高等学校、澳门城市大学［原名亚洲（澳门）国际公开大学］、圣若瑟大学（原名澳门高等校际学院）、澳门镜湖护理学院、澳门科技大学、澳门管理学院和中西创新学院。2010/2011学年，澳门高等院校共有教师2088名，注册学生27346名。面向内地招生的有澳门大学、澳门理工学院、旅游学院、澳门科技大学、澳门镜湖护理学院和澳门城市大学共6所高校，招生范围包括内地25个省市。2010/2011学年注册上述6所院校的内地学生超过2200人。

【新闻出版】澳门现有9家中文日报：《澳门日报》、

《华侨报》、《大众报》、《市民日报》、《星报》、《正报》、《现代澳门日报》、《新华澳报》和《濠江日报》。另有15家中文周报：《讯报》、《澳门脉搏》、《澳门文娱报》、《时事新闻报》、《体育周报》、《澳门观察报》、《澳门商报》、《澳门早报》、《车世界》、《捷点资讯报》、《澳门会展经济报》、《澳门晚报》、《濠江晚报》、《力报》和《澳门节庆盛事报》等。此外，还有《时代月刊》、《澳门月刊》、《九鼎》等杂志。

葡文日报有《句号报》、《澳门论坛日报》和《澳门今日》3家；葡文周报有《号角报》。英文日报有《澳门邮报》、《澳门每日时报》和《每日商报》3家。

澳门主要的电视公司有澳门广播电视有限公司（澳广视）、澳门有线电视股份有限公司、澳门宇宙卫星通讯服务有限公司（澳门卫视）、澳门莲花卫视传媒有限公司以及澳亚卫视有限公司。澳门有两家电台：澳门电台和绿村电台。

【对外事务】回归以来，澳门特别行政区的对外交往取得显著成果。

目前，澳门特区参加的政府间国际组织共25个，其中以“中国澳门”名义单独参加的有13个，包括：世界贸易组织、联合国教育科学及文化组织、国际海事组织、世界旅游组织、世界气象组织、世界卫生组织西太平洋区域委员会、海关合作理事会、亚太电信联盟、亚太地区发展中心、亚太经济社会委员会、国际纺织及成衣局、台风委员会和亚太反洗钱小组；澳门以中国代表团成员身份参加的有12个，包括：国际刑警组织、国际劳工组织、万国邮政联盟、国际电信联盟、国际民用航空组织、海牙国际私法会议、国际通信卫星组织、国际复兴开发银行、国际货币基金组织、世界知识产权组织、联合国麻醉品委员会和亚太邮政联盟。

回归后，经中央政府授权，澳门特别行政区政府先后与10个国家签署了航班或民航协定，使澳门与外国签署的航班或民航协定数达到40个；与18个国家签署了互免签证协定；与欧共体、瑞士、冰岛分别签署了关于接受没有居留许可的人的协定；与葡萄牙、东帝汶签署了法律及司法合作协定；与葡萄牙、荷兰签署了相互鼓励和保护投资协定。

目前适用于澳门的国际公约有300多项（含公约、议定书和修正案），涉及外交、国防、民航、海关、禁毒、经济金融、知识产权、邮政电信、资源环保、人权、教科文卫、劳工、海事、国际犯罪、国际私法、道路交通、建立国际组织等各方面。

共有88个国家可在澳门执行领事职务，澳门在欧盟、里斯本、世贸组织设有3个经济贸易办事处，在美国、日本等国家和地区派有18个旅游代表。

截至2012年12月，共有103个国家和地区给予澳门特别行政区护照持有人免签证或落地签证入境待遇。澳门特区给予71个国家和地区居民免签入境待遇。（张重濡）

阿　富　汗

国名　阿富汗伊斯兰共和国（The Islamic Republic of Afghanistan）。

面积　647500平方公里。

人口　约2900万。普什图族占40%，塔吉克族占25%，还有哈扎拉、乌兹别克、土库曼等20多个少数民族。普什图语和达里语是官方语言，其他语言有乌兹别克、俾路支、土耳其语等。逊尼派穆斯林占80%，什叶派穆斯林占19%，其他占1%。

首都　喀布尔（Kabul），人口约280万。气候温和，四季分明，全年平均气温13℃左右。

国家元首　哈米德·卡尔扎伊（Hamid KARZAI）。2004年10月当选总统。2009年8月连任，任期五年。

重要节日　阿富汗新年：3月21日；阿富汗独立纪念日：8月19日；开斋节：每年日期不定，依伊斯兰历而变；古尔邦节：每年日期不定，随伊斯兰历而变。

简　况

亚洲中西部的内陆国家。北邻土库曼斯坦、乌兹别克斯坦、塔吉克斯坦，西接伊朗，南部和东部连巴基斯坦，东北部凸出的狭长地带与中国接壤。属大陆性气候，全年干燥少雨，冬季寒冷，夏季炎热，全国年平均降雨量仅240毫米左右。

阿富汗王国建立于1747年，曾一度强盛。19世纪后，国力日衰，成为英国和沙俄的角逐场。1919年摆脱英国殖民统治获得独立，8月19日为独立日。1979年12月，苏联入侵阿富汗。1989年2月，苏军撤出。后因各派抗苏武装争权夺势，阿陷入内战。1994年塔利班兴起，1996年9月攻占喀布尔，建立政权。1997年10月改国名为“阿富汗伊斯兰酋长国”，在阿实行伊斯兰统治。

政　治

“9·11”事件后，塔利班政权在美军事打击下垮台。在联合国主持下，阿启动战后重建“波恩进程”。2001年12月，阿成立临时政府。2002年6月，成立过渡政府。2004年1月，阿颁布新宪法，定国名为“阿富汗伊斯兰共和国”。10月，卡尔扎伊当选阿首任民选总统。

2005年9月举行了全国及地方议会选举。12月，阿新议会成立，“波恩进程”结束。2009年8月，阿举行第二次总统选举，卡尔扎伊艰难取胜，同年11月就职。

近年来，阿富汗政治与经济重建虽取得积极进展，但安全局势持续恶化，腐败、毒品泛滥等问题也威胁阿富汗的稳定和发展。卡尔扎伊连任后，积极推动“和解与再融合”计划，加强军警建设，扩大地区合作，谋求国际援助。2010年10月，阿富汗成立由前总统拉巴尼任主席、众多前圣战领导人参加的“高级和平委员会”，负责推动阿富汗政府与塔利班等反政府武装和谈。2011年9月拉巴尼遇刺身亡，阿富汗和解进程严重受挫。2012年1月，阿富汗塔利班宣布在卡塔尔设立和谈办公室，用以与美国等接触和谈。后因发生驻阿美军焚烧《古兰经》和枪杀阿富汗平民等事件，塔利班宣布中止与美国接触。4月，卡尔扎伊任命萨拉胡丁·拉巴尼为高级和平委员会新主席，继续推动和解进程。

美国及北约主导阿富汗安全和重建，目前在阿富汗驻军约13万人。美国等国已于2011年7月起开始从阿富汗撤军，计划于2014年底前向阿富汗移交全部安全责任。

【宪法】2002年1月至2004年1月，阿富汗沿用前国王查希尔颁布的1964年宪法。2004年1月26日，阿富汗过渡政府总统卡尔扎伊签署颁布新宪法，确立阿国名为“阿富汗伊斯兰共和国”，实行总统制。

【议会】根据阿宪法，国民议会是国家最高立法机关，由人民院（下院）和长老院（上院）组成。人民院议员不超过250名，根据各地人口数量平均分配，但保证每省至少有2名女议员。长老院议员从各省、区管理委员会成员中间接选举产生。国民议会有权弹劾总统，但须召集大支尔格会议并获得2/3以上多数通过才可免除总统职务。阿现议会于2010年9月选举产生，2011年1月正式成立。现任长老院主席为法扎尔·哈迪·穆斯林姆亚尔（Fazal Hadi MUSLIMYAR），人民院议长为阿卜杜·拉乌夫·伊卜拉希米（Abdul Rauf IBRAHIMI）。

【大支尔格会议】又称大国民会议。根据阿新宪法，大支尔格会议是阿人民意愿的最高体现，由议会上下两院议员、各省议会议长组成，负责制定和修改宪法，批准国家其他有关法律；有权决定涉及阿国家独立、主权、领土完整和国家利益等问题；审议总统提交的内阁组成名单；内阁部长、最高法院法官和大法官可以列席会议；会议不定期举行。

2002年6月阿召集紧急支尔格大会，选举产生以卡尔扎伊总统为首的阿富汗过渡政府。2003年12月召开制宪支尔格大会，制定并通过新宪法。2010年6月召开和平支尔格大会，呼吁塔利班等参与政治和解进程。2011年11月召开大支尔格会议，讨论阿富汗同美国商签战略伙伴关系文件一事。

【政府】现内阁成员包括：总统哈米德·卡尔扎伊，第一副总统穆罕默德·卡西姆·法希姆（Mohammad Qasim FAHIM），第二副总统穆罕默德·卡里姆·哈利利（Mohammad Karim KHALILI），内阁资政希达亚特·阿明·阿尔萨拉（Hedayat Amin ARSALA），外交部长扎尔迈·拉苏尔（Zalmai RASOUL），国防部长阿卜杜勒·拉希姆·瓦尔达克将军（Abdul Rahim WARDAK），内政部长比斯米拉·汗·穆罕默迪（Bismillah Khan MOHAMMADI），财政部长奥马尔·扎希尔瓦尔（Omar ZAKHILWAL），司法部长哈比布拉·加里布（Habibullah GHALEB），朝觐及伊斯兰事务部长穆罕默德·优素福·尼亚兹（Mohammad Yousuf NEYAZI），经济部长阿卜杜勒·哈迪·阿尔甘地瓦尔（Abdul Hadi ARGHANDIWAL），农村复兴与发展部长瓦西·艾哈迈德·巴马克（Wais Ahmad Barmak），烈士、残疾人和社会事务部长阿米纳·阿夫扎里（Amina AFZALI），禁毒部长扎拉尔·艾哈迈德·穆克比尔（Zarar Ahmad MOQBEL），教育部长法鲁克·瓦尔达克（Farooq WARDAK），信息文化部长赛义德·马赫杜姆·拉辛（Sayed Makhdum RAHIN），矿产部长瓦希杜拉·沙拉尼（Waheedullah SHARANI），农业部长穆罕默德·阿塞夫·拉希米（Mohammad Asef RAHIMI），商工部长安瓦尔·哈克·阿哈迪（Anwar Ul Haq AHADI），公共工程部长纳吉布拉·欧占（Najbullah O Zhan），能源与水利部长穆罕默德·伊斯梅尔·汗（Mohammad ISMAEL Khan），妇女事务部长哈森·巴努·加赞法尔（Hasun Bano GHAZANFAR，女），城市发展部长哈桑·阿卜杜拉希（Hasan Abdullahi），高等教育部长欧拜杜拉·拜德（Dr. Obaidaulah Obaid），公共卫生部长索拉亚·达利（Soraya DALIL），交通和民航部长达乌德·阿里·纳吉非（Dawood Ali Najafi）。

此外，还有4名代理部长：公共福利部部长索拉布·阿里·萨非日（Sohrab Ali Saffari），通讯部长阿米尔扎伊·山金（Amirzai SANGEEN），边境及部落事务部长艾萨拉·贾梅尔（Arsala Jamal），难民事务部长阿卜杜尔·拉希姆（Abdul Rahim）。

【行政区划】全国划分为34个省，省下设县、区、乡、村。

【司法机构】阿富汗司法系统分为三级。最基层为地方法院，全国共有350个左右；中层为上诉法院，分设于阿各省；最高层为最高法院，设在首都喀布尔。

【政党】阿过渡政府于2003年10月颁布《政党法》。现有政党近百个。主要政党包括：

（1）阿富汗伊斯兰促进会（Jamiati Islami）：1972年成立。伊斯兰教温和派，成员多为塔吉克族。逊尼派。主要领导人穆罕默德·卡西姆·法希姆，现为阿第一副总统。

（2）阿富汗伊斯兰统一党（Hizbi Wahdat ISLAMI，哈利利派）：原阿富汗伊斯兰革命联盟，1987年成立。

1991年改用现名。1995年3月，原领导人马扎里被塔利班杀害，该党分裂。属伊斯兰教什叶派，成员多为哈扎拉族人。党主席穆罕默德·卡里姆·哈利利，现为阿第二副总统。

（3）阿富汗伊斯兰民族运动（Jonbesh Meli Islami）：主要领导人阿卜杜尔·拉希德·杜斯塔姆（Abdur Rashid DOSTUM），乌兹别克族。

（4）阿富汗民族解放阵线（Mahas Meli）：1978年成立。民族主义派，普什图族，属伊斯兰教逊尼派。主要领导人西卜加图拉·穆贾迪迪（Sibghatullah MUJADIDI）。

（5）阿富汗圣战者伊斯兰联盟（Hizbi Ettehad Islami）：1981年成立。普什图族，属伊斯兰教逊尼派。主要领导人阿卜杜尔·拉苏尔·萨亚夫（Abdul Rasul SAYAF）。

（6）阿富汗伊斯兰民族阵线（Jebhe Meli Islami）：1979年成立。民族主义派，普什图族，属伊斯兰教逊尼派。主要领导人赛义德·盖拉尼（Sayed GAILANI）。

【重要人物】哈米德·卡尔扎伊：总统。普什图族。1957年生。其家族为坎大哈地区波帕尔查伊部族的世袭首领。毕业于喀布尔哈比比亚高等学校，获学士学位，后进入印度喜马偕尔邦立大学攻读政治学硕士学位。1982年起参加抗苏斗争。1992年后曾任阿游击队政府副外长。1994年参加塔利班。后与塔利班极端政策不合而分道扬镳。1997年移居巴基斯坦，开展支持前国王查希尔的政治活动。2001年底返阿，协助美英军队打击塔利班。同年12月，被阿各派代表推举为临时政府主席。2002年6月，任过渡政府总统。2004年10月，当选阿首位民选总统。2009年8月连任。　**法扎尔·哈迪·穆斯林姆亚尔**：议会长老院主席，1970年生，楠格哈尔省普什图族人。曾获法律学士学位，参加过抗苏战争。2005～2009年，任楠格哈尔省议会主席。2010年当选阿议会长老院第一副主席。2011年1月当选长老院主席。　**阿卜杜·拉乌夫·伊卜拉希米**：议会人民院议长。乌兹别克族前军阀，来自阿北部昆都士省，曾参加抗苏战争。2011年2月当选人民院议长。　**穆罕默德·卡西姆·法希姆**：第一副总统，1957年生于潘杰希尔山谷。法希姆长期以来是北方联盟统帅马苏德的部下，2001年9月马被刺杀后，法希姆继承了其领导地位。2001年12月，就任阿临时政府副主席，后任阿过渡政府副总统、国防部长。2002年4月27日，阿富汗临时政府主席卡尔扎伊发布命令，提升他为元帅。2009年被卡尔扎伊提名为第一副总统候选人，同年11月当选。**穆罕默德·卡里姆·哈利利**：第二副总统。1950年出生，哈扎拉族，阿富汗伊斯兰统一党主席。曾就读于喀布尔宗教学校，积极参与抗苏斗争。1987年加入什叶派组织“阿富汗伊斯兰联合委员会”并任发言人。1989年，阿什叶派抗苏组织联合成立“阿富汗伊斯兰统一党”，哈成为该组织发言人。1992年任阿圣战者政府财长。1994年任伊斯兰统一党主席。1996年领导伊斯兰统一党与拉巴尼的伊斯兰促进会和杜斯塔姆的伊斯兰民族运动共同组建“反塔利班联盟”（又称“北方联盟”），共同对抗塔利班。2002年6月任过渡政府副总统。2004年作为卡尔扎伊竞选搭档当选第二副总统。2009年再次被卡提名为第二副总统候选人，成功连任。

经　济

阿富汗是最不发达国家。历经三十多年战乱，经济破坏殆尽，交通、通讯、工业、教育和农业基础设施遭到的破坏最为严重，生产生活物资短缺，曾有600多万人沦为难民。

2002年以来，阿国民经济呈现“低水平的快速增长”，经济逐步恢复发展。2010/2011财年经济同比增长12.96%，国内生产总值（GDP）为163.52亿美元，人均GDP为551美元，对外贸易总额58.47亿美元。

货币名称：阿富汗尼（Afghani），简称阿尼。

汇率：1美元=50阿尼。

通货膨胀率：14.5%。

【资源】阿矿产资源较为丰富，据美地质勘探局估计，总价值约1万亿美元。目前已探明矿产资源约1400种，主要有铜、铁、金、石油、天然气等。

阿富汗的河流大部分是内陆河，多注入沙漠和湖泊。主要河流有阿姆河、喀布尔河、赫尔曼德河和哈里鲁河等。

【工业】由于多年战乱，工业基础十分薄弱。以轻工业和手工业为主，主要有纺织、化肥、水泥、皮革、地毯、制糖和农产品加工等。近年来由于喀布尔等大城市建筑业的繁荣，带动了制砖、木材加工等建材业相对发展。另外面粉加工、手织地毯业等也有所发展。

【农牧业】农牧业是阿国民经济的主要支柱。农牧业人口占全国总人口的80%。耕地不到全国土地总面积的10%。主要农作物包括小麦、棉花、甜菜、干果及各种水果。主要畜牧产品是肥尾羊、牛、山羊等。阿是世界第一大毒源地“金新月”的中心。2011年毒品产量为5800吨，严重影响阿和平重建进程，也对地区和平与安全带来威胁和挑战。

【交通运输】阿是内陆国，无出海口。境内有通往伊朗和塔吉克斯坦的铁路。交通运输主要靠公路和航空。北部同乌兹别克斯坦和土库曼斯坦边界上的阿姆河和昆都士河部分河段有通航能力。

公路：阿全境共有公路17.789万公里，其中国家级高速公路4906公里，在建公路5000公里，主要包括喀布尔至马扎里沙里夫、赫拉特至坎大哈、喀布尔环城高速、托克汉姆至喀布尔等公路。

空运：有阿利亚纳（ARIANA）、卡姆（KAM）、萨菲（SAFI）等多家航空公司。目前已开通至巴基斯坦、伊朗、阿联酋、印度、土耳其、德国、俄罗斯、中国新疆、阿塞拜疆、沙特、科威特和塔吉克等航线。全国有机场46个，喀布尔机场为国际机场。

【**对外贸易**】同60多个国家和地区有贸易往来。主要出口商品有天然气、地毯、干鲜果品、羊毛、棉花等。主要进口商品有各种食品、机动车辆、石油产品和纺织品等。主要出口对象为巴基斯坦、美国、英国、德国、印度等，主要进口国为中国、巴基斯坦、美国、日本、韩国、土库曼斯坦、印度等。

人民生活

战争使阿富汗基本生活设施遭受极大破坏。道路受损，电力奇缺，物价上涨，生活必需品匮乏。阿政府成立以来，在联合国及国际社会帮助下，大力恢复基本的民生设施，安置返阿难民，解决居民用水、用电，加大医务人员培训，恢复各级学校教育。据世界银行报告显示，阿可以享受自来水供应的城市居民不到20%，是世界上最低的国家。基本医疗只能覆盖40%的人口，严重缺少医疗人员，尤其是女性医护人员。阿女性享受基本医疗的比率很低。

军　事

根据《波恩协议》，国际社会大力协助阿建立军警部队。2002年，阿政府在美国帮助下开始筹建阿国民军，目标是到2011年建立一支17万人的国民军和13万人的警察部队，最终独立负责阿国家安全。根据美西方评估，2014年美北约从阿撤军后，阿富汗国民军将达到35万人，才能维护自身安全。阿富汗政府呼吁国际社会为国民军建设提供财政支持。

文化教育

【**教育**】实行12年义务教育。阿教育事业受到战争严重破坏。在国际社会的大力援助下，近年阿教育事业取得一定进步。适龄儿童中有600万入学，其中200万是女生。成年人受教育比例占29%。

阿现有数十所高等院校。喀布尔大学是全国最高学府，1946年创建。赫拉特大学是阿西部教育中心。

【**新闻出版**】主要报纸有《喀布尔时报》（官方报纸）、《喀布尔周报》、《祖国报》、《阿尼斯报》等。

阿富汗广播电台成立于1925年，对外用9种语言广播。阿富汗电视台于1978年建立，用波斯语、普什图语播音。

巴赫塔通讯社（BAKHTAR）是阿富汗国家通讯社。

对外关系

阿重建主要依赖西方国家支持和援助。2002 ~ 2010年，阿富汗共接受外援556亿美元。阿政府外交以寻求援助为中心，积极发展同美、德、日和欧盟等西方国家关系。

阿重视发展与周边国家关系和参与区域合作。2002年，阿同包括中国在内的6个邻国共同签署《喀布尔睦邻友好宣言》、《〈喀布尔睦邻友好宣言〉签署国政府关于鼓励更紧密的贸易、过境和投资合作的宣言》和《喀布尔睦邻友好禁毒宣言》。

2005年10月，阿成为中亚区域经济合作组织成员，11月与上海合作组织建立联络组，同月成为南亚区域合作联盟成员。阿还利用地缘优势，力争成为本地区贸易和交通枢纽。

【**同中国的关系**】1955年1月20日建交，双边关系发展顺利。

2011年是中阿建交56周年，两国全面合作伙伴关系得到进一步发展。两国高层往来密切，经贸合作进展顺利，在国防、安全、文教、卫生等领域合作良好。5月，阿外长拉苏尔访华。6月，胡锦涛主席在出席上海合作组织阿斯塔纳峰会期间会见卡尔扎伊总统。同月，阿总统国家安全顾问斯潘塔访华。9月，孟建柱国务委员在出席第二届安全事务高级代表会议期间会见阿国家安全委员会副主席阿布达里。10月，阿富汗副外长鲁丁访华。2012年3月，阿副外长鲁丁来华出席上合组织地区安全副外长级会议并访华。6月，卡尔扎伊总统出席上海合作组织成员国元首第十二次理事会并访华。中阿双方发表《中阿建立战略合作伙伴关系的联合宣言》，宣布两国建立战略合作伙伴关系。

中方积极参与涉阿富汗的国际和地区会议。2011年10月、12月，杨洁篪外长、刘振民部长助理分别出席阿富汗问题波恩会议、伊斯坦布尔会议。

2011年，双边贸易额为2.34亿美元，同比增长31%。其中中国出口额2.3亿美元，同比增长31.2%；进口额0.04亿美元，同比增长19.6%。2012年1 ~ 5月双边贸易额1.53亿美元，同比增长95.3%。中国对阿出口产品主要为机电、五金、纺织、日用品、轻工类等。自阿进口商品主要是牛羊皮等。

中国驻阿富汗大使：徐飞洪。馆址：Sardar Shah Mahmoud Ghazi Wat，Kabul，Afghanistan。电话：0093-20-2102548。

阿富汗驻华大使：苏尔坦·艾哈迈德·巴辛（Sultan Ahmad Baheen）。馆址：北京市朝阳区东直门外大街8号。电话：010-65321582。

【**同联合国的关系**】联合国为推动阿和平进程发挥了重要作用。2001年12月，联合国主持启动“波恩进程”，向阿派遣国际安全援助部队（ISAF）协助维护治安。2002年3月，联合国阿富汗援助团（UNAMA）成立，帮助阿政府维护稳定、保障人权、推进社会和经济发展。联合国还积极推动国际社会多次召开援阿国际会议。

【**同美国的关系**】阿美于1934年建交。“9·11”事件后，美全面主导阿和平进程和经济重建，向阿提供巨额经济援助。美还协同北约等向阿地方派遣省级重建队（PRT）。2005年阿美建立战略伙伴关系并签署联合宣言，内容包括美在民主治理、经济发展、维护安全等方面向阿提供帮助，继续使用经双方同意的军事设施，在与阿协商一致的基础上享有在阿开展适当军事行动的自由等。两国高层互访频繁。

2011年6月，奥巴马总统宣布撤军方案，2011年年底前撤出1万人，2012年夏季前再撤出2.3万人，2014年底完成安全责任转交。美在按计划推进撤军进程的同时，积极推动阿政府与塔利班的和谈进程。

2012年5月，阿美签署《持久战略伙伴关系协议》，对2014年后美在阿政治、经济、安全等领域合作作出规划。美国给予阿富汗“非北约主要盟国”地位，重申不寻求在阿拥有永久军事设施，但2014年后将再保留一定军事存在。

【同巴基斯坦的关系】阿巴关系因历史、反恐等因素长期不睦。近年来，在国际社会积极斡旋下，阿巴关系出现并大体保持改善和发展的势头，两国领导人接触频繁，双方就合作打恐、促进双边经贸往来和人员交流等方面达成共识，但仍出现一些波折。2011年，阿富汗高级和平委员会主席拉巴尼遇刺身亡，两国关系再度受挫。2012年以来，两国关系有所改善。2月，卡尔扎伊赴巴基斯坦出席阿富汗—巴基斯坦—伊朗三国峰会，期间与巴基斯坦总理吉拉尼会晤。之后，吉拉尼应卡尔扎伊请求，发表声明呼吁阿富汗有关各方参与阿富汗国内和解进程。

【同印度的关系】阿政府重视发展对印关系，两国高层保持密切往来。印迄已承诺援阿20亿美元。印在阿设有1个使馆和4个总领馆。2006年至今，卡尔扎伊7次访印，双方就印度援阿重建、加强反恐合作、推动经贸往来和区域合作等问题达成共识。2011年10月卡尔扎伊访印期间，两国宣布建立战略合作伙伴关系。

【同俄罗斯的关系】塔利班统治期间，俄支持反塔联盟。阿新政府成立后，俄即恢复同阿关系。俄支持阿和平重建，已向阿提供7亿美元援助，免除阿所欠103.8亿美元债务。俄强调联合国应在阿问题上发挥主导作用，关注阿毒品问题，主张在阿周边建立禁毒“安全带”。俄主张阿未来成为不与任何国家结盟、境内无任何外国驻军和军事基地的中立国。俄罗斯不能接受美西方在阿富汗长期驻军，但认为美北约须对阿富汗安全负责到底。俄支持上海合作组织同阿巩固和发展关系，反对成立新的涉阿地区合作机制。

【同伊朗的关系】伊朗是阿西部重要邻国，两国有着深厚的历史、文化、宗教、民族渊源和联系。伊朗在阿富汗有一定影响力，至今仍接纳阿200多万难民。伊积极参与阿重建，重点援建与其毗邻的阿富汗赫拉特省，使之成为阿经济最发达的省份。

【同上海合作组织的关系】2004年以来，阿富汗总统、副总统多次以主席国客人身份出席上海合作组织峰会和总理会议。2005年11月，阿同上合组织建立联络组。2009年至今，上合组织已举行五次阿问题副外长级磋商和一次阿富汗问题国际会议。2012年6月，阿正式成为上合组织观察员国。（侯方超）

阿拉伯联合酋长国

国名　阿拉伯联合酋长国（The United Arab Emirates）。

面积　83600平方公里（包括沿海岛屿）。

人口　826万（2010年）。外籍人占88.5%，主要来自印度、巴基斯坦、埃及、叙利亚、巴勒斯坦等国。居民大多信奉伊斯兰教，多数属逊尼派。官方语言为阿拉伯语，通用英语。

首都　阿布扎比（Abu Dhabi），人口197万。

国家元首　总统哈利法·本·扎耶德·阿勒纳哈扬（Khalifa Bin Zayed Al-Nahyan），2004年11月当选，2009年11月连任。

重要节日　国庆日：12月2日。

简　况

位于阿拉伯半岛东部，北濒波斯湾，海岸线长734公里。西北与卡塔尔为邻、西和南与沙特阿拉伯交界、东和东北与阿曼毗连。属热带沙漠气候，夏季炎热潮湿（5～10月），气温40℃～50℃，冬季（11月至翌年4月）气温7℃～20℃，偶有沙暴。平均降水量约100毫米，多集中于1～2月间。

公元7世纪隶属阿拉伯帝国。自16世纪开始，葡萄牙、荷兰、法国等殖民主义者相继侵入。19世纪初，英国入侵波斯湾地区，并于1820年强迫当地7个酋长国与其签订“永久休战条约”，此后各酋长国逐步沦为英国的保护国。1971年3月1日，英国宣布同各酋长国签订的条约于年底终止。同年12月2日，阿拉伯联合酋长国宣告成立。1972年，哈伊马角酋长国加入联邦。

政　治

联邦最高委员会由7个酋长国的酋长组成，是最高权力机构。重大内外政策均由该委员会讨论决定，制定国家政策，审核联邦预算，批准法律与条约。总统和副总统从最高委员会成员中选举产生，任期五年。总统兼任武装部队总司令。除外交和国防相对统一外，各酋长国拥有相当的独立性和自主权。联邦经费基本上由阿布扎比和迪拜两个酋长国承担。

2011年，阿联酋政局平稳，社会稳定，国民经济保持增长态势。对外交往活跃，注重加强与海湾国家及其他阿拉伯国家关系，在继续积极发展与大国关系的同时，致力于推进多元化外交。

【宪法】1971年7月18日，联邦最高委员会通过临时宪法，同年12月3日宣布临时宪法生效，沿用了25年。1996年12月联邦最高委员会通过决议，宣布临时宪法为永久宪法，并确定阿布扎比为阿联酋永久首都。

【议会】联邦国民议会，成立于1972年，系咨询机构。自2008年12月起每届任期由2年延长至4年。议会成员40名，其中20名由各酋长国酋长提名，总统任命，其余20名由非直接选举产生。2011年9月，阿联酋举行第15届国民议会选举，11月穆罕默德·艾哈迈德·穆尔（Mohammed Ahmad Moore）当选议长。

【政府】2006年2月组成第七届政府，2009年5月进行部分改组，新内阁共26人，其中女部长4人。主要成员有：副总统兼总理穆罕默德·本·拉希德·阿勒马克图姆（Mohammed Bin Rashid Al Maktoum），副总理兼内政部长赛义夫·本·扎耶德·阿勒纳哈扬（Saif Bin Zayed Al Nahyan），副总理兼总统事务部长曼苏尔·本·扎耶德·阿勒纳哈扬（Mansour Bin Zayed Al Nahyan），财政工业部长哈姆丹·本·拉希德·阿勒马克图姆（Hamdan Bin Rashid Al Maktoum），外交部长阿卜杜拉·本·扎耶德·阿勒纳哈扬（Abdullah Bin Zayed Al Nahyan），能源部长穆罕默德·本·扎安·哈米利（Mohammed bin Dha'en Al Hamili），经济与计划部长鲁卜娜·卡西米（Lubna Al Qasimi，女）等。

【行政区划】由7个酋长国组成：阿布扎比、迪拜、沙迦、哈伊马角、阿治曼、富查伊拉、乌姆盖万。

【重要人物】**哈利法·本·扎耶德·阿勒纳哈扬**：总统。生于1948年，系阿联酋首任总统扎耶德长子。1969年2月1日被立为阿布扎比酋长国王储。1976年5月，任联邦武装部队副总司令。哈利法还兼任阿布扎比最高石油委员会主席、阿布扎比投资局董事长、阿布扎比发展基金会董事长。2004年11月2日扎耶德总统病逝，哈利法继任阿布扎比酋长，11月3日，哈利法被联邦最高委员会推选为新任总统，2009年连任至今。**穆罕默德·本·拉希德·阿勒马克图姆**：副总统兼总理、迪拜酋长。生于1948年，系前副总统兼总理、迪拜酋长马克图姆的二弟。毕业于英国皇家军校。1971年任联邦国防部长，1995年被指定为迪拜王储。2006年1月5日，穆罕默德继任迪拜酋长，并就任阿联酋副总统兼总理。

经济

以石油生产和石油化工工业为主，同时注重实现经济多元化、通过扩大贸易、基础设施建设，发展水泥、海水淡化、发电、炼铝、塑料制品、建筑材料、服装、食品加工等工业和农、牧、渔业以及旅游、会展、信息技术等第三产业增加非石油收入占国内生产总值的比例。2010年非石油部门生产总值占国内生产总值的68.5%。2011年主要经济数据如下（数据来源：《经济季评》）：

国内生产总值（GDP）：3575亿美元。

人均GDP：4.3万美元。

GDP增长率：3.3%。

货币名称：迪拉姆（Dirham），1迪拉姆＝100菲尔斯（Fils）。

汇率：1美元＝3.67迪拉姆。

进出口总额：4380亿美元。

进口额：1856亿美元。

出口额：2524亿美元。

【资源】石油和天然气资源丰富。已探明石油储量130亿吨，居世界第六位；天然气储量6.43万亿立方米，居世界第七位。

【工业】以石油化工为主，此外还有天然气液化、炼铝、塑料制品、建筑材料、服装和食品加工等工业。工业从业人数中，阿联酋人仅占1%。政府因此着手实施“就业本国化”计划，增加本国人就业比例。

【农牧林渔业】农业不发达。阿联酋农业、畜牧业和林业产值占国内生产总值的2.4%。全国可耕地面积19万公顷。主要农产品有椰枣、蔬菜、柠檬等。粮食依赖进口。目前，阿联酋有捕鱼船5191艘，渔民17264人。渔产品和椰枣可满足国内需求。畜牧业规模很小，主要肉类产品依赖进口。近年来，政府采取鼓励务农的政策，向农民提供免费的种子、化肥和无息贷款，并对农产品全部实行包购包销，以确保农民的收入，阿联酋农业得到一定发展。

【交通运输】各酋长国之间有现代化高速公路相连，目前正在修建铁路项目。

公路：总长约4080公里。

水运：有15个港口，308个码头（总长45公里）。年货物吞吐量为7亿吨。迪拜拉希德港是中东第二大深水港。

空运：有阿布扎比、迪拜等6个国际机场，5个直升机机场。阿联酋已同包括中国在内的82个国家签订了双边航空协定，世界各国的109个航空公司有定期航班飞往阿联酋各机场。

通讯：阿联酋全国约有139万门电话，移动电话2007年突破770万部，预计2012年将达到1190万部。互联网用户达226万，人造卫星通讯网同118多个国家相连。

【财政金融】阿联酋银行业发达，现有本国银行23家，外国银行28家。外汇入出境不受限制，汇率稳定。联邦政府财政收入来自各酋长国的石油或贸易收入。近几年政府预算收支情况如下（单位：亿美元）：

	2010	2011	2012
总收入	857.11	1133.84	1358.38
总支出	922.58	955.00	1012.53

（资料来源：《经济季评》）

截至2011年底，外汇储备为560亿美元。

【对外贸易】1995年，阿联酋加入世界贸易组织。阿联酋与179个国家和地区有贸易关系。外贸在经济中占有重要位置。阿联酋主要出口石油、天然气、石油化工产品、铝锭和少量土特产品；主要进口粮食、机械和消费品。近几年对外贸易持续顺差，情况如下（单位：亿美元）：

	2009	2010	2011
出口额	1921.93	1980	2524
进口额	1500.32	1587	1856
差　额	421.61	393	668

（资料来源：《经济季评》）

【对外援助】阿联酋经常向阿拉伯、伊斯兰国家和第三世界发展中国家提供贷款和赠款。援助方式为通过官方贷款和赠款，或通过有关地区组织及阿布扎比发展基金会、红新月会机构等提供贷款及人道主义物资援助。截至2008年底，阿联酋共提供外援600亿美元，超过了联合国规定发达国家每年应向发展中国家提供占GDP 0.07%援助的比例。阿联酋主要的外援机构有阿布扎比发展基金会、红新月会、扎耶德人道主义与慈善预购、马克图姆慈善机构、穆罕默德·本·拉希德人道机构、哈利法·本·扎耶德慈善机构等。

人民生活

人均收入居世界前列，对公民实行免费医疗制度。共有30家公立医院，115个保健中心，4473张床位，2350名医生，380名牙医，6250名护士，另有20家私立医院。

军　事

1976年5月6日，联邦最高委员会决定统一各酋长国的军队，设立武装部队总司令部，联邦总统任武装部队总司令。实行志愿兵役制。

总兵力5.65万人。其中，陆军约4.5万人，编制为1个王室警卫旅、1个装甲旅、2个机械化步兵旅、4个步兵旅和1个炮兵旅。海军2500人，各类作战舰只21艘，主要基地在阿布扎比。空军4000人（含警察部队的航空联队），编制有4个作战中队，作战飞机196架，武装直升机50架。皇家警卫队、特种部队等约5000人。另有警察5.4万名。武器装备主要来源于法国、美国，是海湾国家中唯一以法式装备为主的国家。武装部队的兵源30%来自本国，其余主要为阿曼、巴基斯坦等国人，教官多为英国和巴基斯坦人。

文化教育

【教育】阿联酋重视发展教育事业和培养本国的科技人才，实行免费教育制。国家致力于扫盲工作，已建成147个扫盲中心。现有公立学校761所，各类私立学校547所，在校学生57.5万人，教师2.4万余人。在校大学生34213人，其中阿联酋大学17000人，扎耶德大学2124人，高等技术学院15089人。

【新闻出版】主要报刊有：《联合报》（阿拉伯文），阿布扎比半官方日报，发行5万份；《宣言报》（阿拉伯文），迪拜半官方日报，发行5万份；《海湾报》（阿拉伯文），沙迦私人出版，发行5.8万份；《海湾时报》（英文），迪拜私人出版，发行5万份。此外还有《海湾新闻》、《今日海湾》杂志等。

阿联酋通讯社是国家通讯社，直属新闻文化部。1976年11月成立。在国内各主要城市以及伦敦、巴黎、华盛顿、纽约、莫斯科、东京、开罗、突尼斯、贝鲁特等派有常驻记者。用阿拉伯文和英文发稿。

阿联酋有阿布扎比、迪拜、乌姆盖万、哈伊马角4家电台，阿布扎比、迪拜、沙迦和阿拉比亚等4家电视台，阿布扎比电台每天用阿、英、法和乌尔都语播送节目。阿拉比亚电视台新闻节目用阿拉伯语连续24小时播送。

对外关系

阿联酋奉行温和、平衡、睦邻友好和不结盟外交政策。主张遵守《联合国宪章》、国际法准则，在相互尊重、不干涉内政的基础上发展同各国的友好关系。主张通过和平协商解决争端，维护世界和平。在加强同美国等西方国家关系的同时，重视发展与阿拉伯、伊斯兰、不结盟等第三世界国家关系。主张加强海湾合作委员会国家的团结与合作。阿联酋至今已同147个国家建立了外交关系。

【对重大问题的立场】海湾地区安全：致力于海湾地区的安全与稳定，主张加强海湾合作委员会六国的团结与协调，积极推动六国经济一体化进程。主张海湾地区各国在平等互利、互不干涉内政的基础上，通过对话和平解决彼此间的分歧，共同维护海湾地区的安全与稳定。

叙利亚问题：支持叙利亚人民要求变革的意愿，强调尊重叙利亚的主权、独立、民族统一和领土完整。支持海合会在阿盟内部发挥主导作用，支持阿盟和国际和平解决叙利亚问题所作的努力，反对军事解决叙利亚问题。要求叙利亚当局立即停止屠杀，呼吁国际社会采取有效措施制止屠杀。

中东问题：谴责以色列对巴勒斯坦领土的占领，认为结束占领是实现中东地区和平与稳定的前提，呼吁按照联合国有关决议和中东路线图计划，在1967年边界基础上建立以东耶路撒冷为首都的独立的巴勒斯坦国。

伊拉克问题：支持伊拉克独立、主权和领土完整，强调维护其阿拉伯和伊斯兰属性，谴责针对伊平民的恐怖主义行径，反对外部势力干涉伊拉克内部事务。

反恐问题：谴责一切形式的恐怖主义，认为恐怖主义与国别和宗教无关，强调国际社会应严格执行联合国及其他国际和地区组织的反恐决议，团结一致打击恐怖主义。2004年阿联酋颁布《反恐法》。

安理会改革问题：认为安理会改革问题应经过有

关各方充分协商，达成集体决议，根本原则是要服务于多数国家，对于不同集团的有关提议，阿联酋不偏袒任何一方。

【同中国的关系】1984年11月1日中阿建交。建交后，两国关系发展顺利。政治上，双方高层交往和各级别人员互访不断。2011年2月，外交部长杨洁篪访问阿联酋，7月，中共中央政治局常委、中央纪委书记贺国强访问阿联酋，分别会见阿联酋副总统兼总理、迪拜酋长穆罕默德和阿布扎比王储穆罕默德，双方签署涉及能源、银行监管和通讯等领域重要合作文件。阿联酋阿治曼酋长哈米德、沙迦酋长苏尔坦等先后访华。2012年1月，国务院总理温家宝对阿联酋进行正式访问，两国宣布建立战略伙伴关系。3月，阿联酋阿布扎比王储穆罕默德访华。

中阿自20世纪50年代就有民间贸易往来。2011年双边贸易额达351亿美元，其中中国出口额268亿美元，进口额83亿美元，同比分别增长36.7%、26.3%和86.3%。阿联酋已连续多年成为中国在阿拉伯地区最大的出口市场和第二大贸易伙伴。中国主要出口商品包括机电产品、纺织服装、金属制品、车辆零配件、塑料陶瓷玻璃制品等。中国主要进口商品包括原油、液化天然气、硫磺、聚乙烯、铝合金等。

中国驻阿联酋大使：黄杰民。馆址：ABU DHABI ZONE 2 STREET 11 NO.207（AL SUDAN STREET NO.207）。网址：http：//ae.chineseembassy.org/chn/。电子邮箱：chinaemb_ae@mfa.gov.cn。电话：009712-4434276；传真：4435440。商务处电话：009712-4765525；传真：4764402。

驻迪拜总领馆电话：009714-3984357；传真：3983078。

阿联酋驻华大使：欧麦尔·艾哈迈德·白伊塔尔（Omar Ahmed Albitar）。馆址：北京市朝阳区东方东路22号亮马桥外交公寓LA10-04。电话：010-65327650，65327651；传真：65327652。

【同海湾合作委员会的关系】阿联酋为海湾合作委员会2011年度轮值主席国。重视发展与海湾地区国家关系，主张加强海湾合作委员会六国的团结与协调，积极推动六国经济一体化进程。2011年初，巴林局势出现动荡后，阿联酋参加海湾合作委员会联合部队出兵巴林维稳。科威特埃米尔萨巴赫、巴林首相哈利法、王储萨勒曼、卡塔尔王储塔米姆等先后访阿；阿联酋副总统兼总理、迪拜酋长穆罕默德、阿布扎比王储穆罕默德、副总理兼总统事务部长曼苏尔出访阿曼，阿布扎比王储访问沙特并出席在利雅得召开的海湾合作委员会峰会。

【同美国的关系】两国关系较密切。1994年7月，阿美签署两国联合军事合作协议。美国是阿联酋主要贸易伙伴之一。2011年，美国国务卿希拉里和中央司令部副司令艾伦、能源部长朱棣文、国防部长盖兹、中央司令部司令马蒂斯等先后访阿；阿联酋阿布扎比王储穆罕默德、外长阿卜杜拉访美。

【同法国的关系】两国关系较好。1991年阿联酋与法国签署军事训练协议。2009年5月，法国在阿联酋建立其在海湾地区首个军事基地，法国总统萨科齐出席军事基地剪彩仪式。2011年2月，法国总理菲永访阿，成为首位访阿的法国总理。5月，阿联酋阿布扎比王储穆罕默德访法。

【同伊朗的关系】阿联酋在同伊朗关于阿布穆萨岛和大、小通布岛三个岛屿领土争端问题上，阿联酋坚持对“三岛”的主权要求，主张通过和平谈判或国际法庭仲裁政治解决。2012年4月，伊朗总统艾哈迈迪内贾德登上阿布穆萨岛，引起阿方强烈不满，阿方予以严厉谴责并召回驻伊大使。

【同亚洲国家的关系】2011年2月，韩国外交通商部长官金星焕访问阿联酋。3月，韩国总统李明博访阿，两国签署石油、天然气合作协议和未来发展动力谅解备忘录，李并出席两国联合建设的核电站奠基仪式。5月，阿联酋副总统兼总理、迪拜酋长穆罕默德访问日本。（李群）

阿　曼

国名　阿曼苏丹国（The Sultanate of Oman）。

面积　30.95万平方公里。

人口　269万（2010年）。其中阿曼人占70%，外籍人占30%。阿拉伯民族。伊斯兰教为国教。90%属逊尼派伊巴德教派。官方语言为阿拉伯语，通用英语。

首都　马斯喀特（Muscat），人口73万。

国家元首　苏丹兼首相卡布斯·本·赛义德（Qaboos Bin Said），1970年7月23日即位。

重要节日　国庆日：11月18日（苏丹生日）。

简　况

位于阿拉伯半岛东南部。与阿联酋、沙特、也门等国接壤，濒临阿曼湾和阿拉伯海。海岸线长1700公里。除东北部山地外，均属热带沙漠气候。全年分两季，5～10月为热季，气温高达40℃以上；11月至翌年4月为凉季，平均温度约为24℃。

阿曼是阿拉伯半岛最古老的国家之一。公元前

2000年已广泛进行海上和陆路贸易活动，并成为阿拉伯半岛的造船中心。公元7世纪成为阿拉伯帝国的一部分。1624年，建立亚里巴王朝，其势力曾扩张到东非部分海岸和桑给巴尔岛。18世纪中叶，建立赛义德王朝，定国名为“马斯喀特苏丹国”。1507年起，先后遭葡萄牙、波斯和英国的入侵与占领。1920年，阿曼被分为“马斯喀特苏丹国”和“阿曼伊斯兰教长国”。1967年，统一为“马斯喀特和阿曼苏丹国”。1970年7月23日，卡布斯发动宫廷政变，废父登基，宣布改国名为“阿曼苏丹国”并沿用至今。1973年，英国军队撤出阿曼。

政　治

君主制国家，禁止一切政党活动。由苏丹（国家元首）颁布法律、法令和批准缔结国际条约、协定。1996年12月，成立以卡布斯苏丹为首的九人国防委员会，委员会负责审议有关保卫国家安全的事宜；要求王室委员会召开会议，确定国家统治者。2011年10月，阿曼修订《国家基本法》，规定如王室委员会在法定时间三日内未能就挑选苏丹（国王）达成一致，则由国防委员会在国家委员会主席、协商会议主席、最高法院两名年纪最长的副院长共同参与下，向王室委员会证明阿曼苏丹亲笔信中确立的继任者。

2011年，阿曼政局保持稳定，国民经济持续增长，积极推动地区稳定，参与调解地区争端。

【宪法】1996年11月6日，卡布斯苏丹颁布诏书，公布《国家基本法》（相当于宪法），对国家体制、政治指导原则、国家元首、政府首脑、内阁及其成员的职责、公民权利与义务等方面做出了规定。

【议会】即阿曼委员会，由国家委员会和协商会议组成。主要任务是召集两会联席会议，讨论苏丹提出的问题。国家委员会成立于1997年12月，负责审查有关法律、社会、经济等问题。协商会议成立于1991年11月，其前身是1981年成立的国家咨询委员会，主要功能是咨询和监督。2011年10月，卡布斯颁布法令修改《国家基本法》，重新界定国家委员会和协商会议的组成与权责，赋予协商会议法律、预算、条约和审计报告的修改、建议权，强化其对政府部门的质询和监督权，规定协商会议主席和副主席经直接选举产生。国家委员会与协商会议委员任期分别为四年和三年，可连任，但不得相互兼任。现任国家委员会主席叶海亚·本·马哈福兹·蒙泽里（Yahya Bin Mahfoudh Al Manthri），协商会议主席哈立德·马瓦利（Khlid Mawali）。

【政府】内阁是苏丹授权的国家最高执行机构，成员由苏丹任命。本届内阁于1997年组成，共有阁员31名，经过数次调整，现主要成员有：首相兼国防、外交、财政大臣由卡布斯苏丹本人担任，内阁事务副首相法赫德·本·马哈迈德·阿勒赛义德（Fahd Bin Mahmoud Al-Said），遗产文化大臣海塞姆·本·塔列克·泰米尔·阿勒赛义德（Haitham Bin Tariq Taimmour Al-Said），国防事务主管大臣穆罕默德·本·苏尔坦·布赛义迪（Mohammed Bin Sultan bin Hamoud Al-Busaidi），内政大臣哈姆德·本·费萨尔·布赛义迪（Hamoud Bin Faisal Al-Busaidi），外交事务主管大臣尤素福·本·阿拉维·本·阿卜杜拉（Yousef Bin Alawi Bin Abdullah），石油和天然气大臣穆罕默德·本·哈马德·本·赛义夫·鲁姆希（Mohammed Bin Hamad Bin Saif Al-Romhi），新闻大臣阿卜杜尼阿曼·本·麦苏鲁·本·赛义迪侯斯尼（Abdulmun'em bin Mansour bin Said Al-hasani），工业和商业大臣阿里·本·马斯欧德·萨尼迪（Ali Bin Mas'oud Bin Ali Al Sunaidy）。

【行政区划】按行政区域划分为4个省（马斯喀特省、佐法尔省、穆桑达姆省、布莱米省）和5个地区（巴推奈地区、达希莱地区、内地地区、东部地区、中部地区），省区之下设有60个州。

【司法机构】政府设司法、宗教基金和伊斯兰事务部，主管司法及宗教事务。全国设有47所法庭，在首都和一些州设上诉法院。1999年11月颁布司法法，成立独立的司法机构和最高司法委员会，卡布斯任主席，司法大臣为副主席。2003年2月，设立国家安全法院，希拉勒·本·哈马德·布赛义迪任院长。

【重要人物】卡布斯·本·赛义德：阿曼苏丹兼首相和国防、外交、财政大臣。1941年11月18日生于南部地区的萨拉拉，是赛义德王朝第十三位君主。1960年毕业于英国桑赫斯特军事学院，后在英国步兵团任中尉，1964年返回阿曼。回国后学习伊斯兰教义和阿曼历史等。因不满其父统治，于1970年7月23日废父登基。**法赫德·本·马哈茂德·阿勒赛义德：**阿曼内阁事务副首相。1940年出生，系卡布斯苏丹的远房堂叔。1965年毕业于埃及开罗大学经济学专业，后赴法国学习政治学。1970年卡布斯执政后，任首任外交大臣，后历任文化、旅游和新闻等大臣。1979年5月任负责法律事务的副首相。1994年1月起任内阁事务副首相。经常代表卡布斯苏丹接见外宾和出国访问，并曾代表卡布斯出席阿拉伯首脑会议。曾于2005年9月访华。

经　济

石油、天然气产业是阿曼的支柱产业，油气收入占国家财政收入的75%，占国内生产总值的41%。工业以石油开采为主，近年来开始重视天然气工业。实行自由和开放的经济政策，利用石油收入大力发展国民经济，努力吸引外资，引进技术，鼓励私人投资。为逐步改变国民经济对石油的依赖，实现财政收入来源多样化和经济可持续发展，政府大力推动产业多元化、就业阿曼化和经济私有化，增加对基础设施建设的投入，扩大私营资本的参与程度。农业不发达，粮食主要靠进口。渔业资源丰富，是阿曼传统产业，除满足国内需求外，还可供出口，是阿曼非石油产品出口收入的主要来源之一。2000

年11月9日，阿曼正式加入世界贸易组织，成为其第139名成员。2011年主要经济数据如下：

国内生产总值：668亿美元。

国内生产总值增长率：7%。

人均国内生产总值：2.56万美元。

货币名称：阿曼里亚尔（OR）。

汇率：1美元＝0.385里亚尔。

进出口总额：673亿美元。

进口额：459亿美元。

出口额：214亿美元。

外汇储备：144亿美元。

【资源】20世纪60年代开始开采石油。现已探明石油储量8亿吨，天然气储量0.83万亿立方米。煤储量约3600万吨，金矿储量约1182万吨，铜储量约2000万吨，铬100万吨。还有银及优质石灰石等，水产资源丰富。

【工业】以石油开采为主，近年来大力开发天然气项目，其他工业起步较晚，基础薄弱。工业项目主要为石油化工、炼铁、化肥等。除少数较大型企业如炼油厂、水泥厂、面粉厂等由政府参与投资经营外，其他均属私营中小企业，主要从事非金属矿产、木材加工、食品、纺织等生产。

【农业】农、牧、渔业在国民经济非石油产业中举足轻重，能满足国内47.6%的粮食和69%的动物饲料需求。但总体上农业不发达，2006年产值仅占国内生产总值的2%，全国可耕地约10万公顷，已耕地6.15万公顷，主要种植椰枣、柠檬、香蕉等水果和蔬菜。粮食作物以小麦、大麦、高粱为主，不能自给。渔业资源丰富，是传统产业，除满足国内需要外，还可出口，是非石油产品出口收入的主要来源之一。

【交通运输】无铁路，运输主要依靠公路。

公路：共建有7407公里现代化沥青公路，24000公里石子路，13573公里土路。

水运：主要港口有海港卡布斯港、集装箱港塞拉莱港和赖苏特港及石油运输专用港法赫尔港。

空运：1981年5月成立的"阿曼航空公司"系公私合营企业，主要担负国内客货运输。民用机场有首都西卜国际机场和萨拉拉机场，西卜机场主跑道长3585米。

输油管道：由内地油田至法赫尔港铺设有输油管道，总长279公里，不加压流量为72.5万桶/天。

【财政金融】近几年政府财政预算情况如下（单位：亿里亚尔）：

	2009	2010	2011
收入	56	70.3	114
支出	64	73.1	87
差额	–8	–2.8	27

（资料来源：《经济季评》）

目前，阿曼共有银行32家，其中本国银行19家，外国银行10家，专业银行3家。

【对外贸易】主要出口石油和天然气，约占国家财政总收入的75%，非石油类出口有铜、化工产品、鱼类、椰枣及水果、蔬菜等。主要出口到中国、韩国、日本、泰国等国。进口机械、运输工具、食品及工业制成品等，主要来自阿联酋（转口）、日本、美国、德国等。近几年外贸情况如下（单位：亿美元）：

	2009	2010	2011
出口额	276	352	459
进口额	185	193	214
差　额	91	159	245

（资料来源：同上）

【外国资本】外资主要投向石油开采和金融业。英国和海湾国家是主要投资国。

人民生活

国家实行免费医疗。居民平均寿命74.3岁（2006年）。阿曼共有医院59家，卫生所127个，床位5000张；全国固定和移动电话交换量分别为27万线和270万台（2006 ~ 2007年）。因特网用户6.4万户（2006年）。全国私人住房拥有率已达世界较高水平。

军　事

实行义务兵役制。卡布斯苏丹任武装力量最高统帅并兼任国防大臣，穆罕默德·本·苏尔坦·布赛义迪为国防事务主管大臣。阿曼是海湾合作委员会成员国，在军事防御方面与该组织其他成员国相互协调。总兵力4.2万人。其中陆军2.5万人，海军4200人，空军5000人，皇家卫队6400人，准军事人员4400人，外籍军事人员2000人。

文化教育

【教育】实行免费教育制。在全国开展扫盲和成人教育，有扫盲中心254个，成人教育中心192个，各类小、中学校1053所，在校学生56万人。卡布斯大学于1986年9月建成开学，是阿曼最高学府，设有7个学院，有学生8000余人。2003年阿曼政府批准的第一所私立大学苏哈尔大学建立，目前该校注册在校生1150名，教师62名。成人文盲率为18%。

【新闻出版】全国现有报刊30余种，主要有：《阿曼报》，发行量约2万份；《观察家报》，发行量约1万份；《祖国报》，私营，阿拉伯文日报；《阿曼时报》，私营，英文周刊。

阿曼通讯社：1986年5月成立，总社在马斯喀特，是官方新闻机构。

阿曼广播电台：1970年始建于马斯喀特。1974年萨拉拉电台建成，现两台通过人造卫星并联广播。每天用阿拉伯语播音19.5小时，用英语播音15小时。1982年开始调频广播，日播12小时。1979年建成人造卫星地面接收站。

马斯喀特和萨拉拉两座电视台分别建于1974年和1975年，两台统一节目，每天播放17小时。

对外关系　奉行不结盟、睦邻友好和不干涉别国内政的外交政策。致力于维护海湾地区的安全与稳定，积极参与地区和国际事务，主张通过对话与和平方式解决国家之间的分歧。同美、英关系密切，同时开展多元化外交。至今，阿曼已同138个国家建立了外交关系。

【**对当前重大国际和地区问题的立场**】叙利亚问题：认为叙局势持续升级将会殃及地区周边国家，希望国际社会共同努力，协调立场，避免使用暴力，推动叙问题政治解决。

伊朗核问题：支持实现中东地区无核化。认为伊朗拥有和平利用核能权利，呼吁伊朗与国际社会和国际原子能机构合作。强调伊朗稳定对阿曼十分重要，支持通过和平途径解决伊朗问题。

伊拉克问题：主张伊拉克实现民族和解，恢复稳定、繁荣，奉行与邻国友好相处的政策。支持伊拉克当前政治进程，呼吁伊拉克各政治派别以国家利益为重，化解分歧，积极推进政治进程。

中东问题：主张在联合国有关决议和“土地换和平”原则基础上实现中东持久和平。要求以色列撤出阿拉伯被占领土，停止修建犹太人定居点。认为巴以和谈是中东和平进程的关键，呼吁双方重启和谈。

反恐问题：反对一切形式的恐怖主义，认为国际社会应加强反恐合作，实现情报共享。主张将合法自卫与恐怖主义行为加以区分。主张召开国际反恐会议。

气候变化问题：认为气候变化是国际性问题，发达国家和发展中大国在应对气候变化方面应承担更多责任，各国也应加强合作，商讨减排等应对措施。

【**同中国的关系**】1978年5月25日，中国和阿曼建交。建交后，两国关系发展顺利，双方各层次、各领域交往不断，在经贸、能源、卫生、文化等领域的合作开展良好。

2011年9月，中共中央政治局委员、中共天津市委书记张高丽访阿，会见了苏丹卡布斯、副首相法赫德。2011年12月，阿曼外交部秘书长巴德尔访华同外交部副部长翟隽举行两国外交部第六轮战略磋商。

2011年双边贸易额达158.8亿美元，其中中方出口额9.9亿美元，主要为机电产品、钢铁及其制品、高新技术产品、纺织品等；进口额148.8亿美元，主要为原油，分别同比增长48%、5.7%和52.1%。2011年，中方从阿进口原油1815.3万吨。

中国驻阿曼大使：吴久洪。馆址：House No.1368，Way No.3017，Shati Al-Qurum Muscat，Sultanate Of Oman。电话：00968-24696698；传真：24699208。

商务处地址：No.216，Hatat Houscat，Sultanate Of Oman。电话：00968-24697804；传真：24697482。

阿曼驻中国大使：阿卜杜拉·本·萨利赫·本·希拉勒·萨阿迪（Abdullah Saleh Al Saadi）。馆址：北京市朝阳区亮马河南路6号。电话：010-65323692，65323322；传真：65325030。

【**同阿拉伯国家的关系**】2011年，阿曼同阿拉伯国家继续保持密切交往。卡布斯苏丹对阿联酋、卡塔尔进行“私人”访问，卡塔尔、约旦、科威特、巴勒斯坦等国元首访问阿曼。

【**同美国及西方国家的关系**】阿同美欧关系较密切。2011年，美国国务卿希拉里、英国首相卡梅伦、德国总统武尔夫、荷兰女王贝娅特丽克丝等访阿。

【**同伊朗的关系**】由于地理和历史原因，阿曼同伊朗交往较多。2011年，阿曼在伊朗和美国之间居中调解，成功劝说伊朗释放两名美国记者。（陈然然）

阿 塞 拜 疆

国名　阿塞拜疆共和国（The Republic of Azerbaijan，Азербайджанская Республика）。

面积　8.66万平方公里。

人口　923.51万（2012年1月）。共有43个民族，其中阿塞拜疆族占90.6%，列兹根族占2.2%，俄罗斯族占1.8%，亚美尼亚族占1.5%，塔雷什族占1.0%。官方语言为阿塞拜疆语，属突厥语系。居民多通晓俄语。主要信奉伊斯兰教。

首都　巴库（Baku，Баку），人口236万（2012年3月）。1月平均气温为5.1℃，7月平均气温为24.8℃。

国家元首　总统伊利哈姆·盖达尔·奥格雷·阿利耶夫（Iiham Heydar ogly Aliyev，Ильхам Гейдар оглы Алиев），2003年10月28日当选。2008年10月22日连任，10月24日宣誓就职，任期五年。

重要节日　新年：1月1～2日。国际妇女节：3月8日。开春节（即纳乌鲁兹节，民族节日）：3月20～21日。胜利日（纪念反法西斯战争胜利）：5月9日。共和国日（纪念1918年阿塞拜疆民主共和国成立）：5月28日。民族救亡日（纪念前总统盖达尔·阿利耶夫1993年复出执政）：6月15日。武装力量日（纪念1918年建军）：6月26日。国家独立日（纪念1991年阿独立）：10月18日。宪法日（纪念1995年通过的宪法）：11月12日。民族复兴日：11月17日。世界阿塞拜疆人团结日：12月31日。

简　况

位于外高加索东南部。北靠俄罗斯，西部和西北部与亚美尼亚、格鲁吉亚相邻，南接伊朗，东濒里海。海岸线长456公里。纳希切万自治共和国是阿的飞地，被亚美尼亚、伊朗和土耳其环绕。气候呈多样化特征，平原、低地为亚热带气候，7月平均气温为27℃～29℃，1月平均气温为1℃～3℃。山地为高原冻土带气候，平均气温分别为5℃和-30℃。

阿塞拜疆部族形成于公元11～13世纪。13～16世纪屡遭外族入侵和瓜分。16～18世纪受伊朗萨法维王朝统治。18世纪中期分裂为十几个封建小国。19世纪30年代，北阿塞拜疆（现阿塞拜疆共和国）并入沙俄。1917年11月建立苏维埃政权——巴库公社。1918年5月28日，成立"阿塞拜疆民主共和国"。1920年4月28日被"阿塞拜疆苏维埃社会主义共和国"取代。1922年3月12日加入外高加索苏维埃社会主义联邦共和国（同年12月30日该联邦共和国加入苏联）。1936年12月5日改为直属苏联的加盟共和国。1991年2月6日改国名为"阿塞拜疆共和国"，10月18日正式独立。

政　治

2011年阿社会政治局势保持稳定。在西亚北非局势动荡压力下，当局多管齐下维稳防变。加强立法，深化司法改革，打击腐败，批准人权发展纲要，推动制定"阿塞拜疆—2020：展望未来"中长期国家发展纲要。对宗教活动加强管控和疏导；利用行政和法律手段极力压制和削弱反对派活动和影响。隆重庆祝阿独立20周年，激发阿民众爱国热情。继续实施积极社会政策，关注民生，大力推进学校、剧院、体育场、医院、机场、城市道路等基础设施建设，提高居民就业水平。修改社会保障法和劳动退休法，改善劳动待遇，增加低收入人员的工资、学生助学金、最低生活补助、退休金等，加大对弱势群体的扶持。2011年底，伊·阿利耶夫总统签署系列总统令，将阿居民最低月工资上调10%。

【宪法】现行宪法于1995年11月12日经全民公决通过。宪法规定建立民主、法制、文明的世俗国家；实行总统制，总统为国家元首、最高行政首脑和武装力量总司令，由全民直接选举产生，任期五年；立法、行政、司法三权分立。2002年8月24日，经全民公决对宪法部分条款做出修改，包括将总统当选的得票数由2/3改为过半数；一旦总统不能履行职权；由议长改为由总理代行总统职务；议会选举由过去的多数制和比例制结合改为单一的多数制；取消政党名单等。2009年3月18日，经全民公决对宪法部分条款进行补充和修改，取消总统连任不得超过两届的限制。

【议会】最高立法机关，称国民议会。实行一院制，由125名议员组成，任期五年。主要职能是制定、批准、废除法律条约，决定行政区划，批准国家预算并监督其执行，根据宪法法院提请依照弹劾程序罢免总统，确定全民公决等。本届国民议会于2010年11月选举产生，共有10个政党进入本届议会。其中"新阿塞拜疆党"占71席，"公民联合党"（"民主"党团）3席，"祖国母亲"党2席，"民主改革党"（"民主"党团）、"阿塞拜疆人民阵线党"（"改革"党团）、"公正党"（"改革"党团）、"希望"党（"卡拉巴赫"党团）、"伟大拯救党"、"公民团结党"、"阿塞拜疆社会幸福党"各占1席，无党派人士获42席。奥克泰·萨比尔奥格雷·阿萨多夫（Ogtay Sabir ogly Asadov，Октай Сабир оглы Асадов）连任国民议会主席。

【政府】本届政府于2008年10月组成。主要成员有：总理阿尔图尔·泰尔·奥格雷·拉西扎德（Artur Tahir ogly Rasizade，Артур Таир оглы Расизаде），第一副总理亚古布·埃尤博夫（Ягуб Эюбов），副总理埃利钦·埃芬季耶夫（Эльчин Эфендиев），副总理兼国家难民和被迫迁移者工作委员会主席阿里·哈桑诺夫（Али Гасанов），副总理阿比德·沙里福夫（Абид Шарифов），外交部长埃利马尔·马梅季亚罗夫（Elmar Mammadyarov，Эльмар Мамедъяров），国防部长萨法尔·阿比耶夫（Сафар Абиев），经济发展部长沙欣·穆斯塔法耶夫（Шахин Мустафаев），财政部长萨米尔·沙里福夫（Самир Шафифов）等。

【行政区划】全国划分为1个自治共和国，66个区，77个城市，13个市级区，257个城镇，1719个乡级区，4260个村（2012年1月）。

【司法机构】阿司法权由法院依照法律独立行使。法院体系包括宪法法院、最高法院、经济法院及各级普通和专门法院。宪法法院由9名法官组成，均由议会根据总统提名任命，现任宪法法院院长为法尔哈德·阿卜杜拉耶夫（Фархад Абдуллаев），2003年6月就任。最高法院是阿最高审判机关，由23名法官组成，均由议会根据总统提名任命，现任最高法院院长为拉米兹·勒扎耶夫（Рамиз Рзаев），2005年4月就任。检察院依法独立行使检察权，最高检察机关为共和国总检察院，总检察长经议会同意由总统任免。现任总检察长扎基尔·加拉洛夫（Закир Гаралов），2000年4月就任，2005年4月连任。

【政党】现在司法部注册的合法政党有41个。主要为：

（1）新阿塞拜疆党（Партия "Новый Азербайджан"）：1992年11月21日成立。下设81个区级组织和近6622个基层组织。截至2010年1月1日，共有党员57万多人，系阿第一大政党。对内主张建立民主、法治、世俗国家，发展市场经济；对外主张推行务实、均衡的外交政策。2010年11月议会换届选举中再次获得绝对多数。阿现任总统、议长、总理及多数内阁成员和地方官员均为该党党员。1999年12月和2001年11月分别召开了第一、二次全国代表大会。2005年3月召开第三次全国代表大会，现任总统伊利哈姆·阿利耶夫当选党主席。2008年8月召开第四次全国代表大会，提名党主席伊·阿利耶夫再次竞选总统。同年10月，伊·阿利耶夫再次当选总统。

（2）阿塞拜疆人民阵线党（Партия“Народный фронт Азербайджана”）：1989年3月成立，现有成员4万多人。1992年5月至1993年6月曾为执政党，现为阿最大反对党之一。基本政治取向是自由、人权、民主、私有制、市场经济、法治国家。对外主张以欧洲为发展方向，支持加入欧盟。在本届议会中拥有1个席位。党主席为阿里·克里姆利（Али Керимли）。

（3）穆萨瓦特党（Партия “Мусават”，“公平党”）：1911年成立，阿塞拜疆苏维埃社会主义共和国时期被禁止活动，1992年12月正式恢复活动。现有成员4万多人。阿最大反对党之一。主张全民平等，依法治国，三权分立，实行市场经济，以民主方式解决各种社会问题。2006年5月召开第七次代表大会，伊萨·甘巴尔（Иса Гамбар）再次当选党主席。

（4）阿塞拜疆民族独立党（Партия национальной независимости Азербайджана）：1991年成立，现有成员1.9万人。原持亲政府立场，1998年总统大选后加入到反对党行列。倡导建立民主、法治国家及文明的市场，要求加快市场经济改革，主张以西方发达国家为外交重点。现任主席为阿亚兹·鲁斯塔莫夫（Аяз Рустамов）。

此外，还有公民团结党、公民联合党、民主改革党、祖国母亲党、伟大拯救党、社会幸福党、希望党、公正党、阿塞拜疆社会幸福党等。

【重要人物】伊利哈姆·盖达尔·奥格雷·阿利耶夫：总统。1961年12月24日生于阿塞拜疆巴库市。阿塞拜疆族。1985年毕业于莫斯科国际关系学院研究生院，历史学副博士。1985～1990年在莫斯科国际关系学院任教。1991～1994年任莫斯科“东方”公司总经理。1994～1996年先后任阿国家石油公司副总裁、第一副总裁。1995年和2000年两次当选阿国民议会议员。1997年7月当选阿国家奥林匹克委员会主席。1999年12月当选“新阿塞拜疆党”副主席，2001年11月当选该党第一副主席，2005年3月当选该党主席。2001年任阿国民议会常驻欧委会议会代表团团长。2003年1月当选欧委会议会副议长，8月被任命为阿总理，同年10月28日当选总统。2008年10月22日再次当选总统，24日宣誓就职。懂俄语、土耳其语、英语和法语。已婚，夫人梅赫里班·阿利耶娃，现任盖达尔·阿利耶夫基金会主席，有两女一子。　**奥克泰·萨比尔奥格雷·阿萨多夫**：国民议会主席。1955年1月3日生于阿塞拜疆西部加法区。1976年毕业于阿石油化工学院。1979～1981年任阿专业设计和建设总局总工程师。1981～1983年任阿卫生技术装置托拉斯总工艺师。1983～1989年任阿卫生技术装置托拉斯第一局局长。1989～1996年任阿卫生技术装置托拉斯生产联合会主任。1996～2004年任阿普歇伦地区自来水股份公司总裁。2000年当选国民议会议员。2004年任阿自来水股份公司总裁。2005年12月2日当选第三届国民议会主席。2010年11月29日当选第四届国民议会主席。已婚，有两个孩子。　**阿尔图尔·泰尔·奥格雷·拉西扎德**：总理。1935年2月26日生于阿塞拜疆占贾市一教师家庭。阿塞拜疆族。1957年毕业于阿塞拜疆工学院。同年起在阿塞拜疆石油机械制造研究所工作，任工程师、副所长。1973～1977年任全苏石油机械制造生产联合体总工程师。1977～1978年任阿石油机械制造研究所所长。1978～1981年任阿国家计划委员会副主席。1981～1986年任阿共中央部长。1986～1992年任阿第一副总理。1992～1996年任阿经济改革基金会顾问。1996年2月任总统助理，5月任第一副总统，7月任代总理，11月26日出任总理。1998年10月24日连任总理。2003年8月被解除总理职务，任第一副总理。11月4日再次就任总理。2008年10月连任。已婚，有一女。

经　济

2011年，阿经济缓慢增长。阿当局继续推行能源出口多元化战略，高度重视可持续发展和非石油领域经济发展，积极实施《2009～2013年国家促进地区社会经济发展纲要》和《2009～2015年阿科学发展国家战略》，促进国内各地区和经济各行业均衡、全面发展，实施以大规模基础设施和电讯业建设拉动经济的政策。2011年主要经济数据如下：

国内生产总值：500.69亿马纳特。

人均国内生产总值：5530.6马纳特。

国内生产总值增长率：0.1%。

货币名称：马纳特（манат）。

汇率：1美元=0.786马纳特（2011年12月31日）。

通货膨胀率：7.9%。

全国职工月平均工资363.1马纳特，同比增长9%。

【资源】石油和天然气资源丰富，主要分布在阿普歇伦半岛和里海。石油探明储量40亿吨。

【工业】主要工业部门有石油加工、石油化工、机械制造、有色冶金、轻工、食品等。2011年工业总产值为345.54亿马纳特，同比增长23.5%，占国内生产总值的53.9%。近年主要工业产品产量如下：

	2009	2010	2011
石油（万吨）	5000	5100	4561
天然气（亿立方米）	236	270	257
发电量（亿千瓦/小时）	222	219	200

【农业】2011年农业总产值为25.03亿马纳特，占国内生产总值的5.5%。

【财政金融】近年财政收支情况如下（单位：亿马

纳特）：

	2009	2010	2011
收入	103	114	157
支出	106	118	153
盈余	−3	−4	4

截至2011年12月30日，阿央行外汇储备为104亿美元，阿战略外汇储备为420亿美元（阿外汇储备由央行外汇储备、国家石油基金外汇储备和财政部外汇储备三部分组成）。

阿共有47家银行，包括2家国有银行和45家私人银行，24家银行有外国资本参与，其中6家银行外国资本额超过50%。主要银行：阿塞拜疆国家银行，成立于1992年，负责货币发行、黄金外汇储备管控及对所有其他银行工作实行监督。阿塞拜疆国际银行为国有商业银行，成立于1990年，资产占阿银行系统的40%，在国内外设有数十家分行，财政部是其主要股东。

【**对外贸易**】2011年阿外贸总额为363.3亿美元，同比增长29%，其中进口额为97亿美元，增长46%，出口额为265.7亿美元，同比增长24%。近年进出口情况如下（单位：亿美元）：

	2009	2010	2011
总　额	180	279	363
进口额	55	66	97
出口额	125	213	266
差　额	70	147	169

主要出口产品有：石油和石油产品、天然气、水果蔬菜、黑色金属及制品、化工产品、烟酒等。主要进口产品有：机械设备、食品、交通工具及配件、黑色金属及制品、木材、药品、家具和日用品等。主要进出口贸易伙伴为意大利（90.86亿美元,35.2%）、法国（34.27亿美元，15.2%）、美国（11.74亿美元，6.8%）俄罗斯（16.33亿美元,4.5%）、乌克兰（12.34亿美元,3.4%）。

【**外国资本**】2011年，外国对阿投资为25.16亿美元，主要有：英国（9.92亿美元，占外资总额的45.2%）、美国（3.18亿美元，14.4%）、日本（2.28亿美元，9.1%）、挪威（1.28亿美元，5.1%）、土耳其（1.03亿美元，4.1%）、捷克（0.93亿美元，3.7%）、法国（0.37亿美元,1.5%）、韩国（0.32亿美元,1.3%）、沙特阿拉伯（0.25亿美元，0.1%）。

【**著名公司**】阿塞拜疆国家石油公司：成立于1992年，从事石油、天然气勘探、开采、加工和销售，现任总裁罗夫纳格·阿卜杜拉耶夫（Ровнаг Абдуллаев）。通讯地址：пр. Нефтяников, 73 AZ1004, Баку。电子信箱：socar1@socar.gov.az。

人民生活

2011年，阿人均国民收入为3317马纳特，同比增长15%；消费价格指数增长7.9%；月均工资363.1马纳特，同比增长9%；失业率约5.4%；全国最低贫困线标准107.2马纳特，贫困率为7.6%，54.2万人次获得国家定向社会援助。2011年新增就业岗位9.4万个，其中7.2万个为固定岗位。退休人员27.8万人，月均退休金145.2马纳特。

军　事

1991年10月9日宣布成立武装力量，分陆、海、空三军。同年11月25日，阿最高苏维埃通过了共和国武装力量法，并成立国防部。共和国武装力量总司令由总统担任。现任国防部长为萨法尔·阿比耶夫上将。阿实行义务兵役制，主要征召18～35岁公民，服役期为18个月。阿军现有兵力9万余人（陆军8万人、海军3000人、空军7000人）。2010年6月，阿出台《阿塞拜疆军事学说》，共8章75款，主要内容包括：国家安全、军事威胁、武装力量义务、军事建设、国际军事合作、反恐等。2011年阿国防开支为31亿马纳特。

文化教育

目前，阿共有3993家公共图书馆、50家专业影剧院（包括9家电影院、29家戏剧院、12家音乐剧院）、223个博物馆和2750家俱乐部。

【**教育**】教育体制分为学前教育、普通中小学教育、职业技术教育、中等专业教育和高等教育。现有全日制普通学校4539所，学生136.49万人；中等专业学校74所，学生7.91万人；国立高等院校37所，学生11.79万人；私立高等院校16所，学生2.13万人。

著名高校：国立巴库拉苏尔扎德大学，创建于1919年，现有17个系、2个研究所、121个教研室、5个博物馆和3个图书馆。在校学生约13000人，教师2300人。阿塞拜疆国家石油大学，创建于1920年，现有24个专业、7个系、63个教研室和18个科学实验室。在校学生约7000人，教师1000人。

【**新闻出版**】有各类报刊400多种。主要报刊有：总统办公厅机关报《巴库工人报》，1906年创刊，用俄文出版，发行量约5000份；总统办公厅机关报《人民报》，1919年创刊，用阿文出版，发行量约9000份；国民议会机关报《阿塞拜疆报》，1918年创刊，用阿文出版，发行量约7500份；穆萨瓦特党报纸《穆萨瓦特报》，发行量约7500份。目前网络媒体较发达。

主要通讯社有：阿塞拜疆通讯社（官方通讯社，1920年成立）及图兰、世界知识、趋势等独立通讯社。

主要广播电台有：阿塞拜疆中央电台（1926年建台），用阿、俄、英、法、德、阿拉伯、波斯等13种语言播出。

主要电视台有：阿塞拜疆国家电视台（1956年建台）、阿塞拜疆公共电视台（2005年建台）及ANS（1992年建台）、SPACE（1997年建台）、ATV（1999年建台）、LIDER（2000年建台）等私营电视台，绝大部分节目用阿塞拜疆语播出。

对外关系 奉行独立自主、多元平衡外交政策，将发展与俄、美、欧大国和土耳其、伊朗、格鲁吉亚等邻国关系作为外交优先方向，将融入欧洲作为对外战略目标。积极参加欧盟“东部伙伴关系计划”；加强与北约的军事合作，积极参与北约和平伙伴关系框架内的国别合作计划，向阿富汗派驻维和人员。支持和参与独联体、古阿姆、伊斯兰会议组织等国际组织的活动。努力争取国际社会对阿解决“纳卡”问题的同情和支持。成功当选联合国2012～2013年度安理会非常任理事国、获得2012年欧洲电视歌曲比赛主办权为阿2011年度两大外交成果。

【同中国的关系】1992年4月2日建交。2011年，中阿友好合作关系继续稳定发展，各领域合作不断扩大。2月22～28日，阿外交部无任所大使哈桑诺夫率团赴华参加两国外交部司局级磋商；4月21日，安徽大学副校长牛立文率团出席巴库国立大学孔子学院揭牌仪式；7月10～13日，新疆维吾尔自治区常委胡伟率团访阿，出席中国新疆—阿塞拜疆经济发展部工作组会议；7月14～16日，中国共青团中央代表团访阿；7月16～19日，中国商务部副部长钟山率团访阿，出席中阿经贸混委会第四次会议；9月1日，阿塞拜疆副总理沙里福夫赴乌鲁木齐出席首届中国—亚欧博览会；11月8～15日，新阿塞拜疆党副主席兼执行书记阿里·阿赫梅多夫率干部考察团访华；11月23～24日，财政部副部长廖晓军访阿，并出席中亚经济合作论坛（CAREC）第10次部长会议；11月26日，阿总统直属公务委员会主席哈利洛夫率团访华；12月21日，中共中央对外联络部副部长陈凤翔应邀出席“新阿塞拜疆党”国际研讨会。

两国经贸合作稳步发展。2011年中阿双边贸易额为10.86亿美元，同比增长16.74%。其中出口额8.9亿美元，同比增长5.66%，进口额1.94亿美元，同比增长125.32%。

中国驻阿塞拜疆大使：宏九印。馆址：阿塞拜疆共和国巴库市哈加尼街67号（str. Khagani 67, Baku, AZ1010, The Republic of Azerbaijan; Азербайджанская Республика, AZ1010, г. Баку, ул. Хагани, д.67）。电话：0099412-4936129（领事）；传真：4980010。值班手机：0099450-5410559。商务处电话：4656214，4656215；传真：4652854。

阿塞拜疆驻华大使：拉季夫·甘基洛夫（Latif Gandilov, Лятиф Гандилов）。馆址：北京市朝阳区齐家园外交公寓B-3。电话：010-65324614；传真：65324615。

【同俄罗斯的关系】1992年4月4日建交。2011年，两国友好与战略伙伴关系继续发展。1月22日，俄罗斯总统办公厅主任纳雷什金访阿；1月25日，阿塞拜疆外长马梅季亚罗夫赴莫斯科参加俄罗斯、亚美尼亚、阿三国外长纳卡问题磋商；6月11日，阿外长马梅季亚罗夫、俄罗斯外长拉夫罗夫和亚美尼亚外长纳尔班江在莫斯科举行会晤；6月23日，阿利耶夫总统对俄罗斯鞑靼斯坦共和国进行正式访问；6月27日，阿利耶夫总统会见俄罗斯内务部长努尔加利耶夫；7月8日，阿利耶夫总统会见俄罗斯外长拉夫罗夫；7月17～18日，阿外长马梅季亚罗夫对俄罗斯进行为期2天的正式访问；7月26日，俄罗斯国防部长谢尔久科夫访阿；8月9日，阿利耶夫总统应俄罗斯总统梅德韦杰夫邀请对索契进行为其1天的工作访问；9月7日，阿利耶夫总统会见俄罗斯联邦阿斯特拉罕州州长亚历山大·日耳金；9月8日阿利耶夫总统会见俄罗斯联邦会议副主席伊利亚斯·乌马哈诺夫；10月4日，阿利耶夫总统会见俄罗斯副总理、俄总统北高加索联邦区事务全权代表亚历山大·赫拉博宁；11月24日，阿总统办公厅主任梅赫季耶夫访俄。

【同美国的关系】1992年2月28日建交。2011年，两国战略伙伴关系继续发展。2月24日，美国第一副国务卿斯坦伯格访阿；6月4日，阿外长马梅季亚罗夫同美国务卿希拉里·克林顿举行会晤；9月26日，阿利耶夫总统会见美国加利福尼亚州参议员、环境质量监测委员会主席约瑟夫；11月15日，阿利耶夫总统会见美国国务卿欧亚能源问题特别代表莫尔尼兹塔尔；12月12日，阿利耶夫总统会见美国武装力量运输指挥部负责人弗莱泽尔；12月21日，美国国防部副部长维克尔斯访阿。

【同土耳其的关系】1992年1月14日建交。阿视土为重要战略伙伴。1月18日，土耳其宪兵队总司令奥杰尔将军访问阿塞拜疆；1月22日，土耳其能源和自然资源部长、阿土混委会土方主席伊尔德兹率团来阿出席阿土经贸混委会会议；7月27日，土耳其总理埃尔多安对阿进行为期1天的正式访问；8月5日，阿副外长阿济莫夫在安卡拉同土耳其外长达武特奥卢举行会谈；10月3日，阿利耶夫总统会见土耳其家庭与社会保障部长法基姆·沙辛；10月13日，阿利耶夫总统会见土耳其国防部长伊尔马兹；10月25日，阿利耶夫总统对土耳其进行为期1天的正式访问并出席土阿战略合作委员会第一次会议；11月4日，土耳其司法部长埃尔金访阿；11月21日，土耳其议会国际关系委员会主席博斯吉尔访阿。

【同伊朗的关系】1992年3月12日建交。2011年阿伊两国关系发展顺利。2月17日，伊朗通讯部长塔基普尔访问阿塞拜疆；6月19日，伊朗总统艾哈迈德内贾德同阿利耶夫总统通电话，双方就双边关系、地区安全形势和打击恐怖主义三个问题交换意见；7月1日，阿利耶夫总统会见伊朗议长拉里贾尼；10月3日，阿利耶夫总统会见伊朗文化部长穆罕默德·赛义德；10月22日，阿利耶夫总统会见伊朗国防部长瓦希迪；

12月2日，阿总统办公厅社会政策局长哈桑诺夫访伊。

【同亚美尼亚的关系】阿亚因纳卡冲突敌对。两国仍处于僵持状态，双方军事接触线附近交火事件频繁。6月11日，阿外长马梅季亚罗夫、俄罗斯外长拉夫罗夫和亚美尼亚外长纳尔班江在莫斯科举行会晤，三方围绕纳卡冲突问题各方根本立场再次进行磋商。6月24日，阿利耶夫总统同亚美尼亚总统萨尔基相、俄罗斯总统梅德韦杰夫在喀山举行会晤，三方就解决纳卡问题进行磋商。（张若岩）

巴基斯坦

国名 巴基斯坦伊斯兰共和国（The Islamic Republic of Pakistan）。

面积 796095平方公里（不包括巴控克什米尔地区）。

人口 1.97亿。巴是多民族国家，其中旁遮普族占63%，信德族占18%，帕坦族占11%，俾路支族占4%。乌尔都语为国语，英语为官方语言，主要民族语言有旁遮普语、信德语、普什图语和俾路支语等。95%以上的居民信奉伊斯兰教（国教），少数信奉基督教、印度教和锡克教等。

首都 伊斯兰堡（Islamabad），人口110万（2011年）。地处内陆，海拔503～610米，属亚热带季风气候，旱季和雨季界限分明，年均降水量1143毫米，最高气温47℃，最低气温0℃。

国家元首 总统阿西夫·阿里·扎尔达里（Asif Ali Zardari），2008年9月9日就职。

重要节日 国庆日：3月23日；独立日：8月14日。

简况

位于南亚次大陆西北部。东接印度，东北与中国毗邻，西北与阿富汗交界，西邻伊朗，南濒阿拉伯海。海岸线长980公里。除南部属热带气候外，其余属亚热带气候。南部湿热，受季风影响，雨季较长；北部地区干燥寒冷，有的地方终年积雪。年平均气温27℃。

巴原为英属印度的一部分。1858年随印度沦为英国殖民地。1940年3月，全印穆斯林联盟通过了关于建立巴基斯坦的决议。1947年6月，英国公布“蒙巴顿方案”，实行印巴分治。同年8月14日，巴基斯坦宣告独立，成为英联邦的一个自治领，包括巴基斯坦东、西两部分。1956年3月23日，巴基斯坦伊斯兰共和国成立，仍为英联邦成员国，1972年退出，1989年重新加入。1971年3月，东部宣布成立孟加拉人民共和国，同年12月孟正式独立。

政治

2008年2月18日，巴基斯坦举行议会选举。人民党成为议会第一大党，同巴基斯坦穆斯林联盟（谢里夫派）等联合组阁。3月24日，人民党副主席优素福·拉扎·吉拉尼（Yousuf Raza Gilani）当选为总理。3月31日，巴新内阁就职。8月18日，穆沙拉夫辞去总统职务。25日，穆盟（谢派）领袖谢里夫退出执政联盟。9月6日，人民党共同主席扎尔达里当选总统。2012年6月，吉拉尼因藐视法庭罪被最高法院判决失去国民议会议员资格，被迫辞职。原水电部长拉贾·佩尔韦兹·阿什拉夫（Raja Pervaiz Ashraf）担任新总理，6月22日就职。

【宪法】巴建国后于1956年、1962年和1973年颁布三部宪法。1977年，齐亚·哈克实行军法管制，部分暂停实行宪法。1985年通过了宪法第8修正案，授予总统解散国民议会和联邦内阁、任免军队首脑和法官的权力。1991年7月通过的宪法第12修正案规定联邦政府有权设立特别法庭和上诉法庭，以打击犯罪，整治社会治安。1997年4月，谢里夫政府在议会通过宪法第13修正案，取消总统解散国民议会和联邦内阁的权力，并将解散省议会和省内阁、任免省督、三军参谋长和参联会主席以及最高法院法官的权力归还总理行使。随后，巴议会通过旨在严禁议员叛党的宪法第14修正案“反跳槽法”。

1999年穆沙拉夫执政后颁布临时宪法1号令，宣布暂停实施宪法。2002年8月，穆颁布“法律框架令（LFO）”，宣布恢复1973年宪法和哈克时代宪法第8修正案，规定总统有权解散国民议会、任命参联会主席和三军参谋长。2003年12月29日，巴议会通过宪法第17修正案，规定总统经最高法院批准后有权解散议会，与总理协商后有权任免三军领导人。

2010年4月8日和15日，国民议会和参议院分别通过宪法第18修正案，将总统部分权力移交给总理，并在涉及中央与地方分权等重大敏感问题上作出调整。2010年12月22日，巴议会一致通过宪法第19修正案，赋予总理任命高等法院和最高法院法官一定的决定权，并由总统对决定结果进行最终认可。2012年2月20日，巴议会通过宪法第20修正案，取消了由总统任命看守政府总理的权力，改由总理和反对党领导人协商确定。修正案还包括延长选举委员会任期等内容。

【议会】联邦立法机构。1947年建国后长期为一院制，1973年宪法颁布后实行两院制，由国民议会（下院）和参议院（上院）组成。国民议会经普选产生，参议院按每省议席均等的原则，由省议会和国民议会遴选产生。

国民议会共有342个议席，其中272席为普选议席。60席为妇女保留席位，10席为非穆斯林保留席位，由各政党按普选得票比例分配。国民议会设议长和副议长各1人，议员任期五年。参议院设100个议席，议员任期六年，每3年改选半数。设主席和副主席各1人，任期三年。

2008年2月18日，巴基斯坦举行国民议会选举。人民党获得121席，成为议会第一大党。穆盟（谢派）赢得91席，穆盟（领袖派）获54席，统一民族运动党获25席，人民民族党获13席，其余席位为其他小党和独立人士获得。3月17日，巴基斯坦新一届国民议会召开首次会议，来自人民党的法赫米达·米尔扎（Dr. Fahmida Mirza）当选为巴基斯坦历史上首位女议长。

2012年3月，巴基斯坦举行参议院改选，人民党获41席，人民民族党获12席。穆斯林联盟（谢派）获7席。人民党议员赛义德·纳亚尔·侯赛因·布哈里（Syed Nayyer Hussain Bokhari）当选参议院主席。

【政府】2012年6月，阿什拉夫就任总理，调整内阁并新设副总理一职，由乔杜里·佩尔瓦兹·伊拉希（Ch.Pervez Ellahi）出任。目前内阁成员包括：外交部长希娜·拉巴尼·哈尔（Hina Rabbani Khar，女），内政部长空缺，国防部长赛义德·纳维德·卡马尔（Syed Naveed Qamar），商务部长马赫杜姆·阿明·法希姆（Makhdoom Amin Fahim），财政部长阿布杜·哈菲兹·谢赫（Dr.Abdul Hafeez Shaikh），国防生产和工业部长乔杜里·佩尔瓦兹·伊拉希（Ch.Pervez Ellahi），环境和妇女发展部长萨米娜·哈立德·古尔基（Samina Khalid Ghurji，女），食品和农业部长米尔·伊斯拉鲁拉·塞赫里（Mir Israrullah Zehri），住房和就业部长马赫杜姆·萨义德·费萨尔·萨利赫·哈亚特（Makhdoom Syed Faisal Saleh Hayat），新闻广播部长卡迈拉·扎曼·凯拉（Qamar Zaman Kaira），省际协调部长比尔·哈扎·汗·比拉尼（Mir hazar khan bijara），克什米尔和吉尔吉特—巴尔蒂斯坦地区事务部长米安·曼祖尔·艾哈迈德·瓦图（Mian Manzoor Ahmed Wattoo），司法和议会事务部长法鲁克·哈迈德·纳伊克（Farooque Hamid Naik），政治事务部长毛拉·巴克什·查杜（Moula Bakhsh Chandio），卫生部长瑞兹·侯赛因·皮扎达（Riaz Hussain Pirzada），禁毒部长哈吉·吉达·巴克斯·拉贾（Haji Khuda Bux Rajar），海外巴侨部长法鲁克·萨塔尔（Dr. Farooq Sattar），邮政部长萨达尔·阿哈吉·穆罕默德·乌玛尔·高贾（Sardar Al-Haj Mohammad Umar Gorgeij），私有化部长古斯·巴克斯·汗·乌尔（Ghous Bux Khan Maher），生产部长阿米尔·木卡姆（Amir Muqam），铁道部长古拉姆·阿赫迈德·比罗尔（Haji Ghulam Ahmad Bilour），宗教事务和劳动人力资源部长赛义德·库希德·阿赫迈德·沙赫（Syed Khursheed Ahmed Shah），科技部长米安·查杰兹·贾马利（Mir Changez Khan Jamali），边境地区事务部长肖卡特·乌拉（Shaukat Ullah），纺织工业部长马赫杜姆·夏赫布丁（Makhdoom Shahabuddin），水电部长艾乔杜里·哈迈德·木库塔（Chaudhry Ahmed Mukhtar），港口和航运部长巴伯尔·高里（Barbar Ghouri），气候变化部长拉纳·穆罕穆德·法鲁克·萨义德（Rana Muhammad Farooq Saeed），首都行政和发展部长纳扎尔·穆罕穆德·戈达尔（Nazar Muhammad Gondal）食品安全和研究部长米尔·伊斯拉鲁拉·赛赫里（Mir Israrullah Zehri）。

另有11名国务部长。15名新增内阁成员任职尚未明确。

【行政区划】全国共有旁遮普、开伯尔—普什图、俾路支和信德四个省，七个联邦直辖部落地区和联邦首都伊斯兰堡。各省下设专区、县、乡、村联会。

【司法机构】最高法院为最高司法机关，各省和伊斯兰堡设高等法院，各由一名首席大法官和若干法官组成。现任最高法院首席大法官为伊夫蒂哈尔·穆哈默德·乔杜里（Iftikhar Muhammad Chaudhry）。全国设总检察长，各省设省检察长。现任总检察长伊拉凡·卡迪尔（Irfan Qadir）。

【政党】巴实行多党制。现有政党200个左右，派系众多。目前全国性大党主要有：

巴基斯坦人民党（Pakistan People's Party）：简称人民党（PPP）。执政党。成立于1967年12月，主要势力在信德省和旁遮普省。主张议会民主、自由平等、经济私有化。现任党主席为贝·布托之子比拉瓦尔·布托（Bilawal Bhutto），贝·布托丈夫扎尔达里为共同主席。该党在1997年和2002年大选中均为议会最大的反对力量。在2008年大选中，该党在国民议会获得121席，成为议会第一大党。目前，扎尔达里总统、阿什拉夫总理、国民议会议长米尔扎、参议院主席布哈里均来自该党。

（2）巴基斯坦穆斯林联盟（谢里夫派）（Pakistan Muslim League-Nawaz Sharif）：简称穆盟—谢派（PML-N）。成立于1906年，当时称作全印穆斯林联盟，1947年巴立国后改称巴基斯坦穆斯林联盟。党章规定要在巴实现政治、社会和经济改革。现任领袖为前总理纳瓦兹·谢里夫（Nawaz Sharif），主席是拉贾·扎法鲁尔·哈克（Raja Zafar-ul-Haq）。1999年10月，陆军参谋长穆沙拉夫接管政权，谢里夫总理被捕并被判刑，后流亡海外。2007年谢里夫结束流亡回国，并领导该党参加2008年大选。该党在大选中获得91席，成为第二大党，与人民党等联合组阁。8月，该党退出巴联合政府，成为反对党。

主要党派还有：巴基斯坦穆斯林联盟（领袖派）[Pakistan Muslim League（QA）]、统一民族运动党（Muttahidah Qaumi Movement）、人民民族党（Awami

National Party）等。

【重要人物】阿西夫·阿里·扎尔达里：总统。生于1956年，曾担任巴国民议会议员、投资部长、环境部长、参议员等职。2008年1月，出任人民党共同主席。2008年9月当选总统。　**拉贾·佩尔韦兹·阿什拉夫**：总理。1950年生于信德省桑哈市，毕业于信德大学。两度当选国民议会议员，曾在吉拉尼内阁中任水电部长、信息和技术部长。出任总理前曾任人民党秘书长。2012年6月22日就任巴政府总理。

经　济

巴经济以农业为主，农业产值占国内生产总值24%。受国内政局不稳、国际金融危机冲击、国际大宗商品价格上扬等因素影响，2008年巴经济形势持续恶化。2009年以来，在巴基斯坦自身调整努力和国际社会帮助下，巴基斯坦经济运行中的积极因素增多，重要经济指数较前有所好转。2010年，巴发生历史罕见特大洪灾，初步经济损失达460亿美元。2010/2011财年主要经济数据如下（注：巴财年始于7月1日，截至翌年6月30日）：

国内生产总值：2117.6亿美元（按1美元约合85卢比计算）。

同比增长：2.4%。

人均国内生产总值：1212.2美元。

外汇储备：169亿美元（截至2011年12月）。

通货膨胀率：14%。

货币名称：巴基斯坦卢比。

汇率：1美元约合94卢比（2012年6月）。

【资源】主要矿藏储备有：天然气4920亿立方米、石油1.84亿桶、煤1850亿吨、铁4.3亿吨、铝土7400万吨，还有大量的铬矿、大理石和宝石。森林覆盖率4.8%。

【工业】最大的工业部门是棉纺织业，其他还有毛纺织、制糖、造纸、烟草、制革、机器制造、化肥、水泥、电力、天然气、石油等。近几年主要工业品产量如下（单位：万吨）：

	2008/2009	2009/2010	2010/2011
棉纱	221.89	216.0	–
糖	20.60	279.0	380
氮肥	24.57	187.0	–
磷肥	14.32	36.7	–
水泥	2027.70	2310.0	2080

注："–"表示暂无数据

（资料来源：巴基斯坦财政部年度经济报告2010/2011）

【农业】2010/2011财年，巴农业增长率为1.2%，其中畜牧业增长3.7%。主要农产品有小麦、大米、棉花、甘蔗等。全国可耕地面积5768万公顷，其中实际耕作面积2168万公顷。农业人口约占全国人口的66.5%。近几年主要农作物产量如下（单位：万吨）：

	2009/2010	2010/2011	2011/2012
小麦	2331.1	2421.4	2400
大米	688.3	482.3	620
玉米	326.2	334.1	360
甘蔗	4940.0	5530.0	5620
棉花（万包）	1291.3	1146.0	1260

（资料来源：巴基斯坦财政部年度经济报告2010/2011）

【旅游业】发展较慢，旅游者多为定居在欧美的巴基斯坦人和海湾国家的游客。主要旅游点有卡拉奇、拉合尔、白沙瓦、拉瓦尔品第、伊斯兰堡、奎塔、费萨拉巴德和北部地区等。2003年巴正式成为中国公民自费出国旅游目的地国。

【交通运输】国内客货运输以公路为主。近年来，公路和空运网的增加远远快于铁路。

公路：全长259463公里，有各种机动车辆约941.38万辆。巴基斯坦公路客运占客运总量的90%，公路货运占货运总量的96%。

铁路：全长7791公里。2008年7月至2009年3月客运量为6300万人次，货运量为536万吨。2010年7月至2011年3月，客运量下降17.6%，货运量增长17.7%。

水运：卡拉奇和卡西姆是两个国际港口，承担巴基斯坦国际货运量的95%。2010年7～12月，卡拉奇港总吞吐量为2020万吨，卡西姆港总吞吐量1310万吨。

空运：巴基斯坦国际航空公司有民航飞机44架，飞往38个国际机场和24个国内机场。航线总长34.59万公里。四个国际机场分别在伊斯兰堡、卡拉奇、拉合尔和白沙瓦。

【财政金融】近几年财政收支情况如下（单位：亿美元）：

	2008/2009	2009/2010	2010/2011
收入	239	253	187
支出	304	338	383
差额	–65	–85	–196

（资料来源：同上）

【对外贸易】近年来，巴政府一直努力加速工业化，扩大出口，缩小外贸逆差。与90多个国家和地区有贸易关系。近几年外贸情况如下（单位：亿美元）：

	2009/2010	2010/2011	2012年1月/6月
出口额	159	202	112.37
进口额	281	323	227.13
差　额	–122	–121	–114.76

（资料来源：同上）

主要进口石油及石油制品、机械和交通设备、钢铁产品、化肥和电器产品等。主要出口大米、棉花、纺织品、皮革制品和地毯等。

【外国投资】近年来，巴政府推行广泛的结构改革，改善投资环境，大力吸引外资。受国际金融危机和国内安全形势恶化的影响，2010年7月至2011年4月，巴吸引外资12.32亿美元，同比下降29%。

人民生活

政府努力解决社会问题，改善人民生活条件，特别是就业和医疗卫生问题。全国有一些社会和宗教福利组织从事福利活动。政府还大力发展信息技术产业，让更多的普通百姓使用高科技信息设备。

军　事

巴基斯坦宪法规定，总统是武装部队最高统帅。实行募兵制，陆军服役期限为7年，海、空军为7～8年。武装力量由现役部队、预备役部队和地方军组成。总兵力为56.9万人。

2011/2012年度国防预算总额约为57.6亿美元，同比增长12%。

文化教育

【教育】实行中小学免费教育。政府大力提高识字率，改善大中专学校的教育设施和条件，同时决定增加教育经费。10岁（包括10岁）以上识字率（巴政府数据）为58%；2011/2012财年教育经费约为27.5亿美元，占国民生产总值约1.3%。全国共有小学15.5万所，初中2.87万所，高中1.61万所，大学51所。著名高等学府有旁遮普大学、卡拉奇大学、伊斯兰堡真纳大学和白沙瓦大学等。全国在校注册学生人数3822万，教职员工141万。

【新闻出版】英文报纸有《新闻报》、《黎明报》、《国民报》等；乌尔都文报纸有《战斗报》、《时代之声》和《东方报》等。主要报纸发行量在5万～30万份之间。

主要通讯社：巴基斯坦联合通讯社（APP，国营），巴基斯坦国际通讯社（PPI，私营）。

广播电台：巴基斯坦广播公司，有27个电台，对外用7种语言广播。

电视台：巴基斯坦电视公司（PTV），主要城市均有电视台。人口覆盖率达87.8%。

对外关系

奉行独立和不结盟外交政策，注重发展同伊斯兰国家和中国的关系。致力于维护南亚地区和平与稳定，在加强同发展中国家团结合作的同时，发展同西方国家的关系。支持中东和平进程。主张销毁大规模杀伤性武器。呼吁建立公正合理的国际政治经济新秩序。重视经济外交。要求发达国家采取切实措施，缩小南北差距。到2005年，已同世界上120多个国家建立了外交和领事关系。

【同中国的关系】1950年1月5日，巴基斯坦承认中华人民共和国，1951年5月21日两国正式建交。建交以来，中巴两国建立了全天候友谊，开展了全方位合作。

2005年4月，温家宝总理访巴，两国宣布建立更加紧密的战略合作伙伴关系。2006年，胡锦涛主席同穆沙拉夫总统实现互访。2007年4月，阿齐兹总理访华并出席博鳌亚洲论坛年会。2008年4月，穆沙拉夫总统对中国进行国事访问并出席博鳌亚洲论坛年会。10月，扎尔达里总统对中国进行国事访问，双方发表《中巴联合声明》。

2010年5月和6月，国务委员兼国防部长梁光烈和张德江副总理分别访巴。7月，巴基斯坦总统扎尔达里来华工作访问并参观上海世博会。11月，巴基斯坦总统扎尔达里来华出席广州亚运会开幕式。12月，国务院总理温家宝对巴基斯坦进行正式访问。

2011年是中巴建交60周年，也是“中巴友好年”。5月，巴基斯坦总理吉拉尼正式访华。8月底，巴基斯坦总统扎尔达里赴新疆维吾尔自治区出席首届中国—亚欧博览会。9月和12月，国务委员、公安部长孟建柱和胡锦涛主席代表、国务委员戴秉国分别访巴。2012年4月，吉拉尼总理来华出席博鳌亚洲论坛年会。6月，扎尔达里总统访华并出席上海合作组织成员国元首理事会第十二次会议。

据统计，2011年中巴双边贸易额为105.6亿美元，同比上升21.99%。其中，中方出口额84.4亿美元，同比上升21.7%；进口额21.24亿美元，同比上升22.7%。中国成为巴第一大贸易伙伴。2012年前3个月，中巴双边贸易额为21.15亿美元，同比上升12.5%。其中，中方出口额20.33亿美元，同比上升10.9%；进口额0.82亿美元，同比上升17.3%。

巴是中国开展对外承包工程业务的重点海外市场。截至2012年3月底，中国在巴方累计签订承包工程与劳务合作合同额231.3亿美元，完成营业额约178.3亿美元。中国在巴方直接投资金额约18.6亿美元。巴来华实际投资6719万美元。

中国驻巴基斯坦大使：刘健。馆址：Diplomatic Enclave，Ramna 4，Islamabad。电话：（0092-51）8355059，8355055（办公室）；2253315（经商处）；8355016（领事部）。传真：2872660。E-mail：chinaemb_pk@mfa.gov.cn。

巴基斯坦驻华大使：马苏德·汗（Masood Khan）。馆址：北京市朝阳区东直门外大街1号。电话：010-65322504（值班），65322695（政务处），65322581（商务处）。

【同美国的关系】冷战期间，巴美关系密切。此后，巴基斯坦因核试验和政变招致美国制裁。“9·11”事件后，巴基斯坦参加国际反恐战争，助美打恐，并采取措施打击国内极端主义势力。

美国奥巴马政府上台后，出台对阿富汗、巴基斯坦新战略。2009年10月，美国出台5年内向巴提供75亿美元援助的“克里—卢格法案”。2010年3月和7月，巴美两国分别举行外长级战略对话。2011年以来，受“基地”组织领导人本·拉登在巴被美军击毙、北约驻阿部队越境空袭事件等影响，巴美关系陷入低谷。2012年以来，两国高层逐渐恢复接触。3月，美国总统奥巴马与吉拉尼总理在首尔核安全峰会期间举行双边会晤，美军方高层访巴。4月，巴议会审议通过关于调整对美关系和整体外交政策的指导原则，要求美尊重巴主权，就越境空袭事件无条件道歉，停止无人机越境打击等。5月，扎尔达里总统应邀出席北约芝加哥峰会。双方就恢复对话合作举行多轮商谈。

【同印度的关系】巴印于1947年、1965年和1971年三次爆发战争。1971年巴印断交，1976年复交。2004年以来，巴印启动全面对话进程，双边关系持续缓和。2008年7月，两国启动第五轮全面对话，并首次开通跨克什米尔控制线贸易。11月，印度孟买发生重大恐怖袭击事件，印指责巴境内组织有染，巴印关系骤然紧张。在国际社会斡旋下，两国间紧张形势有所缓和。

2009年，印度总理辛格分别同巴基斯坦总统扎尔达里和总理吉拉尼在上海合作组织峰会与不结盟首脑会议期间举行会晤。2010年2月，巴基斯坦外秘巴希尔同印度外秘拉奥琪在新德里举行外秘级对话。4月，两国总理在南盟峰会期间会晤。7月，巴基斯坦外长库雷希同印度外长克里希纳在伊斯兰堡举行会谈。2011年2月，两国外交部宣布重启对话进程，包括克什米尔、反恐、水资源等八个议题。3月，应印度总理辛格邀请，巴基斯坦总理吉拉尼赴印度观看板球世界杯印巴间的半决赛，并与辛格会晤。7月，巴基斯坦外长希娜和印度外长克里希纳在新德里举行会晤。11月，两国总理在第17届南盟峰会期间再度会晤。印在安理会非常任理事国选举中投票支持巴。2012年4月8日，巴基斯坦总统扎尔达里以私人名义访问印度并会见印总理辛格，推动两国关系继续改善。同时，巴印双方在克什米尔争端等问题上的立场分歧严重。

【同阿富汗的关系】巴基斯坦与阿富汗在地理、历史、文化、宗教、种族等方面关系密切。“9·11”事件后，巴基斯坦参与国际反恐战争，打击塔利班和基地组织，努力发展与卡尔扎伊政府的关系，积极参与阿富汗重建。

2008年6月，卡尔扎伊总统公开表示阿富汗有权派军队进入巴基斯坦，打击巴境内武装分子，引起巴方强烈反应。10月，阿富汗外长斯潘塔访问巴基斯坦，两国关系有所好转。同月，两国联合支尔格会议在伊斯兰堡召开，会后发表《联合宣言》。

2009年11月，巴基斯坦总统扎尔达里出席卡尔扎伊总统第二任期就职典礼。2010年3月，卡尔扎伊总统访巴，两国签署《关于巴基斯坦和阿富汗全面合作未来步骤的联合宣言》。9月，卡尔扎伊总统再次访巴。12月，巴基斯坦总理吉拉尼访阿。2011年4月，巴基斯坦总理吉拉尼访阿。6月，卡尔扎伊总统访巴，双方举行联合和平委员会会议。7月，巴基斯坦总统扎尔达里访阿。受阿富汗高级和平委员会主席拉巴尼2011年9月遇刺的影响，巴阿关系再度受挫。2012年以来，两国关系有所改善。2月，阿富汗总统卡尔扎伊赴伊斯兰堡出席巴基斯坦—阿富汗—伊朗峰会，期间，与巴基斯坦总理吉拉尼会晤。会后不久吉拉尼总理发表声明，呼吁阿富汗有关各方参与阿富汗民族和解进程。

（詹凯）

巴勒斯坦

国名 巴勒斯坦国（The State of Palestine）。

面积 根据1947年11月联合国关于巴勒斯坦分治的第181号决议，在巴勒斯坦地区建立的阿拉伯国面积为1.15万平方公里。但由于当时阿拉伯国家反对该决议，阿拉伯国未能建立。1948年第一次中东战争期间，以色列占领了181号决议规定的大部分阿拉伯国领土。1967年第三次中东战争期间，以色列占领了该决议规定的全部阿国领土。1988年11月，巴勒斯坦全国委员会第19次特别会议宣告成立巴勒斯坦国，但未确定其疆界。马德里和会后，巴方通过与以色列和谈，陆续收回了约2500平方公里的土地。

人口 1125万（2011年6月），其中加沙地带和约旦河西岸人口为433.3万，其余为在外的难民和侨民。官方语言为阿拉伯语，主要信仰伊斯兰教。

首都 1988年11月，巴全国委员会第19次特别会议通过《独立宣言》，宣布耶路撒冷为新成立的巴勒斯坦国首都。目前巴民族权力机构设在拉马拉。

国家元首 总统马哈茂德·阿巴斯（Mahmoud Abbas），2008年11月当选。

重要节日 宣布建国日：11月15日。

简况 位于亚洲西部，地处亚、非、欧三洲交通要冲，战略地位重要。约旦河西岸东邻约旦，面积为5884平方公里，加沙地带西濒地中海，面积365平方公里。巴勒斯坦地区属亚热带地中海型气候。夏季炎热干燥，最热月份为7～8月，气温最高达38℃左右。冬季微冷湿润多雨，平均气温为4℃～11℃，最冷月份为1月。雨季为12月至次年3月。

巴勒斯坦古称迦南，包括现在的以色列、约旦、加沙和约旦河西岸。历史上，犹太人和阿拉伯人都曾在此居住。公元前1020年至前923年，犹太人在此建立希伯来王国。罗马帝国征服巴勒斯坦后，犹太人流落世界各地。公元622年，阿拉伯人战胜罗马帝国，占领巴勒斯坦。16世纪起，巴勒斯坦成为奥斯曼帝国的一部分。第一次世界大战后沦为英国的委任统治地。英国占领巴勒斯坦后，将其分为两部分：约旦河以东称外约旦，即现今的约旦哈希姆王国；约旦河以西称巴勒斯坦，包括现今的以色列、加沙和约旦河西岸。

1947年11月29日，联大通过第181号决议，规定在巴勒斯坦建立阿拉伯国和犹太国。犹太人同意该决议，并于1948年5月14日宣布建立以色列国。阿拉伯国家拒绝该决议，于以建国次日即5月15日向以宣战。至停战时，以占领了181号决议规定的大部分阿拉伯国领土；约旦占领了约旦河西岸4800平方公里土地；埃及占领了加沙地带258平方公里土地。1967年6月5日，第三次中东战争爆发，以色列在战争中占领了约旦河西岸和加沙地带全境。

1988年11月15日在阿尔及尔举行的巴勒斯坦全国委员会第19次特别会议通过《独立宣言》，宣布接受联合国第181号决议，建立以耶路撒冷为首都的巴勒斯坦国。1994年5月，根据巴以达成的协议，巴方在加沙、杰里科实行有限自治。1995年以后，根据巴以签署的各项协议，巴自治区逐渐扩大，目前巴方控制着包括加沙和约旦河西岸约2500平方公里的土地。

政　治

1994年5月12日，巴勒斯坦民族权力机构成立，阿拉法特当选为主席。2004年11月，阿拉法特病逝。阿巴斯接任巴解执委会主席。2005年1月9日，阿巴斯当选新一任民族权力机构主席。

2006年1月，巴举行第二届立法委员会选举，巴勒斯坦伊斯兰抵抗运动（哈马斯）获胜。阿巴斯任命哈马斯领导人哈尼亚为总理，组成以哈马斯为主的新政府。2007年3月17日，哈马斯和巴勒斯坦民族解放运动（法塔赫）等组成民族联合政府，哈尼亚继续担任总理。6月，哈马斯和法塔赫爆发严重冲突，哈马斯武力夺取加沙控制权。阿巴斯宣布解散民族联合政府、实施紧急状态、成立紧急政府。7月14日，阿巴斯任命紧急政府成员组成过渡政府，法耶兹为总理。

2011年5月，经埃及斡旋，以法塔赫和哈马斯为首的巴13个政治派别在开罗签署和解协议。2012年2月，法塔赫和哈马斯签署《多哈宣言》，拟组建以巴民族权力机构主席阿巴斯为总理的联合过渡政府。5月，两派在开罗进一步达成协议，同意巴勒斯坦中央选举委员会在约旦河西岸和加沙地带同时开展工作，并开始就组建联合过渡政府事进行磋商。7月，哈马斯宣布暂停加沙地带选民登记。

【巴勒斯坦解放组织架构】（1）巴勒斯坦解放组织（Palestine Liberation Organization）：简称巴解（PLO）。1964年5月在耶路撒冷成立。1974年10月在第七次阿拉伯首脑会议上被确认为巴人民的唯一合法代表。同年11月，被邀请以观察员身份参加联合国会议。1976年8月被接纳为不结盟运动正式成员，同年9月，被接纳为阿拉伯国家联盟正式成员。巴解曾以黎巴嫩、约旦为基地在被占领土开展武装斗争。

（2）巴勒斯坦全国委员会（Palestine National Council）：巴勒斯坦解放组织的最高权力机构，代表巴境内、外的全体巴勒斯坦人。有委员669人，分别为巴勒斯坦各抵抗组织及其他群众组织代表，现任主席萨利姆·扎农（Saleem Al-Zanoon）。

（3）巴勒斯坦解放组织执行委员会（The Executive Committee of PLO）：巴解组织的常设领导机构。本届执行委员会是于1996年4月经巴勒斯坦全国委员会第21次会议选举产生。1969年起，执行委员会主席一直由阿拉法特担任。2004年11月阿拉法特去世后，阿巴斯继任主席。

（4）巴勒斯坦解放组织中央委员会（The Central Committee of PLO）：巴解中央委员会是巴全委会与巴执委会之间的一个监督机构，负责监督执委会执行巴全委会的决议和巴解的方针政策。由全国委员会选举产生，共有100多名成员，在全委会闭会期间，由中央委员会指导巴解工作。1970年起，阿拉法特一直担任中委会主席。阿拉法特去世后，阿巴斯继任主席。

【巴勒斯坦立法委员会（The Palestinian Legislative Council）】根据奥斯陆协议于1996年1月20日选举产生的，下设法律、耶路撒冷、预算与财政事务、经济、自然资源、领土与定居、难民、内政与安全、教育、政治、监督等委员会，每年举行两次年会。2006年1月，巴举行第二届立法委员会选举，哈马斯获74席，成为立法会第一大党派。现任主席为阿齐兹·杜维克（Aziz Dweik，隶属哈马斯）。

【政府】即巴勒斯坦民族权力机构（Palestine National Authority）。1994年5月根据巴解组织决议成立，是一个阶段性、过渡性的权力机构。2007年6月，哈马斯和法塔赫爆发冲突后，巴民族权力机构主席阿巴斯任命前财政部长萨拉姆·法耶兹（Salam Fayyad）组建过渡政府。2012年5月，过渡政府进行第三次重组。6月，法塔赫和哈马斯就组建联合过渡政府及其人员组成达成初步一致。

【行政区划】巴勒斯坦分为约旦河西岸和加沙地带两部分。根据巴计划与国际合作部1997年10月绘制的地图，约旦河西岸分为8个省，加沙地带分为5个省。

【司法机构】巴勒斯坦司法机构主体是各级法院，目前在巴境内设有最高法院一个，调解法院18个，初级法院8个，上诉法院1个，刑事法院1个，中央法院2个。

巴检察机构的主体是各级检察院。检察院的职责是决定和进行各种起诉，代表执行机关面对司法机关、监管司法纪律和监狱。巴设最高检察院1个，由总检察长、数名副检察长和检察官组成，下设5个检察分院和10个总起诉厅。

【主要政治派别】（1）巴勒斯坦民族解放运动（Palestinian National Liberation Movement）：简称“法塔赫”（Fatah）。20世纪50年代末期，由巴勒斯坦爱国青年逐步组建，1969年以后成为巴解主流派，得到阿拉伯国家的广泛承认与支持。“法塔赫”的常设领导机构是中央委员会，下设革命委员会，均由“法塔赫”代表大会选举产生。阿拉法特去世后，卡杜米（Farouk Al-Kaddoumi）继任中央委员会主席。2006年11月，法塔赫革委会推选阿巴斯为最高领导人。2009年8月法塔赫举行第六次代表大会，选举产生新一届中央委员会和革命委员会，阿巴斯当选中央委员会主席。

（2）伊斯兰抵抗运动（Islamic Resistance Movement）：简称“哈马斯”（Hamas），由“伊斯兰”、“抵抗”和“运动”三个阿拉伯词语缩写组成。由亚辛教长于1987年创建，其前身为“伊斯兰联合会”，在伊朗、叙利亚、黎巴嫩等国设有分支。哈马斯宣称《古兰经》是宪法，强调“圣战”是实现其目标的唯一手段；强烈反对中东和平进程，主张消灭以色列，解放巴全部被占领土。近年来，哈马斯立场有所调整。目前实际控制加沙地带。其政治局主席哈立德·马沙勒（Khaled Mashal）长期流亡在外。

此外，还有解放巴勒斯坦人民阵线（Popular Front for the Liberation of Palestine）、解放巴勒斯坦民主阵线（Democratic Front for the Liberation of Palestine）、巴勒斯坦解放阵线（Palestine Liberation Front）、巴勒斯坦人民斗争阵线（Palestinian Popular Struggle Front）、解放巴勒斯坦人民阵线（总指挥部）（Popular Front for the Liberation of Palestine-General Command）、巴勒斯坦民主联盟（Palestinian Democratic Union）、解放巴勒斯坦阿拉伯阵线（Arab Liberation Front）、伊斯兰圣战组织（Islamic Jihad）、“阿拉法特旅”（Brigades of Shahid Yasser Arafat）、巴勒斯坦人民解放战争先锋队（Vanguard for the Popular Liberation War）、巴勒斯坦妇女联合会（General Union of Palestinian Women, GUPW）等。

【重要人物】马哈茂德·阿巴斯：总统、民族权力机构主席。1935年生于巴勒斯坦北部萨法德，莫斯科大学历史学博士。1959年起协助阿拉法特筹建巴解主流派“法塔赫”。20世纪90年代初，曾作为巴方首席谈判代表出席马德里中东和会，主持巴以奥斯陆谈判并代表巴方签署“奥斯陆协议”。1995年当选巴解组织执委会总书记。2003年4月至9月出任巴勒斯坦自治政府首任总理。2004年11月阿拉法特逝世后，继任巴解组织执委会主席。2005年1月，当选巴勒斯坦民族权力机构主席。2006年11月，法塔赫革委会推选阿巴斯为最高领导人。2008年11月，巴解组织中央委员会选举阿巴斯为巴勒斯坦国总统。2009年8月当选法塔赫中央委员会主席。已婚，有三个子女。 **萨拉姆·法耶兹：**过渡政府总理。1951年出生于图尔凯勒姆。贝鲁特美国大学工程学学士、美国得克萨斯大学会计学硕士、经济学博士。1987～1995年，在世界银行总部工作。1995～2001年任国际货币基金组织驻巴勒斯坦（耶路撒冷）代表。2002年6月，任巴民族权力机构财政部长。2006年1月，当选巴第二届立法委员会委员。2007年3月，任民族联合政府财政部长。6月被授权组建紧急政府。7月被任命为过渡政府总理，兼任财政部长。2012年5月在过渡政府第三次重组中留任总理，但不再兼任财长一职。

经　济

以农业为主，其他有建筑、手工业、商业、服务业等。巴经济严重依赖以色列，巴以冲突持续对巴经济发展形成严重制约。据巴方统计，2000～2006年，巴以冲突造成巴直接和间接经济损失160亿美元。2008年底至2009年初的加沙冲突直接和间接经济损失达40亿美元。战后，巴经济有所恢复和发展，2010年底世界银行报告认为，巴经济已达到建立独立国家的水平。2011年主要经济数字如下（数据来源：巴勒斯坦中央统计局）：

国内生产总值（GDP）：63.39亿美元。

人均GDP：1613.55美元。

经济增长率：10.7%。

货币：无自己的货币，使用以色列货币新谢克尔。

汇率：1美元＝3.9新谢克尔。

通货膨胀率：5%。

【工业】巴工业水平很低，规模较小，主要是加工业，如塑料、橡胶、化工、食品、石材、制药、造纸、印刷、建筑、纺织、制衣、家具等。

【农业】四季分明，农产品丰富，农业是巴经济支柱。水果、蔬菜和橄榄（油）是外贸出口的重要部分。可耕地面积为16.6万公顷。从事农业的劳动力占劳动力总数的20%左右。

【旅游】巴气候宜人，有大量的历史文化古迹，旅游资源丰富，主要旅游城市有耶路撒冷、拉马拉、比拉、伯利恒、杰里科、纳布卢斯、希伯伦、加沙等。

【交通运输】公路：有各类公路5146.9公里。2000年以后，由于爆发巴以冲突，巴交通建设陷入停滞。2009年后，道路等基础设施建设有所恢复并得到一定发展。

航空：巴于1996年组建民航机构，1998年10月加沙国际机场投入使用，并开通至埃及和约旦的航线。2000年巴以爆发冲突后，加沙机场跑道被以军摧毁。巴勒斯坦航空公司属巴民族权力机构所有，总部设在埃及阿里什，现有2架支线客机。

【电信信息业】目前，私营的巴勒斯坦通信公司

（Paltel）垄断了加沙地带和西岸的固定电话服务，有固定电话线路32.2万条。巴境内唯一的移动通信公司——巴勒斯坦无线通讯公司，亦由巴勒斯坦通信公司控股。

【财政金融】巴勒斯坦货币管理局（Palestine Monetary Authority，PMA）于1994年底成立，在确定金融政策、调控和监督各银行活动方面起着主导作用。

【国际社会对巴经济援助】国际援助是巴民族权力机构的主要收入来源之一。2008～2010年，巴民族权力机构每年获得的财政援助分别为18亿、14亿和12亿美元，美国和欧盟是最大的援助方。2011年，由于巴谋求加入联合国，美冻结部分对巴援助，巴全年仅获得9.83亿美元援助，财政缺口巨大。2012年，中东问题"四方机制"呼吁国际社会向巴提供11亿美元财政援助。

军　事

根据奥斯陆协议，巴自治政府可建立警察部队以保证约旦河西岸和加沙地带的公共秩序和内部安全。目前警察部队约有6万人。

文化教育

【教育】受巴以冲突影响，巴教育状况总体落后，巴目前文盲率为9.1%。教育体制是：小学6年、中学3年、高中3年、大学4～5年。主要大学有比尔宰特大学、纳贾赫国立大学、圣城大学、伯利恒大学等。

【新闻出版】主要报刊有《耶路撒冷报》（Al-Quds）、《日子报》（Al-Ayyam）、《新生活报》（Al-Hayat Al-Jadida）等。

官方广播电台为"巴勒斯坦之声"，官方电视台为"巴勒斯坦电视台"，均从属于"巴勒斯坦广播公司"。

巴勒斯坦通讯社（Palestine News Agency），简称"Wafa"，由巴解组织于1971年在贝鲁特创建。

对外关系

巴解组织成立后，得到阿拉伯国家和世界许多国家的广泛支持。1974年10月在拉巴特举行的第七届阿盟首脑会议决议承认巴解为巴人民的唯一合法代表。同年11月巴解以观察员身份参加联大会议和工作。1976年8月第五届不结盟国家会议接纳巴解为正式成员，同年9月阿盟接纳其为正式成员。1988年11月15日巴勒斯坦国宣告成立，现已得到137个国家的正式承认。巴解组织原在90多个国家派驻办事处，现多已改为巴勒斯坦国大使馆。1988年12月15日，巴勒斯坦正式成为联合国观察员。2011年9月，巴勒斯坦申请成为联合国正式会员国。10月，巴勒斯坦成为联合国教科文组织正式会员国。

【同中国的关系】1965年5月，巴解组织在北京设立享有外交机构待遇的办事处。1988年11月20日，中国宣布承认巴勒斯坦国，两国建交。同年12月31日，巴解驻京办事处改为巴勒斯坦国驻华大使馆，其主任改任巴勒斯坦国驻华大使。1990年7月5日起，中国驻突尼斯大使兼任驻巴勒斯坦国特命全权大使。巴实行自治后，1995年12月，中国在加沙设立驻巴民族权力机构办事处，2004年5月迁至拉马拉。2008年6月后，中国驻突尼斯大使不再兼任驻巴大使，由中国驻巴办主任（大使衔）全权负责同巴勒斯坦交往事宜。

近年来，中巴友好合作关系始终保持平稳、健康发展。2010年，国务院副总理回良玉，中共中央政治局委员、天津市委书记张高丽，全国政协副主席、中共中央统战部部长杜青林等先后访巴。巴总统、民族权力机构主席阿巴斯对华进行国事访问并出席上海世博会开幕式，巴外长马立基来华出席"中阿合作论坛"第四届部长级会议，巴国民经济部长艾布鲁布代来华出席上海世博会巴勒斯坦国家馆日活动，巴民族权力机构主席府秘书长塔伊布访华并出席广州亚运会闭幕式。2011年3月，商务部长陈德铭访巴。

中国驻巴勒斯坦民族权力机构办事处主任：王强（大使衔）。馆址：Tira Street，Ramallah，Palestine。电话：00972-2-2951222；传真：2951221。

巴勒斯坦驻华大使：艾哈迈德·拉马丹（Ahmed Ramadan）。馆址：北京市朝阳区三里屯东三街2号。电话：010-65323327；传真：65323241。

【同美国的关系】美国曾长期拒不承认巴勒斯坦解放组织。1988年12月，在巴解宣布接受安理会242号和338号决议并公开谴责恐怖主义之后，美、巴开始对话。1993年9月，巴以签署华盛顿宣言，美随后宣布承认巴解为巴勒斯坦人民的代表。1994年6月24日，美将巴驻美办事处升格为官方使团，并利用美驻耶路撒冷总领馆与巴进行联系。2002年12月，美主导中东问题"四方机制"拟定中东和平"路线图"计划，并积极推动实施。

2006年哈马斯胜选并组阁后，美反应强烈，重申哈马斯是"恐怖组织"，表示不会与巴政府进行接触，要求国际社会孤立哈马斯，直至其改变立场、接受"三项条件"（承认以色列、放弃暴力、遵守巴以双方已达成的协议），并停止对巴直接援助。2007年6月，阿巴斯解散联合政府后，美解除对约旦河西岸的经济封锁，推动巴以对话，并于11月26日召开中东问题国际会议（即安纳波利斯会议），推动在2008年底前达成一项内容广泛的和平协议。

2009年，美奥巴马政府上台后，积极推动巴以和谈。9月，美总统奥巴马促成美、巴、以三方首脑于联大期间在纽约会晤。在美斡旋下，巴于2010年5月同意与以恢复间接和谈，并于9月与以重启直接谈判。后因以方拒绝延长犹太人定居点建设冻结令，谈判中止。

2011年5月，美总统奥巴马在中东政策演讲中提出巴以两国边界应以1967年边界线为基础，通过双方认可的土地置换划定。巴方对此表示欢迎。但美方坚决反对巴方将独立建国问题诉诸联合国的做法。2012年3月，奥巴马致电阿巴斯，重申推动中东和平进程的承诺。

【**同阿拉伯国家的关系**】同埃及的关系：埃及是最早支持巴解组织的阿拉伯国家之一，曾是巴解组织开展政治活动的主要基地。埃、以签订戴维营协议后，巴解中断同埃的关系。1987年11月，埃宣布重新开放巴解组织驻开罗办事处。海湾战争后，由于双方立场不同，关系冷淡。随着中东和平进程的推进，双方关系实现正常化。阿巴斯当选巴民族权力机构主席后，曾多次访埃。近年来，埃及在巴以停火、换俘、巴内部和解等问题上积极斡旋。2011年，经埃及斡旋，巴各派于5月初在开罗签署和解协议。10月，埃方促成哈马斯同以色列成功换俘。2012年6月，穆尔西当选埃及总统，巴方对此表示欢迎。

同叙利亚的关系：叙曾是巴游击队的重要基地和后方。巴一些重要组织的总部设在大马士革。哈马斯领导人马沙勒也在叙定居。1983年后，因对解决中东问题的政治主张存在分歧，双方关系恶化。1988年后，巴叙关系有所缓和。1999年，在叙鼓励与支持下，叙境内的巴反对派组织开始与巴民族权力机构进行对话。2004年12月，阿巴斯继任巴解执委会主席后访叙。2006年哈马斯执政后，叙表示支持巴勒斯坦人民自主选择的政府，反对对巴封锁，鼓励巴各政治派别通过对话解决分歧。2007年11月，叙出席安纳波利斯中东和会。

同约旦的关系：巴、约之间在历史、地理、血缘等方面有着特殊关系。约旦是阿拉伯世界唯一给予巴勒斯坦人国籍的国家，现巴人占约旦总人口的60%。约曾是巴解组织总部所在地。1970年，约巴关系恶化，巴武装被迫全部从约撤出。中东和平进程开始后，巴约曾组成联合代表团出席中东和会。2003年6月，约旦国王阿卜杜拉二世主持了由美、以、巴三方首脑参加的亚喀巴峰会，宣布正式启动中东和平“路线图”计划。阿巴斯当选巴民族权力机构主席后，多次访约。阿巴斯解散联合政府后，约旦强调巴应维护内部团结、重建秩序，呼吁国际社会加大促和努力，支持巴以和谈，敦促美在中东问题上发挥重要作用。

同沙特等海湾阿拉伯国家的关系：沙特、科威特等海湾阿拉伯国家曾是巴解的主要财政援助国。1990年，沙特等海湾国家对巴解在海湾战争中的立场不满，同巴解关系恶化。原在海湾国家的50万巴勒斯坦人大部分离开。1991年3月31日，海湾合作委员会宣布中断对巴解的财政援助。但在巴解决定出席马德里中东和会后，沙特等海湾国家与巴解关系开始缓和，官方往来逐渐恢复，沙特还部分恢复了对巴援助。从1993年起，巴解同海湾国家关系不断改善。2004年12月，巴解执委会主席阿巴斯访问沙特和科威特，对巴在海湾战争中的错误立场表示道歉。2007年2月，在沙特斡旋下，哈马斯与法塔赫达成“麦加协议”。2012年2月，在卡塔尔斡旋下，法塔赫与哈马斯签署《多哈宣言》，就组建联合过渡政府、筹备大选等事宜达成协议。

【**同以色列的关系**】巴、以于1993 ~ 1995年先后签署《临时自治安排原则宣言》(即“奥斯陆协议”)、《加沙和杰里科先行自治协议》和《扩大巴勒斯坦在约旦河西岸自治范围的协议》。1997年1月，巴以签署了关于以军在希伯伦重新部署的协议，规定以从希伯伦80%的地区撤出。1998年10月，巴以签署了以色列第二阶段从约旦河西岸撤军协议，即“怀伊协议”。1999年11月8日，巴以正式启动最终地位谈判。2000年7月，美、以、巴首脑戴维营峰会无果而终。

2000年9月，由于以利库德集团领导人沙龙强行进入阿克萨清真寺，引发长达四年多的以巴冲突。2005年阿巴斯出任巴最高领导人后，巴以关系明显改善。2月，以、巴、埃、约领导人在埃及沙姆沙伊赫举行峰会。9月，在埃及等方面的推动以及巴方的积极配合下，以完成从加沙和约旦河西岸部分地区撤离犹太人定居点和军队的“脱离计划”。11月，在美国斡旋下，巴以达成《加沙地区通行进出协议》。

2006年哈马斯执政后，以要求其接受“三项条件”，并对巴进行政治孤立和经济封锁。2007年6月阿巴斯解散联合政府后，以恢复同阿巴斯对话，并成立谈判工作组。11月26日，巴、以参加美主持召开的安纳波利斯中东问题国际会议，在会上发表“共同谅解文件”，开始就最终地位问题进行谈判。2008年，巴以双方持续谈判，但未达成和平协议。12月，以方针对哈马斯等武装派别对加沙地带发动大规模军事行动，巴以和谈中止。

2009年3月以新一届政府成立后，表示愿根据“路线图”计划同巴方谈判。2010年5月，巴以在美国主持下开始进行间接谈判，9月初双方重启直接谈判。但由于以方坚持在被占领土修建犹太人定居点，巴方于10月8日宣布暂停与以和谈。2012年初，巴、以双方在中东问题“四方机制”、约旦等方面推动下就复谈问题进行接触，双方领导人亦于4、5月互换信件，以总理内塔尼亚胡还首次公开表示支持巴勒斯坦人建立“领土连贯”的国家。但双方在犹太人定居点等关键问题上分歧巨大，和谈未能重启。

【**同欧盟国家的关系**】巴解组织重视发展与欧盟国家的关系，在10多个欧盟国家派驻代表。海湾危机发生后，欧盟国家指责巴解在海湾危机中支持伊拉克。1991年2月6日，欧共体12国外长宣布冻结与巴解和阿拉法特的接触。海湾战争结束后，欧盟国家与巴解关系逐渐恢复。巴、以签署巴自治协议后，欧盟国家开始在巴自治区设代表处或通过驻耶路撒冷总领馆与巴自治政府进行联系，并向巴民族权力机构提供了大量援助。

2006年哈马斯胜选并组阁后，欧盟要求哈马斯接受“三项条件”。2007年6月阿巴斯解散联合政府后，欧盟表示支持阿巴斯。2010年以来，阿巴斯多次访问英、法、德、西班牙、比利时、希腊等国，寻求欧盟支持巴勒斯坦独立建国。2011年以来，英、法、西班牙、意大利等国先后宣布将巴驻该国代表机构级别提升为外交使团。但欧盟内部在巴“入联”问题上立场不一。

【同俄罗斯的关系】巴解组织与前苏联关系密切。阿拉法特曾多次访苏。苏联解体后，巴解重视与独联体国家发展关系，宣布承认前苏联15个共和国。俄主张同哈马斯接触，引导其向温和、务实方向转变。哈马斯领导人马沙勒多次访俄。2007年阿巴斯解散联合政府后，俄表示支持阿巴斯合法地位，同时呼吁巴各派通过对话解决分歧。2011年2月俄总统梅德韦杰夫访巴期间，公开表示支持建立以东耶路撒冷为首都的独立的巴勒斯坦国。5月巴各派实现和解后，俄邀请巴各派在莫斯科就落实和解协议进行磋商。2012年6月，俄总统普京访巴。（吕扬）

巴　林

国名　巴林王国（The Kingdom of Bahrain）。

面积　711.85平方公里（由40个岛屿组成）。

人口　123万（2010年）。巴林籍人占51%，其他为印度、巴基斯坦、孟加拉、伊朗、菲律宾和阿曼人。阿拉伯民族。官方语言为阿拉伯语，通用英语。85%的居民信奉伊斯兰教，其中什叶派占70%，逊尼派占30%。其余信奉基督教、犹太教。

首都　麦纳麦（Manama），人口26万。

国家元首　国王哈马德·本·伊萨·阿勒哈利法（Hamad Bin Isa Al-Khalifa），1999年3月6日即位埃米尔，2002年2月14日，埃米尔改称国王。

重要节日　国庆日：12月16日。

简　况

位于波斯湾西南部的岛国。界于卡塔尔和沙特阿拉伯之间，属热带沙漠气候，夏季炎热、潮湿，7～9月平均气温为35℃。凉季温和宜人，11月至次年4月气温在15℃～24℃之间。年平均降水量77毫米。

公元前3000年即建有城市。公元前1000年腓尼基人到此。公元7世纪成为阿拉伯帝国的一部分，隶属巴士拉省。1507～1602年被葡萄牙人占领。1602～1782年处于波斯帝国统治之下。1783年宣告独立。1880年沦为英国保护国。1971年8月15日宣布独立。

政　治

君主立宪制国家，禁止政党活动。国家元首由哈利法家族世袭，掌握政治、经济和军事大权。1999年3月6日，哈马德继任埃米尔。2002年2月14日，巴林国更名为巴林王国。

2011年2月，受西亚北非地区部分国家政局突变影响，巴林爆发大规模反政府抗议活动，海合会军队进驻巴林协助维持秩序。巴林政府通过举行全国对话、承诺改革等一系列举措稳定局势。巴局势逐渐恢复，但小规模示威游行和冲突仍时有发生。

【宪法】独立后第一部宪法于1973年6月2日颁布，同年12月开始生效。2001年2月，巴林举行全国投票，以98.4%的支持率通过了《民族宪章》。2002年2月14日，颁布新宪法，规定改国名为巴林王国；埃米尔改称国王；成立两院制议会，司法独立，实行三权分立等。

【议会】1972年选出制宪议会。1973年成立国民议会，1975年被解散。哈马德国王继位后，决定恢复议会民主。2002年10月，根据新宪法成立由众议院和协商会议组成的两院制国民议会，两院享有同等立法监督权，通过的法律草案需呈国王批准。众议院由40名直选议员组成，议长由议员选出；协商会议由国王任命的40名议员组成，议长由国王任命。两院议员任期均为四年，可连任。本届众议院和协商会议组成于2010年11月，众议长哈利法·本·艾哈迈德·道赫拉尼（Khalifa Bin Ahmed Al-Dhahrani），2002年10月当选，2006年12月、2010年12月连任。协商会议主席阿里·萨利赫·本·阿勒萨利赫（Ali Saleh Bin Al-Saleh），2006年12月被任命，2010年11月连任。

【政府】本届政府于成立于2010年11月，2011年2月进行局部改组。现内阁主要成员：首相哈利法·本·萨勒曼·阿勒哈利法（Khalifa Bin Salman Al-Khalifa），副首相穆罕默德·本·穆巴拉克·阿勒哈利法（Mohammed Bin Mubarak Al-Khalifa），副首相阿里·本·哈利法·阿勒哈利法（Ali Bin Khalifa Al-Khalifa），副首相贾瓦德·本·萨利姆·阿勒阿里德（Jawad Bin Salem Al Arrayadh），副首相哈立德·本·阿卜杜拉·阿勒哈利法（Khalid Bin Abdulla Al-Khalifa），国防事务国务大臣穆罕默德·本·阿卜杜拉·阿勒哈利法（Mohammed Bin Abdulla Al-Khalifa），内政事务大臣拉希德·本·阿卜杜拉·阿勒哈利法（Rashid Bin Abdullah Al-Khalifa），外交大臣哈立德·本·艾哈迈德·本·穆罕默德·阿勒哈利法（Khalid Bin Ahmed Bin Mohammed Al-Khalifa），工商大臣哈桑·本·阿卜杜拉·法赫鲁（Hassan Bin

Abdulla Fakhro），财政大臣艾哈迈德·本·穆罕默德·阿勒哈利法（Ahmed Bin Mohammed Al-Khalifa），文化大臣梅·宾特·穆罕默德·阿勒哈利法（Mai Bint Mohammed Al-Khalifa）等。

【行政区划】全国分为5个省，分别是首都省、穆哈拉克省、北方省、中部省和南方省。

【重要人物】哈马德·本·伊萨·阿勒哈利法：国王。1950年1月28日生于麦纳麦。曾在英、美军事学院读书，创建了巴林国防军。1964年被封为王储，其后兼任武装部队最高统帅。1971年巴林独立后任国防大臣。1999年3月6日继位，成为巴林第11任埃米尔，2002年2月14日改称国王。 **哈利法·本·萨勒曼·阿勒哈利法：**首相。1936年出生，哈马德国王之叔。1957年任教育委员会主席。1959年任政府秘书长。1960年任财政大臣。1966～1970年主持国家行政委员会工作。1970年任国务委员会主席。1973年被任命为首相。曾于2002年5月访华、2008年11月出席南京第四届“世界城市论坛”。 **萨勒曼·本·哈马德·阿勒哈利法：**王储。哈马德国王长子。1969年10月21日出生。1992年获美国华盛顿大学政治学学士学位。1994年获英国剑桥大学历史哲学硕士学位。1995年被任命为副国防大臣。1999年3月9日被立为王储，同年3月22日被任命为巴林武装部队副统帅。在国王哈马德或首相哈利法出国期间任代国王或代首相，并主持内阁工作。

经济

海湾地区最早开采石油的国家，奉行自由经济政策，是海湾地区银行和金融中心。1995年加入世界贸易组织。巴林奉行自由经济政策，注重经济多元化发展，建立了炼油、石化、铝制品工业，大力发展金融业、银行业、城市建设、房地产开发和旅游业，已成为海湾地区银行和金融中心。2011年主要经济数据如下（数据来源：《经济季评》）：

国内生产总值：258亿美元。

人均国内生产总值：2.1万美元。

国内生产总值增长率：2.2%。

货币名称：巴林第纳尔（BD）。

汇率：1美元＝0.376第纳尔。

进出口总额：375亿美元。

进口额：170亿美元。

出口额：205亿美元。

外汇储备：43亿美元。

【资源】已探明石油储量2200万吨，天然气储量1182亿立方米。

【工业】主要有石油和天然气开采、炼油和炼铝业、船舶维修等。2010年石油产量约912万吨，炼油量约131万吨，天然气产量约169亿立方米，铝产量约87万吨。

【农业】预计可耕地面积1.1万公顷，约占全国总面积的15.5%，目前实际种植面积约4766公顷。农业人口约占劳动力总人口的1.5%。农业对国内生产总值的贡献率为0.73%，粮食主要靠进口，本地农产品的供给量仅占巴林食品需求总量的6%。主要农产品有水果、蔬菜、家禽、海产品等。

【交通运输】境内无铁路。首都和主要城镇有公路相连，各级公路总长3200多公里。巴林和沙特之间由长达25公里的法赫德国王大桥相连。萨勒曼深水港有14个泊位、2个集装箱轮泊位和一个滚装轮泊位，可停泊6万吨级轮船。

巴林是连接东西方的空中交通枢纽，有5个机场。巴林国际机场客运量为875.81万人次，货物和邮件运量为36.8吨，飞机起落10.12万次。

【通讯】1969年巴林开通中东地区第一个卫星地面站。目前，巴林拥有4个卫星地面站，与国际卫星组织及阿拉伯卫星组织的卫星相连。1981年巴林政府从英国人经营的电信公司中取得60%的股权，并把公司改组为巴林电信公司。此外，还有巴林有线无线通讯公司等电信公司。

【财政金融】金融业发达，享有中东地区金融服务中心的美誉。目前，有400多家地区及国际金融服务机构在巴林设立办事处，各国银行在巴林总资产达855多亿美元。

【对外贸易】主要出口石油产品、天然气和铝锭。主要进口国家：沙特、美国、日本、英国、德国；主要出口国家：美国、印度、沙特、韩国、日本。

人民生活

全国实行免费医疗，居民卫生服务普及率达100%，人均寿命73岁。有公立医院8所，私立医院9所，医疗中心41所，医护人员2000余人，另有一所军事医院。

军事

执行海湾合作委员会统一的防御政策。哈马德国王任武装部队最高统帅，萨勒曼王储任武装部队副统帅。实行志愿兵役制。武装部队总兵力11800人，其中陆军8500人，海军1000人，空军1500人，国民卫队等其他人员800人。另有半军事化部队约9250人，其中警察9000人，海岸警卫队250人。警察有5架直升机。巴林是美国第五舰队司令部所在地。

文化教育

【教育】实行免费教育和普及9年一贯制的中等教育制度。教育宗旨是普及和完善教育种类，提高教学水平。巴林大学和阿拉伯海湾大学（由海湾合作委员会资助）分别于1978年和1987年建成开学。此外还有一所成人教育中心。巴林文盲率为4.9%，15～25岁青年受教育率达99%，为中东海湾地区受教育程度较高的国家。

【新闻出版】全国共有报纸13种，主要报纸有：《海湾日报》（英、阿文），《光明日报》（阿文），《巴林湾日报》（阿文），《海湾每周镜报》（英文），《天天报》（阿文），《海湾消息报》（英文）等。

巴林广播电台1955年开始播音，用阿拉伯语和英语广播。有4个波段。

巴林电视台共有3个频道，其中2个阿拉伯语频道，1个英语频道。

对外关系 奉行中立和不结盟的外交政策，主张加强海湾国家间的团结与合作，积极推动海湾合作委员会一体化建设，实现联合自强。同美、英关系密切。经济上得到沙特巨额扶持。目前已同156个国家建立了外交关系。

【对当前重大国际和地区问题的立场】叙利亚问题：同海合会国家采取一致立场，主张维护地区和平稳定，认为应通过和平方式解决有关问题，反对外来军事干预。

伊朗核问题：认为伊朗有和平利用和发展核能的权利，但一切核活动应置于国际原子能机构的有效监管下，并确保限于民用。对伊核问题升级表示担忧，强调该问题应通过联合国安理会及国际原子能机构的调解得到最终和平解决。主张中东海湾地区无核化。

伊拉克问题：认为一个统一、稳定、拥有主权的伊拉克是中东地区实现和平的基础。主张维护伊拉克独立主权和统一，反对干涉伊拉克内政。支持伊拉克政府为实现民族和解采取的措施。

中东问题：支持中东和平进程，主张全面、公正、持久地解决阿以争端。支持巴以重启和谈，要求以色列全面执行联合国有关决议，归还阿拉伯国家被占领土。主张建立巴勒斯坦国。

反恐问题：认为恐怖主义是对国际和平与安全的最大威胁，谴责任何形式的恐怖主义。支持国际社会反恐行动，但认为打击恐怖主义特别是采取军事行动不应伤及无辜，同时必须解决产生恐怖主义的根源。支持沙特关于建立国际反恐中心的倡议，愿意将有关机构设在巴林。

联合国安理会改革问题：支持联合国改革，认为安理会扩大应切实考虑广大中、小发展中国家利益，照顾阿拉伯和伊斯兰国家代表权，希望通过改革提高安理会工作效率，增加透明度。认为改革方案应遵循协商共识原则，不赞成仓促行事或强行表决。

【同中国的关系】1989年4月18日中国和巴林建交。建交后，双边关系发展顺利，各领域友好合作逐步展开。

2011年，中巴友好关系进一步发展，各领域合作不断拓展。2011年6月，巴林财政大臣穆罕默德访华。

2011年双边贸易额为12.1亿美元，其中中方出口额8.8亿美元，主要是机电产品、纺织品和服装、食品等；进口额3.3亿美元，主要是铁矿砂、铝材和液化石油气等。分别同比增长14.7%、10.1%和29.3%。截至2011年底，中国公司在巴林累计签订工程承包和劳务合作合同额2.5亿美元，完成营业额2.4亿美元。

中国驻巴林王国大使：李琛。馆址：58，Road 4156（JUFAIR AVENUE），BLOCK 341 MANAMA，BAHRAIN。电话：00973-17723800，17723900；传真：17727034。电子邮箱：chinaemb_bh@mfa.gov.cn。

巴林王国驻华大使：贝碧·赛义德·沙拉夫·阿拉维（BIBI SAYED SHARAF AL-ALAWI）。馆址：北京市朝阳区亮马桥外交公寓10-06。电话：010-65326483，65326485；传真：65326393。

【同美国的关系】巴林同美国关系密切，巴林系美国非北约盟国。美国是巴林重要贸易伙伴。1999年2月，巴美签署两国投资保护协定，巴林成为与美国签署类似协定的第一个海湾国家。2004年9月，巴美正式签署自由贸易协定，2006年8月1日起实施。2011年，巴林王储萨勒曼、外交大臣哈立德分别访美，美国防部长盖茨、参谋长联席会议主席迈克·马伦、前总统克林顿等访巴，美强调有维护巴安全稳定的义务。

【同阿拉伯国家的关系】2011年，巴林同阿拉伯国家尤其是海合会成员国关系进一步密切。巴林局势动荡后，海合会派“半岛之盾”联合部队进驻巴林协助维持秩序，并决定10年内向巴林提供100亿美元，用于支持其经济建设。年内，哈马德国王访问沙特、阿联酋和科威特等国，哈利法首相访问沙特、科威特、卡塔尔、约旦、阿联酋等国，积极寻求海合会国家支持。巴林主张加强海合会一体化进程，积极响应沙特提出的建立海合会联盟的倡议。（陈然然）

不 丹

国名 不丹王国（The Kingdom of Bhutan）。

面积 约3.8万平方公里。

人口 695822人（2010年）。人口增长率约为1.3%。不丹族约占总人口的50%，尼泊尔族约占35%。不丹语“宗卡”为官方语言。藏传佛教（噶举派）为国教，尼泊尔族居民信奉印度教。

首都 廷布（Thimphu），人口42465（2005年）。

国家元首 国王吉格梅·凯萨尔·纳姆耶尔·旺楚克（Jigme Khesar Namgyel Wangchuck），2006年12月9日登基，2008年11月加冕。

重要节日 国庆日：12月17日（第一任国王乌金·旺楚克登基日）；国王生日：2月21日；加冕日：

11月6日。

简　况 位于喜马拉雅山脉东段南坡，其东、北、西三面与中国接壤，南部与印度交界，为内陆国。北部山区气候寒冷，中部河谷气候较温和，南部丘陵平原属湿润的亚热带气候。

公元7世纪起为吐蕃王朝属地，9世纪成为独立部落。12世纪后，藏传佛教竺巴噶举派逐渐成为执掌世俗权力的教派。18世纪后期遭英国入侵。1907年建立不丹王国。1910年1月，同英国签订《普那卡条约》。1949年8月，同印度签订《永久和平与友好条约》。1961年以来，不丹国王多次公开表示要保持国家的主权和独立。1971年加入联合国，1973年成为不结盟运动成员，1985年成为南亚区域合作联盟成员。2007年2月，同印度签署经修订的《不印友好条约》。

政　治 1998年，第四世国王吉格梅·辛格·旺楚克不再兼任政府首脑，将政府管理权移交给大臣委员会。2001年，成立宪法起草委员会，启动制宪工作。2006年，第四世国王吉格梅·辛格·旺楚克让位于其子吉格梅·凯萨尔·纳姆耶尔·旺楚克。2007年12月，举行首次国家委员会（上院）选举。2008年3月，举行首次国民议会（下院）选举，标志着不丹开始向君主立宪制转变。2008年7月，不丹颁布首部宪法。宪政改革后，不丹国内政治形势发生重大变化。新政府致力于应对金融危机和国内自然灾害，大力发展经济，巩固国内民主体制，同时逐步扩大对外交往，强化主权国家地位。

【议会】实行两院制，由国王、国家委员会（上院）、国民议会（下院）组成，拥有立法权。上院由25名议员组成，均为非党派人士，其中20名由各宗选举产生，其余5名由国王任命知名人士担任。下院由47名议员组成，由选民直接选举产生。两院议员任期5年。2007年12月，产生首届国家委员会（上院）。2008年3月，产生首届国民议会（下院），组成为：繁荣进步党（Druk Phuensum Tshogpa）45席，人民民主党（People's Democratic Party）2席。现任国民议会议长吉格梅·楚提姆（Jigme Tshultim）。根据不丹宪法，经2/3议员同意，议会有权对国王提出退位动议。如动议获议会3/4投票通过，则应举行全民公投以简单多数决定国王是否退位。国王在位年限不得超过65岁。

【政府】根据不丹宪法，在国民议会选举中获多数议席的政党领导人将由国王任命担任首相，负责组阁。首相任期不得超过两届，各政府部门大臣人选通过首相推荐由国王任命。经1/3以上议员同意，国民议会可对政府提出不信任动议，如动议获国民议会2/3以上投票通过，则国王有权解散政府。2008年3月，繁荣进步党在首次大选中赢得压倒性胜利。4月9日，该党主席吉格梅·廷里（Jigmi Thinley）就任首届民选政府首相。11日，新政府10位大臣就职，包括：工程与人员安置大臣益西·金巴（Yeshey Zimba），经济大臣坎杜·旺楚克（Khandu Wangchuk），财政大臣旺迪·诺布（Wangdi Norbu），外交大臣乌金·策林（Ugyen Tshering），卫生大臣藏莱·杜克帕（Zangley Dukpa），内政与文化大臣明朱尔·多尔吉（Minjur Dorji），教育大臣塔库尔·鲍德耶尔（Thakur S Powdyel），农业大臣佩玛·嘉措（Pema Gyamtsho），信息与通讯大臣南达拉尔·拉伊（Nandalal Rai）及劳动与人力资源大臣多尔吉·旺迪（Dorji Wandi）。

政府还设有11个直属机构：皇家文官委员会、国家计划委员会、国家环境委员会、国家劳动局、皇家货币局、国家技术培训局、皇家管理学院、法律事务局、不丹研究中心、地方发展委员会、国家文化事务委员会。

【高等法院】为最高司法机构，但国王拥有最高司法权力，包括受理最高上诉案件。高等法院于1968年在廷布设立，包括首席法官在内共有8名法官，其中2名由国民议会选出，任期五年；其余由国王指派，任期由国王决定。各宗设有地方法院，由国王任命的宗长和地方法官负责处理地方诉讼案件。现任首席大法官为索南·多杰（Sonam Tobgye）。

【寺院团】是宗教事务的唯一仲裁机构，由中央寺院团和地方寺院团组成。全国约有5000名僧人，享受政府提供的财政资助。坎布为最高宗教领袖，由寺院选举并经国王批准的一名高僧担任，享有穿着与国王同样颜色披肩的特殊权力。坎布下有4名大僧人辅助。

【行政区划】全国划分为4个行政区、20个宗（县）。

【政党】现有繁荣进步党和人民民主党两个政党。繁荣进步党2007年成立，主席为现任首相吉格梅·廷里，现为执政党，占国民议会（下院）47席中的45席。人民民主党2007年成立，主席为策林·托杰（Tshering Tobgay），现为在野党，占国民议会（下院）47席中的2席。

【重要人物】吉格梅·凯萨尔·纳姆耶尔·旺楚克：国王。1980年2月21日生，曾留学英国、印度。2004年10月任通萨宗宗长。2006年12月继位，成为旺楚克王朝第五世国王。2008年11月加冕。　**吉格梅·廷里：**首相。1952年生，曾留学美国、印度。1998～2003年任外交大臣，1998～1999年轮任首相。2003～2007年任内政和文化大臣，2003～2004年再次轮任首相。2007年7月，加入繁荣进步党。2008年4月9日就任首相。

经　济 农业是不丹的支柱产业。20世纪50年代实行土地改革后，98%以上的农民拥有自己的土地、住房，平均每户拥有土地1公顷多。粮食基本自给。2010年，农业约占GDP的16.8%，同比增长9%。农业人口占总就业人口的60%。

第二、三产业近年来发展较快，2010年分别占GDP的42.7%和40.5%。水电资源丰富并向印度出口，水电及相关建筑业已成为拉动经济增长的主要因素。

2004～2009年，GDP年均增长8.8%，其中第三产业发展最快，其次分别为制造业、电力和建筑业。通货膨胀率控制在6%左右。2002年开始，制造业和服务业率先对外资开放，外资控股最高可达70%。

不丹1961年起开始实行经济发展的“五年计划”，并从印度、瑞士、联合国开发计划署等国家和国际组织获得经济援助。十五计划（2008～2013年）预计总投资约1462.522亿努扎姆，同比增长111.4%，主要目标是进一步贯彻“国民幸福总值”（Gross National Happiness，GNH）理念，其四大支柱是追求良政、提倡经济均衡和可持续发展、保护环境、保护传统文化。保持9%左右的经济增长率，到2013年使贫困率由2007年的23.3%降至15%，实现经济和环境、社会、文化均衡可持续发展。

不丹为最不发达国家之一。2009年，在联合国开发署发表的全球人类发展报告中，不丹排名第132位。2010年主要经济数据如下：

国内生产总值：14.83亿美元（2010年，按当前价格计算）。

人均GDP（2010年，按当前价格计算）：2042美元。

增长率：6.7%。

货币名称：努扎姆（Ngultrum），简称努（NU.），与印度卢比等值。

汇率（2010年平均值）：1美元≈45.73努。

通货膨胀率：9.1%。

失业率：3.3%。

【**资源**】有白云石、石灰石、大理石、石墨、石膏、煤、铅、铜、锌等矿藏。水力资源丰富。水电资源蕴藏量约为3万兆瓦，目前仅约1.5%得到开发利用。森林覆盖率约为72.5%，其中26%为自然保护区。物种丰富，每万平方公里上有植物3281种。

【**工业**】2010年，工业（包括电力、建筑业和制造业）总产值293.95亿努，增长12%，占GDP的40.6%。建筑业产值103.089亿努，增长38%，占GDP的14%。制造业产值63.24亿努，增长26%，占GDP的8.7%。近年来，对印度电力出口带动不丹水电站建设，电力行业逐渐成为经济支柱之一。2010年，水电产值127.636亿努，增长8%，占GDP的17.6%。

【**农牧林业**】可耕地面积占国土总面积的16%，主要农作物有玉米、稻谷、小麦、大麦、荞麦、马铃薯和小豆蔻。畜牧养殖较普遍。主要树种有婆罗双树、橡树、松树、冷杉、云杉、桦树等，以丰富的名木花草闻名遐迩。盛产水果。苹果、柑橘等大量向印度和孟加拉国出口。

【**旅游业**】不丹外汇的重要来源之一。1974年开始对外开放旅游业，但控制较严，一般只接受团体旅游。出于环保考虑，对境外游客每人每天收取165～200美元的最低消费费用。1987年7月起，寺院、宗教圣地不对外开放。每年3～6月、9～12月是旅游旺季，游客主要来自美国、日本、德国和法国等地。2010年，入境游客27195人次，旅游收入3598万美元。

【**交通运输**】公路总里程8366.2公里（截至2011年6月30日），拥有机动车辆54123辆（2010年）。山区仍以马、牛、骡为主要运输工具。河流众多但湍急，无法航行。

帕罗机场是不丹唯一机场，距首都廷布65公里。航空公司有不丹航空公司（Druk Air Corporation），成立于1983年2月，航线包括从帕罗至新德里、加尔各答、加德满都、达卡、曼谷和仰光，无国内航线。2010年载客量13.26万人次。2006年，不丹与印度、泰国和孟加拉国分别签署关于加强航空联系的谅解备忘录。

【**通讯**】不丹电信公司1999年1月成立。1999年，不丹建成全国计算机互联网，拥有自己的域名后缀.bt，并成立因特网服务商Druknet。2010年，共有固定电话26361部，手机165452部。

【**财政金融**】每年7月1日至次年6月30日为一个财政年度。2010/2011财年，不丹国家财政收入169.63亿努，同比增长8.5%。2010年，外汇储备10.18亿美元。2009年，外债574.25亿努（其中55%为印度卢比债务），同比增长18.6%。

主要金融机构有皇家货币局（Royal Monetary Authority）、不丹银行（Bank of Bhutan）等。皇家货币局成立于1982年，是不丹的中央银行，负责制定和执行政府的货币政策，代表政府办理外币存款业务。不丹银行成立于1968年，属国家商业银行，一度与印度国家银行合办。2002年，印度国家银行将管理权移交给不丹，持股份额也由40%降至20%。

作为不丹私有化进程的里程碑，1996年不丹政府允许金融部门公开发行股票，并与亚洲开发银行和花旗银行签署协定，允许它们购买不丹国家银行（Bhutan National Bank）不超过40%的股份。

【**对外贸易**】对外贸易主要在南盟成员间进行。印度是最大贸易伙伴，与不丹签有自由贸易协定。2010年，不丹进口额为390.84亿努，出口额293.24亿努。不丹对印进、出口额分别占总进、出口额的75%和88.7%。其他主要贸易伙伴有香港、印尼、新加坡、孟加拉国、泰国等。其中，不丹与孟加拉国之间签有优惠贸易协定。

主要出口产品为电力、化学制品、木材、加工食品、矿产品等。主要进口产品为燃料、谷物、汽车、机械、金属、塑料等。

不丹于1998年成为WTO的观察员，现申请成为正式成员。

【外国援助】不丹经济建设严重依赖外国和国际组织援助。2010年，不丹接受外援（净额）22.15亿努。其中，印度是最大援助方。此外，不丹还接受来自日本、丹麦、联合国开发计划署、奥地利、荷兰、瑞士、亚洲开发银行、世界银行等方面的援助。

人民生活

截至2008年1月，全国共有贫困人口（月收入低于1096努）14.61万人，占总人口的23.2%，其中农村人口贫困率为30.9%，城市人口贫困率为1.7%。实行免费医疗，享受基础医疗的人口超过95%，人均寿命66.1岁。2010年，有各类医疗机构730家，其中医院31家，医生187名。婴儿死亡率为每千人40人。2010年不丹人口中，14岁以下的占30.6%，15～64岁的占64.6%，65岁以上占4.8%。1998年，不丹在日内瓦建立世界首个健康信托基金，保证提供基础医疗用的疫苗和基本药物。不丹传统医学来源于藏医药学，至今仍广泛使用。2004年底起，全国范围内实行禁烟。

军　事

武装力量主要由皇家陆军（包括皇家卫队）和皇家警察组成，实行义务兵役制，国王是武装力量最高统帅。皇家陆军于1963年由民兵武装组织改编组建，兵力约9000人（2007年）。现任首席作战指挥官是巴图·泽林中将。皇家卫队正式组建于1961年，主要负责皇室成员的安全保卫工作。皇家警察正式成立于1965年，隶属不丹内政与文化部，主要职能是维护社会治安并担负边界警卫和消防任务。不丹的全部军费、大部分装备和给养由印度提供。

文化教育

【教育】2010年，全国有各类学校1582所，教员8947名，在校学生194587名，适龄儿童入学率为92%。国民识字率约为53%（2005年）。2003年6月建立第一所大学不丹皇家大学。1961年起学校实行双语制，不丹语“宗卡”为必修课。强调职业技术教育，以适应社会需要。射箭和摔跤为不丹传统民族体育项目。

【新闻出版】不丹政府设有不丹新闻与广播机构，负责全国广播、电视事务。1973年，成立不丹广播公司，用不丹语、英语、尼泊尔语等广播。1999年，不丹广播公司开通电视服务。《昆色尔》为不丹国家报纸，并在互联网上更新。2006年，两份私人报纸《不丹时报》和《不丹观察家报》开始发行。另有《德鲁克·洛塞尔》季刊，用宗卡、英语和尼泊尔语出版。

对外关系

以维护独立和主权、实现经济自力更生为对外政策的两大主要目标。主张大小国家一律平等，奉行不结盟政策，在和平共处基础上同所有国家发展友谊和合作，特别是同邻国友好相处。已同印度等39个国家及欧盟建立外交关系，在纽约和日内瓦设有常驻联合国代表处，在印度、孟加拉国、科威特、比利时和泰国设有使馆，在8个国家设有10位名誉领事。印度和孟加拉国在不丹设有使馆。

1971年加入联合国，目前是约75个国际组织的成员国。

【同中国的关系】中国与不丹迄未建交，但两国关系一直友好，边境地区总体保持和平与安宁。1984年至今，两国共举行19轮边界会谈。1998年，双方签署首个政府间协定《关于在中不边境地区保持和平与安宁的协定》。2009年10月，不丹第五世国王分别给胡锦涛主席、吴邦国委员长、温家宝总理发来亲笔贺信，对新中国建国六十周年表示祝贺。2010年1月，外交部部长助理胡正跃赴不丹举行中不第19九轮边界会谈。4月，外交部副部长王光亚赴不丹出席第16届南盟峰会。9月，不丹松珠活佛赴西藏自治区朝圣。11月，不丹亲王、不丹奥委会主席吉格耶尔·乌金·旺楚克出席广州亚运会开幕式。2011年2月，不丹公主德禅·旺姆·旺楚克赴西藏自治区朝佛。2012年6月，温家宝总理在里约出席联合国可持续发展大会期间，与不丹首相吉格梅·廷里举行了双边会见。

2011年中不双边贸易额为1700万美元，同比增长8.9倍。

【同印度的关系】不丹与印度关系密切。不丹与印度实行开放边界，自由通商。印度是不丹最大的贸易伙伴、援助国和债权国。1949年8月8日，不印签订《永久和平与友好条约》。1968年，不印正式建交。2007年2月，不丹第五世国王吉格梅·凯萨尔·纳姆耶尔·旺楚克访印，双方签署经过修订的《不印友好条约》。2008年2月，印外秘梅农访不。5月，印度总理辛格访不。7月，不丹首相吉格梅·廷里访印。11月，不丹第五世国王吉格梅·凯萨尔·纳姆耶尔·旺楚克举行加冕典礼，印度总统帕蒂尔、团结进步联盟主席、国大党主席索尼娅·甘地、外长慕克吉出席。2009年6月，不丹首相吉格梅·廷里访印，印外长克里希纳访问不丹。12月，不丹第五世国王访印。2010年10月，不丹第五世国王访印。同月，不丹首相吉格梅·廷里访印。2011年10月，不丹第五世国王携王后婚后首次出访印度。

【同南亚其他国家的关系】不丹同南亚所有国家建立了外交关系，来往日益增多。不丹是南亚区域合作联盟（南盟）成员，积极主张加强南亚区域合作。2004年，不丹加入“环孟加拉湾多领域经济技术合作倡议”（BIMSTEC）。2010年4月，不丹主办第16届南盟峰会。2011年2月南盟峰会部长级会议在不丹召开。

【同南亚以外国家的关系】1985年，不丹开始发展跨地区外交，已同科威特、荷兰、瑞典、丹麦、瑞士、挪威、日本、芬兰、韩国、奥地利、泰国、巴林、澳大利亚、新加坡、加拿大、比利时、巴西、西班牙、古巴、斐济、摩洛哥、卢森堡、捷克、塞尔维亚、印尼、蒙古、越南、缅甸、阿根廷、哥斯达黎加、安道尔等国建交。（罗冲）

朝 鲜

国名 朝鲜民主主义人民共和国(Democratic People's Republic of Korea)。

面积 12.3万平方公里。

人口 2405万(2008年)。单一民族,通用朝鲜语。

首都 平壤(Pyongyang),人口约325万(2008年),面积2629.4平方公里,下设18个区,4个郡。年均气温9.7℃。

国家元首 最高领导人金正恩(Kim Jong Un),朝鲜劳动党第一书记、国防委员会第一委员长、朝鲜人民军最高司令官。

重要节日 朝鲜前最高领导人金正日诞辰日:2月16日;太阳节(前国家主席金日成诞辰日):4月15日;建军节:4月25日;国庆节:9月9日;朝鲜劳动党建党纪念日:10月10日。

简 况

位于亚洲大陆东北部朝鲜半岛北半部,北部与中国有1334公里的边界线,东北与俄罗斯略有接壤。属温带季风气候,年均气温8℃~12℃,年均降水量1000~1200毫米。

1910~1945年,朝鲜半岛沦为日本殖民地。1945年8月日本投降,苏美军队分别进驻半岛北南部。1948年9月9日,半岛北半部建立朝鲜民主主义人民共和国,金日成长期担任最高领导人。1994年金日成逝世后,金正日接班。2011年12月17日金正日逝世,金正恩接班。

政 治

2011年,朝鲜政局稳定,继续以"主体思想"、"先军政治"作为国家活动的指导方针。2008年,朝鲜提出要在金日成诞辰100周年的2012年打开建设强盛国家之门,将发展经济确定为主攻战线。2011年,三报新年联合社论提出把发展经济、改善民生作为工作重点,加大对农业和轻工业投入,调动企业生产积极性。

12月17日,金正日去世,朝鲜举行盛大国葬和追悼会。

12月27日,金正恩被称为"朝鲜党、国家、军队的最高领导人",12月30日被推举为朝鲜人民军最高司令官。

【宪法】1972年,颁布《朝鲜民主主义人民共和国社会主义宪法》,1992年、1998年、2009年、2012年四次修订。2012年5月,朝鲜公布在最高人民会议第十二届五次会议上修订的宪法。新宪法将金正日确定为"永远的国防委员会委员长",修订原宪法中国防委员会委员长等有关章节,以国防委员会第一委员长代替其职能。

【议会】最高人民会议,是国家最高权力机关。议员由选举产生,每届任期五年。闭会期间的常设机构为最高人民会议常任委员会。常任委员会委员长代表国家,与外国元首互换贺电、贺信,接受外国使节递交的国书。2009年4月,朝鲜选举产生第十二届最高人民会议议员687名。现任常任委员会委员长金永南、副委员长杨亨燮、金英大、名誉副委员长金英柱,议长崔泰福、副议长金完洙、洪善玉。第十二届最高人民会议已召开五次会议,分别是2009年4月、2010年4月、2010年6月、2011年4月和2012年4月。

【国防委员会】国防委员会为国家最高国防领导机关,由最高人民会议选举产生,向最高人民会议负责,任期与最高人民会议一致。国防委员会由第一委员长、副委员长、委员组成。第一委员长是朝鲜最高领导人,是全国一切武装力量的最高司令官,统率、指挥全国一切武装力量。现任第一委员长金正恩,副委员长金永春、李用茂、吴克烈、张成泽。

【政府】内阁,国家最高行政执行机关,每届任期五年。本届内阁2009年4月选出,设有38个省、委、部,主要成员有:总理崔永林,副总理姜锡柱、金乐熙、卢斗哲、康能洙、全河哲、朴秀吉、韩光复、赵炳柱、李茂英、李胜虎、李铁万、金仁植。外务相朴义春、国家计划委员会委员长卢斗哲(兼)、电力工业相许泽、煤炭工业相林南洙、采掘工业相姜闵哲、原油工业相金熙荣、金属工业相全胜勋、机械工业相赵炳柱(兼)、电子工业相韩光复(兼)、建设建材工业相董正浩、铁道相全吉洙、陆海运相姜宗官、农业相李京植、化学工业相李茂英(兼)、轻工业相安贞秀、贸易相李龙男、林业相金光永、水产相朴泰元、城市经营相黄鹤远、国土环境保护相金昌龙、国家建设监督相金石俊、商业相李成浩、收购粮政相文应祖、递信相沈哲浩、文化相安东春、财政相崔光进、劳动相郑永洙、保健相崔昌植、体育相朴明哲、国家监督相金义淳、教育委员会委员长金勇镇、国家科学院院长张哲、中央银行总裁白龙天、中央统计局长金昌洙、内阁事务局局长金永浩、首都建设部部长金应冠。

【行政区划】全国划分为1个直辖市、2个特别市和9个道,分别为平壤市、南浦市、罗先市和平安南道、平安北道、慈江道、两江道、咸镜南道、咸镜北道、江原道、黄海南道、黄海北道。

【司法机构】审判机关有最高裁判所,道(直辖市)

裁判所，人民裁判所（基层法院）和特别裁判所。最高裁判所是国家最高审判机关，所长由最高人民会议选举产生，任期五年。现任所长金炳律，2009年4月任职。

检察机关有最高检察所，道（直辖市）、市（区）、郡检察所和特别检察所。最高检察所是国家最高检察机关，所长由最高人民会议任命，任期五年。现任所长张炳奎，2010年4月任职。

【政党和团体】朝主要政党有：

（1）朝鲜劳动党：执政党。前身为北朝鲜共产党，成立于1945年10月10日，1946年8月28日与朝鲜新民党合并为朝鲜劳动党，1949年6月29日与南朝鲜劳动党合并。现有党员400多万。该党指导思想是“金日成金正日主义”，目标是实现“全社会主体思想化，建设共产主义社会”。第一书记金正恩。

（2）朝鲜社会民主党：原名朝鲜民主党，成立于1945年11月3日，由反对日本殖民统治的中小企业家、商人、手工业者、农民和基督徒组成。1981年改称现名，党员3万多人。委员长金英大，1998年8月当选。

（3）天道教青友党：成立于1946年2月8日，主要由信奉天道教的农民组成。委员长刘美英，1993年7月当选。

此外，朝鲜还有祖国统一民主主义战线、祖国和平统一委员会等社会团体、组织。

【重要人物】金正恩：朝鲜最高领导人，朝鲜劳动党第一书记、国防委员会第一委员长、朝鲜人民军最高司令官。1983年1月生。2010年9月晋升为朝鲜人民军大将，同月当选党中央军事委员会副委员长。2011年12月27日，金正恩被称为“朝鲜党、国家、军队的最高领导人”，12月30日被推举为朝鲜人民军最高司令官。2012年4月11日，在朝鲜劳动党第四次党代表会议上被推举为第一书记。4月13日，在朝最高人民会议第十二届五次会议上被推举为国防委员会第一委员长。　**金永南：**朝鲜最高人民会议常任委员会委员长。1928年生。1961年任党中央国际部副部长。1963年9月任外务省副相。1972年任党中央国际部部长。1974年当选党中央政治委员会候补委员，1978年升任委员。1980年当选党中央政治局委员、书记局书记。1983年12月任政务院副总理兼外交部长。1998年9月、2003年9月和2009年4月三次当选最高人民会议常任委员会委员长。2010年9月当选党中央政治局常委。　**崔永林：**朝鲜内阁总理。1930年生。1980年当选政治局候补委员，1982年当选政治局委员，1990年当选政治局候补委员。历任党中央部长、金日成主席秘书室责任秘书、政务院副总理、中央检察所所长、最高人民会议常任委员会秘书长、平壤市党委责任书记等职。2010年6月任内阁总理，9月当选党中央政治局常委。　**崔龙海：**朝鲜人民军总政治局长。1950年生。历任社会主义劳动青年同盟中央委员会副委员长、金日成社会主义青年同盟中央委员会第一书记、党中央副部长、黄海北道党委责任书记。2010年9月当选政治局候补委员、党中央书记。2012年4月，当选党中央政治局常委、中央军委副委员长，出任人民军政治局长，被授予次帅军衔。

经　济

实行计划经济。据朝方2012年4月公布的数据，2011年国家财政收入完成101.1%，地方财政收入完成112.8%。财政支出完成99.8%，资金主要用于轻工业、农业、基础工业的现代化改造，纪念金日成主席诞辰一百周年重大项目建设，以及教育、文化、医疗、社会保障等。国防支出占总支出的15.8%。2012年财政预算收入计划增长8.7%，预算支出计划增长10.1%，其中轻工业、农业增长9.4%，电力、煤炭、冶金、铁路运输部门增长12.1%，基础设施建设增长12.2%，科技增长10.9%，教育增长9.2%，医疗卫生增长8.9%，社会保险、保障增长7%，体育增长6.9%，文化增长6.8%。国防预算仍占总预算的15.8%。

货币名称：元。

汇率：1美元≈100元（2011年）。

【资源】已探明矿产300多种，其中有用矿200多种。石墨、菱镁矿储量居世界前列。铁矿及铝、锌、铜、银等有色金属和煤炭、石灰石、云母、石棉等非金属矿物储量丰富。水力和森林资源也较丰富。

【工业】重视发展金属工业、电力、煤炭、铁路运输四大先行产业，大力发展采矿、机械、化工、轻工业，努力实现生产正常化、现代化。2011年，三报新年联合社论提出大力提高轻工业生产部门的现代化水平，以发展经济、改善民生。

【农业】集中力量发展粮食生产，继续推行种子改良和二熟制，扩大土豆、大豆种植，着力兴修水利、提高化肥产能。粮食生产以水稻和玉米为主。

【交通运输】以铁路运输以主。铁路总长度为8800余公里，电气化铁路总长度为2000余公里，1993年基本实现干线铁路电气化。电力机车牵引比重达90%以上。

公路总长度77500余公里。已建成平壤—南浦、平壤—元山、平壤—开城和平壤—妙香山高速公路。

海港有清津、南浦、元山、兴南、罗津等。

空运：平壤顺安机场为国际机场。定期国际航线有平壤—北京、平壤—沈阳等。

【对外贸易】主要贸易伙伴为中国、韩国、俄罗斯等。

【外国资本】从20世纪80年代起，朝鲜开始引进外资，创办合资合营企业。1991年12月，朝鲜在靠近中朝、朝俄边境的罗津、先锋地区设立自由经济贸易区。1992年朝鲜颁布合资合营企业法。2002年11月，朝鲜宣布建立开城工业区和金刚山旅游区，由朝韩双方合作开发。2008年，朝俄启动“罗津—哈桑”铁路和罗津港改造项目，朝埃（及）开展大型水泥厂项目、第三代移动通信项目合作。2011年6月，中朝举行“两个经济区”项目开工仪式，共同开发、共同管理黄金坪、威化岛经济区和罗先经贸区。

【外国援助】近十多年来，朝鲜由于连续遭受自然灾害等原因，粮食一直短缺。国际社会通过双边渠道和世界粮食计划署等国际组织，向朝提供了一些人道主义援助。

军　事

国防委员会为国家最高国防领导机关，国防委员会第一委员长为全国武装力量最高统帅。现任国防委员会第一委员长金正恩，人民武力部部长金正阁，总参谋长玄永哲。实行普遍义务兵役制。2011年国防预算占财政预算的15.8%。

文化教育

【教育】实行11年义务教育制。大专院校300所，中专570所。著名高等学府有金日成综合大学、金策工业综合大学、金亨稷师范大学和人民经济大学等。全国有知识分子170万。

【新闻出版】主要报刊:《劳动新闻》，朝鲜劳动党中央委员会机关报，发行量约150万份;《民主朝鲜》，最高人民会议常任委员会和内阁机关报;《勤劳者》杂志，月刊，朝鲜劳动党中央委员会机关刊物，发行量约30万份。另外还有《朝鲜人民军》、《青年前卫》、《平壤新闻》等报。朝鲜外文出版社用多种外文出版杂志《今日朝鲜》和画报《朝鲜》。此外，还发行英文和法文周报《平壤时报》。

朝鲜中央通讯社：简称朝中社，为国家通讯社，1946年12月5日成立。发行日刊《朝鲜中央通讯》等。

朝鲜中央广播电台：为国家广播电台，1945年10月14日成立。除用朝鲜语广播外，还用多种外语对外广播。

朝鲜中央电视台和开城电视台20世纪60年代开始播放节目；万寿台电视台1983年底开播。

【朝韩关系】朝鲜战争停战后，半岛长期处于政治对立、军事对峙、经济隔绝的冷战状态。1990年9月至1991年12月，朝韩先后举行五次总理会谈，双方签署《南北和解、互不侵犯及交流合作协议书》，发表《朝鲜半岛无核化共同宣言》，朝韩关系有所改善。此后受金日成主席逝世及朝核等问题影响，朝韩关系趋冷。

1998～2003年，金大中和卢武铉两任政府分别奉行对朝“阳光政策”与“和平与繁荣政策”，推进南北和解合作。2000年6月和2007年10月，金大中、卢武铉分别访朝，同金正日举行首脑会晤，发表《南北共同宣言》和《南北关系发展与和平繁荣宣言》。其间朝韩举行多次官方会谈和一系列民间交流活动，签署多项合作协议。

近年来，受“天安号”、延坪岛炮击等事件和多方面因素影响，朝韩关系发展不畅，官方对话与经济人文领域交流合作受阻。

据韩国统一部统计，2011年朝韩贸易额为17.1亿美元，人员往来11.6万人次。

对外关系

朝鲜奉行“自主、和平、友好”的外交理念，主张按照完全平等、自主、相互尊重、互不干涉内政和互利的原则发展对外关系。朝于1975年5月成为“七十七国集团”正式成员国，同年8月正式加入不结盟运动，1991年9月加入联合国,2000年7月加入东盟地区论坛（ARF）。目前，朝鲜共与164个国家（含欧盟）建立了外交关系。

【同中国的关系】中朝于1949年10月6日建交，朝鲜是最早同新中国建交的国家之一。

2011年2月13～15日，国务委员、公安部长孟建柱访朝，朝鲜最高领导人金正日、最高人民会议常任委员会委员长金永南分别会见。5月16～20日，全国政协副主席陈宗兴率中国政协代表团访朝，朝鲜最高人民会议常任委员会委员长金永南会见。5月20～26日，朝鲜劳动党总书记、国防委员会委员长金正日对中国进行非正式访问，中共中央总书记、国家主席胡锦涛同金正日会谈，中共中央政治局常委、国务院总理温家宝会见，中共中央政治局常委贾庆林、李长春、习近平、李克强、贺国强、周永康分别会晤、陪同参观或参加有关活动。6月10～15日，中共中央政治局委员、中央书记处书记、中组部部长李源潮访朝，朝鲜劳动党总书记、国防委员会委员长金正日和最高人民会议常任委员会委员长金永南分别会见，与朝鲜劳动党中央政治局委员、中央书记、最高人民会议议长崔泰福举行会谈，宣布启动中朝两党战略沟通机制。7月9～12日，朝鲜最高人民会议常任委员会副委员长杨亨燮率朝鲜友好代表团访华，中共中央总书记、国家主席胡锦涛和全国人大常委会委员长吴邦国分别会见。7月10～13日，中共中央政治局委员、国务院副总理张德江率中国友好代表团访朝，出席《中朝友好合作互助条约》签订50周年纪念活动，朝鲜最高领导人金正日、最高人民会议常任委员会委员长金永南、内阁总理崔永林分别会见。9月26～30日，朝鲜劳动党中央政治局常委、内阁总理崔永林对中国进行正式友好访问，中共中央总书记、国家主席胡锦涛和中共中央政治局常委、全国政协主席贾庆林分别会见，与中共中央政治局常委、国务院总理温家宝举行会谈，并前往上海、江苏等地访问。10月23～25日，中共中央政治局常委、国务院副总理李克强对朝鲜进行正式友好访问，朝鲜劳动党总书记金正日和最高人民会议常任委员会委员长金永南分别会见。11月15～18日，中央军委委员、总政治部主任李继耐上将率中国人民解放军高级军事代表团对朝鲜进行正式友好访问，朝鲜劳动党总书记、国防委员会委员长、朝鲜人民军最高司令官金正日会见。

2011年12月，金正日逝世后，中共中央、全国人大常委会、国务院、中央军委向朝鲜劳动党中央委员会、朝鲜劳动党中央军事委员会、朝鲜民主主义人民共和国国防委员会、朝鲜民主主义人民共和国最高人民会议常任委员会、朝鲜民主主义人民共和国内阁发了唁电，胡锦涛、吴邦国、温家宝、贾庆林、李长春、习近平、李克强、贺国强、周永康等赴朝驻华使馆吊唁。

据商务部统计，2011年中朝贸易额为56.39亿美元，增长62.4%。其中，中国出口额31.65亿美元，增加39%；进口额24.75亿美元，增加107.2%。

中国驻朝鲜大使：刘洪才。馆址：平壤市牡丹峰区长村洞。电话：008502-3813116；传真：3813425。商务处电话：008502-3813119。网址：http://kp.china-embassy.org。

朝鲜驻华大使：池在龙。馆址：北京市朝阳区建国门外日坛北路。电话：010-65321186。

【同美国的关系】朝美尚未建交。2011年4月，美国前总统卡特率国际长者会代表团访朝，朝鲜最高人民会议常任委员会委员长金永南、外务相朴义春会见。6月，朝中社代表团访美，朝同意美联社在平壤设立分社。7月和10月，朝鲜外务省第一副相金桂冠与美国对朝政策特别代表博斯沃斯分别在纽约和日内瓦举行两次高级别对话。

2012年2月，朝鲜外务省第一副相金桂冠和美国对朝政策特别代表格林·戴维斯在北京举行第三次高级别对话，并于2月29日分别对外发表了朝美第三次高级别对话有关共识。4月13日，朝鲜发射“光明星3号”卫星。随后，美国暂停原计划向朝鲜提供的食品援助。4月17日，朝鲜宣布不再受朝美2·29共识约束。

【同俄罗斯的关系】朝俄关系总体发展良好。2010年12月，朝鲜外务相朴义春访俄，俄罗斯联邦会议联邦委员会主席米罗诺夫会见。2011年8月20～25日，朝鲜最高领导人金正日应俄罗斯总统梅德韦杰夫邀请访问俄罗斯西伯利亚和远东地区，与梅德韦杰夫举行会谈。

【同日本的关系】朝日尚未建交。2009年9月，日本共同社社长石川聪应邀访朝，朝鲜最高人民会议常任委员会委员长金永南会见。2011年两国关系发展停滞。

【同其他国家和国际组织的关系】2011年3月，朝鲜最高人民会议议长崔泰福访问英国。7月，朝鲜外务相朴义春赴印度尼西亚出席东盟地区论坛外长会，并访问蒙古、马来西亚和新加坡。　（伊矗）

东帝汶

国名　东帝汶民主共和国（Democratic Republic of Timor-Leste）。

面积　14874平方公里。

人口　115万。其中78%为土著人（巴布亚族与马来族或波利尼西亚族的混血人种），20%为印尼人，2%为华人。德顿（TETUM）语和葡萄牙语为官方语言，印尼语和英语为工作语言，德顿语为通用语和主要民族语言。约91.4%的居民信奉天主教，2.6%信奉基督教，1.7%信奉伊斯兰教，0.3%信奉印度教，0.1%信奉佛教。东帝汶天主教现有帝力（DILI）和包考（BAUCAU）两个教区，帝力教区主教里卡多（RICARDO），包考教区主教纳西门托（NASCIMENTO）。（资料来源：2010年东帝汶国家统计局统计）

首都　帝力，位于帝汶岛东北海岸，人口23.4万。全国政治、经济和文化中心，东80%以上的经济活动在此进行。

国家元首　总统塔乌尔·马坦·鲁瓦克（Taur Matan Ruak），2012年4月当选东帝汶第三任总统。

重要节日　恢复独立日（建国日）：5月20日（纪念2002年5月20日联合国向东帝汶移交政权，东帝汶正式独立建国）；独立公投日：8月30日（纪念1999年8月30日在联合国主持下就东独立问题举行全民公投）；独立日：11月28日（纪念1975年11月28日东帝汶单方面宣布独立）；天主教节日（如圣诞节等）。

简　况

位于东南亚努沙登加拉（Nusa Tenggara）群岛最东端，岛国。包括帝汶岛东部和西部北海岸的欧库西地区以及附近的阿陶罗岛和东端的雅库岛。西部与印尼西帝汶相接，南隔帝汶海（Timor Sea）与澳大利亚相望。海岸线长约735公里。境内多山，沿海有平原和谷地，大部地区属热带雨林气候。气候炎热，年平均气温26℃，平均湿度为70%～80%。平均降水量1200～1500毫米，但地区差异较大：北部沿海地区每年5月至11月为旱季，12月至翌年5月为雨季，年降水量为500～1500毫米；南部沿海地区6～12月为旱季，12月至翌年2月及5～6月为雨季，年降水量为1500～2000毫米；中部山区年降水量为2500～3000毫米。

16世纪前，帝汶岛曾先后由以苏门答腊为中心的封建王国统治。16世纪初，葡萄牙和荷兰殖民主义者侵入。18世纪，英国殖民者曾短暂控制西帝汶。1859年，葡、荷瓜分帝汶岛。帝汶岛东部及欧库西归葡，西部并入荷属东印度（今印尼）。1942年日本占领东帝汶。二次大战后澳大利亚曾一度负责管理东帝汶，不久葡恢复对东帝汶殖民统治，1951年将其改为葡海外省。1960年，第15届联合国大会通过1542号决议，宣布东帝汶岛及附属地为"非自治领土"，由葡萄牙管理。

1975年葡政府允许东帝汶实行民族自决。主张独立的东帝汶独立革命阵线（简称革阵）、主张同葡维持关系的民主联盟（简称民盟）、主张同印尼合并的帝汶人民民主协会（简称民协）三方之间因政见不同引发内战。革阵于1975年11月28日单方面宣布东帝汶独立，成立东帝汶民主共和国。同年12月，印尼出兵东帝汶，次年宣布东为印尼第27个省。1975年12月联合国大会通过决议，要求印尼撤军，呼吁各国尊重东帝汶的领土完整和人民自决权利。1982年联大表决通过支持东帝汶人民自决的决议。从1983～1998年，在联合国秘书长斡旋下，葡萄牙与印尼政府就东帝汶问题进行了十几轮谈判。

1999年1月，印尼总统哈比比在内外压力下同意东帝汶通过全民公决选择自治或脱离印尼。5月5日，印尼、葡萄牙和联合国三方就东帝汶举行全民公决签署协议。8月30日，东帝汶举行全民公决，75%的选民赞成独立，哈比比总统当日表示接受投票结果。投票后东亲印尼派与独立派发生流血冲突，东帝汶局势恶化，约20多万难民逃至西帝汶。9月，哈比比总统宣布同意多国部队进驻东帝汶。安理会通过决议授权成立以澳大利亚为首、约8000人组成的多国部队，于9月20日正式进驻东帝汶，与印尼驻军进行权力移交。10月，印尼人民协商会议通过决议正式批准东帝汶脱离印尼。

1999年11月，东帝汶成立具有准内阁，准立法机构性质的全国协商委员会（NCC），2000年7月成立首届过渡内阁，2001年8月举行制宪议会选举，9月15日成立制宪议会和第二届过渡内阁，2002年4月举行总统选举，东独立运动领袖夏纳纳·古斯芒（Xanana GUSMAO）当选。2002年5月20日，东帝汶民主共和国正式成立。

联合国自1999年以来在东帝汶派驻机构：联合国驻东帝汶特派团（UNAMET，1999年6月）、联合国东帝汶过渡行政当局（UNTAET，1999年10月至2002年5月）、联合国东帝汶支助团（UNMISET，2002年5月至2005年5月）、联合国东帝汶办事处（UNOTIL，2005年5月至2006年5月）、联合国综合特派团（UNMIT，2006年8月至今）。

政　治

东帝汶独立后，革阵作为第一大党组建以其为主的首届政府，努力推进司法建设、行政管理、民族和解和经济重建，但民生问题长期突出，民众不满情绪上升。2006年发生东帝汶建国以来最大规模骚乱，阿尔卡蒂里（Alkatiri）总理辞职，前国务兼外交与合作部长（外长）奥尔塔接任，并于2006年7月14日组建新政府。2007年4月东举行总统选举，奥尔塔当选。6月举行议会选举，革阵获21席，仍为第一大党；夏纳纳组建的大会党获18席，联合其他政党组成议会多数联盟，赢得组阁权。8月8日新政府成立，夏纳纳出任总理；革阵成为在野党，拒绝承认新政府合法性。新政府采取一系列措施发展经济、维护安全，但解决民生问题尚需时日。2008年2月发生总统遭叛军袭击事件，奥尔塔总统受重伤，叛军头目被击毙。目前东帝汶局势总体稳定。

【宪法】2002年3月22日，东帝汶制宪议会通过并颁布《东帝汶民主共和国宪法》，规定东帝汶民主共和国是享有主权、独立、统一的民主法治国家，国民议会、政府和法院是国家权力机构。总统是国家元首和武装部队最高统帅，由全民直接选举产生，任期五年，可连任一届。

【国务委员会】是总统的政治咨询机构，由总统主持，成员包括前总统、国民议会议长、总理、议会按比例代表原则选出和总统委任的公民各5人。其权限为：就解散国民议会和政府、宣布战争与媾和以及《宪法》规定的其他事务发表意见。国务委员会会议不公开，委员会组成和运作由法律规定。

【国防安全高等委员会】是总统在国防、安全和主权事务方面的咨询机构，由总统主持，成员包括总理、负责国防、安全、内政和外交的部长或国务秘书、3名议会代表、国防军最高指挥官、国民警察总监、国家安全局局长和两名总统指定的公民。委员会主要权限是就国家国防安全、军警系统运作等问题向总统提供建议。国防安全高等委员会会议不公开，委员会组成和运作由法律规定。

【议会】称国民议会，实行一院制。代表全体公民行使制定法律、监督政府和政治决策权，由选民直接选举产生，每届任期五年。

首届国民议会由原制宪议会于2002年5月20日自动过渡而成，共有议员88人。2007年6月30日，东举行议会选举，7个政党分获65个议席。其中革阵21席，重建全国大会党18席，社会民主联盟11席，民主党8席，国家统一党3席，民主联盟2席，团结党2席。民主党主席费尔南多·拉萨马·德·阿劳若（Fernando LASAMA DE ARAUJO）当选议长并于7月1日就任。

【政府】由总理、各部部长和国务秘书组成，向总统和国民议会负责。总理是政府首脑，由议会选举中得票最多的政党或占议会多数的政党联盟提名，总统任命。各部部长和国务秘书由总理提名，总统任命。

本届政府成立于2007年8月8日。设总理1名、副总理2名，部长11名，副部长5名，国务秘书19名。总理兼国防与安全部长夏纳纳·古斯芒（Xanana GUSMAO），第一副总理若泽·路易斯·古特雷斯（Jose Luis GUTERRES），外交部长扎卡利亚斯·阿尔巴诺·达·科斯塔（Zacarias Albano da COSTA），财政部长埃米利亚·佩雷斯（Emilia PIRES），司法部长卢西亚·洛巴托（Lucia LOBATO），卫生部长内尔森·马尔廷斯（Nelson MARTINS），教育部长若昂·坎西奥·弗雷塔斯（Joao Cancio FREITAS），国家管理和领土规划部长阿尔坎热洛·莱特（Arcangelo LEITE），经济和发展部长若昂·贡萨维斯（Joao GONCALVES），社会救济部长玛丽亚·费尔南德斯·阿尔维斯（Maria Fernandes ALVES，女），基础设施部长黎世芳（Pedro LAY），旅游、商业和工业部长吉尔·达·科斯塔·阿尔维斯（Gil da Costa ALVES），农业和渔业部长马里亚诺·阿萨纳米·萨比诺（Mariano Assanami SABINO）。

【行政区划】共设13个地区（Districts），区以下设65个县（Sub-Districts），443个乡（"苏古"，Sucos）和2236个村（Aldeias）。

【司法机构】法院由最高法院和其他司法法院、行政、税务和审计高等法院和初审行政法院、军事法院组成。最高法院院长由总统任命，任期四年。东迄未成立最高法院，上诉法院作为终审法院行使最高法院和宪法法院职能。上诉法院院长克劳迪奥·希门内斯（Claudio XIMENES），2003年5月12日就职。

总检察院是检察院最高机关。总检察长由总统任命，任期四年，对总统负责，每年向国民议会报告工作。现任总检察长安娜·佩索阿（Ana Pessoa）。

【政党】2004年东颁布《政党法》，要求所有政党必须在司法部登记注册，以合法参加选举。目前由以下五个政党组成的议会多数联盟联合执政：

（1）东帝汶全国重建大会党（Congresso Nacional de Reconstucao de TimorLeste/National Congress of Timor Leste Reconstruction，简称CNRT，大会党）：由前总统夏纳纳于2007年3月27日创建。正式注册党员6250人，主要是原革阵革新派成员及夏纳纳追随者。主张对现行政治经济体制进行变革，巩固民主制度，构建宽容和谐文化，提倡政治清明和司法公正。党主席夏纳纳·古斯芒，总书记迪欧尼西奥·巴博·苏亚雷斯（Dionisio Babo SOARES）。2007年议会选举中获18个议席。

（2）民主党（Partido Demoratico/Democratic Party，简称PD）：2001年6月10日成立。党员约8000人，多为青年学生和知识界人士，主张东帝汶在民主原则基础上建立新的国家和公正自由的社会，并推行自由市场经济。党主席费尔南多·拉萨马·德·阿劳若（Fernando LASAMA de ARAUJO），总书记马里阿诺·萨比诺·洛佩斯（Mariano Sabino LOPES）。2007年议会选举中获8个议席。

（3）社会民主党（Partido Social Democrata/Social Democrat Party，简称PSD）：2000年9月20日成立。主张在东帝汶建立自由、平等、团结的民主价值观和东帝汶传统民主价值观为基础的社会；建立多党民主、政教分离的法治国家。社会民主党定位为中间立场的政党，支持将葡语和德顿语并列为官方语言，提倡优先加入东盟和葡语国家共同体。党主席科斯塔为现任外长，副主席若昂·贡萨维斯（Joao GONCALVES）为经济和发展部长，副主席派尚（Maria PAIXAO）为副议长。2007年议会选举中获6个议席。

（4）帝汶社会民主协会（Associacao Social-Democrata Timorense/Timorese Social Democratic Association，简称ASDT）。1974年创建，系革阵前身，后因政见不合于2001年独立成党，将民主、人权、经济发展作为党纲三大支柱，主张将东帝汶建成多党民主、政教分离的法治国家。弗朗西斯科·沙维尔·多·阿马拉尔（Francisco Xavier do AMARAL）为党主席，戈梅斯（Francisco COMES）任总书记。2007年议会选举中获5个议席。

（5）帝汶抵抗运动全国民主联盟（Unidada Nacional Democratica da Reisitencia Timorence，简称UNDERTIM）。2005年8月30日成立，其前身是抵抗运动老战士组织（UNAQMERTIL）。主张支持国家对市场进行选择性干预，推广德顿语，让民族解放老战士在国防军中担任指挥官，成立独立的反腐败机构，建立土地和财产法庭等。党主席科尔内留斯·伽马（Cornelius GAMA），总书记弗朗西斯卡·卢贝尔拉里·古特雷斯（Francisca Rubelari GUTERRES）。2007年议会选举中获2个议席。

在野党有：东帝汶独立革命阵线（Revolutionary Front of Independent East Timor，简称革阵，葡萄牙文简称为FRETILIN），国家统一党（National Unity Party，简称PUN），民主联盟（Democratic Alliance KOTA/PTT），共和党（Republican Party，简称PR），基督教民主党（Christian Democrat Party，简称基民党，PDC），帝汶民族党（Timorese Nationalist Party，简称PNT），帝汶社会党（The Socialist Party of Timor，简称PST），帝汶民主联盟（Timorese Democratic Union，简称UDT），民主千年党（Millennium Democratic Party，简称PMD）等。

东帝汶独立革命阵线为东帝汶最大的在野党。成立于1974年5月20日，党员人数超过15万，由主张东帝汶独立人士构成。原名帝汶社会民主协会（ASDT），1974年9月11日改现名。1975年11月28日宣布成立东帝汶民主共和国。1975年12月印尼占领东帝汶后，部分革阵成员流亡海外，其余在国内坚持抵抗斗争。1999年东启动独立进程后，革阵重新整合，提出恢复民主独立、巩固民族团结，建立多党民主法治国家等主张，获得广泛支持，赢得2001年8月制宪议会选举，党主席卢奥洛（LUOLO）任议长。2002年组建以该党为主的政府，总书记马里·阿尔卡蒂里（Mari ALKATIRI）任总理。在2007年6月议会选举中获21席，仍为第一大党，但未进入政府，拒绝承认现政府合法性。

【重要人物】**塔乌尔·马坦·鲁瓦克**：总统。1956年10月10日生于东帝汶包考地区。早年因贫困辍学，做过旅馆服务生，曾两次组织罢工。1975年参与东民族解放军反抗印尼入侵。在战斗中表现出色，历任军队副参谋长、参谋长、作战司令、总司令，2001年担任东帝汶国防军司令。东独立以来，领导国防军配合国民警察重建国家秩序，收到总统表彰，2009年晋升为少将。2011年9月，辞去国防军司令职务，宣布参加总统选举。2012年4月，通过两轮投票当选东第三任总统。夫人伊莎贝尔·达·科斯塔·费雷拉（Isabel da Costa Ferreira），有一子两女。2002年以东国防军司令身份访华，2006年陪同时任国防部长访华。 **夏纳纳·古斯芒**：总理。1946年6月20日生于东帝汶马纳图托。早年就读于天主教教会中学。1974年加入革阵。1981年3月当选革阵主席和东帝汶民族解放军总司令。1992年11月20日被印尼逮捕并判终身监禁，后改为20年徒刑。1999年9月7日获印尼总统特赦返回东帝汶。2000年1月当选东帝汶全国委员会主席，2001年3月辞职。2002年4月当选东帝汶独立后首任总统，5月20日宣誓就职。2007年8月8日任总理。独立运动领袖，主张民族和解，被誉为东帝汶的“曼德拉”。2003年6月，联合国教科文组织授予其菲利克斯·乌弗埃—博瓦尼和平奖。2000年1月以东独立运动领导人身份访华。2009年夏纳纳来华出席第十届西部国际博览会并访问大连。2010年夏纳纳来华出席上海世博会闭幕式。爱好足球和音乐。夫人科斯蒂·古斯芒（Kirsty GUSMAO），有三子。 **费尔南多·拉萨马·德·阿劳若**：国民议会议长。1963年2月26日生于东帝汶阿伊纳罗。毕业于印尼巴厘大学，曾在澳大利亚墨尔本大学求学并执教。1988年在印尼创立“东帝汶全国学生抵抗运动”并担任秘书长。1991年被印尼政府拘捕，1998年假释。1999年负责“东帝汶全国抵抗委员会”的协调及宣传工作。2001年返东创建民主党并任党主席。2001年10月至2002年5月任联东过渡当局（UNTAET）副外长。2007年7月当选东帝汶第二届国民议会议长。 **拉莫斯·奥尔塔**：前总统。1949年12月26日生于帝力，父亲是葡萄牙人，母亲是东帝汶人。早年就读于天主教教会学校。曾当过记者，积极参与东帝汶独立运动。1970～1971年流亡莫桑比克。1975年东帝汶宣布独立后任外交新闻部长。印尼占领东帝汶后逃亡海外。1975～1985年间任东帝汶革命阵线常驻联合国代表。1998年4月当选帝汶抵抗全国委员会副主席，并担任夏纳纳的个人代表。2000年10月起任东帝汶行政过渡内阁外交与合作部长。2002年5月20日任外交部长。2006年7月任总理。2007年5月任总统。长期在海外从事东独立运动。1996年12月获诺贝尔和平奖，1998年获葡萄牙政府最高奖——“自由命令奖”。2000年随夏纳纳访华，2002年12月、2004年12月两次以外长身份访华。2010年7月来华出席上海世博会东帝汶国家馆日活动和中葡论坛第五次部长级会议。

经 济

经济处于重建阶段。1999年脱离印尼以来，主要依靠外国援助。经济结构发展不平衡，油气收益逐年增加，非石油经济发展缓慢。东政府近年将减贫和增加就业作为重点，逐步增加财政预算和公共投资，鼓励外来投资，以拉动非石油经济增长。2011年主要经济数据如下：

国内生产总值（非石油领域）：5.52亿美元。

人均国内生产总值：520美元。

经济增长率：10.06%。

货币名称：通用美元，发行有与美元等值的本国硬币。

通货膨胀率：13.5%。

贫困率：40%。

文盲率：41%。

【资源】主要矿藏有金、锰、铬、锡、铜等。帝汶海有储量丰富的石油和天然气资源，迄今共发现44个油田，已探明石油储量约1.87亿吨（约50亿桶），天然气储量约7000亿立方米。2005年7月设石油基金，2007年以来油气月平均收入约1亿美元。截至2011年底，石油基金滚存超过100亿美元。

【工业】2009年工业产值为5800万美元，占国内生产总值的12.8%。以印刷、肥皂、手帕、纺织业为主。年发电量1.37亿千瓦时。

【农业】农业人口占总人口90%。主要农产品有玉米、稻谷、薯类等。可耕地面积23万公顷。粮食不能自给。经济作物有咖啡、橡胶、椰子等，咖啡是主要出口产品。2009年农业产值为1.46亿美元，占国内生产总值的32.2%。

【服务业】2009年服务业产值2.51亿美元，占国内生产总值的55%。

【旅游业】多山、湖、泉、海滩，具有一定旅游潜力，但旅游资源尚待开发。除帝力外，其他地区几无旅馆，国际航班很少。2010年接待外国旅客4.45万人次，接待中国公民2659人。

【交通运输】基础设施差，交通不便。

公路：总长3800公里，许多道路只能在旱季通车。

水运：帝力港为深水港，另有COM海港、HERA渔港等。

空运：共有3个一级机场、5个二级机场。帝力机场为东唯一国际机场，可起降波音737型客机，共有3条国际航线，分别飞往新加坡、巴厘岛和达尔文。

【财政金融】2009年财政支出为6.04亿美元，收入为5.98亿美元。现有葡萄牙国民海外银行（BNU）、澳新银行（ANZ）、印尼曼迪利（Mandiri）银行等外资银行。东2009年外汇储备为6.44亿美元。2011年预算支出为13.06亿美元。

【对外贸易】积极发展外贸，努力扩大出口。主要出口产品为咖啡、檀香木、橡胶和椰子等经济作物，其中咖啡约占总出口额的90%。2010年进出口总额3.4亿美元，其中进口额2.98亿美元，出口额约4200万美元（不含石油）。咖啡是东帝汶的主要出口产品，主要出口美国、德国、印尼等；主要进口产品是燃油、谷物、车辆、电机设备等。

【外国资本】2008年吸引外资3800万美元。主要投资方为新加坡、泰国、葡萄牙、澳大利亚、英国、韩国、美国等，投资领域主要集中在基础设施建设、咖啡种植、旅游等行业。

【外国援助】1999年底，世行首次召开东帝汶捐助国会议（2003年6月改名为“东帝汶与发展伙伴会议”），此后会议每半年召开一次，讨论东财政预算和国家发展战略，并设立两个基金，即由联合国经管的统一信托基金（CFET）和世行经管的东帝汶信托基金（TFET），作为对东捐助渠道。1999年以来，共有29个国家、5个多边援助机构和13个联合国机构向东提供援助并开展援助活动。2002～2008年间，澳大利亚、葡萄牙、欧盟、日本、美国为东主要援助国家，联合国开发计划署、世界银行、世界粮食计划署为东主要援助国际组织。

2008年各方承诺援助金额2.36亿美元，实际完成援助金额2.23亿美元。提供援助的前5位国家和国际组织为：澳大利亚5290万美元、日本2130万美元、葡萄牙2040万美元、欧盟1990万美元、美国1830万美元，合计占全年东接受援助的67%。2009年主要援助国承诺援东3.09亿美元，实际兑现2.87亿美元。

人民生活

被联合国列为全球最不发达国家之一。全国有4座医院，县一级设有卫生中心，仅能向60%人口提供医疗卫生服务。出生率3.3%，5岁以下儿童死亡率8%。近50%的儿童营养不良，超过41%的居民每日生活费不足0.55美元，半数以上人口无饮用水，平均预期寿命55.5岁。全国每年有1.5万～1.6万名青年面临失业，2006年青年失业率为40%，2007年上升至58%，2009年和2010年均为40%。

军　　事

东帝汶国防军2001年2月成立，原为东帝汶民族解放军。总司令塔乌尔·马坦·鲁瓦克准将（Taur Matan RUAK）。实行志愿兵役制，现有兵力约1000人，2005财年东国防预算约600万美元。

东独立过渡期间，由联合国维和部队担负防务工作，总人数最多时达8950人。东建国后，联合国继续在东派驻维和部队，现有1600人。

文化教育

【教育】共有小学700所，初中100所，科技院校10所。东帝汶国立大学于2000年11月重新开办，在校生500人。2007年，15岁以上成年文盲率49%，其中农村文盲率达80%左右，入学率66%。

【新闻出版】主要报纸有：《帝汶邮报》（Timor Post），2002年11月8日创办的葡语报，日发行量约2000份。《东帝汶之声》（Suara Timor Lorosae），德顿语、印尼语和葡语报，日发行量约2000份。尚未成立通讯社，主要葡语新闻来源于葡萄牙卢萨社（LUSA，又名葡通社）。

电台和电视台有：东帝汶国家电台（RNTL），节目覆盖率90%，用葡语和德顿语播出；东帝汶电视台（TVTL），节目覆盖率30%，用葡语和德顿语播出；东帝汶民族解放军电台——希望之声（RADIO FALINTIL-VOZ DA ESPERANCA），用德顿语和葡语广播。

对外关系

奉行务实平衡、睦邻友好的外交政策。重视联合国等国际组织的作用，重视发展与澳大利亚、美国、印尼、葡萄牙以及葡共体国家关系，广泛寻求国际援助。迄已与100多个国家建交，包括中国在内的15个国家在帝力设立了大使馆（或代表处），并派遣了常驻大使或代表。阿根廷等30多个国家向东派驻了非常任大使或代表。东在中国、葡萄牙、马来西亚、印尼、澳大利亚（兼驻新西兰）、美国、比利时和莫桑比克等国建立了大使馆，在纽约设立了常驻联合国代表处（常驻代表兼驻美大使），向布鲁塞尔派出了常驻欧盟代表（兼驻比利时大使），在悉尼设立了总领馆，在印尼巴厘岛和古邦设立了领事馆。

重视同联合国等国际组织的关系。截至2005年7月已加入22个国际组织，其中2002年8月加入葡语国家共同体（第8个成员国），9月27日加入联合国（第191个会员国）及联合国儿童基金会、联合国开发计划署、联合国难民事务高级专员公署、联合国人权事务高级专员办事处、联合国妇女发展基金会、联合国人口基金、世界粮食计划署、世界卫生组织，同年还加入了世界银行、国际货币基金组织、亚洲开发银行、国际刑事法院、国际刑事警察组织；有17个国际组织在帝力设立了办事处。

【同中国的关系】2002年5月20日建交，时任外长唐家璇率中国政府代表团出席东帝汶独立庆典，并与奥尔塔外长签署两国建交联合公报。2008年8月，东总统奥尔塔来京出席奥运会开幕式，国家主席胡锦涛会见。2009年5月，东外长科斯塔正式访华。东卫生部长马丁斯访华。10月，东帝汶总理夏纳纳访华并出席第十届西部博览会，温家宝总理会见。2010年4月，东副总理古特雷斯来华出席博鳌亚洲论坛2010年年会并顺访湖北省，习近平副主席会见。7月，奥尔塔总统来华出席上海世博会东帝汶国家馆日。10月，夏纳纳总理出席上海世博会闭幕式，温家宝总理会见。11月，奥尔塔总统出席中葡论坛第五次部长级会议，温家宝总理会见。2011年1月，奥尔塔总统对香港进行私人访问。6月，全国政协副主席何厚铧访问东帝汶。9月，全国政协副主席李金华访问东帝汶；奥尔塔总统来华出席亚洲政党专题会议开幕式。10月，拉萨玛议长来华访问。

2011年双边贸易额为7200万美元，同比增长67.5%，中方出口额7000万美元，同比增长64.5%；进口额200万美元，同比增长596%。

中国驻东帝汶大使：田广凤。馆址：东帝汶帝力灯塔区塞尔帕·罗莎总督路（RUA GOVERNADOR SERPA ROSA, FAROL, DILI, TIMOR-LESTE）。电话：00670-3325168（办公室），3325167（签证、侨务）；传真：3325166。电子邮箱：chinaembassy2002@yahoo.com。

东帝汶驻中国大使：张芬霞（Vicky Tchong）。馆址：北京市朝阳区霄云路18号京润水上花园别墅雅趣园D区15号。邮政编码：100125。电话：010-64681342。

【同美国的关系】2002年5月20日建交。同年8月，两国签署关于美军免于引渡到国际刑事法院进行审判的豁免协议以及美军在东“军事地位”协议。2009年2月，东副总理古特雷斯和总统奥尔塔先后访美。9月，奥尔塔总统赴美出席第64届联大。2010年9月，奥尔塔总统赴美出席第65届联大。2011年9月，夏纳纳总理赴美出席第66届联大，期间会晤联合国秘书长潘基文。

【同邻国的关系】与澳大利亚2002年5月20日建交。2010年3月，澳国防军司令安格斯·休斯顿访问东帝汶。6月，澳政府宣布向东提供1.027亿澳元援助资金。奥尔塔总统对澳进行国事访问。10月，澳移民事务部长波文访东。11月，奥尔塔总统对澳进行工作访问。12月，澳内政部长奥康纳访东。2011年4月、10月，澳国防部长史密斯两度访东。4月，奥尔塔总统对澳进行私人访问。6月，科斯塔外长访问澳大利亚。

与印尼2002年7月建交，此前印尼总统梅加瓦蒂应邀出席了东帝汶独立庆典。2010年7月，印尼外长马尔迪访东。12月，夏纳纳总理访问印尼并出席第三届“巴厘民主论坛”。2011年3月，夏纳纳总理访问印尼，并出席首届“国际防务对话会”。同月，科斯塔外长赴雅加达出席第五届印尼—东帝汶部际联席会议，期间递交东加入东盟的正式申请。7月，科斯塔外长出席巴厘岛第44届东盟外长会。8月，印尼国防部长布尔诺莫访东。11月，奥尔塔总统与苏希洛总统在巴厘岛举行会谈，两国人权部门签署关于延长落实“真相与友谊委员会”建议的谅解备忘录。12月，夏纳纳总理出席第四届巴厘民主论坛与东盟其他国家均已建交，正式提出希加入东盟。2009年1月，东政府东盟事务秘书处正式启用。2010年4月，奥尔塔总统访问柬埔寨、越南、泰国和新加坡。7月，科斯塔外长赴河内参加第17届东盟地区论坛外长会。8月，新加坡外长杨荣文访东，缅甸外长吴年温访东。2011年1月，泰国外长格实访东。3月，奥尔塔总统访问柬埔寨。4月，奥尔塔总统对泰国进行私人访问。6月，科斯塔外长访问新加坡、缅甸。7月，泰国武装部队司令颂吉提访东。10月，奥尔塔总统对新加坡进行私人访问。

与日本关系密切。2010年3月，奥尔塔总统访问日本。2011年8月，日外外务大臣政务官菊田真纪子访东。

2010年9月，奥尔塔总统访问韩国、印度。2011年8月，奥尔塔总统对韩国进行私人访问。

2010年5月，新西兰总督阿南德对东进行首次国事访问。6月，东外长科斯塔访新。2011年9月，夏纳纳总理访新，并出席太平洋岛国论坛。

【同其他国家的关系】东帝汶将自身定位为地处亚洲的葡语国家，同葡语国家共同体及其成员国关系是东外交重点之一。与原宗主国葡萄牙关系密切，2002年5月20日建交。2010年8月，葡萄牙海军司令梅洛·卡蒙斯访东。11月，葡国防军参谋长拉马略访东。2011年3月，科斯塔外长率团出席葡萄牙总统席尔瓦连任就职仪式。6～7月，奥尔塔总统访问安哥拉、葡萄牙、佛得角。8月，几内亚比绍国防部长访东。9月，夏纳纳总理访问葡萄牙；同月，东举行第三届葡共体议会大会。12月，科斯塔外长访问葡萄牙，与葡共体执行秘书佩雷拉举行会晤。

与欧洲国家关系进一步发展。2010年2月，东帝汶驻欧盟代表处正式启用。5月，波兰前总统瓦文萨访东。10月，奥尔塔总统访问葡萄牙、比利时、卢森堡。2011年8月，英国前首相布莱尔访东。

2010年12月，奥尔塔总统访问古巴。2011年2月，奥尔塔总统访问以色列和巴勒斯坦。2～3月，夏纳纳总统访问美国、古巴、巴西、英国。10月，夏纳纳总理访问南苏丹并出席G7+部长级会议。（臧亮）

菲律宾

国名　菲律宾共和国（Republic of the Philippines）。

面积　29.97万平方公里。

人口　9580万（2010年）。马来族占全国人口的85%以上，包括他加禄人、伊洛戈人、邦班牙人、维萨亚人和比科尔人等；少数民族及外来后裔有华人、阿拉伯人、印度人、西班牙人和美国人；还有为数不多的原住民。有70多种语言。国语是以他加禄语为基础的菲律宾语，英语为官方语言。国民约85%信奉天主教，4.9%信奉伊斯兰教，少数人信奉独立教和基督教新教，华人多信奉佛教，原住民多信奉原始宗教。

首都　大马尼拉市（Metro Manila），人口1186万（2010年5月）。年均气温28℃。

国家元首　总统贝尼尼奥·西米恩·阿基诺三世（Benigno Simeon AQUINO III），2010年6月就任。

重要节日　独立日（国庆）：6月12日；巴丹日（纪念二战阵亡战士）：4月9日；英雄节（纪念国父黎刹殉难）：12月30日；基督教主要节日（如圣诞节等）。

简　况

位于亚洲东南部。北隔巴士海峡与中国台湾省遥遥相对，南和西南隔苏拉威西海、巴拉巴克海峡与印度尼西亚、马来西亚相望，西濒南中国海，东临太平洋。共有大小岛屿7000多个，其中吕宋岛、棉兰老岛、萨马岛等11个主要岛屿占全国总面积的96%。海岸线长约18533公里。属季风型热带雨林气候，高温多雨，湿度大，台风多。年均气温27℃，年降水量2000～3000毫米。

14世纪前后，菲律宾出现了由土著部落和马来族移民构成的一些割据王国，其中最著名的是14世纪70年代兴起的苏禄王国。1521年，麦哲伦率领西班牙远征队到达菲律宾群岛。此后，西班牙逐步侵占菲律宾，并统治长达300多年。1898年6月12日，菲律宾宣告独立，成立菲律宾共和国。同年，美国依据对西班牙战争后签订的《巴黎条约》占领菲律宾。1942年，菲律宾被日本占领。第二次世界大战结束后，菲律宾再次沦为美国殖民地。1946年7月4日，美国同意菲律宾独立。菲独立后，自由党和国民党轮流执政。1965年国民党候选人马科斯当选二战后第六任总统，并三次连任。1983年8月，反对党领导人贝尼尼奥·阿基诺被谋杀，导致政局动荡。1986年2月7日，菲提前举行总统选举，贝尼尼奥·阿基诺的夫人科拉松·阿基诺在民众、天主教会和军队的支持下出任总统。此后，拉莫斯和埃斯特拉达先后按宪制当选总统。2001年1月，埃斯特拉达因受贿丑闻被迫下台，副总统阿罗约继任总统。2004年6月，阿罗约当选总统。2010年6月，自由党候选人阿基诺三世就任菲第15届总统。

政　治

实行总统制。总统是国家元首、政府首脑兼武装部队总司令。阿基诺总统主张打击腐败，建立公正的司法体系，发展农业，推进土地改革，同南部“摩洛伊斯兰解放阵线”等分离组织进行全面和谈，促进国家团结和民族和解。菲政局总体稳定。

【宪法】独立后共颁布过三部宪法。现行宪法于1987年2月2日由全民投票通过，由阿基诺总统于同年2月11日宣布生效。该宪法规定：实行行政、立法、司法三权分立政体；总统拥有行政权，由选民直接选举产生，任期六年，不得连选连任；总统无权实施戒严法，无权解散国会，不得任意拘捕反对派；禁止军人干预政治；保障人权，取缔个人独裁统治；进行土地改革。

【议会】称国会。最高立法机构，由参、众两院组成。参议院由24名议员组成，由全国直接选举产生，任期六年，每三年改选1/2，可连任两届。众议院由250名议员组成，其中200名由各省、市按人口比例分配，从全国各选区选出；25名由参选获胜政党委派，另外25名由总统任命。众议员任期三年，可连任三届。本届国会于2010年7月选举产生。现任参议长恩里莱（Juan Ponce ENRILE），众议长贝尔蒙特（Feliciano BELMONTE，Jr.）。

【政府】本届政府内阁于2010年6月组成，此后略有调整。截至2011年底，内阁成员28名：副总统杰乔马·比奈（Jejomar BINAY），文官长帕奎托·奥乔亚（Paquito OCHOA Jr.），外交部长阿尔韦特·德尔罗萨里奥（Albert Del ROSARIO），财政部长塞萨尔·普利斯马（Cesar PURISIMA），司法部长莱拉·德利玛（Leila de LIMA，女），农业部长普罗塞索·阿尔卡拉（Proceso ALCALA），国防部长伯尔泰勒·加斯明（Voltaire Gazmin），贸易与工业部长格里高利·多明戈（Gregory DOMINGO），公共工程与公路部长罗杰里奥·辛松（Rogelio SINGSON），教育部长阿明·路易斯特罗（Armin LUISTRO），劳工与就业部长罗萨琳达·巴尔多兹（Rosalinda BALDOZ），预算与管理部长佛罗伦西奥·阿巴德（Florencio ABAD），卫生部长恩里克·奥纳（Enrique ONA），土地改革部长维吉里奥·德洛斯雷耶斯（Virgilio de los REYES），内务与地方政务部长杰斯·罗伯雷多（Jesse ROBREDO），环境与自然资源部长雷蒙·帕耶（Ramon PAJE），交通与通讯部长曼努埃尔·罗哈斯二世（Manuel ROXAS II），社会福利部长科拉松·索里曼（Corazon SOLIMAN），科技部长马里奥·蒙特赫（Mario MONTEJO），旅游部长拉蒙·吉米内斯（Ramon Jimenez），能源部长何塞·雷恩·阿尔门德拉斯（Jose Rene ALMENDRAS），新闻部长兼总统府发言人陈显达（Edwin LACIERDA），经济发展部长加耶达诺·帕德拉加（Cayetano PADERANGA Jr.），总统府幕僚长茱利娅·阿巴德（Julia ABAD，女），总统法律顾问埃德华多·德梅萨（Eduardo de MESA），总统和平进程顾问特莉西塔·德雷斯（Teresita DELES），高等教育委员会主席帕特里西亚·里古安南（Patricia LIGUANAN），国税局长金·哈辛托·赫纳雷斯（Kim Jacinto HENARES）。

【行政区划】全国划分为吕宋、维萨亚和棉兰老三大部分。全国设有首都地区、科迪勒拉行政区、棉兰老穆斯林自治区等17个地区，下设81个省和117个市。

【司法机构】司法权属最高法院和各级法院。最高法院由1名首席法官和14名陪审法官组成，均由总统任命，拥有最高司法权；下设上诉法院、地方法院和市镇法院。检察工作由司法部检察长办公室负责，总检察长克莱罗·阿里拉诺（Claro ARELLANO）。

【政党和团体】有大小政党100余个，大多数为地方性小党。主要政党和团体有：

（1）自由党（Liberal Party）：执政党，由菲第五任总统曼努埃尔·罗哈斯于1946年创立，早期成员主要是从菲国家主义党内分裂出来的自由派人士。20世纪70年代后期，该党在秘书长阿基诺的领导下，反对马科斯独裁统治，是推翻马科斯政权的主要力量之一。2001年阿罗约政府上台后，该党加入执政联盟，后又脱离执政联盟，并推选阿基诺三世参加2010年总统大选。阿最终以42%的得票率当选菲律宾第15任总统。现任党主席是阿基诺总统，总裁是罗哈斯二世（Manuel Araneta ROXAS II）。

（2）基督教穆斯林民主力量党（LAKAS-CMD）：系前总统拉莫斯（Fidel V. Ramos）于1991年底创立，由人民力量党、全国基督教民主联盟、菲律宾穆斯林民主联盟、团结党等整合而成。主张实行两党制，通过修宪扩大地方政府权力，改革选举制度，将总统任期六年一届修改为四年一届，可连任两届；主张通过谈判实现民族和解，促进社会稳定。经济上重视农业发展，增加就业，扶助贫困，加快私有化进程；倡导经济外交，奉行开放政策。1992年该党在大选中获胜，成为执政党。1998年大选中败于菲律宾民众奋斗党联盟。2001年阿罗约就任总统后，该党成为执政联盟的核心。2002年10月，该党针对2004年大选，对执政联盟进行再次整合改组。该党主席是前总统阿罗约（Gloria Macapagal Arroyo，女），总裁是前众议长诺格拉雷斯（Prospero Nograles），前总统拉莫斯任名誉主席。

（3）民族主义人民联盟（NPC—Nationalist People's Coalition）：是前总统埃斯特拉达的执政联盟——民众奋斗党（LAMP）成员之一。2000年10月，埃被弹劾后，该党成为独立党派。现为众议院第二大党。该党支持修改宪法。为防止总统权力过大，主张实行议会制政体及实行两党制，支持加快国有企业私有化。该党总裁是前众议员圣胡安（Frisco F. SAN JUAN）。

（4）摩洛民族解放阵线（Moro National Liberation Front，简称摩解）：南部穆斯林武装组织。1968年创立，旨在棉兰老地区建立独立的伊斯兰国家。1987年南部各省举行公投，建立由棉兰老岛四省组成的“棉兰老穆斯林自治区”（ARMM），密苏阿里（Nur Misuari）任主席。1996年，政府与摩解达成和平协议。2001年，密苏阿里与阿罗约政府发生利益冲突，其支持者于11月在霍洛岛发动武装叛乱。政府迅速平叛，宣布密犯有叛乱罪。密潜逃至马来西亚沙巴，被马政府逮捕并于2002年1月引渡回菲。2007年2月，阿罗约总统下令执行与摩解的和平协议条款，希望通过和平、发展、多种信仰对话及国际合作实现与摩解的最终和解，解决菲南部冲突。阿基诺总统就任后基本延续这一政策。

（5）摩洛伊斯兰解放阵线（Moro Islamic Liberation Front，简称摩伊解）：菲最大的穆斯林反政府组织。现有武装力量12500人，主要活跃在棉兰老岛。1978年，以哈希姆·萨拉马（Hashim SALAMAT）为首的强硬派从摩解脱离后建立。2003年萨拉马去世后，穆拉特（Al Haj Ebrahim MURAD）任主席。主张建立独立的伊斯兰国家，坚持武装斗争。摩伊解与政府虽多次签署停火协议，但均未能得到有效执行。2000年4月摩伊解与政府冲突升级为“全面战争”，摩伊解的营地被政府军全部攻占，其武装力量溃散后，继续以小股武装袭击政府军和民用设施。自2001年开始，阿罗约政府与摩伊解重开和谈，并曾签署停火协议与和平协议，但双方武装冲突仍时有发生。2003年，南部地区发生多起恐怖爆炸案件，政府认为是摩伊解所为，宣布通缉其主要领导人，威胁要将摩伊解列为恐怖组织。此后，在马来西亚协调下，双方进行多轮谈判，取得了一定进展。阿基诺总统主张同南部“摩洛伊斯兰解放阵线”等分离组织进行全面和谈，推动外国斡旋调停，促进国家团结和民族和解。

（6）菲律宾共产党（Communist Party of the Philippines）：成立于1930年，1967年发生分裂。1968年，在何塞·西逊（Jose SISON）主持下进行改组重建，此后发展迅速，20世纪80年代中期党员达到3万多人。主张通过武装斗争和建立统一战线，夺取国家政权。1969年，菲共在中吕宋建立新人民军，开展武装斗争。新人民军现有1.1万人。菲政府自1993年起与菲共领导的全国民主阵线举行和谈。双方时谈时战，迄未达成实质性和平协议。“9·11”事件后，菲政府对新人民军采取了强硬措施，包括军事打击。2002年，菲政府将新人民军宣布为恐怖组织，并促使美国和欧盟也将新人民军列为国际恐怖组织，冻结其海外资产。菲共与政府关系破裂，双方和谈停顿。2004年2月，和谈重启。

其他政党有民主行动党（Aksyon Demokratiko）、地方发展优先党（Promdi-Probinsiya Muna Development lnitiative）、改革党（Reporma）、民主战斗党（LDP-Lanban ng Demokratikong Pilipino）、民族党（Nationalista Party）等。

【重要人物】贝尼尼奥·西米恩·阿基诺三世：总统。1960年2月8日出生于马尼拉。是已故总统阿基诺夫人的儿子。毕业于菲律宾雅典耀大学经济学系。1998年任菲国会众议员，2001年、2004年两次连任。2007年当选参议员。现任自由党主席。2010年6月当选总统。2011年8月30日至9月3日来华进行国事访问。未婚。 **杰乔马·比奈**：副总统。1941年11月生于马尼拉。毕业于菲律宾大学，获政治学和法学双学位，1986年任马卡蒂执行市长，1988年正式当选马卡蒂市长并连任至1998年，1998 ~ 2001年任大马尼拉发展署主席。2001 ~ 2010年，再次担任马卡蒂市长。2010年6月当选菲律宾副总统。2010年12月来华出席广州亚残运会开幕式。已婚，有5个子女。

经济

出口导向型经济。第三产业在国民经济中地位突出，农业和制造业也占相当比重。20世纪60年代后期采取开放政策，积极吸引外资，经济发展取得显著成效。80年代后，受西方经济衰退和自身政局动荡影响，经济发展明显放缓。90年代初，拉莫斯政府采取一系列振兴经济措施，经济开始全面复苏，并保持较高增长速度。1997年爆发的亚洲金融危机对菲冲击不大，但其经济增速再度放缓。阿基诺总统执政后，增收节支，加大对农业和基础设施建设的投入，扩大内需和出口，国际收支得到改善，经济保持较快增长。2011年主要经济数据如下：

国内生产总值：2131亿美元。

人均国内生产总值：2223美元。

国内生产总值增长率：7.6%。

货币名称：比索（Peso）。

汇率：1美元＝43比索。

通货膨胀率：2.8%（2012年6月）。

失业率：6.9%（2012年4月）。

【资源】矿藏主要有铜、金、银、铁、铬、镍等20余种。铜蕴藏量约48亿吨、镍10.9亿吨、金1.36亿吨。地热资源丰富，预计有20.9亿桶原油标准能源。巴拉望岛西北部海域有石油储量约3.5亿桶。

【工业】2010年工业产值约为2.9万亿比索，同比增长15.2%。工业产值占国内生产总值的31.3%。从业人口占总从业人口15%。制造业占工业总产值70.1%，建筑业占14.0%，矿产业占4.8%，电力及水气业占11.1%。

【农林渔业】2010年农林渔业产值约为1.2万亿比索，同比增长4%。农林渔业产值占国内生产总值的16.3%，从业人口占总劳力的33%。

森林面积1579万公顷，覆盖率达53%。有乌木、檀木等名贵木材。

水产资源丰富，鱼类品种达2400多种，金枪鱼资源居世界前列。已开发的海水、淡水渔场面积2080平方公里。

【服务业】2010年服务业产值约为4.96万亿比索，比上年增长12%。占国内生产总值的54.8%，从业人口占总劳力的54.8%。菲在海外劳工超过800万人，2011年汇回国内204亿美元。

【旅游业】外汇收入重要来源之一。2011年菲接待游客392万人次，比上年增长11%。主要旅游点有：百胜滩、蓝色港湾、碧瑶市、马荣火山、伊富高省原始梯田等。

【交通运输】以公路和海运为主。铁路不发达，集中在吕宋岛。航空运输主要由国家航空公司经营，全国各主要岛屿间都有航班。

铁路：总长1200公里。

公路：总长约20万公里。客运量占全国运输总量的90%，货运量占全国运输货运量的65%。

水运：总长3219公里。全国共有大小港口数百个，商船千余艘。主要港口为马尼拉、宿务、怡朗、三宝颜等。

空运：机场163个。国内航线遍及40多个城市，与30多个国家签订了国际航运协定。主要机场有首都马尼拉的尼诺·阿基诺国际机场、宿务市的马克丹国际机场和达沃机场等。

【财政金融】2011年财政赤字有所下降。近几年财政收支情况如下（单位：亿比索）：

	2009	2010	2011
收入	11232	12080	13599
支出	14217	15199	15570
差额	-2985	-3119	-1971

（资料来源：财政部、菲律宾中央银行）

2011年，外债1085亿美元，外汇储备751亿美元。

主要银行有：首都银行，资产额155亿美元；菲岛银行，资产额138亿美元。

【对外贸易】与150个国家有贸易关系。近年来，菲政府积极发展对外贸易，促进出口商品多样化和外贸市场多元化，进出口商品结构发生显著变化。非传统出口商品如成衣、电子产品、工艺品、家具、化肥等的出口额，已赶超矿产、原材料等传统商品出口额。近几年贸易额如下（单位：亿美元）：

	2009	2010	2011
总　额	813.43	1061	1088
出口额	383.35	514	483
进口额	430.08	547	605
差　额	-46.73	-33	-122

（资料来源：菲国家统计办公室、中央银行、亚洲开发银行）

主要出口产品为电子产品、服装及相关产品、电解铜等；主要进口产品为电子产品、矿产、交通及工业设备；主要贸易伙伴有美国、日本和中国等。

【外国资本】据菲中央银行统计，2011年外国对菲直接投资约为13亿美元。主要来源地为日本、美国、英国、德国、韩国、马来西亚和香港，主要投资领域为制造业、服务业、房地产、金融中介、矿业、建筑业。

【外国援助】外援主要来自日、美、西欧国家和国际金融组织。每年外国承诺给予菲各项援助约20亿美元。

人民生活

据2009年统计，菲律宾家庭年均收入20.6万比索。2012年4月失业率为6.9%。近年来，人民生活水平提高较慢，贫困家庭比率为25%。2011年消费品价格指数同比上涨2.8%。人均寿命70岁，人口出生率1.9%。

军　事

1901年建立保安队。1936年以保安队为基础建立陆军。1946年以陆军为基础建立国防军，分海、陆、空和保安军四个军种。1950年4月19日正式改称菲律宾武装部队，并将3月22日（1897年菲反抗西班牙殖民统治成立革命政府的日期）定为建军节。总统是最高统帅。武装部队司令部为三军最高指挥机构，总参谋长是最高军事指挥官。国防部是三军行政管理机构。现任国防部长伯尔泰勒·加斯明，武装部队总参谋长杰西·德罗萨（Jessie DELLOSA）。实行志愿兵役制，服役期三年以上。

菲武装力量由正规军、预备役和准军事部队组成，其中正规军总兵力10.9万人。现役陆军6.6万人，编成8个步兵师、23个步兵旅、8个炮兵营、1个装甲旅、5个特种作战旅、1个总统卫队。海军2.6万人，编成1个作战舰队司令部、6个海区司令部和4个海军陆战旅。空军1.7万人，编成3个空军师、9个飞行联队、7个勤务保障联队。

国家警察部队于1991年1月正式组建，隶属于内务与地方政府部。总兵力9.55万人，是仅次于菲武装部队的准军事力量，在各地区、省、县、市、镇均设有国警指挥部和警察局。2012年国防预算1131亿比索。

文化教育

【教育】宪法规定，中小学实行义务教育。政府重视教育，鼓励私人办学，为私立学校提供长期低息贷款，并免征财产税。政府重视教育，同时鼓励私人办学，为私立学校提供长期低息贷款，并免征财产税。初、中等教育以政府办学为主。截至2006年，全国共有中、小学44302所，小学生入学率达91%，中学生入学率60%。高等教育主要由私人控制。全国共有高等教育机构1599所，在校生约244万人。著名高等院校有菲律宾大学、阿特尼奥大学、东方大学、远东大学、圣托玛斯大学等。2012年教育预算为3090亿比索。

【新闻出版】主要英文日报:《马尼拉公报》、《菲律宾星报》、《菲律宾每日问询者报》、《自由报》、《马尼拉时报》、《马尼拉纪事报》。菲文日报:《消息报》、《菲律宾快报》。华文日报:《世界日报》、《商报》、《菲华时报》、《联合日报》和《环球日报》。

菲律宾通讯社：官方通讯社，成立于1973年3月1日。与中国、马来西亚、印尼、泰国、巴基斯坦、日本等15个国家和地区的通讯社建有新闻交换关系，与美联社、路透社均有工作联系。

新闻组织有全国新闻记者俱乐部、新闻摄影家协会、出版者协会等。全国有257家出版机构。

全国有629家广播电台，其中商业电台488家，非商业电台51家，32家政府所有，10家宗教台，7家教育台。137家电视台，其中广播局和人民电视台属官方性质，其余均为私人所有。菲广播电台、电视台使用的语言主要是英语、菲律宾语和华语。

对外关系

奉行独立的外交政策，迄已同126个国家建交。对外政策目标是：确保国家安全、主权和领土完整；推动社会发展，保持菲律宾在全球的竞争力；保障菲海外公民权益；提升菲律宾国际形象；与各国发展互利关系。

【同中国的关系】1975年6月9日建交。2011年以来，双方重要访问和会见主要有：2011年5月，全国人大常委会副委员长蒋树声、国务委员兼国防部长梁光烈访菲。6月，菲众议长贝尔蒙特访华。7月，菲外长德尔罗萨里奥访华。8月底9月初，菲总统阿基诺来华进行国事访问。

据中国海关总署统计，2011年中菲双边贸易额为322.54亿美元，同比增长16.2%，其中中方出口额为142.54亿美元，增长23.5%，进口额180亿美元，增长11%。

中国驻菲律宾大使：马克卿（女）。馆址：4896 PASAY ROAD, DASMARINAS VILLAGE, MAKATI, METRO MANILA PHILIPPINES。电话：（00632）8443148；传真：8452465。电子信箱：chinaemb_ph@mfa.gov.cn。经商处电话：（00632）8195991；传真：8184553。签证处电话：（00632）8482396；传真：

8482460。

中国驻宿务总领事：张卫国。馆址：Cebu Memorial Foundation Compound, Don Julio Llorrente Street, Brgy. Capitol Site, Cebu City 60000, Philippines。办公室电话：(006332) 2563422。经商室电话：2563433。

中国驻拉瓦格领事馆长：李可武。馆址：No.216 National Highway, Barangay 1, San Nicolas, Ilocos Notre 2901, Phlippines。办公室电话：(006377) 7721862；传真：7721862。

菲律宾驻华大使：布蕾迪（Sonia Cataumber BRADY）。馆址：北京朝阳区建国门外秀水北街23号。电话：010-65321872，65322518，65322451。

【同美国的关系】菲曾是美殖民地，两国长期保持密切的盟国关系。两国签有共同防御条约和共同防御援助协议。1991年菲参议院废除了菲美军事基地协定，结束了美在菲长达93年的驻军。1998年，两国签署《访问部队协定》。该协定使得美军重返菲律宾，两国恢复大规模联合军事演习。"9·11"事件使菲美军事合作得到明显加强。菲政府支持美反恐行动及对阿富汗和伊拉克战争，向美开放军事设施，提供后勤服务。美国承诺向菲提供新的军事装备，加大对菲军事经济援助，向菲派遣专家协助反恐训练。

美是菲第二大贸易伙伴。据菲方统计，2011年菲美贸易总额为136.38亿美元，占菲外贸的12.5%，其中菲向美出口额71.02亿美元，进口额65.36亿美元。目前，美是菲第二大官方援助国，年援助额在5000万美元以上。美在菲能源和电力领域累计投资超过20亿美元。美在菲旅游市场占主导地位，年赴菲游客达50万。美也是菲最大的劳务输出国，在美菲籍劳工和侨民达300万。

2011年11月，美国务卿希拉里访菲。2012年4月，菲外长德尔罗萨里奥、防长加斯明访问美国并与美国务卿、国防部长举行"2+2"会谈。6月，阿基诺总统访美。

【同日本的关系】1956年7月建交。菲积极支持日本在国际事务中发挥与其经济影响相称的政治作用。日本是菲最大援助国和最大贸易伙伴。2008年10月，菲参议院审议通过菲日2006年签署的经济伙伴关系协议。据菲方统计，2011年菲日贸易总额为154.03亿美元，占菲外贸的14.2%，其中菲向日出口额88.86亿美元，进口额65.16亿美元。

2011年9月，阿基诺总统访日。2012年6月，菲外长德尔罗萨里奥访问日本。

【同东盟国家的关系】菲律宾重视发展同东盟其他国家的关系，将其列为菲对外政策的优先考虑，以东盟为依托发挥其在地区和国际事务中的作用。菲积极参与、推动和促进东盟内部的各项合作及经济一体化进程。

2010年10月，阿基诺总统访问越南。2011年3月，阿基诺总统访问印尼和新加坡。5月，阿基诺总统访问泰国。6月，阿基诺总统访问文莱。（王德鑫）

格鲁吉亚

国名 格鲁吉亚（Georgia）。

面积 6.97万平方公里。

人口 449.7万（2012年1月）。根据格鲁吉亚2002年人口普查统计资料，格鲁吉亚族占总人口的83.8%，其他主要民族有阿塞拜疆族6.5%、亚美尼亚族5.7%、俄罗斯族1.5%以及奥塞梯族、阿布哈兹族、希腊族等。格鲁吉亚语为官方语言，居民多通晓俄语。多数信奉东正教，少数信奉伊斯兰教。

首都 第比利斯（Tbilisi），人口117万（2012年），年平均气温12.8℃。

国家元首 总统米哈伊尔·萨卡什维利（Mikheil Saakashvili），2004年1月4日当选。2008年1月13日再次当选，20日宣誓就职，任期五年。

重要节日 新年：1月1日；圣诞节：1月7日；洗礼节：1月19日；母亲节：3月3日；国难日：4月9日；建军节：4月30日；胜利日：5月8日（2011年起）；独立日（国庆节）：5月26日；圣母节：8月28日；姆茨赫托巴节（姆茨赫塔系格古都，此为奠基纪念日）：10月14日；圣乔治节（圣乔治为格保护神）：11月23日。

简况 位于南高加索中西部。北接俄罗斯，东南和南部分别与阿塞拜疆和亚美尼亚相邻，西南与土耳其接壤，西邻黑海。海岸线长309公里。部分地区属高山气候，西部属亚热带地中海气候。1月份平均气温3℃～7℃，8月平均气温23℃～26℃。

公元前6世纪，在现格鲁吉亚境内建立了奴隶制的科尔希达王国。公元4～6世纪建立封建国家。公元337年起信奉基督教，古格鲁吉亚文字停止使用，由希腊文及叙利亚文所混合而成的新文字替代。公元6～10世纪基本形成格鲁吉亚族，公元8～9世纪初建立卡赫齐亚、爱列京、陶—克拉尔哲季封建公国和阿布哈兹王国。19世纪初，格鲁吉亚被沙皇俄国兼并。1921年2月25日成立格鲁吉亚苏维埃社会主义共和国。同年12月，阿布哈兹苏维埃社会主义共和国加入格鲁吉亚（1931年2月以后改为苏维埃社会主义自治共和国）。1922年3月12日，格鲁吉亚加入外高加索苏维埃社会主义联邦共和国，同年12月作为该联邦成员加入苏联。1936年12月5日，格鲁吉亚苏维埃社会主义共和国正式成为苏联加盟共和国。1990年11月4日发表独立宣言，改国名为“格鲁吉亚共和国”。1991年4月9日正式宣布独立。同年5月26日，“自由格鲁吉亚圆桌会议”领导人加姆萨胡尔季阿当选格首任总统，后于1992年1月被推翻。1992年3月11日，前苏联外长谢瓦尔德纳泽被任命为国务委员会主席，11月被确认为国家元首。1995年8月24日定国名为“格鲁吉亚”。2003年11月发生“玫瑰革命”，萨卡什维利在随后举行的选举中当选总统，2008年1月当选连任。执政党“统一民族运动”党在同年5月议会选举中以59.9%的得票率成为第一大党。

政　治

2008年8月8日格俄冲突爆发。2009年，格反对派一度较为活跃，要求总统萨卡什维利辞职。2010年，萨卡什维利领导的“统一民族运动”党发挥在议会中的优势，巩固执政权力体系，对国家实施有效治理，并在5月的首都和地方选举中赢得多数席位。

2011年格政局总体保持稳定。5月，以前议长、“民主运动—统一的格鲁吉亚”党主席布尔扎纳泽为首的反对派组织抗议集会，被当局驱散。执政当局积极与各反对派对话，通过新的《选举法》、《政党法》和《游行示威法》等。同时继续整治贪腐，打造廉洁勤政的国家形象。政府还出台各项惠民措施，努力改善民生。10月，格首富比济纳·伊万尼什维利（Bidzina Ivanishvili）宣布从政并整合部分反对派，组建“格鲁吉亚梦想”政治联盟。各派着眼2012年议会选举和2013年总统选举积聚力量，加紧备选。

格对俄和阿布阿兹、南奥塞梯政策趋于务实，出台《被占领土国家战略》，承诺放弃以武力解决领土问题，对两地实行以经济和人文合作为主的融入政策。2011年5月，阿布哈兹前领导人巴加普什病逝。8月26日，前“副总统”安克瓦布当选“总统”，表示将与俄发展全方位战略伙伴关系。11月13日，南奥塞梯举行全民公决，赋予俄语和南奥塞梯语官方语言地位。

【宪法】格鲁吉亚独立后实行立法、司法、行政三权分立制度。第一部宪法由议会于1995年8月24日通过。2004年2月17日，格议会通过“关于组建内阁”宪法修正案，规定格为总统制三权分立国家，总统是国家元首兼武装力量最高统帅，有权提名总理和国防、内务、安全等强力部门部长人选，由议会批准。其他内阁成员由总理向总统建议后，由总统提交议会批准。总统和议会由投票方式直接选举产生。总统有权解散政府，有权依宪解散议会。2010年9月26日，格议会以123票绝对多数通过宪法修正案，实行总统与总理之间相对均衡的权力分配。新宪法将于2013年总统选举后正式生效。

【议会】议会是最高立法机构，一院制，据新选举法规定，由150名议员组成，其中按比例制选举产生的议员占77席，按单一制选举产生的议员占73席，任期五年。任何在选举中得票超过5%门槛的政党将自动在议会中获得6席，从而达到在议会中组成派别的最低限度。议长为国家二号人物，总统缺位时，议长履行其职能。现任议长大卫·巴克拉泽（David Bakradze）。

【政府】格现政府主要成员有：总理尼卡·吉拉乌利（Nika Gilauri），第一副总理兼与北约、欧洲一体化事务国务部长格奥尔基·巴拉米泽（Georgi Baramidze），副总理兼国家统一国务部长叶卡捷琳娜·特克舍拉什维利（Ekaterine Tkeshelashvili，女），地区发展和基础设施部部长拉马兹·尼古拉伊什维利（Ramaz Nikolaishvili），财政部长季米特里·戈温达泽（Dimitri Gvindadze），主管侨民事务国务部长米尔扎·达维塔亚（Mirza Davitaia），教育和科技部长德米特里·沙什金（Dimitri Shashkin），体育和旅游事务部长弗拉基米尔·瓦尔泽拉什维利（Vladimir Vardzelashvili），环保和自然资源部长格奥尔基·哈奇泽（Giorgi Khachidze），经济发展部长维拉·科巴利亚（Vera Kobalia，女），能源部长亚历山大·赫塔古里（Aleksandre Khetagurii），国防部长巴恰纳·阿哈拉亚（Bachana Akhalaia），司法部长祖拉布·阿德伊什维利（Zurab Adeishvili），文化和古迹保护部部长尼科洛兹·鲁鲁阿（Nikoloz Rurua），难民和安置部长科巴·苏别利阿尼（Koba Subeliani），外交部长格里戈尔·瓦沙泽（Grigol Vashadze），农业部长扎扎·戈洛吉亚（Zaza Gorozia），内务部长伊万·梅拉比什维利（Ivane Merabishvili），劳动、卫生和社会保障部长祖拉布·齐阿别拉什维利（Zurab Tchiaberashvili），劳教、调查和司法援助部长哈图娜·卡尔马赫利泽（Khatuna Kalmakhelidze，女）。

【司法机构】司法独立，设宪法法院、最高法院、总检察院、监察院。最高法院是最高审判机关，院长和大法官由总统提名，议会选举产生，任期10年。不允许设立专门和特别法院。战争期间可设军事法院。现任最高法院院长康斯坦丁·库勃拉什维利（Konstantin Kublashvili）。宪法法院法官有9名，总统、议会和最高法院各任命3人，任期10年。总检察院总检察长由总统提名，议会批准，任期不定。现任总检察长马穆卡·格瓦拉米亚（Mamuka Gvaramia）。

【行政区划】全国由首都第比利斯、九个大区（古利亚、拉恰—列其呼米和下斯瓦涅季亚、萨梅格列罗—上斯瓦涅季亚、伊梅列季、卡赫季、姆茨赫塔—姆季阿涅季、萨姆茨赫—扎瓦赫季、克维莫—卡尔特里、什达—卡尔特里）、一个自治州（南奥塞梯）、两个自治共和国（阿布哈兹、阿扎尔）组成。

【政党】目前在格司法部登记的政党有100多个，据社会调查机构不完全统计，2/3以上的格居民是党派成员。其中较有影响的有：

（1）“统一民族运动”党（Unified National Movement）：成立于2001年，执政党，现任主席为总统萨卡什维利，总书记马恰瓦利阿尼。在格各地设100多个分部，党员有数十万，现为格第一大党，在格议会占112席。该党主张通过激进方式进行国家改革，全面接受美式民主模式，实行三权分立，恢复国家完整，严惩腐败，打击影子经济，鼓励发展中小企业，提高退休金和社会福利水平，为贫困居民提供社会保障，增加国家收入，对外谋求加入北约与欧盟。目标是通过捍卫自由、发展、民主等价值观，建立一个强大的格鲁吉亚。核心价值观包括独立、自由、民主、法治、繁荣与和平。2012年3月12日，现任第一副议长米哈依尔·马恰瓦利阿尼代替梅利基什维利，开始担任该党新任总书记。

（2）“格鲁吉亚梦想—民主格鲁吉亚”党（Georgian Dream-Democratic Georgia）：反对党，前身为由格首富比济纳·伊万尼什维利2011年10月创建的“格鲁吉亚梦想”。因伊尚未获得格国籍，现暂由律师玛娜娜·科巴基泽代理党主席。伊声明将通过从政方式实现国家的强大，号召民众通过选举方式推翻现政权。该运动目前与共和党、“我们的格鲁吉亚—自由民族”党、“人民论坛”党和“工业拯救格鲁吉亚”党组成“格鲁吉亚梦想”政治联盟。保守党主席基吉古利和人民党主席达维塔什维利也以个人名义加入联盟。伊担任联盟政治委员会主席。主张复兴农业；实行减免税收等惠民政策，为每一个格公民提供基本的医疗保险；在外交方面继续融入欧盟和北约，但与俄罗斯实现关系正常化也同样重要。

（3）工党（Labour Party）：成立于1995年，反对党。主席纳捷拉什维利，总书记沙特别拉什维利。现有成员22万人，在格各大城市和地区都有党的分支机构。该党认为萨卡什维利政府系通过政变夺权的非法政权，主张通过合法选举途径将其推翻。代表大会是工党的基本机关，每四年召开一次。代表大会选举产生党的主席、总务委员会、政治委员会，确定党的基本方针、纲领和修订党章。党主席为沙尔瓦·纳特拉什维利。2005年1月工党发生分裂，部分党员宣布成立名为“工党民族委员会”的新政党，放弃与执政党全面对抗的纲领。主张民主、公正，保护人权与自由贸易，强调社会保障，呼吁实行免费教育和公共服务。

（4）“基督教—民主运动”党（Christian-Devjcratic）：成立于2008年2月，反对党。在格议会占7席。现任主席乔治·塔尔加玛泽。主张根据格鲁吉亚法律和基督教教义建立一个民主、人权、司法独立的社会，提倡爱国，创造健康的经济环境，按照传统价值理念进行教育改革。该党自称保守主义政党，加入了国际民主联盟，是欧洲基督教政治运动的正式会员，与德国、瑞典、荷兰和波兰基督教民主政党建立了合作关系。

（5）“新右翼”党（New Rights）：成立于2001年6月15日，反对党。主席加姆克列利泽，总书记萨加涅利泽。现有分支机构70多个，现有党员1万人。拥护者主要来自中小知识分子阶层和妇女及青少年。资金来源主要依靠中小企业主赞助。该党政治上主张保护个人自由，限制政府权力，保障法治和私产，反对通过街头运动推翻政府；经济上奉行自由主义，主张为企业和个人创造平等的集会，保护中小企业发展，推动格农村建设。外交上主张和平解决阿布哈兹和南奥塞梯问题，视美国为战略盟友。

（6）“工业拯救格鲁吉亚”党（Industry saves Georgia）：成立于1999年1月，反对党，由格工商企业主联合发起，现任主席格奥尔基·托巴泽。成员多为小工商业主，拥护者主要来自格大中城市。该党主张保护私有财产，彻底进行私有化改革，将发展独立民族工业作为经济振兴基础，完善立法，保障经营独立自主权，由国家扶持和鼓励发展中小经济，为经济发展创造良好外部环境，改善人民生活条件，提高福利水平，实现社会充分就业等。对外反对格加入北约，认为如格加入北约，将被迫放弃南奥塞梯和阿布哈兹。

（7）共和党（Republic Party）：成立于1978年5月21日，反对党。属中右翼保守自由主义政党。成立时系未经前苏联政府批准的“非法”组织。主要致力于争取恢复格鲁吉亚独立，保障人权，实行市场经济。2003年与萨卡什维利共同参与了“玫瑰革命”。2008年以来为议会中的温和反对派。现任主席大卫·乌苏巴什维利，党员4200人。共和党对内主张政治多元化、自由民主化，支持言论自由和市场经济，对外反对格俄战争。现加入伊万尼什维利领导的“格鲁吉亚梦想”政治联盟。

（8）“我们的格鲁吉亚—自由民主党人”党（Our Georgia-Free Democrats）：成立于2009年6月15日，反对党。主席伊拉克利·阿拉萨尼亚。由阿拉萨尼亚政治团队“今天我们创造未来”脱胎而来的反对党派。反对政府发动2008年格俄战争，呼吁建立强大透明的民主制度，要求萨卡什维利下台。政治上主张通过民主实现法治和保护个人自由；经济上主张保护个人财产，壮大格中产阶级；外交上主张加入欧盟和北约，并与周边国家和平共处。在格24个地区设有分支机构，有党员8000人。现加入由伊万尼什维利领导的“格鲁吉亚梦想”政治联盟。

（9）保守党（Conservative Party）：成立于2001年，反对党。为中右翼民族主义政党。现任党首兹维亚德·基吉古利。2004年前曾是萨卡什维利盟友，之后转为反对党。有党员1.2万人。主张恢复格鲁吉亚国家传统，保护格语，实行法官和地区长官直选。主席基吉古利加入了伊万尼什维利领导的“格鲁吉亚梦想”政治联盟。

（10）“民主运动—统一的格鲁吉亚”党（Democratic Movement–United Georgia）：成立于2008年11月28日，反对党。主席尼诺·布尔扎纳泽，总书记瓦赫坦·科尔拜亚，有党员1.5万人。对内反对政府对反对党的“恐怖主义行为”，呼吁进行更大规模的政治和经济改革，主张保护个人自由，建设公正的法制体系，限制政府权力，保障言论自由；对外主张同时与俄罗斯和欧盟保持密切关系，实现格领土完整。

（11）“格鲁吉亚之路”党（Georgia's Way）：反对党，成立于2006年3月，前身为“萨洛梅·祖拉比什维利运动”。主席为格前外长萨洛梅·祖拉比什维利，自2005年11月祖被解除外长职务开始活动，党员约2000人。政策倾向自由主义，对内主张媒体自由和政治多元化，保护私产、人权和法治。对外亲美，但也认为格应与俄罗斯关系正常化。

（12）“为了统一的格鲁吉亚运动”党（Movement for United Georgia）：反对党，2007年9月27日由格前国防部长伊拉克利·奥克鲁阿什维利宣布创立，次日奥克鲁阿什维利以贪污罪被捕，引发了示威游行。该党正式成立于当年12月15日，议员吉阿·托尔特拉泽被选为主席，奥克鲁阿什维利被选为名誉主席，总书记为埃卡·别谢利亚。主张加强与俄罗斯和欧盟的关系，同时保持和扩大经济和社会改革，要求政府保障政治自由，反对现政府专制。

（13）“人民论坛”党（National Forum）：反对党。2006年12月15日由卡哈·沙塔瓦创立。沙系1993年格鲁吉亚内战中在阿布哈兹遇难的格政治家日乌利·沙塔瓦之子。该党反对格加入北约，认为格应成为中立国。现加入由伊万尼什维利领导的“格鲁吉亚梦想”政治联盟。

【重要人物】米哈伊尔·萨卡什维利：总统。1967年12月21日生于第比利斯医生家庭。中学毕业后赴乌克兰基辅大学国际关系攻读国际法，20世纪90年代初先后在法国斯特拉斯堡和意大利佛罗伦萨学习。1994年获美国国会奖学金赴纽约，先后在哥伦比亚大学法律系和乔治·华盛顿大学学习，获法学学位。曾在律师事务所工作。1995年返格，当年当选格议会议员、议会法律委员会主席。1997年被评为格年度人物。1998年成为格执政党“公民联盟”议会党团主席。2000年10月任司法部长，次年9月辞职，10月再次进入议会，2001年组建“民族运动”党，并在2002年的第比利斯市地方议会选举中获胜，当选市议长，后任市长。2003年领导“玫瑰革命”，在2004年1月4日提前举行的总统选举中以96.27%的得票率当选格总统。2008年1月连选连任。懂俄语、英语和法语。已婚，妻子为荷兰籍。有二子。　**大卫·巴克拉泽：**议长。1972年7月1日生于第比利斯，格鲁吉亚技术大学毕业，物理数学副博士。1995 ~ 1998年先后就读于格美国家行政学院、瑞士国际关系学院、德国欧洲安全研究中心，并于2001年赴意大利北约国防大学进修。1997年起先后任外交部军控局副局长、局长、军事政治局副局长、国家安全会议安全局局长、对外安全与冲突局局长、政治安全局局长。2004 ~ 2007年任议会欧洲一体化委员会主席。2007年7月至2008年1月任主管冲突调解事务国务部长。2008年1月至4月任外长。2008年5月21日当选议长。执政党统一民族运动党成员。　**尼卡·吉拉乌利：**总理。1975年2月14日生于第比利斯，毕业于第比利斯国立大学国际经济关系系。1998年在英国波恩茅斯大学修完英语课程。1999年获爱尔兰列墨瑞克大学财经专业名誉学位。同年，在都柏林因维斯科（Invesco）资产管理集团国际金融中心任经理。1999 ~ 2000年在美国费城天普大学学习。2000年分别获得巴黎大学、费城大学、东京大学国际商业管理硕士学位。同年，任美国费城小型商业发展中心节能项目财政顾问。2001年任格鲁吉亚电信财政顾问。2002年任格鲁吉亚能源市场管理项目合作者——西班牙爱别德罗拉（Iberdrola）公司财政顾问。2003 ~ 2004年任职于格鲁吉亚国家电力系统管理项目合作者——爱尔兰SBE公司，作为格鲁吉亚国家电力系统共同管理者和财务监理。2004 ~ 2007年任格鲁吉亚能源部长。2007年8月30日任格鲁吉亚财政部长。2008年12月任格鲁吉亚政府第一副总理。2009年2月6日被任命为政府总理。

经　济

致力于建立自由市场经济，接受国际货币基金组织、世界银行和欧美国家指导和援助，大力推进经济改革，进一步降低各种税率及关税，加快结构调整和私有化步伐，改善基础设施和投资环境，增加吸引外资。2011年格经济保持良好发展态势，格政府继续以发展经济为首任，紧缩公共财政预算，通过提高部分税种税率及加快私有化等方式增加财政收入，增加退休金补贴，调低基准利率鼓励中小企业发展；大力吸引外资，推进与欧盟FTA和美国超普惠制待遇的谈判，利用国际援款和贷款加快基础设施建设，以拉动经济发展、打造欧亚运输走廊。

2011年7月格通过《自由经济法》规定，政府如需增加税种必须通过全民投票方式决定，在特殊情况下政府可临时增加税种，但有效期不得超过三年；国债不得超过GDP的60%，中央和地方政府总财政预算赤字不得超过GDP的30%。2011年主要经济数据如下：

国内生产总值：143.7亿美元。

国内生产总值实际增长率：7%。

人均国内生产总值：3215.4美元。

外国直接投资：9.81亿美元。

货币名称：拉里（Lari）。

汇率：1美元=1.6860拉里（2011年年均）。

通货膨胀率：2%。

失业率：16.3%。

【资源】自然资源比较贫乏，主要矿产有煤、铜、多金属矿石、重晶石。锰矿石储量丰富，质地优良。森林面积300.53万公顷。水力资源丰富，蕴藏量1550万千瓦。

【工业】2011年，格鲁吉亚工业总产值为56.7亿拉里，同比增长16.9%，就业人数95653人。2011年各产业产值分别为：开采业3.017亿拉里，占工业总产值的5.32%。制造业43.58亿拉里，占工业总产值的76.87%，电力、供气、供水10.1亿拉里，占工业总产值的17.8%。

【农业】农业构成主要为种植业、畜牧业、农产品加工业、林业、渔业等。2010年，格农林渔业产值为23.97亿拉里，同比增长7.5%，占GDP的8.4%。2010年农作物总播种面积为27.53万公顷。2011年格政府对农业领域投资1.5亿拉里，用于建造农产品储存库和物流中心，以增加农业人口就业。2011年，格农业在经过连续3年衰退后实现增长，增长率为5.5%。2011年格活羊出口总数达16.5万只，金额1500万美元，同比增长90%。2011年，格矿泉水出口量达7130万升，出口金额4700万美元，同比增长49%。2011年葡萄产量为20万吨，较2010年增加3万吨，增长17.6%。

【交通运输】2011年格鲁吉亚运输总量达7110万吨，其中陆路运输4890万吨，占比69%。汽车运输占总量41%，铁路运输占总量为28%。海运2220万吨，占比31%，2011年格两大主要港口中，巴统港货物吞吐量为800万吨，波季港720万吨。

空运：2011年格鲁吉亚的第比利斯、巴统和库塔伊西三个主要国际机场共起降航班1.8万架，其中大部分为往返乌克兰、土耳其和俄罗斯的航班。

【旅游】2011年访格游客282万人次，同比增长39%。其中欧洲游客90.7万人次，同比增长35%；独联体国家游客178.8万人次，同比增长39%；美国游客2.9万人次，同比增长18%。来自土耳其、阿塞拜疆和亚美尼亚的游客数量排名前三位，分别为73.8万、71.4万和69.9万人次。来自俄罗斯和伊朗的游客数量大增，分别为27.9万和6万人次，同比大幅增长63%和182%。

【财政金融】2011年国家财政收入42.0亿美元。2011年12月惠誉国际信誉评级有限公司将格主权信誉评级提升至BB-。2011年金融业是格增长最快的行业，共增长24.3%。

据格中央银行资料显示，截至2011年底，格外汇储备为28.2亿美元，较2010年底同比增长24.6%。其中包括26.0亿美元外币储备及2.2亿美元国际货币基金组织特别提款权。

截至2011年底，格政府公共外债余额42.0亿美元，其中多边债务24.2亿美元，双边债务6.2亿美元（其中中国债务476万美元），政府欧洲债券5.6亿美元，政府对外担保316万美元。

中央银行为格鲁吉亚国家银行，主要商业银行有格鲁吉亚银行、人民银行、TBC银行、共和国银行、格鲁吉亚联合银行、格鲁吉亚投资银行等。

【对外贸易】2011年格对外贸易总额为92.4亿美元，同比增长35%。其中出口额为21.9亿美元，同比增长39%，进口额为70.55亿美元，同比增长34%，逆差48.7亿美元，增长32%。2011年格出口葡萄酒总额5410万美元，同比增长37.7%，占格总出口额2.5%。葡萄酒出口总量1902.8万瓶，同比增长27.2%，最大出口国为乌克兰，917.5万瓶；第二位是哈萨克斯坦，321.3万瓶；第三位是白俄罗斯，146.1万瓶。近三年对外贸易情况如下（单位：亿美元）：

	2009	2010	2011
外贸总额	59.50	66.78	92.45
出口额	15.84	15.83	21.90
进口额	43.66	50.95	70.55
逆　差	27.82	35.12	48.65

格与前四大贸易伙伴的贸易额为45.38亿美元，占总额48.63%，分别是：土耳其15亿美元，占总额的16.1%；阿塞拜疆10.4亿美元，占总额的11.38%；乌克兰8.5亿美元，占总额的9.1%；中国5.54亿美元，占总额的5.95%（中国海关统计数字为7.998亿美元）。

2011年格与以色列、卡塔尔、瑞士、阿联酋等四国签署避免双重征税协定。截至2011年底，格共与35个国家签署了该协定。

人民生活

2009年，格鲁吉亚居民最低生活标准是109拉里（约合65.2美元）。成年男子的最低工资是123.1拉里；家庭平均最低收入为206.4拉里（约合123.5美元）。2010年人均月工资约375美元，格为有劳动能力的男子制定的最低贫困线标准为103.2拉里（约62美元），四口之家为173.1拉里（约104美元），最低退休金为每月80拉里。1/2的人口处于贫困线以下。2011年格鲁吉亚居民最低工资为142.2拉里（约合86.7美元）。成年男子的最低工资是160.6拉里；家庭平均最低收入为269.4拉里（约合164.3美元），2011年9月1日起，退休金最低标准提高至100拉里，2012年9月1日起，67岁以上退休人员退休金为140拉里。

军　事

格鲁吉亚武装力量建于1992年4月30日。根据《国防法》规定，国家最高权力机关（议会）确定国家的国防政策和通过国防领域的法律。总统萨卡什维利担任武装力量总司令，国防部负责指挥武装力量。格实行防御性国防政策，基本目标是保卫国家的独立、主权和领土完整。目前，格已基本实现军队职业化。国防部长阿哈拉亚表示，将以“量少质精”原则建设格军，致力于提高军官素质。

2010年3月18日格国防部宣布修改《国防法》，将空军编制取消直接并入陆军。7月2日格议会通过预备法修正案，规定40岁以下格成年男子必须接受为期45天的军训。2011年2月，格新的国家安全战略将俄确定为格主要安全威胁，将美和波罗的海国家确定为主要盟国，12月格议会修改兵役法，将中尉晋升上尉时间由3年缩短为2年，将少校晋升中校时间由4年延长至5年，以更加适应北约军衔系统标准。

2012年格国防预算为6.75亿拉里，合4.09亿美元。

文化教育

【文化】截至2010年，格鲁吉亚全国共有118家博物馆，年参观量73.01万人次，其中历史博物馆20家，纪念馆45家，艺术博物馆22家，共组织展出617场；剧院44座，年观众量35.99万人次；公共图书馆824所，共藏书1730万册。

【教育】2008/2009学年，格鲁吉亚全国有中小学2448所，大学129所（其中国立20所，私立109所），国立中等职业技术学校30所、私立中等职业技术学校4所。2008/2009年中等职业技术学校在校生2600人，大学在校生10.27万人。主要高等院校有第比利斯国立大学、第比利斯自由大学、第比利斯国立工业大学、第比利斯国立医科大学、国立美术学院等。2011年3月，格政府决定格所有大学不再从属于教育与科技部，教育与科技部只通过派驻代表对大学财政进行管理和监督。

【新闻出版】2010年，格鲁吉亚出版225种报纸及多种杂志期刊，共220万期。报纸单期发行量为80万份，杂志期刊全年发行量为2590万册。主要报纸有：《格鲁吉亚共和国报》，格鲁吉亚文，独立报纸，反映官方立场；《格鲁吉亚时报》，格、英文；《24小时报》，格、英文，独立报纸；《信使报》，英文，独立报纸；《第比利斯晚报》俄文，独立报纸；《今日格鲁吉亚》英文，独立报纸；《格鲁吉亚杂志》英文周报；《金融》英文报；《共鸣》格文报；《光谱》格文周报。

主要通讯社：（1）国际新闻通讯社（Interpressnews），私营通讯社，成立于2001年。（2）高加索通讯社（Caucasus-press），独立通讯社，成立于1995年。（3）主流媒体通讯社（Prime News），独立通讯社，成立于1997年。

格鲁吉亚国家广播电台用格、俄语广播，并向欧洲国家广播。格鲁吉亚公共电视一台、二台信号覆盖格全境，以格语节目为主。鲁斯塔维－2台为格最大私营电视台，电视信号覆盖格大部分地区和欧洲各国。伊梅基电视台为格新兴私营电视台之一，信号覆盖格主要城市和地区。阿扎尔电视台为主要地方电视台之一，电视信号覆盖格全境和欧洲、中东、北非、北美地区。

对外关系

格外交基本政策是恢复国家统一和领土完整、加入北约和欧盟、加强地区合作的同时兼顾发展与东方国家关系，优先方向是冲突调解问题。2011年，格鲁吉亚政府为保障格民主改革和经济发展，致力于建设安全、和平的国际环境，加大力度吸引外资，争取快速实现与欧盟和北约一体化。格进一步密切与美国、北约、欧盟的合作关系。在美国和欧盟的约束、支持和推动下，表示愿意与俄对话。重视同阿塞拜疆、亚美尼亚、土耳其、乌克兰等周边国家发展友好合作关系。截至2011年12月23日，格已同166个国家建交。

【对当前重大国际和地区问题的看法】拥护建立以欧盟和北约为主要框架的全欧安全体系，认为北约是维护地区稳定的支柱力量，积极谋求加入北约。认为联合国安理会在维持国际和地区和平与稳定中的作用正在降低，欧安组织在地区和国际事务中的作用日益上升。认为独联体及其集安条约组织缺乏有效机制，基本丧失活力，并退出独联体。积极推动建立黑海自由贸易区。认为在“古阿姆”框架内加强各国合作是促进地区和平与稳定的有效机制，积极倡导建立“古阿姆”国家自由经济贸易区。

【同中国的关系】1992年6月9日建交。2006年4月，萨卡什维利总统访华。2007年，格统一民族运动党代表团、负责民族事务的国务部长别斯塔耶娃访华；中共中央对外联络部王家瑞部长、浙江省副省长钟山访格。2010年6月4日，商务部副部长傅自应率团访格。10月24～28日，吉拉乌利总理赴华出席上海世博会格鲁吉亚国家馆日活动，张德江副总理会见吉一行。11月9日，陈建福大使向格总统萨卡什维利递交国书。2011年6月9～11日，新疆维吾尔自治区人大主任艾力更·依明巴海访格。6月9日，乌鲁木齐至第比利斯直航航线开通。6月10日，陈建福大使和格经济与可持续发展部长科巴利亚在第比利斯分别代表本国政府签署《中华人民共和国政府和格鲁吉亚政府民用航空运输协定》。

据中国海关总署统计，2011年，中格双边贸易额为7.998亿美元（不含港澳台地区），同比增长152.57%。

中国驻格鲁吉亚大使：陈建福；馆址：第比利斯，巴尔诺瓦大街52号［52 Barnov str.，0179（邮编），Tbilisi，Georgia］。信箱：P.O.BOX 224，Tbilisi，Georgia。电子信箱：chinaemb_ge@mfa.gov.cn。电话：0099532-2252670；传真：2250996。

格鲁吉亚驻华大使：马穆卡·加姆克列利泽（Mamuka Gamkrelidze）。馆址：北京市朝阳区霄云路18号D区国王花园17号别墅，邮编100016（Kings Garden Villa 17，Block D，Xiao Yun Road 18，Chaoyang District，Beijing，100016，China）。

电话：010-64681203；传真：64681202。电子邮箱：geobeijing@gmail.com，consulatebeijing@gmail.com。

【同俄罗斯的关系】2008年8月，格与南奥塞梯冲突地区局势急剧恶化，7～8日格军与南奥、俄维和部队在南奥地区发生大规模武装冲突。8月26日俄承认阿布哈兹和南奥塞梯独立，后与两地区分别签署友好合作互助条约。格退出1994年关于调解南奥塞梯冲突的协议，要求俄从格领土撤军。8月30日，格俄断绝外交关系。俄始终强调承认阿布哈兹和南奥塞梯独立地位的立场不会改变，不断加强与两地关系，对格执政当局基本采取不承认、不接触政策。

2010年后，格俄关系有所缓和。第比利斯和莫斯科之间的直航以包机形式得以恢复。在美欧的约束和推动下，萨卡什维利表示放弃使用武力解决领土问题，以更好地履行停火协议，只要俄承认格主权与领土完整，并从阿布哈兹和南奥塞梯撤军，愿与俄启动全面对话。俄则表示，只要不是萨卡什维利政权当政，愿与格关系正常化，2011年4月俄对阿、南实行免签证制度。

在俄入世问题上，格俄经过艰苦谈判，于2011年11月23日达成协议，由瑞士通标标准技术服务有限公司（SGS）作为独立第三方负责对俄格边界口岸商品流通进行监督。

【同美国的关系】美国一直支持格建立西式民主和市场经济，支持格主权和领土完整，不承认阿布哈兹和南奥塞梯独立，支持格加入北约，向格提供经济、军事援助。2008年8月格俄冲突爆发后，向格提供10亿美元援助。2011年"千年挑战基金会"加大对格援助力度，决定再提供1.5亿～2.5亿美元援助，用于格修复公路及医院等。

格奉行亲美政策，借美力量积极推进格改革和加盟入约进程，积极加入美主导的国际反恐联盟，大力发展格美双边关系，格俄冲突后积极寻求美支持。

2011年，格美双方互访频繁，政治、经济和军事的联系与合作更加紧密。双方在《格美战略伙伴宪章》框架下就经济、贸易及能源事务展开会谈，讨论美向格提供援助、帮助格发展经济等问题。2011年3月总统萨卡什维利访美期间重申格是美有价值的朋友和伙伴。7月美参院通过涉格议案支持格领土完整，承认阿布哈兹和南奥塞梯为被俄占领地区，呼吁俄从上述地区撤军，并允许难民和国际观察团返回阿、南两地。美政府已表示2012年将向格提供6600万美元财政援助。

【同土耳其的关系】格将土耳其作为重要战略伙伴，希借助土影响加快加入北约进程。两国经贸关系密切，互访频繁。总统萨卡什维利称格土关系无论在欧洲，还是在本地区都具有典范性意义。2010年土武装力量参谋部向格提供价值150万美元的8辆汽车及后勤装备，两国商谈黑海沿岸高压输变电项目，在边境口岸货物与人员通关手续便利化方面取得进展。2011年两国在发展双边经贸关系、土对格投资及军事教育和后勤保障领域加强合作。土耳其在双边军事合作协议框架内赠送格价值170万美元的军事物资和后勤装备。土是格最大贸易伙伴，2011年双边贸易额为15亿美元。

【同其他国家的关系】格积极发展与周边国家的关系。

2011年格与阿塞拜疆关系平稳发展。1月18日，格外长瓦沙泽访问阿塞拜疆，双方签订了秘密信息保护协议，并讨论边界划界问题。2011年5月，阿塞拜疆决定向格提供5.75亿美元追加贷款，用于完成巴库—阿哈尔卡拉基—卡尔斯铁路项目。

2011年格与亚美尼亚的关系进展顺利，格总统萨卡什维利、总理吉拉乌利、外长瓦沙泽访亚，亚总统谢尔日·萨尔基相、总理季格兰·萨尔基相访格，就双边合作、相互承认民事交强险及边界管理、地区安全稳定局势等问题交换意见。

2011年格与乌双边关系发展良好。7月乌外长格里先科访格重申乌视格为重要伙伴，不会承认阿布哈兹和南奥塞梯独立。

2011年格与伊朗开始实行互免签证制度。

另外，格还将积极发展与欧洲国家关系，探讨与欧洲国家在各领域合作以及格加盟入约问题。格总统、议长、总理、外长等多次出访罗马尼亚、波兰、德国、捷克、葡萄牙、西班牙、意大利、比利时、丹麦、匈牙利、克罗地亚、芬兰、英国、法国等国，就与各国关系、双边和多边国际合作、投资、能源安全、反恐等问题交换意见，并出席国际会议。

欧洲各国领导人以及政府、议会、军事代表团频繁访问格鲁吉亚，包括瑞典、立陶宛、捷克、瑞士、爱沙尼亚、波兰、拉脱维亚、挪威、罗马尼亚等国，商讨格政治经济改革、双边关系与合作、能源安全、区域安全和军事合作、格俄冲突调解以及格加盟入约等问题。

2011年5月，格议会决定单方面向塞尔维亚、伊拉克、阿尔巴尼亚、波黑和黑山公民提供350天免签入境待遇。

【同国际组织的关系】格积极发展同包括"古阿姆"集团、欧盟、欧洲复兴开发银行、国际货币基金组织、世界银行等在内的国际组织的关系。

格鲁吉亚十分重视"古阿姆"，倡导在该组织框架下开展合作。2010年9月20日，格外长瓦沙泽出席在美举行的"古阿姆"国家外长理事会第12次会议，讨论古阿姆组织框架内行动计划方案，并对实施方案进行评估。

格积极发展同欧盟的关系，认真完成欧洲邻国政策行动计划。2011年格高官多次出访欧盟，讨论格与欧盟及北约关系、格俄冲突影响、格俄冲突后地区局势、格欧自由贸易区、格加入欧盟、简化签证制度、欧盟在格冲突地区的作用以及国际观察团在格活动等问题。

欧盟积极调解格俄冲突，向格提供人道和财政援助，派驻欧盟观察员，成立欧盟与格合作委员会，讨论欧盟邻国政策实施和欧盟参与调解格俄冲突问题，支持格领土完整和主权独立。2011年欧盟向格政府提供2620万欧元的财政拨款，其中2110万用于安置波季、巴统和茨卡尔图波地区的难民，510万用于协助格发展职业教育。2011年格与欧盟就联系国地位协定继续举行谈判，并探讨在此框架下建立自由贸易区和互免签证。

此外，格国防部与欧盟驻格观察团签署有关相互交换信息备忘录；格财政部与欧盟签署相互谅解和合作备忘录，格欧简化签证程序协议于2011年3月1日生效。

【同北约的关系】格始终将加入北约作为发展与西方关系的重要目标，视北约为其统一与领土完整、国家安全及民主发展的保障，积极谋求加入北约成员国行动计划，认真执行北约“国别伙伴计划”，加入北约空情信息交换系统，积极开展“强化加入阶段”与北约的合作，呼吁北约在吸收新成员问题上采用“路线图”方式。2011年，格外长、防长多次参加北约各类会议，讨论格与北约关系等问题，积极参加北约在阿富汗维和行动，向阿富汗派遣维和部队960多人。

2011年5月格外长瓦沙泽出席北约外长级会议及北约—格鲁吉亚委员会会议，北约—格鲁吉亚委员会会议首次发表共同宣言，声明支持格主权和领土完整，支持格加入北约。2011年7月北约秘书长拉斯穆森表示，北约支持格领土完整和主权独立，再次呼吁俄收回承认阿、南独立的决定。北约不赞同格俄冲突中俄方所为，但俄格关系不应阻碍俄与北约发展关系，合作是北约与俄关系的基本政策。同年11月拉斯穆森访格。（范颖川）

哈萨克斯坦

国名　哈萨克斯坦共和国（The Republic of Kazakhstan，Республика Казахстан）。

面积　272.49万平方公里。

人口　1673.4万（2011年12月）。131个民族，哈萨克族占64.0%、俄罗斯族占23.7%，其他有乌克兰族、乌兹别克族、日耳曼族和鞑靼族等。哈萨克语为国语，俄语是国家机关和地方自治机关使用的官方语言。多数居民信奉伊斯兰教，此外还有东正教、基督教、佛教等。

首都　阿斯塔纳（Astana，Астана），人口74万（2011年11月）。年最高气温超过40℃，最低气温-50℃，历史最低温曾达-52℃。

国家元首　总统努尔苏丹·阿比舍维奇·纳扎尔巴耶夫（Нурсултан Абишевич Назарбаев），1991年12月1日当选哈萨克斯坦共和国独立后首任总统，1995年4月以全民公决方式将其任期延至2000年。1999年1月10日在提前举行的总统选举中再次当选。2005年12月4日在提前举行的总统选举中连任。2011年4月3日在提前举行的总统选举中继续连任。

重要节日　新年：1月1日；纳乌鲁斯节（春节）：3月21日；祖国保卫者日：5月7日；胜利日：5月9日；宪法日：8月30日；共和国日：10月25日；独立日（国庆节）：12月16日。此外还有肉孜节、古尔邦节等伊斯兰传统节日。

简　况　位于亚洲中部。北邻俄罗斯，南与乌兹别克斯坦、土库曼斯坦、吉尔吉斯斯坦接壤，西濒里海，东接中国。属典型大陆性气候，1月平均气温-19℃～-4℃，7月平均气温19℃～26℃。

公元6～8世纪，建立了突厥汗国。9～12世纪曾建奥古兹族国、哈拉汗国。11～13世纪契丹人和蒙古鞑靼人侵入。15世纪末建立哈萨克汗国，分为大帐、中帐、小帐。16世纪初基本形成哈萨克部族。18世纪30～40年代，小帐和中帐并入俄罗斯帝国。1917年11月建立苏维埃政权，1920年8月26日建立归属俄罗斯联邦的吉尔吉斯苏维埃社会主义自治共和国，1925年4月19日改称哈萨克苏维埃社会主义自治共和国，1936年作为加盟共和国并入苏联。1990年10月25日通过《主权宣言》，1991年12月10日改名为哈萨克斯坦共和国，同年12月16日正式宣布独立，21日加入独联体。

政　治　哈萨克斯坦为总统制共和国，独立以来实行渐进式民主政治改革。2006年建立新的政权党“祖国之光”党，总统纳扎尔巴耶夫亲任该党主席。2010年5月，哈萨克斯坦议会两院全票通过赋予纳扎尔巴耶夫总统“民族领袖”地位的法案。6月，哈总理、上下两院议长联名签署上述法案。10月，哈人民大会通过《民族团结学说》，详细阐述哈民族和宗教政策，在该《学说》的框架下继续保持各民族和睦相处、共同发展的局面。哈将确保经济社会协调发展、维护社会总体稳定视为施政优先方向，着力提高社会福利水平，积极推进反腐斗争。

2011年4月，哈提前举行总统选举，纳扎尔巴耶夫以高票蝉联总统。哈快速摆脱金融危机阴影，经济快速发展的同时，社会深层次矛盾凸显。哈政府采取多项措施，促进就业，保障民生。哈政治形势总体稳定。

【宪法】1995年8月30日经全民公决通过现行宪法，1998年10月7日对其进行修改。宪法规定，哈萨克斯坦为总统制共和国，总统为国家元首，是决定国家对内对外政策基本方针并在国际关系中代表哈萨克斯坦的最高国家官员，是人民和国家政权统一、宪法不可动摇性、公民权利与自由的象征和保证。国家政权以宪法和法律为基础，根据立法、司法、行政三权既分立又相互作用、相互制约、相互平衡的原则实现。2007年6月，哈萨克斯坦议会通过宪法修正案，确定哈萨克斯坦政体由总统制向总统—议会制过渡，首任总统为终身制。哈现任总统纳扎尔巴耶夫本届任期结束后，总统任期将由七年改为五年；扩大议会权限，提升政党作用，下院议员增至107人，其中98人按党派比例，9人由人民大会提名；上院增加8人，为47人，其中由总统任命的上院议员为15人，其他32名议员由哈16个地区每区选出两人。议会多数党团获得组阁权并推举总理人选；扩大地方自治权限，地方行政长官任命须经地方议会同意，州议会议员任期由四年延至五年；推动司法改革，明确法、检两院职责，简化司法程序，保障司法体系。

【议会】国家最高立法机构。由上下两院组成，上院47个席位，下院107个席位。上院（参议院）任期六年，每三年改选一半议员，下院（马日利斯）任期五年。议会的主要职能是：通过共和国宪法和法律并对其进行修改和补充；批准总统对总理、国家安全委员会主席、总检察长、中央银行行长的任命；批准和废除国际条约；批准国家经济和社会发展计划、国家预算计划及其执行情况的报告等。在议会对政府提出不信任案、两次拒绝总统对总理任命、因议会两院之间或议会与国家政权其他部门之间不可克服的分歧而引发政治危机时，总统有权解散议会。

本届议会是哈萨克斯坦实行两院制以来的第五届议会，2012年1月选举产生。议会共154名议员，上院议员47人，其中由总统任命的上院议员为15人，其他32名议员由哈16个地区每区选出两人。本届议会下院议员107人，其中98人按照政党名单选出，其余9人经哈萨克斯坦人民大会推选。根据2012年1月15日举行的议会下院选举结果，“祖国之光”党获得83个议席，光明道路党获得8个议席，共产人民党获得7个议席。

【政府】国家最高行政机关，行使哈萨克斯坦共和国的行政权。其活动对共和国总统负责。本届政府于2007年1月组成。总理卡·马西莫夫（К.Масимов）。截至目前，主要政府成员构成是：第一副总理乌·阿赫梅托夫（С.Ахметов）；副总理叶·奥雷巴耶夫（Е.Орынбаев）、副总理卡·克利姆别托夫（К.Келимбетов），内务部长卡·卡西莫夫（К.Касымов），工业和新技术部长阿·伊谢科舍夫（А.Исекешев），外交部长叶·卡济汉诺夫（Е.Казыханов），文化和信息部长达·门拜（Д.Мынбай），国防部长阿·贾克瑟别科夫（А.Джаксыбеков），教育和科学部长巴.朱马古洛夫（Б.Жумагулов）；环保部长努·卡帕罗夫（Н.Каппаров），农业部长阿·马梅特别科夫（А.Мамытбеков），交通通信部长阿·茹马加利耶夫（А.Жумагалиев），劳动和社会保障部长古·阿布济卡利科娃（Г.Абдыкаликова，女），紧急状况部长弗·博日科（В.Божко），财政部长博·让米舍夫（Б.Жамишев），经济发展和贸易部长巴·萨津塔耶夫（Б.Сагинтаев），石油天然气部长萨·门巴耶夫（С.Мынбаев），司法部长别·依马舍夫（Б.Имашев）。

【行政区划】全国划分为14个州和两个直辖市。

【司法机构】有共和国最高司法委员会、司法鉴定委员会、宪法委员会、最高法院和各级地方法院。2001年初，哈萨克斯坦通过《司法体系与法官地位法》，规定法官独立司职，只服从宪法和法律。最高司法委员会由总统主持，现任主席为塔·多纳科夫（Т.Донаков），2012年1月就任，其成员包括宪法委员会主席、最高法院院长、总检察长、司法部长、上院议员等。宪法委员会主席伊·罗戈夫（И.Рогов），2004年6月就任。最高法院院长别克塔斯·别克纳扎罗夫（Бектас Бекназаров），2011年4月就任。总检察长阿斯哈特·道尔巴耶夫（Асхат Даулбаев），2011年4月就任。

【政党】哈萨克斯坦独立后实行多党制。2002年7月颁布《政党法》，规定只有党员人数超过5万，在全国14个州和两个直辖市均设有分支机构，且各分支机构成员达到700人以上的政党才可在司法部获准登记。截至2011年12月，哈萨克斯坦司法部共登记有9个政党，其中主要有：

（1）“祖国之光”人民民主党（Народно-демократическая партия “НУР ОТАН”）：2006年12月22日成立并登记，现有党员77万，是哈萨克斯坦最大政党。该党完全支持纳扎尔巴耶夫总统的政策。主张在社会伙伴关系与和谐等原则基础上建立自由开放的社会；主张加强国家社会职能；在经济方面，主张加强国家对经济的宏观调控能力；在对外关系方面，主张巩固和发展同俄罗斯、中亚邻国和中国等国家的睦邻友好关系。该党全力支持纳扎尔巴耶夫总统提出的“哈萨克斯坦道路”发展纲领，致力于研究落实具体改革措施，并主张维护现行宪法，充分发掘其潜力。纳扎尔巴耶夫总统亲自出任该党主席，第一副主席为尼格马图林。该党在哈萨克斯坦议会下院和地方议会拥有绝对多数席位。2008年以来，该党在完善组织结构，及时进行人事更新和调整的同时，积极响应纳扎尔巴耶夫总统的号召，着力推进青年干部培养，积极协助政府开展反腐工作，在国家政治生活中的影响进一步扩大。

（2）哈共产人民党（Коммунистическая народная партия Казахстана）：2004年4月哈共产党分裂后成立，现有党员9万人，党主席伟科萨列夫。该党自称为建设性反对派，党员主要为工人、学生、知识分子、退休人员、企业家等。在2012年1月议会下院选举中获得7.19%选票，进入议会。目前在议会拥有7个席位。

（3）"光明道路"民主党（Демократическая партия Казахстана "Ак жол"）：成立于2002年4月，党员17.6万人。该党是哈"建设性反对派"。主席为佩鲁阿舍夫。在2007年8月举行的哈议会下院选举中，该党获得3.27%的选票，未能跨越7%的议会门槛。在2012年1月哈议会下院选举中，该党获得7.43%的选票进入议会。在议会拥有8个席位。该党宗旨是建设独立、繁荣、民主、自由、公正的哈萨克斯坦，是哈政治民主化运动的主要参与者和推动者。

此外，通过司法部登记的合法政党还有国家社会民主党（Государственная социально-демакратическая партия и《Азат》 简 称ГСДП《Азат》）、哈爱国者党（Партия патриотов Казахстана）、哈共产党（Коммунистическая партия Казахстана）、哈"农村"社会民主党（Казахстанская социал-демократическая партия "Ауыл"）、精神复兴党（Партия "Руханият"）。

【重要人物】努尔苏丹·阿比舍维奇·纳扎尔巴耶夫：总统。1940年生于阿拉木图州卡斯克连区切莫尔干村，哈萨克族。先后毕业于卡拉干达钢铁公司附属工厂大学、苏共中央高级党校函授班。1960年参加工作，当过高炉工、钢铁公司党委书记。1977年任卡拉干达州党委第二书记、第一书记。1979年任哈萨克共产党中央书记。1984 ~ 1989年任哈萨克共和国部长会议主席。1989年任哈共中央第一书记。1990年2月兼任哈萨克最高苏维埃主席。同年4月任哈萨克总统。1991年"8·19"事件后宣布辞去哈共中央第一书记职务，并声明不参加任何政党。1991年12月1日以98.76%的选票当选哈萨克斯坦共和国独立后第一任总统，1995年4月以全民公决方式将其任期延至2000年。1999年1月10日在提前举行的总统选举中以79.78%的选票再次当选。2005年12月以91%的选票再度连任总统。2011年4月3日在提前举行的总统选举中以95.5%的选票再度连任总统。其主要著作有：《探索之路》、《哈萨克斯坦主权国家形成和发展战略》、《站在21世纪门坎上》、《欧亚联盟：观念、实践和前景。1994 ~ 1997》、《2030—哈萨克斯坦战略》、《在历史的激流中》、《和平的震中》、《关键的十年》等。已婚，有三个女儿。　**凯伊拉特·阿布德拉扎科维奇·马米：**上院议长。1954年5月9日生于哈阿拉木图州。1981年毕业于哈萨克斯坦基洛夫国立大学法律系。1990 ~ 1993年为哈萨克苏维埃共和国最高法院成员。1993 ~ 1995年任阿拉木图市法院院长。1995 ~ 1999年任哈萨克斯坦最高法院执行院长。1999年2 ~ 8月任哈萨克斯坦司法部副部长。1999年8月至2000年9月，任哈萨克斯坦总统办公厅副主任。2000年9月至2009年4月，任哈萨克斯坦最高法院院长。2009年4月被任命为哈萨克斯坦总检察长。2011年4月15日被总统任命为上院议员，同时被选为上院议长。已婚，有三个子女。　**努尔兰·扎伊卢拉耶维奇·尼格马图林：**下院议长。生于1962年。1990 ~ 1993年任哈萨克斯坦青年组织委员会主席。1993 ~ 1995年任哈萨克斯坦—美国联合企业《腾格里》总裁。1995 ~ 1999年任国家检查员、总统办公厅机构监管处副处长。1999 ~ 2002年任阿斯塔纳市副市长。2002 ~ 2004年任交通运输部副部长。2004年6月起担任总统办公厅副主任。2006年1月至2009年11月，任卡拉干达州长。2012年1月20日当选为下院议长。　**卡里姆·卡日姆卡诺维奇·马西莫夫：**总理。生于1965年。毕业于莫斯科卢蒙巴民族友谊大学。国际法学家、经济学博士。1988 ~ 1991年就读于中国北京语言学院和武汉大学。1991年任苏联驻华使馆商务处法律顾问。1992 ~ 1993年任哈萨克斯坦外经贸部驻中国新疆乌鲁木齐办事处专家。1994 ~ 1995年任哈萨克斯坦贸易之家驻香港执行经理。1995 ~ 2000年历任阿拉木图贸易金融银行、哈萨克斯坦人民储蓄银行总裁。2000 ~ 2001年任运输通讯部长。2001年11月至2003年6月任副总理。2003年6月任总统外事、经济问题助理。2006年1月至2007年1月任副总理。2007年1月，被任命为总理。2011年4月连任总理。2012年1月哈举行第五届议会下院选举后，留任总理。已婚，有三个子女。

经　济

金融危机前10年是哈经济发展的"黄金时期"，GDP年均增长10%左右，经济总量扩充5倍，外贸额增长6倍，经济实力占中亚五国总量的2/3。金融危机爆发后，哈经济增长速度骤减。2008年GDP增幅降至3.2%。2009年上半年GDP为负增长，但进入下半年经济滑坡势头基本得到扼制，全年GDP维持1.2%的正增长。2010 ~ 2011年，随着世界经济的复苏、国际市场需求恢复以及能源和金属等国际价格稳定，哈经济开始强劲反弹，出口开始增长。此外，主要贸易伙伴国的经济恢复、需求增长一定程度上也促进哈商品出口。关税同盟的深入发展，对哈贸易增长亦有一定贡献。哈全力推进"工业路线图计划"和"至2020年商业路线图计划"。其中，工业路线图计划实施609个项目，总额达96万亿坚戈。2010 ~ 2011年在工业路线图计划框架内共建设389个项目，总额达1.8万亿坚戈，创造了9万个就业岗位。2010年以来，在至2020年商业路线图计划框架内，政府对拥有9.5万员工的1000家企业的820个项目进行了补贴，总额达2514亿坚戈。2011年主要经济数据如下：

国内生产总值：1862亿美元。

人均国内生产总值：11000美元。

国内生产总值增长率：7.5%。

货币名称：坚戈（ТЕНГЕ）。

汇率：1美元=147.94坚戈。

通货膨胀率：7.4%。

失业率：5.4%。

【资源】矿产资源丰富。黑色金属：目前探明铁矿储量91亿吨、铁锰伴生矿5亿吨、锰矿6亿吨、铬矿4亿吨。有色金属：铜矿总储量为3450万吨，铅储量为1170万吨，锌矿储量2570万吨，已探明黄金储量为1900吨，钨矿储量为200万吨，铀矿已探明储量150万吨。石油和天然气：陆上石油探明储量为48亿～59亿吨，天然气3.5万亿立方米；哈属里海地区石油探明储量80亿吨，其中最大的卡沙甘油田石油可采储量达10亿吨，天然气可采储量超过1万亿立方米。

【工业】2011年工业产值增长3.5%，达156576亿坚戈（约1068亿美元），其中矿山开采业增长1.3%，加工工业增长6.2%，供电、气增长7.4%。

【农牧业】截至2011年底，哈农业产值为22566亿坚戈，约合154亿美元，同比上升26.7%。2011年哈畜牧业产值同比下降0.7%，为9441亿坚戈；种植业产值增长58.6%，达13051亿坚戈。2011年，哈绵羊数量达1539.94万只（增长0.6%），马155.11万匹（增长1.5%），禽类3289.6万只（增长0.4%）；猪122.33万头（下降9%），山羊264.4万只（下降1.2%），牛570.59万头（下降7.6%）。

【建筑业】2011年向建筑业投资4171亿坚戈，同比增长19.2%。全年共有6529个住宅项目开工。建筑业产值增长3%。

【财政金融】近年财政收支状况如下（单位：亿坚戈）：

	2009	2010	2011
财政收入	35103	37912	53708
财政支出	40030	39199	54232
赤字或盈余	-4927	-1287	-524

截至2011年底，哈外债总额为1128.56亿美元。其中政府外债42.23美元，占总额的3.4%。长期外债1046.37亿美元，短期外债185.28亿美元。商业外债余额规模持续下降，下降至165.11亿美元。

【主要金融机构】哈萨克斯坦中央银行为哈国内金融货币政策的制定机构，哈国家开发银行为哈国有政策性银行，负责配合国家金融政策实施和对国有重大项目贷款支持。哈最大国有金融机构为“萨姆鲁克—卡森纳”基金会。

主要商业银行为（按资产排名）：（1）哈萨克斯坦商业银行（АО Казкоммерцбанк）；（2）哈萨克斯坦人民银行（Народный Банк Казазстан）；（3）图兰—阿列姆银行（АО БТА Банк）；（4）中央贷款银行（АО Банг ЦентрКредит）；（5）阿拉木图商业金融银行（АО АТФ Банк）；（6）联合银行（АО Альянс Банк）；（7）欧亚银行（АО Евразийский Банк）；（8）努尔银行（АО Нурбанк）。

【著名公司】（1）哈萨克斯坦国家石油天然气公司：业务范围为石油、天然气的勘探、开采、加工、运输。

（2）哈萨克斯坦石油运输公司：业务范围为石油运输。

（3）哈萨克斯坦天然气运输公司：业务范围为天然气运输。

（4）阿德劳石油加工厂：业务范围为石油制品加工。

（5）田吉兹雪弗龙公司：业务范围为石油开采。

（6）中石油阿克纠宾油气股份有限公司：阿克纠宾油气股份公司位于哈萨克斯坦北部阿克纠宾斯克州，成立于1981年3月。业务范围：石油和天然气开采。

（7）中石油“PK”公司：2005年10月26日中石油斥资41.8亿美元成功收购哈萨克斯坦石油公司（Petro Kazakhstan，以下简称“PK”公司）。PK公司是一家上下游一体化的国际化石油公司，中石油进入之前其股票在多伦多、纽约、法兰克福、伦敦和哈萨克斯坦股票市场挂牌交易。

（8）中石油国际（北布扎奇）公司：北布扎奇油田位于里海东岸布扎奇半岛北端，行政上隶属哈萨克斯坦曼吉斯套州，油田总部位于阿克套市。

（9）米塔尔哈萨克钢铁公司：钢铁联合企业。业务范围为生产钢、钢材等。

（10）哈萨克铜业公司：业务范围为铜及其他矿产资源开发、选矿。

（11）“萨姆鲁克—卡森纳”国家基金。下辖国内大型国有企业、主要投资机构、金融组织500多家，涵盖哈萨克斯坦国内几乎所有支柱产业和金融服务领域，总资产约占哈国民生产总值的1/4。2009年2月哈萨克斯坦总统签署《国家基金法》，正式以法律形式明确了“萨姆鲁克—卡森纳”国家基金的法律地位、工作制度、目标、任务、职责以及下属机构及组织等。该法规定：国家基金所持股份为国家财产，禁止私有化、进入证券市场或以其他方式出让；当战略资产持有机构或具有重要战略意义的经济组织倒闭时，政府可实施优先购买权，通过基金收购所有者出让的战略资产和竞标股份；基金有权通过银行法中规定的方式收购商业银行股份；对矿产资源开采权出让或矿产企业股份出让，政府（通过基金或国有公司）具有优先购买权等。

（12）“哈萨克原子能工业”公司：哈萨克斯坦铀

矿及其化合物、稀有金属、核燃料、专有设备、技术和二级原材料的国家出口企业，主要从事地质勘探、铀矿开采、核燃料生产、反应堆建造、电力生产、稀有金属冶炼和结构金属生产、科学研究、社会保障和专业技术人员培训等业务。

【对外贸易】2011年外贸总额为1261亿美元，增长41.8%；其中出口额881亿美元，增长49%，进口额380亿美元，增长28%。近年对外贸易情况如下（单位：亿美元）：

	2009	2010	2011
总　额	716	889	1261
出口额	432	592	881
进口额	284	297	380
差　额	148	295	501

2011年，哈萨克斯坦主要出口对象国前五位分别是：俄罗斯（18.9%）、中国（16.9%）、意大利（12.8%）、荷兰（5.5%）、法国（4.9%）。哈同期与独联体成员国双边贸易额达326亿美元，占对外贸易总额的25.9%。哈与独联体内关税同盟成员国俄罗斯、白俄罗斯双边贸易额为245亿美元。

从商品结构上看，主要出口商品：矿产品占77.8%（包括石油及石油产品），非贵金属及其制成品占13.2%，化学制品塑料和橡胶占3.7%，食品和食品原料占2.1%，机械、设备、交通工具、仪器和仪表占0.9%。

【外国投资】独立20年来，哈萨克斯坦累计吸引外资1500亿美元。2011年哈萨克斯坦共引进外国直接投资180亿美元。

人民生活　人均国内生产总值：11000美元。

军　事　共和国总统为武装力量最高统帅。和平时期由国防部通过参谋长委员会对武装力量实施领导。国防部负责组织国防建设、制定和实施军队建设和发展规划，为部队提供资金、物资技术和装备保障。参谋长委员会为平时和战时的主要军事指挥机构，负责部队的训练、动员和作战指挥。哈萨克斯坦武装力量组建于1992年5月7日，现设陆军、空中防御力量和海军三个军种和航空机动部队、火箭与炮兵部队两个兵种（归陆军司令部指挥），陆军下设东、南、西和“阿斯塔纳”四个地区司令部，军队总人数为7.4万人。另有国家安全委员会、边防总局、内卫部队、共和国近卫军以及紧急情况部所属部队等其他军事力量，总计约16万人。哈萨克斯坦于2003年初步建立了按各军种设立的军事教育网络，全军最高学府为“国防大学”。2010年对部分军事院校进行了裁撤和调整；国安委和内务部分别设有下属院校；有近二十所地方院校军事系负责为哈军培养各方面人才。

2010年底公布2011～2013年国家财政预算，三年的国防预算总额为43.4亿美元，其中2011年国防预算为13亿美元，约占国民生产总值的0.9%，较2010年增长15%。2012年国防预算为14.4亿美元，2013年为16亿美元。

文化教育　近年来，哈萨克斯坦文化领域建设有了显著发展，文化机构在各地区的网点建设进一步扩大，文化和视觉艺术活动的举办次数稳步提高，文化及休闲场所的基础设施建设发展迅速。截至2011年底，哈现有国家级文化艺术单位40家，其中剧院9家，音乐厅6家，图书馆3家，博物馆6家，地方志博物馆9家，电影公司1家。地方文化艺术单位和组织约8000多家，其中博物馆173处，图书馆4078家，俱乐部2859家，剧院44家，音乐厅25家，电影院31家，电影放映室458家，动物园4家，马戏团2家，文化休闲公园26处。

【教育】哈萨克斯坦教育基础较好，全社会基本无文盲，5～24岁人群受教育率达到85%。近年来，教育改革力度加大，除中小学义务教育外，国立高校采取奖学金制和收费制两种方式。中等教育为11年制，共有中小学7839所，在校学生253.3万人，教职人员27.9万人，中小学哈萨克语学习时间1～11年级达到57学时/周，其中超过40所中小学使用哈、俄、英三语授课。3828所中小学使用哈语教学，2164所使用俄、哈双语教学，1578所使用俄语教学。哈有职业技术学校894所，在校学生60.4万人，教职人员近4万；哈各类高等教育院校144所，其中国家级大学9所，国立大学32所，国有参股大学14所，私立大学75所。高校在校学生总人数为62.04万人，教职人员3.9万。哈主要大学有：欧亚国家大学、哈萨克斯坦阿里法拉比国家大学、哈萨克斯坦阿拜国家师范大学、哈萨克斯坦国家技术大学、哈萨克斯坦国家农业大学、哈萨克斯坦国家医科大学。

【新闻出版】目前，哈登记在册的新闻媒体共有近8000家，其中只有2466家媒体真正发行或广播，包括报纸1593份，杂志650份，电视和广播媒体212家，通讯社11家。80%以上为私营媒体，使用14种语言发行广播。哈境内共有2392家外国媒体活动，其中2309份报刊和83家广电媒体。

主要报刊：《哈萨克斯坦真理报》（俄文日报），发行量10万份；《主权哈萨克斯坦报》（哈文日报），发行量1万份；《快报》（俄文日报），发行量2万份；《先行者报》（俄文日报），发行量3.36万份；《埃肯报》（哈文日报），发行量3.93万份；《商队报》（俄文周报），发行量25万份；《大都市报》（俄文周报），发行量5.8万份；《全景报》（俄文周报），发行量2万份；《实业周报》（俄文周报），发行量1万多份。

主要通讯社：（1）哈萨克斯坦通讯社，是哈唯一的国家通讯社，前身系前塔斯社哈萨克分社，拥有80

多年的历史，在北京、纽约、莫斯科、布鲁塞尔、塔什干和比什凯克设有记者站。（2）“今日—哈萨克斯坦”通讯社，成立于2000年，系私营媒体。（3）“国际文传电讯—哈萨克斯坦”通讯社，系俄罗斯国际文传电讯社驻哈分社。

主要广播电台：（1）哈萨克斯坦国家广播电视公司（国家控股）下属的哈萨克电台。（2）“哈巴尔”广播电视公司（国家控股）下属的“哈巴尔热点调频”电台。（3）“俄罗斯—亚洲”电台，俄罗斯电台与哈合办。

主要电视台：（1）“哈巴尔”广播电视公司（国家控股）下属的“哈巴尔”电视台、“叶尔阿尔纳”无线电视频道以及“里海网络”卫星频道。其中“哈巴尔”电视台日播出节目14小时，受众1700万人，覆盖率达95.7%，在北京、莫斯科、塔什干和比什凯克设有记者站。“叶尔阿尔纳”无线电视频道达75.5%。“里海网络”卫星频道昼夜滚动播出，可覆盖欧洲、中亚、中东和北非部分地区，潜在受众高达9900万。（2）哈萨克斯坦国家广播电视台公司（国家控股）下属的哈萨克斯坦国家电视台。日播出节目15小时，覆盖率达96.25%。（3）“第一频道—欧亚”电视频道，俄“第一频道”与哈合办，覆盖率达78.6%。（4）商业电视台，系哈私营电视台，日播出节目15小时，覆盖率达81%。

【科技】2011年，哈科技开发投入总额继续增加。2011年，哈颁布新的科学法，对科技经费分配、管理和监督机制进行改革。据资料统计，哈全国共有科研机构412家，员工18003人，其中科研人员10870人，博士1486人，副博士3286人，科研人员人均工资103571坚戈/月（2010年）。2011年哈国家科研经费投入433.516亿坚戈，科技总投入445.133亿坚戈，占国内生产总值0.16%。

对外关系

2011年，哈继续奉行全方位、平衡务实的多元外交，积极扩大其在地区和国际事务中的影响。俄罗斯、中国、中亚、美国、欧盟以及伊斯兰国家依然是哈的外交重点。同时，哈也在逐步扩大与亚太及拉美国家的交往。

【同中国的关系】1991年12月27日，中国承认哈萨克斯坦独立。1992年1月3日，中哈正式建交。2005年7月，中哈建立战略伙伴关系。2011年6月，中哈宣布发展全面战略伙伴关系。

2011年两国关系进一步深化，在上海合作组织、亚信等多边框架内的合作不断加强。2月10～12日，中联部副部长陈凤祥率中共代表团出席哈执政党“祖国之光”第十三次党代会。2月21～23日，哈总统纳扎尔巴耶夫对华进行国事访问。其间，胡锦涛主席、吴邦国委员长和温家宝总理与纳举行会见、会谈。3月30日，上海合作组织成员国禁毒部门领导人会议在哈举行，公安部副部长张新枫率团与会。4月26～30日，国务委员兼公安部长孟建柱赴哈出席上海合作组织成员国第二次公安内务部长会议、第六次安全会议秘书会议并对哈进行访问。5月12～13日，杨洁篪外长在哈出席上海合作组织外长会议。5月22～28日，应中国共产党邀请，哈执政党“祖国之光”人民民主党第一副主席努尔兰·尼格马图林率该党代表团访华。全国政协主席贾庆林，中共中央政治局委员、中央书记处书记、中宣部部长刘云山分别与尼会见。6月12～15日，胡锦涛主席对哈进行国事访问，并出席上海合作组织成立十周年纪念峰会。访哈期间，胡锦涛主席与哈总统纳扎尔巴耶夫和总理马西莫夫分别举行会谈、会见。6月21～28日，新疆维吾尔自治区副主席靳诺率团访哈，会见哈方教育部门官员并视察新疆农大与哈国家农业大学建立的汉语教学中心。6月27～30日，社科院秘书长黄浩涛率团访哈，出席第三届中哈专家委员会会议。6月29日，哈执政党“祖国之光”党致信祝贺中国共产党建党90周年。6月30日，甘肃省省长刘伟平访哈，分别会见哈工业和新技术部副部长萨乌兰巴耶夫、哈经济发展和贸易部部长克利姆别托夫。8月1～4日，统战部副部长朱维群访哈并会见哈人民大会副主席季莫先科、哈国际文化与宗教中心主任阿布奥夫。8月31至9月1日，哈第一副总理伊谢克舍夫来华出席首届中国—亚欧博览会，李克强副总理与伊举行会见。9月7～9日，哈外长卡济汉诺夫访华。其间，习近平副主席、杨洁篪外长分别与卡举行会见和会谈。9月23～27日，全国人大常委会委员长吴邦国对哈进行正式友好访问，其间分别与哈总统纳扎尔巴耶夫、上院议长马米、下院议长穆罕默德扎诺夫举行会见、会谈。10月19日，内蒙古自治区政协主席任亚平率团访哈，会见哈工商界代表。10月25～29日，全国政协外委会副主任马秀红率团访哈。11月7日，国务院总理温家宝在圣彼得堡会见出席上海合作组织成员国总理第十次会议的哈总理马西莫夫。12月20～24日，新疆维吾尔自治区政协主席艾斯海提·克里木拜访哈，与哈上院议长马米、副总理兼工业和新技术部长伊谢克舍夫会见，并举办庆祝中哈建交20周年系列活动。

2011年，中哈经贸合作保持良好发展势头，双边贸易额249.5亿美元、同比增长22%，其中中方出口额95.7亿美元，同比增长2.6%，进口额153.8亿美元，同比增长38.2%。中方主要出口机电产品、服装、鞋类等，主要进口铜及铜材、钢材、原油等。

中国驻哈萨克斯坦大使：周力。馆址：37, Kabanbai batyra Av. Astana, Republic of Kazakhstan（阿斯塔纳市卡班贝巴图拉大街37号）。电话：（0077172）793570；传真：793565。领事部电话：793583。商务处电话：790664；传真：790666。

哈萨克斯坦驻华大使：叶尔梅克巴耶夫（Nyrlan Ermekbaev）。馆址：北京市朝阳区三里屯东六街9号。

电话：010-65326182。传真：65326183。邮政编码：100600。

【同俄罗斯的关系】2011年，哈俄战略伙伴关系稳步发展。两国领导人继续保持高频率的会晤和对话，在对外政策上保持高度的协调一致。3月17日，哈总统纳扎尔巴耶夫访问俄罗斯。6月17日，纳再次访俄并出席圣彼得堡世界经济论坛。12月19日，纳访俄并出席欧亚经济最高委员会会议、集体安全条约组织委员会会议、独联体国家非正式会议。2011年，俄、白、哈关税同盟生效。在一体化和双边关系框架下，两国经济、能源联系进一步加强，在加入世界贸易组织进程上步调一致，在油气资源开发、外运，原子能及矿产资源开发利用的合作不断深化。

国际金融危机后，哈俄经济合作保持高水平增长。2011年两国贸易额超过190亿美元，同比增长30%。其中哈向俄进口额120.9亿美元，出口额60.8亿美元。在哈有约3000家俄罗斯企业。俄在哈累计投资额超过70亿美元。俄罗斯一些大公司，如卢克石油公司、俄天然气工业公司等都活跃在哈能源和其他行业。俄有近80个联邦主体与哈有贸易经济联系。跨地区和边境贸易额占俄哈商品周转额的70%以上。

【同独联体国家的关系】2011年，哈与独联体国家继续稳步发展，独联体和集安组织领导人多次会晤，继续就两大组织的发展保持沟通。

1月25日，哈教育和科学部长访问白俄罗斯。3月15日，哈总理马西莫夫对白俄罗斯进行工作访问。5月25日，白俄罗斯总统卢卡申科访问哈萨克斯坦，卢卡申科与哈总统纳扎尔巴耶夫举行一对一会谈和大范围会谈。双边签署旨在促进两国政治、经济、人文等领域关系发展的共同宣言。5月30～31日，哈外长卡济汉诺夫参加集体安全条约组织成员国外长委员会会议。会议主要讨论集安组织与其他国际组织合作问题。9月16日，吉尔吉斯斯坦与哈萨克斯坦政府间会议。10月24～26日，哈下院议长穆罕默德让诺夫访问白俄罗斯并出席集安组织议会委员会会议。11月24～25日，在阿斯塔纳举行第九届哈萨克斯坦—塔吉克斯坦政府间经贸合作委员会会议。哈塔之间还建立了《哈塔直接投资基金》。12月21日，独联体成立20周年峰会在莫斯科召开，独联体各国元首聚首莫斯科，回顾20年来发展成就及其发展前景。为拓展和充实各成员国之间的文化合作，此次峰会还决定实施《联合体文化首都》政府间计划。宣布哈萨克斯坦阿斯塔纳和土库曼斯坦马雷为2012年联合体文化首都。

【同美国的关系】2011年哈美关系稳步上升，双方在阿富汗问题、中亚地区安全问题、防扩散问题、禁毒问题上紧密配合。1月，哈国务秘书兼外长萨乌达巴耶夫访美。6月，哈科技问题特使访哈。6月，美助理国务卿布莱克访哈，协调在中亚禁毒等问题。9月，纳扎尔巴耶夫总统出席联合国第66届大会并对美进行工作访问，与美国总统奥巴马举行会晤，就双边关系、核安全及反恐等问题交换意见。纳宣布支持美提出的“新丝绸之路计划”。10月，纳出席在哈阿拉木图和塞米市举行的国际无核世界论坛暨哈核试验场关闭20周年，美能源部副部长及堪萨斯州长参加。

美是哈最大贸易伙伴国之一。2011年，双边贸易额达27.4亿美元，比2010年增长26%。对哈投资10.39亿美元，主要投资领域为采矿、不动产、交通通讯、经贸、油气开采等。2011年，哈完成与美国的加入世贸组织谈判。

【同欧洲国家的关系】哈欧1999年签署的合作伙伴协定是发展双边关系的基础。2011年10月，双边就修订该协定进行第一轮谈判。2011年6月，欧盟和哈萨克斯坦议会间合作委员会10周年会议在布鲁塞尔举行。4月，哈总统纳扎尔巴耶夫在核能峰会期间会晤欧委会主席巴罗佐，9月在第66届联大期间会晤欧洲理事会主席范龙佩，进一步深化了哈同欧盟关系。

双边经贸关系高速发展。欧盟连续五年是哈的主要贸易伙伴国和投资国。2011年双边贸易额为500亿美元。1993～2011年，欧盟对哈投资总额为657亿美元，主要投资国为荷兰、意大利、英国和法国。哈是除欧佩克组织国家之外，仅次于俄罗斯和挪威的对欧能源供应国。

【同伊斯兰国家的关系】2011年，哈积极发展同伊斯兰国家关系，担任伊斯兰合作组织轮值主席国。与伊斯兰世界大国保持密切交往。同时哈还积极呼吁伊斯兰世界应当以平等、开放、宽容、互相尊重与理解为基础共同应对时代挑战，用伊斯兰智慧推动国际热点问题的解决，参与构建21世纪国际新秩序，在国际舞台上推动文明对话。

6月28～30日，伊斯兰会议组织外长会召开，会议将该组织更名为伊斯兰合作组织，哈担任轮值主席国。8月2～4日，哈外长卡济汉诺夫访问土耳其。9月26～27日，哈与阿富汗政府间委员会会议在阿斯塔纳举行。

【同亚太及非洲国家的关系】2011年哈同亚太及非洲主要国家继续保持双边友好交往，通过高层互访继续推动双边关系向前发展。

4月15～16日，印度总理辛格访哈，双方签署了《民事司法协助条约》、战略伙伴关系发展规划、和平利用核能合作协议及一系列涉及农业、卫生等领域的合作协议。8月24～25日，韩国总统李明博对哈正式访问，两国元首讨论了涉及发展双边经贸、能源关系等问题，并就地区和国际局势交换意见。10月，南非副总统访问哈。11月29日，哈副外长萨雷拜参加在东京举行的第三轮哈日外事部门政治磋商。　（张赫成）

韩 国

国名 大韩民国（Republic of Korea）。

面积 10.021万平方公里。

人口 约5000万。为单一民族，通用韩国语，50%左右的人口信奉基督教、佛教等宗教。

首都 首尔（Seoul），人口1044.8万，面积605平方公里，年均气温11.6℃。

国家元首 总统李明博（Lee Myung-bak），2007年12月19日当选，2008年2月25日就任。

重要节日 元旦：1月1日；独立运动纪念日：3月1日；佛诞日：阴历四月初八；显忠日：6月6日；制宪节：7月17日；光复节：8月15日，纪念从日本殖民统治下光复（1945年）和大韩民国建国（1948年）；中秋节：阴历八月十五；开天节：10月3日，传说中的古朝鲜建国日；圣诞节：12月25日。

简 况

位于亚洲大陆东北部朝鲜半岛南半部。东、南、西三面环海。属温带季风气候，年均气温13℃～14℃，年均降水量约1300～1500毫米。

1910～1945年，朝鲜半岛沦为日本殖民地。1945年8月日本投降，美苏军队分别进驻半岛南北部。1948年8月15日半岛南半部建立大韩民国，李承晚出任首届总统。1960年李承晚在全国性学生运动中下台，同年8月尹潽善任总统。1961年朴正熙发动军事政变，此后长期执政。1979年朴正熙遇刺身亡，全斗焕发动政变，并于1980年出任总统。1987年韩国修改宪法，实行总统直选，同年卢泰愚当选第13届总统。此后金泳三、金大中、卢武铉和李明博先后当选第14～17届总统。

政 治

2007年12月，韩国举行总统选举。大国家党候选人李明博以48.6%的得票率胜出，当选韩国第17届总统，2008年2月25日正式就任。李明博就任后调整政府机构，将原有19个部、处精简合并为17个。

【宪法】1987年10月全民投票通过现宪法，1988年2月25日生效。

【议会】国会，立法机构。主要职能包括：审议各项法案；审议国家预决算；监察政府工作；批准对外条约以及同意宣战或媾和、弹劾总统和主要政府官员、否决总统的紧急命令等。实行一院制，共300个议席，议员任期四年。本届国会是第19届国会，2012年4月选出，现议席分布情况为：新国家党（执政党）152席，民主统合党127席，其他政党和无党派人士21席。国会设议长和2名副议长，由议员投票选举产生，任期两年。现任议长姜昌熙，2012年7月就任。

【政府】内阁，设17个部、处，总统兼任政府首脑，国务总理辅助总统工作。现任总理金滉植，2010年10月就任。现内阁主要成员有：国务总理金滉植、企划财政部长官朴宰完、教育科学技术部长官李周浩、外交通商部长官金星焕、统一部长官柳佑益、法务部长官权在珍、国防部长官金宽镇、行政安全部长官孟亨奎、文化体育观光部长官崔光植、农林水产食品部长官徐圭龙、知识经济部长官洪锡禹、保健福祉家庭部长官林采民、环境部长官刘荣淑、雇佣劳动部长官李埰弼、女性部长官金锦来、国土海洋部长官权度烨、法制处处长郑善太、国家报勋处处长朴胜椿。

【主要网址】总统府：http：//www.president.go.kr；外交通商部：http：//www.mofat.go.kr。

【行政区划】全国划分为1个特别市：首尔特别市；9个道：京畿道、江原道、忠清北道、忠清南道、全罗北道、全罗南道、庆尚北道、庆尚南道、济州特别自治道；6个广域市：釜山、大邱、仁川、光州、大田、蔚山。

【司法机构】审判机关有大法院、高等法院、地方法院和家庭法院。大法院是最高审判机关，院长由总统任命，须经国会同意，任期六年，不得连任，现任院长梁承泰。另设有宪法法院，现任院长李康国。

检察机关有大检察厅、高等检察厅和地方检察厅，隶属法务部。大检察厅是最高检察机关，大检察厅长称检察总长，由总统任命，无需国会同意，现任检察总长韩相大。

【政党】（1）新国家党：执政党。前身为1990年成立的民主自由党，1995年改名为新韩国党，1997年新韩国党和韩国民主党合并，改称大国家党。2012年2月改用现名称。该党曾长期执政，但在1997年和2002年两次大选中以微弱的票差失利，后在2007年大选中获胜，重又成为执政党。现为国会第一大党，党首黄祐吕。

（2）民主统合党：前身为金大中领导的新政治国民会议。1997年金大中当选总统后，该党成为执政党。2003年该党分裂为开放国民党和民主党，2008年2月又合并为统合民主党，7月改名为民主党。2011年12月，民主党与市民统合党、韩国劳动组合总联盟合并为民主统合党。现为国会第二大党，党首李海瓒。

【重要人物】李明博：第17届总统。1941年12月生于日本大阪，1945年随父母返回韩国。1965年毕业于韩国高丽大学工商管理系，同年进入现代集团。先后任该集团旗下现代建设、仁川制铁等10个子公司的会长或社长。1992年、1998年两次当选国会议员。2002 ~ 2006年任首尔特别市市长。2007年12月作为大国家党候选人当选韩国第17届总统，2008年2月就任。信奉基督教，著作有《绝非神话》、《经营未来》等。　**金滉植**：国务总理。1948年8月生。毕业于韩国首尔大学法学院。1974年起历任首尔高等法院法官、光州地方法院院长、大法院大法官，2008年9月担任监察院长，2010年10月就任国务总理。

经　济

20世纪60年代，韩国经济开始起步。70年代以来，持续高速增长，人均国民生产总值从1962年的87美元增至1996年的10548美元，创造了“汉江奇迹”。1996年加入经济合作与发展组织（OECD），同年成为世界贸易组织（WTO）创始国之一。1997年亚洲金融危机后，韩国经济进入中速增长期。

产业以制造业和服务业为主，造船、汽车、电子、钢铁、纺织等产业产量均进入世界前10名。大企业集团在韩国经济中占有十分重要的地位，目前主要大企业集团有三星、现代汽车、SK、LG和KT（韩国电信）等。

2008年10月以来，受国际金融危机影响，韩经济明显下滑。韩政府迅速采取包括大规模财政刺激等一系列政策，金融市场全面回暖，实体经济企稳回升，企业和消费者信心不断增强，成为经济合作与发展组织成员国中率先走出谷底的国家。2011年经济数据如下：

国内生产总值：11164亿美元。

人均国民收入：22489美元。

经济增长率：3.6%。

货币名称：韩元。

汇率：实行浮动汇率制。2011年平均汇率为1美元兑换1108韩元。

【资源】矿产资源较少，已发现的矿物有280多种，其中有经济价值的50多种。有开采利用价值的矿物有铁、无烟煤、铅、锌、钨等，但储量不大。由于自然资源匮乏，主要工业原料均依赖进口。

【工业】2010年，工矿业产值占GDP的30.8%，造船业订单额和半导体销售额居世界第一位，粗钢产量居世界第六位。

【农业】现有耕地面积175.9公顷，主要分布在西部和南部平原、丘陵地区。农业人口约占总人口的6.8%。2010年农业产值（含渔业和林业）占GDP的2.6%。

【旅游业】韩国风景优美，有许多文化和历史遗产，旅游业较发达。

主要旅游服务设施：全国有40多家饭店达到国际标准，其中部分已加入国际饭店预订系列。首尔的新罗饭店、乐天饭店、洲际饭店、朝鲜饭店、凯悦饭店、广场饭店、华克山庄饭店等被列入超豪华类别。

主要旅游点：景福宫、德寿宫、昌庆宫、昌德宫、民俗博物馆、江华岛、板门店、庆州、济州岛、雪岳山等。

【交通运输】陆、海、空交通运输均较发达。全国已建成铁路网和高速公路网。

铁路：铁路总长7889公里，其中干线5636公里。2004年3月，首尔—釜山高速铁路开通，全长412公里，最高时速300公里。

地铁：总长548公里。其中首尔327.9公里，在世界主要城市中位居前列。

公路：公路总长约10.2万公里，其中高速公路3447公里。登记的小轿车有1733万辆。

水运：以海运为主。主要港口有：釜山、浦项、仁川、群山、木浦、济州、丽水等。

空运：同81个国家签有航空协定，开通国际航线339条（其中外国航空公司航线156条），可飞往30多个国家、90多个城市。现有8个国际机场：仁川、金浦、济州、金海、清州、大邱、襄阳、光州。另有国内航线机场20个。

【财政金融】近三年韩国财政收支情况如下（单位：万亿韩元）：

	2009	2010	2011
收入	255.3	270.9	270.5
支出	272.9	254.2	258.9
差额	−17.6	16.7	11.6

2012年财政预算为325.4万亿韩元，较2011年增长5.3%。截至2011年底，韩国外汇储备为3064亿美元。

【对外贸易】2011年外贸总额10809亿美元，贸易收支顺差321亿美元。其中，出口额5565亿美元，增长19.3%；进口额5244亿美元，增长23.3%。同世界180多个国家和地区有经贸关系，其中中国、日本、美国是韩国三大主要贸易伙伴国。近三年韩国进出口额如下（单位：亿美元）：

	2009	2010	2011
进口额	3230.8	4252.1	5244
出口额	3635.3	4663.8	5565
差　额	404.5	411.7	321

主要进口产品有原油、半导体、天然气、石油制品、半导体零部件、钢板、煤炭、通讯器材、电缆、个人电脑等。主要出口产品有汽车及零部件、半导体、有线无线通讯器材、船舶、石油制品、平板液晶显示器、个人电脑、影视器材等。

【对外援助】韩国向发展中国家提供援助始于20世纪60年代。1997年12月，韩国与国际货币基金组织（IMF）达成接受570亿美元贷款的协议。2001年8月全部还清。

【外国资本】20世纪60年代和70年代，外国直接投资仅占资本流入的一小部分，80年代起韩国逐步放宽外商投资限制。1997年金融危机后，韩加大引进外资力度。

【经济团体】（1）大韩商工会议所：成立于1948年。是韩国最大的民间经济团体，现有正式会员企业5.5万家，在韩国内有71家分支机构。主要职能是：调查了解企业情况，向政府提出政策性意见和建议。作为民间团体，对国内生产、物价等进行统计调查；组织、领导会员企业的技工培训和技术交流活动；负责与国外经济团体的交流与合作；负责发放原产地证明等。1992年8月成立韩中民间经济协议会，在北京设有代表处。会长孙京植。

（2）韩国贸易协会：成立于1946年。有会员企业8.6万家。主要职能是：研究韩国的贸易政策，向政府提出意见和建议；向会员企业提供各种贸易咨询和信息服务，促进与世界各国的贸易合作，代培贸易专业人员。多次协助中方在韩举办贸易展，并组织韩企业赴华考察，组派采购团，在北京设有国际事务支部。会长韩德洙。

（3）全国经济人联合会：成立于1961年。由制造业、贸易、金融、建设等各行业67个团体、韩国具有代表性的431家大企业及4个名誉会员组成。主要职能是：代表大企业向政府提出政策性意见和建议；协助会员企业加强与国际经济组织和国外企业的联系；研究交流经营理论和经营方法；调查研究国内外经济动向；加强与社会各界的联系，组织会员企业开展各项公益事业。设有中国委员会，2003年5月成立全经联中国论坛。会长许昌秀。

（4）中小企业中央会：成立于1962年。由中小企业行业协会组成，2006年改用现名，有500多家注册会员企业。主要职能是：维护中小企业利益，代表中小企业向政府提出政策性建议；通过下属行业组织指导中小企业发展，开展中小企业经营研究，向会员企业提供各种信息和咨询；管理来韩外国劳工事务。会长金基文。

人民生活

据统计，住房普及率107%，移动电话普及率83%，宽带网普及率80.6%。各类医院、诊所4.6万家，医护人员30多万名。平均寿命77岁，其中男子73岁，女子80岁。

军　事

实行义务兵役制。陆军和海军陆战队服役期为两年半，空军和海军为三年。总统为三军最高统帅。国防部长官金宽镇（2010年12月就任），参谋长联席会议主席郑承兆（2011年10月就任）。现有总兵力65.5万，其中陆军52.2万，海军6.8万，空军6.5万。预备役304万。2012年国防预算33万亿韩元，较2011年增长4.9%。

文化教育

【教育】1953年起实行小学六年制义务教育，从1993年起普及初中三年义务教育。高等教育机构80%为私立。2012年教育预算45.5万亿韩元，较2011年增长10.3%。

全国各类学校（公立、私立）近2万所，学生1100多万人，教师50多万人。著名大学有首尔大学、延世大学、高丽大学、梨花女大等。

	学校（所）	学生（万人）	教师（万人）
幼儿园	8373	53.7	3.5
小　学	5829	347.4	17.5
初　中	3106	200.7	10.9
高　中	2225	196.6	12.5
大专院校	345	291.1	6.8

【新闻出版】新闻出版业发达。共有新闻机构230多家，从业人员4万多人。报社120多家，杂志种类繁多。《朝鲜日报》（1920年3月创刊）、《中央日报》（1965年9月创刊）、《东亚日报》（1920年4月创刊）是3大全国性韩文日报。

通讯社：联合通讯社，1980年由合同通讯社和东洋通讯社合并而成，1999年兼并内外通讯社。该通讯社在北京、华盛顿、纽约、洛杉矶、东京、巴黎、伦敦、曼谷、布宜诺斯艾利斯、布鲁塞尔、开罗、香港、莫斯科设有分社，同40多家外国通讯社签有新闻交换协定或合作协议。

有10家全国性广播公司，另有地方广播公司59家，有线广播公司81家。

韩国广播公司（KBS）：1927年开始试播，自1953年开始对外广播。政府控股广播公司，拥有全国性广播网，目前用韩、英、汉、法、日等11种语言播音。电视台成立于1961年12月。自1996年7月起开通两个频道的卫星电视节目，主要以数字信号播放。

文化广播公司（MBC）：1961年12月开办，拥有全国性广播网。电视台成立于1969年8月，在各大城市有卫星转播站。

首尔广播公司（SBS）：1991年12月开播。

基督教广播公司（CBS）：1954年开办，主要播送新闻、娱乐以及教育和宗教节目。

交通广播公司（TBS）：1990年6月成立。

教育广播公司（EBS）：国有，1990年12月成立。

韩朝关系

朝鲜战争停战后，半岛长期处于政治对立、军事对峙、经济隔绝的冷战状态。1990年9月至1991年12月，韩朝先后举行五次总理会谈，双方签署《南北和解、互不侵犯及交流合作协议书》，发表《朝鲜半岛无核化共同宣言》，韩朝关系有所改善。此后受金日成主席逝世及朝核等问题影响，韩朝关系趋冷。

1998 ~ 2003年，金大中和卢武铉两任政府分别奉行对朝“阳光政策”与“和平与繁荣政策”，推进南北和解合作。2000年6月和2007年10月，金大中、卢武铉分别访朝，同金正日举行首脑会晤，发表《南北共同宣言》和《南北关系发展与和平繁荣宣言》。其间韩朝举行多次官方会谈和一系列民间交流活动，签署多项合作协议。

近年来，受“天安”号、延坪岛炮击等事件和多方面因素影响，韩朝关系发展不畅，官方对话与经济人文领域交流合作受阻。

据韩国统一部统计，2011年韩朝贸易额为17.1亿美元，人员往来11.6万人次。

对外关系

二次大战后，韩国长期以对美外交为主。20世纪70年代初开始推行门户开放政策。1988年卢泰愚政府上台后，大力推行“北方外交”，发展与社会主义国家关系。其后历届政府均推行积极外交政策，近年来基本形成了以韩美同盟为基轴、加强美、中、日、俄四大国外交、积极参与地区与国际事务的多层次、全方位外交格局。

韩国与188个国家建立了外交关系，驻外外交机构155个。

【同中国的关系】中韩1992年8月24日建交，两国各领域关系发展迅速。1998年金大中总统访华时，双方宣布建立面向21世纪的中韩合作伙伴关系。2003年卢武铉总统访华时，双方宣布建立全面合作伙伴关系。2008年5月李明博总统访华时，双方宣布建立战略合作伙伴关系。

2011年4月，韩国总理金滉植访华并出席博鳌亚洲论坛年会，胡锦涛主席、吴邦国委员长、温家宝总理分别会见会谈。5月，温家宝总理出席第四次中日韩领导人会议期间会见李明博总统。10月，李克强副总理访问韩国，分别与李明博总统、朴熺太议长、金滉植总理举行会见会谈。11月，温家宝总理出席东亚领导人系列会议期间会见李明博总统。

据中国海关总署统计，2011年中韩双边进出口总额为2456.3亿美元，增长18.6%。其中，中方出口额829.3亿美元，增长20.6%；进口额1627亿美元，增长17.6%。中国是韩国最大贸易伙伴、最大出口市场和进口来源国，韩国是中国第三大贸易伙伴国。

截至2011年底，韩对华实际投资累计498.5亿美元。中国是韩国最大海外投资对象国，韩国是中国第四大外商直接投资来源地。中国对韩国实际投资累计3.4亿美元。

两国在文学、艺术、体育、教育、卫生、广播电影电视、新闻出版等领域交流发展迅速。

2011年中韩人员往来超过600万人次，韩国是中国第一大入境客源国。2011年底，韩国在华留学生约6.8万人，中国在韩留学生约8万人，均居对方国家外国留学生人数之首。

两国主要城市之间有47条定期客运航线，每周830多个班次；10条定期货运航线，每周47个班次。中国天津、青岛、大连、烟台、威海、连云港与韩国仁川、釜山、平泽等地有定期客货轮航线。

双方共建立133对友好省市关系。双方友好团体有中韩友好协会、韩中友好协会、韩中文化协会、21世纪韩中交流协会、韩中经营人协会、韩中亲善协会等。除互在对方首都设大使馆外，中国在韩国釜山、光州和济州设有总领馆。韩国在中国上海、青岛、广州、沈阳、成都、西安、武汉和香港设有总领馆。

中国驻韩国大使：张鑫森。馆址：首尔特别市钟路区孝子洞54番地。电话：0082-2-7381038；传真：7381077。领事部电话：7567300，商务处电话：2537521 ~ 3。网址：http：//kr.china-embassy.org。

韩国驻华大使：李揆亨。馆址：北京市朝阳区东方东路20号。电话：010-85310700；传真：85310726。网址：http：//www.koreaemb.org.cn。

韩国于1993年11月在台湾地区设立了韩国驻台北代表处，现任代表丁相基。1994年1月，台湾当局在韩国设立了台北驻韩代表处，现任代表梁英斌。据韩方统计，2011年韩国与台湾地区贸易额为328.9亿美元，其中韩国对台湾出口额为182亿美元，进口额为146.9亿美元。

【同美国的关系】韩美1949年1月建交。1953年10月韩美签署《韩美共同防御条约》，确立军事同盟关系。目前美国在韩有2.85万驻军，掌握韩军战时指挥权，对韩国负有安全防卫义务。美将于2015年12月将韩军战时指挥权交还给韩方。2008年4月，李明博总统访美，双方宣布建立面向21世纪韩美战略同盟关系，提出韩美同盟应以“价值同盟、互信同盟、和平同盟”三项原则为基础，扩大各领域共同利益。8月，布什总统访韩。2009年4月，李明博总统与奥巴马总统在二十国集团领导人伦敦峰会期间会晤。6月，李明博总统访美。11月，奥巴马总统访韩。2010年6月、11月，李明博总统和奥巴马总统在二十国集团领导人多伦多峰会、首尔峰会期间会晤。2011年4月，美国国务卿希拉里·克林顿访韩。10月，李明博总统访美，与奥巴马总统会晤。

据韩方统计，2011年韩美贸易额为1007.6亿美元，韩方顺差116.4亿美元。美国是韩国第三大贸易国。

【同日本的关系】韩日1965年建交。两国在各领域有着广泛的交流与合作，但历史等问题仍是干扰两国关系的因素。

2008年2月，福田康夫首相出席李明博总统就职仪式，双方表示将重启首脑定期会晤机制。4月，李明博总统访日，双方商定开创面向未来的成熟伙伴关系新时代。10月和12月，李明博总统与麻生太郎首相先后在第七届亚欧首脑会议和第一次中日韩领导人会议期间举行双边会晤。2009年，麻生太郎首相访韩。2010年6月、10月、11月，李明博总统与菅直人首相先后在二十国集团领导人多伦多峰会、第八届亚欧首脑会议、亚太经合组织第18次领导人非正式会议期间会晤。2011年5月，李明博总统与菅直人首相在第四次中日韩领导人会议期间会晤。9月，李明博总统与野田佳彦首相在联合国大会期间会晤。10月，野田佳彦首相访韩，与李明博总统会晤。11月，李明博总统与野田佳彦首相在第14次东盟与中日韩领导人会议（10+3）期间会晤。12月，李明博总统访日，与野田佳彦首相会晤。

据韩方统计，2011年韩日贸易额为1079.9亿美元，其中韩方逆差286.5亿美元。日本是韩国第二大贸易国。

【同俄罗斯的关系】韩国与前苏联1990年9月建交。前苏联解体后，韩国与俄罗斯继续保持外交关系。2004年9月，双方宣布建立互信全面伙伴关系。2008年9月，李明博总统访俄，双方宣布建立战略合作伙伴关系。2010年9月，李明博总统访俄。11月，梅德韦杰夫总统访韩并出席二十国集团领导人首尔峰会。2011年11月，李明博总统访俄，与梅德韦杰夫总统会晤。

据韩方统计，2011年韩俄贸易额为211.5亿美元，其中韩方逆差5.5亿美元。

【同其他国家和国际组织的关系】2011年2月，洪都拉斯总统波尔菲里奥·洛沃访韩。4月，马来西亚总理纳吉布·敦·拉扎克访韩。4月，澳大利亚总理茱莉雅·吉拉德访韩。4月，伊拉克总理努里·马利基访韩。7月，马来西亚国王米赞阿比丁访韩。7月，印度总统帕蒂尔访韩。9月，哥伦比亚总统胡安·曼努埃尔·桑托斯访韩。10月，法国总理弗朗索瓦·菲永访韩。11月，越南国家主席张晋创访韩。11月，埃塞俄比亚总理梅莱斯·泽纳维访韩。11月，卢旺达总统保罗·卡加梅访韩。（伊矗）

吉尔吉斯斯坦

国名　吉尔吉斯共和国（Kyrgyz Republic，Кыргызская Республика），简称吉尔吉斯斯坦（Kyrgyzstan，Кыргызстан）。

面积　19.99万平方公里。

人口　554.3万（截至2011年12月1日）。有80多个民族，其中吉尔吉斯族占71%，乌兹别克族占14.3%，俄罗斯族占7.8%，东干族占1.1%，维吾尔族占0.9%，塔吉克族占0.9%，哈萨克族占0.6%，乌克兰族占0.4%，其他为朝鲜、土耳其等民族。70%以上居民信仰伊斯兰教，多数属逊尼派。国语为吉尔吉斯语，俄语为官方语言。

首都　比什凯克（Bishkek，Бишкек）。人口约87.29万（2011年）。1月平均气温-6℃，7月平均气温27℃。

南都奥什（Osh，Ош），人口25.55万（2008年）。1月平均气温-5℃，7月平均气温28℃。

国家元首　阿尔马兹别克·沙尔舍诺维奇·阿塔姆巴耶夫（Алмазбек Шаршенович Атамбаев），2011年10月30日在大选中获胜当选总统，同年12月1日宣誓就职，任期六年，不可连任。

重要节日　新年：1月1日；纳乌鲁斯节（春节）：3月21日；宪法日：5月5日；建军节：5月29日；独立日：8月31日。主要宗教节日有开斋节、古尔邦节、复活节等。

简　况

位于中亚东北部，边界线全长约4170公里，北和东北接哈萨克斯坦，南邻塔吉克斯坦，西南毗连乌兹别克斯坦，东南和东面与中国接壤（共同边界近1100公里）。境内多山，90%领土在海拔1500米以上，属大陆性气候，1月平均气温-6℃，7月平均气温27℃。

公元前3世纪已有文字记载。6～13世纪曾建立吉尔吉斯汗国。16世纪被迫从叶尼塞河上游迁居至现居住地。1876年被沙俄吞并。1917年11月至1918年6月建立苏维埃政权。1924年10月14日成立卡拉吉尔吉斯自治州，属俄罗斯联邦。1936年12月5日成立吉尔吉斯苏维埃社会主义共和国，加入苏联。1991年8月31日，吉尔吉斯最高苏维埃通过国家独立宣言，正式宣布独立，改国名为吉尔吉斯共和国，同年12月21日加入独联体。

政　治

属政教分离的世俗国家。政治上推行民主改革并实行多党制。第一任总统阿卡耶夫（1990年11月至2005年3月）执政时期政治上推行民主改革，促进民族团结，经济上实行以市场为导向的改革方针，致力于振兴经济、消除贫困。2005年春，吉爆发“郁金香革命”，阿卡耶夫被迫下台，反对派领导人、前总理巴基耶夫同年7月当选新一届总统。2009年7月23日，巴基耶夫连任成功。2010年爆发“4·7”革命，巴基耶夫政权被推翻，以奥通巴耶娃为总理的临时政府宣告成立。6月27日，吉全民公决投票通过新宪法，吉成为议会制国家，奥通巴耶娃正式获得过渡时期总统职权。根据新宪法，总统权力受到削弱，议会成为国家管理体系的主导。

2011年10月30日吉举行总统大选，共16位候选人参与角逐，全国登记选民303万。过渡时期政府总理阿尔马兹别克·阿塔姆巴耶夫在首轮投票中以62.52%的得票率当选总统，实现吉独立以来权力的首次和平交接。

【宪法】1993年5月5日，吉议会通过独立后第一部宪法，规定吉是建立在法制、世俗国家基础上的主权、单一制民主共和国，实行立法、司法、行政三权分立，总统为国家元首。此后，宪法几经修改。2010年“4·7”革命后，吉成立临时政府。5月，临时政府公布宪法草案，6月27日举行全民公投通过了新宪法。根据新宪法，吉政体由总统制过渡到议会制，总统权力受到削弱，任期六年，不能连任。议会成为国家管理体系的主导，行政权由总理负责，在政府任职的官员不得兼任议会议员。

【议会】第一届议会于1990年2月25日通过选举产生，1994年9月提前解散。1995年2月，选举产生了由立法会议和人民代表会议组成的新议会。2000年2月吉选举产生第三届议会，由立法会议和人民代表会议组成。立法会议由60名议员组成，由单一选区和政党比例代表制选举产生。人民代表会议由45名议员组成，实行区域代表制度。2005年议会由两院制改为一院制，议员由105人减少到75人。取消政党比例代表制，全部议员由单一选区选举制选举产生。2007年10月21日，吉全民公决通过新宪法，规定议会完全按政党比例代表制选举产生，由90名议员组成；总统指定在议会选举中获得大多数席位的政党组建政府。2009年11月6日，吉议会对组织结构进行改革，下辖委员会由原来的12个减为9个。2010年“4·7”革命后吉议会解散。2010年6月27日吉通过新宪法，国家政体改为议会共和制，议会实行一院制，由120名议员组成，任期五年。同年10月举行议会选举，“故乡”党、社民党、“尊严”党、“共和国”党和“祖国”党进入议会。12月16日，吉“故乡”党、社民党、“共和国”党签署协议，正式组成执政联盟。17日，“故乡”党议员克尔季别科夫当选议长。

2011年12月2日，阿塔姆巴耶夫就任总统次日，社民党宣布退出执政联盟。8日，阿塔姆巴耶夫授权社民党牵头组建新的执政联盟。12日，议长克尔季别科夫在“祖国党”对其13项指控的压力下被迫辞职。16日，社民党、“共和国”党、“尊严”党和“祖国党”经协商组成新的执政联盟，占议会120个议席中的92个，四党议员经不记名投票推举社民党议员热恩别科夫为议长人选。原议会第一大党“故乡党”成为议会唯一反对党。21日，热恩别科夫在议会全体会议上正式当选新议长。

【政府】在2011年12月23日召开的吉议会特别会议上，“共和国”党领袖奥穆尔别克·巴巴诺夫获得全体120名议员中的113票当选新政府总理，政府施政纲领和成员组成也获得通过。巴领导下的新政府由15个部级单位和一个委员会组成。主要成员包括：总理奥穆尔别克·巴巴诺夫（О.Бабанов），第一副总理阿雷·卡拉舍夫（А.Карашев），主管经济与投资问题的副总理卓玛尔特·奥托尔巴耶夫（Ж.Оторбаев），分管社会问题的副总理古丽娜拉·阿瑟姆别科娃（Г.Асымбеков，女），政府办公厅主任托罗古尔·别科夫（Т.Беков），外交部长鲁斯兰·卡扎克巴耶夫（Р.Казакбаев），内务部长扎雷尔比克·雷萨利耶夫（З.Рысалиев），交通通讯部长卡雷克别克·苏尔丹诺夫（К.Султанов），财政部长阿基尔别克·扎巴罗夫（А.Жапаров），教育科学部长卡纳特别克·萨德科夫（К.Садыков），青年、劳动与就业部长阿里亚斯别克·阿雷姆库洛夫（А.Алымкулов），经济与反垄断政策部长捷米尔·萨里耶夫（Т.Сариев），农业与土壤改良部长萨帕尔别克·特纳耶夫（С.Тынаев），能源与工业部长阿斯卡尔·沙基耶夫（А.Шадиев），司法部长阿尔玛姆别特·什克玛玛托夫（А.Шикмаматов），卫生部长吉娜拉·萨根巴耶娃（Д.Сагынбаева，女），社会发展部长拉夫尚·萨比罗夫（Р.Сабиров），紧急情况部长库巴特别克·鲍罗诺夫（К.Боронов），文化与旅游部长伊勃拉吉姆·朱努索夫（И.Жунусов），国防部长塔莱别克·奥穆拉利耶夫（Т.Омуралиев），国家安全委员会主席沙米尔·阿塔汉诺夫（Ш.Атаханов）。

【行政区划】全国划分为7州2市：楚河州、塔拉斯州、奥什州、贾拉拉巴德州、纳伦州、伊塞克湖州、巴特肯州、首都比什凯克市和南都奥什市。

【司法机构】2010年“4·7”革命前有宪法法院、最高法院和地方各级法院等。“4·7”革命后，宪法法院解散。根据新宪法，宪法法院被废除。目前最高法院代理院长为费·贾玛舍娃（Ф.Джамашева，女），总检察长为阿·萨良诺娃（А.Салянова，女）。

【政党】目前，在吉司法部正式登记注册并开展活动的政党有140余个，其中主要有：

（1）吉尔吉斯斯坦社会民主党（Социал-демократическая партия Кыргызстана）：1994年12月重新注册，现有党员约5万人。创建者多为知识分子，旨在吉建立真正的民主法制社会，主张三权文明分工、积极合作。行为准则是民主社会主义，全面深化政治、经济、社会领域的民主进程，提倡人文、发展和自由。该党现为议会执政联盟成员之一，在议会中占有26席。党主席奇·图尔孙别科夫（Ч.Турсунбеков）。

（2）“尊严”党（Ар-Намыс）：1999年8月注册，现有党员3万多。主要口号为“尊严、秩序和安康”。主张建立真正的法制、民主国家，保障人民安全和公民的政治、经济、社会权利与自由，恢复人们的自信、自尊，复兴民族文化遗产，反对带有政治色彩的宗教极端主义。支持议会制改革。在议会占25席。2011年12月加入执政联盟。主席为吉前总理菲·库洛夫（Ф.Кулов）。

（3）“共和国”党（Республика）：2007年成立。强调代表统一的多民族的吉尔吉斯共和国的利益，主张在一元极权制的基础上发展吉各区域经济与文化。该党在议会占23席，现为执政联盟成员。党主席卡·伊萨耶夫（К.Исаев）。

（4）“阿塔—梅肯”（祖国）党（Ата-Мекен）：1999年12月16日注册，现有党员2000余人。该党宣称在承认差异的基础上代表全民利益，主张妥协和相互接纳。在议会占18席。2011年12月加入执政联盟，党主席奥·捷克巴耶夫（О. Текебаев）。

（5）“故乡”党（Ата-Журт）：该党主要由前政权高官和南方派人士组成，政治基础在吉南方。2010年10月议会选举该党获得8.89%的有效选票，成为议会第一大党，在议会占28席，同年12月加入多数党执政联盟。2011年12月被挤出执政联盟，成为议会唯一反对党。党主席卡·塔希耶夫（К. Ташиев）。

【重要人物】阿尔马兹别克·阿塔姆巴耶夫：总统。1956年9月17日出生于吉北方楚河州，吉尔吉斯族。1980年毕业于莫斯科管理学院。1980～1981年在吉通讯部任工程师。1981年在吉第四道路运营局任总工程师。1983～1987年在吉最高苏维埃主席团任不同职务。1987～1989年任五一镇区执委会副主席。1989～1997年任“弗鲁姆”科技公司经理。1997～1999年任吉汽车股份公司总经理。1999～2004年任“弗鲁姆”工业集团董事长。2004～2005年任吉汽车股份公司董事长。2005～2006年任吉工商业与经济发展部代理部长，部长。2007年3～11月任吉尔吉斯共和国总理。2010年4～7月任吉临时政府第一副主席。2010年11～12月吉议会议员，社会民主党主席。2010年12月20日至2011年11月任临时政府总理。在2011年10月30日举行的总统选举中获胜，12月1日正式宣誓就职。 **阿西尔别克·热恩别科夫：**议长。1963年8月生于吉南部奥什州，吉尔吉斯族。1985年毕业于吉斯克里亚宾农业学院，1991年吉农业研究所研究生毕业，2002年毕业于吉经济与企业大学。1985年参加工作，任乌兹根区“阿克—扎尔”国营农场农艺师。1987～1992年先后任吉棉花栽培与南方农业试验站初级研究员和高级研究员。1992～1996年间经商，先后在不同企业任经理。2002～2007年任吉农业企业家协会董事会主席。2007～2010年任吉第四届议会议员。2010年作为社民党议员当选第五届议会主席。2011年12月21日经议会全体会议表决通过出任吉议会议长。 **奥穆尔别克·巴巴诺夫：**总理。1970年5月生于吉北部塔拉斯州，吉尔吉斯族。1993年毕业于莫斯科季米梁捷夫农学院，2005年毕业于俄国民经济学院，2009年毕业于吉国家法律学院。1988～2010年间主要经商，在哈萨克斯坦和吉尔吉斯斯坦多家公司任职。其间于2005～2007年任吉议会议员，2009年1～10月任吉政府第一副总理，2010年12月任吉议会“共和国”党主席并于2010年12月至2011年12月任吉政府第一副总理。2011年12月23日经议会全体会议表决通过正式出任吉政府总理。

经　济

国民经济以多种所有制为基础，农牧业为主，工业基础薄弱，主要生产原材料。独立初期，由于同原苏联各加盟共和国传统经济联系中断，加之实行激进改革，经济一度出现大幅下滑。近年来，吉调整经济方针，稳步渐进地向市场经济转轨，推行以私有化和非国有化改造为中心的经济体制改革，经济保持了低增长态势，工业生产恢复性增长。2005年“颜色革命”导致的政局不稳和经济环境恶化影响了吉经济的发展。2005～2009年，吉政局逐渐趋于稳定，投资环境有所改善，国民经济取得较快发展。2009年，受国际金融危机影响和俄、哈等国经济拖累，吉经济增速减缓，但未出现剧烈波动。2010年吉爆发“4·7”革命，受国内政局动荡影响，吉经济又出现下滑。

2011年以来，吉逐渐走出政局动荡和国际金融危机的阴影，经济总量有所提升，失业率逐渐下降，贸易额大幅上升。2011年主要经济数据如下：

国内生产总值：2731.078亿索姆（约59.19亿美元），同比增加5.7%。

人均国内生产总值：5.2万索姆（约1127美元），同比增加4.4%。

货币名称：索姆。

汇率：1美元＝46.14索姆，同比增长0.4%（2011年全年平均）。

通货膨胀率：5.7%。

失业人口：吉登记失业人数为6.11万人，同比下降3.7%。

【资源】自然资源主要有黄金、锑、钨、锡、汞、铀和稀有金属等。其中锑产量居世界第三位、独联体第一位，锡产量和汞产量居独联体第二位，羊毛产量和水电资源在独联体国家中居第三位。

【工业】主要工业有采矿、电力、燃料、化工、有色金属、机器制造、木材加工、建材、轻工、食品等。2011年，工业总产值为1618.09亿索姆，同比增长11.9%。其中，采矿业占比2.3%，加工工业占比82.3%，水、电、气生产占15.3%。

【农业】2011年，农、林、牧总产值为1473.48亿索姆，同比增长2.3%，其中畜牧业占比46.2%，种植业52.1%，农业服务业1.7%。

2011年农作物播种面积为115.92万公顷，同比增加1.35万公顷，增长1.2%。全年谷物产量因旱灾减产3100吨，约158.07万吨，同比下降0.2%；棉花10.13万吨，增长36.9%；甜菜15.88万吨，增长14.1%；烟叶0.99万吨，增长0.3%；蔬菜82.09万吨，增长1.1%。

【基础设施】2011年，吉建筑业产值为417.62亿索姆，约9.05亿美元，同比下降3.9%。同期，基本建设投资总额为474亿索姆，约10.27亿美元，同比下降

6.6%。与2010年相比，国家预算和外国贷款投资增长较快，资金主要投向矿山开采业和交通通讯业。

【交通运输】以公路运输为主。2011年，总货运量为3768.09万吨，同比增长2.1%。总客运量为5.658亿人次，同比增长6.2%。

公路：2011年，完成货运量3636.39万吨，同比增长2.1%，客运量为5.645亿人次，同比增长6.2%。

铁路：2011年，完成货运量103.47万吨，同比增长0.3%，客运量60.8万人次，同比下降14.5%。

水运：2011年，完成货运量1.08万吨，同比下降32.5%。

空运：位于首都比什凯克的“玛纳斯”国际机场与莫斯科、新西伯利亚、塔什干、杜尚别等城市有定期航班。与独联体以外的地市，如乌鲁木齐、伊斯坦布尔、迪拜、法兰克福、新德里、卡拉奇等有定期或不定期的航班。2011年航空客运人数70.75万人次，同比增加50%，航空货运量为1300吨，同比增加30%。

【财政金融】2011年（1～11月），吉国家财政收入为688.772亿索姆，比2010年增加31.9%；财政支出为769.601亿索姆，同比增长30.2%，财政赤字80.829亿索姆，占GDP的3.4%。

【对外贸易】2011年吉对外贸易额大幅提升。据吉国家统计局数字，1～11月，吉对外贸易总额为55.76亿美元，同比增加35.6%；进口额为37.82亿美元，同比增加32.2%；出口额为17.95亿美元，同比增加43.6%。贸易逆差19.87亿美元。吉主要贸易伙伴有：俄罗斯（占吉贸易总量27.1%）、中国（15.6%）、瑞士（14.4%）、哈萨克斯坦（11.3%）、美国（3.5%）。吉出口产品主要为贵金属、化学物品和农产品等，主要进口石油产品、二手汽车、服装、天然气等。

【外国资本】2011年，吉外资136.04亿索姆，其中外国贷款87.61亿索姆，外国直接投资32.19亿索姆，外国援款和人道主义援助16.24亿索姆。主要投资领域为加工业、能源、交通、采矿业等。

人民生活

2011年前11个月，吉人均月工资为8908索姆（193.2美元），同比增长29.5%，扣除价格因素，实际增长10.0%。全年城镇登记失业人口数为6.11万人，失业率2.5%。2011年，吉居民最低生活标准为4390.02索姆，比2010年增长25.3%。

军　事

1992年5月，吉接管前苏联驻扎在其领土上的军队，并在此基础上组建了由陆军和空军组成的本国军队，国防部兵力约1.5万人。现任国防部长塔·奥穆拉利耶夫（Т. Омуралиев）。国家边防总局局长为扎·季列诺夫（З. Тиленов）。边防总局于2009年11月由比什凯克迁往奥什市。5月29日为吉建军节。

文化教育

【教育】全国共有各类学校近2200所，在校生共计约108万人，教师约7.2万人。其中中等专业学校80多所，在校生约4.3万人。高等院校49所，在校生约25万人。著名高校有吉尔吉斯斯坦国立大学、吉美中亚大学、比什凯克人文大学、吉俄斯拉夫大学、奥什大学等。

【新闻出版】吉主要报刊有:《比什凯克晚报》、《吉尔吉斯斯坦言论报》、《吉尔吉斯斯坦共青团真理报》、《首都新闻报》等。

主要通讯社是吉尔吉斯斯坦“卡巴尔”国家通讯社，私营通讯社有“Akipress”通讯社、“24小时”通讯社和“吉尔吉斯新闻”通讯社等。

主要广播电台有吉尔吉斯斯坦国家广播电台，于1931年建台，用七种语言（吉、俄、英、东干、德、乌兹别克和维语）广播，每天播音时间为18小时。

主要电视台有：吉尔吉斯斯坦国家电视台，于1958年建台，节目用吉语、俄语播出，每天播出时间为18小时。此外，还有HTC、“第5频道”、“金字塔”等几家私营电视台。

对外关系

奉行平衡、务实的外交政策，以邻国、周边国家为重点。其优先方向是维护和保障国家主权和领土完整；为经济发展创造良好外部条件；保护公民的权利、自由和利益。吉国家利益主要通过发展与邻国、大国和国际社会一体化组织的友好互利关系予以实现。

吉拥护独联体一体化进程，同时赞成对独联体进行必要改革；把俄罗斯看作自己重要的战略伙伴和安全依托；视发展同中亚邻国关系为保障领土完整、国家安全、促进经济发展的必要条件；重视发展同美国的关系，尤其在反恐等国际问题上与美保持密切合作关系；与伊斯兰国家在相互尊重各自发展道路、互不干涉内政基础上保持友好关系；高度重视吉中关系的发展，视发展与中国的关系为吉对外政策优先方向。

吉反对国际恐怖主义、极端主义及分裂主义。呼吁国际社会团结起来，履行在反恐行动中的义务，防止国际恐怖主义行动的升级。

【同中国的关系】中吉是山水相连的邻邦，1992年1月5日建交以来，两国关系健康顺利发展，1999年彻底解决了历史遗留的边界问题，2002年签署《中吉睦邻友好合作条约》，各领域合作不断扩大，在联合国和上海合作组织等多边领域互相支持，密切配合，维护了两国共同利益。

2011年中吉关系保持稳定发展势头，各层次交往密切。4月5～9日，吉第一副总理巴巴诺夫访华，分别会见国家副主席习近平、国务院副总理王岐山，就吉国内形势、中吉关系、两国务实合作、上海合作组织等问题交换意见。访华期间，巴还访问新疆维吾尔自治区，与自治区主席努尔·白克力举行会见。4月25～26日，中国国务委员孟建柱访吉，分别会见吉过渡时期总统奥通巴耶娃、副总理阿塔汉诺夫，就中吉关系、安全及护法领域合作等问题交换意见。5月7日，中、吉、塔（吉克斯坦）三国在新疆喀什举行“天山2号”上合组织成员国执法安全机构联合反恐演习。5月13日，外交部长杨洁篪出席上合组织外长会议期间与吉外长卡扎克巴耶夫举行双边会见。6月14日，国家主席胡锦涛在阿斯塔纳出席上合组织十周年峰会期间与吉过渡时期总统奥通巴耶娃举行双边会见。6月23日，新疆克孜勒苏柯尔克孜自治州州长帕尔哈提·吐尔地访吉，会见吉过渡时期总统奥通巴耶娃，就两地教育、文化、旅游、医疗合作等问题交换意见。8月7日，中央统战部常务副部长朱维群访吉，会见吉总统办公厅主任卡普塔加耶夫，就宗教、民族等问题交换意见。9月1～4日，吉过渡时期总统奥通巴耶娃在乌鲁木奇出席首届“中国—亚欧”博览会，与国务院副总理李克强、新疆维吾尔自治区党委书记张春贤举行会见并出席“吉尔吉斯斯坦文化日”活动。9月14日，吉总理阿塔姆巴耶夫在大连出席2011夏季达沃斯论坛，与温家宝总理举行双边会见。9月25～30日，由吉政府、新疆维吾尔自治区政府和中国驻吉使馆联合举办的“中国文化周”大型文化交流活动在吉举行。吉过渡时期总统奥通巴耶娃、副总理朱努索夫、新疆维吾尔自治区政协副主席买买提艾山·托乎达力出席有关活动。11月3日，国家主席胡锦涛致电阿塔姆巴耶夫祝贺其当选吉尔吉斯共和国总统。11月30日至12月1日，胡锦涛主席特使、全国人大常委会副委员长司马义·铁力瓦尔地访吉并出席吉新总统就职仪式，分别会见吉新总统阿塔姆巴耶夫、议长克尔季别克夫、卸任过渡时期总统奥通巴耶娃。

据中国海关总署统计，2011年中吉贸易额为49.76亿美元，同比增长18.5%，其中中方出口额48.78亿美元，增长18.2%，进口额9800万美元，增长36.0%。吉方有关数据显示，中国成为吉第二大贸易伙伴国、第二大进口来源国和第七大出口目的国。

中国驻吉尔吉斯斯坦大使：王开文。馆址：Кыргызстан, г. Бишкек, Пр. Мира 299/7, 720016（比什凯克市和平大街299/7号），电话：(00996-312) 597482；传真：597505；领事部电话：597483；经商参处电话：311516；传真：311769。

吉尔吉斯斯坦驻华大使：热别克·库鲁巴耶夫（ЖЭЭНЪЕК КУЛУЪАЕВ）。馆址：北京市朝阳区塔园外交公寓办公楼2单元41号。电话：010-64681295/97；传真：64681291。

【同独联体国家的关系】吉拥护独联体一体化进程，系独联体集体安全条约组织和欧亚经济共同体成员国，并在此框架内与成员国开展密切合作。2011年2月16日，集安条约组织秘书长博尔久扎访吉并分别会见吉过渡时期总统奥通巴耶娃、总理阿塔姆巴耶夫、副总理阿塔汉诺夫、国家禁毒局局长奥罗扎里耶夫。3月14日，俄、吉、塔三国安全秘书会议在塔吉克斯坦胡占德市举行，商定于当年五、六月在吉巴特肯州和奥什州举行集安组织框架内的军事演习。4月15日，吉政府成立负责关税同盟入盟谈判的跨部门委员会。5月16日，吉议长克尔季别科夫出席在圣彼得堡举行的欧亚经济共同体议会大会。5月19日，吉总理阿塔姆巴耶夫出席在明斯克举行的独联体成员国政府首脑会议。5月31日，吉外长卡扎克巴耶夫在明斯克出席集安条约组织成员国外长会议。8月12日，吉过渡时期总统奥通巴耶娃出席在阿斯塔纳举行的集安组织非正式峰会。10月4日，欧亚经济共同体卫生保健委员会第11次会议在比什凯克举行。11月9～10日，吉议长克尔季别科夫出席在圣彼得堡举行的独联体议会间理事会会议。12月19～20日，吉新任总统阿塔姆巴耶夫出席在莫斯科举行的欧亚经济共同体国家间委员会元首会议、集安条约组织峰会和独联体成立20周年峰会。

【同俄罗斯的关系】吉视俄为主要战略伙伴和外交优先方向，同俄在政治、经济、军事、人文等领域保持联系密切。3月17～18日，吉总理阿塔姆巴耶夫访俄，会见俄总理普京、能源部长沙季耶夫，就能源合作等问题交换意见。7月21日，阿塔姆巴耶夫就俄对吉供油问题短暂访俄。8月18日，阿塔姆巴耶夫会见吉俄政府间委员会主席、俄海关总署署长别利亚尼诺夫，就两国经贸合作交换意见。8月30～31日，俄总统办公厅主任纳雷什金访吉并出席吉独立20周年庆祝活动。10月10日，阿塔姆巴耶夫以总统候选人身份访俄，会见俄总理普京和总统办公厅主任纳雷什金。10月3日，俄总统梅德韦杰夫致电祝贺阿塔姆巴耶夫当选吉新任总统。12月6日，吉总统阿塔姆巴耶夫分别致电俄总统梅德韦杰夫和总理普京，祝贺“统一俄罗斯”党在4日举行的国家杜马选举中获胜。

【同中亚邻国的关系】吉重视发展与中亚邻国的关系，高层交往密切。1月31日，吉过渡时期总统奥通巴耶娃对哈萨克斯坦进行工作访问并会见哈总统纳扎尔巴耶夫。2月24日，吉副总理阿塔汉诺夫会见塔吉克斯坦驻吉大使萨伊多夫，就吉塔关系交换意见。6月24日，吉哈签订成立1亿美元投资基金议定书。7月4日，吉总理阿塔姆巴耶夫对哈进行工作访问，会见哈总统纳扎尔巴耶夫、总理马西莫夫，就双边关系和经贸合作问题交换意见。8月5日，乌兹别克斯坦提高对吉的天然气出口价格。9月8日，吉第一副总理巴巴诺夫对哈进行工作访问，就水资源、天然气、电能出口等问题交换意见。9月13日，吉总理阿塔姆巴耶夫对乌兹别克斯坦进行工作访问，与乌总理米尔济亚耶夫举行会见。9月20日，哈总理马西莫夫访吉并出席第二届吉哈政府间会议，分别会见吉过渡时期总统奥通巴耶娃和总理阿塔姆巴耶夫。11月2日，哈总统纳扎尔巴耶夫致电阿塔姆巴耶夫祝贺其当选吉新总统。12月15日，吉总统阿塔姆巴耶夫致电哈总统纳扎尔巴耶夫祝贺哈独立20周年。

【同美国的关系】美西方对吉影响存在多年，且有一定根基。吉重视发展对美关系并奉行俄美平衡的外交政策。2011年2月28日，吉过渡时期总统奥通巴耶娃访问北约总部并会见北约秘书长拉斯穆森，就吉民主化进程、反恐与军事合作等问题交换意见。3月6～8日，吉过渡时期总统奥通巴耶娃对美国进行国事访问，与美国总统奥巴马、国家安全委员会俄罗斯与欧亚事务主席麦克福尔、国际教育委员会主席戴维德逊、国家安全顾问多尼伦等举行会见。3月10日，美国国防部代表团访吉，就在吉当地购买美军“玛纳斯”转运中心所需物资与吉方交换意见。5月10日，北约秘书长特别代表阿帕图拉伊访吉并会见吉过渡时期总统奥通巴耶娃、副议长萨瑟克巴耶夫、副总理阿塔汉诺夫、国防部长库代别尔季耶夫等，就军事合作等问题交换意见。5月24日，美国新任驻吉大使帕梅拉·斯普拉特林向吉过渡时期总统奥通巴耶娃递交国书并举行双边会见，就两国关系前景交换意见。6月13日，吉外长卡扎克巴耶夫接受“美国之音”采访时表示，美国“玛纳斯”转运中心2014年合同到期后，不排除将其转为民用或“采取其他对双方都有利的方案”的可能。6月27日，吉过渡时期总统奥通巴耶娃、总理阿塔姆巴耶夫和副总理阿塔汉诺夫分别会见美国国务卿护法与反毒问题助手威廉·布朗菲尔德，就护法合作、打击毒品走私等问题交换意见。7月26日，美国驻吉使馆表示，美将向吉交通与信息部提供3000万美元用以对其空中监控设备进行现代化改造。11月1日，美国总统奥巴马致电祝贺吉总统选举顺利举行，表示“吉在民主之路上迈出了重要、勇敢的一步”。

【同欧安组织和欧盟的关系】吉重视与欧安组织和欧盟的关系，继续扩大与其在经济和安全领域的合作。2月25日，吉总理阿塔姆巴耶夫会见欧盟中亚问题特别代表毛磊，就吉当前形势，双方合作前景交换意见。2月28日，在比利时首都布鲁塞尔访问的吉过渡时期总统奥通巴耶娃会见欧盟委员会主席巴罗佐，就吉当前局势及共同关心的问题交换意见。3月3日，吉过渡时期总统奥通巴耶娃在欧洲议会发表讲话，介绍吉当前形势及新政府工作情况。4月19日，吉过渡时期总统奥通巴耶娃会见到访的法国参议员代表团，就双边安全、能源合作等问题交换意见。5月30日，吉过渡时期总统奥通巴耶娃会见由欧安组织少数民族问题最高委员沃勒别克率领的访吉团，就吉南方重建、种族和解等问题交换意见。6月28日，吉过渡时期总统奥通巴耶娃会见欧洲委员会大会议会主席乔吾什欧鲁率领的代表团一行。9月20日，吉过渡时期总统奥通巴耶娃会见欧洲委员会秘书长亚格兰，就吉国内形势交换意见。10月5日，欧安组织秘书长兰伯特访吉，分别会见吉过渡时期总统奥通巴耶娃、议长克尔季别科夫、代总理巴巴诺夫，就当前社会经济形势、司法体系改革、总统选举等问题交换意见。11月18日，欧盟委员会主席巴罗佐致电阿塔姆巴耶夫，祝贺其当选吉总统。11月24日，吉第一副总理巴巴诺夫、总统办公厅主任卡普塔加耶夫、外长卡扎克巴耶夫分别会见来访的欧盟中亚事务特别代表毛磊，就双边关系交换意见。

【同伊斯兰国家的关系】吉积极维护与伊斯兰国家的传统友好，与土耳其关系近年来呈现稳中有进的趋势。1月14日，吉总理阿塔姆巴耶夫访问土耳其并会见土总理埃尔多安。4月26～27日，吉总理阿塔姆巴耶夫访问土耳其，会见土总理埃尔多安，达成吉公民赴土停留90天内免签证、土方向吉提供6100万美元资金援助以及成立吉土战略合作委员会等协议。6月28日，吉外长卡扎克巴耶夫出席在阿斯塔纳举行的伊斯兰会议组织外长会议。10月13日，吉经济调控部副部长穆坎别托夫出席在阿斯塔纳举行的突厥语国家经济部长会议。11月1日，土耳其总统居尔祝贺阿塔姆巴耶夫在吉总统选举中获胜。11月30日，土耳其总统居尔来吉出席吉新总统阿塔姆巴耶夫就职典礼。（缪杰）

柬　埔　寨

<u>国名</u>　柬埔寨王国（Kingdom of Cambodia）。

<u>面积</u>　181035平方公里。

<u>人口</u>　1440万。有20多个民族，高棉族是主体民族，占总人口的80%，少数民族有占族、普农族、老族、泰族、斯丁族等。高棉语为通用语言，与英语、法语同为官方语言。佛教为国教，93%以上的居民信奉佛教，占族信奉伊斯兰教，少数城市居民信奉天主教。华人、华侨约70万。

<u>首都</u>　金边（Phnom Penh），人口约102万。

<u>国家元首</u>　诺罗敦·西哈莫尼国王（His Majesty Norodom Sihamoni，King of Cambodia），2004年10月29日宣誓登基。

<u>重要节日</u>　（1）独立节：11月9日。1953年11月9日，柬埔寨王国摆脱法国殖民统治宣告独立，这天被定为柬埔寨国庆日，也是柬建军日。（2）国王诞辰：5月14日。全国庆祝3天。（3）佛历新年：4月13～15日。（4）御耕节：佛历六月下弦初四，由国王或其代表在毗邻王宫的王家田举行象征性耕种仪式，祈祷来年风调雨顺，五谷丰登。（5）送水节（也称龙舟节）：柬民族传统节日。11月13～15日，时值雨季结束进

入旱季，柬人民在王宫前洞里萨河上举行龙舟比赛，表达对洞里萨河、湄公河养育之恩的感谢。（6）“太皇”西哈努克生日：10月31日，全国庆祝一天。

简 况

位于中南半岛南部。东部和东南部同越南接壤，北部与老挝交界，西部和西北部与泰国毗邻，西南濒临暹罗湾。海岸线长约460公里。属热带季风气候，年均气温为24℃。

公元1世纪下半叶建国，历经扶南、真腊、吴哥等时期。9～14世纪吴哥王朝为鼎盛时期，国力强盛，文化发达，创造了举世闻名的吴哥文明。1863年沦为法国保护国。1940年被日本占领。1945年日本投降后被法国重新占领。1953年11月9日独立。1970年3月18日，朗诺集团发动政变，推翻西哈努克政权，改国名为“高棉共和国”。3月23日，西哈努克在北京宣布成立柬埔寨民族统一阵线，开展抗美救国斗争。5月5日，成立以宾努亲王为首相的柬埔寨王国民族团结政府。1975年4月17日柬抗美救国斗争取得胜利。1976年1月，柬颁布新宪法，改国名为“民主柬埔寨”。1978年12月，越南出兵柬埔寨，成立“柬埔寨人民共和国”。1982年7月，西哈努克、宋双、乔森潘三方组成民主柬埔寨联合政府。1990年9月成立柬全国最高委员会，西哈努克出任主席。10月23日，柬埔寨问题国际会议在巴黎召开，签署了《柬埔寨冲突全面政治解决协定》，历时13年之久的柬埔寨问题最终实现政治解决。

1993年5月，柬在联合国主持下举行首次全国大选。9月，颁布新宪法，改国名为柬埔寨王国，西哈努克重登王位。11月，柬王国政府成立，拉纳烈和洪森分别任第一、二首相。1994年柬国会通过立法宣布民柬为非法组织。1997年7月，联合执政的人民党（以下简称“人党”）和奉辛比克党（以下简称“奉党”）爆发军事冲突，拉纳烈被废黜第一首相，流亡国外。1998年7月26日，柬举行第二次全国大选，人党获胜成为第一大党，11月30日成立以洪森为首相的第二届联合政府，奉党国会议席居次，拉纳烈出任国会主席。12月，前民柬领导人乔森潘、农谢归顺政府，柬民族和解取得重大进展，进入和平与发展的新时期。

2003年7月，柬举行第三届全国大选，人党获胜。人、奉、森三党在权利分配上分歧严重，组阁陷入僵局。2004年7月15日，组阁僵局被打破，人党和奉党就联合执政达成协议，拉纳烈和洪森分别任国会主席和政府首相，第三届王国政府正式成立。2004年10月6日，西哈努克国王在北京宣布退位。14日，柬王位委员会9名成员一致推选西哈莫尼为新国王。29日，西哈莫尼在王宫登基即位。柬王位继承问题获得圆满解决。

政 治

2008年7月，柬埔寨举行了第四届全国大选，人民党再次赢得选举。9月24日，柬埔寨举行新一届国会首次会议。25日，国会以一揽子表决方式通过国会领导和内阁成员名单，韩桑林连任国会主席，洪森蝉联首相。

【宪法】柬埔寨现行宪法系于1993年9月21日经柬制宪会议通过、由西哈努克国王于同年9月24日签署生效。1999年3月4日，第二届国会通过宪法修正案，新宪法由原来的14章149条增至16章158条。宪法规定，柬埔寨的国体是君主立宪制，实行自由民主制和自由市场经济，立法、行政、司法三权分立。国王是终身制国家元首、武装力量最高统帅、国家统一和永存的象征，有权宣布大赦，在首相建议并征得国会主席同意后有权解散国会。国王因故不能理政或不在国内期间由参议院主席代理国家元首职务。王位不能世袭，国王去世后由首相、佛教两派僧王、参议院和国会正副主席共9人组成的王位委员会在七日内从安东、诺罗敦和西索瓦三支王族后裔中遴选产生新国王。

【国会】柬国家最高权力机构和立法机构，每届任期五年。本届（第四届）国会成立于2008年9月，由123名议员组成，其中人民党90人，森朗西党26人，人权党3人，拉纳烈党和奉辛比克党各2人。韩桑林（Heng Samrin）任国会主席，阮涅（Ngoun Nhee）为第一副主席，赛冲（Say Chhum）为第二副主席。赛冲于2012年3月24日转任柬参议院第一副主席并辞去国会第二副主席。2012年4月25日，国会召开第四届第八次全体会议，投票选举宫桑达里（Khoun Sudary）为国会第二副主席。

【参议院】首届参议院成立于1999年3月25日，任期六年。柬宪法规定，法案须经国会、参议院、宪法理事会逐级审议通过后，最后呈国王签署生效。参议院主席礼宾顺序排在国王之后、国会主席和政府首相之前，属国家第二号领导人，在国王因故不能视事或不在国内时代理国家元首。

2012年1月29日，参议院换届选举，产生第三届参议院61名参议员，其中人民党46人，森朗西党11人，2名由国王直接任命，2名由国会委任。3月24日，柬第三届参议院举行首次全体会议，投票选举产生领导班子，人民党主席谢辛（Chea Sim）连任主席，人民党成员赛冲和迪翁（Tep Ngorn）分别当选第一、第二副主席。

【政府】柬第四届政府于2008年9月成立，洪森为首相。设10个副首相，16个国务大臣，26个部和2个国务秘书处。主要成员有：首相洪森（Hun Sen）；副首相韶肯（Sar Kheng）、索安（Sok An）、迪班（Tea Banh）、贺南洪（Hor Namhong）、梅森安（Men Sam An）、宾成（Bin Chhin）、涅本才（Nhek Bunchhay）、吉春（Keat Chhon）、严才利（Yim Chhay Ly）、盖金延（Ke Kim Yan）；国务大臣尹春林（Im Chhun Lim）、蔡唐（Chhay Than）、占蒲拉西（Cham Prasidh）、莫马烈（Mok Mareth）、宁万达（Nhim Vanda）、陶兴华（Tao

Seng Hours）、孔汉（Khun Haing）、李突（Ly Thuch）、高平（Kol Pheng）、孙占托（Sun Chanthol）、翁斯里武（Veng Sereyvuth），努索昆（Nuth Sokom）、翁仁典（Om Yentieng）、殷莫利（Ieng Moly）、华金洪（Var Kimhong）、英诺拉（Yim Nol La）。内阁办公厅大臣索安（Sok An），内政部大臣韶肯（Sar Kheng），国防部大臣迪班（Tea Banh），外交与国际合作部大臣贺南洪（Hor Namhong），财经部大臣吉春（Keat Chhon），农林渔业部大臣曾仕伦（Chan Sarun），农村发展部大臣谢索帕拉（Chea Sophara），商业部大臣占蒲拉西（Cham Prasidh），工业矿产能源部大臣苏赛（Suy Sem），计划部大臣蔡唐（Chhay Than），教育青年与体育部大臣尹赛迪（Im Sethy），社会福利、退伍军人和青年改造部大臣叶绍兴（Ith Sam Heng），国土、城市规划和建设部大臣尹春林（Im Chhun Lim），环境部大臣莫马烈（Mok Mareth），水利气象部大臣林建华（Lim Kean Hour），新闻部大臣乔干那烈（Kiev Kanharith），司法部大臣昂翁瓦塔纳（Ang Vong Vathna），议会与监察部大臣绍金苏（Som Kim Suor），邮电通讯部大臣索昆（So Khun），卫生部大臣莫本兴（Mam Bun Heng），公共工程与运输部大臣陈尤德（Tram Iv Tek），文化艺术部大臣亨柴（Him Chhem），旅游部大臣唐坤（Thong Khon），宗教事务部大臣孟肯（Min Khin），妇女事务部大臣英·甘塔帕薇（Ing Kanthaphavy），劳动和职业培训部大臣翁速（Vong Sauth）。首相府直属国务秘书处：公共职业国务秘书处国务秘书毕本廷（Pich Bunthin），民航国务秘书处国务秘书毛哈万纳（Mao Havanall）。

【网址】主要网址：西哈莫尼国王www.norodomsihamoni.net；西哈努克太皇www.norodomsihanouk.info；柬王国政府www.cambodia.gov.kh/；柬外交与国际合作部www.mfaic.gov.kh。

【行政区划】全国分为23个省和1个直辖市。

【司法机构】法院分初级法院、上诉法院和最高法院三级。最高法官理事会是司法系统的管理部门，负责监督法院工作，拥有遴选、任免法官的职权。最高法官理事会由国王、最高法院院长、总检察长、上诉法院院长和检察长、金边法院院长和检察长以及两位法官共九人组成。2003年2月西哈努克国王辞去主席职务后，该理事会主席空缺。最高法院院长为迪蒙蒂（Dit Munty）。柬无独立检察院，各级法院设检察官，行使检察职能。

【政党】2008年大选时有11个政党参选。主要政党有：

（1）柬埔寨人民党（Cambodia People's Party）：该党前身为成立于1951年6月28日的柬埔寨人民革命党。1991年10月改为现名。现任党主席谢辛，副主席洪森，名誉主席韩桑林。现有党员410万。1991年宣布实行自由民主多党制和自由市场经济。1993年大选后，人民党顺应形势，同意恢复君主立宪制，与奉辛比克党联合执政。1998年大选获胜，洪森出任首相。2003年大选人民党再次获胜，获73个国会议席。2008年大选人民党再次获胜，赢得90个国会议席，洪森蝉联首相。该党主张对内维护政局稳定，致力于经济发展和脱贫，建立民主法制国家。对外奉行独立、和平、中立和不结盟政策，支持建立国际政治经济新秩序，主张加强南南合作、缩小贫富差距及加强区域合作，维护地区和平与繁荣。重视同周边邻国的友好合作以及与中、日、法等大国发展友好关系，积极改善同美及西方的关系。

（2）奉辛比克党（FUNCINPEC Party）：该党前身为“争取柬埔寨独立、中立、和平与合作民族团结阵线”（按法文字母缩写简称为奉辛比克，Front Uni National Pour Un Cambodge Indépendent, Neutre, Pacifique, et Coopératif），由西哈努克于1981年创建，并任主席。1992年改为现名，盖博拉斯美任主席。现有党员约40万。该党信奉西哈努克主义，对内主张政治民主化、经济私有化，维护君主立宪制。对外奉行独立、和平、中立与不结盟外交政策，主张与世界各国和一切友好政党建立和发展友好合作关系，主张以和平方式解决与邻国的边界领土争端。1993年大选奉党获胜，成为国会第一大党。拉纳烈出任政府第一首相。1997年7月，人民党与奉党爆发军事冲突，拉纳烈被罢免第一首相，流亡国外。1998年大选奉党获得43个国会议席和21个参议院议席，退居第二。2002年初举行的乡级选举中仅获10个乡（区）长职位。2003年大选获得26个国会议席，仍居第二位。2004年7月与人民党组成第三届联合政府。2006年10月，奉党召开全国特别代表大会，决定盖博拉斯美取代拉纳烈任奉党主席，卢莱斯棱任第一副主席，西索瓦·西里拉任第二副主席，涅本才任秘书长。2008年大选该党获2个国会席位。2011年4月2日，奉辛比克党在金边召开代表大会，选举盖博拉斯美为该党领袖（主席），卢莱斯伦为名誉主席，涅本才担任执行主席，负责党的日常工作。2012年参议院选举奉辛比克党未获席位。

（3）森朗西党（Sam Rainsy Party）：原名高棉民族党，创建于1995年11月9日，1998年改为现名。森朗西任主席。现有党员25万人。推崇西方自由、民主、人权；主张捍卫国家主权、领土完整、收回割让给邻国的土地，解决非法移民问题；铲除贪污、腐败；发展自由经济，提高人民生活水平。在柬知识分子、工人、市民和青年学生中有较大影响。2008年获26个国会议席。2012年获11个参议院席位。

【重要人物】诺罗敦·西哈莫尼：国王，诺罗敦·西哈努克太皇和莫尼列太后的长子。1953年生于金边。20世纪60～70年代中期，在捷克首都布拉格学习舞蹈、音乐和戏曲。80年代旅居法国，在巴黎莫扎特音乐学院担任古典舞蹈和艺术教授，并兼任高棉舞蹈学会、芭蕾舞团负责人和艺术指导。1993年，任柬常驻联合国教科文组织大使。2004年10月宣誓登基。属无党派人士，无明显政治倾向。2005年8月来华国事访问。未婚。精通法语、捷克语，英语熟练。 **谢辛**：柬埔寨参议院主席、人民党主席。1932年11月15日生于波罗勉省。1952年参加抗法斗争。1981年任金边政权国会主席。1991年当选人民党主席。1993年大选后当选为制宪会议副主席，同年10月当选第一届国会主席。1999年3月出任柬第一届参议院主席。2006年3月20日出任第二届国会主席。2008年正式访华。夫人娘素，有三子二女。 **洪森**：柬埔寨第四届王国政府首相、人民党副主席。1951年4月4日生于磅湛省一个农民家庭。20世纪70～80年代，先后任金边政权外长、副总理和总理。1990年9月参加柬全国最高委员会。1991年10月当选人民党副主席。1993年当选议员，7月出任柬临时民族政府联合主席，9月出任柬埔寨王国政府第二首相，任高棉王家军联合总司令。1998年11月任柬第二届王国政府首相。2004年7月出任柬第三届王国政府首相。1994年与第一首相拉纳烈联合访华。1996年对华进行工作访问。1999年2月和2004年4月正式访华。2004年后多次访华或来华参会。2010年5月来华出席上海世博会开幕式，12月正式访华。爱读书，喜钻研理论，著有《柬埔寨十年》和《柬埔寨130年》等书籍，擅长创作民族歌曲。夫人文拉妮·洪森现任柬埔寨红十字会长，育有子女5人。 **韩桑林**：柬埔寨国会主席、人民党名誉主席。1934年生于柬磅湛省。1991年任柬人民党名誉主席。1993年被西哈努克封为亲王并任命为国王高级顾问。1998年任国会第一副主席。2004年连任国会第一副主席。2006年3月接任国会主席。2008年任第四届国会主席。2007年正式访华。有子女四人。

经　济

柬埔寨是传统农业国，工业基础薄弱。属世界上最不发达国家之一，贫困人口占总人口26%。柬政府实行对外开放的自由市场经济，推行经济私有化和贸易自由化，把发展经济、消除贫困作为首要任务。洪森政府实施以优化行政管理为核心，加快农业发展、加强基础设施建设、吸引更多投资和开发人才资源的“四角战略”，把农业、加工业、旅游业、基础设施建设及人才培训作为优先发展领域，推进行政、财经、军队和司法等改革，提高政府工作效率，改善投资环境，取得一定成效。

2011年，柬GDP增长6.9％，其中，农业增长3.3％（种植业和水产业分别增长3.9％和4.8％），工业增长14.3％（制衣业和橡胶业分别增长20.2％和10.1％），服务业同比增长5％（酒店业和交通运输业分别增长5.6％和6.9％）。国家外汇储备30亿美元。外贸总额达114.7亿美元，同比增长38％。财政收入约17.5亿美元，同比增长21.1％，占GDP的13.6％；财政支出约24.4亿美元，同比增长20％，占GDP的18.8％。财政赤字约6.9亿美元，同比增长13.9％，占GDP的5.3％。通货膨胀率为3.1％。

国内生产总值（GDP）：129.37亿美元。

人均国内生产总值：909美元。

国内生产总值增长率：6.9％（柬财经部统计）。

货币名称：瑞尔（RIEL）。

汇率：由市场调节，1美元＝4060瑞尔。

【资源】矿藏主要有金、磷酸盐、宝石和石油，还有少量铁、煤。林业、渔业、果木资源丰富。盛产贵重的柚木、铁木、紫檀、黑檀、白卯等热带林木，并有多种竹类。森林覆盖率61.4％，主要分布在东、北和西部山区。木材储量约11亿多立方米。洞里萨湖是东南亚最大的天然淡水渔场，素有“鱼湖”之称。西南沿海也是重要渔场，多产鱼虾。近年来，由于生态环境失衡和过度捕捞，水产资源减少。

【工业】工业被视为推动柬国内经济发展的支柱之一，但基础薄弱，门类单调。1991年底实行自由市场经济以来，国营企业普遍被国内外私商租赁经营。2011年工业领域总额占柬国内生产总额的30％，工业领域为50万名柬国国民创造就业机会。

【农业】是柬经济第一大支柱产业。农业人口占总人口的85％，占全国劳动力的78％。可耕地面积630万公顷。2011年，柬全国水稻种植面积321.9万公顷，完成计划的107.2％。由于8月中旬开始的洪水灾害对农业造成的巨大影响，稻谷实际收成面积为290.3万公顷，稻谷产量841.7万吨，同比增长5.3％，除满足国内粮食需求和收割过程中损失外，剩余402.9万吨，折合大米约247.9万吨，同比分别增长6％和3.3％。天然橡胶种植面积18.1万公顷，产量约4.9万吨，同比增长均为6.5％。柬政府高度重视稻谷生产和大米出口，政府首相洪森2015年百万吨大米出口计划的号召，不但提升了本地农民的积极性，也让众多投资者更热衷于投入农业、利用先进的管理技术改良稻种 建立现代化碾米厂。理论上来说，柬水稻可一年三熟，在国内外市场需求旺盛、大米价格年年攀升的条件下，短期效益回报明显，发展潜力巨大。

【旅游业】2000年以来，柬政府大力推行“开放天空”政策，支持、鼓励外国航空公司开辟直飞金边和吴哥游览区的航线。2002年，柬政府加大对旅游业的资金投入，加紧修复古迹，开发新景点，改善旅游环境。2011年，柬埔寨共接待外国游客288万人次，同比增长15.2％。前五大外国游客来源国分别是：越南（61.4万人次）、韩国（34.3万人次）、中国（24.7万人次）、日本（16.2万人次）、美国（15.4万人次）。旅游业收入达18亿美元，同比增长5.9％，占GDP的12％，直接或间接创造了约40万个就业岗位。柬政府预计，2012年将接待外国游客达310万人次。此外，2011年5月，柬国公省、西哈努克省、贡布省和白马省等四省

440公里的海滨地区入围世界最美海滩俱乐部，成为柬发展旅游业的良好契机。2012年1月13日，洪森主持召开内阁会议，讨论并通过了《柬埔寨海滩地区开发和管理委员会王令》和《柬埔寨王国海滩地区开发规划》等议案。根据上述议案，柬将成立沿海发展管理国家委员会，旨在加强海滩地区的开发与管理，包括海滩与海岛开发，公路与水路连接等。根据世界最美海滩俱乐部要求，柬政府将制订相关海滩开发计划，包括自然环境、文化习俗的管理和开发等。旅游业的发展将继续带动金融、交通运输、酒店、餐饮和服务业等相关产业的发展，成为未来柬经济的重要支柱和收入来源。柬主要旅游点有世界闻名的吴哥古迹、金边和西哈努克港等。

【交通运输】以公路和内河运输为主。主要交通线集中于中部平原地区以及洞里萨河流域。北部和南部山区交通闭塞。

公路：全国公路总长约3万公里。最主要的公路有四条：1号公路（金边至越南胡志明市），4号公路（金边至西哈努克港），5号公路（金边经马德望至泰国边境），6号公路（金边经磅同、暹粒至吴哥古迹）。

水运：内河航运以湄公河、洞里萨湖为主，主要河港有金边、磅湛和磅清扬。雨季4000吨轮船可沿湄公河上溯至金边，旱季可通航2000吨货轮。西哈努克港为国际港口。

铁路：全国有两条铁路：金边—波贝，全长385公里，可通曼谷；金边—西哈努克市，全长270公里，是交通运输的大动脉，但铁路年久失修，运输能力较低。

空运：柬主要航空公司有暹粒航空公司、吴哥航空公司。有金边—曼谷、金边—胡志明市、金边—万象、金边—吉隆坡、金边—新加坡五条国际航线。外方航空公司在柬的主要航线有：金边—曼谷、金边—广州、金边—香港、暹粒—曼谷、金边—上海、金边—新加坡、金边—台北、金边—高雄、金边—胡志明市、金边—万象、金边—普吉等航线。有金边国际机场和暹粒机场两个国际机场，西哈努克港、马德望、上丁等机场为国内机场，有定期航班通行，可起降中、小型飞机。

【对外贸易】2003年9月，柬加入世界贸易组织。2011年，外贸总额达114.7亿美元，同比增长38%。其中，出口额48.7亿美元，同比增长37.2%。主要出口商品为成衣（42.4亿美元）、橡胶（4.6万吨，2亿美元）和大米（17.3万吨，1亿美元）；进口额66亿美元，同比增长37.8%，主要进口商品为成衣原辅料（26亿美元）、燃油（13.8亿美元）、建材（5.5亿美元）和交通工具（3.6亿美元）。贸易逆差17.3亿美元，与去年基本持平。服装和农产品是柬出口的主要动力，分别占出口总额的87.1%和6.1%。据柬埔寨国家银行统计，2010年柬进口额61.09亿美元，出口额43.63亿美元，同比分别增长9.8%和12.5%。作为出口的支柱产品，柬出口成衣29.7亿美元，同比增长24.3%，占总出口的84%。

军　事

1993年6月23日，柬三派武装力量组成柬埔寨武装部队，西哈努克为最高统帅。1993年9月24日改名为高棉王家军，划分为5个军区和1个特别军区，有12个主力步兵师，总兵力约13万人。联合政府成立后，迪班（人民党）和西索瓦·西里拉（奉党）出任联合国防大臣。1999年，洪森首相辞去柬武装力量总司令的职务，由原王家军总参谋长盖金延四星上将接替，波尔沙伦为副总司令兼总参谋长，密索皮为副总司令兼陆军司令，坎沙文和肯索潘为副总司令，翁桑坎为海军司令，森桑南为空军司令。2008年波尔沙伦接替盖金延任王家军总司令。柬开始和平重建后，制订了阶段性裁军计划。

2006年10月25日，柬国会通过《兵役法》草案，规定18 ~ 30岁柬籍男性公民均有义务服兵役。目前柬军队总兵力约10万人。

文化教育

【教育】20世纪60年代文教事业有较大发展。自70年代后，因长期战乱，文教事业遭受严重破坏。近年来政府重视教育，兴建了一些学校。据柬埔寨教育部统计，目前柬埔寨共有2772所幼儿园，6476所小学，1321所中学，63所大学（其中18所公立大学，45所私立大学）。

【新闻出版】发行量较大的报刊有《柬埔寨之光报》（柬文，日报）、《人民报》（人民党党报，柬文）、《和平岛报》（柬文，日报）、《柬埔寨日报》（英文，柬文）、《金边邮报》（英文，双周报）、《柬埔寨时报》（英文，柬文，周报）。柬影响较大的中文报纸有《华商日报》、《柬华日报》和《星洲日报》，较有影响的英文报刊有3家，法文报刊1家。

柬新社（AKP）为官方通讯社，成立于1980年。

柬目前有29家电台，官方电台5家，其中FM96电台属国家所有，每天播音19个小时。电视台7家，国家电视台（建于1966年，以柬语节目为主）；仙女台（人民党党产）；第9频道（私营）；第5频道（军队台）；首都第3频道（官方开办）；巴戎台（私营）；CTN电视台（私营）。

有线电视台：柬埔寨有线电视台、金边有线电视台。

对外关系

奉行独立、和平、永久中立和不结盟的外交政策，反对外国侵略和干涉，在和平共处五项原则基础上，同所有国家建立和发展友好关系。主张相互尊重国家主权，通过和平谈判解决与邻国的边界问题及国与国之间的争端。柬新政府成立后，确定了融入国际社会、争取外援发展经济的对外工作方针，加强同周边国家的睦邻友好合作，改善和发展与西方国家和国际机构关系，以争取国际经济援助。

迄今，柬与107个国家建交，其中，62个国家向柬派出大使，常驻金边使馆28家；柬向22个国家派出大使，开设8个领事馆，任命3个名誉领事。1999年4月30日加入东盟。

【同中国的关系】1955年4月，周恩来总理和柬埔寨国家元首西哈努克亲王在万隆亚非会议上结识，成为中柬友好关系的新开端。1958年7月19日两国正式建交。20世纪50～60年代，周恩来总理、刘少奇主席访柬，西哈努克亲王六次访华，并两次在华领导柬人民争取国家独立、民族解放的斗争，得到中国政府和人民大力支持。1993年柬新政府成立以来，中柬高层互访频繁。

2006年4月，国务院总理温家宝对柬埔寨进行正式访问。双方发表了《中华人民共和国政府与柬埔寨王国政府联合公报》，宣布建立全面合作伙伴关系。2008年是中柬建交50周年和“中柬友好年”。2009年10月，柬埔寨太皇西哈努克出席中国建国60周年国庆招待会和天安门观礼活动。同月，柬埔寨首相洪森来华出席中国西部博览会。12月，国家副主席习近平访柬。2010年3月，国务院副总理回良玉访柬。5月，柬埔寨首相洪森出席上海世博开幕式。11月，全国人大常委会委员长吴邦国访柬。12月，柬埔寨首相洪森访华，两国建立全面战略合作伙伴关系。2011年8月，中共中央政治局常委、中央政法委书记周永康访柬。10月，柬埔寨首相洪森出席中国—东盟博览会。2012年3月30日至4月2日，国家主席胡锦涛对柬埔寨进行国事访问，双方发表联合声明。

中国是柬埔寨第三大贸易伙伴。2011年，中柬双边贸易额为24.99亿美元，同比增长73.5%。其中，中国对柬出口额23.15亿美元，同比增长71.8%；自柬进口额1.84亿美元，同比增长96.8%。

中国驻柬埔寨王国大使：潘广学。2010年3月15日递交国书。使馆地址：金边市毛泽东大道156号（N0.156 Blvd.Mao Tsetung，Phnom Penh，Kingdom of Cambodia）。电话：00855-12-810928（值班电话），901923（领事部），00855-23-721437（经商处）。传真：00855-23-720922（使馆），720925（领事部），223023（经商处）。

柬埔寨王国驻华大使：凯·西索达（Khek Sysoda）。2007年3月22日递交国书。馆址：北京市朝阳区东直门外大街9号。电话：65321889；传真：65323507。

【同东盟的关系】柬于1999年4月30日加入东盟，成为东盟第10个成员国。入盟后，柬积极参与东盟政治合作机制和经济一体化进程，坚持成员国协商一致和不干涉内政等原则，主张加强合作，缩小新老成员差距。重视国际反恐合作，积极支持建立东亚经济共同体和安全共同体。柬重视加强东盟内部和大湄公河次区域经济合作，积极推动柬越老经济三角区、柬泰老经济三角区和柬泰老缅四国经济合作。2008年2月，柬埔寨国会通过《东盟宪章》。2012年，柬埔寨担任东盟轮值主席国，举办东盟峰会等多次国际会议。

【同泰国的关系】柬泰两国1950年两国建交。2009年6月，泰国总理阿披实访柬。7月，泰国国会主席猜·奇触访柬。8月，柬埔寨国会主席韩桑林访泰。11月，柬埔寨任命泰前总理塔信为柬政府经济顾问，双方召回驻对方国家大使。2010年8月，塔信辞去经济顾问职务，双方恢复大使级外交关系。9月，柬埔寨首相洪森与泰国总理阿披实在出席在美国举行的东盟—美国领导人峰会和在比利时举行的亚欧首脑会议期间举行会见。

2011年2月和4月，柬泰两国在边境地区两度交火，造成较大人员伤亡和财产损失。柬提请国际法院就该院1962年将位于柬泰边境的柏威夏寺做出解释。7月18日，国际法庭裁定在柏威夏寺周边4.6平方公里有争议地区设定4个非军事区，要求柬、泰两国军队立即从临时非军事区撤出。柬泰双方均表示支持国际法庭的裁定。2011年8月泰国总理英拉上台后，柬泰两国关系迅速转圜。9月，泰国总理英拉访柬。2012年4月，泰国总理英拉赴柬埔寨出席东盟峰会。双方各部门、各领域往来频繁。

泰国是柬埔寨第一大贸易伙伴，2011年柬泰双边贸易额为30.8亿美元，同比增长21%，其中柬埔寨进口额29亿美元，同比增长24%，出口额1.76亿美元，同比下降18%。

【同越南的关系】柬越两国1967年建交。近年来双方高层往来频繁。2009年6月，柬埔寨副首相盖金延访越。7月，越南副总理张永仲访柬。12月，越共中央总书记农德孟访柬。同月，柬埔寨首相洪森访越。2010年6月，柬埔寨国王西哈莫尼、太皇西哈努克访越。8月，越南国家主席阮明哲访柬。11月，越南总理阮晋勇访柬。2011年4月，越南总理阮晋勇访柬。9月，越南国家主席阮生雄访柬。12月，越共中央总书记阮富仲访柬，双方发表联合声明。2012年1月，柬埔寨首相洪森访越。

越南是柬埔寨第二大贸易伙伴，2011年柬越双边贸易额达28.29亿美元，同比增长54.8%。其中，柬埔寨进口额24亿美元，同比增长54.6%，出口额4.29亿美元，同比增长55%。

【同美国的关系】柬美两国1950年建交。2006年，美驻柬使馆宣布恢复为柬民众办理赴美签证。美参议院宣布撤销对柬军事援助的禁令，承诺向柬提供100万美元援助。2007年向柬提供5580万美元直接援助。2009年7月，副首相兼外交国际合作部大臣贺南洪出席东盟区域论坛等相关会议期间会见美国务卿克林顿。9月，美国总统特使访柬。同月，柬埔寨副首相兼外交国际合作大臣贺南洪访美。2010年9月，柬埔寨首相洪森访美并出席第二次东盟与美国领导人峰会。11月，美国务卿克林顿访柬。2012年6月，柬埔寨副首相兼外交国际合作部大臣贺南洪访美。近年美军方频繁访柬，双方多次举行军演。

【同日本的关系】日本是柬最大援助国，从1992年起，年均向柬提供1亿美元援助，占外国援柬总额的20%，涉及公路桥梁、水电基础设施及农业、农村发展、医疗保健、教育、人才培训、环保、古迹保护和司法等领域。2009年7月，柬埔寨副首相兼外交国际合作大臣贺南洪与日本代表签署3305万美元援助协议。8月，柬埔寨副首相兼外交国际合作大臣贺南洪与日本代表签署8200万美元援助协议。11月，柬埔寨首相洪森访日。2010年5月，柬埔寨国王西哈莫尼访日。2012年2月至3月，日本向柬埔寨提供各类援助和优惠贷款总计超过1亿美元。

【同法国的关系】柬曾遭受法国殖民统治长达90年，两国有较深的传统关系。近年来，双方均重视加强双边往来。法对柬援助领域涉及文化教育、法律、宗教、警察宪兵培训、农业、卫生等。2009年7月，柬埔寨首相洪森访法并出席法国国庆阅兵式。10月，柬埔寨副首相兼内阁办公厅大臣索安访法。2010年3月，柬埔寨国王西哈莫尼访法。2011年7月，法国总理菲永访柬。（朱斌）

卡塔尔

国名　卡塔尔国（The State of Qatar）。

面积　11521平方公里。

人口　172万（2011年）。卡塔尔公民约占20%，其他为外籍人，主要来自印度、巴基斯坦和东南亚国家。居民大多信奉伊斯兰教，多数属逊尼派中的瓦哈比教派，什叶派占全国人口的16%。阿拉伯语为官方语言，通用英语。

首都　多哈（Doha），人口154万。

国家元首　埃米尔兼武装部队总司令哈马德·本·哈利法·阿勒萨尼（Hamad Bin Khalifa Al-Thani），1995年6月27日即位。

重要节日　国庆日：12月18日。

简　况

位于波斯湾西南岸的卡塔尔半岛上，与阿联酋和沙特接壤。海岸线长563公里。属热带沙漠气候，夏季炎热漫长，最高气温可达50℃以上；冬季凉爽干燥，最低气温可达7℃。年平均降水量仅75.2毫米。

公元7世纪卡塔尔是阿拉伯帝国的一部分。1517年葡萄牙入侵。1555年被并入奥斯曼帝国版图。1846年萨尼·本·穆罕默德建立了卡塔尔酋长国。1882年英国入侵，并宣布该地区为英国的“保护地”。1971年9月3日卡塔尔宣布独立，艾哈迈德任埃米尔。1972年2月22日艾哈迈德埃米尔被废黜，其堂弟哈利法出任埃米尔，哈利法之子哈马德任王储兼国防大臣。1995年6月27日，哈马德发动宫廷政变，推翻哈利法，出任埃米尔。

政　治

卡塔尔系君主立宪制国家。埃米尔为国家元首和武装部队最高司令，掌握国家最高权力，由阿勒萨尼家族世袭。政府适度推进政治改革，保持社会稳定。卡塔尔禁止任何政党活动。

【宪法】1970年颁布的第一部临时宪法规定：卡塔尔为独立主权国家；伊斯兰教为国教；埃米尔在内阁和协商会议的协助下行使权力。宪法承认法官的独立性。1972年卡塔尔对临时宪法进行修宪。2003年4月，卡塔尔全民公投通过《永久宪法草案》，从法律上进一步确立了阿勒萨尼家族的执政地位。2005年6月7日，《永久宪法》正式生效。

【协商会议】成立于1972年，系咨询机构，职能是协助埃米尔行使统治权力，有权审议立法和向内阁提出政策建议。协商会议由45名成员组成（15名由埃米尔任命，30名通过选举产生），任期四年。现任主席穆罕默德·穆巴拉克·胡莱菲（Mohammed Mubarak Al-Khulaifi），1995年3月任职，连任至今。

【政府】本届内阁成立于1996年，至今已进行10次调整，现有成员22人。主要成员有：首相兼外交大臣哈马德·本·贾西姆·本·贾布尔·阿勒萨尼（Hamad Bin Jassim Bin Jabr Al Thani），副首相兼内阁事务国务大臣艾哈迈德·本·阿卜杜拉·马哈茂德（Ahmad Bin Abdullah Al-Mohmoud），商贸大臣贾西姆·本·阿卜杜勒阿齐兹·本·贾西姆·阿勒萨尼（Jasim Bin Abdal Al-Aziz Bin Jasim Al Thani），能源和工业大臣穆罕默德·萨利赫·萨达（Mohamed Saleh Al-Sada），经济和财政大臣尤素福·侯赛因·凯马勒（Youssef Hussein Kamal），内政大臣阿卜杜拉·本·哈立德·阿勒萨尼（Abdullah Bin Khalid Al Thani）等。

【行政区划】无明确的省级行政区划，以一些主要城市为中心，全国分为9个地区。主要城市有多哈、赖扬、杜罕、豪尔等。

【司法机构】政府设司法部，主管司法、法律事务。2005年8月，埃米尔颁布法令，成立司法研究中心，由司法部次官苏尔坦·本·阿卜杜拉·苏维迪担任董事长。

【重要人物】哈马德·本·哈利法·阿勒萨尼：埃米尔兼武装部队总司令。1952年生于多哈，在卡塔尔接受小学、初中、高中教育。1971年7月，毕业于英国桑赫斯特军事学院，回国后任卡塔尔第一快速部队司令。1972年任武装部队总司令。1977年5月31日，被立为王储兼国防大臣。1989年5月，任卡塔尔国家最高计划委员会主席。1995年6月27日，发动宫廷政变，推翻其父哈利法，接管政权，成为卡塔尔第九任埃米尔。曾于1999年4月访华。 **塔米姆·本·哈马德·本·哈利法·阿勒萨尼**：王储，1980年生。为现任埃米尔第四子。1997年毕业于英国桑赫斯特军事学院。系卡塔尔国家奥委会主席，国际奥委会委员。2003年8月5日被指定为王储，同年9月被任命武装部队副总司令。2008年4月和8月，塔米姆王储作为国际奥委会委员两度来华，并出席北京奥运会开幕式。 **哈马德·本·贾西姆·本·贾布尔·阿勒萨尼**：首相兼外交大臣，1959年生。1982 ~ 1989年任市政大臣办公室主任。1989年任市政农业大臣。1990年任市政农业大臣兼水电代理大臣，期间兼任卡塔尔水电公司董事长、卡塔尔最高计划委员会成员。1992年9月任外交大臣。2003年9月任第一副首相兼外交大臣。2007年4月被任命为首相兼外交大臣。曾于1993年、1999年（随埃米尔）、2000年、2007年（私人访问）、2008年、2010年、2012年访华。

经　济

石油、天然气产业是卡塔尔经济支柱。近年来卡塔尔大力发展石油、天然气产业，制定了开发天然气的中长期发展规划。同时，卡塔尔注意实施经济多元化战略，建立卡塔尔金融中心，对外国人开放证券市场，改善投资环境，吸引外国投资和技术。卡塔尔于1994年成为关贸总协定第121个成员国，1995年加入世界贸易组织。2011年主要经济数据如下（数据来源：《经济季评》）：

国内生产总值：1735亿美元。

人均国内生产总值：10万美元。

经济增长率：36.3%。

外汇储备：204亿美元。

货币名称：卡塔尔里亚尔（Qatari Rial）。

汇率：1美元＝3.64卡塔尔里亚尔。

【资源】主要有石油和天然气。油气收入占卡塔尔国内生产总值的60%以上，出口收入的85%左右，财政收入的70%。已探明石油储量28亿吨，居世界第13位，2010年日产原油73.3亿桶；天然气储量25.37万亿立方米，居世界第三位。地下水资源贫乏。

【工业】主要为石油和天然气部门、相关工业及能源密集型工业，其中包括炼油、石化、化肥、钢铁和水泥厂，同时还建立了一些造纸、洗涤剂、颜料、食品和塑料等工厂。近年来，卡塔尔大力发展能源工业，不断推出石油、天然气和石化大型项目。2010年，卡塔尔原油产量为每日82.2万桶，液化天然气产量5000万吨。

卡塔尔是世界第一大液化天然气（LNG）生产和出口国。一段时期来，卡塔尔先后同日本、韩国、印度、意大利、西班牙、比利时及美国等签订了长期供气合同或框架协议，并与阿联酋、阿曼、科威特等周边国家商定输气计划。2010年12月，卡塔尔液化天然气产能达到7700万吨，占世界液化天然气市场的30%。卡塔尔拥有世界上最大的液化天然气出口码头，并大力发展石油天然气远洋运输船队，希望打造世界最大的液化天然气专业运输船队。卡塔尔还兴建世界级大型化工冶炼厂，并与南非、美国融资兴建气转油（GTL）及高附加值化工原料生产厂。

【农牧渔业】卡塔尔农业基础薄弱，发展较慢。从事农业生产的主要是外籍工人。全国可耕地面积为2.8万公顷，已耕地7000公顷。农牧产品不能自给，粮食、蔬菜、水果、肉蛋奶等主要依赖进口，只有鱼、虾类海产品产量可基本满足本国需求。近年来，政府重视引进国际先进的农业生产设备和技术，推广新型灌溉技术，设计和建立灌溉网络。卡塔尔中北部地区建有一些绿洲，适合种植椰枣、玉米及少量蔬菜等。

【交通运输】卡塔尔无铁路，各主要城市之间由现代化公路网相连，全国公路总长为900公里。主要海港有多哈港、乌姆赛义德港和拉斯拉凡港，拉斯拉凡港是世界上最新、最大的处理液化天然气的港口。卡塔尔有5个机场，多哈国际机场有连接欧洲和亚洲的20余条航线。

【财政金融】卡塔尔有14家商业银行，其中5家为卡资银行，分别为：卡塔尔国家银行、多哈银行、卡塔尔商业银行、卡塔尔国民银行和卡塔尔伊斯兰银行。卡塔尔国家银行吸收了卡塔尔近50%的存款，主要经营政府业务。2005年5月，卡塔尔政府设立了卡塔尔金融中心，作为承办商业银行、项目融资和资产管理等业务的在岸金融中心。截至2010年底，卡塔尔外汇储备267.86亿美元。近几年政府预算收支情况如下（单位：亿美元）：

	2009	2010	2011	2012
总收入	430.61	391.42	719.43	754.72
总支出	292.97	357.72	498.07	553.60

（资料来源：《经济季评》）

【对外贸易】2011年卡塔尔对外贸易总额为1296亿美元，其中进口额253亿美元，出口额1043亿美元。主要出口产品为石油、液化气、凝析油合成氨、尿素、乙烯等，主要进口产品是机械和运输设备、食品、工业原材料及轻工产品、药品等。主要贸易伙伴有日本、韩国、新加坡、美国及欧盟国家。

人民生活

全国实行免费医疗。全国有主要医院4所，床位1100多张，另有医疗卫生中心近20个。卡塔尔人均寿命76岁。

军　事

卡塔尔系海湾合作委员会成员国，执行统一的防御政策。埃米尔哈马德为武装部队总司令兼国防大臣。实行志愿兵役制。武装部队总人数为1.2万人，本国人只占30%。其中陆军8500人，空军1500人，海军1800人。卡塔尔武器装备主要来自法国、美国、英国等西方国家。1992年、1994年、1996年卡塔尔分别与美国、法国、英国签订军事合作协议。卡塔尔每年与法国进行联合军事演习，法国负责对卡塔尔部队进行培训。2001年，卡美续签防务协定，美国在卡塔尔建立2个武器弹药储存库，并将沙特苏尔坦空军基地设备移至卡塔尔乌代德空军基地，投入资金近14亿美元。2002年9月，美国中央司令部指挥中心由本土迁往卡塔尔。

文化教育

【教育】政府重视发展教育事业，实行免费教育，为成绩优异的学生提供留学深造机会，并发给奖学金。目前全国共有学校197所，另有阿拉伯、外国私人学校48所。有中小学生90498人，中小学教师4000多名。1977年建成的卡塔尔大学是一所配有现代化设备的综合性大学，也是卡塔尔唯一的一所高等学府，下设8个学院，在校学生近6500名，教师500多名。此外，每年还有约500多名学生进入专业技术培训学校学习。另通过卡塔尔基金会，引进美国康奈尔、西北、弗吉尼亚、德州、乔治敦、卡耐基—梅隆等六所大学建立多哈分校，英、法、加拿大等也有大学在此办分校。

【新闻出版】主要阿文报刊:《多哈月刊》，1969年创刊，新闻部发行;《阿拉伯人日报》，1972年创刊，新闻部发行;《旗帜报》，1979年创刊;《时代周刊》，1974年创刊;《海湾市场》周刊，1980年创刊;《今日海湾》，1985年创刊;《每周消息》周刊，1986年创刊。此外还有《东方报》、《祖国报》等。英文报刊有《海湾时报》，1978年创刊。

卡塔尔通讯社建于1975年，是阿拉伯国家主要通讯社之一。

多哈广播电台用阿拉伯语、英语、法语和乌尔都语广播。有6个中波波段、5个调频波段和1个短波波段。

半岛电视台（AL-JAZEERA CHANNEL）的前身是英国广播公司（BBC）阿拉伯语频道。1996年卡塔尔埃米尔哈马德斥资1.37亿美元将BBC阿语频道的全部设备买下并组建了半岛电视台。该台24小时滚动播出阿拉伯语新闻节目，覆盖整个阿拉伯地区，是目前阿拉伯世界收视率最高的卫星频道。“9·11”事件后，该台因不断播出对阿富汗的独家报道而名声大振，被称为“中东的CNN”。2006年11月15日，半岛电视台国际（英文）频道正式开播，目前在全球共设4个播报中心（多哈、吉隆坡、伦敦、华盛顿），节目覆盖全球英语地区。卡塔尔另一家电视台多哈电视台建于1970年8月。

对外关系

卡塔尔奉行不结盟的外交政策。强调伊斯兰国家特别是阿拉伯国家间的团结与合作，重视与美国等西方国家的战略伙伴关系，积极参与地区和国际事务，扩大卡知名度。卡塔尔是联合国、伊斯兰会议组织、阿拉伯国家联盟、海湾阿拉伯国家合作委员会成员国，还是2011年第20届世界石油大会主办国。

近年来，卡塔尔外交较为活跃，积极参与地区热点问题，承办各类国际会议，包括2008年第三届“繁荣中东经济未来”国际会议、第八届民主、发展和自由贸易论坛、“保护黎巴嫩及其未来，维护民族团结与统一对话会”、联合国发展筹资问题后续国际会议等。积极斡旋巴以冲突、苏丹达尔富尔问题、厄立特里亚和吉布提冲突等。

迄今已同110多个国家建立外交关系。

【对当前重大国际问题的态度】叙利亚问题：支持叙利亚人民要求变革的意愿，要求叙利亚当局立即停止屠杀，呼吁国际社会采取有效措施制止屠杀。支持海合会在阿盟内部发挥主导作用。

伊拉克问题：主张维护伊拉克国家统一和领土完整，欢迎伊拉克举行大选，推进政治和解进程，希望伊拉克早日实现国家安全与稳定。已宣布减免大部分伊拉克所欠债务。

中东和平进程：支持中东和平进程，认为中东问题的核心是巴勒斯坦问题，支持建立以耶路撒冷为首都的独立巴勒斯坦国。主张在安理会有关决议、马德里和会以及“土地换和平”原则基础上政治解决阿、以争端。呼吁国际社会尊重巴勒斯坦人民的自主选择和民族意愿。

黎巴嫩问题：积极参与调解黎巴嫩内部各派矛盾。2008年5月，卡塔尔与阿盟联手斡旋，促成黎巴嫩议会多数派和反对派在卡塔尔首都多哈举行对话并达成《多哈协议》。

反恐问题：反对一切形式的恐怖主义。强调应把恐怖主义同阿拉伯人和伊斯兰教区别开来。认为一切军事行动都应避免伤及无辜，绝不能把巴勒斯坦人民的正义斗争与恐怖主义混为一谈。

【同中国的关系】1988年7月9日，中国、卡塔尔建交。建交后，两国关系发展顺利。

2011年，中卡各层次交往频繁，中国国务院副总理回良玉过境卡塔尔，中共中央委员、新疆区委书记张春贤，最高人民检察院检察长曹建明先后访卡；卡塔尔副首相兼能源和工业大臣阿提亚、第66届联大主席、卡塔尔前常驻联合国代表纳赛尔先后访华。两国经贸、能源合作保持快速发展，教育、文化等领域也开展了良好的交流与合作。2012年1月，国务院总理温家宝对卡塔尔进行正式访问。5月，卡塔尔首相兼外交大臣哈马德出席首届中国（北京）国际服务贸易交易会开幕式并访华。

2011年中卡贸易额为58.9亿美元，其中中方出口额12亿美元，进口额46.9亿美元，分别同比增长78%、40.1%和91.2%。中国主要出口商品是机电产品、钢铁及其制品、轻纺产品等，主要进口商品是聚乙烯、原油、液化石油气等。

中国驻卡塔尔大使：张志良。馆址：1085 WEST BAY LAGOON STREET，WEST BAY AREA，DOHA，QATAR，17200。网址：http：//qa.chineseembassy.org/chn/。电话：00974-4934203，4934204；传真：4934201。

卡塔尔驻华大使：哈马德·本·穆罕默德·穆巴拉克·纳赛尔·阿勒哈利法（Hamad Bin Mohammed Mubarak Nasir Al-Khalifa）。馆址：北京市朝阳区亮马桥外交公寓A-7。电话：010-65322231 ~ 3。

【同美国的关系】卡美关系密切，保持和发展与美国关系是卡塔尔对外关系的重要支柱。两国军事合作密切，签有防务协定，目前驻卡美军7000人，美中央司令部指挥中心已由本土迁至卡塔尔，卡塔尔乌代德基地成为美国在海外的最大军事基地之一。2011年，卡塔尔埃米尔哈马德、首相兼外交大臣哈马德等访美。美国国务卿克林顿、中央司令部司令马蒂斯、美参谋长联席会议主席麦克·马伦上将等访卡。

【同英国、法国的关系】卡塔尔同英国、法国关系良好。2011年，卡塔尔首相兼外交大臣哈马德访问两国，英国首相卡梅伦访卡，第13届卡法联合高级别军事理事会在多哈举行。（李群）

科威特

国名 科威特国（The State of Kuwait）。

面积 17818平方公里。

人口 354万（2010年），科威特公民占31.9%，外籍侨民占68.1%。阿拉伯民族。官方语言为阿拉伯语。伊斯兰教为国教，居民中95%信奉伊斯兰教，其中约70%属逊尼派，30%为什叶派。

首都 科威特城（Kuwait City），人口51万。

国家元首 埃米尔萨巴赫·艾哈迈德·贾比尔·萨巴赫（Sabah Al-Ahmed Al-Jaber Al-Sabah），2006年1月29日即位，为第15任埃米尔。

重要节日 2月25日（国庆日，系第11任埃米尔登基日）。

简　况

位于亚洲西部波斯湾西北岸。与沙特、伊拉克相邻，东濒波斯湾，同伊朗隔海相望。海岸线长290公里。有布比延、法拉卡等9个岛屿，水域面积5625平方公里。绝大部分土地为沙漠，地势较平坦，境内无山川、河流和湖泊，地下淡水贫乏。属热带沙漠气候，夏长炎热干燥，最高气温可达51℃，冬短湿润多雨，最低气温可达-6℃。地下水贫乏，年降水量为25 ~ 177毫米。

公元7世纪是阿拉伯帝国的一部分。1710年，居住在阿拉伯半岛内志的阿奈扎部落中的萨巴赫家族迁移到科威特，1756年取得统治权，建立科威特酋长国。1871年成为奥斯曼帝国巴士拉省的一个县。1939年沦为英国保护国。1961年6月19日宣布独立，同年成为阿拉伯国家联盟和联合国成员国。1990年8月2日被伊拉克侵吞，1991年2月26日复国。

政　治

君主立宪制国家。埃米尔是国家元首兼武装部队最高统帅。一切法律以及与外国签订的条约和协定均由埃米尔批准生效。科威特主张维护民族独立、国家主权与领土完整，发展民族经济，实行高福利制度。海湾战争后，科威特迅速开始战后重建工作，加强国防建设，在政府部门和经济机构中逐步推行科威特化，放松对反对派的限制。目前，萨巴赫家族统治地位牢固，政局相对稳定，安全形势良好。

【宪法】1962年11月12日正式颁布宪法。宪法规定，科威特是一个主权完整、独立的阿拉伯国家；伊斯兰教为国教，其教义是科威特立法的基础；埃米尔必须由第七任埃米尔穆巴拉克·萨巴赫后裔世袭；立法权由埃米尔和议会行使，埃米尔有权解散议会和推迟议会会期；行政权由埃米尔、首相和内阁大臣行使；司法权由法院在宪法规定范围内以埃米尔名义行使；王储由埃米尔提名，议会通过；埃米尔任免首相，并根据首相提名任免内阁大臣等。

【议会】国民议会于1963年1月23日成立，是立法机构，一院制。主要职能是制定和通过国家的各项法令法规；监督国家财政执行情况；行使各项政治权力。议会通过的法案需经埃米尔批准才能生效，埃米尔有权否决或提请议会复议某项法案，但如议会仍以2/3的多数通过或在以后某届议会以简单多数通过，该法案则自动生效。议会有权就政府内外政策及有关事务向首相和大臣提出质询，要求其解释有关情况；组成调查委员会对任何事务进行调查；自由表达其观点和看法；通过对大臣投不信任票罢免其职务。议会由50名经全国选举产生的议员和现任大臣组成，每届任期四年。第13届议会于2009年5月选举产生，议长贾西姆·穆罕默德·胡拉菲（Jassim Mohammed Al-

Kharafi），当选的50名议员中，有4名女性议员首次当选，开创了科威特议会历史上的先例。第14届议会于2012年2月选举产生，议长艾哈迈德·萨顿（Ahmed Al-Sadoun）。2012年6月，科威特宪法法院做出裁决，判定第14届议会选举无效，恢复第13届议会。

【**政府**】本届政府于2012年7月19日成立，为科威特第31届政府。主要成员是：首相贾比尔·穆巴拉克·哈马德·萨巴赫（Jaber Al-Mubarak Al-Hamad Al-Sabah），第一副首相兼内政大臣艾哈迈德·哈姆德·贾比尔·萨巴赫（Ahmed Humoud Al-Jaber Al-Sabah），副首相兼国防大臣艾哈迈德·哈立德·哈马德·萨巴赫（Ahmed Khalid Al-Hamad Al-Sabah），副首相兼外交大臣、内阁事务国务大臣萨巴赫·哈立德·哈马德·萨巴赫（Sabah Al-Khalid Al-Hamad Al-Sabah）。

【**行政区划**】全国分为6个省：首都省、哈瓦里省、艾哈迈迪省、贾哈拉省、法尔瓦尼亚省和大穆巴拉克省。

【**司法机构**】司法机构隶属于司法部。最高法院院长和总检察长由埃米尔任命，法院以埃米尔名义在宪法范围内行使司法权。

【**政党**】禁止一切政党活动。但海湾战争后，科威特出现了几个主要政治派别：

（1）伊斯兰宪章运动：1991年3月成立，为穆斯林兄弟会和传统派组织，掌握许多金融和商业公司，财力雄厚。主张以温和手段促使科威特成为更遵循伊斯兰法的国家。

（2）伊斯兰联盟：什叶派组织，主张实施伊斯兰法，采取温和方式推行原教旨主义。

（3）宪章联盟：由商人富豪组成，多为科威特工商会会员。

（4）科威特民主论坛：1991年3月成立，成员多为知识分子，自称是左派民族主义组织。强调人民权力，反对王室成员垄断内阁职位，但不反对埃米尔世袭制。

（5）自由独立派：主张民主、自由和进行民主改革。成员多为知识分子和文教、新闻界人士。

【**重要人物**】**萨巴赫·艾哈迈德·贾比尔·萨巴赫**：埃米尔。1929年出生。曾任外交大臣，后兼任新闻、石油和内政大臣。1992年任第一副首相兼外交大臣。2003年任首相兼外交大臣。2006年1月29日继任科威特第15任埃米尔。对华友好，曾于1977年5月、1988年8月、1990年8月和12月、2004年7月、2009年5月6次访华。　**纳瓦夫·艾哈迈德·贾比尔·萨巴赫**（Nawaf Al-Ahmad Al-Jaber Al-Sabah）：王储。1937年出生。历任哈瓦里省长、内政大臣、国防大臣、社会事务和劳工大臣、国民卫队副司令。2003年7月任第一副首相兼内政大臣。2006年1月被任命为王储。　**贾比尔·穆巴拉克·哈马德·萨巴赫**：首相。1942年出生。曾任埃米尔办公厅行政事务督察、主任，行政和财政事务助理次大臣等职。1979年起先后任哈瓦里省省长、艾哈迈迪省省长、社会事务与劳动大臣、新闻大臣、埃米尔办公厅顾问。2001～2006年任副首相兼国防大臣，2006～2007年任第一副首相兼国防、内政大臣，2007年至2011年11月28日任第一副首相兼国防大臣。2011年11月30日任首相。

经　济

石油、天然气工业为国民经济主要支柱，其产值占国内生产总值的45%，占出口收入的92%。近年来，政府在重点发展石油、石化工业的同时，强调发展多元化经济，减轻对石油依赖，不断扩大对外投资。2010年，科威特国民议会通过2011～2014年国家未来五年发展规划，确定了在经济、能源、投资、金融、医疗、住房等领域的战略发展目标，致力于将科威特打造为海湾地区的金融贸易中心。2011年主要经济数据如下（数据来源：《经济季评》）：

国内生产总值：1630亿美元。

人均国内生产总值：4.6万美元。

经济增长率：4.4%。

货币名称：第纳尔。

汇率：1美元＝0.288科威特第纳尔。

外汇储备：293亿美元。

【**资源**】石油和天然气储量丰富。已探明石油储量149亿吨，居世界第五位。天然气储量1.78万亿立方米，居世界第19位。

【**工业**】以石油开采、冶炼和石油化工为主。2010年原油产量1.15亿吨，居世界第十位。科威特石油公司（Kuwait Petroleum Corporation）为世界十大石油公司之一，全面负责科威特国内外的原油和成品油销售。科威特原油公司（Kuwait Oil Corporation）负责国内石油生产，是世界第七大石油公司。

【**农渔业**】可耕地面积约14182公顷，无土培植面积约156公顷。近年来，政府重视发展农业，农业产值占国内生产总值的0.5%。以生产蔬菜为主，农牧产品主要依靠进口。农牧业从业人口1.4万，主要为外籍人。2010年，科威特农作物总产量约87.4万吨，产值约5387万科威特第纳尔。渔业资源丰富，盛产大虾、石斑鱼和黄花鱼。年产量在1万吨左右，产值约1300万科威特第纳尔。

【**交通运输**】交通运输十分发达。全国公路总长4万公里。汽车拥有量为96.8万辆，其中私家车80万辆。科威特有一座国际民用机场，两座军用机场。机场起降架次3.3万次/年，客流量370万人次/年，运货量14万吨/年。主要港口是舒威赫港和舒艾巴港。

【**财政金融**】近年来财政年度（每年的4月1日至次年的3月31日）实际收支情况如下（单位：亿科威特第纳尔）：

	2008/2009	2009/2010	2010/2011
总收入	210	177	97
总支出	183	113	163
盈 余	27	64	-66

（数据来源：科威特财政部）

【对外贸易】在经济中占有重要地位。出口商品主要有石油和化工产品，石油出口占出口总额的95%。进口商品有机械、运输设备、工业制品、粮食和食品等。主要贸易对象是：美国、日本、英国、韩国、意大利、德国、荷兰、新加坡等。2011年，科威特对外贸易总额为1187亿美元，其中出口额974亿美元，进口额213亿美元。

【对外投资】科威特拥有规模庞大的海外投资，主权财富基金持续扩大。截至2012年6月，科威特主权财富基金总资产约3000亿美元，主要投资于欧美国家的股市和房地产，并不断加大在日本、韩国和东南亚国家的投资力度。

【对外援助】每年用其国内生产总值的3.8%来援助发展中国家。1961年成立科威特阿拉伯经济发展基金会，截至2011年3月，总资产约161.68亿美元。该基金会代表科威特政府向发展中国家提供财政和技术援助，资助发展中国家基础设施项目的开发与建设。

人民生活

实行高福利制度，免缴个人所得税，享受免费教育和医疗，并提供岗位、物价、房租和结婚等补贴。2010年，政府共向约2.94万个家庭提供了补贴，总金额约1.35亿科威特第纳尔。为解决低收入人群住房问题，政府计划在2015年前兴建7万套廉价房。共有公立医院15所，床位4400张，另有卫生中心及私立医院。平均每千人有医生18.3人，护理人员48.5人，床位2.8张。

军 事

实行义务兵役制，义务兵期限2年（大学生1年），预备役期14年。现科威特军总兵力为2.3万人。埃米尔为武装部队最高统帅。海湾战争结束后，由于购置大量武器加强国防，军费开支超常增加，约占政府财政预算的13%。

文化教育

【教育】实行免费教育，全国小学、初中、高中均为四年制，小学和初中实行义务教育。全国现有各类学校1288所，其中公立学校788所，私立学校460所，其余为成人教育、职业教育和特殊教育学校等。在校学生共56万多人，教师为6.8万人。教育经费为政府财政预算的10%左右。政府重视扫盲，1982年颁布义务扫盲法，已建立了62个扫盲中心。

【新闻出版】科威特新闻制度相对开放、自由，报刊多为私营。全国主要有8家日报，其中阿拉伯文报5家:《舆论报》、《政治报》、《火炬报》、《祖国报》和《消息报》；英文报3家:《科威特时报》、《阿拉伯时报》和《每日星报》。

有3家官方新闻机构：科威特通讯社、科威特广播电台和科威特电视台。科威特通讯社系国家通讯社，建于1956年10月，1980年起用阿拉伯文、英文向国外发稿。

科威特广播电台建于1951年，用阿拉伯语、英语等广播。

科威特电视台建于1962年12月，用四个频道播放阿拉伯语和英语节目。1992年起，租用阿拉伯卫星，对外播放本国节目，还通过卫星接收站转播埃及卫星电视节目。

对外关系

奉行温和、平衡的外交政策。致力于维护阿拉伯国家团结和海湾合作委员会国家的协调合作，以维护海湾地区安全稳定。1990年海湾战争后，科威特同美国等西方国家关系更加密切，科威特境内一直有美军驻扎。同时，科威特高度重视同其他大国关系。近年来，科威特更加积极地发展同中国等亚洲国家的合作。科威特是联合国、阿拉伯国家联盟、海湾合作委员会等国际和地区组织成员国，迄今已同110个国家建立外交关系。

【对当前重大国际问题的态度】伊拉克问题：支持伊重建，呼吁伊各派保持克制，通过对话实现稳定，实现伊人治伊和民族和解。担心美国撤军后可能爆发伊教派冲突。在伊推动安理会全面重新评估所有涉伊决议问题上，科威特希望保留有关在科威特失踪人员和财产、伊科边界维护、伊拉克战争赔偿等方面的安理会授权。

中东问题：支持中东和平进程，主张在安理会决议、“土地换和平”、阿拉伯和平倡议基础上解决巴以争端。敦促国际社会向以色列施压，呼吁巴勒斯坦内部保持团结。

叙利亚问题：致力于在联合国和阿盟框架下解决叙利亚问题，要求叙利亚当局采取实际行动，全面执行叙危机联合特使安南提出的六点建议。呼吁叙利亚当局满足叙利亚人民的合法诉求。

伊朗核问题：承认伊朗有和平利用核能的权利，但认为伊核活动应接受国际原子能机构的监督。希望伊能恪守承诺，只将核计划用于和平目的。强调中东应成为无大规模杀伤性武器区。担心伊核问题升级威胁自身安全，呼吁伊回应国际社会的调解努力，尽早同美国达成谅解。

关于国际反恐问题：反对一切形式的恐怖主义和暴力行径，支持国际社会为打击和消除恐怖主义所作努力。反对将恐怖主义与特定的国家、民族或宗教挂钩。

【同中国的关系】1971年3月22日中科建交。2011年，两国关系稳步发展，双方各层次、各领域友好往来频繁。2月，国家体育总局局长刘鹏作为胡锦涛主席特使访问科威特，出席科威特解放20周年庆典。2012年5月，外交部副部长翟隽访问科威特，会见了科威特埃米尔萨巴赫、首相贾比尔、副首相兼外交大臣萨巴赫。外交部长杨洁篪在突尼斯举行的中阿合作论坛第五届部长级会议期间，会见了科威特副首相兼外交大臣萨巴赫。

2011年，中科贸易额达113.2亿美元，其中中方出口额21.3亿美元，进口额91.9亿美元。

截至2012年5月，科威特阿拉伯经济发展基金会共向中国提供总额约9.06亿美元的优惠贷款，共支持了35个项目建设，涉及基础设施建设、石化、建材、教育、医疗等领域。

中国驻科威特大使：崔建春。馆址：VILLA 82 STREET 1，BLOCK 4，YARMOUK，KUWAIT。邮政信箱：P.O.BOX.2346 SAFAT，13024 KUWAIT。网址：http：//kw.china-embassy.org/chn/。电话：00965-25333340，25333342；传真：25333341。电子邮箱：chinakwt@hotmail.com.或chinaku@qualitynet.net。商务处电话：24822817，24822867。

科威特驻华大使：穆罕默德·萨利姆·祖维赫（Mohammad S. Al Thuwaikh）。馆址：北京市朝阳区光华路23号。电话：010-65322216，65322374；传真：65325212。

【同美国的关系】2011年，科美继续保持密切关系。美军中央司令部司令詹姆斯·马蒂斯访问科威特，科威特副首相兼外交大臣穆罕默德同美国务卿希拉里多次通电话，就地区局势交换意见；科威特首相纳赛尔访问美国。

【同欧洲国家的关系】科威特积极推进同英国等欧洲大国的关系，扩大互利合作。2011年，英国首相卡梅伦、英国威尔士亲王查尔斯王子、前首相梅杰、布莱尔等访问科威特。德国总统武尔夫访问科威特。阿尔巴尼亚、芬兰、匈牙利等国部长级官员访问科威特；科威特首相纳赛尔访问瑞士，科威特副首相兼外交大臣穆罕默德访问西班牙、意大利。科威特国民议会议长胡拉菲访问阿尔巴尼亚、塞尔维亚。

【同伊拉克的关系】2011年，科伊两国关系继续改善。伊拉克总理马利基、议长努贾菲伊访问科威特，科威特副首相兼外交大臣与伊拉克外长兹巴里在科威特城共同主持召开两国部长级联委会首届会议；科威特首相纳赛尔访问伊拉克。

【同阿拉伯国家的关系】2011年，科威特与阿拉伯国家保持高层交往，关系不断巩固。约旦国王阿卜杜拉二世、突尼斯总理艾塞卜西、也门总理阿里、巴林王储萨勒曼等访问科威特。科威特埃米尔访问阿联酋、阿曼、摩洛哥，科威特首相纳赛尔访问沙特、卡塔尔、阿联酋、阿曼、巴林。（王颖）

老　挝

国名　老挝人民民主共和国（The Lao People's Democratic Republic）。

面积　236800平方公里。

人口　625.6万（2010年）。统称为老挝民族，分为49个民族，分属老泰语族系、孟—高棉语族系、苗—瑶语族系、汉—藏语族系。华侨华人约3万多人。通用老挝语。居民多信奉佛教。

首都　万象（Vientiane），人口76.8万（2010年）。最高平均气温31.7℃，最低平均气温22.6℃。

国家元首　国家主席朱马里·赛雅颂（Choummaly Sayasone），2006年6月当选。

重要节日　老挝人民军成立日：1月20日（1949年）；老挝人民革命党成立日：3月22日（1955年）；老挝新年（宋干节，也叫泼水节）：佛历5月，一般从每年公历4月13日开始，前后共3天；独立日：10月12日（1945年）；塔銮节：佛历12月，公历11月；国庆日：12月2日（1975年）。

简　况

位于中南半岛北部的内陆国家，北邻中国，南接柬埔寨，东界越南，西北达缅甸，西南毗连泰国。湄公河流经西部1900公里。属热带、亚热带季风气候。5～10月为雨季，11月至次年4月为旱季。年平均气温约26℃，年降水量1250～3750毫米。

公元1353年建立澜沧王国，为老挝历史鼎盛时期。1893年沦为法国保护国。1940年9月被日本占领。1945年10月12日宣布独立。1946年法国再次入侵，1954年7月签署恢复印度支那和平的日内瓦协议，法国从老挝撤军，不久美国取而代之。1962年签订关于老挝问题的日内瓦协议。老挝成立以富马亲王为首相、苏发努冯亲王为副首相的联合政府。1964年，美国支持亲美势力破坏联合政府，进攻解放区。1973年2月，老挝各方签署了关于在老挝恢复和平与民族和睦的协定。1974年4月成立了以富马为首相的新联合政府和以苏发努冯为主席的政治联合委员会。1975年12月宣布废除君主制，成立老挝人民民主共和国。

政　治

老挝实行社会主义制度。老挝人民革命党是老挝唯一政党。1991年老挝党“五大”确定“有原则的全面革新路线”，提出坚持党的领导和社会主义方向等六项基本原则，对外实行开放政策。2001年老挝党“七大”制定了至2010年基本消除贫困，至2020年摆脱不发达状态的奋斗目标。2006年老挝党“八大”强调继续坚持党的领导、社会主义方向和革新路线，重申落实“七大”制定的中长期经济社会发展目标。2011年老挝党“九大”的主题是“加强全民团结和党内统一，发扬党的领导作用和能力，实现革新路线新突破，为2020年摆脱欠发达国家状态和继续向社会主义目标迈进奠定坚实基础”。当前，老挝保持政治稳定和社会安定。

【**宪法**】1991年8月，老挝最高人民议会第二届六次会议通过了老挝人民民主共和国第一部宪法。宪法明确规定，老挝人民民主共和国是人民民主国家，全部权力归人民，各族人民在老挝人民革命党领导下行使当家做主的权利。

【**议会**】老挝国会（原称最高人民议会，1992年8月改为现名）是国家最高权力机构和立法机构，负责制定宪法和法律。国会每届任期五年，每年召开两次会议，特别会议由国会常委会决定或由2/3以上的议员提议召开。国会议员由地方直接选举产生。第七届国会于2011年6月选举产生，国会议员132名，主席巴妮·雅陶都（PANY YATHOTU，女）。

【**政府**】本届政府于2011年6月组成，下设21个部门（18个部和3个直属机构）。总理通邢和四位副总理均连任。总理府更名为政府办公厅，设4名政府办公厅部长（1名兼任办公厅主任）。撤销国家邮电署、科技署、水资源与环境管理署和公务员管理署。新成立邮电通信部、科技部、自然资源与环境部和内务部。原教育部和国家体育总局合并为教育体育部、原新闻文化部和国家旅游总局合并为新闻文化与旅游部。

政府主要成员：政府总理通邢·塔马冯（THONGSING THAMMAVONG），副总理阿桑·劳里（ASANG LAOLY），副总理兼外交部长通伦·西苏里（THONGLOUN SISOULITH），副总理兼国防部长隆再·皮吉（DOUANGDCHAY PHICHIT），副总理宋沙瓦·凌沙瓦（SOMSAVAT LENGSAVAD），国家检察署长兼反贪局长本通·吉马尼（BOUNTHONG CHITMANY），教育部长潘坎·维帕万（PHANKHAM VIPHAVANH），公安部长通班·显阿蓬（THONGBAN SENG A PHOEN），劳动社会福利部长奥占·塔马冯（ONECHANH THAMMAVONG），司法部长扎伦·叶宝和（CHALEUAN YAPAOHER），能源矿产部长苏里冯·达拉冯（SOULIVONG DARAVONG），政府办公厅部长本萍·门婆赛（BOUNPHENG MOUNPHOSAY），农业与林业部长维莱万·蓬凯（VILAYVANH PHOMKHE），政府办公厅部长兼主任辛拉冯·库派吞（SINLAVONG KHUTPHAITUN），工业贸易部长南·维亚吉（NAM VIGNAKET），公共工程与运输部长宋马·奔舍那（SOMMATH PHOLSENA），计划与投资部部长宋迪·隆迪（SOMDY DOUANGDY），财政部长普派·坎普冯（PHOUPHET KHAMPHOUNVONG），新闻文化与旅游部长波显坎·冯达拉（BOSENGKHAM VONGDARA），卫生部长艾沙旺·冯维吉（EKSAVANG VONGVICHIT），政府办公厅部长本恒·隆帕占（BOUNHEUANG DOUANGPHACHANH），内务部长坎班·披拉冯（KHAMPANE PHILAVONG），政府办公厅部长本滇·披沙迈（BOUNTIEM PHISAMAY），政府办公厅部长隆沙瓦·苏发努冯（DOUANGSAVATH SOUPHANOUVONG），政府办公厅部长肯萍·奔舍那（KHEMPHENG PHOLSENA），科技部长波万坎·冯达拉（BOVIENGKHAM VONGDARA），自然资源与环境部长努林·欣班迪（NOULINH SINBANDHIT），邮电与信息部长谢姆·蓬玛占（HIEM PHOMMACHANH），国家银行行行长宋抛·派西（SOMPHAO PHAYSITH）。

【**行政区划**】全国共有16个省、1个直辖市。

【**司法机构**】老挝最高人民法院为最高司法权力机关。最高人民法院院长坎潘·西提丹帕（Khamphanh Sitthidampha），2011年6月当选；最高人民检察院院长坎山·苏冯（Khamsane Souvong），2011年6月当选。

【**政党**】老挝人民革命党（THE LAO PEOPLE'S REVOLUTIONARY PARTY）：老挝唯一政党和执政党。1955年3月22日建立，原称老挝人民党，1972年召开“二大”时改为现名。现有党员约19.2万人。其宗旨是：领导全国人民进行革新事业，建设和发展人民民主制度，建设和平、独立、民主、统一和繁荣的老挝，为逐步走上社会主义创造条件。

本届（第九届）中央委员会于2011年3月产生，由61名中央委员组成。朱马里·赛雅颂为党中央总书记。中央政治局委员共11人：朱马里·赛雅颂、通邢·塔马冯、本扬·沃拉吉（Bounnhang Vorachit）、巴妮·亚陶都（女）、阿桑·劳里、通伦·西苏里、隆再·皮吉、宋沙瓦·凌沙瓦、本通·吉马尼（Bounthong Chitmany）、本邦·布达纳冯（Bounpone Bouttanavong）、潘坎·维帕万。

老挝建国阵线成立于1956年1月，原名老挝爱国战线，是老挝人民革命党领导下的民族统一战线组织。主席潘隆吉·冯沙，2011年7月当选。

【**重要人物**】**朱马里·赛雅颂**：老挝人民革命党中央总书记、国家主席。1936年6月3日生于阿速坡省。1954年参加革命。1975～1982年，历任总参作战局局长、副总参谋长；1982～1991年，历任国防部副部长、第一副部长；1991年8月15日第二届最高人民议会被任命为国防部长；1998年2月任副总理兼国防部长；2001年3月四届国会七次会议当选老挝国家副主席，2002年4月五届国会一次会议连任；2006年3月老党“八大”当选党中央总书记，6月六届国会一次会议当选老挝国家主席。2011年3月老党“九大”和6月七届国会一次会议再次当选党中央总书记和国家主席。　**通邢·塔马冯：**老挝政府总理。1944年4月12日生于虎潘省。1959年8月18日参加革命。1964～1965年在桑怒中学任教，1965～1968年任虎潘省香科中学校长，1968～1976年任虎潘省香科县教育局长、省高中校长，1976～1982年任教育部组织局局长，1982年任中宣部副部长，1983～1988年任文化部长，1988年当选最高人民议会（老挝国会前身）议员、副议长，1993年任中组部长，2002年4月任万象市委书记兼市长。2006年当选国会主席。2010年12月在六届国会十次会议上被任命为政府总理。2011年6月七届国会一次会议连任政府总理。　**巴妮·雅陶都：**女，老挝国会主席。1951年出生，老挝苗族人。长期在金融部门工作，曾任国家银行行长、国会少数民族委员会主任。2002年任国会副主席。2006年3月，在老党“八大”上当选政治局委员，同年6月连任国会副主席。2010年12月在六届国会十次会议上当选国会主席。2011年6月七届国会一次会议再次当选国会主席。

经　济

以农业为主，工业基础薄弱。1986年起推行革新开放，调整经济结构，即农林业、工业和服务业相结合，优先发展农林业；取消高度集中的经济管理体制，转入经营核算制，实行多种所有制形式并存的经济政策，逐步完善市场经济机制，努力把自然和半自然经济转为商品经济；对外实行开放，颁布外资法，改善投资环境；扩大对外经济关系，争取引进更多的资金、先进技术和管理方式。2001～2006年，老挝经济年均增长6.8%。2006～2010年，老挝经济年均增长7.9%。2011年经济数据如下：

国民生产总值：约77.4亿美元，同比增长8.3%。

人均国民生产总值：1203美元。

货币名称：基普（KIP）。

汇率：1美元约合8000基普。

【资源】有锡、铅、钾盐、铜、铁、金、石膏、煤等矿藏。迄今得到开采的有金、铜、煤、钾盐、煤等。水力资源丰富。2010年森林面积约1100万公顷，全国森林覆盖率约52%，产柚木、花梨等名贵木材。

【工业】2010年工业生产总值20亿美元，劳动人口19.5万，占总人口6.3%。主要工业企业有发电、锯木、采矿、炼铁、水泥、服装、食品、啤酒、制药等及小型修理厂和编织、竹木加工等作坊。

【农业】2010年农业生产总值约为20亿美元，农业人口230万，占总人口74.1%。农作物主要有水稻、玉米、薯类、咖啡、烟叶、花生、棉花等。全国耕地面积约80万公顷。

【服务业】老挝服务业基础薄弱，起步较晚。执行革新开放政策以来，老挝服务业取得很大发展。2010年服务业生产总值约为27.8亿美元，从业人数60万，占总人口19.5%。近年服务业产值及占国民生产总值比例如下（单位：亿美元）：

	2007	2008	2009	2010
产值	18.1	21.6	23.2	27.8
占GDP比例（%）	35.8	37.4	38.7	39.3

【旅游业】老挝琅勃拉邦县、巴色县瓦普寺已被列入世界文化遗产名录，著名景点还有万象塔銮、玉佛寺，占巴塞的孔帕萍瀑布，琅勃拉邦的光西瀑布等。革新开放以来，旅游业成为老挝经济发展的新兴产业。近年来，老挝与超过500家国外旅游公司签署合作协议，开放15个国际旅游口岸，同时采取加大旅游基础设施投入、减少签证费，放宽边境旅游手续等措施，旅游业持续发展。2011年老挝共接待国内外游客270万人次，旅游业收入4.06亿美元，同比增长8.34%，前三大游客来源国为泰国、越南和中国。为进一步推动旅游业发展，老挝政府将2012年确定为老挝“旅游年”。

【交通运输】无出海口，是东南亚唯一的内陆国。国内有首都万象至老泰边境3公里铁路。主要靠公路、水运和航空运输。湄公河可以分段通航载重20～200吨船只。2009年交通运输情况如下：

公路：总长39568公里，客运量3915万人次，货运量370万吨。

水运：内河航道总长4600公里，客运量181万人次，货运量96.1万吨。

空运：客运量320万人次，货运量400吨。

老挝国际航班（截至2011年）主要有：万象市往返昆明、曼谷、清迈（泰）、金边、暹粒（柬）、河内、吉隆坡、新加坡；琅勃拉邦市往返曼谷、清迈、乌隆（泰）、暹粒、河内、景洪、胡志明市；巴色市往返曼谷、暹粒；沙湾拿吉往返曼谷。万象瓦岱机场、琅勃拉邦机场、沙湾那吉机场和巴色机场为国际机场。

【对外贸易】老挝同50多个国家和地区有贸易关系，与19个国家签署了贸易协定，中国、日本、韩国、俄罗斯、澳大利亚、新西兰、欧盟、瑞士、加拿大等35个国家（地区）向老挝提供优惠关税待遇。主要外贸对象为泰国、越南等东盟国家、中国、日本、欧盟、美国和加拿大。2011年进出口贸易总额为43.02亿美元，同比增长24.3%。近几年贸易进出口数据如下（单位：亿美元）：

	2008	2009	2010	2011
出口额	10.28	9.57	17.89	19.77
进口额	13.65	12.32	16.71	23.25
差　额	−3.37	−2.75	1.18	−3.48

【外国资本】1994年4月21日老挝国会颁布的新修订的外资法规定，政府不干涉外资企业的事务，允许外资企业汇出所获利润；外商可在老挝建独资、合资

企业，并获五年免税优惠。2004年，老挝继续补充和完善外商投资法，放宽矿产业投资政策。2011年，老挝吸引外资合同额19.2亿美元，主要投资国家包括中国、泰国、越南、韩国、美国和澳大利亚等。

【外国援助】2006 ~ 2010年共获外援约24.2亿美元，年均4.88亿美元。2011年获外援6.3亿美元。主要援助国及组织有：日本、瑞典、澳大利亚、法国、中国、美国、德国、挪威、泰国及亚洲开发银行、联合国开发计划署、国际货币基金组织、世界银行等。外援主要用于公路、桥梁、码头、水电站、通讯、水利设施等基础建设项目。

人民生活

实行低工资制，职工退休后可领取基本工资的80%。医疗卫生事业逐年发展，国家职工和普通居民均享受免费医疗。老挝人平均寿命约为65.2岁（2010年）。截至2006年底，全国有医院151所、卫生站726个；拥有病床总数6736张，医生1.1万人。

军　事

老挝人民军前身为老挝爱国战线领导的“寮国战斗部队”（即“巴特寮”，英文为Pathet Lao），始建于1949年1月20日，1965年10月改名为老挝人民解放军，1982年7月改称现名。最高领导机构是中央国防和治安委员会，朱马里·赛雅颂任主席，隆再·皮吉任国防部长。实行义务兵役制，服役期最少为18个月。

武装部队总兵力约6万人，其中陆军约5万人，主力部队编为5个步兵师；空军2000多人；内河巡逻部队1000多人；部队机关院校5000人。

文化教育

【教育】学制分为小学五年，初中三年，高中四年。老挝现有三所大学。位于首都万象的老挝国立大学前身为东都师范学院，1995年6月与其他10所高等院校合并设立国立大学，有8个学院。近两年，老挝南部占巴塞省、北部琅勃拉邦省的国立大学分校相继独立，被正式命名为占巴塞大学和苏发努冯大学。

2009年，老挝全国小学入学率约为89%，人数为90.9万人；初中生人数为26.4万人；高中生人数为15.7万人。此外，目前老挝有4所大学，学生5.4万人，学院96所（主要为私立学院），学生5.9万人。

【新闻出版】全国各种报刊约有20种。《人民报》为老挝人民革命党中央机关报，创刊于1950年8月13日，用老挝文出版。其他还有《巴特寮报》、《新万象报》、《人民军报》等。外文报有英文报《VIENTIANETIMES》和法文报《LE RENOVATEUR》。

巴特寮通讯社：1968年1月成立，为老挝国家通讯社。出版老挝文《巴特寮》日报（1999年12月2日创刊）及英、法文《每日消息》。

老挝国家广播电台：设在万象，用老挝语广播，对外用越、柬、法、英、泰语广播。此外，还有老挝人民军广播电台和14个省级广播电台。

老挝国家电视台：建于1983年12月，共三套节目。每天播放老挝语节目18小时左右。

对外关系

奉行和平、独立和与各国友好的外交政策，主张在和平共处五项原则基础上同世界各国发展友好关系，重视发展同周边邻国关系，改善和发展同西方国家关系，为国内建设营造良好外部环境。2011年老党“九大”重申继续坚持和平、独立、友好与合作的外交路线。保持同越南的特殊关系，加强与中国全面战略合作，加强与东盟国家睦邻友好，积极争取国际经济和技术援助。

老挝于1997年7月正式加入东盟。截至2011年，老挝同132个国家建交。

【同中国的关系】1961年4月25日中老建交。

2011年2月，中国国务院国务委员、公安部部长孟建柱访老。5月，全国政协副主席陈宗兴访老。6月，老挝政府副总理宋沙瓦来华出席第19届中国昆明进出口商品交易会。8月，中共中央政治局常委、中央政法委书记周永康访问老挝，老挝政府副总理兼外长通伦访华，政府副总理阿桑来华出席深圳大运会闭幕式。9月，老党中央总书记、国家主席朱马里访华，老党中央政治局委员、国家副主席本扬来华出席亚洲政党专题会议。10月，老挝政府副总理宋沙瓦应邀出席第八届中国—东盟博览会；老挝政府副总理兼国防部长隆再应邀出席中老缅泰湄公河流域安全执法合作会议。11月，中共中央政治局委员、北京市委书记刘淇访问老挝。2012年5月，老挝政府总理通邢来华出席首届中国（北京）国际服务贸易交易会并对华进行工作访问。6月，中共中央政治局常委、中央纪委书记贺国强访问老挝。

根据中国商务部统计，2011年，中老双边贸易额13.06亿美元，同比增长20.4%，其中中方出口额4.77亿美元，进口额8.3亿美元，分别增长-1.5%和37.9%。

老挝政府坚定奉行一个中国政策，支持中国和平统一大业。

【同东盟的关系】1997年7月老挝正式加入东盟后，积极参与东盟事务，发展与东盟的友好合作关系，2004年成功主办东盟峰会及东盟与对话国领导人系列会议，在东盟内发挥积极作用。2011年11月，老挝总理通邢赴印尼巴厘岛出席东亚领导人系列会议。

【同越南的关系】1962年9月5日建交，两国保持特殊团结友好关系。2011年老党九大和越共十一大后，老越高层往来频繁。6月，越共中央总书记访老。8月，老党中央总书记朱马里、老国会主席巴妮分别访越。9月，越南政府总理阮晋勇、公安部长陈大光分别访老。10月，老挝国会副主席赛宋蓬访越。2012年2月，越南国家主席张晋创访老，老挝总理通邢访越。

【同东盟其他国家的关系】老挝与东盟其他国家关系保持良好发展势头。2011年3月和7月，老挝政府总理通邢分别访柬、缅；9月，泰国总理英拉访老。

【同日本的关系】1952年12月建交。自1991年以来，日本成为老挝最大的援助国，年均援助数额超过1亿美元。双方投资领域合作发展迅速。2011年8月，老挝副总理兼外长通伦访日。

【同美国的关系】1950年建交。1975年后两国维持代办级外交关系，1991年11月升格为大使级外交关系。1992年8月，双方恢复互派大使。2005年，美向老方提供正常贸易关系待遇。近年来双方关系进一步发展，美向老禁毒、清除未爆炸弹、民生等领域提供援助。2010年，老副总理兼外长通伦访美，成为老挝人民民主共和国成立以来访美的最高级别官员。

【同俄罗斯的关系】1960年10月同苏联建交。1975年老挝人民民主共和国成立后，苏联一度为老挝最大的援助国。1991年，苏联解体后，原苏联援助全部终止。1991年12月，老挝政府正式宣布承认俄罗斯联邦，愿在和平共处五项原则的基础上发展同俄罗斯的友好关系。1992年3月，两国互派大使。1994年，两国签署友好关系原则协定。近年来，双方保持各领域友好交流合作。2011年，老挝国家主席朱马里访俄。

【同欧盟的关系】老挝与各主要欧盟国家保持传统友好关系。其中，德国、瑞典、法国均为老主要援助国，援助集中在基础设施建设、文化、人力资源开发、农业、卫生等领域。2011年8月，欧盟表示将放宽原产地规则，包括老挝在内的最不发达国家可以获得普惠制体系的豁免资格，将作为欧盟的优惠贸易伙伴进口原材料、生产成品并出口欧盟市场。

【同地区和国际组织的关系】老挝是大湄公河次区域经济合作（GMS）成员，2008年成功举办GMS第三次领导人会议。老挝与联合国、世行、亚行等国际机构保持良好合作。老挝于2012年11月主办第九届亚欧首脑会议。（张扬）

黎巴嫩

国名　黎巴嫩共和国（The Republic of Lebanon）。

面积　10452平方公里。

人口　约414万（2011年）。绝大多数为阿拉伯人。阿拉伯语为官方语言，通用法语、英语。居民54%信奉伊斯兰教，主要是什叶派、逊尼派和德鲁兹派；46%信奉基督教，主要有马龙派、希腊东正教、罗马天主教和亚美尼亚东正教等。

首都　贝鲁特（Beirut），人口约200万，7月平均最高气温32℃，1月平均最低气温11℃。

国家元首　总统米歇尔·苏莱曼（Michel Suleiman），2008年5月当选。

重要节日　烈士节：5月6日，建军节：8月1日，独立节：11月22日。

简　况

位于亚洲西南部地中海东岸。东、北部邻叙利亚，南界巴勒斯坦、以色列，西濒地中海。海岸线长220公里。沿海夏季炎热潮湿，冬季温暖。

公元前2000年为腓尼基的一部分。以后相继受埃及、亚述、巴比伦、波斯和罗马统治。7～16世纪初并入阿拉伯帝国。1517年被奥斯曼帝国占领。第一次世界大战后沦为法国委任统治地。1940年6月，法向纳粹德国投降后，黎被德、意轴心国控制。1941年6月英军在自由法国部队协助下占领黎巴嫩。同年11月自由法国部队宣布结束对黎的委任统治。1943年11月22日黎宣布独立，成立黎巴嫩共和国。1946年12月，英、法军全部撤离黎巴嫩。1975年4月，黎巴嫩基督教和伊斯兰教两派因国家权力分配产生的矛盾激化，内战爆发。1989年10月，基督教、伊斯兰教各派议员达成《塔伊夫协议》，重新分配政治权力。1990年，黎内战结束。

政　治

黎是议会民主共和国。议会实行一院制，现有128个议席，基督教和伊斯兰教议员各占一半。黎党派林立，但力量分散，目前无一党占绝对优势。2007年11月，拉胡德总统任满离职，议会多数派和反对派在总统选举问题上严重对立，选举被推迟19次，总统职位一直空缺。在阿盟和卡塔尔等八国外长组成的阿国调解委员会共同斡旋下，黎各派达成“多哈协议”，选举黎前武装部队总司令米歇尔·苏莱曼为总统，政治危机结束。2009年6月，黎举行新一届国民议会选举，“未来阵线”领衔的多数派胜选，苏莱曼总统授权多数派领袖萨阿德·哈里里组阁。11月9日以哈里里为总理的新政府成立。2011年1月12日，联合政府中以真主党为主体的“3·8”联盟11名部长宣布集体辞职，导致内阁解体。1月25日，黎总统苏莱曼授命前总理米卡提出任总理并组阁。黎各派经过长达5个月的协商，新政府于6月13日宣布成立。

【宪法】1926年5月23日颁布，后经8次修改。宪法规定黎巴嫩是一个独立、统一和主权完整的国家，是议会民主共和国，具有阿拉伯属性，实行自由贸易政策，任何有悖各教派共处原则的权力均属非法。总统由议会选举产生，任期六年，不得连选连任。1995

年10月19日，议会修改宪法第49条，规定“现任总统在（目前）特殊情况下延任3年，延任只准一次”。

【议会】为一院制。主要职能是制定法律、修改宪法、选举总统、批准总理和阁员人选及审议国家财政预算和对外条约及协定。议席按教派间协商后的比例分配，议员由普选产生，任期四年。1992年7月，黎议会通过选举法修正案，议席增至128个，由基督教和伊斯兰教平分。本届议会于2009年6月选举产生，以“未来阵线”为首的黎议会多数派赢得全部128个议席中的71席，以真主党为首的议会少数派获得57席。现任议长纳比·贝里（Nabih Barri）于1992年11月当选，1996年10月、2000年10月、2005年6月和2009年6月四次连任。

【政府】黎巴嫩现任内阁于2011年6月组成，共30人，主要成员为：总理纳吉布·米卡提（Najib Mikati），副总理萨米尔·穆格比勒（Samir Mouqbel），外交和侨民事务部长阿德南·曼苏尔（Adnan Mansour），内政和城镇部长马尔旺·沙尔比勒（Marwan Charbel），财政部长穆罕默德·萨法迪（Mohammad Safadi），经济与贸易部长纳古拉·努哈斯（Nicholas Nahas），司法部长谢奇布·卡尔塔巴维（Shakib Qortbawi）等。

【行政区划】全国分8个省。

【司法机构】法院分为初审法院、上诉法院、最高法院、行政法院和治安法院。此外还有处理婚丧、遗产继承等问题的宗教法庭。

【政党】黎主要政党有：

（1）“未来阵线”（Future Movement）：伊斯兰教逊尼派政党。由黎前总理拉菲克·哈里里创建。2005年2月哈遇刺后，其子萨阿德·哈里里（Saad Hariri）接任“未来阵线”领袖。2010年7月，“未来阵线”正式组建政党，萨阿德·哈里里当选主席，其弟艾哈迈德·哈里里当选总书记。

（2）黎巴嫩长枪党（The Lebanese Kataeb Party）：基督教马龙派政党。1936年11月成立，创始人为皮埃尔·杰马耶勒。2008年2月，阿明·杰马耶勒（Amin Gemayel）当选长枪党主席。

（3）“黎巴嫩力量”（Lebanese Forces）：基督教派右翼政党，原系长枪党的武装力量，由长枪党创始人皮埃尔·杰马耶勒次子巴希尔·杰马耶勒1976年创建。现任领导人为执行委员会主席萨米尔·贾加（Samir Jaga）。

（4）自由国民党（The National Liberal Party）：基督教马龙派政党。1958年9月成立，现任主席杜里·夏蒙（Dory Chamoun）。

（5）真主党（The Party of God或Hezbullah）：黎穆斯林什叶派政党。1982年以色列入侵黎巴嫩期间成立，与伊朗关系密切。该党拥有民兵约5000人，集中在黎南部地区。1992年2月18日，谢赫·阿巴斯·穆萨维总书记被炸身亡，哈桑·纳斯鲁拉（Hassan Nasrallah）当选总书记。2005年，真主党成员首次担任政府部长。2009年议会选举中该党获得12席。11月，该党宣布放弃建立伊朗式伊斯兰政权，突出该党的黎巴嫩和阿拉伯属性，强调该党将逐步转变为“防卫力量”和建设国家的支柱。本届政府中有两名阁员来自真主党。

（6）自由国民阵线（Free Patriotic Movement）：1992年由黎前军政府总理米歇尔·奥恩（Michel Aoun）将军组建。2005年成为议会内最大的基督教党团。2006年4月正式改组为政党。

（7）“阿迈勒”运动（Amal Movement）：伊斯兰教什叶派政党。1974年成立，前身为“被剥夺者运动”，为伊斯兰教什叶派主要组织。主席纳比·贝里（Nabih Barri）（现议长）。

（8）社会进步党（The Progressive Socialist Party）：1949年5月成立，为伊斯兰教德鲁兹派政党。1980年该党加入社会党国际。主席瓦立德·琼布拉特（Walid Joumblatt）。

（9）黎巴嫩共产党（The Lebanese Communist Party）：1924年成立，是中东地区创建较早的共产党之一。1948年被宣布为非法，1970年取得合法地位。总书记哈利德·哈达德（Khalid Haddad）。

【重要人物】米歇尔·苏莱曼：总统。1948年11月21日出生，基督教马龙派。1967年入军校，1970年毕业，授少尉军衔，后历任连长、营长、司令部参谋和军校教官等职。曾在法国、比利时和美国受训。获政治和管理学学位。1990～1991年任山区省军区情报处长。1991～1993年任军队司令部参谋部主任。1993～1996年任步兵第11旅旅长。1996年晋升准将。1996～1998年任步兵第6旅旅长。1998年12月被任命为黎军队司令，晋升中将。2008年5月26日，当选黎第12任总统。精通英文和法文。已婚，有3个子女。　**纳吉布·米卡提：**总理。1955年11月24日出生，伊斯兰教逊尼派。1979年获贝鲁特美国大学工商管理学士学位，1980年获该专业硕士学位。后又在美国哈佛商学院、法INSEAD工商管理学院等进修管理课程。1998年12月，担任胡斯内阁公共工程与交通部长。2000年当选议员。2000年10月和2003年4月，接连两次在拉菲克·哈里里内阁任公共工程与交通部长。2005年4～7月，担任过渡政府总理，期间成功组织了议会大选。2009年再次当选议员。2011年1月25日受命出任总理，并于6月13日组阁。已婚，有3个子女。　**纳比·贝里：**议长。1938年出生，伊斯兰教什叶派、阿迈勒运动主席。毕业于黎巴嫩大学法律系，后在法国进修。1963年任黎全国大学生联合会主席，并担任过世界爱国学生联合会执委会委员。后担任黎伊斯兰什叶派最高委员会委员，1980年当选为阿迈勒运动主席。1984年4月30日，担任水、电、司法、南方、重建事务国务部长。1989年11月，担任水、电资源、住房、合作部长。1990年12月至1992年5月，担任国务部长。1992年10月21日当选为议长，1996年10月、2000年10月、2005年6月、2009年6月四次连任。有9个子女。

经　济

黎实行自由、开放的市场经济，私营经济占主导地位。黎内战前曾享有中、近东金融、贸易、交通和旅游中心的盛名。1991年中东和平进程启动后，黎预期经济利好，后由于地区形势持续动荡，其经济复苏计划受挫。20世纪90年代后期，黎经济形势渐入困境，财政赤字居高不下，债务攀升。2006年长达月余的黎以冲突造成黎大量基础设施被毁，直接经济损失达32亿美元，间接损失超过70亿美元，使黎经济发展陷入停顿，债务负担加重，战后重建任务艰巨。冲突结束后，黎获得逾100亿美元援助承诺。

2008年底国际金融危机爆发以来，由于黎国内金融体系与国际经济联系较弱，且黎中央银行灵活运用外汇和黄金储备应对得当，黎受影响相对较小，经济逆势增长。2011年主要经济数据如下：

国内生产总值（GDP）：415亿美元。
人均GDP：1万美元。
经济增长率：1.5%。
货币名称：黎巴嫩镑。
汇率：1美元＝1507黎镑。
进口总额：209亿美元。
出口总额：54亿美元。
外债：350亿美元。
通货膨胀率：5.2%。

【**资源**】矿产资源少，且开采不多。矿藏主要有铁、铅、铜、褐煤和沥青等。

【**工业**】黎工业基础相对薄弱，以加工业为主。主要行业有非金属制造、金属制造、家具、服装、木材加工、纺织等。从业人数约20万，占黎劳动力的7%，是仅次于商业和非金融服务业的第三大产业。

【**农业**】农业欠发达。全国可耕地面积24.8万公顷，其中灌溉面积10.4万公顷。牧场36万公顷，林地面积79万公顷。贝卡谷地为黎主要农业区，可耕地面积占黎全国的52%。农产品以水果和蔬菜为主。黎粮食生产落后，主要靠进口，作物有大麦、小麦、玉米、马铃薯等。经济作物有烟草、甜菜、橄榄等。近年来，黎葡萄种植业发展很快，年产葡萄酒600万～700万瓶，出口额约1200万美元。

【**旅游业**】黎原为中东旅游胜地。内战前，每年入境旅客达200万人次，旅游收入占国民收入的20%以上。内战期间，旅游业一蹶不振。战后黎政府曾将振兴旅游业作为重建计划重要组成部分，但近年黎以冲突及安全形势不稳再次影响了黎旅游业的振兴。黎现有各类星级饭店398家。主要旅游点有腓尼基时代兴建的毕卜鲁斯城、古罗马时代兴建的巴尔贝克城和十字军时代兴建的赛达城堡。此外，北部的雪山有很多滑雪场，吸引了大量游客。

【**交通运输**】水运：主要港口有贝鲁特港、的黎波里港、赛达港，其中贝鲁特港现有集装箱及集散货码头14个，承担着黎八成以上的进出口货物运输量。

空运：贝鲁特国际机场是著名航空港。1990年黎政府投资4亿美元改造贝鲁特机场，将其吞吐量由每年200万人次提高到600万人次。2005年5月更名为“拉菲克·哈里里国际机场”。

公路：贯穿全境，全长约7300公里，其中高速或快速公路约530公里。公路在内战、黎以冲突期间均遭严重破坏，修复工作进展缓慢。黎车辆总数约为160万辆，平均每2.5人拥有一辆汽车，人均拥有量居世界前列。

铁路：全长402公里，全部为国有，除贝鲁特—谢卡（Chekka）段外，其余因战乱破坏而被废弃。

【**财政金融**】贝鲁特曾是中东金融中心，外汇和黄金可自由买卖。全国有72家银行，其中商业银行65家。黎银行多为私人所有，其中较大的有奥狄银行、黎巴嫩—法国银行、毕卜鲁斯银行等。2011年，黎外汇储备达478.7亿美元。

【**对外贸易**】外贸在黎国民经济中占有重要地位，政府实行对外开放与保护民族经济相协调的外贸政策。出口商品主要有蔬菜、水果、金属制品、纺织品、化工产品、玻璃制品和水泥等。主要贸易对象是美国、中国、法国、意大利、德国等。

人民生活

黎共有医院161所，床位约13516张，注册医生约5000人，医护人员共约2万人。

军　事

政府军总兵力约5.6万人，其中陆军约5.4万人、空军约800人、海军约1100人，主要由法国和美国负责提供武器和训练。另有内部治安军约1.7万人。总统为军队最高统帅。实行义务兵役制与志愿兵役制相结合的兵役体制。义务制服役期限为18个月，志愿制至少签3年合同。

真主党在黎境内亦拥有民兵武装约5000人。

1978年3月，以色列入侵黎巴嫩后，联合国向黎派驻多国维和部队，并执行任务至今，以监督以色列从黎巴嫩境内撤军，恢复国际和平与安全，并协助黎政府有效统治该地区。

文化教育

【**教育**】黎全国有中小学2704所，在校学生76万余名，教师6万余名。各类高等院校共计41所，其中综合大学4所。黎巴嫩大学是唯一国立综合大学，1953年创建。贝鲁特阿拉伯大学创办于1960年。贝鲁特美国大学由美国教会创建于1866年，用英语授课。圣·约瑟大学

1881年建立，用法语授课，设有孔子学院。

【新闻出版】黎以中东新闻中心著称。全国各类报刊有600余家。主要日报有《白天报》、《使节报》、《旗帜报》、《家园报》、《安瓦尔报》。主要刊物有《事件周刊》、《阿拉伯周刊》、《狩猎者》、《杂志周刊》、《黎巴嫩评论》、《星期一早晨》等。

通讯社：黎巴嫩国家通讯社是唯一官方通讯社，成立于1962年，属新闻部领导。每日发阿、英、法3种文字的新闻稿，只报道官方的黎国内消息。中央通讯社为私人通讯社，创立于1982年9月。每日用阿文报道黎国内政治、经济、商业等方面消息。"中东报道"是私人通讯社，1977年创办。除周末外，每日发黎国内、外消息英文通讯稿。周末有综述和新闻分析内容的专刊。在开罗和华盛顿设有分社。

广播电台：黎全国现有140多家广播电台，其中大部分是私营娱乐性电台。其中，黎巴嫩广播电台为国家广播电台，属新闻部领导。其前身是"东方电台"，始建于1938年。内战爆发后，由于经济困难，该台被迫停止对外广播。"祖国之声"电台为黎伊斯兰教逊尼派慈善基金会于1984年创办。除英语新闻节目外，主要用阿语广播。"人民之声"电台为黎巴嫩共产党于1987年创办，在开罗、巴黎、伦敦和莫斯科派有常驻记者。

电视台：黎巴嫩国家电视台，成立于1978年。属黎巴嫩电视公司所有，政府占一半资本，公司董事长和董事会成员均由政府任命。未来电视台，创办于1992年，由已故前总理哈里里创建，是黎目前第二大电视台。黎巴嫩广播公司电视台（LBC）成立于1985年，系私营电视台。灯塔电视台，由黎真主党开办，创办于1991年。

对外关系

黎奉行中立不结盟政策，主张建立公正、合理、平等、均衡的国际政治、经济新秩序。对外强调其阿拉伯国家属性，调整与叙利亚关系，积极发展同埃及、沙特等阿拉伯大国的关系，重视同美国和法国等西方国家的关系。

【同中国的关系】中、黎1971年11月9日建交，双边关系发展平稳。

2008年5月，中国四川汶川发生特大地震灾害后，黎总理、议长等致信中国国家领导人表示慰问，黎方向地震灾区提供7.5万美元援助。9月，温家宝总理在纽约出席联合国千年发展目标高级别会议期间会见黎总统苏莱曼。2011年11月，胡锦涛主席、温家宝总理和杨洁篪外长分别与苏莱曼总统、米卡提总理、曼苏尔外长就中黎建交40周年互致贺电。3月，中国中东问题特使吴思科访黎。2012年5月，外交部副部长翟隽访黎，分别会见了苏莱曼总统、米卡提总理、贝里议长，与曼苏尔外长举行会谈。

中国政府自2006年4月起向联合国黎巴嫩临时维和部队派遣维和人员，主要参与联合国在黎维和及扫雷行动，已派驻工兵分队9批，医疗分队8批。目前中国在黎执行维和任务的官兵共335人。自2007年以来，中国赴黎维和官兵多次受到联合国嘉奖，并得到黎政府和民众的好评。

中国驻黎巴嫩大使：吴泽献。馆址：72，RUE NICOLAS IBRAHIM SURSOCK，RAMLETBAIDA，BEIRUT，LEBANON。电话：00961-1- 856133（办公室），823760（文化处），622493（商务处），850318、853079（武官处）。电传：21344 LE CHINCO。传真：00961-1-822492。

黎巴嫩驻华使馆临时代办：穆罕默德·哈贾尔（Mohamed Hajall）。馆址：北京市朝阳区三里屯东六街10号。电话：010-65321560，65322197，65323281。

【同美国的关系】黎、美于1943年建交。黎巴嫩重视发展同美国的关系，争取美在政治、经济、军事上的支持和援助。美支持黎独立、主权和领土完整，支持《塔伊夫协议》；敦促叙利亚军队撤出黎境内；要求黎政府解除真主党武装。1997年美解除了长达12年之久的对美公民赴黎禁令。美在"9·11"事件后宣布黎真主党为恐怖组织，并向黎政府提出了冻结该组织武装、资金，双方进行情报合作等一系列要求。黎政府则坚持认为应将民族抵抗运动与恐怖主义区别对待。2005年2月黎前总理哈里里遇害后，美国加大对黎问题的干预力度。4月、10月、12月，美联合法、英推动安理会通过有关哈里里遇害国际调查的1595、1636、1644号决议。

2009年12月，苏莱曼总统访美。2010年5月，哈里里总理访美。2011年1月，哈里里总理访美。5月，美助理国务卿费尔特曼访黎。

【同法国的关系】黎在1943年独立前曾是法国委任统治地，两国有传统的关系。法为谋求在黎的经济和政治优势，大力投入黎重建市场。法支持哈里里政府主导的经济重建与改革计划，2002年法在第二次国际援黎会议上承诺向黎提供5亿美元援助。2005年2月，黎前总理哈里里遇害，希拉克总统夫妇亲自赴黎参加葬礼，法主张对事件进行国际调查，并支持黎举行议会大选，改组政府。4月、10月、12月，法与美、英共同推动安理会通过有关哈里里遇害国际调查的1595、1636、1644号决议。2006年黎以冲突期间，法推动安理会通过要求黎以停火的1701号决议。冲突后，法派兵2000人参加联黎部队。

2009年1月，法国总统萨科齐访黎。2010年1月，黎总统苏莱曼和总理哈里里先后访法。法参议长拉尔歇、议长阿夸耶和外长库什内分别于2月、4月和5月访黎。2011年1月，哈里里总理访法。11月，卫生部长哈利勒访法。12月，法总统萨科齐致信苏莱曼总统。2012年2月，米卡提总理访法。

【同叙利亚的关系】黎、叙在法国委任统治时期曾是同一个政治实体。黎独立后，叙未予承认，黎叙仍保持“特殊关系”。1976年5月之后，叙军（最初约2.8万人）一直以“阿拉伯威慑部队”的名义驻扎在黎。1991年5月，黎叙签署“兄弟关系合作与协调条约”和“安全与防务条约”，确定两国将进行最高级和最全面的协调。1996年1月，黎叙签订经济一体化、取消双重税、推进和保证投资、建立联合边界哨所和社会领域合作五项协定。同时，双方决定在与以色列谈判中密切配合，决不单独与以媾和。2004年9月2日，美、法等国推动安理会通过1559号决议，要求叙驻黎部队全部撤离。2005年2月黎前总理哈里里遇害后，美等西方国家和黎反叙派指责叙应对此负责。叙于4月宣布撤回其驻黎全部军队、安全人员和军事装备。2006年5月，联合国安理会通过第1680号决议，鼓励叙黎两国划定边界、建立正式外交关系并相互派驻外交代表。2008年7月12日和8月13日，黎总统苏莱曼和叙总统巴沙尔在巴黎和大马士革两次会晤，双方宣布决定建立大使级外交关系。10月15日，叙黎外长签署建交公报，两国正式建交。

2011年叙局势动荡以来，黎国内亲叙和反叙派别多次发生小规模冲突并造成人员伤亡。黎政府主张维护叙的主权、独立和统一，反对外部干涉，安理会应谨慎行事，国际社会应为推进叙国内政治进程创造条件，支持安南关于叙问题的“六点建议”。黎对阿盟涉叙决议有关对叙实施制裁的内容持保留态度。黎与联合国难民事务高级专员署密切合作，向在黎叙难民提供必要的人道主义救助。

【同其他阿拉伯国家的关系】目前在黎境内的注册巴勒斯坦难民约有37万，其中26%住在大城市，45%住在得到联合国救济的12个难民营，约7万人生活在没有卫生、教育及社会服务等保障的13个居民点。2006年黎以冲突期间，阿拉伯国家给予黎政治与财政支持。2008年5月，由阿盟和卡塔尔等八国外长组成阿国调解委员会，并促成黎各派达成“多哈协议”，黎因总统选举问题发生的危机结束。2011年2月，苏莱曼总统访科威特。3月，看守政府总理哈里里访沙特。6月，伊拉克议长纳吉菲、埃及副总理贾马尔分别访黎。9月，苏丹外长库尔提访黎。2012年1月，苏莱曼总统访阿联酋，曼苏尔外长访利比亚。3月，苏莱曼总统访卡塔尔，赴伊拉克参加阿拉伯国家峰会。

【同以色列的关系】黎南部与以北部接壤。1978年3月，以侵入黎南部打击巴解武装。1982年6月，以大规模入侵黎。1985年，以色列以保卫北部加利利地区为由在黎南部建立了约850平方公里的“安全区”，驻扎了千余人的部队，并扶植由3000名亲以黎基督徒组成的南黎军。2000年5月，以单方面从黎南部撤军，但黎仍坚持1923年国际边界线，要求以结束对谢巴农场、卡弗尔舒巴村、加吉尔村北部等地的占领，并撤至1967年6月4日的边界线。2006年7月，真主党武装越境袭击以色列并俘获两名以军士兵，以军随即对黎展开大规模军事行动。8月，安理会通过1701号决议后双方停火。冲突造成黎逾1000名平民死亡，4000余人受伤，逾100万人流离失所。以色列亦有157人死亡。2007年10月和2008年7月，黎真主党与以色列在联合国和国际红十字会的协助下两次进行“换俘”。2010年4～7月，黎国内安全部门破获多个以色列在黎谍报网，逮捕近百人，并将3人判处死刑。黎以海上边界迄未划定，双方在海上经济权益问题上存在分歧。黎方多次要求联合国帮助双方划定海上边界。2011年7月，以方划定其地中海专属经济区及以黎海上边界，黎方表示反对以方在海上划界问题上作出任何单方面决定。

（张玉娟）

马尔代夫

国名　马尔代夫共和国（The Republic of Maldives）。

面积　总面积9万平方公里（含领海面积），陆地面积298平方公里。

人口　32万（2010年）。均为马尔代夫族。民族语言和官方语言为迪维希语（Dhivehi），教育和对外交往中广泛使用英语。伊斯兰教为国教，属逊尼派。

首都　马累（Malé），人口10.8万（2009年）。日平均最高温度31℃，最低温度26℃。

国家元首　总统穆罕默德·瓦希德（Mohamed Waheed），因前总统纳希德于2012年2月被迫辞职而接任，2012年2月8日宣誓就职，任期至2013年7月。

重要节日　独立日：7月26日（1965年）。

简况　印度洋上的群岛国家。距离印度南部约600公里，距离斯里兰卡西南部约750公里。南北长820公里，东西宽130公里。由26组自然环礁、1192个珊瑚岛组成，分布在9万平方公里的海域内，其中200个岛屿有人居住。岛屿平均面积为1～2平方公里，地势低平，平均海拔1.2米。位于赤道附近，具有明显的热带气候特征，无四季之分。年降水量2143毫米，年平均气温28℃。

1116年建立苏丹国。近400年来，先后遭受葡萄牙和荷兰殖民主义者的侵略和统治，1887年沦为英国保护国。1932年改行君主立宪制。1952年成为英联邦内的共和国。1954年恢复君主立宪制。1965年7月26日宣布独立。1968年11月11日建立共和国。

政治

实行总统制。近年来，马民众要求民主和政治改革的呼声增强。2005年6月，马人民议会通过实行多党民主制度的议案，宪政改革启动，主要内容包括：确立三权分立制度、大幅削减总统权力、引入政党制等。2006年3月，马内阁批准加尧姆总统的民主改革路线图计划。2007年8月，全民公投决定继续实行总统制。2008年8月，新宪法正式生效。10月，马举行首次政党制下的总统选举，民主党候选人穆罕默德·纳希德在第二轮投票中击败连续执政30年的时任总统加尧姆，当选马宪政改革后首位总统。

【宪法】现行宪法于2008年8月生效。规定马为主权独立和领土完整的伊斯兰教总统内阁制国家。立法、行政、司法权分别归属人民议会、总统和法院。总统为国家元首、政府首脑和武装部队统帅。由全体选民直接选举产生，任期不得超过两届。内阁由副总统、部长和总检察长组成。除副总统以外的内阁成员由总统任命，经议会批准。

【议会】人民议会（People's Majlis）为马立法机构。实行比例代表制，所有议员通过选举产生，各行政区议员人数由当地人口数决定。任期五年。2009年5月9日，马举行首次政党制议会选举。在77个席位中，人民党获28席，民主党26席，独立候选人13席，人民联盟7席，迪维希国家党2席，共和党1席。5月28日，人民议会推选阿卜杜拉·沙希德（Abdulla Shahid）为议长。

【政府】本届内阁成立于2012年4月。内阁部长名单如下：副总统默罕默德·瓦希杜丁（Mohamed Waheedudeen），外长阿卜杜尔·萨马德·阿卜杜拉（Abdul Samad Abdulla），内政部长贾米尔·艾哈迈德（Mohamed Jameel Ahmed），财政部长阿卜杜拉·吉哈德（Abdulla Jihad），防务和国家安全部长穆罕默德·纳兹姆（Mohamed Nazim），教育部长阿西姆·艾哈迈德（Asim Ahmed），卫生部长艾哈迈德·加姆希德·穆罕默德（Ahmed Jamsheed Mohamed），旅游部长艾哈迈德·阿迪布·阿卜杜尔·加富尔（Ahmed Adheeb Abdul Ghafoor），经济发展部长艾哈迈德·穆罕默德（Ahmed Mohamed）等。

【司法机构】包括最高法院、高等法院和审判法庭。首席法官艾哈迈德·法兹（Ahmed Faiz）。

【行政区划】全国分21个行政区，包括19个行政环礁以及马累和阿杜两个市。

【政党和团体】2005年6月马启动宪政改革后，人民议会通过实行多党民主制度的议案。马内政部陆续接受多个政党的注册，包括民主党（Maldivian Democratic Party）、人民党（Dhivehi Rayyithunge Party）、正义党、伊斯兰民主党、社会民主党、国民大会党、共和党、国家联盟、人民联盟、迪维希国家党、减轻贫困党、社会自由党、国家党等。

【重要人物】穆罕默德·瓦希德：总统。1953年生。教育学博士。1992～2008年，历任联合国儿童基金会驻土库曼斯坦、阿富汗、也门代表、驻南亚地区办公室执行主任等职。2008年返马后，组建国家统一党，并在10月举行的马宪政改革后首次大选中当选马副总统。2012年2月，马总统纳希德因民众抗议示威被迫辞职，瓦接任总统。**阿卜杜拉·沙希德：**议长。1962年生，马人民党党员。1987年获澳大利亚堪培拉大学政治学学士学位，1991年获美国塔夫斯大学国际关系硕士学位。1984年起进入马外交部工作，曾任国际司处长。1995年1月任总统行政秘书，同年出任人民议会议员，此后长期担任议员。2005年7月至2007年8月任外交国务部长。2007年8月至2008年11月任外长。2009年5月29日当选议长。

经济

旅游业、船运业和渔业是三大支柱。强调发展国民经济，实行小规模开放型经济政策。坚持在保护环境的基础上，发挥自身资源优势，积极吸收国外资金与援助，加快经济发展。2004年12月，联合国大会批准马从最不发达国家（LDC）名单毕业，并给予马3年过渡期，保留最不发达国家地位。后经马要求，推迟至2011年。2011年主要经济数据如下（资料来源：马尔代夫货币总局）：

国内生产总值（GDP）：241.16拉菲亚（约15.66亿美元）。

人均国内生产总值：3855美元。

国内生产总值增长率：7.5%。

货币名称：拉菲亚（Rf，Rufiyaa，又称卢菲亚）。

汇率：1美元=15.40拉菲亚。

通货膨胀率：12.8%。

【资源】拥有丰富的海洋资源，有各种热带鱼类及海龟、玳瑁和珊瑚、贝壳之类的海产品。

【工业】仅有小型船舶修造，及海鱼和水果加工、编织、服装加工等手工业。2011年工业产值为29.57亿拉菲亚，占GDP约14.7%。

【农业】可耕地面积6900公顷，土地贫瘠，农业十分落后。椰子生产在农业中占重要地位，约有100万棵椰子树。其他农作物有小米、玉米、香蕉和木薯。随着旅游业的扩大，蔬菜和家禽养殖业开始发展。2011年农业产值为3.65亿拉菲亚，占GDP约1.8%。

【渔业】渔业资源丰富，盛产金枪鱼、鲣鱼、鲛鱼、龙虾、海参、石斑鱼、鲨鱼、海龟和玳瑁等。鱼类主要出口中国香港、日本、斯里兰卡、新加坡和中国台湾。近年来，由于气候变化等原因，马捕鱼量下降，渔业在国民经济中的比重不断降低。2011年渔业产值为2.3亿拉菲亚，占GDP的1.1%。

【旅游业】旅游业已成为第一大经济支柱，旅游收入对GDP的贡献率多年保持在30%左右。现有97个旅游岛，2.45万张床位，入住率达73.1%，人均在马停留时间7.0天。2011年旅游收入60.61亿拉菲亚，占GDP的30.2%。赴马游客93.13万人次，同比增长18%。

【交通运输】主要交通工具为船舶。陆上交通仅限于首都马累，汽车、自行车为主要陆上交通工具。海运业主要经营香港到波斯湾和红海地区及国内诸岛间的运输业务，斯里兰卡、印度、新加坡、阿联酋、南非及一些欧洲国家有定期航班飞往马累。2011年运输通讯业产值约36.71亿拉菲亚，占GDP的18.3%。

【财政金融】2011年财政收入90.95亿拉菲亚，财政支出121.6亿拉菲亚，财政赤字30.65亿拉菲亚。

2011年外汇储备3.3亿美元，同比减少4.3%。外债10.15亿美元。

【对外贸易】主要出口商品为海产品和成衣，主要进口商品为食品、石油产品、纺织品和生活用品。2011年主要贸易伙伴有新加坡、阿联酋、印度、马来西亚和泰国。近几年外贸情况如下（单位：亿美元）：

	2009	2010	2011
出口额	1.63	1.99	3.46
进口额	9.67	10.95	14.65
差　额	−8.04	−8.96	−11.19

（资料来源：马尔代夫货币总局）

人民生活

大部分居民以鱼、椰子和木薯为主食，近年来粮食食品有所增加。医疗卫生较落后，全国有22家医院，176个卫生中心，最大的医院在马累。1998年世界卫生组织宣布马为无疟疾国家。婴儿年死亡率为11‰，人均寿命男士为72.6岁，女士为74.4岁。

军　事

2006年4月前仅有一支千余人的综合武装力量，统称为“国家安全卫队”，由国民卫队、警察卫队和海上巡逻队组成。2006年4月，“国家安全卫队”正式更名为“马尔代夫国防部队”，职责是捍卫国家主权和独立，保护根据宪法选举产生的政府不受威胁和侵犯，快速应对紧急事件及捍卫宪法和法律权威。近年来，马多次与美国等国海军举行联合军事演习，内容包括海上搜救、打击海盗等。

文化教育

【教育】实行免费教育。识字率为97%（2011年）。2011年共有在校学生73798人，教师6856人。有229所学校，其中公立学校219所，私立学校10所。马尔代夫国立大学是马唯一大学。各环礁设有一个教育中心，主要向成年人提供非正规文化教育。

【新闻出版】有两种日报和少量周刊，系迪维希语，主要在首都马累发行。还有一份双周刊英文报纸。“马尔代夫之声”电台建于1962年，用英文和迪维希语对全国广播。电视台于1978年3月建成启用，同年修建了卫星通讯站，可通过卫星转播世界各地节目。

对外关系

马为英联邦国家，同162个国家建立了外交关系。奉行和平、独立和不结盟的外交政策，致力于同所有尊重马独立和主权的国家发展友好关系，重视发展与印度、斯里兰卡、日本及阿拉伯国家的关系。外交重点是争取国际援助，吸引国外投资。马积极参与不结盟运动和南亚区域合作联盟活动，2011年成功举办第17届南盟峰会。主张全面裁军，维护世界和平，特别是维护小国安全。

马尔代夫是“小岛屿国家联盟”（AOSIS）主要代表国，强调气候变化事关小岛屿国家的生存权，极为关注全球气候变暖使海平面上升对马造成的威胁。2009年10月，马在水下召开内阁会议，并于11月举办“气候脆弱性论坛”，呼吁国际社会采取行动应对全球变暖。马还积极倡议成立气候变化问题亚洲小组。

【同中国的关系】中国与马尔代夫是传统友好国家。1972年10月14日中马建交后，两国友好合作关系不断发展。

2011年1月，马议长沙希德访华。4月，广西壮族自治区党委书记、自治区人人常委会主任郭声琨访马。5月，全国人大常委会委员长吴邦国访马。马总统特使扎基访华。9月，全国政协副主席、中国国际交流协会副会长李金华访马。10月，全国人大常委会副委员长王兆国在成都出席第12届西博会期间会见马副总统瓦希德。

2011年11月8日，中国驻马尔代夫大使馆开馆仪式在马累举行，中国外交部副部长张志军主持仪式并致辞。

据中国海关总署统计，2011年，中马双边贸易额为9725.8万美元，其中中方出口额9712万美元，进口额13.6万美元，同比分别增长53.1%、53.0%和180.7%。

2002年马成为中国公民出国旅游目的地国。2011年，中国赴马游客达17.8万人次，马来华2623人次。

中国驻马尔代夫大使：2011年10月19日，中国首任常驻马尔代夫大使余洪耀向马总统递交国书。此前，中国驻斯里兰卡大使兼任驻马尔代夫大使。馆址：6B, CANARY LODGE, MAJEEDHEE MAGU, MALE, MALDIVES。

马尔代夫驻华大使：阿哈迈德·拉蒂夫（Ahmed Latheef）。办公处：北京市朝阳区建外秀水街1号建外外交公寓1-5-31。电话：010-85323847，85323454；传真：85323746。

【同其他国家关系】近年对外交往活跃，同印度、斯里兰卡、塞舌尔等国关系密切。

同印度：历史文化传统相通，关系密切。马印间高层互访频繁，几乎历任印总理均到访马尔代夫。2008年，纳希德总统就职后首次出访目的地即为印度。2010年1月，纳希德总统赴金奈出席印度工业联合会伙伴峰会，10月赴印出席第19届英联邦运动会开幕式。2011年2月，纳希德总统对印进行正式访问。在联合国、不结盟运动和南盟等多边场合中，马方坚定支持印方立场，支持印“争常”。印度支持马尔代夫竞选2019 ~ 2020年联合国非常任理事国。

印度帮助马援建英吉拉·甘地纪念医院、工程技术学院等。2004年印度洋海啸期间，印第一时间向马提供了物资和捐款，并派直升机等参与救灾行动。

同斯里兰卡：历史、社会、政治联系密切。马总统纳希德于2003年在斯里兰卡成立马尔代夫民主党（现执政党）。2010年7月，斯里兰卡总统拉贾帕克萨访问马尔代夫，调和马尔代夫执政党同反对党之间的矛盾，缓和马政局危机。2011年8月，纳希德总统访问斯里兰卡。

（王艳瑾）

马来西亚

国名 马来西亚（Malaysia）。

面积 330257平方公里。

人口 2833万（马统计局2010年）。其中马来人67.4%，华人24.6%，印度人7.3%，其他种族0.7%。马来语为国语，通用英语，华语使用较广泛。伊斯兰教为国教，其他宗教有佛教、印度教和基督教等。

首都 吉隆坡（Kuala Lumpur），人口约167.4万（2011年7月，马统计局）。

国家元首 最高元首端姑·阿尔哈吉·阿卜杜尔·哈利姆·慕阿扎姆·沙阿（Sultan Tuanku Alhaj ABDUL HALIM MU'ADZAM SHAH），2011年12月13日就任第14任最高元首，2012年4月11日登基。

重要节日 全国各地大小节日约有上百个，政府规定的全国性节日有10个，即：国庆（又称独立日，8月31日）、元旦、开斋节、春节、哈芝节、屠妖节、五一节、圣诞节、卫塞节、现任最高元首诞辰。除少数节日日期固定外，其余节日的具体日期由政府在前一年统一公布。

简　况

位于东南亚，国土被南中国海分隔成东、西两部分。西马位于马来半岛南部，北与泰国接壤，南与新加坡隔柔佛海峡相望，东临南中国海，西濒马六甲海峡。东马位于加里曼丹岛北部，与印尼、菲律宾、文莱相邻。全国海岸线总长4192公里。属热带雨林气候。内地山区年均气温22℃ ~ 28℃，沿海平原为25℃ ~ 30℃。

公元初马来半岛有羯荼、狼牙修等古国。15世纪初马六甲王国统一了马来半岛的大部分。16世纪开始先后被葡萄牙、荷兰、英国占领。20世纪初完全沦为英国殖民地。沙捞越、沙巴历史上属文莱，1888年两地沦为英国保护地。二战时马来亚、沙捞越、沙巴被日本占领。战后英国恢复殖民统治。1957年8月31日马来亚联合邦宣布独立。1963年9月16日，马来亚联合邦同新加坡、沙捞越、沙巴合并组成马来西亚（1965年8月9日新加坡退出）。

政　治

实行君主立宪联邦制。出于历史原因，沙捞越州和沙巴州拥有较大自治权。

以巫统为首的执政党联盟国民阵线（简称“国阵”）长期执政，马来人主导政权，政局总体稳定。2003年10月31日，马哈蒂尔辞去党政职务，巴达维接任马来西亚第五位总理及国阵、巫统主席，政权平稳过渡。2004年3月21日，马来西亚举行第11届全国大选，国民阵线赢得下议院90%以上席位，继续执政，巴达维蝉联总理。巴执政以后，努力打造一个廉洁、高效、透明的政府，提升国家对外形象和竞争力。2008年3月8日，马来西亚举行第12届全国大选，国民阵线赢得222个国会议席中的140个，维持执政地位，自20世纪70年代以来国阵议席首次未达2/3。马反对党伊斯兰教党、民主行动党和人民公正党共夺得82个国会议席，获得5个州执政权，较上届有较大突破。巴达维于大选后继续蝉联总理。2009年3月，巴达维辞去党政职务。4月，纳吉布接任国阵、巫统主席，并担任马第六任总理。

【宪法】1957年颁布马来亚宪法，1963年马来西亚成立后继续沿用，改名为马来西亚联邦宪法，后多次修订。宪法规定：最高元首为国家首脑、伊斯兰教领袖兼武装部队统帅，由统治者会议选举产生，任期五年。最高元首拥有立法、司法和行政的最高权力，以及任命总理、拒绝解散国会等权力。1993年3月，马议会通过宪法修正案，取消了各州苏丹的法律豁免权等特权。1994年5月修改宪法，规定最高元首必须接受并根据政府建议执行公务。2005年1月，马议会再次通过修宪法案，决定将各州的水供事务管理权和文化遗产管理权移交中央政府。

【统治者会议】由柔佛、彭亨、雪兰莪、森美兰、霹雳、丁加奴、吉兰丹、吉打、玻璃市9个州的世袭苏丹和马六甲、槟榔屿、沙捞越、沙巴4个州的州元首组成。其职能是在9个世袭苏丹中轮流选举产生最高元首和副最高元首；审议并颁布国家法律、法规；对全国性的伊斯兰教问题有最终裁决权；审议涉及马来族和沙巴、沙捞越土著民族的特权地位等重大问题。未经该会议同意，不得通过有关统治者特权地位的任何法律。内阁总理和各州州务大臣、首席部长协助会议召开。

【议会】也称国会，最高立法机构。由上议院和下议院组成。2003年5月，国会通过重新划分国会和州议会选区的动议，国会下议院议席从194增至219个，除沙捞越以外的12个州议席从422增至505个。议员任期五年。2008年3月，马举行第12届全国大选，共设下议院议席222个。2011年国阵占下议院137席，反对党76席，无党派9席。下议长丹·斯里·达图·班迪卡·阿敏（Tan Sri Datuk PANDIKAR AMIN bin Haji Mulia），2008年4月28日就任。上议院共70席，由全国13个州议会各选举产生2名，其余44名由最高元首根据内阁推荐委任，任期三年，可连任两届。2011年共有上议员62名，空缺8名。现任上议院议长丹·斯里·阿布·扎哈（Tan Sri ABU ZAHAR bin Pawanteh），2010年4月26日就任。

【政府】2009年4月9日，纳吉布接任总理后进行内阁改组，共设25个部，内阁成员有：总理兼财政部长、妇女、家庭与社会发展部长纳吉布（Dato'Seri Haji Mohd. NAJIB Razak），副总理兼教育部长穆希丁（Tan Sri Dato'Haji MUHYIDDIN），总理府部长帕拉尼威尔（DATO'PALANIVEL）、总理府部长许子根（Tan Sri Dr KOH TSU KOON）、纳兹里（Dato'Seri Mohamed NAZIR Abdul Aziz）、诺尔·穆罕默德（Tan Sri NOR MOHAMED）、贾米尔·基尔（Dato'Seri JAMIL KHIR）、伊德里斯·加拉（Dato'Seri IDRIS JALA），种植业及原产品部长柏纳·吉鲁克·东波（Tan Sri BERNARD GILUK DOMPOK），内政部长希沙慕丁（Dato'Seri HISHAMMUDDIN），新闻、通讯与文化部长拉伊斯·亚蒂姆（Dato'Seri Dr RAIS YATIM），能源、绿色科技与水务部长陈华贵（Dato'Sri Peter CHIN FAH KUI），乡村与区域发展部长穆罕默德·沙菲（Dato'Seri MOHAMED SHAFIE），高等教育部长穆罕默德·卡利德（Dato'Seri MOHAMED KHALED），国际贸易与工业部长慕斯塔法（Dato'Sri MUSTAPA），科技与创新部长麦克西姆斯·乔尼迪·翁基里（Datuk Seri Dr MAXIMUS JOHNITY ONGKILI），自然资源与环境部长道格拉斯·乌加·恩巴斯（Dato'Sri DOUGLAS Uggah Embas），旅游部长黄燕燕（Dato'Sri DR NG YEN YEN），农业与农基产业部长诺赫（Datuk Seri Haji NOH），国防部长艾哈迈德·扎希德（Dato'Seri Dr AHMAD ZAHID），工程部长沙兹曼（Dato'SHAZIMAN Abu Mansor），卫生部长廖中莱（Dato'Sri LIOW TIONG LAI），青年与体育部长艾哈迈德·沙比里·契克（Dato'Sri AHMAD SHABERY Cheek），人力资源部长苏巴马南（Datuk Dr S SUBRAMANIAM），国内贸易与消费者事务部长伊斯梅尔·萨伯利（Dato'Sri ISMAIL SABRI），第二财政部长艾哈迈德·胡斯尼（Dato'Seri Haji AHMAD HUSNI），交通部长江作汉（Dato'Seri KONG CHO HA），外交部长阿尼法（Dato'Sri ANIFAH），联邦直辖区部长农齐（Dato'Raja NONG CHIK），房屋与地方政府部长曹智雄（Dato'CHOR CHEE HEUNG）。

【行政区划】全国分为13个州和3个联邦直辖区。13个州是西马的柔佛、吉打、吉兰丹、马六甲、森美兰、彭亨、槟榔屿、霹雳、玻璃市、雪兰莪、丁加奴以及东马的沙巴、沙捞越。另有首都吉隆坡、布特拉加亚（2000年12月成立）和纳闽3个联邦直辖区。

【司法机构】最高法院于1985年1月1日成立。1994年6月改名为联邦法院。设有马来亚高级法院（负责西马）和婆罗州高级法院（负责东马），各州设有地方法院和推事庭。另外还有特别军事法庭和伊斯兰教法庭。联邦法院首席大法官丹·斯里·阿里芬·宾·扎卡利亚（Tan Sri ARIFIN BIN ZAKARIA），2011年9月12日获任命。总检察长丹·斯里·阿卜杜尔·甘尼·帕泰尔（Tan Sri ABDUL GANI PATAIL），2002年1月1日就任。

【政党】注册政党有40多个。13个政党组成国民阵线联合执政。2001年5月，沙巴人民正义党解散，并入巫统。2002年1月，反对党沙巴团结党重返国民阵线。2008年4月，反对党人民公正党、民主行动党和伊斯兰教党联合组成“人民联盟”。2008年9月，沙巴进步党宣布退出国民阵线，成为独立政党。

国民阵线（National Front/Barisan Nasional）：执政党联盟。1974年4月在马来亚联盟党的基础上扩大而成，成员党相对独立。大选时各党采用统一的竞选标志和宣言，候选人议席内部协商分配。强调发展经济，协调各政党利益，建立和平、稳定、繁荣、公正的社会。成员党包括马来民族统一机构，又称巫统（United Malays National Organization）、马来西亚华人公会（Malaysian Chinese Association）、马来西亚印度人国大党（Malaysian Indian Congress）、人民运动党（又称民政党，The People's Movement Party）、马来西亚人民进步党（The People's Progressive Party of Malaysia）、沙捞越土著保守统一党（Parti Pesaka Bumiputra Bersatu Sarawak）、沙捞越人民联合党（The Sarawak United People's Party）、沙捞越国民党（The Sarawak National Party）、沙捞越达雅克族党（Parti Bangsa Dayak Sarawak）、沙巴自由民主党（The Liberal Democratic Party of Sabah）、沙巴人民团结党（Parti Bersatu Rakyat Sabah）、沙巴民主党（Parti Demokratik Sabah）、沙巴团结党（Parti Bersatu Sabah）。国民阵线主席通常由巫统主席兼任，现任主席为纳吉布。

主要执政党：

（1）马来民族统一机构（The United Malays National Organization，简称巫统，UMNO）：马来人政党。成立于1946年5月11日。1987年4月因党争而分裂，被法庭判为非法组织。1988年2月马哈蒂尔在原巫统基础上重组“新巫统”（The New United Malays National Organization）。1996年，从巫统分裂出去的“四六”精神党重返新巫统后再次还名为“巫统”。现有党员280万。巫统主席和署理主席代表国阵出任政府正、副总理。现任主席纳吉布，署理主席穆希丁。

（2）马来西亚华人公会（Malaysian Chinese Association，简称马华公会，MCA）：最大的华人政党。1949年2月27日成立，原名马来亚华人公会，马来西亚成立后改为现名。党员103万。现任总会长蔡细历，署理总会长廖中莱。

（3）马来西亚印度人国大党（Malaysian Indian Congress，简称印度人国大党，MIC）：1946年8月2日成立。马来西亚印度、巴基斯坦族政党，旨在争取和维护两族利益。党员55万人。主席达图·帕拉尼威·哥维达萨米（Datuk Palanivel Govindasamy），2010年12月6日就任。

主要反对党：

（1）伊斯兰教党（Parti Islam Malaysia）：原称泛马伊斯兰教党。以马来穆斯林为主的宗教政党，主要势力在北马。1951年8月23日成立，1973～1977年曾加入国民阵线。1959～1978年和1990年至今在吉兰丹州执政，1999～2003年在丁加奴州短期执政。1992年8月决定在吉兰丹州实施伊斯兰刑事法。党员80万。现任主席哈迪·阿旺（HADI AWANG）。

（2）民主行动党（The Democratic Action Party）：以华人为主的多民族政党。1966年3月19日成立，前身是新加坡人民行动党在马来半岛的分部。本届国会最大反对党。主席卡巴星（KARPAL SINGH）。

（3）人民公正党（People's Justice Party/Party Keadilan Rakyat）：1999年4月4日成立，前身是1990年注册的伊斯兰教社会联盟。旨在联合各政党和非政府组织力量，抗衡政府，争取公正。2003年7月，国民公正党决定与反对党人民党合并为人民公正党。党主席为原公正党主席、前副总理安瓦尔夫人旺·阿兹莎（Wan Azizah），署理主席为穆罕默德·阿兹敏·宾·阿里（Mohamed AZMIN BIN ALI），前副总理安瓦尔·伊布拉希姆（ANWAR IBRAHIM）曾任该党顾问。

【重要人物】端姑·阿尔哈吉·阿卜杜尔·哈利姆·慕阿扎姆·沙阿：最高元首。1927年11月28日生于吉打州，1955年英国牛津大学伍德翰姆学院毕业。1958年7月14日任吉打州第27任苏丹。1970年9月至1975年9月任马第五任最高元首。2011年12月再次出任马最高元首。夫人哈米娜（Hajja Haminah Binti Hamidun），育有三女。　**达图·斯里·纳吉布·敦·拉扎克：**总理兼财政部长。马第二任总理拉扎克的长子。1953年7月24日生于彭亨州。获英国诺丁汉大学经济学士学位。1976年当选国会下议员，1978年任能源、电讯和邮电部副部长，是马历史上最年轻的下议员和副部长。此后历任彭亨州州务大臣、文化、青年和体育部长、国防部长、教育部长等职。2004年1月起任现职，2004年3月大选后连任。巫统资深领袖，曾连续多次当选巫统副主席，2004年1月起任巫统署理主席。2008年3月大选后连任副总理和国防部长，同年9月改兼任财政部长。2009年4月就任马第六任总理。夫人达汀·斯里·罗斯玛·曼苏尔（Datin Seri Rosmah Mansor），育有五名子女。　**穆希丁·雅辛：**副总理兼教育部长。1947年5月15日生于柔佛州。曾获马来西亚大学马来文学系及经济学系荣誉学位。1978年首次当选国会议员。1992～1995年任柔佛州州务大臣。1995年起历任青年及体育部长、国内贸易及消费事务部长、农业及农基产业部长，2008年3月全国大选后出任国际贸易及工业部长。2009年3月当选巫统署理主席，4月出任副总理兼教育部长。已婚，育有4名子女。

经　济

20世纪70年代前，经济以农业为主，依赖初级产品出口。70年代以来不断调整产业结构，大力推行出口导向型经济，电子业、制造业、建筑业和服务业发展迅速。同时实施马来民族和原住民优先的“新经济政策”，旨在实现消除贫困、重组社会的目标。

1987年起，经济连续10年保持8%以上的高速增长。1991年提出“2020宏愿”的跨世纪发展战略，旨在2020年将马建成发达国家。重视发展高科技，启动了“多媒体超级走廊”、“生物谷”等项目。1998年受亚洲金融危机冲击，经济出现负增长。通过稳定汇率、重组银行企业债务、扩大内需和出口等政策，经济基本恢复并保持中速增长。2008年下半年以来，受国际金融危机影响，国内经济增长放缓，出口下降，政府为应对危机相继推出70亿林吉特和600亿林吉特刺激经济措施。2009年纳吉布总理执政后，采取了多项刺激经济和内需增长的措施。目前经济逐步摆脱金融危机影响，企稳回升势头明显。2010年公布了以“经济繁荣与社会公平”为主题的第十个五年计划，并出台“新经济模式”，继续推进经济转型。2011年主要经济数字如下（资料来源：马统计局）：

国内生产总值（GDP）：2320.5亿美元。

国内生产总值增长率：5.1%。

人均国内生产总值：7962美元。

货币名称：林吉特（Ringgit）。

通货膨胀率：3.2%。

对外贸易总额：4229亿美元。

外汇储备：1336亿美元。

外债总额：489亿美元（2010年）。

【资源】自然资源丰富。橡胶、棕油和胡椒的产量和出口量居世界前列。曾是世界产锡大国，近年来产量逐年减少。石油储量丰富，此外还有铁、金、钨、煤、铝土、锰等矿产。

【工业】政府鼓励以本国原料为主的加工工业，重点发展电子、汽车、钢铁、石油化工和纺织品等。2010年制造业销售额为8365亿林吉特，就业人数181.2万。

【矿业】以锡、石油和天然气开采为主，2010年矿业总产值估计为44.96亿林吉特。据马能源、供水及通讯部统计，马原油储量为52.5亿桶，可供开采19年。天然气储量为24889.85亿立方米，可供开采33年。2010年石油产量为2.3亿桶，液化天然气产量为2436.3万吨。

【农牧渔林业】耕地面积约485万公顷。农业以经济作物为主，主要有油棕、橡胶、热带水果等。粮食自给率约为70%。2010年农业总产值为1046亿林吉特，占国民生产总值的7.3%，就业人口147.5万。近几年主要农、林产品产量如下（单位：万吨）：

	2008	2009	2010
棕油	1773.4	1756.5	1699.4
橡胶	107.2	85.7	93.9
水稻	235.3	251.0	246.0
原木（千立方米）	20083.0	18307.0	17313.0

（资料来源：马统计局）

盛产热带林木。渔业以近海捕捞为主，近年来深海捕捞和养殖业有所发展。2010年鱼类捕捞量为143万吨。

【服务业】范围广泛，包括水、电、交通、通讯、批发、零售、饭店、餐馆、金融、保险、不动产及政府部门提供的服务等。20世纪70年代以来，马政府不断调整产业结构，服务业得到迅速发展，成为国民经济发展的支柱性行业之一。就业人数约535.36万，占全国就业人口的50.76%，是就业人数最多的产业。自1996年设立“多媒体超级走廊”以来，创造了超过4万个就业机会。截至2006年7月，多媒体超级走廊内1552家注册公司销售收入约60亿林吉特。

【旅游业】国家第三大经济支柱，第二大外汇收入来源。1990年和1994年举办两届马来西亚观光年。拥有饭店约1878家，饭店入住率55.3%。主要旅游点有：吉隆坡、云顶、槟城、马六甲、浮罗交怡岛、刁曼岛、热浪岛、邦咯岛等。据马旅游部统计，2008年赴马游客为2205万人次，2009年为2365万人次。2010年为2470万人次，收入583亿林吉特。

【交通运输】全国有良好的公路网，公路和铁路主要干线贯穿马来半岛南北，航空业亦较发达。

公路：2003年全国公路总长75893公里。截至2005年底，注册交通工具1480万辆。

铁路：2003年总长2267公里，主要贯穿马来半岛。

水运：内河运输不发达，海运80%以上依赖外航。共有各类船只1008艘，其中100吨位以上的注册商船508艘，注册总吨位175.5万吨；远洋船只50艘。共有19个港口。近年来大力发展远洋运输和港口建设，主要航运公司为马来西亚国际船务公司，主要港口有巴生、槟城、关丹、新山、古晋和纳闽等。

空运：民航主要由马来西亚航空公司和亚洲航空公司经营。马航有飞机82架，辟有航线113条。1996年11月，亚洲航空公司投入运营，亚航有飞机175架，辟有航线83条。全国共有机场37个，其中有5个国际机场：吉隆坡、槟城、浮罗交怡、哥打基纳巴卢和古晋。

【财政金融】近年来马政府财政收支情况如下（单位：亿林吉特）：

	2006	2007	2009	2010
收入	1184	1417.89	1121.39	905.11
支出	1368	1647.43	983.08	932.32
差额	–184	–229.54	138.31	–27.21

（资料来源：马统计局）

2011年3月，马外汇储备为1301亿美元。

【对外贸易】现为世界第18大贸易国。2007年主要出口市场为：美国、新加坡、欧盟、日本和中国。主要进口机械运输设备、食品、烟草和燃料等。近年对外贸易情况如下（单位：亿林吉特）：

	2009	2010	2011
总　额	9882	11686	12688
进口额	4349	5292	5742
出口额	5533	6394	6946
差　额	1184	1102	1204

（资料来源：马统计局）

【外国资本】大力吸引外资。2006年外国投资总计202亿林吉特，主要外资来源地为日本、荷兰、澳大利亚、美国和新加坡。2009年吸引外国直接投资275.6亿林吉特，2010年马外资流入量为133亿林吉特。

人民生活

2011年马家庭平均可支配收入为每月4025林吉特。截至2010年，全国共有32979名医生，137所医院。1986年马发现首例艾滋病患者，截至2006年6月，马共发现艾滋病患者5830人。2010年人均寿命男性为71.9岁，女性为77岁，婴儿死亡率6.8‰。

军　事

陆军的前身是1935年英国殖民地政府组建的马来兵团。1958年从英国人手中接管原英殖民地海军辅助部队，1963年正式改为马来西亚皇家海军。1958年6月1日正式建立马来皇家空军。最高元首是三军最高统帅。国防决策机构为国家安全委员会，总理任主席。武装部队总司令是军队最高指挥官。总司令穆罕默德·安瓦尔上将，2005年4月任职。实行志愿兵役制，服役期10年。

三军总兵力12.95万人。陆军10.5万人，编成1个军团司令部、4个师、1个快速反应旅、10个步兵旅、5个炮兵团、4个装甲团，装备坦克26辆、装甲车1100余辆、火炮400门。海军1.25万人，编有两个海军司令部，编成10个中队，装备100余艘舰船，有海军基地4处。空军1.2万人，编两个管区（下辖5个营）、12个飞行中队和支援部队，有空军基地3处。另有预备役部队4.66万人，准军事部队20余万人。

文化教育

马、华、印各族都有自己独特的文化。政府努力塑造以马来文化为基础的国家文化，推行“国民教育政策”，重视马来语的普及教育。华文教育比较普遍，有较完整的华文教育体系。

【教育】实施小学免费教育。2006年小学适龄儿童入学率为90.1%，中学入学率为60%。全国有马来亚大学、国民大学等20所高等院校，近年来私立高等院校发展很快，有私立学院600多所。2010年在校大学生63万人。

【新闻出版】约有50份报纸，用8种文字出版，发行量从几万到几十万不等。主要报纸有：马来文的《马来使者报》、《每日新闻》、《祖国报》；英文的《新海峡时报》、《星报》、《马来邮报》；华文的《南洋商报》、《星洲日报》等。

马来西亚国家新闻社：简称马新社，半官方通讯社。成立于1968年，在亚太地区设有33家分社。

马来西亚广播电台：官办。建于1946年。拥有6个广播网，用马来语、英语、华语和泰米尔语广播。马来西亚之声：建于1963年。用马来语、阿拉伯语、英语、印尼语、缅甸语、菲律宾语和泰语等对外广播。

马来西亚电视台：官办。建于1963年。包括第一电视台（TV1）和第二电视台（TV2）。用马来语、英语、华语和泰米尔语播放。私营电视台有第三电视台（TV3）、城市电视（METRO VISION）和国民电视（NTV）三家。近年开办了ASTRO卫星有线电视频道。2004年1月开播了8TV电视台。

对外关系

奉行独立自主、中立、不结盟的外交政策。视东盟为外交政策基石，优先发展同东盟国家关系。重视发展同大国关系。系英联邦成员，与其他成员国交往较多。已同131个国家建交，在83个国家设有105个使领馆。

大力开展经济外交，积极推动南南合作，反对西方国家贸易保护主义。1998年主办了第六次亚太经济合作组织（APEC）领导人非正式会议。主张APEC保持松散的经济论坛性质，反对其发展为地区性集团。重视东亚合作，倡导建立东亚共同体。1997年主办了首届东盟与中、日、韩（10+3）领导人非正式会议，2005年底主办首次东亚峰会。积极致力于东盟自由贸易区建设和湄公河盆地经济开发合作。

积极发展同伊斯兰国家和不结盟国家关系，关注伊斯兰事务。主张伊拉克战后重建应尊重其主权独立和领土完整，并符合伊人民意愿。在中东问题上，认为巴勒斯坦人民的斗争不是宗教对抗，而是捍卫领土主权，独立的巴勒斯坦国应得到国际社会承认。2006年多次以伊斯兰国家会议组织和不结盟运动主席国身份召集会议，并致信联合国秘书长和各安理会常任理事国，寻求公正合理解决伊拉克问题和中东问题。

反对西方强权政治，主张维护联合国作为国际核心组织的地位，关注建立国际政治经济新秩序问题。2004年5月当选2005～2007年联合国人权委员会委员。2006年3月，第60届联大通过决议，决定成立联合国人权理事会，取代原来的人权委员会。马于同年5月当选人权理事会成员，任期三年（2006～2009年）。

支持国际反恐合作，强调反恐应解决恐怖主义产生的根源，否定伊斯兰与恐怖主义的必然联系，推动宗教和文明间对话。

在朝核问题上，认为拥有核武器的朝鲜将危及东北亚乃至全世界的安全，呼吁有关各方保持克制，赞赏六方会谈为解决朝核问题发挥的积极作用。

【同中国的关系】1974年5月31日，两国建立外交关系。1990年马取消对其公民访华限制，两国人员交流不断增多。近年来，中马高层往来频繁，各领域友好合作不断深化。1999年，两国政府签署了关于双边合作发展方向的《联合声明》。2011年2月，国务委员、公安部部长孟建柱访马。3月，全国人大常委会副委员长华建敏访马。4月，马副总理穆希丁、外交部长阿尼法来华正式访问。温家宝总理应马总理纳吉布邀请正式访马。10月，马总理纳吉布出席第八届中国—东盟博览会，温总理同其共进工作早餐。2012年4月，马总理纳吉布来华出席中马钦州产业园区开园仪式，温家宝总理会见。4月，全国政协主席贾庆林过境马来西亚。5月，马前总理巴达维来华出席国际行动理事会第30届年会，温家宝总理会见。

2011年双边贸易额为900亿美元，同比增长21.3%，其中中国出口额279亿美元，同比增长17.2%，进口额621亿美元，同比增长23.2%。马是中国与东盟国家最大的贸易伙伴。截至2012年4月底，马实际对华投资62.3亿美元，中国在马投资5.26亿美元。2011年马来华人数124.5万人，中国公民赴马173.8万人。

中国驻马来西亚大使：柴玺。馆址：马来西亚吉隆坡安邦路229号（229，Jalan Ampang，50450 Kuala Lumpur，Malaysia）。办公室电话：00603-21411729；21447652。领事部电话：21636815；传真：21636809。商务处电话：42513229；传真：42513233。电子信箱：CN@TM.NET.MY。

中国驻古晋总领事：李树钢。馆址：马来西亚沙捞越州古晋市道刚花园Lot3716-3719。电话：006082-453344；570815。传真：570814。电子信箱：ZHICUN@ TM.NET.MY。

马来西亚驻华大使：达图·伊斯甘达（Datuk

Iskandar）。馆址：北京市朝阳区亮马桥北街2号。电话：010-65322531；传真：65325032。商务处电话：84515109；传真：84515110。签证处电话：65326544；传真：65326544。电子信箱：mwbjing@95777.com。

【同东盟国家的关系】马是东盟重要成员，同其他东盟国家政治、经济、文化关系密切，高层互访频繁，并注意在重大国际地区问题上相互协调立场。重视地区安全合作。2004年7月开始与印尼、新加坡在马六甲海峡进行协同巡逻，共同打击海盗、走私和恐怖活动。

与印尼同为穆斯林人口占多数的国家，相互关系十分密切。2011年马印尼双边贸易额为559亿林吉特。2002年海牙国际法院裁定马对西巴丹和利吉丹两岛拥有主权，印尼对此表示接受。2011年10月，第11次马印尼双边合作委员会会议在吉隆坡举行。马最高元首访问印尼。马总理纳吉布出席在印尼举行的第八次马印尼年度磋商。

与新加坡关系密切。新是马第二大贸易伙伴和第二大外资来源地。两国围绕水供、填海、开放领空、马新大桥、白礁岛主权等问题时有摩擦。巴达维就任总理后，积极通过对话协商解决问题，两国关系得到改善。2005年马新签署协议，解决了柔佛海峡填海争议。2008年6月，马新发表联合声明，重申两国将遵守并执行联合国国际法院对白礁岛争端做出的判决。2011年6月，马总理纳吉布访问新加坡。7月，新副总理张志贤访马。9月，新外长尚穆根、国防部长黄永宏访马。10月，马副总理穆希丁访新。11月，马国防部长扎希德访新。

与泰国关系良好。2009年3月，马最高元首米赞访泰。8月，马外长阿尼法出席第二届马泰边境地区联合发展战略部长级会议和第11届马泰双边合作高官联委会会议。12月，马总理纳吉布访泰。

与菲律宾关系总体良好，双方在沙巴领土主权问题上存在争议。两国关系曾因菲在马非法移民等问题受到影响。近年来，马为菲政府和摩洛伊斯兰解放阵线和谈积极提供协助。2008年9月，马外长拉伊斯·亚蒂姆会见菲律宾总统特使、菲政府南部和平进程顾问何莫吉尼，双方就菲南部问题进行会谈。2011年3月，菲外长德尔罗萨里奥访马。4月，马菲举行第七次双边联合委员会会议。

与文莱同文同种同宗教，双方关系十分密切。2009年3月，马总理巴达维访文，双方正式签署解决两国陆海争议的换文。2009年4月，马总理纳吉布访文。8月，马总理纳吉布访文并出席马文第13次年度磋商。2010年7月，马总理纳吉布访文。9月，马总理纳吉布同文莱苏丹共同出席第14届马文领导人常年咨询会议。12月，马总理纳吉布访文。2011年1月，马副总理穆希丁访文。9月，马总理纳吉布访文。

重视发展同印支国家关系。越、老、缅、柬加入东盟后，马与四国往来有所增多，并逐步扩大在印支半岛的投资和贸易。2009年3月，马最高元首米赞夫妇访问越南。2010年6月，马总理纳吉布访问老挝。11月，老挝国家主席朱马利访马。12月，马总理纳吉布访问柬埔寨。2011年9月，越南国家主席张晋创访马。

【同英国的关系】马曾是英国殖民地，后加入英联邦，并与英同为“五国联防”成员，双方关系密切。80年代初马收购英资企业导致两国关系趋于冷淡，后虽有所回升，但仍时有摩擦。1995～1996年间，马哈蒂尔总理三度访英，两国关系有了较大改善。2007年1月马总理巴达维访英。6月，马副总理纳吉布赴伦敦出席“2007年马来西亚周”活动。2010年5月，英国安德鲁王子访马，并出席在吉隆坡举行的马—英伙伴对话。7月，马英签署防范与打击犯罪支援合作条约。9月，马最高元首米赞访英。2011年5月和7月，马总理纳吉布两次访英。10月，马总理纳吉布赴澳大利亚出席英联邦政府首脑会议。

【同日本的关系】两国经贸关系密切。日是马第一大外资来源地和主要贸易伙伴，也是向马提供贷款最多的国家之一。20世纪80年代，马哈蒂尔总理提出向日本学习的“向东看”政策，旨在通过引进日本的资金、技术和管理，加快马来西亚的经济建设。两国签有双边自贸协定。2008年，马日双边贸易额为1367亿林吉特，日是马最大的外来投资国。2008年5月，马总理巴达维对日进行工作访问。2009年12月，马副总理兼教育部长穆希丁访日。2010年4月，马总理纳吉布访日。2011年5月，马总理纳吉布出席第17届日经国际论坛。10月，日外相玄叶光一郎访马。

【同美国的关系】美近年来一直是马主要的贸易伙伴之一和投资来源国。两国在“民主”、“人权”等问题上矛盾较深。“9·11”事件后，美出于国际反恐合作的需要，重视马在伊斯兰国家中的特殊作用，两国政治关系有所改善，反恐合作加强。2008年7月，马外长拉伊斯·亚蒂姆赴新加坡出席东盟外长会议期间与美国务卿赖斯举行双边会谈。2009年5月，马外长阿尼法访美，与美国务卿克林顿举行会晤。9月，美副国务卿斯坦伯格访马。11月，马总理纳吉布访美。2010年3月，美助理国务卿坎贝尔访马。9月，马最高元首米赞访美。11月，美国务卿克林顿和国防部长盖茨访马。2011年1月，马副总理穆希丁访美。5月，马总理纳吉布访美。美助理国务卿坎贝尔访马。12月，美助理国务卿伯恩斯访马。

【同其他国家的关系】2011年2月，马总理纳吉布访问土耳其。3月，马总理纳吉布对澳大利亚进行正式访问，马副总理穆希丁访问印度。4月，马内政部长希沙慕丁访问沙特。5月，马总理纳吉布访问沙特和卡塔尔，马外长阿尼法访问哈萨克斯坦。6月，马总理纳吉布访问哈萨克斯坦，马外长阿尼法赴匈牙利出席第十届亚欧外长会，阿联酋王储扎耶德访马。7月，马总理纳吉布访问土库曼斯坦和意大利，马与梵蒂冈正式建交，马外长阿尼法访问苏丹，并出席南苏丹共和国独立庆典。马最高元首米赞访问韩国。朝鲜外相朴义春访马。9月，马外长阿尼法访问塞尔维亚。11月，马总理纳吉布赴麦加朝圣。加拿大总督戴维访马。12月，卡塔尔首相兼外交大臣访马。土库曼斯坦总统别尔德穆哈梅多夫访马。（黄刚）

蒙　古

国名　蒙古国（Mongolia）。

面积　156.65万平方公里。

人口　283万（2012年6月）。喀尔喀蒙古族约占全国人口的80%，此外还有哈萨克等少数民族。主要语言为喀尔喀蒙古语。居民主要信奉喇嘛教。

首都　乌兰巴托（Ulaanbaatar）。人口约122万（2012年5月）。平均气温为2.2℃。

国家元首　总统查黑亚·额勒贝格道尔吉（Tsahiagiin ELBEGDORJ），2009年6月就任。

重要节日　白月：日期与中国藏历新年相同，是蒙古民间最隆重的节日，以前称为“牧民节”，只在牧区庆祝。1988年12月，蒙古大人民呼拉尔主席团决定，白月为全民节日。国庆节—那达慕：7月11日。1921年蒙古人民革命党领导的人民革命取得胜利，7月10日，在库伦（今乌兰巴托）成立君主立宪政府，后将次日定为国庆日。1922年起，蒙古定期在每年7月11日举行全国性那达慕，成为国庆活动的一个主要组成部分。1997年6月13日，蒙古国庆中央委员会第三次会议决定将蒙古国庆易名为“国庆节—那达慕”。那达慕，蒙语意为“游戏”、“娱乐”，原指蒙古民族历史悠久的“男子三竞技”（摔跤、赛马和射箭），现指一种按照古老的传统方式举行的集体娱乐活动，富有浓郁的民族特点。

简　况

位于亚洲中部的内陆国，东、南、西与中国接壤，北与俄罗斯相邻。属典型的大陆性气候，常年平均气温为1.56℃。冬季最低气温可至-50℃，夏季戈壁地区最高气温达40℃以上。

蒙古国原称外蒙古或喀尔喀蒙古。1911年12月蒙古王公在沙俄支持下宣布“独立”。根据1913年、1915年中蒙及中蒙俄有关协议，蒙古获得“自治权”。1919年放弃“自治”。1921年蒙古人民党领导的人民革命胜利，同年7月建立君主立宪政府。1924年11月26日废除君主立宪，成立蒙古人民共和国。1945年2月，苏、美、英三国首脑签订雅尔塔协定，规定“外蒙古（蒙古人民共和国）的现状须予维持”。1946年1月5日，当时的中国政府承认外蒙古独立。1992年2月改国名为“蒙古国”。

政　治

2011年蒙政局基本保持稳定。人民党、民主党两大政党组成的联合政府执政总体顺利。5个在野党联合18个公民运动成立“祖国、独立、正义”运动。前总统恩赫巴亚尔成立“人民革命党”。

【**宪法**】现行宪法为第四部宪法，于1992年1月通过，同年2月12日起生效。宪法规定：蒙古国是独立自主的共和国；视在本国建立人道的公民民主社会为崇高目标；在未颁布法律的情况下，禁止外国军事力量驻扎蒙古国境内和通过蒙古国领土；国家承认公有制和私有制的一切形式；国家尊重宗教，宗教崇尚国家，公民有宗教信仰与不信仰的自由；根据公认的国际法准则和原则，奉行和平外交政策。根据该宪法，改国名为“蒙古国”，建立议会制。

【**议会**】国家大呼拉尔是国家最高权力机关，行使立法权。国家大呼拉尔可提议讨论内外政策的任何问题，并将以下问题置于自己特别权力之内予以解决：批准、增补和修改法律；确定内外政策基础；宣布总统和国家大呼拉尔及其成员选举日期；决定和更换国家大呼拉尔常设委员会；颁布总统当选并承认其权力的法律；罢免总统；任免总理及政府成员；决定国家安全委员会的组成及权限；决定赦免等。国家大呼拉尔为一院制议会，其成员由蒙古国公民以无记名投票的方式直接选出，任期四年。本届国家大呼拉尔于2008年7月产生，共76个席位，下设7个常设委员会。主席达木丁·登贝尔勒（Damdingiin Demberel，人民党）2008年7月当选。

【**政府**】国家权力最高执行机关，政府成员由国家大呼拉尔任命。2011年，政府由人民党同民主党联合组成。政府成员为：总理苏·巴特包勒德，第一副总理诺·阿勒坦呼雅格，副总理米·恩赫包勒德，对外关系与贸易部长贡·赞登沙特尔，财政部长桑·巴雅尔朝格特，法律内务部长曾·尼亚木道尔吉，自然环境和旅游部长鲁·冈苏赫，国防部长罗·包勒德，教育文化科学部长云·奥特根巴雅尔，交通运输建筑和城市建设部长哈·巴特图勒嘎，社会保障和劳动部长特·甘迪（女），食品农牧业轻工业部长通·巴达木珠奈，卫生部长桑·兰巴，矿产能源部长达·卓里格特，政府办公厅主任其·呼日勒巴特尔。

【**行政区划**】全国划分为首都和21个省。

【**司法机构**】法院行使司法权，由最高法院和各级地方法院构成。最高法院现任大法官策·卓里格，2010年11月就职。检察机构由总检察署和各级地方检察署构成。现任总检察长达·道尔立格扎布，2010年5月就职。

【政党】实行多党制。截至2011年，共有20个政党。主要有：

（1）蒙古人民党（Mongolian People's Party）：1921年3月1日成立，1925年3月改称蒙古人民革命党，2010年11月再次更名为蒙古人民党。党员约16万名。1997年2月该党召开的二十二大确定党的性质为"民族民主主义性质的中左翼政党"，理论基础为"民主社会主义思想"。现任主席苏·巴特包勒德，总书记乌·呼日勒苏赫，书记米·恩赫包勒德、曾·尼亚木道尔吉、图·冈迪、罗·阿玛尔萨那、策·苏赫巴特尔、乌·巴尔斯包勒德。

（2）民主党（Democratic Party）：2000年12月6日由蒙古民族民主党、社会民主党、民主复兴党、宗教民主党和民主党合并而成。党员约15万。党的宗旨是重视人的发展、人的权力和自由，并视个人能力大小承担相应的社会责任。党的目标是巩固蒙古政治独立；建立合理、强大的经济体制；建立开放的社会；建立良政；将社会发展与国际社会进步密切接轨。党的全国代表大会每四年召开一次。全国协商委员会（相当于中央委员会）下设8个常设委，负责日常工作。党的监察机关是独立于任何个人的基本章程委员会，对党章负责。现任主席诺·阿勒坦呼雅格。

【重要人物】**查黑亚·额勒贝格道尔吉**：总统。1963年3月生。1988年毕业于乌克兰利沃夫市军事政治学院，曾在美国留学。1980～1991年任蒙古民主联盟主席。1994～1996年任民族民主党主席。1996～1998年任国家大呼拉尔副主席。1998年任总理。2004～2006年任总理。2005～2008年任民主党主席。1992年、1996年、2008年三次当选国家大呼拉尔委员。2009年5月当选总统。懂英语、俄语。已婚，有五个子女。　**达木丁·登贝尔勒**：国家大呼拉尔主席。1941年生。1964年毕业于蒙古经济学院贸易与经济技术组织专业。1964～1968年任科布多省商业采购管理局副局长。1968～1970年任人革党科布多省委政治教育办负责人。1970～1972年任科布多省革命青年团第一书记。1972～1975年任蒙古革命青年团中央组织部部长。1977～1990年任人革党中央委员会协调员、组长。1990～1992年任人革党扎布汗省委第一书记。1992年起连续5次当选国家大呼拉尔委员。2000～2004年任大呼拉尔政权建设常设委主席。2007～2008年任社会保障和劳动部部长。2008年9月当选国家大呼拉尔主席。懂英语、俄语。已婚，有四个子女。　**苏赫巴特尔·巴特包勒德**：总理。1963年1月生。1986年毕业于莫斯科国际关系学院国际经济师专业。1991年毕业于伦敦工商大学经济学专业并获得硕士学位。2002年毕业于莫斯科外交学院外交专业。1986～1988年任对外经济联络和供应部专家。1988～1992年任蒙古进出口公司经理。1992～2000年任阿勒泰贸易公司总经理。2000～2004年任外交部副部长。2004～2006年任工业贸易部部长。2008年9月任外长。2004年、2008年两次当选国家大呼拉尔委员（人民党）。2009年11月任总理。懂英语、俄语、法语。已婚，有五个子女。

经　济

以畜牧业和采矿业为主，曾长期实行计划经济。1991年开始向市场经济过渡。1997年7月，政府通过"1997～2000年国有资产私有化方案"，目标是使私营经济成分在国家经济中占主导地位。2011年基本经济数据如下：

国内生产总值：87.8亿美元。

人均国内生产总值：3200美元。

国内生产总值增长率：17.3%。

货币名称：图格里克（TUGRUG）。

汇率：1美元＝1254图格里克（2011年12月）。

通货膨胀率：11%。

注册失业人数：5.71万人（2011年12月）。

【资源】地下资源丰富。现已探明的有铜、钼、金、银、铀、铅、锌、稀土、铁、萤石、磷、煤、石油等80多种矿产。全国森林覆盖率为8.2%。

【工业】2011年工业总产值为40亿（按2005年可比价格计算）美元，同比增长23%。

【农牧业】近年农产品产量如下（单位：万吨）：

	2009	2010	2011
谷物	39.1	35.5	44.6
蔬菜	15.1	16.8	20.1
马铃薯	7.8	8.2	9.9

畜牧业是传统经济产业，国民经济的基础。2011年牲畜总数为3600万头，同比增加10.9%。

【旅游业】全国有旅游基地、大小宾馆、饭店约700家，主要宾馆有成吉思汗饭店、乌兰巴托饭店、巴彦高勒饭店、香格里拉饭店等，主要旅游点有哈尔和林古都、库苏古尔湖、特列尔吉旅游点、成吉思汗旅游点、南戈壁、东戈壁和阿尔泰狩猎区等。从事旅游服务的公司约500家。

【交通运输】以铁路和公路为主。铁路总长约1811公里，约担负全国货运量的57%。公路总长55942公里。2011年，蒙各种运输工具货运总量为4396万吨，同比增长50%，客运总量为2.96亿人次，同比增长18%。

空运：与北京、天津、呼和浩特、海拉尔、莫斯科、伊尔库茨克、首尔、东京、大阪和法兰克福之间有定期航班。国际机场1个，为乌兰巴托"成吉思汗"机场。

【财政金融】2010年蒙古中央财政收入和受援额

为33.2亿美元，总支出和偿还外债总额为27.3亿美元，财政盈余5.9亿美元。

截至2011年底，外汇储备为24.6亿美元，同比增加3.7亿美元。

蒙古银行：1924年成立，行长普日布道尔吉。

蒙古贸易开发银行：1990年成立，行长梅德勒。2002年5月实行私有化，其76%的国有股被瑞士和美国合资的财团以1223万美元收购。

【对外贸易】同127个国家和地区有贸易关系。实行经济开放政策。近年来，积极发展同西方发达国家和亚洲国家的经贸合作，主要情况如下（单位：亿美元）：

	2009	2010	2011
总　额	40.34	61.77	113.07
进口额	21.31	32.78	65.26
出口额	19.03	28.99	47.80
差　额	−2.28	−3.79	−17.46

出口主要为矿产品、纺织品和畜产品等；进口主要有矿产品、机器设备、食品等。主要贸易伙伴为中国、俄罗斯、欧盟、加拿大、美国、日本、韩国等。

【对外投资】20世纪90年代以来，蒙古开始对外投资，但投资额很小。1992年起蒙古开始对华投资。

【外国资本】截至2011年底，有中、俄、日、美、韩等70多个国家和地区的企业向蒙直接投资，投资额约为48.4亿美元。主要投资部门为矿山、轻工、畜产品加工、商业、建筑等。

据中方统计，截至2011年底，中国对蒙累计投资15.4亿美元，投资项目近5000个。

【外国援助】至1990年，前苏联共向蒙提供约114亿转账卢布贷款。2003年俄免除了该债务的98%，2010年再次免除了所余债务的97.8%，债务最后余额380万美元蒙政府一次性还清，俄蒙债务问题最终解决。1991年，日本、世行等发起国际援蒙会议，中国以观察员身份列席。主要援助国和国际组织有日本、美国、德国、俄罗斯、中国及亚行、世行、国际货币基金组织等。

军　事

蒙古人民军于1921年3月18日创建。总统兼任武装力量总司令。1996年起实行文职国防部长制度。武装力量总参谋部独立于国防部。实行义务兵役制，1998年起增加了替代、合同兵役和抵偿服役制。1992年起服役期改为一年。

2011年总兵力约为8500人。1997年开始对武装力量组织结构进行调整，其编制体制由师—团制转入了旅—营制。

文化教育

【教育】实行国家义务教育制。截至2011年，全国各级学校学生89万人。全国有839所幼儿园，16.4万学前儿童入托。

全国有全日制普通教育学校751所，63所专业培训中心。全国共有高校113所，其中国立高校16所，主要有国立大学、科学技术大学、教育大学等，私立高校92所，主要有依和扎斯克大学、奥特根腾格尔大学等。5所为国外高校分校。

根据政府间文化教育科学合作协定，蒙与50个国家交换留学生。

【文化】蒙古国教育文化科学部文化艺术局主管全国文化艺术工作，下属国家民间歌舞团、国家话剧院、国家歌剧舞剧院、国家杂技院、国家音乐馆、国家木偶剧院和博格达汗宫博物馆、乔依金喇嘛庙博物馆、造型艺术博物馆、国家历史博物馆、国家自然历史博物馆、文化遗产中心、国家图书馆、国家艺术画廊等单位。

【新闻出版】据蒙方统计，全国公开发行的报纸约170种、杂志68种、广播43家、电视台51家。主要报刊有《日报》、《世纪新闻报》、《今日报》、《真理报》、《蒙古新闻报》等。这几种报纸是蒙古发行量最大的报纸，均约1万份左右。除《真理报》是蒙古人民党机关报外，其余均是自由刊物。此外还有《索音博报》（军报）、《乌兰巴托时报》、《人民权利报》等。

蒙古通讯社（简称蒙通社）：系官方通讯社，创建于1921年。该社与新华社、路透社、俄罗斯新闻社、塔斯社等有合作关系，每天接收上述通讯社的电讯稿，有选择地发布。

公共广播电台（原国家广播电台）：系蒙古唯一非私营广播电台。创办于1931年，1934年9月1日首次播音，使用喀尔喀蒙古语，现广播覆盖全国。对外用“蒙古之声”广播。1964年9月首次用蒙、汉语播音，1965年开始用英语播音，1997年1月改名为“蒙古之声”。目前该电台每天用蒙、汉、俄、英、法、日、哈萨克语等7种语言对外广播。

公众电视台（原蒙古国家电视台）：1967年9月27日创建。每天播放约10小时的节目。现经常转播中国CCTV-9、美国世界新闻网、日本NHK和法国、德国、俄罗斯等国电视台节目。

TV9、TV5、TV25、乌兰巴托电视台为历史较长的私营电视台。“鹰”、C1、TV8、NTV、教育、USB等为较有名的新私营电视台。

1995年起，有线电视台开始播出。目前，蒙古首都设有“桑斯尔”、“黑目”等几家有线电视台。

对外关系

国家大呼拉尔1994年通过的《蒙古国对外政策构想》指出，蒙古奉行开放、不结盟、多支点的和平外交政策，强调“同俄罗斯和中国建立友好关系是蒙古对外政策的首要任务”，主张同中俄“均衡交往，发展广泛的睦邻合作”。同时重视发展同美日德等西方发达国家、亚太国家、发展中国家以及国际组织的友好关系与合作。

2004年12月，蒙古国家大呼拉尔通过的决议指出，蒙古积极推行符合稳定发展目标的独立、开放、多支点的对外政策，全面巩固与中、俄的睦邻关系与合作，发展巩固蒙美全面伙伴关系与合作，深化巩固与欧盟成员国间业已发展的双边关系，扩大发展合作领域，发展与东盟地区论坛成员国间的双边关系，积极参加东北亚和中亚政治、经济活动进程和对话，积极参与联合国和其他国际机构的活动。

截至2012年，蒙古已同164个国家建交。

【同中国的关系】1949年10月16日中蒙建交。20世纪60年代中后期受中苏关系恶化影响，两国关系经历曲折。1989年两国关系实现正常化以来，两国睦邻友好合作关系发展顺利。2003年两国宣布建立睦邻互信伙伴关系，2011年两国宣布建立战略伙伴关系。

2011年2月24～25日，杨洁篪外长访蒙，与蒙总统额勒贝格道尔吉、总理巴特包勒德、对外关系与贸易部长赞登沙特尔分别举行会晤；5月5～6日，中国人民银行行长周小川访蒙，会见蒙议长登贝尔勒，并与蒙古银行行长签署人民币与图格里克互换协定；6月13～14日，商务部副部长陈健率团出席中蒙政府间经贸科技联委会第12次会议，与蒙议长登贝尔勒、副总理恩赫包勒德、财长巴雅尔朝格特等分别举行会晤；6月15～17日，蒙总理巴特包勒德访华，吴邦国委员长、温家宝总理、习近平副主席分别会见会谈；7月6～8日，国务委员、公安部长孟建柱访蒙，与蒙总统额勒贝格道尔吉、总理巴特包勒德、法律内务部长尼亚木道尔吉分别举行会见会谈；8月23～26日，中共中央政治局常委、中央政法委书记周永康访蒙，与蒙总统额勒贝格道尔吉、议长登贝尔勒、总理巴特包勒德、国家安全委员会秘书恩赫图布辛及人民党总书记呼尔勒苏赫、民主党主席兼第一副总理阿勒坦呼亚格、公民意志党奥云、民族新党主席炒勒蒙等分别举行会见会谈。

2011年蒙方访华的还有：5月，矿能部长卓里格特访华；9月，蒙民主党主席兼第一副总理阿勒坦呼亚格率民主党代表团访华；蒙副总理恩赫包勒德出席在长春举办的东北亚贸易博览会；蒙对外关系与贸易部国务秘书朝格特巴特尔出席在辽宁举办的国际和平日纪念活动；11月，前总理、民族民主党主席恩赫赛汗率该党代表团访华。中方访问蒙古的主要有：3月，中联部副部长刘结一率中共友好代表团访蒙；7月，中央统战部副部长朱维群作为中国驻蒙大使客人访蒙。

据中方统计，2011年中蒙双边进出口总额为64.32亿美元，同比增长60.7%。其中，中方出口额为27.32亿美元，同比增长88.4%；进口额为37亿美元，同比增长45%。

中国驻蒙古大使：王小龙。馆址：蒙古国乌兰巴托市苏赫巴托区青年大街5号。电话：(0097611)320955、323940、311985；传真：311943。

蒙古驻华大使：苏赫巴特尔。馆址：北京市朝阳区建国门外大街秀水北街2号。电话：010-65321203，65321810；传真：65325045。商务处电话：010-65321952。

【同俄罗斯的关系】1921年11月5日建交，2009年8月建立战略伙伴关系。2011年5月，蒙副总理、蒙俄政府间联委会蒙方主席恩赫包勒德访俄；6月，蒙总统额勒贝格道尔吉访俄。

【同美国的关系】1987年1月27日建交。2011年3月，蒙美两国外交部在蒙举行第八次磋商；4月，美前国务卿奥尔布赖特访蒙；6月，美助理国务卿坎贝尔访蒙；蒙总统额勒贝格道尔吉访美；8月，美国副总统拜登访蒙；10月，美前国防部长拉姆斯菲尔德访蒙。

【同欧洲国家的关系】2011年3月，蒙议长登贝尔勒访法；5月，蒙总检察长道尔力格扎布访德、比、欧盟；土耳其国家安全委员会秘书长吉里奇访蒙；英国外交大臣吉米布兰德访蒙；6月，蒙对外关系与贸易部长赞登沙特尔访奥并赴匈牙利出席亚欧外长会议；8月，芬兰总统哈洛宁访蒙；10月，德国总理默克尔访蒙；蒙副总理恩赫包勒德赴布鲁塞尔出席蒙古—欧盟第14次会议；蒙总统额勒贝格道尔吉访意、英、克罗地亚。

【同其他国家的关系】2011年1月，蒙总理巴特包勒德访问科威特、阿联酋；2月，蒙总理巴特包勒德访新、澳；3月，蒙总理巴特包勒德访韩；柬埔寨首相特使、外交部国务秘书宋腊查薇访蒙；4月，吉尔吉斯副议长图尔松巴耶夫、吉尔吉斯副议长伊什特万访蒙；6月，蒙总统额勒贝格道尔吉访问乌克兰；7月，印度总统帕蒂尔访蒙；朝鲜外相朴义春访蒙；8月，韩国总统李明博访蒙；12月，蒙与科摩罗、图瓦卢、南苏丹建交；蒙总统额勒贝格道尔吉访问科威特、卡塔尔；蒙总理巴特包勒德访问印尼并出席第四届民主国际会议；蒙议长登贝尔勒访日。

【同国际组织的关系】2011年4月，蒙议长登贝尔勒出席在巴拿马举行的第124届国际议联大会；5月，蒙副总理恩赫包勒德出席在曼谷举行的亚太经社理事会第67届部长级会议；北约副助理秘书长阿帕苏莱伊访蒙；6月，蒙总统赴立陶宛出席民主国家共同体会议，蒙成为民主国家共同体轮值主席国；7月，联合国教科文组织总干事博科娃访蒙；蒙对外关系与贸易部长赞登沙特尔出席东盟地区论坛第18次部长级会议；10月，蒙议长登贝尔勒出席在瑞士举行的国际议联大会；蒙总理巴特包勒德赴美出席联大会议。（顾一鸣）

孟加拉国

<u>国名</u>　孟加拉人民共和国（The People's Republic of Bangladesh）。

<u>面积</u>　147570平方公里。

<u>人口</u>　约1.6亿。孟加拉族占98%，另有20多个少数民族。孟加拉语为国语，英语为官方语言。伊斯兰教为国教，穆斯林占总人口的88%。

<u>首都</u>　达卡（Dhaka），人口1200多万。

<u>国家元首</u>　总统齐鲁尔·拉赫曼（Zillur Rahman），2009年2月12日就任。

<u>重要节日</u>　独立日和国庆日：3月26日；国民革命和团结日：11月7日；胜利日：12月16日；烈士日：2月21日；开斋节：据回历推算，每年有变化；古尔邦节（宰牲节）：据回历推算，每年有变化。

简况

位于南亚次大陆东北部的恒河和布拉马普特拉河冲积而成的三角洲上。东、西、北三面与印度毗邻，东南与缅甸接壤，南濒临孟加拉湾。海岸线长550公里。全境85%的地区为平原，东南部和东北部为丘陵地带。大部分地区属亚热带季风型气候，湿热多雨。全年分为冬季（11月至翌年2月），夏季（3～6月）和雨季（7～10月）。年平均气温为26.5℃。冬季是一年中最宜人的季节，最低温度为4℃，夏季最高温度达45℃，雨季平均温度30℃。

孟加拉族是南亚次大陆古老民族之一。孟加拉地区曾数次建立过独立国家，版图一度包括现印度西孟加拉、比哈尔等邦。16世纪时孟已发展成次大陆上人口最稠密、经济最发达、文化昌盛的地区。18世纪中叶成为英国对印度进行殖民统治的中心。19世纪后半叶成为英属印度的一个省。1947年印巴分治，孟加拉划归巴基斯坦（称东巴）。1971年3月东巴宣布独立，1972年1月正式成立孟加拉人民共和国。

政治

20世纪90年代以来，孟主要由民族主义党和人民联盟轮流执政。2006年10月，孟民族主义党政府结束5年任期。因孟主要政党对选举改革等问题分歧严重，议会解散，成立看守政府。2008年12月，孟举行第九届议会选举，人民联盟领导的大联盟获胜。2009年1月6日，人盟主席谢赫·哈西娜就任新政府总理，并顺利组阁。

【宪法】1972年议会通过并生效。1982年3月军管后，宪法中止实行。1986年11月恢复执行宪法。截至2011年，孟宪法共经过15次修改。第15次宪法修正案主要内容包括将议会中的45名妇女保留席位增加至50名，取消看守政府。

【议会】实行一院议会制，即国民议会（Jatiya Sangsad）。宪法规定议会行使立法权。议会由公民直接选出的300名议员和遴选的50名女议员组成，任期五年。议会设正副议长，由议员选举产生。议会还设秘书处以及专门委员会等部门。

2008年12月30日，第九届议会产生。人民联盟赢得230个议席，民族主义党（BNP）29席，民族党（艾尔沙德派）27席，民族社会党3席，伊斯兰大会党2席，工人党2席，自由民主党1席，民族党（曼派）1席，独立候选人4席。人盟议员阿卜杜尔·哈米德当选为新议长。

【政府】孟人民联盟政府组成：谢赫·哈西娜（Sheikh Hasina，女），总理兼管电力、能源与矿产部、住房与公共工程部、国防部、武装部队局、内阁事务局；财政部长阿布·马尔·阿布杜尔·穆希特（Abul Maal Abdul Muhit），农业部长莫蒂娅·乔杜里（Motia Chowdhury，女），黄麻与纺织部长阿布杜尔·拉蒂夫·西迪基（Abdul Latif Siddiqui），司法与议会事务部长沙非克·艾哈迈德律师（Barrister Shafique Ahmed），计划部长AK·孔达卡尔退役空军上将［Air Vice-marshal（retd.）AK Khandker］，邮电部长拉兹乌丁·拉祖（Raziuddin Raju），内政部长沙哈拉·卡顿律师（Advocate Shahara Khatun），地方政府、乡村发展与合作部长赛义德·阿什拉夫·伊斯拉姆（Syed Ashraful Islam），劳工与就业部长、侨民福利与海外就业部长孔达卡尔·穆沙拉夫·侯赛因（Khandaker Mosharraf Hossain），土地部长利扎乌尔·卡利姆·希拉（Rezaul Karim Hira），信息部长、文化部长阿布·卡拉姆·阿扎德（Abul Kalam Azad），社会福利部长伊纳穆尔·哈克·穆斯塔法·沙希德（Enamul Haque Mostafa Shahid），工业部长迪利普·巴鲁阿（Dilip Barua），水力资源部长罗梅什·昌德拉·森（Romesh Chandra Sen），商业部长古拉姆·默罕默德·卡德尔（Ghulam Muhammad Quader），民航与旅游部长法鲁克·汗退役中校［Lt. Col（retd.）Farooq Khan］，交通部长赛义德·阿布·侯赛因（Syed Abul Hossain），粮食与灾害管理部长阿布杜尔·拉扎克博士（Dr.Abdur Razzak），初级与大众教育部长阿夫萨鲁尔·阿明博士（Dr. Afsarul Amin），卫生与家庭福利部长AFM·鲁胡尔·哈克教授（Prof. AFM Ruhul Haque），外交部长迪布·莫尼博士（Dr. Dipu Moni，女），教育部长努鲁尔·伊斯拉姆·纳希德（Nurul Islam Nahid），渔业与畜牧业部长阿布杜尔·拉蒂夫·比斯瓦斯（Abdul Latif Biswas），船运部长沙贾汗·汗（Shahjahan Khan），环境与森林部长哈桑·马穆德博士（Dr. Hasan Mahmud），铁道部长欧拜杜尔·卡德尔（Obaidul Quader），另有19名国务部长。

【行政区划】全国划分为达卡、吉大港、库尔纳、拉吉沙希、巴里萨尔、锡莱特和郎故尔七个行政区，下设64个县，507个警管区，4484个乡，87319个村。

【司法机构】最高法院分为上诉法庭和高等法庭。首席大法官及法官若干人均由总统任命。首席大法官和一部分指定的法官审理上诉法庭的案件，其他法官审理高等法庭的案件。达卡有高等法院和劳工上诉法院。此外还有巡回法院，县法院，民事、刑事法院。

【政党】党派众多，主要有：

（1）孟加拉人民联盟（Bangladesh Awami League）：前身是1949年10月建立的巴基斯坦人民穆斯林联盟，1952年改现名。孟独立后至1975年为首任执政党。其宗旨是民族主义、民主、社会主义和世俗主义。1992年9月人盟全国理事会修改了党章，放弃公有制原则，实行市场经济，引进自由竞争机制；实行不结盟外交政策，主张同一切国家建立友好关系。主席谢赫·哈西娜。

（2）孟加拉民族主义党（Bangladesh Nationalist Party，BNP）：1978年9月成立。主张维护民族独立、主权和领土完整，信奉真主、民主、民族主义，保证社会和经济上的公正。基本政策是民主多元化、私营化、取消过多的行政干预和建立市场竞争经济。对外政策坚持中立、不结盟，主张同一切国家友好。主席为卡莉达·齐亚（Khaleda Zia，女）。

（3）孟加拉民族党（Bangladesh Jatiya Party）：1986年1月1日成立。主张维护独立和主权，建立伊斯兰理想社会，提倡民族主义、民主和社会进步，发展经济。1997年6月底民族党曾发生分裂，前总理卡齐等成立民族党（扎—穆派），后于1998年12月合并。1999年4月，时任交通部长曼久和原民族党副主席米赞成立民族党米曼派，民族党再次分裂。民族党主流派主席为前总统侯赛因·穆罕默德·艾尔沙德（Hussain Muhammad Ershad）。

（4）伊斯兰大会党（Jamaat-e-Islami Party）：1946年成立。曾因反对孟加拉国独立而遭禁。1979年重新开展活动。2001年10月，作为民族主义党领导的四党联盟一员参加大选，成为执政党之一。该党称，最终目标是将孟加拉国变成一个伊斯兰国家，主张废除一切非伊斯兰法律，认为外交政策应反映伊斯兰的理想。主席为马蒂乌尔·拉赫曼·尼扎米（Matiur Rahman NIZAMI）。

【重要人物】齐鲁尔·拉赫曼：总统。生于1929年3月9日，毕业于达卡大学，获法律学士、硕士学位。长期从事法律工作。早年从政，1972～1973年、1991年、1994年曾三度任人盟总书记，1996～2001年人盟政府时期任地方政府、乡村发展与合作部长，同时任议会副领袖。2007年7月至2008年11月任人盟代主席。　**谢赫·哈西娜：**总理。1947年生。孟加拉达卡大学文学学士。系孟加拉开国总统穆吉布·拉赫曼的长女，长期从事政治活动，自20世纪80年代起担任人民联盟（人盟）主席。曾于1994～2001年出任总理。2008年12月30日，孟举行第九届议会选举，人盟领导的大联盟胜出，哈西娜再度执政。

经　济

孟是最不发达国家之一，经济发展水平较低，国民经济主要依靠农业。孟近两届政府均主张实行市场经济，推行私有化政策，改善投资环境，大力吸引外国投资，积极创建出口加工区，优先发展农业。人民联盟政府上台以来，制定了庞大的经济发展计划，包括建设“数字孟加拉”、提高发电容量、实现粮食自给等，但面临资金、技术、能源短缺等挑战。主要经济数据如下：

国内生产总值：1100亿美元（2010/2011年度）。

人均国内生产总值：828美元（2010/2011年度）。

货币名称：塔卡（Taka）。

汇率：1美元=85塔卡。

【资源】孟矿产资源有限。主要能源天然气已公布的储量为3113.9亿立方米，主要分布在东北几小块地区，煤储量7.5亿吨。森林面积约200万公顷，覆盖率约13.4%。

【工业】工业以原材料工业为主，包括水泥、化肥、黄麻及其制品、白糖、棉纱、豆油、纸张等；重工业薄弱，制造业欠发达。主要直接投资国为美国、英国、马来西亚、日本、中国、沙特阿拉伯、新加坡、挪威、德国和韩国等。

【农业】2010年农业产值约162.3亿美元，占国内生产总值的20.54%。

【交通运输】公路：总里程21571公里。其中国家公路3570公里，地区公路4323公里，支线公路13678公里。76%的货运及73%的客运由公路运输承担。

铁路：总里程2835.04公里。年旅客周转量约46亿人次，货运量为7.6亿吨公里。

水运：孟加拉内河运输公司（BIWTC）拥有船只195艘。孟加拉运输公司（BSC）拥有船只13艘。

空运：孟航（Biman Bangladesh），国内航线3条，国际航线18条。孟现有国际机场3个（达卡、吉大港、锡莱特），国内机场5个。

【财政金融】孟财政年度为7月1日至6月30日。截至2011年6月，孟外汇储备为104亿美元。2010财年前9个月政府税收4164.8亿塔卡（约合59.4亿美元）。

【对外贸易】孟加拉国与130多个国家和地区有贸易关系，主要出口市场有美国、德国、英国、法国、荷兰、意大利、比利时、西班牙、加拿大和中国香港。主要出口产品包括：黄麻及其制品、皮革、茶叶、水产、服装等。

主要进口市场有印度、中国、新加坡、日本、中国香港、韩国、美国、英国、澳大利亚和泰国。主要进口商品为生产资料、纺织品、石油及石油相关产品、钢铁等基础金属、食用油、棉花等。

孟2010/2011财年对外贸易情况：进出口总额为456.9亿美元，其中出口额为182.4亿美元，进口额为274.5亿美元。

【外国援助】国际援助是孟外汇储备的重要来源，也是孟投资发展项目的主要资金来源。日本、美国、加拿大和世界银行、亚洲开发银行等国际机构是主要提供者。

军　事

孟武装力量由正规军和准军事力量组成。总统是武装部队最高统帅，总理掌握军队实权。陆、海、空三军分立，三军的作战指挥权分别由三军参谋长负责，实行志愿兵役制。三军总兵力约14万人。陆军12万人，海军1万人，空军1万人。准军事力量包括步枪队、乡村卫队、海岸警卫队、国家学员团和警察部队等。

文化教育

【教育】学制为小学五年、中学七年、大学四年。现政府重视教育，规定八年级以下女生享受免费和义务教育。国立大学29所，私立大学51所。主要高校有达卡大学、孟加拉工程技术大学、拉吉沙希大学等。

【新闻出版】有1660多种报刊获准公开发行，主要孟文报纸有《团结报》、《革命报》、《人民之声》、《新闻日报》。主要英文报纸有:《孟加拉国观察家报》、《每日星报》、《独立报》和《金融快报》。

通讯社：孟加拉国通讯社（国营）、联合通讯社（私营）和南亚通讯社（私营，1995年12月27日成立）。

广播电台：孟加拉电台建于1982年，除达卡的国家台外，还有8个地方台，每天用英语、乌尔都语、印地语、阿拉伯语、尼泊尔语等7种语言向欧洲、中东、巴基斯坦、印度和尼泊尔等国家和地区广播。

电视台：1964年开办，在达卡和吉大港有2个站点，在全国有11个转播站。设有2个地面卫星转播站。孟还有ATN、Channel-1、N-TV等私营电视台。

对外关系

奉行独立自主、不结盟政策。在平衡发展同大国关系的同时，注重维护与穆斯林国家的传统关系，努力改善与印度的关系，并加强同西方国家的关系。孟积极参加联合国、不结盟运动、伊斯兰会议组织、英联邦等国际或地区性组织的活动。孟注重经济外交，强调建立公正的国际经济新秩序，致力于推动南亚区域合作进程，积极参与次区域和跨区域经济合作。孟主张全面、彻底裁军，反对西方国家利用人权问题干涉别国内政。

【同中国的关系】1975年10月4日两国建交，此后关系发展迅速，双方领导人互访频繁。齐亚·拉赫曼总统、艾尔沙德总统曾多次访华，卡·齐亚夫人和哈西娜夫人出任总理后均首访中国。李先念主席（1986年）、李鹏总理（1989年）、朱镕基总理（2002年1月）、贾庆林政协主席（2003年11月）、温家宝总理（2005年4月）、习近平副主席（2010年6月）先后访孟。

2010年中孟建交35周年之际，两国领导人成功互访，宣布建立和发展中孟更加紧密的全面合作伙伴关系。

2011年中孟贸易总额为82.6亿美元，同比增长17%。其中，中方出口额78.11亿美元，同比增长15.1%；孟方出口额4.49亿美元，同比增长66.9%。2012年前5个月双边贸易额为32.67亿美元，同比下降6.8%。2010年7月1日起，中国对孟60%输华商品实施免关税待遇。

中国驻孟加拉国大使：李军。馆址：Plot 2/4, Road No.3，Block-I，Baridhara，Dhaka，Bangladesh。电话：0088-02-8824862，8824164；传真：8823004。电子信箱：CHINAEMB@BDMAIL.NET。经商处电话：8825272，8823313；传真：8823082。

孟加拉国驻华大使：孟什·法兹·艾哈迈德（Munshi Faiz Ahmad）。馆址：北京市朝阳区光华路42号。电话：010-65322521，65323706；传真：65324346。E-mail：embbd@public.intercom.com.cn。

【同美国的关系】孟政府为摆脱贫困，寻求外援，积极谋求发展同美的关系。美重视孟“温和穆斯林”人口大国和地区战略地位，一直是孟最大的贸易和投资国，至今已累计向孟提供50多亿美元援助。近年来，两国元首、高官保持密切接触。2012年5月，美国务卿克林顿访华，两国宣布建立“伙伴关系对话”机制。美承诺未来5年内向孟提供10亿美元援助，并提供数千万美元用于气候变化、卫生、粮食安全等领域。

【同印度的关系】孟重视改善和发展与印度的关系。印欢迎哈西娜领导的人盟上台执政，期待与孟新政府进一步加强双边友谊与合作。2010年1月，孟总理哈西娜访印，孟印在基础设施建设、贸易、电力等领域达成具体成果，印度允诺向孟提供10亿美元贷款，孟允许印度使用吉大港和蒙格拉港。2011年9月，印度总理辛格访孟，两国在贸易、教育、交通等领域签署多项合作文件。但在孟关心的跨境河流分水和印关心的跨境交通等方面未能取得进展。

【同巴基斯坦的关系】两国关系总体平稳发展。由于人盟政府坚持审理独立战犯，两国关系受到一定影响。

【同缅甸的关系】孟缅两国在领海边界、罗兴迦难民等问题上存在争议，关系不畅。近年来，双方致力于改善关系，在各领域开展合作。两国举行多次海界谈判和难民遣返问题磋商，但未取得实质性进展。后两国将海洋划界问题提交国际海洋法法庭，该法庭于今年3月做出有利于孟的终审判决。（侯方超）

缅 甸

国名 缅甸联邦共和国（Republic of the Union of Myanmar）。

面积 676581平方公里。

人口 约6038万，共有135个民族，主要有缅族、克伦族、掸族、克钦族、钦族、克耶族、孟族和若开族等，缅族约占总人口的65%。各少数民族均有自己的语言，其中克钦、克伦、掸和孟等族有文字。华人华侨约250万。全国85%以上的人信奉佛教，约8%的人信奉伊斯兰教。

首都 内比都（Nay Pyi Taw），人口约92万。

国家元首 总统吴登盛（U Thein Sein），2011年2月4日在联邦议会选举中当选为缅甸联邦共和国首任总统，3月30日正式宣誓就职。

重要节日 独立节：1月4日；建军节：3月27日；泼水节：4月13日。

简 况 位于中南半岛西部。东北与中国毗邻，西北与印度、孟加拉国相接，东南与老挝、泰国交界，西南濒临孟加拉湾和安达曼海。海岸线长3200公里。属热带季风气候，年平均气温27℃。

1044年形成统一的国家后，经历了蒲甘、东吁和贡榜三个封建王朝。19世纪英国发动三次侵略战争后占领了缅甸，1886年将缅甸划为英属印度的一个省。1937年缅甸脱离英属印度，直接受英国总督统治。1942年5月被日本占领。1945年3月全国总起义，缅甸光复。后英国重新控制缅甸。1948年1月4日，缅脱离英联邦宣布独立。以吴努为首的政府实行多党民主议会制。1962年，缅国防军总参谋长奈温将军发动政变，推翻吴努政府，成立革命委员会。1974年1月，颁布新宪法，成立人民议会，组建了“社会主义纲领党”（简称“纲领党”），奈温任“纲领党”主席，定国名为“缅甸联邦社会主义共和国”。1988年9月军队接管政权，成立“国家恢复法律与秩序委员会”（后改为“国家和平与发展委员会”，简称“和发委”），改国名为“缅甸联邦”。2010年11月7日，缅举行全国大选。2011年1月31日，缅甸联邦议会召开首次会议，改国名为“缅甸联邦共和国”。3月30日，新政府宣誓就职，“和发委”正式解散。

政 治 2010年举行全国多党大选。2月19日，完成新宪法草案起草工作。5月，缅举行新宪法草案全民公决，以92.48%的赞成票通过新宪法草案。2010年3月，“和发委”颁布了《联邦选举委员会法》、《政党注册法》、《人民院选举法》、《民族院选举法》和《省/邦议会选举法》等五部法律，并成立了联邦选举委员会。

2010年11月7日，缅甸举行全国多党民主制大选。根据缅甸联邦选举委员会公布的选举结果，联邦巩固与发展党（简称“巩发党”）以绝对优势赢得大选，其当选议员约占全部当选议员的76.4%。2011年1月31日，缅甸联邦议会召开首次会议，正式将国名改为“缅甸联邦共和国”，并启用新的国旗和国徽，选举吴瑞曼为人民院议长，吴钦昂敏为民族院议长。根据2008年宪法，吴钦昂敏在本届议会前30个月兼任联邦议会议长。2月4日，联邦议会选举吴登盛为总统，吴丁昂敏乌和赛茂康为副总统。3月30日，吴登盛总统、两位副总统及新政府内阁成员正式宣誓就职。2012年4月1日，缅甸议会举行补选，最终由昂山素季领导的全国民主联盟获得45个空缺席位中的43席，联邦巩固与发展党和掸族民主党各获得1席。

【宪法】1974年缅甸制定了《缅甸社会主义联邦宪法》。1988年军政府接管政权后，宣布废除宪法，并于1993年起召开国民大会制定新宪法。2008年5月，新宪法草案经全民公决通过，并于2011年1月31日正式生效。

【政府】主要成员有：国防部长拉民少将（Maj-Gen. Hla Min），内政部长哥哥中将（Lt-Gen. Ko Ko），边境事务部长兼缅甸工业发展部长登泰少将（Maj-Gen. Thein Htay），外交部长吴温纳貌伦（U Wunna Maung Lwin），国家计划与经济发展部长兼畜牧水产部长吴丁乃登（U Tin Naing Thein），商务部长吴温敏（U Win Myint），农业与水利部长吴敏莱（U Myint Hlaing），宣传部长兼文化部长吴觉山（U Kyaw Hsan），第一工业部长兼第二工业部长吴梭登（U Soe Thein），交通部长吴年吞昂（U Nyan Tun Aung），劳工部长兼社会福利与救济安置部长吴昂基（U Aung Kyi），合作社部长吴翁敏（U Ohn Myint），铁道部长吴昂民（U Aung Min），能源部长吴丹泰（U Than Htay），邮电通讯部长吴登吞（U Thein Tun），财税部长吴拉吞（U Hla Tun），建设部长吴钦貌敏（U Khin Maung Myint），第一电力部长吴佐民（U Zaw Min），第二电力部长吴钦貌梭（U Khin Maung Soe），环境保护与林业部长吴温吞（U Win Tun），矿业部长吴登泰（U Thein Htaik），科技部长吴埃敏（U Aye Myint），移民与人口部长吴钦伊（U Khin Yi），教育部长妙埃博士（Dr. Mya Aye），卫生部长佩代钦博士（Dr. Pe Thet Khin），饭店与旅游部长兼体育部长吴丁山（U Tint Hsan），宗教事务部长都拉吴敏貌（Thura U Myint Maung），总统府部长吴登纽（U Thein Nyunt）、吴梭貌（U Soe Maung）、吴觉佐凯（U Kyaw Swa Khaing）。

【行政区划】全国分七个省、七个邦和联邦区。省是缅族主要聚居区，邦多为各少数民族聚居地，联邦区是首都内比都。

【司法机构】缅甸法院和检察院共分4级。设最高法院和最高检察院，下设省邦、县及镇区3级法院和检察院。最高法院为国家最高司法机关，首席法官吴吞吞乌（U Tun Tun Oo）。最高检察院为国家最高检察机关，联邦检察长吞欣博士（Dr. Tun Shin）。

【政党和团体】1988年9月18日，缅甸军队接管国家政权，宣布废除一党制，实行多党民主制。1990年5月27日举行首次多党制大选，有93个政党参加竞选，后大批政党自行解散或被取缔。2010年11月7日缅举行全国多党民主制大选，共有37个获批准注册的政党参选，包括4个原合法政党和33个新成立政党。2012年4月1日，缅甸议会对45个空缺席位进行了补选。主要政党有：

（1）联邦巩固与发展党（The Union Solidarity and Development Party）：该党由1993年成立的缅甸联邦巩固与发展协会转变而成，共有党员约1800万人。宗旨是实现国家永固，主权独立，民族团结，和平稳定，繁荣发展，保护百姓的安全、改善民生，维护人权，实现民主。奉行多党民主制度、市场经济制度和独立、积极的外交政策。主席为总统吴登盛，副主席为人民院议长吴瑞曼，总书记为吴泰乌，副总书记为吴佐民，中央执委共27人，总部设在内比都。

（2）全国民主联盟（National League for Democracy）：简称民盟，总部设在仰光，成立于1988年9月29日，昂山素季任总书记。在1990年5月大选中，该党获得485个议席中的396席，后因军政府拒绝移交权力而与政府进行了长期斗争，系缅甸最大反对党。2010年11月7日缅举行全国多党民主制大选，民盟拒绝重新注册参选，根据选举法规定失去合法政党资格。2011年11月18日，民盟决定向联邦选举委员会申请重新注册政党。2012年1月5日，联邦选举委员会正式批准民盟申请，民盟重新成为合法政党，并于4月1日举行的议会补选中获得大胜。

（3）民族团结党（The National Unity Party）：该党由原执政的缅甸社会主义纲领党于1988年9月24日改组而成，系缅第二大政党。总部设在仰光。各级组织机构健全，在中央、省/邦、县、镇区等各级设有党委会。宗旨是维护民族团结，维护国家独立和主权，为人民服务，为国家政治、经济和社会等各领域发展服务。主席吴吞意，总书记吴丹丁，副总书记吴钦貌基。

（4）掸邦民主党（The Shan Nationalities Democratic Party）：总部设在仰光。宗旨是维护民族团结，实现掸邦的经济、交通、教育、农业等领域发展。主席吴赛埃榜。

（5）若开民族发展党（The Rakhine Nationalities Development Party）：总部设在若开邦。该党由若开邦和仰光省的若开族人组成，宗旨是团结全国人民，实现民主，促进国家政治、经济和社会发展，保护若开民族宗教信仰和风俗文化，维护若开民族利益和联邦利益。主席为埃貌博士，副主席为吴翁丁、吴丁温、吴梭漂、吴昂班达，总书记为吴腊梭，书记为吴吞昂觉、吴钦貌喇、吴达吞腊、吴凯比梭。

（6）全国民主力量党（The National Democratic Force）：总部设在仰光。由原民盟中吴钦貌瑞、丹宁博士、温奈博士、吴登纽等4名中央执委，吴盛腊乌、吴梭温、吴丹温等3名中央委员在内的28名民盟前成员另立的新党。2010年8月1日在仰光举行政党新牌匾和政党总部揭幕仪式。该党与民盟政治主张明显不同，遵守政府制定的选举规则。主席为丹宁博士（原民盟中央执委），顾问为吴钦貌瑞（原民盟中央执委）。

其他政党还有：谬族（克密族）团结协会（The Mro or Khami National Solidarity Organization）、拉祜族发展党（The Lahu National Development Party）、果敢民主团结党（The Kokang Democracy and Unity Party）、勃欧民族组织（PNO，The Pa-O National Organization）、民主党（缅甸）（The Democratic Party）（Myanmar）等。

【重要人物】吴登盛：总统。1945年5月出生，缅族。毕业于缅国防军事学院。1997年4月任三角军区司令。2001年12月，任国防部军务署长。2003年8月出任"和发委"第二秘书长，2004年10月升任"和发委"第一秘书长。2007年5月18日被任命为代总理，同年10月24日出任总理，并于11月晋升上将。2010年4月退役，担任缅甸联邦巩固与发展党（简称"巩发党"）主席并仍任政府总理。同年11月，在全国大选中当选为人民院议员。2011年2月4日，在联邦议会选举中当选为缅甸联邦共和国首任总统。 **吴丁昂敏乌（U Tin Aung Myint Oo）**：副总统。1950年5月出生，缅族。1970年起在军队任职，1989年被授予"迪哈杜拉"称号。1998年11月晋升少将，任东北军区司令。2001年出任军需署长，2002年9月晋升中将。2007年10月24日出任"和发委"第一秘书长，2009年3月晋升上将。2010年8月退役，卸任军需署长。2010年11月，在全国大选中当选为人民院议员。2011年2月当选为缅甸联邦共和国副总统。 **赛茂康（Dr. Sai Mauk Kham）**：又名貌翁，副总统。1950年出生，掸族。毕业于曼德勒医科大学，先后在滚弄、荷榜、腊戌等地医院行医，后开设"玉丽卡"私人诊所。长期担任掸邦中部地区文学与文化协会主席及消除肺结核协会腊戌分会负责人。2010年11月，在全国大选中当选为民族院议员。2011年2月当选缅甸联邦共和国副总统。　**吴瑞曼（U Shwe Mann）**：人民院议长。1947年7月出生，缅族，1969年毕业于国防军事学院。1988年晋升少校，1989年进入国防军事学院进修。1991年任勃固省第66师师长，1996年晋升为准将，1997年11月任西南军区司令，1999年晋升少将，并成为“和发委”成员。2001年11月升任陆军总参谋长。2002年11月升任三军总参谋长，并晋升中将，2003年8月晋升上将，成为缅国家领导人第三号。2010年8月退役，卸任三军总参谋长，仍任“和发委”成员。11月7日，在全国大选中当选为人民院议员，2011年1月31日在联邦议会人民院首次会议上当选为人民院议长。　**吴钦昂敏（U Khin Aung Myint）**：民族院议长兼联邦议会议长。1946年10月出生，缅族，1968年毕业于仰光大学，获艺术学士学位。1970年进入军队工作并担任军职。1998年晋升为准将，2002年晋升为少将，2006年任文化部长。2010年4月退役，仍任文化部长。同年11月，在全国大选中当选为民族院议员。2011年1月31日在联邦议会民族院首次会议上当选为民族院议长，同时兼任联邦议会议长，为期2年6个月。　**昂山素季（Aung San Suu Kyi）**：人民院议员，全国民主联盟总书记。1945年6月出生，系缅甸独立运动领袖昂山将军之女。15岁时随时任驻印度大使的母亲赴印，先后在印度、英国求学，获牛津大学哲学、政治学和经济学学士学位，后又入伦敦大学东方和非洲学院攻读硕士。期间担任过联合国秘书处行政和预算咨询委员会助理秘书、不丹外交部和印度西姆拉发展研究院研究员，并在日本京都大学南亚研究中心从事过学术研究。1988年回到缅甸，组建全国民主联盟。曾于1989年、2000年和2003年三次被缅政府软禁，前后长达15年。2010年11月获释，后在2012年4月议会补选中当选人民院议员。

经　济

缅甸自然条件优越，资源丰富。多年来经济发展缓慢。1987年12月被联合国列为世界上最不发达国家之一。缅军政府上台后，废除“社会主义计划经济”，实行以建立市场经济为目标的经济体制改革，鼓励发展私人企业，积极引进外资。2001/2002～2005/2006年，GDP年均增长12.8%，经济总量增加1.83倍。

缅新政府上台后，承诺实行由政府部分调控的市场经济模式，确保合作社和私人经济在市场经济框架下协调发展，逐渐减少政府对市场的干预和介入，加大对中小企业的扶持力度；以农业为基础，逐步向工业化国家转变；加大改革开放力度，积极引进外资。2011年初，缅颁布《缅甸经济特区法》，积极招商引资，缅贸易投资环境同较前相比有所改善。2012年4月1日，缅甸开始实施有管理的浮动汇率制度。主要西方国家相继解除对缅经济制裁。2011年主要经济数据如下（数据来源：缅甸政府统计）：

国内生产总值：为529亿美元。

人均GDP：877美元。

外债累计：约73亿美元。

外汇储备：约40.41亿美元。

货币名称：缅币（Kyat）。

汇率：1美元≈818缅元。

【资源】矿产资源主要有锡、钨、锌、铝、锑、锰、金、银等，宝石和玉石在世界上享有盛誉。石油和天然气在内陆及沿海均有较大蕴藏量。森林资源丰富，全国拥有林地3412万公顷。水力资源丰富，伊洛瓦底江、钦敦江、萨尔温江三大水系纵贯南北，但由于缺少水利设施，尚未得到充分利用。

【工业】工业产值约占国民生产总值的20%。全国有18个工业区，工厂9849个，从业人数约174万。主要工业有石油和天然气开采、小型机械制造、纺织、印染、碾米、木材加工、制糖、造纸、化肥和制药等。共有陆上输油管道70英里，天然气管道1401英里。2006/2007财年，共生产天然气130.39亿立方米，2007/2008财年上半年（2007年4～9月），共生产天然气67.4亿立方米。目前已开发陆上油田18个，海上、陆地天然气田3个。目前全国共有31座电站，装机容量328.5万千瓦，在建电站67座，装机总容量4546.8万千瓦。

【农林牧渔业】农业为国民经济基础，占国民生产总值的40.2%，农业劳动力1890万，约占全国总就业人数的70%。可耕地面积为8470万英亩。主要农作物有水稻、小麦、玉米、花生、芝麻、棉花、豆类、甘蔗、油棕、烟草和黄麻等。2009/2010财年稻米种植面积为1993.3万英亩，稻谷产量达3160万吨；出口大米90余万吨，创汇2.8亿美元。豆类出口约130万吨，继续位居世界第二，创汇约9.8亿美元。棉花种植面积88.81万英亩，产量4.45万吨；橡胶种植面积114.3万英亩，年产橡胶9万吨；油料作物种植面积800万吨，食用油生产能力20万吨/年。

畜牧渔业以私人经营为主。缅甸政府允许外国公司在划定的海域内捕鱼，向外国渔船征收费用。1990年开始同一些外国公司合资开办鱼虾生产和出口加工企业，目前有144家水产品出口公司，水产品出口49个国家和地区。2011/2012财年，水产品出口额超过6.5亿美元。

森林覆盖率52%，森林面积132715平方英里。主要林产品有柚木、花梨、丁纹、鸡翅木、黑檀、铁木等各类硬杂木和藤条、竹子等。2006/2007财年，木材出口额为300亿缅元。

【旅游业】风景优美，名胜古迹多。主要景点有世界闻名的仰光大金塔、文化古都曼德勒、万塔之城蒲甘以及额布里海滩等。政府大力发展旅游业，积极吸引外资，建设旅游设施。截至2012年5月有大小酒店744家。较著名的饭店有：仰光的喜多娜酒店、茵雅湖酒店、商贸酒店，内比都的妙多温酒店，曼德勒的喜多娜饭店，曼德勒山酒店，蒲甘的丹岱饭店、蒲甘饭店等。2011年，前往缅甸的国际游客达81.6万人次。

【交通运输】以水运为主，铁路多为窄轨。近年来，政府大力修筑公路和铁路，陆路运输有了较大发展。

铁路：总长4034英里。拥有蒸汽机车43台，柴油机车270台，客车厢701节，货车厢3906节，火车站899个。

水运：内河航道约为9219英里，各种船只537艘。国内码头111个；船坞6个；可供远洋货轮停靠的港口28个；远洋轮船25艘；集装箱码头3个。主要港口有仰光港、勃生港和毛淡棉港，其中仰光港是缅甸最大的海港。缅甸仅有“缅甸五星轮船公司”经营远洋运输。

公路：公路和主要道路总里程71820英里。

空运：主要航空公司有缅甸国际航空公司、曼德勒航空公司、蒲甘航空公司、亚洲之翼航空公司等。全国有大小机场73个，主要机场有仰光机场、曼德勒机场、黑河机场、蒲甘机场、丹兑机场等。仰光机场及曼德勒机场为国际机场。目前已与13个国家和地区建立了直达航线，主要国际航线有曼谷、北京、昆明、广州、新加坡、香港、吉隆坡、河内等。国内航线共17条，大城市和主要旅游景点均已通航。

【财政金融】缅甸有五家国有银行，分别为：缅甸中央银行（1948年成立，前身为缅甸联邦银行，1990年改称中央银行）、缅甸农业银行（1953年成立）、缅甸经济银行（1967年成立）、缅甸外贸银行（1967年成立）和缅甸投资与商业银行（1989年成立）。从1992年起，允许私人开办银行和外国银行在缅设立办事处。目前缅共有19家私人银行，私人银行分行240家，主要有：甘波扎银行、妙瓦底银行、佑玛银行、环球银行和东方银行等。

【对外贸易】政府放宽对外贸限制，允许私人经营外贸业务，并开放了同邻国的边境贸易。2011/2012财年缅外贸总额达181.5亿美元，较上一财年增长18.8%。其中，出口额90.9亿美元，进口额90.53亿美元。缅出口产品主要是天然气、农产品、水产品、矿产品和林产品，进口主要是农业机械、水泥、建材、电子设备、家用电器、各种车辆和其他消费品。缅主要贸易伙伴是中国、泰国、新加坡、日本和韩国。近几年外贸情况如下（单位：亿美元）：

	2009/2010	2010/2011	2011/2012
进口额	41.8141	64.14	90.53
出口额	76.0538	88.63	90.90

【外国投资】据缅官方统计，截至2012年3月31日，外国对缅投资总额达407亿美元，主要集中在电力和石油天然气领域，占总投资额的81%。对缅投资总额排名前五位的国家是：中国（含香港）、泰国、韩国、英国、新加坡。

人民生活

全国共有医院839所，300张床位以上的大医院114所，农村卫生站1468个。医生26591人，牙医2305人，护士21781人。

军　事

缅军成立于1942年，3月27日为建军节。国防部是最高军事行政机关，国防部长为拉民少将。国防军总司令部是最高军事指挥机关，国防军总司令为敏昂莱上将，国防军副总司令兼陆军司令为梭温中将，三军总参谋长为拉泰温中将。国防军总司令部下设陆军、海军和空军三个军种司令部，分别负责各军种的作战指挥。现任海军司令为年吞中将，空军司令为妙亨中将。缅军实行志愿兵役制，现有总兵力50万，其中陆军46.8万，海军1.7万，空军1.5万。另有警察部队9万余人。

文化教育

【教育】政府重视发展教育和扫盲工作，全民识字率94.75%。教育分学前教育、基础教育和高等教育。学前教育包括日托幼儿园和学前学校，招收3～5岁儿童；基础教育学制为10年，1～4年级为小学，5～8年级为普通初级中学，9～10年级为高级中学；高等教育学制4～6年不等。现共有基础教育学校40876所，大学与学院108所，师范学院20所，科技与技术大学63所，部署大学与学院22所，医学院、牙科医学院等医学类院校16所。

【新闻出版】报纸均为官办，全国发行的报纸有3种：《缅甸之光》缅文版、《缅甸新光》英文版和1992年9月复刊的《镜报》。地方性的报纸有仰光出版的《首都报》、曼德勒出版的《曼德勒报》和《雅德那榜报》3份。此外，全国还有约140种杂志和期刊，较著名的有《妙瓦底》、《秀玛瓦》、《威达意》、《视野》和《财富》等。

缅甸通讯社为国家通讯社。

官办的“缅甸之声”是唯一广播电台，建于1937年。目前用缅甸语、英语及八种少数民族语言广播。

全国有5个电视台，包括“缅甸电视台”（建于1980年）、“妙瓦底电视台”（创办于1995年3月27日）、MRTV-4、Myanmar International（原来的MRTV-3）、Skynet-TV。全国共有7个广播电台，包括City FM、曼德勒FM、八大玛雅FM、瑞FM、彬萨瓦底FM、茄丽FM、蒲甘FM。

对外关系

奉行“不结盟、积极、独立”的外交政策，按照和平共处五项原则处理国与国之间关系。不依附任何大国和大国集团，在国际关系中保持中立，不允许外国在缅驻军，不侵犯别国，不干涉他国内政，不对国际和地区和平与安全构成威胁。是“和平共处五项原则”的共同倡导者之一。1988年军政府上台后，以美国为首的西方国家对缅实施经济制裁和贸易禁运，终止对缅经济技术援助，禁止对缅进行投资。1997年加入东盟后，与东盟及周边国家关系有较大发展。近年来，缅政府积极推进民族和解，与西方国家关系稍有缓和。截至2011年9月，缅甸已同104个国家建立外交关系。

【同中国的关系】1950年6月8日中缅建交。近年来，中缅两国各领域友好交流与合作进一步加强。2011年5月缅甸总统吴登盛访华，两国宣布建立全面战略合作伙伴关系。

2011年，中方访缅主要团组有：全国政协主席贾庆林（4月）、中央军委副主席徐才厚上将（5月）、中组部部长李源潮（6月）、北京灵光寺佛牙舍利赴缅巡回供奉（11月）、北京市委书记刘淇（11月）、国务委员戴秉国（12月）等。

缅方访华主要团组有：总统吴登盛对华进行国事访问（5月）、总统特使外长吴温纳貌伦（10月）、副总统吴丁昂敏乌出席中国—东盟博览会（10月）、内政部长哥哥来华参加中老缅泰湄公河流域执法安全合作会议（10月）、国防军总司令敏昂莱（11月）等。

中国驻缅甸大使：李军华，2010年12月30日递交国书。馆址：1 Pyidaungsu Yeiktha Road，Yangon。电话：00951-221280，221281；传真：227019。商务处电话：222800，222803；传真：220386。

缅甸驻华大使：吴丁乌（U Tin Oo），2011年3月15日递交国书。馆址：北京市朝阳区东直门外大街6号。电话：010-65320359；传真：65320408。

【同美国的关系】1948年两国建交。缅军队接管政权后，美把驻缅使馆降为代办级，停止对缅提供经援和禁毒援助，撤销给缅的贸易普惠制（GSP），对缅实行武器禁运，阻止国际金融机构向缅提供援助，不向缅高官及其家属发放入境签证。1997年5月，克林顿总统签署行政命令，禁止美国商人对缅进行新的投资。2000年12月，克林顿授予昂山素季"美国总统自由勋章"。2003年7月，布什总统签署强化对缅制裁法案，主要措施有：禁止缅"和发委"成员、巩协官员、国企官员入境；禁止从缅进口商品；冻结军政及上述官员在美资产及缅国有银行存款等。2005年1月，美国将缅甸列为"暴政前哨"国家。2006年9月15日，美推动安理会通过表决将缅甸问题列入安理会议程。2007年1月12日，美推动安理会表决缅甸问题决议草案。由于中、俄、南非投反对票，决议未能通过。2007年9月27日，美国总统布什签署行政命令，宣布冻结包括缅"和发委"主席丹瑞在内10名官员在美资产，同时禁止美国公司或个人与上述10名缅官员进行商业往来。10月19日，美对缅实施新的制裁措施：命令商务部严格控制对缅出口；在过去制裁的基础上，对另外11名缅政府官员在美资产实施冻结，同时对其他12个相关个人和实体实施制裁。2008年7月30日，美国总统布什签署法案，扩大对缅政府的制裁，包括冻结缅甸政府与军事领袖的个人资产、禁止缅甸红宝石与玉石出口美国市场、美国财政部宣布对10家与缅甸政府有关的公司进行经济制裁。2009年9月，奥巴马政府公布对缅新政策，在维持现有制裁同时，恢复与缅直接接触并有条件扩大对缅人道援助。2009年9月，吉姆·韦布在纽约会见前来参加联合国大会的缅总理登盛。2009年11月，奥巴马在新加坡与包括缅总理登盛在内的东盟国家领导人举行会晤。2009年11月和2010年5月，美国务院助理国务卿坎贝尔两次访缅。2010年12月，美国务院助卿帮办约瑟夫·云访缅。2011年5月，约瑟夫·云再次访缅。2011年6月美共和党参议员麦凯恩访缅。2011年8月，美参议院批准关于米德伟（Derek Mitchell）担任美国缅甸事务特使，米德伟先后于9月和10月访问缅甸。9月29日，美助理国务卿坎贝尔、助理国务卿波斯纳和缅甸问题特使米德伟分别在华盛顿会见缅外长吴温纳貌伦。11月30日，美国务卿希拉里对缅甸进行历史性访问。

【同东盟国家的关系】缅重视与东盟各国发展睦邻友好关系。

2011年缅方出访东盟国家主要团组有：外长吴年温访问老挝并出席缅老双边合作委员会第10次会议（1月），总统吴登盛对印尼进行国事访问，并出席第18届东盟峰会（5月），国防军总司令敏昂莱访问越南（11月）等。

2011年东盟国家访缅主要团组有：泰国海陆空三军总司令宋吉滴上将（6月），越南总理特使、副总理黄忠海（6月），老挝总理通邢（7月），泰国总理英拉（10月），印尼外长马尔蒂（10月）等。

【同南亚国家的关系】缅重视与南亚各国发展睦邻友好关系。

2011年缅方出访南亚国家主要团组有：总统登盛对印度进行国事访问（10月）。

2011年南亚国家访缅主要团组有：孟加拉国防军总参谋长Mubeen（5月），印度外长克里希纳（6月）等。

【同其他国家的关系】2011年情况：缅人民院议长吴瑞曼率议会代表团访问俄罗斯（7月），缅外长吴温纳貌伦访问日本（10月）。此外，挪威副外长Eide（5月），德国议会联邦民主党议员Glos（5月），韩国总理府副部长香云直（6月），日本副外相田中真纪子（6月），欧盟理事会对外关系、共同外交和安全政策总司长库珀（6月），东帝汶外长达科斯塔（6月），澳大利亚外长陆克文（6月），挪威环境与国际发展大臣索尔海姆（11月），德国副外长霍耶（11月），英国国际发展大臣米歇尔（11月）等相继访问缅甸。

【同地区和国际组织的关系】2011年缅甸参加的地区及国际会议主要有：缅外长吴年温率团出席在印尼举行的东盟外长非正式会议（1月）；孟印缅斯泰经济合作组织第13次部长级会议在内比都举行（1月）；外

长吴年温在昆明参加中国—东盟外长会议暨中国—东盟对华关系20周年庆祝活动（1月）；副外长吴苗敏在雅加达参加东盟—日本外长会议（4月）；外长吴温纳貌伦在曼谷出席东盟外长非正式会议（4月）；宣传部长吴觉山在雅加达出席东盟社会文化共同体理事会第5次会议（4月）；总统吴登盛赴印尼出席第18届东盟峰会（5月）；副外长吴貌敏在印尼巴厘岛出席不结盟组织第16次部长级会议（5月）；第20届东盟海关署长会议在内比都举行（6月）；外长吴温纳貌伦在匈牙利布达佩斯参加第10届亚欧外长会议（6月）；劳工部长吴昂基在瑞士日内瓦参加第100届国际劳工大会（6月）；农业水利部长吴敏莱在罗马参加国际粮农组织第37届全体会议（7月）；外长吴温纳貌伦在印尼巴厘岛出席第44届东盟外长会议和第18届东盟地区论坛外长会议（7月）；副外长吴苗敏率团出席在阿根廷举行的第5届东亚–拉美合作论坛外长会（8月）；外长吴温纳貌伦参加联合国人权理事会会议及第65届联合国大会（9月）；副外长吴苗敏参加在首尔举行的第一届湄公河国家—韩国外长会议（10月）；财政部长吴拉吞在夏威夷出席东盟—美国财长非正式会议（11月）；总统吴登盛在印尼巴厘岛参加第19届东盟峰会、第14届东盟—中国峰会、第14届东盟—日本峰会、第14届东盟—韩国峰会、第九届东盟—印度峰会、第六届东亚峰会、第四届东盟—联合国峰会、第三届东盟—美国峰会（11月）；大湄公河次区域经济合作（GMS）第四次领导人会议在内比都举行（12月）。（赵彤）

尼泊尔

国名 尼泊尔联邦民主共和国（The Federal Democratic Republic of Nepal）。

面积 147181平方公里。

人口 约2660万，有拉伊、林布、苏努瓦尔、达芒、马嘉尔、古隆、谢尔巴、尼瓦尔、塔鲁等30多个民族。尼泊尔语为国语，上层社会通用英语。居民86.2%信奉印度教，7.8%信奉佛教，3.8%信奉伊斯兰教，信奉其他宗教人口占2.2%。

首都 加德满都（Kathmandu），人口约500万。月平均最高气温29℃（7月），月平均最低气温2℃（1月）。

国家元首 总统拉姆·巴兰·亚达夫（Ram Baran Yadav），2008年7月23日就任。

重要节日 议会宣言颁布日：5月18日；共和国日：5月28日；德赛节（Dashain）：又称大德赛节（Bara Dashain）、十胜节（Vijaya Dashami），是民间最大节日，在10月，共15天，全国放假7天。

简况

内陆山国，位于喜马拉雅山南麓，北邻中国，其余三面与印度接壤，国境线全长2400公里。全国分北部高山、中部温带和南部亚热带三个气候区。北部冷季最低气温为–41℃，南部夏季最高气温为45℃。

公元前6世纪建立王朝。1769年，兴起于中西部地区的沙阿王朝征服加德满都谷地，开始有年代准确、资料翔实的历史。1814年英国入侵后，迫使尼将南部大片领土割让给印度，并在尼享有多种特权。1846～1950年，拉纳家族依靠英国支持夺取军政大权，并获世袭首相地位，使国王成为傀儡。1923年英承认尼独立。1950年，尼人民掀起声势浩大的反对拉纳家族专政的群众运动和武装斗争。特里布文国王恢复王权，结束拉纳家族统治，实行君主立宪制。1960年，马亨德拉国王取缔政党，实行无党派评议会制。1990年全国爆发大规模人民运动，比兰德拉国王被迫实行君主立宪的多党议会制。2008年，尼举行制宪会议选举，选后产生的制宪会议宣布成立尼泊尔联邦民主共和国。

政治

1996年，尼共（毛主义）宣布退出议会，开展人民战争。2001年6月，发生王室血案，比兰德拉国王等王室成员遇害，比的胞弟贾南德拉登基。2002年5月，贾南德拉国王解散议会。2005年2月，贾南德拉国王亲政。2006年4月，尼主要政党组成的“七党联盟”与尼共（毛主义）联合推翻贾南德拉。尼共（毛主义）回归政治主流，各党组建临时政府，并开启和平进程。2006年11月，尼主要政党签署全面和平协议。

2008年4月，尼举行制宪会议选举，尼共（毛主义）成为第一大党。5月，制宪会议首次会议通过决议，宣布建立尼泊尔联邦民主共和国。7月，制宪会议分别选举拉姆·巴兰·亚达夫、帕拉马南达·贾阿和苏巴斯·内姆旺为总统、副总统和制宪会议主席。8月，制宪会议选举尼共（毛主义）主席普拉昌达为尼泊尔联邦民主共和国首任总理。

2009年5月3日，尼共（毛主义）在尼共（联合马列）等主要盟党抵制的情况下，在内阁会议上决定解除时任尼军参谋长卡特瓦尔职务，引发各方强烈反应。尼共（联合马列）等盟党退出政府。亚达夫总统宣布留任被政府解职的尼军参谋长。4日，尼共（毛主义）主席普拉昌达辞去总理一职。23日，尼共（联合马列）领导人马达夫·库马尔·尼帕尔当选总理。25日，尼帕尔宣誓就职。

2010年6月30日，尼帕尔总理宣布辞职，尼制宪会议连续举行16轮总理选举未果。2011年初，尼各党修改了选举规则，尼制宪会议于2月3日举行总理选举，尼共（联合马列）主席贾拉·纳特·卡纳尔在尼共（毛主义）支持下当选总理，2月6日宣誓就职。8月14日，卡纳尔宣布辞职。尼制宪会议于8月28日举行总理选举，尼共（毛主义）副主席巴布拉姆·巴特拉伊当选总理。

2012年4月，尼政府正式接管联合尼共（毛）营地和武器库，整合工作全面展开，历时6年的和平进程接近尾声。由于各党未能就新宪法涉及的联邦划分等关键问题达成共识，制宪会议未能按时完成新宪法，于5月28日到期自动解散。

【宪法】2007年1月，颁布临时宪法，组建包含尼共（毛主义）的临时议会。3月，临时议会通过临时宪法第一修正案，规定通过制宪会议选举在尼实行联邦民主制。12月，通过第三修正案，宣布尼为联邦民主共和国，由制宪会议首次会议正式核准。2008年7月，通过第五修正案，规定总统、副总统、总理由制宪会议简单多数选举产生；制宪会议简单多数可弹劾总理，2/3多数可弹劾总统和副总统。此后，临时宪法又经多次修改。

【议会】制宪会议为最高立法机构，主要职责是制定新宪法。共601席，主要政党席位分配如下：尼共（毛主义）239席，大会党114席，尼共（联合马列）109席，马德西人民权利论坛（民主派）28席，马德西人民权利论坛25席。制宪会议主席苏巴斯·内姆旺（Subas Nemwang）。

【政府】目前，尼内阁共有18名成员：总理巴布拉姆·巴特拉伊（Baburam Bhattarai），副总理兼内政部长比加亚·库马尔·加查达尔（Bijaya Kumar Gachchhadar），副总理兼外交、能源部长纳拉扬·卡基·施雷斯塔（Narayan Kaji Shrestha），物资计划、工程及交通管理部长瑞达亚什·崔帕蒂（Hridayesh Tripathi），文化、旅游及民航部长博斯塔·巴哈杜尔·博贾蒂（Posta Bahadur Bogati），和平与重建部长陶普·巴哈杜尔·拉雅马吉（Top Bahadur Rayamajhi），卫生与人口部长拉简德拉·马哈托（Rajendra Mahato），财政部长巴尔沙曼·彭（Barshaman Pun），教育部长迪南纳什·沙尔马（Dinanath Sharma），灌溉部长马亨德拉·普拉萨德·亚达夫（Mahendra Prasad Yadav），工业部长阿尼尔·库马尔·贾阿（Anil Kumar Jha），信息与通讯部长拉吉·克什渥·亚达夫（Raj Kishwor Yadav），土地改革与管理部长昌德拉·德夫·乔西（Chandra Dev Joshi），环境、科学与技术部长科沙夫·曼·沙卡（Keshav Man Shakya），合作部长亚卡·纳什·达卡尔（Yeka Nath Dhakal），劳动就业部长库马尔·巴尔贝斯（Kumar Belbase），森林与土壤保护部长亚杜班沙·贾阿（Yadubansha Jha），妇女儿童及社会福利部长班德里·普拉萨德·努帕尼（Badri Prasad Nyaupane）。

【行政区划】分5个发展区（Development Region），14个专区（Zone），36个市（Town），75个县（District），3995个村（Village）。

【司法机构】法院分为三级：最高法院、上诉法院和县法院。其中上诉法院16个，县法院75个。最高法院首席大法官基尔·拉杰·雷格米（Khil Raj Regmi），2011年5月上任。设总检察长一名，现代理总检察长科姆·普拉萨德·达哈尔（Khem Prasad Dahal），2010年6月上任。

【政党】有70多个党派，主要包括：

（1）联合尼泊尔共产党（毛主义）[Unified Communist Party of Nepal(Maoist)]：即尼共（毛主义），1994年从尼共（团结中心）分离出来后成立。强调以马列主义、毛泽东思想为指导思想，目标是在尼建立人民共和国。1996年2月，在尼中西部边远山区发动人民战争，走上武装夺权道路。2001年底，被尼、美政府宣布为恐怖组织。2001年和2003年曾同政府两次举行和谈。2005年11月，同"七党联盟"联手反对国王。2006年4月反国王获胜后，同政府举行多次和谈。11月，同政府签署《全面和平协议》，停止武装斗争。2007年1月，加入临时议会，回归政治主流。2008年4月制宪会议选举后，成为尼第一大党。2009年1月，与尼共（团结中心—火炬）合并，改为现名。主席普什帕·卡玛尔·达哈尔·普拉昌达（Puspa Kamal Dahal 'Prachanda'）。2012年6月，该党发生分裂，以副主席基兰为首的一派宣布成立新政党"尼泊尔共产党（毛主义）"。

（2）尼泊尔大会党（Nepali Congress）：1947年1月成立。主张巩固多党民主，建立民族团结并保持相互信任与合作，坚持不结盟。1999年7月，组建中央工作委员会，主席吉里贾·普拉萨德·柯伊拉腊（Girija Prasad Koirala）。2002年6月，谢尔·巴哈杜尔·德乌帕（Sher Bahadur Deuba）成立大会党（民主）并自任主席，大会党分裂。2007年9月，大会党与大会党（民主）合并为大会党。现任主席为苏西尔·柯伊拉腊（Sushil Koirala）。制宪会议选举后，成为尼第二大党。

（3）尼泊尔共产党（联合马列）[Nepal Communist Party（Unified Marxist - Leninist）]：由尼共（马）和尼共（马列）于1991年1月合并而成。主张多党民主，建立法制、自由和开放的福利国家。1998年3月分裂为尼共（联合马列）和尼共（马列）。2002年2月，尼共（联合马列）和尼共（马列）两党合并。主席为贾拉·纳特·卡纳尔（Jhala Nath Khanal）。制宪会议选举后，成为尼第三大党。

【重要人物】拉姆·巴兰·亚达夫：总统。1948年2月4日生于尼泊尔南部特莱地区的达奴沙县。1964年加入大会党附属的尼泊尔学生联盟，此后成为大会党党员，并担任该党达奴沙县委委员。1980 ~ 1982年，成为大会党著名领导人毕·普·柯伊拉腊的私人医生。1990年，因参加第一次"人民运动"被捕入狱。1991年和1999年两度当选国会议员。1996年，被任命为大会党中央委员。在大会党执政期间曾任卫生国务大臣，两次出任卫生大臣。2007年9月，大会党和大会党（民主）宣布合并，亚成为三名总书记之一。2008年4月，尼举行制宪会议选举，亚当选为制宪会议议员。7月21日，当选为尼泊尔联邦民主共和国首任总统，23日宣誓就职。 **巴布拉姆·巴特拉伊**：总理。尼共（毛主义）副主席。1954年6月18日生于尼廓尔喀县。早年赴印度留学，获得尼赫鲁大学博士学位。1981年加入尼泊尔共产党，后加入尼共（毛主义）。曾撰写多部理论著作。2008年8月至2009年普拉昌达政府期间出任副总理兼财政部长。2011年8月28日当选总理，29日宣誓就职。

经 济

农业国，经济落后，世界上最不发达国家之一。20世纪90年代初起，开始实行以市场为导向的自由经济政策，但由于政局多变和基础设施薄弱，收效不彰。严重依赖外援，预算支出1/4来自外国捐赠和贷款。2011年尼外汇储备约为30.3亿美元，外债约为2579亿卢比（约合35.3亿美元）。2010/2011财年主要经济数据如下（注：尼泊尔财政年度起于上年度7月16日，止于下年度7月15日。）：

国内生产总值：187亿美元。

人均国内生产总值：642美元。

国内生产总值增长率：3.5%。

货币名称：尼泊尔卢比（Nepalese Rupee）。

汇率：1美元=73卢比。

通货膨胀率：10.7%。

【资源】有铜、铁、铝、锌、磷、钴、石英、硫黄、褐煤、云母、大理石、石灰石、菱镁矿、木材等，均只得到少量开采。水力资源丰富，水电蕴藏量为8300万千瓦，约占世界水电蕴藏量2.3%。其中2700万千瓦可发展水力发电。

【工业】基础薄弱，规模较小，机械化水平低，发展缓慢。主要有制糖、纺织、皮革制鞋、食品加工、香烟和火柴、黄麻加工、砖瓦生产和塑料制品等。2010/2011财年，工业产值12.5亿美元，增长1.4%，占GDP的14.1%。

【农业】2010/2011财年，农业产值28.7亿美元，增长4.1%。农业人口占总人口约80%。耕地面积为325.1万公顷。

【旅游业】地处喜马拉雅山南麓，自然风光旖旎，气候宜人，徒步旅游和登山业比较发达。2011年，接待游客73.6万人次，增长22.1%。赴尼旅游的主要为亚洲游客，其中以印度、中国游客居多，其次为西欧和北美游客。

【交通运输】以公路和航空为主。公路总长约18000公里，其中沥青路面5500多公里。有各类机场45个，直升机停机坪120个。除首都有一国际机场外，其余为简易机场。全国有一家国营的尼泊尔航空公司、6家私营航空公司和一家私营直升机公司。国内主要城镇有班机通航。同中国、印度、巴基斯坦、泰国、孟加拉国、文莱、新加坡、中国香港、阿拉伯联合酋长国、德国和英国等国家和地区通航。

【财政金融】2010/2011财年前8个月，总支出1435.5亿卢比，同比下降1.84%；总收入1236亿卢比，同比增长16.5%。其中，税收收入1070.3亿卢比，非税收收入159.8亿卢比，分别增长36.7%和23.2%。

【对外贸易】2010/2011财年前8个月，外贸总额为2963.3亿卢比，同比增长2.1%。出口额428.5亿卢比，同比增长6.6%；进口额2535亿卢比，同比增长1.4%。贸易赤字1684.1亿卢比，同比增长0.4%。主要贸易伙伴有印度、美国、德国等。主要进口商品是煤、石油制品、羊毛、药品、机械、电器、化肥等；主要出口商品是蔬菜油、铜线、羊绒制品、地毯、成衣、皮革、农产品、手工艺品等。

【外国投资】2010/2011财年前8个月，新增120个外国直接投资项目，协议项目总额24.46亿卢比。主要投资国为中国、印度、法国、韩国、德国、美国、日本。

【外国援助】2010/2011财年，尼接受外援10.8亿美元，其中58%来自多边援助，36%来自经合组织国家发展援助委员会（OECD-DAC）框架下双边援助，6%来自南南合作下的双边援助。主要援助国和国际组织是：英国、日本、印度、美国、挪威、世界银行、亚洲开发银行、联合国和欧盟等。

医疗卫生

全国有医院不到100所，医生约2000人。

军 事

只有陆军，参谋长为查特拉·曼·辛格·古隆（General Chhatra Man Singh Gurung）。实行志愿兵役制，士兵服役期一般为15年。总兵力约7万人，编成23个旅。有警察4.7万人。

文化教育

【教育】有5所大学：特里布文大学、马亨德拉梵文大学、加德满都大学、博克拉大学、普尔阪查尔大学。其中特里布文大学下设60所直属分院、5座研究中心和134所私立分院。2010/2011财年，全尼共有3.3万所公立小学，1.2万所公立初中，7600所公立高中，在校学生666万，教师21.3万。

【新闻出版】注册发行报刊约4614份，其中日报340份，周报1661份，双周刊319份，月刊1397份。其中尼文报刊3186份，英文376份，印地语14份。发行量最大的两份日报均为官方报纸：《廓尔喀报》，尼泊尔文，1902年创刊；《新兴尼泊尔报》，英文，1965年创刊。此外还有《加德满都邮报》和《康提普尔》等多种日报。

尼泊尔国家通讯社为官方通讯社，成立于1962年4月。

尼泊尔广播电台为官方电台，成立于1951年，用尼泊尔语和英语广播。

尼泊尔电视台创建于1984年，1985年12月28日在首都开播，目前每天播放18个小时，通过卫星传送。尼共有7家电视台，包括5家私营电视台。共有15个电视频道，其中13个为私营。

对外关系　奉行平等、互利、相互尊重和不结盟的外交政策，主张在和平共处五项原则基础上同世界各国发展友好关系。高度重视发展同中、印两大邻国友好关系。重视加强同美、英等西方国家关系，争取经援和投资。积极推动南亚区域合作联盟发展。2004年加入环孟加拉湾多领域经济技术合作倡议（BIMSTEC）。已同131个国家建交。

【同中国的关系】1955年8月1日中尼建交后，两国友好合作关系持续发展。两国高层往来不断。1960年周恩来总理访尼，两国签署《中华人民共和国和尼泊尔王国和平友好条约》。1996年江泽民主席访尼期间，中尼建立世代友好的睦邻伙伴关系。2009年12月，尼总理马达夫·库马尔·尼帕尔正式访华期间，中尼发表《联合声明》，决定在和平共处五项原则基础上，建立和发展世代友好的全面合作伙伴关系。2012年1月，温家宝总理访问尼泊尔。双方发表《中尼联合声明》，宣布2012年为“中尼友好交流年”。

2011年，中尼双边贸易额为11.95亿美元，同比增长60.9%。其中，中方出口额11.81亿美元，同比增长61.5%；进口额0.14亿美元，同比增长21.4%。

中国驻尼泊尔大使：杨厚兰。馆址：BALUWATAR KATHMANDU NEPAL。电话：（00977-1）4411740（办公室），4416485（政治处），4415383（文化处），4419053（签证处）。电传：2545 COCE NP。传真：4414045。网址：www.chinaembassy.org.np。

经商处地址：TRIPUESWOR，KATHMANDU，NEPAL。信箱：P.O.BOX NO.4234。电话：（00977-1）4418622/4418972。电传：2545 COCE NP。网址：np.mofcom.gov.cn。

尼泊尔驻华大使：马赫什·库马尔·马斯基（Mahesh Kumar Maskey）。馆址：北京市朝阳区三里屯路西六街1号。电话：010-65321795；传真：65323251。电传：210408 NEPBJ CN。网址：www.nepalembassy.org.cn。

【同印度的关系】1947年6月两国正式建交。印是尼最大贸易伙伴和重要援助国，尼印实行开放边界。2010年1月，印外长克里希纳访尼。2月，尼泊尔总统亚达夫访印。2011年1月，尼泊尔总统亚达夫再次访印。2011年1月和4月，印外秘拉奥琪、外长克里希纳相继访尼。2011年10月，尼泊尔总理巴特拉伊访印。

【同美国的关系】1947年4月，尼美建交并签订友好和商务条约。2010年8月，美国负责南亚和中亚事务的代理助理国务卿帮办柯什普访尼。2011年2月和6月，美副国务卿奥特罗、助卿帮办柯勒门茨相继访尼。2012年4月，美副国务卿舍曼访尼。

【同联合国的关系】2007年1月，安理会通过关于尼泊尔问题的决议，成立驻尼政治特派团（UNMIN），协助尼各方推进和平进程。UNMIN历经数次延期，于2011年1月撤离。（孙文鹏）

日　本

国名　日本国（Japan）。

面积　陆地面积约37.8万平方公里，包括北海道、本州、四国、九州4个大岛和其他6800多个小岛屿。

人口　约12761万（截至2012年5月）。主要民族为大和族，北海道地区约有2.4万阿伊努族人。通用日语。主要宗教为神道教和佛教，信仰人口分别占宗教人口的52.3%和42.2%。

首都　东京（Tokyo）。人口约1322万（截至2012年5月）。

国家象征　天皇明仁（Akihito），1989年1月即位，年号“平成”。

重要节日　天皇生日：12月23日（相当于国庆节）。建国纪念日：2月11日（系按阳历推算出的公元前7世纪日本第一代天皇神武天皇元年的元旦）。

简　况　位于太平洋西岸，是一个由东北向西南延伸的弧形岛国。西隔东海、黄海、朝鲜海峡、日本海与中国、朝鲜、韩国、俄罗斯相望。属温带海洋性季风气候，终年温和湿润。6月多梅雨，夏秋季多台风。1月平均气温北部-6℃，南部16℃；7月北部17℃，南部28℃。

日本位于环太平洋火山地震带，地震、火山活动频繁。全球有1/10的火山位于日本，1/5的地震发生在日本。1995年发生的阪神大地震、2004年新潟县中越地震造成重大人员财产损失，引起世界关注。2011年

3月11日，日本发生里氏9.0级特大地震，并引发海啸和核电站泄漏事故，被称为“日本战后以来最严重的危机”。

日本在第二次世界大战中战败，1945年8月15日宣布无条件投降。战后初期，美军单独占领日本，1947年实施新宪法，由天皇制国家变为以天皇为国家象征的议会内阁制国家。战后奉行“重经济、轻军备”路线，20世纪60年代末成为西方第二经济大国。80年代中期以来提出成为政治大国的目标，90年代经济陷入长期低迷，2002年起出现缓慢恢复，复苏时间创战后最长纪录。2008年以来，先后受到国际金融危机和“3·11”特大地震冲击，目前正处于灾后重建阶段。外交上，日本坚持日美同盟，重视亚洲外交，力争在国际事务中发挥重要作用。

政　治

实行立法、司法、行政三权分立。天皇为国家象征，无权参与国政。国会是最高权力和唯一立法机关，分众、参两院。内阁为最高行政机关，对国会负责，首相（亦称内阁总理大臣）由国会选举产生，天皇任命。

目前民主党和国民新党联合执政。执政党在众议院的议席中拥有稳定多数，但在参议院中席位未过半数。日本国会呈现执政党控制众议院、在野党控制参议院的局面。

【宪法】现行《日本国宪法》于1947年5月3日颁布实施。宪法第九条规定：“日本永远放弃把利用国家权力发动战争、武力威胁或行使武力作为解决国际争端的手段，为达此目的，日本不保持陆、海、空军及其他战争力量，不承认国家的交战权。”这成为日本战后走和平发展道路的重要保证，被称为“和平宪法”。

【议会】泛称国会，由众、参两院组成，为最高权力机关和唯一立法机关。众议院定员为480名，任期四年。首相有权解散众议院，举行大选。参议院定员为242名。参议员任期六年，每3年改选半数，不得中途解散。在权力上，众议院优于参议院。每年1～6月召开通常国会，会期150天。其他时间可根据需要召开临时国会和特别国会。现任众议院议长横路孝弘（Yokomichi Takahiro），2009年9月当选。参议院议长平田健二（Hirata Kenji），于2011年11月当选。截至2012年6月17日，各党派在众、参两院所占议席情况如下：

	众议院	参议院
民主党	289	104
自由民主党	120	83
公明党	21	19
日本共产党	9	6
新党纽带	9	0
社会民主党	6	4
大家党	5	11
国民新党	3	3
新党大地	3	2
奋起日本党	2	3
新党改革	0	3
无所属	12	5
缺员	1	0
合计	480	242

【政府】内阁为最高行政机关，对国会负责。由内阁总理大臣（首相）和分管各省厅的大臣组成。内阁总理大臣由国会提名，天皇任命，其他内阁成员由内阁总理大臣任免，天皇认证。2011年8月30日下午，日本民主党新代表野田佳彦在众院全体会议的首相指名选举中当选第95任首相，成为日本五年来的第六位首相。9月2日，新内阁组成。2012年1月13日，野田首相第一次改组内阁。6月4日，野田首相第二次改组内阁。现内阁主要成员为：首相野田佳彦（Noda Yoshihiko），副首相兼行政改革担当大臣冈田克也（Okada Katsuya），内阁官房长官藤村修（Fujimura Osamu），外务大臣玄叶光一郎（Gemba Koichiro），财务大臣安住淳（Azumi Jun），经济产业大臣枝野幸男（Edano Yukio），总务大臣川端达夫（Kawabata Tatsuo），法务大臣泷实（Taki Makoto），文部科学大臣平野博文（Hirano Hirohumi），厚生劳动大臣小宫山洋子（Komiyama Yoko，女），农林水产大臣郡司彰（Gunji Akira），防卫大臣森本敏（Morimoto Satoshi），邮政改革担当大臣松下忠洋（Matsushita Tadahiro），环境·核事故担当大臣细野豪志（Hosono Goshi），国家战略担当大臣兼经济财政担当大臣古川元久（Furukawa Motohisa），国土交通大臣羽田雄一郎（Haneda Yuichiro），国家公安委员长·绑架问题担当大臣松原仁（Matsub ara Jin），公务员改革担当大臣中川正春（Nakagawa Masaharu），震灾复兴对策担当大臣兼防灾担当大臣平野达男（Hirano Tatsuo）。

【行政区划】分为1都（东京都：Tokyo）、1道（北海道：Hokkaido）、2府（大阪府：Osaka、京都府：Kyoto）和43县（省），下设市、町、村。

【司法机构】司法权属于最高法院及下属各级法院。采用“四级三审制”。最高法院为终审法院，审理违宪和其他重大案件。高等法院负责二审，全国共设八所。各都、道、府、县均设地方法院一所（北海道设四所），负责一审。全国各地还设有简易法院和家庭法院，负责民事及不超过罚款刑罚的刑事诉讼。最高法院长官（院长）由内阁提名，天皇任命，14名判事（法官）由内阁任命，需接受国民投票审查。其他各级法院法官由最高法院提名，内阁任命，任期十年，可连任。各级法官非经正式弹劾，不得罢免。现任最高法院长官竹崎博允（Takesaki Hironobu），是第17任长官，2008年11月25日就任。

检察机构与四级法院相对应，分为最高检察厅、高等检察厅、地方检察厅、区（镇）检察厅。检察官分为检事总长（总检察长）、次长检事、检事长（高等检察厅长）、检事（地方检察厅长称检事正）、副检事等。检事长以上官员由内阁任命。法务大臣对检事总长有指挥权。现任检事总长笠间治雄（Kasama Haruo），是第26任检事总长，2010年12月27日就任。

【政党和团体】战后日本实行“政党政治”，代表不同阶层的各种政党相继恢复或建立。目前主要政党有：执政的民主党、国民新党；在野的自民党、公明党、大家党、日本共产党、社民党等。

（1）民主党（Democratic Party）：执政党，第一大政党。1996年9月成立。有党员及党友约30万人（2011年）。2007年7月参院选举后取代自民党成为参院第一大党，2009年8月众院选举后成为众院第一大党。民主党是代表市民工薪阶层利益的温和保守型政党，其主要支持基础是工会组织。该党主张超越“市场万能主义”和“社会福利至上主义”二者的对立，在“市民、市场、地方”的基础上建立分权社会。主张维持现行宪法的基本精神，同时对宪法中与现实情况不符的问题进行讨论。主张坚持专守防卫，保持为行使个别自卫权所需的最低限度的实力；不行使集体自卫权；遵守无核三原则。现任党代表野田佳彦（Noda Yoshihiko），干事长舆石东（Koshiishi Azuma）。

（2）国民新党（People's New Party）：执政党。2005年8月由原自民党议员绵贯民辅、龟井静香等人创立。2009年9月与民主党、社民党组成联合政权。国民新党主要是由反对小泉纯一郎推行的邮政民营化改革的政治力量组成，自称为“总保守”政党，主张继承日本固有的历史、文化和道德观，维护日本国利益，坚持日美同盟，同时增强自主防卫能力。现任党代表为自见庄三郎（Jimi Shozaburo），干事长下地干郎（Shimoji Mikio）。

（3）自由民主党（简称“自民党”，Liberal Democratic Party）：在野党，第二大党。1955年11月15日由原自由党和民主党合并而成，此后连续单独执政长达38年。1993年沦为在野党，其后数度与别党组成联合政权。2000年4月起与公明党、保守党联合执政。2003年11月，自民党吸收原执政三党之一的保守新党，形成与公明党两党联合执政的局面。2009年8月，自民党在众议院选举中遭到惨败，再度沦为在野党。自民党是历史较长的传统保守政党，在中小城市和农村势力较强。主张立足民主政治理念，维护自由经济体制，修改宪法，坚持日美安保体制，增强自主防卫力量。对外政策方面强调以日美同盟为基轴，积极参与构筑国际新秩序。截至2010年底，有党员约85万人。现任总裁谷垣祯一（Tanigaki Sadakazu），干事长石原伸晃（Ishihara Nobuteru）。

（4）公明党（New Komeito）：在野党。1964年11月17日成立，其母体为宗教团体创价学会。1970年6月实行政教分离。曾于1993年8月参加非自民联合政权，并历经分裂组合。2000年4月，公明党与自民党、保守党组成联合政权，2009年8月众院选举后沦为在野党。该党自称为开放的国民政党，提倡在和平主义基础上构筑“世界中的日本”，主张坚持“中道路线”，贯彻深入民间的民主主义，尊重地方自主性，推行地方分权。截至2010年底有党员约45万人。现任党代表山口那津男（Yamaguchi Natsuo），干事长井上义久（Inoue Yoshihisa）。

（5）大家党（Your Party）：在野党。2009年8月8日成立。该党基本理念为摆脱官僚政治、推进地方主权和重视民生。主张建立“小政府”，大幅削减国家公务员并降低公务员待遇，实行地方主权型道州制，消除地区差别，完善社会保障制度。现任党首渡边喜美（Watanabe Yoshimi），干事长江田宪司（Eda Kenji）。

（6）日本共产党（Japanese Communist Party）：在野党。1922年7月15日成立，战后获合法地位。20世纪70年代中期步入发展的高峰期，90年代后再次调整政策主张，注重灵活务实。党章规定党的性质为“工人阶级政党”和“全体日本国民的政党”。主张建设社会主义社会乃至共产主义社会；废除日美安保条约，将日本建成独立、民主、和平的自由国家。该党支持阶层比较稳固，基层组织健全。截至2012年5月，有党员约32万人。现任中央委员长志位和夫（Shii Kazuo），中央书记处总书记市田忠义（Ichida Tadayoshi）。

（7）社会民主党（简称“社民党”，Social Democratic Party）：在野党。前身为社会党，1945年11月成立，1996年4月改为现名。曾参加多党联合政权及与民主党、国民新党的联合政权。该党主张建立尊重人类尊严、公正公平、自由民主的社会，创造性发展宪法所规定的主权在民、永久和平、基本人权、国际协调等理念。截至2010年底约有党员2万多人。现任党首福岛瑞穗（Fukushima Mizuho，女），干事长重野安正（Shigeno Yasumasa）。

【重要人物】明仁：天皇。已故裕仁天皇长子，生于1933年12月23日。1952年11月立为皇太子。1956年在日本皇族贵族学校学习院大学经济系毕业。1959年打破皇室不从民间选妃的传统，与现在的皇后，出身商界家族的美智子结婚。1989年1月7日继位，成为日本第125代天皇，年号“平成”。1992年10月对中国进行正式友好访问。有二子一女。　**野田佳彦：**首相。1957年5月20日生于千叶县。1980年毕业于早稻田大学经济学院，1985年毕业于“松下政经塾”第一期，先后做过家庭教师、城市煤气检修员等。1987年当选千叶县最年轻的议员。1993年作为日本新党候选人首次当选众议员。1996年作为新进党候选人以微弱劣势落选众议员。1998年加入民主党，2000年重新当选众议员，迄已5次当选。历任财务副大臣、财务大臣等职。2011年8月当选首相。

经　济

日本是世界第三经济大国，2011年名义国内生产总值（GDP）约合58729亿美元，对外贸易额约为16558亿美元。截至2010年底，拥有约3.1万亿美元海外资产，是世界最大债权国。2011年主要经济数据如下：

国内生产总值：58729亿美元。

人均国内生产总值：45947美元。

国内生产总值增长率：-0.7%。

货币名称：日元（Yen）。

汇率：1美元＝79日元（2011年6月）。

完全失业率：4.6%（不含岩手县、宫城县和福岛县）（2012年4月）。

政府债务总额：960万亿日元（2012年3月）。

对外贸易总额：16739亿美元。

外汇储备：1.277万亿美元（2012年5月底）。

【资源】资源贫乏，90%以上依赖进口，其中石油完全依靠进口。日本政府积极开发核能等新能源，截至2011年2月，拥有54所核电机组，总发电装机容量为4946.7万千瓦，位居世界第三位。2011年3月福岛核电站核泄漏事故发生后，福岛第一核电站的4座反应堆宣布废炉。还有50座核反应堆可以投入运转。一年多来，又有一些核反应堆因进入定期检修期而停止运转，而一部分已经完成定期检查的核反应堆因遭到当地居民和政府反对，未能重新恢复运转。2012年5月，北海道泊核电站3号机组因定期检修停止发电，至此日本所有核电站全部停运。6月，日本政府宣布将重启关西电力公司大饭核电站3号和4号机组，从而终结日本短暂的“零核电”状态。

日本森林面积约为2512万公顷，占国土总面积的2/3，是世界上森林覆盖率最高的国家之一。木材自给率仅为20%左右，是世界上进口木材最多的国家。日本山地与河流较多，水力资源丰富，蕴藏量约为每年1353亿千瓦时。日本的专属经济区面积约相当于国土的10倍，渔业资源丰富。

【工业】工业高度发达，在国际上拥有较强的竞争力。其工业生产总值曾长期仅次于美国居世界第二位。而根据联合国工业发展组织统计，2009年中国工业生产总值首度超过日本位居世界第二，美国、中国和日本在世界工业生产总值中份额分别为19%、15.6%和15.4%。2009年日本第二产业（主要包括制造业、建筑业和矿业）产值占GDP的23.8%，连续5年下降，从业人口占总劳动人口的24.7%（估计值）。主要产品有汽车、电子设备、机床工具、钢和有色金属、船舶、化工制品、纺织品、食品等。2010年日本粗钢产量为10960万吨，较2009年增加25.2%，时隔3年实现正增长。近年主要工业生产指数如下（2005年平均为100）：

	2008	2009	2010
制造业	103.8	81.0	94.5
食品和烟草	100.5	102.3	102.4
纺织	82.5	67.1	67.9
石油和煤产品	96.0	90.2	91.1
钢铁	103.7	72.5	93.8
有色金属	99.0	77.4	90.5
电子产品和设备	126.3	100.0	126.3
电力机械	100.4	78.9	94.4
精密仪器	117.6	84.6	105.1

（资料来源：日本总务省统计局）

【农业】2009年日本农林水产业产值占GDP的1.4%，从业人口占总劳动人口4%。2010年，全国耕地面积约为459.3万公顷。主要产品有大米、薯类、蔬菜、水果、猪肉、家禽、乳制品、鸡蛋、木材、水产等。近几年主要农林水产业产品产量如下（单位：万吨）：

	2008	2009	2010
大米	1102.9	1059.3	848.3
小麦	88.1	67.4	73.2
食用牛（万头）	289.0	292.3	289.2
猪（万头）	974.5	989.9	1680.7
牛奶	798.2	790.9	772.1
鸡蛋	255.3	250.5	251.5
木材（万立方米）	1780.5	1780.5	1827.4
水产	559.2	508.0	531.0

（资料来源：日本总务省、农林水产省）

【服务业】服务业较发达，2009年第三产业产值占GDP的74.9%，服务业产值占GDP的23.0%，从业人口占总劳动人口的21%（估计值）。服务业的主要构成包括：零售、金融、不动产、租赁、信息服务、广告业等。近年日本政府大力发展服务业，提出2015年前进一步扩大服务业国内市场规模，争取增加创造70万亿日元产值，并新增175万人就业的目标。

【旅游业】旅游业较发达，每年旅游业直接收入约为20万亿日元，约占GDP的5%。同时，旅游业带动交通和服务等相关产业的发展，波及效果可达50万亿日元。近年来，日本政府积极鼓励发展旅游业，提出“观光立国”的口号。2010年6月出台的《新增长战略》明确指出，到2020年前，争取实现每年吸引2500万国外游客的目标，届时有望新增56万个就业岗位。据日本政府观光局（JNTO）统计，2008年，旅游消费额：23.6万亿日元（生产波及效应：51.4万亿日元）；创就业效应：220万人（包括波及效应在内的创就业效应：430万人）。

2010年和2011年，访日的外国游客分别为861.1

万人次和621.9万人次，主要来自中国（含台湾地区）和韩国；前往海外旅游的日本人分别为1664万人次和1699万人次。主要旅游服务设施有各种规模的日式、西式及中式餐馆、温泉旅馆等。主要旅游点有：富士山、东京、迪斯尼乐园、箱根、大阪、京都、奈良、冲绳、北海道等。

【交通运输】客运以铁路和公路为主（2008年分别占64.9%和24%），货运以公路和海运为主（分别占62.1%和33.7%）。2008年，国内运输总客运量899.4亿人次，总货运量51.44亿吨。2009年，国际总客运量1539万人次。陆、海、空运输情况如下：

铁路：总长26435公里。正在运营的高速铁路——新干线总长约2000公里。2009年客运量227.24亿人次，货运量4325万吨。

公路：总长126.3万公里。其中高速公路0.9万公里。2009财年汽车保有量为7869.3万辆。2009年客运量666亿人次，货运量44.5亿吨。

海运：2008年，国内客运量0.99亿人次，货运量3.78亿吨；2008年，国际货运量8.66亿吨（比上年增长4%）。截至2010年4月，港口总数997个，其中，重要港口126个。2008年吞吐量1亿吨以上的港口依次顺序是名古屋（2.18亿吨）、千叶（1.65亿吨）、横滨（1.41亿吨）、北九州（1.09亿吨）、水岛（1.03亿吨）、苫小牧（1.02亿吨）。

空运：2009年，日本国际航线客运量和货运量分别为1538万人次和116.5万吨。2009年，国内定期航线客运量和货运量分别为8395万人次和94.7万吨。日本国内机场分为四个级别，其中大型国际机场共有4个，分别为成田、羽田、关西和中部国际机场。大型国内机场共有26个，大部分开通国际航线。

【财政金融】日本的财政年度从每年的4月起至翌年3月底止。2011财年，日本政府财政预算总额为70.8万亿日元。

日本的外汇储备包括日本持有的外国有价证券、外汇存款和黄金储备以及日本在国际货币基金组织的特别提款权等。2008年2月底，日本外汇储备首次超过1万亿美元，之后一直保持在1万亿美元左右。截至2012年5月底，外汇储备为1.277万亿美元。

日本2011年度国际收支显示，日本同海外的商品、服务、投资等交易状况的经常项目收支盈余为1192.2亿美元。

日本的国家债务分为国债（内债）、借款（外债）、政府短期证券三大类别。截至2011年12月底，日本国家债务总额为128616.5亿美元，再创历史新高。

目前，全国有6大银行（包括3家超大规模银行控股集团）。根据英国《银行家》杂志2009年的世界1000家大银行排名，日本三大银行控股集团——三菱日联金融集团（Mitsubishi UFJ Financial Group，一级资本772.1亿美元）、瑞穗金融集团（Mizuho Financial Group，一级资本487.5亿美元）、三井住友金融集团（Sumitomo Mitsui Finahcial Group，一级资本464.2亿美元）分别排名第7、16和19位。

【对外贸易】外贸在国民经济中占重要地位。2011年贸易总额约为16739亿美元。其中出口额为8208亿美元，进口额为8531亿美元，逆差为323亿美元。有贸易关系的国家（地区）数约200个。

主要进口商品有：原油、天然气等一次能源、食品、原材料等；主要出口商品有：汽车、电器、一般机械、化学制品等。主要贸易对象是中国、美国、东盟、韩国、中国台湾、中国香港、德国等。

2011年日本同主要贸易对象国（或地区）的进、出口贸易额（单位：亿美元）：

	出口额	进口额
中国	1614.7	1834.9
美国	1256.7	742.3
东盟	1227.3	1246.1
韩国	658.6	387.0
中国台湾	506.9	231.2
中国香港	428.3	15.4
德国	234.3	232.6

（资料来源：日本贸易振兴机构）

【对外投资】重点投资的国家及地区为美国、欧洲、中国、新加坡等。日本是中国第二大外资来源地。2011年，日本对华直接投资金额为127.8亿美元，同比增长76.3%。截至2011年4月，日本对华投资实际到位金额为825亿美元。

【对外援助】世界主要援助大国。2011年政府开发援助约为106.44亿美元，居世界第五位。日本于1979年开始提供对华政府开发援助（ODA）。2007年12月1日，两国外长签署日本对华最后一批日元贷款换文。30年来，日本政府累计向中国政府承诺提供日元贷款协议金额33164.86亿日元，用于255个项目的建设。截至2010年底，中国实际使用日元贷款27884亿日元，未还款余额17821亿日元。

【外国资本】日本国内外国直接外资额对经济的影响较小，截至2009年底，外资金额约占日GDP的4%。近年日本政府将外国直接投资视作重振经济的关键，加大吸引外国投资力度，放宽外资进入日本的限制，计划到2010年将外国对日直接投资占GDP的比率提高到5%。

【著名公司】进入《财富》2010年世界500强排行榜前100名的日本公司有：丰田汽车公司，第5位，营业收入（下同）2041.06亿美元；日本邮政控股，第6位，2021.96亿美元；日本电报电话公司，第31位，1096.56亿美元；日立，第47位，965.93亿美元；本田汽车公司，第51位，924亿美元；日产汽车，第63位，809.63亿美元；松下，第65位，798.93亿美元；索尼，第69位，776.96亿美元；日本生命保险公司，第75位，720.51亿美元；东芝，第89位，687.31亿美元。

人民生活

20世纪60年代初起，日本逐步建立起以全体国民为对象的综合性社会保障制度，即实行全民皆养老、全民皆保险制度。目前日本国民医疗保险覆盖率为99%，为世界之最。但近年来日本着手推进社会保障制度、医疗保险制度等改革，以建立可持续发展的社会保障制度。

根据日本厚生劳动省《医疗设施动态调查》统计，截至2012年2月底，日本拥有各类医疗机构176959所，其中医院8602所，一般诊疗所99907所，牙科诊疗所68450所，共有1712678张病床。

根据日本厚生劳动省公布的调查结果显示，2010年日本女性平均寿命为86.39岁，继续保持世界第一，男性平均寿命为79.64岁，连续5年刷新最高纪录。

根据日本2011年《情报通信白皮书》统计，截至2010年底，全国有固定电话4042万部（含ISDN线路），移动电话1.17亿部，网络普及率为78.2%。

军　事

日本1945年战败投降后，军队被解散，军事机构被撤销。1950年日本组建“警察预备队”，后改称保安队，1952年成立“海上警备队”，1954年新建航空自卫队，7月颁布《防卫厅设置法》和《自卫队法》，将保安队、海上警备队分别改称为陆上自卫队和海上自卫队，并成立了防卫厅和参谋长联席会议，健全了统帅指挥机构。随着日本经济实力的迅速增强，日本军队建设得到长足发展，在“质重于量”和“海空优先”的建军方针指导下，自卫队已发展成为一支装备精良、训练有素、作战能力较强的武装力量。

自卫队的最高统帅是首相，最高军事决策机构是内阁会议。“安全保障会议”是内阁在军事上的最高审议机构，由首相、外务大臣、财务大臣、内阁官房长官、国家公安委员长、防卫大臣等内阁主要成员组成，负责审议国防方针、建军计划及处理各种突发事件等。防卫省相当于国防部。参谋长联席会议由主席和陆、海、空自卫队参谋长组成，负责拟定和调整三军作战、训练和后勤计划，搜集研究军事情报，在实施两个军种以上的联合作战、演习时，实施统一指挥。

日本防卫的基本政策是：在和平宪法下，实行专守防卫；坚持日美安保体制；确保文官治军；遵守无核三原则；有节制地增强防卫力量；坚持质量建军。

自卫队实行志愿兵役制。目前，日自卫队编制总兵力约为24.8万人。其中陆上自卫队约为15.2万人，包括若干常规师、旅及机动运输部队、地对空导弹部队等，坦克880辆，装甲车960辆，野战火炮630门，飞机约470架。海上自卫队约为4.5万人，包括护卫舰队、潜水艇舰队、空中侦察部队等，各种舰艇152艘，总排水量43.7万吨，飞机330架。航空自卫队约有4.7万人，包括航空警戒管制部队、战斗机部队、空中运输部队、地对空导弹部队等，各种飞机约880架，其中作战飞机369架。此外还拥有各式导弹35种。自卫队另有预备役人员47900人，防卫省机关和直属机构约2200人，文职人员2.3万人。

2011年度防卫预算为4.78万亿日元（约合593亿美元）。

文化教育

【**教育**】日本每年的科研经费约占GDP的3.1%，位居发达国家榜首。学校教育分为学前教育、初等教育、中等教育、高等教育四个阶段，学制为小学6年、初中3年、高中3年、大学4年，其中小学到初中为9年义务教育。大学有国立大学、公立大学和私立大学。著名的国立综合大学有东京大学、京都大学等，著名的私立大学有早稻田大学、庆应义塾大学等。日本重视社会教育，函授、夜校、广播、电视教育等较普遍。

【**新闻出版**】新闻事业发达，报刊发行量大，广播电视覆盖面广，在世界各国中位居前列。

全国性报纸有5家（读卖新闻、朝日新闻、每日新闻、日本经济新闻、产经新闻），地区性报纸有3家（中日新闻、北海道新闻、西日本新闻），主要地方报纸121家。发行月刊杂志1893种，周刊980种。较有影响的杂志有:《中央公论》、《东洋经济》、《经济学家》、《文艺春秋》等。

共同通讯社是日本最大的通讯社，简称共同社，其前身是1936年1月成立的同盟通讯社。国内除东京总社外，还设有6个总分社和46个支局，国外在38个主要城市派有常驻记者，并同外国68个新闻机构有通讯合同关系。时事通讯社是第二大通讯社，简称时事社，成立于1945年11月。国内除东京总社外，还设有82个分支机构，国外在29个城市派有常驻记者。

广播电台有半官方性质的日本广播协会（NHK）和4大系列民营电台（111家），平均每天播音22小时以上。NHK系半官方性质的“公共广播电视台”，创建于1925年3月，现有3个广播频道，合计平均每天播音159小时。

电视台主要有半官方的“公共电视台”NHK和分属于5大报纸的5大系列民营电视台（133家），另有民营卫星电视台10家，民营有线电视台若干。电视平均每天播放20小时以上。主要电视台：NHK于1953年开播电视节目；东京广播公司（TBS），1951年成立；日本电视网（NTV），1952年成立。

对外关系

外交政策的基本取向是以日美同盟为基轴，以亚洲为战略依托，重视发展大国关系，积极参与地区及全球事务，谋求政治大国地位，力争“入常”。

【**同中国的关系**】1972年9月29日，中日两国政府发表《中日联合声明》，实现邦交正常化。翌年1月互设大使馆。目前，中国在大阪、福冈、札幌、长崎、名古屋、新潟设有总领事馆。日本在上海、广州、沈阳、香港、重庆、青岛设有总领事馆，在大连设有驻沈阳总领馆办事处。1978年8月12日，两国签署《中日和平友好条约》，同年10月邓小平副总理访日，双方互换《中日和平友好条约》批准书。1998年11月，江泽民主席对日本进行国事访问，双方发表《中日联合宣言》。

2001年小泉执政后，中日关系因靖国神社问题陷入严重困难。2006年9月，中日双方就克服影响中日关系的政治障碍和促进两国友好合作关系健康发展达成一致。10月8～10日，安倍首相正式访华，双方同意构筑中日战略互惠关系，被称为“破冰之旅”。

安倍访华后，两国恢复高层接触，中日关系不断改善和发展。2007年4月，温家宝总理访日，被称为“融冰之旅”。12月，福田首相访华，被称为“迎春之旅”。

2008年5月6～10日，胡锦涛主席对日本进行国事访问，被称为“暖春之旅”。访问取得丰硕成果。双方发表《中日关于全面推进战略互惠关系的联合声明》，这是中日第四个政治文件。文件在继承前三个政治文件基础上，确定了新时期中日关系发展的指导原则和重点合作领域。2009年12月14～16日，国家副主席习近平对日本进行正式访问。

2010年，中日关系出现起伏。年初以来一个时期，两国关系保持良好发展势头。9月发生日方在钓鱼岛海域非法抓扣中国渔民渔船事件，中日关系受到冲击。事件解决后，两国领导人进行了会晤和接触，达成重要共识，推动两国关系迈出了改善发展的步伐。中国政府重视发展中日关系，主张根据中日四个政治文件的原则和两国领导人共识，加强各领域交流与合作，妥善处理有关问题，推动中日战略互惠关系健康稳定向前发展。

2011年3月11日，日本东北地区发生特大地震和海啸灾害，造成重大人员伤亡和财产损失。地震发生后，胡锦涛主席、吴邦国委员长和温家宝总理分别向日本天皇、众参两院议长和首相致电慰问。3月18日，胡锦涛主席亲赴日本驻华使馆吊唁地震遇难者。温家宝总理在两会记者招待会上对日本表示慰问。中国政府派出15人地震救援队于3月13～20日赴日本重灾区岩手县大船渡市参与救援工作。中国政府和社会各界向日方提供资金、物资等各方面援助。日方4月11日在《人民日报》、4月21日在《国际先驱导报》、《新京报》等中国国内媒体上刊登菅直人首相的感谢信，对震后中方提供的慰问和援助表示感谢。

2011年中日间重要活动有：

5月21～22日，温家宝总理赴日出席第四次中日韩领导人会议，专程前往宫城县、福岛县灾区看望慰问受灾民众，并同菅直人首相举行会晤。

6月8日，中日“影视周”、“动漫节”日方开幕式在北京举行，温家宝总理出席开幕式，并会见日本首相特使、前首相麻生太郎。

8月30日，温家宝总理就野田佳彦当选日本首相致电祝贺。

9月6日，温家宝总理应约同野田佳彦首相通电话。

10月14日，温家宝总理在第110届广交会期间会见日本经济产业大臣枝野幸男。

11月4日，胡锦涛主席在出席二十国集团戛纳峰会期间同野田佳彦首相进行寒暄。

11月12日，胡锦涛主席在出席亚太经合组织领导人非正式会议期间与野田佳彦首相举行会晤。

11月18日，温家宝总理在出席东亚领导人系列会议期间同野田佳彦首相进行寒暄。

11月23日，日本外相玄叶光一郎访华，温家宝总理、戴秉国国务委员分别会见，杨洁篪外长与其举行会谈。

12月25～26日，日本首相野田佳彦访华，胡锦涛主席、吴邦国委员长分别会见，温家宝总理与其举行会谈。

日本是中国主要贸易伙伴。截至2003年，日本连续11年为中国第一大贸易伙伴，2004年被欧盟、美国超过，退居第三，2011年被东盟赶超，成为中国第四大贸易伙伴。据日方统计，2008年7月，中国首次超过美国，成为日本最大出口对象国。2011年中日双边贸易额为3428.89亿美元，同比增长15.1%，中国出口额1482.98亿美元，同比增长22.5%，进口额1945.91亿美元，同比增长10.1%。中方逆差462.93亿美元。

防务交流稳妥推进。2011年6月4日，国务委员、国防部长梁光烈在香格里拉对话会期间与日本防卫大臣北泽俊美会晤。7月26日，中日防务部门第九次防务安全磋商在东京举行。12月19～23日，日本海上自卫队军舰“雾雨”号访问青岛。

人文交流取得重要成果。6月8日，中日“影视周”、“动漫节”日方开幕式在北京举行。10月23日，中日“影视周”、“动漫节”中方开幕式在东京举行，野田佳彦首相出席。10月23～25日，第五届中日友好21世纪委员会第三次会议在北京和湖南长沙举行，温家宝总理会见双方委员。12月25～26日，野田首相访华期间，双方将2012年确定为“中日国际交流友好年”，并签署两国外交部关于中日青少年交流活动的备忘录。2011年中日人员往来达528万人次。截至2012年6月，中日间缔结友好城市累计250对。

中国驻日本大使：程永华。馆址：东京都港区元麻布3-4-33，邮编：106-0046。电话：（0081）03-34033388；传真：34033345。商务处电话：（0081）03-34402011；传真：34468242。领事部签证处电话：（0081）03-34035232；传真：34035447。

日本驻华大使：丹羽宇一郎（Niwa uichiro），2010年7月到任。馆址：北京市朝阳区亮马桥东街1

号，邮编：100600。电话：010-85319800（总机）；传真：65327081。经济部电话：010-85319800转分机；传真：65327081。领事部签证处电话：010-65322007，64106974；传真：65329329。

【同美国的关系】1945年9月至1951年9月，日本处于美国直接军事占领之下。1951年9月8日，美签订片面《对日和平条约》（即《旧金山和约》），结束对日占领。同日，日美签订《日美安全保障条约》，结成军事同盟关系。1960年1月19日，日美修改该条约。1996年4月17日，日美发表《日美安全保障联合宣言》。1997年6月，日美发表新的防卫合作指针中间报告，提出“周边事态”新概念，同年9月双方批准最终报告并发表联合声明。2006年5月，日美举行安全磋商委员会会议（“2+2”会议），就驻日美军重新部署达成一致，发表日美《关于实施驻日美军重新部署的路线图》以及“2＋2”会议联合声明。“9·11”事件后，日全力支持美反恐行动，先后通过《反恐特别措施法》和《伊拉克复兴支援特别措施法》。2005年2月、2005年10月、2006年5月、2007年5月、2011年6月，日美先后五次举行“2+2”磋商，发表了题为《日美同盟：面向未来的转型与重组》（2005年10月）、《关于实施驻日美军重新部署的路线图》（2006年5月）、《迈向更加深入、广泛的日美同盟——在50年伙伴关系的基础上》和《驻日美军重组的进展》（2011年6月）等文件。2012年4月，野田首相访美，与奥巴马总统举行会晤，日美发表题为《面向未来的共同蓝图》的联合声明。

据日方统计，2011年日美贸易额为1999亿美元，其中日方出口额为1256.7亿美元，进口额为742.3亿美元。

【同欧盟的关系】日本重视发展同欧盟的关系。1991年日欧签署《日欧共同宣言》，确立全面发展双边关系的指导原则、共同目标和定期磋商制度。1994年起日欧建立“规则改革对话”机制，每年轮流在东京和布鲁塞尔开会。近年来，伴随欧盟一体化程度提高和国际地位上升，日本不断扩大与欧盟在各个领域的对话与合作。2000年日欧峰会确定从2001年开始的10年是“日欧合作10年”，同意在此10年里，双方在加强经济关系的基础上，努力加强政治、社会、文化等各方面关系。

2011年5月，日本与欧盟举行第20次日欧年度峰会，确定2011年为“日欧纽带之年”。双方一致同意进一步加强日欧政治经济关系。

据日方统计，2011年日本与欧盟27国贸易额为1757亿美元，其中日方出口额为954.1亿美元，进口额为802.9亿美元。

【同俄罗斯的关系】1991年12月苏联解体后，日本立即承认俄罗斯联邦政府。日俄1993年签署《东京宣言》。2003年1月，小泉首相访俄，双方签署《日俄联合声明》及《行动计划》，确认构筑“符合两国战略和地缘利益的创造性伙伴关系”。2005年普京总统访日。

2008年4月，福田首相非正式访俄。2009年2月，日本首相麻生太郎在俄罗斯远东萨哈林州南萨哈林斯克与俄总统梅德韦杰夫举行会谈。2009年5月，普京总理访问日本。领土问题是日俄关系中的主要问题。

据日方统计，2011年日本与俄罗斯贸易额为307.7亿美元，其中日方出口额为118亿美元，进口额为189.7亿美元。

【同朝鲜的关系】无外交关系。1991年1月日本政府代表团在朝建国后首次访朝，同朝鲜政府代表团正式开始建交谈判。其后虽经多次谈判均无果而终。2002年小泉首相访朝，发表《日朝平壤宣言》，双方同意清算过去，解决有关悬案，尽早实现关系正常化。

六方会谈框架下日朝关系正常化工作组分别于2007年3月和9月在越南河内和蒙古乌兰巴托召开会议，就日朝邦交正常化问题进行接触，未能取得成果。2008年6月11～12日、8月11～12日，日朝在北京、沈阳举行工作磋商，就对绑架问题进行重新调查的具体办法等问题进行了探讨。

2009年5月朝鲜第二次核试后，日政府于6月通过内阁决议，决定单独追加对朝制裁措施，包括全面禁止对朝出口、限制日朝间人员往来等。2011年4月5日，日政府决定延长对朝单独制裁。

【同韩国的关系】日韩两国于1965年12月缔结基本关系条约并建交。日韩关系发展总体较平稳。日韩经济关系和人员往来均十分密切。韩国是与日本人员往来最多的国家之一。

2008年2月，福田首相访韩，双方宣布开启“面向未来的日韩关系新时代”。4月，李明博总统访日，双方商定开创“更加成熟的伙伴关系”新时代。2011年，日本外务省发布2011年度《外交蓝皮书》，称韩国是“最重要的邻国”。日韩关系中存在历史、领土问题。

据日方统计，2011年日韩贸易额为1055.6亿美元，其中日方出口额为658.6亿日元，进口额为397亿美元。

【同东盟国家的关系】日本政府十分重视同东盟国家的关系。双方沟通往来机制较多，有东亚峰会、日本东盟领导人会议、外长会议、经济部长会议等。

据日方统计，2011年日本与东盟贸易额为2473.4亿美元，其中日出口额为1227.3亿美元，进口额为1246.1亿美元。

【同印度的关系】1952年日印建交，两国关系发展平稳。2000年双方决定构筑“面向21世纪的日印全球伙伴关系”。2001年双方发表以促进高层对话、加强IT、反恐、防扩散等领域合作为内容的日印共同宣言。2005年小泉首相访印，双方签署题为《在亚洲新时代的日印伙伴关系：日印全球伙伴关系的战略方向》的共同声明。

2008年10月，印度总理辛格访日，双方发表《关于推进全球战略伙伴关系的联合声明》和《日印安保合作共同宣言》。2009年12月，鸠山首相访问印度，两国就加强军事合作达成协议。2010年10月25日，菅直人首相会见来访的印度总理辛格并发表题为《未来10年日印全球战略伙伴关系愿景》的联合声明，签署了《关于缔结日印经济伙伴关系协定的联合宣言》。

2011年12月，日本首相野田佳彦访问印度，同印度总理辛格签署《关于强化面向建交60周年的全球战略伙伴关系的共同声明》。

据日方统计，2011年日印贸易总额为178.3亿美元，其中日方出口额为110.4亿美元，进口额为67.9亿美元。（黄丽芳　林畅）

沙特阿拉伯

国名　沙特阿拉伯王国（Kingdom of Saudi Arabia）。

面积　225万平方公里。

人口　2370万。沙特公民约1659万，外籍人约711万。阿拉伯民族。官方语言为阿拉伯语。伊斯兰教为国教，逊尼派约占85%，什叶派约15%。

首都　利雅得（Riyadh），人口584万。

国家元首　国王兼首相阿卜杜拉·本·阿卜杜勒阿齐兹·阿勒沙特（Abdullah bin Abdulaziz Al Saud），2005年8月1日即位，为沙特第六任国王。

重要节日　国庆日：9月23日。

简　况

位于阿拉伯半岛。东濒波斯湾，西临红海，同约旦、伊拉克、科威特、阿联酋、阿曼、也门等国接壤。海岸线长2437公里。地势西高东低。西部高原属地中海式气候，其他地区属亚热带沙漠气候。夏季沿海地区气温38℃～39℃，内地有时高达54℃；冬季气候温和。年平均降雨不超过200毫米。

公元7世纪，伊斯兰教创始人穆罕默德的一些继承者建立阿拉伯帝国，8世纪为鼎盛时期，版图横跨欧、亚、非三洲。11世纪开始衰落，16世纪为奥斯曼帝国所统治。19世纪英国侵入，当时分汉志和内志两部分。1924年内志酋长阿卜杜勒阿齐兹·沙特兼并汉志，次年自称为国王。经过30年征战，阿卜杜勒阿齐兹·沙特终于统一了阿拉伯半岛，于1932年9月23日宣告建立阿拉伯王国。这一天被定为沙特国庆日。

政　治

沙特是政教合一的君主制王国，禁止政党活动。无宪法，《古兰经》和穆罕默德的圣训是国家执法的依据。国王亦称“两圣地（麦加和麦地那）仆人”，并兼任内阁首相，行使最高行政权和司法权，有权任命、解散或改组内阁，解散协商会议，有权批准和否决内阁会议决议及与外国签订的条约、协议。1992年3月1日颁布《治国基本法》，规定沙特王国由其缔造者阿卜杜勒阿齐兹·拉赫曼·费萨尔·阿勒沙特国王的子孙中的优秀者出任国王。2005年，阿卜杜拉继承王位。2006年10月，阿卜杜拉国王宣布修改《治国基本法》由国王选定王储的条款，实行效忠委员会制度。2007年，沙王室确立由国王与效忠委员会共同选定王储人选的制度。长期以来，沙特政局稳定。阿卜杜拉国王登基后大力发展经济，改善民生，王室执政地位稳固，安全形势总体平稳，社会治安良好。

【议会】1993年12月29日成立协商会议，是国家政治咨询机构，负责向国王提出改革建议。下设12个专门委员会。协商会议由主席和150名议员组成，由国王任命，任期四年，可连任。现任主席阿卜杜拉·本·穆罕默德·阿勒谢赫（Abdullah Bin Mohammed Al-Sheikh），2009年3月就任。

【政府】本届政府于2007年3月组成，迄今进行3次微调，由29名成员组成，主要成员是：国王兼首相阿卜杜拉·本·阿卜杜勒阿齐兹·阿勒沙特，王储兼副首相和国防大臣萨勒曼·本·阿卜杜勒阿齐兹·阿勒沙特（Salman bin Abdulaziz Al Saud），外交大臣沙特·本·费萨尔·本·阿卜杜勒阿齐兹·阿勒沙特（Saud Al-Faisal bin Abdulaziz Al Saud），石油和矿产资源大臣阿里·本·易卜拉欣·纳伊米（Ali Bin Ibrahim Naimi），财政大臣易卜拉欣·本·阿卜杜勒阿齐兹·阿萨夫（Ibrahim Bin Abdul Aziz Asaf）。

【行政区划】全国分为13个地区：利雅得地区、麦加地区、麦地那地区、东部地区、卡西姆地区、哈伊勒地区、阿西尔地区、巴哈地区、塔布克地区、北部边疆地区、季赞地区、纳季兰地区、朱夫地区。地区下设一级县和二级县，县下设一级乡和二级乡。

【司法机构】以《古兰经》和《圣训》为执法依据。由司法部和最高司法委员会负责司法事务的管理。2007年，阿卜杜拉国王颁布《司法制度及执行办法》和《申诉制度及执行办法》，建立新的司法体系。设立最高法院、上诉法院、普通法院（一级法院）等三级法院，并建立刑事、民事、商业、劳工等法庭。最高法院院长由国王任命。申诉制度规定设立直属于国王的三级行政诉讼机构，即最高行政法庭、行政上诉法庭和行政法庭。

【重要人物】阿卜杜拉·本·阿卜杜勒阿齐兹·阿勒沙特：国王兼首相。生于1924年。1975年被任命为第二副首相，1982年被立为王储兼第一副首相，2005年8月1日继任国王。曾于1998年10月和2006年1月访华。 **萨勒曼·本·阿卜杜勒阿齐兹·阿勒沙特：**王储兼副首相和国防大臣。生于1935年。自幼接受伊斯兰正统教育。1954年任利雅得省代省长，次年任利雅得省长，1960年辞职。1963年第二次任利雅得省省长。2011年11月被任命为国防大臣。2012年6月18日任王储兼副首相和国防大臣。

经济

石油工业是沙特经济的主要支柱，石油储量和产量均居世界前列。近年来，沙特大力推行经济多元化政策，努力扩大非石油生产，发展采矿和轻工业，同时重视发展农业，鼓励自由经济和自由竞争，支持私人及合资企业经营发展项目，保护和促进民族经济的发展，鼓励外商投资。2005年12月，沙特正式加入世界贸易组织。

2011年，沙特经济继续保持较快增长。政府继续追加预算支出，加快经济多元化步伐，加大基础设施建设、卫生、教育等领域投入。2011年沙特经济竞争力全球排第17位，位居阿拉伯国家前列。2011年主要经济数据如下（数据来源：经济季评）：

国内生产总值（GDP）：5806亿美元。

人均GDP：2.4万美元。

经济增长率：7%。

货币名称：沙特里亚尔。

汇率：1美元=3.75沙特里亚尔。

通货膨胀率：5.3%。

失业率：10.5%。

外汇储备：5512亿美元。

【资源】石油剩余可采储量363亿吨，占世界储量的19.8%，居世界首位。天然气剩余可采储量7.1万亿立方米，占世界储量的4.1%，居世界第四位。此外，还拥有金、铜、铁、锡、铝、锌、磷酸盐等矿藏。水资源以地下水为主。地下水总储量为36万亿立方米，按目前用水量计算，地表以下20米深的水源可使用320年左右。沙特是世界上最大的淡化海水生产国，其海水淡化量占世界总量的21%左右。

【工业】石油和石化工业是沙特的经济命脉。2011年，沙特原油平均日产量931万桶，石油收入2753亿美元，约占财政收入的93%。近年来，沙特政府大力发展钢铁、炼铝、水泥、海水淡化、电力工业、农业和服务业等非石油产业，依赖石油的单一经济结构有所改观。近年石油产量及收入情况如下：

	2009	2010	2011
产量（万桶/日）	920	820	931
收入（亿美元）	1347	2030	2753

【农业】沙特十分重视农业发展。全国有可耕地400万公顷，已耕地117万公顷。从业人员约为39万，农业收入占国民生产总值的3.3%。近年来，农产品自给能力大幅提高，小麦、椰枣、鲜奶、鸡蛋自给有余，水果自给率达到60%。畜牧业主要有绵羊、山羊、骆驼等。

【交通运输】公路：公路交通是主要运输方式，总长19万公里，其中高速公路15.1万公里，国际公路网与约旦、也门、科威特、卡塔尔、阿联酋、巴林等国相通。

铁路：实际使用中的铁路只有利雅得至达曼一条，总长400公里，年客运量110万人，货运量为250万吨。

海运：目前商船近400艘；船舶吨位275万吨，居阿拉伯国家之首。沙特现有8大工商业港口，总泊位183个，年吞吐量达2.5亿吨。目前，沙特的港口量及设施的现代化程度在阿拉伯和海湾国家中位列前茅。

空运：沙特航空公司在世界民航公司中名列第15位。拥有波音、空中客车等现代化飞机。全国有27个机场，其中利雅得、吉达、麦加、达兰为国际机场；有80多条国内外航线，延伸4大洲70多个国家，每天平均260个航班。沙特航空公司有各类大型客机116架，年运载乘客达2700万人次，运载货物35.7万吨。

输油管道：沙特的输油管网非常发达。最主要的大型输油管道有两条。一条是东西管道，全长925公里，日输油能力480万桶，将原油输运到沙特西部炼厂及红海港口，出口欧洲，目前运输量只占其能力的一半。另一条从东部加瓦尔油田横穿半岛连接西部延布港，全长1215公里，设计日输油能力为185万桶。

通讯：沙特通讯业发展迅速。截至2010年底，沙特固定电话装机容量逾416万门，其中家庭电话310万门，移动电话用户达5160万户。互联网用户1140万户。通讯业年营业额约400亿里亚尔。沙特于1985年启用了阿拉伯通讯卫星，是阿拉伯卫星通讯组织的最大投资者。

【财政金融】沙特近几年国家财政预收支状况如下（单位：亿美元）：

	2010	2011	2012
收入	1253	1440	1872
支出	1440	1540	1840
差额	-187	-100	32

沙特有商业银行10家，其中国民银行、利雅得银行和拉吉希金融投资公司三家为本国银行，其余为合资银行。沙特银行业发展良好，绝大多数银行实现盈利，净利润增长8%。

【对外贸易】实行自由贸易和低关税政策。出口以石油和石油产品为主，约占出口总额的90%，石化及部分工业产品的出口量也在逐渐增加。进口主要是机械设备、食品、纺织等消费品和化工产品。主要贸易伙伴是美国、日本、英国、德国、意大利、法国、韩国等。由于大量出口石油，沙特对外贸易长期顺差。2011年沙特进出口总额4750亿美元，出口额3576亿美元，进口额1174亿美元，顺差2402亿美元。

人民生活

沙特是高福利国家，实行免费医疗。全国共有医院379家，医疗卫生中心1848个。另外，武装部队、国民卫队及一些机构设有自己的专属医院，各综合大学设有医学院及附属医院。全国共有70万残疾人，49家残疾人护理中心。有慈善机构104个。沙特平均寿命男72岁、女76岁。

军　事

沙特奉行防御性的国防政策。武装部队建于1964年，最高国防会议为国防最高决策机关。武装部队由正规军、国民卫队和准军事部队组成。正规军总兵力10.6万人，其中陆军7.3万人，海军1.1万人，空军1.8万人，防空军0.4万人。国民卫队5.5万人。准军事部队3.7万人。正规军平时实行志愿兵役制，战时实行义务兵役制，一般兵种服役期3年。

文化教育

【教育】政府重视教育和人才培养，实行免费教育。中、小学学制各为6年。实行免费教育。全国共有各类学校2.3万所，其中综合性大学25所，学院78所，高等宗教大学5所。在国内读书的大学生，除免费住宿外，还享受津贴。截至2007年，沙特15岁以上文盲率为16.02%。

【新闻出版】全国发行12种报纸、上百种杂志。阿拉伯文报纸主要有:《利雅得报》、《中东报》(在伦敦出版)、《生活报》、《国家报》、《欧卡兹报》等，英文报刊主要有:《阿拉伯新闻》、《沙特公报》、《沙特经济概览》等。

沙特通讯社：1971年1月23日成立，直接受新闻部领导。用阿、英、法文发稿。设有4个国内分社（麦加、麦地那、吉达、达曼）和6个国外分社（波恩、开罗、巴黎、伦敦、突尼斯、华盛顿）。

广播电台：沙特广播电台由22个电台组成，使用中波、短波和调频播出。吉达广播电台、利雅得广播电台和《古兰经》广播电台是最大的三家电台。

电视台：1964年建立电视网，1965年开始播放黑白节目，1976年开始彩色播映。现有4个电视台。目前全国各地有107个中转站，电视网已覆盖全国98%的地区。

对外关系

奉行独立自主、温和务实的外交政策。重视发展与阿拉伯、伊斯兰国家的关系，积极参与地区事务，致力于阿拉伯团结和海湾合作委员会一体化建设。大力开展多元化外交，加强同美国、中国、欧盟、俄罗斯、日本等大国关系。沙特能源和伊斯兰大国地位为各方看重。沙特已与128个国家建立外交关系。

【对重大国际和地区问题的立场】伊拉克问题：主张维护伊拉克的独立、主权、领土完整和阿拉伯、伊斯兰属性。支持伊政治重建进程及全国和解政策，希望保证不同信仰和政治派别享有同等的权利和义务，实现社会公正与平等。反对外部势力干涉伊内政。

伊朗核问题：反对伊朗拥有和发展核武器，主张通过六方机制谈判和平解决伊核问题。希望伊遵守《联合国宪章》，与国际社会对话，表明其核活动的和平性质，维护地区安全与稳定。愿与伊在睦邻友好、互利合作和互不干涉内政的原则下进一步发展关系。

中东问题：强调巴勒斯坦问题是中东所有问题的根源，在阿拉伯和平倡议和有关国际决议的基础上通过和谈全面、公正解决巴以冲突是实现地区和平的唯一途径。强调和谈是阿拉伯国家的战略选择，只有在以色列从所有阿拉伯和巴勒斯坦被占领土上撤军、巴建立以耶路撒冷为首都的独立国家、巴难民问题找到合理解决办法后，沙特才会与以实现关系正常化。呼吁巴加强内部团结，呼吁大国和国际社会对巴承担政治和道义责任。

叙利亚问题：叙利亚局势动荡后，沙认为叙政府对无辜平民滥用武力导致大量伤亡，违背了伊斯兰教义及其价值观和道德观，要求叙政府立即停止屠杀平民，叙总统巴沙尔立即下台。

反恐问题：反对一切形式的恐怖主义，认为恐怖主义是一种国际现象，是极端思想的产物，不属于某一文明、宗教或民族。强调反恐需要国际社会的共同努力。倡议成立国际反恐中心。

大规模杀伤性武器：沙特已加入《禁止使用化学武器条约》，支持建立中东无核区和无大规模杀伤性武器区。要求以色列签署核不扩散条约，认为以拥有大规模杀伤性武器是中东地区的不稳定因素，国际社会应对以施压。

联合国改革：认为联合国改革十分必要，但改革事关重大，不应仓促行事。主张安理会改革应体现地域公平分配原则，安理会应限制使用否决权。

【同中国的关系】1990年7月21日，中国和沙特建交。建交后，两国各领域友好合作发展顺利。

2006年，胡锦涛主席与阿卜杜拉国王实现互访，就建立中沙战略性友好合作关系达成共识，双边关系进入了新的阶段。2008年6月，习近平副主席访问沙特，同沙特领导人就双边关系及共同关心的国际和地区问题交换了意见，双方签署了《中国和沙特关于加强合作和战略性友好关系的联合声明》。2009年2月，胡锦涛主席再次访问沙特，同阿卜杜拉国王举行会谈。两国有关部门签署了能源、检疫、卫生、教育、交通等领域的5项合作文件。

2011年3月，沙特国王特使、国王安全事务顾问班达尔亲王访华；6月，沙特协商会议主席阿卜杜拉访华；9月，中共中央政治局委员、中共天津市委书记张高丽访沙；同月，沙交通大臣苏莱斯里来华出席“2011

大连夏季达沃斯年会”。10月，胡锦涛主席特使、民政部部长李立国赴沙吊唁苏尔坦王储逝世。2012年1月，温家宝总理访问沙特，双方发表联合声明，决定在战略框架下进一步提升两国关系水平。2月，全国人大常委会副委员长韩启德出席在沙特举行的二十国集团议长会议。6月，胡锦涛主席特使、全国人大常委会副委员长司马义·铁力瓦尔地赴沙吊唁纳伊夫王储逝世。

中沙经贸和能源合作发展迅速。2011年双边贸易额达643.2亿美元，其中中方进口额494.7亿美元，出口额148.6亿美元，同比分别增长48.9%、50.7%、43.3%。沙是中国在西亚非洲地区第一大贸易伙伴。中国从沙进口主要商品为原油、乙二醇、初级形状塑料等，中国对沙出口主要商品为机械设备、纺织服装、电器及电子产品等。

沙特是中国第一大原油供应国。2011年中国从沙进口原油5027.8万吨，同比增长12.6%。

中国驻沙特大使：李成文。馆址：Cirde No. 5 Diplomatic Quarter, Kingdom of Sandi Arabia。信箱：P.O.BOX 75231 RIYADH 11578。电话：009661-4832126；传真：2812070。商务处电话：009661-4655655；传真：4629617。

中国驻吉达总领事：王勇。信箱：P.O.BOX 51028 JEDDAH 21543。电话：009662-6605113。

沙特驻华大使：叶海亚·本·阿卜杜勒凯里姆·宰德（Yahya Bin Abdul-kareem Al-Zaid）。馆址：北京市朝阳区三里屯北小街一号。电话：010-65329320，65329321，65329322；传真：65325324。

【同美国的关系】1943年5月沙特和美国建交。海湾危机发生后，沙美关系进一步加强。美国是沙特第一大贸易伙伴。“9·11”事件一度使沙美关系受到冲击。伊拉克战争后，沙美关系持续改善，双方互访不断。2011年，沙美元首多次通电话，美国国土安全部长纳波利塔诺、国防部长盖茨等高官访沙。

【同阿拉伯国家的关系】2011年，沙特积极发挥中东海湾地区大国作用，地区影响力进一步上升。沙特与海合会成员国保持协调与沟通，积极支持埃及军政权平稳过渡的努力，推动联合国安理会通过对利比亚的1973号决议。

【同西方国家的关系】沙特十分重视深化多元化外交战略。2011年，沙特接待了巴基斯坦、苏丹、西班牙、土耳其等近10个国家领导人，以及英国、科索沃、厄立特里亚等国外长访沙。阿卜杜拉国王多次与英、德、土耳其、意大利等国领导人通话。 （马征）

斯里兰卡

国名 斯里兰卡民主社会主义共和国（The Democratic Socialist Republic of Sri Lanka）。

面积 65610平方公里。

人口 2087万（2011年）。僧伽罗族占74%，泰米尔族18%，摩尔族7%，其他1%。僧伽罗语、泰米尔语同为官方语言和全国语言，上层社会通用英语。居民70%信奉佛教，16%信奉印度教，此外还有伊斯兰教和基督教。

首都 科伦坡（Colombo），人口65万。热带季风气候，年均气温28℃。

国家元首 总统马欣达·拉贾帕克萨（Mahinda Rajapaksa），2005年11月就职。2010年1月连任。

重要节日 独立日：2月4日（1948年）。

简况

南亚次大陆以南印度洋上的岛国，西北隔保克海峡与印度相望。接近赤道，终年如夏，年平均气温28℃。各地年平均降水量1283 ~ 3321毫米不等。风景秀丽，素有“印度洋上的珍珠”之称。

斯里兰卡古时称锡兰岛。2500年前，来自北印度的雅利安人移民至此建立了僧伽罗王朝。公元前247年，印度孔雀王朝的阿育王派其子来岛弘扬佛教，受到当地国王的欢迎，从此僧伽罗人摈弃婆罗门教而改信佛教。公元前2世纪前后，南印度的泰米尔人也开始迁徙并定居锡兰岛。此后兰巴坎纳和莫里亚、波隆纳鲁瓦、丹巴德尼亚和冈波拉等多个僧伽罗和泰米尔王朝交替统治。16世纪起先后被葡萄牙和荷兰人统治。18世纪末成为英国殖民地。1948年2月4日获得独立，定国名锡兰。1972年5月22日改称斯里兰卡共和国。1978年8月16日改国名为斯里兰卡民主社会主义共和国。

政治

总统为国家元首、政府首脑和武装部队总司令，享有任命总理和内阁其他成员的权力。2010年1月，斯里兰卡举行第六届总统选举。执政的自由党候选人马欣达·拉贾帕克萨获选连任，11月开始第二任期，任期六年。

【宪法】现行宪法于1978年9月7日生效，为斯历史上第四部宪法，废除沿袭多年的英国式议会制，效仿法国和美国，改行总统制。1982年后曾多次修改宪法，将议会任期由六年改为任满时可通过公民投票决定是否延长。宪法规定，斯所有官员，包括议员在内，必须宣誓反对分裂主义，维护国家统一。

【议会】斯议会为一院制，由225名议员组成，任期六年。本届议会于2010年4月选出。席位分布情况为（截至2010年11月）：统一人民自由联盟160席，统一国民阵线45席，泰米尔全国联盟12席，其他党派8席。现任议长恰马尔·拉贾帕克萨，自由党党员，于2010年4月22日宣誓就职。

【政府】2010年11月，斯新一届内阁成立，包括总统、总理在内共有61人。主要成员有：总统兼国防部长、财政与计划部长、港口与航空部长、公路部长拉贾帕克萨，总理兼佛教和宗教事务部长迪萨纳亚克·贾亚拉特纳（D. M. Jayaratne），良政与基础设施部长拉特纳西里·维克拉马纳亚克（Ratnasiri Wickramanayake），人力资源部长古纳塞克拉（D.E.W.Gunasekara），农村事务部长阿图达·塞纳维拉特纳（Athauda Seneviratne），食品与营养部长达亚拉特纳（P.Cayaratne），城市事务部长法齐（A.H.M.Fowzie），消费者福利部长纳维尼（S.B.Navinne），国有资产部长皮亚塞纳·加马吉（Piyasena Gamage），外交部长佩里斯（G.L.Peiris）。

【行政区划】全国分为9个省和25个区。9个省分别为西方省、中央省、南方省、西北省、北方省、北中省、东方省、乌瓦省和萨巴拉加穆瓦省。

【司法机构】司法机构由三部分组成：法院，包括最高法院、上诉法院、高级法院和地方法院等；司法部，负责司法行政工作；司法委员会，负责法院人事和纪律检查。最高法院首席法官德·席尔瓦（J.A.N.De Silva），2009年6月就任。

【政党】（1）斯里兰卡自由党（Sri Lanka Freedom Party）：1951年9月由所罗门·班达拉奈克创建。现有党员约65万。奉行开放的市场经济政策和不结盟的外交政策。曾于1956年、1961年和1970年三次执政。1981年、1984年和1993年先后三次分裂。1993年起联合其他小党组成人民联盟，在1994年和2000年议会选举中获胜。2004年和2010年，该党与人民解放阵线组成统一人民自由联盟在议会选举中获得多数席位，上台执政。目前，主席为现任总统拉贾帕克萨，总书记西里塞纳（M. Sirisena）。

（2）统一国民党（United National Party）：1946年9月6，以森那纳亚克为首的锡兰国民大会党、以班达拉奈克为首的僧伽罗大会党和以贾亚为首的全锡兰穆斯林联盟合并，成立统一国民党。现有党员约140万。主张自由竞争、对外开放的经济政策和不结盟的外交政策。曾于1948～1956年、1960年3～7月、1965～1970年、1977～1994年、2001～2004年先后独立或与其他政党联合执政。领袖拉尼尔（Ranil Wickramasingh），主席贾亚维克拉马（G. Jayawickrama），总书记阿特纳亚克（T. Attanayake）。

（3）泰米尔全国联盟（The Tamil National Alliance）：成立于2001年10月，由泰米尔联合解放阵线、伊拉姆人民革命解放阵线、泰米尔伊拉姆解放组织和全锡兰泰米尔大会党四个泰米尔政党组成，总部位于斯北部泰米尔人聚居的贾夫纳。主张泰米尔人具有民族自决权，呼吁政府保护泰米尔人权利。2011年以来该党与斯里兰卡政府就民族问题政治解决方案展开多轮对话。现任党领袖为杉潘坦（R. Sampanthan），秘书长为塞纳提拉贾（M. Senathirajah）。

（4）人民解放阵线（Janatha Vimukthi Peramuna, People's Liberation Front）：成立于1970年，主要成员来自当时的锡兰共产党。直至20世纪90年代初，该党一直坚持武装斗争。90年代以来调整政策，选择议会斗争道路，主张"建立社会主义政府"、"运用人民赋予的权力为人民谋福利"、"追求经济平等"，外交上主张改善和发展与邻国的关系，反对别国干涉斯内部事务。领袖为阿马拉辛哈（S. Amarasinghe），总书记蒂尔文·席尔瓦（T. Silva）。

其他政党和组织还有全国僧伽罗僧侣党、锡兰工人大会党、穆斯林大会党、泰米尔全国联盟、高地人民阵线、伊拉姆人民民主党和斯里兰卡共产党等。

【和平进程与国内局势】斯政府与"泰米尔伊拉姆解放虎"组织（简称"猛虎"）间的冲突持续26年，造成7万多人死亡。2002年2月，在挪威斡旋下，双方签署《永久停火协议》，先后举行6轮和谈。2003年4月，"猛虎"退出和谈，和平进程宣告中断。2006年2月和10月，双方又举行两轮和谈，但未能达成一致。2007年7月，政府军收复东方省并向北部"虎控区"推进。2008年1月，斯政府宣布退出《永久停火协议》。2009年1月，政府军收复"猛虎行政首都"基里诺奇等城镇。5月，斯总统宣布军事行动取得成功，收复所有"猛虎"控制区域，消灭普拉巴卡兰等"猛虎"主要头目。目前，斯政府积极推进战后平民安置和经济社会重建，政治、经济、安全形势总体趋于稳定。

消灭"猛虎"组织后，西方国家不断在流离失所者（IDP）安置和人权等问题上向斯施压。在一些西方国家和非政府组织推动下，联合国秘书长潘基文于2010年6月宣布成立专家小组，对斯内战期间违反国际人道法和人权法及侵权行为进行调查。美西方国家还多次推动在联合国人权理事会通过涉斯决议。斯方对此坚决反对。斯政府成立教训总结与民族和解委员会，调查2002年以来违反国际人权法原则的行为。

【重要人物】马欣达·拉贾帕克萨：总统。生于1945年11月18日，僧伽罗族，佛教徒，自由党主席。其父D.A.拉贾帕克萨曾任副议长，为自由党创始人之一。毕业于科伦坡法学院，获律师资格。1970年作为自由党候选人当选议员，成为当时最年轻议员。1989年再次当选，并担任议会人权委员会秘书。1994年出任劳工、职业培训部长，后转任渔业和水产资源发展部长。2000年10月任自由党副主席。2002年2月任反对党领袖。2004年4月被库马拉通加总统任命为政府总理。在2005年11月第五届总统选举中获胜，当选斯第六任总统。2010年1月成功连任。 **迪萨纳亚克·贾亚拉特纳**：总理。生于1931年6月4日。斯里兰卡自由党创始人之一，人民联盟核心成员。1950年步入政坛。1951年加入斯自由党。1970年首度参加全国议会选举并当选议员。1989年作为斯自由党康提选区候选人再次参加议会选举并高票当选，成为议会反对党成员。1994年出任人民联盟总书记。曾先后担任土地、农业和林业部长、邮电部长、种植园产业部长等职务。2001年，曾当选联合国粮农组织亚太区主席。2010年4月，出任斯里兰卡第20届总理。 **恰马尔·拉贾帕克萨**：议长。生于1942年10月30日，僧伽罗族，斯总统马欣达·拉贾帕克萨长兄。曾就读于斯著名的里士满大学。早年在警界工作8年多，之后担任国家贸易公司总经理。1989年，以斯自由党汉班托塔地区议员的身份进入议会，并连任至今。曾先后出任农业和土地部副部长、港口和南方发展部副部长、种植园产业部副部长、农业和土地部长、港口航空部长兼任水利灌溉部长。2010年4月，当选斯第14届议会议长。 **加米尼·拉克什曼·佩里斯**：外长。生于1946年8月13日，牛津大学与科伦坡大学博士，曾任科伦坡大学法律教授和副校长。1994年从政，任宪法事务部长和财政部副部长。2000～2002年任工业发展部长、宪法事务部长和财政部副部长。2002～2004年任政府和平进程首席谈判代表、企业发展、工业政策和促进投资部长和宪法事务部长。2007～2010年任国际贸易与出口发展部长。2010年4月，出任外交部长。

经济

以种植园经济为主，主要作物有茶叶、橡胶、椰子和稻米。工业基础薄弱，以农产品和服装加工业为主。在南亚国家中率先实行经济自由化政策。1978年，开始实行经济开放政策，大力吸引外资，推进私有化，逐步形成市场经济格局。2008年，受国际金融危机影响，斯里兰卡主要出口商品和旅游业收入下降，外汇储备大量减少。斯国内军事冲突结束后，斯政府采取了一系列积极应对措施。国际货币基金组织向斯提供26亿美元临时信贷安排。当前斯宏观经济逐步回暖，呈现出良好发展势头，2010年和2011年经济增长率均达到8%。2011年主要经济数据如下（资料来源：斯里兰卡中央银行2011年度报告）：

国内生产总值（GDP）：65427亿卢比（约合592亿美元）。

人均国内生产总值：2836美元。

国民经济增长率：8.3%。

货币名称：卢比（Rupee）。

汇率：1美元=110.57卢比（2011年平均值）。

通货膨胀率：4.9%。

失业率：4.2%。

【资源】主要矿藏有石墨、宝石、钛铁、锆石、云母等。石墨、宝石、云母等已开采。渔业、林业和水力资源丰富。

【工业】工业主要有纺织、服装、皮革、食品、饮料、烟草、造纸、木材、化工、石油加工、橡胶、塑料和金属加工及机器装配等工业，大多集中于科伦坡地区。2011年工业产值占GDP的29.3%，增长10.3%，从业人数占总劳力的24.3%。

【农业】可耕地面积400万公顷，已利用200万公顷。主要作物为茶叶、橡胶、椰子等。2011年农业产值占GDP的11.2%，增长1.5%，从业人数占总劳力的32.9%。

【服务业】2011年服务业产值占GDP的比重为59.5%，增长8.6%，从业人数占总劳力42.8%，酒店餐饮、银行保险、房地产、进口贸易、邮政和电信、运输和通讯等产业增长较快。

【旅游业】是斯经济的重要组成部分。游客主要来自欧洲、印度、东南亚等国家和地区。2003～2005年，斯连续三年到访外国游客数量突破50万人。自2005年底，斯政府军与“猛虎”冲突对旅游业造成一定冲击。2009年，随着斯局势转好，旅游业有所恢复。2011年入境人数为85.6万人次，同比增长31%，旅游业收入8.3亿美元，同比增长44.2%。

【交通运输】全国有公路12019公里，铁路1640公里。主要港口有科伦坡、高尔和亭可马里。科伦坡机场为国际机场。斯里兰卡航空公司经营国际航空业务。

【财政金融】2011年财政收入为9499.2亿卢比，财政支出14001.0亿卢比，财政赤字4501.8亿卢比。

2011年外汇储备60亿美元，同比减少9.2%。外债23292.8亿卢比，占GDP的35.6%。

【对外贸易】实行自由外贸政策，除政府控制石油外，其他商品均可自由进口。近年来，出口贸易结构发生根本变化，由过去的农产品为主转变为以工业产品为主。主要出口商品为纺织品、服装、茶叶、橡胶产品、石化产品。2011年主要出口对象是美国、英国、意大利、比利时、印度、德国等，主要进口对象是印度、新加坡、中国、伊朗、日本等。近几年外贸情况如下（单位：亿美元）：

	2009	2010	2011
出口额	70.9	86.3	105.6
进口额	102.1	134.5	202.7
逆　差	31.2	48.2	97.1

【外国资本】政府实行保护和吸引外资的政策。全国已建立4个自由贸易区。外资主要来自毛里求斯、印度、中国香港、马来西亚、英国等。2011年外国直接投资约10.7亿美元。

【外国援助】外援在斯经济生活中作用突出。斯几乎所有大型项目均依靠外援兴建。向斯提供援助的国家和国际组织有30多个，主要有中国、日本、亚洲开发银行、世界银行、瑞典、法国等。2011年外援总额为20.8亿美元。

人民生活

政府长期以来实行大米补贴、免费教育和全民免费医疗等福利措施。2011年，每千人拥有病床数3.3张，每1274人拥有1名医生，公共卫生开支占GDP的1.4%。预期寿命74.9。

军　事

斯陆、空军建于1949年，海军建于1950年。总统为武装力量总司令。最高国防决策机构为国家安全委员会，成员有国防部长，陆、海、空三军司令，警察总监等，主席由总统兼任。国防部为最高军事行政机构。武装力量由正规军和警察组成。正规军分陆、海、空三个军种。总统通过国家安全委员会、国防部和陆海空三军内部对全军实施领导和指挥。陆军司令加戈特·贾亚苏里亚（Lt. General Jagath Jayasuriya），海军司令迪萨纳亚克（Vice Admiral D.W.A.S.Dissanayake），空军司令阿贝维克拉马（Air Marshal HD Abeywickrama）。

总兵力约17万，陆军13.5万，海军2万，空军1.5万。另有警察、国民辅助志愿队和家乡卫队约8万人。

文化教育

民族文化历史悠久，深受佛教影响。

【教育】政府一贯重视教育，自1945年起实行幼儿园到大学的免费教育。2010年居民识字率达91.9%。全国有学校9675所，私立学校817所，在校学生430万多人，教师23万人。2011年政府教育开支占GDP的1.9%。主要大学有佩拉德尼亚大学和科伦坡大学。

【新闻出版】全国有报刊200余种，4个报业系统：（1）锡兰联合报业公司：通称湖滨大厦，1918年创办，1973年由政府接管。《每日新闻》是斯最大的英文日报。《每日太阳报》是最大的僧伽罗文日报之一。（2）乌帕里集团报业公司：1981年11月创办。主要报刊《岛报》为英、僧文日报，发行量很大。（3）维贾亚报业公司：1990年创办。主要报刊有僧伽罗文日报《兰卡之光》和英文《星期日时报》。（4）快报报业公司：1930年创办，私营。出版泰米尔文报刊，《雄狮报》为最大的泰米尔文日报。

兰卡通讯社：1978年由几家报业公司联合创办的半官方新闻机构。

斯里兰卡广播公司：原名锡兰电台，1967年改用现名，系官方广播电台。

斯里兰卡电视台：国家电视台。1982年开播，每天用英、僧、泰三种语言播出。

对外关系

奉行独立和不结盟的外交政策，支持和平共处五项原则，反对各种形式的帝国主义、殖民主义、种族主义和大国霸权主义，维护斯里兰卡独立、主权和领土完整，不允许外国对斯内政和外交事务进行干涉。关心国际和地区安全，主张全面彻底裁军，包括全球核裁军以及建立国际政治、经济新秩序。坚决反对国际恐怖主义，1998年1月签署了《联合国反恐怖爆炸公约》，成为该公约的第一个签字国。积极推动南亚区域合作。外交重点是在解决国内民族问题上寻求国际社会的理解和支持。在联合国和南盟等组织内呼吁加强国际反恐合作。已同130多个国家建立了外交关系。

【同中国的关系】中国与斯里兰卡是友好国家，两国人民有着深厚的传统友谊。1957年2月7日建交后，两国关系在和平共处五项原则的基础上顺利发展，政治往来不断，经济合作与贸易关系逐步加强。2005年4月，温家宝总理访斯期间，两国宣布建立真诚互助、世代友好的全面合作伙伴关系。斯政府一贯奉行对华友好政策，长期以来在台湾、涉藏、人权等问题上给予中国支持。两国在许多重大国际和地区问题上拥有共识，合作良好。中国一直在人权问题上坚定支持斯方，多次在国际场合为斯仗义执言。

2011年3月，全国人大常委会副委员长华建敏访斯。5月，斯外长佩里斯来华工作访问。6月，胡锦涛主席在出席圣彼得堡国际经济论坛期间会见斯总统拉贾帕克萨，戴秉国国务委员在云南昆明会见来华出席昆交会等系列活动的斯总理贾亚拉特纳。8月，斯总统拉贾帕克萨访华并出席第26届世界大学生运动会开幕式，温家宝总理在北京会见拉贾帕克萨。9月，吴邦国委员长在福建厦门会见来华出席第15届中国国际投资贸易洽谈会的斯总理贾亚拉特纳。12月，全国政协副主席张梅颖访斯并出席中国援斯国家艺术剧院落成典礼。2012年5月，中共中央政治局委员、中央政法委副书记王乐泉访斯。6月，斯议长恰马尔、统一国民党领袖拉尼尔访华。

2011年双边贸易额为31.42亿美元，其中中方出口额29.89亿美元，进口额1.53亿美元，同比分别增49.8%、49.8%和49.2%。

中国驻斯里兰卡大使：吴江浩。馆址：381/A BAUDDHALOKA MAWATHA，COLOMBO 7，SRI LANKA。电话：94-11-2688610（办公室），2694494（政治处），2682495（经商处），2694493（文化处）；传真：2693799（办公室），2684579（经商处）。

斯里兰卡驻华大使：兰杰特·乌杨高达（Ranjith Uyangoda）。馆址：北京市朝阳区建国门外建华路3号。电话：010-65321861，65321862；传真：65325426。

【同美国的关系】美是斯主要的援助国和贸易伙伴。美对斯政府坚持经济改革、平衡推行民主进程表示满意。美支持斯政府政治解决民族问题的立场。1997年，美宣布“猛虎”为恐怖组织。2004年底海啸灾难发生后，美在斯救灾和灾后重建中发挥了积极作用。2011年5月和9月，美南亚和中亚事务助理国务卿布莱克访斯。9月，拉贾帕克萨总统赴纽约出席第66届联合国大会并会见布莱克等政要。10月，美国会众议员代表团访斯。

【同印度的关系】斯里兰卡与印度有着悠久的历史和地缘联系。同印保持友好关系是斯外交政策的重点。双方重视经济合作，希望通过经济合作带动南盟合作的起步。印支持斯和平解决民族冲突。2010年1月，印度外秘拉奥琪访斯。6月，斯总统拉贾帕克萨访印。2011年5月，斯外长佩里斯访印。6月，印度国家安全顾问梅农、外秘拉奥琪、国防部秘书库玛尔联袂访斯。

【同南盟的关系】斯重视南亚区域合作，积极支持和参与南盟的各项活动。1998年7月，南盟第10届首脑会议在斯举行。斯积极推动南盟国家发展合作关系，强调经济发展是南盟的首要任务，为此需要一个和平、安定的地区环境。2008年，斯成功主办第15届南盟峰会。2011年，斯总统拉贾帕克萨出席在马尔代夫举行的第17届南盟峰会。 （王艳瑾）

塔吉克斯坦

国名 塔吉克斯坦共和国（The Republic of Tajikistan，Республика Таджикистан）。

面积 14.31万平方公里。

人口 780.05万（2012年1月）。塔吉克族占79.9%，乌兹别克族占15.3%，俄罗斯族约占1%。此外，还有鞑靼、吉尔吉斯、土库曼、哈萨克、乌克兰、白俄罗斯、亚美尼亚等民族。塔吉克语（属印欧语系伊朗语族）为国语，俄语为族际交流语言。居民多信奉伊斯兰教，多数属逊尼派，帕米尔一带属什叶派伊斯玛仪支派。

首都 杜尚别（Dushanbe，Душанбе），人口73.05万（2012年1月）。夏季最高气温可达40℃，冬季最低气温零下20℃。

国家元首 总统埃莫马利·拉赫蒙（Эмомали Рахмон），1994年11月6日就任总统，1999年11月6日和2006年11月6日两次连任，任期至2013年11月6日。

重要节日 战胜德国法西斯纪念日：5月9日；民族统一日：6月27日；独立日：9月9日；宪法日：11月6日；纳乌鲁兹节（春节）：3月21日。

简况

位于中亚东南部的内陆国家。东与中国接壤，南邻阿富汗，西部和北部与乌兹别克斯坦和吉尔吉斯斯坦相连。境内多山，约占国土面积的93%，有“高山国”之称。属大陆性气候，夏季干燥炎热，降水多集中在冬、春两季。1月平均气温-1℃～3℃，7月平均气温27℃～30℃。

公元9～10世纪，塔吉克人建立萨马尼德王朝，塔民族文化、风俗习惯基本形成于这一历史时期。13世纪被蒙古鞑靼人征服。14～15世纪属帖木尔后裔统治的国家。16世纪起加入布哈拉汗国。1868年，北部费尔干纳州和撒马尔罕州各一部分并入俄国。1917年11月至1918年2月，北部建立苏维埃政权。1918年底全境建立苏维埃政权。1924年10月14日成立塔吉克苏维埃社会主义自治共和国，属乌兹别克苏维埃社会主义共和国。1929年10月16日改为塔吉克苏维埃社会主义共和国，成为苏联的一个加盟共和国。1990年8月24日，塔吉克最高苏维埃发表主权宣言。1991年8月底更名为塔吉克斯坦共和国，同年9月9日宣布独立，12月加入独联体。

政治

塔独立后政局动荡。1992年3月爆发内战，1997年6月27日，在联合国及俄罗斯、伊朗等国斡旋下，拉赫蒙总统和联合反对派首领努里在莫斯科签署《关于在塔实现和平和民族和解总协定》，开始民族和解进程。1999年9月26日，塔就修宪举行全民公决，修改条款包括保持世俗国体、允许建立宗教性质政党、实行议会两院制、总统任期七年等。11月6日，拉赫蒙在独立后第二次总统大选中蝉联总统。2000年2月27日和3月23日，塔分别举行了首次议会下院和上院选举。3月31日，塔总统签署命令，宣布从4月1日起正式停止民族和解委员会活动，民族和解进程结束。2001年6月至8月，塔政府大规模围剿拒绝与政府合作的前反对派残余武装，肃清了盘踞在杜尚别市附近的匪帮。2002年起，塔政府加大打击宗教极端主义、贩毒及各种犯罪的力度，积极争取国际支持和援助。2003年6月22日，塔修宪再次延长总统任期。2005年2月下旬，塔举行议会下院选举，执政党人民民主党赢得下院63个议席中的47席。2006年11月6日，塔在国际社会监督下举行总统选举，包括现任总统拉赫蒙在内的五名候选人参选，拉以79.3%的得票率再次胜出，并于当月18日宣誓就职。2009年拉政府大力实施“保障能源独立、摆脱交通困境和确保粮食安全”三大发展战略，塔农业产量有所增长。但受全球金融经济危机影响，塔工业产量和对外贸易均有不同程度下降。目前看，塔政局总体保持稳定，政府继续坚决打击极端宗教主义、毒品走私和跨国有组织犯罪。2010年2月下旬，塔举行议会下院选举，执政党人民民主党赢得了下院63个席位中的43席。

【宪法】1999年9月26日，以全民公决方式通过新宪法，对1994年11月的宪法做了修改。新宪法规定：在塔建立世俗、民主、法制国家；实行总统制；总统为国家元首、政府首脑和武装部队的统帅，由全民直接选举产生，每届任期七年。根据2003年6月22日全民公决通过的宪法修正案，新任总统每届任期七年，可连任一届。

【议会】称“马吉利西·奥利”（Маджлиси Оли），意为最高会议，为两院制议会，是国家最高代表机关和立法机关。上院称“马吉利西·米利”（Маджлиси Милли），意为民族院，下院称“马吉利西·纳莫扬达贡”（Маджлиси Намояндагон），意为代表会议。

上院34名议员，任期五年。其中由索格特州、哈特隆州、戈尔诺一巴达赫尚自治州、中央直属区和杜尚别市地方议会各选5人，总统直接任命8人，塔首任总统马赫卡莫夫为上院终身议员。上院主要职能是：确定、修改、撤销国家行政区划；根据总统提议选举和罢免宪法法院院长、副院长，最高法院院长、副院长，总检察长、副总检察长等。上院议长为杜尚别市长马·乌拜杜洛耶夫（М. Убайдуллоев）。

下院设63个议席，其中41个按地方选区由选民选出，22个由党派选举中得票率超过5%的党派推选，任期五年。下院主要职能是：组建选举及全民公决委员会；就法律草案提请全民公决；批准国家经济和社会发展计划；批准获取和发放国家贷款；批准总统令等。2010年3月，舒·祖胡罗夫（Ш. Зухуров）当选议会下院议长。塔总统领导的人民民主党占43个议席，共产党、伊斯兰复兴党、农业党和经济改革党分别占有2席，无党派人士占12个席位。

现议会上、下两院分别于2010年3月25日和2月28日选举产生。

【政府】现政府主要成员有：总理阿·阿基洛夫（А. Акилов），第一副总理马·达夫拉托夫（М. Давлатов），副总理穆·阿利马尔东（М. Алимардон）和鲁·库尔班诺娃（Р. Курбанова，女），外交部长哈·扎里菲（Х. Зарифи），国防部长舍·海鲁洛耶夫（Ш. Хайруллоев），内务部长拉·拉希莫夫（Р. Рахимов），司法部长鲁·缅格利耶夫（Р.Менглиев），经济发展和贸易部长沙·拉希姆佐达（Ш. Рахимзода），财政部长萨·纳日穆季诺夫（С. Нажмуддинов），交通部长尼·哈基莫夫（Н. Хакимов），能源和工业部长舍·古尔（Ш.Гул），文化部长米·阿斯罗里（М.Асрори），教育部长努·赛义多夫（Н.Саидов），卫生部长努·萨利莫夫（Н.Салимов），农业和自然保护部长卡·卡西莫夫（К.Касымов），劳动和居民社会保障部长马·马赫马达米诺夫（М.Махмадаминов），土壤改良和水利部长拉·博博卡洛诺夫（Р.Бобокалонов），国家安全委员会主席赛·亚济莫夫（С.Ятимов），国家投资和国有资产管理委员会主席达·赛义多夫（Д.Саидов），国家银行行长阿·希里诺夫（А.Ширинов）。

【行政区划】全国分为三州一区一直辖市：索格特州、哈特隆州、戈尔诺—巴达赫尚自治州、中央直属区和杜尚别市。

【司法机构】包括宪法法院（院长马·马赫穆多夫,М.Махмудов）、最高法院（院长努·阿卜杜拉耶夫，Н. Абдуллаев）、最高经济法院（院长阿·戈伊布纳扎罗夫，А.Гоибназаров）、军事法院（院长赛·吉约耶夫，С. Гиёев）、总检察院（总检察长舍·萨利姆佐达，Ш. Салимзода）、军事检察院（军事检察长沙·库尔班诺夫，Ш. Курбанов）及各地方法院和检察院。

【政党】1999年8月初塔联合反对派解散武装后不久，塔司法部正式解除对反对派政党活动的禁令。9月26日塔以全民公决方式通过的宪法修正案中包括允许建立宗教性质政党内容。目前主要有8个政党：

（1）人民民主党（Народная демократическая партия）：原名人民党，1994年12月10日成立，1997年6月更名为人民民主党。其纲领是团结社会健康力量积极参与国家管理，发展以多种所有制为基础的国民经济，改善人民生活，保障公民权利和自由，建设主权、民主、法制、世俗和统一的国家。其优先任务为巩固民族和解，发展民主社会，进行深刻的政治、经济、社会改革，致力于法制和政治文化建设，重视民族精神发展，坚决打击犯罪、恐怖主义和非法贩运毒品，反对政治、文化、地域、民族、种族、地区和宗教等任何形式的极端主义，建立友好、平等和互利关系，维护国家利益，与世界各国和国际组织发展经济、政治、文化合作。现有党员约13万人，在全国各大城市、区均建有分支机构。在议会下院中占有43个议席。拉赫蒙总统1998年4月任党主席至今。

（2）共产党（Коммунистическая партия）：1924年成立。1991年“八·一九”事件后停止活动。同年9月21日更名为社会党。1992年1月19日恢复原名。1996年6月塔共召开第23次代表大会，制定新党章，其目标为：在自愿基础上团结以自由平等的社会主义和共产主义为目标的社会各阶层代表，创造性地运用马克思列宁主义等社会进步思想成果，捍卫广大劳动人民利益。进行旨在巩固国有、集体所有和私有等所有制形式的改革，建立面向社会的市场经济，优先发展能源、交通和高新技术，提高就业率，缩小贫富差距，改善人民生活，保障人的权利、自由和全面发展。尊重社会公平和多样性，保证劳动者平等享有劳动权利和免费教育、免费医疗等社会福利，消灭人剥削人的现象。维护国家主权和独立，积极与国际社会发展互利合作。现有党员5.55万余名，在议会下院占有2个议席。主席绍·沙勃多洛夫（Ш. Шабдолов）。

（3）伊斯兰复兴党（Партия Исламского

возрождения）：成立于1990年10月。基本宗旨是建立政教合一的伊斯兰国家，同时主张遵守含有规定国体为世俗制的现行国家宪法。该党确定的主要目标为：维护国家政治、经济、文化的独立性和领土统一与完整，实现持久和平、民族和解及塔各兄弟民族和睦共处，致力于发展伊斯兰民族和全人类的最高价值观，在此基础上复兴塔人民的文化宗教价值观，促进社会民主发展，坚决反对国家干部政策中的“任人唯亲”。该党主要社会基础在农村。塔内战爆发后成为武装联合反对派核心，于1993年6月被取缔。1999年8月反对派首领赛·努里（С. Нури）宣布放弃武装后，该党活动被解禁。同年9月，在该党第二次党代会上，努里当选主席。2006年8月努里因病去世，原第一副主席穆·卡比里（М. Кабири）当选为该党主席。现有约4万名党员，在本届议会下院占有2个席位。

（4）社会主义党（Социалистическая партия）：成立于1996年6月。主张社会平等，保障人权，特别是中下层劳动者的权益，反对人剥削人；促进建立法制国家，加强民主建设，改善国民经济，努力摆脱经济危机，提高人民生活水平；改革人事政策，维护社会公正，打击贪污腐败；尊重塔各民族历史、文化传统，提倡民族团结和共同发展。原主席萨·肯贾耶夫1999年3月遇刺身亡后，舍·肯贾耶夫（Ш. Кенджаев）任代主席。2004年8月，该党分裂为“纳尔季耶夫派”和“加法罗夫派”。亲当局的“加法罗夫派”在司法部获准注册，主席阿·加法罗夫（А. Гаффаров）。以米·纳尔季耶夫（М. Нарзиев）为代表的“纳尔季耶夫派”迄今未能取得合法地位。目前约有1.71万名党员。在索格特和哈特隆两州设有分支机构。

（5）社会民主党（Социал-демократическая партия）：成立于1998年3月。党训为“理智、公正、发展”，主张促进社会公平，依法制国，建立强有力的民主法制国家，实行多党制，通过与现政权的建设性合作保障稳定发展社会民主和进行政治法制改革，尊重和保障人权及自由；强调保障国家管理和干部选拔制度透明度，推行以社会为导向的市场经济；认为宗教机构不宜参政，反对原教旨主义；主张加强国家和国防安全，为塔民主发展创造良好国际环境。主席拉赫马图洛·佐伊罗夫（Р. Зоиров）。目前约有5000名党员。

（6）经济改革党（Партия экономических реформ）：2005年9月在杜尚别成立，当年10月28日在塔司法部登记为合法政党。该党主张提高工业在国民经济中的地位，有效利用矿产和能源资源，大力发展中小企业和私营企业，增强塔产品竞争力，实现经济增长，解决地区发展不平衡问题，保障国民享受应有的生活和自由发展；大幅提高干部素质和政府工作效率，反对土地私有化，倡议由国家统筹合理分配使用土地资源。该党现有党员约1.91万人，主要由高等院校教师、经济专家和学者及中小企业家组成。在本届议会下院中占2个席位。主席奥利姆忠·博博耶夫（О. Бобоев）。

（7）民主党（Демократическая партия）：成立于1990年8月。其宗旨为建立塔吉克斯坦民主社会，保障公民自由及其政治经济权利，根本任务是通过该党在国家机构中的代表积极参与国家管理，实现国家政治、经济、军事、文化完全独立，促进塔国家统一及民族和解，支持建立多种所有制并存的市场经济。1992年该党同伊斯兰复兴党共同反对政府，内战开始后被宣布为非法，主要领导人逃往国外。1994年9月分裂为支持政府的“德黑兰派”和反政府的“阿拉木图派”，主席分别为阿·阿弗扎利（А. Афзали）和马·伊斯坎达罗夫（М.Искандаров）。1999年塔司法部解除对该党活动的禁令。曾参加2005年2月举行的塔议会下院选举但未入围。主席伊斯坎达罗夫2005年10月被塔最高法院以从事恐怖活动等罪行判处23年监禁。副主席拉赫马图洛·瓦利耶夫（Р. Валиев）曾为实际负责人。2006年4月民主党内部成立以马苏德·索比罗夫（М. Собиров）为首、亲现政权的“祖国”党团，在总统选举期间得到司法部批准，重新登记并承认索为该党合法主席。两派党内权力之争仍在继续。鼎盛时期曾有成员1.62万余人。现有成员约6000人。

（8）农业党（Аграрная партия）：2005年10月1日在杜尚别成立，同年11月15日在塔司法部登记为合法政党。主张建立公民社会，保障社会公正和人权自由，反对地方主义和分裂主义，维护民族团结和民族和解；主张建立面向社会的市场经济，强调加强国家经济独立性和粮食自给，认为农业应作为国民经济优先领域得到国家全面支持，提高农产品产量和质量，扶持从事农产品加工的中小企业发展，改善农民生活条件；呼吁完善国家土地政策，合理使用土地资源，实现农业可持续发展。目前有党员约1300人，主要由政府农业部门官员、农业专家和研究人员、农民代表组成。在本届议会下院中占2个席位。主席为阿·卡拉库洛夫（А. Каракулов）。

【重要人物】埃莫马利·拉赫蒙：总统。1952年10月5日生于库利亚布州（现哈特隆州）丹加拉镇，塔吉克族。1971～1974年在前苏联太平洋舰队服役。1982年毕业于塔吉克国立大学经济系。1988～1992年任丹加拉区列宁农场场长。1990年当选为塔最高苏维埃人民代表。1992年任库利亚布州人民代表苏维埃执委会主席，同年11月19日当选塔最高苏维埃主席。1994年11月6日，经全民投票当选塔总统。1999年11月6日和2006年11月6日两次连任。本届任期七年。已婚，育有九个子女。　**马赫马德萨义德·乌拜杜洛耶夫：**议会上院议长。1952年2月1日生于库利亚布州（现哈特隆州）法尔霍尔区，塔吉克族。1970年、1974

年先后毕业于塔吉克工学院和乌克兰哈尔科夫工学院电气工程专业。1974年起任职于库利亚布州统计局。1979～1983年任库利亚布市党委组织部长。1983～1986年任塔中央统计局副局长。1986～1988年任库利亚布州党委工业交通局局长。1988～1990年任库尔干秋别州统计局局长。1990～1992年任库利亚布州人民代表苏维埃执委会副主席。1992～1996年先后任塔副总理、第一副总理。1995～2000年任塔议会人民代表。1996年至今任杜尚别市长。2000年4月当选塔议会上院议长。2005年4月、2010年4月两次连任。已婚，育有三个子女。　**舒库尔忠·祖胡罗夫：**议会下院议长。1954年9月17日生于库尔干秋别州喷赤区，塔吉克族。1976年和1992年先后毕业于莫斯科土地规划工程学院和俄罗斯管理学院。1976～1979年就职于库尔干秋别州农业管理局土地规划处。1979～1986年先后任塔共青团中央青年农工处教导员、处长和团中央书记。1986年任塔共青拉巴德区委主席。1990年任塔国家干部培训委员会主席。1993～1998年任塔劳动和就业部部长。1994～1997年兼任塔民族和解委员会委员、民族和解委员会难民问题分委会主席。1998～2005年先后任塔哈特隆州喷赤区区长和总统办公厅副主任。2005年当选塔议会下院议员。2006～2010年任塔劳动和居民社会保障部部长。2010年3月当选塔议会下院议长。已婚，有五个子女。　**阿基尔·阿基洛夫：**总理。1944年2月2日生于原列宁纳巴德州胡占德市，塔吉克族。1967年毕业于莫斯科建筑工程学院。此后在建设部门担任各级职务。1976～1992年从事党务工作。1993年任塔建设部长。1994～1996年任塔副总理。1996年6月起任列宁纳巴德州第一副州长。1999年12月20日出任总理。2006年12月1日连任。已婚，育有三个子女。

经　济　塔经济基础薄弱，结构单一。苏联解体后的政治经济危机以及多年内战使塔国民经济遭受严重破坏，经济损失总计超过70亿美元。1995年塔开始实施《深化经济改革和加快向市场关系过渡的紧急措施》和《1995～2000年经济改革纲要》，确立了以市场经济为导向的国家经济政策，并推行私有化改制。1997年塔国民经济开始步出低谷，呈现出恢复性增长。2000年10月成功发行国家新币索莫尼，初步建立国家财政和金融系统，开始逐步完善税收、海关政策。2003年，塔政府制订国家工业发展政策，有效利用国家资源优势，加大生产技术革新力度，逐步提高产品加工水平和产品竞争力。2005年新一届议会选举之后，经济继续保持着平稳的发展态势，连续多年的通货紧缩局面得到改善，人均收入开始有所增加，各项经济指标均有所回升。2008年全球金融危机对塔经济造成一定冲击，塔政府采取系列应对措施，随后塔经济逐渐增长。但另一方面因本国经济规模相对较小，其发展对国际社会依赖甚重，塔全面恢复并发展经济任重而道远。

2011年塔经济仍保持增长态势，GDP为65.23亿美元，同比增长7.4%。人均收入增加，工业生产增加，外贸额大幅增加；同时能源短缺和缺乏支柱产业问题日益突出，外债压力大。2011年主要经济数据如下：

国内生产总值（GDP）：65.23亿美元。

人均国民生产总值：844.1美元。

国内生产总值增长率：7.4%。

货币名称：索莫尼（Сомони）。

汇率：1美元=4.88索莫尼。

通货膨胀率：9.3%。

失业率：2.6%。

【资源】塔水利资源位居世界第八位，人均拥有量居世界第一位，占整个中亚的一半左右，但开发量不足实际的10%。该国水源主要来自冰川，记录在册的冰川有1085条，冰川面积为8041平方公里，约占中亚冰川总面积50%。最大的冰川为费琴科冰川（长77公里）。该国有三大水系，分别属于阿姆河流域、扎拉夫尚河流域和锡尔河流域。长达500公里以上的河流有4条，长度在100～500公里的河流有15条。主要河流为阿姆—喷赤河（921公里）、扎拉夫尚河（877公里）、瓦赫什河（524公里）、锡尔河（110公里）。该国湖泊颇多，总面积1005平方公里，约占领土面积的1%，最大的湖泊——卡伊拉库姆湖（380平方公里，即喀拉湖，素有“塔吉克海”之称），最高的湖泊——恰普达拉湖（海拔4529米），也是独联体海拔最高的湖泊。

塔在大河的干、支流修建了30多座大、中、小型水电站，装机容量为509万千瓦，2010年水电设备发电量约161.76亿度。丰水期基本能满足内需，夏季还可向周边国家出口。

塔矿产资源丰富，种类全、储量大。经过1971～1990年大规模的勘探，发掘出400多个矿带，已探明有铅锌、铋、钼、钨、锑、锶和金、银、锡、铜等贵重金属、油气和石盐、硼、煤、萤石、石灰石、彩石、宝石等50多种矿物质，其中有30多处金矿，总储量超过600吨；银矿多为与铅、锌伴生矿，储量10万吨，大卡尼曼苏尔银矿为世界最大银矿之一；锑储量占整个独联体的50%，在亚洲占第三位，仅次于中国和泰国；塔共探明有140处建材原料矿，其中40处已经开采，多处的储量可维持20～25年甚至更长的开采，为生产砖、惰性材料、陶瓷石膏、面板、水泥等建材提供原料。

塔油气资源储量为石油1.131亿吨，天然气8630亿立方米，但无法得到有效开发：一是资源埋藏较深，多为7000米以下；二是缺少战略投资商。因此，所需大部分石油及天然气依赖进口。2011年塔原油和天然气开采量分别为2.87万吨和1885万立方米，同比分别增长5.6%和11.4%。所需大部分石油及天然气依赖进口，2011年进口40.9万吨石油和1.79亿立方天然气。此外，塔煤炭资源较为丰富，现有的17个煤矿区和24个含煤矿区已发现有褐煤、岩煤、焦碳和无烟煤等，探明储量共计46亿吨，其中，无烟煤储量515万吨，仅次于越南，排名世界第二。焦碳储量13.217亿吨。由于经济困难，塔无力对煤炭开采业进行大规模投入。2011年塔原煤开采仅23.4万吨。

【工业】2011年塔工业产值为16.45亿美元，同比增长5.9%。其中采掘、加工和水电气生产各占12.8%、67.2%和20%。塔基础工业部门食品和纺织业分别占28.3%和18.5%。采掘业增长较快，同比增长36%。有色冶金是塔重要产业，受能源供应不足及电价上涨等因素影响较大，出现萎缩，同比下降15.8%。近三年主要工业品产值如下（单位：万索莫尼）：

	2009	2010	2011
电力	87093.1	113648.5	62453.9
燃料	5532.5	7639.4	5433.4
食品	114048.7	194056.2	110762.1
建材	34209.3	37785.2	30260.4
轻工	36447.9	53355.9	41291.8
有色冶金	95151.6	134318.9	91443.1
化工和石化	5437.0	4530.8	10318.1
机械制造和金属加工	15715.7	21804.5	16990.9

（资料来源：塔吉克斯坦国家统计署数据）

【农牧业】2011年塔农牧业总产值比上年增长7.9%，达148.53亿索莫尼，其中种植业产值108.94亿索莫尼，同比增长8.2%，畜牧业产值39.58亿索莫尼，同比增长7.0%。影响塔农业发展的资金和技术等问题仍未得到解决。近三年主要农牧产品产量如下（单位：万吨）：

	2009	2010	2011
粮食	129.47	126.01	109.81
马铃薯	69.09	25.80	86.31
蔬菜	104.72	35.50	124.19
葡萄	13.85	3.39	15.47
瓜类	42.43	32.20	42.33
其他水果	21.37	6.48	26.27

（资料来源：同上）

【交通运输】2011年塔货运总量为6164.3万吨，比上年同期增长0.3%，客运总量为5.016亿人次，同比增长3.4%。塔交通主要以公路为主，占全国运输总量的85%。

公路：总长1.3747万公里。2011年货运量为5239.7万吨，比上年增长2.8%，客运量5.01亿人次，同比增长3%。

铁路：总长950.7公里，使用长度616.7公里，其中114公里已超期服役。2011年货运量924.2万吨，同比下降11.5%，客运量60.3万人次，同比增长2.9%。

空运：塔与沙迦（阿联酋）、马什哈德（伊朗）、新德里（印度）、喀布尔（阿富汗）、伊斯坦布尔（土耳其）、慕尼黑（德国）、乌鲁木齐（中国）等城市有国际航班，还有至莫斯科、圣彼得堡、阿拉木图、比什凯克、奥什、叶卡捷琳堡、新西伯利亚等独联体国家的国际航线。国内有杜尚别至胡占德、霍罗格、库利亚布、彭吉肯特等城市的航班等。2011年航空货运量为2500吨，同比增长16.9%；客运量为84.3万人次，同比增长10.1%。主要机场有杜尚别机场、胡占德机场、库利亚布机场。

【财政金融】近三年财政收支情况如下（单位：亿索莫尼）：

	2009	2010	2011
收入	55.42	53.74	84.96
支出	56.43	54.80	82.54
差额	-1.01	-1.06	2.42

（资料来源：同上）

截至2011年12月31日，外债累计21.24亿美元，占GDP的32.8%。国家主要银行有：国家银行、农业投资银行、东方银行、外经银行、储蓄银行、复兴和开发银行等。2011年底黄金外汇储备8.02亿美元。

【对外贸易】近三年外贸情况如下（单位：亿美元）：

	2009	2010	2011
进口额	25.7	26.58	31.86
出口额	10.1	11.95	12.57
差额	-15.6	-14.63	19.29

（资料来源：同上）

2011年塔对外贸易总额达44.43亿美元，同比增加15.4%。与中国的贸易额为6.61亿美元（塔海关统计数），其中对华出口额4.07亿美元，进口额2.55亿美元。

塔出口商品主要是非贵重金属及其制品，占出口总额的54.6%；进口以交通工具机械设备、矿产品及化工产品为主，分别占进口总额的20.8%、22.8%和15.4%。塔主要贸易伙伴国是俄罗斯（10.31亿美元）、中国（6.61亿美元）、土耳其（6.19亿美元）、哈萨克斯坦（4.70亿美元）、伊朗（2.41亿美元）和乌克兰（1.64亿美元）。

【外国资本】2011年吸引外资额为2.31亿美元，累计吸引外资22.32亿美元。外资主要投入领域是公路修复、能源开发及贵金属矿开采和加工、食品加工业、发展中小企业等。目前塔吸引外资的重点领域是水电站建设、公路修复及隧道建设、通信网改造、矿产资源开采和加工、农产品加工等。

【外国援助】2011年向塔提供人道主义援助国家

有41个，共援助物资25515吨，约8638.2万美元，其中面粉2272吨（114.7万美元），植物油769吨（135.0万美元），药品（6408.6万美元）、服装和鞋（237.8万美元），此外还有食品、医疗设备、电子仪器、电脑及其配件等。提供物资最多的是美国（占援助总额的70.6%），其次是俄罗斯（6.3%）、丹麦（5.3%）、中国（3.8%）、荷兰（1.7%）、奥地利和德国（1.6%）、拉脱维亚、韩国和伊朗（1.1%）、哈萨克斯坦（0.6%）等。

【著名公司】塔吉克国家电力控股公司：成立于1963年，注册资本1.5亿美元。主要经营业务是生产和供应热力及电力；设计和建造电站、输变电线及变电站。公司地址：杜尚别市索莫尼街64号。

塔吉克斯坦国家航空公司：塔唯一国有航空公司，成立于1992年，2004年改组。2008年10月塔航重组成6家公司，塔航保留，另设5个股份制公司。公司地址：杜尚别市迪托瓦大街32/1号。

塔吉克铝厂：独联体第三大铝厂，1975年建成投产，设计能力51.7万吨／年，近几年年产量近40万吨，其中60%为纯铝，40%为特殊用途铝。工厂占地10平方公里，共有12个主厂房，其工艺和设备均为法国、意大利等欧洲国家设计制造。产品主要销往荷兰、俄罗斯、土耳其和伊朗。厂址：图尔松扎德市。

塔吉克电信公司：组建于1996年，属国家控股公司，资本额1541.61万美元。公司地址：杜尚别市鲁达基大街57A。

人民生活

2011年月平均工资为426索莫尼，约合87.3美元。塔工资水平行业差别较大，收入最低的农业仅为137.99索莫尼，政府机构为629.49索莫尼。塔工资收入最高行业为信贷、保险和金融业，其平均工资为1668.3索莫尼。

塔物价水平较高，房价约1000美元／平方米。塔国内生产能力有限，大部分商品从国外进口，全国有近1/6的人口在国外打工，2011年汇回30.39亿美元收入，占GDP约50%。

2011年，塔官方公布全国就业人数217.62万，失业人员5.55万，失业率为2.6%。塔就业人口按照部门统计，农业占48.0%，教育18.1%，卫生8.1%，工业6.0%，管理部门3.4%，交通通讯3.0%，建筑2.6%。

军　事

塔武装力量于1993年2月23日组建。由陆军、机动部队、空军防空军三个军种组成，总兵力约1.5万人。陆军编为1个师、4个旅和若干独立保障分队；空军防空军编为1个混编直升机大队，1个防空导弹团和1个防空雷达团；机动部队编为1个空降突击旅和多个独立作战与支持保障分队。此外，塔强力部门中的边防总局隶属国家安全委员会，总兵力约1.7万人。国民卫队直接隶属总统，总兵力约5000人。根据塔俄军事合作协议，俄在塔部署第201军事基地，总兵力约7500人。

文化教育

【教育】2011年，塔吉克斯坦实际教育经费为11.51974亿索莫尼，约占国内生产总值的4.7%。全国学前教育机构共485所，市立机构339所，村立机构146所，学前儿童人数5.75万。中小学校3817所，其中小学1455所，中学2220所，私立学校135所，补习夜校7所，在校学生共169.1万人，教师9.61万人。

塔全国现有各类高等学校33所（包括分校），教师8231人，女性教师2562人。全国在校大学生15.6291万人，女生比例为29%，其中2008～2009学年招收新生3.0324万人，毕业生2.1293万人，研究生1161人。主要高等院校有：塔吉克斯坦国立大学（1948年建立，4个大系、80个专业，在校生1.8万人）、塔吉克斯坦技术大学（在校生1.2万人）、塔吉克斯坦师范大学（在校生1.2万人）、斯拉夫大学（1993年俄、塔联合建立，在校生0.38万人）、胡占德大学（1997年建立，在校生1.3万人）、塔吉克斯坦经济学院（在校生1万人）、塔吉克斯坦农业大学（在校生0.74万人）、塔吉克斯坦医科大学（在校生0.54万人）、库尔干秋别国立大学（在校生1.2万人）、库利亚布国立大学（在校生0.78万人）、霍罗格国立大学（在校生0.48万人）等。塔现有各类科学研究机构56所，其中杜尚别42所，科研人员共3735人，在读研究生1161人，女性436人。中等职业技术学校（包括分校）52所，在校学生3.4134万人。

塔全国现有图书馆1420家，总藏书量为1278.2万册，年读者为90.4万人。塔全国现有各类文化俱乐部995家；博物馆42家，年参观人数为33.6万人；剧院16家，年观众人数38.6万人。

【新闻出版】塔目前有报纸176家，但正常运行的有45家，主要有："亚洲之声报"（Азия-плюс），私人媒体；"人民报"，原为塔共中央报，现为塔政府报；"杜尚别晚报"，私人媒体；"人民论坛报"，执政党（人民民主党）党报。

目前正常运转的通讯社有8家，塔通社、"亚洲之声（Азия-плюс）"通讯社、"Вароруд"通讯社和Авесто通讯社规模相对较大。塔通社为国家通讯社，1993年成立，有员工约60人，注册记者17人。"Азия-плюс"通讯社是1996年4月创办的私人通讯社，有员工约30人。"Вароруд"通讯社是2000年宣布成立的私人通讯社，有员工10人，该社由欧安组织资助，主要报道费尔干纳盆地情况，通讯社总部设在胡占德市。Авесто通讯社，2003年成立，私人通讯社。塔吉克所有通讯社中只有塔通社在俄罗斯、德国等地有4名常驻记者。

塔有广播电台15家，主要的有6家，1家国有，5家独立电台。"Ватан国家广播电台"，1993年成立，使用塔吉克语广播；"亚洲之声（Азия-плюс）广播电台”，1996年成立的私人电台，24小时用俄语广播；“自由广播电台”，2004年俄罗斯人投资建立的私人广播电台，24小时用俄语广播。塔所有电台均不使用短波广播，在塔境外无法收听。

目前塔国有全国性电视台2家，独立电视台4～5家。“塔国家电视台”规模最大，1993年建立，每天使用塔吉克语和俄语播放。塔所有独立电视台均租用“国家电视台”的频道播放自己制作的节目，没有自己的发射装置。

对外关系

奉行“门户开放”和大国平衡的外交政策，积极发展与中亚国家、俄罗斯、美国、欧盟、伊朗、沙特等伊斯兰国家的关系。同时，与世界其他国家发展友好合作关系，积极争取外援，维护塔独立、主权、安全和发展。塔已加入联合国、欧安组织、独联体、上海合作组织、经济合作组织、欧亚经济共同体、伊斯兰会议组织等30多个国际和地区性组织，2002年2月20日正式加入北约“和平伙伴关系”计划。积极参与国际反恐、禁毒工作，倡导在联合国框架内举办“生命之水”2005～2015十年行动有关会议，得到140多个国家支持。截至2011年底，塔与124个国家建立了外交关系，开设驻外使领馆、常驻代表机构26个。

【同中国的关系】1992年1月4日与中国建交。2011年，中塔睦邻友好合作关系稳定发展。4月24～25日，中国国务委员兼公安部长孟建柱对塔进行正式访问。其间，孟国委分别与塔总统拉赫蒙、安全会议秘书阿济莫夫、国安委主席亚济莫夫举行会见，与内务部长卡霍罗夫举行会谈。双方签署《中华人民共和国公安部和塔吉克斯坦共和国国家安全委员会合作协议》等文件。6月14日，国家主席胡锦涛在哈萨克斯坦首都阿斯塔纳出席上海合作组织峰会期间会见塔总统拉赫蒙，就双边关系和其他共同关心的问题交换了意见。8月21～23日，中共中央政治局常委、中央政法委书记周永康对塔进行正式访问。其间与塔总统拉赫蒙举行会谈，并分别会见上院议长乌拜杜洛耶夫、下院议长祖胡罗夫和总理阿基洛夫。双方签署《中国共产党和塔吉克斯坦人民民主党交流合作备忘录》等文件。

其他重要双边往来有：1月22日，塔外交部照会中国外交部，通报塔已完成中塔国界勘界议定书生效国内必要程序，该议定书生效。5月4日，新疆维吾尔自治区党委常委努尔兰·阿布都满金率领的首届《中国—亚欧博览会》推介团访塔。5月8～12日，新疆维吾尔自治区亲情中华艺术代表团赴塔演出。5月23日，国土资源部总工程师、国务院参事张洪涛率团访塔。6月6～15日，塔执政党人民民主党第一副主席萨法罗夫率团访华。8月5～6日，中共中央统战部常务副部长、中华海外联谊会副会长朱维群访塔。9月6日，中国国家主席胡锦涛、全国人大常委会委员长吴邦国、国务院总理温家宝和外交部长杨洁篪分别致电塔总统拉赫蒙、上议院议长乌拜杜洛耶夫、下议院议长祖胡罗夫、总理阿基洛夫和外长扎里菲，祝贺塔独立20周年。9月23日，塔议会下院第一副议长米拉利耶夫、能源和工业部部长古尔和文化部部长阿斯罗里应邀出席在中国西安举行的第四届欧亚经济论坛活动。9月27日，塔总统拉赫蒙、议会上院议长乌拜杜洛耶夫、总理阿基洛夫和外长扎里菲分别致电中国国家主席胡锦涛、全国人大常委会委员长吴邦国、国务院总理温家宝和外长杨洁篪，祝贺我国庆62周年。9月27～28日，中国民政部副部长孙绍骋访塔。10月18日，中国国家主席胡锦涛、全国人大常委会委员长吴邦国、国务院总理温家宝和外交部长杨洁篪分别复电塔总统拉赫蒙、议会上院议长乌拜杜洛耶夫、总理阿基洛夫和外长扎里菲，感谢塔方致电祝贺中国国庆。10月25～27日，中国商务部副部长蒋耀平访塔，出席上海合作组织经贸部长会议。12月7日，中塔政府间经贸合作委员会新疆—塔吉克斯坦分委会第二次会议在杜尚别召开。新疆维吾尔自治区副主席史大刚率团参会。12月16日，塔总理阿基洛夫分别向中国国务院总理温家宝、新疆维吾尔自治区党委书记张春贤、自治区主席努尔·白克力致2012年新年贺卡。12月22日，中国国家主席胡锦涛、全国人大常委会委员长吴邦国、国务院总理温家宝、国务委员戴秉国和外交部长杨洁篪分别向塔总统拉赫蒙、议会上院议长乌拜杜洛耶夫、下院议长祖胡罗夫、总理阿基洛夫、总统外事顾问拉赫马图拉耶夫和外长扎里菲致2012年新年贺卡。12月22日，塔总统拉赫蒙分别向中国国家主席胡锦涛、江泽民同志和国务院总理温家宝致2012年新年贺卡。12月23日，中国驻塔大使范先荣、塔交通部长哈基莫夫等出席中国西安国际航空制造股份有限公司售塔国家航空公司第1架新舟60飞机交接仪式。12月28日，塔议会上院议长乌拜杜洛耶夫向中国全国人大常委会委员长吴邦国致2012年新年贺卡。12月29日，中国驻塔大使范先荣和塔交通部长哈基莫夫分别代表两国政府签署《中塔边境口岸及其管理制度协定》。

据中国海关总署统计，2011年中塔贸易额为20.68亿美元，同比增长44.5%，其中中方出口额19.97亿美元，同比增长45.2%，进口额0.71亿美元，同比增长26.79%。

中国驻塔吉克斯坦大使：范先荣。馆址：г. Душанбе, пр. Рудаки, 143（杜尚别市鲁达基大街143号）。电话：992-37-2242188；传真：2244183。经商参处电话：2214826；传真：2510054。

塔吉克斯坦驻华大使：拉希德·阿利莫夫（Rashid Alimov）。馆址：北京朝阳区塔园外交公寓4-1-3-1。电话：010-65322598；传真：65323039。

【同俄罗斯的关系】2011年1月25日，塔总统拉赫蒙与俄总统梅德韦杰夫通电话，就机场爆炸遇难者向梅表示慰问。2月1日，俄合作署署长穆哈梅特申访塔。2月14～19日，塔俄两国边防部门举行磋商，讨论两国边界合作问题。6月12日，塔总统拉赫蒙向俄总统梅德韦杰夫发贺电，祝贺俄通过《俄联邦国家主权宣言》20周年。6月21日，塔俄第3轮边界问题谈判在杜尚别举行。6月29日，俄罗斯总统办公厅主任纳雷什金和国防部长谢尔久科访塔。7月13日，塔总统拉赫蒙致电俄总统梅德韦杰夫，就俄“布加尔”号轮船在伏尔加河上沉没并造成重大人员伤亡表示慰问。9月2日，俄罗斯总统梅德韦杰夫访塔，与塔总统拉赫蒙举行会谈，讨论了两国经贸、安全、人文和科技等问题。两国元首发表了联合声明并签署了两国边界问题协议等文件。11月24日，塔国防部长海鲁洛耶夫访俄，会见俄国防部长谢尔久科夫，讨论两国军事合作。双方签署了两国防务部门2012年合作计划。2011年俄塔双边贸易额为10.31亿美元。

【同中亚国家的关系】2011年2月8日，塔国防部长海鲁洛耶夫和吉尔吉斯斯坦国防部长库代别尔季耶夫在塔胡占德市凯伊拉库姆区举行会晤，就地区局势等问题交换意见。5月20日，在哈萨克斯坦国防部长贾克瑟别科夫的倡议下，塔国防部长海鲁洛耶夫、贾和吉国防部长库代别尔季耶夫在比什凯克举行会晤，主要讨论举行联合军事演习、保障地区安全、干部培训和行动情报交换等问题。6月7日，为期两天的塔和土库曼斯坦政府间经贸、科技合作委员会第三次会议在阿什哈巴德召开。会议计划讨论两国能源合作的现状和前景。8月2～5日，塔外长扎里菲访问土库曼斯坦。10月27日，塔总统拉赫蒙致电土库曼斯坦总统别尔德穆哈梅多夫，祝贺土独立20周年。11月5日，塔总统拉赫蒙致电阿塔姆巴耶夫，祝贺其当选吉尔吉斯斯坦总统。12月1日，塔总理阿基洛夫赴吉尔吉斯斯坦首都比什凯克出席吉新总统阿塔姆巴耶夫就职仪式。12月20日，塔总统拉赫蒙在莫斯科会见吉尔吉斯斯坦总统阿塔姆巴耶夫。拉祝贺阿在吉总统大选中获胜，双方还就发展两国关系交换意见。

【同美国的关系】2011年2月9日，美军中央司令部司令詹姆斯·马蒂斯访塔。6月30日，美国反毒品扩散和犯罪问题助理国务卿布朗菲尔德访塔。7月6日，塔总统拉赫蒙致电美国总统奥巴马，就美独立日表示祝贺。10月7日，美国阿富汗和巴基斯坦问题特使格罗斯曼访塔。10月21～22日，美国国务卿克林顿访塔。12月3日，美国中亚南亚事务助理国务卿布莱克访塔。

【同欧盟国家的关系】2011年4月8日，塔内务部长卡霍罗夫同欧盟驻塔代表维基签署了关于对塔警察机构进行改革的谅解备忘录。6月5～12日，塔总统对法国、奥地利、卢森堡和匈牙利四国进行正式访问。6月13日，德国联邦议会德国—中亚小组组长恩克尔曼率领的德议会代表团一行访塔。6月17日，由议员留克率领的法国国民议会代表团访塔。9月1日，欧盟和塔政府签署关于支持人类发展计划的协议。9月16日，欧盟中亚事务特别代表毛磊访塔。10月17日，英国国际发展大臣丹康访塔。11月1日，塔外长扎里菲在伊斯坦布尔会见德国外长韦斯特韦勒，讨论两国各领域合作的现状和前景。12月12～14日，塔总统拉赫蒙访问德国。

【同伊斯兰国家的关系】2011年1月10日，塔总统拉赫蒙致电伊朗总统艾哈迈迪内贾德，就伊航空公司发生空难并造成重大人员伤亡表示慰问。2月12日，塔外交部就埃及骚乱事件发表声明称，塔一直密切关注友好的埃及阿拉伯共和国发生的事件，认为这是埃内政问题，不容外来干涉。6月7日，塔总理阿基洛夫赴阿斯塔纳参加伊斯兰经济论坛。6月15日，塔总统拉赫蒙在阿斯塔纳会见巴基斯坦总统扎尔达里，双方讨论了两国关系发展问题。6月24～25日，塔总统拉赫蒙赴伊朗首都德黑兰参加国际反恐问题会议。6月25日，塔总统拉赫蒙访问伊朗。7月13日，塔总统拉赫蒙致电阿富汗总统卡尔扎伊，就卡的弟弟、阿坎大哈省议会议长瓦利·卡尔扎伊12日在家中遇袭身亡事表示慰问。7月28日，阿富汗外长拉苏尔访塔。8月10日，巴基斯坦通信部长霍诺姆访塔。8月15日，塔总统拉赫蒙致电巴基斯坦总统扎尔达里，祝贺巴独立日。8月16～17日，塔外长扎里菲赴土耳其出席伊斯兰合作组织执行委员会索马里粮食危机援助问题特别会议。9月4～5日，伊朗总统艾哈迈迪内贾德访塔。9月21日，塔总统拉赫蒙致电阿富汗总统卡尔扎伊，就阿前总统拉巴尼遇袭身亡表达慰问。9月23日，塔下院议长祖胡罗夫赴喀布尔参加阿富汗前总统拉巴尼的葬礼。10月14日，塔外长扎里菲对阿联酋进行工作访问。10月21日，伊朗伊斯兰议会议长拉里贾尼访塔。10月25日，阿富汗禁毒部部长乌斯莫尼访塔。10月26日，阿富汗第一副总统法希姆访塔。12月21～23日，巴基斯坦参谋长联席会议主席哈立德·沙米姆·韦恩访塔。

（勇潇潇）

泰 国

国名 泰王国（The Kingdom of Thailand）。

面积 513115平方公里。

人口 6740万。全国共有30多个民族。泰族为主要民族，占人口总数的40%，其余为老挝族、华族、马来族、高棉族，以及苗、瑶、桂、汶、克伦、掸、塞芒、沙盖等山地民族。泰语为国语。94%的民众信仰佛教，马来族信奉伊斯兰教，还有少数民众信仰基督教、天主教、印度教和锡克教。

首都 曼谷（Bangkok），人口800万。

国家元首 国王普密蓬·阿杜德（BHUMIBOL ADULYADEJ），拉玛九世王。1946年继位，1950年5月5日加冕。是当今世界在位最久的君主。

重要节日 宋干节（公历四月十三日至十五日）；水灯节（泰历十二月十五日）；国庆日（国王诞辰日，公历十二月五日）。

简况

位于中南半岛中南部。与柬埔寨、老挝、缅甸、马来西亚接壤，东南临泰国湾（太平洋），西南濒安达曼海（印度洋）。热带季风气候。全年分为热、雨、凉三季。年均气温27℃。

公元1238年形成较为统一的国家。先后经历素可泰王朝、大城王朝、吞武里王朝和曼谷王朝。原名暹罗。16世纪，葡萄牙、荷兰、英国、法国等殖民主义者先后入侵。1896年英法签订条约，规定暹罗为英属缅甸和法属印度支那间的缓冲国。暹罗成为东南亚唯一没有沦为殖民地的国家。19世纪末，拉玛四世王开始实行对外开放。五世王借鉴西方经验进行社会改革。1932年6月，拉玛七世王时期，民党发动政变，改君主专制为君主立宪制。1939年更名泰国，后经几次更改，1949年正式定名泰国。

政治

二战后军人集团长期把持政权，政府一度更迭频仍。20世纪90年代开始，军人逐渐淡出政坛。2001年，泰爱泰党在全国大选中胜出，塔信担任总理，2005年连任。2006年9月发生军事政变，塔信下台。2007年举行全国大选，人民力量党获胜，党首沙玛出任总理。2008年9月，沙玛被判违宪下台，人民力量党推选颂猜接任总理。12月，宪法法院判决人民力量党、泰国党和中庸民主党贿选罪名成立，予以解散，颂猜下台。12月15日，民主党党首阿披实当选总理。2011年5月，阿披实宣布解散国会下议院，7月举行全国大选，为泰党赢得国会下议院过半议席。8月5日，英拉当选总理，9日新政府成立。

【宪法】 现行宪法于2007年8月24日经普密蓬国王御准生效。分为总章、国王、公民权利、自由与义务、基本国策、议会、内阁、法院、权力监督、地方行政等15章309款。

【议会】 国会是最高立法机构，实行上、下两院制。上议院议员150人，其中76人直选产生，任期六年，74人遴选产生，首届任期三年，此后任期六年。本届上议院于2008年3月组成，现任国会副主席兼上议长提拉德·米翩。下议院议员500人，任期四年。本届下议院于2011年8月组成，现任国会主席兼下议长颂萨·杰素拉暖。

【政府】 现政府于2011年8月成立。内阁名单如下：总理英拉·钦那瓦（MS.YINGLUCK SHINAWATRA，女），副总理兼内政部长勇育·威猜蒂（MR.YONGYOUTH WICHAIDIT），副总理差林·育班隆（POL.CAPT.DR.CHALERM UBUMRUNG），副总理育塔萨·萨西巴帕（GEN.YUTHASAK SASIPRAPA），副总理兼财政部长吉迪拉·纳·拉农（MR.KITTIRAT NA-RANONG），副总理兼旅游与体育部长春蓬·信拉巴阿差（MR.CHUMPOL SILAPA-ARCHA），国务部长沃拉瓦·鄂阿平亚军（MR. WORAVAT AUAPINYAKUL），国务部长娜丽妮·塔威信（MRS. NALINEE TAVEESIN，女），国务部长尼瓦塔隆·汶颂派讪（MR. NIWATTHAMRONG BOONSONGPAISAN），国防部长素甘蓬·素万纳塔（ACM. SUKAMPOL SUWANNATHAT），商业部长汶颂·德利亚披隆（MR.BOONSONG TERIYAPIROM），财政部副部长塔努萨·叻乌泰（MR.THANUSAK LEK-UTHAI），外交部长素拉蓬·都威乍猜军（DR. SURAPONG TOVICHAKCHAIKUL），社会发展与人类安全部长讪蒂·颇帕（MR.SANTI PROMPHAT），农业与合作社部长提拉·翁萨姆（MR.THEERA WONGSAMUT），交通部长乍鲁蓬·荣素旺（MR. JARUPONG RUENGSUWAN），自然资源与环境部长比差·凌松本素（MR.PREECHA RENGSOMBOONSUK），信息与通讯技术部长阿努蒂·纳空塔（GRP.CAPT. ANUDITH NAKORNTHAP），能源部长阿腊·春拉塔暖（MR. ARAK CHONLATANON），内政部副部长初差·汉沙瓦（MR.CHUCHARD HANSANWARD），司法部长巴差·蓬诺（POL.GEN.PRACHA PROMNOG），劳工部长帕德猜·萨颂萨（MR.PHADERMCHAI SASOMSAP），文化部长素谷蒙·坤本（MS.SUKUMOL KUNPLOME，女），科技部长包巴索·苏拉瓦蒂（MR. PLODPRASOB SURASSAWADEE），教育部长素察·塔达探荣威（MR. SUCHART THADATHAMRONGVEJ），卫生部长威塔亚·布拉纳西里（MR.WITTHAYA BURANASIRI），工业部长蓬萨瓦·萨瓦迪瓦（MR. PONGSAWAT SAWASDIWAT）。

【行政区划】 全国分中部、南部、东部、北部和东北部五个地区，共有77个府，府下设县、区、村。曼谷是唯一的府级直辖市。各府府尹为公务员，由内政部任命。曼谷市长由直选产生。

【司法制度】 属大陆法系，以成文法作为法院判决的主要依据。司法系统由宪法法院、司法法院、行政法院和军事法院构成：

宪法法院主要职能是对议员或总理质疑违宪、但已经国会审议的法案及政治家涉嫌隐瞒资产等案件进行终审裁定，以简单多数裁决。由1名院长及14名法官组成，院长和法官由上议长提名呈国王批准，任期九年。

行政法院主要审理涉及国家机关、国有企业及地方政府间或公务员与私企间的诉讼纠纷。行政法院分为最高行政法院和初级行政法院两级，并设有由最高行政法院院长和9名专家组成的行政司法委员会。最高行政法院院长任命须经行政司法委员会及上议院同意，由总理提名呈国王批准。

军事法院主要审理军事犯罪和法律规定的其他案件。

司法法院主要审理不属于宪法法院、行政法院和军事法院审理的所有案件，分最高法院（大理院）、上诉法院和初审法院三级，并设有专门的从政人员刑事厅。另设有司法委员会，由大理院院长和12名分别来自三级法院的法官代表组成，负责各级法官任免、晋升、加薪和惩戒等事项。司法法院下设秘书处，负责处理日常行政事务。

【**政党**】截至2011年3月，共有49个政党在选举委员会登记注册。主要政党有：

（1）为泰党（PHEU THAI PARTY）：2007年9月20日成立。党首勇育·威猜滴，秘书长乍鲁蓬·荣素旺，执委31人。下议员262名。在全国设有5个支部，党员23778人。

（2）民主党（DEMOCRAT PARTY）：1946年4月6日成立。党首阿披实·威差奇瓦，秘书长察伦猜·希欧，执委19人。下议员160名。在全国设有176个支部，党员287.3万人。

（3）自豪泰党（BHUMJAITHAI PARTY）：2008年11月5日成立。党首披帕·颇沃拉蓬，秘书长蓬提瓦·纳卡塞（女），执委12人。下议员34名。在全国设有5个支部，党员36370人。

（4）泰国发展党（CHART THAI PATTANA PARTY）：2008年4月18日成立。党首春蓬·信拉巴阿差，秘书长潘贴·素里萨廷，执委11人。下议员19人。在全国设有6个支部，党员14957人。

（5）为国发展党（CHART PATTANA PUEA PANDIN PARTY）：2007年10月3日成立。党首宛纳勒·参努军，秘书长巴帕·林巴攀。下议员7名。在全国设有8个支部，党员9416人。

（6）春府力量党（PHALANG CHON PARTY）：2011年5月4日成立。党首曹·玛尼翁，秘书长比兰迪鲁·吉达探。下议员7名。

（7）爱泰党（LOVE THAILAND PARTY）：2010年2月18日成立。党首初威·格蒙威实，执委8人。下议员4名。

（8）祖国党（MATUBHUM PARTY）：2008年11月3日成立。党首颂提·汶亚拉格林，秘书长曼·帕塔诺泰，执委15人。下议员2名。在全国设有5个支部，党员7760人。

（9）大众党（MAHACHON PARTY）：1998年2月10日成立。党首阿披勒·西里纳温，秘书长派讪·蒙恩。下议员1名。党员110万。

（10）新民主党（NEW DEMOCRAT PARTY）：2011年4月21日成立。党首素拉廷·披赞，秘书长威蒙·讪玛诺。执委9人。下议员1名。

【**重要人物**】**普密蓬·阿杜德**：国王。拉玛王朝第九世王。1927年12月5日生于美国。曾在瑞士攻读政治和法律。1946年6月继位，1950年5月5日加冕。重视农业，经常视察农村，赞助实施土地改革、水利、优良品种培植等多项农村发展计划。著有《雨丝》等多首著名乐曲并出版过乐曲专辑。1950年4月与诗丽吉王后结婚，育有子女四人：乌汶叻公主、哇集拉隆功王储、诗琳通公主、朱拉蓬公主。**英拉·钦那瓦**：总理。1967年6月21日出生于泰国清迈，前总理塔信胞妹。清迈大学政治学学士、美国肯塔基州立大学公共管理硕士。早年经商，曾任泰AIS电信公司总裁、SC地产公司总裁、泰空基金会主席兼秘书长。2011年5月从政，8月5日当选总理，8月8日正式就任，是泰历史上首位女总理。

经　济

实行自由经济政策。属外向型经济，依赖美、日、欧等外部市场。传统农业国，农产品是外汇收入的主要来源之一，是世界上稻谷和天然橡胶最大出口国。20世纪80年代，电子工业等制造业发展迅速，产业结构变化明显，经济持续高速增长，人民生活水平相应提高，工人最低工资和公务员薪金多次上调，居民教育、卫生、社会福利状况不断改善。1996年被列为中等收入国家。1997年亚洲金融危机后陷入衰退。1999年经济开始复苏。2003年7月提前两年还清金融危机期间向国际货币基金组织借贷的172亿美元贷款。2011年人均GDP约5112美元。

1963年起实施国家经济和社会发展五年计划。2012年开始第十一个五年计划。2011年主要经济数据如下：

国内生产总值：3456亿美元。

国内生产总值增长率：0.1%。

货币名称：铢。

汇率（全年均价）：1美元≈31.38铢。

通货膨胀率：3.81%。

失业率：0.7%。

【**资源**】主要有钾盐、锡、褐煤、油页岩、天然气，还有锌、铅、钨、铁、锑、铬、重晶石、宝石和石油等。其中钾盐储量4367万吨，居世界第一，锡储量约120万吨，占世界总储量的12%。油页岩储量达187万吨，褐煤储量约20亿吨，天然气储量约16.4万亿立方英尺，石油储量1500万吨。森林总面积1440万公顷，覆盖率25%。

【工业】出口导向型工业。主要门类有：采矿、纺织、电子、塑料、食品加工、玩具、汽车装配、建材、石油化工、软件、轮胎、家具等。工业在国内生产总值中的比重不断上升。2008年工业生产指数增长5.3%，商用运输设备生产增长14.8%，电子设备和食品生产也有不同幅度的增长。2009年工业占GDP的比重为39%。受洪灾影响,2011年工业生产指数负增长4.3%。

【农业】传统经济产业，农业人口约1530万人。全国可耕地面积约1.4亿莱（1莱＝1600平方米），占国土面积的41%。主要作物有稻米、玉米、木薯、橡胶、甘蔗、绿豆、麻、烟草、咖啡豆、棉花、棕油、椰子等。2008年出口农产品293.7亿美元，同比增长30.1%。2009年农业占GDP的比重为8.9%。2011年农业产值增长3.2%。

【渔业】海域辽阔，拥有2705公里海岸线，泰国湾和安达曼湾是得天独厚的天然海洋渔场。此外，还有总面积1100多平方公里的淡水养殖场。曼谷、宋卡、普吉等地是重要的渔业中心和渔产品集散地。泰国是世界市场主要鱼类产品供应国之一，也是位于日本和中国之后的亚洲第三大海洋渔业国。全国从事渔业人口约50万人。

【服务业】旅游业保持稳定发展势头，是外汇收入重要来源之一。主要旅游点有曼谷、普吉、清迈和帕塔亚，清莱、华欣、苏梅岛等地近年来也越来越受到国内外游客的欢迎。2009年服务业占GDP的比重为33.8%。2011年共有1910万外国游客赴泰旅游，同比增长19.9%。

【交通运输】以公路和航空运输为主。

铁路：窄轨，总长4451公里，全国共47府通铁路。

公路：公路里程共16万公里。各府、县都有公路相连，四通八达。2008年全国注册机动车2631万辆。

水运：湄公河和湄南河为泰国两大水路运输干线。全国共有47个港口，其中海湾26个，国际港口21个。曼谷是最重要的港口，承担全国95%的出口和几乎全部进口商品的吞吐。重要码头包括廉差邦港、宋卡深水港和普吉深水港等。海运线可达中、日、美、欧和新加坡。

空运：全国共有37个机场，其中国际机场8个。曼谷素万那普国际机场投入使用后，取代原先的廊曼国际机场，成为东南亚地区重要的空中交通枢纽。共53个国家80家航空公司设有赴泰固定航线，89条国际航线可达欧、美、亚及大洋洲40多个城市，国内航线遍布全国21个大、中城市。

【财政金融】2010年财政年度预算支出1.62万亿铢，收入1.67万亿铢。近年来实际财政收支如下（单位：亿铢）：

	2009	2010	2011
收入	14097	16789	22244
支出	18030	16278	20650
差额	–3933	511	1594

截至2011年底，外债1066亿美元，外汇储备1751亿美元。

【对外贸易】对外贸易在国民经济中具有重要地位。2011年对外贸易额为4548.1亿美元，其中出口额2273.4亿美元，进口额2274.7亿美元，分别增长16.4%和24.7%。中国、东盟、日本、美国、欧盟等是泰国重要贸易伙伴。

主要出口产品有：汽车及零配件、电脑及零配件、集成电路板、电器、初级塑料、化学制品、石化产品、珠宝首饰、成衣、鞋、橡胶、家具、加工海产品及罐头、大米、木薯等。

主要进口产品有：机电产品及零配件、工业机械、电子产品零配件、汽车零配件、建筑材料、原油、造纸机械、钢铁、集成电路板、化工产品、电脑设备及零配件、家用电器、珠宝金饰、金属制品、饲料、水果及蔬菜等。

【对外投资】主要对美国、东盟、中国大陆及台湾投资。

泰国在中国大陆的投资近年有较大发展。据不完全统计，截至2011年底，泰来华投资项目4062个，实际投入33.9亿美元。在华投资的公司主要有：正大集团、盘谷银行等。

【外商投资】1961年开始实行开放的市场经济政策，采取一系列优惠政策鼓励外商赴泰投资。1987 ~ 1990年为外国对泰投资高峰期。1997年受亚洲金融危机冲击，外国对泰投资大幅下降。泰政府加大投入，加强基础设施建设，完善立法，创造良好环境吸引外资。据不完全统计，2011年外国对泰直接投资54.11亿美元。

军　事

19世纪中叶仿效西方建立陆、海军，1915年建立空军。宪法规定国王为武装部队最高统帅。国家安全委员会为最高国防决策机构，隶属内阁，总理兼任主席。国防部为最高军事行政机关，负责制定和实施国防政策和计划。最高司令部为军队最高指挥机构，下设陆海空三个军种司令部，负责指挥和协调三军行动。现任武装部队最高司令塔纳萨·巴迪玛巴功上将（GEN. THANASAK PATIMAPRAKORN）。陆军司令巴育·詹欧查上将（GEN.PRAYUTH CHAN–OCHA）。海军司令素拉萨·伦棱隆上将（ADM. SURASAK RUNROENGROM）。空军司令依提蓬·素帕翁上将（ACM.ITTHIPORN SUPAWON）。警察总监飘潘·达玛蓬警察上将（POL. GEN. PRIEWPAN DAMAPONG）。

文化教育

【教育】实行12年制义务教育。中小学教育为12年制，即小学6年、初中3年、高中3年。中等专科职业学校为3

年制，大学一般为4年制，医科大学为5年制。著名高等院校有：朱拉隆功大学、法政大学、玛希敦大学、农业大学、清迈大学、孔敬大学、宋卡纳卡琳大学、诗纳卡琳威洛大学、易三仓大学和亚洲理工学院等。此外，还有兰甘亨大学和素可泰大学等开放性大学。

【新闻出版】媒体以私营为主，按市场规则运作。泰文媒体是主流媒体，英文、华文媒体居辅助地位。主要泰文报纸有《民意报》、《泰叻报》、《经理报》、《每日新闻》等。主要华文报纸有《新中原报》、《中华日报》、《星暹日报》、《亚洲日报》、《京华中原》和《世界日报》等。主要英文报纸有《曼谷邮报》、《民族报》等。

有230多家广播电台，其中由政府民众联络厅管理的有59家。泰国广播电台为国家电台，设有国外部，用泰、英、法、中、马来、越、老、柬、缅、日等语言广播。

无线电视台共6家，都设在曼谷，大部分电视节目通过卫星转播。地方有线电视公司86家。电视网覆盖全国。

对外关系

奉行独立自主的外交政策。重视周边外交，积极发展睦邻友好关系。以东盟为依托，在保持与美国传统盟友关系的同时，注重发展同中国、日本和印度的关系，维持大国平衡。重视区域合作，积极推进东盟一体化和中国—东盟自贸区建设，支持东盟与中日韩合作。重视经济外交，推动贸易自由化，积极参与大湄公河次区域经济合作。发起并推动亚洲合作对话（ACD）机制，积极参加亚太经济合作组织（APEC）、亚欧会议（ASEM）、世界贸易组织（WTO）、东盟地区论坛（ARF）和博鳌亚洲论坛（BFA）等国际组织的活动。积极发展与穆斯林国家关系。谋求在国际维和、气候变化、粮食安全、能源安全及禁毒合作等地区和国际事务中发挥积极作用。积极推动公共外交，争取国际社会对泰国内局势的理解。

【同中国的关系】1975年7月1日中泰建交后，两国各领域友好合作关系全面、顺利发展。2012年4月，中泰建立全面战略合作伙伴关系。

两国高层保持密切交往。2011年1月，全国人大常委会副委员长、全国妇联主席陈至立访泰，泰国外长格实来华出席中国—东盟外长会。4月，最高人民法院院长王胜俊访泰。5月，全国政协副主席陈宗兴访泰。10月，泰国副总理兼商业部长吉迪拉来华出席第八届中国—东盟博览会；泰国副总理哥威来华出席中老缅泰湄公河流域执法安全合作会议。12月，习近平副主席访泰。2012年1月，泰国公主朱拉蓬非正式访华。4月，全国政协主席贾庆林访泰，泰国公主诗琳通、总理英拉、国防部长素甘蓬分别访华，泰国副总理兼财政部长吉迪拉来华出席博鳌亚洲论坛2012年年会。5月，朱拉蓬公主非正式访华。7月，泰国外长素拉蓬访华，国务委员、公安部部长孟建柱访泰。

2011年中泰双边贸易额为647.37亿美元，同比增长22.3%，其中中国出口256.97亿美元，同比增长30.2%，进口390.4亿美元，同比增长17.6%。

截至2011年底，泰来华实际投入33.9亿美元。中国对泰非金融类直接投资累计7.7亿美元。

两国在文化、教育、科技、司法、军事等各领域保持良好交流与合作。

中国驻泰国大使：管木。馆址：泰国曼谷拉差达披色路57号（NO.57，RACHADAPISEK ROAD，BANGKOK 10110，THAILAND）。电话：（662）2450088（总机）转3204（办公室）；2457033，2457036（领事部）；2457038（商务处）；传真：2468247。

中国驻清迈总领事：张伟才。馆址：泰国清迈昌罗路111号。（No.111，CHANGLO ROAD，CHIANGMAI 50000，THAILAND）。电话：（6653）282419；传真：274614。

中国驻宋卡总领事：许明亮。馆址：泰国宋卡沙岛路9号。（NO.9 SADAO ROAD，SONGKHLA 90110，THAILAND）。电话：（6674）322034，325045；传真：323772。

泰国驻华大使：伟文·丘氏君（MR.WIBOON KHUSAKUL）。馆址：北京市朝阳区光华路40号。电话：（010）65321749；传真：65321748。

【同东盟的关系】泰国是东盟成员国，重视加强同东盟各国的友好合作。2008年7月至2009年底担任东盟轮值主席国。2012年7月至2015年7月担任东盟与中国对话关系协调国。2011年1月，泰国外长格实赴印尼出席东盟非正式外长会，与东盟各国外长、高官或代表及东盟秘书长素林共同考察昆曼公路。4月，东盟非正式外长会在曼谷举行，研究讨论东亚峰会发展方向。5月，阿披实总理赴印尼出席东盟领导人系列会议。

【同新加坡的关系】1965年9月20日建交。2011年1月，新加坡外长杨荣文访问泰国。11月，新加坡外长兼法务部长尚穆根访泰。12月，英拉总理正式访问新加坡，会见新加坡总统陈庆炎，与新总理李显龙举行会谈。

【同老挝的关系】1950年12月19日建交。2011年9月，英拉总理正式访问老挝，会见老挝国家主席朱马里、国会主席巴妮，与通邢总理举行会谈。

【同柬埔寨的关系】1950年12月19日建交。2011年1月，格实外长赴柬埔寨出席泰柬第7次双边合作联委会会议。9月，英拉总理正式访问柬埔寨，会见柬国王西哈莫尼，同柬首相洪森举行会谈。泰国防部长育塔萨访问柬埔寨，会见洪森首相，与副首相兼国防事务大臣迪班举行会谈。10月，泰国向柬埔寨洪涝灾区捐助300万泰铢。12月，泰国防部长育塔萨率团赴金边出席泰柬一般边界事务委员会第八次部长级会议。素拉蓬外长访问柬埔寨，会见洪森首相，与副首相兼外交事务大臣贺南洪举行会谈。2011年上半年，泰柬因边境柏威夏寺周边地区主权争议多次发生冲突。

【同缅甸的关系】1948年8月24日建交。2011年1月，格实外长赴缅出席第13届孟加拉湾多部门技术经济合作计划（BIMSTEC）会议。4月，泰国向缅甸“3·25“地震灾区捐助300万泰铢。缅甸外长吴年温访问泰国。12月，英拉总理赴缅出席GMS第四次领导人会议，会见缅总统吴登盛及全国民主联盟领导人昂山素季。

【同菲律宾的关系】1949年9月12日建交。1993年两国成立双边联委会，外长为委员会主席。1999年两国成立贸易联委会机制。2011年5月，菲律宾总统阿基诺对泰国进行正式友好访问。

【同越南的关系】1976年8月6日建交。2011年10月，泰国向越南洪涝灾区捐助300万泰铢。11月，英拉总理正式访问越南，会见越南国家主席张晋创，与越南总理阮晋勇举行会谈。

【同印尼的关系】1950年3月7日建交。2011年3月，格实外长赴印尼出席打击人口贩卖部长级会议。5月，格实外长赴印尼出席第16届不结盟运动年会。6月，阿披实总理赴印尼出席世界经济论坛东亚会议。9月，英拉总理正式访问印尼，与印尼总统苏希洛举行会谈。11月，英拉总理赴印尼出席东亚领导人系列会议。

【同文莱的关系】1984年1月1日建交。2011年9月，英拉总理正式访问文莱，与文莱苏丹哈桑纳尔举行会谈。

【同美国的关系】1833年3月18日建交。2011年2月，泰美第30次“金色眼镜蛇”联合军演在泰举行。9月，美国助理国务卿布朗菲德访泰。10月，美国助理国务卿坎贝尔访泰，会见泰国外长素拉蓬。11月，美国国务卿克林顿访泰，会见英拉总理。泰国副总理兼商业部长吉迪拉赴美国出席亚太经合组织第19次领导人非正式会议。

【同其他国家的关系】2011年1月，格实外长访问东帝汶。2月，格实外长访问斯洛文尼亚。3月，阿披实总理访问印度。5月，澳大利亚外长陆克文访泰。9月，英国外交事务大臣杰里米访泰。10月，素拉蓬外长赴韩国出席首届湄公河—韩国外长会。11月，不丹国王和王后访泰。12月，素拉蓬外长赴印度出席第六届泰印联委会会议。（洪江）

土耳其

国名 土耳其共和国（Republic of Turkey）。

面积 78.36万平方公里，其中97%位于亚洲的小亚细亚半岛，3%位于欧洲的巴尔干半岛。

人口 7472万（2011年）。土耳其族占80%以上，库尔德族约占15%。土耳其语为官方语言。99%的居民信奉伊斯兰教，其中85%属逊尼派，其余为什叶派（阿拉维派）；少数人信仰基督教和犹太教。

首都 安卡拉（Ankara），人口447万，年平均最高气温31℃，最低气温-4℃。

国家元首 总统阿卜杜拉·居尔（Abdullah Gül），2007年8月28日由议会选出，当日就任。

重要节日 新年：1月1日；国家主权和儿童日：4月23日；青年和体育节：5月19日；胜利日：8月30日；共和国成立日：10月29日。

简况

地跨亚、欧两洲，邻格鲁吉亚、亚美尼亚、阿塞拜疆、伊朗、伊拉克、叙利亚、希腊和保加利亚，濒地中海、爱琴海、马尔马拉海和黑海。海岸线长7200公里，陆地边境线长2648公里。南部沿海地区属亚热带地中海式气候，内陆为大陆型气候。

土耳其人史称突厥，8世纪起由阿尔泰山一带迁入小亚细亚，13世纪末建立奥斯曼帝国，16世纪达到鼎盛期，20世纪初沦为英、法、德等国的半殖民地。1919年，凯末尔领导民族解放战争反抗侵略并取得胜利，1923年10月29日建立土耳其共和国，凯末尔当选首任总统。

政治

2002年11月，正义与发展党在土第22届议会选举中获胜，实现单独执政，结束了土自1987年以来多党联合执政的局面。正义与发展党上台后，积极推进政治、经济改革，统筹社会协调发展，取得明显成效。2007年7月、2011年6月，正发党以46.6%和49.9%的得票率连续赢得大选。

【宪法】土立法体系效仿欧洲模式。现行宪法于1982年11月7日生效，是土第三部宪法。宪法规定：土为民族、民主、政教分离和实行法制的国家。

【议会】全称为土耳其大国民议会，是土最高立法机构。共设550个议席，议员根据各省人口比例选举产生，任期四年。实行全民直接选举制，18岁以上公民享有选举权。只有超过全国选票10%的政党才可拥有议会席位。本届议会成立于2011年6月28日，是土第24届议会。议会议席分布情况：正义与发展党326席，共和人民党135席，民族行动党52席，和平民主党29席，独立议员6席，民主参与党1席。

【**政府**】又称部长会议。本届政府是土第61届政府，成立于2011年7月，系正义与发展党单独执政，法定任期四年。政府成员：总理雷杰普·塔伊普·埃尔多安（Recep Tayyip Erdogan），副总理比伦特·阿伦奇（Bulent Arinc），副总理阿里·巴巴詹（Ali Babacan），副总理贝希尔·阿塔拉伊（Besir Atalay），副总理拜奇尔·包兹达（Bekir Bozdag），司法部长萨杜拉赫·埃尔京（Sadullah Ergin），家庭和社会政策部长法特玛·沙辛（Fatma Sahin），欧盟部长埃盖蒙·巴厄什（Egemen Bagis），科技和工业部长尼哈特·埃尔衮（Nihat Ergun），劳动和社会保障部长法鲁克·切利克（Faruk Celik），环境和城市规划部埃尔多安·巴伊拉克塔什（Erdogan Bayraktar），外交部长阿赫迈特·达乌特奥卢（Ahmet Davutoglu），经济部长迈赫迈特·扎费尔·查拉扬（Mehmet Zafer Caglayan），能源和自然资源部长塔内尔·耶尔德兹（Taner Yildiz），青年和体育部长苏阿特·科勒奇（Suat Kilic），食品、农业和畜牧业部长迈赫迈特·迈赫迪·埃克尔（Mehmet Mehdi Eker），海关和贸易部长哈亚提·亚泽哲（Hayati Yazici），内政部长伊德里斯·纳伊姆·沙辛（Idris Naim Sahin），发展部长杰夫代特·耶尔马兹（Cevdet Yilmaz），财政部长迈赫迈特·希姆谢克（Mehmet Simsek），文化和旅游部长艾尔图鲁尔·居纳伊（Ertugrul Gunay），教育部长厄梅尔·丁切尔（Omer Dincer），国防部长伊斯迈特·耶尔马兹（Ismet Yilmaz），卫生部长雷杰普·阿克达（Recep Akdag），交通部长比纳里·耶尔德勒姆（Binali Yildirim），森林和水务部长维伊赛尔·艾尔奥卢（Veysel Eroglu）。

【**行政区划**】土耳其行政区划等级为省、县、乡、村。全国共分为81个省。

【**司法机构**】中央一级的法院有宪法法院、上诉法院、行政事务法院、审计法院等，院长分别为：哈希姆·科勒奇（Hasim Kilic）、阿里·阿尔坎（Ali Alkan）、侯赛因·卡拉库鲁克楚（Huseyin Karakullukcu）和雷扎伊·阿克耶尔（Recai Akyel）。共和国首席检察官为哈桑·埃尔比尔（Hasan Erbil）。

【**政党**】土耳其多党制始于1945年。目前主要政党有：

（1）正义与发展党（Justice and Development Party）：执政党。2001年8月14日成立，保守、温和的伊斯兰右翼政党，总部设在安卡拉。该党主张建立法律至上、尊重人权与自由的现代共和政体，建立并完善市场经济体系。现任主席雷杰普·塔伊普·埃尔多安。

（2）共和人民党（Republic People's Party）：在野党。由共和国缔造者凯末尔·阿塔图尔克于1923年9月9日创建。该党推崇社会民主和民族主义，总部设在安卡拉。现任主席凯末尔·科勒奇达尔奥卢（Kemal Kilicdaroglu）。

（3）民族行动党（Nationalist Movement Party）：在野党。1958年由共和民族党和土耳其农民党合并而成，属民族主义极右政党，总部设在安卡拉。现任主席代弗莱特·巴赫切利（Devlet Bahceli）。

（4）和平民主党（Peace and Democracy Party）：在野党。2008年成立，主要代表库尔德族利益。现任主席塞拉哈提·德米塔什（Selahattin Demirtas）。

其他政党还有：民主左翼党、民主党、自由团结党、大团结党、工人党、青年党及土耳其共产党等。

【**重要人物**】**阿卜杜拉·居尔**：总统。1950年10月29日生于开塞利。1983年获伊斯坦布尔大学经济学博士学位。1983～1991年，任吉达伊斯兰发展银行经济学家。1991年，当选为繁荣党国会议员。1993年，任繁荣党主管外事的副主席。1995年，再次当选国会议员。1996～1997年，任国务部长和政府发言人。1999年，当选为美德党国会议员。2001年8月，参与创建正义与发展党。2002年11月，正发党赢得大选，居于当年11月至次年3月担任总理。2003年3月至2007年7月，任副总理兼外交部长。2007年8月28日，当选为土第11任总统，当日就职。懂英语。已婚，有三个孩子。　**杰米尔·奇切克**：议长。1946年生于尧兹尕特市，毕业于伊斯坦布尔大学法学院。曾任尧兹尕特市市长。历任土第18届、20届、21届、22届、23届大国民议会议员，土第46届、47届和第53届政府国务部长，第59届和第60届政府司法部长。2011年7月4日，当选为土第25任议长。懂英语和法语。已婚，有三个孩子。　**雷杰普·塔伊普·埃尔多安**：总理。1954年生于伊斯坦布尔，毕业于马尔马拉大学经贸学院。曾任美德党伊斯坦布尔党部主席。1994年3月当选伊斯坦布尔市市长。1998年土国家安全法院以埃发表“煽动宗教仇恨”言论为由剥夺其从政权并判处10个月监禁。2001年8月，埃与美德党主张革新的少壮派共同创建正义与发展党并任主席。2002年11月正义与发展党在土议会选举中获胜后，土最高上诉法院恢复埃从政权。2003年3月9日，埃参加议会补选并当选议员，同月11日，塞泽尔总统任命埃为总理并授权其组阁。2007年7月，正发党再次赢得大选，埃连任总理。2011年6月，正发党第三次赢得大选，埃再次连任总理。已婚，有二子二女。

经　济

土耳其工、农业均有一定基础，轻纺、食品工业发达，粮、棉、蔬菜、水果、肉类等基本自给自足。自20世纪80年代中期起，土开始推行自由市场经济模式，大力发展私营经济，实行国营企业私有化，实现了由传统国家计划经济向自由市场经济的转变，私人资本不断扩大，金融实现完全自由化。土在实现经济高速增长的同时，也出现了高通货膨胀率、高财政赤字、高失业率以及社会收入分配严重不均等问题。

2008年，受国际金融危机影响，土经济发展速度明显放缓，出口萎缩，失业率攀升，外国投资下降。土政府采取多项举措应对金融危机，先后出台四期刺激经济一揽子计划，以减税和提供补贴等方式，扶持制造业等支柱产业，拉动本国消费和稳定就业形势。从2010年末开始，土经济出现强劲复苏势头，通胀率和失业率较危机初期大幅下降。2011年，土积极加强宏观经济调整，大力整顿财政和金融秩序，控制资本外流，有效抵御了欧债危机影响，实现经济持续发展，全年国内生产总值达7660亿美元，同比增长7.5%。2011年主要经济数据如下（资料来源：土耳其国家统计署统计报告）：

国内生产总值：7660亿美元。

人均国内生产总值：10252美元。

国内生产总值增长率：7.5%。

货币名称：土耳其里拉（Turkish Lira）。

汇率：1美元≈1.81里拉。

通货膨胀率：6.5%（按消费价格指数）。

失业率：9.8%。

【资源】矿产资源丰富，主要有大理石、硼矿、铬、钍和煤等，总值超过2万亿美元。其中，天然石和大理石储量占世界40%，品种和数量均居世界第一。三氧化二硼储量7000万吨，价值3560亿美元；钍储量占全球总储量的22%；铬矿储量1亿吨，居世界前列。此外，黄金、白银、煤储量分别为450吨、1100吨和85亿吨。石油、天然气资源匮乏，需大量进口。

【工业】工业基础较好，主要有食品加工、纺织、汽车、采矿、钢铁、石油、建筑、木材和造纸等产业。2010年，工业总产值为2120亿里拉，主要涉及采矿、制造及电力、燃气、水等基础产业。近几年基础工业产值情况如下（单位：亿里拉）：

	2009	2010
采矿业	142.35	157.85
制造业	1427.04	1707.45
电力、燃气及水	228.01	254.68

（资料来源：2010年土耳其国家统计署统计公报）

【农业】农业基础较好，主要农产品有烟草、棉花、稻谷、橄榄、甜菜、柑橘、牲畜等。粮棉果蔬肉等主要农副产品基本实现自给自足。2011年，土粮食产量达3520万吨，同比增长7.4%；蔬菜产量为2750万吨，同比增长6%；水果产量为1720万吨，同比增长3.5%；牲畜存栏量约为2.4亿头，同比增长1.1%。

【林业】木材加工业发达。森林面积22万平方公里。通过实施新的林业技术并改善基础设施，工业木材产量逐年提高，但每年仍需大量进口。

【旅游业】是土外汇收入重要来源之一。2011年游客总数达3615万人次，旅游收入230.2亿美元。主要旅游城市有：伊斯坦布尔、伊兹密尔、安塔利亚、布尔萨、安卡拉、科尼亚等。亚洛瓦温泉、特洛伊、埃菲斯古城等遗址和卡帕多齐亚、库什湖是主要风景名胜地。

【交通运输】以陆路运输为主，公路网线广布，运力充足。

公路：国家级和省级公路62785公里，乡村级公路30.2万公里，高速公路2080公里。截至2012年4月，全国各类注册登记机动车总数1480.8万辆。

铁路：截至2010年，总长11940公里，其中电气化铁路3161公里。

空运：近年来，土航空业发展迅速。截至2010年，共拥有飞机332架。2010年，国内航线运送乘客5058万人次，国际航线运送乘客5222万人次。

海运：海运发达，土72%的出口、95%的进口通过海路运输实现。主要港口位于伊斯坦布尔、伊兹密尔、梅尔辛、伊斯肯德伦、伊兹密特、萨姆松、特拉布松、杰姆利克等地。

【财政金融】截至2011年底，外债总额为784亿美元，外汇储备747亿美元。近几年政府财政收支情况如下（单位：亿里拉）：

	2010	2011
收入	2540.28	2958.62
支出	2936.28	3133.02
赤字	396.00	174.40

（资料来源：土耳其财政部数据）

【对外贸易】随着国民经济的快速发展，对外贸易总值和数量不断增加。2011年，对外贸易总额为3757.59亿美元，同比增长25.5%，其中，进口额2408.42亿美元，出口额1349.18亿美元。主要出口产品是农产品、食品、纺织品、服装、金属产品、车辆及零配件等。主要进口商品是原油、天然气、化工产品、机械设备、钢铁等。近几年对外贸易情况如下（单位：亿美元）：

	2009	2010	2011
出口额	1021.29	1139.79	1349.18
进口额	1409.26	1855.41	2408.42

（资料来源：2011年土耳其国家统计署数据）

土耳其主要贸易对象是欧盟国家。2011年，土对欧盟国家进出口贸易总额为1534.80亿美元，占土对外贸易总额的41%。2011年主要贸易伙伴国及进出口额如下（单位：亿美元）：

	土出口额	土进口额
德　国	139.52	229.86
俄罗斯	59.93	239.53
中　国	24.66	216.93

意大利	78.52	135.49
美　国	45.84	160.34
伊　朗	35.90	124.61
法　国	68.06	92.30
英　国	81.52	58.40
伊拉克	83.11	25.05
西班牙	39.18	61.96

（资料来源：同上）

【外国投资】近年来，外国投资持续增加。土所吸引外资主要来自欧盟国家。2011年土吸引外资157亿美元，较上年增加76%。

军　事

1921年，凯末尔创建国民军。1952年，土加入北约。土武装部队包括陆军、海军（包括海军航空兵和海军陆战队）、空军、海岸警卫队和宪兵。总统是武装部队最高统帅。最高军事委员会是武装部队内部事务最高决策机构。总参谋部是武装部队的最高作战指挥机构，现任总参谋长是奈吉代特·厄扎尔（Necdet Ozel）上将。国家安全委员会是最高国防决策机构。国防部是同总参谋部进行合作的最高军事行政机构。实行义务兵役制，服役年龄为最低20岁，服役期限6～15个月。实行军队职业化措施，精减指挥机关人员，技术军人文职化，实行军官和技术军人聘用制等。

2011年，土现役军人52万，其中陆军40万人、空军6.5万人、海军5.6万人。另有准军事部队总兵力24.2万人，其中宪兵24万，海岸警卫队2200人。

北约在土设有东南欧盟军司令部、战术空军司令部。美国在土设有16个军事基地和设施，常驻军事人员5000人。土在塞浦路斯土族地区有4万驻军。

文化教育

【教育】2005年6月，土参照欧盟标准，对教育体制进行改革。土小学为义务教育。共有各类学校近6万所，在校学生约1993万人，教师约73万人。现有大学171所。著名高等学府有安卡拉大学、哈杰泰普大学、中东技术大学、比尔肯特大学、伊斯坦布尔大学、海峡大学、爱琴海大学。

【新闻出版】发行报纸近2500份，其中全国性的117份，杂志约3200种。《自由报》、《国民报》和《晨报》为三大报。《每日新闻》是主要的英文报纸。

主要通讯社：阿纳多卢通讯社，半官方，创建于1920年。安卡拉通讯社，半官方，成立于1971年。经济新闻通讯社，非官方，面向银行界和实业界。

土耳其广播电视组织成立于1946年，半官方，对外用16种语言广播。全国共有电视台71家，各类私营电台454家。1994年4月，议会通过《私营广播电视机构及节目法》。

对外关系

土耳其奉行亲西方的对外政策，与美国保持传统战略伙伴关系，重视加强与欧洲国家关系。注重经济外交，维护自身利益。主张以和平方式解决国家争端。近年来，土大力发展与周边邻国关系，开展“零问题”睦邻外交，积极主动介入地区热点问题，发展与中国、巴西等新兴大国的关系，外交政策取向更加全面、均衡。

【同中国的关系】1971年8月4日与中国建交。20世纪80年代之后两国高层互访增多，双边关系发展较快。21世纪以来，土方重要来访有：巴赫切利副总理（2002年5月）、正义与发展党主席埃尔多安（2003年1月）、沙辛副总理（2003年9月）、居尔副总理（2005年2月）、托普坦议长（2008年4月）、居尔总统（2009年6月）、埃尔多安总理（2012年4月）。中方重要出访有：江泽民主席（2000年4月），全国政协主席李瑞环（2001年4月）、朱镕基总理（2002年4月）、黄菊副总理（2004年11月）、国务委员周永康（2005年5月）、国务委员陈至立（2005年5月）、中央军委副主席徐才厚（2005年10月）、国务委员华建敏（2006年4月）、中共中央政治局委员张德江（2006年6月）、全国政协主席贾庆林（2008年11月）、中共中央政治局常委李长春（2010年4月）、国务院总理温家宝（2010年10月）、国家副主席习近平（2012年2月）、吴邦国委员长过境伊斯坦布尔（2012年5月）。

2012年2月，国家副主席习近平对土耳其进行正式访问。访问期间，习近平副主席与土总统居尔举行会谈，并会见了土总理埃尔多安和议长奇切克，就两国关系和共同关心的国际及地区问题深入交换意见，达成重要共识。习近平副主席还出席了中土经贸合作论坛并发表重要演讲。此外，双方还签署了涉及金融、检疫和新闻等多个领域的合作文件。

2012年5月，全国人大常委会委员长吴邦国过境访问伊斯坦布尔，会见伊斯坦布尔省省长穆特鲁，就加强两国各领域友好交流深入交换意见。

2011年7月，中共中央政治局常委贺国强对土耳其进行过境访问；9月，中共中央政治局委员、天津市委书记张高丽访土。此外，海南省委书记卫留成、甘肃省省长刘伟平、外交部副部长张志军、公安部副部长孟宏伟、商务部副部长姜增伟分别访土。

2012年4月，土耳其总理埃尔多安正式访华。国务院总理温家宝同埃尔多安就两国关系和共同关心的国际及地区问题深入交换意见并共同出席双方经贸、能源、文化和新闻等领域合作文件的签字仪式。国家主席胡锦涛和全国人大常委会委员长吴邦国分别会见埃尔多安一行。此外，埃还赴新疆和上海两地访问。

2011年3月，土耳其副总理兼国务部长阿里·巴巴詹来华出席国际货币体系改革高层研讨会，并分别会见中共中央政治局常委李长春和国务院副总理王岐山。6月，土耳其宗教事务局局长居尔迈茨访华。

近年来，中土双边贸易额保持较快增长。2011年，中土双边贸易额为187亿美元，同比增长24.0%，其中中方出口额156亿美元，增长30.8%，进口额31亿美元，下降1.4%。中方主要出口机械设备、电器、电子产品、计算机和通信设备等，主要进口大理石、铬、硼等矿产品及部分化工和纺织原料。两国经贸合作持续发展，交通、电力、冶金、电信是双方合作的重点领域。

中国驻土耳其大使：宫小生。馆址：GOLGELI SOKAK No.34，GAZIOSMANPASA，ANKARA。网址：www.chinaembassy.org.tr。电话：90-312-4360628；传真：4464248。商务处电话：4377107。

中国驻伊斯坦布尔总领事：张清洋。馆址：Tarabya Mahallesi，Ahi Çelebi Cad.Çoban Çeşme Sokak No.4，Sariyer，Istanbul。网址：http://istanbul.chineseconsulate.org。电话：90-212-2992188，2992634；传真：2992633。

土耳其驻华大使：穆拉特·埃森利（MURAT ESENLI）。馆址：北京市朝阳区三里屯东五街9号。网址：www.turkey.org.cn。电话：010-65322650；传真：65325480。商务处电话：65323846。

土耳其驻上海总领事：德尼兹·艾凯（Deniz Eke）。馆址：上海市淮海中路1375号启华大厦13B。电话：021-64746838；传真：64719896。

【同美国的关系】重视与美关系，视其为对外关系基石。1947年以来，土美在政治、经济、军事、科技、文化等领域开展了广泛合作。美在土东南边境的英吉尔利克设有本地区最大的空军基地。双方于1997年确立新型战略合作关系。2009年4月，美总统奥巴马访土时，称土是美关键盟友，强调美支持土加入欧盟和打击库工党武装的努力。2010年土美关系曾因美众议院通过“亚美尼亚大屠杀”议案而出现紧张。

2011年7月，美国国务卿克林顿访土并会见居尔总统和埃尔多安总理。克对土在地区和全球热点问题中发挥的积极作用表示赞赏，并表示坚定支持土政府打击库尔德工人党武装。8月，美总统奥巴马就叙利亚局势与埃尔多安总理通电话。9月，埃尔多安总理赴纽约出席第66届联大会议期间，会见美国总统奥巴马。12月，美国副总统拜登访土，会见土总统居尔、议长奇切克和总理埃尔多安，讨论反恐合作、土以关系及叙利亚、伊朗和伊拉克等问题；美国防部长帕内塔访土，与土防长耶尔马兹就反恐、伊朗核问题等进行商谈。

【同欧盟的关系】重视同欧盟及其成员国的关系，坚持以入盟为导向，推进国内政治、经济、司法、社会等领域改革。2005年土欧启动入盟谈判。2009年以来土加大了入盟改革力度，任命负责欧盟事务的国务部长，开始实施第三期国家入盟计划，推行“库尔德新政”，试图解决困扰其多年的民族问题。目前，土入盟谈判进程总体缓慢，在入盟所需的35项谈判中至今仅启动了13项，完成1项。

2011年1月，居尔总统赴斯特拉斯堡出席欧洲委员会议会大会并做主旨发言，就土加入欧盟、塞浦路斯等问题阐述土原则立场。2月，法国总统萨科齐对土进行工作访问，会见居尔总统和埃尔多安总理，萨在访问前接受土《邮报》采访时表示，成为欧盟成员无论对土还是对欧盟来说都无益处；埃尔多安总理访问德国，会见德国总理默克尔，双方讨论了土入盟、土公民访德签证、利比亚局势等问题。6月，居尔总统访问波兰，会见波兰总统科莫罗夫斯基，与波方就双边关系、土入盟问题等交换意见。9月，居尔总统访问德国，分别会见德国总统武尔夫、总理默克尔和议长拉默特等；土副总理阿塔拉伊表示，如塞浦路斯成为2012年欧盟轮值主席国，土将冻结与欧盟关系。11月，埃尔多安总理赴德国出席“土移民德国50周年纪念”系列活动并会见德国总统武尔夫。埃称包括德在内的一些欧洲国家未能在反恐和打击库尔德工人党问题上给予土必要支持。埃还批评德在土入盟问题和在德生活土耳其人融入当地社会问题上的政策。12月，法国议会通过为否认1915年亚美尼亚大屠杀者定罪的法案，土宣布召回驻法大使、取消所有双边经济和军事互访、中止所有政治磋商和联合军事训练项目等制裁措施。

【同俄罗斯的关系】近年来，土俄经贸往来日益密切，双方政治互信不断增强，双边关系进入快速、稳定发展时期。能源合作成为拉动土俄关系最强有力的纽带，目前土进口天然气70%来自俄。两国在多边领域合作也不断发展，在反恐、中东、伊拉克、伊朗核以及黑海安全等问题上拥有相近立场。

2011年3月，埃尔多安总理访问俄罗斯，分别会见俄罗斯总统梅德韦杰夫和总理普京，双方就能源合作、双边贸易、互免签证等问题交换意见。9月，居尔总统作为荣誉嘉宾赴俄参加第三次全球政策论坛，并与俄罗斯总统梅德韦杰夫举行会谈，就国际和地区问题交换看法。

【同中亚国家的关系】重视同中亚国家的睦邻友好合作关系，认为中亚诸国都是“突厥世界”的一部分，应借助民族、宗教、历史和文化渊源的共通性，大力发展与地区国家在政治、经济、文化等各领域的全方位关系。土认为，中亚各国正处于重要变革过程中，希中亚各国能在推进民主化与维护稳定、发展经济之间实现平衡。土重视在能源领域同中亚国家的合作，主张里海油气资源通过巴库—杰伊汉和土库曼—土耳其—欧洲管线外输至国际市场，并酝酿修建由土耳其卡尔斯至格鲁吉亚第比利斯的铁路线。

2011年2月，埃尔多安总理访问吉尔吉斯斯坦，与吉总理阿塔姆巴耶夫举行会谈，双方同意建立高级别战略合作委员会，并尽早研究并实现两国互免签证。

2012年5月，埃尔多安总理访问哈萨克斯坦，与哈总理马西莫夫举行会谈，会见哈上院议长马米和下院议长尼格马图林。此外，埃还出席了哈土商务论坛，双方签署近10亿美元的合作协议。

【同希腊的关系】1923年土、希在洛桑协议基础上建交。因爱琴海海域诸岛归属和塞浦路斯等问题，两国关系长期紧张、互不信任。1999年，两国关系出现缓和，定期外长互访、爱琴海问题探索性对话、政治磋商、建立互信谈判等机制相继确立。2000年土、希外长实现了40年来的首次互访，双方签署多项合作协议。2004年土总理埃尔多安访希，这是土总理时隔16年后首次访希。2008年希腊总理卡拉曼利斯访问土耳其，这是近50年来希腊总理首次访土。

2011年1月，希腊总理帕潘德里欧访问土耳其，与埃尔多安总理举行会谈，帕对当时土飞机飞越希岛屿一事表达了不满。3月，土外长达乌特奥卢访问希腊，会见希腊总理帕潘德里欧，并和希外长德鲁察斯进行会谈。9月，埃尔多安总理与希腊总理帕潘德里欧通电话，就有关方面在东地中海区域进行油气勘探开发造成紧张局势进行讨论。

【同亚美尼亚的关系】土耳其与亚美尼亚因纳卡问题和“亚美尼亚种族大屠杀案”等历史问题而关系不睦，双方迄今未建立外交关系。2008年，土总统居尔访问亚美尼亚，并与亚总统萨尔基相一同观看土亚两国足球队世界杯预选赛，土亚关系出现缓和。2009年，土亚关系进一步改善，当年10月，两国外长签署实现双边关系正常化协定，为两国建交及开发边界确定了时间表，但此后两国议会均为批准该协定预设条件，亚方要求土先承认“大屠杀”，土方则要求亚方先撤出纳卡地区，协定至今未生效。

2010年4月，在美出席核安全峰会的埃尔多安总理与亚美尼亚总理季格兰·萨尔基相举行会谈，双方同意继续推动实现双边关系正常化。9月，居尔总统致信亚美尼亚总统谢尔日·萨尔基相，祝贺亚独立19周年，表示希两国尽快落实去年8月签署的关系正常化协议。

【同中东国家的关系】重视发展同伊斯兰和阿拉伯国家的关系。支持中东和平“路线图”，支持巴勒斯坦独立建国，强调巴以和谈不应绕开也绕不开哈马斯，反对以色列滥用军事手段。2009年以前致力于斡旋中东问题，并促成多轮以叙间接和谈。2009年初以对加沙采取军事行动，土反应强烈，土以关系恶化。土主张维护伊拉克国家统一、主权和领土完整，强调伊各教派必须坚持统一的国家属性，与各教派均保持密切关系。土与伊朗关系密切，主张维护国际核不扩散体系，反对伊朗发展核武器，但同时承认伊朗拥有和平利用核能的权利，支持解决伊核问题的外交努力。叙利亚局势动荡之初，土在美西方和叙之间积极斡旋，但在叙暴力冲突不断升级后，强烈反对叙政府镇压反对派，并要求巴沙尔下台，但土担心叙局势持续动荡会影响自身安全，仍在积极参与叙问题政治解决进程。2012年6月，土空军一架F4战机在叙海域附近被叙方击落。叙强调此事件是一起事故，希实现事件“软着陆”，土则步步紧逼，逐步提高反击调门，并将此事提交北约进行磋商。

2011年1月，居尔总统访问也门，两国签署签证互免协定；外长达乌特奥卢访问伊拉克，与伊总统塔拉巴尼、总理马利基、外长兹巴里、议长努贾菲等举行会谈。3月，居尔总统访问埃及，会见阿拉伯联盟秘书长穆萨、埃及最高军事委员会主席坦塔维等；埃尔多安总理访问伊拉克，会见伊总统塔拉巴尼、总理马利基，就双边关系和地区形势交换意见。5月，利比亚“国家过渡委员会”主席贾利勒访问土耳其。贾先后会见居尔总统、埃尔多安总理，明确提出希望土尽早承认“国家过渡委员会”。6月，巴勒斯坦领导人阿巴斯访土，分别会见土总统居尔、总理埃尔多安等，讨论建立联合巴勒斯坦政府问题。7月，外长达乌特奥卢分别访问伊朗和沙特。8月，埃尔多安总理会见来访的利比亚全国过渡委员会执行局主席吉卜里勒，表示土愿向利提供所有支持；外长达乌特奥卢访问叙利亚，会见叙利亚总统阿萨德，向阿转交居尔总统信件和埃尔多安总理的口信，督促阿尽快开启政治改革。9月，埃尔多安总理访问埃及、突尼斯、利比亚三国，在埃会见埃最高军事委员会主席坦塔维、总理谢里夫等，与埃及签署战略合作协议和能源合作协议；在突会见代总统迈巴扎、总理塞卜西等；在利会见全国过渡委员会主席贾利勒。外长达乌特奥卢表示，因以色列拒绝在“蓝色马尔马拉”号事件上满足土方要求，土在以外交机构等级降至二秘级并冻结所有与以军事协议。11月，奇切克议长会见来访的伊拉克国民议会议长努贾菲；外长达乌特奥卢宣布制裁叙利亚，其中包括冻结叙利亚在土全部资产。12月，巴勒斯坦领导人阿巴斯访土，会见土总统居尔、总理埃尔多安等，讨论巴勒斯坦民族和解及中东地区形势问题。

【同巴尔干国家的关系】土同巴尔干地区国家有着深厚的民族、宗教和历史文化联系。土一直致力于发展与巴尔干各国间业已存在的良好合作关系，表示愿与地区国家在双边和多边领域开展内容广泛的互利友好合作，认为巴尔干地区国家早日加入北约和欧盟体系，将有助于该地区的和平与稳定。土关注波黑和科索沃形势，支持波黑成立具有广泛代表性的政府，支持科索沃独立。

2011年12月，罗马尼亚总统巴塞斯库访土，会见居尔总统、埃尔多安总理，双方签署战略伙伴协议。

【同亚太国家的关系】重视发展同亚太地区国家特别是同中国、日本、印度等大国的关系，关注亚太国家政治、经济发展模式，希望学习和借鉴各国成功经验。土支持维护阿富汗国家统一和领土完整，认为解决阿问题的关键是尽快实现阿的安全、稳定和发展，强调地区国家是解决阿问题的关键力量，积极参与对阿军队和警察的培训，并在医疗卫生、教育和基建等领域对阿提供大量援助。土同巴基斯坦关系密切，支持一切援巴进程，主张国际社会应加快对巴经援力度。

2011年2月，马来西亚总理访问土耳其。4月，巴基斯坦总统扎尔达里访问土耳其，与居尔总统举行会谈，表示愿继续加强与土在解决阿富汗等重要地区问题上的合作。11月，土阿巴峰会在伊斯坦布尔举行，居尔总统分别会见巴基斯坦总统扎尔达里和阿富汗总统卡尔扎伊。

【同非洲国家的关系】日益重视发展同非洲国家关系，不断增加对非投入。

2011年2月，尼日利亚总统乔纳森访问土耳其，与居尔总统举行会谈。双方就加强两国国防、教育、投资及旅游领域合作签订了4项合作协议。3月，居尔总统访问加纳和加蓬，就发展双边关系等问题分别与加纳总统米尔斯和加蓬总统翁丁巴交换意见。10月，埃尔多安总理访问南非，与总统祖马、副总统莫特兰蒂就互免签证、贸易协定和叙利亚问题等地区热点举行会谈。（李春亮）

土库曼斯坦

国名 土库曼斯坦（Turkmenistan，Туркменистан）。

面积 49.12万平方公里。

人口 683.6万（截至2006年7月1日）。主要民族有土库曼族（94.7%）、乌兹别克族（2%）、俄罗斯族（1.8%），此外，还有哈萨克、亚美尼亚、鞑靼、阿塞拜疆等120多个民族（1.5%）。官方语言为土库曼语，俄语为通用语。绝大多数民族信仰伊斯兰教（逊尼派），俄罗斯族和亚美尼亚族信仰东正教。

首都 阿什哈巴德（Ashgabat，Ашхабад）。人口90万（2005年11月）。1月平均气温2.1℃，7月平均气温30.7℃。

国家元首 库尔班古力·米亚利克古利耶维奇·别尔德穆哈梅多夫（Гурбангулы Мяликгулиевич Бердымухамедов），2007年2月当选，2012年2月12日再次连任，任期五年。

重要节日 新年：1月1日；纪念日：1月12日（纪念1881年在格奥克捷佩堡为抗击沙俄军队而牺牲的土库曼人）；国旗日：2月19日；国际妇女节：3月8日；纳乌鲁斯节（春节）：3月21日；胜利日：5月9日；宪法日：5月18日；大地震纪念日（悼念1948年阿什哈巴德地震罹难者）：10月6日；独立日：10月27日；中立日：12月12日。此外，还庆祝开斋节、古尔邦节等伊斯兰传统节日。

简况

位于中亚西南部，为内陆国家。北部和东北部与哈萨克斯坦、乌兹别克斯坦接壤，西濒里海与阿塞拜疆、俄罗斯相望，南邻伊朗，东南与阿富汗交界。约80%的国土被卡拉库姆大沙漠覆盖。1月平均气温4.4℃，7月平均气温37.6℃；年降水量从东北部地区的80毫米向南部山麓的300毫米递增，科佩特山区年降水量可达400毫米。

历史上波斯人、马其顿人、突厥人、阿拉伯人、蒙古鞑靼人曾在此建立国家。15世纪基本形成土库曼民族。19世纪60年代末和80年代中，部分领土并入俄国（外里海州）。1917年，土库曼人民参加了二月革命和十月社会主义革命，同年12月建立苏维埃政权。1924年10月27日成立土库曼苏维埃社会主义共和国，并加入苏联。1991年10月27日宣布独立，改国名为土库曼斯坦。同年12月21日加入独联体。1992年3月2日加入联合国。1995年12月12日，第50届联大通过决议，承认土为永久中立国。

政治

独立后，土始终将捍卫独立、主权和领土完整、发展经济、保持社会稳定作为基本国策；积极探寻适合本国国情的发展道路；提倡民族复兴精神，重视民族团结与和睦；奉行积极中立、和平友好的外交政策，致力于同其他国家发展建设性合作关系；主张宗教信仰自由，禁止宗教干预国家政治生活。

2011年，土政局继续保持稳定。别尔德穆哈梅多夫总统对内阁、强力部门和各级地方官员进行了人事调整，其执政能力和地位进一步加强；努力改善民生，大力兴建学校、民宅、医院、博物馆等民生项目，提高居民工资和退休金，提升国家预算用于社会领域支出比例。

【宪法】1992年5月18日通过第一部宪法，规定土为民主、法制和世俗的国家，实行三权分立的总统共和制。总统为国家元首和最高行政首脑，由全民直接选举产生。人民委员会为国家最高权力代表机关。立法权和司法权分属国民会议和法院。1995年12月，土修改宪法，将永久中立国地位写入宪法。1999年12月再次修宪，对宪法中有关人民委员会、议会职能的条款进行修改和补充，明确规定时任总统尼亚佐夫作为首任总统，其任期无时间限制。2003年，土通过第二部宪法，规定人民委员会为常设最高权力代表机构，设立主席一职，同时规定总统当选年龄不得超过70岁。2006年12月26日再次修宪，规定总统候选人年龄在40～70岁之间，总统因故不能行使职权时，根据国家安全会议决议，任命一位副总理临时代理总统职权。2008年9月，土通过第三部宪法，取消人民委员会，将其权力划归总统和议会。

【议会】称国民会议，是国家立法机构。现议会为土第四届议会，于2008年12月选举产生，由125名议员组成，任期五年。议长阿克贾·努尔别尔德耶娃（Акджа Нурбердыева，女）。议会主要职能是通过、修改和解释宪法与法律，监督法律的执行，确定总统、议会选举的时间，通过内阁工作纲领，批准国家预算等。

【政府】称内阁，是国家权力执行机关，由总统直接领导。2012年2月，别尔德穆哈梅多夫总统连任后改组内阁。现任内阁副总理有：拉·梅列多夫（Р. Мередов），兼外交部长，主管外交；拜·霍贾穆哈梅多夫（Б. Ходжамухаммедов），主管油气工业、化学工业和渔业；萨·托伊雷耶夫（С. Тойлыев），主管科技创新、教育、卫生、旅游和体育；比·努尔梅拉多娃（Б. Нурмырадова，女），主管文化；罗·谢伊特库雷耶夫（Р. Сейиткулыев），主管交通运输和通讯；霍·穆哈梅多夫（Х. Мухамедов），兼任总统办公厅主任；安·戈奇耶夫（А. Гочыев），主管财政、金融；阿·叶格列耶夫（А. Егелеев），主管建设；安·亚兹梅拉多夫（А. Язмырадов），主管农业；诺·阿塔古雷耶夫（Н. Атагулыев），主管贸易、纺织工业；亚·卡卡耶夫（Я.Какаев），兼任总统直属油气管理利用署署长。其他主要部长有：公共事业部长阿·亚格希马梅多夫（А. Ягшимаммедов），铁道部长拜·安纳梅列多夫（Б. Аннамередов），贸易和对外经济联系部长巴·阿巴耶夫（Б. Абаев），能源和工业部长穆·阿尔特科夫（М. Артыков），建设部长朱·拜拉莫夫（Д.Байрамов），农业部长梅·拜拉莫夫（М. Байрамов），通讯部长拜·奥韦佐夫（Б. Овезов），建材工业部长巴·伊达尔马佐夫（Б. Италмазов），卫生和医疗工业部长古·埃里亚索夫（Г. Элясов），教育部长古·马梅多娃（Г. Маммедова，女），文化部长贡·马梅多娃（Г.Маммедова，女），环保部长巴·安纳拜拉莫夫（Б. Аннабайрамов），油气工业和矿产资源部长卡·阿布杜拉耶夫（К.Абдыллаев），经济与发展部长比·霍贾马梅多夫（Б.Ходжамаммедов），财政部长多·萨德科夫（Д. Садыков），劳动和居民社会保障部长别·沙梅拉多夫（Б. Шамырадов），纺织工业部长阿·巴巴耶娃（А. Бабаева，女），公路运输部长谢·别尔克利耶夫（С. Беркелиев），内务部长伊·穆利科夫（И. Муликов），司法部长梅·加尔雷耶夫（М. Гаррыев），国家安全会议秘书兼国家安全部长亚·别尔季耶夫（Я. Бердиев），国防部长别·贡多格德耶夫（Б. Гундогдыев），水利部长谢·塔甘诺夫（С.Таганов）。

【行政区划】除首都阿什哈巴德市外，全国划分为阿哈尔、巴尔坎、达绍古兹、列巴普和马雷五个州。

【司法机构】设最高法院和检察院。法官由总统任命，任期五年。现任最高法院院长为阿·哈雷耶夫（А. Халлыев）。检察院负责监督法律和总统令的执行情况，现任总检察长为亚·亚兹梅拉多夫（Я. Язмырадов）。

【政党】土库曼斯坦民主党（Демократическая партия Туркменистана）：1991年12月16日由原苏联土库曼共产党改组而成，1992年3月在司法部正式登记，现约有党员13余万人。其宗旨是维护国家独立、主权和中立，建设民主、法制和公正社会，提高人民福利，推动民主进程。主要任务是宣传、解释总统制定的国家内外政策和法令，团结社会各界贯彻执行总统的方针。民主党同工、青、妇等社会组织共同组成“民族复兴运动”，旨在推动国家改革和民族复兴。2012年2月，“民族复兴运动”解散。民主党在全国各州、市、区设有委员会，共有3598个基层组织。别尔德穆哈梅多夫总统任党主席。政治委员会（党的中央机关）第一书记为副议长卡·巴巴耶夫（К. Бабаев）。

【重要人物】库尔班古力·别尔德穆哈梅多夫：总统。1957年生于阿什哈巴德市，土库曼族。毕业于土库曼国立医学院。1979～1987年在阿市医疗系统工作。1987～1990年在莫斯科口腔内科研究生班学习，获副博士学位。1990～1995年在土库曼斯坦国立医学院任教，历任系副主任、主任。1995～1997年任土口腔医学中心主任。1997年任土卫生和医疗工业部长，1998年6月兼任尼亚佐夫国际医学中心总经理，1999年6月兼任土国立医学院代理院长。2001年4月至2006年12月任副总理兼卫生和医疗工业部长，主管教科文卫及新闻。2006年12月尼亚佐夫总统去世后任代总统，并在随后举行的总统大选中获胜。2007年2月14日宣誓就任总统，8月4日当选土民主党主席和“复兴运动”主席。2012年2月12日连任总统。　**阿克贾·努尔别尔德耶娃：**议长。女，1957年生于阿什哈巴德市，土库曼族，哲学博士。1978～1988年在共青团系统工作。1988～2000年任阿市列宁区党委党组织工作处指导员、格奥克捷平区党委书记、阿哈尔州民主党党委书记。1990～1993年在俄罗斯管理学院进修。1994～2008年任土第一、二、三界议会议员。2000～2003年任土议会外事委员会成员、主席。2006～2007年任土工会主席。2006年任代议长。2007年任议长。2009年连任，任期五年。

经　济

石油、天然气工业为支柱产业。农业主要种植棉花和小麦。独立后，土在保持经济稳定发展的同时，逐步向市场经济过渡。2011年，土经济运行总体良好。在油气产业快速发展带动下，GDP继续保持较快增长。政府在加快油气兴国和能源出口多元化战略同时，注重经济平衡可持续协调发展，加大对建筑、农业、通信、纺织等领域投入；扶持中小企业和私营经济，拉动内需；加大招商引资力度；加大对科技和创新领域投入，提升经济增长质量。2011年主要经济数据如下：

国内生产总值：249.1亿美元（中亚新闻网数据）。

国内生产总值增长率：14.4%（土官方数据）。

货币名称：马纳特（Manat，Манат）。

官方汇率：1美元=2.843马纳特。

【资源】矿产资源丰富，主要有石油、天然气、芒硝、碘、有色及稀有金属等。据土官方公布资料，土石油和天然气的远景储量为68亿吨和26.2万亿立方米，石油和天然气工业储量分别为2.13亿吨和2.7万亿立方米，居世界前列。英国著名国际咨询公司“Gaffney，Cline&Associates”称，仅土南约洛坦气田的储量就高达4万亿～14万亿立方米，为世界第三大单体气田。

【工业】主要工业部门为石油和天然气开采加工、电力、纺织、化工、建材、地毯、机械制造和金属加工等。能源工业在整个工业体系中占主导地位。2011年工业总产值同比增长24.2%。

【农业】现有可耕地1700万公顷，灌溉耕地面积约200万公顷。主要农产品有棉花、小麦、稻米、瓜果和蔬菜等。2011年农业总产值同比增长10.3%。

【旅游业】1994年成立土国家旅游公司，2000年1月与国家体育运动委员会合并为“国家体育与运动委员会”，制订旅游业发展规划，颁布《旅游法》。在阿联酋、土耳其、巴基斯坦、德、英、俄等国设有代表处。目前，全国注册旅行社40余家，开发了150多条旅游线路，其中尼萨古城、梅尔夫古城和库尼亚乌尔根奇均被列为世界文化遗产。近年来，土斥资数十亿美元在里海沿岸的元首市建设“阿瓦扎”国家旅游区，大力兴建酒店、度假和疗养设施，积极吸引外国公司参与投资开发。目前，“阿瓦扎”旅游区首批酒店和基本设施已初具规模。

【交通运输】铁路总长约3000公里，公路总长1.4万公里，内河航道654公里。主要港口有里海沿岸的元首市港和贝克达什港。阿什哈巴德与13个国家的17个城市开通直航，全国主要机场有：阿什哈巴德市国际机场、元首市国际机场、巴尔坎纳巴特市机场、马雷市机场、达绍古兹市机场和土库曼纳巴特市机场。天然气管道有中亚—中央管道（土库曼斯坦—乌兹别克斯坦—哈萨克斯坦—俄罗斯—欧洲）、土库曼斯坦—伊朗管道（有三条，分别为科尔佩杰—库尔特库伊、阿尔特雷克—柳特法巴特、多夫列塔巴特—谢拉赫斯—汉格兰）和中国—中亚（土库曼斯坦—乌兹别克斯坦—哈萨克斯坦—中国）管道等。

【财政金融】2011年财政收入为148.19亿马纳特，超额完成37.2%，支出122.19亿马纳特，完成93.7%。投资增长23.2%。物价消费指数增长5.29%。近年财政收支状况如下（单位：亿马纳特）：

	2009	2010	2011
财政收入	117.68	101.70	148.19
财政支出	101.24	88.78	122.19
赤字或盈余	16.44	12.92	26.00

主要商业银行有：土库曼斯坦外经银行、土库曼斯坦银行、土库曼斯坦投资银行、土库曼斯坦总统银行、土库曼斯坦储蓄银行和土库曼斯坦农业银行。

【对外贸易】土同世界上102个国家有贸易往来。2011年对外贸易总额234.06亿美元，比2010年增加57.2%，其中出口额143.7亿美元，增加73.1%，进口额90.36亿美元，增加38.5%。天然气、原油、石油产品、棉花及棉制品依然是主要出口产品，而机械设备、建材、电器和电子产品则是主要进口产品。主要贸易伙伴有中国、土耳其、伊朗、阿联酋、俄罗斯和韩国等。近年对外贸易情况如下（单位：亿美元）：

	2009	2010	2011
总　额	180.0	180	234.06
出口额	91.5	100	143.70
进口额	88.5	80	90.36
差　额	3.0	20	53.34

【外国资本】重视吸引外资，颁布了一系列保护外资的法规和优惠政策。外国投资主要集中在石油天然气生产、纺织、建筑等领域。土耳其在土投资最多，伊朗、俄罗斯、法国紧随其后。

人民生活

土政府实行高保障、高补贴政策，免费为居民供应水、电、天然气、盐，低价供应燃油、食品等生活必需品，实行医疗、教育优惠制度。国家预算总支出的3/4用于社会领域。2011年，土政府继续提高职工月均工资和奖学金、退休金水平，并发放各项补贴。居民平均月收入同比增长13.7%。

军　事

苏联解体后，土库曼斯坦在原驻土苏军基础上组建了本国军队。土武装力量由陆军、空军—防空军和海军组成，总统任武装力量最高统帅。土实行义务兵役制，年满18岁的男性公民须服役两年。全国总兵力4.7万人。除武装力量外，土还有边防、内务、安全和总统卫队等其他部队。边防军隶属边防总局，兵力约2万人。内务部队约5000人，隶属内务部。安全部队1500人，隶属国家安全委员会。总统卫队千余人，受总统直接指挥。土军武器装备主要来自原驻土苏军。最高军事学府为国防部军事学院。

土军奉行中立性军事学说。2009年1月21日，别尔德穆哈梅多夫总统签署总统令，批准《独立和中立的土库曼斯坦军事学说》，取代1994年旧版土军事学说。新军事学说重申以下原则：纯粹防御性、积极中立和和平调解争端；不参加任何军事集团和同盟，不在本国领土部署外国军事基地；不生产或扩散核化等大规模杀伤性武器；优先致力于通过政治外交和其他和平方式解决问题。此外，根据新形势要求，土新军事学说增加了三项原则，即国家军事力量建设要逐步与国际接轨；提高技术装备、军事管理水平和战备能力；加强全军纪律。

文化教育

【教育】 实行十年制义务教育。教育体系由学前教育、中等教育、中等专业技术教育和高等教育组成。据土官方统计，全国共有中小学1705所，学生101.86万人，教师66000人；中等专科学校21所，在校学生约4000人；高等院校18所，在校学生近14000人。土著名大学有国立马赫图姆库里大学、阿扎季世界语言学院、工学院、国家油气学院、国家通讯建设学院、俄罗斯古铂金油气学院分院等。

【新闻出版】 公开发行的报纸有30多种。主要报纸有《土库曼斯坦报》（土文）和《中立的土库曼斯坦报》（土文、俄文），以上两报为土政府机关报。此外有《复兴报》、《祖国报》、《阿什哈巴德报》（均为土文）等。土库曼斯坦国家通讯社，前身为苏联塔斯社土库曼分社，成立于1925年，1992年改为现名，未向国外派常驻记者。国家广播电台建立于1927年。国家电视台成立于1958年，现有七套节目，主要播放土语节目，其中第四频道同时用包括中文在内的7种语言进行转播。

对外关系

奉行积极中立和对外开放的外交政策，主张在平等互利原则基础上发展与所有国家的友好合作关系；积极参与国际事务，加入联合国、独联体、欧安组织、不结盟运动、中西亚经济合作组织、伊斯兰会议组织、国际货币基金组织、世界银行、亚洲开发银行等42个国际和地区组织。截至2011年底，土与129个国家建交，在中国、美国、法国、俄罗斯、英国、德国、土耳其、伊朗、阿富汗、沙特、阿联酋、乌克兰、哈萨克斯坦、乌兹别克斯坦、吉尔吉斯斯坦、塔吉克斯坦、阿塞拜疆、亚美尼亚、格鲁吉亚等20多个国家设有使领馆，32个国家和国际组织在土设立使领馆和代表机构。

2011年，土积极开展对外交往，致力于扩大国际和地区影响。土总统先后出访10个国家，并出席第66届联合国大会、独联体国家领导人非正式会晤、上海合作组织峰会等多边活动，签署111份对外合作文件。全年共接待外国高级别代表团11个，举行14场国际会议。

【同中国的关系】 1992年1月6日建交。2011年两国关系快速稳定发展，政治互信不断深化，务实合作更加密切。2月20～26日，土库曼斯坦副总理亚兹穆哈梅多娃访华。2月28日至3月2日，土副总理霍贾穆哈梅多夫访华，胡锦涛主席、国务院副总理王岐山分别会见、会谈。6月23～27日，甘肃省省长刘伟平访土。6月28日至7月1日，新疆维吾尔自治区政府副主席靳诺访土。8月10日，杨洁篪外长过境土，分别会见别尔德穆哈梅多夫总统和副总理兼外长梅列多夫。9月6～9日，国家发展和改革委员会副主任、国家能源局局长刘铁男访土，并举行中土合作委员会能源合作分委会第一次会议。9月1日，土代表团参加在新疆乌鲁木齐市举行的首届中国—亚欧博览会。9月7日，中国—中亚天然气管道四国（土库曼斯坦、乌兹别克斯坦、哈萨克斯坦、中国）协调委员会第五次会议在阿什哈巴德市举行。9月21～25日，土地质康采恩主席亚什梅拉多夫出席在西安举行的第四届欧亚经济论坛。9月24～26日，中国国务委员兼公安部部长孟建柱访土，期间，分别与别尔德穆哈梅多夫总统、国家安全会议秘书兼国家安全部长别尔季耶夫和内务部长穆利克夫举行会见、会谈。10月25～30日，国家民委主任杨晶访土并出席土独立20周年庆典活动。10月25～27日，中国石油天然气集团公司总经理周吉平访土并出席独立20周年庆典活动。11月8～10日，文化部副部长赵少华访土并与土文化部副部长沙穆拉多夫共同主持召开中土合作委员会人文合作分委会第一次会议。11月22～25日，别尔德穆哈梅多夫总统对中国进行国事访问，期间，胡锦涛主席与别举行正式会谈，吴邦国委员长、温家宝总理分别会见。双方签署一系列合作文件。别还赴深圳、香港等地参观访问。11月30日，前驻俄大使李凤林赴土出席中亚地区联合国全球反恐战略高级别会议。12月13日，中石油阿姆河项目区块第二天然气处理厂奠基仪式及阿姆河公司新办公楼落成仪式分别在项目现场及首都举行，别尔德穆哈梅多夫总统出席并剪彩，中石油集团总经理周吉平出席上述活动。

2011年，中土经贸合作保持良好发展势头，全年贸易额54.8亿美元，同比增长249%。其中，中方出口额7.9亿美元，同比增长50%，进口额46.9亿美元，同比增长349%。中国成为土第一大贸易伙伴和天然气进口国。中方主要向土出口铁路设备、机械、电器、黑色金属、化纤、鞋和服装等，自土进口天然气、生丝、棉布、棉纱、皮毛和甘草等。截至2011年12月30日，在土注册中资企业共21家，中资企业参与实施的各类经济技术合作项目50余个，涉及油气、通讯、纺织、交通等领域。

中国驻土库曼斯坦大使：肖清华。馆址：45，ARCHABIL STR.，ASHGABAT，TURKMENISTAN（土库曼斯坦阿什哈巴德市别尔津基区阿尔恰比尔大街45号）。邮编：744036。电话：（0099312）488105；传真：481813。商务处电话：210675；传真：510888。

土库曼斯坦驻华大使：古·纳扎罗夫（Г. Назаров）。馆址：北京市朝阳区霄云路18号京润水上花园别墅雅趣园D-26。邮编：100016。电话：

65326975；传真：65326976。

【同俄罗斯的关系】2011年，土俄关系继续稳步发展。6月，俄罗斯教育和科学部部长弗尔先科访土，并与别尔德穆哈梅多夫总统就教育合作、人才培养、医疗保健等问题交换意见。7月，俄罗斯圣彼得堡市市长马特维延科访土，并向别尔德穆哈梅多夫总统授予“圣彼得堡杰出贡献者”荣誉勋章。8月，土副总理沙古雷耶夫访问俄鞑靼斯坦共和国。同月，俄政府第一副总理、土俄政府间经济合作委员会俄方主席祖布科夫访土。9月，俄罗斯阿斯特拉罕州代表团访土。同月，第三届土俄经济合作论坛在阿什哈巴德举行。

【同独联体国家的关系】土重视发展同独联体国家的友好关系。2011年1月，乌兹别克斯坦总统卡里莫夫与别尔德穆哈梅多夫总统进行电话交谈。3月，土白（俄罗斯）经贸合作混委会会议在阿什哈巴德举行。同月，乌克兰第一副总理兼经济发展和贸易部长克柳耶夫访土，土乌经贸合作混委会举行例会。4月，土经济与发展部长霍贾马梅多夫出席独联体成员国经济理事会例会。同月，独联体成员国边防军司令委员会第65次会议在土举行。同月，白俄罗斯总统卢卡申科访土，与别尔德穆哈梅多夫总统就两国关系以及共同关心的国际和地区问题交换意见。5月，别尔德穆哈梅多夫总统访问乌兹别克斯坦，并与卡里莫夫总统就深化传统友谊、加强交通、能源等各领域合作以及共同关心的国际和地区问题交换意见。同月，土副总理沙古雷耶夫出席在白俄罗斯举行的独联体国家政府首脑理事会会议。6月，土塔（吉克斯坦）政府间经贸、科技合作混委会第三次会议在土召开，塔能源和工业部长古尔出席。7月，土亚（美尼亚）政府间经济合作混委会第三次会议在阿什哈巴德举行，亚能源和自然资源部部长莫夫西相出席。同月，土哈（萨克斯坦）经济、科技和文化合作混委会第四次会议在元首市举行。8月，塔吉克斯坦外长哈姆罗洪·扎里菲访土。同月，白俄罗斯建筑和建设部长尼奇卡索夫访土。9月，别尔德穆哈梅多夫总统赴塔吉克斯坦首都杜尚别出席独联体国家元首峰会并与俄罗斯总统梅德韦杰夫和塔吉克斯坦总统拉赫蒙分别举行会晤。同月，乌克兰总统维克多·亚努科维奇访土，双方就两国政治、经济、人文领域合作深入交换意见。10月，土副总理沙古雷耶夫出席在圣彼得堡举行的独联体政府首脑理事会会议。

【同土耳其的关系】两国关系继续顺利发展。2011年5月，土耳其总统居尔对土库曼斯坦进行工作访问，与别尔德穆哈梅多夫总统在元首市举行会见，就深化传统友谊、加强互利合作等问题交换意见。此外，两国领导人还多次互通电话，就双边关系和共同关心的国际与地区问题交换意见。

土耳其作为土最大投资国，在土纺织、建筑、交通、油气等领域的优势明显。目前，在土库曼斯坦注册的土耳其企业有600多家，总投资210亿美元。在土耳其高校学习的土库曼斯坦学生达2000多人，在土库曼斯坦境内有包括土库曼—土耳其国际大学在内的十多个两国合办教育机构。

【同伊朗的关系】伊朗是土库曼斯坦的重要邻国，2011年两国关系继续保持良好发展势头。2月，伊朗副总统兼文化遗产、实用艺术和旅游组织主席别加伊访土并出席伊朗文化日活动。同月，伊朗商务部长加赞法里访土并出席第五次伊朗商品展销会及土伊商务论坛。6月，伊朗副外长谢伊巴尼访土。7月，伊朗内政部长纳扎尔访土。同月，土伊政府间经济合作混委会第11次会议在阿什哈巴德举行，伊外长萨利希出席。

【同美国的关系】土美关系稳定发展。2011年1月，美中央司令员司令马蒂斯将军访土，双方就两国关系现状和前景以及共同关心的国际和地区问题交换意见。2月，美南亚和中亚事务的助理国务卿布莱克访土并出席土美关系磋商。同月，土美实业家委员会执行董事斯图尔特访土。5月，第五届土美商务论坛举行。同月，首届美国商品展销会在土举行，美商务部副助理秘书维尔德、美负责南亚和中亚事务的副助理国务卿皮亚特出席。6月，美国国务卿欧亚能源问题特使莫宁斯塔尔访土，并与别尔德穆哈梅多夫总统就扩大两国能源合作、保障国际能源安全等问题交换意见。11月，美南亚及中亚事务助理国务卿布莱克访土。

【同欧洲国家的关系】土与欧盟及欧洲国家关系继续发展。2011年1月，欧盟主席巴罗佐访土，与别尔德穆哈梅多夫总统就进一步发展互利合作以及共同关心的国际和地区问题交换意见。同月，副总理兼外长梅列多夫出席在德国举行的土德国联合工作组会议。3月，欧洲开发银行负责土耳其、东欧、中亚和高加索地区事务的经理德卡姆访土。同月，欧盟中亚和格鲁吉亚事务代表毛磊访土。4月，土欧盟能源合作工作会议在巴黎举行。5月，别尔德穆哈梅多夫总统访问罗马尼亚，并与罗总统伯塞斯库就加强两国政治对话、深化经贸、能源、人文各领域合作已经共同关心的国际和地区问题交换意见。6月，土副总理贾帕罗夫和外经银行董事局主席杰普巴罗夫赴奥地利出席欧洲和中亚经济论坛。同月，土英国贸易工业委员会英方主席内什访土。7月，德国卫生部国务秘书伊尔访土。同月，欧盟中亚和格鲁吉亚事务代表毛磊访土。9月，瑞士联邦副总理兼财政部长埃文利·韦德米尔·施鲁姆皮夫访土。同月，第四届土奥地利混委会第四次会议在维也纳举行。10月，土英国贸易工业委员会举行会议。同月，奥地利总统费舍尔访土。11月，匈牙利总统施穆特访土。同月，欧盟中亚和格鲁吉亚事务代表毛磊访土。同月，德国外长维斯特尔维列访土。同月，爱沙尼亚外长安西普访土。12月，土德商务论坛在阿什哈巴德举行。

【同国际和地区组织关系】2011年3月，联合国经济与社会事务部代表季霍米罗夫访土，并与别尔德穆哈梅多夫总统就在联合国框架内加强合作等交换意见。4月，乌兹别克斯坦外长加尼耶夫、伊朗外长萨利希、阿曼外长尤素福和卡塔尔外长拉米希访土，并签署《土库曼斯坦、伊朗、阿曼、卡塔尔和乌兹别克斯坦政府间关于建立过境运输走廊的协议》。5月，联合国副秘书长兼开发计划署署长克拉克及该署东欧和独联体国家地区副代表万德尔访土。6月，欧安组织轮值主席、立陶宛外长阿茹巴利斯访土。同月，联合国中亚国家特别经济规划论坛在土举行，联合国副秘书长、联合国欧洲经济委员会执行秘书扬·库比什出席。同月，北约秘书长中亚和高加索地区特使阿帕图拉伊访土，并与别尔德穆哈梅多夫总统就加强传统合作、打击贩毒、国际恐怖主义和有组织犯罪、维护世界和地区和平、安全与稳定等问题交换意见。7月，世界卫生组织欧洲地区负责人雅格布访土。8月，伊斯兰合作组织秘书长阿富汗问题特使阿布·胡麻尤姆·穆罕默德·穆尼鲁扎曼访土。同月，国际红十字会和红新月会地区代表居尔·卡达尔访土。9月，联合国常驻土库曼斯坦协调员列尼·芒吉耶尔访土，并与别尔德穆哈梅多夫总统就土倡议成立气候问题地区中心交换意见。同月，欧洲合作与安全委员会媒体自由专员杜耶伊访土。同月，欧洲合作与安全委员会在阿什哈巴德举行土部门与政府机构新闻官员研讨会。同月，别尔德穆哈梅多夫总统出席第66届联合国大会并就土外交政策及加强国际合作倡议发表演讲，期间，分别与联合国秘书长潘基文、乌克兰总统亚努科维奇、欧盟主席巴罗佐、土美实业家委员会美方执行主任埃里克及美企业家代表举行会晤。同月，亚洲发展银行代表团访土。10月，联合国秘书长阿富汗问题特别代表斯捷潘·德·米斯图尔访土。同月，第60届亚洲奥委会执委会会议在阿什哈巴德举行。同月，联合国禁毒与毒品犯罪署主任米娃·卡多访土。11月，欧安组织秘书长扎尼耶尔访土。同月，土副总理兼外长梅列多夫出席在土耳其伊斯坦布尔举行的阿富汗问题国际会议。12月，土副总理兼外长梅列多夫出席在德国举行的阿富汗问题波恩会议。

【同其他国家的关系】2011年，土重视发展同周边、阿拉伯及其他国家和国际组织的友好关系。

阿富汗：1月，阿富汗能源和水资源部代副部长卡泽扎德访土并出席扩大向阿供电项目的技术工作组例行会议。同月，阿富汗高教部代部长达涅什访土，就两国教育领域合作交换意见。5月，阿富汗高级和平委员会主席拉巴尼、副主席瓦夫和秘书长斯塔涅克扎伊访土，并在土与塔利班举行会谈。同月，阿富汗总统卡尔扎伊访土，并与别尔德穆哈梅多夫总统就深化两国传统友谊、发展政治、经济、能源、交通、人文领域合作等问题交换意见。8月，阿富汗矿业部代表团访土。12月，阿富汗工贸部长阿哈吉访土。

巴基斯坦：11月，别尔德穆哈梅多夫总统访问巴基斯坦。

巴林：2月，别尔德穆哈梅多夫总统访问巴林。

卡塔尔：2月，卡塔尔国际合作部长哈立德·阿勒阿提亚访土。

阿联酋：2月，阿联酋总统特使、副总理谢赫·曼苏尔·阿勒纳哈扬访土。11月，阿联酋外长谢赫·阿布拉达访土。

马来西亚：2月，马来西亚外交部长阿尼法访土。7月，马来西亚总理纳吉布访土，并与别尔德穆哈梅多夫总统就促进两国关系发展、深化建设性政治对话、扩大经贸合作、加强人文交流以及共同关心的国际和地区问题交换意见。12月，别尔德穆哈梅多夫总统访问马来西亚。

沙特阿拉伯：4月，沙特阿拉伯石油和矿产资源大臣阿里·阿勒纳伊米访土。11月，沙特阿拉伯内务大臣穆哈迈德访土。（张赫成）

文　莱

国名　文莱达鲁萨兰国（Negara Brunei Darussalam）。

面积　5765平方公里。

人口　40.6万（2009年）。其中马来人占66.4%，华人占11%，其他种族占22.6%。马来语为国语，通用英语，华语使用较广泛。伊斯兰教为国教，其他还有佛教、基督教、道教等。

首都　斯里巴加湾市（Bandar Seri Begawan），位于文莱—穆阿拉区，面积15.8平方公里，人口约6万。原称文莱市，从17世纪起即成为文莱首都，1970年10月4日改为现名。

国家元首　苏丹·哈吉·哈桑纳尔·博尔基亚·穆伊扎丁·瓦达乌拉（Sultan Haji HASSANAL BOLKIAH Mu'izzaddin Waddaulah），1967年10月5日继位。

重要节日　独立日：1月1日。国庆日：2月23日。现任苏丹哈吉·哈桑纳尔·博尔基亚的生日：7月15日。开斋节是最盛大的节日，每年日期根据伊斯兰教历均有变化。

简　况　位于加里曼丹岛西北部，北濒南中国海，东南西三面与马来西亚的沙捞越州接壤，并被沙捞越州的林梦分隔为不相连的东西两部分。海岸线长约162公里，有33个岛屿，沿海为平原，内地多山地。属热带雨林气候，终年炎热多雨。年均气温28℃。

古称渤泥。14世纪中叶伊斯兰教传入，建立苏丹国。16世纪初国力最为强盛。16世纪中期起，葡萄牙、西班牙、荷兰、英国等相继入侵。1888年沦为英国保护国。1941年被日本占领。1946年英国恢复对文莱控制。1971年与英国签约，获得除外交和国防事务外的内部自治。1984年1月1日完全独立。

政治

苏丹在独立时宣告文莱永远是一个享有主权、民主和独立的马来伊斯兰君主制国家。独立以来，苏丹政府大力推行"马来化、伊斯兰化和君主制"政策，巩固王室统治，重点扶持马来族等土著人的经济，在进行现代化建设的同时严格维护伊斯兰教义。文国内政局稳定，但近年来社会治安问题有所增多。

【宪法】1959年9月29日颁布第一部宪法。1971年和1984年曾进行重大修改。宪法规定，苏丹为国家元首和宗教领袖，拥有全部最高行政权力和颁布法律的权力。设宗教委员会、继承与册封委员会、枢密院、立法院和内阁部长会议协助苏丹理政。2004年9月，立法院第一届会议审议并通过宪法修正案，内容涉及司法、宗教、民俗等多个方面，共13项内容，包括赋予苏丹无须经立法院同意而自行颁布紧急法令等法令的权利；制定选举法令，让人民参选从政；增加立法院议员人数；伊斯兰教仍为国教，但人民有宗教信仰自由；仍以马来语作为官方语言，英语可作为法庭办案语言等。

【议会】立法会由33人组成。1962年曾举行选举。1970年取消选举，议员改由苏丹任命。1984年2月，苏丹宣布终止立法会，立法以苏丹圣训方式颁布。2004年7月，苏丹宣布重开立法会。9月，立法会恢复运作。2005年9月，苏丹解散立法会，重新任命议长和议员。2011年2月，苏丹任命伊萨为立法会新任议长，6月任命新一届立法会议员。

【政府】本届政府于1988年12月1日由文莱苏丹宣布组成，1989年1月进行改组。2005年5月，苏丹再次改组内阁，新增首相府高级部长、能源部长、第二财政部长、第二外交部长四个职位，将国家大祭司、总检察长两职位由副部级升至正部级，并首次宣布所有内阁部长以及副部长的任期均为五年。2008年8月和2010年5月，苏丹对内阁略作调整。

现内阁成员：首相、国防部长和财政部长由苏丹兼任，首相府高级部长阿尔穆塔迪·比拉王储（Crown Prince Haji Al-MUHTADEE BILLAH），外交和贸易部长穆罕默德·博尔基亚亲王（Prince MOHAMED BOLKIAH），教育部长阿布·巴卡尔（Pehin Dato Haji Awang ABU BAKAR），卫生部长阿德南（Pehin Dato Awang Haji ADANAN），发展部长苏约伊（Pehin Dato Haji SUYOI），交通部长阿卜杜拉（Pehin Dato Awang Haji ABDULLAH），工业和初级资源部长叶海亚（Pehin Dato Awang Haji YAHYA），首相府第二财长阿卜杜拉·拉赫曼（Pehin Dato Haji ABD RAHMAN），第二外交和贸易部长林玉成（Pehin Dato LIM JOCK SENG），首相府能源部长穆罕默德·亚斯敏（Pehin Dato Paduka Haji MOHAMMAD YASMIN），宗教事务部长穆罕默德（Pengiran Dato Seri Setia Dr. Haji MOHAMMAD），内政部长巴达鲁丁（Pehin Dato Paduka Seri Haji Awang BADARUDDIN），文化、青年和体育部长哈扎伊尔（Pehin Dato Haji HAZAIR），总检察长哈亚提（Datin Paduka Hajjah HAYATI），国家大祭司阿卜杜勒·阿齐兹（Pehin Dato Paduka Seri Setia Haji Awang ABDUL AZIZ）。

【行政区划】分区、乡和村三级。全国划分为4个区：文莱—穆阿拉（Brunei-Muara）、马来奕（Belait）、都东（Tutong）、淡布隆（Temburong）。区长和乡长由政府任命，村长由村民民主选举产生。

【司法机构】司法体系以英国习惯法为基础。一般刑事案件在推事庭或中级法院审理，较严重的案件由高级法院审理。最高法院由上诉法院和高级法院组成。最高法院首席大法官基弗拉维（Dato Paduka Haji KIFRAWI）。民事案件最终可上诉至英国枢密院。此外还设有伊斯兰教法院审理穆斯林的宗教案件。宗教法院首席法官阿卜杜勒·哈密德（Pehin Dato ABDUL HAMID）。总检察长哈亚蒂（Datin Paduka Hjh Hayati）。

【政党】1985年5月30日，苏丹宣布允许政党注册，随后出现了文莱国家民主党和文莱国家团结党。1988年政府取缔国家民主党，现仅存文莱国家团结党。另有国民觉醒党和国民进步党两个小党。

文莱国家团结党（Brunei United National Party）：1986年2月从国家民主党脱离而成，自称是多元民族政党，支持君主制，主张建立一个民主的马来伊斯兰君主国，要求恢复议会选举。现任党主席穆罕默德·哈塔（Awang Haji MOHD HATTA）。党员总数不到100人，成立以来很少活动，影响不大。该党忠于苏丹王室统治，配合政府政策，必要时作为民间力量出来支持政府。

【重要人物】苏丹·哈吉·哈桑纳尔·博尔基亚：苏丹、国家元首、首相兼国防部长、财政部长。1946年7月15日生于斯里巴加湾市。幼年在国内受宫廷教育，1959年就读于吉隆坡维多利亚学院（中学）。1961年被封为王储。1966年在英国皇家圣赫斯特陆军学院受训，获上尉军衔。1967年10月5日在其父退位后继任第29世苏丹，翌年8月1日加冕。1984年独立时任国家元首兼首相、财政部长和内政部长。1986年10月改兼任首相和国防部长。1997年2月重新兼任财政部长。同时担任武装部队总司令，并掌握立法权。**阿尔穆塔迪·比拉王储：**苏丹与苏丹后长子。1974年2月17日出生于斯里巴加湾市。曾在文莱大学和英国牛津大学学习伊斯兰教、文莱历史、政治、经济、文化和外交课程，后到文莱政府部门和企业广泛学习，了解文莱国情和政府部门运作，培养治国能力。1998年8月被封为王储。2004年3月被封为皇家武装部队四星上将。2004年7月与王室宗亲之女萨拉完婚。2005年5月被任命为文莱皇家警察部队副总督察，同年5月内阁改组时被任命为首相府高级部长。**穆罕默德·博尔基亚亲王：**外交与贸易部长。1947年8月27日生于斯里巴加湾市，系苏丹大弟。1960年赴吉隆坡维多利亚学院学习，1964年返文莱，就读于赛福鼎学院。1965～1967年在英国皇家圣赫斯特陆军学院受训。1971年在伦敦加入爱尔兰卫队，后到英国国防部工作。1984年担任外交与贸易部长至今。现兼任文莱皇室继承与册封委员会和国家经济发展理事会主席。

经　济

文莱是东南亚主要产油国和世界主要液化天然气生产国。石油和天然气的生产和出口是国民经济的支柱，约占国内生产总值的67%和出口总收入的96%。近年来侧重油气产品深度开发和港口扩建等基础设施建设，积极吸引外资，促进经济向多元化方向发展。经过多年努力，文莱非油气产业占GDP的比重逐渐上升，特别是建筑业发展较快，成为仅次于油气工业的重要产业。服装业亦有较大发展，已成为继油气业之后的第二大出口收入来源。文莱经济发展中存在的主要问题是国内市场狭小、基础设施薄弱以及技术和人才短缺等。

1997年亚洲金融危机对文莱经济造成冲击，文货币贬值，一些主要国有公司亏损严重，经济衰退。为振兴经济，文政府设立国家经济发展理事会，对政府所属企业和公用事业实行私有化，加强基础设施建设，增加石油产量和出口，整顿金融秩序，加大吸引外资力度，削减政府开支。目前文政府一方面增加对基础设施和信息产业等的投入，鼓励中小型企业发展和增加私人投资，另一方面加大招商引资力度，吸引国际社会支持和参与文港口、工业园区建设规划等。2008年1月，文莱政府宣布启动“文莱2035宏愿”，计划拨出95亿文元，大力发展旅游业，改善交通和通讯基础设施，实现经济持续发展，争取使人均国民收入进入世界前十名。2012年，文颁布第十个国家发展五年规划，制定了52亿美元发展预算，用于鼓励自主创新和本地人才培养，重点发展科技行业。2011年文主要经济数据如下（资料来源：文莱首相府经济计划发展局统计公报）：

国内生产总值：约163.6亿美元。

国内生产总值增长率：2.2%。

人均国内生产总值：约3.99万美元。

财政收入：77.9亿美元。

财政支出：38.7亿美元。

货币名称：文莱元。

汇率：1美元≈1.4文莱元；与新加坡元实行1∶1汇率挂钩。

【资源】文莱已探明原油储量为14亿桶，天然气储量为3900亿立方米。有11个森林保护区，面积为2277平方公里，占国土面积的39%，86%的森林保护区为原始森林。

【工业】以石油、天然气开采和提炼为主，建筑业是新兴的第二大产业，其他还有食品加工、家具制造、陶瓷、水泥、纺织等。近年石油和天然气日产量如下：

	2007	2008	2009
石油（万桶）	19.4	17.4	16.7
天然气（亿立方英尺）	10.2	10.3	9.5

（资料来源：文莱首相府经济计划发展局统计公报）

【农业】随着20世纪70年代油气和公共服务业的发展，很多人弃农转业，传统农业受到冲击，现仅种植少量水稻、橡胶、胡椒和椰子、木瓜等热带水果，农业在国民生产总值中仅占1%左右。近年来，文莱大力扶持以养鸡业为主的家禽饲养业，鸡肉已能90%自给，鸡蛋实现完全自给。主要作物产量如下（单位：吨）：

	2006	2007	2008
稻米	886.2	982.9	911.3
蔬菜	95181.0	9792.7	13055.8
水果	3766.1	4372.3	3484.6

（资料来源：文莱首相府经济计划发展局统计公报）

【旅游业】旅游业是文莱近年来除油气业外大力发展的又一产业。文政府采取多项鼓励措施吸引海外游客赴文旅游，主要旅游景点有独具民族特色的水村、王室陈列馆、赛福鼎清真寺、杰鲁东公园等。2009年，入境文莱的旅客达15.7万人次。2000年，文莱成为中国公民自费出国旅游目的地国。据文方统计，2010年赴文旅游的中国游客达2.2万人次，中国成为文第一大游客入境市场和仅次于马来西亚的第二大人员入境市场。

【交通运输】公路：2008年总长为2972.1公里。2008年新增注册汽车20866辆。

水运：水运是重要的运输渠道。穆阿拉深水港是主要港口，此外还有斯里巴加湾市港、马来弈港等。另有诗里亚港和卢穆港等，主要供出口石油和液化天然气使用。与新加坡、马来西亚、香港、泰国、菲律宾、印尼和中国台湾有定期货运航班。2008年共有各类注册船只339艘，各港口共装卸货物104.6万吨。

空运：首都斯里巴加湾市有国际机场。文莱皇家航空公司有10架客机，开辟了18条国际航线。2008年客运量155.4万人次，货运量1959.3吨，空运邮件量

313.5吨。

【财政金融】国家财政收入主要依赖石油和天然气出口。政府近年收支情况如下（单位：亿文莱元）：

	2006/2007	2007/2008	2008/2009
收入	91.877	101.771	113.59
支出	52.700	60.080	56.64
盈余	39.150	41.690	56.95

（资料来源：文莱首相府经济计划发展局统计公报）

2009/2010财年财政预算为49.8亿文莱元（约合32.549亿美元）。

外汇储备约300亿美元，无外债。全国有8家银行。

【对外贸易】主要出口原油、液化天然气、甲醇等，进口机器和运输设备、工业品、食品、化学品等。2010年主要贸易对象为日本、东盟国家、韩国、中国、澳大利亚等。近几年外贸情况如下（单位：亿文莱元）：

	2008	2009	2010
出口额	149.42	104.35	127.48
进口额	36.47	34.92	33.49
差　额	112.95	69.43	93.98

（资料来源：文莱首相府经济计划发展局统计公报）

【外国资本】2011年吸引外资12.1亿美元，主要投资来源国依次为荷兰、日本和英国。

人民生活

国家不征收个人所得税，实行医疗保健和各级教育免费制度。全国共有5所医院，其他医疗中心和诊所51家，1122张病床。人均寿命男76.6岁，女79.8岁。人口出生率16.1‰，死亡率2.7‰，自然增长率13.4‰。每100人拥有电话20.3部，互联网用户约19980个。累计手机用户397013。

军　事

1961年5月31日建立文莱皇家军团，军队指挥权曾长期由英国人控制。1984年完全独立后，改称文莱皇家武装部队，苏丹任最高统帅兼国防部长，拥有对军队的管理和指挥权。武装部队司令阿米努丁少将（Major General Haji AMINUDDIN），2003年3月上任。

实行志愿兵役制。现有总兵力约7000人，其中陆军约4000人，海军700人，空军1300人。另有1000人的廓尔喀预备部队（尼泊尔雇佣军）以及4000人的皇家警察部队。廓尔喀预备部队驻守石油城诗里亚，由英国人指挥，主要任务是保卫王室和诗里亚的安全。

文化教育

【教育】政府实行免费教育，并资助留学费用，但华文学校费用由私人负担。9岁以上人口识字率93.7%。2008年各类学校数目、学生及教师人数统计如下：

	数目	学生	教师
幼儿园、小学	208	57902	4232
普通中学	34	43857	3981
职业技术校	13	2998	508
师范学校	1	435	38
大专学院	1	785	109
大学	2	3797	406

（资料来源：文莱首相府经济计划发展局统计公报）

【新闻出版】文莱新闻社是文唯一官方新闻机构，创建于1959年。主要报纸：《婆罗州公报》，日报（英、马来文），日发行量7万份；《文莱灯塔报》，周报（马来文），每周三出版，发行4.5万份；马来西亚中文日报《美里日报》、《诗华日报》、《国际时报》和《星洲日报》设有文莱新闻版，在文发行。

文莱广播电视台创建于1957年5月，以马来语、英语、华语和尼泊尔语播音。在马来奕区还设有一个专门为英国廓尔喀部队广播的英国军队广播服务台。电视台从1975年起开设彩色电视频道，播放马来文和英文节目。

对外关系

奉行不结盟和同各国友好的外交政策。主张国家无论大小、强弱，都应相互尊重。1984年2月24日加入联合国，重视联合国作用。1984年1月7日成为东盟第六个成员国，与东盟各国关系密切。视东盟为外交基石，主张通过东盟实现地区稳定、繁荣与团结。2006年7月至2009年7月任中国—东盟关系协调国。系亚太经济合作组织（APEC）和亚欧会议（ASEM）成员，重视维护地区和平、安全与稳定，对区域经济合作持积极态度，主张各国实行贸易、投资自由化和开展经济技术合作。认为近年来国际形势的变化对国际关系产生了深刻影响，联合国和地区组织应在维护和平、保持稳定和促进发展中发挥作用。支持联合国改革，希望通过改革加强联合国的地位和作用，提高联合国的效率和活力，认为安理会改革应多倾听中小发展中国家的声音，增加发展中国家的代表性。重视同中国、美国、日本等大国的关系。积极发展同伊斯兰国家的关系，是伊斯兰会议组织成员国。系英联邦和不结盟运动等国际组织成员国。1993年12月9日加入关贸总协定，1994年4月15日成为世界贸易组织成员国。

近年来，文积极参与地区和国际事务，2000年主办第八次亚太经济合作组织领导人非正式会议，2001年主办第七次东盟领导人会议和第五次东盟与中、日、韩（10＋3）领导人会议，2002年主办第九次东盟地区论坛（ARF）外长会。

与160多个国家建立外交关系，在40多个国家和组织设有使领馆、高级专员署和常驻机构。

【同中国的关系】中国与文莱于1991年9月30日建交。1993年10月和12月，文、中两国先后在对方首都设立使馆，并互派常驻大使。建交以来，两国关系稳步发展，双方高层交往频繁，在经贸、文化、教育、旅游、军事等领域的合作成效显著，在国际和地区事务中保持良好的协调与配合。

2011年3月，全国人大常委会副委员长华建敏访文。5月，全国政协副主席陈宗兴访文。6月，玛斯娜公主访华。9月，国务院副总理回良玉过境文莱。10月，全国政协副主席兼全国工商联主席黄孟复访文。11月，温家宝总理对文莱进行正式访问。2012年4月，全国政协主席贾庆林对文莱进行正式友好访问。

两国经贸合作进一步拓展。2011年双边贸易额为13.1亿美元，同比增长27.1%，其中中国出口额7.44亿美元，同比增长102.5%，进口额5.67亿美元，同比下降14.7%。

2011年5月，广州军区副参谋长孔见作为陈炳德总长代表率团参加文莱国际军乐节，广州军区战士杂技团节目组随同前往演出。7月，南海舰队司令员蒋伟烈率“武汉”号驱逐舰和“玉林”号护卫舰赴文参加2011年文国际防务展。2011年11月，南京市与斯里巴加湾市建立友城关系。

中国驻文莱大使：郑祥林。馆址：No.1，Simpang 462，Kampung Sungai Hanching Baru，Jalan Muara，BC 2115，Negara Brunei Darussalam。电话：673-2-341034，336077（商务）；传真：2344703，335163（商务）。

文莱驻华大使：张慈祥（TEO CHEE SIONG Magdalene）。馆址：北京市朝阳区亮马桥北街1号，邮编：100600。电话：010-65329773，65329776，65324093；传真：65324097。

【同英国的关系】两国保持密切的政治、军事、经济、司法联系。英国帮助文莱培训高级军官，并供应武器装备。1995年1月，文、英双方签署新的司法安排协议，规定自1995年1月31日起，文上诉法庭将成为刑事案件的终审庭，但仍将允许民事案件上诉到英国枢密院。2011年4月，文苏丹受英国女王委托，主持圣赫斯特军事学院第102期学员毕业典礼并发表讲话。英国伦敦国王学院授予文苏丹“荣誉法学博士”学位。文苏丹夫妇应邀出席威廉王子婚礼。5月，文苏丹在访英期间会见英国首相卡梅伦。10月，文苏丹出席在澳大利亚举行的英联邦政府首脑会议。

【同美国的关系】重视发展同美国的关系，1984年独立后即与美建交，并于同年2月9日派出首任驻美大使。两国关系良好，1994年开始互免签证。2011年1月，美军太平洋舰队司令沃尔什访文。

【同日本的关系】1984年4月建交，双边关系密切。日本是文莱的最大经贸合作伙伴，是文莱石油和天然气的主要出口市场。2008年7月，文莱—日本自由贸易区协定正式生效。《文日经济伙伴协议》联合委员会举行第一次会议。2011年2月，日本自卫队三艘巡洋训练舰访文，并与文海军举行联合演习。3月，文苏丹致电日本天皇和首相，对日本地震和海啸造成的损失表示慰问。

【同澳大利亚的关系】1984年建交，两国关系良好。澳系文第三大贸易国。澳主要向文出口汽车、电器和建筑材料、食品、牛羊肉、加工肉食品、水果、蔬菜，文莱向澳出口石油、天然气。2011年11月，澳国防军总司令赫尔利上将访文。

【同韩国的关系】1983年建交。韩是文第二大贸易国和油气出口国。2008年7月，文韩签署邮政合作谅解备忘录。10月，韩知识经济部能源官员访文，寻求开展两国能源合作。11月，韩信息产业国际合作振兴院在文举办通讯技术展。2010年8月，韩公共管理与安全部长官访文。

【同俄罗斯的关系】1991年建交，关系发展平稳。1998年4月两国签署航空协定，12月文在莫斯科开设使馆。2005年6月，文苏丹访俄，两国元首一致表示要加强在能源、贸易、投资和军事领域的合作。

【同东盟各国关系】文莱系东盟成员国，与东盟其他各国均互设使馆或高专署，关系密切，来往甚多。与新加坡联系最为密切，两国货币等值流通。与马来西亚和印尼同文同种同宗教，经济、文化往来密切。与菲律宾和泰国保持友好往来，关系良好。与越南、老挝、柬埔寨和缅甸等东盟新成员国的来往和交流逐渐增多。

2011年1月，马来西亚副总理穆希丁访文。菲律宾武装部队参谋长里卡多访文。2月，印尼总统苏希洛访文。文莱—印尼友好协会成立。文皇家武装部队陆军司令尤素夫访问新加坡。文莱与新加坡军队举行联合军事演习。泰国武装部队总参谋长颂吉提访文，文苏丹授予其文莱国家勋章。3月，文莱和新加坡警察总署举行联合训练。4月，文苏丹哈桑纳尔捐资4800万文元，在菲律宾棉兰老地区兴建哈桑纳尔·博尔基亚大清真寺。文外交与贸易部长穆罕默德亲王赴曼谷出席东盟外长非正式会议。5月，菲律宾总统阿基诺访文。7月，新加坡外长尚穆根访文。文莱—马来西亚反贪会议在文举行。8月，文皇家武装部队司令阿米努丁访问印尼。9月，泰国总理英拉访文。马来西亚总理纳吉布访文。10月，文皇家武装部队司令阿米努丁访问菲律宾。

【同其他国家关系】2011年1月，文莱苏丹哈桑纳尔对荷兰进行正式访问。文外交与贸易部长穆罕默德亲王访问科威特。2月，塞尔维亚外长乌克耶雷维奇访文。3月，乌克兰总统亚努科维奇访文。4月，文莱与斐济正式建交。5月，伊朗外长萨利希访问。6月，文苏丹哈桑纳尔访问德国。文外交与贸易部长穆罕默德亲王分别出席在匈牙利举行的第10届亚欧外长会和哈萨克斯坦举行的伊斯兰会议组织第38次会议。文莱分别与安道尔、牙买加和摩纳哥建交。9月，文外交与贸易部长穆罕默德亲王出席在贝尔格莱德举行的纪念不结盟运动50周年部长级会议。10月，文外交与贸易部长穆罕默德亲王前往科威特出席亚洲经济研讨会。12月，文分别与塞尔维亚和帕劳正式建交。文苏丹出席在印尼举行的巴厘民主论坛并发表演讲。文外交与贸易部长穆罕默德亲王出席在日内瓦举行的世界贸易组织第八次部长级会议。 （黄刚）

乌兹别克斯坦

国名 乌兹别克斯坦共和国（The Republic of Uzbekistan，Республика Узбекистан）。

面积 44.74万平方公里。

人口 2955.91万（2012年1月）。共有130多个民族。乌兹别克族占80%，俄罗斯族占5.5%，塔吉克族占4%，哈萨克族占3%，卡拉卡尔帕克族占2.5%，鞑靼族占1.5%，吉尔吉斯族占1%，朝鲜族占0.7%。此外，还有土库曼、乌克兰、维吾尔、亚美尼亚、土耳其、白俄罗斯族等。乌兹别克语为官方语言，俄语为通用语。主要宗教为伊斯兰教，属逊尼派，其次为东正教。

首都 塔什干（Tashkent，Ташкент）。常住人口220.6万（2009年1月1日）。1月平均气温0℃，7月平均气温28℃。

国家元首 总统伊斯拉姆·阿卜杜加尼耶维奇·卡里莫夫（Ислам Абдуганиевич Каримов），1991年12月29日在全民选举中当选独立后首任乌兹别克斯坦总统。1995年3月26日全民公决决定将其总统任期自1997年延至1999年底。在2000年1月9日举行的总统大选中，卡以91.9%的得票率再次当选总统。2002年1月27日，乌举行全民公决，决定将乌总统任期由5年延长为7年。2007年12月23日，卡以88.1%的高票再次当选总统。2008年1月16日宣誓就职。

重要节日 新年：1月1日；古尔邦节：2月11日；纳乌鲁斯节（春节）：3月21日；纪念和荣誉日（原胜利日）：5月9日；独立日：9月1日；宪法日：12月8日。

简 况

位于中亚腹地的“双内陆国”，其5个邻国均无出海口。南邻阿富汗，北部和东北与哈萨克斯坦接壤，东、东南与吉尔吉斯斯坦和塔吉克斯坦相连，西与土库曼斯坦毗邻。属严重干旱的大陆性气候，7月平均气温25℃～32℃，1月平均气温-6℃～-3℃。

9～11世纪，乌兹别克民族形成。13世纪被蒙古人征服。14世纪中叶，阿米尔·帖木儿建立以撒马尔罕为首都的庞大帝国。16～18世纪，建立布哈拉汗国、希瓦汗国和浩罕国。19世纪60～70年代，部分领土（现撒马尔罕州和费尔干纳州）并入俄罗斯。1917～1918年建立苏维埃政权，1924年10月成立乌兹别克苏维埃社会主义共和国并加入苏联。1991年8月31日宣布独立，定9月1日为独立日。

政 治

独立之始，卡里莫夫总统提出按“乌兹别克斯坦发展模式”建设国家的“五项原则”：经济优先，国家调控，法律至上，循序渐进，社会保障。在该“五项原则”指导下，乌致力于复兴民族精神和宗教传统，提高社会宽容度，增进族际互容，对弱势阶层和群体实施社会保障。同时，卡里莫夫总统提出乌面临的七大威胁：地区冲突、宗教极端主义、大国沙文主义、民族矛盾、贪污腐败、地方主义和生态问题，将保障国家安全作为国家主要任务之一。

2011年是乌独立20周年，也是乌“中小企业经营年”。国家新增1006个生产项目，落实144个大型投资项目，吸引投资额同比增加11.2%。新增就业岗位近100万个，其中68%以上在农村地区。“中小企业经营年”国家计划顺利完成，中小企业在国家GDP中的比重由2010年的52.5%增至54%。

【宪法】1992年12月8日通过第一部宪法，规定乌是主权、民主国家，实行立法、行政、司法分立；总统为国家元首、内阁主席、武装部队最高统帅，每届任期七年，连任不得超过两届；经济以多种所有制为基础。

【议会】称最高会议，是行使立法权的国家最高代表机关。乌最高会议为两院制议会，由参议院和立法院组成。

参议院为上院，由100名议员组成。其中84名以不记名方式在卡拉卡尔帕克斯坦共和国、12个州和塔什干市（每地6名）选举产生。其他16名参议员由乌总统在科学、艺术、文学和生产等领域有杰出贡献的乌公民中选任。参议员须满25周岁，在乌生活不少于五年。参议院议员为兼职，不能同时担任立法院议员。每届参议院任期为五年。参议院工作的主要组织形式为召开会议，每年不少于三次。

参议院设主席1人、副主席2人（其中1人是卡拉卡帕克斯坦共和国的代表），下设办公厅、预算和经济改革委员会、立法和司法问题委员会、国防安全委员会、对外政策委员会、科教文体委员会、农业、水利及生态委员会。

2010年1月22日，卡里莫夫总统签署命令，任命16名参议院议员。参议院有权选举本院主席及副主席、各委员会主席及副主席，按总统提名选举宪法法院成员、最高法院成员、最高经济法院成员，按总统提名任命或罢免国家环境保护委员会主席，批准总统关于任命和罢免总检察长、副总检察长、国家安全总局局长的命令，按总统提议任命或罢免乌驻外外交及其他代表，按总统提议任命或罢免国家银行行长，按总统提议颁布大赦令，按总检察长提议剥夺参议院成员的豁免权，听取总检察长、国家环境保护委员会主席、国家银行行长的工作报告，通过有关乌政治、经济、内政、外交重大问题的决议。

本届参议院于2010年1月产生，主席为伊・萨比罗夫（И. Сабиров）。

立法院为下院，由150名议员组成，其中135名由各选区在多党制基础上选举产生，15名由“生态运动”直接推选。每届立法院任期五年。立法院议员不能从事除科学和教育之外的赢利性职业。立法院主要从事立法工作，有权按照乌总检察长的建议剥夺立法院议员豁免权。

立法院设主席1人、副主席4人（分别由4个议员团领导人担任），下设办公厅、预算和经济改革委员会、立法和司法问题委员会、劳动和社会问题委员会、国防安全委员会、国际事务与议会间交往委员会、工业建筑和贸易委员会、农业水利委员会、科教文体委员会、民主体制、非政府组织和公民自治机构委员会、信息与通信技术委员会。

本届立法院于2010年1月选举产生，包括自由民主党议员团53人、人民民主党议员团32人、“民族复兴”民主党议员团31人、“公正”社会民主党议员团19人，“生态运动”15人。立法院主席为基・塔什穆哈梅多娃（Д. Ташмухамедова，女）。

2007年4月11日，卡里莫夫总统颁布《关于加强政党在国家改革、民主化和现代化进程中作用的宪法性法律》，该法律于2007年2月28日由立法院通过，2007年3月29日由参议院批准。旨在加强政党在国家改革、民主化和现代化进程中的作用，从2008年1月1日起正式生效。《加强政党作用法》共有8项条款，包括该法律的立法目的、议会立法院政党派系（涉及议会多数派和反对派的有关规定）、立法院副主席的选举程序、政府总理的任命程序、政府总理的罢免程序、各州及塔什干市行政长官的任命和批准程序、各州人民代表会议代表对州市行政当局的监督职能等。

2011年3月，乌修改宪法扩大了议会和政党权力，规定总理由立法院中占多数席位的政党或党团提名，议会有权对政府提出不信任案，有权就国家政治经济生活的重大问题向总理提出质询，总统无法理政时，由参议院主席直接代行总统权力，直至选出新总统。

【政府】称内阁。内阁由乌兹别克斯坦共和国总理、副总理、各部部长及各国家委员会主席组成。根据乌宪法第98条规定，卡拉卡尔帕克斯坦共和国内阁主席进入乌兹别克斯坦共和国内阁担任相关职务。本届政府于2010年3月4日组成，现设1名总理，1名第一副总理，7名副总理，14个部，9个委员会。内阁成员包括：总理沙・米尔济约耶夫（Ш. Мирзиёев），第一副总理兼财政部长鲁・阿济莫夫（Р. Азимов），副总理古・易卜拉欣莫夫（Г. Ибрагимов），副总理兼乌汽车工业股份有限公司董事长乌・罗祖库洛夫（У. Розукулов），副总理兼建设委员会主席巴・扎基罗夫（Б. Закиров），副总理阿・阿里波夫（А. Арипов），副总理兼妇女委员会主席埃・巴斯特汉诺娃（Э. Баситханова，女），外交部长阿・卡米洛夫（А. Камилов），对外联系、投资和贸易部长埃・加尼耶夫（Э. Ганиев），经济部长加・赛义多娃（Г. Саидова，女），农业水利部长扎・鲁济耶夫（З. Рузиев），劳动和居民就业保障部长阿・哈伊托夫（А. Хаитов），卫生部长阿・伊克拉莫夫（А. Икрамов），文化和体育部长图・库济耶夫（Т. Кузиев），国防部长卡・别尔季耶夫（К. Бердиев），内务部长巴・马特柳波夫（Б. Матлюбов），司法部长涅・尤尔达舍夫（Н. Юлдашев），高等与中等专门教育部长巴・霍李耶夫（Б. Ходиев），人民教育部长铁・伊里诺夫（Т. Иринов），紧急状态部长图・胡达伊别尔格诺夫（Т. Худайбергенов），国家税务委员会主席博・帕尔皮耶夫（Б. Парпиев），国家海关委员会主席扎・杜萨诺夫（З. Дусанов），国家土地资源、大地测量、制图和国家地理资料委员会主席赛・阿拉博夫（С. Арабов），国家统计委主席博・图拉耶夫（Б. Тураев），国家反垄断和发展竞争委员会代理主席胡・图尔季耶夫（Х. Турдиев），国有资产管理委员会代理主席阿・阿布杜哈基莫夫（А. Абухакимов），地质矿产委员会代理主席伊・图拉穆拉托夫（И. Турамуратов），环保委员会主席纳・乌玛罗夫（Н. Умаров）。

【行政区划】全国共划分为1个自治共和国、12个州和1个直辖市：卡拉卡尔帕克斯坦自治共和国、安集延州、布哈拉州、吉扎克州、卡什卡达里亚州、纳沃伊州、纳曼干州、撒马尔罕州、苏尔汉河州、锡尔河州、塔什干州、费尔干纳州、花拉子模州、塔什干市。

【司法机构】由宪法法院、最高法院、最高经济法院、军事法院和检察院组成。宪法法院院长巴・米尔巴巴耶夫（Б. Мирбабаев）；最高法院院长布・穆斯达法耶夫（Б. Мустафаев）；最高经济法院院长季・米尔扎卡里莫夫（Д. Мирзакаримов）；军事法院院长空缺；总检察长拉・卡德罗夫（Р. Кадыров）。

【政党】1996年12月颁布《政党法》。现经登记的政党有4个。

（1）人民民主党（Народная Демократическая Партия）：1991年11月1日成立，创始人为卡里莫夫总统。在议会立法院中占32个席位。1996年6月卡里莫夫辞去该党主席职务，并退党。宗旨：建立公正社会，巩固国家政治体制、经济独立，维护族际间和睦，改善劳动者的物质和文化生活状况，保护人权。主席拉·古里亚莫夫（Л. Гулямов），《乌兹别克斯坦之声报》为党报。

（2）自由民主党（Либерально-демократическая Партия）：2003年11月15日成立，主要为乌企业家和实业界人士。在议会中占53个席位。党的宗旨和任务是：积极参与乌国家、社会体制的改革与发展进程，促进乌政治、经济、社会和精神生活自由民主化，在民主基础上进一步完善国家和社会体制，深化经济改革，切实保护公民、企业家和商人的自由及合法权益。党主席穆·捷沙巴耶夫（М. Тешабаев），机关报为《二十一世纪》。

（3）"民族复兴"民主党（Демократическая Партия "Миллий Тикланиш"）：由"民族复兴"民主党和"自我牺牲者"民族民主党于2008年6月合并而成。在议会中占31个席位。宗旨：提高全民民族意识，培养民众特别是青年一代的民族自豪感和爱国主义精神，团结所有爱国人士提高乌国际威望，不惜一切代价捍卫国家独立和价值观，反对任何损害乌利益的企图。党主席阿·图尔苏诺夫（А. Турсунов），《民族复兴报》为党报。

（4）"公正"社会民主（Социально-Демократическая Партия "Адолат"）：1995年2月18日成立。在议会中占19个席位。宗旨：建立符合各民族利益的法制国家，巩固社会公正原则，保护人权。党主席伊·赛夫那扎罗夫（И. Саифназаров）。

（5）"乌兹别克斯坦生态运动"（Экологическое движение Узбекистана）：2008年2月成立。既不是政治组织，也不是政党，但却是议员组成部分，作用特殊。该组织口号是"健康的环境——健康的人类"，个人和非政府、非商业性的组织均可加入该组织。来自"乌生态运动"的议员将撇开政治倾向性，主要致力于解决事关社会各阶层利益的生态安全和环境保护问题。

【重要人物】伊斯拉姆·阿卜杜加尼耶维奇·卡里莫夫：总统。1938年1月生于撒马尔罕市，乌兹别克族。经济学博士。毕业于中亚工业学院和塔什干国民经济学院。长期在工业和计划系统工作。1983年起任共和国财政部长。1986年12月当选为乌共卡什卡达里亚州委第一书记。1989年6月起任乌共中央第一书记，并当选为苏联人民代表。1990年3月24日在乌兹别克苏维埃社会主义共和国最高苏维埃会议上当选为总统。1991年12月29日当选乌独立后首任总统。1995年3月26日全民公决将任期延至1999年底。2000年1月9日，以91.9%的得票率蝉联总统。2007年12月23日，卡以88.1%的高票再次当选总统。2008年1月16日宣誓就职。　**伊尔吉扎尔·马加库博维奇·萨比罗夫：**最高会议参议院主席。1959年2月生。乌兹别克族。1986年毕业于塔什干国立大学法律系。法学副博士。1980年服兵役。1986～1994年先后在塔什干政法学院和乌科学院哲学法律研究所工作，曾任讲师、副院长、研究员等职。1994～2000年，先后在乌最高法院、最高经济法院和花拉子模州司法局工作。2000～2003年当选第二届最高会议议员，先后担任国防和安全委员会副主席、立法和司法委员会主席等职。2005年，再次当选最高会议参议员，并担任参议院国防和安全委员会主席。2006年2月，当选最高会议参议院议长。2010年1月再度当选。　**基洛拉姆·嘉芙德扎诺夫娜·塔什穆哈梅多娃：**最高会议立法院主席。1962年出生于塔什干州一个职员家庭，乌兹别克族。1984年毕业于塔什干国立医学院。在此医学院她从事了十余年的科研教学工作，于1993年获得医学副博士学历证书。1994年开设了私人企业。2003年毕业于乌兹别克斯坦总统国家社会建筑科学院国际关系和对外经济系，取得国际关系硕士学位。2001～2004年为乌兹别克斯坦共和国最高会议议员。2004年当选为乌最高会议立法院议员，为国际事务与政府间联络委员会成员。2005年当选为公正社会民主党政治理事会一秘和议会党团领导人。2007年7月当选为最高会议立法院副议长。2007年12月参加乌总统竞选。已婚，有四子，其夫塔什穆哈梅多夫为私人企业负责人。塔于2006年被授予"友谊"勋章。2010年1月，塔再度当选为最高会议立法院议长。　**沙夫卡特·米罗莫诺维奇·米尔济约耶夫：**总理。1957年7月24日生于吉扎克州，乌兹别克族，乌议会议员，无党派人士。1981年毕业于塔什干农业水利机械工程学院，机械工程师，技术学副博士。1981～1992年在塔什干农业水利机械工程学院工作，历任青年委员会书记、党委书记等职。1992～1996年任塔什干米尔佐—兀鲁伯区区长。1996～2001年任吉扎克州州长。2001年9月起任撒马尔罕州州长。2003年12月10日被任命为乌总理。2005年2月4日被任命为新一届内阁总理。2010年3月再度当选。

经　济

自然资源丰富，是世界上重要的棉花、黄金产地之一。国民经济支柱产业是"四金"：黄金、"白金"（棉花）、"乌金"（石油）、"蓝金"（天然气）。但经济结构单一，制造业和加工业落后，原苏联时期是工业原料和农牧业产品供应地。

近年来，乌分阶段、稳步推进市场经济改革，实行"进口改造替代"和"出口导向"经济发展战略，同时对国有企业进行私有化和非国有化，积极吸引外资，大力发展中、小企业，逐步实现能源和粮食自给，基本保持了宏观经济和金融形势的稳定，经济实现较快发展。

2011年乌经济保持高速稳定增长，国内生产总值增长8.3%，工业增长6.3%，农业增长6.6%，服务业增长16.1%，国家预算盈余占GDP的0.4%，通货膨胀率未超过预期。出口种类增多，总量增长15.4%，外贸盈余和黄金储备大幅增加。2011年主要经济数据如下（注：资料来源于乌兹别克国家统计委员会，通货膨胀率来源于欧洲复兴开发银行。）：

国内生产总值：777506亿苏姆（约415亿美元）。

人均国民生产总值：约1404美元。

国内生产总值增长率：8.3%。

货币名称：主币：苏姆（сум）。

汇率：1美元=1871.4苏姆（2012年6月）。

通货膨胀率：13%。

失业率：5%（截至2012年3月底）。

【资源】资源丰富，矿产资源储量总价值约为3.5万亿美元。现探明有近100种矿产品。其中，黄金储量占世界第四位，石油已探明储量为5.84亿吨，凝析油已探明储量为1.9亿吨，天然气已探明储量为2.055万亿立方米，煤储量为20亿吨，铀储量占世界七位，铜、钨等矿藏也较为丰富。森林覆盖率为12%。

【工业】2011年工业总产值为416559亿苏姆，增长6.3%。主要部门为能源、电力、黑色和有色冶金、化工、机械制造、木材加工、建筑材料、轻纺、食品等。2011年主要工业产品产值如下（单位：十亿苏姆）：

	产值	同比增长百分比
电力	3349.3	1.0
燃料	7298.0	0.3
黑色金属	1084.0	6.3
有色金属	4324.7	2.4
化工及石化产品	2283.9	7.9
机械制造、金属加工	6714.0	12.2
林业、木材加工、造纸业	447.1	7.1
建筑材料	2188.6	11.9
轻工业	5629.6	4.7
食品工业	5814.1	13.1
粮食类消费品	6608.9	13.8
非粮食类消费品	8317.4	8.8

【农业】2011年农业总产值为196336亿苏姆，增长6.6%。棉花种植业为支柱产业，畜牧业、桑蚕业、蔬菜水果种植业等也占重要地位。独立后，粮食、棉花产量有较大增长。总耕地面积为360.85万公顷，农业人口1660万。近几年由于工业发展，农业产值在国民生产总值的比重下降。经济结构的调整导致粮食种植面积减少。2011年主要农业产品产量如下（单位：万吨）：

	产量	同比增长百分比
粮食	714.01	2.6
棉花	348.35	2.9
马铃薯	186.24	10.0
蔬菜	699.37	10.2
瓜类作物	129.47	9.5
水果	187.11	9.4
葡萄	109.02	10.4
肉	156.42	7.0
奶	676.62	9.7
鸡蛋（亿个）	34.42	12.5

【服务业】2011年零售总额为283570亿苏姆，增长16.4%，服务业总产值为410833亿苏姆，增长13.2%。

【旅游业】全国现有4000多处历史、宗教、建筑古迹，主要集中在塔什干、撒马尔罕、布哈拉、希瓦等城市。

【交通运输】主要运输方式有铁路、公路、航空。2011年客运量为63.42亿人次，同比增长5.9%；货运量12.69亿吨，增长8.7%。

铁路：总长4300公里（2010年），2011年客运量为1490万人次，增长2.7%；货运量5960万吨，增长4.8%。

公路：总长184000公里（2011年），2011年客运量为62.45亿人次，增长6.3%；货运量11.49亿吨，增长8.8%。

航空：2011年客运量220万人次，增长11.5%；货运量3.06万吨，增长3.8%。

乌兹别克斯坦国家航空公司为最大航空公司。1992年1月28日成立，拥有350多架各型飞机。有70多条航线，其中国际航线45条。与世界上20多个国家和25个独联体城市通航，在国外开设40个代表处。每周定期航班40多个。塔什干—北京航线每周2个航班（周二、三）。主要机场为塔什干机场。

【财政金融】2011年国家预算盈余占国内生产总值的0.4%。全年通胀率为13%。自2003年10月15日实施汇率并轨后，保持本币苏姆经常项目下可自由兑换，金融市场较为稳定。

【对外贸易】鼓励对外贸易。目前乌与120多个国家有贸易关系。2011年对外贸易总额为255.37亿美元，增长15%。其中出口贸易额为150.27亿美元，增长15.4%；进口贸易额为105.09亿美元，增长14.5%。

乌主要出口能源、皮棉、黑色金属、有色金属、机械，进口机械、化工和塑料制品、粮食等。2011年同独联体国家贸易占乌对外贸易总额的43.5%，最大贸易伙伴是俄罗斯。2011年乌主要贸易伙伴国为：俄罗斯（26.2%），哈萨克斯坦（10.9%），中国（10.2%），韩国，土耳其及阿富汗。

【著名企业】对外经济联络部直属国家对外贸易股份公司“工业产品出口公司”和“运输公司”、国家建筑材料公司、石油天然气总公司、制药工业联合体、纳沃依矿业联合体、工贸联合体、农业化学联合体、农业机械公司、机械贸易公司等。

人民生活

乌政府注重居民社会福利，实行强有力的社会保障政策，通过优惠、补贴、津贴等方式对社会弱势阶层进行救助。截至2012年1月1日，居民储蓄总额达32766亿苏姆，同比增长30.1%。

军　事

1992年1月建军。总统为武装力量最高统帅。1992年2月和1995年8月分别颁布《国防法》和《武装力量学说》，2000年5月颁布新的《武装力量学说》。

目前，乌武装力量总人数为6.8万人，主要为俄式装备。实行普遍义务兵役制，军人服役期为12个月。国防军由陆军、空军、防空军、特种部队、工程部队、国民近卫军组成。有4个高等军事院校。

文化教育

【教育】实行11年义务教育制，教育经费约占国家预算的10%。现有60多所大学，在校生近20万人，大学教师近2万多人；有450多所中等专业学校，在校生近30万人；有1万多所中小学，在校生560万人。全国各类学校教师总数46万人。有来自20多个国家的300多名留学生就读于乌各大高校。著名高校有：世界经济与外交大学、国立塔什干大学、塔什干综合技术大学、塔什干医科大学、世界语言大学、东方学院等。

【新闻出版】全国出版515种报纸、167种杂志。主要有:《人民言论报》，最高会议和内阁机关报，《东方真理报》，内阁机关报。

乌兹别克斯坦通讯社：国家通讯社，始建于1924年，前身为“塔斯社”分社。驻外记者主要分布在独联体国家。

乌兹别克斯坦电视台：国家电视台，始建于1956年。现有4个频道，以乌兹别克语、俄语播出节目。

塔什干广播电台：国家广播电台。建于1921年。1992年1月开始对外广播。

对外关系

对外方针是巩固国家独立、维护国家安全与稳定、发展经贸和交通合作、提高在地区和国际上的地位。

目前，共有130多个国家承认乌独立，114个国家同乌建交，在塔什干有42个外国使馆、1个总领事馆、9个名誉领事馆、3个商务代表机构、10个国际组织代表处、5个国际金融机构代表处、50个非政府人道主义组织代表处。乌在海外设有33个使馆、10个总领事馆，在3个国际组织设有常驻代表。乌是联合国、欧洲安全与合作组织、伊斯兰会议组织、不结盟运动、上海合作组织、中亚合作组织等国际和地区组织成员，已加入国际货币基金组织、世界银行、欧洲复兴开发银行、亚洲开发银行等国际金融组织。

【同中国的关系】1992年1月2日建交以来，两国关系发展顺利，各领域合作不断深化。2011年中乌关系继续快速稳定发展。2月28日至3月2日，中国吉林省政协副主席林炎志率经贸代表团访乌。3月17～20日，中央军委委员、国务委员兼国防部长梁光烈上将率军事代表团访乌，分别会见总统卡里莫夫和国防部长别尔季耶夫。3月23～26日，中国公安部副部长孟宏伟率团访乌并出席上合组织地区反恐怖机构理事会第18次会议。4月19～20日，卡里莫夫总统对中国进行国事访问，分别与胡锦涛主席、吴邦国委员长、温家宝总理、杨洁篪外长举行了会谈和会见，双方共同签署了《中乌关于保护和促进投资协定》等20余份重要文件，同时签署和发表了《中乌联合声明》。4月25日，乌国防部副部长尼亚佐夫赴华出席上合组织成员国军队总长会议。5月5～9日，国家开发银行副行长高坚率团访乌。5月22～24日，新疆商品展览会在塔什干举行。5月26日，乌内务部长马特柳波夫访华。7月6～11日，乌文体部长库兹耶夫出席在华举行的“乌兹别克斯坦文化日”活动。7月29日，为援助乌南部地区地震灾后重建，中国宣布向乌提供50万美元人道主义援助，中国红十字会向乌红新月会提供5万美元援款。8月1～3日，中国外交部长杨洁篪过境访乌。8月29日，乌独立20周年前夕，中国国家主席胡锦涛、国务院总理温家宝、全国人大常委会委员长吴邦国、外交部长杨洁篪分别致电祝贺。9月20～23日，全国人大常委会委员长吴邦国对乌进行正式访问，分别与卡里莫夫总统、最高会议参议院主席萨比罗夫、立法院主席塔什穆哈梅多娃举行会见。9月26日，卡里莫夫总统向胡锦涛主席致信祝贺国庆。10月17～21日，最高人民法院副院长张军率团访乌并参加上合组织成员国最高法院院长第六次会议。10月18～21日，全国政协外委会副主任马秀红访乌。11月25～26日，卫生部副部长刘谦率团出席在乌举办的题为“保护母婴的国家模式：健康母亲—健康孩子”的国际研讨会。12月31日，胡锦涛主席与卡里莫夫总统互致新年贺电。2012年1月2日，胡锦涛主席与卡里莫夫总统、杨洁篪外长与乌副总理兼外交部长加尼耶夫分别就两国建交20周年互致贺电。

中国驻乌兹别克斯坦大使：张霄。馆址：No. 79, Academician Gulomov Street（former Gogol Street），Tashkent，Republic of Uzbekistan［塔什干市，古里亚莫夫大街（原果戈里街）79号］。电话:（00998-71）2338088，2331396；传真：2334735，2321519。领事部电话：2334728；领事保护电话：8031812。经商参处电话：2678820；传真：1400246。

乌兹别克斯坦驻华大使：达尼亚尔·库尔班诺夫（Kurbanov Daniyar）。馆址：北京市朝阳区三里屯北小街11号。电话:（010）65326305。

【同独联体国家的关系】主张独联体国家应优先发展双边关系，重点推动经贸合作。2011年4月11日，伊斯拉莫夫副外长出席在基辅召开的独联体国家外长会。4月12日，卡里莫夫总统就明斯克地铁爆炸案向白俄罗斯总统卢卡申科致唁电。5月19日，米尔济约耶夫总理出席在白俄举行的独联体国家总理会。7月20日，俄总统梅德韦杰夫就乌地震事向卡里莫夫总统致唁电。12月19日，卡里莫夫总统出席在莫斯科举行的独联体国家元首峰会。

【同俄罗斯的关系】乌俄在政治、经济、安全等各领域有广泛的传统联系，乌高度重视对俄关系。双方人员来往频繁，各领域合作密切。2011年4月11日，乌副外长伊斯拉莫夫与俄罗斯副外长卡拉辛通电话，讨论双边关系问题。4月12日，乌总统卡里莫夫与俄罗斯总统梅德韦杰夫通电话，讨论双边关系以及国际地区形势。5月23日，乌总统卡里莫夫与俄罗斯总统梅德韦杰夫通电话。5月31日，俄乌政府间合作委员会会议在莫斯科举行。6月14日，俄总统梅德韦杰夫对乌进行为期半天的工作访问。9月13日，卡里莫夫总统向俄总统梅德韦杰夫致信祝贺生日。

【同中亚邻国的关系】重视同中亚邻国的关系。2011年2月22日，乌土（库曼斯坦）政府间经贸、科技和人文合作委员会第六次会议在塔什干举行。4月11日，乌副总理兼外长加尼耶夫在塔什干会见吉尔吉斯斯坦外长卡扎克巴耶夫。5月5～6日，土库曼斯坦总统别尔德穆哈梅夫访乌，与卡里莫夫总统就双边关系、国际和地区问题交换意见。6月7日，乌经济部副部长尼亚佐夫访问土库曼斯坦。7月11日，乌总统卡里莫夫与土库曼斯坦总统别尔德穆哈梅多夫通电话。7月21日，哈萨克斯坦总统纳扎尔巴耶夫就乌发生地震向乌总统卡里莫夫致唁电。7月25日，乌总统卡里莫夫与土库曼斯坦总统别尔德穆哈梅多夫通电话。9月13日，吉尔吉斯斯坦总理阿塔姆巴耶夫访乌并与乌总理米尔济约耶夫会谈。10月17日，乌总统卡里莫夫与土库曼斯坦总统别尔德穆哈梅多夫通电话。11月7日，乌总统卡里莫夫向阿塔姆巴耶夫获选吉总统表示祝贺。12月5日，乌最高会议参议院主席萨比罗夫赴吉出席新总统就职仪式，并与吉议长克尔吉别科夫举行会谈。

【同美国和北约的关系】重视发展对美关系。2011年1月24～25日，乌总统卡里莫夫访问欧盟并会见北约秘书长拉斯穆森。2月3日，美负责海洋、国际环境和科学事务的助理国务卿安琼斯访乌。2月17～18日，美负责南亚和中亚事务的助理国务卿布莱克访乌，并出席在乌举行的乌美第二轮政治磋商和乌美商务论坛。3月23日，卡里莫夫总统会见来访的美国霍尼韦尔公司首席执行官寇特。5月20日，美新任阿巴特使格罗斯曼访乌。5月30日，美主管南亚和中亚事务的助理国务卿帮办埃利奥特访乌。5月31日，美总统安全事务副助理麦克唐纳访乌。7月1日，美总统科技顾问加斯特访乌。7月5日，美助理国务卿帮办库尔特访乌。7月15日，美国务院全球妇女事务大使弗维尔访乌。8月4日，卡里莫夫总统向美总统奥巴马致信祝贺50岁生日。8月4日，美国务院代表团访乌。9月8日，卡米洛夫副外长访美。9月28日，卡里莫夫总统与奥巴马总统通电话。9月28日，乌副总理兼外长加尼耶夫访美，会见美国务卿克林顿。10月22～23日，美国务卿克林顿对乌进行工作访问。

【同欧洲国家的关系】积极发展与欧洲国家关系。2011年1月24～25日，乌总统卡里莫夫访问欧盟并会见欧委会主席巴罗佐、欧委会能源委员厄廷格。2月24日，乌拉（脱维亚）第九轮政治磋商在塔什干举行。3月29日，欧安组织少数民族事务高级专员沃列别克访乌并与卡里莫夫总统会见。4月7日，“欧盟—中亚”例行外长会议在塔什干召开。4月27日，欧洲议会代表团访乌。5月27日，乌捷（克）第五轮政治磋商在布拉格举行。6月1日，欧安组织主席、立陶宛外长阿茹巴利斯访乌。6月27日，德国经济、劳动和交通部长访乌。7月12日，“乌—欧盟”合作委员会第九次会议在布鲁塞尔举行。11月6～8日，匈牙利总统施米特对乌进行正式访问。

【同东亚、南亚国家的关系】2011年1月2日，乌最高会议参议院主席萨比罗夫访问日本，并出席首届乌日议会间论坛。2月8～10日，乌总统卡里莫夫对日本进行正式访问，分别会见日本天皇明仁、首相菅直人等官员。3月14日，乌总统卡里莫夫就日本大地震向日本首相菅直人致信慰问。3月26日，日本首相菅直人致信感谢乌总统卡里莫夫向日本遇难民众表达的慰问。4月5日，乌柬（埔寨）外交部第一轮政治磋商在塔什干举行。5月4～5日，乌印（度）政府间经贸与科技合作委员会第九次会议在塔什干举行。5月17～18日，乌总统卡里莫夫对印度进行国事访问，并与印总理辛格举行会谈。8月15日，乌总统卡里莫夫向阿富汗总统卡尔扎致信祝贺阿国庆。8月23～24日，韩国总统李明博正式访乌。10月2～4日，越南总理阮晋勇访乌。

【同伊斯兰国家的关系】2011年乌与伊斯兰国家关系稳步发展。2月16日，乌、土库曼斯、伊朗、阿曼、卡塔尔五国交通部门代表在塔什干举行会议，商讨关于建立国际交通新走廊的协议草案。3月24～25日，巴基斯坦总理吉拉尼正式访乌，并分别与乌总统卡里莫夫、总理米尔济约耶夫举行会见和会谈。6月7日，沙特阿拉伯投资总署署长达巴赫访乌。10月4日，乌国防部长别尔季耶夫正式访问巴基斯坦。（邓娜）

新 加 坡

国名 新加坡共和国（Republic of Singapore）。

面积 714.3平方公里（2011年）。

人口 公民和永久居民378.9万，常住人口518万（2011年）。华人占75%左右，其余为马来人、印度人和其他种族。马来语为国语，英语、华语、马来语、泰米尔语为官方语言，英语为行政用语。主要宗教为佛教、道教、伊斯兰教、基督教和印度教。

首都 新加坡（Singapore）。

国家元首 总统陈庆炎（Tony Tan），2011年9月1日就任，任期六年。

重要节日 华人新年：同中国春节。泰米尔新年：4、5月间。卫塞节：5月的月圆日。国庆节：8月9日。开斋节：伊斯兰教历10月新月出现之时。圣诞节：12月25日。新加坡法定公共节日共计11天，除上述外，还有元旦、复活节、哈芝节、劳动节等。

简 况

热带城市国家。位于马来半岛南端、马六甲海峡出入口，北隔柔佛海峡与马来西亚相邻，南隔新加坡海峡与印度尼西亚相望。由新加坡岛及附近63个小岛组成，其中新加坡岛占全国面积的88.5%。地势低平，平均海拔15米，最高海拔163米，海岸线长193公里。属热带海洋性气候，常年高温潮湿多雨。年平均气温24℃～32℃，日平均气温26.8℃，年平均降水量2345毫米，年平均湿度84.3%。

古称淡马锡。8世纪属室利佛逝王朝。18～19世纪是马来柔佛王国的一部分。1819年，英国人史丹福·莱佛士抵达新加坡，与柔佛苏丹订约，开始在新设立贸易站。1824年，新沦为英国殖民地，成为英在远东的转口贸易商埠和在东南亚的主要军事基地。1942年被日本占领。1945年日本投降后，英国恢复殖民统治，次年划为直属殖民地。1959年实现自治，成为自治邦，英保留国防、外交、修改宪法、宣布紧急状态等权力。1963年9月16日与马来亚、沙巴、沙捞越共同组成马来西亚联邦。1965年8月9日脱离马来西亚，成立新加坡共和国；同年9月成为联合国成员国，10月加入英联邦。

政 治

独立以来，人民行动党长期执政，政绩突出，地位稳固，历届大选均取得压倒性优势。李光耀自新1965年独立后长期担任总理，1990年交棒给吴作栋。1993年举行独立后首次总统全民选举，原副总理、新加坡职工总会秘书长王鼎昌当选为首位民选总统。2004年8月，李显龙接替吴作栋出任总理。2006年5月连任总理。2011年5月，人民行动党再次赢得大选，李显龙连任总理。

【宪法】1963年9月，新加坡并入马来西亚后，颁布了州宪法。1965年12月，州宪法经修改成为新加坡共和国宪法，并规定马来西亚宪法中的一些条文适用于新加坡。

宪法规定：实行议会共和制。总统为国家元首。1992年国会颁布民选总统法案，规定从1993年起总统由议会选举产生改为民选产生，任期从四年改为六年。总统委任议会多数党领袖为总理；总统和议会共同行使立法权。总统有权否决政府财政预算和公共部门职位的任命；可审查政府执行内部安全法令和宗教和谐法令的情况；有权调查贪污案件。总统在行使主要公务员任命等职权时，必须先征求总统顾问理事会的意见。

【国会】实行一院制，任期五年。国会可提前解散，大选须在国会解散后三个月内举行。年满21岁的新加坡公民都有投票权。国会议员分为民选议员、非选区议员和官委议员。其中民选议员从全国12个单选区和15个集选区（2011年大选）中由公民选举产生。集选区候选人以3～6人一组参选，其中至少一人是马来族、印度族或其他少数种族。同组候选人必须同属一个政党，或均为无党派者，并作为一个整体竞选。非选区议员从得票率最高的反对党未当选候选人中任命，最多不超过6名，从而确保国会中有非执政党的代表。官委议员由总统根据国会特别遴选委员会的推荐任命，任期两年半，以反映独立和无党派人士意见。本届国会2011年5月7日选举产生，共有87名民选议员，其中人民行动党81人，工人党6人。

【政府】本届内阁于2011年5月21日就职。主要成员有：总理李显龙（Lee Hsien Loong），副总理兼国家安全统筹部长及内政部长张志贤（Teo Chee Hean），副总理兼财政部长及人力部长尚达曼（Tharman Shanmugaratnam），贸工部长林勋强（Lim Hng Kiang），总理公署部长林瑞生（Lim Swee Say），总理公署部长、内政部兼贸工部第二部长易华仁（S. Iswaran），新闻、通讯及艺术部长雅国（Yaacob Ibrahim），国家发展部长许文远（Khaw Boon Wan），国防部长黄永宏（Ng Eng Hen），环境及水资源部长维文（Vivian Balakrisnan），外交部长兼律政部长尚穆根（K. Shanmugam），卫生部长颜金勇（Gan Kim Yong），交通部长兼外交部第二部长吕德耀（Lui Tuck Yew），教育部长王瑞杰（Heng Swee Keat），社会发展、青年及体育部代部长兼新闻、通讯及艺术部政务部长陈振声（Chan Chun Sing）。

政府网址：www.gov.sg。

【司法机构】设最高法院和总检察署。最高法院由高庭和上诉庭组成。1994年，废除上诉至英国枢密院的规定，确定最高法院上诉庭为终审法庭。最高法院大法官由总理推荐、总统委任。大法官陈锡强（Chan Sek Keong），总检察长桑德莱什·麦农（Sundaresh Menon）。

【政党】已注册的政党共24个。主要有：

（1）人民行动党（The People's Action Party）：执政党。1954年11月由李光耀等人发起成立。党的纲领是维护种族和谐，树立国民归属感；建立健全的民主制度，确保国会拥有多元种族代表，努力建立一个多元种族、多元文化和多元宗教的社会。人民行动党从1959年至今一直保持执政党地位。李光耀长期任该党秘书长，1991年吴作栋接任。2004年12月，李显龙接替吴作栋出任该党秘书长。

（2）工人党（The Worker's Party）：1957年11月创立。主张和平、非暴力的议会斗争。1971年重建领导机构，提出废除雇佣制，修改国内治安法，恢复言论和结社自由。近年来影响有所扩大。1981年起，在大选中数次赢得议席。2011年大选中获6席。主席林瑞莲（Lim Swee Lian），秘书长刘程强（Low Thia Khiang）。

【重要人物】陈庆炎：总统。1940年2月生于新加坡，祖籍福建厦门。新加坡国立大学物理学学士、美国麻省理工学院理科硕士、澳大利亚阿德莱德大学数学博士，曾任国立大学数学系讲师、国立大学校长、新加坡华侨银行主席兼首席执行官。历任教育部政务部长、贸工部长、财政部长、教育部长、国防部长、副总理兼国防及国家安全统筹部长等职。2005年退休后任新加坡报业控股集团主席和新加坡政府投资公司副主席兼执行董事等。2011年9月就任总统，任期六年。**李显龙：**总理。1952年生于新加坡。1971年入伍，后获奖学金赴英国深造，1974年获英国剑桥大学数学一等荣誉学位和计算机优等文凭。1978年在美国堪萨斯州参加陆军指挥和参谋培训。1979年获哈佛大学肯尼迪行政学院公共行政学硕士学位。回国后任武装部队参谋长兼联合行动与策划司长，1984年6月升准将军衔。同年12月当选国会议员。历任全国经济委员会主席、贸工部代部长、贸工部长和副总理，先后兼任贸工部政务部长、国防部第二部长和金融管理局主席，2001年11月至2011年5月兼任财政部长。2004年8月任总理。2006年5月和2011年5月两度连任。

经　济

属外贸驱动型经济，以电子、石油化工、金融、航运、服务业为主，高度依赖美、日、欧和周边市场，外贸总额是GDP的四倍。经济长期高速增长，1960～1984年间GDP年均增长9%。1997年受到亚洲金融危机冲击，但并不严重。2001年受全球经济放缓影响，经济出现2%的负增长，陷入独立之后最严重衰退。为刺激经济发展，政府提出"打造新的新加坡"，努力向知识经济转型，并成立经济重组委员会，全面检讨经济发展政策，积极与世界主要经济体商签自由贸易协定。

2008年受国际金融危机影响，金融、贸易、制造、旅游等多个产业遭到冲击，海峡时报指数创五年内新低，经济增长为1.1%。2009年跌至-2.1%。新政府采取积极应对措施，加强金融市场监管，努力维护金融市场稳定，提升投资者信心并降低通胀率，并推出新一轮刺激经济政策。2010年经济增长14.5%。2011年，受欧债危机负面影响，经济增长放缓。主要经济数据如下：

国内生产总值：2381亿美元。

人均国内生产总值：50123美元。

国内生产总值增长率：4.9%。

货币：新加坡元（Singapore Dollar）。

对美元汇率：1美元＝1.2579新加坡元（2011年平均）。

通货膨胀率：2.8%。

失业率：2.2%。

【资源】自然资源匮乏。

【工业】主要包括制造业和建筑业。2011年产值为924.4亿新元，占国内生产总值的25.1%。制造业产品主要包括电子产品、化学与化工产品、生物医药、精密机械、交通设备、石油产品、炼油等部门，世界第三大炼油中心。

【农业】用于农业生产的土地占国土总面积1%左右，产值占国民经济不到0.1%，主要由园艺种植、家禽饲养、水产养殖和蔬菜种植等构成。绝大部分粮食、蔬菜从马来西亚、中国、印度尼西亚和澳大利亚进口。

【服务业】包括零售与批发贸易、饭店旅游、交通与电讯、金融服务、商业服务等，系经济增长的龙头。2011年产值为1564.4亿新元，占国内生产总值的57.6%。

【旅游业】外汇主要来源之一。游客主要来自东盟国家、中国、澳大利亚、印度和日本。2010年接待外国游客1317.1万人次（不含陆地入境的马来公民），酒店住房率86.5%。主要景点有：圣淘沙岛、植物园、夜间动物园等。

【交通运输】交通发达，设施便利。是世界重要的转口港及联系亚、欧、非、大洋洲的航空中心。

铁路：以地铁为主，设65站，全长109.4公里。另建有轻轨铁路，全长28.8公里，设31站，与地铁相连。

公路：总长约3297公里，其中高速公路153公里，一级公路613公里。

水运：为世界最繁忙的港口和亚洲主要转口枢纽

之一，是世界最大燃油供应港口。有200多条航线连接世界600多个港口。2011年港口处理货运总量5.31亿吨，集装箱总吞吐量3000万箱。

空运：主要有新加坡航空公司及其子公司胜安航空公司。新加坡樟宜机场连续多年被评为世界最佳机场，目前已开通至60个国家188个城市的航线，各国81家航空公司平均每周提供约4400班次的定期飞行服务。2011年航班起降15.5万架次，客运量4650万人次，货运量181.6万吨。

【财政金融】近年财政收支情况如下（单位：亿新元）：

	2009	2010	2011
收入	514.5	445.8	510
支出	558.1	327.5	468
盈余	-43.6	118.3	42

截至2011年12月，外汇储备为2451.7亿美元。无外债。

【对外贸易】为国民经济重要支柱。近年对外贸易情况如下（单位：亿新元）：

	2009	2010	2011
总　额	7474.1	9020.6	9744.0
出口额	3911.2	4788.4	5147.4
进口额	3562.9	4232.2	4596.6
差　额	348.3	556.2	550.8

主要出口电子真空管、加工石油产品、办公及数据处理机零件、数据处理机和电讯设备等，进口电子真空管、原油、加工石油产品、办公及数据处理机零件等。主要贸易伙伴为：马来西亚、欧盟、中国、印尼和美国。

【对外投资】推行"区域化经济发展战略"，大力向海外投资。截至2010年底，对外直接投资总额达34070亿新元，增长9.1%，主要集中在金融服务业和制造业。主要直接投资对象国为中国、英属维克京群岛、英国、马来西亚。

【外国资本】截至2010年底，新加坡共吸引海外直接投资6186亿新元，增长7.9%，多集中在金融服务业和制造业。主要直接投资来源国为美国、荷兰、日本、英国。

【著名公司】淡马锡控股公司（Temasek Holding Pte Ltd.）是世界上最著名的国有控股公司之一。成立于1974年，由财政部全资拥有，直接对财政部长负责。拥有政府关联企业1000余家，总资产近1300亿新元，涉及交通、船舶修理及工程、电力与天然气、通信、传媒、金融服务、房地产与酒店、房地产管理和咨询、建筑、休闲与娱乐等行业。近年来，淡马锡公司加速实行私营化，下属企业中已有10家大型集团上市。目前，该公司仅对4家下属企业持有100%的股份，而对其他大多数企业控股均在50%以下。公司主席现为丹那巴南，执行董事何晶。

人民生活

2011年人均国内生产总值50123美元。政府统一修建公共组屋，居民住房拥有率达88.6%。人均寿命82岁，识字率96.1%（15岁以上），每万人拥有18名医生，每千人拥有私车110辆。

军　事

新加坡武装部队组建于1965年，建军节为7月1日。总统为三军统帅。实行义务兵役制，服役期2～3年。现役部队总兵力为7.25万人，其中陆军5万人，编为3个混合师（各辖2个步兵旅、1个机械化旅、1个侦查营、1个炮兵营、1个高炮营、1个工程兵营）、1个快速反应师（辖3个步兵旅）、1个机械化旅。海军9000人、空军1.35万人。装备各种舰只35艘，各型飞机210余架。另有预备役25万人，准军事部队10.8万人。新加坡军队主要在国外训练。1971年与英国、澳大利亚、新西兰和马来西亚组成"五国联防"。重视全民防卫教育。致力于建设第三代"智能"军队。2011年国防预算为94亿美元，占GDP的4%。

文化教育

在保留各民族传统文化的同时，鼓励向新加坡统一民族文化演变。

【教育】新加坡的教育制度强调双语、体育、道德教育、创新和独立思考能力并重。双语政策要求学生除了学习英文，还要兼通母语。政府推行"资讯科技教育"，促使学生掌握电脑知识。学校绝大多数为公立，其中包括170所小学、154所中学、14所初级学院，以及新加坡国立大学、南洋理工大学、管理大学和科技大学四所大学。

【新闻出版】英文报有《海峡时报》、《商业时报》、《新报》；华文报有《联合早报》、《联合晚报》、《新明日报》；马来文报有《每日新闻》；泰米尔文报有《泰米尔日报》。

广播电台于1936年开播，1959年1月起以马来语、英语、华语、泰米尔语广播。现有15个波段，每周广播1307小时。新加坡广播电台拥有并经营12个国内电台和3个国际电台。

电视于1963年开播，1974年开始播送彩色节目。1995年有线电视网开通，用户可接收30多个频道、10余个国家的电视节目。1995年开通卫星电视，有387万用户。1999年，经营电视和广播业的数家公司合并而成新传媒集团，共经营6个电视频道，主要有第5波道、第8波道、亚洲新闻台等。播送华语、英语、马来语、泰米尔语节目。另有私营的报业控股集团设立的优频道和电视通频道。

对外关系

立足东盟，致力维护东盟团结与合作、推动东盟在地区事务中发挥更大作用；面向亚洲，注重发展与亚洲国家特别是中、日、韩、印度等重要国家的合作关系；奉行“大国平衡”，主张在亚太建立美、中、日、印战略平衡格局；突出经济外交，积极推进贸易投资自由化，已与新西兰、日本、欧洲自由贸易协会、澳大利亚、美国、约旦、韩国、印度和巴拿马签署双边自由贸易协定，与新西兰、智利、文莱签署了首个地跨三个大洲的自贸协定，并与巴林、埃及、科威特和阿联酋就商签双边自贸协定达成共识。倡议成立了亚欧会议、东亚—拉美论坛等跨洲合作机制。积极推动《亚洲地区政府间反海盗合作协定（ReCAAP）》的签署，根据协定设立的信息共享中心于2006年11月正式在新成立。共与175个国家建立了外交关系。

【同中国的关系】1990年10月3日建交以来，中新在各领域的互利合作成果显著。

2011年2月，国务委员兼公安部长孟建柱访新。4月，新国务资政吴作栋出席博鳌亚洲论坛年会并访华，副总理黄根成赴上海出席“新加坡日”活动。5月，国务委员兼国防部长梁光烈访新，前总理李光耀访华。6月，梁光烈赴新出席“香格里拉”对话会。7月，王岐山副总理赴新与新加坡张志贤副总理共同主持召开中新双边系列会议。9月，荣誉国务资政吴作栋来华出席夏季达沃斯论坛并访问内蒙古。2012年2月，新外交部长兼律政部长尚穆根访华。5月，副总理兼国家安全统筹部长及内政部长张志贤访华，荣誉国务资政吴作栋来华出席国际行动理事会年会，杨洁篪外长访新。7月，副总理兼国家安全统筹部长及内政部长张志贤来华同王岐山副总理共同主持召开中新双边系列会议。

新加坡是中国在东盟中第三大贸易伙伴，仅次于马来西亚和泰国。中国是新第三大贸易伙伴（列马来西亚和欧盟之后）。据中国海关总署统计，2011年双边贸易额为634.8亿美元，增长11.2%。其中，中方出口额为355.7亿美元，增长10%；进口额为279.1亿美元，增长12.9%。2008年10月，中新签署自由贸易协定，2009年1月1日正式生效。

中国驻新加坡大使：魏苇。馆址：150 Tanglin Road, Singapore 247969。办公室电话：(0065) 64180246；商务处电话：64121900；领事部电话：64793250。

新加坡驻华大使：罗家良（Stanley Loh Ka Leung）。馆址：北京市朝阳区建国门外秀水北街1号。电话：010-65321115。

【同美国的关系】1966年4月4日建交。美是新加坡重要战略和经济伙伴。新支持美在本地区的军事存在。2012年4月，张志贤副总理兼国防部长访美。2月，外长尚穆根访美。

【同马来西亚的关系】1965年9月1日建交。马是新最大的贸易伙伴。双方围绕水供、填海、开放领空、新马大桥、白礁岛主权等问题时有摩擦。近年来，两国领导层积极通过对话协商解决问题，关系得到改善。2005年新马签署协议，解决了柔佛海峡填海争议。2010年5月，新马就丹戎巴葛火车站搬迁事达成协议并于2011年7月实施。

【同印度尼西亚的关系】1966年1月1日建交。印尼是新最大邻国，两国间战略关系密切，双方互有需要。独立以来，新始终重视与印尼发展良好关系。2010年5月，印尼总统苏希洛访新。

【同菲律宾的关系】1969年建交。新是菲第四大贸易伙伴，是菲重要游客来源国，2010年新赴菲游客达12万人次，在新工作的菲律宾人近18万。2011年3月，菲律宾总统阿基诺访新。

【同越南的关系】1973年建交。新是越在东盟最大贸易伙伴和全球第五大贸易伙伴，2010年双边贸易额为100亿美元，新在越有930多个投资项目，总额230亿美元，是越第三大外来投资方。目前越有1.2万名官员在“新加坡合作计划”支持下在新接受培训。2011年9月，越国家主席张晋创对新进行国事访问。

【同缅甸的关系】1966年建交。2010年，新缅双边贸易额为20亿美元，新是缅第三大贸易伙伴。1988年以来，新加坡企业在缅投资达15亿美元，新已成为缅第三大投资来源国，仅次泰国和英国。2011年12月，新外长尚穆根访缅。2012年1月，缅总统吴登盛访新。

【同印度的关系】1965年建交。2010年3月，时任国务资政吴作栋访问印度。2012年7月，李显龙总理访问印度。

【同韩国的关系】1975年建交。2009年5月，李显龙总理对韩国进行正式访问。11月，韩国总统李明博访新并出席亚太经合组织领导人会议。

【同日本的关系】1966年建交。2009年5月，时任总统纳丹对日本进行国事访问。10月，李显龙总理访问日本。

【同澳大利亚的关系】1965年建交。2009年4月，澳大利亚总理陆克文访新。11月，陆克文总理访新并出席亚太经合组织领导人会议。（新仪麟）

叙　利　亚

__国名__　阿拉伯叙利亚共和国（The Syrian Arab Republic）。

面积 185180平方公里（包括仍被以色列占领的戈兰高地约1200平方公里）。

人口 2219.8万（2010年）。其中阿拉伯人占80%以上，还有库尔德人、亚美尼亚人、土库曼人等。阿拉伯语为国语，通用英语和法语。居民中85%信奉伊斯兰教，14%信奉基督教。穆斯林中逊尼派占80%，什叶派占20%，什叶派中阿拉维派占75%。

首都 大马士革（Damascus），人口450万。

国家元首 总统巴沙尔·阿萨德（Bashar Al-Assad），2000年7月就任，2007年5月连任。

重要节日 独立日：4月17日。

简况

位于亚洲大陆西部，地中海东岸。北靠土耳其，东南邻伊拉克，南连约旦，西南与黎巴嫩、巴勒斯坦地区接壤，西与塞浦路斯隔海相望。海岸线长183公里。沿海和北部地区属亚热带地中海气候，南部地区属热带沙漠气候。沙漠地区冬季雨量较少，夏季干燥炎热。最低气温0℃以下，最高气温达40℃左右。年平均降水量沿海地区1000毫米以上，南部地区仅100毫米。

公元前3000年时有原始城邦国家存在。公元前8世纪起，先后被亚述、马其顿、罗马、阿拉伯、欧洲十字军、埃及马姆鲁克王朝和奥斯曼帝国等统治。1920年4月，沦为法国委任统治地。1940年6月，叙被纳粹德国控制。1941年9月27日，“自由法兰西军”总司令贾德鲁将军以盟国名义宣布叙独立。1943年8月，叙成立自己的政府，舒克里·库阿特利当选叙利亚共和国首任总统。1946年4月17日，英、法被迫撤军，叙获得完全独立。1958年2月1日，叙利亚和埃及宣布合并，成立阿拉伯联合共和国。1961年9月28日，叙宣布脱离“阿联”，成立阿拉伯叙利亚共和国。1963年3月8日，阿拉伯复兴社会党组成新政府。1970年11月13日，国防部长兼空军司令阿萨德发动“纠正运动”，改组了党和政府，阿自任总理。1971年3月，阿萨德当选总统，任至2000年6月10日去世。其次子巴沙尔·阿萨德于同年7月10日继任总统。

政治

从2011年3月起，叙局势发生动荡，示威游行蔓延全国，境内武装暴力活动不断。2012年4月，在联合国—阿盟叙危机联合特使安南斡旋下，叙政府宣布停火，反对派也做出相应承诺。此后，叙全境局势一度有所缓和。但5月底之后，局势再度升温，武装冲突不断升级，并蔓延至首都大马士革等中心城市。6月，巴沙尔总统任命农业部长希贾布（Riad Hijab）为新任总理，并命其组阁新政府。8月，希贾布总理辞职；瓦埃勒·哈勒吉（Wael al-Halki）任总理。叙主要的政治反对派有境外的“全国委员会”和境内的“全国民主变革力量民族协调机构”等，武装反对派有“自由叙利亚军”等。

【宪法】1973年3月12日经全国公民投票通过。宪法规定叙利亚是人民民主社会主义国家，是阿拉伯祖国的一部分，复兴党是社会和国家的领导核心。实行有计划的社会主义经济。2012年2月，叙举行公投，通过新宪法，主要内容包括：国家政治制度以多元化为原则，改一党制为多党制；实行选举民主，总统由人民直接选举产生，任期为七年，只能连任一届等。

【议会】又称人民议会，国家立法机构。其职能是：提名共和国总统人选；通过法律；讨论内阁政策；通过国家总预算和发展计划；批准有关国家安全的国际条约和协定；决定大赦；接受和批准议员的辞呈，撤销对内阁成员的信任。人民议会于1971年2月21日成立，议员任期四年。2012年5月，叙举行新议会选举，穆罕默德·吉哈德·拉哈姆（Mohamed Jihad Al Lahham）当选新一届议长，任期四年。在新议会250个议席中，复兴党领导的全国进步阵线约占近90%。

【政府】现政府于2012年6月23日成立，有35名成员。主要成员有：总理瓦埃勒·哈勒吉，副总理兼国防部长法赫德·法利杰（Fahad Al-Freij），副总理兼外交与侨民部长瓦立德·穆阿利姆（Walid Al-Moualem），副总理兼国内贸易和维护消费者权益部长格德里·贾米勒（Qadri Jamil），宗教基金部长穆罕默德·赛伊德（Mohammad Al-Sayed）等。

【行政区划】全国划分为14个省市：大马士革农村省、霍姆斯省、哈马省、拉塔基亚省、伊德利布省、塔尔图斯省、腊卡省、德尔祖尔省、哈塞克省、德拉省、苏韦达省、库奈特拉省、阿勒颇省和大马士革市。

【司法机构】全国设高等宪法法院，各省、市、县设初级法院和调解法庭。现任高等宪法法院院长马哈茂德·尤尼斯·奥斯曼（Mahmoud Younes Othman），总检察长穆罕默德·阿布·古勒（Mohammad Abou Koura）。

【政党】阿拉伯复兴社会党自1963年以来一直为叙执政党。全国进步阵线是复兴党领导下的统战性组织。参加全国进步阵线的党派共5个。2011年8月，叙颁布新的“政党法”和“选举法”，允许实行多党制。2012年5月，7个新组建的反对党参加了新议会选举。

（1）阿拉伯复兴社会党（The Baath Arab Socialist Party）：简称复兴党。成立于1947年4月，是一个泛阿拉伯的民族主义政党。党纲确定，该党是民族主义和社会主义政党，其任务是复兴阿拉伯民族，建立一个统一的阿拉伯社会主义祖国。对外主张反帝、反殖、反以色列犹太复国主义，遵循不结盟政策。对内实行国有化和土地改革等政策和措施。自1963年以来一直为叙执政党。总书记巴沙尔·阿萨德。

（2）全国进步阵线（National Progressive Front）：1972年3月成立，是复兴党为团结其他政党而组成的统一战线组织。巴沙尔总统兼任阵线中央领导机构主席。参加该阵线的党派还有：叙利亚阿拉伯社会主义联盟（Syrian Arab Socialist Union）、社会主义统一分子运动（Unionist Socialist）、阿拉伯社会党（Arab Socialist Party）、叙利亚共产党（Communist Party — Syria）、民主社会主义统一分子党（Democratic Socialist Unionist Party）。

【重要人物】巴沙尔·阿萨德：总统。已故总统哈菲兹·阿萨德之次子。1965年9月生于大马士革。原系眼科医生，曾在伦敦攻读医学硕士学位。其兄巴塞勒死于车祸后，被其父选定为接班人，开始弃医从政。1994年入霍姆斯军事学院学习，1995年晋升少校，1996年1月入参谋指挥学院深造，1998年1月晋升中校，1999年1月晋升上校，并担任叙信息协会主席、共和国卫队副司令兼105装甲旅旅长。2000年6月阿萨德总统逝世后，巴晋升为大将，并任叙武装部队总司令，7月10日巴当选总统，2007年5月连任。已婚，有一子一女。　**法鲁克·沙雷：**副总统。1938年生于德拉省。1962年毕业于大马士革大学。1963 ~ 1976年在叙航空公司工作。1977年任叙驻意大利大使。1980年1月任外交事务国务部长。1984年3月任外交部长。2006年2月至今，任叙副总统。曾于1974年、1988年、1997年、2004年四次访华。　**纳贾哈·阿塔尔：**第二副总统。女，1933年生于大马士革省。1954年毕业于大马士革大学，1955年获教育学学士学位。1976 ~ 2000年任文化部长。2006年3月至今，任叙第二副总统。曾于1999年5月访华。已婚，有一子一女。　**瓦埃勒·哈勒吉：**总理。2011年4月任卫生部长。2012年8月9日任总理。

经　济

近年来，叙经济逐步向社会市场经济转轨，石油、旅游等收入不断增加，吸收外资大幅增长，私营经济进一步发展，农业收成良好。但受多重因素影响，叙经济改革进程较慢。2011年叙局势动荡后，美西方、阿盟对叙实施制裁，叙面临货币贬值、物价上升、失业率高企、石油出口中断等多重压力，经济形势更趋严峻。2010/2011财年主要经济数据如下：

国内生产总值：596.3亿美元。

人均国内生产总值：2686美元。

国内生产总值增长率：4%。

货币名称：叙利亚镑（Syrian Pounds）。

官方汇率：1美元＝46.5叙利亚镑。

失业率：8.3%。

【资源】主要有石油、天然气、磷酸盐、岩盐、沥青等。已探明的石油储量为25亿桶，天然气储量为6500亿立方米，磷酸盐储量为6.5亿吨，岩盐储量为5500万吨。

【工业】现代工业基础薄弱，只有几十年历史。叙现有工业分为采掘工业、加工工业和水电工业。开掘工业有石油、天然气、磷酸盐、大理石等。加工工业主要有纺织、食品、皮革、化工、水泥、烟草等。

【农业】叙为中东地区农业大国，是阿拉伯世界的五个粮食出口国之一。农业耕种面积为473.6万公顷，农业人口440万人。主要作物有小麦、大麦、玉米。经济作物有棉花、豆类、甜菜和烟草。叙是中东地区重要畜牧业国家，主要畜禽品种有牛、绵羊、山羊和鸡。叙农业用水量占总用水量的87.8%，水资源缺乏是影响叙农业发展的主要因素。

【旅游业】2011年局势动荡前，叙旅游业发展较为迅速，赴叙旅游人数一度达600余万人次，旅游收入超过22亿美元，成为叙经济收入重要来源。叙局势动荡以来，旅游业遭受巨大打击，几近停滞。

【交通运输】陆、海、空运输比较发达。国内交通运输以公路为主，总长45860公里，连接各城镇，并可通往土耳其、伊拉克、约旦和黎巴嫩。铁路总长2798公里。叙现有拉塔基亚港和塔尔图斯港等5个港口，除大马士革国际机场外，还有6个省级地方机场。叙局势动荡后，受美西方和阿盟制裁影响，叙对外航线锐减。

【财政金融】2001年2月，叙利亚人民议会通过关于允许设立私人银行的证券交易市场法案。

【对外贸易】在国民经济中占有重要地位，约占国民生产总值的20%以上。叙重视国家对外贸的监督，主要物资的进出口均由国家控制。主要出口产品有石油和石油产品、棉花和棉花制品、磷酸盐、香料、皮革等，主要出口国家为欧盟国家和独联体、东欧等。主要进口产品有机械、钢材、纺织品、燃料、粮食、罐头、糖、化工原料、文教用品、医药、木材等，主要进口国家为欧盟国家、日本和美国。2011年叙局势动荡后，对外贸易受到巨大影响。

人民生活

全国共有各类医疗中心1000余处，医院近80家，病床近2万张。

军　事

1946年建军。20世纪70年代发展较快，成为中东一支较强的武装力量。武装部队总司令部为最高统帅机关。巴沙尔总统任总司令，总参谋长为达乌德中将。实行义务兵役制，服役期30个月。总兵力40.8万人，陆军30万人、海军8000人、空军与防空军10万人，另有准军事部队40余万人。武器装备主要来自前苏联和俄罗斯。

文化教育

【教育】普及小学义务教育，初中基本实行义务教育制。男生从大学毕业后要到军队服役2年才能拿到文凭，女生毕业后即可拿到文凭。全国有4所综合性大学：大马士革大学、阿勒颇大学、十月大学和复兴大学。

【新闻出版】全国性阿拉伯文日报有：《复兴报》、《革命报》、《十月报》，发行量均为4万份。地方性阿文日报有《群众报》、《献身报》、《阿拉伯主义报》和《团结报》。另还发行英文日报《叙利亚时报》和阿拉伯文的《农民周报》、《工人周报》等。

阿拉伯叙利亚通讯社是官方通讯社。叙利亚广播电台建立于1936年，在各省、市建立有地方广播电台。电台开办有两套节目，除用阿拉伯语广播外还用英、法、德、俄、土（耳其）、希（伯来）、西（班牙）等7种语言播音。

叙利亚电视台建立于1960年7月23日，开办了三个频道。除阿语节目外，还播送英、法语节目。

2001年9月，巴沙尔总统颁布第50号总统令，宣布实施新的新闻出版法，规定出版业许可证发放须由新闻部长提议，总理批准。

对外关系

叙局势动荡以来，主要西方国家和部分阿拉伯国家称巴沙尔已失去执政合法性，不断加大对叙制裁、施压力度，力推以巴下台为核心的政治过渡。阿盟通过决议，中止叙成员国资格，中止同叙政府的外交合作，断绝经贸往来。

【对当前重大国际和地区问题的立场】经济全球化：认为经济全球化是一把双刃剑，对发展中国家的经济基础和社会制度将造成严重冲击。对发展中国家在全球化进程中，特别是在进入国际金融和技术市场方面受到苛刻限制、在国际经济决策中日益边缘化感到担忧。呼吁发展中国家同发达国家、国际金融组织在联合国框架内积极对话，争取互利双赢，避免出现新的经济危机和社会动荡。认为世贸组织是经济全球化的重要载体，已正式申请加入。

反恐问题：主张运用综合手段根除国际恐怖主义，对恐怖主义要有严格的界定，应与反抗外国占领和侵略的合法权利相区别。反对将恐怖主义同某一宗教、地区或民族问题相挂钩。认为反恐应发挥联合国的作用，有关军事行动应在联合国框架内进行。批评在中东反恐问题上采取双重标准。强调中东暴力活动频繁的根源是巴勒斯坦问题得不到公正的解决，只有力促中东早日实现全面、公正、持久的和平，才能标本兼治中东恐怖主义问题。

人权问题：强调人权的普遍性、多样性，反对将人权问题政治化，借人权问题干涉别国内政。主张国际社会全面、公正地对待人权观，摒弃双重标准，充分考虑各国国情及民族、宗教、历史、文化等因素。各国的人权状况应由各国政府根据国情循序渐进地加以改进。

中东和平进程：坚持通过和谈解决阿以争端，认为中东和平进程停滞不前的主要原因是以色列拒不执行联合国有关决议和美坚持袒以政策；呼吁联合国、欧盟、俄罗斯等积极参与和平进程，迫以执行联合国有关决议，无条件归还自1967年以来占领的阿拉伯国家领土。主张在“土地换和平”原则及联合国安理会有关决议基础上全面、公正、持久地解决中东问题。

国际军控和防扩散：主张全面裁军，支持禁止使用核武器或以核武器相威胁。在安理会倡议建立中东无核区和中东无大规模杀伤性武器区，主张上述行动应遵循公正、透明、均衡的原则。认为以色列拥有核武器对地区国家构成严重威胁。国际社会应首先迫使以遵守联合国有关决议并加入《不扩散核武器条约》，并将其核设施置于国际原子能机构监督之下。支持维护和遵守《反导条约》，呼吁有关缔约国捍卫条约的不可侵犯性和完整性，避免出现新的核军备竞赛。

【同中国的关系】中、叙1956年建交后，双边关系稳步发展。巴沙尔总统执政后，实现叙总统首次访华，双边关系进一步发展。2011年，全国人大常委会副委员长、全国妇联主席陈至立访叙。2012年中国政府特使、外交部副部长翟隽访叙，叙外长穆阿利姆访华。

中国驻叙利亚大使：张迅。馆址：83，RUE ATA AYOUBI DAMASCUS，SYRIA。国家区号：0096311。电话：3327968，3339594；传真：3338067。经商处电话：6668782，6663934。

叙利亚驻华大使：伊马德·穆斯塔法（IMAD MUSTAFA）。馆址：北京市朝阳区三里屯东四街6号。电话：010–65321372；传真：65321575。

【同美国的关系】1946年同美国建交。1967年“六·五”战争爆发的第二天，叙宣布同美国断交。1974年6月两国复交。1986年10月美为支持英国与叙断交，宣布撤回驻叙大使。1987年两国关系恢复正常。2004年5月，美开始实施对叙经济和外交制裁法案。2005年2月，黎巴嫩前总理哈里里遇害，美推动安理会通过一系列决议，要求叙全面配合哈案国际独立调查委员会的调查，叙美关系紧张。美迄今仍将叙列入支持恐怖主义活动国家的黑名单。2010年，美重新向叙派遣大使。2011年叙局势动荡后，美关闭驻叙使馆，驱逐叙驻美外交官，要求叙总统巴沙尔必须下台，对叙实施严厉单边制裁，力推叙向“民主国家”过渡。

【同俄罗斯的关系】1944年与前苏联建交。冷战期间，奉行亲苏政策，1980年签署叙苏“友好合作条约”，建立盟友关系。苏联解体后，叙承认苏联各加盟共和国的独立，并表示叙将在互相尊重和共同利益的基础上同这些国家建立外交关系。近年来，叙俄关系日益发展。2011年叙局势动荡后，俄在政治上予叙支持，三度否决安理会涉叙决议草案。

【同欧盟国家的关系】1995年11月，欧盟15国与地中海南岸12国外长在巴塞罗那召开“欧洲—地中海会议”后，双方在政治、经济、社会和文化等领域的关系均有不同程度的发展，特别是经济和财政伙伴关系有所增强。2011年叙局势动荡后，欧盟对叙实施多轮单边制裁，英、法等主要欧洲国家关闭驻叙使馆，驱逐叙驻本国外交官。

【同埃及的关系】自1989年12月埃叙复交和海湾战争后，两国关系持续发展。2010年3月，叙议长艾布拉什出席在开罗举行的阿拉伯议会联盟第16次会议。6月，叙外长穆阿利姆赴开罗参加阿盟外长会。

2011年3月，巴沙尔总统同埃及武装部队最高委员会主席坦塔维互致信件，巴在信中表示希望埃及保持稳定，并在阿拉伯世界重新发挥作用，愿与埃及在各领域进行密切的协商与合作。2011年叙局势动荡后，埃及总体立场与阿盟保持一致，同时支持在阿盟框架内解决叙问题，反对对叙军事干预。

【同黎巴嫩的关系】叙黎在法国委任统治时期曾是同一个国家。黎独立后，叙未予承认，叙黎仍保持“特殊关系”。1976年5月以来，叙军一直以“阿拉伯威慑部队”的名义驻扎在黎。1991年5月，叙黎签署“兄弟关系合作与协调条约”和“安全与防务条约”。2004年9月2日，美、法等国推动安理会通过1559号决议，要求叙驻黎部队全部撤离。2005年4月，叙宣布撤回其驻黎全部军队、安全人员和军事装备。2008年7月和8月，黎总统苏莱曼和叙总统巴沙尔在巴黎和大马士革两次会晤，双方宣布决定建立大使级外交关系。2008年10月15日，叙黎外长签署建交公报，两国正式建交。2011年叙局势动荡后，黎主张维护叙主权、独立和统一，反对外部干涉，对多份阿盟涉叙决议持保留意见。

【同海湾阿拉伯国家的关系】1990年海湾战争中，叙应沙特等国的要求向海湾派遣军队。战后，叙积极参与海湾战后安全安排，与海湾国家关系改善。1991年3月，叙利亚、埃及和海湾阿拉伯六国外长在大马士革召开会议，会议发表了《大马士革》宣言。2011年叙局势动荡后，沙特、卡塔尔等海湾国家要求巴沙尔总统下台，宣布召回驻叙大使，并驱逐叙驻本国外交官，对叙实施制裁。（徐阳）

亚美尼亚

国名　亚美尼亚共和国（The Republic of Armenia，Республика Армения）。

面积　2.98万平方公里。

人口　327.43万（截至2012年1月1日）。其中亚美尼亚族约占96%，其他民族有俄罗斯族、乌克兰族、亚述族、希腊族、格鲁吉亚族、白俄罗斯族、犹太族、库尔德族等。官方语言为亚美尼亚语，居民多通晓俄语。主要信奉基督教（约占人口总数的94%）。

首都　埃里温（Yerevan，Ереван），人口112.7万。1月平均气温-5℃，7月平均气温25℃。

国家元首　总统谢尔日·阿扎多维奇·萨尔基相（Serzh Azatovic Sargsyan，Серж Азатович Саргсян），2008年2月19日当选，4月9日宣誓就职。

重要节日　“种族灭绝”日：4月24日（1915～1923年奥斯曼帝国对亚族人的“种族大屠杀”）；第一共和国成立日：5月28日（1918年5月28日成立第一共和国）；宪法日：7月5日；亚美尼亚共和国独立日：9月21日（1991年9月21日亚正式宣布独立）；悼念亚1988年地震死难者日：12月7日。

简　况

内陆国，位于外高加索南部。全境90%多的地区海拔1000米以上。西接土耳其，南靠伊朗，北临格鲁吉亚，东邻阿塞拜疆。亚热带高山气候，1月平均气温-2℃～12℃，7月平均气温24℃～26℃。

公元前9世纪～前6世纪，在亚美尼亚境内建立了奴隶制的乌拉杜国。公元前6世纪～公元3世纪，阿凯米尼德王朝和塞琉古王朝统治亚美尼亚，建立大亚美尼亚国。此后，亚两次被土耳其和伊朗瓜分。1804～1828年，两次俄伊战争以伊朗失败告终，原伊朗占领的东亚美尼亚并入沙俄。1918年5月28日，达什纳克楚琼党领导建立了亚美尼亚第一共和国。1920年1月29日，成立亚美尼亚苏维埃社会主义共和国。1922年3月，亚加入外高加索苏维埃社会主义联邦共和国，同年12月30日以该联邦成员国身份加入苏联。1936年12月5日，亚美尼亚苏维埃社会主义共和国改为直属苏联，成为其加盟共和国之一。1990年8月23日，亚美尼亚最高苏维埃通过独立宣言，改国名为“亚美尼亚共和国”。1991年9月21日，亚美尼亚举行全民公决，正式宣布独立。

政　治

2011年，亚国内政局保持稳定。萨尔基相总统执政近四年，地位稳固。议会、政府运作正常。现政权将加强执政能力建设、促进经济发展、消除腐败、提高国民生活水平作为主要执政理念并努力实施。2012年5月6日，亚举行第五届议会选举。6月16日，亚共和党和法律国家党共同组建新政府。

【宪法】1995年7月5日，亚举行全民公决通过宪法。宪法规定亚实行总统制；立法、行政、司法三权分立；奉行多党制。宪法分《总则》、《公民和人的基本权利与自由》、《总统》、《国民会议》、《政府》、《司法机构》等9章。2005年11月27日，亚就宪法改革方案举行全民公决并获得通过。新宪法规定，总统向议会提交的总理候选人提名须获得议会大多数的支持；进一步限制总统权力；提高议会在国家政治和经济生活中的作用；国家司法系统更加独立；首都市长经选举产生并拥有独立预算权；加强对人权的保护。此外，新宪法赋予地方自治机构更多权力。

【议会】称国民会议，是亚国家最高立法机关。根据2005年11月27日修改后的新宪法，国民会议任期五年，共设131个席位，其中比例制90席、多数制41席。本届议会系亚第五届国民会议，于2012年5月6日选举产生。亚美尼亚共和党、繁荣亚美尼亚党、亚美尼亚国民大会、法律国家党、亚美尼亚革命联合会（亦称“达什纳克楚琼”）和遗产党进入议会，席位分配情况是：亚共和党69席、繁荣亚美尼亚党37席、亚美尼亚国民大会7席、法律国家党6席、达什纳克楚琼5席、遗产党5席、无党派议员2人。5月31日，奥维克·阿布拉米扬再次当选为亚新议长，埃尔米涅·纳格达良（Эрмине Нагдалян）和艾杜阿尔德·沙尔马扎诺夫（Эдуард Шармазанов）分别当选副议长。

网址：www.parlianment.am。

【政府】2012年6月16日，共和党和法律国家党共同组建新政府，季·萨尔基相再次被任命为政府总理。主要内阁成员有：副总理兼国土管理部长阿尔缅·格沃尔基扬（Armen Gevorgyan），外交部长爱德华·纳尔班江（Edward Nalbandian），国防部长谢兰·奥加尼扬（Seyran Ohanyan），经济部长季格兰·达夫江（Tigran Davtyan），警察总长弗拉基米尔·加斯帕良（Vladimir Gasparyan），国家安全总局局长科里克·阿科皮扬（Gorik Hakobyan），司法部长格拉伊尔·托夫马相（Hrair Tovmasyan），财政部长瓦切·加布里耶良（Vache Gabrielyan），交通通讯部长加吉克·别格拉尔扬（Gagik Beglaryan），能源和自然资源部长阿尔缅·莫夫西相（Armen Movsissyan），教育和科学部长阿尔缅·阿绍江（Armen Ashotyan），文化部长阿斯米克·波戈相（Hasmik Poghosyan，女），环境保护部长阿拉姆·阿鲁秋尼扬（Aram Harutyunyan），农业部长谢尔果·卡拉佩强（Sergo Karapetyan），卫生部长捷列尼克·图马尼扬（Derenik Dumanyan），海外侨民部长格拉努什·阿科比扬（Hranush Hakobyan，女），紧急情况部长阿尔缅·耶里强（Armen Yeritzyan），体育和青年事务部长格拉强·罗斯托姆扬（Hrachya Rostomyan），城市建设部长萨姆维尔·塔捷沃相（Samvel Tadevosyan），劳动和社会问题部长阿尔缅·阿萨图良（Artem Asatryan）。

网址：www.gov.am。

【行政区划】亚全国划分为10个州和1个州级市（首都埃里温）。

【司法机构】设上诉法院、宪法法院和总检察院。上诉法院由13人组成，法官为终身制。现任上诉法院院长阿尔曼·姆克尔图米扬（Арман Мкртумян），2008年9月17日任命。宪法法院由9名法官组成，其中4名由总统任命、5名由国民会议任命。现任宪法法院院长加吉克·阿鲁秋尼扬（Гагик Арутюнян）。总检察院下设军事检察院，现任总检察长阿格万·奥夫谢皮扬（Агван Овсепян），2004年3月17日任命。军事检察长格沃尔克·科斯塔尼扬（Геворг Костанян），2011年1月14日任命。

【政党】亚美尼亚现有政党73个。在议会占有席位的有：

（1）亚美尼亚共和党（Республиканская Партия Армении）：1990年成立，1991年在司法部注册，是亚独立后第一个登记注册的政党，该党现有61个区域性组织和922个基层党组织，党员约7万人，主要是知识分子、企业家。主张在民族和国家利益基础上联合一切政治和社会力量，进行政治体制改革，健全多党制度，发展民主；推动国内外亚族人联合；为国有和私有经济实体良好经营创造条件；全面融入国际社会，提高亚的国际地位并与各国发展互利的政治、经济、文化关系。该党是亚三党执政联盟之一。领导人谢尔日·萨尔基相，现任总统。

（2）繁荣亚美尼亚党（Партия “Процветающая Армения”）：成立于2004年4月30日。该党对内主张：公正、稳妥地解决社会问题；维护民族价值观，保障纳卡地区亚族人的民族自决权；反对政治极端主义；巩固国内民主；建立公民社会；保护人权和自由；改革和完善国家管理体系、消除腐败。对外主张：巩固同俄罗斯战略盟友关系，保障亚政治、经济、军事与国土安全；发展同美国、欧盟的互利合作；积极参与联合国、集体安全条约组织、WTO、北约、黑海经济合作组织等多边框架合作；发展与周边邻国及独联体其他国家友好关系；系统发展与亚海外侨民的关系；不设先决条件争取与土耳其建立外交关系，争取国际社会承认奥斯曼土耳其帝国“一战”期间对亚的“种族灭绝”。该党是亚三党执政联盟之一。领导人加吉克·察鲁基扬（Гагик Царукян），亚议员、国家奥林匹克委员会主席、著名企业家。

（3）亚美尼亚革命联合会（Армянская Революционная Федерация）：亦称达什纳克楚琼党。1890年成立于第比利斯，思想基础是俄民粹主义。1918～1920年曾夺取政权，建立亚美尼亚第一共和国。1991年在亚重新登记。1995年7月至1998年2月因涉嫌恐怖主义活动被禁止在亚境内活动。目前亚境内党员人数为7000人，主要为青年知识分子。主要政治目标是建立统一、独立和自由的亚美尼亚国家；要求国际社会承认1915年奥斯曼土耳其帝国对亚美尼亚人实施的“种族灭绝”事件；主张纳卡和西亚美尼亚（在现土耳其版图内）同亚合并。该党在海外亚侨中享有较高声望。该党是亚议会内反对党。领导人瓦安·奥瓦尼相（Ваган Ованесян），现任该党议会党团领袖；阿尔缅·鲁斯塔米扬（Армен Рустамян），现任议会外委会主席。

（4）法律国家党（Партия“Страна Законности”）：成立于1998年。主张在国家安全总体规划的基础上制定国家各方面政策及规划；向发达国家学习制定短、中和长期计划的经验；通过国家公务员法建立行之有效的公务员制度；关注边境地区和塞万湖生态问题，支持通过“边境地区法”和“塞万湖法”；通过少数民族法保障少数民族利益；外交上主张亚在新的世界格局中发挥应有作用。该党是亚三党执政联盟之一。领导人阿尔图尔·巴格达萨良（Артур Багдасарян），现任国家安全会议秘书。

（5）遗产党（Партия“Наследие”）：成立于2002年。主张建立先进的民主法制国家，在国家与民族利益基础上制定国家内外政策；提高人民生活水平，建设自由、强大和繁荣的国度；积极参与国家重大政治、经济和社会生活。2007年5月，该党单独参加亚第四届国民会议选举并成功进入议会。该党是亚议会内反对党。领导人拉菲·奥瓦尼相（Раффи Ованесян），曾任亚独立后首任外长。

其他有影响的政治党派：亚国内最大的由多个政党组成的反对派联盟——亚美尼亚国民大会（Армянский Национальный Конгресс-АНК），领导人列翁·捷尔—彼得罗相（Левон Тер-Петросян），曾任亚独立后首任总统。

【重要人物】**谢尔日·萨尔基相**：总统。1954年6月30日生于纳卡自治州首府斯捷潘纳科特市。1976年毕业于国立埃里温大学。1975～1979年在埃里温电机厂当工人。1979～1988年先后任斯捷潘纳科特市团委第二书记、第一书记、党委宣传部长、纳卡州党委第一书记助理。1990年，萨当选亚最高苏维埃代表。1989～1993年担任纳卡自卫军军事委员会主席。1993～1995年任亚国防部长。1995～1996年任亚国家安全部长。1996～1999年任亚内务部长兼国家安全部长。1999年任亚总统办公厅主任和国家安全会议秘书。2000年5月任亚国防部长。2007年4月4日被任命为政府总理。萨于2006年7月加入亚共和党，并担任该党理事会主席。2007年11月，当选亚共和党主席。2008年2月19日，萨在总统竞选中获胜，4月9日就任亚总统。萨曾获亚一级“战斗十字”勋章和“金鹰”骑士勋章。已婚，有两个女儿。　**奥维克·阿布拉米扬**：议长。1958年1月24日生于亚美尼亚阿拉拉特州。1977～1979年在苏军服役。1984年和1990年先后毕业于埃里温公路技术学院和埃里温国民经济学院。1991～1995年任阿拉拉特州阿尔塔沙特市白兰地—葡萄酒厂厂长。1995～1999年任亚第一届国民会议议员。1995～1996年任阿拉拉特州阿尔塔沙特市执行委员会主席。1996～1998年任阿拉拉特州阿尔塔沙特市市长。1998～2000年任阿拉拉特州州长。2000～2001年任亚国土管理和城市建设部长。2001～2002年任亚国土管理部长。2002年2月至2008年4月，任亚国土管理和基础设施建设部长。2008年4～9月，任亚总统办公厅主任。2008年9月29日当选亚议长。2012年5月31日再次当选为亚议长。阿系亚共和党成员，2005年12月当选该党政治理事会成员。已婚，有两女一子。　**季格兰·萨尔基相**：总理。1960年1月29日生于亚美尼亚瓦纳佐尔市。1980年毕业于埃里温国民经济学院，后赴列宁格勒沃兹涅先斯克财经学院继续深造。1987～1990年任亚经济和计划科学研究所高级研究员，负责国际经济关系研究组。1988～1993年任亚学者和青年专家委员会主席。1990～1995年当选亚最高苏维埃代表，担任财经委员会主席。1995～1998年任亚银行协会主席。1995～2008年任亚转型社会研究所所长。1998年3月和2005年3月连任亚中央银行行长。2005～2007年任亚跨国银行理事会主席。2008年4月，萨出任政府总理。2012年6月2日，萨再次出任政府总理。萨系亚共和党成员。已婚，有两子一女。

经　济

1991年9月亚独立后，经济发展受到经济基础薄弱及纳卡战争和阿塞拜疆、土耳其对亚封锁等因素影响连年下滑。2001年开始回升，至2007年GDP连续保持两位数增长，人均国民收入增长较快，国民生活水平有所提高。2008年第四季度起受国际金融危机影响，经济增速放缓。2009年下滑严重。2010年和2011年亚政府积极采取调整产业结构、扩大内需、加快基础设施建设、大力扶植农业等措施，努力消除金融危机后果，收到一定成效。2011年国内生产总值同比增长4.6%。2011年主要宏观经济指标如下：

国内生产总值：36710.675亿德拉姆（约99亿美元）。

人均国内生产总值：3135美元。

货币名称：德拉姆（драм，AMD）。

汇率：1美元=372.50德拉姆（2011年平均值）。

通货膨胀率：4.7%。

失业率：6.2%。

【资源】主要有铜矿、铜钼矿和多金属矿。此外，还有硫黄、大理石和彩色凝灰岩等。

【工业】2011年工业总产值为9920.78亿德拉姆，按可比价格计算，较2010年增长了14.1%。主要工业部门有机器制造、化学生物工程、有机合成、有色金属冶炼等。近年主要工业品产量及2011年同比增长率如下：

	2009	2010	2011	同比增长（%）
发电量（万千瓦时）	567120.00	649130.00	743270.00	14.5
大型变压器（台）		33.00	7.00	−78.8
小型发电机（台）	2531.00	3343.00	4304.00	28.7
纯棉布匹（千克）	9935.00	13900.00	4900.00	−65.0
纯毛布匹（吨）	24.30	13.80	17.10	23.7
白兰地酒（万升）	986.90	1262.41	1534.15	21.5
葡萄酒（万升）	442.44	581.20	617.77	6.3

【农业】全国耕地面积49.4万公顷，其中水浇地20.28万公顷。2011年农业在政府各项惠农政策的刺

激下，取得恢复性增长。全年农业总产值8252亿德拉姆，按可比价格计算，比上年增长14.1%。近年主要农产品产量（单位：万吨）及2011年同比增长率如下：

	2009	2010	2011	同比增长（%）
谷类	37.49	32.64	44.01	34.8
马铃薯	59.35	48.11	55.73	15.6
蔬菜	81.98	70.77	78.93	11.5
瓜类	21.60	13.26	18.09	36.5
奶（亿升）		3.00	3.10	0.5

【服务业】20世纪90年代，亚服务业一直比较萧条。近年来，在整体经济恢复的带动下，服务业有所发展。2009年、2010年和2011年服务业总产值（按现行价格计算）分别为7689.10亿、8222.15亿和8729.6亿德拉姆。2011年服务业总产值同比增长6.1%（按可比价格计算）。主要行业有客运、物业、电信、旅游、体育、卫生保健、法律、教育、医疗等。

【旅游业】近几年，亚旅游业发展较快。2011年赴亚旅游人数为75.79万，较2010年增长10.3%；亚公民出境游人数为71.49万，同比增长10.2%。亚国内主要旅游景点有首都埃里温、亚教会中心埃奇米亚津、塞万湖自然保护区、加尔尼神庙、格加尔德修道院、塔杰夫修道院、高山滑雪场察赫卡特佐尔、矿泉水疗养地捷尔穆克等。

【交通运输】以铁路、公路和空运为主。2011年总货运量为971.5万吨（包括管道运输），比2010年减少8%，总客运量2.498亿人次，同比减少0.7%。

铁路总长830公里。货运量326.94万吨，同比增长6.7%；客运量58.65万人次，同比减少30.5%。

公路总长9500公里。货运量494.42万吨，同比减少20.2%，客运量2.248亿人次，同比增长0.3%。

空运：已开通与俄罗斯、乌克兰、哈萨克斯坦、格鲁吉亚、法国、英国、德国、荷兰、瑞士、捷克、希腊、土耳其、黎巴嫩、阿联酋、意大利、印度、奥地利、伊朗等国的航线。国际机场一个，为埃里温兹瓦尔特诺茨国际机场（Звартноц）。

【财政金融】2011年亚国家财政收入为8480.971亿德拉姆，支出9147.658亿德拉姆，赤字666.687亿德拉姆。其中关税收入362.894亿德拉姆，同比增长23.6%。

截至2011年底，亚外债为35.689亿美元。

截至2011年12月31日，亚正式营业商业银行有21家，银行分支机构411家。主要银行有HSBC（Армения）、ВТБ（Армения）、ACBA-Credit银行、Инэкобанк、Конверсбанк等。

【对外贸易】2011年外贸总额为54.81亿美元，同比增长14.4%。其中出口额13.295亿美元，增长27.7%；进口41.515亿美元，增长10.7%。逆差28.22亿美元。同欧盟国家贸易额占亚对外贸易总额的32.4%，与独联体国家的外贸额占其外贸总额的26.9%，与中国的外贸额占其外贸总额的7.7%。

主要出口产品为宝石及其半加工制品、食品、非贵重金属及其制品、矿产品、纺织品、机械设备等。主要进口产品为宝石及半加工宝石、矿产品、食品、化工产品等。主要贸易伙伴为俄罗斯、中国、德国、保加利亚、乌克兰、荷兰、比利时、美国、英国、伊朗、阿联酋等。

【外国援助】2011年亚获得4778.3吨（约6050万美元）人道主义援助物资，主要为化学和化工制品、机械设备与器具、纺织品、汽车等。

【著名公司】“Мульти Групп”企业集团，Гранд Тобаго烟草公司，Гранд Кенди糖果公司，Грейт Вэли白兰地酒公司，Арарат白兰地酒厂、Ной白兰地酒厂等。

人民生活

亚政府重视提高人民生活水平和福利待遇，社会性开支占财政支出比例较大。城乡居民均享受免费医疗和退休保障等权利。2011年亚人均月工资113969德拉姆（约合289美元），同比增长5.5%。2011年，亚共有从业人口120.53万人，失业人口69400人，失业率6.2%。从业人口比例基本情况：农业51.79万人，工业13.51万人，建筑业6.64万人，贸易、汽车维修、酒店餐饮12.51万人，交通、通讯6.12万人，金融、不动产、房屋租赁4.45万人，公共行政、教育、卫生和社会服务23.98万人，其他行业5万人。

军　事

亚美尼亚国民军组建于1992年，1月28日为亚建军节。根据1997年6月亚国防法，总统为武装力量最高统帅。国防部是领导武装力量的国家机关，国防部长对武装力量实行直接指挥。现任国防部长谢兰·奥加尼扬，2008年4月14日任命。

亚军实行全民义务兵役制和合同制相结合的兵役制度。士兵服役期为两年，每年春秋两季征兵。军官按合同制服役，入伍时签订三年合同，期满可续签，也可退役。服役满二十年以上者可享有领取退休金等福利。

亚军总兵员46484人，编制为5个步兵军。国防部和总参分别辖若干直属部、分队。2011年亚国防开支1455.579亿德拉姆，同比减少1.4%，占其GDP的4%。

文化教育

【教育】教育体制包括学前教育、普通中小学教育、职业技术教育、中等专业教育和高等教育。普通中小学实行免费教育，大学对国家计划内的学生实行免费教育。2011年，亚国家教育经费支出952.628亿德拉姆，同比减少9.9%，占GDP的2.7%。教师平均月工资为78542德拉姆。

全国共有16所国立和82所非国立高等院校。主要院校为：埃里温国立大学、埃里温布留索夫国立语言大学、埃里温工学院、埃里温医学院、埃里温师范学院等。最权威的科研机构是创立于1943年的亚国家科学院。

【新闻出版】全国有980家新闻机构，其中报刊596家，杂志148家，电视公司186个，广播公司53个，通讯社25家。

主要报刊：《亚美尼亚共和国》（Республика Армения），官方报纸，1990年创刊，分别用亚文和俄文出版，发行量3500份；《新时代》（Новое Время），独立的社会—政治报纸，1992年创刊，用俄文出版，发行量5000份。《亚美尼亚之声》（Голос Армении），独立的社会—政治报纸，1991年创刊，用俄文出版，发行量3425份；《叶尔基尔》（Ергир，意为“祖国”），达什纳克楚琼党机关报，1991年创刊，1994年12月被查封，1998年3月恢复出版，用亚文出版。

主要通讯社：亚美尼亚新闻社（ARMENPRESS），1918年成立，官方通讯社；亚美尼亚信息社（ARMINFO），2001年成立，独立通讯社；诺亚—塔潘（Noyan T a pan），1991年成立，私营通讯社；ΛΡΚΛ经济新闻通讯社，1996年成立，私营通讯社。

主要电台：亚公共广播电台，官方广播电台，1926年建台，用亚美尼亚、俄、阿拉伯、波斯、库尔德、英、法、西班牙、格鲁吉亚、阿塞拜疆、土耳其等语言播音，每日广播时间为8：05～22：30。

主要电视台：亚公共电视台，官方电视台，1956年建台，用亚美尼亚语播出，播出时间为每日8：00至次日6：00。

对外关系

亚奉行平衡互补外交政策。努力巩固与俄罗斯战略同盟关系，以加入欧盟作为外交长期取向，积极发展同美国及欧盟的关系，参加北约“和平伙伴关系”框架内的各项活动，寻求安全多元化。亚与邻国阿塞拜疆和土耳其无外交关系。亚主张在欧安组织明斯克小组框架下通过政治谈判解决纳卡争端，表示愿不设前提条件与土建立外交关系，呼吁土开放两国边境，要求土承认1915～1923年奥斯曼土耳其帝国对亚族人实施的“种族灭绝”。亚还积极加强与格鲁吉亚和伊朗的睦邻友好合作关系，深化与东欧、中东国家的联系，积极参与独联体、欧安组织、欧洲委员会、黑海经济合作组织等多边组织事务。截至2011年12月，亚已与157个国家建交。

【同中国的关系】1992年4月6日建交。2011年两国友好合作关系顺利发展，各领域交流合作不断加强。

2月16～17日，杨洁篪外长过境亚美尼亚，分别会见亚总统谢·萨尔基相、全亚大主教加列金二世、总理季·萨尔基相和外长纳尔班江。4月7～8日，中亚经贸混委会第六次会议在埃里温召开。4月11～13日，中共中央政治局常委李长春同志对亚美尼亚进行正式友好访问，分别与亚总统谢·萨尔基相、议长阿布拉米扬、总理季·萨尔基相举行会见。6月22～30日，“亚美尼亚文化日”在华举行。7月2～7日，亚主管副外长马纳萨良访华，杨洁篪外长、程国平副外长分别与马举行会见、会谈。7月27～30日，埃里温市长卡拉佩强访问北京。8月23～25日，亚副总理格沃尔基扬赴华出席深圳第26届世界大学生运动会闭幕式并访问北京。9月1～7日，亚宪法法院院长阿鲁秋尼扬访华。9月17～19日，中国经社理事会副主席阳安江访亚。10月16～20日，卫生部副部长刘谦访亚。10月23～29日，亚上诉法院院长姆克尔图米扬访华。

据亚国家统计局统计，2011年中亚双边贸易额为2.4亿美元，同比减少3.1%。其中中方出口额为2.23亿美元，同比减少6%；进口额为1626万美元，同比减少47.3%。

中国驻亚美尼亚大使：田长春。馆址：巴格拉米扬元帅大街12号（NO. 12 MARSHAL BAGHRAMYAN STR. YEREVAN. ARMENIA）。电　话：（0037410）560067；传真：545761。领事部电话：560663。商务处电话：653874；传真：（0037410）651898。

亚美尼亚驻中国大使：阿尔缅·萨尔基相（Армен Саргсян）。馆址：北京朝阳区塔园南小街9号。电话：010-65325677；传真：65325654。

【同俄罗斯的关系】1992年4月3日建交。2011年，亚与俄罗斯高层交往频繁，两国战略同盟关系进一步深化。1月24日，俄、亚、阿（塞拜疆）三国外长就纳卡问题在莫斯科举行会晤。2月25日，亚总统萨尔基相访俄，与俄总统梅德韦杰夫举行会晤。3月5日，亚总统萨尔基相对俄进行工作访问，并参加在索契举行的俄、亚、阿（塞拜疆）三国总统会晤。4月18～20日，第一届亚—俄地区论坛在亚首都埃里温举行。20日，亚国防部长奥加尼扬与俄罗斯陆军总司令波什特尼科夫上将举行会谈。6月11日，俄、亚、阿（塞拜疆）三国外长就纳卡问题在莫斯科举行会晤。6月24日，俄、亚、阿（塞拜疆）三国总统梅德韦杰夫、萨尔基相、阿利耶夫就纳卡问题在喀山举行会晤。25日，第一届亚俄社会组织联盟大会在埃里温举行。27～29日，全亚大主教加列金二世访问圣彼得堡。7月7日，俄外长拉夫罗夫访亚。7～9日，亚总理萨尔基相赴俄罗斯出席亚—俄经济合作政府间委员会第13次会议。10月4日，亚总统萨尔基相授予俄总统梅德韦杰夫荣誉勋章。14日，亚外长纳尔班江访问莫斯科。18～19日，亚总理萨尔基相访俄。23～25日，亚总统萨尔基相对俄进行国事访问。11月16日，亚国家安全会议秘书巴格达萨良访俄。

【同欧盟的关系】2011年，亚与欧盟关系继续发展。双方在欧盟“东方伙伴关系”计划框架内开展一系列合作。1月，欧盟人权专员阿马博格访亚。2月，欧盟负责南高加索问题代表塞内比访亚。3月，亚外长纳尔班江出席“维谢格拉德集团”外长扩大会议。4月，欧盟扩大邻国政策高级代表富勒访亚。5月，亚美尼亚—欧盟联系国协议谈判第五次会议在埃里温举行。6月，欧盟外交政策俄罗斯、东部邻居和西巴尔干问题负责人莱恰克访亚。9月，欧盟负责高加索和格鲁吉亚危机调节问题的特别代表勒福尔访亚。同月，亚总统萨尔基相出席在波兰举行的欧盟“东方伙伴关系”成员国峰会。10月，亚外长纳尔班江在卢森堡与欧盟委员会内部事务专员马尔姆斯特伦及欧盟成员国内务部长举行会见。11月，亚美尼亚—欧盟议会合作委员会欧方主席查博罗赫访亚。同月，欧洲议会联合会主席韦根访亚。同月，欧盟外交和安全政策高级代表阿什顿访亚。12月，亚总理萨尔基相对布鲁塞尔进行工作访问，并分别与欧盟扩大事务和欧洲邻国政策专员菲勒举行会见。

【同阿塞拜疆的关系】亚阿两国因纳卡冲突尚未建交。2011年，两国就纳卡问题继续保持接触。1月、5月，亚外长纳尔班江、俄外长拉夫罗夫和阿外长马梅季亚罗夫在莫斯科就纳卡问题调解举行会晤。3月、6月，俄总统梅德韦杰夫、亚总统萨尔基相、阿总统阿利耶夫分别在索契、喀山就纳卡问题调解举行会晤，并发表联合声明。5月，亚教育部长阿绍江邀请阿教育部长访问埃里温并出席亚方在博洛尼亚进程框架下举办的一系列活动。

【同土耳其的关系】亚土尚未建立外交关系。2011年，亚土关系正常化进程没有进展。5月，亚总统萨尔基相表示，亚土关系和解只能建立在土耳其承认1915年对亚实行“种族灭绝”的基础上。同月，亚教育部长阿绍江邀请土高等教育委员会主席访问埃里温并出席亚方在博洛尼亚进程框架下举办的一系列活动。10月，亚总统萨尔基相致电土耳其总统居尔，就土地震造成人员伤亡和财产损失表示慰问。11月，亚土商务会议在埃里温召开。

【同格鲁吉亚的关系】1992年7月17日建交。2011年，亚格关系继续发展。1月，格总统萨克什维利访亚，与亚总统萨尔基相举行会谈。2月，格总理吉拉乌利访亚，分别与亚总统、总理举行会见。4月，格外长瓦沙泽访亚。6月，全亚大主教加列金访问格。同月，亚外长纳尔班江访格。8月，亚外长纳尔班江与格外长瓦沙泽在奥地利举行会见。9月，亚格外交部司局级磋商在第比利斯举行。11月，格外长瓦沙泽访亚。11月，亚总统萨尔基相访格。

【同伊朗的关系】1992年2月9日建交。2011年，亚伊关系积极发展，经贸等领域合作不断拓宽。2月，伊朗总统特使、副外长谢尔巴尼访亚，分别与亚总统萨尔基相、外长纳尔班江举行会见、会谈。3月，亚总统萨尔基相出席伊朗纳乌鲁斯节庆祝活动，并会见伊总统艾哈迈迪内贾德。5月，伊朗国防部长列兹·尼亚访亚。同月，第十届亚伊政府间委员会会议在德黑兰举行。6月，亚国家安全会议秘书巴格达萨良访伊。9月，伊朗农业部长访亚。同月，亚外长纳尔班江访伊，分别与伊总统艾哈迈迪内贾德、外长萨利希举行会见。11月，伊外长萨利希访亚，分别与亚总统萨尔基相、外长纳尔班江举行会见。12月，伊朗总统艾哈迈迪内贾德访亚，分别与亚总统、总理举行会见。

【同美国的关系】1992年1月7日建交。2011年，亚美关系发展顺利。1月，亚总统萨尔基相在慕尼黑与美国务卿克林顿举行会见。同月，美副国务卿斯坦伯格访亚。6月，美国务院主管民主、人权和劳工问题的副国务卿迈里安访亚。同月，亚总统萨尔基相与美总统奥巴马就纳卡问题通电话。同月，美国防部负责俄罗斯、乌克兰和欧亚问题的副助理国防部长瓦兰德访亚。9月，亚总统萨尔基相对美进行工作访问，与奥巴马总统举行会见。10月，美国首席军控代表、助理副国务卿高特莫勒访亚。同月。美副国务卿伯恩斯访亚。

【同北约的关系】1994年10月5日，亚加入北约“和平伙伴关系计划”。1997年加入“欧洲—大西洋伙伴关系委员会”。亚制定了“亚美尼亚和北约单独伙伴关系计划”及“扩大欧洲：新邻居具体行动计划”。2011年，亚与北约关系继续发展。3月，亚国防部长奥加尼扬出席在布鲁塞尔举行的参与阿富汗国际维和行动国家国防部长会议。4月，亚外长纳尔班江赴柏林出席北约阿富汗问题扩大会议。6月，北约秘书长负责高加索和中亚问题的特别代表阿帕杜拉伊访亚。亚总统萨尔基相、国家安全会议秘书巴格达萨良、外长纳尔班江、国防部长奥加尼扬分别与阿举行会见。7月，亚外长纳尔班江、国防部长奥加尼扬出席在布鲁塞尔举行的北约28+1会议。

【同西欧国家的关系】2011年，亚与西欧国家关系续有发展。2月，亚总统萨尔基相对德国进行工作访问。同月，亚警察总署署长萨尔基相访问德国。3月，亚外长纳尔班江访问奥地利。同月，亚总理萨尔基相对比利时进行工作访问。4月，英国议会英亚议员友好小组访亚。5月，德国外交部东欧、高加索及中亚问题特别代表弗洛尔访亚。同月，亚外长纳尔班江访问法国。6月，亚总统萨尔基相访问意大利。同月，亚总理萨尔基相对英国进行工作访问。同月，法国国际合作部长兰库尔访亚。7月，亚外长纳尔班江对英国及爱尔兰进行工作访问。同月，法国里昂市长科隆博访亚。9月，法国交通部长马里亚尼访亚、同月，德国联邦议院“德国—南高加索”代表团访亚，同月，亚总理萨尔基相对比利时进行工作访问。同月，亚总统萨尔基相对法国进行正式访问。10月，法国总统萨科齐对亚进行国事访问。同月，意大利参议院代表团访亚。同月，亚外长纳尔班江对德国进行工作访问。11月，亚外长纳尔班江访问荷兰。

（李爽）

也　门

国名　也门共和国（The Republic of Yemen）。

面积　55.5万平方公里。

人口　2360万（2010年）。绝大多数是阿拉伯人。官方语言为阿拉伯语。伊斯兰教为国教，什叶派的宰德教派和逊尼派的沙斐仪教派各占50%。

首都　萨那（Sana'a），人口175万（2010年）。

国家元首　总统阿卜杜拉布·曼苏尔·哈迪（Abdel-Rabbuh Mansour Hadi），2012年2月21日当选。

重要节日　国庆日：5月22日。

简　况

位于阿拉伯半岛西南端。与沙特、阿曼相邻，濒红海、亚丁湾和阿拉伯海，海岸线长1906公里。境内山地和高原地区气候较温和，沙漠地区炎热干燥，年平均最高气温39℃，最低气温-8℃。

也门有3000多年文字记载的历史，是阿拉伯世界古代文明摇篮之一。公元前14世纪建立麦因王朝，16世纪后先后遭葡萄牙、奥斯曼帝国和英国入侵与占领。1918年，建立独立的也门王国。1934年，英国迫使王国承认英对也门南部的占领，也门被正式分割为南、北两方。1962年9月，以阿卜杜拉·萨拉勒为首的"自由军官"组织发动革命，推翻北部的巴德尔王朝，成立阿拉伯也门共和国。1967年，南部也门摆脱英殖民统治获得独立并成立也门民主人民共和国。1990年5月22日，北、南也门宣布统一，成立也门共和国。1994年5月，北、南方领导人在统一等问题上矛盾激化，爆发内战。7月内战结束，也门社会党领导的南方军队失败，该党主要领导人逃亡国外。9月，议会通过宪法修正案，将总统委员会制改为总统制，10月1日萨利赫当选总统。1999年9月，萨在也门统一后的首次全民大选中当选总统。2006年9月，萨再次当选连任。2011年11月，萨利赫签署海合会倡议，将权力移交给副总统哈迪。2012年2月21日，也门举行总统选举，哈迪当选为新一任总统。

政　治

也门实行共和制，人民是权力的来源和主体，通过选举投票直接行使政治权力。也门的政治体制建立在政治多元化和多党制基础之上，通过大选实现政权的和平交替。自2011年初起，因受突尼斯、埃及政局剧变的影响，也门发生反政府示威，要求萨利赫总统下台。政府军和反对派武装持续发生流血冲突，造成千余人伤亡。后经海合会、联合国等有关方面积极斡旋，萨利赫于11月23日在沙特利雅得正式签署海合会倡议，执政党全人大与反对党联盟同时签署该协议实施机制。根据协议，萨利赫将总统权限移交给副总统哈迪；成立全国军事委员会；组成全国和解政府；提前举行总统选举。2012年2月21日，也门举行总统选举，哈迪作为唯一候选人当选新一任总统。目前，也局势总体基本稳定，但安全形势依然严峻，经济重建面临较大困难。

【宪法】1989年11月30日，原北、南方领导人萨利赫和比德在亚丁签署了统一宪法草案。1990年5月21日，双方议会通过了宪法，其中规定，伊斯兰法是也门共和国一切立法之本。2001年再次修改宪法，将总统任期由5年延至7年，并赋予总统解散议会的权力。

【议会和协商会议】议会是国家立法机构，负责制定财政预、决算和经济社会发展大纲等国家大政方针；对政府工作进行指导和监督，议员可以向总理、副总理、各部正副部长提出质询；经1/3议员署名，议会可对政府提出不信任案，如获多数通过，总理须向总统提出政府辞呈；总统作出的解散议会的决定，须在30日内举行全民公决，多数赞成才能生效。本届议会于2003年4月27日经选举产生，任期六年。现议会共有301个席位，其中伊斯兰改革集团46席，社会主义党7席，复兴党2席，纳赛尔主义党3席，独立人士14席）。议长叶海亚·阿里·拉依（Yahia Ali Al-Ra'ai），2008年2月当选。受局势动荡影响，2011年的议会选举未能如期举行。

协商会议的前身是1979年成立的原北也门协商会议，是总统的最高咨询机构，负责研究和讨论同国家最高利益有关的国内外重大问题，无立法权。也门统一后，萨利赫总统于1997年5月19日颁布总统令，宣布成立也门协商会议，并任命了59名委员，2001年协商会议扩大为111人。2011年10月9日，阿卜杜拉赫曼·阿里·奥斯曼当选为协商会议主席。

【政府】2011年12月7日，全国和解政府成立，穆罕默德·萨利姆·巴桑杜（Mohammed Salem Basindawa）任总理。新政府由总理和34名部长组成，全人大和反对党联盟各占17个部长职位。主要成员有外交部长艾布·贝克尔·阿卜杜拉·科尔比（Abu Baker Abdullah Al-Qirbi），国防部长穆罕默德·纳赛尔·艾哈迈德·阿里（Mohammed Nasser Ahmad Ali），石油与矿业部长海沙姆·沙拉夫·阿卜杜拉（Hisham Sharaf Abdulla），内政部长阿卜杜勒—卡迪尔·穆罕默德·卡赫坦（Abdul- kader Mohammed Kahetan）等。

【行政区划】也门有19个省和1个直辖市：萨那、

亚丁、塔兹、拉哈吉、荷台达、阿比洋、伊卜、夏卜瓦、扎马尔、哈达拉毛、哈贾、马哈拉、贝达、萨达、马哈维特、马里卜、焦夫、阿姆兰、达利阿和萨那市。

【司法机构】1991年7月，也门总统委员会宣布成立最高司法委员会，由1名主席和9名委员组成。总统委员会宣布成立最高法院，设最高法院院长、第一副院长和副院长各1名、委员45名。2006年2月，阿萨姆·阿卜杜瓦哈比·穆罕默德·萨马维被任命为最高司法委员会主席兼最高法院院长。

【政党】也门有22个注册政党，主要包括：

（1）全国人民大会（General People's Congress）：执政党。1982年8月成立并召开第一届全国代表大会，通过爱国宪章。下设常务委员会，有成员1000名，其中任命300名，选举产生700名。2005年12月，萨利赫总统在该党七大上连任党主席。大会政治决议强调，该党下阶段的工作重点是，努力改善人权状况，提高人民生活水平，反对腐败，进行财政、金融和司法改革，动员党员积极参加总统、议会和地方选举。2011年，也有关各方签署海合会倡议后，前总统萨利赫仍任党主席，哈迪总统任副主席兼总书记。

（2）伊斯兰改革集团（Islamic Gathering for Reform）：成立于1990年9月。1993年4月也门大选后成为执政党之一。1994年7月也门内战后成为第二大党。成员主要来自部落、商界和宗教界。其基本纲领是"光荣属于真主、真主的使者和信徒"，主张"伊斯兰法为一切法律之本"，"一切事务应通过协商决定"，"在法制、多党、民主框架内建设新也门"。1994年9月召开第一次全国代表大会。1997年4月退出政府，成为在野党。2007年2月，改革集团召开第四次全国代表大会。现任党主席为穆罕默德·阿卜杜拉·亚杜米。

（3）也门社会主义党（the Yemeni Socialist Party）：主要反对党之一，简称"也社党"。其前身为1963年8月9日成立的"被占领的南也门民族解放阵线"，简称"民阵"。1978年10月11日"民阵"召开党代会，宣布成立也门社会主义党。1990年5月，也社党同全人大合作实现了也门统一。1994年5月，两党矛盾激化，爆发内战，也社党败北，成为在野党。1994年9月，也社党选出新的领导机构，阿里·萨利赫·奥贝德当选总书记。1998年11月，奥在该党四大上再次当选。2005年7月，也社党召开五大，亚辛·赛义德·努阿曼当选为总书记。

其他政党还有也门人联盟、也门统一集团、自由人宪政党、阿拉伯复兴社会党等。

2011年，伊斯兰改革集团、也门社会主义党等政党组成反对党联盟。12月，反对党联盟与执政党全人大共同组建全国和解政府联合执政。

【重要人物】阿卜杜拉布·曼苏尔·哈迪：总统。1944年生于阿比洋省。曾在埃及、英国、苏联学习军事，获埃及纳赛尔高等军事学院硕士和苏联伏龙芝军事学院硕士学位。曾任也门民主军队作战训练局局长、供应局局长、后勤事务副总参谋长等职。1986年南也门内战期间逃至北也门。1990年也门统一后任总统委员会顾问。1994年5月任国防部长，同年10月任副总统。1991年加入全国人民大会党，1995年任全国人民大会党副主席，2008年任全国人民代表大会党副主席兼总书记。2012年2月21日，哈迪作为唯一候选人当选也新一任总统。**穆罕默德·萨利姆·巴桑杜：**总理。1935年生于南也门亚丁省。曾在亚丁创办周刊，被英国占领当局逮捕并驱逐，后移居至北也门。1962年当选为"社会主义人民党"领导成员，参加解放南也门的武装斗争。1982年加入全国人民大会党。1990年也门统一后历任外交部长、新闻部长、总统政治顾问。2006年，退出全国人民大会党，成为反政府无党派人士。2011年8月，也反对派成立"和平革命力量全国委员会"，巴任主席。11月27日出任全国和解政府总理。

经　济

也门经济落后，是世界上最不发达的国家之一。1991年海湾战争和1994年内战使国民经济严重倒退。1995年，也门政府开始经济、财政和行政改革。1996～2000年，GDP年均增长5.5%，财政收入逐年增加。2001年财政首次实现盈余。2005年，也政府进一步出台削减燃油补贴、降低进口关税等经济改革措施，力求调整经济结构，改善投资环境，减轻政府财政负担，取得了一定成效，使也经济运行基本平稳，主要经济指标良好。2010年受国际金融危机、油价下跌影响，石油出口收益锐减，外汇储备有所减少，失业率上升，经济增速放缓。2011年初以来政局动荡，经济困境加剧。

也经济发展主要依赖石油出口收入。目前已探明的石油可采储量约40亿桶，已探明天然气储量18.5亿立方英尺。也门未参加任何石油组织，因而不受国际石油组织配额限制，在生产上较具自主性。政府极为重视石油的勘探和开采，通过出口石油、天然气和开放矿产资源克服经济困难。2011年主要经济数据如下：

国内生产总值（GDP）：262亿美元。

人均GDP：1110美元。

经济增长率：−19%。

货币名称：也门里亚尔（RIAL）。

汇率：1美元=214里亚尔。

进出口总额：157.17亿美元。

出口总额：74.55亿美元。

进口总额：82.62亿美元。

外汇储备：46.04亿美元。

【资源】除石油外，也门还有铜、铁、铝、铬、镍、钴、金、银、煤、盐、大理石、硫黄、石油、天然气、石膏等。

【工业】也门工业不发达，有纺织、石油、化工、制铝、制革、水泥、建材、卷烟、食品及加工工业。20世纪80年代中期开始开采石油。南北也门统一后，政府加大对工业投入力度，鼓励私人资本向工业领域投资，建立起一些公私合营和私营加工工业。

【农业】全国有可耕地145万公顷，已耕地面积约137万公顷。农业人口约占全国人口的71%。农产品主要有棉花、咖啡、高粱、谷子、玉米、大麦、豆类、芝麻、卡特和烟叶等。粮食不能自给，一半依靠进口，棉花和咖啡可供出口。

【交通运输】全国无铁路。

公路：总长69263公里，其中柏油路13768公里，非柏油路55495公里。

空运：也门有6个国际机场，分别是萨那、亚丁、塔兹、荷台达、穆卡拉和赛永，7个国内机场。1996年5月，原南、北方的两家国营航空公司合并成立"也门航空公司"，也门政府控股51%，沙特政府占股49%，共有民航飞机约20架，该航空公司有国内航线9条，国际航线24条。另有埃及、约旦、阿联酋、沙特、汉莎等十余家外国航空公司在也经营。

海运：有港口7个。亚丁港是最大港口，有泊位30个，可停靠万吨级货轮。荷台达港年吞吐量150万吨。穆哈港年吞吐量35万吨。此外还有穆卡拉港等。

【财政金融】2011年度财政预算总收入为72.38亿美元，总支出为87.14亿美元，赤字为14.76亿美元。

【对外贸易】实行进口许可证制度。运输工具、机械设备等国内建设所需物资以及大量轻工产品均需进口。出口产品主要有石油、棉花、咖啡、烟叶、香料和海产品等。主要贸易伙伴有中国、美国、阿联酋、意大利、沙特等。近几年进出口情况如下（单位：亿美元）：

	2009	2010	2011
出口额	58.55	75.35	74.55
进口额	78.68	83.50	82.62
差　额	–20.13	–8.15	–8.07

（资料来源：《英国经济季评》）

人民生活

实行免费医疗制度。全国有医院282家，卫生中心1261家，卫生所3309家，药房1420家。全国有出租车92749辆、私家车287948辆，商业运输车422154辆。全国有邮局203所。也门的电话普及率较低，电话线有130万条。

军　事

实行义务兵役制。兵役法规定，年满18岁的男性公民须服役两年。全国分10个军区。总兵力15万人，其中正规军11万人。陆军9万人，其中包括共和国卫队约3万人，是也门装备最精良的部队；海军2800人，有两个海军基地；空军6000人。此外还有中央治安军和警察、海岸警卫队、部落武装和安全局等。也门武器装备90%以上为俄罗斯提供，少数为美国和西方国家提供。

文化教育

【教育】政府重视教育事业发展，全国中小学实行免费教育，并致力于扩大基础、技术、职业教育。有小学和初中9517所（其中宗教小学、初中623所），高中3003所（其中宗教高中615所），公立大学7所，私立大学8所。萨那大学建于1970年，下设9所学院，1个语言中心，在6个地方设有分院。亚丁大学下设9所学院，是一所综合性大学。2005年3月，作为也"基础教育国家战略"的一部分，也政府启动了"发展基础教育项目"，世界银行、荷兰、英国和也门政府分别出资。

【新闻出版】也门统一后，报纸杂志出版量迅速增长，已达90余种，其中政府发行17种，各党派组织13种，独立的报刊39种，还有一些专业性报纸或期刊。《也门时报》、《观察家》等以英文出版，其余多为阿拉伯文版。主要报纸有：《革命报》、《共和国报》、《十月十四日报》、《九月二十六日报》。

也门通讯社（简称萨巴社）为官方通讯社。1990年5月22日也门统一后，由原北也门萨巴通讯社（创建于1968年）和原南也门亚丁通讯社（创建于1970年）合并而成。每日用阿拉伯文和英文对外发稿。在美国、英国、埃及等9个国家及地区设有驻外记者站。

广播电视总公司为新闻部附属机构。下设电视一台（萨那，建于1975年）、电视二台（亚丁，建于1964年）；国营广播一台（萨那，创建于1948年）、国营广播二台（亚丁，创建于1954年）。目前还有私营电视台和一些地方广播电台。

对外关系

也门统一后，政府重申恪守过去北、南双方分别同各国签署的一切协议和国际条约，遵守联合国宪章和阿拉伯国家联盟宪章；奉行和平、不结盟政策；坚持睦邻友好、和平共处、不干涉内政，主张以和平方式解决国与国之间的争端与分歧。近年来，尤其是"科尔号"和"9·11"事件后，也美关系成为也门外交重点，双边互访增多，美对也门经济、军事援助增加。同时，也门还加强了与英、法、德等欧盟国家的关系。也门进一步恢复和发展与海湾国家关系，加强同埃及、沙特和叙利亚等阿拉伯大国的协调，致力于维护阿拉伯国家团结。积极参与区域性组织，努力增强对地区事务的影响。2002年，萨利赫总统倡议成立了"萨那合作集团"，成员包括也门、苏丹、索马里、埃塞俄比亚4国。也门已同100多个国家建立了外交关系。

【对当前重大国际和地区问题的态度】叙利亚问题：谴责针对叙利亚人民的暴力和杀害行为，呼吁叙利亚有关各方立即停止暴力，通过政治对话解决危机，强调叙利亚政府和反对派必须认真执行阿盟部长级会议有关决议，积极配合联合国监督团的工作。

伊拉克问题：坚决支持维护伊拉克的主权和领土完整，反对任何分裂伊的主张。呼吁国际社会有关各方共同努力，避免伊出现教派冲突。认为国际社会应帮助伊渡过难关，推动伊各派展开对话，实现伊的安全与稳定，建立统一、民主、自由、稳定的伊拉克。

中东问题：主张有关各方根据联合国有关决议解决巴以冲突，反对在执行联合国决议时采取双重标准。支持巴勒斯坦人民争取民族权利的合法斗争，支持巴勒斯坦结束被占领和分割的状况，实现难民回归，建立以耶路撒冷为首都的独立的巴勒斯坦国。呼吁巴两派结束内部纷争，面对现实，通过协商和对话实现民族团结。敦促国际社会，特别是安理会常任理事国向以色列施压，使其接受“阿拉伯和平倡议”，积极支持召开中东国际和平会议，以早日实现中东地区全面、公正、持久的和平。

反恐问题：反对一切形式的恐怖主义，支持国际社会的反恐努力，对“基地”组织或其他任何恐怖组织在也门的活动进行严厉打击。认为贫穷、社会不公是滋生恐怖主义的土壤，消除贫困、发展经济和实现公正才是消灭恐怖主义的治本之道，呼吁国际社会在“也门之友”小组框架下向也门提供反恐和发展援助。主张反恐、治恐两手抓，在对恐怖势力重拳打击的同时，要加强教育和疏导，防止宗教极端势力利用伊斯兰极端思想毒害大众。反对将恐怖主义与特定国家、民族和宗教挂钩，主张将巴勒斯坦人民反对以色列占领的合法斗争与恐怖主义严格区分开来，反对反恐扩大化。

伊朗核问题：认为伊朗有和平利用核能的权利，希望有关各方以谈判和对话方式解决伊核问题，反对对伊动武。认为紧张局势的升级将会危害地区和整个世界的和平。主张中东地区无核化。

【同中国的关系】1956年9月24日中国与也门穆塔瓦基利亚王国建立公使级外交关系。1963年2月13日升格为大使级（当时也门已是阿拉伯也门共和国，即北也门）。1968年1月31日中国与也门民主人民共和国（南也门）建立大使级外交关系。1990年也门统一后，两国建交日期定为1956年9月24日。

2011年，中也传统友好合作关系稳步向前发展。2012年5月，外交部副部长翟隽率团出席在沙特利雅得举行的也门之友小组部长级会议，并在会议期间会晤了也门外交部长科尔比。同月，科尔比外长率团出席在突尼斯举行的中阿合作论坛第五届部长级会议。

2011年双边贸易额为42.4亿美元，同比增长5.9%，其中中方出口额11亿美元，同比下降9.8%，进口额31.4亿美元，同比增长12.8%。中国对也出口商品主要是纺织品、机电产品、贱金属、粮油产品等，中国自也进口商品主要是原油。

中国驻也门大使：刘登林。馆址：AL-ZUBEIRI STREE-T，SANA'A，THE REPUBLIC OF YEMEN。邮政信箱：P.O.BOX 482。国家地区号：009671。电话：275337，275339；传真：275341。电子邮箱：CHINAEM_YE@MFA.GOV.CN。网址：http://ye.chineseembassy.org。

也门驻华大使：阿卜杜勒—马利克·苏莱曼·穆罕默德·穆阿里米（Abdulmalek Sulaiman Mohammed Al-Muaalemi）。馆址：北京市朝阳区三里屯东三街5号。电话：010-65321688，65321558；传真：65324305。网址：http://www.embassyofyemen.net。

【同美国的关系】北也门于1948年4月与美建交。1967年“六·五”中东战争时同美断交。1970年复交。1967年12月美与南也门建交。1969年两国断交。1990年复交。美支持也门统一。“9·11”事件后，也门加强了与美在情报等反恐领域的合作，双方签署了《安全合作谅解备忘录》。2005年，也门总统萨利赫访美，美重申支持也门的民主进程。2008年，美主管反恐及安全事务及军方代表团多次访也，就反恐和打击索马里海盗问题与也门磋商。9月，美驻也使馆遭到恐怖袭击。2011年，双方继续加强在安全与反恐领域的合作，美不断提高对也门反恐和安全援助的数额。

【同俄罗斯的关系】1928年苏联承认也门独立。1956年、1967年苏联分别同北、南也门建交。也门统一后，俄罗斯在萨那、亚丁分设使馆和总领事馆。近年来，也俄关系不断发展。2008年，也门外长科尔比访俄；俄联邦议会主席米罗诺夫访也。2009年2月，也门总统萨利赫第五次访俄，分别会见俄总统梅德韦杰夫、总理普京，双方成立也俄最高委员会，并签署10亿美元的军品合同。

【同沙特阿拉伯的关系】1970年北也门与沙特建交。也沙关系直接影响也的经济发展、政局和社会稳定，是也门外交的立足点之一。2000年，也沙长期存在的领土纠纷基本解决。2006年，萨利赫总统两度访沙；沙特王储访也。2008年，也沙关系继续发展。3月，也门总统萨利赫访沙。年内，两国外交、安全、军队等部门领导人互有访问。2009年5月、9月，萨利赫总统两次访沙，就也沙双边关系和反恐与安全合作与沙磋商。2011年11月，在沙特等海合会国家的斡旋下，也有关各方在利雅得签署海合会倡议及其实施机制。2012年5月，也门之友小组部长级会议在利雅得召开。

【同其他海湾国家及海湾合作委员会的关系】1999年，也门与科威特恢复互派大使，两国关系实现正常化。2009年1月，萨利赫总统赴科出席阿拉伯社会经济发展峰会。2月，科威特副首相兼外交大臣访也，出席也科第一届部长级混委会，双方共同签署旅游、安全、经济与技术合作等7个合作议定书。2001年，海湾合作委员会（GCC）第22届首脑会议决定接受也门参加GCC下属的卫生、教育、劳动与社会事务等专项委员会的活动。2003年，也门第一次以正式身份参加了GCC上述专项委员会会议。2004年，也门同阿曼边界问题基本解决。2005年，GCC秘书长访也，主动邀也门加入海湾自由贸易区。也门表示愿接受任何可最终完全加入GCC的改造计划。2008年12月，GCC第29届首脑会议通过决议，同意也门加入GCC下属组织审计委员会、标准化机构、工业咨询机构和海湾电视、电台协会四个机构，使也门加入GCC外围组织的数量达到8个。2011年，也门与海湾国家关系发展良好，以沙特为首的海合会积极支持也门政治过渡和经济重建进程，提出并促成也门有关各方签署了海合会倡议。（秦亦峰）

伊　拉　克

国名　伊拉克共和国（The Republic of Iraq）。

面积　44.18万平方公里。

人口　约3164万。其中阿拉伯民族约占78%（什叶派约占60%，逊尼派约占18%），库尔德族约占18%，其余为土库曼族、亚美尼亚族等。官方语言为阿拉伯语和库尔德语，通用英语。居民中95%以上信奉伊斯兰教，少数人信奉基督教等其他宗教。

首都　巴格达（Baghdad），人口约800万（2010年）。

国家元首　总统贾拉勒·塔拉巴尼（Jalal TALABANI），2006年4月当选，2011年11月连任。

简　况

位于亚洲西南部，阿拉伯半岛东北部。北接土耳其，东临伊朗，西毗叙利亚、约旦，南接沙特、科威特，东南濒波斯湾。幼发拉底河和底格里斯河自西北向东南流贯全境。海岸线长60公里。除东北部山区外，属热带沙漠气候。7、8月气温最高，日平均气温24℃～43℃，1月气温最低，日平均气温4℃～16℃，6～9月降雨最少，月平均降雨量1毫米，3月降雨最多，月平均降雨量28毫米。

伊拉克所处的底格里斯河、幼发拉底河两河流域具有悠久的文明。公元前3000年中叶，两河流域最早的居民苏美尔人创造楔形文字、60进制计数法和圆周分割率。此后，伊拉克经历了古巴比伦王国、亚述帝国、后巴比伦王国、波斯、塞琉西（中国史称条支）、安息、波斯萨珊王朝统治。7世纪，阿拉伯帝国兴起，并迅速占领两河流域，先后建立倭马亚王朝（中国史称白衣大食）和阿拔斯王朝（中国史称黑衣大食），其中阿拔斯王朝定都巴格达。1258年，成吉思汗之孙旭烈兀攻占巴格达，受封以波斯和小亚细亚为中心建立伊儿汗国，辖区包括今伊拉克。1534年起，奥斯曼帝国开始统治两河流域，直到第一次世界大战期间。

1920年，伊拉克沦为英国的“委任统治地”。1921年，英国人从麦加哈希姆王室中选送费萨尔到巴格达建立费萨尔王朝。第二次世界大战后，伊拉克与土耳其于1955年2月23日签订“伊土条约”，随后英国、巴基斯坦和伊朗加入，组成巴格达防御条约组织。1958年，以卡塞姆为首的自由军官集团发动军事政变，推翻费萨尔王朝，宣布成立伊拉克共和国。

1968年，复兴党政变上台。1979年，萨达姆全面接管政权。1980年，历时8年的两伊战争爆发。1990年8月2日，伊拉克入侵并吞并科威特，由此引发海湾战争。此后，联合国对伊实施了近13年制裁。

2003年3月20日，伊拉克战争爆发。4月9日，美军攻占巴格达，萨达姆政权被推翻。5月1日，美国总统布什宣布伊拉克主要战事结束。2008年12月，美伊双方签署《美伊友好合作战略框架协议》和《驻伊美军地位协议》，并于2009年1月起生效。2009年6月，驻伊美军撤离伊主要城镇，8月31日撤出在伊作战部队，并将驻伊美军人数减至5万人。2011年年底，美国从伊拉克撤出全部作战部队。

政　治

2003年7月，美驻伊当局任命25名伊各派人士组成伊临时管理委员会（简称临管会）。2004年6月，伊临时政府成立。6月8日，联合国安理会一致通过第1546号决议，决定全面恢复伊主权，结束对伊占领。2005年12月，伊拉克选举产生战后首届正式议会。2010年3月，伊举行战后第二次全国议会选举。11月11日，伊议会选举库尔德族人士塔拉巴尼任总统，逊尼派人士努贾伊菲（Osama Al-nujaifi）任议长。12月11日，以什叶派人士努里·马利基（Nuri Al-Maliki）为总理的新内阁宣誓就职。2011年12月，马利基政府以“涉嫌领导恐怖活动”为由对逊尼派“伊拉克名单”领导人、副总统哈希米（Tariq al-Hashimi）下达逮捕令并进行缺席审判。

【宪法】2005年8月底，伊出台永久宪法草案，并在10月举行的全民公决中获得通过。该宪法规定，伊拉克实行联邦制，石油资源归全体人民所有，萨达姆集团分子不得参政。但伊各派在国家生活中的地位、联邦制、资源分配等问题上尚存在争议。

【议会】2010年3月，伊拉克举行第二次全国议会选举，共有325个席位，任期四年。前总理阿拉维领导的“伊拉克名单”获91席，现任总理马利基领导的“法治国家联盟”获89席，伊斯兰最高委员会领导的“伊拉克国家联盟”获70席，其余席位由其他派别获得。逊尼派人士努贾伊菲任议长。

【政府】本届政府于2010年12月11日成立，多党联合执政，由47人组成，包括总理、3名副总理、24

名部长和16名国务部长，其中内政、国防和国家安全3个部长职位空缺。主要成员有：总理努里·马利基，外交部长霍希亚尔·兹巴里（Hoshyar Zebari），石油部长阿卜杜勒卡里姆·巴希德（Abdul Karim Bahidh），财政部长拉菲阿·伊萨维（Rafia al-Issawi），贸易部长海腊拉·哈桑（Khairallah Hassan），文化部长兼代理国防部长萨顿·杜莱米（Sutton Duraimi）等。

【行政区划】全国共分18个省：巴格达、尼尼微、巴士拉、巴比伦、穆萨纳、纳杰夫、安巴尔、瓦西特、迈桑、济加尔、卡迪西亚、卡尔巴拉、迪亚拉、萨拉赫丁、塔米姆、苏莱曼尼亚、埃尔比勒、代胡克。

【政党】（1）伊拉克名单（Iraqiya coalition）：由伊拉克民族和谐运动、伊拉克全国对话阵线、革新党等党团组成的跨教派世俗政治联盟，领导人为前总理阿拉维（Ayad Allawi）。

（2）法治国家联盟（State of Law coalition）：包括35个政治团体，以伊斯兰达瓦党为骨干力量，强调其世俗性和民族性，领导人为现任总理、达瓦党主席马利基。

（3）伊拉克国家联盟（National Alliance）：以什叶派政治组织为主体，由伊斯兰最高委员会、萨德尔运动等30个政治团体组成，核心人物为伊斯兰最高委员会领导人哈基姆（Ammar al-Hakim）和民族改革运动领导人贾法里（Ibrahim al-Jafari）。

（4）库尔德联盟（Kurdistan Alliance）：主要由库民党、库爱盟等库尔德人政党及土库曼自由者组织等13个政治团体组成，核心人物为现任总统塔拉巴尼和库区自治政府主席巴尔扎尼（Massoud Barzani）。

【重要人物】贾拉勒·塔拉巴尼：总统。1933年生，库尔德族。毕业于巴格达大学法律系。1947年加入伊拉克库尔德民主党。1975年创建伊拉克库尔德斯坦爱国联盟并任主席。1988年倡议成立由库尔德各派组成的伊拉克库尔德斯坦阵线。2003年7月出任伊拉克临时管理委员会成员，并当选为9名领导成员之一。2005年4月当选伊拉克过渡政府总统。2006年4月当选伊拉克总统，2010年11月连任。曾于1955年8月、2003年8月和2007年6月访华。已婚，有二子。 **努里·马利基**：总理。1950年生，什叶派。萨拉丁大学阿拉伯语硕士。早年加入什叶派政党“达瓦党”。长期流亡国外，2003年返伊，先后担任“清除复兴党成员委员会”副主席、过渡议会议员、过渡议会国防及安全委员会主席、什叶派政党联盟“团结联盟”发言人等职务。2007年4月当选达瓦党主席。2006年5月就任伊战后首届正式政府总理，2010年12月连任。已婚，有一子四女。

经　济

伊拉克战争后，经济重建任务繁重。联合国安理会于2003年5月通过第1483号决议，取消对伊除武器禁运以外的所有经济制裁。伊重建重点是恢复和发展能源、教育、卫生、就业、供电、供水、食品等领域。2010年，伊政府制定了2010～2014年2850亿美元的发展规划。但由于安全局势不稳，基础设施严重损毁，伊拉克经济重建进展缓慢。2011年主要经济数据如下（资料来源：《经济季评》2011年度报告估计数字）：

国内生产总值（GDP）：1571亿美元。

人均GDP：4965美元。

经济增长率：8.2%。

货币名称：新伊拉克第纳尔（NID）。

汇率：1美元＝1170第纳尔。

通货膨胀率：2.4%（2010年）。

出口总额：828亿美元。

进口总额：539亿美元。

外汇储备：590亿美元。

【资源】石油、天然气资源丰富。伊探明石油储量达1431亿桶，居世界第二位。天然气储量约3.17万亿立方米，居世界第十位。磷酸盐储量约100亿吨。

【工业】伊拉克石油生产和出口在国民经济中始终处于主导地位。据国际货币基金组织估计，石油生产和出口约占伊国内生产总值的75%。伊拉克战争结束后，石油生产逐渐恢复，但受安全局势影响，恢复速度缓慢。伊迄今已举行三轮国际石油招标。2010年9月，伊拉克举行第三轮国际招标，主要集中在气田领域。2011年，伊拉克平均日产石油约280万桶，日出口量约220万桶。

【农业】可耕地面积占国土总面积的27.6%，农业用地严重依赖地表水，主要集中在底格里斯河和幼发拉底河之间的美索不达米亚平原。农业人口占全国总人口的1/3。主要农作物有小麦、大麦和椰枣等，粮食不能自给。

【旅游业】主要旅游点有乌尔城（公元前2060年）遗址、亚述帝国（公元前910年）遗迹和哈特尔城遗址（俗名“太阳城”），位于巴格达西南90公里处的巴比伦是世界著名的古城遗址，“空中花园”被列为古代世界七大奇迹之一。

【交通运输】国内交通运输以公路为主。公路网遍布全国，总长3.97万公里，其中高速公路约2000公里，多数建于1991年之前。海湾战争中伊拉克公路受严重破坏，战后多数得到修复。2003年爆发的伊拉克战争战时不长，没有给伊公路网络造成巨大损毁。但后期反美、反驻伊联军的武装袭击破坏了部分道路，特别是巴格达往西通往约旦边境的高速公路。

铁路：总长约2027公里，主要有以巴格达为中心的三条干线：巴格达—基尔库克—埃尔比勒线，巴格达—摩苏尔—土耳其线，以及前苏联援建的巴格达—乌姆盖斯尔港线。2000年8月，伊叙之间的铁路恢复通车。2001年7月，伊土（耳其）20年来首次开放铁路运输业务。

水运：内河航线总长1015公里，主要有底格里斯河、幼发拉底河和夏台阿拉伯河及人工运河（萨达姆河）等部分水道。主要港口有乌姆盖斯尔港和贝克尔港，贝克尔港为大型输油港，年输油能力84万吨。2003年伊拉克战争结束后，乌姆盖斯尔港被立即用于接收国际人道主义救援物资。同年6月，该港向商船开放。

航空：巴格达和巴士拉有国际机场，埃尔比勒、基尔库克、摩苏尔有较小的民用机场。伊民航业务因战争曾长期中断。目前伊拉克航空公司只开通了巴格达到安曼、开罗、贝鲁特、大马士革、迪拜的国际航线和到苏莱曼尼亚、埃尔比勒和巴士拉的国内航班。为提高运力，伊内阁已批准拨款50亿美元，从美波音公司购买40架新飞机（2015年交付）。

【财政金融】2004年底伊外债总额约917亿美元。为减轻伊重建负担，美国决定免除伊全部债务，并游说伊各主要债权国减债。2004年11月，巴黎俱乐部伊债权国决定减免伊欠债务的80%（约311亿美元）。2008年2月，俄宣布将免除伊欠其129亿美元总债务的93%。2011年底，伊外债总额约为508亿美元。

【对外贸易】联合国制裁期间，伊拉克仅被允许在“石油换食品”计划内对外出口原油。随着2003年安理会第1483号决议取消除武器禁运以外的所有制裁，伊拉克的农产品也可向外出口。由于伊拉克国内工业部门不健全，多数生产资料和生活用品需要进口。伊拉克战争后，伊拉克临时管理委员会颁布了《鼓励外国投资法》，实行开放的外贸政策，并决定对大部分进口商品免征关税。近年外贸进出口情况如下（单位：亿美元）：

	2009	2010	2011
出口额	409	481	828
进口额	358	411	539

【外国援助】2003年10月，联合国在西班牙马德里召开伊拉克重建国际捐助国会议，与会各方共向伊拉克重建认捐约330亿美元。2004年5月，在卡塔尔多哈举行的国际援助会议上，捐助国同意再向伊重建基金捐赠10亿美元。2006年，伊拉克新政府与联合国共同发起“伊拉克国际契约”，期待各方通过这一平台向伊拉克战后重建提供帮助。2007年5月，“伊拉克国际契约”成立大会在埃及沙姆沙伊赫召开。2008年5月，“伊拉克国际契约”第一次年度评审会议在瑞典斯德哥尔摩召开。

人民生活

由于20世纪70年代石油收入增长，伊拉克在城乡建立了比较健全的医疗系统，人民生活也有较大幅度提高。海湾战争后，人民生活水平急剧下降。伊拉克战争后，由于经济重建进展较为缓慢，安全局势恶化，人民生活水平提升仍相当缓慢。2011年，伊拉克还有22%人口生活在贫困线（每天2美元）以下，供电能力只有需求的一半，还有20%的地方没有通自来水。

军　事

海湾战争期间，伊拉克大部分军事工业和设施被摧毁。战后，联合国通过销毁伊大规模杀伤性武器的决议。在联合国的监督下，伊拉克销毁了一些导弹、生化武器和核设施等。由于联合国制裁，伊军队武器装备供给不足，战斗力严重下滑。2003年3月伊拉克战争爆发，伊拉克军队被彻底击溃。战争结束后，伊军被解散。

新组建的伊拉克安全部队实行募兵制，包括军队和警察，分别隶属国防部和内政部。截至2011年5月，伊安全部队共有约76.5万人。2011年底，美撤出全部作战部队，伊安全部队全面接管国内安全事务。

军　事

【教育】教育在伊拉克政府发展计划中占有重要地位，并建立了巴格达、巴士拉、摩苏尔等大学。但由于两伊战争、海湾战争以及联合国长期制裁，伊拉克教育状况每况愈下。伊实施6年制义务教育，适龄儿童小学入学率为98%，但中等和高等院校入学率仅为45%和15%。成人识字率为74.1%。全国共有20所大学和44所专科院校。

对外关系

自海湾危机爆发至2003年伊拉克战争爆发前，联合国安理会先后通过63个有关伊拉克问题的决议，对伊实行经济制裁和武器禁运，伊对外处境孤立。

伊拉克战争爆发后，伊政府着力恢复与各国，尤其是大国和周边国家的外交关系，并逐步获得外界的承认和支持。目前，伊拉克已与近80个国家恢复或建立了外交关系，并恢复了在阿拉伯国家联盟、伊斯兰会议组织、联合国机构、国际货币基金组织、石油输出国组织等地区和国际组织内的活动。2010年12月，联合国安理会通过决议，取消根据《联合国宪章》第七章对伊拉克在大规模杀伤性武器、导弹和民用核活动领域的制裁，结束“石油换食品”（Oil-for-Food）计划。

【同中国的关系】1958年8月25日中伊建交以来，两国关系发展顺利。1990年海湾危机爆发后，中国根据联合国有关决议中止了与伊的经贸、军事往来。海湾战争后，中国根据安理会“石油换食品”计划与伊拉克进行了一些经贸交往。

2003年，伊拉克战争爆发，中伊双边关系受到影响。战后，中伊关系实现平稳过渡和发展。2003年10月，在西班牙马德里举行的伊拉克重建捐助国会议上，中国宣布向伊拉克重建提供2500万美元人道主义援助。2004年7月，中国驻伊拉克使馆复馆，10月，两国互派大使。

伊拉克战争后，伊拉克库尔德斯坦爱国联盟主席、伊拉克临时管理委员会领导机构成员贾拉勒·塔拉巴尼（2003年8月）、临时管理委员会轮值主席欧鲁姆（2004年3月）、临时政府副总统沙维斯（2005年1

月）、总统塔拉巴尼（2007年6月）等先后访华。

2007年6月，中伊外交部建立政治磋商机制。2008年1月，伊拉克副外长阿巴维访华，并举行两国外交部首次政治磋商。

2011年，中伊关系继续平稳发展。2月，外交部副部长翟隽访问伊拉克，分别会见了伊拉克总统塔拉巴尼、总理马利基、外长兹巴里，与伊拉克副外长阿巴维举行两国外交部第二轮政治磋商。7月，伊拉克总理马利基来华进行正式访问，胡锦涛主席会见，温家宝总理与马利基举行了会谈，并出席了双边有关合作文件的签字仪式。2012年5月，外交部部长助理马朝旭率团出席在巴格达举行伊朗核问题对话会，并在会议期间会晤了伊拉克外长兹巴里。

2011年，伊拉克是中国在阿拉伯国家的第四大贸易伙伴，双边贸易额达142.7亿美元，同比增长44.7%。中国从伊进口原油1377.4万吨，同比增长22.6%。

中国驻伊拉克大使：倪坚。馆址：AL-MANSOUR HOTEL SALHIYAH，BAGHDAD。邮政信箱：P.O.BOX 8020，BAGHDAD，IRAQ。国家地区号：00964。电话：7901912315，7901912305。电子邮箱：chinaemb_iq@mfa.gov.cn。

伊拉克驻华大使：阿卜杜勒·凯里姆·哈希姆·穆斯塔法（ABDUL-KARIM HASHIM MUSTAFA）。馆址：北京市朝阳区建国门外秀水北街25号。电话：010-65323385，65321873。网址：http://www.iraqembassy.cn。

【同美国的关系】1967年中东战争后伊美断交。两伊战争爆发后，两国于1984年11月复交。1990年8月海湾危机爆发后，美反对伊吞并科威特，组成以美为首的多国部队对伊发动海湾战争，以武力恢复了科的主权和独立。1991年2月伊宣布与美断交。2003年，美以伊拥有大规模杀伤性武器为由发动伊拉克战争，萨达姆政权随即被推翻。战后，伊重视发展同美国关系。2008年12月，美伊签署《美伊友好合作战略框架协议》和《驻伊美军地位协议》，并于2009年1月起生效。协议规定，建立和发展美伊政治、经济、文化、安全等领域长期友好合作关系；驻伊美军最迟2011年底前全部撤离。2009年6月，驻伊美军完成第一阶段撤军，将伊城镇防务权转交伊方。2010年8月31日，驻伊美军完成第二阶段撤军，从而完成全部作战任务，剩下近5万人作为伊军顾问和执行其他任务。2011年底，驻伊美军撤出全部作战部队。

【同伊朗的关系】1980年，历时8年的两伊战争爆发。战后，两伊处于敌对状态。海湾危机发生后，1990年10月两伊恢复外交关系，两国关系随即改善。伊拉克战争结束后，两伊关系平稳发展。2008年3月，伊朗总统艾哈迈迪内贾德率外交、能源、贸易和财政等多位部长访问伊拉克，双方签署金融、贸易、电力、交通、工业等领域多项合作协议和谅解备忘录，伊朗向伊拉克提供10亿美元贷款，用于伊朗公司在伊拉克开展重建项目。2009年1月，伊拉克总理马利基访问伊朗，会见伊朗总统艾哈迈迪内贾德和精神领袖哈梅内伊，双方就扩大双边贸易、加强能源和基础建设领域合作进行了会谈。2月，伊拉克总统塔拉巴尼和副总统马赫迪访问伊朗，双方签署了涉及工矿业、电力、经贸、外交官培训、住房等多个领域的合作备忘录和协议。2011年1月，伊朗外长萨利希访问伊拉克，会见伊总理马利基，与伊外长兹巴里举行会谈。2012年4月，伊拉克总理马利基访问伊朗，会见伊最高领袖哈梅内伊、总统艾哈迈迪内贾德，双方举行了经济联合委员会会议，并签署了多领域合作协议。2012年5月，伊朗核问题对话会在伊拉克巴格达举行。

【同阿拉伯国家的关系】伊拉克战争前，阿拉伯国家普遍要求政治解决伊问题，反对对伊动武。伊拉克战争结束后，阿拉伯国家主张维护伊的独立、主权和领土完整，支持伊经济重建，呼吁伊民族和解。伊寻求同阿拉伯国家开展合作，为国内稳定创造良好的外部环境，并呼吁阿拉伯国家减免其所欠债务。2012年3月第23届阿盟首脑会议在伊拉克首都巴格达召开，共有包括10国元首在内的21个阿拉伯国家代表团与会。此次会议是自海湾战争结束以来伊拉克第一次举办阿盟峰会。 （秦亦峰）

伊　朗

国名　伊朗伊斯兰共和国（The Islamic Republic of Iran）。

面积　164.5万平方公里。

人口　7510万，人口增长率为1.5%（2011年）。人口比较集中的省份有德黑兰、伊斯法罕、法尔斯、霍拉桑和东阿塞拜疆。全国人口中波斯人占66%，阿塞拜疆人占25%，库尔德人占5%，其余为阿拉伯、土库曼等少数民族。城镇人口占总人口71.8%，农村人口占28.2%，外籍人士占总人口2.3%。官方语言为波斯语。伊斯兰教为国教，98.8%的居民信奉伊斯兰教，其中91%为什叶派，7.8%为逊尼派。

首都　德黑兰（Tehran），人口1300万，平均海拔1220米。年气温最高的月份为7月，平均最低和最高气温分别为22℃和37℃；年气温最低的月份为1月，平均最低和最高气温分别为3℃和7℃。

领袖　赛义德·阿里·哈梅内伊（Seyyed Ali Khamenei），1989年6月4日当选。

国家元首　总统马哈茂德·艾哈迈迪内贾德（Mahmoud Ahmadinejad），2005年6月当选，2009年6月成功连任。

重要节日　伊斯兰革命胜利日：2月11日；伊历新年：3月21日；伊斯兰共和国日：4月1日。

简　况

位于亚洲西南部，同土库曼斯坦、阿塞拜疆、亚美尼亚、土耳其、伊拉克、巴基斯坦和阿富汗相邻，南濒波斯湾和阿曼湾，北隔里海与俄罗斯和哈萨克斯坦相望，素有“欧亚陆桥”和“东西方空中走廊”之称。海岸线长2700公里。境内多高原，东部为盆地和沙漠。属大陆性气候，冬冷夏热，大部分地区干燥少雨。

伊朗是具有五千年历史的文明古国，史称波斯。公元前6世纪，古波斯帝国盛极一时。公元7世纪以后，阿拉伯人、突厥人、蒙古人、阿富汗人先后侵入并统治伊朗。18世纪后期，伊朗东北部的土库曼人恺伽部落统一伊朗，建立恺伽王朝。19世纪以后，伊朗沦为英、俄的半殖民地。1925年，巴列维王朝建立。1978～1979年，霍梅尼领导伊斯兰革命，推翻巴列维王朝。1979年2月11日，霍正式掌权，并于4月1日建立伊斯兰共和国，霍成为伊朗革命领袖。

政　治

霍梅尼执政后，实行政教合一制度，推行全盘伊斯兰化。1989年6月3日霍病逝，时任总统哈梅内伊继任领袖。7月28日，时任议长拉夫桑贾尼当选总统。1993年6月11日，拉夫桑贾尼连任总统。1997年5月，伊总统文化事务顾问、前文化和伊斯兰指导部长哈塔米当选总统，并于2001年6月获选连任。2005年6月，原德黑兰市长艾哈迈迪内贾德当选总统，2009年6月连任。

2009年总统大选结果公布后，落选的前总理穆萨维指责投票过程存在舞弊，向领袖提出申诉，要求取消选举结果。穆的支持者在德黑兰举行抗议示威，与艾哈迈迪内贾德的支持者发生冲突，引发骚乱，造成伤亡。在领袖干预下，局势渐趋平静，反对派领导人穆萨维和卡鲁比均被当局控制。2011年2月，受西亚北非局势动荡影响，伊反对派再次发起示威游行，但规模较小，影响有限，伊政局总体稳定。同年3月，伊第四届领袖专家会议召开，经投票选举，阿亚图拉梅赫迪卡尼当选新任主席，前主席拉夫桑贾尼并未参选。2012年3月，伊朗举行第九届议会选举。

【宪法】伊斯兰革命后于1979年12月颁布第一部宪法，规定伊实行政教合一制度。1989年4月对宪法进行部分修改，突出伊斯兰信仰、体制、教规、共和制及最高领袖的绝对权力不容更改。同年7月，哈梅内伊正式批准经全民投票通过的新宪法。

【议会】伊斯兰议会是伊最高国家立法机构，实行一院制。议员由选民直接选举产生，任期四年。从2000年6月第六届议会开始，议席由过去的270个增加到290个。议会设有主席团和12个专门委员会。主席团由议长、两名副议长、三名干事、六名秘书共12人组成，主要负责制订会议议程、起草会议文件等工作，任期一年，任满后由议员投票改选，可连选连任。第九届议会于2012年5月成立，拉里贾尼（Ali Larijani）再次当选议长。

【政府】实行总统内阁制。总统是国家元首，也是政府首脑，可授权第一副总统掌管内阁日常工作，并有权任命数名副总统，协助主管其他专门事务。现任副总统有：第一副总统穆罕默德·礼萨·拉希米（Muhammad Reza Rahimi），负责执行事务副总统哈米德·巴高伊（Hamid Baghayi），负责国际事务的副总统阿里·赛义德鲁（Ali Saeedlu），副总统兼国家计划和管理组织主席易布拉希姆·阿齐兹（Ibrahim Azizi），负责法律事务副总统法提梅·巴达基（Fatemeh Badaghi），负责议会事务副总统萨义德·利萨·米尔塔吉·阿尔蒂尼（Saeed Reza Mirtaj Aldini），副总统兼国家原子能机构主席法里冬·阿巴西（Faridon Abbasi），副总统兼环保组织主席穆罕默德·贾瓦德·穆罕默迪扎德（Muhammad Javad Mohammadi），副总统兼文化遗产、手工业和旅游组织主席鲁胡拉·艾哈迈德扎德·克尔曼尼（Roholah Ahmadzadeh Kermani），负责人力资源和发展管理事务副总统陆特夫阿拉·伏鲁赞德·德赫卡尔迪（Lutfollah Forouzandeh Dehkordi），负责科技事务副总统纳斯琳·苏尔坦哈赫（Nasrin Sultankhah），副总统兼青年组织主席土尔克斯坦尼（Turkestani），副总统兼烈士基金会主席马斯乌德·扎里巴方（Masoud Zaribafan）。本届内阁于2009年9月成立，主要内阁部长有：外交部长阿里阿克巴尔·萨利希（Ali Akbar Salehi），石油部长鲁斯塔姆·加塞米（Rostam Ghasemi），内政部长穆斯塔法·穆罕默德·纳贾尔（Mostafa Mohammed Najjar），国防部长艾哈迈德·瓦希迪（Ahmad Vahidi），工矿及贸易部长迈赫迪·加赞法里（Mehdi Ghazanfari），财经部长赛义德·沙姆斯阿拉丁·侯赛尼（Seyed Shamseddin Hosseini），农业圣战部长萨达格·哈利利安（Sadegh Khalilian），文化和伊斯兰指导部长赛义德·穆罕默德·侯赛尼（Seyed Mohammad Hosseini），能源部长马基德·纳姆朱（Majid Namjou），劳工和社会事务部长阿卜杜礼萨·谢赫伊斯兰米（Abdulreza Sheikholeslami），交通与信息部长礼萨·塔基普尔（Reza Taghipour），情报部长哈达尔·穆斯莱赫（Haidar Moslehi），卫生部长马尔扎赫·瓦希德·达斯特杰尔迪（Marzieh Vahid Dastjerdi），司法部长赛义德·莫尔塔扎·巴赫提亚里（Seyed Morteza Bakhtiari），科技部长卡马兰·达奈什朱（Kamran Daneshjoo），道路与城市建设部长阿里·尼克扎德（Ali Nikzad），教育部长哈米德·礼萨·哈吉巴巴伊（Hamid Reza Hajibabai），体育和青年事务部长穆罕默德·阿巴斯伊（Mohammad Abbassi）。

【行政区划】全国共有31个省。

【司法机构】司法总监是国家司法最高首脑，由领袖任命，任期五年。最高法院院长和总检察长由司法总监任命，任期五年。司法部长由司法总监推荐，总统任命，议会批准，负责协调行政权与司法权的关系。在司法总监领导下，还设有行政公正法庭和国家监察总局，分别审理民众对政府机关的诉讼和监督国家机关的工作。现任司法总监萨迪格·拉里贾尼（Sadegh Larijani）（2009年8月任命），最高法院院长侯赛因·穆菲德（Hossein Mofide），总检察长古尔班阿里·达里·纳杰夫阿巴迪（Ghorban Ali Dali Najef-Abadi）。

【确定国家利益委员会】1988年3月17日成立，1989年7月经宪法确认。主要职责是为领袖制定国家大政方针出谋划策，协助领袖监督、实施各项大政方针，当议会和宪法监护委员会就议案发生分歧时进行仲裁。现任主席为阿克巴尔·哈什米·拉夫桑贾尼（Akbar Hashemi Rafsanjani）。

【宪法监护委员会】由12人组成，其中6名宗教法学家由领袖直接任命，另6名普通法学家由司法总监在法学家中挑选并向议会推荐，议会投票通过后就任，任期六年。主要负责监督专家会议、总统和伊斯兰议会选举及公民投票，批准议员资格书和解释宪法；审议和确认议会通过的议案，裁定是否与伊斯兰教义和宪法相抵触，如有抵触则退回议会重新审议和修改。如与议会就议案发生争议且无法解决，则提交确定国家利益委员会进行仲裁。现任主席阿亚图拉艾哈迈德·贾纳提（Ahmad Janati）。

【政党】伊政党萌芽于现代立宪运动时期（即1905～1911年）。20世纪60年代初，巴列维国王为缓和国内矛盾、显示民主，开始实行多党制，新伊朗党、国民党等相继成立。1975年，巴列维为加强王室统治，宣布实行一党制，成立伊斯兰民族复兴党，下令取缔国内其他政党。1978年反国王独裁运动兴起，巴列维被迫取消一党制，恢复被取消政党合法地位。1988年12月，伊颁布政党法，宣布准许政党活动，但要遵守三项基本原则，即伊斯兰法、宗教最高权威和伊斯兰共和制度。1989～1997年间在伊内政部注册的政党共39个。截至2008年底，注册政党约200个，按不同政治主张大致划分为保守派与改革派。其中保守派代表政党有伊斯兰联合党、战斗的宗教人士协会等；改革派政党有伊斯兰参与阵线党、建设公仆党、国家信任党等。2009年总统大选引发社会骚乱和冲突后，保守派当局逮捕大批改革派人士，并下令取缔参与阵线党、国家信任党等改革派政党，致使改革派阵营遭受重挫。

【重要人物】赛义德·阿里·哈梅内伊：领袖。1939年生于伊东部圣城马什哈德。1958年赴库姆神学院学习。1963年后因参加反国王活动多次被捕并被流放。1979年伊斯兰革命胜利后，历任革命委员会成员、国防部副部长、革命卫队司令、德黑兰市教长、伊斯兰共和党书记、最高国防委员会主席、总统等职，1989年6月霍梅尼逝世后继任领袖，兼武装力量总司令。曾于1989年5月以总统身份访华。已婚，有六个子女。　**马哈茂德·艾哈迈迪内贾德：**总统。1956年出生。1975年考入德黑兰工业科技大学工程系攻读学士学位。1986年攻读硕士学位。1997年获交通运输工程博士学位。早年积极参加反对巴列维政权的政治活动。1979年伊朗伊斯兰革命胜利后，参与创建大学生伊斯兰协会。两伊战争期间，曾先后在革命卫队后勤部和特种兵旅服役，并赴前线作战。1993～1997年任阿尔达比尔省省长。1997～2003年在德黑兰工业科技大学任教。2003年起任德黑兰市长。2005年6月25日当选伊朗第九届总统，8月3日正式就职，任期四年。2009年6月13日，艾在第十届总统选举中成功连任，8月5日宣誓就职。　**阿克巴尔·哈什米·拉夫桑贾尼：**确定国家利益委员会主席。1934年出生。20世纪60年代起从事反国王活动，多次被捕。1979年伊斯兰革命胜利后，先后担任革命委员会成员、内务部长等职。1980年7月当选为议长。1981年被任命为霍梅尼驻最高国防委员会的代表。1983年7月当选为负责霍梅尼身后选定继承人的“专家会议”副主席。1988年6月被霍梅尼任命为武装部队代总司令兼德黑兰市临时教长。1989年7月28日当选为总统，1993年6月获选连任。1997年3月17日，哈梅内伊任命拉夫桑贾尼为确定国家利益委员会主席。2006年12月当选为第四届专家会议委员。2007年2月，继续担任新一届确定国家利益委员会主席；9月，在专家会议大会上当选为主席。2011年3月卸任专家会议主席一职。曾于1985年6月和1992年9月两次访华。已婚，有三子二女。　**阿里·拉里贾尼：**议长。1957年出生。德黑兰大学西方哲学博士。历任伊朗国家声像组织主席、文化和伊斯兰指导部部长等职。2005年8月至2008年3月任伊朗最高国家安全委员会秘书、确定国家利益委员会和文化革命最高委员会成员，同时负责伊朗核问题对外谈判。2008年3月当选议长，2012年5月再次当选。拉曾于2006年1月和2007年1月两次访华。　**萨迪格·拉里贾尼：**司法总监。1960年出生。受家庭影响，萨对宗教十分虔诚，在伊宗教圣城库姆上小学和中学。1977年，萨进入库姆神学院学习宗教和教法学，师从多位著名宗教学者，成为伊著名宗教学家，拥有“阿亚图拉”宗教头衔。精通阿拉伯语。伊斯兰革命后，萨曾担任库姆神学院教师、库姆大学学术委员会委员等职。1998年萨步入政坛，当选第三届专家会议成员，后获连任。2001年萨被领袖任命为宪法监护委员会成员，2009年8月被领袖任命为司法总监。

经　济

伊朗盛产石油，是世界第四大石油生产国和欧佩克第二大石油输出国。石油及石化产业是伊朗经济命脉和外汇收入的主要来源，石油收入占外汇总收入八成以上。近年，由于受国际金融危机和美国等西方国家单边制裁等因素影响，伊朗经济增长缓慢，高通胀、高失业率等问题比较突出。2011年，领袖哈梅内伊将本伊历年命名为“经济圣战年”。2011年伊主要经济数据如下（资料来源：伊朗央行数据）：

国内生产总值：4751亿美元。

国内生产总值增长率：2.9%。

人均国内生产总值：6326美元。

货币名称：里亚尔。

官方汇率：1美元＝12000里亚尔。

通货膨胀率：22%。

【资源】石油、天然气和煤炭蕴藏丰富。截至2012年4月，伊朗已探明原油储量211亿吨，约合1548亿桶，天然气储量33.7万亿立方米，分别占世界总储量的11%和17%，均列世界第二位。其他矿物资源也十分丰富。目前，已探明矿山3800处，矿藏储量270亿吨，其中，铁矿储量47亿吨；铜矿储量30亿吨（矿石平均品位0.8%），约占世界总储量的5%，居世界第三位；锌矿储量2.3亿吨（平均品位20%），居世界第一位；铬矿储量2000万吨；金矿储量320吨。此外，还有大量的锰、锑、铅、硼、重晶石、大理石等矿产资源。目前，已开采矿种56个，年矿产量1.5亿吨，占总储量的0.55%，占全球矿产品总产量的1.2%。

【工业】伊朗是中东地区第一大汽车生产国、第一大生物药物生产国、第三大石化产品生产国、第二大钢铁生产国和亚洲第七大钢铁生产国。工业体系以石油开采业为主，另外还有炼油、钢铁、电力、纺织、汽车制造、机械制造、食品加工、建材、地毯、家用电器、化工、冶金、造纸、水泥和制糖等，但基础相对薄弱，大部分工业原材料和零配件依赖进口。2011年伊朗日产原油340万桶，原油出口总收入逾1000亿美元。

【农林牧副渔业】农业：伊朗农耕资源丰富，全国可耕地面积超过5200万公顷，占其国土面积的30%以上，已耕面积1800万公顷。农业主产区集中在里海和波斯湾沿岸平原地带。农业人口占总人口的43%。自2003年以来，伊朗政府逐年加大农业扶持力度，重点支持水利灌溉等农田基础设施建设以及农业科研、信贷与自然环境保护。2010年，伊朗全国各类农作物产量突破9298万吨，同比增长16.3%，农业总产值占全国GDP总量的13%，雇佣人员占全国劳动力总量的20%。近年来伊朗主要作物产量如下（单位：万吨）：

	2008/2009	2009/2010
小麦	1348.5	1502.9
大麦	344.6	358.0
稻米	225.3	301.3
玉米	164.3	214.5
棉花	25.4	16.7
甜菜	303.5	568.5
甘蔗	204.1	409.6
油菜籽	44.2	42.9
烟草	1.1	1.4
马铃薯	410.8	427.4
洋葱	151.2	192.3

（资料来源：伊朗央行2010年年度报告）

畜牧业：伊全国有牧场8470万公顷，占国土总面积的52.3%。从事畜牧业的人口约200万，畜牧业产值约21亿美元，占农产品总产值的44%。2011年，家畜出口收入为60万美元。目前，畜牧业生产尚不能完全满足国内需求。近几年肉蛋奶家禽产量如下（单位：万吨）：

	2008/2009	2009/2010	2010/2011
奶	877.2	955.2	1024.2
肉	87.0	90.2	93.4
蛋	72.7	75.1	76.7
家禽	156.5	161.0	166.6
蜂蜜	4.1	4.6	4.5

（资料来源：同上）

森林：总面积为1430万公顷，占国土总面积的8.8%，主要分布在里海沿岸、西部和扎格洛斯山脉、南部波斯湾和阿曼海地区。过去20年间，伊北部森林面积减少17%，现为205万公顷，森林覆盖率3.5%。荒地面积3400万公顷，占国土面积的35%。

渔业：伊朗渔业资源较为丰富，经济鱼类达600种。伊主要有南部、北部、内陆三大渔区。伊朗目前共有18万人从事渔业生产。鱼子酱和鲟鱼是伊最主要的出口水产品。2011年伊朗水产品总产量72.5万吨，增长9.8%。出口各类水产品4594吨，价值1.3亿美元，增长52%。

【旅游业】伊朗拥有数千年文明史，自然地理和古代文明遗产丰富。两伊战争使伊旅游业遭到极大破坏。从1991年起，政府开始致力发展旅游业，旅游业逐渐复苏。“9·11”事件对旅游业造成较大冲击，游客锐减。随着地区安全形势转好，赴伊外国游客人数稳步回升。德黑兰、伊斯法罕、设拉子、亚兹德、克尔曼、马什哈德是伊主要旅游地区。传统节日“努鲁兹节”（伊朗历新年）期间是伊朗国内旅游旺季，2011年努鲁兹节前后国内旅游人数超过5800万人，同比增长18%。

【交通运输】国内运输主要依靠公路、铁路，其中进出口货物80%靠水运。2010年，伊朗政府计划对各类交通建设项目投入41.7万亿里亚尔，实际投入25万亿里亚尔，增长7.6%。机动车保有量达1200万辆，平均每千人拥有机动车150辆。

公路：全国公路总长18万公里，2010年道路客运总量8.9亿人次，同比减少0.2%；货运总量5.4亿吨，过境货物总量820万吨，分别增长4.9%和41.9%。2011年1月，全长2.2公里，连接格什姆岛Laft港与霍尔木兹甘省Bohal港的波斯湾跨海大桥开工建设，耗资6.5亿美元。

铁路：总里程9795公里（2011年3月数据），大部分系标准轨距（1435mm）。共拥有火车机车704辆（多数为柴油机车），同比增长5.1%。2010年铁路客运总量为2880万人次，货运总量3350万吨（含国内及过境货运），分别增长4.0%和2.0%。

水运：2010年，全国港口总吞吐能力1.63亿吨，增长8.7%。港口集装箱储备能力达500万标准箱，增长13.6%，实际装卸量300万标准箱，增长10.8%，进出港客流610万人次，减少4.4%。主要港口有波斯湾地区的霍拉姆沙赫尔、布什尔、阿巴斯、霍梅尼、恰赫巴哈尔港及里海地区的安萨里和诺沙尔港，哈尔克岛是伊朗最大的原油输出港。主要船运公司有伊朗伊斯兰共和国船运公司、伊朗—印度船运公司、瓦尔法加尔船运公司和里海船运公司。伊海上贸易量为2.3亿吨，占国际海上贸易份额的2.8%，是中东和波斯湾地区最大的油轮拥有国。2011年前11个月，伊朗各港口出口及过境量同比分别增长32%和11%。

空运：拥有客机205架，机场97个，其中14个军用机场、83个民用机场，包括13个国际机场。德黑兰、伊斯法汗、设拉子、大不里士、阿巴丹和阿巴斯为六大国际航空港。伊朗航空公司是伊境内最大的航空公司。2010年，伊朗机场实际客运量为4100万人次，增长10.5%，国内货运总量4.7万吨，国际货运总量9.6万吨，分别增长24.2%和增长15.7%。

【基础设施】水利建设：大型水坝建造能力位居世界第三位。2006年8月，中国水利水电建设集团公司承建的伊朗塔里干水坝电站工程竣工。目前，伊正在执行的水坝项目达到90个。

电站建设：目前，伊朗全国共有44座水电站，总装机容量7700兆瓦，新建水电站项目装机容量6500兆瓦。2010年，伊朗能源部下属部门共生产电力2330亿千瓦时。国家电网基本覆盖全国所有人口。2011年9月，伊朗首座核电站——布什尔核电站试运行。

荒漠化治理：近年来，伊朗加大治沙力度，成功将3400万公顷沙漠中的2200公顷改造成盐碱地。

【财政金融】2011年，伊朗外汇储备突破千亿美元大关，达1046亿美元，外债179亿美元。近年来财政收支情况如下（单位：万亿里亚尔）：

	2009财年	2010财年
收入	466.55	384.29
支出	593.78	659.34
赤字	127.23	275.05

近年来外债情况如下（单位：亿美元）：

	2009财年	2010财年	2011财年
外债总额	215.26	220.74	179.0

（资料来源：伊朗央行2010年年度报告）

2011年，伊朗国有企业共向私营部门转让了价值48万亿伊朗里亚尔（约合39亿美元）的股权，并计划在未来在证券市场出售价值118万亿伊朗里亚尔（约合100亿美元）的股权。过去六年，伊朗政府对500多家国有企业进行了私有化改革，实现国有股权转让收入约770亿美元。根据伊朗私有化改革计划，伊国有企业将于2013年9月前全部基本实现股权结构多元化。

【对外贸易】近年来，伊朗对外贸易发展势头良好，年进出口总额稳步增长。尽管受到国际制裁和西方国家单边制裁，伊朗过去8年来出口额累计增加500%。2011年，伊朗进出口贸易总额为2374亿美元，出口额1371亿美元，进口额1003亿美元，顺差368亿美元。非石油贸易额超过1050亿美元，出口额438亿美元，同比增长28%，主要包括天然气凝析油、石油化工产品、工程技术服务、金属矿石、皮革、地毯、手工制品及农产品；进口额约618亿美元，同比下降4%，主要包括粮油食品、药品、运输工具、机械设备、牲畜、化工原料、饮料及烟草等。主要贸易伙伴是欧盟、中国、阿联酋、日本、韩国等。2011年伊朗主要贸易伙伴占伊进出口贸易份额情况如下（单位：%）：

出口对象国	占比	进口对象国	占比
中国	21.0	阿联酋	30.6
印度	9.3	中国	17.2
日本	8.9	韩国	8.4
土耳其	8.7	德国	4.8

（资料来源：2012年6月《经济季评》）

【外国投资】外国投资较少。1994年1月设立经济特区，2002年8月议会通过“吸引和保护外国投资法”草案总则。据统计，2007年，伊朗吸引外资达102亿美元，2008年达69.54亿美元，2009年达78.54亿美元。

人民生活

伊朗长期实行国家福利补贴政策，每年给予民众的补贴金约占GDP的30%。2010年12月，艾哈迈迪内贾德总统宣布开始启动经济改革计划，在五年内逐步取消包括燃料和食品在内的所有政府采购补贴，并将以现金补贴方式补助低收入群体。实施有针对性补贴以来，伊朗各种石油产品消费累计节省53亿美元，液化天然气、汽油、煤油、柴油以及燃油消费量降幅分别达到11%、6%、30%、36%和10%。目前，伊朗政府拟推行第二阶段改革计划，进一步加大现金补贴力度。

伊朗全国互联网普及率9.34%，手机普及率72%。98.35%的城市家庭和78.62%的农村家庭使用自来水。约73%的伊朗工人享受社会保险。城市人口平均寿命66岁，农村59.7岁。

2012年，伊朗领袖将本伊历年定为“国内生产，支持伊朗人就业与投资”年，号召通过拉动内需、促进生产与消费刺激伊朗经济活力。

军　事

国家武装力量由军队、伊斯兰革命卫队和治安部队组成。领袖是武装力量总司令。最高国家安全委员会是最高军事领导和国防政策的制定机构，由总统、1名领袖代表、司法总监、议长、武装力量指挥委员会主席、国家管理和计划组织主席及外交、内政和情报部长组成。实行义务兵役制，服役期两年。现任总参谋长菲鲁斯·阿巴迪少将（Firoos Abadi），军队陆军司令阿塔·萨来西少将（Ata Salehi），海军司令哈比比·阿莱赫·萨亚里准将（Habibi Aleh Sayari），军队情报部长礼萨·塔巴塔巴伊准将（Reza Tabatabaei）。

目前，武装力量总兵力约90万人，动员部队约110万人。军队由陆军、海军、空军和防空部队组成，总兵力约43万人，其中陆军约36.5万人、海军3万人、空军3.5万人。

革命卫队总兵力约43.7万人，其中陆军约39.9万人、海军2万人、空军1.8万人。革命卫队司令穆罕默德·阿里·贾法里少将（Mohhamod Ali Jafari），陆军司令穆罕默德·帕克普尔准将（Mohammad Pakpur），空军司令阿里·哈吉扎德准将（Ali Hajzadeh）。

此外还有治安部队4万人，总司令艾斯马伊·阿赫马迪·莫伽达姆准将（Esmaeil Ahmadi Moghaddam）。

文化教育

【教育】伊朗的普通和高等教育分别由教育部及科技应用部负责。中、小学教育免费。现有学校9万所，受教育率为75.5%。伊朗政府于1989年制订高等教育5年发展计划，通过提供贷款和给予物质、政策支持等措施鼓励民办高等教育。目前全国共有高等院校346所，大学生近340万人。德黑兰大学是伊朗著名的高等学府。

【新闻出版】2011年，伊朗共出版图书约6.5万部。目前约有各种报刊1700余种，大部分在德黑兰出版。主要报纸有:《世界报》、《消息报》、《伊斯兰共和国报》、《虔诚者报》、《使命报》、《和平报》和英文版的《德黑兰时报》、《伊朗新闻报》、《伊朗日报》国际版。

伊朗的主要通讯社包括：伊朗伊斯兰共和国通讯社（IRNA，简称伊通社）、法尔斯（FARS）通讯社、麦赫尔（MEHR）通讯社和伊朗学生通讯社（ISNA）。

伊朗国家广播电视台成立于1966年，1979年改名为伊朗伊斯兰共和国声像组织。现任主席是赛义德·伊扎托拉赫·扎尔加米（Ezzatollah Zarghami）。电台用波斯语、阿拉伯语、英语、法语、德语及汉语等25种语言对外广播。电视有7个台播放节目，并有3个卫星台向海外播出。2007年7月，伊朗开通伊首家英语电视台PRESS TV。

外国新闻社驻伊代表机构有95个，登记外国记者1000多人。

对外关系

伊朗奉行独立、不结盟的对外政策，反对霸权主义、强权政治和单极世界，愿同除以色列以外的所有国家在相互尊重、平等互利的基础上发展关系，主张增选伊斯兰合作组织国家为安理会常任理事国。迄今为止，伊已与世界上125个国家建立了正式外交关系。

2010年12月，时任代理外长萨利希宣示伊外交政策主要内容：一是发展与邻国和阿拉伯国家关系是工作重点，其中伊与沙特阿拉伯、土耳其的双边关系是重中之重；二是强调伊中、伊俄特殊关系重要性；三是改善伊欧关系的前提是欧盟采取务实态度，变对抗对立为对话合作。

【同中国的关系】中伊交往可追溯至公元前2世纪。张骞的副使甘英曾到过伊朗，并打通了中国经伊通往罗马的交通线，即古丝绸之路。1971年8月16日中伊建交。1979年伊朗伊斯兰共和国建立后，两国各领域友好合作关系保持稳定发展势头。

近年来，中国与伊朗在政治、经贸等领域的友好合作关系保持平稳发展。两国高层交往和各级别交往不断。2010年6月，艾哈迈迪内贾德总统来华出席上海世博会伊朗国家馆日活动；9月，中共中央政治局常委李长春访伊，分别会见总统艾哈迈迪内贾德和议长拉里贾尼。2011年4月，全国人大常委会副委员长陈至立访伊；6月，胡锦涛主席与艾哈迈迪内贾德总统在出席上海合作组织阿斯塔纳峰会期间举行会晤；7月，中共中央政治局常委贺国强访伊；8月，两国元首互致贺电，庆祝中伊建交40周年。2012年6月，伊朗总统艾哈迈迪内贾德来华参加上海合作组织北京峰会并访华，胡锦涛主席、吴邦国委员长、温家宝总理等中国国家领导人分别与艾哈迈迪内贾德进行会谈和会见。

2011年1月，伊最高国家安全委员会副秘书巴盖里访华，外交部副部长张志军和部长助理吴海龙分别会见；5月，伊朗外长萨利希访华，习近平副主席、杨洁篪外长分别与其会见、会谈；外交部副部长翟隽在印尼出席不结盟运动第十六届部长级会议期间会见伊朗外长萨利希；10月，伊朗副外长阿訇扎德访华；12月，外交部长杨洁篪与伊朗外长萨利希就双边关系及地区问题通电话；外交部副部长翟隽赴伊朗举行两国外交部政治磋商。

经贸合作不断深化。伊朗是中国在西亚北非地区的第二大贸易伙伴和全球第三大原油供应国。2011年，中伊双边贸易额为451.1亿美元，同比增加53.5%。其中中国自伊朗进口额303.5亿美元，向伊朗出口额147.6亿美元，分别增长65.8%、33.1%，自伊朗进口原油2776万吨，同比增长30.2%。中国对伊朗出口以机电、纺织、化工、钢铁制品等为主，从伊主要进口原油、矿石、初级塑材、钢材和农副产品等。2010年8月，伊朗石油部长米尔卡泽米访华，李克强副总理予以会见。2011年4月，商务部长陈德铭与伊朗财经部长侯赛尼在北京主持召开中伊经贸科技联委会第14次会议。11月，商务部副部长兼国际贸易谈判副代表钟山访问伊朗。

两国教育、体育、文化等领域合作成果丰硕。2010年以来，双方签署两国政府2011年至2014年文化与教育交流执行计划、中国新闻出版署与伊朗文化和伊斯兰指导部合作谅解备忘录和中央电视台与伊朗声像组织合作协议。2010年9月，中央电视台在德黑兰设立记者站。10月，伊朗副总统兼文化遗产、手工业和旅游组织主席卡尔曼尼访华。11月，伊朗副总统兼体育组织主席赛义德鲁率团出席广州亚运会开幕式。2011年5月，国家新闻出版总署副署长邬书林率团参加第24届德黑兰国际书展，与伊朗文化和伊斯兰指导部签署《中伊典籍互译工程合作备忘录》。同月，中国记者协会书记李存厚率中国新闻代表团赴伊朗访问交流。9月，为庆祝中伊建交40周年，“中国文化周”系列活动在伊朗成功举办。10月，伊朗副总统兼文化遗产、手工业和旅游组织主席卡尔曼尼访华，会见国家旅游总局局长邵琪伟，双方就加强两国旅游产业合作达成一致。11月，中央人民广播电台台长王求访问伊朗。2012年2月，中伊文化联委会第一次会议在北京召开，双方原则同意互设文化中心。2012年4月，伊朗副总统兼环保组织主席穆罕默迪扎德来华出席博鳌亚洲论坛年会，主管人力资源的副总统弗鲁赞德访华。5月，伊朗副总统兼环保组织主席穆罕默迪扎德访华。

两国地方和民间交往日益密切。2011年，伊朗妇女代表团、伊朗东阿塞拜疆省省长、马赞德兰省省长、德黑兰市市长、库姆省省长等先后访华。新疆、天津等区、市负责人分别往访，寻求扩大两国地方省市合作与交流。

中国驻伊朗大使：郁红阳。馆址：No.73rd, Movahed Danesh Ave., Aghdasiyeh, Tehran。电话：009821-22291241；传真：22291243。经商处电话：22563148；传真：22561567。

伊朗驻华大使：迈赫迪·萨法里（Mahdi Safari）。馆址：北京市朝阳区三里屯东六街13号。电话：010-65322040；传真：65321403。

【同美国的关系】伊朗伊斯兰革命后与美关系长期紧张。1980年伊美断交。1996年美国制定“达马托法”加大对伊遏制。1997年哈塔米总统执政后，伊美关系出现缓和迹象，但未取得实质性进展。“9·11”事件后，美对伊政策日趋强硬。2002年，美总统布什在国情咨文中指责伊是“邪恶轴心”之一。2003年，美再次将伊列为支持恐怖活动“最积极”的国家，指责伊是大规模杀伤性武器和宗教极端思想扩散的重要源头之一。2004年，美国指责伊秘密研发核武器。2005年以来，伊美关系因伊核问题的升温持续紧张，美政府多次表示为解决伊核问题“不排除任何选项”。2008年底，奥巴马当选美国总统后，调整对伊朗政策，强调要加强与伊接触和对话。伊方表示美国新政府的政策调整必须是根本性的，而非战术性的。伊朗欢迎实质性的改变，但要听其言，观其行。

2011年，西亚北非地区局势发生动荡，伊朗指责美国野蛮干涉阿拉伯国家事务。4月，议长拉里贾尼在议会公开会议上谴责美国等西方国家支持对西亚北非地区民众起义使用暴力的立场，称美国在中东地区已经放弃了民主。10月，美国指责伊朗暗杀沙特驻美大使，并以此为由对伊朗实施新一轮严厉的单边制裁。伊朗坚决反对美方指控，称此为美国试图抹黑伊朗的阴谋，伊美紧张关系进一步加剧。11月，联合国通过有关“暗杀门”涉伊决议。12月，伊朗宣布击落并缴获美国一架侵犯伊朗领空的无人侦察机，要求美国向伊方道歉并赔偿。

2012年，美国总统奥巴马与伊朗领袖哈梅内伊互释信号缓和两国关系，两国紧张对峙有所缓解，但因互信严重缺乏，仍互相敌视。

【同欧洲国家的关系】重视改善和发展同欧洲国家关系。欧盟国家于1992年12月开始与伊进行“批评性对话”，1998年提升到“全面对话”。

2010年6月，伊朗外长穆塔基在欧洲议会发表讲话，称伊的欧盟政策是在互相尊重和平等的基础上促进对话和互动。伊欧关系的很多挑战可以转化为合作机遇，相信双方可在观点一致的领域建立适当机制，通过相互理解、对话和磋商达成协议。

2011年2月，德国外长韦斯特维勒访问伊朗，会见伊总统艾哈迈迪内贾德，双方强调伊德两国应加强对话与合作。3月，伊朗外长萨利希与欧盟外交和安全政策高级代表阿什顿在日内瓦举行会谈。11月，为抗议英国对伊朗实行敌对政策，在“暗杀门”事件爆发后禁止英国金融机构与包括伊朗央行在内的伊朗金融机构开展业务，伊朗议会呼吁将与英国外交关系降低至代办级。同月，数千名伊朗高校学生和民众在英国驻伊朗使馆门口举行游行示威，部分示威者冲入英国驻伊使馆打砸抢，并焚烧英国国旗。英国随后撤离驻伊使馆所有外交人员。德国、法国、荷兰、意大利分别召回各自驻伊大使。伊欧关系进一步紧张。

2012年1月，欧盟外长会通过决议禁止成员国自伊进口石油并对伊朗中央银行实施制裁。对此，伊朗采取了包括主动停止对英、法供油在内的一系列抵制措施，同时也力求通过加大与欧洲能源联系，改善与欧关系。

【同俄罗斯的关系】重视发展同俄罗斯的睦邻友好合作关系，双方军工、军贸、核能合作关系密切。近年来，伊俄保持频繁交往势头，两国高官就伊核问题、区域合作以及核能利用等保持密切接触。2011年6月，伊朗、俄罗斯、哈萨克斯坦三国元首在哈萨克斯坦首都阿斯塔纳举行三国元首会晤。2012年3月，普京当选俄罗斯总统，伊朗总统艾哈迈迪内贾德第一时间发去贺电。6月，两国元首上海合作组织北京峰会期间举行会晤。

【同中亚国家的关系】愿在相互尊重和睦邻友好的基础上与中亚各国发展关系，特别是经济、文化关系。同土耳其和巴基斯坦一起将中亚五国吸收为“经济合作组织”（ECO）成员，同俄罗斯、阿塞拜疆、哈萨克斯坦和土库曼斯坦组建“里海经济合作区”。伊朗与阿富汗经贸往来密切，阿富汗每年价值50亿美元的进口商品的27.6%来自伊朗。伊朗支持“阿人治阿”，反对外国军队在阿富汗驻军。2011年1月，伊总统艾哈迈迪内贾德在会见到访的阿富汗财政部长奥马尔时表示，伊朗支持阿富汗的稳定发展，将站在阿人民一边。3月，第八届伊朗—阿塞拜疆联合经济委员会会议在伊朗召开，伊朗总统艾哈迈迪内贾德会见阿塞拜疆外长曼马德亚洛夫。同月，首届伊朗文化周在塔吉克斯坦举行。4月，伊朗外长萨利希访问土库曼斯坦，签署了有关地区国家货物运输及铁路建设协议，并会见土库曼斯坦总统别尔德穆哈梅多夫。9月，伊朗总统艾哈迈迪内贾德访问塔吉克斯坦，会见塔吉克斯坦总统拉赫蒙，签署了扩大双边经贸合作的协定。两国总统共同出席了由伊朗公司承建的Sang Toodeh水电站二期项目竣工启动仪式。12月，伊朗总统艾哈迈迪内贾德访问亚美尼亚。

【同亚太国家的关系】积极发展同亚太各国关系。2010年11月，第九届亚洲合作对话部长级会议在德黑兰开幕，伊总统艾哈迈迪内贾德在会议上发言号召建立亚洲联盟，强调建立世界新秩序的必要性。2011年，受美国等西方国家对伊制裁影响，日本、韩国大幅削减自伊原油进口，与伊高层往来几近停滞。与此同时，印度加大了对伊原油采购力度，伊、印两国经贸联系得到加强。

【同南亚国家的关系】重视同南亚各国的关系。2011年4月，巴基斯坦内政部长马里克访问伊朗，会见伊朗总统艾哈迈迪内贾德，就加强反恐及反毒品合作达成共识。9月，巴基斯坦总理优素福访问伊朗，会见伊朗总统艾哈迈迪内贾德。伊朗与巴基斯坦能源合作紧密，伊朗—巴基斯坦天然气管道项目正在两国政府支持下不断推进。

【同中东国家的关系】发展与周边及穆斯林国家关系是伊对外战略的重要任务。2011年前11个月，伊朗与土耳其贸易逆全球经济走软大趋势实现大幅增长，双边贸易总额达150亿美元，同比增长55%。2011年2月，土耳其总统居尔访问伊朗，会见伊朗领袖哈梅内伊、总统艾哈迈迪内贾德、第一副总统拉希米、议长拉里贾尼，双方表示伊土兄弟关系持久稳固，强调要进一步提升双边经贸等各领域合作。

2011年以来，伊朗积极改善与埃及、突尼斯、利比亚等发生政权变更国家的关系，但围绕巴林和叙利亚等问题，伊朗与海湾阿拉伯国家矛盾加深。2月，伊朗议长拉里贾尼访问卡塔尔。3月，叙利亚总理奥特里在德黑兰参加伊朗—叙利亚联合经济委员会会议期间与伊总统艾哈迈迪内贾德、议长拉里贾尼举行会晤。4月，伊朗专家委员会、确定国家利益委员会高官连续发表声明，支持巴林等阿拉伯国家人民寻求公正、反抗压迫的起义行为，谴责镇压及外部干涉。议长拉里贾尼发表声明支持埃及革命。同月，海湾合作委员会成员国（阿拉伯联合酋长国、阿曼、巴林、卡塔尔、科威特、沙特阿拉伯）外长发表声明指责伊朗干涉有关阿拉伯国家内部事务。5月，伊朗外长萨利希出访阿曼、阿联酋、伊拉克、科威特四国，寻求与地区国家加强合作，改善关系。8月，卡塔尔埃米尔谢赫哈马德访问伊朗，会见伊朗总统艾哈迈迪内贾德。

【同伊拉克的关系】伊朗强烈反对美国对伊拉克动武，认为伊拉克的独立、主权和领土完整应得到保护；外国军队应尽早从伊拉克撤军；伊拉克事务应由伊拉克人民自己掌管；联合国应在伊拉克重建中发挥主导作用。近年来，双方稳步扩大在能源、经贸、油气以及基础设施建设等领域合作，深化宗教和文化交流。2010年3月，领袖哈梅内伊和总统艾哈迈迪内贾德分别会见到访的伊拉克总统塔拉巴尼。2011年5月，伊朗外长萨利希访问伊拉克，与伊拉克总统塔拉巴尼、总理马利基、议长奥萨玛举行会晤，就双边关系和地区问题交换意见。10月，萨利希再访伊拉克，与伊拉克外长泽巴里、总统塔拉巴尼分别举行会晤。

【同拉美及中、北美洲国家的关系】近年来，伊努力推进外交多元化，拓展同拉美及中、北美洲国家关系。2010年5月，巴西总统卢拉访问伊朗，并出席第四届巴西—伊朗经贸大会，分别会见领袖哈梅内伊、总统艾哈迈迪内贾德和议长拉里贾尼。10月，委内瑞拉总统查韦斯对伊朗展开为期三天的访问，分别会晤伊总统艾哈迈迪内贾德和其他高级官员。2011年1月，乌拉圭议长帕萨达访问伊朗，同伊议长拉里贾尼举行会谈，伊总统艾哈迈迪内贾德予以会见。2012年1月，伊朗总统艾哈迈迪内贾德访问委内瑞拉、尼加拉瓜、古巴、厄瓜多尔四国，深化伊朗同各拉美国家在能源、基础设施建设、科教等方面的交流合作。6月，艾哈迈迪内贾德总统再次展开拉美之行，分别访问委内瑞拉和玻利维亚。

【同非洲国家的关系】重视发展与非洲国家的政治、经济和文化关系，主张在互利互惠的基础上与主要非洲国家建立新型伙伴关系。2003年3月9日，伊朗—非洲合作论坛宣告成立，以“挑战与机遇”为主题的首届论坛会议在德黑兰举行。2010年7月，总统艾哈迈迪内贾德出访尼日利亚和马里两国，并出席尼举办的发展中国家八国峰会。2011年3月，肯尼亚总理奥丁加访问伊朗，与伊总统艾哈迈迪内贾德举行会晤，以推动两国在茶叶生产、农业、采矿业、银行业和海关等领域的合作关系。同月，伊朗总统艾哈迈迪内贾德访问毛里塔尼亚、苏丹。11月，伊朗外长萨利希访利比亚。（郑治旻）

以色列

国名　以色列国（The State of Israel）。

面积　根据1947年联合国关于巴勒斯坦分治决议的规定，以色列国的面积为1.52万平方公里。1948～1973年间，以色列在四次阿以战争中占领了大片阿拉伯国家领土，20世纪80年代以后陆续部分撤出。目前实际控制面积约为2.5万平方公里。

人口　788.1万（2012年4月），其中犹太人593.1万，约占75.3%，阿拉伯人163.3万，约占20.6%，其余为德鲁兹人和贝都因人等。希伯来语和阿拉伯语均为官方语言，通用英语。居民中大部分信奉犹太教，其余信奉伊斯兰教、基督教和其他宗教。

首都　建国时在特拉维夫（TEL AVIV），1950年迁往耶路撒冷（JERUSALEM）。1980年7月30日，以议会通过法案，宣布耶路撒冷是以色列“永恒的与不可分割的首都”。对于耶路撒冷的地位和归属，阿拉伯国家同以色列一直有争议。目前，绝大多数同以有外交关系的国家仍把使馆设在特拉维夫。

国家元首　总统西蒙·佩雷斯（SHIMON PERES），2007年7月15日就职，为以色列第九任总统，任期七年。

重要节日　犹太新年（约公历9月）、赎罪日（约公历10月）、住棚节（约公历10月）、逾越节（约公历3、4月）、大屠杀纪念日（约公历4、5月）、独立日（约公历4、5月）。

简　况

位于亚洲西部。东接约旦，东北部与叙利亚为邻，南连亚喀巴湾，西南部与埃及为邻，西濒地中海，北与黎巴嫩接壤，是亚、非、欧三大洲结合处，海岸线长度为198公里。地中海型气候，夏季炎热干燥，最高气温39℃；冬季温和湿润，最低气温4℃左右。

犹太人远祖是古代闪族支脉。起源于约4000年前的美索不达米亚平原，后因躲避自然灾害迁徙至埃及尼罗河三角洲东部，因而得名“希伯来人”（意为“渡来之人”）。公元前13世纪末开始从埃及迁居巴勒斯坦地区。公元前1000年左右，建立以色列国。此后先后被亚述、巴比伦、波斯、古希腊和罗马帝国征服。公元70年被罗马人赶出巴勒斯坦地区，开始长达近2000年“大流散”生活。19世纪末，犹太复国主义运动兴起，犹太人开始大批移居巴勒斯坦地区。第一次世界大战结束后，英国对巴勒斯坦实行委任统治。1917年，英国政府发表《贝尔福宣言》，表示赞成在巴勒斯坦地区为犹太人建立民族家园。1947年11月29日，联合国大会通过决议，决定在巴勒斯坦地区分别建立阿拉伯国和犹太国。1948年5月14日，以色列国正式成立。

政　治

议会民主制国家。由于党派进入议会的门槛极低，导致联合政府内党派林立，党争激烈，往往难维持到届满。2009年2月，以举行大选，2009年3月利库德集团主席内塔尼亚胡组建新一届政府。

【宪法】没有正式的成文宪法，仅有《议会法》、《国家土地法》、《总统法》、《政府法》、《国家经济法》、《国防军法》、《耶路撒冷法》、《司法制度法》、《国家审计长法》、《人的尊严与自由法》、《职业自由法》等11部基本法。

【议会】一院制议会，任期四年，设有120个席位，是国家最高权力机构，拥有立法权，负责制定和修改国家法律，表决重大政治问题，批准内阁成员并监督政府工作，选举总统、议长。

议员由普选产生，选举采用全国单一选区的比例代表制，候选人以政党为单位参加竞选，获得2%以上选票的各政党根据得票多少按比例分配议席。2009年2月，第18届议会经选举产生，由12个政党组成，其中前进党28席，利库德集团27席，“我们的家园以色列”党15席，工党13席。2011年1月，工党主席巴拉克偕4名该党议员退出工党，另组“独立党”。议长鲁温·瑞夫林（REUVEN RIVLIN），2009年3月30日就任，来自利库德集团。

【政府】政府由议会中占多数席位的一个或几个政党联合组成。议会选举结果揭晓后，总统在综合议会各党派意见基础上提名，授权最有可能赢得议会信任投票的政党主席组建政府，一般为议会第一或第二大政党主席。总理由成功完成组阁者担任。本届政府（第32届）于2009年3月31日成立。目前，政府包括总理、6位副总理和22位部长。主要成员有：总理本雅明·内塔尼亚胡（BENJAMIN NETANYAHU，利库德集团）；副总理兼地区开发部长、内盖夫和加利利开发部长西尔万·沙洛姆（SILVAN SHALOM，利库德集团）；副总理兼战略事务部长摩西·亚阿隆（MOSHE YA'ALON，利库德集团）；副总理兼国防部长埃胡德·巴拉克（EHUD BARAK，独立党）；副总理兼外交部长阿维格多·利伯曼（AVIGDOR LIBERMAN，“我们的家园以色列”党）；副总理兼情报及原子能部长达恩·梅里多尔（DAN MERIDOR，利库德集团）；副总理兼内政部长埃利亚胡·伊沙伊（ELIYAHU YISHAI，沙斯党）。

【行政区划】全国划分为75个市，125个地方委员会，53个地区委员会。

【司法机构】最高法院、地区法院和基层法院三级制组织系统，此外还有专项法庭、宗教法院和劳资法院。最高法院院长阿什尔·丹·格鲁尼斯（ASHER DAN GRUNIS）。

【政党和组织】（1）前进党（KADIMA）：2005年11月由沙龙组建，成员大多来自利库德集团。现任党主席为沙乌勒·莫法兹。在第18届议会选举中获28席，保持议会第一大党位置，但未获得组阁权。

该党主张推进以巴和平进程，划定以巴永久边界，并确保犹太人在以色列的多数地位。该党接受与巴方的和平谈判，但在和谈不果的情况下，准备采取单方面行动从西岸大部分地区撤出、保留在西岸的大型定居点、加快隔离墙建设并以此单方面划定以巴边界。在经济和社会问题上，该党奉行在自由经济政策的基础上兼顾社会公正的中间路线。

（2）利库德集团（LIKUD）：1973年9月由加哈尔集团、自由中心、拉姆党、人民党、国土完整运动等党联合组成。1977年首次在大选中获胜并执政。1999年沙龙当选利库德集团主席，并于2001年当选总理。2005年8月，沙龙强力推行“脱离计划”，带领一批支持者另组前进党。同年12月，内塔尼亚胡再次当选利库德集团主席，并于2007年连任。在第18届议会选举中获27席，成为议会第二大党并成功组阁，内塔尼亚胡任总理。

利库德集团奉行“以安全换和平”政策，在以巴问题上立场强硬。但由于受到国内外的巨大压力，该党政策也在作适当调整。经济方面，该党主张建立自由市场经济，积极推行私有化经济政策，以期加速经济发展。

（3）“我们的家园以色列”党（ISRAEL BEITEINU）：1999年成立的右翼民族主义政党，主要支持者是来自前苏联的犹太移民，主席为阿维格多·利伯曼。在第18届议会选举中获15席，成为议会第三大党。

该党以在以巴问题上的强硬立场而著称，认为以籍阿拉伯人人口上升威胁以色列作为犹太国家的属性，主张鼓励更多犹太人移居以色列，同时敦促以籍阿拉伯人迁往巴勒斯坦控制区或其他阿拉伯国家。在社会经济领域，主张私有化，打击腐败，重视犹太文化教育。

（4）以色列工党（ISRAEL LABOUR PARTY）：前身是1930年成立的以色列工人党。1968年与部分小党合并后改称“以色列工党”。以色列建国后直至1977年，该党曾长期执政。2007年6月，埃胡德·巴拉克当选工党主席。在第18届议会选举中成为第四大党。2011年1月17日，巴拉克偕其他四名议员退出工党。2011年9月21日，谢利·雅哈莫维奇（SHELLY YACHIMOVICH）当选工党主席。

工党在以巴问题上立场相对温和。在社会领域，工党主张社会公正和平等，实现宗教与世俗、东方犹太人与西方犹太人、以色列犹太人与阿拉伯等少数民族之间的和解与融合。

（5）沙斯党（SHAS）：1984年成立的代表东方犹太人的正教派犹太人政党。主席为埃利亚胡·伊沙伊。在第18届议会选举中获11席，位列议会第五大党。

该党主要关心本党及其选民在宗教、社会及经济方面的利益，在以巴冲突等问题上立场较温和、灵活。在宗教上持正统派立场。

【重要人物】西蒙·佩雷斯：总统。1923年生于波兰，后移居以色列。1952～1959年任国防部副总司长、总司长。1959年当选议员，并任国防部副部长。此后在以历届政府中多次担任要职：1984～1985年、1995～1996年任总理；2001～2002、2006～2007年任副总理；1986～1988年、1992～1995年、2001～2002年任外交部长；1974～1977年、1995～1996年任国防部长。2007年6月，当选以色列第九任总统。1994年与拉宾、阿拉法特同获诺贝尔和平奖。　**本雅明·内塔尼亚胡**：总理。1949年生于以色列特拉维夫，获美国麻省理工学院学士、硕士学位。曾任以驻美使馆副馆长、常驻联合国代表。1988年当选议员。1993年当选利库德集团主席。1996年当选总理。1998年兼任外长。1999年5月参加以总理竞选失败后辞去利库德领导人职务，宣布退出政坛。2002年复出，先后任外交部长、财政部长。2005年12月再次当选利库德集团主席。2009年3月再度出任总理。　**阿维格多·利伯曼**：副总理兼外交部长。1958年生于前苏联摩尔多瓦，1978年移民以色列。获耶路撒冷希伯来大学国际关系和政治学学士学位。1993年起，任利库德集团秘书长。1996年，任内塔尼亚胡总理办公室主任。1997年离开利库德集团，宣布退出政坛转而从商。1999年，利组建“我们的家园以色列”党，同年当选议员。2000～2002年任基础建设部长。2003～2004年任交通部长。2006～2008年任战略事务部长。2009年3月任副总理兼外交部长。

经　济

为混合型经济，工业化程度较高，以知识密集型产业为主。农业、工业、生化、科技及军工等部门技术水平较高。合作经济主要以农村中的“基布兹”（集体社）和“莫沙夫”（合作社）为主。总体经济实力较强，全球竞争力居世界先列。以色列是除美国外在纳斯达克拥有最多上市公司的国家。2011年主要经济数据如下：

国内生产总值：2415亿美元。

国内生产总值增长率：4.3%。

人均国内生产总值：30014美元。

货币名称：新谢克尔。

汇率：1美元＝3.9新谢克尔。

失业率：6.9%。

进口总额：713.2亿美元。

出口总额：627.8亿美元。

外汇储备：730.5亿美元。

【资源】矿产资源较贫乏。主要有钾盐、石灰石、铜、铁、磷酸盐、镁、锰、硫黄等。国土森林覆盖率约5.7%，总面积为127万杜纳亩（1杜纳亩约合1.4市亩）。

【工业】能源及矿产资源贫乏，劳动力成本较高，因此主要发展能耗少、资金和技术密集型产业。工业部门门类主要集中在高新技术产业及宝石加工行业，在电子技术、计算机软件、医疗设备、生物技术、信息和通讯技术、钻石加工等领域达到世界尖端水平，注重对科技研发的投入。

【农业】农业发达，享有欧洲“冬季厨房”美誉。农业科技含量高，滴灌设备、新品种开发举世闻名。主要农作物有小麦、棉花、蔬菜、柑橘等，水果蔬菜自给有余并大量出口。农业组织结构以基布兹（集体社）、莫沙夫（合作社）和个体农场为主。农业就业人数约占劳动力总数的2%。

【旅游业】旅游业在经济中占重要地位，是外汇的主要来源之一。以幅员虽小，但有独特的旅游胜地和众多的名胜古迹，每年吸引数以百万计的游客游览观光。90%以上游客来自欧洲和美洲。2010年以入境旅游人数为280万人次，同比增加20.7%，出境旅游人数277万人次，同比增加19.9%。

【交通运输】陆、海、空运输业发达。其中陆地运输的货物占一半，船舶和航空运输各占1/4。国内公路运输发达，特拉维夫、海法与耶路撒冷之间均有高速公路相连。全国公路通车总里程18096公里。主要铁路干线为海法—特拉维夫—耶路撒冷线，铁路总长度1001.4公里。主要港口有海法、阿什杜德和埃拉特。全国共有48个机场，主要机场有本—古里安国际机场、埃拉特机场和杜夫机场，2011年旅客吞吐量为1300万人次。主要航空公司有以色列航空公司（EL-AL）。

【对外贸易】以色列主要以进口满足本国对大部分产品的需求，以出口高精尖技术和资本密集型产品推动经济增长，工业生产的半数用来出口。以26%的出口物资运往欧盟各国，38%运往美国，18%运往亚洲。先后与美国、欧盟、加拿大、斯洛伐克、捷克、土耳其、匈牙利、波兰、斯洛文尼亚签订《自由贸易协定》，工业产品可以免税进入，农产品享受优惠关税待遇。2010年，欧盟是以最大贸易伙伴，美国是以最大单一贸易伙伴国。2010年5月，以加入经济合作与发展组织（OECD）。

军　事

国防军正式建于1948年5月26日，其前身是二次大战中的“犹太旅”和“犹太突击队”。最高军事决策机构为国防委员会，由总理以及国防、外交、内政、财政、运输、通讯部长和总参谋长组成，总理任主席兼武装部队最高统帅。战时成立以总理为首的战时内阁。国防部是最高军事指挥机构，国防部长行使总司令职权。总参谋长负责训练和作战指挥。实行义务兵役制。现役部队17.65万人，预备役人员44.5万人。2012年军费开支约135亿美元。

文化教育

【教育】政府重视教育事业。3～16岁儿童享受义务教育，免费教育至高中毕业。教育长期占国民生产总值的8.5%左右。著名的高等院校有：耶路撒冷希伯来大学、特拉维夫大学、海法大学、以色列工程技术学院、魏茨曼科学研究院、巴伊兰大学、本—古里安大学等。以每1万人中有135位科学家和工程师，是世界上人均拥有律师和注册会计师最多的国家。2012年，以议会通过法案，将义务教育从12年延长至14年。

【新闻出版】新闻出版业较发达，主要报刊有：《国土报》(HA'ARETZ)，创刊于1918年，希伯来文日报;《新消息报》(YEDIOTH AHRONOTH)，创刊于1939年，希伯来文晚报;《耶路撒冷邮报》(THE JERUSALEM POST)，创刊于1932年，英文日报;《晚报》(MZ'ARIV)，创刊于1948年，希伯来文晚报。

以色列广播局（IBA），1948年成立，总部设在耶路撒冷，直接管理国有电视台电视一台和“以色列之声”电台。

以色列电视台：电视一台，国有电视台，1968年开播，总台设在耶路撒冷，每天播放希伯来语和阿拉伯语电视节目。其他主流电视台为电视二台、十台，均为私营电视台。

以色列电台：除“以色列之声”以外，“以色列国防军之声”也是最主流电台之一，1951年设立，军方电台，用希伯来语广播。

对外关系

以色列与世界上159个国家建立了外交关系。以外交政策主要是维护与美战略盟友地位；保持与西方国家传统的友好关系；积极发展与俄罗斯和独联体各国关系；力图实现同阿拉伯国家和解；拓展与非洲、亚洲各国的关系。

【同中国的关系】两国于1992年1月24日正式建立外交关系。2009年，以色列前总理奥尔默特、以议会外交和国防事务委员会主席哈内戈比、科技部长赫什科夫维奇等访华。2010年，以副总理兼战略事务部长亚阿隆、副议长瓦哈比访华，以社会事务部长赫尔佐格访华并出席上海世博会开幕式，以财政部长斯坦尼茨访华并出席上海世博会以色列馆日活动，以工业、贸易和劳动部长本—埃利泽来华出席世界经济论坛2010年新领军者年会。2011年6月，以副总理兼国防部长巴拉克访华。2012年，以副总理兼外交部长利伯曼、国防军总参谋长甘茨、工贸部长辛鸿、公安部长阿罗诺维奇、交通部长卡茨等访华。

2009年4月，外交部长杨洁篪访以。2010年3月，国务院副总理回良玉访以。4月，全国政协副主席、统战部长杜青林访以。5月，全国政协副主席、科技部长万钢访以。11月，中共中央政治局委员、天津市委书记张高丽访以。2011年3月，商务部长陈德铭访以并出席中以经贸联委会第五届会议。2012年4月，全国人大常委会副委员长周铁农访以。6月，全国政协副主席陈宗兴访以并出席“面向明天2012——第四届以色列总统会议”。

双方已签署“贸易协定”、“文化交流协定”、“民用航空协定”、“劳务输出协议”、“体育合作备忘录”、“教育合作协议”、“旅游合作协定”、“邮电通讯合作协议”、“工业技术研发框架协议”、“技术创新合作协定”、“关于加强经济贸易合作的备忘录”、“中国旅游团队赴以色列旅游实施方案的谅解备忘录”、“关于促进产业研究和开发的技术创新合作协定”等协议。2011年两国贸易额为97.8亿美元，中国是以在亚洲的最大贸易伙伴。

中国驻以色列大使：高燕平（女）。馆址：222 BEN YEHUDA ST. TELAVIV(以色列国特拉维夫市本—耶胡达大街222号)。电话：00972-3-5467277；传真：5467251。

以色列驻华大使：安泰毅（Amos Nadai）。馆址：北京市朝阳区天泽路17号。电话：010-85320500；传真：85320555。

【同美国的关系】1948年5月14日与美国建交。两国有着特殊的战略盟友关系，美每年向以提供大约30亿美元的军事援助。2002年10月，美总统布什签署美国会外交授权法，承认耶路撒冷为以色列的首都。2007年7月，美国宣布将在未来10年内向以色列提供300亿美元的军事援助。

2011年5月，内塔尼亚胡访美。针对美总统奥巴马关于以色列和未来巴勒斯坦国边界应以1967年边界线为基础的表态，内塔尼亚胡明确表示以方不会撤回1967年边界内。

2012年1月，美参谋长联席会议主席邓普西访以。2月，以副总理兼外长利伯曼、副总理兼国防部长巴拉克访美。美国家安全顾问多尼隆访以。3月，以总统佩雷斯、总理内塔尼亚胡、国防军总参谋长甘茨访美。4月，以总统佩雷斯、副总理兼国防部长巴拉克访美。

【同俄罗斯的关系】1947年，前苏联投票赞成联合国大会关于巴勒斯坦分治的决议。以建国后，苏即与以建立外交关系。1967年“六·五”战争后，苏、以断交。1990年9月30日，苏联外长谢瓦尔德纳泽和以外长利维在美国会晤后，宣布苏、以两国恢复领事级外交关系。同月，以宣布承认波罗的海三国独立。10月18日，苏联外长潘金访以，正式签署两国恢复大使级外交关系的协议。12月，以宣布承认独联体所有国家，并相继同独联体15个共和国全部建立了外交关系。

2011年3月，内塔尼亚胡总理访俄。以科技部与俄罗斯航天局签署有关运载火箭、遥感等领域合作协议。2012年4月，以国家安全事务助理阿米德罗尔访俄。6月，俄总统普京访以。

【同欧洲国家的关系】以与欧洲国家有传统关系。早期犹太复国主义运动的代表人物大多来自欧洲，相似的政体和共同的社会价值观是以同西欧国家发展关系的基础。由于周边大多数阿拉伯国家对以实行经济抵制，欧洲成为以重要贸易伙伴。欧洲各国支持政治解决阿以冲突，积极参加中东和平进程。马德里和会后，欧洲在中东问题上发挥作用的趋势有所加强。1975年以与欧共体建立自由贸易区，1995年同欧盟重新签署自由贸易协定。2004年12月，以与欧盟签订“欧洲近邻政策”协定。欧盟是中东问题“四方机制”之一。

2011年3月，以副总理兼外长利伯曼访问意大利、梵蒂冈、法国，总统佩雷斯访问英国。5月，以总理内塔尼亚胡访问英、法。2012年1月，以总理内塔尼亚胡访问荷兰，欧盟外交和安全政策高级代表阿什顿访以。4月，意大利总理蒙蒂访以。5月，以国家安全事务助理阿米德罗尔访问欧盟。6月，德国总统高克访以。

【同阿拉伯国家的关系】以建国后同阿拉伯国家发生了四次大的战争，侵占了阿拉伯国家大片土地，使其实际控制领土面积约达到1947年分治决议规定的两倍。

埃及：1979年3月，以埃正式签订和平条约，两国结束战争状态。1980年2月，双方互派大使。1989年3月，以撤出西奈半岛最后一块埃及领土塔巴地区。2011年埃及政局发生变化后，以方对埃及军方承诺继续遵守埃以和约表示欢迎。2011年8月，以军误杀数名埃及士兵，引发埃及大规模反以示威。9月，埃示威民众冲击驻埃使馆，迫使以使馆人员紧急撤离。2012年3月，埃及议会通过决议，要求驱逐以驻埃大使并停止向以输送天然气。4月，埃及宣布停止向以供应天然气。

巴勒斯坦：1993年9月13日，以同巴解相互承认并签署了加沙—杰里科先行自治协议。1994年5月4日，以巴在开罗正式签署关于巴勒斯坦在加沙、杰里科先行自治的执行协议。1997年1月15日，以巴签署《希伯伦协议》，以撤出希市80%地区。1998年10月23日，巴以在美签署怀伊协议，规定以从约旦河西岸撤出13.1%的土地。12月15日，巴全国委员会通过修宪决议，删除其中的灭以条款。1999年9月，双方就执行怀伊协议签署《沙姆沙伊赫备忘录》。9月13日，启动了最终地位谈判。但因双方在攸关切身利益的重大问题上分歧严重而进展不利。2000年9月起，双方爆发暴力冲突。2001年1月，沙龙政府上台后奉行"安全优先"政策，2002年6月正式决定在西岸地区沿1949年停火线修建"隔离墙"。

2007年3月，有哈马斯参加的巴民族联合政府成立，以色列内阁以压倒性多数决定继续实行对巴的抵制政策。以表示不会同不接受"三项条件"的巴联合政府谈判，也不会同该政府中曾是以谈判对象的法塔赫成员联系，呼吁国际社会抵制新政府。2007年11月安纳波利斯中东和平国际会议召开后，巴以开始就巴最终地位问题、落实"路线图"计划等进行谈判。因以继续扩建定居点，双方在耶路撒冷、难民和边界等核心问题上分歧严重，谈判未取得实质性进展。

2009年，美国奥巴马政府上台后，加大促谈力度。11月，以方宣布暂停约旦河西岸定居点建设10个月。在美国斡旋下，以巴双方于2010年5月启动间接谈判进而于9月初重启直接谈判。由于以方拒绝延长定居点"限建令"，和谈于10月初再次中断。巴方随后谋求成为联合国成员国，以方予以强烈反对。2011年5月，针对巴内部签署和解协议，以方表示将拒绝同哈马斯参与的新一届巴政府进行包括和谈在内的任何接触。5月15日，巴勒斯坦民众举行纪念"灾难日"（即第一次中东战争爆发日）示威游行，与以军警发生激烈冲突，造成16人死亡，数百人受伤。

2012年1月以后，中东问题有关四方、约旦等推动巴以进行多次接触，但未能取得实质性进展。4、5月，巴以领导人就复谈问题互致信件，以总理内塔尼亚胡还表示支持巴建立"领土连贯"的国家，但双方在定居点、边界等核心问题上分歧依旧，和谈未能重启。

约旦：1994年7月25日，以色列和约旦在华盛顿签署和平条约，宣告结束两国长达46年之久的战争状态。同年11月，以、约建交并互派大使，实现两国关系完全正常化。

黎巴嫩：1982年6月，以入侵黎巴嫩，1985年6月撤出时在黎南部保留约850平方公里的安全区，扶植约3000人的"南黎军"，并经常同黎巴嫩和巴勒斯坦武装发生冲突。1998年4月，以内阁通过决议，提出愿有条件地执行联合国425号决议，从黎南部撤军，但要求黎在安全问题上作出承诺，遭黎、叙拒绝。2000年5月，以单方面从黎南部撤军。但黎、叙坚持以应撤出谢巴地区。2006年7月，黎真主党武装人员潜入以北部一以军据点，摧毁一辆以军装甲车，打死3名、绑架2名以军士兵。以随即对黎发动大规模军事行动。8月14日，黎以根据联合国安理会第1701号决议停火。目前，以黎在谢巴农场归属、地中海海上边界划定等问题上仍有争议。

叙利亚：1991年11月，以议会通过"捍卫戈兰高地法"。1992年9月，以首次表明以"土地换和平"的原则也适用于戈兰高地，之后，以叙和谈断断续续地进行。2008年5月，以叙双方宣布在土耳其斡旋下展开间接谈判，谈判进行了四轮，因2008年底的加沙冲突中止。2011年6月5日，巴勒斯坦和叙利亚示威者在戈兰高地集会纪念第三次中东战争爆发44周年，与以军发生冲突，造成20多人死亡。

其他阿拉伯国家：1994 ~ 1996年，以色列先后与摩洛哥、突尼斯、阿曼互设利益办事处或办公室。1999年11月，毛里塔尼亚与以色列建交（2009年3月断交）。2000年10月，摩洛哥、突尼斯、阿曼冻结与以色列的关系。

2002年2月，沙特王储提出关于中东和平的新建议，即以色列从1967年阿拉伯被占领土上全部撤军，阿拉伯国家同以实现关系正常化，受到国际社会的普遍欢迎。第14次阿拉伯国家首脑会议通过以沙特和平建议为基础的"阿拉伯和平倡议"。此后，阿拉伯国家多次重申支持这项和平协议。

【同土耳其的关系】1949年土耳其宣布承认以色列，是最早承认以的国家之一，1950年两国建立公使级外交关系。1991年马德里和会后，两国于12月将外交关系提升至大使级。此后，双方关系发展较快，在较长时间内保持密切、友好关系。1992年两国签订旅游合作协议。1996年签订军事合作协议，是以同伊斯兰国家签订的第一个军事协议。2000年两国签订自由贸易协定。2010年5月31日，以色列海军拦截向加沙运送人道主义物资的国际救援船队，造成8名土耳其人和1名美国籍土耳其裔人死亡。土耳其要求以方道歉、赔偿，遭到以方拒绝，两国关系严重受损。

【同其他亚洲国家的关系】以色列同亚洲许多国家建立了外交关系。随着亚洲各国经济实力的增长，以同亚洲各国在经济、文化，特别是商业领域的联系更趋紧密。日本与以色列经贸关系密切，是以重要贸易伙伴。2010年4、5月，以副总理兼情报部长梅里多尔、副总理兼外长利伯曼先后访日。2011年3月日本发生地震后，以方派搜救队赴日参与人道主义救援。2010年6月，以总统佩雷斯访问韩国。2011年11月，以总统佩雷斯访问越南。

【同非洲国家的关系】1967年"六·五"战争和

1973年“十月战争”后，非洲29个国家相继与以断交，只有南非、斯威士兰、莱索托、马拉维与以保持外交关系。中东和平进程启动后，以陆续与刚果（金）、利比里亚、科特迪瓦、喀麦隆、多哥、肯尼亚、中非、埃塞俄比亚、厄立特里亚、加蓬、刚果（布）、尼日利亚、安哥拉、赞比亚、贝宁、冈比亚、布基纳法索、津巴布韦、博茨瓦纳等国复交或建交。

【同拉美国家的关系】自20世纪60年代起，以就与拉美国家发展关系，政府要员频繁出访拉美。以每年向拉美国家销售军工产品占以军品出口的一半以上。萨尔瓦多等国还聘用以军事顾问。2010年3月，巴西总统卢拉访以。2011年3月，智利总统皮涅拉访以。（杨竞妍）

印　度

国名　印度共和国（The Republic of India）。

面积　约298万平方公里（不包括中印边境印占区和克什米尔印度实际控制区等），印度政府自称328.78万平方公里。居世界第七位。

人口　12.1亿（2011年），居世界第二位。有10个大民族和几十个小民族，其中印度斯坦族46.3%，泰卢固族8.6%，孟加拉族7.7%，马拉地族7.6%，泰米尔族7.4%，古吉拉特族4.6%，坎拿达族3.9%，马拉雅拉姆族3.9%，奥里雅族3.8%，旁遮普族2.3%。官方语言为英语和印地语。约有80.5%的居民信奉印度教，其他宗教有伊斯兰教（13.4%）、基督教（2.3%）、锡克教（1.9%）、佛教（0.8%）和耆那教（0.4%）等。

首都　新德里（New Delhi），人口1675.3万（2011年）。

国家元首　总统普拉纳布·慕克吉（Pranab Mukherjee）。2012年7月25日就任。

重要节日　共和国日（Republic Day）：1月26日。1950年1月26日，印度议会通过了印度共和国宪法，印度成为共和国。独立日（Independence Day）：8月15日。1947年8月15日，印度人民摆脱英国殖民统治，取得独立。洒红节（Holi）：每年3、4月间，印度教四大节日之一。该节日正处于印度冬去春来之际，春季收获季节的作物即将开镰收割，因此也被称为春节。灯节（Divali）：在10、11月间，是印度教徒最大的节日，全国庆祝3天。

简　况

南亚次大陆最大国家。东北部同中国、尼泊尔、不丹接壤，孟加拉国夹在东北部国土之间，东部与缅甸为邻，东南部与斯里兰卡隔海相望，西北部与巴基斯坦交界。东临孟加拉湾，西濒阿拉伯海，海岸线长5560公里。大体属热带季风气候，一年分为凉季（10月至翌年3月）、暑季（4～6月）和雨季（7～9月）三季。降雨量忽多忽少，分配不均。与中国时差-2.5小时。

世界四大文明古国之一。公元前2500年至前1500年之间创造了印度河文明。公元前1500年左右，原居住在中亚的雅利安人中的一支进入南亚次大陆，征服当地土著，建立了一些奴隶制小国，确立了种姓制度，婆罗门教兴起。公元前4世纪崛起的孔雀王朝统一印度，公元前3世纪阿育王统治时期疆域广阔，政权强大，佛教兴盛并开始向外传播。公元前2世纪灭亡，小国分立。公元4世纪笈多王朝建立，统治200多年。中世纪小国林立，印度教兴起。1398年突厥化的蒙古族人由中亚侵入印度。1526年建立莫卧儿帝国，成为当时世界强国之一。1600年英国侵入，建立东印度公司。1757年沦为英殖民地，1849年全境被英占领。1857年爆发反英大起义，次年英国政府直接统治印度。1947年6月，英国通过“蒙巴顿方案”，将印度分为印度和巴基斯坦两个自治领。同年8月15日，印巴分治，印度独立。1950年1月26日，印度共和国成立，为英联邦成员国。

政　治

印度独立后长期由国大党统治，反对党曾在1977～1979年、1989～1991年两次短暂执政。1996年后印度政局不稳，到1999年先后举行3次大选，产生了5届政府。1999～2004年，印度人民党为首的全国民主联盟上台执政，瓦杰帕伊任总理。2004年，国大党领导的团结进步联盟在左派政党外部支持下，组成联合政府，曼莫汉·辛格任总理。

2009年4月16日至5月13日，印度举行第15届人民院选举，国大党领导的团结进步联盟以较大优势胜出，再次组成联合政府，曼莫汉·辛格连任总理。

【宪法】宪法于1950年1月26日生效。规定印度为联邦制国家，是主权的、社会主义的、世俗的民主共和国，采取英国式的议会民主制。公民不分种族、性别、出身、宗教信仰和出生地点，在法律面前一律平等。

【议会】联邦议会由总统和两院组成。总统为国家元首和武装部队的统帅，由议会两院及各邦议会当选议员组成选举团选出，任期五年，依照以总理为首的部长会议的建议行使职权。现任总统普拉蒂巴·帕蒂尔，2007年7月25日就任。两院包括联邦院（上院）和人民院（下院）。联邦院共250席，由总统指定12

名具有专门学识或实际经验的议员，和不超过238名各邦及中央直辖区的代表组成，任期六年，每两年改选1/3。联邦院每年召开4次会议。宪法规定副总统为法定的联邦院议长。现任联邦院议长哈米德·安萨里（Hamid Ansari），2007年8月10日当选。人民院为国家主要立法机构，其主要职能为：制定法律和修改宪法；控制和调整联邦政府的收入和支出；对联邦政府提出不信任案，并有权弹劾总统。人民院共545席，其中543席由选民直接选举产生，每5年举行一次大选。2009年选举产生的第15届人民院组成为：国大党及其盟党262席，国大党获206席，为第一大党；印度人民党及其盟党157席，印度人民党116席；左翼政党及盟党80席，其余政党44席。现任人民院议长梅拉·库马尔（Meira Kumar），2009年6月3日当选。

【政府】以总理为首的部长会议是最高行政机关。总理由总统任命人民院多数党的议会党团领袖担任，部长会议还包括内阁部长、国务部长。总理和内阁部长组成的内阁是决策机构。

本届政府于2009年5月28日组成，2011年1月内阁成员进行任内第一次改组。7月进行第二次改组。2012年10月进行第三次改组。改组后，内阁部长共33人：总理兼人事、督察和养老金部部长、计划委员会主任、原子能和空间署署长曼莫汉·辛格（Manmoban Singh），铁道部长帕万·库马尔·班萨尔（Pawan Kumar Bansal），财政部长帕拉尼亚潘·齐丹巴拉姆（P. Chidambaram），农业和食品加工工业部长沙拉德·帕瓦尔（Sharad Pawar），国防部长A.K.安东尼（A.K.Antony），内政部长苏希尔·库马尔·沈德（Sushil Kumar Shinde），外交部长萨尔曼·库尔希德（Salman Khurshid），科技和地球科学部长S.贾伊帕尔·雷迪（S.Jaipal Reddy），卫生与家庭福利部长古拉姆·纳毕·阿扎德（Ghulam Nabi Azad），新能源和可再生能源部长法鲁克·阿卜杜拉（Dr. Farooq Abdullah），石油和天然气部长维拉帕·莫伊利（M.Veerappa Moily），海外印人事务部长瓦雅拉尔·拉维（Vayalar Ravi），民航部长阿吉特·辛格（Ajit Singh），劳动和就业部长马利卡琼·卡杰（Mallikariun Kharge），人力资源开发部长M.M.帕拉姆·拉举（Dr. M. M. Pallam Raju），通信与信息技术部长卡比尔·西巴尔（Kapil Sibal），商工部、纺织部长阿南德·夏尔玛（Anand Sharma），道路交通和公路部长C.P.觉西（C. P. Joshi），住房和城市扶贫部长阿杰·迈肯（Aiay Maken），文化部长昌德雷什·库马里·卡托齐（Chandresh Kumari Katoch，女），航运部长G.K.瓦山（G. K.Vasan），城市发展部长、议会事务部长卡迈尔·纳特（Kamal Nath），水资源部长哈里什.拉瓦特（Harish Rawat），社会公平和权利部长库马里·赛尔贾（Kumari Selja，女），化工和化肥部长M.K.阿拉基里（M.K.Alagiri），重工业和公共企业部长普拉夫尔·帕蒂尔（Praful Patel），煤炭部长什里普拉卡什·杰斯瓦尔（Shriprakash Jaiswal），司法部长阿什瓦尼·库马尔（Ashwani Kumar），少数民族事务部长K.拉赫曼·汗（K.Rahman Khan），矿业部长丁夏·帕蒂尔（Dinsha J.Patel），部落事务、乡村自治组织部长V.基索尔·钱德拉·迪奥（V.Kishore Chandra Deo），钢铁部长本尼·普拉萨德·沃马（Beni Prasad Verma），农村发展部长杰拉姆·兰密施（Jairam Ramesh）。

独立主持部务的国务部长12人：妇女和儿童发展部国务部长克里希纳·提拉特（Krishna Tirath，女），青体部国务部长吉坦德拉·辛格（Jitendra Singh），消费者事务、食品、公共分配国务部长K.V.托马斯（Prof. K. V. Thomas），统计和项目执行部国务部长斯里坎特·杰纳（Srikant Jena），环境和森林部国务部长杰严提·纳塔拉简（Jayanthi Natrajan，女），新闻和广播国务部长玛尼什·特瓦尼（Manish Tewari），东北地区发展部国务部长帕班·辛格·加图瓦尔（Paban Singh Ghatowar），旅游国务部长K.齐兰吉维（Dr. K. Chiranjeevi），饮用水和卫生处理部国务部长巴拉特森·索兰基（Bharatsinh Solanki），电力部国务部长J.M.辛迪亚（Jyotiraditya Madhavrao Scindia），中小企业事务部部长K.H.穆尼亚帕（K.H.Muniyappa），公司事务部长萨钦·皮洛特（Sachin Pilot）。

【司法机构】最高法院是最高司法机关，有权解释宪法、审理中央政府与各邦之间的争议问题等。各邦设有高等法院，县设有县法院。最高法院法官由总统委任。现任首席法官K.G.巴拉克里希南（K.G. Balakrishnan），2007年1月就任。总检察长由政府任命，其主要职责是就执法事项向政府提供咨询和建议，完成宪法和法律规定的检察权，对宪法和法律的执行情况进行监督等。现任总检察长瓦汗瓦提（G.E. Vahanvati），2009年6月任命。

【政党】（1）印度国民大会党（英迪拉·甘地派）（The Indian National Congress〔Indira Gandhi〕）：简称国大党（英），通常称国大党。据称有初级党员3000万，积极党员150万。国大党成立于1885年12月，领导了反对英国殖民统治和争取印度独立的斗争。印独立后长期执政，1969年和1978年两次分裂。1978年英·甘地组建新党，改用现名。2004年和2009年人民院选举中再次成为议会中第一大党。现任主席索尼娅·甘地（Sonia Gandhi）。

（2）印度人民党（Bharatiya Janata Party）：1980年4月成立，其前身是1951年成立的印度人民同盟。自称有350万党员。代表北部印度教教徒势力和城镇中小商人利益，具有强烈民族主义和教派主义色彩。1996年首次成为议会第一大党并短暂执政。1998年至2004年两度执政。现为最大在野党。现任主席尼汀·加德卡里（Nitin Gadkari）。

（3）印度共产党（马克思主义）（Communist Party

of India〔Marxist〕)：简称印共（马）。1964年以孙达拉雅和南布迪里巴德为代表的一派从印度共产党分出后成立。党员81.4万（2002年），是印度最大的左翼政党。曾在西孟加拉邦长期执政，2011年5月结束在该邦连续34年的执政地位。现任总书记普拉卡什·卡拉特（Prakash Karat）。

（4）印度共产党（Communist Party of India）：于1920年成立。1964年分裂，以党主席什·阿·丹吉为首的一派仍沿用印共名称。1981年4月，丹吉因支持英·甘地与党内发生分歧而被开除出党，该党再次分裂。现任总书记巴尔丹（A. B. Bardan）。

【重要人物】普拉纳布·慕克吉：总统。1935年12月生于印度西孟加拉邦，印度国大党成员。先后出任航运、运输、税收、金融等部门国务部长，以及财政部长、外交部长、国防部长等职务。2012年7月22日当选总统，7月25日就任。　**曼莫汉·辛格：**总理。1932年9月26日出生于现巴基斯坦旁遮普省，锡克教徒，国大党成员。曾就读于旁遮普大学和英国剑桥、牛津大学，获牛津大学博士学位。1971年进入政府部门工作，历任财政部首席顾问、储备银行行长、计划委员会主席、总理经济事务顾问等职。曾在国际货币基金组织、亚洲开发银行等国际金融机构任职。1991～1996年任财政部长，推行"新经济政策"，放宽对私营经济活动限制，积极吸收外国直接投资，鼓励出口，被誉为"印度经济改革之父"。1991年、1995年和2001年分别当选联邦院议员。1998年任联邦院反对党领袖。2004年5月出任总理，继续推进经济改革，注重解决贫穷、农业和失业等问题，保证社会稳定和全面发展。对外大力推进印度大国战略，推动印美签署民用核能合作协议。2009年5月连任。

经　济

独立后经济有较大发展。农业由严重缺粮到基本自给，工业形成较为完整的体系，自给能力较强。20世纪90年代以来，服务业发展迅速，占GDP比重逐年上升。印已成为全球软件、金融等服务业重要出口国。

于1991年7月开始实行全面经济改革，放松对工业、外贸和金融部门的管制。1992～1996年实现经济年均增长6.2%。"九五"计划（1997～2002年）期间经济年均增长5.5%。"十五"计划（2002～2007年）期间，继续深化经济改革，加速国有企业私有化，实行包括农产品在内的部分生活必需品销售自由化，改善投资环境，精简政府机构，削减财政赤字。实现年均经济增长7.8%，是世界上发展最快的国家之一。2006年，推出"十一五"计划（2007～2012年），提出保持国民经济10%的高速增长，创造7000万个就业机会，将贫困人口减少10%，大力发展教育、卫生等公共事业，继续加快基础设施建设，加大环保力度。2011年8月，印计划委员会通过"十二五"（2012～2017年）计划指导文件，提出国民经济增速9%的目标。

2008年以来，受国际金融危机影响，经济增长速度放缓。2009年下半年以来有所好转。2011/2012财年主要经济数据如下（注：根据印度中央统计局公布的数据，按2004/2005财年固定价格计算。）：

国内生产总值：522202.7亿卢比（约合10948亿美元）。

国内生产总值增长率：6.9%。

国民总收入：737761.2亿卢比（约合15467亿美元）。

人均国民收入：60972卢比（约合1278美元）。

货币名称：印度卢比（Rupee）。

汇率：1美元=47.7卢比（2011年平均值）。

通货膨胀率：9.1%（2011年4月至2012年1月）。

失业率：6.6%。

【资源】资源丰富，有矿藏近100种。云母产量世界第一，煤和重晶石产量居世界第三。主要资源可采储量估计为：煤2533.01亿吨，铁矿石134.6亿吨，铝土24.62亿吨，铬铁矿9700万吨，锰矿石1.67亿吨，锌970万吨，铜529.7万吨，铅238.1万吨，石灰石756.79亿吨，磷酸盐1.42亿吨，黄金68吨，石油7.56亿吨，天然气10750亿立方米。此外，还有石膏、钻石及钛、钍、铀等。森林67.83万平方公里，覆盖率为20.64%。

【工业】主要工业包括纺织、食品加工、化工、制药、钢铁、水泥、采矿、石油和机械等。汽车、电子产品制造、航空和空间等新兴工业近年来发展迅速。"十五"计划期间，工业分别增长5.7%、7.0%、8.4%、8.2%、11.6%。2011年4～12月，工业同比增长3.6%，其中电力增长8.6%，制造业增长3.9%。采矿业、制造业和电力分别占工业生产指数权重14.16%，75.53%和10.32%。近年来主要工业产品产量如下（单位：万吨）：

	2010/2011	2011/2012
煤	39620.00	42040.00
原油	3770.00	3819.00
钢材	6584.00	6957.00
铁矿砂	2186.00	2080.00
发电量（兆瓦）	19.09	20.65

【农业】拥有世界1/10的可耕地，面积约1.6亿公顷，人均0.17公顷，是世界上最大的粮食生产国之一。农村人口占总人口72%。由于投资乏力、化肥使用不合理等因素，近年来农业发展缓慢。"十一五"期间，农业年均增长率3.28%。2011/2012财年增长率为2.5%。近两年主要农副产品产量如下（单位：百万吨）：

	2010/2011	2011/2012
粮食总产量	244.78	250.42
稻米	95.98	102.75
小麦	82.00	85.90
粗粮	43.68	42.08
油料	32.48	30.53
甘蔗	342.38	347.87
皮棉（百万包*）	33.00	34.09
黄麻（百万包**）	10.60	11.61

*每包皮棉170公斤。**每包黄麻180公斤。

【**服务业**】1993～2006年，服务业实现较快发展，增幅在5.7%～10.5%之间。2011/2012财年增长9.4%，占GDP的64.4%。其中，交通通讯业和建筑业发展尤其迅速，“十五”期间年均增长分别达15.3%和12.9%，2010/2011财年交通通信业增幅14.7%，2011/2012财年建筑业增幅4.8%。金融服务业“十五”期间年均增长9.5%，2010/2011财年大幅增长75.7%，金融服务贸易额达到65亿美元。

【**旅游业**】是印度政府重点发展产业，也是重要就业部门，提供两千多万个岗位。入境旅游人数近年来逐年递增，旅游收入不断增加。主要旅游点有阿格拉、德里、斋浦尔、昌迪加尔、那烂陀、迈索尔、果阿、海德拉巴、特里凡特琅等。

	2009	2010	2011
外国游客（万人次）	529.0	578.0	629.0
增长率（%）	4.3	8.1	8.9
创造外汇（亿美元）	125.2	141.9	165.6
增长率（%）	25.1	18.1	16.7

【**交通运输**】铁路为最大国营部门，拥有世界第四大铁路网。公路运输发展较快，是世界第二大公路网。海运能力居世界第18位。

铁路：截至2011年底总长度6.52万公里。

公路：截至2011年底总长度411万公里。

水运：主要海港12个，包括孟买、加尔各答、金奈、科钦、果阿等，承担3/4货运量。孟买为最大港口。2011年4～9月，港口货运总量446.1公吨，同期增长4.6%。内河航运截至2011年底总长度1.45万公里。

空运：经营定期航班的航空公司共14家，包括印度国际航空公司、印度航空公司等，有飞机334架。专营非定期航班的空运企业65家，飞机201架。航线通达各大洲主要城市。共有机场345个，其中国际机场5个，分别位于德里、孟买、加尔各答、金奈和特里凡特琅。

【**财政金融**】中央和地方财政分立，预算有联邦和邦两级。每年4月1日至次年3月31日为一个财政年度。多年来推行赤字预算以刺激经济发展，2011年财政债务为3349亿美元，占GDP的20%。“十五”期间，中央财政收入年均增加16.2%，其中税收收入年均增加20.7%。2011/2012财年，印度财政赤字2.4万亿卢比（约合503亿美元），约占国内生产总值的4.6%。截至2011年12月，外汇储备2967亿美元。

【**对外贸易**】近年来，进口激增，出口增长缓慢，贸易赤字扩大，成为国际收支失衡的主要原因。近年外贸情况如下（单位：亿美元）：

	2009/2010	2010/2011	2011/2012
总　额	4552.55	6315.29	6343
进口额	2786.81	3810.61	3915
出口额	1765.74	2504.68	2428
差　额	−1021.07	−1305.93	−1478

【**外国资本**】1991年起积极引进外资。1991年8月至2011年1月，吸收外国直接投资累计63033.6亿卢比（约合1439.75亿美元）。毛里求斯是第一大投资来源国。2011年4月至9月，印吸收外国直接投资约123亿美元，对印投资前三位的国家分别是：毛里求斯、新加坡和荷兰，吸引外资较多的行业包括金融服务、计算机软硬件、通讯、建筑、汽车、房地产、能源和化工等。

【**外国援助**】印度是世界上主要的受援国之一。2011年4月至2012年5月，外援总额80.19亿美元，其中贷款78.30亿美元，赠款1.89亿美元。近年来外援情况如下（单位：亿美元）：

	2009/2010	2010/2011	2011/2012
国际开发协会	5.47	36.09	15.87
国际复兴开发银行	59.22	18.22	29.36
亚洲开发银行	59.22	15.53	12.82
英国	0.79	1.98	–
德国	4.48	3.32	3.49
日本	23.51	5.71	16.84

（资料来源：印度政府2011/2012年度《经济调查报告》）

注："–"暂无数据。

人民生活

根据联合国公布的新贫困标准（日生活费用1.25美元以下），印度目前有3.55亿贫困人口，占全国总人口的29.8%。印人口出生率2.7%，新生婴儿死亡率4.7%，人均寿命为65.4岁（2011年）。医院和诊所共3.2万家，各类郊区、基础和社区卫生中心17.2万家。电话用户约9.26亿，固定电话用户约3200万，移动电话用户约8.94亿（2011年12月）。

军　事

印军前身为英国殖民主义者的雇佣军。1947年印巴分治后始建分立的三军。1978年创建独立的海岸警卫队。总统是名义上的武装力量统帅，内阁为最高军事决策机构。国防部负责部队的指挥、管理和协调。各军种司令部负责拟定、实施作战计划，指挥作战行动。现陆军参谋长比克拉姆·辛格（Bikram Singh），空军参谋长普拉迪普·瓦桑特·纳亚克上将（Pradeep Vasant Naik），海军参谋长尼尔马尔·维尔马上将（Nirmal Verma）。实行募兵制。陆、海、空三军总兵力为127万，居世界第四位。其中陆军103.5万，海军7万，空军17万。另有50多万预备役军人和100多万准军事部队。

2012/2013财年，国防预算约为1.93万亿卢比（约合405亿美元），同比增长12%。

文化教育

【**教育**】实行12年一贯制中小学教育。高等教育共8年，包括3年学士课程、2年硕士课程和3年博士课程。还包括各类职业技术教育、成人教育等非正规教育。印有高等院校31868所，其中综合性大学544所，著名的包括德里大学、尼赫鲁大学、加尔各答大学等。截至2011年底，印全民识字率74.04%。

【**新闻出版**】印报刊大多属私人和财团所有。截至2008年底，共有报刊69323种，总发行量2.07亿份。印地文和英文报刊分别占总数的37%和16%。最大的三家日报依次为《印度时报》、《马拉雅拉娱乐报》和《古吉拉特新闻》。主要印地文报纸有《旁遮普之狮报》、《今天日报》、《印度斯坦报》等。主要英文报纸有《印度斯坦时报》、《印度时报》、《印度教徒报》、《印度快报》等。

主要新闻机构和通讯社有：（1）新闻发布署：相当于政府中央通讯社，拥有1100多名国内和180多名国外特派记者，电传网覆盖全国各地，向8000余家新闻单位供稿。设有8个地区总分社和27个分社。（2）印度报业托拉斯：印最大通讯社，半官方性质。成立于1947年8月，后兼并印联合通讯社和路透社印度支社，于1949年元旦开业。现设136个国内分社和11个海外分社，员工1000多名，海外记者30多名。英文日发稿量超过10万字。在北京派驻记者。（3）印度联合新闻社：印第二大通讯社。1959年登记成立。现有分社100多个。目前向四个海湾国家及新加坡、毛里求斯提供新闻服务，在迪拜、华盛顿和新加坡设有分社，向22个国家派驻记者。（4）印度斯坦新闻社：私营，主要编发印地文、马拉地文、古吉拉特文和尼泊尔文的新闻。

全印广播电台隶属政府新闻广播部，广播网覆盖全国人口99.1%。对内使用24种语言和146种方言播音。对外使用27种语言广播。

全印电视台于1959年9月试播，1976年脱离全印广播电台成为独立机构，隶属新闻广播部，是世界最大的电视网络之一。截至2011年3月，全国共有56家电视台，515个卫星频道。电视网覆盖全国陆地面积的77.5%和人口的89.6%。

对外关系

印为不结盟运动创始国之一，历届政府均强调不结盟是其外交政策的基础。努力与所有国家发展关系，力争在地区和国际事务中发挥重要作用。冷战结束后，印政府调整了过去长期奉行的倾向苏联的大国政策，推行全方位务实外交，营造有利于自身发展的持久和平稳定的地区环境。

主张在和平共处五项原则及联合国宗旨和原则的基础上建立公正合理、考虑到所有国家利益并能为所有人接受的国际政治新秩序，要求进一步加强南南合作和南北对话，呼吁各国共同创造一个有利于第三世界发展的公正合理的国际经济新秩序。积极参加联合国维和行动。1992年联大期间正式向大会提出成为安理会常任理事国的要求，建议扩大安理会，实现决策民主化，提高工作效率。2005年，印度与日本、巴西和德国组成“四国集团”，提出安理会改革框架决议草案，要求扩大安理会，同时增加常任理事国与非常任理事国，并坚决要求拥有安理会否决权。

在人权问题上，主张推进人权应考虑各国的具体情况，认为最根本的人权是生存的权利；对发展中国家来说，发展问题优于民主和人权，反对将人权问题政治化，反对利用人权干涉他国内政，从而损害别国的主权和统一。

重视全球环境保护问题，认为解决这一问题应与发展中国家的发展要求相联系，环保的主要责任应由发达国家承担，建议发达国家和发展中国家联合从事研究和开发来解决环境问题。在气候变化问题上坚持“共同但有区别的责任”原则，列名支持《哥本哈根协议》。

近年来，印政府继续推行全方位大国外交战略，高度重视印中关系，优先发展与美关系，巩固印俄传统关系，推进与欧、日等主要发达国家的关系。继续推行东向政策。重视能源安全，逐步拓展同海湾、中亚等能源供应国的交往与合作。强调外交为经贸服务，注重发展经贸科技合作，吸收外国资金和技术。

【**同中国的关系**】1950年4月1日中印建交。20世纪50年代，中印两国领导人共同倡导和平共处五项原则，双方交往密切。1959年西藏叛乱后，中印关系恶化。1962年10月，中印边境发生大规模武装冲突。1976年双方恢复互派大使后，两国关系逐步改善。印度总理拉吉夫·甘地（1988年）、总统文卡塔拉曼（1992年）、总理拉奥（1993年）、副总统纳拉亚南（1994年）、总统纳拉亚南（2000年）先后访华。国务院总理李鹏（1991年）、全国政协主席李瑞环（1993年）、副总理兼外长钱其琛（1994年）、全国人大常委会委员长乔石（1995年）、国家主席江泽民（1996年）、全国人大常委会委员长李鹏（2001年）、国务院总理朱镕基（2002年）分别访问印度。2003年6月，印度总理瓦杰帕伊对中国进行正式访问，双方签署《中印关系原则和全面合作的宣言》。2005年4月，温家宝总理访印，双方签署《联合声明》，宣布建立面向和平与繁荣的战略合作伙伴关系。2006年11月，胡锦涛主席对印度进行国事访问。双方发表《联合宣言》，制定深化两国战略合作伙伴关系的“十项战略”。2008年1月印度总理辛格访华，两国签署《中印关于二十一世纪的共同展望》。2010年是中国印度建交60周年。4月1日，胡锦涛主席、温家宝总理、杨洁篪外长就中印建交60周年分别与印度总统帕蒂尔、总理辛格、外长克里希纳互致贺电。5月，印度总统帕蒂尔来华进行国事访问，国家主席胡锦涛、全国人大常委会委员长吴邦国、国务院总理温家宝、全国政协主席贾庆林分别与帕会谈、会见。习近平副主席简短会见帕并与帕共同出席中印建交60周年招待会。12月，温家宝总理访印，两国签署《中华人民共和国和印度共和国联合公报》。

2011年是“中印交流年”。4月，胡锦涛主席在海南省三亚市会见来华出席金砖国家领导人第三次会晤的印度总理辛格。11月，温家宝总理在出席东亚峰会期间会见印总理辛格。

2012年，中印关系保持健康稳定发展。2月，印外长克里希纳来华出席印驻华使馆新馆启用仪式，周永康同志、戴秉国国务委员分别会见。3月底，胡锦涛主席赴印出席金砖国家领导人峰会并同辛格总理举行双边会见，双方共同宣布并启动2012“中印友好合作年”。6月，温家宝总理在出席里约联合国可持续发展大会期间，同辛格总理举行会见。克里希纳外长代表印度来华出席上海合作组织峰会，李克强副总理会见。

两国外交部门保持密切沟通与协调。2012年2月，印外长克里希纳来华出席活动，杨洁篪外长会见。3月，杨洁篪外长对印进行正式访问，同克里希纳外长举行会谈。中印第五次反恐磋商在印举行。4月，杨洁篪外长同克里希纳外长在第11次中俄印外长会晤期间举行双边会见。5月，两国外交政策磋商在新德里举行。6月，印外长克里希纳来华出席上海合作组织峰会，同杨洁篪外长举行会见。印度外交部官员团访华。

中印边界谈判继续向前推进，边境地区总体保持和平与安宁。2012年1月，中印边界问题中方特别代表、国务委员戴秉国同印方特别代表、印度国家安全顾问梅农在新德里举行中印边界问题特别代表第15次会晤。双方签署建立边境事务磋商和协调工作机制的协定。3月，中印边境事务磋商和协调工作机制首次会议在北京举行。

中印双边贸易增长迅速，双方已完成中印区域贸易安排联合可行性研究，经济合作领域不断拓展。2011年，双边贸易额为739亿美元，增长19.7%。其中中国出口额505亿美元，进口额234亿美元。2012年1～4月，双边贸易额达222.96亿美元。印度是中国重要的海外工程承包市场。截至2012年4月，中国在印累计签订承包工程合同额573.11亿美元，完成营业额287.14亿美元。中国对印非金融类直接投资累计金额5.91亿美元。中国对印度主要出口商品有机电产品、化工产品、纺织品、塑料及橡胶、陶瓷及玻璃制品等。中国自印度主要进口商品有铁矿砂、铬矿石、宝石及贵金属、植物油、纺织品等。

2010年1月，印度商工部长阿南德·夏尔马率团来华出席中印经贸科技联合小组第八次会议，温家宝总理会见，商务部长陈德铭同其举行会谈。9月，第四次中印财经对话在北京举行。2011年9月，中印战略经济对话首次会议在北京举行，中国国家发展和改革委员会主任张平与印度计划委员会副主席阿鲁瓦利亚共同主持。温家宝总理会见印方代表团成员。11月，第五次中印财金对话在新德里举行，中国财政部部长助理王保安和印度财政部副部长戈帕兰共同主持。

两国在军事领域的交流与合作进一步发展。2006年5月，两国签署《中印防务领域加强交流与合作的谅解备忘录》。2007年以来，双方举行了两次陆军联合反恐训练，两国军方代表团多次互访。2009年，印海军参谋长梅赫塔上将来华访问并参加中国海军成立60周年庆典活动；印东部军区司令维杰·库马尔·辛格率印高级军事代表团访华；中国人民解放军副总参谋长葛振峰上将和西藏军区司令员舒玉泰分别率团访印；中国海军“深圳”号导弹驱逐舰访印。2011年6月，印边防部队代表团访华。12月，中印第五次防务与安全磋商在新德里举行。2012年5月，中国海军“郑和”号训练舰访印。6月，四艘印海军舰艇访问上海。

两国人文领域的交流与合作不断扩大。2011年是“中印交流年”。4月，“感知中国·印度行—四川周”活动在印度举办。5月，国家新闻出版总署副署长邬书林访印，与印方签署关于编纂“中印文化交流百科全书”的谅解备忘录。7月，印文化关系委员会与上海档案馆共同举办“泰戈尔中国之旅”图片展。9月，印500名青年代表访华，温家宝总理出席中印青年传统文化交流大舞台活动。2012年2月至3月，中国500名青年访印。2011年，两国人员往来72.4万人次，其中印来华60.6万人次，中国赴印11.8万人次。两国现已开通北京、上海、广州、成都、昆明、深圳、三亚至新德里、孟买、班加罗尔、加尔各答等城市的直航航线，每周飞行约45个班次。

中印在重大国际和地区事务中有着广泛的共识，保持良好的合作。两国在中印俄三方合作、发展中五国、“金砖国家”、“基础四国”、多哈回合谈判中保持密切沟通与配合，就国际金融危机、气候变化、能源和粮食安全等重大问题协调立场，共同维护广大发展中国家权益。

中国驻印度大使：张炎。馆址：50-D, Shantipath, Chanakyapuri, New Delhi-110021, India。国家地区号：0091-11。电话：26112345，签证处：24675559，经商处：26111101。传真：26885486，签证处：26111105，经商处：26111099。网址：http://in.china-embassy.org，http://in.mofcom.gov.cn（经商

处）。电子邮箱：chinaemb_in@mfa.gov.cn。

中国驻加尔各答总领事：张利忠。馆址：EC-72，Sector-1，Salt Lake City，Kolkata-700064，West Bengal，India。国家地区号：0091-33。电话：40048169；传真：40048168。网址：http://kolkata.china-consulate.org/chn/。电子邮箱：chinaconsul_kkt@mfa.gov.cn，kolkata@mofcom.gov.cn（商务室）。

中国驻孟买总领事：牛清报。馆址：8 th/9th Floor，Hoechst House，193 Backbay Reclamation，Nariman Point，Mumbai 400021，India。国家地区号：0091-22。电话：66324303/4/5/6（总机）；传真：66324302（领馆），66324307（商务室），66324308（领侨室）。电子信箱：chinaconsul_mum_in@mfa.gov.cn，bombay@mofcom.gov.cn（商务室）。

印度驻华大使：苏杰生（Dr. S. Jaishankar）。馆址：北京市朝阳区亮马桥北街5号，邮编：100600。电话：010-85312500/2501/2502/2503；传真：85312515。电子信箱：hoc@indianembassy.org.cn。

印度驻上海总领事：戴思锐（Mrs.Riva Ganguly Das）。地址：上海市延安西路2201号国贸中心1008室。电话：021-62758885；传真：62758881。

印度驻广州总领事：潘玉宝（Mr. Indra Mani Pandey）。地址：中国广州市林和中路8号海航大厦14楼1401-1404单元。邮编：501620。电话：020-85501501-05；传真：85501510/85501513。电子信箱：cgo@cgiguangzhou.org.cn（除护照/签证外的查询）。

【同美国的关系】2005年7月，印美宣布建立全球伙伴关系。2006年3月，美总统布什访印。双方就印度核设施分离计划达成协议，制定两国贸易三年内翻番的目标，宣布成立科技委员会，探讨民用航天合作。12月，美国会通过印美民用核能合作法案。

2010年4月，印度总理辛格出席在美国华盛顿举行的核安全峰会，并会见美国总统奥巴马。美国财长盖特纳访问印度，双方建立印美金融经济伙伴关系。6月，印度外长克里希纳访美，举行首次印美战略对话。7月，美国国家安全顾问琼斯访印。11月，美国总统奥巴马访印，会见了印度总统帕蒂尔、国大党主席索尼娅·甘地、外长克里希纳及人民院反对党领袖斯瓦拉吉，同印度总理辛格举行会谈，双方签署20多项、价值100多亿美元的协议。

2011年5月，美国土安全部长纳波利塔诺访印，同印内政部长齐丹巴拉姆举行首轮印美国土安全对话，并发表《联合声明》。6月，印美第二届经济与金融伙伴关系对话在华盛顿举行。7月，美国国务卿希拉里与印外长克里希纳在新德里共同主持印美第二轮战略对话，并发表《印美战略对话联合声明》。在印期间，希拉里还同印总理辛格、国大党主席索尼娅·甘地等会晤。2012年6月，印外长克里希纳与美国务卿希拉里在华盛顿共同主持第三次印美战略对话，发表《2012年印美战略对话联合声明》。

【同俄罗斯的关系】印俄双边关系密切。2000年，两国宣布建立战略伙伴关系，并建立年度峰会机制。

2009年6月，印度总理辛格赴俄罗斯出席上海合作组织峰会和首次“金砖四国”领导人正式会晤。9月，印度总统帕蒂尔访问俄罗斯。12月，印度总理辛格访问俄罗斯，与俄罗斯总统梅德韦杰夫、总理普京会晤，双方发表联合声明，签署包括核合作、军事防务、经济合作、文化交流等6个协议。

2010年3月，俄罗斯总理普京访问印度，与印度总统帕蒂尔、总理辛格、国大党主席索尼娅·甘地等会晤，双方签署了总价值上百亿美元的一系列协议。12月，俄罗斯总统梅德韦杰夫访问印度，会见了印度总统帕蒂尔、总理辛格、国大党主席索尼娅·甘地、外长克里希纳及人民院反对党领袖斯瓦拉吉，双方签署数十项协议，发表印俄联合声明，举行了庆祝印俄战略伙伴关系建立10周年活动。

2011年10月，印国防部长安东尼赴俄参加印俄军事技术合作委员会例行会议，双方就军事项目落实情况和武器设备配套零部件出口等进行磋商。12月，印总理辛格对俄进行正式访问，并出席印俄第12次峰会。辛格分别与梅德韦杰夫总统及普京总理举行会谈，双方同意深化两国间特殊、优先的战略伙伴关系，扩大经贸、投资、防务、科技、文化交流等各领域合作。

【同日本的关系】印日关系发展势头良好。2000年，印日建立全球伙伴关系。2004年起，印成为日最大海外开发援助对象。2006年12月，印总理辛格访日，双方宣布建立战略性全球伙伴关系，并将2007年定为“印日友好年”和“印日旅游交流年”。

2009年12月，日本首相鸠山由纪夫访问印度，双方发表《新时期印日战略和全球伙伴关系》共同声明。

2010年6月，印度总理出席加拿大多伦多二十国集团领导人峰会期间同日本首相菅直人举行会谈，双方同意在开发发电技术等民用领域加强合作。6月底，印度与日本就出口核能发电技术举行第一轮谈判。7月，印度与日本举行首轮外交与防务副部长级对话（“2+2”）。8月，日本外相冈田克也访印，与印度外长举行第四轮外长级年度战略对话。10月，印度总理辛格访日，与日本首相菅直人举行会谈，双方发表《未来十年印日全球战略伙伴关系愿景》的联合声明，签署《关于缔结印日全面经济伙伴关系协定的联合宣言》。

2011年2月，印日签署《印日全面经济伙伴关系协定》以及《履约协议》，以推动贸易自由化、创造更多投资机会、改善商业合作环境。4月，印外秘拉奥琪访问日本，举行印日外交磋商，双方表示将进一步推动目前陷入停滞的印日民用核能对话，并同意建立印日美三边对话机制，就涉及共同利益的地区和国际问题开展对话。10月，印外长克里希纳对日进行正式访问，与日外相举行第五次印日战略对话。12月，日首相野田佳彦对印进行国事访问，并出席第六届印日峰会。2012年4月，印日举行部长级经济对话。

【同欧盟及欧盟国家关系】2000年，印度与欧盟建立首脑会晤机制。2005年双方正式确立印欧战略伙伴关系。欧盟作为整体是印最大贸易伙伴和重要投资来源地。

2010年4月，印度总理辛格出席美国华盛顿核安全峰会期间会见法国总统萨科齐。6月，印度总理出席加拿大多伦多二十国集团领导人峰会期间会见英国首相卡梅伦及法国总统萨科齐。7月，英国首相卡梅伦访印，会见印度总统帕蒂尔、副总统安萨里，与印度总理辛格举行会谈。12月，印度总理出席在布鲁塞尔举行的第11轮“印度—欧盟峰会”，并与欧洲理事会主席范龙佩、欧盟委员会主席巴罗佐、比利时首相莱特姆、德国总理默克尔等欧洲领导人会晤。12月，法国总统萨科齐访印，会见印度总统帕蒂尔，与印度总理辛格举行工作会谈，双方签署总额约150亿欧元的框架合作协议。

2011年5月，德国总理默克尔访问印度，会见了印总统帕蒂尔，与辛格总理共同主持首轮印德政府间磋商。两国正式启动政府间磋商机制，并在职业教育、药物研发、科技创新、核能领域达成四项合作协议。6月，法国财长拉加德访印，与印总理辛格、财长幕克吉、计划委员会副主任阿鲁瓦利亚举行会见。11月，印度—欧盟在新德里举行首次外交政策磋商。2012年1月，印度—欧盟第22次部长级会议在印班加罗尔召开。

【同东盟及东盟国家的关系】印度同东南亚国家地理位置相近，有悠久的历史关系。印积极推行“东向政策”，加强同东盟的政治经济关系，积极参与东亚合作。

2009年10月，第七次印度—东盟峰会在泰国华欣举行，印总理辛格出席。12月，印度外长克里希纳出席在缅甸举行的第12次孟印缅泰经济合作组织部长级会议。2010年10月，第八次印度—东盟峰会在越南河内举行，印总理辛格出席。2011年3月，印度—东盟第三次德里对话举行，印外长克里希纳出席。11月，第九次印度—东盟峰会在印尼巴厘岛举行，印总理辛格出席。

2009年2月，印度副总统安萨里访问缅甸。2010年7月，缅甸国家和平与发展委员会主席丹瑞大将访印。2011年6月，印外长克里希纳访缅，会见了缅总统、副总统等领导人，并与缅外长举行会谈。10月，缅总统吴登盛对印进行国事访问，会见了印总统、外长，并与辛格总理举行会谈，双方发表联合声明。

2010年9月，印度总统帕蒂尔访问老挝和柬埔寨。2011年1月，印度尼西亚总统苏希洛访问印度。3月，菲律宾外长罗慕洛访印。4月，泰国总理阿披实对印度进行国事访问。

2010年10月，印度总理辛格访问越南、马来西亚，并出席河内东亚峰会。2011年10月，越南国家主席张晋创对印度进行国事访问，会见印总统帕蒂尔、外长克里希纳、议会反对党领袖斯瓦拉吉，与辛格总理举行会谈。印石油与天然气集团与越南国有石油公司签署谅解备忘录，在南海所谓127、128油气区块开展油气资源勘探合作项目，后因技术原因，印公司退出两区块勘探。

【同南盟及南盟国家的关系】印度是南盟创始国之一。印于1986年、1995年和2007年三次主办南盟首脑会议。作为南盟最大国家，印强调加强南亚各国联系，积极推动在南盟范围内实现物流、人员、技术、知识、资金和文化的自由流动，最终建立南亚经济共同体。2008年8月，印度总理辛格出席在科伦坡举行的第15届南盟峰会。2010年4月，印度总理辛格出席在不丹举行的第16届南盟峰会。2011年7月，印度总理辛格出席在马尔代夫举行的第17届南盟峰会。

2004年以来，印度巴基斯坦保持和平对话进程，双边关系继续缓和。2008年11月，孟买发生连环恐怖袭击事件后，印指责巴境内的恐怖组织“虔诚军”制造了此次事件。印巴关系骤然紧张，和平进程中断。经国际社会斡旋，两国紧张局势有所降温，但尚未根本缓解。2009年6月，印总理辛格在俄罗斯出席上海合作组织峰会期间会见巴总统扎尔达里。2010年4月，印总理辛格在不丹第16届南盟峰会期间会见巴总统扎尔达里。7月，印外长克里希纳访问巴基斯坦。

2011年2月，印外秘和巴外秘在不丹廷布举行会见。3月，应印总理曼莫汉·辛格邀请，巴总理吉拉尼抵达位于印度西北部的旁遮普邦的莫哈里，观看在印巴两队之间进行的板球世界杯半决赛。这是自2008年11月孟买恐怖袭击事件后，印巴两国领导人第一次在印度举行会晤。7月，巴新任外长希娜·拉巴尼·哈尔访印，同印总理辛格、国大党主席索尼娅·甘地、人民党领袖阿德瓦尼、人民院反对党领袖斯瓦拉吉会见，并与印外长克里希纳举行会谈，发表《印巴外长联合声明》。11月，印巴在新德里举行贸易对话，同意携手实现两国贸易正常化，并发表联合声明。12月，印巴重启核及常规安全的“建立信任措施”（CBM）谈判，这是两国CBM对话中断四年后再度恢复。2012年4月，巴基斯坦总统扎尔达里对印进行“私人访问”，同印总理辛格会见。

2011年1月，尼泊尔总统亚达夫访问印度，印外秘拉奥琪访尼。2月和10月，阿富汗总统卡尔扎伊两次访问印度，两国签署首份战略合作伙伴关系协议。4月，印外长克里希纳访问尼泊尔。5月，斯里兰卡外长佩里斯访印。7月，印外长克里希纳访问马尔代夫、孟加拉国。9月，印总理辛格访问孟加拉国。10月，尼泊尔总理巴特拉伊访印。11月，印总理辛格对马尔代夫进行国事访问。

【同非洲国家的关系】印独立后，支持非洲国家反殖民主义和国家民族解放斗争，在非洲国家中赢得了良好声誉。近年来，印加大对非洲的重视和投入。印在非重点推进与南非、毛里求斯、尼日利亚、埃及等国家关系，也借重非盟、东非共同体、“环印度洋地区合作联盟”、“印度—巴西—南非”倡议等区域组织促进对非关系。2004年，印总统卡拉姆访非。2005～2007年，辛格总理三度访非。2008年，印举办首届“印非论坛峰会”，宣布5年内对非信贷总额增至54亿美元。2011年3月，“印度—巴西—南非对话论坛”部长级会议在新德里举行；10月，“印度—巴西—南非对话论坛”第五届峰会在比勒陀利亚举行，辛格总理出席。5月，第二届印度非洲论坛首脑峰会在埃塞俄比亚首都亚的斯亚贝巴举行，发表《亚的斯亚贝巴宣言》和《印非加强合作框架文件》。双方确立到2015年印非贸易额达700亿美元的目标。非盟积极评价印非合作，表示将尽快设立驻印办事处。（申秀霞）

印度尼西亚

国名　印度尼西亚共和国（Republic of Indonesia）

面积　陆地面积1904443平方公里，海洋面积3166163平方公里（不包括专属经济区）。（资料来源：2005年经济学家信息部国别报告）

人口　2.376亿（2010年印尼人口普查），世界第四人口大国。有100多个民族，其中爪哇族人口占45%，巽他族14%，马都拉族7.5%，马来族7.5%，其他26%。民族语言共有200多种，官方语言为印尼语。约87%的人口信奉伊斯兰教，是世界上穆斯林人口最多的国家。6.1%的人口信奉基督教，3.6%信奉天主教，其余信奉印度教、佛教和原始拜物教等。

首都　雅加达（JAKARTA），人口958.8万（2010年印尼统计年鉴）。

国家元首　总统苏希洛·班邦·尤多约诺（Dr. H.Susilo Bambang Yudhoyono），2004年10月就任，2009年10月连任，任期至2014年。

重要节日　伊斯兰教开斋节、宰牲节；民族觉醒日（纪念1908年印尼民族运动组织“至善社”成立）：5月20日；独立日：8月17日。

简　况

位于亚洲东南部，地跨赤道。与巴布亚新几内亚、东帝汶、马来西亚接壤；与泰国、新加坡、菲律宾、澳大利亚等国隔海相望。是世界上最大的群岛国家，由太平洋和印度洋之间17504个大小岛屿组成，其中约6000个有人居住。海岸线长54716公里（世界银行数据）。热带雨林气候，年均气温25℃～27℃。

3～7世纪建立了一些分散的王朝。13世纪末14世纪初爪哇出现强大的麻喏巴歇（满者伯夷）封建帝国。15世纪先后遭葡萄牙、西班牙、英国入侵，1602年荷兰在印尼成立具有政府职能的“东印度公司”，开始长达300多年的殖民统治。1942年日本入侵，1945年日本投降后爆发争取民族独立的8月革命，于8月17日宣告独立，成立印度尼西亚共和国。

1945～1950年，先后武装抵抗英国、荷兰的入侵，其间曾被迫改为印度尼西亚联邦共和国并加入荷印联邦。1950年8月重新恢复为印度尼西亚共和国，1954年8月脱离荷印联邦。

政　治

1997年亚洲金融危机对印尼造成全面冲击，引起局势动荡。1998年5月，执政长达32年的苏哈托总统辞职，副总统哈比比接任总统。1999年10月，印尼人民协商会议（简称人协）选举瓦希德为总统，梅加瓦蒂为副总统。2001年7月23日，人协特别会议以渎职罪罢免瓦希德总统职务，梅加瓦蒂接任总统，哈姆扎·哈兹任副总统。2004年7月，印尼举行历史上首次总统直选，原政治安全统筹部长苏希洛和人民福利统筹部长尤素夫·卡拉（Muhammad Jusuf Kalla）通过两轮直选胜出，10月20日宣誓就任总统和副总统。2009年7月，印尼举行第二次总统直选，苏希洛和原央行行长布迪约诺（Boediono）首轮胜出，10月20日宣誓就任总统和副总统，任期至2014年。

苏希洛政府把维护国家安全、发展经济以及反腐倡廉确立为施政重点，致力于解决地方分离主义问题，加强国际反恐合作；实行更为开放的经济政策，大力吸引外资刺激经济复苏；对政府官员财产收入加强监督，努力创建廉洁政府。

2005年8月，印尼政府与“亚齐独立运动”分离组织签署和平协议。2006年7月，印尼国会通过亚齐管理法。12月，亚齐举行地方选举，前“亚独运动”领导人伊尔万迪·尤素夫（Irwandi Yusuf）和穆罕默德·纳扎尔（Muhammad Nazar）当选省长和副省长。2012年4月，前“亚齐独立军”领导人宰尼·阿卜杜拉（Zaini Abdullah）和穆扎基尔·马纳夫（Muzakir Manaf）当选省长和副省长，任期至2017年。

2006年7月，印尼国会通过新《国籍法》，取消部分带有种族歧视和性别歧视的内容。2008年10月，印尼国会通过《消除种族歧视法》。

2002～2005年，印尼连续发生巴厘岛爆炸、雅加达万豪酒店爆炸、澳大利亚驻雅加达使馆爆炸、第二次巴厘岛爆炸等重大恐怖袭击事件。2009年7月，雅加达万豪酒店和丽兹·卡尔顿酒店发生恐怖爆炸。近年来，印尼政府采取坚决措施打击恐怖主义，先后击毙和逮捕了一批恐怖分子，安全形势有所好转。

【宪法】现行宪法为《"四五"宪法》。该宪法于1945年8月18日颁布实施，曾于1949年12月和1950年8月被《印尼联邦共和国宪法》和《印尼共和国临时宪法》替代，1957年7月5日恢复实行。1999年10月至2002年8月间先后进行过四次修改。宪法规定，印尼为单一的共和制国家，"信仰神道、人道主义、民族主义、民主主义、社会公正"是建国五项基本原则（简称"潘查希拉"）。实行总统制，总统为国家元首、行政首脑和武装部队最高统帅。2004年起，总统和副总统不再由人民协商会议选举产生，改由全民直选；每任五年，只能连任一次。总统任命内阁，内阁对总统负责。

【人协】全称人民协商会议。国家立法机构，由人民代表会议（国会）和地方代表理事会共同组成，负责制定、修改和颁布宪法，并对总统进行监督。如总统违宪，有权弹劾罢免总统。每5年换届选举。本届人协于2009年10月成立，共有议员692名，包括560名国会议员和132名地方代表理事会成员。设主席1名，副主席3名。现任主席为陶菲克·基玛斯（Taufik Kiemas）。

【国会】全称人民代表会议。国家立法机构，行使除修宪之外的一般立法权。国会无权解除总统职务，总统也不能宣布解散国会；但如总统违反宪法，国会有权建议人协追究总统责任。本届国会于2009年10月成立，共有议员560名，兼任人协议员。任期五年。设议长1名，副议长4名。现任议长为马尔祖基·阿里（Marzuki Alie）。本届国会共有9个派系，即民主党派系（26.40%）、专业集团党派系（18.29%）、民主斗争党派系（16.78%）、繁荣公正党派系（10.17%）、国家使命党派系（8.21%）、建设团结党派系（6.78%）、民族觉醒党派系（5.00%）、大印尼行动党派系（4.64%）、民心党派系（3.04%）。

【地方代表理事会】系2004年10月新成立的立法机构，负责有关地方自治、中央与地方政府关系、地方省市划分以及国家资源管理等方面立法工作。成员分别来自全国33个省级行政区，每区4名代表，共132名，兼任人协议员。设主席1名，副主席2名。现任主席为伊尔曼·古斯曼（Irman Gusman）。

【政府】本届内阁于2009年10月组建，阁员35人，任期至2014年。2010年5月、2011年10月，内阁进行2次改组，现任阁员为：政治法律安全统筹部长佐戈·苏延多[Marsekal TNI（Purn）Djoko Suyanto]，经济统筹部长哈达·拉加萨（Ir.Hatta Rajasa），人民福利统筹部长阿贡·拉克索诺（Dr.H.R.Agung Laksono），国务秘书部长苏迪·希拉拉西[Let.Jend. TNI（Purn）Sudi Silalahi]，内阁秘书部长迪博·阿兰（Dipo Alam），内政部长加马万·法乌兹（Gamawan Fauzi，SH，MS），外交部长马尔迪·纳塔勒加瓦（Dr. R.M.Marty Natalegawa，M.Phil，B，Sc），国防部长布尔诺默·尤斯吉安多罗（Dr.Ir.Purnomo Yusgiantoro），司法人权部长阿米尔·山苏丁（Amir Syamsuddin），财政部长阿古斯·马尔托瓦多约（Agus Martowardojo），能源和矿产资源部长杰洛·瓦吉克（Ir.Jero Wacik SE），工业部长苏莱曼·希达亚特（Ir.Moh.Suleman Hidayat），贸易部长吉达·伊拉万·维尔加万（Gita Irawan Wirjawan），农业部长苏斯沃诺（Ir.H.Suswono，MMA），林业部长祖尔基夫里·哈桑（Zulkifli Hassa，SE，MM），交通部长恩奈斯特·埃弗特·芒因达安[Letjen（Purn）Ernet Evert Mangindaan），海洋渔业部长吉吉普·苏塔尔佐（Cicip Sutarjo），劳工与安置部长阿卜杜·穆海敏·伊斯甘达尔（Drs.H.Abdul Muaimin Iskandar，MSi），公共工程部长佐克·吉尔曼托（Ir.Joko Kirmanto，Dipl.HE），卫生部长纳夫西娅·姆波（Nafsiah Mboi），国家教育与文化部长穆罕默德·努（Prof.Dr.Ir.Mohammad Nuh），社会部长萨里姆·塞加特·奥·朱里夫（Dr.Salim Segat Al-Jufrie），宗教部长苏利亚达尔马·阿里（Drs.H.Suryadharma Ali，M，Si），旅游与创意经济国务部长玛莉·埃尔加·邦埃斯杜（Dr.Marie Elka Pangestu，中文名：冯慧兰），信息与通讯部长迪法杜尔·森比林（Tifatul Sembiring），科技国务部长古斯迪·穆罕默德·哈达（Prof.Dr.Ir. Gusti Muhammad Hatta），中小企业与合作社国务部长沙里夫·哈桑（Dr.Syarief Hassan），环境国务部长巴塔扎尔·坎布瓦亚（Baltazar Kambuaya），妇女作用与保护儿童国务部长琳达·阿玛丽亚·莎里·西普（Linda Amalia Sari，Sip），提高国家机构效率国务部长阿兹瓦尔·阿布巴卡尔（Azwar Abubakar），落后地区发展国务部长阿玛德·赫尔米·法沙尔·载尼（Ir.H.Ahmad Helmy Faishal Zaini），国家发展计划国务部长阿尔米达·萨尔西娅·阿里沙赫巴纳（Prof. Dr. Armida Salsiah Alisjahbana），国营企业国务部长穆斯塔法·阿布巴卡尔（Dr.Ir.Mustafa Abubakar），人民住房国务部长简·法里兹（Djan Faridz），青年与体育国务部长安迪·阿尔菲安·马拉朗恩（Dr.Andi Affian Mallarangeng）。其他部长级官员有：总检察长巴斯里夫·阿里夫（Basrief Arief），国民军总司令阿古斯·苏哈尔多诺（Jend.Agus Suhartono），警察总长蒂姆尔·普拉多博（Timur Pradopo），总统府督办室主任昆多罗·孟古苏布洛托（Kuntoro Mangkusubroto），国家情报局局长马西亚努斯·诺曼中将（Letjen TNI Marcianus Norman），投资协调署署长默罕默德·查提卜·巴斯里（Muhammad Chatib Basri）。

【行政区划】共有一级行政区（省级）33个，包括雅加达首都、日惹、亚齐3个地方特区和30个省。二级行政区（县、市级）共497个。

【司法机构】实行三权分立，最高法院独立于立法和行政机构。最高法院院长由最高法院法官选举，现任院长哈达·阿里（Hatta Ali）。

【政党】1975年颁布的政党法只允许三个政党存在，即专业集团、印尼民主党、建设团结党。1998年5月解除党禁。1999年1月28日颁布的新政党法规定，50名以上年满21岁的公民只要遵循“不宣传共产主义，不接收外国资金援助，不向外国提供有损于本国利益的情报，不从事有损于印尼友好国家的行为”的原则，便可成立政党。2009年大选中，共有48个政党参选，9个政党获得国会议席，苏希洛创立的民主党成为国会第一大党。主要大党包括：

（1）民主党（Partai Demokrat）：成立于2001年9月9日，以“潘查希拉”为政治纲领，以维护和巩固国家统一为目标，倡导民族主义、宗教信仰自由、多元主义和人道主义。2009年4月国会选举中获148个议席，国会第一大党。现任总主席为阿纳斯·乌尔巴宁鲁（Anas Urbaningrum）。

（2）专业集团党（Partai Golongan Karya）：1959年组成松散的专业集团联合秘书处，1964年10月由61个群众组织联合成立专业集团，1970年12月扩大为包括291个群众组织的专业组织，1967年至1999年6月为事实上的执政党，但一直自称为社会政治组织。1999年3月7日正式宣布为政党。以“潘查希拉”为政治纲领，主张在民主和民权基础上进行政治体制改革，保障人权，改善民生。2009年国会选举中获106个议席，国会第二大党。总主席阿布里扎尔·巴克利（Aburizal Bakrie）。

（3）民主斗争党（Partai Demokrasi Indonesia-Perjuangan）：由原印尼民主党分裂出来的人士组成，1998年10月正式成立。系民族主义政党，印尼世俗政治力量代表。以“潘查希拉”为政治纲领，弘扬民族精神，反对宗教和种族歧视。2009年国会选举中获94个议席，国会第三大党。现任总主席为梅加瓦蒂·苏加诺普特丽（Megawati Soekarnoputri）。

（4）繁荣公正党（Partai Keadilan Sejahtera）：成立于1998年7月20日。以伊斯兰教为政治纲领，主张通过参政影响国家发展进程，利用传教便利教化大众，发扬伊斯兰互助精神，扶危济贫。2009年国会选举中获57个议席，国会第四大党。现任总主席为鲁特非·哈桑·伊萨（Luthfi Hasan Ishaq）。

（5）国家使命党（Partai Amanat Nasional）：成立于1998年8月23日，党员多为印尼第二大穆斯林团体穆哈玛迪亚（Muhammadiyah）成员，具有伊斯兰现代派特征。主张三权分立制衡、人民主权、经济平等、种族宗教和睦等。2009年国会选举中获53个议席，国会第五大党。现任总主席为哈达·拉加萨（Ir.Hatta Rajasa）。

（6）建设团结党（Partai Persatuan Pembangunan）：1973年1月由伊斯兰教士联合会、印尼穆斯林党、印尼伊斯兰教士联盟党和白尔蒂伊斯兰教党合并组成。20世纪80年代后伊斯兰教士联合会退出。原政治纲领为“潘查希拉”，现回归伊斯兰教，并将党徽重新改回麦加天房图案。主张司法独立，实施广泛地方自治和宗教平等，全面提高人口素质。2009年国会选举中获38个议席，国会第六大党。现任总主席为苏尔亚达尔马·阿里（Suryadharma Ali）。

【重要人物】苏希洛·班邦·尤多约诺：总统。1949年9月生于东爪哇省巴吉丹。退役上将。毕业于印尼国家军事学院，后在美国、比利时、德国等国军事院校进修。曾任雅加达军区作战助理、第二军区司令、社会政治事务参谋长等职。1999年10月担任矿产能源部长，同年12月任政治社会安全统筹部长。2001年6月被解职。2001年7月竞选副总统失败，8月出任梅加瓦蒂内阁政治安全统筹部长。2004年3月辞职，代表民主党竞选总统，10月当选。2009年10月连任。2004年2月作为政治安全统筹部长访华。2005年7月对华进行国事访问。2006年11月来华出席中国—东盟纪念峰会并顺访。2008年10月来华出席第七届亚欧首脑会议。2010年10月来华参观上海世博会。2012年3月来华进行国事访问。夫人克里斯蒂雅妮·赫拉瓦蒂，有2子。　**布迪约诺：**副总统。1943年2月25日生于东爪哇勿里达。1976年获澳大利亚莫纳什大学经济学硕士，1979年获美国宾西法尼亚大学沃顿商学院博士学位。长期在印尼日惹卡加玛达大学任教，历任印尼国家计划和发展委员会副主席、印尼伊斯兰建设银行和印尼建设发展国际银行行长。1998～1999年任印尼国家计划和发展委员会主席，2001～2004年任印尼财政部长，2005～2008年任印尼经济统筹部长，2008～2009年任印尼央行行长。2009年10月就任印尼副总统，任期至2014年。2009年3月以印尼央行行长身份访华。2010年来广西出席中国—东盟博览会开幕式并到北京进行工作访问。夫人海拉瓦蒂，有1子1女。

经　济

印尼是东盟最大的经济体。农业、工业、服务业均在国民经济中发挥重要作用。1950～1965年GDP年均增长仅2%。60年代后期调整经济结构，经济开始提速，1970～1996年间GDP年均增长6%，跻身中等收入国家。1997年受亚洲金融危机重创，经济严重衰退，货币大幅贬值。1999年底开始缓慢复苏，GDP年均增长3%～4%。2003年底按计划结束国际货币基金组织（IMF）的经济监管。苏希洛总统2004年执政后，积极采取措施吸引外资、发展基础设施建设、整顿金融体系、扶持中小企业发展，取得积极成效，经济增长一直保持在5%以上。2008年以来，面对国际金融危机，印尼政府应对得当，经济仍保持较快增长。2011年印尼主要经济数据如下（资料来源：印尼贸易部）：

国内生产总值：7427万亿盾（约合8457亿美元），同比增长6.5%。

进出口总额：3809亿美元，同比上升29.8%，贸易顺差260.61亿美元。

外汇储备：1101亿美元，外债970亿美元。

汇率：1美元约兑换9100印尼盾（2011年底）。

【资源】富含石油、天然气以及煤、锡、铝矾土、镍、铜、金、银等矿产资源。矿业在印尼经济中占有重要地位，产值占GDP的10%左右。据印尼官方统计，印尼石油储量97亿桶（13.1亿吨），天然气储量4.8万亿～5.1万亿立方米，煤炭已探明储量193亿吨，潜在储量可达900亿吨以上。2011年日产原油89.8万桶。

【工业】工业发展方向是强化外向型制造业。2010年制造业占GDP比重为25.2%。主要部门有采矿、纺织、轻工等。锡、煤、镍、金、银等矿产产量居世界前列。2009年产锡4.6万吨，煤2.08亿吨，镍580.2万吨，金127.7吨，银326.7吨；汽车产量46.5万台，摩托车产量588万台；纺织品出口额57.4亿美元；纸张出口额34亿美元。

【农渔林业】印尼全国耕地面积约8000万公顷。2011年稻谷产量为6539万吨，玉米产量为1802万吨，大豆产量为92.7万吨。盛产经济作物，2009年棕榈油、橡胶、咖啡、可可产量分别为2020万吨、260万吨、70.5万吨、75.8万吨。

渔业资源丰富，政府估计潜在捕捞量超过800万吨/年，2008年实际捕捞量为520万吨。

森林面积1.37亿公顷（20世纪50年代为1.62亿公顷），森林覆盖率超过60%。为保护林业资源，印尼宣布自2002年起禁止出口原木。2008年原木产量为806万立方米。

【旅游业】是印尼非油气行业中的第二大创汇行业，政府长期重视开发旅游景点，兴建饭店，培训人员和简化入境手续。1997年以来受金融危机、政局动荡、恐怖爆炸事件、“非典”等不利影响，旅游业发展缓慢。2006年受日惹地震和禽流感等影响，旅游业呈下降趋势。2007年出现好转，2011年，到印尼的外国游客人数达到765万人次。

主要景点有巴厘岛、婆罗浮屠佛塔、“美丽的印度尼西亚”缩影公园、日惹苏丹王宫、多巴湖等。

【交通运输】公路和水路系重要运输手段，其中公路担负着国内近90%的客运和50%的货运。铁路设施相对落后，仅爪哇和苏门答腊两岛建有铁路。空运近十年发展迅速。

铁路：截至2009年底，印尼全国铁路总里程6458公里，其中窄轨铁路5961公里。2009年完成客运发送量2.07亿人次，货运发送量1892万吨。

公路：截至2009年底，全国公路总里程43.78万公里，其中高速公路约1000公里。2007年底，全国共有轿车886.5万辆，摩托车4193.5万辆，货车4846万辆，公交车210万辆。

水运：印尼全国水运航道21579公里，共有各类港口670个，主要港口25个。河运、海运船只6600艘左右。2008年全国港口共完成国际货运量1.9亿吨，国内货运量4.1亿吨。

空运：截至2009年，全国共有各型号民用飞机737架。民用机场196个，其中29个国际机场，167个国内机场。雅加达苏加诺—哈达国际机场为最大机场。主要航空公司有鹰记、鸽记、狮航、曼达拉、辛巴迪等。2009年，国内航空公司共完成国内客运量3788.9万人次、货运量30万吨，国际客运量416.3万人次、货运量10万吨。

【财政金融】1997年金融危机前一直实行财政预算平衡政策，决算略有盈余。近年来实施赤字预算，政府财政较为困难。近几年财政收支状况如下（单位：万亿盾）：

	2009	2010	2011
总收入	1022.6	911.5	1199.0
总支出	1122.2	1009.5	1289.6
财政赤字占GDP百分比	1.9	1.6	1.8

1997年亚洲金融危机爆发前，全国共有144家国内商业银行，44家外资、合资银行，1527家政府银行。金融危机中，银行业遭受重创，一大批银行纷纷倒闭。金融危机后，印尼政府成立银行重组机构，对银行业进行重组与整合，关闭了60多家银行，并对12家银行实行国有化。之后，印尼商业银行的盈利能力普遍增强，资产质量明显改善。截至2009年底，印尼共有128家商业银行，其中4家国有银行，26家区域性发展银行，65家私营全国银行，27家外资、合资银行。按总资产排名，前三位的本地商业银行分别是曼迪利银行、印尼人民银行、中亚银行。

2010年银行业总资产为3000.8万亿盾，贷款总额1765.8万亿盾，不良贷款率（NPL）2.56%。印尼央行与中国、日本和韩国在清迈协议框架下签有双边货币互换协议，分别为40亿、60亿和10亿美元。2009年印尼同中国签署总额为1000亿人民币的双边本币互换协议。2003年9月，印尼央行正式加入国际清算银行。

【对外贸易】外贸在印尼国民经济中占重要地位，政府采取一系列措施鼓励和推动非油气产品出口，简化出口手续，降低关税。1997年外贸总额为951亿美元，1998年和1999年连续下滑，2000年受出口和内需推动锐增32%，2001年和2002年受全球经济放缓影响有所下降，2003年和2004年恢复增长，2005～2007年年均增长率在10%以上。2008年国际金融危机后，外贸总额有所下降。2010年以来外贸增长较快。近年外贸状况如下（单位：百万美元）：

	2009	2010	2011
出口额	116490	157730	203496
进口额	96860	135610	177435
差　额	19630	22120	26061

（资料来源：印尼贸易部）

主要出口产品有石油、天然气、纺织品和成衣、木材、藤制品、手工艺品、鞋、铜、煤、纸浆和纸制品、电器、棕榈油、橡胶等。主要进口产品有机械运输设备、化工产品、汽车及零配件、发电设备、钢铁、塑料及塑料制品、棉花等。2011年主要贸易伙伴为日本、中国、新加坡、美国。

【外国资本】外国资本对印尼经济发展有重要促进作用。印尼政府重视改善投资环境，吸引外资。1997年金融危机前每年吸引外资约300亿美元，金融危机后大幅下降。苏希洛政府重视改善投资环境，大力吸引外资。2009年、2010年和2011年实际利用外资额分别为100亿美元、163亿美元和173亿美元。主要投资来源国为新加坡、日本、英国、韩国。

【外国援助】外援主要由“援助印尼协商集团”（CONSULTATIVE GROUP ON INDONESIA，简称CGI）、国际货币基金组织（IMF）、世界银行以及日本、美国等提供。1997年金融危机后，IMF牵头，世行、亚行及日、美、中等国承诺向印尼提供400亿美元贷款援助，其中一线（IMF出资）100亿美元，二线（双边政府贷款）300亿美元。2000年IMF追加50亿美元一线贷款。2002～2004年，CGI向印尼提供的年度贷款援助分别为37、34、28亿美元。2004年底印度洋地震海啸灾难发生后，CGI承诺提供28亿美元贷款援助印尼灾后重建。2006年10月，印尼政府提前偿还IMF所有债务。2007年1月，印尼政府宣布解散CGI。

人民生活

1997年金融危机以后，人民生活水平下降。政府加大救助力度，研究建立全国社会保障体系，同时采取扩大就业和加强能力建设等中长期措施，努力解决结构性贫困问题。2011年贫困人口3002万，贫困率12.37%，失业率6.6%。

2010年，卫生预算开支20.8万亿盾。截至2009年，全国共有医院1156所，妇产医院3426所，公共卫生中心8570个，卫生所23163个，药房5537个。2006年初生婴儿死亡率为2%，人均寿命69.8岁。

军　事

《国防法》规定，总统对全国武装力量拥有最高领导权，在国防与安全委员会及国防部长协助下就国防与安全事务作出重大决策，通过国民军司令和警察总长对全国武装力量实施领导和指挥。国防部负责制定和执行国防政策，国民军司令部负责全军的管理、教育、训练及战时指挥。国家武装力量由正规军和准军事部队组成。实行义务兵与志愿兵相结合的兵役制度，义务兵服役期2年。

正规军印尼国民军（TNI）1945年10月5日成立，由荷兰殖民时期的“荷印殖民军”和日本占领时期的“国民后备军”改编而成。设陆、海、空三个军种，现役总兵力38.8万人。其中陆军29.9万人，主要编成战略预备队、特种部队和12个军区。海军6.1万人，主要编成东西两个舰队司令部和海军陆战队、军事海运司令部。空军2.8万人，主要编成第一（西部）、第二（东部）空军作战司令部和维修与物资司令部、特种部队。现任国民军司令阿古斯·苏哈尔多诺（Jend.Agus Suhartono）上将。陆、海、空三军分别设军种参谋长，负责部队日常管理和训练。军队曾长期拥有国防安全和社会政治双重职能，现主要担负国防安全任务。

准军事部队包括警察和民兵。警察部队曾于1964年纳入武装部队总部领导，与国民军合称“印尼武装部队”（ABRI），2000年7月正式独立并直接由总统领导，负责维护国内安全，目前警力近28万人。现任警察总长蒂姆尔·普拉多博（Timur Pradopo）。

实行积极防御的国防政策，将“全民国防安全体系”作为巩固国防的基础，在国防建设上倡导“军民一体化”的指导方针。近10年来，国防预算在GDP中低于1%。2011年国防实际开支为60亿美元，不到GDP的1%。

文化教育

【教育】实行九年制义务教育。2010年教育预算为183万亿盾，占财政总预算的20%。2009年小学入学率为97.64%，初中入学率为84.65%，高中入学率为55.49%，15岁以上人口文盲率7.42%。2008～2009学年各级学校数量及学生、教师人数如下：

	学校（所）	学生（人）	教师（人）
小学	165752	29901051	1657397
初中	42069	11429881	846150
高中	18354	6952949	542078
大学	3533	4792874	261652

（资料来源：2010年印尼统计年鉴）

著名大学有雅加达的印度尼西亚大学、日惹的加查马达大学、泗水的艾尔朗卡大学、万隆的万隆工学院、班查查兰大学、茂物的茂物农学院等。

【新闻出版】共有各类报刊3000多种。主要印尼文报纸有《罗盘报》、《专业之声报》、《印尼媒体报》、《共和国日报等》、《革新之声报》和《印尼商报》，英文报纸有《雅加达邮报》、《雅加达环球报》、《印尼观察家报》等，中文报纸有《国际日报》、《商报》、《千岛日报》、《星洲日报》（原《印度尼西亚日报》）等。

通讯社目前只有安塔拉通讯社，系官方通讯社，1937年12月13日创立，在印尼27个省设有分社，约有300名记者。该社2007年3月恢复了北京分社，并派驻常驻记者。

广播电视主要有公立的印尼国家电台和印尼国家电视台。印尼国家电台于1945年9月11日成立，设有53个分台和对外广播的“印尼之声”台（用10种语言广播），现有员工8500人。印尼电视台于1962年8月17日正式运营，共有13个分台，395个转播器，覆盖印尼全境。原为政府经营，2000年后成为公共电视台。现有员工约7200人。

私营电视台有鹰记电视台、教育电视台、美都电视台等11家全国性电视台以及众多的地方电视台。各地的电台多达1800多个。

对外关系

奉行独立自主、不结盟的外交政策。1967年8月参与发起建立东南亚国家联盟，视之为“贯彻对外关系的基石之一”，务实参与地区合作。2003年7月至2004年7月担任东盟轮值主席国。2006年4月主持召开东盟外长会，讨论2020年东盟共同体计划。主张大国平衡，重视与美、中、日、澳以及欧盟的关系。积极参与国际事务，重视不结盟运动和南南合作。1992 ~ 1995年任不结盟运动主席，1998年担任“77国集团”主席国。2005年4月与南非共同主持召开2005年亚非峰会和万隆会议50周年纪念活动。2006年4月举办亚洲及太平洋经济社会委员会第62届会议。5月举办伊斯兰发展中八国集团（D8）首脑峰会，接任D8主席国。2006年10月当选2007 — 2008年度联合国安理会非常任理事国。2007年12月在巴厘岛举办联合国气候变化大会，通过“巴厘路线图”。2009年5月在万鸦老召开世界海洋大会。2008 ~ 2011年先后举办四届“巴厘民主论坛”。2011年担任东盟轮值主席国，11月举行巴厘岛东亚领导人系列峰会。

【同中国的关系】1950年4月13日建交。1967年10月30日中断外交关系。1990年8月8日恢复外交关系。

2005年4月，胡锦涛主席访问印尼，与苏希洛总统共同签署关于中印尼建立战略伙伴关系的联合宣言。2009年11月，胡锦涛主席与苏希洛总统在出席新加坡APEC会议期间举行会晤，双方确定2010年为“中印尼友好年”。

2011年4月，温家宝总理正式访问印尼。同月，印尼国会议长马尔祖基、外长马尔迪访华。5月，国务委员兼国防部长梁光烈访问印尼。6月，中共中央政治局委员、中央书记处书记、中组部部长李源潮访问印尼，同月，印尼经济统筹部长哈达作为总统特使访华。7月，杨洁篪外长出席巴厘岛东盟地区论坛系列外长会。9月，中国驻棉兰总领馆正式开馆。10月，中国篆刻书法艺术展在雅加达举行，前人大常委会副委员长成思危率团出席。11月，温家宝总理出席巴厘岛东亚领导人系列峰会。

2011年双边贸易额为605亿美元，同比增长41.7%。中国是印尼非油气产品第一大进口来源地、第二大贸易伙伴。

中国驻印尼大使：刘建超。馆址：JALAN MEGA KUNINGAN NO.2，JAKARTA SELATAN 12950，INDONESIA。电话：5761021，5761022；传真：5761034。商务处电话：5761049；传真：5761051。领事部电话：5761025；传真：5761024。国家和地区号：006221。

中国驻泗水总领事：王华根。馆址：JALAN MAYJEND SUNGKONO KAV.B1/105，SURABAYA，INDONESIA。电话：5675057；传真：5674667。国家和地区号：006231。

中国驻棉兰总领事：杨玲珠。馆址：JALAN WALIKOTA NO.9，MEDAN，INDONESIA。电话：4535666；传真：4571261。国家和地区号：006261。

印尼驻华大使：易慕龙（Imron Cotan）。馆址：北京市朝阳区东直门外大街4号。电话：010-65325485-88；传真：65325368。

【同美国的关系】1949年建交。2009年1月，卡拉副总统访美。2月，美国新任国务卿希拉里访问印尼。2010年3月，印尼副总统布迪约诺赴美国华盛顿出席全球核安全峰会。7月，美国国防部长盖茨访问印尼。9月，马尔迪外长访问美国并出席第65届联大会议。11月，奥巴马总统访问印尼，两国建立全面伙伴关系。

【同日本的关系】1958年建交。2006年，两国建立战略伙伴关系。2007年8月，日本首相安倍晋三访问印尼，双方签署了《印尼—日本经济伙伴关系联合声明》。2008年7月，两国签署《印尼—日本经济伙伴协议执行协议书》，标志着《印尼—日本经济伙伴关系联合声明》正式生效。2009年1月，卡拉副总统访问日本。12月，鸠山由纪夫首相赴巴厘岛出席第二届巴厘民主论坛。2011年6月，苏希洛总统以慰问日本地震灾民为名访日。10月，日外长玄叶光一郎访问印尼。

【同韩国的关系】1956年建交。2007年7月，苏希洛总统对韩国进行国事访问。2009年3月，韩国总统李明博访问印尼。2010年3月，印尼经济统筹部长哈达访问韩国，推介印尼经济发展总体规划。2011年2月，印尼经济统筹部长哈达作为总统特使访问韩国。

【同澳大利亚的关系】1950年建交。2005年4月苏希洛总统访澳，与澳建立全面伙伴关系。2007年11月，印尼国会批准印尼与澳大利亚政府签署的防务协议。2008年6月和12月，澳大利亚总理陆克文分别对印尼进行正式访问和出席首届“巴厘民主论坛”。2009年10月，陆克文赴雅加达出席苏希洛总统的就职典礼。2010年3月，苏希洛总统对澳大利亚进行正式访问。11月，澳大利亚总理吉拉德访问印尼。2011年3月，澳外长陆克文访问印尼。

【同东盟其他国家的关系】同马来西亚的关系：1957年同马来亚联邦建交，1963年9月马来西亚成立后断交，1967年复交。2008年1月，苏希洛总统访问马来西亚。2009年3月，巴达维总理访问印尼。4月，马新任总理纳吉布对印尼进行正式访问。10月，纳吉布赴雅加达出席苏希洛总统的就职典礼。11月，苏希洛总统再次访问马来西亚。2010年5月，苏希洛总统访问马来西亚并出席在吉隆坡举行的第六届世界伊斯兰经济论坛。2011年7月，马来西亚武装部队司令朱基弗利访问印尼。10月，马来西亚最高元首苏丹阿比丁访问印尼，同月，马总理纳吉布在巴厘岛见证两国外长签署关于边界、军事及外劳问题的谅解备忘录。

同新加坡的关系：1967年9月建交。2007年4月，新总理李显龙访问印尼，其间两国外长、防长分别签署引渡条约和国防合作协定，后因印尼国会反对而未能生效。2009年10月，李显龙总理赴雅加达出席苏希洛总统的就职典礼。11月，苏希洛总统对新加坡进行正式访问并出席在新加坡举行的亚太经合组织第17次领导人非正式会议。2010年5月，苏希洛总统访问新加坡。2011年6月，新加坡外长尚穆根访问印尼。7月，新加坡国防部长黄永宏访问印尼。

同文莱的关系：1984年建交。2006年2月，苏希洛总统访文。2008年12月、2009年12月和2010年12月，文莱苏丹博尔基亚三次出席“巴厘民主论坛”。2009年10月，博尔基亚赴雅加达出席苏希洛总统就职典礼。2011年2月，苏希洛总统对文莱进行国事访问。

同泰国的关系：1950年建交。印尼对2006年泰国发生的军事政变表示忧虑，希望各方以和平方式解决政治问题。10月，泰临时政府总理素拉育访问印尼。2008年3月，泰总理沙玛访问印尼。2009年2月，泰总理阿披实访问印尼。2010年2月和4月，泰国外长格实访问印尼。2011年9月，泰国总理英拉访问印尼。

同菲律宾的关系：1949年建交。两国在反恐、打击跨国犯罪、划分海域边界、加强经贸投资以及联合国改革等问题上合作顺利。2007年7月，菲外长罗慕洛与印尼外长哈桑举行两国第四次部长级联委会。2008年5月，印尼外长哈桑访问菲律宾。阿罗约总统授予其荣誉勋章。2009年11月，印尼新任外长马尔迪访问菲律宾，并出席庆祝印菲两国建交60周年招待会。2011年3月，菲律宾总统阿基诺三世访问印尼。

同新东盟成员国家的关系：印尼重视与新东盟成员国家的关系。2007年1月，老挝总理波松访问印尼。2月，印尼与缅甸在雅加达举行双边联合委员会部长级会谈。8月，越南总理阮晋勇访问印尼。2009年3月，缅甸总理登盛对印尼进行上任以来的首次访问。2010年3月，印尼外长马尔迪访问缅甸。2011年5月，缅甸总统吴登盛、老挝总理通辛访问印尼。9月，越南总理阮晋勇访问印尼。12月，印尼外长马尔迪访问缅甸，期间会见了昂山素季。

【同东帝汶的关系】1999年8月，东帝汶通过全民公决脱离印尼。2002年7月，两国正式建交并成立双边联委会。2006年两国关系进一步改善。东在印尼东努沙登加拉省古邦和巴厘岛登巴萨设立领馆。2007年6月，东帝汶总统奥尔塔访问印尼。2008年4月，东帝汶总理夏纳纳访问印尼。7月，东帝汶总统奥尔塔、总理夏纳纳和印尼总统苏希洛共同出席在巴厘岛举行的“真相和友谊委员会”调查报告提交仪式，并发表联合声明，表示接受报告有关结论和建议。2008年12月、2009年12月和2010年12月，夏纳纳总理三次出席“巴厘民主论坛”。2009年10月，奥尔塔总统赴雅加达出席苏希洛总统的就职典礼。2010年7月，马尔迪外长访问东蒂汶。2011年3月，夏纳纳总理访问印尼。8月，印尼国防部长布尔诺莫访问东帝汶。

【同南太国家的关系】印尼近年来重视与南太国家关系。2001年8月成为“太平洋岛国论坛”对话伙伴。2002年10月倡议成立“西南太平洋对话”（由印尼、澳大利亚、新西兰、菲律宾、巴布亚新几内亚和东帝汶组成）并举行首次部长级会议。印尼为斐济、图瓦卢、基里巴斯等国家提供财政支持、技术援助和人员培训项目。2010年3月，苏希洛总统对巴布亚新几内亚进行正式访问。2011年4月，斐济总理佛勒克访问印尼。12月，瓦努阿图总理基尔曼访问印尼。

【同其他亚洲国家关系】2005年，苏希洛总统访问印度，两国建立战略伙伴关系。2007年1月，印尼副总统卡拉访问印度。巴基斯坦总统穆沙拉夫访问印尼。2月，伊朗国会议长哈达德访问印尼。2008年3月，苏希洛总统访问伊朗、印度、阿联酋。11月，印度总统帕蒂尔访问印尼。2011年1月，苏希洛总统对印度进行国事访问。4月，土耳其总统居尔对印尼进行国事访问。

【同欧洲国家的关系】印尼视欧盟为重要战略伙伴，双方成功举行了印尼—欧盟对话，就民主、人权、地区贡献、多边主义、恐怖主义等议题达成广泛共识。欧盟及西欧各国为印尼亚齐海啸灾难提供大量援助。

2010年4月，芬兰总理万哈宁访问印尼。5月，苏希洛赴挪威首都奥斯陆出席气候与森林大会，并会见挪威首相延斯·斯托尔滕贝格。7月，马尔迪外长出席在波兰克拉科夫举行的“世界民主社区”会议。8月，葡萄牙外长阿马多访问印尼，两国外交部签署关于建立双边磋商机制的备忘录。11月，奥地利总统费舍尔访问印尼。

2011年1月，苏希洛总统赴瑞士出席达沃斯世界经济论坛。2月，法国金融和工业部长拉加德访问印尼。3月，塞尔维亚外长耶雷米奇、塞浦路斯外长马尔科斯访问印尼。4月，英国安德鲁王子作为贸易投资代表访问印尼。6月，苏希洛总统访问瑞士并出席国际劳工组织会议。7月，法国总理菲永、荷兰建设部长克纳朋访问印尼。9月，塞尔维亚防长舒塔诺瓦茨访问印尼。10月，斯洛伐克总统加什帕罗维奇访问印尼。11

月，苏希洛总统访问法国，并出席G20戛纳峰会。

【同中东和阿拉伯国家的关系】2009年1月，叙利亚总理奥特里访问印尼。2010年4月，印尼外长马尔迪访问伊朗，出席德黑兰核裁军国际会议。5月，巴勒斯坦总统、民族权力机构主席阿巴斯访问印尼。6月，印尼国会议长马尔祖基访问加沙地带并出席在叙利亚大马士革举行的伊斯兰会议组织议会联盟大会。2011年11月，沙特劳工部长阿德尔访问印尼。

【同非洲国家的关系】印尼一向重视同非洲国家的关系。2005年4月，印尼举办亚非会议和万隆会议五十周年纪念活动。2006年8月，印尼政府特使埃迪访问塞内加尔和马里。11月，印尼举行印尼—非洲合作论坛，探讨印尼与非洲经济合作、非洲发展问题、艾滋病防治、加强南南合作等问题。2008年3月，苏希洛总统访问南非。2010年7月，乌干达国务部长佩雷扎访问印尼。 （臧亮）

约 旦

国名 约旦哈希姆王国（The Hashemite Kingdom of Jordan）。

面积 8.9万平方公里。

人口 625万（2011年），60%以上是巴勒斯坦人。98%的人口为阿拉伯人，还有少量萨尔吉斯人、土库曼人和亚美尼亚人。国教为伊斯兰教，92%的居民属伊斯兰教逊尼派，另有少数属什叶派和德鲁兹派。信奉基督教的居民约占6%，主要属希腊东正教派。官方语言为阿拉伯语，通用英语。

首都 安曼（Amman），人口212.5万。

国家元首 国王阿卜杜拉二世·本·侯赛因（ABDULLAH II BIN Al-HUSSEIN），1999年2月7日登基。

重要节日 国庆日：5月25日。

简 况

位于亚洲西部，阿拉伯半岛西北，西与巴勒斯坦、以色列为邻，北与叙利亚接壤，东北与伊拉克交界，东南和南部与沙特阿拉伯相连，西南一角濒临红海的亚喀巴湾是唯一出海口。西部高地属亚热带地中海型气候，气候温和，平均气温1月为7℃～14℃，7月为26℃～33℃。东部和东南部为沙漠，占全国面积78%。

约旦原是巴勒斯坦的一部分。公元7世纪初属阿拉伯帝国版图。公元1517年归属奥斯曼帝国。第一次世界大战后沦为英国委任统治地。1921年英国以约旦河为界，把巴勒斯坦一分为二，西部仍称巴勒斯坦，东部建立外约旦酋长国。1946年3月22日英承认外约旦独立，5月25日改国名为外约旦哈希姆王国。1948年5月第一次阿以战争中，约占领了约旦河西岸4800平方公里的土地。1950年4月，外约旦同西岸合并，改称约旦哈希姆王国。1967年第三次阿以战争中，以色列占领西岸。1988年7月，侯赛因国王宣布中断同约旦河西岸地区的“法律和行政联系”。1994年10月，约同以色列签署和平条约。1995年2月9日，约收回被以占领的约340平方公里失地。

政 治

约旦是世袭君主立宪制国家，国王是国家元首、三军统帅，权力高度集中。议会设参众两院，实行多党制。长期以来，约政局较为稳定，但也存在贫困、失业、巴勒斯坦难民等经济、社会问题。西亚北非局势动荡以来，约推出更换内阁，惩治腐败，组建全国对话委员会和修宪委员会等一系列举措。目前局势总体平稳。

【宪法】1952年1月1日颁布生效。宪法规定，约旦是一个世袭的阿拉伯君主立宪制国家，立法权属国王和议会。国王是国家元首，有权审批和颁布法律、任命首相、批准和解散议会，统率军队。1960年1月，议会通过宪法修正案，授予国王延长众议院任期的权利。1974年1月、1976年2月和1984年1月，议会3次通过宪法修正案，授予国王无限期推迟选举、并在内阁认为有必要修改宪法时召开议会特别会议的权利。

【议会】称国民议会，由众议院和参议院组成。众议院议员120人，由普选产生，凡年满19岁的男女公民均可参加选举。议长每年由议员秘密选举产生，议员任期四年，均可连任。2010年11月9日，约旦选举产生第16届国民议会。现任众议长阿卜杜·凯利姆·杜格米（Abdul Karim Dughmi）。参议院议员全部由国王从年龄40岁以上的知名人士中任命，人数不超过众议院的一半。议长任期两年，议员任期四年，均可连任。本届参议院2010年11月成立，共有议员60名。现任参议长塔希尔·米斯里（Taher Al-Masri）。

【政府】本届政府于2012年5月2日成立，共有阁员30名，主要有首相兼国防大臣法伊兹·塔拉瓦纳（Fayez Tarawneh），财政大臣苏莱曼·哈菲兹（Suleiman Al Hafeth），外交大臣纳赛尔·朱达（Nasser Judeh），能源与矿产大臣阿莱·巴塔耶纳（Ala'a Batayneh），内政大臣加利布·祖比（Ghaleb Al-Zoubi），文化大臣萨拉赫·杰拉尔（Salah Jarrar），农业大臣艾哈迈德·哈塔布（Ahmed Al-Khattab）等。

【行政区划】全国共分12个省：安曼省、伊尔比德省、马安省、扎尔卡省、拜勒加省、马夫拉克省、卡拉克省、塔菲拉省、马德巴省、杰拉什省、亚喀巴省、阿吉隆省。

【司法机构】包括法院和检察院两部分。宪法规定法官独立行使司法权。法官任免由国王依法批准，同时接受高级司法委员会的监督。法院分三类，即：民事法院、宗教法院、特别法院。民事法院负责审理有关民事和刑事案件。宗教法院主要负责婚姻、继承、收养等事务。特别法院包括国家安全法院、军事法院、警察法院、重大刑事案法院、海关法院。

【政党】1952年4月9日开始允许建立政党，后均被解散。1991年10月解除党禁。1992年10月颁布政党法，规定约旦实行多党制，各政党重新登记，强调政党必须尊重宪法，不得在军队和安全机构中发展，不得同外国或外部势力有政治、经济联系，各政党须经内政部批准为合法政党后方可开展活动。2008年，约修改政党法，将政党成立的门槛由50名党员提高到500名党员，并要求其党员需来自5个及5个以上省份。新法颁布后，约政党数量由原来的20个减至18个。主要政党是：

（1）伊斯兰行动阵线党（The Islamic Action Front）：最大的反对党，1992年12月由穆斯林兄弟会和穆斯林独立人士组成。该党反对阿以和谈，反对约以和约，为原教旨主义组织。

（2）宪章爱国党（National Constitutional Party）：1997年5月由“誓约党”、“祖国党”、“觉醒党”、“约旦全国联盟党”、“阿拉伯民主统一党”、“进步正义党”、“约旦人民运动党”、“约旦人民统一党”、“约旦阿拉伯群众党”九个政党合并而成。口号是复兴、民主、统一。

（3）约旦阿拉伯社会复兴党（Jordanian Ba'ath Arab Socialist Party）：1993年1月经内政部批准成立。前身为1948年在约成立的“阿拉伯复兴党”，为泛阿拉伯民族主义政党。

（4）约旦共产党（The Jordanian Communist Party）：该党始建于1948年，1970年分裂成两派。1993年1月获内政部批准登记。1997年12月约共“二大”后，领导层内部再度分裂。该党主张以马克思主义为指南，基本任务是维护民族独立、发展经济、反对帝国主义和犹太复国主义。

（5）民族阵线党（National Front Party）：2009年5月成立。主张实行全面改革，实现社会和谐。由前众议长阿卜杜·哈迪·马贾利（Abdul Hadi Majali）组建。

【重要人物】**阿卜杜拉二世：**国王。系前国王侯赛因长子。1962年1月30日生于安曼。1999年1月25日被立为王储。同年2月7日继位，6月9日加冕。先后在英国圣赫斯特军事学院、牛津大学、美国乔治敦大学、英国步兵学校、英国指挥参谋学院学习军事和国际政治。自1981年起一直在约军队中任职。1993年任约特种部队司令，1994晋升为准将。1996年后，任约特别行动部队司令兼特种部队司令。1998年5月晋升为少将。爱好赛车和水上运动，曾获约全国汽车赛冠军。阿曾九次访华（1981年7月、1982年12月、1993年12月、1999年12月、2002年1月、2004年7月、2005年12月、2007年10月、2008年9月，前三次作为王子）。已婚，有2子2女。　**法伊兹·塔拉瓦纳：**首相兼国防大臣。1949年5月生于安曼。美国南加州大学经济学硕士和博士学位。曾任首相经济顾问、内阁事务国务大臣、供应大臣、阿拉伯承包商有限公司董事长、约以和谈代表团团长、约旦驻美大使、外交大臣、宫廷总管等职。1998 ~ 1999年任首相，后任宫廷总管、参议员等职，2012年4月再次被任命为首相。已婚，有3个子女。

经　济

约旦系发展中国家，经济基础薄弱，资源较贫乏，可耕地少，依赖进口。国民经济主要支柱为侨汇、旅游和外援。阿卜杜拉二世国王执政后，大力推行经济改革，改善投资环境，积极寻求外援，扭转了约经济长期负增长或零增长的局面。1999年约加入世界贸易组织。2004 ~ 2008年间经济增长率超过8%。

2009年以来，受国际金融危机影响及西亚北非地区局势动荡冲击，约经济增长速度下滑，约政府加大对经济调控力度，并在金融、基建、招商引资、争取外援等方面采取相应措施，取得一定成效。2011年主要经济数据如下（数据来源：约旦中央银行）：

国内生产总值（GDP）：288.8亿美元。

人均GDP：4621美元。

经济增长率：2.6%。

货币名称：约旦第纳尔。

汇率：1美元＝0.708约旦第纳尔。

出口总额：68亿美元。

进口总额：183亿美元。

外汇储备：105.11亿美元。

失业率：13.1%。

侨汇：34.63亿美元。

【资源】主要有磷酸盐、钾盐、铜、锰、铀、油页岩和少量天然气。磷酸盐储量约20亿吨。死海海水可提炼钾盐，储量达40亿吨。油页岩储量700亿吨，但商业开采价值低。

【工业】多属轻工业和小型加工工业，主要有采矿、炼油、食品加工、制药、玻璃、纺织、塑料制品、卷烟、皮革、制鞋、造纸等。有磷酸盐、钾盐、炼油、水泥、化肥5个规模较大的工业产业。

【农业】农业不发达，农业人口11.04万，约占劳动力的12%。可耕地面积仅占国土面积7.8%，已耕地面积约50万公顷，多集中在约旦河谷，全部私人经营。水资源缺乏是约发展农业的主要障碍。目前建有10个主要水坝，总容量3.27亿立方米，其中91%位于干旱地区。主要农作物有小麦、大麦、玉米、蔬菜和橄榄等。农产品不能满足国内需求，粮食和肉类主要依靠进口。

【旅游业】是约旦三大经济支柱之一和主要外汇来源之一。2011年，由于国内、地区局势紧张，约旅游业受到巨大冲击，旅游收入28.61亿美元，同比下降16.4%。主要旅游景区有安曼、死海、杰拉什、佩特拉、阿杰隆古堡、亚喀巴、月亮谷等。

【交通运输】公路总长8000公里，已基本建成沟通全国城乡的公路网，国际公路网与伊拉克、叙利亚、沙特、以色列等国相通。年运输量达900多万吨。保有汽车约32.15万辆。

铁路：全长730公里，客运量3.13万人次，货运量378.95万吨。

海运：亚喀巴港是约旦唯一港口和进出口贸易集散中心，拥有集装箱码头和散装码头、22个深水泊位、固定航线29条，通往除西非海岸及南美西部海岸的200多个港口，年货物吞吐量可达2200万吨。

空运：约旦皇家航空公司拥有各种飞机35架，国际航线50条。主要机场有：安曼阿丽娅王后国际机场、安曼民用机场（马尔卡机场）、亚喀巴国际机场。2010年阿丽娅王后国际机场的客运量达540万人次，同比增加13.2%，飞机起降架次6.29万，同比增加8.8%。

【电信信息业】近年来，约旦大力发展电信和信息产业。1999年，约启动通讯技术领域发展倡议，该行业投资已达25亿美元。2010年，约互联网用户195万人，手机用户达650万。

【财政金融】约旦金融系统比较发达。全国有26家银行，全部是上市私有银行。外国银行可在约设分行，但不得为境外实体融资。国际金融危机后，约加强金融监管，暂停外国银行在约设分行的业务。

【对外贸易】与世界100多个国家和地区有贸易往来。主要进口原油、机械设备、电子电器、钢材、化学制品、粮食、成衣等，主要进口国为沙特、中国、美国、德国和埃及。主要出口服装、磷酸盐、钾盐、蔬菜、医药制品和化肥等，主要出口国为美国、伊拉克、印度、沙特、叙利亚和阿联酋。2011年，约旦对外贸易总额为251亿美元，同比增长21.8%，其中进口额183亿美元，同比增长28%，出口额68亿美元，同比增长8%。

【外国投资】约旦政府致力于改善投资环境，不断制定和完善投资法规，积极吸引外资，尤其鼓励外商在约旦工业区投资办厂。2010年外国在约投资14.73亿美元。2011年，约累计吸引外资16.56亿美元，同比增长12.4%。

【外国援助】外援是约经济主要来源之一。海湾战争前，约外援主要来自美等西方国家以及海湾阿拉伯国家。在海湾危机中，约采取同情伊拉克的立场，致使主要援助国中断了对约援助，约经济形势恶化。后约逐渐调整对伊政策，改善与美及海湾阿拉伯国家关系，主要援助国恢复了对约援助。约以媾和后，美对约援助大幅增加。2003年由于伊拉克战争，国际社会向约提供了高达19亿美元的贷、赠款。2010年约获外援12.7亿美元，其中优贷3.7亿美元，援款9亿美元，同比增长31%。主要援助方为阿拉伯国家、美国、日本、欧盟及联合国各机构。

人民生活

约旦卫生事业发展很快，医疗水平在中东地区名列前茅。2010年有来自102个国家的约24万名患者来约就医，人数较上年增长10%。全国目前共有99家医院，其中卫生部下属医院30家。另有368所医疗中心和56家私人诊所。全国98%的儿童都接种白喉、破伤风、麻疹、结核病等多种疫苗。约对政府职工和军人及家属实行免费医疗制度，对企业职工实行医疗保险制度。政府工作人员根据职业不同，每月可领取交通、出差、服装、住房、家庭人口、物价等各种补贴。约民众普遍拥有小汽车等。人均寿命73岁。

军　事

1916年建军，6月10日为建军节。国王为武装部队最高统帅。约军前身是英国当局协助建立的“阿拉伯军团”，在1973年第三次中东战争中遭以军重创，战后在美、英援助下重建。1976年9月，约开始实行义务兵和志愿兵相结合的兵役制。服役期为两年。1982年7月，侯赛因国王宣布成立人民军，凡在高中和高校就读的男女学生，以及16～55岁的男性公民均应参加。1994年约以和约签署后，约改行志愿兵役制。目前，约正规军总兵力约13万人，其中陆军11.8万人、空军1.35万人、海军850人。另有预备役3.5万人、治安部队2万人、公安部队3万人。

文化教育

【教育】约旦公民文化素质较高。国家重视教育事业，实行10年免费义务基础教育。高中教育为非义务性专业学习，学制两年。全国共有10所公立大学和17所私立大学，主要有约旦大学、雅尔穆克大学、约旦科技大学、哈希姆大学、穆塔大学、艾勒·贝塔大学、侯赛因大学、拜勒加应用大学等。另有51所中专院校。约学龄儿童入学率95%，全国文盲率7%，其中男性占4.1%，女性占11.4%。

【新闻出版】主要报刊：《宪章报》、《言论报》、《市场报》、《今日阿拉伯人》。主要英文报刊是《约旦时报》、《星报》。2006年7月，约内阁通过《媒体和出版法》，不再允许逮捕或监禁犯有与其职业相关罪行的记者。

佩特拉通讯社：官方通讯社，1969年成立。在贝鲁特设有分社，在开罗、大马士革、波恩、巴黎、哥本哈根、纽约有兼职记者。1995年起向除南非、南美以外的世界各地发送阿、英文消息。

约旦广播电台1959年创建，约旦电视台1968年建立，均系官方机构。1985年9月，合并成立广播电视总局。

对外关系

约旦外交活跃，强化与美特殊盟友关系，重视发展与各大国关系，推行睦邻友好政策，在中东问题等地区事务中发挥着独特作用。目前已同131个国家建立外交关系。

【同中国的关系】中约两国于1977年4月7日建交。此后，两国在政治、经济、军事、文化等各方面的关系稳步发展，友好往来不断增加。

领导人及各层次政治交往不断。胡锦涛主席（时任国家副主席，2001年）、全国政协主席贾庆林（2008年）、中纪委书记贺国强（2009年）等中国领导人访约，约国王阿卜杜拉二世作为国王6次访华。2011年5月，中国文化部部长特别助理李洪峰访约，签署两国2011年至2014年度文化合作执行计划。6月，约旦参议长米斯里访华。同月，中国国家机关工委常务副书记杨衍银访约。9月，武警部队司令员王建平中将访约。同月，约中友协秘书长萨伊赫参加在宁夏举行的2011宁洽会暨中阿经贸论坛，约前首相、国际事务协会主席马贾利出席在山东潍坊举行的第二届"中阿、中非中小企业合作论坛"。11月，商务部副部长钟山访约，双方签署《中约经济技术合作协定》。2012年2月，全国人大常委会副委员长韩启德访约。5月，中共中央政治局委员、全国政协副主席王刚访约。同月，中东问题特使吴思科访约，约外交大臣朱达出席在突尼斯举行的中阿合作论坛第五届部长级会议。

经贸关系发展迅速。1979年5月，中约两国签订贸易协定。中国现已成为约旦第二大贸易伙伴和第二大商品进口来源国。2011年，中约双边贸易额达27.7亿美元，同比增长34.9%，其中中方对约出口额25.1亿美元，同比增长33.3%，进口额2.6亿美元，同比增长55.9%。中方对约主要出口机械设备、电器、电子产品、纺织服装，从约旦主要进口钾肥。

人文交流丰富多彩。1979年11月，中约签订第一个文化合作协定，此后两国签订多个年度文化合作协定执行计划。2008年9月，孔子学院总部与约旦格扎拉集团签署建立安曼孔子学院的相关协议。2009年4月，孔子学院正式挂牌成立。同年9月，约旦大学中文本科班正式授课。

2003年1月，中国正式将约旦列为中国公民出国旅游目的地国，并于当年10月与约方签署"关于组织中国公民赴约旦旅游实施方案备忘录"。2009年2月，约旦取消对中国公民的签证限制，提供落地签证。

中国驻约旦大使：岳晓勇。馆址：9JAKARTA STREET, RABYAH, AMMAN JORDAN。信箱：P.O.BOX 7365，11118. AMMAN JORDAN。区号：009626。电话：5516136，5518896。文化处：5519137。商务处：5518195，5516194。使馆传真：5518713。

约旦驻华大使：叶海亚·卡拉莱（Yahya Qaralleh）。馆址：北京市朝阳区三里屯东六街5号。电话：010-65323906。

【同美国的关系】同美国关系密切。约美关系曾因海湾危机而一度降温，美冻结对约军、经援助。海湾战争后，约积极参与美发起的中东和平进程。1994年10月，约旦与以色列签订和约后，美免除约7亿美元的债务，并同意每年向约提供约3亿美元的军事和经济援助。2000年10月，约美签署自由贸易协定。2010年2月，约美签署援助协议，据此美在2010～2013年间每年向约提供3.6亿美元经援和3亿美元军援。2011年5月、2012年1月，阿卜杜拉二世国王两次访美。2月，外交大臣朱达访美。

【同欧盟国家的关系】积极发展同欧盟，特别是英、法、德等国的关系，希望欧盟在中东地区事务中发挥积极作用，并寻求其经济援助。约与欧盟的贸易额占约对外贸易总额的35%。2010年5月，约与欧盟签署2011～2013年欧盟对约援助协议，欧盟在此期间将向约提供2.23亿欧元援助，用于民主改革、人权、司法、发展贸易和投资等。2011年12月，双方签署2012～2014年援助协议，欧盟据此将向约政府提供1.03亿欧元援助，其中7800万欧元用于支持约财政预算，其余部分用于支持约水利、地方发展和民主改革等。2011年，阿卜杜拉二世国王访问英国、法国等欧洲国家。

【同俄罗斯的关系】约重视前苏联大国地位，侯赛因国王曾先后于1981年、1982年和1987年三次访苏。苏联解体后，约继续发展同俄罗斯关系，希俄在中东问题上发挥更大作用。20世纪90年代以来，约俄关系续有发展。2009年，约与俄草签一项核能合作协议，双方将在建造核电站、海水淡化、勘探、开采核原料方面展开合作。2010年3月，阿卜杜拉二世国王访俄。2011年1月，俄总统梅德韦杰夫访约。2012年2月，约外交大臣朱达访俄。6月，俄总统普京访约。

【同日本的关系】20世纪70年代以来，约旦同日本的关系不断发展，高层互访频繁。1976年，日本王储明仁夫妇访问约旦。1989年，侯赛因国王出席日本裕仁天皇葬礼。1990年，哈桑王储参加明仁天皇加冕庆典。2009年4月，阿卜杜拉二世国王访问日本。2010年10月，约首相里法伊访日。目前，日本是约最大的债权国，债务总额约18亿美元。约是中东地区人均获日本援助最多的国家，2007～2011年日对约累计援助达3.16亿美元。2010年5月，双方签署一项日向约提供1670万美元的援助协议，用于弥补约财政赤字。

【同巴勒斯坦的关系】巴勒斯坦人占约旦总人口60%，约巴之间有着特殊关系。1988年11月巴勒斯坦国宣布成立后，约旦立即予以承认；1989年1月7日，约同意巴解组织驻约办事处升格为大使馆。在中东和谈问题上，巴以谈判所涉及的巴难民、水资源、边界划分及安全安排攸关约切身利益，约十分关注，认为巴勒斯坦问题仍是当前中东问题的核心，坚持"两国方案"。2011年5月，巴勒斯坦民族权力机构主席阿巴斯访约。2012年1月，在约旦方面斡旋下，巴以双方在安曼就重启和谈进行接触。同月，巴勒斯坦民族权力机构主席阿巴斯、哈马斯领导人迈沙阿勒先后访约。

【同伊拉克的关系】约主张维护伊主权、安全、统一，呼吁恢复伊安全与稳定，强烈谴责伊境内针对平民的暴力活动，支持伊各派和解进程。约积极配合伊政治和经济重建进程。2010年1月，里法伊首相访伊。10月，伊过渡政府总理马利基访约。2011年，巴希特首相访伊。2009年2月，约政府就伊拉克人入境做出新规定，将银行存款证明由15万美元降为5万美元。约旦亚喀巴港口决定将给伊转口货物减免40%的转口税，以加强约伊贸易往来。2011年，约伊双方达成协议，将伊对约石油日出口量由1万桶增至1.5万桶。

【同其他阿拉伯国家的关系】约旦重视发展同阿拉伯各国的关系。

海湾危机发生后，由于约采取与埃及、叙利亚、沙特及科威特等国相悖的立场，同这些国家的关系一度趋冷。海湾战争后，约主动改善同这些国家的关系。阿卜杜拉二世国王继位后，约与海湾国家关系逐步恢复并续有发展。近年来，约从海湾国家获得大量援助和投资。伊拉克战争后，约获得半年的海湾优惠供油，并提出加入"海湾合作委员会"。目前，沙特是约第一大援助国，科威特是约第一大投资伙伴，在约投资总额超过80亿美元。2011年5月，海湾合作委员会峰会决定，欢迎约旦加入海合会。目前双方还在商谈正式加入的相关问题。同月，阿卜杜拉二世国王访问科威特。12月，海合会峰会决定成立海湾基金，未来5年内分别向约旦和摩洛哥提供25亿美元的发展援助。

同叙利亚的关系：呼吁叙利亚政府停止暴力和杀戮，支持阿盟在解决叙问题上发挥核心作用，反对外来军事干涉。目前在约旦的叙利亚难民约7.8万人。

同利比亚的关系：约是最早承认利比亚"过渡委员会"的国家之一，并向利援助战地医院。2012年2月，约首相哈萨瓦纳访利。

【同以色列的关系】1994年7月25日，约以在华盛顿签署《华盛顿宣言》，宣布结束敌对状态。10月，约以正式签署和约。11月，两国建立外交关系。1995年2月9日，约收回以占领的340平方公里失地。2001年，由于以巴冲突持续不止，约召回驻以大使，双边高层往来冻结。2004年以来，约以双边交往逐渐恢复。2005年1月，约恢复向以派驻大使。2008年1月和4月，以总理奥尔默特两度访约。2009年5月，以总理内塔尼亚胡访约。2010年7月，以总理内塔尼亚胡访约。8月，以国防部长巴拉克访约。 （汪溪）

越　南

国名　越南社会主义共和国（The Socialist Republic of Viet Nam）。

面积　329556平方公里。

人口　8784万（2011年），有54个民族，京族占总人口86%，岱依族、傣族、芒族、华人、侬族人口均超过50万。主要语言为越南语（官方语言、通用语言、主要民族语言）。主要宗教：佛教、天主教、和好教与高台教。

首都　河内（Ha Noi），面积3340平方公里，人口676万人（2011年）。夏季平均气温28.9℃，冬季平均气温18.9℃。

国家元首　国家主席张晋创（Truong Tan Sang），2011年7月25日当选。

重要节日　越南共产党成立日：2月3日（1930年）。越南国庆日：9月2日（1945年）。越南南方解放日：4月30日（1975年）。胡志明诞辰日：5月19日（1890年）。

简　况

位于中南半岛东部，北与中国接壤，西与老挝、柬埔寨交界，东面和南面临南海。海岸线长3260多公里。地处北回归线以南，属热带季风气候，高温多雨。年平均气温24℃左右。年平均降雨量为1500～2000毫米。北方分春、夏、秋、冬四季。南方雨旱两季分明，大部分地区5～10月为雨季，11月至次年4月为旱季。

公元968年成为独立的封建国家。1884年沦为法国保护国。1945年9月2日宣布独立，成立越南民主共和国。同年9月法国再次入侵越南，越南进行了艰苦的抗法战争。1954年7月，关于恢复印度支那和平的日内瓦协定签署，越南北方获得解放，南方仍由法国（后成立由美国扶植的南越政权）统治。1961年起越南开始进行抗美救国战争，1973年1月越美在巴黎签订关于在越南结束战争、恢复和平的协定，美军开始从南方撤走。1975年5月南方全部解放，1976年4月选出统一的国会，7月宣布全国统一，定国名为越南社会主义共和国。

政　治

2011年1月召开的越共十一大总结了革新25年、《社会主义过渡时期国家建设纲领》实施20年、《2001～2010年经济社会发展战略》落实10年来的理论和实践，提出要继续提高党的领导能力和战斗力，发挥全民族的力量，全面推进革新事业，为到2020年把越南基本建成迈向现代化的工业国奠定基础。

【宪法】越南现行宪法是第四部宪法，于1992年4月15日在八届国会11次会议上通过，是1946年、1959年、1980年宪法的继承和发展，体现了越共“七大”提出的社会主义目标与国家全面革新路线。宪法规定：越南社会主义共和国国家政权属于人民，越南共产党以马克思列宁主义和胡志明思想为指导思想。

【议会】称国会，是国家最高权力机关，任期四年，通常每年举行两次例会。现为第13届国会，共有500名国会代表。现任国会主席阮生雄（Nguyen Sinh Hung），2011年7月23日当选。

【政府】国家最高行政机关。本届政府于2011年8月组成。总理阮晋勇（Nguyen Tan Dung），常务副总理阮春福（Nguyen Xuan Phuc），副总理黄忠海（Hoang Trung Hai），副总理阮善仁（Nguyen Thien Nhan），副总理武文宁（Vu Van Ninh），国防部长冯光青（Phung Quang Thanh），公安部长陈大光（Tran Dai Quang），外交部长范平明（Pham Binh Minh），内务部长阮太平（Nguyen Thai Binh），司法部长何雄强（Ha Hung Cuong），计划投资部长裴光荣（Bui Quang Vinh），财政部长王庭惠（Vuong Dinh Hue），工贸部长武辉煌（Vu Huy Hoang），农业与农村发展部长高德发（Cao Duc Phat），交通运输部长丁罗升（Dinh La Thang），建设部长郑庭勇（Trinh Dinh Dung），资源环境部长阮明光（Nguyen Minh Quang），通信传媒部长阮北山（Nguyen Bac Son），劳动荣军与社会部长范氏海传（Pham Thi Hai Chuyen），文化体育旅游部长黄俊英（Hoang Tuan Anh），科技部长阮军（Nguyen Quan），教育培训部长范武论（Pham Vu Luan），卫生部长阮氏金进（Nguyen Thi Kim Tien），民族委员会主任杨小富（Giang Seo Phu），国家银行行长阮文平（Nguyen Van Binh），监察总署总监察长黄峰铮（Huynh Phong Tranh），政府办公厅主任武德担（Vu Duc Dam）。

【行政区划】全国划分为58个省和5个直辖市。

【司法机构】由最高人民法院、最高人民检察院及地方法院、地方检察院和军事法院组成。最高人民法院院长张和平（Truong Hoa Binh），2007年7月就任，最高人民检察院检察长阮和平（Nguyen Hoa Binh），2011年8月就任。

【政党】越南共产党（Dang Cong san Viet Nam）是唯一政党，1930年2月3日成立，同年10月改名为印度支那共产党，1951年更名为越南劳动党，1976年改用现名。现有党员约360多万人，基层组织近5.4万个，同世界上180多个政党建有党际关系。

越共十一届中央总书记为阮富仲（Nguyen Phu Trong）。政治局委员（14人）：阮富仲、张晋创、阮晋勇、冯光青、阮生雄、黎鸿英（Le Hong Anh）、黎清海（Le Thanh Hai）、苏辉若（To Huy Rua）、范光毅（Pham Quang Nghi）、陈大光、丛氏放（Tong Thi Phong）、吴文裕（Ngo Van Du）、丁世兄（Dinh The Huynh）、阮春福；中央书记处书记（10人）：阮富仲、张晋创、黎鸿英、苏辉若、吴文裕、丁世兄、吴春历（Ngo Xuan Lich）、张和平、何氏洁（Ha Thi Khiet）、阮氏金银（Nguyen Thi Kim Ngan）；中央检查委员会委员（21人）：吴文裕（主任）、梅世阳（Mai The Duong）、沙如和（Sa Nhu Hoa）、陈锦绣（Tran Cam Tu）、梅直（Mai Truc）、阮公学（Nguyen Cong Hoc）、裴氏明怀（Bui Thi Minh Hoai）、阮文诞（Nguyen Van Dam）、阮晋捐（Nguyen Tan Quyen）、范氏槐（Pham Thi Hoe）、范氏海传、阮庭魄（Nguyen Dinh Phach）、阮士清（Nguyen Si Thanh）、阮明光、阮公午（Nguyen Cong Ngo）、苏光秋（To Quang Thu）、黎洪廉（Le Hong Liem）、阮文漱（Nguyen Van Suu）、阮氏碧娥（Nguyen Thi Bich Nga）、黄文茶（Hoang Van Tra）、阮文喜（Nguyen Van Hy）。

越南祖国阵线（Mat Tran To Quoc Viet Nam）是越南的统一战线组织，成立于1955年9月，南北方统一后于1977年同越南南方民族解放阵线和越南民族、民主及和平力量联盟合并。第七届祖国阵线中央主席团主席黄担（Huynh Dam），2008年1月当选。

【重要人物】**阮富仲**：越共中央总书记。1944年生于河内市东英县东会乡。政治学博士。1983～1996年历任《共产主义》杂志党建部副主任、主任、编委会委员、党委副书记、书记、副总编辑、总编辑。1994年1月在越共七届七中全会上补选为中央委员。1996年8月至1998年2月任河内市委副书记。1997年12月在越共八届四中全会上当选越共中央政治局委员。1998年3月任中央理论委员会副主席。1999年8月至2000年4月任中央政治局常委。2001年11月起兼任中央理论委员会主席。2001年4月在越共九大上再次当选中央政治局委员。2006年4月在越共十大上当选连任，任国会主席。2007年7月连任国会主席。2011年1月，在越共十一大上当选越共中央总书记。曾于1992年、1997年和2001年访华，2003年10月率团赴北京出席中越两党理论研讨会。2007年4月、2011年10月访华。　**张晋创**：越共中央政治局委员、越南国家主席。1949年1月21日生于隆安省德和镇。法律学士。1966～1969年参加敌占区爱国学生运动。1969年12月20日入党。1970年任青年团委书记、隆安省德和地区秘密武装负责人。1971年遭敌人逮捕,1973年获释。1973～1975年，任中央统一委员会组织干事，从事照顾集结北上干部的工作。1975年西贡解放后返回南方，在胡志明市嘉定地区工会工作，后任胡志明市潘文还农场场长、胡志明市市委候补委员。1983年，任胡志明市市委常委、平正区区委书记。1988～1990年在阮爱国高级党校学习。1991年6月在越共七大上当选中央委员，任胡志明市市委常委、农业厅厅长。1992年，任胡志明市人民委员会代主席、主席。1996年6月在越共八大上当选中央政治局委员、胡志明市市委书记。2000年1月任越共中央经济部部长。2001年4月在越共九大上再次当选中央政局委员。2006年4月在越共十大上当选中央政局委员、中央书记处书记，负责书记处常务工作。2011年1月在越共十一大上当选中央政治局委员。2011年7月在十三届国会上当选国家主席。曾于2004年7月、2007年9月访华。**阮晋勇**：越共中央政治局委员、越南政府总理。1949年11月17日生于金瓯省泰平县。1967年入党。法律学士。1961年参军，曾任团政委、坚江省军事指挥部干部部长。1981～1994年历任坚江省委组织部副部长、常务副书记、省人委主席、省委书记，并在阮爱国高级党校学习，期间1991年在越共七大上当选中央委员。1995年1月至1996年5月任内务部副部长。1996年6月在越共八大上当选政治局委员、常委，任中央经济部部长。1997年9月任政府常务副总理。1998年4月起兼任国家银行行长。2001年4月在越共九大上再次当选政治局委员。2002年8月连任政府常务副总理。2006年4月在越共十大上连任中央政治局委员，同年6月在十一届九次国会上当选政府总理，2007年7月在十二届国会上当选连任。2011年1月在越共十一大上连任中央政治局委员，7月在十三届国会上连任政府总理。2006年10月率团出席中国—东盟建立对话关系15周年纪念峰会暨中国—东盟博览会并顺访广西，2007年10月出席第四届中国—东盟博览会并顺访广西、云南，2008年10月正式访华并出席第七届亚欧首脑会议，2009年4月来华出席博鳌亚洲论坛2009年年会并顺访广东、香港、澳门；10月出席第十届中国西部国际博览会并顺访四川、重庆。2010年4月出席上海世博会开幕式并顺访上海、江苏、浙江。

经　济

越南系发展中国家。1986年开始实行革新开放。1996年越共八大提出要大力推进国家工业化、现代化。2001年越共九大确定建立社会主义定向的市场经济体制，并确定了三大经济战略重点，即以工业化和现代化为中心，发展多种经济成分、发挥国有经济主导地位，建立市场经济的配套管理体制。2006年越共十大提出发挥全民族力量，全面推进革新事业，使越南早日摆脱欠发达状况。2011年越共十一大通过了《2011～2020年经济社会发展战略》，提出2011～2015年经济年均增速达到7%～7.5%，到2015年，人均GDP增至约2000美元；力争2020年GDP总量是2010年的约2.2倍，人均GDP达约3000美元。

经过25年的革新，越南经济保持较快增长，经济总量不断扩大，三产结构趋向协调，对外开放水平不断提高，基本形成了以国有经济为主导、多种经济成分共同发展的格局。2011年越南经济克服国际金融危机不利影响，实现平稳较快增长，主要经济数据如下：

国内生产总值：1217亿美元。

国内生产总值增长率：5.89%。

人均国内生产总值：1398美元。

货币名称：越南盾（Dong）。

汇率：1美元≈20930越盾（2012年6月）。

消费品价格上涨指数：18.58%。

城市失业率：2.27%。

外汇储备：约200亿美元（2012年）。

【资源】越南矿产资源丰富，种类多样。主要有煤、铁、钛、锰、铬、铝、锡、磷等，其中煤、铁、铝储量较大。有6845种海洋生物，其中鱼类2000种，蟹300种，贝类300种，虾类75种。森林面积约1000万公顷。

【工业】2011年，越南工业生产指数增长6.8%。其中，采矿业下降0.1%，制造业增长9.5%。主要工业产品有煤炭、原油、天然气、液化气、水产品等。

【农业】越南是传统农业国，农业人口约占总人口的75%。耕地及林地占总面积的60%。粮食作物包括稻米、玉米、马铃薯、番薯和木薯等，经济作物主要有咖啡、橡胶、胡椒、茶叶、花生、甘蔗等。2011年越南农林渔业总产值为245.9万亿越盾，比2010年增长5.2%，其中农、林、渔业产值分别增长4.8%、5.7%、6.1%。

【服务业】近年越南服务业保持较快增长，2011年服务业产值增长6.99%。

【旅游业】越南旅游资源丰富，下龙湾等多处风景名胜被联合国教科文组织列为世界自然和文化遗产。近年来旅游业增长迅速，经济效益显著。2011年全年接待国外游客365.13万人次，比上年增长17.4%。主要客源国（地区）为中国（141.68万）、韩国（53.64万）、日本（48.15万）、美国（43.99万）、柬埔寨（42.34万）、台湾地区（36.11万）、澳大利亚（28.98万）、马来西亚（23.31万）、法国（21.14万）。主要旅游景点有：河内市的还剑湖、胡志明陵墓、文庙、巴亭广场；胡志明市的统一宫、芽龙港口、莲潭公园、古芝地道和广宁省的下龙湾等。

【交通运输】近年来，越南交通运输业经过重组，提高服务质量，取得了较好的经济效益。2011年客运量为28.45亿人次，比上年增长14.6%，货运量8.069亿吨，比上年增长12.1%。

【财政金融】2011年越南财政收支基本完成计划。2011年财政总收入674.5万亿越盾，同比增长20.6%，财政总支出796万亿越盾，财政赤字相当于GDP的4.9%。

【对外贸易】越南和世界上150多个国家和地区有贸易关系。近年来越南对外贸易保持高速增长，对拉动经济发展起到了重要作用。2011年货物进出口贸易总额约为2021亿美元，贸易逆差95亿美元，其中出口额963亿美元，增长33.3%，进口额1058亿美元，增长24.7%。服务贸易进出口总额207.4亿美元。

越南主要贸易对象为中国、美国、欧盟、东盟、日本、韩国。主要出口商品有：原油、服装纺织品、水产品、鞋类、大米、木材、电子产品、咖啡。主要出口市场为美国、欧盟、东盟、日本、中国。主要进口商品有：汽车、机械设备及零件、成品油、钢材、纺织原料、电子产品和零件。主要进口市场为中国、东盟、韩国、日本、欧盟、美国。

【外国资本】外资的进入对越引进先进生产技术和管理经验，推动经济增长，解决就业起到了重要作用。

2011年外国新增在越南投资协议金额147亿美元，比上年减少26%。实际到位110亿美元，与上年持平。对越总投资排名前五位的国家和地区依次是香港、日本、新加坡、韩国、中国。

【外国援助】1993年国际社会恢复对越援助，2011年越南获得的官方发展援助（ODA）约79亿美元。

人民生活

2011年，越南居民生活稳定，城市居民的生活水平有所提高。全国贫困户和贫困地区的数量继续减少。2011年失业率为2.27%，其中城镇地区为3.6%，农村地区为1.71%。

军　事

越南人民军于1944年12月22日建军。实行主力部队、地方部队和民兵组成的三结合“全民国防”体制。越共中央政治局为最高军事决策机构，通过国防部对部队实行统一领导。目前总兵力约为45万，其中陆军26万，海军3.5万，空军4.5万。实行义务兵役制，服役年限2～4年不等。2011年军费开支约26亿美元。

文化教育

【教育】目前越南已形成包括幼儿教育、初等教育、中等教育、高等教育、师范教育、职业教育及成人教育在内的教育体系。普通教育学制为12年，分为三个阶段：第一阶段为5年小学，第二阶段为4年初中，第三阶段为3年高中。2000年越南宣布已基本实现普及小学义务教育目标。2001年开始普及九年义务教育。全国共有376所高等院校。著名高校有河内国家大学、胡志明市国家大学、顺化大学、岘港大学等。

【新闻出版】越南新闻出版法规定报纸由国家控制。中央及地方新闻单位共450家。主要出版社有国家政治出版社、文化出版社、文学出版社、科技出版社、教育出版社和世界出版社等。各种出版物13515种，年发行量2.18亿册。报社约150家，其余为行业小报。主要报刊有：《人民报》，越共中央机关报，1951年创刊，在国外设有3个分支机构，1998年5月开设电子版；《人民军队报》，越南人民军总政治局机关报；《大团结报》，祖国阵线中央机关报；《西贡解放报》（越文和中文版），越共胡志明市委机关报；《共产主义》月刊，越共中央政治理论刊物，1956年创刊，2001年设电子版；《全民国防》月刊。

越南通讯社：国家通讯社，1945年创立，1976年越南南方解放通讯社与之合并。在全国各省市均设有分社，驻外分社有27个。1998年8月开设互联网（越、英、法、西班牙文）。

“越南之声”广播电台：成立于1954年，有四套对内节目，用越南语及数种少数民族语言播音；对外广播用中国普通话、广东话、俄语、英语、法语、西班牙语、日语、泰语、老挝语、柬埔寨语、印尼语、马来语等。

越南中央电视台：成立于1971年，目前有7套节目。

主要网址：越南通讯社：http://www.vnagency.com.vn/；越南人民报：http://www.nhandan.org.vn/；越南共产党：http://www.cpv.org.vn/；越南国会：http://www.na.gov.vn/；越南外交部：http://www.mofa.gov.vn/。

对外关系

越共十一大确定继续奉行独立自主、和平、合作与发展的对外路线，实行开放、全方位、多样化的对外政策，积极主动地融入国际社会，做国际社会可信赖的朋友和伙伴、负责任的一员。

2011年越南积极开展对外交往。同美国关系发展迅速，同欧盟合作扩大，同日本、俄罗斯等本地区大国关系良好，同东盟成员国的合作加强，多边外交活跃。已与180个国家建交，并同20个国际组织及480多个非政府组织建立合作关系。

【同中国的关系】两国于1950年1月18日建交。两国高层保持频繁接触，各领域的友好交往与合作日益深化，中越全面战略合作伙伴关系内涵进一步充实。

2011年1月，胡锦涛总书记特使、中联部部长王家瑞赴越，会见越新任总书记阮富仲并转交了胡锦涛总书记的贺信。2月，胡锦涛总书记会见了越共中央总书记阮富仲特使、越共中央对外部部长黄平君。同月，唐家璇同志访越。4月，中央军委副主席郭伯雄访越，越共中央政治局委员、公安部部长黎鸿英访华。9月，戴秉国国务委员访越并主持中越双边合作指导委员会第五次会议。10月，越共中央总书记阮富仲访华。同月，越南政府副总理阮春福来华出席第八届中国—东盟博览会并访问福建省。11月，胡锦涛主席在出席亚太经合组织第十九次领导人非正式会议期间同越南国家主席张晋创举行会晤。同月，越共中央政治局委员、中央书记处书记、中央宣教部长、中央理论委员会主席丁世兄率团来华出席第七届两党理论研讨会。12月，习近平副主席访问越南。

中国现为越南第一大贸易伙伴。2011年双边贸易额为402亿美元，增长33.6%。截至2012年3月底，中国企业对越累计非金融类直接投资10.6亿美元。截至2012年3月底，中国企业在越南累计签订承包工程合同额231.9亿美元，完成营业额142.8亿美元。

中国驻越南大使：孔铉佑，2011年8月25日递交国书。馆址：河内市黄耀街46号（SO 46 PHO

HOANG DIEU，HA NOI），电话：0084-4-38453736；传真：38232826。领事部电话：38235569；传真：37341181。商务处电话：38232845；传真：38234286。

越南驻华大使：阮文诗，2008年9月19日递交国书。馆址：北京市朝阳区建国门外光华路32号。电话：010-65321125，65321155；传真：65326521。签证处电话：65327038；传真：65325414。商务处电话：65327035；传真：65325415。

【同美国的关系】1995年7月12日建立外交关系。1997年5月双方首任大使抵任。2006年5月，越美就越加入世界贸易组织达成协议，结束双边市场准入谈判；11月，美国不再把越南列入"宗教特别关注国家"；12月，美国给予越南永久正常贸易关系待遇。近年来两国实质合作进展较快，先后建立副防长级政治、国防和安全高级别对话和副防长级防务磋商机制，2011年分别举行第四次政治、国防和安全高级别对话和第二轮副防长级防务安全磋商。美参议院外交关系委员会东亚及太平洋事务小组委员会主席韦伯、参议院临时议长井上健、农业部长威尔萨克分别访越。8月，美参议院批准任命美国务院负责东亚及太平洋事务的副助理国务卿施大伟出任新任驻越南大使。美军舰频繁访越，2011年达3批5艘。民用核能合作加快，签署核能合作备忘录。2012年2月，越南政府副总理武文宁访美。

【同俄罗斯的关系】越南同前苏联于1950年1月30日建交。苏联解体后，俄罗斯联邦继承了苏越外交关系。1994年两国签署《友好关系基本原则条约》。2001年建立战略伙伴关系。2011年8月，俄罗斯国家杜马副主席梅利尼科夫率团访越。11月，俄罗斯联邦最高法院院长列别捷夫访越。11月，越南国家主席张晋创在出席亚太经合组织第十九次领导人非正式会议期间会见俄罗斯总统梅德韦杰夫。同月，越俄政府间经贸科技合作委员会会议举行。

【同东盟的关系】1995年7月，越南加入东盟。2010年，越担任东盟轮值主席国及中国—东盟关系协调国（为期三年）。

【同老挝的关系】1962年9月5日建交，两国保持特殊团结友好关系。2011年越共十一大和老党九大后，越老高层往来频繁。6月，越共中央总书记访老。8月，老党中央总书记朱马里、老国会主席巴妮分别访越。9月，越南政府总理阮晋勇、公安部长陈大光分别访老。10月，老挝国会副主席赛宋蓬访越。2012年2月，越南国家主席张晋创访老，老挝总理通邢访越。

【同柬埔寨的关系】1967年6月24日建交。2011年4月，越南政府总理阮晋勇访柬并出席第二届越柬投资会议。8月，柬埔寨副首相兼外交国际合作部大臣贺南洪访越。9月，越南国会主席阮生雄访柬。12月，越共中央总书记阮富仲访柬。

【同东盟其他国家的关系】越南与东盟其他国家的关系进一步发展。2011年5月，越南国防部长冯光青访问印尼并出席第五届东盟国防部长会议。8月，新加坡国防部长黄永宏访越。9月，新加坡外长尚穆根访越。同月，越南国家主席张晋创访问新加坡、马来西亚，越南政府总理阮晋勇访问印尼。10月，越南—菲律宾双边合作联合委员会第六次会议举行。同月，越南国家主席张晋创访菲。11月，泰国总理英拉访越。

【同东亚国家的关系】1950年1月31日越南同朝鲜建交。1973年9月21日越南同日本建交。1992年12月22日越南同韩国建交。

同日本关系加强。2009年，越日建立致力于亚洲和平与繁荣的战略伙伴关系，建立战略伙伴对话、防务对话和合作委员会等机制。2011年，越南红十字会募集捐款近800万美元，援助日本地震灾区重建。10月，越南政府总理阮晋勇访日。12月，越日举行第二次战略对话。

韩国是越南重要贸易伙伴。双方于2009年建立战略合作伙伴关系。2011年4月，越韩举行首次副外长级外交、国防、安全战略对话。11月，越南国家主席张晋创访韩。

【同南亚国家的关系】2011年5月，印度议会人民院议长梅拉·库马尔访越。9月，第六次越南—印度副部长级防务对话举行。同月，印度外长克里希纳访越。10月，越南国家主席张晋创访问印度、斯里兰卡。

【同欧盟的关系】越南制定了《同欧盟关系总体规划》和具体行动计划。2010年10月，越南同欧盟签署《全面合作伙伴框架协定》(PCA)。2011年12月，越南国会主席阮生雄访问欧洲议会。

【同欧洲国家的关系】2011年4月，第二次越英副外长级政治磋商举行。9月，越南政府总理阮晋勇访问荷兰。同月，越南政府副总理黄忠海访问冰岛、瑞士，越南国会副主席汪朱留访问意大利。10月，德国总理默克尔访越。11月，越南政府副总理阮善仁访问奥地利。12月，越南国会主席阮生雄访问比利时、英国。

【同其他国家和地区的关系】2011年4～5月，越南国家副主席阮氏缘访问南非并出席在土耳其举行的全球妇女峰会。10月，越南政府总理阮晋勇访问乌兹别克斯坦、乌克兰。同月，哈萨克斯坦总统纳扎尔巴耶夫访越，委内瑞拉国会主席罗哈斯访越。11月，爱沙尼亚总理安德鲁斯·安西普、加拿大总督戴维·约翰斯顿、南非国民议会议长西苏鲁、以色列总统佩雷斯、阿尔巴尼亚副总理兼外长哈吉纳斯托、丹麦王储弗雷德里克、白俄罗斯总理米亚斯尼科维奇先后访越。同月，越南国家主席张晋创在出席亚太经合组织第十九次领导人非正式会议期间会见澳大利亚总理吉拉德。

（王东）

非 洲

阿尔及利亚

国名 阿尔及利亚民主人民共和国（The People's Democratic Republic of Algeria，La République Algérienne Démocratique et Populaire）。

面积 238万平方公里。

人口 3710万（2012年）。大多数是阿拉伯人，其次是柏柏尔人（约占总人口20%）。少数民族有姆扎布族和图阿雷格族。官方语言为阿拉伯语，通用法语。伊斯兰教为国教。

首都 阿尔及尔（Alger），人口350万。

国家元首 总统阿卜杜勒—阿齐兹·布特弗利卡（Abdelaziz Bouteflika），1999年4月当选，2004年和2009年两度连任。

重要节日 独立日：7月5日；国庆日：11月1日。

简况 非洲面积最大的国家。位于非洲西北部。北临地中海，东临突尼斯、利比亚，南与尼日尔、马里和毛里塔尼亚接壤，西与摩洛哥、西撒哈拉交界。海岸线长约1200公里。北部沿海地区属地中海气候，中部为热带草原气候；南部为热带沙漠气候。每年8月最热，最高气温29℃，最低气温22℃；1月最冷，最高气温15℃，最低气温9℃。

公元前3世纪，在阿北部建立过两个柏柏尔王国。后罗马、拜占庭、阿拉伯、西班牙、土耳其入侵。1830年法国开始入侵，阿逐步沦为法殖民地。1954年11月1日，阿爆发抗法武装起义。1958年9月19日阿临时政府成立。1962年7月3日正式宣布独立，7月5日定为独立日。1963年9月，本·贝拉当选首任总统。1965年6月，胡阿里·布迈丁政变上台，成立革命委员会，自任主席兼总理。1976年12月布当选为总统。1979年2月沙德利·本·杰迪德上校当选总统。1992年1月，沙辞职，以穆罕默德·布迪亚夫为首的五人最高国务委员会成立并行使总统职权。7月，卡菲继任最高国务委员会主席。1994年1月，最高国务委员会主席卸任，拉明·泽鲁阿勒被任命为总统。1995年11月泽当选总统。1995年至1997年间，阿完成修宪公投，通过政党法并先后举行总统、立法、地方及民族院（参议院）的选举，各级政权建设基本完成。1998年9月11日，泽宣布提前卸任。1999年4月15日，阿举行总统选举，阿卜杜勒—阿齐兹·布特弗利卡当选总统，并于2004年和2009年两度连任。

政治 布特弗利卡就任总统后，采取多种措施恢复国内和平与安定。一方面继续清剿、打击恐怖团伙，一方面推动全国和解，通过《全民和解法》与《和平与全国和解宪章》，分化、感召残余恐怖势力。当前，针对治安警察的恐怖袭击仍时有发生，但阿社会治安状况已大有改善，生产生活秩序基本正常。与此同时，布推行政治、经济改革，以期建立民主法制国家，实现经济社会全面发展。2007年5月，阿举行第三届立法选举。6月，布特弗利卡总统根据选举结果任命新一届政府，2008年6月政府改组，艾哈迈德·乌叶海亚（Ahmed Ouyahia）出任总理。2009年4月，阿举行总统大选，布特弗利卡以90.24%的得票率再度连任总统。之后，总理、外长等大多数内阁成员留任。自西亚北非局势动荡以来，阿尔及利亚政府采取一系列措施积极应对。2011年3月，布特弗利卡总统宣布解除自1992年起实施的紧急状态法。4月，布特弗利卡总统宣布了包括修改宪法、选举法等相关法律和整治政府贪污、腐败等一系列改革措施，并于6月启动政治改革协商机制。2012年5月，阿顺利举行新一届立法选举。当前阿局势总体稳定。

【**宪法**】阿独立以来共颁布三部宪法。现行宪法于1989年2月颁布，于1996年11月经全民公投修订。修订后的宪法主要内容是：确定阿的伊斯兰、阿拉伯、柏柏尔属性；禁止在宗教、语言、种族、性别、社团主义和地方主义的基础上成立政党；议会由国民议会和民族院组成；总统在议会产生前及其休会期间可以法令形式颁布法律；如政府施政纲领两次被国民议会否决，则解散国民议会，重新选举等。2008年11月，阿议会通过宪法修正案，取消对总统连任次数的限制。

【议会】由国民议会（众议院）与民族院（参议院）组成，两院共同行使立法权。国民议会通过的法案须经民族院3/4多数通过后方能生效。2012年5月，新一届国民议会选举产生462名议员，任期五年，穆罕默德·阿拉比·乌尔德·哈利法（Mohamed Elarbi Ould Khalifa）当选议长。各政党所占席位如下：民族解放阵线208席，民族民主联盟68席，绿色阿尔及利亚联盟49席，社会主义力量阵线27席，劳工党24席，其余86个席位由中小党派和独立人士瓜分。民族院议员中，2/3通过间接、无记名投票选出，另1/3由总统任命。议员任期六年，每三年改选其中一半。本届民族院共有144名议员，2007年1月部分改选。现任议长为阿卜杜勒—卡德尔·本·萨拉赫（Abdelkader Bensalah），2002年7月当选并连任至今。各党所占席位如下：民族解放阵线51席，民族民主联盟30席，争取和平社会运动7席，文化与民主联盟2席，其余席位被中小党派和独立人士瓜分。

【政府】现政府于2010年5月组成，由总理、30名部长、5名部长级代表和1名政府秘书长组成。2012年5月立法选举后，布特弗利卡总统宣布解除新当选议员的6名部长（国土整治与环境部长、交通部长、公共工程部长、高教和科研部长、劳动、就业和社会保障部长、邮政和信息、通讯技术部长）职务。主要成员有：总理艾哈迈德·乌叶海亚，副总理亚齐德·努尔丁·泽鲁尼（Noureddine Zerhouni），国务部长兼总统个人代表阿卜杜勒—阿齐兹·贝勒卡迪姆（Abdelaziz Belkhadem），国防部部长级代表阿卜杜勒—马赖克·盖纳齐亚（Abdelmalek Guenaizia），内政与地方行政部长达奥·乌尔德·卡卜利亚（Daho Ould Kablia），外交部长穆拉德·梅德西（Mourad Medelci），司法、掌玺部长塔耶卜·贝莱兹（Tayeb Belaiz），财政部长卡利姆·朱迪（Karim Djoudi），能源与矿业部长尤瑟夫·尤素菲（Youcef Yousfi），水资源部长阿卜杜勒—马立克·塞拉勒（Abdelmalek Sellal），展望与统计部长阿卜杜勒—哈米德·特马尔（Abdelhamid Temmar），宗教与募捐事务部长布阿代拉赫·格拉马拉赫（Bouaddellah Ghlamallah），老战士部长穆罕默德·谢里夫·阿巴斯（Mohamed Cherif Abbas），国土整治与环境部暂由内政与地方行政部长代管，交通部暂由水资源部长代管，国民教育部长布贝克尔·本布齐德（Boubekeur Benbouzid），农业和乡村发展部长拉希德·本·纳伊萨（Rachid Benaissa），公共工程部暂由住房与城市规划部长代管，国民互助与家庭部长赛义德·巴尔卡特（Said Barkat），文化部长赫丽达·图米（Khalida Toumi，女），贸易部长穆斯塔法·本巴达（Mustapha Benbada），高教和科研部暂由青年和体育部长代管，与议会关系部长马哈茂德·哈德里（Mahmoud Khedri），职业教育和培训部长阿勒哈迪·哈勒迪（El-Hadi Khaldi），住房与城市规划部长努尔丁·穆萨（Noureddine Moussa），劳动、就业和社会保障部暂由卫生、人口和医疗改革部长代管，卫生、人口和医疗改革部长贾迈勒·乌尔德·阿巴斯（Djamel Ould Abbes），旅游和手工业部长斯迈尔·米穆尼（Smail Mimoune），青年和体育部长哈希米·基阿尔（Hachemi Djiar），工业、中小企业和促进投资部长穆哈迈德·本迈哈迪（Mohamed Benmeradi），邮政和信息、通讯技术部暂由能源与矿业部长代管，渔业与水产资源部长阿卜德拉·卡纳夫（Abdallah Khanafou），新闻部长纳塞尔·梅阿勒（Nacel Mehal），外交部负责非洲和马格里布事务部长级代表阿卜杜勒—卡德尔·梅萨赫勒（Abedelkader Messahel），国民互助与家庭部长级代表（负责家庭与妇女事务）努瓦拉·萨阿迪亚·加法尔（Nouara Saadia Djaaffar，女），高教科研部负责科研事务部长级代表苏阿德·本贾巴拉赫（Souad Bendjaballah，女）等。

【政府网址】阿尔及利亚总理府：www.cg.gov.dz；外交部：www.mae.dz。

【行政区划】全国共分为48个省：阿尔及尔、阿德拉尔、谢里夫、拉格瓦特、乌姆布阿基、巴特纳、贝贾亚、比斯卡拉、贝沙尔、布利达、布依拉、塔曼拉塞特、特贝萨、特雷姆森、提亚雷特、蒂齐乌祖、杰勒法、吉杰尔、塞蒂夫、赛伊达、斯基克达、西迪·贝勒·阿贝斯、安纳巴、盖尔马、君士坦丁、梅德阿、莫斯塔加纳姆、姆西拉、马斯卡拉、乌尔格拉、奥兰、贝伊德、伊利齐、布尔吉·布阿雷里吉、布迈德斯、塔里夫、廷杜夫、蒂斯姆西勒特、瓦德、罕西拉、苏克·阿赫拉斯、蒂巴扎、密拉、艾因·德夫拉、纳阿马、艾因·蒂姆沈特、格尔达亚、赫利赞。

【司法机构】设最高司法委员会，主席和副主席分别由总统和司法部长担任。法院分三级：最高法院、省级法院和市镇法庭。不设检察院，在最高法院和省级法院设检察长，均受司法部领导。最高法院院长贝拉贾·卡杜尔（Beradja Kaddour），2006年9月上任。

【政党】根据1996年11月通过的宪法修正案和1997年2月通过的政党法，阿原有30多个合法政党。2012年1月，布特弗利卡总统签署新的《政党法》，阿内政部据此批准了21个新政党。主要政党有：

（1）民族解放阵线（Front de Libération Nationale，简称民阵）：前身为“团结与行动委员会”，成立于1954年8月，同年11月1日发动抗法武装起义，改名为“民族解放阵线”，1977年10月又易名为“民族解放阵线党”，1988年11月恢复“民族解放阵线”的名称。民阵积极倡导建立国际经济新秩序，主张恢复阿的国际地位。阿独立后，民阵长期执政。1992年后成为在野党。1997年6月在首届立法选举时成为议会三大执政党之一。2002年在阿第二届立法选举中重新成为阿第一大党。总书记为阿卜杜勒阿齐兹·贝勒卡迪姆（Abdelaziz Belkhadem）。2005年2月，布特弗利卡总统被推举为名誉主席。

（2）民族民主联盟（Rassemblement National Démocratique，简称民盟）：成立于1997年2月，由老战士组织、老战士子女组织、烈士子女组织、退役军官协会、工会、农会、全国妇女联盟七个有影响的全国性团体组成。1997年6月，在首届立法选举中获40%的议席，一度成为阿第一大政党。在2002年、2007年的立法选举中均居议会第二大党。民盟主张“多样性、轮流执政”的原则，要求深化经济结构改革，推进私有化进程。2008年6月召开第三次全国代表大会。总书记为艾哈迈德·乌叶海亚（现任总理）。

（3）绿色阿尔及利亚联盟（Alliance de l'Algérie verte）：2012年3月为参加立法选举而成立，由争取和平社会运动（Mouvement de la Société pour la Paix，简称和运）、民族改革运动（Mouvement de la Réforme Nationale，简称民改运）、复兴运动（Mouvement Ennahda，简称复运）三个温和伊斯兰政党组成。主张推行阿拉伯化，支持伊斯兰主义。和运党主席布杰尔·苏尔塔尼（Boudjerra Soltani），民改运党主席哈姆拉维·阿库什（Hamlaoui Akouchi），复运总书记法塔赫·拉巴依（Fateh Rebai）。

（4）劳工党（Parti des Travailleurs）：1990年3月29日成立，前身是社会主义工人组织。属极端民主派政党，主张一切权力归工人阶级，反对经济私有化，但不反对外国资本进入阿国有经济以外的其他领域。在2007年立法选举中获26席，居第四位。现任总书记路伊莎·哈努娜（Louisa Haroune，女）。

（5）社会主义力量阵线（Front des Forces Socialistes）：1963年成立。主张根据人民的需要和意愿发展国家，尊重言论自由，反对个人专制，建设一个自由、进步、团结的社会。党主席霍辛·艾耶特·艾哈迈德（Hocine Ait Ahmed）。

（6）文化与民主联盟（Rassemblement pour la Culture et la Démocratie）：1989年2月11日成立，由柏柏尔人组成。主张党政教分离；建立国家与私人相互补充的市场经济；全面改革教育制度。主席萨义德·萨迪（Said Saadi）。

【重要人物】阿卜杜勒—阿齐兹·布特弗利卡：总统兼国防部长。1937年3月2日出生，祖籍特雷姆森。1956年参加民族解放军，投身独立战争。1957～1958年任第五省的总督察，后被选入布迈丁上校领导的“西部军事行动指挥部”参谋部任职。1962年任特雷姆森省代省长和制宪会议议员，并任青年、体育、旅游部长。1963～1979年任外长。1979年3月任总统部长级顾问。1999年4月15日当选总统，并于2004年4月、2009年4月两度连任。曾于1971年、1974年、2000年和2006年四次访华，2008年8月来华出席北京奥运会开幕式。　**艾哈迈德·乌叶海亚**：总理。1952年生于蒂齐乌祖省。毕业于阿国立行政学院，并获阿尔及尔大学政治学高级研究证书。1976～1992年先后在总统府和外交部工作，1993年任外交部负责合作与马格里布事务的国务秘书。1994年任泽鲁阿勒总统办公厅主任。1995～1998年任总理。1999年1月当选民族民主联盟总书记，同年12月任国务部长兼司法部长。2002年6月改任国务部长、总统私人代表。曾于2003年5月至2006年5月任总理，2008年6月再度出任总理。

经　济

阿经济规模在非洲位居前列。石油与天然气产业是阿国民经济的支柱，多年来其产值一直占阿GDP的30%，税收占国家财政收入的60%，出口占国家出口总额的97%以上。粮食与日用品主要依赖进口。

阿自1989年开始市场经济改革，1995年通过私有化法案，加快经济结构调整。2005年以来，国际油价走高，阿油气收入大增，经济稳步增长。阿政府对内实施财政扩张政策，全面开展经济重建，在“五年经济社会振兴规划”（2005～2009年）和南部、高原省份发展计划框架下，斥资近2000亿美元用于国企改造和基础设施建设，推动国有企业和金融体系改革，加大对中小企业的扶持；对外扩大经济开放，出台“新碳化氢法”，鼓励外企参与阿油气开发，密切与欧、美的经贸合作，加紧开展“入世”谈判。

2009年爆发的国际金融危机未对阿金融体系造成较大冲击，但随着危机蔓延，阿石油收入锐减。为减弱金融危机影响，阿加强对金融机构的监督和引导，加大对油气领域投资，加快实施能源多元化战略，积极开发核能、太阳能等新能源。2010年上半年，阿启动了旨在振兴经济、加快发展、改善民生的2010～2014年国家投资计划，这是阿独立以来最大规模的国家投资计划，总投资2860亿美元。2011年主要经济数据如下：

国内生产总值：1688亿美元。

人均国内生产总值：4798美元。

经济增长率：2.9%。

货币名称：第纳尔（Dinar）。

汇率：1美元≈76第纳尔。

外贸总额：1198.4亿美元。

失业率：10%。

通胀率：4.5%。

外债：44.05亿美元。

外汇储备：1762亿美元。

【资源】石油探明储量约15亿吨，占世界总储量1%，居世界第15位，主要是撒哈拉轻质油，油质较高；天然气探明可采储量4.58万亿立方米，占世界总储量的2.5%，居世界第七位。阿油气产品大部分出口。其他矿藏主要有铁、铅锌、铀、铜、金、磷酸盐等。其中铁矿储量为30亿～50亿吨，主要分布在东部乌昂扎矿和布哈德拉矿。铅锌矿储量估计为1.5亿吨，铀矿2.4万～5万吨，磷酸盐20亿吨，黄金100吨。

【**工业**】工业以油气产业为主，钢铁、冶金、机械、电力等其他工业部门不发达。油气产业占国内生产总值的45.1%，制造业仅占5.2%。目前阿工业系统共有员工约43万人，其中国营工业企业职工33万人，私营企业员工约10万人。

【**农林牧渔业**】阿现有农村人口1300万。农业产值约占国内生产总值的12%。主要农产品有粮食（小麦、大麦、燕麦和豆类）、蔬菜、葡萄、柑橘和椰枣等。可耕地面积7500万公顷，占国土面积的17%，已耕地面积846万公顷，占国土面积的3%，其中粮田306万公顷，果林57.7万公顷，葡萄8.2万公顷，蔬菜种植面积16万公顷。阿农业靠天吃饭，产量起伏较大。阿是世界粮食、奶、油、糖十大进口国之一，每年进口粮食约500万吨。近年，阿农业发展迅速，2011年农业生产总值达220亿美元，同比增长10.6%。

森林覆盖率11%，总面积367万公顷，其中软木林46万公顷，年产木材20万立方米。阿森林总局数据显示，自2000年推出国家绿化计划至今，阿已植树造林50万公顷。

【**旅游业**】阿旅游资源丰富，全境有7处自然、文化景点被联合国教科文组织列为世界遗产。目前阿全国有旅游开发区174个，饭店1057家，床位约10万张。2011年阿接待境外游客240万人次。

【**交通运输**】阿陆地运输以公路为主，公路运载量占83%，铁路占17%。

铁路：集中在北部地区，总长4773公里，其中标准轨3683公里，复线345公里，电气化铁路386公里，窄轨1089公里。铁路全线有214个车站，日客运能力约3.2万人次。2008年铁路客运量2400万人次。

公路：总长约10.7万公里，是非洲密度最大的公路网。其中高速公路350公里，国家级公路2.9万公里，省级公路2.4万公里，村镇级公路5.4万公里。

水运：共有45个港口，其中渔港31座，多功能港11座，休闲港1座，水利设施专用港2座。最大的港口是阿尔及尔港，有大小泊位37个。阿30%的货物，70%的集装箱通过阿尔及尔港装载。

空运：全国有53个机场，其中29个投入商业运行，包括阿尔及尔、奥兰、安纳巴、君士坦丁等13个国际机场，每年起降飞机10万架次。现有2家国营航空公司和6家私营航空公司，共有飞机60余架，其中大、中型飞机30余架。目前已开通20个国家的50多条国际航线。

管道运输：国内有9条输气管道，总长4699公里，年输送能力820亿立方米；8条输油管道，总长3604公里，年输送能力6390万吨；3条凝析油管道，总长1330公里，年输送能力2100万吨；2条液化石油气管道，总长1331公里，年输送能力986万吨。另有3条通往欧洲的输气管。其中两条名为“穿越地中海输气管”的管线经突尼斯穿越地中海向意大利和斯洛文尼亚送气，分别于1983年和1987年投入运营，全长2509公里（在阿境内549公里），总输气能力为240亿立方米/年。另一条名为“马格里布—欧洲输气管”的管线，经摩洛哥穿越地中海通往葡萄牙和西班牙，1996年11月投入运营，全长1370公里（在阿境内530公里），输气能力为120亿立方米/年。2010年4月，阿尔及利亚连接西班牙的天然气输送管道“Medgaz”正式投入运营。这是阿建成的第三条向欧洲输送天然气的管道，全长1050公里，年输气量80亿～160亿立方米。

【**对外贸易**】原由国家控制，国营公司垄断经营。1991年3月宣布放开对外贸易，主张贸易多元化。主要出口产品为石油和天然气，主要进口产品为工农业设备、食品、生产原料、非食品消费品等。主要贸易伙伴是西方工业国。近几年外贸情况如下（单位：亿美元）：

	2009	2010	2011
进口额	391	402	464.5
出口额	436	567	733.9
顺　差	45	165	269.4

【**外国投资**】2010年，阿共吸引外商直接投资22.91亿美元，较2009年下降17%。投资主要集中在能源、基础设施和消费品生产等领域。主要投资国家是：科威特、西班牙、埃及、美国和法国。2011年世界银行报告显示，阿外资吸引力在全球183个国家中列第148位，较2010年下滑5位。

人民生活

据阿国家发展与人口统计局数字，2006年阿人口贫困率不到6%。自2011年起，阿政府每年划拨3000亿第纳尔用作大宗消费品补贴。2012年，阿政府再次投入1.3万亿第纳尔用于家庭、退休、粮、油、电等各类补贴，并将国家最低工资标准提升至18000第纳尔/月。

2008～2011年，近120万高校毕业生在国家就业总署帮助下获得就业安置。2011年，在帮扶青年就业政策支持下，阿共成立61111家微型企业，直接创造122453个就业岗位。

军　事

阿武装力量前身为民族解放军，独立后改称阿尔及利亚国家人民军。实行义务兵役制和志愿兵相结合的兵役制度。义务兵役制规定，男性公民服役期为18个月。国防部是军队最高领导机构。总统任国防部长和三军统帅。最高安全委员会负责就国家安全问题向总统提出建议。人民军参谋长为艾哈迈德·撒拉赫·盖德（Ahmed Salah Gaid）少将。全国划分为6个军区，下设若干军分区。装备主要来自前苏联，其余来自美、英、法、意等国。

人民军正规部队20.45万人。其中陆军12.7万人，海军1万人，空军1.4万人。准军事武装（包括宪兵、国家安全部队、共和国卫队、乡镇卫队及合法防卫组织）37.6万人。

文化教育

【教育】阿实行9年制义务教育，小学入学率97%，中学入学率66%。中、小学生教育免费，大学生享受助学金和伙食补贴。2009年，阿中、小学数量增至24795所，全国共有教师近37万人。各类高等院校90所，2010～2011学年，阿在校大学生约125万人。主要大学有：阿尔及尔大学、胡阿里·布迈丁科技大学、君士坦丁大学等。

【新闻出版】1990年前阿新闻出版由国家垄断，1990年颁布新的新闻法，实行有条件的新闻自由，一些政党创立了党报，也出现了一些独立地方报刊。目前，阿有300余种全国性报刊，其中日报65种，32种阿文报刊，33种法文报刊，平均日发行量243万份。主要有《圣战者报》、《人民报》、《地平线报》、《晚报》、《祖国报》和《自由报》等；主要刊物有《阿尔及利亚时事周刊》和《非洲革命》等。

阿尔及利亚新闻通讯社：官方通讯社，创建于1961年，在国内48个省设有分社，在国外设有15个分社，用阿、法、英三种文字发稿，每年发稿20万条。

阿尔及利亚新闻社：目前唯一的私营通讯社，创建于1999年1月，有记者20余名，重点提供经济信息。

阿尔及利亚广播电台：国营电台，创建于1956年，前身为“战斗的阿尔及利亚之声”。有4套节目。

阿尔及利亚电视台：国营电视台，创建于1962年。

对外关系

阿奉行独立、自主和不结盟的外交政策，主张尊重国家主权与领土完整、互不干涉内政、互不使用武力，相互尊重、互利和对话基础上寻求广泛合作，外交为经济建设服务。反对大国强权政治和借口人权干涉别国内政，主张建立公正合理的国际政治、经济新秩序。反对恐怖主义；致力于马格里布联盟建设和地区和平，积极参与阿拉伯事务；促进非洲团结与和平；支持欧盟—地中海合作，谋求发展与西方国家关系。截至2010年年底，共与170个国家建立了外交关系，在60多个国家设立大使馆，外国常驻阿使馆80个。

【对当前重大国际问题的态度】关于国际形势：国际关系正处在变化和重组之中，世界和平与安全以及各国的发展仍是当前紧迫的课题。世界形势趋向缓和，全球性冲突虽已避免，但地区冲突依然存在。主张多极化，反对单边主义，主张以国际法和联合国宪章的宗旨和原则为基础，建立民主、公正、平等的新型国际关系和国际秩序。

关于联合国及安理会改革：联合国的改革应以增加其活力和信誉为宗旨，遵循“民主化、合理化和效率化”三原则，正确反映国际关系变化，充分考虑各地区平衡和绝大多数成员国的利益，强调国际社会须通过协商达成共识。坚决主张使所有国家参与联合国所有机构的管理。认为必须改变非洲在联合国安理会代表性不足问题，坚决支持非盟关于联合国改革的共同立场，即非洲应获得两个拥有否决权的安理会常任理事国席位。安理会扩大仅是联合国改革的一部分，联合国改革应包括社会、经济、发展在内的其他方面的改革。

关于金融危机：金融危机发生的原因是经济全球化使各国相互依赖程度日益加深，而国际经济、金融体系沿革数十年几无变动，缺乏统筹和监管全球经济的有力机构和有效方法。当前，金融危机已逐步影响到实体经济，如不能有效控制，将对经济体系脆弱的国家特别是非洲国家造成严重冲击。为此，应改革国际金融和货币体系，改善其决策方式，扩大发展中国家的发言权和代表性，提高新型经济体和发展中国家的决策和监督水平，重视发展中国家关切，建立能及时反映世界经济走势和有效安全预警功效的新机制、新体系。

关于气候变化：坚持《联合国气候变化框架公约》和《京都议定书》是气候谈判的唯一基础和原则，坚持“共同但有区别的责任”，呼吁各方严格遵循《巴厘路线图》确定的目标和期限，主张发达国家应率先承担相关责任，切实履行减排承诺，并通过技术转让等方式帮助发展中国家有效应对气候变化。

关于反恐：阿深受恐怖动乱之害，对恐怖主义有切肤之痛。认为应从全球角度分析恐怖主义，将其与争取解放和民族自决的合法斗争区分开来，避免将其与特定地区、文化和文明相挂钩。支持国际反恐合作，呼吁联合国主持召开国际反恐会议，签署国际反恐公约，统一界定恐怖主义。

关于伊朗核问题：阿承认并支持包括伊朗在内的所有核不扩散条约签约国拥有和平利用核能技术的权利。反对在核问题上实行双重标准。

关于巴以问题：中东和平倡议是实现本地区公正、全面、持久和平的合适机制。强烈谴责以色列针对巴平民的暴力犯罪和以军队在加沙的暴行。

关于伊拉克问题：伊局势对地区乃至全球的和平稳定造成极大威胁。外国军队应尽快从伊撤出，结束对伊占领，归还伊人民完整主权。支持伊各党派、阶层及宗教团体参加的全民和解努力。联合国应在伊重建等问题上发挥核心作用。

关于叙利亚问题：阿尊重叙人民选择，希望冲突各派保持克制，停止暴力活动，尽快开启全国对话，通过政治对话和平解决危机。阿反对任何外来武力干涉，坚持在阿盟框架内解决叙问题。

关于马格里布联盟建设：阿认为马盟建设符合地区根本利益，有利于马格里布地区各国反恐合作及地区的安全稳定和经济发展。马格里布地区实现政治、经济、社会一体化是该地区年轻一代的希望，任何人无权草率行事，也不能置之不理或设置障碍。

【同中国的关系】中阿传统友谊深厚。1958年9月阿临时政府成立后，中国即予以承认，是第一个承认阿的非阿拉伯国家。同年12月20日两国建交后，双方各领域友好合作关系不断发展。2004年2月，胡锦涛主席访阿期间，两国正式建立战略合作关系。2006年11月，布特弗利卡总统出席中非合作论坛北京峰会并访华，两国元首签署了《中阿关于发展两国战略合作关系的声明》。2011年6月，布特弗利卡在中国共产党成立90周年之际向胡锦涛总书记致贺电。2012年7月，胡锦涛主席致电布特弗利卡总统祝贺阿独立50周年。

双边高层互访和政治往来不断。2000年4月，布特弗利卡总统对中国进行国事访问。2004年2月，胡锦涛主席对阿尔及利亚进行国事访问。2006年，布特弗利卡总统来华出席中非合作论坛北京峰会并访华。2007年，回良玉副总理访问阿尔及利亚。2008年3月和11月，中共中央政治局常委李长春、全国人大常委会委员长吴邦国分别访问阿尔及利亚。同年8月，布特弗利卡总统来华访问并出席北京奥运会开幕式。2010年1月和7月，外交部长杨洁篪、国务委员戴秉国先后访问阿尔及利亚。同年4月，阿民族院议长本·萨拉赫作为总统代表出席上海世博会开幕式；5月，阿尔及利亚外长梅德西访华。2011年9月，全国政协副主席、中国经社理事会主席王刚访问阿尔及利亚。2012年5月，外交部长杨洁篪在突尼斯出席中阿合作论坛第五届部长级会议期间会见阿外长梅德西。

两国经贸往来日益密切。2011年，双边贸易额达64.2亿美元，同比增长24.1%。其中中国出口额为44.7亿美元，同比增长11.8%；进口额为19.5亿美元，同比增长65.7%。

中国驻阿尔及利亚大使：刘玉和。馆址：34 Boulevard des Martyrs Alger。电话：(00213-21) 692724，692926；传真：693056，693082。

阿尔及利亚驻华大使：哈桑纳·拉贝希（Hassane Rabehi）。馆址：北京市朝阳区三里屯路7号。电话：010-65321496，65321120（武官处）；传真：65321648。

【同美国的关系】1962年9月阿美建交，1967年中东“六·五”战争爆发后宣布同美断交，1974年11月两国复交。布特弗利卡总统执政后，美明确支持布的“全国和解”政策和经济改革政策，多次表示愿在反恐、情报交换、人员培训等方面与阿加强合作。2004年美国宣布给予阿普通最惠国待遇。2007年6月，阿美签署民用核能合作协议。近年来阿美高层互访不断。2009年，美中东事务特使、负责国防和中东事务的两位助理国务卿和多个议员团及企业家团访阿。2010年4月，阿外长梅德西代表布特弗利卡总统出席在华盛顿举行的核安全峰会，并会见了美国务卿克林顿。2011年，美多位助理国务卿访阿，阿外长梅德西访美。2012年1月，阿外长梅德西赴美出席77国集团主席国交接仪式期间赴华盛顿访问。2月，美国务卿克林顿访阿。目前美是阿最大的贸易伙伴，阿原油出口一半以上销往美国。

【同法国的关系】阿法有传统关系，法是阿最大债权国和最主要的贸易伙伴之一。阿是法在非洲第一大贸易伙伴、重要的能源供应国和商品出口目的地。阿在法侨民200余万人。2007年7月，法国总统萨科齐访阿，着重探讨两国能源合作和“地中海联盟”计划，双方签署互免外交人员短期签证和在阿共建大学两项协议。2008年，法总理、内政和外交部长等相继访阿。2009年5月，阿国民议会议长齐阿里访法。2010年，法司法部长玛丽访阿。2011年5月，阿工业、中小企业和促进投资部部长迈哈迪与法国前总理拉法兰共同主持第一届阿—法经济伙伴关系论坛开幕式。6月，法外长朱佩访阿。

【同俄罗斯的关系】1962年7月阿独立后与前苏联建交，双边关系十分密切。阿大部分武器装备来自前苏联，但两国贸易处于较低水平。1991年12月，阿承认俄罗斯联邦和独联体。2001年布特弗利卡总统访俄，两国签署战略伙伴关系协定并发表联合声明。2005年10月，两国首届经贸混委会在俄召开。2006年3月，俄罗斯总统普京访阿，免除阿47亿美元债务，双方签署70多亿美元军购合同。2008年1月，布特弗利卡总统访俄，双方签署航空合作协议及俄公司承建阿铁路合同。2010年10月，俄罗斯总统梅德韦杰夫访阿。2011年3月，俄罗斯外长拉夫罗夫访阿。

【同马格里布国家的关系】阿曾于1994～2003年担任阿拉伯马格里布联盟轮值主席国。近年来，阿与马盟成员国关系稳步发展。

【同摩洛哥的关系】1963年阿摩曾因边界争端发生武装冲突。1976年阿承认“西撒国”后，摩宣布与阿断交。1988年两国复交。布特弗利卡当选总统后，摩国王哈桑二世致电祝贺。哈病逝后，布赴摩参加葬礼，并与新任国王穆罕默德六世建立联系。此后双方电函不断。2003年，两国元首在联大期间举行单独会谈。2004年7月，摩宣布免除阿公民赴摩签证。2005年3月，摩国王赴阿出席阿盟首脑会议并与布特弗利卡总统举行会晤；同月，阿宣布免除摩公民赴阿签证。2007年3月，布特弗利卡总统致电摩国王祝贺国王女儿诞生；11月，摩国王致信布，对阿首都发生爆炸造成人员伤亡表示慰问。2011年3月，阿水资源部长塞拉勒访摩。同月，摩能源、环境与水利部部长本·哈德拉访阿。2012年1月，摩新任外交与合作大臣欧斯曼尼访阿，成为自2004年以来首位访阿的摩外交大臣。

【同利比亚的关系】阿利关系曾因利与摩洛哥结盟而一度冷淡。近年来两国关系不断改善。2009年6月，布特弗利卡总统访利，并与利领导人卡扎菲赴埃与穆巴拉克总统举行三方会谈。2010年1月，利总人委秘书（总理）巴格达迪访阿，会见布特弗利卡总统，并与阿总理乌叶海亚共同主持两国第六届合作委员会会议。2011年2月，利局势陷入动荡，阿撤回了在利侨民，但以“人道理由”接受利前领导人卡扎菲的妻子、女儿和两个儿子入境。阿外长梅德西多次会见利“国家过渡委员会”执行局前主席吉卜里勒，并与利“过渡委”正式建立关系。2012年3月，阿外长梅德西访利。

【同突尼斯的关系】阿与突尼斯于1983年3月签署“友好和睦条约”。两国关系友好，经济合作发展较快。2005年3月，突总统本·阿里赴阿出席第17届阿盟首脑会议；11月，布特弗利卡总统赴突出席“信息峰会”并会见突总统。2006年2月和2007年7月，阿、突总理互访，共同主持两国第15、16届混委会。2011年，突局势剧变后，阿表示尊重突人民的选择，3月突民族团结政府总理艾塞卜西访阿，阿向突提供1亿美元的财政援助，4月突代总统迈巴扎致信布特弗利卡总统，感谢阿尔及利亚对突尼斯的一贯支持并对两国同甘共苦、团结互助的友好关系给予充分肯定。2012年1月，阿总统布特弗利卡赴突出席“茉莉花革命”一周年纪念活动，对突革命成果予以肯定。2月，突总统马尔祖基访阿。

【同毛里塔尼亚的关系】两国致力发展睦邻友好关系，签有渔业合作协议。2009年8月，阿民族院议长本萨拉赫赴毛出席当选总统阿齐兹就职典礼。2011年，毛总统阿齐兹、外交与合作部长哈马迪相继访阿。

（李林嘉）

埃　及

国名　阿拉伯埃及共和国（The Arab Republic of Egypt）。

面积　100.145万平方公里。

人口　8139万（2012年1月）。主要是埃及人（占99.6%）。官方语言为阿拉伯语。伊斯兰教为国教，信徒主要是逊尼派，占总人口的84%。科普特基督徒和其他信徒约占16%。

首都　开罗（Cairo），面积约3085平方公里，人口800万（2012年1月）。夏季平均气温最高34.2℃，最低20.8℃；冬季最高19.9℃，最低9.7℃。

国家元首　总统穆罕默德·穆尔西（Mohamed Morsy），2012年6月30日宣誓就职。

重要节日　国庆日：7月23日（1952年）。

简　况

跨亚、非两大洲，大部分位于非洲东北部，只有苏伊士运河以东的西奈半岛位于亚洲西南部。西连利比亚，南接苏丹，东临红海并与巴勒斯坦、以色列接壤，北濒地中海。海岸线长约2900公里。全境干燥少雨。尼罗河三角洲和北部沿海地区属地中海型气候，平均气温1月12℃，7月26℃。其余大部分地区属热带沙漠气候，炎热干燥，沙漠地区气温可达40℃。

埃及是世界四大文明古国之一。公元前3200年，美尼斯统一埃及建立了第一个奴隶制国家。当时国王称法老，主要经历了早王国、古王国、中王国、新王国和后王朝时期，30个王朝。古王国开始大规模建金字塔。中王国经济发展，文艺复兴。新王国生产力显著提高，开始对外扩张，成为军事帝国。后王朝时期，内乱频繁，外患不断，国力日衰。公元前525年，埃成为波斯帝国的一个行省。在此后的一千多年间，埃相继被希腊和罗马征服。公元641年阿拉伯人入侵，埃逐渐阿拉伯化，成为伊斯兰教一个重要中心。1517年被土耳其人征服，成为奥斯曼帝国的行省。1882年英军占领后成为英“保护国”。1922年2月28日英国宣布埃为独立国家，但保留对国防、外交、少数民族等问题的处置权。1952年7月23日，以纳赛尔为首的自由军官组织推翻法鲁克王朝，成立革命指导委员会，掌握国家政权。1953年6月18日宣布成立埃及共和国。1958年2月同叙利亚合并成立阿拉伯联合共和国。1961年叙利亚发生政变，退出“阿联”。1970年纳赛尔总统病逝，萨达特继任总统。1971年9月1日改名为阿拉伯埃及共和国。1981年10月萨达特总统遇刺身亡，副总统穆巴拉克继任，并4次连任直至2011年辞职。

政　治

2011年1月底以来，埃及发生30多年来最大规模反政府示威游行。穆巴拉克总统2月11日辞职后，武装部队最高委员会接管权力，进行修改宪法、解散议会、改组政府、筹备议会和总统选举等。2012年初选举产生新一届人民议会和协商会议。6月24日，埃及最高总统选举委员会宣布自由与正义党主席穆尔西以51.73%的得票率赢得总统选举。穆尔西于6月30日在最高宪法法院宣誓就职。

【宪法】原宪法于1971年9月11日经公民投票通过。2011年3月19日经全民公投通过宪法修正案，对该宪法第75、76、77、88、93、139、148条和第189

条进行修改，重新规定总统候选人资格等，将总统任期缩短为4年，最多连任1次。3月20日，埃及武装部队最高委员会据此颁布《宪法宣言》，取消1971年宪法。2012年3月，埃及人民议会和协商会议选举出100人组成的制宪委员会，经埃及行政法院裁决无效后于6月重组。6月17日，武装部队最高委员会颁布《宪法宣言》修正案，规定武装部队最高委员会负责与武装部队相关的一切事务、在新一届人民议会选举前履行立法权、可组建新的制宪委员会等事宜。

【人民议会】人民议会是最高立法机关。议员由普选产生，任期五年。议会的主要职能是：提名总统候选人；主持制定和修改宪法；决定国家总政策；批准经济和社会发展计划及国家预算、决算，并对政府工作进行监督。2011年初埃及政局发生重大变化后，武装部队最高委员会宣布解散人民议会。2012年1月新一届人民议会成立，共508席，其中10席由国家元首任命。在选举产生的498席中，自由与正义党领导的民主联盟235席（47.2%），萨拉菲光明党领导的伊斯兰联盟123席（24.7%），新华夫脱党38席，埃及阵营联盟34席，中间党10席，剩余席位由其他党派和独立人士获得。自由与正义党总书记萨阿德·卡塔特尼（Saad El-Katatny）当选人民议会议长。6月14日，最高宪法法院裁定人民议会选举法部分条款违宪并予以解散。穆尔西总统就任后发布了要求人民议会恢复工作的总统令，最高宪法法院裁定停止执行上述总统令，穆表示尊重宪法法院判决。

【协商会议】协商会议是萨达特总统于1979年提出建立并写入宪法的。1980年11月1日，协商会议正式成立。协商会议议员2/3由各阶层、机构和派别选举产生，其中一半应是工人和农民；1/3由总统任命。协商会议是与人民议会并存的立法咨询机构。每届任期六年，3年改选一半委员，可连选连任，亦可再次任命。协商会议设主席、副主席。2011年初埃及政局发生重大变化后，武装部队最高委员会宣布解散协商会议。2012年2月，新一届协商会议成立，共270席，其中90席由国家元首任命。在选举产生的180席中，自由与正义党105席（58.3%），萨拉菲光明党46席，新华夫脱党14席，埃及阵营联盟8席，剩余席位由其他党派和独立人士获得。自由与正义党领导人艾哈迈德·法赫米（Ahmed Fahmy）当选协商会议主席。

【政府】2011年2月武装部队最高委员会接管权力后，埃成立过渡政府。2012年6月穆尔西当选总统后，过渡政府成为看守政府。本届政府于2012年8月2日宣誓就职，主要成员包括：总理希沙姆·甘迪勒（Hesham Kandil），外交部长穆罕默德·阿姆鲁（Mohamed Amr）、财政部长蒙塔兹·赛义德（Momtaz Sayed）、国防部长穆罕默德·侯赛因·坦塔维（Mohamed Hussein Tantawi）等。

【行政区划】全国划分为27个省：开罗省、吉萨省、盖勒尤比省、曼努菲亚省、杜姆亚特省、达卡利亚省、卡夫拉·谢赫省、贝尼·苏夫省、法尤姆省、米尼亚省、索哈杰省、基纳省、阿斯旺省、红海省、西部省、艾斯尤特省、新河谷省、亚历山大省、布哈拉省、北西奈省、南西奈省、塞得港省、伊斯梅利亚省、苏伊士省、东部省、马特鲁省和卢克索省。

【司法机构】法院包括最高法院、上诉法院、中央法院和初级法院以及行政法院，开罗还设有最高宪法法院。检察机构包括总检察院和地方检察分院，总检察长阿卜杜勒—马吉德·马哈茂德（AbdelMeged Mahmoud）。

【政党】1952年革命后，曾禁止政党活动。阿拉伯社会主义联盟于1962年10月成立，为埃及唯一合法政党，纳赛尔总统任主席。1977年开始实行多党制。2011年颁布新政党法。主要政党有：

（1）自由与正义党（Freedom and Justice Party）：2011年6月6日成立，是埃及穆斯林兄弟会（简称穆兄会）为适应“1·25”革命后埃及形势变化并合法参政而成立的。主张伊斯兰法是国家立法的主要依据，全面改革是振兴国家、改善人民生活和实现社会公正、自由的必要手段，强调首先应进行宪政改革，确保军方根据宪法移交权力。认为“自由、公正、平等”是天赋人权，应保障公民的工作、医疗、教育、信仰和言论自由。强调应重视教育和科研。主张全面提高综合国力，恢复埃在地区、阿拉伯和伊斯兰世界的领导地位。主席穆罕默德·穆尔西。

（2）萨拉菲光明党（Al-Nour Party）：2011年6月12日成立。主张以正宗的伊斯兰教义、教规作为基本指南规范国家的政治架构。反对女性参政。主张禁酒，要求女性包头巾。主席伊马德·阿卜杜·卡弗尔（Emad Abdel Ghaffour）。

（3）新华夫脱党（New Wafd Party）：1978年2月成立，前身是华夫脱党，是穆巴拉克时期的主要反对党。主张将伊斯兰法作为立法的主要依据之一。要求加快政治、经济和社会改革，保障基本自由和人权，密切同阿拉伯和伊斯兰国家的关系，重点发展与非洲国家关系。主席赛义德·拜达维（El-Sayyid el-Badawi）。

（4）埃及社会民主党（Egyptian Social Democratic Party）：2011年7月3日成立，主张建立现代化、世俗的法制国家。主张公民享有平等权利，履行相同义务，所有公民不受歧视地参与国家事务管理。秘书长马尔文特•塔拉维（Mervat Tallawy）。

（5）自由埃及人党（Free Egyptians Party）：2011年7月3日成立。主张建立世俗国家和司法独立，保持原有的社会价值观和习俗，全体公民拥有信仰自由及民主、自由权利。妇女应发挥社会作用，参与各领域建设。主席艾哈迈德•哈桑•赛义德（Ahmed Hassan Said）。

【重要人物】**穆罕默德·穆尔西**：总统。1951年出生，获开罗大学工程学硕士学位和美国南加州大学工程学博士学位，曾在美国南加州大学和埃及宰加济格大学任教。1979年加入埃及穆兄会，历任穆兄会训导局成员、副总训导师。在2000年议会选举中以独立人士身份当选议员，并出任穆兄会议会党团发言人。在2005年议会选举中以较大优势胜出，但被当局宣布无效而落选。2011年4月，被穆兄会任命为该组织新创建的自由与正义党主席。2012年6月30日宣誓就任埃及总统。　**穆罕默德·侯赛因·坦塔维**：武装部队最高委员会主席兼国防部长。1935年出生，军事学硕士，曾三次参加中东战争。1991年起任埃及国防和军工生产部长，1993年晋升元帅，1995年起任武装部队总司令。2011年2月11日穆巴拉克辞职后，出任武装部队最高委员会主席，成为过渡时期国家代元首。

经　济

属开放型市场经济，拥有相对完整的工业、农业和服务业体系。服务业约占国内生产总值的50%。工业以纺织、食品加工等轻工业为主。农村人口占总人口的55%，农业占国内生产总值的14%。石油天然气、旅游、侨汇和苏伊士运河是四大埃及外汇收入来源。埃经济受国际金融危机一定程度打击，但总体影响相对较轻。

2011年初以来的埃动荡形势对国民经济造成严重冲击。埃政府采取措施恢复生产，增收节支，吸引外资，改善民生，多方寻求国际支持与援助，以渡过当前经济困难。2011年主要经济数据如下：

国内生产总值：2311亿美元。

经济增长率：1.8%。

人均国内生产总值：2734美元。

货币名称：埃及镑。

汇率：1美元＝6.07埃镑（2012年8月）。

通货膨胀率：10.1%。

失业率：12.2%。

外汇储备：155.2亿美元（2012年5月）。

外债：330亿美元（2011年12月）。

【资源】主要有石油、天然气、磷酸盐、铁等。已探明的储量为：石油44亿桶（2009年），天然气77万亿立方英尺（2009年），磷酸盐约70亿吨，铁矿6000万吨。此外还有锰、煤、金、锌、铬、银、钼、铜和滑石等。埃及平均原油产量达67.5万桶/天，天然气产量达64亿立方英尺/天，国内消耗的天然气数量占埃天然气总产量的70%，其余30%供出口。埃及电力供应以火电和水电为主，其中84%来自火电，全国电网覆盖率达99.3%，在非洲国家中排名第一，世界排名第四。阿斯旺水坝是世界七大水坝之一，全年发电量超过100亿度。2008年，埃及斥资16亿埃镑改进阿斯旺大坝发电机组，并斥资150亿埃镑改进全国电网。埃及加快新能源和可再生能源在电力领域的应用。2007年埃及正式启动核电站计划。2010年埃及宣布将于2025年前建立4个核电站。

【工业】工业以纺织和食品加工等轻工业为主。工业约占国内生产总值的16%，工业产品出口约占商品出口总额的60%，工业从业人员274万人，占全国劳动力总数的14%。埃工业企业过去一直以国营为主体，自20世纪90年代初开始，埃开始积极推行私有化改革，出售企业上百家。

【农业】埃及是农业国，农村人口占全国总人口的55%，农业从业人员约550万人，占全国劳动力总数的31%。埃政府重视扩大耕地面积，鼓励青年务农。全国可耕地面积为860万费丹（1费丹合6.3市亩），约占国土总面积的3.5%。近年来，随着埃及经济的发展，农业产值占国内生产总值比重有所下降。主要农作物有小麦、大麦、棉花、水稻、马铃薯、蚕豆、苜蓿、玉米、甘蔗、水果、蔬菜等。主要出口棉花、大米、马铃薯、柑橘等。经过近几年的改革，农业生产实现了稳定增长，是经济开放首当其冲和见效最快的部门。但随着人口增长，埃仍需进口粮食，是世界上最大的食品进口国之一。

【旅游业】埃及历史悠久，名胜古迹很多，具有发展旅游业的良好条件。政府非常重视发展旅游业。旅游业收入居埃四大外汇收入之首。主要旅游景点有金字塔、狮身人面像、卢克索神庙、阿斯旺高坝等。2011年埃及动荡局势对旅游业影响较大，赴埃旅游人数、饭店房间价格、旅游投资均明显下降。2011年外国赴埃游客总人数1050万人次。2010/2011财年，旅游收入88亿美元。

【交通运输】交通运输便利，近几年海、陆、空运输能力增长较快。

铁路：由28条线路组成，总长10008公里，共有796个客运站，日客运量200万人次。开罗目前共有两条地铁线路，总长64公里，共耗资120亿埃镑。地铁三号线分两段修建，第一段全长4.3公里，第二段全长7.12公里，总成本约64亿埃镑。

公路：总长约49000公里。

水运：有7条国际海运航线；内河航线总长约3500公里。现有亚历山大、塞得港、杜米亚特、苏伊士等62个港口，年吞吐总量为800万集装箱，海港贸易量为1.01亿吨。苏伊士运河是沟通亚、非、欧的主要国际航道。近年来，运河进行了大规模扩建，使过运河船只载重量达24万吨，可容纳第四代集装箱船通过。2010/2011财年，运河收入50.5亿美元。

空运：有民航飞机55架。全国共有机场30个，其中国际机场11个，开罗机场是重要国际航空站。2008年，埃及航空公司正式加入星空联盟。

【电信信息】近年来，埃大力发展电信和信息产业。1981年，全国仅有固定电话线路51万条，目前固定电话用户达1041.6万户；截至2010年10月，移动电话用户6400万人；因特网用户从2000年的53.5万人增加到2011年2月的2310万人。埃电信业实现了较快增长，已成为埃经济增长的重要推动力量。

【财政金融】财政来源除税收外，主要靠旅游、石油、侨汇和苏伊士运河四项收入。2011/2012财年政府预算支出855亿美元，预计财政收入581亿美元，预算赤字273亿美元。

【对外贸易】埃及同120多个国家和地区有贸易关系，主要贸易伙伴是美国、法国、德国、意大利、英国、日本、沙特、阿联酋等。由于出口商品少，外贸连年逆差。为扩大对外出口，减少贸易逆差，埃政府采取了以下措施：发展民族工业，争取生产更多的进口替代商品；限制进口，特别是消费性制成品的进口；争取扩大出口，特别是原油、原棉以外的非传统性商品的出口。2010/2011财年，埃及对外贸易额843.8亿美元，其中出口额249.1亿美元，进口额594.7亿美元。

埃主要进口商品是：机械设备、谷物、电器设备、矿物燃料、塑料及其制品、钢铁及其制品、木及木制品、车辆、动物饲料等。主要出口产品是：矿物燃料（原油及其制品）、棉花、陶瓷、纺织服装、铝及其制品、钢铁、谷物和蔬菜。埃及出口商品主要销往阿拉伯国家。

【外国援助】美国是埃及的主要援助国。向埃及提供援助的国家和国际组织还有德国、法国、日本、英国、意大利等国家及世界银行、国际货币基金组织和阿布扎比发展基金等。2011年埃及政局发生重大变化后，美国等多个国家向埃及提供援助。

【外国投资】1974年6月，埃政府颁布第一部投资法，1989年颁布新投资法。1997年，埃政府为进一步吸引外资，颁布了“投资鼓励与保障法”及实施条例，并于1998年、2000年对其实施条例进行了修改和补充。2002年颁布了经济特区法和实施细则。2004年，埃通过投资法修正案。自90年代中期以来，埃吸引外国直接投资的速度加快。2011年初开始的埃及动荡局势导致外国在埃投资额下降。2011年1～6月，外国直接投资6500万美元。

人民生活

为改善人民生活，埃政府长期实行家庭补贴，并对大米、面包、面粉、食油、糖和能源等基本生活物资实行物价补贴。近年来，埃政府采取了一系列改善民生的举措：加大改革和反腐败力度；扩大就业，提高工资；加强社会保障，增加补贴，保证基本物资平价供应，保障低收入群体。2010年，埃及人民议会通过新社会保障养老金法，规定养老金金额为最终工资的80%，并可根据物价进行调整。2011年初埃及政局动荡后，政府宣布为600万公务员加薪15%，退伍军人和公私部门员工的退休金同比例增加。

军　事

武装部队总司令是穆罕默德·侯赛因·坦塔维元帅。2011年穆巴拉克辞职后，武装部队最高委员会成为埃及最高军事决策机构。2012年6月设立国防委员会，由总统出任委员会主席，成员包括武装部队总司令及其他9名军队高级将领、人民议会议长、总理、国防部长、内政部长、外长、财长和军工生产国务部长等。实行义务兵和志愿兵相结合的兵役制度，义务兵服役期3年。

武装部队总兵力45万，预备役部队25.4万，其中陆军32万、海军2万、空军3万、防空军8万。另有国民警卫队6万人、边防军1.4万人、公安部队6万人、海岸警卫队7000人。

文化教育

【教育】实行普及小学义务教育制度。全国共有基础教育（含小学、初中、高中和中等技术教育）学校42184所，其中公立学校37218所，私立学校4966所。共有大学34所，其中公立大学18所，私立大学16所。著名的有开罗大学、亚历山大大学、艾因·夏姆斯大学、爱资哈尔大学等。

【新闻出版】埃及主要阿拉伯文报刊有:《消息报》、《金字塔报》、《共和国报》、《晚报》、《金字塔经济学家》周刊、《最后一点钟》周刊、《图画》周刊、《鲁兹·尤素福》周刊。主要英文报刊有《埃及公报》。主要法文报刊有:《埃及前进报》、《埃及日报》。

中东通讯社：埃国家通讯社，是目前中东地区和阿拉伯世界最大的通讯社，1956年2月创立。宣传政府政策，用阿拉伯、英、法三种文字发稿。

广播电台：全国现有269家广播台站，平均每天播报478小时。国家广播电台，1928年创建。目前每天用80个频率、38种语言向国内、外广播。中东广播电台，建于1964年，主要为商业服务。亚历山大广播电台，建于1960年，用阿拉伯语播音。2000年，埃开始通过“非洲之星”广播卫星和尼罗河卫星等发射广播节目，能覆盖全世界。

电视：在埃传媒中占据突出地位。埃及电视台建于1960年。目前埃电视频道分中央、地方、卫星、专题等四类数十个频道，节目覆盖亚、非、欧、北美等地区。2001年6月，私营卫星电视频道获准开播。

对外关系

埃及在阿拉伯、非洲和国际事务中均发挥着重要作用。开罗现为阿拉伯国家联盟总部所在地，埃前外长阿拉比为现任阿盟秘书长。

埃及奉行独立自主、不结盟政策，主张在相互尊重和不干涉内政的基础上建立国际政治和经济新秩序，加强南北对话和南南合作。突出阿拉伯属性，积极开展和平外交，致力于加强阿拉伯国家团结合作，推动中东和平进程。反对国际恐怖主义；倡议在中东和非洲地区建立无核武器和大规模杀伤性武器区。埃及坚持全方位外交。加大对地区热点问题的关注和投入。重视大国外交，巩固同美国的特殊战略关系，加强同欧盟、俄罗斯等大国关系。积极加强同发展中国家的关系，在阿盟、非盟、伊斯兰会议组织等国际组织中较为活跃。日益重视经济外交。埃及已与165个国家建立了外交关系。

2011年埃及政局发生重大变化后，外交政策出现一定幅度调整，更加灵活务实，并注意平衡与大国间的战略合作。

【同中国的关系】埃及是第一个承认新中国并同中国建交的阿拉伯、非洲国家。1956年5月30日建交后，两国友好合作关系不断发展。1999年，两国建立战略合作关系，双边关系的发展进入了一个新阶段。2006年双方签署两国深化战略合作关系的实施纲要。2011年两国在各领域的交流与合作继续发展，战略合作关系得到进一步深化。

政治关系与重要往来：

2011年初埃及政局变化后，胡锦涛主席与埃及武装部队最高委员会主席坦塔维互致信件。两国元首、总理和外长互致贺电庆祝两国建交55周年。5月，外交部长杨洁篪访埃。2012年1月，吴邦国委员长向埃及新任人民议会议长卡塔特尼致贺电。3月，贾庆林政协主席向埃及新任协商会议主席法赫米致贺电。同月，埃及外长阿姆鲁访华。6月，胡锦涛主席向埃及新任总统穆尔西致贺电。

两国就国际和地区问题密切磋商，在人权、安理会改革等重大问题上保持协调，共同维护发展中国家利益。2006年5月，两国外交部建立战略对话机制。2011年3月，翟隽副部长访埃。8月、10月，中东问题特使吴思科访埃。2012年3月，中国政府特使、外交部部长助理张明访埃。

2006年6月，中埃两国签订互免持中国外交和公务护照、埃及外交和特别护照人员签证的协定，2007年1月27日该协定正式生效。

经贸合作：2011年中埃双边贸易额为88亿美元，同比增长26.5%，其中中国出口额72.9亿美元，同比增长20.6%，进口额为15.2亿美元，同比增长65.4%。截至2012年5月底，中国对埃累计直接投资4.6亿美元，埃在华直接投资6200万美元。

文教、科技、旅游等领域交流与合作及其他往来：中埃文教、新闻、科技等领域互访频繁，合作密切。近年来，双方举办了文化周、电影节、文物展、图片展等丰富多彩的活动，深受两国人民欢迎。

目前埃及有4所大学开设了中文专业。2002年，中国文化中心在开罗设立。2007年，开罗大学与北京大学合作成立北非地区第一家孔子学院。2008年，华北电力大学与苏伊士运河大学合建了埃及第二所孔子学院。

1983年签署两国政府科技合作协定，2002年签署政府间和平利用原子能合作协定。2002年签署“中国公民组团赴埃旅游实施方案的谅解备忘录”。2011年中国公民首站赴埃旅游人数2.61万人。2005年埃航恢复开罗—北京直航，2007年开通开罗—广州直航。

两国间现已结成友好省市13对。

中国驻埃及大使：宋爱国。馆址：14 BAHGAT ALY ST. ZAMALEK CAIRO EGYPT。电话：(00202) 27361219；传真：27359459。商务处地址：22 BAHGAT ALY STREET, ZAMALEK CAIRO 11211 EGYPT。电话：27354316；传真：27358729。

埃及驻中国大使：艾哈迈德·里兹克（Ahmed Rezk Mohamed Rezk）。馆址：北京市建国门外日坛东路2号（No.2, RI TAN DONG LU, BEIJING, 100600 CHINA）。电话：010-65321825/65322541，传真：65325365。商务处电话：65329335，传真：65329337。

【同美国的关系】纳赛尔时期，埃美关系比较紧张。1967年“六·五”战争后，埃宣布同美断交。1973年“十月战争”以后，埃美关系明显改善和发展。1974年2月两国复交。穆巴拉克总统执政后两国关系日趋密切，与美有“特殊战略伙伴”关系。美国自1979年起每年向埃提供21亿美元的援助，其中军援13亿美元。1998年，美埃签署协议，商定美在未来10年内每年减少5%对埃政府经援，至2008年减至4.07亿美元。但美采取其他方式弥补，美经援总额并未大幅减少。2004年埃美签订“合格工业园区”协定后，双方经济关系进一步加强。2011年，美国宣布向埃提供1.5亿美元额外经济援助，帮助埃恢复经济和完成民主过渡。2012年7月，美国国务卿希拉里访埃，会见穆尔西、坦塔维等埃及领导人，宣布免除埃及10亿美元债务，向埃方提供2.5亿美元贸易信贷担保，并建立6000万美元投资基金。

【同欧盟国家的关系】纳赛尔时期，埃同主要西欧国家关系冷淡。萨达特上台后开始注意改善同西欧国家关系。1973年“十月战争”后，埃同西欧国家关系有较大发展。穆巴拉克总统执政以来，频繁出访欧盟国家，双方保持密切往来。欧盟是埃最大贸易伙伴，埃与欧盟的贸易总额占埃对外贸易总额的40%。2011年，英国首相卡梅伦、欧盟外交与安全政策高级代表阿什顿等分别访埃。

【同独联体国家的关系】1943年，埃及与前苏联建立了公使级外交关系，1954年升为大使级关系。纳赛尔时期，埃苏关系密切。萨达特时期，埃苏关系恶化。穆巴拉克总统执政后，两国关系逐步改善，1983年双方签署了贸易、文化、渔业合作协定。1984年埃苏恢复互派大使。1991年苏联解体后，埃承认各国独立，并与大多数独联体国家建立了外交关系。

【同沙特阿拉伯的关系】埃同沙特在经济、人员交往和宗教事务方面有密切的合作关系。1979年埃以和约签订后，沙同埃断交。1987年11月，沙、埃恢复外交关系，沙恢复了对埃的经援。海湾危机爆发后，埃应沙特要求派兵驻沙，沙决定免除埃所欠债务，并向埃提供新的无偿经援15亿美元。2011年，埃及总理沙拉夫访问沙特。2012年4月，沙特逮捕埃律师吉扎维引发埃民众抗议示威，沙方一度关闭其驻埃使领馆并召回大使。7月，埃及总统穆尔西访沙，会见阿卜杜拉国王和萨勒曼王储。

【同叙利亚的关系】叙强烈反对戴维营协议和埃以和约并于1978年9月同埃断交。穆巴拉克总统执政后，主动改善同叙关系。1989年12月27日，埃、叙两国正式复交。2000年7月，叙总统巴沙尔上台后，双方往来进一步密切。2005年，黎巴嫩总理哈里里遇害后，埃力劝叙从黎撤军，但反对对叙实施制裁。2008年10月，埃及对叙利亚和黎巴嫩正式建立外交关系表示欢迎。埃及在叙利亚问题上支持叙人民民主改革诉求，主张政治解决危机，避免叙国家分裂和外部干涉。

【同约旦的关系】约旦政府曾因反对埃以签订戴维营协议，于1979年4月1日与埃断交。1984年9月25日，约宣布与埃复交。近年来，埃、约在中东和谈等问题上保持协调，曾促成巴以签署《沙姆沙伊赫备忘录》，并联合提出埃、约和平倡议等。2011年，约旦首相巴希特访埃。

【同巴勒斯坦的关系】埃是最早支持巴事业的阿国之一。巴解组织成立后，埃即给予坚决支持。埃以媾和后，埃巴关系降到最低点，巴解驻开罗办事处被关闭。1987年11月，埃重新开放巴解驻开罗办事处。1988年11月巴宣布建国后，埃即宣布承认，巴解驻开罗办事处也随之升格为大使馆。马德里中东和会后，埃积极推动巴以和谈，促进巴内部和解，并呼吁国际社会向巴人民提供人道主义援助。2008年12月加沙冲突爆发后，埃努力斡旋，推动哈马斯与以色列停火，缓解加沙人道主义危机，为联合国安理会通过第1860号决议发挥重要作用。2009年，埃及主办加沙重建国际会议，并召集巴各派在开罗举行多轮内部和解对话会。2011年，阿巴斯、哈马斯领导人扎哈尔等分别访埃。5月，在埃及调解下，法塔赫与哈马斯在埃签署和解协议。埃及政府重新开放连接加沙地带的拉法口岸。

【同伊拉克的关系】埃及曾是两伊战争中支持伊拉克最积极的阿拉伯国家之一。埃伊关系密切，埃在伊有逾百万劳工。两伊停战后，埃同伊拉克、约旦、也门三国于1989年2月组成阿拉伯合作委员会，并先后在四国首都举行过4次会议。

1990年海湾危机爆发后，埃坚决反对伊入侵科威特，同伊断交，并派4万军队参加美领导的海湾战争。埃近百万劳工大部分返埃。战后，埃积极呼吁解除对伊制裁，协助伊回归阿拉伯阵营。2000年11月，埃、伊恢复外交关系。分别向对方首都派驻代办级外交官，履行大使职责。

2003年美发动对伊拉克战争之前，埃反对美对伊动武。伊战结束后，埃强调应尽快结束外国军队对伊占领，主张联合国应在重建问题上发挥主导作用；强调维护伊主权和国家统一；号召伊各政治派别参与政治进程，呼吁停止暴力活动。2007年5月，埃及主办旨在促进伊拉克和平与重建的“伊拉克国际契约”部长级会议。

【同苏丹的关系】苏丹是埃在非洲的最大邻国，历史联系密切。埃以和约签订后，苏丹是三个未同埃断交的阿拉伯国家之一。1995年6月，穆巴拉克总统在埃塞俄比亚参加非统首脑会议途中遇刺脱险后，指责苏丹为幕后策划者。1999年12月以来，埃苏关系逐渐缓和。埃为解决苏南北问题和达富尔问题积极斡旋，并参加非洲联盟向达尔富尔派出的维和部队。2011年，埃及总理沙拉夫访问苏丹。苏丹总统巴希尔访埃。同年7月，埃方表示希望南苏丹共和国成立可彻底结束苏丹长期内战，并派外长出席南苏丹成立庆典。

【同利比亚的关系】利比亚1969年“九·一”革命后的最初几年埃利关系较为密切。萨达特执政以后，双边关系冷淡，1977年两国发生边界武装冲突。萨达特访以后，双边关系迅速恶化并导致两国于1979年断交。1989年10月两国元首互访，结束了两国长期交恶史。1991年双方正式达成协议，取消边卡和海关，两国人员凭身份证自由往来。2011年8月22日，埃及正式承认利全国过渡委员会为利国家代表。

【同其他阿拉伯国家的关系】2010年，穆巴拉克分别访问阿联酋、卡塔尔、巴林等。也门总统萨利赫、科威特埃米尔萨巴赫、阿曼苏丹卡布斯、巴林国王哈马德等分别访埃。2011年，埃及总理沙拉夫访问科威特、卡塔尔。2012年7月突尼斯总统马祖基访埃。

【同伊朗的关系】1979年，埃伊关系因埃接纳被废黜的伊朗国王巴列维在埃避难而恶化，并于同年5月中断外交关系。两伊战争期间，埃支持伊拉克，埃伊关系继续紧张。海湾战争后，两国矛盾加剧。近年，埃伊关系出现改善势头，各层次往来与接触增多，两国利益代表处基本恢复断交前的使馆职能。2001年，伊外长哈拉齐两度访埃。2003年12月，伊朗总统哈塔米访埃，实现了两国元首自1979年以来首次会晤。埃关注伊朗核问题进展，表示伊有权和平利用核能，但不接受中东地区出现核武器，主张通过谈判政治解决伊朗核问题。2011年初埃及政局变化后，埃伊双方均表达了进一步改善关系的意愿。2011年2月和2012年2月，两艘伊朗海军军舰往返通过苏伊士运河。2012年7月，伊总统艾哈迈迪内贾德致电穆尔西总统祝贺其就职。

【同土耳其的关系】埃、土两国在中东、海湾等重大地区问题上有共同利益，两国经济、贸易和军事关系比较密切。埃及一土耳其自由贸易协定于2007年1月正式生效。2011年，土耳其总统居尔、总理埃尔多安先后访埃。

【同以色列的关系】1980年2月两国建立大使级外交关系，此后双方虽在交通运输、旅游、环保、农业等方面开展了一些合作，但总体关系受制于地区形势发展，比较冷淡。近年来，埃积极调解巴以冲突，推进巴以和谈。2011年，内塔尼亚胡访埃。2011年埃及政局发生变化后，埃及军方承诺继续遵守埃以和约，以色列表示欢迎。8月，以军误杀数名埃及士兵，引发埃及大规模反以示威。9月，埃示威民众冲击以驻埃使馆，迫使以使馆人员紧急撤离。2012年3月，埃及议会通过决议，要求驱逐以驻埃大使并停止向以输送天然气。4月，埃及宣布停止向以供应天然气。

【同非洲国家的关系】非洲国家与埃及历史、文化渊源深厚，而且对埃国家安全特别是水资源安全具有战略意义，非洲国家在埃及对外政策中占据突出位置。穆巴拉克总统执政后更加强调埃的非洲属性，重视同非洲国家的友好合作。埃及积极参与非洲事务，致力于非洲联盟建设。2011年，加蓬总统、非盟主席等分别访埃。

（谭燕　季刚）

埃塞俄比亚

国名　埃塞俄比亚联邦民主共和国（The Federal Democratic Republic of Ethiopia）。

面积　110.36万平方公里。

人口　9100万（2011年），人口增长率为2.9%。全国约有80多个民族，主要有奥罗莫族（40%）、阿姆哈拉族（20%）、提格雷族（8%）、索马里族（6%）、锡达莫族（4%）等。居民中45%信奉埃塞正教，40%～45%信奉伊斯兰教，5%信奉新教，其余信奉原始宗教。阿姆哈拉语为联邦工作语言，通用英语，主要民族语言有奥罗莫语、提格雷语等。

首都　亚的斯亚贝巴（Addis Ababa），人口逾400万（2011年）。年平均气温16℃，年均降水量1237毫米。

国家元首　总统吉尔马·沃尔德·乔治斯（Girma Wolde Giorgis），2001年10月8日当选，2007年10月蝉联。2001年10月埃塞人民代表院通过的“总统法案”规定：总统由无党派人士担任，不得有任何政治组织背景，卸任后亦不得参与政党活动；总统因死亡或疾病不能履行职责时，由议会任命代总统。

重要节日　阿杜瓦大捷纪念日（Victory of AdwaDay）：3月2日；埃塞俄比亚人民革命民主阵线执政纪念日（Downfall of the Derg）：5月28日；埃历新年：9月11日（New Year）。

简　况

非洲东北部内陆国。东与吉布提、索马里毗邻，西同苏丹、南苏丹交界，南与肯尼亚接壤，北接厄立特里亚。高原占全国面积的2/3，平均海拔近3000米，素有“非洲屋脊”之称。年平均气温13℃。

具有3000年文明史。公元前8世纪建立努比亚王国。公元前后建立阿克苏姆王国，10世纪末被扎格王朝取代。13世纪，阿比西尼亚王国兴起，19世纪初分裂成若干公国。1889年，绍阿国王孟尼利克二世称帝，统一全国，建都亚的斯亚贝巴，奠定现代埃塞俄比亚疆域。1890年，意大利入侵，强迫埃塞接受其“保护”。1896年，孟尼利克二世在阿杜瓦大败意军，意被迫承认埃独立。1928年海尔·塞拉西登基，1930年11月2日加冕称帝。1936年，意大利再次入侵，占领埃塞全境，塞拉西流亡英国。1941年，盟军击败意大利，塞拉西于5月5日归国复位。1974年9月12日，一批少壮军官发动政变推翻塞拉西政权，废黜帝制，成立临时军事行政委员会。1977年2月，门格斯图·海尔·马里亚姆中校发动政变上台，自任国家元首。1979年成立以军人为主的“埃塞俄比亚劳动人民党组织委员会”，推行一党制。1987年9月，门格斯图宣布结束军事统治，成立埃塞俄比亚人民民主共和国。1988年3月，埃塞爆发内战。1991年5月28日，埃塞俄比亚人民革命民主阵线（埃革阵）推翻门格斯图政权，7月成立过渡政府，埃革阵主席梅莱斯·泽纳维（Meles Zenawi）任总统。1994年12月制宪会议通过新宪法。1995年5月举行首次多党选举。8月22日，埃塞俄比亚联邦民主共和国成立，梅莱斯以人民代表院多数党主席身份就任总理。在2000年、2005年、2010年三次大选中，埃革阵均获胜。

政　治

埃革阵执政以来，创建以民族区域自治为基础的联邦政体，以发展经济为重点，注重协调稳定、发展和民族团结三者间关系。2001年埃革阵“四大”通过新党章、党纲，确立了各民族平等参与国家事务的“革命民主”和“资本主义自由市场经济”的政治经济发展方向。2005年5月，埃塞举行第三次议会选举。埃革阵虽继续赢得政府组阁权，但议会席位流失近1/3。反对党以大选存在舞弊为由拒不承认选举结果，在首都等主要城市煽动暴力活动，被政府平息。此后埃革阵努力推动政治与社会和谐，促进内部稳定，积极同反对党开展对话，大赦反对党领导人，巩固和加强农村地区的群众基础，基本实现政党和解；深化各项改革，加强能力和良治建设，并实施第二个五年发展计划，执政地位得到巩固。2008年4月，埃塞举行联邦议会、地方各州议会及行政机关的补选和选举，埃革阵赢得绝大多数席位。2010年5月，埃塞举行第四次多党议会选举，埃革阵获胜，并于当年10月组成新一届政府。2012年8月，梅莱斯病逝，埃塞副总理兼外长海尔马里亚姆·德萨莱尼（Hailemariam Dessalegn）任代总理。目前政局总体稳定。

【宪法】1994年12月8日，埃塞制宪会议通过第四部宪法——《埃塞俄比亚联邦民主共和国宪法》，次年8月22日生效。新宪法共11章106条，规定埃塞为联邦制国家，实行三权分立和议会制。总统为国家元首，任期六年。总理和内阁拥有最高执行权，由多数党或政治联盟联合组阁，集体向人民代表院负责。各民族平等自治，享有民族自决和分离权，任何一个民族的立法机构以2/3多数通过分离要求后，联邦政府应在3年内组织该族进行公决，多数赞成即可脱离联邦。各州可以本族语言为州工作语言。保障私有财产，但国家有权进行有偿征用。城乡土地和自然资源归国家所有，不得买卖或转让。组建多民族的国家军队和警察部队，军队不得干政。保障公民的民主自由和基本权利。

【议会】联邦议会由人民代表院和联邦院组成，系国家最高立法机构。人民代表院系联邦立法和最高权力机构，负责宪法和联邦法律的制定与修订，由全国普选产生，每5年改选一次。一般不超过550个议席，其中少数民族至少占20席。现任议长阿卜杜拉·格梅达（Abadula Gemeda），2010年10月就职。联邦院拥有宪法解释权，有权决定民族自决与分离，解决民族之间纠纷。议员任期5年，由各州议会推选或人民直选产生，每个民族至少可有1名代表，每百万人口可增选1名代表。现任议长卡萨·特克勒伯尔汉（Kassa Teklebirhan），2010年10月就任。

【政府】本届政府于2010年10月组成。总理梅莱斯去世后，副总理兼外交部长海尔马里亚姆·德萨莱尼代行总理职务。其他内阁成员有：国防部长西拉杰·费吉萨（Siraje Fegessa），联邦事务部长希费劳·特克勒马里亚姆（Dr. Shiferaw Tekelemariam），司法部长伯尔汉·海卢（Berhan Hailu），公职部长朱内迪·萨多（Juneydi Saddo），财经发展部长苏菲安·艾哈迈德（Sufian Ahmed），农业部长塔费拉·德里布（Tefera Deribew），工业部长梅孔嫩·马尼亚泽瓦尔（Mekonnen Manyazewal），贸易部长阿卜杜拉赫曼·谢赫·穆罕默德（Abdurahman Shek Mohammed），科技部长德塞·达尔克（Desse Dalke），交通运输部长迪里巴·库马（Diriba Kuma），通讯和信息技术部长德布雷齐翁·加布雷米卡埃尔（Debretsion Gebremikael），城市发展和建设部长梅库里亚·海尔（Mekuria Haile），水资源和能源部长阿莱马耶胡·特格努（Alemayehu Tegenu），矿产部长辛克内什·艾吉古（Sinknesh Ejigu），教育部长德梅克·梅孔嫩（Demeke Mekonnen），卫生部长特沃德罗斯·阿达诺姆（Dr. Tewodros Adhanom），劳工和社会事务部长阿卜杜勒—法塔赫·阿卜杜拉希·哈桑（Abulfetah Abdulahi Hassen），文化和旅游部长阿明·阿卜杜勒—卡迪尔（Amin Abdulkadir），妇女、青年和儿童事务部长泽内布·塔德塞（Zenebu Tadesse）。

【行政区划】全国分为包括首都亚的斯亚贝巴市和商业城市迪雷达瓦在内的2个自治行政区，以及9个民族州。

【司法机构】联邦最高法院为联邦最高司法机构，院长特格纳·格塔内（Tegena Getaneh），下辖联邦高级法院和初审法院。总检察长由司法部长贝尔汉·海卢兼任。

【政党】全国现有77个注册政党，其中全国性政党18个，其他均为地方性政党。主要有：

（1）埃塞俄比亚人民革命民主阵线（The Ethiopian People's Revolutionary Democratic Front，EPRDF）：简称埃革阵，执政党。于1989年以提格雷人民解放阵线（提人阵）为核心组建，成员党包括阿姆哈拉民族民主运动、奥罗莫人民民主组织和南埃塞俄比亚人民民主阵线，代表24个主要民族。决策机构是由36名成员组成的执行委员会。对内积极推行多党议会制民主和市场经济政策，尊重各民族自决权；对外主张在平等、相互尊重和不干涉内政基础上发展同世界各国的合作，推行地区大国战略。在历次多党选举中均获胜，在本届人民代表院占499席。

（2）团结民主联盟党（Coalition for Unity and Democracy Party）：主要反对党。由原反对党联盟团结民主联盟的4个成员党于2005年9月合并而成，在本届人民代表院占1席。反对现行联邦制度，主张土地私有化，反对政府在埃厄边界问题上的立场。

【重要人物】吉尔马·沃尔德·乔治斯：总统。1925年生于亚的斯亚贝巴，奥罗莫族。早年在空军服役并获中尉军衔。海尔·塞拉西皇帝时期历任议员、民航局长、国际议会联盟第52届大会副主席等职。无党派人士、联邦议会人民代表院独立议员。 **梅莱斯·泽纳维：**总理兼国防军总司令。1955年生于阿杜瓦，提格雷族。1971年进入亚的斯亚贝巴大学学医。1974年海尔·塞拉西皇帝下台后投笔从戎，加入提人阵，1979年、1983年先后进入中央委员会和政治局，1987年当选提人阵主席。1989年埃革阵成立后出任主席。1991年推翻门格斯图政权后任过渡政府总统、人民代表院主席兼武装部队总司令。1995年8月起任总理（掌握实权），2012年8月去世。

经　济

世界最不发达国家之一。以农牧业为主，工业基础薄弱。门格斯图执政时期因内乱不断、政策失当及天灾频繁，经济几近崩溃。埃革阵执政后，实行以经济建设为中心、以农业和基础设施建设为先导的发展战略，向市场经济过渡，经济恢复较快，1992 ~ 1997年经济年均增长7%。1998年埃厄边界冲突爆发后，经济发展受挫。2001年，以埃厄和平进程取得进展为契机，埃塞政府将工作重心转向经济建设。2002年，政府实施可持续发展和减贫计划，先后采取修改投资和移民政策，降低出口税和银行利率、加强能力建设、推广职业技术培训等措施，获国际金融机构肯定。但2002年因旱灾严重，经济增长率放缓，翌年有所恢复。2005年以来，政府实施“以农业为先导的工业化发展战略”，加大农业投入，大力发展新兴产业、出口创汇型产业、旅游业和航空业，吸引外资参与埃塞能源和矿产资源开发，经济保持8%以上高速增长。联合国视埃为实现千年发展目标的典范。但埃塞经济基础依然薄弱，2008年以来面临粮食安全形势恶化、通货膨胀率高涨、国际收支严重逆差等问题。2010年埃革阵在多党议会选举获胜后，着手制订并实施新的5年“经济增长与转型计划（GTP）”，加强水电站、铁路等基础设施建设。2011年主要经济数据如下（资料来源：埃官方报道）：

国内生产总值：318亿美元。

经济增长率：11.4%。

人均国内生产总值：387美元。

货币名称：埃塞俄比亚比尔，1比尔＝100分。

汇率：1美元=17.5比尔。

【资源】已探明的矿藏有黄金、铂、镍、铜、铁、煤、钽、硅、钾盐、磷酸盐、大理石、石灰石、石油和天然气。马来西亚、沙特阿拉伯、英国、苏丹、约旦等国公司在埃塞进行油气开发。水资源丰富，号称“东非水塔”。境内河流湖泊较多，青尼罗河发源于此，但利用率不足5%。截至2008年9月，埃塞清洁水源覆盖率超过60%。埃塞政府计划5年内将水力发电从目前的783兆瓦增加至4000兆瓦。目前森林覆盖率为9%。

【工业】工业门类不齐全，结构不合理，零部件、原材料依靠进口，2011年产值占国内生产总值的10.2%（2012年1月经济季评）。制造业以食品、饮料、纺织、皮革加工为主，集中于首都等二、三个城市。皮革是第二大出口产品，每年出口收入约5100万美元。2010年、2011年纺识和服装出口收入分别达2300万美元和6220万美元。

【农业】农业系国民经济和出口创汇的支柱，2011年占国内生产总值的9.5%（2012年1月经济季评）。农牧民占总人口85%以上，主要从事种植和畜牧业，另有少量渔业和林业。全国农用耕地面积16.5万平方公里。以小农耕作为主，广种薄收，靠天吃饭，常年缺粮。台麸、小麦等谷类作物占粮食作物产量的84.15%。近年来，因政府取消农产品销售垄断、放松价格控制、鼓励农业小型贷款、加强农技推广和化肥使用、粮食产量有所上升。经济作物有咖啡、恰特草、鲜花、油料等。其中咖啡产量居非洲前列，年均产量33万吨左右。咖啡出口创汇占埃出口的60%，其产量占世界产量的15%。

畜牧业大国，适牧地占国土一半多。以家庭放牧为主，抗灾力低，产值约占国内生产总值的20%，吸收约30%的农业人口。牲畜存栏总数居非洲之首、世界第十。其中牛3500万头、绵羊2100万只、山羊1680万只、骆驼100万头。

【旅游业】旅游资源丰富，文物古迹及野生动物公园较多，有7处遗迹被联合国教科文组织列入《世界遗产名录》。政府已采取扩建机场、简化签证手续等措施促进旅游业发展，计划使埃到2020年成为非洲10大旅游国之一。

【交通运输与电信】铁路：亚的斯—吉布提铁路是全国唯一的铁路，全长850公里，其中在埃境内681公里。因设备老化、管理不善、运力不足，目前亏损严重。

公路：公路运输占全国总运量的90%。过去18年，埃塞政府投入400亿比尔在全国修建了长达2.6万公里的道路。目前，埃塞政府正实施公路部门发展计划对公路系统扩建改造。全国各地公路覆盖率达53%，公路总长达4.4万公里。

水运：曾以厄立特里亚的阿萨布、马萨瓦港为主要港口。埃厄发生边界冲突后，进出货物主要通过吉布提港，使用该港90%的吞吐能力。

空运：共有40多个机场，其中亚的斯、迪雷达瓦和巴赫达尔为国际机场。埃塞俄比亚航空公司现有国际航线52条、国内航线30多条，安全系数、管理水平和经济效益均佳。2010年1月，埃航由黎巴嫩首都贝鲁特飞往亚的斯亚贝巴的客机发生空难，造成近90余名乘客和机组人员遇难。首都亚的斯亚贝巴宝利国际机场系非洲年度最佳机场，向15家航空公司提供地勤服务。

电信：2002年12月，埃塞电信公司制订了未来20年的发展规划，计划投资35亿比尔，为全国50个城市提供电信服务。预计到2015年，埃塞供电覆盖率将达到100%。

【财政金融】埃塞政府着力改革税收结构，削减赤字，停止国内借贷，改发国债，国家财政状况有所好转。外汇储备20.29亿美元（2011年12月经济季评，美国中央情报局《世界各国概况》）。埃塞属重债穷国减债倡议和多边债务减免倡议受益国，近年来获美国、俄罗斯及世界银行、国际货币基金组织大幅减债。

埃塞有商业银行、开发银行、商业建设银行等3家国有银行和1家国有保险公司。另有12家私营银行，8家私营保险公司。其中私营银行在全国共设有363家分支机构，总资产达423亿比尔。

【对外贸易】目前埃塞进口平均税率为50%。近年出口回升较快，但因进口需求增加，逆差较大。近年进出口情况如下（单位：百万美元）：

	2009	2010	2011
出口额	1621	1716	2943
进口额	6892	6935	8239
差　额	-527	-5219	-5296

（资料来源：2012年1月《经济季评》）

出口商品主要有咖啡、油籽、恰特草、皮革和黄金，进口机械、汽车、石油产品、化肥、化学品等。主要贸易伙伴是中国、德国、日本、意大利、美国、印度、沙特阿拉伯等。

【外国资本】埃塞于1992年颁布《投资法》，1996年和1998年两度修订。近年政府采取放宽投资领域、降低投资最低限额、简化投资审批程序、免税等措施加大吸引投资力度，外国直接投资增长较快。目前，外商投资主要分布在房地产、制造业、酒店和旅游业、建筑业、教育和服务业等领域，主要投资来源国为美国、中国、印度和沙特。

【外国援助】埃厄边界冲突爆发后，国际货币基金组织和世界银行暂停向其发放新贷款，2000年12月埃厄签署《全面和平协议》后，恢复对其援助。援款主要来自世界银行、国际货币基金组织、非洲开发银行、世界粮食计划署等多边机构及美国、日本、欧盟、意大利和挪威等。埃塞是世界第七大受援国。

人民生活

人均预期寿命42岁，婴儿死亡率96.8‰。44%的人口每天生活费不足1美元，50%人口粮食不足15公斤/月。用电人口占全国人口的13%，28.4%的人口有安全饮水。艾滋病感染者近300万，居世界第三位。全国范围内医疗服务覆盖率达87%。

军　事

武装力量由国防军、安全部队和民兵组成。联邦政府总理为武装部队总司令，统帅全国武装力量。国防部为最高军事行政机关，下辖空军司令部和陆军司令部，国防军参谋长萨莫拉·叶努斯（Samora Yenus）上将为最高军事指挥官。国防军由原埃革阵领导的推翻门格斯图政权的军队组成，1991年革命胜利后成为正规国防军，1996年正式实行军衔制，共分12级，上将是全军最高军衔。埃厄边界冲突结束后，埃塞大规模裁军，国防开支不断下降。国防军总兵力约18万人，其中正规军约15万人，安全部队和民兵预备役约3万人，空军约8000人，有作战飞机120架。安全防暴部队负责重点警务、维持社会秩序。民兵组织属地方武装组成部分，配合正规部队防卫作战、维持治安。军队装备以苏制武器为主。

文化教育

【教育】埃革阵执政后，将发展教育、提高国民文化素质和培养技术人才作为政府工作重点之一。全国实行10年义务教育制，包括小学8年、初中2年。共有小学2.1万所，适龄儿童入学率达90%，在校生超过1400万人，教师约21.6万人。中学和大学入学率分别为28%和17%。综合性大学数量已从2所增至21所，入学人数已达79000人。成年男性识字率为50%，女性为23%。

【新闻出版】全国现有121家报纸杂志。官方有阿姆哈拉语日报《亚的斯泽门》（Addis Zemen）和季刊《泽门》（Zemen），奥罗莫语周报《贝瑞萨》（Beresa），阿姆哈拉语和英文季刊《今日埃塞俄比亚》（Ethiopia Today），英文日报《埃塞俄比亚先驱报》（The Ethiopian Herald），阿拉伯文周报《世界》（Alem）。

官方埃塞俄比亚通讯社（Ethiopian News Agency）成立于1942年，是非洲大陆历史最悠久的通讯社，也是埃塞最早的新闻机构。在国内设有38家分支机构。另有私营的瓦尔塔信息中心（Walta Information Center），1993年成立，主要报道国内政治、经济和社会要闻，向国内各广播电台、电视台和主要报刊供稿。

埃塞俄比亚广播电台现有近百名记者，对内用阿姆哈拉等8种民族语言，对外用英、法和阿拉伯语广播。埃塞俄比亚电视台为国内唯一的电视台，1965年开播，目前播放阿姆哈拉、奥罗莫和提格雷语节目。为加强广播电视管理，埃政府于2002年1月通过广播法，并在新闻部辖下成立了广播电视局（ERTA）。

对外关系

奉行全方位外交政策，主张在平等互利、相互尊重、互不干涉内政基础上与各国发展关系。强调外交为经济建设服务。重视加强与周边邻国的友好合作，努力发展与西方和阿拉伯国家关系，争取经济援助。注重学习借鉴中国等亚洲国家的发展经验。努力推动非洲政治、经济转型，重视在非洲特别是东非发挥地区大国作用，积极调解苏丹、索马里等地区热点问题。是非洲联盟、（东非）政府间发展组织、东部和南部非洲共同市场等组织成员，现任（东非）政府间发展组织轮值主席。

【对当前重大国际问题的态度】国际形势：认为和平与发展是当今时代潮流，国际社会围绕政治、经济和社会等领域的合作趋势有望加强。支持国际关系民主化，呼吁发展中国家通过联合自强积极融入全球化进程。

联合国改革：重视联合国作用，认为世界多极化趋势为联合国发挥更大作用提供了契机。主张促进联合国民主化，希望非洲拥有常任理事国席位，坚持非盟共同立场。

国际金融危机：呼吁国际社会关注非洲，创新融资方式，增加融资渠道，加大对非援助力度。主张改革国际金融体系，为非洲国家增加相应政策空间，将非洲国家的发展成果和绩效作为提供援助的标准，增加非洲代表性和发言权。认为非洲国家应认真思考自身发展道路和政策，避免被进一步边缘化。

气候变化：梅莱斯总理担任非洲气候变化问题“十方首脑委员会”协调员、联合国气候变化资金问题高级别小组共同主席（该小组因任务完成已解散）。坚持

"共同但有区别的责任"；呼吁非洲国家加强团结与合作，建立气候变化问题非洲集体谈判机制；基本认同全球升温不超过2℃及2050年全球排放减半的长期目标，要求发达国家必须率先大幅减排，并向发展中国家提供足够的资金和技术支持。对德班会议结果基本满意，认为会议坚持了双轨机制和"共同但有区别的责任"原则，就《京都议定书》第二承诺期作出安排，启动了绿色气候基金，向国际社会发出了积极信号，整体对非洲有利。

【同中国的关系】1970年11月24日两国建交。海尔·塞拉西皇帝、门格斯图总统、梅莱斯总理等曾访华。周恩来总理曾于1964年访埃。钱其琛副总理、江泽民主席、温家宝总理、吴邦国委员长、戴秉国国务委员等先后访埃。埃革阵政府坚持一个中国立场，重视对华关系，愿学习和借鉴中国改革开放和经济建设的经验。两国签有贸易、经济技术合作、文化合作等协定。

2008年1月，外交部长杨洁篪对埃塞俄比亚进行了正式访问。7月，埃塞人民代表院议长特肖梅访华。11月，中国全国人大常委会委员长吴邦国应埃塞人民代表院议长特肖梅和联邦院议长德格菲邀请，对埃塞进行了正式友好访问。2009年11月7日，中国国务院总理温家宝在埃及沙姆沙伊赫出席中非合作论坛第四届部长级会议期间，会见埃塞总理梅莱斯。2010年4月，全国人大常委会副委员长严隽琪访埃。6月，埃塞联邦院议长德格菲访华。7月，中国国务委员戴秉国访埃。2011年8月，埃塞总理梅莱斯来华访问并出席第26届世界大学生运动会开幕式。2012年1月，中国全国政协主席贾庆林应邀出席非洲联盟第18届首脑会议开幕式并对埃塞进行了正式友好访问。6月17日，中国国家主席胡锦涛在墨西哥洛斯卡沃斯出席二十国集团峰会期间会见埃塞总理梅莱斯。

中国驻埃塞俄比亚大使：解晓岩。馆址：Jimma Road，Higher 24，Kebbele 13，Addis Ababa。电话：（0025111）3711959；传真：3712457。经参处：3728739。

埃塞俄比亚驻华大使：塞尤姆·梅斯芬（Seyoum Mesfin）。馆址：北京市建国门外秀水南街3号。电话：010-65325258。

【同美国的关系】埃塞与美国1903年建交。埃塞重视对美关系，是接受美援助最多的黑非洲国家之一，但对美指责其侵犯人权予以严厉批评。美视埃塞为非洲反恐合作伙伴，支持埃塞出兵索马里。两国保持密切的军事合作。2007年，埃塞总统吉尔马、外长塞尤姆分别访美。美国务院助理国务卿弗雷泽数次访埃。2008年10月，埃塞总理梅莱斯赴纽约出席联合国千年发展目标高级别会议时会见美国务卿赖斯。但埃塞政府对美指责其侵犯人权予以严厉批评。2010年7月，美国务院非洲事务助理国务卿卡森访埃塞。2011年，埃塞副总理兼外长海尔马里亚姆访美。美国务卿克林顿访问埃塞。

【同英国的关系】19世纪，英国远征军入侵埃塞俄比亚，遭到当地军民顽强抵抗。1973年，埃塞与英国签署经济技术合作协定。门格斯图执政时期，双方因埃塞与索马里领土争端关系疏远。埃革阵执政后，两国关系逐步改善。英在埃塞设有文化中心，是埃塞第二大援助国。2005年5月埃塞大选后，两国关系因英国指责选举不符合民主标准而受到一定影响。2006年两国关系有所恢复。埃塞认为英对埃减免债务、加强能力建设、消除贫困、建立社会公共服务体系、建立网络信息平台等方面给予了很大帮助。2008年6月，英国外交国务大臣吉姆·豪威尔访埃。2011年，埃塞副总理兼外长海尔马里亚姆访英。英国国际发展大臣、外交大臣先后访问埃塞。

【同俄罗斯的关系】冷战结束后，埃塞同俄罗斯交往不多，经贸活动较少。1992年1月，埃塞宣布承认独立的所有前苏联加盟共和国。2001年，埃塞总理梅莱斯首次正式访俄。11月，俄埃友好协会成立。2002年9月，俄罗斯总理卡西亚诺夫访埃，与梅莱斯总理举行会谈，双方就修复原苏联经援项目、开发天然气等合作达成一致。2004年两国建立直接贸易关系。2011年，埃塞副总理兼外长海尔马里亚姆访俄。

【同邻国及其他非洲国家的关系】同厄立特里亚的关系：埃塞与厄特1952年结成联邦。1962年埃塞政府宣布将厄特并为一个州，引发厄特人民武装独立斗争。1993年厄特宣布独立，埃塞予以承认并与之建交。1998年两国因边界冲突爆发战争，2000年签署和平协议。因埃塞对边委会裁决先接受后拒绝，埃厄和平进程陷入僵局。边委会于2007年11月完成"图上标界"后宣布解散。2008年7月30日，联合国安理会通过决议，终止特派团任期。目前埃厄和平进程仍陷入僵局。

同吉布提的关系：埃塞和吉布提于1995年建立领事级关系，1996年正式建交。两国铁路和公路相连，合营埃—吉铁路公司，签有友好合作条约。埃厄交恶后吉布提港成为埃第一大出海通道。目前，埃塞进出口货物的85%通过该港转运，每年向吉支付高达7亿美元的港口使用费。近年来，双边关系良好，两国领导人多次互访，并签署了安全、港口、贸易、投资等多项合作协议。

同肯尼亚的关系：埃塞和肯尼亚于1961年建交（1954年建立领事级关系），埃革阵执政后，双边关系进一步发展。2005年3月，肯总统齐贝吉访埃。双方同意在投资、贸易、旅游、基础设施建设、地区和平等领域进行合作，并签署两国军事领域合作协议。2007年1月，埃塞总理梅莱斯对肯尼亚进行工作访问。2012年3月，埃塞总理梅莱斯、肯尼亚总统齐贝吉和南苏丹总统基尔在肯尼亚拉穆港共同出席拉穆港—南苏丹—埃塞交通走廊项目奠基仪式，该项目包括港口、道路、铁路和输油管道建设，旨在为东部和中部非洲地区的内陆国家提供贸易通道和出海港口。

同苏丹的关系：埃塞和苏丹1956年建交。20世纪80年代，埃苏因相互支持对方反政府武装交恶。埃革阵执政后，两国关系特别是经贸合作发展较快。开通了公路和微波通信，埃塞开始从苏丹大量进口石油，并使用苏丹港。埃塞支持苏政府在达尔富尔问题上的立场，认为达问题属苏内政。反对国际刑事法院起诉苏总统巴希尔。2008年4月，埃塞参与联合国/非盟苏丹达尔富尔混合行动的首批警察共15人启程赴苏，目前已在达区部署了1600名步兵和后勤运输及情报信息机构。近年来两国高层互访不断。2010年4月，埃塞总理梅莱斯致电苏丹总统巴希尔，祝贺巴再次当选苏总统。2011年7月，经联合国安理会授权，埃塞向阿布耶伊地区部署联合国临时安全部队（UNISFA）。

同埃及的关系：两埃在尼罗河水使用问题上素有分歧。埃革阵执政后，双边关系逐步改善。两国与苏丹在尼罗河水资源使用问题上保持沟通，成立“东尼罗河流域专家委员会办公室”和“三方论坛”，协调合理开发和利用尼罗河水资源问题。2007年1月，埃塞外长塞尤姆访问埃及。2009年6月，两国签署《关于共同开发利用尼罗河的谅解备忘录》。2010年5月，以埃塞为首的尼罗河上游7国单独签署《合作框架协议》，要求尼罗河流域各国享有公平、合理利用尼罗河水资源的权利，埃及对此予以反对。近期，两国在尼罗河水使用问题上的分歧有所缩小。

同索马里的关系：1964年和1977年，两国曾因欧加登争端两度交战，并于1977年断交。埃革阵执政后，埃塞积极参与调解索国内冲突，多次在其境内推动索各派召开和会并发起国际援索会议。2002年1月，（东非）政府间发展组织首脑会议授权肯尼亚、埃塞俄比亚和吉布提等国联合调解索问题，并召开索新一轮和会。在埃塞等国的推动下，索自2004年以来相继产生过渡联邦议会、总统和政府。10月，索过渡联邦政府总统优素福访埃，会见梅莱斯总理，寻求埃塞继续支持索和平进程并提供援助。2006年12月，埃塞出兵索马里协助过渡联邦政府击败反政府武装伊斯兰法院联盟，现已撤军。2010年3月，索过渡政府与重要武装派别逊尼派联盟达成合作协议，埃塞为此发挥了重要作用。2010年9月和11月，索过渡政府总理和总统分别访埃。2011年12月，埃塞出兵越境打击索反政府武装沙巴布。

【同阿拉伯国家的关系】埃塞积极发展同阿拉伯特别是海湾国家的关系，争取经援和投资。2003年1月，埃塞俄比亚、苏丹、也门外长会议在喀土穆召开，三方就加强经济合作等问题进行了讨论，同意建立地区反恐联盟。2004年2月，埃塞总理梅莱斯在出席非盟特别首脑会议期间与利比亚领导人卡扎菲举行会谈。2005年2月，埃塞总理梅莱斯访问卡塔尔，两国签订了经济技术合作协定。同年3月，沙特议会代表团访埃。2008年4月，埃塞指责卡塔尔破坏非洲之角稳定，宣布两国断交。（郑旻涓）

安哥拉

国名　安哥拉共和国（The Republic of Angola，a República de Angola）。

面积　124.67万平方公里。

人口　2060.9万（2012年安哥拉国家统计局估值）。主要有奥温本杜（约占总人口的38%）、姆本杜（25%）、巴刚果（14%）、隆达等民族。全国平均人口密度为14人/平方公里，首都罗安达人口密度最大，卡宾达人口密度最小。官方语言为葡萄牙语，有42种民族语言，主要民族语言有温本杜语（中部和南部地区）、金本杜语（罗安达和内陆地区）和基孔戈语（北部地区）等。49%的人信奉罗马天主教，13%的人信奉基督教新教，其余人口大多信奉原始宗教。

首都　罗安达（Luanda），人口约450万。

国家元首　总统若泽·爱德华多·多斯桑托斯（José Eduardo dos Santos），1979年9月就任至今。

重要节日　反殖武装斗争纪念日：2月4日；和平和解纪念日：4月4日；国家奠基者和民族英雄纪念日：9月17日；独立日（国庆日）：11月11日。

简　况

位于非洲西南部。北邻刚果（布）和刚果（金），东接赞比亚，南连纳米比亚，西濒大西洋，海岸线长1650公里。北部大部分地区属热带草原气候，年平均气温22℃；南部属亚热带气候；高海拔地区为温带气候。全年分旱、雨两季，5～9月为旱季，平均气温24℃，相对凉快，潮湿无雨；10月至次年4月为雨季，平均气温33℃，炎热，温差较大。年降雨量从东北高原地区最高1500毫米逐渐向西南沙漠地区50毫米递减。西部沿海地区地势低，东部内陆地区地势较高，全国65%的土地海拔在1000～1600米。最高峰莫科峰（Monte Moco）高2620米，第二高峰梅科峰（Monte Meco）高2583米。安境内河流密布，较大河流约30条，主要河流有刚果河、库内内河、宽扎河、库邦戈河等。

历史上曾分属刚果、恩东戈、马塔姆巴和隆达四个王国。1482年，葡萄牙殖民者船队首次抵达，1576

年建立罗安达城。在1884 ~ 1885年柏林会议上，安被划为葡萄牙殖民地。1922年，葡占领安全境。1951年，葡将安改为葡的一个“海外省”，派总督进行统治。从20世纪50年代起，安先后成立了三个民族解放组织：安哥拉人民解放运动（简称安人运，MPLA）、安哥拉民族解放阵线（简称安解阵，FNLA）和争取安哥拉彻底独立全国联盟（简称安盟，UNITA），并于60年代相继开展争取民族独立的武装斗争。1975年1月15日，上述三个组织同葡政府达成关于安哥拉独立的《阿沃尔协议》，并于1月31日同葡当局共同组成过渡政府。不久，安人运、安盟、安解阵之间发生武装冲突，过渡政府解体。同年11月11日，安人运宣布成立安哥拉人民共和国，阿戈什蒂纽·内图（Agostinho Neto）任总统。

安独立后长期处于内战状态。在葡萄牙、美国和前苏联的推动下，1991年5月31日，安政府与以萨文比（Jonas Savimbi）为首的反对派安盟签署《比塞斯和平协议》。1992年8月，安议会决定改国名为安哥拉共和国。9月，安举行首次多党大选。安人运获议会选举胜利并在总统选举中领先。安盟拒绝接受大选结果，安重陷内战。1994年11月，安人运政府与安盟签署《卢萨卡和平协议》，但该协议未得到有效落实。为推动和解，安人运于1997年4月组建了以其为主体、有安盟成员参加的民族团结和解政府，但遭到安盟领导人萨文比的抵制，安盟分裂，安内战继续。2002年2月22日，安盟领导人萨文比被政府军击毙。4月4日，安政府与安盟签署停火协议。安结束长达27年的内战，实现全面和平，开始进入战后恢复与重建时期。

政　治

2002年结束内战以来，安政局保持稳定。安政府努力推进战后重建事业，采取有力措施巩固国家和平统一局面。2008年9月，安成功举行了自1992年以来的首次多党议会选举，安人运获得80%以上议席。2010年2月，安国民议会通过新宪法，设立副总统职位，取消总理职位。多斯桑托斯总统任命原议长费尔南多·多斯桑托斯（Fernando da Piedade Dias dos Santos）为副总统。根据新宪法，多斯桑托斯总统和安人运政府将于2012年完成本届任期，计划于2012年8月31日举行修宪后的首次总统和议会选举。

【宪法】1975年11月11日颁布第一部宪法并曾先后四次修改。现行宪法于2010年2月颁布。宪法规定：安的首要目标是建立一个自由、公平、民主、和平的国家。实行多党制；共和国总统通过选举产生，任期五年，可连任一届；总统为国家元首、政府首脑和武装部队总司令，有权公布或废除法律，宣布战争或和平状态，任免副总统、政府部长、军队高级将领、省长、总检察长、最高法院法官等。

【议会】安哥拉国民议会是国家最高立法机构。主要职能：修改宪法，批准、修改或取消法律；审批国民议会常务委员会的立法工作；监督宪法和法律的实施；监督国家和政府机关的工作；批准国民经济计划和国家预算并监督执行；批准大赦；宣布戒严和紧急状态法，以及授权总统宣布战争或和平状态。每届任期五年，每年举行两次例会。

本届国民议会于2008年9月组成。在220个议员席位中，安人运占191席，安盟占16席，社会革新党、安解阵和新民主竞选联盟分别占8席、3席和2席。现任议长为安东尼奥·卡索马（António Kassoma）。

【政府】本届政府于2008年10月成立。新宪法颁布后，多斯桑托斯总统大幅调整政府部长名单，现任副总统费尔南多·多斯桑托斯，设3位国务部长和29个部，主要内阁成员名单如下：国务部长兼经济协调部长曼努埃尔·多明戈斯·维森特（Manuel Domingos Vicente），国务部长兼总统府民事办公室主任卡洛斯·费若（Carlos Feijó），国务部长兼总统府军事办公室主任曼努埃尔·迪亚斯·儒尼奥尔（Manuel Dias Júnior），经济部长阿布莱昂·戈尔热（Abraão Gourgel），外交部长乔治斯·希科蒂（Georges Chikoti），国防部长坎迪多·范杜嫩（Cândido Van-Dúnem），内政部长塞巴斯蒂昂·马丁斯（Sebastião Martins），计划部长安娜·洛伦索（Ana Lourenço），财政部长卡洛斯·洛佩斯（Carlos Lopes），石油部长若泽·德瓦斯康塞洛斯（José de Vasconcelos）等。

1993年12月，根据宪法成立了共和国国务委员会。该委员会为总统的政治性咨询机构，旨在听取并集中全国各阶层人士意见，供政府制定政策时参考。共和国国务委员会由行政、立法、司法领导人，拥有议会席位的各政党主席以及由总统指定的10位社会知名人士、宗教界人士和大酋长组成。

【行政区划】全国划分为18个省，153个市。

【司法机构】设有最高法院、军事法庭、上诉法院和共和国总检察院。军事法庭受国防安全委员会直接领导。上诉法院专门受理上诉案件。总检察院为国家法律监督机关，受总统直接领导。最高法院院长克里斯蒂安诺·安德烈（Cristiano André）。总检察院总检察长若昂·德索萨（João de Sousa），2007年12月就任。

【政党】自1991年起实行多党制。根据安宪法法院最新数字，全国现有77个合法政党和7个政党联盟。主要政党有：

（1）安哥拉人民解放运动（Movimento Popular de Libertação de Angola），简称安人运（MPLA），1956年12月成立，安独立后一直为执政党。1990年，安人运“三大”决定放弃马克思列宁主义，将党改为群众党，确定其战略目标是“民主社会主义”，并决定在安实行多党制。2009年12月召开第六次全国代表大会，选举产生新的中央委员会，多斯桑托斯总统再次当选为党主席，罗伯托·德阿尔梅达（Roberto de Almeida）和儒利昂·马特乌斯（Julião Mateus）分别当选为党的副主席和总书记。现有约500万正式党员。建有青年、妇女等组织。

（2）争取安哥拉彻底独立全国联盟（União Nacional para a Independência Total de Angola），简称安盟（UNITA），主要反对党。成立于1966年3月，若纳斯·萨文比为创始人。1967年开始反对葡萄牙殖民统治的武装斗争。1975年初同安人运、安解阵和葡当局组成过渡政府。安内战爆发后，转移到农村和丛林山区，开展反对安人运政府的游击活动。1991年与安政府签署《比塞斯和平协议》。1992年注册成为合法政党并参加当年的大选，后因拒绝接受选举结果而与政府军重开内战。1994年与政府签署《卢萨卡和平协议》。1998年9月，内部分裂，部分高级成员成立安盟革新委员会，公开反对该党主席萨文比。2002年2月22日，萨文比被政府军击毙。此后，安盟与政府正式签署停火协议、完成非军事化并宣布放弃武装夺权目标。2003年6月，安盟召开第九次全国代表大会，选举产生新的领导人政治委员会主席伊萨亚斯·萨马库瓦（Isaías Samakuva），总书记阿比利奥·努马（Abilio Numa）。2007年7月，安盟第十届全国代表大会召开，萨马库瓦连任党主席。2011年12月，安盟召开第十一届全国代表大会，选举产生新一届领导层，现任党主席萨马库瓦以85.6%的得票率再次连任，埃内斯托·穆拉托（Ernesto Mulato）和维托里诺·纳尼（Vitorino Nhany）分别任副主席和总书记。2012年4月，萨马库瓦访问美国。

较有影响的政党还有：安哥拉人民解放阵线（安解阵，FNLA）、社会革新党（PRS）、新民主竞选联盟（ND）、社会民主党（PSD）、民主革新党（PRD）、国家民主党（PNDA）等。

【重要人物】若泽·爱德华多·多斯桑托斯：总统、安人运主席。1942年8月28日生于罗安达市一个工人家庭。从中学时代起积极参加反对殖民统治、争取民族独立的斗争。1961年加入安人运，1962年任安人运青年副主席、安人运驻刚果代表。1963～1970年在苏联学习石化和通信专业，获硕士学位。1975年任安人运中央对外联络部长、卫生部长并当选安人运中央委员、中央政治局委员。安独立后，历任外交部长、第一副总理、计划部长、计委主任、安人运中央文教体育书记、国家重建部书记、经济发展和计划部书记等职。1979年9月起，任共和国总统兼武装部队总司令、安人运主席。曾于1988年、1998年和2008年三次访华，2008年8月来华出席北京奥运会开幕式。

经　济

属最不发达国家之一。实行市场经济，有一定的工农业基础，但连年战乱使基础设施遭到严重毁坏，经济发展受到较大影响。2002年内战结束后，政府将工作重点转向经济恢复和社会发展，调整经济结构，大力投入基础设施建设，优先解决关系国计民生的社会发展项目；同时积极开展同其他国家的经贸互利合作，努力为国家重建吸引外资。安现已成为非洲最大引资国之一。石油是国民经济的支柱产业。2006年12月，安加入石油输出国组织。随着国际市场原油价格的攀升，安石油出口收入大幅增加。受石油产业拉动，2002～2010年安经济年均增长12%，位居非洲国家前列。通胀由2002年的105.6%降至2011年的11.4%。根据安2009～2013年发展规划，安新一届政府将继续把国家重建、经济增长和改善民生作为主要任务，提出新建100万套经济住房，创造32万个就业岗位。2010年批准设立商贸服务类企业7429家，较2009年增加16.2%。

2008年以来，受国际金融危机和国际市场原油价格大幅下跌的影响，安政府财政收入和外国对安投资减少，多个大型基础设施建设项目甚至被迫停工，安经济增速明显放缓，2009年实际增长2.4%。政府采取有效措施积极应对，紧缩政府开支，加强外汇管制，促进经济多元化发展，同时多方寻求国际援助，获得国际货币基金组织和部分国家大额贷款。2010年，得益于国际油价回升趋稳，安经济缓慢复苏。2010年实际增长3.4%。2011年5月和7月，国际评级机构惠誉和标准普尔分别将安哥拉主权债务评级从B+上调至BB-，并将前景展望为稳定。穆迪也将安哥拉评级由B1上调至Ba3。2012年5月，惠誉将安主权债务前景展望由“稳定”上调至“积极”。预计安2012年经济增长将在8%～10%之间，通胀降至10%左右，外汇储备进一步增加。2011年主要经济数据如下（资料来源：2012年7月《经济季评》）：

国内生产总值：1045.76亿美元。

国内生产总值增长率：3.4%。

人均国内生产总值（按购买力平价计算）：7124美元。

货币名称：宽扎（Kz）。

汇率：1美元＝92.27宽扎。

通货膨胀率：11.4%。

失业率：20%。

外汇储备：270.08亿美元。

外债总额：187.75亿美元。

【资源】石油、天然气和矿产资源丰富。安已探明石油可采储量超过131亿桶，天然气储量达7万亿立方米。主要矿产有钻石、铁、磷酸盐、铜、锰、铀、铅、锡、锌、钨、黄金、石英、大理石和花岗岩等。钻石储量约1.8亿克拉，铁矿17亿吨，锰矿近1亿吨，磷酸盐2亿吨。安是非洲第二大林业资源大国，森林面积5873万公顷，森林覆盖率47.1%，出产乌木、非洲白檀、紫檀、桃花心木等名贵木材。水力、农牧渔业资源较丰富。水力发电量占全国总发电量的75%，其余25%来自火力发电。2010年总发电量为5448百万千瓦小时（GWh），其中水力发电量为3703百万千瓦小时，火电为1745百万千瓦小时。

【工矿业】石油和钻石开采是国民经济的支柱产业。主要工业还有水泥、建材、车辆组装和修理、纺织服装、食品和水产加工等。2010年石油收入占国内生产总值约57%，全年原油产量6.5亿桶，日产178万桶，为非洲第二大产油国。2011年安石油产量约6亿桶，平均日产164.3万桶，仍为非洲第二大产油国。预计2011年石油天然气产值占安国内生产总值的45.9%。2011年安哥拉国家石油公司（SONANGOL）实现销售收入337.8亿美元，销售石油衍生品收入28.87亿美元。安政府预计2012年安石油产量为180万桶/日。2008 ~ 2011年，安哥拉地质矿产业年均增长11.8%，钻石生产年增长2.5%。2010年原钻产量为836.2万克拉，2011年为832万克拉。2012年下半年，位于北部扎伊尔省的索约（Soyo）液化天然气项目投产，安开始向国外出口液化天然气，预计年生产能力可达520万吨。

【农业】土地肥沃，河流密布，发展农业的自然条件良好。1975年安哥拉独立前，粮食可以自给自足，并出口周边国家，被誉为“南部非洲粮仓”，剑麻和咖啡出口曾分别位居世界第三和第四。长达27年的内战使安农业生产体系遭到严重破坏，目前近一半粮食供给依赖进口。

安全国可开垦土地面积约3500万公顷，牧场5400万公顷。目前耕地面积为340万公顷，牧场面积670万公顷。农业人口约占全国人口的65%。北部为经济作物产区，主要种植咖啡、剑麻、甘蔗、棉花、花生等作物。中部高原和西南部地区为产粮区，主要种植玉米、木薯、水稻、小麦、土豆、豆类等作物。2011年粮食产量总计140万吨，蔬菜产量增至1600万吨。2011年农产品产量较2010年增长8%，畜牧业产品产量增长29%。2011年，全国缺粮约200万吨。

【渔业】渔业资源丰富。渔业为安重要产业，从业人员约5万人。渔场自然条件良好，可全年作业，盛产龙虾、蟹类、各种海洋鱼类。多数中、小渔业公司已私有化。独立前，捕鱼量可达100万吨/年，近年基本保持在27万吨/年。2010年工业化捕捞量为12.14万吨，半工业化捕捞量为6.8万吨，传统手工捕捞量为7.18万吨。

【畜牧业】安南部为传统畜牧饲养区。截至2011年8月，牛、猪、羊圈养数分别为537.8万头、212.7万头、792.1万只，家禽1412.3万只。

【交通运输】以公路运输为主。多年内战使交通设施遭到严重破坏。据安哥拉政府估计，修复和重建约需100亿美元。

公路：总里程7.3万公里，其中1.8万公里为柏油路面，其余为沙石土路面，干线总长2.5万公里。2010年公路运送旅客2.01亿人次，货物445.9万吨。

铁路：总里程2800公里，有本格拉、纳米贝（又名莫萨梅德斯）和罗安达—马兰热三条主干线。因内战破坏，目前只有部分路段维持运转。本格拉铁路始建于1903年，全长1350公里，与刚果（金）的铁路连接，曾是南部非洲铁路运输干线之一。纳米贝铁路全长756公里，是非洲最长铁路之一。2010年安全国铁路运送旅客325.3万人次，货物4.1万吨。安政府正在修复全国铁路网，投资约33亿美元。本格拉铁路部分路段已修复通车，预计年运送旅客400万人次，货物2000万吨。未来，本格拉铁路将与邻国赞比亚境内的铁路联通，成为南部非洲一条重要铁路运输线。纳米贝铁路部分路段也已经修复并恢复通车。

水运：海运船队总吨位10万多吨，主要港口罗安达、洛比托、纳米贝、卡宾达等均可停靠万吨级货船，罗安达港年吞吐量达800万吨。有水运线路约1300公里。洛比托港被认为是非洲西海岸最佳良港之一。卡宾达新码头长110米，平均水深8.5米。2010年水运运送货物1580.5万吨。

空运：安哥拉航空公司（TAAG）是国际民航组织成员，航空客货运输量居非洲第五位，运营数条国内和国际航线，拥有波音777、747、737等机型，目前正在逐步更新机队，采用波音777－300ER和737－700替换现有旧飞机。此外，SONAIR航空公司也是安哥拉主要航空公司之一，运营罗安达至美国休斯敦包机直航，以及国内、地区和国际包机。全国共有32个机场。首都罗安达国际机场可起降大型客机，有通往中国、葡萄牙、法国、德国、英国、比利时、俄罗斯、巴西、阿联酋、美国，以及莫桑比克、南非、纳米比亚、赞比亚、津巴布韦、刚果（布）、刚果（金）、加蓬、佛得角、埃塞俄比亚、尼日利亚、喀麦隆、中非、圣多美和普林西比等国航班。2010年航空运送旅客543.2万人次，货物4.7万吨。卡宾达、本格拉等地机场已相继翻新，首都罗安达新国际机场一期工程计划于2012年完工，建成后将成为非洲最大机场之一。

【电信】电信比较落后。2001年，安宣布放弃国家对电信业的垄断，私有化比例最高可达40%。主要电信公司有：国营安哥拉电信公司（ANGOLA TELECOM）、联合电信公司（UNITEL）和移动电信公司（MOVICEL）。安哥拉正在逐步升级电信系统，扩大移动信号和宽带覆盖范围，铺设光纤和海底电缆，引入先进的数字系统。截至2010年，安哥拉全国电信用户为934.89万户，其中固定电话用户14.44万户，移动用户920.45万户。2009年互联网用户60.67万。

【旅游】2010年，访安游客为42.5万人次，比上年增长16.1%，旅游业收入约5.5亿美元。游客主要来自欧洲（40%），美洲（19.5%）和非洲（18.1%）。酒店数量增至155家，7956间客房，平均入住率89%，酒店业投资已超过10亿美元。安哥拉建立了国家公园和保护区，并与赞比亚、津巴布韦、博茨瓦纳和纳米比亚建立了跨境自然环境保护区。大黑羚羊（Black

Antelopes）是安哥拉独有的动物，也是安哥拉国家的标志和象征。

【**财政金融**】2011年安国家财政预算，总额约为430亿美元。2011年12月，安哥拉国民议会通过2012年国家财政预算，总额4.42万亿宽扎（约467亿美元），收支基本平衡，其中约1/3用于卫生、教育等社会领域。

【**对外贸易**】2011年外贸总额约855.51亿美元。近年对外贸易情况如下（单位：亿美元）：

	2009	2010	2011
出口额	406	506	658
进口额	157	183	198
差　额	249	323	460

（资料来源：2012年7月《经济季评》）

2011年，产品主要出口到中国（占安当年出口总额的37.7%）、美国（21%）、印度（9.5%）、加拿大（4.1%）、其他地区（27.7%）；进口产品主要来自葡萄牙（占安当年进口总额的20.3%）、中国（17.6%）、美国（9.5%）、巴西（6.8%）、其他地区（45.8%）。

【**外国资本**】主要集中在石油工业、钻石开采、公共工程、建筑、渔业和加工工业等。2000 ~ 2004年共吸引外国直接投资100亿美元，是吸引外国投资最多的非洲国家之一。主要投资国有美国、法国、意大利、比利时、英国、葡萄牙、日本、巴西、南非、韩国等。至2010年底，外国对安哥拉累计直接投资915.5亿美元，安哥拉对外投资48.83亿美元。

2011年5月，安颁布新的私人投资法，提高了最低投资额，不再区别对待本国和外国投资者；重点鼓励有利于国家经济均衡发展的投资，特别是向经济落后地区的私人投资；根据每个投资项目的具体情况给予一定的税收减免等优惠政策；将公路、铁路、电力、农业、加工业、社会住房等确定为优先发展领域。

【**外国援助**】双边援助主要由美国、日本、荷兰、挪威、瑞典、葡萄牙等提供。多边援助主要来自欧盟、国际开发协会、联合国儿童基金会、联合国难民署、联合国开发计划署、世界银行、国际货币基金组织、非洲开发银行等组织。

人民生活

全国实行免费医疗。据安哥拉卫生部2002年统计，全国共有国家级医院8家，省级医院103家，卫生中心277个，医疗站1716个，全国平均每千人拥有医生0.46名，护理人员11.27名，病床0.79张。艾滋病患者约22万人，年新增感染者约2000人。近年来，安艾滋病流行趋于稳定，是非洲国家中艾滋病传染率最低的国家之一。全国疟疾发病率约为10%，农村地区疟疾发病率较城镇高14倍。据安哥拉卫生部最新公布的数据，全国共有3431名医生，医疗卫生覆盖率增加到2010年的44%。

据联合国开发计划署《2011年人文发展指数报告》，安2011年人文发展指数为0.486，居全球第148位。人均预期寿命为51.1岁，平均就学4.4年。2011年，新生儿死亡率为6.1‰，5岁以下儿童死亡率为161‰。2010年安贫困率降至36.6%。根据联合国粮农组织统计，44%人口营养不良。

推行“全民饮水”计划，向百姓提供质量可靠且数量充足的饮用水。通过建立小型供水系统，向城镇和农村地区供水，可覆盖80%的农村地区。安人均用水量由2008年的67升/日增至2011年的101升/日。

由于长达27年的内战，安数十万难民逃往赞比亚、刚果（金）、纳米比亚、刚果（布）等周边国家。联合国难民署正在积极帮助安难民回国。

军　事

安哥拉武装力量（简称FAA）为国家军队，成立于1991年，现有陆军8.4万人，空军1.1万人，海军5000人。国家元首兼任武装部队总司令。武装力量总参谋长热拉尔多·农达（Geraldo Nunda）。

文化教育

安哥拉文化艺术有多种表现形式，主要有音乐、传统舞蹈、手工艺品、乐器、油画和沙画等。

【**教育**】教育体系分为基础教育、中等教育和高等教育。基础教育为义务教育，学制8年。儿童从7岁起入学。目前，全国拥有39所高等教育机构，其中公立教育机构17所（7所大学、7所高等学院和3所高级学校），阿戈什蒂纽·内图大学是唯一的国立综合性大学，私人教育机构22所（10所大学、12所高等学院），在校生15万人，教师2000余人。高等教育毕业生约为1200名/年，此外每年还有约160名海外毕业大学生。截至2010年，初等和中等教育系统注册学生611.6万人，其中学前71万人，小学445.6万人，初、高中学生95万人，教师数量为20.07万人。文盲率为33%。公共教育支出占国内生产总值的2.8%。

【**新闻出版**】《安哥拉日报》（Jornal de Angola）为葡文官方日报，1923年创刊，发行量5万余份，开设政治、经济、体育、文化、社会等版面，信息主要来自安哥拉通讯社、葡通社（LUSA）、法新社、路透社、西班牙埃菲社等，在全国18个省有记者站。《共和国公报》为安哥拉政府官方不定期刊物，葡文。《安哥拉北方》、《支部》由安人运主办，《劳动者之声》由工人联合会主办。《对外贸易》、《能源》为专业性杂志、季刊。

安哥拉通讯社（ANGOP）：国家通讯社，1975年7月在罗安达成立，现有编辑记者数百人，驻外有7个分社。全天24小时播发国内和国际新闻，对内每天发布约300条新闻。对外使用葡萄牙语、法语、英语和西班牙语发布新闻，每天约30 ~ 35条。

安哥拉国家电台（RNA）：国营，总部在罗安达，在18个省设有分支机构，使用调频、中波和短波播出，信号覆盖全国。拥有6个地级电台，18个省级电台，7个地区电台，30个转播中心，每天播出时间分别为24小时、18小时和12小时。对内使用葡萄牙语和数十种民族语言播出节目，对外使用葡萄牙语、英语、法语播出节目。

安哥拉电视台（TPA）：总部在罗安达，1975年10月18日在罗安达首播。现有TPA-1（综合），TPA-2（娱乐和青年）和TPA国际等频道，对内使用葡语和多种民族语言播出，对外用葡、西、英、法等语言播出。通过卫星和有线电视网播出，与葡萄牙电视台（RTP）建有伙伴关系。

对外关系 奉行和平共处和不结盟的对外政策；主张在相互尊重主权、互不干涉内政、平等互利的基础上，同世界各国建立和保持外交关系；要求建立国际经济新秩序。是联合国、不结盟运动、非洲联盟、南部非洲发展共同体、中部非洲国家经济共同体、葡萄牙语国家共同体成员国和欧佩克等国际和地区组织成员。与100多个国家有外交关系。2002年实现和平后，安政府外交工作的主要目标是巩固和平和战后重建，发挥经济外交作用，积极寻求更多的外援和投资，进一步参与国际和地区事务，为地区和平与稳定作贡献。2010年6月，安当选为联合国人权理事会成员，任期三年。2012年4月，安当选非盟和平与安全理事会轮值主席国，任期两年。2012年6月，安当选第67届联合国大会副主席国。

2011年，多斯桑托斯总统出席在亚的斯亚贝巴举行的非盟第16届峰会（1月），并多次派其特使出访。年内访安的主要有：贝宁总统亚伊（1月）、几内亚总统贡代（1月）、肯尼亚总理奥廷加（1月）、津巴布韦总理茨万吉拉伊（4月）、圣多美和普林西比总理特罗瓦达（4月）、纳米比亚总统波汉巴（6月）、刚果（金）总理穆齐扎（6月）、东帝汶总统奥尔塔（6月）、德国总理默克尔（7月）、刚果（金）总统卡比拉（8月）、圣多美和普林西比总统达科斯塔（8月）、利比里亚总统瑟利夫（9月）、巴西总统罗塞芙（10月）、葡萄牙总理科埃略（11月）、赤道几内亚总统奥比昂（11月）、几内亚比绍总理戈梅斯（12月）等。

2012年，多斯桑托斯总统赴南非出席南部非洲发展共同体"三驾马车"会议（1月），费尔南多副总统对越南进行正式访问（2月），出席在巴西里约热内卢举行的联合国可持续发展大会（6月）。访安的主要有：圣多美和普林西比总统达科斯塔（1月）、联合国秘书长潘基文（2月）、欧盟委员会主席巴罗佐（4月）、冈比亚总统贾梅（4月）、阿根廷总统德基什内尔（5月）、古巴全国人民政权代表大会主席阿拉尔孔（6月）等。

【同中国的关系】1983年1月12日中安建交后，两国友好合作关系顺利发展，各领域交流与合作不断扩大，在国际和地区事务中保持着良好的协调与配合。2010年11月，中安宣布建立战略伙伴关系。

2006年6月，温家宝总理成功访安，这是两国建交以来中国总理首次访安；11月，费尔南多总理率团出席中非合作论坛北京峰会。2007年6月，中共中央政治局委员、广东省委书记张德江率团访安。2008年7月，中共中央政治局常委、中央纪律检查委员会书记贺国强率团访安；8月，多斯桑托斯总统夫妇来华出席北京奥运会开幕式；12月，多斯桑托斯总统对中国进行国事访问。2009年1月，商务部长陈德铭访安；8月，安总参谋长富尔塔多访华。2010年5月，中央军委委员、总参谋长陈炳德上将访安；9月，费尔南多副总统出席上海世博会安哥拉国家馆日活动；11月，国家副主席习近平访安。2011年3月，王岐山副总理访安；5月，全国人大常委会委员长吴邦国访安。2012年3月，中共中央政治局委员、北京市委书记刘淇访安；4月，最高人民检察院检察长曹建明访安；6月，全国政协副主席、前澳门特区行政长官何厚铧访安。

1984年，中安两国政府签订贸易协定。2011年，两国签署劳务合作协定。安哥拉是中国在非洲第二大贸易伙伴和中国在非洲最大工程承包市场之一。2011年，中国同安哥拉贸易总额为277.1亿美元，同比增长11.6%，其中中方出口额27.8亿美元，同比增长39%，进口额249.3亿美元，同比增长9.2%。截至2011年年底，中国在安国有、民营企业超过100家。2012年1～6月，中国同安哥拉贸易总额为199.08亿美元，同比增长51.24%，其中中方出口额16.86亿美元，同比增长45.44%，进口额182.22亿美元，同比增长51.80%。

两国签有文化合作协定、航空运输协定和引渡条约。中安间开有直航航线（罗安达——迪拜——北京）。2012年4月，中安签署了《中华人民共和国公安部和安哥拉共和国内政部关于维护公共安全和社会秩序的合作协议》。

2006年10月，两国签署关于中国向安哥拉派遣医疗队的议定书。2011年10月，两国签署《中华人民共和国政府和安哥拉共和国政府关于中国派遣第二期医疗队赴安哥拉工作的议定书》。同月，第二批医疗队抵安工作。

中国驻安哥拉大使：高克祥。馆址：RUA PRESIDENTE HOUARI BOUMEDIENNE NO.196-200，MIRAMAR-LUANDA，ANGOLA。国家号：00244。电话：222444658，222441683；传真：222444185。领保值班电话：00244-912206764。网址：http：//ao.chineseembassy.org/。经商处地址：RUA FERNAO MENDES PINTO NO.26-28 ALVALADE-LUANDA，ANGOLA。电话：222320367；传真：222324049。网址：http：//ao.mofcom.gov.cn/。

安哥拉驻华大使：若昂·加西亚·比雷斯（João Garcia Bires）。馆址：北京市朝阳区塔园外交办公楼1单元8层1号。邮编：100600。电话：0086-10-65326968，65326839，65327143；传真：65322882，65326969。经商处地址：北京市朝阳区塔园外交公寓

3-2-22。邮编：100600。电话：0086-10-65326564，65326562；传真：65326563。

【同美国的关系】安哥拉内战期间，美国先后支持安解阵和安盟。随着冷战结束以及安盟领导人萨文比不断破坏安哥拉和平进程，美国于1993年停止了对安盟的支持并承认安人运政府。安哥拉和美国1993年正式建立外交关系后，多斯桑托斯总统曾三次访问美国，两国在经贸、能源等领域合作不断扩大，关系发展较顺利。2009年美国同安哥拉签署贸易和投资协定，并于2010年6月在安哥拉首都罗安达召开了首次美安贸易和投资委员会会议。2011年安哥拉和美国双边贸易额151亿美元、增长14.11%，其中美国向安哥拉出口额为15.02亿美元、增长16.14%，自安哥拉进口额为135.98亿美元、增长13.89%。2012年1～6月，安哥拉和美国双边贸易额为68亿美元，其中美国向安哥拉出口额为7.87亿美元，自安哥拉进口额为60.14亿美元。美国主要向安哥拉出口机械设备、肉类、钢铁制品、电子产品和飞机等，自安哥拉进口石油、宝石等。安哥拉是美国在非洲重要的石油供应国，是美国在非洲第二大出口和第三大进口国。

【同非洲国家的关系】重视发展与非洲国家的关系，与邻国津巴布韦、纳米比亚、刚果（金）等关系密切，并结成共同防务联盟。2011年向“非洲之角”饥荒提供500万美元援助。（朱悦）

贝宁

国名 贝宁共和国（The Republic of Benin，La République du Bénin）。

面积 112622平方公里。

人口 910万（2011年）。共60多个民族，主要有丰族、阿贾族、约鲁巴族、巴利巴族、奥塔玛里族、颇尔族等。官方语言为法语。全国使用较广的语言有丰语、约鲁巴语和巴利巴语。居民中约65%信奉传统宗教，20%信奉基督教，15%信奉伊斯兰教。

首都 首都波多诺伏（Porto-Novo），国民议会所在地，人口25.4万（2009年）。科托努（Cotonou）为政府所在地，人口74.5万（2009年）。两地相距较近，最热季节为每年3月，平均气温26℃～28℃，相对凉爽季节为8月，平均气温23℃～25℃。

国家元首 总统托马·博尼·亚伊（Tomas Boni Yayi），2006年4月6日就职，2011年4月6日连任。

重要节日 独立日：8月1日。

简况

位于西非中南部，东邻尼日利亚，西北、东北与布基纳法索、尼日尔交界，西接多哥，南濒大西洋几内亚湾。海岸线长125公里。沿海平原为热带雨林气候，常年气温在20℃～34℃之间；中部和北部为热带草原气候，年平均温度26℃～27℃，最高可达42℃。

16世纪前后，贝宁出现许多小王国和酋长国。18世纪阿波美王国鼎盛时期统一了南部和中部。16世纪后期，西方殖民者入侵贝宁掠奴贩奴。1904年，贝宁并入法属西非，1913年沦为法国殖民地。1958年成为法兰西共同体内的“自治共和国”。1960年8月1日独立，成立达荷美共和国。1972年10月马蒂厄·克雷库（Mathieu Kérékou）政变上台，宣布“走社会主义发展道路”。1975年11月30日改国名为贝宁人民共和国。1990年3月1日改为贝宁共和国，并开始实行多党制。1991年3月，尼塞福尔·索格洛（Nicéphore Soglo）在首次多党大选中获胜，当选总统。1996年3月，克雷库在换届选举中获胜，再度出任总统，2001年蝉联。2006年3月，独立候选人、前西非开发银行行长亚伊在大选中获胜，成为贝民主化以来的第三位总统。

政治

亚伊执政后，起用新人组成专家型的多党联合政府，大力推行政治经济改革，整顿吏治，提出“协同共治”的治国理念，制定经济发展规划，努力振兴特色产业，取得一定成效。2007年3月和2008年4月，总统派政党联盟“贝宁崛起贝壳力量”先后在立法选举和市镇议会选举中获胜。此后由于中间党派倒戈，反对派一度形成议会多数。亚伊通过改组政府、吸收反对派入阁，排除施政阻力。2011年3月，亚伊在总统选举中击败反对党联合候选人、前议长温贝吉蝉联。4月，总统派政党联盟“贝宁崛起贝壳力量”在立法选举中获得近半席位，反对派中部分政党加入总统派阵营，最终总统派掌握了议会主导权。亚伊连任后提出“重塑贝宁”理念，推动行政、司法和监管等体制改革，以提高政府效率，促进国家发展。为保证改革顺利进行，亚伊于2012年3月改组政府，并兼任国防部长。目前，贝政局总体稳定。

【宪法】现行宪法于1990年12月经公民投票通过，是贝宁历史上第七部宪法。宪法规定，“建立一个法制和民主多元化的国家”，实行行政、立法和司法分离的原则和总统内阁制。总统为国家元首、政府首脑和武装部队统帅，由直接普选产生，任期五年，可连选连任一次。

【议会】称国民议会，最高立法机构，实行一院制，行使立法权并监督政府工作。议员由直接普选产生，任期四年，可连选连任，但不得兼任其他公职。

本届议会于2011年4月30日选举产生，共有83名议员，来自8个政党和联盟，共组成6个议会党团。议会领导机构为执行局，由议长、副议长、总务主任、议会书记等7人组成。议会设法律和人权、财贸、生产和计划、教育文化和社会事务以及国防安全和对外合作关系等5个委员会。议长为马蒂兰·纳戈（Mathurin Nago）。

【政府】本届政府于2011年5月组成，同年7月和2012年1月、4月三次小幅调整。总统托马·博尼·亚伊，政府首脑兼任国防部长。政府共26名成员，包括负责政府行动协调、公共政策评估、私有化及社会对话的总理伊雷内·帕斯卡尔·库帕基（Iréné Pascal Koupaki），总统事务国务部长伊西富·科吉·恩杜罗（Issifou Kogui N'douro），内政、公共安全和宗教事务部长伯努瓦·阿斯万·德格拉（Benoît Assouan Dègla），掌玺、司法、立法和人权部长玛丽—埃莉斯·贝多（Marie-Elise Gbédo，女），权力下放、地方管理和领土整治部长拉斐尔·埃杜（Raphaël Edou），外交、非洲一体化、法语国家和侨民事务部长纳西鲁·阿里法里·巴科（Nassirou Arifari Bako），经济分析、发展和展望部长马塞尔·德苏扎（Marcel De Souza），经济和财政部长若纳斯·阿利乌·比安（Jonas Aliou Gbian），农业、牧业和渔业部长卡特·萨巴伊（Katé Sabai），工业、贸易和中小企业部长玛迪娜·塞富（Madina Séphou），能源、石油和矿产勘探、水利及可再生能源开发部长索菲亚图·奥尼法代·巴巴穆萨（Sofiatou Onifadé Babamoussa，女），卫生部长阿科科·金德·加扎尔（Akoko Kindé Gazard，女），幼儿和初等教育部长埃里克·恩达（Eric N'Dah），中等教育、技术和职业培训及再就业和青年安置部长金巴·苏马努（Djimba Soumanou），高等教育和科研部长弗朗索瓦·阿比奥拉（François Abiola），公职和劳动部长迈穆娜·科拉·扎基（Maimouna Kora Zaki，女），青年、体育和娱乐部长迪迪埃·阿普洛甘（Didier Aplogan），小额贷款及青年和妇女就业部长雷其娅·马杜古（Reckya Madougou），环境、住房和城市规划部长布莱兹·阿汉汉佐·格莱勒（Blaise Ahanhanzo-Glèlè），与国家机构关系和宗教事务部长萨菲娅图·巴萨比（Safiatou Bassabi，女），公共工程和交通部长朗贝尔·科蒂（Lambert Koty），总统府负责海洋经济和港口基础设施的部长级代表瓦朗坦·杰农廷（Valentin Djènontin），通讯和信息通讯技术部长马克·阿惠凯（Max Ahouèkè），文化、扫盲、手工业和旅游部长让·米歇尔·阿宾博拉（Jean-Michel Abimbola），行政和制度改革部长马夏尔·松通（Martial Sounton），家庭、社会事务、民族团结、残疾人和老年人部长法图玛·阿马杜·贾布里勒（Fatouma Amadou Djibril，女）。

【行政区划】全国分为省、县（市）、镇、村四级行政单位，共12个省，77个县（市）（67个县、10个市）。12个省的名称为滨海、大西洋、韦梅、莫诺、库福、高原、祖、丘陵、东加、博尔古、阿黎博里、阿塔科拉。

【司法机构】设有宪法法院、最高法院、高等法院、上诉法院和初级法院。宪法法院独立于最高法院，是最高司法机关，负责审理法律的合宪性，调解国家机关权限纠纷，并对立法选举和总统选举的合法性进行裁决。最高法院是国家行政、司法裁判和国家审计的最高权力机关，由司法、行政、审计3个法庭和1个检察院组成。中央一级设上诉法院，系终审法院，各省设初级法院，县（市）设治安法院，各级法院均委派有共和国检察官。高等法院有权审理总统和政府成员在履行职务时所犯叛国和违法行为。本届宪法法院于2008年6月成立，院长罗贝尔·多苏（Robert Dessou）。本届最高法院于2006年2月成立，院长阿布杜·萨利乌（Aboudou SALIOU）。本届高等法院于2009年6月成立，院长泰奥多尔·奥洛（Théodore Holo）。

【政党】2003年，贝政府颁布新政党宪章，规定合法政党应在每个省至少有10名成员，总人数至少达到120人。根据贝内政部公布，目前贝有107个政党。现较有影响的政党或政党联盟有：

（1）贝宁崛起贝壳力量（Forces Cauris pour un Bénin Émergent）：2007年1月成立。2006年4月亚伊以“贝壳”作为竞选标志赢得总统选举，此后一批支持亚伊、自称“贝壳派”的政党和政党联盟相继成立。在2007年立法选举前，经亚伊大力整合，组成“贝宁崛起贝壳力量”政党联盟。最初由66个政治团体组成，后不断有新党团加入其中。主要领导人包括维桑西娅·博科（Vicencia Bocco）、内斯托·达科（Nestor Dako）、萨卡·拉菲亚（Sacca Lafia）、亚历山大·温通吉（Alexandre Hountondj）等。在2011年立法选举中，该政党联盟赢得41席，成为议会第一大党派。

（2）贝宁复兴党（Renaissance du Bénin）：1992年4月成立。该党宗旨是复兴贝宁历史文化，并将此作为国家政治生活的催化剂。势力主要集中在科托努市、祖省、滨海省和大西洋省。名誉主席为科托努市长、前总统尼塞福尔·索格洛，主席为索格洛夫人罗西娜·维耶拉·索格洛（Rosine Vieyra Soglo）。在2011年立法选举中，该党与民主复兴党、社会民主党、非洲民主进步运动等政党组成“团结爱国联盟”，共获得30个议席。

（3）民主复兴党（Parti du Renouveau Démocratique）：1990年9月成立。该党主张多党民主，加强各派政治力量间对话，维护国家统一，实行市场经济，提倡睦邻友好和地区一体化。势力范围主要集中在高原省、韦梅省和科托努市部分地区。主席为前议长阿德里安·温贝吉（Adrien Houngbédji）。

（4）社会民主党（Parti Social-Démocrate）：1990年10月成立。该党的宗旨是民主、对话、团结，争取社会民主，努力实现民族团结，消除国家发展中的不公正现象。势力范围主要集中在莫诺、库福、大西洋、博尔古和阿塔科拉等省。主席为前议长布律诺·阿穆苏（Bruno Amoussou）。

（5）非洲民主进步运动（Mouvement de l'Afrique pour la Démocratie et le Progrès）：1997年12月成立。该党宗旨是团结民主力量维护民主与法治，反对部族主义和地方主义，主张区域一体化，发展经济，建设繁荣的非洲。主席塞夫·法博宏（Séfou Fagbohoum）。

其他政党还有：复兴与发展行动阵线（Front d'Action pour le Renouveau et le Développement）、进步与民主促进党（Parti-Impulsion pour le Progrès et la Démocratie）、民主与团结联盟（Union pour la Démocratie et la Solidarité）、贝宁社会党（Parti Socialiste du Bénin）等。

【**重要人物**】**博尼·亚伊**：总统、国家元首、政府首脑兼武装部队统帅。1952年生于贝宁北部的博尔古省。信奉基督教。曾就读于贝宁国立大学，获经济学硕士学位，后赴塞内加尔深造，先后获西非中央银行银行学高等学历和达喀尔金融高等学历。1986年获法国奥尔良大学货币学博士学位，1991年获巴黎大学经济学博士学位。1992～1994年，历任总统府负责银行和货币事务的官员、总统办公厅宏观经济研究室成员、西非国家中央银行副行长。1994年12月至2006年1月任西非开发银行行长。2006年3月当选贝宁总统。2011年3月在总统选举中再次胜出，4月宣誓就职。

经　济

系最不发达国家和重债穷国。农业和转口贸易是国民经济两大支柱。主要经济作物有棉花、腰果、油棕榈等，其中棉花是主要出口创汇产品。是西非重要转口贸易国，到港货物多转口销往尼日利亚等周边国家。工业基础薄弱，主要为农产品加工及纺织业。资源较贫乏，已探明矿藏有石油、黄金等，但储量有限。2006年亚伊执政后，将农业、招商引资和基础设施建设作为发展经济的重点，大力扶持棉花生产，积极发展转口贸易，鼓励外国企业在贝投资，经济保持一定增长。2009年以来，受国际金融危机冲击，经济增速放缓。2011年主要经济数据如下（资料来源：2012年4月《经济季评》）：

国内生产总值：73亿美元。

人均国内生产总值：约802美元。

国内生产总值增长率：3.2%。

货币名称：非洲金融共同体法郎（FCFA，简称非洲法郎）。

汇率：1美元＝471非洲法郎（2011年）。

通货膨胀率：2.7%。

【**资源**】资源贫乏。矿藏主要有石油、天然气、铁矿石、磷酸盐、大理石、黄金等。石油已探明储量54.5亿桶，可开采的约9.2亿桶，天然气储量910亿立方米。2000年8月，贝宁与多哥、加纳、尼日利亚就天然气的输出签订了“西非输气管道议定书”。铁矿石储量约5.06亿吨。渔业资源丰富，海洋鱼类约有257种。森林面积313万公顷，约占国土面积的27%。

【**工业**】基础薄弱，设备陈旧，生产能力较低。2009年，其产值占国内生产总值的比率为13.1%。主要有食品加工、纺织和建材业。工业人口约占全国劳动人口的10.6%。实行结构调整以来，已有部分企业实行了私有化，剩下的大型国有企业也将陆续私有化。

【**农林牧渔业**】2009年其产值占国内生产总值的32.2%。有可耕地705万公顷，实际耕种面积不足15%。农村人口占全国人口的80%。粮食基本自给，部分出口次地区。主要粮食作物有木薯、山药、玉米、小米等；经济作物有棉花、腰果、棕榈、咖啡等，其中棉花出口额约占出口创汇总收入的70%～80%。约30万人直接或间接从事渔业生产，2005年捕鱼4万吨。林木年均采伐量2990立方米。

【**旅游业**】系贝宁新兴产业，是仅次于棉花的第二大创汇产业。近年来政府对旅游业的投入不断加大。主要旅游景点有冈维埃水上村、维达古城、维达历史博物馆、阿波美古都、野生动物园、埃维埃旅游公园、海滩等。现正兴建从科托努至维达捕鱼路旅游开发区，以发展海滨旅游。2004年拥有各类宾馆、旅店282家，其中科托努海滨宾馆为5星级宾馆。2004年，接待游客17.35万人次，收入270亿非郎。

【**交通运输**】年产值约占国内生产总值的8%。

铁路：总长685多公里，其中579公里为主干线。最主要路段连接科托努和帕拉库，长约440公里，属“贝宁—尼日尔铁路运输共同组织”共同经营铁路的一部分。年设计运力为70万旅客和35万吨物资。由于年久失修，运力严重下降。2005年客运量约11.8万人次，货运量约5.2万吨。

公路：总长3.1万多公里。其中国家级公路6076公里，省级与市级公路2.5万公里左右。2003年1月，科托努至波多诺伏的高速公路开通，全长27公里。有各类汽车10万辆，用于客运和货运。另有4.3万辆出租摩托车。

海运：科托努港为地区性重要转运港口，水深11～14米，可停泊万吨巨轮。该港年营业额约为3000亿非洲法郎。2008年，货物吞吐量达699.84万吨。政府正在建设格洛基贝旱港以缓解科特努港饱和压力，并将在维达新建一大型深水港。

空运：科托努国际机场是贝宁唯一的A1型国际机场，可起降波音747和空中客车等大型飞机。年客运量约35万人次，货运量4600吨。总投资约为280亿西非法郎的帕拉库Tourou国际机场项目于2008年12月15日正式动工。现有法航和摩洛哥航空公司等十几家航空公司在贝运营。贝宁首家国际航空公司—贝宁非洲航空公司于2002年6月成立，主要经营科托努—巴黎航线。此外，贝还有9个国内机场，但不具备夜航条件。

【财政金融】国家财政收入主要靠税收，其中关税占40%。近几年贝财政收支状况如下（单位：亿非洲法郎）：

	2009	2010	2011
总收入	7882	6867	8247
总支出	10526	8832	10994
赤　字	-2644	-1965	-2747

截至2011年底，贝外汇储备为8.9亿美元，外债总额为14亿美元。

【对外贸易】国民经济支柱产业，其产值约占国内生产总值40%，收入占到国家预算收入60%～80%。转口贸易十分活跃，到港货物约70%转销到尼日利亚以及尼日尔、布基纳法索等内陆国家。主要出口棉花、腰果、棕榈油等初级产品，进口日用消费品、机械设备、燃料等。2010年主要进口对象是中国、法国、马来西亚和美国等，主要出口对象是印度、中国、尼日尔和尼日利亚等。近几年贝进出口贸易情况如下（单位：亿美元）：

	2009	2010	2011
出口额	12.25	14.87	18.49
进口额	17.38	18.02	22.13
差　额	-5.13	-3.15	-3.64

（资料来源：2012年4月《经济季评》）

【外国援助】2008年共获得官方外援约4.15亿美元，约占国内生产总值的5.7%。主要援助国家和国际机构为法国、丹麦、德国、美国、日本、世界银行、欧盟、非洲开发基金、西非开发银行及国际货币基金组织等。

人民生活

根据联合国开发计划署《2011年人类发展报告》，贝在187个国家中居167位。2008年，各行业每月最低保障工资为31625非洲法郎。全国各类医疗卫生机构1302家，其中包括5家国家级医院：位于科托努的国家中心医院、肺结核中心医院、精神病中心医院与泻湖妇幼保健院；5家省级医院：波多诺伏医院、洛科萨医院、阿波美医院、维达医院和纳蒂丹古医院。全国共有病床4053张，各类医务人员5833人。2009年，贝人口出生率3.1%，婴儿死亡率7.5%。人均寿命60岁，其中男子平均寿命57.7岁，女子62.2岁。每百人拥有收音机80台，电视机50台，摩托车3.1辆。2007年，手机用户超过100万人。2008年，平均每100户居民中有1.8人使用因特网。

军　事

1960年建军，1977年改组为国防军、公安军和民兵。1990年实行军队“非政治化”，国防军改称“武装力量”，保留陆、海、空三军和宪兵建制。实行义务兵役制。

2004年，海、陆、空总兵力约4550人。其中陆军4300余人，海军约100人、空军约150人。全国宪兵和警察等准军事部队约2500人。武装力量总参谋长夏比·阿穆萨·博尼（Chabi Amoussa Boni）少将；陆军司令多米尼克·阿胡昂吉努（Dominique Ahouandjinou）；空军司令卡米耶·米肖杰温（Camille Michodjèhoun）上校；海军司令马克西姆·阿霍约（Maxime Ahoyo）中校；宪兵局局长科库·塞梅冈（Cocou Semegan）上校。

文化教育

【教育】2008年，小学入学率为93%，辍学率为13.9%。2007年，教育经费占政府预算总额比例为30%。现有大学2所，分别为阿波美—卡拉维大学（原贝宁国立大学）和帕拉库大学，技术、专科学校约112所，普通中学约246所，小学约3558所。

【新闻出版】国家设有最高视听管理委员会，作为新闻和通讯的监察机构，负责有关新闻、通讯法律的咨询工作，保证新闻、通讯自由。委员会由9名成员组成，由总统、议会和新闻界各推荐3人，任期五年。本届委员会于2004年8月4日成立，现任主席阿里·扎托（Ali Zato）。

现有报纸28种。其中《民族报》是官方报纸，每周一至五发行，已发行3000多期。私人报纸主要有《早报》、《晨报》和《每日回声报》等。《民族报》和《早报》发行量最大，约5000份。

贝宁通讯社是国家通讯社，1961年成立，主要以电信稿方式向本国报社、电台、电视台发布消息。自1990年起出版《贝宁新闻》和《经济新闻》两种日刊，每周一至五出版。在国内各省设通讯员。国际新闻多来源于法新社。1997年贝通社与新华社签署了新闻交换合作协议，1998年起可接收新华社消息。

贝宁广播电视局拥有1家国营电视台、4家国营电台和5家地方农业电台。贝宁国家电视台建成于1972年，1978年12月31日正式开播，现日播映时间平均近18小时，本国制作的节目约占45%。贝宁国家电台前身为革命之声电台，建于1953年，用法语、英语和民族语言广播。自1992年起，用调频转播法国国际广播电台的节目。

对外关系

奉行“实用、灵活和不排他”的多元务实外交政策，积极谋求政治支持和经济援助，主张在和平共处等原则基础上同所有国家发展合作关系。注重保持同法国、美国等西方大国的关系，积极发展同印度等发展中大国关系，重视睦邻友好，主张以和平方式解决同邻国的领土争端。积极参与地区事务，多次派兵参加地区维和行动，是非盟、西非国家经济共同体、西非经货联盟等组织成员国。2012年1月起担任非盟轮值主席国。

【同中国的关系】两国于1964年11月12日建交。1966年1月贝单方面宣布终止两国关系。1972年12月29日，中贝恢复外交关系。

2006年8月，亚伊总统对中国进行国事访问，11月来华出席中非合作论坛北京峰会。2007年1月，李肇星外长访贝。2009年3月，外交部部长助理翟隽访贝。2009年11月，贝外长埃胡祖率团出席中非合作论坛第四届部长级会议。2010年1月，中联部部长王家瑞访贝。10月，贝外长埃胡祖先后来华出席上海世博会贝宁国家馆日活动和进行非正式访问。2011年5月，外交部副部长翟隽访贝。9月，亚伊总统来华出席夏季达沃斯论坛年会。11月，全国人大常委会副委员长周铁农访贝。

2011年，双边贸易额达30.5亿美元，同比增长27.1%。其中中方出口额28.7亿美元，进口额1.76亿美元。中方主要出口纺织、机电产品等，进口棉花。

中国驻贝宁大使：陶卫光。馆址：科托努机场路使馆区2号（Numéro 2 Zone des Ambassades，Route de l'Aéroport，Cotonou）。电话：（229）21301292，21300765；传真：21300841。经参处电话：（229）21301097。

贝宁驻华大使：塞多赞·让—克洛德·阿皮蒂（Sèdozan Jean-Claude Apithy）。馆址：北京市朝阳区光华路38号。电话：010-65322741，65322302。

【同法国的关系】法是贝前宗主国，两国一直保持着密切关系。1990年贝实行民主化和自由市场经济后，法大力扶持贝。索格洛执政期间，两国关系陷入低潮。1996年克雷库重新执政后，两国关系得到恢复和发展。法是贝主要出资国和贸易伙伴。2004年，法免除贝所欠全部债务480亿非郎。2005年11月，应希拉克总统邀请，克雷库对法进行正式访问，两国签署了“法贝伙伴关系框架文件”。2006年6月、2007年7月，亚伊两度访法。2008年8月，法环境生态、可持续发展和整治部长让—路易·博尔洛访贝。2009年1月和2月，法移民、融入、国民身份和共同发展部长奥尔特弗和人权国务秘书拉玛·雅德分别访贝；12月，亚伊总统访法，会见法总统萨科齐和前总统希拉克。2010年5月和7月，亚伊先后赴法出席法非峰会和法国庆阅兵式。2011年4月，法合作部长出席亚伊总统就职仪式。2011年11月，亚伊对法进行友好工作访问，会见萨科齐总统。2012年2月，法国外交国务部长朱佩访问贝宁，并同亚伊总统会晤。5月，亚伊访问法国，会见奥朗德总统。

【同美国的关系】1961年贝美建交。1995年两国成立军事合作混委会。美在贝设有文化中心和《非洲增长和机会法》西非培训中心。2003年，因贝拒绝签署承认美公民享有国际刑事法庭豁免权的双边协议，美冻结对贝军援。2004年，美宣布接受贝加入《非洲增长和机会法》和“迎接千年挑战国家组织理事会”，成为全球享受千年挑战援助基金的16国之一。2006年2月，克雷库访美，贝政府与千年挑战账户公司签署总额为3.07亿美元的援助协议。2006年12月，亚伊访美。2008年2月，布什总统访贝；7月，亚伊访美。2009年11月，亚伊访美，会见世界银行行长、国际货币基金组织主席，并与克林顿国务卿、美国会议员等举行会谈。2010年2月，亚伊会见到访的美国负责非洲事务的助理国务卿卡尔森。2011年7月，亚伊访美，与奥巴马总统会晤。2012年5月，应奥巴马总统邀请，亚伊出席八国集团峰会。

【同德国的关系】1961年贝德建交后，两国关系发展顺利。贝是德对非援助的重点国家，两国每两年举行一次政府间磋商。2003年5月，克雷库访德。2004年12月，德总统霍斯特·克勒访贝。2006年10月，亚伊访德，德允向贝提供直接财政援助。2007年5月和11月，亚赴德分别参加“崛起非洲的未来”论坛和第三届德非伙伴关系论坛。2009年1月，德经济合作和发展部副部长埃里克·史达特访贝。2012年5月，德国前总统克勒访贝。

【同非洲国家的关系】贝重视发展与尼日利亚、阿尔及利亚等地区大国的关系，积极参与地区合作，推动区域一体化进程。亚伊执政以后，多次出访尼日利亚、加纳、尼日尔等国，并出席非盟峰会、西非国家经济共同体峰会等地区组织会议。2007年初，亚伊与尼日利亚总统奥巴桑乔共同倡议成立贝宁、尼日利亚、多哥和加纳四国共荣机制。2008年2月，贝宁通过“非洲互查机制”报告，成为首个通过互查的法语国家。2011年，亚伊接待多哥、尼日利亚、乍得、科特迪瓦等国元首访贝，并先后出访尼日利亚和南非等国。2012年以来，亚伊总统多次以非盟轮值主席身份在科托努召集部分非盟成员国领导人举行非正式会议，讨论非盟委员会主席选举和地区热点问题。（刘劲）

博茨瓦纳

__国名__ 博茨瓦纳共和国（The Republic of Botswana）。

__面积__ 581730平方公里。

__人口__ 203万（2011年人口普查数字）。绝大部分为班图语系的茨瓦纳人（占人口的90%）。主要民族有恩瓦托、昆纳、恩瓦凯策和塔瓦纳等，其中恩瓦托族最大，约占人口的40%。另有数万欧洲人和亚洲人。官方语言为英语，通用语言为茨瓦纳语和英语。多数居民信奉基督教，农村地区部分居民信奉传统宗教。

首都　哈博罗内（Gaborone），人口约23.2万（2011年）。年均最高气温为28.3℃，年均最低气温为12.9℃，年均气温20.7℃。

国家元首　总统伊恩·卡马（Ian Khama），2008年4月1日就任。

重要节日　新年：1月1日；劳动节：5月1日；塞莱茨·卡马爵士日：7月1日；总统日：7月15～16日；独立日：9月30日；圣诞节：12月25日。

简　况

南部非洲内陆国家。平均海拔1000米左右。东接津巴布韦，西连纳米比亚，北邻赞比亚，南界南非。大部分地区属热带草原气候，西部为沙漠、半沙漠气候。年均气温21℃。年均降水量400毫米。

独立前称贝专纳。公元13～14世纪，茨瓦纳人由北方迁居此地。1885年沦为英国殖民地，称“贝专纳保护地”。1966年9月30日宣布独立，定名为博茨瓦纳共和国，仍留在英联邦内，实行多党制，由博茨瓦纳民主党执政，卡马任总统。1980年7月，马西雷接任总统职务。1984年、1989年和1994年，民主党在议会选举中接连获胜，马西雷三次蝉联总统。1998年，马西雷主动辞去总统职务，莫哈埃接任总统。1999年和2004年，民主党在大选中均以压倒优势胜出，莫哈埃两度蝉联总统。2008年，莫哈埃总统任期届满，原副总统卡马接任总统。

政　治

2009年10月，博举行独立后第十次大选，民主党获得议会57个民选议席中的45席，卡马蝉联总统并组成新一届内阁。2010年，面对5名议员脱党，议席减为40席的局面，民主党着重加强自身建设和党内团结，博政局保持稳定，民主党执政地位稳固。

【宪法】1966年9月30日生效，后几经修改。宪法规定：博实行多党议会制，立法、司法、行政三权分立；总统为国家元首、政府首脑兼武装部队总司令，由国民议会选举产生，任期五年，最多连任一次；总统死亡或辞职时，副总统自动接任总统职务；总统和国民议会组成国会，行使立法权；国民议会通过的决议、法案须经总统批准才能生效；总统有权召集和解散议会。

【议会】国民议会由57名民选议员、4名特选议员（由总统提名，议会表决通过）、总统和议长（由议员选出，主持议会会议，无投票权）组成，每届任期五年。议会的主要职权是：选举总统，制定法律，修改宪法，审议国家发展计划和政府财政预算。一般议案半数表决通过，重要议案需2/3赞成通过。本届国民议会于2009年10月大选产生。目前民主党占40席，反对党民主运动党、民族阵线各占6席，大会党5席。4名特选议员均为民主党成员。议长玛格丽特·纳莎（Margaret Nasha，女，民主党），2009年11月就任。

【酋长院】议会的咨询机构，原由15名成员组成。2005年4月，议会通过对宪法77条、78条和79条的修正案，规定酋长院成员增至35名，其中8大部族酋长为当然成员，7人由8位当然成员选举产生，称为“选举成员”，另20名由各地区选举产生，称为“特选成员”。酋长院的职责范围和权力仅限于传统的特定事务，如习惯法、非洲法院、领导职务、民族财产、部落首领的任免、宪法修正案等。每年议会开幕前，酋长院先召开例会，向议会提出动议和议案，但不具有任何约束力。酋长院在必要时可要求有关部长到酋长院说明情况，部长也可到酋长院征询意见。2011年1月，酋长院举行全体会议选举产生新一届领导人，特罗夸族大酋长哈博罗内（Kgosi Puso Gaborone）连任主席，巴罗龙族大酋长罗塔莫仁（Kgosi Lotlamoreng）连任副主席。

【政府】本届内阁于2009年10月产生，由总统、副总统、16名部长、8名副部长、总检察长和总统办公室常秘兼内阁秘书共28人组成，主要成员有：总统伊恩·卡马，副总统蒙帕蒂·梅拉费（Mompati Merafhe），总统事务与公共管理部长莫克格威茨·马西西（Mokgweetsi Masisi），国防、司法与安全部长迪卡卡马措·塞莱茨（Dikgakgamatso Seretse），外交与国际合作部长潘杜·斯凯莱马尼（Phandu Skelemani），财政与发展计划部长肯尼思·马坦博（Kenneth Matambo），基础设施与科技部长约翰尼·斯沃茨（Johnie Swartz），土地和住房部长莱博纳曼·莫卡拉克（Lebonaamang Mokalake），劳工和内政部长埃德温·巴楚（Edwin Batshu），青年、体育与文化部长肖·卡蒂（Shaw Kgathi），贸易与工业部长多卡斯·马卡托·马雷苏（Dorcas Makgato-Malesu，女），地方政府部长彼得·塞莱（Peter Siele），农业部长克里斯琴·德格拉芙（Christian De Graaf），交通与通讯部长诺诺福·莫莱菲（Nonofo Molefhi），矿产、能源与水资源部长波纳采霍·凯迪基卢韦（Ponatshego Kedikilwe），教育与技能发展部长佩洛诺米·文松—莫伊托伊（Pelonomi Venson-Moitoi，女），环境、野生动物与旅游部长翁科卡梅·莫凯拉（Onkokame Kitso Mokaila），卫生部长约翰·西科辛（John Seakgosing）。

【政府网址】www.gov.bw

【行政区划】全国划分为10个行政区。

【司法机构】由高等法院、上诉法院和传统法院组成。传统法院相当于初级法院，由各民族酋长担任法律执行人。高等法院首席法官马如平·迪波泰罗（Maruping Dibotelo）。总检察长安塔利亚·莫罗科姆（Athalia Molokomme）。

【政党】主要政党情况如下：

（1）博茨瓦纳民主党（Botswana Democratic Party）：1962年1月成立。独立后一直执政，主张经济独立和自力更生，在发展经济的同时保持社会公正；对外实行多方位外交，维护并促进民族利益。领袖伊恩·卡马。

（2）博茨瓦纳民主运动党（Botswana Movement for Democracy）：2010年5月29日成立，是从民主党内分裂出来的一支新反对党，口号是“我们的博茨瓦纳”。领袖戈莫莱莫·莫茨瓦莱迪（Gemolemo Motswaledi）。

（3）博茨瓦纳民族阵线（Botswana National Front）：1967年10月成立。主张在博进行民族民主革命，实现社会主义。领袖杜马·博科（Duma Boko）。

（4）博茨瓦纳大会党（Botswana Congress Party）：1998年6月成立，由民阵中分裂而来，口号是“为了民族自由”。领袖吉尔森·萨尔斯汉多（Gilson Saleshando）。

【重要人物】**伊恩·卡马**：总统。博首任总统卡马的长子，生于1953年2月。曾在其家乡塞罗韦、津巴布韦、斯威士兰、瑞士、英国和尼日利亚学习和进修。1974年加入警察机动部队。1977年博成立国防军，卡马任副司令，同年被授予准将军衔。1989～1998年任国防军司令。1998年3月退出军界（保留中将军衔），加入民主党；4月，任总统事务和公共管理部长；7月，就任副总统兼总统事务和公共管理部长。1999年10月和2004年11月两度连任副总统。2008年4月接替莫哈埃就任总统。2009年10月连任总统。曾于1976年随父访华。　**蒙帕蒂·梅拉费**：副总统。1936年生。曾在英国、南非学习法律。1977年任国防军司令、少将，1986年晋升中将。1989年当选国会议员，任总统事务和公共管理部长。1994年起任外交部长。2008年4月任副总统。2009年10月连任副总统。

经　济

博是非洲经济发展较快，经济状况较好的国家之一。钻石业是其经济支柱，产值约占国内生产总值的1/3。畜牧业是传统产业，制造业落后，近年来旅游业发展较快，成为新兴产业。独立后，博政府建立了自由市场经济体制，采取优惠措施吸引外资和国外先进技术，先后制定了十个国家发展计划，经济实现了快速、持续发展。为了改变经济发展主要依赖钻石的状况，从20世纪80年代后期开始，博政府开始推行经济多元化政策，取得一定成效。

卡马总统执政以来，博政府继续实行积极财政政策和稳健货币政策，加大对基础设施和社会领域的投入，努力扩大内需，创造就业。在继续重视钻石经济和提升附加值的同时，吸引外资开发镍、铜等矿产资源；启动火电站建设，加快电力自给和出口；推动旅游业发展，促进经济多元化。受国际金融危机影响，钻石产量和出口收入一度下滑。随着国际市场矿产品需求回暖及价格回升，博经济自2009年第二季度起开始复苏。政府加大对主要产业部门扶植力度，确定钻石业、农业、卫生、教育、交通、创新六大重点发展领域。根据相关国际机构公布的数据，博经济自由度、国际竞争力、营商环境等多项指标继续位于非洲前列。2011年主要经济数据如下（数据来源：2012年6月《经济季评》和博茨瓦纳政府2012/2013年度财政预算报告）：

国内生产总值：173亿美元。

经济增长率：5.1%。

人均国内生产总值：8518美元。

汇率：1美元＝6.84普拉。

通货膨胀率：9.2%。

【资源】矿产资源丰富。主要矿藏为钻石，其次为铜镍、煤、苏打灰、铂、金、锰等。钻石储量和产量均居世界前列。已探明的铜镍矿蕴藏量为4600万吨，煤蕴藏量170亿吨。

【工矿业】从20世纪70年代中期起，采矿业取代畜牧业成为博国民经济的主要部门，2010年矿业产值约占国民生产总值的20%。博是世界上主要毛坯钻石生产国之一，钻石出口收入约占出口收入的90%，政府收入的30%和国内生产总值的20%。2008年钻石产量3260万克拉，产值32.7亿美元，位列世界第一。受国际金融危机影响，2009年钻石产量大幅减少，为1773万克拉。2010年预计为2300万克拉。近年，博政府积极发展钻石加工业，以提高钻石业利润，已批准4个钻石加工企业营业执照。铜镍是继钻石后重要的出口矿产品，2009年产量为5.4万吨。

轻工业以畜产品加工为主，其次是饮料、金属加工和纺织业等。

【农牧业】农业较落后，可耕地占全国面积的15%，种植面积为可耕地的5%。博农业产量较低，只能满足国内粮食需求的10%左右。政府鼓励农民多种粮，增加粮食自给。主要农作物为高粱和玉米。2008/2009财政年度博粮食产量为8.3万吨。

畜牧业占农业产值的80%，是国民经济传统支柱产业之一，也是农民的主要收入来源。畜牧业以养牛为主，养羊为辅。博有现代化的大型屠宰厂和肉类加工厂，年屠宰能力为40万～50万头牛。2008/2009财政年度博牛畜存栏量为250万头。2008年牛肉出口额5.3亿普拉，约占出口总额的1.58%。2011年3月，因受口蹄疫疫情影响，博无限期暂停对欧盟出口牛肉。

【旅游业】博是非洲主要旅游国之一。旅游资源丰富，是非洲野生动物种类和数量较多的国家。政府把全国38%的国土划为野生动物保护区，设立了3个国家公园，5个野生动物保护区。乔贝国家公园和奥卡万戈三角洲野生动物保护区为主要旅游点。旅游业现为博第二大外汇收入来源，是经济多元化战略的重点发展产业。20世纪90年代以来，博旅游业持续增长。为加强对旅游业的推销和宣传，2005年博成立了旅游董事会。2006年游客数量为182万人次。2008年，全国拥有宾馆302所，客房5145间，床位9020张。2010年外籍游客总数达210万人次。2006 ~ 2010年，游客数量年增长率为10.7%。旅游业对GDP贡献率达3.7%。

【交通运输】以公路运输为主，主要城镇之间有公路相连，总长1.94万公里，其中30%为柏油路面。全国各主要城镇之间以及博与南非、赞比亚、津巴布韦和纳米比亚之间已基本由柏油马路连接，其中干线公路等级较高。

铁路长900公里。主要铁路线跨越弗朗西斯敦、哈博罗内和洛巴策，连接南非和津巴布韦。博铁路公司是负责铁路运输的国有企业。2004年铁路发送旅客40.6万人次，发送货物197.4万吨。2003 ~ 2007年实施了铁路五年治理计划，主要包括提高运营水平、更新车皮、机车和信号系统。2011年铁路发送货物203.5万吨。

博航空公司辟有飞往南非的地区航线和国内主要城镇及旅游区之间的航线。现有六个国际机场，首都有卡马国际机场，其余五个机场设在弗朗西斯敦、马翁、卡萨尼、塞莱比—皮奎和杭济。此外有数十个小型机场分散在全国各地。由于油价持续上升，机械故障频发，博航2004财年出现400万普拉亏损。目前博航的私有化改造正在积极进行中。2005年，博成立独立的民用航空管理局。2011年博航空运送旅客达78.8万人次。

【财政金融】国家银行于1975年建立，1976年发行本国货币“普拉”。博长期执行审慎的财政政策，财政收支处于盈余状态。前几年由于受矿业收入下降、普拉对美元升值和政府施行积极财政政策的影响，曾一度出现财政赤字。政府采取了严格控制支出等措施，2012/2013财年博政府总收入预计为429.1亿普拉，支出预计为417.6亿普拉，财政盈余预计为11.5亿普拉，预计占GDP的0.9%。2011年底博外汇储备为603亿普拉。（博茨瓦纳政府2012/2013年度财政预算报告及博茨瓦纳中央银行2011年度报告）。

【对外贸易】实行自由贸易政策，自80年代起多保持贸易顺差。主要出口钻石、铜镍矿产品、苏打灰、牛肉产品、纺织品和汽车配件等；进口汽车及交通设备、机械及电子产品、食品及饮料、金属、化工和橡胶制品、燃料和烟草等。世界经济论坛等组织过去连续5年将博列为非洲经济最自由的国家。主要贸易伙伴有：南部非洲关税同盟（除博外，成员国还包括南非、纳米比亚、莱索托、斯威士兰）、欧盟、津巴布韦和中国等。2011年博进口额为497.2亿普拉，出口额为400.8亿普拉（博国家统计局数据）。

【外国资本】到2009年，累计吸引外国直接投资净额约13.2亿美元（94.46亿普拉）。按投向，矿业吸引外资占39.3%，金融业40.5%，批发和零售业7.6%。博外资主要采取购入股权方式，少量为购买债券。资本来源52.8%为欧洲，24.7%为南非，12.9%为毛里求斯。1997年博成立出口发展与投资局（BEDIA），专门负责推动出口和吸引外国投资的工作。2008年度，共吸引资本投资5.39亿普拉，创造2344个就业机会。其中吸引外国直接投资3.39亿普拉，创造1248个就业机会（博出口发展与投资促进局2008/2009年度报告）。

【外国援助】主要援助国和国际组织为日本、美国、瑞典、挪威、德国、联合国开发计划署、非洲开发银行等。博成为中等收入国家后，多数西方国家对博提供的官方发展援助和优惠贷款大幅下降。2011年，外债余额估计为19.73亿美元。（2012年3月份《经济季评》）

人民生活

根据世界银行《2007年世界发展指数》，2005年博茨瓦纳人口城市化率为57%，2005 ~ 2015年期间年均人口增长率预计为-0.4%。根据世界卫生组织2006年报告，博人均寿命为40岁。目前，全国有医院和初级医院各17所，带床位的诊所106个，不带床位的诊所173个。全国拥有病床4075张。艾滋病感染率较高，2008年博艾滋病平均感染率为17.6%，14.2%的男性和20.4%的女性为艾滋病感染者。15 ~ 24岁人口艾滋病感染率由2004年的15%降至2008年的8%。此外，0.5%的人口感染结核病。博电信网络已全部实现数字化。根据官方统计，截至2008年11月底，博移动通信用户数量为170万人。57%的博民众拥有手机。截至2007年底，20.8%的博家庭拥有固定电话。

军　事

1977年建立国防军。现有军人约1.2万名。现任国防军司令卡特·马西雷（T. Carter Masire）中将。警察部队约1500人，警察总署署长台贝亚米·齐马科（Thebeyame E. Tsimako）。

文化教育

【教育】博独立后高度重视国民教育事业，成人识字率从1966年的不足10%提高到目前的81.2%。教育体系完备，包括小学、中学和大学的正规教育及职业技术教育、特殊学校教育和业余教育，其学制为小学7年，初中3年，高中2年。小学和初中阶段为义务教育，小学和高等教育免学费，中学教育自2006年起实行学费分担制度，初中生每人年缴费300普拉，高中生600普拉，其余大部分由政府负担。2009年，全国公立小学721所、初中212所，高中23所，综合性大学1所（博茨瓦纳大学）。此外有私立小学61所和私立中学39所。2012/2013财年教育与技能发展预算共计77.7亿普拉，占经常项目支出预算的27.3%。

【新闻出版】现有报纸12种，包括官方日报《每日新闻》（Daily News）和私营日报《报道者》（Mmegi）及私营周报《博茨瓦纳卫报》（Botswana Guardian）、《太阳报》（The Mid-week Sun）、《博茨瓦纳公报》

(Botswana Gazette)、《回声报》(Echo)等。《每日新闻》是免费报纸，日发行量约6.5万份，用英文和茨瓦纳语出版。《报道者》和周刊《观察家》为博最大的私人出版公司Dikgang公司发行。《报道者》日发行量约2万份。其他报纸发行量在1.5万～2万份之间。

博茨瓦纳通讯社为官方通讯社，1981年创建，主要报道国内消息，是《每日新闻》和博广播电台的主要供稿者。

博茨瓦纳广播电台系官方电台，1965年创建，用英语和茨瓦纳语广播。

哈博罗内电视台为私营电视台，1988年创建，主要播放录像片。

博茨瓦纳国家电视台于2000年7月开播，节目分英语和茨瓦纳语，全部使用数字传输技术，可通过卫星覆盖非洲大部分地区。

对外关系

奉行不结盟的对外政策，积极参与地区政治事务及经济合作。主张国家主权平等和互不干涉内政，通过谈判解决争端。提倡建立公正、平等的国际政治经济新秩序。积极参与非洲和地区事务，促进区域稳定、发展和合作。主张发展中国家尤其是中小国家应加强合作，共同应对全球化挑战。南部非洲发展共同体秘书处设在哈博罗内。博是南部非洲关税同盟成员。

【同中国的关系】中华人民共和国与博茨瓦纳共和国于1975年1月6日建交，建交以来两国关系平稳、健康发展。2010年，习近平副主席对博进行正式访问。梅拉费副总统赴华出席上海世博会博国家馆日活动，执政党民主党主席、国防军司令、首都哈博罗内市长等分别访华。2011年，国务委员刘延东对博进行正式访问，博茨瓦纳议长纳莎访华。2012年4月，全国人大常委会副委员长桑国卫访博。

2011年，中博双边贸易额为7.2亿美元，同比增长69.5%，其中中国出口额为6.2亿美元，同比增长66.8%，主要为纺织服装、机电产品、高新产品等，进口额为1亿美元，同比增长88.6%，主要进口铜矿砂及其精矿、钻石。

中国驻博茨瓦纳大使：刘焕兴。馆址：NO.3096，3097 North Ring Road Gaborone P. O. Box 1031。电话：00267-3952209（办公室），3953270（经商处）。传真：3900156。

博茨瓦纳驻华大使：萨萨拉·查萨拉·乔治(Sasara Chasala George)。馆址：北京市朝阳区三里屯东三街1号。电话：010-65326898。传真：65326896。

【同欧盟国家的关系】博与欧盟关系密切，欧盟是博最大的国际援助方之一。2004年欧盟把旨在提高南部非洲国家产品竞争力的"生产力服务中心"设在博，以示对博重视。2006年5月，欧盟同博政府签署援助实施计划，将在4年内为博提供5000万欧元，用于提高中小学素质教育、教育公共支出评估、人力资源发展战略和国家资质认证框架等计划实施。2009年6月，卡马总统访问欧盟委员会，与欧盟签署了临时贸易伙伴协定。2010年，欧盟向博政府提供6.5亿普拉无偿援助，支持博人力资源开发。

同英国有传统密切关系，英是博传统援助国和主要贸易伙伴之一，目前，英是博最大出口目的地国和第二大进口来源国。大批英国人在博政府、金融和教育部门任职，博国防军和警察主要由英国人训练。两国官员互访频繁。英国有70多家企业在博投资。2005年，莫哈埃总统访问了英国，两国签署避免双重征税协定。2010年6月，英国威廉王子和哈里王子访博。2011年7月，英国安妮公主访博。

同德国经贸关系发展较快，德是博主要贸易伙伴和援助国之一，多年来共向博提供各种援助近10亿普拉，派出250名专家帮助博从事职业培训、中学教育、社区发展、农林业和中小企业发展项目等。

瑞典和挪威也是博重要的援助国。近年来，因博被列入中等收入国家，瑞、挪两国逐步减少援博数额，改为提供低息贷款或开展政府和企业间的合资、合营和技术合作。2010年5月，博、瑞签署《税务合作协定》，瑞将为博提供1250万瑞郎资金援助，以帮助博税务部门培训人员和提高审计能力。2011年3月，瑞典国王对博进行国事访问。

【同美国的关系】博美关系密切，高层往来不断。2002年，美同意将博列为最不发达国家，以享受美《非洲增长与机会法案》的优惠政策。1966～1996年30年间，美连续向博派遣和平队。1998年，美总统克林顿访博。2003年，布什总统和莫哈埃总统互访。美国恢复向博派遣和平队。2005年，博与美国成立"非洲增长与机遇法案论坛"，以扩大对美出口。同年美国对博防治艾滋病领域的援助达到3500万美元。2007年、2010年，美军非洲司令部司令威廉·沃德两次访博，莫哈埃总统两次访美。2009年11月，卡马总统赴美出席2009年度"保护国际"理事会议，其间会见美国总统奥巴马。2011年6月，美总统夫人米歇尔·奥巴马访博。同月，卡马总统在美国华盛顿国会国际资源保护考克斯基金会晚宴上被授予罗斯福资源保护奖，以表彰博在保护自然资源方面所取得的杰出成就。

【同亚洲国家的关系】近年来，日对博援助逐渐增加。2002年2月，博与日本签订减免债务协议。2006年5月莫哈埃总统访日并出席在东京举办的"博茨瓦纳周"活动。2007年，日在博设立使馆。2010年10月，卡马总统对日本进行正式访问。博与印度关系友好。在博印度侨民约有9000人，其中1/3加入博籍。两国签有最惠国待遇贸易协定和避免双重征税协定。博印在人力资源培训领域开展了多项合作。2005年5月，莫哈埃总统赴印度孟买参加国际钻石大会。2006年12月莫哈埃总统率团对印进行国事访问。2007年，印在博设立高专署。2010年博副总统梅拉费和印度副总统安萨里实现互访。2009年，卡马总统率团对新加坡进行正式访问。

【同邻国的关系】博与邻国保持睦邻友好关系。博与南非、纳米比亚、莱索托和斯威士兰同为南部非洲关税同盟成员国，经济关系密切，与南非在经济、贸易等领域联系尤为紧密。2011年，卡马总统先后访问了莫桑比克、尼日利亚、加纳和利比里亚。马拉维总统和毛里求斯总理先后访博。博与莫桑比克、津巴布韦就深水港口和配套铁路项目签订三方谅解备忘录，该项目拟于2012年动工，工期4年，造价70亿美元。建成后，博将通过铁路和位于莫的深水港口进口燃油和肥料，出口矿产品。2月，博宣布与利比亚断绝外交关系，并于9月承认利比亚过渡委员会为利合法临时政府。5月，博与毛里求斯签订两国航空合作谅解备忘录，为两国开通直航铺平了道路。7月，博与南苏丹共和国正式建立外交关系。（周颖）

布基纳法索

国名　布基纳法索（The Burkina Faso，Le Burkina Faso）。

面积　274200平方公里。

人口　1700万，人口增长率3%（2011年估计）。主要有沃尔特和芒戴两大族系。沃尔特族系约占全国人口的70%，主要有莫西族、古隆西族、古尔芒则族、博博族和洛比族；芒戴族系约占全国人口的28%，主要有萨莫族、马尔卡族、布桑塞族、塞努福族和迪乌拉族。在北部地区还有一些从事游牧业的颇尔人和经商的豪萨人。官方语言为法语；主要民族语言有莫西语、迪乌拉语和颇尔语。50%的居民信奉原始宗教，30%信奉伊斯兰教，20%信奉天主教。

首都　瓦加杜古（Ouagadougou），人口141万（2010年估计）。年平均气温26℃～28℃，最高可达42℃以上。

国家元首　总统布莱斯·孔波雷（Blaise Compaoré），1987年10月政变上台，1991年12月当选总统，1998年、2005年和2010年三次连任。

重要节日　独立日：8月5日；国庆日：12月11日。

简　况

系西非内陆国。东北与尼日尔为邻，东南与贝宁相连，南与科特迪瓦、加纳、多哥交界，西、北与马里接壤。属热带草原气候，年平均气温27℃。

公元9世纪建立了以莫西族为主的王国，15世纪莫西人首领建立亚腾加和瓦加杜古王国。1895～1896年期间被法国占领，并成为法属西非的一部分。1957年成为半自治共和国。1958年12月成为法兰西共同体内的自治共和国。1960年8月5日宣告独立，定国名为上沃尔特共和国。莫里斯·亚梅奥果当选总统。1966年，军队接管政权，陆军参谋长拉米扎纳出任总统。1980年11月塞耶·泽博上校发动政变上台，任军事委员会主席兼国家元首。1982年11月，让－巴蒂斯特·韦德拉奥果少校和桑卡拉上尉联合发动政变，韦德拉奥果任“拯救人民临时委员会”主席兼国家元首，桑卡拉任总理。1983年8月，桑卡拉发动政变，任全国革命委员会主席兼国家元首。1984年8月4日改国名为布基纳法索。1987年10月，总统府国务部长兼司法部长孔波雷发动政变，解散全国革命委员会，成立人民阵线，自任人民阵线主席、国家元首兼政府首脑。

政　治

孔波雷上台后，对前政权过激的内外政策进行调整，于1990年实行多党制。1991年，通过选举成为合法民选总统，并于1998年11月连选连任。孔提出“良政治国、廉洁为政”的执政理念，积极推行民族和解政策，提倡各政治派别进行对话，给予反对党更多参政、议政权利。2005年11月，孔再度以绝对优势在总统选举中获胜蝉联。2006年4月，执政党争取民主和进步大会在地方选举中获得全国72%的市镇席位。2007年5月，该党在立法选举中赢得国民议会111席中的73席。6月，以特尔蒂乌斯·宗戈为总理的新政府成立，继续将发展经济、改善民生作为政府工作重点。2010年11月，孔波雷在首轮总统选举中以80.2%的得票率蝉联。2011年初以来，布发生一系列学生、法官和士兵等游行示威事件，抗议政府处置突发事件不力和物价上涨过快。4月，布总统府卫队等部分士兵以未能按时领到住房补贴为由哗变，并在首都一些地区进行抢劫。随后，布多个城市相继发生警察、商人、农民等游行示威事件。为稳定局面，孔解散并重组政府，任命新的军队总长，并在首都实施宵禁。6月初，尼第二大城市博博迪乌拉索部分军人因不满军饷被拖欠再次哗变，在当地实施抢劫，被布总统卫队武力镇压。之后，布政府出台平抑物价、改善民生等举措，惩办涉嫌杀害示威学生的军人和卷入贪腐弊案的海关署长，举行政治改革协商委员会会议，提出设立参议院等改革建议。目前，布局势总体稳定。

【宪法】1991年6月2日，全民投票通过独立以来第四部宪法。宪法规定：布是一个民主、统一、非宗教的国家。实行三权分立和多党制。共和国总统是国家元首、部长会议主席、最高司法委员会主席、武装力量最高统帅，须从年满35岁的布基纳法索公民中直选产生。2000年4月，国民议会大会通过宪法修正案，规定总统任期五年，可连任一次。总统临时或最终不能行使职权时，由议长代行。解散国民议会时，总统需与议长协商。

【议会】2002年1月，布国民议会修改宪法，撤销代表院，将议会两院制改为一院制。国民议会拥有111个议席，行使立法权，每年举行两次例会，议员经直接普选产生，任期五年。本届议会于2007年5月6日选举产生，议长罗克·马克·克里斯蒂昂·卡博雷（Roch Marc Christian Kaboré），2002年6月5日就职，2007年6月4日再次当选。

【政府】本届政府于2011年4月21日组成，2012年2月小幅调整，共31名成员，名单如下：总理吕克-阿道夫·蒂奥（Luc Adolphe Tiao），国务部长、负责政治改革和与议会关系部长邦涅桑·阿尔塞纳·耶（Bongnessan Arsène Yé），外交和地区合作部长伊佩纳·贾布里勒·巴索莱（Yipènè Djibril Bassolet），经济和财政部长吕西安·马里·诺埃尔·本班巴（Lucien Marie Noël Bembamba），农业和水利部长洛朗·塞多戈（Laurent Sédogo），运输、邮政和数字经济部长吉尔贝·诺埃尔·韦德拉奥果（Gilbert G. Noël Ouédraogo），领土管理、地方分权和安全部长热罗姆·布古马（Jérôme Bougouma），司法和掌玺部长萨拉玛塔·萨瓦多戈·塔普索巴（Salamata Sawadogo/Tapsoba，女）.矿业、职业和能源部长拉穆萨·萨利夫·卡博雷（Lamoussa Salif Kaboré），文化和旅游部长巴巴·哈马（Baba Hama），新闻部长兼政府发言人阿兰·爱德华·特拉奥雷（Alain Edouard Traoré），住房和城市规划部长雅各巴·巴里（Yacouba Barry），工业、商业和手工业部长帕蒂安德·阿蒂尔·卡凡多（Patiendé Arthur Kafando），基础设施和破除封闭部长让·贝尔坦·韦德拉奥果（Jean Bertin Ouédraogo），卫生部长阿达马·特拉奥雷（Adama Traoré），中等和高等教育部长穆萨·瓦塔拉（Moussa Ouattara），科学研究和创新部长尼萨·伊萨耶·科纳特（Gnissa Isaïe Konaté），国民教育和扫盲部长孔巴·博利·巴里（Koumba Boly/Barry，女），公职、劳工和社会保障部长松加洛·阿波里耐·瓦塔拉（Soungalo Appolinaire Ouattara），环境和可持续发展部长让·库里迪亚蒂（Jean Coulidiati），青年、职业培训和就业部长阿希尔·约瑟夫·塔普索巴（Achille M. Joseph Tapsoba），社会行动和国家团结部长克莱芒丝·特拉奥雷·索梅（Clémence Traoré/Somé，女），人权和提升公民权利部长阿尔贝·韦德拉奥果（Albert Ouédraogo），畜牧部长热雷米·廷加·韦德拉奥果（Jérémie Tinga Ouédraogo），妇女发展部长内丝托林·桑加雷·孔波雷（Nestorine Sangaré/Compaoré，女），体育和娱乐部长雅各巴·韦德拉奥果（Yacouba Ouédraogo），农业和水利部负责农业的部长级代表阿卜杜拉耶·孔巴里（Abdoulaye Combary），经济和财政部负责预算的部长级代表弗朗索瓦·马里·迪迪埃·宗迪（François Marie Didier Zoundi），领土管理、地方分权和安全部负责地方行政的部长级代表图桑·阿贝尔·库利巴利（Toussaint Abel Coulibaly），外交和地区合作部负责地区合作的部长级代表樊尚·扎卡内（Vincent Zakane），国民教育和扫盲部负责扫盲的部长级代表扎卡里亚·蒂姆托雷（Zakaria Tiemtoré）。

【行政区划】全国分为13个大区、45个省和301个市镇。首都瓦加杜古位于卡迪奥果省。

【司法机构】2002年7月，布对司法制度进行了重大改革。国家最高司法委员会为最高司法机构，主席由国家元首兼任，司法部长为副主席。取消最高法院，设立高等法院、行政法院、审计法院和宪法委员会。高等法院为最高司法机构，由民事、商事、社会和犯罪4个法庭组成。行政法院主要审理国家行政机关之间的纠纷和公民对行政机关的控告，下设两个法庭。审计法院是对国家财政执行情况进行监督的最高专门机构，审理国家企业、中央和地方行政机关财经违法案件，下设三个法庭。宪法委员会监督和保障宪法的实施，解释宪法。高等法院院长阿卜杜拉曼·博利（Abdouramane Boly），行政法院院长阿里迪亚塔·达库雷（Haridiata Dakouré，女），审计法院院长布雷马·皮埃尔·内比埃（Boureima Pierre Nébié），宪法委员会主席代·阿尔贝·米洛戈（Dé Albert Millogo）。

【政党】现有合法政党48个，主要有：

（1）争取民主和进步大会（Congrès pour la Démocratie et le Progrès）：执政党，1996年2月5日成立。以孔波雷领导的争取人民民主组织——劳动运动为主体，联合其他10多个政党组建而成。1999年7月召开全国代表大会，选举产生中央书记处和政治局，分别由24人和201人组成。2007年5月议会选举后，该党在国民议会中占有的席位由原来的51席升至73席。2012年1月，罗克·马克·克里斯蒂安·卡博雷辞去党主席职务，总统办公厅主任阿希米·库安达（Assimi Kouanda）接任。

（2）争取民主和联合同盟—非洲民主联盟（Alliance pour la Démocratie et la Fédération–Rassemblement Démocratique Africain）：1998年5月由争取民主和联合同盟和非洲民主联盟两党合并而成。2003年6月出现分裂，原主席埃尔曼·亚梅奥果（Hermann Yaméogo）退出该党，创立争取民主和发展全国联盟（UNDD）。曾为布最大反对党，2005年加入总统阵营联盟支持孔波雷竞选。在国民议会中占14个席位。主席吉尔贝·韦德拉奥果（Gilbert Ouédraogo）。

（3）争取复兴同盟/桑卡拉运动（Union pour la Renaissance–Mouvement Sankariste）：反对党，2000年

成立，系从桑卡拉泛非公约党（CPS）分裂而来。目前在国民议会中占4个席位。主席本纳温德·斯塔尼斯拉斯·桑卡拉（Bénéwendé Stanislas Sankara）。

其他政党有：争取共和国联盟（UPR）、民主力量联盟（CFD）、争取布基纳发展同盟（RDB）、桑卡拉党联盟（UPS）、社会主义民主运动（PDS）、非洲独立党（PAI）等。

【重要人物】布莱斯·孔波雷：总统。1951年2月3日生于瓦加杜古。莫西族人。先后在喀麦隆、法国、摩洛哥等国军校进修。1981年任波城伞兵突击队训练中心司令。1983年8月4日与桑卡拉一起发动“八·四”政变后，任全国革命委员会成员、总统府国务部长兼司法部长。1987年10月15日发动政变推翻桑卡拉政权，任人民阵线主席、国家元首兼政府首脑。1991年12月当选总统，1998年、2005年和2010年三次蝉联。曾于1987年和1989年访华。**吕克—阿道夫·蒂奥**：总理。1954年6月4日生于布尔古省滕科多戈市。曾留学塞内加尔、加拿大和法国，获蒙特利尔大学新闻硕士学位、法国外交及战略研究中心外交学高级研究文凭，曾任布官方报《希德瓦亚报》社长。1990年起历任布新闻文化部秘书长、布驻法使馆新闻专员、总理新闻顾问、新闻高级委员会主席等职。2008～2011年任布驻法大使。2011年4月起任现职。

经济

联合国公布的最不发达国家之一。2010年全球人文发展指数在187个国家中排名第181位。工业基础薄弱，资源贫乏。国民经济以农牧业为主，棉花是布主要经济作物和出口创汇产品。2011年主要经济数据如下（资料来源：2012年2月《经济季评》）：

国内生产总值：101亿美元。

人均国内生产总值：594美元。

国内生产总值增长率：5.6%。

货币名称：非洲金融共同体法郎，简称非洲法郎。

汇率：1美元=471非洲法郎。

通货膨胀率：2.7%。

【资源】已探明的矿藏：黄金储量150万吨，锰1770万吨，磷酸盐2.5亿吨，锌银合成矿1000万吨，石灰石600万吨。

【工业】全国5%的劳动力从事工业生产。2009年工业产值约占国内生产总值的26.5%。主要为农牧产品加工和轻工业，包括纺织、屠宰、制糖、皮革、啤酒、塑料制品及少量电力、机械工业等。2011年出口黄金33.7吨。现有矿业公司24家，其中外资公司11家，合资公司8家，本国独资公司5家。建筑业发展迅速。

【农牧业】全国84%的劳动力从事农牧业生产。2009年农牧业产值约占国内生产总值的34.1%。全国有耕地327万公顷（占可耕地面积的1/3），可灌溉土地16.5万公顷。主要粮食作物有稻米、小米、玉米和木薯，主要经济作物有棉花、花生、芝麻和卡利特果等。2011/2012年度粮食产量预计为380万吨，较上年减产16%。2011年籽棉产量预计为32万吨。

畜牧业为国民经济基础部门之一。畜产品在出口产品中占有重要地位。

【旅游业】全国共有旅馆40多家，旅游从业人员1.5万人。年平均收入超过4000万美元。主要旅游点有阿尔利、波城和W区国家公园。

【交通运输】随着经济的发展，交通运输在国民经济中的地位越来越重要。

铁路：全长622公里。全国45%的进出口货物依靠铁路运输。由于管理不善等原因，铁路运营状况不佳。为摆脱困境，1994年布政府同科特迪瓦政府和法国公司决定共同组建非洲铁路运输公司，实行私有化，布和科分别占有15%的股份。1995年8月正式运营。2001年，布与科共同设立铁路投资基金，计划每年投资20亿非郎用于改善铁路基础设施和火车提速。2001年，布铁路货运量达313200吨。2002年9月科特迪瓦危机爆发后，科布边界关闭，铁路停运。2003年9月恢复运行。

公路：总长约1.4万公里，其中沥青路2300公里，国家级公路3299公里、省级公路1446公里、地区级公路1524公里。

空运：瓦加杜古和博博迪乌拉索各有一个可起降大型飞机的国际机场。布有一家合资航空企业“布基纳航空公司”，现有一架福克28型飞机和一架空客A319。法航每周三班从巴黎飞瓦加杜古。

【财政金融】2000年布被国际货币基金组织和世界银行列入“重债穷国减债倡议”名单。2002年布达到“重债穷国减债倡议”完成点。2005年12月国际货币基金组织决定免除布欠其所有债务。2011年外债总额23亿美元，外汇储备11.95亿美元。2010年，国家财政收入8908亿非洲法郎，支出11522亿非洲法郎，赤字2614亿非洲法郎。

【对外贸易】2011年进出口总额为44.7亿美元，其中出口额为21.8亿美元，进口额为22.9亿美元，逆差1.1亿美元。2010年主要出口国家为中国（7.9%）、比利时（5.3%）、新加坡（4.2%）、印度尼西亚（3.5%），主要进口国为科特迪瓦（25%）、法国（15.3%）、多哥（5.1%）、加纳（4.5%）。主要出口黄金、棉花和乳油木，主要进口生产工业品所需的生产资料、石油制品和食品等。

【外国援助】外援是布建设资金和弥补预算赤字的主要来源。主要援助国和国际组织为法国、德国、丹麦、荷兰、日本以及世界银行、国际货币基金组织、欧盟、非洲发展基金、联合国开发计划署等。

人民生活

目前有公职人员3.9万人，平均月工资约13万非洲法郎。法定最低工资为每小时143非洲法郎。全国有8家医院，地区级医疗中心11个，县级53个，基层卫生诊所677个。平均每3万人拥有1名医生，每1823人拥有1张病床。2005年新生儿死亡率96‰，平均寿命51.4岁。据布官方报道，近年来，布艾滋病感染率呈下降趋势，2001年为6.5%，2005年为1.8%。贫困人口占全国人口的46.4%。2007年，布拥有固定电话10万部，移动电话约100万部。2006年因特网用户6.46万户。

军　事

1960年11月1日建军。全国武装力量由正规军和准军事部队组成。总统为武装部队最高统帅。2011年4月布总统府卫队部分军人哗变后，孔波雷总统亲自兼任国防部长，并任命奥诺雷·纳贝雷·特拉奥雷（Honoré Nabéré Traoré）为军队总参谋长。

2006年正规军6600人，其中陆军6400人，空军200人，警宪部队4200人，民兵45000人。有10架各种型号的飞机。2006年军费预算440亿非洲法郎（约合8400万美元），占政府支出的5%。

文化教育

【教育】2002/2003年，国民教育投入占国家预算支出的14.7%。2005年小学入学率为45%，中学入学率为11%，大学普及率为1%。有小学3368所，在校学生705927人；中学293所，在校学生146850人。高等学府3所，即瓦加杜古大学、博博工科综合大学和库杜古高等师范学校，其中瓦加杜古大学为综合性大学，注册学生约1万人。除本国学生外，还有非洲9个国家的数百名留学生。2005年成人识字率23.6%。

此外，还有各种扫盲、培训中心3978个，约11万人学习。

【新闻出版】全国共有报刊40多种，大多数为私营刊物。主要官方报刊有《希德瓦亚报》（发行量3500份）、《非洲十字路口》和《希德瓦亚画报》。主要私营报刊有：日报《帕尔加观察家》（8000份）、《国家》（5000份）、《晚报》（2500份）等；周刊《周四新闻》（1万份）、《独立报》（5000份）等。多数报纸都有电子版。

布基纳新闻社：官方通讯社，成立于1964年。每周出版两期《每日新闻》。

布基纳国家广播电台：1959年落成。每天用法语和民族语言播音约19个小时。

布基纳国家电视台：建于1963年。1978年起开播彩色电视节目，每天播出8小时左右，周末增加播出时间。2006年底电视节目覆盖全国。布另有3家私人电视台。

1995年3月，宗教和布道团联合会创办的电视台和电台开播。

对外关系

奉行和平、发展和全面开放的外交政策，强调务实的经济外交。同西方国家特别是法国保持密切关系。近年来注重加强同美国及亚洲国家交往，以争取更多外援。积极参与地区事务，努力调解多哥、科特迪瓦、马里等国危机。曾向中非派遣维和部队。2006年举办非洲开发银行第41届年会和第14届非洲法语国家议会大会。2007年1月，孔波雷总统当选西非国家经济共同体和西非经济货币联盟执行主席，2008年获得连任。2009年，布担任联合国安理会非常任理事国、联合国人权理事会成员国和国际原子能机构理事会成员国和非盟和平与安全理事会成员国。2010年，布举办了非加太地区国家与欧盟委员会部长级会议、非洲、欧洲和亚洲企业论坛等国际会议。

【同中国的关系】1973年9月15日两国建交。1994年2月2日，布政府和台湾当局宣布“复交”。2月4日，中布中止外交关系。

2011年，中布贸易额为2.39亿美元，同比增长41.3%，其中中方出口额5600万美元，进口额1.82亿美元。主要出口机电产品，进口棉花。

【同法国的关系】法是布前宗主国、最大的贸易伙伴和援助国，每年向布提供约500亿非洲法郎的援助。孔波雷总统曾多次访法，2004年11月，法国总统希拉克访布并出席在布举行的第十届法语国家首脑会议。2006年5月，布总统孔波雷对法进行友好工作访问。2007年2月，孔赴法出席第24届法非首脑会议，法负责合作、发展和法语国家共同事务的部长级代表访布。2008年1月，法外长贝尔纳·库什内访布；3月，孔波雷赴法进行私人访问。2009年2月，布法签署关于法向布提供120亿非洲法郎财政援助的协定。2010年5月和7月，孔波雷总统应邀赴法出席第25届法非峰会和法国国庆活动。2009～2011年度。法向布提供总额1950万欧元的援助。2011年布军人哗变后，法高规格接待到访的布外长和总理。

【同美国的关系】1962年签署布美合作协定。1992年，美对布支持利比里亚全国爱国阵线不满，两国关系一度紧张。1993年布调整了对利比里亚政策，努力修复同美关系，两国互派大使。美每年提供1800万美元援助支持布经济发展。2005年度，美向布提供的粮食援助总额达1600万美元。2007年3月，美国“千年挑战公司”负责人访布。11月，美副国务卿内格罗蓬特访布，重点商讨了调解科特迪瓦危机问题。同月，美非洲司令部两名副司令和美参议院代表团分别访布。美还帮助培训布参与非盟在达尔富尔地区维和行动的800名士兵。2008年6月，美国负责非洲事务的助理国务卿帮办访布；7月，孔波雷访美，会见布什总统。2009年，美在“千年挑战账户”项下与布签署约5亿美元的援款协定。4月，美众议院代表团访布。2010年5月，美在布境内指挥了多国联合军演。7月，宗戈总理访美。

【同欧盟的关系】布与欧盟保持着良好的合作关系。2002年3月，布与欧盟签署2001～2007年欧盟援布指导计划。欧盟承诺向布提供2.75亿欧元的援助。2003年11月，欧盟委员会主席普罗迪访布，承诺欧盟将为布的发展项目提供资金。2006年11月，孔波雷总统赴布鲁塞尔出席“首届欧洲发展日”活动。2007年7月，欧盟向布提供134亿非洲法郎援助，用于2007～2009年减贫专款。11月，欧盟与布签署2008～2012年合作计划，将提供65亿非洲法郎用于布棉花生产，并提供26亿非洲法郎补充布预算和行政开支。2008年1月，欧盟与布签署协定，向布提供300亿非洲法郎援款，用于布减贫、教育和基础设施建设。2009年12月，欧盟向布提供约354亿非洲法郎援款，用于解决布饮用水净化问题。2010年7月，欧盟向布提供55亿非洲法郎紧急粮食援助。2011年7月，欧盟决定出资800万欧元，用于支持布实施司法、国防和安全体系改革。

【同邻国和其他非洲国家的关系】布重视发展与邻国和其他非洲国家关系，与利比里亚、毛里塔尼亚和科特迪瓦关系趋于改善。孔波雷总统积极参与调解几内亚、科特迪瓦等地区热点问题。2010年，孔先后访问了尼日利亚、刚果（布）、卢旺达等国，出席了马里、加蓬、贝宁、喀麦隆等国独立50周年庆典活动，接待了布隆迪、科特迪瓦、马里、利比里亚和加蓬等国总统来访。2011年，孔作为由非盟指定的调解科特迪瓦选后危机的高级别领导小组5国元首之一，在西共体峰会、非盟和安会等多边场合参与协调各方立场。

（王茗）

布隆迪

国名　布隆迪共和国（The Republic of Burundi，La République du Burundi）。

面积　27834平方公里。

人口　880万（2012年）。由胡图（85%）、图西（14%）和特瓦（1%）三个部族组成。官方语言为基隆迪语和法语，国语为基隆迪语，部分居民讲斯瓦希里语。居民中75%信奉天主教，15%信奉基督教新教，2%信奉伊斯兰教，其余信奉原始宗教。

首都　布琼布拉（Bujumbura），人口39.2万（2012年）。

国家领导人　总统皮埃尔·恩库伦齐扎（Pierre NKURUNZIZA），2005年8月19日当选，2010年6月28日胜选连任，8月26日宣誓就职。第一副总统泰朗斯·西农古鲁扎（Thérence SINUNGURUZA），第二副总统热尔韦·鲁菲基里（Gervais RUFYIKIRI）。

重要节日　国庆节（独立日）：7月1日。

简　况

位于非洲中东部赤道南侧。内陆国。北与卢旺达接壤，东、南与坦桑尼亚交界，西与刚果（金）为邻，西南濒坦噶尼喀湖。西部湖滨与河谷及东部为热带草原气候；中西部属热带山地气候。年平均气温为20℃～24℃，最高可达33℃。3～5月为大雨季，10～12月为小雨季，其他月份为旱季。

17世纪以前建立了封建王国。1890年成为德属东非的一部分。1922年成为比利时委任统治地。1946年联合国将布交由比利时“托管”。1962年7月1日宣布独立，成立布隆迪王国。1966年11月28日米孔贝罗发动政变成立布隆迪共和国。1976年11月1日巴加扎发动政变成立布隆迪第二共和国。1987年9月3日皮埃尔·布约亚政变上台就任总统，成立第三共和国。1992年实行多党制。1993年6月，布举行多党总统和立法选举，胡图族最大政党布隆迪民主阵线（简称“民阵”）主席梅尔希奥·恩达达耶当选总统，民阵获议会绝对多数。10月，布发生军事政变，恩达达耶总统被害身亡。政变引发大规模民族流血冲突。1994年1月，国民议会选举民阵成员西普里安·恩塔里亚米拉为总统。4月6日，恩遇空难身亡。9月，民阵同原执政党、图西族政党争取民族进步统一党（又称乌普罗纳党，简称乌党）等反对党达成权力分配“政府契约”，国民议会选举民阵成员西尔维斯特·恩蒂班通加尼亚为总统。1996年7月25日，由图西族控制的军队发动政变，废黜恩蒂班通加尼亚，推举前总统布约亚为总统。2000年8月，在国际社会和周边国家调解下，布政府与各政治派别签署阿鲁沙和平与和解协议。

政　治

2001年11月1日，布过渡政府成立，布约亚出任过渡期前18个月总统，原民阵总书记、胡图人恩达伊泽耶出任副总统。2003年4月30日，根据阿鲁沙协议顺利实行政权交接，恩达伊泽耶接任总统，图西人卡德盖出任副总统，布过渡期平稳进入第二阶段。11月，布政府和最大的反政府武装保卫民主力量（FDD）签署一揽子和平协议，FDD加入过渡政府，布和平进程取得重大进展。2005年6～8月，布顺利举行地方、立法和总统选举。FDD在地方、国民议会和参议院选举中分别赢得63%、55%和88%的席位，成为执政党，其领导人恩库伦齐扎当选总统，8月26日就职，随后组成新政府。2006年9月7日，布政府与最后一支反政府武装全国解放阵线（FNL）签署全面停火协议。但有关落实协议的谈判多次陷入僵局。2008年4月，双方发生较大规模交火。5月，在国际社会的积极斡旋下，双方再次签署停火协议。12月，推动布和平进程地区国家首脑会议在布举行，布政府与FNL就FNL转为合法政党及其在布政权体系内职位分配等问题达成一致，签署了新的和平协议。2009年4月，全国解放阵线正式宣布放弃军事斗争，3500名士兵被纳入布军队和警察系统。2010年6月28日，布举行总统选举，因反对党指责政府和执政党在此前举行的地方选举中舞弊而拒绝参选，恩库伦齐扎作为唯一候选人以91.62%得票率蝉联。2012年以来，布政局总体稳定，安全形势有所改善。

【宪法】2005年3月18日，布颁布实施《后过渡时期宪法》，这是独立以来的第六部宪法。宪法规定：实行多党制。总统是国家元首、政府首脑和军队统帅，由直接普选产生，任期五年，可连任一次。两位副总统由来自不同民族和不同政党的人士担任，由总统任命。胡图和图西两族在政府和国民议会中所占比例分别不超过60%和40%，在参议院中各占50%。政府成员由总统征询副总统意见后任命，由不同政党代表组成，对总统负责。国防和安全力量服从于国家文职权力机关，由专业人员组成，不参加任何党派，任何一族在国防力量中比例不得超过50%。

【议会】两院制，由国民议会和参议院组成。本届国民议会和参议院于2010年8月成立。国民议会106席，议长皮耶·恩塔维奥哈纽马（Pie NTAVYOHANYUMA），第一副议长莫—马莫·卡雷尔瓦（Mo-Mamo KARERWA），第二副议长弗朗索瓦·卡布拉（François KABURA）。参议院共41席，参议长加布里埃尔·恩蒂塞泽拉纳（Gabriel NTISEZERANA），第一副参议长佩尔西耶·姆韦多戈（Persille MWIDOGO，女），第二副参议长蓬蒂安·尼永加博（Pontien NIYONGABO）。

【政府】本届政府成立于2010年8月29日，由21名成员组成，名单如下：内政部长爱德华·恩杜维马纳（Edouard NDUWIMANA）；公安部长加布里埃尔·尼齐加马（Gabriel NIZIGAMA）；对外关系与合作部长洛朗·卡瓦库雷（Laurent KAVAKURE）；总统府良政与私有化部长伊萨·恩根达库马纳（Issa NGENDAKUMANA）；总统府东非共同体事务部长哈夫萨·莫西（Hafsa MOSSI，女）；司法掌玺部长帕斯卡尔·巴兰达吉耶（Pascal BARANDAGIYE）；财政与经济发展计划部长塔布·阿卜杜拉·马尼拉基扎（Tabu Abdallah MANIRAKIZA）；市镇发展部长马丁·尼维亚班迪（Martin NIVYABANDI）；国防与退伍军人部长蓬西安·加西尤部文盖（Pontien GACIYUBWENGE）；公共卫生与艾滋病防治部长萨比娜·恩塔卡鲁蒂马纳（Sabine NTAKARUTIMANA，女）；高等教育与科学研究部长朱利安·尼穆博纳（Julien NIMUBONA）；中小学教育、技能教育、职业培训和扫盲部长塞弗兰·布津戈（Severin BUZINGO）；农业与牧业部长奥黛特·卡伊泰斯（Odette KAYITESI）；电信、新闻、公共关系和政府与议会关系部长孔西利·尼比吉拉（Concilie NIBIGIRA，女）；水资源、环境、国土整治与城市化部长让·马里·尼比兰蒂耶（Jean Marie NIBIRANTIJE）；商业、工业、邮政与旅游部长维克图瓦·恩迪库马纳（Victoire NDIKUMANA，女）；能源与矿产部长科姆·马尼拉基扎（Côme MANIRAKIZA）；公职、劳动与社会保障部长阿农希亚特·桑达兹拉扎（Anonciate SENDAZIRASA，女）；交通、公共工程与装备部长莫伊兹·布库米（Moïse BUCUMI）；民族团结、人权与性别平等部长克洛蒂尔德·尼拉吉拉（Clotilde NIRAGIRA，女）；青年、体育与文化部长让·雅克·尼耶尼米加博（Jean Jacques NYENIMIGABO）。

【行政区划】全国划分为1个直辖市（布琼布拉市）和16个省，各省名称如下：布班扎、布琼布拉、布鲁里、坎库佐、锡比托克、基特加、卡鲁齐、卡扬扎、基隆多、马康巴、穆朗维亚、穆因加、恩戈齐、鲁塔纳、鲁伊吉、姆瓦罗。

【司法机构】司法权独立于立法权和行政权，由各级法院、法庭依法行使。主要司法机构包括最高法院、宪法法院、特别最高法院、上诉法院、审计院、商业法庭、劳动法庭、省级法院，及总检察院、地方检察院等。最高法院和宪法法院成员由总统任命。现任最高法院院长让—马里·恩冈当齐（Jean-Marie NGENDANZI），宪法法院院长克里斯蒂娜·恩泽伊玛纳（Christine NZEYIMANA，女），总检察长瓦朗丹·巴戈里孔达（Valentin BAGORIKUNDA）。

【政党】1992年4月颁布《政党法》，实施多党制，2011年9月颁布《新政党法》。

（1）布隆迪保卫民主力量（Forces pour la Défense de la Démocratie au Burundi—FDD）：执政党，以胡图族为主体。曾为布最大反政府武装力量，2003年11月与布过渡政府达成停火协议，于2004年9月正式转为合法政党，并在2005年各级选举中获胜，成为执政党。2007年2月，FDD召开特别党代会，会议决定党内最高权力机构为贤人委员会，并选举恩库伦齐扎总统为该委员会主席，前总书记马纳塞·恩佐博尼姆帕（Manassé NZOBONIMPA）担任委员会秘书长；会议还选举热雷米·恩让达库马纳（Jérémie NGENDAKUMANA）为党的新任主席。2011年初，贤人委员会书记马纳塞因公开批评党内腐败现象被终止党员资格，布隆迪第二副总统鲁菲基里接替马出任贤人委员会书记。2012年3月，保卫民主力量举行第二届全国代表大会，选举帕斯卡尔·尼亚邦达（Pascal NYABENDA）为主席、维克多·布里库基耶（Victor BURIKUKIYE）为第一副主席、约瑟夫·恩卡塔卢蒂马纳为第二副主席。

（2）布隆迪民主阵线（Front pour la démocratie au Burundi—FRODEBU）：简称民阵，1986年成立，是胡图族最大政党。党的目标是建立一个尊重、捍卫、促进人的基本权利和自由的真正的主权国家。2001年11月1日过渡政府成立后，民阵前总书记恩达伊泽耶出任副总统，民阵主席米纳尼任国民议会议长。2005年立法选举失败后，米纳尼被罢免主席职务，原总书记莱昂斯·恩冈达库马纳（Léonce NGENDAKUMANA）当选主席，厄弗拉希·比基尔马纳（Euphrasie BIGIRMANA）当选总书记。2006年3月，宣布退出政府，成为反对党。

（3）争取民族进步统一党（Le Parti de l'Unité pour le Progrès National—UPRONA）：简称乌党，1959年1月成立，是图西族最大政党。布独立以后长期执政。1993年6月多党选举失败后，失去执政党地位。1996年布约亚重新执政后，党内出现分裂，激进派反对布约亚的民族和解政策，拒绝和谈。2006年1月召开全国代表大会，阿洛伊·鲁布卡（Aloys RUBUKA）和安东瓦·西沙哈约（Antoine CISHAHAYO）分别当选党主席和副主席。

（4）保卫民主全国委员会（Conceil National pour la Défense de la Démocratie—CNDD）：于1994年10月从民主阵线中分裂出来，原主张武装斗争、国际军事干预和改组布军队。1998年6月，尼昂戈马参加阿鲁沙和谈，后签署了阿鲁沙和平协议并加入过渡政府。党主席莱奥纳尔·尼昂戈马（Léonard Nyangoma）。

其他政党还有：公民权利运动（MRC）、盾党（MSP INKINZO）、胡图人民解放党（PALIPEHUTU）、人民和解党（PRP）、人民党（PP）、争取民主和经济社会发展集合运动（RADDES）、布隆迪人民联盟（RPB）、争取权利和发展全国联盟（ANADDES）、自由党（PL）、社会民主党（PSD）、劳动者独立党（PIT）、布非拯救联盟（ABASA）、民族复兴党（PARENA）、远见者同盟（INTWARI）、布隆迪争取民主与和解党（PDR）、布隆迪争取发展自由联盟（ALIDE）、布隆迪争取民主和发展新同盟（NADEBU）、布隆迪争取和平与发展联盟（UPD）等。

【重要人物】皮埃尔·恩库伦齐扎：总统。1963年12月18日出生于布琼布拉，胡图族。曾在布隆迪大学任教。1995年加入反政府武装保卫民主力量，1998年任副总书记，2001年被选为主席。2003年11月该组织加入布过渡政府后，恩出任负责良政和国家总检察事务的国务部长。2005年8月19日当选总统，2010年6月28日胜选连任。

经　济

农牧业国家，经济以农业为主。20世纪90年代以来，布隆迪战争频仍，局势动荡。1996年7月政变后遭受长达30个月的经济制裁，西方国家援助基本停滞，加之难民问题和气候因素，经济形势严重恶化，国内生产总值比战前累计下降了22% ~ 25%。2000年布政府与各政治派别达成和平协议后，国际援助逐步恢复，经济形势有所好转。2009年1月，布达到重债穷国减债倡议完成点，获得减免14亿美元的债务。2011年主要经济数据如下（资料来源：2012经济季评）：

国内生产总值：16亿美元。

人均国内生产总值：193美元

经济增长率：4%。

通货膨胀率：9%。

货币：布隆迪法郎（简称布郎）。

汇率：1美元=1415布郎。

【资源】矿藏主要有镍、泥炭、铈、钒、锡、金、高岭土等。镍矿蕴藏量约3亿吨，品位为1.5％。泥炭储量约5亿吨。磷酸盐储量3050万吨，品位11.1% ~ 12.6%。钒储量1600万吨。石灰石储量200万吨。金矿分布较广，西北部储量较大，开采于30年代，多走私国外。森林覆盖率1993年为国土面积的5%，后由于火灾和滥伐而迅速减少至目前的3%。

【工业】工业基础薄弱。从业人数占劳动力人口的2%。工业产值约占国内生产总值的20.0%，主要有农产品加工、化工、纺织、烟酒和发电等，均为中小企业。啤酒业是布产量最高、效益最好的工业。近年主要工业品产量如下：

	2004	2005	2006
啤酒（万升）	7600	7700	9500
碳酸饮料（万升）	1200	1400	2600
香烟（箱）	38000	42000	41000
肥皂（吨）	3086	2975	2797
氧气（立方米）	39000	45000	43000

（资料来源：2008年度伦敦《经济季评》）

【农牧业】约有90%的劳动力人口从事农牧业。已耕地面积8224平方公里，占国土面积的31.8%，其中可灌溉面积100平方公里。农牧业产值约占国内生产总值的34.8%，提供95%的粮食和90%的外汇收入。粮食种植面积占耕地面积的90%，主要有玉米、大米、豆类、薯类、芭蕉等。2010年粮食产量为120.4万吨。经济作物占耕地面积的10%，占农业总产值的19.9%，主要有咖啡、茶叶、棉花等。畜牧业原较发达，现逐年衰退。天然牧场7277平方公里，占全国面积的28.2%，畜牧业生产总值占国内生产总值的5%，2004年共有奶牛32.5万头，绵羊23万只，山羊87万只。近几年主要经济作物产量如下（单位：吨）：

	2008	2009	2010
咖啡	18515	57390	15870
茶叶	6715	6731	8014
籽棉	2887	2513	1672

（资料来源：同上）

【服务业】近年来，服务业发展较快，2010年产值约占国内生产总值的38%。

【交通运输】无铁路。

公路：各类公路总长13600公里。首都布琼布拉为交通枢纽。陆运主要线路由布琼布拉向北经卢旺达、乌干达至肯尼亚的蒙巴萨港，全长2025公里。

水运：主要航道为坦噶尼喀湖，航线总长175公里。主要线路系由坦噶尼喀湖南下至坦桑尼亚基戈马港，再转铁路抵达累斯萨拉姆港，全长1428公里。主要港口为布琼布拉港，有500米长码头，可同时停靠5艘货轮。2010年货运量23.07万吨，同比增长40%。

空运：布琼布拉国际机场可起降波音747客机，由布隆迪国家航空管理局（RSA）管理，2010年客流量为19.5万多人次。比利时航空公司开通了从布琼布拉直飞布鲁塞尔的航班。布国家航空公司还辟有通往卢旺达、乌干达、肯尼亚、埃塞俄比亚和南非的航线。

【通讯设施】世界上电话覆盖率最低的国家之一，平均千人中拥有固定电话的仅4人。国家电信局是布唯一的固定电话运营商，全国共有固话用户3万个。全国有U-Com，Onatel，Africell和Econet四家移动电话运营商，用户16万个。全国有互联网用户1.4万个，由U-Com，Onatel，Usan Bu和Cbinet四家网络运营商提供网络支持。

【财政金融】财政收入主要靠各种税收和外国、国际组织的贷款和赠款。近年来由于举行选举和国家重建，政府预算大幅增加，具体情况如下（单位：亿布隆迪法郎）：

	2009	2010	2011
收入	7032	7290	9270
支出	8192	8620	10260
盈余	-1160	-1330	-990

（资料来源：2011年2月伦敦《经济季评》）

主要银行有：布隆迪共和国银行，1964年成立，为中央银行，在政府指导下制定官方汇率。最大的三家商业银行分别是布琼布拉信贷银行、布隆迪商业银行和互助银行。

【对外贸易】主要出口产品有咖啡、茶叶等，主要进口产品为工业制成品和燃料等。2009年主要出口对象国是德国、瑞士、比利时和瑞典，主要进口来源国是沙特阿拉伯、比利时、乌干达和肯尼亚。外贸连年逆差。近年进出口贸易情况如下（单位：百万美元）：

	2009	2010	2011
出口额	68.2	81.7	109.1
进口额	275.4	336.6	534.2
差　额	-207.2	-254.9	－425.1

（资料来源：同上）

【外国援助】1996年7月政变后，邻国对布实行经济制裁，外援大量减少。1999年制裁解除，西方援助相继重新启动。主要来自法、比、美、日、挪威、联合国难民署、世界粮食计划署、欧盟、国际开发协会等。对布国际援助逐步恢复。2003 ~ 2005年布接受外国援助分别为2.25亿美元、3.61亿美元和3.65亿美元。2006年接受外援总计3.65亿美元。

人民生活

在联合国宣布的177个国家人类发展指数排名中列第169位。采用医疗互助基金和医疗证办法，军人就医全部免费，平民实行部分免费医疗，公职人员每月向互助基金交纳工资的6%，政府财政补贴4%。医疗证可全家使用，凭医疗证就医者交纳医药费的20%。2005年政府卫生医疗支出占国内生产总值的3.9%。2006年，布政府提出实施5岁以下儿童医疗免费和妇女分娩免费政策。平均每25000人有一个卫生医疗中心，70%的医生集中在首都。常见病有疟疾、艾滋病、血吸虫病、肝炎、霍乱等。全国艾滋病感染率为12%。2006年人口增长率为3.9%，平均预期寿命49岁，儿童死亡率18‰。70%的人每天生活费不足1美元，贫困人口占人口总数的60%。

军　事

1967年3月7日建军，2005年结束过渡期后组建新的国防军和警察部队，胡图和图西族官兵各占50%。布国防军由陆军、空军、湖军和宪兵组成。总统为武装部队统帅。军队总参谋部下设海军局和空军局分管湖军和空军。总参谋长高德浮华德·尼永巴热（Godefroid NIYOMBARE）。

全国设1个卫戍区和5个军区，20个兵营。总兵力约5.05万人，其中陆军、湖军和空军共4.5万人，宪兵5500人。陆军有步兵、装甲、机械、炮兵、通讯、工兵、建筑工程和侦察营等。空军在布琼布拉和基特加设有空军基地，另有一个伞兵营。士兵服役期为6年，军官为职业军人。国防开支一般占国家预算的20%。战乱期间，军费开支比例较高，一度占财政预算的30%。近年来，随着布和平进程的推进，军费开支有所下降，2007年国防预算约占国家总预算的16.5%。

文化教育

【教育】内战期间许多学校关闭或被毁。2005年9月起实行小学6年免费义务教育制，小学入学新生大幅增加，校舍短缺。成人识字率54%。中学教育分普通中学、中等师范学校和中等技术专业学校3种类型。布隆迪大学是全国最高学府，设有5院7系。此外还有高等农业学院、城市建设规划技术学院、军事干部学院、神学院、国际关系研究中心和高等贸易、新闻、司法警官等大专院校。2004年小学入学率81.6%，中学入学率10%，大学入学率1%。

【新闻出版】主要报刊有：《新生报》，官方法文日报，1978年4月创刊；《团结》周刊，基隆迪文官方刊物，主要面向农村；此外还有多家私营报纸。

布隆迪新闻社为官方通讯社，1976年6月创建。黑非洲通讯社（AGENCE AZANIA）和新闻社（NET

PRESSE）均为民办通讯社。

布隆迪广播电台是国家电台，分一台和二台，一台用基隆迪语对内广播，二台用法语、英语和斯瓦希里语对内对外广播。此外还有数家民办电台。

布隆迪电视台为国家电视台，1982年12月由法国援建，每天17 ~ 23时用基隆迪语、法语播放新闻和专题节目。

对外关系

奉行睦邻友好、不干涉别国内政、不结盟及国际合作的外交政策。重视睦邻友好，希望通过地区合作推动本国内部问题的解决，支持非洲经济一体化计划，重视同西方国家关系，呼吁国际社会关注布局势并对布提供援助。目前，布已与116个国家建立了外交关系。

【同中国的关系】1963年12月21日，中国与布隆迪建交。1965年1月29日布政府单方面宣布中断与中国的外交关系。1971年10月13日两国恢复外交关系。此后，两国友好合作关系发展顺利。

2011年，中联部部长王家瑞、全国政协副主席罗富和访布，布新闻通讯部长、青体文化部长、内政部长、高教部长、工商部长、卫生部长等访华。2012年，胡锦涛主席特使、文化部长蔡武出席布独立50周年庆典，布第一副总统西农古鲁扎来华出席中非地方政府合作论坛，第二副总统鲁菲基里、参议长恩蒂塞泽拉纳分别访华。

2011年中布两国贸易额为5600万美元，同比增长52.9%，其中中方出口额为4300万美元，进口额为1300万美元。

中国驻布隆迪大使：郁序忠。馆址：Sur La Parcelle 675 A VUGIZO，BUJUMBURA。信箱：B.P.2550，BUJUMBURA。电话：00257-22224307，22224082；经商处电话：22222558。

布隆迪驻华大使：帕斯卡尔·加松祖（Pascal GASUNZU）。馆址：北京市朝阳区光华路25号。电话：010-65322328。

【同比利时的关系】布曾是比殖民地，两国传统关系较深。1996年布发生政变后，比曾一度中断了与布的合作。近年来，比加大了对布援助力度。2008年3月，布外长访比，与比方签署两国政府合作协议。4月，比外交大臣和发展合作大臣访布。10月，布第一副总统萨因古乌访比。2009年10月，恩库伦齐扎总统访比。2010年1月，比副首相兼外交大臣范纳格赫访布。11月，比国防部长戴尔库尔访布。

【同法国的关系】布法关系长期稳步发展。两国签有经济、技术、军事、文化等合作协定，法在布专家、技术人员共150余人。1996年7月布发生政变后，法一度停止了与布的合作，仅向布提供人道捐助。2000年阿鲁沙和平协议签署后，法逐步恢复了对布援助，并宣布免除布所有债务。2005年10月，布法达成协议恢复两国间军事合作。2006年2月，法外长访布，会见恩库伦齐扎总统。11月，恩库伦齐扎总统访法，希拉克总统会见。2007年2月，恩库伦齐扎总统赴法出席第24届法非首脑会议。2011年7月，法国国民议会议长阿夸耶访布。

【同美国的关系】美在医疗卫生、农业、环保、能源和培训等方面向布提供援助。2005年12月，美将布纳入"非洲增长与机遇法案"。2006年3月，布国民议会议长纳哈约访美。2007年3月，美国负责非洲事务的助理国务卿访布，会见了恩库伦齐扎总统。11月，美国参议院代表团访布。12月，美宣布将对布年度财政援助由1860万美元上调至2860万美元。2008年2月，恩库伦齐扎总统访美。

【同邻国的关系】重视睦邻友好，强调邻国对布和平的重要作用，积极恢复和发展同周边国家关系。1999年1月22日，第七次布隆迪问题大湖地区国家组织首脑会议决定中止对布经济制裁后，布与邻国关系不断改善。2006年4月，大湖地区三方加会议在布琼布拉召开，布隆迪、卢旺达、刚果（金）外长和乌干达国防部长，以及美国、欧盟、非盟、联合国等国家和组织与会，会议就打击本地区非法武装，加强安全合作等进行讨论，并发表联合公报。2007年7月，布正式加入东部非洲共同体。2010年12月，在坦桑尼亚举行的东非共同体峰会决定由布担任2011年东共体轮值主席国。

布隆迪同卢旺达独立前同属比利时托管地，两国在民族、宗教、语言、文化和风俗等方面相同或相似，两国在民族、侨民等问题上时有摩擦。1996年7月布发生政变后，卢参加了对布制裁。制裁中止后，两国关系迅速改善。布总统布约亚、恩达伊泽耶曾访卢。2005年8月，卢总统卡加梅出席布总统就职仪式。11月，布总统恩库伦齐扎对卢进行工作访问。2007年3月，恩库伦齐扎总统访卢。4月，布隆迪、刚果（金）和卢旺达外长在布琼布拉举行会晤，宣布恢复大湖地区国家经济共同体（CEPGL）活动。10月，恩库伦齐扎总统前往卢旺达出席"连通非洲"峰会。2008年5月，布第一副总统萨因古乌访卢。7月，卢参议长比鲁塔访布。2010年8月，恩库伦齐扎总统同卡加梅总统互致贺电，祝贺对方成功连任。2011年1月、9月，卢旺达总统卡加梅两次访布。2011年4月，恩库伦齐扎总统赴卢出席第四届东非议会会议。

布与刚果（金）在历史、地理、经济、文化方面有着密切联系。1998年刚果（金）冲突爆发后，布政府军进入刚境内清剿本国反政府武装，两国关系恶化。2001年约瑟夫·卡比拉任刚总统后，两国关系有所改善。刚允诺不再支持布反政府武装，布从刚撤军。2003年2月，布约亚总统与刚果（金）和卢旺达外长签署了旨在推动地区和平进程的《布鲁塞尔约定》。2007年1月，刚总统卡比拉特使访布。2月，布参议长赴刚出席大湖地区国家议员会议，讨论大湖地区的和平、安全、民主和发展。4月，“三方加”总参谋长会议在布琼布拉举行。2010年3月，布在时隔15年后再次向刚派遣大使。4月，恩库伦齐扎总统访刚，这是布总统25年来首次访刚，双方就布选举、安全合作等问题交换意见。2012年6月，刚外长访布，恩库伦齐扎总统会见。

布重视发展同坦桑尼亚关系。布一半以上进出口物资经坦转运。目前仍有大量布难民流落在坦。1996年7月布发生政变后，坦联合其他布邻国对布实施经济制裁，两国关系严重恶化。1999年制裁中止后，布坦关系开始改善，两国总统多次互访。2008年1月，坦国防部长访布。同月，恩库伦齐扎对坦桑进行工作访问。6月，布第一副总统赴坦参加次地区发展问题首脑峰会。11月，布第一副总统赴坦出席基奎特总统就职仪式。

布同乌干达虽不直接毗邻，但布大量进口物资须途经包括乌在内的北方通道，两国经济关系较密切。1996年7月布发生政变后，乌在对布制裁问题上态度强硬，两国关系趋冷。1998年布启动和平进程后，乌对布制裁终止，两国关系好转。2000～2006年，布总统多次访乌。2007年6月，恩库伦齐扎总统赴乌出席东非共同体峰会。11月，布第一副总统赴乌作为观察员出席英联邦首脑峰会。2008年11月，恩库伦齐扎总统访乌。2010年4月，布第一副总统赴乌出席第三届东非共同体投资大会。10月，布第二副总统作为布政府特使访乌，出席在坎帕拉举办的国际商业展及乌独立48周年庆典活动。（陈立文）

赤道几内亚

国名　赤道几内亚共和国（The Republic of Equatorial Guinea，República de Guinea Ecuatorial）。

面积　28051平方公里，其中大陆部分26017平方公里，岛屿2034平方公里。

人口　101万。主要民族为分布在大陆的芳族（约占人口的75%）和居住在比奥科岛的布比族（约占人口的15%）。官方语言为西班牙语，法语为第二官方语言，葡萄牙语为第三官方语言。民族语言主要为芳语和布比语。居民82%信奉天主教，15%信奉伊斯兰教。

首都　马拉博（Malabo），位于比奥科岛，人口26.6万。年平均气温25℃。

国家元首　总统特奥多罗·奥比昂·恩圭马·姆巴索戈（Teodoro Obiang Nguema Mbasogo），1979年任最高军事委员会主席和国家元首，1982年任总统，1989年、1996年、2002年和2009年四次连任。

重要节日　自由政变日：8月3日；宪法日：8月15日；独立日：10月12日。

简况

位于非洲中西部，西临大西洋，北邻喀麦隆，东、南与加蓬接壤。海岸线长482公里。属热带雨林气候，年平均气温24℃～26℃。

1471～1778年，葡萄牙先后占领比奥科、科里斯科和安诺本等岛。1778年，葡将包括上述三岛在内的奥戈韦河（今加蓬境内）至尼日尔河沿海地区划归西班牙势力范围。1845年，西班牙在赤几建立殖民统治。1964年1月赤几实行“内部自治”。1968年10月12日正式宣告独立，成立赤道几内亚共和国，马西埃·恩圭马任总统。1979年8月3日，国家革命武装力量部副部长奥比昂中校发动军事政变，推翻马西埃政权，成立以奥为首的最高军事委员会。

政治

奥比昂执政以来，积极致力于维护国家稳定和发展经济。其领导的民主党先后在1993年、1999年、2004年和2008年四次议会选举中以绝对优势获胜。近年，奥继续奉行民族和解和政治多元化政策，加快基础设施建设，扩大农业、教育和医疗的投入。2009年11月赤几举行总统大选，奥比昂以绝对优势获胜连任总统，任期7年。2011年11月，赤几举行全民公投，通过了以限制总统任期、设立副总统职位和参议院等为主要内容的宪法改革方案。2012年2月，奥比昂正式签署法令颁布新宪法。5月，赤几政府内阁进行了大幅调整，根据宪法修订案设立了副总统职位，并吸收了反对党入阁。

【宪法】1982年6月通过，1991年11月修订，2011年11月再次修订。宪法规定：赤几实行共和制，是一个独立、民主、统一的国家。立法、司法、行政三权分立。共和国总统为国家元首和政府首脑，经全民直接选举产生，任期七年，最多可连任一届。如总统因病或亡故无法继续履行职责，由临时执政委员会掌管国家权力，人民代表院议长任主席。

【议会】称人民代表院，是国家最高立法机构。本届人民代表院于2008年5月产生。议员任期五年。执政的民主党及其竞选联盟在100个议席中占99席，争取社会民主联盟获1席。现任议长安赫尔·塞拉芬·塞里切·杜根（Angel Serafin Seriche Dougan）。

2012年2月新宪法规定将议会分为众议院和参议院，在过渡期暂由人民代表院代行众议院和参议院职能。

【政府】本届政府于2010年1月组成，2012年5月进行重大调整，除总统外，有副总统伊格纳西奥·米拉姆·唐（Ignacio Milam Tang）、第二副总统特奥多罗·恩圭马·奥比昂·曼格（Teodoro Nguema Obiang Mangue）、总理比森特·埃阿特·托米（Vicente Ehate tomi），第一副总理兼内政和地方机构部长克莱门特·恩贡加·恩圭马·翁圭内（Clemente Engonga Nguema Onguene），第二副总理阿方索·恩苏埃·莫库伊（Alfonso Nsue Mokuy），此外还有25位部长。主要是：总统府使命国务部长亚历杭德罗·埃武纳·奥沃诺·阿桑戈诺（Alejandro Evuna Owono Asangono），总统府民事内阁部长布劳略·恩科戈·阿贝格（Braulio Neogo Abegue），总理府议会关系和法律事务国务部长安赫尔·马西埃·米布伊（Angel Masie Mibuy），总理府地区一体化部长巴尔塔萨·恩贡加·埃德霍（Baltasar Engonga Edjo），司法、宗教和惩戒机构部长弗朗西斯科·哈维尔·恩科莫·姆贝诺诺（Francisco Javier Ngomo Mbengono），国防部长安东尼奥·姆巴·恩圭马（Antonio Mba Nguema），外交与合作部长阿加皮托·姆巴·莫库伊（Agapito Mba Mokuy），经济、贸易和企业发展部长塞莱斯蒂诺·博尼法西奥·巴卡莱·奥比昂（Celestino Bonifacio Bakale Obiang），财政和预算部长马塞利诺·奥沃诺·埃杜（Marcelino Owono Edu），公共工程和基础设施部长胡安·恩科·姆布拉（Juan Nko Mbula），矿业、工业和能源部长加夫列尔·姆贝加·奥比昂·利马（Gabriel Mbega Obiang Lima）等。

【行政区划】全国划分为7个省、18个区和30个市。

【司法机构】由最高法院、总检察院、上诉法院、初审法庭、市镇法庭以及最高军事法庭组成。最高法院是全国最高审判机关，下辖民事、刑事、行政和习惯法四庭。总检察院为国家法律监督机关和国务委员会的咨询机构。最高法院院长马丁·恩东·恩苏埃（Martín Ndong Nsue）。总检察长卡洛斯·曼格·埃卢库（Carlos Mangue Eluku）。

【政党】共有13个合法政党。主要有：

（1）赤道几内亚民主党（Partido Democratico de Guinea Ecuatorial）：执政党，成立于1986年。创始人及主席为奥比昂总统，总书记卢卡斯·恩圭马·埃索诺·姆邦（Lucas Nguema Esono Mbang）。

（2）社会民主人民联盟党（Convergencia Social Democratica Popular）：1992年成立。主席为塞昆迪诺·奥约诺·阿沃·阿达（Secundino Oyono Awong Ada）。

（3）民主社会联盟（Union Democratica Social）：1991年成立于葡萄牙。总书记为卡梅洛·莫杜·阿库塞·宾当（Carmelo Modu Akuse Bindang）。

此外还有自由党（Partido Liberal）、自由民主大会党（Convencion Liberal Democratica）、赤几社会主义党（Partido Socialista de Guinea Ecuatorial）、赤几人民行动党（Accion Popular de Guinea Ecuatorial）、争取社会民主联盟（Convergencia Para la Democracia Social）及社会民主党（Partido Social Democrata）等。

【重要人物】特奥多罗·奥比昂·恩圭马·姆巴索戈：总统、民主党主席、武装部队总司令。1942年6月5日生于大陆地区蒙戈莫县，芳族人。1963年考取国土警卫队士官生，同年9月赴西班牙萨拉戈萨军事学院学习两年。回国后历任比奥科岛驻军司令、国防部供应和计划局长、国家革命武装力量部秘书长和副部长等职。1979年8月3日发动军事政变，任最高军事委员会主席。10月任国家元首和政府首脑。1982年8月就任总统。1986年12月创建民主党并任主席。1989年6月、1996年2月、2002年12月和2009年12月四次连任总统。曾于1984年8月、1990年4月、1996年9月、2001年11月和2005年10月五次访华。2006年11月来华出席中非合作论坛北京峰会，2010年8月出席上海世博会赤几国家馆日活动。　**伊格纳西奥·米拉姆·唐：**副总统。1940年6月20日出生于赤几中南省。1982年任总理府行政协调司司长，1986～1996年先后任交通和通讯部秘书长、总理府中央服务司司长、全国粮食安全委员会执行主任、总理府金融监管司司长等职。1996年任司法部长。1998年任青年和体育部长。1999年任人民代表院第二副议长。2001年任第一副总理。2003年任总理府部长级秘书长。2004年当选为议员。2006～2007年任赤几驻西班牙大使。2008年7月起任赤几总理。2010年连任。2012年5月起任赤几副总统。

经　济

独立后经济曾长期困难。上世纪90年代商业产油后，经济出现转机，石油和天然气成为经济支柱。1997年制定《经济中期发展战略》（1997～2001年），采取扩大石油开采，增加信贷投放，提高可可收购价格，降低生产资料零售价格等一系列措施刺激经济发展。1997～2007年年均经济增长率达26%，是近年来经济增长最快的非洲国家之一。2007年11月召开第二届全国经济大会，制订了2008～2020年国家经济发展远景规划，在强化油气产业发展的同时，全面启动交通、通信、电力和卫生等基础设施建设，优先发展农业、渔产品加工、旅游和金融服务业，推动经济多元化发展。2011年主要经济数据如下：

国内生产总值：226亿美元。

人均国内生产总值：约2.2万美元。

国内生产总值增长率：4.6%。

货币名称：中非金融合作法郎，简称非洲法郎。

汇率：1美元≈471非洲法郎。

通货膨胀率：7%。

【资源】矿藏有石油、天然气、磷酸盐、黄金、铝矾土等。估计天然气和原油储量分别为400亿立方米和56亿桶。林、渔业资源丰富，森林覆盖率曾高达

80%。20世纪80年代后期90年代前期，木材加工是国家重要创汇来源，后因管理不善、砍伐过度产值不断下降，原木产量从2000年的70.82万立方米下降到2008年的40万立方米，其中约90%用于出口。原木主要出口亚洲。

【工矿业】以石油和天然气为主，近年发展迅速，2007年工业总产值占国内生产总值的90%以上。

1998年12月，议会批准了新的《石油开采法》，赤几方获得的石油份额从过去的10%增加到13%～20%。为加强对石油勘探、开采等工作的管理，1999年8月，赤几政府决定成立石油开采工作跟踪委员会，并宣布将今后所有石油收入纳入国家财政预算。2001年成立国家石油公司。2004年9月，召开第一届全国石油工业大会，宣布成立国家石油技术研究院。目前在赤几开采石油的主要是美孚、埃尔夫等美、法石油公司。根据协议，赤几政府以原油偿还上述石油公司的投资；石油公司则向赤几政府支付一定比例的石油收入，作为用地费用和税款。

2002年总投资4.15亿美元的甲醇生产基地在首都马拉博建成投产，年产甲醇达92.5万吨，该企业是非洲最大的甲醇生产厂，产量占世界总产量的3%。2005年组建国家天然气公司。2006年12月，颁布《能源和石油天然气法》，重点增加了国家对油气资源的控制、管理及国家权益等条款。目前，全国有十几个中、小型热电厂和水电站（热电80%，水电20%），多为外国援建，最大装机容量为15400千瓦。

【农渔业】随着石油工业的快速发展，农渔业总产值在国内生产总值中所占的比重逐年下降。2007年，政府通过《农业森林法》。目前全国可耕地面积约85万公顷，70%的劳动人口从事农业。粮食不能自给。主要粮食作物为木薯、芋头、玉米等。主要经济作物为可可和咖啡。由于近年来国际市场咖啡和可可价格下降，咖啡和可可生产萎缩。

赤几拥有30万平方公里的海上专属捕鱼区，盛产金枪鱼、非洲黄鱼和大虾等，年捕获量可达7万吨以上，但实际捕捞量不高。近年来，赤几政府采取一系列措施支持渔业发展，将其作为实现经济多元化的关键之一。

【建筑业】随着近年石油天然气产业快速发展以及政府不断加大基础设施投资力度，建筑业在国民生产总值中的比重迅速上升到1.2%，成为仅次于石油与农业的第三大产业。近年来，政府投入巨资修建公路，改造机场，扩建港口，启动规模庞大的住房计划。2004～2007年，政府投入50亿美元执行庞大的住房修建计划和马拉博新城项目。

【交通运输】无铁路。赤几全国公路网约3952公里，其中2469公里分布在大陆地区，253公里公路分布在岛上，还有1230公里林区公路。国家级公路长1009公里，其中沥青路面约400多公里。赤几汽车保有量以大约每年23%的速度增长。

空运：马拉博和巴塔是主要航空港。全国共有4家航空公司，其中1家为国营公司，承运马拉博到巴塔和安诺本两条国内航线，以及马拉博到杜阿拉、阿布贾、利伯维尔、科托努、巴马科等国际航线。此外，喀麦隆、加蓬、尼日利亚、贝宁、西班牙、德国、法国、肯尼亚、埃塞俄比亚等国航空公司有从马拉博飞往杜阿拉、利伯维尔、阿布贾、科托努、马德里、法兰克福、巴黎、内罗毕、亚的斯亚贝巴等地的航班。

水运：马拉博和巴塔是重要海港。2002年，马拉博港的总吞吐量为1181万吨，巴塔港总吞吐量为50.4万吨。2003年4月卢巴新港落成。2007年巴塔港启动改扩建工程。1998年12月巴拿马一家海运公司所属的“里奥·坎波”号客货两用船承担马拉博—巴塔—安诺本—圣多美和普林西比—喀麦隆等国内、国际航线的客货运任务。近年来，赤几海运业有一定的发展。2000年10月，赤几政府购买了一艘“DJIMLOHO”号客货两用船，经营巴塔—马拉博—安诺本岛的客货运业务。

【电信业】起步较晚，整体水平仍比较落后。90年代与法国电信公司合作成立赤几电信公司GETESA，其中赤几持股60%，法方持股40%。1996年，在法国援助下，马拉博和巴塔两市安装了新的数据网。1997年两市又安装了移动通信系统。近年来，移动电话用户增长迅速，2000～2007年期间，手机用户平均增长率达80%。2004年9月，继蒙戈莫、埃贝比因之后，安诺本岛开通手机GSM通信服务。2005年5月，赤几电信公司开通宽带因特网（ADSL）。2009年，全国有固定电话用户1万，移动电话用户近10万，互联网国际总带宽32G，ADSL宽带用户突破2000千户。目前，电话和互联网业务的主要运营商为GETESA。自2010年初起，引入第二家电信运营商HITS。

【财政金融】自上世纪90年代以来，石油产业成为赤几最重要的财政收入来源，国家收入大幅增长，财政紧张状况有所缓解。2005年，赤几公布法令，中央政府将把每年财政收入的10%拨给地方政府，用于地方建设项目。赤几外汇储备近年来增长较快，2011年外汇储备达32.35亿美元，外债11亿美元。

1985年赤几信贷银行倒闭后，赤几一直没有国家银行。2006年4月，菲律宾商业银行和赤几方商定共同组建赤几国家银行。9月，赤几国家银行开业。近年来银行业有较大发展，目前有4家银行经营业务，主要顾客为在赤几的外国公司。保险业发展较慢，全国有3家保险公司和1家再保险公司。

【对外贸易】2011年进出口贸易总额约为229亿美元，其中出口额为156亿美元，进口额为73亿美元，顺差83亿美元。生活日用品和生产资料均依赖进口。主要进口国为中国、美国、西班牙、法国等。石油和木材为主要出口产品。主要出口国为美国、中国、日本、韩国等。近年来，随着石油工业的快速发展，石油不仅取代木材成为主要出口创汇产品，而且扭转了外贸长期逆差的局面。

【外国资本】系撒哈拉以南非洲吸引外国直接投资最多的国家之一。主要投资国为美国、法国和西班牙。投资领域主要集中在石油领域。

【外国援助】援助主要来自西班牙、法国、欧盟和联合国有关机构等。西班牙于1999年12月恢复了对赤几的官方援助。2002年世界银行重新启动同赤几政府在交通、公路建设、港口整修和人力资源培训等领域的合作。世界卫生组织、联合国开发计划署和联合国儿童基金会分别与赤几签署2002～2003年合作行动协议和2002～2006年合作计划。2005年4月，联合国开发计划署与赤几政府签署协议，联合国在5年内向赤几提供900万美元用于防治艾滋病。2005年，西班牙、法国分别向赤几提供2390万、420万美元的官方援助。2006年7月，联合国人口基金向赤几政府捐赠了15.7万美元的药品。同月，美国阿美拉达—赫斯公司向赤几政府捐赠4000万美元，用于赤几儿童教育和政府官员培训。8月，阿美拉达—赫斯公司和赤几政府签署教育合作协议，提供2000万美元帮助赤几发展基础教育。

人民生活

据联合国贸易和发展会议公布的报告，赤几为世界上最不发达的50个国家之一。全国有2所大区级医院，4所省级医院，12所区级医院，42个医疗中心和300个卫生站。共有病床1019张。巴塔有1所卫生学校。全国有医生58人、医疗技术人员165人、护士和服务人员800余人。平均每万人有病床27张。卫生状况较差，疾病易流行。68%的人用不上自来水，63%的人有病得不到及时治疗。人均预期寿命59.53岁。人口出生率38.13‰，死亡率13.4‰，婴儿死亡率93‰。平均每个家庭有子女5.6人。近年来，艾滋病在赤几迅速蔓延，艾滋病患者已由2003年的15000人到2005年的30450人。2001年成立了由奥比昂总统亲自主持的委员会，并制定了防治艾滋病五年战略。2004年6月，奥比昂总统发布总统令，批准向艾滋病病毒携带者提供药品和免除部分治疗费用的规定。8月，赤几政府与联合国儿童基金会在马拉博联合举办“防治艾滋病研讨会”。2005年2月，赤几卫生部长在马拉博主持召开医治艾滋病协调会。4月，赤几政府批准成立援助艾滋病基金会（AYES）。7月，政府启动社会发展基金，加大力度发展教育和卫生事业。8月，赤几免费为全国14岁以下儿童接种麻疹疫苗。2006年年底，赤几政府采取措施，开始为艾滋病患者和病毒携带者免费提供检查和药品。2007年2月，奥比昂总统签署法令，规定私人行业最低工资为95400非洲法郎。卫生部推出希望计划，从2007年2月起，古巴医疗队在周末为低收入群体提供免费手术。2010年2月4日，赤几启动妇女及老龄人口社会经济状况普查。

军　事

军队由海、陆、空三军组成，共约3000余人，其中陆军3个营，海军一个营，空军一个连。实行义务兵役制及军官终身制。奥比昂总统是全国武装力量最高统帅。军队装备不足且陈旧落后。

文化教育

【教育】赤几的教育以西班牙语为基础，分为学前教育、小学、中学或职业教育、大学四个阶段。赤几政府2007年提出发展学前教育计划。全国有学前教育中心300个。小学学制5年，现有小学校890座。据2001年统计，小学生入学率62.5%。中学学制7年，现有学校40所。职业培训由工作培训和技能培训两阶段组成，每阶段3年。西班牙、法国在马拉博分别设有规模较大的文化中心和语言学校。为适应石油工业高速发展，政府于2005年在马拉博建立“石油技工培训中心”，提供职业教育。全国只有1所大学赤几国立大学，与西班牙的大学有合作协议。赤几国立大学下设5个学院、2个系，共16个专业。政府不提供奖学金。多数石油公司为赤几留学生提供奖学金。在政府7500多名公务员中，仅3.2%的人具有大学学历。据官方统计，赤几5～24岁公民平均受教育率达84.6%。

【新闻出版】目前，赤几只有两份周报和六份刊物。周报为《黑檀木》、《坡托坡托》，均由赤几新闻部主办。《加塞塔》是唯一允许发行的民间刊物。此外还有《保险报》、《维纳斯》、《你好，赤几》、《班图》和《木棉》。

政府在马拉博和巴塔各建有一个国家电台，自每天下午3：00起播音10小时左右，内容为新闻、音乐和政府通知。2005年3月，由中国援建的巴塔电台短波站开播。私营的阿松加电台主要播送新闻和娱乐节目。2005年，赤几国立大学开设了以播送教育节目为主的大学电台。

马拉博和巴塔分别设有国家电视台，每天15：00–24：00开播，内容主要是新闻、报道、讨论会和娱乐节目。2006年，由中国援建的马拉博电视中心建成。私人开办了阿松加电视台。赤几卡梅利甘公司经营南非卫星电视业务，转播20多套国际电视节目。

对外关系

奉行不结盟、睦邻友好和多元化的外交政策。主张在和平共处、平等互利的基础上加强与各国的友好合作关系。反对霸权主义和强权政治，要求建立国际政治经济新秩序。反对外国势力干涉非洲国家内部事务，主张非洲国家制定共同战略，争取正常的发展环境。反对西方借人权问题干涉别国内政。积极参与地区政治交往和经济合作。系非洲联盟、中部非洲国家经济共同体和中部非洲经济与货币共同体成员。

【同中国的关系】1970年10月15日建交以来，两国关系发展顺利，双方高层交往密切。赤几总统奥比昂曾五次访华，并于2006年11月来华出席中非合作论坛北京峰会。2007年1月，李肇星外长访问赤几。2008年6月赤几外长米查专程来华转交赤几政府向中国地震灾区提供的捐款。12月，商务部副部长高虎城率中国政府经贸代表团访问赤几。2010年7月，国务委员戴秉国访问赤几。8月，赤几总统奥比昂出席上海世博会赤几国家馆日活动，中国国家主席胡锦涛在北京会见奥一行。2011年2月，商务部长陈德铭访问赤几。5月，赤几外长米查对华进行非正式访问。2012年4月，赤几外长米查来华出席中国—赤道几内亚第四届经贸混委会。

2011年，中、赤几双边贸易额为19.39亿美元，其中中方出口额2.66亿美元，进口额16.73亿美元。

中国驻赤道几内亚大使：王士雄。馆址：Carretera de Aeropuerto Malabo 2 C.P. No.40，Malabo 2 Guinea Ecuatorial。电话：(00240) 333093505，333092239，222214057；传真：333092381。经商处电话：333093440。

赤道几内亚驻华大使：马科斯·姆巴·翁多·安德梅（Marcos Mba Ondo Andeme）。馆址：北京市朝阳区三里屯东四街2号。电话：010-65323679；传真：65323805。

【同西班牙的关系】西班牙为赤几原宗主国。1977年两国断交。1979年8月奥比昂执政后两国复交。西每年向赤几提供约2500万美元援助，是赤几主要援助国。1993年两国关系紧张，西中止了两国官方机构的合作。近年来两国关系有明显改善。1999年12月，西决定恢复对赤几的官方援助。2003年2月，西班牙文化中心新址在赤几首都马拉博落成。2004年3月6日，赤几发生未遂政变后，政府指责西班牙与政变有染，两国关系一度紧张，后趋于缓和。2006年1月，西宣布撤销对流亡在西的赤几反对党领袖塞韦罗的政治庇护。2月，赤几外长米查访西。10月，西外长莫拉蒂诺斯和司法部长阿吉拉访问赤几。11月，奥比昂总统对西进行正式访问。期间，奥比昂总统参加了赤几驻西使馆开馆仪式。2007年6月，西班牙议会代表团访问赤几。7月，赤几外长米查访西。11月，西商贸国务秘书莫拉访赤几。2008年1月，西经济部贸易和旅游国务秘书佩德罗访赤几。7月，赤几总理米拉姆访西。2009年7月，西外长访问赤几。2010年11月，赤几外长米查访问西班牙。2011年2月，西班牙议长何塞·博诺访问赤几。7月，西外贸国务秘书访问赤几。

【同法国的关系】近年两国关系发展较快。1985年赤几加入法郎区，1997年正式宣布法语为第二官方语言。法每年向赤几提供约2000万美元的援助，并向总统府、国防部等政府部门派有顾问。两国设有混委会。近年来奥比昂总统多次访法，法国同意向赤几提供新的援助并扩大两国在经贸领域的合作。2008年9月，法移民部部长访问赤几，米拉姆总理会见。2010年3月，奥比昂总统会见法国陆军上将、法国国防及安全合作主任马努艾尔·佩特一行，双方就加强安全领域合作，在巴塔建立海军学校交换了意见。2012年2月，赤几政府就法国警方查扣赤几在法资产发表声明，敦促法方尽早归还有关资产。4月，赤几民众在法国驻赤几使馆前集会，抗议法以洗钱等罪名向奥长子发出逮捕令。

【同美国的关系】1976年两国断交。1979年奥比昂执政后复交。1994年美国将同赤几的外交关系从大使级降为代办级。1996年美关闭驻赤几使馆。2000年，美在巴塔开设了名誉领事馆。2003年10月，美驻赤几使馆在关闭7年后重新开馆。2006年4月，奥比昂总统对美进行工作访问。10月，奥比昂总统再次访美。2007年1月，美国国防部代表团访问赤几。2008年6月美国军事专业资源股份有限公司第一副主席威廉·柯尔南率团访问赤几，奥比昂总统接见。7月，美国“达拉斯”号护卫舰访问赤几。2009年1月，美导弹驱逐舰访问赤几。2010年4月，赤几外长米查访美。2011年2月，奥比昂总统访美。5月，美国助理国务卿苏珊·佩吉访问赤几。2011年12月，奥比昂总统访美，接受美“苏立文基金会”授予的奖项。

【同邻国的关系】重视同邻国保持睦邻友好关系。20世纪70年代初曾与加蓬发生领土争端，后经非统组织调解，两国签订《友好睦邻协定》和《划分陆、海边界协定》。近年来，随着赤几近海发现石油，同尼日利亚、加蓬、喀麦隆、圣多美和普林西比四个邻国确定领海疆界日显重要，赤几表示愿以谈判方式解决有关问题。

1985年，赤几与加蓬就联合开发科里斯科湾自然资源达成原则协议。2003年2月，加蓬国防部长登上与赤几有争议的姆巴涅岛并宣布该岛是加领土。赤几政府迅速发表声明，重申该岛是赤几领土，要求加方立即从该岛撤军。2004年7月，奥比昂总统与加蓬总统邦戈在联合国斡旋下在亚的斯亚贝巴签署共同开发姆巴涅岛资源的谅解备忘录。2006年2月，奥比昂总统和加蓬总统邦戈赴日内瓦接受联合国秘书长安南调解两国领土争端。3月，联合国秘书长安南访问赤几，继续调解两国领土争端。9月，奥比昂总统对加蓬进行工作访问，两国元首表示将和平解决两国领土争端。2007年3月，新任几内亚湾委员会执行秘书长表示将把调解两国领土争端作为优先任务之一。2008年11月，加外长保尔访问赤几。2008年以来，赤几和加蓬就边界岛屿主权归属争议总体已有所缓和。2009年6月，奥比昂总统出席加蓬总统邦戈的葬礼；10月，奥赴加蓬出席阿里·邦戈的就职典礼；同月，加蓬总统阿里·邦戈访问赤几。2012年1月，赤几与加蓬联合举办第28届非洲杯足球赛。

赤几与喀麦隆边界争议与喀麦隆、尼日利亚边界争端交织在一起，问题错综复杂。1999年3月，赤几根据联合国海洋法公约中间线条款单方面宣布海上边界。尼、喀和加三国对此存有较大争议。2010年2月，喀麦隆外长访问赤几，就两国边界划定问题进行磋商，双方就两国海洋划界问题达成协议并签署联合公报。5月，奥比昂总统会见喀麦隆第一副总理。同月，奥比昂总统参加喀麦隆独立50周年庆典。2000年9月，尼日利亚总统奥巴桑乔访问赤几，两国元首签署海域边界协定。2002年4月，奥比昂总统访尼，双方签署共同开发海洋区的协定。2006年3月，奥比昂总统访尼。12月，两国在尼首都阿布贾签订能源合作协议。2007年5月，奥比昂总统出席尼日利亚新总统亚拉杜瓦就职典礼。2008年7月，奥比昂总统会见到访的尼前总统奥巴桑乔。2011年5月，奥比昂总统出席尼总统乔纳森就职典礼。

1999年6月，赤几同圣普签署两国关于划定海上边界的协定。2005年8月，两国就合作保护海域安全、共同打击非法移民和贩毒签订安全合作条约。2006年12月，圣普总统德梅内塞斯访问赤几。2007年7月，奥比昂总统出席圣普独立庆典。2008年2月，圣普总统德梅内塞斯访问赤几。10月，圣普总统德梅内塞斯出席赤几独立日庆典。2010年3月、2011年9月和2012年3月，圣普总统多次访问赤几。

赤几与加纳关系良好。2004年5月，加纳总统库福尔访问赤几。2007年3月，奥比昂总统出席加纳独立五十周年庆典。2009年2月，赤几、加纳签署两国航空合作协议。2010年5月，加纳总统米尔斯对赤几进行国事访问。9月，奥比昂总统对加纳进行国事访问。2012年初，奥比昂总统和米尔斯总统实现互访。

（郭鑫）

多　哥

国名　多哥共和国（The Republic of Togo，La République Togolaise）。

面积　56785平方公里。

人口　620万（2011年），人口年增长率约为2.8%。全国有41个部族：南部以埃维族和米纳族为主，分别占全国人口的22%和6%；中部阿克波索、阿凯布等族占33%；北部卡布列族占13%。官方语言为法语。民族语言以埃维语和卡布列语较通用。居民中约70%信奉拜物教，20%信奉基督教，10%信奉伊斯兰教。

首都　洛美（Lomé），人口80万，年平均气温约27℃。

国家元首　总统福雷·埃索齐姆纳·纳辛贝（Faure Essozimna Gnassingbé），2005年4月当选，5月就职。2010年3月再次当选，5月就职。

重要节日　解放日：1月13日；国庆日：4月27日。

位于非洲西部，南濒几内亚湾，东邻贝宁，西界加纳，北与布基纳法索接壤。海岸线长56公里。南部属热带雨林气候，北部属热带草原气候。年平均气温沿海地区为27℃，北部为30℃。

简　况

15世纪起，葡萄牙殖民者侵入多哥沿海地带。1884年沦为德国殖民地。1920年9月，英、法瓜分多哥。二战后，英、法继续“托管”多哥。1957年加纳独立时，英托管的西部多哥并入加纳。东部多哥于1956年8月成为法兰西共同体内的“自治共和国”，1960年4月27日宣布独立，定名为多哥共和国，奥林匹欧出任第一任总统。1963年，奥遇刺身亡，格鲁尼茨基出任总统。1967年1月13日，埃亚德马出任总统。埃亚德马执政期间，重视民族团结和经济发展，多政局一直较为稳定。1991年实行多党制后，多陷入政局动荡和经济危机。埃于1993年、1998年和2003年三次蝉联总统。2005年2月，埃因心脏病突发去世。

政　治

埃去世后，其子福雷接管权力，并通过修宪出任总统。国际社会强烈反对，西非国家经济共同体和非盟先后宣布对多制裁，欧盟、美国、法国予以谴责。福雷被迫辞去总统职务，由第一副议长阿巴斯·邦福（Abass Bonfoh）出任临时总统。4月，多举行总统选举，福雷获胜当选。多激进反对派指责选举舞弊，鼓动支持者上街闹事，一度引发骚乱，但福雷迅速控制局势。5月4日，福雷正式宣誓就职。6月，福雷总统组建以温和反对党泛非爱国统一党主席埃德姆·科乔（Edem Kodjo）为总理的民族团结政府。福雷总统积极致力于民族和解，在全国范围内开展政治对话。8月，有关各方共同签署一揽子政治协议，就重组政府、立法选举等重要问题达成一致。9月，福雷总统重组政府，传统反对党领导人、振兴行动委员会主席亚沃维·马吉·阿博伊博（Yawovi Madji Agboyibo）出任总理。2007年10月，多顺利举行立法选举，执政党多哥人民联盟（联盟党）获胜，继续掌控议会主导权。12月，福雷任命联盟党的科姆兰·马利（Komlan Mally）为总理。2008年9月，福雷改组政府，任命经济专家洪吉尔贝·福松·洪博（Gilbert Fossoun Houngbo）担任政府总理。2010年3月4日，多哥顺利举行新一届总统大选，福雷获胜蝉联，5月3日宣誓就职。5月7日，福雷再次任命洪博为总理，并于28日组成新一届政府。

2012年4月，福雷宣布解散联盟党，成立新党——保卫共和联盟，并兼任党主席。目前，多政局总体平稳。

【宪法】1992年9月27日，全民投票通过第四共和国宪法。2002年12月30日，议会对限制总统连任等条款进行了修改。宪法规定多哥实行半总统制。总统为国家元首和军队最高统帅，由选民直接选举产生，一轮多数胜出，任期五年，可连选连任；总统有权解散议会、颁布议会通过的法律和实行赦免。总理出自议会多数派，由总统任命，对议会负责。议会可对总理提出不信任案，获议会2/3多数通过即可罢免总理。宪法可根据总统和议会的提议进行修改，由议会或公民投票表决通过。

【议会】宪法规定，多议会实行两院制，由国民议会和参议院组成。国民议会行使立法权并对政府工作进行监督。议员由直选产生，任期五年，可连选连任。本届议会于2007年10月选举产生，共81名议员。议会下设国防和安全、财政和贸易、社会和文化、经济发展和领土整治、对外关系和合作、法律和行政法规以及人权7个委员会。多哥人民联盟（联盟党）解散前议席分配如下：联盟党50席，变革力量联盟27席，振兴行动委员会4席。议长为阿巴斯·邦福（Abass Bonfoh）。联盟党解散后，该党议员表示在2012年立法选举前将以独立身份活动，并在议会成立独立党团。参议院尚未成立。

【政府】本届政府于2010年5月组成，2011年2月、3月和6月三次进行小幅调整。共有包括总理、2名国务部长、28名部长和1名部长级代表在内的32名成员：总理吉尔贝·福松·洪博（Gilbert Fossoun HOUNGBO），公职与行政改革国务部长索利托基·马尼姆·埃索（Solitoki Magnim ESSO），外交与合作国务部长埃利奥特·奥欣（Elliott OHIN），卫生部长孔迪·夏尔·阿巴（Kondi Charles AGBA），水利、整治与农村水利部长扎卡里·南贾将军（Général Zakari NANDJA），领土管理、权力下放与地方机构部长、政府发言人帕斯卡尔·阿库苏莱卢·博乔纳（Pascal Akousoulélou BODJONA），经济与财政部长阿吉·奥泰特·阿亚索尔（Adji Otéth AYASSOR），旅游部长巴蒂安·帕布雷－西利（Batienne KPABRE-SYLLI），掌玺、司法及与共和国关系部长奇乔·查利姆（Tchitchao TCHALIM），安全与公民保护部长·多基西姆·尼亚玛·拉塔上校（Dokisime Gnama LATTA），基础发展、手工业、青年及青年就业部长维克图瓦•西德梅霍·托梅加—多贝（Victorine Sidemeho TOMEGAH-DOGBE，女），公共工程部长查姆贾•安乔（Tchamdja ANDJO），高等教育与科研部长弗朗索瓦•阿贝维亚德·加莱（François Agbéviadé GALLEY），社会行动与国家救助部长梅努娜图·易卜拉希马（Mémounatou IBRAHIMA，女），矿业能源部长达米皮·努波库（Damipi NOUPOKOU），农业、牧业与渔业部长科西·梅桑·埃沃沃尔（Kossi Messan EWOVOR），技术教育与职业培训部长阿马杜·布赖马·迪亚巴克特（Hamadou Brim BOURAIMA-DIABACTE），总统府计划、发展与领土整治部长德德·阿霍法·埃奎（Dédé Ahoefa EKOUE，女），交通部长宁绍·尼奥法姆（Ninsao GNOFAME），环境与森林资源部长科西维·阿伊科埃（Kossivi AYIKOE），妇女事业促进部长亨丽埃特·奥利维亚·奎维·阿梅乔贝—库埃维（Henriette Olivia AMEDJOGBE-KOUEVI，女），劳动、就业与社会保障部长奥克塔夫·尼库埃·布鲁姆（Octave Nicoue BROOHM），人权、民主巩固与公民教育部长莱奥纳迪娜·丽塔·多丽丝·威尔逊·德苏扎（Léonardina Rita Doris WILSON-de SOUZA，女），商业与私营行业促进部长奎西·塞莱亚戈吉·阿胡梅—祖努（Kwesi Séléagodji AHOOMEY-ZUNU），工业、免税区与科技创新部长巴卡拉瓦·福法纳（Bakalawa FOFANA），体育与娱乐部长帕杜姆海库·查乌（Padumhèkou TCHAOU），邮政与电信部长西娜·劳森（Cina LAWSON，女），艺术与文化部长雅各布·库马乔·哈马杜（Yacoubou Koumadjo HAMADOU），城市化与住房部长科姆兰·克莱芒·努尼亚布（Komlan Cléman NUNYABU），初等、中等教育与扫盲部长贝尔纳黛特·埃索齐姆纳·勒格齐姆·巴卢基（Bernadette Essozimna LEGUEZIM-BALOUKI，女），新闻部长吉蒙·奥雷（Djimon ORE）和农业、牧业与渔业部负责农村地区基础设施的部长级代表古尔迪古·科拉尼（Gourdigou KOLANI）。

【行政区划】全国有30个省和4个专区。省下设县、乡（镇）、自治村和村。

【司法机构】设最高法院、上诉法院和初级法院。最高法院是最高司法机构，下设司法、行政两个法庭，由庭长和法官组成。最高法院院长必须是职业法官，由总统任命。现任最高法院院长泰特·泰科埃（Têtê Tekoe）。检察权由设在各级法院的检察长行使。

【政党】共有合法政党近70个，主要有：

保卫共和联盟（L'Union pour la République）：系福雷总统于2012年4月14日宣布成立的新党。以原执政党多哥人民联盟（联盟党）为主体。联盟党曾是多最大政党，福雷在该党第5次特别代表大会上宣布将其解散并与其他政党组织合并成立保卫共和联盟，表示愿吸纳所有认同其施政理念的政党、社会团体和个人。福在临时政治局中任党主席，前振兴行动委员会成员乔治·阿伊达姆（Georges Aidam）任副主席，阿多德·科雷·阿库埃女士（Adote Kole Akue）任总书记。

（2）变革力量联盟（L'Union des Forces du Changement）：参政党。由前总统奥林匹欧之子吉尔克雷斯特·奥林匹欧（Gilchrist Olympio）创建并担任主席。势力主要集中在南部地区。主张建立以多党制为基础、尊重人权的民主法制国家。奥长期流亡加纳，曾在1998年总统选举中获34%的选票，使该党成为影响最大的反对党。2010年3月，该党总书记法布雷在总统选举中获得33.93%的选票。5月，该党与执政党多哥人民联盟签署合作协议，成为参政党，7名该党成员入阁担任部长职务。

（3）振兴行动委员会（Le Comite d'Action pour le Renouveau）：反对党。成立于1991年4月30日。主张"法律至上，法官独立，尊重人权"。系议会最大反对党。主席为前总理亚沃维·马吉·阿博依博（Yaovi Madji Agboyibo）。在本届议会中拥有4席。

（4）全国变革联盟（Alliance Nationale pour le Changement）：反对党。成立于2010年10月10日。由被变革力量联盟全国党主席奥林匹欧开除党籍的前变盟总书记让—皮埃尔·法布雷（Jean-Pierre Fabré）发起成立并担任党主席。该党宗旨为与奥林匹欧领导的变革力量联盟划清界限，继续变盟之前一贯的斗争路线，以推翻联盟党政权，实现政权更迭，建立民主、自由多哥为目标。

（5）新生力量联盟（La Coordination des Forces Nouvelles）：反对党。成立于1993年6月。主张实现全国和解。1998年9月曾参加政府。主席为科库·约瑟夫·科菲戈（Kokou Joseph Koffigoh）。

（6）泛非爱国统一党（Convergence Patriotique Panafricaine）：反对党。成立于1999年8月15日，由多哥民主联盟（UTD）、民主行动党（PAD）、民主团结联盟（UDS）和争取团结民主党（PDU）四党合并组成。主张改革现行国家机构，建设民主、自由的法制国家，实现全国和解。主席为前总理埃德姆·科乔（Edem Kodjo）。

其他政党还有：非洲人民民主大会（CDPA）、独立自由人士联盟（ULI）、民主振兴党（PDR）等。

【重要人物】福雷·埃索齐姆纳·纳辛贝：总统、国家元首。系多前总统埃亚德马第三子，1966年6月6日生于多哥的阿法尼昂。曾就读于法国巴黎第九大学和美国乔治·华盛顿大学，获管理学学士学位和工商管理硕士学位。回国后进入公职部门，并两次当选议员。2003年7月任装备、矿业、邮政和电信部长。2005年2月其父病逝后接掌政权，后迫于内外压力辞去总统职务。4月参加总统大选并胜出，5月宣誓就职。2010年3月参加总统换届选举并成功连任。2006年2月来华进行国事访问，11月出席中非合作论坛北京峰会。2010年8月出席上海世博会多哥国家馆日活动。　**吉尔贝·福松·洪博**：总理。1961年生于多哥中央区布利塔省。早年曾就读于洛美大学，获企业管理硕士学位。后赴加拿大深造，系加拿大会计专家学院院士。1996年起进入联合国开发计划署工作，先后任联合国开发计划署财政督察和行政与财政主管、署长办公厅主任。2005年12月任联合国助理秘书长、联合国开发计划署助理署长及非洲局局长。2008年9月7日任总理，2010年5月7日连任。

经　济

联合国公布的世界最不发达国家之一。农业、磷酸盐和转口贸易是多三大支柱产业。实行自由化经济政策，优先发展农业，积极扶持中小企业。上世纪90年代初由于政局动荡和西方国家停止援助，多经济曾一度陷入严重危机。1994年后，随着政局趋稳，经济走出谷底，进入恢复和发展阶段。1998年以来，因西方国家再次停援，导致发展资金短缺，国家财政拮据。近年来，多政府加快推进私有化进程，振兴港口运输，加大农业投入，经济形势略有好转。2010年，多政府增加对农业和基础设施投入，加大矿业开发力度，取得一定实效。但9月、10月的严重洪涝灾害使大部分基础设施受到损害，对民众生活造成较大影响。12月多达到"重债穷国"完成点，获免外债18亿美元。2011年主要经济数据如下（资料来源：2012年4月《经济季评》）：

国内生产总值：35.9亿美元。

人均国内生产总值：约579美元。

国内生产总值增长率：3.9%。

货币名称：非洲金融共同体法郎（FCFA，简称非洲法郎）。

汇率：1美元＝471非洲法郎（2010年平均）。

通货膨胀率：3.6%。

【资源】主要矿业资源是磷酸盐，是撒哈拉以南非洲第三大生产国，已探明优质矿储量2.6亿吨，含少量碳酸盐的约10亿吨。其他矿藏有石灰石、大理石、铁和锰等。

【工业】工业基础薄弱，约12%的人口从事工业生产，工业产值占国内生产总值的17.7%。主要工业门类有采矿、农产品加工、纺织、皮革、化工、建材等，75%以上为中小企业。因投资不足和管理不善，2009年磷酸盐产量降为70万吨。2010年产量与2009年持平，但产值增长5.2%。

【农牧渔业】全国67%的劳动人口从事农业。可耕地面积约340万公顷，已开垦土地面积约140万公顷，粮食作物种植面积约85万公顷。2010年农业产值约占国内生产总值的40.7%。主要作物为玉米、高粱、木薯和稻米，其产值占农业产值的67%；经济作物约占20%，主要为棉花、咖啡和可可。2010年粮食总产量约423.7万吨，比2009年增长1.1%；棉花总产量5万吨，比2009年增产67%。

畜牧业主要集中在中部和北部地区，产值占农业产值的15%。2001年主要牲畜存栏数为：牛26.2万头，羊234.7万只，猪38.1万头，鸡935.9万只。2007年畜牧业生产指数比2001年增长22%。年捕鱼量15383吨，自给率为50%。

【旅游业】20世纪80年代以来，多哥旅游业发展较快。现拥有旅馆52家，客房2100间，床位4163张，其中三星级以上客房923间，从业人员约1300余名。1989年旅游业达到最高峰，接待游客达12.355万人次。后由于社会动乱，旅游业不景气。1994年随着社会渐趋稳定，旅游业开始好转。2005年由于政局不稳，接待游客人数降为9.4万人次，同比下降3%，但旅游收入达1500万美元，同比增长13%。为振兴旅游经济，多于2006年10月恢复旅游资质评选委员会工作，引进国际标准，提高服务水平。主要旅游点有洛美、多哥湖、帕利梅风景区和卡拉市。

【交通运输】以公路为主。转口贸易和陆路运输收入占国民总收入的35%左右，其交通运输网在次地区占有重要地位。

公路：总长12040公里，国家级公路2926公里，其中沥青路1650公里，其余为土路。有4条公路干线，连接布基纳法索、加纳和贝宁等国，国际货运量33万吨。

铁路：总长575公里，主要线路为洛美至布里塔276公里，洛美至帕利梅161公里。由于设施陈旧，铁路运输能力较差，仅395公里铁路能投入营运。

水运：主要港口洛美港系西非唯一深水港，年吞吐能力为600万吨，能同时停泊4艘2.5万吨级的货轮。90%以上的进出口货物经洛美港运输。1994年起对港口设施进行现代化改造，并实行部分私有化。2001年吞吐量约为266.2万吨。2002年，科特迪瓦阿比让港口受本国危机影响关闭后，布基纳法索和马里等西非内陆国将转口贸易移至多哥，洛美港业务量激增46%，达389万吨。2005年，洛美港共接纳1000艘次货船，进出港货物总计508万吨，同比增长14.7%。

空运：全国有2个国际机场，6个小型机场。埃亚德马国际机场（原名洛美道关国际机场，2005年5月改为现名）是主要航空港，可起降大型客机，跑道长3000米。年客运能力70万人次，货运能力1.1万吨，居西非第三位。但近几年运输量严重不足。2004年客运量23.4万人次，货运量5400吨。国内有小型飞机飞往尼昂姆图古、阿塔帕梅、索科德和芒戈。2001年12月，多哥航空公司成立，每周两班直飞巴黎。另外，法航、非航、布基纳法索航空公司和科特迪瓦航空公司亦有航班经停多哥。

【财政金融】2007 ~ 2009年财政收入支出情况如下（单位：亿非洲法郎）：

	2007	2008	2009
预算收入	2237	1860	2120
预算支出	2465	1950	2360
差额	-228	-90	-240

（资料来源：2011年4月《经济季评》）

截至2011年，外汇储备7.86亿美元。

金融部门包括中央银行及6家商业银行和非银行性质的中介金融组织（如保险公司等）。

【对外贸易】实行自由贸易政策，鼓励进出口贸易。进出口总额占国内生产总值的70%左右。主要出口商品是棉花、磷酸盐和咖啡，主要进口石油制品、日用消费品和机械设备等。2010年，多贸易总额22.5亿美元，出口额8.79亿美元，进口额13.71亿美元。2010年主要出口对象国为贝宁、布基纳法索、加纳和中国；主要进口国为法国、中国、比利时和印度。

【外国援助】双边援助主要来自法国、德国、英国、美国、加拿大、日本、科威特、沙特阿拉伯等国；多边援助主要来自国际货币基金组织、世界银行、欧盟、伊斯兰开发银行、非洲开发银行和西非开发银行等。2006年多成功举行全国政治对话，各方签署一揽子政治协议后，欧盟宣布批准向多提供第6、7期欧洲发展基金余额2080万欧元，着手启动第9期发展基金2080万欧元。2007年多议会选举顺利举行后，欧盟等主要合作伙伴和国际金融组织相继恢复对多援助。2008年9月，多在布鲁塞尔召开发展援助伙伴会议，获得9亿多欧元援助承诺。世界银行、巴黎俱乐部、非洲开发银行先后免除多5亿多美元债务。2009年，多共获得非洲开发银行约1.9亿美元和欧盟1.5亿欧元的援助。2010年12月，多达到“重债穷国”完成点，获免外债18亿美元。

人民生活

根据联合国开发计划署《2011年人类发展报告》公布的人文发展指数，多哥在187个国家中名列第162位。多哥劳动者每周工作40小时，职工最低月工资1.8万非洲法郎，洛美市劳动者平均月工资为2万非洲法郎。家庭补贴为每个子女每月2000非洲法郎。到2004年底，全国共有医疗卫生机构718个，其中3所大学医疗中心、1家专科医院、6所地区医疗中心、26所县级医院、8家综合性诊所、100所社保医疗救治中心、450家门诊和124个医务室。共有病床约7000张，卫生技术人员约7700人。主要疾病有疟疾、结核病和艾滋病等。平均寿命55岁，新生儿死亡率78‰。63%的居民饮用自来水。2008年固定电话用户约14万，同比增长41.6%；手机用户154万，同比增长30.2%。2008年，平均每100名居民中有5.4人使用因特网。

军　事

武装部队始建于1961年11月，总统为军队最高统帅，国防部是最高军事决策机构。总参谋长为阿查·穆罕默德·蒂蒂皮纳（Atcha Mohamed Titikpina）。实行义务兵和志愿兵相结合的兵役制度，义务兵服役期两年。凡年龄在18 ~ 25岁的青年均可报名入伍。

总兵力约9300人，其中陆、海、空三军约8550人（包括总统卫队750人）、宪兵750人。陆军装备有战车、轻型坦克、装甲车、野战炮等；海军有巡逻艇2艘；空军有战斗机、运输机18架，直升机3架。

文化教育

【教育】普通教育制度分一级教育（小学）、二级教育（初中）、三级教育（高中）和四级教育（大学）。全国小学校5019所，在校学生91.5万人，入学率达88%，小学教师2.3万人；初中686所，学生20.4万人，升学率22%，教师5400多人；高中105所，学生3.9万，教师1700多人。此外，全国技术教育和职业培训学校共有68所（包括公立、私立和教会学校）。2010年，共有39725名高中生和11403名技校学生参加大学入学考试。据世界银行统计，2008年成人总体识字率为65%。

高等学校有洛美大学（原名贝宁大学，2001年改称现名），1970年建校，设5个学院、5个系、2个研究所和2个培训中心，现有学生约1.7万人，教师约1000人。1999年初政府决定在埃亚德马总统的家乡卡拉兴建第二所大学，2004年建成，有学生6000～7000人。

【新闻出版】《多哥新闻报》：官方日报，1962年创刊。1972～1991年曾改称《新征途报》。1991年10月14日恢复原名，发行量约6000份。自1990年以来出现了20多家私营报刊，主要有:《观察家报》、《鳄鱼》、《非洲回声》、《蝎子》、《人民战斗》、《新时代报道》和《民主人士》等。

多哥通讯社：国家通讯社，成立于1975年，负责采编国内新闻和抄收外国通讯社的国际新闻，每周发行5期《每日新闻》，以国内新闻为主。

洛美广播电台：建于1953年8月，用法、英、德语广播，并用埃维、卡布列等民族语言播送新闻。每天播音18.5个小时。卡拉广播电台：建于1975年，负责对北方地区广播，主要用法语播音，也用埃维语和卡布列语播送新闻、广告，每天播音3次，每次3～7小时不等。

多哥电视台：建于1973年，唯一的官方电视台。主要使用法语播放节目，定时用埃维语和卡布列语播放新闻。卡拉电视台：建于1993年。

对外关系

奉行中立、不结盟和睦邻友好的外交政策，主张在平等互利、互相尊重主权和领土完整的基础上同所有国家建立友好合作关系。重视与西方国家关系，争取外援及减免外债。积极发展与发展中国家关系，主张发展中国家加强团结，开展区域合作和经济联合。坚持睦邻友好，积极参与非洲地区事务，支持非洲一体化进程，先后派兵参与了非盟在中非、几内亚比绍和科特迪瓦等国的维和行动。近年来大力开展与印度、日本等国合作。是非盟、西非国家经济共同体、西非经货联盟等组织成员国。同70多个国家建立了外交关系。

2011年1月，福雷总统当选西非经货联盟轮值主席，2012年6月连任。2011年10月，多哥当选2012至2013年度联合国安理会非常任理事国。

【同中国的关系】中多1972年9月19日建交以来，两国关系发展顺利。埃亚德马总统5次访华。中方往访的主要有：吴仪国务委员（2000年）、许嘉璐副委员长（2001年）和曾庆红副主席（2004年）。

2006年2月，福雷总统来华进行国事访问，胡锦涛主席与福会谈，吴邦国委员长和温家宝总理分别会见。11月，福雷来华出席中非合作论坛北京峰会，胡主席会见。2007年7月，外交部部长助理翟隽访多。2008年2月，中联部部长王家瑞访多。3月，多哥人民联盟总书记埃索访华。2009年3月，多哥宪法法院院长阿苏马访华。12月，多哥新闻与文化部长克耶瓦访华。2010年8月，福雷出席上海世博会多哥国家馆日活动。2011年2月，杨洁篪外长访多。11月，全国政协副主席罗富和访问多哥。

2011年双边贸易总额为19.7亿美元，同比增长37.4%。其中中方出口额为18.3亿美元，进口额为0.77亿美元。中国对多主要出口摩托车、瓷砖、建材和纺织品等，进口棉花和木材。

中国驻多哥大使：王作峰。馆址：B.P.2690，1381 Rue de l'Entente，Cité OUA 2000，Lomé，Togo。电话:（00228）22223856，22616350；传真：22214075，22616370。经商处电话:（00228）2215243。

多哥驻华大使：诺拉纳·塔—阿马（NolanaTa-ama）。馆址：北京市东直门外大街11号。电话：010-65322202，65322244。

【同法国的关系】法是多前宗主国，最大的援助国和重要贸易伙伴。两国在各个领域的关系密切，签有外交、财政、文化、军事等11项合作协定。埃亚德马总统多次访法，寻求政治支持和经济援助。希拉克总统和德维尔潘外长也曾访多。2005年2月，埃去世，法国外长巴涅尔赴多出席埃葬礼。2006年9月，福雷总统应邀访法，会见希拉克总统。2007年4月，法经济、财政与工业部长布雷东和开发署署长让—米歇尔访多。2008年2月，多与法国、贝宁三国军队在多举行“齐奥2008”（Zio 2008）联合军演。11月，福雷总统应邀访法，会见法国总统萨科齐。2010年5月和7月，福雷总统先后赴法出席法非峰会和法国庆阅兵式。

【同德国的关系】多曾是德国殖民地，两国传统关系密切。2005年多政坛危机期间，德指责福雷违宪上台。两国关系曾受影响，后有所恢复。2007年10月，德、多签署协议，德援助300万欧元用于多议会选举。2008年2月，德外长施泰因迈尔对多进行工作访问，福雷总统会见。2009年6月，福雷对德国进行15年来的首次访问。2010年1月，德教育科研部长访多。2011年5月，洪博总理出席德国慕尼黑经济论坛多哥日活动。

【同美国的关系】1961年建交。近年来，两国关系发展较快。2003年11月，多议会通过与美国签署的互不将对方公民引渡到国际刑事法庭的协议。此外，美还在石油开发、洛美港改扩建和纺织等经贸领域与多开展合作。2007年5月，美海军少将斯塔福比恩和海岸警卫队少将彼得曼访多。2008年4月，美宣布将多列入享有“非洲增长与机遇法案”国家。2009年8月，洪博总理访美。2010年，美国负责非洲事务的助理国务卿卡尔森访多。2011年，美海军护卫舰访多，与多开展海军联合训练。2012年1月，美国国务卿克林顿对多哥进行正式访问。

【同邻国的关系】多哥同尼日利亚各领域联系与合作广泛，经贸关系尤为密切。2005年，在多发生宪政危机后，尼总统奥巴桑乔以非盟执行主席身份指责福雷违宪出任总统，并推动非盟和西非国家经济共同体对多实施制裁。福雷数次赴尼做解释工作并寻求支持。奥态度发生转变，在福雷当选总统后立即予以承认，并积极调解福与多反对派的矛盾。2007年，福雷多次访尼。同年5月，尼总统亚拉杜瓦访多。2008年2月，福雷访尼。2009年5月，福雷对尼进行工作访问。2010年1月，福雷会见来访的尼日利亚前总统奥巴桑乔。2011年5月，福雷总统赴尼日利亚出席乔纳森总统的就职典礼。

多哥同加纳历史上曾有"西多哥"归属之争。多前总统奥林匹欧之子曾长期流亡加纳，两国关系时有摩擦并曾一度恶化。1994年以来，多加双方均采取一些措施改善两国关系。1995年加纳总统罗林斯访多，实现两国关系正常化。此后双方高层互访频繁。2005年3月，加总统库福尔赴多出席埃亚德马总统葬礼。5月，福雷就任多总统后将加作为首个出访国。2006年和2007年，福雷多次访加。2009年1月，福雷出席加纳总统米尔斯就职典礼。4月，米尔斯访多。8月，福雷访加。2010年5月，米尔斯出席福雷总统就职仪式。2012年3月，加纳总统米尔斯对多哥进行友好访问。

多哥同贝宁关系较密切。两国在莫诺河上合建有南贝托水电站。上世纪90年代初，两国关系一度冷淡。1996年3月克雷库当选贝宁总统后，两国友好关系恢复。2005年3月，克雷库总统赴多出席埃亚德马总统葬礼，并积极参与调解多危机。2006年4月，福雷赴贝参加贝新任总统亚伊就职典礼。6月，亚伊访多。2008年，福雷出席在布基纳法索举行的西非经货联盟第12次首脑会议并会见亚伊。2009年10月，福雷出席在贝宁举行的科托努国际打击假药活动。2010年5月，亚伊出席福雷总统就职仪式。2011年2月，福雷总统对贝宁进行工作访问。4月，福雷总统赴贝宁出席亚伊总统的就职仪式。

多哥同布基纳法索关系较好。两国总统多次互访。2005年3月，布总统孔波雷赴埃亚德马家乡吊唁。8月，福雷总统访布。2006年3月，孔波雷访多。7月，孔波雷被推举成为多全国政治对话斡旋人，成功推动对话各方签署"一揽子政治协议"。2007年10月、11月，福雷先后两次访布。2008年，福雷赴布出席西非经货联盟第12次首脑会议并会见孔波雷。2009年3月和5月，福雷两次访布。7月，孔波雷访多。2010年5月，孔波统出席福雷总统就职典礼。12月，福雷出席孔波雷总统就职典礼。2011年5月，福雷对布进行工作访问。

多哥与非洲其他国家保持良好关系。2009年2月，福雷总统对尼日尔进行工作访问。4月，福雷对赤道几内亚进行国事访问。2010年5月，马里总统杜尔对多进行正式友好访问。7月，福雷对利比亚进行正式访问。8月，福雷对苏丹进行工作访问。9月，福雷访问卢旺达并出席卡加梅总统就职仪式。2011年1月，福雷总统赴乍得出席乍得独立50周年庆典活动。5月，福雷总统对塞内加尔进行工作访问。11月，福雷总统对乌干达进行正式访问。

多哥积极参与地区与国际合作。2009年，福雷总统先后出席了西共体首脑特别峰会、西非国家经济共同体会议、非盟首脑会议、共同繁荣区域联盟组织首脑会议、非洲气候变化峰会等。6月，福雷参加欧盟、经合组织与非洲伙伴关系论坛，并出席日内瓦国际劳工组织与非洲伙伴关系论坛。11月，福雷出席联合国粮农组织峰会。2010年5月，福雷出席在科特迪瓦举行的第46届非洲开发银行年会及非洲发展基金第36次会议开幕式。7月，福雷出席在乌干达举行的第15届非盟首脑会议。8月，福雷出席在卢旺达举行的千年发展目标非洲协调论坛。2011年，福雷总统先后出席了西非经货联盟峰会、第16届非盟峰会、西共体第39届国家元首和政府首脑会议和第37届世界粮农组织（FAO）大会，并在洛美主持了非加太国家集团—欧盟联合议会大会。2012年2月，在多哥倡议下，联合国安理会举行关于"有组织跨国犯罪影响西非和萨赫勒地区和平、安全与稳定"的公开辩论会，福雷总统率团赴美与会。

（刘劲）

厄立特里亚

国名 厄立特里亚国（The State of Eritrea）。

面积 12.4万平方公里（包括达赫拉克群岛近1000平方公里）。

人口 507万（2009年），人口增长率约2.0%。有9个民族：提格雷尼亚（约占总人口的50%）、提格雷（31.4%）、阿法尔（5%）、萨霍（5%）、希达赖伯（2.5%）、比伦（2.1%）、库纳马（2%）、纳拉（1.5%）和拉沙伊达（0.5%）。各族均有独自语言，全国主要用提格雷尼亚语，通用英语、阿拉伯语。国民信仰东正教和伊斯兰教的约各占一半，少数人信奉天主教或传统拜物教。

首都　阿斯马拉（Asmara），人口约50万，海拔2300 ~ 2400米；年平均气温16.9℃，降雨量525.5毫米。

国家元首　总统伊萨亚斯·阿费沃基（Isaias Afwerki），1993年5月22日当选。

重要节日　独立日：5月24日（1993年）；武装斗争纪念日：9月1日（1961年）。

简　况

位于东非及非洲之角最北部，扼红海南段。南邻埃塞俄比亚，西靠苏丹，东南与吉布提接壤，东北隔红海与也门和沙特阿拉伯相望。海岸线（包括达赫拉克群岛等355个岛屿）长1350公里。中央高原占国土1/3，海拔1800 ~ 3000米；西部低地丘陵，东部沿海平原。境内最高峰为中部高原的安姆巴—索依拉峰（Amba Soira），海拔3013米，最低点为东部平原的科巴尔低地（Kobar），低于海平面75米，塞迪特河（Setit）为其境内唯一常流河，全长180公里，最大的季节河马雷布河满水期长达440公里。高原地区气候宜人，年平均气温为17℃，降水525毫米。12 ~ 2月日平均气温最低，为15℃，5 ~ 6月平均气温最高，为25℃；4 ~ 5月为小雨季，6 ~ 8月为大雨季，其余为旱季。东部和西部低地气候炎热干燥，年平均气温分别为30℃和28℃，年均降水量不到400毫米。红海沿岸多沙漠，3 ~ 10月间，白天气温可达40℃以上。

公元前8世纪，闪米特人和库希特人迁徙此地。公元3世纪起沿海地带兴起若干部落联盟。先后被阿克苏姆王国（埃塞俄比亚帝国）、奥斯曼帝国和埃及占领。1869年，意大利殖民者来此拓殖，在阿萨布港建特权区，并不断向厄特内陆推进。1889年，意殖民者同埃塞俄比亚皇帝孟利尼克二世签订《乌西阿利条约》，确认意占有阿萨布、马萨瓦、克伦、阿斯马拉等地。1890年，意合并各殖民地，统一立国，始名“厄立特里亚”（拉丁语“红海”）。1941年，意军战败，厄特成为英国托管地。1950年12月，联合国将厄特作为一个自治体同埃塞俄比亚结成联邦。1952年，厄特立法会议选举产生地方政府，埃皇派代表驻厄特。1962年，埃皇塞拉西废除联邦，设厄特为埃第14个省，厄立特里亚解放阵线（简称“厄解阵”）开始进行武装斗争。1970年，厄立特里亚人民解放阵线（简称“厄人阵”）成立，并主导独立战争。1991年5月，厄人阵同埃塞俄比亚的提格雷人民解放阵线联手推翻门格斯图政权。5月24日，厄人阵解放厄特全境，29日成立临时政府，伊萨亚斯·阿费沃基出任临时政府总书记兼武装部队总司令。1993年4月23 ~ 25日，厄特在联合国监督下举行全民公决，99.8%的民众选择独立。埃过渡政府接受公决结果，承认厄特独立。5月22日，厄人阵中央委员会选举伊萨亚斯为厄特首任总统；24日，厄特正式宣告独立，并举行开国庆典，厄立特里亚国正式成立。

政　治

独立后，厄特政府注重政权建设，加紧经济重建，政局保持基本稳定。1998 ~ 2000年，厄特与埃塞俄比亚发生边界战争。2000年6月和12月，两国先后在阿尔及尔签订《停止敌对行动协定》及《全面和平协议》（合称《阿尔及尔协议》）。2001年上半年，厄特公布“选举法”和“政党组织法”草案，拟于当年底举行大选，逐步实行多党制，但随后党内发生严重政治分歧，选举无限期推迟。2002年，厄特颁布《选举法》，明确提出“多党制不符合厄特现状”。近年来，伊萨亚斯总统将巩固政权、维护国家安全作为首要任务，加强地方党政军力量，严控境内外反对派，同时采取利民措施，保持了政局的基本稳定。

【宪法】1994年成立制宪委员会，1996年7月宪法草案出台。1996年12月，厄特成立制宪议会。1997年5月23日，制宪议会通过宪法并正式颁布实施。宪法规定：国民议会是国家最高权力机构和立法机关；实行总统制，总统由国民议会选举产生，任期五年；总统拥有任命政府高官、成立或解散有关政府部门和机构等权力；政教分离，宗教平等；民族语言一律平等，不确定国家官方语言；人民享有平等、自由、选举等基本权利。

【议会】国民议会设150个议席，包括人阵党中央委员会成员75名、制宪议会成员60名及厄特旅外侨胞代表15名，22%为女议员。议长由全体议员选举产生，任期五年，现由伊萨亚斯总统兼任。国民议会负责国家立法，批准预算和选举国家元首。1993 ~ 2000年国民议会共召开13次大会，此后一直休会。1997年1 ~ 3月，厄特举行首次省级议会选举。2004年5月19日，举行第三次省级议会选举。全国登记选民93万人，投票率达92.1%，共选出346名地方议员，其中30%为女性。

【政府】厄实行总统内阁制，总统伊萨亚斯兼任政府首脑。厄首届政府成立于1993年6月7日。此后，伊萨亚斯总统不定期对内阁进行改组，目前内阁成员共有19人：外交部长奥斯曼·萨利赫（Osman Saleh），国防部长塞巴特·埃弗雷姆（Sebhat Ephrem），旅游部长阿丝卡露·门克里奥斯（Askalu Menkerios，女），司法部长法齐娅·哈希姆（Fawzia Hashim，女），地方政府事务部长沃尔德迈克尔·格布雷马里亚姆（Woldemichael Ghebremariam），劳动与社会福利部长萨勒玛·哈桑（Salma Hassen，女），财政部长贝尔哈内·阿布雷赫（Berhane Abrehe），能源与矿产部长艾哈迈德·哈吉·阿里（Ahmed Haj Ali），卫生部长阿明娜·努尔·侯赛因（Amina Nur Hussein，女），教育部长塞梅雷·鲁索姆（Semere Russom），贸易与工业部长斯蒂法诺斯·哈布特（Stifanos Habte），农业部长阿雷费恩·贝尔赫（Arefaine Berhe），海洋资源部长泰沃尔德·克莱蒂（Tewelde Kelati），水土环境部长特斯法伊·格布雷塞拉西（Tesfai Ghebreselassie），交通与通信部长沃尔德迈克尔·阿布拉哈（Woldemichael Abraha），公共工程部长阿布拉哈·阿斯法哈（Abraha Asfaha），国家发展部长乔治斯·特克莱马里亚姆（Giorgis Teklemariam），新闻代部长阿里·阿卜杜（Ali Abdu），投资部长沃尔达伊·富图尔（Woldai Futur，该部正在筹建中）。

【行政区划】厄特地方政府分为省、县、乡、村四级。全国共有6个省（Zoba，Region），分别为：南红海省、北红海省、安塞巴省、加什—巴尔卡省、南方省和中央省。

【司法机构】独立后沿用原埃塞俄比亚民法、刑法，略有修改。厄特法院分乡、县、省、高等法院四级。高等法院的判决为终审判决，设法官18名，均由总统任命，现任最高法院院长门克里奥斯·贝拉基（Menkerios Beraki）。省级法官由高等法院院长提名经司法部长批准。厄特检察机构设在司法部，总检察长由总统任命，现任总检察长阿莱姆塞吉德·海尔·塞拉西（Alemseged Haile Selasie）。

【政党】（1）厄立特里亚人民民主和正义阵线（People's Front for Democracy & Justice—PFDJ）：简称人阵党，执政党，唯一合法政党。成立于1970年，原名“厄立特里亚人民解放阵线”（厄人阵），1994年第三次全国代表大会决定改为现名。现有党员60万人，占全国人口12.8%，主席伊萨亚斯。最高领导机构为中央委员会，共75名委员，现为54人；中央执行委员会在中央委员会休会期间行使中央委员会的职权，共19名委员，现为13人。

（2）厄立特里亚全国力量联盟（Alliance of Eritrean National Force—ANEF）：反对派联合体。2002年10月由厄特14个反对派代表在埃塞俄比亚首都亚的斯亚贝巴成立，选举了28人组成议会并通过联盟章程。该组织囊括了厄特大部分反政府组织，主要包括“厄立特里亚解放阵线”、“伊斯兰救国运动”、“解放全国委员会”等。厄特合作党主席希鲁耶·特德拉·巴伊鲁（Hiruy Tedla Bairu）任秘书长，原“厄解阵”主席阿卜杜拉·伊德里斯（Abdela Edrisse）任议会主席。

①厄立特里亚解放阵线（Eritrean Liberation Front—ELF）：全国联盟的主要派别之一，成立于1958年，由流亡国外的厄立特里亚人哈米德·伊德里斯·阿瓦提在开罗创立。主张“民族统一”、致力于“厄特独立”和“成立民主政权”等。1960年改现名，并由原来的穆斯林组织转变为民族主义组织，在苏丹、叙利亚等国的支持下开展反对埃塞俄比亚统治的斗争。1970年，一部分人从该组织中分裂，另组厄人阵，余众于1981年后流亡苏丹，现仍在厄特邻国和欧洲国家进行反对现政权活动。

②伊斯兰救国运动（Harakat Al Khalas Al Islami—HKI）：原名伊斯兰圣战运动，成立于1988年11月，是伊斯兰原教旨主义组织，其主要活动场所在苏丹。1998年8月改为现名。

【重要人物】伊萨亚斯·阿费沃基：总统，兼任国民议会议长、政府首脑和武装部队总司令，人阵党主席。1946年出生于厄特中部原哈马西恩省一小商贩家庭，信仰东正教。1962年中学毕业后考入埃塞俄比亚的海尔·塞拉西（今亚的斯亚贝巴）大学工程学系。三年后辍学参加厄解阵。因政见分歧于1969年脱离厄解阵，参与创建厄人阵。1977年当选厄人阵副总书记，1987年任总书记。1991年5月起任厄特临时政府领导人，1993年5月22日当选为厄特首任总统。精通提格雷尼亚语、阿姆哈拉语、英语和阿拉伯语，懂法语和意大利语。

经　济

以农业为主，80%的人口从事农牧业。独立后，政府着力经济重建，制定了以私有经济为主导的市场经济发展战略。提倡自力更生，建设基础设施，争取国外贷款和其他援助，特别是鼓励侨汇。政府先后出台了土地法、投资法和贸易、金融、税收等有关规定，积极参与双边和多边经济贸易机制，1997年发行本国货币。

2000年厄特、埃塞边界停火后，两国长期“不战不和”，厄特政府恢复“战时经济政策”。2005年以来，厄特政府采取关闭部分私营企业、限制私营企业进口、取消外汇自由兑换以及统购统销等措施，加强外汇管制。据厄政府统计，1992年至1997年经济增长率平均为7% ~ 8%，1998年至2010年经济增长率平均为2%。受能源和粮食价格以及货币贬值影响，通货膨胀率指数介于9% ~ 12%之间。财政赤字占GDP的比例由8%增加到19%。近年，厄特政府积极推动发展矿业、渔业、旅游业，增加农业基础设施投入，进一步加强与有关国家经贸合作。矿产资源开发有所进展，2011年3月，厄特同加拿大合资开发的世界第五大金、铜、锌、银混成矿碧沙金矿投产，经济形势进一步好转。厄特政府采取积极措施扶助农村发展，妥善安置复转军人，改善教育和医疗条件，发展基础设施建设，厄特经济社会继续保持基本稳定。2011年主要经济数据（估计值）如下（资料来源：国际货币基金组织世界经济展望数据库和美国中央情报局世界各国概况）：

国内生产总值：25.96亿美元。

国内生产总值增长率：8.18%。

货币名称：纳克法；1纳克法=100分。

汇率：1美元=15.38纳克法。

通货膨胀率：20%。

外贸总额：12.59亿美元。

外汇储备：0.16亿美元。

外债余额：11.09亿美元。

【资源】主要矿产有铜、铁、金、镍、锰，重晶石、长石、高岭土、钾碱、岩盐、石膏、石棉、大理石。地热资源丰富，红海沿岸和西部地区可能有石油和天然气，迄未探明储量。目前有16家外资企业与厄特政府进行矿业开发合作。2011年3月，厄特同加拿大合资开发的世界第五大金、铜、锌、银混成矿碧沙金矿投产。厄特水资源缺乏，境内河川不多，且多为季节性河流，土地面积10.1万平方公里，森林覆盖率15.8%。

【工业】英国、埃塞俄比亚统治时期的大量拆迁及长期战争破坏导致原有百余家工厂只剩下十几家，现有纺织与服装加工（9%）、制革、制鞋、食品加工（50%）、农畜产品加工、金属加工、化工及塑料制品加工（8%）、建材等现代化程度不高的小厂。全国仅马萨瓦一家柴油发电厂，人均年用电量不及70度。除首都和马萨瓦外，其他城市每日仅供电6～7小时，农村普遍无电力供应。2007年工业总产值占当年国内生产总值的19.2%。2008年，世界银行批准向厄特提供1750万美元电力项目追加款，用于修复、扩增首都及农村地区供电系统等。

【农业】1998～2000年，农业受边界战争和干旱影响，耕种面积大幅缩减，粮食年产量约8.5万吨。2005年实耕37万公顷，其中水浇地不足4%，谷物平均产量300公斤/公顷。主要粮食作物有玉米、大麦、高粱、小麦、豆类；经济作物有油菜籽、芝麻、花生、亚麻、剑麻、棉花、蔬菜和水果。2006年政府实施粮食安全战略，兴修水利，推广先进农业技术，40%农田实现机械化耕种，谷物及水果产量为：高粱21.6万吨，珍珠粟3.3万吨，大麦5.2万吨，小麦1.4万吨，苔麸1.9万吨，各种豆类7590吨；芝麻5510吨，花生2310吨，棉花1450吨；香蕉6.6万吨，橙子2.7万吨，木瓜1.2万吨，番石榴1460吨，芒果630吨。2007年，雨水充足，农业增产，粮食自给率破记录逾70%，农业占国内生产总值的24.3%，可耕地面积565.6万公顷，人均0.14公顷。

农业人口中35%～40%从事畜牧业，年产肉类2.8万吨，主要放牧绵羊、山羊、牛、驴和骆驼等。

沿海渔业资源待开发，长期可持续年捕捞量8万吨，2001年捕鱼12900吨，创建国后最高纪录。海参最大可持续年开发量为1000吨。渔业生产基本限于浅水捕捞，大多生产鱼粉、冻鱼和鱼干出口。埃及是其主要的渔业合作伙伴。2009年上半年厄特渔业产量同比增加400%。

【旅游业】旅游业为主要创汇产业。厄特历史悠久，境内存有不少古王国遗迹。地貌复杂多样，自然景观丰富。2008年，厄特以其“独特地貌和原始珊瑚礁群”被英国旅游网站评为世界七个最佳旅游目的地之一。阿斯马拉、马萨瓦、阿萨布和达赫拉克群岛为有名的旅游点。厄特政府鼓励私营机构投资旅游业，但由于基础设施落后，旅游饭店等配套服务缺乏，旅游市场开发滞后。2007年入境游客8万人次，创收6000万美元。2008年，厄特旅游部在马萨瓦、特塞尼、阿迪凯三地开设旅游信息中心，为游客提供旅游资讯服务。

【交通运输】公路：1991～2008年，厄特政府共投资8亿美元新建各类公路逾1.5万公里。

铁路：从马萨瓦经阿斯马拉到阿科达特的306公里窄轨铁路建成于1928年，独立战争中遭严重破坏，1995年开始修复，2003年马萨瓦至阿斯马拉段通车，仅限旅游观光。

水运：马萨瓦与阿萨布为两大海港。马萨瓦有6个泊位，可停靠1.2万吨级货轮，并有修船厂。阿萨布港有9个泊位，可停靠3.6万吨级货轮。厄埃边界战争后，阿萨布沦为“死港”，每年损失4000万美元收入。马萨瓦港货运量见增。厄特政府投资6.6亿纳克法扩建马萨瓦港口，2002年竣工。厄特航运公司拥有4条货轮，航行苏丹、埃及、沙特阿拉伯、也门、卡塔尔、坦桑尼亚等国港口。2007年运输2.2万吨固态和1.3万吨液态商品，1.1万台设备和265台车辆，年收入6000万纳克法（400万美元）。马萨瓦港日吞吐能力达850～1500吨，可同时存储1000个集装箱。

航空：1994年成为国际民航组织成员国，当时完全依赖外航公司。1991年修复最大空港阿斯马拉机场，能起降波音757、767等大型客机。阿萨布机场只能起降螺旋桨飞机。另有达赫拉克、马萨瓦和纳克法三个小型机场。目前德国汉莎和沙特、埃及、也门等国航空公司以及私营纳赛尔航空公司（Nasair）有定期航班抵离阿斯马拉。2001年，厄特政府成立厄立特里亚航空公司，2003年首航，目前开通飞往西欧、东非和中东航班。2008年，厄特与沙特阿拉伯两国民航部门就加强航空服务合作签署议定书。

【财政金融】政府日常开支严重依赖侨汇和外援。近年侨汇收入逐年减少，从2005年占GDP的41%跌到2007年的23%，即从平均每年数亿美元降至6000万美元左右。外资年流入量约为国内生产总值1%。厄特外债增长不多，几乎全为长期官方债务，2005年债务率（占国民总收入）57%，还本付息率（占出口收入）213%。2007年，厄特外债相当于GDP的65%。

现有厄立特里亚银行（中央银行，成立于1993年）、商业银行（1991年）、住宅和商业银行（人阵党经营）、开发和投资银行（1996年）及厄立特里亚国家保险公司等。厄特独立后一度使用埃塞俄比亚货币比尔，1997年11月发行本国货币纳克法，实行有控制的浮动汇率制度。2001年8月，厄特宣布各银行可根据市场自行决定汇率，纳克法随即贬值92%。2004年，由于油价高企和侨汇收入锐减，厄特外汇短缺，汇率再跌。2005年4月，厄特禁止私营外币兑换业务。商业银行同国际大银行有业务联系，但无外国金融机构在厄特开展业务。厄立特里亚国家保险公司于2004年部分私有化，出售60%股份，2008年总利润达1.41亿纳克法。

【对外贸易】政府鼓励出口，进口须有许可证。2000年以来，出口年均下降8%，进口下降4%。厄特主要进口机械产品、电子设备、食品、化工产品等。出口以牲畜、皮革、纺织品和海产品为主。

【外国援助】外援占厄特国民总收入近30%。2004～2008年，挪威共援助10亿纳克法。2006年，欧盟援助4300万欧元的项目。2007年，厄特接受国际援助约1亿美元。其中联合国系统对厄特提供47个人道主义援助项目，计2483万美元。来自利比亚、苏丹、部分中东国家和中国的援助比重有所上升。截至2008年3月，世界银行援助5个基础设施、卫生与教育项目，近2.1亿美元。欧盟2009～2013年将向厄特提供1.22亿欧元无偿援助，并另拨762万欧元用于向厄特提供紧急援助或弥补厄特出口收益损失。

人民生活

人均预期寿命55岁，新生儿死亡率48‰，5岁以下儿童夭折率78‰。全国贫困人口比重33%，15年来减少20个百分点。战争和灾害造成国内流离失所人口逾5万，流亡国外难民14.5万。城镇大多数人月工资为1000～2000纳克法（65～130美元），生活相对拮据。14%家庭有电视机，0.8%的人有电脑，1.6%的人用互联网（每月24美元）。全国有固定电话近4万门，手机用户9万人。74%城镇和7%乡村的人口有干净饮水。全国有19家医院，61个医疗中心，164个医务站。全国50%的人口居住地距离最近的卫生所在5公里之内，平均每万人拥有5名医生，3名护士，公共开支占公民医疗支出的39.2%。厄特在控制疟疾、性病等传染病方面卓有成效，艾滋病感染率2.4%，肺结核感染率0.28%。儿童接种疫苗工作较普及，少见麻疹、脊髓灰质炎等病例。

军　事

厄立特里亚国防军归人阵党直接领导，有陆、海、空三军。总统任武装部队总司令，国防部长为塞巴特·埃弗雷姆上将，总参谋长海尔·塞缪尔少将（Haile Samuel）。独立后开始分阶段裁军，1997年整编保留4万正规军。1994年开始实行国民服务计划，18～40岁的公民均须参加18个月以上军训或后备役服务。1998～2000年厄埃边界战争期间，政府大量扩军，曾达30万人。停火后，政府宣布复员20万军人。目前厄特陆军约20万人，海、空军各1000人。空军有4架苏27战机、2架米格29战机和数架直升机，海军有2艘护卫舰及数艘巡逻艇。年度国防开支相当于国内生产总值20%。厄军士兵目前占全国劳动力11%强，广泛参与农业生产、修路筑桥等经济建设活动。

文化教育

【教育】学制为小学5年，初中3年，高中4年，其中前8年是免费义务教育。阿斯马拉大学曾是唯一的高等学府，2006年厄特政府进行高教改革，将阿斯马拉大学拆分为7所学院，目前阿斯马拉大学仅保留研究生院，并与南非、美国一些大学合作办班。7所学院分别为厄特科技学院、商业学院、师范学院、人文和社会科学学院、海洋科学学院、奥罗特医学院及哈默马罗农学院，分布于厄特6个省。全国中小学校千余所。2007年，厄特小学在校生33.2万，初中生13.1万，高中生7.6万，大专以上学生1.1万。2000～2006年适龄儿童净入学率男生51%，女生43%；中学净入学率男生30%，女生20%。

【新闻出版】1996年6月颁布新闻法，规定言论自由，但须合法且合乎厄特国家发展目标与现实；出版自由，但投资须来自国内。

厄立特里亚通讯社系官方通讯社，隶属新闻部，成立于1991年9月，设有国内新闻、国际新闻、出稿三个编辑部，在全国各省设记者站。2001年，厄特有9家私营报纸和5种私营杂志。同年9月，政府取缔所有私营媒体。

现有两份官方报纸，均为政府新闻部主办。《新厄立特里亚报》为官方日报，有阿拉伯语、提格雷尼亚语和提格雷语三种版本;《形象报》是英语报纸，每周三、六出版。

新闻部主办的“群众之声”电台系全国性广播电台，1979年1月开始播音。1999年起每天使用提格雷尼亚语、阿法尔语、提格雷语、阿拉伯语、阿姆哈拉语等11种语言播音。

厄立特里亚电视台于1993年1月正式开播，亦隶属于新闻部。共有两个频道，通过6个卫星转播非洲、中东、北美和澳洲等地区节目，1频道每周播出70多个小时节目，2频道每周播出45个小时节目。

对外关系

奉行和平、不结盟、睦邻友好的对外政策，主张在和平共处原则基础上发展同其他国家关系，但侧重发展与中东、东亚和西方国家的关系。近年，西方国家多指责厄特政府违反人权，减少对厄特经济援助。2009年和2011年，联合国安理会分别通过对厄特制裁和强化对厄特制裁的决议。近年，厄特高层领导频繁出访周边国家，寻求政治支持和经济合作。

是联合国、非盟、东南非共同市场、萨赫勒－撒哈拉国家共同体成员国和阿拉伯联盟观察员。与近百个国家建有外交关系，其中19国在厄特有常驻使馆，厄特在29国和联合国总部派驻大使。

【对当前国际形势和重大国际问题的态度】认为当前的单极格局一定程度上影响了国际政治的稳定，呼吁国际关系民主化、法制化，反对国际和地区霸权主义。

关于非洲问题：反对照搬西方民主，认为非洲国家对实行多党民主应持谨慎态度。非盟在解决地区冲突和促进非洲各国经济合作方面仍有许多工作要做，非盟亟需改革以提高其自身效力。非洲的问题应靠非洲人自行解决，反对外部势力插手非洲事务。

【同中国的关系】中厄自1993年5月24日建交以来，双边关系稳步发展。1993年5月，中国政府特使、外交部副部长杨福昌出席厄特独立庆典，与厄特签署两国建交公报、《中厄贸易与经济技术合作协定》等文件。伊萨亚斯总统于1994年和2005年正式访华，2006年出席中非合作论坛北京峰会，并与胡锦涛主席会谈。

2008年1月，厄特财政部长伯哈尼等访华。2008年11月，新疆维吾尔自治区人民政府主席努尔·白克力访厄，签署新疆与厄特加什—巴尔卡省加强合作的备忘录，两地缔结友好省区关系。2009年5月，中联部部长王家瑞访厄。2010年6月，厄人阵党中央政治部长耶迈尼访华；9月，外交部副部长翟隽访厄。2011年6月，厄特外长奥斯曼访华；9月，中联部副部长艾平访厄。

2011年，两国贸易额为1.49亿美元，同比增长274%，其中中方出口额1.48亿美元，进口额100万美元。中方主要出口机电、轻纺产品和谷物、蔬菜等农产品，进口原皮和饲料、油料等农产品。

中国驻厄立特里亚大使：牛强。馆址：NO.178，ABO Street，Zone 3，Administration 02，Asmara，State of Eritrea。电话：00291-1-185271；传真：00291-1-185275。

厄立特里亚驻华大使：泽盖·特斯法齐翁·塞雷克（Tseggai Tesfazion Sereke）。馆址：北京市朝阳区亮马河南路4号，塔园外交人员办公楼1-4-2。邮编：100600。电话010-65326534；传真：65326532。

【同美国的关系】厄特独立后同美关系一度密切，伊萨亚斯总统先后六次正式访美。厄埃边界战争爆发后，美八次派总统特使赴两国穿梭调解。1999年8月，美与卢旺达、阿尔及利亚、联合国等共同推动落实非统解决厄埃冲突框架协议。2002年1月，美接纳厄特为《非洲增长和机遇法案》（AGOA）受益国。“9·11”事件后，厄美加强情报交流等军事合作，双方军事团组往来频繁。

2002年年初，双方因美欲在厄特设军事基地产生严重分歧。2003年年底，美以厄特民主和人权状况未达标为由，中止厄特AGOA受益国地位。2005年8月，厄特政府驱逐美国际开发署（USAID）代表，并于10月要求联合国埃厄特派团内美欧籍人员离厄。2006年，美非洲事务助理国务卿弗雷泽指示美常驻联合国代表要求安理会“重新审议”2002年埃厄边界委员会裁决，随后提出解决厄埃边界问题“新倡议”，并希携美方制作“新地图”访厄，遭厄方拒绝。2007年8月，美要求厄特关闭其驻美奥克兰领馆，并停止美驻厄特使馆签证业务。此后，美以厄特支持索马里恐怖分子为由，几次威胁将厄特列入“支持恐怖主义国家”名单并启动有关制裁法律程序。美前驻厄特大使公开号召厄特民众推翻现政权，弗雷泽助卿两度公开要厄特“更换政权”。2008年1月，美民主党众议员、众院外交委员会非洲分委会主席唐纳德·佩尼访厄，表示支持厄方落实边委会裁决的要求。2008年10月，美将厄特列入禁止军售国家名单。

【同意大利的关系】厄特曾是意大利在非洲的第一块殖民地，在经济、建筑和文化上颇受意影响，独立后保持与意传统关系。意是厄特重要贸易伙伴和主要援助国，1993～2005年提供各类援助和贷款3.87亿美元。意在阿斯马拉开办学校，有100多意籍教师，在校生1400人，90%为厄特当地人。厄特总统伊萨亚斯多次访意。厄特重视与意发展关系，但反对其干涉厄特内政。2001年9月，因厄特没收部分意大利人在厄特房产，两国各自召回大使。2002年，两国关系恢复正常，10月重新互派大使。2005年8月，意向厄特提供300万欧元用于抚养战争孤儿。2006年1月，意副外长公开指责厄特现行政策，双方关系再度转冷。3月，两国相互驱逐对方外交官1名。12月，伊萨亚斯总统访意。2009年9月，厄特外长访意。目前意在厄特已无新的援助项目。

【同埃塞俄比亚的关系】厄特独立后，一度与埃塞保持着特殊友好关系。1993年两国签订《友好合作协定》。1997年，厄特发行本国货币，停止使用埃塞货币，两国贸易改用美元结算，双方产生经济纠纷和贸易摩擦。1998年5月，两国在有争议的巴德梅地区爆发大规模边界武装冲突，关系急剧恶化。2000年签署和平协议，联合国安理会随后成立联合国埃厄特派团。后因埃塞对边委会裁定先接受后拒绝，和平进程陷入僵局。2008年7月底，联合国埃厄特派团任期终止。2009年12月，在埃塞推动下，联合国安理会通过对厄特制裁决议。2011年12月，在埃塞等（东非）政府间发展组织成员国推动下，联合国安理会通过强化对厄特制裁的决议。2012年3月，两国边境地区爆发军事冲突，厄埃关系一度趋紧。

【同苏丹的关系】独立前与苏关系密切。独立后，因双方相互支持对方反对派，两国关系持续紧张。2005年以来两国关系明显改善，领导人互访频繁。厄特曾主持苏东部问题和谈，促成苏政府和苏东部阵线签署和平协议，并积极参与调解苏丹达尔富尔问题。

【同吉布提的关系】厄特在独立之初与吉布提关系较好。1996年两国发生领土纠纷。1998年厄埃边界战争爆发，厄特指责吉偏袒埃塞，吉随即宣布与厄特断交。2000年3月，厄吉复交，两国政治和经贸合作不断发展。2006年11月，伊萨亚斯总统赴吉出席东南非共同市场第11届峰会，并会晤吉总统盖莱。2007年7月，厄特国防部长访吉。2008年6月，与吉发生边界纠纷。安理会先后通过第1862号、1907号决议，要求厄特从有争议领土撤军。2010年在卡塔尔调解下，厄特从厄吉边界撤军。

【同也门的关系】1995年起，两国曾因红海大、小哈尼什岛主权争端发生武装冲突。1998年10月，国际法庭裁决大哈尼什岛等主要岛屿归属也门，厄特接受裁决并交还诸岛。11月，两国关系恢复正常。2001年4月，两国签署了贸易、农业、能源、交通、海事及技术合作协议，并就捕鱼权等海上仲裁达成谅解，但双方渔业纠纷依旧。2005年1月，厄特外长阿里访也。3月，两国部长级会议在厄特首都阿斯马拉召开。2006年7月和2007年8月，也门总统两度访厄。双方建有混委会。2009年9月，厄特外长访也。

【同联合国的关系】1950年代，联合国处置意大利前殖民地时，先后同意利比亚、索马里独立，但要求厄作为自治体与埃结成联邦。厄特独立后，于1998年5月28日加入联合国，成为其第182个成员国。

厄埃边界战争结束后，联合国安理会通过第1320号决议，成立厄埃特派团（UNMEE），2001年4月派遣4200名维和人员，在厄境内设立2.8万平方公里临时安全区。2005年10月，厄特先后对特派团实行禁飞和车辆限行令，12月，厄特指责特派团欧美籍人员在厄特境内从事非法活动，要求百余人限期离境。2007年11月，边委会决定“虚拟标界”，联合国未予表态。厄特认为边界已定，“特派团已无存在的理由”。2007年底，厄特停止向厄埃特派团出售燃油。截至2008年6月，因特派团已无法在厄特开展工作，除司令等数人留守外，其余人员均已离厄。

2009年12月23日，在埃塞等国推动下，联合国安理会通过第1907号决议，决定对厄特实施武器禁运、对经确认的厄特高官实行旅行限制和其他定向制裁等措施，并要求厄从与吉有争议的地区撤军。2011年12月5日，在埃塞等（东非）政府间发展组织成员国推动下，联合国安理会通过第2023号决议，决定强化对厄特制裁，主要是在矿业和金融领域对其进行监控。 （张磊）

法属南部领地

名称 法属南部领地（French Southern Territories，Terres australes françaises）。

面积和人口 在国际标准化组织（ISO）国家及地区名称的代码（ISO3166）中法属南部领地包括位于南印度洋上的克罗泽群岛（Iles Crozet，115平方公里）、凯尔盖朗群岛（Iles Kerguelen，7215平方公里）、圣保罗岛（Ile Saint-Paul，7平方公里）和阿姆斯特丹岛（Ile Amsterdam，54平方公里）。

而法国称之为法属南部和南极领地（Territory of the French Southern and Antarctic Lands，Terres Australes et Antarctiques Françaises-TAAF）的范围除上述岛屿外还包括归属有争议的外岛[Iles Eparses，包括5部分：与马达加斯加有争议的印度礁（Bassas da India，80平方公里）、欧罗巴岛（Europa Island，28平方公里）、格洛里厄斯群岛（Glorioso Islands，5平方公里）、新胡安岛（Juan de Nova Island，4.4平方公里）；与毛里求斯有争议的特罗姆兰岛（Tromelin，1平方公里）和未获得国际社会承认、位于南极洲的阿代利地（Terre Adélie，43.2万平方公里）。

无常住居民，每年约有包括科学考察人员在内的200人定期来此居住。

行政长官 帕斯卡·博洛特（Pascal Bolot），2012年4月10日任职。

政 治 1924年起为马达加斯加的附属岛屿。1938年，法国宣称对南纬60°以南、136° ~ 142°经线间的岛屿和土地拥有主权（阿代利地）。1955 ~ 1968年为法国海外领地。1995年8月6日起成为具有特殊地位的法属海外领地。2007年2月，外岛成为“法属南部和南极领地”（TAAF）的一部分。

行政事务由法国主管海外省和海外领地的国务秘书属下的行政长官（Préfet，Administrateur supérieur des Terres australes et antarctiques françaises）负责。秘书长（Secrétaire Général des TAAF）协助行政长官工作。防务由法国负责。该地区行政长官的总部设在留尼汪岛的圣皮埃尔（Saint-Pierre-de-la-Réunion）。

领地网址：http：//www.taaf.fr/spip。

经 济 以捕鱼业为主。近年来旅游业有所发展。征收轮船注册费也是重要收入。拥有239万平方公里经济专属区（资料来源：法国官方资料）。2004 ~ 2005年，额定捕鱼量为6050吨，但非法捕鱼量为其2 ~ 3倍。通用欧元。2005年预算收入2454.73万欧元，支出2505.35万欧元。主要向法国和留尼汪出口龙虾和造纸及胶水用藻类原料，也发行邮票和集邮纪念品。在欧罗巴岛、格洛里厄斯群岛、新胡安岛和特罗姆兰岛各有一个小机场。

科研机构 法国在阿代利设有极地研究机构；在凯尔盖朗群岛、克罗泽群岛和阿姆斯特丹群岛建有气象站、卫星跟踪站、核试验监测站以及地理研究所，进行大气污染研究、海洋微生物研究和原子能研究。2006年设立的国家自然保护区包括克罗泽群岛、凯尔盖朗群岛、圣保罗岛、阿姆斯特丹岛及上述岛屿周围的水域。 （却布）

佛 得 角

国名　佛得角共和国（The Republic of Cape Verde，República de Cabo Verde）。

面积　4033平方公里。

人口　51.7万（2010年）。绝大部分为克里奥尔人。官方语言为葡萄牙语，通用克里奥尔语。98%的居民信奉天主教，少数人信奉基督教新教。

首都　普拉亚（Praia）。人口13.2万。最高气温27℃，最低20℃。

国家元首　总统若热·卡洛斯·丰塞卡（Jorge Carlos Fonseca），2011年8月当选，9月9日就职。

重要节日　独立日：7月5日。

简　况

在北大西洋的佛得角群岛上，东距非洲大陆最西点佛得角（塞内加尔境内）500多公里，海岸线长912.5公里。属干燥的热带气候，终年盛行干热的东北信风，年平均温度20℃～27℃。

1495年沦为葡萄牙殖民地。1951年成为葡海外省。自1956年起，在几内亚和佛得角非洲独立党（简称几佛独立党）领导下，佛得角人民与几内亚比绍人民并肩开展争取民族独立的运动。1975年7月5日佛宣布独立，成立佛得角共和国，几佛独立党总书记阿里斯蒂德斯·佩雷拉任首任总统。1981年，佩雷拉同几佛独立党决裂，另立佛得角非洲独立党（简称独立党），结束了佛同几比两国一党的局面。1990年9月实行多党制。在1991年1月举行的多党议会选举中，争取民主运动（简称民运）获胜，击败独立后长期执政的独立党。在同年2月举行的总统选举中，民运候选人安东尼奥·蒙特罗当选。1995年12月和1996年2月，民运和蒙特罗分别在议会和总统选举中再次获胜。2001年1月，独立党赢得议会选举，重新成为执政党，并组成以若泽·马里亚·佩雷拉·内韦斯（José Maria Pereira Neves）为总理的政府。同年2月，独立党候选人皮雷斯当选总统。2006年1月，独立党在议会选举中再次获胜。2月，皮雷斯在总统选举中获胜蝉联。3月，独立党组成新一届政府，内韦斯留任总理。

政　治

独立党政府倡导民主、良政，实行地方分权，逐步推行司法、教育制度改革，同时努力提高政府施政效率，大力发展经济，改善民生。2011年2月，佛顺利举行议会选举，独立党再次获胜。3月21日新政府成立，内韦斯第三次任总理。8月，佛先后举行两轮总统选举，民运候选人丰塞卡当选新一届总统，于9月9日宣誓就职。目前，佛政局稳定。

【宪法】现行宪法为佛第二部宪法，1992年8月经国民议会通过，9月25日起实施。1995年11月和1999年7月进行了两次修改。宪法规定，佛得角是一个民主法治国家。实行议会制。总统为国家元首，武装部队最高统帅，经普选产生，任期五年，可连任一次。政府为国家最高行政机关。总理由赢得议会选举的执政党或执政党联盟提名，总统任命。

【议会】国民议会为最高立法机关，其主要职能是：修改宪法，制定法律，监督宪法和法律的实施，批准国际条约，决定公民实行复决和大赦，批准政令，审议并通过政府的施政纲领、发展计划和预算。本届议会于2011年3月11日选举产生，任期五年。在总共72个议席中，独立党拥有38席，民运获32席，佛得角民主独立联盟—基督教民主党获2席。议长巴西利奥·莫索·拉莫斯（Basílio Mosso Ramos），独立党成员，2011年3月当选。

【政府】本届政府于2011年3月21日组成。主要成员有：总理若泽·马里亚·佩雷拉·内韦斯，总理助理兼卫生部长玛丽亚·克里斯蒂娜·丰特斯·利马（Maria Cristina Fontes Lima，女），财政和计划部长克里斯蒂娜·杜阿尔特（Cristina Duarte，女），部长会议和国防部长若热·托伦蒂诺（Jorge Tonentino），外交部长若热·阿尔贝托·席尔瓦·博尔热斯（Jorge Alberto Silva Borges），议会事务部长鲁伊·塞梅多（Rui Semedo），内政部长玛丽萨·埃莱娜·多纳西门托·莫赖斯（Marisa Helena do Nascimento Morais，女），司法部长若泽·卡洛斯·洛佩斯·科雷亚（José Carlos Lopes Correia），基础设施和海洋经济部长若泽·马里亚·韦加（José Maria Veiga），环境、住房和土地规划部长莎拉·玛丽亚·杜阿尔特·洛佩斯（Sara Maria Duarte Lopes，女），青年、就业和人力资源发展部长贾妮拉·伊莎贝尔·丰塞卡·霍普费尔·阿尔马达（Janira Isabel Fonseca Hopffer Almada，女），教育和体育部长费尔南达·马克斯（Fernanda Marques，女），高等教育、科学和创新部长安东尼奥·莱昂·科雷亚·席尔瓦（António leão Correia e Silva），旅游、工业和能源部长温贝托·布里托（Humberto Brito），文化部长马里奥·卢西奥·索萨（Mário Lúcio Sousa），侨民部长费尔南达·费尔南德斯（Fernanda Fernandes，女）。

【行政区划】全国原划分为16个县，1997年1月改划为17个市，2005年5月增至22个市。

【司法机构】法院分最高法院、地区法院和分区法院三级。最高法院院长由总统任免。现任最高法院院长阿尔灵多·梅迪纳（Arlindo Medina），2009年2月就职。检察院分为三级。总检察长由总统任免。现任总检察长儒里奥·塔瓦雷斯（Júlio Tavares），2008年9月就职。

【政党】有两个主要政党：

（1）佛得角非洲独立党（Partido Africano da Independência de Cabo Verde）：执政党。1981年与几佛非洲独立党分裂后成立。现有党员1.1万余人。1975年佛独立后长期执政，1991年沦为在野党。2001年在议会选举中获胜，重新成为执政党，并在2006年和2011年议会选举中连续获胜。主张推进民主进程，建立社会正义。1992年加入社会党国际。党主席为总理内韦斯，总书记阿尔明多·毛里西奥（Armindo Mauricio）。

（2）争取民主运动（Movimento para a Democracia）：最大反对党。1990年3月14日成立，1991～2000年间执政。宗旨是以民主方式发展国家。主张政治多元化和经济私有化，推行市场经济和贸易自由化，在民主基础上同国际上其他政党建立联系。2003年6月加入中央民主国际。党主席为卡洛斯·韦加（Carlos Veiga），2009年10月当选。

其他政党还有：佛得角民主独立联盟—基督教民主党（União Cabo-verdiana Independente e Democrática- Partido Democrático Cristão，UCID-PDC）、劳动团结党（Partido de Trabalho e da Solidariedade，PTS）、民主革新党（Partido da Renovação Democrática，PRD）、社会民主党（Partido Social Democrático）等。

【重要人物】若热·卡洛斯·丰塞卡：总统。1950年10月20日生于佛得角圣维森特岛。早年留学葡萄牙里斯本大学，获法学硕士学位。系民运创始人之一。1975～1977年任佛移民局局长，1977～1979年任外交国务秘书，1991～1993年任外长。2001年以独立候选人身份参选总统失败。2011年8月作为民运候选人在总统选举中胜出，9月9日宣誓就职。 **若泽·马里亚·佩雷拉·内韦斯**：总理。1960年3月28日生于佛得角圣地亚哥岛圣塔卡塔利那市。1986年毕业于巴西圣保罗企业管理学院，获学士学位。回国后曾担任政府及多家企业和国际组织行政管理顾问，并从教于高等教育学院。1991～1997年担任独立党政治局委员，1993～1995年任独立党外事书记，2000年6月当选该党主席。2000年当选圣塔卡塔利那市市长。2001年2月出任总理，2006年和2011年两次连任。

经　济

经济以服务业为主，产值占国内生产总值70%以上。粮食不能自给，工业基础薄弱。20世纪90年代初开始改革经济体制，调整经济结构，推行经济自由化。独立党重新执政后，提出以发展私营经济为核心的国家发展战略，重点发展旅游业、农业、教育、卫生及基础设施建设。2007年12月，佛加入世界贸易组织。2008年，佛正式脱离最不发达国家名单，进入中等收入国家行列。2009年，受国际金融危机和国内自然灾害影响，经济增长放缓。为应对危机，佛政府采取一系列刺激措施，加大基础设施建设投入，努力促进旅游服务业和海洋渔业发展，积极推动经济转型。与此同时，进行机构改革，削减预算开支，使经济恢复增长，2010年增长率为4.5%。2011年主要经济数据如下（资料来源：佛得角中央银行）：

国内生产总值（GDP）：22.6亿美元。

人均国内生产总值：4400美元。

国内生产总值增长率：5.2%。

货币名称：佛得角埃斯库多（Escudo）。

汇率：1美元＝79.3佛得角埃斯库多。

通货膨胀率：4.6%。

失业率：10.2%。

【资源】资源匮乏，主要矿产有石灰石、白榴火山灰、浮石、岩盐等。

【工业】基础薄弱，以建筑业为主。中小建筑公司主要从事商业和民用住宅建筑，几家大公司主要从事基础设施和公共工程建设。制造业不发达，近年来在国内生产总值中的比重不断下降，目前不足1%。有中小工厂150余家，主要从事制衣、制鞋、水产加工、酿酒、饮料装瓶等。2007年工业产值占国内生产总值的16.5%，工人约占劳动总人口的29%。

【农牧渔业】2009年农业和渔业产值约占国内生产总值9%，全国25%的人口从事农业和渔业。可耕地3.8万公顷，约占国土总面积的16.1%。耕地大部分集中在圣地亚哥和圣安唐两岛。主要产品有玉米、豆类、薯类、甘蔗、香蕉、咖啡等。由于自然条件较差，经常发生旱灾，粮食不能自给，年产仅占需要量的15%。

佛有73.4万平方公里的专属经济区，渔业资源较丰富，尚未完全开发利用。捕鱼业在国民经济中占重要地位，从事渔业人口约1.4万，捕鱼量每年可达3.7万吨，每年出口海产品约1万吨，主要为龙虾、金枪鱼和虾类。2007年渔业出口额占出口总额的35.4%，成为重要的外汇来源。2005年12月，佛与欧盟签署2006～2011年渔业合作协议，规定自2006年9月至2011年8月，欧盟84艘渔船每年可在佛领海捕捞5000吨鱼，同时欧盟每年向佛支付32.5万欧元补偿金，并提供6万欧元捐赠，用于促进渔业可持续发展。

【服务业】在国民经济中占有相当重要位置，主要包括旅游、运输、商务和公共服务。服务业产值约占国内生产总值的70%。约50%的劳动人口从事服务业。其中旅游业已成为经济增长和就业的主要来源，旅游基础设施发展迅速。博彩业是一新增长点。截至2010年年底，共有各类旅馆178家，客房5891间，床位1.14万张。2011年酒店总入住人数为47.53万人次，同比增长24.5%。主要客源地为英国、法国、德国和葡萄牙等欧洲国家。

【交通运输】岛内港口和公路等运输设施较完备。公路总长2250公里，主要是石块路。现有各种机动车辆7.8万辆。

萨尔岛的阿·卡布拉尔国际机场可供起降波音747客机，年客流量30万人次。首都普拉亚国际机场、博阿维斯塔岛国际机场分别于2005年11月和2007年10月建成并投入使用。佛得角航空公司辟有通往欧洲、非洲、巴西和美国的国际航线，葡萄牙等欧洲国家航空公司和包机公司有飞往佛得角的航班。2010年航空旅客160.4万人次。

全国共有港口8个，最大港口为明德罗市的大港（Porto Grande）。2007年佛全国各港口的集装箱吞吐量为50362个标准集装箱，较2006年增长7%。佛有通往葡萄牙、西班牙、北欧、巴西和非洲大陆的班轮。

【财政金融】近年来财政收支情况如下（单位：亿佛得角埃斯库多）：

	2008	2009	2010
收入	392	437	424
支出	407	514	571
差额	–15	–77	–147

（资料来源：国际货币基金组织官方网站）

据2012年4月经济季评的统计，截至2011年3季度末，外汇储备（不含黄金）为3.09亿美元，外债为2亿美元。

【对外贸易】80%以上的日常生活用品及全部机械设备和建筑材料、燃料等依靠进口。主要出口产品为船用燃料、香蕉、服装、鞋类、金枪鱼罐头、冻鱼、龙虾、食盐、火山灰等。

每年均有巨额贸易逆差。主要贸易伙伴是葡萄牙、西班牙、美国、英国、意大利和比利时等。近年货物贸易情况如下（单位：百万美元）：

	2009	2010	2011
出口额	94.0	135.3	191.4
进口额	770.8	814.2	980.5
经常项目余额	–676.8	–678.9	–789.1

（资料来源：2012年4月经济季评）

【外国援助】据经济与合作组织统计，佛2009年共接受外援1.96亿美元。主要援助方为葡萄牙（6400万美元）、美国（3000万美元）、欧盟（2500万美元）、西班牙（2100万美元）、卢森堡（1700万美元）、世界银行（1200万美元）等。

【外国资本】2008年外国直接投资2.09亿美元，主要投向旅游业。

人民生活

根据联合国开发计划署公布的《2011年人类发展报告》，佛得角的人类发展指数在187个国家中排名第133位。2011年，卫生支出占国内生产总值的3.5%，人均寿命74.2岁，5岁以下儿童死亡率为28‰。2006年，全国家庭中的8%有电脑，62%有电视，70%有收音机。76.1%的家庭有清洁供水，67%的家庭接入市政电网。2008年，全国固定电话用户约7.2万，移动电话用户27.8万，国际互联网用户约1.5万。2009年77.5%的居民拥有移动电话，在撒哈拉以南非洲位列第七。

军 事

实行义务兵役制。服役期14个月。2007年佛得角人民革命武装力量总兵力1200人。现任总参谋长安特罗·马托斯（Antero Matos）。

文化教育

【教育】政府重视发展教育事业，2011年教育支出占国内生产总值的5.9%。实行中小学义务教育。95%的学生可以完成小学教育，中学入学率为58%。重视成人教育，设有各类培训中心。15岁以上成人识字比例为84.8%。2006/2007学年共有注册学生154518人，教师6536名。有私立大学1所，学生410人，教师55人。2006年11月，佛成立第一所公立大学——佛得角大学。目前，佛共有4所大学。

【新闻出版】主要有《周报》和《岛屿快报》两份日报。还有《观点》和《自由》等月刊。

新闻通讯社：1998年2月成立，由原《佛得角新报》、佛通讯社和佛出版社合并组成，向社会提供文字新闻。

有一家国营电视台，即佛得角广播电视台，1997年由佛得角国家电台和佛得角国家电视台合并而成。另外，政府还为一个私人电视台和两个有线电视台颁发了许可证，目前尚未营运。全国有12家广播电台。

对外关系

奉行和平、中立和不结盟外交政策。主张外交为发展服务。愿在相互尊重主权、互不干涉内政、平等互利的基础上与世界各国发展友好合作关系。现为联合国、世界贸易组织、不结盟运动、葡语国家共同体、法语国家组织、非洲联盟、西非国家经济共同体等组织成员。同110个国家有外交关系。

【同中国的关系】1976年4月25日，中佛建交。建交以来，两国关系始终稳定、健康发展。

2011年两国友好交往密切。4月，全国人大常委会副委员长陈至立访佛，同月，中共中央政治局常委李长春同志过境佛得角，6月，商务部副部长蒋耀平访问佛得角。

2011年，中佛贸易额为4981万美元，同比增长45%，绝大部分为中方出口，主要出口产品为机电和轻纺产品。

中国驻佛得角大使：李春华。馆址：B.P. 8 Praia, Achada de Santo António, Praia, Cape Verde。电话：00238–2623027（办公室、签证处），2623029（经商处）；传真：2623047（办公室、签证处），2623007（经商处）。

佛得角驻华大使：儒利奥·塞萨尔·弗莱雷·德

莫赖斯（Júlio César Freire de Morais）。馆址：北京市朝阳区塔园外交公寓5-1-71。电话：010-65327547，65320758；传真：65327546。

【同葡萄牙的关系】两国保持着特殊关系。双方高层交往频繁，各领域合作密切。葡是佛最大援助国和主要贸易伙伴之一。2007年，佛总统皮雷斯、总理内韦斯、外长博尔热斯先后访葡。2008年7月，佛总统皮雷斯访葡。11月，佛总理内韦斯、外长布里托先后访葡。同月，葡议长伽马访佛。2009年3月，葡总理苏格拉底访佛。2010年6月，内韦斯总理出席在葡举行的第一届佛—葡首脑会议。7月，葡总统席尔瓦访佛。11月，利马议长访葡。2011年6月，皮雷斯总统访葡。7月，佛新任外长博尔热斯访葡。

【同美国的关系】佛美关系良好。佛在美有侨民30万，年均侨汇1000多万美元。佛系"非洲增长与机遇法"受惠国。佛美签有航空运输合作协议。2006～2009年，内韦斯总理四次访美。2007年，佛成为美"千年挑战账户"受益国，美承诺五年内在该框架下向佛提供约960万美元，其中700万美元将用于水文、农业和私营企业发展等项目。2012年1月，美国国务卿希拉里过境佛。2012年2月，美佛签署"千年挑战账户"二期协议，佛成为第一个"千年挑战账户"二期项目受惠国，美将在此项下向佛提供6620万美元援款。

【同欧盟的关系】双方关系密切，互派有常驻代表。长期以来，欧盟向佛提供了大量援助。2005年6月，博尔热斯外长访问欧盟。2007年10月，欧盟与佛宣布建立特殊伙伴关系，佛成为第一个与欧盟建立上述关系的非洲国家。2010年，内韦斯总理接连访问比利时、荷兰、卢森堡、西班牙、意大利、法国并出席在尼斯举行的法非首脑会议。11月，皮雷斯总统出席在利比亚举行的第三届非洲—欧盟首脑会议。2011年9月，丰塞卡总统对葡萄牙、西班牙进行私人访问。12月，欧盟决定免除从佛进口产品关税并取消对佛进口配额限制。

【同葡语国家共同体的关系】1996年7月17日加入葡语国家共同体，为创始国之一。强调葡语国家间"共同文化属性"，主张成员国间加强政治、外交、经济和社会方面的合作。2004年7月，佛常驻联合国代表丰塞卡在第五届葡共体首脑会议上当选为葡共体执行秘书。此后，佛多次承办葡语国家和葡共体各类部长级专门会议。2009年，内维斯总理出席了葡共体有关活动，并赴巴西访问。2010年8月，内韦斯总理访问安哥拉。2011年7月，佛新任外长博尔热斯访问安哥拉。9月，几内亚比绍总统萨尼亚、安哥拉副总统费尔南多赴佛出席佛前总统佩雷拉葬礼。11月，丰塞卡总统赴巴西出席伊比利亚美洲国家首脑会议。11月，博尔热斯外长访问几内亚比绍。

（史少静）

冈 比 亚

国名 冈比亚共和国（Republic of the Gambia）。

面积 11295平方公里。

人口 180万（2011年）。主要民族有：曼丁哥族（占人口的42%）、富拉族（又称颇尔族，占18%）、沃洛夫族（占16%）、朱拉族（占10%）和塞拉胡里族（占9%）。官方语言为英语，民族语言有曼丁哥语、沃洛夫语、富拉语（又称颇尔语）以及无文字的塞拉胡里语等。居民90%信奉伊斯兰教，其余信奉基督教和拜物教。

首都 班珠尔（Banjul），人口3.2万（2011年）。最高气温32℃，最低气温15℃。

国家元首 总统叶海亚·贾梅（Yahya A.J.J. Jammeh），1994年7月27日就任冈比亚武装力量临时执政委员会主席，1996年9月当选总统。2001年、2006年和2011年三次蝉联。

重要节日 独立日：2月18日。

简 况

位于非洲西部，为一狭长平原嵌入塞内加尔共和国境内。西濒大西洋，海岸线长48公里。属热带草原气候，内地平均气温约27℃。

15～16世纪，葡萄牙人曾入侵。此后，英国和法国殖民者也相继侵入。1783年，《凡尔赛和约》把冈比亚河两岸划归英国，把塞内加尔划归法国。1889年，英、法达成协议，划定当今冈边界。1965年2月18日，冈正式独立。1970年4月24日冈宣布为共和国。独立后人民进步党长期执政，党的领导人贾瓦拉独立后任总理，实行共和制后当选总统并多次连任。1994年7月，叶海亚·贾梅中尉发动兵变，推翻贾瓦拉政权，成立了以贾梅为主席的武装力量临时执政委员会。1996年9月，贾梅当选总统，并于2001年、2006年和2011年三次蝉联。

政 治

贾梅执政以来，强调和平与稳定，号召人民勤奋工作，摆脱贫困。2007年1月，贾领导的爱国调整与建设联盟在议会选举中获得绝对多数席位。2008年1月，冈举行地方政府选举，执政党爱国调整与建设联盟在多数市镇获胜。2011年11月，贾梅在新一届总统选举中获72%的选票，第三次蝉联。2012年3月29日，冈举行新一届立法选举，贾梅领导的爱国调整与建设联盟再次赢得绝对多数席位。目前冈政局总体稳定。

【宪法】现行宪法于1996年8月8日经全民公决通过。宪法规定总统为国家元首、政府首脑和武装部队总司令；总统由直接普选产生，每届任期五年，连任次数不限；副总统、各部部长由总统任命；政府可视情宣布"国家紧急状态"。

【议会】为一院制，称众议院，是全国最高立法机构。由53名议员组成，其中民选议员48名，总统任命议员5名。每届议会任期五年。本届议会于2012年3月选举产生。议长、副议长从5名总统任命的议员中选举产生。现任议长阿卜杜利耶·博章（Abdoulie Bojang），2010年12月当选。

【政府】本届政府成立于2012年5月。主要成员有：总统兼武装部队司令叶海亚·贾梅，副总统兼妇女事务部长伊莎图·恩杰—赛义迪（Isatou Njie-Saidy，女），外交、国际合作与侨务部长曼布里·恩杰（Mambury Njie），财政和经济事务部长阿卜杜·科莱（Abdou Kolley），内政部长奥斯曼·松科（Ousman Sonko），司法部长兼总检察长拉明·乔巴尔特（Lamin Jobarteh），旅游和文化部长法图·迈斯·乔贝—恩杰（Fatou Mas Jobe-Njie，女），高教与科技部长马马杜·坦加拉（Mamadou Tangara），林业和环境部长法图·恩德耶·盖伊（Fatou Ndeye Gaye）等。

【行政区划】全国分为2个市（班珠尔市和卡尼芬市）和5个区（西方区、下河区、麦卡锡岛区、上河区和北岸区），区以下分35个县，村为基层单位。

【司法机构】分最高法院和地方法院。以英国司法制度为基础，辅以本国制定的法律、穆斯林法以及传统习惯法。1997年成立司法服务委员会，负责任命司法官员和法庭人员等，主席由大法官担任。首席大法官埃玛缪勒·阿吉姆（Emmanuel Agim）。总检察长由司法部长拉明·乔巴尔特兼任。

【政党】1994年军政权上台后禁止党派活动，2001年宣布解除党禁。目前，冈主要政党有：

（1）爱国调整与建设联盟（The Alliance for Patriotic Re-orientation and Construction，APRC）：执政党。1996年8月成立，成员多为朱拉族人。宗旨是团结、自力更生、进步。在本届议会占43席。主席为总统叶海亚·贾梅。

（2）联合民主党（The United Democratic Party，UDP）：主要反对党。1996年8月成立，成员多为曼丁哥族人。宗旨是民主、自由、安全、正义、和平、进步。主席乌赛努·达博（Ousainou Darboe）。

（3）民族和解党（The National Reconciliation Party，NRP）。系1996年8月成立，在本届议会占1席。主席哈马特·巴（Hamat Bah）。

【重要人物】叶海亚·贾梅：总统。1965年5月25日生于冈比亚西方区卡尼莱村。朱拉族。信奉伊斯兰教。1984年4月加入冈国家宪兵队。1989年8月至1990年1月担任总统卫队队长。1991年后曾任宪兵机动队队长、警察部队指挥官等职。1994年7月政变上台，任国家元首、武装力量临时执政委员会主席。1996年9月当选总统。2001年10月、2006年9月和2011年11月三次蝉联。

经　济

系最不发达国家，农业国，工业基础薄弱。20世纪80年代中期开始经济调整，执行自由经济政策。近年来，重点发展农业、旅游业和金融业，加强基础设施建设，提高教育、卫生和社会福利水平，努力改善人民生活。2011年主要经济数据如下（资料来源：2012年4月《经济季评》）：

国内生产总值：10.71亿美元。

人均国内生产总值：595美元。

国内生产总值增长率：5.5%。

货币名称：达拉西（Dalasi）。

汇率：1美元＝30达拉西。

【资源】资源贫乏。已探明有钛、锆、金红石混生矿（储量约150万吨）和高岭土（50多万吨）。

【工业】基础薄弱，发展缓慢。主要为农产品加工和建筑业，还有少量轻工业。2009年工业产值1.455亿美元，约占国内生产总值的15.5%。

【农业】2009年农林渔业产值约2.58亿美元，约占国内生产总值的27.5%。从业人口占全国80%劳动力。可耕地面积48万公顷，半数种植花生。主要粮食作物有玉米、小米、谷子、高粱、大米等。粮食不能自给，大米主要从亚洲国家进口。

近10年来，冈政府对渔业投资较多，渔业产值大幅增加。目前，冈有8家渔业加工厂，提供大量就业。产量的90%出口欧洲。

【旅游业】冈外汇主要来源之一。近年来，旅游业发展较快。目前，全国共有旅游宾馆30余家，床位6600张。2006/2007年接待外国游客14万人次，创汇4530万美元。游客55%来自英国，其他来自瑞典、德国等。

【交通运输】无铁路。

公路：总长2390公里，其中沥青路510公里，石子路800公里，土路1080公里。

水运：冈比亚河横贯东西全境，是冈内陆地区的主要运输线。班珠尔港是冈主要的国际海运港口，月处理集装箱800标准箱，年吞吐量为25万吨。

空运：首都班珠尔的云杜姆（Yundum）国际机场可起降各类大型客机，每周有定期航班飞往美国、比利时、瑞士、西班牙、加纳、尼日利亚和塞内加尔等国。年接送旅客能力为100万人次。

【财政金融】财政收入主要为税收，少量为援款。近年财政收支情况如下（单位：亿冈比亚达拉西）：

	2009	2010	2011
收入	45.8	57.5	56.5
支出	53.6	57.7	61.2

（资料来源：冈比亚财政和经济事务部网站）

2011年，外汇储备（不含黄金）为2.2亿美元（2012年4月经济季评）。

冈比亚中央银行建于1971年，负责制定和贯彻执行国家货币和信贷政策以及调控商业银行业务。截至2007年，共有9家商业银行、1家伊斯兰开发银行、5家外钞兑换所和1家非银行的金融机构。冈比亚渣打银行为最大的商业银行。

【对外贸易】实行自由贸易政策，进口关税较低，向邻国转口贸易活跃。近年进出口情况如下（单位：百万美元）：

	2009	2010	2011
出口	94.8	98.2	103.7
进口	297.3	313.1	326.5

（资料来源：2012年4月《经济季评》）

主要进口食品、机械运输设备、工业制成品、矿产品和燃料润滑油等；主要出口花生制品、蔬菜水果、棉花制品、鱼及鱼制品。2010年主要出口对象有中国、印度、法国、英国、美国等，进口主要来自中国、巴西、科特迪瓦、塞内加尔、印度等。

【外国援助】据经济与合作组织统计，冈2010年共接受外援1.21亿美元。主要援助方为欧盟、日本、国际开发协会、国际货币基金组织、美国等。

2007年2月，国际货币基金组织批准冈2007～2010年“减贫和增长计划”，2010年2月，国际货币基金组织决定将“减贫和增长计划”在冈延长一年。截至2010年底，冈在“减贫和增长计划”框架内累计收益3438万美元。

人民生活

根据联合国2011年度人类发展报告，冈比亚的人类发展指数在187个国家居第168位。60.4%的人口生活在贫困线以下。全国城镇医疗卫生机构50个（其中医院3所），村庄医疗站291个，妇幼保健站136个。平均每10万人有4名医生。疟疾为最大死因，染病率为17.34%，其次是结核和寄生虫病。2011年人均寿命约60.4岁。婴幼儿死亡率为10.3%，孕产妇死亡率0.4%。

军 事

1985年议会通过武装部队法。1996年宪法规定实行义务兵役制。军事力量主要包括国民军、国家卫队和警察部队等。冈国民军创建于1984年2月，2007年度总兵力约800人，包括2个步兵营、1个总统卫队和1支海军。参谋长为马萨内·金德（Massaneh Kinteh）。国家卫队成立于1997年8月，负责打击贩毒、走私等，现有110人。警察部队成立于1992年2月，包括警察和宪兵，现有1000余人。

文化教育

【教育】2011年，成人文盲率为46.5%，适龄儿童入学率57.3%。全国设有270个扫盲中心。小学实行免费教育。2011年教育支出占GDP比重为2.7%。冈比亚大学为冈最高学府，成立于1999年，设医学、农业与生物、科技、人文、社科、教育及经济学院，年招生约300名。

【新闻出版】《冈比亚日报》是唯一的官方报纸，每周一、三、五出版，公共假日停刊，发行量约5000份；《观察家日报》，1992年创办的私人报纸，每周出版5期，发行量约5000份。另有《论点》、《冈比亚新闻与报道》和《冈比亚人》等报刊。

冈比亚广播电台：官方电台，1962年5月建立，用英、曼丁哥、沃洛夫、富拉等语言播音。覆盖面为国土的2/3。1994年10月，该电台改由冈比亚电信公司经营管理，新闻节目由政府监管。希德广播电台：瑞典人经营的非政治性私人电台，1970年5月起在班珠尔市播音。另有一家私人经营的立体声广播电台。1990年12月试播，全天播放音乐和商业广告。

冈比亚国家电视台于1995年12月开播。

对外关系

奉行不干涉别国内政、和平共处的外交政策。努力改善与西方大国的关系。重视非洲团结、稳定和区域合作，支持非洲经济一体化。积极发展与伊斯兰国家的关系。现为联合国、世界贸易组织、伊斯兰会议组织、英联邦、非洲联盟和西非国家经济共同体等组织成员。同60多个国家建有外交关系。

【同中国的关系】1974年12月14日，两国建交。1995年7月13日，冈政府决定和台湾当局恢复所谓的“外交关系”，7月25日，中国宣布中止同冈比亚的外交关系。

2011年，中冈贸易额为3.45亿美元，同比增长70%，其中中方出口额2.91亿美元，进口额5400万美元。

【同英国的关系】冈系英联邦成员国，同英国关系密切。2005年2月，英上院议长阿莫斯访冈。2007年11月，冈副总统赛义迪赴乌干达出席英联邦政府首脑会议。近年，冈英加强了在反走私缉毒等领域的合作。2010年7月，冈英有关部门联手查获一起价值10亿美元的毒品走私案。

【同美国的关系】1979年冈美建交。2003年，美在冈成立“非洲增长和机会法”信息中心。2006年6月，美以人权问题为由中止“千年挑战账户”向冈拨付援款。2009年9月，美海军舰队访冈。

【同塞内加尔的关系】冈独立后与塞内加尔关系友好。1982年2月，两国通过协议正式结成塞冈邦联。1989年9月，邦联解体。1991年5月，冈塞两国签署友好合作条约。冈曾为塞政府与塞南部卡萨芒斯地区武装分裂组织和谈的调解人。2005年，因边境税收问题，两国关系一度紧张。2006年2月，两国决定重启塞内加尔—冈比亚常设秘书处。6月，塞总统瓦德访冈。2007年4月，冈副总统赛义迪赴塞出席瓦德总统就职仪式。11月，两国重启部长级磋商机制。2010年1月，瓦德总统对冈进行工作访问。4月，冈总统贾梅出席塞独立50周年庆典。2011年5月，塞总理恩迪亚耶访冈。2011年8月，塞总统瓦德访冈。2012年5月，塞新任总统萨勒访冈。

【同尼日利亚的关系】冈独立后与尼日利亚关系密切。冈塞邦联解体后，冈尼签署了防务协议。尼曾派大型军训团负责冈国民军的建设和训练，并曾派人出任冈军司令。同时冈与尼在司法、农业、医疗卫生、教育等领域进行广泛合作，尼向冈派有技术人员。2003年8月，冈国民议会批准了冈比亚—尼日利亚友好合作协定。2005年5月，尼总统访冈。2010年1月，尼外长访冈。（刘国华）

刚果（布）

国名　刚果共和国（The Republic of Congo，La République du Congo），简称刚果（布）。

面积　342000平方公里。

人口　398万（2011年）。全国有大、小民族56个，属班图语系。最大的民族是南方的刚果族，包括拉利族、巴刚果族、维利族，约占总人口的45%；北方的姆博希族占16%；中部太凯族占20%；北方原始森林里还生活着少数俾格米人。官方语言为法语。民族语言南方为刚果语、莫努库图巴语，北方为林加拉语。全国居民中一半以上信奉原始宗教，26%信奉天主教，10%信奉基督教，3%信奉伊斯兰教。

首都　布拉柴维尔（Brazzaville），人口125万（2010年估算数），年平均气温约26℃。

国家元首　共和国总统德尼·萨苏—恩格索（Denis Sassou-N'guesso），1997年10月就任，2002年3月正式当选，2009年7月胜选连任。

重要节日　独立日：8月15日。

简　况

位于非洲中西部，赤道横贯中部。东、南两面邻刚果（金）、安哥拉，北接中非、喀麦隆，西连加蓬，西南临大西洋，海岸线长150多公里。南部属热带草原气候，中部、北部为热带雨林气候，气温高，湿度大。年平均气温在24℃～28℃之间。

13世纪末至14世纪初，班图人在刚果河下游建立了刚果王国。1880年10月3日，法国人正式占领这片土地，开始殖民统治。1884～1885年，柏林会议上刚果河以西地区被划为法国殖民地，即现刚果（布）。1910年，刚果成为法属赤道非洲四领地之一（另有加蓬、乍得、中非），称中央刚果，布拉柴维尔是法属赤道非洲的首府。1957年取得“半自治共和国”地位。1958年11月成为“自治共和国”。1960年8月15日宣布独立，但仍留在法兰西共同体内，定名刚果共和国。1961年3月27日，菲勒贝尔·尤卢（Fulbert Youlou）出任总统。1963年爆发“八月革命”，尤卢政权被推翻，阿尔方斯·马桑巴—代巴（Alphose Massamba — Débat）当选总统。1968年7月31日，马里安·恩古瓦比（Marien Ngouabi）等联合发动“七·三一运动”，推翻马桑巴—代巴。12月恩古瓦比出任总统，次年12月改国名为刚果人民共和国。1977年，恩古瓦比遇刺身亡，若阿基姆·雍比—奥庞戈（Joachim Youmby-Opango）出任总统。1979年2月，执政党刚果劳动党（简称刚劳党）中央全会罢免雍比，召开特别大会选举德尼·萨苏—恩格索为总统。1990年刚实行多党制。1991年6月重新恢复刚果共和国国名。1992年举行首次多党总统大选，泛非社会民主联盟主席帕斯卡尔·利苏巴（Pascal Lissouba）击败萨苏，当选总统。1997年6～10月，刚发生内战，萨苏武力击败利苏巴后执政任总统。

政　治

萨苏再度执政后，推行和平、统一、民族和解政策。1998年1月，刚召开“全国和解、团结、民主和重建论坛”，决定在刚继续实行多元化民主，重建民族间信任和团结，确定3年弹性过渡期后举行总统大选。除普尔地区外，国内局势逐步恢复稳定。2001年3月、4月间，刚非排他性全国对话在首都布拉柴维尔举行，通过了政府提交的新宪法草案和和平与重建公约。2002年1月20日，刚全民公投通过新宪法。3月10日，刚举行总统选举，萨苏以压倒多数当选。此后，刚在除普尔省以外的其他地区顺利举行了立法、地方和参议院选举。8月14日，萨苏就任总统，并组成新一届政府，刚过渡期宣告结束。2003年3月，刚政府与普尔省的最后一支反政府武装签署和平协定。2006年8月，颁布《政党法》。2007年和2008年，刚举行立法选举和地方选举，总统派获绝大多数席位。2009年7月12日，刚举行内战后第二次总统选举，萨苏以78.61%高票当选连任，8月14日宣誓就职。9月15日改组政府，取消总理职位，设5名国务部长。

【宪法】2002年1月20日全民公投通过的新宪法系

刚历史上第八部宪法，规定：国家主权属于人民；共和国总统为国家元首、政府首脑和军队最高统帅，主持部长会议，任免部长，部长只对总统负责；总统由直接普选产生，任期七年，可连选连任一次；议会由国民议会和参议院组成，总统与议员共同拥有立法创议权；总统不得解散议会，议会不得罢免总统。总统职位空缺期间，由参议院议长代行总统之职。

【议会】实行两院制，包括国民议会和参议院，均有立法权。刚将于2012年中期举行立法选举。

国民议会议员137名，由直接选举产生，任期五年，可连选连任。本届议会于2007年7月选举产生，执政的刚果劳动党及其盟党获胜，普尔省代表首次进入国民议会。下设经财，司法和行政，外交与合作，防务安全，教育、文化和科技，卫生与社会，计划与领土整治等7个委员会。议长朱斯坦·孔巴（Justin Komba），刚果劳动党成员。

国民议会中有3个议会党团：总统多数派党团（有113名议员，其中刚果劳动党47名，其他总统派政党28名，独立人士38名）、刚果民主与全面发展运动党团（有11名议员）、反对党党团（有13名议员，其中泛非社会民主联盟11名，民主共和联盟—马灯党1名，小党1名）。

参议院议员66名，经地区选举团间接选举产生，任期六年，每3年通过抽签改选1/2，2005年9月和2008年8月顺利实行改选。下设法律、行政和人权，经财、生产、装备和环境，外交与合作，防务安全，教育、文化和科技，卫生、就业和社会等6个委员会。议长安德烈·奥巴米·伊图（André Obami Itou），2007年12月由参议院特别会议选举产生，刚果劳动党成员。

参议院中各党派所占席位如下：刚果劳动党19名，联合民主力量25名，泛非社会民主联盟2名，民主与社会进步联盟5名，刚果民主与全面发展运动2名，独立人士10名，小党9名。

【政府】2009年9月15日刚政府改组，现有成员37人：运输、民用航空和海上运输国务部长伊西多尔·姆武巴（Isidore MVOUBA），经济、计划、领土整治和一体化国务部长皮埃尔·穆萨（Pierre MOUSSA），掌玺、司法和人权事务国务部长艾梅·埃马努埃尔·约卡（Aimé Emmanuel Yoka），劳动和社会保障国务部长弗洛朗·齐巴少将（Florent TSlBA），工业发展和私营企业促进国务部长鲁道夫·阿达达（Rodolphe ADADA），财政、预算和国库部长吉尔贝·翁东戈（Gilbert ONDONG0），外交与合作部长巴西勒·伊奎贝（Basile Ikouébé），内政和权力下放部长雷蒙·泽菲兰·姆布卢（Raymond Zéphirin Mboulou），矿藏和地质部长皮埃尔·奥巴（Pierre OBA），可持续发展、林业经济和环境部长亨利·琼博（Henri DJOMBO），公职和国家改革部长居伊·布里斯·帕尔费·科莱拉斯（Guy Brice Parfait Kolélas），装备和公共工程部长埃米尔·乌奥索（Emile Ouosso），建设、城市规划和住房部长克洛德·阿方斯·恩西卢（Claude-Alphonse NSILOU），农业和畜牧业部长里戈贝尔·马本杜（Rigobert Maboundou），总统府负责国防事务部长夏尔·扎沙里耶·博瓦奥（Charles Zacharie Bowao），中小企业和手工业部长阿德拉伊德·穆加尼女士（Adélaïde MOUGANY），商业和供给部长克洛迪娜·穆纳里女士（Claudine MUNARI），技术职业教育、专业资格培训和就业部长安德烈·奥孔比·萨利萨（André Okombi SALISSA），初、中级教育和扫盲部长罗莎莉·卡马·尼亚马约瓦女士（Rosalie KAMA NIAMAYOUA），高教部长昂热·安托万·阿贝纳（Ange Antoine Abena），渔业和水产养殖业部长埃洛·曼普亚·曼聪（Hellot Mampouya Mantson），卫生和人口部长乔治·莫扬（George MOYEN），能源和水利部长布鲁诺·让·里夏尔·伊图瓦（Bruno Jean-Richard ITOUA），石油天然气部长安德烈·拉斐尔·洛恩巴（André Raphaël LOEMBA），科技部长：亨利·奥赛比（Henri OSSEBI），文化和艺术部长：让-克洛德·加科索（Jean-Claude GAKOSSO），社会事务、人道主义行动与互助部长埃米莉安娜·拉乌尔女士（Emilienne RAOUL），体育和体育教育部长莱昂·阿尔弗雷德·奥潘巴（Léon Alfred OPIMBAT），总统府负责经济特区事务部长阿兰·阿库瓦拉·阿蒂波（Alain AKOUALA Atipault），邮电和通讯新技术部长蒂埃里·蒙加拉（Thierry Moungalla），旅游和娱乐部长马蒂约·马夏尔·卡尼（Mathieu Martial KANI），土地事务和公产管理部长皮埃尔·马比亚拉（Pierre MABIALA），新闻和与议会关系部长比安弗尼·奥基米（Bienvenu OKIEMY），妇女促进和综合发展部长马德莱娜·伊拉·邦普图女士（Madeleine YILA BOUMPOUTOU），公民教育和青年部长阿纳托尔·科利内·马科索（Anatole Collinet MAKOSSO），运输、民用航空和商船国务部长负责商船事务的部长级代表马丁·帕尔费·艾梅·库苏·马翁古（Martin Parfait AIME COUSSOUD-MAVOUNGOU），经济、计划、领土整治和一体化国务部长负责领土整治和一体化的部长级代表若苏埃·罗德里格·恩古奥宁巴（Josué Rodrigue NGOUONIMBA）。

【行政区划】全国共划分12个省（Département），6个直辖市，97个县。

【司法机构】新宪法规定：司法权独立于立法权，不得侵犯行政或立法权权限；司法权由最高法院、审计和预算法院、上诉法院和其他国家司法机构行使；共和国总统主持最高司法会议，通过其确保司法独立；最高法院成员和其他各级法院的法官由总统根据最高司法会议的提名任命；设立宪法法院，负责监督各项法律及国际条约和协定的合宪性，监督总统选举和全民公决程序的合法性并公布其结果；设立特别法庭，负责审理总统犯有的叛国罪和议员及政府成员履行职权过程中的犯罪事实。最高法院院长普拉西德·朗加（Placide Lenga），宪法法院院长热拉尔·比钦杜（Gérard Bitsindou），总检察长乔治·阿基耶拉（Georges Akiera）。

【政党】独立后长期实行刚果劳动党一党制20余年。1990年实行多党制，目前政党总数约180多个。由执政党"刚果劳动党"领导的多党执政联盟"总统多数派联盟"在刚政坛占据主导地位。2006年8月21日，萨苏总统签署颁布经刚国民议会和参议院通过的《政党法》。《政党法》规定，各政党及政治团体须体现民族多样性，并在刚各省会设有分部以体现地区代表性；政党的成立由国家监控；财政上，政党可享受国家资助；政党活动受法律保护，但不得利用宗教进行有政治目的的宣传。主要政党情况如下：

（1）刚果劳动党（Parti Congolais du Travail）：简称刚劳党（PCT）。1969年12月31日成立，现有约17万党员。创始人为已故总统马里安·恩古瓦比。1969～1992年为刚唯一合法政党。1992年在首届多党选举中失利，成为反对党。1997年10月内战结束后，重新成为执政党。1990年12月，召开"特别四大"修改党纲党章，放弃马列主义和科学社会主义作为党的政治指导，改"先锋队"为群众党。2002年7月，放弃原"镰刀、斧头和棕榈叶"的党徽图案，改用"大象"标志。2004年11月、2005年12月召开了中央委员会第4、5次特别会议，讨论修改党纲、党章、重组易名事，但党内各派对此存有较大分歧，未达成共识。2006年8月，保守派抛开改革派擅自召开"五大"，使党险些陷于分裂境地。12月召开"特别五大"，决定搁置易名改组的争议，党内团结得以维护。2011年3月，刚果劳动党代理总书记姆武巴主持召开刚劳党第五届中央委员会第二次特别会议。会议决定2011年7月3～7日召开全党特别大会，主题为"在和平、稳定与团结的氛围中，以开放的态度重振刚果劳动党，为刚现代化建设贡献力量"。7月，第六届特别大会召开，选举萨苏总统为中央委员会主席，恩戈洛为总书记。

（2）总统多数派联盟（Rassemblement pour la Majorité Présidentielle—RMP）：2007年12月立法选举前成立，在原"联合民主力量"（Forces Démocratiques Unies-FDU）基础上重组并扩建，联合近百个拥护萨苏总统的党派和政治团体，旨在迎战立法选举并支持萨苏赢取2009年总统选举。目前尚未选出主席，刚劳党常务书记恩卡卡拉暂时代理内部事务，姆武巴为全国协调人。

（3）泛非社会民主联盟（Union Panafricaine pour la Démocratie Sociale）：简称泛非联盟（UPADS）。前政权执政党，现最具实力的反对党。1991年1月成立，6月获合法地位。有约12万名党员，势力范围主要在南方各省。创始人、主席为前总统帕斯卡尔·利苏巴（Pascal Lissouba）。1997年10月，利苏巴在内战失败后流亡国外。12月召开会议，原执行局成员、前国务部长马丁·姆贝里当选为代理第一书记，并组成临时执行局。1998年1月，参加"全国和解、团结、民主和重建论坛"。2000年8月，举行全国委员会特别会议，选举姆贝里为总书记和代理主席。2001年12月，姆贝里因党内矛盾辞职另组新党。2004年9月，利苏巴指定翁加古·达楚（Ongakou Datchou）任主席，保罗·马基塔（Paul Makita）为党的总书记，宣布党员不得进入国家机构，将进入议会的议员开除出党。2006年12月，召开"一大"，马比阿拉当选总书记。2007年参加立法选举，获得11个席位，成为议会第二大党，但公开表示在党的领导人仍流亡国外的情况下无意入阁。马比阿拉代表的"白派"与前总书记穆库埃凯（Christophe Moukoueke）代表的"黄派"之间存在很大分歧，党内分裂严重。2010年12月，UPADS召开会议，选举马比阿拉（Mabiala）为总书记。

（4）刚果民主与全面发展运动（Mouvement Congolais pour la Démocratie et le Développement Intégral）：简称民发运动（MCDDI）。1989年8月3日成立，1990年底获合法地位。曾为前政权参政党。曾有党员7万，势力范围主要在普尔地区和布拉柴维尔市。该党创始人、主席贝尔纳·科莱拉（Bernard Kolélas），曾任布拉柴维尔市长、总理，内战结束后流亡国外，2005年10月回国。1998年1月21日，原副总书记、时任工矿部长米歇尔·芒布亚（Michel Mampouya）当选为代理主席，勒当贝·昂比利（Letembet Ambilly）当选为总书记。1998年1月，参加"全国和解、团结、民主和重建论坛"。科莱拉回国后，改组党的领导机构，宣布退出反对党联盟，呼吁放弃暴力，与政府共谋和平与发展。2006年4月，代理主席芒布亚宣布另立新党"维护共和国价值党"（Parti pour la Sauvegarde des Valeurs Républicaines—PSVR）。2007年4月，与刚劳党结盟正式转变为总统派政党。同年参加立法选举获11席，成为议会第三大党，并进入政府。2009年，该党推选萨苏为总统大选候选人。2009年11月，科莱拉在巴黎逝世，其子居伊·布里斯·帕尔费·科莱拉（Guy Brice Parfait Kolélas）暂代理党务。

（5）民主与社会进步联盟（Rassemblement pour la Démocratie et le Progrès Social）：简称民进盟（RDPS）。1990年10月19日成立，曾有党员10万人，势力范围主要集中于南方黑角市和奎卢省。创始人为前议长让·皮埃尔·蒂斯泰尔·契卡亚（Jean Pierre Thystere Tchicaya）。自称左翼政党。党的目标是建立一个反对独断专横、专制主义和一党制的社会，反对国家成为少数人致富的机器。内战结束后，该党明确支持萨苏新政权，参与战后重建。现任主席马比奥·马翁古—曾加（Mabio Mavoungou-Zinga），总书记米歇尔·贡戈（Michel Konko）。

（6）民主与发展同盟（Rassemblement pour la Démocratie et le Développement）：简称民发同盟（RDD）。1990年11月成立，曾有党员10万人，势力范围主要在北方盆地省奥旺多。创始人为前总统若阿基·雍比—奥庞戈（Joachim Youmby-Opango），1997年流亡国外。该党内战后一度瘫痪。2004年，雍比应萨苏邀请短暂回国，与政府实现和解。2007年5月，雍被萨苏大赦正式返刚，该党重新开始活动。9月，召开党内领导人特别会议，重组领导机构，雍比任党主席，原代理主席萨蒂南·奥卡巴（Saturnin Okabe）任副主席。2008年12月，脱离反对派正式转变为总统派政党。2009年2月，与刚劳党签订政治协议，两党共同推举一名候选人参加总统大选，共同治理国家。2010年2月，在布拉柴维尔市召开会议，选举产生由13人组成的执行局及由5人组成的评估委员会，同时RDD青年组织也在此次会议上成立。

（7）民主共和联盟—马灯党（Union pour la Démocratie et la République Mwinda—UDR-Mwinda）。1992年10月成立。党员4000余人，势力范围主要在布拉柴维尔和普尔地区。创始人为前国民议会议长、过渡政府总理安德烈·米隆戈（André Milongo），于2007年7月病逝。2001年7月14日，以该党为主体成立了反对党联盟民主与进步联盟（ADP）。2007年立法选举中有1人当选议员。

【重要人物】德尼·萨苏—恩格索：共和国总统、国家元首、政府首脑、武装力量最高统帅。1943年生于刚果北部盆地省奥旺多（Owando），姆博希族人。早年曾先后在阿尔及利亚和法国的军校学习。1961年参军，后历任伞兵营连长、营长、布拉柴维尔军区司令、陆军司令、国家保安局长等职。1963年8月参加推翻尤卢政权的“八月革命”。1968年参加“七·三一运动”，后任全国革命委员会委员。刚劳党创始人之一。1969年刚劳党成立大会上当选中央委员，后历任政治局委员、常设军事委员会常务书记。1975年底任“特别参谋部”成员，兼负责国防和安全工作的部长级代表。1977年3月任革命军事委员会第一副主席，负责党务和国防。1979年3月当选为党中央主席，出任国家元首和部长会议主席。同年8月就任总统。1984年和1989年连任。1989年晋升为上将。1992年8月，竞选总统失利后下野。1997年10月再次就任总统。2002年3月10日，赢得战后首次多党大选，当选总统。2009年8月在总统大选中胜选连任。1980年7月、1987年4月、2000年3月和2005年9月作为总统访华。2006年11月来华出席中非合作论坛北京峰会，2009年11月赴埃及沙姆沙伊赫出席论坛第四届部长级会议开幕式，2010年4月来华出席上海世博会开幕式。已婚，有7个子女。

经济

石油和木材为经济两大支柱。20世纪80年代初因大规模开采石油，经济迅速发展，人均国内生产总值一度达1200美元，进入非洲中等收入国家行列。1997年内战使刚经济几陷瘫痪。1999年下半年起，国际石油价格大幅上升，刚石油收入增加，经济形势逐步好转。政府重点恢复和发展能源、水利、交通、通信和教育等领域，加大对外开放力度，改善投资环境，着力整顿经济秩序，惩治腐败，增加石油产销透明度，刚财政收入明显改善，经济持续保持恢复性增长，过去5年经济平均增长率近5%。2011年主要经济数据预测如下（资料来源：2012年伦敦《经济季评》）：

国内生产总值：170亿美元。

人均国内生产总值：4474美元。

经济增长率：5.1%。

货币名称：中非金融合作法郎（简称中非法郎）。

汇率：1美元≈471.9非洲法郎。

通货膨胀率：6%。

外汇储备：（不包括黄金）：58.76亿美元。

【资源】石油、天然气资源丰富。已探明可采石油储量约19亿桶，天然气储量约1000亿立方米。20世纪七十年代初开始在海上进行大规模开采，内陆油田尚处于勘探阶段。2010年石油日产量34万桶。2009年石油产值约占刚国内生产总值的61.7%，占出口总收入的90.3%。2010年刚石油产量达到1.14亿桶，比2009年增长14%。

钾盐矿储量约数10亿吨，磷酸盐矿600万吨，铁矿约10亿吨。此外还有铝、锌、铜等金属矿。

【林业】森林资源丰富，面积2200万公顷，约占全国面积的60%，非洲大陆森林面积的10%。可开采木材多达300余种，主要出口品种有铁木、刺果美等40余种。木材产量居非洲第10位，2007年原木产量188万立方米，出口收入近7亿美元。因国际木材市场受金融危机影响处于低迷状态，近两年刚木材生产和出口都有下降。

【工业】独立后，曾建立200多家工业企业，工业产值一度占国内生产总值的30%。因企业经营不善和战争破坏，原有生产型项目已基本不存在。现生产型企业基本是外国独资或控股。有食品、纺织、皮革、化工等工业，产值约占国内生产总值的6%。

刚全国发电装机总量为150MW，其中水电占75%，其余为火力发电。65%的电力供应需从刚果民主共和国进口。

【农牧渔业】农牧业落后，农业产值仅占国内生产总值的6.3%。粮食、肉类、蔬菜等均不能自给，90%以上依赖进口，2007年进口食品支出近2.5亿美元。可耕地面积1000万公顷，已耕种面积约20万公顷，主要集中在南方。农村人口约100万。农业生产以个体生产为主，个体农民耕种的土地占已耕面积的68%，国营和外资合营农场占28%，私营农场占2.45%。主要粮食作物有木薯、玉米、稻谷、土豆、花生、香蕉等，经济作物有甘蔗、可可、咖啡、油棕、烟草等，畜产品有牛、羊、猪、鸡等。主要粮食及经济作物产量如下（单位：万吨）：

	2005	2006	2007
木薯	98.00	102.00	106.00
菜蕉	7.70	8.00	8.20
稻谷	0.13	0.13	0.14
花生	2.28	2.33	2.37
咖啡	0.02	0.03	0.03
可可	0.04	0.04	0.04
甘蔗	65.00	65.00	66.00

（资料来源：2008年刚农业部统计司）

渔业包括海上、淡水捕鱼和养殖业。2004年海产品捕捞量2.49万吨，淡水鱼1.9万吨。法国、西班牙等欧盟国家从刚进口水产品。

【商业和服务业】刚第三产业以商业和服务业为主，在国民经济中占有较重要地位，2010年产值占国内生产总值的22.5%。商业大部分控制在以法资为主的刚果—奎卢·尼阿里贸易公司、刚—法西非贸易公司和桑加·乌班吉贸易公司的手中，零售业主要由马里和黎巴嫩人经营，小型商业服务由西非商人（以塞内加尔、马里人为主）控制。近年来，中国商人增多，大多经营日用百货等小商品。

【交通运输】铁路：大洋铁路是全国仅有的一条铁路，也是非洲最早的铁路之一，1934年由法国殖民者修建。总长886公里，其中主干线长510公里，连接首都布拉柴维尔和港口城市黑角，系刚东西交通命脉。设计年货运量300万吨，因年久失修，目前年货运量仅70万吨，客运量80万人次。

公路：总长2万公里，其中沥青路1200公里。主要有两条干线：1号公路从布拉柴维尔向西至黑角，与大洋铁路平行，长570公里；2号公路从布拉柴维尔向北经奥旺多至韦索，长856公里。刚公路年久失修，路况较差，有的已无法通行。

水运：内河航线总长约5000公里。黑角港是非洲西海岸3大海港之一，最深水位达13.2米，可停泊230米长34英尺深巨轮。年吞吐量为1000万吨左右，拥有两个集装箱码头和两个大型木材装卸码头。

空运：全国有23个机场，其中布拉柴维尔和黑角有国际航空站。刚果航空公司拥有4架小型飞机，1架租用的波音737客机和2架中国生产的“新舟60”客机，主要经营国内航运。

【财政金融】刚财政受国际市场石油价格波动的影响较大。近年来国家财政情况如下（单位：十亿非洲法郎）：

	2007	2008	2010
收入	1377	2751	2831
支出	1216	1308	2142
盈余	161	1443	689

（资料来源：2011年2月伦敦经济季评）

2000年，刚决定对银行业实施私有化，对刚果国家发展银行和刚果商业银行进行清算。2001年，刚果银行联盟被总部设在科特迪瓦的欧非投资金融机构（COFIPA）收购。2002年法国里昂信贷集团收购了刚果国际银行。2004年，摩洛哥一家私人银行控股刚果农工商信贷银行，改名刚果银行。2005年中部非洲国家银行将刚4家银行整体信誉等级定为资金状况中等脆弱，其中2家良好，1家中等脆弱，1家极差。

【对外贸易】1987年以来，由于石油产量逐年提高，对外贸易连年顺差。近年来对外贸易情况如下（单位：百万美元）：

	2009	2010	2011
出口额	6404	9621	12378
进口额	2457	3186	4917
差　额	3947	6435	7461

（资料来源：2012年伦敦《经济季评》）

主要出口产品为石油、木材、可可和咖啡等。进口成品油、运输设备、机电、建材、纺织原料和食品等。主要出口国是美国、中国、法国、印度等。主要进口国是法国、中国、意大利、美国等。

【外国资本】外资在刚主要经济部门中占重要地位，约占石油开采业的80%，建筑业的90%，商业的80%。资金主要来自法国、意大利、美国和中国。其中石油领域投资主要来自法国、意大利、美国。

【外国援助】1997年内战后，外国对刚援助一度仅限于人道主义范畴。2000年11月，国际货币基金组织首次向刚提供1400万美元援助用于战后重建。目前，刚最大援助国为法国，其次为美国、德国、意大利等，联合国、世界银行、欧盟等国际组织也向刚提供大量援助。国际援助主要集中于基础设施建设、教育、医疗卫生、减贫、环境和森林保护、人力资源培训等领域。2003年底，世界银行和国际货币基金组织批准刚恢复“重债穷国减债计划”。2004年，国际货币基金组织提供8440万美元援款支持刚“减贫促增长三年计划”。2006年，刚完成重债穷国减债计划第一阶段完成点，获得“巴黎俱乐部”67%的债务减免或延期。2007年，刚获得“伦敦俱乐部”80%的债务减免。2008年底，巴黎俱乐部免除刚6.43亿美元债务，并为1.19亿美元债务延期。2010年1月，刚达到重债穷国减债计划完成点，获免19亿美元债务。2010年3月，巴黎俱乐部成员国和巴西决定免去刚果24亿美元的双边债务，至此巴黎俱乐部已免除刚全部债务。10月，阿尔及利亚免除刚260亿非郎债务。12月，德国免除刚470亿非郎债务。2011年2月，比利时免除刚490万美元债务。

人民生活

人口自然增长率为2.9%，2010年预期寿命53.9岁。平均每个母亲育有6.3个孩子，5岁以下儿童死亡率为127‰。是撒哈拉以南非洲城市化程度较高的国家，61%的人口生活在城市。1997年战后，经济近乎崩溃，失业率高达50%以上。2000年以来经济状况逐渐好转，贫困人口从70%降至50%（2008年）。内战中各地基础医疗设施受到严重破坏，现有综合医院4所，妇幼保健医院2所，区县医院43所，医疗中心146个，医疗所464个，各种防治所215个，共有病床11000张，各类医务人员7500人，其中医生567人（包括外国医生约100人）。常见病有疟疾、艾滋病、伤寒、结核、丝虫病、脑膜炎、麻风病、血吸虫病、锥虫病和镰状细胞贫血等。

【电信】共有4家移动通信运营商，分别是ZAIN，MTN，WARID和BINTE。近年来，因固定电话使用麻烦，许多用户放弃使用，仅剩近2000用户，移动电话用户发展迅速，至2008年底超过130万。系非洲国家中最晚连接互联网的国家之一，互联网用户仅716万人，占全国人口的4.3%。由于电信基础设施较差，目前仍不能提供宽带互联网接入服务。2010年11月，刚移动电话运营商Zain被印度通信公司Airtel收购。

军　事

独立后组建军队，称“刚果武装部队”。1966年6月22日，改为“刚果国家人民军”，6月22日定为建军节。1992年3月15日通过的宪法恢复“刚果武装力量”名称。1997年10月颁布的《过渡期基本法》规定，共和国总统是军队最高统帅，在内阁会议上任命军事高级职位，根据法律规定军事职责。2002年底，萨苏总统对刚军结构做出重大调整，设立副总参谋长、三军和国家宪兵总督察，取消陆、海、空军司令，分设陆、海、空军参谋长。同时任命夏尔·理查德·蒙乔少将（Charles Richard MONDJO）为总参谋长。

实行义务兵役制，18 ~ 35岁的公民必须义务服兵役两年。近年来，随着政局逐步稳定，政府实行裁军，包括前政府军人复员和原反政府军解除武装。2009年总兵力40100人，其中陆军25000人，海军6000人，空军5100人，宪兵4000人。另有警察等准军事人员5000人。全国划分为9个军区。

文化教育

【教育】黑非洲文化教育水平较高的国家。成人扫盲率80.7%，曾数次在国际上获扫盲奖。刚历届政府均高度重视教育。1995年9月1日颁布的新教育法规定：小学、初中实行义务教育制，到16周岁为止，中等教育分普通中学和职业技术学校两类。1997年内战前教育经费曾占当年国家预算的1/5左右，2007年教育经费占国家预算的10%。全国教育工作者2.8万人，在校学生总数70多万。小学入学率为82%，初中入学率为44%，高中及中等职业技术学校入学率为27%。马里安·恩古瓦比大学是刚果唯一高等学府，下辖12所院校，47个系，14个研究（实验）室，在校学生近1万人。

【新闻出版】主要报刊有：《新共和国报》，1999年创刊的官方周报；《布拉柴维尔快讯》，1998年由中部非洲新闻署创办，现为刚发行量最大的报纸和唯一的日报。近年来还创办了20余种定期和不定期党报和私人报刊。

刚果新闻社：官方通讯社。1960年创建。内战后经营困难，每日新闻改为每周三期。

刚果电台：官方电台，用法语、英语和刚果语、林加拉语等民族语言广播。创建于20世纪40年代，独立后改名为刚果革命之声，1991年改现名。

刚果电视台：官方电视台，1973年建立。用法语、莫努库图巴语和林加拉语等播出，覆盖范围为首都布拉柴维尔和黑角市。

对外关系

奉行和平、中立和不结盟的外交政策，主张在平等互利、互不侵犯、互不干涉内政的基础上同一切奉行和平、自由、公正、团结的国家发展友好合作关系，反对霸权主义和强权政治。立足非洲，重点发展与周边国家关系，奉行睦邻友好政策，积极推动中部非洲政治、经济一体化进程。近年来，在优先发展同法国关系的同时，积极发展同美、欧盟以及亚洲国家关系，力求实现外交与合作多元化。

2009年9月，萨苏总统赴美出席第64届联大、联合国气候变化峰会，并在气变峰会上代表非盟发言。10月，赴布基纳法索参加第七届可持续发展论坛。11月，赴罗马参加世界粮食安全峰会。12月，出席哥本哈根气候变化峰会。2010年10月，萨苏总统赴瑞士出席第13届法语国家组织峰会。

【同中国的关系】1964年2月22日，中国与刚果共和国建交，此后双方友好关系发展顺利。

2010年4月萨苏总统来华出席上海世博会开幕式。2010年8月，教育部长袁贵仁作为胡锦涛主席特使出席刚独立50周年庆典。2010年11月，刚外交部秘书长奥瓦萨访华。2011年6月，刚外交部长伊奎贝正式访华。

2011年，中刚两国贸易额为51.62亿美元，同比增长48.5%，其中中方出口额4.89亿美元，进口额46.73亿美元。

中国驻刚果（布）大使：关键。馆址：AVENUE AUXENCE ICKONGA，BRAZZAVILLE，REPUBLIQUE DU CONGO。电话：00242-222811132（办公室）；传真：222811135。经商处地址：Parcelle 196，Rue Tombouele Quartier M'foa。电话：00242-222830063。

刚果（布）驻华大使：达尼埃尔·奥瓦萨（Daniel Owassa）。馆址：北京市朝阳区三里屯东四街7号。电话：010-65321658。

【同法国的关系】刚系法国前殖民地，刚法关系密切。多年来法一直是刚第一大援助国、第一大债权人（近10亿欧元）、第一大投资国和重要贸易伙伴。2005 ~ 2008年，法共免除刚5130亿非郎（约9.3亿美元）和6512万欧元债务。2007年3月，刚法签署为期5年的战略协作框架协议，法向刚援助760亿非郎，主要用于保护环境与生物多样性、教育培训、卫生等方面。2008年5月，法国负责合作与法语国家事务的国务秘书阿兰·朱佩访刚期间，与刚方签署《2008-2012年法刚伙伴关系》框架协议，允未来5年向刚提供总额1.8亿欧元援助；9月，在第六届可持续发展论坛期间，法向刚提供约525万欧元贷款，用于保护南部森林。2009年3月，萨科齐总统访刚期间，两国签署基础设施合作协议，法向刚提供3000万欧元贷款。12月，萨苏总统赴法出席刚果盆地国家气候变化立场协调会。2010年1月，法外长库什内对刚进行工作访问。目前，法在刚技术人员和侨民有7250人。2008年11月，法外交部军事与防务合作总司长访刚，双方签署军事合作协议。2010年1月，法国外长库什内访刚。4月，萨苏总统对法国进行工作访问。2009年，法刚贸易额为10.8亿美元，其中法出口额5.1亿美元，占刚进口总量的20.9%，系刚第一大进口国。

【同美国的关系】1977年刚美复交以来，两国关系逐步发展，经济、贸易往来不断增加。刚实行多党制后，美国支持利苏巴。萨苏上台后，美一度持观望态度。1999年以来，两国关系逐渐改善，美支持萨苏政权与反对派对话。2000年，刚被美列为“对非贸易法案”惠及国。2001年美成为对刚第二大援助国。美在刚重点投资石油开发，成为刚石油主要进口国。美雪夫龙公司收购了刚果石油公司25%的股份，还获得了安刚边境海上油田的开采权。2004年4月，刚内阁会议通过刚美关于国际刑事法院的双边协议草案。7月，美刚签署双边债务协议，对刚253.3亿非郎债务作出安排，其中减免债务134亿非郎，其余延期偿还。2006年6月，萨苏总统对美进行工作访问，与布什总统会谈。双方就非洲热点问题交换了意见。2009年6月，美免除刚全部共计70亿非郎债务，9月萨苏赴美出席美非商务峰会。目前，刚美直接合作不多，在刚果盆地森林伙伴框架下有间接合作，另有部分合作直接由美驻刚使馆开展。2009年，美刚贸易额为29.8亿美元，其中美进口额27.6亿美元，占刚出口总量的43.1%，系刚第一大出口国。

【同俄罗斯的关系】刚果与前苏联于1964年建交，关系密切。双方签有文化、科学、贸易、航空、经济技术合作协定和友好合作条约。苏在刚曾有相当大的影响。萨苏总统重新执政后，俄同意减免刚部分债务。2001年9月，刚俄双方签署两国外交部磋商机制议定书。2002年12月，俄外交部派团访刚，与刚外交部举行政治磋商，并宣布减免刚3亿美元债务，减债幅度达70%。俄表示希望将两国关系恢复到苏联解体前水平。目前，两国除政治联系外，其他领域合作较少，俄每年向刚提供35个奖学金名额。2011年3月，俄罗斯国家杜马副主席率代表团访问布拉柴维尔。

【同非洲国家的关系】刚重视睦邻友好，积极参与地区事务，寻求在次地区发挥作用，是中部非洲经济和货币共同体、中部非洲国家经济共同体成员国。2010年1月，萨苏总统出席在中非首都班吉举行的第10届中部非洲经济与货币共同体（CEMAC）首脑峰会，并担任该机构2010年轮值主席。2011年3月，萨苏总统赴毛里塔尼亚参加非盟利比亚问题特别委员会五国首脑会议。

同刚果（金）关系复杂。两国人员、经贸往来频繁，但在难民、流亡人士等问题上有矛盾，互信不足。2011年3月，刚果（金）因怀疑其总统卡比拉官邸遭袭有刚果（布）背景，先后召回驻刚果（布）大使和部分外交官，经萨苏总统和伊奎贝外长亲赴刚果（金）做解释工作，刚果（金）表示将重新派遣驻刚果（布）大使，两国关系有所缓和。

同安哥拉、加蓬、乍得等邻国保持友好合作关系。与安哥拉关系密切，签有军事协议，安曾在刚南部有驻军。2010年8月，安哥拉总统多斯桑托斯出席刚独立50周年庆典。与加蓬关系密切，加前总统奥马尔·邦戈夫人为萨苏长女，邦戈总统曾积极调解刚果（布）各派之间的矛盾和冲突，促成刚政府与反政府各派签署和平协议。2009年11月，萨苏总统赴加蓬会见阿里·邦戈总统；2010年8月，阿里·邦戈总统出席刚独立50周年庆典。积极调解乍得苏丹危机，强烈谴责任何危及乍得稳定的行为，推动乍苏两国签署和平协议。2008年1月，萨苏总统赴加蓬出席乍得苏丹问题会议，3月赴刚果（金）出席中部非洲国家经济共同体乍得东部问题特别峰会。2009年8月，乍总统代比出席萨苏总统就职仪式。2010年8月，代比总统出席刚独立50周年庆典。2011年1月，萨苏总统出席乍独立50周年庆典。2011年10月，中非总统博齐泽访刚。

积极发展与其他非洲国家的关系。2010年2月，布隆迪总统恩库伦齐扎访刚。4月，萨苏总统对南非进行国事访问。8月，刚举行庆祝独立50周年阅兵及群众游行，喀麦隆等14国总统，尼日利亚副总统，埃塞俄比亚、卢旺达、尼日利亚总理等多国政要出席了庆典活动。11月，卢旺达总统卡加梅访刚。2011年1月，贝宁总统亚伊访刚。4月，萨苏总统赴贝宁参加亚伊总统就职典礼。5月，萨苏总统赴科特迪瓦参加瓦塔拉总统就职典礼。11月，萨苏总统访问卢旺达。

【同其他国家的关系】近年来，刚努力构筑多元化外交格局，在巩固与法国传统关系的同时，积极发展同欧盟、亚洲和拉美国家的友好合作关系。

2009年3月，与意大利签署协议，意免除刚全部共计7200万美元债务。5月，与澳大利亚正式建立外交关系。7月，与世界粮农组织签署总额422亿非郎的融资协议，实施国家粮食安全计划。11月，刚巴西第三届混委会在刚召开，国际货币基金组织通过刚在减贫计划框架下的第二次审查，刚获195万美元贷款权。12月，与欧盟就第10期欧洲发展基金框架下总额20亿非郎药物援助签署协议。2010年2月，与联合国开发计划署（PNUD）签署年度工作计划，PNUD将向刚政府提供83万美元资金援助以支持刚环境保护和可持续发展。3月，卡塔尔埃米尔对刚进行为期两天的友好访问。此外，刚还与印度、古巴、马来西亚等国签署了涉及抗疟、棕榈种植等领域的合作协议。（张伟）

刚果（金）

国名 刚果民主共和国（The Democratic Republic of the Congo，La République Démocratique du Congo），简称刚果（金）。

面积 2344885平方公里。

人口 约7033万（2012年）。全国有254个民族，分属班图、苏丹和尼洛特三大语系。班图语系各部族占全国人口的84%，主要分布在南部、中部和东部，其中刚果族为全国第一大族；苏丹语系各部族多居住在北部，人口最多的是阿赞德和孟格贝托两族；尼洛特语系各部族是最早生活在刚境内的土著居民，大多已被其他部族同化，仅余俾格米和阿卢尔等少数部族现生活在赤道密林里。法语为官方语言，官方承认的民族语言为林加拉语（Lingala）、斯瓦希里语（Swahili）、基孔果语（Kikongo）和契卢巴语（Kiluba）。居民50%信奉罗马天主教，20%信奉基督教新教，10%信奉伊斯兰教，10%信奉金邦古教，其余信奉各种本土原始宗教。

首都 金沙萨（Kinshasa），原名利奥波德维尔。面积9965平方公里，人口946.4万，系刚第一大城市和全国政治、经济、文化中心。年平均气温26℃。

国家元首 约瑟夫·卡比拉·卡邦格（Joseph Kabila Kabange），2001年1月执政，2006年12月6日正式当选总统，2011年12月蝉联。

重要节日 独立日：6月30日。

简况 地处非洲中西部，东邻乌干达、卢旺达、布隆迪、坦桑尼亚，南接赞比亚、安哥拉，北连苏丹和中非共和国，西隔刚果河与刚果（布）相望。西部有狭长走廊通大西洋。海岸线长37公里。北部属热带雨林气候，南部属热带草原气候。年平均气温27℃，年降水量1500～2000毫米左右。

13～14世纪是刚果王国的一部分。1884～1885年柏林会议将刚划为比利时国王的“私人采地”，称“刚果自由国”，后改称“比属刚果”。1960年6月30日宣告独立，卡萨武布当选总统，卢蒙巴为总理，定国名刚果共和国，简称“刚果（利）”。1964年8月改国名为刚果民主共和国。1965年11月国民军总司令蒙博托发动政变推翻卡萨武布，自任总统。1966年5月首都改名金沙萨，国名简称“刚果（金）”。1971年10月改国名为扎伊尔共和国。1990年4月实行多党制。1997年5月洛朗·德西雷·卡比拉推翻蒙博托政权，自任总统，恢复“刚果民主共和国”国名和独立时的国旗、国歌。1998年8月，刚部分军人在乌干达和卢旺达军队的支持下发动叛乱，津巴布韦、安哥拉和纳米比亚等国应刚政府请求出兵相助，形成地区冲突，并造成刚分裂分治局面。1999年，冲突各方在赞比亚首都卢萨卡签署停火协议。2000年，联合国安理会决定成立联合国刚果（金）特派团（联刚团，MONUC），向刚果（金）派驻维和部队。2001年1月16日，洛·卡比拉遇刺身亡，其子约瑟夫·卡比拉·卡邦格继任总统。

政治 约瑟夫·卡比拉·卡邦格继任总统后，在国际社会大力推动下，刚和平进程重新启动并取得重大进展，外国军队相继撤出，联刚团在刚部署总体进展顺利。2003年4月，刚政府和国内各派就过渡期权力分配问题达成一致，签署《全面包容性协议》和《过渡期宪法》，并于6月组成过渡政府，约·卡比拉继任过渡期总统，两个主要反政府武装“刚果民主联盟—戈马派”（简称“刚民盟/戈马派”）、“刚果解放运动”（简称“刚解运”）、政治反对派和原政府各出一人任副总统，政府各部门及军队系统负责人亦由各方分任。2005年12月，刚举行全民公投通过了《新宪法》。2006年7月和10月，刚举行总统选举，约·卡比拉当选。2009年4月刚执政党重建与民主人民党总书记博夏卜当选议长。2011年11月，刚举行总统大选，约·卡比拉以48.95%得票率蝉联，并于12月20日宣誓就职。

2008年1月，刚政府在东部北基伍省首府戈马市召开南、北基伍省和平、安全与发展大会，该地区部分非法武装组织与刚政府签署停火协议。8月，刚政府军与该地区恩孔达武装发生冲突，大量平民流离失所，引起国际社会广泛关注。2009年1月，根据双方达成的协议，卢旺达派兵进入刚东部参与围剿该地区非法武装，并逮捕了恩孔达。3月，两国政府宣布结束联合军事行动，卢军全部撤离刚境。2008年12月，刚政府联合乌干达政府、苏丹南方政府对在刚东北部地区活动的乌反政府武装上帝抵抗军采取了统一军事行动。2009年3月，乌军从刚撤出。之后在各方努力下，刚东部地区局势明显改善。2012年4月，被收编的原反政府武装"保卫全国人民大会"首领塔甘达率旧部反水，并与前来围剿的政府军交火，引发刚东局势升温。

2010年5月，联合国安理会一致通过1925号决议，决定从同年7月1日起将联刚团（MONUC）更名为联刚稳定特派团（MONUSCO），任务重心由监督停火、维持和平转向保护平民、巩固和平与维持稳定，任期一年。2011年6月到期后曾延期一年。2012年6月，联合国安理会一致通过决议，决定将联刚稳定团再延期一年，任期延至2013年6月30日。

【宪法】2006年2月18日，卡比拉总统颁布了《新宪法》。宪法规定：国家机构由总统、政府、国民议会、参议院和法院组成；总统为国家元首、三军统帅，由普选产生，任期五年，可连任一届，负责维护宪法尊严、国家独立主权和领土安全，在议会监督和政府参与下，保障国家机构正常运行；总理为政府首脑，政府与总统共同制定国策，政府是国策执行的主要负责机构；政府对议会负责，国民议会可对政府成员提出不信任案；议会两院可对总统和总理向法院提起诉讼；总统有权解散议会；司法权独立于立法和行政权，由最高法院、上诉法院、法院、民事法庭、军事法庭和检察院组成。

【议会】2011年11月28日和2007年1月19日，刚分别选举产生了国民议会和参议院，国民议会议员500名，参议院议员108名。2011年11月，刚举行立法选举，总统派获得议会多数席位。国民议会议长为奥宾·米纳库（Aubin Minaku），参议院议长为莱昂·肯戈·瓦东多（Leon Kengo Wa Dondo）。

【政府】本届政府于2012年4月28日成立，现由总理、2位副总理、25位部长和8位副部长组成。主要成员有：总理奥古斯丁·马塔塔·蓬约·马蓬（Augustin MATATA PONYO MAPON），副总理兼预算部长达尼埃尔·穆科科·桑巴（Daniel MUKOKO SAMBA），副总理兼国防与前战斗人员部长 亚历山大·卢巴·恩坦伯（Alexandre LUBA NTAMBO），外交、国际合作与法语国家组织部长雷蒙·奇班达·恩通加穆朗戈（Raymond TSHIBANDA N'TUNGAMULONGO），内政、安全、地方分权与传统事务部长里夏尔·穆耶杰·芒热（Richard MUYEJ MANGEZ），司法与人权部长维维娜·蒙巴·马蒂帕（Wivine MUMBA MATIPA，女），媒体、议会关系与新公民意识启蒙部长朗贝尔·门德·奥马兰加（Lambert MENDE OMALANGA），计划与实施现代化革命后续行动部长塞莱斯坦·武纳班迪·卡尼亚米希格（Célestin VUNABANDI KANYAMIHIGO），国企部长路易丝·蒙加·梅索齐（Louise MUNGA MESOZI，女），经贸部长让一保罗·内莫亚托·贝热波勒（Jean-Paul NEMOYATO BEGEPOLE），领土整治、城建、住房、基建、公共工程与重建部长弗里多林·卡斯韦希·穆索卡（Fridolin KASWESHI MUSOKA），交通运输部长朱斯坦·卡伦巴·姆瓦纳·恩贡戈（Justin KALUMBA MWANA NGONGO），环境、自然保护与旅游部长巴冯·恩萨·姆普图·埃利马（Bavon N'SA MPUTU ELIMA），矿业部长马丁·卡布韦卢卢·拉比罗（Martin KABWELULU LABILO），水力资源与电力部长布鲁诺·卡潘吉·卡拉拉（Bruno KAPANJI KALALA），石油部长克里斯潘·阿塔马·塔贝（Crispin ATAMA TABE），工业与中小企业部长雷米·穆松加伊·班帕莱（Remy MUSUNGAY BAMPALE），邮政、电信与新闻通讯新技术部长特里方·金一基耶·穆伦巴（Tryphon KIN-KIEY MULUMBA），就业、劳动与社会保障部长莫德斯特·巴哈蒂·卢奎伯（Modeste BAHATI LUKWEBO），公共卫生部长费利克斯·卡邦格·农比·穆克万帕（Félix KABANGE NUNBI MUKWAMPA），大学与高等教育及科研部长舍洛·洛齐马（CHELO LOTSIMA），初级、中级与职业教育部长马克尔·姆旺吉·方巴（Maker MWANGU FANBA），农业与农村发展部长让一克里索斯托姆·瓦安维蒂·穆凯斯亚伊拉（Jean-Chrisostome VAHAMWITI MUKESYAYIRA），土地部长罗贝尔·姆温加·比拉（Robert MBWINGA BILA），社会事务、人道行动与民族团结部长夏尔·纳韦吉·曼德勒（Charles NAWEJ MUNDELE），性别、家庭与儿童部长热纳维耶芙·伊纳戈西（Geneviève INAGOSI，女），公职部长让一克洛德·齐巴拉（Jean-Claude KIBALA），青年、体育、文化与艺术部长班扎·穆卡拉伊·恩松吉（BANZA MUKALAY NSUNGU），财政事务部长级代表帕特里斯·基特比·齐博勒·姆武勒（Patrice KITEBI KIBOL MVUL，直接对总理负责），外交副部长塞莱斯坦·通达·亚·卡森德（Célestin TUNDA YA KASENDE），国际与地区合作副部长迪斯马·马格本古·斯瓦纳·埃明（Dismas MAGBENGU SWANA EMIN），地方分权与传统事务副部长埃吉德·恩格科索（Egide NGOKOSO），人权副部长萨基娜·宾蒂（SAKINA BINTI，女），计划副部长萨多克·比甘扎（Sadock BIGANZA），财政部副部长罗杰·舒伦古·鲁尼卡（Roger SHULUNGU RUNIKA），预算副部长阿贝乌维·利斯卡（ABUYUWE LISKA，女），初级、中级与职业教育副部长玛吉·卢瓦卡布巴（Maguy RWAKABUBA，女）。

【行政区划】全国划分为下刚果（Bas-Congo）、班顿杜（Bandundu）、赤道（Equateur）、东方（Orientale）、东开赛（Kasai Oriental）、西开赛（Kasai Occidental）、加丹加（Katanga）、北基伍（Nord-

Kivu)、南基伍(Sud-Kivu)、马尼埃马(Maniema)10个省和首都金沙萨(Kinshasa)1个直辖市。

【政党】1990年4月前扎伊尔实行多党制后，曾涌现出428个政党(其中在内政部注册的约370个)。洛·卡比拉执政期间曾一度禁止政党活动。2001年5月，约·卡比拉总统颁布“政党和政治团体组织活动法”，正式解除党禁，同时规定各党需重新登记。主要政党情况如下：

(1)重建与民主人民党(Le Parti du Peuple pour la Reconstruction et la Démocratie—PPRD)：2003年3月31日成立，是支持约·卡比拉总统的主要政党。该党党章规定，党的理想目标是通过民主途径执掌国家政权，保障民族团结、领土完整和国家繁荣。主要机构包括全国代表大会和全国执行委员会。总部设在金沙萨。总书记埃瓦里斯特·博夏卜(Evariste BOSHAB)。现为刚第一大党，在2011年11月举行的立法选举中获得62席。

(2)卢蒙巴主义统一党(Le Parti lumumbiste unifié—PALU)：成立于1964年8月22日，在班顿杜省、下刚果省等西部省份较具影响。蒙博托时代，该党转入地下，总书记基赞加流亡国外。1992年，基赞加回国，继续从事反对蒙博托独裁统治斗争。2003年，基参加了刚果人内部对话会，并签署了全面包容性协议。由于在任命政治反对派副总统问题上与有关派别矛盾尖锐，该党拒绝参加过渡政府，作为在野党继续发挥政治影响。2006年7月，基赞加参加第一轮总统选举，得票率名列第三。之后，该党与卡比拉总统多数派联盟结盟，支持卡竞选。2006年10月，卡胜选后，基被任命为总理。2008年9月，基辞职后，该党成员穆齐托继任总理，2012年3月辞职。该党在2011年11月举行的立法选举中获得19席。

(3)刚果革新联盟(Alliance pour le Renouveau du Congo—ARC)：成立于2006年1月30日，党主席为刚果解放运动原总书记、过渡期议长、现任计划部长卡米塔图。主张维护国家和平、统一、独立与主权；通过自由、民主途径实现政权更迭；建立法治国家，尊重公民自由和人权，消除种族、性别和信仰歧视，致力于建立长久的多党民主制度。该党在2011年11月举行的立法选举中获得16席。

(4)民主与社会进步联盟(Union Pour la Démocratie et le Progrès Social—UDPS)：成立于1982年2月，是刚较具影响力的反对党，长期持激进立场，主张实行西方式民主制度。2003年拒绝参加过渡政府。2006年拒绝参加总统和立法选举。党主席艾蒂安·齐塞凯迪(Etienne Tshisekedi)，曾在蒙博托时期任总理、部长、大使等职，在2011年11月举行的总统选举中以32.33%选票位列第二。齐拒绝接受选举结果，自行宣布“当选总统”并在家中举行自己的“就职典礼”，被政府宣布无效和违宪。该党在2011年11月举行的立法选举中获得41席。立法选举结果公布后，齐赛凯迪拒绝接受并指示该党当选议员不要履职。

(5)刚果解放运动(Mouvement pour la Libération du Congo—MLC)：1998年11月10日成立，原为前扎伊尔总统蒙博托旧部成立的政治军事组织，曾长期得到乌干达支持，与卡比拉政府武装对峙。2003年6月宣布转为政党，并参加刚内部政治对话，后加入过渡政府，获得外交、计划、预算等部部长席位，党主席本巴担任过渡期主管经济和财政事务的副总统。该党总部设在赤道省，首都金沙萨及全国主要大城市建有分支机构。该党主席本巴参加总统竞选落败后，于2007年1月当选参议员。3月下旬，刚政府军武力解除本巴卫队武装，本巴赴葡萄牙治病。2008年5月，比利时警方根据国际刑事法院逮捕令在布鲁塞尔逮捕了本巴。目前，刚解运日常事务主要由该党总书记、国民议会议员姆旺巴主持。该党在2011年11月举行的立法选举中获得22席。

(6)刚果民主联盟(Rassemblement pour la Démocratie du Congo—RCD)：1998年8月刚果(金)冲突爆发后成立，原系刚图西族裔人组成的政治军事组织，2003年6月宣布转为政党。曾武装反对卡比拉政府，主要控制南基伍省、马尼埃马省、东开赛省和北基伍省南部及加丹加省北部地区，总部设在戈马。曾多次分裂，主流派别又称“刚民盟—戈马派”(RCD-GOMA)。2003年参加刚内部政治对话，后参加过渡政府，获国防、经济、国企、邮电等部部长席位，党主席鲁贝鲁瓦担任主管政治事务的副总统。

(7)刚果国家联盟(Union pour la Nation Congolaise—UNC)：成立于2010年。党主席维达尔·卡梅雷(Vital Kamerhe)，原执政党重建与民主人民党总书记，2006年12月当选国民议会议长，2009年3月因反对刚果(金)与卢旺达就清剿刚东非法武装采取联合军事行动而辞去议长职务。2010年6月UNC在刚内政部登记成立并获官方承认。同年12月卡梅雷正式对外宣布退出重建与民主人民党，辞去国民议会议长职务。2011年7月，UNC召开第一次全国大会，卡梅雷推出自己的竞选纲领，正式宣布参加总统大选。卡在2011年11月举行的总统选举中以7.74%的得票率位居第三。该党在2011年11月举行的立法选举中获得17席。

(8)变革力量联盟(Union des Forces du Changement—UFC)：成立于2011年7月24日，系现任参议长肯戈为参加2011年大选而创建。该党以“改变执政方式”为口号，主张凭借发展眼光与政治操守，努力发挥青年与妇女作用，团结所有革新力量，推行政治改革与精英治理，保障公民自由，实现全民平等与社会公正，促进地方分权与国家发展，建设全新刚果。在2011年11月举行的总统选举中肯戈以4.94%的得票率位居第四。该党在2011年11月举行的立法选举中获得3席。

【重要人物】约瑟夫·卡比拉·卡邦格：总统。1971年6月4日生于南基伍省，前总统洛·卡比拉长子。早年在乌干达和坦桑尼亚上小学和中学，1991～1993年在坦桑尼亚达累斯萨拉姆大学学习法律，后开始军旅生涯。1997年刚果（金）新政权建立后，历任总统军事顾问和副总参谋长。1999年9月任陆军司令，少将军衔。2001年1月16日洛·卡比拉总统遇刺后，被推举为国家领导人，1月26日宣誓就任总统。2003年4月7日就任过渡期总统。2006年11月赢得大选，12月6日正式就任总统。2011年11月蝉联总统，12月20日宣誓就职。　**奥宾·米纳库·恩贾朗乔科：**国民议会议长。1965年11月27日生于金沙萨市，金沙萨大学公共法学士、公共国家法专业文凭。曾任司法部人权事务小组协调人、总统特别安全顾问、外交顾问、工业与中小企业部办公厅主任等职。2005～2006年参加约·卡比拉竞选团队，2006年9月当选国民议会议员。2011年7月出任总统多数派总书记，并在11月28日举行的立法选举中获得连任。2012年4月当选国民议会议长。2009年4月18日在刚国民议会全会上以多数票首轮即当选新议长。　**莱昂·肯戈·瓦东多：**参议院议长。1935年5月22日生于赤道省。曾于1982～1986年、1988～1990年、1994～1997年三度担任总理职务。2007年5月11日当选参议长。　**奥古斯丁·马塔塔·马蓬·蓬约：**总理。1964年6月5日生于马尼埃马省，经济学国际货币经济专业学士。曾先后在刚中央银行、财政与预算部任职。2010年2月出任财政部长，2012年4月任新政府总理。

经　济

联合国公布的世界最不发达国家之一。农业、采矿业占经济主导地位，加工工业不发达，粮食不能自给。曾是非洲经济状况较好的国家之一，上世纪90年代初起，因政局持续动荡，刚经济连年负增长。1996年的内战和1998年的地区冲突，使国民经济雪上加霜，濒于崩溃。2001年卡比拉继任总统及2003年组成临时过渡政府后，刚大幅调整经济政策，推行市场经济，放松经济管制，加强与国际金融机构的合作，宏观经济状况逐步改善。2002年宏观经济出现拐点，由原来持续负增长转为正增长。2006年12月卡比拉当选总统后，刚新政府继续奉行稳健的经济政策，并启动国家重建计划和“五大工程”，宏观经济继续保持恢复性增长。2011年卡比拉蝉联总统后提出国家“现代化革命”战略，表示未来五年，刚将大力发展农业、矿业，大力开发水电资源，实现刚经济社会发展的现代化目标。刚外债负担沉重，截至2009年年底，负债总额为146亿美元，占当年国内生产总值的121.75%，主要债券方为巴黎俱乐部、国际货币基金组织和世界银行。2010年7月1日，国际货币基金组织和世行宣布刚达到重债穷国减债倡议完成点，截至2011年年底，111亿美元被减免。减债后，该国对外债务总额目前为35亿美元，占2011年国内生产总值的21.8%。2011年主要经济数据预测如下（资料来源：2012经济季评）：

国内生产总值：162.76亿美元。

经济增长率：6.9%。

通货膨胀率：15.5%。

货币名称：刚果法郎（Franc Congolais，FC）。

官方汇率：1美元＝899刚果法郎。

【资源】自然资源丰富，素有“世界原料仓库”、“中非宝石”和“地质奇迹”之称。全国蕴藏多种有色金属、稀有金属和非金属矿，其中铜、钴、工业钻石、锌、锰、锡、钽、锗、钨、镉、镍、铬储量颇为可观，在世界上占有重要地位。铁、煤、黄金、银等储量也很丰富，还有白金、铅、磷酸盐、硅酸盐等。据2003年6月政府公布的数字，其主要矿产储量为：铜7500万吨（占世界15%）、钴450万吨（占世界1/2）、铌钽3000万吨（占世界80%）、钻石2.06亿克拉（居世界第一）、锡45万吨、黄金600吨、铁10亿吨、锂3100万吨、铬镍2250万吨、锰700万吨、锌700万吨、铝200万吨。森林覆盖率为53%，约1.25亿公顷，占全非洲森林面积的47%，占世界森林的6.5%，但目前仅开采62万公顷。盛产乌木、红木、花梨木、黄漆木等20多种贵重木材。水力资源极为丰富，估计可开发的水电蕴藏量为1.06亿兆瓦，占非洲水电资源的37%，世界的6%。

【工矿业】矿业曾是刚重要的经济支柱。1990年后，刚果（金）经济持续困难，矿业生产全面滑坡。1997年和1998年两次战争均发生在矿产资源丰富的东部地区，生产遭到严重破坏。近年来随着国内局势不断缓和，矿业生产有所恢复，2008年矿业生产值占国内生产总值的28%，铜、钴矿出口值分别占出口总值的35.4%和38.3%，是刚果（金）主要外汇收入来源。近年来主要矿产品产量如下：

	2009	2010	2011
铜（吨）	309181	497537	522133
钴（吨）	56258	97693	108888
钻（千克拉）	18030	16800	19303
黄金（千克）	220	178	146

（资料来源：刚果中央银行《统计信息摘要》No.20/2012）

【农业】农业落后，2008年其产值占国内生产总值的40.2%。全国可耕地面积约1.2亿公顷，早期曾开垦耕地600万公顷，目前仅剩1%熟地得到利用。农村人口占全国人口的70%左右，个体农民是农业生产的主体，多采用刀耕火种的状态。主要粮食作物有玉米、稻米、木薯、豆类等；主要经济作物有咖啡、棕榈、棉花、可可、橡胶、烟草、茶叶等，近年来主要经济作物产量如下（单位：吨）：

	2008	2009	2010	2011
咖啡	12146	9070	9607	9905
可可	55	57	44	38
橡胶	2505	2594	2429	1817
棕榈油	7176	5907	6621	8872

（资料来源：刚果中央银行《统计信息摘要》No.20/2012）

【交通运输】内河航运和空运占重要地位，陆路运输落后。

水运：刚果（金）全国河流总长2.3万公里，其中1.5万公里可通航。主要航道为刚果河和开赛河，一般可通行150～400吨船只，有2785公里航道可通行800～1000吨船只。主要海港有马塔迪、博马、金沙萨、伊来博、基桑加尼、姆班达卡、金杜和卡巴洛。另外，东部的坦噶尼喀湖等湖泊均有港口。还有定期通往西非、地中海国家、法国、北欧、美国和日本五条远洋航线。

空运：刚果（金）空运相对发达，国内航线约3.9万公里，非洲航线约1.4万公里，洲际航线约2.4万公里，与布鲁塞尔、巴黎、约翰内斯堡、亚的斯亚贝巴、内罗毕、利伯维尔及杜阿拉等有定期航班。金沙萨、卢本巴希、布卡武和基桑加尼各有1个国际机场，全国共有35个普通机场。

公路：全国原有公路总长14.5万公里，其中一级公路58129公里，乡村公路87300公里，城市公路网7400公里。由于长年战乱破坏和缺乏维护，大部分公路无法正常通行，许多二级公路和乡村公路遭损毁，目前仅剩5万公里的主干道（其中沥青路仅占1.8%），平均每百平方公里只有7公里长的道路。

铁路：全长6111公里，其中电气化线路858公里。

【对外贸易】在国民经济中占有举足轻重的地位。主要出口钴、铜、原油、钻石、农林产品，进口粮食、日用消费品、机电产品、各类原材料供、需配件等。主要出口目的地国为中国、比利时、芬兰，主要进口来源国有南非、比利时、赞比亚等。据刚有关方面统计，近年来，刚对外贸易保持较快增长，进出口基本平衡，统计情况如下（单位：亿美元）：

	2009	2010	2011
出口额	43.7	83.5	109.3
进口额	49.5	78.3	90.2
差 额	-5.8	5.2	19.1

（资料来源：2012年经济季评）

【财政金融】税收是财政收入主要来源之一。2012年度刚国家财政收支总体保持平衡，预算额度均为80亿美元，同比增长20.3%。在其收入预算中，预计可接受国际援助30亿美元，国内税费收入50亿美元。税收来源主要包括关税、其他税收、行政收费和矿业入门费等。支出方面，主要包括公共债务、工资支出及地方选举支出，并优先支持以下“四大领域”发展：推进基建工程建设、重振重要生产企业、加强人力资源培训、继续改善民生。

【外国援助】2007年，刚接受外国援助22.2亿美元，其中多边援助8亿美元，双边援助14.2亿美元；2008年，刚接受外国援助16.4亿美元，其中多边援助9.9亿美元，双边援助6.4亿美元。多边援助方主要有联合国下属组织和机构、欧盟、非洲开发银行等；双边援助方主要有比利时、美国、德国、英国、法国和德国等。

人民生活

刚独立之初，基本上继承了殖民时期的医疗保障制度，国家对医疗卫生事业投入所占比重较大。20世纪70年代，前扎政府推行医疗体制改革。1974年，医疗补贴制的试行开非洲之先河。建立中央、省及农村三级医疗体系，分设306个卫生区，由卫生部、省巡视厅分别负责管理。每个卫生区设有10～20个卫生站，保障10～15万人的医疗。90年代以来，由于资金和人力不足，卫生区濒临瘫痪，民众的卫生状况急剧恶化，各种疾病肆虐，死亡率明显上升。据统计，婴儿死亡率从1995年的14.1%增至2001年的17%（非洲平均8%）。45%的人营养不良，每年约50万人死于疟疾。15～49岁的人群中，14%的人携带艾滋病毒（2001年），仅1/17000的人口能享受到医疗保障，人均预期寿命为45岁。主要传染性疾病有疟疾、艾滋病、麻风、肺结核、霍乱、昏睡病、伤寒、埃博拉、血吸虫等。

文化教育

【文化】刚果（金）历史文化较为悠久。其丰富多彩的民间文艺，精美绝伦的铜雕、栩栩如生的木雕和别具一格的面具等，堪称世界艺术宝库中的珍品。西方殖民者的入侵，使刚的民族文化横遭摧残，大量艺术珍品被掠往西方国家或流散到世界各地。刚独立后，特别是20世纪70年代初，蒙博托提出恢复和发扬民族“真实性”口号，采取了一系列发展民族文化和消除殖民影响的措施，重视发掘和推广民族文化遗产。刚除有黑非洲屈指可数的国家艺术学院、国家剧院和国家舞蹈团等专业艺术院团外，还有众多由私人或教会赞助的民间乐队和合唱团。90年代以来，由于内乱和战争，刚文化艺术再次遭到极大破坏。

【教育】刚政府采取学校教育与社会教育相结合、国家办学与私人办学并举的教育政策。国家对各类学校进行统一监督和管理。鼓励和支持包括教会在内的各种团体或个人办学，由国民教育部统一对具有办学条件的私立学校进行登记、注册。公立和私立学校的毕业生享受同等待遇，平等参加国家统一考试，合格者方能取得毕业证书。由于政府财政困难，刚大中小学教职员工的工资全部由学生家长承担。目前，刚成年男、女文盲率分别为19%、46%；80%小学和60%

中学为教会学校；全国共有4所综合性大学，其中2所位于金沙萨市，其他2所分别位于基桑加尼和卢本巴西市。目前，刚约有760万5 ~ 17岁的失学儿童和青少年。

【新闻出版】新闻传媒较发达，全国有上百种报刊，绝大多数为私营，创办于20世纪90年代，主要集中在首都。影响较大的报纸有：《潜力报》、《参考报》、《光荣榜报》、《灯塔报》、《观察家报》等。有14家电视台，其中国营2家，宗教团体经营7家，私营5家。有2家通讯社，其中国营1家（刚果通讯社ACP），私营1家（联合通讯社APA）。

军　事

刚政府根据2003年《全面包容性协议》有关规定，对各派武装力量进行整合，重新组建国家武装部队，名为刚果民主共和国武装力量（Forces Armées de la République démocratique du Congo—FARDC）。2003年6月29日，刚有关各方就军队整编及军队领导层权力具体分配达成协议。8月19日，卡比拉总统任命了过渡期军队领导人及各军区司令，各派均分得职位。12月8日，刚新军正式成立，并逐步推进对原叛军的整合及解武工作，但进展缓慢。

刚军总兵力现约15万人，其中陆军13.5万人（设11个军区），海军1800人，空军2000人，共和国卫队1万人。现任总参谋长迪迪耶·埃通巴中将（Didier Etumba）。

对外关系

奉行独立自主的外交政策，反对外来干涉。主张睦邻友好和在互相尊重主权和领土完整、互利互惠的基础上发展同世界各国的友好合作。积极参与和推动地区经济和安全合作，是中部非洲国家经济共同体、南部非洲发展共同体和东部和南部非洲共同市场成员国。

2010年6月，刚举行独立50周年庆典。比利时国王阿尔贝二世、斯威士兰国王姆斯瓦蒂三世、喀麦隆总统比亚、加蓬总统邦戈、津巴布韦总统穆加贝、乍得总统代比、中非总统博齐泽、联合国秘书长潘基文、非盟委员会主席让·平等出席庆典。2011年12月，津巴布韦总统，加蓬、卢旺达、坦桑尼亚、纳米比亚、多哥五国总理，南非、安哥拉、乍得、布隆迪四国外长等出席卡比拉总统就职典礼。

【对当前重大国际问题的看法】关于国际形势：认为冷战后世界格局发生了巨大变化，国际形势趋向缓和，和平与发展是世界各国人民的共同愿望。但目前世界还不太平，国际政治中缺乏公正，弱小国家处于不利地位，呼吁建立公正合理的国际政治、经济新秩序。

关于经济全球化：认为经济全球化是不可阻挡的客观现实和历史潮流，但其最大受益者是发达国家，而发展中国家特别是非洲国家则处于不利地位。主张发达国家充分考虑发展中国家的实际困难，向非洲国家开放市场，提供资金、技术和管理方面的帮助，使非洲国家能有效参与全球化进程，并从中受益。

关于非洲形势：非洲是目前世界上冲突最多的地区，不少国家政治动荡、经济困难、外援减少、债务沉重、贫困加剧、艾滋病肆虐，但非洲仍有巨大的发展潜力，非洲国家应联合自强，和平解决彼此间争端，维护地区和平与稳定，加强区域经济合作，共同促进非洲经济的恢复与发展。呼吁国际社会和国际金融机构重视非洲，加大援非和在非投资的力度，减免非洲债务，帮助非洲国家实现政治稳定与经济振兴。

关于非洲联盟：非洲联盟的诞生有利于非洲统一进程的发展，是非洲各国联合自强的新开端。非洲联盟将在维护稳定，促进发展，加强团结等方面发挥极大作用。非洲国家应为非盟的建设投入更多的政治意愿和资金，发达国家在政治、外交和经济上应给予非盟更多支持和帮助。

关于人权问题：主张尊重人权，承认人权的普遍性原则，同时认为在人权概念中，政治、文化权利与社会、经济权利是不可分割的，在保障公民政治权利的同时，也应保障公民享受社会和经济发展的权利。认为维护人权应与各国的历史、文化、传统和现实相结合，要符合各国政治、经济和社会发展水平，不应搞单一模式。反对西方在人权问题上实行双重标准，借人权干涉别国内政以及将人权与经济援助挂钩的做法。

关于国际反恐怖主义问题：认为恐怖主义严重威胁世界和平与安全，应加强国际合作予以坚决打击。支持在联合国主导下的国际反恐行动，同时主张打击恐怖主义应有充分依据，不能随意扩大打击范围，反对将恐怖主义与特定民族和宗教相联系。强调国际社会应对恐怖主义产生根源进行反思，努力消除滋生恐怖主义的土壤。

关于宗教问题：奉行宗教信仰自由和政教分离政策，政府不干预宗教事务，宗教也不得干扰政府工作。理解并支持有关国家依法打击邪教。

【同中国的关系】1961年2月20日两国建交，9月18日两国关系因故中断。1972年11月24日两国实现关系正常化。

2010年1月，中联部部长王家瑞访问刚果（金），卡比拉总统与其会见，执政党总书记、国民议会议长博夏卜与之会谈。3月，马晓天副总参谋长访刚，卡比拉总统和国防部长恩辛巴分别会见，马副总参谋长并赴布卡武看望了中国派驻联合国刚果（金）特派团的维和官兵。7月，戴秉国国务委员访问刚果（金），卡比拉总统、穆齐托总理分别会见、会谈。2011年1月，回良玉副总理访问刚果（金），卡比拉总统、穆齐托总理分别会见、会谈。3月，成都军区参谋长艾虎生中将访刚，刚国防部长恩辛巴和总参谋长埃通巴与之会谈。

2011年双边贸易额达39.95亿美元，同比增长

33.9%，其中中方出口额8.27亿美元，进口额31.68亿美元。

中国驻刚果（金）大使：王英武。馆址：NO.447，AVENUE DES AVIATEURS-GOMBE，KINSHASA。电话：00243-851474669。经商处地址：No.4173，Avenue Père Boka，Kinshasa/Gombe。电话：00243-851725151。

刚果（金）驻华大使：夏尔·蒙巴拉·恩赞库（Charles MUMBALA NZANKU）。馆址：北京市朝阳区三里屯东五街6号。电话：010-65323224；传真：65321360。

【同美国的关系】 前扎伊尔内战爆发后，美支持洛·卡比拉领导的武装。洛·卡比拉夺取政权后，美率先承认。1998年刚武装冲突爆发后，刚认为美偏袒乌、卢，与美关系恶化。约·卡比拉执政后多次访美，两国关系有所改善。在"重债穷国动议"框架内，美免除刚对美2003～2005年到期债务7100万美元。2009年4月，美军非洲司令部司令沃德访刚。6月，美刚签署军事合作协议，美方将为刚方培训快速反应部队。8月，美国务卿克林顿访刚。12月，美军非洲司令部向刚提供54.7万吨物资援助，并将对刚士兵和家属进行农耕培训。2010年4月，美负责非洲事务的副国务卿卡尔森访刚，与刚方签署关于向刚提供1.5亿美元用于实施艾滋病防治计划的协议。2011年，美多位助理国务卿、美军非洲总部司令先后访刚。同年4月，美刚签署减债协议，美同意对刚减债18.23亿美元。2012年4月，美非洲司令部司令卡特·哈姆上将访刚。

【同法国的关系】 刚果（金）冲突爆发后，法国同情刚，主张应尊重其主权和领土完整，两国关系趋于密切。2010年1月，法外长访刚，2月，刚外长访法，双方就加强双边合作、大湖地区局势等问题交换意见。2月，法外贸部长伊德拉科访刚，与刚方就减债、改善投资环境等问题交换意见。2011年6月，法刚签署减债协议，法对刚减债10亿美元。

【同比利时的关系】 比系刚重要援助国和贸易伙伴。约·卡比拉执政后，比积极做冲突各方的工作，推动刚和平进程，加强与刚在政治、军事等领域的合作。2008年，比刚关系因比外交大臣德古赫特对刚内政及双边关系发表不恰当言论陷入低谷。2009年1月，比刚两国总理签署联合声明，宣布实现两国关系正常化。2010年1月，比新任外交大臣瓦纳克尔访刚。2011年3月，比政府宣布免除刚对比利时及与欧盟国际发展协会的债务，分别为1.2亿欧元和27万欧元。5月，比副首相兼外交大臣瓦纳克尔访刚，宣布继续减免刚7.73亿美元债务。2012年3月，比副首相兼外交大臣德雷尔斯访刚，宣布为刚下阶段地方选举提供300万欧元援助，双方并签署了经济合作协定。

【同德国的关系】 刚和平进程启动后，德恢复1991年以来中止的与刚原有合作项目。2009年10月，刚德签署协议，德国将向刚提供6500万欧元用于刚政府优先发展领域援助以及前武装人员安置和难民遣返。2011年3月，刚国际合作部长访德。

【同欧盟的关系】 2003年，根据联合国安理会决议，欧盟曾派出2000人的部队驻扎刚东部地区，以保障刚安全局势并改善人道状况，该军事行动后由联合国驻刚果（金）特派团接管。2009年3月，欧盟与刚果（金）签署协议，将向刚提供3000万欧元用于森林保护和生物多样化管理。9月，欧盟委员会宣布将负责帮助刚军事部门改革的欧安组织驻刚代表团任期延长一年。9月，欧盟向刚提供2200万美元现金援助，帮助刚应对国际金融危机冲击，提高其财政能力。2010年1月，欧安组织代表团向刚提供650万美元用于刚政府军建设。2012年3月，欧盟与刚果（金）签署协议，将向刚提供2.45亿美元资金，帮助刚实施重建项目和相关民生工程。

【同非洲国家及地区组织的关系】 2010年以来，刚果（金）与卢旺达、乌干达、布隆迪等邻国关系继续改善，利用举办独立50周年庆典以及出席地区组织峰会、他国独立庆典等活动加强与非洲其他国家交往，提升在地区事务中的影响力。

2010年1月，刚、卢旺达、布隆迪三国总参谋长在刚会晤，商讨如何加强地区国家军事安全合作。2月，刚、乌干达、中非三国总参谋长在刚会晤，商讨采取一致行动清剿在三国交界地区活动的乌叛军"上帝抵抗军"。4月，布总统恩库伦齐扎访刚，双方就加强睦邻友好关系，促进地区发展交换意见。10月，卢国防部长卡巴雷贝上将访刚，就大湖地区安全与防务等问题与刚方商谈，双方发表联合声明表示愿共同努力恢复大湖地区持久和平，促进全面发展。12月，刚与乌国防部长发表联合声明，称两国将加强在边境地区的军事部署，坚决清剿破坏边境安全的非法武装。2011年5月，卡比拉总统赴乌出席乌总统穆塞韦尼宣誓就职仪式。8月，刚外长访卢。2012年4月，刚东部地区安全局势升温以来，刚与周边国家保持密切沟通，刚卢多次举行高级别会谈，并召开副总理级别的大混委会，5月，刚外长两次访卢，6月卢外长访刚；刚外长还先后访问了乌干达、赞比亚、安哥拉、布隆迪等国。

2010年1月，卡比拉总统赴安哥拉出席非洲杯开幕式，并赴莫桑比克出席格布扎总统就职典礼。3月，卡比拉总统赴纳米比亚出席纳独立50周年暨波汉巴总统就职典礼。5月，卡比拉总统赴喀麦隆出席喀独立50周年庆典。5月，卡比拉总统访问埃及，就双边关系、地区问题特别是尼罗河水资源分配问题交换意见。6月，卡比拉总统赴南非出席世界杯开幕式，并以南部非洲发展共同体轮值主席身份访问博茨瓦纳。8月，卡比拉总统赴刚果（布）出席刚果（布）独立50周年庆典。11月，卡比拉总统赴坦桑尼亚出席基奎特总统连任就职仪式。12月，刚与埃及第五届混委会在埃及举行，双方签署了能源、农业、旅游、交通运输和教育等领域的多个合作协议。3月，卡比拉总统访问肯尼亚。同月，刚果（布）外交与合作部长作为总统萨苏的特使访刚。4月，刚果（布）总统萨苏访问刚果（金）。7月，卡比拉总统与南非总统祖马出席两国大混委会第七届会议。8月，卡比拉总统访问安哥拉。2012年3月，刚（布）首都布拉柴维尔发生军火库爆炸事件后，刚果（金）外长赴刚果（布）向萨苏总统面交了卡比拉总统慰问信，并宣布向刚果（布）提供医疗物资援助。

2010年8月，卡比拉总统赴纳米比亚出席南部非洲发展共同体峰会。10月，穆齐托总理赴利比亚出席第二届阿拉伯—非洲国家峰会。12月，卡比拉总统赴赞比亚出席有关非法开采自然资源问题的大湖地区国家特别峰会。2011年8月，卡比拉总统赴安哥拉首都卢安达出席南部非洲国家经济发展共同体首脑峰会。

【同其他国家和国际组织的关系】2010年3月，瑞士外长卡尔米·雷伊访刚，双方就南、北基武省安全状况、瑞士对刚发展援助事进行商谈，瑞方承诺每年向刚提供2000万瑞郎援款。同月，英国负责非洲事务的国务大臣戈兰妮丝·基诺克访刚，就刚与卢旺达关系、刚司法机构反腐工作、安全部门改革等交换意见，英方表示将在未来5年内投入6100万英镑用于刚东部重建计划。

3月，卡比拉总统访问韩国，与李明博总统就加强在资源、卫生、农业、教育、重建领域的合作交换看法。11月，穆齐托总理访韩，与韩方商讨在资源、基础设施、农业和卫生等领域开展合作。2011年7月，李明博总统访刚，双方主要就能源资源开发、基础设施建设、经贸投资等领域合作交换了意见。2012年4月，日本宣布向刚提供2470万美元援助，用于支持各国际组织本年度在刚开展的包括食品、医疗、教育、保护儿童等人道主义项目。

9月，卡比拉总统赴美国出席第65届联大，重申刚政府致力于加强法制、民主和良政，正积极采取措施禁止非法采矿、清剿非法武装、打击针对妇女的犯罪行为，并将按计划举行民主选举。卡比拉总统还就刚东局势等问题与联合国秘书长潘基文交换了意见。10月，卡比拉总统赴瑞士出席第13届法语国家组织峰会。2011年9月，卡比拉总统赴美国出席第66届联大。刚将于2012年下半年举办第14届法语国家组织峰会。

（高蕾）

吉　布　提

国名　吉布提共和国（The Republic of Djibouti，La République de Djibouti）。

面积　2.32万平方公里。

人口　89万（2011年）。主要有伊萨族和阿法尔族。伊萨族占全国人口的50%，讲索马里语；阿法尔族约占40%，讲阿法尔语。另有少数阿拉伯人和欧洲人。官方语言为法语和阿拉伯语，主要民族语言为索马里语和阿法尔语。伊斯兰教为国教，94%的居民为穆斯林（逊尼派），其余为基督教徒。

首都　吉布提市（Djibouti），人口约62万。热季（4～10月）平均气温31℃～41℃，凉季（11月至次年3月）平均气温23℃～29℃。

国家元首　总统伊斯梅尔·奥马尔·盖莱（Ismail Omar Guelleh），1999年4月就任，2005年4月和2011年4月连续两次胜选连任。

重要节日　独立日：6月27日。

简　况

地处非洲东北部亚丁湾西岸，扼红海进入印度洋的要冲曼德海峡，东南同索马里接壤，北与厄立特里亚为邻，西部、西南及南部与埃塞俄比亚毗连。陆地边界线长520公里，海岸线长372公里。沿海为平原和高原，主要属热带沙漠气候，终年炎热少雨。内地以高原和山地为主，属热带草原气候。全年分凉、热两季。4～10月为热季，平均气温37℃，最高气温达45℃以上；11月至次年3月为凉季，平均气温27℃。

殖民者入侵之前，吉布提由豪萨、塔朱拉和奥博克三个苏丹王统治。法国1850年开始入侵，1888年占领吉全境，1896年法在吉成立“法属索马里”殖民政府。1946年，吉成为法国海外领地，1967年改名为“法属阿法尔和伊萨领地”，法国政府给予其实际上的自治地位。1975年12月31日，法宣布同意吉布提独立。1977年6月27日吉宣告独立，定国名为吉布提共和国，哈桑·古莱德·阿普蒂敦（Hassan Gouled Aptidon）出任首任总统。

政　治

吉独立后，古莱德总统同一些政党组成联合政府。1979年古莱德取消多党制，成立争取进步人民联盟（简称人盟），于1981年确立一党制。此后人盟长期执政，政局保持稳定。1991年北方阿法尔族因不满伊萨族统治发动内战。1994年底政府与反对派武装签署和平协议，战乱基本平息。2001年实现全国最终和平。

吉于1992年宣布实行渐进式多党制，当年的首次多党立法选举中，人盟囊括所有议席。1999年古莱德总统退休，盖莱当选总统。2002年9月实行全面多党制。2003年1月人盟等四党组成的“总统多数联盟”在立法选举中获得全部议席。2005年4月盖莱赢得总统选举，蝉联总统；5月任命迪莱塔连任总理。2008年2月，“总统多数联盟”再次在立法选举中囊括全部议席。2011年4月盖莱再次赢得总统选举。吉新政府积极落实权力下放和国家机构改革政策，重视基础设施建设和优先解决民生问题。目前吉政局稳定。

【宪法】现行宪法于1992年9月4日经全民公决通过并颁布实施。2010年4月议会通过宪法修正案，取消了总统连任次数限制，规定总统由直选产生，参选年龄上限为75岁，每届任期五年；总统因故不能视事时，由总理代行职权；总统职位空缺时，暂时由最高法院院长代行国家元首职务，但不得对政府和任何国家机构进行调整，并在30～45天内选举产生新总统。宪法还规定废除死刑。政党必须非种族化、非民族化、非宗教化和非地区化。

【议会】2010年4月宪法修正案决定设立参议院，改一院制为两院制。国民议会是国家最高权力机构，享有立法权。议会每年举行两次年会，主要讨论立法问题和下一年度财政预算。议员共65名，由立法选举产生，任期五年。本届议会于2008年2月选举产生。五党组成的“总统多数联盟”占据全部65个席位。议长为人盟总书记伊德里斯·阿尔纳乌德·阿里（Idriss Arnaoud Ali），2003年1月当选，2008年2月连任。

【政府】实行总统制，总统兼任政府首脑，并任命总理，总理负责协调各部工作。本届政府于2011年5月12日改组。主要成员有：总理迪莱塔·穆罕默德·迪莱塔（Dileita Mohamed Dileita），司法、监狱和人权事务部长阿里·法拉赫·阿索韦（Ali Farah Assoweh），经济、财政、工业与规划部长伊利亚斯·穆萨·达瓦莱（Ilyas Moussa Dawaleh），国防部长阿卜杜勒卡德尔·卡米勒·穆罕默德（Abdoulkader Kamil Mohamed），外交和国际合作部长马哈茂德·阿里·尤素福（Mahamoud Ali Youssouf），内政部长哈桑·达拉尔·胡法奈（Hassan Darar Houffaneh），卫生部长阿里·雅各布·马哈茂德（Ali Yacoub Mahamoud），国民教育与职业培训部长阿达瓦·哈桑·阿里（Adawa Hassan Ali），高等教育与研究部长纳比勒·穆罕默德·艾哈迈德（Nabil Mohamed Ahmed），农业、渔业与畜牧业部长穆罕默德·艾哈迈德·阿瓦莱（Mohamed Ahmed Awaleh），交通装备部长穆罕默德·穆萨·易卜拉欣·巴拉拉（Mohamed Moussa Ibrahim Balala），穆斯林事务与宗教公产部长哈穆德·阿卜迪·苏尔坦（Hamoud Abdi Sultan），能源、水资源与自然资源部长福阿德·艾哈迈德·阿耶（Fouad Ahmed Aye），文化、通讯和邮电部长阿卜迪·侯赛因·艾哈迈德（Abdi Houssein Ahmed），劳动与行政改革部长阿里·哈桑·巴赫敦（Ali Hassan Bahdon），住房、城市规划与环境部长穆萨·艾哈迈德·哈桑（Moussa Ahmed Hassan），妇女促进、家庭规划和议会关系部长哈斯娜·巴尔卡特·达乌德（Hasna Barkat Daoud，女），外交部负责国际合作的部长级代表艾哈迈德·阿里·西莱（Ahmed Ali Silay），财政部负责预算的部长级代表阿马雷·阿里·赛义德（Amareh Ali Said），财政部负责贸易、中小企业、手工业、旅游业和规划的部长级代表阿卜迪·埃勒米·阿什基尔（Abdi Elmi Achkir），总理府负责民族团结的国务秘书扎赫拉·优素福·卡亚德（Zahra Youssouf Kayad），住房、城市规划与环境部负责住房的国务秘书阿明娜·阿卜迪·亚丁（Amina Abdi Aden，女），负责青年事务与体育的国务秘书贾马·埃勒米·奥基耶（Djama Elmi Okieh）。

【行政区划】全国共分1个市和5个地区：吉布提市（Djibouti-ville）、塔朱拉地区（Région de Tadjourah）、奥博克地区（Région d'Obock）、阿里萨比地区（Région d'Ali-Sabieh）、迪基尔地区（Région de Dikhil）和阿尔塔地区（Région d'Arta）。

【司法机构】实行三权分立、司法独立和法官终身制，总统主持的最高法官会议监督法官的工作。司法机构分为县法院、一审法院、上诉法院和最高法院四级。最高法院院长为卡迪吉亚·阿贝巴·莫克勒阿（Kadidja Abeba Mockrea，女），上诉法院院长为哈比巴·哈香·雅玛（Habiba Hachin Djama，女），总检察长为雅玛·苏莱芒·阿里（Djama Souleiman Ali）。吉作为伊斯兰国家，还设有属人法法庭（原称伊斯兰法庭），现任庭长为法拉赫·萨义德·努尔（Farah Said Nour）。

【政党】宪法规定，吉实行多党制。目前主要有八个合法政党：

（1）争取进步人民联盟（Rassemblement Populaire pour le Progrès—RPP，简称人盟）：执政党，在议会中有48名议员。1979年3月4日成立。主要由原非洲人民争取独立联盟组成。自1981年10月政府取消反对党至1992年吉改行多党制，该党一直是吉唯一合法政党。2007年3月召开第九届代表大会，盖莱连任主席，总理迪莱塔连任副主席，国民议会议长阿里连任总书记。2011年，鉴于全国民主党脱离执政党联盟，人盟与争取恢复团结和民主阵线、社会民主党和改革者联盟共同组建总统多数联盟，确保了盖莱在大选中成功连任。

（2）争取恢复团结和民主阵线（Front pour la Restauration de l'Unité et de la Démocratie—FRUD）：执政党，在议会中有12名议员。其前身是1991年8月由北方阿法尔族反政府武装建立的政党。1996年被承认为合法政党。1997年举行第一次全国代表大会，决定与执政党“争取进步人民联盟”结盟，通过和平方式捍卫党的宗旨。主席为阿里·穆罕默德·达乌德（Ali Mohamed Daoud），总书记为乌古尔·基弗雷·艾哈迈德（Ougoureh Kifleh Ahmed）。

（3）全国民主党（Parti National Démocratique—PND）：反对党，在议会中有2名议员。1992年10月成立，目标和原则是维护国家统一和民族独立。主张建立真正的民主社会，实行自由选举、司法独立和新闻自由等；实行市场经济；反对种族主义和民族主义。主席为阿登·罗卜莱·阿瓦莱（Aden Robleh Awaleh）。为备战2011年大选，该党决定结束与争取进步人民联盟的党际联盟关系，同时与吉布提发展党联合组成民主运动联盟，但后因两党内部矛盾未能在法定期限内推举该联盟的唯一竞选候选人。

（4）社会民主党（Parti Social Démocrate—PSD）：执政党，在议会中有2名议员。2002年10月成立。目标是维护社会秩序，恢复经济，协调领导政策，规范工资和降低生活物价。主席为穆明·巴东·法拉赫（Moumin Bahdon Farah）。

（5）改革者联盟（Union des Partisans de la Réforme—UPR）：执政党，在议会中有1名议员。2005年3月1日成立，积极参加“总统多数联盟”活动，2007年12月正式签署文件加入该联盟。主张实行和谐政策，建设符合时代发展要求的国家。主席是易卜拉欣·谢希姆·达乌德（Ibrahim Chechem Daoud）。

（6）争取发展共和同盟（Alliance Républicaine pour la Démocratie—ARD）：反对党。原恢复团结与民主阵线分裂后，2002年10月6日成立，主席为迪尼（Dini）。2004年迪尼去世，艾哈迈德·尤素福·胡迈德（Ahmed Youssouf Houmed）接任主席。

（7）争取民主和正义联盟（Union pour la Démocratie et la Justice—UDJ）：反对党。2002年10月13日成立，主席为伊斯梅尔·盖迪·哈立德（Ismael Guedi Harred）。

（8）吉布提发展党（Parti Djiboutien pour le Développement—PDD）：反对党。2002年9月2日成立，主席穆罕默德·达乌德·谢希姆（Mohamed Daoud Chechem）。

【重要人物】伊斯梅尔·奥马尔·盖莱：总统。1947年9月17日出生于埃塞俄比亚，伊萨族，信奉伊斯兰教。1977年吉独立后任总统办公室主任。1978年兼任国家安全局长。1982年任人盟中央委员和政治局委员，1997年3月当选为该党第三副主席。1999年初，由执政的两党联盟正式提名为总统候选人，并于4月当选总统。2000年3月当选人盟主席。2005年4月和2011年4月在大选中获胜连任总统。　**迪莱塔·穆罕默德·迪莱塔：**总理。1958年出生，阿法尔族。曾在埃及、法国和阿尔及利亚接受高等教育。1982年开始在总统府典礼局任职，后曾任吉驻法国使馆领事和驻埃塞俄比亚大使。2001年3月被任命为总理，2005年、2011年两度连任。现为人盟副主席。

经　济

吉是世界上最不发达国家之一。自然资源贫乏，工农业基础薄弱，95%以上农产品和工业品依靠进口。交通运输、商业和服务业（主要是港口服务业）在经济中占主导地位，约占国内生产总值的80%。

20世纪90年代初，吉经济形势恶化。1996年，吉政府开始执行经济结构调整计划。1998年，埃塞俄比亚与厄立特里亚发生边界武装冲突后，埃原经厄转运的货物均转道吉布提港，吉港口收入大幅增加，经济有所恢复。2001年，吉政府将吉港口和机场的经营管理权转让给迪拜港。近年来，吉布提政府积极调整经济政策，争取外援外资，重点发展第三产业，并加紧实施道路、港口、航空、通信等大型基础设施建设项目。在国际金融危机时期，吉布提政府重视与国际金融机构的合作关系，坚持宽松的货币政策与扩张型的财政政策，经济保持低速、平稳增长。但经济结构单一、外债沉重、失业率高等痼弊难以克服，其经济脆弱性未有实质改变。近年来财政赤字保持在3%以内。2011年吉主要经济数据如下：

国内生产总值：12亿美元。

人均国内生产总值：1348美元。

经济增长率：4.6%。

货币名称：吉布提法郎。

汇率：1美元=177.7吉布提法郎。

通货膨胀率：5.3%。

失业率：40%。

外汇储备：2.19亿美元。

【资源】资源贫乏，主要有盐、石灰岩、珍珠岩和地热资源。盐矿总储量约为20亿吨，主要分布在阿萨尔盐湖，已开发。石灰岩和石膏矿均属埋藏浅、储量大、易开发的优质矿；珍珠岩估算储量达4800万吨；内地四个区均发现含金构造。沿海地区已发现有含油构造。地热资源丰富，但因地下水含盐度太高，开发难度较大。

【工业】2011年工业产值为2.09亿美元，约占国内生产总值的17%。2008年由于基础设施建设项目增加，工业产值增长约17%。主要工业为电力、水利、房屋及公共工程、盐矿开发等，另有一些建筑业及矿泉水厂、可口可乐饮料厂、面粉厂、制瓶厂、奶品厂、制药厂、水泥厂、机械修配、船舶修理、炼油、制革、发电等小型工业。

【农牧渔业】农业以畜牧业为主。可耕地面积10000公顷，已耕地1000公顷。2011年农业总产值为3690万美元，约占国内生产总值的3%。全国有牧场23万公顷，牧民约10万。全国有1600多农户，农民3600人。粮食不能自给，大多从埃塞俄比亚进口，此外每年从欧盟、法国、日本等国接受1.3万吨粮食援助。为确保粮食安全，吉政府拟在苏丹、埃塞俄比亚和马拉维三国开发可耕地，目前试验田项目运作正常。渔业资源较丰富，预计年捕捞潜力可达4.8万吨，但目前捕捞业仍比较落后，采用手工作业捕鱼，2011

年捕鱼量仅为1485吨。

【**服务业**】是吉国民经济的支柱产业，吉国内生产总值的80%来自于交通服务业为主的第三产业的贡献。自从1998年埃塞俄比亚与厄立特里亚断绝经贸往来后，吉港口服务业收入大幅提高。

【**旅游业**】有9家旅馆，共850个房间，从业人员约2000人。每年接待游客约2 .5万人次。2011年,，酒店入住共141279夜,。主要旅游景点有阿萨尔湖、阿贝湖、古拜特·阿尔·卡拉卡魔渊、阿尔都巴火山、达依原始森林、朗达兴奔古瓦莱瀑布、塔朱拉海上乐园等。

【**交通运输**】港口和铁路运输在国民经济中占重要地位。2011年交通运输业占国内生产总值的26.6%。

水运：吉布提港是东非重要港口之一，现有15个泊位，其中13个为深水泊位，包括1个20万吨输油码头（3个泊位）和1个集装箱码头（2个泊位）。其航运、停泊和装卸条件完全符合国际标准，可停靠300米长、4万吨级的货轮或14万吨的油轮以及其他各类船舶。大多数码头有淡水和燃料补给设备。2007年吉港吞吐量为750吨，同比增长34%。近年，吉政府加快港口扩建工程，多拉雷新港第一期工程石油码头已于2006年2月建成启用，可停泊24万吨级的油轮。新港第二期工程集装箱码头于2009年建成投入运营，可停靠1050米长、10万～12万吨级货轮，预计年均装卸集装箱150万个。

铁路：吉布提与埃塞俄比亚首都亚的斯亚贝巴有铁路相通，全长784公里，吉境内长约106公里。2006年，吉布提与埃塞政府决定将此段铁路私有化，交予南非的COMAZAR公司管理25年。2007年铁路货运量为79300吨，比2006年减少了13.8%。原因是公路运输的竞争和进口货运量的减少。

公路：全国有公路3067公里，其中沥青路415公里。2001年，吉布提至埃塞首都亚的斯亚贝巴的公路得以修复。该公路全长282公里，埃塞通往吉港进出口货物的85%通过此路运输，是埃塞的生命线。2011年公路货运22.6万车次。

空运：吉布提国际机场可起降大型客、货机，是前往东非主要国家和法国的中转站。在吉经营的航空公司有法国航空公司（Air France）、埃塞俄比亚航空公司（Ethiopian Airlines）、肯尼亚地区航空公司（Regional Air）、也门航空公司（AIR Yemenia）、英国航空公司（British Airways）、厄立特里亚航空公司（Eritrea Airlines）、吉布提航空公司（Djibouti Airlines）和索马里达洛航空公司（Dallo Airlines）等。吉航主要经营至埃塞俄比亚、也门和索马里兰几条航线。目前，英航和法航每周仅有一班航班从其首都飞往吉布提市。2011年由机场入出境旅客约20万人次。

【**外债**】截至2011年底，吉外债总额为4.3亿美元，与国内生产总值比值为54.6%。2008年巴黎俱乐部对吉债务进行重组，外债增速降为7.5%。多边债权方主要有世界银行、阿拉伯基金、非洲开发银行等，上述金融机构为吉提供贷款总计492.12亿吉郎，约占吉全部外债的43%。

【**对外贸易**】实行自由贸易政策。港口转口贸易占很大比重。主要进口食品饮料、机械设备、电器产品、卡特草、运输设备、石油产品、金属制品、纺织品和鞋类等。出口商品包括食盐、牲畜、皮张等。主要贸易伙伴为索马里、沙特阿拉伯、埃塞俄比亚、印度、中国、法国、也门、英国等。近年来吉对外贸易收支平衡情况如下（单位：百万美元）：

	2009	2010	2011
出口额	77.4	85.1	96.8
进口额	450.7	303.8	413.8
差　额	–373.3	–218.7	–317.0

（资料来源：英国《经济季评》）

【**外国援助**】吉主要援助国为法国、日本、美国、沙特、中国、意大利等，援助国际组织主要有欧盟、联合国难民署、世界粮农组织和非洲开发基金等。据吉财政部统计，截至2009年底，世界银行、非洲开发银行等多边机构以及美国、法国、伊朗等国共为吉提供贷款1.88亿美元，无偿援助1.6亿美元。

人民生活

据《2011年世界人类发展报告》统计，吉人类发展指数在全世界187个国家中列第165位。人均预期寿命61.6岁，人口自然增长率为2.3%，人口死亡率为0.8%。14岁以下的人口占总人口的35%，60岁以上的占3.3%。吉卫生机构主要有佩尔蒂医院（600张床位）和巴尔巴拉妇产医院（60张床位），9个市县级医疗中心，21个门诊所和12个私人诊所，城区和农村各占一半。全国共有1910张床位，平均每509人一张病床；900名医务人员中有98名正式医生（34名吉布提医生，64名外籍医生），另有900名护理人员，平均每1万人有1.5名医生、7名护士。人民的健康状况较差，结核病、登革热、艾滋病发病率较高，霍乱和疟疾时有暴发性流行。93%的人口使用自来水，49.5%的人口使用电。目前吉手机用户12.8万户，固定电话用户1.68万户，网络用户9000户。

军　事

1977年6月6日建军，实行志愿兵役制。总统为武装部队最高统帅，实际由三军总参谋长负责，国防参谋长为其副手。军队主要职责是国家防务、和平时期参与社会发展和救灾活动。总兵力约3500人，其中空军和海军各约200人，文职人员100人。陆军有一个炮兵营、一个装甲团和3个步兵团。空军有数架米格–8、米格–17直升机。海军拥有几艘巡逻艇和快艇。2008年国防预算为3628万美元，占政府开支的21.9%。现任总参谋长为法蒂·艾哈迈德·侯赛因（Fathi Ahmed

Houssein）少将，国防参谋长为扎卡里亚·谢赫·易卜拉欣（Zakaria Cheik Ibrahim）准将。

国家安全部队与警察部队于1995年合并后称国家警察部队，内战后复员减编，现不足1000人，主要负责治安、边检、司法、消防等工作。现任警察总监为阿布迪拉伊·阿布迪·法拉赫（Abdillahi Abdi Farah）上校。国际刑警组织吉布提分部成立于1979年2月5日。

宪兵队1999年从军队分离，约700人，负责打击刑事犯罪和保卫重要人物。现任宪兵参谋长是阿布迪尔·博格雷·哈桑（Abdil Bogoreh Hassan）上校。

文化教育

【教育】重视教育事业的发展，2009年教育拨款占国家预算23.3%。采用法国教育制度、教育法和教科书，学制为小学6年、初中4年，高中3年，对6 ~ 15岁的青少年实行免费义务教育。除国立学校外，国家允许设立民办中、小学，二者数量之比约为4：1。2009年小学入学率为73%，初中入学率为45%，高中入学率为25%。公立小学82所，私立小学18所，共有学生38100多人，教师近1200人，男童入学率为75.1%，女童为69.6%；公立中学11所（只有国家中学设有高中），私立中学8所，在校学生共计14570人，教师500多人（吉布提人占75%）。另有两所高级技术学校和一所师范学校。共有两所大学：吉布提大学和吉布提医学院。吉布提大学成立于2000年，与法国三所大学合作办学，下设大学培训学院、高等商业学院和高等技术学院，可颁授大学第一阶段（2年）结业证书和高级技术员合格证书。吉布提医学院2007年11月成立，是第一所国家医科大学，具有授予医学博士学位的资格，主要合作伙伴为突尼斯、摩洛哥和法国。吉高中毕业生参加法国统一考试，优良者可赴国外接受高等教育。

【新闻出版】官方报纸《民族报》以法文每周一、二、三、四出版，每期发行1500份，《号角报》以阿拉伯文每周一、四出版，每期发行500份。其他报刊包括："争取进步人民联盟"党刊《进步》周刊、民主革新党周刊《复兴》、全国民主党周刊《共和》和"争取发展共和同盟"周刊《事实》。

吉布提广播—电视台，用法语、索马里语、阿法尔语和阿拉伯语广播。每周节目播出时间共45小时。电视台每晚播出综合节目。1980年建成的地面卫星通讯站可转播法国和邻国电视节目。1990年日本援建一电视制作中心。德国于1983年帮助吉建立无线电发射中心，现有中波、短波和调频广播。在意大利援助下，开始逐步实现广播节目制作和播出的数字化。

对外关系

奉行中立、不结盟和睦邻友好政策，主张与世界各国在平等的基础上发展合作，反对霸权主义，主张通过和平方式解决争端。保持同法国的传统关系，重视发展同阿拉伯国家和亚洲国家的关系，近年来与美国关系迅速升温。积极参与调解地区争端，努力促进地区和平与合作。吉是非洲联盟、阿拉伯国家联盟、伊斯兰会议组织、（东非）政府间发展组织（伊加特）、东南非共同市场、萨赫勒—撒哈拉共同体等地区组织成员国。伊加特总部设在吉。2009年5月，吉再次当选联合国人权理事会成员，任期为2009 ~ 2012年。

【同中国的关系】1979年1月8日吉布提同中国建交。两国各领域合作顺利发展，在国际事务中相互支持与配合。

2005年9月，吉布提总理迪莱塔正式访华。2006年5月，吉布提外长尤素福来华出席中阿合作论坛第三届部长级会议。同年11月，盖莱总统来华出席中非合作论坛北京峰会。2008年1月，外交部部长助理翟隽对吉布提进行工作访问。同年8月，迪莱塔总理来华出席北京奥运会开幕式。2009年3月，中央党校副校长陈宝生率中共友好代表团参加吉人盟成立30周年庆祝大会。同年12月尤素福外长正式访华。2010年1月，中共中央对外联络部部长王家瑞访吉。5月，吉外交部负责国际合作事务的部长级代表西莱来华出席中阿合作论坛第四届部长级会议。6月，吉青年体育部长哈斯娜女士来华出席上海世博会吉国家馆日。6月底，吉争取进步人民联盟总书记、国民议会议长阿里应中联部邀请访华。7月，吉投资促进部长奥斯曼来华出席"非洲法语国家部级官员贸易投资促进研讨班"。9月，吉外长尤素福在纽约出席中非外长联大第二次政治磋商。2011年5月，胡锦涛主席特使、民政部长李立国出席盖莱总统就职典礼。吉支持中国海军舰队在亚丁湾和索马里海域实施护航任务，并为护航舰队综合补给、应急支援和紧急避险提供便利。

2011年中吉贸易额为5.09亿美元，同比增长11.4%，全部为中方出口。中方对吉出口以转口贸易为主，大多通过吉港口保税区转运至埃塞俄比亚和索马里。截至2010年底，中方对吉非金融类直接投资累计1003万美元，主要在贸易领域。中方在吉累计签订承包劳务合同额3.41亿美元，完成营业额2.7亿美元，项目主要涉及建筑、铁路、电信等领域。

中吉签有文化合作协定。中国自1986年起向吉提供政府奖学金生名额，2011年吉在华奖学金生共65名。2011/2012学年中国向吉提供58个奖学金生名额。中国自1981年起向吉派遣医疗队，迄今已派出16批。目前有14名医疗队员在吉工作。

中国驻吉布提大使：张国庆。馆址：LOT V LOTISSEMENT DU HERON DJIBOUTI。信箱：B.P.2021。地区号：00253。电话：21-350404/352247。电传：CHINA DJI，5926，DJ。经商处地址：RUE NAIROBI，LOTISSEMENT HERON，DJIBOUTI。信箱：B.P.4001。电话：21-350575；传真：21-354174。

吉布提驻华大使：阿卜杜拉·阿卜杜拉希·米吉

勒（Abdallah Abdillahi Miguil）。馆址：北京市朝阳区塔园外交公寓2-2-102。电话：010-65327857；传真：65327858。

【同法国的关系】法是吉原宗主国，也是吉最大援助国和贸易伙伴。吉重视保持同法国的传统关系。法在吉除外交部以外的各政府部门派有顾问。两国签有防务协定，建有年度例行联合军演机制。法在吉现有驻军2850人。2003年，法同意在随后9年内每年向吉政府支付3400万美元作为在吉驻军的费用，并扩大法驻吉军队的纳税范围、帮助吉争取国际货币基金组织援助、降低吉留法学生学费。2004年，法国防部长访吉，盖莱总统应邀赴法出席普罗旺斯登陆60周年纪念活动。2005年，吉法因博雷尔法官死亡案发生分歧，吉驱逐6名法在吉技术人员。2006年吉法关系得到明显改善。3月，法国总理德维尔潘访吉；吉外长访法，与法签订2006～2010年合作框架文件，法承诺向吉提供5300万～7600万欧元的援助。2007年12月，盖莱总统对法国进行正式访问，与萨科齐总统举行了会谈。2008年，法国防部长、军队总参谋长先后访吉。10月，盖莱总统在加拿大出席法语国家组织峰会时与萨科齐总统举行了工作会谈。2009年，法国国防部长、海军将领、欧盟“阿塔兰塔”军事行动指挥官等相继访吉，就在吉设立后勤基地、建立地区反海盗中心、在吉关押审判海盗等问题与吉磋商。2010年1月，萨科齐总统经停吉时会见盖莱总统，就两国防务协定交换了意见。2011年12月，盖莱总统访问法国，与萨科齐总统签署双边防务条约。

【同美国的关系】美自1991年起向吉提供各种经济和军事援助。美在吉设有军事基地。“9·11”事件后，吉积极支持美的反恐行动，允许美在吉长期驻军，并使用其港口和机场运送物资。2004年，美向吉提供了400万美元的巡逻艇、军用设备和1000万美元的教育用品，并宣布在2004～2005年向吉提供3100万美元援助。2005年5月，盖莱总统顺访美国，会见了美国务卿赖斯。2006年9月，美与吉签订援助协议，承诺两年内向吉提供4000万美元，用于发展教育和卫生事业。2007年，美国防部长盖茨、中央司令部司令法隆、负责非洲事务的助理国务卿弗雷泽等分别访吉。2008年，法隆和弗雷泽分别再次访吉。2009年，美军将领访吉增多，就后勤基地、地区反海盗等问题与吉磋商。2010年，美军非洲司令部将领、国防部官员、国务院专家访吉，就海军基地、反海盗、地区反恐以及“非洲应急行动培训和援助计划”等问题与吉磋商。5月，盖莱对美国进行了国事访问。2011年9月，盖莱赴纽约出席联大会议期间会见美总统奥巴马。

【同日本的关系】自建交以来，日本共向吉提供了约11253.7万美元的援助。2003年9月，盖莱总统出席在日举行的第三届非洲发展东京国际会议，与日本首相小泉纯一郎会晤。日允实施“粮食援助计划”，支持吉进行新型水稻种植。2004年，日按计划向吉提供总额为1.5亿日元的粮食援助，并赠吉27800顶蚊帐。2005年，日本副外相访吉，允帮助吉更新电台设备，并希望在安理会改革问题上得到吉方支持。吉明确表示支持日“入常”。2006年4月，尤素福外长访日，日方表示将大力支持吉经济社会发展，未来20年内拟向吉提供20项无偿援助项目。2008年5月，盖莱总统出席第四届非洲发展东京国际会议，与日本首相福田康夫会晤，日承诺未来五年将对吉直接投资增加一倍。日本派海上自卫队赴索马里海域护航以来，吉日关系持续升温。2009年3月，吉外交部部长级代表出席非洲发展东京国际会议，4月，吉外长尤素福访日，双方签署换文确定吉港为日海上自卫队后勤补给基地。8月，日在吉设立常驻联络处。日本在2009财年内，共向吉提供各类援助总额3500万美元，其中与吉签署的4项双边无偿援助协议总计23.77亿日元，较2008年增长174.8%。2010年12月，盖莱总统对日本进行工作访问。2011年3月，盖莱总统致电日本天皇慰问日地震海啸灾难。7月，日本在吉军事基地正式启用。

【同印度的关系】2003年5月，盖莱总统访问印度，会见印总统和总理。双方签署关于航空服务、投资保护和文化交流的三个协议，印还向吉提供1000万美元的贷款用于吉经济发展。

【同埃塞俄比亚的关系】两国关系友好，签有友好合作协定和农业科技合作等协议。两国高层交往频繁，定期举行双边磋商，并不断加强在贸易、运输、教育合作和人员自由往来方面的合作。2004年，埃塞总理访吉，两国召开了第八次部长级混委会。2005年，吉埃边界委员会和铁路管理委员会先后召开，双方认为应加强非法移民和非法边境贸易的管理，并重新发挥两国间铁路的作用。2006年4月，吉埃第九次混委会在吉召开，两国外长出席，双方签署了文化、青年与体育、通讯等三个协议。2007年1月，盖莱总统在参加非盟峰会时会见了埃塞总理梅莱斯。2011年5月，梅莱斯总理出席了盖莱总统的就职典礼。

【同索马里的关系】吉在人种、语言方面与索一脉相承，曾为“法属索马里”。2000年5～8月，吉主持召开索马里和会，产生索过渡全国政府，并随后与索过渡政府互派大使。2004年，盖莱总统赴肯尼亚参加索过渡联邦政府总统优素福的就职仪式。2006年11月，索过渡联邦政府议会议长谢里夫访吉，会见了盖莱总统。2007年1月，盖莱总统在参加非盟峰会时会见了索过渡政府总统优素福。2008年8月以来，吉积极参与解决索问题，推动索政府与反对派达成吉布提协议。2009年1月，索过渡议会在吉召开会议并顺利选举新总统。2010年2月，盖莱总统在参加非盟峰会时会见索总统艾哈迈德，就索马里问题交流了看法。4月，索过渡政府总统艾哈迈德访吉，与盖莱总统就索马里安全局势、民族和解进程、国家重建等问题交换了意见。2011年1月，吉为索马里培训500名警察的项目正式启动。12月，吉向索马里派遣900名维和士兵和教官。

【同厄立特里亚的关系】两国之间存在领土争端。1998年吉因被厄指责在埃、厄边界冲突中偏袒埃而宣布断交，2000年两国复交，并于2001年实现两国元首互访。2004年，两国在厄举行第三届混委会，签署了关于农业、旅游、渔业、海陆交通运输、电信和法律互助等一系列协议。2006年7月，厄国防部长访吉，与吉国防部长就加强两国陆海边境安全和双方的军事合作举行了会谈。8月，吉国防部长对厄进行了回访。2007年4月，吉厄混委会第四次会议在吉召开。2008年6月，吉厄边界发生武装冲突，导致两国关系紧张。2009年11月，吉与乌干达、埃塞俄比亚、索马里以厄破坏索和平进程为主要理由，推动安理会通过制裁厄的决议草案，包括要求厄立即从吉厄边境撤军并通过对话解决争端等内容。2010年6月，在卡塔尔斡旋下，吉厄边界争端出现重大转机，双方同意从争议地区撤军。2011年10月初，两名在厄被押战俘逃回吉布提，引起两国关系再度紧张。2011年12月，埃塞俄比亚等推动安理会通过强化对厄制裁决议，吉对此表示支持。（董杰）

几　内　亚

国名　几内亚共和国（The Republic of Guinea, La République de Guinée）。

面积　245857平方公里。

人口　1120万（2011年）。全国有20多个民族，其中富拉族（又称颇尔族）约占全国人口的40%以上，马林凯族约占30%以上，苏苏族约占20%。官方语言为法语。各民族均有自己的语言，主要语种有苏苏语、马林凯语和富拉语（又称颇尔语）。全国约85%的居民信奉伊斯兰教，5%信奉基督教，其余信奉原始宗教。

首都　科纳克里（Conakry），人口220万。最高气温35℃，最低气温22℃。

国家元首　总统阿尔法·孔戴（Alpha CONDE），2010年11月当选，12月21日宣誓就职。

重要节日　独立日：10月2日。

简　况

位于西非西岸，北邻几内亚比绍、塞内加尔和马里，东与科特迪瓦、南与塞拉利昂和利比里亚接壤，西濒大西洋。海岸线长约352公里。沿海地区为热带季风气候，内地为热带草原气候。年平均气温为24℃～32℃。

9～15世纪为加纳王国和马里帝国的一部分。15世纪葡萄牙殖民主义者入侵，1885年被柏林会议划为法国势力范围，1893年被命名为法属几内亚。19世纪后期，萨摩利·杜尔建立了乌拉苏鲁王国，坚持抗法斗争。20世纪初，阿尔法·雅雅领导了大规模反法武装起义。1958年9月28日，通过全民公决拒绝留在法兰西共同体内。同年10月2日宣告独立，成立几内亚共和国，塞古·杜尔任总统直至1984年3月病逝。同年4月，兰萨纳·孔戴上校发动兵变，宣布成立几内亚第二共和国。1992年4月，政党法实施，改行多党制。1993年12月举行多党民主制下的首次总统选举，孔戴当选，并于1998年12月和2003年12月两次连选连任。2008年12月22日，孔戴病逝。次日，部分军人发动政变接管国家权力。2009年1月几军政权组建过渡政府。

政　治

2010年1月，几军政权任命反对党几内亚进步同盟主席让—马里·多雷为过渡政府新总理，并宣布6个月内举行总统选举、还政于民。6月27日和11月7日，几先后举行两轮总统选举，几内亚人民联盟主席阿尔法·孔戴胜出。12月21日，孔戴总统宣誓就职，并于2011年初完成组阁。新政府成立一年多来，实施“变革新政”，推行行政、司法和安全机构改革，政局总体保持稳定。朝野双方对立法选举有关问题存在分歧，致使原定于2011年年底前举行的立法选举被推迟。

【宪法】2008年12月几军事政变后，几军政权中止实施1990年宪法。2010年4月，全国过渡委员会（代议会）制定了过渡期宪法。5月，几军政权领导人、代总统科纳特颁布过渡期宪法，规定总统由直接选举产生，任期为5年，可连任一次。无论两个任期是否相连，总统最多只能有两个任期。

【议会】称国民议会，为最高立法机构。上届议会成立于2002年6月，原定于2007年6月举行新议会选举，后因故多次推迟。2008年12月军事政变后，国民议会被解散。2010年2月，全国过渡委员会（Conseil National de Transition，CNT）成立，履行立法机构职责，制定了过渡期宪法、选举法等法律文件。全国过渡委员会由155名来自政党、宗教、军政权的各界人士组成，主席为工会组织领导人拉比亚都·塞拉·迪亚洛女士（Rabiatou Serah DIALLO）。几原拟于2011年12月底举行议会选举，但因朝野双方在选举日期、独立选举委员会构成、选民名单等问题上存在分歧，通过政治对话未达成共识，选举被数度推迟。

【政府】本届政府成立于2011年1月，包括总理、3名国务部长、27名部长和7名部长级代表。孔戴总统兼任国防部长，其他成员名单如下：总理穆罕默德·赛义德·福法纳（Mohamed Saïd FOFANA），公共工程和交通国务部长奥斯曼·巴（Ousmane BAH），能源和环境国务部长帕帕·科利·库鲁马（El Hadj Papa Koly KOUROUMA），安全和民事保护国务部长马马杜巴·托托·卡马拉中将（Mamadouba Toto CAMARA），经济和财政部长凯尔法拉·扬萨内（Kerfala YANSANE），外交和海外侨民部长爱德华·尼昂科耶·拉马（Edouard Niankoye LAMA），电信和新信息技术部长奥耶·吉拉沃吉（Oyé GUILAVOGUI），社会事务和妇女、儿童促进部长南泰宁·谢里夫·科纳特（Nanténin CHERIF KONATE，女），城市、住房和建设部长马蒂兰·班古拉准将（Mathurin BANGOURA），青年和青年就业部长塞努西·邦塔马·索（Sanoussy Bantama SOW），体育部长阿布·巴卡尔·蒂蒂·卡马拉（Aboubacar Titi CAMARA），扫盲和民族语言推广部长邦巴·卡马拉（Bamba CAMARA），工业和中小企业部长拉玛图拉耶·巴（Ramatoulaye BAH，女），旅馆业、旅游业和手工业部长玛丽亚马·巴尔德（Hadjia Mariama BALDE，女），畜牧部长马马杜·科尔卡·迪亚洛准将（Mamadou Korka DIALLO），就业、技术教育和职业培训部长达曼堂·阿尔贝·卡马拉（Damantang Albert CAMARA），劳工和公职部长法图玛塔·通卡拉（Fatoumata TOUNKARA，女），国土管理和权力下放部长哈桑·孔戴（Alhassane CONDE），农业部长让·马克·泰利亚诺（Jean Marc TELLIANO），贸易部长穆罕默德·多瓦尔·敦布亚（Mohamed Dorval DOUMBOUYA），高等教育和科研部长莫里凯·达马罗·卡马拉（Morikè Damaro CAMARA），文化、艺术和遗产部长艾哈迈德·蒂迪亚内·西塞（Ahmed Tidiane CISSE），卫生部长纳曼·凯塔博士（Naman KEITA），司法和掌玺部长克里斯蒂安·索（Christian SOW），新闻部长迪鲁斯·迪亚莱·多雷（Dirus Dialé DORE），矿产和地质部长穆罕默德·拉明·福法纳（Mohamed Lamine FOFANA），计划部长苏莱曼·西塞（Souleymane CISSE），国际合作部长穆斯塔法·库图布·萨诺（Moustapha Koutoubou SANO），审计和经财监管部长阿布—巴卡尔·西迪基·库利巴利（Aboubacar Sidiki KOULIBALY），中小学教育部长易卜拉希马·库鲁马（Ibrahima KOUROUMA），渔业和水产部长穆萨·孔戴（Moussa CONDE），交通部长级代表蒂迪亚内·特拉奥雷（Tidiane TRAORE），环境部长级代表萨拉马迪·杜尔（Saramady TOURE），预算部长级代表穆罕默德·迪亚雷（Mohamed DIARE），社会事务和妇女、儿童促进部长级代表迪娅卡·迪亚基特（Diaka DIAKITE，女），海外侨民部长级代表鲁吉·巴里（Rougui BARRY，女），国防部长级代表阿卜杜勒·卡贝莱·卡马拉（Abdoul Kabèlè CAMARA），安全和民事保护部安全机构改革部长级代表穆拉马尼·西塞（Mouramani CISSE），政府秘书长塞古·基西·卡马拉（Sékou Kissy CAMARA）。

【行政区划】全国划分为首都科纳克里和7个行政区。行政区下辖33个省。

【司法机构】设普通法院和特别法院。普通法院包括最高法院、上诉法院、初审法院和治安法院。最高法院下设诉讼、行政、经济财政和立法四个法庭。特别法院包括特别最高法庭、军事法庭和劳动法庭。2009年3月，军政权撤销最高法院。2010年3月，军政权恢复最高法院，并任命马马杜·西马·西拉（Mamadou Sima SYLLA）为最高法院院长，阿伊萨图·巴尔德（Aïssatou BALDE，女）担任总检察长。

【政党】1992年4月实行多党制。现有100多个合法政党，主要政党情况如下：

（1）几内亚人民联盟（Rassemblement du Peuple de Guinée）：始建于1967年。时称劳动党，后曾多次改名，1987年更名为几内亚人民联盟。长期开展反对当局的政治活动。1992年实行多党制后，该党于当年4月注册登记，成为合法政党。成员多为马林凯族人。组织较完善，在全国各省均建有基层组织。党的宗旨是：团结全体几内亚人民，以平等、博爱为基础，建设民主自由社会，实现国家统一、民族独立、经济繁荣和社会公正。党主席阿尔法·孔戴（Alpha CONDE），系该党创建者，曾于1993年和1998年两次参加总统竞选未果，2010年11月成功当选总统。2012年4月，几内亚人民联盟联合44个政党组成新执政党几内亚人民联盟—彩虹联盟（RPG-Arc-en-Ciel）。

（2）几内亚进步复兴联盟（Union du Progrès et du Renouveau）：1998年9月由新共和同盟和复兴进步党合并而成。成员多为颇尔族人。其政治纲领是：在尊重自由、保障多党民主的基础上，建立法制国家，加强民族团结和社会凝聚力，全面推进经济、社会和文化建设，实现可持续发展，提高全民福祉。该党在2010年11月第二轮总统选举中加入支持阿尔法·孔戴的“彩虹联盟”。现任党主席奥斯曼·巴（Ousmane BAH），2004年4月上任，在本届政府中任公共工程和交通国务部长。

（3）几内亚民主力量同盟（Union des Forces Démocratiques de Guinée）：成立于2002年6月，系由几内亚进步复兴联盟名誉主席马马杜·波依·巴率支持者另立的新党。党的宗旨是：在实现社会团结和民族和解的基础上，建立民主和法制国家，使国家摆脱贫困，实现可持续发展，保障全体公民的合法权利和自由。现任党主席塞卢·达兰·迪亚洛（Cellou Dalein DIALLO），曾于2004～2006年任总理。在2010年6月首轮总统选举中得票领先，但在第二轮选举中失利。

（4）几内亚共和力量同盟（Union des Forces Républicaines）：成立于1992年。党的宗旨是：实现民族和解，建立民主、多元化社会，改变国家政治、经济和社会三重落后面貌。现任主席西迪亚·杜尔（Sidya TOURE），曾于1996～1999年任总理。在2010年6月首轮总统选举中获15.6%的选票，列第三位，在第二轮选举中支持几内亚民主力量同盟候选人塞卢·达兰·迪亚洛。

（5）几内亚统一进步党（Parti de l'Unité et du Progrès）：前执政党。1992年3月27日成立。党的宗旨是：促进经济、社会发展与进步，实现民族和解与团结，建立公正、法制和民主国家。实行自由经济体制，为私有部门创造有利条件，增加就业。对外开放，与其他国家政党协商一致、团结合作。现任主席穆萨·索拉诺（Moussa SOLANO）。

【重要人物】阿尔法·孔戴：总统。1938年生，马林凯族，信奉伊斯兰教。法学博士，曾长期在法国执教。1963年创建劳动党，后改名为几内亚人民联盟，任党主席至今。曾于1993年和1998年两次参加总统竞选。1995年当选国民议会议员。1998年大选期间被当局逮捕，2001年获释后流亡法国。2008年几军事政变后返几。2010年11月当选总统。

经　济

系最不发达国家，农业国，工业基础薄弱，粮食不能自给。近年来，受国内局势动荡影响，几经济增长乏力。2010年大选后几政局恢复稳定，新政府重视发展经济，宣布实施“复兴计划”，重点保障主要城市的水、电供应，大力发展农业，加强基础设施建设，推进财税金融改革，加强对资源开发的管理与控制。2011年主要经济数据如下（资料来源：2012年3月《经济季评》）：

国内生产总值（GDP）：45.05亿美元。

人均国内生产总值：398.5美元。

国内生产总值增长率：4%。

货币名称：几内亚法郎（Franc guinéen）。

汇率：1美元＝6800几内亚法郎。

通货膨胀率：16%。

【资源】资源丰富，有“地质奇迹”之称。铝矾土贮藏总量估计为400亿吨，其中290多亿吨已探明，占世界已探明储量的30%，居世界第一位。其品位高达58%～62%。铁矿石远景储量超过100亿吨，且品位高。钻石储量为2500万～3000万克拉。此外还有黄金、铜、铀、钴、铅、锌等。水利资源极为丰富，是西非三大河流尼日尔河、塞内加尔河和冈比亚河的发源地，有“西非水塔”之称。开发后年发电量估计可达630亿度。沿海大陆架已发现有石油。东南部有大片原始森林，出产红木、黑檀木等贵重木材。

【工矿业】工业基础薄弱，制造业不发达。2010年工业产值占国内生产总值的57.6%。主要工业部门是农产品和食品加工、纺织、家具生产等。矿业是较为重要的经济部门，矿业产值一直占国内生产总值的20%左右。主要矿业公司有：博凯、弗里亚、金迪亚三大铝矿和阿雷多尔黄金钻石开采公司等。近年来，力拓、必和必拓、淡水河谷等国际矿业公司先后进入几内亚，与几方商谈开展铁矿开发合作。几新政府正在修订《矿业法》，以更好地通过矿产开发带动本国经济发展。2012年2月，几成立国家矿产委员会，负责在新矿产法基础上参与矿权证签发、延期、更新、吊销等工作。

【农牧林渔业】农村劳动人口约占全国劳动人口的2/3。可耕地面积约700万公顷，已耕地约140万公顷，主要种植水稻、小米、玉米等粮食作物和咖啡、可可、棉花等经济作物。粮食不能自给。2010年，农、牧、渔、林业产值占国内生产总值的21.8%。

全国森林面积65440平方公里，森林覆盖率约26.6%。畜牧业资源可观，中几内亚富塔—贾隆高原、上几内亚萨赫勒草原都是天然牧场。渔业资源丰富，近海渔业资源估计有30万吨，深海约100多万吨。此外，几内陆河流多，淡水鱼资源也很丰富。

【旅游业】旅游资源较丰富。全国共有旅游景点201个。位于几与科特迪瓦交界的宁巴山1981年被联合国教科文组织列为世界自然文化遗产。全国有旅馆设施328个，房间3774间，床位4518张，其中首都科纳克里市有Novotel、Camayenne、Riviéra Royal、Riviéra等4家国际标准酒店。

【交通运输】内陆交通不发达，以公路运输为主。近年来交通运输情况如下：

铁路：现有3条铁路干线，总长约400公里，全部为铝矾土专用铁路。

公路：总长超过3.5万公里。其中国家级干道近7000公里（其中沥青路面2000多公里），地区级公路6700多公里，城乡道路2万多公里。

海运：科纳克里港为西非最大海港之一，2010年吞吐总量为700万吨。有集装箱码头、矿产码头、商用码头、渔业码头等，其中集装箱码头可停靠2.5万吨级船只，年装卸能力5万只集装箱。另有卡姆萨深水港，为博凯铝矿专用港，年吞吐量约1200万吨。

空运：科纳克里机场为全国唯一的国际机场，全国另有12个国内机场。几内亚航空公司于2002年7月交由私人经营。主要有法国、比利时、摩洛哥和塞内加尔等国航空公司经营国际和地区航班。

【财政金融】近几年财政收支情况如下（单位：亿几内亚法郎）：

	2008	2009	2010
收入	33520	36620	42580
支出	36270	52400	80490
赤字	–2750	–15780	–37910

（资料来源：2011年7月国际货币基金组织报告）

截至2010年底，外汇储备约为2.05亿美元，外债约为32亿美元。

【对外贸易】近几年对外贸易情况如下（单位：百万美元）：

	2009	2010	2011
出口额	1049.7	1471.2	1638.6
进口额	1060.1	1404.9	1760.7

（资料来源：2012年3月《经济季评》）

主要出口产品为铝矾土、氧化铝、钻石、黄金等。主要进口商品为农产品、食品、化工产品、机械设备等。主要贸易伙伴是西班牙、俄罗斯、德国、中国、法国、荷兰、英国、爱尔兰等国。2010年，向智利出口占几出口额总额的26.9%，印度22.2%，西班牙10.9%，俄罗斯9.7%。从中国进口占几进口总额32.9%，荷兰18.0%，法国11.9%，科特迪瓦7.2%。

【外国投资】截至2010年底，外国直接投资总额为1.01亿美元。

【外国援助】根据经济合作与发展组织统计，2010年几内亚获得外援2.14亿（美元，下同），其中法国提供0.7亿，欧盟0.57亿，美国0.28亿，法国开发署0.17亿，德国0.16亿，日本0.15亿。

人民生活

根据联合国开发计划署公布的《2011年人类发展报告》，几人类发展指数在全球187个国家中排名第178位。54%的人口生活在贫困线以下，240万居民未解决温饱问题，40%的5个月以下婴儿营养不良。2007年全国共有固定电话4.9万部，平均每千人拥有5.3部，移动电话19.6万部，平均每千人拥有22部。因特网用户4.8万个。

医疗卫生条件落后，是疟疾、霍乱和伤寒等热带传染病高发区。疟疾感染率19%，是导致死亡的首要疾病。2010年，5岁以下儿童和婴幼儿死亡率分别为8.1%和13%。2009年，全国每10万人感染艾滋病人数为789人。首都科纳克里设有东卡和亚斯丁两所国家级公立医院，行政大区医院7所，省级医院26所，卫生中心349所，卫生站2987个，私人诊所142个。约每10万人拥有9名医生。2009年人均寿命58岁。

军　事

1958年11月成立人民军，后改称几内亚武装力量。总统是最高军事统帅，行使任免军事人员、对外宣战等权力。国防部作为军事行政主管，直接隶属总统府。

几武装力量由野战军、宪兵和共和国卫队组成。野战军总兵力2万人，其中陆军1.8万人、海军1500人、空军500人。宪兵1800人，共和国卫队1600人。现任三军总参谋长凯雷法·迪亚洛（Kèlèfa DIALLO）少将。

文化教育

【教育】1984年5月起实行教育改革，规定法语为教学语言，允许私人开办学校。2004年，全国共有小学6140所，教员2.5万人，学生114.7万人；中学615所，教员8886人，在校学生34万人；高等院校13所，在校生2.2万人，教员853人。2008年，几内亚小学、中学、高等教育入学率分别为92%、37%、9%。

科纳克里大学是几最高学府，1962年建立，分社会科学、自然科学和生物科学3个学科。

【新闻出版】《几通社每日新闻公报》和《自由报》（每周出版五期）为官方法文报刊。目前有250多种新闻出版物，10余种报纸定期出版，基本上是周刊。发行量较大的私营报纸有《外交官报》、《观察家报》、《新论坛》等。

几内亚通讯社为官方通讯社。几内亚广播电台为官方电台，每天用法语、富拉语、马林凯语和苏苏语等对内广播，用法语和英语等对外广播。

几内亚电视台为官方电视台，1977年开播。

对外关系

奉行睦邻友好、不结盟、全面开放和独立自主的外交政策，强调外交为发展服务。愿在平等互利和相互尊重的基础上与世界各国发展友好合作关系。主张加强非洲国家之间的团结与合作，积极参与非洲联盟建设。重视发展同欧盟、美国等西方国家关系，以争取国际支持和援助。注重发展同中国等亚洲国家和阿拉伯国家的关系。现为联合国、世界贸易组织、不结盟运动、伊斯兰会议组织、法语国家组织、非洲联盟（非盟）、西非国家经济共同体（西共体）、马诺河联盟等组织成员，同110多个国家建立了外交关系。

【同中国的关系】中几于1959年10月4日建交。几是第一个同中国建交的撒哈拉以南非洲国家。长期以来，两国关系发展顺利。

2010年10月2日，几内亚经济与财政部长凯尔法拉·扬萨内来华出席上海世博会几内亚国家馆日活动。

2011年2月，外交部长杨洁篪访问几内亚，与拉马外长会谈，并会见了孔戴总统和福法纳总理。

9月13～19日，几内亚总统孔戴来华出席第五届夏季达沃斯论坛并访华。胡锦涛主席、温家宝总理分别予以会见。

2011年，双边贸易额为6.45亿美元，其中中方出口额6.3亿美元，进口额1556万美元。

中国驻几内亚大使：赵立兴。馆址：DONKA，CONAKRY。电话：64006622，60258898（经商处）。传真：30469583，0014849023626（经商处）。国家地区号：00224。邮政信箱：B.P.714 CONAKRY。

几内亚驻华大使：马马迪·迪亚雷（Diare Mamady）。馆址：北京市朝阳区三里屯西六街2号。电话：010-65323649。传真：65324957。

【同法国的关系】1963年同法国建交。1965年几政府指责法与“反几阴谋”有牵连，双方撤回大使。1975年两国复交。法为几最大援助国，多年来向几提供了大量投资和援助。2007年3月，法合作、发展和法语国家部长级代表吉拉尔丹访几。4月和6月，几总理库亚特两次访法。2008年6月，法免除几1.8亿美元债务。12月几军事政变后，法表示希望几遵守宪法，并与军政权保持一定交往。法负责国际合作的国务秘书儒昂戴曾数次访几。2010年3月底，几军政权领导人科纳特赴法出席法非首脑会议，期间会晤法总统萨科齐和外长库什内。11月几总统选举后，法宣布恢复与几正常合作。12月21日，法合作部长德兰古出席孔戴总统就职仪式。2011年1月，德兰古再次访几，与几方探讨重启两国合作事宜。3月下旬，孔戴总统访法，与法总统萨科齐会谈，法向几提供了500万欧元援助。5月，孔戴总统作为萨科齐总统特邀嘉宾，赴法出席八国集团（G8）峰会有关活动。2012年3月，几国土管理和政治事务部长孔戴访法。4月，几经济和财政部长扬萨内访法。

【**同美国的关系**】美是几主要援助国之一。1998年以来，美对几援助总额逾2亿美元。2006年3月，几美首次双边磋商在科纳克里举行，两国双边磋商机制正式启动。2007年6月，几总理库亚特访美。2008年12月几军事政变后，美国予以谴责并中止对几援助。2010年初，几军政权同意举行总统选举后，美向几提供了价值600万美元的各种援助用于筹备大选，并在大选期间派员观察。2010年底几完成政治过渡后，几美恢复正常往来。2011年7月，孔戴总统应邀赴美访问。2012年4月，几经济和财政部长扬萨内访美。

【**同日本的关系**】1958年同日本建交。1978～2005年，日累计向几提供各类援助约5.55亿美元。2006年日本政府援几220亿几内亚法郎用于实施科纳克里市政供水项目。2007年日向几提供援助约1000万美元。几政治过渡期间，日向几提供了1.3万个投票箱，并同联合国妇女儿童基金会签订协议，提供130万美元用于改善几妇女儿童健康。2012年4月，日通过世界粮食计划署（PAM）向几提供200万美元援助用于购买1700吨大米。日2010年、2011年还分别向几提供了580万美元和100万美元粮食援助。

【**同邻国的关系**】重视发展同邻国的友好合作关系，并在西非国家经济共同体、尼日尔河流域组织、马诺河联盟、冈比亚河开发组织和塞内加尔河开发组织中发挥积极作用。

1986年，几同塞拉利昂、利比里亚签订了互不侵犯和安全合作的马诺河联盟条约。1999年4月起，几与利、塞交界地区武装冲突不断，几、利相互指责对方支持本国反政府武装，几利关系一度不睦。利内战结束后，几利关系逐步好转。几同塞拉利昂一直保持良好关系。2007年2月，塞总统卡巴和利总统瑟利夫访几。4月，马诺河联盟首脑会议在科纳克里举行。9月，塞总统科罗马访几。2008年10月，塞总统科罗马、利总统瑟利夫均出席了几独立50周年庆典。2010年4月，马诺河联盟首脑会议在科纳克里举行。9月，塞总统科罗马访几。12月，塞总统科罗马、利总统瑟利夫赴几出席孔戴总统就职仪式。2011年7月，孔戴总统访问利比里亚并出席第20届马诺河联盟首脑会议。2011年10月，塞总统科罗马对几进行友好工作访问。2012年5月，孔戴总统会见了来访的塞外长达乌达。2012年1月，孔戴赴利出席瑟利夫总统的就职仪式。

1978年，几分别与塞内加尔和科特迪瓦签订友好合作条约。2007年3月，塞总统瓦德访几。2008年10月，塞总统瓦德出席几独立50周年庆典。2008年12月几军事政变后，塞总统瓦德公开表示支持几军政权，并于2009年1月访几。2010年3月，几军政权领导人科纳特访塞。12月，塞总统瓦德赴几出席孔戴总统就职仪式。2011年1月，孔戴总统访塞。2012年2月，塞总理恩迪亚耶访几。4月，孔戴赴塞出席新总统萨勒的就职仪式。2011年5月，孔戴总统赴科出席瓦塔拉总统的就职典礼。12月，瓦塔拉总统对几进行工作访问。2012年2月，科总理索罗访几。2012年3月，福法纳总理和拉马外长赴科出席西共体特别峰会。4月，孔戴总统会见了来访的科外长敦坎。同月，孔戴总统赴科出席西共体特别峰会。

【**同其他国家的关系**】几重视发展同阿拉伯国家的关系。2007年6月，利比亚领导人卡扎菲访几。同月，库亚特总理访问摩洛哥。9月，库亚特总理赴利比亚出席卡扎菲执政38周年庆典。2009年1月，利比亚领导人卡扎菲访几，对几军政权表示支持。2010年3月，几军政权领导人科纳特访利。2011年1月，孔戴总统访利。（周康宁）

几内亚比绍

国名　几内亚比绍共和国（The Republic of Guinea-Bissau，República da Guiné-Bissau）。

面积　36125平方公里。

人口　170万（2011年）。有27个民族，其中巴兰特族占总人口的27%、富拉族占23%、曼丁哥族占12%。官方语言为葡萄牙语，通用克里奥尔语。45%的居民信奉伊斯兰教，其余信奉拜物教、天主教、基督教新教和其他宗教。

首都　比绍（Bissau），人口38.4万（2010年）。平均气温27℃。

国家元首 2012年4月12日，几比军人发动政变。5月10日，西非国家经济共同体（简称西共体）与政变军方就过渡期安排达成一致，代议长马努埃尔·塞里富·尼亚马若（Manuel Serifo Nhamajo）被指定为过渡期总统。

重要节日 独立日：9月24日。

简 况

位于非洲西部，包括比热戈斯群岛等岛屿。大陆部分北接塞内加尔，东、南邻几内亚，西濒大西洋。海岸线长约300公里。属热带海洋性季风气候，全年高温，年平均气温约25℃。

曾为非洲古国桑海帝国的一部分。1879年沦为葡萄牙殖民地。1973年9月24日独立。首任国家元首、国务委员会主席为路易斯·卡布拉尔。独立后，几内亚和佛得角非洲独立党（简称几佛独立党）长期一党执政。1980年，部长会议主席维埃拉推翻卡布拉尔政府，成立革命委员会并自任主席。1991年，改行多党制。1994年，维埃拉作为几佛独立党候选人在首次多党选举中获胜，当选总统。1998年6月，几比军队前总参谋长安苏马内·马内率兵发动叛乱，并于1999年5月武力推翻维埃拉。同年11月，几比举行议会和总统选举，社会革新党（简称社革党）成为议会第一大党，该党候选人昆巴·亚拉于2000年1月当选总统。2003年9月，武装部队总参谋长塞亚布拉发动政变，推翻亚拉总统。2005年7月，前总统维埃拉以独立候选人身份在大选中获胜，再次当选总统。2008年11月，几比举行议会选举，几佛独立党获胜。12月，维埃拉任命几佛独立党主席卡洛斯·戈梅斯（Carlos Gomes Junior）为总理。2009年3月初，几比武装部队总参谋长瓦伊和维埃拉总统先后遇刺身亡。7月，几佛独立党候选人萨尼亚当选总统。

政 治

2012年1月9日，萨尼亚总统在巴黎病逝，国民议会议长佩雷拉代行总统职务。2012年3月18日，几比举行总统选举，几佛独立党候选人、总理戈梅斯与反对党社革党候选人、前总统亚拉分别以48.97%和23.36%的选票进入第二轮。4月12日，几比军队发动政变，扣押了佩雷拉和戈梅斯，宣布解散国家机构。在国际社会的谴责和压力下，政变军方释放佩雷拉和戈梅斯，并与西共体达成一致，由代议长尼亚马若担任过渡期总统，承诺一年内举行总统选举，并同意西共体派兵维护宪政。5月22日，过渡政府组成，军方宣布还政于民。几佛独立党和葡萄牙语国家共同体（简称葡共体）国家反对上述安排。由600余人组成的西共体常备部队于5月底派抵几比。

【宪法】1999年7月通过并颁布的宪法修正案规定，几比实行半总统制。总统是国家元首，总理、政府成员经议会多数党提名后由总统任命。总统每届任期五年，可连任一次。

【议会】全国人民议会行使立法权，每年召开4次例会，就国内外重大问题制定法律，并负责监督国家法律的执行。常设机关为常务委员会，在议会闭会和被解散期间，行使议会职权。议员任期为四年。本届议会于2008年12月22日组成，共有议员100名。其中，几佛独立党67名，社会革新党28名，独立和发展共和党3名，新民主党和选举联盟各1名。2012年5月16日，根据政变军方与反对党签署的《政治过渡条约》的规定，本届议会任期延长至新一届议会产生。2012年5月10日，代议长尼亚马若出任过渡期总统后，由第二副议长索里·贾洛（Sori Djaló）出任代议长。

【政府】过渡政府总理为鲁伊·巴罗斯，主要成员名单如下：总理鲁伊·杜阿尔特·德·巴罗斯（Rui Duarte de Barros），部长会议、新闻和议会事务部长费尔南多·瓦斯（Fernando Vaz），外交、国际合作和侨务部长福斯蒂诺·富杜特·因巴利（Faustino Fudut Imbali），国防和祖国解放战士部长塞莱斯蒂诺·德·卡瓦略（Celestino de Carvalho），内政部长安东尼奥·苏卡·恩特沙马（António Suka Ntchama），教育、青年、文化和体育部长维森特·蓬古拉（Vicente Pungura），公共卫生和社会团结部长阿戈什蒂纽·卡（Agostinho Cá），司法部长马马杜·萨伊杜·巴尔代（Mamadú Saido Baldé），自然资源和能源部长达尼埃尔·戈梅斯（Daniel Gomes），财政部长阿布巴卡尔·登巴·达阿巴（Abubacar Demba Dahaba），经济和地区一体化部长德戈尔·门德斯（Degol Mendes）、基础设施部长费尔南多·戈梅斯（Fernando Gomes）等。

【行政区划】全国划分为8个省和1个自治区（比绍），下辖36个县。

【司法机构】最高法院是最高司法机关，总检察院是最高检察机关。最高法院院长和总检察长均由总统任命。最高法院院长暂缺。总检察长埃德蒙多·门德斯（Edmundo Mendes），2011年8月4日就职。

【政党】现有32个政党，主要有：

（1）几内亚和佛得角非洲独立党（Partido Africano da Independência da Guiné e Cabo Verde—PAIGC）：简称几佛独立党.1956年9月19日创立。党员约30万人。1973年几比独立后长期执政，1999年沦为在野党。2008年在议会选举中赢得绝对多数席位，重新成为执政党。党的宗旨是实现民族团结，捍卫和巩固独立，为创建在人民团结一致、社会公正和法治国家基础上的民主社会而战斗。2008年6月，召开第七次全国代表大会。2012年4月军事政变后，被排除在过渡政权之外。党主席为卡洛斯·戈梅斯。

（2）社会革新党（Partido da Renovação Social—PRS）：简称社革党.1992年1月24日创立，2000～2003年执政。在工人、农民中影响较大。宗旨是一切为了人民。主张优先进行国家建设、建立民主法制、实施良政，倡导民族团结与和解。2012年4月军事政变后，在过渡政府中占据重要地位。党主席为前总统昆巴·亚拉（Koumba Yalá），总书记奥古斯托·波克纳（Augusto Poquena）。

（3）独立和发展共和党（Partido Republicano para Independência e Desenvolvimento）：2008年3月7日成立。宗旨是巩固国家独立，维护国家主权，促进民族团结、经济发展和民主法制建设。党主席为前总理阿里斯蒂德斯·戈梅斯（Aristides Gomes）。

其他政党包括：团结社会民主党（Partido Unido Social Democrata—PUSD）、民主阵线（Frente Democrática）、几内亚比绍抵抗运动（Resistência da Guiné-Bissau）等。

【重要人物】马努埃尔·塞里富·尼亚马若：过渡期总统。1958年3月25日出生。曾留学葡萄牙，会计学专业毕业。1994年起连续四届当选国民议会议员，2008年任议会第一副议长，2012年1月12日任代议长，5月10日被指定为过渡期总统。尼1975年加入几佛独立党，1999年任该党政治局委员。　**鲁伊·杜阿尔特·德·巴罗斯**：过渡政府总理。1960年生。曾任财政部国务秘书，2001年任公职、劳动和社会团结部长，2002年任经济和财政部长。2008年曾担任西非经货联盟委员。2012年5月16日被任命为过渡政府总理。

经　济

系最不发达国家。农业国，工业基础薄弱，粮食不能自给。渔业资源丰富，发放捕鱼许可证和渔产品出口是其主要外汇收入来源。2005年以来，几比政府制定并实施减贫战略，积极发展农业，推行以水稻、腰果为主的多样化种植战略。2009年以来，几比政府改革财政税收政策，加强公共行政管理，减轻债务负担，努力促进经济发展。在2010年12月几比达到"重债穷国倡议"完成点，国际货币基金组织等先后宣布免除其90%以上的债务。受国际金融危机影响，几比粮油价格大幅上涨。2011年，几比政府实施第二个减贫战略，腰果出口和财政收入有所增加，全年经济形势好于预期。2012年4·12军事政变对国民经济造成冲击，当地油电供应短缺，腰果收成和贸易受到影响。2011年主要经济数据如下（资料来源：2012年4月经济季评）：

国内生产总值（GDP）：9.42亿美元。

人均国内生产总值：554美元。

国内生产总值增长率：5.3%。

货币名称：非洲金融共同体法郎，简称非洲法郎（FCFA）。

汇率：1美元=500非洲法郎。

通货膨胀率：5.0%。

【资源】矿产资源尚未开发。主要矿藏有铝矾土（储量约2亿吨），磷酸盐（储量约8000万吨）。沿海正在进行石油勘探（储量约11亿桶）。渔业资源丰富。

【工业】以农产品和食品加工业为主。2009年工业产值约占国内生产总值的12.9%，，工业人口占劳动人口的1%。

【农牧渔业】2009年，农、牧、渔业产值占国内生产总值的56.2%，，农业人口约占全国劳动力的85%。可耕地约90万公顷，已耕地45.4万公顷。主要粮食作物有水稻、木薯、豆类、马铃薯、甘薯等。2011年腰果产量20万吨，为非洲第二大腰果出口国。

畜牧业产值约占国内生产总值的15%，拥有300万公顷天然牧场，20%的农业人口从事畜牧业。林业资源丰富，森林面积235万公顷，森林覆盖率达60%。木材藏量为4830万立方米，每年可生产10万吨木材。

近年渔业产值增长较快。沿海地区以捕鱼为业的人口约有4000 ~ 5000人，每年实际捕捞量约为3万吨。每年发放捕鱼许可证收入约为920万美元。

【交通运输】无铁路，以公路和水运为主，内河和近海航运占有重要地位。

公路：总长4400多公里，其中二级、三级公路（沥青路面）约550公里。

水运：内河和近海航运通航里程达1800多公里；主要港口比绍港，全国最大的驳运港和渔港，对外贸易中心，年吞吐量约50万吨。

空运：首都附近有奥斯瓦尔多·维埃拉国际机场，可供中小型飞机起降；每周有定期航班往返葡萄牙、塞内加尔和佛得角。

【财政金融】财政困难，连年赤字。近几年财政收支情况如下（单位：亿非洲法郎）：

	2004	2005	2006
收入	490	482	506
支出	704	672	664
差额	–214	–190	–158

2011年第三季度，外汇储备（不含黄金）2亿美元。2011年由于国际货币基金组织、世界银行、欧盟、非盟等免去几比90%的债务，外债总额减少至1.9亿美元。

【对外贸易】近几年外贸情况如下（单位：百万美元）：

	2008	2009	2010
出口额	128.1	121.6	126.0
进口额	198.8	202.3	206.1
经常项目余额	–70.7	–80.7	–80.1

（资料来源：2012年4月《经济季评》）

主要出口产品为腰果、花生、棉花、冻虾、冻鱼、原木等，其中腰果出口占出口总额的95%以上。主要进口商品是粮食、燃料、润滑油、运输设备和建材等。主要贸易伙伴为印度、塞内加尔、葡萄牙、尼日利亚、巴西等国。

2010年，向印度出口额占几比出口总额的63.2%，其次为尼日利亚（23%）、多哥（7.3%）、西班牙（3.1%）、中国（1.9%）。主要从下列国家进口：葡萄牙（21.7%）、塞内加尔（16.8%）、巴西（5.9%）、古巴（5.3%）、中国（3.9%）。

【外国援助】据经济合作与发展组织统计，几比2009年共接受外援1.46亿美元。主要援助方有欧盟（5400万美元）、世界银行（2300万美元）、葡萄牙（1600万美元）、西班牙（1500万美元）、非洲发展基金（1000万美元）等。

人民生活

根据联合国开发计划署公布的《2011年人类发展报告》，几内亚比绍的人类发展指数在187个国家中排名第176位。全国有劳动人口45万人，其中领国家固定工资的职工有2.5万人，占5.5%。全国有中心医院2所，省、县级医院16所，卫生所130个，病床1187张，医生150名（含国际合作者）。40%的人能享受医疗服务。疟疾、霍乱、腹泻及脑膜炎等传染病较为流行。2009年，艾滋病感染率约8%，人均预期寿命48岁。2009年，每百人拥有固定电话32部，移动电话29部。全国仅有10%的居民享受水、电供应，87%的居民用木炭做饭。

军　事

军队称人民革命武装部队，创建于1964年11月16日。总统为武装部队最高统帅。政府设国防部，下辖总参谋部，总参谋长由总统根据政府建议任免。实行义务兵役制，士兵服役期为2～3年，军官为10年以上。现任军队总参谋长为安东尼奥·因贾伊将军。

文化教育

【教育】重视发展教育事业。教育经费约占国家财政预算的12%，相当于GDP的3.2%。全国主要有小学、中学和技术职业培训学校。卡布拉尔大学为几比第一所公立大学，2004年1月成立。科利纳斯德博埃大学为几比第一所私立大学，2003年成立。几比每年向国外派出一定数量的留学生。2006年，成人文盲率为55.2%，小学生入学率为45%。

【新闻出版】现全国发行5种报纸。主要有《前进报》（政府机关报，发行量5000份）、《比绍日报》、《消息报》等。

几内亚比绍国家通讯社：官方通讯社，创建于1972年3月。无驻外分社或记者。

几内亚比绍国家广播电台成立于1974年9月。用葡萄牙语、克里奥尔语及其他地方语言播音。每天播出14小时。此外还有三家私营广播电台。

几内亚比绍国家电视台：1989年11月14日正式开播，每天均播出电视节目。另有南非数字卫星电视台（DSTV）在几比开展卫星电视业务。

对外关系

奉行独立自主、和平、睦邻友好的外交政策，强调外交为发展服务。坚持平等互利、不干涉内政、和平解决争端的原则。几比是联合国、世界贸易组织、不结盟运动、伊斯兰会议组织、萨赫勒—撒哈拉国家共同体等组织成员国。同近60个国家建交。2012年4月军事政变后，非盟、西非国家经济共同体、法语国家组织等中止几比成员国资格。

【同中国的关系】1974年3月15日，两国建交。1990年5月26日，几比与台湾当局建立所谓“外交关系”，31日，中国宣布中止同几比的外交关系。1998年4月23日，中、几比恢复外交关系。此后，两国友好合作关系发展顺利。

2011年3月，中共中央对外联络部部长王家瑞访问几比，会见几比总统萨尼亚和几佛独立党主席、总理戈梅斯。

2011年，双边贸易额为1900万美元，同比增长42.7%，其中，中方出口额1500万美元，进口额400万美元。中方主要向几比出口谷物、机电产品、纺织品等，进口腰果。

中国驻几内亚比绍大使：李宝钧。馆址：BAIRRO DE PENHA，BISSAU，C.P.66。电话：00245-3256200（办公室、签证处），3256202（经商处）。传真：00245-3256194（办公室、签证处），3256196（经商处）。

几内亚比绍驻华大使：阿拉芳·安苏·卡马拉（Arafan Ansu Camara）。馆址：北京市朝阳区塔园外交公寓2-2-101。电话：010-65327393；传真：65327106。

【同葡萄牙的关系】同葡保持传统特殊关系。两国签有友好总协定，设有双边混委会。两国高层交往频繁，各领域合作密切。葡是几比主要贸易伙伴和援助国之一。2006年10月，几比总理阿里斯蒂德斯·戈梅斯访葡。2007年1月，葡外长阿马多访几比。9月，几比总理卡比访葡。2009年2月，葡议长伽马访几比。3月，几比总统维埃拉遇刺身亡后，葡外交合作国务秘书率葡共体代表团赴几比斡旋。2010年2月和3月，萨尼亚总统和戈梅斯总理先后访葡。5月，葡外长阿玛多访几比。6月，佩雷拉议长访葡。2012年4月几比发生政变后，葡予以强烈谴责，并坚持要求恢复原合法政府。

【同法国的关系】两国于1975年建交。1998年几比发生兵变后，法国支持塞内加尔和几内亚出兵几比平叛。1999年5月，维埃拉总统下台后，几比军人因不满法偏袒维埃拉而焚烧法驻几比使馆，两国关系一度紧张。亚拉总统执政后，法恢复与几比合作。2003年几比军事政变后，法向几比过渡政府数次提供援助。2006年5月，维埃拉总统访法。6月和10月，阿里斯蒂德斯·戈梅斯总理两次访法。2007年2月，维埃拉总统赴法出席第24届法非首脑会议。2010年5月，萨尼亚总统赴法出席第25届法非首脑会议。2011年7月，法资助19.1万欧元用于改善几比医疗卫生、扫盲、加强渔业和手工业。11月，法免除几比856万欧元债务。

【同美国的关系】两国于1976年建交。美国国际开发计划署曾在比绍设有代表处，在农业、水利、医疗卫生、教育和沿海安全等方面提供援助，美向几比派有和平队。1998年几比内战后，美国际开发署驻比绍代表处撤离，迄未恢复。2003年9月几比军事政变后，美政府拒绝承认几比过渡政府。2006年10月，阿里斯蒂德斯·戈梅斯总理访美。2009年1月，佩雷拉议长赴纽约出席世界和平大会。2011年几比总理和外长出席在纽约召开的第66届联大，会见美主管非洲事务副国务卿。

【同安哥拉的关系】两国保持着密切的双边关系，近年来，两国在政治经济社会等各领域的交流与合作发展迅速。2007年2月和2008年6月，维埃拉总统两次访问安哥拉。在担任葡共体轮值主席国期间，安对几比国防和安全领域改革给予大力的支持，通过向几比派遣军事团、提供人员培训等帮助几比实施改革。2009年1月和2010年9月，戈梅斯总理访问安哥拉。2011年6月安武装部队总参谋长访问几比，12月戈梅斯总理访安。2012年1月安国防部长访几比，4月，几比军方要求安军事团撤离。6月，安军事团撤离几比。

【同佛得角的关系】几比和佛得角人民曾在几佛独立党的统一领导下携手进行了争取民族独立的斗争。两国独立后，继续保持两国一党的局面。1980年，两国关系恶化。佛得角于1981年另立新党——佛得角非洲独立党。1982年两国关系正常化。近年两国关系发展顺利。2006年3月，维埃拉总统出席佛总统皮雷斯连任就职仪式。2008年12月，佛总统皮雷斯访几比。2009年4月，两国政府共同在佛首都普拉亚举办几比国防和安全部门改革问题圆桌会议。8月，几比侨务国务秘书迪亚斯访问佛得角。2011年几比总统和总理先后访佛，并在佛设使馆，旨在解决在佛8000侨民居留问题。11月，佛总理访问几比，双方签署联合公报。

【同其他葡语国家的关系】重视发展同莫桑比克、圣多美和普林西比、巴西的关系。是非洲葡语五国首脑会议成员、葡语国家共同体创始国之一。2006年7月，几比举办第六届葡共体首脑会议，并担任葡共体轮值主席国至2008年7月。2010年8月，葡共体代表团访几比。12月，萨尼亚总统出席巴西新总统罗塞芙的就职典礼。

【同几内亚的关系】两国关系密切。1998年6月几比兵变后，几内亚出兵协助维埃拉政府。2005年8月，维埃拉总统赴几进行私人访问。2007年2月，维埃拉总统访几。2008年3月和10月，维埃拉总统两次访几。12月，几内亚总理苏瓦雷访几比。同月，维埃拉总统赴几出席孔戴总统葬礼。2009年8月，戈梅斯总理访几。

【同塞内加尔的关系】两国签有友好条约。两国对海域划分有争议，曾就此诉诸日内瓦国际仲裁法庭和海牙国际法院。几比同塞南部要求独立的卡萨芒斯地区接壤，曾促成塞政府与卡地区反政府武装卡萨芒斯民主力量运动达成停火协议。近年来，双方成立了边境定期接触机制。2005年8月，维埃拉总统对塞进行私人访问。2006年4月，维埃拉总统出席塞独立日庆典暨瓦德总统就职典礼。2008年3月，维埃拉总统出席了在塞首都达喀尔举行的伊斯兰会议组织第11届首脑会议。2009年4月，戈梅斯总理访塞。2009年10月，几比与塞边境地区再次出现纠纷，两国经过协商谈判，达成共识，发表联合公告，决定重启双方中断16年的合作混委会，共同打击边界地区非法活动。2010年5月，萨尼亚总统访塞。2012年4月几比军事政变后，塞作为西非经济共同体成员积极参与危机的调解，促成有关过渡期安排。

（史少静）

加　纳

国名　加纳共和国（The Republic of Ghana）。

面积　238537平方公里。

人口　2482万（2011年估计）。全国有4个主要民族：阿肯族（52.4%）、莫西—达戈姆巴族（15.8%）、埃维族（11.9%）和加—阿丹格贝族（7.8%）。官方语言为英语。另有埃维语、芳蒂语和豪萨语等民族语言。居民69%信奉基督教，15.6%信奉伊斯兰教，8.5%信奉传统宗教。

首都　阿克拉（Accra），人口约229万（2011年估计）。最高温度23℃～31℃（3月、4月），最低温度22℃～27℃（8月）。

国家元首　总统约翰·埃文斯·阿塔·米尔斯（John Evans Atta Mills），2009年1月3日当选，1月7日就职。

重要节日　独立日（国庆日）：3月6日；共和国日：7月1日。

简　况

位于非洲西部、几内亚湾北岸，西邻科特迪瓦，北接布基纳法索，东毗多哥，南濒大西洋，海岸线长约562公里。沿海平原和西南部阿散蒂高原属热带雨林气候，沃尔特河谷和北部高原地区属热带草原气候。4～9月为雨季，11月至翌年4月为旱季。各地降雨量差别很大，西南部平均年降雨量2180毫米，北部地区为1000毫米。

古加纳王国建于公元3～4世纪，其版图在今天的马里和布基纳法索一带，10～11世纪时达到鼎盛时期。1471年起葡萄牙、荷兰、法国和英国殖民者相继入侵现加纳沿海地区，掠夺黄金、贩卖黑奴，这一带被称为"黄金海岸"。1897年黄金海岸全境沦为英国殖民地。1957年3月6日，黄金海岸独立，改名加纳，原英国托管的"西多哥"并入加纳。1960年7月1日成立加纳共和国，仍留在英联邦内，首任总统为恩克鲁玛。1966年恩克鲁玛政府被推翻后，加政局曾长期动荡不安，军事政变不断，政权更迭频繁。1981年12月罗林斯政变上台后，奉行民族和解和经济复兴政策，政局一直较为稳定。1992年开始实行多党制，同年底罗当选总统，顺利实现由军政府向民选政府的过渡。1996年12月罗蝉联总统。2001年1月至2009年1月，新爱国党领导人库福尔连任二届总统。2009年1月，全国民主大会党候选人米尔斯当选总统。

政　治

米尔斯上台后，提出建设"更美好加纳"口号，采取精简政府机构，加大惩腐力度，增加民生工程投入等措施巩固民主、促进良政。同时将稳定国内经济作为工作重点，推行紧缩财政和货币政策，大幅压缩政府开支，精简政府机构，进行税收改革，鼓励私营企业发展，加大基础设施、教育、农业、卫生等民生领域投资。2012年12月加将举行总统和议会选举。

【宪法】现行宪法于1992年4月26日全民公决通过，1993年1月7日起生效。宪法规定：加纳是一个民主国家，致力于实现自由和公正，尊重基本人权、自由和尊严；总统是国家元首、政府首脑和武装部队总司令，任期四年，可连任一届；内阁由总统任命，议会批准；议会需在通过法案并得到总统同意后方可行使制宪权；司法独立，有解释、执行和强制执行法律的权力。

【议会】实行一院制，是国家最高权力机构，有立法和修宪的权力。议员经全国选举产生，任期四年。本届议会于2008年12月大选产生，共230个议席。其中全国民主大会党115席，新爱国党108席，人民全国大会党2席，大会人民党1席，独立人士4席。议长乔伊丝·班福德—阿多女士（Mrs. Joyce Bamford-Addo），2009年1月7日就任。

【政府】本届政府于2009年2月组成，2012年1月第三次改组。现政府由总统、副总统和19名内阁部长和10名非内阁部长组成。成员包括：总统米尔斯，副总统约翰·德拉马尼·马哈马（John Dramani Mahama）；内阁部长19人：外交与地区一体化部长穆罕默德·穆穆尼（Alhaji Mohammad Mumuni），内政部长威廉·奎西·阿博阿（William Kwesi Aboah），国防部长约瑟夫·亨利·史密斯（Lt. Gen. Joseph Henry Smith），财政部长夸贝纳·杜福尔（Dr. Kwabena Duffuor），贸易与工业部长汉娜·特塔赫（Hannah Tetteh，女），卫生部长奥尔本·巴宾（Mr. Alban Bagbin），能源部长乔·奥滕·阿杰伊（Dr. Joe Oteng Adjei），教育部长李·奥克兰（Lee Ocran），通讯部长哈鲁纳·伊德里苏（Mr. Haruna Iddrisu），食品与农业部长奎西·阿赫沃伊（Mr. Kwesi Ahwoi），道路部长乔·吉迪苏（Mr. Joe Gidisu），运输部长柯林斯·道达（Mr. Collins Dauda），司法部长兼总检察长本杰明·贝瓦—尼奥格·昆布尔（Dr. Benjamin Bewa-nyog Kunbour），就业与社会福利部长摩西·阿萨加（Moses Asaga），土地与自然资源部长：迈克·哈马（Mr. Mike Hammah），妇女与儿童事务部长朱丽安娜·阿祖马—门萨（Juliana Azumah-Mensah，女），环境、科学与技术部长汉尼—谢里·阿伊蒂（Hanny-Sherry Ayittey，女），水资源、工程与住房部长伊诺克·泰耶·门萨（Mr. Enoch Teye Mensah），地方政府与农村发展部长塞缪尔·奥福苏·安波福（Mr. Samuel Ofosu Ampofo）；非内阁部长10人：新闻部长弗里茨·巴富尔（Fritz Baffour），旅游部长阿夸·塞娜·丹苏瓦（Akua Sena Dansua，女），青年与体育部长科菲·胡马多（Mr. Kofi Humado），酋长事务与文化部长亚历山大·阿苏姆—阿汉萨（Mr. Alexander Asum-Ahensah），总统事务部长（总统府）哈卢蒂·哈桑·杜比耶（Hajia Rafatu Halutie Alhassan Dubie，女），总统事务部长（总统府）阿宗·阿桑（Mr. Azong Alhassan），总统事务部长（总统府）斯蒂芬·阿莫阿诺·夸奥（Mr. Stephen Amanor Kwao），总统事务部长（总统府）约翰·杰图瓦（Mr.John Gyetuah），总统事务部长（总统府）夸乔·塔维亚·利帕利莫尔（Mr.Kwajo Tawiah Likpalimor），总统事务部长（总统府）约瑟夫·尼·拉伊·阿福蒂—阿博（Mr.Joseph Nii Laryea Afotey-Agbo）。

【行政区划】全国共设10个省（Region），138个县（County）。

【司法机构】分为司法系统和公共法庭系统。司法系统包括最高法院、上诉法院、高等法院、巡回法院、速审法院、商业法院、少年法庭、检察长办公室等。最高法院为终审法院，由首席法官和6名以上法官组成，首席法官任院长。各级公共法庭是为了确保"人民参加司法程序"，以最终实现司法民主化而于1982年建立的。全国公共法庭为终审法庭。最高法院院长乔治娜·特奥多拉·伍德女士（Georgina Theodora Wood）。总检察长由司法部长本杰明·贝瓦—尼奥格·昆布尔兼任。

【政党】1992年5月加开放党禁后，形成罗林斯派、丹夸—布西亚派和恩克鲁玛派三大政党派系。经过改组、联合，注册的合法政党共17个：

（1）全国民主大会党（National Democratic

Congress）：执政党，罗林斯派。1992年6月10日成立。成员多为罗林斯的支持者，也有不少前恩克鲁玛派和丹夸—布西亚派的成员。1993～2000年执政，2009年再次赢得总统大选。主张政治民主化和经济私有化，开展多方位外交。拥有115个议会议席。主席夸比纳·阿杰（Kwabena Adjei），总书记约翰逊·阿塞杜·恩凯提亚（Johnson Aseidu Nketia）。

（2）新爱国党（New Patriotic Party）：最大在野党，丹夸—布西亚派，现有党员约400万。1992年6月2日成立。以知识界精英为骨干。2001～2008年执政，重视人权、民主和法制，主张实行政治多元化和市场经济，推动私有化，对外奉行务实外交，以吸引外资，解决经济问题。拥有108个议会议席。主席杰克·奥贝切比·兰普特亚努（Jake Obetsebi Lampteyanu），总书记克瓦德沃·奥乌苏·阿弗利耶（Kwadwo Owusu Afriyie）。

（3）大会人民党（Convention People's Party）：在野党。恩克鲁玛派。1998年6月15日由人民大会党（People's Convention Party）和全国大会党（National Convention Party）合并而成。成员主要为社会知名人士。主张根据恩克鲁玛思想建立关心社会正义和人民福利的政府，实行混合经济，维护非洲团结与世界和平。主席拉迪·尼兰德（Lardi Nylander），总书记伊瓦尔·科比纳·格林斯特里特（Ivor Kobina Greenstreet）。

（4）人民全国大会党（People's National Convention）：在野党。恩克鲁玛派。1992年5月29日成立。主张捍卫恩克鲁玛思想，造福人民，积极致力于非洲的政治、经济彻底解放。主席阿尔哈吉·阿赫迈德·拉马丹（Alhaji Ahmed Ramadan），总书记贝尔纳德·莫纳赫（Bernard A. Mornarh）。

此外，还有加纳全民党（Every Ghanaian Living Everywhere）、加纳民主共和党（Ghana Democratic Republican Party）、民主人民党（Democratic People's Party）、大联合人民党（Great Consolidated Popular Party）、加纳统一运动党（United Ghana Movement）、全国改革党（National Reform Party）、民主自由党（Democratic Freedom Party）等政党。

【重要人物】约翰·埃文斯·阿塔·米尔斯：总统、国家元首、政府首脑兼武装部队总司令。1944年7月21日生于加西部省塔克瓦县。信仰基督教（卫理公会教）。曾在加纳大学法律系学习，获法学学士学位和律师资格证书。1967～1971年留学于伦敦大学政治经济学院及东方与非洲研究学院，分别获硕士、博士学位。1971～1996年在加纳大学法律系任教。1986～1996年间兼任加国家税务专员。1996年12月当选副总统。2000年和2004年两次竞选总统失利。2009年1月3日当选总统，1月7日宣誓就职。爱好曲棍球、游泳，曾是加体育理事会主席和国家曲棍球队队员。已婚，有一子。曾于2000年和2010年分别以副总统和总统身份访华。　**约翰·德拉马尼·马哈马**：副总统。1958年11月29日生于加北部地区，信奉基督教。曾先后任职于加纳新闻学院、日本驻加使馆和国际组织驻加办事处。1996年当选全国民主大会党议员至今。1997～2000年先后任通信部副部长、通信部长兼国家通信管理局局长，2001年担任议会少数党外交事务发言人，2003～2008年任泛非议会议员。已婚，有4名子女。曾于2000年任通信部长期间访华，并于2010年来华出席联合国贸发会议。2012年4月应加驻华使馆邀请访华。

经　济

农业为主。矿产品、可可和木材为三大支柱产业。1983年开始实行经济结构调整计划，政府把抑制通胀、发展农业、招商引资作为三大工作重点，经济保持持续增长。被誉为非洲国家经济结构调整的“样板”，1994年被联合国取消最不发达国家称谓。20世纪90年代末期，由于国际市场黄金、可可价格下跌等外部因素的冲击，加经济陷入困境，财政赤字剧增，货币塞地大幅贬值。2002年加入“重债穷国倡议”。2004年经国际货币基金组织确认达到重债穷国经济完成点，开始获西方国家大幅减债。2007年7月，加央行发行新塞地，1新塞地等于10000旧塞地。同年加发现石油资源，探明储量约12亿桶。

2008年后，受国际金融危机和国际油价上涨等不利因素影响，经济发展一度陷入困境。米尔斯政府上台后采取一系列稳定经济政策，加之创汇支柱产品黄金和可可产销两旺，2010年底油气资源实现商业开采等利好因素，国际金融机构和投资者对加信心回暖，直接投资呈较快增长趋势，西方和周边国家航空公司纷纷增开至加纳航线，加作为西非交通及物流枢纽地位进一步得到加强，经济发展加快、前景看好。2011年主要经济数据如下：

国内生产总值：372亿美元。

人均国内生产总值：1498美元。

国内生产总值增长率：13.6%。

货币名称：新塞地（new cedi，GHS）。

汇率：1美元＝1.76新塞地。

通货膨胀率：8.7%。

【资源】矿产资源丰富，主要矿物储量：黄金约17.5亿盎司，1994年已探明储量3167.20万盎司；钻石约1亿克拉，1994年已探明储量872.85万克拉，居世界第四位；铝矾土约4亿吨，1994年已探明储量1891.19万吨；锰4900万吨，1994年探明储量489.17万吨，居世界第三位。此外还有石灰石、铁矿、红柱石、石英砂和高岭土等。2007年6月，加政府宣布在西部省西海角三点地带发现丰富的轻质原油资源，初步探明储量为12亿桶，于2010年底实现商业产油。

【工矿业】工业基础薄弱，原料依赖进口。2009年工业产值占国内生产总值的18.9%。黄金开采等采矿业近年重新成为最有活力的部门，2008年矿业总收入达到26亿美元，同比增长28%，其中黄金占95%。制造业主要有木材和可可加工、纺织、水泥、食品、服装、皮制品、酿酒和碾米等。有3家钢铁厂，主要以废钢铁为原料生产钢筋，年产量12万吨，可满足加市场需求。为保护本国纺织业，2005年7月政府采取征收惩罚性关税等措施限制纺织品进口。

【农业】农业是加经济的基础，2009年，农业产值占国民生产总值的31.7%。农业人口占全国劳动人口的60%。可耕地1000万公顷，利用率为30%。可灌溉土地12万公顷，但灌溉面积仅占7.5%。粮食作物主要分布在北部，种植面积约250万公顷，主要作物为玉米、薯类、高粱、大米、小米等，产量不稳，正常年景可基本满足国内需要。可可为主要经济作物，种植于北部省以南所有省份，是传统出口产品。2009年产量达71.1万吨，仅次于科特迪瓦居世界第二位。2009年可可豆出口创汇18.6亿美元；其他经济作物有油棕、橡胶、棉花、花生、甘蔗、烟草等。近年来，非传统农业出口商品有较大幅度增长，2009年达12亿美元。

【林业】木材出口有近百年历史。2009年，林业产值占国民生产总值的3.2%。森林覆盖率曾占国土面积的34%。由于缺乏保护和管理，森林覆盖率逐年递减，据2007年统计，森林面积约5.29万公顷。主要用材林在西南部，面积为8.2万平方公里。有树木360种，可出口的约40多种。为保护森林资源和提高出口附加值，政府规定每年只砍伐1/40的森林，从1996年起禁止原木出口，只允许出口加工过的木材。2009年木材及其制品出口额为1.8亿美元。

【渔业】渔业资源丰富，分为海上渔业、潟湖渔业和内河渔业。海上渔业居主导地位，但捕鱼设备简陋，渔船燃料短缺，阻碍了渔业发展。50万人从事渔业生产，年均捕鱼量约为40万吨，年需求量为72万吨，仍有32万吨需要靠进口解决。金枪鱼和虾类为主要出口产品。2005年金枪鱼制品曾出口创汇1亿美元。近年来海洋渔业资源萎缩，渔业发展出现放缓趋势。2009年，渔业产值占国民生产总值的4.2%。

【旅游业】加为非洲十大旅游国之一。政府重视利用自然和人文资源，大力发展旅游业。目前，旅游业已成为增速最快的产业，超过木材成为继黄金、可可后的第三大创汇产业。游客主要来自美国、英国、德国及荷兰，主要旅游点有阿布里植物园、阿科松博、库马西文化中心、海岸角、埃尔米纳奴隶堡及金矿带等。截至2006年年底，全国共有宾馆1405家，可提供19967间客房和28006张客床。

【交通运输】以公路为主。近年来政府重视道路基础设施建设，资金投入占发展总支出的近50%。

公路：总长6.3万公里，其中干线1.1万公里，支线4.2万公里，乡村公路近1万公里。公路运输担负着全国货运总量的98%，客运的97%。

铁路：总长1267公里。连接阿克拉、库马西和塔科腊迪。主要担负大批量出口商品，如锰、铝矾土、木材和可可的运输。近年来，加政府对部分铁路进行修复。2007年铁路货运量为114万吨。

水运：主要有特马港和塔科腊迪港。特马港是非洲最大人造海港，2007年吞吐量达到837万吨，主要用于进口物资。塔科腊迪港2007年吞吐量为405万吨，主要用于出口物资。河运航程168公里，沃尔特湖航程1125公里。2007年有河运船只3万艘，年运输旅客40万人次，年运输货物5万吨。

空运：加纳航空公司为加主要航空公司，近年来发展较快，与非洲大陆内外各航空公司结盟，希望成为非洲与其他地区往来的主要渠道。首都阿克拉科托卡新国际机场于2004年启用，是西非地区重要航空站，共有15条国际航线可以直飞欧洲、美国、南非和西非各国。塔科腊迪、库马西和塔马利等国内主要城市开设国内航班。

【财政金融】2001年新爱国党政府上台后，通过宏观经济调控，财政赤字逐步减少，占国民生产总值比重由2000年的8.5%降至2004年的3.2%。2006年，加政府继续实施谨慎的财政政策，财政收支状况良好。2008年，由于举办非洲足球杯和多场国际会议以及全国大选等因素，政府财政赤字大幅攀升，赤字占国内生产总值比例达14.9%。米尔斯政府实施稳健的财政和货币政策后，加财政状况得到改善，外汇储备从2008年底的12亿美元增至2010年底的47亿美元，截至目前，财政赤字占国民生产总值比重已降至10%以下。

加共有23家银行及326家支行，央行加纳银行负责管理银行及其他金融部门。1989年，加纳证券交易所（GSE）成立，现有30家上市公司及2种债券。上市公司主要为制造、酿酒、银行、保险、矿业和石油行业。

【对外贸易】在国民经济中占重要地位，但外贸长期逆差。20世纪90年代以来，对外贸易逐年增长，外贸收入占国内生产总值的40%左右。实行贸易自由化政策。长期以来近90%的外汇收入来自黄金、可可和木材三大传统出口产品，主要贸易伙伴为美国、英国、荷兰、尼日利亚和中国。2011年外贸总额约为283亿美元，出口额约129亿美元，进口额约154亿美元。

【外国援助】双边援助主要来自日本、美、德、英、法等国；多边援助主要来自世界银行、欧盟及国际货币基金组织等。世界银行对加纳的首批贷款始于1962年，截至1996年共贷款约35亿美元。2002年加共获双边援助4.06亿美元，多边援助2.41亿美元。欧盟1997～2001年向加赠款2230万欧元，2003年达6810万欧元。2008年获赠款与贷款总额约14亿美元。2009年，国际货币基金组织向加提供5.32亿美元，美国、欧盟、日本等也加大对加援助。2011年，世行向加提供5亿美元用于基础设施建设。2011年加获援助总额约10亿美元。

人民生活　过去十余年人民生活水平总体得到改善。贫困人口从1991年的52%下降至2006年的28.5%，但减贫人口分布不均。政府职员、工人及其他公务员享有医疗、住房、交通等多种补贴及退休金和退休保险。80%贫困人口分布在农村。人口增长率约2%，人口平均寿命为58岁。2006年全国共有36.1万固定电话用户、500万手机用户和20万因特网用户。

首都阿克拉拥有国立医院4所，各省和大区拥有较大国立医院各1所（共13所），此外还有一些小型私人医院及诊所。全国共有医院、卫生中心和诊所近3000个，医生2000余名，护士1.3万名，平均每1万人拥有1名医生。2000年后，政府大力发展国家健康保险计划，目前该计划已覆盖全国48%的人口。2008年起，政府对孕妇实行免费诊治。政府致力于改善全体人民的健康水平，但仍面临严重的传染病及其他疾病、营养不良和妇幼保健等问题。

军　事　1957年3月独立时建立陆军，1959年建立海军、空军，但仍由英国人控制。1961年加政府收回军队指挥权，任用本国军官，同时聘用英国、加拿大等国顾问和教官参与军队训练。军事装备主要来自英国等西方国家。

2005年武装部队总人数约7000人，其中陆军三个旅及院校学员约5000人。空军约1000人，分驻阿克拉、库马西、塔科腊迪三个基地。海军约1000人，分驻特马、塔科腊迪两个基地。2007年和2008年国防预算分别约为1.05亿美元和1.19亿美元。

加纳从1970年起积极参与联合国和西非地区组织的维和行动，分别向波黑、黎巴嫩、塞浦路斯、伊科边境、西撒哈拉、利比里亚、塞拉利昂、科特迪瓦等国派驻过军队或观察员，是非洲派出联合国维和部队人数最多的国家，居世界第六位。此外，加还派兵赴苏丹达尔富尔等地区积极参与非盟在冲突地区的调解维和任务。

文化教育　【文化】文化以本国传统文化为基础，又吸收了欧洲文化。主管官方机构是国家文化委员会，成立于1989年。同教育机构和非官方的文化机构密切合作，执行国家文化政策，保护并促进国家文化的发展。文化委员会下属加纳语言事务局、版权署等机构，在各省区设有分支机构。主要艺术团体有国家交响乐团、加纳舞蹈团和加纳戏剧公司等，主要文化场馆有国家剧院、恩克鲁玛陵园和泛非文化纪念中心等。

【教育】独立初期，恩克鲁玛重视发展教育事业，实行免费教育等政策。1988年政府提出“普及义务基础教育计划”，到2005年使每个学龄儿童都享受义务基础教育，经费主要来自政府拨款和外国援助。现行学制：小学6年，初中3年（以上两个阶段属义务教育），高中3年（或中等技术学校3～4年），大学2～4年。重要的大学有6所，其中加纳大学、库马西恩克鲁玛科技大学和海岸角大学较为有名。另有38所师范学院、10所地方技术学院、50余所私立大学及学院。2007/2008学年度在校接受各类高等教育的学生13万人。全国现有公立小学1.3万所，学生约491万；公立初中近7000所，学生约76万人；公立高中近500所，学生约23万人；私立初高中在校生约5万人。

【新闻出版】主要报纸:《每日写真报》（Daily Graphic），1950年由英国“每日镜报”集团创办，最大的全国性官方报纸，发行量约18万份。1998年开始采用新华社消息。《加纳时报》（Ghanaian Times），第二大官方报纸，英文版，1957年由恩克鲁玛创办，日发行量约7.5万份。1998年开始采用新华社消息。

加纳通讯社：官方通讯社，1957年3月5日成立，是国内其他新闻单位主要新闻来源。社长由政府任命，共设有10个省级分社，110个县级分社和1名驻伦敦分社记者。1989年起开始采用现代化通讯设备，通过卫星接收路透社、法新社和新华社新闻并上国际互联网。

加纳广播公司开设两家全国性的广播电台，一台以埃维、阿肯等6种民族语言广播，二台用英语播送新闻、商务、娱乐等节目，每天播放15.5小时（节假日17.5小时），另外还使用英语、法语对外广播。

1965年7月开始播放黑白电视节目，1986年开始播放彩色电视节目，1995年出现私营电视台。全国现有10家电视台，主要有加纳电视台、电视三台、都市电视台、非洲电视台以及两家卫星电视台。全国各地另有40余个调频广播电台。

对外关系　奉行睦邻友好的多元务实外交政策，强调经济外交。将与西方发达国家的关系置于重要地位，重视与中国、印度等发展中国家开展互利合作，并与周边国家保持睦邻友好关系。努力维护地区和平与稳定，推动西非和非洲地区经济一体化进程，积极参与地区和国际合作，谋求在西共体、非盟、英联邦、不结盟运动和联合国等国际和地区组织中发挥建设性作用。与国际货币基金组织、世界银行等国际金融机构保持良好关系。是非盟前身非统组织和不结盟运动的创始国之一。与91个国家建立了外交关系，在国外共设50个使领馆或代表团。现有47个国家在加设使领馆，18个国际组织在加设代表处。

【同中国的关系】1960年7月5日中加建交。1966年10月加军政府单方面与中国断交。1972年2月两国复交。两国签有友好条约和经济技术合作、贷款、贸易和文化交流等协定。

2006年6月，中国国务院总理温家宝对加纳进行正式访问。2007年3月，全国政协副主席阿不来提·阿不都热西提作为胡锦涛主席特使出席加纳独立50周年庆典。2007年4月，全国政协主席贾庆林访问加纳。

2006年11月，时任加纳总统库福尔来华出席中非合作论坛北京峰会；2008年8月，库来华出席北京奥运会开幕式。2008年3月，时任加纳副总统阿利乌来华进行商业考察。2008年4月，时任加纳议长塞基—休斯访华。2009年11月，温家宝总理在出席中非合作论坛第四届部长级会议开幕式期间，会见了加副总统马哈马。2010年9月，加副总统马哈马来华出席联合国贸发会议第二届世界投资论坛，中国国家副主席习近平会见马一行。9月底，加纳总统米尔斯来华进行国事访问，中国国家主席胡锦涛和全国人大常委会委员长吴邦国分别与米会谈、会见。2011年2月，全国政协副主席李兆焯访问加纳。11月，全国人大常委会副委员长周铁农以及中央军委委员、国务委员兼国防部长梁光烈先后访问加纳。2012年4月，加副总统马哈马应加驻华使馆邀请访华。

2011年，中加贸易额达34.73亿美元，其中中国出口额31.1亿美元，进口额3.63亿美元。

中国驻加纳大使：龚建忠。馆址：No. 6 Agostino Neto road，Airport Residential Area，P.O. Box 3356，Accra，Ghana。电话：(00233-30) 2777073；传真：2774527。经商处电话：2777462；传真：2772541。

加纳驻华大使：海伦·马姆莱·科菲（Helen Mamle Kofi，女）。馆址：北京市朝阳区三里屯路8号。电话：010-65321319；传真：65323602。

【同英国的关系】英为加原宗主国，在加政治、经济、军事、文化等方面存在传统利益和影响。英是加最大投资国和第二大贸易伙伴国。加是英在撒哈拉以南非洲的第三大市场和最大受援国。上世纪70年代及80年代初，两国关系一度较冷，后渐有好转。2005年2月，英财政部首席国务大臣博亭访加。7月，在英出席八国集团首脑会议的库福尔总统致电英女王，对伦敦爆炸事件造成重大人员伤亡表示慰问。9月，英武装力量国务大臣英格拉姆访加。10月，库福尔总统访英。2005年，英向加提供援助1.36亿英镑。2010年，英国际发展部与加政府签署协议，英将向加提供4800万英镑预算支持，用于发展加医疗、教育就业等事业。2006年7月，加纳国防部长阿多—库福尔访英，英国国际发展大臣托马斯访加。2007年3月，库福尔总统对英国进行国事访问。2009年5月米尔斯总统访问英国。2011年，英向加提供3600万英镑预算支持。

【同美国的关系】美对加经济技术援助始于1955年。加是世界上第一个接受美国和平队的国家。1976年后，两国关系一度冷淡。上世纪80年代后期以来，美支持加经济改革，恢复对加援助。美在加投资主要集中在采矿和金属加工（金矿开采）、电信、化工及批发贸易等部门。根据非洲增长与机会法案，加可免税向美出口6000项产品，包括纺织品、服装和木薯淀粉等。近年来，美每年向加提供粮食援助5万吨。2005年4月，美免除加欠美全部债务共464.416万美元。6月和10月，库福尔总统两次访美，并同布什总统举行会谈。8月，美驻欧洲盟军司令沃尔德将军访加。2006年4月，库福尔总统访美，并会见布什总统。8月，库福尔总统赴美出席加获美千年挑战账户约5.47亿美元援助的仪式。2008年2月，美总统布什访加。2009年4月，美军非洲司令部副司令耶茨访加。7月，美总统奥巴马访加。2010年8月，米尔斯总统赴美度假。2012年3月，米尔斯总统访美，美向加提供7.9亿美元贷款用于基础设施建设。

【同德国的关系】德自1961年开始援助加纳，1980年曾为加最大的援助国。至1998年德共向加提供22亿马克的发展援助，并对加39家企业进行了直接投资，成为美、英之后第三大投资国。2004年1月，德总理施罗德访加，这是加独立47年来德总理首次访加。两国就德取消加纳欠德全部债务（共计1640万美元）达成协议。2005年，德政府向加提供援助4819万美元。2007年1月，德国总统科勒对加进行工作访问，并与库福尔总统共同主持第二届德国非洲会议。2008年，德国宣布向加提供3900万欧元，帮助其实现千年发展目标和2015年成为中等收入国家的计划。

【同法国的关系】1999年，法与加签署两国促进投资与保护协定，承诺每年向加提供3400万美元援助，并将加列入优先团结区国家名单。此外，法重视同加在文化、教育等领域的合作。2004年，法宣布取消加欠法1.16亿欧元债务。2005年，法向加提供援助3945万美元，并决定将加6300万欧元债务转为赠款。10月，库福尔总统访法。同月，法军舰“OURAGAN”号访加，并同加海军举行海上联合军事演习。2007年2月，库福尔总统作为非盟轮值主席出席在法国举行的第24届法非峰会。2008年2月，法在多边财政支持框架下免除加2008～2010年210万欧元到期债务。2009年10月，法国向加纳提供2050万欧元资金，用于基础设施建设项目。2010年5月，米尔斯总统赴法国出席法非峰会。2011年6月，法总理菲永访加，向加提供4000万欧元贷款和50万欧元赠款。

【同日本的关系】1983年以来，两国关系迅速发展。近年来，日将加作为援非重要基地。1998年加接受日提供的官方发展援助1.477亿美元，成为日在非最大援助对象。截至2005年12月，日本共向加提供援助5.8亿美元。2006年5月，日本首相小泉纯一郎访加。11月，库福尔总统访日，两国元首实现互访。日本宣布未来三年日对加援助数额将翻番。2008年，库福尔总统出席东京非洲发展国际会议和八国集团与非洲国家领导人对话会议。2009年1月，日前首相小泉纯一郎出席米尔斯总统就职典礼。2009年7月，日本宣布向加提供9000万美元无偿援助，用于加公路改扩建项目。2010年3月，日本皇太子访问加纳。10月，米尔斯总统访问日本。

【同尼日利亚的关系】同尼日利亚关系密切。2004

年，加从尼进口约5.5亿美元，尼成为加第一大商品进口来源国和主要原油进口国。2008年尼企业赴加投资总额约6亿美元，主要集中于银行、保险和服务行业。两国积极推动西非地区经济一体化进程，在调解地区冲突和联合国安理会改革等问题上相互协调，加支持尼“入常”。2005年6月，尼总统奥巴桑乔访加。11月，库福尔总统访尼。2007年3月，奥巴桑乔总统出席加纳独立50周年庆典；5月，尼当选总统亚拉杜瓦访加，加总统库福尔出席亚就职仪式。2008年12月，尼向加纳选举委员会捐赠20万美元，支持加大选组织工作。2009年10月，尼撒哈拉石油公司宣布每月将向加提供40万桶原油，用于加热电厂发电。2010年5月，米尔斯总统赴尼日利亚吊唁尼已故前总统亚拉杜瓦。11月，米尔斯总统访问尼日利亚，与尼日利亚总统乔纳森举行会谈。2011年10月，尼日利亚总统乔纳森访加。

【同邻国的关系】重视睦邻友好，与周边国家保持良好的合作关系。2005年6月，西非天然气管道项目开工。该工程始于尼日利亚，经贝宁、多哥至加纳塔科腊迪市，全长678公里，投资5.6亿美元。2007年12月，首批通过西非天然气管道输送的天然气到达加纳。

加同桑卡拉时期的布基纳法索关系密切，1987年10月布发生政变，两国关系降温。1991年布派团访加，两国恢复经济合作。1997年罗林斯访布，同意将特马港作为转口港供布使用，两国关系改善。2001年，库福尔总统对布进行正式访问。2005年7月，两国成立联合铁道委员会，筹备修建北部省塔马利市至布基纳法索帕加市之间的铁路项目。2006年，布取代尼日利亚成为加可可酱、鱼罐头等非传统产品出口第一目的地国。

加与多哥在“西多哥”归属问题上曾存在争议，长期不睦。1994年加总统罗林斯当选西非国家经济共同体主席后，两国关系趋缓。2001年1月，多总统埃亚德马出席库福尔总统就职仪式，库上台后即对多正式访问，两国关系得到较大改善。2004年9月，库福尔总统对多哥进行工作访问。2005年2月，库福尔总统参与斡旋多国内政治危机，5月多新总统福雷访加。2007年11月，福雷总统再次访加。2010年3月，加向多大选派遣四名观察员。2012年3月，米尔斯总统访多。

加与科特迪瓦关系曾长期处于“冰冻状态”。1997年3月，科总统贝迪埃率团出席加40周年独立庆典，两国关系迅速升温。2001年5月，科总统巴博访加；10月，库福尔总统访科，两国达成24小时开放边界、科向加提供天然气等协议。2002年9月，科发生内乱后，库福尔总统积极致力于科危机的和平解决。2004年3月，库福尔总统访科，调解冲突各方分歧。4月，科总理迪亚拉访加。7月，库福尔总统出席科问题阿克拉峰会，呼吁科冲突各方共同参与和平进程。2009年1月，科总统巴博出席米尔斯总统就职仪式。加纳与科特迪瓦的海洋划界争议长期存在。2009年，科特迪瓦向联合国大陆架界限委员会递交划界申请，将两国争议的海域划为己有，引起加方强烈不满，两国关系由此受到影响。后在联合国等机构调解下，双边关系有所缓和。科特迪瓦出现选举危机后，加纳明确反对西共体对科进行军事干预。2011年10月，科总统瓦塔拉访加，与加政府、联合国难民署共同签署了关于遣返在加1.8万名科籍难民的三方协议。（曾伟）

加 蓬

国名 加蓬共和国（The Gabonese Republic，La République Gabonaise）。

面积 267667平方公里。

人口 150万。有40多个民族，主要有芳族（占全国人口30%）、巴普努族（占25%）等。官方语言为法语，民族语言有芳语、米耶内语和巴太凯语。居民50%信奉天主教，20%信奉基督教新教，10%信奉伊斯兰教，其余信奉原始宗教。

首都 利伯维尔（Libreville），人口约75万，全国政治、经济、文化中心和最大港口。最高气温32℃（4月），最低气温22℃（8月）。

国家元首 阿里·邦戈·翁丁巴（Ali Bongo Ondimba），2009年10月就任。

重要节日 独立日（国庆日）：8月17日。

简 况

位于非洲中部，跨越赤道，西濒大西洋，东、南与刚果（布）为邻，北与喀麦隆、赤道几内亚交界。海岸线长800公里。属典型的热带雨林气候，全年高温多雨，年平均气温26℃。

公元12世纪，班图人从非洲东部迁入，在奥果韦河两岸建立了一些部落王国。15世纪，葡萄牙航海者抵达该地区。18世纪沦为法国殖民地。1911年被转让给德国。第一次世界大战后复归法国。1958年成为“法兰西共同体”内的自治共和国。1960年8月17日宣告独立。莱昂·姆巴（Léon MBA）任首任总统。1967年，副总统奥马尔·邦戈接替病逝的姆巴任总统。

政 治

奥马尔·邦戈执政后，推行民主团结政策，加政局长期稳定。1990年改行多党制，政局一度动荡。1993年邦戈蝉联总统后，政局逐渐恢复稳定，执政的民主党在此后历届议会选举中保持不败。1998年、2005年，邦戈两次蝉联总统。2009年6月8日，奥马尔·邦戈总统在西班牙病逝。8月30日，加举行新一届总统选举，奥马尔·邦戈总统之子阿里·邦戈当选总统。选举结果宣布后，反对派质疑选举结果，在让蒂尔港等少数城市发动骚乱和暴力示威活动，被当局平息。2010年3月，阿里·邦戈当选加执政党民主党主席。2011年1月，加反对党国家联盟在首都举行大规模集会，该党执行书记奥巴姆宣称自己在2009年大选中获胜，宣誓就任总统并成立“政府”。该事件随后被平息。目前，加政局保持稳定。

【宪法】现行宪法为第三部宪法，于1991年3月26日颁布。1994年、1995年、1997年、2003年和2010年进行过五次修订。宪法规定加蓬实行三权分立和多党制；总统为国家元首，任期七年，由一轮直选产生，可连选连任；总统职位空缺时，由参议院议长或第一副议长代行总统职权，并在30～45天内组织总统选举；副总统由总统任免，对总统负责，完成总统指定的任务，在总统选举或总统职位空缺期间，副总统一职随即中止；总理为政府首脑，由总统任命。

【议会】由国民议会和参议院组成，二者共同行使立法权。其主要职能是制定法律，监督政府工作，批准对外宣战和21天以上的戒严令。每年举行两次例会。两院议员分别由直接普选和间接选举产生，任期分别为五年和六年。本届国民议会于2011年12月选举产生，共120名议员，其中民主党114席、保卫加蓬联盟3席、改革自由党1席，社会民主党1席，新共和国联盟1席，议长居伊·恩祖巴·恩达马（Guy Nzouba NDAMA）。本届参议院于2009年1月选举产生，共102个议席，其中民主党75席、保卫加蓬联盟6席、加蓬民主与发展联盟3席。参议长罗丝·芙朗辛·罗贡贝（Rose Francise ROGOMBE）。

【政府】本届政府于2012年2月28日组成，包括总理1名、部长16名和部长级代表12名。主要成员有：总理、政府首脑雷蒙·恩东·西马（Raymond NDONG SIMA），司法、掌玺、人权和与宪法机构关系部长兼政府发言人伊达·雷特诺·阿索努埃（Ida RETENO ASSONOUET，女），外交、国际合作、法语国家事务、非洲发展新伙伴计划和地区一体化部长埃马纽埃尔·伊索泽·恩贡戴（Emmanuel ISSOZE NGONDET），卫生部长莱昂·恩祖巴（Léon NZOUBA），农业、畜牧业、渔业和农村发展部长朱利安·恩科格·贝卡莱（Julien NKOGHE BEKALE），促进投资、公共工程、交通、住房、旅游和领土整治部长马格卢瓦尔·恩甘比亚（Magloire NGAMBIA），数字经济、新闻和邮政部长布莱兹·卢恩贝（Blaise LOUEMBE），国民教育、高等和技术教育、职业培训、文化、青年和体育部长塞拉芬·蒙敦加（Séraphin MOUNDOUNGA），水资源和森林部长加布里埃尔·恩昌戈（Gabriel NTCHANGO），中小企业、手工业和商业部长菲戴勒·芒格·芒古昂（Fidèle MENGUE M'ENGOUANG），内政、公共安全、移民和权力下放部长让·弗朗索瓦·恩东古（Jean François NDONGOU），国防部长帕科姆·吕芬·翁宗加（Pacôme Ruffin ONDZOUNGA），家庭和社会事务部长奥诺里娜·恩泽·比泰格（Honorine NZET BITEGHE，女），工业和矿业部长雷吉斯·伊蒙戈（Régis IMMONGAULT），经济、就业和可持续发展部长吕克·奥约比（Luc OYOUBI），预算、公共账目和公职部长克里斯蒂亚娜·罗斯·奥苏卡·拉蓬达（Christiane Rose OSSOUCAH RAPONDA，女），石油、能源和水力资源部长艾蒂安·恩古布（Etienne NGOUBOU），总理事务、国家改革部长级代表卡利斯特·伊西多尔·恩齐·埃当（Calixte Isidore NSIE EDANG），外交、非洲发展新伙伴计划和地区一体化部长级代表多米尼克·恩吉埃诺（Dominique NGUIENO），农业、畜牧业、渔业和农村发展部长级代表塞莱斯蒂娜·奥盖瓦·巴（Célestine OGUEWA BA，女），卫生部长级代表艾丽斯·比基萨·嫩贝（Alice BIKISSA NEMBE，女），内政、安全部长级代表艾梅·波帕·恩祖齐·穆亚马（Aimé Popa NTZOUTSI MOUYAMA），数字经济、新闻和邮政部长级代表弗朗索瓦丝·阿森戈纳·奥巴梅（Françoise ASSENGONE OBAME，女），国民教育、高等和技术教育、职业培训、文化、青年和体育部长级代表埃内斯特·瓦尔克·奥宁温（Ernest WALKER ONINWIN），预算、公职部长级代表拉斐尔·恩加祖泽（Raphaël NGAZOUZET），促进投资、交通部长级代表让·埃马纽埃尔·比耶（Jean Emmanuel BIE），促进投资、基础设施，住房部长级代表克里斯蒂亚娜·莱卡（Christiane LECKAT，女），国民教育、高等教育、技术教育和职业培训部长级代表波莱特·蒙冈吉（Paulette MOUNGUENGUI，女），经济、就业和可持续发展部长级代表德西雷·格东（Désiré GUEDON）。

【行政区划】全国划分为9个省，下辖49个州、27个专区、150个区，737个镇、2423个自然村。

【司法机构】设宪法法院、司法法院、行政法院、审计法院、初审法院、上诉法院、最高法院等。各级法院依法独立行使审判权。各级法院均设有检察长，行使检察权。最高司法会议为国家最高司法行政机关，决定法官的任命、派遣、升迁和惩戒，总统任主席，司法部长任副主席。

宪法法院是最高法律机构，负责裁定组织法、一般法及国家机构规章制度的合宪性，监督选举和全民公投并宣布结果。现任院长玛丽—玛德莱娜·姆博朗苏奥（Marie-Madeleine MBORANTSUO，女）。

【政党】现有合法政党40多个，主要政党有：

（1）加蓬民主党（Parti Démocratique Gabonais，PDG）：执政党，由已故总统奥马尔·邦戈于1968年3月创立并任主席至去世。2010年3月，阿里·邦戈总统在民主党十大上当选为主席。党员约30万人。党的宗旨是“对话、宽容、和平”，目标为“巩固民族独立，加强民族团结，发扬民主，促进经济发展和社会正义，维护和平”。全国代表大会为党的最高机构，中央政治局及其常务委员会为党的领导机构，负责执行党的代表大会和中央委员会的决议。在现国民议会和参议院分别占114席和75席。总书记福斯坦·布库比（Faustin BOUKOUBI）。

（2）保卫加蓬联盟（Rassemblement pour le Gabon，RPG）：前身为伐木者全国联盟（Rassemblement National des Bûcherons），该党于1991年10月获得合法地位。建党初期，曾主张用暴力夺取政权，经济上主张自由竞争，反对国家干预。主席为保罗·姆巴·阿贝索莱（Paul Mba ABESSOLE）。1998年，阿贝索莱与第一书记孔比拉决裂，将“伐木者全国联盟”更名为“保卫加蓬联盟”。2002年7月加入总统多数派阵营。2009年7月，阿贝索勒宣布退出总统多数派，参加总统选举。8月放弃参选，转而支持另一名反对派候选人安德烈·姆巴·奥巴姆（André Mba OBAME）。在现国民议会和参议院中分别占3席和6席。

（3）加蓬民主与发展联盟（Union Gabonaise pour la Démocratie et le Développment，UGDD）：反对党。2005年4月，原加蓬民主党行政书记扎沙里·米博托（Zacharie MYBOTO）退党后创建，要求“加蓬民主党和政府对国家破产负责”。2006年4月内政部批准其为合法政党。在现参议院中占3席，在国民议会无席位。

（4）加蓬人民联盟（Union du Peuple Gabonais，UPG）：主要反对党，1989年7月成立，1991年9月获合法地位。主席皮埃尔·芒邦杜（Pierre MAMBOUNDOU）于2011年10月病逝，曾于1998年、2005年和2009年3次参加总统选举，均居第二位。在现参议院中占2席，在国民议会中无席位。

此外，在议会中拥有席位的政党还有：改革自由党（Cercle des Libéraux Réformateurs）、社会民主党（Parti Social Démocrate）、新共和国联盟（Union pour la Nouvelle République）等。

【重要人物】**阿里·邦戈·翁丁巴**：总统。1959年生于利伯维尔。加蓬已故总统奥马尔·邦戈·翁丁巴之子。曾就读于巴黎大学，获法学博士学位。1984年任总统私人代表。1989～1991年任外长。1990年成为加蓬民主党革新派领袖，并在首次多党立法选举中当选国民议会议员。1999～2009年任国防部长。2009年10月就任总统。2010年3月当选加蓬民主党主席。　**雷蒙·恩东·西马**：总理。1955年1月23日生于加蓬沃勒—恩特姆省首府奥耶姆市。曾就读于巴黎第十三大学，获经济学硕士学位。1983年进入政府任职，先后担任经济和财政部经济系统司司长、计划和经济部部长顾问、经济总司司长等职。1991年起历任加蓬森林公司董事长兼总经理、国家橡胶种植公司总经理、加蓬铁路公司董事长兼总经理。2009年10月任农业、畜牧业、渔业和农村发展部部长。2012年2月任总理。

经　济

是黑非洲经济状况较好的国家之一，但经济结构单一。以石油为主的采掘业发展较快，原油开采和出口占GDP的50%左右。加工业和农业基础薄弱。近年来，政府积极实施经济多元化战略，着力发展农、林、渔和旅游业，积极开发铁、锰、木材等非石油资源，鼓励发展中小企业，收到一定成效。国际金融危机对加经济造成一定冲击，政府曾被迫两次共削减2009年财政预算总额的40%。2009年阿里·邦戈总统上台后，制定了以“绿色加蓬、服务业加蓬、工业加蓬”为发展方向、2025年成为新兴国家为目标的整体发展战略，出台了增加基础设施投资，提高能源、资源产品就地加工比例，逐步禁止原木出口政策等措施。2011年主要经济数据如下（资料来源：2012年英国伦敦经济季评）：

国内生产总值：163.11亿美元。

人均国内生产总值：10874美元。

经济增长率：5.7%。

通货膨胀率：1.2%。

货币名称：中非金融合作法郎（FCFA，简称非洲法郎）。

汇率：1美元=471.9非洲法郎。

【资源】石油、锰、铀、森林等自然资源丰富。已探明石油储量约5亿吨；锰矿储量2亿吨，占世界储量的25%，居世界第二；铀储量3.5万吨，居非洲第二；铌矿储量约40万吨，占世界总储量5%；铁矿储量8亿～10亿吨，品位在60%以上。其他矿藏有磷酸盐、黄金、重晶石、镍、铬、锌等。85%国土覆盖着热带雨林，原木储量3亿立方米，居非洲第二。全国有400余种商业树木，主要有奥库梅木和奥齐戈木，其中奥库梅木的蓄积量为1.3亿立方米，居世界第一位。水产资源81.7万吨，其中渔业资源约23.4万吨（海水鱼21万吨，淡水鱼2.4万吨）。

【工矿业与制造业】工矿业从业人数占就业人口的13.4%。产值约占国内生产总值的55.6%。石油开发始于20世纪60年代初，以石油为主的采掘业是加蓬主要经济部门。近几年主要工矿产品产量如下（单位：万吨）：

	2007	2008	2009
石油	1210	1180	1190
锰	330	320	200

（资料来源：中部非洲国家银行）

木材是仅次于石油的第二大出口创汇产品，近年来木材产量及出口量如下（单位：万立方米）：

	2007	2008	2009
产量	220	200	180
出口量	190	160	150

（资料来源：中部非洲国家银行）

除石油冶炼和木材加工外，制造业薄弱。现有一个炼油厂，年加工能力80万吨。此外，还有卷烟厂、制酒厂、制糖厂、饮料厂、面粉与咖啡加工厂等。

【农牧渔业】农牧业发展缓慢，2010年该产业产值占国内生产总值的5%。粮、肉、菜、蛋、水果均不能自足，小麦及其制品全需进口。已耕地面积不到全国土地面积的2%。主要农产品有木薯、芭蕉、玉米、山药、芋头、可可、咖啡、蔬菜、橡胶、棕榈油等。

畜牧业不发达。90%的肉类产品依靠进口。

渔业资源较丰富，2005年渔业产量4.39万吨。

【服务业】20世纪80年代初有所发展，从业人数约占就业人口的17.7%，2004年产值占国内生产总值的13.4%。

【旅游业】阳光、沙滩和多样的动植物生态结构为加发展旅游业奠定了良好的基础。政府重视开发旅游资源，将旅游业列为重点发展产业。现从业人员3000多名，全国有5家大规模旅行社，近百家旅馆。

【交通运输】陆路运输不发达，主要靠水运和空运，进出口物资90%靠海运。

铁路：仅一条路线，1986年建成，连接奥文多港和弗朗斯维尔市，全长697公里。

公路：全长10500公里，其中沥青路11%（2007年）。

水运：内河已通航河道600公里。主要海港有让蒂尔港和奥文多港，年总吞吐量为2200万吨。让蒂尔港主要外运石油；奥文多港主要外运原木和矿石。

空运：拥有加蓬航空公司（简称加航）、阿维雷克斯航空公司、加蓬快运、航空服务等多家航空公司。其中加航承接国内和国际航运业务，拥有波音747大型客机，辟有通往非洲和欧洲的20多条国际航线。有利伯维尔、让蒂尔港和弗朗斯维尔3个国际机场和30个国内机场。外国航空公司主要有法国航空公司和摩洛哥航空公司等。

【电信业】通信基础设施建设较先进。2006年电话用户约80万，其中座机用户3.7万，手机用户76.5万，手机拥有率54.4%。主要移动通信运营商有Libertis、Celtel Gabon和Moov，其中Celtel Gabon市场占有率超过50%。1997年2月开始提供互联网接入服务，发展较快，2006年互联网用户达81000个。

【财政金融】近几年政府财政收支情况如下（单位：亿西非法郎）：

	2009	2010	2011
收入	16870	20910	26000
支出	13370	17940	20910
差额	3500	2970	5090

近几年外汇储备及外债情况如下（单位：亿西非法郎）：

	2009	2010	2011
外汇储备	19.93	17.46	28.62
外债总额	21.30	22.47	22.94

（资料来源：2012年英国伦敦经济季评）

加蓬共有加蓬法国国际银行（BGFIBANK）、加蓬国际工商银行（BICIG）、加蓬联合银行（UGB）、花旗银行（Citibank）、金融银行（FINANCIAL BANK）和加蓬发展银行（BDG）等6家银行。前5家为商业银行，BDG为国家政策性银行。

【对外贸易】执行自由贸易政策，与140多个国家和地区建立了贸易关系。外贸历年保持顺差，主要出口石油、木材和锰；进口食品、轻工产品、机械设备等。2010年主要出口对象国为美国、中国、澳大利亚、西班牙等；主要进口来源国为法国、美国、中国、比利时等。近几年对外贸易情况如下（单位：亿美元）：

	2009	2010	2011
出口额	59.41	93.71	108.60
进口额	22.98	24.94	31.94
差　额	36.43	68.77	76.66

（资料来源：2012年英国伦敦经济季评）

【外国投资】2004年、2005年、2006年外国直接投资分别为2190万美元、3210万美元和2680万美元。

【外国援助】外援在加蓬财政收入中所占比例较低。1999年，因加拖欠应偿还债务，法国中止所有援助。2000年底加与国际货币基金组织和巴黎俱乐部就债务问题达成协议。法于2001年恢复对加援助。

人民生活

尽管加被列为“中等收入”国家，但人文发展指数依然较低。2011年加人文发展指数位居世界第106位。加蓬人均年收入约80万非郎，但收入分配不均，地区差别较大。全国有28所医院、632个医疗中心和诊所，共有病床5329张、医生300多人，平均2500人有一名医生。人口增长率1.6%，15岁以下人口占总人口的36%。2005年平均预期寿命为56.2岁，5岁以下儿童死亡率9.1%。88%的人口能喝上饮用水，卫生覆盖率21%。艾滋病毒感染率为7.9%。

军　事

最高防务委员会是国家防务最高领导机构，总统任主席，为武装力量最高统帅。实行志愿兵役制。武装力量由武装部队、共和国卫队和治安部队组成，共1.3万人。其中武装部队约6000人，包括陆海空三军、轻飞行队和消防营；共和国卫队1500人，由总统亲自指挥和调动；治安部队为准军事力量，包括宪兵和警察，分别有3000人和2500人。全国共有七大军区。利伯维尔和让蒂尔港建有海军基地，利伯维尔和弗朗斯维尔建有空军基地。武器装备80%来自法国，其余来自美国、英国、意大利、德国、巴西等。

文化教育

【教育】整体教育水平不高。2005年成人识字率84%。小学实行免费教育，大中学生享受国家助学金。教育制度与法国相似。全国约有小学1200所，教师4600余人，学生25万人；中学近100所，教师2100多人，学生8.3万余人。加蓬有两所综合性大学：国立奥马尔·邦戈大学和马苏库科技大学，学生约9000人。

【新闻出版】主要报刊：政府发行的《团结报》创刊于1973年12月，是加蓬最有影响的报纸，发行量2万份，在加各大城市及部分中、西非国家有售。1990年，《振兴报》、《消息报》、《蝉鸣报》等先后创刊。其中《振兴报》系民主党机关报、《消息报》是伐木者全国联盟机关报、《蝉鸣报》为私人报刊，均为法文版。

加蓬新闻社：官方通讯社，创建于1966年11月。

广播电台：国营加蓬广播电台“革新之声”建于1959年，拥有中、短波和调频发射台，全天用法语及当地语播音。第二广播电台于1973年建立，仅有调频发射台。此外，另有莫亚比短波电台（非洲一台）、“团结电台”、“思乡电台”、“太阳电台”等五家私营电台，其中“非洲一台”建于1981年，为加蓬与法国合营，在非洲较有影响。

电视台：有两个国家电视频道，分别于1963年、1973年开播。1992年开通卫星电视。有非洲电视台、电视加号台等私营电视台。在加还能收到欧洲新闻台、法语电视五台等电视节目。

对外关系

奉行开放、不结盟、国际合作和睦邻友好的外交政策。强调外交为国内经济服务。呼吁非洲团结，推动地区合作。主张通过对话、和解、协商方式解决世界和地区冲突。迄今，加已同100个国家建立了外交关系。2011年3月，联合国在利伯维尔设立驻中部非洲办事处。

【对当前重大国际问题的态度】主张加强联合国作用，强化安理会职能。主张安理会的扩大应充分体现“地域代表性”原则，认为非洲应有常任理事国席位；重视气候变化问题，主张非洲国家在气变问题上用一个声音说话，采取共同立场，发达国家应尽早落实向发展中国家提供资金和技术支持的承诺；主张通过国际合作制订打击任何形式恐怖主义的普遍公约；力主通过对话方式协商解决非洲冲突，认为中部非洲在预防和处理冲突方面取得一定进展，但仍须加强非洲预防冲突机制和紧急人道主义干预机构，在联合国监督下与发达国家建立相应的伙伴关系以增强维和及后勤保障能力；主张通过民主选举执政，反对通过军事政变上台；力促次地区经济合作，支持并推动地区一体化进程；认为经济全球化加剧了富国和穷国间的鸿沟，主张加强南南合作，积极进行南北对话；认为贫困是一切武装冲突的根源，消除贫困必须寻求行之有效的途径；呼吁发达国家大幅增加对非援助，减免包括加蓬在内的非洲国家债务。

【同中国的关系】中加1974年4月20日建交以来，两国友好合作关系发展顺利。

两国人员交往频繁。胡锦涛主席（2004年）、中共中央政治局常委吴官正（2006年）、全国人大常委会委员长吴邦国（2008年）、教育部长袁贵仁（2010年8月作为胡锦涛主席特使出席加独立50周年庆典）、外交部长杨洁篪（2011年2月）等先后访加。奥马尔·邦戈总统曾11次来华。2010年4月底5月初，阿里·邦戈总统来华出席上海世博会开幕式。7月，姆巴总理来华出席上海世博会加蓬国家馆日活动。

2009年6月奥马尔·邦戈总统病逝后，胡锦涛主席、吴邦国委员长分别致电慰问，习近平副主席前往加蓬驻华使馆吊唁，张德江副总理作为胡主席特使赴加蓬出席葬礼。2009年9月、2010年3月，胡锦涛主席分别致电祝贺阿里·邦戈当选加蓬总统和民主党主席。

中加两国军队高层交往频繁。阿里·邦戈总统任国防部长时曾4次访华（2001年、2006年、2007年、2008年）。2009年6月，中加两军在加蓬举行了人道主义医疗救援联合行动，这是中国军队首次成建制同非洲国家举行的双边军事行动。

2011年双边贸易额为8.46亿美元，同比下降28.1%，其中中方进口额5.76亿美元，出口额2.7亿美元。中方主要进口锰矿砂、石油、木材等，出口机电产品、纺织品和钢材等。

中国驻加蓬大使：孙继文。馆址：Libreville, B.P.3914。Boulevard Triomphal El Hadj Omar Bongo。地区号：00241。电话：01-743207、01-743208（使馆），01-722279（经商处）。传真：01-747596（使馆），01-722283（经商处）。

加蓬驻华大使：让—罗贝尔·古隆加纳（Jean-Robert Goulongana）。馆址：北京市朝阳区光华路36号。电话：010-65322810，65323824；传真：65322661。

【同法国的关系】同法国一直保持传统特殊关系。两国元首互访频繁。已故奥马尔·邦戈总统和现任阿里·邦戈总统多次访法，萨科齐总统2007年7月、2009年6月、2010年2月三次访加。法系加最大的援助国、债权国和贸易伙伴，对加内外政策影响甚大。加70%的投资来自法国，加对法债务占其总外债的50%。法在加有1.15万侨民。法在利伯维尔设有军事基地，常驻官兵约1000人。2010年2月，两国签署新的防务协定。5月，阿里·邦戈总统出席在法国举行的第25届法非峰会。7月，加蓬军队应邀出席法国国庆阅兵式，阿里·邦戈总统出席阅兵式。2011年7月，法总理菲永访加，双方签署了关于建设加北部电网、发展加木材加工业等协议。

【同美国的关系】重视发展同美关系。已故奥马尔·邦戈总统曾十余次访美。美多家公司在加从事石油开发，是加第一大出口对象国。2010年美非洲司令部在加与非洲30国举行联合军演。2011年6月，邦戈总统访美，与奥巴马总统会晤。奥肯定加民主进程和社会经济改革，对加在维护地区和平稳定方面所作的贡献表示赞赏。

【同邻国及其他非洲国家的关系】与邻国总体维持睦邻友好关系，曾积极参与调解刚果（金）、刚果（布）、乍得、中非、科特迪瓦等非洲国家内乱和国家间冲突，推动地区和平和一体化进程，在中部非洲具有一定影响。2012年1月21日至2月12日，加与赤道几内亚成功举办了第28届非洲杯足球赛。

2010年8月，加蓬举行独立50周年庆祝活动，喀麦隆、乍得、圣多美和普林西比、刚果（布）、刚果（金）、马里、塞内加尔、贝宁、中非、尼日利亚和布基纳法索等11国元首及埃塞俄比亚、卢旺达、多哥等3国政府首脑出席。2011年7月，斯威士兰国王姆丝瓦蒂三世访加，双方签署了包括加强司法合作、互免外交和公务签证、投资保护协定、避免双重征税等方面的协议。

加蓬同赤道几内亚及圣多美和普林西比有领土和领海争端。加蓬和赤几边界特设委员会曾多次开会讨论边界问题，并举行边界谈判，迄今未完全解决问题。2011年2月，应联合国秘书长潘基文邀请，加总统阿里·邦戈和赤几总统奥比昂出席在联合国总部举行的关于两国领土争端的三方会议，加、赤两国领导人重申将本着互信、相互尊重和坦诚的原则解决领土争端，表示将尽快将此问题提交海牙国际法院。

【同其他国家的关系】推行合作伙伴多元化战略，积极拓展与其他地区大国和新兴国家的务实合作。2010年10月，邦戈总统访问韩国，双方签署了文化、税收、矿业等领域一系列合作协议。同月，访问日本，双方表示将进一步加强在卫生、国土整治、道路建设等方面的合作。访日期间还出席了生物多样性第10次缔约国大会开幕式。11月，访问新加坡，与新方就建立保税区、棕榈种植、港口管理等签署合作协议。2011年11月，访问阿联酋，鼓励阿企业家赴加投资。

2011年3月，邦戈总统访问英国，并出席由泰晤士报举办的非洲经济高峰论坛。5月，访问意大利，双方就进一步加强两国经贸合作交换了意见。3月，土耳其总统阿卜杜拉·居尔访加，双方签署了关于互免外交签证、建立外交定期磋商机制、加强军事科技交流和旅游合作等一系列协议，两国元首还共同出席了加土商贸论坛。

【同联合国的关系】加蓬系联合国安理会2010～2011年度非常任理事国。2011年3月，联合国在加蓬首都利伯维尔设立驻中部非洲地区办事处。2010年5月，邦戈总统赴挪威出席奥斯陆气候与森林峰会。7月，联合国秘书长潘基文访加，双方就联合国安理会议程及共同关心的国际和地区问题交换了意见。9月，邦戈总统赴纽约出席第65届联合国大会。2011年6月，加蓬担任联合国安理会轮值主席国，邦戈总统赴纽约主持安理会第28次会议，审议并通过艾滋病对国际和平与安全的影响即1983号决议。9月，邦戈总统赴纽约出席第66届联合国大会。10月，邦戈总统赴巴黎出席联合国教科文组织第36次全会。2012年3月，邦戈总统赴韩国出席首尔核安全峰会。

【同其他地区组织和国际组织的关系】积极参与地区和国际事务，推动非洲一体化进程。2010年1月，阿里·邦戈总统赴中非出席中非经济和货币共同体峰会。同月，赴埃塞俄比亚出席第14届非盟峰会。6月，赴刚果（布）出席中非经济货币共同体特别峰会。7月，赴乌干达出席第15届非盟峰会。10月，赴利比亚出席第二届非洲阿拉伯峰会。2011年1月，赴埃塞俄比亚出席第16届非盟峰会。5月，赴南非出席第21届世界经济论坛非洲会议。同月，赴埃塞俄比亚出席非盟特别峰会，主要讨论利比亚问题。6月，赴赤道几内亚出席第17届非盟峰会。2012年1月，赴埃塞俄比亚出席第18届非盟峰会。2月，赴贝宁出席非盟领导人非正式会议，讨论萨赫勒地区安全局势。加蓬积极通过"中部非洲和平与安全理事会"及"几内亚湾委员会"参与几内亚湾安全防务工作，打击几内亚湾内海盗、有组织犯罪、毒品交易、武装非法采掘资源、轻小武器泛滥等行动。

2010年10月，邦戈总统赴瑞士出席第13届法语国家峰会。11月，欧盟理事会主席范龙佩访加，与邦戈总统就加欧关系、非洲地区热点问题及即将召开的欧非峰会议题交换了意见。11月，邦戈总统赴利比亚出席第三届欧非峰会。2011年9月，邦戈总统出席在巴黎举行的利比亚之友会议。（朱小乐）

津巴布韦

国名　津巴布韦共和国（The Republic of Zimbabwe）。

面积　39万平方公里。

人口　1330万（2008年5月《经济季评》）。主要有绍纳族（占79%）和恩德贝莱族（占17%）。官方语言为英语、绍纳语和恩德贝莱语。58%的居民信奉基督教，40%信奉原始宗教，1%信奉伊斯兰教。

首都　哈拉雷（Harare），人口187万。

国家元首　总统罗伯特·加布里埃尔·穆加贝（Robert Gabriel Mugabe），1987年12月就任，1990年3月、1996年3月、2002年3月连任。2009年2月，津成立联合政府，穆加贝继续担任总统。

重要节日　独立日：4月18日；英雄节：8月11日；建军节：8月12日；团结日：12月22日。

简　况　非洲东南部内陆国。东邻莫桑比克，南接南非，西和西北与博茨瓦纳、赞比亚毗邻。属热带草原气候，年均气温22℃；10月温度最高，平均32℃；7月温度最低，平均13℃～17℃。

公元1100年前后开始形成中央集权国家。13世纪，卡伦加人建立莫诺莫塔帕王国，15世纪初王国达到鼎盛时期。1890年沦为英国南非公司殖民地，1895年被命名为南罗得西亚。1923年英国政府接管该地，给予“自治领”地位。1953年，英国将南罗得西亚、北罗得西亚（今赞比亚）和尼亚萨兰（今马拉维）合组为“中非联邦”。1963年底“联邦”解体。1964年，南罗得西亚白人右翼势力组成以伊恩·史密斯为首的政府，并于1965年11月宣布独立。20世纪60年代，津巴布韦非洲人民联盟和津巴布韦非洲民族联盟（简称民盟）先后成立，领导人民进行反对白人种族主义统治的武装斗争。1979年，津巴布韦各派在英国主持下召开伦敦制宪会议。1980年2月底举行议会选举，穆加贝领导的民盟获胜。同年4月18日独立，定国名为津巴布韦共和国。

政　治　独立后，政局曾长期稳定。1999年反对党争取民主变革运动（简称民革运）成立。2000～2002年，津政府实施“快速土改计划”，征收白人土地，用于安置无地或少地的黑人农民，导致社会矛盾激化，经济下滑，陷入政、经危机，朝野尖锐对立。西方国家对津实施不宣布的经济制裁，对津高官实行禁止入境等一系列“精确制裁”，支持反对党民革运，逼迫穆加贝总统下台。

2008年3月29日，津举行总统、议会和地方政府“三合一”选举。在议会众议院选举中，民盟首次输给民革运茨万吉拉伊派（民革运茨派），失去多数席位。在总统选举中，民革运茨派候选人茨万吉拉伊得票47.9%，民盟候选人穆加贝得票43.2%。选举结果未及时公布并因此引发争议。由于二人票数均未过半，2008年6月27日津举行第二轮总统选举，茨万吉拉伊在选前退出，穆加贝以85.5%的得票率当选，但反对党和西方国家对此不予承认，津选举争议因而愈演愈烈。9月15日，在南非总统姆贝基的调解下，津民盟、民革运茨派和民革运穆坦巴拉派（民革运穆派）签署组建联合政府的《全面政治协议》。2009年2月13日，津联合政府正式成立。穆加贝继续任总统，茨万吉拉伊任总理，民革运穆派总裁穆坦巴拉、茨派副总裁库佩任副总理。在新政府32个部中，民盟执掌外交、国防、矿业等15个部，民革运茨派掌控财政、经济计划与发展、劳工等13个部，民革运穆派掌控工商等3个部，内政部则由民盟和民革运茨派共同掌控（设双部长）。津新政府成立以来运转正常，国内局势基本稳定。根据《全面政治协议》和津两党三方约定，联合政府任期2年，到2011年2月期满，津应在制定新宪法后举行大选。目前，津两党三方均默认联合政府继续存在，同时围绕大选具体时间分歧严重。

【宪法】现行宪法于1979年12月在英国主持下由津巴布韦各主要党派在伦敦兰开斯特大厦举行的制宪会议上制订，独立时开始生效，后经数次修改。宪法规定津实行总统内阁制。2005年，国民议会通过第17号宪法修正案，增设参议院，规定津议会实行两院制。2007年9月，津议会通过第18号宪法修正案，规定总统任期由6年改为5年，与议员任期相同；总统、议会和地方政府选举同时举行，并对议会议席数量和产生方式进行调整。根据2008年9月15日津两党三方签订的分权协议，津议会于2009年2月4日通过了第19号宪法修正案，确立联合政府的框架结构，并将在津新政府成立后的两年内完成制定新宪法。目前，制宪进程已滞后于原定时间表。

【议会】本届议会于2008年3月选举产生，任期五年。国民议会共有210个议席，所有议席直选产生。民革运茨派占100席，民盟占99席，民革运穆派占10席，独立人士占1席。议长洛夫莫尔·莫约（Lovemore Moyo，民革运茨派）。参议院共有93个议席，其中60席通过直选产生：民盟占30席，民革运“茨派”占24席、“穆派”占6席。另33席分配如下：酋长理事会主席和副主席2席，酋长占16席，10名省长各1席，总统任命5席。议长埃德娜·玛宗圭（Edna Madzongwe，民盟，女），2005年11月就任，2008年8月连任。

【政府】实行总统内阁制，内阁成员由总统任命。具有议员资格才能入阁。2009年2月津成立联合政府。根据分权协议，总统主持内阁和国家安全委员会，总理主持部长会议并担任内阁副主席和国家安全委员会成员。内阁负责制定政府政策，部长会议协助总理监督政府日常运作。本届内阁主要成员如下：总统罗伯特·加布里埃尔·穆加贝，副总统乔伊丝·穆菊茹（Joyce Mujuru，女），副总统约翰·恩科莫（John Nkomo），总理摩根·茨万吉拉伊（Morgan Tsvangirai），副总理托科扎尼·库佩（Thokozani Khupe），副总理亚瑟·穆坦巴拉（Arthur Mutambara），外交部长辛巴拉谢·蒙本盖圭（Simbarashe Mumbengegwi），国防部长埃默森·姆南加古瓦（Emmerson Mnangagwa），财政部长腾达伊·比蒂（Tendai Biti）。

【行政区划】全国划分为10个省。

【司法机构】法院体制分四级：最高法院、高等法院、地方法院和初级法院，最高法院是终审上诉法庭。首席大法官戈弗雷·奇迪奥西库（Godfrey Chidyausiku），2001年8月就职。总检察长托马纳（Johannes Tomana）。

【政党】实行多党制。主要政党有：

（1）津巴布韦非洲民族联盟—爱国阵线（Zimbabwe African National Union–Patriotic Front）：简称民盟，津独立以来执政至今。1963年8月8日成立，1988年与津巴布韦非洲人民联盟合并，仍称津巴布韦非洲民族联盟（爱国阵线），约有300万党员。党的宗旨是“建立和保持一个依据我们的历史、文化和社会实际的社会主义社会，并为实现经济独立、繁荣和平均分配国家财富创造条件”。2009年12月，民盟举行第五次全国代表大会，穆加贝蝉联总裁兼第一书记，穆菊茹（女）连任副总裁兼第二书记，恩科莫当选副总裁兼第二书记，西蒙·莫约当选为全国主席。

（2）争取民主变革运动（Movement for Democratic Change）：简称民革运，最大反对党。约有120万党员。脱胎于津最大工会组织津巴布韦工会大会（Zimbabwe Congress of Trade Unions），1999年9月在哈拉雷成立，得到大部分城镇居民和一些白人的支持。2001年以来，其候选人先后当选马旬戈、布拉瓦约、哈拉雷等市市长。在2002年3月举行的总统选举中，其候选人获得42%的选票。2005年下半年，民革运在是否参加参议院选举问题上陷入内部纷争，并于2006年初分裂为“参选派”和“抵制派”。“抵制派”总裁为莫根·茨万吉拉伊（Morgan Tsvangirai），“参选派”总裁为亚瑟·穆坦巴拉（Arthur Mutambara）参选派也称“穆派”。2011年1月，该派举行全国代表大会，选举该党原秘书长、联合政府工商部部长纽比为新总裁。

【重要人物】**罗伯特·加布里埃尔·穆加贝**：总统、民盟总裁。1924年2月生于哈拉雷附近库塔马的农民家庭，绍纳族塞祖鲁人。1942年起从事教育工作，同时继续接受高等教育。1951年毕业于南非黑尔堡大学并获文学士学位，随后通过函授先后获巴苏陀兰大学教育学士和伦敦大学经济学、法学和行政管理学学士学位。1960年投身政治活动，先后担任民族民主党和人盟的宣传书记。1963年同西托莱等人创建民盟，并任总书记。1964年8月被捕入狱，1974年11月获释。1975年初去莫桑比克领导津武装斗争，1977年当选民盟总裁。1976年10月和1979年9月率团出席关于津独立问题的日内瓦谈判和伦敦制宪会议。1980年4月津独立后任总理（实权）。1984年8月、1989年12月、1994年9月、1999年12月和2004年12月连任民盟总裁兼第一书记。1987年12月出任总统，1990年3月、1996年3月和2002年3月总统选举后连任。2009年2月任联合政府总统。曾多次来华，最近一次为2011年11月因私访华。　**摩根·茨万吉拉伊**：总理，民革运茨派总裁。1952年生。20岁开始当纺织厂工人，后逐渐成为津工会领导人。1997年，创立旨在推行宪政改革的津全国宪法大会，并任主席。1999年，津各反对派联合组建民革运，茨当选秘书长，次年当选总裁。2005年，因茨反对民革运参加参议院选举，导致民革运分裂为“抵制派”和“参选派”（即茨派和穆派）。2008年3月，茨作为民革运茨派候选人参加总统大选。2009年2月11日，就任津联合政府总理。2012年5月26～29日来华出席首届中国（北京）国际服务贸易交易会。　**亚瑟·穆坦巴拉**：副总理，民革运穆派前总裁。1967年生。1989年担任津学生会会长时，因组织学生进行反政府游行示威，被津政府逮捕。1990年赴牛津大学留学，获机器人技术和机械电子技术学博士学位，后任该校选拔委员会委员，麦卡锡咨询公司顾问。1996年进入美国国家航空航天局（NASA）工作，后任南非标准银行行长，南非非洲技术和商业研究所首席执行官和常务董事。2006年2月，当选民革运“穆派”总裁。2009年2月11日，就任津联合政府副总理。

经　济

自然资源丰富，工农业基础较好，正常年景粮食自给有余，曾为世界第三大烟草出口国。进入20世纪90年代，经济连年下滑。2000年以来，经济大幅缩水。外汇、燃油和生活必需品短缺，通货膨胀率激增，津元加速贬值，大量人口涌入邻国。2008年3月津发生选举争议后，经济状况进一步恶化，至年底经济基本崩溃，财政、金融和税收等关键部门基本停止运转，水电、通信、医疗、教育等社会公共管理职能几近瘫痪。2009年2月，联合政府成立后，政府允许美元和南非兰特自由流通，有效控制了恶性通货膨胀，市场供应明显改善，经济形势有所好转。2011年主要经济数据如下（资料来源：津财政预算报告）：

国内生产总值：100亿美元。

经济增长率：9.3%。

货币名称：津巴布韦元（Zimbabwe Dollar）（津元自2009年2月起已停止流通，改用美元和南非兰特）。

通货膨胀率：4.1%。

【资源】自然资源丰富，有煤、铬、铁、石棉、金、银、锂、铌、铅、锌、锡、铀、铜、镍等。煤蕴藏量约270亿吨。铁蕴藏量约2.5亿吨。铬和石棉的储量均很大。水力资源贫乏。工业用林面积11.5万公顷。

【工矿业】工业门类主要有金属和金属加工、食品加工、石油化工、饮料和卷烟、纺织服装、造纸和印刷等。工业从业人口约占总劳力的15%，矿业从业人口约占4.5%。近年来制造业持续衰退，工业生产不断萎缩。由于通货膨胀率过高导致成本增加，采矿业持续低迷。金、镍、煤、铬、铂金等主要矿产品产量均有较大下降。2008年，受国内政治经济形势持续恶化及国际金融危机影响，多数矿业企业停产。2009年2月联合政府成立以来，经济状况有所好转，通货膨胀得到有效遏制，工农业生产逐步恢复，但整体仍属于恢复性增长。2011年，矿业产值同比增长约26%，成为带动经济增长的引擎。钻石、黄金、镍、煤、铬等产量较往年大幅上升。

【农牧业】主要生产玉米、烟草、棉花、花卉等，畜牧业以养牛为主。耕地面积3328万公顷，农业人口占全国人口的67%。2000年以来，农业持续萎缩。2009年以来，农业生产逐步回复，2011年农业产值同比增长7.4%，玉米产量增长至120万吨，粮食安全问题有所缓解。受烟草出口价格降低和土地改革等因素影响，烟草产量从2007年的7.7万吨降至2008年的4.6万吨，创历史新低。2011年回升至13.3万吨，创近年新高。畜牧业以养牛为主，其次还饲养羊、猪等家畜。

【旅游业】旅游业曾发展较快，20世纪90年代接待游客人数一度年均增长20%，同期旅游收入增加25%。1999年接待游客240万人次，收入达100亿津元，成为津主要创汇部门。津劳动力总数中有4.5%从事旅游业，另有4%从事与此相关行业。全国有70多家星级旅馆。最著名的风景点为维多利亚瀑布，还有26个国家公园和野生动物保护区。2008年1～6月，赴津旅游人数降至约53万人次，较2007年同期下降了58%。2009年游客人数恢复至200万人次。

【交通运输】以铁路、公路和航空为主，海运主要通过南非的德班港（距哈拉雷1700公里）和莫桑比克的贝拉港（距哈拉雷600公里）。

铁路：通往南非、莫桑比克、赞比亚和博茨瓦纳，总长4300公里，其中哈拉雷至达布卡（DABUKA）的300公里为电气化铁路。2000/2001年度客运量133万人次，货运量884万吨。

公路：总长8.5万公里，其中1.9万公里为国家级公路，1.5万公里为沥青路面。

空运：津巴布韦航空公司有波音767、737等客机10架，经营至周边国家以及伦敦、北京等十多条国际及国内航线。有3个国际机场，分别为哈拉雷、布拉瓦约和维多利亚瀑布机场。

【财政金融】津自2008年3月发生选举争议后，经济持续下滑，财政状况不断恶化。由于缺少资金，政府公共服务体系曾一度瘫痪。联合政府成立后，财政状况有所改善。截至2010年10月，津外债总额约为64亿美元。

【对外贸易】1991年开始推行贸易自由化后，外贸有较大幅度增长。但近年来，因经济形势恶化，外贸也深受影响。主要出口烟草、黄金、铁合金，主要进口机械、工业制成品和化工产品。约与27个国家或地区有贸易关系。主要进口国为（2009年）：南非（60.9%）、中国（5.7%）、博茨瓦纳（3.7%），主要出口国（2009年）：刚果（金）（12.8%）、南非（11.5%）、博茨瓦纳（11.4%）、中国（7.9%）。2010年出口额约为33亿美元，进口额约为30亿美元。

【外国资本】独立时在津外资约25亿津元（按当时比价，约合40亿美元），占全国资本总额的62.5%。2002年，由于经济形势恶化，资本流动发展为净流出3.47亿美元。2009年联合政府成立后，外国直接投资增加至15亿美元。

【外国援助】2000年，欧盟向津小型项目赠款1900万欧元。2001年，津接受外国官方发展援助1.59亿美元。2002年起，国际金融机构和西方主要国家停止向津提供除粮援等人道主义援助外的其他援助。2008年3月津发生选举争议及8月爆发霍乱疫情以来，国际社会加大了对津人道援助。2009年，津接受的国际人道主义援助总额为6.16亿美元。

人民生活

近年来，由于工资上涨幅度远低于通货膨胀率，导致实际工资下降。2000年津中央统计局公布，76%的人口生活在贫困线下。全国共有各类医院244个，诊所1378个，病床2.1万张，医护人员与病人比例约1∶430。艾滋病问题较严重，感染率为21.3%，2009年降至14%。人均寿命43岁。

军　事

津国防军于1980年建立，是由原民盟、人盟游击队和白人政权军队整编而成。实行志愿兵役制。最高军事决策机构是国防委员会。总统兼武装部队总司令。津国防军下设陆军和空军两个军种。总兵力4万人，其中陆军3.5万人，空军5000人。现国防军司令奇温加（Chiwenga）上将，陆军司令菲利普·西班达（Philip Sibanda）中将，空军司令佩伦斯·希里（Perence Shiri）中将。

文化教育

【教育】实行中小学低收费普及教育。现有小学4734所，中学

1570所，高等学校13所。1996～2002年，小学入学率年平均80%。成人识字率为89%，其中男性为93%，女性为85%。津巴布韦大学是津最著名的综合性大学，始建于1953年，穆加贝总统兼任校长。

【新闻出版】《先驱报》为津最大日报，发行量16.5万份，政府拥有该报50%的股份。其他主要报纸有《星期日邮报》、《黎明周报》、《记事报》、《金融公报》、《津巴布韦独立报》、《津巴布韦新闻》和《人民之声》等。非时事政治性杂志主要有《展示》（月销量5万份）和《地平线》（月销量4万份）。

津巴布韦全非通讯社（ZIANA）：成立于1981年10月。为津官方通讯社，现有工作人员57人，其中记者15人。

津巴布韦广播公司（ZBC）：1933年成立，为政府所有。分电台和电视台两部分。电台有4个台，即英语台、非洲台、音乐台和教育台，分别以英语、绍纳语和恩德贝莱语播出；除教育台只在周一到周五每天从10～22时播出外，其余各台每天播出时间为5～24时。电视台建于1960年，有两个频道，均为彩色节目，每天15～23时播放。电视一台面向全国，播出新闻、综艺节目；电视二台原为教育台，现已商业化，改名娱乐台（Joy TV）。

对外关系

奉行积极的不结盟政策。推行睦邻友好方针，以发展同非洲国家特别是南部非洲国家关系为外交重点。近年来大力推行“东向”政策，加强与其他发展中国家尤其是亚洲国家关系。在“民主、人权”等问题上与西方国家存在严重分歧。近年来与西方国家关系紧张，受到美国、欧盟等制裁。积极参与地区和国际事务，是不结盟运动、77国集团、非洲联盟、南部非洲发展共同体成员国。

【同中国的关系】中国与津巴布韦于1980年4月18日津独立当天建交。建交以来，两国关系发展顺利。

中方近年访津的有：外交部长唐家璇（2000年），中共中央政治局常委尉健行（2002年），全国政协副主席万国权（2003年），国务委员陈至立（2004年）和全国人大常委会委员长吴邦国（2004年），全国人大常委会副委员长，中国人民争取和平与裁军协会会长何鲁丽（2006年），中国人民对外友好协会副会长王运泽（2006年），全国政协主席贾庆林（2007年），全国政协副主席王刚（2010年），外交部长杨洁篪（2011年），国务院副总理王岐山（2011年），全国人大常委会副委员长周铁农（2011年），全国政协副主席厉无畏（2011年），中共中央政治局委员，中宣部部长刘云山（2011年），国务院副总理回良玉（2012年）等。

津方近年访华的有：国民议会议长姆南加古瓦（2001年）、总统穆加贝（多次来华，2011年因私来华）、总理茨万吉拉伊（2012年5月来华出席首届中国（北京）国际服务贸易交易会）副总统穆菊茹（多次来华，2011年因私来华）、副总统恩科莫（多次来华，2011年7月来华出席兰州投资贸易洽谈会）等。

2009年9月，温家宝总理会见来华出席夏季达沃斯论坛年会的津联合政府副总理穆坦巴拉。11月，温家宝总理在埃及会见出席中非合作论坛第四届部长级会议开幕式的津总统穆加贝。2010年内，津外长蒙本盖圭正式访华，两位副总统、两位副总理分别来华出席重要国际会议或参观世博会。

2011年中津贸易额为8.74亿美元，其中中方出口额4.1亿美元，进口额4.64亿美元。中方主要从津方进口烟草、铬铁等产品，向津方出口电气电子、信息技术和纺织品。

中国驻津巴布韦大使：林琳。馆址：No.58, Golden Stairs Road, Mount Pleasant, P. O. Box 4749, Harare。电话：（00263-4）332760，332761，332762，334716（传真）。商务处：730516（带传真）。Email: chinaemb_zw@mfa.gov.cn。

津巴布韦驻华大使：弗雷德里克·沙瓦（Frederick Shava）。馆址：北京市朝阳区三里屯东三街7号。电话：010-65325381/2；传真：65325383。

【同美国的关系】美曾为津的主要援助国之一。2001年以来，两国关系恶化。2001年8月，美国会参议院通过《津巴布韦民主和经济恢复法案》，其中包含多条制裁津的内容，津政府对此予以批评。2002年以来，美国对津领导人实行禁止入境等制裁。2005年1月，美将津列为全球6个“暴政前哨国家”之一。2007年3月津警方抓捕并打伤反对党领导人后，美强烈批评津“民主”、“人权”状况，呼吁西方国家进一步制裁津。2008年3月津大选后，美强烈批评总统选举结果推迟公布，称反对党已赢得总统选举，要求穆加贝下台，派助理国务卿弗雷泽访非并推动在联合国安理会通报津局势，2008年7月，美与英国一道强行推动联合国安理会表决制裁津决议草案，有关决议草案最终被否决。2009年2月，津联合政府成立后，美对津政策已有所缓和，加大了对津人道援助，但仍维持对津制裁。

【同英国的关系】津英关系曾十分密切。英国是津主要贸易伙伴，并在津有大量投资。2000年，由于津政府推行快速土改触动英利益，两国关系恶化。2002年津大选后，英国指责民盟政府舞弊，对津实行禁止高官入境、冻结其海外财产、禁售军火等制裁并一再延长、扩大。2003年12月，英联邦首脑会议在英推动下决定继续中止津成员国资格，津随即退出英联邦。2007年3月津警方抓捕并打伤反对党领导人后，英强烈批评津，要求穆加贝总统下台，并积极推动在联合国安理会讨论津人道问题。12月，英首相布朗抵制有穆加贝出席的第二届欧盟—非洲首脑会议。2008年3月津大选后，英公开要求穆加贝承认失败，早日下台，并与美联手强行推动联合国安理会表决制裁津决议草案。2009年2月，津联合政府成立后，英对津政策有所缓和，加大了对津人道援助，但仍维持对津定向制裁。

【同非洲国家的关系】重视发展同非洲国家的友好合作关系，积极参与地区政治事务和经济合作；与莫桑比克签有友好条约和防务协定；与安哥拉、纳米比亚和刚果（金）关系密切，签有共同防务协定；与南非、赞比亚和马拉维等周边国家保持睦邻关系，重视与南非在经贸领域的合作。

2008年3月津发生选举争议后，非洲联盟和绝大多数非洲国家主张津问题在非洲内部通过对话和谈判解决。南共体多次召开首脑会议讨论津局势，推动政治解决津问题。津联合政府成立后，南共体积极呼吁和协调本地区国家及国际社会向津提供援助，敦促有关国家尽早取消对津制裁，并积极调解津联合政府内部纷争。（郭婧）

喀　麦　隆

国名　喀麦隆共和国（The Republic of Cameroon，La République du Cameroun）。

面积　475442平方公里。

人口　2040万（2011年）。约有200多个民族，主要有巴米累克族、富尔贝族、赤道班图族（包括芳族和贝蒂族）、俾格米族、西北班图族（包括杜阿拉族）。法语和英语为官方语言。约有200种民族语言，但均无文字。南部及沿海地区信奉天主教和基督教新教（约占全国人口的40%）；内地及边远地区信奉拜物教（占40%）；富尔贝族和西北部一些民族信奉伊斯兰教（约占20%）。

首都　雅温得（YAOUNDE），人口213.2万（2010年）。年均气温24.9℃，降雨量1299毫米，降雨期133天。

国家元首　总统保罗·比亚（Paul BIYA），1982年11月6日就任，1984年、1988年、1992年、1997年、2004年、2011年连任。

重要节日　国庆节：5月20日；独立纪念日：1月1日；统一纪念日：10月1日。

简　况

位于非洲中部，西南濒几内亚湾，西接尼日利亚，东北界乍得，东与中非共和国、刚果（布）为邻，南与加蓬、赤道几内亚毗连。海岸基准线长360公里。西部沿海和南部地区为赤道雨林气候，北部属热带草原气候。年平均气温24℃～28℃。

公元5世纪起外来部族大量迁入，并先后形成一些部落王国和部落联盟。1884年沦为德国的“保护国”。第一次世界大战期间，喀东、西部分别被法、英军队占领。1922年国际联盟将东、西喀麦隆分交法、英“委任统治”。第二次世界大战后，联合国将东、西喀分交法、英“托管”。1960年1月1日法托管区根据联合国决议独立，成立喀麦隆共和国，阿赫马杜·阿希乔出任总统。1961年2月，英托管区北部和南部分别举行公民投票，6月1日北部并入尼日利亚，10月1日南部与喀麦隆共和国合并，组成喀麦隆联邦共和国。1972年5月20日，喀公民投票通过新宪法，取消联邦制，成立中央集权的喀麦隆联合共和国。1982年11月阿希乔辞职，保罗·比亚继任总统。1984年1月改国名为喀麦隆共和国。

政　治

比亚总统执政以来，实行“民族复兴”纲领，主张“民主化和民族融合”，政局长期稳定。1990年12月实行多党制。1992年举行多党立法选举和总统选举，比亚连任总统，组成以执政党“喀麦隆人民民主联盟”（简称人民盟）为主体的多党联合政府。1997年和2004年，比亚两次蝉联总统。2008年2月，杜阿拉市运输行业工人举行罢工，并迅速演变为包括雅温得在内31座城市的骚乱。喀政府后出动军警平息骚乱。4月，喀国民议会以压倒性多数通过宪法修正案，取消对总统任期次数的限制。2011年10月9日，喀举行总统选举，比亚以77.989%的得票率第六次当选总统。

【宪法】现行宪法于1972年5月20日经公民投票通过。1975年5月、1983年11月、1984年1月、1988年3月、1991年4月、1996年1月和2008年4月7次修改。宪法规定，共和国总统是国家元首和武装部队最高统帅，有权任免总理和政府成员，颁布法律和法令，宣布紧急状态，必要时可提前举行总统选举。总统通过直接选举产生，任期七年，可连选连任。总统不能履行职权时，由参议院议长代行总统职务。总理是政府首脑，领导政府工作，负责执行法律，行使制定规章权，任命行政官员。

【议会】宪法规定，立法权由国民议会和参议院组成的两院制议会行使。目前，参议院尚未成立。国民议会每年召开3次例会，主要讨论和批准国家年度财政预算，审议和通过法律草案。议员由直接普选产生，任期五年。本届国民议会于2007年7月选举产生，共有180个席位，由5党组成。其中人民盟占153席，社会民主阵线16席。国民议会设议长1名、副议长6名。议长：卡瓦耶·耶格·贾布里勒（Cavaye Yeguie DJIBRIL），人民盟成员。

【政府】本届政府于2011年12月9日组成，包括总理1人、副总理2人、国务部长2人、部长34人、部长级代表10人、国务秘书10人、秘书长1人和副秘书长3人。主要成员如下：总理菲勒蒙·扬（Philémon Yang），副总理兼负责与议会关系部长阿马杜·阿里（Amadou Ali），旅游和娱乐国务部长贝洛·布巴·迈加里（Bello Bouba Maigari），司法、掌玺国务部长洛朗·埃索（Laurent Esso），总统府负责国防事务的部长级代表埃德加·阿兰·梅贝·恩高奥（Edgar Alain Mebe Ngo'o），总统府负责国家最高监察事务的部长级代表亨利·埃耶贝·阿伊西（Henri Eyebe Ayissi），总统府负责公共采购的部长级代表阿巴·萨杜（Abba Sadou），领土管理和权力下放部长勒内·埃马纽埃尔·萨迪（René Emmanuel Sadi），社会事务部长巴康·姆博克·卡特琳（Bakang Mbock Cathérine，女），农业和农村发展部长拉扎尔·埃西米·梅尼耶（Lazare Essimi Menye Menye），艺术和文化部长阿玛·图图·穆纳（Ama Tutu Muna，女），商务部长姆巴尔加·阿坦加纳·吕克·马格卢瓦尔（Mbarga Atangana Luc Magloire），新闻部长伊萨·奇罗马·巴卡里（Issa Tchiroma Bakary），地产、地籍和土地事务部长雅克利娜·库姆·比西克（Jacqueline Koum à Bissike，女），水资源和能源部长巴西勒·阿坦加纳·库纳（Basile Atangana Kouna），经济、计划和领土整治部长埃马纽埃尔·恩加努·朱梅西（Emmanuel Nganou Djoumessi），基础教育部长优素福·阿迪贾·阿丽姆（Youssouf née Adjidja Alim，女），畜牧业、渔业和畜产工业部长塔伊加（Dr·TAIGA），就业和职业培训部长扎沙里耶·佩雷韦（Zacharie Perevet），中等教育部长路易·巴佩斯·巴佩斯（Louis Bapes Bapes），高等教育部长雅克·法姆·恩东戈（Jacques Fame Ndongo），环境、自然保护和可持续发展部长海莱·皮埃尔（Hele Pierre），财政部长阿拉明·奥斯曼·梅（Alamine Ousmane Mey），公职和行政改革部长米歇尔·安热·安古昂（Michel Ange Angouen），森林和动物资源部长菲利普·恩戈勒·恩古埃斯（Philippe Ngolle Ngouesse），住房和城市发展部长让—克洛德·恩古昂丘（Jean-Claude Ngouentchou），青年和公民教育部长伊斯梅尔·比敦格·克普瓦（Ismaël Bidoung Kpwatt），矿业、工业和技术开发部长埃马纽埃尔·邦德（Emmanuel Bonde），中小企业、社会经济和手工业部长洛朗·瑟奇·埃通迪·恩戈亚（Laurent Serge Etoundi Ngoa），邮电部长比伊蒂·比·埃萨姆·让·皮埃尔（Biyiti Bi Essam Jean Pierre），妇女与家庭事业促进部长阿贝娜·翁多阿·奥巴马·马里·泰蕾兹（Abena Ondoa née Obama Marie Thérèse，女），科研与革新部长楚恩特·马德莱娜（Tchuinte Madeleine，女），对外关系部长皮埃尔·穆科科·姆邦乔（Pierre Moukoko Mbonjo），公共卫生部长马马·富达·安德烈（Mama Fouda André），运动和体育部长阿杜姆·加鲁瓦（Adoum Garoua），交通部长罗贝尔·恩基利（Robert Nkili），劳动和社会保障部长格雷瓜尔·奥沃纳（Grégoire Owona），公共工程部长帕特里斯·安巴·萨拉（Patrice Amba Sala）。

【行政区划】全国划分为10个大区（极北、北部、阿达马瓦、东部、中部、南部、滨海、西部、西南、西北），58个省，309个区。

【司法机构】司法权由最高法院、上诉法院、各级法庭行使。总统任命法官。最高司法会议协助总统工作。最高法院院长阿列克西·迪邦达·姆埃尔（Alexis DIPANDA MOUELLE），总检察长马丁·利苏克·穆隆（Martin RISSOUCK MOULONG）。

【政党】共有250多个政党。主要政党情况如下：

（1）喀麦隆人民民主联盟（Rassemblement Démocratique du Peuple Camerounais，RDPC）：前身是喀麦隆民族联盟，1966年9月1日成立，1985年3月24日改称现名。现有党员200多万。1990年12月前为唯一合法政党和执政党。总目标是建立一个以严格、讲道德、自由和民主以及保证人民充分发展为基础的"集体自由主义社会"。恪守的信条是"团结、进步、民主"。当前的任务是促进全国的团结和统一，发展经济和文化，反对部族主义和宗教特权。1990年6月和1996年12月，人民盟分别举行了第一次和第二次全国代表大会，重新选举产生了党的领导机构。2011年9月，人民盟召开第三届全国代表大会，比亚再次当选党主席，但4名副主席中有3名席位空缺。在国民议会中占有153席。总书记萨迪·勒内（Sadi RENE）。

（2）社会民主阵线（Social Democratic Front，SDF）：喀最大反对党。1990年5月26日成立。1991年3月1日成为合法政党。以"民主、正义、发展"为口号，宣称以和平手段实现政权交替是该党的责任和义务，主张恢复联邦制。曾抵制1992年的立法选举和1997年的总统选举，在西部英语区和巴米累克人中影响较大。2004年10月，党主席约翰·弗吕·恩迪（John Fru NDI）参加总统选举，获得17.40%选票。2011年10月，恩迪再次参加总统选举，获得10.712%选票，排名第二。该党在国民议会中占16席。

（3）喀麦隆民主联盟（Union Démocratique du Cameroun，UDC）：反对党。1991年3月成立，同年4月取得合法地位。寻求建设一个和平、宽容、自由和正义的社会，主张实现在正义、平等、反对部族主义基础上的和平。在西部省有一定影响。主席恩达姆·恩乔亚（Ndam NJOYA），曾任国际关系学院院长、外交部副部长和国民教育部长等职。2004年10月以反对派联盟"民族和解与国家重建联盟"统一候选人身份参加总统选举，获得4.47%选票，居第三位。2011年10月再次参加总统选举，获1.733%选票，居第四位。该党在国民议会中占4席。

（4）全国民主进步联盟（Union Nationale pour la Démocratie et le Progrès，UNDP）：参政党。1990年5月成立，1991年3月25日被批准为合法政党。该党在北方穆斯林居住地区影响较大，领导层中有不少人为前总统阿希乔的支持者。强调喀是公民的国家，支持民族团结和统一，反对分裂。主张经济自由化和地方分权，赞成严格执行经济结构调整计划。1997年曾与社民阵联手抵制总统选举。1998年1月与人民盟达成“政府共同纲领”后加入政府，成为参政党。该党在国民议会中占6席。党主席贝洛·布巴·迈加里（Bello Buba MAIGARI）现任交通国务部长。

（5）喀麦隆人民联盟（Union des Populations du Cameroun，UPC）：参政党。成立于1948年4月，曾为喀独立作出过贡献。因从事反殖斗争，1955年被法国殖民当局取缔。喀独立后于1960年2月25日成为合法政党。1991年2月12日再次取得合法地位。该联盟主张加速国家民主变革，鼓励政治自由化，广施民主，分散经济管理权，减少国家干预，提高人民生活水平，建立一个在团结和互相补充基础上的社会。该党多次发生分裂，形成以总书记奥古斯坦·科多克（Augustin KODOCK）、主席恩代·恩图马扎（Ndeh NTUMAZAH）以及亨利·奥科贝·恩朗（Henri HOGBE NLEND）为首的三派。2000年1月前两派宣布和解。目前该党在国民议会中无席位。

【重要人物】保罗·比亚：共和国总统、国家元首、全国武装力量最高统帅、人民盟全国主席。1933年2月13日生于南部大区贾埃洛博省。1956～1962年先后在法国路易·勒·克昂公立中学、巴黎大学、海外高等研究学院等攻读法律和政治学，1960年获国际公法学士学位。回国后历任总统府特派员、国民教育、青年和文化部长办公室主任、该部秘书长、总统府民事办公室主任、总统府秘书长兼民事办公室主任、总统府国务部长级秘书长等职。1975年6月出任政府总理。1982年11月任共和国总统至今。1975年2月当选为喀麦隆民族联盟中央委员会副主席，1983年9月任全国主席。1985年3月任喀麦隆人民民主联盟全国主席至今。已婚，多子女。　**扬·菲勒蒙：**总理，1947年6月生于喀西北大区。1972年获雅温得大学私法学士学位。此后在喀国家行政司法学院和巴黎公共管理国际学院进修。1975年6月任领土管理部副部长，1979年11月至1984年2月任矿业能源部部长。1984～2004年任驻加拿大大使、高级专员。2004年12月任总统府副秘书长。2008年起兼任喀麦隆航空公司董事会主席。2009年6月任总理至今。

经　济

喀地理位置和自然条件优越，资源丰富。农业和畜牧业为国民经济主要支柱。工业有一定基础。2000年，喀顺利完成与国际货币基金组织签署的第五期结构调整计划，并被批准加入“重债穷国”减债计划。2006年，世界银行、国际货币基金组织确认喀达到“重债穷国”减债计划完成点，喀外债获大幅减免。2008年以来，受国际金融危机影响，喀财政关税和出口产品收入骤减，外部投资和信贷收紧，失业人数增多。2009年，喀政府公布《2035年远景规划》，重点是发展农业，扩大能源生产，加大基础设施投资，努力改善依赖原材料出口型经济结构，争取到2035年使喀成为经济名列非洲前茅的新兴国家。近年来，喀政府积极平抑国际金融危机的负面影响，加紧实施重大基础设施项目，解决能源供应短缺等问题，大力改善投资环境，经济平稳增长。2011年主要经济数据如下（资料来源：2012年英国伦敦经济季评）：

国内生产总值：260.93亿美元。

人均国内生产总值：1279美元。

国内生产总值增长率：4.1%。

货币名称：中非金融合作法郎（FCFA，简称“非洲法郎”）。

1美元=471.9非洲法郎。

通货膨胀率：2.9%。

【资源】矿产资源较丰富。已探明的主要矿藏有：铝矾土（储量为11亿吨以上，矾土品位为43%，硅石品位为3.4%）、铁矿（约3亿吨）、金红石（约300万吨，钛含量92%至95%）。此外还有锡石矿、黄金、钻石、钴、镍等以及大理石、石灰石、云母等非金属矿产。森林资源丰富，总面积约2240万公顷，约占国土总面积的44%，可开发面积约1700万公顷，总容积量40亿立方米，主要有非洲梧桐、筒状非洲楝、红铁木、柄桑木及浅黄橄仁等树种。全国水域面积39600平方公里。可利用淡水资源总量2855亿立方米，人均淡水资源14400立方米，是世界人均值的3倍。石油储量估计为1亿多吨，天然气储藏量约5000多亿立方米。

【工业】独立后工业发展较快，已有一定基础和规模，工业水平居黑非洲前列。2007年工业产值63.242亿美元，占国内生产总值的30.7%。全国15%的劳动力从事工业。主要工业部门有食品、饮料、卷烟、纺织、服装、造纸、建材、化工、炼铝、电力、石油开采与加工、木材开采与加工等。近年来，为促进工业发展，增加就业，吸引投资，喀政府积极完善有关法律法规，于2002年颁布新的投资法，大力鼓励中小企业发展，建立了“中小企业援助和贷款担保基金”。自1990年起推行企业私有化政策，目前已完成数十家重点企业私有化，但总体进程缓慢。

【农林牧渔业】2007年喀农业产值占GDP的42%，吸纳全国60%劳动力，但多是以家庭为单位自给自足式经营，农业产业化程度较低，主要集中在经济作物种植领域。喀政府重视农业发展。近年来，政府每年投资近700亿非郎（约1.4亿美元），先后实施农业产业发展战略、国家粮食安全规划等。2009年，政府发布《经济发展与就业战略规划书》，计划2010～2015

年农业生产年均增长5%，重点发展粮食蔬菜产业，使其占到农业GDP的70%。政府拟通过整治水土、改良品种、农业机械化、引进外资、提高农业生产和商业化水平、加强培训等措施促进农业发展，提高本国农产品竞争力。

喀粮食作物品种较多，主要有木薯、饭蕉、玉米、高粱、稻米等，粮食年产量达900万吨，其中木薯、饭蕉、玉米种植面积最广、产值最高，除供本国消费外，还向邻国出口。喀是中部非洲仅有的粮食基本自给国家，自给率达97%，但谷物自给率仅占20%，不足部分以木薯、饭蕉补充。经济作物主要有咖啡、油棕、香蕉、可可等。

喀森林主要分布在中部、南部和东部大区。林业对GDP的贡献率为6%，创造4.5万个就业机会。林业出口占出口总额20%，仅次于石油，是喀支柱性产业。

畜牧业以自给自足为主，年产值约1879亿非郎（约3.76亿美元）。全国牧场和草原面积约1430万公顷。畜牧业及相关产业从业人口占就业总人口30%，解决了20%乡村人口就业，是30%乡村人口主要经济来源。

渔业及相关产业从业者约20万人。渔业和水产养殖年总产量为18.1万吨，国内需求缺口11.7万吨，主要依赖进口。由于缺乏资金、技术和设备，喀目前不具备远洋捕捞能力，只拥有保鲜和晾晒设施及半工业加工能力。

【旅游业】旅游资源丰富，有“微型非洲”之称。政府重视发展旅游业，成立了以总理为主席的国家旅游理事会，在国外开设旅游代表处，并鼓励私人投资旅游业。1975年加入国际旅游组织。1985年9月建立喀麦隆旅游公司。1989年成立旅游部。1990年成立“全国促进旅游委员会”。截至2004年底，全国有各类旅馆866家，其中星级饭店98家，外资饭店10家。全国有381个旅游景点，各类保护区45处。主要旅游点有贝努埃、瓦扎和布巴恩吉达等天然动物园。

【交通运输】已形成陆海空立体交通网络。公路交通占全国运输总量的85%以上。

铁路：总长1245公里，实际运营里程1016公里，为一米宽窄轨。年客运量约110万人次，货运量170万吨。2007年营业额为497.8亿非郎。

公路：总长约5万公里，其中沥青路4300公里。

水运：主要海港有杜阿拉、林贝和克里比，杜阿拉港为喀最大港口，货物吞吐量占全国港口货物总吞吐量的95%以上。2000年9月以来，该港口在世界银行的资助下进行改造，吞吐能力得到进一步提高。2007年吞吐量为686.45万吨。喀麦隆海运公司是全国最大的海运公司。主要河港是加鲁阿港，属季节性河港。

空运：有定期航班飞往欧洲和非洲十余个国家。全国有15个机场，杜阿拉、加鲁阿和雅温得—恩西马朗为国际航空站。2004年进出港旅客99.2万人次，其中国内航班39.4万人次，国际航班59.8万人次；货运量2.52万吨，其中国内运输0.31万吨，国际运输2.21万吨。喀麦隆航空公司为国有公司，经营国内和国际航线。现有波音767飞机1架，波音737飞机3架和若干其他型号飞机。2006年，喀航引入外资，初步完成私有化改造。1999年11月开始运营的喀麦隆全国航空公司为外国投资的私有企业，有五架小型飞机，现已开设国内定期航班，并计划开通连结周边国家重要城市的国际航线。此外，喀还有三家仅从事包机业务的小型航空公司。

【财政金融】财政收入主要靠税收。近年政府财政收支情况如下（单位：亿美元）：

	2009	2010	2011
收入	47.91	43.51	50.06
支出	41.26	43.97	53.19
差额	6.65	–0.46	–3.13

近年外汇储备及外债情况如下（单位：亿美元）：

	2009	2010	2011
外汇储备	36.76	36.65	34.97
外债总额	29.41	30.47	33.03

（资料来源：2012年英国伦敦经济季评）

喀现有商业银行10家，总体经营状况良好，有支付能力并能赢利。全国有730家储蓄和信贷合作社。此外还有社会保险银行、国家投资公司、负责管理公共债务的债务自治银行以及邮政储蓄银行等非商业银行或非银行金融机构。

【对外贸易】实行贸易开放政策，强调贸易伙伴多样化。同120多个国家和地区有贸易往来，与30多个国家签有贸易协定。主要出口原油、木材及木材制品、可可豆、棉花等，主要进口机械设备、汽车和拖拉机、钢铁制品、电器等工业产品。欧盟始终是喀第一大贸易伙伴，占喀对外贸易总额的50%以上。2010年主要出口对象国为西班牙、荷兰、中国、意大利等；主要进口来源国为法国、中国、比利时、德国等。近年对外贸易情况如下（单位：亿美元）：

	2009	2010	2011
出口额	41.70	44.85	57.17
进口额	45.59	46.62	59.22
差额	–3.89	–1.77	–2.05

（资料来源：2012年英国伦敦经济季评）

【外国援助】主要援助方为法国、德国、加拿大、日本、澳大利亚、比利时、荷兰、欧盟、国际开发协会、国际货币基金组织。近几年喀获外援情况如下（单位：亿非洲法郎）：

2006	2007	2008
22259	680	563

（资料来源：中部非洲国家银行）

人民生活

根据联合国开发计划署《2011年人类发展报告》，喀人文发展指数排名世界第150位。

根据喀2010年4月人口普查结果，1976～2010年人口年增长率2.6%。女性人口占50.5%，城镇人口占52%，14岁以下青少年人口占40%。医疗卫生状况在中部非洲地区相对较好。2006年公共医疗卫生开支占预算支出总额的4%。有国家级医院7所、省级医院11所、州级医院39所、区级医院131所、医疗中心和医疗点1456个，药店约400家。全国公共卫生机构共有医生1007人、护士4998人，平均每10万人有7名医生。儿童死亡率7.7%（2004年）。86.2%的城市人口和31.3%的农村居民享有清洁饮用水。艾滋病感染情况近年加剧，全国12%的人口为艾滋病病毒携带者。

军　事

1960年独立后建军。武装力量由陆、海、空军和宪兵组成。总统为全国武装部队最高统帅。2001年7月，喀军队实行重大改革，建立总统—国防部长—大军区司令—省军区司令的垂直领导体制。全国分为三个多军种大军区，司令部分别设在雅温得、杜阿拉和加鲁阿，这三地还设立三个宪兵军区。十个省内设立十个陆军防区。

现役军人35000人，其中陆军19100人，海军2800人，空军1200人，宪兵11900人。

文化教育

【教育】全国15岁以上成人识字率为67.9%。国家重视发展教育事业。近几年来，教育经费在政府预算中一直占据首位。全国有公、私立中、小学校、技校和幼儿学校等约1.1万所，中小学教师近7万名，在校学生约270万。小学实行义务教育。适龄儿童入学率为84%，其中男86.6%，女79.7%。高等院校有雅温得一大、二大、杜阿拉、德昌、恩冈德雷、布埃阿6所综合性大学以及国家行政司法学校、青年和体育学院、国家高等邮电学校、公共管理高等学院等高等院校。在校大学生近7万人。

【新闻出版】喀麦隆新闻出版公司成立于1977年7月，下辖喀麦隆通讯社、《喀麦隆论坛报》报社等。登记注册的报刊有605家，其中绝大部分因经营困难不能定期出版发行。主要有：《喀麦隆论坛报》，1974年7月1日创刊，全国性官方报纸（法、英双语版），日发行3万余份；《行动报》，执政党人民盟机关报，法、英双语排版，原为周报，由于资金问题已停刊；《官方公报》，半月刊，由总统府出版发行，法、英文合刊，主要刊载总统、总理及各部颁布的法令、法律；《信使报》，1979年11月创刊，最有影响的私人报纸，每周出版三期，发行量2万份；《新言论报》，私人报纸，每周三期，发行量约1万份。此外，还有《动荡报》、《前景报》、《先驱报》等。

喀麦隆广播电台：总台设在首都雅温得，从5时至次日凌晨2时连续播音21个小时，用法、英和多种地方语言广播，覆盖率约为60%。在10个大区的首府设立地区电台，并在雅温得、杜阿拉、布埃阿和巴富桑四大城市建立了4个商业性的调频电台。

喀麦隆国家电视台：1986年4月成立，播放彩色电视节目，发射网可覆盖全国领土的约50%。平日播出时间为10个小时，从15时至次日1时；周六和周日延长至13和16个小时。1988年1月建成全国电视制作中心。

2000年4月政府颁布关于私人视听传媒企业建立和运营条件的法令，允许私人进入视听传媒领域。私人电台在首都和杜阿拉等城市有所增加。法国国际广播电台和英国BBC公司均在喀播放调频节目。

对外关系

对外奉行独立、不结盟、灵活务实的全方位外交政策。反对外来势力干涉非洲国家内政，积极推动非洲团结和合作，主张通过对话和相互宽容和平解决国际争端。支持建立地区经济一体化和集体安全机制，努力实现合作伙伴多样化。要求建立国际政治、经济新秩序，呼吁国际社会对非洲给予更多的关注。认为贫困是非洲民主化的主要威胁。同128个国家保持外交关系。

【同中国的关系】中喀1971年3月26日建交，两国关系发展顺利。中方访喀的有：国家主席胡锦涛（2007年）、总理李鹏（1997年）、总理朱镕基（2002年）、全国政协主席贾庆林（2010年）、文化部长蔡武（2010年5月作为胡锦涛主席特使出席喀独立50周年庆典）、副总理回良玉（2011年1月）、国务委员刘延东（12月）等。喀方访华的有：总统阿希乔（1973年、1977年）、总统比亚（1987年、1993年、2003年、2006年11月出席中非合作论坛北京峰会、2011年）、国民议会议长卡瓦耶（2009年）。

2011年中喀双边贸易额为15.37亿美元，同比增长53.5%，其中中方进口额6.63亿美元，同比增长43.8%；中方出口额8.74亿美元，同比增长61.7%。中方主要进口原油、木材、棉花，出口机电产品、纺织品、高新技术产品。

中国驻喀麦隆大使：薛金维。馆址：Nouveau Bastos，Yaoundé，Cameroun。信箱号码：B.P.1307 Yaoundé。电话：97699283。国家号：237。电传：AMBCHINE 8821 KN。传真：22214395。驻杜阿拉领事：俞秋忠。领馆电话：3426276。传真：3426214。

喀麦隆驻华大使：马丁·姆帕纳（Martin Mpana）。馆址：北京市朝阳区三里屯东五街7号。电话：010-65321828；传真：65321761。

【同法国的关系】喀法关系密切，交往频繁。两国签有经济、财政、军事、司法等多个合作协定。法是喀最大援助国和投资国。截至2006年年底，法国在喀共有160多家企业，雇用当地员工约3万人，在喀投资额占外国对喀直接投资的近50%。法援助额占喀接受外援的30% ~ 40%。2002 ~ 2004年，法国发展署向喀提供项目援助贷款5.18亿欧元。法在喀侨民约7000人，喀在法侨民近2万人，留学生约2000人。法国是喀麦隆第一大贸易伙伴，2006年喀对法进出口额分别占喀进口总额和出口总额的23.5%和11.4%。2007年5月，法减免喀3.107亿欧元债务。

2006年7月，比亚总统对法国进行正式访问。2007年2月，比亚总统赴法出席第24届法非首脑会议。2008年5月，法国移民部长访喀。2010年5月底6月初，比亚总统赴法国参加第25届法非首脑会议。7月，比亚总统出席法国国庆阅兵式。2011年7月，法合作部长访喀，双方签署第二期“减债促发展”协议，法承诺将在2011 ~ 2016年向喀提供总计2135亿非郎的援款和贷款，用于农业、基础设施建设、教育等领域。

【同美国的关系】喀重视发展同美国的关系。美是喀主要贸易伙伴。喀主要向美出口石油和矿石。美企业在喀油气开发、矿业、城市交通、电力等多个领域占有重要地位。两国政府间的合作主要集中在军事、农业和教育领域。2007年1月，美免除喀160亿非郎债务。

【同英国的关系】喀西部两省曾为英国殖民地。1995年11月1日，喀获准加入英联邦。英国及英联邦在人权、良政、扶贫和高教等领域同喀有多个合作项目。

【同邻国及其他非洲国家的关系】重视发展睦邻友好关系，积极参与地区事务，努力推动非洲国家的团结和合作。2010年5月，刚果（布）、刚果（金）、尼日利亚、加蓬、乍得、中非、科特迪瓦、赤道几内亚、圣多美和普林西比9国总统出席喀独立50周年独立庆典。8月，比亚总统出席刚果（布）、加蓬独立50周年庆典；10月，出席尼日利亚独立50周年庆典。2011年5月，比亚总统赴科特迪瓦出席瓦塔拉总统就职典礼；6月，赴赤道几内亚出席非盟第17届首脑会议。由于历史原因，喀同尼日利亚曾在一些陆海疆界存有争议。2006年6月，喀尼签署和平协议，尼从巴卡西半岛撤军，半岛争端和平解决。2008年8月，尼正式将巴卡西半岛主权移交喀方。

（朱小乐）

科摩罗

国名 科摩罗联盟（Union of Comoros，Union des Comores）。

面积 2236平方公里（包括马约特岛）。

人口 约80万。主要由阿拉伯人后裔、卡夫族、马高尼族、乌阿马查族和萨卡拉瓦族组成。通用科摩罗语，官方语言为科摩罗语、法语和阿拉伯语。99%的居民信奉伊斯兰教。

首都 莫罗尼（Moroni），人口约6万。热季为11月至次年5月，平均气温24℃ ~ 31℃，凉季为6 ~ 10月，平均气温19℃ ~ 27℃。

国家元首 总统伊基利卢·杜瓦尼纳（Ikililou Dhoinine），2011年5月就职。

重要节日 国庆节：7月6日。

简况

西印度洋岛国，由大科摩罗、昂儒昂、莫埃利、马约特四岛组成。位于莫桑比克海峡北端入口处，东、西距马达加斯加和莫桑比克各约300公里。热带海洋性气候，年平均气温23℃ ~ 28℃。

西方殖民者入侵前长期由阿拉伯苏丹统治。1841年法国入侵马约特岛。1912年科摩罗四岛沦为法国殖民地。1946年成为法“海外领地”。1961年取得内部自治。1975年7月6日独立，成立科摩罗共和国，艾哈迈德·阿卜杜拉（Ahmed Abdallah）任总统。1978年10月22日改国名为科摩罗伊斯兰联邦共和国。1990年3月，赛义德·穆罕默德·乔哈尔（Said Mohamed Djohar）当选总统，组成科独立以来第一个多党联合政府。1995年9月，科前总统卫队长、雇佣军头目、法国人德纳尔发动军事政变，乔哈尔总统被囚，卡阿比总理成立过渡政府。乔哈尔获释后被送往留尼汪“治病”期间宣布成立合法政府，科出现两个政府共存局面。1996年1月，总统派和总理派实现和解，并于3月16日组织总统选举，穆罕默德·塔基·阿卜杜勒卡里姆（Mohamed Taki Abdoulkarim）当选。1997年7月，昂儒昂岛要求脱离科摩罗归属法国，10月宣布独立。1998年11月塔基病逝，塔基丁出任代总统。1999年4月19 ~ 23日，科各岛和各党派代表在非洲统一组织和马达加斯加等主持下召开岛际会议并达成《塔那那利佛协议》，决定成立科国家联盟，各岛高度自治，但昂儒昂岛代表拒绝签字。4月30日，科军参谋长阿扎利上校发动军事政变上台。阿扎利上台后，组成文官主导的新政府，吸收更广泛的政党代表参政，基本稳定了科局势。同时，阿积极寻求与昂儒昂岛当局对话，2000年8月与昂儒昂岛领导人阿贝德签署《丰波尼共同声明》，原则同意进行民族和解，决定成立带有邦联性质的“科摩罗新集体”。2001年2月，科政府、反对党、昂儒昂岛当局、各岛代表及非统等9方签署《科摩罗和解框架协议》，科全面民族和解进程正式启动。12月23日，科通过新宪法草案，决定成立科摩罗联盟，赋予四岛高度自治权。2002年3～4月，科举行大选，阿扎利当选总统。

政　治

2006年4～5月，科摩罗联盟举行两轮总统选举，昂儒昂岛独立候选人、宗教领袖桑比以58.14%得票率当选，并于5月26日宣誓就职。2007年6月，昂儒昂岛前领导人非法举行地方选举引发政治危机。2008年3月，科政府军在非洲联盟联军支持下采取军事行动并控制该岛。2009年5月17日，科联盟政府组织全民公投，通过了旨在加强中央权威、削减各自治岛权力的宪法修正案，将总统任期由4年延长至5年。2010年3月，新一届联盟和自治岛两级议会联席会议在反对派抵制出席的情况下通过决议，确定下届联盟总统和自治岛选举统一举行，将桑比总统任期延长一年半至2011年11月27日。5月8日，宪法法院裁定该法案违宪，认定桑比总统任期至5月26日结束；自2010年5月26日零时起，政府进入过渡期，但现任总统和副总统仍主持过渡政府工作，直至选出新总统和自治岛省长。11～12月，科摩罗举行两轮总统选举，原副总统伊基利卢·杜瓦尼纳当选新一任联盟总统。2011年5月26日，伊基利卢就任联盟总统。

【宪法】2001年12月23日，科摩罗通过独立以来第四部宪法，2009年5月17日进行修正。根据修改后的宪法，科实现行政、立法和司法三权分立体制。联盟设1名总统和3名副总统。总统为国家元首兼政府首脑和军队最高统帅，由各岛轮任，任期五年。各岛政府在尊重国家统一的前提下，实行自治。副总统负责协调和监督各自治岛行政机构依法施政。

【议会】国民议会为联盟最高立法机构，负责讨论通过国家法律法规、国家预算、监督政府行为等。修改后的宪法规定，议会24名议员通过直选产生，其他由各岛理事会（地方议会）各指定3人组成。本届议会成立于2010年1月，在直选产生的24名议员中，总统派获16席，反对党和独立候选人各获4席。议长布拉恩·阿米杜（Bourhane Hamidou）。

【政府】现政府于2011年5月30日成立，共有11人。成员有：总统伊基利卢·杜瓦尼纳，副总统兼生产、环境、能源、工业和手工业部长福阿德·穆哈吉（Fouad Mohadji），副总统兼财政、经济、预算、投资、外贸和私有化部长穆罕默德·阿里·萨利赫（Mohamed Alli Soilihi），副总统兼领土整治、城市规划和住房部长努尔丁·布尔汉（Nourdine Bourhane），外交、合作、海外侨民、法语区、与阿拉伯国家关系部长穆罕默德·巴克里·本·阿卜杜勒—法塔赫·谢里夫（Mohamed Bakri Ben Abdoulfatah Charif），邮政、电信、新信息技术推广、通讯兼交通和旅游部长拉斯塔米·穆希丁（Rastami Mouhidine），掌玺、司法、公职、行政改革、人权和伊斯兰事务部长安利娜·艾哈迈德（Anliane Ahmed），国民教育、研究、文化和艺术兼青年和体育部长穆罕默德·伊斯梅拉（Mohamed Issimaila），卫生、团结、社会凝聚力和性别平等部长穆瓦娜富拉哈·艾哈迈德（Moinafouraha Ahmed，女），就业、劳动、职业教育和妇女创业部长兼政府发言人西提·卡西姆（Siti Kassim，女），内政、新闻、权力下放兼协调国家机构关系部长哈马达·阿卜达拉（Hamada Abdallah）。

【行政区划】分为大科摩罗、昂儒昂和莫埃利三个自治岛。岛下设县、乡、村，三岛分别有7个、5个、3个县，共24个乡。马约特岛目前在法国控制之下。

【司法机构】科联盟宪法规定，最高法院是联盟和各岛司法、行政和财政等问题的最高审判机关，法官终身任职。宪法法院负责审查联盟及各岛法律的合宪性，确认选举结果，审判选举争议，裁决联盟机构之间、联盟与各岛间有关权限问题的争议。共7名成员，由联盟总统、副总统、国民议会议长及各岛行政长官各指定一名法官组成。院长由宪法法院法官选出，任期六年，可连任。本届宪法法院成立于2008年7月，院长为阿卜杜拉扎库·阿卜杜勒哈米德（Abdourazakou Abdoulhamid）。

【政党】科目前有近50多个政党和政治团体。主要有：

（1）全国争取正义阵线（Front National pour la Justice—FNJ）：伊斯兰教政党。1990年11月19日成立，1992年被国家承认合法。其宗旨是争取和平稳定，通过对话解决国家分裂危机。曾派团参加解决昂儒昂岛危机的国际会议，是有关文件签署方之一。总书记阿赫迈德·拉斯德（Ahmed Achid）。前总统桑比是该党创始人之一。

（2）科摩罗复兴公约党（Convention pour le Renouveau des Comores—CRC）：2002年7月21日成立。宗旨是：捍卫国家统一、领土完整和民族和解成果；支持消除贫困的行动。主要机构有：全国理事会、地区理事会、政治理事会、执行局和常设书记处。前总统阿扎利为名誉主席，前外长阿布杜·苏埃夫（Abdou Souef）任总书记。

（3）科摩罗人民阵线（Front Populaire des Comores—FPC）：总书记为宪法法院法官穆罕默德·哈萨纳利（Mohamed Hassanaly）。

（4）舒马党（Chuma Parti pour l'Unité et la Fraternité des Iles）：1981年成立。总书记赛义德·阿里·卡马尔（Said Ali Kamal）。

（5）科摩罗民主阵线（Front Démocratique des Comores—FDC）：1981年成立。坚持伊斯兰教理，党的宗旨是进行民主社会主义革命，建立以多党制为基础，保障人的基本自由和权利的法制国家。总书记穆斯塔法·赛义德·谢克（Moustoifa Said Cheikh）。

（6）科摩罗发展和现代化党（Parti pour le Dévelopement et la Modernisation des Comores—PDMC）：2005年6月12日成立。宗旨是加强国家权威，建立法制国家，借鉴中国经验，发展经济，实现现代化。主席达乌德·阿杜马纳（Daoud Attoumane），曾留学中国，目前任前总统桑比外交顾问。

（7）科摩罗民主进步运动（Mouvement pour la Démocratie et le Progrès—MDP）：1988年12月成立，成员多为商人。对内主张实行多党制，经济自由化和私有化；对外主张不结盟，睦邻友好，在相互尊重主权的基础上发展国家间关系。该党在阿卜杜拉、乔哈尔和阿扎利执政时期均为反对党。主席阿巴斯·尤素夫（Abbas Djoussouf）。

【重要人物】伊基利卢·杜瓦尼纳：科摩罗联盟总统。1962年8月14日生于莫埃利岛。1994年获几内亚科纳克里大学药剂学博士学位。曾担任科摩罗国家药房技术官员、国家药品政策制定委员会成员、2001～2004年医疗计划地区主任、莫埃利药房经理等职。2006年出任副总统，先后兼任卫生、团结和性别平等部长，财政、预算和妇女创业部长以及领土整治、基础设施、城市规划和住房部长。2011年5月就任联盟总统。

经济

是世界最不发达国家之一。经济以农业为主，工业基础脆弱，严重依赖外援。加之政局动荡，经济发展受到严重影响。1991年5月开始实行世界银行和国际货币基金组织制订的“结构调整计划”。2005年，科主要经济作物香料价格持续走低，国家收入减少，财政危机日益严重。2006年桑比当选总统后，在经济方面提出加快发展农业和中小企业，努力扩大出口，增加就业，改善民生，科经济略有好转。但2008年昂儒昂岛政治危机使原本脆弱的经济雪上加霜。国际金融危机对科吸引外国援助和投资也带来了消极影响。2010年，国际货币基金组织宣布科达到“重债穷国倡议点”，具备享受减免债务的资格，巴黎俱乐部与科签署债务重组协议。2011年主要经济数据如下（资料来源：英国《经济季评》）：

国内生产总值：2071亿科郎（约合6亿美元）。

人均国内生产总值：约750美元。

经济增长率：2.5%。

外汇储备：1.564亿美元。

货币名称：科摩罗法郎。

汇率：1美元约合354科法郎。

通货膨胀率：4%。

【资源】矿产和水力资源匮乏。渔业资源较丰富。

【工业】基础薄弱、规模小，主要为农产品加工业，另有印刷厂、制药厂、可口可乐瓶装厂、水泥空心砖厂和小服装厂等。2009年工业产值占国内生产总值的13.6%。

【农牧渔业】科是农业国家，80%的人口生活在农村，70%的劳动力从事农业生产。全国可耕地面积7万多公顷。2009年，农业产值占国内生产总值的51.9%，农产品出口占出口总额的99%。主要粮食作物为水稻、玉米和薯类。粮食不能自给，每年需进口3万多吨大米。香草、丁香、鹰爪兰等经济作物的出口是科外汇收入主要来源。近年畜牧业有所发展，在大科摩罗岛有两家养鸡场。油料、粮食、肉类和牛奶主要从法国、阿联酋、南非和马达加斯加进口。

渔业资源较丰富，主要鱼种为金枪鱼、红鱼和青鱼。但工具落后，仅能在近海捕捞，捕鱼量不能满足国内需要。现有渔民8000余人，年捕鱼量约14300吨。科政府与欧盟签有捕鱼协定，欧盟有40艘渔船在科海域捕鱼。

【旅游业】旅游资源丰富，海岛风光秀美，伊斯兰文化特色鲜明，但旅游资源尚待充分开发。现有客房760间，床位880张。外国游客中68%来自欧洲，29%来自非洲。近年受科政局不稳和国际金融危机影响，旅游业受到影响。

【交通运输】无铁路，岛上交通工具为汽车，岛际交通工具为轮船和飞机。独立以来，政府用于交通运输方面的投资占全部经济建设资金的一半以上。

公路：总长880公里。

水运：国营的科摩罗港口和海运公司有客货两用轮3艘，港口年吞吐量约10万吨。穆察穆都港为科最大港口，可停靠2.5万吨级轮船。

空运：有赛义德·易卜拉欣王子国际机场（哈哈亚机场），跑道长2400米。也门、毛里求斯、马达加斯加和法国航空公司有班机经停。

【财政金融】财政收入主要靠税收和外国援助，赤字居高不下。根据经济结构调整计划，近年来科政府努力削减公共开支。多边债权方主要有非洲开发银行、世界银行、阿拉伯非洲发展银行等，法国是科最大双边债权国。

有5家银行：科摩罗中央银行（la Banque Centrale des Comores），1962年成立，1975年科独立后用现名；科摩罗工商银行（la Banque pour l'Industrie et le Commerce），1990年底成为巴黎国民银行在科分行，注册资本600万法国法郎；科摩罗发展银行（la Banque de Développement des Comores），注册资本600万法国法郎，政府拥有50%的资本；科摩罗国家储蓄银行（la Caisse nationale d'épargne）；2008年由坦桑尼亚投资成立进出口银行（EXIM Banque）。

【对外贸易】外贸在科经济中占重要地位，2009年占国内生产总值的63%。几乎全部生活用品依靠进口，主要出口香料等农产品。外贸连年逆差。

香草、丁香、鹰爪兰为三大出口香料。主要进口粮食、肉类、石油产品、水泥、钢铁、日用品、交通工具和建筑材料等。主要出口国有法国、土耳其、希腊等，主要进口国有法国、中国、印度、阿联酋等。

【外国援助】基础设施建设基本依靠外援。联合国系统（含世界银行）援助居科外援首位，约占30%，其他多边援助占24%。法国是科最大援助国。其他援助方有欧盟、沙特、科威特、日本、美国、中国等。2007年11月对科援助欧洲出资者会议在巴黎召开，法国、国际货币基金组织、世界银行等决定为科偿还欠非洲开发银行69%的债务，计280万美元。2008年12月，国际货币基金组织通过“后冲突时期经济援助计划”，向科提供1750万美元援助。2010年3月，卡塔尔政府及阿拉伯联盟、伊斯兰会议组织、联合国开发计划署在多哈联合召开支持科摩罗联盟发展与投资会议，为科筹得5.4亿美元的援助和投资项目。

人民生活

据《2011年世界人类发展报告》统计，科人类发展指数在187个国家中列第163位。全国共有5所医院、10个卫生中心和49个卫生站。82%的人口享受基本卫生保健服务。每7500人拥有一名医生，每342人有一张病床，每千人有10部电话。80%的人口患有不同程度的疟疾。平均预期寿命男性58岁，女性63岁。

军　事

科武装力量由军队、宪兵、警察和情报机构四部分组成。其中军队于1990年12月由武装部队和原总统卫队合并而成。2000年总兵力约520人，编制为指挥和支援连、两个战斗连和总统安全分队。实行志愿兵役制，军官、士官从高中毕业生中招募，服役年限根据需要而定。士兵不定期招募，无严格年龄限制，一般服役15年。

总统为军队最高统帅，总统府国防国务代表（相当于国防部长）和参谋长负责实际工作。法国与科签有“防御协定”，负责科海、空防务，其军舰定期在科海域巡逻。法在马约特岛设有海军基地和驻军司令部。

文化教育

科教育分为古兰经式传统教育和现代化教育两大系统。古兰经式传统教育由地方集体办学，国家不干涉。现代化教育采用法国模式，由科教育部管理。学校用法语、科摩罗语和阿拉伯语教学。学制为小学6年，初中3年，高中4年。其中高中分为普通高中和职业技术高中（学制3年）。小学入学率65%，中学17%，成人（15岁以上）文盲率44%。2003年11月，科第一所大学科摩罗大学成立。此外，国外奖学金是科学生接受高等教育的重要途径。20世纪90年代中期以来，科教育经费预算一直占国家预算总额的22%左右，教育工作者占工薪人员的40%。

【新闻出版】科无通讯社，国际新闻主要采编自法新社，国内新闻由官方驻各地记者供稿。

法文《祖国报》是官方报纸，时有科摩罗语版面。主要在国内发行，部分在法国销售。

科摩罗广播电台是国家电台，于法国殖民统治时期成立，主要用科摩罗语播音，每天用法语播报三次新闻，有时也用阿拉伯语、马达加斯加语和斯瓦希里语播音。1991年4月，由德国无偿援建的中、短波发射台投入使用，可覆盖全国四岛。

2006年5月，中国援建的国家电视台正式开播，并开始每天转播中国中央电视台西法频道节目。昂儒昂岛有一家私人电视台，用科摩罗语播送地方新闻并转播法国电视台节目。

对外关系

奉行独立、睦邻友好、不结盟和全方位务实外交政策。优先发展同本地区国家、法国、欧盟和中国的关系，重视与印度洋邻国的团结与合作，主张建立印度洋和平区，积极发展同阿拉伯国家关系。是非盟、阿盟、印委会、东南非共同市场成员国。伊基利卢总统执政后，强调确立外交为发展服务的理念，继续实行全方位开放政策，促进对外合作关系多样化。

【同中国的关系】1975年11月13日与中国建交。本世纪以来，中方访科的主要官员有：外经贸部部长助理何晓卫（2000年8月）、外交部部领导成员乔宗淮（2002年12月）、外交部长李肇星（2004年1月）、文化部副部长赵维遂（2006年7月）、商务部副部长高虎城（2008年5月）、外交部副部长翟隽（2010年1月）、教育部副部长郝平（2011年5月作为中国政府特使出席伊基利卢总统就职仪式）等。

科方访华的主要有：外交与合作部长苏埃夫·穆罕默德·阿明（2000年10月），经济、贸易、工业和手工业部长苏恩迪·阿布杜·托依布（2000年10月），阿扎利总统（2003年6月国事访问、2005年9月来华休假），国家发展军参谋长萨利赫·穆罕默德（2005年7月），投资部长赛义德·阿杜马纳（2007年10月），桑比总统（2006年11月来华出席中非合作论坛北京峰会，2007年11月来华休假），国家发展军总参谋长萨利姆·阿米里（2008年10月），副总统兼卫生部长伊基利卢·杜瓦尼纳·马迪（2009年4月），财政经济部长穆罕默德·阿里·萨利赫（2009年6月），邮政电信部长阿卜杜鲁瓦希姆·赛义德·巴卡尔（2009年6月），外交部长贾法尔（2010年5月来华出席中阿合作论坛第四届部长级会议），副总统兼农业、渔业、环境、能源、工业和手工业部长伊迪·纳杜瓦姆（2010年7月来华出席上海世博会科国家馆日活动）等。

中科贸易额较小，基本为中方出口。中方主要向科出口日用百货、纺织品、小农具、电视机等，进口香料。2011年，中科贸易总额为819万美元，同比下降38.7%。

两国签署有文化合作协定。中国杂技团、民乐团等多次赴科访演，中方多次在科举办电影周、手工艺品展等活动。中国自1982年起向科提供奖学金名额，

2011/2012年度中方向科提供49个奖学金名额。中国自1994年起向科派遣医疗队，已派出8批共70人次，现有11名中国医疗队员在科工作。

中国驻科摩罗大使：王乐友。馆址：Coulee De Lave No.c.109 Moroni Comores。电话：00269-7732521。电传：235 AMBACHIN KO。经商处电话：00269-7732931。

科摩罗驻华大使：马哈茂德·穆罕默德·阿布德（Mahmoud Mohamed Aboud）。馆址：北京市朝阳区新东路1号塔园外交公寓3-1-32。电话：010-85322041。

【同法国的关系】两国有着特殊关系，法国一直是科最大贸易伙伴和援助国。1975年科独立后同法国关系一度中断。1978年7月1日两国建交，同年12月法、科签订《友好合作条约》、《经济、财政和货币协定》、《文化教育协定》和《防务协定》，法全面恢复对科援助。法国总统密特朗、总理希拉克均曾访科，科总统、总理、议长等均多次访法。法各种顾问、专家遍及科军政各部门。2007年9月，桑比总统访法。11月，法国在援科欧洲出资者会议上出资100万欧元帮助科偿还欠非洲发展银行31%的债务，12月向科提供120万欧元优惠贷款用于发展中小企业。2008年3月，法国支持科政府军对昂岛采取军事行动，并承担了部分运兵任务。2009年7月，法国总理菲永对科摩罗进行了工作访问。科法在马约特岛归属问题上长期存有争议。2009年3月，法国在其实际控制的马约特岛组织“建省公投”并获得通过，单方面宣布马约特岛自2011年起由法“海外领地”正式成为“海外省”，遭到科方强烈反对。2011年3月，科政府公开举行“反对法国非法占领非洲领土——马约特声援活动”，抗议法方立场。

【同美国的关系】1979年科、美建交。1985年8月，美在科建使馆。1990年9月，美向科派出第一位常驻大使，1993年撤馆，由美驻毛里求斯大使兼任驻科大使。美从1988年开始向科派驻和平队，帮助科培训军官和海关人员。美在科有农业合作，并从科进口香料。1999年4月科发生军事政变后，美曾对科实行制裁。2007年昂儒昂岛危机出现后，美支持科联盟政府，并为科军提供药品。

【同阿拉伯和非洲国家的关系】历届政府重视发展与阿拉伯国家的关系。1993年9月，科加入阿拉伯国家联盟。1998年以来，科历任总统大力推行伊斯兰化，多次出访阿拉伯国家。2003年4月，科加入阿拉伯货币基金组织。阿拉伯国家每年都为科提供军用物资和经济援助。2010年在多哈联合召开了支持科摩罗联盟发展与投资会议，阿拉伯国家承诺为科提供5.4亿美元的援助和投资项目。

2007年昂儒昂岛危机出现后，坦桑尼亚、利比亚、苏丹、塞内加尔等国对科联盟政府立场表示支持。2008年3月，坦桑尼亚、苏丹等国派兵帮助科政府军对昂儒昂岛采取军事行动。2011年5月，坦桑尼亚副总统比拉勒出席了科新任总统伊基利卢就职仪式。

【同周围岛国的关系】科与马达加斯加关系密切。1975年科、马建交。双方签有航空、海运、签证、海关和教育合作等协定。马是非洲统一组织“马约特岛问题特别委员会”成员国，支持科收复马约特岛。科在马达加斯加有4万侨民。1978年，因马发生排科侨事件，两国关系一度中断，1985年恢复正常。马积极推动科民族和解进程，曾于1999年4月在马主持召开科岛际会议。2006年5月，马总理西拉出席桑比总统就职仪式。2007年11月，科外长贾法尔访马。2011年2月，桑比总统访马。5月，马过渡权力机构主席拉乔利纳出席伊基利卢总统就职仪式。

1984年，科与毛里求斯建交。两国签有卫生和文教合作等协定。近年来，科提出向毛学习经济建设经验，赴毛人员渐增。1999年4月科发生军事政变后，毛予以谴责并停止对科援助。毛还积极响应非统呼吁，对昂儒昂岛采取禁运等制裁措施。2003年，马、毛同南非共同协调，推动科联盟政府与三岛达成《科摩罗过渡措施协议》。2004年10月，阿扎利总统访毛。2005年12月，对科援助方圆桌会议在毛举行。2007年11月，毛资助科30万美元偿还其欠非洲开发银行的债务。2011年5月，毛副总统贝尔波出席科新任总统伊基利卢就职仪式。

2007年昂儒昂岛危机出现后，马达加斯加、毛里求斯、塞舌尔等科邻国举行多次地区外长会议，对科联盟政府立场表示支持。

附：

马约特岛问题

马约特岛（Mayotte）位于莫桑比克海峡，与大科摩罗岛、昂儒昂岛、莫埃利岛共同组成科摩罗群岛。马岛面积374平方公里，居民约18.6万人。经济以农业为主，主要生产香子兰等香料。

马岛于1841年沦为法殖民地。1974年12月，科四岛就独立问题举行全民公决，95.96%的居民赞成独立，但大部分马岛居民反对独立。法借此提出科四岛分别就独立问题重新投票。1975年7月6日，科自治政府宣布包括马岛在内的整个科摩罗群岛独立。1975年11月12日，联合国通过3385号决议承认科领土由大科摩罗、昂儒昂、莫埃利和马约特四岛组成。法虽同意科独立，但坚持马岛前途由马民众自决。1976年12月，马岛就独立问题再次举行公民投票，99.4%的民众选择留在法国，法遂确定马岛为法“海外领地”。法在该岛设有海军基地。

科历届政府要求法归还马岛。联合国、非洲联盟及其前身非洲统一组织多次通过决议，重申马岛是科领土。2007年7月和9月，科外长贾法尔和总统桑比先后访法，同法商定在双边框架内加强对话，在可能的条件下解决马岛争端。双方还设立高层领导小组探讨马岛和科摩罗其他岛屿间人员物资往来问题。2008年5月，法国内政部主管海外事务国务秘书杰戈访科，与科讨论了马岛问题。但科在马岛归属问题上未取得实质收获。

2009年3月29日，法在马岛就该岛由法“海外领地”转变为“海外省”组织公投，并获得95.2%的选民支持。法遂宣布马岛将自2011年起成为其第101个省，第5个“海外省”。科摩罗拒绝承认公投结果，表示绝不允许法将马岛从科分裂出去。非盟亦表示公投无效。2011年3月，科政府公开举行“反对法国非法占领非洲领土—马约特声援活动”，抗议法方立场。

（董杰）

科 特 迪 瓦

国名　科特迪瓦共和国（The Republic of Cote d’Ivoire，La République de Côte d’Ivoire）。

面积　322463平方公里。

人口　2210万（2011年）。全国有69个民族，分为4大族系：阿肯族系约占42%，曼迪族系约占27%，沃尔特族系约占16%，克鲁族系约占15%。近年来，来自布基纳法索、加纳、几内亚、马里和利比里亚等国的外国侨民人口数目增长较快，约占人口总数的26%。各民族均有自己的语言，全国大部分地区通用迪乌拉语（无文字）。官方语言为法语。居民38.6%信奉伊斯兰教，30.4%信奉基督教，16.7%无宗教信仰，其余信奉原始宗教等。

首都　政治首都亚穆苏克罗（Yamoussoukro），人口25.9万（2011年）。经济首都阿比让（Abidjan），人口435.1万（2011年）。2～4月气温最高，平均为24℃～32℃；8月气温最低，平均为22℃～28℃。1983年3月12日，科国民议会决定将首都迁往亚穆苏克罗，但至今政府机构和外交使团仍留在阿比让。

国家元首　阿拉萨内·德拉马内·瓦塔拉（Alassane Dramane Ouattara），2011年5月21日正式就职。

重要节日　国庆日：8月7日。

简　况

位于非洲西部。西与利比里亚和几内亚交界，北与马里和布基纳法索为邻，东与加纳相连，南濒几内亚湾，海岸线长约550公里。属热带气候。北纬7°以南为热带雨林气候，年平均气温25℃；北纬7°以北为热带草原气候，年平均气温略高于南部。全年分为四个季节：4～7月中旬为大雨季，7月中旬至9月为大旱季，9～11月小雨季，12月至翌年3月为小旱季。

中世纪时期境内曾建立过一些小王国。11世纪，塞努弗人在北部建立的宫格城为当时西非南北贸易中心之一。15世纪后半叶，葡萄牙、荷兰、法国殖民者相继入侵。1475年，葡萄牙殖民者将沿海一带命名为“科特迪瓦”。1893年沦为法自治殖民地。1958年12月，成为“法兰西共同体”内的“自治共和国”。1960年8月7日独立，但仍留在“法兰西共同体”内。翌年4月脱离共同体。首任总统费利克斯·乌弗埃—博瓦尼，曾7次蝉联，直至1993年12月7日逝世。议长亨利·科南·贝迪埃继任总统。1995年10月，贝迪埃胜选蝉联。1999年12月，前总参谋长罗贝尔·盖伊发动军事政变，推翻贝迪埃总统，自任总统和全国救国委员会主席，并成立了过渡政府。2000年10月，人民阵线候选人巴博当选总统。2002年9月，科部分军人发动兵变，引发内战。2007年3月，巴博总统和叛军领导人、“新生力量”总书记索罗签署《瓦加杜古协议》，宣布进入政治过渡期。

政　治

2010年10月，科举行首轮总统选举，巴博和反对派领导人瓦塔拉进入第二轮大选。11月底第二轮选举后，科发生严重的选后危机。12月初，科独立选举委员会宣布瓦塔拉当选，而宪法委员会则宣布巴博总统蝉联，二人随后分别宣誓就职并组建各自政府。国际社会多次调解斡旋未果。2011年3月下旬，支持瓦塔拉的“共和武装”自北方发动攻势，迅速控制全国大部分地区，并于3月31日攻入经济首都阿比让。4月11日巴博被捕后，选后危机宣告结束。瓦塔拉于5月21日正式就任总统。瓦塔拉执政后，成立“真相、和解、对话委员会”，积极推进民族和解，努力恢复社会治安，启动安全部门改革，大力开展经济重建。科局势总体稳定，但仍有少数反政府武装分子在边境地区活动。

联合国自2004年4月向科派驻驻科特迪瓦行动团（简称联科团）。2011年7月，联合国安理会决定将联科团任期延长至2012年7月31日。截至2012年3月，联科团有军警10962人。目前，联合国仍对科实施武器禁运等制裁措施。

【宪法】2000年7月全民公决通过科独立后第二部宪法。宪法规定，科实行共和国总统制，行政、立法和司法三权分立。总统是国家元首，也是武装部队最高统帅，享有最高行政权力，由普选产生，任期五年，可连选连任一次。总理为政府首脑，由总统任命。

【议会】实行一院制，即国民议会，是国家最高立法机构，每届任期五年。2011年12月科平稳举行议会选举，在253个议席中，执政党共和人士联盟获138席，民主党获86席，独立人士17席，科特迪瓦民主和平联盟8席，未来力量运动联盟3席，科特迪瓦联盟1席。新一届议会于2012年3月12日正式成立，并选举前总理索罗·基格巴福里·纪尧姆（SORO Kigbafory Guillaume）为议长。

【政府】本届政府于2012年3月13日组成，瓦塔拉总统兼任国防部长。成员包括：总理兼掌玺与司法部长让诺·夸迪奥·阿胡苏（Jeannot Kouadio AHOUSSOU），内政国务部长哈米德·巴卡约科（Hamed BAKAYOKO），外交国务部长达尼埃尔·卡布兰·敦坎（Daniel Kablan DUNCAN），就业、社会事务与团结国务部长吉尔贝·科内·卡法纳（Gilbert Koné KAFANA），计划与发展国务部长阿尔贝·图瓦克斯·马布里（Albert Toikeusse MABRI），工业国务部长穆萨·多索（Moussa DOSSO），非洲一体化部长阿利·库利巴利（Ally COULIBALY，2012年6月4日任职），经济与财政部长夏尔·科菲·迪比（Charles Koffi DIBY），经济基础设施部长帕特里克·阿希（Patrick ACHI），矿产、石油与能源部长阿达马·通加拉（Adama TOUNGARA），卫生与防治艾滋病部长泰雷兹·阿亚·恩德里·约曼（Thérèse Aya N'DRI-YOMAN），国民教育部长坎迪娅·卡米索科·卡马拉（Kandia Kamissoko CAMARA，女），公职与行政改革部长科南·尼亚米安（Konan GNAMIEN），手工业与中小企业发展部长西迪基·科纳特（Sidiki KONATE），高等教育与科研部长易卜拉希马·西塞·巴孔戈（Ibrahima CISSE BACONGO），动物和渔业资源部长科贝纳·夸西·阿朱马尼（Kobena Kouassi ADJOUMANI），农业部长马马杜·桑加福瓦·库利巴利（Mamadou Sangafowa COULIBALY），商务部长达戈贝尔·班齐奥（Dagobert BANZIO），技术教育与职业培训部长阿尔贝·弗林德（Albert FLINDE），人权与公共自由部长涅内马·马马杜·库利巴利（Gnenema Mamadou COULIBALY），文化与法语国家事务部长莫里斯·夸库·班达曼（Maurice Kouakou BANDAMAN），家庭、妇女与儿童部长雷蒙德·古杜·科菲（Raymonde Goudou COFFIE，女），新闻部长苏莱曼·科蒂·迪亚基特（Souleïmane Coty DIAKITE），环境与可持续发展部长雷米·阿拉·夸迪奥（Rémi Allah KOUADIO），旅游部长夏尔·阿克·阿奇蒙（Charles Aké ATCHIMON），建设、清洁与城市化部长马马杜·萨诺戈（Mamadou SANOGO），体育与娱乐部长菲利普·勒格雷（Philippe LEGRE），邮政与通讯信息技术部长、政府发言人布鲁诺·纳巴涅·科内（Bruno Nabagné KONE），交通部长加乌苏·杜尔（Gaoussou TOURE），水利与林业部长克莱芒·布韦卡·纳博（Clément Boueka NABO），青年发展与公民服务部长阿兰·米歇尔·洛博尼翁（Alain Michel LOBOGNON），住房发展部长尼娅莱·卡巴（Nialé KABA，女），前战人员与战争受害者部长马蒂厄·巴博·达雷（Mathieu Babaud DARRET），城市清洁部长安妮·德西雷·乌洛托（Anne Désirée OULOTO，女），负责司法事务的总理府部长级代表洛马·西塞·马托（Loma CISSE MATO，女）。

【行政区划】科政府分别于2011年9月和2012年7月对地方行政区划进行改革，调整后的行政区划共分为31大区（Région）和197个市镇（Commune）。

【司法机构】科司法机构主要包括初审法院、上诉法院、最高法院和特别最高法庭。各级法院设有相应的检察院或总检察院。现任最高法院院长马马杜·科内（Mamadou KONE），2011年5月13日就任。现任最高法院总检察长安托瓦内特·马祖安（Antoinette Mazouin，女）。

【政党】1990年4月起实行多党制，目前主要政党有：

（1）共和人士联盟（Rassemblement des Républicains）：执政党。1994年9月27日成立。口号是自由、平等、民主和劳动，宗旨是通过改革推动国家实现法制化、民主化，在尊重宗教信仰的基础上加强国家机构建设，合理分配经济成果，避免贫富差距过大。在科北部和穆斯林地区影响较大。1999年底军事政变后，参加过渡政府。2001年市政选举中得票最多。2010年与科特迪瓦民主党、科特迪瓦民主爱国联盟、未来力量运动等3个政党组成“捍卫民主和平乌弗埃人士联盟”（RHDP）参加总统选举。主席为现任总统阿拉萨内·德拉马内·瓦塔拉。2011年7月，前任总书记亨丽埃特·迪亚巴特被任命为科国家勋位委员会主席后，阿马杜·苏马霍罗（Amadou Soumahoro）出任代理总书记。

（2）科特迪瓦民主党（Parti Démocratique de Côte d'Ivoire）：参政党。1946年4月30日成立，是科成立最早的政党，创始人为科首任总统博瓦尼，自科独立后至1999年底军事政变前长期执政。在阿肯族为主的中东部地区特别是亚穆苏克罗和布瓦凯市影响较大。口号是和平、自由、务实、开放和对话，主张对内通过“对话”和“和解”，实现民族团结；对外通过“对话”和“和平”，在正义的基础上建立国际政治经济新秩序。主席亨利·科南·贝迪埃（Henri Konan Bédié），总书记阿尔方斯·马蒂·杰杰（Alphonse Mady DJEDJE）。

（3）科特迪瓦人民阵线（Front Populaire Ivoirien）：简称人阵，主要反对党。1983年3月在法国成立。骨干力量为知识分子和青年学生。在克鲁族为主的中西部地区及首都阿比让影响较大。主张平等、自由、公正和多党民主，奋斗目标是建立人人平等的民主制度，实行社会主义。同法国社会党关系密切。

1992年2月曾组织大规模游行示威，遭政府镇压后宣布放弃暴力斗争而通过选举和平夺权。1999年军事政变后，参加过渡政府。2000年10月，该党候选人巴博在总统选举中获胜。2011年4月科大选危机结束后，巴博被科政府移交国际刑事法院，党主席恩盖桑等被羁押，部分骨干流亡加纳。人阵抵制了2011年12月的立法选举。目前人阵代理主席乌雷托·西尔万·米亚卡（Oureto Sylvain MIAKA），代理总书记洛朗·阿库恩（Laurent AKOUN）。

其他政党还有科特迪瓦民主与和平联盟（Union pour la Démocratie et la Paix de Côte d'Ivoire）、未来力量运动联盟（Mouvement des Forces d'Avenir）、科特迪瓦联盟（Union pour la Côte d'Ivoire）、科特迪瓦劳工党（Parti Ivoirien des Travailleurs）、科特迪瓦民主爱国联盟（Union Démocratique et Patriotique de Côte d'Ivoire）、公民民主联盟（Union Démocratique et Citoyenne）、社会民主党（Parti Social Démocrate）等。

【重要人物】阿拉萨内·德拉马内·瓦塔拉：总统。1942年1月1日生于科特迪瓦丁博克罗。信奉伊斯兰教。曾留学美国，获经济学硕士、博士学位。长期在国际货币基金组织和西非国家中央银行工作。1990年11月被博瓦尼总统任命为科首任总理，直至1993年12月博瓦尼逝世。此后，瓦重返国际货币基金组织工作。1999年返回科特迪瓦，任"共和人士联盟"主席。2010年10月参加总统选举。2011年5月正式就职。　**索罗·基格巴福里·纪尧姆：**国民议会议长。1972年5月8日生。信奉基督教。曾是科学生运动主要领导人，后赴法留学。1999年科军事政变后回国领导"法语大学生国际论坛"。2001年创建科爱国运动组织。2002年内战后，参与创建"新生力量"并被推举为总书记。2007年3月任过渡政府总理。2010年12月被瓦塔拉任命为总理。2011年6月瓦组成新政府，索罗留任总理。2012年3月8日辞职并于12日当选议长。　**让诺·夸迪奥·阿胡苏：**总理兼掌玺与司法部长。1951年生。法学硕士，职业律师。早年参与科学生运动，后加入民主党，2002年迄今一直担任民主党负责司法事务的副总书记。2002～2005年曾任工业与私营部门发展部长。2010年12月任掌玺与司法国务部长。2012年3月起任现职。

经　济

独立后实行以"自由资本主义"和"科特迪瓦化"为中心内容的自由经济体制。2002年爆发内战后，科经济陷入困境。2007年内战结束后，经济低速回升。2011年4月科大选危机结束后，新政府积极开展恢复重建，大力扶持港口、石油等重点部门，振兴咖啡、可可等支持产业，整顿金融市场，开展基础设施建设，改善投资环境，积极争取外援和外资，取得一定成效。2011年主要经济数据如下（资料来源：2012年3月《经济季评》）：

国内生产总值（GDP）：235.08亿美元。

人均国内生产总值：1064美元。

国内生产总值增长率：-5.1%。

货币名称：非洲金融共同体法郎（franc de la Communauté financière d'Afrique），简称非洲法郎（FCFA）。

汇率：1美元≈497.3非洲法郎。

通货膨胀率：5.1%。

【资源】主要矿藏有钻石、黄金、锰、镍、铀、铁和石油。已探明的石油储量约2.5亿桶（2010年），天然气储量283.2亿立方米（2010年），铁矿石15亿吨，铝矾土12亿吨，镍4.4亿吨，锰3500万吨。森林面积250万公顷。

【工业】2010年工业产值约占国内生产总值的23.8%。农产品加工业是主要工业部门。其次是棉纺织业、炼油、化工、建材和木材加工工业。近年来矿产能源业在科工业领域所占比重逐年增加。2010年科石油产量为1460万桶、黄金产量为5.08吨。科曾是西非电力大国，多余电力向贝宁、多哥等国出口。但近年来受战乱影响，电力行业发展缓慢。2010年甚至从周边国家进口电力。2011年发电量59.87亿度，同比增长2.6%。

【农业】农业是科经济基础，2010年产值约占国民生产总值的25.8%。全国可耕地面积为802万公顷。农业从业人口占全国劳动力的49%。主要经济作物是可可和咖啡，种植面积占全国可耕地面积的60%。可可生产和出口居世界第一位，占全球供给量的40%。咖啡生产居非洲第三位，世界第12位。可可和咖啡的出口占外汇收入的40%，国内生产总值的约20%。2010/2011年度可可豆产量148万吨，咖啡产量9.47万吨。近年来，腰果产量不断增加，已成为非洲第一、世界第三的腰果出口国，2010/2011年度腰果产量37万吨。棉花也是重要经济作物，但近年来受战乱和国际市场棉花价格波动影响，产量大幅下降。2010/2011年度籽棉产量17.4万吨。棕榈油和橡胶是传统出口产品，2010年分别为30万吨和22.7万吨。近年重要经济作物产量如下（单位：万吨）：

	2007/2008	2008/2009	2009/2010
可可	138.24	122.32	124.23
咖啡	16.99	6.76	14.47
籽棉	13.89	12.57	14.06

（资料来源：法国国家银行2010年度法郎区报告）

粮食不能自给，主要有玉米、小米、高粱、稻米、木薯、山药等。近年来热带水果出口量亦有所增加，主要有香蕉、菠萝、木瓜等。

森林资源丰富，木材一直是科主要出口产品。由于过量采伐、农业开发、干旱和森林火灾等原因，森林面积从1960年的1500万公顷锐减至1991年的250

万公顷。2010年森林面积1040平方公顷，森林覆盖率32.6%。畜牧业不发达。禽蛋基本自给，肉类一半靠进口。渔业产值占农业生产总值的7%，就业人口7万。年捕鱼量8万～10万吨，仅能满足20%～25%的国内消费需求。

【服务业】服务业以商业和运输业为主。2010年服务业产值占国内生产总值的50.4%。近年来，在国家的大力扶持下电信业发展迅速。营业额由2007年度的5440亿非郎增至2008年度的6820亿非郎，其中82%的营业额来源于手机通信业务。2008年度，电信业投资额达1220亿非郎，直接创造就业机会4000多个。科固定电话用户近年稳定在30万户左右。2010年每100人拥有移动电话76部，每100人拥有互联网连接数2.6人。截至2010年年底，科共拥有23家信贷机构，其中22家银行，1家金融机构。储蓄额增长10%，达27330亿非郎，贷款额增长13%，为24680亿非郎。

【旅游业】重视发展旅游业和开发旅游资源。重要的景点有科莫埃国家公园、塔伊国家公园、宁巴山自然保护区和亚穆苏克罗和平圣母大教堂。前两者均被列入联合国教科文组织"世界自然遗产名录"。经济首都阿比让毗邻几内亚湾，环绕潟湖，风景优美。由于多年战乱，旅游业受到严重影响。

【交通运输】是非洲交通最发达的国家之一，尤以海运和公路为最。

海运：98%以上的进出口贸易通过海运。阿比让自治港是西非最重要的天然良港和集装箱码头之一，也是布基纳法索、马里和多哥等西非内陆国家的主要出海口和进出口货物的集散地。港口设备较完善，可同时停泊60多艘船只，年装卸标准集装箱约60万只。设计年吞吐量为2000万吨。2011年受选后危机影响，港口吞吐量为1660万吨，同比下降26%。圣佩德罗港是第二大港口，年吞吐量120万吨，装卸标准集装箱8万只。主要承运木材、可可等。

铁路：阿比让—瓦加杜古铁路科境内段为科唯一一条铁路。总长630公里。2008年货运量83万吨，客运量50万人次。

公路：公路网四通八达，系西非地区公路最发达的国家。总长近8.3万公里，占整个西非经货联盟道路里程的45%，其中一级公路6500公里（沥青路面）、二级公路7000公里；全国有5850个货运商行，各种车辆31.1万辆，其中货车1.7万辆。

空运：全国有大小机场28个，其中阿比让、布瓦凯、亚穆苏克罗三个机场可供大型飞机起降。阿比让机场是法语非洲国家最大的机场，年客运量200万人次。受战乱影响，客运量一直不高，2011年运送旅客65万人次。目前20多家航空公司经营30余条国际航线。由法航控股的新科特迪瓦航空公司（NAI）于2001年3月开始运营，2011年9月破产。2012年5月成立新的航空公司科特迪瓦航空公司（Air Côte d'Ivoire），公司资本约为250亿非郎（约合5000万美元）科政府拥有51%股份，法航拥有20%股份，预计2012年7月底投入运行。

【财政金融】近几年财政收支情况如下（单位：亿非洲法郎）：

	2008年	2009年	2010年	2011年2～4季度
收入	21618	21208	22366	17259
支出	22997	22919	24978	22087
差额	-1379	-1711	-2612	-4828

（资料来源：2012年5月国际货币基金组织报告）

截至2011年年底，外汇储备为42.05亿美元，外债总额为126亿美元。

【对外贸易】外贸连年顺差，在国民经济中占重要地位。主要出口可可、原油、咖啡、木材、金枪鱼、棕榈油、棉花、橡胶等，进口石油制品、机械设备、交通工具、化学制品、建筑材料、电器、食品等。近年来，石油制品及原油出口大大增加。2010年可可出口额17714亿非郎（约合35.64亿美元），原油及石油产品出口额15105亿非郎（约合30.39亿美元）。

尼日利亚和法国是科主要贸易伙伴。2010年，科主要向以下国家出口：尼日利亚16.4%，法国9.8%，荷兰9.6%，德国4%，中国3.75%，意大利3%；主要从以下国家进口：尼日利亚29%，法国13%，中国8%，泰国5%，美国3.4%。近几年进出口情况如下（单位：百万美元）：

	2008	2009	2010
出口额	10390	10503	10470
进口额	7069	6318	7014
差　额	3321	4185	3456

（资料来源：2012年3月《经济季评》）

【外国资本】近年来，外国直接投资显著增长。主要领域为石油勘探、电力、电信、农产品加工和交通。2010年，科获外国直接投资4.18亿美元。

【外国援助】据经济合作与发展组织统计，科特迪瓦政府2010年获得官方发展援助8.48亿（美元，下同），其中双边援助占50%。主要捐助方为：法国6.99亿，国际开发协会2.25亿，国际货币基金组织1.85亿，美国1.74亿，欧盟0.69亿等。

2009年3月，科特迪瓦达到国际货币基金组织"重债穷国"减债计划决策点，被正式列入减贫促进增长计划受益国。此后，国际货币基金组织和世界银行分别向科提供750亿和600亿非洲法郎援助，帮助科改善投资环境，促进国民经济增长。"巴黎俱乐部"和"伦敦俱乐部"分别免除科政府4000亿和2686亿非洲法郎的债务。2012年6月，国际货币基金组织和世界银行下属机构国际开发协会批准科达到"重债穷国"减债计划完成点，同意为科免除总计44亿美元债务（"重债穷国”减债计划和“多边债务”减债计划合计）。同月，“巴黎俱乐部”决定免除科17.72亿美元债务。

人民生活　根据联合国开发计划署公布的《2011年人类发展报告》，科人类发展指数在世界187个国家中排名第170位。2011年居民平均寿命55.4岁，人口增长率2.2%。科电网覆盖率32.3%，居民用电率73.4%。77%的城市居民和不到15%的农村居民使用电力照明。科是西非地区城市化水平最高的国家，城市人口占总人口的50%（2010年），首都阿比让集中了全国人口的20%。据世界卫生组织《2012年世界卫生统计》数据显示，科每1万人拥有医生1.4名，护士和助产士4.8名，病床数4张。全国60%的人口能饮用干净水。艾滋病传播迅速，2009年艾滋病感染率为3.4%，目前约有48万人感染艾滋病。随着近年电信产业的迅速发展，电话、网络普及迅速。

军　事　全国武装力量创建于1960年7月27日，由武装部队、宪兵和共和国卫队组成。国防委员会为最高军事决策机构，总统兼任武装力量总司令，国防部长具体负责武装力量的管理。实行义务兵役制，服役期6个月。武器装备主要由法国提供。2010年12月发生选后危机后，原政府军效忠巴博总统，原北方叛军“新生力量”支持瓦塔拉。2011年3月17日，瓦塔拉以“新生力量”为基础，吸收其他武装力量组建了“科特迪瓦共和武装”（Forces républicaines de Côte-d'Ivoire）。4月巴博被捕后，原政府军已表示效忠瓦塔拉，瓦目前正着手进行各派武装力量的整合工作。现任总参谋长苏迈拉·巴卡约科（Soumaïla Bakayoko），2011年7月任职。2012年3月科政府改组后，瓦塔拉总统兼任国防部长，保罗·科菲任总统府负责国防事务的部长级代表。

文化教育　**【教育】**沿用法国教育体制。初等教育6年，中等教育分两个阶段共7年，高等教育3～4年。科政府重视教育事业。2008年度全国教育、培训投入约为11.24亿美元，占国家预算的17.5%，占GDP的4.6%。2009年成人识字率55%，小学入学率79%。科特迪瓦国立大学是一所综合性大学，设2个分校和12个学院。根据联合国教科文组织统计，2006～2007年科全国教师总数约为6.8万。

【新闻出版】全国有报刊20余种：主要报纸有《博爱晨报》、《科特迪瓦晚报》、《我们的道路》、《爱国者》、《民主党人》、《今日报》、《阵线》和《24小时》等日报。

科特迪瓦通讯社：官方通讯社，1961年6月2日成立。在全国各地设10个分社和6个省级记者站，同法新社、路透社及泛非国家通讯社有业务联系。

科特迪瓦国家广播电台：国家电台，分一台和二台，用法语、英语和当地语言广播。“希望电台”为私营的天主教电台，1991年3月开播。

科特迪瓦广播电视台（RTI）：官方电视台，分电视一台和电视二台。电视一台于1963年8月开播，可覆盖85%的国土。电视二台原为电视一台的第二套彩色节目，1973年8月开播，1991年11月正式独立成台，覆盖面仅限于阿比让市方圆50公里之内。

科特迪瓦电视台（TCI）：2010年12月发生选后危机后，瓦塔拉政府为加强舆论引导工作创办的电视台，于2011年1月开播。

对外关系　奉行独立、主权、平等和不干涉内政的外交政策，强调国际合作伙伴多元化。坚持睦邻友好，重视非洲团结与合作，积极参与次地区和非洲经济一体化，呼吁国际社会增加对非援助，减轻非洲债务负担。瓦塔拉政府重点发展同法、美等西方国家关系。同约90个国家建立外交关系。是联合国、世界贸易组织、不结盟运动、伊斯兰会议组织、法语国家组织、非洲联盟、西非国家经济共同体和西非经济货币联盟等组织成员国，2012年2月瓦塔拉总统担任西非国家经济共同体执行主席。

【同中国的关系】1983年3月2日，中科建交。建交以来，两国友好合作关系发展顺利。

2009年10月，科特迪瓦总理索罗来华出席第十届中国西部国际博览会并访问北京、深圳和上海。其间，中国国务院总理温家宝在成都与其会见。

2010年8月，科特迪瓦外交与非洲一体化部长卡库·热尔韦·让·马里率团出席上海世博会科特迪瓦国家馆日活动。

2011年6月，中国政府特使、外交部副部长翟隽访问科特迪瓦。访问期间，翟分别会见了瓦塔拉总统和索罗总理，并与敦坎外长举行了会谈。

2011年双边贸易额为7.03亿美元，同比增长6.6%。其中中方出口额5.41亿美元，进口额1.62亿美元。

中国驻科特迪瓦大使：张国庆。馆址：Lot 45，Avenue Jacques Aka，Cocody，Abidjan。电话：22445900，22420102（经商处）。传真：22446781，22426373（经商处）。国家地区号：00225。邮政信箱：01 B.P.3691 Abidjan 01。电子信箱：AMBCHINE@AVISO.CI。

科特迪瓦驻华大使：科菲·阿兰·尼凯斯（Coffie Alain Nicaise）。馆址：北京市朝阳区三里屯北小街9号。电话：010-65321482，65323192，65321223。传真：65322407。

【同法国的关系】科法于1961年5月18日建交。两国长期保持特殊关系，签有外交、军事、经济、文化、技术等合作协定。科法高层往来频繁。2002年9月科内战后，法派出“独角兽”部队监督停火，并推动科各方于2003年1月在巴黎市郊马尔库西达成和平协议。2004年11月，科政府军误炸驻科法军兵营，法方随即采取报复行动，炸毁了科空军7架军用飞机。科国内爆发反法浪潮。科法关系一度紧张。萨科齐上台初期，科法关系趋于缓和，高层交往有所恢复。2010年12月科发生选后危机后，法国率先承认瓦塔拉为当选总统，并推动欧盟对巴博方面采取了一系列制裁措施。2011年4月，法国驻军采取行动，摧毁了巴博阵营的重武器，并协助瓦塔拉方面抓捕巴博。2011年5月，萨科齐总统出席瓦塔拉总统就职典礼。同月，瓦塔拉总统应萨科齐邀请赴法出席八国集团峰会有关活动。6月，法国防部长隆盖访科。7月，法国总理菲永访科。11月，法国内政部长盖昂访科。2012年1月，瓦塔拉总统对法国进行国事访问。

法是科最大援助国、投资国和贸易伙伴，在科投资占科外资的60%。科是法在非洲法语区第一大和撒哈拉以南非洲第四大贸易伙伴。科达到国际货币基金组织“重债穷国”减债计划决策点后，法免除科2063.9亿非洲法郎债务。2011年4月，法国宣布向科方提供4亿欧元帮助科战后重建。7月菲永总理访科时决定在“重债穷国”减债计划框架内免除科10亿欧元债务。

法对科军援每年约60万美元，在科军事顾问100多名；法在阿比让设有军事基地，常驻海军陆战队员570人。科内战爆发后，法曾向科派出4000人的“独角兽”部队，自2007年起逐步撤出，至2010年科大选前减至900人左右。科发生选后危机后，法增兵至1700人，除加强对法国侨民的保护外，还参与了解除巴博阵营重武器的军事行动。科局势稳定后，法军减至450人左右。2012年1月瓦塔拉总统访法时双方签订了新的防务协定。

【同美国的关系】科美于1961年11月21日建交。美是科第三大贸易伙伴，对科投资和援助增加较快。2007年11月，美国副国务卿内格罗蓬特访科。2009年9月，巴博总统出席联大期间与奥巴马总统共进工作午餐。2009年科达到国际货币基金组织“重债穷国”减债计划决策点后，美免除科1231.4亿非洲法郎债务。2010年12月科发生选后危机后，美国承认瓦塔拉为科当选总统。2011年7月，瓦塔拉总统应邀访美。2012年1月，美国国务卿希拉里访科。2012年6月，阿胡苏总理赴美出席第11届美国与撒哈拉以南非洲国家经贸合作论坛。

【同邻国的关系】同布基纳法索历史上关系密切。布在科侨民约有300万。布总统孔波雷积极调解科危机，并于2007年3月促成科有关各方签署《瓦加杜古协议》。2008年5月和8月，布总统孔波雷两度访科。8月，巴博总统对布进行首次国事访问，双方签署了两国和平友好协定并发表了联合公报。2009年3月，科外长巴卡约科访布。9月，布总统孔波雷对科进行首次国事访问。访问期间，两国元首共同主持召开了科布混委会首次会议。2010年2月，布总统孔波雷访科。2011年5月，瓦塔拉总统赴布进行工作访问，7月在赤道几内亚首都马拉博出席第17届非盟峰会期间与孔波雷总统举行会晤。11月，瓦塔拉总统再次访布。2012年3月和4月，孔波雷两次赴科出席西共体特别峰会。

同马里关系密切。科曾是马第一大贸易伙伴。科2002年内战后，马积极参与推动和平解决科危机。2007年5月，巴博总统出席马总统杜尔连任就职仪式。7月，马总统杜尔赴科出席“和平之火”解武焚枪仪式。2009年7月，科总理索罗访马。2010年4月，巴博总统赴塞内加尔出席塞独立50周年庆典期间会见了马总统杜尔。2011年10月，瓦塔拉总统赴马进行工作访问。2012年3月马里发生军事政变后，瓦塔拉以西共体轮值主席身份积极参与马宪政危机调解。2012年4月，马里代总统特拉奥雷赴科出席西共体特别峰会，5月特拉奥雷访科。

同几内亚关系密切。科2002年内战后，几方声明支持科民选政权。2008年2月，几内亚总理库亚特访科。10月，巴博总统出席几独立50周年庆典。2009年1月和4月，几过渡政府外长洛瓦两度访科。2010年4月，几军政权领导人科纳特访科。2011年5月，几内亚总统孔戴赴科出席瓦塔拉总统的就职典礼。12月，瓦塔拉对几进行工作访问。2012年2月，科总理索罗访几。2012年4月，科几合作混委会第二届会议在科纳克里召开。同月，孔戴总统赴科出席西共体特别峰会。（周康宁）

肯 尼 亚

<u>国名</u> 肯尼亚共和国（The Republic of Kenya）。

<u>面积</u> 582646平方公里。

<u>人口</u> 3860万（2010年），人口增长率2.7%。全国共有42个民族，主要有基库尤族（21%）、卢希亚族（14%）、卢奥族（13%）、卡伦金族（12%）和康巴族（11%）等。此外，还有少数印巴人、阿拉伯人和欧洲人。斯瓦希里语为国语，和英语同为官方语言。全国人口的45%信奉基督教新教，33%信奉天主教，10%信奉伊斯兰教，其余信奉原始宗教和印度教。

<u>首都</u> 内罗毕（Nairobi），人口约310万（2010

年）。年平均气温17.7℃。

国家元首　总统姆瓦伊·齐贝吉（Mwai Kibaki），2002年12月30日就任，2007年12月30日连任。

重要节日　国庆节：12月12日。

简　况　位于非洲东部，赤道横贯中部，东非大裂谷纵贯南北。东邻索马里，南接坦桑尼亚，西连乌干达，北与埃塞俄比亚、南苏丹交界，东南濒临印度洋，海岸线长536公里。境内多高原，平均海拔1500米。全境位于热带季风区，沿海地区湿热，高原气候温和，全年最高气温为摄氏22℃～26℃，最低为10℃～14℃。

肯尼亚是人类发源地之一，境内曾出土约250万年前的人类头盖骨化石。公元7世纪，东南沿海地带已形成一些商业城市，阿拉伯人开始到此经商和定居。16世纪，葡萄牙殖民者占领了沿海地带。1890年，英、德瓜分东非，肯被划归英国，英政府于1895年宣布肯为其“东非保护地”，1920年改为殖民地。1960年3月，肯尼亚非洲民族联盟（简称“肯盟”）和肯尼亚非洲民主联盟成立。1962年2月伦敦制宪会议决定由上述两党组成联合政府。1963年5月肯举行大选，肯盟获胜。同年6月1日成立自治政府，12月12日宣告独立。1964年12月12日肯尼亚共和国成立，仍留在英联邦内，乔莫·肯雅塔为首任总统。1978年肯雅塔病逝，丹尼尔·阿拉普·莫伊继任总统达24年。

政　治　独立以来，肯盟长期一党执政，1991年改行多党制后，肯盟于1992年、1997年连续两次赢得多党大选，莫伊蝉联总统。2002年12月举行第三次多党大选，反对党联盟全国彩虹联盟（全盟）击败肯盟，齐贝吉当选总统，全盟获议会多数席位。

2007年12月27日，肯尼亚举行新一轮总统和议会选举。30日选举委员会宣布民族团结党领导人齐贝吉总统获胜连任，齐于当日宣誓就职。主要反对党橙色民主运动质疑选举结果引发全国性大规模骚乱及暴力冲突，造成重大人员伤亡和财产损失。国际社会对此予以关注并积极调解。2008年1月底以来，争议双方齐贝吉、奥廷加阵营在前联合国秘书长安南调解下进行谈判。2月28日，齐、奥签署《关于联合政府伙伴关系原则的协议》，双方同意组建联合政府。3月18日，肯议会通过相关法案确认协议内容。4月13日，齐贝吉总统宣布联合政府正式成立，任命奥廷加为总理。17日，肯联合政府宣誓就职。目前肯政局稳定。

【**宪法**】1964年颁布共和国宪法，迄今已历经大小30次修改。1982年6月，肯通过修宪确立实行一党制。1991年12月改行多党制，规定：肯为多党民主国家，总统为国家元首、政府首脑兼武装部队总司令，任期五年，连任不得超过两届；当选总统需在获得多数票的同时，在全国8省中的5省得票率超过25%；总统拥有最高行政权和任免权，有权召集或解散议会；总统和内阁集体对议会负责；公民享有宗教信仰、言论、集会、结社和迁徙的自由。1997年以来，肯反对党以宪法不适应多党制要求为由，强烈要求全面修宪。1997年9月，肯颁布《修宪委员会法案》草案，开始修宪。2001年6月，朝野双方就修宪程序性问题达成一致，联合成立修宪委员会，着手起草新宪法。2003年4月30日，全国制宪大会开幕。2004年1月，制宪大会宣布取消新宪法草案中有关总统候选人年龄的限制。2005年11月，肯就以“全权总统、无权总理”为基调的新宪法草案举行公投，未获通过。2006年2月，齐贝吉总统宣布成立新的修宪委员会，接替任期届满的原修宪委员会。2008年2月29日起，肯大选争议双方在安南调解下进入调解“路线图”第四议程（即解决“长期问题”，包括土地、修宪、部族矛盾等）。2010年4月，肯议会批准新宪法草案，并于8月颁布实施，主要内容包括：维持总统制政体，从下届政府开始不设总理职位，但总统权力受削弱；议会由一院制改为两院制，增设参议院；行政区划由目前的中央、省、地区、分区、乡、村六级改为中央政府和县级政府两级区划。

【**议会**】国民议会成立于1963年，为肯最高立法机构，实行一院制。1992年底举行首次多党议会选举，议会中开始出现反对党席位。根据宪法，国民议会有立法、审议财政计划、通过政府财政预算、监督政府事务等职责，并有对政府提出不信任案及弹劾阁员或政府的权力。国民议会由224名议员组成，其中民选议员210名，总统指定议员12名，当然议员（国民议会议长和总检察长）2名。每届议会任期五年。本届议会成立于2008年1月，其中橙色民主运动党106席，民族团结党46席，革新民主运动党（原名：橙色民主运动—肯尼亚）18席。议长肯尼思·马伦德（Kenneth Marende）。

【**政府**】实行总统制。本届内阁成立于2008年4月，2012年3月小幅改组，由总统、副总统、总理、副总理、各部部长和总检察长共43名成员组成。内阁名单如下：总统姆瓦伊·齐贝吉，副总统卡隆佐·穆西约卡（Kalonzo Musyoka），总理拉伊拉·阿莫洛·奥廷加（Raila Amollo Odinga），副总理乌胡鲁·肯雅塔（Uhuru Kenyatta），副总理穆萨里亚·穆达瓦迪（Musalia Mudavadi），国防国务部长兼省级行政与国家安全代国务部长穆罕默德·优素福·哈基（Mohamed Yusuf Hajji），移民与人口注册国务部长杰拉尔德·奥蒂诺·卡伊旺（Gerald Otieno Kajwang），国家遗产与文化国务部长威廉·奥利·恩蒂马马（William Ole Ntimama），计划、国家发展与2030远景规划国务部长威克利夫·安贝察·奥帕拉尼亚（Wycliffe Ambetsa Oparanya），公共服务国务部长达尔马斯·阿尼扬戈·奥蒂诺（Dalmas Anyango Otieno），财政部长鲁宾逊·恩杰鲁·吉萨（Robinson Njeru Githae），东非共同体事务部长穆萨·希尔玛（Musa Sirma），外交部长萨姆森·凯格奥·翁盖里（Samson Kegeo Ongeri），贸易部长摩西·韦坦古拉（Moses Wetangula），司法、民族团结及宪法事务部长尤金·瓦马卢瓦（Eugene Wamalwa），内罗毕都市发展部长贾姆莱克·卡马乌（Jamleck Kamau），公路部长富兰克林·贝特（Franklin Bett），公共工程部长克里斯·奥布雷（Chris Obure），交通部长阿莫斯·基蒙亚（Amos Kimunya）水利与灌溉部长夏丽蒂·卡卢基·恩吉鲁（Charity Kaluki Ngilu，女），地区发展部长弗雷德里克·奥穆洛·古莫（Fredrick Omulo Gumo），新闻与通讯部长塞缪尔·波吉西奥（Samuel Poghisio），能源部长吉拉伊图·穆伦吉（Kiraitu Murungi），土地部长阿格雷·詹姆斯·奥伦戈（Aggrey James Orengo），环境与矿产资源部长奇拉劳·阿里·姆瓦奎雷（Chirau Ali Mwakwere），森林与野生动物部长诺厄·韦凯萨（Noah Wekesa），旅游部长丹森·姆瓦佐（Danson Mwazo），农业部长萨利·杰普盖蒂奇·科斯盖（Sally Jepngetich Kosgei，女），畜牧业发展部长穆罕默德·阿卜迪·库蒂（Mohamed Abudi Kuti），渔业发展部长兼工业化部代部长阿姆森·杰法赫·金吉（Amason Jeffah Kingi），肯尼亚北部及干旱地区发展部长穆罕默德·易卜拉欣·埃勒米（Mohamed Ibrahim Elmi），合作社发展与推广部长约瑟夫·尼亚加（Joseph Nyagah），住房部长彼得·索伊塔·希坦达（Peter Soita Shitanda），特别项目部长埃斯特·穆鲁吉·马森格（Esther Murugi Mathenge，女），性别与儿童事务部长纳奥米·沙班（Naomi Shaban，女），公共健康与卫生部长贝斯·万布伊·穆戈（Beth Wambui Mugo），医疗服务部长彼得·阿尼扬·尼翁戈（Peter Anyang'Nyong'o），劳动部长约翰·基永加·穆尼耶斯（John Kiyonga Munyes），青年与体育部长保罗·尼翁盖萨·奥图奥马（Paul Nyongesa Otuoma），教育部长穆图拉·基隆佐（Mutula Kilonzo），高等教育与科技部长玛格丽特·卡马尔（Margaret Kamar），总检察长吉苏·穆伊盖（Githu Muigai）。

【行政区划】全国分为7个省（PROVINCE）和1个省级特区，省以下设区（DISTRICT）、乡（DIVISION）、村（LOCATION）。

【司法机构】法院分为四级，即地区法院、驻节法院、高等法院和上诉法院。在穆斯林人口占多数的地区设伊斯兰法院。首席大法官威利·穆通加（Willy Mutunga），2011年6月任职。

【政党】目前，肯有合法政党40余个，主要政党有：

（1）民族团结党（Party of National Unity—PNU）：政党联盟，成立于2007年9月。由肯尼亚非洲民族联盟（肯盟）、论坛肯尼亚党、论坛人民党、联盟党等10余个政党为齐贝吉总统寻求连任而组成。为议会第二大党，领袖为总统齐贝吉。

（2）橙色民主运动（ODM）：原为2005年注册小党，后于2007年8月由脱离反对派联盟橙色民主运动—肯尼亚党的自民党领导人奥廷加接掌。该党在2007年底举行的议会选举中获得议会近一半席位，为议会第一大党，领袖为总理奥廷加。

（3）革新民主运动党（WDM，原名橙色民主运动—肯尼亚党）：前身为2005年底各反对党为反对政府公投修宪组成的联盟。主要成员包括肯盟、自执政党全国彩虹联盟分裂出来的自由民主党、劳动党等。2007年8月出现分裂。自民党领导人之一穆西约卡同劳动党主席奥齐安波联手取得该党控制权。该党在2007年底举行的议会选举中获得18席，为议会第三大党，领袖为副总统穆西约卡。

【重要人物】姆瓦伊·齐贝吉：总统、武装部队总司令、民族团结党领导人。1931年11月15日生于中央省涅里区，基库尤族，信奉基督教。曾在伦敦经济学院攻读公共财政专业，并获理学士学位。1960年参与创建肯盟，任该党全国执行书记。1963年当选议员。肯独立后，历任经济计划和发展部副部长、工商部长、财政部长。1979～1988年任副总统和肯盟副主席。1988～1991年底任卫生部长。1992年1月退出肯盟，组建肯尼亚民主党并任主席。曾参加1992年和1997年两次总统选举，得票分居第三和第二位。2002年10月率民主党与其他13个反对党结成全国彩虹同盟，并被公推为总统候选人。2002年底大选获胜当选肯总统，12月30日宣誓就职。2007年12月连任。 **拉伊拉·阿莫洛·奥廷加：**1945年1月7日生于尼扬扎省马塞诺地区，卢奥族。其父奥金加·奥廷加是肯民族独立运动重要领导人之一、独立后首任副总统。曾留学东德，获机械工程硕士学位。1992年当选议员，2001年6月任能源部长，2002年任公路、公共工程和住房部长。2007年底以橙色民主运动总统候选人参加大选，与齐贝吉总统就选举结果发生争议。2008年4月出任联合政府总理。

经　济

肯是撒哈拉以南非洲经济基础较好的国家之一。实行以私营经济为主、多种经济形式并存的"混合经济"体制，私营经济占整体经济的70%。农业、服务业和工业是国民经济三大支柱，茶叶、咖啡和花卉是农业三大创汇项目。旅游业较发达，为主要创汇行业之一。工业在东非地区相对发达，日用品基本自给。肯独立后，经济一度发展较快。2001年以来，肯经济止跌并开始微弱增长。2003年以来肯政府实行严格的宏观经济稳定政策，加大调整财政政策力度，实施积极货币政策，深化结构改革，出台削减公共财政开支、加大发展投入、增加教育卫生支出等一系列政策，经济保持较快发展势头。2008年肯政府正式启动经济发展《2030年远景规划》，提出优先发展旅游业、农业、服务业、制造业和批发零售业等重点产业，争取年均经济增长10%，到2030年将肯发展成新兴工业化和中等发达国家。2010年以来，肯政府采取货币和财政政策等手段，降低存贷利率，发行政府债券，优先发展基础设施、信息技术、农业、水力等产业，进一步发挥农艺产品出口、旅游等传统行业优势，大力扶持中小企业，经济保持较快增长势头。2011年金融服务业、批发零售业、酒店餐饮业、交通运输业、制造业和农业增幅分别为7.8%、7.3%、5%、4.6%、3.3%和1.5%。与此同时，债务沉重、基础设施陈旧及腐败严重和治安不良等问题仍制约经济发展，目前贫困率约50%，脱贫及实现可持续发展任重道远。2011年主要经济数据如下（资料来源：2012年5月肯尼亚国家统计局公报）：

国内生产总值：341亿美元。

人均国内生产总值：883美元。

经济增长率：4.4%。

通货膨胀率：14%。

汇率：1美元=84.5肯尼亚先令（2012年6月）。

【资源】矿藏主要有纯碱、盐、萤石、石灰石、重晶石、金、银、铜、铝、锌、铌和钍等，除纯碱和萤石外，多数矿藏尚未开发。2011年，矿业生产产值183亿肯先令。森林面积8.7万平方公里，占国土面积的15%。林木储量9.5亿吨。

【工业】独立以后发展较快，门类比较齐全，是东非地区工业最发达的国家。以制造业为主，制造业以食品加工业为主。工业主要集中在内罗毕、蒙巴萨和基苏木三市。齐贝吉政府执政后采取税收减免等优惠政策。2007年制造业占国内生产总值的10%，总产值6037亿肯先令，增长8.1%，净增产值1766亿肯先令，增长6.2%。从业人员26.13万，增长2.3%。2010年出口加工业产值为317亿肯先令，增长4.4%。较大的企业有炼油、轮胎、水泥、轧钢、发电、汽车装配等厂。85%的日用消费品产自国内，其中服装、纸张、食品、饮料、香烟等基本自给，有些还供出口。

【农牧渔业】农业是国民经济的支柱，2007年肯农业增长率为2.3%，产值约占国内生产总值的23.9%，其出口占肯总出口一半以上。2008年受大选危机及旱灾影响，增长为-5.1%。2010年，肯政府加大对农业投入，同时由于雨水充足、加之良种和化肥的推广，农业产出增长6.5%，扭转了前两年负增长的势头，对GDP增长的贡献达1/4。2011年，因不利天气条件和农资产品价格上升等因素，农业增速大幅收窄，仅为1.5%。全国75%左右的人口从事农牧业。可耕地面积10.48万平方公里（约占国土面积的18%），其中已耕地占73%，主要集中在西南部。正常年景粮食基本自给，并有少量出口。2011年东非地区遭遇60年一遇大旱，肯数百万人面临饥荒。肯是目前非洲最大的鲜花出口国，占据欧盟25%的市场份额，2011年，花卉出口量为22.71万吨，同比减产0.5%。肯还是世界上除虫菊主产国，产量占世界总产量的80%。2010年，肯主要出口创汇农产品茶叶产量减产5.3%，为37.8万吨。渔业资源丰富，大多来自境内的淡水湖泊，其中维多利亚湖产鱼量占渔业生产总量的90%。

【旅游业】支柱产业，旅游业职工占全国职工总数的9.1%。2003年因受恐怖主义袭击威胁，旅游业占国内生产总值的比重从20%下降到13%。2005年肯旅游人数增长25%，达83.3万人次，旅游收入达5.79亿美元，2007年因政府加大对传统市场和远东市场的推广力度，来肯外国游客数量达181万人次，增长13.5%；旅游业收入达654亿肯先令，增长16.4%，其中来自外国游客的收入达613亿肯先令，增长23.6%。2008年初受肯大选危机影响，游客数减半，旅游业增长为-36.1%。2009年以来，旅游业强劲复苏，2011年旅游业收入同比增长32.8%，达979亿肯先令，全年入境外国人恢复到180万人次水平。主要旅游点有内罗毕、察沃、安博塞利、纳库鲁、马赛马拉等地的国家公园、湖泊风景区及东非大裂谷、肯尼亚山和蒙巴萨海滨等。

【交通运输】以公路运输为主，2003年运输业产值为846.66亿肯先令，占国内生产总值的6.3%。2007/2008财年，肯政府基础设施投入翻一番，达167亿肯先令，其中公路投入居首位。2007年公路运输产值占运输业总产值的50.4%，同比增长9.7%。

公路：肯公路网总长6.4万公里，但其中仅9000多公里沥青路，且目前大多路况较差。齐贝吉总统执政以来，加大对公路等基础设施的投入，将其作为经济发展战略的重要内容。2004年世界银行向肯提供2.07亿美元用于肯交通项目，欧盟也向肯交通项目提供了融资。2007年肯政府公路支出预算达8300万美元。2011年肯车辆注册量为205841辆。

铁路：总长2765公里。2007年货运量230万吨，增长21.8%，运送旅客14000万公里，减少47%。

水运：蒙巴萨港是东非最大港口，有21个深水泊位、2个大型输油码头，可停泊2万吨级货轮，总吞吐量可达2200万吨，2008年8月起开始24小时运转。2007年货物总吞吐量增长10.7%，达1596万吨，其中进口货物量占81.1%。

空运：全国共有3个国际机场，4个国内机场和300多个小型或简易机场。肯尼亚航空公司开设16条国际航线，与30多个国家通航。2007年旅客总量703.9万人次，增长11.3%。

【财政金融】财政收入主要靠税收。2010年，肯政府实施积极财政政策，加大基础设施建设等投入，加之工资上涨和新成立机构，2010/2011年度财政经常性支出达6110亿肯先令。同时受减少燃油税等减税措施影响，财政赤字占GDP的6%。2012/2013年度财政预算总额为1.4599万亿肯先令（约合176亿美元），同比增加26.5%，赤字2503亿肯先令（约合30亿美元），占GDP的6.5%。近几年财政收支情况如下（单位：十亿肯先令）：

	2009/2010	2010/2011	2011/2012
总收入	569.0	721.0	854.0
国内收入	548.0	686.0	806.0
捐赠	21.0	35.0	48.0
总支出	725.0	884.0	1083.0
经常支出	510.0	611.0	698.0
发展支出	215.0	273.0	385.0
差　额	–156.0	–163.0	–228.0
占GDP百分比	–6.5	–6.0	–6.9
借　款			
国内债务	5.6	4.6	1.9
（占GDP百分比）			
国外债务	0.9	1.4	5.0
（占GDP百分比）			
国际储备（亿美元）	38.5	43.2	42.0

（资料来源：肯尼亚《经济季评》）

截至2008年，肯共有42家商业银行、1家非银行金融机构、2家抵押金融公司、2家住宅协会和95家汇兑机构，其中四大商业银行——巴克莱银行、渣打银行、肯尼亚商业银行和肯尼亚国民银行业务总量占肯金融业的60%。2005年前5个月，肯金融业总资产同比增长11.8%，不良贷款减少2.1%。2006年以来，肯通过改革成为在小额信贷方面居世界前列的国家之一。目前肯有100余家知名微型金融机构，顾客达400万人，贷款总额达23亿肯先令。

【对外贸易】在国家经济中占有重要地位，出口总额占国内生产总值的27%。2011年出口商品总额为61.57亿美元，进口156.6亿美元。近几年对外贸易情况如下（单位：百万美元）：

	2005	2006	2007
出口总额	3294.7	3438.2	4477.4
农作物	591.7	677.0	842.6
茶	560.8	656.7	694.5
咖啡	119.9	126.7	154.9
鱼	61.0	55.1	61.2
进口总额	6147.8	7307.4	8989.0
食品	349.7	443.6	605.6
工业原料	1916.3	2231.4	2904.3
消费品	398.0	501.2	660.2
差　额	–2853.1	–3869.2	–4511.6

（资料来源：肯尼亚《经济季评》）

主要出口商品为茶叶、咖啡、花卉、水泥、剑麻、除虫菊、纯碱、皮革、肉类和石油产品等；主要进口商品为原油、机械、钢铁、车辆、药品、化肥等。

【外国资本】肯自1963年独立以来，一向重视吸收利用外国资本为本国经济建设服务。1964年政府颁布实施《外国投资保护法》。目前，英、美、德、法等国在肯设有数百家公司，投资领域遍及农业、工业、商业、旅游、金融、交通运输等部门。1997年以来，西方国家对肯投资减少。2003年肯新政府上台后，外国投资有所增加。2006年、2007年肯分获外国直接投资5100万、7.28亿美元。

【外国援助】主要援助国和国际组织有日本、德国、英国、美国、法国以及世界银行、国际货币基金组织、国际开发协会、联合国开发计划署、非洲开发银行、欧洲发展基金和环球基金等。外援主要用于农业、军事、交通运输、教育、卫生、电信及社会发展项目。1995 ~ 2000年，援助占政府财政收入的10%，年均2.3亿美元。2003年，肯政府共收到来自世行、非洲开发银行和欧盟国家的财政援助77亿肯先令。2006 ~ 2008年，西方国家及国际金融机构共向肯提供2207亿肯先令的发展援助。

人民生活

2010年，肯人口总数3860万，人口增长率2.2%。其中城市人口1158万。2000年，肯失业率高达21.7%，比1995年上升了50%，职工实际年均工资约为280美元。2007年肯劳动人口1620万。全国贫困率45.9%，人均寿命54岁。艾滋病人口比例由2000年的13.4%下降到2010年的6.2%。全国医院数量由1997年的1200所增加到2011年的7260所。

军　事

1963年独立后建军。总统兼任武装部队总司令，由总参谋长、陆、海、空三军司令、国防国务部长及主管军队财政拨款的总统府副常秘6人组成的国防委员会是最高军事决策机构，向总统负责；总参谋部是最高军事指挥机构，总统通过总参谋长统帅全军。实行志愿兵役制。现役人数2.41万人，其中陆军2万人，海军1620人，空军2500人。1997年成立国防学院，培养上校和准将级军官，以及高级警察和文职官员等。1998年5月，肯政府改组军队指挥系统，成立西部军区、东部军区和中央行政与后勤指挥中心。第六任总参谋长杰鲁米·姆·基安加（Jeremiah M. Kianga）上将，2005年8月任职至今。

文化教育

【教育】政府重视发展教育事业。近年来肯教育预算支出逐年上升，2007年占预算支出总额的1/3（GDP的7.4%）。教育体制分为正规和非正规教育两类，正规教育实行小学、中学、大学“8–4–4”学制。非正规教育包括成人教育和扫盲活动。2011年，肯小学、中学数量和入学人数分别为28567所、7297所、986万人和177万人。中、小学师生比例分别为1∶31和1∶57。大学在校生19.8万人。根据联合国开发计划署报告，肯成人识字率从1990年的71%上升到2004年的84.3%。著名高等学府有内罗毕大学、莫伊大学、肯雅塔大学、埃格顿大学、肯雅塔农业技术大学和马塞诺大学。另有30个职业培训学校，3所技校和12所私立大学。2003年1月肯新政府上台后，开始实行免费小学教育。

【新闻出版】2003年全国各种英文报刊日发行总量约152.68万份，各种斯瓦希里语报纸日发行量约为9万份。主要英文报刊：《民族日报》，发行量约20万份；《东非旗帜报》日报，发行量约7万份；《肯尼亚时报》，日报，前执政党肯盟机关报，发行量约5.2万份；《每周评论》，肯最大的私营英文周刊，发行量约1.85万份；《东非人报》，英文周报，1994年11月首次发行，在肯尼亚、乌干达和坦桑尼亚同时出版。斯瓦希里语报以《民族日报》媒体集团创办的《塔伊法》（意为“今日民族报”）最有影响。

肯尼亚通讯社为官方通讯社，成立于1963年，向内罗毕的广播电台、电视台和报刊提供新闻和图片。

肯尼亚广播公司，系英殖民者建立，电台于1927年开播，用英语、斯瓦希里语、印地语和15种非洲语言广播。1963年肯独立后，将其收归国有，改名为“肯尼亚之声”。

肯尼亚广播电视公司，1987年成立，系肯目前规模最大、广播电视节目能覆盖全国的广播电视公司。“肯尼亚电视网”，1989年成立，肯第一家私营电视台，用英语播放。目前，肯有至少13个电视台和17个调频广播电台，但覆盖范围主要限于内罗毕、蒙巴萨等大城市。

对外关系

奉行和平、睦邻友好和不结盟的外交政策，积极参与国际和地区事务，谋求地区和平与发展，反对外来干涉，重视发展同西方及邻国的关系，注意同各国发展经济和贸易关系，开展全方位务实外交，强调外交为经济服务。近年来，提出以加强与中国合作为重点的“向东看”战略。

肯是联合国、非洲联盟、不结盟运动、七十七国集团成员国，洛美协定签字国，也是政府间发展组织、东部和南部非洲共同市场、东非共同体和环印度洋地区合作联盟等次地区组织的成员。联合国在内罗毕设有办事处，联合国环境规划署和联合国人类住区规划署总部设在内罗毕。截至2006年，肯同107个国家建立了外交关系。

【对当前重大国际问题的态度】关于国际形势：认为冷战后国际政治、经济秩序发生巨大变化，经济全球化势不可当，经济因素成为国际关系的主导因素。东西方关系进入新时期，但南北关系无显著改善。多极化趋势有所发展，但霸权主义和强权政治依然存在，国际和平与安全主要受到有关地区和国家内部冲突的影响。

关于国际政治经济新秩序：认为现存的国际政治经济秩序对广大发展中国家不公正、不合理。西方推行霸权主义和强权政治，并利用现存的国际经济秩序从发展中国家渔利，客观上造成了发展中国家，特别是非洲国家的贫困。主张政治上应遵守《联合国宪章》，特别是恪守主权平等和互不干涉内政等基本国际关系准则；经济上应加大发展中国家在制定“游戏规则”过程中的参与力度，在此基础上推动建立公正、合理的国际政治经济新秩序。

关于非洲形势：认为冲突、动荡是阻碍非洲发展的最主要因素，应维护和促进非洲团结与合作，以和平方式解决非洲国家之间的争端。非洲在经济全球化中面临进一步边缘化的威胁，非洲国家应联合自强，通过经济一体化提高应对全球化挑战的能力。呼吁发达国家大幅减免非洲国家的债务，增加对非发展援助，向非洲产品开放市场。

关于联合国改革：主张对联合国机制和制度进行必要的改革，使其更具透明度和代表性，在决策方面更加民主、高效。主张增强联合国在维护国际和平与安全方面的作用，并在联大与安理会之间建立更加平衡的关系。正式提出争当扩大后的安理会常任理事国。坚决维护非盟共同立场，明确反对与“四国集团”方案合流。

关于气候变化：肯是非洲气候变化国家元首和政府首脑委员会成员，支持非盟共同立场。坚持共同但有区别的责任原则，要求发达国家率先减排，反对为发展中国家设定强制减排指标。认为发达国家应该向发展中国家提供资金和技术，帮助其提高适应气候变化的能力。主张联合国环境规划署在气候变化谈判中发挥关键作用。

关于人权问题：认为生存权和发展权是基本人权。发展中国家在贫穷的状态下，首先应解决生存和发展问题，否则民主、自由及其他政治、经济和社会权利无从谈起。主张通过对话加强国际人权交流，反对在人权领域搞对抗，反对西方国家利用人权问题对别国施压。

【同中国的关系】1963年12月14日两国建交。1978年中国改革开放后，两国关系日益密切，江泽民主席（1996年）、李鹏委员长（1999年）、朱镕基总理（2002年）、吴邦国委员长（2004年）、胡锦涛主席（2006年）、全国政协主席贾庆林（2007年）等先后访肯。肯总统莫伊曾于1980年、1988年、1994年三次访华，齐贝吉总统于2005年访华，2006年11月来华出席中非合作论坛北京峰会，2010年访华并出席上海世博会开幕式。

2011年，双方友好关系持续深入发展。中方访肯的重要团组有：中共中央政治局常委李长春、王岐山副总理、全国政协主席、中国国际交流协会副会长王志珍、国家体育总局局长刘鹏、国家宗教局局长王作安、民政部副部长孙绍骋、商务部部长助理俞建华等。肯方访华的重要团组有：土地部长阿格雷·詹姆斯·奥伦戈、新闻与通讯保障部长塞缪尔·波吉西奥、住房部长彼得·索伊塔·希坦达、能源部长吉拉伊图·穆伦吉、外交和政治秘书帕特里克·瓦莫托等。2012年3月，中共中央政治局委员、北京市委书记刘淇访肯；4月，全国人大副委员长华建敏访肯。5月，肯副总统穆西约卡来华出席首届中国（北京）服务贸易交易会开幕式。

中国驻肯尼亚大使：刘光源。馆址：WOODLANDS ROAD，KILIMANI DISTRICT，NAIROBI。电话：2722559，2726851，2721434（经参处）。电传：23011 CECOMKE（商务处）。传真：2726402。国家地区号：0025420

肯尼亚驻华大使：松库利（Mr. Julius Lekakeny Ole Sunkuli）。馆址：北京市朝阳区三里屯西六街4号。电话：010-65323381，65322473；传真：65321770。

【同英国的关系】两国在政治、经济和军事上保持着传统的密切关系。2003年10月，齐贝吉总统访英，与布莱尔首相会谈，英方承诺增加对肯援助。英是肯主要双边援助国之一。肯独立到1994年6月，英援总额达7亿英镑。英是肯第一大投资者，对肯投资总额超过10亿英镑。英每年向肯提供500个奖学金名额，目前肯有5000多名学生在英国留学。2006年两国续签了军事合作协议。2007年底肯大选争端引发人道主义危机后，英国宣布向肯红十字会提供100万英镑人道主义援助。2008年7月，奥廷加总理访英，与英首相布朗举行会谈。英宣布向肯提供900万英镑援助，用于重建项目和非政府组织能力建设。2010年5月，奥廷加总理赴英出席英非工程发展会议。

【同美国的关系】近年来，肯为争取美援、美为获得肯配合其在东非地区反恐，两国关系发展较快。肯是接受美援助最多的黑非洲国家之一，近年来每年约5亿美元。肯自2000年成为美“非洲增长与机会法”的首批受益国以来，对美纺织品出口激增，近百家美公司在肯设代表处。2004年1月，肯美在肯拉穆群岛附近举行代号为“尖槌04”的联合军事演习。2005年6月，美要求肯签订不向国际刑事法院提交美罪犯的协议，遭肯拒绝，美因此冻结对肯军事培训援助。2006年5月，美反恐协调员克伦普顿访肯。2007年底肯大选争议导致局势动荡后美积极调解，国务卿赖斯、助理国务卿弗雷泽先后访肯，会见了争议双方领导人和安南并转达布什总统口信。2008年3月，美民众为肯人道主义危机捐款2500万美元。5月，美军舰访肯并与肯举行了联合训练。6月，奥廷加总理访美，会见了国务卿赖斯、国家安全顾问哈德雷及参、众议院主要领导人。美宣布再向肯提供9000万美元的重建援助，并承诺两年内进一步扩大对肯经援力度。2009年5月，美国务院非洲事务助卿卡森和白宫国安会非洲事务高级主任加文访肯。2010年6月，美副总统拜登访肯，允向肯提供更多发展援助并将肯纳入“千年挑战账户”。

【同邻国的关系】肯与坦桑尼亚关系友好，两国间的合作不断扩大。两国领导人均强调加强双边合作的重要性。双方同意建立联合委员会促进双边贸易和合作，并简化移民程序，为两国人员往来和物资交流提供便利，促进地区一体化进程。2008年2月26日，担任非盟轮值主席的坦总统基奎特赴肯调解肯大选争端，并见证了争议双方签署《关于联合政府伙伴关系原则的协议》。2009年5月，肯副总统穆西约卡访坦，双方同意在本地区印度洋海域联合打击索马里海盗。

肯同乌干达关系友好。乌总统穆塞韦尼多次访肯。两国经贸关系密切，乌系肯最大商品出口国，肯为乌最大的外国投资商。2004年12月，两国签署直达铁路运输协议。2008年1月，担任东非共同体轮值主席的穆塞韦尼总统赴肯调解肯大选争端。近期肯与乌就米金戈岛归属产生争议，肯重申坚决维护国家领土完整但坚持以外交手段和平解决问题，双方同意通过联合勘界委员会解决争端。

肯积极推动索马里和平进程。2002年10月，肯在（东非）政府间发展组织授权下在肯西部城镇埃尔多雷特主持召开新一轮索马里和会。2004年1月，索各派在肯就索宪章修正案和建立新国民议会签署协议。8月后，索和会先后产生过渡联邦议会、政府和总统。2005年6月起，过渡政府从内罗毕迁回索境内。2006年9月齐贝吉总统在出席伊加特在内罗毕召开的特别首脑会议期间，会见了索过渡联邦政府总统优素福、埃塞总理梅莱斯，共同讨论了在索部署伊加特和平支助团等议题。2007年8月，齐贝吉总统会见来访的优素福总统。肯支持艾哈迈德当选索马里新总统并成立新过渡联邦政府，支持（东非）政府间发展组织、非盟和安会2009年5月发表公报谴责厄立特里亚支持索反政府武装，要求联合国安理会立即对其进行制裁。2011年10月，肯出兵索马里协助索过渡联邦政府清剿反政府武装“沙巴布”，并于2012年6月将在索部队并入非盟驻索马里特派团。

肯主张和平解决苏丹内部冲突，曾先后十余次主持苏丹和谈。2001年5月，肯作为伊加特苏丹问题委员会主席国在肯主持苏丹和谈。2005年1月苏丹政府与南方反政府武装在肯尼亚内罗毕签署全面和平协议。7月，齐贝吉总统出席苏丹过渡宪法签署及苏丹新政府成立仪式。2006年7月，苏第一副总统、南方政府主席马亚尔迪特访肯。2007年5月，苏第一副总统基尔访肯。2010年1月，南苏丹总统基尔访肯。8月，苏总统巴希尔出席肯新宪法颁布仪式。肯支持苏丹南部公投结果。南苏丹独立建国后，积极调停南北苏丹冲突。

（李宇亮）

莱 索 托

国名　莱索托王国（The Kingdom of Lesotho）。

面积　30344平方公里。

人口　220万（2012年联合国估算数字）。绝大多数人口属班图语系的巴苏陀族和祖鲁族。通用英语和塞苏陀语。约90%的居民信奉基督教新教和天主教，其余信奉原始宗教和伊斯兰教。

首都　马塞卢（Maseru），海拔1500米。人口约26.6万。全年最高气温33℃，最低气温-3℃。

国家元首　国王莱齐耶三世（Letsie III），1996年2月7日登基，1997年10月31日加冕。

重要节日　莫舒舒日：3月11日；英雄日：4月4日；国王诞辰：7月17日；独立日：10月4日。

简　况

非洲南部内陆国家，东部75%的国土是山地，最高海拔3482米。西部25%的狭长地带为地势较平缓的低地，最低海拔1388米。主要山脉是马洛蒂山和德拉肯斯堡山，主要河流是奥兰治河和卡勒登河。四周为南非所环抱。属大陆性亚热带气候。5～9月为旱季，10月至翌年4月为雨季，最高气温33℃，最低-7℃。

独立前称巴苏陀兰。19世纪初，巴苏陀族酋长莫舒舒一世统一各族，建立了王国。1868年，英国正式宣布巴苏陀兰为其“保护地”，并于1871年将其并入英国在南非的开普殖民地。1966年10月4日宣布独立，定名为莱索托王国，实行君主立宪制，莫舒舒二世任国王，巴索托国民党领导人乔纳森任首相。1970年举行独立后首次大选，巴苏陀兰大会党获胜。巴索托国民党政府宣布选举结果无效，并实行紧急状态，取缔反对党。1986年，武装部队司令莱哈尼耶少将发动军事政变，接管政权并禁止政党活动。1990年11月，军政府废黜莫舒舒二世，立其长子莱齐耶为国王。1993年3月，军政府“还政于民”，举行莱第二次大选，巴苏陀兰大会党获胜，该党主席莫赫勒出任首相。1995年1月，莫舒舒二世复位。1996年1月，莫舒舒二世遇车祸身亡。2月，莱齐耶再度登基。1998年5月举行第三次大选，民主大会党以绝对优势取胜，该党主席莫西西利任首相。反对党不承认选举结果并持续采取抗议活动抵制新政府，部分军人哗变，莱爆发严重动乱。应莱政府要求，南非、博茨瓦纳以南部非洲发展共同体名义派军队入莱平定动乱。在南共体调解下，执政党与反对党经过三年多的谈判，就以混合选举模式重新举行大选方式达成一致。2002年5月和2007年2月，莱按照混合选举模式顺利举行大选，民主大会党连续赢得大选，莫西西利均蝉联首相。

政　治

2012年2月，民主大会党发生分裂，莫西西利首相另组民主大会党，继续执政。5月26日，莱举行大选，执政的民主大会党仅获得120个议席中的48席。根据莱宪法规定，各政党可自由结盟，议席达61个即可执政。全巴索托大会党、莱索托民主大会党、巴索托国民党等3个主要反对党成功结盟，占据议会多数，赢得执政权。6月8日，全巴索托大会党领袖莫措阿哈·托马斯·塔巴内（Motsoahae Thomas Thabane）正式就任首相。莱首次由反对党联盟组建的多党联合政府执政。

【**宪法**】现行宪法于1993年3月颁布生效。宪法规定：国王为国家元首和立宪君主，内阁为行政机构，首相为政府首脑。

【**议会**】实行两院议会制。参议院有33个席位，由国王根据首相意愿指定的11名议员和22名大酋长组成，主席为莱塔帕塔·马卡奥拉（Letapata Makhaola）。众议院由120名议员组成，议员通过选区代表制和比例代表制选举产生，任期五年。本届议会丁2012年5月26日根据大选结果组成。民主大会党占48席，全巴索托大会党30席，莱索托民主大会党26席，巴索托国民党占5席，民主大众阵线3席，民族独立党2席，其他6席由莱索托工人党、巴索托巴托民主党、巴索托大会党等6个小党占有。议长塞菲里·伊诺克·莫塔尼亚内（Sephiri Enoch Motanyane）。

【**政府**】本届政府于2012年6月组成。内阁主要成员有：首相兼国防、警察与国家安全大臣莫措阿哈·托马斯·塔巴内，副首相兼地方政府、酋长与议会事务大臣莫泰乔阿·梅青（Mothetjoa Metsing），外交大臣莫拉比·采科阿（Mohlabi Tsekoa），妇女、青年、体育与娱乐大臣泰塞莱·马塞里巴内（Thesele 'Maseribane），发展计划大臣马博埃·莫莱察内（Maboee Moletsane），公共服务大臣莫特洛赫洛阿·普科（Motloheloa Phooko），能源、气象与水务大臣蒂莫西·塔哈内（Timothy Thahane），财政大臣莱泰凯泰·凯措（Leketekete Ketso），旅游、环境与文化大臣玛玛海莱·拉德贝（'Mamahele Radebe，女），工程与运输大臣凯凯措·兰措（Keketso Rantso，女），司法、人权、教化与法律和宪法事务大臣哈埃·普弗洛（Haae Phoofolo），通讯与科技大臣策利索·莫霍西（Tšeliso Mokhosi），林业与土地开发大臣科措·马特拉（Khotso Matla），贸工大臣泰梅基·措洛（Temeki Tšolo），矿业大臣特拉利·卡苏（Tlali Khasu），农业与粮食安全大臣利措阿内·利措阿内（Litšoane Litšoane），教育与培训大臣马卡贝洛·莫索托阿内（Makabelo Mosothoane），社会发展大臣马特巴措·多蒂（Matebatso Doti），就业与劳工大臣莱贝萨·马洛伊（Lebesa Maloi），首相府大臣莫洛贝利·苏洛（Molobeli Soulo），首相府大臣莫法托·莫尼亚凯（Mophato Monyake），卫生大臣平基耶·马纳莫莱拉（Pinkie Manamolela，女），内政大臣乔安格·莫拉波（Joang Molapo）。

【行政区划】全国划为10个行政区。2005年4月，莱举行了1966年独立以来首届地方政府选举，目前由社区理事会（Community Council）理事管理地方行政事务。全国成立了129个社区理事会，每个理事会由9～15名理事（人数需为奇数）组成。其中2名理事在酋长中产生，其余理事席位由各党推举的候选人及独立候选人竞争。地方政府任期为两年。2011年10月1日，莱地方政府选举。当时的执政党民主大会党在77个地区议会中赢得69个，主要反对党全巴索托大会党赢得3个，巴索托国民党赢得2个，大众民主阵线赢得1个。

【司法机构】司法体系基于罗马—荷兰法。由高等法院、上诉法院、10个行政区级法院和酋长主持下的地方习惯法法庭组成。根据莱宪法，上诉法院和高等法院法官可以由外籍人士担任，但上诉法院法官必须是英联邦国家公民。首席大法官马哈佩拉·莱波航·莱霍拉（Mahapela Lebohang Lehohla）。

【政党】注册政党共有19个，其中12个政党在本届议会中占有席位。主要政党有：

（1）全巴索托大会党（All Basotho Convention Party）：执政党之一。2006年10月成立，由原通讯大臣塔巴内脱离执政党民主大会党而成立。提出反腐败、均贫富、打击犯罪、提高养老金数额等政策主张，在城镇居民中有一定基础。2012年大选后与莱民主大会党和巴索托国民党等联盟执政。领袖莫措阿哈·托马斯·塔巴内任首相。总书记塔比索·利西巴（Thabiso Litsiba）。

（2）莱索托民主大会党（Lesotho Congress for Democracy）：执政党之一。1997年6月，巴苏陀兰大会党发生分裂，以莫赫勒为首的"首相派"脱离大会党，成立民主大会党并执政。1998年5月，民主大会党在大选中获胜继续执政。2001年，由于该党原副领袖马霍佩另立新党，民主大会党分裂。在2002年5月的大选中以绝对优势获胜，继续执政。2006年，原通讯大臣塔巴内另立新党，该党再度分裂，实力遭到削弱。2012年2月，再次分裂，时任党领袖帕卡利塔·莫西西利另立民主党并执政。该党沦为主要反对党。同年5月26日大选后与全巴索托大会党和巴索托国民党等党联合执政。领袖莫泰乔阿·梅青任副首相。主张为国家的经济发展创造良好条件，提高社会与卫生服务质量，改革教育制度，提供更多的就业机会，减少贫困。

（3）巴索托国民党（Basotho National Party）：执政党之一。1958年成立，曾于1966～1986年执政。2006年该党公开分裂，实力受损。主张政府权力由巴苏陀人掌握，效忠于英王和当地最高酋长，得到天主教会和酋长的支持。2012年大选后与全巴索托大会党和莱索托民主大会党联合执政。领袖泰塞莱·马塞里巴内、副领袖乔安格·莫拉波等4人在内阁中任职。

（4）民主大会党（Democratic Congress）：反对党。2012年2月由时任首相莫西西利脱离莱索托民主大会党后组建，并执政。2012年5月大选中未获半数以上议席，且未与其他政党达成联盟，失去执政权。现为莱主要反对党。党领袖帕卡利塔·莫西西利（Pakalitha Mosisili）。

（5）民族独立党（National Independent Party）：1979年成立。2002年大选中获得5个议席，2012年5月大选中仅获得2个议席。党领袖安东尼·马涅里（Anthony Manyeli）。

（6）莱索托工人党（Lesotho Workers Party）：2000年成立。2002年大选中获得议会1个席位，2007年2月大选中通过与全巴索托大会党结盟获得3个议席。2012年大选中获得1个议席。党领袖马卡埃法·比利（Macaefa Billy）。

此外还有大会党联盟（Alliance of Congress Parties）、巴索托巴托民主党（Basotho Batho Democratic Party）、巴索托民族民主党（Basotho Democratic National Party）、巴索托大会党（Basotho Congress Party）、马里马特卢自由党（Marematlou Freedom Party）、人民民主阵线（Popular Front for Democracy）和新莱索托自由党（New Lesotho Freedom Party）等政党。

【重要人物】莱齐耶三世：国王。1963年7月17日生于莱莫里加地区。为已故国王莫舒舒二世的长子。1968～1980年在英国就读小学和中学。1980～1984年在莱索托大学学习并获法学士学位。1984～1986年取得英国布里斯托尔大学英国法律文凭。1986～1987年在剑桥大学和伦敦大学怀伊学院进修发展学和农业经济学。学成归国后，于1989年12月被任命为马欣地区大酋长，并曾在马塞卢市政厅和制宪会议任职。1990年11月即位，1995年1月让位于其父莫舒舒二世。1996年1月莫舒舒二世因车祸身亡后于2月7日再次登基。1997年10月31日举行加冕典礼。1999年10月非正式访华。2010年10月来华出席上海世博会莱索托国家馆日活动。　**莫措阿哈·托马斯·塔巴内：**首相兼国防、警务与国家安全大臣。1939年5月28日生。1961～1964年就读于南非大学，获文学学士学位。1965年起参加政府工作。1966～1972年曾先后在参议院、卫生部、教育部任秘书。1972～1986年先后在卫生与教育部、司法部、内政部、卫生部和外交部任常秘。1986 ~ 1988年任当时执政的军事委员会秘书和军政府政治顾问。1988 ~ 1990年任政府秘书。1990 ~ 1991年任外交、新闻与广播大臣。1991年莱发生军事政变后前往南非经商。1995 ~ 1998年任首相特别顾问。1998 ~ 2002年任外交大臣。2002 ~ 2004年任内政与公共安全大臣。2004 ~ 2006年任通讯与科技大臣。2006月10月，因与莫西西利首相产生矛盾，脱离莱索托民主大会党，辞去政府职务，组建全巴索托大会党并任领袖。2012年6月8日就任首相。曾于1999年陪同莱国王莱齐耶三世访华，2000年来华出席首届中非合作论坛部长级会议。

经　济

自然资源贫乏，经济基础薄弱，是联合国宣布的世界最不发达国家之一。经济以农牧业和服装加工出口为主，粮食不能自给。侨汇也是国民收入的主要来源之一。近年来，莱政府积极实施《2020年国家经济发展远景规划》，改善投资环境，努力扩大就业，发展农业和基础建设，经济有所发展，钻石开采业成为新的经济增长点。但2008年下半年以来，受国际金融危机影响，莱服装加工业面临困境，侨汇收入锐减，经济形势严峻。2011受南部非洲关税同盟（SACU）税收分成减少影响，莱经济持续低速增长。2011年主要经济数据如下（资料来源：2012年4月份《经济季评》）：

国内生产总值：24.9亿美元。

人均国内生产总值：约1023美元。

经济增长率：5%。

货币名称：洛蒂，复数为马洛蒂（Maloti）。与南非兰特等值挂钩。

汇率（2011年平均值）：1美元=7.25马洛蒂。

通货膨胀率：5%。

外汇储备：10.09亿美元。

外贸总额：33亿美元。

外债：7亿美元。

【**工业**】以制造业和食品加工为主，生产成衣、制革、食品、饮料、建材、家具、电子等。莱境内的高原水利工程于1991年动工，是非洲最大的水利工程之一，由莱索托和南非共同出资兴建。目前，该工程第一阶段已竣工，莱索托通过向南非输水每年创造可观收入，并可解决自身电力需求。自2000年以来，随着欧美相继向莱开放无关税、无配额的市场，纺织、服装、制鞋等附加值相对较高的出口加工产业发展迅速，成衣业成为莱国民经济第一大支柱产业。莱成为撒哈拉以南非洲地区对美最大服装出口国和美在非第八大贸易伙伴，每年向美出口成衣创汇约5亿美元。2008年以来，受国际金融危机影响，莱服装加工业面临困境，出口下降，多家工厂停产或关闭。2011年，莱政府出资拯救纺织业。

【**矿业**】以钻石开采业为主，另有少量煤、方铅、石英、玛瑙及铀蕴藏，但不具商业开采价值。2007年矿业产值达7.64亿马洛蒂。钻石业发展较快，成为新的经济增长点，2006年以来，莱先后发现了“莱索托诺言”等多颗特大高等级原钻。2011年莱新开采出的重达550克拉钻石，拍出1650万美元。2012年2月莱启动钻石切割和抛光设施建设，每月可切割和抛光钻石2000克拉。

【**农牧业**】农业人口占全国人口的80%，农业劳动力占全国劳动力总数的50%。由于水土流失，可耕地逐年减少，现有可耕地面积18万公顷，约占全国面积的10%。2011年，受暴风雨雪等恶劣气候影响，农业遭受重大损失。

畜牧业占重要地位，全国66%的土地可供放牧，以养羊业为主，是非洲著名马海毛产地。

【**金融业**】莱有多家商业银行和专业金融机构，但主要为南非标准银行（Standard Bank）和莱利银行（Ned Bank）垄断。莱索托中央银行负责金融业的监管。银行服务范围目前仅限于城镇地区。

【**服务业**】2008年莱服务业总产值为48.84亿马洛蒂，占国内生产总值的37%。

【**旅游业**】政府鼓励发展旅游业，近年修建了一些旅馆和山区度假村以及一座国家公园，游客多来自南非。莱索托高水工程极大地促进了莱山区旅游业的发展。滑雪成为近年来新兴旅游项目。莱目前有大小旅店100余家，35%在首都；旅客床位4000多张，其中一半在首都。2006年旅游业收入7870万马洛蒂，游客近27万人次。

【**交通运输**】公路：总长7436公里，其中柏油路1189公里，砂石路3793公里，土路2454公里。

铁路：莱无独立铁路系统，仅有南非延伸至首都马塞卢的2.6公里铁路运送有限的物资。

空运：莱主要机场为马塞卢莫舒舒国际机场，可起降中型民用客机，每日有4个航班来往于马塞卢和南非约翰内斯堡航线，由南非航空公司运营。全国另有小机场30余个，没有航班，仅以国内运输为主，大多只能起降直升机。

【**通讯**】莱通讯事业近年来发展迅速。2006年有固定电话线路5.3万条，电话普及率为3%。移动电话业务主要由南非VODACOM电信公司与莱索托电信公司合资成立的VODACOM LESOTHO（VCL）电信公司提供。2007年移动电话用户45.6万户，移动电话普及率为22.71%。国际互联网服务由南非公司和莱本国公司提供。2007年互联网用户约7万户，网络普及率为3.49%。

【**财政**】近几年财政收支状况如下（单位：亿马洛蒂）：

	2009/2010	2010/2011	2011/2012
收入	103.44	89.2	136.76

支出	116.51	101.6	138.29
差额	−13.07	−12.4	−1.53

莱2011/2012年度财政预算总支出为138.29亿马洛蒂，总收入为136.76亿马洛蒂，赤字为1.53亿马洛蒂。

【外国援助】双边援助主要由英国、美国、爱尔兰、德国、日本等国提供；多边援助主要来自世界银行、欧盟、非洲发展基金、世界粮食计划署和国际开发协会。

2011年世界银行向莱提供约5000万美元援助，用于教育、卫生、农业、边境安全设施及梅托龙大坝项目的建设。

【对外贸易】2010年外贸总额33亿美元，其中出口额10.10亿美元，进口额22.90亿美元。进口商品主要为食品、燃料、机械等。主要出口为毛纺织品、原材料（羊毛、马海毛等）和牲畜等。

人民生活

全国劳动力约65万。2006年有约5.2万劳工在南非工作，侨汇收入在国民收入中占有一定比例。受金融危机影响，莱在南非矿业务工人员减少，导致侨汇收入大幅减少，直接影响民生。莱人口的80%可享有医疗服务。全国划分为18个医疗服务区。病床2404张，医生与病人的比率为1：960。各类医院211所，其中158个医疗中心，18家区级医院，3家全国性转诊医院。2008/2009财政年度莱医疗经费为9.991亿马洛蒂，占政府财政总预算的10.1%。据2006年统计，莱艾滋病患者及病毒携带者有26万余人，占成年人人口的23.2%。目前艾滋病造成的孤儿人数达18万人。全国57%的人口生活在贫困线以下。联合国发展计划署2006年报告显示，莱人均寿命已从1986年的56岁下降至2006年的39.7岁。

军　事

莱索托国防军由2000人组成，包括一支空军中队。国防军司令莫塔尼亚内（Thuso Motanyane）。2007/2008财年莱国防预算为2.92亿马洛蒂。

文化教育

【教育】国民受教育程度较高，识字率达81%，初级教育普及率达69%，在撒哈拉以南非洲国家中位居前列。根据世界银行发表的《2006年非洲发展指数》，莱教育支出占其GDP总额的9%，在撒哈拉以南非洲国家中位居第一。从2000年起，小学开始逐步实行免费教育，小学入学率为85%，中学为23%。2007年学生与教师的比率约为50：1。

近年来职业技术教育发展较快。莱索托大学是全国唯一的高等学府，每年招收约1700名学生。另有两所学院和四所技术学校。2008/2009年教育预算为19.977亿马洛蒂，占预算总额的22%。

【新闻出版】主要报刊：英文报纸主要有《公众眼报》、《时代报》、《镜报》、《观察家》和《今日莱索托》等。塞苏陀文主要有《摩洛蒂》、《摩索托》等10家报刊。《舒舒妇女杂志》为英文季刊，1991年由新闻和广播部创办并发行全国。

莱索托通讯社：1983年由联合国教科文组织资助建立。

莱索托电台和电视台：用塞苏陀语和英语播放，以塞苏陀语为主。全国拥有1.1万台电视机。

对外关系

奉行不结盟和睦邻友好政策。积极参与地区政治事务和经济合作。主张与不同政治、经济制度的国家和平共处。是南部非洲关税同盟、南部非洲发展共同体以及兰特货币区等地区组织成员国，与邻国均保持友好关系。莱还是洛美协定的成员国。近年来，莱在立足南共体的基础上，加强与欧美、联合国专门机构的关系，大力发展与东南亚和中、日、韩等东北亚及北欧国家的关系，积极参与地区与国际事务，大力引进外资，促进经济发展。2011年，莫西西利首相出席第66届联合国大会和英联邦首脑会议。

【同中国的关系】1983年4月30日，中国与莱索托建交。1990年4月莱军政府与台湾当局“复交”，中国于4月7日中止同莱外交关系。1994年1月12日莱巴苏陀兰大会党政府与中国恢复外交关系。复交以来，两国关系发展顺利。本世纪中方访莱的主要有：外经贸部部长助理何晓卫（2000年）、中国人民解放军副总参谋长隗福临上将（2002年）、外交部副部长杨文昌（2002年）、外交部部长李肇星（2005年）、外交部副部长吕新华（2005年）、全国政协副主席、中非人民友好协会会长阿不来提·阿不都热西提（2007年）、中共中央组织部巡视专员张化为（2007年）、国家知识产权局局长田力普（2007年）、商务部部长助理傅自应（2007年）、外交部部长助理翟隽（2009年）。莱方访华的主要有：国王莱齐耶三世（1999年、2010年出席上海世博会莱索托国家馆日活动）、国防军司令莫萨肯中将（2001年）、首相莫西西利（2001年、2005年、2006年出席中非合作论坛北京峰会、2007年度假考察、2010年出席上海世博会闭幕式）、外交大臣采科阿（2003年、2009年）、副首相兼教育大臣莱霍拉（2004年）、国民议会议长莫察梅（2004年）、民主大会党总书记马迪埃（2007年）、财政大臣塔哈尼（2007年、2009年）、民主大会党总书记梅青（2010年）、副首相莱霍拉（2011年）。

自1983年以来，中国完成了国家会议中心、布达布蒂工业园、国家图书馆兼档案馆、议会大厦等援莱成套项目和蔬菜种植、沼气技术指导等11个技术合作项目，正在实施首相府、广播电视网扩建项目。2011年8月，中国通过世界粮食计划署向莱提供了价值100万美元的粮食援助。

2001年，中国政府免除截至1999年底莱对华部分到期债务。2006年11月，中国政府在中非合作论坛北京峰会对非免债方案下免除莱5000万元人民币无息贷款。

自2005年1月1日起，中方对于从莱索托进口的部分商品给予免关税待遇。2011年，中国同莱索托贸易额为8000万美元，同比增长26.0%，其中中方出口额7300万美元，进口额700万美元。中国对莱主要出口轻纺和机电产品，进口马海毛等。

中莱于1985年签署文化交流协定。2009年9月，莱索托旅游、环境和文化大臣恩齐尼访华并与中国文化部长蔡武签署了《中莱文化合作协定2009年至2012年执行计划》。2011年中国赠莱陶艺设备，并派专家赴莱开展技术培训。中国首批医疗队于1997年4月赴莱工作，至今共派出8批103人。截至2011年，中国共接受莱留学生105人。2011年全年在华留学生共82人，其中奖学金生50名，自费生32名。莱系中国公民出境旅游目的地国。

中国驻莱索托大使：胡定贤。馆址：United Nations Road，P. O. Box 380，Maseru 100，Lesotho。电话：266-22316521。传真：266 22310481。E-mail：prcemb@ilesotho.com。

莱索托驻华大使：蒂贝利（Anthony Rachobokoane Thibeli）。馆址：北京市朝阳区东直门外外交办公楼302室。电话：010-65326843，65326844。传真：65326845。

【同发达国家的关系】莱与西方国家保持密切的经济关系。英国每年向莱提供1000万美元援助。自莱成为美国"非洲增长与机会法案"受益国以来，莱纺织品对美出口大幅增长，2004年莱成为撒哈拉以南非洲地区对美最大服装出口国和美在非第八大贸易伙伴。美将莱列入有资格获得"千年挑战账户"援助的16个国家之一。2007年7月，美千年挑战公司与莱政府签署协议，未来5年将向莱提供援助3.626亿美元，用于卫生、水利及经济发展等领域，并于2009年2月发放了首笔4800万马洛蒂的合同基金支付款。2007～2010年，欧盟和联合国儿童基金会向莱提供1.07亿马洛蒂援助，用于抚育艾滋病死者遗孤。2009年6月，莱同博茨瓦纳、斯威士兰一道与欧盟签署了过渡经济伙伴协定。11月，莱齐耶三世国王访问加拿大。2010年3月，日本向莱提供3800万马洛蒂援助，用于应对气候变化。

【同南部非洲国家的关系】莱注重发展与非洲国家特别是南部非洲国家的关系，积极参与地区经济合作和一体化进程，参与解决地区热点问题。2010年3月，莫西西利首相出席纳米比亚新总统波汗巴就职典礼暨纳米比亚独立庆典。6月，莱齐耶三世国王出席南非世界杯开幕式。8月，南非总统祖马访莱，双方签署经济合作谅解备忘录。2011年莱与南非签署高山水利二期项目协议。

【同其他国家的关系】2010年1月莱齐耶三世国王访问新加坡。5月，莱齐耶三世国王访问卡塔尔。10月，莫西西利首相访问科威特。2011年5月，莫西西利首相访问马来西亚和土耳其。7月，莱齐耶三世国王出席摩纳哥王子婚礼。10月，莱齐耶三世国王访问古巴。同月，泰国诗琳通公主访莱。　（樊建萍）

利 比 里 亚

国名　利比里亚共和国（The Republic of Liberia）。

面积　111370平方公里。

人口　410万（2011年）。有16个民族，较大的有克佩尔、巴萨、丹族、克鲁、格雷博、马诺、洛马、戈拉、曼丁哥、贝尔以及19世纪自美国南部移居来的黑人后裔。官方语言为英语。较大民族均有自己的语言。居民40%信奉拜物教，40%信奉基督教，20%信奉伊斯兰教。

首都　蒙罗维亚（Monrovia），人口110万。

国家元首　总统埃伦·约翰逊·瑟利夫（Ellen Johnson Sirleaf，女），2006年1月16日就任，2012年1月16日连任。

重要节日　独立日：7月26日。

简　况

位于非洲西部。北接几内亚，西北界塞拉利昂，东邻科特迪瓦，西南濒大西洋。海岸线长537公里。属热带季风气候，年平均气温约25℃。

9～10世纪，靠近撒哈拉沙漠中、西非地区的部分居民移居利比里亚。1821年起，在美国获得解放的黑奴被陆续安置于此，于1838年成立利比里亚联邦，并于1847年7月26日宣告独立，建立利比里亚共和国。之后百余年均为美国黑人移民后裔统治。1980年，土著克兰族人多伊军士长发动政变，建立军政府，并于1985年当选总统。1989年，流亡国外的前政府官员查尔斯·泰勒率兵返利，引发全面内战。1990年8月，利成立"全国团结临时政府"，索耶出任总统。1994年，利成立国务委员会，由主席和数位副主席集体行使总统权力。1997年，利举行大选，泰勒当选总统。泰勒执政后，利政局持续动荡。2003年8月，迫于内外压力，泰勒向副总统布拉移交权力，并流亡尼日利亚，利内战结束。10月，利各派组成以布赖恩特为主席的全国过渡政府。2005年10月，利举行总统和议会选举，团结党领袖瑟利夫女士当选总统。

政　治

瑟利夫总统就任后，致力于推进和平进程，努力发展基础设施和社会公共事业，全面开展恢复重建，取得积极成效。2011年11月，瑟利夫以90.8%的得票率再次当选总统，并于2012年1月16日宣誓就职。

【宪法】1986年实施第三部宪法。宪法规定，总统是国家元首、政府首脑和武装部队总司令，任期六年，可连任两届。立法权属国民议会。总统和议员由直接选举产生。实行多党制。

【议会】国民议会为最高立法机构，分参众两院。参议院共30席，每州2席，参议员任期九年，可连任两届。众议院席数根据选区数确定，本届议会共73席。众议员任期六年，可连任两届。现任参议长为副总统约瑟夫·博阿凯（Joseph Boakai）。众议长亚历克斯·泰勒（Alex Tyler），2012年1月当选。

【政府】实行总统制。本届政府于2012年3月16日成立，现政府主要成员名单如下：总统埃伦·约翰逊·瑟利夫，副总统约瑟夫·博阿凯，外交部长兼内阁首席部长奥古斯丁·佩赫·恩加富安（Augustine Kpehe. Ngafuan），财政部长阿马拉·科内（Amara Konneh），总统事务国务部长爱德华·麦克莱恩（Edward McClain），国防部长布朗尼·萨穆凯（Brownie Samukai），卫生与社会福利部长沃尔特·格韦尼盖尔（Walter T. Gwenigale），教育部长埃特莫尼娅·戴维·塔尔佩（Etmonia David Taepeh，女），内政部长布拉莫·纳尔逊（Blamo Nelson），土地、矿业与能源部长帕特里克·森多洛（Patrick Sendolo），新闻、文化和旅游部长刘易斯·布朗（Lewis G. Brown），司法部长克利斯蒂娜·塔赫（Christiana Tah，女），公共工程部长塞缪尔·科菲·伍兹（Samuel Kofi Woods），农业部长弗洛伦斯·切诺韦思（Florence Chenoweth，女），交通部长尤金·格纳比（Eugene Nagbe），邮电部长福瑞德里克·诺科（Frederick Norkeh），商业与工业部长米娅塔·贝索洛（Miata Beysolow，女），劳工部长瓦芭·盖弗洛（Vaba K.Gayflor），商业与工业部长米娅塔·贝索洛（Miata Beysolow，女），青年与体育部长托诺拉·瓦皮拉（S.Tornolah Varpilah）等。

【行政区划】全国划分为15个州。

【司法机构】设最高法院、地方初级法院和特别军事法庭。各级法官由总统任命。最高法院由一名大法官和四名陪审法官组成。现任首席大法官约翰尼·刘易斯（Johnie Lewis），2006年2月就职。总检察长由司法部长兼任。

【政党】实行多党制，现有30多个政党，主要有：

（1）团结党（Unity Party）：1984年8月成立，执政党。主张尊重公民权利，强调团结与和解；倡导建立良好的投资环境，发展私营经济；提倡优先发展教育和基础设施。2010年5月，行动党（LAP）和统一党（LUP）正式并入团结党。目前团结党在参议院和众议院分别占有10席和24席。现任领袖为瑟利夫总统，主席为瓦尼·舍门（Varney Sherman）。

（2）民主变革大会（Congress for Democratic Change）：2005年5月成立。是利主要反对党。主张实现和平与团结，推行民主和良政；强调优先发展教育和基础设施；倡导加强国际合作，寻求国际支持和援助。目前在参议院和众议院分别占有3席和11席。现任领袖为前世界足球先生乔治·维阿（George Weah），主席阿达玛·萨姆拉（Adama Samolah）。

（3）自由党（Liberty Party）：2005年5月成立，同年6月与“联合民主党”合并。现领袖职位空缺，代理领袖为富兰克林·萨克尔（Franklin O. Siakor），主席为伊斯雷尔·阿金三亚（Israel A. Akinsanya）。目前在参议院和众议院分别占有1席和7席。

（4）全国爱国党（National Patriotic Party）：1989年成立，前身系利比里亚全国爱国阵线（National Patriotic Front of Liberia），1997年2月改为现名。创建人泰勒于1997～2003年任利总统。目前在参议院和众议院分别占有6席和3席，现任领袖为罗兰德·马萨奎（Roland Massaquoi），主席为西奥菲勒斯·古尔德（Theophiluc C.Gould）。

此外，还有和平民主联盟（Alliance for Peace and Democracy）、利比里亚全国民主党（National Democratic Party of Liberia）、全利联合党（All Liberia Coalition Party）、全国改革党（National Reformation Party）、联合民主联盟（United Democratic Alliance）、新政运动（The New Deal Movement）和利比里亚人民民主党（People’s Democratic Party of Liberia）等。

【重要人物】埃伦·约翰逊·瑟利夫：女，总统。1938年生。早年留学美国，获哈佛大学公共管理学硕士学位。曾供职于世界银行、联合国开发计划署、花旗银行等机构。长期活跃于利政坛，团结党领袖。1977～1980年历任利财政部部长助理、副部长、部长。1985年当选参议员，但因反对时任总统多伊而未就职。1997年首次参加总统选举。2003～2005年任利过渡政府改革委员会主席。2005年11月当选总统。2011年11月再次当选。

经　济

系最不发达国家。农业国，粮食不能自给，工业不发达，矿产资源丰富。天然橡胶、木材和铁矿砂的生产和出口为其国民经济的主要支柱。瑟利夫政府积极实施减贫战略，加强对资源开发管理，修订外商投资法，吸引外资。2011年主要经济数据如下（资料来源：2012年3月《经济季评》）：

国内生产总值（GDP）：11亿美元。

人均国内生产总值：268美元。

国内生产总值增长率：10%。

货币：利比里亚元（Liberian Dollar）。

汇率：1美元＝71.5利元。

通货膨胀率：7.4%。

【资源】自然资源丰富。铁矿砂已探明储量超过40亿吨。另有钻石、黄金、铝矾土、铜、铅、锰、锌、钶、钽、重晶石、蓝晶石等矿藏。森林覆盖率约59%。出产红木等名贵木材。全国有2000多种植物、600多种鸟类、125种哺乳动物。林姆巴山区还因其独特的动植物群被联合国教科文组织列为世界遗产。

【工矿业】全国10%的人口从事矿业和制造业。内战期间由于政局持续动荡，生产受到严重影响，产值急剧下降，近年来有所恢复。2010年制造业实际增长3.1%，占GDP比重约为10%；采矿业实际增长8.6%，占GDP比重为1.7%。

2007年联合国解除对利钻石出口制裁后，利钻石生产和出口逐步恢复，当年生产钻石2万克拉，出口创汇近270万美元。2008年和2009年分别出口钻石4.7万克拉和1.8万克拉。

【农牧林业】主要农作物是水稻和木薯。曾为大米出口国，但内战后粮食不能自给，严重依赖进口。2009年大米产量为20万吨。橡胶为主要经济作物，其他还有可可、咖啡和油棕榈等。2008年橡胶出口收入约为2.07亿美元。牧业不发达，禽蛋主要靠进口。2004～2006年，受联合国木材禁运限制，木材生产停止。2006年联合国解除制裁后，生产开始恢复。2009年实现首批木材出口，林业收入约2300万美元。2010年，农业、林业部门分别实际增长3.8%和11.6%，占GDP比重分别为42.2%和16%。

【船籍注册】是全球第二大方便旗船籍国，截至2010年底，在利注册船籍数量超过3000艘，总吨位达1.07亿吨，占全球船只吨位份额约11%。。船籍注册收入一直是利重要的财政来源之一。

【交通运输】铁路：内战前全国只有3条铁路，总长500公里，其中145公里为窄轨铁路，主要用于运输铁矿砂。内战期间遭到严重破坏，现基本停运。

公路：总长11000公里，其中全天候公路2036公里，柏油路739公里。内战期间受损较严重。在国际社会援助下，已开始修复工作。

水运：利国家港务局管辖蒙罗维亚、格林维尔、哈珀、布坎南四个港口。蒙罗维亚自由港是利最大港口，但年久失修，仅部分泊位可用。2009年前3季度，共装卸货物100万吨。布坎南港内战前主要用于运输铁矿砂和木材，目前装卸和仓储设施不敷使用。

空运：内战前，利全国共有47个机场，其中大型机场2个。内战后，大多数机场设施被毁坏。位于首都的罗伯茨国际机场是利当前最主要民用机场，目前正在逐步修复和扩建。利尚未有自已的商业航空公司，国际航空业务主要由布鲁塞尔航空公司、法国航空公司、肯尼亚航空公司和埃塞俄比亚航空公司经营。

【财政金融】主要财政收入来自税收、船籍注册收入、出口税和国营企业利润。近几年财政收支情况如下（单位：亿美元）：

	2008/2009	2009/2010	2010/2011
收入	2.363	2.35	3.60
支出	2.450	3.12	3.85
差额	−0.087	−0.77	−0.25

（资料来源：利比里亚财政部网站）

截至2011年底，利外汇储备达到3.27亿美元。

近年来，利在国际社会帮助下积极落实国家减贫战略，加紧推进减债进程，努力减轻政府债务负担，截至2009年6月，累计获得债务减免达30亿美元。2010年6月，利达到世界银行和国际货币基金组织提出的“重债穷国倡议”的完成点。2011年6月，利成功获得巴黎俱乐部成员国25.15亿美元债务减免，外债负担进一步减轻。

【对外贸易】主要出口木材、天然橡胶、可可豆、咖啡等，进口食品、机械运输设备、制成品、化工产品、原料、饮料、烟草、植物油、燃料等。主要出口国有南非、美国、西班牙、德国等；主要进口国有：韩国、中国、新加坡、日本等。近年进出口贸易均为逆差，具体情况如下（单位：百万美元）：

	2009	2010	2011
出口额	180	207	422
进口额	559	726	756
差　额	−379	−519	−334

（资料来源：2012年3月《经济季评》）

【外国资本】近年来，外国投资增加迅速。2010年和2011年，利吸收国外直接投资额分别为3.98亿美元和4.31亿美元，主要投向矿产开发领域。

【外国援助】根据经济合作与发展组织统计，利2009年和2010年分别获得外援5.13亿美元和14.23亿美元，主要援助方为：国际货币基金组织、美国、法国、国际开发协会、欧盟、日本、德国、意大利、瑞典、英国等。

人民生活

根据联合国开发计划署公布的《2011年人类发展报告》，利比里亚的人类发展指数在187个国家中名列第182位。83.9%的人口生活在贫困线以下。2011年人均寿命约56.8岁，5岁以下婴幼儿死亡率为11.2%，孕产妇死亡率0.99%。2007年，艾滋病平均感染率约1.1%。医疗设施在内战中损毁严重，内战后利政府依靠国际援助修复了14所医院、13家医疗中心和230个诊疗所。全国医生不足200人，一半是外国医生。

军　事

1908年2月，组建警察和军事部队。1909年3月，创建利比里亚边防部队。1956年根据《国防法》正式建立利武装部队。1982年改称利比里亚国民警卫队。1989年，总兵力曾达5800人。1990年9月多伊政权垮台后，政府军溃散。内战期间，利有多个武装派别，约计6万名战斗人员。2003年全国过渡政府成立后，各派军事力量开始解武工作。2004年11月，解武和复员工作顺利结束。2006年1月，利政府启动武装部队重建计划，美国出资帮助。2009年2月，利新武装部队完成组建。目前，利新军队总人数为2168名。现任武装部队司令阿卜杜勒·拉赫曼（Abdul Rahman）。

文化教育

【教育】实行小学、中学12年义务教育制。由于战乱，利教育长期处于停滞状态，中小学校舍和教师严重不足。2011年成人文盲率为59.1%，适龄儿童入学率65.3%。大学学制一般为4年。高等院校有利比里亚大学、卡廷顿学院、AME大学、基督教学院、联合卫理会大学等。利比里亚大学为公立综合性大学，全国最高学府，现设6个本科学院，3个专业学院及3个研究生项目，注册学生约1.6万人，教师500名。

【新闻出版】《新利比里亚报》为官方报纸，此外还有《每日观察报》、《调查者报》、《新闻报》等20多家私人报纸。

利比里亚通讯社是利官方通讯社，1979年建立，每周一至周五出版新闻稿。

利比里亚广播公司是利官方广播电视机构，建立于1960年，内战中遭到严重破坏，目前只有其所属的ELBC广播电台和ELTV电视台能够运行。其他较大的广播电台有Star Radio、Radio Veriatas、Truth FM和联利团广播电台等。除Star Radio可覆盖周边各州外，其他电台均只能覆盖首都蒙罗维亚地区。此外，蒙罗维亚地区还有多家电视台，如Real TV、Love TV等，均只能覆盖蒙罗维亚地区。

对外关系

奉行独立自主、平等互惠的外交政策。遵循确保国家安全、维护领土完整和主权与尊严，互不干涉内政的原则，主张在自由民主基础上实现国际社会的团结，坚定支持非洲一体化进程，主张非洲国家应"以一个声音说话"。现为联合国、不结盟运动、非洲联盟、西非国家经济共同体、萨赫勒—撒哈拉国家共同体和马诺河联盟等组织成员。目前，同144个国家建立有外交关系。

【同中国的关系】1977年2月17日同中国建交。1989年10月9日，多伊政权与台湾签署关于重新建立"外交关系"的联合公报。10日，中国宣布中止同利比里亚的外交关系。1993年8月10日，中国政府和利比里亚全国团结临时政府签署关于恢复两国外交关系的联合公报。1997年9月5日，利总统泰勒宣布承认"两个中国"。9日，中方宣布中止与利外交关系。2003年10月11日，中国与利比里亚政府签署关于恢复两国外交关系的联合公报。

两国政治交往密切。2011年3月，利外长麦金托什访华，习近平副主席予以会见，杨洁篪外长与其会谈。2012年1月，胡锦涛主席特使、人力资源和社会保障部部长尹蔚民赴利出席瑟利夫总统就职典礼。

两国其他领域交流合作深入发展。2011年3月，中联部部长王家瑞率团访利。2012年2月，利团结党主席舍门率团访华。此外，利独立人权委员会主席尤瑞、代理总审计长南卡、农业部副部长苏巴等也分别访华。

2011年，中利贸易额为50.08亿美元，同比增长13.3%，其中中方出口额49.67亿美元，进口额4100万美元。

2011年5月3日，中国新任驻利比里亚大使赵鉴华向瑟利夫总统递交国书。12月5日，利比亚新任驻华大使贾贾尔·卡马拉向胡锦涛主席递交国书。

中国驻利比里亚大使：赵鉴华。馆址：Oldest Congo Town，Monrovia，Liberia。电话：00231-6-555556（使馆），555855（经商处）。传真：00870-76-3667818，3667818（经商处）。

利比里亚驻华大使：贾贾尔·卡马拉（Jarjar M.Kamara）。馆址：北京市朝阳区西坝河南路1号金岛公寓013房间。电话：010-64403007。

【同美国的关系】两国于1864年建交。利美长期保持着特殊关系。利内战前，美在利投资约4亿美元，并有常驻军事代表团及和平队。2003年，美派军舰进入利海域，迫使泰勒下台。利内战结束后，美提议组建联合国驻利比里亚特派团，并承诺出资4亿美元帮助利进行和平重建。美把利作为由乱而治国家的典范和"民主样板"，在利主要政府部门都派有美国顾问。2007年起，利成为美《非洲增长与机遇法案》受惠国，两国签署了《贸易与投资框架协议》。2008年，瑟利夫总统4次赴美。2月，美总统布什对利进行国事访问。10月，美向利恢复派遣和平队。2009年8月，美国务卿克林顿访利。2010年4月，美副国务卿威廉·伯恩斯访利。同年，瑟利夫总统4次访美。2011年4月，美军非洲司令部司令卡特·汉姆将军访利。5月，美助理国务卿布朗菲尔德访利。同月，瑟利夫总统赴美访问，并应邀在哈佛大学毕业典礼上发表讲话。6月，瑟利夫总统再次访美，会见美国务卿克林顿，与美参议员、国会议员举行会谈。2012年1月，美国国务卿克林顿赴利出席瑟利夫总统就职典礼。

【同尼日利亚的关系】1957年3月两国建交。尼日利亚作为地区大国在调停利内战、推进利和平进程等方面发挥了重要作用。2003年8月，尼总统奥巴桑乔赴利调停内战，接受泰勒赴尼流亡，促成利内战结束。近年两国交往密切。2007年5月，瑟利夫总统出席尼新任总统亚拉杜瓦的就职典礼。2010年1月，尼外长马杜埃奎访利。10月，瑟利夫总统赴尼出席尼国庆活动。12月，瑟利夫总统出席在尼首都举行的西共体特别峰会。2011年1月，瑟利夫总统出席西共体第

39次峰会。7月，尼总统乔纳森出席利国庆164周年活动并访利。9月，瑟利夫总统赴尼参加西共体成员国领导人小型峰会。2012年3月，瑟利夫总统赴尼庆祝尼前总统奥巴桑乔75岁生日。

【同加纳的关系】1960年10月两国建交。加纳为利结束内战、实现和平作出了积极贡献。20世纪90年代，加纳是西共体驻利维和部队的第二大派兵国。2003年，加纳外长率西共体代表团赴利调解内战，并促成利各派最终达成阿克拉和平协定。2007年3月，利总统瑟利夫访问加纳，并出席加纳独立50周年庆典。2010年2月，瑟利夫总统访问加纳。2012年1月，加纳副总统马哈马赴利出席瑟利夫总统就职典礼。

【同邻国的关系】利与塞拉利昂于1973年成立马诺河联盟。1980年几内亚加入该联盟。1986年三国签订《互不侵犯和安全合作条约》。1989年，利内战爆发后，几、塞向利派出维和部队。1999年，利、几、塞三国边境地区爆发武装冲突，利、几相互指责对方支持本国反政府武装，双方关系出现紧张。2002年，三国元首在摩洛哥首都拉巴特举行会晤，决定重启马诺河联盟。2006年12月，瑟利夫总统访几。2007年4月和7月，瑟利夫总统赴几出席马诺河联盟会议，讨论共同边界安全和难民问题。5月，瑟利夫总统访塞。9月，塞总统科罗马访利。11月，瑟利夫总统赴塞参加科罗马总统就职仪式。2008年5月，马诺河联盟峰会在利举行，吸纳科特迪瓦为正式成员。12月，瑟利夫总统赴塞出席马诺河联盟峰会。同月，瑟利夫总统赴几出席孔戴总统葬礼。2010年1月，瑟利夫总统赴布基纳法索，参与劝说几军政权领导人尽快还政于民。4月，瑟利夫总统赴几出席马诺河联盟峰会。11月，几内亚过渡政府总理多雷率团访利。12月，瑟利夫总统赴几出席孔戴总统就职仪式。2011年3月，瑟利夫总统访问几内亚。4月，瑟利夫总统出席塞拉利昂独立50周年庆典。5月，瑟利夫总统赴科特迪瓦出席瓦塔拉总统就职仪式。6月，科特迪瓦总理兼国防部长索罗访利。同月，塞拉利昂、几内亚、科特迪瓦三国总统赴利参加马诺河联盟第20届领导人峰会。2012年1月，几内亚总统孔戴、科特迪瓦总统瓦塔拉以及塞拉利昂总统科罗马均出席瑟利夫总统就职典礼。3月，瑟利夫总统赴科特迪瓦参加西共体首脑特别会议。5月，塞拉利昂总统科罗马访利。（刘国华）

利　比　亚

国名　利比亚（Libya）。

面积　176万平方公里。

人口　659.8万（2011年），主要是阿拉伯人，其次是柏柏尔人。阿拉伯语为国语。绝大多数居民信仰伊斯兰教。

首都　的黎波里（Tripoli），人口168万（2008年）。

简　况

位于非洲北部，与埃及、苏丹、突尼斯、阿尔及利亚、尼日尔、乍得接壤。北濒地中海，海岸线长1900余公里。沿海地区属地中海型气候，内陆广大地区属热带沙漠气候。

公元前3世纪，利比亚人在反抗迦太基帝国统治的斗争中曾建立统一的努米底亚王国。7世纪，阿拉伯人打败拜占庭人，征服当地柏柏尔人，带来了阿拉伯文化和伊斯兰教。16世纪，奥斯曼帝国攻占的黎波里塔尼亚和昔兰尼加，控制了沿海地区。1912年，利比亚在意土战争后成为意大利殖民地。1943年初，法、英分别占领利比亚南、北部。二战后，由联合国对利全部领土行使管辖权。1951年12月24日，利比亚宣告独立，成立联邦制联合王国。后改名为利比亚国。1969年9月1日，以卡扎菲为首的“自由军官组织”发动政变，推翻伊德里斯王朝，成立阿拉伯利比亚共和国。1977年3月改国名为阿拉伯利比亚人民社会主义民众国。1986年4月改国名为大阿拉伯利比亚人民社会主义民众国。2011年，卡扎菲政权被推翻，国名暂定为利比亚。

政　治

2011年2月中旬以后，利局势持续动荡，民众示威游行遭到当局镇压后，迅速演变为内战。反对派在东部城市班加西成立“国家过渡委员会”，与卡扎菲政权分庭抗礼。“国家过渡委员会”由约45名来自各地区的代表组成，穆斯塔法·阿卜杜勒·贾利勒（Mustafa Abdul Jaril）任主席。联合国安理会先后通过第1970、1973号决议，对利实施制裁，并授权在利设立“禁飞区”。北约随后对利发动军事行动。8月20日，“国家过渡委员会”武装攻占的黎波里。10月20日，卡扎菲被俘身亡。10月23日，“国家过渡委员会”宣布全国解放。11月22日，利过渡政府成立，阿卜杜拉海姆·凯卜任总理。过渡政府致力于恢复国内秩序，开展战后重建，并在2012年7月7日顺利组织举行国民大会（制宪会议）选举。8月8日，“过渡委”向国民大会和平移交权力，标志着利政治过渡进程迈出了重要一步。

【宪法】1969年12月曾颁布临时宪法。1973年，卡扎菲发动“文化革命”，宣布停止执行一切现行法律。2011年8月，“国家过渡委员会”公布《宪法宣言》，在政治过渡阶段发挥临时宪法作用。《宪法宣言》规定，利比亚将建立多党制民主国家，实行法治，保障全体人民平等享有基本自由和人权。伊斯兰教为国教，教法是国家立法的主要依据，国家保护非穆斯林民众的宗教信仰自由。《宪法宣言》还公布了利政治过渡的时间表。

【议会】卡扎菲政权时期设有总人民大会，是国家最高权力机构。卡扎菲政权被推翻后，“国家过渡委员会”顺利组织在2012年7月7日举行国民大会选举。8月8日，“过渡委”向国民大会移交权力，并立即解散，国民大会成为利人民唯一合法代表，穆罕默德·马格里夫任议长。

【政府】2011年11月，利过渡政府成立，阿卜杜拉海姆·凯卜任总理，穆斯塔法·布沙古尔，奥马尔·阿卜杜拉·阿卜杜勒—凯利姆任副总理。新政府由24个部长组成，包括：国防部长奥萨马·祖瓦利，内政部长法乌齐·阿卜杜勒·阿里，外交与国际合作部长阿舒尔·本·海亚勒，财政部长哈桑·齐格莱姆，计划部长伊萨·图维吉尔，经济部长塔希尔·沙尔克斯，石油和天然气部长阿卜杜勒赫曼·本·依扎，宗教基金和事务部长阿姆扎·阿布法里斯，烈士和失踪者家属抚恤部长阿卜杜纳赛尔·吉布里勒·哈米德，社会事务部长玛卜露卡·谢里夫·吉布里勒（女），教育部长苏莱曼·阿里·萨希里，劳动和培训部长穆斯塔法·拉杰巴尼，司法部长阿里·哈米德·阿舒尔，卫生部长法蒂玛·哈姆鲁什（女），地方管理部长穆罕默德·哈迪·哈希米·哈拉里，住房和公共设施部长易卜拉欣·苏古特里，通讯和信息部长安瓦尔·费图里，交通和运输部长尤素福·沃哈依什，农牧和水产部长苏莱曼·阿卜杜勒哈米德·本·哈鲁白，工业部长穆罕默德·马哈茂德·法提希，高等教育和科学研究部长纳依姆·盖尔扬尼，青年和体育部长法特希·塔尔布勒，文化和公民社会部长阿卜杜勒赫曼·哈比勒，电力和可再生能源部长艾瓦德·巴里克·易卜拉欣。

利国民大会承担起领导国家的职责后，按照政治过渡进程，将于2012年9月上旬推选出新的政府首脑，并由其负责组成新一届政府。

【行政区划】1998年，利比亚全国划分成26个省。2002年增至28个省及两个地区。

【重要人物】**穆斯塔法·阿卜杜勒·贾利勒**：“国家过渡委员会”主席。1952年生于利比亚东部城市贝达。1970年在班加西的卡尔尤尼斯大学攻读伊斯兰法，曾任律师、法官。2007年出任司法部长。2011年2月利爆发危机后，贾因不满卡扎菲政权暴力镇压示威者辞职。2011年3月5日，在“过渡委”首次会议上被推举为主席。 **阿卜杜拉海姆·凯卜**：过渡政府总理。1950年出生，毕业于的黎波里大学，曾在美国学习并获博士学位，电机工程专家。2005年创办一家国际能源和技术企业。凯长期从事反卡扎菲政权活动，常年流亡美国。2011年8月，利反对派攻破首都的黎波里，凯结束流亡回国。11月22日，凯当选利过渡政府总理。

经 济

利长期实行单一国营经济，依靠丰富的石油资源，曾一度富甲非洲。1992年开始，受洛克比问题而遭受国际制裁，经济状况不断下滑。1999年联合国中止对利制裁后，特别是近几年国际油价持续居高，利石油收入大幅增加，利经济曾出现较好的发展势头。自2003年起，利开始实行经济改革，尝试建立股票市场，加快部分国营企业和银行的私有化进程。2011年2月前，利日产原油约160万桶。局势动荡使利石油生产受到严重影响，石油出口一度停滞。利内战结束后，随着国内局势好转，利石油复产势头强劲，目前利石油日产量已恢复至战前水平。由于战乱，联合国发展署、非洲发展银行等国际组织预测利2011年经济可能负增长19%。2010年主要经济数据如下（资料来源：2010年经济季评、经济学家杂志）：

国内生产总值：743亿美元。

人均国内生产总值：11314美元。

国内生产总值增长率：4.2%。

通货膨胀率：2.4%。

货币名称和汇率：第纳尔（1美元＝1.25第纳尔）。

失业率：30%。

【资源】以石油为主，探明储量为430亿桶。其次为天然气，探明储量达1.54万亿立方米。其他有铁（蕴藏量20～30亿吨）、钾、锰、磷酸盐、铜、锡、硫磺、铝矾土等。沿海水产主要有金枪鱼、沙丁鱼、海绵等。

【工业】2010年工业总产值增长2.7%。石油是利的经济命脉和主要支柱，95%以上的出口收入来自石油。20世纪50年代发现石油后，利石油开采及炼油工业发展迅速。2009年出口石油创汇达319亿美元，主要出口至意大利、德国、西班牙、法国等国。利工业还包括石化、建材、电力、采矿、纺织业、食品加工等。

【农业】农业占国民生产总值约2.6%。农业人口占全国总人口的17%。可耕地面积占全国总面积的1.03%，水浇地不到1%。利农业非常落后，主要农作物有小麦、大麦、玉米、花生、柑橘、橄榄、烟草、椰枣、蔬菜等。畜牧业在农业中占重要地位。全国有牧场850万公顷。养殖的牲畜约1160万头，主要为牛、羊、骆驼，其中牛107万头，羊1038万只，骆驼23万峰。利近一半的粮食和畜牧产品依赖进口。

为解决用水问题，利自1984年8月开始兴建“人工河”工程，用管道把南部地下水引向北部沿海地区。

【交通运输】以公路为主，无铁路。

公路：总长10万公里，其中高级公路5.7万公里，农用路4.2万公里。

水运：主要港口有的黎波里、班加西、托卜鲁克、卜雷加、德尔纳、米苏拉塔、扎维亚、拉斯拉努夫。

空运：拥有利比亚阿拉伯航空公司和非洲航空公司。各类机场共137个。主要民用机场设在的黎波里、班加西、米苏拉塔、塞卜哈、托卜鲁克、锡尔特和卜雷加。

【财政金融】2011年底外汇储备1002.53亿美元，外债4.8亿美元。

【对外贸易】主要出口产品是石油（产量80%以上供出口）。主要进口粮食、食品、机械、建材、运输设备、电器、化工和轻工产品以及武器装备。主要贸易对象是意大利、德国、西班牙、土耳其等。2010年外贸总额约709亿美元。近年进出口情况如下（单位：亿美元）：

	2008	2009	2010
出口额	620	370	463
进口额	217	220	246
差　额	403	150	217

（资料来源：2011年经济季评）

人民生活

2011年2月局势动荡前，利全国有17所综合医院和88个医疗中心，平均每千人有病床4.8张，医生2名。全国有12.2万人享受社会保险。2009年底，全国共有固定电话用户110万门，手机用户500万，互联网用户35.4万人。局势动荡后，利发生大规模人道主义危机，有超过100万难民涌入邻国突尼斯和埃及。

文化教育

【教育】15岁以上接受过教育的人口占人口总数的82.6%，为北非最高。受教育时间女性平均10年，男性平均8年。局势动荡前，全国各级学校教师总数为30.31万人，在校生人数145.55万人。初级师范学院73所，在校学生1.14万人。全国有15所高等院校。主要有的黎波里法塔赫大学、纳塞尔大学、卜雷加明星大学、拜达奥马尔·黎赫塔尔大学等。

对外关系

利新政权建立以来，获得国际社会的普遍承认，当前，利新政权外交可概括为：坚持阿拉伯、非洲、伊斯兰和发展中国家属性，强调独立自主、平等互利、互不干涉内政等原则。新政权奉行全方位、均衡外交，在总体方针上，摒弃卡扎菲时代“个人外交”、“非洲领袖”的烙印，践行相对务实、温和的“新外交”理念，将本国利益作为外交政策立场的出发点，重视民意和对外民间交往。

【联合国对利比亚制裁】2011年2月利局势发生动荡后，联合国安理会于2月26日一致通过制裁利政府的第1970号决议，包括对利实行武器禁运、限制利高官旅行、冻结相关人员海外资产、将利局势提交国际刑事法庭等。3月17日，安理会通过1973号决议，决定在利设立“禁飞区”，要求有关国家采取一切必要措施保护利平民，并对利实施更为严格的武器禁运和财产冻结制裁。9月16日，安理会通过第2009号决议，解除部分对利制裁，并决定成立联合国利比亚支助团。10月27日，安理会通过第2016号决议，决定在10月31日后终止第1973号决议关于保护平民和设立“禁飞区”的授权。为防止利国内武器泛滥可能对周边国家的和平稳定构成威胁，防止武器扩散，安理会于2011年10月31日和2012年3月12日，分别通过第2017号和2040号决议。

【同中国的关系】中利于1978年8月建交。两国关系发展总体顺利。利领导人卡扎菲于1982年访华，江泽民主席于2002年访利。利反对西方利用人权反华，并曾为中国做台湾在非洲“邦交国”工作。

2006年，利在涉台问题上出现倒退，中利关系出现波折。经中国做工作，2007年后，利对该问题认识加深，并多次向中国表达改善两国关系的愿望。2008年12月，翟隽副部长访问利比亚，会见利外长沙勒格姆、负责非盟事务副外长图莱基、负责亚洲事务副外长巴拉尼及总人大外事秘书沙胡米。同月，经中央批准，中国解除了对利惩戒措施，恢复双边关系正常发展。

2011年2月，利局势发生动荡，中国从利撤回35860名公民。利“过渡委”成立后，中方逐步开始与其接触。6月，利比亚“国家过渡委员会”执行局主席吉卜里勒访华。7月，中国外交部亚非司司长陈晓东访问利比亚班加西。9月1日，外交部副部长翟隽作为中国政府代表以观察员身份出席在巴黎举行的“利比亚之友”国际会议，期间会晤利“过渡委”执行局主席吉卜里勒。9月12日，中国政府宣布承认“国家过渡委员会”为利比亚执政当局和利比亚人民的代表。9月20日，外交部长杨洁篪在纽约出席联合国利比亚问题高级别会议，期间会晤利“过渡委”主席贾利勒。10月28日，中国驻利比亚大使王旺生返利。2012年1月，外交部张明部长助理在埃塞俄比亚出席非盟部长级会议期间会见利外长本·海亚勒。4月，外交部亚非司陈晓东司长访利。5月，利外长本·海亚勒率团出席中阿合作论坛第五届部长级会议。6月，利外长本·海亚勒访华。

2011年初，利局势出现动荡，中国所有在建项目全部停工。受利国内局势影响，当年中利双边贸易额为27.8亿美元，同比下降57.7%。中方主要出口商品为机电、通讯、纺织品等，进口商品主要是原油。

利局势动荡后，中国向利提供了人道主义物资援助，向埃及、突尼斯共提供了一定金额的现汇援助和一批物资援助，用于安置利与两国边境难民。

中国驻利比亚大使：王旺生。馆址：Menstir Street, Gargaresh, Tripoli。电话：00218-21-4832914，4833193；传真：00218-21-4831877。

利比亚驻华使馆临时代办：穆斯塔法·哈马里（Mustafa M.E.Elhmali）。馆址：北京市朝阳区三里屯东六街3号。电话：010-65323666，65323980；传真：65323391。

【同美国的关系】卡扎菲执政后，利美关系一直紧张。1980年里根政府上台后，美指责利支持国际恐怖主义，两国关系迅速恶化。1991年，美、英指控利两名情报人员策划了1988年洛克比空难事件，推动安理会对利实施制裁。2003年8月，利在洛克比问题上对美、英做出重大让步，表示愿支付27亿美元巨额赔偿并为利官员行为承担责任。2004年利美恢复代办级外交关系，美宣布全面取消对利经济制裁。2006年美宣布全面恢复与利比亚的外交关系，并将利从支持恐怖主义国家名单中删除。2008年1月，利外长沙勒格姆访美；9月，美国务卿赖斯访利，标志着两国关系实现正常化。

2011年2月利局势发生动荡后，美公开要求卡扎菲下台。3月，美联合多国部队对利实施军事打击。3月31日，美向北约移交对利军事行动指挥权。7月15日，美宣布承认“国家过渡委员会”为利合法执政当局。10月18日，美国务卿希拉里·克林顿访问的黎波里。12月17日，美国国防部长帕内塔访问的黎波里。

【同欧盟国家的关系】在利局势发生动荡前，欧盟是利第一大贸易伙伴和石油的主要销售地。2007年，欧盟与利签署了全面恢复与利关系的框架协议，并宣布与利建立全面伙伴关系。2011年2月利局势发生动荡后，欧盟于2月28日决定对利政府实施制裁。4月12日，欧盟外长发表声明，呼吁利政府停火，并要求卡扎菲下台。5月22日，欧盟外交与安全政策高级代表阿什顿访问班加西，宣布欧盟驻班加西办事处正式运行。8月29日，欧盟委员会在的黎波里设立人道主义救援办公室。10月10日，欧盟理事会发布会议声明，承认“过渡委”为利国家和人民唯一合法代表与合法临时政府，支持“过渡委”代表利重返联合国。

与意大利的关系：欧盟国家中意大利与利关系最为密切，是利石油主要进口国。2008年8月，意大利总理贝卢斯科尼访利，与卡扎菲签署《利意友好、合作和伙伴关系条约》。2011年2月利局势发生动荡后，意大利于2月27日宣布终止上述条约，并参加了之后北约对利发动的军事行动。4月4日，意大利宣布承认“国家过渡委员会”。9月30日，意大利外长佛朗哥·弗拉蒂尼访利。2012年1月21日，意大利总理蒙蒂率外长、防长等高官对利进行数小时短暂访问，双方发表了《的黎波里宣言》。4月3日，利外长本·海亚勒在的黎波里会见了到访的意大利内政部长卡什里尔。

与法国的关系：2011年2月利局势发生动荡后，法国于3月10日承认利反对派“国家过渡委员会”，并建立大使级外交关系。法是最早承认“国家过渡委员会”的国家，也是积极推动安理会通过第1973号决议，并率先发动对利军事行动的国家。9月15日，法国总统萨科齐与英国首相卡梅伦联袂访利。12月14日，法国外长朱佩访利。2012年2月25日，利“过渡委”主席贾利勒、国防部长祖瓦利分别会见了到访的法国国防部长隆盖。

与英国的关系：由于英指责利支持爱尔兰共和军恐怖分裂活动，两国于1984年4月断交。1999年利英复交，并互派大使。2007年，英国首相布莱尔访利，双方签署了军事、能源合作协议。2011年2月利局势发生动荡后，英积极主张对利进行制裁和军事打击，并参与了北约对利军事行动。9月15日，英国首相卡梅伦与法国总统萨科齐联袂访利。2012年1月16日，英国国务大臣伍德斯图克访利。

与德国的关系：2011年2月利局势发生动荡后，德国对军事干预利比亚持谨慎态度，对安理会第1973号决议投了弃权票。2011年6月13日，德国副总理兼外交部长韦斯特韦勒访问班加西，宣布承认“国家过渡委员会”为利比亚合法代表，并提供援助。2012年1月7日，德国外长韦斯特韦勒再次率团访利，双方就发展双边关系等达成广泛共识。4月17日，德国卫生部长访利。

【同俄罗斯、印度的关系】卡扎菲执政时期，利俄、利印军事关系密切。利新政权建立后，表示愿在新形势下掀开与俄、印关系新篇章。目前，利迄未释放曾为卡扎菲政权效力的数十名俄军事、安全顾问，俄公司承建的铁路等基础设施项目至今搁浅。俄最近宣布解除对利武器禁运及金融、石油、贸易等制裁，向利释放出积极信号。印度迄未向利新政权派出大使，有关企业和劳务仍未返利。利外长也未访俄、印。

【同阿拉伯国家的关系】卡扎菲执政时期，由于卡本人长期推行“个人外交”，常以“非洲领袖”自居，外交政策极富个人色彩，故利与地区及其他阿拉伯国家关系多有不睦。2011年2月利局势发生动荡后，阿盟遂中止了利在阿盟的席位。8月，阿盟正式承认利“过渡委”为利人民唯一合法代表，并恢复利在阿盟中的席位。

利新政权建立以来，将恢复和发展与阿拉伯国家的关系作为外交重点，积极化解前政权与部分阿国结下的历史恩怨，开展与周边及其他阿拉伯国家的友好合作。

【同非洲国家的关系】利新政权建立后，坚持自身非洲属性，但明确宣布摒弃卡扎菲政权好大喜功、重点经略非洲等做法，确立务实、平和的对非外交新基调。强调利无意在非洲做与利地位和实力不相称的事，着手大幅度缩减对非洲国家援助，并考虑减少驻非洲国家外交机构。利将发展与邻国的友好合作关系视作外交重点，着力稳定周边，就引渡前政权要员和限制前政权流亡势力问题大力做阿尔及利亚、突尼斯、埃及、尼日尔等邻国工作。（陈曦）

卢 旺 达

国名　卢旺达共和国（The Republic of Rwanda，La République Rwandaise）。

面积　26338平方公里。

人口　1130万（2012年）。由胡图（85%）、图西（14%）和特瓦（1%）三个部族组成。官方语言为卢旺达语、英语和法语。国语为卢旺达语，部分居民讲斯瓦希里语。居民56.5%信奉天主教，26%信奉基督教新教，4.6%信奉伊斯兰教。

首都　基加利（Kigali），人口117万（2012年）。年平均气温19℃。

国家元首　总统保罗·卡加梅（Paul KAGAME），2000年4月17日就任，2003年8月25日正式当选，9月12日就职。2010年8月，卢举行总统大选，卡加梅胜选连任，9月6日宣誓就职。

重要节日　独立日：7月1日。解放日：7月4日。

简　况

位于非洲中东部赤道南侧，内陆国家。东连坦桑尼亚，南界布隆迪，西与西北和刚果（金）为邻，北与乌干达接壤。大部分地区属热带草原气候。因地处东非高原，气候温和凉爽，年平均气温19℃。

16世纪，图西人建立封建王国。1890年沦为“德属东非保护地”。第一次世界大战后由比利时委任统治。第二次世界大战后改由比利时“托管”。1962年7月1日宣告独立，成立共和国。1973年7月5日，成立第二共和国。1990年10月，侨居乌干达的图西族难民组成卢旺达爱国阵线（简称“爱阵”）与胡图族政府军爆发内战。1991年6月实行多党制。1993年8月4日，卢政府和爱阵在坦桑尼亚阿鲁沙签署和平协定，决定结束内战。1994年4月6日，胡图族总统哈比亚利马纳因飞机失事遇难身亡引发导致近百人丧生的大屠杀，内战再度爆发。7月19日，爱阵取得军事胜利，夺取政权。

政　治

1994年卢新政权成立后，宣布实行5年过渡期，实行爱阵主导、多党参政和禁止党派活动的政治管理模式。卢政府奉行民族和解和团结政策，接待并安置回国难民，审判1994年大屠杀罪犯，政局逐渐稳定。1999年6月，卢政党论坛讨论决定延长过渡期4年。2000年4月，爱阵领导人保罗·卡加梅在议会和内阁联席会议上被推举为总统。

卡对内积极开展良政建设，集中精力抓国家重建和恢复经济，同时大力倡导民族和解，召开“第一届全国团结与和解大会”，对外逐步调整与西方国家关系，努力争取外援，执政地位逐步巩固。2003年5月，卢全民公决通过新宪法。8月25日，卢举行1994年以来首次多党总统大选，卡加梅正式当选总统，任期七年。9月举行议会参众两院选举，爱阵及其联盟获半数议席。10月组成多党联合政府，独立人士贝尔纳·马库扎（Bernard Makuza）出任总理。卢平稳结束过渡期。2008年9月，卢举行议会选举，爱阵及其竞选联盟以78.7%的高票获胜。近年来，卢政府积极开展良政建设，促进经济发展，缓和社会矛盾，卢政局保持稳定。2010年8月，卢举行总统大选，卡加梅以93%得票率蝉联。2011年10月，皮埃尔·达米安·哈布姆兰伊（Pierre Damien Habumuremyi）出任总理。

【宪法】第一部宪法于1962年11月24日颁布，1973年7月废止。第二部宪法于1978年12月17日公民投票通过。1991年5月30日，国民发展议会审议通过了第三部宪法。2003年5月26日，卢全民公决通过新宪法，其主要内容有：实行半总统制。总统为国家元首和武装部队最高统帅，由无记名投票直接普选产生，任期七年，可连任一次；总理由总统任命，不得来自同一政党。政府成员根据各党在议会的比例确定；实行多党制和立法、行政、司法三权分立制度。

【议会】议会实行两院制，由参议院和众议院组成。众议院由80名议员组成，任期五年，本届众议院于2008年9月选举产生，80个席位中卢旺达爱国阵线及其联盟共获42个席位，社会民主党和自由党分别获得7个和4个席位，妇女、青年和残疾人代表占其余27席。参议院由26名参议员组成，其中12名由各省间接选出，2名由高校院士团选出，8名由总统提名，4名由政党论坛协商提名，任期八年。现任众议长罗丝·穆甘塔巴娜（Rose MUKANTABANA，女），参议长让·达马瑟纳·恩塔武库利亚约（Jean Damascene Ntawukuriryayo）。

【政府】本届政府于2010年8月成立，2011年10月部分改组，主要成员有：总理皮埃尔·达米安·哈布姆兰伊（Pierre Damien HABUMUREMYI）、地方行政部长詹姆斯·穆索尼（James MUSONI），农业与动物资源部长阿尼斯·卡利巴塔（Agnes KALIBATA，女），外交合作部长路易丝·穆希基瓦博（Louise MUSHIKIWABO，女），国内安全部长谢赫·穆萨·法齐尔·哈雷利马纳（Sheikh Moussa Fazil HARELIMANA），财政和经济计划部长约翰·卢旺戈姆布瓦（John Rwangombwa），国防部长詹姆斯·卡巴瑞贝（James KABAREBE），司法部长塔尔希斯·卡鲁加拉马（Tharcisse KARUGARAMA），总统府部长弗南蒂亚·图吉勒耶祖（Venantia TUGIREYEZU，女），总理府内阁事务部长普罗泰斯·穆索尼（Protais MUSONI），贸易与工业部长弗朗索瓦·卡尼穆巴（Francois KANIMBA），卫生部长阿尼斯·比纳格瓦赫（Agnes BINAGWAHO，女），总统府信息产业部长伊格纳茨·加塔雷（Ignace GATARE），基础设施部长艾尔伯特·恩塞吉雍瓦（Albert NSENGIYUMVA），自然资源、土地、森林、环境与矿业部长斯坦尼斯拉斯·卡曼齐（Stanislas KAMANZI），公职和劳动部长安纳斯塔斯·穆雷卡齐（Anastase MUREKEZI），青年部长让·菲尔波特·恩森吉马纳（Jean Philbert NSENGIMANAN），教育部长文森特·比鲁塔（Vincent BIRUTA），体育和文化部长普罗泰斯·米塔利（Protais Mitali），总理府性别和家庭发展部长阿罗西娅·茵由巴（Aloysia INYUMBA，女），东共体事务部长莫妮克·穆卡鲁利扎（Monique MUKARULIZA，女），防灾减灾与难民事务部长马塞尔·加特森齐（Marcel GATSINZI）。

【行政区划】2006年1月1日起实行新行政区划，全国分为东、南、西、北四省和基加利市，下设40个县市、416个乡镇。

【司法机构】由最高司法会议、最高法院（包括法院法庭局、终审法院、行政法院、宪法法院、审计法院）、上诉法院、初审法院、县法院组成。最高司法会议由最高法院正副院长及2名法官、各上诉法院1名法官、各上诉法院辖区内的初审法院和县法院法官各1名组成，负责除最高法院正副院长外所有法官的任免、升迁等事宜。初审法院以上各级法院均设检察院，分为初审法院共和国检察院、上诉法院总检察院和终审法院总检察院三级。1994年内战使卢司法体系遭受严重破坏，直至1996年4月2日最高司法会议成立，司法系统全面恢复，法官由政府任命，但名义上独立。为加速审判1994年大屠杀在押犯（已关12.5万人），卢于2002年6月启动“民间传统司法”，现已进入终审阶段。最高法院院长萨姆·胡盖盖（Sam Rugege，女），总检察长塔尔希斯·卡鲁加拉马（Tharcisse KARUGARAMA）。

【政党】1991年实行多党制，当时有17个政党，1994年后仅剩8个。1994年下半年，除爱阵外的其他各党基本停止活动。1998年5月，卢政府同意部分开放党禁，要求各党修正在大屠杀期间所犯错误，改革党的领导机构。2003年6月23日，卢国民议会通过政党法，强调团结与平等的原则，反对民族、地区、宗教分裂。规定成立政党须有全国120名创始成员的签名，法官、检察官、军人、警察及治安人员不得加入政党。目前，重新登记获政府承认的合法政党共有7个。

（1）卢旺达爱国阵线（Rwandan Patriotic Front）：执政党，其前身是20世纪80年代在乌干达成立的卢旺达全国统一联盟，1987年12月改为现名。党员约60万人。1994年成为执政党。2002年12月，爱阵召开政治局扩大会议，制订了未来行动计划。选举弗朗索瓦·恩加兰贝（François NGARAMBE）为爱阵总书记。2005年12月，爱阵召开第六届全国代表大会，重点讨论了未来三年行动计划、推进国家行政制度改革、促进民主与发展等问题。会议重新选举了党的领导机构，卡加梅和恩加兰贝分别再次当选党主席和总书记。该党在议会中占33席。

（2）社会民主党（Democratic Socialist Party）：参政党。1991年7月1日成立，南方知识分子居多。主席万桑·比鲁塔（现参议长）。该党在议会中占7席。

（3）自由党（Liberal Party）：参政党。1991年7月14日成立，以图西人为主。2003年6月8日，该党召开会议选举了新的执行委员会，普罗斯珀·希吉罗（副参议长）任主席。该党在议会中占6席。

（4）中间派民主党（Centrist Democratic Party）：1991年6月30日成立。原名基督教民主党，为同1994年大屠杀期间宗教所犯错误划清界限，淡化宗教色彩，1998年改为此名。2003年2月选举产生新的执行委员会，阿尔弗雷德·穆克扎姆富拉（现众议长）当选执委会主席，德罗塞拉·穆戈雷韦尔（Drocella MUGOREWERA，女）任总书记。该党在议会中有3个席位。

此外，还有理想民主党（Democratic Ideal Party）、卢旺达社会党（Rwandan Socialist Party）、卢旺达人民民主同盟（Democratic Popular Union of Rwanda Rwanda）、进步和谐党（Progress and Concord Party）等4个政党。

【重要人物】保罗·卡加梅：共和国总统。图西族。1957年10月23日生于吉塔拉马省卡蒙伊。1959年11月随父母流亡乌干达。1980年参加现乌干达总统穆塞维尼领导的乌反政府武装。1987年在乌参加卢旺达“爱国阵线”，1990年10月任爱阵军事领导人。1994年7月爱阵执政后，卡出任卢副总统兼国防部长。1998年2月当选爱阵主席。2000年4月在议会和内阁联席会议上被推举为总统。2003年8月正式当选总统。2010年8月胜选连任。

经　济

系联合国公布的世界最不发达国家之一，经济以农牧业为主，粮食不能自给。1994年的内战和大屠杀使卢经济崩溃。爱阵上台后，采取了发行新货币、实行汇率自由浮动、改革税收制度、私有化等一系列恢复经济的措施，经济逐步恢复。近年来，卢加快发展现代农业，大力开发信息产业，努力缓解能源短缺困难，经济保持较快速度增长。2011年主要经济数据如下（资料来源：卢旺达国家统计局）：

国内生产总值：63.8亿美元。

人均国内生产总值：585美元。

经济增长率：8.6%。

货币名称：卢旺达法郎（简称卢郎）。

汇率：1美元=600卢郎。

【资源】 自然资源贫乏。已开采的矿藏有锡、钨、铌、钽、绿柱石、黄金等。锡储藏量约9万吨。铌钽蕴藏量估计为3000万吨。据卢地质和矿业局数据，2010年，卢矿产出口创汇7400万美元。基伍湖天然气蕴藏量约600亿立方米。尼亚卡班戈钨矿是非洲最大的钨矿之一。森林面积约62万公顷，占全国面积的24%。

【工业】 2011年，工业产值约占国内生产总值的16%。有各类工业企业220余家，除咖啡、茶叶等农畜产品加工厂外，还有卷烟、饮料、火柴、造纸、肥皂、电池、水泥厂等。绝大部分工业品依赖进口。卡吕吕马锡冶炼厂是非洲最大锡厂之一。1994年内战使卢工业遭受巨大损失。近年来卢实行新工业政策，加速私有化进程，促进投资，工业产值恢复较快。近几年主要工业产品产量如下：

	2009	2010	2011
锡矿（吨）	4205	5293	6011
钨矿（吨）	870	764	1198
铌钽矿（吨）	952	560	829

（资料来源：卢旺达国家银行2011年度报告）

【农牧业】 2011年农牧业占国内生产总值的32%。2008年，从业人口约占劳动力总人口的84%，其中女性为52%。全国可耕地面积约185万公顷，2008年已耕地面积128万公顷，农民人均耕地面积为0.12公顷。天然牧场占全国总面积1/3。经济作物主要有咖啡、茶叶、棉花、除虫菊、金鸡纳等，大部分供出口。50%以上的农民自已拥有小于1公顷的土地，其余农民，尤其是战后归来的难民耕种国有土地，向国家纳税。1994年内战使农牧业生产遭到破坏。近年来卢政府采取新农业政策，增加农业投入，提高粮食产量，促进畜牧业发展，农、牧业总产值已超过战前水平。2008年，卢渔业年捕捞量3100吨，价值9.73亿卢郎（约合162万美元），西方省占77%。4%的农民养蜂，蜂蜜年产量3500吨，南方省41%。2010年农业增长率为7.8%。近几年主要粮食作物产量如下（单位：千吨）：

	2008	2009	2010
香蕉	2604	2993	2780
高粱	144	175	148
玉米	167	287	441
红薯	826	803	832
木薯	1682	2020	2279
马铃薯	1162	1290	1794

近几年主要经济作物产量如下（单位：千吨）：

	2009	2010	2011
咖啡	15.1	19.3	16.4
茶叶	20.5	22.2	24.2

近几年主要牲畜存栏数如下（单位：千头、千只）：

	2009	2010	2011
牛	1219	1335	1143
山羊	2621	2688	2971
绵羊	754	770	829
猪	639	685	706
家禽	3273	3538	4421
兔子	745	793	865

（资料来源：卢旺达国家银行2011年数据）

【服务业】 2011年，卢服务业占国民生产总值的46%。从业人员占劳动力总人口的6%。目前卢无线通讯市场共有MTN，TIGO和AIRTEL三家运营商，其中MTN为卢旺达无线通讯市场第一大运营商，市场份额超过59%。目前卢手机普及率为42%，预计到2012年12月上升至60%。卢是东非地区手机普及率最低的国家之一。卢目前有互联网服务商11家、电信公司3家、手机用户440万户、网络用户70万户，信息通讯技术产业年均收入约1.67亿美元。旅游业恢复较快，2011年上半年，访卢游客超过40万人次，同比增长27%，创汇1.16亿美元。2011年，卢被世界经济论坛、世界银行、非洲发展银行评为最具旅游潜力国家之一。

【交通运输】 无铁路，交通运输靠公路和航空。进出口货物通道：一是从基加利经乌干达至肯尼亚的蒙巴萨港，全程1721公里；二是从基加利到布隆迪的布琼布拉，然后由水路经坦桑尼亚的基戈马转铁路至达累斯萨拉姆港，全程1762公里；三是从基加利到鲁苏莫经坦桑尼亚的伊萨卡转铁路至达累斯萨拉姆港，长1638公里。

公路：总长13100公里，其中柏油路1100公里。商业运输主要由私人控制。

空运：基加利有国际机场，可起降波音747等大型客机。内战期间卢航空运输一度中断。战后，基加利国际机场很快重新开放。2002年，卢宣布成立卢旺达特快航空公司，该公司拥有一架波音737-600型飞机。2009年3月更名为Rwandair，比利时、南非、乌干达、埃塞俄比亚、肯尼亚、坦桑尼亚、布隆迪、刚果（布）有通卢航班。2012年，南非航空公司、卡塔尔航空公司和土耳其航空公司进入卢旺达航空市场。

【财政金融】 税收是财政收入主要来源之一。根据卢财政部2012/2013财政年度报告，卢该年度预算总额为13784亿卢郎，较上年度增加了约16%。其中科教文卫的支出占财政预算总额的32.8%，政府行政及国防投入占预算总额的27%，基础设施建设的投资占预算总额的23%，工农业生产投资占预算总额的17%。近年来政府财政收支情况如下（单位：十亿卢朗）：

	2008	2009	2010	2011
收入	381.0	379.4	430.9	541.7
赠款	279.8	347.4	397.4	440.8
支出	649.7	751.0	879.4	987.2
盈余	11.1	–24.2	–51.1	–4.7

（资料来源：卢旺达国家银行2011年度报告）

卢旺达主要商业银行有：卢旺达商业银行，基加利银行，卢旺达非洲大陆银行，贸易、发展和工业银行以及人民银行。

2011年，外汇储备达到9.37亿美元。卢原有外债14.4亿美元，2005年5月世界银行与国际货币基金组织免除了卢14亿美元债务。2010年外债总额7.75亿美元。

【对外贸易】外贸长期逆差。近几年进出口情况如下（单位：百万美元）：

	2009	2010	2011
出口额	193.0	237.7	372.9
进口额	961.0	1127.5	1371.6
差　额	–768.0	–889.8	–998.7

（资料来源：2012年经济季评）

主要出口咖啡、茶等农副产品和钽钨等矿石；进口石油等燃料及机械设备。2011年主要出口对象国是肯尼亚、中国、刚果（金）、马来西亚等；主要进口来源国有肯尼亚、乌干达、美国、阿联酋等。

卢外援主要来源为世界银行、英国国际发展部、欧盟、非洲开发银行、德国、荷兰、比利时等.卢政府希逐步减少对国外援助的依赖，目前政府财政对外国依赖程度已经由2000年的85%，降至2012年度的46%。卢积极鼓励吸引外资，成立投资促进机构，推行一系列引进外资的政策。据卢方统计，2010年，6207家投资商对卢投资约4亿美元，新增就业12736个，2011年卢吸引外资量达6.26亿美元。

人民生活

卢是世界上人口密度最高的国家之一，2010年每百平方公里约有居民391人，90%人口居住在农村。2010年人口增长率2.7%，是世界上人口增长最快的国家之一。卢约50%的人生活在贫困线以下，人均预期寿命约45岁，儿童死亡率8.6%。80%的居民能喝上清洁饮用水，艾滋病感染率3.1%。1994年内战导致近100万人死亡，22万儿童成为孤儿，卫生医疗体系解体。经过多年努力，2001年全国已有37家中型以上医院，375所医疗服务站。目前，政府支出的18.8%用于卫生医疗事业。

军　事

卢武装力量原称卢旺达国民军（Rwanda National Amy），系1995年在原爱阵武装部队的基础上组建。为实现军队国家化，2002年2月，改称卢旺达国防军（Rwanda Defence Force）。最高军事机构是国防部，下设军队参谋部，总参谋长查尔斯·卡永加（Charles Kayonga）中将。目前总兵力约3.3万人。此外还有由内政部管辖的警察约2000人。2006年国防预算约430亿卢朗，国内安全预算358亿卢朗，总计占国家预算的19.4%。

文化教育

【教育】卢教育体系及教育设施因内战严重受损。在国际社会的援助下，教育得到较快恢复。根据卢教育部公布数字，2004年，全国有小学2262所，入学率约92%；中学504所，入学率约73%。自2005年底起，卢政府开始实行小学和初中免费教育，教育经费占政府总支出的16%左右。根据2002年人口普查结果，38.2%的卢旺达人为文盲，87.7%的人只上过小学，11.5%上过中学，不足1%的人上过大学。根据卢教育部2010年数据，卢有中学生42.6万名，小学生229.9万名，小学2510所。2010年起，卢实行9年义务教育。

卢现有高等院校29所，其中公立院校17所，主要有卢旺达国立大学、高等农业和畜牧业学院、基加利卫生学院、基加利科学技术学院、基加利教育学院和公共法语高等学院，其中卢旺达国立大学是卢最大的综合性高等学校。私立大学有基特瓦教育学院、中非基督复临大学、基加利自由大学、尼亚基邦达大神学院、布塔雷神学新教学院、基加利基督复临非教会大学。有研究所2个，分别为农业和科技研究所。2010年有大学生62734人，44%为女生。

【新闻出版】目前有41家媒体，包括19家电台和22家报纸，均为战后创设。主要有:《新时代报》(卢唯一日报)、《新接班人报》、《大湖地区周刊》、《黎明报》等。

卢旺达通讯社为官方通讯社，1975年成立。曾发行《每日新闻》、《法文日刊》，发行量310份。1994年后该社成为自负盈亏的独立通讯社。

卢旺达广播电台系国家广播电台，1961年由西德援建，在尚古古、基布耶、鲁亨盖里和比温巴四省设有转播站，现用卢旺达语、法语、斯瓦希里语和英语广播，共有2套节目，每天播音14小时。布隆迪电台的节目在卢旺达被广泛收听。

卢旺达电视台系国营电视台，1993年开播，全国覆盖率为70%。1994年战乱期间物资被盗、停播。在德国的援助下，从1997年11月起复播，每晚用卢旺达语、法语、英语播出5个小时的新闻等节目。

1998年2月22日，卢成立国家国内外公众新闻委员会，负责协调向国内外公众提供新闻。

1998年3月27日，英国BBC电台正式在卢开播。

对外关系

奉行和平、中立和不结盟的外交政策。重视发展同世界和非洲大国的关系。强调外交的务实性，将争取外援和谋求本国安全作为外交的主要任务。积极参与地区事务，寻求在次地区发挥作用。2009年，加入英联邦。卢积极参联合国—非盟在苏丹达尔富尔地区的维和行动，目前在达区有3300名维和士兵。

【同中国的关系】中国与卢旺达于1971年11月12日建交，此后两国友好合作关系发展顺利。

2009年1月，外交部长杨洁篪访卢。9月，卢旺达众议院副议长恩塔武库里亚约访华。2010年1月，外交部副部长翟隽访卢。2010年7月，卢总理马库扎出席上海世博会卢国家馆日。2011年2月，全国政协副主席李兆焯访卢。2012年1月，中央政治局委员、中央书记处书记、中央组织部部长李源潮访卢。5月，卢外交与合作部长路易丝·穆希基瓦博访华。

2011年双边贸易额为1.45亿美元，同比增长63.3%，其中中方出口额0.67亿美元，同比增长33.3%，进口额0.78亿美元，同比增长102%。中方主要出口机电产品、高新技术产品等，进口钽铌矿砂和钨矿砂等。

中国驻卢旺达大使：舒展。馆址：44，Revolution Avenue，Kigali，Rwanda。电话：00250-252570843转166（办公室），252575629（商务处）；传真：252570848。电子信箱：chinaemb_rw@mfa.gov.cn。

卢旺达驻华大使：弗朗索瓦·格扎维埃·恩加兰贝（François Xavier NGARAMBE）。馆址：北京市朝阳区秀水街30号。电话：010-65322193；传真：65322006。

【同比利时的关系】卢曾为比殖民地，两国建有经贸混委会，在卫生、教育、农业、基建、旅游、人员培训等领域合作密切。卢内战结束后，比很快恢复援助，并替卢偿还对世界银行的部分欠债。比从2007年起将对卢援助提高至每年3500万欧元。卡加梅总统先后于2004年、2006年和2010年多次访比。2010年9月，比发展合作部长访卢。2011年2月，比对外贸易部长访卢。

【同法国的关系】1962年与法建交。卢前政权与法国关系密切。1990年卢爆发内战，法曾派兵支持卢前政权。1994年6月22日至8月21日，法通过安理会授权在卢实行"绿松石行动"。战后，卢新政府与法关系一度中断。直至1995年5月，法才恢复驻卢使馆。2006年，因法国司法部门指控卢军政高官策划暗杀卢前总统哈比亚利马纳，卢宣布与法国断交。2009年11月，卢法复交。2010年1月，法国外长库什内访卢；2月，法国总统萨科齐访卢；5月，卡加梅总统赴法参加第25届法非峰会。2011年9月，卡加梅总统正式访问法国。

【同美国的关系】1963年卢美建交。1994年卢新政权上台后，美很快与其建立外交关系。2006年11月，卢被纳入美"千年挑战账户"援助计划，每年可获5000万美元援助。美总统克林顿、小布什曾访卢。2011年6月，卡赴美出席美国国际开发署高级别会议。9月，美参议院通过《美卢双边投资协议》。

【同德国的关系】德国是卢历史上第一个宗主国。卢独立后同联邦德国一直保持密切关系。从1962年起，德开始援助卢旺达。两国混委会轮流在两国首都举行。1993年前，德共向卢提供5.89亿美元的援助。2008年2月，德国总统克勒访卢。卡加梅总统分别于2002年、2008年和2009年三次访德。

【同英国的关系】英是卢主要发展伙伴，对卢援助达每年4600万英镑。2009年11月，卢正式加入英联邦，成为其第54个成员国。卡加梅总统先后于2009年、2010年和2011年多次访英。2010年12月，英负责国际发展的国务大臣访卢。2011年10月，卡加梅总统赴澳大利亚出席英联邦第21届政府首脑会议。

【同非洲国家的关系】1999年卢正式加入东部和南部非洲共同市场（科迈萨）。2000年11月，卢签署非洲联盟章程。2011年1月，卡加梅赴亚的斯亚贝巴出席第16届非盟首脑会。2012年1月，卡加梅总统赴亚的斯亚贝巴出席第18届非盟首脑会议。2月，卡加梅总统赴贝宁出席非盟特别首脑会议。

卢与乌干达保持特殊盟友关系，两国曾联手介入刚果（金）冲突。因两国军队在刚东部数次发生大规模武装冲突，卢乌关系一度恶化。后两国总统多次会晤，卢乌矛盾逐渐缓解。2011年7月，穆塞维尼总统访卢。12月，卡加梅总统访乌。2012年1月，卡加梅总统访乌。6月，卡加梅总统访乌。

与刚果（金）关系复杂。1998年8月，卢支持刚果（金）反政府武装发动叛乱并直接出兵，占据刚东部大片领土，与刚政府关系破裂。2002年7月，两国签署和平协议，卢从刚全部撤军。此后，两国总统多次会晤，政府部长实现互访，两国并展开联合军事行动，共同打击刚东部地区非法武装。2009年卢刚恢复外交关系。2010年6月，卡加梅总统赴刚果（金）参加刚独立50周年活动。2011年12月，卢总理赴刚出席卡比拉总统就职仪式。2012年4月，刚东部地区安全局势升温以来，刚卢双方多次举行高级别会谈，并召开副总理级别的大混委会，5月，刚外长两次访卢，6月卢外长访刚。

卢同南非保持良好关系。双方建有经贸混委会，在能源、畜牧业、电信等领域合作密切。2006年10月，卡加梅访问南非。2007年5月，卢参议长比鲁塔访南。

卢与布隆迪关系良好，两国互访不断。2007年3月，布隆迪总统恩库伦齐扎对卢进行工作访问。2008年2月，布参议长鲁菲基里访卢。2008年8月和2011年1月，卡加梅总统两次访布。（高蕾）

马达加斯加

国名　马达加斯加共和国（The Republic of Madagascar，La République de Madagascar）。

面积　590750平方公里（包括周围岛屿）。

人口　约2130万。马达加斯加人占总人口的98%以上，由18个民族组成，其中较大的有：伊麦利那（占总人口的26.1%）、贝希米扎拉卡（14.1%）、贝希略（12%）、希米赫特（7.2%）、萨卡拉瓦（5.8%）、安坦德罗（5.3%）和安泰萨卡（5%）等。各民族语言、文化、风俗习惯大体相同。在马定居的尚有少数科摩罗人、印度人、巴基斯坦人和法国人，另有华侨和华裔约5万人。民族语言为马达加斯加语（属马来—波利尼西亚语系），官方通用法语和英语。居民中信奉传统宗教的占52%，信奉基督教（天主教和新教）的占41%，信奉伊斯兰教的占7%。

首都　塔那那利佛（Antananarivo），人口约170万。

重要节日　独立日：6月26日。

简　况

位于印度洋西部，是世界第四大岛。隔莫桑比克海峡与非洲大陆相望。海岸线长约5000公里。东南沿海属热带雨林气候，终年湿热，年平均气温24℃；中部为热带高原气候，温和凉爽，年平均气温18.3℃；西部为热带草原气候，干旱少雨，年平均气温26.6℃。

16世纪末伊麦利那人在中部建立了伊麦利那王国。1794年伊麦利那王国发展为中央集权的封建国家，并于19世纪初统一全岛，建立马达加斯加王国。1896年沦为法国殖民地，1958年10月14日成为“法兰西共同体”内的自治共和国。1960年6月26日宣布独立，成立马尔加什共和国，亦称第一共和国。1975年12月21日，改国名为马达加斯加民主共和国，亦称第二共和国，迪迪埃·拉齐拉卡（Didier Ratsiraka）就任总统。1990年实行多党制。1992年8月19日，通过“第三共和国宪法”，改国名为马达加斯加共和国。1993年2月，在马首次多党选举中，阿尔贝·扎菲（Albert Zafy）战胜拉齐拉卡，当选第三共和国总统。1997年2月，拉齐拉卡在总统选举中获胜，重掌政权。2001年12月16日，马举行总统选举。拉齐拉卡与主要反对派候选人、首都市长马克·拉瓦卢马纳纳（Marc Ravalomanana）围绕选举结果展开激烈争斗，马陷入长达半年的政局动荡。2002年4月，马最高宪法法院宣布拉瓦卢马纳纳当选马总统。5月6日，拉瓦卢马纳纳宣誓就职。2006年12月3日，拉瓦卢马纳纳以绝对优势胜选连任，并于2007年1月19日宣誓就职。此后，拉瓦卢马纳纳创建的“我爱马达加斯加党”（TIM）相继赢得众议院选举、市镇选举和参议院选举。

政　治

2009年1月下旬，马达加斯加朝野矛盾激化，首都等地发生严重骚乱和流血冲突。3月17日，拉瓦卢马纳纳总统在部分哗变军队压力下被迫交权并流亡国外，反对派领导人、原首都市长拉乔利纳宣布自任总统。非盟、南共体中止马成员国资格，美国、法国、欧盟等谴责拉乔利纳违宪夺权。4月30日，非盟成立国际接触小组主导解决马政治危机。在非盟、南共体等斡旋下，8月以来，马各政治派别经过多轮和谈签署马普托协议及其补充文件，就过渡期主要安排达成一致。但此后拉乔利纳单方面宣布提前举行立法选举，马政治和解进程陷入僵局。2010年3月，非盟宣布对拉乔利纳及其108名主要支持者实施制裁。11月，拉乔利纳政权单方面举行修宪公投并宣布成立第四共和国。2011年3月，拉乔利纳派等100余个政党和政治团体草签南共体提出的解决危机路线图。马三位前总统各派对路线图内容持异议。6月，南共体在南非桑顿召开特别首脑会议讨论南共体路线图，决定在其中增加允许马海外流亡人士回国内容。7月，非盟和安会开会审议南共体路线图，决定支持南共体桑顿会议有关决议。9月以来，在南共体斡旋下，除前总统拉齐拉卡派外，马主要政治派别先后签署南共体解决马危机路线图及其实施框架。11月，马新过渡政府宣告成立。12月，过渡期国会和最高理事会宣告成立，拉瓦卢马纳纳阵营等反对派以分权不公为由采取抵制态度。

【宪法】 1992年8月19日通过“第三共和国宪法”，经1995年9月、1998年3月和2007年4月三次修订。宪法赋予总统直接任命总理、解散议会的权力，任期五年，可连任两届，由直接选举产生；国民议会和参议院均需2/3的多数方可中止总统权力；地方政权实行自治。2007年修宪取消了自治省，设立拥有行政和财政自治权的地区和乡镇。2010年11月马过渡政权推动通过新宪法，主要内容包括将总统最低任职年龄由40岁降为35岁，并将总统最高连续任职期限由三届改为两届。

【议会】 拉乔利纳上台后，原国民议会和参议院被解散，2010年10月，新组建的过渡期最高理事会和过渡期国会行使议会职能。根据2011年通过的新宪法，马将实行两院制，由国民议会和参议院组成。国民议会议员任期五年，由直接普选产生。议员人数席位分配、选区划分由部长会议颁令决定。参议员任期五年。参议院2/3席位按各省平均分配原则由选举产生；另1/3席位由总统任命。2011年12月，马过渡期最高理事会和过渡期国会宣告成立，其主席分别为多兰·拉索卢苏瓦（Dolin Rasolosoa）和马米·罗科托阿里韦卢（Mamy Rokotoarivelo）

【政府】现过渡政府于2011年11月21日组建，共有32名成员：总理、政府首脑阿尔贝尔·卡米尔·维达尔（Albert Camille Vital），负责发展和领土整治事务的副总理哈乔·海里韦卢纳·安德里亚奈纳里韦卢（Hajo Andrianainarivelo），负责经济和工业事务的副总理皮埃罗·布图扎扎（Pierrot Botozaza），外交部长皮埃罗·拉乔纳里韦卢（Pierrot Rajaonarivelo），农业部长罗兰·拉瓦图曼加（Roland Ravatomanga），商务部长奥尔加·拉马拉松（Olga Ramalason，女），新闻部长阿里·洛朗·拉阿雅松（Harry Laurent Rahajason），文化和遗产部长埃利娅·拉韦卢马南楚阿（Elia Ravelomanantsoa，女），分权部长吕菲娜·齐拉纳纳（Ruffine Tsiranana，女），水务部长朱利安·雷布扎（Julien Reboza），国民教育部长雷吉斯·马诺罗（R é gis Manoro），畜牧业部长伊汉塔·兰德里亚曼德兰图（Ihanta Randriamandranto，女），能源部长内斯托尔·拉扎芬德鲁阿里亚卡（Nestor Razafindroariaka），高等教育部长艾蒂安·伊莱尔·拉扎芬德希贝（Etienne Hilaire Razafindehibe），技术教育和职业培训部长让·安德烈·恩德雷曼贾里（Jean Andre Ndremanjary），财政部长埃里·拉乔纳里马曼皮亚尼纳（Hery Rajaonarimampianina），公职部长塔贝拉·兰德里亚马南楚阿（Tabera Randriamanantsoa），武装力量部长吕西安·拉库图阿里马西（Lucien Rakotoarimasy），石油部长贝尔纳·马塞尔（Bernard Marcel），司法部长克里斯蒂娜·拉扎纳马哈苏瓦（Christine Razanamahasoa）等。

【司法机构】设最高法院、最高司法法院、高等宪法法院。最高法院包括终审法院、国务委员会和审计法院。首席院长和总检察长是最高法院首长。现任首席院长夏尔·拉贝图库塔尼（Charles Rabétokotany），总检察长埃德松·贝尔特利埃·拉维隆萨拉玛（Edson Berthelier Ravelontsalama）。最高司法法院由最高法院首席院长、2名终审法庭庭长、2名上诉法院院长、2名国民议会议员、2名参议员组成。高等宪法法院由9名成员组成，任期七年，不得连任。其中3名成员由总统任命，2名由国民议会任命，2名由参议院任命，2名由最高司法委员会选举产生。院长由总统任命，现任院长让·米歇尔·拉乔纳利武尼（Jean Michel Rajaonarivony）。

【政党】2009年政治危机爆发后，马涌现大批新政党和政党联盟。目前在马内政部注册并经批准的政党已经超过300个，其中大部分影响较弱。影响较大的有：

（1）我爱马达加斯加党（Tiako I Madagasikara，TIM）：前执政党。前身为拉瓦卢马纳纳创建的“我爱马达加斯加协会”，在拉瓦卢马纳纳竞选总统活动中发挥了重要作用。拉瓦卢马纳纳就任总统后于2002年7月将其转变为政党。2010年11月该党发生分裂，前党主席拉阿里奈武（Raharinaivo Randrianantoandro）带领部分党员加入了拉乔利纳主导的过渡机构。现任总书记为前国民议会总务长、马奥委会主席拉库图阿里韦卢（Mamy Rakotoarivelo）。尽管政治危机后受到打压，但该党仍是马当前基层组织最为完备的政党。

（2）马达加斯加青年准备着（Tanona Malagasy Vonona，TGV）：2007年11月由拉乔利纳创建。全国主席拉库土马武（Lanto Rakotomavo）。

（3）“伊瓦图政治协议”签署党派（L'Espace de concertation politique，Escopol）：2010年8月11日成立，成员包括80多个亲拉乔利纳的党派。主要领导人包括过渡最高权力机构前副总理阿兰·切安德拉扎纳里韦卢（Alain Tehindrazanarivelo）、前渔业部长阿兰·安德里阿米斯扎（Alain Andriamiseza）。

（4）争取变革民主共和人士联盟（Union des Démocrates et des Républicaines pour le Changement，UDR C）：24个政党组成的政党联盟，支持拉乔利纳，2010年1月15日成立。现任领导人为前国民议会议长、现过渡最高理事会副主席拉依尼里库（Jean Lahiniriko）。

（5）马达加斯加复兴行动党（Action pour la Renaissance de Madagascar，AREMA）：前身为马达加斯加革命先锋党。拉齐拉卡第一次执政时创建，1976年3月19日成立，1994年3月改为现名。主张在马建立社会主义。拉齐拉卡任该党总书记至1997年2月，就任总统后辞去总书记职务。近年来经历数次分裂。2010年，原总书记皮埃罗·拉乔纳里韦卢带领部分党员另立门户，成立马达加斯加民主运动。全国行政书记本杰明·沃沃（Benjamin Vaovao）于2011年3月代表AREMA在马危机解决路线图上签字。以昂吉·安德里亚纳里松（Ange Andrianarison）为首的成员则坚持支持拉齐拉卡，不承认沃沃为AREMA代表。

（6）争取马达加斯加独立全国运动（Mouvement National pour l'Indépendance de Madagascar，MONIMA）：简称“莫尼玛党”，创建于1958年7月。现任主席为过渡最高权力机构前总理蒙贾（Monja Roindefo）。

【重要人物】**安德里·拉乔利纳**：1974年5月30日生于塔那那利佛。出身商界。拥有广告公司、私人电台、电视台等。2007年底以独立人士身份战胜我爱马达加斯加党候选人当选首都塔那那利佛市市长。2009年1月底以来与拉瓦卢马纳纳政府矛盾激化，多次组织大规模集会。3月17日拉瓦卢马纳纳交权后，拉乔利纳宣布自任总统。

经　济

属最不发达国家之一。经济以农业为主，严重依赖外援，工业基础薄弱。近年来，马达加斯加以农村发展、基础设施、环保、旅游和能源等作为拉动经济增长的重点领域，同时加大对教育、卫生等领域的投入，实现经济持续增长。2003 ~ 2006年，年均经济增长率6.2%。马在良治和发展经济方面的努力得到国际社会肯定，世界银行和国际货币基金组织及法、德、美、日、意等国大幅减免马债务。但国际原油价格飙升等因素对马经济发展产生负面影响，人民生活艰难。2006年，拉瓦卢马纳纳推出"马达加斯加行动计划"，致力于在良政、基础设施建设、教育、农村发展、卫生和计划生育、环境、民族团结等方面推动马社会经济全面发展，取得一定成效。马政治危机发生后，经济社会秩序陷入混乱。马经济每况愈下，农产品加工、纺织品加工、旅游业等支柱产业和基础设施建设遭受重创。交通运输、电力等产业商品价格攀升，粮食大幅减产。政治危机久拖不决导致外国对马投资锐减，国际社会对马采取减援、停援措施，除人道主义援助以外的外援基本停止。据联合国开发计划署统计，马失业人数已超过22万。2011年主要经济数据如下（资料来源：2012年1季度《经济季评》）：

国内生产总值：98.49亿美元。

人均国内生产总值：462美元。

经济增长率：0.7%。

货币名称：阿里亚里。

汇率：1美元＝2025阿里亚里。

通货膨胀率：9.5%。

【资源】矿藏丰富，主要矿产资源有石墨、铬铁、铝矾土、石英、云母、金、银、铜、镍、锰、铅、锌、煤等，其中石墨储量居非洲首位。此外还有较丰富的宝石、半宝石资源以及大理石、花岗岩和动植物化石。河流湍急，水力发电潜力大。森林面积123279平方公里，约占国土面积的21%，珍稀动植物种类繁多，一些动植物为马独有。

【工业】马工业基础十分薄弱，2011年工业产值占国内生产总值的16.4%。有大小企业约25.8万家，一半以上设在塔那那利佛。主要有炼油、发电、纺织和服装加工、农产品加工、饮料、烟草、造纸、制革、建材等。1989年，设立免税区，以纺织业和农产品加工业为主至2010年已为马创造直接就业岗位10万个，间接就业机会30万个。目前，约10万名当地员工在该免税区工作，其中，约3.5万人从事面向美国市场的纺织品加工。马60%的出口外汇收入来自于免税区，每月仅工资一项就达120亿阿里亚里（合630万美元）。据统计，2008年免税区全部加工出口业务中，欧洲市场占55%，美国及加拿大市场占35%，其他国家占10%。免税区出口占工业出口的70%，占马出口总额的40%。受马政治危机影响，马大量工业企业停产或倒闭。2009年免税区企业来自美国和欧洲的订单分别比2008年同期下降了18%和5%。2009年12月美国政府中止马"非洲增长和机遇法案"（AGOA）待遇，中止马继续享受AGOA规定的出口到美国的纺织服装等产品可享受"零关税和无配额限制"的优惠条款。

【农业】农业人口占总人口的80%以上，出口收入的70%来自农业。2011年农业产值占国内生产总值的28.3%。全国可耕地880万公顷，已耕地280万公顷。土地肥沃，气候适合各种热带、温带粮食和经济作物生长。耕地2/3以上种植水稻，其他粮食作物有木薯、甘薯、玉米等，粮食不能自给。2007年，稻米产量401万吨。主要经济作物有甘蔗、香草、丁香、胡椒、咖啡、可可、棉花、花生、棕榈等。其中香草生产和出口量居世界首位，约占世界市场总量的2/3。全国牧场面积340484平方公里，占国土面积的58%。沿海以及河流、湖泊盛产各类鱼虾、海参、螃蟹等。

【旅游业】旅游资源丰富，但服务设施不足。20世纪90年代以来，马达加斯加将旅游业列为重点发展行业，鼓励外商投资旅游业。1990年建立一所旅游学校培养专门人才。同年，法国PULLMAN酒店集团开始在马建设酒店网。1991年成立国家旅游开发委员会。1994年实行国内和地区航运自由化，允许留尼汪、毛里求斯和南非的航空公司进入马航运市场。1997年改革签证制度，允许游客申请落地签证，同时取消旅馆对外国游客高收费的做法。马有717家宾馆，其中星级宾馆111家（床位3040张）。游客主要来自法国（50%以上）、留尼汪、美国、英国、瑞士、德国和意大利等。主要旅游点是努西贝岛、圣玛丽岛。马政治危机爆发后，旅游业遭受沉重打击，游客人数急剧减少，全国约70%酒店停业。2011年访马游客共约21万人次。

【交通运输】水陆交通不发达。铁路为单轨铁路，总长732公里。公路总长49837公里，其中柏油路面5781公里。内河航道共3500公里，但航运仅利用400余公里；沿海港口共18个。80%的海运集中在东部港口塔马塔夫，年吞吐量约140万吨。

马共有2家航空公司，拥有大小飞机36架，有定期航班飞往欧洲、非洲和西南印度洋诸岛国。全国有大小机场121个，其中6个国际机场，但仅首都伊瓦图国际机场、塔马塔夫和努西贝机场可停靠大型飞机。

【财政金融】政府财政连年赤字，金融业欠发达，全国1/3以上金融业务由马中央银行经营，另有5家商业银行及一些办理储蓄和贷款业务的机构。

截至2011年底，外债总额约24亿美元，外汇储备约12.55亿美元。

【对外贸易】1987年开始实行贸易进出口自由化政策，鼓励出口多样化，出口额有所增加。主要进口石油、车辆、机械设备、药品、日用消费品及食品等。主要出口咖啡、虾、铬矿石、香草、丁香、棉纺织品等。主要贸易伙伴是法国、美国、中国、欧盟、南部非洲发展共同体、东南亚部分国家和印度洋诸岛国等。政治危机爆发后，马出口额下降。2010年马关税收入为4.15亿美元。

【外国资本】1994 ~ 1997年，年均外国投资1000万美元，1998年增至2800万美元。随着私有化进程的加快，外国资本进一步流入。铁路、电信、矿产和石油开发是近年外资注入的重点领域。2010年，马吸引外资总额8.34亿美元，其中绝大部分投入矿产开发领域。

【外国援助】经济发展严重依赖外援。法国是最大援助国，其次为国际货币基金组织、美国、日本、德国。政治危机久拖不决导致国际社会对马采取减援、停援措施。美国取消马"非洲增长与机遇法案"受益国地位。欧盟暂停向马提供人道援助以外的经济援助。自2011年底以来，随着马过渡期进程逐步推进，联合国、世界银行、法国等正逐渐恢复对马援助。

人民生活

据《2011年世界人类发展报告》统计，马达加斯加人类发展指数在187个国家中列第151位。公职部门的职工享受国家的劳保、医疗、住房、子女补贴，其他部门职工由雇主支付社会和医疗保险。65%的居民能得到基本卫生保障，39.6%的居民家庭可获得饮用水，16%的家庭或14%的人口可使用电，2.54%的人口拥有电话。2011年，女性人均预期寿命66岁，男性为62岁。14岁以下少儿占总人口的43.1%，65岁以上老人占总人口的3%。人口自然增长率为2.95%，人口死亡率为0.76%。目前马全国有16名教授级医师，282名专科医师，1580名普通医师，3239名助理医师。全国有105家医院，其中18家在首都；2681家公立和私立医疗中心，其中529家在首都。医生与人口比例为1：10000，病床位1：2000。政治危机导致人民生活受到很大影响，各类罢工、罢课事件迭起，恶性事件频发，严重影响社会稳定和发展。

军　事

独立后组建人民军。总统为军队最高统帅。国防部为军事行政机构。全国设6个军区。实行义务兵役制，服役期约18个月。

正规军总兵力2.16万人。其中陆军1.25万人，装备有坦克12辆、装甲车100辆以及各种火炮102门；海军500人，其中包括1个海军陆战连，装备有1艘巡逻艇和1艘两栖舰艇；空军500人，装备有各种飞机40余架，其中作战飞机12架、直升机6架；宪兵8100人。

文化教育

实行五年义务教育。城市地区使用法语教学，农村地区大部分中小学使用马语教学。自1978年起，正式教育分为：五年基础（小学）教育、四年普通初中教育、三年高中教育和高等教育。2009年，15岁以上人口识字率为64.5%。马有小学18977所，其中公立小学14637所，私立小学4340所；初中学校1596所，其中公立801所，私立795所；高中学校336所，其中公立108所，私立228所。马有6所综合大学，共有2.89万名大学生，教师900余名，其中塔那那利佛大学规模最大，有学生1.85万名，教师618名。

【新闻出版】主要报纸有：《马达加斯加午报》，日报，法文，发行量3.5万份；《论坛报》，日报，马、法文，发行量1.5万份；《快报》，日报，法文报刊等。

全国通讯社为国家通讯社。马达加斯加国家广播电台建于1931年4月，有两套节目，第一套节目用马语，第二套节目用法语和英语，每天均播出24小时。

全国共有13家电视台。马达加斯加国家电视台建于1967年，用马语、法语每天播出约9小时（周末15小时）。

对外关系

拉乔利纳2009年3月违宪上台后，国际社会迄今未予承认，南共体、非盟、法语国家组织均向其强力施压，先后中止马成员国资格，要求马尽快恢复宪政秩序。美国、法国、欧盟等谴责拉乔利纳违宪夺权，对马采取减援、停援措施，并在马政治和谈一度陷入僵局时威胁将对马采取必要制裁，向马各派施压。非盟于2009年4月成立马问题国际接触小组主导解决马政治危机。2010年3月17日，非盟宣布对拉乔利纳及其108名主要支持者实施制裁，内容包括旅行限制、冻结海外银行账户和外交孤立等。2011年9月以来，马主要政治派别签署南共体解决马危机路线图及其实施框架，有关过渡期机构相继成立，国际社会对马外交压力有所缓和。

【同中国的关系】1972年11月6日马中建交。2004年5月，拉瓦卢马纳纳对中国进行国事访问。2005年1月，外交部长李肇星访马。3月，马国民议会议长拉依尼里库访华。8月，马国防部长佩特拉·贝哈贾纳少将和"我爱马达加斯加党"主席拉祖利米哈贾·索罗福南特奈纳分别访华。11月，国务院副总理黄菊访马，两国签署了新的经济技术合作协定、促进和相互保护投资协定以及关于成立经济贸易混合委员会的协定等。2006年4月，拉瓦卢马纳纳赴香港和深圳考察。6月，马参议长拉杰米松访华。9月，中共中央纪律检查委员会书记吴官正对马进行正式访问。10月，商务部部长助理陈健访马。11月，拉瓦卢马纳纳来华出席中非合作论坛北京峰会。2007年1月，中国政府特使、外交部部长助理翟隽赴马出席拉瓦卢马纳纳总统就职仪式。5月，拉瓦卢马纳纳来华出席非洲开发银行上海年会并会见温家宝总理。2008年8月，拉瓦卢马纳纳来华出席北京奥运会开幕式。10月，"我爱马达加斯加党"主席、参议长伊万访华。11月，吴邦国委员长访马。

2011年中马贸易额为6.07亿美元，同比增长23.6%；其中中方出口额为5.04亿美元，；进口额为1.03亿美元。中方主要出口纺织品、服装、机电产品等，进口铬矿砂等。1980年两国签订文化合作协定。2008年11月，孔子学院在塔那那利佛大学举行揭牌仪式。中国自1973年起向马提供奖学金名额，2010/2011

学年中国向马提供77个奖学金生名额。中国自1975年起向马派遣医疗队，现有4个援马医疗点，迄今已派出18批共564人次，目前有30名医疗队员在马工作。

中国驻马达加斯加大使：沈永祥。馆址：Ambassade de la République Populaire de Chine en République de Madagascar。信箱号：B.P.1658 Nanisana-Ambatobe Antananarivo Madagascar。电话：0026120-2240129，2240856；传真：2240215。经参处地址：Bureau du Conseiller Economique de l'Ambassade de la République Populaire de Chine en République de Madagascar。信箱号：B.P.4094 Ambohidratrimo Antananarivo Madagascar。电话：0026120-2244529。

马达加斯加驻华大使：维克托·希科尼纳（Victor Sikonina）。馆址：北京市朝阳区三里屯东街3号。电话：010-65321353；传真：65322102。

【同法国的关系】法国是马前宗主国，两国有着传统关系。法是马最大贸易国、双边援助国和直接投资国。马65%的直接投资来自法国，法在马拥有500多家企业。法在马文化、教育、卫生等领域具有较大影响。法在马设有文化中心，每年向马提供数量可观的赴法学习、进修或培训奖学金。法国际台在马设有调频转播台。法在马侨民约2.6万人。2010年5月，在非盟、南共体等国家强烈要求下，法国未邀请拉乔利纳出席在法举行的第25届法非首脑会议。2011年5月，拉乔利纳访法，会见了外长阿兰·朱佩。12月，拉乔利纳首次以国家元首身份访法，与萨科齐总统举行会晤，法方承诺向马提供1000万欧元发展援助。

【同美国的关系】马美1960年6月建交。2000年，美国将马列入“非洲增长与机遇法案”首批受益国，马向美出口总额由1999年的0.8亿美元增至2001年的2.5亿美元。2002年6月，美总统布什致函拉瓦卢马纳纳，率先承认马新政权。2004年3月，马美签署旨在开放民事航空领域的双边协定。2004年5月，美将马列为第一批有资格从美“千年挑战账户”申请资金援助的国家。2005年2月和4月，拉瓦卢马纳纳两度访美，获1.1亿美元援助。2008年，美通过国际开发署和“千年挑战账户”向马提供1680万欧元援助，用于农村发展和环境保护。8月，美国际开发署向马提供5700万美元，主要用于母婴健康项目。2009年12月23日，美国奥巴马总统以马违宪政权践踏法制和民主为由，取消马“非洲增长与机遇法案”受益国地位。

【同邻近印度洋岛国的关系】马系印度洋委员会成员国，积极参与地区事务，推动成员国间经济合作。马向周围岛国供应农产品和海产品，贸易有出超。2004年4月，毛里求斯总理贝朗热访马，双方签署了双边合作总体构架协定、促进和互相保护投资协定及旅游技术合作协定等三个原则文件，并签订了糖业管理合作协议。2005年1月，拉瓦卢马纳纳赴毛里求斯出席小岛屿发展中国家可持续发展会议。7月，印度洋委员会第三届国家元首和政府首脑会议在塔那那利佛举行。11月，拉瓦卢马纳纳访问毛里求斯。2006年3月，印度洋委员会第22届部长理事会在马举行。5月，马总理西拉出席科摩罗总统桑比就职仪式。2011年2月，科摩罗总统桑比访马。5月，马过渡权力机构主席拉乔利纳出席科摩罗新任总统伊基利卢就职仪式。马政治危机发生后，印度洋委员会参与了非盟马问题国际接触小组的调解工作。2011年4月，毛里求斯外长布莱尔率印度洋委员会代表团访马并会见了拉乔利纳。

（董杰）

马拉维

国名 马拉维共和国（The Republic of Malawi）。

面积 118484平方公里。

人口 1390万（2011年）。绝大多数为班图语系黑人。主要民族为尼昂加族、契瓦族和尧族。官方语言为英语和奇契瓦语。约75%的居民信奉基督新教和天主教，20%信奉伊斯兰教，其余信奉原始宗教。

首都 利隆圭（Lilongwe），人口约66.9万（2008年）。

国家元首 总统乔伊丝·班达（Joyce Banda，女），2012年4月就任。

重要节日 英雄纪念日：1月15日；烈士纪念日：3月3日；劳动节：5月6日；自由日：6月14日；国庆节：7月6日。

简况 非洲东南部内陆国家，与莫桑比克、赞比亚、坦桑尼亚为邻。3/4国土海拔1000 ~ 1500米。属热带草原气候。雨量适中，气候温和。年平均气温20℃左右，分凉干（5 ~ 8月）、热（9 ~ 11月）、雨（12月至翌年4月）三季。热季最高温度为29℃，凉干季最低温度为7℃。年平均降水量1000 ~ 1500毫米。

16世纪，班图人开始大批进入马拉维湖（旧称“尼亚萨湖”）的西北一带，并在马拉维及毗邻地区定居。1891年英国正式宣布这一地区为“英属中非保护地”，又名尼亚萨兰。1953年10月，英国强行将尼亚萨兰同南罗得西亚（今津巴布韦）、北罗得西亚（今赞比亚）组成“中非联邦”。1963年2月1日中非联邦解体，尼亚萨兰实行内部自治。1964年7月6日独立，改名为马拉维。1966年7月6日宣布成立共和国。马拉维大会党（大会党）主席海斯廷斯·班达（Hastings Banda）任终身总统。1994年5月17日，举行首次多党制选举，联合民主阵线（联民阵）主席巴基利·穆卢齐（Bakili Muluzi）当选总统，1999年6月蝉联。2004年5月，穆卢齐选定的接班人穆塔里卡赢得大选，成为马第三任总统。2005年初，穆塔里卡退出原执政党联民阵，另建民主进步党（民进党），并由该党执政，联民阵沦为反对党。2009年5月19日，马举行第四次总统和议会选举。民进党候选人穆塔里卡以66%的得票率胜选连任总统。民进党亦获得议会多数席位，成为马第一大党。2009年12月，联民阵主席穆卢齐宣布退出政坛。

政　治

2010年以来，穆塔里卡总统连续对党、政、军高层进行改组和调整，将民进党第一副主席乔伊丝·班达开除出党。班达遂另立人民党。2011年7月，马非政府组织举行全国性示威游行并引发骚乱，导致19人死亡，数十人受伤。2012年4月5日，穆塔里卡总统突发心脏病逝世。7日，副总统班达依照宪法顺利接任总统，任期至2014年马下届大选。班达就任总统后大幅调整内阁，推进经济改革，着力与西方改善关系，争取外援，马政局基本保持稳定。

【宪法】现行宪法于1994年5月颁布，1995年修订。宪法规定，马实行多党制，总统为国家元首兼政府首脑，任期五年，只能连任一次；保护多党民主和独立的司法权。

【议会】实行一院制。议会由总统、议长、副议长、民选议员等组成，每届任期五年。本届议会于2009年6月组成，共193个议席。2012年4月班达总统执政后，其创立的人民党在议会中逐渐控制大多数席位，民进党降为50余席，大会党26席、联民阵17席、独立候选人11席，人民进步运动、争取民主联盟和马拉维团结与发展论坛各1席。议长亨利·奇蒙图·班达（Henry Chimunthu Banda）。

【政府】本届政府于2011年9月组成，2012年4月改组。主要成员有：总统、国防军和警察总司令乔伊丝·班达（Joyce Banda，女），副总统兼卫生部长昆博·卡查利（Khumbo Kachali），财政部长肯·利彭加（Ken Lipenga），外交与国际合作部长伊弗雷姆·姆甘达·丘梅（Ephraim Mganda Chiume），教育与科技部长尤妮斯·卡赞贝（Eunice Kazembe，女），能源与矿业部长卡希姆·奇伦帕（Cassim Chilumpha），妇女部长阿妮塔·卡林德（Anita Kalinde，女），经济规划与发展部长阿图佩莱·穆卢齐（Atupele Muluzi），司法和总检察官办公室部长（兼总检察长）拉尔夫·卡桑巴拉（Ralph Kasambara），农业与粮食安全部长彼得·姆万扎（Peter Mwanza），交通与工程部长穆罕默德·西迪克·米亚（Mahommed Sidik Mia），水利发展与灌溉部长里奇埃·比斯维克·穆赫亚（Richie Biswick Muheya），地方政府部长格雷斯·奇内纳尼·马塞科（Grace Zinenani Maseko，女），新闻部长摩西·昆库尤（Moses Kunkuyu），工业与贸易部长约翰·班德（John Bande），土地与住房部长亨利·福亚（Henry Phoya），内政部长乌拉迪·穆萨（Uladi Mussa），国防部长肯·爱德华·坎多多（Ken Edward Kandodo），旅游与文化部长丹尼尔·利温比（Daniel Liwimbi），劳工部长尤妮斯·马坎加拉（Eunice Makangala，女），环境与应对气候变化部长凯瑟琳·戈塔尼·哈拉（Catherine Gotani Hara，女），青年与体育部长埃诺克·查库富瓦·奇哈纳（Enock Chakufwa Chihana），残疾人与老年人事务部长伦妮·贝茜·卡切尔（Rennie Bessie Kachere，女）。

【司法机构】分最高上诉法院、高等法院和地方法院。

【政党】主要政党有：

（1）人民党（People's Party）：执政党。2011年由时任副总统乔伊丝·班达建立。该党以"团结、平等、发展"为建党理念，倡导政治民主化和经济自由化，致力于实现农村发展。主席为现任总统乔伊丝·班达，副主席为现任副总统昆博·卡查利。

（2）民主进步党（Democratic Progressive Party，DPP）：在野党。2005年2月由马前总统穆塔里卡成立。根据该党公布数据，有党员250万。主张团结所有马拉维人，致力于恢复经济增长和减贫。2009年大选中提出将马"从进口、消费国转变为出口、生产国"和建立"人民可以信赖、致力于发展的政府"的目标。现任主席为彼得·穆塔里卡（Peter Mutharika）。

（3）马拉维大会党（Malawi Congress Party，MCP）：1944年成立。原名为尼亚萨兰非洲人国民大会，1959年改称现名。1964年马独立后至1994年为马唯一的合法政党，执政时间长达30年。主席为约翰·坦博（John Tembo）。

（4）联合民主阵线（United Democratic Front，UDF）：前身为1992年3月在利隆圭成立的联合民主独立党，同年10月改为现名。1994年起执政，2005年因穆塔里卡总统脱离该党另立新党执政而沦为反对党。临时主席弗莱德·朱姆贝（Friday Jumbe）。2012年6月，该党全部14名议员转投人民党。

（5）争取民主联盟（Alliance for Democracy，AFORD）：1992年成立，成员主要包括马前政要、学者和商人。主张在马实行多党民主政治和自由市场经济。1993年与联合民主阵线联手，在全民公决中击败执政的大会党，实现马从一党制向多党制的转变。1995年参与联合政府。1996年5月退出，2003年再度联手，建立"民族团结政府"。现任全国主席埃诺克·齐哈纳（Enock Chihana）。

（6）人民进步运动（People's Progressive

Movement，PPM）：2003年3月成立，主要成员为商人。主张彻底改变马恶劣的经济状况。现主席马克·卡聪加（Mark Katsonga）。

【重要人物】乔伊丝·班达：总统。1951年生。美国哥伦比亚大学幼儿教育学学士。曾任议员、妇女部长、外交部长等职。2009年5月任副总统。2011年建立人民党。2012年4月5日穆塔里卡总统病逝后，依照宪法于7日接任总统，任期至2014年马下届大选。

经济

马拉维为农业国，全国90%以上人口从事农业，经济十分落后，是联合国确定的最不发达国家，经济发展严重依赖外援。主要种植烟草、棉花、玉米等，是非洲主要烟草生产国之一，烟草出口占国家外汇收入70%。其白肋烟（Burley）质量上乘，在世界烟草界享有盛誉。

20世纪90年代中期以来，马政府推行私有化和脱贫计划，但因吏治腐败被西方冻结援助，经济发展受阻。穆塔里卡上台后，努力改善同西方关系，西方逐步恢复援助，经济形势趋于好转。2005年起实施“增长与发展战略”，得到国际货币基金组织的支持。由于政府增加农业投入，扩大实施农业补贴计划，马已连续6年实现粮食自给有余，经济增长率也连续6年超过7%。2011年上半年，马发生外汇和燃油短缺危机，并引发民众全国性示威游行和骚乱。2012年4月，班达就任总统后，与西方缓和关系，着力争取外援，推出一系列经济改革措施，经济状况有所好转。马2011年主要经济数据如下（资料来源：2012年3月马拉维《经济季评》）：

国内生产总值（GDP）：59.5亿美元。

人均国内生产总值：963美元（按购买力平价计算）。

国内生产总值增长率：5.3%。

货币名称：克瓦查（Kwacha）。

年均汇率：1美元＝165.5克瓦查。

年均通货膨胀率：9.8%。

【资源】矿藏有煤、铝矾土、石棉、石墨、磷灰石、铀、铁矿等。2005年矿产收入增长52.1%。2006年在北部探明了储量为1.16万吨的高品质铀矿。2010年北部铀矿全面投产，采矿业同比增长83.3%。森林面积约73万公顷。水力资源丰富。

【工业】主要是初级产品加工业，包括烟草、茶叶、蔗糖、酿酒、棉纺、菜油、建材和食品加工等。2011年制造业同比增长8.2%。

【农业】是国民经济支柱产业。产值占国内生产总值的1/3。全国38%的土地为可耕地，75%的劳动力从事农业生产。主要粮食作物有玉米、高粱、小米、豆类、水稻、木薯等。主要经济作物有烟草、茶叶、甘蔗等，是非洲最大烟草生产国之一。畜牧业以饲养牛、羊为主。马拉维湖和希雷河上游为主要产鱼区。全国约24万人从事捕鱼业。2010年因受自然灾害影响，农业产量有所下降。

【旅游业】近年来，马大力改进旅游设施，旅游业发展较快，2009年游客达75.2万人次，比2008年增长1.5%，旅游业收入695.28亿克瓦查。游客主要来自莫桑比克、津巴布韦、南非、坦桑尼亚和英、美等国。主要旅游胜地有马拉维湖、国家公园、狩猎区和自然保护区等。

【交通运输】为内陆国，最近的港口为莫桑比克的纳卡拉港和贝拉港。国内以陆路交通为主。

铁路：总长790公里，与莫桑比克铁路相接。

公路：总长2.49万公里，其中沥青路4073公里，与莫桑比克、坦桑尼亚、赞比亚、津巴布韦、博茨瓦纳及南非的公路连接。

空运：有民用机场4个，其中2个为国际机场，国际航线通往南非、肯尼亚、坦桑尼亚、埃塞俄比亚、赞比亚、津巴布韦、阿联酋和英国。

水运：2010年南部恩桑杰国际内陆码头一期竣工，完成与赞比亚铁路连接。

【财政金融】近年来财政收支情况如下（单位：亿克瓦查）：

	2008/2009	2009/2010	2010/2011
收入	2241	2631	2970
支出	2514	2682	3100
赤字或盈余	–273	–51	–130

（资料来源：历年马拉维财政预算报告）

2011年外汇储备2.63亿美元。

【对外贸易】主要出口烟草、茶叶、蔗糖、咖啡，进口工业及交通运输设备、石油、化肥、化工产品等。主要贸易对象是南非、英国、日本、美国、法国、德国、荷兰以及南部非洲关税同盟成员国。近三年的进出口额如下（单位：百万美元）：

	2009	2010	2011
出口额	1268	964	912
进口额	1995	1671	1687

（资料来源：2012年3月马拉维《经济季评》）

【外国援助】马财政严重依赖外援。英国、欧盟、美国、日本等是马的主要援助方。2003年年底，西方国家以政府打击腐败不力为由，冻结向马援助款目。2004年5月，穆塔里卡执政后加大反腐败力度，精兵简政，紧缩开支，获得西方国家认可。2005年起援款逐步解冻。2009/2010年度年获世界银行、英国等援助7.92亿多美元，涉及扶贫、电力、水利建设、投资环境、艾滋病防治项目等。2011年，马与西方国家关系恶化，西方减少对马援助。2012年4月班达总统就任后，改善与西方关系，争取外援，西方逐渐恢复并增加对马援助。

人民生活

约有劳动力400万人。有2所中央医院、2所综合医院、21所区级医院，平均1000人拥有1.3张床位。2009/2010年度，用于医疗卫生事业的支出为361亿克瓦查，占马政府开支的第二位。2005年人均寿命为46.3岁，15～49岁人群中约19%携带艾滋病病毒。

军　事

武装力量包括正规军和警察。总统兼国防军和警察部队总司令。2006年正规军总兵力5300人，其中陆军4880人、海军陆战队220人、空军200人。实行义务兵役制，服役期2年。警察1500人。武器主要由英国、美国等提供。

文化教育

【教育】沿袭英国教育制度。学校有公立和私立两种。学制小学8年、中学4年。1994年起实行小学免费义务教育。2008年全国共有公立大学2所，即马拉维大学和姆祖祖大学。还有多所私立大学。中学978所，小学5461所，教师2.2万人，学生35万人。2008年小学入学率为91%，成人识字率为64.1%。

【新闻出版】主要报刊:《每日时报》,1895年创刊,英文，日发行量1.4万份;《马拉维新闻》，1959年创刊，英文、奇契瓦文，周刊，发行量1.9万份;《民族报》,1993年创刊，英文日报，民间报刊，日发行量1.6万份。

马拉维通讯社：官方通讯社，1966年创办。

马拉维国家广播公司：2010年马国家电视台与国家电台合并，成立新的马拉维国家广播公司，隶属马新闻与公民教育部。两台主要用英语、奇契瓦语编播节目。电台有8个频道。

对外关系

奉行睦邻友好和不结盟外交政策。主张通过谈判解决国际争端和地区冲突。马是非洲联盟、不结盟运动、南部非洲发展共同体、东南部非洲共同市场等国际和地区组织的成员国，与94个国家建立了外交关系。

【同中国的关系】2007年12月28日，中国外交部长杨洁篪与马拉维总统和议会事务部长卡聪加分别代表各自政府在北京签署中马两国建交联合公报，决定两国自即日起建立大使级外交关系。建交以来，两国关系发展势头良好，双方各领域交往与合作全面展开，两国人民之间的相互了解和友谊不断加深。

2011年3月，中联部部长王家瑞访问马拉维。2012年3月，外交部外交政策咨询委员会委员吉佩定访问马拉维。4月，胡锦涛主席特使、民政部部长李立国赴马出席穆塔里卡总统葬礼，期间会见了马总统班达。

2011年10月，马拉维民主进步党总书记伊力亚斯·卡曼加（Elias Kamanga）访华。

2011年中马双边贸易额为1.58亿美元，同比增长41.8%，其中中国出口额为1.12亿美元，进口额为0.46亿美元，同比分别增长40%和46.3%。中方主要出口纺织品、机电产品和高新技术产品等，主要进口烟草、咖啡、香料等农产品。

中国驻马拉维大使：潘和钧。馆址：Plot 43/342, Lilongwe，Malawi。信　箱：P.O.Box No. 31799, Lilongwe，Malawi。电话：00265-1794751。传真：1794752。电子信箱：chinaemb_mw@mfa.gov.cn。

马拉维驻华大使：查尔斯·伊诺克·纳蒙德维（Charles Enoch Namondwe）。馆址：北京市朝阳区东直门外大街23号503。电话：010-65325889。传真：65326022。

【同南部非洲国家的关系】马政府重视改善和加强同邻国的关系。马于1967年同南非建交，是当时非洲唯一与南非有外交关系的国家。两国签有贸易协议，并在交通、教育、贸易、卫生等方面开展合作。南非是马最大的贸易伙伴。2012年4月班达总统执政后积极发展与周边邻国关系，先后出访南非、尼日利亚、利比里亚、莫桑比克等国。马同赞比亚、津巴布韦、坦桑尼亚等国也保持着密切关系。

【同西方国家的关系】重视发展同西方国家的关系。欧盟、美国、英国和日本是马主要援助方。2011年4月，因英国驻马高专批评马内政电报被泄露，马、英关系有所恶化，两国政府相互驱逐对方使节。班达总统就任后，积极改善与西方国家关系，先后出访英、美等国。2012年8月，美国国务卿希拉里·克林顿访马。

【同亚洲、北非国家的关系】20世纪90年代末，马开始重视与亚洲及北非地区国家发展关系，相继与利比亚、沙特阿拉伯、伊朗和马来西亚建交。近年来，重视发展同中国、印度等新兴大国关系。　（裴广松）

马　里

国名　马里共和国（The Republic of Mali，La République du Mali）。

面积　1241238平方公里。

人口　1580万（2011年）。全国有23个民族，主要有班巴拉（占全国人口的34%）、颇尔（11%）、塞努福（9%）和萨拉考列族（8%）等。各民族均有自己的语言。官方语言为法语，通用班巴拉语（1972年形成文字）。80%的居民信奉伊斯兰教，18%信奉传统拜物教，2%信奉天主教和基督教新教。

首都　巴马科（Bamako），人口179.4万。4月气温最高，平均为34℃～39℃，1月气温最低，平均为16℃～33℃。

国家元首 过渡期总统迪翁昆达·特拉奥雷（Dioncounda TRAORE）。2012年4月12日就职。

重要节日 独立日：9月22日。

简 况 位于非洲西部撒哈拉沙漠南缘，西邻毛里塔尼亚、塞内加尔，北、东与阿尔及利亚和尼日尔为邻，南接几内亚、科特迪瓦和布基纳法索，为内陆国。北部为热带沙漠气候，干旱炎热。中、南部为热带草原气候。全年分为三个季节：3～5月为热季，6～10月为雨季，11月至翌年2月为凉季。热季最高气温达50℃，凉季最低气温为14℃。

历史上曾是加纳帝国、马里帝国和桑海帝国的中心地区。1895年沦为法国殖民地。1958年成为"法兰西共同体"内的"自治共和国"。1959年与塞内加尔结成马里联邦。1960年9月22日独立，莫迪博·凯塔当选首任总统。1968年，穆萨·特拉奥雷发动军事政变上台。1991年3月，阿马杜·图马尼·杜尔发动政变，建立军人过渡政权，改行多党制。1992年4月，马里举行首次多党选举，非洲团结正义党候选人阿尔法·乌马尔·科纳雷当选总统。1997年5月，科纳雷蝉联总统。2002年杜尔复出政坛，于5月作为独立候选人当选总统，2007年4月连任。杜尔总统执政期间，马里政局总体稳定。

政 治 2012年3月22日，马首都部分军人发动政变，杜尔政府被推翻。马国内主要政党和国际社会一致谴责政变，要求军人立刻恢复宪政、还政于民。经西共体多轮调解，马4月下旬成立过渡政府，5月下旬正式进入为期一年的过渡期，原国民议会议长特拉奥雷任过渡期总统。同时马面临严峻的北方分裂危机。年初，马北方图阿雷格族分裂武装发动叛乱，3月以来已武力控制了马北方三个大区，并于4月6日成立"阿扎瓦德独立国"。"伊斯兰马格里布基地组织"等恐怖和极端力量也借机在马北方扩充势力。

【宪法】现行宪法于1991年7月制订，1992年6月付诸实施。1999年1月全民公决通过宪法修正案。宪法规定：实行立法、行政、司法三权分立；总统由直接普选产生，任期五年，可连选连任一次；总统是国家元首，拥有任免总理和部长、颁布法令、组织公民投票、解散议会、宣布紧急状态等重要行政权力；国民议会享有立法和监督权；政府是由总统直辖的最高行政机构，向国民议会负责；司法独立；公民享有思想、宗教、信仰、言论、结社、劳动、休息、私人财产不受侵犯、自由经营和社会救助等权利。

【议会】国民议会是最高立法机构，实行一院制。议员由普选产生，任期五年。主要机构由执行局、专门委员会和议会党团组成。本届国民议会于2007年7月选举产生，共有147名议员，其中非洲团结正义党51席、共和民主联盟34席、独立议员15席、马里联盟党11席、复兴爱国运动党团8席、全国民主创议大会党7席、非洲民主独立团结党4席，民族复兴党4席，其他8个党派共获13席。马里原拟2012年7月举行新一届议会选举。"3·22"政变发生后，议会选举被推迟。

【政府】马里过渡政府于2012年4月24日成立，主要成员有：总理谢克·莫迪博·迪亚拉（Cheick Modibo DIARRA），国务部长、外交和国际合作部长萨迪奥·拉明·索乌（Sadio Lamine SOW），经济、财政和预算部长蒂耶纳·库利巴利（Tiéna COULIBALY），国防和退伍军人部长亚穆萨·卡马拉大校（Colonel-Major Yamoussa CAMARA），国内安全和公民保护部长蒂耶芬·科纳特将军（Général Tiéfing KONATE），公职、政府管理和行政、政治改革部长（主管机构联络）马马杜·纳莫里·特拉奥雷（Mamadou Namory TRAORE），领土管理、地方分权和领土政治部长穆萨·辛科·库利巴利上校（Colonel Moussa Sinko COULIBALY），贸易、矿产和工业部长艾哈迈杜·杜尔（Ahmadou TOURE），农业、畜牧业和渔业部长穆萨·莱奥·西迪贝（Moussa Léo SIDIBE），青年、劳动、就业和职业培训部长马马杜·迪亚基泰（Mamadou DIAKITE），卫生部长苏马纳·马卡吉（Soumana MAKADJI），教育、扫盲和民族语言促进部长阿达马·瓦内（Adama OUANE），司法和掌玺部长马利克·库利巴利（Malick COULIBALY），侨务和非洲一体化部长特拉奥雷·罗基娅·吉基内（Mme TRAORE Rokia GUIKINE，女），人道主义行动、互助和老龄部长马马杜·西迪贝（docteur Mamadou SIDIBE），家庭、妇女和儿童促进部长阿尔瓦塔·伊莎塔·萨伊（Mme ALWATA Ichata SAHI，女），能源、水利和环境部长阿尔法·博卡尔·纳福（Alfa Bocar NAFO），手工业、文化和旅游部长迪亚洛·法迪玛·杜尔（DIALLO Fatima TOURE，女），新闻、邮政和新技术部长，政府发言人哈马敦·杜尔（Hamadoun TOURE），装备、运输、住房和城市化部长马马杜·库利巴利（Mamadou COULIBALY），高等教育和科研部长阿鲁纳·坎泰（Harouna KANTE），体育部长哈梅耶·富内·马哈尔马达内（Hameye Founé MAHALMADANE），经济、财政和预算部部长级代表（主管预算）马林帕·穆萨拉（Marimpa SAMOURA），公职部负责政治改革和机构联络的部长级代表雅各巴·迪亚洛（Yacouba DIALLO），青年、劳动、就业和职业培训部主管青年和职业培训的部长级代表布鲁诺·马伊加（Bruno MAIGA）。

【行政区划】全国划分为19个大区和1个中央直辖管区（首都巴马科）。

【司法机构】由最高法院、宪法法院、高级法院、行政法院、上诉法院、重罪法庭、一审法院等机构组成。最高法院系终审法院，下设司法院和行政财务院。高级法院由国民议会议员组成，负责审理涉及国家元首和国家高级官员的诉讼案。一审法院为初审法院，同级的还有巴马科地区法院、商业法院、治安法院和劳动法院等。最高法院院长努乌姆·塔比利（Nouhoum TAPILY），2011年5月18日就职。总检察长马马杜·布瓦雷（Mahamadou BOIRE），2009年8月12日就职。

【政党】1991年3月实行多党制，同年7月召开的全国会议制定并通过了《政党法》。2005年8月，国民议会对《政党法》进行了修改，对政党的组建和运作等作出新的规定。现有104个政党。主要有：

（1）非洲团结正义党（Alliance pour la Démocratie au Mali-Parti Africain pour la Solidarité et la Justice）：马里第一大党。前身为马里民主联盟，1991年5月成立。宗旨是建立民主、繁荣、独立的新马里和法制、自由、公正、进步的社会，巩固和扩大民主，推动经济、社会和文化的发展，合理分配收入。“自由、劳动、团结”为该党箴言。组织机构有基层委员会、分支部、支部和联合会。下设妇女、青年等群众组织。1992年，该党在议会选举中获绝对多数席位，成为执政党。2001年，原党主席易卜拉欣·布巴卡尔·凯塔（Ibrahim Boubacar Keita）退党，该党出现较大分裂，力量受到削弱。2002年，该党在议会选举中失去绝对多数地位。2003年，该党再次出现分裂，原党第三副主席苏马伊拉·西塞（Soumaïla CISSE）及其追随者退党。2007年，该党联合其他42个政党组成“民主进步同盟”，支持杜尔总统连任，并在议会选举中获51席，再次成为议会第一大党。主席迪翁昆达·特拉奥雷（过渡期总统），总书记马里芒蒂亚·迪亚拉（Marimantia DIARRA）。

（2）共和民主联盟（Union malienne pour la République et la Démocratie）：正式成立于2003年6月。系由原非洲团结正义党第三副主席苏马伊拉·西塞及其追随者脱离非洲团结正义党后创立，最初旨在支持西塞角逐2002年总统选举。该党领导层多出身马里纺织发展公司，属于原非洲团结正义党中的“棉派”。主张建立自由、平等、公正和团结的社会，保障人民自由、民主权利，实现国家的全面发展和繁荣。2007年，该党与非洲团结正义党结盟，支持杜尔总统连任，并在议会选举中获34席，成为议会第二大党。党主席为前总理尤努斯·杜尔（Younoussi TOURE），总书记萨利库·萨诺戈（Salikou Sanogo）。

（3）马里联盟党（Le Rassemblement pour le Mali）：主要反对党。系由部分原非洲团结正义党成员于2001年6月成立。宗旨是在多党共和体制下实行社会民主，实现国家团结，全体公民最广泛地参与政治协商和国家管理，相互尊重，共同发展，建立自由、正义、团结、民主的社会。主张实行市场经济，国家对私营经济加以规范，强调社会发展应以人为本。该党成员成分广泛，来自社会各阶层。国内及海外均建有党部。国内党部下设分党部（市镇一级），全国每一个村庄都至少建立了一个基层委员会，党组织在全国的覆盖率超过90%。党的领导机构为全国政治局，共53名成员。曾为议会第一大党。在2007年议会选举中仅获11席。党主席易卜拉欣·布巴卡尔·凯塔。总书记博卡里·特雷塔（Bokari TRETA）。

其他政党还有复兴爱国运动（Mouvement Patriotique pour le Renouveau）、全国民主创议大会党（Le Congrès National d'Initiative Démocratique）、民族复兴党（Parti pour la Renaissance Nationale）、非洲民主独立团结党（Solidarité africaine de la Démocratie et l'Indépendance）、苏丹联盟－非洲民主联盟（Union Soudanaise-Rassemblement Démocratique Africain）、马里民主党（Parti Démocratique Malien）、复兴公约党（Convention pour la Renaissance）等。

【重要人物】迪翁昆达·特拉奥雷：过渡期总统。1942年出生。曾留学前苏联、阿尔及利亚和法国，获数学博士学位。20世纪90年代开始进入政府任职，曾担任公共事务和劳动部长、国防部长、外长等。2007年9月当选国民议会议长。系非洲团结正义党创始人之一，2000年11月当选该党主席至今。2012年4月被指定为过渡总统。

经　济

系最不发达国家。经济以农牧业为主，粮食不能自给。非洲主要产棉国和产金国。杜尔总统执政后推行市场经济，奉行经济自由化和私有化政策，经济缓步增长。近年马里政府重点发展农业，加强水利、道路等基础设施建设，加快石油勘探和矿产开发。2011年，马经济总体保持良好发展态势，棉花、黄金等支柱产业生产稳定。为增加税收、扩大就业，政府积极招商引资，兴建水泥、汽车组装、食品加工、制糖等一批新兴企业，还大力推动矿产、油气资源开发。2011年主要经济数据如下（资料来源：2012年2月《经济季评》）：

国内生产总值（GDP）：112亿美元。

人均国内生产总值：709美元。

国内生产总值增长率：5.4%。

货币名称：非洲金融共同体法郎（Franc de la Communauté Financière d'Afrique），简称“非洲法郎”（FCFA）。

汇率：1美元≈471非洲法郎。

通货膨胀率：2.9%。

【资源】现已探明的主要矿藏资源及其储量：黄金900吨，铁13.6亿吨，铝矾土12亿吨，硅藻土6500万吨，岩盐5300万吨，磷酸盐1180万吨，锰1500万吨，铀5200吨。系非洲第三大黄金出口国，黄金是马里第一大出口产品，出口收入占全国出口收入的一半以上。2009年产量回升至52.4吨。森林面积110万公顷，覆盖率不到1%。水力资源丰富。目前有3个水电站，12个火力发电站，1个太阳能电站。2006年5月，马政府启动了矿产十年规划，总投资1000亿非洲法郎。

【工业】2007年，工业产值占国内生产总值的24.2%。全国现有400多家企业，绝大多数为私营企业，主要部门有食品加工、出版印刷、纺织、建筑材料等。66.2%的工业集中在首都巴马科地区，50人以下的企业占85%，200人以上的企业仅占4%。

【农牧渔业】农业和畜牧业是马经济支柱。2007年产值约占国内生产总值的36.5%，农村人口占总人口的68%。从事农业生产的人口占全国人口的40%。全国可耕地面积3000万公顷，已耕地面积350万公顷。主要经济作物有小米、玉米、稻谷、花生、棉花等。是非洲主要产棉国。2006年以来，由于干旱、耕种面积减少等原因，产量并不稳定。近年来主要农作物及其产量如下（单位：万吨）：

	2007/2008	2008/2009	2009/2010
棉花	24.22	20.24	23.64
稻谷	108.24	160.76	170.41

（资料来源：2011年2月《经济季评》、2009年马里经济与社会形势报告）

2009年有牛889万头、羊2703.56万只。近年来平均年捕鱼量约10万吨，其中出口占1/5。全国有7万渔民，约26万渔业从业人员。

【服务业】服务业主要由交通、通信、商业等部门构成。2010年服务业产值约占国内生产总值的40.2%。

【旅游业】旅游资源丰富，但交通不便。杰内古城、通布图古城、多贡遗迹和加奥阿斯基亚王陵被列入《世界遗产名录》。主要旅游城市有首都巴马科、古城通布图和水城莫普提，最佳旅游季节为11月至次年1月。近年旅游业发展迅速。全国有109家旅行社、439家旅馆饭店、6012套客房。因受北方安全形势影响，马旅游业严重下滑。

【交通运输】系内陆国家，国内运输主要靠公路。进出口物资需经邻国港口转运。两条国际公路干线经巴马科通往科纳克里和阿比让，公路总长分别为1110公里和1115公里。科特迪瓦局势动荡后，经巴马科—洛美公路运输的货物迅速增加。

铁路：仅有一条连接库利克罗、巴马科和达喀尔的国际窄轨铁路，总长1287公里，马里境内长641公里；以货运为主，运行速度60公里/小时。

公路：总长9万公里，其中沥青路面3750公里；各型机动车约12万辆，以摩托车和小型卡车为主。

水运：内河航线总长1.27万公里；马里航运公司负责内河航运的经营和管理，拥有各种船只27艘。

空运：目前，国际航线主要由法国航空公司和比利时航空公司经营。全国有5个城市拥有国际机场，巴马科塞努国际机场可起降各种大型客货飞机。2006年运送旅客53.36万人次。

【财政金融】近年国家财政预算收支情况如下（单位：亿非洲法郎）：

	2008	2009	2010
收入	7420	9170	11510
支出	8280	10470	12810

（资料来源：2011年2月《经济季评》）

2009年外汇储备（不含黄金）为16.05亿美元，外债为26.67亿美元。

【对外贸易】实行贸易自由化政策，政府通过发放进出口意向书对贸易进行宏观管理。现同100多个国家和地区有贸易关系。韩国、中国、印度尼西亚、泰国、布基纳法索、塞内加尔、法国、科特迪瓦和南非等是马主要贸易伙伴。2010年马对外贸易额为44.49亿美元，其中进口额为23.89亿美元，出口额为20.6亿美元。主要出口黄金、棉花等；主要进口生产资料、石化产品、食品等。

【外国资本】近年来，外国对马直接投资增长较快。2009年，马获外国直接投资3.84亿美元。新增外资主要流向矿产业。

【外国援助】根据经济合作与发展组织统计，马里2010年获得官方发展援助10.93亿美元（货币单位下同），其中双边援助占62%。主要捐助方为：国际开发协会1.61亿，美国1.55亿，欧洲共同体1亿，法国9900万，加拿大9000万，非洲发展基金6700万，荷兰6700万，德国5400万，日本3700万，瑞典2800万。

人民生活

根据联合国开发计划署公布的《2011年人类发展报告》，马里的人类发展指数在187个国家中名列第175位。2010年，马里贫困人口占全国总人口的51.4%。医疗卫生条件落后。2010年人均寿命49.2岁，婴儿死亡率101‰。截至2007年，全国有70所医院和826家市镇医疗中心，医护人员3849人，平均每1.25万人拥有1名医生，卫生开支占政府预算支出的10.82%。每位妇女平均生育6.7个小孩。全国约有1.1万人死于艾滋病，1.7%的成年人受感染。2006年，登记的固定和移动电话用户共计159.54万人，互联网用户达7万人。只有16.7%的居民可以使用电力照明，可饮用水覆盖率为64%。

军　事

独立后，马里政府召回在法国外籍军团中的本国青年，并以此为基础组建了马里武装部队。1961年1月20日马要求法撤走驻军，后将这一天定为建军节。实行义务兵、志愿兵和合同兵相结合的兵役制度，义务兵役期为2年。武装力量由陆军、空军、宪兵、警察、共和国卫队和民兵组成，总兵力约1.5万余人。其中陆军6900人，空军400人，海军50人，宪兵1800人，警察1000人，共和国卫队2000人，民兵3000人。总统是全国武装力量最高统帅。现任总参谋长易布拉欣·达依鲁·丹贝雷大校（Ibrahim Dahirou DEMBELE）于2012年5月就任。马里军队曾参加联合国在安哥拉、海地、利比里亚和塞拉利昂的维和行动。

文化教育

重视保护和发展民族文化，鼓励文学创作。官方文艺团体有国家歌舞团、民族乐团和话剧团等。文化设施集中在首都巴马科，主要有伊斯兰文化中心、国家博物馆和国家图书馆。

【教育】沿用法国教育体制。初等教育实行9年制义务教育，中等教育3年，高等教育4～5年。2007年，教育预算占国家预算的16.9%，适龄儿童入学率为77.6%，成人文盲占全国人口的75.7%。

【新闻出版】全国发行报刊共47种，主要有:《发展报》，综合性官方日报，发行量约1万份;《回声报》，非洲团结正义党的周刊。另外还有《独立人报》、《晨报》、《巴马科晚报》和《共和国人报》等。

马里新闻和广告社为官方通讯社，创建于1961年。每周发行1期《新闻周刊》，刊登国内外新闻。有近百名记者。

马里广播电台是官方电台，始建于1957年，播音覆盖面占全国人口的80%以上。用法语、班巴拉语、颇尔语和桑海语等9种语言对内广播；用法语、英语和阿拉伯语对外广播。另外还有200余家私营电台。

马里电视台是唯一官方电视台，创建于1984年，全国建有25个转播站。每天播放7个小时的节目。

马里出版印刷社是唯一国营出版社，始建于1972年。

对外关系

奉行独立、和平、睦邻友好和不结盟的对外政策。主张尊重国家主权，不干涉别国内政，通过和平方式解决国际争端和地区冲突；积极参与地区和国际事务，努力维护地区和平与稳定，推动非洲团结、一体化进程和地区合作。强调外交为发展服务，广泛寻求外援。现为联合国、世界贸易组织、不结盟运动、法语国家组织、伊斯兰会议组织、非洲联盟、西非国家经济共同体、萨赫勒—撒哈拉国家共同体和萨赫勒地区国家抗旱常设委员会等组织成员。同133个国家建立外交关系。

【同中国的关系】1960年10月25日，中马建交。50年来，两国关系始终健康、稳定发展。

2010年4月29日至5月2日，马里总统杜尔来华出席上海世博会开幕式。期间，国家主席胡锦涛与其会见。

9月20～25日，胡锦涛主席特使、交通运输部部长李盛霖赴马出席马独立50周年庆典。

9月26日至10月1日，马里国民议会议长特拉奥雷访华并出席上海世博会中国国家馆日活动。

2011年11月2～5日，马里外交和国际合作部长马伊加非正式访华。

2011年，中国同马里的贸易总额为4.47亿美元，同比增长49%，其中中方出口额为2.98亿美元，进口额为1.49亿美元。

中国驻马里大使：曹忠明。馆址：No. 2259 Route de Koulikoro，Bamako，Mali。电话：20213597，20206712（经商处）；传真：20213443，20203882（经商处）。国家地区号：00223。邮政信箱：B.P.112。

马里驻华大使：恩齐·拉伊科·特拉奥雷（N'Tji Laco TRAORE）。馆址：北京市朝阳区三里屯东四街8号。电话：010-65321704；传真：65321618。

【同法国的关系】法国是马原宗主国。1960年11月3日，两国关系正常化。双方保持着传统的特殊关系，法是马第一大贸易伙伴和援助国。近年两国高层互访频繁。2010年2月，为解救被基地组织北非分支绑架的法国人质，法外长先后两次访马做工作，经马方调解法人质获释后，法总统萨科齐专程赴马迎接被解救人质。5月，杜尔总统赴法国尼斯出席法非峰会。7月，杜尔总统应邀参加法国庆阅兵仪式。2011年5月，马里外长马伊加访法。10月，法国负责国际合作和欧洲事务的部长德兰古赴马出席“法国—马里日”活动，杜尔总统与其会见。11月，法国文化和通讯部长密特朗赴马出席在巴马科举行的第九届非洲摄影双年展。2012年1月马北方爆发武装叛乱后，法合作部长德兰古、外长朱佩于2月先后赴马，同杜尔总统商讨如何解决北方危机。“3·22”政变后，法方强烈谴责政变，呼吁政变军人尽快恢复宪法秩序。2012年6月，马过渡总理迪亚拉访法。目前，法国在马侨民约5000人，马里在法侨民约10万人。

【同美国的关系】两国于1960年9月29日建交。近年两国关系发展较快。2008年2月，杜尔总统对美国进行工作访问。马系美国“千年挑战账户”援助对象国，两国于2007年9月正式启动有关合作项目，美方提供2300亿西非法郎，主要用于尼日尔河地区土地整治、巴马科机场扩建等项目，其中机场扩建项目于2009年1月开始实施。两国军事合作近年逐渐增多。2007～2009年，美国连续三年在马里举行联合军事演习，马周边国家参与。2011年4月，美军非洲司令部新任司令卡特·哈姆将军访马。10月，美向马提供了价值9000万美元的军用物资用于支持马里加强反恐行动。11月，马外长马伊加对美进行工作访问。2012年2月，两国再次在马举行联合军事演习，200名美军士兵、150名马军士兵参加。“3·22”政变后，美强烈谴责政变，呼吁政变军人尽快交权，恢复马宪法秩序。

【同日本的关系】两国于1960年10月4日建交。自1989～2003年，日本向马提供赠款累计达375亿非洲法郎。2005年3月，日向马提供价值15亿非郎的粮食援助。11月，日向马提供69亿非郎援款。2007年，日本向马提供16亿西非法郎用于资助马里大选。2008年3月，日本驻马里使馆开馆。5月，杜尔总统出席在日本横滨举行的第四届非洲发展东京国际会议。2010年3月，日本援建的法雷梅大桥举行奠基仪式。2011年7月，马里—日本混委会第6次会议在巴马科举行。

【同邻国的关系】同几内亚关系长期稳定，高层互访频繁。2009年2月，杜尔总统赴几出席悼念孔戴总统逝世有关活动并会见几军政权领导人卡马拉。2010年2月，几代总统科纳特访马。7月，杜尔总统对几进行工作访问。9月，几代总统科纳特赴马出席其独立50周年庆典。12月，杜尔总统赴几出席几新总统阿尔法·孔戴的就职仪式。2012年3月，几总理福法纳访马。

同阿尔及利亚关系密切。阿曾在调解马里北部图阿雷格族武装分裂问题上发挥重要作用。2009年4月，杜尔总统致电祝贺阿总统布特弗利卡再次连任。12月，两国军事技术合作协议后续委员会会议在巴马科召开。2010年2月，阿政府指责马政府释放4名伊斯兰马格里布基地组织成员，并召回其驻马大使。后经马政府多次做阿政府工作，阿驻马大使于同年8月返马。2011年4月，马外长马伊加作为杜尔总统特使访阿。5月，马阿两国签署协议，阿将提供1000万美元援助，用于支持马北部地区发展。10月，杜尔总统访阿，与布特弗利卡总统举行会谈。2012年6月，马过渡总理迪亚拉访阿。

同塞内加尔、科特迪瓦有着传统经济、贸易关系。达喀尔港和阿比让港是马主要出海口。2007年4月，杜尔总统出席塞总统瓦德就职仪式。6月，塞总理萨勒出席杜尔总统连任就职仪式。2008年3月，杜尔总统出席在达喀尔举行的第11次伊斯兰国家首脑会议。4月，塞总统瓦德过境访问马里。2009年6月，杜尔总统与瓦德总统在巴马科共同主持召开撒哈拉绿色长城计划会议。2010年3月，塞总统瓦德访马，与杜尔总统共同出席法雷梅大桥奠基仪式。4月，杜尔总统出席塞内加尔独立50周年庆典。2011年4月，杜尔总统访塞。5月，塞外长尼昂访马。

2008年1月，杜尔与科总统巴博共同出席两国电网联网工程开工仪式。2009年3月，杜尔总统就科特迪瓦发生球迷踩踏事件向巴博总统致电慰问。7月，科总理索罗访马。2011年8月，马外长马伊加访科。10月，科总统瓦塔拉对马进行友好工作访问。

同毛里塔尼亚存在边界纠纷，但未影响双边友好交往。2007年4月，杜尔总统出席毛总统阿卜杜拉希就职仪式。6月，毛总统阿卜杜拉希出席杜尔总统连任就职仪式。2008年8月，毛政变后曾派“国务委员会”委员访马寻求支持。2009年8月，杜尔总统出席毛新任总统阿齐兹就职典礼。2010年2月，毛政府指责马政府释放4名伊斯兰马格里布基地组织成员，并召回其驻马大使。后经马政府多次做毛政府工作，毛驻马大使于8月返马。9月，毛总统阿齐兹出席马独立50周年庆典。2011年5月，马外长马伊加访毛。6月，两国军方开会讨论应对“伊斯兰马格里布基地组织”在两国边境地区的活动。

同布基纳法索有1100公里的共同边界，曾于1974年和1985年两次发生大规模武装冲突。1986年12月，两国政府接受海牙国际法庭的最终裁决，关系修复，并于同年互设使馆。近年两国关系发展顺利。2007年6月，布总统孔波雷出席杜尔总统连任就职仪式。2008年7月，两国大混委会第八次会议在巴马科举行。2010年3月，杜尔总统对布进行工作访问。9月，布总统孔波雷出席马里独立50周年庆典。2011年4月，马外长马伊加作为杜尔总统特使访布。8月，布外长巴索莱访马。9月，马里—布基纳法索大混委会第9届会议后续委员会会议在马里首都巴马科召开。“3·22”政变后，布总统孔波雷作为西非国家经济共同体马里问题调解人积极调解马宪政危机。（郭业凌）

毛里求斯

国名 毛里求斯共和国（The Republic of Mauritius）。

面积 2040平方公里（包括属岛面积175平方公里）。

人口 约128.6万（2012年）。居民主要由印度和巴基斯坦裔（69%）、克里奥尔人（欧洲人和非洲人混血，27%）、华裔（2.3%）和欧洲裔（1.7%）组成。官方语言为英语，法语亦普遍使用，克里奥尔语为当地人最普遍使用的语言。居民中51%信奉印度教，31.3%信奉基督教，16.6%信奉伊斯兰教，另有少数人信奉佛教。

首都 路易港（Port Louis），人口约12.83万。夏季平均气温27℃，1月气温最高，达23℃～30℃。冬季平均气温18℃，6～8月气温最低，为17℃～24℃。

国家元首 代总统莫妮克·奥桑·贝勒波（Monique Ohsan Bellepeau，女），2012年3月31日起担任此职务。

重要节日 独立日（或共和国日）：3月12日。

简况 位于非洲大陆以东、印度洋西南部。包括本岛及罗德里格岛、圣布兰登群岛、阿加莱加群岛、查戈斯群岛（现由英国管辖）和特罗姆兰岛（现由法国管辖）等属岛。西距马达加斯加约800公里，距肯尼亚蒙巴萨港1800公里，南距留尼汪160公里，东距澳大利亚4827公里。海岸线长250公里。属亚热带海洋性气候，分夏、冬两季，终年温暖潮湿。沿海地区年平均气温25℃，中央高原20℃。原为荒岛，16世纪初，葡萄牙探险队占据现在的毛里求斯和留尼汪诸岛，取名为马斯克林群岛。1598年荷兰人占领该岛，并以荷兰君主"毛里求斯"命名。1715年法国占领毛岛并改名为"法兰西岛"。1814年成为英国殖民地，并被重新命名为"毛里求斯"。1961年9月实行自治。1968年3月12日宣布独立，实行君主立宪制，英国女王为国家元首，总督代表其行使权力。1992年3月12日改行共和制。实行议会制。总统为国家元首，系礼仪性职务，总理掌握行政实权。

政　治

毛里求斯独立以来，历届政府均坚持维护民族团结与和睦，实行文化多元化政策，保持了政局的长期稳定。毛独立后一直实行多党制，工党、社会主义战斗党（社战党）、战斗党轮流执政或联合执政。在2010年5月新一届议会大选中，工党联合社战党、社民党组成"未来联盟"参选，击败了战斗党、国家团结党和社会民主运动党组成的"心之联盟"，拉姆古兰成功连任总理。2011年8月，执政联盟破裂，拉姆古兰总理对政府进行小幅改组，社战党退出政府。2012年3月30日，总统阿内罗德·贾格纳特（Anerood Jugnauth）向国民议会提交辞呈，宣布辞职。31日，副总统贝勒波出任代总统。

【宪法】1968年颁布，1991年和1996年两次修改。根据现行宪法，毛是议会共和制国家，总统为礼仪性国家元首，由总理提名，经议会批准后产生，任期五年。总理由议会多数党领袖担任，行使国家行政权，有组成和改组政府以及解散议会、提前举行大选的权力。实行多党制及立法、行政、司法三权分立制度。

【议会】原为立法议会，1991年12月修宪后，改为国民议会，实行一院制，为国家最高立法机构。负责制定法律、讨论国家政策，批准政府各项法令和财政预算。由70名议员组成，任期五年。其中62人经选举产生，其余8人为官委议员，由总统根据选举委员会的建议在落选人中任命产生。议长由议会选举的非议员担任，任期五年，负责召集和主持议会会议，无表决权，但在议会表决出现僵局时有裁决权。现议会为第11届议会，2010年5月成立。共有议员69名（2010年大选中仅有7名候选人符合条件成为官委议员），目前执政联盟拥有37席（工党31席、社民党4席、罗德里格岛运动2席）；反对党30席（战斗党19席、社战党10席、社会民主运动党1席）；独立党派——毛里求斯团结阵线1席；罗德里格人民组织1席。议长拉杰克斯瓦尔·普里亚格（Rajkeswur Purryag），2010年5月连任就职。

【政府】本届政府成立于2010年5月11日，共有25名成员：总理兼国防、内政和对外交通部长纳文钱德拉·拉姆古兰（Navinchandra Ramgoolam），第一副总理兼能源和公共事业部长艾哈迈德·拉希德·比比琼（Ahmed Rashid Beebeejaun），副总理兼财政和经济增长部长沙·杜瓦尔（Charles Gaetan Xavier Luc Duval），副总理兼基础设施、国家发展、内陆交通和海运部长阿尼尔·库马尔·贝丘（Anil Kumar Bachoo），外交、地区一体化和国际贸易部长阿尔文·布莱尔（Arvin Boolell），住房和土地部长阿布·卡斯纳利（Abu Twalib Kasenally），社会保障、民族互助和感化机构管理部长谢拉巴伊•巴普（Sheilabai Bappoo，女），教育和人力资源部长瓦桑·库马尔·班瓦里（Vasant Kumar Bunwaree），农业和粮食安全部长萨蒂亚·韦亚什·福古（Satya Veyash Faugoo），环境和可持续发展部长德瓦南德·维拉索米（Devanad Virahsawmy），高等教育、科研和技术部长拉杰什瓦尔·吉塔（Rajeshwar Jeetah），信息和通讯技术部长塔萨拉金·皮莱·切敦布鲁姆（Tassarajen Pillay Chedumbrum），渔业和罗德里格岛部长路易斯·约瑟夫·冯马利（Louis Joseph Von Mally），青年和体育部长萨蒂亚普拉卡什·里图（Satyaprakash Ritoo），地方政府和外岛部长路易斯·赫维·艾梅（Louis Hervé Aimée），艺术和文化部长穆赫斯瓦尔·丘尼（Mookhesswur Choonee），劳动、产业关系和就业部长萨基勒·艾哈迈德·优素福·阿卜杜勒·拉扎克·穆罕默德（Shakeel Ahmed Yousuf Abdul Razack Mohamed），总检察长亚廷德拉·纳特·瓦尔马（Yatindra Nath Varma），旅游和休闲部长杨尊绍（John Michael Tzoun Sao Yeung Sik），工业、贸易和消费者保护部长萨雅德·阿布—阿尔—萨德尔·萨伊德—哈桑（Sayyad Abd-Al-Cader Sayed-Hossen），社会融合和经济增长部长苏伦德拉·达亚尔（Surendra Dayal），商务、企业和合作社部长贾巴哈多辛格·伊斯伍尔迪奥·摩拉·卢普昌德·希塔兰（Jangbahadoorsing Iswurdeo Mola Roopchand Seetaram），性别平等、儿童发展和家庭福利部长米哈伊·马丁（Maria Francesca Mirerlle Martin），公职和行政改革部长苏提乌迪奥·穆提亚（Sutyadeo Moutia）。

【行政区划】全国分为4个大区和5个直辖市，区下设126个村。

【司法机构】毛司法独立。最高法院是国家最高司法机构。最高法院由大法官（Chief Justice，即最高法院院长）、次席大法官（Senior Puisne Judge）以及陪席推事（Puisne Judge）组成。大法官由总统与总理协商后任命；次席大法官由总统与大法官协商后任命；陪席推事由总统与司法和法律委员会协商后任命。在法律界工作5年以上才有资格被任命为最高法院法官。现任最高法院院长为华人杨钦俊（Yeung Sik Yuen）。

最高法院下设刑事法庭、中级法庭、地方法庭、劳资关系法庭、常设仲裁法庭等。民事上诉法院和刑事上诉法院是最高法院的两个分支机构，其法官由最高法院当值法官担任。

【政党】2010年5月，共有65个政党、2个政党联盟正式登记参加大选。主要政党情况：

（1）工党（Mauritius Labour Party/Parti Travailliste，PTr）：执政党。1936年2月23日成立，是毛第一个政党，曾为争取毛独立进行积极斗争。独立后长期单独执政。1982年，工党在大选中失败，1983年开始与社战党、社民党、战斗党等联合执政。1990年，联合政府中工党部长因反对实行共和制而被解职，工党成为反对党。1995年工党与战斗党联盟赢得大选，拉姆古兰出任总理。1997年6月，联盟政府破裂，工党再次单独执政。2000年9月，工党大选失利成为在野党。2005年，以工党为首的社会联盟赢得议会选举，拉姆古兰再次出任总理。2010年5月工党联合社战党、社民党组成“未来联盟”赢得新一届议会大选，拉姆古兰连任总理。该党对内主张为工人阶级和小农服务，发展民族经济；对外奉行不结盟政策，主张与东西方国家都发展关系，尤其是加强与非洲各国的团结，主张建立印度洋和平区。领袖纳文钱德拉·拉姆古兰。

（2）毛里求斯社会民主党（Mauritian Social Democratic Party/Parti Mauricien Social Démocrate，PMSD）：简称“社民党”，执政党。前身是毛里求斯人民联盟，1953年易名为毛里求斯人党，1964年改称现名。1983～1988年、2000～2005年、2006年4月至2007年9月参加政府。主要由毛籍法国人后裔、克里奥尔人、少数穆斯林及上层华人组成。代表农场主、资本家特别是白人资本家的利益。在国际上，与西方一些右翼党派关系密切。领袖沙·杜瓦尔（Charles Gaetan Xavier Luc Duval）。

（3）毛里求斯战斗党（Mauritian Militant Movement/Mouvement Militant Mauricien，MMM）：简称“战斗党”，反对党。1969年成立，主要由知识分子、青年、穆斯林和印度裔组成。曾是毛最大的政党，先后与工党、社战党结盟。2000年9月社战联盟执政后，贝朗热出任副总理兼财长。根据两党结盟协议，贝朗热从2003年9月起担任总理。2005年大选失败，失去执政地位，成为反对党。2010年大选中与国家团结党和社会民主运动党组成的“心之联盟”参选，再度失败。对内主张政治民主化，实行新闻、结社、工会自由，经济上对外开放，发展民族经济；对外主张不结盟和中立，与各国建立友好关系，反对印度洋军事化，要求英国归还迪戈加西亚岛。领袖保罗·雷蒙·贝朗热（Paul Raymond Berenger）。

（4）社会主义战斗党（Militant Socialist Movement/Mouvement Socialiste Militant，MSM）：简称“社战党”，反对党。1983年3月组建，由原从战斗党分裂出来的成员和原社会党部分成员合并而成。曾先后与工党、社民党、战斗党联合执政。1995年12月被工党和战斗党联盟击败，结束了12年的执政地位。1999年1月，社战党与战斗党结盟，贾格纳特任联盟领袖。10月，贾之子普拉文出任社战党副领袖。2000年2月，社战联盟解散。2000年7月，社战党与战斗党再次结盟，并在9月举行的大选中击败工党执政，贾格纳特出任总理。根据两党结盟协议，贾于2003年9月改任总统。2005年社战联盟在大选中失败，失去执政地位。2010年大选中参加工党领导的“未来联盟”获胜后参加政府。2011年8月，执政联盟破裂，社战党退出政府，成为反对党。对内主张实行西方式民主，进行社会改革，扩大生产性就业，建立一个“更美好公正”的毛里求斯；对外主张务实外交政策，与不同社会制度的国家发展关系，反对种族歧视，支持建立印度洋和平区。领袖普拉文·库马尔·贾格纳特（Pravind Kumar Jugnauth）。

【重要人物】莫妮克·奥桑·贝勒波：代总统。1942年5月3日出生，高中学历。1965～1967年担任毛国家广播公司（MBC）播音员。婚后从商，1972～1975年在毛商会工作。1990年加入工党，并担任工党中央执行局委员。1995年当选国会议员。1997～2000年担任城乡发展部长。2000年议会选举落败。2007年10月当选工党主席。2010年11月担任副总统，任期五年。2012年3月31日起出任代总统。 **纳文钱德拉·拉姆古兰：**总理兼国防、内政和对外交通部长。1947年7月14日出生，为毛开国总理西沃萨古尔·拉姆古兰之子。先后在都柏林皇家外科学院、伦敦经济学院、英国法律协会法学院学习，获医师和律师证书。1991年从政，同年6月被推举为工党领袖，9月当选议员，任议会反对党工党—社民党领袖。1995年12月，领导工党—战斗党联盟赢得议会选举并出任总理，成为毛历史上最年轻的总理。2000年9月，大选失利下野，任反对党领袖。2005年7月，带领社会联盟赢得议会选举并再度出任总理。2010年5月领导未来联盟再次赢得新一届议会大选，成为自1991年以来首位获得连任的总理。

经　济

毛里求斯是非洲经济发展较好的国家之一，2007～2008年《人类发展报告》中，毛“人类发展指数”为0.804（高于撒哈拉以南非洲的0.493和全球发展中国家的0.691），在177个国家中排名第65位，在非洲国家中仅次于塞舌尔（第50位）。在世界经济论坛2011～2012年“全球竞争力排名”中，毛位居142个经济体中的第54位，在非洲国家中仅次于突尼斯和南非。独立初期，毛经济结构单一，主要生产出口蔗糖。20世纪70年代末开始调整经济结构，实行多元化产业政策，逐步形成糖业、出口加工业、旅游业和金融服务业四大经济支柱，实现经济快速发展，被誉为“毛里求斯奇迹”。90年代以来，毛积极发展离岸金融业，将路易港建为自由港。

毛对国际市场依赖性较大。2008年以来，国际金融危机对毛出口加工业、纺织业和旅游业造成冲击，其经济发展面临的困难增多。毛政府积极采取措施创造就业，刺激经济，取得初步成效。2011年主要经济数据如下：

国内生产总值：3234.59亿卢比（约合107.7亿美元）。

人均国内生产总值：8372.9美元。

经济增长率：4.0%。

货币名称：毛里求斯卢比（Mauritius Rupee）。

汇率：1美元＝30.04卢比。

通货膨胀率：6.5%。

失业率：7.9%。

外汇储备：27.79亿美元。

【工业】以制糖业和出口加工业为主。制糖是毛的传统工业，其外汇收入占总收入近一半，正常年景毛糖产量每年可达50万～60万吨。2011年蔗糖产量43.53万吨。出口加工业是20世纪80年代初发展起来的新兴工业，主要产品是纺织品、服装、钟表、珠宝首饰、仪表等。毛出口加工区内企业以本国资本为主，其余来自法国、德国、意大利、印度和香港等国家和地区。截至2011年，毛共有外向型企业356家，从业人员55650人，其中143家从事服装业。毛2011年全年发电量为2727.7千兆瓦时。

【农业】全国可耕地面积为11.08万公顷，占全国总面积的46％，其中蔗田76186公顷，粮田5262公顷。2011年，农业产值占GDP的3.7%。每年需进口粮食20万吨左右。其他农作物有茶叶、烟草、洋葱、水果等。畜牧业以饲养牛、羊、猪、鹿、鸡等为主。80%的奶制品和90%的牛肉依靠进口，猪肉、鸡和蔬菜基本自给。毛海岸线长约250公里，有230万平方公里的专属经济区，经济价值较高的渔业资源主要为金枪鱼。20世纪80年代毛捕鱼业发展较快。从1992年起，为保护渔业资源，避免过量捕捞，政府开始采取限制措施。海产品不能自给，每年还需大量进口。近年来毛为加速经济转型，鼓励发展渔产品加工业，将其列为吸引外资的重点产业之一。2011年毛本国渔业总产量为0.54万吨，同比下降3.6%。

【旅游业】为毛第三大创汇产业，2009年旅游业产值占国内生产总值的10.1%。截至2011年底，毛共有109家注册运营的饭店。游客主要来自法、英、德等西欧国家及留尼汪、南非、马达加斯加等周边国家或地区，欧洲游客占游客总数的66%。国际金融危机对毛旅游业造成一定冲击，2011年全年来毛外国游客达96.46万人次，同比增长3.2%；旅游业收入428亿卢比，同比上升8.3%。

【金融服务业】近年来，毛金融服务业发展较快。2011年，金融服务业产值约占GDP的9%。毛金融保险市场自由、开放。外资银行和保险公司经批准可以在毛注册营业；银行利率放开，由各商业银行自行决定；无外汇管制，当地货币卢比可与外币自由兑换。

目前毛共有商业银行9家，其中6家外资银行，3家本国银行，但本国银行在银行业中占统治地位。毛最大的银行是毛里求斯商业银行（MCB），为私营银行，其业务量约占毛市场的47%。毛里求斯国家银行（State Bank）是毛第二大银行，其业务量约占毛市场的1/3。

毛现有22家保险公司，大多为私营，其中毛国家保险公司（SICOM），Swan-Anglo Mauritius和英美保险公司（BAI）是最大的三家，占有全国76%的保险业务。

【交通运输】以公路运输为主。无铁路，毛政府正计划在各大城市间修建单轨铁路网。

公路：毛公路交通较发达。截至2011年底，公路总长达2112公里。共有机动车40.09万辆，同比增长4.4%。

海运：全国90%以上的进出口物资依靠海运。路易港是毛唯一的国际商港，1993年被宣布为自由港。该港口现代化程度高，集装箱吞吐量大，能停靠最现代的集装箱船，拥有26公顷的集装箱码头和3台现代化集装箱起重机，是撒哈拉以南非洲地区第二大集装箱港口（最大港为开普敦）。毛政府努力把路易港建设成地区海运中心之一。目前有20多条来往亚洲、欧洲、大洋洲和南非的国际班轮经停路易港。

空运：毛现有两个机场，即位于普莱桑斯的拉姆古兰国际机场和罗德里格岛民用机场。前者由中国援建，航站楼面积3.2万平方米，可以起降大型客机。罗岛机场原只能起降小飞机。2001年，毛政府成立公营公司，统一经营和管理该机场并负责机场扩建工作。毛里求斯航空公司成立于1967年6月，由毛政府、罗杰斯航空公司、英国航空公司、法国航空公司和印度航空公司合资经营。现已开通近30条国际航线，连接10多个欧、亚、非国家，与上海、伦敦、巴黎、法兰克福等29个城市有直航。毛航共有空客A340-300七架、空客319-100两架、波音767ER两架、ATR72-500一架、ATR42-500三架和直升机三架。2007年毛航客座率为78.3%，营业额84亿卢比，同比增长9%。

【对外贸易】外贸是毛国民经济的重要组成部分。主要出口蔗糖和出口加工区产品，进口粮食及其他食品、棉毛原料、机器设备、石油产品等。同100多个国家和地区有贸易往来，主要贸易国是法国、英国、美国、印度、中国等。截至2006年底，毛已同包括中国在内的25个国家签订了税收协定。2011年，毛进出口总额为2239.97亿卢比，出口额为759.16亿卢比，进口额为1480.81亿卢比。

人民生活

实行免费医疗、免费教育、失业救济、米面价格补贴等福利政策。截至2011年底，全国共有医院15所，地区医疗中心26个，医疗诊所2个，社区医疗中心127个，私人诊所17个，共有床位3594张。平均每万人拥有医生11.7名。2011年平均预期寿命男性为69.7岁，女性为76.9岁，人口出生率为11.4‰，死亡率为7.1‰。平均生育子女数为1.4个，新生儿死亡率为15.8‰。毛拥有现代化的电话网，国内外通信方便。电话普及率较高，截至2011年共有固定电话37.46万部，移动电话129.41万部。根据世界银行发表的《2006年非洲发展指数》，毛每千人拥有固定电话数量居撒哈拉以南非洲国家之首。近年来，毛政府加紧发展电信业，投入巨资建设电脑城、教育和培训设施、政府网站以及在邮局为民众提供免费上网服务等。2011年世界经济论坛公布的最新“网络覆盖指数”中，毛排名第47位，在非洲国家中列第二位。每年有15天公假日。

军　事

无正规作战部队，武装力量由警察、国家安全局、反贩毒和走私部队、直升机部队、海岸巡逻队、特别机动部队组成，共约1万余人，配备有小型飞机、直升机、装甲车、大炮、巡逻艇。宪法规定总统为武装力量总司令，但武装力量实际控制权掌握在总理手中。

毛武装力量系依靠英国、法国和印度建立。三国与毛的军事交流与互访频繁。三国定期派遣军事专家来毛训练特别机动部队，毛警察部队官兵也被派往上述三国接受训练。

文化教育

【教育】承袭英国教育体制，中、小学学制分别为6年。实行大、中、小学免费教育，是发展中国家中人口受教育程度较高的国家之一。30岁以下的人口受教育率为95%。1997年起，开始实行9年制义务教育，力争将中学入学率提高到95%。2011年底，毛全国共有小学305所，在校生11.6万人；中学180所，在校生11.52万人；职业学校126所，在校生7000余人。

毛现有两所大学：毛里求斯大学和毛里求斯技术大学，培养本科生、研究生和博士生。毛里求斯教育学院、毛里求斯广播学院是以培训中小学教师为主的专科学校。甘地学院是由印度援建的一所东方语言艺术学院，学制2～4年，培养大专生，甘地学院还拥有一所附属中学。2011年毛高校共招收新生21974人。

【新闻出版】毛独立后历届政府实行新闻自由政策。现有报纸、杂志数十种。无通讯社，新闻部门通过电传向报界转发西方各大通讯社的国际新闻。发行量最大的日报是《快报》（l'Express）和《毛里求斯人报》（le Mauricien）。影响较大的周报有《周末报》（Week-End）和《五以上》（5-Plus）等。另外还有《华侨时报》等四种中文报纸。毛里求斯广播电视公司受总理府直接领导，其前身是创办于1937年的毛广播公司，现广播电视节目大部分用法语，其次是英语、印地语、克里奥尔语等，电台也有少量的客家话和广东话节目。2002年4月，先后有两家私营电台Radio One和Radio Plus开播。印度洋出版社是毛出版发行图书的半官方机构，负责出版该国教育学院和甘地学院编写的中、小学教科书，同时进口批发外国图书，不定期举办国际书展。

对外关系

奉行中立、不结盟和全方位外交政策，坚持外交为经济建设服务，主张与所有国家发展友好关系，积极参与地区合作和南南合作，重视发展同东部和南部非洲国家、毛人口来源国和印度洋沿岸国家关系。近年来，毛欲在本地区发挥“小岛大国”作用，承办2005年联合国“小岛屿发展中国家可持续发展国际会议”，倡导减免发展中国家债务，推动非洲区域一体化。以小岛屿国家代言人自居，积极在气候变化等国际问题上发挥作用。

毛是不结盟运动、非盟、东南非共同市场、南部非洲发展共同体、环印度洋地区合作联盟、印度洋委员会等组织成员。现为联合国人权理事会成员（任期至2012年12月）。截至目前，毛同90多个国家建立了外交关系。

【同中国的关系】1972年4月15日建交。建交以来，两国友好合作关系发展顺利。两国政府签有经济技术合作协定、文化协定、体育协定等，并成立经济技术和贸易合作联合委员会。2011年，中毛贸易总额为5.07亿美元，同比增长25.6%，其中中方出口额为4.97亿美元，同比增长26.4%，进口额为0.1亿美元，与去年同期基本持平。

2007年7月，拉姆古兰总理应邀正式访华，会见了胡锦涛主席，与温家宝总理举行会谈。2009年2月，胡锦涛主席应邀对毛里求斯进行国事访问，会见了贾格纳特总统，同拉姆古兰总理举行会谈。11月，全国人大常委会副委员长王兆国访毛，同普利亚格议长会谈，并会见了贾格纳特总统和拉姆古兰总理。2010年8月，贾格纳特总统来华出席上海世博会毛国家馆日活动。2011年1月，国务院副总理回良玉访毛。贾格纳特总统于2011年7月来华出席毛里求斯航空公司开通至上海直飞航线首航仪式，并赴浙江、海南参观考察.9月来华出席第六届中国中部贸易投资博览会。11月，全国政协副主席罗富和访毛。2012年4月，全国人大常委会副委员长桑国卫访毛。

中国驻毛里求斯大使：边燕花（女）。馆址：Embassy of The People's Republic of China，Royal Road，Belle Rose，Rose Hill。电话：00230-4549111，4674600；4549113（商务处）；4645556（领事部）。电报挂号：Chinemba Port Louis。传真：4646012。电传：CHINCOM IW。电子邮件：Chinaemb_mu@mfa.gov.cn。

毛里求斯驻华大使：钟律芳（H.E.Mr.Paul R. Lit Fong Chong Leung）。馆址：北京市朝阳区东直门外大街23号，外交办公大楼202号。电话：010-65325695，65325698（领事处）。传真：65325706。

【同印度的关系】同印度有着特殊关系。印度是毛主要人口来源国，其传统文化、宗教、甚至种姓制度均对毛有很深影响。印是毛重要援助国，两国间设有混合委员会，在信息技术、海洋等领域签有合作协定。印是毛最大贸易伙伴和第一大商品进口来源国。2005年1月，班敦副总统赴印度出席国际印度裔研讨会，3月，印度总理辛格访毛，双方签署航空、反恐、环保和印向毛贷款1000万美元等4个协定。10月，拉姆古兰总理访印，印允向毛提供1亿美元援助。2006年3月，印总统卡拉姆访毛并作为嘉宾出席毛国庆活动。2007年，毛印签署了多个经贸合作协定。2008年1月，拉姆古兰总理赴印度出席第六届印人大会，并顺访印度。2010年6月，印度外长克里希纳访毛。2012年2月，拉姆古兰总理访印。

【同法国的关系】毛、法有着传统关系，法国人后裔掌握了毛大多数制糖厂及许多工商业大公司。法是毛重要援助国，是毛第二大贸易伙伴和赴毛旅游最大客源国。近年来，法视毛为“民主与发展的典范”，对毛影响进一步扩大。2004年，贝朗热总理访法。2006年3月，拉姆古兰总理访法，7月又作为特邀嘉宾出席法国庆活动。毛岛和法属留尼汪岛素有“姐妹岛”之称，交往较多。2007年，毛法签署了一系列经贸和教育合作协议。在法国支持下，欧盟向毛提供了650万欧元援助，并宣布将在6年内向毛提供2亿欧元援助。2008年6月，拉姆古兰总理访问法国，会见了萨科齐总统。2010年5月，拉姆古兰总理赴法出席法非峰会，8月29日至9月2日对法国进行了正式访问。毛、法在特罗姆兰岛主权问题上有争议，2010年6月两国签署了《共同开发特罗姆兰岛框架协议》。2011年5月，毛总理拉姆古兰对法进行非正式访问。

【同英国的关系】毛是英联邦成员国，同英保持着传统关系，在语言文化，立法、行政和司法体系，教育制度等方面均承袭英国体系，武装力量也接受英国培训。英是毛重要援助国，也是毛第一大出口国和最大投资来源国（2006年为31亿卢比）。2008年，毛对英出口为232.56亿卢比，占其出口总额的34%。2007年9月，杜卢外长访英，双方决定就查戈斯群岛主权问题、毛对欧盟食糖及纺织品出口等问题成立工作组。2008年6月，拉姆古兰总理应英国首相布朗邀请赴英出席英联邦小范围首脑会议。2010年，拉姆古兰两次访英。2012年2月，拉姆古兰总理赴英国伦敦出席索马里问题国际会议，6月赴英国出席伊丽莎白二世女王登基60周年庆典并对英进行顺访。毛、英在查戈斯群岛主权问题上有争议。

【同美国的关系】近年，毛与美国关系密切。2003年，毛成功举办了第二届美非经贸合作论坛，贾格纳特总理访美。2004年，美同意给予毛输美纺织品“第三原料国”待遇。库塔里外长、贝朗热总理先后访美。2005年，美给予毛最不发达国家地位，毛纺织品可免关税输美。毛对美贸易呈顺差，2011年美在毛出口贸易中占第三位。美在毛与英存在主权争议的查戈斯群岛主岛迪戈加西亚岛上驻军是两国关系中的敏感问题。

【同南非的关系】1993年12月，毛同南非建交。毛与南关系密切，在南约有2万侨民。南是毛主要进口国，两国于1994年签署了新的“避免双重征税”协定。南非是毛重要游客来源国，2011年达8.62万人次，同比增长20%。2004年，南非前总统曼德拉对毛进行私人访问，贝朗热总理访南并出席姆贝基总统就职典礼。2008年4月，南总统姆贝基出席毛独立40周年庆典。

【同邻国的关系】1982年倡议成立地区组织印度洋委员会，1997年倡议成立环印度洋地区合作联盟。2007年10月，杜卢外长在塞舌尔出席印度洋委员会部长特别会议，会议决定毛里求斯、马达加斯加、塞舌尔、科摩罗4国成立印度洋岛国（CMMS）地区组，以在非加太与欧盟商签《经济伙伴协议》时维护共同利益。

毛同马达加斯加于1968年8月27日建交。2007年3月，拉瓦卢马纳纳总统出席毛独立39周年庆典，会见了贾格纳特总统和拉姆古兰总理。11月，毛在马举办商品交易会。

毛同塞舌尔保持着良好关系。2008年12月两国共同向大陆架界限委员会递交200海里以外大陆架延伸的联合申请，并于2011年3月获得批准，维护了毛塞共同利益。2011年3月，毛塞两国共同举行双边合作委员会第9次会议。2012年3月，米歇尔总统赴毛出席毛独立44周年庆典。

毛同科摩罗于1985年2月25日建交。2003年底，毛与南非、马达加斯加一道促成科摩罗各方达成和平协定。2007年11月，毛资助科30万美元以帮助科偿还欠非洲发展银行债务。（李天民）

毛里塔尼亚

国名　毛里塔尼亚伊斯兰共和国（The Islamic Republic of Mauritania，La République Islamique de

Mauritanie)。

面积 103万平方公里。

人口 350万(2011年),总体上分为摩尔族和黑非民族(非洲黑人)两大类。摩尔族中白摩尔人(阿拉伯—柏柏尔血统)占30%,具有阿拉伯文化语言传统的哈拉廷人(又称"黑摩尔人")占40%,非洲黑人占30%。主要黑非民族是图库勒族、颇耳族、索宁克族、沃洛夫族和班巴拉族。阿拉伯语为官方语言,法语为通用语言。民族语言有哈桑语、布拉尔语、索宁克语和沃洛夫语。约96%的居民信奉伊斯兰教。

首都 努瓦克肖特(Nouakchott),人口82万(2010年)。9月为最热的月份,气温约24℃~34℃;12月为最冷的月份,气温约13℃~28℃。

国家元首 穆罕默德·乌尔德·阿卜杜勒·阿齐兹(Mohamed Ould Abdel Aziz),2009年8月就职。

重要节日 独立日(国庆节):11月28日。

简况

位于非洲撒哈拉沙漠西部。与西撒哈拉、阿尔及利亚、马里和塞内加尔接壤。西濒大西洋,海岸线全长667公里。属热带沙漠性气候,高温少雨。年平均气温约25℃。毛里塔尼亚最早的居民是巴富尔黑人民族。后北非柏柏尔人迁入毛北部。公元7世纪阿拉伯人进入毛。1920年毛成为"法属西非洲"管辖下的殖民地。1956年成为"半自治共和国",1958年9月加入"法兰西共同体",11月"毛里塔尼亚伊斯兰共和国"宣布成立。1960年11月28日宣告独立,达达赫任总统。1978年,军人发动政变,成立了"全国复兴军事委员会"(后易名为救国军事委员会),萨莱克任主席。1980年,海德拉出任军委会主席、国家元首兼政府总理。1984年12月,参谋长塔亚政变上台,任军委会主席、国家元首。1992年、1997年和2003年,塔亚三度当选总统。2005年8月,国家安全局长瓦尔等人发动政变,成立"争取公正与民主军事委员会"接管政权。2007年3月25日举行大选,独立候选人阿卜杜拉希当选总统。2008年8月6日,以总统府特别参谋长阿齐兹为首的军人成立"最高国家委员会",接管政权。2009年7月18日毛举行总统选举,阿齐兹当选。

政治

2008年8月,以阿齐兹为首的军政权上台。阿齐兹接受国际联络小组调解,与反对派达成妥协,签署《毛三大政治派别框架协议》。2009年7月,毛举行总统大选,阿齐兹当选。阿齐兹就职以来,倡导变革理念,加强行政管理,大力惩治腐败。目前,毛政局总体稳定。

【宪法】 1961年5月20日颁布第一部宪法。1991年7月12日通过的宪法确立了"三权分立"原则,被认为是毛第一部民主宪法。主要内容是:实行总统制,总统为国家元首,由普选产生,任期六年,可连选连任;建立议会制和多党制。2005年8月政变后,以瓦尔为首的军政权对1991年宪法进行调整和补充,于2006年6月举行了修宪公投,修宪案以96.97%的支持率获得通过。修改后的宪法规定:毛总统任期将从原来的六年缩短为五年,总统只可连任一次,其候选人的年龄不得超过75岁;修宪至少须1/3议员提议,2/3议员赞成才能提交全民公投。

【议会】 1991年通过的宪法规定立法权属议会。议会实行两院制,由国民议会和参议院组成。国民议会95名议员由直接选举产生,2011年增至146名,任期五年。参议院56名议员由市政委员会组成的选举团间接选举产生,2012年增至57名,任期六年,每两年改选其中的1/3。国民议会议长任期五年,参议院议长在每次部分改选后产生。2005年8月政变后,军政权宣布解散国民议会,由军委会行使立法权和行政权。2006年11月及12月,毛分别举行了市政和国民议会选举,产生了新一届市政委员会和国民议会。席位分配为:独立人士41席,民主力量联合会15席,进步力量联盟8席,争取民主与革新共和党7席,人民进步联盟5席,民主进步联盟3席,民主团结联盟3席,其他小党13席。现任国民议会议长马苏德·乌尔德·布尔凯尔(Messaoud Ould Boulkheir,人民进步联盟主席)。2007年1月举行了参议院选举,组成情况是:独立人士34席,民主力量联盟5席,争取民主与变革共和党3席,其他小党12席,海外侨民3席。现任参议院议长为巴·马马杜·姆巴雷(Ba Mamadou M'Bare)。

【政府】 本届政府于2009年8月组成,经历2010年3月、9月、12月、2011年2月、3月五次改组。现任总理穆莱耶·乌尔德·穆罕默德·拉格达夫(Moulaye Ould Mohamed Lagdaf),外交与合作部长哈马迪·乌尔德·哈马迪(Hamadi Ould Hamadi),国防部长艾哈迈德·乌尔德·伊代伊·乌尔德·穆罕默德·拉德西(Ahmed Ould Idey Ould Mohamed Radhi)。

【行政区划】 现全国划为13个省(Wilaya)、54个县(Moughataa),县下设区(Arrondissement)。全国有216个市镇(Commune)。13个省为:努瓦克肖特、阿德拉尔、阿萨巴、布拉克纳、达赫莱特—努瓦迪布、戈尔戈尔、吉迪马卡、东霍德、西霍德、因奇利、特拉扎、塔岗、提里斯—宰穆尔。

【司法机构】 1991年宪法规定,司法权独立于立法权和行政权。总统保证司法的独立性,并主持最高司法会议。政府设有司法部,最高法院成员由国民议会和参议院在各自的议员中选出同等数目成员组成,院长由其成员推举产生。毛司法机构由最高法院、特别法院、上诉法院、刑事法庭、轻罪法庭、违警罪法庭、劳工法院、省级法院、县级法院组成。1980年建立伊斯兰法庭,实行伊斯兰法。2005年8月政变后,军政权宣布保留最高法官委员会、法院和法庭,重新确定宪法委员会的权限。现任最高法院院长为亚哈法杜·乌尔德·穆罕默德·尤素夫(Yahfdhou Ould Mohamed Youssef)。最高法院总检察长穆巴拉克·乌尔德·库利（M'Bareck Ould El Kori）。

【政党】毛独立初期曾实行过多党制。达达赫执政时期，实行一党制。1978年军人执政后取缔一切政党。塔亚执政时期于1991年8月宣布开放党禁，颁布政党法，实行多党制。2005年8月瓦尔政变后，完全开放党禁。目前毛共有75个政党，主要政党有：

（1）争取共和联盟（Union Pour la Répubilque，UPR）：2009年5月成立，共有党员20余万。2009年5月5日至8月2日，阿齐兹曾先后以过渡期"最高国家委员会"主席、国家元首和新当选总统身份担任党主席。阿辞去党主席职务后，穆罕默德·乌尔德·穆罕默德·拉明（Mohamed Ould Mohamed Lamine）当选为主席。目前，有57个政党与该党形成总统多数派。该党主张推行多元化政治和民主制度，维护民族团结；鼓励私营经济，改善人民生活；发展睦邻友好，捍卫国家领土和主权；主张普及教育，实现经济社会发展。

（2）民主与发展全国同盟（Pacte National Pour la Démocratie et le Développement，PNDD）：2008年1月成立。主席为叶海亚·乌尔德·艾哈迈德·瓦格夫（Yahya Ould Ahmed Waghf）。2010年12月，该党宣布加入总统多数党派，支持阿齐兹现政权。

（3）民主力量联盟（Rassemblement des Forces Démocratiques，RFD）：主要反对党之一。脱胎于毛最早的反对党——民主力量联盟—新时代党（1991年毛实行多党制时成立）。2000年10月被政府解散，其部分领导人于2001年6月成立民主力量联合会，继续作为反对党存在，党主席为艾哈迈德·乌尔德·达达赫（Ahmed Ould Daddah）：达分别参加了毛1992年、2003年两次总统直选，未能当选，得票率分别为31%和6.89%。该党抵制了2009年7月总统选举。

（4）进步力量联盟（Union des Forces du Progrès，UFP），1998年初自原民主力量联盟—新时代党分裂而来，核心成员是60～70年代在毛组成的共产党和劳动党骨干。属原反对党内的温和派，主张通过对话协商解决分歧。党主席穆罕默德·乌尔德·马乌鲁德（Mohamed Ould Maouloud）。主要支持者为知识分子、中层民众。

（5）争取民主与革新共和党（Parti Républicain pour la Démocratie et Renouveau，PRDR）：原民主社会共和党，塔亚时期执政党，1991年8月成立，2005年10月更名。2005年8月瓦尔政变后，该党宣布承认新政权，支持军委会改革措施，表示要与过去决裂。2005年10月，召开第三次全国代表大会，选举了由280人组成的全国委员会。12月，该党选举西迪·穆罕默德·乌尔德·穆罕默德·瓦尔（Sidi Mohamed Ould Mohamed Vall）为总书记。

（6）人民进步联盟（Alliance Populaire Progressiste，APP）：成立于1991年10月，是毛最早的反对党之一。主要支持者为下层民众。党主席马苏德·乌尔德·布尔凯尔（Messaoud Ould Boulkheir）。

其他主要政党有：民主进步联盟（Union pour la Démocratie et le Progrès，UDP），民主团结联盟（Rassemblement Pour la Démocratie et L'UNI，RDU），全国改革与发展联盟（Rassemblement National Pour La Reforme Et Le Developpement，RNRD）等。

经济

1986年毛里塔尼亚被联合国定为世界最不发达国家之一。经济结构单一，基础薄弱，铁矿业和渔业是国民经济的两大支柱，油气产业是新兴产业。外援在国家发展中起着重要作用。1992年，毛与国际货币基金组织和世界银行达成协议，开始执行经济结构调整计划，推进自由化进程，同时采取国家调控、监督市场和稳定物价等措施。近年来，毛实行经济自由化政策和减贫发展战略，制订吸引外资的优惠政策，推进市场经济体制改革，加大对农业和基础设施的投入。2008年，毛继续积极与国际金融机构合作，世界银行、国际货币基金组织及"八国集团"开始实施免债承诺，免去毛每年2500万美元还款。全球能源、粮食危机加重了毛经济困难。2008年8月政变后，总额达5亿多美元的外援遭冻结，但作为经济支柱的渔业、矿业、石油国际合作未受到制裁影响，毛经济取得低速增长。2009年8月，阿齐兹就任总统后，国际援助、合作逐步恢复。2011年主要经济数据如下（资料来源：2012年第二季度经济季评估计）：

国内生产总值：38亿美元。

人均国内生产总值：1086美元。

国内生产总值增长率：4.4%。

货币名称：乌吉亚（Ouguiya）。

汇率：1美元＝281.1乌吉亚。

通货膨胀率：7.5%。

失业率：25%（2009年）。

【资源】矿产资源主要有铁矿，储量估计达107亿吨。其他资源储量：铜矿2200万吨，石膏约40亿吨，磷酸盐1.4亿吨，黄金约184吨。渔业资源丰富，储量为400万吨。石油和天然气资源预计储量较丰富，储油量估计10亿桶。森林总面积47440公顷。

【工业】工业不发达，主要是一些采矿和小型加工业。采矿业以开采铁矿为主，是世界第七大铁矿石供应国。2009年生产铁矿石1100万吨，产铜3.54万吨，黄金9.13万盎司。铁矿石主要出口中国、意大利、德国、法国等。油气生产是新兴产业，2007年日产原油1.6万桶左右，全年出口创汇6.42亿美元。后原油产量逐年下降，2009年日产原油约1万桶。

【农牧渔业】农牧渔业产值占国内生产总值的25%。毛现有可耕地面积53.5万公顷，其中13.5万公顷为灌溉田，35万公顷为雨水田，5万公顷为绿洲。农业产值占国内生产总值4%，主要农作物有高粱、水稻、小米、玉米、小麦、大麦、豆类、椰枣等。农业靠天吃饭，受自然灾害影响大。2007年因水灾造成农业减产。毛粮食自给率15%，每年需大量进口粮食，并要求国际援助。畜牧业在国民经济中占重要地位，产值占国内生产总值的15%。主要畜养羊、牛和骆驼。目前牲畜总数存栏量羊1633.3万只，骆驼134.2万头，牛135.1万头。毛海域是西非渔场重要组成部分，渔业是毛重要经济部门，年捕捞量约90万吨，渔业产值占国内生产总值约15%，渔业收入占毛外汇收入40%。

【交通运输】交通不发达。只有一条长675公里的铁路，主要承担铁矿砂运输。每年运载出口的全部铁矿砂、5万名旅客和近400头骆驼。2009年全国各类公路总计11066公里，其中柏油路2966公里。主要港口城市是努瓦克肖特和努瓦迪布，总吞吐量300万吨（不包括铁矿石出口），其中努瓦克肖特友谊港273万吨。毛里塔尼亚航空公司于2007年倒闭，现公司由突尼斯航空公司和当地企业家合资组建，有客机3架。毛有机场27个，其中努瓦克肖特、努瓦迪布机场为国际机场。

【财政金融】2010年财政预算总额为2653亿乌吉亚（不包括国际援助），2011年财政预算总额为3825亿乌吉亚（约14.6亿美元）。2010年外汇储备2.7亿美元，外债23亿美元。

毛目前有1家中央银行、10家商业银行、4家保险公司、1家租赁公司、若干信用合作社和百余所小型信贷机构。

【对外贸易】2010年进出口总额为40.67亿美元，其中出口额为20.39亿美元，进口额为20.28亿美元。主要出口铁矿砂和渔产品，铁矿砂主要出口欧盟，渔产品出口西班牙、日本、尼日利亚等国。主要进口能源与矿产品、食品与农产品、机械设备和消费品等。所需生产和生活物资80%以上靠进口，其中32%为粮食，25%为机械设备，9%为汽车，其余为化工、建材、石油、轻纺用品等。进口商品80%来自欧盟，石油来自阿尔及利亚。主要贸易对象是：中国、法国、意大利、荷兰、日本、比利时等。近几年对外贸易情况如下（单位：百万美元）：

	2008	2009	2010
出口额	1788	1370	2039
进口额	1941	1450	2028
差　额	–153	–80	11

2010年毛主要贸易伙伴及所占比例情况如下：

出口		进口	
中　国	43.2%	中　国	16.3%
法　国	10.3%	法　国	15.1%
意大利	7.1%	荷　兰	14.3%
科特迪瓦	6.6%	比利时	7.5%

（资料来源：2011年10月《经济季评》）

人民生活

2010年人均GDP为1088美元。贫困人口约占全国人口的42%。毛医疗卫生条件十分简陋，缺医少药，全国共有医生350人，病床1325张。2010年平均寿命为60.75岁，成人文盲率44.2%。2010年人口自然增长率为2.37%，婴幼儿死亡率为6.19%。65岁以上人口占总人口的3.4%。2007年联合国177国人类发展指数中排名153位。2009年固定电话7.64万户，移动电话140万户。

军　事

独立后建立国民军，指挥官多为法国人。1965年开始启用本国军官，至1973年指挥官全部由本国军官担任。实行义务兵（两年）和志愿兵相结合的兵役制度。总统任武装部队统帅，主持国防会议和最高委员会。国防部设有陆、海、空三军，自1995年起国防部长由文官担任，陆军由国民军参谋长直接管辖。

文化教育

【教育】政府重视发展教育事业，把提高全民教育水平作为脱贫的重要途径。2004年各级教育平均入学率为46%。全国有5所高等院校：努瓦克肖特大学（建于1980年，是毛第一所综合性大学）、国家行政学校、高等师范学院、高等科学院和高等伊斯兰学院，另外还有5所技术学校。除现代教育外，毛全国各地存在传统的古兰经学校（音译为马哈德拉学校）。

【新闻出版】主要报刊为《人民报》（阿文版）和《视野报》（法文版），日发行量各为1500份。注册的阿、法文独立报刊有100多种，正常出版的报刊仅有20余份。

毛里塔尼亚新闻通讯社：官方通讯社，1975年成立时称毛新社，1990年与毛新闻印刷公司合并后改称“毛通社”。无外派记者，所发国外消息主要来源于法新社和路透社。通过阿拉伯联合酋长国通讯社往国外发消息。

毛里塔尼亚电视台：国营，由伊拉克出资，法国承建。1983年试播，1984年正式开播。现有两套彩色节目，用阿拉伯语、法语和黑人少数民族语言播放，平均日播19～20小时。1996年，毛卫星电视接收系统竣工。

毛里塔尼亚广播电台：国家广播电台，1960年建立。现使用的广播设备由德国援建，有2套节目，每日各播出16小时，用阿拉伯语、法语、布拉尔语、索宁克语和沃洛夫语播送。

对外关系

奉行独立、和平、中立的外交政策，强调自身阿拉伯、非洲属性，致力于睦邻友好，积极推动非洲联合及马格里布联盟建设。重视发展与欧盟、海湾国家及国际组织的关系。近年来突出外交为经济服务的方针，努力拓展国际空间，争取更多外援。迄今共与104个国家建立了外交关系。

【对当前重大国际和地区问题的态度】关于经济全球化和国际经济新秩序：经济全球化对发展中国家提出了严峻挑战，但这是世界潮流，不可阻挡。发展中国家迫切需要国际社会加强对其稳定和发展的重视，特别需要可靠的发展伙伴，帮助发展中国家融入全球经济体系中去。发达国家应对发展中国家进行技术、资金转让，减免发展中国家的债务。发展中国家应加强合作，推动建立一个以所有国家协商、合作与团结为基础的公正的、有助于发展中国家经济增长的国际经济新秩序。

关于联合国改革问题：国际格局的深刻变化要求联合国安理会扩大其代表体制，支持在公正、民主的原则基础上讨论安理会席位问题，认为应从非洲和阿拉伯世界在文明、人口、战略方面的分量考虑，给非洲大陆一个常任席位，给阿拉伯国家一个常任席位，将与非盟立场保持一致。

关于叙利亚问题：毛对叙利亚不断升级的军事和暴力行动表示遗憾，呼吁支持联合国和阿拉伯特使安南解决叙问题的倡议。认为政治解决叙问题是实现叙长久和平与安全的唯一途径。

关于恐怖主义：反对一切形式的恐怖主义。呼吁加强国际合作与协调，对恐怖活动坚决予以打击。反对将恐怖主义与特定的国家、宗教联系在一起。认为必须首先消除贫困、不公正等产生恐怖主义现象的根源。主张加强不同文明和宗教间的对话与理解。

关于中东和平进程：联合国大会、安理会等应团结一致，努力推动阿拉伯和平倡议的实施。根据马德里和会精神、“土地换和平”原则和路线图计划恢复和谈是实现中东全面持久和平的唯一途径。

关于非洲局势：认为非洲事务应由非洲人自己解决，呼吁非洲国家领导人一起寻求持久解决非洲冲突的方法。希望冲突各方尽快停火，本着友好协商原则，在非盟框架内和平解决存在的问题。赞成实现非洲一体化，主张更有效地发挥非盟的作用，呼吁发达国家与非洲建立平等合作伙伴关系，继续对非援助，加大对非投资，要求国际金融机构协调立场，减免非洲日益严重的债务。对利比亚危机给萨赫勒—撒哈拉地区带来的严重威胁表示严重关切，呼吁马里和几内亚比绍遵照西非经济共同体国家所达成的解决方案尽快恢复宪制。

【同中国的关系】1965年7月19日中毛建交后，毛历届政府均对华友好，两国关系持续稳定发展。

近年来，两国各层次友好往来不断。2010年5月，毛外交与合作部长娜哈来华参加“中阿合作论坛”第四届部长级会议。7月，毛商业、手工业与旅游部长达拉曼来华出席上海世博会毛里塔尼亚国家馆日活动。12月，毛经济事务与发展部长塔赫来华出席中毛经贸混委会第二次会议。2011年9月，毛总统阿齐兹来华出席在宁夏银川举行的“2011宁洽会暨第二届中阿经贸论坛”并顺访安徽、北京。国家主席胡锦涛、全国政协主席贾庆林分别与阿会见。

2011年，两国经贸合作进一步发展。双边贸易额为19.2亿美元，同比增长53.1%。其中中国进口额为15.4亿美元，同比增长58.2%；出口额为3.9亿美元，同比增长35.6%。

中国驻毛里塔尼亚大使：陈公来。馆址：N° 33 BIS，ILOT K EXTENTION SECTEUR 1，TEVRAGH ZEINA，NOUAKCHOTT，THE ISLAMIC REPUBLIC OF MAURITANIA。电话：00222-452-52070；传真：52462。

毛里塔尼亚驻华大使：巴勒·穆罕默德·埃尔·哈比卜（BAL MOHAMED EL HABIB）。馆址：北京市朝阳区三里屯东三街9号。电话：010-65321346、65321703；传真：65321685。

【同法国的关系】毛法有密切的传统关系，两国签有防务协定。法是毛最大的贸易伙伴和投资国。法每年向毛提供各类援助约3000万美元。法在毛侨民和各部门的专家有4000多人。2007年10月，时任毛总统阿卜杜拉希访问法国，与法总统萨科齐举行会谈，双方签署了2007～2011年双边合作框架协议。2008年7月，阿卜杜拉希总统赴法出席了“地中海联盟”峰会。2008年8月毛发生政变后，法参与国际联络小组，积极调解毛问题。2009年10月，阿齐兹总统访法，会见法总统萨科齐。双方讨论了双边合作、地区反恐、打击非法移民、毒品走私和有组织犯罪等问题。

【同美国的关系】1961年毛美建交。美每年向毛提供小额援助。1995年以来，毛美关系不断发展，美逐步加大对毛的人道主义援助。2008年8月毛政变后，美表示谴责，并采取了停止经济援助、限制旅行等制裁措施。美参与国际联络小组，积极调解毛问题。2009年阿齐兹当选总统后，美毛关系得到改善。近年来，两国又在反恐方面开展合作。

【同马格里布国家的关系】毛对马格里布国家采取睦邻友好与平衡政策，努力同马格里布所有国家保持良好关系，加强在经济、文化、科研等方面的友好合作。2004年下半年，因毛指责利比亚支持毛政变分子，两国关系有所恶化，后经马盟调解得到缓和。2008年8月政变后，毛派特使访问马盟国家，阿尔及利亚表示谴责以违宪方式更替政权，毛应恢复宪政秩序，以对话和磋商方式解决危机。利也多次派特使访毛调解。2009年7月18日大选期间，马盟派观察员赴毛监督选举，对选举过程和结果表示认可。西亚北非政局剧变后，毛着力加强与马盟国家新政权关系。2012年1月，阿齐兹总统前往突尼斯出席革命一周年庆祝活动。2月，突尼斯总统马尔祖基、摩洛哥外交与合作大臣欧斯曼尼访毛。毛外长哈马迪赴摩洛哥出席马盟第30届外长会。5月，哈马迪外长出席在突尼斯举行的马盟5+5外长会。

【同塞内加尔的关系】毛塞有传统关系。两国边民曾经发生流血冲突，并导致两国关系急剧恶化、断交。1992年4月，两国复交，并恢复通航、通邮，重开陆界口岸。1993年，两国实现关系正常化，双边合作发展顺利，影响两国关系的难民问题也逐步得到解决，目前滞留在塞境内的毛难民绝大多数已返回。2008年9月，塞表示反对毛政变，但也批评毛总统阿卜杜拉希解除阿齐兹等军官职务的行为。塞外长多次赴毛了解毛政变后有关情况。2009年5月，塞与非盟、利比亚等就毛问题进行调解。5月28日至6月3日，毛问题国际磋商会议在塞首都达喀尔举行，毛三派在此次会议上达成协议，结束了政治危机。2012年2月，塞总理恩迪亚耶访毛。3月，阿齐兹总统电贺麦基·撒勒当选塞新总统；4月，出席在塞首都达喀尔举行的新总统就职仪式。 （逄晓妮）

摩 洛 哥

国名 摩洛哥王国（The Kingdom of Morocco，Le Royaume du Maroc）。

面积 45.9万平方公里（不包括西撒哈拉地区）。

人口 3200万人（2009年），阿拉伯人约占80%，柏柏尔人约占20%。阿拉伯语为国语，通用法语。信奉伊斯兰教。

首都 拉巴特（Rabat），人口64.6万。

国家元首 穆罕默德六世国王（S.M. Le Roi Mohammed VI），1999年7月30日登基。

重要节日 国庆日（登基日）：7月30日；独立日：11月18日。

简　况

位于非洲西北端。东、东南接阿尔及利亚，南部为西撒哈拉，西濒大西洋，北隔直布罗陀海峡与西班牙相望，扼地中海入大西洋的门户。海岸线1700多公里。

最早的居民是柏柏尔人。公元7世纪，阿拉伯人进入，并于8世纪建立第一个阿拉伯王国。现在的阿拉维王朝建立于1660年，穆罕默德六世国王是该王朝的第22位君主。从15世纪起，西方列强先后入侵。1912年3月30日沦为法国保护国。同年，法国同西班牙签订《马德里条约》，摩北部地带和南部伊夫尼等地划为西班牙保护地。1956年独立。1957年8月14日定国名为摩洛哥王国，苏丹改称国王。1961年2月穆罕默德五世国王逝世。3月，哈桑二世国王登基。1999年7月23日，哈桑二世国王病逝，王储西迪·穆罕默德于同日即位，7月30日正式登基，称穆罕默德六世。

政　治

摩洛哥实行君主立宪制，国王拥有最高权力。穆罕默德六世国王于1999年即位后，坚持君主立宪制、多党制等既定政策，注重发展经济，强调依法治国，优先解决贫困、就业等社会问题。同时加大反恐力度，积极参与国际反恐合作。2011年，穆罕默德六世国王主动进行全面宪法改革，7月1日，摩公投通过新宪法，11月25日，摩举行众议院选举，伊斯兰政党公正与发展党获胜，该党总书记班基兰被国王任命为政府首脑。2012年1月，摩新政府成立。目前摩政局基本保持稳定。

【宪法】摩独立以来已颁布六部宪法。现行宪法于2011年7月1日经公投通过。宪法规定：摩为君主立宪制国家，王权源自宪法；国王是国家元首、宗教领袖和武装部队最高统帅，并担任“大臣委员会”和“最高安全委员会”主席，掌握着重大决策的最终决定权；王位世袭；首相是“政府首脑”，由议会选举中得票最多的政党任命，拥有提名和罢免大臣、解散议会等重要权力，议会拥有唯一立法权，众议院占主导地位。

【议会】议会由众议院和参议院两院组成。众议院议员全部由直接选举产生，共395名，任期五年；参议院议员共270名，由地方行政机构、各行业协会代表选出，原则上任期九年，每三年改选1/3。

本届众议院于2011年11月产生。公正与发展党为议会第一大党，独立党、全国自由人士联盟分别为第二、三大党。现任众议长卡里姆·加拉卜（Karim Ghellab），2011年12月当选。

本届参议院于1997年组成，2000年7月、2003年10月、2006年10月、2009年10月四次进行1/3改选。真实性与现代党为参议院第一大党，独立党次之，人民运动党位居第三。现任参议长穆罕默德·谢赫·比耶迪拉（Mohamed Cheikh Biadillah），2009年10月当选。

【政府】本届政府为摩独立以来第30届政府，成立于2012年1月，共31人，主要成员有：政府首脑阿卜杜勒伊拉·班基兰（Abdelilah Benkirane），国务大臣阿卜杜拉·巴哈（Abdellah Baha），内政大臣穆罕尼德·安索尔（Mohand Laenser），外交与合作大臣萨杜丁·欧斯曼尼（Saad-Eddine El Othmani），司法与自由权利大臣穆斯塔法·哈密德（Mustafa Ramid），宗教基金与伊斯兰事务大臣艾哈迈德·图菲克（Ahmed Toufiq），经济与财政大臣尼扎尔·巴拉卡（Nizar Baraka）等。

【政府网址】http：//www.maroc.ma。

【行政区划】根据2003年9月10日通过的调整行

政区划的法令，共划分为17个大区，49个省和12个省级市，1547个市镇。

【司法机构】司法机构分四级：最高法院、上诉法院（21个）、初级法院（68个）和初级法院派驻的法官处。全国设有最高司法委员会。法院院长和法官由国王任命。最高法院第一院长穆斯塔法·法雷斯（Mustapha FARES）。

【政党】实行多党制。现有35个政党，各党均宣布拥护国王和伊斯兰教，在大政方针上与国王保持一致。2011年11月立法选举后，共有18个政党在众议院中拥有席位，形成联合组阁的多数派（公正与发展党、独立党、人民运动、进步与社会主义党）和在野的反对派（全国自由人士联盟、真实性与现代党、人民力量社会主义联盟、宪政联盟等）。主要政党有：

（1）公正与发展党（Parti de la Justice et du Développement）：前身是1967年成立的“人民民主宪政运动”，1998年更用现名。温和的伊斯兰政党，拥护君主制，反对暴力和恐怖主义，主张以渐进方式对社会进行变革、实行“轻度”伊斯兰主义。系众议院第一大党，在395个议席中占107席。现任总书记阿卜杜勒伊拉·班基兰（Abdelilah Benkirane）。

（2）独立党（Parti de l'Istiqlal）：1943年成立。系摩最早的民族主义政党，党内领导层多为大企业家、大农场主，在工商界、政界及人民群众中均有较大影响，长期执政或参政。摩众议院第二大党，在395个议席中占60席。现任总书记阿巴斯·法西（Abbas El Fassi）。

（3）人民运动（Mouvement Populaire），1957年成立，传统保皇党，无保留地支持国王的各项政策。在众议院395个议席中占32席。现任总书记穆罕尼德·安索尔（Mohand Laenser）。

（4）进步与社会主义党（Parti du Progres et du Socialisme）：1943年成立，是目前北非地区最大的共产党，也是阿拉伯国家中人数较多，且具有一定政治影响的共产党。在众议院395个议席中占18席。现任总书记伊斯梅尔·阿拉维（Moulay Ismail Alaoui）。

（5）全国自由人士联盟（Rassemblement National des Independants）：1978年成立，属保皇派政党，长期参政，在2011年11月众议院选举后宣布成为反对党。系众议院第三大党、第一大反对党，在395个议席中占52席。总书记艾哈迈德·奥斯曼（Ahmed Osman）。

真实性与现代党（Parti Authenticitéet Modernité）：2008年成立，由5个小党派合并而成。系众议院第四大党，在395个议席中占47席。现任总书记为参议长穆罕默德·比耶迪拉。

（7）人民力量社会主义联盟（Union Socialiste des Forces Populaires）：简称“社盟”，1975年成立，代表中、小资产阶级及知识分子的利益，在知识分子、青年学生和工人中颇有影响。在众议院395个议席中占39席。现任总书记阿卜杜勒—瓦赫德·拉迪（Abdelwahed Radi）。

（8）宪政联盟（Union Constitutionelle）：1983年成立，代表新兴资产阶级力量，主要由资本家、高级官员及知识分子和律师等自由职业者组成。在众议院395个议席中占23席。现任总书记穆罕默德·阿比迪（Mohamed Abied）。

【重要人物】穆罕默德六世：国王。1963年8月21日出生，是已故哈桑二世国王的长子。1985年毕业于拉巴特穆罕默德五世大学法学院，获法学学士学位，1993年获法学博士学位。1979年被立为王储。1985年被任命为皇家武装部队总参谋部协调员。1994年晋升少将军衔。1999年7月30日登基。爱好阅读、游泳和赛艇运动，精通阿拉伯语和法语，懂英语和西班牙语。1991年曾以王储身份访华。2002年2月访华，是中摩建交以来首位访华的摩国王。2008年5月私人访华。已婚，夫人称“拉拉·萨尔玛公主”，有一子一女。　**班基兰：**政府首脑。1954年生于拉巴特。1979年获物理学学士学位，后在拉巴特高等师范学院任教，现为摩教育高级理事会成员。拥有两所私立学校和多家小型公司。年轻时即投身政治活动，曾是摩“社会主义青年”左派组织成员，1976年因坚持伊斯兰信仰而退出，加入激进伊斯兰组织“伊斯兰青年运动”，并曾因此入狱两年。1978年出狱后转而主张温和伊斯兰主义，1980年加入伊斯兰组织“改革与复兴运动”，曾任该组织主席及所属报社社长。后随该组织并入“人民民主宪政运动”。1998年，“人民民主宪政运动”更名为公正与发展党，班基兰曾任该党全国委员会主席，并于2008年7月当选总书记。1992年起连续5次当选众议员。2011年11月29日起任政府首脑。已婚，有6个子女。　**卡里姆·加拉卜：**众议长。1966年生于卡萨布兰卡市。获法国国立路桥学院工程师文凭。1994年进入摩装备部，历任该部胡赛马省和本斯利曼省装备部事务负责人、规划与研究司司长、道路与交通司司长。2001年任国家铁路管理局局长。2002年11月至2012年11月任装备与运输大臣。2011年11月当选众议员，12月当选众议长。系摩独立党中央委员会成员。精通阿拉伯语、法语、英语和意大利语。爱好武术。已婚，妻子为意大利人，有一子。

经　济

摩洛哥经济总量在非洲排名第五。磷酸盐出口、旅游业、侨汇是摩经济主要支柱。农业有一定基础，但粮食不能自给。渔业资源丰富，产量居非洲首位。工业不发达。纺织服务业是重要产业之一。摩1983年开始实行经济改革，推行企业私有化和贸易自由化，1996年同欧盟签署联系国协议后，进一步优化经济结构，改善投资环境，加强基础设施建设，2010年同欧盟建立自由贸易区。2009年以来，国际金融危机、欧债危机、西亚北非地区形势变化等使摩经济遇到较大挑战。摩政府致力于扩大内需，加强基础设施建设，扶持纺织、旅游等传统产业，发展信息、清洁能源等新兴产业，积极吸引外资，经济继续保持增长。2011年主要经济数据如下：

国内生产总值：991亿美元。

人均国内生产总值：3074美元。

经济增长率：4.9%。

通货膨胀率：1.6%。

失业率：8.9%。

外债：235亿美元。

侨汇：73亿美元。

货币名称：迪拉姆（Dirham），1美元＝8.5迪拉姆。

外贸总额：658亿美元（进口额445亿美元，出口额213亿美元）。

外汇储备：208亿美元。

【资源】磷酸盐为主要资源，储量1100亿吨，占世界总储量的75%。其他矿产资源有铁、铅、锌、钴、锰、钡、铜、盐、磁铁矿、无烟煤、油页岩等。其中油页岩储量1000亿吨以上，含原油60亿吨。

【工矿业】工业部门主要有农业食品加工、采矿、纺织服装、皮革加工、化工医药和机电冶金工业等。磷酸盐是摩经济的重要支柱，摩是世界磷酸盐出口第一大国，2011年摩磷酸盐产品出口约70亿美元。摩有纺织企业约1700家，从业人口超过20万，纺织服装产值约占国内生产总值的16%，出口额占总出口额的30%，主要出口法国、西班牙、英国、德国、意大利等。手工业在国民经济中占重要位置，主要产品有毛毯、皮革制品、金属加工品、陶瓷和木制家具。

【能源】2007年摩能源总产量1110万吨油当量。能源进口1440万吨油当量。电需求量约205亿度，国内电力生产总量190亿度，进口35亿度。

【农牧渔业】农业产量起伏较大，粮食不能自给，农业人口约占全国总劳力的42%，产值约占国内生产总值的12%，出口（主要为柑橘、橄榄油）占总出口收入的30%。可耕地925.6万公顷，已耕地近700万公顷，人均耕地面积约0.23公顷。蓄水坝90余座，可灌溉土地100万公顷，粮食种植面积558万公顷。主要农作物有小麦、大麦、玉米、水果、蔬菜等。2008年，摩推出“绿色摩洛哥”计划，以提高摩农业生产技术。2011年粮食丰收，总产量达到1050万吨。

畜牧业较发达，草地和牧场2029万公顷，2008年牲畜存栏数2505万头，有牛278.1万头，绵羊约1698万只，山羊约528.4万只。牛羊肉产量35万吨，禽肉产量37万吨。

渔业资源丰富，是非洲第一大产鱼国。现拥有近海渔船2539艘，远洋渔船448艘，另有几千艘小船。从业人员40余万。为保护渔业资源，政府规定休渔期长达8个月。年捕鱼量约80万吨，出口收益超过10亿美元，90%出口日本。沙丁鱼出口量居世界首位。

【旅游业】旅游业发达，已成为摩第二大支柱产业、第二大平衡国际收支来源和第二大吸引就业行业。摩在全球旅游业目的地国家中排名第26位。2011年共接待游客934万人，总收益74亿美元。主要旅游城市有：拉巴特、马拉喀什、卡萨布兰卡、非斯、阿加迪尔、丹吉尔等。

【交通运输】陆路交通较发达。在国内运输业中占主导地位，90%的客运和75%的货运通过陆路交通完成。

铁路：总长2958公里，投入运营线路1907公里，其中复线370公里，50%线路实现电气化。另有765公里磷酸盐运输线。2003年，摩与西班牙达成协议，两国共同修建一条穿过直布罗陀海峡的海底复线铁路。该工程预计2010年开工，将是连接欧、非两大洲的首条铁路线。

公路：总长64452公里，其中一级公路15907公里，二级公路9367公里，三级公路39178公里。高速公路约500公里，有拉巴特—丹吉尔、拉巴特—卡萨布兰卡—塞达特、拉巴特—梅克内斯—非斯等多段高速公路。根据摩第2个全国乡村公路10年计划（2005 ~ 2015），每年将新建1500公里公路，届时全国80%的农村地区将通公路。

水运：现拥有港口30个，其中11个为多功能港口，11个为运输、捕鱼用港口。主要港口有卡萨布兰卡、穆罕默迪耶、萨非、丹吉尔、阿加迪尔等，其中，卡萨布兰卡为全国最大港口，占全国港口总吞吐量的37%。丹吉尔—地中海港一期已完工，正在扩建二期，将成为非洲和地中海最大港口之一。

空运：全国共有机场28个，其中国际机场12个，如卡萨布兰卡穆罕默德五世机场、拉巴特—萨累机场、阿加迪尔机场、丹吉尔机场等。摩皇家航空公司（Royal Air Maroc）有飞机33架，开通75条航线，航线通往四大洲32个国家，总航线30多万公里。2005年12月，摩与欧盟签署“天空开放”协议，摩航空市场对欧洲航空公司开放。

1996年12月，经阿尔及利亚、摩洛哥至西班牙、葡萄牙的马格里布—欧洲天然气管道正式开通。管道全长1385公里，初期每年可输送天然气90亿立方米，摩每年可获10亿立方米天然气。2005年起，摩将该管道的过境天然气截留配额用于发电，可满足全国约17%的电力需求。

【通讯电信】具有良好的有线和无线通讯系统，5条国际海底电缆和3个卫星地面站与国际卫星组织和阿拉伯卫星组织相连。通讯枢纽是卡萨布兰卡和拉巴特。截至2012年3月底，摩洛哥移动电话用户为3624万，手机普及率达112.6%，平均一人拥有1.2部手机。互联网用户数为340万，同比增长56.6%，互联网普及率约为10.57%。摩主要电信运营商为摩洛哥电信

（Maroc Telecom，MT）和地中海电信（Meditelecom，Meditel）。

【**财政金融**】2011年财政总收入252亿美元；财政支出312亿美元。2011年外汇储备约208亿美元。

【**对外贸易**】摩同90多个国家和地区有贸易往来，2011年外贸总额为658亿美元，其中进口额为445亿美元，出口额为213亿美元。主要贸易伙伴为欧洲国家，占摩进出口总额约70%。法国是摩最大的贸易伙伴国。2004年，摩与突尼斯、埃及、约旦签署了“阿加迪尔协定”，宣布成立四国自由贸易区。同年，摩分别与美国和土耳其签署双边自由贸易协议。2006年1月，摩美自贸协定正式生效。2008年，摩获得欧盟给予的优先地位（介于成员国与联系国之间），2010年摩与欧盟建立自由贸易区。近年外贸情况如下（单位：亿美元）：

	2009	2010	2011
总额	459.71	525	658
出口额	147.49	172	213
进口额	312.22	353	445
逆差	164.73	181	232

2011年主要贸易伙伴：

出口：西班牙（18.6%）、法国（16.9%）、巴西（6.0%）

进口：法国（15.4%）、西班牙（14.4%）、中国（7.7%）

主要出口磷酸盐及磷肥、渔产品、食品、服装和皮革产品等。主要进口石油、机械设备、粮食等。

【**外国资本**】摩鼓励外国投资，尤其是20世纪80年代后，把鼓励和促进外国投资作为优先政策之一，颁布了“投资法”和“投资指南”，放宽外汇管理，简化投资手续，保证外国投资者的利益。法国、西班牙、沙特阿拉伯、美国、德国等在摩均有投资。2011年外国直接投资约30亿美元，主要集中在旅游和房地产业。

【**外国援助**】近年来，摩每年可从欧盟、美国、海湾产油国得到约10亿美元的固定援助。摩是法国的第二大受援国，西班牙的第一大受援国。

人民生活

摩洛哥政府执行振兴经济、增加就业、发展医疗卫生、司法及其他社会服务，逐步缩小社会差别，改善低收入者生活水平的政策，对生活必需品给予部分补贴。2007年摩贫困线以下人口280万，城市居民贫困率4.8%，农村人口贫困率14.5%。93%的农村人口能用上电。摩全国有公立医院12所，军医院5所，私立医院102所，医疗中心和医疗诊所1360个，地方医院78所，产院、计划生育中心443个，大学医务中心2所，全国共有病床3万张。每个省均有省级卫生中心。根据联合国开发计划署2010年度人文发展报告，摩在177个国家中排名第114位。

军　事

摩洛哥皇家武装部队建于1956年5月14日，1957年和1960年建立空军和海军。5月14日为建军节。现无国防部，只设国防行政管理机构，主管国防行政事务。设有皇家武装部队总监和海、空军总监（将军、大臣级），由国王直接指挥。穆罕默德六世国王为军队最高统帅兼总参谋长。1966年7月，开始实行义务兵役制，兵役期为18个月。

三军总兵力19.58万人，宪兵约1.2万人。装备主要来源于美国、法国等。其中陆军17.5万人，编有3个司令部，4个机械化旅，2个伞兵旅，11个机械化团等。海军7800人，包括1500人的陆战部队，有4个海军基地，29艘作战舰艇，装备有导弹驱逐舰、护卫舰、海防舰艇、两栖舰艇、支援舰艇。空军1.3万人，有6个中队，96架作战飞机，装备有战斗机、侦察机、武装直升机、教练机、地空导弹、空空导弹等。还有预备役15万人，准军事人员5万人。

文化教育

【**教育**】摩视教育为国家发展的根基，强调教育普及化，教材统一化，教师摩洛哥化和教学阿拉伯化。每年教育预算约占国家预算总支出的1/4。全国文盲率已从1960年的87%降至2006年的38.4%。现有高校64所，中学1168所，小学4350所。6岁儿童入学率为95%，6～11岁儿童入学率为94%，12～14岁少年入学率为73%，小学在校学生410万，教师13.28万；中学生180万，教师8.68万名；大学在校学生28.6万，教师9773名。国立中、小学教师已全部摩洛哥化，大学教师97%为摩洛哥人。大学24所，著名的高等学府有穆罕默德五世大学、哈桑二世大学、穆罕默德一世大学、卡迪伊亚德大学、卡鲁维因宗教大学和穆罕默德·本·阿卜杜拉大学。

【**科研**】1980年4月，摩设立皇家科学院，由30名摩洛哥常任院士和30名外籍联系院士组成。由穆罕默德六世领导，国王委派常务秘书主持日常工作。2001年，摩洛哥第一颗科学卫星发射升空。2005年，摩加入欧盟“伽利略”卫星导航计划，成为第一个加入该计划的非洲和阿拉伯国家，也是继中国、印度、以色列、乌克兰后第五个加入该计划的非欧盟国家。

【**新闻出版**】目前出版的报刊共560多种，其中阿拉伯文375种，法文185种。主要报刊及发行量：官方《新闻报》，约3万份；半官方《撒哈拉晨报》，5万份；《舆论报》，7万份，独立党法文机关报；《旗帜报》，5万份，独立党阿拉伯文机关报；《宣言报》，2.5万份，进社党机关报；《马格里布报》，1万份，自由人士联盟机关报；《民族使命报》，2万份，宪政联盟机关报。

马格里布阿拉伯通讯社：成立于1959年，1977年成为国家通讯社。现有记者247名。与阿拉伯国家通讯社间有供稿联系，与法新社、美联社、塔斯社和新华社等签有交换新闻的协定，与亚、非、拉60个通讯社签有合作协定。在12个国家设有分社。

摩洛哥广播电台：建于1928年，1959年归国家掌握，由新闻部领导。在全国设有9个分台，采用阿、法、英、西班牙和柏柏尔语三种方言广播。另有私营的地中海国际广播电台，1980年7月成立，法、阿文广播。

摩洛哥电视台：建于1962年，1972年开始播放彩色电视节目，建有64个转播站，平均每天播放12小时，全国84%的人可收看电视。1989年建立私人电视台摩洛哥电视二台，每天播放10小时左右的节目，1996年被政府收购70%的资本。

对外关系

奉行不结盟、灵活、务实、多元的外交政策，注重对外关系的均衡发展。维护民族独立和国家主权，保持和加强与欧、美等西方国家的传统关系。1996年，摩洛哥与欧盟签署联系国协议。2008年，摩获得欧盟给予的优先地位。2010年，首届欧盟—摩洛哥峰会在西班牙举行。注重加强阿拉伯世界的团结，尤其重视与海湾国家发展关系。努力在国际事务特别是中东和平进程和伊斯兰世界中发挥作用。2011年，海湾合作委员会与摩建立“优先伙伴关系”。穆罕默德六世国王现任伊斯兰合作组织下属的耶路撒冷委员会主席。摩主张非洲国家团结，但1984年因非洲统一组织（简称“非统”，非盟前身）接纳“西撒国”而宣布退出该组织。截至目前，摩与近150个国家建立了外交关系。2012年1月就任联合国安理会非常任理事国。

【对当前重大国际问题的态度】关于国际形势：国际关系中紧张和冲突的因素仍未消除。世界经济发展失衡，贫富差距扩大，发展中国家处于极不平等的地位，这是威胁全球稳定的根本因素。主张加强南北对话和南南合作，要求发达国家向发展中国家提供资金和技术援助，大幅削减发展中国家的债务，并通过技术转让缩小南北间日益扩大的数字鸿沟。

关于联合国和安理会改革：认为联合国改革是一个渐进的过程，应本着先易后难的原则，不应为改革预设期限，且不能与联合国整体改革相割裂。应首先考虑协商一致和地域分配公平原则，各地区席位如何分配应由本地区自行决定，有关方案不应从外部强加。摩赞同非洲在安理会拥有两个常任理事国席位，认为应由非洲国家轮流担任。

关于金融危机：认为当前世界经济遭受前所未有的危机，将使经济增长率减缓，同时影响银行和金融体系的稳定。主张阿拉伯国家应提高警惕，加强对自身金融市场的有效监管，同时尽快实施经济结构调整。金融危机对摩金融市场产生直接影响较小，摩方采取了一系列措施，如扩大对内投资、提高购买力、促进内需、支持中小企业和出口，以降低国际金融危机对摩经济带来的负面影响。

关于气候变化：认为当前全球气候变化主要责任在发达国家，发展中国家是受害者。发达国家应承担“历史责任”，积极履行承诺，帮助发展中国家应对气候变化，坚持“共同但有区别的责任”，反对在减排标准上将部分新兴国家同其他发展中国家区别对待。摩对2009年12月举行的哥本哈根气候变化会议十分重视，在会上同非洲国家、七十七国集团立场保持一致，表示希望通过气候变化谈判促使发达国家向发展中国家提供更多资金和技术援助。摩赞赏中方在会议期间支持非洲国家、七十七国集团维护团结，愿继续在该问题上与中方保持沟通和协调。

关于恐怖主义：恐怖主义是对世界和平、稳定与安全的最严重威胁之一。谴责并坚决打击一切形式的恐怖主义活动。反对将恐怖主义归咎于特定宗教，坚决反对歪曲和妖魔化伊斯兰教。支持建立国际反恐中心，呼吁伊斯兰国家加强团结协作，从根源上消灭恐怖主义。

关于伊斯兰极端主义：伊斯兰极端主义是对伊斯兰教的歪曲。强调摩信奉温和、开放的伊斯兰教，拒绝一切损害这一宽容宗教同一性的行为，反对无谓的宗教分裂。

关于巴以问题：穆罕默德六世国王担任伊斯兰合作组织耶路撒冷委员会主席，曾多次就巴以问题致信中国国家领导人。摩认为巴勒斯坦问题是整个伊斯兰世界的核心问题，呼吁以色列归还其占领的所有阿拉伯土地，以实现中东地区的和平。支持巴勒斯坦人民在民族权力机构主席阿巴斯的领导下，通过谈判解决与以冲突，建立以耶路撒冷为首都、真正独立并与以色列和平相处的国家的权利。呼吁联合国安理会和中东问题有关四方担起责任，阻止暴力，保证有关各方继续对话和谈判。

关于伊拉克问题：希望伊人民尽快实现国家稳定和重建。支持国际社会为使伊人民在安全稳定的民主国家内获得国家完全主权、保持国家统一和领土完整所作努力。

关于苏丹问题：对国际刑事法院向巴希尔总统签发逮捕令对苏安全和稳定、对全面持久解决达尔富尔危机可能产生的影响表示深切担忧。支持所有保障苏丹安全和稳定、维护苏国家主权和领土完整及以苏总统为首的合法体制的努力。

关于伊朗核问题：认为伊朗有和平利用核能和核技术的权利，但应保持透明，遵守双边、地区和国际承诺。认为在联合国及伊朗与欧洲对话的框架内，伊核问题可继续通过对话和协商方式解决。希望有关伊核问题的谈判取得进展，以维护整个海湾地区的和平与稳定。

关于马格里布联盟建设：强调马盟建设不仅是摩必然的战略选择，同时也是摩与其他地区组织加强合作的基础。积极主张加强马盟组织建设，完善其机构设置。

【同中国的关系】中国与摩洛哥1958年11月1日建交以来，两国关系持续、健康发展。双方交往频繁，在国际事务中合作良好。

2011年，中摩友好合作关系继续保持良好的发展势头，各层次往来密切。全国人大常委会副委员长、全国妇联主席陈至立（1月）、宁夏回族自治区主席王正伟（5月）、广州市市长、世界城市和地方政府组织（UCLG）联合主席万庆良（6月）、外交部部长助理刘振民、最高人民检察院检察长曹建明（10月）、中联部副部长于洪君（11月）等分别访摩。摩外交与合作大臣费赫里（4月）、摩国王首席顾问阿祖莱（5月）访华。

2012年2月，翟隽副外长访摩；4月，摩外交与合作大臣部长级代表阿姆拉尼访华。

经贸合作进一步发展，双边贸易增长较快。2011年双边贸易总额为35.2亿美元，同比上升19.8%。其中中方出口额为30.4亿美元，进口额为4.8亿美元，同比分别上升22.5%和5.1%。2011年1月，摩工业、贸易和新技术大臣沙米来华出席摩中工业论坛。2月，商务部部长陈德铭访摩。

中摩在文化、青体、卫生、新闻、人力资源培训、旅游、教育等领域的交流与合作进一步密切，团组互访不断。2011年，卫生部部长陈竺（3月）、中国记协书记处书记祝寿臣率新闻代表团（6月）访摩；摩审计法院院长麦道依（5月）访华。

中国驻摩洛哥大使：许镜湖。馆址：拉巴特苏维西艾哈迈德·巴拉弗雷吉大街16号（16, Charia Ahmed Balafrej-Souissi, Rabat）。电　话：（212-53）7754056，7752718（商务处）；传真：7757519，7756966（商务处）。电传：32745 M BCECHINE（商务处）。

摩洛哥驻华大使：贾法尔·阿尔热·哈基姆（Jaafar Alj Hakim）。地址：北京市朝阳区三里屯路16号（16, San Li Tun Lu, Beijing）。电话：010-65321796，65321489；传真：65321453。

台湾省在摩卡萨布兰卡市设有贸易发展协会。

【同美国的关系】摩与美关系密切，两国间高层互访频繁。美在摩建有战略油库为美第六舰队提供补给。美已取代法国成为摩最主要小麦供应国。美还在摩丹吉尔修建了美本土之外最大的“美国之音”转播站。2004年美总统布什宣布给予摩非北约成员主要盟国地位。11月，摩成为美国设立的千年挑战基金2005年度受援国。同年，摩美签署自由贸易协定。2009年4月，摩外交与合作大臣费赫里访美，美中东特使访摩。9月，美国国务卿赖斯访摩。12月，美国非洲司令部司令威廉·沃德访摩。2010年10月，美国近东事务助理国务卿费尔特曼访摩。2011年2月，美国参议员麦卡恩访摩。3月，摩外交与合作大臣费赫里访美。2012年2月，美国务卿克林顿访摩，3月，摩外交与合作大臣欧斯曼尼访美。

【同法国的关系】摩法有传统关系，两国元首和政府首脑多次互访。法是摩第一大贸易伙伴、第一大投资国和最大债权国。两国军事关系密切，摩军装备大部分由法提供。在法国支持下，摩与欧盟签有联系国协议，并于2008年获得欧盟给予的优先地位（介于成员国和联系国之间）。2009年4月，摩首相法西访法。2010年1月，摩外交与合作大臣费赫里访法。2月法国外贸国务秘书依德拉克、法国欧洲事物国务秘书乐鲁什访摩。12月，摩外交与合作大臣费赫里访法。2012年3月，法外长朱佩访摩。5月，穆罕默德六世国王对法进行私人访问。

【同西班牙的关系】摩、西有特殊传统关系。两国领导人互访不断。西是摩第二大贸易伙伴和主要援助国，在摩有大量投资。2009年摩在西有71万侨民。摩西有领土纠纷，摩要求收回现为西占领的休达、梅利利亚及地中海沿岸一些小岛，西则认为这些领土主权属西。两国曾因摩北部地中海沿岸雷拉岛主权归属问题发生争端。2007年11月，西班牙国王访问休、梅两市，摩曾短期召回驻西大使。2007年，西班牙首相萨帕特罗、王储菲利佩相继访摩。2008年12月，两国首相共同主持摩西高级别会议。2010年2月，西外长莫拉蒂诺斯访摩。8月，西内政大臣鲁巴尔卡巴访摩。11月，摩外交与合作大臣费赫里访西。同月，摩内政大臣谢卡维访西。2012年1月，西班牙首相拉霍伊访摩。

【同阿尔及利亚的关系】摩与邻国阿尔及利亚历史上存在领土纠纷，曾因边界问题发生武装冲突。1976年因阿支持西撒人阵，承认西撒国，摩阿断交。1988年5月两国复交。穆罕默德六世国王执政以来摩阿关系有所改善。2005年3月，摩国王与阿总统恢复中断14年之久的元首会晤。2007年12月，摩国王与阿尔及利亚总统布特弗利卡通电话，对阿首都发生恐怖袭击造成多人死亡表示慰问。2009年4月，穆罕默德六世国王致电祝贺布特弗利卡总统连任。2012年1月，摩外交与合作大臣欧斯曼尼访阿。

【同其他阿拉伯国家的关系】摩同大部分阿拉伯国家保持良好关系。摩同海湾产油国关系尤为密切，海湾国家是摩外援和能源的重要来源。2007年5月，沙特国王阿卜杜拉访摩。2009年3月，约旦国王阿卜杜拉二世访摩。7月，摩众议长曼苏里访问突尼斯，巴林国王哈马德访摩。8月，摩首相法西赴毛里塔尼亚出席当选总统阿齐兹的就职典礼。2010年2月，叙利亚副总统沙雷访摩。5月，摩外交与合作大臣费赫里访问沙特、阿联酋。同月，摩首相法西和突尼斯总理格努希共同主持两国第十六届高级混委会。6月，沙特国王阿卜杜拉对摩私人访问。7月，巴林国王哈马德对摩进行私人访问。10月，科威特埃米尔萨巴赫访摩。12月，摩参议长比耶迪拉访问沙特。2011年3月，突尼斯民族团结政府总理艾塞卜西访摩。5月，海湾合作委员会邀请摩加入该组织，12月同摩建立“优先伙伴关系”。2012年5月，摩政府首脑班基兰访问突尼斯。6月，突尼斯总理贾巴利访摩，并与摩政府首脑班基兰共同主持两国第十七届高级混委会。

【同以色列的关系】摩同以色列有较深的历史渊源。二战中，摩王室为保护犹太人作出贡献。1994年，摩以互设利益代表处，2000年9月底以巴发生冲突后，摩召回驻以代表，关闭以驻摩代表处。2006年2月，以工党领袖佩雷茨访摩，摩国王会见。2007年7月，摩外交大臣本·伊萨与以外长利夫尼在巴黎举行非正式会谈。（陈瑶）

莫桑比克

国名 莫桑比克共和国（The Republic of Mozambique，A República de Moçambique）。

面积 799380平方公里。

人口 2390万（2012年估值）。主要民族有马库阿—洛姆埃族（约占总人口的40%）、绍纳－卡兰加族、尚加纳族、佐加族、马拉维－尼扬加族、马孔德族和尧族等。官方语言为葡萄牙语，各大民族有自己的语言，绝大多数属班图语系。28.4%的居民信奉天主教，17.9%信奉伊斯兰教，15.5%信奉原始宗教，10.9%信奉基督教新教，8.7%信奉其他，18.7%无宗教信仰。

首都 马普托（Maputo），人口196.7万。

国家元首 总统阿曼多·埃米利奥·格布扎（Armando Emílio Guebuza），2005年2月就任，2010年1月连任。

重要节日 莫桑比克英雄日：2月3日；莫桑比克妇女节：4月7日；劳动节：5月1日；国庆节：6月25日；胜利日：9月7日；莫桑比克人民解放力量建军节与革命节：9月25日；和平与和解日：10月4日；圣诞节/家庭日：12月25日。

简况

位于非洲东南部。南邻南非、斯威士兰，西界津巴布韦、赞比亚、马拉维，北接坦桑尼亚，东濒印度洋，隔莫桑比克海峡与马达加斯加相望，海岸线长2630公里。高原、山地约占全国面积3/5，其余为平原。属热带草原气候，年平均气温20℃（南部）、26℃（北部）。10月至次年3月为暖湿季，4～9月为凉干季。

13世纪，马绍纳人在现津巴布韦和莫桑比克一带建立莫诺莫塔帕王国，16世纪初国势渐衰。1505年遭葡萄牙殖民者入侵，1700年沦为葡萄牙的“保护国”。1752年由葡总督进行直接统治，当时称“葡属东非洲”。1951年，葡将其改为“海外省”。殖民统治时期，莫人民为争取民族解放进行了顽强的斗争。1974年9月7日，莫桑比克解放阵线（简称“解阵党”）同葡政府签署了关于莫桑比克独立的《卢萨卡协议》。9月20日成立以解阵党为主体的过渡政府。1975年6月25日正式宣告独立，成立莫桑比克人民共和国。1990年，议会决定将国名改为莫桑比克共和国。独立后，莫桑比克全国抵抗运动（简称“抵运”）长期进行反政府武装活动。1992年10月4日，莫政府和抵运在罗马签署了和平总协议，从而结束了长达16年的内战。

政治

1992年恢复和平以来，莫桑比克政局长期稳定。政府积极维护民族团结，内外政策较为稳妥务实。在1994年、1999年、2004年和2009年4次多党议会和总统选举中，解阵党均获胜。在2009年10月举行的选举中，解阵党赢得议会250个议席中的191席，该党主席格布扎以75.46%的得票率蝉联总统。格布扎总统执政以来，继续执行稳妥务实的政策，将发展经济和消除贫困作为施政的首要任务，严惩腐败并撤换工作不力的官员，保持了政局稳定。2010年4月，议会通过新一届政府2010～2014五年计划，将巩固民族团结、和平与民主、同贫困作斗争、推行良政、反腐败、维护主权、加强国际合作作为施政主要目标。2011年通过《2011～2014年减贫行动计划》和《农业发展战略计划》。

【宪法】现行宪法于2004年12月生效。宪法规定：以多党制取代一党制，实行党政分开和司法独立；总统为国家元首和政府首脑，总统和议员均由全民直接选举产生，任期五年，可连任一次；实行多种经济成分并存的市场经济；扩大公民自由与权利，废除死刑等。

【议会】莫桑比克共和国议会是国家最高立法机构。本届议会于2010年1月组成，任期五年。在250个议席中，解阵党占191席，抵运占51席，莫民主运动占8席。议长韦罗尼卡·纳塔尼埃尔·马卡莫（Verónica Nataniel Macamo），解阵党成员，系莫历史上首位女议长。

【政府】实行总统内阁制，总统为国家元首和政府首脑，内阁中设总理，受总统委托召集并主持部长会议。部长会议是国家最高执行机关，向共和国议会负责。本届部长会议于2010年1月组成，包括28名部长。主要成员有：总理艾雷斯·阿里（Aires Ali），外交与合作部长奥尔德米罗·巴洛伊（Oldemiro Baloi），国防部长菲利佩·纽西（Filipe Nyusi），财政部长曼努埃尔·郑（Manuel Chang），内政部长阿尔贝托·蒙德拉内（Alberto Mondlane），计划与发展部长艾乌巴·奎雷内亚（Ai ú ba Cuereneia），工业贸易部长阿曼多·伊隆加（Armando Inronga）。

【行政区划】全国行政区划为省、市、县。现有10个省，43个市（含1个直辖市），128个县。十省：德尔加杜角省（Cabo Delgado）、尼亚萨省（Niassa）、太特省（Tete）、楠普拉省（Nampula）、赞比西亚省（Zambezia）、索法拉省（Sofala）、马尼卡省（Manica）、伊尼扬巴内省（Inhambane）、加扎省（Gaza）、马普托省（Maputo）。直辖市：马普托市（Maputo）。全国主要城市有马普托市、贝拉市（Beira）、楠普拉市（Nampula）等。

【司法机构】设有最高法院及省、县、区级法院和共和国检察院。最高法院院长奥齐亚斯·庞德加（Ozias Pondja）。总检察长奥古斯托·保利诺（Augusto Paulino）。

【政党】1990年改行多党制。1991年“政党法”正式生效。“政党法”规定，各党派必须遵循维护国家统一、发扬爱国主义精神和巩固莫桑比克民主三项原则，强调各政党必须具有全国性质，不得以个别地区、部落、宗教为基础；必须有利于国家的和平与稳定，不得谋求通过暴力改变国家的政治与社会秩序；不得搞分裂主义；每省至少有100名党员方能登记，其总部必须设在首都。全国有20多个合法政党。

（1）莫桑比克解放阵线党（Partido Frelimo）：简称“解阵党”。执政党，1962年6月25日成立。原名莫桑比克解放阵线，1977年2月改为现名。党员近364万人（2011年）。1977年解阵党“三大”确定为“马列主义先锋党”。1989年“五大”改为“全民党”。主张“尊重人权，维护和平与进步，缩小国内社会和地区差别，更加公平地分配财富”，目标是“建立以民主社会主义、平等、自由和团结为基础的莫桑比克社会”。2005年3月，解阵党第八届中央委员会第四次会议选举格布扎为新主席，并兼任党总书记。2006年11月，解阵党第九次全国代表大会召开，大会确立反贫困和变革为党的中心任务，选举若阿金·阿尔贝托·希萨诺（Joaquim Alberto Chissano）为名誉主席，格布扎连任党主席，菲利佩·帕温德（Filipe Paunde）为总书记。

（2）莫桑比克全国抵抗运动（Renamo）：简称“抵运”。系莫第二大党，主要反对党。1976年初成立，其后长期从事反政府武装活动，曾拥有部队一万余人。1994年，抵运正式宣布由军事组织转变为政党。同年被批准为合法政党。在1994年10月举行的首次多党大选中，该党获得37.78%的选票，在议会中占112席，成为莫第二大党。2001年10月，抵运“四大”通过了新的党章和党纲。在2009年10月举行的大选中，抵运获得51个议席。党主席阿丰索·德拉卡马（Afonso Dhlakama），总书记曼努埃尔·比索波（Manuel Bissopo）。

较有影响的政党还有莫桑比克民主运动党（MDM）、和平、民主与发展党（PDD）、民主联盟（UD）和工党（PT）。

【重要人物】阿曼多·埃米利奥·格布扎：总统，解阵党主席。1943年1月20日生。1963年加入解阵党，1966年当选解阵党中央委员。早年曾参加学生运动，从事地下工作，组织武装斗争，反对殖民统治。莫独立后历任内政部长、国防部副部长兼莫军总政委、总统府部长、交通运输部长等要职。1990～1992年担任解阵党代表团团长，与抵运在罗马进行谈判。2002年6月，在解阵党“八大”上当选该党总书记。2004年12月当选总统，2005年2月宣誓就职，同年3月当选解阵党主席，兼任总书记。2006年11月，在解阵党“九大”上连任党主席。2009年10月连任总统，2010年1月宣誓就职。曾多次访华，2006年11月来华出席中非合作论坛北京峰会，2008年8月来华出席北京奥运会开幕式。2011年8月来华国事访问。　**艾雷斯·阿里：**总理，解阵党中央政治局委员。1955年12月6日生。获莫高等师范学院心理学学士学位。在1994年莫首次多党大选中当选国家议会议员，并于1999年、2004年和2009年连任。1995～2000年任尼亚萨省省长，2000～2004年任伊尼扬巴内省省长，2005年2月起任政府教育和文化部长。2010年1月就任总理。多次访华，其中2010年6月以总理身份来华进行工作访问，同年9月和11月两次来华参加国际会议，2012年2月来华进行私人访问。　**若阿金·阿尔贝托·希萨诺：**前总统，前解阵党主席。1939年10月22日生于加扎省希布托县马莱伊塞村。20世纪50年代末创建莫全国学联并任主席。1960年先后留学葡萄牙和法国。1962年积极参加解阵党创建工作，此后历任解阵党中央委员、执行委员、教育书记、新闻宣传书记、安全与防务书记、安全书记、军政委员会委员、驻坦桑尼亚和东非各国代表等职。1974年协助萨莫拉主席同葡萄牙政府谈判，达成关于莫独立的《卢萨卡协议》，其后任莫过渡政府总理。1975年6月莫独立后任外交部长。1986年11月起任解阵党主席、共和国总统兼武装部队司令。1994年和1999年在总统选举中获胜连任。2005年卸任总统并辞去解阵党主席一职。此后，仍活跃于国际舞台。2006年11月在解阵党“九大”上被选举为该党名誉主席。曾多次访华。

经　济

莫桑比克为农业国，是联合国宣布的世界最不发达国家和重债穷国。独立后因受连年内战、自然灾害等影响，经济长期困难。1992年实现和平以来，政府大力调整经济结构，改善投资环境，鼓励引进外资，加大对农业和农村地区投入，加快基础设施建设，倡导增收节支，多次调低银行贷款利率，经济恢复性增长较快，年均增长率近10%。但由于底子太薄，贫困人口仍高达54.7%，国家预算约一半依赖外援，发展任务仍然艰巨。

国际金融危机对莫出口及吸引外资产生较大负面影响，但莫政府通过加大基础设施投入，大力发展旅游业，改善投资环境，鼓励开发矿产、能源、农林渔业等资源，保持了经济平稳增长。近年来，莫在自然资源勘探开发领域发展较快，煤炭、钛、铁、天然气等均获重大发现，部分已经进入实质开发阶段，为莫经济发展提供了强劲动力。英国《经济学人》杂志预测，莫未来在能源、矿产和基础设施领域有望获得高达900亿美元的投资。2011年，受煤炭、电力、天然气、铝锭、农产品出口和大型交通基础设施建设拉动，莫农业、工业、金融服务、旅游、交通、通讯等产业保持较快增长，莫经济增长率居南部非洲国家之首。2012年7月，国际评级机构惠誉将莫桑比克主权债务前景展望由“稳定”上调至“积极”。2011年莫桑比克主要经济指标如下（资料来源：2012年7月《经济季评》）：

国内生产总值：120亿美元。

人均国内生产总值（按购买力平价计算）：1007美元。

经济增长率：7.2%。

通货膨胀率：5.5%。

外汇储备：24.69亿美元。

外债总额：45.17亿美元。

货币名称：梅蒂卡尔（Metical）。

汇率：1美元=27.30梅蒂卡尔。

【资源】有煤、铁、铜、金、钽、钛、铋、铝、石棉、石墨、云母、大理石和天然气等，其中煤蕴藏量超过150亿吨，钛600多万吨，钽矿储量居世界首位，约750万吨。大部分矿藏尚未开采。莫51%的国土被森林覆盖，林木资源总量约17.4亿立方米。水利资源丰富，赞比西河上的卡奥拉巴萨水电站（HCB）装机容量207.5万千瓦，是南部非洲最大的水电站。2005年，经过艰苦谈判，莫成功从葡萄牙手中收回卡奥拉巴萨水电站的控股权。2006年10月底，两国正式签署水电站移交协议。南非萨索尔（SASOL）公司正在开采莫南部伊尼扬巴内省的天然气，并修建了莫至南非的输气管线。巴西淡水河谷公司、澳大利亚力拓、澳大利亚里佛斯达（Riversdale）公司正在莫中部太特省勘探开发煤炭。美国、加拿大、意大利、挪威、日本、马来西亚等多家外国石油公司正在北部鲁伍马（Rovuma）盆地陆上和近海区域开展石油天然气勘探。莫矿产资源部最新数据显示，鲁伍马盆地天然气储量可达100万亿立方英尺。

【工业】主要是加工工业，有铝加工、制糖、制茶、粮食及腰果加工、卷烟、榨油、纺织、木材、水泥、炼油、机车车辆制造、电池及轮胎业等，主要集中在马普托、贝拉和楠普拉等市。随着莫扎尔（MOZAL）铝厂、南非萨索尔（SASOL）公司天然气开采项目、巴西淡水河谷、澳大利亚力拓、澳大利亚里佛斯达（Riversdale）公司煤炭开采项目等大型合资企业的建成投产，工业产值占国内生产总值的比重近年大幅上升。

【农业】莫是农业国，76%的人口从事农业生产。国家可耕地面积为3500万公顷，已开发600万公顷，畜牧面积为1200万公顷。农业产值占整个国内生产总值的30%左右。腰果、棉花、糖、剑麻是传统出口农产品。主要粮食作物有玉米、稻谷、大豆、木薯等。2011～2012年种植季，农业产品总产量为1620万吨，较上个种植季增长8.4%，其中木薯产量为1130万吨，粮食产量为310万吨。莫渔业资源丰富，盛产对虾及贝类等水产品。2010年全国渔业和水产养殖生产总值超过4.5亿美元，较2009年增长7%，其中，水产养殖总额为511.2万美元，增长69%。2010年出口水产品12万吨，进口37.2万吨，主要出口水产品有龙虾、小龙虾、墨鱼、虾类等，主要进口鲭鱼等。预计2012年出口水产品20万吨。

【交通运输】莫铁路、港口主要为本国和内陆邻国服务。

铁路：总长3372公里。主要是由三条东西走向，互不连接的铁路系统组成，南部为马普托——南非、斯威士兰线，中部为贝拉——津巴布韦线，北部为纳卡拉——马拉维、赞比亚线。莫正在修复三条铁路线，恢复并提高运力，解决本国和周边国家货物运输问题。

公路：总长约3.17万公里。其中柏油公路5497公里，南北公路干线（国家公路1号线，EN1）正在分段修复中，东西向公路干线分别为南部的马普托走廊（国家公路4号线，EN4），中部的贝拉走廊（国家公路6号线，EN6）和北部的纳卡拉走廊。

水运：内河航线1500公里，海岸线2600多公里。有马普托、贝拉和纳卡拉等港口15个。其中马普托港是莫最大港口，东非最大港口之一，也是非洲著名的现代化港口之一，始建于1544年，有25个泊位，最大水深12.8米，年吞吐能力为1200万吨，港内有铁路通往南非、津巴布韦和斯威士兰。2011年马普托港货物处理量为1180万吨，预计2012年可提高至1400万吨。目前，马普托港正在实施大规模扩建工程，计划投资17亿美元，工程完成后该港年货物处理能力可提升至4000万吨。贝拉港为莫第二大港，始建于1891年，有10个泊位，水深8～10米，年吞吐能力为500万吨，可容纳5万吨级货轮。港内铁路通往津巴布韦和马拉维，是莫内陆邻国津巴布韦、赞比亚、马拉维的主要转口港。纳卡拉港为莫第三大港，有6个泊位，年吞吐能力80万吨。

空运：莫桑比克航空公司（LAM）拥有大小飞机近10架。首都与各省均有航线，国际航线通往南非、肯尼亚、安哥拉、葡萄牙等国。有大小机场10余个，其中国际机场5个。

【旅游业】2011年，访莫游客超过200万人次，旅游业收入2.3亿美元。游客主要来自南非（25%）和葡萄牙（12%）。莫桑比克建有国家公园和保护区，并正在与南非、津巴布韦建立跨境国家公园。主要国家公园和保护区有：林波波（Limpopo）国家公园、戈隆戈萨（Gorongosa）国家公园、尼亚萨（Niassa）保护区、马普托（Maputo）特别保护区等。2010年，美国国家地理频道为戈隆戈萨国家公园拍摄的宣传片《非洲失落的伊甸园》（Africa's Lost Eden）被维也纳国际旅游电影节评为最佳影片，并在美国、德国、加拿大、葡萄牙、巴西等国电影节获多项大奖。

【财政金融】莫财政收入不及政府预算的50%，一半依赖外援弥补。2011年，莫政府财政收入31.4亿美元，支出36.9亿美元。全国共有17家商业银行，大部分为葡资参股银行，主要有千禧（莫桑比克）银行、巴克莱（莫桑比克）银行、标准银行、贸易和投资银行、国际贸易银行等。共有5家保险公司，主要有莫桑比克保险公司、全球联盟（Global Alliance）等。

【对外贸易】随着2001年莫扎尔（MOZAL）铝厂等几家大型合资企业建成投产，近年来莫外贸出口大幅上升，制造业已取代农业和渔业成为主要出口行业。莫主要出口产品是铝锭、电力、天然气、煤炭、对虾、糖、棉花、烟叶等。主要进口产品为粮食、原材料、石油、机械设备及零配件等。

2011年外贸总额约97.26亿美元。近年对外贸易情况如下（单位：亿美元）：

	2009	2010	2011
出口额	18.53	23.33	37.29
进口额	32.43	35.12	59.97
差　额	13.9	11.79	22.68

（资料来源：2012年7月《经济季评》）

2011年，产品主要出口到比利时（占莫当年出口总额的10.4%）、南非（10.2%）、意大利（8.2%）、西班牙（5.9%）、其他地区（65.3%）；进口产品主要来自南非（占莫当年进口总额的17.7%）、中国（9.9%）、印度（7.3%）、美国（6.4%）、其他地区（58.7%）。

【外国资本】1984年8月颁布《外国投资法》，1987年1月颁布《私人投资法》，鼓励国内外私人投资和兴办合资企业。1993年公布的新法规简化了投资审批手续。2009年，外国对莫投资约158.5亿美元，投资的主要领域为矿业、工业、交通运输和旅游业等。主要投资国为葡萄牙、南非、巴西、印度、澳大利亚等。2010年和2011年，莫政府批准了总值超过60亿美元的投资项目。投资主要集中在农业和农产品加工业、矿产资源、能源、运输和通讯、渔业和水产业、建造业和旅游业。

【外国援助】近年来，国际组织和金融机构多次召开援助莫桑比克捐赠国会议，成立了由19个国家以及国际和地区组织组成的G19援助集团，通过无偿援助、信用贷款及减免债务等途径向莫提供约70亿美元经济援助。双边援助主要由德国、葡萄牙、意大利、瑞典、美国、英国、爱尔兰、日本等国提供。多边援助主要来自国际开发协会、欧盟、世界银行、非洲开发银行、联合国开发计划署、联合国粮食署、联合国难民署等。莫政府已明确提出未来国家发展将逐步降低对外援的依赖，更多依靠自身经济发展。

人民生活

2011年贫困率为54.7%，失业率为27%，艾滋病感染率为11.3%。内战结束后，世界银行等国际组织出资帮助莫恢复或重建医院和医疗站。据莫国家统计局资料，2009年全国共有医疗机构1324个，其中医院52所，卫生中心1018个，卫生所254个。共有病床17341张，医生1042人，护士5213人。

据联合国开发计划署《2011年人文发展指数报告》，莫2011年人文发展指数为0.322，居全球第184位。人均预期寿命为50.2岁，新生儿死亡率为75.9‰，5岁以下儿童死亡率为142‰。

2011年，莫采取推广疫苗接种等措施降低疟疾和肺结核死亡率，控制艾滋病传播。霍乱、腹泻、寄生虫和疟疾等主要传染病发病率降低8.1%。2011年全国报告疟疾病例319万例。

军　事

根据莫桑比克政府和抵运1992年签署的和平总协议，莫国防军应有编制3万人，由政府军和抵运部队等量人数组成。莫军队设有陆海空三军和后勤部队，实际兵力为步兵营7个、特种兵营3个、工兵营2个、运输营1个、炮兵连3个、海军陆战连2个及少量的后勤、通讯、管理人员，共1.3万人左右。总统兼任武装部队总司令。总参谋部是军队的最高指挥机构。总参谋长保利诺·马卡林戈（Paulino Macaringue）。国防军下设北部、中部和南部军区，其司令部分别设在楠普拉、贝拉和马托拉。实行义务兵役制，服役期2年。近年来，莫积极参与执行联合国的维和任务。曾先后向东帝汶、刚果（金）、科摩罗及布隆迪派兵参加联合国或非盟的维和部队。

文化教育

【教育】1983年改革教育制度，分为普通教育、成人扫盲教育、职业技术教育、教师培训和高等教育。小学实行义务教育，为7年制。1990年再度实行教育制度改革，鼓励社会团体和私人办学。全国人均受教育1.6年。蒙德拉内大学是唯一综合性大学。1996年，成立了贝拉天主教大学和马普托理工科综合高等学院。受内战影响，1983～1992年约有60%的中、小学校遭到破坏，导致50万学生无法入学。1992年和平总协议签署后，国际社会资助莫政府陆续恢复和建设了一些学校。

2011年，莫小学、中专和中学就读学生达600万人。2011年，50万名15岁以上的文盲接受了扫盲教育，其中女性占66.5%。2010年，莫在读大学生10.1万人。2011年，莫高等教育机构增至41所，在基础和中级职业技术学校就读学生较2010年增加1100人。2011年，莫文盲率为48%。

【新闻出版】全国性报刊十余种。主要有：《新闻报》，1926年4月15日创刊，葡文日报，发行量2万多份，系全国最大报纸;《莫桑比克日报》，1902年创刊，1981年改为现名，葡文日报，发行量2万份，该报为私营报纸;《星期天报》，1981年创刊，葡文周报;《时代》，葡文周刊，1971年创刊，发行量2.5万份;《挑战报》，葡文体育周报，1987年创刊。

莫桑比克通讯社（AIM）：国家通讯社，1976年成立。使用葡萄牙语和英语发稿。

莫桑比克电台（RM）：官方电台，1975年成立，用葡语、英语和民族语言广播。对内广播19个小时，对外约5个小时。

莫桑比克电视台（TVM）：国营，1981年成立，每周播7天，每天播出18小时，通过卫星在全国播出，在各主要省份设有代表处和播出中心。

STV电视台：私营，2002年成立，全天播出，覆盖莫主要省市，与巴西媒体Rede Globo和Canal Futura建有合作关系。

对外关系

奉行“广交友，不树敌”的独立、不结盟外交政策，主张在相互尊重主权和领土完整、平等、互不干涉内政和互利的原则基础上与其他国家发展友好合作关系。重视睦邻友好和地区经济合作。主张通过谈判解决国家之间的争端。支持在非洲联盟内部建立预防和解决冲突的机制，支持全面裁军的原则。主张南南合作，要求建立国际政治、经济新秩序。是联合国、非洲联盟、南部非洲发展共同体、不结盟运动、英联邦、伊斯兰会议组织、环印度洋地区合作联盟、葡语国家共同体、世界贸易组织、非洲开发银行等国际和地区组织成员国。同100个国家有外交关系。目前，莫桑比克是葡语国家共同体轮值主席国、南部非洲发展共同体轮值主席国。

【同中国的关系】1975年6月25日中莫建交后，两国友好合作关系不断发展。进入21世纪，中方访莫的主要有：人大常委会副委员长田纪云（2000年）、国家主席胡锦涛（2007年）、中国政府特使、商务部长陈德铭（2010年）、全国政协副主席李兆焯（2011年）、中共中央政治局常委李长春同志（2011年）等。莫方访华的主要有：解阵党总书记托梅（2000年）、解阵党总书记格布扎（2003年）、总统格布扎（2006年、2008年、2011年）、解阵党总书记帕温德（2008年）、议长穆伦布韦（2008年）、总理阿里（2010年、2012年）、外长巴洛伊（2011年）等。2011年8月，格布扎总统来华进行国事访问，并出席第二十六届世界大学生夏季运动会开幕式。胡锦涛主席在北京同格布扎总统举行会谈，吴邦国委员长、温家宝总理分别与其会见。阿里总理于2010年6月来华工作访问，9月来华出席联合国贸易和发展会议第二届世界投资论坛和第十四届中国国际投资洽谈会，11月出席在澳门举行的中国—葡语国家经贸合作论坛第三届部长级会议，2012年2月来华进行私人访问。

中莫建交以来，中方承担了经济住房、国家体育场等23个成套项目、农业技术示范中心等18个技术合作项目、3个考察项目。目前正在实施的项目有马普托国际机场改扩建项目等。2011年双边贸易额为9.57亿美元，其中中方出口额为7亿美元，进口额为2.57亿美元，同比分别增长37.2%、41.1%和27.7%。中方向莫主要出口机械及运输设备、纺织品、鞋类、谷物及其制品、金属制品、医药品等，从莫主要进口木材、铁矿砂及其精矿、芝麻。中方已给予莫方60%输华产品免关税待遇。

中国驻莫桑比克大使：黄松甫。馆址：AV.JULIUS NYERERE N0.3142，MAPUTO，MOZAMBIQUE。电话：00258-21491560；传真：21491196；网址：http：//mz.chineseembassy.org。经商处电话：21485454，21494384；传真：21490306；网址：http：//mz.mofcom.gov.cn。

莫桑比克驻华大使：安东尼奥·伊纳西奥·儒尼奥尔（António Inácio Júnior）。馆址：北京市朝阳区塔园外交人员办公楼1单元7楼2号。电话：010-65323664，65323578；传真：65325189。网址：http：//www.embmozbj.com。

【同美国的关系】莫桑比克独立后不久即同美国建交。1982年后两国关系得到改善和发展。美国先后取消对莫提供经援和军援的禁令。美曾参与推动莫国内和平进程。目前，莫为撒哈拉以南接受美国援助较多的国家，是美国“非洲增长与机遇法”的受惠国。2004年，美国宣布莫桑比克成为第一批有资格从“千年挑战账户”计划中申请资金援助的16个国家之一。莫桑比克总统多次访美。2007年7月，格布扎总统对美国进行了工作访问。美军舰艇多次到访莫各主要港口，并与莫军进行交流。2011年，莫桑比克和美国双边贸易额为4.94亿美元，其中美国向莫出口4.59亿美元，自莫进口0.35亿美元。2012年1～6月，莫桑比克和美国双边贸易额为2.13亿美元，其中美国向莫出口1.96亿美元，自莫进口0.17亿美元。

【同葡萄牙的关系】葡萄牙原是莫桑比克宗主国，两国政治、经济关系密切。葡曾参与推动莫和平进程，并为莫培训新军及警察。2010年4月，格布扎总统对葡萄牙进行了国事访问。2011年3月，葡萄牙外交国务部长路易斯·阿马多访莫。2012年4月，葡萄牙总理科埃略访莫。

【同其他欧洲国家的关系】莫桑比克重视发展同欧洲国家的关系。北欧诸国为莫传统的援助国。英国、法国、荷兰、瑞士、瑞典、丹麦、芬兰等国每年对莫都有数千万美元的固定财政和物资援助。英、法还曾积极参与莫和平进程，为莫培训国防军。西班牙曾为莫培训警察。

【同非洲及周边国家的关系】积极发展同非洲国家特别是南部非洲周边国家的关系，实行睦邻政策。邻国南非是莫主要投资国之一，两国政治、经贸关系密切。莫是非洲联盟、南部非洲发展共同体、非洲开发银行等地区组织成员国。2012年8月，莫当选南部非洲发展共同体轮值主席国。莫积极参与地区政治、经济事务，主张加快地区经济一体化步伐、和平解决地区冲突，赞同成立非洲常备部队，对冲突国家和地区进行主动干预。2005年，格布扎总统就任后，与周边邻国互访频繁，进一步巩固与南部非洲国家的传统关系。莫与博茨瓦纳、南非、斯威士兰等签署了互免签证协议，便利人员往来。2011年，莫与科摩罗、坦桑尼亚等签署了《莫桑比克与科摩罗关于确定海上边界的协议》、《莫桑比克与坦桑尼亚关于确定海上边界的协议》、《莫桑比克、坦桑尼亚和科摩罗关于确定海上边界三方分界点的协议》，并与赞比亚完成了陆地边界的界定。

【同其他亚洲国家的关系】近年来，莫积极加强同日本、印度、越南、韩国等亚洲国家在能源和矿产资源开发、人员培训、农业等领域的合作，不断扩大经贸往来，吸引亚洲国家对莫投资。（申远）

纳米比亚

国名　纳米比亚共和国（The Republic of Namibia）。

面积　824269平方公里。

人口　217万（2009年中旬世界银行估计）。奥万博族是最大的民族，占总人口的50%。其他主要民族有：卡万戈、达马拉、赫雷罗以及卡普里维、纳马、布什曼、雷霍伯特和茨瓦纳族。白人和有色人约占总人口的12%。官方语言为英语，通用阿非利卡语、德语和广雅语、纳马语及赫雷罗语。90%的居民信仰基督教，其余信奉原始宗教。

首都　温得和克（Windhoek），人口31.6万，年最高气温30℃，最低气温7℃。

国家元首　总统希菲凯普涅·波汉巴（Hifikepunye Pohamba），2005年3月就任，2009年11月再次当选，2010年3月就职。

重要节日　元旦：1月1日；独立日：3月21日；劳动节：5月1日；非洲日：5月25日；英雄日：8月26日；人权日：12月10日；圣诞节和家庭日：12月25日和26日。

简　况

原称西南非洲，北同安哥拉、赞比亚为邻，东、南毗博茨瓦纳和南非，西濒大西洋。海岸线长1600公里。全境大部分地区在海拔1000～1500米。西部沿海和东部内陆地区为沙漠，北部为平原。主要河流有奥兰治河、库内内河和奥卡万戈河。气候燥热少雨，年平均气温18℃～22℃，分春（9～11月）、夏（12～2月）、秋（3～5月）、冬（6～8月）四季。

15～18世纪，荷兰、葡萄牙、英国等殖民者先后侵入。1890年被德国占领。1915年，南非参加协约国对德作战，出兵占领西南非洲。1920年，国际联盟委托南非统治西南非洲。1949年，南非非法吞并西南非洲。1960年4月，西南非洲人民组织（简称“人组党”）成立，开始进行争取民族独立的斗争。1966年，联合国通过决议，取消南非对西南非洲的委任统治。1968年，联合国大会根据西南非洲人民的意愿决定将西南非洲更名为纳米比亚。1978年，联合国安理会通过435号决议，支持纳实现独立。1989年，在联合国监督下举行制宪议会和总统选举，人组党获胜，其候选人努乔马当选总统。1990年3月21日宣布独立。

政　治

纳米比亚独立后，政局一直保持稳定。人组党政府重视教育、卫生、基础设施建设等，注重人民生活的改善，经济社会事业不断发展。2009年11月，纳举行独立后第四次议会和总统大选，人组党获胜，赢得国民议会72个民选席位中的54席，该党候选人希菲凯普涅·波汉巴再次当选总统，于2010年3月正式就职。2010年11月底，人组党在地方选举中获得压倒性胜利，在省议会选举中得票92%，掌控全国13个省中的12个；在地方政府选举中得票64%，获全部310个席位中的197个。

【宪法】现行宪法于1990年2月制定。宪法规定：纳实行三权分立、两院议会和总统内阁制，总统为国家元首、政府首脑兼武装部队总司令，任期五年，不得超过两任；经内阁建议，总统可以宣布解散国民议会并举行全国大选；同时总统应辞职并在议会解散后的90天内选举新的总统；修改宪法须经议会两院各2/3多数通过等。

【议会】由国民议会（National Assembly）和全国委员会（National Council）组成。国民议会由直接选举和按比例代表制产生的72名议员和总统指定的不超过6名议员组成，每届任期五年。本届国民议会于2009年11月选举产生，在72个民选议席中，人组党54席，民主与进步大会党8席，特恩哈尔民主联盟2席，联合民主阵线2席，全国团结民主组织2席，民主者大会党1席，共和党1席，全民党1席，西南非洲民族联盟1席。议长西奥本·古里拉布（Theo-Ben Gurirab），人组党中央政治局委员、国民议会议员，于2010年3月连任。

全国委员会由全国13个区委员会各选举2名代表组成。每年至少举行两次会议。总统无权解散全国委员会。第四届全国委员会于2010年12月成立，原主席阿瑟·卡佩雷（Asser Kapere）获选连任。

【政府】本届政府于2010年3月组成，主要成员有：总理纳哈斯·安古拉（Nahas Angula），副总理马尔科·豪西库（Marco Hausiku），外交部长乌托尼·努乔马（Utoni Nujoma），国防部长查尔斯·纳莫洛（Charles Namoloh），司法部长彭杜克妮·伊武拉—伊塔纳（Pendukeni Iivula-Ithana），内政与移民部长罗萨莉娅·恩吉丁瓦（Rosalia Nghidinwa，女），贸易与工业部长哈格·根哥布（Hage Geingob），财政部长莎拉·库贡盖卢瓦—阿马迪拉（Saara Kuugongelwa-Amadhila，女），教育部长亚伯拉罕·扬博（Abraham Iyambo），青年、国家服务、体育与文化部长卡泽南博·卡泽南博（Kezenambo Kezenambo），安全保障部长南戈洛·姆本巴（Nangolo Mbumba），地方政府、住房与农村发展部长杰里·埃坎乔（Jerry Ekandjo），劳工与社会福利部长伊曼纽尔·恩加奇泽科（Immanuel Ngatjizeko），矿产与能源部长伊萨克·卡塔利（Isak Katali），工程与运输部长埃尔基·恩吉姆蒂纳（Erkki Nghimtina），新闻与通讯部长乔尔·卡潘达（Joel Kaapanda），环境与旅游部长内通博·南迪—恩代特瓦（Netumbo Nandi-Ndaitwah）等。

【政府网址】http://www.grnnet.gov.na

【行政区划】全国划分为13个行政区（Region）。

【司法机构】由最高法院、区法院和地方法院组成。最高法院大法官和总检察长由总统商内阁和司法咨询委员会后任命。区和地方法院法官由司法部长任命。最高法院大法官彼得·希武特（Peter Shivute）。总检察长由总统事务部长艾伯特·卡瓦纳（Albert Kawana）兼任。

【政党】有大小政党40多个，其中9个政党在议会有席位。主要政党有：

（1）西南非洲人民组织（South West African People's Organization，SWAPO-PARTY）：简称“人组党”，执政党。1960年4月19日成立，前身是1958年成立的奥万博兰人民组织，得到纳最大民族奥万博族及其他社会阶层的广泛支持，1966年8月开始武装斗争，1989年11月在制宪议会选举中获胜，成为执政党。1991年12月举行了纳米比亚独立后的第一次全国代表大会，决定从民族解放组织转变为群众性政党。2007年11月召开了第四次全国代表大会，波汉巴当选为主席，哈格·根哥布和彭杜克妮·伊武拉—伊塔纳分别当选为副主席和总书记。

（2）民主与进步大会（Rally for Democracy and Progress）：2007年11月，由前外交部长希迪波·哈穆滕尼亚和前矿业与能源部长杰萨亚·恩亚穆共同组建。在2009年11月举行的大选中首次参选并成为纳最大反对党，在国民议会中获8个席位。主张进一步巩固民主、尊重人权，反对独裁和威权体制，反对个人崇拜；加大减贫力度，积极推动社会经济发展。现任主席希迪波·哈穆滕尼亚（Hidipo Hamutenya）。

（3）特恩哈尔民主联盟（Democratic Turnhalle Alliance）：简称“特盟”，由白人共和党联合10个民族集团于1977年11月成立，1989年经重新组合后包括12个政党和派别，宣称“既反对共产主义，也反对种族主义”。2003年，其重要成员共和党和全国团结民主组织相继宣布退盟。领袖为卡乌拉（Kaura）。

（4）民主者大会党（Congress of Democrats Party）：由人组党前中央委员、纳前驻英国高专乌兰加（Ulenga）发起，于1999年3月成立。宣称将致力于国家的兴旺与发展，领导人民把纳建设成为一个经济富有活力、政治和社会不断进步的国家。现任主席本·乌兰加（Ulenga）。

【重要人物】**希菲凯普涅·波汉巴**：总统。1935年8月18日出生于纳奥汉圭纳省，奥万博族人。在纳就读小学和中学，后在莫斯科攻读社会学和政治学。参与创建人组党，曾三次流亡国外。纳独立后当选国民议会议员，并历任内政部长、渔业与海洋资源部长、不管部长、土地与重新安置就业部长。1997～2002年任人组党总书记，2002年当选人组党副主席。2005年3月就任总统，2009年11月再次当选，2010年3月就职。曾于1998年3月率人组党代表团访华，2005年12月以总统身份访华，2006年11月来华出席中非合作论坛北京峰会，2011年6月以南部非洲发展共同体轮值主席身份访华。

经　济

世界上海洋渔业资源最丰富的国家之一，铀、钻石等矿产资源储量和产量居非洲前列。矿业、渔业和农牧业为三大传统支柱产业，种植业、制造业较落后。独立后，人组党政府先后制订了3个五年经济发展计划及2030年远景规划，大力吸引外资发展制造业、矿产品加工业、旅游业和金融服务业，扶持黑人企业发展。波汉巴执政后，加强公路、铁路和港口等基础设施建设，努力提高国有企业效益，经济形势保持稳定。受国际金融危机影响，2009年经济增速减缓。为此，纳政府大力推行扩张性财政政策，以创造就业、减贫、优化财富分配为重点，加大基础设施建设投入和矿产资源开发，刺激经济增长。2010年经济呈现复苏态势。2011年，纳政府将实施“就业和经济增长定点干预计划”作为工作重点，拨款91亿纳元，通过重点发展农业、交通运输和旅游业，以刺激经济增长，实现创造10.4万就业机会的目标。

2011年纳主要经济数据如下（数据源自2012年5月《经济季评》）：

国内生产总值：132亿美元。

人均国内生产总值：约7032美元。

经济增长率：4.2%。

通货膨胀率：5%。

外债总额：39.44亿美元。

外汇储备：17.58亿美元。

货币名称：纳米比亚元（简称“纳元”）。

汇率：1美元=8.08纳元。

【资源】矿产资源十分丰富，素有“战略金属储备库”之称。主要矿藏有：钻石、铀、铜、铅、锌、金等。

【工矿业】制造业不发达，80%的市场由南非控制。制造企业约300家，90%以上为小规模私人企业，主要行业有食品饮料、纺织服装、皮革加工、木材加工和建材化工等。矿业是纳传统支柱产业，90%的矿产品出口，主要生产氧化铀、钻石、黄金等。2010年矿业产值占国民生产总值15%，出口收入占国家总出口收入的一半以上。2008年，纳取代俄罗斯成为世界第四大产铀国，产量约占世界总份额的10%。2009年纳铀矿业销售额达40亿纳元，首次超过钻石业。2010年，纳铀产量为5306吨，黄金产量为2683公斤。纳是重要钻石供应国。2010年，纳钻石产量达147万克拉，钻石销售额达50亿纳元。近年来，纳钻石销售市场扩大，除美国外，还销往中东和日本等地。

【农牧渔业】纳70%的人口生活在农村地区，农业吸纳了纳65%的劳动力。为增加就业，2011年，纳政府加大对农业的扶持和投入力度。种植业一直较落后。全国可耕地面积6900万公顷，主要粮食作物有玉米、高粱和小米等。由于雨量稀少，土地贫瘠，农作物产出率低且不稳定，粮食不能自给。目前70%的粮食依靠进口，主要来自南非。政府正在推行“绿色农业计划”，力求增加粮食产量。2010年9月，首届农业投资大会在纳首都温得和克召开。畜牧业较发达，85%的可耕地被用来发展畜牧业，收入占农牧业总收入的88%，以养牛、羊为主，每年养牛180万～300万头，养羊400万只，大部分出口南非和欧洲。所产紫羔羊皮驰名世界。2008年畜牧业产值为23.55亿纳元，出口额为7.85亿纳元。2010年，纳牛肉生产实现销售收入6.3亿纳元，畜牧业作为纳农业支柱地位继续得到巩固。纳渔业资源丰富，捕鱼量位居世界前十名，主产鳕鱼、金枪鱼、沙丁鱼、竹荚鱼、龙虾和蟹，其中90%供出口。2008年渔业产值21.16亿纳元，出口额为3.69亿纳元。

【旅游业】旅游业较发达，产值占国内生产总值的10%左右。海滩、自然保护区等旅游景点集中在北部和南部地区，其中北部的艾淘沙公园闻名世界。1997年，纳成为世界旅游组织成员。

近年来，赴纳国际游客逐年递增，2010年共有93万外国游客赴纳观光。2011年1月，纳政府宣布将纳海岸线长达1570公里、面积10.7万平方公里的整个沿海地区建设为纳米布—骷髅沿海国家公园，从而使该地区成为全球第八和非洲第一大自然保护区。世界经济论坛发布的报告显示，2011年，纳在撒哈拉以南非洲地区国家旅游竞争指数中名列第三，仅位于毛里求斯和南非之后。报告还认为，纳发展旅游业条件优越，主要有地形地貌丰富多彩，生物多样化特点突出，注重生态保护以及交通基础设施相对完善等。2011年6月，纳第十三届旅游博览会在温得和克举行。

【交通运输】基础设施较发达。铁路：总长2600公里；平均每年客运量60.2万人次，货运量68.7万吨公里。

公路：总长约6.4万公里，其中沥青路5000公里；年均客运量5万人次，货运量18万吨。

水运：沃尔维斯湾是纳唯一深水港和西南非地区最大的贸易和渔港，年吞吐量约200万吨。

空运：纳米比亚航空公司经营的国际和地区航线通往法兰克福、开普敦、约翰内斯堡、卢萨卡、哈拉雷和罗安达等城市，国内航线通往纳各主要城市及一些偏远城市。纳各大城市均有机场。2011年7月，纳财政部宣布将在未来三年向纳航投入12亿纳元，以提高该公司运营效率，增加地区和国际航线运力。

【财政金融】纳是南部非洲关税同盟和兰特货币区成员国。财政金融大权集中于中央，90%财政收入源于税收。从南部非洲关税同盟所得收入占每年财政收入的20%～30%。另据调查，纳65%的银行为外国资本掌握。2011／2012年，财政预算收入为280亿纳元，支出377亿纳元，较上财年增长36%，预算支出规模为历年之最，赤字97亿纳元。2011年世界投资报告显示，在全非及南共体地区外资流入低迷的背景下，2005～2010年，纳吸引的外国投资增长1.5倍，从3.48亿美元增至8.58亿美元。纳外资80%主要来自非洲国家，以南非为主。同期，纳对外投资下降，从1300万美元降至400万美元。

【对外贸易】主要出口矿产品、渔产品、畜牧产品及初级加工产品，其中钻石出口占出口收入总额的33%。经济对进口依赖性强，绝大部分生产、生活资料需要进口。接近90%的进口商品来自南非。主要出口市场为欧盟、南非等。2011年出口总额为45.68亿美元，进口总额为53.45亿美元，逆差7.77亿美元。

【外国援助】1990～1998年共获外援47.88亿纳元，主要援助国有德国（占外援的30%）、瑞典（占外援的23%）、挪威、美国等。援款主要用于创造就业机会、减少收入分配不公和扶贫。2004年、2005年和2006年，纳接受外援分别为5.9亿纳元、9.38亿纳元、11.05亿纳元。2010年，纳共获得20亿纳元的发展援助，主要用于艾滋病防治、教育、农业和基础设施建设等领域。

人民生活　纳米比亚虽为中等收入国家，但贫富差距较大，失业率高达51.2%，基尼系数高达0.743，是全球贫富差距最大的国家之一，占总人口1/5的富人收入占国家总收入的78.7%，占全国人口1/5的赤贫人口收入仅占全国收入的1.4%。据纳中央统计局2008年数据，纳约1/3的人口每天生活费为1美元。现有医院34所、诊所267个，保健中心44个。共有6435张床位，平均每1000人占有3.6张。此外还有许多私人诊所。艾滋病感染率2008年下降到17.8%。纳政府重视提高人民的医疗卫生条件，2010/2011年度医疗卫生经费占财政总预算的9%。经过多年努力，纳艾滋病感染率趋于稳定。目前，纳每天新增艾滋病例16人，有8.5万名艾滋病人接受政府免费治疗。纳艾滋病防治经费的一半依靠国际援助。据联合国儿童基金会公布的数字，纳10～19岁青年中艾滋病感染人数达9000人，其中63%为女性，感染途径多为母婴传播。由于艾滋病猖獗，纳预期寿命由独立之初的60岁下降到目前的47岁。至2006年年底，平均每百名居民拥有固定电话6.8部，移动电话35部。

军　事　独立后，政府在整编前纳米比亚解放军和前西南非洲地方军的基础上，建立起一支统一的国防军，总兵力1.5万人，其中空军和海军各约500人，警察特种部队6000人。2010/2011年度国防开支占财政总预算的10%。

文化教育　【**教育**】独立后建立普及教育制度，规定六年免费义务小学教育。全国拥有1489所中小学校和特种学校，在校学生50万人。纳米比亚大学是全国唯一的综合性大学，建于1993年，有学生4000多人；另有10多所中等技术学校和师范学校。纳全国文盲率为60%。近年来，纳教育投入持续增加，教育拨款从2000年的18亿纳元提高到2011年的83亿纳元，新建学校200所。2010年，初等教育入学率达98.5%。纳还分别与南非、德国、中国等签署了联合研究和科技合作文件，但教育事业发展仍面临辍学率和不及格率过高、教室严重缺乏和教学质量不尽人意等挑战。2011年6月，纳全国教育大会在首都温得和克举行。

【**新闻出版**】全国有192家新闻机构和组织。有报刊十余种。主要报刊和发行量为:《纳米比亚人报》（1万份），1985年创刊;《共和者报》（1万份），1977年创刊，特恩哈尔民主联盟机关报，有英、德、南非荷兰文;《新时代报》（7000份），人组党报;《温得和克广告者报》（1.1万份）。

纳米比亚广播公司为全国性广播和电视机构，成立于1990年，其前身是1979年成立的西南非洲广播公司，产权为国家所有。下设广播电台，用英、德、南非荷兰语和13种地方语广播；电视台只有一个频道，主要用英语播出节目。纳米比亚通讯社为半官方通讯社。南非在纳设有电视转播站。

据2010年最新世界新闻自由度指数排名显示，纳由先前的全球35名上升至21名，居非洲国家之首。近年来，纳国有新闻、通讯产业业绩突出。移动通讯核心骨干网络进行了升级改造。随着信号传送基站建设速度加快，纳广播公司调频广播和电视信号的覆盖范围分别达到全国的98%和68%。纳通社第一次开通全天多媒体新闻服务，并在全国设立了6个分部，地方新闻采访能力明显提高。

对外关系　迄今已与108个国家建立外交关系。奉行不结盟、睦邻友好的外交政策，强调外交为经济建设服务，支持加强非洲国家间的合作，主张建立国际政治经济新秩序、加强南南合作、南北对话。注重周边外交。加强同周边国家、亚洲国家的经贸往来。

【**同中国的关系**】中纳于1990年3月22日建交，两国关系顺利发展，高层往来频繁。2011年5月，全国人大常委会委员长吴邦国访纳，分别会见纳总统波汉巴、全国委员会主席卡佩雷，与纳国民议会议长古里拉布举行会谈，同波汉巴总统共同出席中非青年领导人论坛开幕式并致辞。6月，纳总统波汉巴以南部非洲发展共同体轮值主席身份访华。胡锦涛主席、吴邦国委员长分别会见，波汉巴总统还与王岐山副总理共同出席中国—南共体经贸论坛开幕式并致辞。11月，国务委员刘延东访纳。2012年1月，外交部长杨洁篪访纳；3月，全国人大副委员长华建敏访纳；4月，国务院副总理回良玉访纳；5月，中共中央政治局委员、全国政协副主席王刚访纳。6月，纳开国总统努乔马作为特邀嘉宾来华出席第二届中非青年领导人论坛活动；7月，纳外长乌托尼来华出席中非合作论坛第五届部长级会议。

2012年7月16日，中国驻纳米比亚大使魏瑞兴离任。7月27日新任中国驻纳米比亚大使忻顺康抵纳履新。

2011年，中纳贸易额为5.07亿美元，同比下降28.7%，其中中国出口额为2.83亿美元，增长23.1%；进口额为2.24亿美元，下降53.4%。

中国驻纳米比亚大使：忻顺康。馆址：28 HEBENSTREIT STREET，WINDHOEK 9000，NAMIBIA，P.O.BOX 22777，WINDHOEK。电话：402598（商务处：220210，221460）。国家地区号：264-61。传真：402655，402659（商务处：221325）。

纳米比亚驻华大使：伦纳德·南巴胡（Leonard

Nambahu）。2005年3月抵京履新。馆址：北京市朝阳区塔园外交人员办公楼1单元13楼2号。电话：010-65324810/11，65322211。传真：65324549。邮编：100600。

【同非洲国家的关系】重视发展同非洲国家、特别是南部非洲发展共同体国家的关系。主张南共体国家建立促进贸易、投资、地区经济发展的共同机制，支持南共体政治、防务与安全机构的工作。支持非盟主导非洲事务。2011年1月底，波汉巴总统赴埃塞俄比亚首都亚的斯亚贝巴出席第十六届非盟峰会。2月，纳与博茨瓦纳正式启动修建总投资为90亿纳元的跨卡拉哈里铁路。该铁路连接纳沃尔维斯湾港和博茨瓦纳东部，并将与南非铁路网并轨，从而降低博茨瓦纳及其他南部非洲内陆国家出口商品运输成本，并带动沿线经济发展和南部非洲地区互联互通。3月，第二届纳米比亚—刚果（金）合作联委会在纳首都温得和克举行。同月，津巴布韦总理茨万吉拉伊访纳。4月，南共体劳工部长会议、非洲联盟第五届卫生部长会议以及非洲酗酒和艾滋病防控会议先后在纳首都温得和克举行。同月，南共体轮值主席、纳总统波汉巴访问南共体总部。5月，莫桑比克总统格布扎对纳进行国事访问，双方签署了关于政治磋商和外交护照互免签证等相关协议。同月，南共体特别首脑会议在纳首都温得和克举行；纳与南非、安哥拉共同在纳发起“生态渔业”项目，旨在加强三国在渔业科研合作、提高渔业管理水平等，推动三国渔业可持续发展。7月，纳贸工部长根哥布率团访问安哥拉，双方同意成立商务联委会，建立部长级定期会晤机制。8月，纳政府决定向索马里、肯尼亚和埃塞俄比亚灾民提供50万美元人道主义援助。同月，加纳总统米尔斯访纳，两国签署外交和政治协商谅解备忘录及外交人员互免签证协定。

【同西、北欧国家的关系】同西、北欧国家有密切的经贸联系，德国、瑞典、挪威、法国是纳主要的援助国。纳独立后即加入洛美协定并与西、北欧国家签有多项经贸、文化和技术合作协定。在过去四年里，欧盟向纳提供了总额8亿纳元的赠款，主要援助领域包括教育、乡村发展、能力和基础设施建设、政府管理和非政府组织活动等，旨在帮助纳促进减贫和实现可持续增长。纳与德国关系特殊，目前在纳有近4万德裔白人，有30所学校教授德语。自纳独立以来，德对纳发展援助达7亿欧元。2011年5月，纳计划委员会主任埃尔温都与德国经济合作与发展部长尼贝尔在柏林签署发展援助协定。根据该协定，德在2011～2012财年向纳提供总额为12.54亿纳元的官方发展援助。8月，德发展部长尼贝尔访纳。法国国有核能集团阿海珐在纳勘探铀矿，并投资建设首座海水淡化厂。2011年2月，芬兰总统哈洛宁访纳。访纳期间，芬兰向纳提供1.7万纳元无偿援助，用于发展纳埃龙戈地区环保教育事业。3月，西班牙政府为纳标准化机构提供价值300万美元的检测设备援助，用于提高纳沃尔维斯湾口岸的食品，特别是海洋水产的检测水平和效率。5月，纳外长乌托尼赴英国出席第35届英联邦部长级行动小组会议。7月，欧盟向纳国家收入基金提供总额为4700万纳元援助，用于纳加强乡村公路建设。8月，纳贸工部副部长托维亚率团出席纳米比亚—西班牙贸易、投资和旅游研讨会及纳米比亚—意大利商业论坛。

【同美国的关系】美是纳主要援助国之一，每年向纳提供1000万～1500万美元的双边和地区发展基金。美国公司占外国在纳公司的1/3以上。美和平队青年志愿者计划自纳独立伊始即开始实施，目前约有100名青年志愿者在纳政府机构、中小企业、诊所、学校和社区组织开展志愿服务。2001年，纳获得美《非洲增长与机会法》受益国待遇。2006年，美接受纳为“千年挑战账户”受惠国。2007年，美国对纳艾滋病项目援助增加到5亿多纳元。根据2008年纳美两国签署的《千年挑战账户协定》，美将为纳发展教育、旅游和农业提供总额21亿纳元赠款。2011年4月，美“千年挑战账户”与纳农业部签署协议，为纳北部地区农业发展提供2270万纳元援助。

【同其他国家的关系】近年来，纳积极推行“东向”政策，加强同亚洲国家的合作。在高度重视对华关系的同时，积极加强同日本、印度尼西亚、印度、泰国、越南、马来西亚、新加坡等国在天然气开发、公务员培训、远程教育、农业、海洋渔业、港口建设、人力资源、旅游等领域的合作，扩大经贸往来。2011年3月日本发生地震后，波汉巴总统致电日本政府和人民，对地震和海啸造成重大人员伤亡和财产损失表示哀悼和同情，纳政府并向日本政府提供100万美元赈灾援助。同年3月25日，印度在纳举行“印度经济技术合作项目日”。自纳独立以来，在印度经济技术合作项目和印其他奖学金项下，共有600名纳学员受益，领域包括信息技术、金融会计、教育等。5月，印度总理辛格特使访纳。（王萍）

南　非

国名　南非共和国（The Republic of South Africa）。

面积 1219090平方公里。

人口 5059万（2011年6月，南非国家统计局估计）。分黑人、白人、有色人和亚裔四大种族，分别占总人口的79.5%、9%、9%和2.5%。黑人主要有祖鲁、科萨、斯威士、茨瓦纳、北索托、南索托、聪加、文达、恩德贝莱9个部族，主要使用班图语。白人主要是荷兰血统的阿非利卡人（曾自称“布尔人”，约占白人的57%）和英国血统的白人（约占白人的39%），语言为阿非利卡语和英语。有色人是殖民时期白人、土著人和奴隶的混血人后裔，主要使用阿非利卡语。亚裔人主要是印度人（约占99%）和华人。有11种官方语言，英语和阿非利卡语为通用语言。白人、大多数有色人和60%的黑人信奉基督教新教或天主教；亚裔人约60%信奉印度教，20%信奉伊斯兰教；部分黑人信奉原始宗教。

首都 比勒陀利亚（Pretoria）为行政首都，人口约200万；开普敦（Cape Town）为立法首都，人口约290万；布隆方丹（Bloemfontein）为司法首都，人口约65万（2001年南非人口普查数据）。

国家元首 总统雅各布·祖马（Jacob Zuma）。2009年5月就职，任期五年。

重要节日 新年（1月1日）；人权日（3月21日）；耶稣受难日（复活节前的星期五）；复活节（每年过春分月圆后第一个星期五至下星期一）；家庭日（复活节后的星期一）；自由日（国庆日，4月27日）；劳动节（5月1日）；青年节（6月16日）；妇女节（8月9日）；传统节（9月24日）；和解日（12月16日）；友好日（12月26日）。

简 况

位于非洲大陆最南端，北邻纳米比亚、博茨瓦纳、津巴布韦、莫桑比克和斯威士兰，另有莱索托为南非领土所包围。海岸线长3000公里。全国大部分地区属热带草原气候，夏季最高气温为32℃～38℃，冬季最低气温为-10℃～12℃。

最早的土著居民是桑人、科伊人及后来南迁的班图人。17世纪后，荷兰人、英国人相继入侵并不断将殖民地向内地推进。19世纪中叶，白人统治者建立起四个政治实体：两个英国殖民地，即开普、纳塔尔殖民地；两个布尔人共和国，即德兰士瓦共和国和奥兰治自由邦。1899～1902年英布战争以英国人艰难取胜告终。1910年四个政权合并为“南非联邦”，成为英国自治领。南非当局长期在国内以立法和行政手段推行种族歧视和种族隔离政策。1948年国民党执政后，全面推行种族隔离制度，镇压南非人民的反抗斗争，遭到国际社会的谴责和制裁。1961年退出英联邦（1994年重新加入），成立南非共和国。1989年，德克勒克出任国民党领袖和总统后，推行政治改革，取消对黑人解放组织的禁令并释放非洲人国民大会（非国大）领袖纳尔逊·曼德拉（Nelson Mandela）等黑人领袖。1991年，非国大、南非政府、国民党等19方就政治解决南非问题举行多党谈判，并于1993年就政治过渡安排达成协议。1994年4～5月，南非举行首次不分种族大选，以非国大为首的非国大、南非共产党、南非工会大会三方联盟以62.65%的多数获胜，曼德拉出任南非首任黑人总统，非国大、国民党、因卡塔自由党组成民族团结政府。

政 治

以非国大为主体的民族团结政府奉行和解、稳定、发展的政策，妥善处理种族矛盾，全面推行社会变革，实施“重建与发展计划”、“提高黑人经济实力”战略和“肯定行动”，努力提高黑人政治、经济和社会地位，实现由白人政权向多种族联合政权的平稳过渡。1996年，国民党退出民族团结政府，非国大领导的三方联盟基本实现单独执政。非国大继续奉行种族和解政策，努力保持社会稳定，不断提高黑人社会地位和生活水平，连续赢得1999年和2004年大选。2007年，非国大提出建设“发展型国家”的理念，强调加快经济发展，妥善解决贫困、犯罪等社会问题。2008年，南非政局发生重大变化。9月21日，总统塔博·姆贝基（Thabo Mbeki）宣布辞职。9月25日，国民议会选举非国大副领袖卡莱马·莫特兰蒂（Kgalema Mothlante）为新总统。11月，部分前内阁和地方高官脱离非国大，另成立人民大会党。2009年4月22日，南非举行第四次民主选举。非国大以65.9%的得票率再次赢得国民议会选举胜利，并在除西开普省以外的八省议会选举中获胜。反对党民主联盟取得西开普省议会选举胜利。5月6日，国民议会选举非国大领袖祖马为南新总统。在2011年5月18日举行的新一届地方选举中，非国大以61.95%的得票率再次获胜。

【**宪法**】1994年临时宪法是南非历史上第一部体现种族平等的宪法。1996年，在临时宪法基础上起草的新宪法被正式批准，并于1997年开始分阶段实施。宪法规定实行行政、立法、司法三权分立制度，中央、省级和地方政府相互依存，各行其权。宪法中的人权法案（Bill of Right）被称为南非民主的基石，明确保障公民各项权利。修改宪法序言须国民议会3/4议员和省务院中的六省通过；修改宪法其他条款须国民议会2/3议员通过；如修宪部分涉及省务条款，须省务院中的六省通过。

【**议会**】实行两院制，分为国民议会和全国省级事务委员会（简称“省务院”），任期均为五年。本届议会由2009年4月举行的全国和9省议会选举产生。国民议会共设400个议席，其中200个席位根据全国选举结果分配，另200个席位根据省级选举结果分配。非国大获264席，占65.9%，民主联盟67席，人民大会党30席，因卡塔自由党18席，独立民主党、联合民主运动、新自由阵线各4席，其余席位由非洲基督教民主党等政党占有。国民议会议长马克斯·西苏鲁（Max

Sisulu，非国大）。省务院共90名代表，每省10名代表，分别由省长、3名特别代表（由省长任命）和6名常任代表（由省议会选派，依各政党在省议会中的比例选出）组成。省务院主席姆宁瓦·约翰尼斯·马赫兰古（Mninwa Johannes Mahlangu，非国大）。南非国民议会和省务院下设与政府各部门相对应的专门委员会、临时委员会和两院联合委员会。

【政府】分为中央、省和地方三级。本届政府于2009年5月成立。现内阁成员名单如下：总统雅各布·祖马，副总统卡莱马·莫特兰蒂，总统府部长特雷弗·曼纽尔（Trevor Manuel，负责全国计划委员会）、柯林斯·沙巴纳（Collins Chabane，负责监督和评估政府政策实施），国际关系与合作部长迈特·恩科阿纳—马沙巴内（Maite Nkoana-Mashabane，女），国防和退伍军人部长诺西维韦·马皮萨—恩卡库拉（Nosiviwe Mapisa-Nqakula，女），警察部长纳西·姆特特瓦（Nathi Mthethwa），国家安全部长西亚邦加·奎莱（Siyabonga Cwele），财政部长普拉温·戈尔丹（Pravin Gordon），经济发展部长易卜拉欣·帕特尔（Ebrahim Patal），贸易和工业部长罗布·戴维斯（Rob Davies），内政部长恩科萨扎娜·德拉米尼—祖马（Nkosazana Dlamini-Zuma，女），农村发展和土地改革部长古吉莱·恩昆蒂（Gugile Nkwinti），农业、林业和渔业部长蒂娜·乔马特—彼得森（Tina Joemat-Petterson，女），矿业部长苏珊·沙班古（Susan Shabangu，女），能源部长迪普奥·彼得斯（Dipuo Peters），国有企业部长马卢西·吉加巴（Malusi Gigaba），旅游部长马蒂纳斯·范斯卡尔奎克（Marthinus Van Schalkwyk），艺术和文化部长保罗·马沙蒂莱（Paul Mashatile），科技部长娜莱迪·潘多尔（Naledi Pandor，女），卫生部长阿伦·莫措阿莱迪（Aron Motsoaledi，女），公共工程部长杰夫·多伊奇（Geoff Doidge），司法和宪法发展部长杰弗里·塔姆桑卡·拉德贝（Jeffrey Thamsanqa Radede），劳工部长米尔德莱德·奥利方特（Mildred Oliphant，女），通信部长罗伊·帕达亚奇（Roy Padayachie），联合执政和传统事务部长理查德·巴洛伊（Richard Baloyi），交通部长本·马丁斯（Ben Martins），公职和行政事务部长琳迪韦·西苏鲁（Lindiwe Sisulu，女），狱政部长斯布西索·乔尔·恩德贝莱（Sbusiso Joel Ndebele），社会发展部长巴塔比勒·德拉米尼（Bathabile Dlamini，女），高等教育部长布莱德·恩齐曼德（Blade Nzimande），基础教育部长安吉·莫采卡（Angie Motshekga），人居部长托基奥·塞克斯瓦莱（Tokyo Sexwale），体育和娱乐部长菲基利·姆巴鲁拉（Fikile Mbalula），水利和环境事务部长埃德纳·莫莱瓦（Edna Molewa，女），妇女、青年及残障保障部长露露·克辛瓜纳（Lulu Xingwana，女）。

【行政区划】全国共划为9个省，设有278个地方政府，包括8个大都市、44个地区委员会和226个地方委员会。

【司法机构】司法体系基本分为法院、刑事司法和检察机关3大系统。法院由宪法法院、最高上诉法院、高等法院、地方法院等组成。宪法法院首席大法官莫洪恩·莫洪恩（Mogoeng Mogoeng）。最高上诉法院首席大法官莱克斯·姆帕蒂（Lex Mpati）。代总检察长农格科博·吉巴（Nomgcobo Jiba，女）。

【政党】实行多党制。国民议会现有13个政党。

（1）南非非洲人国民大会（African National Congress of South Africa）：简称"非国大"，主要执政党，最大的黑人民族主义政党。主张建立统一、民主和种族平等的新南非，领导了南非反种族主义斗争。创立于1912年，1925年改现名，成员超过100万。曾长期主张非暴力斗争。1960年被南非当局宣布为"非法"组织，主要领导人流亡国外。1961年决定开展武装斗争，成立"民族之矛"军事组织，曼德拉任总司令。1962年，曼德拉等人被捕。非国大在极其困难的条件下坚持斗争，获得国内外的广泛同情和支持，逐渐成为南非影响最大的黑人解放组织。20世纪80年代后调整斗争策略，确定政治解决南非问题和灵活处理制宪谈判的战略，在南非平稳过渡进程中发挥了关键作用。1994年4月成为执政党。1997年12月举行第50次全国代表大会，选举产生以姆贝基为首的新的领导集体。在1999年6月新南非第二次大选中再次获胜，继续执政。2002年12月举行第51次全国代表大会，姆贝基蝉联领袖。在2004年第三次大选中，非国大赢得69.68%选票，蝉联执政。2007年12月举行第52次全国代表大会，雅各布·祖马当选党领袖，副领袖卡莱马·莫特兰蒂，全国主席巴莱卡·姆贝特（Baleka Mbeti），总书记格维德·曼塔谢（Gwede Mantashe）。在2009年4月第四次大选中，非国大以65.9%的得票率再次赢得国民议会选举胜利，继续执政。在2011年5月18日举行的地方选举中以61.95%的得票率再次获胜。

（2）民主联盟（Democratic Alliance）：第一大反对党。前身为民主党，2000年6月与新国民党合并后改为现名。主要成员为白人，代表英裔白人工商金融界利益。是白人"自由派"左翼政党，主张废除种族隔离，积极参与南非和平进程。2001年10月，新国民党退出民主联盟。为壮大力量，民盟实行战略转变，致力于建立包括黑人、白人党员在内的人民政党。2003年9月，与黑人政党因卡塔自由党结成"变革联盟"共同应对2004年大选，并在国民议会选举中赢得12.37%的选票，获50个议席。在2009年4月第四次大选中，赢得国民议会选举16.66%的选票，获67个议席。在西开普省议会选举中获得52%的选票，赢得该省执政权。在2011年5月18日举行的地方选举中得票率为21.97%。领袖海伦·齐勒（Helen Zille）。

(3)人民大会党(Congress of the People):2008年11月由部分前内阁和地方政府高官脱离非国大后组成。主张建立真正不分种族、没有阶级和性别歧视的人民政党,改革现行选举制度和政府官员任命制度;大力发展农业和以出口为导向的劳动密集型产业;强力打击犯罪,培育社会安防意识。在2009年4月第四次大选中,赢得国民议会选举7.42%的选票,获30个议席,成为议会第三大党。主席莫修瓦·莱科塔(Mosiuoa Lekota)。

(4)因卡塔自由党(Inkatha Freedom Party):以夸祖鲁/纳塔尔地区祖鲁族为主的黑人民族主义政党。前身是"民族文化解放运动",成立于1928年,1990年向所有种族开放,改为政党并用现名。以争取黑人解放为宗旨,主张通过和平谈判解决南非问题。1994年4月在全国大选中得票率居第三位,进入民族团结政府。1996年后在夸祖鲁/纳塔尔省(下称"夸/纳省")主政。1999年大选后继续参加中央政府,与非国大在夸/纳省联合执政。2003年9月与民主联盟结成"变革联盟"共同应对2004年大选,在大选中赢得6.97%的选票,获28个议席;在其传统势力范围夸/纳省议会选举中得票率降为36.87%,丧失该省第一大党地位。在2009年4月第四次大选中,赢得国民议会选举4.55%的选票,获18个议席;在夸/纳省议会选举中得票率进一步降至20.5%。2011年1月25日,因卡塔自由党前全国主席扎内勒·姆西比(Zanele Magwaza-Msibi)宣布脱离该党而另建新党"民族自由党"(National Freedom Party),使因卡塔自由党实力大为削弱。领袖曼戈苏图·布特莱齐(Mangosuthu Buthelezi)。

(5)南非共产党(South African Communist Party):与非国大、南非工会大会结成"三方联盟"。其党员以非国大成员身份参选、入阁。1921年7月成立。1950年被南非当局宣布为"非法"组织。1990年2月重新获得合法地位。始终将实现共产主义作为其最终奋斗目标,坚持"社会主义的工人阶级政党"性质,但认为南非基本上是一个经过特殊殖民主义发展的、依附性较强的资本主义,当前的任务仍是推进以黑人彻底解放为目标的民族主义革命。2007年7月召开第12次代表大会。总书记布莱德·恩齐曼德,2009年5月出任高等教育部长。

(6)联合民主运动(United Democratic Movement):1997年9月成立,是由原新运动进程和全国协商论坛合并而成的跨种族政党。1999年6月大选中成为第五大党。在2004年大选中获得2.28%的选票,获6个议席,成为国民议会第四大政党。在2009年4月第四次大选中,赢得国民议会选举1%的选票,获4个议席。主席班图·霍罗米萨(Bantubonke Holomisa)。

此外,其他政党还有:独立民主党(Independent Democrats)、新自由阵线(Freedom Front Plus)、非洲基督教民主党(African Christian Democratic Party)、联合基督教民主党(United Christian Democratic Party)、阿扎尼亚泛非主义者大会(Pan Africanist Congress of Azania)、少数阵线(Minority Front)、阿扎尼亚人民组织(Azanian People's Organization)、非洲人大会(African People's Convention)等。

【重要人物】雅各布·祖马:总统。1942年生。1958年加入非国大,1963年起被白人政权监禁10年,后长期流亡国外。曾任非国大情报部主任、副总书记、全国主席、夸/纳省主席。1997年当选非国大副领袖。1999～2005年任副总统。2007年12月当选非国大领袖。2009年5月当选总统。曾于1996年、1998年以地方官员身份、2004年以副总统身份、2008年以非国大领袖身份访华,2010年8月以总统身份首次对华进行国事访问。2011年4月来华出席金砖国家领导人第三次会晤和博鳌亚洲论坛2011年年会开幕式。 **卡莱马·莫特兰蒂:**副总统。1949年生。早年囚禁于罗宾岛。新南非成立前曾任全国矿业工会总书记和非国大豪登地区主席。1997年当选非国大总书记,2002年连任。2007年12月当选非国大副领袖。2008年9月接替辞职的姆贝基出任总统至2009年5月。祖马就任总统后,任命莫为副总统。2011年9月对华进行正式访问。 **纳尔逊·曼德拉:**前总统,非国大前领袖,著名黑人领袖。1918年生于特兰斯凯乌姆塔塔地区坦姆部族酋长家庭。青年时代就投身于黑人解放事业,并为此放弃继承酋长地位。1944年参加非国大,先后担任非国大青年联盟全国书记、全国主席、非国大副领袖。1961年参与创建非国大军事组织"民族之矛"并任总司令,领导开展反对南非种族主义政权的武装斗争。1962年6月被捕。1963年6月以"阴谋颠覆罪"被判处终身监禁。1990年2月获释,3月2日重新当选非国大副领袖,1991年7月当选领袖。1994年5月就任总统。1997年12月辞去非国大领袖职务。1999年大选后退休。主要著作有《走向自由之路不会平坦》、《斗争是我的生命》、自传《漫漫自由路》等。1993年与南非时任总统德克勒克分享诺贝尔和平奖。2009年,南非将曼生日7月18日设为"曼德拉日",呼吁民众从事公益活动以纪念曼德拉历史功绩。

经　济

南非属于中等收入的发展中国家,也是非洲经济最发达的国家。自然资源十分丰富。金融、法律体系比较完善,通信、交通、能源等基础设施良好。矿业、制造业、农业和服务业是经济四大支柱,深井采矿等技术居于世界领先地位。但国民经济各部门、地区发展不平衡,城乡、黑白二元经济特征明显。新南非成立以后,政府制定了"重建与发展计划",强调提高黑人社会、经济地位。1996年推出"增长、就业和再分配计划",旨在通过推进私有化,削减财政赤字,增加劳动力市场灵活性,促进出口,放松外汇管制,鼓励中小企业发展等措施实现经济增长，增加就业，逐步改变分配不合理的情况。2006年实施“南非加速和共享增长倡议”，加大政府干预经济力度，通过加强基础设施建设、实行行业优先发展战略、加强教育和人力资源培训等措施，促进就业和减贫。2010年10月，南非内阁提出“新增长路线”发展战略，系本届南非政府提出的首个经济发展战略。该战略在总体延续以往经济政策的同时，强调将就业置于经济发展的中心位置，计划未来10年优先在基础设施建设、农业、矿业、绿色经济、制造业、旅游及服务业等6个重点领域挖掘潜力，争取创造500万个就业岗位，将失业率从目前的25%降至15%，重点解决社会贫困、失业及贫富差距问题。1994年新南非成立以来，经济年均增长3%，2005 ~ 2007年超过5%。2008年受国际金融危机影响，南非经济增速明显放缓，降至3.1%。为应对金融危机冲击，南自2008年12月以来6次下调利率，并出台增支减税、刺激投资和消费、加强社会保障等综合性政策措施，以遏止经济下滑势头。在政府经济刺激措施、国际经济环境逐渐好转和筹办世界杯足球赛的共同作用下，2009年南非经济逐渐企稳，四个季度经济增长率分别为-7.4%、-2.8%、0.9%和3.2%，全年为-1.8%。2010年经济形势进一步好转，经济增长率为2.8%。但通货膨胀率一直高位运行、官方失业率高达25%、国内消费不旺、外国直接投资不足等成为南非经济实现较快增长的制约因素。此外，南政府还于2010年4月起实施“新工业政策执行计划”，以解决南经济中长期存在的产业结构不合理和失业率高企等结构性问题。2011年主要经济数据如下：

国内生产总值：4057亿美元。

人均国内生产总值：8018美元。

国内生产总值年增长率：3.1%。

货币名称：兰特。

汇率：1美元=7.25兰特（2011年平均值）。

通货膨胀率：5%（2011年平均值）。

官方失业率：25.2%（2012年第一季度）。

【资源】矿产资源丰富，是世界五大矿产资源国之一。现已探明储量并开采的矿产有70余种。黄金、铂族金属、锰、钒、铬、硅铝酸盐的储量居世界第一位，蛭石、锆、钛、氟石居第二位，磷酸盐、锑居第四位，铀、铅居第五位，煤、锌居第八位，铁矿石居第九位，铜居第14位。根据南非矿务局统计数据，2007年已探明的矿藏储量及占世界总储量的比列：黄金3.6万吨（40.1%），铂族金属7万吨（87.7%），锰40亿吨（80%），钒1200万吨（32%），蛭石8000万吨（40%），铬55亿吨（72.4%），铀34.1万吨（7.2%），煤279.81亿吨（6.1%），铁矿石15亿吨（0.9%），钛2.44亿吨（16.9%），锆1400万吨（19.4%），氟石8000万吨（16.7%），磷酸盐25亿吨（5.0%），锑20万吨（4.7%），铅300万吨（2.0%），锌1500万吨（3.3%），铜1300万吨（1.4%）。

【工业】制造业、建筑业、能源业和矿业是南非工业四大部门。制造业门类齐全，技术先进，产值约占国内生产总值的16%。主要产品有钢铁、金属制品、化工、运输设备、机器制造、食品加工、纺织、服装等。钢铁工业是南非制造业的支柱，拥有六大钢铁联合公司、130多家钢铁企业。近年来，纺织、服装等缺乏竞争力的行业萎缩，汽车制造等新兴出口产业发展较快。

建筑业发展较快，产值约占国内生产总值的3.8%。1994 ~ 1999年，南非政府共筹集投入125亿兰特建设低造价住房，以缓解黑人城镇居民住房问题。近年来，由于南非加快实施2010年世界杯足球赛场馆建设及房地产开发热，南建筑业发展较快，但设备陈旧、技术工人缺乏等问题比较突出。为应对金融危机，南政府2009年宣布今后三年将投资7870亿兰特用于基础设施建设，建筑业得到进一步发展。

能源工业基础雄厚，技术较先进，产值约占南非国内总产值的15%。电力工业较发达，发电量占全非洲的2/3，其中约92%为火力发电，为世界上电费最低的国家之一。国营企业南非电力公司（ESKOM）是世界上排名前十电力生产和第十一大电力销售企业，拥有世界上最大的干冷发电站，供应南非95%和全非60%的用电量。近年来由于电力投入不足、生产和管理滞后等原因，全国性电力短缺现象严重。在开普敦附近建有非洲大陆唯一的核电站——库贝赫（Koeberg）核电站，发电能力184.4万千瓦。此外，南非萨索尔（SASOL）公司的煤合成燃油及天然气合成燃油技术商业化水平居世界领先地位，其生产的液体燃油约占南燃油供应总量的1/4。

矿业历史悠久，具有完备的现代矿业体系和先进的开采冶炼技术，是南非经济的支柱。2009年产值约占国内生产总值的9.7%，直接就业人口占全国就业人口的2.9%。矿产品是出口的重要构成部分，2008年矿产品出口额约占出口总额的31%。南非是世界上重要的黄金、铂族金属和铬生产国和出口国。钻石产量约占世界的9%。南非德比尔斯（De Beers）公司是世界上最大的钻石生产和销售公司，总资产200亿美元，其营业额一度占世界钻石供应市场90%的份额，目前仍控制着世界粗钻石贸易的60%。

2008年矿产品产量如下：黄金204.9吨，铂族金属276吨，铬9863千吨（2007年），锰6807千吨，铁矿石4900万吨，煤1.97亿吨，铜97.2千吨，钻石12901千克拉。

【农牧渔业】农业较发达，产值约占国内生产总值的2.4%。可耕地约占土地面积的12%，但适于耕种的高产土地仅占22%。农业、林业、渔业就业人数约占人口的7%，其产品出口收入占非矿业出口收入的15%。农业生产受气候变化影响明显。玉米是最重要的粮食作物。各类罐头食品、烟、酒、咖啡和饮料畅销海外。盛产花卉、水果，葡萄酒享有盛誉。主要农作物产量如下（单位：千吨）：

	2007/2008	2008/2009
玉米	13164	12567
小麦	2139	1955
甘蔗	19724	20986
葡萄	1860	1821
马铃薯	1979	1868
橙	1410	1525

（资料来源：南非农业部）

畜牧业较发达，主要集中在西部2/3的国土。牲畜种类主要包括牛、绵羊、山羊、猪等，家禽主要有鸵鸟、肉鸡等。主要产品有禽蛋、牛肉、鲜奶、奶制品、羊肉、猪肉、绵羊毛等。所需肉类85%自给，15%从纳米比亚、博茨瓦纳、斯威士兰等邻国和澳大利亚、新西兰及一些欧洲国家进口。绵羊毛产量可观，是世界第四大绵羊毛出口国。

水产养殖业产量占全非洲的5%和世界的0.03%。南非商业捕捞船队有各种船只500多艘。全国约有2.8万人从事海洋捕捞业。主要捕捞种类为淡菜、鳟鱼、牡蛎和开普无须鳕。每年捕捞量约58万吨，产值近20亿兰特。此外，南非养蜂业年产值约2000万兰特。

【**旅游业**】旅游业是当前南非发展最快的行业之一，2009年产值约占国内生产总值的8.7%，直接或间接从业人员达140万人。旅游资源丰富，设施完善。有700多家大饭店，2800多家大小宾馆、旅馆及1万多家饭馆。旅游点主要集中于东北部和东、南沿海地区。生态旅游与民俗旅游是南非旅游业两大最主要的增长点。2009年到南非旅游的外国游客达990万人次。2010年6月11日至7月11日，第19届世界杯足球赛决赛圈比赛在南非举行，有力拉动了南旅游业的蓬勃发展。

【**交通运输**】有非洲最完善的交通运输系统，对本国以及邻国的经济发挥着重要作用。以铁路、公路为主，空运发展迅速。近年来加强了城镇及经济开发区交通基础设施建设。

铁路：总长约3.41万公里，其中1.82万公里为电气化铁路，有电气机车2000多辆。年度货运量约1.75亿吨。由比勒陀利亚驶往开普敦的豪华蓝色客车享有国际盛誉。连接行政首都比勒陀利亚和约翰内斯堡奥立佛·坦博国际机场的高速铁路2011年8月通车，总长约80公里。

公路：分为国家、省及地方三级。2009年总里程（含各级公路和街道）达75.5万公里，其中国家级公路16170公里。年客运量约450万人次，货运量310万辆。

水运：海洋运输业发达，约98%的出口要靠海运来完成，主要港口有开普敦、德班、东伦敦、伊丽莎白港、理查兹湾、萨尔达尼亚和莫瑟尔湾。有商船990艘，总吨位75.5万吨。年港口吞吐量约为12亿吨。德班是非洲最繁忙的港口及最大的集装箱集散地，年集装箱处理量达120万个。

空运：截至2007年年中，南注册飞机总数10189架，其中南非航空公司拥有包括30余架波音飞机和15架空中客车在内的各类民航机共48架，是非洲最大的航空公司，也是世界最大的50家航空公司之一。现约有27个民航机场，其中11个是国际机场。每周有600多个国内航班和70多个国际航班，与非洲、欧洲、亚洲及中东、南美一些国家直接通航。平均年客运量达1200万人次。主要国际机场有奥立佛·坦博国际机场（原约翰内斯堡国际机场）、开普敦国际机场和新运营的德班夏卡王国际机场等。

管道运输：南非管道运输网络总长3000公里，输送全国85%的石油加工产品。

【**通讯网络**】南非电信和信息技术产业发展较快，电信发展水平列世界第20位。2010年共有500万门固定电话。移动电话用户约2900万。因特网用户530万。南非电信公司TELKOM是非洲最大的电信公司，最大的两家信息技术公司DIDATA和DATATEC已在英美市场占有一席之地。其卫星直播和网络技术水平在世界上竞争力较强，南非米拉德国际控股公司（MIH）已垄断了撒哈拉以南非洲的绝大部分卫星直播业务。软件业也开始走向国际市场。

【**财政金融**】近年来财政收支情况如下（单位：百万兰特）：

	2009/2010	2010/2011	2011/2012
收入	571492	755000	830200
支出	748816	897400	972500
差额	-177324	-142400	-142300

（资料来源：南非财政部网站）

2011年12月，官方外汇储备489亿美元。截至2010年底，外债总额1044亿美元。

南非储备银行（The South African Reserve），系南中央银行，始建于1920年，为股份有限银行，除行长与副行长由政府任命外，享有很大的独立决策权。总部设在比勒陀利亚。

最大的四家银行是：第一兰特银行（First Rand Bank）、南非联合银行集团（Amalgamated Banks of South Africa Group）、标准银行（Standard Bank）、莱利银行（NedBank Limited）。上述四大商业银行总资产约占南商业银行总资产的84.6%。

【**对外贸易**】南非实行自由贸易制度，是世界贸易组织（WTO）的创始会员国。欧盟与美国等是南非传统的贸易伙伴，但近年与亚洲、中东等地区的贸易也在不断增长。近年来对外贸易情况如下（单位：亿兰特）：

	2008	2009	2010
出口额	6631	5154	5900
进口额	7276	5412	5850

（资料来源：南非税务总局网站）

出口产品有：黄金，金属及金属制品，钻石，食品、饮料及烟草，机械及交通运输设备等制成品。主要进口机械设备，交通运输设备，化工产品，石油等。2010年前十大出口目的地国为：中国、美国、日本、德国、英国、印度、瑞士、荷兰、津巴布韦、莫桑比克；前十大进口来源国为：中国、德国、美国、日本、沙特阿拉伯、伊朗、英国、印度、法国、尼日利亚。

【外国资本】主要来自欧美，尤以欧洲为主。对南非累计投资额欧洲占近70%，美洲占近20%。英国是累计对南非直接投资最多的国家。外资以证券资本为主，直接投资（FDI）较少。在南非拥有资产的外国公司投资大多集中于采矿、制造、金融、石油加工和销售等部门。2010年南非吸收外国直接投资13亿美元。

【外国援助】1994年以来，各国政府、国际组织承诺向南非政府提供援助，用于支持“重建与发展计划”。主要援助国有美国、英国、德国等。多边组织如世界银行和国际货币基金组织也均向南非提供援助。

人民生活

南非属中等收入国家，但贫富悬殊。2/3的国民收入集中在占总人口20%的富人手中。1994年以来南非政府先后推出多项社会、经济发展计划，通过建造住房、水、电等设施和提供基础医疗保健服务改善贫困黑人生活条件。1997年制定“社会保障白皮书”，把扶贫和对老、残、幼的扶助列为社会福利重点。2010年，人均预期寿命男性为53.3岁，女性为55.2岁。艾滋病问题是目前南非面临的严重社会问题之一，艾滋病感染率为10.5%。

军　事

总统为武装力量最高统帅。最高国防决策机构是国家安全委员会，下辖国防咨询委员会和国防部。国防部长代表总统处理军队日常事务。国防军司令主持全军的作战、指挥和军事训练等事务，由总统任命，平时对国防部长负责，战时由总统直接领导。国防军司令肖基上将（Gen.Solly Shoke）。南非国家安全部队包括国防军和警察部队。国防军的陆、海、空军分别建于1912年、1922年和1920年。新南非成立后将原种族隔离时期的国防军同非国大、泛非大、前黑人家园民族解放组织的部分武装进行合并整编，并确定其任务是维护国家主权和领土完整，履行国际义务，协助维护国内治安等。1997年，义务兵役制改为志愿兵役制。现南非国防军总兵力为7.37万人，其中陆军约3.5万人，海军约6700人，空军约9500万人，卫生部队7500人，另有1.5万人分属国防与退伍军人部、联合作战司令部等指挥控制机关。警察部队13.2万人。警察总监曼古瓦希·维多利亚·菲耶加（Mangwashi Victoria Phiyega）。

文化教育

【教育】因长期实行种族隔离的教育制度，黑人受教育机会远远低于白人。1995年1月，南非正式实施7～16岁儿童免费义务教育，并废除了种族隔离时代的教科书。政府不断加大对教育的投入，着力对教学课程设置、教育资金筹措体系和高等教育体制进行改革。学制分为学前、小学、中学、大学、研究生5个阶段。现有大学21所，学生40.2万人；理工学院15所，学生20.3万人；教育学院和技术学院157所，学生15万人；中小学27850所，学生1214万人。全国有教师36.6万人。2006年成人识字率为82%，接受过高等教育的人口占总人口约9.1%。2012/2013财年教育预算2073亿兰特，占政府财政总支出的19.6%。著名的大学有：金山大学、比勒陀利亚大学、南非大学、开普敦大学、斯坦陵布什大学等。

【新闻出版】定期出版的报刊数量居非洲之首。共有日报19种，周报10余种，另有200多种省和地方性报纸，800多种各类杂志。发行量较大的有：《星期日时报》（英文）、《每日太阳报》（英文）、《报道报》（阿非利卡语）、《索韦托人报》（英文）、《城市报》（英文）、《星报》（英文）、《公民报》（英文）。其中《星期日时报》、《报道报》和《星期日独立报》是全国性报纸。

南非通讯社（South Africa Press Association）是非政府、非赢利性的唯一全国性通讯社。南非广播公司（SABC）下辖广播电台和电视台。广播电台共有18套国内节目，用11种语言向全国广播，拥有2000万听众；对外节目“非洲频道”用4种语言向国外广播。电视台有4个频道，其中2套公共服务节目，2套商业电视节目。M－NET是非洲最有影响力的收费电视频道。

对外关系

新南非奉行独立自主的全方位外交政策，主张在尊重主权和平等互利基础上同一切国家保持和发展双边友好关系。对外交往活跃，国际地位不断提高。已同186个国家建立外交关系。积极参与大湖地区和平进程以及津巴布韦、苏丹达尔富尔等非洲热点问题的解决，努力促进非洲一体化和非洲联盟建设，大力推动南南合作和南北对话。是联合国、非盟、英联邦、二十国集团等国际组织或多边机制成员国。2004年成为泛非议会永久所在地。2006年当选联合国人权理事会成员（至2010年）。2007～2008年，2011～2012年担任联合国安理会非常任理事国。2010年12月被吸纳为金砖国家成员。于2011年11月承办《联合国气候变化框架公约》第17次缔约方会议。

【同中国的关系】中南1998年1月1日建交以来，双边关系发展顺利。2000年4月两国元首签署了《中华人民共和国与南非共和国关于伙伴关系的比勒陀利亚宣言》，宣布成立高级别国家双边委员会，迄今已举行四次全体会议。2004年曾庆红副主席访南期间，双方宣布建立战略伙伴关系。2006年温家宝总理访南期间，两国签署《中南关于深化战略伙伴关系的合作纲要》。2007年胡锦涛主席对南进行国事访问。2008年1月，两国建立战略对话机制，并于2008年4月、2009年9月、2010年11月和2011年9月举行四次战略对话。2010年8月，祖马总统访华期间，两国元首共同签署《中华人民共和国和南非共和国关于建立全面战略伙伴关系的北京宣言》，将双边关系提升为全面战略伙伴关系。

双方高层保持密切联系和交往。2011年5月，全国人大常委会委员长吴邦国访南，会见了祖马总统，同南国民议会议长西苏鲁举行会谈，会见了南全国省级事务委员会主席马赫兰古，并在南国民议会发表了题为《弘扬传统友谊 共创美好未来》的演讲。9月，莫特兰蒂副总统来华进行正式访问，胡锦涛主席、温家宝总理分别会见，习近平副主席与莫特兰蒂副总统举行会谈。外交部副部长翟隽与陪同莫特兰蒂副总统访华的南国际关系与合作部副部长易卜拉欣共同主持了中南第四次战略对话。两国领导人还通过在多边场合会晤、通电话等方式保持密切沟通。2011年4月，胡锦涛主席在海南省三亚市会见了来华出席金砖国家领导人第三次会晤和博鳌亚洲论坛2011年年会开幕式的祖马总统。7月，胡锦涛主席应约同祖马总统通电话，就双边关系及利比亚问题等交换意见。11月，胡锦涛主席在出席二十国集团戛纳峰会期间与祖马总统简短会晤。2012年3月，胡锦涛主席在出席首尔核安全峰会期间同祖马总统举行双边会见。

两国政党、立法机构交流活跃。2011年7月，中共中央委员、中央文献研究室主任冷溶率中共代表团赴南非出席南非共产党建党90周年庆祝活动。10月，由非国大总书记曼塔谢率领的非国大全国执委第四期研修班来华考察访问，习近平副主席会见。2012年1月，中共中央政治局委员、中央书记处书记、中组部部长李源潮赴南非出席非国大成立百年庆典并会晤了非国大主席、南非总统祖马。2011年10月，南非国民议会副议长姆费凯托访华。全国人大常委会委员长吴邦国会见，副委员长华建敏同姆费凯托举行会谈，并共同启动中南立法机构定期交流机制。2012年3月，全国人大常委会副委员长华建敏对南进行友好访问并出席中南立法机构定期交流机制第二次会议，分别会见了南国民议会代议长姆费凯托和非国大总书记曼塔谢。

此外，2011年6月和10月，杨洁篪外长与南国际关系与合作部长马沙巴内两次通电话，就双边关系及共同关心的地区和国际问题交换意见。9月，杨洁篪外长在纽约出席第66届联大期间与马沙巴内外长举行双边会晤。10月，马沙巴内外长以联合国气候变化德班会议主席身份来华出席"基础四国"气候变化第九次部长级磋商会议，外交部副部长张志军会见。中共海南省委书记卫留成，云南省委书记白恩培，司法部长吴爱英，环境保护部长周生贤和江西省省长吴新雄分别访南；南非贸工部长戴维斯，能源部长彼得斯，经济发展部长帕特尔和农业、林业和渔业部长乔马特—彼得森分别来华出席国际会议和会展。

中国是南非最大贸易伙伴，南非是中国在非洲最大贸易伙伴。2011年双边贸易额为454.3亿美元，同比增长77%，其中中方出口额为133.6亿美元，增长24%，进口额为320.7亿美元，增长115%。中国对南主要出口机电产品、纺织服装和高新技术产品等，从南主要进口铁矿砂、铬矿砂、钻石等。2004年6月，南非承认中国的市场经济地位。两国双向投资规模不断扩大。截至2011年底，双方相互直接投资共计48.4亿美元。2011年11月，由商务部和南非贸易和工业部共同举办的中国"南非商品展"在北京、上海两地举行，这也是中国首次为单一非洲国家举办此类展会。

双方文化、新闻、环保、军事、旅游等领域的交流与合作取得新进展。2011年1月，中国新闻出版代表团访南。2月，"文化中国·四海同春"艺术团访南；《中国陕西剪纸艺术展》赴南巡展；中国文联代表团访南。4月，中国残疾人艺术团赴南访演。同月，中国海军第七批护航编队"舟山"号和"徐州"号导弹护卫舰对南进行正式友好访问。7月，中国国家博物馆代表团访南；"魅力天津"天津艺术团参加南国家艺术节，并在开普敦进行专场演出。同月，环境保护部部长周生贤率团访南。8月，文化部副部长赵少华率中国政府文化代表团访南，双方签署《中华人民共和国政府和南非共和国政府文化艺术合作协定2011年至2014年执行计划》。9月，司法部长吴爱英、中共中央宣传部副部长孙正军率文化产业考察团分别访南。12月，南非总统府部长沙巴纳率政府新闻办代表团访华。2012年1月，南非航空公司开通约翰内斯堡至北京直航航线。

中国驻南非大使：田学军。馆址：965 Church Street，Arcadia 0083，Pretoria。P.O.Box 95764，Waterkloof 0145，Pretoria，SA。电话：0027-12-4316500；传真：3424154。

中国驻约翰内斯堡总领事：李江宁。馆址：25 Cleveland Road，Sandhurst，Sandton，Johannesburg。P. O. BOX 413186 Craighall 2024，Johannesburg，SA。电话：0027-11-7847241；传真：8835274。

中国驻开普敦总领事：梁梳根。馆址：25 Rhodes Ave. Newlands，Cape Town。P.O. Box 3714，Cape Town 8000，SA。电话：0027-21-6740579；传真：6740583。

中国驻德班总领事：刁鸣生。馆址：45 Stirling Crescent，Durban North，Durban 4051。电话：0027-31-5634534；传真：5634827。

南非驻华大使：兰加（Dr. Bheki Winston Joshua LANGA）。馆址：北京市朝阳区东直门外大街5号。电话：010-85320000；传真：65327319。电子邮件（E-mail）：embassy@saembassy.org.cn。

【同非洲国家的关系】南非视非洲为其外交政策立足点和发挥大国作用的战略依托，将维护南部非洲地区安全与发展、推动南部非洲地区一体化作为其外交首要考虑，参与制订并积极推动实施“非洲发展新伙伴计划”（NEPAD），积极参与调解津巴布韦、苏丹、大湖地区和平进程、科特迪瓦、利比亚等热点问题，在多边场合努力为非洲国家代言。近年积极推动联合国加强与非盟合作，致力于促进非洲地区和平与安全。

南非与非洲国家高层互访频繁。2011年1月，乌干达总统穆塞韦尼对南非进行国事访问。6月，祖马总统访问刚果（金），马沙巴内外长对马里进行工作访问。7月，祖马总统对苏丹进行工作访问并出席南苏丹共和国独立庆典，坦桑尼亚总统基奎特对南非进行国事访问。10月，赤道几内亚总统奥比昂对南非进行国事访问。11月，贝宁总统亚伊对南非进行国事访问。12月，祖马总统对尼日利亚、贝宁和莫桑比克分别进行工作访问、正式访问和国事访问。2012年2月底3月初，祖马总统对博茨瓦纳和纳米比亚进行工作访问。4月，马拉维总统班达对南非进行正式访问。

【同欧洲的关系】南非与欧洲（主要是西欧、北欧国家）保持着良好的政治、经济关系。欧盟是南非最大的区域贸易伙伴、投资方及援助方。欧盟投资占南非外来直接投资的一半以上。南非与欧盟签有贸易、发展与合作协议，建有合作联委会机制，并于2007年5月建立战略伙伴关系。2011年9月，第四次南非—欧盟峰会在南举行，南总统祖马、欧洲理事会主席范龙佩、欧盟委员会主席巴罗佐等出席。

2010年3月，祖马总统对英国进行国事访问；瑞典副首相奥洛夫松对南非进行正式访问。4月，德国副总理兼外长韦斯特维勒访南。2011年3月，祖马总统对法国进行国事访问。6月，马沙巴内外长赴英国出席第九次南英双边论坛。7月，马沙巴内外长对德国进行工作访问，英国首相卡梅伦对南进行工作访问。11月，法国外长朱佩访问南非。2012年2月，英国外交大臣黑格访问南非。

【同美国的关系】两国关系密切。签有“防御互助条约”和军事协定。曼德拉总统和姆贝基总统均曾多次访美。南与克林顿政府设有副总统级国家双边委员会，布什政府上台后代之以部长级双边协调论坛。美是南第二大贸易伙伴国、最大的投资来源国，南是美在撒哈拉以南非洲最大的出口市场，也是美“非洲经济增长与贸易机会法案”第二大受惠国。

奥巴马总统上任后，南美关系进一步加强。2008年11月，莫特兰蒂总统就奥巴马当选美总统致函祝贺。同月，莫赴美出席二十国集团世界经济与金融峰会。2009年1月，莫特兰蒂总统应约与奥巴马总统通电话。8月，美国国务卿希拉里·克林顿、国会众议院代表团访南。9月，祖马总统赴美出席第64届联大、联合国气候变化峰会及二十国集团领导人匹兹堡金融峰会。2010年4月，祖马总统赴美出席核安全峰会，其间与奥巴马总统举行双边会晤。双方签署了关于建立外长级战略对话机制的合作备忘录。2011年3月，莫特兰蒂副总统对美国进行工作访问。6月，美国第一夫人米歇尔·奥巴马访南。

【同俄罗斯的关系】南非种族隔离政权时期，因前苏联支持南非共产党和非国大的反种族隔离斗争，两国于1957年断交，后于1992年复交。双方签有军事合作协议，建有政府间联合委员会。1999年曼德拉总统访俄，双方签署“南非和俄罗斯友好合作伙伴原则声明”，从双边、地区和全球三方面规划两国未来关系发展方向。2006年9月，俄总统普京对南进行国事访问，双方签署“友好伙伴关系条约”，确立了两国战略伙伴关系。2007年3月，俄总理弗拉德科夫对南非进行正式访问。2008年5月，姆贝基总统致电祝贺梅德韦杰夫就任俄新总统；德拉米尼—祖马外长对俄进行了正式访问。2010年7月，马沙巴内外长访问俄罗斯，8月祖马总统对俄进行了正式访问。2011年7月，祖马总统对俄进行了工作访问。

【同亚太、中东和拉美地区的关系】南非重视发展与亚太、中东以及拉美国家的关系，合作领域不断拓展。

南非与日本建有部长级“南非—日本伙伴论坛”。两国有传统的贸易关系，日本是南非第四大贸易伙伴，也是南非重要的投资国和援助国之一。2001年日本首相森喜朗访南；姆贝基总统对日本进行了国事访问。2006年4月，南非副总统努卡访问日本。2008年5月，姆贝基总统出席在日本举行的第四届非洲发展东京国际会议。

南非与亚太地区国家合作不断加强。南与印度有传统友好关系，双方建有双边联合委员会，并于1997年曼德拉总统访印时确立了战略伙伴关系。2006年9月，印度总理辛格对南进行正式访问；南副总统努卡访印。2005年，南与印度尼西亚共同主持亚非峰会。2007年4月，新加坡总统纳丹访南；5月，努卡副总统访问韩国，姆贝基总统访问越南。2008年2月，印度外长慕克吉访南并出席第七届印南部长级联委会；3月，印度尼西亚总统苏希洛对南进行国事访问；4月，姆贝基总统出席在印度举行的印非峰会。2010年1月，澳大利亚外长史密斯对南进行工作访问。6月，祖马总统对印度进行国事访问。2010年10月，副总统莫特兰蒂对韩国进行工作访问。2011年5月，越南国家副主席阮氏缘访南。9月，莫特兰蒂副总统对新西兰进行工作访问。2012年5月，印度总统帕蒂尔对南进行国事访问。

南非表示愿意同所有中东地区国家平等发展和加强友好合作关系。与沙特阿拉伯、伊朗等国在国防、能源等领域的合作不断加强，贸易不断增长。关注中东和平进程，希望各方以“土地换和平”原则谈判解决问题；谴责以色列在巴以冲突中滥用武力，杀害无辜的巴勒斯坦平民，并强烈要求以停止使用武力，遵循联合国有关决议，和平谈判解决争端。强烈批评美、英对伊拉克发动战争，认为伊战是“对多边主义的沉重打击”，主张联合国在伊战后重建问题上发挥主导作用。2006年3月，巴勒斯坦民族权力机构主席阿巴斯应姆贝基总统邀请访南。2007年3月，姆贝基总统访问沙特。2008年2月，科威特副首相兼外交大臣萨巴赫访南。2009年7月，祖马总统赴埃及出席不结盟运动第15次首脑会议。2010年1月，阿联酋外交大臣阿卜杜拉访南。2011年11月，祖马总统访问阿联酋和阿曼。

近年来，南非与巴西、阿根廷等拉美国家关系不断发展。2000年12月，南非成为“南方共同市场”的“联系国”。2003年南非、巴西、印度三国成立“印—巴—南对话论坛”，2011年10月在南非举办了第5届峰会。2006年9月，姆贝基总统赴古巴参加不结盟运动第14届峰会。2007年4月，玻利维亚副总统贾西亚·利内拉访南。2008年7月，努卡副总统、祖马外长分别访问墨西哥、古巴；9月，委内瑞拉总统查韦斯访南。2009年9月，祖马总统赴委内瑞拉出席第二届非洲—南美峰会，其间与委内瑞拉总统查韦斯、智利总统巴切莱特和乌拉圭总统巴斯克斯举行双边会晤。10月，祖马总统对巴西进行国事访问。12月，马沙巴内外长访问古巴。2010年7月，巴西总统卢拉对南进行国事访问。2010年12月，祖马总统对古巴进行国事访问，并赴墨西哥出席联合国气候变化公约第16次缔约方会议。2011年7月，巴西外长访南。（郑守辉）

南苏丹

国名 南苏丹共和国（The Republic of South Sudan）。

面积 约62万平方公里。

人口 约826万（2011年）。系多部族国家，有尼罗特人、尼罗哈姆人、班图人和努巴人四大族群。主要部族有丁卡族、努维尔族、希卢克族、阿赞德族、穆尔勒族等。大多信奉原始部落宗教和基督教，官方语言为英语，通用阿拉伯语。

首都 朱巴（Juba），人口约50万。2011年9月，南苏丹政府决定将湖泊州中部城市拉姆塞尔定为新首都，计划在未来5～8年内完成迁都。

国家元首 萨尔瓦·基尔·马亚尔迪特（Salva Kiir Mayardit），2011年7月9日南苏丹独立建国后，成为南苏丹首位总统。

重要节日 国庆日：7月9日；和平日：1月9日；建军日：5月19日；烈士日：7月30日。

简况

位于非洲东北部，北纬4～10度线之间，系内陆国。东邻埃塞俄比亚，南接肯尼亚、乌干达和刚果民主共和国，西邻中非共和国，北接苏丹。地形呈槽型，东部、南部、西部边境地区多丘陵山地，中部为黏土质平原，南部边境的基涅提山（Kinyeti）海拔3187米，为全国最高峰。热带草原气候，每年5～10月为雨季，气温20℃～40℃，11～4月为旱季，气温30℃～50℃。

在19世纪以前，南苏丹没有成文历史。一般认为，属于尼罗特族群的丁卡、努维尔和希卢克三个部族于10世纪左右进入现在的南苏丹地区。16～18世纪，阿赞德人与阿凡加拉人相继在该地区建立政权。18世纪初开始，欧洲人对包括南苏丹在内的非洲大陆进行猎奴。19世纪初，埃及与苏丹侵入南苏丹地区。1899年英国与埃及共管苏丹（包括现在的苏丹和南苏丹），并于1902年将南北作为两个实体分治。1955年，苏丹宣布独立前夕，约瑟夫·阿古领导黑人部队发动兵变，苏南北间第一次内战爆发。1972年，约瑟夫·阿古与苏政府签署《亚的斯亚贝巴协定》，第一次内战结束。1983年，约翰·加朗发动兵变，成立“苏丹人民解放运动/解放军”，第二次内战爆发。2005年1月，北南双方签署《全面和平协议》（CPA），第二次内战结束。2011年7月9日，南苏丹共和国宣告成立。

政治

2005年《全面和平协议》签署后，苏南方实行高度自治。2005年基尔出任苏南方自治政府主席，并在2010年4月苏大选中获得连任。基尔就任后，依托“苏丹人民解放运动”将维护南北总体平稳态势、实现南方顺利独立作为首要任务。2011年1月，苏南方就是否独立举行公投，98.83%选民选择独立。7月9日，南苏丹独立建国，成为非洲第54个国家。南实行立法、行政、司法三权分立体制，中央、州两级政权享有立法权。总统、副总统、议长分别来自丁卡族、努维尔族、巴里族三大族群，维持了部落和地域的总体平衡。

【**宪法**】南苏丹独立当日，原南方自治政府主席基尔签署“南苏丹过渡期宪法”，宣誓就任南苏丹共和国首任总统。“过渡期宪法”共16部分201条，分为总章、公民基本权利、国家经济发展战略、国家机构、军队、州及地方政府和土地所有制与自然资源管理等内容。“过渡期宪法”还规定，南苏丹成立后，总统在与各政党、社会各界和其他利益相关者协商后成立国家宪法修订委员会，对南苏丹过渡期宪法进行审议，并在距离4年过渡期结束前不少于3个月时间内将永久宪法草案交由议会审议，议会审议通过后由总统签署生效。

【议会】实行两院制，包括国民议会和州委员会。国民议会行使立法权。本届国民议会和州委员会于2011年8月成立。国民议会共332名议员，由原苏丹南方议会170名议员、苏丹议会内96名南苏丹籍议员和新任命的66名议员组成，任期四年，现任议长为詹姆斯·瓦尼·依加。州委员会共50名议员，由原苏丹州委员会内30名南苏丹籍议员和新任命的20名议员组成，任期四年，现任议长为詹姆斯·波尔。

【政府】由总统直接主持，不设总理职务。

2011年7月11日，南苏丹共和国总统基尔颁布总统令，任命总统顾问和政府部长。8月26日，基尔总统再次颁布总统令，任命新内阁成员。主要成员如下：总统萨尔瓦·基尔·马亚尔迪特（Salva Kiir Mayardit），副总统瑞克·马夏尔·泰尼—多宏（Riek Machar Teny–Dourghon）。总统顾问6人：丽贝卡·尼亚邓·德·马比奥（Madam · Rebecca Nyandeng De Mabior，女），约瑟夫·拉古（Joseph Lagu Yanga），泰拉尔·林·丁格（Mr.Telar Ring Deng），托尔·丁格·马文（Mr.Tor Deng Mawein），马克·洛腾德·洛查皮（Mr. Mark Lotende Lochapi），阿格雷·蒂萨·萨布尼（Mr. Aggrey Tisa Sabuni）。

政府部长共29人：内阁事务部长丁格·阿鲁尔·库勒（Mr. Deng Alor Kuol），国防部长约翰·考恩·纽恩（Gen. John Kong Nyuon），外交与国际合作部长尼亚尔·登格·尼亚尔（Mr. Nhial Deng Nhial），总统办公厅部长以马利·洛维拉（Mr. Emmanuel Lowilla），国家安全部长沃亚·丁格·阿贾克（Gen. Oyay Deng Ajak），司法部长约翰·卢克·卓克（Mr. John Luk Jok），内政部长阿利森·马纳尼·马格亚（Gen. Alison Manani Magaya），议会事务部长迈克·马库埃·鲁斯（Mr. Michael Makuei Lueth），财政和经济计划部长科斯提·马尼贝·诺盖（Kosti Manibe Ngai），劳动、公共服务和人力资源发展部长库翁·丹尼尔·盖特鲁阿（Mr. Kwong Danhier Gatlua），新闻部长巴拿马·马瑞尔·本杰明（Dr. Barnaba Marial Benjamin），卫生部长迈克·米里·侯赛因（Dr. Michael Milly Hussein），农业和林业部长贝蒂·阿昌·奥格瓦洛（Dr. Betty Achan Ogwaro，女），道路与桥梁部长吉尔·创格·阿鲁昂（Mr. Gier Chuang Aluong），交通部长艾格尼丝·波尼·鲁库都（Ms. Agnes Poni Lokudu，女），教育部长约瑟夫·乌克勒（Joseph Ukel），高等教育和科技部长彼得·阿德沃克·尼亚巴（Dr. Peter Adwok Nyaba），贸易、工业和投资部长加郎·丁·阿库昂（Mr. Garang Diing Akuang），环境部长阿尔弗莱德·拉杜·戈尔（Mr. Alfred Lado Gore），住房和实体规划部长杰玛·努努·昆巴（Mrs. Jema Nunu Kumba，女），电信和邮政服务部长马迪特·拜尔·耶尔（Mr. Madut Biar Yel），石油和矿产部长斯蒂芬·德修·道（Mr. Stephen Dhieu Dau），电力和水坝部长大卫·丁格·阿索贝（Mr. David Deng Athorbei），性别、儿童和社会福利部长艾格尼斯·科杰·拉苏巴（Mr. Agnes Kwaje Lasuba，女），人道主义事物和灾害管理部长约瑟夫·鲁阿勒·阿奎勒（Mr. Joseph Lual Acuil），水资源和灌溉部长保罗·梅约·阿凯克（Mr. Paul Mayom Akec），野生动植物保护和旅游部长加百利·昌森（Mr. Gabriel Changson），动物资源和渔业部长马丁·伊利亚·洛莫罗（Dr. Martin Elia Lomuro），文化、青年和体育部长希瑞诺·赫腾·奥夫豪（Dr. Cirino Hiteng Ofuho）。

【政府网址】南苏丹政府网站：http：//www.goss–online.org。

【行政区划】全国共设10个州，分别是：北加扎勒河、西加扎勒河、瓦拉卜、湖泊、团结、上尼罗河、琼格莱、东赤道、中赤道和西赤道。

【司法机构】由最高法院、上诉法院、高等法院和其他法院等共同构成司法机构。南苏丹“过渡期宪法”规定，各级行政和立法机构应尊重并保护司法机构的独立性。最高法院由首席法官、副首席法官和不少于9名其他法官组成，皆由总统提名、议会2/3多数通过。现任首席法官为瑞克·马杜特。

【政党和组织】注册并在议会中拥有代表的政党共9个，分别是：苏丹人民解放运动（SPLM）、全国大会党（NCP）、苏丹非洲联盟（SANU）、团结民主阵线（UDF）、苏丹非洲党第一联盟（USAP1）、苏丹非洲党第二联盟（USAP2）、团结民主拯救阵线（UDSF）、苏丹南方民主论坛（SSDF）、非洲全国大会党（ANCP）。苏丹人民解放运动（SPLM）为执政党。

【重要人物】萨尔瓦·基尔·马亚尔迪特：总统。生于1951年1月1日，丁卡族人。20世纪60年代加入南方反政府的“阿尼亚尼亚”运动。1972年和平协议签署后，加入政府军，成为一名上尉军官。1983年与加朗共同创立“苏丹人民解放军”（SPLA）。1986年成为SPLM武装部队副总参谋长。2005年7月18日担任南方自治政府副主席。2005年8月11日任苏丹民族团结政府第一副总统和苏丹南方自治政府主席。2010年4月连任。2011年7月9日南苏丹独立后任首任总统。

经　济

南苏丹因长期内战导致经济落后，是非洲最不发达的地区之一，道路、水电、医疗卫生、教育等基础设施及社会服务严重缺失，商品基本依靠进口、价格高昂。国际社会在基础设施建设和公共服务等方面向南苏丹提供了大量援助，2008 ~ 2010年南先后接受各类国际援助6.96亿、8.84亿和7.39亿美元。南经济极其依赖石油资源，石油收入占政府财政收入的98%。2012年初，由于与苏丹就石油利益分配问题矛盾不断升级，南苏丹全面关井停产，财政收入骤减。政府采取压缩财政支出、争取国外援助等方式应对，但难以根本解决问题。2012年6月，南苏内阁通过总额为65亿南苏丹镑的2012～2013年紧缩财政预算，较上一财政年度削减约40亿镑。主要经济数据如下（资料来源：南苏丹国家统计局数据）：

国内生产总值：130亿美元（2010年）。

人均国内生产总值：1546美元（2010年）。

经济增长率：25.9%（2010年7月1日至2011年6月30日）。

货币名称：南苏丹镑（SSP）。

汇率：1南苏丹镑≈0.33美元。

【资源】 自然资源十分丰富，主要有石油、铁、铜、锌、铬、钨、云母、金、银等，水利资源也很丰富。土地肥沃，适合大规模农林牧业发展。2007年南苏丹探明石油储量约47亿桶，可采储量为22.6亿桶，剩余可采储量9.3亿桶。

【工业】 由于连年战争，南苏丹经济极端落后，几乎没有规模化工业生产，工业产品及日用品完全依赖进口。

【农林牧渔业】 可耕地面积约为2500万公顷，人均6公顷，适合耕种的品种很多，特别是一些热带和亚热带作物。主要作物有棉花、花生、高粱、小米、麦、阿拉伯胶、甘蔗、木薯、芒果、木瓜、香蕉、马铃薯以及芝麻。由于战乱、土地所有权和农业技术等因素限制，农业处于原始状态，生产效率非常低，基本靠天吃饭，粮食、蔬菜及水果等几乎全部依赖进口。森林覆盖率较高，达到36%以上，西赤道州及中赤道州有木材出口。

军　事

南苏丹武装力量前身为“苏丹人民解放军”，独立后改编为南苏丹共和国武装部队。南苏丹武装部队的使命是捍卫南苏丹宪法，维护领土完整，保卫人民安全。南苏丹总统基尔兼任武装部队总司令。国防部是军队最高领导机构，总参谋部是最高军事指挥机关。

总兵力约8万人，共编成3个军区9个师，每个师编制6000～10000人。部队以陆军为主，独立后不久成立了空军和水上部队，成员多为南方地区土著黑人。部队武器装备落后，多为南北内战时期从乌干达、埃塞俄比亚等地走私进口的武器，以美制、前苏联制、德制和以色列制为主，其中轻型武器居多，重型武器相对较少。

文化教育

在英国殖民统治时期，南苏丹现代教育有了初步发展，但传统的村社教育也同时保留。苏丹独立后，由于受国家整体经济发展水平制约，南苏丹的教育总体落后，人民受教育程度低下，教育基本上依靠教会学校。南北内战爆发后，苏丹政府驱逐了所有西方传教士，南苏丹人民接受教育的机会大为减少，文盲率高达约75%。

对外关系

南苏丹独立后，迅速获得国际社会广泛承认，已与包括安理会五常在内的60多个国家建交。7月14日，南被接纳为联合国成员，此后相继被接纳为非盟、东非政府间发展组织（伊加特）和东非共同体等组织成员。南苏丹注重均衡发展与各国的友好合作。南计划在全球52个国家设馆。目前南在埃及、埃塞俄比亚、厄立特里亚、肯尼亚、乌干达、刚果（金）、津巴布韦、尼日利亚、南非、澳大利亚、挪威、比利时、英国、加拿大、美国和中国16国设有使馆或代表机构。苏丹、中国、美国、英国、德国、意大利、挪威、荷兰、印度、埃及、埃塞俄比亚、厄立特里亚、肯尼亚、利比亚、尼日利亚、南非、乌干达、津巴布韦、土耳其等20国已在南设立使馆或代表机构。联合国在南设有17家机构。

【同中国的关系】 20世纪70年代，中国就派医疗队、农业专家到苏南方，向当地人民提供帮助。苏丹南方自治政府成立后，中国与苏丹南方各层次友好交往不断加强，双方合作日益增多。2007年2月，胡锦涛主席访问苏丹期间，在喀土穆会见时任苏丹第一副总统、南方自治政府主席基尔。基尔曾于2005年3月、2007年7月两次访华。2008年9月2日，中国驻朱巴总领馆开馆。2011年7月9日，南苏丹举行独立庆典，宣布“南苏丹共和国”正式建国，中国住房和城乡建设部部长姜伟新作为胡锦涛主席特使应邀参加，转交了胡锦涛主席致南苏丹总统基尔的贺电，并代表中国政府与南苏丹外长阿鲁尔签署建交公报。同日，中国驻南苏丹大使馆开馆。2012年4月23～26日，应国家主席胡锦涛邀请，南苏丹总统基尔对中国进行国事访问。访华期间，胡锦涛主席与基尔举行会谈，全国人大委员长吴邦国、国务院副总理李克强分别会见基尔。

中国政府积极参与南苏丹经济社会建设，2007年以来提供了多笔无偿援助。在上述援助款项下，中方承担了援建医院、活动板房学校、打井、提供医疗设备、抗疟药品和紧急人道主义物资、人力资源培训等项目，得到当地民众好评。南苏丹独立建国后，两国经贸关系发展顺利。2011年11月22日，双方签订两国贸易、经济和技术协定，并成立双边经贸联委会。截至2011年年底，在南注册的规模中资企业约有60家，主要涉及石油、建筑、路桥、通讯等领域。2012年1月，中国对南苏丹出口额为132万美元。

中国驻南苏丹大使：李志国。馆址：Beijing Juba Hotel。电话：00211-912386010，956240887。网址：http：//ss.chineseembassy.org。电子邮箱：chinaemb_ss@mfa.gov.cn。

南苏丹候任驻华大使：埃鲁宰·莫加·约克维。馆址：北京市朝阳区宵云路18号京润水上花园F60。电话：010-64649921。传真：64649928。电子邮箱：southsudanembassy.beijing@live.com。

【同美国的关系】南苏丹与美国关系较为密切。1983～2005年内战期间，美曾长期支持苏南方。2001年9月6日，美国总统布什宣布介入苏丹南北和平进程。"9·11"事件后，美调整对苏政策，加速推动苏南北和平进程，并最终促成南北方于2005年1月9日签署《全面和平协议》，结束了苏丹长达22年的内战。苏南方自治政府成立以后，美即在南方首府朱巴设立总领馆，并在苏南方自治政府中派遣众多"志愿者"协助工作。2010年，美政府向苏南方提供约3亿美元的援助。南苏丹独立当日，美总统奥巴马、国务卿克林顿分别发表声明祝贺南苏丹建国，承诺美将继续作为其坚定伙伴，并以互换照会方式正式建立外交关系。2011年10月，美国参议员苏珊·丹尼斯·佩奇被任命为美驻南首任大使。12月14日，美国在华盛顿主持召开南苏丹接触国际会议，号召国际社会向南提供援助，南总统基尔出席并顺访美。2012年3月，南副总统马夏尔访美。

【同肯尼亚的关系】肯尼亚是南苏丹重要邻国，双方有200多公里的共同边界，长期保持着友好关系。政治上，肯积极参与苏丹北南和平进程。2005年1月，肯直接促成苏丹政府与苏人解在内罗毕签署《全面和平协议》，为南苏丹独立建国奠定了法律基础。肯总统、副总统、总理、议长等政要多次表示支持苏丹南方如期举行公投，并尊重苏南方人民通过公投选择独立。经济上，肯积极帮助南苏丹发展经济。2005年以来，肯在金融、医疗、教育、基础设施建设和人员培训等领域向苏南方提供了大量援助，以帮助其最终建国。2006年，肯向苏南方自治政府提供300万美元经援。2009年，肯对苏南方出口商品总额约为1.45亿美元。2010年，肯又宣布向苏南方提供350万美元无息贷款，用于帮助当地政府机构和基础设施建设及人员培训。同年，肯商业银行等金融机构在苏南方开设了10多家分行。肯尼亚航空公司还开通了由内罗毕至朱巴的航线。（韩岭）

尼日尔

国名　尼日尔共和国（The Republic of Niger，La République du Niger）。

面积　1267000平方公里。

人口　1610万，人口增长率3.9%（2011年估计）。全国有5个主要民族：豪萨族（占全国人口的56%）、哲尔马一桑海族（22%）、颇尔族（8.5%）、图阿雷格族（8%）和卡努里族（4%）。官方语言为法语；各民族均有自己的语言，豪萨语可在全国大部分地区通用。88%的居民信奉伊斯兰教，11.7%信奉原始宗教，其余信奉基督教。

首都　尼亚美（Niamey），人口100万。最高气温41℃（5月），最低气温14℃（1月），平均气温28℃。

国家元首　总统穆罕默杜·伊素福（Mahamadou Issoufou），2011年3月当选。

重要节日　独立日：8月3日；国庆日：12月18日。

简　况

位于撒哈拉沙漠南缘北纬11～23度、东经0～16度之间。系西非内陆国家，东邻乍得，西界马里、布基纳法索，南与贝宁、尼日利亚接壤，北与阿尔及利亚、利比亚毗连。北部属热带沙漠气候，南部属热带草原气候，全年分旱、雨两季（6～9月为雨季，10月至次年5月为旱季），年平均气温30℃，是世界上最热的国家之一。

历史上未形成过统一的王朝。7～16世纪，西北部属桑海帝国。8～18世纪，东部属博尔努帝国。18世纪末，颇尔人在中部建立了颇尔帝国。1904年成为法属西非领地。1922年沦为法国殖民地。1957年获得半自治地位。1958年12月18日成为法兰西共同体内的自治共和国。1960年7月退出法兰西共同体，8月3日正式宣告独立。哈马尼·迪奥里为首任总统。1974年4月，武装部队总参谋长赛义尼·孔切中校发动军事政变，推翻了迪奥里政权，成立最高军事委员会，自任主席兼国家元首。1987年11月，孔切病逝，总参谋长阿里·赛义布上校继任。1990年实行多党制。1993年3月马哈曼·奥斯曼当选总统，组成首届民选政府。1996年1月武装部队参谋长迈纳萨拉·巴雷发动政变上台，同年7月当选总统。1999年4月，总统卫队长瓦拉姆·万凯发动政变枪杀巴雷，自任国家元首兼全国和解委员会主席。1999年11月，尼举行总统和议会选举，争取社会发展全国运动党候选人马马杜·坦贾当选总统，并于2004年12月连任。2009年5月起，为谋求继续执政，坦贾先后解散国民议会和重组宪法法院，并于8月举行全民公投通过第六共和国宪法，将其任期延长3年，并取消连任限制，遭到尼反对派反对和西非国家经济共同体、欧盟等制裁，尼陷入宪政危机。

政　治

2010年2月18日，尼日尔部分军人发动政变，扣押坦贾总统，接管国家权力，成立“恢复民主最高委员会”并推举吉博为主席。军政权随后承诺还政于民，成立了过渡政府、全国协商委员会和全国独立选举委员会，确定过渡期期限为一年，启动了过渡期进程。10月，尼举行全民公投通过第七共和国宪法。2011年1～3月，尼举行地方、立法和总统选举。4月，尼宪法委员会宣布，原反对党尼日尔争取民主和社会主义党候选人穆罕默杜·伊素福以58%的得票率在第二轮总统选举中击败原执政党争取社会发展全国运动党候选人赛义尼·奥马鲁当选总统，并于4月7日宣誓就职。伊素福执政后，组建新一届政府，确立实现全国和解与稳定、确保国内安全、改善人文发展状况等施政重点，目前尼政局总体稳定。

2007年初以来，尼北部图阿雷格族反政府武装“尼日尔人争取正义运动”多次袭击政府军和外国公司，并在一些大城市制造恐怖袭击，造成平民伤亡。2008年6月，政府军开展大规模清剿行动。2009年5月，反政府武装开始与政府谈判；10月，主要反政府武装宣布放下武器。2009年底以来，伊斯兰马格里布基地组织从尼日尔与马里、阿尔及利亚等国交界的边境地区向尼内地渗透，实施了一系列绑架人质事件，并多次与尼政府军发生交火。2011年初以来，受利比亚和马里局势影响，20余万名尼日尔侨民和马里难民涌入尼境内，尼安全形势更加复杂。

【宪法】2010年10月31日经全民公投通过第七共和国宪法。宪法规定尼实行半总统制，总统为国家元首和军队统帅，通过两轮多数选举产生，任期五年，可连选连任一次。总理为政府首脑，由总统任命，对议会负责。

【议会】称“国民议会”，共设113个议席。最高立法机构，行使立法权并监督政府工作。议员由普选产生，任期五年。

本届议会于2011年3月组成，其中尼日尔争取民主和社会主义党37席，争取社会发展全国运动26席，捍卫非洲联盟尼日尔民主运动25席，尼日尔争取民主与进步联盟8席，争取民主和进步运动7席，捍卫民主与共和联盟6席，社会和民主大会3席，独立尼日尔人联盟1席。议长哈马·阿马杜（Hama Amadou），2011年4月当选。

【政府】2011年4月21日成立，同年9月和2012年4月两次小幅改组，共26名成员，名单如下：总理布里吉·拉菲尼（Brigi Rafini），外交、合作、非洲一体化和侨民国务部长穆罕默德·巴祖姆（Mohamed Bazoum），计划、国土整治和地方发展国务部长阿马杜·布巴卡尔·西塞（Amadou Boubacar Cissé），内政、公安、地方分权和宗教事务国务部长阿布杜·拉博（Abdou Labo），矿业和工业发展国务部长奥马尔·哈米杜·奇亚纳（Omar Hamidou Tchiana），公共卫生部长苏马纳·桑达（Soumana Sanda），能源和石油部长富马科耶·加多（Foumakoye Gado），司法和掌玺部长、政府发言人马鲁·阿马杜（Marou Amadou），装备部长萨迪·苏迈拉（Sadi Soumaïla），城市规划、住房和清洁部长穆萨·巴科·阿卜杜勒·卡里姆（Moussa Bako Abdoul Karim），各机构关系协调部长哈吉·拉瓦利·沙伊布（Elhadj Laouali Chaïbou），商业和促进私营部门发展部长萨莱·赛义杜（Saley Saidou），通讯和信息新技术部长萨利富·拉博·布谢（Salifou Labo Bouché），人口和促进妇女与儿童保护事业部长玛伊基比·卡迪亚图·丹多比（Maikibi Kadiatou Dandobi，女），国防部长卡里乔·穆罕默杜（Karidjo Mahamadou），财政部长朱尔·巴耶（Jules Baïllet），职业培训和就业部长恩加德·娜娜·哈迪扎·诺马·卡卡（N'Gadé Nana Hadiza Noma Kaka，女），高等教育和科学研究部长马马杜·尤巴·迪亚洛（Mamadou Youba Diallo），国民教育、扫盲和发展民族语言部长阿里·玛丽亚马·哈吉·易卜拉欣（Ali Mariama Elhadj Ibrahim，女），农业部长奥瓦·赛义杜（Oua Saidou），水利和环境部长优素福·伊萨卡（Issoufou Issaka），畜牧业部长马哈曼·哈吉·奥斯曼（Mahaman Elhadji Ousmane），运输部长易卜拉欣·雅各巴（Ibrahim Yacouba），青年、体育和文化部长库努·哈桑（Kounou Hassane），旅游和手工业部长叶海亚·巴蕾·阿瓦·阿卜杜（Yahaya Baaré Haoua Abdou，女），公职和劳动部长萨博·法图玛·扎拉·布巴卡尔（Sabo Fatouma Zara Boubacar，女）。

【行政区划】全国划分为蒂拉贝里、多索、塔瓦、马拉迪、津德尔、阿加德兹和迪法7个大区、1个大区级市即首都尼亚美，36个省和265个镇。

【司法机构】根据第七共和国宪法，司法权由宪法法院、最高法院、国家行政法院、审计法院等管辖。宪法法院主管涉及宪法和选举的法律事项。最高法院是最高司法机构。国家行政法院负责对行政权力机构越权进行初审和终审判决，对有关行政行为合法性的上诉进行衡量和解释。审计法院是监管公共财政的最高司法机关。

【政党】1990年11月实行多党制。现有40余个合法政党，主要有：

（1）尼日尔争取民主和社会主义党—塔雷亚（Parti Nigérien pour la Démocratie et le Socialisme-Tarayya）：议会第一大党和执政党。1991年1月8日成立，主要由工人和知识分子组成，集中于塔瓦省。是具有全国影响的左派政党，主张在自由、民主、正义和公平的基础上，建立稳定、现代的民主共和体制，促进非洲大陆的政治、经济一体化。国际联系较广泛，与法国社会党以及科特迪瓦、布基纳法索和塞内加尔等国政党都有联系。1996年成为社会党国际成员。2011年3月，党主席伊素福当选总统，原副主席穆罕默德·巴祖姆（Mohamed Bazoum）代行党主席之职。

（2）争取社会发展全国运动—纳萨拉（Mouvement National pour la Société de Dévelopement-Nassara）：前执政党和主要反对党，2010年2月政变后失去执政地位。前身是赛义布时期的唯一政党——“全国社会发展运动”，成立于1989年5月。1990年11月尼实行多党制后，为适应新形势，摆脱“国家党”的形象，1991年3月改为现名。该党社会基础广泛，在广大农牧民中有较强的影响力。主张通过对话实现社会团结与稳定，提倡发展经济，保障贫困阶层人民享有基本社会服务。1999年11月，该党在总统和立法选举中获胜，重获执政党地位。2002年7月，该党成为非洲民主联盟和国际民主联盟的成员。2009年2月，赛义尼·奥马鲁（Seini Oumarou）当选党主席。2010年3月，原党主席哈马宣布另立新党，该党力量遭到削弱。

（3）捍卫非洲联盟尼日尔民主运动—卢马纳（le Mouvement Démocratique Nigérien pour une Fédération Africaine-Lumana Africa）：2010年3月从争取社会发展全国运动分裂出来成立，以哲尔马族人为主，在蒂拉贝里、尼亚美等地影响较大。主张秉持民主和主权在民等原则，维护民族团结和国家政治体制的稳定。2010年7月，哈马·阿马杜（Hama Amadou）当选党主席。2011年4月，哈马当选国民议会议长。

（4）尼日尔争取民主与进步联盟—拉希亚（Alliance Nigérienne pour la Démocratie et le Progrès-Zamanlahiya）：1992年1月由全国发展社会运动党前外联书记杰尔马科耶创建，势力集中于南部多索省，党员大多为哲尔马族人。主张保障民主以求发展，实行自由经济。主席穆穆尼·杰尔马科耶·阿达穆（Moumouni Djermakoye Adamou）。

（5）争取民主和进步运动—雅马阿（Rassemblement pour la Démocratie et le Progrès-Jama'a）：1997年8月成立。前身为争取民主复兴全国独立人士联盟（UNIRD）。主张“更新民主”、“振兴经济”，对外强调“民族尊严和国家主权”。基本党员50万。主席哈米德·阿尔加比德（Hamid Algabid）。

【重要人物】**穆罕默杜·伊素福：**总统。1952年生于尼日尔塔瓦大区。豪萨族。曾在法国学习，获数学和基础应用专业硕士学位、概率与统计学博士预备文凭以及矿业土木工程师证书。1980～1992年历任尼矿业部矿产司司长、尼法合资阿伊尔矿业公司秘书长、开发部经理和技术总监。1990年参与组建尼日尔争取民主和社会主义党，长期担任党主席。1993～1994年任政府总理。1995～1996年任国民议会议长。曾四次竞选总统失利。2011年3月当选总统。　**布里吉·拉菲尼：**总理。1953年生于尼日尔阿加德兹大区。图阿雷格族。尼日尔国家行政学院高等教育毕业文凭，曾留学法国。1987～1991年历任内政国务秘书，农业和环境国务秘书、部长，全国发展委员会主席、国民议会秘书长等职。2004～2009年任国民议会第四副主席。2011年4月出任政府总理。

经　济

以农牧业为主，是联合国公布的最不发达国家之一。2011年全球人文发展指数在187国中排名第186位。1999年4月尼日尔发生政变后，西方国家中止财援，导致尼财政拮据，发展资金匮乏。坦贾总统执政后，尼政府加强宏观调控，开源节流，整顿国家财政。随着西方国家和国际金融机构陆续恢复对尼援助，尼经济状况开始好转，财政危机有所缓解。尼政府积极推进能源资源开发合作多元化政策，努力推进重大工程建设，同时作为“重债穷国减债计划”和“减贫与增长贷款”达标国，获得欧盟、世界银行和国际货币基金组织更多援款和减债，经济状况有所好转。2009年尼宪政危机后，部分国家停止对尼援助，尼财政状况恶化。伊素福总统执政后，调减预算开支，推进基础设施建设，基本建成本国石油化工产业。但由于基础薄弱，尼经济发展受自然灾害、北部安全问题和国际市场波动影响较大，总体仍十分困难。2011年主要经济数据如下（资料来源：2012年2月《经济季评》）：

国内生产总值：63亿美元。

人均国内生产总值：391美元。

国内生产总值增长率：3.8%。

货币名称：非洲金融共同体法郎，简称“非洲法郎”。

汇率：1美元＝471非洲法郎。

通货膨胀率：2.9%。

【资源】已探明铀储量21万吨，占世界总储量的11%，居世界第五位。磷酸盐储量12.54亿吨，居世界第四位，尚未开发。煤储量600万吨。还有石油、黄金、锡、铁、石膏等矿藏。

【工业】基础薄弱，2009年工业产值占国内生产总值的15.1%。主要有电力、纺织、采矿、农牧产品加工、食品、建筑和运输业等。20世纪末，尼开始对电信、能源、水、燃料等领域的国营企业实行私有化。主要大型铀矿开采合营公司有阿伊尔矿业公司（SOMAIR）和阿库塔矿业公司（COMINAK），尼政府分别占33%和31%的股份。2010年铀产量为4198吨，居世界第五位。

【农牧林业】农牧林业等第一产业是最主要的经济部门，2009年产值占国内生产总值的41.2%。全国80%以上的居民从事农业，有可耕地1723.89万公顷，已耕地588.29万公顷，有灌溉潜力土地27万公顷，水浇地7万公顷。粮食生产不稳定，主要粮食作物有小米、高粱、薯类和豆类等。2011年下半年以来，尼遭遇10年内第3次粮荒，全国粮食缺口达69.2万吨，受灾人口占全国总人口的35%。

全国从事畜牧业的人口超过100万。畜产品是第二大出口产品，出口值仅次于铀。2005年全国牲畜存栏数为：牛376万头，羊1732万只，骆驼120万峰。

森林资源贫乏，林业产值约占国内生产总值的3.8%。由于人口增长、大面积开垦耕地和居民日常生活以柴薪为主要燃料等原因，森林面积以年均递减2.4%的速度日益萎缩。

【旅游业】20世纪80年代起步。主要旅游景点：南部的W自然保护区和尼日尔河谷，北部有阿伊尔高地、贾多高原、阿加德兹图阿雷格族城和泰内雷沙漠等。巴黎—达喀尔汽车拉力赛穿越尼国境，带动了尼旅游业的发展。拉力赛于1991年起因尼北部战乱中断，1996年恢复。尼日尔非洲国际时装节为尼另一重要旅游项目，1998年首次举办，两年一届。1997年以来尼陆续开办"狩猎旅游"、"博物馆旅游"等特色旅游项目。

【交通运输】尼为内陆国，境内无铁路。进出口物资主要经科托努、拉各斯和洛美等邻国港口转运和空运。

公路：总长为14660公里，其中沥青路3760公里，占26%，其余为土路。

空运：有尼亚美、阿加德兹和津德尔三个国际机场。尼亚美机场可起降波音747大型客机，阿加德兹和津德尔机场可起降737客机。另有4个国内民用机场。在尼经营国际航线的航空公司有法国航空公司、阿尔及利亚航空公司、埃塞俄比亚航空公司、摩洛哥皇家航空公司、塞内加尔航空公司、利比亚航空公司、苏丹航空公司等。尼亚美国际机场年均国际航班起降约1800架次，国内航班起降800架次，客运量8万人次。

水运：尼日尔河横贯尼境内550公里，有小型机动货船通行，雨季可航行较大船只。

【电信】全国各地均可通邮。现有CELTEL、SONITEL和TELECEL三家电信公司，分别与法国、中国和大西洋电信集团公司合营，覆盖全国主要城市。设有移动电话网和因特网接入业务。

【财政金融】国家财政预算严重依赖外援。近几年财政收支状况如下（单位：亿非洲法郎）：

	2008	2009	2010
收入	5490	7306	7347
支出	5650	7306	7347
差额	–160	0	0

（资料来源：2010年2月《经济季评》）

2000年，世界银行将尼列入"重债穷国减债倡议"国家名单，尼获减债6860亿非洲法郎，占其外债总额的53.5%。截至2010年底，尼外汇储备7.6亿美元。近几年外债状况如下（单位：亿美元）：

	2006	2007	2008
外债总额	8.05	9.30	10.62
占国民生产总值比例（%）	23.70	23.30	19.60

（资料来源：2009年5月《经济季评》）

金融部门包括商业银行、保险公司、邮政储蓄所和全国社会保障基金会等，金融业产值占国内生产总值的12%。主要银行有：尼日尔银行集团（SONIBANK，前国家银行）、非洲国际银行（BIA）、非洲银行（BOA）和尼日尔商业银行（BON）等。

【对外贸易】2009年主要出口国家为法国、尼日利亚、美国和加纳，主要出口铀、牲畜和豇豆等，铀和牲畜出口分别占当年出口收入的46.7%和14%。主要进口国家为中国、法国、荷兰和阿尔及利亚，主要进口生产资料、日用品和食品等。近几年外贸状况如下（单位：亿美元）：

	2009	2010	2011
出口额	8.89	9.39	11.67
进口额	15.74	18.50	19.72
差　额	–6.85	–9.11	–8.05

（资料来源：2012年2月《经济季评》）

【外国援助】对外援依赖严重。主要援助国和国际组织有法国、美国、德国、日本及欧盟、世界银行和非洲开发基金等。2006年尼共接受外国无偿援助1922亿非洲法郎。2007年分别就粮食安全和减贫与加快发展战略举行捐助方会议，获各方捐款承诺约31亿美元。2009年尼陷入宪政危机后，欧盟等主要援助方停止了对尼财政和发展援助。2011年尼结束过渡期后，法国、美国和欧盟分别恢复了对尼援助。

人民生活

全国60.6%的人口生活在贫困线以下，其中20%最贫困人口的收入不足全国总收入的3%。全国电话普及率为每千户居民1.7部。全国医院、诊所共719所，其中国家级医院3所，省级医院5所，私人诊所213所。平均每2.5万人一名医生，每9000人一名护士，每3000人一张病床。全国医疗普及率为70%，卫生饮用水覆盖率仅46%。2004年人口出生率41.4‰，死亡率25.9‰，婴幼儿死亡率15.2%，平均预期寿命44.6岁。主要疾病有：脑膜炎、脊髓灰质炎、疟疾、霍乱等。

军　事

武装力量由军队、宪兵、警察、共和国卫队和总统卫队组成。军事力量为陆军和空军，由国防部统辖，总参谋部指挥。准军事力量包括宪兵、警察、共和国卫队和总统卫队，除宪兵归国防部领导外，其余由内政部领导。总统为武装力量最高统帅。实行义务兵和志愿兵相结合的兵役制度。2003年11月成立军事法庭。总参谋长塞尼·加尔巴（Seyni Garba）少将。

正规军兵力1万人，其中陆军9500人，空军500人。陆军包括3个步兵营、2个装甲连、3个伞兵连，1个工兵连和11个摩托化连。空军拥有1架波音737座机和4架运输机。全国设尼亚美、阿加德兹、津德尔3个军区。准军事力量万余人，其中宪兵2500人，警察近万人，共和国卫队3000人，总统卫队400人。

2002～2004年军费开支分别为179亿、179亿、172亿非洲法郎。尼分别与法国和美国签有军事合作协议。

文化教育

【教育】20世纪90年代以前，国民教育在各年度预算中一直占国家拨款的20%以上，但从90年代中期开始，所占比例不足10%。2004年有小学7532所，学生980033人；中学、师范学校及各类职业学校654所，学生136982人；基础教育系统教职员工共22427人。2011年，小学、初中和高中文化普及率分别为76.1%、19.8%和4.1%。成人识字率为29%。有尼亚美综合大学和伊斯兰大学两所高等学府。

【新闻出版】新闻机构由通讯部统管，最高新闻委员会负责制定新闻方面的有关法规和监督新闻自由的落实。全国共有23家报社，其中国有报社2家，其余为私营报社。官方报纸《萨赫勒报》（Le Sahel）为全国唯一的日报，创刊于1974年，每周一至周四出日报，周五出周末版《萨赫勒星期日刊》（Sahel Dimanche），发行量为5000份。私营报纸主要有《民主者》、《共和主义者》、《人民论坛》、《抉择》等，各发行3000份。

尼日尔通讯社：官方通讯社，成立于1987年。在全国设有5个记者站，无驻外记者，主要接收法新社和泛非通讯社的电信。1997年4月与新华社签署了新闻交换合作协议，国际新闻部分采用新华社电信稿。

萨赫勒之声：国家广播电台，创建于1958年，由法国海外广播公司统一管理。每天播音14小时，除用法语外，还用豪萨、哲尔玛、卡努里、阿拉伯、图布等8种民族语言广播，节目覆盖率为95%。法国国际广播电台在尼亚美建有广播站，每天24小时广播。2007年以来，中国国际广播电台先后在尼亚美、马拉迪、津德尔和阿加德兹市开播调频节目。

萨赫勒电视台：国家电视台，建于1975年。自1988年11月起每天播出，用法语和6种民族语言播放，可覆盖国土面积的70%和全国人口的80%。2001年12月开通TAL-TV数字频道。

对外关系

奉行和平中立的外交政策，主张在平等、互相尊重国家主权和领土完整的基础上发展同一切国家或组织的友好关系。执行外交为经济建设与社会发展服务的方针。重视发展同西方大国、国际金融机构以及发展中国家的关系。坚持睦邻友好，积极参与地区事务。2007年与阿尔及利亚、马里等签署边界安全协议。针对近年来萨赫勒—撒哈拉地区日益猖獗的恐怖活动和武器、毒品走私问题，加强同马里、毛里塔尼亚、阿尔及利亚等国合作，共同打击恐怖和走私犯罪活动。曾向利比里亚、塞拉利昂、几内亚比绍和科特迪瓦派遣维和部队，向东帝汶派遣民事警察。

【同中国的关系】1974年7月20日同中国建交。1992年7月22日尼与台湾“复交”，中国于7月30日宣布中止同尼的外交关系。1996年8月19日中尼复交，此后两国关系发展顺利。

2010年5月，中国政府非洲事务特别代表刘贵今大使访尼。9月，尼经济与财政部长安努访华。2011年5月，中国外交部副部长翟隽作为政府特使访尼。11月和12月，尼外长巴祖姆分别来华出席中尼第5届经贸混委会会议和率尼执政党代表团访华。

据中国海关总署统计，2011年中尼贸易总额为1.44亿美元，同比减少约47.1%，几乎全部为中方出口。

中国驻尼日尔大使：夏煌。馆址：尼日尔尼亚美市伊萨·贝里区（Quartier Issa Beri，Niamey，Niger）。电话：（227）20723283。传真：20723285。电子信箱：CHINAEMB_NE@MFA.GOV.CN。

尼日尔驻华大使：当比纳·巴瓦（Dambina Bawa）。馆址：北京市朝阳区三里屯外交办公楼公寓1单元21号。电话：010-65324279。传真：65327041。

【同法国的关系】法是尼前宗主国、最大贸易伙伴和援助国。2008年2月，奥马鲁总理访法。2009年3月，法国总统萨科齐访尼。2010年5月和7月，尼军政权领导人吉博应邀赴法出席第25届法非峰会和法国国庆庆典活动。同年，法向尼提供了450万欧元紧急援助和100万欧元选举资助。2011年5月，伊素福总统在八国集团峰会期间应邀访法，7月对法进行工作访问。

【同美国的关系】1960年尼美建交。20世纪80年代两国关系发展较快，尼国家元首孔切曾两次访美。90年代初，美每年向尼提供约2000万美元援助。1996年1月巴雷政变上台后，美中止对尼官方援助。1999年底坦贾当选总统后，美恢复对尼援助。2008年3月，美千年账户向尼提供2300万美元资金援助；6月，美非洲事务助理国务卿帮办访尼。2009年尼发生宪政危机后，美宣布停止向尼提供除人道主义援助以外的其他援助。2010年，美国际开发署向尼提供15亿非洲法郎援助，用于救济迪法大区灾民。2011年7月，伊素福总统应邀赴美访问，奥巴马总统会见，美恢复千年挑战账户项下援助，项目总额约2300万美元。

【同德国的关系】2005年6月，德向尼提供50万欧元粮食援助。2007年6月，德向尼地方分权投资基金赠送价值1.4亿非洲法郎的物资，用于支持尼农村发展战略。2008年7月，德与尼签署协议，向尼提供900万欧元用于发展国民教育。2010年德向尼提供了包括100万欧元人道主义援助在内的多项援助。2011年11月，德国政府与尼方签署2011～2013年度总额5290万欧元的经济技术合作协议，用于帮助尼实施良政和促进农业生产。

【同日本的关系】日是尼主要援助国之一。2004年日向尼提供价值约17亿非洲法郎的粮食援助并减免尼对日债务约19亿欧元。2005年日向尼提供5亿非洲法郎粮食援助。2007年日向尼提供近85亿非洲法郎援款，支持尼发展农业、教育等。2008年2月，日首相特使、副外相访尼；5月，奥马鲁总理赴日出席东京发展国际会议。2010年日向尼提供了两批粮食援助，移交了造价3600万非洲法郎的教室。日现有近百名志愿者和专家在尼工作。

【同周边国家及地区组织的关系】与邻国长期保持睦邻友好关系。2010年，尼军政权派团赴邻国做解释工作，较快恢复与各国关系。贝宁总统、利比亚总理等访尼。摩洛哥、利比亚、布基纳法索、尼日利亚等国分别向尼提供了粮食援助。尼还多次参加萨赫勒地区国家安全会议，商讨打击地区恐怖主义。伊素福总统就职后访问了布基纳法索、马里和贝宁等国，出席了科特迪瓦、尼日利亚、乍得总统就职典礼以及西非经货联盟峰会、非盟首脑会议等地区会议。（王茗）

尼日利亚

国名　尼日利亚联邦共和国（The Federal Republic of Nigeria）。

面积　923768平方公里。

人口　1.68亿（2011年）。有250多个民族，其中最大的三个民族是北部的豪萨—富拉尼族（占全国人口29%）、西南部的约鲁巴族（占21%）和东部的伊博族（占18%）。官方语言为英语。主要民族语言有豪萨语、约鲁巴语和伊博语。50%居民信奉伊斯兰教，40%信奉基督教，10%信仰其他宗教。

首都　阿布贾（Abuja）。人口约300万。平均最高气温为35℃，平均最低气温为20℃。

国家元首　总统兼武装部队总司令古德勒克·乔纳森（Goodluck Jonathan），2010年5月6日就任，2011年5月连任。

重要节日　国庆节：10月1日。

简况

位于西非东南部，东邻喀麦隆，东北隔乍得湖与乍得相望，西接贝宁，北界尼日尔，南濒大西洋几内亚湾。边界线长约4035公里，海岸线长800公里。地势北高南低。境内河流众多。属热带季风气候，全年分为旱季和雨季，年平均气温为26℃～27℃。

尼日利亚系非洲文明古国。公元8世纪扎格哈瓦（Zaghawa）游牧部落在乍得湖周围建立了卡奈姆—博尔努（Kanem-Bornu）王国，该王国延续了一千多年。从10世纪开始，约鲁巴族在尼日尔河下游建立了伊费、奥约和贝宁等王国。11世纪前后，豪萨族在尼北部地区建立了七个城堡王国，史称“豪萨七邦”，16世纪被西部的桑海帝国所征服。1472年葡萄牙殖民者入侵。16世纪中叶英国殖民者入侵。1914年沦为英国殖民地。1960年10月1日宣布独立，并成为英联邦成员国。1963年10月1日成立尼日利亚联邦共和国。独立后多次发生军事政变，军人长期执政。1998年6月军政府首脑阿巴查突发心脏病猝死，国防参谋长阿布巴卡尔接任国家元首，制定还政于民计划。1999年2月人民民主党候选人奥巴桑乔当选总统，2003年4月蝉联。2007年4月人民民主党候选人亚拉杜瓦当选总统。2010年5月，亚拉杜瓦病逝，时任副总统乔纳森继任总统。

政治

2011年4月，尼日利亚先后举行全国议会、总统、州议会和州长选举。乔纳森在总统大选中以较大优势获胜蝉联。选举结果公布后，反对党拒绝接受，部分支持者在北部14个州制造骚乱，尼政府采取宵禁等措施控制局势。乔纳森于5月29日宣誓就职。目前，尼政局总体保持稳定，但种族和宗教冲突、恐怖爆炸事件时有发生，北部伊斯兰宗教极端主义组织“博科圣地”多次在首都等地制造恐怖爆炸事件。

【宪法】尼日利亚独立以来制定过5部宪法，即1960年、1963年、1979年、1989年和1999年宪法（1989年宪法未颁布）。现行宪法是以1979年宪法为基础修订而成，于1999年5月5日颁布，同年5月29日奥巴桑乔总统执政之日起正式实施。主要内容包括：尼是不可分割的主权国家，实行联邦制；实行三权分立的政治体制，总统为最高行政长官，领导内阁；国民议会分参、众两院，是国家最高立法机构；最高法院为最高司法机构；总统、国民议会均由直接选举产生，总统任期四年，连任不得超过两届。

【议会】国民议会由参、众两院组成，议员由直接选举产生，任期四年。本届国民议会于2011年6月成立。在参议院109席和众议院360席中，人民民主党分别获得72席和202席，尼日利亚行动大会党分别获得18席和66席，进步变革大会党分别获得7席和35席，全尼日利亚人民党分别获得7席和25席。戴维·马克（David Mark）连任参议长；阿米努·坦布瓦尔（Aminu Tambuwal）当选众议长。

【联邦执行委员会】（The Federal Executive Council）即内阁。2011年7月组成，纳马迪·桑博（Namadi Sambo）任副总统，另共有30位部长和11位国务部长，主要是：外交部长奥卢本加·阿希鲁（Olugbenga Ashiru），财政和经济协调部长恩戈齐·奥孔乔—伊瓦拉（Ngozi Okonjo-Iweala，女），国防部长贝洛·穆罕默德（Bello Mohammed），石油资源部长德齐亚妮·艾利森—马杜埃凯（Diezani Alison-Madueke，女），内政部长阿巴·莫罗（Abba Moro），农业和自然资源部长阿金文米·阿德西纳（Akinwunmi Adesina），教育部长鲁卡娅图·鲁法伊（Ruqayyatu Rufai，女），科技部长巴锡·埃瓦（Bassey Ewa），新闻和通信部长拉巴朗·马库（Labaran Maku），交通部长阿卜杜拉希·奥马尔（Abdullahi Umar），司法部长兼总检察长穆罕默德·阿杜克（Mohammed Adoke）等。

【行政区划】实行联邦制。设联邦、州和地方三级政府。1996年10月重新划分行政区域，全国划分为1个联邦首都区、36个州以及774个地方政府。

【司法机构】联邦设有最高法院、上诉法院和高等法院，各州设高级法院，地方政府设地方法院。有的州还设有习惯法上诉法院。联邦首席大法官达希鲁·穆斯达法（Dahiru Musdapher）。

【政党】1998年6月开放党禁。目前，共有50多个注册政党，其中人民民主党、尼日利亚行动大会党、全尼日利亚人民党和进步变革大会党在尼政坛影响较大。各党主要情况如下：

（1）人民民主党（People's Democratic Party，PDP）：执政党。1998年8月成立。该党目标是：维护尼统一、团结与主权；主张各民族和睦相处，建立自由、平等和公正的社会；促进和巩固尼日利亚政治、经济和社会独立。在尼北部、中部和东南部地区影响较大。目前该党拥有参议院72个席位、众议院202个席位。现任主席：巴曼加·图库（Bamanga Tukur）。

（2）尼日利亚行动大会党（Action Congress of Nigeria，ACN）：前身是前副总统阿提库2006年1月组建的先进民主党人大会党（ACD）。2006年8月，先进民主党人大会党同民主联盟党中的阿坎德派、进步大会联盟党的奥科里派以及全尼日利亚人民党的部分成员联合后，成立行动大会党。2010年8月，行动大会党与民主人民党等合并后改为现名。2011年大选后成为议会第一大反对党。该党的口号是："永恒民主！"在尼西南部和东北部地区影响较大，尼经济中心城市拉各斯是该党的大本营。目前该党拥有参议院18个席位、众议院66个席位。现任主席阿德比西·阿坎德（Adebisi Akande）。

（3）全尼日利亚人民党（All Nigerian People's Party，ANPP）：1998年9月成立，原名全民党，2002年5月改为现名。该党目标是：追求公平自由、维护法治、促进团结和政治安定、维护主权、消除贫困、促进经济发展。在尼西北部和东北部地区影响较大。目前该党拥有参议院7个席位、众议院25个席位。现任主席克里斯托弗·奥格布纳亚·奥努（Christopher Ogbunnaya Onu）。

（4）进步变革大会党（Congress for Progressive Change，CPC）：2009年12月，前军政府领导人穆罕默德·布哈里的政治盟友脱离全尼日利亚人民党，创建该党。目标是"在公平、正义的基础上筑就安全、稳定、繁荣的尼日利亚"。在北部地区影响较大。目前该党拥有参议院7个席位、众议院35个席位。现任主席是托尼·莫莫（Tony Momoh）。

【重要人物】古德勒克·乔纳森：总统。1957年11月20日生于巴耶尔萨州。伊贾族，信奉基督教。获尼日利亚哈尔科特港大学生物学博士。1998年加入人民民主党并成为该党巴耶尔萨州州长候选人竞选搭档，赢得选举后任副州长。2005年12月接任州长。2006年12月成为人民民主党总统候选人亚拉杜瓦竞选搭档，参加2007年大选。2007年4月当选副总统，5月宣誓就职。2010年2月任代总统，5月6日继任总统。2011年5月连任。已婚，有1子1女。　**纳马迪·桑博：**副总统。1954年8月2日生于卡杜纳州。豪萨族，信奉伊斯兰教。曾就读于尼日利亚阿马杜·贝罗大学建筑系，获理学学士和硕士学位。1985年成立建筑公司，并在多家全国或地方建筑公司任职。其间于1986～1990年先后被任命为卡杜纳州农业厅厅长和工程、交通与住房建筑厅厅长。2007年5月至2010年5月任卡杜纳州州长。2010年5月19日就任副总统。2011年5月连任。已婚，有6子。

经　济

原为农业国。20世纪70年代起成为非洲最大的产油国。80年代后，随着国际市场油价下跌，尼经济陷入困境。1992年被国际货币基金组织列为低收入国家。1995年起政府对经济进行整顿，取得一定成效。目前为非洲第二大经济体。石油是其支柱产业，其他产业发展滞后，粮食不能自给，基础设施落后。近年来，政府加大对基础设施、农业和制造业的投入，推进电力、石油行业改革。2011年主要经济数据如下（资料来源：2012年4月经济季评）：

国内生产总值：2443亿美元。
人均国内生产总值：1574美元。
经济增长率：7.4%。
货币名称：奈拉。
汇率：1美元＝153.90奈拉。
通货膨胀率：10.8%

【资源】资源丰富。已探明有30多种矿藏。主要有石油、天然气、锡、煤、石灰石等。迄今已探明石油储量372亿桶，居世界第十一、非洲第二位。2011年日均产油238万桶，全年共产原油8.69亿桶，居非洲第一。已探明天然气储量达5.3万亿立方米。煤储量约27.5亿吨，为西非唯一产煤国。森林覆盖率为17%。

【工矿业】石油工业是国民经济的支柱。尼联邦政府财政收入的85%、国内生产总值的20%～30%来源于石油行业。2011年，原油出口收入约为880亿美元。因石油主要用于出口及国内炼油能力较低，约80%国内成品油消费需依赖进口。电力供应严重不足，仅不足四成家庭通电。目前尼发电装机容量约为7000兆瓦，但因电力设备年久失修，实际发电量仅为装机容量的一半。主要制造业为纺织、车辆装配、木材加工、水泥、饮料和食品加工，大多集中在拉各斯及其周围地区。但由于技术水平较低，多数工业制品仍依赖进口。

【农业】尼独立初期为农业国，棉花、花生等许多农产品在世界上居领先地位。随着石油工业的兴起，农业迅速萎缩，产量大幅下降。近年来，随着尼政府加大对农业投入，农作物产量有所回升，年均增长7%以上。目前，农业在国内生产总值中所占比重为40%左右。全国就业60%来自农业。可耕地8120万公顷，已耕地3400万公顷。农业主产区集中在北方地区。粮食不能自给，每年需大量进口。

【旅游业】旅游资源丰富，但尚未很好开发。全国有饭店约400家。主要旅游景点有：夸拉州和高原州的瀑布，博尔诺州的乍得湖寺院，十字河州的大牧牛场，伊莫州的奥古塔湖，翁多州的温泉和包奇州的野生动物园。

【交通运输】运输以公路为主，以水路、铁路运输为辅。交通运输较为紧张。

铁路：总长3500余公里，均为1.067米轨距的单轨线。尼国家铁路公司在15个州有268个车站。机动车日运行能力为190辆。但因年久失修，运行能力低。2006年8月，尼政府宣布用25年完成铁路现代化改造。

公路：总长194394公里（铺装路面60068公里），其中高速公路1194公里。已基本形成一个连接首都阿布贾和各州首府的交通网，利用率逾90%。公路运输分别占国内货运量的93%和客运量的96%。

水运：内河航线总长3000公里，承担内河航运的主要是贝努埃河和尼日尔河。全国有11个海港，总吞吐量为3200万吨。尼拥有一支10条船的海上运输船队，总吨位为44.2万吨。主要港口有拉各斯的阿帕帕港、丁坎港、科科港、瓦里港、哈尔科特港、卡拉巴尔港和萨派勒港。

空运：尼日利亚航空公司为国有航空公司，曾开设有许多国内和国际航线。但由于经营不善，亏损严重，勉强维持运营。2005年7月，尼政府将其私有化，改称维京—尼日利亚航空公司。尼投资者持股51%，英国维京大西洋航空公司拥有49%的股权。目前航空业的主力军为私营航空公司，主要运营国内航线及少量国际航线。国际航线多为外国航空公司垄断。全国有37个机场，主要分布在联邦首都区和各州首府，其中5个国际机场，分别在拉各斯、阿布贾、卡诺、哈尔科特港和卡拉巴尔。尼与65家国际航空公司签有航空协议。

管道运输：有5000公里长的输油管道，将各炼油厂和部分港口、油井和储油库相连。

【财政金融】尼财政收入主要靠石油出口和税收。近年来由于国际油价上涨，国际社会大幅减债，尼财政状况明显好转。2011年底外汇储备352亿美元，外债总额约104亿美元。

【对外贸易】主要出口产品为石油、可可、橡胶和棕榈仁，主要进口产品是机械设备、交通设施和消费品等。2011年出口额约为1038亿美元，绝大多数为石油出口收入；进口额为656亿美元。主要出口对象国为美国、印度、巴西和西班牙等，主要进口国为中国、美国、荷兰和印度等。

【外国援助】主要援助国和国际组织为美国、英国、日本、加拿大、联合国、欧盟和世界银行等。2005年6月，巴黎俱乐部宣布减免尼180亿美元债务。2006年4月，尼向巴黎俱乐部偿还共45亿美元债务，得到90亿美元债务减免。尼不再欠巴黎俱乐部债务。2011年，世界银行承诺向尼提供5000万美元援助，用于支持农业商业化发展项目。

【外国资本】外国投资领域主要是石油、银行、制造和建筑业。主要投资来源国为美国、法国和英国。2009年，尼成为世界第19位、发展中国家第6位外资流入国，流入金额约为100亿美元。2010年外国对尼直接投资23亿美元，比2009年下降60.4%。

人民生活

近年来尼日利亚贫困化现象日益严重。2010年贫困率达50%。青壮年失业率达90%。医疗条件较差。全国约有3万余名医生，74146张病床。患者与医生的比例为3059：1。全国只有32%的人口能够享有卫生设施。截至2005年底，尼约有290万人感染艾滋病病毒，其中15～49岁成年人260万，成年人感染率为3.9%，93万儿童成为艾滋病遗孤。2010年11个州爆发霍乱疫情，造成700多人死亡。人均寿命48岁。人口增长率为2.7%。是非洲最大的小儿麻痹症病发国，约占非洲发病人数的85％。2006年尼固定电话用户达3400万，2010年4月手机用户达7730万。截至2012年4月网络用户达4400万。

军　事

奉行“威慑与防御”相结合的战略方针。自1985年以来，武装部队总司令一直由国家元首兼任。国防参谋长奥拉·易卜拉欣（Ola Ibrahim）。

尼武装部队由陆、海、空三军组成，总兵力约为7.85万人。实行志愿兵役制，每年征兵一次。1月15日为军队节。

文化教育

【文化】早在两千多年前就有了比较发达的文化。著名的诺克、伊费和贝宁文化使尼享有“黑非文化摇篮”的美誉。独立后，尼现代艺术、民间文学、音乐、舞蹈、绘画等都有较快发展，产生了一批著名小说家、戏剧家、诗人和表演艺术家。1977年尼主办了第二届世界黑人和非洲人艺术文化节。1986年，著名小说家、诗人和戏剧家沃尔·索因卡获诺贝尔文学奖，是第一位获此殊荣的黑非洲文学家。

【教育】1976年起实行小学免费教育。但由于经济困难，自1985年起改为收费。1999年9月尼政府出台全国基础教育计划，恢复小学免费义务教育。学制为小学6年，初中3年，高中3年，大学4年。全国21%的人口只受过小学教育，成年人36.7%为文盲。高等教育发展迅速，共有大学90所，较著名的有艾哈迈德·贝罗大学、伊巴丹大学、尼日利亚大学和伊费大学等，在校学生约75万人。中等专业学校近200所。师范学校约250所。商业学校80所。普通中学约12610所。小学约59340所。大多数学校教学设施陈旧，师资不足。

【新闻出版】新闻和出版业较发达。全国各种报纸杂志约2500种，电台147家，电视台183家。联邦和各州政府设有主管宣传事务的新闻部。主要报纸有：《卫报》、《每日时报》、《新尼日利亚人报》、《民族和睦报》、《笨拙报》、《先锋报》等。

尼日利亚通讯社（NAN）：官方通讯社，1978年10月成立。在国内21个州的35个城市派有记者，在6个国家设有分社并派常驻记者，与新华社、路透社、法新社、塔斯社、美联社等十多个通讯社签订了新闻交换协议或销售协议。泛非通讯社西非地区总分社的工作亦由尼通讯社承担。

尼日利亚联邦广播公司（FRCN）：前身是1952年成立的尼日利亚联邦无线广播公司，1978年6月改为现名，受联邦政府新闻和通信部领导。对内广播除用英语外，还有4种地方语言。对外以“尼日利亚之声”为名，用英语、法语、斯瓦希里语、豪萨语等七种语言每天广播18个小时。

尼日利亚国家电视台（NTA）：成立于1962年，由联邦政府新闻和通信部领导。总部设在阿布贾，有工作人员5000多人。全国划为6个电视区。有两套节目，日均播放时间15小时。

【体育】非洲体育强国，足球运动十分普及。近10年来，尼青年足球队曾3次在世界青年足球锦标赛中夺冠。尼国家足球队1996年获亚特兰大奥运会冠军，2000年获非洲杯亚军，2002年、2004年和2006年获非洲杯季军，2008年获北京奥运会亚军。此外，在田径、举重等项目上，也有一定优势。

对外关系

奉行全方位、多元化外交政策。积极维护非洲团结，促进地区合作，推动西非地区经济一体化进程。积极参与联合国和非洲地区组织的维和行动，谋求发挥非洲大国作用。积极倡导南南合作、南北对话。重视发展与西方国家、发展中大国关系。与100多个国家建立了外交关系，共设105个驻外机构。尼日利亚是联合国、不结盟运动、77国集团、15国集团、非盟、西非国家经济共同体、石油输出国组织等成员国，现为非洲气候变化国家元首和政府首脑委员会成员国。2011年10月，尼成功当选联合国经社理事会成员国，任期为2012 ~ 2014年。

【同中国的关系】中尼自1971年2月10日建交以来，友好合作关系发展顺利。2005年4月，奥巴桑乔总统访华，两国元首一致同意建立战略伙伴关系。2009年中尼举行首次战略对话。

近年来，两国高层交往频繁，政治互信加深。2005年4月，奥巴桑乔总统访华。2006年4月，胡锦涛主席访尼。2006年11月，奥巴桑乔总统来华出席中非合作论坛北京峰会。2008年2月，亚拉杜瓦总统对中国进行国事访问。2010年1月，杨洁篪外长访尼。8月，尼外长阿朱莫戈比亚访华。9月底10月初，胡锦涛主席特使、工业和信息化部部长李毅中出席尼独立50周年庆典。2011年2月，两国元首和外长就中尼建交40周年分别互致贺电。5月，胡锦涛主席特使、铁道部部长盛光祖出席乔纳森总统就职典礼。9月，杨洁篪外长在出席第66届联大一般性辩论期间会见尼外长阿希鲁。

中尼签有贸易、经济、技术、科技合作和投资保护等协定，并设有经贸联委会。2011年中尼贸易额首次突破100亿美元，达107.88亿美元，其中中方出口额为92.07亿美元，进口额为15.81亿美元。中方出口商品主要为机电产品和建筑型材，进口原油和液化天然气等。

中尼签有文化合作协定和高校合作议定书。尼日利亚拉各斯大学和阿齐克韦大学各建立了1所孔子学院。中国苏州大学与尼日利亚拉各斯大学在教育部“中非大学20+20合作计划”项下结成合作伙伴。

中国驻尼日利亚大使：邓波清。馆址：Plot 302，303，Central District，Abuja，Nigeria。电话：（00234-9）4618661，4618662；传真：4618660。经商处地址：Plot 2232A，Yedeseram Street，OFF IBB Way，Maitama Abuja，Nigeria。电话：（00234-9）4137993，4137994。驻拉各斯总领事馆地址：Plot 161A Idejo Street，Victoria Island，Lagos，Nigeria。电话：（00234-1）2715351，2713535；传真：2715583。经商室地址：Plot 161A Adeola Odeku Street，Victoria Island，Lagos，Nigeria。电话：（00234-1）2612404；传真：2711631。

尼日利亚驻中国大使：阿米努·巴希尔·瓦利（Aminu Bashir Wali）。馆址：北京市朝阳区三里屯东五街2号。电话：010-65323631，65323632，65323633；传真：65321650。

【同美国的关系】尼美1960年建交后，两国关系密切。20世纪90年代，美国因阿巴查军政府废除大选结果和处死人权活动分子萨罗—维瓦而对尼实行制裁。奥巴桑乔民选政府上台后，两国关系迅速改善，在能源、军事、反恐等领域合作得到恢复和加强，美成为尼第一大经济伙伴，尼是美第五大原油供应国。尼在美有超过100万侨民。克林顿和布什总统先后于2000年和2003年访尼。奥巴桑乔总统曾多次访美。

2007年10月，亚拉杜瓦总统访美。2010年4月，时任代总统乔纳森赴美参加核安全峰会并与奥巴马总统会晤。2010年，两国签署了设立双边委员会的协议、反腐败及保证2011年自由公平选举协议、可再生能源合作协定、美为尼提供防治艾滋病技术支持框架协议、培训和部署航空安全的谅解备忘录。2010年12月，尼美在华盛顿举行外长级磋商。今后6年，美将投资26亿美元用于建设尼首都阿布贾城镇中心项目。2011年6月，乔纳森总统赴美出席联合国艾滋病问题高级别会议期间，与奥巴马总统会晤。

【同英国的关系】独立后两国关系密切，英国一度是尼日利亚最大投资来源国，尼在英约有100万侨民。20世纪90年代，英国对尼阿巴查军政权实行制裁，并推动英联邦中止尼的成员国资格。奥巴桑乔当选总统后，两国恢复合作。2002年布莱尔首相访尼，2003年伊丽莎白女王访尼并在阿布贾主持召开英联邦首脑会。2005年6月，奥巴桑乔总统访问英国。7月，奥巴桑乔出席在英国召开的八国集团领导人和非洲国家领导人对话会。2008年7月，亚拉杜瓦总统访英。2011年7月，英国首相卡梅伦访尼。

【同法国的关系】2005年5月，奥巴桑乔对法国进行工作访问并与希拉克会晤。法将尼列为开展南北合作和提供援助的优先国家之一。2008年6月，亚拉杜瓦总统对法进行国事访问，同萨科齐总统举行会谈。2009年5月，法国总理菲永访尼。2010年6月，乔纳森总统参加在法国尼斯举行的法非峰会。2011年5月，法国总统萨科齐和乔纳森总统在出席科特迪瓦总统瓦塔拉就职典礼期间举行双边会晤。11月，乔纳森赴法出席国际投资者荣誉理事会会议期间，会见萨科齐。

【同俄罗斯的关系】1961年尼与苏联建交，两国签有军贸、经济和文化教育等合作协定。奥巴桑乔政府执政后，双边交往与合作增多。2009年6月，俄罗斯总统梅德韦杰夫访尼，双方签署了投资促进与保护、和平利用核能合作、和平探索外太空合作、石油合作、在押人员引渡、司法互助等6项协议或谅解备忘录。

【同德国的关系】尼是德国在非洲的第二大贸易伙伴和主要石油供应国之一，德是尼第六大贸易伙伴。2007年6月，亚拉杜瓦总统应邀出席在德举行的八国集团与非洲国家领导人对话会议。8月，德外长施泰因迈尔访尼。11月，德总统克勒赴尼出席第四届德国—非洲论坛。2011年7月，德国总理默克尔访尼。12月，两国外长在柏林签署成立双边委员会的协议。

【同南非的关系】尼日利亚曾长期支持南非人民反对种族隔离制度的斗争。两国于1994年建交。1995年尼阿巴查军政府处决人权活动分子萨罗—维瓦后，南非总统曼德拉呼吁对尼制裁。1999年两国成立双边合作委员会，确定两国副总统会晤机制化。2000年南非总统姆贝基访尼。2005年以来，两国在安理会改革问题上立场趋同，相互支持对方作为非洲国家代表“争常”。2007年5月，亚拉杜瓦当选总统后立即访南，南非总统姆贝基出席亚就职仪式。2008年6月，亚拉杜瓦总统赴南非出席世界经济论坛会议。2009年5月，亚拉杜瓦总统赴南非出席当选总统祖马的就职典礼。2010年6月，乔纳森总统赴南非出席足球世界杯开幕式。2011年5月，南非总统祖马出席乔纳森总统就职典礼。12月，祖马总统访尼。

【同喀麦隆的关系】两国于20世纪90年代为争夺位于两国边界的巴卡西半岛爆发武装冲突，尼日利亚军队进占巴岛大部分地区。2006年6月，两国元首在安南主持下就和平解决巴卡西半岛领土争端问题达成协议。8月，尼从巴卡西半岛撤军。2007年5月，亚拉杜瓦当选总统后即访喀，喀总统比亚出席亚就职仪式。2008年8月，尼政府正式向喀政府移交巴卡西半岛管理权。2010年10月，喀总统出席尼独立50周年庆典活动。2011年7月，尼喀混委会第28次会议在尼举行，会议要求尽快完成两国边界划定，以解决有关巴卡西半岛争端遗留问题。

【同非洲其他国家的关系】与邻国贝宁、乍得、尼日尔等经贸往来密切。但同贝宁、乍得等国在领土或领海划分上存在争端。在非洲和次区域事务中努力发挥主导作用，积极斡旋利比里亚、苏丹达尔富尔、塞拉利昂和科特迪瓦等热点问题。2009、2010年担任西非国家经济共同体（西共体）轮值主席国期间，推动西共体干预几内亚军事政变、尼日尔政治危机和科特迪瓦选举危机。2011年3月，尼作为联合国安理会非常任理事国，投票赞成在利比亚设立禁飞区的决议。7月，乔纳森总统访问利比里亚期间，被利方授予最高国家特别荣誉。同月，乔纳森出席南苏丹独立仪式。

（黄雪青）

塞拉利昂

国名　塞拉利昂共和国（The Republic of Sierra Leone）。

面积　71740平方公里。

人口　600万（2011年）。全国有20多个民族。南部的曼迪族最大，北部和中部的泰姆奈族次之，两者各占全国人口的30%左右；林姆巴族占8.4%；由英、美移入的“自由”黑人后裔克里奥尔人占10%。官方语言为英语，民族语言主要有曼迪语、泰姆奈语、林姆巴语和克里奥尔语。居民60%信奉伊斯兰教，30%信奉基督教，10%信奉拜物教。

首都　弗里敦（Freetown），人口约100万（2009年），年平均气温25.5℃。

国家元首　总统欧内斯特·巴伊·科罗马（Ernest Bai Koroma），2007年9月17日就任。

重要节日　独立日：4月27日。

简　况

位于非洲西部，北、东北与几内亚接壤，东南与利比里亚交界，西、西南濒临大西洋。海岸线长约485公里。属热带季风气候，年平均气温约27℃。

曼迪人于13世纪进入该地区。1462年，葡萄牙殖民者侵入。1808年，沿海地区成为英国殖民地，1896年沦为英“保护地”。1961年4月27日宣布独立，但仍留在英联邦内。1971年4月19日成立共和国，史蒂文斯出任总统。1978年公民投票通过一党制共和国宪法。在1985年大选中，武装部队司令莫莫少将当选总统。莫莫执政后期，塞通过修宪完成了一党制向多党制政体的转变。1991年，桑科领导的“革命联合阵线”（简称“联阵”）发动叛乱，塞内战爆发。1992年、1996年、1997年发生三次军事政变。1996年2月，塞举行首次多党总统和议会选举，人民党候选人艾哈迈德·泰詹·卡巴当选总统，次年因政变流亡几内亚。1998年2月，西非国家经济共同体维和部队推翻塞军政权。3月，卡巴回国复职。1999年11月，联合国向塞部署维和行动。2002年1月，塞内战结束。5月，卡巴在大选中获胜蝉联。2005年12月，联合国撤出驻塞维和部队，成立联合国驻塞拉利昂综合办事处（2008年10月更名为建设和平综合办事处），继续向塞提供防务和发展方面的帮助。2007年9月，塞举行总统和议会选举，全国人民大会党候选人欧内斯特·巴伊·科罗马获胜，当选新一任总统。

政　治

科罗马总统就任以来，塞拉利昂政府积极维护国家稳定和团结，努力开展恢复重建。2008年7月，塞举行地方政府选举，执政党大会党在多数市镇获胜。12月，科罗马总统颁布《变革纲领》，确定国家优先发展领域。此后，科两次改组政府，加强执政能力建设，加快国家基础设施建设，努力改善民生，取得积极成效。塞将于2012年11月举行总统选举和立法选举。

【宪法】现行宪法于1991年9月24日颁布。宪法规定总统为国家元首、内阁首脑和武装部队总司令，有权任免副总统、内阁部长、军队司令、警察总监、总检察长和首席法官。总统任期五年，可连任，但不得超过两任。

【议会】实行一院制，议员任期五年。本届议会于2007年8月产生，包括12名大酋长议员和112名民选议员（其中全国人民大会党占59席、塞拉利昂人民党占43席、人民民主改革运动党占10席）。议长埃贝尔·纳撒尼尔·斯特朗（Abel Nathaniel Stronge），系无党派人士，2007年9月当选。

【政府】总统内阁制。本届政府于2007年10月组成，2009年2月和2010年12月两次改组。现主要成员有：总统科罗马，副总统萨缪尔·萨姆·苏玛纳（Samuel Sam-Sumana），外交和国际合作部长约瑟夫·班达布拉·达乌达（Joseph Bandabla Dauda），国防部长艾尔弗雷德·帕洛·康特（Alfred Palo Conteh），财政与经济发展部长萨穆拉·卡马拉（Samura Kamara），总检察长兼司法部长弗兰克·卡尔博（Frank Kargbo），矿产资源部长明凯卢·曼萨雷（Minkailu Mansaray），卫生部长扎伊娜卜·哈瓦·班古拉（Zainab Hawa Bangura，女），农业部长萨姆·塞萨伊（Sam Sesay），贸易和工业部长理查德·孔特（Richard Konteh），内政部长穆萨·塔拉瓦利（Musa Tarawalli）。

【行政区划】全国分为3个省（即东方省、南方省和北方省）和1个西区。3个省之下设有12个行政区，行政区以下设149个酋长领地。

【司法机构】由上级法院和下级法院构成。上级法院有最高法院、上诉法院和高等法院。下级法院包括地区治安法院和酋长领地地方法院。最高司法机关是最高法院。首席法官和上级法院法官由总统直接任命。现任首席大法官为乌姆·哈瓦·泰詹·贾洛（Umu Hawa Tejan Jalloh，女），2008年1月任职。总检察长由司法部长弗兰克·卡尔博兼任。

【政党】实行多党制，现有27个政党，主要有：

（1）全国人民大会党（All People's Congress，APC）：执政党。1960年9月成立。1967年赢得议会选举后，未及组阁即被军政权推翻，1968年军政权下台后长期执政至1992年。1996年大选失利后成为在野党，2007年大选后再度执政。党的宗旨是促进民主和多党制，保护自由与人权，建立公平社会，实现可持续发展。现任党领袖和主席为总统科罗马。

（2）塞拉利昂人民党（The Sierra Leone People's Party，SLPP）：在野党。1951年4月成立，是塞最早成立的政党。宗旨是为巩固、维护和促进民主与人权的基本原则而奋斗。党员主要来自曼迪族，在伊斯兰教信徒中影响广泛。现任党主席为约翰·本杰明（John O. Benjamin），总书记为雅各布·萨法（Jacob Jusu Saffa）。

（3）人民民主改革运动党（People's Movement for Democratic Change，PMDC）：参政党。2006年1月成立，系由从人民党中分裂出来的人士组成。宗旨是促进团结、自由、公正和平等，实现良治与发展。现任党领袖为查尔斯·马盖（Charles Margai）。

【重要人物】欧内斯特·巴伊·科罗马：总统。

1953年10月2日生。信奉天主教。毕业于塞拉利昂大学，曾获历史、哲学和法律综合专业学士学位以及保险学研究生文凭。1978 ~ 2002年先后在塞拉利昂国家保险公司、塞拉利昂保险信托有限公司工作。1996年当选议员。2002年3月当选大会党领袖，参加当年总统选举失败后任议会少数党党团领袖。2007年9月当选总统。

经　济

系最不发达国家。经济以农业和矿业为主，粮食不能自给。长期内战使塞拉利昂基础设施毁坏严重，国民经济濒于崩溃。内战结束后，塞政府集中精力重建经济。科罗马总统执政后，重点解决电力短缺问题，优先发展农业、基础设施和矿业，加强税收征管，努力保持宏观经济稳定，取得一定成绩。2011年主要经济数据如下（资料来源：2012年3月《经济季评》）：

国内生产总值：20亿美元。

人均国内生产总值：333美元。

国内生产总值增长率：5.6%。

货币名称：利昂（Leone）。

汇率：1美元=4336利昂。

通货膨胀率：18%。

【资源】矿藏丰富，主要有钻石、黄金、铝矾土、金红石、铁矿砂等。钻石储量2300多万克拉。黄金矿砂发现5处，其中仅南方省包马洪地区储量即达2000万吨，每吨矿砂含金0.2盎司。铝矾土储量1.22亿吨，金红石储量约2.78亿吨，铁矿砂储量近2亿吨。渔业资源丰富，水产储量约100万吨。全国森林面积约32万公顷，占土地总面积的6%，盛产红木、红铁木等，木材储量300万立方米。

【工业】2009年工业总产值约4.275亿美元，占国内生产总值的22.5%，从业人口占总劳动力的19%。采矿业是主要工业部门，其余有建筑业、食品加工、制鞋、石油提炼、制漆和水泥等。2008年钻石出口37.1万克拉。

【农业】2009年农业总产值约9.9亿美元，占国内生产总值的52.3%。全国65%以上的劳动力从事农业生产。塞土地面积720万公顷，其中可耕地面积占75%，但只有9%为已耕地。塞土地肥沃，雨量充沛，适宜农作物生长，但生产方式落后，大多以家庭为单位采用传统方法耕作。粮食不能自给。主要农作物有可可、木薯、咖啡、稻米、甘薯、花生、玉米等，畜牧业以饲养牛、羊、猪、鸡为主。

【旅游业】海滨地区风光秀丽，十分适宜发展旅游业。但由于交通不便和缺乏资金，旅游资源一直得不到有效开发。全国宾馆酒店共有床位2600多张，累计接待外国游客约3.37万人次。主要景点有：50公里长、未被污染的原始沙滩、宾图玛尼山脉和铁吉山脉等。

【交通运输】铁路：20世纪60年代末有600公里，1974年后停用。

公路：总长约1.13万公里，其中仅904公里是沥青路面。

水运：有34个大小不等的港口和码头，多由外国公司经营。主要港口弗里敦为深水良港，可停泊万吨轮船，年吞吐量125万吨。佩佩尔、邦特、尼蒂为矿产品和农副产品出口港。内河航线750公里，终年可通航的有600公里，部分河流每年仅3个月可通航。

空运：隆吉机场是唯一的国际机场。另有国内机场12个，可停降小型飞机。目前，塞国际航班均由外国航空公司运营。

【财政金融】据国际货币基金组织报告，2010年度财政收支情况：总收入15510亿利昂，总支出20740亿利昂，赤字5230亿利昂。

2010年外汇储备（不含黄金）2.24亿美元。

塞拉利昂银行是塞中央银行，负责制定规章制度和监督金融运作。全国共有8家商业银行、2家票据贴现银行以及数十个外汇兑换所。

【对外贸易】主要出口钻石、金红石、可可、咖啡等，主要进口燃油、机械、食品、工业制成品等。2009年主要出口对象为比利时、美国、荷兰、英国等；进口主要来自南非、中国、马来西亚、美国、科特迪瓦等。近年来对外贸易情况如下（单位：亿美元）：

	2009	2010	2011
出口额	4.3	2.7	4.7
进口额	2.3	5.1	13.1
差　额	2.0	−2.4	−8.4

（资料来源：2012年3月《经济季评》）

【外国援助】据经济合作与发展组织统计，塞2010年接受外援总额4.75亿美元，其中双边援助约2亿美元，多边援助约2.75亿美元。前五位援助方依次是：欧盟9500万美元、英国8300万美元、国际开发协会4700万美元、国际货币基金组织3100万美元、日本2100万美元、加拿大2100万美元、非洲发展基金2200万美元。

人民生活

根据联合国开发计划署公布的《2011年人类发展报告》，塞拉利昂的人类发展指数在187个国家中居第180位。77%的人口生活在贫困线以下，仅57%的人口可用上干净饮用水。2011年人均寿命47.8岁。儿童死亡率较高。孕产妇死亡率为0.97%。疟疾、肺结核、伤寒、霍乱和拉沙热等病流行。

军　事

1961年建军，称塞拉利昂皇家部队，1971年改称塞拉利昂共和国武装部队。最高指挥机构为国防部，总统为武装部队总司令。实行义务兵役制。1997年军事政变后，国家安全防卫和清剿叛军的任务由西非国家经济共同体驻塞维和部队和塞民防部队承担。根据1999年7月7日签订的洛美协议规定，西共体维和部队自1999年

8月开始撤出，维和任务由联合国驻塞拉利昂特派团替代；联阵、民防部队、塞拉利昂军队和准军事组织的所有战斗人员的武装将被解除，重新组建塞武装部队。2002年1月，解除武装进程完成，联阵和民防部队共有4.7万余人被解武。

塞现有总兵力9874人，其中陆军9544人，海军298人，空军32人。2008年，塞国防预算约1400万美元。现任总参谋长尼尔林·威廉姆斯上将（Nelson Williams）。

文化教育

【教育】20世纪90年代初成立国家基础教育委员会，实行9年义务教育制。成人文盲率40.9%，适龄儿童入学率22.8%。目前，塞有小学2773所，中学234所，师范学校6所，大学2所，即塞拉利昂大学和恩加拉大学。

【新闻出版】共发行报刊40种，均为英文，多数为周报，发行量较小。其中《每日邮报》和《自由之声》为官方报纸，另有《阿沃克报》、《协和时报》、《独立观察家报》和《团结报》等私营报纸。

塞拉利昂新闻社成立于1980年，是隶属于新闻部的官方新闻社，由联合国教科文组织向其提供技术和设备。塞新社是泛非新闻社成员，向泛非社、英国广播公司（BBC）等国际新闻机构和塞拉利昂广播系统提供新闻稿。每天出版《新闻公报》。

塞拉利昂广播电台始建于1955年，每天用英语、曼迪语、克里奥尔语广播，覆盖全国。塞全国共有约40家私营广播电台，节目内容涉及政治、宗教、文化、音乐、教育等。美国之音（VOA）和BBC在塞设有转播站。

塞拉利昂电视台建于1963年，后因设备破旧停播。1994年2月获外商援助重新开播，但仅能覆盖首都弗里敦地区。此外，还有1家私营电视台。另有南非数字卫星电视台（DSTV）在塞开展卫星电视业务。

对外关系

奉行不结盟和睦邻友好政策。致力于非洲团结和地区合作；主张南北对话和南南合作，反对外来干涉，呼吁建立国际经济新秩序；重视发展同英、美等国关系，努力改善同欧盟及国际金融机构的关系，以争取对其和平进程及经济重建的支持；继续保持与主要伊斯兰国家的友好交往。现为联合国、世界贸易组织、不结盟运动、伊斯兰会议组织、英联邦、非洲联盟、西非国家经济共同体、马诺河联盟等组织成员，同世界上160多个国家建立了外交关系。现为非盟联合国改革10国元首委员会主席。

【同中国的关系】1971年7月29日，两国建交，此后两国关系发展顺利。

2011年11月，塞拉利昂外长达乌达非正式访华，外交部副部长翟隽与其会谈。

2012年5月23日，中国国家主席胡锦涛接受塞拉利昂新任驻华大使巴卡尔·穆尔蒂—卡马拉递交国书。

2011年，两国贸易额为2.53亿美元，同比增长131.9%，其中中方出口额为2.25亿美元，进口额为2800万美元。中方主要出口机电产品、纺织服装和化工产品等，进口原木、天然橡胶和可可豆。

中国驻塞拉利昂大使：旷伟霖。馆址：No.29，Wilberforceloop，Freetown，Sierra Leone。电话：231571（使馆），234769（经商处）。传真：231797（使馆），234777（经商处）。国家地区号：00232-22。邮政信箱：P.O. Box 778。

塞拉利昂驻华大使：巴卡尔·穆尔蒂—卡马拉（Abubakarr Multi-Kamara）。馆址：北京市朝阳区东直门外大街7号。电话：010-65322174。传真：65323752。

【同英国的关系】1961年4月与英国建交。塞为英联邦成员，两国关系密切。英系塞主要援助国。2006年10月，英派兵与塞军举行联合军事演习。11月，查尔斯王储访塞。2007年5月，英首相布莱尔访塞。2008年1月，科罗马总统访英。2月，英国际发展国务大臣访塞。6月，英前首相布莱尔访塞。2009年1月，英外交国务大臣刘易斯访塞。4月，英前首相布莱尔访塞。11月，塞援助和投资会议在伦敦举行。2010年2月和11月，英前首相布莱尔两次访塞。5月，英军总参谋长理查德上将访塞。2011年6月，英前首相布莱尔访塞。2012年5月，英国皇家海军“无畏”号驱逐舰访塞。

【同美国的关系】1961年4月同美国建交。2006年4月，美军舰访塞。5月，美向塞捐赠3艘小型近岸巡逻艇。2007年6月，美宣布免除塞5800万美元债务。11月，美助理国务卿弗雷泽赴塞出席科罗马总统就职仪式。2009年9月，美军非洲指挥部司令瓦德访塞。11月，美宣布对塞粮食援助提高至每年2400万美元。2010年7月，美政府宣布在其“全球农业与粮食安全项目”项下向塞提供5000万美元，用于塞农业发展领域。

【同尼日利亚的关系】1961年4月同尼日利亚建交。两国签有安全协定。尼曾在塞驻军，负责塞总统府等要地的守卫，并帮助训练塞军队。2005年9月，尼外长访塞。2006年9月，塞国防部副部长布勒尔率团赴尼参加次地区战后国家建设和平与吸引投资论坛。2007年5月，尼总统奥巴桑乔访塞。11月，尼总统亚拉杜瓦赴塞出席科罗马总统就职仪式。2008年7月，尼政策战略研究院代表团访塞。2008年6月塞总统科罗马对尼进行工作访问。2010年5月，科罗马总统访尼。6月，尼国防部长卡尤德访塞。2011年5月，科罗马总统赴尼出席乔纳森总统就职仪式。

【同利比里亚的关系】1961年4月同利比里亚建交。1973年10月，两国签订关于成立马诺河联盟的宣言。2005年3月，利塞签署难民遣返协议。7月，利全国过渡政府主席布赖恩特赴塞出席马诺河联盟首脑会议。12月，利总统瑟利夫访塞。2006年7月，卡巴总统出席利独立159周年庆祝活动。2007年5月，瑟利夫总统访塞，11月出席科罗马总统就职仪式。2012年1月，科罗马总统赴利出席瑟利夫总统就职仪式。5月，科罗马总统访问利比里亚。

【同几内亚的关系】1961年4月与几内亚建交。1980年，几内亚加入马诺河联盟。1997年塞发生政变后，卡巴总统流亡几内亚。1998年，几总统孔戴陪同卡巴总统回国复职。2005年7月，几总理赴塞出席马诺河联盟首脑会议。2006年12月，卡巴总统赴几出席马诺河联盟首脑会议。2007年11月，几总统孔戴赴塞出席科罗马总统就职仪式。2008年10月，塞国防部长康特和总参谋长威廉姆斯访几。同月，科罗马总统赴几出席几独立50周年庆典。2009年7月，科罗马总统访几。2010年12月，科罗马总统赴几出席几新任总统孔戴的就职典礼。2012年3月，几内亚外长拉马访塞。

（刘国华）

塞内加尔

国名 塞内加尔共和国（The Republic of Senegal, La République du Sénégal）。

面积 196722平方公里。

人口 1360万（2011年）。全国有20多个民族，主要是沃洛夫族（占全国人口的43%）、颇尔族（24%）和谢列尔族（15%）。官方语言为法语，全国80%的人通用沃洛夫语。94%的居民信奉伊斯兰教，5%信奉拜物教，其余信奉天主教。

首都 达喀尔（Dakar），人口268.2万（2011年）。9～10月气温最高，平均为24℃～32℃，1月气温最低，平均为18℃～26℃。

国家元首 总统马基·萨勒（Macky Sall）。2012年3月当选，4月2日就职。

重要节日 国庆日：4月4日。

简况

位于非洲西部凸出部位的最西端。北接毛里塔尼亚，东邻马里，南接几内亚和几内亚比绍，西濒大西洋。海岸线长约500公里。属热带草原气候，年平均气温29℃，最高气温可达45℃。11月至次年6月为旱季，7～10月为雨季。

公元10世纪，图库勒尔人建立泰克鲁王国，14和16世纪先后并入马里帝国和桑海帝国。1864年沦为法国殖民地。1909年划入法属西非。1958年11月成为“法兰西共同体”内的“自治共和国”。1959年4月与苏丹（今马里共和国）结成马里联邦。1960年4月4日，同法国签署“权力移交”协定。6月20日，马里联邦宣告独立。8月20日，塞退出联邦，成立独立的共和国，列奥波尔德·塞达·桑戈尔为首任总统。独立后，桑戈尔总统领导的社会党长期一党执政。1974年起实行多党制。1980年12月31日，桑戈尔总统自动引退，总理阿卜杜·迪乌夫接任。此后，迪乌夫于1983年、1988年和1993年三次连选连任。2000年3月，民主党候选人瓦德击败迪乌夫当选总统，结束社会党长达40年的执政历史。2007年2月，瓦德连选连任。

政治

瓦德总统执政期间，塞内加尔政局总体稳定。2012年初，塞朝野双方围绕总统大选的争斗加剧，塞局势一度紧张。2月26日和3月25日，塞先后举行两轮总统选举。反对党候选人萨勒在第二轮投票中以65.8%的得票率击败瓦德，当选为塞历史上第四位总统。4月2日，萨勒正式就职。

塞南部卡萨芒斯地区一直存在分裂势力。2004年底，塞政府与该地区分裂组织“卡萨芒斯民主力量运动”在卡萨芒斯首府济金朔尔签署和平协议。近年来，塞政府军和“卡萨芒斯民主力量运动”仍时有交火，该地区安全局势较为紧张。萨勒总统就职后提出希望冈比亚和几内亚比绍等邻国帮助调解卡萨芒斯问题。

【宪法】现行宪法于2001年1月经全民公决通过，后经多次修改。宪法规定：总统是国家元首和武装部队最高统帅，由直接普选产生，任期七年（2001年宪法规定为五年，2008年7月通过的宪法修正案规定，自下届总统起任期为七年），只能连任一次。总统缺位，由参议长代理，并在2～3个月内举行大选。总理为政府首脑，由总统任命。2009年5月和6月，塞国民议会和参议院先后通过宪法修正案，增设副总统职位，但迄今未任命副总统。萨勒总统就职后表示将修改宪法，将总统任期改为五年，并取消副总统职位。

【议会】实行两院制，由国民议会（Assemblée Nationale）和参议院（Sénat）组成。国民议会由普选产生，任期五年。本届国民议会于2007年6月成立，共150个席位。民主党领导的2007变革联盟占131席（民主党占124席），共同重建塞内加尔联盟3席，共同建设塞内加尔联盟3席，瓦赫维联盟3席，人民联盟2席，其余8个小党各1席。现任议长为马马杜·塞克（Mamadou Seck，民主党，2008年11月当选，2009年、2010年均连选连任），任期一年。参议院共有100名参议员，其中35个省每省1席，由选举产生，其余65席由总统任命产生，任期五年。本届参议院成立于2007

年8月。民主党获得35个选举产生的议席中的34席，非洲争取民主和社会主义党获1席。参议长帕普·迪奥普（Pape Diop，民主党，2007年10月当选）。下届立法选举将于2012年7月举行。

【政府】本届政府成立于2012年4月，政府成员包括：总理阿卜杜勒·姆巴耶（Abdoul MBAYE），政府秘书长赛义杜·盖伊（Seydiy GUEYE），外交和海外侨民部长阿利翁·巴达拉·西塞（Alioune Badara CISSE），内政部长姆巴耶·恩迪亚耶（Mbaye NDIAYE），卫生和社会行动部长埃娃·玛丽·科勒·塞克（Eva Marie Colle SECK，女），武装力量部长奥古斯丁·蒂内（Agustin TINE），司法部长阿米纳塔·杜尔（Aminata TOURE，女），经济和财政部长阿马杜·卡内（Amadou KANE），文化和旅游部长优素·恩杜尔（Youssou NDOUR），妇女、儿童和妇女创业部长玛丽亚马·萨尔（Mariama SARR，女），国民教育部长易卜拉希马·萨勒（Ibrahima SALL），农业和农村装备部长伯努瓦·桑布（Benoît SAMBOU），领土整治和地方行政部长谢赫·邦巴·迪耶（Cheikh Bamba DIEYE），贸易、工业和手工业部长玛塔·西·迪亚洛（Mata Sy DIALLO，女），畜牧业部长阿米纳塔·姆本格·恩迪亚耶（Aminata Mbangue NDIAYE，女），渔业和海事部长帕普·迪乌夫（Pape DIOUF），基础设施和运输部长莫尔·恩戈姆（Mor NGOM），能源和矿产部长阿利·恩古耶·恩迪亚耶（Aly Ngouille NDIAYE），青年、职业培训和就业部长阿利·科托·恩迪亚耶（Aly Koto NDIAYE），体育部长哈吉·马利克·加库（El Hadji Malick GAKOU），城市规划和住房部长胡迪亚·姆巴耶（Khoudia MBAYE，女），高等教育和研究部长、政府发言人塞里涅·姆巴耶·蒂亚姆（Serigne Mbaye THIAM），生态和自然保护部长阿里·海德尔（Ali HAIDAR），公职、劳工和与国家机构关系部长曼苏尔·西（Mansour SY），水利和环卫部长乌马尔·盖伊（Oumar GUEYE），新闻、电信和信息通讯技术部长阿布·洛（Abou LÔ），负责预算的部长级代表阿卜杜拉耶·达乌达·迪亚洛（Abdoulaye Daouda DIALLO）。

【行政区划】2008年2月，塞国民议会审议通过关于修改地方行政组织法的法案，决定增设3个行政区。目前全国共有14个行政区，下设45个省，117个县，基层行政单位共有150个城镇和353个乡村。

【司法机构】现行宪法规定，司法权由宪法委员会、最高法院、审计法院、各级地方法院和法庭行使。1992年，塞进行司法体制改革，成立宪法委员会、行政法院。2001年宪法延续该体制。2008年4月，塞国民议会通过关于成立最高法院的法案，决定将行政法院和上诉法院合并为最高法院，并于8月对宪法相关条款进行了修改。11月，瓦德总统主持最高法院成立仪式，并任命帕普·奥马尔·萨科（Pape Oumar SAKHO）为最高法院院长，阿卜杜拉耶·盖伊（Abdoulaye Gaye）为总检察长。

【政党】塞目前共有145个合法政党，主要有：

（1）争取共和联盟（Alliance Pour la République）：执政党。由原民主党二号人物马基·萨勒于2008年12月成立，主要成员为原民主党内萨勒的支持者。纲领是坚定维护共和价值观，将民主进行到底，把塞人民的关切作为行动的中心，箴言是劳动—团结—尊严。总书记为现任总统萨勒。

（2）进步力量联盟（Alliance des Forces de Progrès）：参政党。由部分原社会党成员于1999年8月组建，主张建立民主政治，依靠政治方式维护社会稳定。总书记为前政府总理穆斯塔法·尼亚斯（Moustapha Niasse）。

（3）塞内加尔社会党（Le Parti Socialiste du Sénégal）：参政党。党员120万人。前身为塞内加尔民主集团，1958年与塞内加尔行动社会党合并为塞内加尔进步联盟，1976年12月改为现名。纲领是实行“民主社会主义”，即在保留非洲特性的同时，建立一个开放、民主和人道主义的社会。主席为前总统阿卜杜·迪乌夫（Abdou Diouf），总书记乌斯曼·塔诺·迪昂（Ousmane Tanor Dieng）。

（4）塞内加尔民主党（Le Parti Démocratique Sénégalais）：在野党。由前总统瓦德于1974年7月31日创立。以正义、尊严和博爱为箴言，宗旨是通过民主手段建立一个民主、社会主义和全面发展的社会。组织机构健全，基层组织遍布全国。总书记为前总统瓦德。

（5）非洲争取民主和社会主义党（Parti Africain pour la Démocratie et le Socialisme）：由新民主革命运动等4个左派政党于1991年12月合并组成，主张民主、社会公正、进步和非洲团结。党代会为党的最高权力机构，每5年举行一次。总书记为兰丁·萨瓦内（Landing Savané）。2009年6月，该党二号人物马马杜·迪奥普（Mamadou Diop）召集特别党代会，并被选举为总书记，正式与萨瓦内决裂。萨瓦内随后加入反对党联盟。

此外，还有国家党、自由党、进步和公民党、进步和正义联盟、全国民主联盟、独立劳动党、民主联盟（原为民主联盟—争取劳动党运动，2008年12月改为现名）、塞内加尔共和运动、非洲群众独立党、塞内加尔民主联盟（革新派）、塞内加尔共和党、塞内加尔非洲生态学者党、争取民主和联邦制联盟等。2010年5月，前外长加迪奥成立“公民政治运动”。

【重要人物】马基·萨勒：总统，1961年出生。先后在达喀尔大学、法国石油研究院马赛高等物理学院就读。2000年瓦德当选总统后，历任总统顾问、国务部长、政府发言人，2004年4月至2007年6月出任总理等。2007年10月任国民议会议长。2008年11月，萨勒辞去国民议会议长职务。2009年3月当选法蒂克市市长。2012年3月当选总统，4月2日就职。

经　济

系最不发达国家，但经济门类较齐全，具备一定工业基础。粮食不能自给，农业以种植花生、棉花为主，是西非地区主要产棉国之一。渔业、花生、磷酸盐出口和旅游是塞内加尔四大传统创汇产业。瓦德总统执政以来，把增加就业、减贫作为经济政策的首要目标，重视基础设施建设，扶持花生种植等经济支柱产业和电信等新兴行业发展，积极寻求外资外援，经济保持增长。2011年塞宏观经济延续复苏势头，但失业、贫困、物价上涨等民生问题依然突出。2011年主要经济数据如下（资料来源：2012年2月《经济季评》）：

国内生产总值：129.2亿美元。

人均国内生产总值：950美元。

国内生产总值增长率：2%。

货币名称：非洲金融共同体法郎，简称“非洲法郎”（FCFA）。

年均汇率：1美元≈471非洲法郎。

【资源】矿产资源贫乏，主要有磷酸盐、铁、黄金、铜、钻石、钛等。磷酸钙储量约1亿吨，磷酸铝储量约在5000万～7000万吨之间。近海有少量石油，估计储量为5200万～5800万吨。内陆约有100亿立方米的天然气储备。森林面积占全国面积的32%，约620.5万公顷。塞同马里、毛里塔尼亚和几内亚成立了“塞内加尔河开发组织”（Organisation pour la Mise en Valeur du Fleuve Sénégal，OMVS），同冈比亚、几内亚、几内亚比绍成立了“冈比亚河开发组织”（Organisation pour la Mise en Valeur du Fleuve Gambie，OMVG）。

【工业】西非地区工业相对发达的国家之一。2010年工业产值约占国内生产总值的20.8%。全国有500多家企业，85%的工厂企业集中在达喀尔。食品加工业是最主要的工业部门，约占每年工业增加值的40%左右。化工业在每年工业增加值中所占比重为12%，主要生产磷酸盐和化肥等。2009年磷酸盐产量约为9.03万吨，化肥产量约为4.4万吨。近年汽车装配业发展迅速，建筑业近年因政府大力开展基础设施建设而获得较快发展。

【农牧渔业】2010年农业产值约占国内生产总值的14.9%。农业人口占全国总人口的70%以上。可耕地815.7万公顷，已耕地246万公顷。主要经济作物有花生和棉花。花生种植面积约106万公顷，棉花种植面积2.3万公顷。除满足国内需要外，绝大部分花生用于出口，是国民经济重要支柱之一。主要农作物有小米、高粱、玉米，粮食不能自给，仅能满足40%的需求。瓦德总统重视发展农业，采取了规范农产品产销体制，稳定花生、棉花等主要经济作物价格等措施。近年随着政府加大对农田水利设施投资，可耕地面积扩大，水稻等农作物产量有所增加。2009年，政府继续加大对农业投入，宣布进行“农业革命”和“绿色革命”，通过建立农业协会和农民银行等方式，增加农业补贴，粮食作物普遍丰收。但受国际金融危机影响，粮食价格下跌，加上加工能力薄弱，增产不增收。近年主要农作物产量如下（单位：万吨）：

	2008/2009	2009/2010	2010/2011
花生	73.1	103.2	128.7
棉花	3.8	2.2	2.6
高粱、小米	93.7	103.5	97.6
玉米	39.7	32.8	18.6
水稻	40.8	50.2	60.4

（资料来源：2011年法兰西银行统计数据）

畜牧业以饲养牛、羊、猪、马、家禽为主，近年产值在国民生产总值中所占比例约为4%。牲畜存栏数情况如下（单位：万头、只、匹）：

	2007	2008	2009
牛	316.3	321.0	326.0
绵羊	510.8	525.1	538.2
山羊	435.3	447.7	459.8
猪	31.9	32.7	34.4
马	51.8	52.4	51.7

（资料来源：2010年塞内加尔人口与统计局数据）

渔业是塞经济主要支柱之一，是塞第一大创汇产业，年出口额约为140亿非洲法郎。2007年渔业出口占塞出口贸易总额的19%。全国渔业从业人员约有50多万，占就业人口的15%，是第二大就业产业。近年来，受渔业资源萎缩影响，渔业从业人员数量有所减少。近年来捕鱼量情况如下（单位：万吨）：

	2007	2008	2009
捕鱼总量	41.1	42.00	44.54
其中：手工捕鱼	36.8	4.30	37.70
工业捕鱼	4.3	39.36	5.18

（资料来源：同上）

【旅游业】是塞经济的四大支柱之一，为塞第二大创汇产业，被塞政府列入促进经济快速增长战略中优先发展的产业。近年来每年赴塞游客约50万人次，主要来自法国、比利时、西班牙等欧洲国家、美国和其他非洲国家。旅游点主要集中在达喀尔、捷斯、济金朔尔、圣路易地区。12月至次年2月为旅游旺季。为促进旅游业的进一步发展，塞政府自2007年3月起将旅游业增值税由18%降至10%。由于基础设施陈旧老化及国际金融危机影响，2009年塞入境游客人数降至36.6万人次，远低于2008年的49.2万人次，旅游收入锐减。

【交通运输】国内运输主要靠公路和铁路，有以达喀尔为中心的联结全国各地的陆路交通干线网。达喀尔是非洲通往欧洲和美洲的海上交通要道，也是重要的国际航空枢纽。

公路：截至2009年底，全国公路总长14825.1公里，其中柏油路4805.5公里。全国共有各类机动车28万辆，其中72.5%的车辆集中在首都达喀尔。

铁路：全国铁路网主干线总长达905公里，二级铁路总长151.8公里。连接达喀尔和马里首都巴马科的铁路是最重要的铁路线之一，总长1287公里（其中塞境内646公里）。2003年加拿大公司Canac-Getma获得该线路25年经营权，货物运输量得到大幅提高。近几年达喀尔—巴马科铁路线货运量情况如下（单位：吨）：

	2007	2008	2009
国内货运量	26240	65962	79694
跨境货运量	346156	298076	310964
总货运量	388081	378987	390658

（资料来源：2010年塞内加尔人口与统计局数据）

水运：塞内加尔河全年通航距离为220公里，汛期可通航924公里。达喀尔港是西非第二大港，境内及对非洲和欧洲的货运往来频繁，2007年吞吐量为1110万吨。港口管理局与迪拜港世界公司合作，正在实施现代化扩建计划，以增强其竞争力。其他港口有圣路易港和济金朔尔港。近几年达喀尔港货运吞吐量情况如下（单位：万吨）：

	2007	2008	2009
卸载货物量	878.8	835.8	740.3
装载货物量	232.2	223.2	208.4
吞吐总量	1110.9	1059.0	948.7

（资料来源：同上）

空运：达喀尔列奥波尔德·塞达·桑戈尔机场为国际机场，年均客运量160万人次，货运量2万～3万吨。2008年客运量180万人次，货运量2.18万吨；2009年客运量约160万人次，货运量2.16万吨。法航、葡航等国际航班起降桑戈尔国际机场。自1998年起，圣路易有包机飞往法国。另有12个二级机场，其中较重要的有济金朔尔机场。塞内加尔航空公司曾与摩洛哥皇家航空公司以股权合作方式组建塞内加尔国际航空公司。近年来，受巨额债务所累，塞航运营困难。2009年，塞航全面停业，塞政府以塞航为基础组建新的国营航空公司，并于2010年下半年恢复营业。

2007年4月，布莱茨·迪亚涅国际机场举行奠基仪式。该机场位于距达喀尔50公里处，承运能力将是桑戈尔机场的两倍，造价约2.94亿美元。

【财政金融】财政收入的主要来源是各种税收和外国援助。近几年财政收支情况如下（单位：亿非洲法郎）：

	2007	2008	2009
收入	12313	12918	13042
支出	14356	15785	16232
差额	–2043	–2867	–3190

（资料来源：同上）

截至2010年底，塞外汇储备约为26.35亿美元，外债总额约44亿美元。塞于2000年被国际货币基金组织列入重债穷国减债计划，2003年达到减债计划的完成点，并于2006年被列入多边减债计划。

【对外贸易】主要出口渔业产品、花生、磷酸盐、石油产品、棉花和肥料等，进口粮食、原油、机电和日常消费品等。主要贸易伙伴是法国（系塞最大贸易伙伴，2008年分别占塞进、出口总额的20%和5.5%）、英国、马里、印度、冈比亚、中国、比利时等。近几年进出口贸易情况如下（单位：亿非洲法郎）：

	2007	2008	2009
出口额	8100	8930	8907
进口额	18720	25342	21416
差额	10620	16412	12509

（资料来源：同上）

【外国援助】据经济合作与发展组织统计，塞政府2010年获得官方发展援助为9.31亿美元（货币单位下同），其中双边援助占59%。主要捐助方为：法国1.73亿，国际开发协会1.26亿，欧洲共同体1.09亿，美国8500万，国际货币基金组织7500万，加拿大5600万，非洲发展基金5300万，西班牙5200万，日本5100万，荷兰3800万。

人民生活

根据联合国开发计划署公布的《2011年人类发展报告》，塞内加尔人类发展指数在世界187个国家中排第155位。2010年贫困人口占全国总人口的33.5%。人均寿命为56.2岁，新生儿死亡率为51‰。24%的人口不能享有洁净水，仅有50%的人口能享有卫生服务，3/4的医护人员集中在达喀尔和捷斯。2005年，塞有5.6万名艾滋病毒携带者，成人感染率为0.9%。随着政府投入的增加，塞疟疾死亡病例从2006年的1678例下降至2009年的577例，发病率也从2001年以前的30%降至目前的5.7%。

2008年全国有25.5万条固定线路。2007年移动电话用户约360万户。2009年塞内加尔移动电话、计算机和互联网普及率分别为85.75%、11.5%和4%，企业和行政机关计算机普及率分别为92.6%和98%。

军　事

1960年8月22日建军。总统为武装部队最高统帅，最高军事决策机构是国防委员会。政府设国防部，军队设总参谋部，下辖七大军区。实行义务兵役制，服役期两年。

2006年总兵力13620人，此外还有宪兵5000人。

陆军1.19万人，编有步兵部、工兵营、总统卫队、炮兵群、侦察中队、伞兵连等部队；海军950人；空军770人。现任总参谋长阿卜杜拉耶·法勒中将（Abdoulaye Fall）。

文化教育

【教育】教育发展较快。2007年，小学入学率为86%，全国共有157万在校生；中学入学率为35.9%，全国共有39.3万在校生；在读大学生7.8万人。成年人识字率为49%。2008年，小学入学率增至90.1%，在读大学生人数也增至9.1万人。全国有公立大学5所，高等专业院校10多所，私立高校80多所。其中达喀尔大学（谢赫·安达·迪奥普大学）创立于1957年（前身是"法属黑非洲研究院"），是黑非洲历史最悠久的高等学府之一，设有5个系和21所学院及研究所。目前，在校学生约6万人，教师1150名，行政技术人员1200名。

【新闻出版】全国日报和周报约有15种。1970年创刊的《太阳报》是国内最大的由政府控制的法文日报，日发行量6.5万份。此外，还有反映伊斯兰教派观点的《震旦报》，以及私营报纸《南方日报》、《政客》、《达喀尔晚报》、《经济日报》等。报纸和周刊均用法文出版。

塞内加尔通讯社是国家通讯社，成立于1957年。国内有7个分社，国外无分社。同20个外国通讯社签有新闻交流协定。1999年8月，第一家私营通讯社Ava Presse成立。

1973年建立广播电视局，1992年改为国营公司，名为"塞内加尔广播电视"，统管广播电视工作。从1992年开始，塞与法国合作开办调频台可收听法国国际台和设在加蓬的"非洲第一台"的广播。国家电视台的节目尚不能覆盖全国，覆盖面积为80%。在达喀尔，通过卫星天线，可收到美国CNN、法国国际台、Canal Horizon和TV 5等西方电视台的节目。2005年，塞全国共有685个网站，54万网民，25万台个人电脑。

对外关系

奉行全方位和不结盟政策。认为国际关系民主化和多元化是世界稳定的重要因素。积极主张维护非洲团结，推动非洲经济一体化及南北对话、南南合作和建立国际政治经济新秩序。重点保持与法国传统"特殊关系"，同时积极发展同美国的关系。重视发展同邻国和阿拉伯国家的关系，积极参与国际和地区事务。现为联合国、世界贸易组织、不结盟运动、法语国家组织、伊斯兰会议组织、非洲联盟、西非国家经济共同体和萨赫勒—撒哈拉国家共同体等组织成员国。同约120个国家建立了外交关系。

【同中国的关系】1971年12月7日中塞建交。1996年1月3日，塞政府宣布与台湾"复交"。9日，中国宣布中止同塞外交关系。2005年10月25日，中国外交部长李肇星与塞外交国务部长加迪奥在北京签署复交公报，两国恢复外交关系。

2010年1月，中联部部长王家瑞访问塞内加尔。4月，中国政府特使、教育部副部长郝平赴塞出席塞独立50周年庆典。2011年1月，国务院副总理回良玉访问塞内加尔。2011年4月，全国人大常委会副委员长陈至立访问塞内加尔。

2010年4月，塞内加尔外交国务部长马迪克·尼昂（Madické Niang）和国际合作、领土整治、空中交通和能源国务部长卡里姆·瓦德（Karim Wade）率团来华出席中塞经贸混委会首次会议。4月和7月，塞贸易部长阿马杜·尼昂（Amadou Niang）作为塞政府代表两次来华，先后出席了2010年上海世博会开幕式和塞内加尔国家馆日活动。9月，尼昂外长在纽约出席了中非外长第二次联大政治磋商。11月，塞国民议会议长马马杜·塞克（Mamadou Seck）率执政党代表团访华。2011年5月，尼昂外长访华。

2011年，中塞双边贸易额为7.49亿美元，同比增长36.4%，其中中方出口额为6.8亿美元，进口额为6870万美元。

中国驻塞内加尔大使：龚元兴。馆址：RUE 18 PROLONGEE，FANN RESIDENCE，DAKAR，REPUBLIQUE DU SENEGAL。信箱：B.P.342。国家地区号：00221。电话：338647775。传真：338647780。

塞内加尔驻华大使：帕帕·哈利卢·法勒（Papa Khalilou Fall）。馆址：北京市朝阳区东直门外大街23号，外交办公大楼303-305。电话：010-65325035。传真：65321207。

【同法国的关系】1960年6月19日建交。两国保持着传统的"特殊关系"。法是塞最大的投资和贸易伙伴，塞是获得法援最多的非洲国家之一。两国领导人多次互访。2007年4月，法国参议长蓬斯莱出席瓦德总统连任就职仪式。7月，法国总统萨科齐访塞。2008年9月，瓦德总统访法。2009年6月底至7月初，法国外长库什内访塞，并出席了达喀尔法国文化中心成立50周年庆祝仪式。10月，塞外交国务部长尼昂应邀赴巴黎出席首届"国际金融交易和发展"部长级会议。2010年4月，法内政部长奥特弗作为政府代表出席了塞独立50周年庆典。2012年2月，塞外长尼昂访法。4月，法外长朱佩赴塞出席萨勒总统就职仪式。同月，萨勒总统访法。

法系塞最重要的双边援助国。2007年法国对塞援助额为2.58亿美元，占塞获得双边援助额的53.7%。2008年法向塞提供1.25亿欧元紧急贷款，帮助塞应对财政危机。2009年，法塞启动"争取发展团结倡议支持计划"，法将在三年内向塞提供900万欧元，为旅居法国的塞侨民回国开展经济社会发展项目提供支持和补贴。

塞法签有军事协定，法在塞有驻军并派有军事顾问。近年来，法逐步减少在塞驻军的同时加大对塞军的技术援助，并多次与包括塞在内的非洲国家举行联合军事演习。2008年11月，法塞举行联合军事演习。2009年，法塞就签署新的防务协定多次谈判。2010年4月，瓦德总统单方面宣布关闭法国驻塞军事基地。后经双方协商，法于当年6月起逐步撤出驻塞军事基地，仅保留一个300人的军事点。

此外，塞是法国接收非洲留学生最多的国家，在法留学生占塞每年留学生总额的60%。达喀尔法国文化中心是法国在非洲最大的文化中心。

【同美国的关系】1960年6月20日建交。近年来，塞美关系有较大发展。两国签有相互鼓励和保护投资协定。美对塞援助和投资逐年增加，已成为塞主要贸易伙伴之一。瓦德总统先后于2004年、2006年、2008年3次访美。2007年4月，美国劳工部长赵小兰出席瓦德总统连任就职仪式。2008年11月，瓦德总统致电奥巴马祝贺其当选美国总统。2009年6月，塞外交国务部长加迪奥访美。2010年4月，塞外交国务部长尼昂访美。2011年8月，美国负责非洲事务的助理国务卿卡森访塞。9月，美国会代表团访塞。

美对塞援助近年来逐年递增。2009年美援助金额从2008年的5200万美元增加到8800万美元。2009年9月，两国签署总额达5.5亿美元的千年挑战账户援款协议，帮助塞加强农业、道路、水利等基础建设。

近年来，美塞不断加强军事合作。2008年9月，美向塞提供了600万美元军事物资，用于支持塞向苏丹达尔富尔地区派遣维和部队。

【同冈比亚的关系】1965年3月18日建交。1982年2月，塞冈两国结成邦联，塞总统迪乌夫和冈总统贾瓦拉分别任邦联正副总统。1989年9月，邦联解体。1991年两国签署“塞冈友好合作条约”。1998年以来，冈政府多次出面调解卡萨芒斯问题。瓦德总统曾于2004年和2006年两度访冈。2007年4月，冈副总统恩杰—赛义迪出席瓦德总统连任就职仪式。2010年1月，瓦德总统对冈进行工作访问。4月，冈总统贾梅出席塞独立50周年庆典。2011年5月，塞总理恩迪亚耶访问冈比亚。8月，瓦德总统访问冈比亚。2012年4月，萨勒总统访问冈比亚。

【同几内亚比绍的关系】1974年9月24日建交。几比同塞南部要求独立的卡萨芒斯地区接壤，曾参与调解卡萨芒斯问题，并促成塞政府与卡地区反政府武装“卡萨芒斯民主力量运动”达成停火协议。瓦德总统曾于2003年、2004年和2007年3次访问几比。2009年下半年，因领土纠纷及500名塞渔民非法捕捞被扣事，两国关系一度紧张，后在双方共同努力下得以缓解。2010年1月，塞外交国务部长尼昂访问几比。4月，几比总统萨尼亚出席塞独立50周年庆典。2011年7月，塞总理恩迪亚耶访问几比。10月，第9届塞内加尔—几内亚比绍双边混委会在达喀尔举行，塞外长尼昂和几比外长皮雷斯分别率团出席。2012年1月，瓦德总统赴几比出席前总统萨尼亚葬礼。2012年4月，萨勒总统访问冈比亚。

【同毛里塔尼亚的关系】1960年11月28日建交。1989年8月，两国因边民冲突酿成大规模相互驱赶侨民事件而断交。1992年4月，两国复交，此后双边合作发展顺利，影响两国关系的难民问题逐步得到解决。瓦德总统分别于2000年、2003年和2006年3次访毛。毛历届领导人均曾访塞，总统塔亚，军委会主席瓦尔，总统阿卜杜拉希分别于2005年、2006年和2007年访塞。2009年，瓦德总统两度赴毛调解毛宪政危机。6月，在非盟和瓦德的主持下，毛三大政治派别在达喀尔草签协议，就成立过渡联合政府等问题达成一致，结束了为期近1年的宪政危机。2010年1月，塞外交国务部长尼昂访毛。4月，毛总统阿齐兹出席塞独立50周年庆典。2011年7月，塞总理恩迪亚耶访问毛塔。

（郭亚凌）

塞　舌　尔

国名　塞舌尔共和国（Republic of Seychelles）。

面积　陆地面积455.8平方公里，领海面积约40万平方公里，专属经济区面积约140万平方公里。

人口　约9.09万（2010年）。居民主要为班图人、克里奥尔人（欧洲人和非洲人混血）、印巴人后裔、华裔和法裔等。克里奥尔语为国语，通用英语和法语。居民90%信奉天主教，8%信奉新教，其余信奉伊斯兰教、印度教或其他宗教。

首都　维多利亚（Victoria），人口3万。热季（12月至次年3月）平均气温30℃，凉季（4～11月）平均气温24℃。

国家元首　总统詹姆斯·阿里克斯·米歇尔（James Alix Michel），2004年4月就任，2006年7月、2011年5月连续两次胜选连任。

重要节日　国庆节：6月18日。

简　况　位于非洲东面的印度洋上，由115个大小岛屿组成。西距肯尼亚蒙巴萨港1593公里，西南距马达加斯加925公里，南与毛里求斯隔海相望，距印度孟买2813公里。属热带雨林气候，终年高温多雨。

16世纪，葡萄牙人曾到此地，取名“七姊妹岛”。1756年，法国占领，并以“塞舌尔”命名。1794年，英国取代法国。后英、法多次易手，轮流占领。1814年，英法签订和约，塞舌尔成为英国殖民地，归英国在毛里求斯的殖民当局管辖。1903年改为英直辖殖民地。1970年实行内部自治。1976年6月29日宣告独立，成立塞舌尔共和国，仍留在英联邦内，民主党主席曼卡姆任总统，人民联合党主席勒内任总理。1977年6月5日，勒内发动政变推翻曼卡姆，任总统。

政　治

勒内执政后，实行一党制，推行医疗、教育免费等高福利政策，保持了政局的长期稳定。1991年塞改行多党制。勒内1993年7月，1998年3月，2001年9月三次蝉联总统，2004年4月将总统职务移交副总统米歇尔。米歇尔上台后，出台经济社会调整计划，振兴经济、改善民生，缓解社会矛盾。2006年7月，塞举行独立以来第四届总统选举，米歇尔以53.73%的得票率当选总统。2009年6月，执政党人民进步阵线更名为人民党，米歇尔接替勒内就任党主席。2011年5月，人民党在总统大选中再次以55.5%的得票率获胜，米歇尔蝉联总统。

【宪法】现行宪法于1993年6月制订并生效，1996年7月和2000年5月两次修订。宪法规定：塞实行立法、行政、司法三权分立，总统为国家元首兼政府首脑、全国武装部队总司令，由普选产生，任期五年，可连选连任一届。总统可在第一或第二任期就职满一年后的任何时期，以公告形式要求举行下届总统选举，亦可在总统候选人提名日之前将该公告取消；当总统职务因总统死亡或辞职而空缺，或因其他原因总统停止行使职权时，将由议会多数通过，确定一名部长行使总统职权，直至选出新总统；当选总统在就职前死亡，由当选总统指定的副总统接替总统职务。司法权属最高法院。

【议会】称国民议会，一院制，为塞最高立法机构，议员任期五年。本届议会于2011年10月成立。共有31名议员，其中25名由各选区直接选出，6名按各政党获票总数的比例推出，全部为人民党议员。议长帕特里克·赫米尼耶（Patrick Herminie）。

【政府】实行总统制。内阁为国家最高行政机构，负责制定和执行国家政策。本届政府于2012年3月组成，共13名成员，主要包括：总统兼国防、安全、司法、旅游、信息、青年事务和石油开采部长詹姆斯·阿里克斯·米歇尔，副总统兼通信技术和公共管理部长丹尼·富尔（Danny Faure），指定部长兼社区发展、社会事务和体育部长文森特·梅里顿（VINCENT Meriton），内务和交通部长乔尔·摩根（Joël Morgan），教育部长马克苏西·蒙东（Macsuzy Mondon，女），外交部长让—保罗·亚当（Jean-Paul Adam），投资、自然资源和工业部长彼得·辛诺（Peter Sinon），财政、贸易和投资部长皮埃尔·拉波特（Pierre Laporte），环境和能源部长罗尔夫·巴耶特（Rolph Payet），旅游和文化部长阿兰·圣·安杰（Alain St Ange），土地利用和住房部长克里斯汀·莱昂尼特（Christian Lionnet），卫生部长米·拉鲁（Mitcy Larue），就业和人力资源部长伊迪丝·亚历山大（Idith Alexander）。

【行政区划】全国共分为25个行政区，其中8个区隶属首都维多利亚市。

【司法机构】由最高法院、上诉法院、地方法院和法庭组成。最高法院由大法官、陪席法官和助理法官组成。上诉法院由院长、两名或两名以上上诉法官和文职法官组成。总检察长为政府的首席法律顾问。总统根据宪法任命委员会提议任命检察长、大法官、上诉法院院长、上诉法官、法官助理等，上述职务任期均为七年，检察长、法官任职期间，不得解除其职务。此外还设有制宪法庭，专门受理违宪诉讼，保证宪法的权威性。宪法任命委员会主席热雷米·博纳拉姆（Jeremie Bonnelame），2007年7月就任。总检察长罗尼·戈文登（Ronny Govinden）。最高法院大法官弗雷得里克·埃贡达—恩坦达（Frederick Egonda-Ntende），2009年8月就任。上诉法院院长弗朗西斯·麦克格雷戈尔（Francis McGregor）。

【政党】目前，塞舌尔正式注册的政党有4个，分别是：

（1）塞舌尔人民党（Seychelles People's Party）：执政党。前身是塞舌尔人民联合党，成立于1964年，1978年6月改称塞舌尔人民进步阵线，2009年6月改为现名。现有中央委员23名（任期四年），党员2.2万多名。1991年后，该党政策大幅调整，决定由一党制向多元化政治过渡，人阵由先进分子组成的党过渡到向全体塞公民开放的群众性政治组织，不再提及建设社会主义。主席为总统米歇尔，总书记为副总统富尔，前总统勒内被授予“党的创始领导人”称号。

（2）塞舌尔民族党（The National Party of Seychelles）：主要反对党。原名联合反对党，1993年6月成立，1998年7月改现名。由塞舌尔人党、塞舌尔民族运动和塞舌尔民族联盟联合组成。纲领是建立一个崭新的民主政府。该党推举其党主席韦维尔·拉姆卡拉旺（Wavel Ramkalawan）作为总统候选人先后参加了2006年7月和2011年5月总统大选，得票率分别为45.7%和41.4%，均负于执政党塞舌尔人民党。总书记为罗杰·曼欣尼（Roger Mancienne）。

（3）塞舌尔民主党（Seychelles Democratic Party）：1964年成立。1976年塞独立时，与人民联合党组成联合政府，民主党主席曼卡姆任总统。1977年勒内发动政变上台，该党被取缔。1992年3月重新注册为合法政党。主张通过对话和磋商实现国家稳定，经济上实行私有化和自由竞争，对外加强与世界各国特别是与邻国的关系。推行以国家、民族利益为重的“塞舌尔至上”主张。主席拉尔夫·沃尔塞（Ralph Volcere），2009年3月当选。沃尔塞作为该党候选人参加了2011年5月总统大选，得票率1.4%。

（4）塞舌尔社会民主联盟（The Social Democratic Alliance）：1999年4月成立。现有党员150人左右。

【重要人物】詹姆斯·阿里克斯·米歇尔：总统兼国防、司法、信息和旅游事务部长，1944年生。执政党人民党主席。曾任总统办公厅新闻国务部主任兼国防军政治教育局长，教育与新闻部长兼国防军参谋长，财政与交通部长，国防、财政与通讯部长。1996年起任副总统兼财政、经济计划、国防、环境与交通、信息技术与通讯部长等职。2004年4月任现职，2006年7月当选连任，2011年5月蝉联。　**丹尼·富尔：**副总统兼公共管理、通信技术、财政和贸易部长，1962年生，执政党人民党总书记。曾任教育部长、教育和青年部长、指定部长兼教育和青年部长、指定部长兼财政部长。2010年7月起任现职。

经　济

旅游业和渔业为两大经济支柱，工农业基础薄弱，粮食和日用品主要依赖进口。近年塞舌尔政府先后推出经济改革计划和10年经济发展目标，重点振兴旅游业，紧缩财政、货币，推进国企私有化和贸易自由化，放宽“环保”标准，增售捕鱼许可证，财政亏空状况略有缓解，但经济形势依然严峻。2008年，受国际油价高企、粮食价格暴涨和国际金融危机影响，塞经济遭遇较大困难。11月，塞政府开始实行与国际货币基金组织商定的经济改革方案，主要内容包括重组外债、货币贬值、紧缩货币并鼓励储蓄和投资、精简公职人员、增收节支等。2011年经济改革取得显著成果，经济整体运行良好，达到了基本预定的经济目标。2011年主要经济数据如下：

国内生产总值：9.65亿美元。

人均国内生产总值：1万美元。

经济增长率：5%。

货币名称：塞舌尔卢比。

汇率：1美元=13卢比。

【资源】渔业为国民经济重要支柱。领海面积约40万平方公里，专属经济区面积约140万平方公里。金枪鱼等渔业资源丰富。森林面积约2000公顷。

【工业】主要是中小型企业，有啤酒厂、香烟厂、混凝土厂、金枪鱼罐头厂、饮料厂、饲料厂、涂料厂、乳制品厂等。工业产品有食品、油漆、家具等。

【农牧渔业】农业基础薄弱，耕地面积仅约1万公顷。主要种植椰子、肉桂、茶叶等经济作物。粮食、肉类和蔬菜多靠进口。金枪鱼罐头和对虾分别为塞第一、第二大出口商品。

【旅游业】塞风景秀丽，全境50%以上地区被辟为自然保护区，享有“旅游者天堂”的美誉，1993年在世界十大旅游点评选中名列第三。主要景点有马埃岛、普拉兰岛、拉迪格岛和伯德岛等。旅游业为塞第一大经济支柱，直接或间接创造了约72%的国内生产总值，每年给塞带来1亿多美元外汇收入，约占外汇总收入的70%，并创造了30%的就业。截至2011年11月底，塞接待外国游客17.6万人，同比增长11.2%，创历史新高。客源主要来自法国、意大利、德国、英国、南非和俄罗斯等国。近年来，塞旅游部门越来越注重开发中国、印度、海湾国家等亚洲新兴旅游市场。塞拥有较大的星级饭店32家，中小型旅馆62家。南非和海湾多家公司在塞兴建星级酒店并陆续投入运营。

【交通运输】以空运和水运为主。首都维多利亚港为塞唯一天然深水良港，位于印度洋国际航道，是印度洋上重要的交通枢纽。该港口分为商业和渔业码头两部分。商业码头可进行集装箱装卸作业。2003年，该港装卸货物518.9万吨，转运鱼类8.1万吨。2005年从德国订购的三艘3.7万吨级油轮已投入运营，年净盈利1200万美元。

公路：总长482公里。有执照的机动车约1.1万辆。

空运：塞拥有马埃岛机场、普拉兰岛机场和10多个简易机场，2架波音767、1架波音737飞机和10架轻型飞机，经营国际和国内航班。塞航有直达欧洲、中东、亚洲和南非的航班，共有13条国际航线。2004年，阿联酋航空公司、卡塔尔航空公司也相继开通至塞的航线。2005年国际客运量36万人次，国际货运量5518吨，国际航班约4000架次。

【财政金融】塞财政状况良好，外汇储备稳定增长，债务负担持续降低。2011年，塞全年财政收入51亿卢比，盈余约5.66亿卢比，占GDP的4.5%。截至2011年底，外汇储备为2.68亿美元。截至2011年9月，塞外债总额为4.56亿美元。

除中央银行外，塞有7家商业银行：英国巴克莱银行、法国商业银行、塞舌尔新银行、巴基斯坦哈比卜银行、印度巴罗达银行、塞舌尔储蓄银行、塞舌尔发展银行。

【对外贸易】基本为净进口国家，生活用品和生产资料等均靠进口。主要出口鱼、椰干、肉桂皮等，进口纺织品、机器设备、车辆、日用品、食品及石油等。英、法、意、德、荷兰、南非、毛里求斯和新加坡等为主要贸易伙伴。塞尚未加入世界贸易组织，实行进口许可证和配额管理制度。

【外国援助】塞主要援助国和国际机构是法国、美国、日本、英国、澳大利亚、加拿大、德国、印度、世界银行、世界卫生组织、欧洲发展基金、欧盟和非行等。2004年12月发生海啸后，塞先后收到中、日、印、英、法、德、美等13个国家和联合国粮农组织、非行等机构的援助。2011年，塞与中国、日本、利比亚、马来西亚、阿联酋、巴黎俱乐部等所有债权国达成债务重组协议。

人民生活

根据联合国开发计划署2009年度人类发展报告，塞舌尔在世界182国中排名第57位，在非洲排名第一，属最适合人类生存的国家之一。塞政府推行高福利政策，实行免费义务教育、免费医疗、终身保健制度和全面就业计划，向低收入者提供建房贷款、发放各种救济金。卫生部预算一直居政府各部门预算的第二位，人均达1920卢比。实行统一工资制度，规定最低工资1700卢比，63岁退休。从2012年1月起，退休人员养老保险金增加5%。99%的人口享受卫生保健服务。养老金提高到1350卢比，产妇及伤害补助费提高到1075卢比，孤儿和弃婴补助费提高到640卢比，丧失工作能力人员补助费提高到1300卢比。全国共有医院7所，床位416张，保健中心17个，私人诊所9个，牙科诊所6个，医生91人，牙医16人，护士422人，药剂师7人。

军　事

1977年6月创建人民解放军，1980年改称“人民国防军”，由陆军和海岸警卫队组成。实行志愿兵役制。总统兼任国防部长及武装部队总司令，国防军司令巴耶特。总兵力800人，其中陆军500人，海岸警卫队300人。另有总统卫队50人，国民警卫队（原民兵）1000人。1993年实行党、政、军分离。1994年为减少国防开支和提高效能，将作战部和后勤部合并。现有警察约800人，分常规警察、机动警察、国民卫队和消防队四部分，由内政部管辖。2004年1月，国民卫队划归国防军。2008年度国防预算850万美元，约占国内生产总值的0.9%。

文化教育

【教育】政府重视发展教育事业。2003年教育支出为1.544亿卢比，占总支出的9.67%，在政府各部门预算中额度最高。实行免费义务教育至17岁（9年义务教育）。塞舌尔大学是塞唯一一所大学，成立于2009年，前身是中国援建的综合工艺学院。政府制定成人教育计划，实行全民文化教育。15岁以上人口识字率达91.9%。1998年教育部改变以往由政府承担学生全部学费的做法，大学预科及赴国外留学学生的学费政府只负担60%。但家长月薪不足2500卢比的不在此列。

【新闻出版】主要报刊：《塞舌尔民族报》，官方日报，由财政部用英、法、克里奥尔文出版，发行量5000份，是塞唯一一家日报；《政府公报》，不定期出版；《人民报》，系执政党人民党党报，每周发行3500份；《塞舌尔周报》，民主党党报，1963年创刊，1977年被取缔，1992年9月复刊；《观察》周报，反映反对党塞舌尔人党的观点，发行量3000份；《群岛回声》，天主教办的双月刊，发行量2800份。

塞舌尔新闻通讯社：官方通讯社，1979年成立，用英文、法文发稿。

塞舌尔广播电台：建于独立前，原为私有，后改为政府电台，每天用克里奥尔语、英语和法语播出约18个小时的节目。塞舌尔国家电视台于1983年投入使用，亦用以上三种语言播出节目，每天播放时间约14个小时。

对外关系

奉行中立、不结盟、睦邻友好和务实外交政策，主张在尊重主权和不干涉别国内政的基础上同所有国家建立和发展关系。强调大小国家一律平等，积极维护中小国家利益，主张加强南南合作和南北对话。近年，因经济困难，重点加强同西方国家和国际金融机构的关系，积极发展同中国、印度等新兴大国的关系，争取外援外资。重视气候变化和小岛屿发展中国家可持续发展问题，支持国际社会打击索马里海盗，积极参与东部非洲和印度洋地区事务，倡议建立印度洋和平区。是不结盟运动、非盟、南部非洲发展共同体、东南非共同市场、环印度洋地区合作联盟、印委会等组织成员国及印度洋金枪鱼委员会总部所在地。

【同中国的关系】中国与塞舌尔1976年6月30日建交。2006年1月，全国人大常委会副委员长司马义·艾买提访塞。2006年11月，塞总统米歇尔来华出席中非合作论坛北京峰会并访华。2007年2月，国家主席胡锦涛对塞进行国事访问。2008年8月，塞总统米歇尔来华出席北京奥运会开幕式。2008年11月，全国人大常委会委员长吴邦国对塞进行正式友好访问。2009年3月，塞国民议会议长赫米尼耶访华。2010年5月，塞总统米歇尔来华出席上海世博会开幕式。2010年9月，全国人大常委会副委员长陈至立访塞。2011年10月，塞总统米歇尔非正式访华。2011年12月，国务委员兼国防部长梁光烈访塞。

中国驻塞舌尔大使：史忠俊。馆址：St. Louis, Victoria, Mahe, Seychelles。电话：00248-266588（办公室），266808（经商处）。电传：2398 CHINA EMSZ。传真：266866。

塞舌尔驻华大使：菲利普·勒加尔（Philippe Le Gall）。馆址：北京市朝阳区尚都国际中心11层1105。电话：010-58701192；传真：58701219。

【同法国的关系】塞法有传统关系。法国是塞舌尔的主要援助国和重要贸易伙伴。法主要在渔业、农业、卫生、旅游、教育、广播电视和人员培训方面给予塞方援助。勒内总统先后7次访法。2002年，法国政府改革合作与发展计划，不再将塞列为“优先援助国”，中止对塞直接援助，但同塞继续开展文化、科技等领域的合作。

【同英国的关系】塞舌尔系英联邦成员国。英国是塞重要贸易伙伴。英每年援塞金额约100万英镑，主要用于提供技术援助和奖学金。2010年，塞克服经济困难，重开驻英高专署，贝尔蒙副总统专程赴英出席女王庆生活动。2011年5月，英国威廉王子夫妇赴塞度蜜月。

【同欧盟的关系】2009年欧盟共向塞捐资1700万欧元。欧盟积极支持塞经济改革计划，2009年向塞提供900万欧元专项援助，2010年计划再提供800万欧元。2009年11月，英国驻塞高专代表欧盟与塞签署军事人员地位协定，为欧盟海军舰只及相关人员追捕、羁押进入塞领海和内水的海盗提供各种便利。2010年2月，双方签署协议，欧盟同意从应对全球气候变化联盟倡议基金下支出200万欧元，资助塞政府实施应对气候变化国家战略，塞成为欧盟资助应对气候变化的首批试点国家。2010年5月，欧盟负责外交和安全政策的高级代表阿什顿访塞并出席了在塞举行的索马里海盗问题国际会议。

【同美国的关系】2009年7月，塞美签订驻军保护协定，塞允许美军舰在维多利亚港停泊补给。2010年7月，塞美签订海盗嫌犯移交协议，双方表示将加强在打击海盗、非法捕鱼和毒品走私方面的合作。

【同印度的关系】塞印关系密切，印度人后裔和侨民在旅塞外国侨民人数中居第一位。塞对印核试验未公开批评，在克什米尔问题上支持印方立场，支持印成为安理会常任理事国。2009年7月，塞印签订促进与保护两国投资协定。2010年1月，塞总统米歇尔访印。双方讨论了两国在医疗、军事、航空等领域的合作。印承诺向塞维多利亚医院提供先进设备，向塞政府提供一位海洋安全顾问和军事装备。同月，塞议长赫米尼耶出席在新德里举行的第26届英联邦议长会议。6月，塞总统米歇尔访印。印宣布与塞达成债务重组协议，印进出口银行将免除塞45%的债务，约137.5万美元，作为支持塞经济改革和债务重组的举借之一。印还将向塞提供1000万美元的优惠贷款。11月，塞开通至印度钦奈的直航。

【同南非的关系】1992年4月，塞与南非正式建交。南非曾因1981年其雇佣军侵塞赔偿塞300万美元，并拟在塞投资5000万卢比，帮助塞发展渔业加工和小工业项目。南非现为塞主要贸易伙伴之一。2008年7月，南非向塞提供360万美元无偿援助，以帮助塞应对经济困难。2009年5月，塞总统米歇尔出席南非总统祖马的就职仪式。2010年3月，塞航开通周日至南非开普敦直航。

【同邻国的关系】塞重视发展同毛里求斯、马达加斯加等邻国的关系。塞与毛里求斯1988年6月17日建交。双方曾对沙亚·马拉沙洲海域归属问题有争议，后经协商，同意共同开发该海域。2008年7月，塞国家发展部长杜加西和毛首席检察官兼司法和人权部长瓦莱登签署两国专属经济区划界协议。同月，塞拉迪格岛和毛罗德里格斯岛签订友好协议。2011年2月，毛副总理普拉文·贾格纳特访塞并出席两国第9次联合委员会会议，双方签署避免双重征税协定的修订本。2011年3月，塞毛两国共同举行双边合作委员会第9次会议。2012年3月，米歇尔总统赴毛里求斯出席毛独立44周年庆典。

塞同马达加斯加1989年4月12日建交，关系友好。1990年，塞马签订合作开发石油和天然气协议。2002年，作为印委会轮值主席国，塞积极参与国际社会调停马岛政治危机。2007年1月，塞外长皮莱出席马总统拉瓦卢马纳纳的连任就职仪式。8月，米歇尔总统应邀出席在马举行的印度洋岛屿国家运动会开幕式并对马进行访问。

2011年塞主办第八届印度洋岛国运动会，毛里求斯、科摩罗、马达加斯加、法国留尼旺等七个印度洋岛国的1700名运动员参加。（樊建萍）

圣多美和普林西比

国名　圣多美和普林西比民主共和国（The Democratic Republic of Sao Tome and Principe, República Democrática de São Tomé e Príncipe）。

面积　1001平方公里。

人口　约16万。90％为班图人，其余为混血人种。官方语言为葡萄牙语。90%的居民信奉天主教。

首都　圣多美（São Tomé），人口约6.2万。最高气温（3月）23℃～31℃，最低气温（7、8月）21℃～28℃。

国家元首　曼努埃尔·平托·达科斯塔（Manuel Pinto Da Costa），1975年圣普独立后出任总统，执政至1991年，2011年8月再次当选总统。

重要节日　独立日：7月12日。

简　况

非洲中西侧几内亚湾东南部岛国，距非洲大陆201公里。由圣多美、普林西比以及罗拉斯、卡罗索等14个小岛组成。东与加蓬、东北与赤道几内亚隔海相望。海岸线长220公里。圣、普两岛均属火山岛。属热带雨林气候，终年湿热。两岛平均气温27℃。1～5月为大雨季，6～9月为旱季，10～12月为小雨季。年均降雨量1000～2500毫米。

15世纪70年代，葡萄牙人到达圣普，将其作为奴隶贸易的据点。1522年沦为葡属殖民地。17～18世纪为荷兰、法国占领。1878年再度为葡统治。1951年成为葡的海外省。1960年圣普解放委员会成立（1972年易名为圣普解放运动，1990年又改名为圣普解放运动—社会民主党，简称“解运”），要求无条件独立。1974年葡当局同解运达成独立协议。1975年7月12日宣告独立，定国名为圣多美和普林西比民主共和国，曼努埃尔·平托·达科斯塔任总统。独立后曾长期由解运一党执政。1990年8月起实行多党制。1991年1月，民主统一党（简称“民统党”）在议会选举中获多数席位，成为执政党；同年3月，米格尔·特罗瓦达当选总统。1996年7月特罗瓦达蝉联总统。1998年11月，解运重新在议会选举中获胜，并于1999年1月组成新政府。2001年8月，民主独立行动党（简称“民独党”）候选人弗拉迪克·德梅内塞斯击败解运候选人平托当选总统并于9月3日正式就职。2006年7月，德梅内塞斯作为民主运动变革力量/自由党（简称“民运党”）和民统党两党联盟候选人再次当选总统。2010年8月，圣普举行议会选举，民独党获多数席位，该党总书记特罗瓦达出任总理。2011年8月，独立候选人、前总统达科斯塔当选总统。

政　治

达科斯塔上台后，加大反腐力度并要求人民加强团结。圣普政府将减少财政赤字，控制通胀，吸引外国直接投资，发展多元经济作为工作重点。目前，圣普政局基本稳定。

【宪法】现行宪法于1990年9月颁布，其中规定：圣普是一个独立的主权国家，是建立在基本人权基础上的民主法治国家。政教分离、司法独立。总统是国家元首、武装力量总司令，由普选产生，任期五年，可连任一届。总统有权任免总理、解散议会以及颁布法律、法令和命令等。

【议会】国民议会是国家最高代表和立法机构。议员每届任期四年。本届议会于2010年8月产生，共有议员55名，其中民独党获得26席，解运获得21席，民统党和民运党分别占7席和1席。议长为埃瓦里斯托·卡瓦略（Evaristo Carvalho）。

【政府】本届政府于2010年8月14日成立。政府成员有：总理帕特里斯·埃梅里·特罗瓦达（Patrice Emery Trovoada），外交和侨民部长曼努埃尔·萨尔瓦多·多斯·拉莫斯（Manuel Salvador dos Ramos），国防部长卡洛斯·奥林匹奥·斯托克（Carlos Olinpio Stock），司法部长埃利西奥·奥斯瓦尔多·达阿尔瓦·特谢拉（Elisio Osvaldo da Alva Texeira），议会事务部长阿丰索·瓦雷拉（Afonso Varela），计划和发展部长阿戈什蒂纽·夸雷斯马·多斯桑托斯·费尔南德斯（Agostinho Quaresma dos Santos Fernandes），财政和国际合作部长阿梅里科·德奥利韦拉·多斯拉莫斯（Américo de Oliveira dos Ramos），公共工程和自然资源部长卡洛斯·曼努埃尔·维拉·诺瓦（Carlos Manuel Vila Nova），卫生和社会事务部长安热拉·多斯桑托斯·拉莫斯·若泽·达科斯塔·皮涅伊罗（Angela dos Santos Ramos José da Costa Pinheiro），教育、文化和培训部长奥林托·达席尔瓦·索萨·达约（Olinto da Silva Sousa Daio）。

【行政区划】全国分为7个县。

【司法机构】最高法院为最高司法机关，负责监督法院对法律的解释和应用，其成员由议会任命；总检察院负责捍卫民主与法制，总检察长由政府提名，总统任命。最高法院院长西尔韦斯特雷·莱特（Silvestre Leite），总检察长阿德利诺·内托·佩雷拉（Adelino Neto Pereira）。

【政党】根据1990年9月颁布的政党法规定，一个政党不得少于250人，且在向国家最高上诉法院登记注册后方为合法。2007年初，登记注册的合法政党共14个。

（1）民主独立行动党（Acção Democrática Independente）：1993年3月21日正式成立。现为议会第一大党，共有26席。总书记为特罗瓦达总理。

（2）圣多美和普林西比解放运动—社会民主党（Movimento da Libertação de São Tomée Príncipe-Partido Social Democrata）：成立于1960年9月。原名圣多美和普林西比解放委员会，1972年改称解放运动，1990年改为现名。现有议席21个。主席奥雷利奥·马丁斯（Aurélio Pires Quaresma Martins）。

（3）民主统一党（Partido da Convergência Democrática）：前身为思索小组，成立于1990年11月。现有议席7个。主席阿尔贝蒂诺·布拉干萨（Albertino Braganca）。

（4）民主运动变革力量/自由党（Movimento Democrãtico-Força da Mudança/Partido liberal）：原名为民主运动—变革力量。2001年12月20日成立，由前解运全国委员会委员欧热尼奥·蒂尼在德梅内塞斯总统的支持下创建，许多骨干来自解运和民独党。2004年4月，召开第一次党代会，改为现名。现有议席1个。主席为德梅内塞斯（Fradique Bandeira Melo de Menezes）。

（5）圣多美劳工党（Partido Trabalhista São-Tomense）：成立于1993年1月13日。原称人民联盟—工党，主要成员为旅居葡萄牙的圣普侨民。2001年6月召开第一次党代会，改为现名。总书记阿纳克莱托·罗林（Anacleto Rolin）。

（6）基督教民主阵线（Frente Democrata Cristã）：前身为1976年成立的圣多美和普林西比全国抵抗阵线。1990年12月召开一大，易为现名。主席阿尔莱西奥·科斯塔（Arlécil Costa）。

（7）反对党—民主联盟（Partidode Coligação Democrãtica da Oposição）：1990年10月15日，由三个各自独立的反对派组织——全国抵抗阵线、全国民主行动及民主独立同盟合并而成。主席内维斯·席尔瓦（Neves Silva）。

【重要人物】曼努埃尔·平托·达科斯塔：总统。1937年8月5日出生。曾在圣普、安哥拉及葡萄牙求学，后就读于柏林洪堡大学，获经济学博士学位。系圣多美和普林西比解放运动—社会民主党（解运）创始人之一，长期担任党主席。1975年圣普独立后出任总统，执政至1991年。圣普实行多党制后，连续两次竞选总统失利。2011年8月，当选总统。**帕特里斯·特罗瓦达**：总理。1962年3月18日生于加蓬首都利伯维尔。其父米格尔·特罗瓦达曾任圣普总统。曾在法国进修经济学。1994年当选议员。2001～2002年任圣普外交部长。2004年当选民独党总书记。2008年2月任总理，5月遭议会弹劾下台。2010年8月再次出任总理。

经　济

联合国公布的世界最不发达国家之一。是以种植可可等经济作物为主的农业国。独立后曾长期实行以国营经济为主的经济政策。1985年开始实行经济自由化。1987年实行经济结构调整计划。2001～2005年经济增长率保持在3%～5%。2005年，圣普政府继续实施结构调整计划，通过推行税收改革、鼓励私营部门发展等举措，努力保持宏观经济稳定。2月，圣普—尼日利亚联合开发局与美国谢夫隆—德士古、埃克森—莫比尔和尼日利亚—挪威股份能源公司签署联合开发区第一区块石油分成合同，圣普获得4920万美元签约金。这是该国取得的第一笔石油美元。2010年，圣普政局稳定，国际货币基金组织、世界银行、欧盟和葡萄牙等继续向圣普提供援助，圣普货币与欧元实行挂钩，经济保持一定增长。2011年圣普主要经济数据如下（资料来源：2012年4月《经济季评》）：

国内生产总值：2.57亿美元。

人均国内生产总值：约1500美元。

国内生产总值增长率：5.5%。

货币名称：多布拉（Dobra）。

汇率：1美元＝18700多布拉。

通货膨胀率：12%。

【资源】1999年美孚石油公司在圣普近海发现油田。圣普目前探明蕴藏量约60亿～100亿桶，开发尚处起步阶段。森林资源丰富。近年由于破坏性采伐，原始热带雨林覆盖率已下降至28%。16万平方公里的专属经济区可为圣普每年提供1.3万吨的渔业资源。

【工业】仅有陶瓷、砖瓦、饮料、木材加工、制衣、印刷、汽车修理等小工厂。此外还有两座水电站和一座热电站。

【农业】全国51%的人口从事农业生产。1993年开始土地改革，实行包产到户。粮食不能自给，粮食进口占进口总额的17%。主要经济作物有可可、椰干、咖啡、棕榈仁等，其中可可产值占国内生产总值的20%以上，年均出口3500～4000吨可可，占出口总额的77%以上，其中90%出口比利时，10%出口法国和瑞士。2011年圣普出口可可510万美元，占当年农产品出口总额的96%。

【旅游业】独特的地理位置和优美的自然景观为圣普提供了丰富的旅游资源，但交通不便及基础设施落后影响了旅游业的发展。20世纪90年代以来旅游设施有了较大改观。2004年2月，议会批准政府提案，允许在圣普开设赌场。2005年全国共有旅馆7家，床位约500张，旅游外汇收入约为1340万美元。主要游客来自葡萄牙和安哥拉。

【交通运输】全国有公路380公里，其中250公里为沥青路。2010年3月，国家2号公路修复工程开工，该条公路长52公里，投资2400万欧元。港口和机场各两个。有通往利伯维尔、罗安达、里斯本、安特卫普等港口的海上航线，主要由葡萄牙和荷兰船运公司经营。圣多美国际机场可供大型客机起降。葡萄牙、安哥拉、加蓬、南非和尼日利亚等国航空公司均有飞往圣多美的航班。

【财政金融】2007年，圣普获国际货币基金组织、巴黎俱乐部等大幅免债，外债从3亿多美元减至约8000万美元，财政状况有所改观。2010年外汇储备约4830万美元。

【对外贸易】主要出口产品为可可，此外还有咖啡、椰干、棕榈仁等。主要进口粮食、燃料、工业产品和日用消费品。主要贸易伙伴为葡萄牙、英国、荷兰、比利时、巴西、美国、日本等。

【外国援助】圣普是世界上人均接受外援最多的国家之一，90%的发展资金依靠外援。主要援助国家和地区以及国际机构为葡萄牙、法国、美国、德国、日本及非洲开发银行、欧盟、联合国开发计划署和国际货币基金组织等。2009年1月、5月，尼日利亚政府决定向圣普分别提供3000万美元贷款和1000万美元无息贷款。2月，欧盟向圣普提供1380万欧元贷款。同月，圣普、葡萄牙双方签署了葡向圣普提供5000万欧元贷款的协议。3月，世行批准向圣普提供360万美元捐款。同月，国际货币基金组织同意资助圣普政府提出的380万美元经济项目。2010年6月，欧盟与圣普签署总额为1500万欧元的援助协议。11月，非洲开发银行决定向圣普提供750万美元的经济援助。2011年3月，世界银行称将于2011年和2012年分别资助圣普国家总预算420万和200万美元，将为圣普2011～2014年的电信计划资助1420万美元，为环境和渔业项目资助410万美元。5月，欧盟宣布将于2011～2014年援助圣普250万欧元。6月，非洲开发银行资助圣普300万美元用于改善国际机场安全条件和举行全国人口普查。同月，葡萄牙向圣普提供760万欧元贷款用于道路重建。8月，巴西向圣普提供88万美元用于人口普查。2012年2月，日本向圣普提供240万欧元的食品援助，欧盟资助圣普200万欧元用于建设四个供水站。

人民生活

近年来，圣多美和普林西比货币持续贬值，物价上涨，生活在贫困线以下的人口比例已超过50%，其中15%为绝对贫困人口。2002年劳动者最低月工资28美元。全国有3所医院，6所妇产院，3个综合门诊部，1个妇幼保健中心和1个国家卫生教育中心。共有医务人员218

名，其中医生76人，病床580张。医疗开支占政府财政支出的11.1%。2007年人口出生率约为31.16‰，死亡率5.98‰，儿童出生死亡率38.36‰，平均寿命68岁。圣普于1990年发现第一例艾滋病人，截至2006年底，艾滋病患者和病毒携带者9000人，占总人口的6%。2011年2月，圣普政府通过决议，将于年内举行第九次全国人口普查。

军　事

武装力量创建于1975年（1991年后称“圣普革命武装力量”），由武装部队、警察、总统卫队和民兵组成。2001年由600人精简至300余人，其中陆军2个营、海军1个排、民兵1个营和总统卫队160人。武器装备主要来自葡萄牙、利比亚和南非。总统为武装部队最高司令。

文化教育

【教育】国家重视教育事业，实行中小学免费教育。全国共有85所学校。政府注重师资培训，并聘请葡、英教师在各中学执教。此外，国家每年还选派留学生到国外深造。全国有图书馆6个，藏书1.4万册；档案馆和博物馆各1个。2004年2月，圣普对教育体制进行改革，小学义务教育由4年改为6年，注册学生为3.5万。2005年文盲率为15.1%，儿童入学率达97%。2006年，葡萄牙卢斯埃达大学在圣普设分校。

【新闻出版】社会新闻总局为国家新闻单位主管机构。主要报刊有《消息报》和《共和国日报》，发行量都在800份左右。此外还有《论坛报》、《橱窗报》、《傻瓜》等。

有国家电台、电视台各一家和圣普通讯社。2000年4月，由葡萄牙援建的普林西比自治区电台正式开播。电台每日用葡语播音17小时。电视台自1982年起开播。另外，法国国际广播电台和美国之音电台等在圣普建有中转站。2007年11月，法国TV5《非洲世界》节目在圣普开播。

对外关系

奉行和平与睦邻友好的对外政策，主张同所有国家建立和发展友好合作关系，以更好地利用国际合作资源，为圣普的经济发展服务；重点发展与周边国家、非洲葡语国家以及西方援助国的关系；维护非洲团结，重视区域合作，支持实现非洲一体化；强调通过对话解决争端，要求建立国际政治、经济新秩序。系非洲联盟、中非国家经济共同体、葡语国家共同体成员国和法语国家组织成员国。

【同中国的关系】中圣普于1975年7月12日建交。1997年5月6日，圣普宣布同台湾“建交”。7月11日，中国政府决定中止同圣普的外交关系。两国建交期间，圣普总统平托、特罗瓦达曾分别访华。中外交部副部长宫达非、江苏省委书记韩培信、外交部副部长杨福昌及国务院副总理兼外长钱其琛等先后访问圣普。

2011年中圣普贸易额为200万美元，全部为中方出口。

【同葡萄牙的关系】葡萄牙是圣普最大援助国，两国签有友好合作、经贸、文化和科技等多项协定。葡向圣普派有医生、教师及工程技术人员。7月，圣普总理接见到访的葡财长，两国财长还签署了葡萄牙政府免除圣普3500万欧元双边债务及向圣普提供5000万欧元贷款协定。同月，圣普总统出席在里斯本召开的第七届葡语国家峰会。2009年2月，圣普总理赴葡参加葡执政党——葡社会党党代会。同月，葡萄牙财长访问圣普。3月，葡内政部长访问圣普，双方签署两国在加强国内治安方面的议定书。7月，葡外长和财长访问圣普，双方签署一项经济合作协议，为确定圣普货币多布拉与欧元的固定兑换机制做准备。10月，圣普总理访问葡萄牙。2010年2月，圣普总理访问葡萄牙。2011年1月，葡萄牙外长访问圣普。2月，葡萄牙国防国务秘书访问圣普。5月，葡萄牙总检察长访问圣普。8月，圣普总统达科斯塔访问葡萄牙。

【同法国的关系】两国签有经济文化等合作协定。近年来，双方关系密切，法国是圣普主要援助国之一。2006年2月，法国提供500万欧元援助。10月，法国同圣普签订协议，巴黎俱乐部同意圣普推迟16年偿还欠法国的300万欧元外债。2008年3月，法国同意免除圣普约760万欧元债务。2010年3月，圣普10多名军人赴加蓬参加由法国军队指导举行的中非次地区联合军事演习。2010年5月，圣普总统德梅内塞斯赴法国出席法国—非洲国家首脑会议。9月，法国在加蓬驻军司令访问圣普，意在帮助圣普制定军事法。

【同美国的关系】美国每年向圣普提供一定数量援助。两国签有军事合作协议。2006年6月，双方达成协议，美军方在圣普设立一个区域性海洋监测中心并于当年12月启动。2007年11月美与圣普签署为期两年的“千年挑战账户”协议，计划为圣普提供870万美元援助，帮助政府实施税务改革、发展私有化等。2009年10月，圣普总统致电美国总统奥巴马，祝贺其荣获诺贝尔和平奖。11月，美国防部援助圣普4台雷达。2010年1月，美国海军护卫舰抵圣多美，并为圣海岸卫队举办培训班。4月，圣普总理访问美国。2012年5月，美国非洲司令部司令访问圣普。

【同尼日利亚的关系】圣普同尼日利亚曾存在海上油田划界问题。2001年两国正式签署关于共同开发海上混合专属经济区的协议，并于2002年成立石油开发部长级联合委员会。2006年7月，两国召开石油开发部长级联合委员会，磋商石油勘探等问题。11月，德梅内塞斯总统赴尼参加在尼举行的非洲—拉美国家峰会。2007年5月，德梅内塞斯总统参加尼日利亚新总统亚拉杜瓦就职仪式。2008年7月，尼日利亚外长访问圣普。2009年1月，圣普总统访问尼日利亚。12月，圣普总理访问尼日利亚。2010年9月，圣普总理特罗瓦达访问尼日利亚。12月，圣普与尼日利亚达成协议，同意2011年为两国石油联合开发局提供1200万美元的运作预算。2011年5月，圣普总统出席尼日利亚总统乔纳森的就职典礼。

【同其他非洲国家的关系】 同安哥拉、莫桑比克、几内亚比绍、佛得角等四个葡语国家及赤道几内亚、加蓬等邻国关系较密切。与安哥拉建有战略伙伴关系。2009年1月，圣普总统前往安哥拉出席圣普前总统曼努埃尔·特罗瓦达就任几内亚湾国家委员会执行书记仪式，并与安哥拉总统会见。2月，圣普总理布兰科访问安哥拉。4月，第一届葡语国家共同体会议在圣普首都圣多美召开。6月，圣普总统出席加蓬总统邦戈葬礼。9月，加蓬新当选总统阿里·邦戈访问圣普。2010年4月，佛得角总理访问圣普，双方签署了有关建立海上航线和教育培训两项合作协议。6月，葡语国家共同体议会妇女论坛在圣多美开幕。7月，圣普总统赴乌干达出席非盟首脑会议。8月，圣普总统出席刚果（布）和加蓬独立50周年庆祝活动。9月，圣普总理特罗瓦达访问加蓬。10月，特罗瓦达访问利比亚。同月，特罗瓦达赴利比亚出席非洲—阿拉伯国家首脑会议，第六届葡语国家共同体最高监管机构大会在圣多美召开。12月，安哥拉石油公司总裁率团访问圣普，与圣普政府签署合作协议，安石油公司将投资圣普国际机场、深水港、能源开发等项目。2011年3月，中非国家经济共同体11国国防部长会议在圣多美举行，讨论中非地区的防务和安全等问题。4月，圣普总理访问加蓬、安哥拉。同月，安哥拉石油公司代表团访问圣普。5月，加蓬总理访问圣普。2011年8月和2012年1月，圣普总统达科斯塔访问安哥拉。2012年3月，圣普总统访问赤道几内亚，圣普总理访问突尼斯。2012年5月，圣普总统访问南非。（曾伟）

圣 赫 勒 拿

名称　圣赫勒拿（Saint Helena）。

面积　122平方公里。

人口　4000人（2010年）。绝大多数是圣赫勒拿人，为欧洲移民与部分印度人和非洲黑人的混合人种。通用英语。居民大部分信奉基督教，多属圣公会。

首府　詹姆斯敦（Jamestown），人口约900人。

总督　马克·肯普斯（Mark Capes）。

简　况

位于南大西洋，距非洲大陆西南海岸1930公里。为一火山岛。地处热带，由于受凉爽的南大西洋季风影响，气候温和。詹姆斯敦年均气温21℃。年均降水量沿海200毫米，中部760毫米。

1502年5月21日（圣赫勒拿日），为葡萄牙服务的西班牙航海家诺瓦到达该岛。1633年荷兰人侵占该岛。1659年，英国东印度公司取代荷兰，在此行使管辖权。1815～1821年，法国皇帝拿破仑被放逐、囚禁并死于该岛。1834年4月，英国议会通过决议，规定该岛为英国直属殖民地，由英国派任总督。二次大战期间曾为英国海军基地。1945年英国驻军撤离。1960年以后发展为电信中心。

政　治

1981年10月，总督任命宪法委员会修订宪法。1998年修宪告结。现该岛已无政党活动。每四年举行一次立法委员会选举，1997年7月9日，其成员第一次成为领取固定薪水的专职人员。最近一次大选于2009年11月举行。

1981年英国修订国籍法后，该岛居民失去英国公民身份，无权到英国工作定居、赚取外汇，岛内经济逐步萧条。由于近来失业率居高不下，岛内的生活及福利水平下降。1998年2月，一些英国属地的代表在伦敦举行会议，探讨这些属地的法律地位及发展经济的措施。2002年，英国政府发布海外领地法，宣布给予属地居民包括圣岛居民英国公民权及居英权。

【宪法】 现行宪法于2009年正式生效。圣赫勒拿立法会议由议长、3名官方长官（首席秘书、财政大臣和总检察长）及12名当选议员组成；行政会议（咨询机构）由总督领导，由上述3名官方长官和当选议员中的5名成员组成。作为立法会议和行政会议成员的总检察长没有投票权。立法会议成员中产生政府各委员会主席及大多数成员。属岛的行政和立法职能由总督实施。

【政府】 总督马克·肯普斯（Mark Capes），首席秘书安德鲁·韦尔斯（Andrew Wells），财政大臣保罗·布莱辛顿（Paul Blessington）。

【司法机构】 设有最高法院、地方法院、债务法院和少年法院。总检察长肯尼思·巴登（Kenneth Baddon）。

经　济

很大程度上依赖英国政府提供的发展援助和财政援助。主要经济活动是农业和旅游业。近年来木材加工业得到发展。该岛劳动人口中有相当部分去阿森松和马尔维纳斯群岛（福克兰群岛）等地谋生，每年汇回的款项超过100万英镑。可耕地面积约3580公顷。主要农作物有玉米、马铃薯和蔬菜。岛上有40余种特有植物。丰富的动植物资源及其曾作为拿破仑流放地的历史，使圣岛旅游业得以发展。1997年抵圣岛游客为8698人次，近年主要经济数据如下（资料来源：英国外交部网站）：

人均国民生产总值：3888英镑（2009/2010年度）。

货币名称：圣赫勒拿镑，与英镑等值。

失业率：2.9%（2008年）。

【交通运输】无铁路，对外联系主要靠海上交通。圣赫勒拿轮船公司每年有四次班轮通往英国，停靠加拿利群岛、阿森松岛、开普敦等地，每年一次停靠特里斯坦—达库尼亚。詹姆斯敦港为唯一港口。2011年，英政府宣布投资逾两亿英镑在该岛修建机场，计划于2015年建成。

【财政金融】2009/2010年度，政府收入930万英镑，支出2006万英镑。

【对外贸易】2002年出口额为4200万美元，进口额为1700万美元。主要进口食品、饮料、烟草、燃油、建材、动物饲料、机器设备及汽车等；主要出口鱼，还有少量咖啡、手工艺品。主要贸易对象为英国、美国、坦桑尼亚、日本、西班牙、澳大利亚和南非。

【外国援助】圣从英外交与联邦事务部接受专项援助款项，2006/2007年度接受英援款1476.1万英镑。

人民生活

2007年，岛上有1所医院，58个床位。还有1所养老院及2个诊所。2007年，人均期望寿命男74.86岁、女80.81岁；出生率为12.33‰，死亡率为6.43‰。

文化教育

【教育】实行三级教育制，对5～15岁儿童实行免费义务教育。成人识字率达97%。2005年有各类学生784人，教职员工167人。

【新闻出版】《圣赫勒拿新闻》周刊创刊于1986年，由政府主办，发行1300份。政府广播机构每周播音81小时。全天24小时可收看两个频道的电视节目。1994年7月，一个卫星电视节目中继站投入使用。

附：

属　岛

（一）阿森松岛（Ascension）：小火山岩岛，位于圣赫勒拿西北1131公里。面积90平方公里。岛上无当地居民，人口约为870余人（2011年），主要是英国和美国的军事人员、圣赫勒拿的行政人员、一些通讯公司的工作人员以及为该岛提供公共服务的工作人员。通用货币为圣赫勒拿/阿森松镑。居民多信奉圣公会和罗马天主教。首府乔治敦（Georgetown）。地处热带，盛行东南信风，气候宜人。年均降水量沿海135毫米，山区635毫米。

1501年，葡萄牙海员发现该岛。1815年，英国海军占领该岛。1922年11月由英殖民部接管，管辖权属圣赫勒拿。该岛战略地位重要，二战期间曾是美国空军的加油基地，1965年又改为卫星和导弹追踪站。它不仅是英国在南大西洋的重要供应站，还是国际重要通讯中心，通过卫星和电缆向欧洲、南非和其他地区提供电讯服务。1982年英国和阿根廷因马尔维纳斯群岛（福克兰群岛）主权归属问题发生战争后，英国恢复向该岛派驻军队，现有100余人。

该岛以盛产“绿色海龟”而闻名。每两个月，圣赫勒拿轮船公司有客货船往来于该岛和英国加的夫、南非开普敦之间。英国国防部船只每月来岛一次，美国货船每三月来岛一次。英国空军飞机每周两次、美国空军飞机每周一次抵离该岛。岛上有人数不多的警察和一所邮局。英国有关组织通过阿森松服务机构为居民提供教育、医疗等公共服务。行政长官是圣赫勒拿政府的代表，在两个顾问组的协助下主持工作。

（二）特里斯坦—达库尼亚群岛（Tristan da Cunha）：位于圣赫勒拿岛以南2300公里，东距南非开普敦2800公里。由特里斯坦—达库尼亚岛（98平方公里）、戈夫岛（Gough Island，91平方公里）、英纳塞西布（Inaccessible Island，10平方公里）和奈丁格尔群岛（Nightingale，2平方公里）等岛屿组成，总面积202平方公里，首府爱丁堡。特里斯坦岛人口260余人，戈夫岛有一个南非开设的小气象站，其他岛屿无人居住。居民多信奉圣公会，少数信奉罗马天主教。气候温和湿润。

特里斯坦—达库尼亚群岛发现于1506年，但在1790～1817年美国捕鲸者来此之前无人居住。1817年英国海军占领该群岛。1938年1月归属圣赫勒拿岛。1961年火山爆发后居民撤离，1963年返居。

渔业税和邮票及手工艺品收入为主要收入来源。小龙虾捕捞业是主要行业。农产品有马铃薯，饲养牲畜和家禽。无机场。圣赫勒拿轮船公司每年有船抵此。来自南非的捕龙虾船每年来此约六次。偶尔也有巡逻船到此。出口鱼产品，贸易对象主要为美国、法国和日本。英国对其援助于1980年终止。有一所医院和一所学校（招收15岁以下的儿童）。行政长官是圣赫勒拿政府的代表，由一个委员会协助其工作。委员会包括八名选举成员（其中至少有一名妇女）和三名指定成员，具有立法和行政建议权。现任行政长官西恩·伯恩斯（Sean Burns）于2010年4月任职。

戈夫岛位于南纬40度20分，西经10度，北距特里斯坦—达库尼亚岛约350公里。1995年底，联合国教科文组织将戈夫岛野生生物保护区列入世界文化与自然遗产名录。　（周延）

斯 威 士 兰

国名　斯威士兰王国（The Kingdom of Swaziland）。

面积　17364平方公里。

人口　120万（2010年估计）。其中斯威士族占90%，祖鲁族和通加族占6%，白人占2%，其余为欧非混血人种。官方语言为英语和斯瓦蒂语。居民约60%信奉基督教，30%信奉原始宗教，10%信奉伊斯兰教。

首都　姆巴巴内（Mbabane），人口6.2万（2010年估计）。1～2月最热，为15℃～25℃；6月最冷，为5℃～19℃。1月最湿，月均降水量252毫米；6月最旱，月均降水量18毫米。

国家元首　国王姆斯瓦蒂三世（Mswati Ⅲ），1986年4月25日登基。

重要节日　英联邦日：3月9日；国王姆斯瓦蒂三世生日：4月19日；国旗日：4月25日；芦苇舞节：每年7、8月间持续约一周时间；独立日：9月6日。

简　况

系非洲东南部内陆国家，北、西、南三面为南非所环抱，东与莫桑比克为邻。属亚热带气候，年平均气温西部为16℃，东部为22.2℃。

15世纪后期，斯威士兰人由中部非洲和东非逐渐向南迁移，16世纪定居于此地并建立起王国。1907年后成为英国"保护地"。1968年9月6日宣布独立，定名斯威士兰王国。国王索布扎二世在位61年，1982年8月逝世，大王后泽莉维摄政。1983年，"王室委员会"立马科塞蒂韦王子为王储，由王储之母恩通比王后摄政。1986年4月25日，马科塞蒂韦王储登基，称姆斯瓦蒂三世。

斯威士兰是南部非洲唯一迄今仍禁止政党活动的国家，也是世界上少数几个仍实行绝对君主制的国家之一。20世纪90年代以来要求解除党禁、实行多党制的呼声逐渐增多。1992年实施"廷克汉德拉"（Tinkhundla）选举法，也称"部落居住区选举法"，仍属传统选举法，候选人只能以个人身份参选。1993年10月据此举行的大选遭到"多党制"提倡者的强烈反对，抗议活动一度此起彼伏。1996年以来，斯威士兰工会联合会（SFTU）发起数次大规模全国罢工，提出解除党禁，实现民主化进程等政治要求。斯国王为缓和局势，成立修宪委员会（后被宪法起草委员会取代）。原定于1999年底完成的修宪工作一再推延。直到2003年5月，宪法起草委员会才向国王递交了新宪法草案。

政　治

2006年2月，斯威士兰新宪法正式颁布实施，仍然维持了国王对司法、行政、议会事务的绝对权力，对政党合法化问题表述模糊，引起斯民间社会极大不满。一些民主进步力量认为新宪法违背民意，强烈要求开放党禁，近几年斯反政府、要民主的罢工、游行、请愿时有发生，但均未撼动王室权力。2008年5月，政府以反恐为由逮捕人民联合民主运动（PUDEMO）主席马苏库，并威胁将解雇参与进步活动的公务员。9月，斯举行新宪法实施后的首次议会选举，多数进步力量予以抵制。国王在选举后任命了新内阁。10月，通过了《打击恐怖主义法案》，宣布多个具有政治性质的反对派组织为恐怖组织。还颁布实施《公务员法案》，禁止公务人员参与政党或政治活动。2011年4月，斯多个城市爆发上千民众参与的要求民主化的游行示威活动。

【宪法】新宪法2006年2月生效，规定保护司法独立、保障人权和言论、结社自由，但并未根本触及解除党禁以及国王对司法、行政、议会事务拥有的绝对权力。国王仍可根据自己意愿推翻法令、解散议会、任命和更换首相、内阁和部分两院议员。

【议会】由参、众两院组成，任期五年，其职能仅限于辩论政府提案并向国王提供咨询。本届议会由2008年9月的选举产生。现有参议院议员30名，其中20名由国王指定，10名由众议院议员选举产生。众议院议员65名，其中10名由国王指定，另55名由选举产生。现任参议院议长格兰·兹瓦内（Gelane Zwane），众议院议长古杜扎·德拉米尼亲王（Hon. Prince Guduza Dlamini）。

【政府】本届政府于2008年10月成立。内阁主要成员有：首相巴纳巴斯·西布西索·德拉米尼（Barnabas Sibusiso Dlamini），副首相滕巴·马苏库（Themba Masuku），农业大臣克莱门特·德拉米尼（Clement Dlamini），经济计划与发展大臣赫兰古森菲亲王（Prince Sihlangusemphi），商贸大臣贾布利莱·马什瓦马（Jabulile Mashwama），国防大臣斯坦利·德拉米尼少将（Stanley S. Dlamini），财政大臣马乔齐·西索莱（Majozi V. Sithole），外交和国际合作大臣姆蒂蒂·法库泽（Mtiti Fakudze），内政大臣格科科马亲王（Prince Gcokoma）。

【行政区划】全国分为4个区：希塞尔韦尼（Shiselweni）、卢邦博（Lubombo）、曼齐尼（Manzini）、霍霍（Hhohho）。

【司法机构】实行罗马—荷兰法和传统习惯法双重

法律体系。司法机构由宪法法院、最高法院、高级法院、区法院和斯威士(酋长)法庭组成。宪法法院对以上两种法庭体系的判决有最终裁决权。斯威士(酋长)法庭只负责审理本酋长所管辖地区的民事和刑事案件。

【重要人物】姆斯瓦蒂三世: 国王。原名马科塞蒂韦(Makhosetive),意即"各族之王"。1968年4月19日生于姆巴巴内,是已故国王索布扎二世的第67子、恩通比王后的独子。1983年被推选为王储,随后前往英国求学。1986年4月25日登基。

经　济

斯威士兰人均国内生产总值居黑非洲国家前列,被世界银行列为中等偏下收入国家。奉行自由市场经济,重视利用私人和外国资本,鼓励出口。因经济开放度高、出口以农产品为主,经济增长受气候条件和国际市场变化影响较大。斯威士兰在20世纪80年代末期经济发展较快,国内生产总值年增长率曾达7.8%。90年代经济出现回落,平均年增长率为6.5%。2003年推出新的经济增长战略,在增收减支的同时,努力促进农业发展,保障粮食安全,实现农作物种植多样化。斯经济严重依赖南非,自身回旋余地小,出口商品单一,发展不均衡,社会贫富悬殊。斯威士兰2011年主要经济数据如下(资料来源:国际货币基金组织):

国内生产总值:39.17亿美元。

人均国内生产总值:3332美元。

国内生产总值增长率:-0.2%。

货币名称:里兰吉尼(Lilangeni);复数称"埃马兰吉尼"(Emalangeni)。

汇率:1美元=7.3埃马兰吉尼。

通货膨胀率:6.1%。

【资源】 自然资源丰富,主要矿藏有石棉、煤、黏土、锡石等,另有少量黄金和钻石储量。森林面积54.1万公顷,约占斯总面积的31.5%。境内有5条主要河流,水力资源较丰富。

【工业】 工业产值居国民经济首位。2010年工业产值占国内生产总值的46.5%。主要生产石棉、钻石、煤、加工木材、纸浆、水果罐头和棉纺织品等产品。

【农牧业】 农牧业在国民经济中占有重要地位。斯威士兰80%的人口从事农业。2010年农牧业产值占国内生产总值的8%。斯威士兰可耕地面积占国土总面积的14.3%,但目前粮食尚未实现自给。草地牧场面积约占国土总面积的67%。主要作物有甘蔗、玉米、棉花等。甘蔗种植是斯就业人口最多的行业。

【旅游业】 斯威士兰旅游业较发达,但基本由南非财团控制。博彩业是斯威士兰旅游业的一大特色,年访斯外国游客超过70万人,约60%为赌客,游客主要来自欧洲、南非等地。近年来,斯威士兰政府通过开发野生动物园和展示斯丰富多姿的礼仪文化招揽游客。礼仪文化包括王宫内的各种庆祝活动、斯威士兰传统婚礼以及各种民族舞蹈等。旅店设施较好,太阳国际集团在斯威士兰开有数家五星级宾馆。

【交通运输】 交通以公路运输为主。

公路:总长3800公里,其中约1500公里为沥青路,其余为土路或石路等地区道路。与邻国南非、莫桑比克间有国家公路相连。

铁路:总长370公里,与莫桑比克和南非的铁路相连。铁路货运是斯国内及与周边国家开展贸易的重要运输方式。

空运:曼齐尼国际机场有定期国际航班通往南非等国。斯威士兰航空公司(Swaziland Airlink)是斯唯一的航空公司,系由斯政府和南非航空公司出资成立的合资公司。

【财政金融】 斯威士兰是南部非洲关税同盟成员国,每年从该组织所获税收份额是其财政收入的最大进项,2010/2011财年占37.9%。近几年财政收支状况如下(单位:亿埃马兰吉尼):

	2009/2010	2010/2011	2011/2012
收入	96.60	69.45	72.66
支出	109.40	109.35	108.15
差额	-12.80	-39.90	-35.49

(资料来源:《经济季评》)

2011年底外汇储备(不包括黄金)为6.01亿美元,外债7亿美元。

【对外贸易】 外贸在斯威士兰国民经济中占有重要地位,主要出口产品包括软饮料浓缩液、纺织品、蔗糖、纸浆等;主要进口产品有食品、活禽、石化产品、仪器、机械、运输设备等。南非是斯威士兰最主要的贸易伙伴,2010年分别占斯进、出口总额的92.9%和45.2%。其他重要贸易伙伴还有美国、肯尼亚、英国、中国等。近三年的进出口额如下(单位:百万美元):

	2009	2010	2011
出口额	1405	1570	2049
进口额	1559	1643	2076

(资料来源:《经济季评》)

【外国援助】 20世纪90年代以来,斯威士兰每年从国际社会获官方发展援助,2006/2007年获各类经济援助共1.13亿美元。日本是斯最大的双边援助国,欧盟是斯威士兰最大的多边援助方。

【外国资本】 2006年度外国在斯威士兰净资产增长68.3%,总计4.32亿美元。

人民生活

2006年度斯威士兰正式就业人数为9.21万人,失业率为30%。贫富差距较大,基尼系数为0.607,高于撒哈拉以南非洲的平均数。斯威士兰是世界艾滋病感染率最高的国家,2009年感染率达到25.9%。受其影响,斯威士兰人均预期寿命为48.7岁。新生儿死亡率55‰,

产妇死亡率为4.2‰，5岁以下儿童死亡率73‰，1岁以下儿童百白破和麻疹接种率均达95%。联合国2011年度全球人类发展报告显示，斯威士兰人类发展指数位于全世界140位。全国共有187家医院和医疗中心。斯威士兰固定电话由斯国有企业——斯威士兰电信公司运营，2007年全国共有4.4万门固定电话。1998年引入移动电话服务，南非移动运营商MTN是斯威士兰唯一的移动运营商，发展迅速，信号覆盖89%的国土，截至2007年共有38万个移动用户。斯威士兰有7家网络运营商，与南非网络相连，截至2007年网络用户超过4万户。

军　事

斯威士兰国防军于1973年建军。主要负责国家防务和维持国家秩序，国王为法定的军队总司令。实行义务兵役制，总兵力约4500人。现任司令为斯坦利·德拉米尼少将（Major General Stanley S. Dlamini），副司令帕特里克·莫察准将（Brigadier General Patrick V. Motsa）。另有警察和王室卫队。

文化教育

【教育】政府重视教育，实行小学义务教育制。2011年教育经费占国内生产总值（GDP）的7.8%。成人识字率为86.9%。根据联合国教科文组织和世界银行的数据，斯威士兰有541所小学和182所中学。斯威士兰2011年小学毛入学率为107.9%，中学为53.3%，大学4.4%，平均每32.4名学生有一名教师。斯威士兰大学是全国唯一综合性高等学府，有学生近4000人。另有5所师范和职业培训学校，学生1800多人。

【新闻出版】主要报刊有：《斯威士兰时报》，创办于1897年，英文日报，发行1.1万份；《斯威士兰观察家》，英文日报，发行1万份；《斯威士兰新闻》，英文周刊，发行7000份；《斯瓦蒂日报》，发行4000份；《国家》，新闻杂志，双月刊；《斯威士兰农业》，季刊。

电台和电视台由国家掌控，主要有：

斯威士兰新闻广播电台：建于1966年，半官方半商业化管理，用英语和斯瓦蒂语广播。

斯威士兰国际广播电台：建于1974年，用29种语言对东、中、南部非洲及远东国家广播。

斯威士兰电视台：创建于1978年，国立英语台。

对外关系

奉行不结盟和睦邻友好对外政策。主张各国相互尊重主权和互不干涉内政，并通过和平谈判途径解决国家间的纷争；重视发展同非洲国家的友好合作关系；要求建立国际经济新秩序，赞成南北对话；支持促进人类和平与正义。美国、英国、德国、南非、莫桑比克5国在斯威士兰设有常设外交代表机构，斯威士兰在布鲁塞尔、哥本哈根、伦敦、比勒陀利亚、马普托、内罗毕、科威特、华盛顿和联合国派驻常驻外交机构。

【同中国的关系】斯威士兰与中国无外交关系。1968年独立后即与台湾“建交”。

【同西方国家的关系】斯威士兰与美国关系较为密切，两国1972年建交。美援助项目主要有抗艾滋病、农业、教育、小型企业发展、机构和人力资源发展、军事培训、贸易能力建设等。斯威士兰每年派遣20名学生及选送一些军官赴美学习深造和受训。2000年底，斯威士兰获准成为美国《非洲增长与机遇法》（AGOA）的受惠国。尽管斯威士兰于2004年12月底再次获准享受该优惠待遇，但美要求斯加快民主化进程的压力并未减小。2005年，斯威士兰再次获准享受该优惠待遇。2009年6月，斯美最终签署了“美国总统防治艾滋病紧急援助计划”（PEPFAR）援斯协议，将美对斯艾滋病领域援助提高至每年2800万美元。美国志愿者组织“和平队”在撤出斯威士兰9年后，于2003年重返斯，并于2009年6月与斯完成了关于“和平队”拓展在斯任务的谅解备忘录。美国每年向斯威士兰派遣80名“和平队”志愿人员参与斯的经济建设。

斯威士兰是英联邦成员国，同英国关系密切。英斯签有军事合作协议。英有军事专家在斯常驻，帮助斯培训军官。2012年5月，斯威士兰国王应邀赴英出席英女王伊丽莎白二世登基60周年庆典活动。

斯威士兰同法国、瑞典等国分别签有烟草种植和贸易协定，德国、丹麦和瑞典也是斯的主要援助国。

【同南非的关系】斯威士兰与南非政治经济关系密切。南非是斯最重要的贸易伙伴。1993年两国正式建立外交关系。2001年2月，南非副总统祖马访斯。2002年9月，斯国王赴南非出席可持续发展世界首脑会议。2005年3月，斯国王访问南非，会见了南非总统姆贝基，斯南建立了“联合双边委员会”。2009年5月，斯国王出席南非总统祖马就职典礼。2011年8月，应斯要求，南提供了3.5亿美元的贷款，但因南附有政治、财政和对外关系的条件，斯国王至今尚未批准。

【同其他非洲国家的关系】斯威士兰同南部非洲国家关系友好，是南部非洲发展共同体（SADC）、南部非洲关税同盟（SACU）和东南非共同市场（COMESA）成员国。2008年9月至2009年9月，斯威士兰任南共体政治、防务和安全委员会轮值主席，两次主持召开有关解决津巴布韦、马达加斯加问题“三驾马车”峰会。2000年10月，斯威士兰与毛里求斯签署两国合作利用甘蔗渣发电协议。2002年10月，斯国王访问纳米比亚。2003年6月，斯国王访问莫桑比克。2005年3月，斯国王访问肯尼亚。2008年4月，斯国王访问莱索托。2009年6月，斯国王访问津巴布韦。2009年7月，斯国王访问赞比亚。2010年9月，斯威士兰主办东南非共同市场首脑峰会。

（俞波）

苏　丹

国名　苏丹共和国（The Republic of the Sudan）。

面积　188万平方公里。

人口　3342万。阿拉伯语为官方语言，使用者占总人口的60%。通用英语。居民大多信奉伊斯兰教，属逊尼派。

首都　喀土穆（Khartoum），人口600万（2011年），最热月为7月（26℃～42℃），最冷月为1月（16℃～32℃）。

国家元首　总统奥马尔·哈桑·艾哈迈德·巴希尔（Omar Hassan Ahmed Al-Bashir），1989年6月　出任救国革命指挥委员会主席。1993年10月改任总统，1996年3月、2000年12月、2005年7月和2010年4月四次连任。

重要节日　独立日（国庆节）：1月1日；救国革命日：6月30日。

简　况

位于非洲东北部，红海西岸。北邻埃及，西接利比亚、乍得、中非，南毗南苏丹，东接埃塞俄比亚、厄立特里亚。东北濒临红海，海岸线长约720公里。苏丹全国气候差异很大，自北向南由热带沙漠气候向热带雨林气候过渡，最热季节气温可达50℃，全国年平均气温21℃，常年干旱，年平均降雨量不足100毫米。苏丹地处生态过渡带，极易遭受旱灾、水灾和沙漠化等气候灾害。

苏丹历史悠久，早在4000年前就有原始部落居住。公元前2800年至公元前1000年为古埃及的一部分。公元前750年努比亚人在苏丹建立了库施王国。公元6世纪苏丹进入基督教时期。13世纪阿拉伯人征服苏丹，伊斯兰教得以迅速传播，在15世纪出现了芬吉和富尔伊斯兰王国。16世纪，苏丹被并入奥斯曼土耳其帝国势力范围。英国于19世纪70年代开始向苏丹扩张。1881年，苏丹宗教领袖穆罕默德·艾哈迈德领导群众开展反英斗争，于1885年建立了马赫迪王国。1899年苏丹成为英国和埃及的共管国。1953年建立自治政府。1956年1月1日宣布独立，成立共和国。1969年5月25日，尼迈里军事政变上台，改国名为苏丹民主共和国。1985年4月6日，达哈卜军事政变上台，改国名为苏丹共和国。1986年4月苏丹举行大选，萨迪克·马赫迪出任总理。1989年6月30日，巴希尔军事政变上台，成立“救国革命指挥委员会”（简称“革指会”）。1993年10月，革指会解散，巴希尔改任总统至今。

政　治

巴希尔上台后，解散议会、内阁及地方政府；取缔一切政党，停止一切非官方新闻机构的活动；1991年起在全国范围内（南方部分省除外）实行伊斯兰法，以《古兰经》和《圣训》作为制定政治、经济、社会生活方针和政策的准则。1996年3月，苏举行首次总统和议会选举，巴希尔当选总统，原全国伊斯兰阵线（简称“伊阵”）领导人图拉比当选议长。1998年6月，苏颁布新宪法，明确规定言论、结社自由和政治协商等原则，承认宗教平等、信仰自由，确立了独立、开放和不干涉别国内政的外交政策。同年底，政府制定并通过《政治结社组织法》，约30个党派注册成为合法政党。1999年年底，巴希尔总统宣布解散议会，图拉比随后宣布退出执政的全国大会党，另组建反对党人民大会党。

2004年后，苏丹继续奉行全国和解政策，积极寻求与北方反对派和解与对话、与南方反政府武装和谈。在美国和东非政府间发展组织（简称“伊加特”）的直接参与下，苏政府与南方反政府武装苏丹人民解放运动（SPLM）的和平谈判取得积极进展，双方于2005年1月9日在内罗毕签署《全面和平协议》。至此，长达22年之久的苏丹内战宣告结束。苏丹于7月9日起进入为期6年的过渡期，过渡期内由北南双方联合执政，巴希尔继续任总统，SPLM主席加朗就任苏第一副总统（加于7月31日坠机身亡，其副手基尔继任）。9月，民族团结政府成立。10月，南方成立以SPLM为主的自治政府，基尔任主席。

2010年4月，苏丹举行全国大选。现任总统巴希尔和南方自治政府主席基尔分别当选连任。2011年1月9～15日，苏丹南方就是否独立问题举行公投。2月7日，苏丹南方公投委员会公布公投最终结果，在有效投票中，98.83%的选民选择分离，1.17%选择统一。7月9日，南苏丹共和国独立建国，苏丹即予承认。

【宪法】1973年4月实行首部宪法，1985年4月废止。同年10月颁布过渡宪法，1989年6月30日废止。1998年6月30日，苏颁布并实行新宪法，规定苏丹是多种族、多文化、多宗教国家，国家实行建立在联邦制基础上的非中央集权制；总统是国家主权的最高代表，军队最高统帅，拥有立法、司法、行政最高裁决权，由全民选举产生，任期五年，可连选连任一届；议会为立法机构；司法独立；确立言论、结社自由原则和政治协商原则；宗教信仰自由，各宗教平等相处，南北方公民与义务平等。2002年4月，全国大会党协商会议就修宪问题作出决定，取消总统任期两届的规定，可连选连任。2005年7月，巴希尔总统签署了成立苏丹民族团结政府的过渡期宪法。过渡期为6年，过渡期内苏丹保持统一，实行“一国两制”，建立南北两套立法系统。南方成立自治政府，北方保持建立在伊斯兰法基础上的政府机构，过渡期后南方可行使民族自决权。南苏丹独立建国后，过渡期宪法已不再适用。目前苏丹国民议会正在讨论制订新宪法。

【议会】根据1998年颁布实施的宪法，国民议会为苏丹国家立法机构，75%的议员由直选产生，25%由社团、组织间接选举产生，议长由第一次议员大会选举产生，每届议会任期四年。第一届苏丹全国议会于1996年4月1日成立，共有议员400人，议长为哈桑·阿卜杜拉·图拉比（Hassan Abudulla Turabi）。1999年12月，巴希尔总统宣布解散议会，罢免议长图拉比。2000年12月，苏选举产生新一届议会，2001年2月5日，艾哈迈德·易卜拉欣·塔希尔（Ahmed Ibrahim Al-Tahir）当选为议长。2005年8月31日，苏选举产生新一届过渡期国民议会，共有议员386人，塔希尔连任议长。2010年4月，苏进行了包括国民议会在内的全国大选，塔希尔再次连任。南苏丹独立后，原南苏丹籍议员自动离职。

【政府】由总统直接主持，不设总理职务。

2005年9月20日，由北南双方联合执政、其他党派参政的民族团结政府成立，并于2007年12月、2008年2月、2009年5月、2010年6月四次改组。南苏丹独立后，2011年12月苏政府重组。2012年6月，苏政府为压缩开支，对政府进行精简。现政府主要成员如下：总统奥马尔·哈桑·艾哈迈德·巴希尔，第一副总统阿里·奥斯曼·穆罕默德·塔哈（Ali Osman Mohammed Taha），副总统哈吉·亚当·优素福（Al Haj Adam Yousouf）。总统助理5人：纳菲阿·阿里·纳菲阿（Nafie Ali Nafie），穆萨·穆罕默德·艾哈迈德（Musa Mohammed Ahmed），贾拉勒·优素福·达加尔（Jalal Yousif Al-Degair），阿卜杜拉赫曼·萨迪克·马赫迪（Abdul-Rahman Al-Saddiq Al-Mahdi），贾法尔·萨迪克·穆罕默德·奥斯曼·米尔加尼（Jaafar Al-Saddiq Mohamed Osman Al-Mirghani）。

政府部长26人：总统事务部长巴克利·哈桑·萨利赫（Bakri Hassan Salih），内阁事务部长艾哈迈德·萨阿德·欧麦尔（Ahmed Saad Omer），国防部长阿卜杜—拉希姆·穆罕默德·侯赛因（Abdul-Rahim Mohamed Hussein），内政部长易卜拉欣·马哈茂德·哈米德（Ibrahim Mahmoud Hamid），外交部长阿里·艾哈迈德·库尔提（Ali Ahmed Karti），司法部长穆罕默德·巴沙尔·杜萨（Mohamed Bushara Dousa），财政和国民经济部长阿里·马哈茂德·阿卜杜—拉苏勒（Ali Mahmoud Abdul-Rasul）、农业和灌溉部长阿卜杜勒—哈利姆·伊斯梅尔·穆塔菲（Abdul-Haleem Ismail Al-Mutaafi）等。

【政府网址】苏丹外交部：http://www.mfa.gov.sd。

【行政区划】全国共设17个州，分别是：喀土穆州、北方州、尼罗河州、红海州、卡萨拉州、加达里夫州、杰济拉州、森纳尔州、白尼罗河州、青尼罗河州、北科尔多凡州、南科尔多凡州、北达尔富尔州、西达尔富尔州、南达尔富尔州、中达尔富尔州（2011年年底新设）、东达尔富尔州（2011年年底新设）。

【司法机构】全国设高级司法委员会。下设最高法院和总检察院。首席法官为贾拉勒丁·穆罕默德·奥斯曼（Jalaldin Mohamed Osman），总检察长欧麦尔·艾哈迈德·穆罕默德（Omer Ahmed Mohamed）。

【政党和组织】目前，苏丹全国约有30余个政党进行了登记。主要有：

（1）全国大会党（National Congress Party）：苏丹执政党（简称“全国大”）。前身为苏丹全国伊斯兰阵线，由穆斯林兄弟会演变而成，1989年政变后成为执政党。1998年起用现名。1999年10月召开首次全国代表大会，巴希尔总统任全国大主席，哈桑·图拉比为秘书长。2000年6月，全国大召开协商委员会会议，决定免去图拉比全国大秘书长职务。9月，易卜拉欣·艾哈迈德·奥马尔（Ibrahim Ahmed Umar）当选全国大秘书长。2005年11月，全国大二大召开，巴希尔总统连任党主席。2009年10月，全国大三大召开，巴希尔总统再次连任。2011年11月，全国大召开全党动员大会。

（2）乌玛党（Umma Party）：由苏丹伊斯兰安萨教派第二任教长阿卜杜—拉赫曼·马赫迪于1945年1月创立。1956年7月起开始走上执政舞台。该党领袖萨迪克·马赫迪（Sadig Al Mahdi）曾任苏丹总理（1985～1989年）。1989年，现任总统巴希尔发动军事政变，推翻了以乌玛党为主的政府。1996年12月，萨迪克带领部分乌玛党领导人逃亡厄立特里亚，后转至埃及。2000年11月，萨迪克结束流亡返苏，并开始参与苏政治事务。2011年年底，其子阿卜杜拉赫曼·马赫迪被任命为总统助理。

（3）民主联盟党（Democratic Unionist Party）：成立于1967年，由民族联合党和人民民主党合并组成。现在苏注册登记的民联党为民联党辛迪派，领导人为谢里夫·宰因·阿比丁·辛迪（Al-sharief Zainal-Abdin Al-Hindi），该党部分成员在联邦政府中担任部长职位。流亡埃及的穆罕默德·奥斯曼·米尔加尼（Muhammed Uthman Al-Mirghani）领导的国外民联党曾参与组建了包括加朗反政府武装在内的反对党组织联盟苏丹全国民主联盟。2001年，国外民联党副主席艾哈迈德·米尔加尼结束12年的流亡生涯返回苏丹。2002年，巴希尔总统、塔哈副总统及外长穆斯塔法等分别与流亡埃及的反政府联盟主席、民联党主席米尔加尼进行接触和对话。2011年年底，民联党入阁参政，党主席之子贾法尔、民联党分离派领导人贾拉勒被任命为总统助理，民联党注册派奥斯曼、民联党主流派马萨伊迪被任命为总统顾问。

【重要人物】奥马尔·哈桑·艾哈迈德·巴希尔： 总统。1944年1月1日出生于苏丹北部尼罗河省一个农民家庭。1960年高中毕业后考入瓦迪西纳军事学院，1966年毕业后先后在西部军区、空降部队和独立第八步兵旅服役。曾获苏丹指挥参谋学院军事学硕士学位及马来西亚国家军事学院硕士学位。1989年6月30日发动军事政变前任第八步兵旅准将旅长，政变成功后任救国革命指挥委员会主席，兼总理、国防部长和武装部队总司令，并晋升为中将。1993年10月改任总统。1996年、2000年、2005年和2010年四次连任。曾于1990年、1995年访华，2006年来华出席中非合作论坛北京峰会，2011年6月巴再次访华。

经济

苏丹是联合国宣布的世界最不发达国家之一，经济结构单一，基础薄弱，工业落后，对自然环境及外援依赖性强。

2010年苏丹石油产量约1.7亿桶。近年来，随着石油大量出口及借助高油价的拉动，苏丹经济保持快速增长，成为非洲经济发展最快的国家之一。南苏丹独立对苏丹经济产生冲击，为消除其消极影响，苏丹政府一方面逐步加大对水利、道路、铁路、电站等基础设施以及教育、卫生等民生项目的投入力度；另一方面，努力改变财政严重依赖石油出口的情况，将发展农业作为长期战略。2011年主要经济数据如下：

国内生产总值（GDP）：666亿美元。

人均GDP：2380美元。

货币名称：苏丹镑（Sudanese Pound，SDG）。

汇率：1美元≈3苏丹镑。

通货膨胀率：30%。

【资源】 有铁、银、铬、铜、锰、金、铝、铅、铀、锌、钨、石棉、石膏、云母、滑石、钻石、石油、天然气和木材等丰富的自然资源。

【工业】 基础薄弱，主要工业有纺织、制糖、制革、食品加工、制麻、烟草和水泥等。近年来苏政府积极调整工业结构，重点发展石油、纺织、制糖等工业。1999年，苏石油开发取得较大进展，成为石油出口国。2010年生产原油约1.7亿桶。2011年南苏丹独立后，原苏丹75%的石油储量被划归南方，苏石油产量大幅减至8万桶/天。

【农牧业】 农业是苏经济的主要支柱。农业人口占全国总人口的80%。农作物主要有高粱、谷子、玉米和小麦。经济作物在农业生产中占重要地位，占农产品出口额的66%，主要有棉花、花生、芝麻和阿拉伯胶，大多数供出口。长绒棉产量仅次于埃及，居世界第二；花生产量居阿拉伯国家之首，在世界上仅次于美国、印度和阿根廷；芝麻产量在阿拉伯和非洲国家中占第一位，出口量占世界的一半左右；阿拉伯胶种植面积504万公顷，年均产量约3万吨，占世界总产量的60% ~ 80%左右。

【旅游业】 由于北南长期战乱，资金严重短缺及遭受安理会制裁，苏旅游业发展受到严重影响。

全国约有5000个酒店客房，床位8200张。首都喀土穆约有35家星级宾馆，床位约1500张。五星级宾馆有5家。

【交通运输】 铁路：总长5978公里（2010年）。

公路：3.7万公里（2010年）。

水运：有远洋商船10艘，总吨位12.2万吨；内河航线总长5310公里，有轮船300多艘。苏丹港是苏主要商港，年吞吐量800万吨，承担着90%的进出口运输任务。

空运：空运在苏丹运输中占据重要地位，苏国内90%的运输系通过空运进行。苏丹民航局有大型喷气客机10多架，全国共有100多个机场，喀土穆、苏丹港、卡萨拉、朱奈纳机场为国际机场。

管道运输：苏丹港至喀土穆建有输油管道，全长815公里，年输油能力80万吨。1999年，苏中南部油田经喀土穆至苏丹港长1640公里的输油管道开始投入使用。2012年1月，南苏丹关井停产后，管道处于停运状态。

【财政金融】 苏丹共有银行26家。苏丹银行建于1959年，为苏中央银行。其他均为商业银行，其中双尼罗河工业发展银行和喀土穆银行属于国有。

【对外贸易】 外贸在苏丹经济中占有重要地位。2011年苏对外贸易总额为180亿美元，其中出口额为86.5亿美元，进口额为93.5亿美元。中国、日本、阿拉伯联合酋长国、沙特阿拉伯、印度、埃及、英国、加拿大、美国、澳大利亚等国家以及欧盟是其主要贸易伙伴。近几年进出口情况如下（单位：亿美元）：

	2009	2010	2011
进口额	96.91	100.45	93.5
出口额	78.34	118.75	86.5
差　额	−18.57	−18.30	−7.0

人民生活

苏丹人口增长率5.53%，人均寿命57.73岁，14岁以下人口占总人口的45%。一般家庭基本生活费用占工资的66.52%，住房占12.36%。实行全民免费医疗。

军事

武装部队建立于英国殖民统治时期。独立后，军队实行苏丹化。8月14日为建军节。实行义务兵役制，规定18 ~ 30岁的苏丹人必须有两年服役期。武装部队总兵力约为19.65万人，由陆、海、空3个军种组成。苏还组织和训练军事部队性质的民防军，估计有10万人。军事院校主要有最高军事学院、参谋指挥学院和军事学院。

文化教育

【教育】 1988年6月，苏丹教育部决定取消中等和高等教育免费的规定，小学仍为免费教育。各地区教育发展很不平衡，北方教育发展较快。全国人口的41%为文盲，

25%的学龄儿童不能入学。2003年全国有中、小学校13559所，综合大学6所，独立的高等学院14所，专科院校23所。在校学生约497万人，其中大学生约24万人，教师约13万人。喀土穆大学建于1902年，是苏丹最早建立的高等学府。

【新闻出版】主要报刊有《今日新闻报》、《新闻报》和《舆论报》，均为阿文日报。《新地平线》为英文报，《今日苏丹》为英文月刊。

官方通讯社为苏丹通讯社，1971年5月成立，在内罗毕、摩加迪沙、恩贾梅纳、开罗、吉布提设有分社。现已同法国、德国、伊朗、伊拉克、利比亚、摩洛哥、叙利亚等国的通讯社以及中东通讯社、塔斯社、新华社等建立了业务联系。每日出版阿、英文新闻电信稿各400多份。在印度、美国和联合国派有记者。

苏丹国家广播电台，设在喀土穆以北的恩图曼，建于1940年，用阿、英、法、索马里等语言对国内外播音。在国内共有9个发射台，每日除用阿语播放19个小时的节目外，还用英、法等语言广播3个半小时。

苏丹国家电视台，设在喀土穆以北的恩图曼，建于1963年12月，每天用阿、英文播送节目约15个小时，同各阿拉伯国家和一些外国电视台有业务交流关系，收视观众约1000万。

对外关系

奉行独立自主的外交政策，维护国家主权和统一，反对西方强权政治，主张加强阿拉伯国家团结，密切同非洲国家的合作，重视同中国等国家发展友好合作关系。目前，苏同世界上近100个国家建有外交关系。

【对当前重大国际问题的态度】关于国际形势：认为当今世界在政治、战略、经济、社会、文化等方面均处于失衡状态。新的矛盾和冲突此起彼伏，世界局势很不安宁，世人无安全感。世界经济正向大型经济集团化的方向发展，主张阿拉伯和非洲地区集中自己的资源，建立牢固的地区经济联盟和共同市场，走一体化的道路。

关于建立国际新秩序：主张在国际大家庭广泛参与的基础上，以联合国宪章为准则建立国际新秩序，以维护世界的安全与稳定，根除不平等的政治、经济关系。

关于反对恐怖主义：拒绝并谴责恐怖主义，认为国际社会必须对恐怖主义采取统一立场。呼吁国际社会对恐怖主义概念作出明确界定，反对将恐怖主义与某一特定的文明挂钩，以及在反恐问题上实行双重标准。强调国际反恐战争应以国际法为基础。

关于安理会改革：支持安理会改革，认为联合国改革应更多地代表发展中国家的利益，安理会改革应在联合国改革的大框架内进行，通过协商一致作出决定，均衡体现各国利益。支持非盟统一立场，主张吸收非洲国家成为安理会常任理事国。安理会的工作应增加透明度和民主，奉行公正、客观的原则，批评动辄以制裁解决争端的做法，反对双重标准。

关于气候变化：认同《联合国气候变化框架公约》和《京都议定书》作为气候变化国际谈判的主渠道，坚持“共同但有区别责任”原则，要求发达国家率先减排，反对为发展中国家设定强制减排目标。

关于人权问题：主张各国应通过合作客观地探讨解决人权问题，反对在人权问题上采用双重标准的做法。强调各国有权选择各自的发展道路和模式，反对某些国家以人权为借口向别国施压，干涉别国内政。

关于中东问题：承认巴勒斯坦国，认为巴人民享有自决权和建国权。主张以色列应撤出所有阿拉伯被占领土。希望在《奥斯陆协议》及“以土地换和平”原则基础上，建立独立的巴勒斯坦国，与以和平共处。

关于伊拉克问题：主张伊人民通过对话和协商解决党派、宗教的纷争，希望伊人民当家做主。国际社会应继续帮助伊恢复稳定，伊邻国可就此发挥积极作用，驻伊外国军队应尽早撤离。

关于利比亚问题：苏因卡扎菲向达尔富尔叛军提供武器和资金，双方关系不睦。利危机爆发后，苏政府表示站在利人民一边，谴责卡政权对本国民众实施轰炸和屠杀，并向利提供食品、医疗等人道主义援助。苏政府对国际刑事法院起诉卡扎菲等人表示反对。苏政府认为卡扎菲之死是自由利比亚历史的开端，一个统一强大的利比亚将成为地区稳定的有效因素。

关于叙利亚问题：苏政府支持阿盟立场，支持阿盟中止叙成员国资格、实施对叙制裁，要求叙实行民主改革，通过与反对派对话解决当前危机。苏外长库尔提表示，安理会决议被否决将使叙政府及反对派都得以逃避责任，从而使叙局势更趋复杂恶化。

【同中国的关系】两国于1959年2月4日建交后，友好合作关系不断发展。2011年以来重要互访有：外交部长杨洁篪（2011年8月）、外交部副部长翟隽（2011年2月）、中国政府达尔富尔问题特别代表刘贵今大使（2011年2月、6月、10月、12月）、中国政府非洲事务特别代表钟建华大使（2012年3月、5月）；苏丹总统巴希尔（2011年6月）、外交部长库尔提（2012年2月）。

苏丹是中国在非洲第三大贸易伙伴。2011年双边贸易额为115.2亿美元，同比增长34%，其中中方出口额为20亿美元，同比增长2.3%，进口额为95.2亿美元，同比增长42.9%。

中国驻苏丹大使：罗小光。馆址：MANSHIA DISTRICT，KHARTOUM，SUDAN。电话：（00249-1）83272730；传真：83271138。商务处电话：83227269；传真：83227268。

苏丹驻华大使：米尔加尼·穆罕默德·萨利赫（Mirghani Mohamed Salih）。馆址：北京市朝阳区三里屯东二街1号。电话：010-65323715，65322205；传真：65321280。

【同美国的关系】1952年，美在喀土穆设联络处，苏丹独立后升为大使馆。1967年，苏丹为抗议美支持以色列对阿拉伯国家发动侵略战争，同美断交。1972年复交。1989年巴希尔政变上台后，两国关系急剧恶化。1993年，美将苏列入支持恐怖主义国家的黑名单，并于1996年推动安理会通过决议，对苏丹进行外交和航空制裁。1997年，美国单方面对苏丹实施经济制裁。1998年8月，美国指责苏丹卷入美国驻坦桑尼亚和肯尼亚使馆爆炸案，并以苏丹希法制药厂生产违禁化学武器为由，用导弹炸毁该药厂，苏美关系严重恶化。

“9·11”事件后，苏丹政府在反恐问题上配合美国，两国关系较前有所缓和。2001年，安理会取消对苏制裁。但美至今仍未将苏从支持恐怖主义国家黑名单中删除，并单方面维持对苏经济制裁。2007年5月，美总统布什宣布对苏实施新制裁。2007年、2008年，苏外交官员与美方多次接触，表示愿与美改善关系。但美坚持将改善美苏关系与苏落实北南《全面和平协议》和解决达尔富尔问题挂钩。2009年，美国总统奥巴马新任苏丹问题特使格拉逊上任后多次访苏，寻求苏丹问题的妥善解决，并表达了改善双边关系的意愿。10月，美国公布对苏丹新政策，由过去一味施压转为保持压力与进行接触并重，表示将与苏丹保持对话，推动达问题解决和《全面和平协议》的落实，并根据苏方表现予以奖惩。2010年8月，美国继续将苏丹列入支持恐怖主义国家名单；10月，美国部分放松对苏丹经济制裁；11月，美国总统奥巴马宣布将对苏丹经济制裁延期一年。2011年2月，苏丹外长库尔提访美，美表示如苏承认南方独立，将启动把苏从支持恐怖主义国家名单中除名进程。3月，美总统奥巴马宣布任命资深外交官普林斯顿·莱曼为美苏丹问题特使，接替前特使格拉逊。

【同埃塞俄比亚的关系】双方曾因相互支持对方反对派而长期交恶。1996年7月非统组织第32届首脑会议期间，巴希尔总统与埃塞总统梅莱斯举行会晤，双方均表示愿意和平共处，和平解决边界争端。1998年埃塞同厄立特里亚发生武装冲突后，苏、埃关系明显改善。近年来，苏埃关系进入全面正常化阶段，两国保持睦邻友好关系。埃塞对苏和平进程予以支持。2005年4月，巴希尔总统参加在亚的斯亚贝巴举行的“东非首脑会议”，并会见了埃塞总理，双方决定将部长级会议提升到首脑级会晤。12月，苏第一副总统基尔与埃塞总理泽纳维互访。2010年5月，埃塞总理梅莱斯参加了巴希尔总统就职典礼。2011年6月，在梅莱斯总理的主持下，苏北南双方在亚的斯亚贝巴就阿卜耶伊问题达成一致，同意解除在阿区的军事武装，并由联合国和埃塞俄比亚政府在该地区尽快部署维和部队。2012年1月，在第18届非盟首脑会议期间，梅莱斯总理召集肯尼亚和两苏总统举行四方峰会，商讨解决两苏石油利益分配问题。

【同厄立特里亚的关系】苏曾长期支持厄的独立运动，但1993年厄独立后，两国反目成仇，时常发生边界冲突。1994年厄宣布与苏断交。1999年，巴希尔总统同厄总统伊萨亚斯两次举行会晤，并签署和解协议，决定恢复两国外交关系。近年来，苏厄相互指责对方支持各自反政府武装，两国关系持续紧张。2005年5月，苏总统巴希尔和厄总统伊萨亚斯在的黎波里举行了会晤。10月，厄代外长欧麦尔访苏，提议改善两国关系。12月，苏第一副总统基尔、外长拉马库、总统顾问加齐相继访厄，两国关系出现积极改善势头。

【同乍得的关系】苏丹与乍得的关系因达尔富尔问题一直紧张。经有关各方努力协调，苏乍先后6次签署和解协议。2008年5月，苏丹达尔富尔地区反政府武装“正义与平等运动”（JEM）袭击苏首都喀土穆，苏丹指责乍得参与策划和实施了这一袭击行动，遂宣布与乍断交。8月，在利比亚斡旋下，苏乍同意恢复外交关系。2009年5月3日，在卡塔尔和利比亚等努力下，苏乍双方在卡塔尔首都多哈签署和平协议。4日，反对乍政府的武装组织同乍政府军激烈交火。乍随即发表公报，指责苏丹支持对乍政府军的进攻。苏方对此予以否认。此后，乍军多次空袭达区，并派遣地面部队进入苏境内追捕叛军。苏对此保持克制。其后双方均有意改善关系，承诺不再支持对方叛军，乍得已停止向“正义与平等运动”提供基地和武器装备。2010年两国总统互访，双方关系实现正常化。

【同利比亚的关系】尼迈里时期，两国关系紧张。1975年和1976年，苏丹发生两起有利背景的未遂政变，苏同利断交。1978年两国复交。1981年，两国因乍得问题再次断交。1985年苏发生政变，利率先承认苏新政权。1989年巴希尔执政后，两国正式签署政治、经济、教育、文化社会、安全和思想等方面实现全面统一的一体化协议但无实质性进展。苏反对美借洛克比事件对利的制裁。1997年后，利积极调解苏与埃及、乌干达和厄立特里亚等国关系，还在苏政府与反对派之间进行斡旋。2001年5月，利领导人卡扎菲访苏。利积极支持苏政府为实现苏和平所作的努力。两国外长互访频繁。2002年3月，巴希尔总统赴利参加萨赫勒—撒哈拉国家联合体首脑会议。2004年11月，巴希尔总统访利。达尔富尔问题发生后，利积极斡旋并于2004年10月和2005年5月就达问题主持召开了两次小型非洲首脑会议。2006年2月，在利召开了解决苏乍问题的小型非洲首脑会议。2007年4月和7月，两次在利召开达问题国际会议。2009年，利积极参与达区反对派整合，推动部分反对派组成“的黎波里小组”参与多哈和谈。2010年6月，由于苏丹和利比亚两国在引渡“正义与平等运动”领导人易卜拉欣问题上分歧明显，两国关系出现紧张。2011年利局势动荡后，苏谴责卡政权对本国民众实施轰炸和屠杀，并向利提供食品、医疗等人道主义援助。2012年1月，巴希尔总统访问利比亚。

【达尔富尔问题】达尔富尔地区位于苏丹西部，面积约50万平方公里，分为北达、南达、西达、中达和东达五个州，生活着80多个部落，共750万人。20世纪60年代以来，当地农牧民常因争夺水草、土地资源发生冲突。

2003年初开始，“苏丹解放运动”（SLM）和“正义与平等运动”等反政府武装开始军事行动，造成大量平民死亡和严重的难民问题，达问题引起国际社会广泛关注。美国等西方国家指责苏政府纵容、支持达区阿拉伯民兵组织“金戈威德”滥杀平民，推动联合国安理会先后通过多项决议，威胁对苏制裁。

苏政府于2003年8月开始同达区反政府武装就权力、财富和安全等问题在阿布贾展开谈判，取得一定进展。2004年8月，非盟开始向达区派出特派团（AMIS）执行维和行动，但效果不彰。西方国家积极推动联合国接管AMIS。

2006年8月，安理会通过1706号决议，决定联合国加快接管进程。苏政府对此坚决反对。此后，国际社会围绕接管问题与苏展开广泛对话。联合国秘书长安南于当年11月提出由联合国向非盟提供财政、技术和后勤支持、在达区部署联合国/非盟“混合行动”的三阶段解决方案。在包括中国在内的国际社会努力下，苏政府先后于2006年12月、2007年4月和6月就安南方案的三个阶段计划与联合国和非盟达成一致，同意在达区部署联合国/非盟混合维和部队，国际社会予以积极评价。2007年7月31日，安理会一致通过1769号决议，授权在达区部署联合国/非盟“混合行动”。截至2011年1月，“混合行动”部署已超过90%。

2007年下半年，达尔富尔政治进程进入了新的阶段。联合国和非盟为推进达区政治进程制订了“路线图”，并于2007年8月初召集达区反对派在坦桑尼亚阿鲁沙举行会议，与会各派就执行“路线图”、尽早与苏丹政府展开谈判达成一致。10月，苏政府与达尔富尔地区7个反对派在利比亚锡尔特举行和谈会议，但未就复谈达成一致。2008年9月，第130届阿盟外长会议提出旨在推动达尔富尔地区政治进程的“卡塔尔倡议”。2009年2月，苏政府与达区反政府武装“正义与平等运动”举行第一轮多哈和谈，签署《解决达问题善意与建立互信协议》。5月，双方展开第二轮和谈。11月，达区全面和谈启动会议在多哈召开。2010年2月和3月，苏丹政府分别与达区反对派“正义与平等运动”及“解放与正义运动”在多哈签署和平框架协议，但达区形势依然脆弱。2010年12月底，达尔富尔问题斡旋方与苏丹政府、“正义与平等运动”及“解放与正义运动”等达尔富尔地区反对派在多哈举行会谈，未达成全面和平协议。

2011年3月，苏政府宣布取消达区紧急状态，赋予达区人民充分自由，按照2006年签署的《达尔富尔和平协议》在达区举行行政地位公投（即达区作为一个行政区域还是保留3个州）。此后，苏政府批准达尔富尔地区新行政区划，把现有3个州调整为5个州。7月14日，苏政府与达区反对派“解放与正义运动”在多哈签署和平协议。10月，苏政府为执行和平协议采取一系列切实措施，有关人员任命和机制建设陆续落实到位。“解放与正义运动”领导人希西就任达区过渡权力机构主席，秘书长巴哈尔担任新政府卫生部长，多名该组织成员担任各部国务部长。12月，苏政府军击毙“正义与平等运动”领导人哈里里，给该组织以沉重打击。

【南方问题】苏丹南方面积约65万平方公里，人口约826万，分别占全国面积和人口的1/4和1/5，居民多为非洲土著黑人。1983年，因对尼迈里政府在全国推行伊斯兰法不满，南方黑人军官约翰·加朗成立“苏丹人民解放军”（SPLA，又称“苏丹人民解放运动”，即SPLM），对抗中央政府，苏丹内战爆发。

1994年，在东非政府间发展组织（伊加特）倡导下，苏丹政府同SPLM展开政治谈判，并在美国直接介入下取得突破。2005年1月，苏丹政府同SPLM签署《全面和平协议》（CPA），结束了长达22年的内战。根据协议，在此后的6年过渡期结束后，南方将就北南统一问题举行全民公决。2005年9月，苏民族团结政府成立，巴希尔、基尔（取代因飞机失事遇难的加朗）和塔哈分别就任苏过渡期总统、第一副总统和副总统。10月，苏南方自治政府成立，基尔任主席。2005年3月，联合国安理会通过第1590号决议，授权在苏南方部署维和部队。目前，联合国驻苏丹特派团（UNMIS）已全部到位。南北双方在民族团结政府内合作基本正常。由于南方基础设施落后，百废待兴；加之国际社会对南方重建的援助承诺大都未能落实，南方重建进展缓慢。2010年4月，苏丹举行全国大选。苏丹南方自治政府主席基尔在南方选举中当选连任。根据CPA规定，2011年1月9～15日，苏丹南方就是否独立问题举行公投。2月7日，苏丹南方公投委员会公布公投最终结果，在有效投票中，98.83%的选民选择分离，1.17%选择统一。巴希尔总统同日颁发总统令，宣布承认和接受公投结果。7月9日，南苏丹共和国独立建国，苏丹即予以承认，表示希望两国建立特殊关系。（姜磊）

索马里

国名 索马里共和国(The Somali Republic)。

面积 637660平方公里，其中陆地面积627340平方公里，水域面积10320平方公里。

人口 956万(2011年联合国估计数)，绝大部分是索马里人，自然增长率2.2%。分萨马莱和萨布两大族系。其中萨马莱族系占全国人口的80%以上，分为达鲁德、哈维耶、伊萨克和迪尔四大部族。萨布族系分为迪吉尔和拉汉文两大部族。官方语言为索马里语和阿拉伯语，通用英语和意大利语。伊斯兰教为国教，穆斯林占总人口95%。

首都 摩加迪沙(Mogadishu)，人口160万(2012年索马里《经济季评》)。热季平均气温26℃～32℃，凉季平均气温23℃～28℃。

国家元首 过渡联邦政府总统谢赫·谢里夫·谢赫·艾哈迈德(Sheikh Sharif Sheikh Ahmed)。2009年1月31日在吉布提首都吉布提市宣誓就职，系由在吉布提召开的索马里过渡联邦议会选举产生。

重要节日 独立日：6月26日(北部索马里独立)；国庆节：7月1日(南部独立，即日南、北部合并成立索马里共和国)。

简况

位于非洲大陆最东部的索马里半岛上，北临亚丁湾，东濒印度洋，西交肯尼亚、埃塞俄比亚，西北接吉布提。海岸线长3200公里，是非洲大陆海岸线最长的国家。大部分地区属热带沙漠气候，西南部属热带草原气候，终年高温，干燥少雨。

公元前1700多年，非洲之角即出现了以出产香料著称的“邦特”国。公元7世纪起，阿拉伯人和波斯人不断移居于此并建立贸易点和若干个苏丹国。1887年，索北部沦为英国“保护地”(英属索马里)。1925年，索南部沦为意大利殖民地(意属索马里)。1941年，英国控制整个索马里。1960年6月26日索北部独立，7月1日南部独立，即日南、北部合并，成立索马里共和国。1969年，索国民军司令穆罕默德·西亚德·巴雷(Mohamed Siad Barre)政变上台，成立索马里民主共和国。1991年1月，西亚德政权被推翻，索自此陷入内战，多个政权并存。2月，阿里·迈赫迪·穆罕默德(Ali Mehdi Mohamed)成立新政府，自任“临时总统”。5月，索马里北部宣布“独立”，成立“索马里兰共和国”。1995年6月，索当时最大的武装派别索马里和解与恢复委员会(SRRC)领导人穆罕默德·法拉赫·艾迪德(Mohamed Farah Aideed)宣布在摩加迪沙成立临时政府，自任“总统”。1996年8月，其子侯赛因·穆罕默德·艾迪德(Hussen Mohamed Aideed)在其病故后继任“临时政府总统”。1998年7月，优素福在索东北部成立“邦特兰”政府并任主席，该自治政权不谋求独立，承认其是索马里的一部分。2000年8月，吉布提主持召开索全国和解会议(阿尔塔和会)，选举产生三年期过渡全国政府(TNG)，阿布达卡西姆·萨拉特·哈桑(Abdiqasim Salad Hassan)出任总统，但遭索国内派别联合抵制。2002年3月，拉汉文抵抗军宣布成立“索马里西南国”，该势力后并入索过渡联邦政府，不再寻求自治。1991年2月以来成立的上述政权均未获国际社会承认。

政治

为结束索马里军阀割据状态，国际社会先后召开13次索和会，均未果。2002年10月，(东非)政府间发展组织(伊加特)在肯尼亚主持召开第14次索和会，除索马里兰外的各派割据势力、政治集团及民间组织派代表与会，联合国、欧盟、非盟等均予支持。2004年以来，索和平进程取得积极进展。2004年2月23日，索马里和谈全体代表举行会议，通过索《过渡宪章》。10月10日，索马里过渡议会在肯尼亚首都内罗毕选举阿卜杜拉希·优素福·艾哈迈德为索马里过渡联邦政府总统，任期五年。2005年1月15日，索过渡联邦政府正式成立。6月起，过渡联邦政府迁回索境内办公。2006年12月，索过渡联邦政府在埃塞俄比亚军队支持下击溃了反政府的伊斯兰法院联盟武装，控制了首都摩加迪沙及周边地区，但未能实现对索全境的有效控制。2008年12月29日，索总统阿卜杜拉希·优素福辞职。2009年1月31日，主要反对派“重新解放索马里联盟”(ARS)领导人艾哈迈德当选索马里新总统，任命舍马克为总理并成立了新的过渡政府。索新政府积极寻求与各方谈判，实施伊斯兰法，谋求与伊斯兰极端势力和解，得到索国内和国际社会的普遍支持。但反政府武装“沙巴布”和伊斯兰党拒不与新政府对话，并联合武装占领首都摩加迪沙大部分街区和索中南部大部分地区，暗杀多名政府要员，造成大量人员伤亡。过渡政府在非盟驻索马里特派团(AMISOM)的支持下守住了摩加迪沙部分街区和索中部部分地区，双方形成僵持状态。2010年3月15日，过渡政府与索重要武装派别逊尼派联盟(ASWJ)达成协议，后者宣布加入政府。5月16日，索过渡议会在摩加迪沙召开2010年首次会议。因议员内部矛盾难以调和，马多贝议长被迫于17日宣布辞职，并表示多数议员对现政府投了不信任票。28日，过渡议会选举谢里夫·谢赫·哈桑·谢赫·亚丁（Sharif Sheikh Hassan Sheikh Aden）为新任议长。9月21日，舍马克总理辞职。10月14日，艾哈迈德总统任命穆罕默德·阿卜杜拉希·穆罕默德（Mohamed Abdullahi Mohamed）为新总理。11月27日，新内阁经议会批准成立。2011年6月，索过渡联邦机构在乌干达的斡旋下达成《坎帕拉协议》，一致同意将过渡期延长至2012年8月。7月，索内阁重组，阿里出任总理。2011年9月、12月和2012年2月，"结束过渡期协商会议"和第一、二次"全国协商制宪会议"先后在索举行，索各方通过了《结束过渡期路线图》并就制宪时间表、议会改革方案和完成制宪进程具体方案达成一致。2012年5月，索有关各方在埃塞俄比亚举行会议，就完成结束过渡期前最后阶段各项任务制定时间表。

【宪法】现行宪法为索马里过渡宪章，2004年2月经出席2002年索马里第14次和会的全体代表通过生效。规定索马里实行一院制，过渡联邦议会（国民议会）享有最高立法权。过渡联邦议会选举出议长和总统，总统为国家元首，掌握实权。总理由总统提名并经议会讨论通过后组建过渡政府。过渡宪章规定索过渡期五年。2009年1月，索过渡议会通过决议，将过渡期延长两年至2011年8月。2011年6月，索过渡政府和议会签署协议，将过渡期再延长一年至2012年8月。新宪法草案于2012年4月底草拟完毕，将提交制宪大会讨论修改后形成临时宪法，并在结束过渡期后举行全民公决，如获通过将成为正式宪法。

【议会】根据2004年2月索和会通过的过渡宪章，规定过渡议会由275人组成，任期五年。按"4.5"比例原则分配议席，即索四大部族各占61席，其他小部族占31席。2009年1月，索过渡议会增至550席，其中475席仍按"4.5"原则在各部族间分配，另75席为公民社会和商界代表保留。

现任过渡联邦议会议长谢里夫·谢赫·哈桑·谢赫·亚丁。

【政府】本届过渡联邦政府于2009年1月成立。总统谢赫·谢里夫·谢赫·艾哈迈德（Sheikh Sharif Sheikh Ahmed）。内阁由总理阿卜迪韦利·穆罕默德·阿里（Abdiweli Mohamed Ali）、副总理兼商务与工业部长阿卜迪瓦哈卜·乌加斯·侯赛因·哈利夫（Abdiwahab Ugas Hussein Khalif）、副总理兼国防部长侯赛因·阿拉伯·伊萨（Hussein Arab Issa）以及外交与国际合作部长阿卜杜拉希·哈吉·哈桑·穆罕默德—努尔等16名部长组成。

【行政区划】1991年前分为18个州，下设87个区，区下辖镇和村。

【割据势力】索过渡联邦政府成立后，军阀割据局面未发生实质性改变。目前主要派别有：

（1）索马里民族运动（Somali National Movement，SNM）：简称"民运"，1981年成立于伦敦，1982年在埃塞俄比亚的迪雷达瓦设总部。成员大部分为伊萨克族。系北方实力最强、影响最大的武装派别。1991年西亚德政权垮台后，民运控制整个西北部地区，宣布北方独立，成立"索马里兰共和国"，阿卜杜拉赫曼·艾哈迈德·阿里·图尔（Abdrahman Ahamed Ali Tour）首任"总统"。1993年5月，穆罕默德·易卜拉欣·埃加勒（Mohamed Ibrahim Egal）当选"总统"，1997年2月连任。2001年5月31日，索马里兰举行全民公决，通过含有独立条款的新宪法。7月，埃加勒因与反对派发生矛盾而在哈尔格萨成立"联合人民民主党"（Allied People's Democratic Party，索语简称UDUB，意为支柱），通过了党章并建立了中央委员会。2002年4月埃加勒病逝，原"副总统"达希尔·雷亚莱·卡欣（Dahir Riyale Kahin）于5月1日任"代总统"。2003年5月，卡欣大选获胜正式任"总统"。卡在2010年6月大选中败于反对党和平、团结与发展党总统候选人希兰约，7月卸任。

（2）索马里救国民主阵线（Somali Salvation Democratic Front，SSDF）：简称"救阵"，成立于1979年，系最早成立的反政府组织。成员以达罗德族下属的米周提尼和杜尔巴亨特次部族为主。控制索东北部及中部地区。1993年分裂为两派，一派以救阵前任主席穆罕默德·阿布希尔·穆萨（Mohamed Abhsir Musse）为首，另一派以前任军事首领阿卜杜拉希·优素福为首。1998年7月，优素福联合东北部索马里民主联盟和索马里联合党等小派别，成立邦特兰自治政权，自任主席。2001年6月，优素福通过邦特兰议会将其任期延长三年，遭最高法院反对。11月，邦特兰全国代表大会选举贾马·阿里·贾马（Jama Ali Jama）为第二任主席。优素福拒绝承认选举结果，双方发生武装冲突。2002年8月，优素福将贾马及其支持者逐出邦特兰并宣布组成新一届"内阁"。2004年10月，优素福当选索过渡联邦政府总统。2005年初，穆塞将军（Adde Musse）接替优素福任邦特兰主席。在2009年1月的选举中，阿布迪拉赫曼·穆罕默德·法罗里（Abdirahman Mohamed Farole）当选主席。

（3）索马里民族联盟（Somali National Alliance，SNA）：简称"民盟"，1992年成立，成员主要为哈维耶族。1995年6月分裂为以奥斯曼·哈桑·阿里·阿托（Osman Hassan Ali Ato）为首的民盟（阿托派）和以穆罕默德·法拉赫·艾迪德为首的民盟（艾迪德派）。1996年8月艾迪德去世后，其子侯赛因·穆罕默德·艾迪德继位。1999年，艾派因支持埃塞俄比亚反政府武装奥罗莫解放阵线与埃塞发生冲突，遭重创。2001年，艾派与其他4个派别组成索马里和解与恢复委员会，积极参与索第14次和会。艾迪德曾任过渡联邦政府第一副总理兼公共工程和住房部长，2007年5月被前总理格迪解职。

（4）重新解放索马里联盟（ARS）：其前身伊斯兰

法院联盟（Islamic Courts Union，ICU）由摩加迪沙市各区14个伊斯兰法院组成，主张建立伊斯兰国家和政府，通过实施伊斯兰法来规范人们日常生活、打击违法活动和审判罪犯，在维护社会治安、恢复秩序和法治方面发挥了一定作用，曾是摩市事实上的司法机构，得到多数居民支持。主席谢赫·哈桑·达赫·阿威斯（Sheikh Hassan Dahir Aweys）。2006年6月，伊斯兰法院联盟武装控制首都摩加迪沙，并加紧扩张势力，逼近过渡政府所在地拜多阿。2006年12月下旬，被索过渡联邦政府和埃塞俄比亚军队击溃，其主力转入地下，后组建ARS，于2008年8月与过渡政府签署吉布提协议。ARS领导人艾哈迈德于2009年1月当选索新总统，成立了新的过渡政府。但ARS强硬派以及原ICU下属青年圣战组织“沙巴布”、原ICU领导人阿威斯领导的伊斯兰党等反政府武装仍拒绝和谈，并要求新政府辞职。2010年底，伊斯兰党加入“沙巴布”，两组织合并。

（5）索马里青年圣战组织“沙巴布”（Al-Shabaab）：原为索反政府武装伊斯兰法院联盟（ICU）下属青年武装组织，主要负责保护该联盟领导人并实施针对外国人的暗杀行动。2006年底ICU被击溃后，“沙巴布”继承其衣钵，趁索过渡联邦政府羸弱和埃塞撤兵之机迅速壮大，成为索实力最强的反政府武装组织，曾一度控制索中南部大部分地区及首都摩加迪沙部分街区。该组织以在索建立极端伊斯兰政权为目标，主张在索实施严格的伊斯兰教法，向异教徒和外国“侵略者”发动圣战。2008年被美国国务院认定为恐怖主义组织。2012年2月，该组织宣布正式与“基地”组织合流并宣誓效忠“基地”领导人扎瓦希里。除与索过渡政府和非盟驻索马里特派团武装对峙外，“沙巴布”还在索境内以及乌干达、肯尼亚等国频繁制造恐怖袭击。该组织在索安全部队、非盟驻索马里特派团以及肯尼亚、埃塞军队的联合打击下遭受重创，控制范围大幅缩小。

【重要人物】谢赫·谢里夫·谢赫·艾哈迈德：总统。1964年生，哈维耶族阿布加尔（Abgaal）次部族人。曾在苏丹、利比里亚等地就读，曾任中学教师。2006年成为伊斯兰法院联盟（ICU）主要领导人，ICU失败后与其他前ICU领导人一起组建重新解放索马里联盟（ARS）并担任主席。艾哈迈德态度温和，主张通过谈判推进索和平进程，2009年1月当选索过渡联邦政府总统。 **阿卜迪韦利·穆罕默德·阿里**：总理。1965年生，达罗德族人。20世纪80年代曾在索马里联邦财政和税务部任职。后在美国获公共管理硕士学位和经济学博士学位。1993～2010年先后在美国多所高校任教。2010年6月至2011年6月，任索过渡联邦政府副总理兼计划和国际合作部长。拥有索马里和美国双重国籍。2011年6月起任索过渡联邦政府总理。

经济

索马里是世界上最不发达的国家之一。经济以畜牧业为主，工业基础薄弱。20世纪70年代初，由于国有化政策过激，加上自然灾害等因素，经济严重困难。80年代，在世界银行和国际货币基金组织支持下，调整经济政策，经济一度好转。1991年后，由于连年内乱，工农业生产和基础设施遭到严重破坏，经济全面崩溃。近年来，部分地方割据政权辖区局势平稳，经济有所改善。按购买力平价计算，索2010年各项经济数据如下（资料来源：美国中央情报局网站）：

国内生产总值：58.96亿美元。

人均国内生产总值：600美元。

国内生产总值增长率：2.6%。

货币名称：索马里先令（Somali shilling）。

汇率：1美元≈1627索马里先令（2012年）。

【资源】主要有铁、锡、锰、钨、镍、铬、镁、锌、铝、铀、石英石、绿柱石和石膏等。此外，还有石油和天然气。除绿柱石和石膏外，多数矿藏未开发。渔业资源丰富，森林覆盖率为13%。

【工业】工业产值占国内生产总值的8.7%（1990年）。以中、小型企业为主，主要工业部门有纺织、皮革、制糖、制药、烟草、食品加工、炼油、电力和建筑材料工业等。1991年内乱以来，工业生产停顿。

【农业】全国有可耕地820万公顷，占国土面积的13%。已耕地仅有100余万公顷。1990年农业产值约占国内生产总值的20%，农业人口占全国总人口的30%。粮食不能自给。主要农作物有高粱、玉米、大米、豆类、芝麻、棉花、甘蔗和香蕉等。乳香年产600吨，没药年产200吨，各占世界产量的一半。1995年粮食产量42万吨（世界粮农组织估计）。

【畜牧业】主要经济支柱，畜牧业产值约占国内生产总值的40%，畜牧产品出口收入占到出口总收入的50%以上。主要养殖牛、羊、骆驼等。系世界饲养骆驼最多的国家，1998年估计约有570万峰。

【渔业】拥有非洲大陆最长的海岸线，渔业资源丰富。据估计，年捕捞量可达18万吨，但受捕捞方式落后、市场销量不大等因素限制，目前年捕捞量仅2万吨。由于索长期处于无政府状态，外国渔船在索领海偷捕现象严重，且渔船和船员被索马里海盗劫持事件屡有发生。

【交通运输】交通运输业落后，境内以公路为主，无铁路。公路总里程2.21万公里，其中2608公里为沥青铺设路面。

水运：海上运输占重要地位，主要港口有南方的摩加迪沙和基斯马尤，北方的柏培拉和博萨索。由于南方时有冲突，北方两港目前承担主要海运任务。1997年，欧盟出资对柏培拉和博萨索进行了一定程度的现代化改造。1999年5月，欧盟出资150万美元建设柏培拉港。

空运：有大小机场59个，绝大部分条件简陋，只有7个机场拥有经铺设的跑道。摩加迪沙和柏培拉有国际机场，可起降大型客机。2001年重建“国家”航空公司——索马里航空公司，但索马里兰和邦特兰均不允许其飞机在两地起降。2001年3月，埃塞俄比亚航空公司开通了从亚的斯亚贝巴飞往索马里兰“首都”哈尔格萨的航班，每两周一班。2012年3月，土耳其航空公司开通伊斯坦布尔至摩加迪沙每周两次定期航线，经停苏丹首都喀土穆，此为1991年以来首次恢复国际定期航班。此外，联合国运送援助物资的飞机也经常在索起降。

通讯：固定电话线路多在内战中被毁，目前尚存固定电话约10万部。私营移动电话公司目前已覆盖绝大多数主要城市，拥有约63万手机用户。

【财政金融】仅索马里兰有较为健全的行政机构，可开展正常的经济运作。2000年，索马里兰预算收入为750亿索马里兰先令，约合2600万美元。2006年，索马里外债总额为33亿美元，其中欠多边债务占40%，欠巴黎俱乐部国家双边债务占46%，欠其他国家的双边和商业债务占14%。

近年来，因战乱而停业的银行开始恢复。目前索较大的银行有：索马里兰中央银行、邦特兰中央银行（1999年8月成立）、索马里巴拉卡特银行（设在摩加迪沙，1996年开业；2001年“9·11”事件后，其在美国及欧洲的分支机构被关闭）和索马里—马来西亚商业银行（设在摩加迪沙，1997年4月开业）。

【对外贸易】外贸在经济中占有重要位置，但连年逆差。传统出口商品为活畜（主要有绵羊、山羊、牛和骆驼）、香蕉、皮革、木炭、鱼和乳香。主要进口糖、阿拉伯茶、小麦、面粉、大米、食用油、燃油和建材。主要贸易伙伴为沙特阿拉伯、也门、阿拉伯联合酋长国、吉布提、肯尼亚等国。2007年进口额为9.14亿美元，出口额为3.76亿美元。近些年主要贸易伙伴及贸易情况如下（单位：百万美元）：

	2005	2006	2010
出口目的地			
阿联酋	121	149	242.7
也门	52	64	81.8
阿曼	14	18	61.3
进口来源地			
吉布提	199	246	313.2
肯尼亚	97	64	81.9

（资料来源：国际货币基金组织年鉴、索马里经济季评）

【外国援助】外援主要来自西方国家和国际金融组织以及土耳其，大约有150家机构向索提供人道主义援助。2005年索过渡联邦政府成立后，得到包括中国在内的一些国家援助。美国是索最大援助国。

人民生活

由于内战不断，索马里治安情况恶化，物价飞涨，生活必需品短缺，居民生活没有保障。医疗保健水平为非洲国家中最低。2000年，首都摩加迪沙仅有一所公立医院和62家私人诊所，缺医少药情况严重，仅有不到1/3的人口享有医疗服务，75%以上人口无安全饮水。据世界银行数据，2004年索人均寿命为47岁，日均收入低于1美元的极度贫困人口占总数的43%，日均收入低于2美元的贫困人口占总数的73%。5岁以下的婴幼儿死亡率为225‰，学龄儿童入学率为22%。约有47%有劳动能力人口失业。2005年索马里人所获人均援助额为31.5美元。

【难民】据美国难民委员会报告，截至2001年9月，索在国外的难民总数约45万，主要分布在埃塞俄比亚、肯尼亚等国。2006年底以来，索局势持续紧张，150余万人流离失所，另有大量难民涌向周边邻国。

军　事

1990年，索马里总兵力约为6.45万人。1991年西亚德政权被推翻后长期没有统一的国家军队，各派别和部族拥有自己的武装力量。2005年1月，索过渡联邦政府成立后着手建立统一的安全力量，目前安全部队和警察约1万人。索西北索马里兰地方政权另有部队约7000人。

文化教育

【教育】教育事业落后。20世纪70年代初，西亚德政府重视发展教育事业，开展扫盲运动，使识字率从独立前的2%提高到60%。1991年内战以来，学校几乎全部关闭，文盲率剧增，达76%。近年来，在联合国教科文组织及其他一些非政府组织帮助下，许多地区开始重建小学。1998年9月，阿瓦多地区的阿茂德大学建成，成为索1991年以来开学的首家大学。索马里兰“首都”哈尔格萨也有一所大学。2004年，全国成人识字率为19%。

【新闻出版】目前，索新闻媒体以地方性为主。主要报刊有：《民族报》，1991年创刊，摩加迪沙日报，索马里文，系索目前发行量最大的报纸，总部在伦敦；《知情者》、《当代报》，摩加迪沙日报，索文；《共和国人》，索马里兰日报，索文和英文；《小骆驼》，索马里兰日报，索文；《探索》、《快乐》、《东部之光》，邦特兰日报，索文。

主要广播电台：“摩加迪沙广播电台”，2001年8月成立；“非洲之角电台”，独立的调频台，兼转播英国广播公司索马里语节目；“哈尔格萨电台”，索马里兰政府电台；“加尔卡尤电台”，邦特兰政府电台。

较大的电视台有：“索马里电视网”，由索海内外商人共同兴办，2000年3月开播，有22个频道；“非洲之角电视台”，1999年建立，系索内战以来由索马里人创办的第一家私人电视台，播放两套索马里语节目，转播美国有线新闻网以及体育节目。

对外关系

奉行各国平等、尊重各国主权和领土完整、互不干涉内政、加强睦邻友好的外交政策。

【同中国的关系】中、索于1960年12月14日建交。1990年底，索马里内战爆发，中国驻索使馆、医疗队和工程技术人员于1991年1月被迫撤离，迄未返回。

中国一贯支持并积极推动索和平进程，曾于2003 ~ 2007年担任联合国安理会索问题协调员。在索过渡联邦政府成立后，中国政府即予承认，并于2005年12月28日接受过渡联邦政府委派的驻华大使。自1992年起，中国政府和红十字会多次向索提供药品和一般物资援助。

2006年11月，索过渡联邦政府总统优素福来华出席中非合作论坛北京峰会。2007年8月，中国驻肯尼亚大使赴索马里首都摩加迪沙出席索马里全国和解大会并访问索马里。2009年8月，中国政府向索马里提供50万美元人道主义援助。2010年5月，索外长贾马来华出席中非合作论坛第四届部长级会议，杨洁篪外长予以会见。

2011年4月，索外长奥马尔访华，杨洁篪外长与其举行会谈，并宣布向索提供100万美元现汇援助。

索两届过渡政府成立后均高度重视对华关系，多次重申一个中国立场，愿进一步加强与中国政府的联系，发展与中国的合作。

索马里驻华大使：优素福·哈桑·易卜拉欣（Mr. Yusuf Hassan Ibrahim）。馆址：北京市朝阳区三里屯路2号。电话：010-65321651。

【同美国的关系】2004年，美支持联合国和伊加特调解索和平进程的努力，并为在肯尼亚召开的索新一轮和会提供了部分财政援助。索和会产生过渡联邦议会、总统和政府后，美对此表示欢迎。美支持索过渡联邦政府在埃塞俄比亚军队支持下打击伊斯兰法院联盟武装，并提供了大量援助。美欢迎吉布提和谈，支持2009年1月成立的索新一届过渡政府。2009年5月索形势恶化后，美向索政府提供了1000万美元的武器弹药。美军突击队2009年9月在索南部地区打死基地组织在东非地区的重要头目纳卜汉。2010年以来，美对索实行“双轨”政策，在继续向索过渡政府提供支持的同时，加强了与索马里兰、邦特兰等地方政府的关系。2009年以来，美向索提供了超过1.8亿美元人道主义援助和6000余万美元发展援助。

【同意大利的关系】索、意有传统的政治、经济关系。2004年，意积极支持伊加特主导的索和平进程，为索新一轮和会提供了资助。意向两届索过渡联邦政府提供了大量援助。意与索马里兰关系密切。

【同埃塞俄比亚的关系】埃塞系索最大邻国。西亚德执政时期，索、埃塞因领土争端关系不睦。1977年欧加登战争爆发，同年9月，埃塞与索断交。1978年，索从欧加登撤军。此后，两国边界冲突不断，关系紧张。1988年两国签订关系正常化协议，恢复互派大使。索内战爆发后，埃塞积极参与调解。优素福当选过渡联邦政府总统后，埃塞给予大力支持。2006年12月24日，埃出兵帮助索过渡政府击溃了伊斯兰法院联盟武装，控制了首都摩加迪沙及索大部分地区。2009年1月，埃塞军队撤离索马里。2010年，埃促成索过渡政府与重要武装派别逊尼派联盟达成合作协议。2011年12月，埃塞出兵索马里协助索过渡联邦政府清剿反政府武装“沙巴布”。

“索马里兰共和国”宣布独立后，积极与埃塞俄比亚发展关系，寻求其支持。目前，埃塞俄比亚在索马里兰设有代表处。

【同吉布提的关系】吉布提同索马里渊源颇深，独立前曾被称为“法属索马里”。吉布提人与索马里人同种同源。吉对索局势十分关注，希望索政局早日恢复稳定。积极参与调解索问题的活动，对过渡联邦政府持积极态度。2004年11月，优素福总统访吉，与吉总统盖莱举行会谈。吉支持2006年底索过渡政府在埃塞军队协助下对伊斯兰法院联盟的打击。2008年，吉促成了索马里过渡政府和主要反政府武装“重新解放索马里联盟”在吉布提的和谈。2009年，索新一届过渡联邦政府在吉布提成立。

【同肯尼亚的关系】肯尼亚对索内乱深为不安，担心大批难民涌入，积极调解和推动索和平进程。2002年，作为伊加特授权联合调解索问题的主席国，肯促成索新一轮和会于10月15日在肯召开。多年来肯向索和会提供了大量资金支持。肯积极呼吁向索派驻维和部队及提供援助，并为索培训安全部队。索过渡联邦政府在肯首都内罗毕设有大使馆。2011年10月，肯出兵索马里协助索过渡联邦政府清剿反政府武装“沙巴布”。

【同阿拉伯国家的关系】索是阿拉伯国家联盟成员，与阿拉伯国家有着悠久的宗教、文化和贸易关系。沙特阿拉伯、科威特、埃及、也门、阿拉伯联合酋长国等国是索重要援助国和贸易伙伴。埃及、也门等阿拉伯国家及阿盟曾积极推动索各派实现和解。2004年10月，优素福当选后，阿盟即表示支持。索过渡联邦政府成立后，阿盟即给予承认并向其提供一定数额的援助。阿盟反对埃塞及其他外国势力干涉索内政，曾希望国际社会客观看待伊斯兰法院联盟。2006年，索过渡政府和法院联盟曾在阿盟斡旋下举行过两轮喀土穆和谈，后因双方爆发全面冲突归于失败。

（李宇亮）

坦桑尼亚

国名　坦桑尼亚联合共和国（The United Republic of Tanzania）。

面积　945087平方公里，其中桑给巴尔2657平方公里。

人口　4300万（2010年），其中桑给巴尔120万。分属126个民族，人口超过100万的有苏库马、尼亚姆维奇、查加、赫赫、马康迪和哈亚族。另有一些阿拉伯人、印巴人和欧洲人后裔。斯瓦希里语为国语，与英语同为官方通用语。坦噶尼喀（大陆）居民中35%信奉天主教和基督教，45%信奉伊斯兰教，其余信奉原始拜物教；桑给巴尔99%的居民信奉伊斯兰教。

首都　达累斯萨拉姆（Dares Salaam），人口360万（2010年），年平均气温25.8℃。

国家元首　坦桑尼亚联合共和国总统贾卡亚·姆里绍·基奎特（Jakaya Mrisho Kikwete），2005年12月18日当选，2010年10月31日连任。

重要节日　坦桑尼亚国庆日，又称“坦噶尼喀和桑给巴尔联合日”：4月26日。

简　况　位于非洲东部、赤道以南。北与肯尼亚和乌干达交界，南与赞比亚、马拉维、莫桑比克接壤，西与卢旺达、布隆迪和刚果（金）为邻，东濒印度洋。大陆海岸线长840公里。东部沿海地区和内陆部分低地属热带草原气候，西部内陆高原属热带山地气候。大部分地区平均气温21℃～25℃。桑给巴尔的20多个岛屿属热带海洋性气候，终年湿热，年平均气温26℃。

古人类发源地之一。公元前即同阿拉伯、波斯和印度等地有贸易往来。7～8世纪，阿拉伯人和波斯人大批迁入。阿拉伯人于10世纪末建立过伊斯兰王国。1886年坦噶尼喀内陆被划归德国势力范围，1917年11月英军占领坦全境，1920年坦成为英国“委任统治地”，1946年联合国大会通过决议，将坦改为英“托管地”，1961年5月1日坦取得内部自治，同年12月9日宣告独立，一年后成立坦噶尼喀共和国。桑给巴尔于1890年沦为英国“保护地”，1963年6月24日获得自治，同年12月10日宣告独立，成为苏丹王统治的君主立宪国家。1964年1月12日，桑人民推翻苏丹王统治，成立桑给巴尔人民共和国。1964年4月26日坦噶尼喀和桑给巴尔组成联合共和国，同年10月29日改国名为坦桑尼亚联合共和国，朱利叶斯·坎巴拉吉·尼雷尔任开国总统，后两度连任，直至1985年主动辞职。姆维尼同年10月27日当选联合共和国第四届总统，1990年连任。1995年10月坦举行首次多党大选，姆卡帕当选联合共和国总统，萨勒明以微弱优势连任桑给巴尔总统。2000年10月，姆卡帕蝉联联合共和国总统，革命党候选人卡鲁姆当选桑总统。2005年12月，基奎特当选联合共和国总统，卡鲁姆蝉联桑总统。2010年10月，基奎特蝉联联合共和国总统，革命党候选人、原联合共和国副总统谢因当选桑总统。

政　治　曾长期由革命党一党执政，政局稳定。1995年10月举行首次多党大选，反对党公民联合阵线（CUF）指责革命党在大选中舞弊，拒不承认桑给巴尔萨勒明政府。1996年6月革命党召开全国代表大会，姆卡帕当选党主席，实现党政一元化领导。1997年11月，革命党召开第五次全国代表大会，姆卡帕连任党主席。1999年10月，坦“国父”、前总统尼雷尔去世，姆卡帕在高举尼倡导的联合、团结旗帜的同时，大力加强执政党和政权建设，政局继续保持稳定。2000年10月，革命党在第二次多党选举中以绝对优势胜出。但反对党公民联合阵线拒不承认桑岛大选结果，并号召其支持者举行抗议活动，引发大规模流血冲突。姆卡帕政府采取坚决措施，维护社会秩序，同时与反对党对话，推动朝野两党签署和解协议，维护了社会稳定。2002年10月姆卡帕蝉联革命党主席后，继续以发展经济、脱贫减困为施政重点，同时推进反腐、良政，缓解宗教矛盾和朝野矛盾，革命党执政地位进一步巩固。2005年12月，原外长基奎特在第三次多党选举中当选总统，革命党在同期举行的议会选举中赢得232个选区席位中的206席，占88%。2006年6月，基奎特当选革命党主席。基奎特执政以来，提出以“新热情、新活力、新速度”全面推进各项事业，加强党建和党内团结，力主同反对党对话，推动联合政府同桑给巴尔革命政府定期磋商，加大力度惩治腐败，努力塑造亲民、务实的政府形象。2008年1月和2月，基奎特总统先后撤换涉嫌腐败的中央银行行长、责令总理辞职并重组内阁，以表明实施良政的决心。2010年，革命党以较大优势赢得总统和议会选举，反对党在议会席位有所增加。

【坦、桑联合问题】坦噶尼喀和桑给巴尔于1964年组成坦桑尼亚联合共和国，此后联合问题时有起伏。1992年12月桑给巴尔政府擅自加入伊斯兰会议组织，遭联合政府强烈反对，并于1993年被迫退出，但联合之争并未平息。1996年以后，桑反对党加紧反对联合的行动。在联合政府的坚决支持下，桑政府采取强硬措施压制反对党活动，坚决维护联合体制。2000年10月，卡鲁姆当选桑总统后，多次表示维护国家联合的立场，进一步打击了桑分裂势力。2001年以来，联合政府继续巩固统一局面，维护联合政体，争取温和力量，打击桑给巴尔分裂势力，并在预算资金分配和其他事关桑给巴尔切身利益的问题上给予照顾，公民联合阵线不再公开主张分离，转而要求给予桑给巴尔更多自治权力。2008年初，革命党曾与公联阵就在桑给巴尔成立联合政府事进行谈判，但未达成一致。2009年，坦、桑联合问题取得一定进展，但大陆与桑岛在桑油气资源归属等问题上的争议有所升温。桑岛革命党与主要反对党公联阵之间的政治和解谈判在年初中断后于年底恢复，桑总统卡鲁姆与公联阵总书记哈马德举行历史性会谈，受到各方普遍关注。2010年初，桑岛政治和解出现新动向，革命党和公联阵就组建桑岛团结政府达成一致。同年11月，桑岛成立团结政府，桑总统、第二副总统和11名部长来自革命党，桑第一副总统和8名部长来自公联阵。

【宪法】1977年4月制定联合共和国宪法，后经14次修改。联合共和国分设联合政府和桑给巴尔地方政府。1992年第8次宪法修正案明确提出，坦桑尼亚是多党民主国家，奉行社会主义和自力更生政策。1994年第11次宪法修正案规定，联合共和国政府设总统和1名副总统，总统为国家元首、政府首脑和武装部队总司令，由选民直选产生，获简单多数者当选，任期五年，可连任一届。总统与副总统必须来自同一政党，并分别来自大陆与桑给巴尔，副总统不能由桑总统或联合共和国总理兼任，每届任期五年，连任不得超过两届。总统任命总理，由总理主持联合政府日常事务。2000年第13次宪法修正案重新界定了坦政治体制，确认原宪法中的“社会主义”和“自力更生”等原则代表民主、自立、人权、自由、平等、友爱、团结。

桑给巴尔宪法于1979年制定，后经4次修改。根据现行宪法，桑是坦桑尼亚联合共和国的一部分，桑总统为桑政府首脑。桑选举与联合共和国总统大选同时举行，桑总统候选人由桑各政党提名，经桑全体选民直选，获1/2以上选票者当选，任期五年，可连任一届。第一副总统由选举中获胜的第二大政党人选出任，由总统任命，第二副总统由与总统来自同一政党的议员担任，主持政府日常事务。政府部长和副部长由总统任命。桑政府有权处理除外交、国防、警务、税收、银行、货币、外汇、航空、港口和邮电等22项联合事务以外的桑内部事务。

【议会】一院制，称国民议会，是联合共和国最高立法机构。议会选举与总统选举同时进行，每5年举行一次。总统有权任命10名议员。本届议会是独立后的第十届议会，2010年11月产生，共357席。其中革命党258席，民主发展党44席，公民联合阵线34席，联合民主党1席。议长安妮·马金达（Anne Makinda，女）。

桑给巴尔人民代表会议为桑立法机构，拥有联合事务以外的桑事务立法权。本届代表会议于2010年11月选出，法定代表78人。其中革命党28人，公民联合阵线22人。议长潘杜·阿迈尔·基菲乔（Pandu Ameir Kificho）。

【政府】设有联合政府和桑给巴尔地方政府。联合政府实行总统制，内阁由总统、副总统、总理、桑给巴尔总统和各部部长组成。本届联合政府于2010年11月24日成立，共有29位部长、21位副部长。

主要成员有：总统贾卡亚·姆里绍·基奎特，副总统穆罕默德·加里卜·比拉勒（Mohammed Charisb Bilal），总理米曾戈·卡扬扎·彼得·平达（Mizengo Kayanza Peter Pinda），外交和国际合作部长伯纳德·门贝（Bernard Kamillius Membe），财政部长姆斯塔法·姆库洛（Mustafa Mkulo），工贸部长西里尔·沙米（Cyril Chami），国防与国民服务部部长侯赛因·姆维尼（Hussein Mwinyi）等。

本届桑给巴尔政府于2010年11月组成，主要成员有：总统阿里·穆罕默德·谢因（Ali Mohamed Shein），第一副总统赛义夫·哈马德（Seif Hamadi），第二副总统赛义夫·伊迪（Seif Iddi）。

【行政区划】共有29省，127县。其中大陆24省，桑给巴尔5省。

【司法机构】设有宪法特别法院、上诉法院、高级法院、地方法院以及检察院、司法人员委员会和常设调查委员会。桑给巴尔岛和奔巴岛各设一伊斯兰教法庭，处理违反伊斯兰教义案件。大法官伯纳巴斯·萨马塔（Barnabas Samatta），总检察长约翰逊·波罗·姆万尼卡（Johnson Paulo Mwanyika）。

桑给巴尔独立行使司法权，但上诉案件由联合共和国上诉法院审理。桑大法官哈米德·马哈姆德·哈米德（Hamid Mahamoud Hamid），总检察长伊迪·潘杜·哈桑（Iddi Pandu Hassan）。

【政党】自1992年7月实行多党制以来，共有18个政党获准正式注册。

（1）坦桑尼亚革命党（Chama Cha Mapinduzi）：执政党，由原坦噶尼喀非洲民族联盟和桑给巴尔非洲设拉子党于1977年合并而成，党员350余万。全国代表大会是最高权力机构，每五年举行一次。全国执行委员会是最高决策机构，中央委员会负责领导和处理日常工作。建有省、县、乡支部百户区（WARD）、十户组（CEU）等各级组织机构，影响深入到坦社会的各个层面。主张坚持社会主义和自力更生原则，强调发展经济，在公正、平等和人道的基础上建立一个平等、正义的社会。2000年坦宪法修正案对“社会主义”含义进行了重新界定，但革命党迄今未修改党章。主席贾卡亚·姆里绍·基奎特，总书记威尔逊·穆卡马（Wilson Mukama）。

（2）公民联合阵线（The Civic United Front）：亦称“人民党”（Chama Cha Wananchi），反对党。1992

年由桑给巴尔多党促进委员会和人民党合并组成，为国内最大反对党，但政治影响主要集中在奔巴岛和桑给巴尔岛。提倡人民共同富裕的原则，在联合问题上极力维护桑给巴尔的民族利益和自主权，主张成立联合政府及坦噶尼喀和桑给巴尔地方政府三个政府。主席伊布拉希姆·利蓬巴（Ibrahim Lipumba），总书记塞义夫·哈马德。

（3）坦桑尼亚劳动党（Tanzania Labour Party）：反对党，1993年成立。1999年原全国建设和改革会议主席姆雷马率其支持者集体反水加入劳动党后，该党实力大增。主席奥古斯丁·姆雷马（Augustine Mrema），总书记哈罗德·贾夫（Harold Jaffu）。

（4）民主发展党（ChamaCha Demokrasia na Maendeleo）：反对党，1992年成立。主张单独成立坦噶尼喀政府，反对种族歧视，提倡人人平等。主席姆博维（Mbowei），总书记威尔布拉德·斯拉（Wilbroad Slaa）。

（5）联合民主党（United Democratic Party）：反对党，1994年成立。主张成立坦噶尼喀政府，重视社会发展，强调应加大对教育和医疗事业投入，推行土地私有化。主席约翰·切约（John Cheyo），总书记穆萨·克维基马（Musa Kwikima）。

（6）全国建设和改革会议（The National Convention for Construction and Reform）：反对党，1991年成立。主要由律师和学者组成，要求扩大民主，保护基本人权和自由，主张在联合体制内建立三个政府，即联合政府、坦噶尼喀政府和桑给巴尔政府，争取坦噶尼喀民族权利。主席詹姆斯·姆巴蒂阿（James Mbatia），总书记博利斯亚·姆瓦伊塞杰（Polisya Mwaiseje）。

其他反对党有：多党民主联盟（The Union for Multi-Party Democracy）、坦桑尼亚民主联盟党（Tanzania Democratic Alliance Party）、全国民主联盟（National League for Democracy）、国家重建同盟（The National Reconstruction Alliance）、联合人民民主党（United People's Democratic Party）等。

【重要人物】贾卡亚·姆里绍·基奎特： 坦桑尼亚联合共和国总统、政府首脑、武装部队总司令。1950年生于滨海省巴加莫约县。1972～1975年在达累斯萨拉姆大学学习并获经济学学士学位。早年从军，历任中尉、上尉、少校、中校。曾于1982～1989年任坦军政治部主任。1988年11月成为指定议员并任水利、能源和矿业部副部长，1990年3月升任能矿部长，同年当选滨海省巴加莫约选区议员。1994年12月调任财长。1995年11月起任外交与国际合作部长。2005年12月当选坦总统。2010年10月蝉联总统。1982年起任革命党全国执行委员会成员，1997年起任革命党中央委员会成员。2006年6月起任革命党主席。曾于1994年、1998年、2001年访华，2004年随姆卡帕总统访华。2006年来华参加中非合作论坛北京峰会。2008年4月来华进行国事访问并出席博鳌亚洲论坛2008年年会。2008年1月至2009年1月担任非洲联盟轮值主席。

经　济

联合国宣布的世界最不发达国家之一。经济以农业为主，平年粮食勉强自给。工业生产技术低下，日常消费品需进口。1967年实行国有化和计划经济，以建设集体农庄为中心，开展严重脱离国情的“乌贾马”社会主义运动，致使经济发展严重滞后。1986年起接受国际货币基金组织（IMF）和世界银行的调改方案，连续三次实行“三年经济恢复计划”。近年，坦政府将脱贫作为政府工作重点，执行以经济结构调整为中心的经济改革政策，推进经济自由化和国有企业私有化进程，坚持适度从紧的财政、货币政策，使国民经济得到缓慢回升。同时，密切与西方捐助国和国际金融机构的关系，谋求吸引外资、减免外债和获得更多援助。2001年以来，坦成立以总统为首的“国家商业协会”和以总理为首的“投资指导委员会”，减免外资企业税费和高科技产品进口税，出台微型信贷政策，扶植中小企业发展。IMF和世行认定坦桑达到重债穷国动议完成点，将于20年内减免其30亿美元外债。2002年10月，IMF将其在非洲的第一个技术援助中心——东非技援中心设在坦。基奎特总统执政后注重改善民生，强调经济发展成果必须惠及普通百姓。目前，坦桑尼亚改革成效日益显现，经济增长连续3年超过6.5%，在黑非洲名列前茅，矿业和旅游业发展强劲，投资环境不断改善，外国直接投资持续增长。但经济结构单一、基础设施落后、发展资金和人力资源匮乏、艾滋病泛滥等长期阻碍经济发展的问题仍然存在。国际金融危机爆发后，对坦桑尼亚经济造成不利影响，坦桑尼亚经济增速放缓。2011年主要经济数据如下（资料来源：2012年度《经济季评》）：

国内生产总值（GDP）：255.49亿美元。

经济增长率：6.4%。

人均国内生产总值：553美元。

通货膨胀率：12.7%。

货币名称：坦桑尼亚先令，1先令＝100分。

汇率：1美元＝1572先令。

对外贸易总额：144.77亿美元。

外债总额：103亿美元。

【资源】 矿产资源丰富，有8个绿岩带，地层大多属太古代岩石，历史上曾生产过近百吨黄金。已探明的主要矿产及储量为：钻石250万吨（含量6.5克拉/吨），金矿80万吨，煤3.24亿吨，铁1.3亿吨，磷酸盐1000万吨，天然气450亿立方米。除金矿外，其他矿藏尚待充分开发。大陆、桑给巴尔及近海海域有若干储油前景良好的区域。目前已有多家矿业开采公司在坦注册，主要依靠外国资金和技术，其中大部分从事黄金开发。此外，澳大利亚、加拿大、爱尔兰等国公司在坦从事石油勘探；世界银行、欧洲投资银行等资助坦开发松戈松戈气田（探明储量300亿立方米），由加拿大管道公司负责建设；另有外国公司正与坦方探讨开发姆纳西湾气田项目（探明储量150亿立方米）的可行性。森林面积约4400万公顷，占国土面积的45%，出产安哥拉紫檀、乌木、桃花心木、栲树等。水力资源丰富，发电潜力超过4.78亿千瓦。

【**工业**】根据2001年固定价格，2009年坦桑矿业和制造业占国内生产总值的比重分别为2.5%和9.5%。大陆制造业以农产品加工和进口替代型轻工业为主，包括纺织、食品加工、皮革、制鞋、轧钢、铝材加工、水泥、造纸、轮胎、化肥、炼油、汽车装配和农具制造等。桑给巴尔工业以农产品加工为主，主要有椰子加工厂、丁香油厂、碾米厂、糖厂、石灰厂、自来水厂、发电厂和印刷厂等。

【**农业**】以种植业、林业、渔业、牧业为主，是坦主要经济支柱。农业吸收全国劳动力的2/3。全国可耕地面积3940万公顷，已耕地面积620万公顷。主要农作物有玉米、小麦、稻米、高粱、小米、木薯等。主要经济作物有咖啡、棉花、剑麻、腰果、丁香、茶叶、烟叶、除虫菊等。受旱灾影响，2006年农业生产增长速度有所下降，但仍占国内生产总值的44.7%。近年来，坦政府高度重视发展农业，提出“农业第一”战略和南部经济发展走廊计划，大力推动农业生产，粮食产量回升较快，目前丰年自给有余并可向肯尼亚、赞比亚等邻国出口。2009/2010年坦桑粮食产量同比增长17.4%，2010/2011年全国粮食自给率为112.4%。

【**服务业**】2007年大陆服务业产值46.07亿美元，占GDP比重为37%。其中商业和旅游业15.8亿美元，交通运输业4.42亿美元，金融服务业13.44亿美元，政府和其他收入10.25亿美元。

【**旅游业**】旅游资源丰富，非洲三大湖泊维多利亚湖、坦噶尼喀湖和马拉维湖均在坦边境线上，海拔5895米的非洲第一高峰——乞力马扎罗山世界闻名。其他自然景观有恩戈罗戈罗火山口、东非大裂谷、马尼亚纳湖等，另有桑岛奴隶城、世界最古老的古人类遗址、阿拉伯商人遗址等历史人文景观。坦1/3国土为国家公园、动物和森林保护区。共有塞伦盖提、恩戈罗戈罗等15个国家公园、50个野生动物保护区、1个生态保护区、2个海洋公园和2个海洋保护区，约32315间旅馆客房。2009年，赴坦旅游人数增至71万人。

【**交通运输**】以公路运输为主。

公路：总长86472公里，其中干线公路10601公里，沥青公路5062公里。桑给巴尔公路总长982公里。

铁路：总长3667公里，主要有坦赞铁路、中央铁路及东非铁路。联结大陆17个省，并与赞比亚、刚果（金）、布隆迪、卢旺达、乌干达及肯尼亚等国相连，是东非内陆国家重要的出海通道。

水运：沿海有达累斯萨拉姆、姆特瓦拉、坦噶和桑给巴尔四大港口。达累斯萨拉姆等港口是进出口贸易的主要通道，同时也是赞比亚、布隆迪、乌干达、卢旺达、刚果（金）和马拉维等内陆国家的出海口。维多利亚湖、坦噶尼喀湖和尼亚萨湖的湖上运输对坦桑和邻国沿湖地区的物资交流和人员作用重要。

空运：共有达累斯萨拉姆、乞力马扎罗及桑给巴尔3个国际机场。其中达累斯萨拉姆机场和乞力马扎罗机场可停降波音747客机，桑给巴尔机场可停降波音737客机。此外，还有50多个小机场和简易机场，较大的有多多马、姆万扎、塔波拉、莫希、坦噶和姆特瓦拉机场等，可升降双引擎客机并有固定航班。2004年大陆航空货运量1506吨，客运量27.1万人次。

【**对外贸易**】出口以初级农产品为主，其中棉花、剑麻、腰果、咖啡、烟草、茶叶、丁香出口占外汇收入的80%。工矿业出口产品主要有钻石、黄金、纺织品、服装、皮革制品、鞋、树胶、铝制品等。进口以工业生产资料和工业品为主，主要有仪器、饮料、机械设备、金属制品、交通运输工具、石油等。主要贸易伙伴有印度、德国、英国、日本、沙特阿拉伯、荷兰、意大利、新加坡、肯尼亚和中国等。

【**外国投资**】1990年成立投资促进中心，负责审批投资项目，向国内外投资商提供咨询。2005 ~ 2008年，坦桑年吸引外资数额分别为9.355亿美元、4.03亿美元、5.816亿美元和4.0亿美元，外资总额由2005年的约44.4亿美元增长到2008年的约62.4亿美元，其中南非、加拿大、英国、肯尼亚、阿拉伯联合酋长国、科威特等是坦桑主要外资来源地。外国在坦桑投资主要集中于矿业、制造业、批发零售业、金融和通讯业等领域，且大部分集中于达累斯萨拉姆、欣延加和姆万扎3个地区。

【**外国援助**】外国援助在坦国民经济中占有重要地位，近年来坦桑每年接受外援9亿美元左右，其中发展伙伴（Development Partners）通过总体预算支持（General Budget Support）等方式向坦提供援助。据联合国开发计划署（UNDP）统计，2008/2009财年，坦桑接受外援总额18.9亿美元，相当于其财年预算总额的32%或GDP的8.2%。主要发展伙伴有英国、印度、南非、荷兰、肯尼亚、美国、加拿大、意大利、德国和国际货币基金组织、世界银行、欧盟、非洲开发银行等。

人民生活

根据联合国《2011年世界人类发展报告》，坦人类发展指数在187个国家和地区中排名第152位。约50%人口生活在贫困线以下。职工享有的各项社会福利相当于职工基本工资的20%，公务员收入差别从独立初的1∶17降至目前的1∶5。全国医疗条件较差，共有公立医疗机构3565个，私立医疗机构1959个。全国共有病床26030张。医生与人口比例为1∶64000，远低于世界卫生组织建议的1 ∶ 10000。疟情严重，每年约30万人死于疟疾。2011年，坦成人艾滋病感染率5.6%，人口增长率1.96%，婴儿死亡率4.6%。

军　事

武装力量由人民国防军、警察部队、国民服务队和民兵组成。总统兼任武装力量总司令，最高军事决策机构和指挥机构分别为国防与安全委员会和国防军总部。国防军建于1964年，总兵力2.8万。陆军约2.3万人，编成5个步兵旅，另有3个坦克团及若干炮兵团/高炮团（部分配属给步兵旅）、萨姆导弹营、反坦克营、通信团、工兵团等。海军约1900余人，下辖舰队司令部及桑给巴尔、姆万扎、基戈马、坦噶等海军站、训练学校、船舶修理厂、3个岸防雷达中队、1个机动雷达站、岸防营、海军陆战连。海军司令部和舰队司令部均位于达累斯萨拉姆基加姆博尼海军基地。空军约3000余人，编成2个飞行团、直升机中队、飞行学院和其他勤务部队。国防军司令瓦伊塔拉（Gen.George M. Waitara）上将。警察部队隶属内政部，共3万人。国民服务队建于1963年，受国防部和国防军总部双重领导，共4000人。民兵部队建于1966年，隶属国防军总部，共8万人。

文化教育

重视发展民族文化，大力推广斯瓦希里语。设有国家艺术委员会、国家斯语委员会、图书馆服务理事会和民间文化协会等。首都达累斯萨拉姆设有国立中央图书馆和国家博物馆等。

【教育】实行免费义务教育，成人识字率为72.9%（2009年）。近年因国家财政拮据，教育经费不足，政府提出教育改革政策，鼓励私人或集体办校。援助伙伴亦将教育作为优先投资领域，投入可观资金。全国共有包括达累斯萨拉姆大学在内的3所大学，在校大学生约5万名。2007 ~ 2010年，适龄儿童年平均入学率为96.5%。坦桑尼亚2008/2009财年教育预算约合11.26亿美元，占财政支出的19.8%。

【新闻出版】主要刊物有英文《每日新闻》，发行量8万。斯瓦希里文《自由报》、《民族主义者报》和《工人日报》。另有《快报》（每周两期）、英文周刊《商业时报》、《东非人报》、斯瓦希里语双周刊《火焰报》。

坦桑尼亚通讯社：国家通讯社，1976年10月成立，大陆各省设有分社，有少数记者驻邻国。

坦桑尼亚电台：国家电台，建于1951年。设在达累斯萨拉姆，分别用英语和斯瓦希里语广播。

桑给巴尔革命之声：桑给巴尔电台，建于1964年，用斯瓦希里语广播，每天播音9小时。

桑给巴尔电视台：国营电视台，1973年建立，用斯瓦希里语播送节目。

海岸电视网（CTN）：大陆的私营电视台，1994年建立。

独立电视台（ITV）：私营电视台，1994年建立。

对外关系

曾是著名的“前线国家”，为非洲大陆的政治解放作出过重大贡献。奉行不结盟和睦邻友好的外交政策，主张在互不干涉内政和相互尊重主权的基础上与各国发展友好合作关系。近年务实倾向增强，强调以经济利益为核心，淡化不干涉内政原则，发展同所有捐助国、国际组织和跨国公司的关系，谋求更多外援、外资。重点营造睦邻友好，全力促进区域经济合作。积极参与调解与其利益相关的地区问题。重视与亚洲国家关系，学习和借鉴亚洲国家的发展经验。是联合国、不结盟运动、英联邦、非洲联盟、东非共同体、南部非洲发展共同体及环印度洋地区合作联盟等组织的成员国。同115个国家建有外交关系。

【同中国的关系】中国于1961年12月9日与坦噶尼喀建交，1963年12月11日与桑给巴尔建交。坦噶尼喀与桑给巴尔联合后，中国自然延续与二者的外交关系，将1964年4月26日联合日定为与坦桑尼亚联合共和国建交日。建交以来，两国关系友好密切，人员往来频繁。

近年来，两国高层交往密切。2006年6月，国务院总理温家宝对坦桑尼亚访问。11月，坦桑尼亚总统基奎特来华出席中非合作论坛北京峰会。2008年4月，基奎特总统应邀对华进行国事访问并出席博鳌亚洲论坛2008年年会。2009年2月，胡锦涛主席对坦桑尼亚进行国事访问，这是中国国家主席首次访坦。访问期间，胡锦涛主席与基奎特总统举行会谈，会见桑给巴尔总统卡鲁姆，并在钻禧礼堂发表面向全非的演讲。2009年11月，中非合作论坛第四届部长级会议期间，温家宝总理会见基奎特总统。

据中国海关总署统计，2011年，中坦双边贸易额为21.5亿美元，同比增长29.5%，其中中方出口额为16.6亿美元，进口额为4.9亿美元。中方主要出口机器设备、车辆、日用品等，主要进口木材、剑麻纤维、生牛皮和海产品等。中方分别于2005年1月1日和2007年7月1日起2次给予坦方部分输华商品免关税待遇。

中国驻坦桑尼亚大使：吕友清。馆址：No.2, Kajificheni Close，Toure Drive，Dares Salaam。电话：2667475，2668064。商务处电话：2668198。传真：2666353。地区号：00255-22。

坦桑尼亚驻中国大使：菲利普·桑卡·马尔莫（Philip Sang'ka Marmo）。馆址：北京市朝阳区亮马河南路8号。电话：010-65322394。

【同美国的关系】坦、美于1961年建交。近年来，两国关系持续改善。美重视坦地区大国作用和发展潜力，支持其经济改革，是坦主要投资和援助国之一，并免除了坦美双边债务。2008年2月，布什总统访坦，宣布美将在5年内向坦提供6.98亿美元援助，帮助坦改善道路、供电及供水等基础设施建设。这是美“千年挑战账户”设立以来美向单个国家提供的最大一笔经援。坦反对美在非洲建立美军司令部。2009年5月，基奎特总统访问美国，美国总统奥巴马与其会见，基成为奥任美国总统后会见的首位非洲国家元首。2010年11月，桑给巴尔民族团结政府成立后，奥巴马总统致函基奎特和谢因表示祝贺。2011年6月，美国国务卿希拉里访坦，承诺向坦提供总计1亿美元的援助用于坦农业发展和粮食安全以及应对艾滋病等项目。2011年，美军非洲司令部司令、国务卿希拉里相继访坦，并承诺向坦提供1亿美元援助。美总统奥巴马专门致电基奎特总统祝贺坦大陆独立50周年。

【同英国的关系】 坦英关系密切。英是坦主要贸易伙伴和援助国，每年援助额约8000万美元。英免除了坦所欠全部债务，积极支持国际货币基金组织和世行等国际金融机构减免坦债务。2011年，英查尔斯王子访坦。

【同邻国及其他非洲国家的关系】 在地区事务中奉行“广交友、不树敌、促和平、谋发展”政策。重视与周边邻国发展睦邻友好关系，同肯尼亚、乌干达、埃塞俄比亚等国关系密切。重视在地区事务中发挥影响，致力于维护地区和平与稳定。积极参与调解肯尼亚因2007年底大选引发的政治危机，大力斡旋科摩罗国内政治危机，关注索马里和平进程，为非盟驻索马里维和部队提供培训，参与调解布隆迪问题。向苏丹达尔富尔地区派遣维和部队。

【同亚洲国家的关系】 坦重视发展与亚洲国家的关系。2004年12月，姆卡帕总统对越南进行正式访问。2006年9月，坦总理洛瓦萨访问泰国、越南。2004年9月，印度总统卡拉姆对坦进行国事访问。2011年5月，印度总统辛格访坦，宣布向坦提供1.9亿美元经济援助。日本每年向坦提供约1亿美元无偿援款，每年向坦派出专家和志愿者。

坦同朝鲜关系良好。前总统尼雷尔和姆维尼及桑给巴尔总统萨勒明等均访问过朝鲜。朝主要援坦项目有革命党多多马会议大厦、水稻农场、奔巴考贯尼体育场等。（张磊）

突尼斯

国名 突尼斯共和国（The Republic of Tunisia, La République Tunisienne）。

面积 162155平方公里。

人口 1050万（2011年），90%以上为阿拉伯人，其余为柏柏尔人。阿拉伯语为国语，通用法语。伊斯兰教为国教，主要是逊尼派，少数人信奉天主教、犹太教。

首都 突尼斯（Tunis），人口225万（2011年）。

国家元首 临时总统蒙塞夫·马尔祖基（Moncef Marzouki），2011年12月13日就任。

重要节日 独立日（国庆节）：3月20日。

简况

位于非洲北端。西与阿尔及利亚为邻，东南与利比亚接壤，北、东临地中海，隔突尼斯海峡与意大利相望，海岸线全长1300公里。北部属地中海型气候，夏季炎热干燥，冬季温和多雨。南部属热带沙漠气候。8月为最热月，日均温21℃～33℃；1月为最冷月，日均温6℃～14℃。

公元前9世纪初，腓尼基人在今突尼斯湾沿岸地区建立迦太基城，后发展为奴隶制强国。公元前146年成为罗马帝国的阿非利加省的一部分。公元5～6世纪先后被汪达尔人和拜占庭人占领。703年被阿拉伯穆斯林征服。13世纪哈夫斯王朝建立了强大的突尼斯国家。1574年沦为土耳其奥斯曼帝国的一个省。1881年成为法国保护领地。1956年3月20日法国承认突尼斯独立。1957年7月25日突制宪会议通过决议，废黜国王，宣布成立突尼斯共和国，布尔吉巴任第一任总统，1975年经议会批准，布尔吉巴成为终身总统。1987年11月7日，总理本·阿里废黜布尔吉巴，长期任总统。2010年底至2011年初，突发生大规模骚乱，政局陷入动荡，本·阿里于2011年1月14日流亡沙特阿拉伯。目前，突处于政权过渡期，由过渡政府管理。

政治

2010年岁末至2011年年初，突尼斯政局剧变。执政23年之久的本·阿里于2011年1月14日出走沙特。突宪法委员会宣布由众议长迈巴扎任代总统，随后格努希总理组建民族团结政府，宣布将在6个月内举行大选。此后，突民族团结政府几经改组，并出台开放党禁、取缔宪盟、对本·阿里及其亲信腐败展开司法调查等一系列措施平息民怨。2月27日，过渡政府总理格努希及数位部长辞职，前众议长艾塞卜西被任命为过渡政府新总理。10月23日，突举行制宪会议选举，伊斯兰政党“复兴运动”在选举中拔得头筹，在217个席位中获得89席，得票率为41.47%。11月，突制宪会议选举加法尔为制宪会议议长，12月，选举马尔祖基为总统，此后新过渡政府宣布成立。新政府内外政策总体务实、温和，主要目标是实现社会稳定、振兴经济、推进政治过渡进程。执政联盟三党初步决定于2013年3月20

日举行新的立法选举。

【宪法】1959年6月1日，制宪议会通过共和国第一部宪法，规定突是自由、独立的主权国家，实行共和制政体。1998年10月通过修改宪法和选举法，降低总统候选人的参选年龄，扩大参选范围。总统任期五年，可连任两届。2002年5月，举行独立后首次全民公决，通过宪法修正案，取消对总统连任次数的限制，并将总统候选人的年龄上限增至75岁。2011年3月4日，突过渡政府宣布，废除现行宪法。10月选举出的制宪会议将着手进行修宪，以便为2013年举行的立法和总统选举做好准备。

【议会】原为一院制，称国民议会。2002年宪法修正案改为两院制，由众议院和参议院组成。2011年3月4日，突过渡政府宣布，解散参、众两院。10月23日，突制宪会议选举顺利进行。复兴运动在217个议会席位中获89席，保卫共和大会党获29席，人民请愿党获26席，争取工作与自由民主论坛获20席，民主进步党获16席。其他37个席位由22个小党或独立候选人获得。11月，突制宪会议选举加法尔为制宪会议议长，12月，选举马尔祖基为总统。

【政府】2011年12月23日，突新的过渡政府成立。现政府主要成员名单如下：总理哈马迪·贾巴利（Hamadi Jebali），司法部长拉努尔丁·巴赫里（Noureddine Bhiri），国防部长阿卜杜勒—卡里姆·泽比迪（Abdelkrim Zbidi），内政部长阿里·拉阿里德（Ali Laaridh），外交部长拉菲格·阿卜杜赛拉姆（Rafik Abdessalem），财政部长侯赛因·迪马西（Houcine Dimassi），工业和商业部长穆罕默德·拉米纳·沙卡里（Mohamed Lamine Chakhari），负责商业部长级代表贝希尔·扎福里（Bechir Zaafouri），旅游部长伊里耶斯·法赫法赫（Elyes Fakhfakh），职业培训和就业部长阿卜杜勒—瓦哈卜·马塔尔（Abdelawahab Maatar），交通部长卡里姆·哈鲁尼（Karim Harouni），信息和通信技术部长蒙吉·马尔祖克（Mongi Marzouk），投资和国际合作部长里雅得·贝塔伊布（Riadh Bettaieb），装备和住房部长穆罕默德·塞勒迈纳（Mohamed Salmane），地方发展和计划部长杰马卢丁·加尔比（Jameleddine Gharbi），国土资源部长斯利姆·本·赫米达（Slim Ben Hmidane），农业部长穆罕默德·本·萨勒姆（Mohamed Ben Salem），社会事务部长卡利勒·扎乌亚（Khalil Ezzaouia），卫生部长阿布杜拉提夫·迈基（Abdellatif Mekki），青年和体育部长塔里格·迪亚布（Tarek Dhiab），环境部长玛米娅·巴纳（Mamia El Banna，女），人权和恢复社会正义部长、政府发言人萨米尔·迪卢（Samir Dilou），文化部长迈赫迪·马布鲁克（Mehdi Mabrouk），妇女和家庭部长斯赫姆·巴迪（Sihem Badi），高等教育和科研部长蒙赛夫·本·萨勒姆（Moncef Ben Salem），教育部长阿卜杜拉提夫·阿比德（Abdellatif Abid），宗教事务部长努尔丁·卡德米（Noureddine El Khadmi），总理府行政改革部长穆罕默德·阿布（Mohamed Abbou），总理府良政和反贪部长阿卜杜拉赫曼·拉德加姆（Abderrahman Ladgham），总理府经济事务部长里达·赛伊迪（Ridha Saidi），总理府负责与制宪会议关系部长阿卜杜拉扎克·吉拉尼（Abderrazak Kilani）。

【政府网址】：http：//www.tunisie.gov.tn。

【行政区划】全国划分为24个省，下设262个县，260个市镇。

【司法机构】最高司法委员会是突尼斯司法系统最高机构，总统和司法部长分别担任委员会主席和副主席。委员会行使对法官任命、晋升、调动和纪律处分的职能。总统根据委员会的建议任命法官。全国有1个最高法院，10个上诉法院，24个一审法院，83个地方法庭。每省设有1个一审法院。每个法院下辖若干民事、刑事法庭。此外，在政府成员犯有叛国罪时将专门成立高等法院。最高法院院长为穆罕默德·勒日米（Mohamed Lejmi）。突无独立的检察院，但在每个法院均设有检察机构。在司法和人权部内设检察机构，现任总检察长为穆罕默德·莱吉米（Mohamed El-Ladjmi）。

【政党】突于1981年4月开始实行多党制，2011年1月本·阿里政权倒台后，过渡政府宣布取缔原执政党"宪政民主联盟"，取消党禁，大量政党涌现。截至2011年10月，已有115个合法政党，主要是：复兴运动、保卫共和大会党、争取工作与自由民主论坛、人民请愿党、民主进步党、革新运动、突尼斯工人共产党和突尼斯劳动党。

（1）复兴运动（Mouvement Ennahdha）：伊斯兰政党，成立于1981年6月，原名伊斯兰倾向运动。20世纪90年代初即遭当局打压并取缔。骨干分子大多被关押或流亡国外。2011年突政局陷入动荡，本·阿里政权倒台，该党获得合法地位并很快成为突政坛影响最大的政治力量。主张基于伊斯兰价值观的民主，强调突的阿拉伯、伊斯兰属性，希望效仿土耳其正义与发展党，实现伊斯兰与民主的和谐相处。该党总书记贾巴利任过渡政府总理。

（2）保卫共和大会党（Congrès pour la République）：左翼世俗政党，成立于2001年7月，本·阿里政权将其列为非法政党予以打压。2011年初本·阿里政权倒台后获合法地位。主张权力分立和司法独立，赞成半总统半议会制，发展自由、开放经济，国家在经济发展中发挥调节作用。重视发展与欧盟关系，积极扩展与新兴国家的合作，反对与以色列建交。该党主席马尔祖基任突临时总统。

（3）争取工作与自由民主论坛（Forum Démocratique pour le Travail et la Liberté，FDTL）：中左翼世俗政党，成立于1994年4月，2002年10月被本·阿里政权批准为合法政党。主张将民主与自由置于首位，建立法治国家，实现权力分立和司法独立，赋予国家调控经济职能。推进马盟一体化建设，与欧盟建立真正伙伴关系，发展与新兴国家关系。2011年11月，该党总书记加法尔当选为突制宪会议议长。

（4）人民请愿党（“Al Arida Chaabia”，Pétition Populaire pour la Liberté，la Justice et le Développement）：成立于2011年7月15日。主张公民免费医疗，国家向无业者发放补贴。实现地区平衡发展。对与其他政党联合持开放态度。该党注册成立时间虽短，但在突国内外赢得了大量支持者，影响力急剧上升。在2011年10月举行的制宪会议选举中出人意料地获19个席位，成为第四大党。制宪会议结束后，部分律师指责该党通过国外媒体非法进行竞选宣传。突独立选举委员会遂宣布取消该党在6个选区所获席位。该党主席即宣布放弃所有席位并通过示威活动表示抗议。10月28日，党主席表示撤回关于放弃所有席位的决定，转向行政法院申诉。该党现任主席为哈什米·哈姆迪（Hechmi Hamidi）。

（5）民主进步党（Parti Démocratique Progressiste）：1983年12月成立。1988年9月获得合法地位。原名为社会进步联盟，2001年6月党的“三大”改为现名。自称左翼反对党，2011年1月突局势动荡后，该党支持示威群众合法表达诉求，要求政府停止武力镇压，并通过外国媒体揭露当局暴力行径，获得不少民众信任，成为突主要政治势力之一。主张建立多元化政治体制，扩大地方权力；尊重个人和集体自由、男女平等；赞成实行总统制，总统任期五年，且无权解散议会。主张市场经济和对外开放，解决失业和地区发展不平衡问题。认为在维持与欧盟经济联系的同时，实现经济伙伴多元化。在2011年10月23日举行的制宪会议选举中获得17席。现任总书记为玛娅·杰利比（Maya Jeribi，女）。

（6）革新运动（Mouvement de la Rénovation）：原名突尼斯共产党，1922年成立，1963年被取缔，1981年恢复合法地位，1993年4月改为现名。更名后宣布放弃共产主义，改走中左路线，向一切进步力量和社会主义思想开放，维护劳动者利益，主张政治多元化和言论自由，建立现代和世俗的民主国家。支持民众保卫革命果实、巩固自由民主进程、彻底铲除专制和腐败的斗争，同时呼吁民众克制，不要干扰过渡政府运转，避免过渡政府倒台带来的权力真空危害国家安全。总书记艾哈迈德·易卜拉欣（Ahmed Ibrahim），2011年1月17日，任突过渡政府高教和科研部长，于2月底格努希总理辞职前退出政府。

（7）突尼斯工人共产党（Parti Communiste des ouvriers de Tunisie）：1986年1月成立，属极左翼政党，长期不为当局所承认。20世纪80年代中期，该党强烈反对突经济自由化和当局对伊斯兰分子的镇压，因与伊斯兰分子结盟遭突左翼势力责难，并导致党内分裂，部分力量脱离该党，另立左翼社会党。该党在青年学生中较有影响。2011年1月，突过渡政府成立后，该党联合复兴党、进步纳塞尔运动等组成“1·14”阵线，反对过渡政府包含旧政权部长，要求解散参众两院、宪盟、政治警察，实现公共及个人自由，发展经济惠及民众，解决失业问题。2011年1月17日获得合法地位。该党发言人兼党刊主编阿马·阿马米（Hamma Hammami）。

（8）突尼斯劳动党（Parti du Travail Tunisien）：2011年5月6日成立，主要依托突工会组织——总劳联。主张尊重人民权利和自由，提倡自由经济，平均分配社会财富，促进地区平衡、可持续发展，向所有社会群体提供平等就医机会，关注贫困、残疾群体，坚持突的阿拉伯—穆斯林属性。该党创始人、发言人阿卜杜贾利勒·贝杜伊（Abdejelil Bedoui），任总劳联顾问，突联合政府成立后，曾被任命为部长，但因总劳联抵制过渡政府未履职。

【重要人物】蒙塞夫·马尔祖基：总统。1945年7月生于纳布尔省。1973获法国斯特拉斯堡大学医学博士学位。1981～2000年任突苏斯大学医学教授。1980年加入突人权联盟，1989年当选联盟主席。1994年3月宣布参加总统竞选，但未获得足够签名支持，其后曾被突当局逮捕和没收护照。2001年任保卫共和大会党主席。长期流亡法国，致力于反对本·阿里政权。2011年1月返突，在2011年10月举行的制宪会议选举中，保卫共和大会党获29个席位，位列第二。12月马尔祖基当选突总统。曾于20世纪70年代随突尼斯医疗代表团访华。 **哈马迪·贾巴利：**总理。1949年生于苏斯。复兴运动总书记。曾任复兴运动党刊《黎明报》总编。因反对本·阿里政权两度入狱，前后在狱中度过16年。2006年获本·阿里大赦出狱。2011年1月本·阿里政权垮台后开始活跃。宣称复兴运动将以土耳其正义与发展党为榜样，维护妇女地位和权利，主张实现地区平衡发展。10月突举行制宪会议选举，复兴运动在选举中获89席，位列第一。12月贾巴利被任命为过渡政府总理。

经济

突尼斯经济中工、农、服务业并重。工业以石油和磷酸盐开采、制造业和加工工业为主。农业是国民经济重要部门，但粮食不能自给。旅游业较发达，在国民经济中占重要地位。1986年，突经济实行“结构调整计划”，由计划经济向市场经济过渡。1995年突与欧盟签署联系国协议。2008年突与欧盟启动自贸区。2010年底前，突经济曾多年保持稳步发展，国内生产总值（GDP）年均增长5%左右。但突经济发展亦面临诸多不利因素：国内市场狭小，资源匮乏，对外依存度高；农业生产落后，粮食无法自给；失业率特别是高学历者失业率居高不下。2011年年初突政局剧变后，突经济增长率、吸引外资、外贸、旅游、就业等主要经济指标普遍下滑，失业状况更加严重。2011年突政府财政赤字增至5%，外贸逆差同比增加1倍，外来投资减少29.2%，服务业增长率为-1%。2011年主要经济数据如下（资料来源：2012年1～4月经济季评）：

国内生产总值：442亿美元。

人均国内生产总值：4208美元。

经济增长率：−1.8%。

货币名称：第纳尔（dinar），1第纳尔＝1000米利姆。

汇率：1美元=1.56第纳尔。

通货膨胀率：3.5%。

失业率：18%。

【资源】主要有磷酸盐、石油、天然气、铁、铝、锌等。已探明储量：磷酸盐20亿吨，石油7000万吨，天然气615亿立方米，铁矿石2500万吨。

【工矿业】2008年工业产值占国内生产总值约34.1%。2011年工业增长率为－4.4%。纺织业在轻工业中居首位，2006年产值为9.92亿突尼斯第纳尔。矿产资源主要以磷酸盐、石油为主。2006年磷酸盐产量为781.3万吨，产量居世界第五位。2010年磷酸盐产量为814.85万吨。2008年原油产量为410万吨，同比下降9%；天然气产量为33.17亿立方米，同比增长3.8%。2011年前三季度日产原油6.4万桶。

【农牧渔业】全国可耕地面积900万公顷，已耕地500万公顷，其中7%为水浇地，约34.5万公顷。由于盐碱化、沙漠化等因素，每年约有2万公顷耕地流失。2007年粮食产量为200万吨，产值7.18亿第纳尔。2008年，农业投资额为9.23亿突尼斯第纳尔，占总投资额的7.4%，全国劳动力的35%从事农业，粮食自给率60%。2011年农业增长率为9%。

突尼斯是橄榄油主要生产国之一，橄榄油产量占世界橄榄油总产量的4%～9%，橄榄油成为突主要的出口创汇农产品。全国种植橄榄6200万株，占地162.5万公顷。2009年产橄榄油16万吨，柑橘29.7万吨，椰枣16.2万吨。

突全国有天然和人工牧场29万公顷。2008年牛、绵羊、山羊存栏数分别为44.9万头、409.7万只和82.8万只。2009年肉类总产量为25.6万吨，鲜奶产量103万吨，渔业产量10万吨。

【旅游业】旅游业在国民经济中居重要地位，是突第一大外汇来源。2009年旅游收入为34.6亿第纳尔，接待游客690万人次。全国约800家旅馆拥有23万张床位，居非洲和阿拉伯国家前列。直接或间接从事旅游业人员达35万人，约占全国人口的3.6%，解决了12%的劳动力就业问题。受政局剧变影响，2011年突接待外国游客约470万人次，同比下降33.3%；旅游收入约13.6亿美元，同比下降36.2%。旅游设施主要分布在东部沿海地带，有五大旅游中心，苏斯“康达维”中心是全国最大的旅游基地。突尼斯市、苏斯、莫纳斯提尔、崩角和杰尔巴岛是著名的旅游区。

【交通运输】交通运输比较发达。

铁路：总长2190多公里，其中轨距1米的窄轨铁路占1713公里，余为轨距1.44米的铁路。国营铁路公司拥有机车136辆，货车皮5267节。2009年客运总量为3860万人次，同比下降1.5%，货运量为930万吨，下降12.2%。

公路：总长2万公里。2009年公路客运量6.8亿人次，同比下降2.2%。2003年公路货运量11.84万吨。陆路运输目前占突尼斯货运总量的50%，客运总量的90%。至2007年，突拥有各类机动车辆150万辆。

海运：有30个港口，其中8个为大型商业港口，一个为石油转运港。有两支船队，总吨位22.4万吨。主要港口是突尼斯—古莱特、比塞大、布尔基巴、斯法克斯、加贝斯、苏斯、扎尔西斯、拉迪斯及斯基拉港等，2009年海运量为2630万吨，同比下降7.3%；客运总量72万人次，同比增长4.5%。

空运：有两个国营航空公司，主要是突尼斯航空公司。全国共有91架各型号客机。突与国内外44个城市通航。年客运总量为1200万人次。2009年突航空客运量1080万人次，同比下降5%。全国有7个国际机场：突尼斯—迦太基、莫纳斯蒂尔—卡奈斯、杰尔巴—扎尔齐斯、斯法克斯—蒂纳、杜泽尔—内夫塔、塔巴卡—11.7和加夫萨—盖斯尔。

【财政金融】2011年财政预算收支基本平衡，总收入为192.92亿第纳尔，同比增长5%；总支出为192.19亿第纳尔，同比增长6.5%。2010年，外汇储备94.62亿美元，外债214.74亿美元。

【对外贸易】突推行贸易自由化政策，迄今自由进口的商品额占进口总额的85%，自由出口的商品额占出口总额的95%。近年来突尼斯对外贸易情况如下（单位：百万美元）：

	2009	2010	2011
出口额	15211	16718	17800
进口额	20070	20201	23900
差　额	−4859	−3483	−6100

欧盟是突的主要贸易伙伴，其中法国、意大利、德国是与突贸易名列前三名的国家，2010年突与上述国家贸易情况如下（单位：百万突尼斯第纳尔）：

	出口	进口
法国	6749.8	6019.2
意大利	4674.5	5595.5
德国	1711.8	2429.7

（资料来源：2012年1～4月经济季评）

突主要出口产品是机械和电子工业品、矿产、磷酸盐及其衍生产品、纺织品、橄榄油等。2008年机械电子工业出口仍是突第一大出口部门，出口额为47.57亿美元，增幅18.3%，占出口总额的26.4%。纺织品出口微降0.2%。进口产品主要是能源、机电设备、汽车、棉花、农业和食品加工产品等。能源进口总额达145.9亿美元，增幅63.7%。

【外国资本】2009年突吸引外国直接投资22.79亿突尼斯第纳尔，同比下降33%。主要来自欧盟、美国和阿拉伯国家。截至2006年年底，突共吸纳外国直接投资（能源除外）累计达112.13亿第纳尔，提供27.4万个就业岗位。

【外国援助】欧盟国家是突的传统援助方。1995年至今，突在突—欧合作框架内获得31亿第纳尔的赠、贷款。

人民生活

突尼斯自20世纪70年代以来，实行对基本食品实施物价补贴的社会福利政策。90年代后，政府开始缩小补贴范围，减少补贴费用，分期提高基本食品价格，同时采取措施，保护困难户和低工资收入者的购买力。2010年突最低工资收入为251.52第纳尔（每周48小时）和216.96第纳尔（每周40小时）。全国78%的人拥有自己的住房，74%的居民享受医疗保险，8%的居民持有免费医疗证。中产阶层和社会保障覆盖率分别达80%和93%。

全国卫生系统共有各类医务人员和职工4万人。全国平均每1200人有一名医生，平均每6500人有一名牙医，平均每330人有一名护士。医疗设施分公立医院、私人医院和个人诊所，以公立医院为主，共176所，有17269张床位，私人医院有床位1800张，另有卫生站1050个。全国有21%的家庭拥有汽车，90%的家庭拥有电视机，82%的家庭拥有冰箱，34%的家庭拥有洗衣机，6%的家庭拥有空调，99.9%的家庭拥有固定电话，80%的人拥有移动电话，90%的家庭享有饮用水和供电。2010年突人口增长率为1.29%，人均寿命74.7岁，婴儿死亡率1.68%。2008年突贫困率为3.8%，贫困家庭8万户。

军　事

1956年建立国民军，1959年建立海军和空军。总统为武装部队总司令。1975年起实行义务兵役制，服役期一年。总兵力约4万人。陆军3.1万人，包括3个机械化步兵旅、1个撒哈拉旅、1个特种部队群和8个团，拥有各类坦克和装甲车405辆、炮482门、导弹156枚（具）。海军5000人，拥有各类舰艇40艘。空军4500人，有各型军用飞机70余架，直升机80架。有国民警卫队约4万人。军事装备主要来自法国、美国、意大利。

2010年国防预算为7.72亿突尼斯第纳尔，同比增长5.6%，占国家预算总额的4.21%。

文化教育

【教育】实行基础义务免费教育制（至16岁），从1989/1990学年起，将过去的小学6年、初中3年合并为9年一贯制基础教育。全国近1/4的人口在各级学校学习。小学入学率99%，大学入学率为31.7%。2009年文盲率为19.4%，小学、中、高等教育的人口覆盖率分别为35%、32%、8%。2010/2011学年有中小学5821所，中小学生193.9万。各类大专院校178所，学生33.6万，其中大学共16所：宰敦大学（伊斯兰高等学府）、突尼斯大学、突尼斯玛纳尔大学、迦太基11.7大学、玛努巴大学、中部大学、斯法克斯南方大学等。

【新闻出版】主要报刊有:《复兴报》、《自由报》和《新闻报》。主要周刊有《现实》等。

突尼斯非洲通讯社（Tunis Afrique Presse）：简称“突通社”，创建于1961年1月，为国家通讯社。现有记者、编辑550余人。在巴黎、波恩、纽约、布鲁塞尔、阿尔及尔、拉巴特、开罗、科威特、达喀尔等地派有常驻记者。

突尼斯广播电视总署：1990年成立，国营，统管全国广播和电视工作，下设主席办、办公厅、电视总局和广播总局。突尼斯国家广播电台于1936年首播，现有三个全国性频道对外广播，一个为国内频道，每天24小时以阿文广播；一个为国际频道，每天18小时，以法、德、意、英和西语对外播音；还有一个青年频道，1995年11月开播。此外还有5个地方台。突尼斯国家电视台于1966年6月1日起开播，现分一台（阿文）和二台（法文），还有突尼斯7台和青年台。突直接转播意大利国家电视台和法国商业电视台节目。1991年始设有线电视台转播法国有线电视台节目。

对外关系

突尼斯奉行温和、务实、平衡的外交政策。坚持外交为经济建设和提升国际地位服务，致力多元外交。重点发展与欧盟特别是法国的关系，注重加强同阿拉伯国家的经济合作，积极推动马格里布联盟和地中海联盟建设，同时致力提升同亚洲国家，特别是中、日、韩的关系。迄今为止，突与世界138个国家建立了外交关系。

突民族团结政府成立以来，外交主要目标是争取各方政治支持和经济援助。

【对当前重大国际和地区问题的态度】关于国际形势：认为当今世界政治经济形势使各国面临新的机遇和挑战。地区冲突、饥饿、贫困等问题仍然存在，国际金融危机的负面影响还未完全消除。国际社会应共同努力并承担责任，推动实现可持续发展及合作、宽容、团结、互助价值观的形成，促进世界各国共同发展。

关于安理会改革：赞同对包括安理会在内的联合国进行改革，提高安理会效率。改革应是全面和长期的，应关注发展问题和发展中国家的代表性。改革应分阶段、分步骤进行，不能因改革而导致成员国分裂。突坚持非盟共同立场，联署非盟关于安理会改革的决议草案。突支持阿盟在安理会享有合理代表权，理解、支持中方关于安理会改革的主张。

关于中东问题：突坚定地站在巴勒斯坦人民一边，支持巴人民为恢复合法权利、建立独立国家而进行的正义斗争。呼吁世界上有影响力的大国、中东问题各方应共同努力，重启和平进程，早日结束巴人民苦难。突赞同巴实现内部和解，为法塔赫、哈马斯两派达成和解协议感到高兴。支持巴勒斯坦加入联合国的努力。

关于阿拉伯国家局势动荡：认为一些阿拉伯国家局势出现不稳是多年来积累的问题太多所致。阿拉伯国家在过去二十多年里未根据形势变化推进社会经济发展，部分社会群体和地区被忽视，矛盾激化，引发动荡。突希望阿拉伯国家局势尽快实现稳定，产生新一代领导人。西亚北非需要变革，各国政体、政权与民众的关系均需调整。各国统治者应回应民众变革呼声。

【同中国的关系】1964年1月10日，周恩来总理访突时两国宣布建交。1967年9月中方关闭驻突使馆，1971年10月复馆。近年来中突双边关系不断发展。

2011年，突政局发生动荡后，中突友好合作关系实现了平稳过渡，继续保持顺利发展。3月，外交部副部长翟隽访突。4月，中国向突提供3030万元人民币紧急人道主义物资和200万美元现汇，用于安置突、利边境滞留的难民；商务部副部长傅自应访突。5月，突外长凯菲访华。9月，突贸易和旅游部长胡阿斯来华出席2011中国（宁夏）国际投资贸易洽谈会暨第二届中国—阿拉伯国家经贸论坛。12月，胡锦涛主席、吴邦国委员长分别致电突代总统马尔祖基、制宪会议议长加法尔，祝贺其出任突新代总统和制宪会议议长；温家宝总理致电突过渡政府总理贾巴利，祝贺其出任突过渡政府新总理；杨洁篪外长致电突尼斯外长阿卜杜赛拉姆，祝贺其出任突新外长。

2012年2月，外交部副部长翟隽访突。4月突外长阿卜杜赛拉姆访华。习近平副主席予以会见，杨洁篪外长与阿举行了会谈。6月，杨洁篪外长访突。期间，杨外长分别会见了突总统马尔祖基和总理贾马利，并与突外长阿卜杜赛拉姆举行会谈。

中突两国在国际和地区事务中有广泛共识，在联合国改革、气候变化等问题上保持了良好磋商和协调。突方继续在台湾、涉藏、涉疆等问题上给予中方宝贵支持。

2011年，中突贸易总额达13.3亿美元，同比增长19%。其中，中方出口额为11.1亿美元，同比增长11.8%，进口额为2.2亿美元，同比增长75.7%。2012年1～3月，中突贸易额为3.3亿美元，同比增长24.8%。其中，中方出口额为2.8亿美元，同比增长37.1%，进口额为5000万美元，同比下降18.6%。

中国驻突尼斯大使：火正德。馆址：突尼斯市多克特尔—布尔内大街22号（22，RUE DU DOCTEUR-BURNET-/TUNIS）。国家地区号：00216。电话：71780064；传真：71792631。电话：718459453，71845805（经商处）；传真：71841996（经商处）。

突尼斯驻华大使：穆罕默德·阿戴尔·斯马维（Mohamed Adel Smaoui）。馆址：北京市朝阳区三里屯东街1号。电话：010-65322435，65322436。

【同法国的关系】突法关系较深，经济合作密切。法国在突外贸和外资中居首位，也是突旅游业的主要客源。突是人均接受法国对外援助最多的国家，法每年向突提供约1亿欧元的援贷款。法是突军事装备的主要来源国之一，每年为突培训近百名中级军官，两国经常举行联合军事演习。2011年2月，法经济部长拉嘉德、欧洲事务部长沃奇兹访突；3月，法国民议会议长阿夸耶、工业部长白桑树访突；4月，法外长朱佩访突；5月，法内政部长盖昂访突，突总理艾塞卜西、外长凯菲访法；2012年1月，法外长朱佩访突。5月，突总统、议长和总理分别致电奥朗德，祝贺其当选法总统；法总统奥朗德特使访突。

【同美国的关系】突美关系密切。美较重视突对马格里布地区稳定的作用。2011年2月和6月，美负责政治事务的副国务卿伯恩斯两次访突；3月，国务卿克林顿访突；5月，突财政部长阿耶德访美。2012年1月，美参议院和国家安全委员会代表团以及负责管理和资源事务副国务卿先后访突；2月，突美联合军事委员会第26次会议在突举行。同月，美国务卿克林顿访突；3月，美参议院民主党领袖佩罗西访突。

【同欧盟国家的关系】欧盟是突最大贸易伙伴和投资方。突同欧盟贸易占其对外贸易总额的80%。1995年7月，突同欧盟正式签署了“欧洲—地中海国家联系国协议”，并在2008年启动了突欧自由贸易区，系首个签署协议并启动自贸区建设的地中海南岸国家。2011年2月，英国外交大臣黑格、意大利外长弗拉蒂尼、马耳他副总理兼外长波尔哥、欧盟外长阿什顿分别访突，突外长乌伊纳斯访问欧盟总部；3月，西班牙首相萨帕特罗、荷兰欧洲事务和国际合作部长克纳本、意大利外长弗拉蒂尼、意内政部长马罗尼、丹麦合作部长平德、比利时副首相兼外交大臣瓦纳克尔、欧洲议会主席布泽克分别访突；4月，意大利总理贝鲁斯科尼、欧盟委员会主席巴罗佐、欧盟轮值主席国匈牙利外长马尔托尼分别访突；5月，瑞士联邦主席雷伊、捷克外长施瓦岑贝格、荷兰外交大臣罗森塔尔分别访突，突内政部长埃西德访问意大利；6月，意大利经济发展部长罗马尼、马耳他副总理兼外长、波兰外长西科尔斯基分别访突，突内政部长艾希德访问西班牙；7月，德国经济合作与发展部长尼贝尔、西班牙内政部长卡玛肖分别访突，突外长凯菲访问德国，内政部长埃希德访问英国；9月，意大利内政部长马罗尼、比利时副首相兼外长瓦纳克尔、土耳其总理埃尔多安分别访突。2012年1月意大利外长泰尔齐访突；德国外长韦斯特维勒访突；2月，突总理贾巴利访问欧盟总部，突外长阿卜杜赛拉姆访德，突议长加法尔访德，意大利国际合作部长里卡尔蒂访突，比利时副首相兼外交大臣雷德尔斯访突，突外长访问葡萄牙，瑞典国际合作与发展部长卡尔松访突，保加利亚总理博里索夫访突；3月，卢森堡副首相兼外交大臣阿瑟伯恩访突，挪威外交大臣斯特勒访突，欧盟南地中海事务特别代表雷昂访突，贾巴利总理访德，爱沙尼亚外长帕依特访突，英国中东和北非事务大臣伯特访突，贾巴利总理访意大利，马耳他副总理兼外长博奇访突，意大利内政部长访突，西班牙外交大臣马加略访突；5月，意大利总统纳波利塔诺访突，首届突尼斯—德国混委会在突举行。

【同马格里布国家的关系】突积极推动马格里布联盟建设，重视睦邻友好，以维护周边安全。突与地区各国高层互访频繁，并建有高级别混委会。2011年3月，突总理艾塞卜西访问阿尔及利亚和摩洛哥；6月和9月，利比亚"国家过渡委员会"主席贾利勒两次访突。2012年1月，突总统马尔祖基访利，摩洛哥参议长访突；2月，突总统马尔祖基访问摩洛哥、毛里塔尼亚和阿尔及利亚；3月，利比亚劳动、就业与培训部长访突；同月，利外长和内政部长分别访突；4月，利卫生部长访突，突总统、议长和总理赴阿尔及利亚参加阿前总统本·贝拉葬礼，利比亚武装部队总参谋长访突。

【同其他阿拉伯国家的关系】突坚持相互尊重国家主权、不干涉内政、睦邻友好、通过谈判解决阿拉伯国家间分歧的原则，同所有阿拉伯国家发展友好关系。突支持巴勒斯坦人民收复被占领土，建立以耶路撒冷为首都的国家的正义事业，巴解政治部现仍设在突。突同情伊拉克人民因制裁所遭受的苦难，向伊提供了部分人道主义援助。2011年2月和4月，巴勒斯坦民族权力机构主席阿巴斯两次访突；7月，突总理艾塞卜西分别访问卡塔尔、阿联酋和科威特；9月，卡塔尔首相兼外交大臣哈马德访突。2012年1月，卡塔尔埃米尔访突，科威特副首相兼外长访突，巴勒斯坦外长访突，突外长访问阿联酋；2月，突总理贾巴利访问沙特；同月，"叙利亚之友"国际会议在突召开；3月，伊拉克总统特使访突，突议长访问科威特，巴勒斯坦内政部长访突，黎巴嫩内政部长访突，埃及外长访突；4月，突外长访问阿曼，巴勒斯坦民族权力机构主席阿巴斯访突；5月，苏丹外长库尔提访突。（邵青）

乌干达

国名 乌干达共和国（The Republic of Uganda）。

面积 241550平方公里（其中陆地面积199807平方公里，水面和沼泽地为41743平方公里）。

人口 3490万（2012年6月）。全国约有65个民族。按语言划分，有班图人、尼罗人、尼罗—闪米特人和苏丹人四大族群。每个族群由若干民族组成。班图族群占总人口的2/3以上，包括巴干达（占总人口的18%）、巴尼安科莱（占总人口的16%）、巴基加和巴索加等20个民族。尼罗族群包括兰吉、阿乔利等5个民族。尼罗—闪米特族群包括伊泰索、卡拉莫琼等7个民族。苏丹族群包括卢格巴拉、马迪等4个民族。官方语言为英语和斯瓦希里语，通用卢干达语等地方语言。居民主要信奉天主教（占总人口45%）、基督教新教（40%）、伊斯兰教（11%），其余信奉东正教和原始拜物教。

首都 坎帕拉（Kampala），人口153万。年平均气温23℃左右，4、5、9、10月份为雨季，其余为旱季。

国家元首 总统约韦里·卡古塔·穆塞韦尼（Yoweri Kaguta Museveni），1986年1月武装夺取政权，并出任总统。1996年5月成为民选总统，2001年3月蝉联。2006年乌实行多党选举后，穆塞韦尼于2006年2月、2011年2月两次连任总统。

重要节日 独立日：10月9日；抵抗运动胜利日：1月26日；建军节：2月6日。

简　况

位于非洲东部、地跨赤道的内陆国。东邻肯尼亚，南与坦桑尼亚和卢旺达交界，西与刚果民主共和国接壤，北与苏丹毗连。境内多为海拔1200米左右的高原，丘陵连绵、山地平缓。东非大裂谷的西支纵贯西部，谷底湖泊众多。南部拥有非洲最大的淡水湖——维多利亚湖（面积约6.7万平方公里）近一半的水域，为著名的尼罗河源头之一。属热带草原气候，年平均气温22℃左右，气候温和、雨量充沛。

公元1000年，地处乌南部的布干达地区就建立了王国。19世纪中叶，布干达王国成为东非地区最强盛的国家。1850年后，阿拉伯商人和英国、德国殖民主义者相继进入布干达，布境内爆发了基督教、天主教和伊斯兰教信徒间的连年战争，布干达王国迅速衰落。1890年，英、德签订瓜分东非协议，布干达划为英势力范围。1894年6月，英宣布布干达为其"保护国"。1896年，英将"保护国"范围扩展到乌全境，并于1907年在乌设总督。

1962年10月9日，乌宣布独立，保留布干达等4个自治王国，成立乌干达联邦，仍留在英联邦内。1963年10月，乌修改宪法，取消英派驻乌的总督，由布干达国王穆特萨二世任总统。1966年4月，奥博特任总统。1967年9月，废除封建王国和联邦制，建立乌干达共和国。1971年1月，阿明发动政变，同年3月就任总统。1979年4月乌全国解放军攻占首都，卢莱、比奈萨、穆万加先后担任总统或国家元首。1980年12月，奥博特在大选中获胜，再度出任总统。1985年7月，奥凯洛发动政变，推翻奥博特政权，并出任国家元首。1986年1月25日，全国抵抗军攻占首都，推翻奥凯洛军政权，29日，穆塞韦尼就任总统。

政　治

自1986年穆塞韦尼执政后，结束了乌干达连年内战的混乱状态，建立并逐步完善以乌干达全国抵抗运动（1995年后更名为乌干达全国运动，2003年改为全国抵抗运动组织，以下简称“抵运”）为核心的独特的“运动制”政治体制（为乌特有的一种党政合一的政治制度，它包容各政党、民族、教派和各界人士，允许政党存在但限制其活动），力促民族和解，化解宗教矛盾，组成了以“抵运”为主，兼顾各方利益的基础广泛的联合政府，政局日趋稳定。

2005年，乌政治体制发生重大转变。7月，通过全民公决改行多党制，并通过以取消总统任期限制为主要内容的宪法修正案。11月，“抵运”全国代表大会选举穆塞韦尼为“抵运”主席和总统候选人参加2006年乌总统选举。2006年2月23日，乌举行首次多党大选。25日，全国选举委员会宣布穆塞韦尼以59.28%的支持率再次当选总统。2011年2月18日，乌举行第二次多党大选。20日，乌选举委员会宣布穆塞韦尼以68.38%的得票率再次胜出。目前，乌政局基本稳定。

【宪法】1995年10月8日正式颁布实施新宪法，2005年11月修改。规定总统由直接选举产生，任期五年，无任期限制；议会有权弹劾总统和罢免不称职的部长，总统的重大任命、决定和签署重要条约均应先经议会批准；成立由部分内阁成员和议员组成的国务委员会，负责解决政府与议会之间的矛盾，出现政治危机时充当总统顾问，并代表议会批准总统的任命。

【议会】1986年抵运政府成立后，由“全国抵抗运动委员会”代行临时议会职能。根据1995年新宪法，乌于1996年6月选举产生新的国民议会，运动制拥护者获议会多数席位。2011年产生第九届议会。议会共设375席，其中包括238名直选议员、112名地区妇女代表、10名军队代表、5名残疾人代表、5名工人代表、5名青年代表。执政党全国抵运组织共有264名议员，占议员总数的70.4%。议长丽贝卡·阿利图瓦拉·卡加达（Rebecca Alitwala Kadaga），2011年5月就任。

【政府】本届政府于2011年6月成立。内阁主要成员有：总统约韦里·卡古塔·穆塞韦尼，副总统爱德华·基瓦努卡·塞坎迪（Edward Kiwanuka Ssekandi），总理阿马马·姆巴巴齐（Amama Mbabazi），第一副总理兼东非事务部长埃里亚·卡特加亚（Eriya Kategaya），第二副总理兼公职部长亨利·卡朱拉（Henry Kajura），第三副总理摩西·阿里（Moses Ali），总统事务部长比卡巴昆巴·马西科（Kabakumba Masiko，女），总理办公室总务部长基杜·马库布亚（Kiddu Makubuya），外交部长萨姆·库泰萨（Sam Kutesa），国防部长克里斯珀斯·基永加（Crispus Kiyonga），安全部长威尔逊·穆卡萨·穆鲁利（Wilson Mukasa Muruli），财政与经济计划部长玛利亚·基瓦努卡（Maria Kiwanuka，女），工程与交通部长亚伯拉罕·比扬达拉（Abraham Byandala），能源和矿业部长艾琳·穆洛尼（Irene Muloni，女），教育部长杰西卡·阿卢波（Jessica Alupo，女），司法和宪法事务部长卡因达·奥塔菲雷（Kahinda Otafiire），农牧渔业部长特雷斯·布坎南扬迪（Tress Buchanayandi），防灾减灾部长斯蒂芬·马林加（Stephen Mallinga），性别、劳工和社会事务部长西达·娜米伦贝·本巴（Syda Namirembe Bbumba，女），贸易与工业部长阿梅莉亚·安妮·基扬巴德（Amelia Anne Kyambadde，女），水利与环境部长玛丽亚·穆塔甘巴（Maria Mutagambe，女），土地、住房与都市开发部长达乌迪·米盖雷科（Daudi Migereko），卫生部长克里斯汀·乔伊斯·翁多阿（Christine Joyce Ondoa，女），通讯与信息通讯技术部长鲁哈卡纳·鲁贡达（Ruhakana Rugunda），地方政府部长阿道夫·姆韦西杰（Adolf Mwesige），不管部长纳赛尔·塞巴加拉（Nasser Sebaggala）。

【行政区划】乌干达行政区划有过多次变迁和调整，最近一次调整发生在2010年5月。目前乌有113个地区（District）。

【司法机构】全国设高等法院、上诉法院和地方法院。政府设司法和宪法事务部长。首席法官本杰明·奥多基（Benjamin Odoki）。

【政党】现有30多个注册政党，主要有：

（1）全国抵抗运动组织（The National Resistance Movement Organization，NRMO）：简称“抵运”，执政党。1981年6月，穆塞韦尼创建反政府组织“全国抵抗运动”，其军事组织为“全国抵抗军”，政治组织为“全国抵抗运动委员会”，下设各级基层委员会。1986年1月“抵运”夺取全国政权，全国抵委会代行议会职能，各级抵委会取代各级地方行政机构，“运动制”在全国确立。1995年9月，乌制宪议会通过新宪法，规定“运动制”延续到2000年，每五年举行一次全民公决，由全体人民就继续实行“运动制”还是改行多党制作出选择。1996年6月，乌选举产生国民议会，取代全国抵委会的议会职能。2000年6月乌举行全民公决，决定保留“运动制”。2005年7月乌全民公决决定弃“运动制”改行多党制。至此，在乌实行近20年的“运动制”宣告退出历史舞台，“抵运”遂转变为政党。

“抵运”的政治纲领通常被称为“十大纲领”，由穆塞韦尼制定，1984年7月颁布，其宗旨是：建立人民民主制度；恢复和保障人身及合法财产的安全；加强民族团结和消除一切形式的宗派主义；捍卫和巩固民族独立；建立一个独立、一体化、能自我生存的国民经济；恢复和改善社会公益设施，重建被战争破坏的地区；消除腐败和滥用职权；安置无家可归者和改善人民生活；与其他非洲国家携手合作，捍卫非洲人民的民主权利和建立混合经济体制。1999年4月，“抵运”全国执委会在原有“十大纲领”基础上补充了环境保护、就业、扶贫等纲要，使之扩充为“十五大纲领”。

（2）民主变革论坛（The Forum for Democratic Change）：由原改革议程组织、议会鼓动论坛和全国民主论坛于2004年8月8日合并组成，简称“论坛”，最大反对党。口号是“一个国家、一个民族”。该党吸收了乌前第一副总理兼内政部长卡泰加亚、前军队司令蒙图、前国外安全局长普科尔等曾居运动政府要职的运动元老和重量级政客，并推举贝西杰为其临时执委会主席。2006年2月贝西杰在乌首次多党大选中获得37.36%的支持票。

（3）民主党（The Democratic Party）：反对党，成立于1956年，受天主教派支持，在巴干达族和城市工商界中影响较大，在国际上得到英、美、德、梵蒂冈等西方国家青睐。1961年在大选中获胜，组成第一届乌干达自治政府。翌年在议会选举中败给人大党与卡巴卡耶卡党的联盟。1969年12月被人大党政府取缔。1973年，该党宣传书记保罗·塞莫格雷雷流亡美国，在美重建民主党。后该党加入乌全国解放阵线并参加了阿明下台后的历届政府。1992年5月在坎帕拉等地开始陆续重建支部并恢复活动。信奉自由资本主义，主张议会民主；抨击“运动制”为一党专制，呼吁实行多党民主，并抵制了2000年6月举行的乌政体全民公决。现任总裁坎帕拉市长塞巴纳作为该党候选人参加了2006年2月大选，获1.58%的支持票。

（4）乌干达人民大会党（The Uganda People's Congress）：简称“人大党”，反对党。创建于1960年3月，由以奥博特为首的乌国民大会党激进派同民族进步党、乌干达人民联盟党合并而成。1964～1971年和1980～1985年，人大党两次成为执政党，奥博特两度出任总统。1986年1月“抵运”执政后，该党部分领导人以个人身份参加了“抵运”政府。该党总体对“抵运”政府采取不合作态度，并抵制了2000年6月的政体全民公决。现任总裁、前总统奥博特夫人米瑞娅·奥博特作为该党候选人参加了2006年2月大选，获0.82%支持票。

（5）保守党（The Conservative Party）：原名卡巴卡耶卡党，成立于1960年9月，1980年5月改为现名。1962年，该党与人大党联手参加大选获胜，布干达国王穆特萨二世出任总统。1964年，该党被人大党排挤出内阁，穆特萨流亡英国。代表布干达封建酋长和王室贵族利益，反对政府集权，主张建立联邦，恢复保障联邦制的1962年宪法，实行多党制与议会上下两院制，但采取与“抵运”政府合作的态度。现任主席约翰·肯·卢克雅木齐（John Ken Lukyamuzi）。

【主要反政府武装】（1）上帝抵抗军（Lord's Resistance Army，LRA）。1987年初，一名自称艾丽丝·拉奎娜（Alice Lakwena）的女巫聚集起五六千人，打出“圣灵运动”（The Holy Spirit Movement，HSM）的旗号，活动于乌北部地区。后在政府军围剿下，拉奎娜逃往肯尼亚。1989年后，“圣灵抵抗军”的残余分子由拉奎娜之弟约瑟夫·科尼（Joseph Kony）领导的乌干达人民民主军（UPDA）残部所吸收，改称“上帝抵抗军”，驻扎在苏丹南部、刚果（金）东部地区，在乌北部地区继续作乱，扰乱社会治安。乌政府自1993年起开始了对上帝抵抗军的清剿。2002年3月以来，在苏丹政府的配合下，乌军进入苏南部对“上帝抵抗军”进行大规模围剿，北部安全形势得到较大改观。2006年7月起，乌军与上帝抵抗军开始了时断时续的和谈，双方于2006年8月26日签署了20年来首个正式协议——《停止敌对状态协议》，但谈判双方在很多议题上仍存在分歧，和谈进程面临不少障碍。2007年，和谈形势趋于好转，乌政府军先后与上帝抵抗军签署新的停火协定和《责任与和解协议》，上帝抵抗军还首次派团赴首都谈判，乌北部安全形势继续改善。2008年3月26日双方签署了《监督与实施协议》，谈判正式结束。但科尼以国际刑事法院未解除对其通缉、人身安全缺乏保障为由，拒绝签署《最终和平协议》。2008年12月，乌军与刚果（金）、苏丹南方军队对上帝抵抗军采取联合军事行动，重创上帝抵抗军，其残余势力逃窜至中非共和国，已不再对乌北部构成威胁。2012年3月，乌干达、南苏丹、刚果（金）和中非四国成立5000人的联合部队用于打击上帝抵抗军。

（2）民主同盟军（Allied Democratic Forces，ADF）。其成员多为青年穆斯林极端主义者，声称要从运动制下解放全国并建立伊斯兰国家。领导人姆波扎（Mpoza），原为政府军一名副营长。1997年乌支持卡比拉推翻蒙博托后，与刚果（金）政府达成谅解，刚果（金）协助乌军在两国边境共同围剿ADF，ADF遭毁灭性打击。1998年，乌以追剿西部叛匪为名出兵刚果（金）东部，刚果（金）政府予以强烈谴责。ADF活动一度又趋活跃，以刚果（金）东部地区为依托，频频袭击乌西部有关地区，使乌西部地区安全受到严重威胁。后乌政府军占领刚东部地区，获得较大战略纵深，切断了ADF的补给线，但ADF仍不时对乌西部地区进行袭击。

【重要人物】约韦里·卡古塔·穆塞韦尼：总统兼武装部队总司令、全国运动主席。1944年出生，巴尼安科莱人。1966～1969年在坦桑尼亚达累斯萨拉姆大学攻读政治经济学，获学士学位。1970年回国后任奥博特总统府研究助理秘书。1971年阿明上台后流亡坦桑，参加反对阿明的斗争。1979年阿明被推翻后任全国解放阵线执委兼军委会副主席，历任国防国务部长、国防部长和地区合作部长等职。1980年创建“乌干达爱国运动”。1981年6月，穆塞韦尼与卢莱共同创建“乌干达全国抵抗运动”，先后任副主席、临时主席、主席。1986年1月推翻奥凯洛军政府，就任总统兼国防部长、武装部队总司令。1996年5月在乌首次全民大选中当选总统，2001年3月蝉联。2006年乌实行多党选举后，穆塞韦尼于2006年2月、2011年2月两次连任。曾于1989年、1996年和2004年三次访华，2006年11月来华出席中非合作论坛北京峰会。已婚，有三女一子。

经　济

自然条件较好，土地肥沃，雨量充沛，气候适宜。农牧业在国民经济中占主导地位，分别占国内生产总值的70%和出口收入的95%，粮食自给有余。工业落后，企业数量少、设备差、开工率低。对外贸易在国民经济中占重要地位。

是联合国公布的世界最不发达国家之一。由于连年战乱，经济一度濒临崩溃。1986年“抵运”执政后，实行务实、稳妥的经济发展政策，积极进行结构调整，优先发展农业，整顿国营企业，扶植私人经济，推行自由贸易等措施。自1991年以来，经济年均增长6.4%，近年更是超过8%。受国际金融危机影响，乌棉花、鱼类、咖啡等传统支柱产业出口萎缩，经济增速下滑。2011年主要经济数据如下（数据来自2012年6月《经济季评》）：

国内生产总值：179.6亿美元。

人均国内生产总值：1462美元（按平价购买力计算）。

经济增长率：3.6%。

货币名称：乌干达先令。

汇率：1美元=2523乌干达先令。

通货膨胀率：18.7%。

外债：35亿美元。

外汇储备：26.52亿美元。

【资源】已探明矿产资源有：铜、锡、钨、绿柱石、铁、金、石棉、石灰石和磷酸盐等。近期在西部阿尔伯特湖区发现了储量丰富的石油资源。森林覆盖率为12%，产硬质木材。水产资源丰富，维多利亚湖是世界上最大的淡水鱼产地之一。水力发电潜力约2000兆瓦。

【工业】工业落后。主要工业部门有建筑、食品、饮料、烟草、钢铁、五金、金属矿产、纺织、服装、皮革及制鞋等。企业数量少，规模小，设备差且使用率较低。为吸引外资发展工业，“抵运”政府于1991年成立投资局，迄今已吸引2000余家外资企业赴乌投资，实际投资额超过25亿美元。乌政府大力推行私有化政策，目前已有122家国有企业实现私有化，尚有36家国企待出售。2011年，工业产值45.6亿美元（115095亿先令），占国内生产总值的25.4%。

【农业】农牧业在整个国民经济中居主导地位，农业人口约占全国人口的80%。粮食自给有余。全国可耕地面积占陆地总面积的42%，已耕地面积500万公顷。主要粮食作物有饭蕉、小米、木薯、玉米、高粱、水稻等。主要经济作物有咖啡、棉花、烟草、茶叶等。2011年，农林牧渔业产值39.5亿美元（99688亿先令），占国内生产总值的22%。

【渔业】河流湖泊面积36902.6平方公里，渔业资源较丰富。渔业是乌经济的一个重要组成部分，渔产品是乌重要出口产品，2008年出口创汇1.24亿美元。2008/2009财年，渔业产值8500亿先令。

【旅游业】2010年外国游客达94.6万人次。主要旅游点有尼罗河源头、伊丽莎白国家公园和基代坡河谷国家公园等。

【交通运输】乌为内陆国家，90%以上的进出口物资经肯尼亚的蒙巴萨港。国内运输以公路为主。2008/2009财年，交通运输产值10080亿先令，占国内生产总值的3.37%。据乌官方统计，近年运输情况如下：

公路：总长约25632公里，其中柏油路3098公里，砂砾路为7867公里，其余为土路。2008年机动车保有量470488辆。

铁路：总长1241公里。自1997年以来，铁路客运停止运营，但铁路运输仍为乌进出口货物的一种方式。货物运输量2005年达185559吨公里。

空运：2008年客运量为99.8万人次，货运量68.6万吨。

【财政金融】乌财政来源主要有三个方面：税收、国外援助和出口。2005年初乌对税务局进行了改革，改进了管理效率，增强了直接税收。2008/2009财年，乌财政收入45920亿先令，总支出49370亿先令。教育、道路建设和安全支出是政府支出中的三大项目。

据乌官方统计，近年财政收支状况如下（单位：10亿先令）：

	2006/2007	2007/2008	2008/2009
收入	3810	3898	4592
支出	3488	3692	4937
差额	322	206	–345

【对外贸易】在国民经济中占重要地位，近年来进出口额总体呈增长趋势。2011年，乌对外贸易总额为75.21亿美元，其中出口额为50.02亿美元，进口额为25.19亿美元。其中，咖啡、渔产品、烟草、玉米、花卉、皮革出口创汇分别达4.03亿、1.24亿、6650万、2382万、2278万、1811万美元。乌主要进口商品有：成品油、汽车、钢铁、电信和声像设备、医疗设备和药品等。

【外国资本】乌投资局极力吸引外资，将外资集中引入到园艺、食品加工、纺织和包装业等领域。2010年，乌共注册323个外资投资项目，投资金额17亿美元，比2009年上升3%。2011年2月，世界银行商业调查报告显示，乌投资环境从183位上升至122位，其中商业信贷方面有长足进步。

【外国援助】“抵运”执政后，乌政局稳定，经济情况不断好转。尤其是乌政府接受国际货币基金组织和世界银行提出的经济结构调整方案后，乌外援不断增加，美、英等西方国家将乌列为对非重点援助国。近年来，乌商业环境改善显著，得到国际社会青睐，外援大幅增长。外援中，多边援助主要来自世界银行、国际货币基金组织、联合国开发计划署和欧盟，双边援助主要来自美国、英国、德国、丹麦和荷兰。2008/2009财年，乌所获外援总额5.1亿美元，比上年度增长34.7%。

人民生活

根据联合国《2011年世界人类发展报告》，乌干达人类发展指数在187个国家和地区中排名第161位。乌人口年均增长率为3.582%。人均预期寿命53.45岁。出生率47.38‰，死亡率11.54‰（2011年）。

近20年来，乌医疗卫生事业取得长足进步，人民生活逐步改善。1986 ~ 2008年间，婴儿死亡率从1986年122‰降至76‰；孕妇死亡率从9‰降至4‰；医患比例从1：2300提高到1：1500；在政府医院和诊所工作的医务人员从30人增加到1100人。近年来，乌成人艾滋病感染率已下降至6%。乌传染病风险较高，乡村地区儿童大多营养不良。

军　事

“乌干达人民国防军”创建于1981年2月，当时称“全国抵抗军”，后称“乌干达人民抵抗力量”，“抵运”执政后改为政府军。1995年1月起用现名。1987年组建空军。军队统帅为穆塞韦尼总统，现任乌军总司令阿隆达·尼亚凯里马（Aronda Nyakairima）。

根据乌政府与西方国家的有关协议，乌每年军费开支占国内生产总值的2%以内，乌军费紧缺。

文化教育

【教育】实行英国教育体制：小学7年，初中4年，高中2年。麦克雷雷大学为乌最高学府，始建于1937年，目前在校本科生约3.5万名，研究生约3000名。此外还有姆巴莱伊斯兰大学、姆巴拉拉科技大学、东非基督教大学、乌干达烈士大学等20余所大学。全国10岁以上人口识字率70%。自1997年起实行免费教育制度，政府为全国每户四个孩子提供免费小学教育。2008年小学校达到14179所，教师13.1万名，在校生747万人；初中1907所，教师40352名，初中在校生83万人。政府拟在2015年使所有适龄儿童都能接受并完成小学和初中教育，使乌成为非洲第一个普及初中教育的国家。

【新闻出版】共有10余种用英语和卢干达语出版的全国和地区性报刊，发行总量约10万余份。主要报刊:《新观察报》，唯一的官方英文日报，1986年5月创刊，其前身为奥博特第二届政府时期的官方《镜报》，现为日报，发行量约4万份;《警戒者报》，私营英文报纸，1992年创刊，现为日报，发行量约3.8万份;《友人报》，卢干达语日报，1911年创刊，是乌历史最久的报纸，原为天主教报纸，后由“友人”出版公司经营;《东非人报》，英文周报，1994年11月首次发行，在坦桑尼亚、肯尼亚和乌干达同时出版。

乌干达通讯社为国家新闻机构，设有地球卫星转播站。2005年11月，乌干达新闻部成立乌干达广播公司取代该通讯社。

乌现有四家广播电台，其中三家为私人电台。国家广播电台设有中、短、调频等波段，以英语、斯瓦希里语播音为主，另有卢干达语等30个部族语言的广播。2005年与乌干达电视台一起归乌干达广播公司管理，并改称“乌干达广播公司电台”。

乌干达电视台在6个乡镇设有转播台，覆盖全国。

对外关系

奉行独立自主和不结盟的外交政策，主张在平等互惠的基础上同各种社会制度的国家发展关系。强调外交为经济建设服务。注重发展与西方国家关系，但反对西方干涉其内政。倡导非洲联合振兴，积极参与地区事务，致力于推动地区合作及经济一体化。是英联邦、不结盟运动、非洲联盟、东非共同体（EAC）、东南非共同市场（COMESA）和政府间发展组织（IGAD）等地区和次地区组织成员国。

【同中国的关系】1962年10月18日中乌建交。建交以来，两国一直保持友好关系。1986年乌干达“全国抵抗运动”执政后，中乌关系发展进入了新阶段，双方在政治、经济、文化等各领域的交流与合作日益深化，同时两国在许多重大国际问题上持相同立场，在众多国际事务中相互支持。

2009年11月，温家宝总理在中非合作论坛第四届部长级会议期间在埃及沙姆沙伊赫会见乌总统穆塞韦尼，双方就深化各领域交流合作进行了深入讨论，达成广泛共识。同年，杨洁篪外长、商务部崇泉部长助理先后访乌。乌安全部长姆巴巴齐、外交部常秘穆古梅、副总统布凯尼亚先后访华。2010年4月，全国人大常委会副委员长严隽琪访乌。同年，乌外长库泰萨、国防部长基永加、贸工部长奥泰费尔先后访华，副议长卡达加来华出席全球妇女峰会。2011年8月，全国政协副主席、中国人民争取和平与裁军协会副会长厉无畏访乌。11月，国务委员兼国防部长梁光烈访乌。

2011年两国贸易额为3.99亿美元，同比增长40.58%，其中中方出口额为3.59亿美元，进口额为3992万美元。

2005年4月，两国签署了《关于中国公民自费旅游实施方案的谅解备忘录》。

中国驻乌干达大使：赵亚力。馆址：37，Malcolm X Avenue，Kololo，Kampala。电话：259881，236895；传真：235087。商务处电话：220232，220572；传真：220379。地区号：00256-414。

乌干达驻华大使：查尔斯·马迪博·瓦吉多索（Charles Madibo Wagidoso）。馆址：北京市朝阳区三里屯东街5号。电话：010-65321708。传真：65322242。

【同美国的关系】两国关系密切。乌每年从美获得各种援助约1.4亿美元，系撒哈拉以南非洲国家中接受美援最多的国家之一，亦是美《非洲增长和机遇法案》受惠国之一。乌支持由美国领导的国际反恐行动，美国亦将乌国内两支反政府武装——上帝抵抗军和民主同盟军列为恐怖组织。2003年6月，穆塞韦尼访美，双方签订了乌不将美国公民引渡给国际法庭的《国际刑事法庭豁免协定》，美宣布将乌列为首批享受美国150亿美元艾滋病专项基金的非洲国家之一。2003年7月，美国总统布什访问乌干达。2003年11月，穆塞韦尼总统对美进行工作访问。2004年6月，穆塞韦尼总统赴美出席八国集团首脑会议的非洲问题对话会，并出席了前总统里根的葬礼。9月，穆塞韦尼总统赴美出席乌干达北美协会组织的年度侨民大会，接受华盛顿州荣誉国民称号。2005年7月，美国宣布向乌提供120万美元，用于帮助提高乌边境关口的安全，堵击恐怖分子越境活动。2007年10月，穆塞韦尼访美。自2007年以来，美已向非盟驻索马里特派团乌干达和布隆迪提供超过1.85亿美元军事援助。2011年1月，美国国际开发署驻乌代表表示，美将在5年内向乌提供1.5亿美元，在乌建设10个小麦、大豆和咖啡仓库。美本财年已向乌提供3000万美元。同月，美国非洲司令部指挥官沃德访乌并会见乌军总司令阿隆达，2月，美国副国务卿斯坦伯格访乌并会见穆塞韦尼总统。10月，美国总统奥巴马宣布，他已派遣100人军事顾问团帮助乌、中非、南苏丹和刚果（金）等国打击上帝抵抗军残余力量，其主要任务是提供情报支持，并不直接作战。2012年1月，美国副国务卿伯恩斯访乌并会见穆塞韦尼总统。

【同英国的关系】英为乌前宗主国，对乌有传统影响，两国关系一直友好。穆塞韦尼总统曾多次访英。英每年向乌提供约6000万美元援助和200多名奖学金名额。1999年12月，英宣布免除乌2250万美元债务。2004年12月，英宣布向乌提供2.57亿美元无偿援助。2005年，英国政府以乌政治过渡进程缺乏透明和民主为由，宣布暂停对乌的500万英镑援助（170亿先令）。但英对乌的援助项目、人道主义救援等方面的实际投入仍在增加。2007年11月，第36届英联邦政府首脑会议在乌首都坎帕拉召开，英国女王伊丽莎白二世对乌进行了国事访问。

【同法国的关系】"抵运"政府执政以来，乌、法关系发展较快。法为乌经济复兴计划、医疗卫生、采矿业和供水工程等提供了大量援助。目前，法是乌重要援助国和乌产品重要出口市场。

【同苏丹的关系】乌苏关系曾长期不睦，两国相互指责对方支持各自国内的反对派。1995年4月乌宣布与苏断交。2001年6月，两国宣布恢复代办级外交关系。2002年初，穆塞韦尼总统访苏，两国签署边界和安全协议，苏方允许乌军进入苏丹打击上帝抵抗军，乌政府也宣布不再支持苏人解，并劝说该组织与苏政府达成和平协议。同年，两国正式恢复大使级外交关系。

【同南苏丹的关系】近年来，乌与苏丹南方政府关系密切，基尔主席多次访乌。2011年7月，穆塞韦尼总统访问朱巴，参加南苏丹独立庆典。同日，乌发表声明，承认南苏丹。同月，乌和埃塞俄比亚签署协议，将成立部级委员会，共同支持南苏丹发展。10月，乌、南警方成立联络办公室，共同打击边境犯罪。

【同刚果（金）的关系】1997年，乌曾支持洛朗·卡比拉推翻前扎伊尔蒙博托政权，乌同刚果（金）关系一度十分密切。后来乌指责卡比拉庇护乌反政府武装，两国关系恶化。1998年8月，乌支持刚反对派与政府开战，并直接出兵参战。1999年7、8月间，刚冲突各方签署卢萨卡停火协议后，刚问题转入政治解决阶段。2001年10月，乌开始撤出驻刚军队，并于2002年9月恢复与刚的外交关系。2003年2月，穆塞韦尼总统和刚总统约瑟夫·卡比拉会晤，决定增设伊图里和平委员会，以便在乌从该地区撤军后维护该地区和平与安全。4月，乌、刚和卢旺达总统在南非首都比勒陀利亚举行刚果（金）和平进程地区峰会。5月，乌完成从刚全部撤军。10月，刚地区合作部长访乌，双方决定实现关系正常化，互派大使，并承诺加强安全合作，不准对方的反政府武装在各自领土上活动。11月，两国总统同意就刚指控乌对其进行武装入侵而上诉国际法院案达成庭外和解。2004年5月，两国民航局签署谅解备忘录，决定恢复自1998年以来中断的商业航班。2006年4月，刚果（金）指责乌驻刚果（金）大使曾参与掠夺刚东部资源，乌随即召回驻刚果（金）大使，拟新派的大使则未得到刚认可，而刚也不愿向乌派出大使。2007年3月以来，乌多次要求刚果（金）对清剿其境内的乌反政府武装予以配合。9月，两国总统在坦桑尼亚进行会谈，签署了涉及双边安全、外交和经济合作等领域的多个协议，同意尽快恢复两国大使级外交关系。12月，两国外长签署联合公报，决定全面恢复外交关系。2008年12月至2009年3月，乌干达、刚果（金）和苏丹三方对盘踞在刚果（金）贾兰巴公园的上帝抵抗军予以毁灭性打击，科尼率残部逃窜至中非共和国。2009年3月，穆塞韦尼总统和卡比拉总统在乌刚边境会晤。8月，两国互派大使，双边关系全面恢复。2011年3月，乌、刚果（金）国防部长、联合国驻刚果（金）特派团代表在乌举行为期三天的防务与安全会议。刚果（金）和联合国同意乌军继续跨境打击上帝抵抗军和联合民主阵线叛军。

【同肯尼亚和坦桑尼亚的关系】乌与肯尼亚、坦桑尼亚关系良好，肯盟巴萨港和坦达累斯萨拉姆港是乌货物主要进出口港。肯是乌最大贸易伙伴和主要投资来源地之一。三国是东非共同体创始国，并在此基础上于2005年建立关税同盟，2010年建立共同市场，计划2013年成立东非联邦。

【同卢旺达的关系】1994年乌支持卢旺达爱国阵线夺取卢政权后，乌卢关系十分密切。1997年两国共同支持洛朗·卡比拉推翻蒙博托政权，1998年又联合支持刚果（金）反政府武装并出兵刚。但1999年8月后，双方在刚问题上分歧加剧，两国军队曾3次在刚东部发生冲突，致使关系恶化。2001年11月以来，双边关系趋缓。2003年9月，乌总统穆塞韦尼出席卢总统卡加梅的就职典礼。2004年1月，两国总统在伦敦会晤。2月，乌内务部长访卢，同卢方举行第二届两国政府间联合委员会会议。2005年9月29日，两国就遣返在乌的2.5万多名卢难民进行了商谈。2011年12月22 ~ 26日，卢总统卡加梅访乌。期间，卡加梅与穆塞韦尼总统共同出席了欧盟援助的乌卢两国边境公路开工仪式。2012年1月25 ~ 27日，卡加梅对乌进行国事访问。期间，乌、卢举行两国联合常设委员会第十次会议。（张学荫）

西撒哈拉

名称 西撒哈拉（Western Sahara）。

面积 266000平方公里。

人口 27万（2005年）。居民为阿拉伯人和柏柏尔人。通用阿拉伯语和西班牙语。信奉伊斯兰教。

首府 阿尤恩（Laayoune）。

简况

位于非洲西北部。北接摩洛哥，东、南邻阿尔及利亚和毛里塔尼亚，西濒大西洋，海岸线长约900公里。境内大部分为沙漠和半沙漠地带，属热带沙漠气候。西部沿海气候湿润，东部高原气候干燥。内陆日平均温差11℃ ~ 14℃。

公元7世纪，阿拉伯人进入该地区。15世纪中叶，葡萄牙人入侵。19世纪，西班牙人入侵，1886年将西撒划为“保护地”，1958年改划为海外省。西班牙的殖民统治遭到阿尔及利亚、摩洛哥和毛里塔尼亚的反对。1973年5月，萨基亚哈姆拉和里奥德奥罗人民解放阵线（简称“西撒人阵”或“波利萨里奥阵线”）宣布成立，决定通过武装斗争争取西撒独立。1975年11月，摩组织“绿色进军”，35万名志愿者开进西撒。同月，西、摩、毛签订《马德里协议》，规定西于1976年2月26日撤离西撒。摩、毛随即签订分治西撒协定，摩控制北部17万平方公里，毛控制南部9万平方公里。阿谴责摩、毛分治西撒，西撒人阵于1976年2月27日宣布成立“阿拉伯撒哈拉民主共和国”（简称“西撒国”）。此后，摩、毛同西撒人阵之间的武装冲突不断。1979年8月，毛放弃对西撒的领土要求，退出西撒战争。摩遂控制原毛占区，并不断向西撒腹地推进。至1987年，摩几乎控制了西撒全部领土。与此同时，摩在西撒建立起6道总长2720公里的防御墙，派驻数万军队并设立行政管理机构。

政治

自20世纪70年代以来，非统组织和联合国为和平解决西撒争端进行了积极斡旋，并通过多项决议，但均未取得任何效果。1984年11月，第20届非统首脑会议接纳“西撒国”为成员国，摩洛哥因此宣布退出非统组织。1989年6月，联合国秘书长德奎利亚尔提出解决西撒争端的和平计划，主要内容是：任命一位秘书长个人特使，全权负责在西撒组织公民投票；成立“联合国西撒哈拉公民投票特派团”，包括民事、军事和治安三个小组，负责监督停火，组织公民投票。该计划得到摩与西撒人阵的积极响应。1990年6月，安理会批准了该计划。

1991年联合国安理会通过在西撒地区举行公民投票以确定其归属的690号决议，即《解决计划》。决议规定：自联合国通过特派团预算之日起16周内，宣布在西撒停火；停火后第20周举行公投。9月5日，联合国特派团进驻西撒。9月6日，摩与西撒宣布正式停火，结束了长达16年之久的西撒战争。西撒公投原定于1992年初举行，但因摩在公投问题上立场变化，冲突双方在确定选民资格问题上出现严重分歧，《解决计划》的执行屡陷僵局，联合国驻西撒特派团任期一延再延。

2001年6月，联合国秘书长及其西撒问题个人特使、美国前国务卿贝克提出《框架协议》草案，核心内容是：西撒最终地位由当地居民在协议执行5年内举行公投决定，此前西撒享有高度自治，但外交、国防、安全由摩负责，参加拟议公投的选民必须在投票前一年全年在西撒居住。《框架协议》草案遭到西撒人阵与阿尔及利亚的强烈反对。2003年初，贝克提出《和平计划》草案，7月，提出该计划修正案，主要内容是：自《和平计划》签署生效起4 ~ 5年期间举行全民公决，决定西撒是独立、并入摩还是继续实行权力分治。公决前由西撒行政当局行驶管辖权，摩在外交、国家安全、领土完整等方面对西撒拥有绝对权力。西撒人阵和阿均未表异议，摩表示反对。

2004年6月，贝克辞去秘书长西撒问题个人特使职务。2005年7月，联合国秘书长安南任命荷兰籍人士范瓦尔苏姆为其西撒问题个人特使。2005年8月，在美调解下，被西撒人阵关押的最后一批摩战俘404人获释。2006年3月，摩国王穆罕默德六世访问西撒首府阿尤恩。

2006年10月，阿尔及利亚等国在61届联合国大会非殖民化委员会（四委）提出关于西撒问题的草案，主张在联合国关于通过举行公投决定西撒归属的有关决议基础上解决西撒问题，并在四委经表决通过。12月，第61届联大核准该决议。

2007年，摩洛哥提出“西撒自治新方案”，其原则是在西撒地区主权属摩的情况下实行高度自治。2007年2月，摩国王派遣特使遍访安理会常任理事国和摩传统关系国，就西撒自治新方案进行游说，争取支持。阿尔及利亚和西撒人阵随即发表声明，表示“坚决反对任何企图抛弃联合国框架、背离民族自决原则的西撒问题解决方案”。4月11日，摩方正式向安理会提交了“关于谈判西撒地区自治法的倡议”。4月30日，经各方妥协，联合国安理会一致通过了1754号决议。该决议欢迎摩近来为解决西撒问题所作的努力，确认西撒人民的自决权，并鼓励当事方进行不设条件的谈判。摩、阿和西撒人阵最终均表示接受。

2007年6月、8月、2008年1月、3月，在联合国秘书长个人特使范瓦尔苏姆主持下，摩洛哥与西撒人阵在纽约举行了四轮直接谈判。谈判中，摩方坚持西撒主权属摩，认为其方案是解决冲突的唯一现实和不可分割的解决办法。西撒人阵则坚持前任秘书长个人特使贝克提出的“和平计划”有关原则，要求根据民族自决原则就西撒最终地位举行公投。由于分歧太大，谈判未取得实质性进展。

2008年2月，西撒人阵召开大会，选举产生西撒民族院。摩对此强烈反对。

2009年1月，联合国秘书长任命美国外交官罗斯为其西撒问题个人特使。罗斯主张先举行由各方参加的小型非正式会谈，重建互信，寻求共识，为摩洛哥和西撒人阵举行第五轮直接谈判做准备。为此，罗斯于2月和6月访问摩洛哥、西撒、阿尔及利亚、西班牙、法国和毛里塔尼亚等地。各方均表示支持其倡议。2009年8月至2012年7月，在罗斯的主持下，摩洛哥和西撒人阵代表共举行了9轮非正式会谈，阿尔及利亚和毛里塔尼亚也分别派团出席。会谈中，摩西（撒）双方仍坚守固有立场，均不接受以对方方案作为未来谈判的唯一基础，会谈未取得实质进展，但双方都重申愿依据联合国安理会有关决议，共同努力寻求政治解决方案。

近年来，联合国安理会多次通过决议延长西撒特派团任期。2012年4月，安理会通过2044号决议，决定将特派团任期延至2013年4月30日。截至2012年5月31日，特派团共有249名军警人员（由30个国家派出），包括27名士兵、6名联合国警察、216名军事观察员；由99名国际文职人员和162名当地工作人员和19名联合国志愿者支助。特派团的部队指挥官为孟加拉籍阿卜杜勒·哈菲兹少将（2011年7月任命）。特派团除监督停火协议执行情况外，还肩负组织和监督公民投票的使命。

截至2011年4月，共有38个国家承认“西撒国”。

经　济　磷酸盐矿藏丰富，仅布克拉一地的储量即达17亿吨，建有现代化的磷酸盐开采场。1976年发生战争后，磷酸盐生产限于停顿，1980年恢复生产。此外，还有钾、铜、石油、铁、锌等资源。

多数居民从事畜牧业，主要饲养羊和骆驼。沿海渔业资源丰富，居民以捕鱼为生。

附：

一、摩洛哥控制区

摩现实际控制西撒90%以上土地。根据1997年摩议会通过的地区法，摩在西撒设立3个地区，并建立了各级行政管理机构和地方议会、协商会议。摩十几个政党也在西撒活动，设立支部。

近年来，摩在西撒投资十几亿美元进行基础设施建设。新修和扩建公路2060公里，计划再建公路5000公里；修建住宅6000套，打井1300眼。在西撒首府阿尤恩修建了哈桑二世国际机场，有直升机40架，年客运量可达20万人次。同时还修建了14个诊所和9个康复中心，共有病床400张。

目前摩洛哥在西撒驻军以及行政人员共15万。

二、西撒人阵控制区

“阿拉伯撒哈拉民主共和国”把西撒分为五大行政区，但实际仅控制与摩洛哥、毛里塔尼亚和阿尔及利亚交界的狭窄地带，自然条件恶劣。西撒人阵难民营设在阿尔及利亚廷杜夫省境内，分四大营地，每个大营划为几个小营。各营地有学校、医院、卫生所，并进行生产活动。根据联合国难民署统计，截至2009年1月，西撒难民总数约为11.6万人，阿尔及利亚政府统计的这一数字为16.5万。

联合国难民署自1986年起向西撒难民提供援助。美国是西撒难民的最大捐助国，每年通过联合国难民署提供600万美元的捐助。（陈瑶）

英属印度洋领地

英属印度洋领地（British Indian Ocean Territory）陆地面积60平方公里，周边水域面积54400平方公里。无首府。无常住人口。2004年，约4000名英美军事人员和民间承包商驻扎该地。通用英语。英镑和美元为通用货币。

1814年，英根据《巴黎公约》从法国手中得到查戈斯群岛（Chagos Archipelago）。该群岛位于毛里求斯东北1930公里处，后受毛里求斯总督管辖。1965年11月，英国将原塞舌尔的阿尔达布拉（Aldabra）、德罗什（Desroches）及法夸尔（Farquhar）与查戈斯群岛合并为英属印度洋领地，以满足英国和美国的防务需要。1976年6月塞舌尔独立时，阿尔达布拉、德罗什及法夸尔归还塞舌尔。此后，英属印度洋领地只剩下查戈斯群岛，包括珊瑚岛迪戈加西亚。在冷战期间，查戈斯群岛成为英美的重要军事基地。甚至在1996年和1998年美国轰炸伊拉克时，还使用该群岛为空军基地之一。最初查戈斯群岛的主要经济产业是椰子加工业，包括椰子种植园在内，都属私人公司所有。但二次大战后，椰子加工业逐渐衰落。20世纪60年代英国王室购买群岛后，不再经营种植业。岛上居民大部分迁到毛里求斯，还有一部分迁到塞舌尔。后毛里求斯在非统组织和印度的支持下，要求索回查戈斯群岛。毛还支持原查戈斯群岛居民向英国索取迁徙补偿。1999年3月，英国承诺将给予英国海外领地居民英国公民权和居英权，但不包括原查戈斯群岛居民。

科林·罗伯茨（Colin Roberts）任领地非常驻专员（2008年7月就任）。约翰·麦克马纳斯（John McManus）任领地首席大臣（2011年4月就任）。专员代表是驻迪戈加西亚皇家海军指挥官。领地的大法官、高级地方法官和法律顾问都是英国居民。（周延）

赞 比 亚

国名 赞比亚共和国（The Republic of Zambia）。

面积 752614平方公里。

人口 1340万（2011年），大多属班图语系黑人。有73个民族，奔巴族为最大民族，约占全国人口的33.6%，其他较大民族还有孄家族、通加族。官方语言为英语，另有31种民族语言。以基督教为国教，30%的人信奉基督教和天主教，其他信奉伊斯兰教、印度教、佛教及当地原始宗教。

首都 卢萨卡（Lusaka），人口310万。海拔1265米，10月最热，日平均最高气温31℃，最低18℃；7月最凉，日平均最高气温23℃，最低9℃。

国家元首 总统迈克尔·奇卢菲亚·萨塔（Michael Chilufya Sata），2011年9月23日就任。

重要节日 青年节：3月12、13日；非洲解放日：5月25日；独立日：10月24日。

简　况

非洲中南部内陆国家，东界马拉维、莫桑比克，南接津巴布韦、博茨瓦纳和纳米比亚，西邻安哥拉，北靠刚果（金）及坦桑尼亚。大部分地区海拔1000～1500米。属热带草原气候，5～8月为干凉季，气温为15℃～27℃，9～11月为干热季，气温为26℃～36℃，12月至次年4月为雨季。年平均气温18℃～20℃。

公元9世纪，赞境内先后建立过卢巴、隆达、卡洛洛和巴罗兹等部族王国。1889～1900年，英国人罗得斯建立的“英国南非公司”逐渐控制了东部和东北部地区。1911年，英国将上述两地区合并，以罗得斯的名字命名为“北罗得西亚保护地”。1959年，北罗得西亚联合民族独立党（简称“民独党”）成立，发动群众通过“积极的非暴力行动”争取民族独立。1964年1月，北罗得西亚实现内部自治，同年10月24日正式宣布独立，定国名为赞比亚共和国，仍留在英联邦内。民独党领袖卡翁达任首任总统。1973年卡翁达取消多党制，实行由民独党执政的“一党民主制”。1990年恢复多党制。1991年11月举行多党选举，多党民主运动（简称“多民运”）领袖奇卢巴当选总统，1996年11月连任。2001年12月，多民运领袖姆瓦纳瓦萨当选总统，2006年10月连任。2008年8月，姆瓦纳瓦萨总统因病不治在巴黎病逝。10月30日，赞举行总统补选，多民运候选人、代总统班达当选总统。

政　治

2011年9月20日，赞比亚举行总统、议会和地方政府“三合一”大选。9月23日，赞选举委员会宣布，爱国阵线领袖萨塔（获115万张选票，得票率43%）击败多民运主席班达（获96万张选票，得票率36%），当选赞新一届总统，萨塔于当日下午宣誓就职。萨塔就任后，以打击腐败、创造就业、消减贫困为施政重点，努力兑现竞选承诺，政局总体保持稳定，经济发展状况良好。

【宪法】1964年制定第一部宪法，1973年制定第二部宪法。1990年议会修改宪法，恢复多党制。现行宪法于1991年8月颁布。宪法规定：总统为国家元首、政府首脑及军队总司令，由普选产生，任期五年，可连任两届；实行总统内阁制，增设副总统，内阁部长由总统从议员中任命；实行立法、司法和行政三权分立；允许反对党存在等。1996年6月，议会再次修改宪法，增加“总统候选人父母和本人必须是赞比亚人”、“酋长不能从政”等条款。2003年，围绕总统选举程序改革，新一轮宪改进程启动。2007年12月，全国修宪会议召开。2010年12月，政府向议会提交宪法修正案。该宪法修正案内容主要包括：实行比例代表选举制，增加妇女、青年和残疾人代表性，提高国家治理参与度；增加全国选区数量；承认国民双重国籍。2011年4月，该宪法修正案在议会表决中未获通过。2011年9月，萨塔总统就任后，宣布将在90天内通过新宪法。2012年4月，赞比亚宪法起草技术委员会秘书处公布了新宪法草案（初稿），公开征求社会意见，之后各省、区、社区及各有关部门将对新宪法草案进行审议。审议后，赞宪法起草技术委员会将根据修改意见制定新宪法草案第二稿，并提交国民议会审议形成最终稿。

【议会】国民议会是国家最高立法机关，实行一院制，共设158个席位，任期五年。其中150个席位由直选产生，总统可另指派8位任命议员。本届议会于2011年9月选举产生，是独立后的第十一届国民议会。目前各党在议会中的席位分布为：爱国阵线78席、多党民主运动45席、国家发展联合党29席、民主发展同盟1席、民主与发展论坛1席、独立人士3席。现任议长帕特里克·马蒂比尼（Patrick Matibini），来自爱国阵线。

【政府】本届内阁于2011年9月组成，由总统、副总统和20名部长组成。目前主要成员如下：总统迈克尔·奇卢菲亚·萨塔（Michael Chilufya Sata），副总统盖伊·斯科特（Guy L. Scott），国防部长杰弗里·姆万巴（Geoffrey B. Mwamba），司法部长塞巴斯蒂安·祖卢（Sebastian S. Zulu），财政部长亚历山大·契克万达（Alexander B. Chikwanda），内政部长埃德加·隆古（Edgar Lungu），卫生部长约瑟夫·卡松德（Joseph Kasonde），外交部长吉文·卢宾达（Given Lubinda），旅游和艺术部长西尔维娅·马塞博（Sylvia Masebo），农牧业部长伊曼纽尔·琴达（Emmanuel T. Chenda），青年和体育部长奇辛巴·坎布维利（Chishimba Kambwili），商业、贸易与工业部长罗伯特·西钦加（Robert Sichinga），矿业、能源及水利发展部长亚姆富瓦·穆坎加（Yamfwa Mukanga），新闻和广播部长肯尼迪·萨凯尼（Kennedy Sakeni），劳工部长法克逊·沙门达（Fackson Shamenda），教育、科学、职业培训及早期教育部长约翰·菲里（John Phiri），土地、自然资源和环保部长威尔伯·西穆萨（Wylbur Simuusa），地方政府及住房部长埃默琳·卡班希（Emerine Kabanshi，女），社区发展与妇幼健康部长约瑟夫·卡泰马（Joseph Katema），酋长与传统事务部长恩坎杜·卢奥（Nkandu Luo），运输、工程、供应与通信部长克里斯托弗·亚卢马（Christopher Yaluma），性别与妇女发展部长伊农格·维纳（Inonge Wina，女）。

【官方网站】http：//www.statehouse.gov.zm。

【行政区划】全国分为10省79区。

【司法机构】由最高法院、高等法院、劳资关系法院、初级法院和地方法庭组成。首席大法官欧内思特·萨卡拉（Ernest Sakala），总检察长阿比尤迪·雄加（Abyudi Shonga）。

【政党】赞目前有29个合法政党，但只有5个在现议会中拥有席位。其中主要有：

（1）爱国阵线（The Patriotic Front，PF）：执政党。2001年成立。其纲领是政治上主张分权而治，保障人类的基本权利、自由和社会公平、正义，减少政府行政开支，提高行政效率，反对腐败和滥用公共资源；经济上奉行自由贸易政策，主张实行低税率和低利率刺激经济发展，主张大力发展教育、卫生事业和基础设施，积极创造就业，提高民众收入。领袖迈克尔·奇卢菲亚·萨塔。

（2）多党民主运动（The Movement for Multi-Party Democracy，MMD）：最大反对党。1990年12月成立，简称“多民运”。政治纲领是实行政治多元化、经济自由化、私有化；保护人民参与政治、经济活动的权利；提倡言论、集会、结社自由；党政分开，确保酋长的职能与传统统治。领袖内弗斯·蒙巴（Nevers Mumba）。

（3）国家发展联合党（United Party for National Development，UPND）：1998年12月成立，简称“国发党”。成立以来发展较快，在南方省和西方省影响较大。领袖哈凯恩德·希奇莱马（Hakainde Hichilema）。

（4）联合民族独立党（United National Independence Party，UNIP）：1958年10月成立，简称“民独党”。自赞独立起执政，1991年多党大选后成为反对党。前领袖卡翁达（Kenneth David Kaunda）于2000年4月正式宣布退出政坛。领袖提尔言基·卡翁达（Tilyenji Kaunda）。

【重要人物】迈克尔·奇卢菲亚·萨塔：总统。1937年7月6日生。曾留学前苏联和英国。1960～1991年联合民族独立党执政时期，曾任该党地区司库、国会议员、卢萨卡地区专员和内阁部长。

1991～2001年多党民主运动执政时期，曾先后任地方政府与住房部长、劳动与社会保障部长、卫生部长和不管部长。2001年退出多党民主运动，组建爱国阵线。2001年、2006年和2008年竞选总统均失利，2011年9月当选总统。 **盖伊·斯科特（Guy L Scott）**：副总统。1944年6月1日生。获英国剑桥大学和苏赛克思大学经济学学位和认知科学专业学位。1990年加入多党民主运动。1991年当选北方省议员，任农业、粮食和渔业部部长。2001年加入爱国阵线，后担任该党总书记。2011年6月，当选爱国阵线副主席。2011年9月，当选卢萨卡省议员，任副总统。2011年12月，率爱国阵线代表团访华。 **肯尼思·戴维·卡翁达**：前总统。1924年4月生于北方省钦萨利县，奔巴族人。曾获名誉法学博士学位。1946年参与创建北罗得西亚非洲人国民大会，曾任组织书记和总书记。1958年10月退出该党，组建赞比亚非洲人国民大会并任主席。1959年3月该党被取缔，卡翁达被流放。1960年1月任民独党领袖。1962年12月当选为议员。1964年1月任内部自治政府总理。独立后长期任总统。1991年竞选总统失败。翌年辞去民独党领袖职务，1995年重新当选该党领袖。1997年因支持未遂军事政变罪名被赞警方拘捕。1998年获释。1999年被法庭判为“无国籍人士”。2000年4月正式宣布退出政坛。10月，赞最高法院宣布卡翁达具有赞比亚国籍。曾于1967年、1974年、1980年、1988年、2004年和2007年访华，2009年11月来华接受“中非友好贡献奖”。2011年11月，作为赞总统特使访华，转达了萨塔总统希望发展两国友好关系的愿望。

经　济

经济以农业和矿业为主，其中矿业占重要地位。独立后至20世纪70年代中期经济发展较快，此后由于国际矿业市场价格下跌，政府国有化政策失误等原因，经济陷入困境。多民运执政以来，大力推行经济私有化和多元化，积极吸引外资，经济保持较快增长。2005年达到重债穷国完成点，获巨额债务减免，外债由2005年底的55亿美元降至2006年底的6.35亿美元。2008年受国际金融危机影响，矿业遭受较大冲击，经济下滑。班达政府采取降低矿业税率、加速实施经济多元化战略等措施积极应对，取得一定成效，加上国际市场铜价回升，2009年经济明显复苏。2010年矿业公司复产、增产势头良好，玉米获得历史性丰收。2011年，经济继续保持增长势头，世界银行将赞列入低水平中等收入国家。2011年主要经济数据如下（数据来源：2012年3月份《经济季评》）：

国内生产总值：194亿美元。

人均国内生产总值：1629美元（按购买力平价计算值）。

经济增长率：6.5%。

汇率：1美元＝5117克瓦查（2011年12月）。

通货膨胀率：7.2%。

外贸总额：155.59亿美元。

外债：39.62亿美元。

外汇储备：23.24亿美元。

【资源】自然资源丰富，以铜为主。铜蕴藏量1900万吨，约占世界铜总蕴藏量的6%，素有“铜矿之国”之称。钴是铜的伴生矿，储量约35万吨，居世界第二位。此外还有铅、镉、硒、镍、铁、金、银、锌、锡、铀、绿宝石、水晶、钒、石墨、云母等矿物。全国森林覆盖率为45%。

【工矿业】采矿业较发达，是国民经济主要支柱之一。其主体是铜矿和钴矿的开采和冶炼。独立后赞矿产业曾发展较快，20世纪70年代中期起铜产量逐年下降。1970年前，赞铜矿一直属于私有。1970年赞政府进行铜矿国有化改革，将赞铜矿重组为罗安（ROAN）联合铜矿公司和恩昌加（NCHANGA）联合铜矿有限公司。1982年两大公司又被合并为赞比亚联合铜矿公司（ZCCM），成为当时世界第二大铜矿公司。奇卢巴政府自1991年起大力推行铜矿私有化。2001年国有大型铜矿私有化全部完成，赞铜产量回升。受国际金融危机影响，2008年矿业仅增长2.4%。2009年，随着国际市场铜价回升，矿业增长势头强劲，卢姆瓦那、卢安夏等大型铜矿先后投产或复产。2010年全年铜产量增长17.4%，达82万吨。2011年，赞比亚铜产量为86.9万吨，同比增长1.93%。

制造业较落后。独立前，工业制成品基本依赖进口。独立后，政府积极致力于发展国有制造业。多民运执政后，对制造业实行私有化。1998年以后，制造业得到较快发展。食品、饮料、烟草、纺织和皮革等行业产值约占整个制造业的75%。

【能源】主要来自于水利、石油、木材和煤炭等，除原油依靠进口外，其他基本能自给。赞水利资源丰富，蕴含发电量6000兆瓦，2005年装机容量为1692兆瓦。原为电力出口国。因对主要发电站进行整修，发电量大幅下降，2005年11月开始自南非和刚果（金）进口电力。赞主要从中东进口石油，船运至坦桑尼亚的达累斯萨拉姆港，再通过坦赞输油管道送至恩多拉市的炼油厂。安哥拉也是赞进口石油的主要来源国。

【农业】农业是赞国民经济的重要部门，产值约占国内生产总值的18%。全国约2/3人口从事农业。目前开发的可耕地面积为620万公顷，只占全部可耕地的14%。土地肥沃，气候温和，适合多种农作物生长。主要农作物是玉米、小麦、大豆、水稻、花生、棉花、烟草等。正常年景玉米可自给。赞耕地普遍缺乏灌溉系统，农作物抗灾能力较弱。2010年，农业获得历史性丰收，全年玉米产量278万吨，同比增长40%。

【旅游业】有世界著名的维多利亚瀑布和19个国家级野生动物园，其中卡富埃国家公园占地面积最大。赞还辟有32个狩猎管理区。游客人数保持增长势头。受国际金融危机影响，2009年游客人数明显减少，旅游业产值下滑13.4%。得益于全球经济复苏及南非举办世界杯，2010年到赞比亚旅游的人数达到68万人次，增长了20%。

【交通运输】以公路为主，铁路次之。

公路：总长3.73万公里，其中柏油路7000公里左右。公路运输量约占赞国内货运总量的83.4%。

铁路：总长2100公里，由坦赞铁路（赞境内为886公里）和其他一些线路组成。赞国内货运15.3%左右依靠铁路。除坦桑尼亚外，赞还与津巴布韦和刚果（金）有铁路相连。

空运：全国有4个国际机场，即卢萨卡、恩多拉、利文斯敦和姆富韦国际机场，5个二级机场和5个简易机场，共有11家航空公司经营国际客货运业务。

【财政金融】赞政府从20世纪70年代起大举借债，财政预算较多依赖国际援助。近年来国际援助在财政预算中的比重逐年下降，已由2003年的42.7%降至2009年的18.1%。2011年财政预算总支出20.54万亿克瓦查，财政预算总收入15.77万亿克瓦查。2012年财政预算总支出为27.7万亿克瓦查。

【对外贸易】主要出口铜、钴、锌、木材、烟草、食糖、咖啡等，其中铜出口是赞主要的外汇来源。主要进口机械设备、石油、化工产品、医药和纺织品等。主要出口国为瑞士、中国、南非、刚果（金）和埃及等，主要进口国为南非、刚果（金）、中国、印度等。

近年来对外贸易情况如下（单位：亿美元）：

	2009	2010	2011
进口额	33.13	46.76	63.59
出口额	43.19	71.81	92.00
差　额	–10.06	–25.05	–28.41

【外国援助】赞所获外援主要来自世界银行等国际金融机构和巴黎俱乐部国家。1996年西方捐助国因政治原因冻结对赞援助，至1997年才部分恢复。2005年4月，赞达到重债穷国计划完成点，获得巨额债务减免。2008年接受外国援助2.09万亿克瓦查。2009年，因赞卫生部被曝光贪腐案件，荷兰等部分西方捐助国一度暂停向赞提供援助。2011年，爱国阵线政府执政后，与包括西方国家在内的各援助方积极发展关系，努力争取外援。

人民生活

根据联合国《2007年人类发展报告》，赞比亚人类发展指数排名居世界第165位，人均预期寿命为40.5岁，婴儿死亡率为10.2%。贫困率较高，63.8%的人口每天生活费不足1美元，46%的人口营养不良。是世界上艾滋病感染率最高的国家之一，15 ~ 49岁人口中艾滋病患者及病毒携带者为17%。赞比亚每年有近5万人死于疟疾，其中多数为儿童，该病成为赞比亚的第一杀手。赞医生流失现象严重，目前全国只有医生700名，与实际需要的2320名相差甚远。

军　事

正规军3.5万人，其中陆军2.2万人、空军约6000人，另有国民服务队（准军事部队）7000人、普通警察1.3万人、秘密警察1.2万人。武器装备主要来自前苏联、美国、意大利、加拿大、德国等。

文化教育

【教育】实行9年制普及义务教育。成人识字率约为75%。目前全国有基础学校8493所，高中644所，学院9所，大学3所。约95%的适龄儿童能入学，其中有20%可继续升入中学，20 ~ 24岁的青年中有2%左右能享受高等教育。近年来，政府利用外国援助，不断加大对教育部门的资金投入。2012年度财政预算中教育经费计划支出4.85万亿克瓦查。

【新闻出版】主要报刊有：《赞比亚时报》，官方最大报纸，发行量每日1.5万份；《赞比亚每日邮报》，官方报纸，发行量每日1.2万份；《邮报》，赞最大私人报纸，发行数量每日1万份。

赞比亚新闻通讯社（Zambia News and Information Services，ZANIS）：隶属于赞新闻与广播服务部，2005年由赞比亚新闻署与赞比亚通讯社合并而成。在全国各省均设有分支机构，全面负责对赞境内的新闻报道。

赞比亚国家广播公司（Zambia National Broadcasting Corporation，ZNBC）：成立于1988年。下设2个电视台和3个广播电台。电视台和广播2、3台用英语广播，广播1台用7种本国语言广播。

赞是泛非新闻社南部非洲地区分社所在地。该分社负责对安哥拉、博茨瓦纳、莱索托、马拉维、莫桑比克、赞比亚和津巴布韦进行新闻报道。

对外关系

奉行不结盟和睦邻友好的对外政策，强调外交多元化，主张在相互尊重、互不干涉内政、平等互利的基础上同世界各国建立并发展友好合作关系；注重经济外交，把争取外援、吸引外资、促进经济发展作为外交工作的重点。重视发展与西方的经济合作，争取援助和投资，同时也注意保持独立性。英国、欧盟、美国和日本及世界银行、国际货币基金组织是赞主要援助、投资伙伴。大力加强与中国、印度、巴西等新兴大国的关系和合作。与非洲国家保持传统友好关系，积极致力于南部非洲政治、经济一体化与和平解决地区冲突，支持非洲联盟建设。截至2011年底，赞与108个国家建立了外交关系。

【同中国的关系】1964年10月29日，中、赞建交。此后两国领导人多次互访，双边关系顺利发展。

2011年11月，开国总统卡翁达作为萨塔总统特使访华。2011年12月，副总统、爱国阵线副主席斯科特率爱国阵线代表团访华。2012年5月，外交与旅游部长卢宾达访华。

2011年1月，国务院副总理回良玉对赞进行正式访问。4月，全国政协副主席阿不来提·阿不都热西提访问赞比亚。12月，外交部副部长翟隽访问赞比亚。2012年3月，商务部副部长李金早访问赞比亚。6月，中联部部长王家瑞访问赞比亚。

2011年4月，中国驻赞比亚大使李强民离任。5月23日，新任中国驻赞比亚大使周欲晓抵赞履新。6月1日，周欲晓大使向赞总统班达递交国书。

2012年3月，赞比亚驻华大使乔伊丝·穆森盖（Joyce Musenge，女）离任。3月27日，新任赞比亚驻华大使杰拉尔德·彼得·尼伦达（Gerald Peter Nyirenda）抵华履新。5月23日，尼伦达大使向胡锦涛主席递交国书。

2011年，中国同赞比亚贸易总额为33.95亿美元，同比增长17.7%，其中中国出口额为6.17亿美元，进口额为27.78亿美元。

中国驻赞比亚大使：周欲晓。馆址：7430 United Nations Avenue，10101 Lusaka，Zambia。电话：00260-211-253770，251169（使馆）；263876，264123（商务处）。信箱：P.O. BOX 31975（使馆），33208（商务处），Lusaka，Zambia。传真：251157。电子信箱：chinaemb_zm@mfa.gov.cn。

赞比亚驻华大使：杰拉尔德·彼得·尼伦达（Gerald Peter Nyirenda）。馆址：北京市朝阳区三里屯东四街5号。电话：010-65321554，65321778。传真：65321891。电子信箱：diplomat@zambiaembassy.cn。

【同美国的关系】赞美关系良好。赞是美《非洲增长与机会法》及"总统防治艾滋病紧急救援计划"受益国。2008年，美向赞提供2.69亿美元艾滋病专项资金援助，并宣布在今后5年内继续提供8.64亿美元用于支持赞艾滋病防治事业。2008年，美非洲司令部副司令耶茨、助理国务卿弗雷泽、教育部长斯佩林斯先后访赞。2010年，赞、美签署双方对两国民航飞机相互开放领空的协议。2011年，美国国务卿克林顿出席在赞举行的"非洲增长与机会法案"部长级论坛并访赞。12月，美前总统乔治·W.布什访赞。

【同英国的关系】赞曾是英国殖民地，独立后与英国保持着传统关系。英是赞主要援助、投资国和贸易伙伴之一。2007年，英、赞签订为期10年、英每年向赞提供4000万美元资金援助的协议，用于减贫、直接预算支持、选举及卫生等项目。2012年6月，萨塔总统赴英出席英国女王登基60周年庆典活动。

【同邻国的关系】赞努力与周边邻国及其他非洲国家保持良好关系，积极参与地区政治、安全和经济合作。2008年津巴布韦发生选举争议，姆瓦纳瓦萨总统作为南部非洲发展共同体轮值主席积极进行调停。2010年，班达总统先后出访卢旺达、纳米比亚、南非、马拉维、埃及等非洲国家。2011年萨塔就任总统后先后出访博茨瓦纳、南非、津巴布韦、安哥拉、莫桑比克等国。

赞作为非盟、东南部非洲共同市场（总部设在卢萨卡）、南部非洲发展共同体成员国，重视上述地区组织和"非洲发展新伙伴计划"在解决冲突、促进地区团结、实现经济增长等方面的作用。积极参与地区事务，将地区合作和政治、经济一体化置于优先地位，关注非洲地区和平与发展，2006年赞加入非洲政治互查机制协议。

（裴广松）

乍得

国名　乍得共和国（The Republic of Chad，La République du Tchad）。

面积　1284000平方公里。

人口　1150万（2011年）。全国共有民族256个。北部、中部和东部居民主要是阿拉伯血统的柏柏尔族、瓦达伊族、图布族、巴吉尔米族等，约占全国人口的45%；南部和西南部的居民主要为萨拉族、马萨族、科托科族、蒙当族等，约占全国人口的55%。官方语言为法语和乍得阿拉伯语。南方居民通用苏丹语系的萨拉语，北方通用乍得化的阿拉伯语。居民中44%信奉伊斯兰教，33%信奉基督教，23%信奉原始宗教。

首都　恩贾梅纳（N'Djamena），原名拉密堡（Fort-Lamy），1973年9月5日改为现名。人口79.2万（2011年）。最高气温42℃（4月），最低14℃（12月）。

国家元首　伊德里斯·代比·伊特诺（Idriss Deby Itno），1990年12月4日任国务委员会主席、国家元首。1991年3月4日就任总统。1996年8月8日、2001年6月18日、2006年5月28日、2011年4月25日四次蝉联。

重要节日　独立日（国庆日）：8月11日；自由民主日（即代比执政日）：12月1日。

简　况

位于非洲中部，撒哈拉沙漠南缘，内陆国家。东邻苏丹，南与中非、喀麦隆交界，西与尼日利亚和尼日尔为邻，北接利比亚。北部属沙漠或半沙漠气候，中部属萨赫勒热带草原气候，南部属热带稀树草原气候，全年高温炎热。除北部高原山地外，大部分地区年平均气温27℃以上，北部可达29℃。

早期居民为萨奥人，“萨奥文化”是非洲文化宝库的重要组成部分。公元9 ~ 17世纪先后建立加涅姆—博尔努帝国、瓦达伊王国和巴吉尔米等穆斯林王国。1902年沦为法国殖民地，1910年成为法属赤道非洲的一个领地。1911年，部分领土被法出让给德国以换取德承认法对摩洛哥的“保护”。第一次世界大战后重归法国。1946年成为法海外领地。1957年初成为“半自治共和国”。1958年11月28日成为“法兰西共同体”内的“自治共和国”。1960年8月11日宣告独立，弗朗索瓦·托姆巴巴耶（François Tombalbaye）任国家元首。1975年4月，马卢姆发动军事政变，成立军政府。1978年古库尼反政府武装大举进攻。1979年马卢姆被迫辞职，此后政权几经更迭，政局持续动荡。1982年6月哈布雷攻占首都，并出任总统。1989年4月，乍武装部队总司令伊德里斯·代比等人与哈布雷决裂，并于1990年3月创建爱国拯救运动（简称“爱拯运”）。同年12月，代比推翻哈布雷政权，出任国务委员会（临时政府）主席、国家元首，1991年3月4日就任总统。

政　治

代比执政后，实行多党制，1993年初召开了由各党派参加的最高全国会议，确立过渡机制。1996年3月举行全民公决通过新宪法。6月举行总统选举，代比胜出。1997年3月举行立法选举，爱拯运获议会绝对多数。2001年5月和2002年4月，代比和爱拯运分别再度赢得总统大选和立法选举。2005年反政府武装死灰复燃并迅速发展壮大，活跃在东部与苏丹交界地区，并屡次西进。2006年5月，乍举行总统大选，代比在反对党集体抵制的情况下胜选连任。12月，主要反政府武装之一“变革联合阵线”归顺政府。2007年8月，爱拯运等总统多数派政党与18个反对党签署政治协议，宣布实现和解。2008年1月底2月初，反政府武装联军自东部发动攻势，曾一度占领首都恩贾梅纳大部分市区。2009年1月，乍8支主要反政府武装组成反政府武装联军“抵抗力量联盟”，5月6日，“抵抗力量联盟”与政府军交战。10日，政府军方面宣布已取得决定性胜利。2011年1月11日，乍得举行独立50周年暨第20个自由民主日纪念活动。2月和4月，乍分别举行议会和总统选举。执政党爱国拯救运动赢得议会绝对多数席位，代比以83.59%得票率再次蝉联总统。

【**宪法**】独立后第一部宪法于1962年4月制定。1993年4月4日，乍得最高全国会议通过了“过渡时期宪章”，作为过渡时期临时宪法。1996年3月31日举行全民公决，通过新宪法。该宪法规定：乍得是一个建立在民主、法治原则和公正基础上的独立的、世俗的、社会化的、统一的、不可分割的主权国家，实行政教分离。行政权由总统和政府共同行使。总统是国家元首，负责保证宪法的实施。总统通过直接普选产生，任期五年，可连任两届。同时规定如经国民议会2/3成员通过，可对宪法进行修改。总统任命总理，并根据总理建议任免政府成员。总理为政府首脑，负责执行部长会议通过的国家政策。议会由国民议会和参议院构成，行使立法权。2005年6月，乍得举行全民公决通过宪法修正案，取消对总统连任次数和年龄的限制，将“参议院”改为由总统任命的“经济、社会和文化理事会”。

【**议会**】国民议会是最高立法机构。共有188个议席，任期四年。本届国民议会于2011年2月13日选出，5月6日进行补选。6月20日，新一届国民议会举行第一次全体会议，选举爱拯运总书记阿鲁恩·卡巴迪（Haroun Kabadi）为议长。各党派在国民议会中所占席位如下：爱拯运118席，争取民主进步联盟9席，争取共和行动阵线4席，争取发展与革新全国同盟10席，争取民主进步全国联盟VIVA派4席，争取革新与民主同盟和乍得全国民主同盟分获8席，其他党派共获27席。

【**政府**】本届政府成立于2011年4月，2012年6月8日进行改组：总理、政府首脑埃马纽埃尔·纳丁加尔（Emmanuel Nadingar），外交和非洲一体化部长穆萨·法基·穆罕默德（Moussa Faki Mahamat），财政和预算部长克里斯蒂安·乔治·迪吉姆巴耶（Christian Georges Diguimbaye），总统府负责基础设施和设备部长加塔·恩古卢（Gata Ngoulou），地方行政管理和权力下放部长巴沙尔·阿里·苏莱曼（Bachar Ali Souleymane），邮政和信息通讯技术部长阿兰盖·让·巴沃约（Alingué Jean Bawoyeu），城市和乡村水利部长穆罕默德·阿里·阿卜杜拉（Mahamat Ali Abdallah），计划、经济和国际合作部长科尔杰·贝杜姆拉（Kordié Bédoumra），总统府负责国防和老兵事务部长级代表贝纳因多·塔托拉（Bénaïndo Tatola），司法、公共整顿和促进良政部长阿布杜拉耶·萨布尔·法杜勒（Dr.Abdoulaye-Sabre Fadoul），公共卫生部长马哈茂德·纳奥尔·恩加瓦拉（Mahmout Nahor N'Gawara），农业和灌溉部长吉梅特·阿杜姆（Djimet Adoum），农牧业发展和动物产品部长艾哈迈德·拉基斯·马纳尼（Ahmat Rakhis Manani），公安和移民部长艾哈迈德·穆罕默德·巴希尔（Ahmat Mahamat Bachir），信息和新闻部长、政府发言人哈桑·西拉·巴卡里（Hassan Silla Bakari），环境和渔业资源部长穆罕默德·奥科尔米（Mahamat Okormi），社会行动、民族团结与家庭部长法蒂玛·伊萨·拉马丹（Mme Fatimé Issa Ramadane，女），高等教育部长艾哈迈德·吉达·穆罕默德（Dr. Ahmet Djidda Mahamat），中等教育部长奥马尔·本·穆萨（Oumar Ben Moussa），初等教育和公民教育部长法伊舒·艾蒂安（Faïchou Etienne），职业技术培训部长达扬·曼瓦·埃诺克（Dayang Menwa Enoch），青年和体育部长哈伊卡尔·扎卡里亚（Haïkal Zakaria），能源和石油部长卜拉欣·阿尔哈利勒·伊莱乌（Brahim Alkhalil Hiléou），矿业和地质部长努吉图勒贝耶·克莱杜迈吉（Nojitolbaye Kladoumadji），领土整治、城市建设与住房部长阿萨内·恩盖阿杜姆（Assane Nguéadoum），促进妇女和青年事业小额信贷部长亚库拉·马卢姆（Mme Yakoura Malloum，女），公职和劳动部长穆罕默德·阿巴利·萨拉（Mahamat Abali Salah），交通和民航部长哈桑·杜卡·萨利赫（Hassan Touka Saleh），贸易和工业部长穆罕默德·阿劳·塔希尔（Mahamat Allahou Taher），土地和地产部长让·贝尔纳·帕达雷（Jean-Bernard Padaré），中小企业部长哈桑·特拉普（Hassan Térap），人权和自由部长阿明娜·科吉亚纳（Mme Amina Kodjiyana，女），旅游和手工业部长阿卜杜勒—阿苏勒·阿布·巴卡尔（Abderassoul Aboubakar），文化部长哈亚尔·奥马尔·德法拉（Khayar Oumar Défallah），政府秘书长、负责政府与国民议会关系部长萨米尔·阿达姆·安努尔（Samir Adam Annour），外交和非洲一体化国务秘书泰代贝·吕特（Mme Tédébé Ruth，女），地方行政管理和权力下放部国务秘书穆罕默德·姆博杜·阿布杜拉耶（Mahamat Mbodou Abdoulaye），卫生部国务秘书优素福·哈马德·穆萨（Youssouf hamat Moussa），负责政府与国民议会关系的政府副秘书长加乌朗·姆巴拉马（Gaourang Mbarama）。

【行政区划】根据1996年4月通过的新宪法，乍得地方行政单位分为大区（Région）、省（Département）、镇（Commune）、村（Communauté Rurale）四级。2008年3月起，全国划分为22个大区（含恩贾梅纳市），下辖57个省级单位（含首都区），各省设有县级行政单位共500余个。

【司法机构】司法体系由宪法委员会、最高法院、上诉法院、初审法院和特别最高法庭组成。宪法委员会负责审查法律、协定等是否违宪，并监督、审理、公布选举及公民投票结果。最高法院是最高司法机构，包括刑事法庭、行政法庭和经济法庭，由16名成员组成，院长由总统征求参众两院议长意见后以法令形式任命，法官实行终身制。最高法院院长阿布戴拉希姆·布雷梅·哈米德（Abderahim Bireme Hamid），总检察长阿哈马特·阿格雷（Ahmat Agrey）。特别最高法庭负责审判总统、政府成员及其同谋的叛国案。

【政党】1991年9月乍得实行多党制。迄今已有87个合法政党，主要有：

（1）爱国拯救运动（Mouvement Patriotique du Salut，MPS）：简称“爱拯运”，1990年3月11日成立，执政党。原为反哈布雷的政治、军事组织。创始人为代比总统和马尔东·巴达·阿巴斯（Maldom Bada Abbas）等人。政治纲领：主张多党民主，发展混合经济；捍卫民族团结和领土完整；对外奉行独立自主、睦邻友好、不干涉别国内政和不结盟政策，遵守联合国和非盟宪章，同一切爱好和平、正义的国家发展友好合作关系。该党设全国代表大会、中央委员会和执行局，在全国各地均有基层组织。全国代表大会是最高权力机构，每两年举行一次会议。中央委员会是最高执行机构，执行局是中央委员会常设机构，现有40名成员。应2/3以上中央委员要求可召开全国特别代表大会。2001年3月召开特别党代会，代比继任党主席，阿巴斯任名誉主席。现任总书记为阿鲁恩·卡巴迪（Haroun Kabadi）。

（2）争取民主进步联盟（Rassemblement pour la Démocratie et le Progrès，RDP）：1992年3月10日取得合法地位。创始人洛尔·马哈马特·舒瓦（Loe Mahamat Choua），曾任国家元首和过渡时期最高委员会主席。1997年12月，该党与爱拯运签署合作协议。2001年总统大选中支持代比。2003年12月，舒瓦宣布解除与爱拯运的联盟关系。2007年8月，参与国内和解进程，签署“8·13和解协议”。目前该党在国民议会中拥有9席。

（3）争取共和行动阵线（le Front d'Action pour la République，FAR）：反对党，前身为争取共和行动力量阵线，1993年改组，1995年成为合法政党。代表南方富裕地区利益，主张建立联邦共和制，限制中央政府权力，增加地方自治权；政教分离，保护人权；重建军队，消除强权政治和部族主义；推行和平外交，促进非洲政治经济一体化。党主席恩加尔勒吉·约龙加尔（Ngarlejy Yorongar）。2007年，该党拒绝签署“8·13和解协议”。目前该党在国民议会中拥有4个席位。

（4）争取发展与革新全国同盟（Union Nationale pour le Développement et le Renouveau，UNDR）：反对党。1992年7月21日取得合法地位。主张维护国家和平、团结，实现民族和解；建立一支真正全国性的职业化军队；发展社会经济、农业、畜牧渔业、水电、交通、旅游和手工业；实行地方分权，让妇女和有能力的人参加国家管理；发展教育卫生事业；实现粮食自给等。主席为萨莱赫·凯布扎博（Saleh Kebzabo），曾任第一届过渡政府的贸工部长、乍新社社长，《恩贾梅纳周刊》的创始人。2007年参与政治和解进程。目前在国民议会中拥有10席，为新议会第一大反对党。

（5）争取民主与进步全国联盟VIVA派（VIVA/Rassemblement National pour la Démocratie et le Progrès，RNDP）：参政党。1992年1月29日成立，4月2日成为合法政党。1993年改为现名。主张维护国家统一和稳定，通过和谈解决叛军问题；以民主原则建立多党制，保证三权分立；振兴经济，扩大就业。党主席努尔丁·德尔瓦·卡西雷·库马科耶。1993年11月任过渡政府总理。2007年3月至2008年4月再次出任总理。现任经济、社会和文化理事会主席。目前该党在国民议会中拥有4席。

（6）争取革新与民主同盟（Union pour le Renouveau et la Démocr atie，URD）：反对党。1992年1月26日成立。主张国家政治生活民主化，实行半总统制，三权分立，建立享有行政、财政自主权的省或地区，以向联邦制过渡；建立调控和自由竞争相结合的自由经济体制。卡穆格·瓦达勒·阿卜杜勒卡德尔（Kamougué Wadal Abdelkader）曾任部长、总理、武装部队总司令、国防部长等职，2011年5月病故后，党主席一职空缺。该党在国民议会中拥有8席。

【重要人物】伊德里斯·代比·伊特诺：总统。1953年生于比尔廷省。扎卡瓦族人。曾留学法国。1979年加入乍得民族解放阵线—北方武装部队。1982年6月任“北方武装部队”副参谋长。同年12月出任乍得全国武装部队总司令。1984年6月起任全国独立和革命联盟中央执行局军事和安全书记。1985年11月被派往法国军事学院进修。回国后任总统府国防与安全顾问。1989年起流亡苏丹。1990年3月任乍得爱国拯救运动主席。同年12月就任乍得国务委员会主席、国家元首。1991年3月就任总统。1996年6月在乍得首次多党总统选举中获胜当选。2001年6月、2006年5月和2011年4月三度蝉联总统。信奉伊斯兰教。已婚，有多个子女。

经　济

农牧业国家，经济落后，系世界最不发达国家之一。2006年联合国开发计划署人文发展指数排名中，乍得在177个国家中排名第171位。代比执政后，接受国际货币基金组织经济结构调整计划，重点整顿棉花公司等国营企业和公职部门；鼓励私人投资和发展中、小企业；宣布实行企业私有化和自由经济；打击走私，保证税收；积极争取国际援助，鼓励外国投资。2000年乍得石油开发计划正式启动。2003年7月，南部多巴油田顺利投产，乍得—喀麦隆输油管道开通，乍石油生产及出口能力骤增，经济一度高速增长，2005年以来增速放缓。近年来，乍继续执行经济结构调整计划，推进国家减贫战略，加强和改善财政管理，大力促进私营经济发展，并颁布了新能源法。2009年，由于全球金融危机和气候灾害的影响，乍石油收入大幅减少，农牧业产量锐减，加之高额军费及政绩工程投资，政府财政赤字激增，国内物价攀升，社会购买力下降，经济发展乏力，困难重重。2010年，乍政府加大基础设施建设力度，乍经济发展向好。2011年8月，乍新政府提出今后经济工作三大重点：加强基础设施建设、努力构建工业基础、大力发展农牧业。2011年经济数据如下（资料来源：2012年英国伦敦《经济季评》）：

国内生产总值：100亿美元。

人均国内生产总值：870美元。

国内生产总值增长率：3.1%。

货币名称：中非金融合作法郎（FCFA，简称“非洲法郎”）。

汇率：1美元＝471.9非洲法郎。

通货膨胀率：2.0%。

【资源】矿产资源较丰富，但大多尚未开采。主要矿产有天然碱、石灰石、白陶土和钨、锡、铜、镍、铬等。世界银行预计乍得石油储量有望超过20亿桶。

【工业】主要为石油开采和农、牧产品加工业。2006年工业产值占国内生产总值的53.6%，7%的劳动人口从事工业生产。目前全国石油可开采储量12亿桶，2007年日产原油能力约为15万桶。全国有22家棉花加工厂，总加工能力为18.8万吨。另有一些纺织、卷烟、面粉、饮料、制糖、农机制造等中小企业。此外，乍得年产天然碱约1万吨，部分供出口。电力供应不足，电价昂贵，全国仅2%的居民，首都仅9%的家庭能够用电。受电力不足和资金短缺等困扰，乍工业发展困难较多。

【农牧业】随着石油的开发与生产，农牧业在国内生产总值中所占比例大幅下降，2006年为21.9%。全国可耕地面积5200万公顷，已耕地700万公顷。乍得湖平原和南部地区是主要农业区。主要粮食作物有高粱、玉米和小米，还有少量稻米和小麦等。农村人口占全国人口的72%。主要经济作物为棉花，全国约有1/4人口从事棉花种植，2005年出口额为422亿非洲法郎，占出口总额的2.6%。其他经济作物还有烟草、花生、芝麻、甘蔗和阿拉伯树胶等。近年主要粮食和经济作物产量如下（单位：万吨）：

	2006	2007	2008
棉花	9.8	11.4	10.8
高粱	77.3	57.7	59.0
木薯	47.0	25.0	16.1
花生	42.0	46.4	54.8
甘蔗	32.0	32.9	35.4

（资料来源：中部非洲国家银行）

乍得是中部非洲地区主要畜产国，40%的劳动力从事畜牧业。2006年出口额为2.287亿美元，占出口总额（除石油外）的54%。

【服务业】20世纪80年代以来，国内商业、交通、电信等服务性行业逐步恢复。2006年服务业产值占国内生产总值的24.5%。全国20%的人口从事服务业，主要集中于交通运输业和公共领域。

【交通运输】内陆国家，无铁路，主要靠公路运输。公路：总长3.34万公里，其中柏油路524公里，多数公路仅能在旱季通行。

水运：主要集中于沙里河和洛贡河，内河航道总长4830公里，其中2000公里河段能四季通航。出海须经喀麦隆杜阿拉港（距恩贾梅纳1500公里）或尼日利亚的哈科特港（距恩贾梅纳1700公里）转运。

空运：恩贾梅纳国际机场可起降波音747等大型飞机，通往欧洲及周边国家。法国、喀麦隆、利比亚、苏丹和埃塞俄比亚航空公司等有定期航班飞往乍得。2004年2月，原乍得航空公司更名为“Toumai Air Tchad”，经营中部非洲地区和中东航线，并与法航合作经营恩贾梅纳—巴黎航线。

【财政金融】近年政府财政收支情况如下（单位：亿非洲法郎）：

	2008	2009	2010
收入	10426	5293	9041
支出	8751	9869	11580

（资料来源：2011年英国伦敦经济季评）

2011年年底外汇储备约为8.8亿美元（不包括黄金）。2009年年底外债总额为17.4亿美元。

货币发行受中部非洲国家银行（BEAC）掌控。金融市场不健全，贷款利率较高，居民储蓄率低。现有乍得发展银行（BDT）、乍得国际农业银行、乍得信贷银行（BTCD）、法国兴业银行乍得分行、子午线银行集团西非国家银行乍得分行（BMBT）、财政银行（FB）、苏丹商业银行乍得分行、乍得阿拉伯利比亚银行（BTAL）和萨赫勒—撒哈拉投资商业银行乍得分行等9家商业银行。

【对外贸易】2003年起原油成为第一大出口商品，2006年占出口总额的86%。畜产品和棉花是乍传统出口商品，主要进口石油制品、化工、机电产品、建筑材料、汽车、纺织品、食品、药材等。2010年，主要出口对象国是美国、中国、荷兰、德国、法国；主要进口来源国是中国、法国、喀麦隆、美国、比利时等。近几年外贸情况如下（单位：百万美元）：

	2009	2010	2011
出口额	2709	3160	4116
进口额	2539	2940	3525
差　额	170	220	591

（资料来源：2012年经济季评）

【外国援助】外援在财政收入和预算中占很大比重。主要来自美国、法国、德国、瑞士以及联合国、欧盟和非洲开发银行等。近年来接受援助情况如下（单位：亿非洲法郎）：

2006	2007	2008
627	494	564

（资料来源：2011年经济季评）

【外国资本】因石油开发前景看好，外国资本近年大量涌入。2000年4月，美国埃克森和雪佛龙两大石油公司和马来西亚国家石油公司组成石油开发集团，参与乍石油开发项目。同年6月，世界银行批准向乍得和喀麦隆两国政府分别提供3950万和5340万美元贷款用于乍喀输油管道建设项目，总投资37亿美元。2003 ~ 2005年接受外国直接投资分别为7.13亿美元、4.78亿美元和7.05亿美元。

人民生活

乍得被联合国列为世界上47个最不发达国家之一。人民生活水平较低，超过55%的民众生活在贫困线以下。乍医疗机构及医务人员匮乏。全国共有429个医疗卫生中心，总床位3962张，其中综合性医院仅3所，即恩贾梅纳中央医院、军事医院和自由医院。常见病有：疟疾、肝炎、脑膜炎、麻风病、淋病等。

军　事

1991年1月，代比总统将全国武装部队改编为乍得国民军。全国共划分为8个军区，实行义务兵役制，服役期一年半。乍军队和宪兵总数34850人。其中陆军约2.5万人，空军350人，共和卫队5000人，宪兵4500人。总统代比中将为最高军事统帅。

文化教育

【教育】乍得是黑非洲文化教育水平较低的国家。2004年乍成人识字率为38%，低于撒哈拉以南非洲国家的平均指数。小学与中学入学率分别为71%和15%。高等教育主要由恩贾梅纳大学、费萨尔国王大学、蒙杜商业技校、阿贝歇科技学院、萨尔赫天文和环境学院等提供，全国共有在校大学生1500人。2003年，全国共有3653所小学，209所初中和36所高中。

【新闻出版】全国有35家报社，均为私人所有。《进步报》为发行量最大的日报，每日印数达3万份。较有影响的报刊还有《时代报》、《观察家》、《我们的时代》等。

乍得新闻社为国家通讯社，成立于1966年。

乍得国家广播电台1965年成立，主要用法语、萨拉语、阿拉伯语广播。

乍得国家电视台1987年12月成立，节目覆盖首都和乍西南部地区。用法语和阿拉伯语播放节目。定时转播喀麦隆电视节目。

【通讯】通讯业落后，费用高，覆盖率低。乍得电信公司（Soteltchad）垄断乍固定电话和国际长话业务，2005年共有固定电话用户1.3万户。2000年，“Anglo-Dutch MSI Mobicom（Celtel）”和“Egyptian Orascom”（Libertis）公司进入乍移动通信市场，2004年Libertis因未能偿税而倒闭。到2006年底，Celtel公司共有注册用户37.2万个。2005年10月，瑞典移动电话公司Millicom International Cellular（MIC）进入乍得市场并迅速扩展业务，2006年该公司已有注册用户18.67万个。2005年，乍Internet服务共有4万个注册用户。

对外关系

奉行独立自主、务实的全方位外交政策，强调维护国家统一、主权和领土完整，保持稳定的周边环境；支持非洲团结，致力于加强同西方大国和国际金融机构关系；重视发展同阿拉伯国家及非洲国家的关系。截至2007年底，乍与世界上81个国家建立了外交或领事关系。

【同中国的关系】1972年11月28日，中乍两国建交。1997年8月12日，乍得政府违背中乍建交公报原则，与台湾"复交"，中国政府宣布自8月15日起中止同乍得的外交关系。2006年8月6日，中国外交部长李肇星与乍得外交部长阿拉米在北京签署两国关于恢复外交关系的联合公报。

2006年8月，中国外交部部长助理翟隽作为中国政府特使赴乍出席代比总统就职典礼。11月，阿拉米外长率团出席中非合作论坛北京峰会。2007年1月，李肇星外长访乍。4月，阿拉米外长访华。9月，代比总统访华。2008年8月，乍得总理阿巴斯来华出席北京奥运会开幕式。2009年6月，中国政府非洲事务特别代表刘贵今访乍，代比总统、法基外长分别会见。8月，新任中国驻乍大使杨广玉向代比总统递交国书。2011年2月，中国外交部长杨洁篪访问乍得。10月，法基外长访华。

2011年中乍贸易额为3.6亿美元，同比下降55%，其中中方出口额为0.95亿美元，同比下降69%，进口额为2.65亿美元，同比下降46.5%。中方主要进口石油，出口电子器材、茶叶、纺织品等。

中国驻乍得大使：胡志强。馆址：乍得共和国恩贾梅纳市1区住宅、行政和商业小区第1021街（库夫阿大道）Rue No.1021（Boulvard de Koufra）Quartier Residentiel，Administratif et Commercial，Premier Arrondissement，N'Djamena，République du Tchad。通讯地址：乍得恩贾梅纳735号邮政信箱。B.P.735 N'Djamena Tchad。电话：00235-22522949。

乍得驻华大使：艾哈迈德·松吉（Ahmed Soungui）。馆址：北京市朝阳区新东路1号塔园外交公寓2号楼2单元10层2号。电话：010-85323822。

【同法国的关系】乍法传统关系密切。两国签有财政、经济、文化、教育和军事等一系列合作协定。法在乍设有军事基地，驻军1200人。法军向乍政府军提供情报和后勤支持，并曾协助其击退叛军对首都的进攻。有100多名专家在乍政府主要部门工作，侨民超过2000人。苏丹达尔富尔危机爆发后，法派200名军人赴乍苏边境执行人道救援任务。法公司几乎承包了全部乍喀石油管道建设工程。2009年1月、8月，代比总统对法国进行私人访问。法国参议院外交与国防委员会主席何塞林、法国外长库什内分别于1月、3月访问乍得。2010年4月，代比因私访问法国。5月30日至6月1日，代比赴法国出席第25届法非峰会。7月，代比出席法国国庆庆典。2011年1月，法国国防部长朱佩出席乍独立五十周年庆典活动。5月，乍外长法基访问法国。

【同美国的关系】乍美于1961年建交。随着乍石油开发项目的上马，两国关系得到加强。美国成为乍第一出口目的地，美石油公司参与乍得石油开发，约有2000多名美石油技术人员在乍工作。美迄今已向乍政府提供2.8亿非洲法郎资金援助，并向乍教育、环保、社会等部门小型项目提供物资或资金支持，美也是乍第一大援助国。2009年6月，美国总统达尔富尔问题特使格拉逊访乍。7月，美国国防部助理部长哈德莱斯顿访乍。

【同苏丹的关系】乍与苏丹关系曾长期友好，苏丹达尔富尔问题爆发后，乍苏关系出现波折。2003年1月，乍苏两国在喀土穆举行两国高级混委会并达成协议，建立边境安全联合部队、成立乍—苏—中非三方委员会以监督边界安全。2005年4月，乍宣布停止担任达尔富尔问题调解人，要求苏丹尽快解除在苏境内的乍反政府武装。10月，乍谴责苏支持乍反政府武装，关闭驻苏领馆，并要求苏关闭在乍阿贝歇的领馆。12月，乍政府宣布与苏丹"处于交战状态"。2006年2月8日，乍苏在非盟和利比亚等国调解下签署和平协议。4月，乍指责苏支持叛军对首都的进攻，宣布断绝与苏丹外交关系。7月，苏丹外长作为总统特使访乍，双方签署两国关系正常化纪要。8月，苏丹总统巴希尔访乍，与代比总统会谈并决定恢复两国大使级外交关系。2008年2月，乍叛军攻入首都恩贾梅纳并控制大部分地区，后被乍政府军击退。乍谴责苏支持叛军。3月，在塞内加尔和利比亚斡旋下，乍苏签署达喀尔和平协议，决定结束敌对状态。5月，苏反政府武装突袭首都，苏方指责乍政府背后支持，宣布与乍断交。在利比亚等国斡旋下，双方于11月恢复外交关系。2009年10月，苏丹总统顾问加齐访乍寻求改善关系。2010年1月，双方签署两国关系正常化协议。2月，乍得总统代比访苏，恢复了两国中断6年之久的高层互访。2010年5月，乍得总统代比赴苏丹出席巴希尔总统就职仪式。7月，巴希尔总统赴乍出席萨赫勒—撒哈拉国家共同体第12届峰会。2011年5月，代比总统赴苏丹出席乍得、苏丹、中非三国首脑会议。

【同利比亚的关系】乍得与利比亚因领土争端等问题曾长期不和。1994年2月3日，国际法院将乍利争议领土"奥祖地带"裁决归乍后，乍利关系改善并不断发展。双方签署了《乍利睦邻、友好与合作条约》及多项合作协定。2005年乍外长阿拉米、总理约阿迪姆纳吉、总统代比先后访利。2006年1月，代比访利。2008年6月、7月，代比总统两次访问利比亚。2009年1月、8月，代比总统对利比亚进行工作访问。2010年1月、4月、6月，代比总统三次访问利比亚。利比亚危机爆发伊始，乍不赞成国际社会对利进行制裁，反对北约空袭。2011年8月，乍宣布承认利"国家过渡委员会"。9月1日，代比出席了在法国召开的"利比亚之友"国际会议。

【同中非的关系】2001年11月，中非前总参谋长弗朗索瓦·博齐泽（François Bozizé）流亡乍得后，两国关系持续紧张，多次发生边界冲突。2003年3月15日博齐泽武力夺权上台后，乍与中非关系迅速改善。2004年6月，乍得和中非签订建立边防混合部队的协议。8月，中非总统博齐泽对乍进行过境访问。2005年12月，中非总统博齐泽访乍，与代比会晤。2006年5月，博齐泽访乍。2008年2月，博齐泽访乍。6月，博齐泽过境乍得并会晤代比。2009年1月，博齐泽访乍。2010年11月，博齐泽访问乍得。2011年3月，代比总统出席了博齐泽总统的连任就职典礼。7月，博齐泽访问乍得。

【同其他非洲国家的关系】乍是非洲联盟、中部非洲经济与货币共同体、中部非洲国家经济共同体、萨赫勒—撒哈拉国家共同体、尼日尔河流域国家组织、乍得湖盆地委员会等非洲区域性组织的成员。乍得重视发展同邻国及其他非洲国家的友好合作关系，积极参加地区合作。

2011年5月，代比总统出席科特迪瓦总统瓦塔拉就职典礼。同月，出席了尼日利亚总统乔纳森就职典礼。7月，代比总统访问贝宁。同月，出席了南苏丹共和国独立庆典。8月，代比总统出席刚果（布）独立51周年庆典。（包伟）

中　非

国名　中非共和国（The Central African Republic, La République Centrafricaine）。

面积　622984平方公里。

人口　449万（2011年）。全国共有60多个民族，主要有巴雅、班达、班图、乌班吉、恩格班迪等，其中巴雅族人数最多，班达族分布最广。官方语言为法语、桑戈语。约50%的居民信奉基督教，20%信奉伊斯兰教，其余信奉原始宗教。

首都　班吉（Bangui），人口约56.8万（2010年）。最炎热的月份是2月，气温21℃～34℃。最凉爽的月份为7～8月，气温21℃～29℃。

国家元首　总统弗朗索瓦·博齐泽·杨古翁达（François Bozizé Yangouvonda），2003年3月武力推翻前总统帕塔塞上台执政，2005年5月正式当选总统，2011年1月23日当选连任，3月15日就职。

重要节日　独立日：8月13日；国庆日：12月1日。

简　况

位于非洲大陆中部，内陆国家，东接苏丹，南接刚果（布）、刚果（金），西连喀麦隆，北邻乍得。北部属热带草原气候，南部属热带雨林气候，年平均气温26℃。5～10月为雨季，11月至次年4月为旱季。

公元9～16世纪，曾建立班加苏、腊法伊和宰米奥等三个部落王国。1891年沦为法国殖民地。1910年被划为法属赤道非洲领地，称乌班吉沙立。1958年12月1日成立自治共和国。1960年8月13日宣告独立，成立中非共和国。1976年12月成立中非帝国。1979年9月废除帝制，恢复共和。1991年实行多党民主制。1993年9月昂热—菲利克斯·帕塔塞在首次多党大选中当选总统，帕塔塞并于1998年蝉联总统。2003年3月，前总参谋长弗朗索瓦·博齐泽·杨古翁达率部攻占班吉，推翻帕塔塞政权，次日就任总统。

政　治

中非实行多党制后，政局长期动荡，曾发生多次兵变和政变。博齐泽执政后，迅速稳定国内局势，实行为期两年的过渡期。2004年12月，中非举行全民公投通过新宪法。2005年，中非顺利举行总统和立法选举，博齐泽正式当选总统，成立新政府，过渡期结束。2007～2008年，中非政府与三支主要反政府武装签署了和平协议。2008年12月，中非举行全国包容性政治对话，就政治和解、解武复员和经济重建等达成共识。2009年1月，博齐泽成立以总统派政党为主、反对党和反政府武装参与的"共识政府"。2011年1月23日，中非举行总统选举，博齐泽总统以64.37%的得票率在首轮投票中胜选连任。3月15日，博齐泽宣誓就任总统。目前，中非局势总体稳定，但东北部边境地区仍有来自邻国的武装团伙活动。

【宪法】博齐泽上台后，废除了1995年1月15日颁布的宪法。2004年12月5日，中非举行全民公决通过了新宪法。主要内容包括：共和国总统为国家元首、军队统帅，总统由直接选举产生，任期五年，可连任一次。总统是最高行政长官；任免总理，并根据总理提名任免内阁成员及军、政官员；召集并主持内阁会议；主持最高防务委员会和最高司法委员会；有权宣布15天的紧急状态，并行使特别权力。总统临时不能视事，由总理代行其职权。总统缺位，应在45～90天内选举新总统，其间由国民议会议长代行职权。总理为政府首脑，负责落实总统制定的总政策。议会有对政府提不信任案和弹劾政府的权力，不信任案通过后，政府必须立即向总统辞职。

【议会】根据新宪法规定实行一院制，称为"国民议会"。议会主要职责包括：通过法律和法令；依法对政府活动进行监督；批准或废止国际条约和协定；授权宣布战争状态；由审计法院辅助负责审计工作。议会与总统、政府共同享有立法创议权。共有105名议员，由直接选举产生，任期五年，享有豁免权。2011年1月23日、3月27日，议会举行两轮选举，8月30日将举行第三轮选举。塞莱斯坦·勒鲁瓦·加翁巴莱

（Célestin Leroy Gaombalet）为议长。

【政府】本届政府成立于2011年4月22日，包括总理1名，国务部长5名，部长23名，部长级代表6名，主要成员如下：总理、政府首脑福斯坦—阿尔尚热·图瓦德拉（Faustin-Archange Touadera），财政和预算国务部长阿尔贝·贝塞（Albert Besse），计划和经济国务部长西尔万·马利科（Sylvain Maliko），发展和运输国务部长阿尼塞·帕尔费·姆巴伊（Anicet Parfait Mbay），高等教育和科学研究国务部长让·维利布罗—萨科（Jean Wiliburo-Sacko），邮政、电信和新技术国务部长阿卜杜·卡里姆·梅卡苏瓦（Abdou Karim Meckassoua），农业和农村发展部长菲代勒·恩古安吉卡（Fidèle Ngouandjika），河流、森林、狩猎和渔业部长埃马纽埃尔·比佐（Emmanuel Bizot），外交和侨民事务部长安托万·甘比（Antoine Gambi），环境和生态部长弗朗索瓦·纳韦亚马（François Naoueyama），人居和住房部长贡特朗·乔诺—吉杜—阿哈博（Gontran Djono-Djidou-Ahabo），负责政府秘书处和与其他机构关系部长（由司法、道德和掌玺部长暂时兼任），技术、职业教育和专业培训部长吉布林·萨勒（Djibrine Sall），领土管理和权力下放部长若苏埃·比努瓦（Josué Binoua），公共卫生、人口和防治艾滋病部长让·米歇尔·曼达巴（Jean Michel Mandaba），公职、劳动和社会保障部长诺埃尔·拉马丹（Noël Ramadan），国家安全、移民和公共秩序部长克洛德·理夏尔·古旺贾（Claude Richard Gouandja），商业和工业部长马琳·穆利奥姆·罗萨利姆（Marlyn Mouliom Roosalem，女），装备、公共工程和基础设施部长让·普罗斯珀·沃多博德（Jean Prosper Wodobode），初级、中级教育和扫盲部长吉塞勒·安妮·纳姆（Gisèle Annie Nam，女），司法、道德和掌玺部长菲尔曼·芬迪罗（Firmin Findiro），国际合作、地区一体化和法语国家事务部长多萝泰·艾梅·马伦扎帕（Dorothée Aimée Malenzapa，女），新闻、民主和公民文化部长阿尔弗雷德·泰安加·波洛科（Alfred Taïnga Poloko），社会事务、民族团结和妇女部长扎朗博·玛格丽特（Zarambaud Marguerite，女），能源和水利部长利奥波德·姆博利·法特朗（Léopold Mboli Fatran），城市化和公共建筑重建部长帕斯卡尔·科亚梅纳（Pascal Koyamene），旅游业和手工业发展部长茜尔维·安妮克·马宗古（Sylvie Annick Mazoungou，女），青年、体育、艺术和文化部长让·塞尔日·博卡萨（Jean Serge Bokassa），发展中小企业、非正式行业和单一窗口部长阿尔贝蒂娜·阿贡杜夸—姆比萨（Albertine Agoundoukoua-Mbissa，女），农业和农村发展部负责畜牧和动物卫生的部长级代表优素法·耶里马—芒乔（Youssoufa Yerima-Mandjo），总统府负责国防、退伍士兵、战争受害者、军队调整的部长级代表让—弗朗西斯·博齐泽（Jean-Francis Bozize），总统府负责发展支柱的部长级代表达维德·班祖库（David Banzoukou），总统府负责矿业的部长级代表奥贝德·纳姆西奥（Obed Namsio），总统府负责民航、航空运输的部长级代表泰奥多尔·茹索（Théodore Jousso），总统府负责解武、退伍士兵安置和青年先锋队部长级代表西尔维斯特·杨贡戈（Sylvestre Yangongo）。

【行政区划】全国划分为16个省、1个直辖市（首都班吉），省以下设69个县。

【司法机构】主要司法机构有宪法法院、最高法院、行政法院、审计法院、仲裁法院、普通法院和法庭等。共和国总统保障司法独立，主持全国最高司法委员会、行政法院咨询委员会会议。2005年9月，博齐泽总统任命马塞尔·马隆加（Marcel Malonga）和达米埃纳·纳娜雷（Damienne Nanare，女）为宪法法院正、副院长。

【政党】1991年4月起实行多党制。目前全国有合法政党40多个，主要有：

（1）劳动党（Parti KWA NA KWA，KNK）：2009年11月成立并举行第一届全国代表大会，由KNK全国联合会和一些支持博齐泽总统的力量组成，党主席为博齐泽总统。KNK全国联合会成立于2004年12月，由支持博齐泽参选的中小政党、社会团体、民间协会和独立人士等组成，旨在支持博齐泽竞选总统。KNK系桑戈语，意为"劳动，艰苦地劳动"，系2005年博齐泽竞选口号。

（2）中非人民解放运动（Mouvement de Libération du Peuple Centrafricain，MLPC）：第一大反对党。1978年成立，1981年取得合法地位。1993年党主席昂热—菲利克斯·帕塔塞（Ange-Félix Patasse）在首次多党选举中当选总统，该党成为执政党。2003年帕塔塞被博齐泽推翻后流亡国外。2007年6月，该党召开代表大会，前总理马丁·齐盖莱（Martin Ziguélé）当选党主席。2009年6月召开特别党代会，推举齐盖莱作为该党候选人参加总统选举，将前党主席帕塔塞永久开除出党。2011年4月，帕塔塞逝世。

（3）中非民主联盟（Rassemblement Démocratique Centrafricain，RDC）：第二大反对党。1987年2月成立。创始人为前总统安德烈·科林巴（André Kolingba）。科林巴执政时期，该党曾是中非唯一合法政党。科林巴因病旅居巴黎后，该党分裂为正统派和革新派。2010年2月科林巴逝世后，纳孔波担任党主席。

（4）恢复民主人民军（Armée pour la Restauration de la Démocratie，APRD）：原反政府武装，现反对党。2005年12月成立，系亲前总统帕塔塞武装力量。2008年5月，该武装与政府签署一揽子和平停火协议。12月，成为合法政党。最高领导机构为政治局，党主席为前国防部长德马福特。

（5）争取进步爱国阵线（Front Patriotique pour le Progrès）：中立性政党。创建于1972年，1981年2月更名为劳动党，1991年7月改为现名。其主要成员为知识分子和职员。现领导人亚历山大·贡巴（Alexandre Goumba）于2006年3月接替其父阿贝尔·贡巴（Abel Goumba）出任党主席。

其他政党还有：国家团结党、争取进步爱国阵线、现代民主论坛、民主自由党、公民论坛、争取共和联盟等。

【重要人物】弗朗索瓦·博齐泽·杨古翁达：总统。1946年10月14日出生于加蓬穆依拉市。曾在法国多所军事院校学习。博卡萨执政时期，1973～1980年历任总统副官、国防部办公厅主任、空军司令、副总参谋长、国防部长等职。1981～1982年在科林巴政府中任新闻和文化部长。1982年因涉嫌政变被迫流亡乍得、法国、德国、利比亚、贝宁。后被指控合谋推翻贝宁总统克雷库遭逮捕并被引渡回国，1989年被科林巴总统关押，1991年获释。1993年竞选总统失败。1996年被帕塔塞总统任命为中非武装力量总参谋长。2001年11月被控参与前总统科林巴发动的未遂政变，后流亡乍得。2003年3月武力推翻帕塔塞政权上台执政。2005年5月正式当选总统，2011年1月连任。会讲法语、英语和桑戈语。已婚，多子女。

经济

联合国公布的世界最不发达国家之一。经济以农业为主，工业基础薄弱，80%以上的工业品靠进口。木材、钻石、咖啡、棉花是经济四大支柱。博齐泽2003年上台后，致力于恢复农、牧、林业和矿业生产，努力重建基础设施，加强税收征管，整顿公共财政，积极争取外援，取得一定成效。2008年国际金融危机爆发后，中非木材、钻石出口收入大幅下降，外援、外资减少，经济受到一定影响。2009年6月，中非达到重债穷国减债倡议完成点，获得7.63亿美元的债务减免。近年来，中非经济增长缓慢，政府财政仍十分困难。2011年主要经济数据如下（资料来源：2012年英国伦敦经济季评）：

国内生产总值：21.94亿美元。

人均国内生产总值：489美元。

经济增长率：4.8%。

通货膨胀率：1.7%。

货币名称：中非金融合作法郎（FCFA，简称“非洲法郎”）。

汇率：1美元=471.9非洲法郎。

【资源】矿产主要是钻石，分布地区占全国面积的1/2。此外还有铀（储量2万吨）、铁（储量350万吨）、黄金、铜、镍、锰、铬、锡、汞和石灰石（储量800万吨）等。北部地区发现有石油。森林面积10.2万平方公里，约占全国面积的16%，可采面积2.8万多平方公里，木材储量约9000万立方米，盛产热带名贵木材。水力资源丰富。北部和东部有大象、犀牛等野生动物。

【工矿业】2009年工矿业产值占国内生产总值的13.7%。加工工业十分落后。工业企业主要集中于首都班吉，以生产进口替代产品为主。主要工业有：食品加工、机械组装（自行车、摩托车等）、日用化工、电力、卷烟、啤酒、纺织、皮革等。出口行业主要为农产品及木材加工。矿业目前限于钻石和黄金开采，以手工操作为主。近年来钻石产量和出口量如下（单位：万克拉）：

	2007	2008	2009
钻石产量	46.8	37.7	31.2
钻石出口量	41.8	37.7	30.3

【农林业】2009年农业产值占国内生产总值的54.0%，全国从事农业的人口180万。可耕地约650万公顷，已耕地约60万公顷。近两年主要农作物产量如下（单位：万吨）：

	2009	2010
棉花	0.10	1.20
咖啡	0.55	0.53
木薯	56.80	67.90
花生	10.00	14.00
玉米	6.60	15.00
水稻	1.20	3.90

林业一度发展较快，2000年原木超过钻石成为第一大出口创汇产业。2003年开始，因国内形势不稳，木材出口大幅削减。2005年后产量逐渐恢复。2008年后，因国际需求减少，出口有所缩减。近年原木产量和出口量如下（单位：万立方米）：

	2006	2007	2008
原木产量	71.0	63.0	63.0
原木出口量	26.3	27.0	22.5

（资料来源：中部非洲国家银行）

【交通运输】无出海口，亦无铁路，空运规模很小，主要靠公路和河运。

公路：总长24578公里，其中国家级公路5400公里，地方公路3910公里，乡村便道15268公里。由于遭受战乱及长年失修，多数道路状况不佳，在雨季更难以通行。2005年开始，在欧盟、非洲开发银行等资助下，政府着力修复公路。

水运：内河航运对外贸起重要作用。全国共有内河航道7080公里。进出口物资多由水路经刚果（布）运输，乌班吉河（刚果河支流）是主要的国际运输线，班吉是全国最大的河港，年吞吐量约30万吨。

空运：有12个中型机场和50几个简易机场。年均客流量为10万人次。班吉姆波科为国际机场。有定期航班通往巴黎、杜阿拉、恩贾梅纳等地。

【财政金融】财政收入主要靠税收和外援。近几年财政收支情况如下（单位：亿非洲法郎）：

	2006	2007	2008
收　入	1652	1170	1348
支　出	1099	1096	1382
差　额	553	74	-34

（资料来源：中部非洲国家银行）

【对外贸易】主要出口木材、钻石、咖啡、棉花和烟草，进口轻工、纺织、粮油食品和石油产品。2009年，木材和钻石出口额分别为0.52亿美元和0.49亿美元。2010年，中非主要出口对象是比利时、中国、摩洛哥、刚果（金）、法国；主要进口对象是荷兰、韩国、法国、喀麦隆、中国。近几年对外贸易情况如下（单位：百万美元）：

	2009	2010	2011
出口额	123.9	152.8	169.2
进口额	270.9	313.0	380.1
差　额	-147.0	-160.2	-210.9

（资料来源：2012年英国伦敦经济季评）

【外国援助】法国是中非的最大援助国，占中非所获外援总额的30%左右。多边援助主要由联合国有关机构和欧盟提供。2007年9月，中非达到重债穷国减债计划决策点。2009年6月，世界银行、国际货币基金组织宣布中非达到重债穷国倡议完成点，豁免7.63亿美元债务。近年来接受外援情况如下（单位：亿非洲法郎）：

	2006	2007	2008
外援	919	334	423

（资料来源：中部非洲国家银行）

人民生活

2009年人均寿命44岁，人文发展指数在世界182个国家中列第179位。2008年，62%人口生活在贫困线下。职工最低工资1.3万非洲法郎，公职人员还享受相当于工资10%的补贴。医疗卫生落后，全国仅有医疗机构786个，其中117家为私营，公共卫生从业人员3314名，其中护理人员1915人，平均每1.25万人拥有一名医生。65%的人口能在5公里范围内就医。平均1075人占有一张病床，首都和外省的医患比例分别为1：6000和1：90000。产妇死亡率1.1%，婴儿死亡率11.3%。中非为疟疾和艾滋病高发区，2005年成人艾滋病感染率为10.7%，居世界第十。

军　事

1960年独立后在法国帮助下创建军队，全国划分为四个军区。实行义务兵役制，服役期为两年。

博齐泽执政后对军队进行重组，2006年武装力量共3150人，其中陆军和总统卫队共2000人，空军150人，宪兵1000人。总参谋长朱勒·贝尔纳·旺代（Jules Bernard OUANDE）。

文化教育

【教育】大、中、小学均实行免费教育。2008年成年人文盲率48.6%。2007/2008学年，小学入学率81.74%，其中男生93.65%，女生69.46%；中学入学率12.1%，其中男生15.5%，女生8.7%。全国共有6所大学。班吉大学是全国唯一的综合性大学，创办于1969年，有学生7000人，设有法律、经济、文学、人文科学、医学和理科系，以及实用语言和数学教学研究所等，许多毕业生进入行政机构。

【新闻出版】官方日报《桑戈阿非利加报》，1986年7月1日创刊，原称《团结报》，1994年7月17日改为现名。发行约1000份。

中非新闻社1974年5月建立，出版《电信稿》。

中非广播电台1958年12月创建。

中非电视台建于1972年，每天播放4小时，只有首都班吉和姆拜基市可收看节目。

对外关系

奉行睦邻友好、不结盟和多元化外交政策，强调外交为本国利益服务。以争取外援为重点积极展开外交活动，积极发展与周边国家、西方国家及国际与地区组织关系。

【同中国的关系】1964年9月29日，两国建交。1966年1月博卡萨上台后，同中国断交。1976年8月20日，双方签署两国关系正常化公报。1991年7月8日，中非政府同台湾“复交”，中国与中非中止外交关系。1998年1月29日，两国签署联合公报，决定恢复大使级外交关系。复交以来，两国关系不断巩固和加强。

近年，两国高层交往频繁。中方访问中非的有：外长李肇星（2007年）、中联部部长王家瑞（2010年）、国家民族事务委员会主任杨晶（2010年12月作为胡锦涛主席特使出席中非独立50周年庆典）、全国政协副主席罗富和（2011年）。中非访华的主要有：博齐泽总统（2004年、2009年访华，2010年出席上海世博会中非国家馆日和中国国家馆日活动）、外长祖马拉（2006年出席中非合作论坛北京峰会暨第三届部长级会议）。

2011年4月22日，中国新任驻中非大使孙海潮向博齐泽总统递交国书。

2011年两国贸易总额为4200万美元，同比下降11.7%，其中中方出口额为1400万美元，进口额为2800万美元。中方主要出口机电产品，进口原木和锯材。

中国驻中非大使：孙海潮。馆址：班吉市烈士大街（AVENUE DES MARTYRS，BANGUI）。地区号：00236。电话：21612760。传真：21613183。信箱：1430 BANGUI。经商处电话：21614682。传真：21614358。信箱：1369 BANGUI。

中非驻华大使：埃马纽埃尔·图阿布瓦（Emmanuel Touaboy）。馆址：北京市朝阳区新东路1

号塔园外交办公楼1-1-132，电话：010-65327353。传真：65327354。

【同法国的关系】同法国保持传统的密切关系。法是中非最大的援助国和主要经贸伙伴，对中非的官方援助占中非所获外援总额的30%左右。2003年3月博齐泽执政后，法国率先承认博齐泽政权，两国关系不断改善。2010年4月，法国合作与法语国家事务国务秘书儒昂岱访问中非，两国签署《防务伙伴协定》和《2010 ~ 2013伙伴关系框架文件》。5月，博齐泽总统赴法出席第25届法非峰会；7月应邀出席法国国庆庆典。

【同美国的关系】1963年同美建交。美国在中非有和平队员121人。2002年，美关闭了其驻中非使馆。2005年1月，美国驻中非使馆重新开馆。7月，美驻中非使馆临时代办宣布与中非全面恢复合作关系，重开班吉美国文化中心。2007年8月，美向中非派驻大使。2011年11月，美向中非上姆博穆省派遣特种兵，协助中非打击在中非境内活动的乌干达反政府武装"上帝抵抗军"。

【同乍得的关系】同乍得签有卫生、睦邻友好等协定。帕塔塞执政后期，因乍收留博齐泽，并支持博塔塞反政府武装，两国关系紧张，多次发生边境冲突。博齐泽上台后，两国关系密切。乍派出400名士兵加入中部非洲经济与货币共同体驻中非维和部队。博齐泽总统近年多次访乍。2011年1月，博齐泽赴乍得出席乍得独立五十周年庆典；3月，代比总统出席博齐泽连任总统就职仪式；8月，博赴乍得出席代比连任总统就职仪式。

【同苏丹的关系】同苏丹签有贸易、关税、领事和保护边界安全协定。但中非与苏丹边境矛盾不断，苏南部牧民时常进入中非寻找水源和牧场，苏南部叛军不时骚扰中非东北部边境。两国曾发表了联合公报表示加强两国边界的安全与稳定，避免边界冲突与摩擦及加强两国贸易往来。2010年5月，博齐泽总统出席苏丹总统巴希尔就职仪式。2011年5月，博赴苏丹同苏丹总统巴希尔、乍得总统代比会面，商讨联合打击三国边境地区的叛军。

【同利比亚的关系】博齐泽执政后，重视发展与利关系，利比亚领导人卡扎菲积极调解中非政府与叛军矛盾，促成多支叛军与中非政府签署和平协议。2009年，两国外交关系由代办级升为大使级。3月，博齐泽赴利会见卡扎菲，说服卡同意驱逐流亡利的"人民民主阵线"领导人米斯金，迫其重返中非和平进程。2011年9月，中非政府宣布承认利比亚"全国过渡委员会"为利合法政权。

【同其他国家的关系】积极发展同刚果（金）、刚果（布）、加蓬、喀麦隆等邻国的友好关系。2010年5月，博齐泽总统出席喀麦隆独立50周年庆典；6月，出席刚果（金）独立50周年庆典；8月，分别出席刚果（布）、加蓬和贝宁独立50周年庆典；10月，访问南非。2011年3月，塞内加尔总统瓦德访问中非；7月，博齐泽总统出席南苏丹独立庆典；11月，访问尼日利亚。

【同地区组织和国际组织关系】重视中部非洲地区经济合作，是中部非洲国家经济共同体（CEEAC）和中部非洲经济与货币共同体（CEMAC）成员国。2008年6月至2010年1月，博齐泽任CEMAC轮值主席。2010年1月，第10届中部非洲经济与货币共同体峰会在中非举行。1月，博齐泽总统赴埃塞俄比亚出席非盟第14届首脑会议；6月，赴刚果（布）出席第10届中部非洲经济与货币共同体峰会；7月，赴乍得出席第12届萨赫勒—撒哈拉国家共同体首脑会议，赴乌干达出席第15届非盟首脑会议；9月，赴纽约出席第65届联合国大会；10月，赴瑞士出席第13届法语国家首脑峰会。2011年5月，赴土耳其出席联合国最不发达国家问题会议；同月，赴埃塞俄比亚出席第二届印度—非洲论坛峰会；6月，赴刚果（布）出席世界三大热带雨林流域国家首脑会议；同月，赴赤道几内亚出席非盟第17届首脑会议；12月，赴乌干达出席非洲大湖地区国际会议。

（朱小乐）

欧洲

阿尔巴尼亚

国名 阿尔巴尼亚共和国（The Republic of Albania）。

面积 28748平方公里。

人口 283.2万（2011年）。其中阿尔巴尼亚族占98%，少数民族主要有希腊族、马其顿族、塞尔维亚族、克罗地亚族等。官方语言为阿尔巴尼亚语。70%的居民信奉伊斯兰教，20%信奉东正教，10%信奉天主教。

首都 地拉那（Tirana），人口76.4万（2011年）。

国家元首 总统布亚尔·尼沙尼（Bujar NISHANI），2012年6月当选，7月宣誓就职。

重要节日 国庆节暨独立日：11月28日；反法西斯解放日：11月29日。

简况

位于东南欧巴尔干半岛西部，北部和东北部分别与塞尔维亚、黑山、马其顿接壤，南部与希腊为邻，西临亚得里亚海，隔奥特朗托海峡与意大利相望。境内山地、丘陵占总面积的77%，平原为23%。森林覆盖率为36%，可耕地面积24%，牧场占15%。海岸线长472公里。属亚热带地中海气候。降雨量充沛，年均为1300毫米。平均气温1月1℃～8℃，7月24℃～27℃。

1190年建立封建制公国。1415年起被奥斯曼土耳其帝国统治近500年。1912年11月28日宣布独立。第一次世界大战中被奥匈、意、法军占领。1925年成立共和国。1928年改行君主制，至1939年4月意大利入侵。第二次世界大战期间，先后被意、德法西斯占领。1944年11月29日全国解放。1946年1月11日成立阿尔巴尼亚人民共和国，1976年改称阿尔巴尼亚社会主义人民共和国。1991年改国名为阿尔巴尼亚共和国。

政治

2011年，阿尔巴尼亚政局总体稳定。

【宪法】1998年11月，阿尔巴尼亚经全民公决通过新宪法。2008年修改宪法。宪法规定，阿尔巴尼亚为议会制共和国，实行自由、平等、普遍和定期的选举。总统为国家元首，由议会以无记名方式选举产生，每届任期五年，可连任一届。总统任命总理，并根据总理提名任命政府成员。

【议会】国家最高权力机关和立法机构，实行一院制，任期四年。本届议会于2009年9月产生，现有席位140个，民主党占68席，社会党占65席，争取一体化社会运动党占4席，共和党占1席，人权党占1席，正义与一体化党占1席。本届议会下设8个专门委员会。议长约泽菲娜·托帕利（Jozefina TOPALLI，女）。

【政府】称部长会议，任期四年。2009年9月，阿尔巴尼亚新一届政府成立，主要由民主党、争取一体化社会运动党和共和党等组成。2012年6月改组。成员包括：总理萨利·贝里沙（Sali BERISHA），副总理兼经济、贸易和能源部长埃德蒙德·哈吉纳斯托（Edmond Haxhinasto），外交部长埃德蒙德·帕纳里蒂（Edmond PANARITI），一体化部长马伊林达·布雷古（Majlinda BREGU，女），内务部长弗拉穆尔·诺卡（Flamur NOKA），国防部长阿尔本·伊马米（Arben IMAMI），财政部长里德万·博代（Ridvan BODE），公共事务、交通和电信部长索科尔·奥尔达希（Sokol OLLDASHI），教育和科学部长米切雷姆·塔法伊（Myqerem TAFAJ），卫生部长万杰尔·塔沃（Vangjel TAVO），劳动、社会事务和机会均等部长斯皮罗·克塞拉（Spiro KSERA），农业、食品和保护消费者利益部长根茨·鲁利（Genc RULI），环境、林业和水资源管理部长法特米尔·梅迪乌（Fatmir MEDIU），创新、信息及通讯技术部长根茨·波洛（Genc POLLO），司法部长埃杜阿尔德·哈利米（Eduard HALIMI），旅游、文化、青年和体育部长阿尔多·布姆齐（Aldo BUMÇI）。

【主要网址】总统府：http://www.president.al;

议会：http：//www.parlament.al；政府：http：//www.keshilliminislrave.al；外交部：http：//www.mfa.gov.al。

【行政区划】全国划分12个州，下辖36个区。

【司法机构】设宪法法院、最高法院、总检察院、上诉法院、地方法院。最高法院和各级法院行使审判权。最高法院院长和总检察院检察长由议会选举产生。宪法法院院长巴什基姆·戴迪亚（Bashkim DEDJA），最高法院院长什普雷萨·贝恰伊（Shpresa BECAJ），总检察长伊娜·拉马（Ina RAMA）。

【政党】目前，阿尔巴尼亚政党约有60个。主要包括：

（1）民主党（Partia Demokratike e Shqipërisë）：执政党。1990年12月12日成立。现有党员约10万人。主张民主、人权，全盘私有化和自由市场机制。主席萨利·贝里沙。

（2）社会党（Partia Socialiste e Shqipërisë）：在野党。1991年6月12日成立。其前身为阿尔巴尼亚劳动党。现有党员11万人。政治上主张建设民主社会主义，实行政治多元化和议会民主，建立法治国家；经济上主张以所有制多元化为基础的市场经济；外交上主张加入欧洲一体化进程，优先发展同美国的关系，并加强同巴尔干各国之间的联系。主席埃迪·拉马（Edi RAMA）。

（3）争取一体化社会运动党（Levizja Socialiste për Integrim të Shqipërisë）：执政党。2004年9月成立。政治上主张建立民主法制国家，倡导平等、公正，打击腐败、有组织犯罪和走私贩毒。经济上主张进行合法自由竞争，强调发展生产，提高福利，消除贫穷，繁荣经济，反对经济垄断和灰色经济。外交上以加入欧盟和北约为重点，主张睦邻友好，加强东南欧地区合作，发展同传统友好国家的关系。主席伊利尔·梅塔（Ilir META）。

（4）共和党（Partia Republikane e Shqipërisë）：执政党。1991年1月成立。现有党员约2万人。提倡建立法治国家，实行西方民主共和制；经济上主张建立自由市场经济，实行私有化，将土地等私有财产全部归还原所有者；外交上强调优先发展同巴尔干国家和地中海国家的睦邻友好关系。主席法特米尔·梅迪乌。

（5）社会民主党（Partija Socialdemokrate e Shqipërisë）：在野党。1991年4月成立。现有党员约2.6万人。该党强调建立民主社会主义，实行包括私有制在内的经济混合所有制，积极发展同美欧等西方国家及同巴尔干地区国家的友好合作关系。主席斯坎德尔·吉努什（Skender GJINUSHI）。

【重要人物】布亚尔·尼沙尼：总统。1966年9月29日生于都拉斯。毕业于斯坎德培军事学院，后获地拉那大学法律系学士学位、欧洲研究硕士学位。民主党主席团成员。曾在阿国防部、外交部工作，2005年当选议员，2007年出任内务部长，2009年转任司法部长，2011年再任内务部长。2012年6月11日当选阿第六任总统。已婚，有一儿一女。 **约泽菲娜·托帕利：**议长。1963年11月26日生。毕业于斯库台大学数学和法律专业，公共管理硕士。民主党副主席。1990年在斯库台市商会工作。1995年在斯库台大学任教。1996年当选议员，并任议会法律委员会主席。1997年任议会副议长。2005年9月当选议长。2009年9月连任议长。2007年5月访华。已婚，有两个孩子。 **萨利·贝里沙：**总理。民主党主席。1944年10月15日生。毕业于地拉那大学医学系，获医学博士学位。1980～1990年任教于地拉那大学。1992年和1997年两次当选总统。2005年9月出任总理，2009年9月连任。曾于1996年1月应邀以总统身份访问中国。2004年5月应中国国际交流协会邀请以前总统身份访华。2008年8月来华出席北京奥运会开幕式。2009年4月对华进行正式访问并出席博鳌亚洲论坛2009年年会。已婚，有两个孩子。

经济

阿尔巴尼亚经济基础薄弱，是欧洲最贫穷的国家之一。自上世纪90年代初起，阿尔巴尼亚从计划经济体制向市场经济体制转轨，提出以私有化为主的经济改革计划。近年来，阿尔巴尼亚经济保持增长。2011年主要经济数据如下：

国内生产总值：130亿美元。

国内生产总值增长率：3.1%。

人均国内生产总值：4601美元。

货币名称：列克（Lekë）。

汇率：1美元=100.9列克。

通货膨胀率：1.7%。

失业率：13.3%。

【资源】主要矿藏有石油、铬、铜、镍、铁、煤等。探明石油储量约4.37亿吨，铬矿储量3200万吨。水利资源较丰富。

【工业】主要工业部门有食品、纺织、木材、石油、水泥、采矿等。2011年工业产值为10.67亿美元，同比增长3%。主要工业产量为：原油89.2万吨，发电量40.57亿度。

【农业】耕地面积696千公顷。2010年主要农牧业产品产量为：谷物69.4万吨，小麦29.5万吨，玉米36.2万吨，蔬菜86万吨，土豆20.8万吨，芸豆2.4万吨。据农业、食品及保护消费者利益部数据，2010年阿农业产值同比增长约8%。

【旅游业】近年来，阿尔巴尼亚政府将旅游业作为优先发展的产业。2011年，阿尔巴尼亚入境外国游客273万人次，同比增长18.7%。游客主要来自马其顿、黑山、希腊、意大利等国。

【交通运输】以公路运输为主，公路总里程约1.8万公里。实际运营铁路线总长为399公里。2009年，阿尔巴尼亚铁路客运量为64.5万人次，铁路货运量为

4600万吨公里。全国共有都拉斯、发罗拉、萨兰达和深津四个海港。其中，都拉斯港是最大的海港，同意大利的里雅斯特港和巴里港通航。2010年，都拉斯港货物吞吐量340.6万吨。首都地拉那“里纳斯—特蕾莎修女”机场是阿唯一的民用机场，有33条国际航线。目前，在该机场起降的航空公司共16家。2011年进出境旅客人数181.7万人次，比上年增加18.2%。起降航班22988次，比上年增长10.7%，运输货物2656吨，增长48.8%。

【财政金融】2011年，阿财政收入约32.75亿美元；财政支出37.28亿美元；财政赤字4.53亿美元，赤字率3.5%。截至2010年年底，阿公共债务余额约合68.9亿美元，占GDP的58.52%。外汇储备为23.12亿美元，外债余额33.36亿美元。

【银行】阿尔巴尼亚银行为阿中央银行。目前，阿尔巴尼亚共有16家二级银行，59家分行，42家银行代理。其中，国家商业银行（BKT）、阿—意银行、人民银行、地拉那银行、Raiffeisen银行、Procredit银行实力较为雄厚。希腊资本占25%，居首位，意大利资本占12%，阿国资本占11.4%。其他资本主要来自奥地利、瑞士、德国、科威特和土耳其。

【对外贸易】2011年，阿外贸进出口总额为73.56亿美元，同比增长19.6%。其中出口额为19.58亿美元，同比增长26.6%，进口额为53.98亿美元，同比增长17.2%，逆差34.4亿美元，同比增长12.1%。出口商品主要为纺织、制鞋等来料加工产品及农副产品，进口商品主要为机械设备、矿产品和纺织品等。2011年，阿尔巴尼亚前5大贸易伙伴为意大利、希腊、土耳其、中国、德国。

【外国投资】2011年阿吸引外国直接投资10.33亿欧元，同比下降1.6%。主要投资国为意大利、希腊、美国、欧盟、德国、土耳其、日本、加拿大等。

【外国援助】外国援阿资金总额为5037万美元。

【著名公司】阿尔巴尼亚移动通信公司（AMC）：2000年实行私有化，希腊COSMOTE集团拥有其85%的股份。2010年全年收入1.19亿欧元，同比下降18%。2010年年初，公司用户突破200万。

阿尔巴尼亚沃达丰移动公司：成立于2001年，为阿第二家移动运营商。2011年，阿沃达丰公司用户总数为180万。

鹰移动公司：成立于2003年，2007年完成私有化，土耳其公司及阿政府分别拥有76%和24%的股份。2010年，用户总数80万。

人民生活

近年来，阿尔巴尼亚人民生活水平不断提高。阿旅外侨民约100万人。受到国际金融危机和欧洲债务危机冲击，2011年侨汇收入为6.92亿欧元。2011年阿登记失业人数约为14.3万人，失业率为13.3%。公共部门平均月薪为46665列克，约合462.5美元。阿最低工资标准为20000列克，约合198.2美元。

军　事

1992年，阿尔巴尼亚“人民军”改名为“国民军”，建军节为12月4日。阿尔巴尼亚武装力量由陆、海、空三军、训练与条令司令部及地区支援旅和后勤旅组成。实行义务和志愿相结合的兵役制度。现役兵力约有1.1万人。最高军事指挥机关为总参谋部。2012年阿国防预算约为225.9亿列克，约合2.23亿美元。总参谋长为捷马尔·琼克西（Xhemal GJUNKSHI）少将，2011年8月履职。

文化教育

【教育】实行9年制义务教育。全国共有公立高校12所，私立高校28所。其中，地拉那大学是阿尔巴尼亚最好的综合性大学。2011年，阿注册小学生378120名，教师25584名；注册中学生109769名，教师6716名；注册大学生125288名，教师4639名。

【新闻出版】全国各种报刊约160余种，主要有《KLAN》周刊，发行量2万份；《当代报》，发行量约1.5万份；《人民之声报》，社会党党报，发行量约1万份；《民主复兴报》，民主党党报，发行量约1万份；其他报刊还有《世纪报》、《信使报》、《共和报》、《阿尔巴尼亚语报》、《经济报》、《全景报》、《阿尔巴尼亚日报》等。

阿尔巴尼亚通讯社为国家通讯社。阿通社和广播电视总局独立于各政党，广播电视总局直属议会。地拉那广播电台为国家广播电台，除对内广播外，还有对阿侨广播和用英、法、德、意、希、土、塞7种语言对外广播。阿尔巴尼亚电视台为国家电视台，全天24小时播放节目。1996年以来，阿尔巴尼亚私人广播电台和电视台发展较快，目前已有30多家。

对外关系

奉行务实的外交政策。优先发展同美欧等西方国家的关系，将加入欧盟和北约作为战略目标，重视发展和改善同邻国关系，积极参与区域合作。2009年4月，阿尔巴尼亚加入北约。

迄今，阿尔巴尼亚已同150多个国家建立了外交关系，向40多个国家和国际组织派出代表机构。

【同中国的关系】中阿两国于1949年11月23日建立大使级外交关系。1954年起互设大使馆。近年来，双边关系发展顺利。2011年3月，阿尔巴尼亚妇女代表团访华。5月，新华社总编辑何平访问阿尔巴尼亚。6月，商务部副部长钟山、卫生部副部长陈啸宏访问阿尔巴尼亚。8月，外交部长杨洁篪访问阿尔巴尼亚。9月，中国人民银行行长周小川、全国妇联副主席、书记处第一书记宋秀岩访问阿尔巴尼亚。11月，中阿政府间经贸混委会第七次例会在北京举行。2012年3月，中共中央政治局委员、北京市委书记刘淇访问阿尔巴尼亚。中国南京民族乐团、北京市歌舞团赴阿尔巴尼亚访演。4月，温家宝总理在华沙会见出席中国—中东欧国家领导人会晤的阿尔巴尼亚副总理兼外长哈吉纳斯托。5月，阿尔巴尼亚教育和科学部长塔法伊访华。中国武术代表团赴阿尔巴尼亚访演。

据中国海关总署统计，2011年，中国同阿尔巴尼亚双边贸易额为4.4亿美元，同比增长25.5%。其中中方出口额为2.8亿美元，同比增长41.3%；进口额为1.6亿美元，同比增长5.5%.

中国驻阿尔巴尼亚大使：叶皓。馆址：地拉那斯堪德培大街57号（SKENDERBEJ STR.57，TIRANA，ALBANIA）。电话：00355-4-2232385；传真：2233159。电子邮箱：chinaemb_al@mfa.gov.cn。商务处电话：00355-4-2253505，传真：2232077；电子邮箱：al@mofcom.gov.cn。

阿尔巴尼亚驻华大使：古依蒂姆·扎尼（Kujtim Xhani）。馆址：北京市朝阳区光华路28号。电话：010-65321120，65321116；传真：65325451。E-mail：embassy.beijing@mfa.gov.al。

【同美国的关系】阿美1922年建交，1946年断交，1991年复交。近年，阿美关系密切。2011年3月，美国副国务卿斯坦伯格、副助理国务卿帮办考恩特里曼相继访问阿尔巴尼亚。2012年4月，阿尔巴尼亚总理贝里沙访问美国。

【同欧盟及欧洲国家的关系】加入欧盟是阿尔巴尼亚的外交战略目标之一。1991年阿尔巴尼亚与欧共体建交，2006年阿尔巴尼亚同欧盟签署《稳定与联系协议》。2009年4月，阿尔巴尼亚正式提出入盟申请。2010年12月，欧盟免除阿尔巴尼亚公民赴申根区签证。2011年12月，阿尔巴尼亚副总理兼外长哈吉纳斯托在出席“欧盟阿富汗会议”期间，与欧盟外交和安全政策高级代表阿什顿举行会谈。阿尔巴尼亚同欧洲国家交往密切。2011年2月，马耳他副总理兼外长博奇访问阿尔巴尼亚。3月，阿尔巴尼亚总统托皮访问匈牙利。5月，阿尔巴尼亚总统托皮赴波兰出席第17次中欧国家领导人会晤。波兰外长西科尔斯基访问阿尔巴尼亚。6月，阿尔巴尼亚议长托帕利访问波兰，副总理兼外长哈吉纳斯托赴布鲁塞尔出席欧盟与西巴尔干国家论坛。匈牙利总理欧尔班访问阿尔巴尼亚。7月，阿尔巴尼亚副总理兼外长哈吉纳斯托访问保加利亚。11月，阿尔巴尼亚副总理兼外长哈吉纳斯托赴欧盟出席“欧盟阿富汗”会议。

【同北约的关系】2008年4月，北约布加勒斯特峰会正式邀请阿尔巴尼亚入约。2009年4月1日，阿尔巴尼亚正式成为北约成员国。2011年7月，阿尔巴尼亚再次向阿富汗派遣222名士兵，这是阿尔巴尼亚加入北约以来第三次参与阿富汗维和行动。2012年1月，阿尔巴尼亚总参谋长琼克西出席北约军事委员会国防参谋长会议。5月，阿尔巴尼亚总理贝里沙、副总理兼外长哈吉纳斯托出席了北约芝加哥峰会。

【同邻国及其他国家的关系】意大利：2011年2月，阿尔巴尼亚副总理兼外长哈吉纳斯托访问意大利。2012年1月，意大利副外长达素访问阿尔巴尼亚。

黑山：2011年1月，阿尔巴尼亚副总理兼外长哈吉纳斯托赴黑山出席东南欧合作进程国外长会议。6月，黑山外长罗钦访问阿尔巴尼亚。

马其顿：2011年3月，阿尔巴尼亚总统托皮访问马其顿。

克罗地亚：2012年1月，克罗地亚总统约西波维奇访问阿尔巴尼亚。

波黑：2011年2月，阿尔巴尼亚副总理兼外长哈吉纳斯托访问波黑。11月，波黑众议院议长贝契罗维奇访问阿尔巴尼亚。

斯洛文尼亚：2011年2月，斯洛文尼亚外长日博加尔访问阿尔巴尼亚。（林凯）

爱 尔 兰

国名　爱尔兰（Ireland）。

面积　70282平方公里。

人口　458万（2011年10月）。绝大部分为爱尔兰人。官方语言为爱尔兰语和英语。居民94%信奉罗马天主教，其他信奉基督教新教等。

首都　都柏林（Dublin），人口118.7万。

国家元首　总统迈克尔·希金斯（Michael D. Higgins），2011年11月就职，任期至2018年。

重要节日　国庆日：3月17日（圣帕特里克日）。

简　况

位于欧洲西部的爱尔兰岛中南部。西濒大西洋，东北与北爱尔兰接壤，东隔爱尔兰海同英国相望。海岸线长3169公里。温带海洋性气候。平均气温2月3.2℃，8月16.2℃。

公元432年，圣帕特里克到此传播基督教及罗马文化。1169年遭英国入侵。1541年起英王成为爱尔兰国王。1916年，都柏林爆发抗英的“复活节起义”。1921年12月6日，英被迫允许爱南部26郡成立“自由邦”，北部6郡仍属英国。1937年爱宣布“自由邦”为共和国，仍留在英联邦内。1948年12月21日脱离英联邦。1949年4月18日英承认爱独立，但北部6郡仍属英国。

政　治

【宪法】现行宪法于1937年6月14日经议会通过，同年12月29日生效，后修改过10次。宪法规定：爱尔兰国体为共和国，总统由选民直接选举产生，任期七年，有权召集和解散议会，任命内阁总理及部长，并任军队统帅。1999年12月，根据爱英两国政府及北爱有关各方达成的《北爱和平协议》，爱政府修改宪法，取消了有关要求北爱领土主权的条款。

【议会】由总统和众、参两院组成。众议员按比例代表制选举产生，任期五年。本届众议院于2011年3月选出，共有166名议员。议席分配为：统一党76席，工党37席，共和党20席，新芬党14席，其他党派和独立议员19席。众议长肖恩·巴雷特（Sean Barrett）。本届参议院于2011年3月选出，共有议员60名，其中11名由总理提名，6名由爱尔兰国立大学和都柏林大学选出，43名由全国五大行业（文教、农业、工商、行政、劳工）选出。议席分配为：统一党18席，共和党14席，工党8席，新芬党3席。参议长帕迪·伯克（Paddy Burke）。

【政府】2011年3月，统一党和工党组成联合政府。联合政府15名内阁成员中，统一党10名，工党5名。统一党领袖恩达·肯尼（Enda Kenny）任总理，工党领袖埃蒙·吉尔摩（Eamon Gilmore）任副总理兼外交贸易部长。其他成员包括：财政部长迈克尔·努南（Michael Noonan，统一党），教育和技能部长罗里·奎因（Ruairi Quinn，工党），公共支出和改革部长布伦丹·豪林（Brendan Howlin，工党），社会保障部长琼·伯顿（Joan Burton，工党），艺术、遗产和爱尔兰语事务部长吉米·迪尼汉（Jimmy Deenihan，统一党），通讯、能源和自然资源部长帕特·拉比特（Pat Rabbitte，工党），环境、社区和地方事务部长菲尔·霍根（Phil Hogan，统一党），司法、平等和国防部长艾伦·沙特（Alan Shatter，统一党），农业、海洋和食品部长西蒙·科文尼（Simon Coveney，统一党），儿童部长弗朗西斯·菲茨杰拉德（Frances Fitzgerald，统一党），卫生部长詹姆斯·赖利（James Reilly，统一党），交通、旅游和体育部长利奥·沃尔德卡（Leo Varadkar，统一党）。

【行政区划】全国分为26个郡和4个郡级市，此外还有7个非郡级市，郡下设市区和镇。26个郡为卡尔洛（CARLOW）、卡范（CAVAN）、克莱尔（CLARE）、科克（CORK）、多内加尔（DONEGAL）、都柏林（DUBLIN）、戈尔韦（GALWAY）、凯里（KERRY）、基尔代尔（KILDARE）、基尔肯尼（KILKENNY）、累伊斯（LAOIS）、利屈姆（LEITRIM）、利默里克（LIMERICK）、朗福德（LONGFORD）、劳思（LOUTH）、梅奥（MAYO）、米思（MEATH）、莫内根（MONAGHAN）、奥法莱（OFFALY）、罗斯科门（ROSCOMMON）、斯来果（SLIGO）、提珀雷里（TIPPERARY）、瓦特福德（WATERFORD）、西米思（WESTMEATH）、韦克斯福德（WEXFORD）、威克洛（WICKLOW）。4个郡级市为都柏林（DUBLIN）、科克（KORK）、利默里克（LIMERICK）和瓦特福德（WATERFORD）。

【司法机构】最高法院即终审法院为最高司法机关，下设高等法院、巡回法院和地区法院。法官由政府推荐，总统任命。法官如不称职或有不端行为，经议会两院批准后予以免职。全国共设23个地区法院管辖区、8个巡回法院管辖区。地区法院有法官53名，巡回法官31名，高等法官31名。最高法院由大法官、高等法院院长和其他7名法官组成。另设特别刑事法院，由高等法院、巡回法院和地区法院抽调出来的11名法官组成，专门审理危害公共安全的案件。大法官约翰·默里（John Murray），高等法院院长理查德·约翰逊（Richard Johnson）。总检察长保罗·加拉格尔（Paul Gallagher），负责就法律和立法事务向政府提出建议。

【政党】主要政党包括：

（1）统一党（FINE GAEL）：议会第一大党。成立于1933年，党员约3万人。代表富裕农民、中产阶级和工商业资本家集团利益，系中右翼政党。对内主张削减公共开支，降低税率和私有化；对外主张经济开放，参与欧洲一体化建设。领袖为恩达·肯尼。

（2）工党（THE LABOUR PARTY）：议会第二大党。成立于1912年，党员约1万人，大多数为工会会员和天主教民族主义者。1998年12月，工党与民主左派党合并，保留工党名称。主张建立公平、民主、多元的社会，以“人生而平等”为其价值核心。近年政策出现向中间路线靠拢趋势。领袖为埃蒙·吉尔摩。

（3）共和党（FIANNA FAIL）：议会第三大党，成立于1926年，党员约10万人。历史上该党19次单独组阁或联合组阁，79年中有61年执政。2011年大选惨败。传统上较保守，对内主张减税，增加就业机会，对外主张实行中立政策，支持欧盟一体化建设。2011年1月大选前，前外长迈克尔·马丁（Michael Martin）接替科恩总理当选该党新领袖。

【重要人物】**迈克尔·希金斯**：总统。1942年出生，曾就读于爱尔兰国立大学、英国曼彻斯特大学和美国印第安纳大学，获社会学学士学位。1973～1977年任参议员，1981年当选众议员，先后任戈尔韦市长、爱政府首任艺术、文化和爱尔兰语事务部长、工党主席。2011年10月作为工党候选人在总统选举中获胜，11月11日正式就任爱第九任总统。　**恩达·肯尼**：总理。1951年4月出生，毕业于爱尔兰国立大学，曾任小学教师。24岁当选众议员，系众议院中任职最长的议员。历任教育和劳工国务部长、旅游和贸易部长。2002年出任统一党领袖，2006年当选欧洲人民党副主席。2011年大选中率统一党赢得大选并与工党联合组阁，任新政府总理。

经　济　爱传统经济以农牧业为主，经济社会发展水平一度滞后，被称为“欧洲农村”。20世纪80年代以来，大力发展软件和生物工程等高科技产业，以良好投资环境吸引大量海外投资，迅速实现由农牧经济向知识经济的过渡。1999年和2003年软件出口分别居世界第一和第二，被誉为“欧洲软件之都”。香农开发区作为世界上第一个经济特区，被誉为“区域性开发的成功典范”。1997～2001年，爱经济连年高速增长，国内生产总值年均增幅达9.2%，高居欧盟榜首。2004～2007年，GDP年均增幅达5.3%。2007年，人均GDP达43321欧元，居欧盟第二位。

2008年以来，受国际金融危机影响，爱宣布为欧元区首个进入衰退的国家。爱采取向银行注资、提供担保、将受困银行国有化等措施稳定金融系统，导致财政状况急剧恶化。2010年财政赤字占GDP比重达32%，政府负债占GDP比重达94%，两项指标均高于欧盟《稳定与增长公约》规定的3%和60%的标准。爱陷入主权债务危机，被迫接受欧盟与国际货币基金组织850亿欧元的援款并实行财政紧缩政策。

2011年，爱尔兰GDP较去年增长0.7%，达1610.34亿欧元，这是爱经济自2008年陷入衰退以来首次实现增长。截至2011年年底，失业人数44.7万人，失业率为14.3%。

【资源】铅锌矿储量丰富，是欧洲最大的铅锌生产国。锌产量占世界的4.3%，铅产量占世界的2%。泥煤分布占全国面积的13%。天然气储量估计为382亿立方米。所需能源的70%依靠进口。

【工业】主要有电子、电信、化工、制药、机械制造、采矿、纺织、制衣、皮革、造纸、印刷、食品加工、烟草、木材加工等部门。近年来，化工、电子工程、计算机软件产业等突飞猛进，传统的服装、制鞋及皮革业所占比重明显下降。2011年，工业总产值同比增长4.5%，达456.39亿欧元，基础设施及建筑行业产值同比下降13.5%，仅为37.53亿欧元。

【农业】以畜牧业为主。家畜及其产品约占农业总产值的70%以上。主要农作物有小麦、燕麦、马铃薯、甜菜等。耕地和林地面积占整个陆地面积的75%。2011年农林渔业生产总值为30.92亿欧元，同比增长2%。

【交通运输】内陆交通运输以公路和铁路为主。

公路：总长9.6万公里。承担96%客运量和90%货运量。

海运：绝大多数国际贸易货物运输由海运承担。主要港口有都柏林、香农、科克等，承担着爱50%的海运任务，与英、法等国有定期班船。年吞吐量约为45300万吨。

空运：主要有都柏林、香农和科克3个国际机场。与8个国家的29个城市有定期航班。

【财政金融】2011年，财政赤字为165亿欧元，占GDP的10.3%。外汇储备为17.04亿欧元。

爱尔兰中央银行（CENTRAL BANK OF IRELAND）：成立于1943年，2003年5月重组并更名为爱尔兰中央银行和金融管理局（CENTRAL BANK AND FINANCIAL SERVICE AUTHORITY OF IRELAND）。2002年1月1日起开始使用欧元。

【对外贸易】在经济中占有举足轻重的地位。主要贸易对象是欧盟其他成员国、美、日等国家。2011年爱尔兰出口总额929.36亿欧元，同比增长4%；进口总额为482.38亿欧元，同比增长5%；贸易顺差达446.98亿欧元，同比增长3%。

主要出口机械和交通设备、计算机、化学药品、食品、饮料、烟草、科学仪器等；主要进口数据处理设备、化学产品、石油（产品）、纺织品、服装、原料、半成品等。

【对外援助】重视对外发展援助，外交部设有专门对外援助署。致力于在2012年前达到联合国提出的对外经援总额占国民生产总值0.7%的要求。但受国际金融危机影响，对外援助额下降，2009年为6.71亿欧元，占GDP的0.52%，2011年政府预算仍保持这一比例。受援国主要集中在非洲，援助重点从埃塞俄比亚、赞比亚等非洲最穷国家扩至越南、老挝等亚洲国家，官方发展援助主要用于人道主义援助和帮助贫困国家发展经济。

【著名公司】百利公司（R&A BAILEY & COMPANY）：经营百利奶酒及其他饮料，销往120多个国家。百利酒是世界知名品牌，在同类产品中世界排名第12位。首席执行官福兰克·芬（FRANK FENN）。通信地址：NANGOR HOUSE，WESTERN ESTATE，DUBLIN 12，IRELAND。电话：003531-4051200，网址：http://www.baileys.com。

吉尼斯公司（GUINNESS）：1759年创建于爱尔兰都柏林，创始人阿瑟·吉尼斯，主要生产烈性黑啤酒。1833年发展成为爱最大酿酒厂，吉尼斯黑啤酒从此闻名世界。1886年在伦敦设立分公司。1954年，英国吉尼斯啤酒公司执行董事休·比佛成立专门小组，收集并认证有关世界纪录的资讯，编纂《吉尼斯世界纪录大全》。1955年，第一本《吉尼斯世界纪录大全》出版。目前，其英文版已在70多个国家发行，另有22个非英语版本。全球累计销量超过9500万册。吉尼斯公司通信地址：ST. JAMES GATE BREWERY，DUBLIN，IRELAND。电话：003531-4536700；传真：4533631。网址：http://www.guinness.com。

军　事　奉行军事中立政策，不参加任何军事集团，军队规模很小，但装备精良。1922年建军。国防力量分为常备部队（PDF）和后备役部队（RDF）。常备军包括陆、海、空三军，后备役部队则由陆军后备部队和海军后备部队组成。总统为武装部队最高统帅。武装部队直接受国防部领导。实行志愿兵役制，预备役期为6年，正规军服役期3年。2008年3月，国防部发布《2008～2012年战略规划》，提出建设能在国内外灵活部署的、可持续军事力量，坚持军事中立但支持联合国维和行动，支持欧盟安全与国防政策，并维持与北约的良好关系。

文化教育

【教育】中小学实行义务教育，大学由国家提供部分经费。文盲人数占全国人口2%左右。政府公布的《2007～2013年国家发展计划》提出在教育和培训领域投入258亿欧元发展人力资本，其中130亿用于第三阶段教育机构（高等院校）的基本建设，50亿用于第一和第二阶段教育机构（中小学校）的条件改善。著名高等学府有爱尔兰国立大学、都柏林大学等。

爱尔兰国立大学：建于1908年，分别在都柏林、科克、戈尔韦和梅努斯设有4所学院。网址：http：//www.nui.ie。

都柏林大学：建于1591年，下设三·一学院。共有学生1.1万人。网址：http：//www.tcd.ie。

利默里克大学、都柏林市大学：建于1989年，独立后首批创建的大学。网址：http：//www.ul.ie和http：//www.dcu.ie。

【新闻出版】有全国性日报8种。此外还有5种星期日报及许多周报、月报和杂志，地方性报纸90余种。主要报刊有《爱尔兰时报》（日发行量11.38万份）、《爱尔兰独立报》（日发行量16.5万份）、《爱尔兰先驱晚报》（日发行量11万份）和《观察者报》（日发行量6万份）。

无官方通讯社。

爱尔兰广播电视总台于1926年成立并开始广播。1961年开始播放电视节目。用英语播音。全年广播时间超过9500小时。另有爱尔兰语广播电台。

对外关系

1955年加入联合国，1973年加入欧共体，2001～2002年担任联合国安理会非常任理事国。目前与104个国家建交。曾于2004年上半年任欧盟轮值主席国，并将于2013年上半年再次担任欧盟轮值主席国。

【对当前重大国际问题的态度】主张大小国家在国际事务中平等发挥作用。重视联合国作用，积极推动联合国改革，通过参与联合国维和与发展援助等扩大自身影响。

倚重欧盟，积极参与欧盟一体化建设，1999年1月首批使用欧元，2002年10月第二次全民公决通过了有关欧盟扩大的《尼斯条约》，2009年10月第二次全民公决通过了有关欧盟一体化的《里斯本条约》。2009年欧盟委员会主席巴罗佐、欧洲议会议长布泽克分别访爱。与美国保持特殊友好关系，借重美解决北爱问题。重视与英国传统关系，努力与英合作推动北爱和平进程。

近年来积极拓展与亚洲关系。1998年制定“亚洲战略”，重视发展与中国、日本、印度、韩国、东盟等亚洲国家关系。2005年启动新阶段“亚洲战略”，将中国列为爱在亚洲首要合作伙伴。

重视对外发展援助，其外交部设有专门对外援助署。致力于在2012年前将发展援助增至联合国千年发展目标提出的GNI的0.7%，但受国际金融危机影响，爱对外援助额下降，2009年为6.71亿欧元，占GDP的0.52%，2011年政府预算仍保持这一比例。

重视人权外交，是“人权无国界”理论首倡国。近年来开始转向务实，承认人权内涵因国家具体情况不同而存在差异。

【同中国的关系】中爱1979年6月22日建交。两国关系稳步发展，但各领域交往不多。近年来随着经济实力增强，爱寻求在欧盟及国际事务中发挥更大的作用，日益重视发展对华关系。1998年埃亨总理访华后，爱政府制定了“亚洲战略”，将中国作为重点合作伙伴，两国关系有了较快发展，高层互访明显增多。2000年，李岚清副总理与哈尼副总理实现互访。2001年9月，朱镕基总理正式访爱。2002年1月，爱外长科恩访华；10月，全国政协副主席叶选平访爱。2003年10月，爱总统麦卡利斯访华。2004年5月，温家宝总理在爱担任欧盟轮值主席国期间访爱；同年黄菊副总理与李肇星外长分别于11月和4月访爱；爱副总理哈尼3月来华出席爱国庆活动。2005年1月，爱总理埃亨第二次访华，回国后主持制定新阶段“亚洲战略”，将中国列为爱在亚洲的首要合作伙伴；4月，全国人大常委会副委员长何鲁丽访爱；6月，爱议会众议长奥汉伦、参议长凯埃利率议会代表团访华；爱财长科恩来华出席第六届亚欧财长会议；2006年9月，曾培炎副总理访爱。2008年10月，爱总理科恩来华出席第七届亚欧首脑会议。

四川汶川地震后，爱总统麦卡利斯、总理科恩、外长马丁等分别发来慰问电，科恩总理和马丁外长亲赴中国驻爱使馆表示慰问。爱政府向中国提供100万欧元的现金援助和价值11万欧元的物资援助。

2009年为庆祝中爱建交30周年，两国国家元首、政府总理和外长互致贺电。6月，全国政协副主席王志珍访爱。7月，全国政协副主席、统战部长杜青林访爱。

2010年4月玉树地震发生后，麦卡利斯总统发来慰问电。5月，马丁外长访华。6月，麦卡利斯总统来华出席上海世博会爱国家馆日活动。9月，中共中央政治局常委李长春访爱。

2011年6月，全国人大副委员长王兆国访爱。

中爱经贸合作近年来发展迅速。1999年双边贸易额仅为4.19亿美元，2008年双边贸易额已增至70.7亿美元。国际金融危机发生后，中爱两国贸易往来受到冲击下滑。2010年，中爱双边贸易额达54亿美元，同比增长8.6%。其中，中方出口额19.9亿美元，同比增长8.7%，进口额34.1亿美元，同比增长8.5%。自2007年以来，中国连续5年成为爱在亚洲地区第一大贸易伙伴。

2011年爱在华投资项目21个，实际投入1.31亿美元，同比增长97%。截至2011年年底，爱累计在华投资项目241个，实际投入6.41亿美元；中国对爱投资为783万美元，累计投资1.48亿美元。目前，110多家爱公司在华开展业务，中国也有多家公司在爱开展业务。

中爱在文化、教育、科技等领域合作不断深化，已签署多个领域的合作文件。2004年，中爱互在对方举办文化节。2010年，爱以“城市空间及人民都市生活的演变”为主题参加上海世博会，吸引了大批观众。2011年，在爱花博会上推出的中国传统苏州园林——“爱苏园”吸引了9万多名观众参观。目前，中方已在爱开设2所孔子学院，中国在爱留学生逾1万人。2007年3月，中国成功在都柏林举办“中国国际软件交易会”首届海外分会。两国地方和民间交流活跃，上海市和科克市、甘肃省和斯莱果郡、北京市和都柏林市先后结成友好关系。2002年3月，爱军舰首次访华。

中国驻爱尔兰大使：罗林泉。馆址：Embassy of the People’s Republic of China in Ireland，40 AILESBURY ROAD，DUBLIN 4，IRELAND。电话：00353-1-2601119；传真：2839938。网址：http://ie.chineseembassy.org。

爱尔兰驻华大使：戴克澜（Declan Kelleher）。馆址：北京市朝阳区日坛东路3号，Embassy of Ireland No. 3，Ri Tan Dong Lu。电话：010-65322691；传真：65326857。

【同英国的关系】对英关系在爱对外关系中占据重要地位。北爱问题是爱英关系中的重要问题。爱英两国政府积极合作，推动北爱有关各方于1998年达成北爱和平协议；1999年11月，北爱首次成立由亲英的统一派和亲爱的共和派联合执政的自治政府。但此后由于两派准军事组织在真正解除武装及彻底放弃准军事活动等问题上出现反复，英被迫数次暂时中止自治政府的运作，恢复对北爱直接统治。经过反复折冲，2005年8月，爱尔兰共和军宣布放弃暴力并完全解除武装。2006年4月，英首相布莱尔和爱总理埃亨在北爱阿马郡举行会谈，就北爱议会恢复权力运作达成协议并设定时限；10月，在英爱两国政府主导下，北爱各派政治力量在苏格兰举行会晤，最终达成《圣安德鲁斯协议》，为北爱实现政治和平画定蓝图。2007年3月，北爱地方议会举行选举，民主统一党和新芬党得票总数过半，被授权组建联合政府，北爱民主统一党领袖佩斯利和新芬党领袖亚当斯在贝尔法斯特举行历史上首次面对面会晤；5月，在英爱两国政府积极推动下，北爱重启地方联合政府。联合政府由民主统一党、新芬党、北爱统一党和社会民主工党四党组成并分享权力。此后，北爱地区虽有零星教派冲突，但无碍和平大局。

2010年2月5日，经过两国四方（英爱政府、民主统一党、新芬党）谈判，英首相布朗在民主统一党和新芬党联合举办的新闻发布会上宣布，民主统一党和新芬党就移交警务和司法权问题达成协议。4月12日，依据协议内容，北爱的警务和司法权从英议会顺利移交至北爱地方议会。目前，除国防、外交及移民政策外，其他事务均已由北爱地方政府自行管理。

2011年5月，英女王伊丽莎白二世访爱，是近百年来英国王室对爱尔兰的首次访问。同月，英国首相卡梅伦访爱。英国为爱尔兰第一大贸易伙伴，2011年两国贸易额为274.6亿美元。

【同美国的关系】爱美于1923年建立外交关系。爱重视同美的特殊友好关系，借重解决北爱问题爱总统、总理等政要多次访美。美约有4500万爱裔移民，在美政界颇有影响。美总统肯尼迪、里根、克林顿等均为爱裔。每年爱国庆日，美总统邀爱政界要人出席在白宫举行的盛大庆祝晚会。美是爱最大的投资国，第二大贸易伙伴国。美在爱投资占其对欧盟总投资的1/4，在爱有500余家企业，大多经营高新技术产业。2011年，美国总统奥巴马访爱，爱总统、总理分别访美，两国贸易额为292.5亿欧元。

【同欧盟的关系】1973年加入欧共体，视欧盟为外交重心，在重大问题上与欧盟保持一致，借助欧盟加强其在国际社会中的影响。支持欧盟扩大，但力争维护小国利益。对欧洲制宪进程持积极态度。2002年10月第二次全民公决通过了有关欧盟扩大的《尼斯条约》。2009年10月第二次全民公决通过了有关欧盟一体化的《里斯本条约》。

爱认为欧盟摆脱债务危机是个长期而复杂的过程，需立足自身，不宜过多期待外部援助，其中德国因素至关重要。各成员国必须加强经济治理，严肃财政纪律，严控财政赤字，加强银行监管。反对仓促修改《里斯本条约》，认为此举会令形势更趋复杂。支持欧盟在原有机制基础上进行小幅调整，同时赋予欧洲央行干预危机的更多权限。面对危机，国际社会应加强合作，摒弃贸易保护主义。

爱于1999年1月首批加入欧元区，2002年1月1日起正式使用欧元，爱是欧盟地区基金最大受益国之一。1973 ~ 1999年，得到欧盟援款274亿爱镑，2000 ~ 2006年再获得98亿欧元。欧盟各国是其主要的贸易伙伴，2011年与除英之外的欧盟国家贸易额为534.08亿欧元。

【同亚洲国家的关系】近年来积极拓展与亚洲的关系，2005年制定并实施第二阶段“亚洲战略”，重视发展与中国、印度、日本、韩国以及东盟国家的关系，并将中国列为“亚洲战略”的核心。

【同非洲国家的关系】重视与非洲的关系，积极开展对非洲穷国的援助，积极参与联合国在非维和行动，承诺到2012年实现爱官方发展援助达到占国民总收入0.7%的目标，并将大部分用于援助非洲国家。援助重点包括埃塞俄比亚、马拉维、乌干达、肯尼亚等。

（郭筱清）

爱沙尼亚

国名　爱沙尼亚共和国（The Republic of Estonia）。

面积　4.5277万平方公里。

人口　129.4万（2012年3月）。主要民族有爱沙尼亚族、俄罗斯族、乌克兰族和白俄罗斯族。官方语言为爱沙尼亚语。英语、俄语亦被广泛使用。主要信奉基督教路德宗、东正教和天主教。

首都　塔林（Tallinn），面积158.3平方公里，人口约41.6万（2012年6月）。始建于1248年丹麦王国统治时期，1991年恢复独立后成为爱沙尼亚共和国首都。塔林市位于爱西北部，濒临波罗的海，历史上一度是连接中东欧和南北欧的交通要冲，被誉为“欧洲的十字路口”。气候受海洋影响明显，春季凉爽少雨，夏秋季温暖湿润，冬季寒冷多雪，年均气温4.7℃。塔林港是爱最大的港口。

国家元首　托马斯·亨德里克·伊尔维斯（Toomas Hendrik Ilves），2006年9月当选，2011年8月连选连任，任期五年。

重要节日　独立日：2月24日，为纪念1918年2月24日爱沙尼亚脱离沙俄统治获得独立；恢复独立日：8月20日，为纪念1991年8月20日爱恢复独立；胜利日：6月23日，为纪念1919年爱抗击德国军队获胜。

简　况

位于波罗的海东海岸，东与俄罗斯接壤，南与拉脱维亚相邻，北邻芬兰湾，与芬兰隔海相望，西南濒里加湾，边界线长1445公里，海岸线长3794公里。属海洋性气候，冬季平均气温-5℃，夏季平均气温16℃，年平均降水量500～700毫米。

爱沙尼亚族形成于12～13世纪。曾先后被普鲁士、丹麦、瑞典、波兰、德国、沙俄和苏联占领统治。1918年2月24日爱宣布摆脱沙俄统治独立，成立爱沙尼亚共和国。同年2月德国乘虚而入占领爱沙尼亚。同年11月，苏维埃俄国宣布对爱拥有主权。1920年2月，苏维埃俄国承认爱独立。1940年6月，苏联出兵爱沙尼亚，同年7月成立爱沙尼亚苏维埃社会主义加盟共和国。1991年8月20日，爱脱离苏联，宣布恢复独立。同年9月17日，联合国宣布接纳爱为成员国。爱于2004年3月29日加入北约，5月1日加入欧盟，2007年12月21日加入申根区，2011年1月1日加入欧元区。

政　治

爱沙尼亚政治局势总体稳定。改革党主席、总理安德鲁斯·安西普（Andrus Ansip）领导的联合政府应对国际金融危机较有成效，国民经济复苏势头明显。2011年初，爱成功加入欧元区。2011年议会选举后，安西普再次出任总理并成功组阁，保持了执政连续性，爱经济和社会继续稳步发展。

【宪法】现行宪法于1992年6月28日通过，7月3日生效，除序言部分外共分15章、168条。宪法确定，爱是独立主权的民主国家，国家最高权力属于人民，独立和主权至高无上、不可剥夺。爱实行三权分立的多党议会民主制。

【议会】一院制，共101个议席，任期四年。主要职能：通过法律；决定全民公决；选举共和国总统；批准或宣布废除条约；授权总理组成政府；通过并批准国家预算；决定对共和国政府、总理及部长进行不信任投票；宣布全国处于紧急状态；解决宪法所规定的总统、政府、其他国家机关或地方政府职权以外的所有行政问题等。年满21周岁且有选举资格的公民均可竞选议员。2011年3月6日，爱沙尼亚举行第十二届议会选举，共有4个政党进入议会，分别是改革党（33席）、中间党（26席）、祖国联盟—共和国党（23席）、社民党（19席）。议长恩娜·爱尔玛（Ene Ergma，女，祖国联盟—共和国党），2011年4月4日连选连任。

【政府】现政府于2011年4月成立，改革党主席安德鲁斯·安西普连任总理，内阁成员为：外长乌尔马斯·帕依特（Urmas Paet，改革党，留任），社会事务部长汉诺·派夫库尔（Hanno Pevkur，改革党，留任），财政部长尤尔根·利基（Jurgen Ligi，改革党，留任），文化部长雷恩·朗格（Rein Lang，改革党，上届司法部长），司法部长克里斯汀·迈克尔（Kristen Michal，改革党，前改革党秘书长），环境部长凯特·潘特斯（Keit Pentus，女，改革党，上届议会第一副议长），国防部长乌尔马斯·雷恩萨鲁（Urmas Reinsalu，祖国联盟—共和国党主席，2012年5月履新，接替因病辞职的原国防部长马特·拉尔），教育部长雅克·阿维克索（Jaak Aaviksoo，祖国联盟—共和国党，上届国防部长），内政部长肯—马尔蒂·瓦赫尔（Ken-Marti Vaher，祖国联盟—共和国党，前祖国联盟—共和国党秘书长），经济通信部长尤汉·帕茨（Juhan Parts，祖国联盟—共和国党，留任），农业部长海利尔—瓦尔多尔·塞达尔（Herlir-Valdor Seeder，祖国联盟—共和国党，留任），地区事务部长西姆—瓦尔马尔·基斯勒（Siim-Valmar Kiisler，祖国联盟—共和国党，留任）。

【主要网址】政府：www.riik.ee；外交部：www.vm.ee。

【行政区划】全国共分15个省，大小城镇254个。

【司法机构】分城乡地区法院、上诉法院和最高法院三级。最高法院院长马特·拉斯克（Mart Rask），2004年5月就任。总检察长诺曼·阿斯（Norman Aas），2005年2月就任。

【政党】主要政党有：

（1）改革党（Estonian Reform Party），执政党，成立于1994年，共有成员11000余人（2012年1月）。属右翼自由党，党主席为安德鲁斯·安西普。

（2）祖国联盟—共和国党（Pro Patria and Res Publica Union），执政党，2006年6月由祖国联盟与共和国党合并而成，共有9000余名成员（2011年初）。属极右翼政党，党主席为乌尔马斯·雷恩萨鲁。

（3）社会民主党（Social Democratic Party）：在野党，原名为温和党（The Moderates），成立于1996年，2004年2月改为现名，2012年2月与爱沙尼亚俄罗斯党（Estonian Russain Party）合并，共有4500名成员（2012年2月）。属中右倾向的政党，党主席为斯旺·米克塞尔（Sven Mikser）。

（4）中间党（Estonian Center Party），在野党，成立于1991年，共有12000余名成员（2011年初）。属中左翼政党，党主席为埃德加·萨维萨尔（Edgar Savisaar）。

此外，在议会未获得席位的政党有：爱沙尼亚保守人民党（Estonian Conservative People's Party，由原人民联盟党和爱沙尼亚爱国运动党于2012年5月合并而成）、绿党（Estonian Greens）、爱沙尼亚波罗的海俄族人党（Russian Baltic Party in Estonia）、爱沙尼亚基督教人民党（Estonian Christian People's Party）、爱沙尼亚社会民主劳工党（Estonian Social-Democratic Labor Party）、爱沙尼亚民主党（Estonian Democratic Party）、爱沙尼亚独立党（Estonian Independence Party）、农民党（the Farmers' Party）和俄族人团结党（Russian Unity Party），爱沙尼亚联合左翼党等。

【重要人物】托马斯·亨德里克·伊尔维斯：总统。1953年12月生于瑞典斯德哥尔摩，自幼在美国长大。1976年和1978年先后毕业于美国哥伦比亚大学和宾夕法尼亚大学。1984～1993年历任德国慕尼黑“自由欧洲电台”评论员、电台爱沙尼亚语部负责人。1993～1996年历任爱沙尼亚驻美国、加拿大和墨西哥大使；1996～2002年历任两届爱外交部长。任外长期间，于1998年加入人民党（温和党前身），同年5月访华，2002年10月因温和党在地方选举中失利而引咎辞去党主席职务，改任副主席。2002～2004年历任两届欧洲议会议员，兼任欧洲议会外委会副主席。2006年9月23日当选爱总统，2011年8月连选连任，对内主张实行市场经济，吸引外资；对外主张发展与西方，特别是对美关系。　**恩娜·爱尔玛：**议长，祖国联盟—共和国党成员。1944年2月生于爱沙尼亚拉克维拉市。物理数学博士。1969年毕业于莫斯科国立大学。1972～1988年在莫斯科天文学理事会工作。1988～1997年在塔尔图大学任教授。1997～1999年当选爱科学院院士。1999～2003年任爱科学院副院长。2003年3月当选爱第十届议会议长。2006年3月在议会年度例选中当选副议长。2007年当选爱第11届议会议长，2011年4月当选爱第12届议会议长。曾于2011年1月访华。　**安德鲁斯·安西普：**总理，改革党主席。1956年10月1日出生于爱沙尼亚塔尔图市。1979年毕业于塔尔图大学化学系。1979～1981年在塔尔图大学化学院任高级工程师。1981～1983年在苏联海军服役。1993～1995年为塔尔图人民银行董事会成员。1994～1996年任社会银行塔尔图分行行长。1994～1998年任塔尔图电台董事会主席。1994～1995年任塔尔图商业银行破产受托人。1995～1996年任利沃尼亚私有化投资基金理事会主席。1998～2004年任塔尔图市长，其间曾访华。2004～2005年3月任经济与交通事务部长。自2005年4月起出任爱总理；2007年3月和2011年4月，安两度连任总理。

经　济

自恢复独立以来，爱沙尼亚一直奉行自由经济政策，大力推行私有化，实行自由贸易政策，经济发展迅速，年均经济增速在欧盟成员国内位列前茅。2011年，随着世界经济的复苏和爱国内外需求的增长，爱经济出现恢复性增长，当年国内生产总值增幅超过7.6%，是欧盟成员国中经济增幅最高的国家之一。2011年爱主要经济数据如下：

国内生产总值：160亿欧元（约222亿美元）。

人均国内生产总值：12119欧元（约合16866美元）。

国内生产总值增长率：7.6%。

货币名称：欧元（2011年1月1日加入欧元区）。

年平均汇率：1欧元=1.392美元。

通货膨胀率：5%。

失业率：12.5%。

【资源】自然资源匮乏。主要矿产有油页岩（已探明储量约60亿吨）、磷矿（储量约40亿吨），石灰岩等。森林面积211.6万公顷，森林覆盖率达48%，森林蓄积量4.1亿立方米，人均木材拥有量达178立方米。

【工业】主要工业部门有：机械制造、木材加工、建材、电子、纺织和食品加工业。据爱沙尼亚统计局初步统计，2011年工业总产值约为93.7亿欧元，同比增长16.8%。实现工业增加值24.78亿欧元，其中能源生产同比下降3.1%，采矿业同比增长7.5%；制造业同比增长22%。

【农业】农林牧渔业中以畜牧业和种植业为主，畜牧业主要饲养奶牛、肉牛和猪，主要农作物有小麦、黑麦、马铃薯、蔬菜、玉米、亚麻和饲料作物。2011年农业实现增加值约5.1亿欧元，占国内生产总值的3.6%，林业实现增加值1.5亿欧元，渔业实现增加值0.36亿欧元。

【交通运输】公路：公路总里程为16512公里。2011年，公路货物运输总量为3290万吨，同比增长20.5%，国际货物运输量为550万吨，同比增长12%；货物运输周转量为59.1亿吨公里，同比增长5.4%。

铁路：铁路总里程为2167公里，其中公共铁路线为1540公里，电气化铁路131公里。2011年铁路客运量为476万人次，同比下降0.8%；货运量为4833万吨，同比增长3.4%。

空运：2011年航空客运量为191万人次，货运量为1.836万吨。

海运：2011年港口货物吞吐量4846万吨，其中本国进出口货物1373万吨，占28.3%；过境货物3456万吨，占71.3%。2011年港口客运量为883万人次，其中83%来自芬兰，12%来自瑞典。主要港口有塔林港、西由拉迈港、昆达港、北帕尔迪斯基港、帕尔努港等。

【财政金融】为实现尽快加入欧元区的目标，爱沙尼亚政府一直高度重视控制财政赤字，实行较为保守的财政政策。2011年财政收入58.9亿欧元，支出61.2亿欧元，财政赤字2.3亿欧元，占国内生产总值的1.4%。外汇储备2.23亿美元，净外债总额为15.7亿美元，占国内生产总值的7%。

【主要银行】瑞典银行（Swedbank）：成立于1991年4月30日。

SEB银行（SEB）：成立于1992年12月15日。

爱沙尼亚诺底亚银行（Nordeapank Eesti）：成立于1995年2月27日。

【对外贸易】2011年进出口贸易总额为246.7亿欧元，同比增长37%，出口额为120.4亿欧元，同比增长38%，进口额为126.3亿欧元，同比增长37%，贸易逆差为5.9亿欧元。从出口看，向欧盟出口占其出口总额的66%，瑞典占16%，芬兰占15%，俄罗斯占11%；从进口看，从欧盟进口占其进口总额的78%，芬兰占12.5%，拉脱维亚占10.8%，瑞典占10.6%。进出口商品的结构基本相同，机电产品的进出口量所占份额最大，均为27%。

【对外投资】2011年对外投资10.5亿欧元，主要投资国是拉脱维亚、立陶宛，主要投资领域为金融、房地产、租赁及经营等。

【吸引外资】2011年吸引外资1.31亿欧元，主要投资来源国是瑞典、荷兰、芬兰，主要投资领域为金融、交通仓储、房地产等。

【著名公司】（1）瑞典银行股份有限公司（AS Swedbank）：创建于1992年1月10日，主要从事银行及金融业务。公司地址：Liivalaia 8，15040，Tallinn。电话：（372）6310310；传真：（372）6310410。网址：www.swedbank.ee。

（2）爱沙尼亚能源公司（Eesti Energia AS）：创建于1998年8月11日，主要从事生产及分配电能业务。公司地址：24 Laki St. 12915，Tallinn。电话：（372）7152222；传真：7152200。E-mail：info@energia.ee。网址：www.energia.ee。

（3）爱沙尼亚电讯公司（AS Eesti Telecom）：创建于1991年4月16日，主要从事电讯业务。公司地址：Valge 16，19095，Tallinn，Estonia。电话：（372）6111470；传真：6311224。E-mail：mailbox@telekom.ee。网址：www.telecom.ee。

（4）塔林港股份有限公司（AS Tallinna Sadam）：创建于1990年11月14日，从事海运业务。公司地址：Sadama 25，15051，Tallinn。电话：（372）6318555；传真：6318166；E-mail：portoftallinn@portoftallinn.com。网址：www.portoftallinn.com。

人民生活

2011年爱沙尼亚居民月平均工资为839欧元，比2010年提高5.9%。月平均养老金为305欧元。

军　事

总统是全国武装力量的最高统帅。国防委员会是总统国防事务的最高咨询机构。国防部是政府执行和实施国防政策的部门。国防军司令是军队最高指挥官。国家实行义务兵役制，服役期8～12个月。国防军总兵力约7000人。现任国防军司令里霍·德拉斯（Riho Terras）准将，国防军总参谋长彼德·霍普（Peeter Hoppe）上校。

文化教育

【教育】实行9年制义务教育。2011年，共有学前教育机构643所，各类中小学校540所，各类技术职业学校50所，高等教育机构33所，其中大学9所（6所国立，3所私立），各类职业高等教育机构24所。

2011年，共有30.38万人在各类学校学习，学前教育学生6.62万人，中小学学生14.3万人，各类技校及职业学校学生2.7万人，大学学生6.76万人。

2011年，共有各类公共图书馆1016个（含各类学校图书馆及农村图书馆），各类博物馆约248个。

著名高等学校：塔尔图大学（University of Tartu），建于1632年瑞典国王阿道夫·古斯塔夫二世（Gustavus II Adoplphus）统治时期，1919年由古斯塔夫学院改称塔尔图大学。塔尔图大学设有神学、法律、医学、哲学、生物和地理、物理和化学、教育、体育、经商管理、数学和信息科学、社会学等11个学科，下属13个系和研究所，被尊为“爱沙尼亚的启蒙圣母”，爱沙尼亚许多政要和知名人士均毕业或曾任教于该校。该校师资人员共约1700名，其中教授180名，学生18000人。大学网站：www.ut.ee。联系地址：Ulikooli 18, 50090 Tartu，Estonia。电话：(372) 7375100。

【新闻出版】2011年共发行790种各类报纸杂志，其中有132种大报、333种小报和325种杂志。2011年主要爱文报刊及发行情况：爱沙尼亚晚报（SL Ohtuleht，52900份，日报）、邮差报（Postimees，56300份，日报）、爱沙尼亚快报（Eesti Ekspress，29800份，周报）、爱沙尼亚日报（Eesti Paevaleht，28900份）等。主要俄文报刊有：每日新闻（Den Za Djom，11300份，周报）等。

主要通讯社：波罗的海通讯社（Baltic News Service-BNS），成立于1990年4月，私营通讯社，2010年有近220名工作人员。

主要电台：(1) 布谷电台，私营电台，成立于1992年，每天24小时用爱沙尼亚语广播。(2) 俄罗斯电台，私营电台，1998年建台，每天21小时用俄语广播。

主要电视台：(1) 爱沙尼亚国家广播电台与电视台（Estonian Public Broadcasting），由爱沙尼亚电台（Eesti Raadio，1926年建台）与国家电视台（Estonian Television-ETV，1955年建台）于2007年6月合并成立。用爱沙尼亚语和俄语播放节目。(2) TV3，私营电视台，用爱沙尼亚语播放节目。(3) Kanal 2，私营电视台，1993年建台，用爱沙尼亚语和俄语播放节目。

对外关系

以欧盟和北约为经济、安全依托，重视与波罗的海及北欧国家的传统友谊，着力推动和加强区域合作，进一步加大参与国际事务力度，不断巩固与美国关系，对俄罗斯关系有所缓和。

【同中国的关系】1991年9月11日，中爱两国建立外交关系。1992年初中国在爱设立使馆。1993年2月，中国向爱派驻大使。爱方于1997年在华设立使馆并派驻临时代办。2002年4月，爱向中国派驻首任大使。

2011年，中爱关系继续发展，各领域交流与合作进一步深化。1月，爱议长爱尔玛访华，全国人大常委会委员长吴邦国、中共中央政治局常委李长春和全国人大常委会副委员长华建敏分别会见。2月，爱副外长斯特雷曼来华与外交部副部长傅莹举行两国外交部政治磋商。9月，外交部长杨洁篪和爱外长帕依特就中爱建交20周年互致贺电。

2011年，中爱双边贸易额实现恢复性增长。据中方统计，2011年中爱进出口总额为13.3亿美元，同比增长55.6%。其中，中方出口额为11.3亿美元，同比增长67.1%，进口额为2.05亿美元，同比增长12.9%。中方主要出口商品为机电产品、人造纤维、家具等，主要进口商品为电机、电气、音像设备及其零部件、矿物燃料、光学、照相、医疗等设备、铜及铜制品等。

2011年，中爱双方围绕庆祝两国建交20周年举行图片展、发行纪念邮封等系列活动。中国民乐团、中国杂技团分别赴爱访演。

中国驻爱沙尼亚大使：曲喆。馆址：塔林市纳尔瓦大街98号，邮政编码：15009（Narva mnt. 98，15009 Tallinn，Estonia）。电话：(372) 6015830，6015831；传真：6015833。使馆网址：www.chinaembassy.ee。电子信箱：mailoffice@chinaembassy.ee；chinaemb@online.ee。

经商处电话：(372) 6607867，6607868；传真：6607818。电子信箱：chincoff@online.ee。

爱沙尼亚驻中国大使：安德列斯·翁卡（Andres Unga）。馆址：北京市朝阳区燕莎中心办公楼C618、C619，邮政编码：100016。电话：010-64637913；传真：64637908。

【同美国的关系】对美关系在爱沙尼亚总体外交中占有极其重要的位置。2011年，安西普总理访美期间与美副总统拜登举行会谈并会见美众议院主席。爱防长拉尔两次访美。爱在美设立第十个名誉领馆。同年，美国国务卿克林顿在立陶宛出席国际会议期间与爱外长帕依特等波罗的海三国外长集体会晤。美助理国务卿罗斯访爱。美驻欧洲陆军司令赫特灵中将访爱。美正式加入总部在塔林的北约网络安全中心（CCDCOE）并在爱设立特勤办公室。

【同欧盟的关系】2011年，爱沙尼亚正式启用欧元，实现经济上"融入欧洲"，进一步密切了同欧盟关系，经济和社会发展更加依赖欧盟。爱领导人积极利用欧盟内部会议、国际会议等多边场合，不断扩展、深化同欧盟国家的合作，同时努力为本国在欧盟内争取利益。爱积极参与欧盟一体化进程，支持欧盟继续扩大。

【同俄罗斯的关系】爱沙尼亚与俄罗斯紧张关系有所缓和，注意同俄开展务实合作，在经济、社保等领域的合作取得一定进展，在文化、宗教领域的交往增多。2011年，爱俄签署跨境交流合作协议和养老金合作协议，塔林市市长应邀访问莫斯科市。俄杜马选举期间，爱议会代表团赴俄观选。爱欢迎俄加入世界贸易组织，但双方在对二战的评价、两国边界和在爱俄族人公民权等问题上的分歧短期内难以弥合。

【同周边国家的关系】爱沙尼亚积极发展与周边国家关系，以加强波罗的海—北欧（NB8）合作为优先方向。爱高度重视与传统贸易伙伴北欧国家的关系，与北欧国家特别是芬兰高层互访频繁，双边和多边合作不断深化。爱还积极主导欧盟波海战略，全面深化与拉脱维亚和立陶宛的合作，并寻求通过定期会晤机制，协调三国在欧盟内部事务和重大国际问题上的立场。

【同其他国家的关系】在国际金融危机背景下，爱沙尼亚开始调整外交布局，加大了同世界其他地区特别是亚洲国家的交往力度，更加注重经贸合作因素。

（李欣）

安　道　尔

国名　安道尔公国（The Principality of Andorra）。

面积　468平方公里。

人口　78115人（2009年）。其中安道尔人占36.6%，属加泰罗尼亚族。外国移民中西班牙人占33%，其次为葡萄牙人（16.3%）和法国人（6.3%）。官方语言为加泰罗尼亚语，通用西班牙语和法语。居民多信奉天主教。

首都　安道尔城（Andorra la Vella），人口22256人（2011年）。

国家元首　法国总统弗朗索瓦·奥朗德（Francois Hollande）和西班牙乌赫尔地方主教霍安·恩里克·比韦斯（Joan Enric Vives）同为国家元首，称为两大公。

重要节日　宪法日：3月15日；国庆节：9月8日。

简　况

位于西南欧西班牙和法国之间，比利牛斯山脉中部，为内陆国。北部与法国接壤57公里，南部与西班牙接壤64公里。全部为山地，平均高度1996米。属山地气候，年平均气温9.9℃。

有关安道尔的记录始于公元839年的《乌赫尔大教堂落成纪要》，该《纪要》称安道尔为乌赫尔伯爵的领地。从11世纪起，乌赫尔主教的权力逐步延伸至整个安道尔，1133年安道尔成为其教区。13世纪，法国弗阿伯爵与乌赫尔主教争夺安道尔主权，双方为此进行了多次战争，最后于1278年和1288年达成两项协议，决定共管安道尔，并对各自在经济、法律、军事等方面的权限进行分工，安道尔由此成为公国，一直延续到1993年。期间，1793年法国因爆发大革命而暂时失去对安道尔的统治权，1806年拿破仑一世收回这一权力。法国实行共和制后，这一权力归总统所有。1982年1月4日实行体制改革，行政权从议会改由政府行使。1993年3月14日，安道尔全民公决，通过了有史以来第一部《宪法》。安成为一个独立的主权国家，但继续沿用两大公政治体制。

政　治

1993年12月安首次举行议会选举，由里瓦斯·雷格领导的全国民主联盟在选举中获得相对多数并于1994年初组阁。1994年11月政府提出增税方案，遭到议会以自由联盟领导人马克·福尔内为首的多数委员的反对并被弹劾下台。12月，议会主要政党经过协商，同意由马克·福尔内担任首相并组建新政府。福尔内政府作为少数党联盟在议会中备受牵制。1996年末，福尔内政府因提出经济开放和银行改革与反对党争执不下，最大的反对党全国民主联盟提出弹劾，要求政府下台。在此情况下，福尔内首相决定解散议会，并于1997年2月提前举行议会选举，福领导的自由联盟大获全胜。2001年3月，福领导的自由党再次获胜蝉联执政。2005年4月，安举行全国大选，自由党再次获胜，阿尔韦特·平塔特·圣托拉里亚出任首相。2009年4月，安举行第5次议会选举，由豪梅·巴图梅乌率领的社民党获得议会28席中的14席，成为议会中最大的政党。这是执政14年的自由党首次败北，社民党首次获胜。2011年4月，安举行第6次议会选举，以自由党为基础组建的中右联盟安道尔民主主义者党获胜。

【宪法】1993年3月14日颁布《宪法》，宣告成立独立、法治、民主和社会福利的国家。宪法明确规定由西班牙乌赫尔主教和法国总统继续分别担任安道尔的两大公，主权属于安道尔人民。宪法共分九章一百零七条，对安道尔的主权、权利与自由、大公、总委员会（议会）、政府、地方机构、司法、宪法法院和机构改革等方面作了规定。

【议会】一院制，称总委员会，1419年成立，代表安道尔人民行使立法权，通过预算，监督政府行为。总委员会由普选产生，共28名委员，其中14名委员系由全国选举产生，其余由全国7个行政区各选2名，任期四年，每两年改选半数。本届总委员会于2011年4月成立，议长比森特·马特乌·萨莫拉（Vicenç Mateu Zamora）。席位分配情况如下：

安道尔民主主义者党	18
社会民主党	6
劳伦戴安娜联盟	2
进步联盟	2

【政府】首相为政府首脑，由总委员会选举产生、两大公任命。2011年4月，安举行议会选举，在野的安道尔民主主义者党胜出，获得议会28席中的18席，安东尼·马蒂·佩蒂特当选首相。希尔韦特·萨沃亚·苏涅任外交大臣。

【行政区划】全国划为7个行政区：安道尔城（Andorra la Vella）、卡尼略（Canillo）、马萨纳（Massana）、圣胡利娅—德洛里亚（Sant Julia de Loria）、恩坎普（Encamp）、莱塞斯卡尔德—恩戈尔达（Les Escaldes-Engordany）和奥尔迪诺（Ordino）。

【司法机构】领导机构为司法高等理事会，由5名成员组成，任期六年。司法系统包括初级法院、中级法院和高级法院。另设宪法法院。

【政党】主要有两大党：安道尔民主主义者党

（Dem ò crates per Andorra），由自由党等政党组成的中右联盟，现为执政党，领导人安东尼·马蒂·佩蒂特（Antoni Martí Petit）。社会民主党（Partit Socialdemòcrata），现为最大反对党，领导人豪梅·巴图梅乌（Jaume Bartumeu）。

【重要人物】**胡安·恩里克·比韦斯**：安道尔大公、西班牙乌赫尔地方主教。1949年7月24日生于西班牙巴塞罗那。1974年9月被授予神甫职位，并获神学、哲学和教育科学硕士学位。曾担任巴塞罗那大主教管区代理主教、教区神甫、神学院神甫，加泰罗尼亚神学院及拉蒙·柳利大学教授。1993年6月被任命为诺纳主教和巴塞罗那副主教，2001年6月被任命为乌赫尔地方主教。2003年5月12日被任命为乌赫尔地方大主教和安道尔大公。 **安东尼·马蒂·佩蒂特**：安道尔首相。1963年7月30日出生，法国图卢兹大学建筑系毕业，1994年起步入政坛，1994年当选议会议员，1997年落选，2003年再次当选议员，长期担任安道尔莱塞斯卡尔德—恩戈尔达市市长。2011年联合安道尔自由党等中右翼党派建立了安道尔民主主义者党，并在4月举行的议会选举中大获全胜，获得了全部28席中的18个，成为新一任安道尔首相。

经　济

由于地理、气候及政治原因，安过去十分封闭，经济以畜牧业为主。直到20世纪30年代，开通了第一条公路，才与外界有了联系。从20世纪50年代起，安大力发展旅游业，以滑雪、免征商品税等招揽游客，通过免征个人所得税等措施吸引储蓄。旅游、商业及金融业迅速发展，服务业很快取代了传统农牧业，成为经济支柱。因此安经济部门比较单一，工业不发达。近年来，在国际金融、经济危机冲击下，安经济结构单一、自我恢复能力差等痼疾凸显，导致建筑业、服务业等支柱产业全面萎缩，就业形势恶化，银行惜贷严重。安经济陷入衰退，国家负债率大增，政府财政日趋捉襟见肘。

目前农业种植面积20平方公里，占全国面积4%，其中350公顷种植烟草。主要农产品有马铃薯和烟草等。畜牧业以牛、羊为主，2008年牛、马、羊存栏头数分别为1523头、917匹、2167只。主要矿藏有铁、明矾和铅。工业以香烟制造为主，其次有建筑、纺织、木材和食品加工。森林面积164平方公里，占全国面积28.5%，归国家所有。水力资源丰富，利用高山融雪建了许多小水电站，可满足全国用电1/4的需要，其余从法国和西班牙进口。2008年，从业人数为43254人。2009年国内生产总值27亿欧元，人均国内生产总值3.2万欧元，通胀率为0%。

没有铁路，只有公路269公里。每千人有924辆汽车。有1个私人直升机机场。

无本国货币。外汇自由兑换。2001年初单方面宣布欧元为其货币之一，2002年1月1日起，使用欧元作为支付货币。1991年7月1日，加入欧洲关税同盟。实行低税制，不征所得税，有“无税天堂”之称。2004年，银行总资产为93.3亿欧元，主要银行有安道尔私人银行、CAIXA银行、安道尔萨巴德尔银行、安道尔信贷银行等，共计56家分行。

2009年，国家预算6.48亿欧元。支柱产业旅游业占GDP的80%。2009年，入境游客达930万人次。2009年财政收入2.4亿欧元，占GDP的8.9%；财政支出5.07亿欧元，占GDP的18.8%；财政赤字占GDP的10%。没有国防预算。政府收入主要来源于对进口和银行的税收、对石油等产品的间接税以及通过发行邮票所得。

2010年进出口总额为11.84亿欧元。其中，进口额为11.43亿欧元，同比增长0.4%；出口额为0.41亿欧元，同比下降10.3%。主要贸易伙伴为西班牙和法国，分别占其出口的63%、21%和进口的60%、18%。其次是欧洲其他国家以及亚太和北美洲等。主要进口产品是建筑材料、香烟、电器、化妆品、汽油燃料、服装、光学产品、各种加工食品及生活日用品，其中许多供应给外国旅游者；主要出口产品是羊毛、牲畜、皮革、香烟、木材、黄油、奶酪。

人民生活

社会保险制度建立于1966～1968年间，为病人、老人和劳动者提供保险金或养老金。2008年，有医院1所，医生212人，病床188张。2008年，有固定电话37153部，移动电话68483部。

文化教育

【教育】小学至高中实行免费义务教育。全国有学校33所，实行三种教育体制：（1）安道尔教育，占21.7%，由安政府负责；（2）西班牙教育，占39.1%，由西教育部负责发放西班牙语教材；（3）法国教育，占39.2%，由法国负责，实施法教育部计划，用法语教学。安现有两所大学。中学生毕业后可选择在国内或到西班牙、法国受高等教育。2005年政府投入教育资金达4640万欧元，2005/2006学年在校学生共为11651人。全国有1家电台、1家电视台和2份报纸，《安道尔日报》为主要报刊，日发行量约1.9万份。

对外关系

1993年独立前，对外关系由西、法两国代管，此后开始逐步建立和发展独立的对外关系。1993年6月3日，安道尔与法国和西班牙签署合作协议，法、西两国宣布承认安道尔为主权国家并同其建立外交关系。同年7月28日，加入联合国，以后陆续加入了国际电信联盟、国际劳工组织、国际红十字会、世界卫生组织、世界知识产权组织、世界旅游组织、欧洲委员会、欧洲安全和合作组织、国际民航组织等国际和地区组织。签署了欧洲社会契约条约。此外，还不定期列席欧盟有关会议。安奉行和平睦邻友好政策，将发展同西班牙、法国及欧盟国家关系作为重点。2005年，被接纳为伊比利亚美洲首脑会议成员国。10月，平塔特首相出席了在西班牙举行的第15届伊比利亚美洲首脑会议。目前与世界上约80个国家签有建交协议，但迄今只在西班牙、英国、法国、美国、比利时和斯特拉斯堡设使馆和常设代表处。向西班牙、法国、卢森堡、荷兰、美国、加拿大、梵蒂冈和欧盟等派驻了大使。

【同中国的关系】1994年6月29日，安道尔同中国正式建立大使级外交关系。中国驻西班牙大使兼任驻安道尔大使，两国没有互设使馆。

2005年1月，安首相福尔内访华。2007年10月，张业遂副外长访安。2008年8月，安首相平塔特来华出席北京奥运会开幕式并观赛。11月，中国工业经济联合会会长徐匡迪率团访安，会见了首相平塔特。2011年安大选后，吴邦国委员长、温家宝总理和杨洁篪外长分别向新任议长、首相和外长致贺电。

据中国海关总署统计，2011年双边贸易总额为577万美元，增长69.3%，其中中国出口额为562万美元，增长66.6%；中国进口额为14.8万美元，增长333%。

2005年2月，中安签署了旅游合作谅解备忘录。2007年1月1日起，安正式成为中国公民出境旅游目的地国。

文化方面，1999年中国在安举办图片展。2000年，红星歌舞团赴安专演。2005年，《多彩中华》民族服饰演出团赴安演出。

中国驻安道尔大使：朱邦造（驻西班牙大使兼任）。地址：C/.Arturo Soria 113，Madrid，Spain。电话：（0034）915194242。（王亭婷）

奥地利

国名　奥地利共和国（The Republic of Austria，Republik Österreich）。

面积　83871平方公里。

人口　844.30万（2012年1月1日）。其中外国人135万人，占16%。少数民族有斯洛文尼亚人、克罗地亚人和匈牙利人，约占总人口的0.5%。官方语言为德语。78%的居民信奉天主教。

首都　维也纳（Wien），人口173.8万（2012年1月1日）。

国家元首　联邦总统海因茨·菲舍尔（Heinz Fischer），2004年4月25日当选，7月8日就任。2010年4月25日再次当选。

重要节日　国庆日：10月26日。

简　况

中欧南部的内陆国。东邻匈牙利和斯洛伐克，南接斯洛文尼亚和意大利，西连瑞士和列支敦士登，北与德国和捷克接壤。属海洋性向大陆性过渡的温带阔叶林气候。平均气温1月为-2℃，7月为19℃。

公元996年，史书中第一次提及“奥地利”。12世纪中叶在巴本贝格王族统治时期形成公国，成为独立国家。1278年开始了哈布斯堡王朝长达640年的统治。18世纪初，哈布斯堡王朝领土空前扩大。1815年维也纳会议后成立了以奥为首的德意志邦联，1866年，奥在普奥战争中战败，邦联解散。1867年与匈牙利签约，成立奥匈帝国。1918年第一次世界大战结束后，帝国解体，成立共和国。1938年3月被德国吞并。二战后被苏、美、英、法四国占领。1945年4月成立第二共和国。1955年5月，四个占领国同奥签订《重建独立和民主的奥地利国家条约》，宣布尊重奥的主权和独立。10月占领军撤出，奥重获独立。10月26日，国民议会通过永久中立法，宣布不参加任何军事同盟，不允许在其领土上设立外国军事基地。自1965年起，10月26日被定为国庆日。

政　治

面对国际金融危机和欧洲债务危机，奥政府推动各项应对措施出台和顺利落实，促进经济复苏，保持社会稳定。为迎接2013年联邦大选，自2011年起，奥各主要政党为备选加紧宣传攻势，在野党自由党支持率上升，三足鼎立的政党格局逐步确立。

【宪法】现行宪法于1920年11月10日生效。1925年和1929年通过两项附则。1934年宪法被废除。1945年奥重建后宣布1920年宪法和两个附则继续有效。宪法规定，奥为联邦制共和国，总统是国家元首，由普选产生，任期六年。总理为政府首脑，任期五年。

【议会】由国民议会和联邦议会组成。国民议会制定并通过法律，主持新政府就职仪式，可通过不信任表决罢免联邦政府及其成员。联邦议会代表各州利益，有权将国民议会通过的法律提案驳回，但如国民议会坚持原案，联邦议会不得再提异议。国民议会共183席，按比例代表制产生，任期五年。本届国民议会产生于2008年10月，其中：社民党57席，人民党51席，自由党34席，奥地利未来联盟21席，绿党20席。议长任期五年，现任议长芭芭拉·普拉默（Barbara Prammer，女，社民党）。联邦议会共62席，由各州按人口比例选派，议长由各州多数党议员轮流担任，任期半年。国民议会和联邦议会联合组成联邦会议，主要职能是接受总统就职宣誓及在必要时决定对外宣战。

【政府】2008年12月2日社民党和人民党组成大

联合政府。2011年4月，人民党对其执政团队进行了调整。此届政府设13个部，成员如下：总理维尔纳·法伊曼（Werner Faymann，社民党），副总理兼欧洲与国际事务部长（外交部长）米夏埃尔·施平德勒格（Michael Spindelegger，人民党），负责妇女事务与公共服务的不管部部长加布里勒·海因尼施—霍塞克（Gabriele Heinisch-Hosek，女，社民党），劳动、社会与消费者保护部长鲁道尔夫·洪特施托弗尔（Rudolf Hundstorfer，社民党），内政部长约翰娜·米克尔—莱特纳（Johanna Mikl-Leitner，女，人民党），卫生部长阿洛伊斯·施托格尔（Alois Stöger，社民党），财政部长玛丽亚·菲克特（Maria Fekter，女，人民党），司法部长贝阿特里克斯·卡尔（Beatrix Karl，女，人民党），国防与体育部长诺贝特·达拉伯斯（Norbert Darabos，社民党），农林、环境与水利部长尼克劳斯·贝拉科维奇（Nikolaus Berlakovich，人民党），教育、艺术与文化部长克劳蒂亚·施密德（Claudia Schmied，女，社民党），交通、创新与技术部长多丽丝·布雷斯（Doris Bures，女，社民党），经济、家庭与青年部长莱因霍尔特·米特雷纳（Reinhold Mitterlehner，人民党），科学与研究部长卡尔海因茨·托西特勒（Karlheinz Töchterle，人民党）。

【行政区划】全国划为9个州，它们是：布尔根兰、克恩滕、上奥地利、下奥地利、萨尔茨堡、施蒂利亚、蒂罗尔、福拉尔贝格、维也纳。州下设市、区、镇（乡）。

【司法机构】全国有三个法院系统：宪法法院，审理涉及宪法、特别是地方与联邦政府纠纷的案件，院长格哈特·霍尔齐格尔（Gerhart Holzinger）；行政法院，负责涉及官方机构及其工作人员的行政纠纷案件，院长克莱蒙斯·雅伯伦纳（Clemens Jabloner）；最高法院，负责刑事和民事案件，院长埃卡特·拉茨（Eckart Ratz）。

【政党】（1）奥地利社会民主党（Sozialdemokratische Partei Österreichs）：执政党。1889年成立。1919～1920年执政，1934年被取缔。1945年改名为社会党，1991年改为现名。主席维尔纳·法伊曼。

（2）奥地利人民党（Österreichische Volkspartei）：执政党。前身是1887年建立的基督教社会党，1945年改为现名。主席米夏埃尔·施平德勒格。

（3）奥地利自由党（Freiheitliche Partei Österreichs）：在野党。1955年成立，前身是“独立者联盟”，曾于1983～1986年和社会党组成联合政府。2000年2月与人民党联合执政，2005年党内发生分裂后失去执政地位。主席海因茨—克里斯蒂安·施特拉赫（Heinz-Christian Strache）。

（4）奥地利未来联盟（BZÖ）：在野党。2005年4月4日因自由党内部发生分裂而成立，自由党所有内阁成员和绝大多数议员加入该党，并与人民党联合执政至2007年1月。主席约瑟夫·布赫尔（Josef Bucher）。

（5）绿党（Die Grünen）：在野党。前身是“绿色和平组织”。1986年成立。联邦发言人（主席）埃娃·格拉维施尼克（Eva Glawischnig，女）。

【重要人物】海因茨·菲舍尔：总统。1938年10月9日生于格拉茨市。1971年当选国民议会议员。1975年起先后任社民党议会党团主席、联邦科研部长，1990年、1996年和1999年三次当选国民议会议长。2002年12月起任国民议会第二议长。2004年4月25日当选联邦总统，7月8日就任。2010年4月25日再次当选。 **维尔纳·法伊曼：**总理。1960年5月4日生于奥地利维也纳。法律专业毕业。1985～1994年任维也纳市议会议员。2007年1月至2008年12月任奥交通、创新和技术部长。2008年8月出任社民党主席。同年12月2日出任社民党与人民党大联合政府总理。

经济

2010年以来，奥经济逐步企稳向好，2011年继续稳定复苏，出口增长强劲，国内投资和消费需求回升，实体经济稳健，新能源、环保、新材料等新兴产业发展加速，为经济增长提供了新动力。但由于欧债问题持续蔓延以及奥对外投资主要对象东欧国家经济形势恶化，2012年1月，标普将奥国家信用评级由3A降至2A+，并将奥评级展望定为“负面”。2011年主要经济数据如下：

国内生产总值：3002亿欧元。

国内生产总值增长率：3.1%。

人均国内生产总值：35790欧元。

人均国内生产总值增长率：5.7%。

国民收入：2522亿欧元。

货币名称：欧元（EURO），1欧元=100分。

通货膨胀率：3.3%。

失业率：4.2%。

【资源】矿产主要有石墨、镁、褐煤、铁、石油、天然气等。森林、水力资源丰富，森林面积334万公顷，森林覆盖率39.8%。木材蓄积量10.95亿立方米。

【工业】2011年工业产值1480.5亿欧元，占国内生产总值的49.3%。主要工业部门有钢铁、机械制造、化工、采矿、电子和汽车制造等。2010年工业从业人员39.8万。2011年工业从业人员40.4万。主要工业品产量如下（单位：万吨）：

	2008	2009	2010
铁矿	203.3	200.2	206.9
石油	94.2	99.8	96.5
天然气（亿立方米）	15.4	15.9	17.2

（资料来源：2011年奥地利统计局官方网站和奥地利联邦商会网站）

【农林业】2011年农林业产值为41.6亿欧元，占国内生产总值的1.3%，农林业从业人数41.4万。2011年有可耕地136万公顷，占全国面积的16.2%。牧场145万公顷（1986年），占17.2%。农业发达，机械化程度高，主要农产品自给有余。

【旅游业】旅游业发达。2011年接待游客3463万人次，其中外国游客2301万人次。全国有各类旅馆63300家，共有床位104.7万张。外国游客主要来自德国、荷兰、瑞士、英国和意大利等国。

【交通运输】奥地利地处欧洲中部，是欧洲重要的交通枢纽。

铁路：全国铁路总长5702公里。2010年客运量2.42亿人次，货运量约1.08亿吨。

公路：全国各类公路总长约10.7万公里，其中高速公路和快速路2144公里。2010年货运量3.31亿吨。2011年货运量3.45亿吨。

水运：多瑙河航线长350公里。共有客船331艘，货船142艘。2011年多瑙河货运量994.3万吨。

空运：AUA集团由奥地利航空公司、蒂罗尔航空公司和劳达航空公司组成，有80架飞机，飞往120个目的地。全国有6个机场，主要国际机场是维也纳施威夏特机场。2010年奥全国民用航空客运量2445万人次，货运量24.6万吨。2011年货运量22.8万吨。

【财政金融】近几年财政收支情况如下（单位：亿欧元）：

	2009	2010	2011
支出	774	707	701
收入	639	576	626
赤字	135	131	75

（资料来源：奥地利统计局官方网站）

2011年，国债2186.4亿欧元，相当于国内生产总值的73.6%。

【对外贸易】外贸在经济中占重要地位，近几年外贸情况如下（单位：亿欧元）：

	2009	2010	2011
进口额	978	1134	1310
出口额	942	1092	1218
差　额	–36	–42	–92

（资料来源：2011年奥地利统计局官方网站）

主要出口产品是机械、钢铁、原料、食品、工业半制成品和制成品。进口主要是原料、机械、食品以及初加工产品和工业制成品。

【对外投资】1991年成立“东西方基金”，鼓励奥企业到中、东欧国家投资，政府担保风险。2011年奥在国外直接投资额为219.05亿欧元，主要投资对象国是荷兰、德国、土耳其等。

【外国资本】2011年外国在奥直接投资额为101.63亿欧元。主要投资来源国是意大利、德国、瑞士等。

【发展援助】2011年发展援助额为8.42亿欧元，同比减少7.7%，占国民生产总值的0.28%。发展援助的重点领域是免除债务以及向联合国的机构提供资金支持等。

人民生活

2010年就业人员月平均工资2701欧元。2010年全国共有专业医生40103名，医院268家，病床64008张。实行全国社会保险和救济制度，主要有医疗、失业、养老和事故四大类保险。

军　事

1955年9月，奥地利颁布《国防法》，创建联邦军。总统为武装力量最高统帅。国家安全委员会为最高安全决策机构，是联邦政府在外交、安全和国防事务上的总咨询机构，由联邦总理、副总理、外交、国防、内政、司法部长及议会各议会党团代表等17名有表决权的正式成员组成，联邦总理任主席，联邦军总参谋长列席。国防部为最高军事指挥机关，平时由联邦政府授权国防部长对联邦军行使指挥权。总参谋长是国防部长的最高军事顾问，代表国防部长对奥军境内外行动实施指挥。联合作战司令部是战略级的指挥机构，统一指挥地面和空中部队。

奥长期奉行中立政策。自1995年加入欧盟后，积极参与欧盟共同防务建设。自1996年起，多次参加联合国维和行动。

奥军实行义务兵役制，服役期6个月。目前，地面部队现有兵力3.5万人。下设特种部队司令部、宪兵司令部、9个军区司令部、2个步兵旅、2个装机步旅和1个指挥支援营。空中部队现有兵力6700人，下设空中监视司令部和空中支援司令部。

2011年国家安全与国防预算50.6亿欧元，占联邦财政总预算支出的7.2%。2012年国家安全与国防预算52.5亿欧元，占联邦财政总预算支出的7.1%。

文化教育

【教育】学龄儿童享受9年义务教育，学费、书费和上学交通费由国家负担。凡持有高中毕业文凭可免试上大学。2011年奥教育预算73.7亿欧元，占总预算支出的10.5%。2012年奥教育预算76.8亿欧元，占总预算支出的10.4%。2010/2011年度有各类中小学、职业学校6178所，在校学生116.7万人，各类高等院校189所，大学生35万人。著名的维也纳大学创立于1365年，系德语国家最古老的大学之一。

【新闻出版】2010年全国有各类报纸262种，其中日报29种，周报230种。主要报纸2011年发行量为：《皇冠报》93.2万份，《信使报》20.7万份，《新闻报》9.6万份，《标准报》10.9万份。主要杂志发行量为：《新闻周刊》20.6万份，《侧面》周刊9.5万份，《趋势》经济月刊5.6万份。

奥地利通讯社：1946年建立，以向奥报纸和电台提供世界各大通讯社的消息为主，有时也发布奥官方消息。

1924年建立国家广播电台。共有5家电台，用德、英、法、西四种语言对外广播。1957年开播电视节目，现有三套节目。

对外关系

奥地利外交政策的基点是以和平中立为基础，以欧盟为依托，积极推动欧盟深化和扩大，在重大国际问题上与欧盟协调一致。加强同周边邻国特别是中东欧国家的关系，保持和深化同大国的关系，谋求在国际事务中发挥独特作用。2011年，奥在外交上继续积极进取，一是大力发展同欧洲国家的关系。重视与德国等大国协调立场，与波兰、斯洛伐克、斯洛文尼亚、捷克和匈牙利等中东欧国家发展睦邻伙伴关系，推动克罗地亚、塞尔维亚等东南欧国家入盟。二是重视同欧洲以外大国加强合作。同俄罗斯签署《奥俄伙伴关系声明》，加强发展对华关系。三是积极参与联合国等多边事务。奥总统、总理和外长悉数出席2011年第66届联大会议。增派160名士兵参与黎巴嫩维和，是参加联合国维和行动人数最多的欧洲国家之一。

【同中国的关系】1971年5月28日同中国建立外交关系，建交后两国关系总体发展顺利。

2011年，两国关系发展良好。1月和7月，全国人大常委会副委员长乌云其木格和全国人大常委会副委员长、中国国际交流协会会长周铁农分别访奥。2月，奥副总理兼财长普勒尔和外长施平德勒格共同访华。5月，奥总理法伊曼访华。10月，国家主席胡锦涛应邀对奥进行国事访问，同奥总统菲舍尔会谈，分别会见总理法伊曼、国民议会议长普拉默，胡锦涛主席和夫人刘永清还在菲舍尔总统夫妇陪同下访问萨尔茨堡州。

2011年，中奥贸易额为69.9亿美元，同比增长14.9%。其中中方出口额为22.3亿美元，增长20%；进口额为47.6亿美元，增长12.6%。截至2011年年底，中方共批准奥投资项目1027个，实际投入金额13.03亿美元；中方与奥签订技术引进合同1606个，累计合同金额45.4亿美元。10月，商务部长陈德铭和国际贸易促进委员会会长万季飞访奥，与奥地利联邦商会在维也纳联合举办中国—奥地利经贸合作论坛。中国企业对奥"走出去"取得新成果，浙江卧龙集团于2011年投资1亿欧元收购奥地利电机生产商ATB公司97.94%的股权。

2011年是中奥建交40周年，双方分别举办系列庆祝活动。1月25日，奥地利"中国年"活动在维也纳揭幕，国家主席胡锦涛和奥总统菲舍尔分别为"中国年"活动题写贺词，全国人大常委会副委员长乌云其木格率团出席了在维也纳金色大厅举行的中奥建交40周年庆祝活动暨奥地利"中国年"开幕式——中国新春音乐会并致辞。5月，胡锦涛主席和菲舍尔总统为中奥建交40周年互致贺电，中国人民对外友好协会和奥驻华使馆共同在京举办庆祝中奥建交40周年招待会和音乐会，奥总理法伊曼出席。9月，国务院新闻办在奥举办"感知中国"活动。

两国教育领域交流与合作发展良好。截至2011年4月，双方院校共建有124对伙伴关系，签署了65项合作协议。2011年10月，维也纳大学汉语师范专业开班，这是中国在海外共同创办的首个汉语师范班。7月，奥教育、艺术和文化部长施密德访华。同年，中国在奥地利首次举行高等教育展，中国内地38所大学参展。

中国驻奥地利大使：赵彬。馆址：Metternichgasse 4，1030 Wien。电话：（431）714314948。电传：135794 C H I N B A。传真：（431）7136816。商务处电话：（431）714314921；传真：714314922。领事部电话：（431）7103648；传真：7103770。

奥地利驻华大使：艾琳娜（Irene Giner-Reichl，女）。馆址：北京市朝阳区建国门外秀水南街5号。邮政编码：100600。电话：010-65329869；电传：22258；传真：65321505。商务处电话：85275050；传真：85275049。签证处电话：65322061；传真：65321505。文化处电话：65329757；传真：65329271。科技处电话：85276040；传真：85276040 — 808。

【同欧盟的关系】1995年正式加入欧盟，1999年1月成为首批欧元区成员国，1995年4月28日签署《申根协定》。1998年下半年和2006年上半年先后两次担任欧盟轮值主席国。目前在欧洲议会中有17个席位。2008年4月，奥国民议会批准《里斯本条约》，同月，奥菲舍尔总统签署了该条约。外贸主要集中在欧盟国家。2011年奥对欧盟贸易总额为1783.9亿欧元，占奥外贸总额的70.6%，其中奥对欧盟出口额为935.5亿欧元，进口额为848.4亿欧元。

【同德国的关系】由于地理、历史、文化等方面的原因，对德关系始终在奥对外政策中占据核心地位。两国高层接触频繁，各领域人员往来密切。德一直是奥最大的贸易伙伴。2011年奥德双边贸易额达880.9亿欧元，占奥外贸总额的34.8%，其中奥向德出口额为380.4亿欧元，进口额为500.5亿欧元。（彭方千）

白俄罗斯

国名　白俄罗斯共和国（The Republic of Belarus, Республика Беларусь）。

面积　207600平方公里。

人口　946.67万（2011年12月）。共有100多个民族，其中白俄罗斯族占81.2%，俄罗斯族占11.4%，波兰族占3.9%，乌克兰族占2.4%，犹太人占0.3%，其他民族占0.8%。官方语言为白俄罗斯语和俄罗斯语。主要信奉东正教（70%以上），西北部一些地区信奉天主教及东正教与天主教的合并教派。

首都　明斯克（Minsk, Минск），人口188.51万（2011年12月）。年平均气温7.8℃。

国家元首　总统亚历山大·格里戈里耶维奇·卢卡申科（Александр Григорьевич Лукашенко），1994年7月10日就任，2001年9月、2006年3月、2010年12月三次连任。

重要节日　公历新年：1月1日；东正教圣诞节：1月7日；卫国战争胜利日：5月9日；独立日（共和国日）：7月3日，纪念1944年7月3日苏军解放被德国法西斯占领的明斯克；十月革命日：11月7日。

简　况

内陆国，位于东欧平原西部。东邻俄罗斯，北、西北与拉脱维亚和立陶宛交界，西邻波兰，南接乌克兰。温和大陆性气候。1月平均气温1.2℃，7月平均气温19.4℃。

白俄罗斯人是东斯拉夫族的一支。白俄罗斯（"白色罗斯"）一词始见于1135年编年史。公元862年，白俄罗斯土地上建成波洛茨克城堡。9～12世纪，以该城堡为中心形成波洛茨克公国。13世纪上半叶形成白俄罗斯语言文字。13世纪中期至18世纪末，白先后归属立陶宛大公国和立陶宛—波兰王国等。18世纪起，白并入俄罗斯帝国。1918年3月，亲德的白俄罗斯全体会议执行委员会在德占区宣布成立白俄罗斯人民共和国。1919年1月，白俄罗斯苏维埃社会主义共和国成立并于1922年12月30日加盟苏联。1990年7月27日，白最高苏维埃通过白国家主权宣言。1991年12月8日，白废除1922年加入苏联时签订的条约，12月19日改名为白俄罗斯共和国，简称白俄罗斯。

政　治

1994年开始实行总统制，同年7月，卢卡申科当选首任总统。2001年9月卢以75.2%得票率获得连任。2004年10月，白举行全民公决，废除了宪法中关于总统任期的限制。2006年3月19日，白提前举行总统大选，卢以82.6%的得票率当选。2010年12月19日，卢以79.67%的得票率第四次当选白总统。

2011年，白政局总体稳定。总统强势地位稳固。总统、政府、议会关系运转正常。反对派因不满2010年底总统选举结果连续举行示威活动，并利用经济问题向政府施压，但未影响执政当局地位。

【宪法】1996年11月24日全民公决通过总统提出的宪法修正案，11月27日生效。2004年10月17日全民公决决定取消其中第81条关于总统任期连续不得超过两届的限制。白宪法规定：白俄罗斯实行总统制和三权分立；总统为国家元首和武装力量总司令，由选民直接选举产生，任期五年，可以连选连任，没有限制；总统有权确定全民公决、解散议会、确定各级议会选举、任命政府总理（须经议会下院批准）、任免所有副总理以下政府成员、任免所有司法机构、中央选举和全民公决委员会领导人、决定政府辞职等；在总统出缺或不能履行职务时，由总理代行总统职权。

【议会】称国民会议，由共和国院（上院）和代表院（下院）组成，每届任期四年。本届国民会议为第四届，于2008年10月组成。共和国院共64名代表，其中56名由全国6州1市（明斯克）的地方苏维埃代表会议以秘密投票方式各选举8名产生，另8名由总统任命。主要职能是通过或否决下院通过的法案；批准总统关于司法机构、中央选举和全民公决委员会、中央银行领导人的任命；选举宪法法院的6名法官；决定解散地方代表苏维埃；审议总统关于战争状态和紧急状态的命令；审议下院对总统的弹劾等。主席安纳托利·尼古拉耶维奇·鲁宾诺夫（Анатолий Николаевич Рубинов），2010年5月24日当选。代表院由110名代表组成，以秘密投票方式直接普选产生。代表院主要职能是审议宪法修改补充草案和各类法案；确定总统大选；批准总统关于总理的任命；对政府表示不信任；接受总统辞职等。主席弗拉基米尔·巴甫洛维奇·安德烈琴科（Владимир Павлович Андрейченко），2008年10月27日当选。

【政府】称部长会议，设有部长会议主席团。2011年，部长会议主席团成员有：总理米哈伊尔·弗拉基米罗维奇·米亚斯尼科维奇（Михаил Владимирович Мясникович），第一副总理弗拉基米尔·伊里奇·谢马什科（Владимир Ильич Семашко），副总理阿纳托利·尼古拉耶维奇·加里宁（Анатолий Николаевич Калинин），副总理瓦列里·尼古拉耶维奇·伊万诺夫（Валерий Николаевич Иванов），副总理谢尔盖·尼古拉耶维奇·鲁马斯（Сергей Николаевич

Румас），副总理阿纳托利·阿法纳西耶维奇·托济克（Анатолий Афанасьевич Тозик）。总统办公厅主任弗拉基米尔·弗拉基米洛维奇·马克伊（Владимир Владимирович Макей），国家监察委员会主席亚历山大·谢拉菲莫维奇·雅格布松（Александр Серафимович Якобсон），国家银行理事会主席娜杰日达·安德烈耶夫娜·叶尔马科娃（Надежда Андреевна Ермакова，女），经济部长尼古拉·盖纳季耶维奇·斯诺普科夫（Николай Геннадьевич Снопков），财政部长安德烈·米哈伊洛维奇·哈尔科维茨（Андрей Михайлович Харковец），外交部长谢尔盖·尼古拉耶维奇·马丁诺夫（Сергей Николаевич Мартынов）。

【主要网址】总统网站：http：//www. president. gov.by；政府网站：http：//www.government.by；外交部网站：http：//www. mfa.gov.by。

【行政区划】全国划分为明斯克、布列斯特、维捷布斯克、戈梅利、格罗德诺、莫吉廖夫6个州和具有独立行政区地位的首都明斯克市，下设118个区、106个市、25个市辖区、106个镇和1456个村。

【司法机构】设宪法法院、最高法院、最高经济法院和总检察院。宪法法院院长彼得·彼得罗维奇·米克拉舍维奇（Пётр Петрович Миклашевич），2008年2月就任。最高法院院长瓦连京·奥列格维奇·苏卡洛（Валентин Олегович Сукало），1997年1月就任。最高经济法院院长维克多·谢尔盖耶维奇·卡缅科夫（Виктор Сергеевич Каменков），2001年10月就任。总检察长亚历山大·弗拉基米罗维奇·科纽克（Александр Владимирович Конюк），2011年9月就任。

【政党】白没有执政党。国民会议选举不按党派按选区原则分配名额，因而在白议会中没有固定的议会党团。政党在社会政治生活中影响有限。

截至2011年年底，共有15个合法政党，37个合法工会，2402个合法社会团体（其中国际性团体230个）。15个政党中较大的有：

（1）白俄罗斯共产党（Коммунистическая партия Белоруссии）：1996年11月2日由白俄罗斯共产党人党内支持总统的成员建立，现有成员约6000人。该党宣布其为苏共时期的白俄罗斯共产党的继承者，基本纲领是通过合法途径恢复社会主义制度，建立公正的无阶级社会，在前苏联各国人民自愿的基础上重建统一国家。该党拥护卢卡申科总统推行的政策，在议会下院中占8席。2005年3月，化学家塔季扬娜·根纳季耶夫娜·戈卢别娃（Татьяна Геннадьевна Голубева，女）当选为党中央第一书记，2007年12月连任。

（2）白俄罗斯联合左派党“正义的世界”（Беларусская Объединенная левая партия “Справедливый мир”），前身为白俄罗斯共产党人党（Партия Коммунистов Белорусская）：1991年12月7日成立，现有成员约4000人。其基本纲领是坚持社会主义和苏维埃制度，按自愿原则建立前苏联国家新的联盟。1996年起，该党与右派势力结成反卢卡申科总统联盟，成为现政权的反对派。2007年8月，白最高法院宣布暂停该党活动半年。2008年1月，白司法部上诉高法建议取缔该党，后撤销诉讼。2009年10月，改名为白俄罗斯联合左派党“正义的世界”。党中央第一书记为谢尔盖·伊万诺维奇·卡利亚金（Сергей Иванович Калякин）。

（3）白俄罗斯人民阵线党（Партия Белорусского Народного Фронта）：1988年成立。1999年10月，白俄罗斯人民阵线党因内部权力斗争发生分裂。原主席波兹尼亚克率部分成员另建新党——白俄罗斯人民阵线基督保守党。白俄罗斯人民阵线改名为白俄罗斯人民阵线党，现有成员1300多人。该党是白主要的右翼政党之一，自称是现政权“不妥协的反对派”。主席阿列克谢·亚努克维奇（Алексей Янукевич），2010年5月当选。

（4）联合公民党（Объединенная гражданская партия）：1995年10月1日成立，现有成员约3000多人。白主要的右翼政党之一。主席阿纳托利·弗拉基米罗维奇·列别季科（Анатолий Владимирович Лебедько）。

（5）自由民主党（Либерально-демократическая партия），1994年2月5日成立，到2010年3月1日有注册党员37180人。是建设性反对派。主席谢尔盖·瓦西里耶维奇·盖杜克维奇（Сергей Васильевич Гайдукевич）。

此外，还有白俄罗斯社会民主党（人民大会）[Белорусская социал-демократическая партия（Народная Грамада）]，主席阿纳托利·列夫托维奇（Александр Козулин）；白俄罗斯社会民主大会党[Партия “Белорусская социал-демократическая Грамада”]，主席斯坦尼斯拉夫·斯坦尼斯拉沃维奇·舒什克维奇（Станислав Станиславович Шушкевич）；农业党（Аграрная партия），主席米哈伊尔·维克托罗维奇·希曼斯基（Михаил Викторович Шиманский）；共和国劳动正义党（Республиканская партия труда и справедливости），主席维克托·阿列克谢耶维奇·索科洛夫（Виктор Алексеевич Соколов）；白俄罗斯爱国党（Белорусская патриотическая партия），主席尼古拉·德米特里耶维奇·乌拉霍维奇（Николай Дмитриевич Улахович）；白俄罗斯社会体育运动党（Белорусская социально-спортивная партия），主席弗拉基米尔·亚历山德罗维奇·亚历山德罗维奇（Владимир Александрович Александравич）；白俄罗斯绿党（Белорусская партия “Зелёные”），主席奥列格·谢苗诺维奇·葛罗米柯（Олег Семёнович Громыко）；共和党（Республиканская партия），主席弗拉基米尔·雅科夫列维奇·别洛佐尔（Владимир

Яковлевич Белозор）；白俄罗斯人民阵线基督保守党（Консервативно-христианская партия-БНФ），主席泽农·斯坦尼斯拉沃维奇·波兹尼亚克（Зенон Станиславович Позняк）；人民团结社会民主党（人民团结党）（Социал-демократическая партия народного согласия “Партия народного согласия”），主席谢尔盖·弗拉基米罗维奇·叶尔马克（Сергей Владимирович Ермак）。

【重要人物】**亚历山大·格里戈里耶维奇·卢卡申科：**总统。1954年8月30日生于白俄罗斯维捷布斯克州奥尔尚斯基区科佩斯村，白俄罗斯族。先后毕业于莫吉廖夫师范学院和白农业科学院，专业为历史学、经济学。1975～1977年在原苏联边防军服役，1979年加入苏联共产党。曾担任莫吉廖夫州什克洛夫区团委书记、集体农庄党委书记、国营农场场长。1990年当选为共和国最高苏维埃代表。1993年担任白最高苏维埃反腐败临时委员会主席。1994年7月10日就任白俄罗斯共和国首任总统。2001年9月、2006年3月、2010年12月三次连任。作为总统，曾于1995年1月、1997年4月、2001年4月和2005年12月四次访华。2008年8月，赴华出席北京奥运会开幕式，2010年10月出席上海世博会白俄罗斯国家馆日活动。爱好冰球、滑雪等体育运动。已婚，有三子。　**米哈伊尔·弗拉基米罗维奇·米亚斯尼科维奇：**总理。1950年5月6日出生于明斯克州。白俄罗斯族。1972年毕业于布列斯特建筑工程学院工程技术专业，1989年毕业于明斯克最高党校。经济学博士，教授，国家科学院通讯院士。1972年参加工作，任明斯克规划设计院技术处工程师。1972～1973年，参军服役。1973～1977年任明斯克自来水生产联合体工程师、生产技术处处长、工程建设管理处总工程师。1977～1983年任明斯克市执委会公共服务企业局总工程师、局长。1983～1985年任明斯克苏维埃区人民代表苏维埃执委会主席、明斯克市人民代表苏维埃执委会副主席。1985～1986年任白俄罗斯共产党明斯克市委书记。1986～1990年任白俄罗斯苏维埃社会主义共和国公共住房事业部部长。1991～1994年任白俄罗斯部长会议第一副主席。1994～1995年任白俄罗斯副总理。1995～2001年任白总统办公厅主任、总统特别事务助理。2001年10月～2010年任白国家科学院院长。2010年12月出任总理。　**安纳托利·尼古拉耶维奇·鲁宾诺夫：**国民会议共和国院主席。1939年生于白俄罗斯莫吉廖夫市。1961年毕业于白俄罗斯列宁国立大学。1961年开始在前苏联科学院物理研究所工作长达40多年。期间担任过白俄罗斯国家科学院物理研究所主管科研工作的副所长，物理院士秘书，数学研究员与信息学研究员。1991年当选白俄罗斯科学院院士，白俄罗斯科学院主席团成员。2002～2006年任白俄罗斯鉴定委员会主席，2009年起任该委员会成员。2006～2008年任白俄罗斯总统办公厅第一副主任。2008年10月当选白俄罗斯国民会议共和国院成员，同月当选共和国院副主席。2010年5月24日任国民会议共和国院主席。　**弗拉基米尔·巴甫洛维奇·安德烈琴科：**国民会议代表院主席。1949年生于维捷布斯克州。1977年毕业于俄罗斯韦利科卢克斯基农业学院，1988年毕业于明斯克高级党校。白功勋农业工作者。1968～1970年，在苏军服役。1970年开始在里奥兹涅斯基区从事共青团、党务和经济工作。1981～1991年，先后担任区农业局局长、区执委会主席、白俄罗斯共产党上德维纳区委第一书记。1991～1994年，先后担任维捷布斯克州执委会农业和居民粮食保障委员会第一副主席、主席。1994年11月起任维捷布斯克州执委会主席。1996年、2000年、2004年三次当选白议会上院议员。2008年9月当选国民会议代表院议员，10月当选国民会议代表院主席。

经　济

白工业基础较好。机械制造业、冶金加工业、机床、电子及激光技术比较先进；农业和畜牧业较发达，马铃薯、甜菜和亚麻等产量在独联体国家中居于前列。1996年以来，白经济持续增长。2011年，在诸多内外因素综合作用下，爆发严重经济金融危机，白卢布贬值近200%，外汇储备急剧减少、物价大幅上涨，居民实际收入锐减。白政府采取一系列措施化解危机，包括限制外汇流出、调高外汇汇率浮动空间、扩大出口以缓解国际收支恶化局面，向俄罗斯和欧亚经济共同体反危机基金借贷稳定外汇市场等。2011年末，白经济形势趋稳，外汇储备恢复原先水平，卢布币值稳定，但仍存在不少深层次问题，复苏基础仍然脆弱。2011年白主要宏观经济指标（按1美元约合8490卢布计算）如下：

国内生产总值：274万亿白卢布（约合322.7亿美元）。

国内生产总值增长率：5.3%。

人均国内生产总值：3410美元。

货币名称：白俄罗斯卢布（Белорусский рубль）。

汇率：1美元=8450白卢布（2011年12月）。

通货膨胀率：108.7%。

失业率：0.7%。

【资源】主要矿产资源有钾盐、岩盐、泥炭、磷灰石等。能源和原材料绝大部分靠进口。大小河流2万多条，总长9.06万公里。有1万余个湖泊，享有“万湖之国”美誉。森林覆盖率36%。境内有3.1万种动物。

【工业】2011年工业产值为337万亿白卢布（按照1美元兑8230白卢布计算，约合409.48亿美元），同比增长9.1%。

主要工业部门有机械制造、金属加工、化工、电子、光学仪器、石油加工、木材加工、轻工、食品加工等。工业从业人员118万。近几年主要工业产品产量如下：

	2009	2010	2011
发电量（亿千瓦时）	304.00	349.00	322.00
石油初级加工（万吨）	2163.00	1646.00	2047.00
载重卡车（万辆）	1.15	1.33	2.23
大客车（辆）	1520.00	2052.00	2088.00
汽车轮胎（万个）	507.30	481.80	516.40
拖拉机（万辆）	4.53	4.44	5.91
金属切削机床（千台）	2.50	3.70	4.40
水　泥（万吨）	435.00	453.10	462.50
化　肥（万吨）	339.00	617.60	628.80
纸张（万吨）	7.00	10.30	11.10

（资料来源：白俄罗斯国家统计分析委员会2011年国民经济指标）

【农业】2011年农业产值为56.7万亿白卢布（按照1美元兑8230白卢布计算，约合68.89亿美元），比上年增长6.6%。

农业用地面积1000余万公顷。从业人员48万，约占总劳力的10.3%。近几年主要农畜产品产量如下：

	2009	2010	2011
谷物（万吨）	851.0	698.8	837.5
土豆（万吨）	712.5	783.1	772.1
蔬菜（万吨）	230.8	233.5	197.9
屠宰畜禽肉（万吨）	133.5	140.0	146.4
奶类（万吨）	657.7	662.5	650.5
蛋（亿个）	34.3	35.4	37.5

（资料来源：白俄罗斯国家统计分析委员会2011年国民经济指标）

【交通运输】铁路和公路交通网较发达，是欧洲交通走廊的组成部分。主要国际机场是明斯克国家机场。长途运输以铁路为主，铁路总长5600公里，其中897公里为电气化铁路。公路总长6.6万公里，其中硬面公路7.43万公里。石油运输管道2984公里，天然气运输管道7421公里，石油产品运输管道1107公里。2011年货运量为662.95亿吨公里。

【财政金融】近几年预算财政收支情况如下（单位：亿白卢布）：

	2009	2010	2011
收入	468000	302806	541902
支出	463000	342703	519505
赤字（-）/盈余（+）	+5000	-39897	+22397

（资料来源：白俄罗斯财政部官方网站）

截至2011年12月，白国家外债总额111.9万亿白卢布（按1美元兑8230白卢布计算，约合135.97亿美元），占国内生产总值的40.8%；内债总额为32.3万亿白卢布（约合39.25亿美元），约占国内生产总值的11.8%。

白俄罗斯国家银行作为中央银行，负责制定有关信贷政策，协助政府就宏观经济运行状况进行信贷调节。目前在白俄罗斯共有31家国有和商业银行，其中9家为外国独资银行，25家有外国参股。其中外资占50%以上的银行有14家。外国资本在白银行中的比重为24.22%。白商业银行总资本为12万亿白卢布。白较大的银行有白俄罗斯银行、白俄罗斯农工银行、白俄罗斯工业建设银行、白俄罗斯外经银行和白俄罗斯投资银行。

【对外贸易】2011年白同100多个国家和地区有贸易关系。近几年进出口情况如下（单位：亿美元）：

	2009	2010	2011
总　额	498.46	601.68	860.41
出口额	212.82	252.84	402.94
进口额	285.64	348.84	457.47
差　额	-72.82	-96.00	-54.53

2011年出口商品结构：石油及石油产品（占出口总额的30.8%），钾肥（8.4%），奶产品（4.3%），拖拉机（3.5%），货运汽车（3.3%）。

2011年进口商品结构：石油原材料（占进口总额的20.9%），天然气（11.7%），石油产品（7.2%），小汽车（6%），黑色金属和制品（5.7%），药剂（0.9%）。

2011年白与主要贸易伙伴之间的进出口贸易总额在白进出口总额中所占百分比为：

国家	所占比率（%）
俄罗斯	44.9
荷兰	7.6
乌克兰	7.2
德国	5.1
拉脱维亚	3.7
中国	3.3
波兰	2.8
巴西	1.8
意大利	1.8
委内瑞拉	1.5

（资料来源：白俄罗斯国家统计分析委员会2011年国民经济指标）

【外国资本】2011年，白吸引外资189亿美元，同比增长110%。

人民生活

2011年白居民人均月货币收入145.13万白卢布，同比降低0.7%。人均月工资约192.53万白卢布，同比增长1.3%。平均月退休金94.04万白卢布，同比降低22.9%。2011年人均消费肉类150.1公斤、鱼类89.1公斤、牛奶611.9升、鸡蛋2453个、马铃薯630.5公斤、蔬菜类561.4公斤。

军　事

1991年9月23日白俄罗斯最高苏维埃通过决定，根据“足够原则”建立本国防御体系和军队。1992年1月11日，白宣布接管其境内原苏军的所有常规力量。3月20日，白最高苏维埃通过《武装力量法》，决定从即日起在接管的原苏军部队基础上组建本国军队。1994年，白最高苏维埃决定继承原苏军的传统，将每年的2月23日（原苏联建军节）定为白俄罗斯祖国保卫者和武装力量日（即建军节）。

1992年12月6日，白通过了独立后的第一部《军事学说》。2001年10月，白对《军事学说》进行修订并在此基础上通过了第二部《军事学说》。根据新《军事学说》，白仍奉行防御性军事战略，不把世界上任何一个国家视为潜在敌人。白军事安全保障的主要目标是防止针对白俄罗斯的军事威胁，将其控制在局部范围内并最终予以消除。《新军事学说》规定，白不参加其他国家间的军事冲突，仅在自身遭到侵略或武装入侵并在所有遏制侵略的手段均告无效时，才使用军事力量；保障国家军事安全的任务将由武装力量协同列入国家军事组织的其他军队和军事单位共同完成。在强调通过政治、军事手段维护本国军事安全的同时，白决定在俄白联盟国家框架内组建地区集体安全体系，旨在完成共同的防御任务。同时致力于取得无核地位，主张稳定地裁减常规军备并进行双边、多边裁军对话，以多边或双边国际条约和协议为基础同其他国家合作。白军事政策的基本方向在总统领导下制定，由国民会议下院批准，安全会议和部长会议负责实施。根据白宪法，总统是武装力量总司令并领导安全会议。安全会议统一协调和领导国防部、内务部、国家安全委员会和国家边防委员会等强力部门。安全会议主席由总统担任。现任安全会议国务秘书为列昂尼德·谢苗诺维奇·马尔采夫上将，国防部长为尤里·维克托罗维奇·扎多宾中将，总参谋长为彼得·尼古拉耶维奇·季哈诺夫斯基少将。

白俄罗斯武装力量于2001年底开始进行大规模精简整编，目前由陆军、空防军两个军种和特种部队一个兵种组成，2011年有兵力约6.2万人。陆军、空防军分别设立军种司令部，特种部队下设兵种司令部，直属国防部和总参谋部领导；陆军下设两个战役指挥部，空防军下设两个战役战术指挥部；边防军、内务部队分属国家边防委员会和内务部管辖。白实行普遍义务兵役制和合同兵役制相结合的兵役制度，未受过高等教育的义务兵服役期为18个月，受过高等教育的义务兵服役期为12个月。

文化教育

【文化】文化生活较丰富，文化基础设施较齐全。有剧院27座；博物馆143所；图书馆4800个；文化馆、俱乐部等4000多个；电影院和放映点3000多个；文化公园27个；马戏院2座；2011年总共有1.3万多个文化单位，在册员工5.9万多人。著名文化设施有白俄罗斯国家大剧院、共和国宫、白俄罗斯国家美术馆、白俄罗斯历史博物馆、明斯克交响音乐厅、明斯克音乐剧院、明斯克音乐厅等。

每年7月在维捷布斯克市举办的“斯拉夫巴扎”国际艺术节在东欧地区较有影响。

【教育】现行教育法为1991年10月29日颁布的“白俄罗斯共和国教育法”，2002年3月19日颁布《白俄罗斯共和国教育法修正案》。普通学校实行11年制免费义务教育，高等院校学制4～5年，分免费和缴费两种形式。2011年教育支出占国内生产总值的5.1%。现有4098所学前教育机构（在学儿童约38.4万人）、3584所普通中等教育机构（在校生约95.3万人）、219所中等专业学校、202所高职院校、55所本科院校（其中国立高等院校45所、非国立高等院校10所）。目前教育领域工作人员共44.5万人，在高等院校工作的有2.45万余人。

著名大学有：白俄罗斯国立大学，成立于1921年，学生近3万人，教师2475人；白俄罗斯国立技术大学，成立于1920年，学生3.3万多人，教师近2200人；白俄罗斯国立师范大学，成立于1922年，学生14586人，教师1038人；白俄罗斯国立经济大学，成立于1933年，学生15000人，教师700人；白俄罗斯国立农业大学，成立于1940年，学生9106人，教师630人；明斯克国立语言大学，成立于1948年，学生4500人，教师537人。

【新闻出版】截至2011年12月，共有1403种出版物，其中报纸678种，刊物676种，其他49种，约2/3为私营；623家正式印刷出版公司（国营公司193家）。主要以白俄罗斯语、俄语为主，有少量英语、波兰语、乌克兰语和德语版。

主要报刊：《苏维埃白俄罗斯报》，1927年8月创刊，总统办公厅机关报，用俄、白两种语言出版，发行量约43万份，是白发行量和影响最大的报纸。下设政治部、国际政治部、调查部、体育部、文化部、记者部、发展部、广告部、信件和特别项目部等。该报社还出版《明斯克时报》、《谈话者周报》、《联盟周报》和《白俄罗斯》杂志（月刊）。每周一至周五发行，每天24版，包括政治、评论、经济、生活、社会、健康、文化、体育等栏目。该报驻北京记者伊内萨·普列斯切卡切夫斯卡娅，是白唯一驻华记者。总编辑帕维尔·雅库鲍维奇。

《共和国报》，白俄罗斯政府部长会议主办，日报。1991年创刊，混用俄、白两种语言出版，发行量约9.4万份。总编辑阿纳托里·列梅绍诺克。《人民报》，1990年10月创刊，原为议会机关报，现归属政府部长会议，混用俄、白两种语言出版，发行2.8万份；《星报》，议会机关报。每周一至周五用白语出版；

《祖国荣誉报》，国防部机关报，混用俄、白两种语言出版，发行1.7万份；《青年旗帜报》，白国家青年事务委员会和青年爱国联盟机关报，混用俄、白两种语言出版，发行1.9万份；《白俄罗斯田野》，政府所属农业报，混用俄、白两种语言出版，发行3.5万份；《新闻球》报，创办于1991年的私营报纸，每周二、四出版。以体育新闻和评论为主，是白俄罗斯受欢迎的体育报纸之一。发行2.53万份；《体育全景报》，白体育和旅游部机关所属日报，1951年6月创办。发行7600份；《白俄罗斯实业报》，俄语版私营报纸，发行1.1万份；《民意报》，反对派报纸，混用俄、白两种语言出版，发行2.8万份；《我们的田野》，白语版反对派报纸，发行近1万份。

主要通讯社：白俄罗斯有9家通讯社，其中7家为私营。

白俄罗斯国家通讯社（白通社）为最大通讯社。成立于1918年12月，曾隶属于苏联塔斯社（白俄罗斯分部），1991年3月正式改称白通社，现隶属总统办公厅，共有记者55人，在白全国各州有记者网，在莫斯科、基辅、华沙、加拉加斯等地有记者派驻，向白及其他独联体国家的220家新闻单位提供白语、俄语和英语新闻及互联网多语种新闻和图片新闻。出版周刊《七日》，发行4万份；俄英双语季刊《白俄罗斯经济》，发行6500份；月刊《白俄罗斯思想库》，发行6000份。除独联体国家外，还与中国、伊朗、马来西亚、古巴等国通讯社建立业务联系。现任社长德米特里·茹克。

国际文传电讯—西方通讯社，隶属于俄罗斯国际传媒集团“国际文传电讯社”，1994年成立。社长娜塔丽娅·克拉舍夫斯卡娅。

独立通讯社“别拉潘”（“白俄罗斯非官方新闻社”的俄语缩写），1991年成立，有记者35人。2002年开办《白俄罗斯新闻》网络在线报（www.naviny.by）。

电子传媒：至2012年1月1日，全白有243家广播电视台，其中广播电台162家（私营23家），电视台81家（私营50家）。

白俄罗斯国家广播电视公司：直属总统管辖，为白俄罗斯最大国家媒体公司。下辖4个国家级电视频道（电视1台、电视2台、国际卫星频道“白俄罗斯—TB”、“白俄罗斯HTB”等）和广播电台（白俄罗斯国家广播电台1台、“文化”电台、“白俄罗斯”电台、“首都”电台、“FM广播”），以及新闻部、无线电技术中心和商业广告部等，在各州设有分部，其广播电视服务覆盖全国。共有约3000名专业人员。主席根纳季·达维德科。

白俄罗斯国家电视一台：创建于1956年，现有各类专业人员890名，为全白设备最先进、规模和影响力最大的电视台。下设电视节目管理处及社会节目、少年儿童节目、科普与教育节目、电视片和体育节目五个创作联合体和青年节目、文艺节目、音乐与娱乐节目三个编辑部。混用白语和俄语播出，日播出时间约20小时。总经理谢尔盖·杜日。

国际卫星频道“白俄罗斯— TB”：创建于2005年，由“进步— M22”等两颗卫星转发，电视节目覆盖欧洲、中东、中亚、非洲和北美等60个国家，24小时不间断用白语和俄语播放。总经理基里尔·卡扎科夫。

公共电视台：亦称白俄罗斯国家电视二台，是国家控股的股份公司。国家占51%，其余49%股份由白俄罗斯国家银行等一些国有大公司购买。该台自制节目较少，多采用其他电视台摄制的节目。总经理尤里·科济亚特科。

白俄罗斯广播电台1台：创建于1925年11月。在白俄罗斯全国有近80%的居民收听，有线网络用户达330万。下设两个频段和三个电台。

“首都”广播电台，每天12小时混用俄、白两种语言广播，覆盖乌克兰、波兰、立陶宛、拉脱维亚与白相邻地区及俄罗斯乌拉尔以西地区。

“白俄罗斯”国际电台始播于1962年，每天用白语、俄语、德语、英语、波兰语等5种语言对美国、加拿大、澳大利亚及20多个国家广播16小时。2005年起开设网络电台，每天两个时段播放10个小时。总经理安东·瓦修凯维奇。

互联网络：白俄罗斯近年网络媒体发展很快，2010年2月总统签署“关于完善国家互联网使用”的法令，同年在国家电信总公司下成立国家话务交换中心，对网络资源使用统一管理。截至2011年12月，全白在.BY下共注册4300个域名，有7万余个网站，固定宽带（ADSL）用户215万，手机互联网用户450万（包括1.8万3G用户），网民近400万（占总人口45%）。同时，有线电视迅速普及，在白俄罗斯通过有线电视可以收看包括“欧洲新闻”、“BBC”、“欧洲体育”等100多套节目。

对外关系

白俄罗斯奉行独立务实的外交政策，以发展对俄罗斯关系为重点。2011年，白继续发展同俄罗斯战略联盟关系，积极参与独联体、集体安全条约组织和欧亚经济共同体框架内活动，并同俄罗斯、哈萨克斯坦积极建设关税同盟，建立统一经济空间，推进经济一体化建设。美国、欧盟严厉抨击白民主人权状况，连续对白实施政治经济制裁，双方关系紧张。白继续重视和发展同中国、古巴、委内瑞拉等国的友好合作关系，努力扩大国际影响。

【同中国的关系】1992年1月20日中白正式建交。2011年两国关系继续发展，双方高层保持密切接触和交流。9月17～20日，全国人大常委会委员长吴邦国对白俄罗斯进行正式访问。5月9～11日，中共中央委员、内蒙古自治区党委书记胡春华访白。5月22～25日，总装备部政委迟万春上将访白。6月13～14日，进出口银行行长李若谷访白，出席向白提供商业贷款签字仪式。6月29 ~ 30日，商务部副部长陈健率中国政府经贸代表团访白。11月7 ~ 11日，白俄罗斯副总理托济克率团赴华参加中白政府间经贸合作委员会第十二次会议。

两国经贸合作继续发展。据白俄罗斯海关统计，2011年中白进出口贸易额为28.623亿美元，其中白对中国出口额为6.70亿美元，增长29.4%，进口额为21.922亿美元，增长31.3%。两国大型经济技术合作项目合作顺利推进。中方投资承建的明斯克2号电站已经竣工、“北京饭店”项目、“天鹅小区”项目付诸实施。

人文合作持续发展。中国文化日框架内的“中国瓷器展”和“中国当代纤维艺术展”、“内蒙古歌舞团专场演出”在白成功举行。两国互派留学生不断增加，校际交流继续扩大。

中国驻白俄罗斯大使：宫建伟。馆址：明斯克市别列斯坚斯卡娅街22号（г.Минск，ул.Берестянская，22）。电话/传真：00375-17-2853681。领事部电话：2853391。经商参处电话：2891413。

【同俄罗斯的关系】两国1992年6月25日建交。1997年签订俄白联盟条约，1999年签订《关于成立俄白联盟国家的条约》。2000年条约正式生效。2011年，俄白联盟关系加强。高层保持频繁往来，两国总统举行了两次会晤，召开了三次俄白联盟国家总理级会议。白总统卢卡申科第三次连任后，3月俄总理普京作为首个外国领导人访白。俄反对美西方干涉白内政和扩大制裁。在白发生经济危机后，及时向白提供数十亿美元款。俄还将在10年内向白提供100亿美元贷款用于建设白首座核电站。白支持俄推进独联体一体化进程，与俄、哈萨克斯坦成立三国关税同盟，共同推进统一经济空间、欧亚经济共同体、集体安全条约组织一体化机制建设，积极响应俄提出的建立“欧亚联盟”的设想。

2011年，俄白贸易总额为386亿美元，占白对外贸易总额的44%，同比增长37.7%。其中对俄出口额136亿美元，从俄进口额242亿美元，逆差106亿美元。

【同独联体国家的关系】与独联体国家关系是白外交优先方向之一。2011年，白继续发展与独联体各国友好关系，并积极参加集体安全条约组织、欧亚经济共同体、关税同盟等框架内多边活动。4月27 ~ 29日，白总统卢卡申科访问土库曼斯坦，两国签署了一系列合作文件。5月23 ~ 25日，白总统卢卡申科对哈萨克斯坦进行正式访问，发表了两国元首宣言。7月7 ~ 8日，白总理米亚斯尼科维奇访问阿塞拜疆。8月12日，白总统卢卡申科出席在哈萨克斯坦首都阿斯塔纳举行的独联体集体安全条约组织非正式峰会。9月3日，白总理米亚斯尼科维奇出席在塔吉克斯坦首都杜尚别举行的独联体成员国元首理事会议。9月12日，亚美尼亚外长纳尔班江对白进行正式访问。10月18 ~ 19日，白总统卢卡申科出席在彼得堡召开的关税同盟委员会、欧亚经济共同体政府首脑会议以及独联体国家政府首脑理事会，会议签署了独联体自由贸易区协定。10月27 ~ 29日，白总统卢卡申科对塔吉克斯坦进行正式访问，签署了长期经贸合作协议。11月18日，俄罗斯、白俄罗斯、哈萨克斯坦总统在莫斯科会晤，签署了欧亚经济一体化宣言，宣布建立统一经济空间。12月19日，白总统卢卡申科出席在莫斯科举行的欧亚经济共同体峰会以及欧亚经济委员会高层会议，签署了成立欧亚经济委员会的相关文件。

2011年，白与独联体国家贸易总额为476亿美元，占白对外贸易总额的55.2%。其中对独联体出口额195亿美元，进口额280亿美元，贸易逆差85亿美元。

【同美国、欧盟等西方国家关系】2011年，白同美国、欧盟关系僵冷。美、欧对白进行制裁和孤立，1月31日，欧盟成员国外长会议决定对白恢复实施制裁，限制包括总统在内的158名白高官入境并冻结其在欧账户和资产。同日，美国禁止白高官及其家庭成员入境并冻结其账户和资产，恢复对“波洛茨克玻璃纤维厂”和“利达油漆厂”两家白企业经济制裁。5月23日，欧盟外长会议决定进一步扩大对白制裁，限制入境的白高级官员人数又增添13人。8月11日，美国国务院宣布对白展开新一轮经济制裁，禁止美国企业与白轮胎厂、格罗德诺化纤厂等四家白国有企业实施制裁。10月10日，欧盟外长会议再限制16名白高官入境，冻结其资产。美欧还抨击白人权状况，要求白释放政治犯，推动在联合国人权理事会通过涉白人权提案。

白对美欧的制裁强硬回击，多次发表声明谴责西方对白实行双重标准。白当局关闭了欧安组织驻白代表处，禁止欧盟人权官员入境，拒绝出席“东方伙伴关系计划”成员国峰会，冻结和美国正在进行的销毁白存储高浓缩铀合作项目等。

【同波罗的海国家和波兰的关系】白重视发展同波罗的海国家和波兰的关系。2010年白总统选举后，白与波兰关系紧张。波兰作为欧盟轮值主席国，积极推动欧盟对白实施制裁。公开批评白人权状况，谴责白关押政治犯，中止与白签署的关于简化刑事案件法律援助过程的协议。

尽管波罗的海三国与白在民主、人权问题上分歧依旧，但反对欧盟对白一味打压，主张与白发展正常的经贸、人文等领域合作。建议欧盟制定对白政策应首先考虑白民众利益。三国还相继与白签订了简化签证手续协议。

【同发展中国家的关系】白把与发展中国家发展关系作为争取更多国际支持、扩大经济贸易合作的重要途径。2011年，白俄罗斯进一步加强与委内瑞拉、印度、伊朗、古巴、越南等发展中国家在能源、科技等领域合作。2月22 ~ 23日，古巴外长巴德里格斯访白。6月21日以色列旅游部长米塞日尼科夫访白。8月15 ~ 16日白总统卢卡申科对卡塔尔进行正式访问，签署了一系列经济合作协议。11月3日，土耳其文化旅游部长艾尔图鲁尔率团访白。11月28日至12月3日白总理米亚斯尼科维奇率团访问越南、缅甸。出席了商业论坛，签署了政府间经贸、农业及教育合作协议。

（仇嘉杰）

保加利亚

国名　保加利亚共和国（The Republic of Bulgaria，Република България）。

面积　111001.9平方公里（包括河界水域）

人口　732.72万（2011年底）。其中保加利亚族占84%、土耳其族占9%，罗姆族（吉卜赛）占5%，其他（马其顿族、亚美尼亚族等）占2%。保加利亚语为官方和通用语言，土耳其语为主要少数民族语言。居民主要信奉东正教，少数人信奉伊斯兰教。

首都　索非亚（Sofia，София），人口125.94万（2010年）。属温带大陆性气候，1月平均气温为-1℃，7月为24℃，年降水量约600毫米。

国家元首　总统罗森·普列夫内利埃夫（Росен ПЛЕВНЕЛИЕВ），2011年10月30日当选，2012年1月19日就职，任期五年。副总统马尔加里塔·波波娃（Маргарита ПОПОВА）。

重要节日　国庆节：3月3日；保加利亚教育文化和斯拉夫文字节：5月24日。

简况

位于欧洲巴尔干半岛东南部，北与罗马尼亚隔多瑙河相望，西与塞尔维亚、马其顿相邻，南与希腊、土耳其接壤，东临黑海，海岸线长378公里。北部属大陆性气候，南部属地中海式气候。平均气温1月-2℃～2℃，7月23℃～25℃。

色雷斯人是保加利亚最古老的居民。公元395年并入拜占庭帝国。681年斯拉夫人和古保加利亚人在多瑙河流域建立斯拉夫保加利亚王国（史称第一保加利亚王国）。1018年被拜占庭侵占。1185年建立第二保加利亚王国。1396年被奥斯曼土耳其帝国侵占。1877年俄国对奥斯曼土耳其宣战，土战败，保于次年摆脱其统治宣布独立。两次世界大战保均为战败国。1944年9月9日成立了以保共产党和农民联盟为主体的祖国阵线政府并宣布保为人民共和国。此后保共长期处于执政地位。1989年保政权更迭，改行多党议会民主制。1990年2月27日，保将摆脱奥斯曼帝国统治纪念日3月3日定为国庆日。同年11月15日，改国名为保加利亚共和国。

政治

2009年7月，保举行议会换届选举，"争取欧洲进步公民党"（GERB，简称"公民党"）获胜并独立组阁。2011年，保政局保持总体稳定。

【宪法】现行宪法于1991年7月12日通过，并于次日公布后生效。宪法规定，保为议会制国家，总统象征国家的团结并在国际上代表保。

【议会】保加利亚议会称国民议会，议长称国民议会主席。根据1991年通过的宪法，议会行使立法权和监督权，并有对内政外交等重大问题做出决定的权力。保议会实行一院制，共240个议席，按比例制通过民选产生，任期四年。本届议会领导人包括议长和5位副议长。

本届议会是第41届国民议会，2009年7月产生，240个议席分配情况是："争取欧洲进步公民党"117席，"为了保加利亚"联盟40席，"争取权利与自由运动"党37席，"阿塔卡"党21席，"蓝色联盟"14席，独立议员11名。议长采茨卡·察切娃（Цецка ЦАЧЕВА，女），2009年7月14日当选。

【政府】内阁称部长会议，2009年7月27日组成。部长会议主席（总理）博伊科·博里索夫（Бойко БОРИСОВ）。政府成员共18人：总理1人和17名部长（其中2人为副总理兼部长）。部长会议副主席（副总理）兼内务部长茨韦坦·茨韦塔诺夫（Цветан ЦВЕТАНОВ），部长会议副主席（副总理）兼财政部长西美昂·迪扬科夫（Симеон ДЯНКОВ），地区发展和建设部长莉莉亚娜·尼可洛娃（Лиляна НИКОЛОВА，女），劳动和社会政策部长托丘·姆拉德诺夫（Тотю МЛАДЕНОВ），国防部长阿纽·安格洛夫（Аню АГЕЛОВ），外交部长尼科拉伊·姆拉德诺夫（Николай МЛАДЕНОВ），司法部长迪亚纳·科瓦切娃（Дияна КОВАЧЕВА，女），教育、青年和科学部长塞尔盖伊·伊格纳托夫（Сергей ИГНАТОВ），卫生部长斯特凡·康斯坦丁诺夫（Стефан КОНСТАНТИНОВ），文化部长韦日迪·拉希多夫（Вежди РАШИДОВ），环境和水资源部长诺娜·卡拉卓娃（Нора КАРАДЖОВА，女），农业和食品部长米罗斯拉夫·纳伊德诺夫（Мирослав НАЙДЕНОВ），交通、信息技术和通讯部长伊瓦伊洛·莫斯科夫斯基（Ивайло МОСКОВСКИ），经济、能源和旅游部长特拉伊乔·特拉伊科夫（Трайчо ТРАЙКОВ），体育和运动部长斯维伦·内伊科夫（Свилен НЕЙКОВ），欧盟基金管理部长托米斯拉夫·东切夫（Томислав ДОНЧЕВ），不管部长博日达尔·迪米特罗夫（Божидар ДИМИТРОВ）。

【主要网址】总统府：www.president.bg；议会：www.parliament.bg；政府：www.government.bg；外交部：www.mfa.bg；内务部：www.mvr.bg；国防部：www.mod.bg；经济、能源和旅游部：www.mi.government.bg；财政部：www.minfin.bg。

【行政区划】共有28个大区和254个市。

【司法机构】设最高司法委员会、最高上诉法院、最高行政法院、总检察院、特别侦察局、最高律师委员会，各行政区、市设有法院与检察院。最高司法委员会主席迪亚纳·科瓦切娃（Диана КОВАЧЕВА，女），2011年12月就职；最高上诉法院院长拉扎尔·格鲁埃夫（Лазар ГРУЕВ），2007年11月就职；最高行政法院院长格奥尔基·高列夫（Георги КОЛЕВ），2010年3月就职；总检察长博里斯·维尔切夫（Борис ВЕЛЧЕВ），2006年2月就职；特别侦察局局长博伊科·奈登诺夫（Бойко НАЙДЕНОВ），2007年11月就职；最高律师委员会主席达尼埃拉·多科夫斯卡（Даниела ДОКОВСКА），2008年2月就职。

【政党】保注册政党300多个，主要有：

（1）争取欧洲进步公民党（Граждани за европейско развитие на България—ГЕРБ，简称“公民党”）：执政党。2006年12月3日正式注册成立。该党奉行基督教民主主义原则，努力推行基督教旨、家庭和民主价值观。希望通过努力建立一个自由、民主、团结、公正的社会，让保加利亚更好地融入欧洲。公民党自成立以来，民众支持率一直较高，目前是保第一大党。2009年7月，该党在保第41届国民议会选举中获胜，赢得117个议席。党主席博伊科·博里索夫出任政府总理。

（2）保加利亚社会党（Българска социалистическа партия—БСП）：在野党。保第二大党。前身是保社会民主工党，成立于1891年8月2日。1919年5月25日二十二大改名为共产党，并参加第三国际。1944年后连续执政47年。1990年2月保共十四大决定走民主社会主义道路，并于4月改名为社会党。曾于1994～1997年、2005～2009年执政。现任党主席：塞尔盖伊·斯塔尼舍夫（Сергей СТАНИШЕВ）。

（3）争取权利与自由运动（Движение за права и свободи—ДПС）：在野党。1990年1月4日成立，是保土耳其族人的组织。1990年4月26日注册为政党。该党主张民族平等，尊重所有人的权利与自由，通过制定正确的民族政策达到民族间的谅解与团结。1997年4月，该党同其他小党联合组成救国联盟参加大选，成为议会第三大党。该党于2001～2005年与“稳定与振兴国民运动”（НДСВ）联合组阁，2005～2009年与社会党及“稳定与振兴国民运动”党联合组阁。现任党主席阿赫迈德·多甘（Ахмед ДОГАН）。

（4）“阿塔卡”联盟（Национален съюз АТАКА）：在野党。2005年7月注册成立，倡导爱国主义和民族主义政治力量，拥有自己的电视台和报纸。2005年首次参加议会换届选举并获得21个议席，成为议会最大在野党。2009年议会换届选举中再次获得21席。现任党主席沃伦·西德罗夫（Волен СИДЕРОВ）。

（5）民主力量联盟（Съюз на демократичните сили—СДС）（简称“民盟”）：在野党。1989年12月7日成立，建立时是一个松散的政治联盟，包括16个政党和组织。1991年10月分裂成“运动派”、“中心派”和“自由派”。同年10月各派单独参加大选，“运动派”在大选中获胜执政。1992年10月，民盟政府辞职。1994年12月，民盟召开会议，选举经济学家伊万·科斯托夫为全国协调委员会主席。1997年2月，民盟召开第9次全国代表大会，决定由政治联盟改为政党，科斯托夫连任党主席。1997年4月民盟在提前举行的议会选举中获胜，组成以科斯托夫为首的政府。2001年2月，民盟与农民联盟和民主党组成联合民主力量。在同年6月举行的议会大选中，联合民主力量赢得51个席位。2005年6月，在议会换届选举中，民盟获得20个议席。2009年7月议会选举中，该党与振兴保加利亚民主党等右翼政党组成“蓝色联盟”参选，赢得14个议席。现任党主席埃米尔·卡巴伊瓦诺夫（Емил Кабаиванов）。

（6）振兴保加利亚民主党（Партия “Демократи за силна България”—ДСБ）：在野党。2004年5月30日成立，由原民主力量联盟部分成员组建。2005年6月25日，该党在议会换届选举中获得17个席位，首次进入议会。2009年7月在保议会换届选举中，该党与民主力量联盟等右翼政党组成“蓝色联盟”参选，赢得14个议席。现任党主席伊万·科斯托夫（Иван КОСТОВ）。

【重要人物】**罗森·普列夫内利埃夫：**总统。1964年出生于保“戈采·德尔切夫”市。1989年毕业于索非亚技术大学机械系。多年在保及德国建筑业工作，曾任多家建筑公司总经理。2009年加入保公民党经济政策小组，同年出任保地方发展与建设部长。2011年10月当选总统，2012年1月就任。未曾访华。再婚，和第二任妻子育有三子。讲德语、英语。　**博伊科·博里索夫：**总理。1959年6月13日出生于索非亚。1982年内务部高级专业学校消防技术与安全专业毕业，后长期在内务部系统工作。1991年创立一家保安公司。2001年担任内务部秘书长，晋升上校，2002年晋升少将，2004年晋升中将。2005年作为稳定与振兴国民运动（原西美昂二世国民运动）候选人当选第40届国民议会议员，但出于内务部工作考虑放弃议员席位。同年9月从内务部辞职。2005年10月作为独立候选人参加索非亚市长竞选，在第二轮投票中击败社会党候选人获胜，于同年11月10日宣誓就职。2006年创立争取欧洲进步公民党（GERB）。在2009年7月第41届议会选举中，该党获得117个议席，成为议会第一大党。博里索夫于7月27日就任总理。离异，有一女。　**采茨卡·察切娃**：议长。1958年5月24日出生于洛维奇市德拉加纳村。毕业于索非亚大学法律专业。曾在普列文地区法院实习一年，之后任普市政府法律顾问。1988年开始任普市政府法律事务部负责人。1992年4月29日获得普市律师协会资格。争取欧洲进步公民党（GERB）创始人之一，参与组建普列文地区GERB党组织。2007年代表GERB党参选普市市长，同年当选该市议会GERB党议员。2009年7月5日作为GERB候选人当选第41届国民议会议员。同年7月14日，当选第41届国民议会议长。保历史上首位女议长。已婚，有一子。

经　济

1989年剧变前，保加利亚国民收入的90％靠进出口贸易来实现，进出口主要依赖于前经互会国家。1989年后保开始向市场经济过渡，发展包括私有制在内的多种所有制经济，优先发展农业、轻工业、旅游和服务业。至2004年底，保大部分国有资产已完成私有化。2001 ~ 2008年经济增长平均保持在5%以上。2011年主要经济数据如下：

国内生产总值：385亿欧元，同比增长1.7%。

人均国内生产总值：5168.7欧元。

货币名称：列弗。1列弗（лев）＝100斯托丁卡（стотинки）。

汇率：1美元=1.48列弗；1欧元=1.95列弗。

失业率：11.4％。

【资源】自然资源贫乏。主要矿藏有煤、铅、锌、铜、铁、铀、锰、铬、矿盐和少量石油。森林面积约412万公顷，约占全国总面积的33％。

【工业】2010年工业产值为515.6亿列弗，同比增长13％。主要工业部门有冶金、食品、轻纺、机械制造、造纸、化工等。近年主要工业品产量如下（单位：万吨）：

	2007	2008	2009
煤	2841.5	481.4	456.0
水泥	583.3	543.6	315.5
自行车（辆）	527424.0	535537.0	443025.0
电力（亿度）	431.4	444.2	429.6

［资料来源：2011年保加利亚统计手册（2012年出版）］

【农业】2010年农业产值为39.9亿列弗。近年主要农产品产量如下（单位：万吨）：

	2008	2009	2010
小麦	463.2	397.7	399.5
向日葵	130.1	131.8	150.6
玉米	136.8	129.1	204.4
土豆	35.3	23.2	25.1
西红柿	13.4	10.4	11.2

［资料来源：2011年保加利亚统计手册（2012年出版）］

【服务业】90年代以来，服务业发展迅速。2010年产值为385亿列弗。

【旅游业】旅游业比较发达。2010年接待外国旅游者837万人次，同比增长6.4%，主要来自罗马尼亚、希腊、土耳其、德国、马其顿、俄罗斯、塞尔维亚、英国、波兰、捷克、法国。2010年，共有旅馆1823家，床位24.54万张。

【交通运输】以铁路和海运为主。2010年全国客运总量为183.45亿人公里，货运总量489.75亿吨公里。其中陆路客运量为127.13亿人公里，货运量为224.4亿吨公里；水路货运量为265.35亿吨公里。

铁路：2010年总长5831公里，电气化铁路占68%。

公路：2010年总长37.13万公里（各级公路），货车304436辆、公交车23857辆。

水运：2009年有商船182艘。

有三个主要港口：瓦尔纳港、布尔加斯港以及鲁塞港。

【财政金融】截至2010年底，保加利亚国家债务总额53.85亿欧元，占国内生产总值的14.9%。外汇储备129.7亿欧元，财政储备30.7亿欧元。近年财政收支情况如下（单位：亿欧元）：

	2008	2009	2010
收入	140	127.93	122.36
支出	129	130.64	136.59
盈亏	11	–2.71	–14.23

主要银行有：保加利亚国家银行（Bulgarian National Bank），为中央银行，成立于1879年1月25日。国家储蓄银行（National Savings Bank），成立于1951年3月2日。

【对外贸易】2010年外贸总额348.53亿欧元。近年外贸情况如下（单位：亿欧元）：

	2008	2009	2010
贸易额	393.14	286.6	348.53
出口额	152.78	169.23	156.34
进口额	240.36	117.34	192.19
差　额	–87.58	51.89	–35.85

据2011年保加利亚统计手册记载：2010年主要进口产品是机械、化工、燃料、食品，出口产品主要是轻工产品、化工、农产品等。主要进口国家有：俄罗斯、德国、意大利、罗马尼亚、希腊和土耳其，进口额分别为（单位：亿列弗）：60.50、43.72、27.73、26.14、22.33、20.29，分别占保进口总额的16.14%、11.67%、7.40%、6.97%、5.96%、5.41%；主要出口国有：

德国、意大利、罗马尼亚、土耳其、希腊和法国。出口额分别为（单位：亿列弗）：32.45、29.53、28.19、25.92、24.18、12.29，分别占保出口总额的10.64%、9.69%、9.25%、8.50%、7.93%、4.30%。

【外国资本】1991年5月17日颁布实施外国投资法，1992年修订后重新公布。允许外商在保合资或独资经营，军事等特定部门和领域除外。外企利润率为40%，如外资股超过49%和价值10万美元以上者，可按30%的优惠率计征。外国投资者可以将投资所得的外汇利润、利息、红利和其他外汇收入汇出保境。1996年4月，保宣布吸引外资新举措：对私有股份超过66%的外资和合资企业，在税收方面给予为期5年的优惠，利润税头3年全部免征，后2年减免50%，条件是这些企业必须将利润的50%进行再投资；向外资开放部分能源、原材料等重点企业和30%的电信业。2010年，外国在保直接投资为16.39亿欧元，占GDP的4.55%。

人民生活

2010年底，职工平均月工资为647列弗。2010年人均消费分别为：肉及肉制品43.3公斤，蛋137个，鲜奶20.9升，糖8.5公斤，水果43.5公斤，蔬菜69.1公斤。

军　事

保加利亚军队建立于1944年9月。1990年1月26日国务委员会决定禁止在军队开展党派活动。同年9月成立总统安全委员会，主席由总统担任。安全委员会负责制定与武装力量有关的对内对外政策，战时制定反对外来侵略的方针政策。1991年11月8日，国防部长改由文职官员担任。士兵服役期为9个月，受过高等教育者为6个月。总兵力为4.5万人，其中陆军2.5万人，海军5000人，空军1.2万人，文职3000人。2010年国防预算开支6.98亿美元。

文化教育

【教育】全国普及12年制义务教育。2010／2011学年有各类教学单位5200所，在校生1307705人，教师104078人。中小学校2175所、中等专业技术学校及职业技术培训中心834所、高等学校为53所。高等院校在校生285265人、教师22432人。著名高等学府有索非亚大学、新保加利亚大学、大特尔诺沃大学等。

【新闻出版】主要报刊有：《劳动报》，1946年创刊；《24小时报》，1991年4月18日创刊；《言论报》，前身为《工人事业报》，1927年3月5日创刊，1990年4月4日改名；《监视器报》，1998年创刊；《现在报》，1997年10月21日创刊；《标准报》，1992年8月10日创刊；《日志报》，2001年2月12日创刊。

主要通讯社：保加利亚通讯社，为国家通讯社，成立于1898年。同世界上许多国家通讯社有合作关系和业务联系，其领导人由议会任免。索非亚新闻社，成立于1967年，国家资助，民间经营，主要负责对外宣传和报道。

保加利亚国家广播电台：成立于1929年，业务受议会监督，其领导人由议会任免。1958年后开始全天播音。现有2套全国性节目。对外用10种语言广播。

保加利亚电视台：国家电视台，业务受议会监督，其领导人由议会任免。1958年建成，1959年正式开播。现有2套节目。

对外关系

保加利亚于2004年3月加入北约，2007年1月加入欧盟。保政府在优先发展与欧美关系的同时，积极参与地区合作，注重睦邻友好，开展多元外交。

【同中国的关系】中国与保加利亚于1949年10月4日建交。50年代，两国关系发展顺利。60年代起，双边交往一度减少。自80年代起两国各领域的交流与合作逐步增多，两国关系平稳发展。2011年，两国传统友好合作关系继续稳步发展。

两国高层保持交往。9月，中共中央政治局委员、中央军委副主席徐才厚访保，期间会见保总统珀尔瓦诺夫、议长察切娃。12月，保国防部长安格洛夫访华，中共中央政治局委员、中央军委副主席徐才厚会见。

经贸合作进一步发展。2011年双边贸易额为14.66亿美元，同比增长49%，其中中方出口额为10.06亿美元，进口额为4.6亿美元，同比分别增长52.2%和42.6%。

中国驻保加利亚大使：郭业洲。馆址：索非亚“亚历山大·冯·洪堡”街7号（Str. Alexander von Humboldt 7，Sofia 1113，Republic of Bulgaria）。电话：00359-2-9733873；传真：9711081。网址：http：//www.chinaembassy.bg。电子邮箱：webmaster@chinaembassy.bg。领事部（签证处）电话00359-2-9733947。商务处电话：00359-2-9710238，9710290；传真：9712415。地址：索非亚“亚历山大·任多夫”街1号（Str. Alexander Zhendov 1，Sofia 1113）。

保加利亚驻华大使：普拉门·舒丘尔利埃夫（Plamen SHUKYURLIEV）。馆址：北京市朝阳区建国门外秀水北街4号。电话：010-665321946，65321916。传真：65324502。商务处电话：010-65322969。电子邮箱：bulemb@public.bta.net.cn

【同美国的关系】1947年恢复公使级外交关系，1950年断交，1959年再度复交，1966年升格为大使级外交关系。两国关系长期紧张。1989年后两国关系逐步改善并恢复正常。2001年美“9·11”事件后，保政府声明支持美为打击恐怖主义所可能采取的一切行动，并同意美国的要求，为参加反恐行动的美运输机提供空中走廊。2006年，保美签署两国政府间防务合作协议，允许美向保境内的3处军事基地及一处军用物资仓库派遣约2500名士兵，美出资对基地进行改造和维修。2011年，保政府批准保美政府间防务合作协议的一项附件，允许美国在保境内部署无人驾驶飞机。

【同俄罗斯的关系】冷战时期，保加利亚一直同苏联保持着密切的关系。1989年剧变后，保加利亚仍与俄罗斯保持着比较好的关系。2008年两国举办保加利亚—俄罗斯年系列活动。俄总统普京访保并为保加利亚“俄罗斯年”揭幕。2008年保俄签署了保加利亚加入“南溪”项目政府间协议。该项目建成后，保加利亚将成为东南欧最重要的能源过境中心。

【同欧洲国家的关系】2007年1月1日，保正式成为欧盟成员国。保在欧洲议会中占有15个席位。保政府支持欧洲一体化建设，致力于加强地区合作。2011年，珀尔瓦诺夫总统访问奥地利；博里索夫总理访问西班牙、克罗地亚、爱沙尼亚、捷克等国。奥地利总理法伊曼、欧洲理事会主席范龙佩、塞尔维亚总理茨韦特科维奇、阿尔巴尼亚副总理兼外长哈吉纳斯托、卢森堡首相兼国务和财政大臣容克、匈牙利总统施密特、丹麦首相托宁—施密特等相继访保。

保与欧盟贸易关系密切。2011年，保对欧盟出口占保总出口额的62.5%，进口占保总进口额的59.2%。

【同其他国家的关系】保重视发展与亚太地区各国的关系和加强同广大发展中国家的往来。2011年，珀尔瓦诺夫总统访问阿塞拜疆；博里索夫总理访问巴西、日本；察切娃议长访问以色列、印度；茨维塔诺夫副总理兼内务部长访问巴勒斯坦。土耳其总统居尔、以色列总理内塔尼亚胡、韩国总理金滉植、巴西总统罗塞芙、瑞典首相赖因费尔特、叙利亚反对派“叙利亚全国委员会”主席加利昂等相继访保。博里索夫总理在华沙出席欧盟东部伙伴关系峰会期间与格鲁吉亚总统萨卡什维利举行会晤。保第21批165名维和士兵赴阿执行轮换任务，主要任务是巡防喀布尔机场。

【同国际及地区组织的关系】2011年5月，联合国秘书长潘基文访保；北约议会大会春季峰会在保海滨城市瓦尔纳举行。12月，外长姆拉德诺夫出席布鲁塞尔北约—俄罗斯理事会外长会议。 （屈东华）

比 利 时

国名 比利时王国（The Kingdom of Belgium，Le Royaume de Belgique）。

面积 陆地面积30528平方公里，领海及专属经济区3462平方公里。

人口 1107.7万，其中讲荷兰语的弗拉芒大区637万，讲法语的瓦隆大区356.1万（包括讲德语的约7.5万），使用荷法两种语言的布鲁塞尔首都大区114.5万。官方语言为荷兰语、法语和德语。80%的居民信奉天主教。

首都 布鲁塞尔（Brussels，Bruxelles），人口112万，其中85%的居民讲法语，15%讲荷兰语，外籍人约占全市人口的1/3。布鲁塞尔为欧盟和北约总部所在地，有“欧洲首都”之称。

国家元首 国王阿尔贝二世（Albert II），1993年8月9日即位。

重要节日 国庆日：7月21日。国王日：11月15日。

简 况

位于西欧，北连荷兰，东邻德国，东南与卢森堡接壤，南和西南与法国交界，西北隔多佛尔海峡与英国相望。海岸线长66.5公里。属海洋性温带阔叶林气候。

公元前克尔特族的比利其人在此居住。公元前57年起长期为罗马人、高卢人、日耳曼人分割统治。9～14世纪被各诸侯国割据。14～15世纪建立了勃艮第王朝。随后又陆续为西班牙、奥地利、法国所统治。1815年被并入荷兰。1830年10月4日独立。1867年成为永久中立国。在两次世界大战中均被德国占领。二战后加入北约。1958年加入欧共体，并与荷兰、卢森堡结成经济联盟。1993年完成国家体制改革，正式实行联邦制。

政 治

本届政府于2011年12月5日产生，6日宣誓就职。2010年4月26日，上一届联邦政府集体辞职，于6月13日提前举行大选。北部荷语区右翼政党新弗拉芒联盟和南部法语区法语社会党成为各自地区第一大党。由于任何政党均无力单独组阁，需联合多党组成执政联盟。但由于各党在国家体制改革和布鲁塞尔及其周边选区划分等问题上存在分歧，谈判进展缓慢。2011年11月30日，比主要政党就组阁达成协议。12月5日，法语社会党主席埃利奥·迪吕波（Elio Di Rupo）被国王任命为首相，并于次日率新政府向国王宣誓就职。

【宪法】1831年制定首部宪法。1994年2月出台新宪法，保留了原宪法有关基本自由、权力分享和国家民主等条款，并规定：比实行世袭君主立宪的联邦制，国王为国家元首、三军最高统帅，与议会共同行使立法权，与政府共同行使行政权，但实权在政府，政府对议会负责。议会实行两院制，主要由众议院行使立法权，参议院只在修宪、外交事务、国家体制改革等方面与众议院享受同等权力，在其他方面仅有立法建议和咨询权。新宪法扩大了地区政府的内政和外交权力。新宪法首次承认女性王室成员的王位继承权。

【议会】联邦议会由150名众议员和71名参议员

组成，任期四年。众议员由全国11个选区直选产生。71名参议员由地区直接选举40名，语区议会指派21名，地方再遴选10名。年满18岁的国王子女是法定参议员，但不参加投票，目前菲利普王储、阿斯特里德公主和洛朗王子均是参议员。2011年10月，比参与组阁谈判的主要政党完成第六次国家体制改革谈判，决定从2014年起联邦选举为每5年一次，联邦参议院为非常设机构，成员从71名减少到60名。本届比利时联邦议会于2010年6月13日选举产生，参议院议长丹尼·皮特斯（Danny Pieters，新弗拉芒联盟党），众议院议长安德烈·弗拉奥（André Flahaut，法语社会党）。2011年10月，参与组阁谈判的8个政党因参议长皮特斯所属的新弗拉芒联盟未参与谈判，推选萨比娜·德贝图娜（Sabine de Bethune，荷语基督教民主党）担任参议长，皮特斯改任参院第一副议长。各党派席位如下：

	众议院	参议院
新弗拉芒联盟党	27	14
法语社会党	26	13
法语革新运动党	18	8
荷语基民党	17	7
荷语社会党	13	8
荷语开放自民党	13	6
弗拉芒利益党	12	4
法语人道主义民主中心党	9	4
法语生态党	8	5
荷语绿党	5	2
德戴克尔党	1	
法语人民党	1	

【政府】2011年5月16日，法语社会党主席埃里奥·迪吕波被阿尔贝二世国王任命为组阁人。2011年11月底，比主要政党达成组阁协议。12月6日，迪吕波率新政府向国王宣誓就职，结束了长达541天的"无政府状态"。新政府除首相外，共有12名大臣，6名国务秘书。主要成员有：首相迪吕波，副首相兼财政、可持续发展与公职大臣瓦纳克尔（Steven Vanackere），副首相兼外交、外贸和欧洲事务大臣雷德尔斯（Didier Reynders），副首相兼经济、消费者与北海事务大臣范德·拉诺特（Johan Vande Lanotte），副首相兼内政大臣米尔盖（Joëlle Milquet，女），副首相兼社会事务、公共卫生、Beliris协议与联邦文化机构大臣翁克琳克斯（Laurette Onkelinx，女）等。

【行政区划】全国分为10个省和589个市镇。10个省：安特卫普、西弗兰德、东弗兰德、林堡、弗拉芒布拉邦、瓦隆布拉邦、列日、埃诺、那慕尔和卢森堡。

【司法机构】全国设225个治安审理所，27个初审法院，5个上诉法院，1个最高法院。10省和布鲁塞尔首都大区各设1个重罪法庭。三级法院均有相应的检察机构。各级法院的法官均由国王直接或根据同级议会的提名任免，终身任职。各级检察长由国王根据政府提名任免。最高法院院长胡特斯（Etienne Goethals）。最高检察院检察长莱克勒克（Jean-François Leclercq）。

【政党】主要政党有：

（1）新弗拉芒联盟党（NVA）：2001年成立，前身为成立于1954年的人民联盟党（Volksunie）。现任主席巴尔特·德韦弗（Bart De Wever）。2010年联邦大选中成为荷语区第一大党，赢得众议院最多席位。

（2）荷语基督教民主党（CD&V）：前身是1968年从比基督教社会党分裂独立的荷语基督教人民党，后改现名。现任党主席伍特·贝克（Wouter Beke）。

（3）荷语开放自民党（OPEN VLD）：成立于1992年11月，前身为成立于1972年的荷语自由进步党（Partij voor Vrijheid en Vooruitgang，PVV）。现任党主席亚历山大·德克罗（Alexander De Croo）。

（4）荷语社会党（SP.A）：1978年，比利时社会党因民族矛盾分裂为荷语社会党（SP）和法语社会党（PS）。2001年，SP更名为SP.A。现任党主席布鲁诺·托巴克（Bruno Tobback）。

（5）弗拉芒利益党（Vlaams Belang）：1978年12月，弗拉芒国家党（VNP）和弗拉芒人民党（VVP）合并为弗拉芒集团（Vlaams Blok），后更名为弗拉芒利益党。现任党主席布鲁诺·瓦克尼耶（Bruno Valkeniers）。

（6）法语社会党（PS）：南部法语区第一大党。前身是1885年创立的比利时工人党（POB）和1945年成立的比利时社会党（PSB）。1978年，社会党按语言分裂为法语社会党（PS）和荷语社会党（SP）。原主席埃利奥·迪吕波出任首相后，由蒂耶里·吉耶特（Thierry Giet）代理主席。

（7）法语革新运动党（MR）：前身是建于1846年的自由党（PL），是比利时历史最久的政党，后分裂。2002年3月24日，法语革新自由党（PRL）、法语民主阵线（FDF）、国民革新运动（MCC）合并组成法语革新运动党（MR）。现任党主席查理·米歇尔（Charles Michel）。

（8）法语人道主义民主中心党（CDH）：1968年由基督教社会党分裂而成法语基督教社会党（PSC），2002年改为现名。党主席为饶埃尔·米勒盖（Joëlle Milquet，女）。

（9）荷语绿党（Groen）：前身为1982年成立的荷语生态党（Agalev），2003年改为现名。党主席伍特·范贝森（Wouter Van Besien）。

（10）法语生态党（Ecolo）：成立于1980年。该党实行集体领导。

此外还有比利时劳动党、比利时进步团结共产党（前比马列共）等小党。

【重要人物】**阿尔贝二世**：国王。1934年6月6日生于布鲁塞尔。1993年获陆军中将和海军中将军衔。1993年8月9日登基。曾于1975年和1993年两次以亲王身份率经贸代表团访华，2005年6月对中国进行国事访问。已婚，王后葆拉，有两子一女。**菲利普王储**：1960年4月15日生，现国王阿尔贝二世和王后葆拉的长子，第一王位继承人。1978～1981年就读于比利时皇家军校，之后到英、美高校深造，主修政治科学。1993年8月起，菲利普任比外贸局理事会名誉主席，兼任联邦可持续发展委员会名誉主席。1994年6月21日宣誓成为联邦参院参议员。2001年被授予少将军衔。已婚，有两女两子。**迪吕波**：首相。1951年7月18日生。科学博士。历任蒙斯市议员、副市长，联邦众议员、参议员、法语区教育大臣、视听大臣、联邦副首相兼交通、国企大臣和副首相兼经济、电信大臣。1999年任瓦隆大区首席大臣，同年当选法语社会党主席后辞职。2003年、2007年、2011年，三届连任法语社会党主席。2005年10月至2007年6月，复任瓦隆大区首席大臣。2011年5月11日被国王任命为联邦政府组阁人，12月6日组阁成功，出任首相。曾于2000年12月以法语社会党主席身份访华，2008年8月来华出席北京奥运会闭幕式。

经济

发达的资本主义工业国家，经济高度对外依赖，80%的原料靠进口，50%以上的工业产品供出口。2011年主要经济数据如下：

国内生产总值：4994亿美元。

人均国内生产总值：45367美元。

经济增长率：1.9%。

货币名称：欧元（EURO）。

汇率：1欧元≈1.39美元（2011年5月）。

通货膨胀率：3.5%。

失业率：7.2%。

【资源】据估测，煤蕴藏量为37亿吨，其中有开采价值的18亿吨，瓦隆地区的煤层已开采殆尽。此外尚有少量铁、锌、铅、铜等。核电站7座，占总发电量的57.7%。森林及绿地面积6059平方公里。

【工业】2011年工业附加值562.42亿欧元，约占国内生产总值15.2%，比上年增长3.3%。主要工业部门有钢铁、机械、有色金属、化工、纺织、玻璃、煤炭等行业。

【农业】2011年农牧渔业附加值为20.1亿欧元，约占国内生产总值0.5%。农业就业人口8.1万，约占总劳力1.8%。农业用地面积约为136万公顷。近年来主要农作物耕地面积如下（单位：万公顷）：

	2008	2009	2010
谷物（不含玉米）	29.11	27.83	27.66
甜菜	6.35	6.27	5.93
玉米	24.84	24.70	23.88
马铃薯	6.35	7.37	8.18

（资料来源：比利时统计局和国家银行网站）

主要家禽饲养数如下（单位：万只）：

	2008	2009	2010
蛋鸡	1181.8	1182.8	1159.5
肉鸡	2038.6	2065.9	2189.9

（资料来源：比利时统计局网站）

主要牲畜存栏数如下（单位：万头、万只）：

	2008	2009	2010
牛	261.3	260.0	259.3
其中奶牛	49.5	50.4	50.0
猪	626.9	632.1	634.0
羊	17.9	15.8	15.2

（资料来源：同上）

【服务业】第三产业发展迅速，2011年附加值为2515亿欧元，约占国内生产总值68.3%，比上年增长1.7%。服务业就业人数约347万人，占总劳动人口的78.2%。

【旅游业】截至2010年，拥有旅馆及其他各种旅游设施3680处，37.2万张床位。2010年接待外国游客718.6万人次。旅游业收入约占国内生产总值的2%。主要旅游点是阿登山区、北海海滨和布鲁塞尔市等。

【交通运输】铁路：总长3582公里，2010年全年客运量2.24亿人次。

公路：总长15.36万公里，其中高速公路18227公里。

水运：内河航道总长1559.5公里，货运吞吐量1.08亿吨（2009年）。有4个海港，2010年外贸海运装货量1亿吨，卸货量1.26亿吨。

空运：空中运输网络联系49个国家，74个城市。2010年客流量2308万人次。布鲁塞尔国际机场经停63家外航班机。

【财政金融】2010年比联邦政府财政收入为940亿欧元，财政支出1052亿欧元，财政赤字112亿欧元。债务占GDP 97.5%。2011年，比公共财政赤字占GDP 3.8%。近几年财政收支及公共债务情况如下（单位：亿欧元）：

	2008	2009	2010
收入	1683.86	1632.60	1722.38
支出	1729.00	1835.19	1870.42
公共债务	3091.91	3263.71	3410.19

（资料来源：比利时国家银行年度统计报告）

截至2010年12月，比外汇储备63.39亿欧元，黄金储备77.2亿欧元。

2011年比利时银行情况如下：

荷兰国际集团ING GROUP　世界500强排名第17位　营业额147052.2（百万美元）

联合银行KBC GROUP　世界500强排名第394位　营业额24473.4（百万美元）

德克夏银行DEXIA GROUP　世界500强排名第97位　营业额69490.5（百万美元）

（注：2011年9月，德克夏银行资金链断裂遭拆分，成为欧债危机中倒下的首家欧洲大银行。2011年亏损近120亿欧元。）

富通集团FORTIS 2007年，富通集团按营业额计算排名世界第20大银行，但2008年金融危机后，大部分业务被分批出售。富通集团比利时和卢森堡的银行和保险业务被售予法国巴黎银行，荷兰的银行业务被售予荷兰政府，富通集团只余下保险业务。

【对外贸易】外贸是比经济命脉，2011年进出口总额为6203亿欧元，其中出口额为3129亿欧元，进口额为3073亿欧元。

进出口主要产品是原料制品、运输器材、化工产品和食品。主要贸易伙伴是德国、荷兰和法国，其次是其他欧洲国家及北美、亚洲、非洲。

2011年，受全球钻石价格上涨影响，比利时安特卫普钻石业销售额增长近50%，达446亿欧元。2011年，比钻石出口占总出口额的8.25%，主要出口方为中国和印度。

【对外投资】2011年对外投资总额409亿欧元。重点投资国家：瑞典、西班牙、法国、荷兰、卢森堡、英国、巴西、美国、德国。截至2011年年底，比在华投资项目844个，实际投入12.5亿美元。

【对外援助】2010年提供公共发展援助占GDP的比例为0.64%。主要受援国：刚果（金）、卢旺达和布隆迪等。比政府向阿富汗承诺自2015年起三年内每年援助1200万欧元用于阿富汗民用设施重建。

【外国资本】比利时政府对外国资本采取鼓励政策。2010年吸收外资额为498亿欧元，其特点以多国或跨国公司形式居多，对解决就业和扩大出口起到促进作用。主要投资部门为工业和服务业。

【著名公司】比利时著名企业情况如下：

	营业额	业务范围	所在地
英博啤酒集团	85亿欧元	啤酒	布鲁塞尔
苏威集团	79亿欧元	化工	布鲁塞尔
贝尔卡特集团	45亿欧元	钢丝制品	科特利克

人民生活

全国共有全科医生1.79万名，专科医生2.15万名，药剂师1.23万名，护士6.27万名，医院病床总数约7.4万张。

军　事

宪法规定国王是武装力量名义上的最高统帅。议会负责批准国防预算和与军事有关的法律。政府负责制定防务政策。内阁防务委员会是最高军事决策机构，同时也是国王的最高防务咨询机构。国防大臣在首相领导下，负责执行防务政策。武装力量由陆、海、空、卫生兵四部分组成。2002年撤销总参谋部，在国防部下设国防参谋部，是最高军事指挥机构。

1995年取消义务兵制度，实行志愿兵制，国内服役期1年，国外服役期10个月。

2011年，比军队总人数已裁至3.4万人（含2000名文职），而2007年军队人数达42000人。比在阿富汗有588名驻军。2011年国防预算28亿欧元，约占GDP的0.76%。

文化教育

【教育】实行6～18岁免费义务教育制。教育由地区政府管理。教育经费占国民生产总值的6.4%。2009年，比接受学前教育儿童约40万人，小学在校生约74万人，中学在校生约81万人，各类高等院校在校生共计约31万人。

前三大著名高等学校情况：

名称	建校年份	学生人数	外国留学生数	教师数
鲁汶天主教大学（荷语）	1425年	36923	5078	1463
鲁汶天主教大学（法语）	1969年	26018	4226	2612
根特大学	1816年	34750	3533	2777

【新闻出版】有日报30种，周报千余种，其他期刊5000余种，主要用荷文和法文出版，极少数用德文出版。

主要报刊有：《标准报》（荷语）、《自由比利时报》（法语）、《最新消息报》（法语）、《晚报》（法语）。《标准报》发行量30余万份，居首位，其余10万～30万份。

比利时通讯社于1936年创建。国家广播局建于1930年，1960年分为两个独立的广播电视台，分别用法语、荷语播送广播、电视节目，隶属地区政府领导。

对外关系

推行积极的欧洲政策，主张加快欧洲一体化建设步伐；支持参与联合国维和行动和人道主义援助；重视与美国的关系；主张加强与独联体和东欧国家的交往；在积极推动发展中国家民主化进程的同时，注意与其保持平稳关系；通过发展援助等手段，努力恢复对非洲传统影响。突出经济外交的重要性，提出“立足欧元区、放眼亚洲、南美及中东欧”的总体方向。

现与约160个国家有外交关系，在90多个国家设有使领馆。

【对总体国际形势的看法】主张建立多极化的世界新秩序，反对单边主义。认为世界上各主要力量，特别是欧洲应发挥重要作用，承担更多的责任与义务。为应对恐怖主义，需建立更公正、团结和宽容的世界。联合国是维护世界稳定、保护人权、促进经济发展的最主要机构，支持联合国在冲突地区采取行动，并愿为国际维和行动提供人力和财力支持。联合国应进行机构改革，更好地反映当今世界，公平公正地代表各不同地区的利益。认为促进可持续发展也是联合国的一大任务。主张加速欧洲一体化进程，强调欧洲宪章的重要性，支持欧盟东扩，积极推动欧洲防务建设。认为欧洲防务是北约十分必要的补充，主张欧洲建立与其经济实力相适应的防务，增强军事力量。与德、法、卢共同提出建立欧洲“集体能力核心”，在不使用北约资源的情况下实施由欧盟领导的行动计划，成立以法德旅为基础的欧洲快速反应力量。主张全面禁止生产和使用大规模杀伤性武器，赞成逐步裁减并最终销毁核武器，并建立可靠的裁军核查机制。认为全球化是双刃剑，应赋予全球化一个道德的基础。全球贸易应进一步自由化，为了解决欠发达国家所面临的问题，仍需增加发展援助。认为欧债危机对欧盟经济产生了严重冲击并还将持续。主张欧盟成员国施行统一的财政政策，认为欧盟不能只着眼于执行严格的预算纪律，也要注重经济增长和创造就业机会。支持欧洲央行参与应对欧债危机，主张合并欧洲金融稳定基金和欧洲稳定机制。

【同中国的关系】1971年10月25日建交。

近年来，两国高层交往密切。2009年10月，国家副主席习近平访问比利时并出席“欧罗巴利亚—中国艺术节”开幕式，两国关系得到进一步巩固。2010年4月，比副首相兼外交与体制改革大臣瓦纳克尔访华。5月，比首相莱特姆来华参观上海世博会。6月，比王储菲利普亲王来华出席上海世博会比利时国家馆日活动。10月，温家宝总理访问比利时。2011年10月，菲利普王储再次访华。

比是中国在欧盟的第六大贸易伙伴。2011年双边贸易额为291.1亿美元，同比增长31.5%。两国双向投资不断扩大。截至2011年年底，比在华直接投资项目846个，实际投入12.6亿美元。其中2011年，比在华投资项目29个，实际投入1.2亿美元。截至2011年底，中国对比直接投资1.01亿美元。其中2011年，中国对比非金融类直接投资1717万美元。

科技交流持续展开。中比2011年政府间科技合作项目5个，涉及农业、生物、环境、能源、地质等多个领域。

文化交流蓬勃发展。2011年，在庆祝中比建交40周年框架下，双方举办了一系列文化交流活动，内蒙古乌兰牧骑艺术团、中国残疾人艺术团访演比利时，中比青年音乐会在布鲁塞尔皇家音乐学院音乐厅成功举行，“中国面孔”文化周、“中国故事”图片展、比利时人唱中国歌等活动先后在比利时举行。

教育交流进一步深化。比鲁汶大学等四所综合性大学在中国设立办公室或项目负责人。荷语布鲁塞尔自由大学申请成立第四所孔子学院。目前，中国在比留学人员约2300人，比在华留学生300余人。

中国驻比利时大使：廖力强。馆址：443-445 AVENUE DE TERVUREN，1150 WOLUWE SAINT-PIERRE。值班电话：0032-475820752。传真：27792895。领事部电话：7794333。商务处电话：0032-26404006。

比利时驻华大使：奈斯（Patrick Nijs）。馆址：北京市朝阳区三里屯路6号。办公室（兼领事）电话：010-65321736。传真：65325097。

【同美国的关系】1832年2月9日建交。重视保持和发展同美在政治、经济和军事方面的合作关系。“9·11”事件后，强烈谴责恐怖分子对美国的袭击，表示要与美保持紧密团结，采取一切手段与恐怖主义进行斗争。认为北约不仅是共同防御组织，而且是欧洲安全的根本保障，也是共同价值观的载体，是维系欧美同盟关系的主要保证，为捍卫欧美共同利益发挥着重要作用。主张继续维持并不断加强北约，支持北约东扩，认为北约的扩大保证了大多数欧洲国家的安全，但同时强调北约东扩无意针对俄罗斯。对美发展NMD和退出《反导条约》感到担忧，认为这会引发新一轮核军备竞赛。

【同俄罗斯及东欧国家的关系】关注俄罗斯局势，支持俄国内改革，主张西方国家在政治、经济上帮助俄罗斯，以保持俄的稳定。主张发展同中东欧国家和独联体国家的关系，通过提供援助发展双边经贸关系。

【同邻国的关系】比是欧共体创始国之一，与邻国关系密切，同荷兰、卢森堡两国关系尤为特殊。1958年，三国签署《比荷卢经济联盟条约》，共同协商财政、经济和社会事务政策，在欧共体、世界卫生组织等国际机构中采取共同立场。三国之间还有防务协定。1990年6月，比同荷、卢、法、德签署五国商品、资本、人员自由流通协定。

比外贸的主要对象是欧盟国家。2010年从欧盟进口2056亿欧元，约占进口总额的70%，对欧盟出口2268亿欧元，约占出口总额的73.1%。在欧盟对比贸易和投资中，德国均居首位，荷、法、英次之。

【同其他国家的关系】重视发展与非洲国家的关系，承认欧洲原宗主国对非洲国家负有巨大的历史责任，希通过向非洲提供发展援助发挥独特影响。比确立了优先向非洲提供发展援助的原则，其65%的发展合作援助流向非洲。比极为重视刚果（金）和平进程，从人力、财力上大力支持2006年刚果（金）总统、议会选举。关注中部非洲局势，提出“大湖地区和平行动计划”。

重视亚洲在国际事务中的作用，认为亚洲是世界经济中发展最快的地区，21世纪将是亚洲世纪，亚洲的崛起对比既是机遇，又是挑战。积极参加亚欧会议，主张加强同亚洲国家的对话与合作。看好亚洲市场，积极发展同亚洲国家的经贸关系，推动比对亚洲国家出口。

（文莉）

冰　岛

国名　冰岛共和国（Republic of Iceland）。

面积　10.3万平方公里。

人口　31.9万（2011年底）。绝大多数为冰岛人，属日耳曼族。冰岛语为官方语言，英语为通用语言。85.4%的居民信奉基督教路德宗。

首都　雷克雅未克（Reykjavik），人口20万，其中市区人口11.89万（2011年4月），1月平均气温-0.2℃，7月平均气温12.5℃。

国家元首　总统奥拉维尔·拉格纳·格里姆松（Olafur Ragnar GRIMSSON），1996年8月1日就职，2000年、2004年、2008年和2012年四次连任。

重要节日　国庆节：6月17日。

简　况

位于北大西洋中部，靠近北极圈，为欧洲第二大岛。海岸线长约4970公里。属寒温带海洋性气候，变化无常。因受墨西哥湾暖流影响，较同纬度其他地方温和。夏季日照长，冬季日照极短。秋季和冬初可见极光。多火山和地热喷泉。

8世纪末，爱尔兰修道士首先移居冰岛。9世纪后半叶，挪威开始向冰岛移民。930年建立议会和冰岛联邦。1262年臣属于挪威。1380年冰、挪同归丹麦统治。1904年获内部自治。1918年冰丹签订联邦法，规定冰为主权国家，但外交事务仍由丹负责。1940年丹麦被德国占领，冰丹关系中断。同年英军进驻，次年美军取代英军驻冰。1944年6月16日冰议会正式宣布解散冰丹联盟，17日成立冰岛共和国。

政　治

金融危机后，冰政府继续推行经济刺激方案，但效果不彰，民众质疑上升。冰储银行“Icesave”破产后，政府就偿还英国、荷兰储户债务两次提出解决方案，遭总统拒签后均未能通过全民公决。冰岛议会成立“国家法庭”审理前总理哈尔德是否应为冰岛2008年金融危机负刑事责任一案，在议会中引发强烈争议。2011年4月，冰议会仅以1票多数否决在野党提出的对政府不信任案。

【宪法】1944年6月17日颁布，后经多次修订。宪法规定，冰岛实行共和制。议会和总统共同执掌立法权，法院执掌司法权，总统和政府共同拥有行政权。总统通过直接选举产生，任期四年，可连选连任。

【议会】议会原分上下两院，1991年10月合并为一院。共有议员63名，任期四年。本届议会于2009年4月25日大选后产生，由5个政党及无党派人士组成，其中社会民主联盟20席，独立党16席，“左翼绿色运动”12席，进步党10席，公民运动3席，无党派人士2席。议长奥丝塔·约翰内斯多蒂尔（Asta JOHANESSDOTTIR，女），2009年4月上任。

【政府】本届政府于2009年5月大选后产生，系社会民主联盟、左翼绿色运动联合政府。有阁员12名，两党各5名，无党派人士占2名。为削减政府开支，冰政府多次改组，撤销防务局，将司法部与交通部合并为内政部，社会事务部和卫生部合并为福利部。改组后共有阁员10名，两党各5名。总理约翰娜·西于尔扎多蒂（Johanna SIGURDARDOTTIR，女，社民盟主席），财政部长斯泰因格里米尔·西格富松（Steingrimur SIFFUSSON，绿党主席），外长奥叙尔·斯卡费丁松任（Ossur SKARPHEDINSSON，社民盟），教育、科技和文化部长卡特琳·雅各布斯多蒂尔（Katrin JAKOBSDOTTIR，女，绿党），渔业和农业部长约恩·比亚尔纳松（Jon BJARNASON，绿党），工业、能源和旅游部长卡特琳·尤利于斯多蒂尔（Katrin JULIUSDOTTIR，女，社民盟），经济事务部长奥德尼·保德尔·奥德纳松（Arni Pall ARNASON，社民盟），环境部长斯旺迪斯·丝瓦瓦尔多蒂尔（Svandis SVAVARDOTTIR，女，绿党），内政部长奥格蒙迪尔·约纳松（Ogmundur JONASSON，绿党），福利部长格维兹比亚蒂尔·汉内松（Gudbjartur HANNESSON，社民盟）。

【主要网址】外交部：http：//www.mfa.is；议会：http：//www.althingi.is。

【司法机构】实行地方法院和最高法院两级审判制。最高法院共有九名大法官，由总统任命，终身任职。最高法院院长由九位法官轮流担任，任期两年。本届院长英吉比约格·本尼迪克斯多蒂尔（Ingibjorg BENEDIKTSDOTTIR，女，2010年就任）。此外还有两个特别法庭：劳工法庭和国家弹劾法庭。

【政党】（1）社会民主联盟（Social Democratic Alliance）：执政党。2000年成立。由社会民主党（Social Democratic Party）、人民联盟（People’s Alliance）和妇女组织（Women’s List）合并而成。主席约翰娜·西于尔扎多蒂。主张改革社会福利制度，加入欧盟和欧元区。

（2）左翼绿色运动（The Left-Green Movement）：简称绿党。执政党。1999年成立。现任主席斯泰因格里米尔·西格富松。主张奉行独立的外交政策，反对加入任何军事组织，反对外国在冰驻军；主张环保，保护低收入者利益；反对加入欧盟和欧元区。

（3）独立党（Independence Party）：在野党。1929年成立。主席布亚尼·本尼迪克特松（Bjarni BENEDIKTSSON）。主张继续将冰美双边防务合作协定作为安全防务政策基石，同时加强与其他北约成员国尤其是北欧和西欧国家的合作；在冰岛获准保留对渔业资源和其他自然资源的控制权之前，不加入欧盟和欧元区；重视环保；主张国有企业私有化。

（4）进步党（Progressive Party）：在野党。1916年成立。主席西格蒙杜尔·古恩劳格松（Sigmundur GUNNLAUGSSON）。主张继续加强与欧盟的联系，条件成熟时可考虑加入欧盟和欧元区；经济私有化，提高社会福利。

（5）公民运动（Civic Movement）：在野党。2008年底民众游行示威期间成立的新政党，无指定领导人。主张完善民主制度，由全民参与修宪；聘请独立外国机构和人员对金融危机进行公开调查，挖掘出官方或企业高层的违法行为并立即冻结嫌疑人资产；完善要求政府公开、透明、公正和专业的法律条文；确立新的行政体系。

（6）自由党（Liberal Party）：反对党。1998年成立。主席古德约恩·克里斯蒂安松（Gudjon KRISTIJANSSON）。主张冰岛继续留在北约；废止现行渔业配额制度和渔业配额交易；主张减税；反对加入欧盟和竞选联合国安理会非常任理事国。

（7）民主党（Democratic Party）：在野党。2008年底民众游行示威期间成立的新政党。主席奥斯特索尔·马格努松（Astthor MAGNUSSON），主张搞直接民主，平民可以向议会提交议案；改变议会和政府的结构，将议员减少为31名，取消选区制，将全国统一为一个选区，主张采取个人选举制，部长不任议员等。

【重要人物】奥拉维尔·拉格纳·格里姆松：总统。1943年生于冰岛西北部冰湾市（Isafjordur）。政治学博士，曾在冰岛大学执教。原人民联盟党人。后任进步党执委会委员、自由左翼联盟执委会主席、议会人民联盟议员及党团主席。1987～1995年任人民联盟主席。1988～1991年任财政部长。1996年6月29日当选冰岛共和国第五任总统，2000年、2004年、2008年和2012年四次连任。积极参与国际交往与合作，曾多次获国际和平奖章。1994年应中国外交学会邀请随同冰前总理赫尔曼松夫妇访华。2005年5月，应中国国家主席胡锦涛邀请对华进行国事访问。2007年10月，应胡锦涛主席邀请对华进行工作访问并应邀出席上海特奥会有关活动。2008年来华出席北京奥运会闭幕式并观赛。2010年9月来华参加上海世博会冰岛馆日活动并出席天津夏季达沃斯论坛、联合国贸发会议第二次世界投资论坛活动。 **约翰娜·西于尔扎多蒂（女）：**总理。1942年10月生于雷克雅未克。毕业于冰岛商学院。社民盟主席。1978年起当选议员。曾任副议长、社会民主党（社民盟前身）议会党团副主席等职。2007～2008年任社会事务部长。2009年1月任冰岛过渡政府总理。2009年5月出任新政府总理。曾于2008年北京奥运会期间访华。

经济

冰是西方发达国家，位列2010～2011达沃斯世界经济论坛全球竞争力排行榜第31名。渔业是经济支柱，工业以炼铝等高能耗工业和渔产品加工业为主，外贸依存度高，1970年加入欧洲自由贸易联盟，1994年参加欧洲经济区，1995年初成为世界贸易组织创始成员国。1995～2000年，冰经济步入历史上少有的高速增长时期，年均国内生产总值增长率约4%，在经合组织（OECD）国家中名列前茅。2008年9月底以来，冰三大银行因高风险投资失败而破产，被收归国有。冰陷入严重经济危机。后经协调，冰政府获国际货币基金组织20亿美元贷款以及其他北欧国家援助。

2011年，冰总体经济形势逐步企稳向好。冰政府积极应对危机，节约行政开支，努力重建金融体系，稳定经济秩序，鼓励传统行业的生产和对外贸易。2011年主要经济数据如下（资料来源：除注明外，均根据冰岛统计局，下同）：

国内生产总值：1.63万亿冰岛克朗。

国内生产总值增长率：3.1%。

汇率：1美元＝125冰岛克朗（2011年底，冰岛中央银行）。

通货膨胀率：4%。

失业率：7%。

【资源】渔业、水利和地热资源丰富，其他自然资源匮乏，石油等产品需要进口。可开发的年水力发电量为640亿度，地热能年发电量可达72亿度。2010年水力发电量为126亿度，利用地热发电44.7亿度。目前，约90%的冰岛居民利用地热取暖。

【工业】基础薄弱。除渔产品加工和针织等轻工业外，主要为炼铝业和制药业。近年，炼铝业成为冰岛工业发展热点。2011年，工业产值占国内生产总值的18%。

【农牧业】所处纬度高，日照量少，仅南部几个农场年产400～500吨农作物。可耕地面积1000平方公里，占全国总面积的1%。畜牧业占较主要地位，大部分农业用地被用做饲料草场。相应的毛纺业和制革业比较发达。肉、奶、蛋自给有余，粮食、蔬菜、水果基本依靠进口。近几年主要畜产品产量如下（单位：万吨）：

	2008	2009	2010
牛肉	0.36	0.38	0.39
羊肉	0.89	0.88	0.89

2011年牲畜存栏数：羊84万只，牛10万头，马8万匹。

【渔业】冰岛的支柱产业。主要鱼种有鳕鱼、毛鳞鱼和黑线鳕；绝大部分渔产品出口，2011年鱼产品出口额占冰国内生产总值的16%。

【服务业】在国民经济中占重要地位。2011年服务业和零售业产值占国内生产总值的42.9%。

【旅游业】1980年起大力发展旅游事业。2011年外国游客人数约110万人次。主要旅游点有冰川、火山地貌、地热喷泉和瀑布等。

【交通运输】无铁路，海运和空运比较发达。2011年交通运输情况如下：

国家级公路：总长1.3万公里。共有轿车20.72万辆，卡车1.05万辆。

水运：共有1122艘船只，总吨位21.18万吨。其中渔船1625艘，总吨位15.24万吨。雷克雅未克为主要港口，年货物吞吐量228.7万吨。

空运：共有飞机406架。凯夫拉维克机场为主要航空港，年运送旅客约165.8万人次。

【财政金融】近几年国家财政情况如下（单位：百万冰岛克朗）：

	2009	2010	2011
收入	636055	483000	679600
支出	773000	578000	751000
差额	–136945	–95000	–71400

（资料来源：冰岛中央银行）

2008年金融危机后，冰岛实行严格的外汇管制措施，目前尚未放开自由结汇。

【对外贸易】由于经济单一，对外贸依赖很大，2011年外贸额相当于国内生产总值的40%。近年对外贸易情况如下（单位：百万冰岛克朗）：

	2009	2010	2011
进口额	410575	442086	296598
出口额	500855	560647	332566
差　额	90280	118561	35968

资本货物（包括工业原料及设备等）和消费品为主要进口商品。主要出口商品有渔产品、铝锭、硅铁、畜产品和毛纺织品等。2010年主要贸易伙伴在冰外贸中所占比重如下（%）：

	出口		进口
荷兰	30.7	挪威	13.0
英国	12.8	荷兰	8.6
德国	11.3	德国	8.3

【对外援助】2010年对外援助金额约为GDP的0.2%，主要用于冰岛开发署（Icelandic Development Agency）向莫桑比克、乌干达、纳米比亚、苏丹等非洲国家提供援助以及参与联合国儿童基金项目、联合国妇女发展项目、世界粮食计划署项目等重要的国际援助项目。

【外国资本】外国资本主要来自比利时、卢森堡、美国、瑞士等国。主要投资项目为铝厂、硅铁厂、水电站和滤净剂厂。2011年，外国在冰新增投资101亿冰岛克朗。

人民生活

2010年全国平均每千人有小轿车658辆，电视机450台，电话630部，手机1010部，90%的家庭可上网。全国平均每千人有3.7名医生，8.4名护士。2010年冰岛女性平均寿命为83.5岁，男性为79.5岁。

军　事

根据宪法，冰不设军队。1949年加入北大西洋公约组织，1951年同美国签订防务协定，由美负责其防务。北约在冰设有空军基地，美驻军1700余人，并配有4架F–15型战斗机、猎潜飞机和雷达站等军事装备和设施。2006年9月，美撤销驻冰军事基地并将协议区域内土地和设施归还冰岛，美在冰的永久性军事存在终止，但继续与冰开展防务合作，确保冰安全。冰有一支海洋巡逻队，约100人，装备3艘巡逻艇、两架直升机和一些小型飞机，负责渔区保护和海上救护工作。全国有警察700余名。2010年3月，冰政府宣布逐步撤销防务局，其职能将分摊至包括海岸警卫队在内的多个部门。

文化教育

【教育】全民文化程度较高，早在18世纪中叶就已消灭了文盲。实行10年免费义务教育。2010年教育经费约占政府开支的8.8%。全国共有15所高等院校，冰岛大学是最大的综合性大学。

【新闻出版】2011年出版的全国性报纸有《晨报》、《新闻报》、《每日导报》。最大的《晨报》日发行量约5万份。有国家广播电台和电视台各1家，其中国家广播电台有5套节目播出。私人电视台10家，其中3家可覆盖全国，另有数家私人广播电台。

对外关系

作为北约成员与美国进行防务合作并保持与大西洋两岸国家的良好关系是冰外交政策的核心。冷战结束后，为顺应国际形势的变化，冰除继续重点保持与美等西方国家的伙伴关系外，注意加强与亚洲等其他地区国家的关系，并通过联合国积极参与国际事务。国际金融危机爆发后，冰政府重视加强与欧盟关系，积极寻求入盟。目前冰已同139个国家（包括欧盟）建有外交关系，在16个国家设有使馆，2个国家设有总领馆，7个城市设有常驻代表团。

【对当前重大国际问题的态度】关于世界形势：认为冷战结束后直接军事威胁虽已消除，但地区及民族间的冲突有所加剧，建立新安全机制的努力尚未取得重大进展，全球局势仍存在诸多不确定因素，气候变化、环境污染和传染病等全球性问题带来的威胁凸显。

环境和气候变化问题：由于高度依赖海洋资源，非常重视保护海洋环境、防治海洋污染。积极参与环保合作，主张可持续发展。认为气候变化问题是全人类当前面临的重大挑战，需各国通力合作，共同应对。同意发达国家和发展中国家应承担共同但有区别的责任，西方发达国家应承担更多责任。2007年通过气候变化新战略，提出至2050年将温室气体排放减少50%～75%，并考虑通过购买温室气体排放指标或协助他国利用清洁能源等方式来完成减排义务。

巴以问题：认为巴以冲突是中东问题的症结所在，呼吁巴以双方停止暴力冲突，以谈判方式解决矛盾。敦促以色列遵守联合国安理会有关决议，从其占领的巴领土撤军。支持建立独立的巴勒斯坦国，但强调应同时保障巴和平与以安全。

防扩散、伊核、朝核问题：支持一切旨在防止大规模杀伤性武器扩散的国际努力。敦促伊朗接受国际原子能机构对其核计划进行无障碍核查，并作出不生产核武器的保证。呼吁朝信守其国际承诺，希有关方尽快恢复六方会谈，力求以和平方式解决朝核问题。

国际反恐问题：谴责任何形式的恐怖主义，主张所有民主国家团结一致，使用一切合法手段打击恐怖主义。已批准并开始执行有关反恐的国际文件，亦将有关条款纳入冰法律体系。

【同中国的关系】中冰于1971年12月8日建交。次年5月中国在冰建馆并向冰派出常驻大使。1983年，中国驻冰大使改由中国驻丹麦大使兼任。冰驻华大使则一直由巡回大使或驻第三国大使兼任。1995年1月，冰在华设馆并派出首任常驻大使。同年12月，中国恢复向冰派常驻大使。

2011年9月，中共中央政治局委员、全国政协副主席王刚访问冰岛，分别与总统格里姆松、总理西于尔扎多蒂、议长约翰内斯多蒂尔会见、会谈。2012年4月，温家宝总理访冰，此访系中冰建交41年来中国总理首次访冰。期间，温总理分别与冰总统、总理会见、会谈。两国签署地热、北极合作等领域政府间合作文件。

2011年，中冰贸易额为1.5亿美元，同比增长35%。其中中方出口额为7658万美元，增长7.8%；进口额为7558万美元，增长82.6%。中国为冰在亚洲最大贸易伙伴。

双边人文交流活跃。2008年5月，冰岛大学“北极光”孔子学院正式成立。同年，北京外国语大学也开设冰岛语言文化课程。

中国驻冰岛大使：苏格（2009年9月17日递交国书）。馆址：VIDIMELUR 29，107 REYKJAVIK。电话：354-5526751；传真：354-5626110。网址：http://is.china-embassy.org。

冰岛驻中国大使：柯丝婷（Kristin A. Arnadottir，女，2010年1月11日递交国书）。馆址：北京市朝阳区亮马河大厦办公楼1座802室。邮政编码：100004。电话：010-65907795，65907796。传真：65907801。网址：http://www.iceland.org。

【同北约的关系】视北约为其外交和安全政策的基础。认为北约对维护欧洲和平与稳定起着关键作用。认为在新形势下，冰应更多依靠北约的集体防务安排。支持北约东扩、建立快速反应部队，积极参与北约事务。自2007年开始，与美国联合北约、挪威、丹麦等国在冰举行年度防务和安全演习。

【同美国的关系】冰美关系在冰外交和安全政策中占主导地位。两国于1951年签订防务协议，由美代表北约负责冰防务。美在距冰首都50公里处的凯夫拉维克设有空军基地，驻军1700余人。2006年9月，美单方面决定关闭凯夫拉维克空军基地，但承诺在必要情况下履行对冰防务义务，两国签署《关于美国武装力量撤离冰岛协议区域和设施并将其归还冰岛的协定》及《防务安排共识》。2007年8月，冰美联合北约、挪威、丹麦和拉脱维亚在冰举行防务和安全演习，两国并商定此类演习将每年举行一次。

【同欧洲和欧盟的关系】欧盟是冰最大的贸易伙伴。1994年加入欧洲经济区，2001年成为申根协定成员国。重视加强与欧盟在经济、外交和安全领域的磋商与合作。在多数重大问题上与欧盟保持一致。认为自身安全和经济利益同欧洲大陆紧密相联。认为欧盟应避免与北约的职能重叠，欧盟不是防务同盟，没有义务保障成员国安全，集体安全问题应由北约来解决。

由于担心欧盟共同渔业和农业政策将损害自身利益及不认同欧盟的管理方式，迄今未加入欧盟。但2008年国际金融危机爆发后，冰金融及经济遭受沉重打击，国内入盟呼声渐高，冰政府于2009年递交入盟申请，与欧盟的谈判仍在进行中。

【同北欧国家的关系】积极参与北欧合作是冰外交政策重要组成部分，与北欧国家保持着传统的密切关系。主张北欧国家在欧洲及周边事务中加强内部协调与合作。积极支持芬兰提出的“北部地区”政策，使之成为欧、俄、冰、挪四方共同策略。因在金融危机中得到北欧四国援助，更加重视与其他北欧国家协调立场。

【同俄罗斯的关系】1994年与俄签署两国关系基本准则声明。认为俄在欧洲持久和平问题上扮演着不可或缺的角色，关注俄形势发展，支持其持久改革进程，主张吸收俄加入北约。1999年两国就巴伦支海问题在莫斯科签订协议，结束了历时6年的巴伦支海争端。

【同波罗的海三国的关系】积极支持波罗的海三国争取独立的努力，并于1991年8月率先与三国建交。积极参与北欧国家与三国在政治、经济等领域的合作，支持波海三国加入北约。在波罗的海委员会、北极理事会、巴伦支海理事会等合作机制内，积极发展同波海三国的关系。

（仇文婷）

波　兰

国名　波兰共和国（The Republic of Poland）。

面积　312679平方公里。

人口　3820万（2010年12月）。其中波兰族约占98%，此外还有德意志、白俄罗斯、乌克兰、俄罗斯、立陶宛、犹太等少数民族。官方语言为波兰语。全国近90%的居民信奉罗马天主教。

首都　华沙（Warsaw），面积517平方公里。人口172万（2010年12月）。2010年平均气温8.0℃，最高气温36.4℃，最低气温-30.7℃，降水量798毫米。

国家元首　总统布罗尼斯瓦夫·科莫罗夫斯基（Bronisław KOMOROWSKI），2010年8月就职，任期五年。

重要节日　国庆节：5月3日（宪法日，1791年5月3日波兰颁布第一部宪法）；独立日：11月11日（1918年11月11日波兰恢复独立）。

简　况

位于欧洲中部，西与德国为邻，南与捷克、斯洛伐克接壤，东邻俄罗斯、立陶宛、白俄罗斯、乌克兰，北濒波罗的海。边界线长3511公里，海岸线长770公里。属海洋性向大陆性气候过渡的温带阔叶林气候。2010年1月最低气温-31.4℃，7月最高气温38.2℃。

波兰国家起源于西斯拉夫人中的波兰、维斯瓦、西里西亚、东波美拉尼亚、马佐维亚等部落的联盟。公元9、10世纪建立封建王朝，14、15世纪进入鼎盛时期，18世纪下半叶开始衰落。1772年、1793年和1795年三次被沙俄、普鲁士和奥匈帝国瓜分，1918年11月11日恢复独立。1939年9月1日，法西斯德国入侵波兰，第二次世界大战全面爆发。战后建立波兰共和国，后改名为波兰人民共和国。波兰统一工人党（共产党）执政40余年。1980年，反政府组织团结工会组织全国大罢工，当局于1981年12月至1983年7月实行战时状态，宣布团结工会为非法组织。1989年4月，议会通过团结工会合法化和实行议会民主等决议。团结工会在当年6月提前举行的议会大选中获胜，成立以其为主体的政府。12月29日，议会通过宪法修正案，改国名为波兰共和国，将5月3日定为国庆日。

政　治

2011年，在公民纲领党主席、总理图斯克领导下，波兰公民纲领党和农民党执政联盟对内本着注重发展、力促民生的施政方针，力行增收减支，严控财政赤字和债务规模，加快国有企业私有化改造，加大教育、退休、医疗制度改革力度，取得明显成效；对外继续推行以融欧亲美、睦邻周边为核心的外交政策，充分利用轮值欧盟主席国之机，主动谋划，积极作为，地区影响力有所提升。在10月举行的议会选举中，公民纲领党成功胜选，与农民党再度联手组阁，成为1989年波兰剧变以来首个连选连任的政党。波兰政局进入相对稳定时期。

【宪法】1997年4月，波兰国民大会（众、参两院联席会议）通过新宪法。该宪法于当年10月生效，确立三权分立的政治制度和以社会市场经济为主的经济体制，规定：众议院和参议院拥有立法权，总统和政府拥有执法权，法院和法庭行使司法权；经济体制的基础为经济自由化、私有制等原则；武装力量在国家政治事务中保持中立。根据该宪法，如总统否决议会或政府提交的法案，众议院可以3/5的多数否决总统的决定。

【议会】由众议院和参议院组成，是国家最高立法机构，任期四年。众议院议员460名，参议院议员100名，均通过直接选举产生。本届议会于2011年10月成立，由6个党派和竞选联盟组成。众议院的席位分配是：公民纲领党206席，法律与公正党135席，“帕利科特运动”党43席，农民党28席，民主左翼联盟党25席，“团结波兰”党21席，独立议员1席，德意志少数民族1席。众议长艾娃·科帕奇（Ewa KOPACZ，女，公民纲领党），2011年11月当选。参议院的席位分配是：公民纲领党63席，法律与公正党29席，农民党2席，“团结波兰”党2席，独立议员4席。参议长博格丹·博鲁塞维奇（Bogdan BORUSEWICZ，公民纲领党），2005年10月当选，2007、2011年两度连任。

【政府】本届政府于2011年11月组成，下设18个部。政府总理和部长名单如下：部长会议主席（亦称总理）多纳德·图斯克（Donald TUSK），副总理兼经济部长瓦尔德马尔·帕夫拉克（Waldemar PAWLAK），地方发展部长伊丽莎白·卞科夫斯卡（Elżbieta BIENKOWSKA，女），卫生部长巴尔托什·阿尔乌科维奇（Bartosz ARŁUKOWICZ），行政和数字化部长米哈乌·博尼（Michał BONI），国库部长米科瓦伊·布扎诺夫斯基（Mikołaj BUDZANOWSKI），内务行政部长雅采克·齐霍茨基（Jacek CICHOCKI），司法部长雅罗斯瓦夫·戈温（Jarosław GOWIN），环境部长马尔钦·科罗莱茨（Marcin KOROLEC），劳动和社会政策部长瓦迪斯瓦夫·科西尼亚克—卡梅什（Władysław KOSINIAK-KAMYSZ），科学和高等教育部长芭芭拉·库德雷茨卡（Barbara KUDRYCKA，女），体育和旅游部长约安娜·穆哈（Joanna MUCHA），运输、建设和海洋经济部长斯瓦沃米尔·诺瓦克（Sławomir NOWAK），财政部长扬·文森特—罗斯托夫斯基（Jan VINCENT-ROSTOWSKI），农业和农村发展部长马莱克·萨维茨基（Marek SAWICKI），国防部长托马什·谢莫尼亚克（Tomasz SIEMONIAK），外交部长拉多斯瓦夫·西科尔斯基（Radosław SIKORSKI），国民教育部长克里斯蒂娜·舒米拉丝（Krystyna SZUMILAS，女），文化和民族遗产部长博格丹·兹德罗耶夫斯基（Bogdan ZDROJEWSKI），部长会议常务委员会主席（部长）、部长会议办公厅主任托马什·阿拉布斯基（Tomasz ARABSKI）。

【行政区划】1998年7月，议会通过政府制定的关于地方自治机构改革方案，决定将原有的49个省调整为16个省，同时重新设立县制，由省、乡两级改为省、县、乡三级，共设16个省，314个县，2478个乡。新机制于1999年1月1日启动。

【司法机构】最高法院是国家最高审判机关，主要职责是监督下属法院的审判活动。法官由总统任命，任期六年。现任最高法院院长斯塔尼斯瓦夫·兹比格涅夫·董布罗夫斯基（Stanisław Zbigniew DĄBROWSKI），2010年10月就职。总检察长是国家最高检察机关，主要职责是领导和监督下属检察院的工作。1990 ~ 2010年，该职由司法部长兼任。2010年3月31日起，改由国家司法理事会和国家检察院理事会分别提名、总统任命，任期六年，不得连任。现任总检察长安德烈·塞莱梅特（Andrzej SEREMET），2010年3月就职。

【政党】根据宪法和1997年实施的新政党法，必须收集1000名以上年满18岁的成年人签名方可建立政党。目前最具影响的政党是：

（1）公民纲领党（Platforma Obywatelska）：执政党。2001年1月成立，党员逾50230人（截至2012年3月）。由曾于2000年参加总统选举的独立候选人奥莱霍夫斯基、原"团结选举行动"成员、时任众议长普瓦任斯基和原自由联盟成员、时任参议院副议长图斯克共同倡议并组建。该党在意识形态上兼具保守自由主义、新自由主义和基督教民主主义色彩。主要纲领为：发展教育和经济、与贪污腐败作斗争、使国家非政治化及对农村进行结构改造。主席多纳德·图斯克。

（2）农民党（Polskie Stronnictwo Ludowe）：执政党。该党历史可追溯到19世纪。东欧剧变后，于1990年5月重新创立，党员约128000人（截至2010年2月）。该党在意识形态上具有中间主义、新平均地权主义、基督教民主主义和新凯恩斯主义的性质。主张国家扶持农业，提供免费教育和医疗，放缓私有化步伐，反对单一税制，支持欧洲一体化。主席瓦尔德马尔·帕夫拉克。

（3）法律与公正党（Prawo i Sprawiedliwość）：在野党。2001年6月成立，党员约22000人（截至2010年2月）。该党具有保守主义和基督教民主主义的性质。政治上，主张实行政治家财产公开制度，建立反腐机构，同犯罪现象作斗争，严惩犯罪分子甚至主张临时恢复死刑，实行向家庭倾斜政策；外交上，主张亲美近欧、睦邻周边，同时强硬维护本国利益。主席雅罗斯瓦夫·卡钦斯基（Jarosław KACZYŃSKI）。

（4）"帕利科特运动"党（Ruch Palikota）：在野党。2011年6月成立。党员约40000人（截至2011年9月）。该党在意识形态上具有反教会、女权主义、社会自由主义和社会民主主义的性质。政治上，主张限制官僚主义、中止学校宗教教学、放宽堕胎法规、国家资助人工受孕、按劳定酬、增加对文化投入、削减军费开支、通过提高福利待遇延迟退休年龄；经济上，主张实行线性税制，削减预算赤字、宣传企业精神。主席雅努什·帕利科特（Janusz PALIKOT）。

（5）民主左翼联盟党（Sojusz Lewicy Demokratycznej）：在野党。1999年4月成立，党员约58500人（截至2011年11月）。该党在意识形态上具有社会民主主义和社会自由主义的特点。政治上，主张建设团结的公民社会和强大有效的国家，通过实现以持久对话、寻求共识为基础的民主，确保国家和社会的现代化，保障公民权利和自由。主张在医疗、教育等方面人人平等；经济上，主张发展高效经济，以满足社会日益增长的需要，拉平波兰与欧盟发达国家的生活水平差异。主席莱舍克·米莱尔（Leszek MILLER）。

（6）"团结波兰"党（Solidarna Polska）：2012年3月成立。党员约5000人（截至2012年2月）。该党具有民族保守主义、民族天主教、基督教民主主义和疑欧主义等色彩。主席兹比格涅夫·焦伯罗（Zbigniew ZIOBRO）。

【团体】（1）团结工会（NSZZ Solidarność）：1980年成立。有40万 ~ 68万成员（截至2010年）。1982年12月波兰当局宣布实行军管时被取缔。1989年4月恢复合法地位，同年6月赢得议会选举并成立以其为主体的政府。1993年9月大选中未进入议会。1996年6月联合基督教民族统一党、中间派协议会等35个右翼政党和团体组成"团结工会选举联盟"（简称"团选联"），赢得1997年议会大选，并与自由联盟联合组阁。2001年，由于执政联盟内部矛盾以及改革措施不力，政府支持率明显下降，不少党派和议员纷纷退出"团选联"。在2001年选举中，"团选联"未进入议会。10月，团结工会召开第十四次全国代表大会并做出决议，禁止任何政治组织使用"团结工会"这一名称和标志，禁止工会领导人同时担任政党领导职务。团结工会成为纯工会性质的社会组织。主席彼得·杜达（Piotr DUDA），2010年10月当选。

（2）全波工会协议会（Ogólnopolskie Porozumienie Związków Zawodowych）：1984年11月成立。有约80

万会员。系左翼工会组织。主张通过提高超额工资累进税、增加退休人员收入、解决职工住房问题等维护职工权益，反对国有企业私有化和普遍私有化政策。主席扬·古斯（Jan GUZ），2004年4月就职。

【重要人物】布罗尼斯瓦夫·科莫罗夫斯基：总统。1952年6月4日生于波兰西里西亚省。1977年毕业于华沙大学历史系，获硕士学位。1977～1980年在名为《广泛言论》的小报社任记者。1980～1981年在团结工会玛佐夫舍省地区社会调查中心就职。1989～1990年任部长会议办公厅主任。1991年作为民主联盟候选人当选第一届众议院议员，任众议院国防委员会委员。后作为“团结选举行动”候选人当选第二、三届众议院议员，并一直在国防委员会工作。1990～1993年任国防部副部长。1997～1998年任人民保守党秘书长。1998年10月至2000年6月任众议院国防委员会主席。2000年6月至2001年10月任国防部长。2001年3～11月任人民保守党副主席。2001年9月作为公民纲领党候选人当选第四届众议院议员，任众议院国防委员会副主席和外交委员会委员。2005年9月当选第五届众议院议员，并任副议长。2007年10月当选第六届众议院议员，11月当选众议长。2010年7月，经过两轮角逐，以53.01%的得票率当选波兰共和国第五任总统，于8月宣誓就职。2011年12月对中国进行国事访问。已婚，有5个孩子。　**艾娃·科帕奇：**众议长。1956年12月3日生于波兰玛佐夫舍省南部。1981年毕业于卢布林医学院医护专业。儿科一级人夫、家庭医护专业二级专家。曾就职于地方医疗机构，并担任领导职务。1998～2001年任玛佐夫舍省议会议员。曾为自由联盟成员，2001年加入公民纲领党。系第四至七届众议员。2007～2011年任卫生部长、公民纲领党副主席。2011年10月连任第八届众议员，11月8日当选众议长，成为波兰历史上首位女性众议长。离异，有一女。　**博格丹·博鲁塞维奇：**参议长。1949年1月生于波兰瓦尔米亚－玛祖里省。无党派人士。毕业于卢布林天主教大学人文学系。20世纪70年代从事反政府运动，曾遭监禁。1977～1978年参与创建海岸自由工会及《海岸工人》杂志。1980年为革但斯克造船厂罢工组织者之一。1986年再遭监禁，1988年获释后继续从事罢工活动。1990～1991年任团结工会全国委员会副主席。曾任波兰第一至三届众议院议员，先后任团结工会议员团主席、战时状态特别研究委员会主席和情报委员会主席。1997～2000年任内务行政部副部长。2001～2005年任滨海省副省长。曾任第六、七届参议长。2007年11月当选第八届参议长。丧偶，有一女。　**多纳德·图斯克：**总理。1957年4月生于波兰北部的革但斯克市。曾就读于革但斯克大学人文系历史专业。大学期间参与组建大学生“团结”委员会，后成为全国独立大学生联合会主要领导人。1991年参与创建自由民主大会党并任主席，1994年该党与民主联盟合并成立自由联盟后任主席。2001年参与创建公民纲领党。2003年至今任该党主席。系第一、四、五届众议院议员、第四届参议院议员。曾任第四届众议院和第四届参议院副议长。2008年10月来华参加亚欧首脑会议并进行正式访问。已婚，有一子一女。爱好足球。

经　济

1989年剧变后，采取“休克疗法”，开始从中央计划经济向市场经济转型。在经历持续近3年的衰退后，1992年起经济止跌回升，并连续20年保持增长。特别是国际金融危机爆发以来，经济增幅虽有下滑，但仍好于欧盟多数国家，2009年为欧盟内唯一实现正增长的国家。2011年，经济增长4.3%，公共债务占国内生产总值比重55%，远低于欧盟88%的平均水平。吸引外资142亿美元。联合国贸发会议2011年世界投资报告显示，在2011～2013年全球最具投资吸引力的国家中，位居第六。根据联合国社会发展指标，位居世界第三十九，为世界高度发达国家。2010年主要经济数据如下：

国内生产总值：4693.31亿美元。

人均国内生产总值：12286.15美元。

国内生产总值增长率：3.8%。

货币名称：兹罗提（ZłOTY）；1兹罗提＝100格罗什（GROSZ）。

年平均汇率：1美元＝3.0157兹罗提。

通货膨胀率：2.6%。

失业率：12.4%。

【资源】主要矿产有煤、硫黄、铜、锌、铅、铝、银等。截至2010年年底，已探明硬煤储量为451.44亿吨，褐煤198.19亿吨，硫黄5.14亿吨，铜17.53亿吨。截至2010年年底，森林面积953.1万公顷，森林覆盖率29.2%。

【工业】2010年工业总产值按现行价格计算为2958.45亿兹罗提（约合981.02亿美元），占当年国内生产总值的21.0%。工业部门从业人员290.95万，占就业总数的21.2%。近几年主要工业产品产量如下（单位：万吨）：

	2008	2009	2010
硬煤	8430.0	7790.0	7670.0
褐煤	5970.0	5690.0	5650.0
原钢	972.7	712.9	799.3
硫黄（按纯量计）	76.2	26.3	51.7
发电量（亿度）	1560.0	1520.0	1580.0
小轿车（万辆）	84.2	81.9	78.5
水泥	1720.0	1530.0	1580.0

（资料来源：2011年波兰小统计年鉴、2011年统计年鉴）

【农牧业】2010年农业用地1550.3万公顷，人均占地面积0.41公顷。2010年农村人口1493.6万，占全国人口的39.1%。农业就业人数232.62万，占就业总数的14.9%。2010年农业总产值按现行价格计算为469.05亿兹罗提（约合155.54亿美元），占当年国内生产总值的3.3%。近几年主要农产品产量如下（单位：万吨）：

	2008	2009	2010
小麦	927.5	979.0	940.8
黑麦	344.9	371.3	285.2
大麦	361.9	398.4	339.7
燕麦	126.2	141.5	151.6
甜菜	871.5	1084.9	997.3
马铃薯	1046.2	970.3	818.8
油菜籽	212.8	252.8	227.3

（资料来源：同上）

近几年牲畜存栏数如下（单位：万头或万只）：

	2008	2009	2010
牛	575.7	570.0	576.1
猪	1542.5	1427.9	1527.8
羊	32.4	28.6	26.8

（资料来源：同上）

【旅游业】2010年接待外国游客1247万人次，旅游收入249.56亿美元，约占当年国内生产总值的5.3%。游客多来自以色列、美国、英国、意大利、丹麦、西班牙、瑞典、俄罗斯、法国、荷兰、捷克、白俄罗斯和德国。主要旅游胜地有首都华沙、沿海城市革但斯克、索波特和什切青，以及托伦、奥尔什丁、南部古城克拉科夫、山城扎科帕内、克雷尼察和东部的比亚沃维扎森林区等。

【交通运输】2010年交通运输情况如下：

铁路：总长20228公里，其中标准轨铁路20089公里（包括电气化铁路11916公里）；客运量2.61亿人次，货运量2.17亿吨。

公路：公路总长27.4万公里；有1724.0万辆小轿车，298.2万辆载重汽车；客运量5.70亿人次，货运量15.52亿吨。

水运：内河航运线总长3660公里，内河货运量514.1万吨，客运量139.7万人次。共有海运船只121艘，294.2万载重吨，货运量836.2万吨，客运量67.1万人次；海运商港6个，货物吞吐量5950.7万吨，主要海港有革但斯克、格丁尼亚、什切青、希维诺乌西切等。

空运：波兰航空公司有飞机56架，同46个国家、96个城市有定期航班，国际航线165条，总长度为34.1万公里；客运量499.0万人次，货运量4.1万吨。主要国际机场是华沙肖邦国际机场。

管道运输：石油及其产品输送管道总长2362公里，输送量5620.8万吨。

【财政金融】近年财政预算情况如下（单位：亿美元）：

	2008	2009	2010
收入	1052	880	830
支出	1153	956	978
赤字	101	76	148

截至2010年年底，波兰外债总额为3153.39亿美元，外汇储备935.14亿美元。

【对外贸易】主要进口石油、汽车、钢铁、合成材料及工业成品油等。主要出口汽车、内燃机、橡胶制品、铝制品、农产品等。近几年波兰进出口情况如下（单位：亿美元）：

	2008	2009	2010
进口额	2104.79	1495.70	1780.63
出口额	1718.60	1366.41	1597.58
差 额	−386.19	−129.29	−183.05

2010年主要贸易伙伴及占波兰外贸总额的比例如下（%）：

	出口	进口
德国	26.0	21.7
法国	6.8	4.3
英国	6.2	2.7
捷克	6.0	3.6
意大利	6.1	5.7
荷兰	4.2	3.6
俄罗斯	4.3	10.5
中国	1.1	9.5

（资料来源：2011年波兰小统计年鉴）

【外国资本】2010年波兰吸引外国直接投资267.06亿兹罗提（约合91亿美元）。主要投资国为比利时、卢森堡、德国、意大利、瑞士、塞浦路斯、英国、奥地利和瑞典等。

人民生活

2010年国民经济各部门的人均月工资为3224.13兹罗提（约合1069.11美元），工业部门企业职工的月平均工资为3257.75兹罗提（约合1080.26美元），退休金和抚恤金月平均为1755.19兹罗提（约合582.02美元）和1527.22兹罗提（约合506.42美元），分别比上年增长6.3%和6.0%。2010年城市人均住房面积24.4平方米，农村25.7平方米；平均每千人拥有小汽车451辆，移动电话1243部；全国有医师79337名，牙医师12326名，药剂师25120名，护士和助产士206941名，每千人有病床4.7张；年人均消费肉类食品70.5公斤，牛奶191公升，鸡蛋204个，啤酒90.5公升。

军　事

1943年10月12日建立波兰人民军。1990年更名为波兰军队，将8月15日定为建军节（1920年8月15日，波兰军队在华沙近郊击退苏俄红军进攻并转入反攻）。总统为武装力量最高统帅。国防委员会是最高国防决策机构，总统任该委员会主席。国防部作为最高军事行政机关，负责执行议会对军队的政治领导和行政保障，部长由文职人员担任。总参谋部是国防部领导下的最高军事指挥机构，负责军队的指挥和训练。总参谋长是米奇斯瓦夫·切纽赫（Mieczysław CIENIUCH）上将，2010年5月就职。

2009年9月，波军最后一批义务兵退役，波军职业化改造初步完成。自此，波军开始根据自愿原则招收士兵。截至2011年1月，波兰武装力量总人数为99778人。

2010年国防开支为185.49亿兹罗提（约合61.51亿美元），占国家预算总支出的6.3%，占国内生产总值的1.3%。

文化教育

【教育】从1999年9月1日起，波兰实行新的教育体制。新体制分为小学6年、初中3年、高中3年。高等教育一般为4或5年。2010年普通教育经费和高等教育经费支出分别为16.21亿兹罗提（约合5.38亿美元）和117.22亿兹罗提（约合38.87亿美元），分别占财政预算的0.5%和4.0%。著名高等学府有克拉科夫雅盖隆大学（1364年）、华沙大学（1816年）、波兹南密茨凯维奇大学（1919年）、华沙工业大学等。2010/2011学年各级学校、学生、教师数目如下：

	学校（所）	学生（万人）	教师（万人）
小学	13922	219.17	17.63
初中	7278	126.14	10.94
初级职业学校	2191	23.47	1.72
普通高中	2447	63.44	5.03
职业高中	438	3.43	0.29
技校	2204	54.87	4.97
高等院校	460	184.13	10.35

（资料来源：2011年波兰小统计年鉴）

【新闻出版】2010年底，全国出版发行的报刊杂志7655种，其中主要报刊有：《选举报》，43.70万份；《超级快讯》，30.70万份；《共和国报》，19.41万份；《日报》，14.89万份。此外，还有《论坛报》、《事实》、《政治周刊》、《直言周刊》和《新闻周刊》等。

国家主要通讯社有波兰通讯社（PAP）、广播新闻社。国家主要电台和电视台是波兰广播电台和波兰电视公司TVP。1990年10月，众议院通过关于允许开办私营电台和电视台的法令。截至2010年年底，共有287家广播电台，其中全国性电台9家；电视台12家，其中全国性电视台4家。

对外关系

1999年3月12日加入北约，2004年5月1日加入欧盟，2007年12月加入申根协定。主张欧盟和北约继续东扩。2011年，波兰政府延续理性务实的外交路线，更加注重现实利益和战略平衡：政治和经济上立足欧盟，安全和防务上倚靠北约和美国，睦邻周边，积极构建全方位外交格局，在地区和国际事务中影响力上升。现同182个国家保持外交关系。

【对当前重大国际问题的态度】关于国际形势：国际政治、经济和社会格局已发生重大变化。美国领导地位受到挑战，无力单独应对层出不穷的各种传统与非传统安全威胁。新兴国家地位显著提高，与欧美大国差距逐渐缩小。世界多极化趋势更加明显。西方应适应形势变化，积极调整自身角色。波兰已成为世界第二十、欧盟第七大经济体，理应有资格加入二十国集团。

关于联合国作用与改革：联合国是解决全球性问题不可或缺的力量，在维护世界安全和稳定、气候变化等领域具有重要作用。联合国应与时俱进，适应各国力量变化新趋势，进行相应改革。应增加常任理事国席位，但不赋予新增常任理事国否决权。应让欧盟作为整体成为安理会常任理事国。应为东欧国家增加一个非常任理事国席位。

关于欧洲一体化：《里斯本条约》生效有助于深化欧洲一体化进程，促使成员国在对外关系和安全政策方面采取共同行动，但欧债危机凸显了欧洲一体化进程的脆弱。欧盟应致力于建设更具竞争力、开放和安全的欧洲。欧盟继续扩大有助于巩固地区及世界安全与稳定。波兰视欧盟为自身发展的重要依托，希望在地区事务中扮演更加重要的角色。波兰反对“双速”、“多速”欧洲。目前，欧元区正处在重建过程中，不稳定、不确定因素较多，波兰不急于采用欧元。

关于北约转型：北约在维护世界和平与稳定方面具有重要作用。北约是波兰国家安全主要支柱之一。北约应与欧盟加强防务合作。波兰坚持共同防御原则，积极参与北约行动，支持北约扩大。北约应强化内部团结，缩小新老成员差异，增强快速反应和行动能力。波兰支持北约在欧洲建设导弹防御系统。

关于气候变化：应对气候变化需要全世界共同努力。波兰赞成欧盟制定的“三个20%”计划，但反对设定更高的温室气体减排目标，损害中东欧国家利益。波兰支持联合国公约谈判平台，但主张变革谈判方式和程序。欧委会提出的欧盟2030、2040和2050能源路线图超出了波兰的承受能力，在欧洲经济危机的情况下也不现实。欧盟设置进一步减排目标时应考虑波兰能源结构单一、经济发展较西欧落后等实际情况。

关于叙利亚问题：叙利亚政府的行为违反联合国宪章、侵犯人权。叙政府应立即停止对本国国民使用暴力。解决叙问题的唯一途径是叙政府真正开启同公民对话。安理会应通过涉叙决议。波兰已与美国签署协议，波兰驻叙大使馆负责向美在叙公民提供领事保护，并代表美在叙利益。

关于伊朗核问题：波兰反对核武器扩散，支持欧盟为解决伊核问题所作努力。伊朗政府应按照国际社会要求，配合国际原子能机构工作，与安理会“五常”及德国进行认真谈判，澄清伊核计划有关问题，使其更加透明。波兰积极配合美就伊核问题对伊制裁，严格限制从伊进口石油。

关于朝核问题：朝鲜半岛对世界和平意义重大。朝核问题直接影响朝鲜半岛及东北亚地区安全局势。波兰希望朝鲜新领导人上台后地区稳定与安全不会受到威胁，希望六方会谈取得实质性突破。朝鲜应遵守安理会有关决议，恢复与国际原子能机构合作，同国际社会一道努力实现半岛无核化。作为中立国监督委员会成员，波兰愿积极活动，在朝核问题上发挥一定作用。

关于中东和平进程：波兰支持以“中东路线图”为基础解决巴以冲突。联合国在中东和平问题上具有重要作用。巴以双方应停止军事、暴力行动，恢复对话谈判并签署永久停火协议。波兰愿参与加沙地区重建工作，与国际社会一道推进中东和平进程。

关于阿富汗问题：阿富汗的安全、民主和发展符合国际社会共同利益。波兰支持北约在阿采取军事行动打击恐怖主义、维护地区安全，积极参与欧盟对阿重建和发展项目。阿政府应加强维稳和重建能力，避免阿再次成为恐怖主义基地。欧盟各国应同时从阿撤军，并在撤军后积极与阿开展经济、教育等领域合作。

关于国际反恐：波兰反对恐怖主义、民族和宗教仇恨及其他一切形式的极端主义。恐怖主义是全球威胁，反恐需各国采取团结、有效和坚决行动。波兰重视同国际组织和其他国家在反恐问题上的合作，主张从军事、经济和政治等各个层面采取行动，铲除恐怖主义滋生的根源。波兰积极配合美国网络反恐计划，已加入北约在爱沙尼亚塔林的网络防御中心。

关于人权问题：波兰重视和关注人权问题。近代以来波兰争取人权、民主和自由的斗争经验值得他国借鉴。侵犯人权是对当前国际安全的极大破坏，保护和促进人权理应成为各国共同责任。支持联合国人权理事会发挥更大作用。波兰于2010年5月当选联合国人权理事会成员，任期至2013年。

【同中国的关系】1949年10月7日两国建立大使级外交关系。2004年两国建立友好合作伙伴关系。2011年两国建立战略伙伴关系，双边关系进入新的发展阶段。

2011年1月，波兰经济部副部长巴尼亚克访华。2月，中国广播艺术团赴波兰参加“欢乐春节”演出。3月，波兰财政部副部长拉吉维乌访华。4月，农业部副部长陈晓华、中国国际贸易促进委员会副会长张伟访波。北京大学校长周其凤赴波兰出席华沙大学国际纯粹与应用化学联合会理事会年会。5月，司法部副部长陈训秋、国家档案局副局长李明华、中华全国供销合作总社理事会副主任赵显人和国家行政学院院长周文彰访波。波兰农业部副部长沃伊托维茨访华。6月，中共中央政治局委员、全国人大常委会副委员长王兆国对波兰进行友好访问。国务院法制办副主任袁曙宏、中华全国总工会副主席、书记处第一书记王玉普、中国银行行长李礼辉、中国机械工业联合会会长王瑞祥和中国电子商会会长曲维支访波。波兰信息与外国投资局局长马伊曼和前副总理、经济学家科沃德科访华。7月，中共中央政治局常委、中央纪委书记贺国强和国土资源部副部长王世元访波。8月，中联部副部长于洪君、工业和信息化部副部长于冰、中国工商银行副行长罗熹访波。9月，交通运输部副部长徐祖远访波。10月，国资委副主任邵宁、国家工商总局副局长甘霖访波。广东省和香港特区在华沙联合举办“2011粤港—波兰经济技术贸易合作交流会”。波兰文化和民族遗产部长兹德罗耶夫斯基、陆军司令戈文卡中将和空军司令马耶夫斯基中将访华。11月，中国国际贸易促进会会长万季飞、国家广电总局局长蔡赴朝和藏学家代表团访波。12月，波兰总统科莫罗夫斯基对中国进行国事访问，两国元首共同签署《中波关于建立战略伙伴关系的联合声明》。

两国外交部交往频繁。6月，波兰外交部副部长斯泰尔马赫访华。8月，外交部长杨洁篪访波，同波兰外长西科尔斯基就两国关系和共同关心的国际和地区问题交换看法。10月，外交部部长助理吴海龙出席欧盟为筹备2012年联合国可持续发展大会在华沙举行的部长级会议。11月，波兰外交部副部长波米亚诺夫斯基来华举行两国外交部政治磋商。

据中国海关总署统计，2011年中波贸易额为129.9亿美元，同比增长16.7%。其中中方出口额为109.4亿美元，同比增长15.9%，进口额为20.5亿美元，同比增长20.7%。波方逆差88.9亿美元。

中国驻波兰大使：孙玉玺。馆址：华沙博尼弗拉泰尔斯卡街1号（BONIFRATERSKA 1）。电话：（004822）8313836；传真：6354211。网址：www.chinaembassy.org.pl。商务处电话：（004822）8313861。

波兰驻中国大使：塔德乌什·霍米茨基（Tadeusz CHOMICKI）。馆址：北京市朝阳区建国门外日坛路1号。电话：010-65321235；传真：65321745；网址：www.pekin.polemb.net。商务处电话：65321888；传真：65324958。领事处电话：65321235；传真：65323567。

【同欧盟的关系】继续以“依托欧盟促进经济与社会发展、加强在欧盟内地位与作用”为外交重点，在应对国际金融危机等方面力主欧盟内部团结和共同行动。高度重视欧盟单一市场建设、能源安全，提倡建设更有竞争力、开放和安全的欧盟。主张强化欧盟机构作用，倡议合并欧盟委员会、欧洲理事会主席职务，以提高决策效率，推动欧盟在国际舞台上发挥更加重要的作用。波兰总统、总理先后访问欧盟总部。2011年下半年轮值欧盟主席国期间，将欧盟经济治理、扩大进程、能源政策、防务一体化等作为主要任务，积极作为，在欧盟内地位和影响有所上升。

【同西欧大国的关系】视波德关系为波兰最重要的双边关系，两国领导人互访频繁，双方一致主张深化两国战略合作，协商解决历史和现实争端。德国是波兰最大贸易伙伴，也是波兰最大出口国及欧盟预算最大净出资国。波兰外资总额的1/5来自德国。重视与法国在“魏玛三角”（德国、法国、波兰）机制内的合作，双方在安全、政治、经济、人文领域交流活跃。视英国为北约内重要盟友，与英传统合作基础良好，在欧盟单一市场等方面意见相近。

【同美国和北约的关系】认为波美关系具有特殊重要意义，视美国为欧洲之外最主要伙伴，是仅有的3个坚决支持美国对伊拉克动武并在第一时间派兵参战的盟国之一。近年来，随着美国主导全球事务能力下降和战略重心转移，对美政策趋于务实。2011年波兰总统访美。

视北约和美国为波兰国家安全重要支柱，支持深化跨大西洋合作和北约东扩，坚持共同防御原则，积极参与制定北约新战略和阿富汗重建，向驻阿国际安全援助部队（ISAF）派兵约2580人。

【同俄罗斯及东部邻国的关系】近两年来，波俄关系有所改善。尽管两国围绕俄乌天然气危机、美国在波兰部署反导系统、二战历史争议等问题龃龉不断，但双方均有重启对话和加强务实合作的意愿。2011年波俄两国总统首次共同出席纪念“卡廷惨案”死难者活动，波兰外长访俄。两国成立对话与和解中心，两国议会间合作委员会、历史问题委员会等多次举行会晤，科技、学术等领域交流日益频繁。波兰支持欧俄对话，在欧盟对俄关系中发挥了积极作用。

高度重视“东部伙伴计划”，与东部邻国关系进一步密切，双方领导人互访频繁。视乌克兰为重要战略伙伴，继续充当其加盟入约代言人。大力推动白俄罗斯民主化进程，支持白俄与欧盟对话。

【同中东欧国家的关系】视中东欧为波兰在欧盟内的战略依托，重视维谢格拉德集团（波兰、匈牙利、捷克、斯洛伐克）、波罗的海国家理事会等地区组织合作，多次倡议召开中东欧领导人会议，就应对国际金融危机举措等问题协调立场，维护波兰及地区国家共同利益。主张新入盟国家加强内部协调，力争在欧盟内用一个声音说话。

【同其他国家的关系】密切关注西亚北非局势发展，大力宣扬自身民主转型经验。支持突尼斯、埃及、利比亚等国现代化、民主化进程。重视同中国、印度、日本、韩国等亚洲国家加强人员往来，增加对该地区关注与投入，深入挖掘在基础设施建设、金融投资、旅游、高科技产业等领域合作潜力。积极探索与巴西、阿根廷、墨西哥、智利、秘鲁等拉美国家在气候变化、能源项目等领域的交流与合作。（俞瑞琳）

波斯尼亚和黑塞哥维那

国名　波斯尼亚和黑塞哥维那（Bosnia and Herzegovina，Bosna i Hercegovina），简称波黑。

面积　5.12万平方公里。

人口　384万（2010年），其中波黑联邦占62.5%，塞尔维亚族共和国占37.5%。主要民族为：波什尼亚克族，约占总人口43.5%；塞尔维亚族，约占总人口31.2%；克罗地亚族，约占总人口17.4%。三族分别信奉伊斯兰教、东正教和天主教。官方语言为波斯尼亚语、塞尔维亚语和克罗地亚语。

首都　萨拉热窝（Sarajevo），人口42.4万（2011年）。

国家元首　主席团行使国家元首职责，由波什尼亚克、塞尔维亚和克罗地亚三族各一名代表组成，任期四年。主席团主席为轮值制，由三族代表每8个月轮换一次。本届主席团于2010年11月组成。主席团成员为：巴基尔·伊泽特贝戈维奇（Bakir IZETBEGOVIĆ，波族，2012年3月起任轮值主席），奈博伊沙·拉德马诺维奇（Nebojša RADMANOVIĆ，塞族）和热利科·科姆希奇（Željko KOMŠIĆ，克族）。

简　况

位于欧洲巴尔干半岛中西部。南、西、北三面与克罗地亚毗连，东与塞尔维亚、黑山为邻。大部分地区位于迪纳拉高原和萨瓦河流域。南部极少部分濒临亚得里亚海，海岸线长约22公里。南部属地中海式气候，北部属大陆性气候。南部1月平均气温6.3℃，7月27.4℃，北部1月平均气温-0.2℃，7月22.7℃。年平均气温11.2℃。

6世纪末7世纪初，部分斯拉夫人南迁到巴尔干半岛，在波斯尼亚和黑塞哥维那等地定居。12世纪末叶，斯拉夫人建立独立的波斯尼亚公国。14世纪末，波斯尼亚进入盛世时期。1463年后成为奥斯曼土耳其属地，1908年被奥匈帝国占领。1914年6月28日，奥匈帝国皇储弗兰兹·斐迪南大公在萨拉热窝遭当地青年暗杀，引发第一次世界大战。

1918年第一次世界大战结束后，南部斯拉夫民族成立塞尔维亚人—克罗地亚人—斯洛文尼亚人王国。1929年改称南斯拉夫王国，波黑是其中的一部分，被划分为几个行政省。1945年，南斯拉夫各族人民取得反法西斯战争胜利，成立南斯拉夫联邦人民共和国（1963年改称南斯拉夫社会主义联邦共和国），波黑成为其中的一个共和国。1992年3月，波黑就国家是否独立举行全民公决，波族和克族赞成独立，塞族抵制投票。此后，波黑三族间爆发历时三年半的战争。1992年5月22日，波黑加入联合国。1995年11月21日，在美国主持下，南斯拉夫联盟共和国塞尔维亚共和国总统米洛舍维奇、克罗地亚共和国总统图季曼和波黑共和国总统伊泽特贝戈维奇签署代顿波黑和平协议，波黑战争结束。

政　　治

【宪法】1995年11月，波黑根据代顿协议制定宪法。宪法规定：波黑正式名称为“波斯尼亚和黑塞哥维那”；波什尼亚克族、塞尔维亚族和克罗地亚族三个民族为主体民族；波黑由波黑联邦和塞族共和国两个实体组成；波黑设三人主席团，由三个主体民族代表各1人组成，主席团成员分别由两个实体直接选举产生。

【议会】由代表院和民族院组成，任期四年。代表院由三个民族的42名代表组成，其中28名来自波黑联邦（包括波黑社会民主党8名，民主行动党7名，争取波黑美好未来联盟4名等），14名来自塞族共和国（包括波黑塞族独立社民人士联盟8名，塞族民主党4名等）。代表院设主席1人，副主席2人，分属三族。主席一职由波黑三族轮流担任，主席、副主席每8个月轮换一次。代表院议员的产生方式是通过大选中参选各政党的具体得票数来分配名额。本届代表院于2010年11月选举产生。现任代表院轮值主席米洛拉德·日夫科维奇（Milorad ŽIVKOVIĆ，塞族），戴尼斯·贝契罗维奇（Denis BEČIROVIĆ，波族）和博若·留比奇（Božo LJUBIĆ，克族）为副主席。

民族院设15个席位，由波黑联邦的10名代表和塞族共和国的5名代表组成。民族院议员是由波黑联邦议会民族院和塞族共和国人民议会根据主体民族比例和大选结果推选产生。主席、副主席轮值方式与代表院相同。本届民族院于2011年6月选举产生。现任轮值主席德拉甘·乔维奇（Dragan ČOVIĆ，克族），副主席奥格年·塔迪奇（Ognjen TADIĆ，塞族）和苏莱伊曼·蒂希奇（Sulejman TIHIĆ，波族）。

【政府】波黑政府称部长会议，由部长会议主席和部长组成，任期四年。部长会议主席由主席团任命，经议会代表院批准。部长由部长会议主席任命。本届部长会议于2012年2月组成，主席弗耶科斯拉夫·贝万达（Vjekoslav BEVANDA，克族）。部长会议成员有：副总理兼外交部长兹拉特科·拉古姆季亚（Zlatko LAGUMDŽIJA，波族），副总理兼财政部长尼古拉·什皮里奇（Nikola ŠPIRIĆ，塞族），国防部长穆哈梅德·伊布拉希莫维奇（Muhamed IBRAHIMOVIĆ，波族），安全部长萨迪克·阿赫梅托维奇（Sadik AHMETOVIĆ，波族），司法部长巴里沙·乔拉克（Bariša ČOLAK，克族），对外贸易和经济关系部长米尔科·沙罗维奇（Mirko ŠAROVIĆ，塞族），通讯和交通部长达米尔·哈季奇（Damir HADŽIĆ，克族），人权和难民部长达米尔·留比奇（Damir LJUBIĆ，克族），民政部长斯雷多耶·诺维奇（Sredoje NOVIĆ，塞族）。

【主要网址】波黑主席团：www.predsjednistvobih.ba；波黑政府：www.vijeceministara.gov.ba；波黑外交部：www.mfa.gov.ba。

【行政区划】波黑由波黑联邦和塞族共和国两个实体组成。波黑联邦下设10个州，塞族共和国下设7个区。1999年，设立布尔奇科特区，直属国家。

【司法机构】根据宪法，波黑设宪法法院和国家法院。宪法法院是裁决两实体之间以及两实体内部各机构间纠纷的唯一法律授权机构，其决定是终审决定。宪法法院由9名法官组成，法官任期五年，其中4人由波黑联邦代表院选出，2人由塞族共和国议会选出，其余3人由欧洲人权法院院长推选，但不能是波黑或波黑邻国的公民，宪法法院院长瓦莱里亚·加利奇（Valerija GALIĆ）。国家法院院长克雷索·梅德季达（Kreso MEDDŽIDA）。两实体分设波黑联邦最高法院和塞族共和国最高法院。

【政党】主要政党有：

（1）波黑社会民主党（Socijal-demokratska partija Bosne i Hercegovine）：执政党。1990年成立，系多民族政党，社会党国际成员。倡导建立多民族、多宗教、多元文化的波黑，主张民族和解。主席兹拉特科·拉古姆季亚（Zlatko LAGUMDŽIJA）。

（2）塞族共和国独立社民人士联盟（Savez nezavisnih socijaldemokrata Republike Srpske）：执政党。主张执行代顿协议，支持以代顿协议为基础的波黑体制，主张发展和加强同塞尔维亚的特殊关系。主席米洛拉德·多迪克（Milorad DODIK）。

（3）波黑民主行动党（Stranka demokratske akcije Bosne i Hercegovine）：执政党。1990年5月成立，系波族重要政党。主张建立完整和统一的波黑。主席苏莱伊曼·蒂希奇（Sulejman TIHIĆ）。

（4）波黑克族民主共同体（Hrvatska demokratska zajednica Bosne i Hercegovine）：1990年8月成立，系克族重要政党。主张维护波黑克族利益，建立统一波黑。主席德拉甘·乔维奇（Dragan ČOVIĆ）。

（5）波黑塞尔维亚民主党（Srpska demokratska stranka Bosne i Hercegovine）：1990年7月成立，系塞族政党。主席姆拉登·博西奇（Mladen BOSIĆ）。

（6）塞族共和国民主进步党（Partija Demokratskog

Progresa Republike Srpske）：在野党。1999年9月成立，主张维护塞族合法权益，维护波黑领土完整。主席姆拉登·伊万尼奇（Mladen IVANIĆ）。

（7）波黑克族民共体1990（Hrvatska Demokratska Zajednica 1990 Bosne i Hercegovine）：2006年4月从克族民共体分裂而来，系克族第二大政党。主张维护克族作为主体民族的合法权益。主席博若·柳比奇（Božo LJUBIĆ）。

（8）争取波黑美好未来联盟（Savez za bolju budućnost BiH）：在野党。2009年成立，以波族为主的多民族政党。主张维护波黑的统一，大力发展经济，改善民生。主席法赫鲁丁·拉东契奇（Fahrudin RADONČIĆ）。

【重要人物】**巴基尔·伊泽特贝戈维奇：**主席团波族成员。1956年生。毕业于萨拉热窝大学建筑系。波黑前总统阿里亚·伊泽特贝戈维奇之子。曾任萨拉热窝州议会和波黑联邦议会议员。民主行动党副主席、党主席团委员。2010年10月当选主席团波族成员。　**奈博伊沙·拉德马诺维奇：**主席团塞族成员。1949年生。毕业于贝尔格莱德大学哲学系。曾任塞族共和国档案馆馆长、巴尼亚卢卡市人民剧院院长、巴尼亚卢卡市执委会主席、塞族共和国人民议会议员。2006年10月当选波黑主席团塞族成员。2010年10月连任。　**热利科·科姆希奇：**主席团克族成员。1964年生。毕业于萨拉热窝大学法律系。曾任新萨拉热窝区区长，驻南联盟大使。2006年10月当选波黑主席团克族成员。2010年10月连任。　**弗耶科斯拉夫·贝万达：**部长会议主席。1956年生于波黑莫斯塔尔，克罗地亚族。毕业于莫斯塔尔经济学院。2007～2010年担任波黑联邦政府副总理兼财政部长，随后加入波黑克族民共体。长期从事银行业工作，波黑著名金融专家。2012年2月出任部长会议主席。

经　济

波黑战争给经济带来严重破坏，几近崩溃。战后在国际社会援助下，波黑经济恢复取得一定进展。2011年主要经济数据如下：

国内生产总值：292亿可兑换马克（合214.9亿美元）。

国内生产总值增长率：2.4%。

人均国内生产总值：7614可兑换马克（合5602美元）。

货币名称：可兑换马克（CONVERTIBLE MARK，BAM），或称波黑马克。1马克=100芬尼（Fenings）。

汇率：1美元=1.3596可兑换马克。

通货膨胀率：2.4%。

失业率：27.6%。

【资源】矿产资源丰富，主要有铁矿、褐煤、铝矾土、铅锌矿、石棉、岩盐、重晶石等，其中煤炭蕴藏量达38亿吨。图兹拉地区食用盐储量为欧洲之最。波黑拥有丰富的水资源，潜在的水力发电量达170亿千瓦。森林覆盖率46.6%，其中65%为落叶植物，35%为针叶植物。

【工业】2010年波黑主要工业产品产量：电力171.24亿千瓦小时，煤1099万吨。2010年波黑工业产值同比增长3.7%。

【农牧业】2010年波黑主要畜产品产量：牛肉23390吨，羊肉2001吨，猪肉13290吨，家禽肉37569吨。2010年波黑全国农业耕地面积为51.2万公顷，主要农产品：小麦14.5万吨，玉米85.3万吨，土豆37.8万吨。

【旅游业】2010年波黑全国旅游人数达65.6万人次，其中外国游客36.5万人次，国内游客29.1万人次，全年旅游者过夜人数141.7万人次。旅游设施主要有旅馆、浴场、私人小旅馆、汽车宿营地、温泉和疗养地等。主要旅游点是萨拉热窝。

【交通运输】交通运输就业人数占总就业人数的15.4%。波黑位于前南斯拉夫的中心地区，连接前南与欧洲的部分重要交通干线经过波黑。交通运输以铁路和公路为主。2010年波黑全国注册机动车843151辆，其中小汽车724787辆，货车75763辆，公共汽车4112辆，摩托车7522辆。

公路：2010年全国公路总长22600公里。2010年波黑全国公路运输：客运量2866.9万人次，货运量480.8万吨。

铁路：2010年波黑全国铁路运输：客运量89.8万人次，货运量1288.2万吨。

空运：波黑有4个国际机场，分别是萨拉热窝、巴尼亚卢卡、莫斯塔尔和图兹拉。2010年航空客运量为59.1万人次。

【财政金融】波黑国家预算在很大程度上依赖于两实体上缴的部分收入，另外一部分收入依靠征收印花税。2009年波黑国家预算为12.46亿可兑换马克，其中国家机构预算为9.05亿可兑换马克。2010年波黑政府财政收入108.63亿可兑换马克，财政支出108.40亿可兑换马克。2010年波黑外汇储备共64.58亿可兑换马克，约合43.72亿美元。

【对外贸易】2011年波黑进出口总额为266.56亿美元，同比上升3.5%，其中出口额为103.06亿美元，进口额为163.5亿美元。主要出口商品有铝锭、矿产品、木材、机械产品等。主要进口商品有机械、食品、石油、化工、交通工具等。重要贸易伙伴为：克罗地亚、德国、塞尔维亚、意大利、斯洛文尼亚、奥地利、黑山、俄罗斯。

【外国援助】战后约有50个捐资国、30个国际组织和400多个非政府组织参加了波黑的恢复与重建项目。国际社会共组织5次布鲁塞尔波黑重建国际捐资会议，为波黑筹集55.83亿美元的援助，其中无偿援助占69.56%，优惠贷款占30.44%，主要捐资方依次为欧盟、世界银行、美国、日本、荷兰、英国等。2001年，国际社会结束对波黑的大规模援助。截至2010年底，波黑累计外债62.89亿可兑换马克，约合42.7亿美元。

人民生活

自1992年爆发战争以来，人民生活水平急剧下降，食品和医药用品极端匮乏。国际社会向波黑提供大量人道主义援助。1995年代顿波黑和平协议签署后，人民生活有所改善。2011年，波黑人均净月工资约600美元。

军　事

波黑战争爆发后，境内三大民族曾各有自己的武装。2003年12月，波黑通过《国防法》，设立统一的国防部。波黑武装部队总兵力为16000人，其中包括10000名职业军人、1000名文职人员和5000名预备役人员。其中军官占20%，士官占30%，士兵占50%。2011年，波黑国防预算为2.93亿可兑换马克，约合2.16亿美元，占国内生产总值的1%。波黑武装力量联合参谋部参谋长为米拉丁·米洛伊契奇（Miladin MILOJČIĆ）少将。

文化教育

【教育】波黑教育体制符合国际教育体制标准。2010 ~ 2011年度，波黑学校和在校师生情况：小学1887所，学生316685人，教师24774人；中学312所，学生163417人，教师12798人。波黑全国有高校202所，学生119292人。主要高校为萨拉热窝大学、巴尼亚卢卡大学、莫斯塔尔大学和图兹拉大学。

【文化】2011年，全国共有30家电影院，27家剧院。波黑联邦有113所图书馆，塞族共和国有50家图书馆。

【新闻出版】波黑全国共发行各类报刊138种。主要报刊有:《每日之声报》、《解放报》、《独立报》、《塞族之声报》、《自由波斯尼亚周刊》等。

全国有电视台40家。主要电视台：波黑国家电视台、波黑联邦电视台、塞族共和国电视台等。全国有电台128个。

对外关系

将加入欧盟和北约作为外交的中心任务，重点发展与美国、欧盟关系，致力于睦邻修边，加强区域合作。

截至2011年年底，共有165个国家同波黑建交。

【同中国的关系】1992年5月波黑加入联合国时，中国作为共同提案国予以支持，事实上承认了波黑。1992年6月和1995年3月西拉伊季奇分别以波黑外长和总理身份两次非正式访华。1995年4月3日，中国和波黑建立大使级外交关系。2011年6月，中国国际贸易促进委员会会长万季飞访问波黑。9月，中国人民银行行长周小川访问波黑。2012年3月，国务院副总理回良玉访欧期间过境波黑。4月，国务院总理温家宝在华沙会见出席中国—中东欧国家领导人会晤的波黑部长会议主席贝万达。

据中国海关总署统计，2011年，两国贸易额为7130万美元，同比增长29.2%。其中，中方出口额为4143万美元，同比增长10.2%。

中国驻波黑大使：王辅国。馆址：波黑萨拉热窝市布拉切·贝吉奇大街17号（Braće Begić 17, 71000 Sarajevo）。电话：(0038733) 215102。传真：215108。电子邮件：emprcbh@yahoo.com。

波黑驻华大使：阿梅尔·科瓦切维奇（Amel KOVAČEVIĆ）。办公处：北京市朝阳区塔园外交人员办公楼1单元5楼1号。电话：010-65320185；传真：65326418。电子邮件：ambbhdip@public.bta.net.cn。

【同美国的关系】1992年4月，美国承认波黑独立；同年8月，两国建交。1995年11月21日，在美国主持下，波黑、克罗地亚和南斯拉夫领导人在美国代顿就全面政治解决波黑问题达成协议。波黑停战后，美国对波黑战后重建提供经济援助达10亿美元。2010年2月波黑部长会议主席什皮里奇访美。2011年6月，美国助理国务卿戈登访问波黑；12月波黑主席团轮值主席科姆希奇访美。

【同欧盟及欧洲国家的关系】2003年1月，欧盟特派团正式开始接替联合国特派团在波黑执行维和使命，欧盟驻波黑特派团警察部队共500人进驻。2004年11月，安理会通过决议，由欧盟部队（EUFOR）取代多国稳定部队。12月，欧盟部队共7000人正式进驻。2010年1月，主席团轮值主席科姆希奇访问德国；2月，芬兰外长斯图布访问波黑；3月，外长阿尔卡拉伊访问爱尔兰，斯洛伐克外长拉伊查克访问波黑；10月，欧洲理事会主席范龙佩访问波黑；11月，欧盟批准波黑获得申根签证免签待遇，12月，外长阿尔卡拉伊访问塞浦路斯。2011年1月，瑞典外长比尔特访问波黑；2月，波黑主席团集体访问斯洛文尼亚；3月，欧洲委员会议会议长查乌夫奥卢访问波黑，德国国防部长托马斯访问波黑；4月，波黑主席团轮值主席拉德马诺维奇访问保加利亚、匈牙利，欧盟委员会主席巴罗佐访问波黑；5月，欧盟外交事务与安全政策高级代表阿什顿访问波黑，波兰外长西科尔斯基访问波黑；6月，波黑主席团成员伊泽特贝戈维奇访问欧盟总部，匈牙利总理欧尔班访问波黑；9月，斯洛伐克外长米库拉什访问波黑；10月，意大利国务秘书阿尔弗雷德访问波黑，波黑主席团轮值主席科姆希奇访问马其顿；11月，欧洲议会主席布泽克访问波黑；12月，匈牙利总统施密特访问波黑；欧洲委员会议会议长查乌夫奥卢访问波黑。

【同北约的关系】波黑致力于加入北约。2009年5月，波黑有条件加入北约"成员国行动计划"。2010年3月，北约秘书长拉斯穆森访问波黑。2011年3月，波黑国防部长齐科蒂奇访问北约总部。

【同俄罗斯的关系】1992年4月27日，俄罗斯承认波黑。1995年2月21日，两国正式建交。代顿协议签署后，俄罗斯派部队参加驻波黑多国稳定部队。2003年4月，俄斯罗正式宣布从波黑全部撤军。2010年2月，俄罗斯国家杜马副主席巴巴科夫访问波黑；6月，俄罗斯副外长蒂多夫访问波黑塞族共和国。

【同伊斯兰国家的关系】波黑是伊斯兰国家会议组织的观察员。2010年1月，外长阿尔卡拉伊访问科威特；2月，主席团三成员集体访问埃及；3月，主席团轮值主席西拉伊季奇访问沙特阿拉伯，外长阿尔卡拉伊访问哈萨克斯坦、菲律宾；4月，阿尔卡拉伊访问摩洛哥，巴勒斯坦外长马勒基、伊朗外长穆塔基先后访问波黑；9月，主席团轮值主席西拉伊季奇访问摩洛哥，土耳其总统居尔访问波黑；10月，土耳其外长达乌特奥卢访问波黑。2011年8月，土耳其外长达乌特奥卢访问波黑；10月，土耳其欧盟事务部长埃盖蒙访问波黑。

【同邻国的关系】波黑外交的主要任务之一是改善与邻国的关系。

同塞尔维亚的关系：2000年12月15日，双方建立外交关系。2001年互派大使。2010年7月，塞尔维亚总理茨韦特科维奇访问波黑。2011年7月，塞尔维亚总统塔迪奇访问波黑；12月，塞尔维亚议长久基奇—德亚诺维奇访问波黑。

同黑山的关系：2006年6月14日，波黑承认黑山独立并宣布两国建交。2010年6月，黑山总统武亚诺维奇访问波黑塞族共和国；2011年6月，黑山总理卢克希奇访问波黑；9月，黑山议长克里沃卡皮奇访问波黑。

同克罗地亚的关系：1992年7月，波黑同克罗地亚建交。2010年3月，部长会议主席什皮里奇访问克罗地亚；4月，克罗地亚总统约西波维奇访问波黑。2011年1月，波黑主席团集体访问克罗地亚；12月，波黑主席团轮值主席伊泽特贝戈维奇访问克罗地亚。

（刘冬）

丹　麦

国名　丹麦王国（The Kingdom of Denmark）。

面积　43096平方公里（不包括格陵兰和法罗群岛）。

人口　558万（2011年），丹麦人约占89.9%，外国移民约占10.1%。官方语言为丹麦语，英语为通用语。82.6%的居民信奉基督教路德宗，0.6%的居民信奉罗马天主教。

首都　哥本哈根（Copenhagen，København），人口55万（2011年）。

国家元首　女王玛格丽特二世（Margrethe II），1972年1月14日即位。

重要节日　国庆日：4月16日，女王玛格丽特二世生日。宪法日：6月5日，纪念1849年6月5日颁布丹麦王国宪法。

简　况

位于欧洲北部。南同德国接壤，西濒北海，北与挪威、瑞典隔海相望。海岸线长7314公里。地势低平，平均海拔约30米。属温带海洋性气候。平均气温1月0℃，8月16℃。年均降水量约860毫米。

公元985年形成统一王国。公元8～12世纪为强盛的海盗时期，曾征服现英国、挪威、法国诺曼底、莱茵河畔等地区。14世纪走向强盛，并于1397年成立以丹麦女王玛格丽特一世为盟主的卡尔马联盟，疆土包括现丹麦、挪威、瑞典、冰岛、格陵兰、法罗群岛以及芬兰的一部分。15世纪末开始衰落。1523年瑞典脱离联盟独立。1814年将挪威割予瑞典。1849年建立君主立宪政体。两次世界大战中均宣布中立。1940年4月至1945年5月被纳粹德国占领。1944年冰岛脱离丹独立。1949年加入北约，1973年加入欧共体。拥有对格陵兰和法罗群岛的主权。

政　治

政局基本平稳。原自由党、保守党中右翼政府在2011年9月举行的大选中落败。中左翼联盟在野10年后重新上台执政，由社民党、激进党和社人党组成中左联合政府，将施政重点定为恢复经济增长、保持社会福利和增强国家竞争力。

【宪法】宪法于1849年制定，1866年、1915年、1920年、1953年四度修宪。宪法规定，丹实行君主立宪制。经议会5/6多数通过，政府可将一定范围内的主权让渡某种“国际机构”。

【议会】一院制，共179个议席。议员经普选产生，任期四年。本届议会于2011年9月大选后产生，进入议会的党派有：自由党（47席）、社民党（44席）、丹人党（22席）、激进党（17席）、社人党（16席）、红绿联盟（12席）、自由联盟（9席）和保守党（8席）。此外，格陵兰和法罗群岛各占2席。议长莫恩斯·吕克托夫特（Mogens Lykketoft，社民党）。

【政府】本届政府于2011年9月大选后产生，系社民党、激进党和社人党联合政府，除首相府外共设22个部，内阁大臣中社民党11人、激进党6人、社人党6人。社民党主席赫勒·托宁—施密特（Helle Thorning-Schmidt，女）出任丹麦历史上首位女首相。其他阁员为：经济内政大臣玛格丽特·韦斯塔格（Margrethe Vestager，女，激进党主席），外交大臣维利·瑟芬达尔（Villy Soevndal，社人党主席），财政大臣比亚内·福·科里登（Bjarne Fog Corydon，社民党），司法大臣莫滕·博德斯科夫（Morten Boedskov，社民党），科研、创新和高等教育大臣莫滕·厄斯特高·克里斯滕森（Morten Oestergaard Kristensen，激进党），税务大臣托尔·默格·彼泽森（Thor Moger Pedersen，社人党），交通大臣亨里克·达姆·克里斯滕森（Henrik Dam Kristensen，社民党），商业和经济增长大臣奥勒·克里斯蒂安·利普·索恩（Ole Christian Liep Sohn，社人党），城市、住房和农村事务大臣卡斯滕·莫恩斯·汉森（Carsten Mogens Hansen，社民党），就业大臣梅特·弗雷泽里克森（Mette Frederiksen，女，社民党），儿童事务和教育大臣克里斯蒂娜·埃达·安托里尼（Christine Edda Antorini，女，社民党），社会和融合事务大臣卡伦·安杰洛·海克鲁普（Karen Angelo Haekkerup，女，社民党），食品、农业和渔业大臣梅特·耶尔斯科夫（Mette Gjerskov，女，社民党），气候、能源和建筑大臣马丁·利泽高（Martin Lidegaard，激进党），贸易和投资事务大臣皮娅·奥尔森·迪赫尔（Pia Olsen Dyhr，女，社人党），卫生和疾病预防大臣阿斯特丽兹·克拉格·克里斯滕森（Astrid Krag Kristensen，女，社人党），国防大臣尼克·海克鲁普（Nick Haekkerup，社民党），环境大臣伊达·玛格丽特·迈尔·奥肯（Ida Margrete Meier Auken，女，社人党），欧洲事务大臣尼古拉·哈尔比·瓦门（Nicolai Halby Wammen，社民党），性别平等和宗教事务兼北欧合作大臣马鲁·萨林（Manu Sareen），发展援助大臣克里斯蒂安·弗里斯·巴克（Christian Friis Bach，激进党），文化大臣乌费·埃尔贝克（Uffe Elbaek，激进党）。

【主要网址】丹麦王室：www.kongehuset.dk；议会：www.folketinget.dk；首相府：www.stm.dk；外交部：www.um.dk。

【行政区划】2007年1月1日，丹实行新的行政区划。全国设5个大区、98个市和格陵兰、法罗群岛2个自治领（自治领的国防、外交和货币政策由丹麦中央政府负责）。

【司法机构】法院分三级。全国有1所最高法院、2所国家法院和82所地方法院。此外，还有海事与商业法庭、特别诉讼法庭等专门法庭。最高法院由1名院长和17名法官组成，院长和法官由政府（司法大臣）推荐，由女王任命，任职到退休。法院独立行使职权。最高法院院长托本·梅尔基奥尔（Torben Melchior）。检察机构隶属司法部，设总检察长1名和检察官9名，均由女王任命，任职到退休。总检察长欧勒·黑瑟高（Ole Hasselgaard），议会监察官约根·斯汀·索恩森（Joergen Steen Soerensen）。

【政党】（1）社会民主党（The Social Democratic Party）：执政党，简称社民党，1871年成立。党员5.2万人。2011年9月大选支持率24.9%，丹第二大政党。主张保持和发展福利制度，积极参与国际合作。主席赫勒·托宁—施密特。

（2）自由党（The Liberal Party）：在野党，1870年成立，为丹麦最老政党。党员6.98万人。支持欧盟合作，主张自由竞争，反对中央集权。2011年9月大选支持率26.7%，系丹第一大党，主席拉尔斯·勒克·拉斯穆森（Lars Løkke Rasmussen）。

（3）社会主义人民党（The Socialist People's Party）：执政党，简称社人党，1959年从丹麦共产党分裂而成。党员8375人。2011年9月大选支持率9.2%。重视人权、民主和环保，支持裁军，主张在平等、自愿的基础上参与国际合作。主席维利·瑟芬达尔（Villy Søvndal）。

（4）激进自由党（The Danish Social-Liberal Party）：执政党，简称激进党，1905年成立。党员8600余人。2011年9月大选支持率9.5%。重视个人尊严、自由及环境问题，主张参与国际合作。主席玛格丽特·韦斯塔格（Magrethe Vestager，女）。

（5）丹麦人民党（The Danish People's Party）：在野党，简称丹人党，1995年10月由退出进步党的议员组成。党员6615人。2011年9月大选支持率12.3%。有强烈的民族主义色彩，反对国际合作。主席皮娅·克亚斯高（Pia Kjaersgaard，女）。

（6）红绿联盟（Red-Green Alliance或Unity List）：在野党，1989年由原丹麦共产党、共产主义工人党及反欧盟势力组建。反对加入欧盟合作、力主裁减军费、降低失业率、加强环境保护等。党员2524人。1994年9月第一次进入议会。2011年9月大选支持率6.7%。采取集体领导制。

（7）自由联盟（Liberal Alliance）：在野党，原称新联盟，2007年由原激进党议员纳萨·卡德尔（Naser Khader）等三人组建，2008年8月改称现名。党员8000余人。2011年9月大选支持率5%。主张深化移民的社会融合。主席安诺斯·萨缪尔森（Anders Samuelsen）。

（8）保守人民党（The Conservative People's Party）：在野党，简称保守党，1916年成立。党员1.99万人。2011年9月大选支持率4.9%，主张坚持私有制和自由贸易，积极参与国际合作。主席拉尔斯·巴福兹（Lars Barfoed）。

此外，丹还有基督教民主党（The Christian Democratic Party）和少数党（Minority's Party）等两个议会外政党。

【重要人物】玛格丽特二世：女王。1940年4月16日生于哥本哈根。曾就读于丹麦哥本哈根大学、奥胡斯大学、法国巴黎大学、英国剑桥大学和伦敦经济学院。1972年1月14日登基。1967年6月10日与亨里克亲王（Henrik，法国伯爵）结婚。有二子，长子腓特烈王储（Frederik），次子约阿希姆王子（Joachim）。女王兴趣广泛，在考古、美术和文学方面颇有造诣。曾于1979年访华。　**赫勒·托宁—施密特**：首相，社民党人。1966年生，哥本哈根大学政治学硕士。历任欧洲议会丹麦社民党书记处书记、丹麦全国总工会国际顾问、央行董事会成员等职。1994 ~ 2004年任欧洲议会议员。2005年当选丹议会议员并出任社民党主席至今。已婚，育有二女。

经　济

丹麦是发达的西方工业国家，人均国内生产总值居世界前列。2008年下半年国际金融危机爆发后，丹麦银行业出现银行间市场冻结、流动性资金不足等问题，房贷市场受影响较大，股市遭重创。2009年经济陷入深度衰退，工业生产、私人消费、进出口、私营部门投资持续下降，企业破产率和失业率大幅上升，通货膨胀抬头。面对危机，丹政府推行一揽子经济刺激方案，央行多次降息，政府出台针对银行业的1000亿克朗信贷救助计划、针对中小企业融资难和青年失业问题的专项救助方案，提出税改方案、发展绿色经济等措施。2010年，丹麦经济逐步复苏，经济增长2.1%。2011年丹麦经济基本面总体健康，在2010 ~ 2011、2011 ~ 2012年度世界经济论坛全球竞争力排名中分别名列第九、第八位。2011年被世界银行评为“欧洲最方便做贸易的国家”。2011年主要经济数据如下（资料来源：丹麦统计局。以下除注明外，均来自丹麦统计局。）：

国内生产总值：17865亿克朗（3333亿美元）。

人均国内生产总值：约6万美元。

经济增长率：1%。

货币名称：丹麦克朗（Krone），1克朗=100欧尔（Øre）。

汇率：1美元＝5.36丹麦克朗；1欧元＝7.45丹麦克朗。

通货膨胀率：2.7%。

失业率：5.8%。

【资源】自然资源贫乏。除石油和天然气外，其他矿藏很少。石油探明剩余可采储量为11.6亿桶，居世界第38位。天然气探明剩余可采储量为1010亿立方米，居世界第54位。1972年起开采石油，2010年产油1232万吨，天然气80.9亿立方米。探明褐煤储量9000万立方米。森林覆盖面积48.6万公顷，覆盖率约11.4%。北海和波罗的海为近海重要渔场。

【工业】工业在国民经济中占重要地位，但近年来在国民经济中比重逐渐下降，工业总产值约占国内生产总值的18%。主要工业部门有：食品加工、机械制造、石油开采、造船、水泥、电子、化工、冶金、医药、纺织、家具、烟草、造纸和印刷设备等。产品60%以上供出口，约占出口总额的70%。船用主机、水泥设备、助听器、酶制剂和人造胰岛素等产品享誉世界。企业以中小型为主。近年主要工业部门产值如下（单位：亿克朗）：

	2009	2010	2011
食品工业	1525	1569	1583
机械制造	1135	1023	1093
电子工业	228	262	276
化学工业	546	637	738
采矿、冶金	469	543	626
服装、纺织	83	85	85
油气开采	420	498	570
木材加工	113	113	105

【农业】农牧业高度发达，产量和农产品品质不断提升。农牧结合，以牧为主。近年受欧盟共同农业政策影响较深，农业在国民经济中所占份额逐年下降，但在外贸中仍占较大比重。农牧业总产值约占国内生产总值的6%，有耕地2.9万平方公里，农场4.2万个。农业科技水平和生产率居世界先进国家之列。农畜产品除满足国内市场外，约65%供出口，占出口总额的9.8%，猪肉、奶酪和黄油出口量居世界前列。是世界最大貂皮生产国，有貂场1555个，2011年产貂皮1400万张。

2011年家畜存栏数：牛157万头，其中奶牛57万头，羊14万只，猪1293万头，马6万匹；家禽存栏数1932万只；产奶488万吨，蛋7.9万吨。近几年主要农作物产量如下（单位：万吨）：

	2009	2010	2011
谷物	1011.7	874.8	879.4
油菜	63.7	58.0	50.8
豆类	2.2	3.4	2.7
麦秆	405.0	330.7	327.5
制糖甜菜	189.8	235.6	270.0

【渔业】欧盟主要渔业国之一，2011年总捕鱼量80万吨，产值29亿克朗，主要有鳕鱼、比目鱼、鲭鱼、鳗鱼和虾等，主要用于生产鱼油和鱼肉。2011年底共有渔船1710艘，总吨位6.4万吨。

【服务业】服务业发达，产值约占国内生产总值的76%。主要包括商业、电信、金融、保险、旅游和技术服务等。

【旅游业】2011年共有酒店599家，客床12.9万张，外国游客入住4360万间夜。主要旅游点有哥本哈根、安徒生故乡——欧登塞、乐高积木城及日德兰半岛西海岸和最北角斯卡晏等。

【交通运输】海、陆、空交通发达。商船主要从事国际运输。

铁路：2011年铁路总长2667公里，其中私营铁路514公里。2010年客运量2.3亿人次，货运量812万吨。

公路：2011年公路总长约7.4万公里，其中高速公路1130公里，共有各种汽车约307万辆，其中小轿车

212万辆、货车49.5万辆、公共汽车1.5万辆。2011年公路货运量为1.69亿吨。

水运：2010年水路总长400公里，港口停靠船舶52万艘，水运货运总量为8.7亿吨，客运量4165万人次。全国有港口137个，奥胡斯港和菲德烈西亚港货运量居前列。

空运：2011年共有23个机场，各类民用飞机千余架。北欧航空公司为瑞典、丹麦和挪威共有，丹麦占2/7股份。哥本哈根卡斯楚普机场是丹最大航空港，也是欧洲北部重要航空枢纽。2011年空运乘客2663万人次，货物151万吨。

【财政金融】近几年中央政府财政收支情况如下（亿克朗）：

	2009	2010	2011
收入	9194	9636	9960
支出	9652	10110	10304
差额	-458	-474	-344

2010年，中央政府内债5764亿克朗，外债1147亿克朗，总债务6911亿克朗，占GDP的39.6%。2011年，中央政府内债6459亿克朗，外债1118亿克朗，总债务7577亿克朗，占GDP的42.4%。

2011年，国家银行黄金储备约为36亿美元，外汇储备约781亿美元。2010年有银行123家，雇员4.4万人。其中最大的两家银行为诺迪亚银行（Nordea）和丹麦银行（Danske Bank）。

【对外贸易】外贸是丹经济命脉。主要原料靠进口，产品销售依赖国际市场。政府制订优惠政策，鼓励产品出口。同100多个国家和地区有贸易往来，1987年以来一直保持较大顺差。主要进口产品为运输设备、电信产品、纸张、原油、煤炭、钢铁、机械和饲料等。主要出口产品为乳制品、肉、鱼、家具、医药、电子产品、仪表、船舶、纺织品和服装等。近几年对外贸易情况如下（单位：亿克朗）：

	2009	2010	2011
总　额	9341	10179	11287
进口额	4380	4747	5245
出口额	4961	5432	6042
差　额	581	685	797

2011年丹与主要贸易伙伴贸易情况如下（单位：亿克朗）：

	出口	进口
德国	891.1	1066.9
瑞典	736.4	701.1
英国	546.6	324.9
荷兰	253.0	370.0
挪威	377.9	253.6
美国	308.9	144.0

【对外投资】2011年丹对外直接投资总额为1268亿克朗，外国对丹直接投资总额为829亿克朗。

【对外援助】2011年丹对外援助总额为159.8亿丹麦克朗，占当年国内生产总值的0.86%。援助重点为难民、医疗卫生、农村发展和环保。主要受援国有莫桑比克、坦桑尼亚、乌干达、阿富汗等。

【著名公司】（1）A.P.穆勒—马士基集团（A.P.Moller-Maersk Group）：成立于1904年。全球最大集装箱航运公司。总部哥本哈根。还从事石油天然气勘探与开发、航空运输、商品零售等。1984年成为首家获准在华开设办事处的外国船商，在华设立马士基（中国）航运有限公司，现成为国内最大的外国航运公司。

（2）诺和诺德集团（Novo Nordisk）：1923年创建，世界著名医药和生化制品集团公司。2000年，诺和诺德决定将两类核心业务拆分，负责制药业务的公司沿用原名，负责酶制剂业务的公司改名为诺维信（Novozymes）。诺和诺德生产的胰岛素和诺维信生产的酶制剂分别占世界市场份额的50%和40%以上。总部在哥本哈根，在欧美、亚洲均设有生产厂。产品20世纪60年代进入中国市场。

（3）丹佛斯集团（Danfoss）：成立于1933年，丹最大工业集团，在制冷、供热、水处理和传动控制制造领域居世界领先地位，产品注重环保、节能、增效。丹佛斯（天津）有限公司1995年成立，是其在亚洲的最大生产基地。

人民生活

以高福利、高收入、高税收、高消费为特征。2010年社会福利（公共服务及秩序、教育、医疗卫生、社会保障、住房、文化娱乐）开支为4536.7亿克朗，约占当年国内生产总值的26%。2010年人均收入28.3万克朗。全国有医生11351人，病床2.6万张。私人住宅拥有率54.7%，别墅拥有率38.6%，手机使用率92%，家庭电脑拥有率84%，上网率92%。每千人拥有医生2.1名，洗衣机740台、电视机575台，小轿车377辆。

军　事

根据丹麦宪法，玛格丽特二世女王是武装力量最高统帅。国防部是武装力量最高行政机关，国防大臣为文职，向议会和首相负责，对武装力量实施行政领导。国防司令部是武装力量最高指挥机构，负责丹三军的作战、训练和后勤保障。现任国防司令彼得·巴特拉姆（Peter Bartram，2012年3月上任）。实行义务兵与志愿兵相结合的兵役制。义务兵服役期8 ~ 12个月，志愿兵服役期为54 ~ 72个月。

丹麦武装力量由陆、海、空三军和国民卫队组成，其中陆、海、空三军为现役正规军队。截至2009年年底，丹军总员额26810人，陆军、海军和空军兵力分别为15460人（占总兵力的57.6%）、5300人（占19.8%）和6050人（占22.6%）。其中，陆军装备主战坦克281辆、装甲车715辆、100毫米以上口径的火炮315门、直升机25架；海军编成水面舰艇部队（下设6个中队）和海防舰艇部队（分辖3个海区），主要装备舰艇64艘（其中护卫舰7艘、巡逻艇36艘、用于侦察和渔业监护的直升机8架）；空军编为6个航空兵中队（其中4个战斗机中队、1个运输机中队、1个直升机中队）、1个雷达中队（辖6个雷达站），装备各种飞机111架（其中F-16A/B型战斗机68架、C-130型运输机3架）。

2012年国防预算为222亿克朗。

文化教育

文化教育事业发达。童话作家安徒生、原子物理学家尼尔斯·玻尔、音乐家卡尔·尼尔森（Carl Nielsen）等举世闻名；迄有13位丹麦人获诺贝尔奖。在生物学、环境学、气象学、免疫学等方面处于世界领先地位。执行使每个社会成员在文化方面平等发展的文化方针，鼓励地方发展文化事业。

【文化】2010年全国公共图书馆藏书3105万册，工作人员4504名。2011年全国有各类博物馆249所，参观人次1070万，影院161家，全年播放国内外电影656部。

【教育】教育事业发达。1973年起实行九年制免费义务教育。2010年全国共有学校2814所，学生119万人，其中小学2387所，学生69万人；高中170所，学生9万人；职业学校263所，学生39万人；综合性大学9所，学生13万人。最著名的高等学府有哥本哈根大学（建于1479年，约有学生3.8万人）、奥胡斯大学（建于1928年，约有学生2.8万人）和丹麦技术大学。2012年国家教育科研经费预算为523亿克朗。

【新闻出版】2011年，全国有日报33种，发行量140万份。周报11种，发行量83万份。主要报纸发行量如下（括号内为创刊年）：《日德兰邮报》（1871年），平日版10万份，周日版14万份；《政治报》（1884年），平日版10万份，周日版13万份；《贝林时报》（1749年），平日版10万份，周日版12万份。

丹麦通讯社（Ritzaus Bureau）：1866年创建。丹唯一的全国性通讯社，由各大报纸合办。

丹麦广播公司：1925年创立。丹麦最大的全国性广播电台和电视台。

丹麦电视二台：1988年创立，1989年开播。

对外关系

积极参与地区和全球事务，努力发挥自身影响力。视联合国、欧盟和北约为其外交三大支柱，视美国为最重要战略盟友，视北约为其安全保障，积极拓展以北欧合作为基础的环波罗的海合作。重视应对全球化挑战，强调发展对中国、印度、巴西等新兴国家关系。积极推行“气候外交”。重视对外发展援助，强调以外援促进人权与民主。

【对当前重大国际问题的态度】关于国际形势：认为国际形势总体趋向缓和，但恐怖主义、民族和宗教问题等非传统安全因素成为威胁国际安全与稳定的突出问题。认为世界政治朝多极化方向发展，主张各大国加强对话与合作，共同应对气候变化和能源安全等全球性挑战。

关于联合国作用和改革：视联合国为最重要的国际组织、国际社会构架的基础和国际安全与稳定的保障。积极参与联合国事务。支持安理会改革。呼吁联合国重视非洲发展问题，强调提高对经社发展领域的重视。

关于国际反恐：认为恐怖主义已成为国际社会面临的最严重的威胁之一。谴责各种形式的恐怖主义，支持反恐斗争。重视建立全球反恐联盟。认为联合国、欧盟等国际组织应成为国际反恐合作的重要机制。

关于中东北非问题：强烈谴责埃及、突尼斯、利比亚、叙利亚等“专制政权”，支持联合国、北约、欧盟有关制裁。2011年，派遣6架战斗机参与对利比亚军事行动，承认利比亚“全国过渡委员会”为利合法政权。主张以和平方式解决叙利亚问题。承认“叙利亚全国委员会”为叙合法代表之一，支持联合国安理会和欧盟对叙进行制裁。提倡以非暴力方式解决巴以问题，支持巴以重启和平谈判进程。

关于朝核问题：主张朝鲜半岛无核化及和平解决朝核问题。反对和谴责朝鲜核试验，认为朝必须承担有关后果。支持联合国2009年通过制裁朝鲜的1874号决议，认为必要时须令朝切实感受到国际压力。积极评价中国所作努力，认为美、中、俄在安理会达成一致很重要，欧盟可在适当时机参与解决进程，特别是在促进朝鲜发展经济方面发挥作用。

关于伊朗核问题：与欧盟立场保持一致。敦促伊朗与国际原子能机构全面合作，主张通过外交途径解决伊朗核问题，认为各方应继续保持压力。对伊2009年选举引发骚乱及政府镇压示威表示关切。

关于阿富汗问题：2002年参与国际安全援助部队在阿行动，2012年初在阿驻军约750人，主要集中在赫尔曼德省。2009～2012年，每年向阿提供5亿丹麦克朗（约合0.8亿美元）援助，重点用于改善生活和普及教育。丹政府拟于2014年底前撤出所有作战部队。

关于非洲问题：重视对非关系。注重将经援与民主、人权挂钩。2007年出台新《非洲战略》，增加对非援助，关注非洲地区应对气候变化挑战以及青年、性别平等、就业等问题。2008年初成立非洲委员会，负责援助监管和政策咨询。关注达尔富尔问题，积极支持非盟/联合国混合维和行动。

【同中国的关系】1950年1月9日正式承认中华人民共和国，1950年5月11日建交，1956年2月15日由公使馆升格为大使馆。20世纪80年代以来，中丹科技、环保等领域合作发展较好，先后签署科技合作议定书、环境合作协议、关于清洁发展机制项目合作的谅解备忘录、加强双边科技合作谅解备忘录等。

2010年，中丹迎来建交60周年庆典。中国全国人大常委会副委员长华建敏、全国政协副主席郑万通访丹。丹首相拉斯穆森访华并出席博鳌亚洲论坛年会，王储腓特烈和副首相兼外交大臣埃斯珀森分别出席上海世博会开、闭幕式。2011年10月，外交部长杨洁篪访丹。

2012年6月国家主席胡锦涛对丹麦进行国事访问，分别会见丹麦女王玛格丽特二世、议长吕克托夫特，并同首相托宁—施密特会谈。这是中丹建交以来中国国家主席首次访丹。

中国驻丹麦大使：李瑞宇（2012年5月11日递交国书）。馆址：OEREGAARDSALLE 25，2900 HELLERUP，COPENHAGEN DENMARK。网址：www.chinaembassy.dk。电话：45-39460889，39611013（商务处），39460877（签证处）；传真：39625484，39612913（商务处），39460878（签证处）。

丹麦驻中国大使：裴德盛（Friis Arne Petersen，2010年12月1日递交国书）。馆址：北京市朝阳区三里屯东五街1号。电话：010-85329900；传真：85329999。

网址：http：//www.ambbeijing.um.dk/zh。

【同美国及北约的关系】视对美关系为跨大西洋合作的核心内容，并极力发展紧密、稳定的对美双边关系。丹美双边高层往来频繁，将丹属自治领格陵兰岛上的图勒基地纳入美导弹防御系统。在阿富汗、反恐等问题上合作密切，但未接收关塔那摩释放囚犯。

视北约为丹国防与安全政策的基石，积极参加北约军事行动，支持北约东扩和战略转型。认为北约在集体防御外，还应承担捍卫自由、民主及人权等共同价值观的责任，力求在推进民用警力合作等方面发挥作用。丹前任首相安诺斯·福格·拉斯穆森于2009年8月出任北约秘书长。

【同欧盟的关系】支持欧盟东扩和一体化建设，于2008年4月批准《里斯本条约》。期待欧盟在国际事务中发挥更大作用。视欧盟为丹最重要的外交平台，在重大外交政策上与欧盟保持一致，但在欧盟合作中仍有“四项保留”（司法、防务、货币、欧洲公民权）。2012年上半年担任欧盟轮值主席国。

【同中东欧和波罗的海三国关系】重视发展同中东欧和波罗的海国家的关系，认为北约和欧盟双东扩有利于保持欧洲的长期稳定。曾积极支持波海三国独立，同其他北欧国家一起最早承认并同三国建交，强调继续加强同波海三国在经济、社会保障、军事等领域的合作，积极推动环波罗的海地区合作。

【同俄罗斯的关系】在人权和欧盟东扩问题上与俄分歧明显。2002年因拒交车臣流亡政客与俄交恶。强烈谴责俄2008年在南奥塞梯的军事行动。2009年与俄双边关系实现正常化，丹外交大臣和首相先后访俄，签署了一系列合作协议，包括2011年起俄向丹提供天然气协议，丹同意俄输欧天然气管道穿越丹海峡。

【同发展中国家的关系】强调充分利用发展中国家、特别是新兴国家的发展机遇，在全球化发展中占据先机。2007年推出亚洲战略与拉美战略，2009年出台中亚战略，重点通过经济援助、各领域合作、加强驻外力量等推进发展关系。2011年曾一度任命对中国、俄罗斯、巴西、印度和其他新兴市场国家贸易促进大使。2012年5月，出台面向“金砖四国”的国别战略，希望同四国在航运、食品、卫生、农业、能源、环境、绿色增长等领域扩大合作。（张弛）

德　国

国名　德意志联邦共和国（The Federal Republic of Germany，Die Bundesrepublik Deutschland）。

面积　357123.5平方公里（2009年12月31日，2011年《德国统计年鉴》）。

人口　8175.2万（2009年12月31日，2011年《德国统计年鉴》），较上年减少0.06%，是欧盟人口最多的国家，每平方公里人口密度为229人，是欧洲人口最稠密的国家之一。主要是德意志人，有少数丹麦人和索布族人。有719.9万外籍人，占人口总数的8.8%，其中最多的是土耳其人，共163万。通用德语。居民中29.6%（2419.5万人）信奉新教，30.4%（2490.9万人）信奉罗马天主教（2009年）。

首都　柏林（Berlin），人口346.1万（2010年12月31日，2011年《德国统计年鉴》），年平均气温约8.9℃。

国家元首　总统约阿希姆·高克（Joachim Gauck），2012年3月18日当选，3月23日宣誓就职。

重要节日　新年：1月1日；复活节：每年春分月圆之后第一个周日（3月21日至4月25日之间）；五一国际劳动节：5月1日；德国统一日（国庆节）：10月3日；圣诞节：12月25日。

简　况　位于欧洲中部。东邻波兰、捷克，南毗奥地利、瑞士，西界荷兰、比利时、卢森堡、法国，北接丹麦，濒临北海和波罗的海。陆地边界全长3757公里，海岸线长2389公里。位于北纬47 ~ 55度之间的北温带，西北部海洋性气候较明显，往东、南部逐渐向大陆性气候过渡。平均气温1月-6℃ ~ 1.5℃，7月17℃ ~ 20℃。

公元962年建立德意志民族神圣罗马帝国。1871年建立统一的德意志帝国。1914年挑起第一次世界大战。1919年建立魏玛共和国。1939年发动第二次世界大战。战后被美、英、法、苏四国占领。1949年5月23日西部颁布《基本法》，建立德意志联邦共和国。同年10月7日东部成立德意志民主共和国。1990年10月3日，德国实现统一。

政　治

2011年，德政府稳步慎行，鲜少推进激进改革，政局总体平稳。2012年初以来，政府在应对欧债危机、能源转型等重大问题上以巩固执政地位为先，兼顾民意，虽屡受批评，但均平稳渡过难关。默克尔总理民意支持率仍居高位，德执政联盟地位稳定。

随着2013年秋联邦大选临近，执政联盟面临的压力增大。主要反对党社民党在全德16州中主政和参政州已达12个，州长人数增至8人，双双超过联盟党。

德政党格局出现新变化。联盟党继续保持联邦第一大党地位。社民党在地方选举中收获颇丰。自民党、绿党、左翼党遭受新崛起政党的挑战。海盗党迅速崛起。

【宪法】《德意志联邦共和国基本法》于1949年5月23日生效。基本法确定了德国五项基本制度：共和制、民主制、联邦制、法制国家和社会福利制度。1956年、1968年曾作过较大修改。1990年8月两德统一条约对《基本法》某些条款又作了适应性修订，10月3日起适用于全德国。

【议会】由联邦议院和联邦参议院组成。联邦议院行使立法权，监督法律的执行，选举联邦总理，参与选举联邦总统和监督联邦政府的工作等。每届任期四年。参加联邦议院的各党议员分别组成议会党团。本届（第17届）联邦议院于2009年9月27日组成，共有620席。各党席位分配为：联盟党（基民盟/基社盟）237席，社民党146席，自民党93席，左翼党76席，联盟90/绿党68席。议长诺贝特·拉默特（Norbert LAMMERT，基民盟）。

联邦参议院参与联邦立法并对联邦的行政管理施加影响，维护各州的利益。按各州人口比例由各州政府指派3 ~ 6名州政府成员组成，共69席。议长由各州州长轮流担任，任期一年，总统因故不能行使职权时代行总统职务。现任议长为霍斯特·泽霍夫（Horst SEEHOFER，基社盟），2011年11月1日就任，任期至2012年10月31日。

【政府】现政府由联盟党和自民党于2009年10月28日组成。基民盟主席安格拉·默克尔（Angela MERKEL，女）任总理。内阁成员16名，联盟党11名，自民党5名。内阁主要成员有：副总理兼经济部长罗斯勒（Philipp ROESLER，自民党），外交部长韦斯特维勒（Guido WESTERWELLE，自民党），内政部长弗里德里希（Hans-Peter FRIEDRICH，基社盟），司法部长洛伊特豪泽尔—施纳伦贝格（Sabine LEUTHEUSSER-SCHNARRENBERGER，女，自民党），财政部长朔伊布勒（Wolfgang SCHAEUBLE，基民盟），国防部长德梅齐埃（Thomas de MAIZIERE，基民盟），总理府部长波法拉（Ronald POFALLA，基民盟）等。

【行政区划】德国行政区划分为联邦、州、市镇三级，共有16个州，12229个市镇。各州的名称是：巴登—符腾堡州、巴伐利亚州、柏林市、勃兰登堡州、不来梅市、汉堡市、黑森州、梅克伦堡—前波莫瑞州、下萨克森州、北莱茵—威斯特法伦州、莱茵兰—普法尔茨州、萨尔州、萨克森州、萨克森—安哈特州、石勒苏益格—荷尔斯泰因州和图林根州。其中柏林、不来梅和汉堡为市州。

【司法机构】联邦宪法法院是德国宪法机构之一，主要负责解释《基本法》，监督《基本法》的执行，并对是否违宪作出裁定。共有16名法官，由联邦议院和联邦参议院各推选一半，由总统任命，任期12年。正、副院长由联邦议院和联邦参议院轮流推举。现任院长安德烈亚斯·福斯库勒（Andreas Vosskuhle），2010年3月就任。

此外设有联邦法院（负责民事和刑事案件）、联邦行政法院、联邦财政法院、联邦劳工法院、联邦社会法院等。

联邦和州法院相应设有检察院，但不受法院的管辖，不干预法院的审判工作，其任务主要是领导刑事案件的侦查并提起公诉。检察院受联邦或州政府司法部的领导，在行使职权时相对独立。联邦检察院由联邦总检察长和若干名联邦检察官组成，联邦总检察长哈拉尔德·兰格（Harald RANGE）于2011年11月就任。

【政党】德国实行多党制，主要有以下政党：

（1）基督教民主联盟（Christlich-Demokratische Union Deutschlands）：简称基民盟。主要执政党。1945年6月成立。曾于1949 ~ 1969年，1982 ~ 1998年执政。2005年至今为主要执政党，现有党员484397人（2012年4月），为德第一大党，党主席安格拉·默克尔。

（2）基督教社会联盟（Christlich-Soziale Union in Bayern e.V.）：简称基社盟。执政党。1945年成立。根据与基民盟达成的协议，该党只在巴伐利亚州发展组织并开展活动，在联邦议院与基民盟组成联盟党议会党团。现有党员150585人（2012年4月），党主席霍斯特·泽霍夫（Horst SEEHOFER）。

（3）德国社会民主党（Sozialdemokratische Partei Deutschlands）：简称社民党。主要在野党。成立于

1863年，是世界上成立最早的工人党之一。1878年，被俾斯麦政府宣布为非法，1890年重新获得合法地位。1933年，社民党被纳粹政权取缔，战后重建。1990年9月，东、西德社民党合并。现有党员484382人（2012年4月），是德第二大政党。党主席西格玛·加布里尔（Sigmar GABRIEL）。

（4）自由民主党（Freie Demokratische Partei）：简称自民党。执政党。成立于1948年12月。现有党员63123人（2012年1月），党主席菲利普·罗斯勒（Philipp ROESLER）。

（5）左翼党（Die Linke）：在野党。2007年6月16日由左翼党—民社党（Demokratische Linke—PDS）和劳动与社会公平选举抉择党（Wahlalternative Arbeit und Soziale Gerechtigkeit）合并而成。现有党员69458人（2011年12月31日），党主席卡提亚·基平（Katja KIPPING，女）和贝尔恩德·里克辛尔（Bernd RIEXINGER）。

（6）联盟90/绿党（Buendnis 90/Die Gruenen）：简称绿党。在野党。德国西部的绿党成立于1980年1月。1993年5月与东部的联盟90/绿党合并。现有党员59210人（2012年4月），党主席克劳迪娅·罗特（Claudia ROTH，女）和策姆·约茨德米尔（Cem OEZDEMIR）。

（7）德国海盗党（Piratenpartei Deutschland）：2006年9月成立。现有党员30762人（2012年5月），党主席贝尔恩德·施洛姆尔（Bernd Schlömer）。

（8）德国的共产党（Deutsche Kommunistische Partei）：1968年成立，前身为1956年被禁止的德国共产党，现有党员4000人（2011年），党主席贝蒂娜·尤根森（Bettina Jürgensen，女）。

【重要人物】安格拉·默克尔：联邦总理，1954年7月17日生于汉堡。物理学博士。1978～1990年在民主德国科学院物理化学中心研究所工作。1990年8月加入基民盟。1991年任基民盟联邦副主席。1991～1994年任联邦妇女和青年部部长。1994～1998年任联邦环境、自然保护和反应堆安全部部长。1998～2000年任基民盟总书记。2000年4月起任基民盟主席，2002年9月至2005年11月兼任联盟党议会党团主席。2005年11月22日出任德国第一位女总理，也是德国历史上最年轻的总理。2009年10月28日连任。已婚。

经济

德国是高度发达的工业国。经济总量位居欧洲首位，世界第四。2011年外贸总额为19620亿欧元，其中出口额为10600亿欧元，增长11.3%，进口额为9020亿欧元，增加13.2%，顺差1580亿欧元。国内资产投资4677亿欧元，私人可支配收入16250亿欧元，私人消费支出14731亿欧元，公共支出5014亿欧元。国民总收入19706亿欧元。2010年国家负债总额20117亿欧元，占国内生产总值的78.3%。2011年国家财政预算总赤字为120亿欧元，占国内生产总值0.4%。公共财政总收入11520亿欧元，总支出11640亿欧元。2011年德国经济主要数据如下（资料来源：德国联邦统计局网站）：

国内生产总值：25708亿欧元。

人均国内生产总值：31446欧元。

国内生产总值增长率：0.3%。

货币名称：欧元，1欧元=100欧分。

年平均汇率：1欧元=1.392美元（欧洲央行）。

通货膨胀率：2.3%。

失业率：7.0%。

【资源】德国是自然资源较为贫乏的国家，除硬煤、褐煤和盐的储量丰富之外，在原料供应和能源方面很大程度上依赖进口，2/3的初级能源需进口。天然气储量约3820亿立方米，能满足国内需求量的1/4。硬煤探明储量约2300亿吨，褐煤约800亿吨；其他矿藏的探明储量为：钾盐约130亿吨，铁矿石16亿吨，石油5000万吨，天然气约5000亿立方米。东南部有少量铀矿。森林覆盖面积1077万公顷，占全国面积约1/3。水域面积86万公顷，占全国面积2.4%。

【工业】2011年，工业企业（不含建筑业）总产值5891.3亿欧元，占国内生产总值的22.9%。2010年工业就业人数（不含建筑业）692.35万，占国内总就业人数（4100万）的16.9%。工业结构及特点：（1）侧重重工业。汽车和机械制造、化工、电气等部门是支柱产业，其他制造行业如食品、纺织与服装、钢铁加工、采矿、精密仪器、光学以及航空航天业也很发达。（2）高度外向。主要工业部门的产品一半以上销往国外。（3）中小企业是中流砥柱。约2/3的工业企业雇员不到100名。众多中小企业专业化程度强，技术水平高，灵活性强。（4）垄断程度高。占工业企业总数2.5%的1000人以上的大企业占工业就业人数40%和营业额的一半以上。

【农牧业】农业发达，机械化程度很高。2010年共有农业用地1670万公顷，约占德国土面积的一半，其中农田面积1185万公顷。拥有农业企业29.9万个，以中小企业为主，平均占有土地55.8公顷。农林渔业就业人口65.9万，占国内总就业人数的1.6%。2011年农林渔业产值218.6亿欧元，占国内生产总值的0.85%。近几年德国主要农牧渔业产品产量如下（单位：万吨）：

	2008	2009	2010
粮食	5011.0	4975.00	4404.00
马铃薯	1137.0	1168.00	1014.00
水果	130.0	143.00	113.00
葡萄酒（亿升）	10.0	9.23	7.06
蔬菜	342.0	361.00	329.00
鸡蛋（百万个）	9617.0	8554.00	8007.00

猪存栏数（万头）	2669.0	2695.00	2690.00
牛存栏数（万头）	1297.0	1295.00	1271.00
奶制品（万吨）	2865.6	2919.90	-

（资料来源：德国联邦统计局网站）

【服务业】包括商业、交通运输、电信、银行、保险、房屋出租、旅游、教育、文化、医疗卫生等部门。2010年，服务业就业人数为2974万，占总就业人口的73%。近几年德国服务业产值如下（单位：亿欧元）：

	2009	2010	2011
服务业总产值	15101	15538	15864
商业、饭店业、交通	3220	3359	3500
信息业	914	891	889
金融保险业	1055	1179	1184
房地产业	2632	2641	2673
企业服务	2314	2386	2453
公共服务、教育、卫生	3947	4050	4127
其他服务行业	1020	1034	1037

（资料来源：同上）

【旅游业】旅游业发达。每年有大量国内外游客在德国旅游，2010年旅游过夜共3.8亿人次，其中国内游客入住约3.2亿人次，外国游客约0.6亿人次。截至2010年7月，德国拥有各种旅馆55315家，床位352万张。著名景点有科隆大教堂、柏林国会大厦、波恩义化艺术展览馆、罗滕堡、慕尼黑德意志博物馆、海德堡古城堡、巴伐利亚新天鹅石宫和德累斯顿画廊等。

【交通运输】交通运输业十分发达，公路、水路和航空运输全面发展。特别是公路密度为世界之冠。2010年，德国货运总量37亿吨，其中公路运输总量27.34亿吨，铁路3.56亿吨，内河2.3亿吨，海运2.76亿吨，管道8900万吨，航空416.4万吨。客运总量115亿人次，其中铁路23.7亿人次，公路89.93亿人次，航空1.67亿人次。

铁路：截至2009年年底，铁路总长41104公里；截至2005年，有机车15373辆，客运车厢12047节，货运车皮102778节；2010年客运量23.7亿人次，货运量3.56亿吨。

公路：2010年等级以上公路23.1万公里，其中高速公路1.28万公里，高速公路长度居世界第四。2011年全国注册机动车共5090万辆，其中小轿车4230万辆，卡车244.1万辆。2010年公路货运量为27.34亿吨，客运量为89.93亿人次。

水运：2010年，德国拥有远洋商船571艘，总吨位1552.6万吨。全国海港吞吐量为2.76亿吨，其中汉堡港区吞吐量为1.06亿吨。内河航道总长7731公里，可运营船舶2357艘。内河货运总量2.3亿吨。

民航：民航运输业发达。2009年共有各类民航企业284家，2010年共有各种飞机21703架。民航客运量1.67亿人次，货运量416.4万吨。法兰克福机场是世界主要航空港之一，2010年进出港旅客和货物吞吐量分别为5265万人次和227.1万吨。

管道：2010年输油管道总长约2400公里，输送原油8900万吨。

【财政金融】2011年德公共财政总收入11520亿欧元，总支出11640亿欧元，国家财政预算总赤字120亿欧元，占国内生产总值约0.4%。截至2010年年底，国家负债总额20117亿欧元，占国内生产总值的78.3%。近几年联邦政府财政状况如下（单位：亿欧元）：

	2009	2010	2011
收入	10211	10497	11520
支出	11267	11277	11640
差额	–1055	–780	–120

（资料来源：同上）

截至2012年3月，德国联邦银行黄金储备约3396吨，价值1358亿欧元。截至2012年4月，对国际货币基金组织的债权为87.6亿欧元，外汇储备为295.5亿欧元。

德国主要银行：（1）德意志联邦银行，1948年成立，是德国的中央银行，决定国家货币政策、负责货币发行并管理外汇黄金储备，截至2012年4月，总资产额为10313.39亿欧元。（2）德意志银行，1870年成立，德国最大的商业银行。1998年11月该行收购美国信孚银行后，资产总额超过瑞士联合银行，一度成为全球最大的商业银行。截至2012年3月，资产总额为20133亿欧元。（3）商业银行，1870年成立。2008年9月收购1872年成立的德累斯顿银行，成为德国第二大商业银行。同年12月，该行被德国政府部分国有化。2011年底资产总额约为6618亿欧元。（4）巴伐利亚抵押联合银行（又称德国裕宝联合银行），1997年7月，巴伐利亚联合银行和巴伐利亚抵押和汇兑银行合并后总资产达7430亿马克。2005年，被意大利联合信贷银行兼并。2012年3月，资产总额达3822亿欧元。

【对外贸易】德国是世界贸易大国，同世界上230多个国家和地区保持贸易关系，全国近1/3的就业人员从事的工作与出口有关。曾于1986～1990年，2003～2008年保持世界第一出口大国的地位。2011年出口额为10600亿欧元，较上年增加11.3%，进口额为9020亿欧元，增加13.2%，外贸顺差1580亿欧元。近几年外贸情况如下（单位：亿欧元）：

	2009	2010	2011
出口额	8032	9519	10600
进口额	6671	7976	9020
差　额	1361	1543	1580

（资料来源：同上）

德国出口业素以质量高、服务周到、交货准时而享誉世界。主要出口产品有汽车、机械产品、化工产品、通讯技术、供配电设备和医学及化工设备。主要进口产品有化学品、汽车、石油天然气、机械、通讯技术和钢铁产品。主要贸易对象是西方工业国，其中进出口一半以上来自或销往欧盟国家。2011年对主要贸易伙伴国出口和进口情况如下（单位：亿欧元）：

	出口额	进口额	差额
法国	1015.06	662.36	352.70
美国	736.94	483.16	253.78
英国	655.01	448.30	206.71
意大利	620.77	481.77	139.00
荷兰	693.19	820.05	-126.86
比利时	469.10	383.34	85.76
奥地利	576.33	374.45	201.88
西班牙	348.52	225.16	123.36
瑞士	477.08	368.80	108.28
中国	647.62	794.23	-146.61

（资料来源：同上）

【对外投资】2010年，德对外直接投资总额为791.72亿欧元，绝大多数投往欧美国家（683.28亿欧元），主要是美国（107.25亿欧元）、荷兰（102.28亿欧元）、法国（87.42亿欧元）、比利时（70.80亿欧元）、英国（47.1亿欧元）以及中国（16.18亿欧元）。

【对外援助】官方对外援助主要以财政合作（提供优惠贷款）和技术合作（免费派遣专家、提供设备及培训人员等）方式进行。2010年德政府为发展中国家提供的发展援助为98.04亿欧元，占国民总收入的0.39%，较上年增加11.3亿欧元，增幅13%，其中约62%用于双边援助项目（德国联邦经济合作和发展部）。

【外国资本】2010年，外国在德国直接投资348.33亿欧元，其中64%来自欧洲，主要投资来源国为比利时（90.66亿欧元）、美国（52.83亿欧元）、荷兰（46.48亿欧元）和意大利（31.62亿欧元）。外国投资主要集中在金融、商业、食品工业、化工、交通、电子技术和机械制造部门。

【著名公司】（1）大众汽车股份公司（Volkswagen）：成立于1938年，主要生产销售各式汽车、发动机和有关配件。2011年雇员总数50万人，销售额1593亿欧元。现任董事长文德恩（Martin Winterkorn）。通信处：Volkswagen AG 38436 Wolfsburg。

（2）戴姆勒股份公司（Daimler AG）：前身为1886年成立的奔驰汽车厂和戴姆勒汽车厂。1998年与美国克莱斯勒汽车公司合并，主要生产各种车辆、飞机发动机和内燃机等。2007年8月，公司将克莱斯勒80.1%的股权出售给美国私募基金泽普世资本管理公司。2009年4月，宣布转让克莱斯勒剩余股份。2011年公司雇员总数27.1万人，总销售额1065亿欧元。董事长迪特·蔡彻（Dieter Zetsche）。通信处：Daimler AG 70546 Stuttgart。

（3）西门子股份公司（Siemens AG）：1847年成立，主要生产经营各类电气设备、电子元件等，2011年公司雇员总数40.2万人，销售额735.2亿欧元。董事长罗旭德（Peter Löscher）。通信处：Siemens AG 80333 Muenchen。

（4）巴斯夫集团（BASF）：又称巴登苯胺苏打公司，1865年建立，主要经营石油、化工产品和药品等，2011年公司雇员总数11.14万人，销售额735亿欧元。董事长库尔特·博克（Kurt Bock）。通信处：BASF AG 67056 Ludwigshafen。

（5）安联保险集团（Allianz Group）：成立于1890年，主要提供保险、风险管理咨询及投资理财服务。2011年公司雇员14.19万人，年销售额1035.6亿欧元。董事长米夏埃尔·迪克曼（Michael Diekmann）。通信处：ALLIANZ AG Koeniginstrasse D-80802 Muenchen。

人民生活

2011年人均国民收入24001欧元。2011年，雇员平均月毛收入为3311欧元，每小时平均工资为29.9欧元。2009年，私人家庭平均每月可供支配的收入为2914欧元。

2011年，每100个家庭拥有耐用消费品数字如下：轿车102.5辆，移动电话165.7部，固定电话114.6部，平板电视63.6台，DVD机94.2台，录像机24.9台，卫星电视接收器60.9部，有线电视接口47.5个，电脑145.3台，网络接口83.3个。2010年共有医院2064所，病床50.3万张，共有医生33.4万人。

军　事

德国联邦国防军成立于1955年11月。军队在和平时期由国防部长领导，战时由联邦总理任最高统帅。联邦国防军总监察长为军队最高指挥官，现任总监察长福尔克·维克尔（Volker WIEKER，2010年1月上任）。

2011年度，德国防预算为318.7亿欧元，同比增长1%，占政府预算的10.4%。目前总兵力约21.3万人，其中陆军约7.66万人，海军约1.63万人，空军约3.63万人，其余为中央卫勤、联合支援两大职能部队。德军正在进行新一轮改革，旨在建立一支“规模更小、战斗力和机动性更高”的现代化军队，计划到2016年将部队规模缩减至16.35万人，并取消义务兵役制。德军目前参加海外行动的人数约7200余人。

德国防政策的主要内容是：军事战略从本土防御转向危机处置和冲突预防；推动欧盟独立防务建设，使欧盟和北约在危机处置上成为平等的战略伙伴；拓展德军军事能力建设领域；确保德军在需要时迅速重建其本土防御的能力；积极参与北约传统防区外行动；调整国防开支重点，压缩维持费，稳步提高装备费比例；以欧洲内部和跨大西洋合作为平台，加强军事装备的联合开发。

文化教育

教育和文化艺术事业主要由各州负责，联邦政府主要负责教育规划和职业教育，并通过各州文教部长联席会议协调全国的教育工作，在中小学教育、高等教育以及成人教育和进修方面，主要立法和行政管理权属于各州。全国性的文化艺术活动由联邦政府予以资助。对外文化交流由外交部负责协调。

【教育】大、中、小学和职业教育发达。实行12年制义务教育，公立学校学费全免，教科书等学习用品部分减免。小学学制4～6年，中学学制5～9年，高等学校享有一定自主权，对高中毕业生原则上实行自由入学，对部分学科规定名额限制。职业教育实行双元制，即职业学校理论学习和企业中的实践相结合。成人教育和业余教育十分普及。教师为终身公务员，必须受过高等教育。2010年公共财政用于教育的开支为1723亿欧元，占国内生产总值7.0%。2010/2011年度德国有各类学校及学生、教师数字如下：

	学校（所）	学生（人）	教师（人）
各类中小学及学前班	34486	8796894	672989
职业学校	8868	2687974	124712
大专院校	415	2217294	210549

2010/2011年度德国著名高等学校情况如下：

	建校年份	学生数（人）	留学生数（人）
海德堡大学	1386	27166	4677
科隆大学	1388	42133	4957
慕尼黑大学	1472	43807	6194
明斯特大学	1780	36152	2842
柏林工业大学	1799	28659	4727
洪堡大学	1810	28589	4727
法兰克福大学	1914	38286	6352
柏林自由大学	1948	29111	5138

（资料来源：德国联邦统计局网站）

【新闻出版】新闻出版事业十分发达，报刊种类繁多。发行量最大的日报是《图片报》，约267万份，其他全国性大报发行量如下：《南德意志报》，43.2万份；《法兰克福汇报》，35.5万份；《时代》周报，50.6万份；《世界报》，25万份。最大的地方性报纸是《西德意志汇报》，发行量39.7万份。2011年6月底，德国各类日报的日销量为2380万份。有各类杂志近万种，月销售量1400万份。最重要的时事政治周刊《明镜》发行量约97.5万份，《焦点》55.1万份。

通讯社：（1）德意志新闻社：1949年成立，为私营股份有限责任公司，下设报纸、广播和电视新闻200多个部门，属于世界大通讯社之一。总社在汉堡，图片新闻编辑总部在法兰克福，在国内其他50多个城市设有分社或编辑部，在80多个国家派驻记者或聘用撰稿人。是德国大众传媒的主要消息来源，其客户包括500余家国内和750余家国外新闻单位及大量非新闻机构。德新社用德语、英语、西班牙语和阿拉伯语发稿，内容包括国内外政治、经济、科技、文化等各个领域，在德国日报中的采用率达99%。（2）德意志电讯社：1971年成立，总社在波恩，主要向国内报纸提供新闻稿，对外只用德文向瑞士、卢森堡发消息。德国统一后，该社与前民主德国的德通社合并。此外还有一些专业性通讯社，如福音教新闻社、体育新闻社、联合经济新闻社等。

全国主要广播电台：（1）德国广播电台，1994年成立，分别在柏林和科隆进行广播，由联邦政府和州广播电台出资兴办，主要负责对国内广播。（2）德国之声电台，1960年成立，总部设在科隆，由联邦政府出资兴办，用包括中文在内的31种语言向全世界广播，并用德、汉、英等语言播放电视新闻节目。此外还有11家州电台。

全德国主要电视台：（1）德国电视一台（ARD），1950年成立，由各州电台、德国广播电台和德国之声电台组成德国广播协会，共同经营，播放全国性的第一套节目及地方性的第三套节目。（2）德国电视二台（ZDF），是德国最大的电视台，1961年由各州共同组建，总部设在美因兹，播放第二套节目。另外一些卫星电视节目和私营电视台如SAT 1、RTL、PRO 7也拥有大量观众。

对外关系

当前外交政策的总体思路是：将欧盟和跨大西洋伙伴关系作为外交政策的两大支柱。继续推进欧盟一体化进程，与欧盟大国携手致力于欧盟联合自强；保持与美国的紧密盟友关系；支持北约改革和转型，强调北约应成为欧美战略对话的主要场所；加强德俄战略伙伴关系与能源合作；利用地缘和政经优势深化与中东欧国家关系，维持德在该地区传统影响力；加强与中、印等新兴国家的合作关系；继续谋求联合国安理会常任理事国席位；通过向非洲、拉丁美洲推广德政经模式，谋求扩大影响；积极谋求在气候变化、能源安全等领域发挥作用。目前德与世界上192个国家建有外交关系。

【对当前重大国际问题的态度】认为当前国际社会面临着恐怖主义、大规模杀伤性武器扩散、失败国家等非传统和非对称威胁，国际金融经济危机仍在蔓延和发展，各国利益休戚与共，只有加强合作才能有效应对挑战。经济全球化使各国相互依存更加紧密，南北差距不断加大，贫困问题严重，非法移民、生态恶化、气候变化、能源资源等问题凸显。主张加强预防外交和多边合作，实现民主、人权和法治并促进全球化的公正发展。国际社会须加强合作，对现在金融经济秩序进行改革，加大金融市场监管力度，在世界范围推广社会市场经济模式，以避免危机重演。

【同中国的关系】中国于1972年10月11日与联邦德国建交。

近年来，两国双边关系发展良好。2004年，双方宣布在中欧全面战略伙伴关系框架内建立具有全球责任的伙伴关系，并建立两国总理年度会晤机制。默克尔自2005年11月就任总理以来，总体保持积极的对华政策。2011年，双方高层继续保持密切接触与沟通，议会、政党、科教、文化、法律和军事等领域的交流与合作不断深化。1月，李克强副总理访德。3月底4月初，副总理兼外长韦斯特维勒访华，与杨洁篪外长举行首轮中德部长级战略对话并出席“启蒙的艺术”展开幕式。6月，温家宝总理第五次访德，与默克尔总理共同主持首轮中德政府磋商，中德发表首轮中德政府磋商联合新闻公报。10月底11月初，全国政协主席贾庆林访德。11月，胡锦涛主席在法国戛纳出席二十国集团领导人第六次峰会期间同默克尔总理进行了交谈。2012年2月，默克尔总理第五次正式访华。4月，温家宝总理赴德国出席汉诺威工业博览会开幕式及中国伙伴国活动。6月，胡锦涛主席在出席墨西哥洛斯卡沃斯二十国集团领导人第七次峰会期间与默克尔总理进行了会见。

多年来，德国一直是中国在欧洲最大贸易伙伴。2002年中国首次超出日本成为德在亚洲最大贸易伙伴。2011年双边贸易额为1691.5亿美元，同比增长18.9%。其中中国对德出口额为764.35亿美元，同比增长12.3%；自德进口额为927.16亿美元，同比增长24.9%。2012年1～4月，中德双边贸易额为508.1亿美元，同比下降1.6%。其中中国对德出口额为215.8亿美元，同比下降4.1%；自德进口额为292.3亿美元，同比上升0.3%。中方从德主要进口机电设备、铁路、汽车及船舶等运输设备、化学品、光学、医疗仪器等；主要出口电器、机械设备、纺织原料及制成品、化学品和玩具等。

德是欧洲对华技术转让最多的国家，截至2012年4月底，中国从德引进技术合同16796项，合同金额557.3亿美元。是对华直接投资最多的国家之一，截至2012年4底，在华直接投资186.7亿美元。主要投资领域为汽车、化工、发电设备、交通、钢铁、通信等。两国间建有经济合作联委会。此外，德是中国第二大财政合作国，也是对华提供发展援助最多的国家之一。截至2011年年底，中德财政合作累计生效资金约94亿美元。据不完全统计，截至2012年4月底，中国在德投资总额约21.3亿美元（不含金融类投资）。

两国在人文、科教等各领域的交流与合作富有成效。1997年中德成立高技术对话论坛，2000年在北京设立中德科学促进中心。2002年中德签署《关于相互承认高等教育等值的协定》。2008年5月，柏林中国文化中心正式启用。截至2011年年底，在德中国留学生28631人。在华学习德国学生总数为5451人。截至2012年1月，中国在德已设立12所孔子学院和1所孔子课堂。截至2012年2月，双方已建立69对友好省州（市）关系。2011年6月，首轮中德政府磋商期间，双方发表《中德关于建立电动汽车战略伙伴关系的联合声明》。2011年4月至2012年3月，中国国家博物馆和德国柏林国家博物馆、德累斯顿国家艺术收藏馆以及巴伐利亚国家绘画收藏馆联合在北京举办《启蒙的艺术》大型展览。2012年1月，“中国文化年”在柏林开幕。

中国驻德国大使：史明德。馆址：Maerkisches Ufer 54，10179 Berlin，Germany。电话：0049-30-275880；27588117（办公室）；传真：27588221。领事部地址：Brü ckenstraße 10，10179 Berlin。电话：0049-30-27588525；传真：27588520。经济商务处地址：Majakowskiring 66，13156 Berlin，Germany。电话：0049-30-88668282；传真：88668288。

德国驻华大使：施明贤（Michael Schaefer）。馆址：北京市朝阳区东直门外大街17号。邮编：100600。电话：010-85329000；传真：65325336。法律、领事处：65325560、65321925（签证预约）。

【同美国的关系】对美关系是德对外关系两大支柱之一，强调德美共同价值观，认为欧美具有诸多共同利益，是世界上相互联系和依赖最为密切的经济伙伴。主张加强德美相互信任与政治协调，谋求建立“跨大西洋经济区”，进一步密切欧美经济联系。2005年默克尔上台后，积极改善因施罗德政府反对美对伊动武而一度陷入低谷的德美关系，双方关系发展较为顺利。2009年，奥巴马和默克尔实现互访。2010年4月，默克尔再次访美并出席“核安全峰会”。“维基揭秘”事件发生后，德政要均表示不会对德美关系造成负面影响。

【同法国、英国的关系】重视与法、英的合作，推动欧盟内的大国关系均衡发展。德法特殊关系是德欧盟政策的核心。二战后德主动与法和解，共同致力于欧洲联合进程，德法领导人坚持6～8周会晤一次及每年举行两次联合内阁会议的机制。在2010年2月联合内阁会议上，两国共同推出德法“2020年合作日程”，发挥欧洲一体化的“发动机”作用，共同规划欧盟未来发展大计。重视英国在跨大西洋关系中的特殊作用和英国在欧盟的实力和影响。2010年4月，默克尔总理访英。5月，英国新任首相卡梅伦访德。10月，默克尔再次访英。德法英曾发起应对气候变化的共同倡议，建议采取有效的欧盟和多边战略来应对该挑战。

【同俄罗斯的关系】视俄为政治、军事大国，看重俄在解决全球与地区冲突、打击国际恐怖主义以及欧洲政治、安全事务中的作用，认为从地缘和能源战略出发应继续发展欧俄关系。默克尔政府坚持两国政府磋商、民间对话等各种合作机制，致力于继续发展和深化与俄的战略伙伴关系，推动双方在经贸能源领域的合作，确立科研战略伙伴关系，推动实质合作稳步发展。同时，突出对俄民主、人权等的关注。2010年5

月，德俄外长提出进一步拓展德俄“现代化伙伴关系”的联合倡议。6月，德俄领导人在柏林举行工作会谈。7月，两国领导人在叶卡捷琳堡再度会晤，默克尔出席“彼得堡对话论坛”。10月，德、俄、法三国领导人在法会晤。10月、11月，总统、外长先后访俄。

【同亚洲国家的关系】认为亚洲在世界政治和经济舞台上迅速崛起，在解决气候变化、能源安全、国际金融新秩序等国际问题上的作用不可或缺。看重亚洲的巨大市场和发展潜力，积极谋求通过双边和多边渠道加强与亚洲国家的关系，以牟取经济利益。认为中国和印度的崛起不仅对本地区，也日益对未来世界格局产生重要影响。重视同日本的关系，希进一步加强双方在国际和地区事务中的合作。支持亚洲区域合作，致力于与东盟合作和亚欧会议进程。

【同非洲的关系】重视发展与非洲关系，增加对非发展援助，努力扩大影响，近年来对非洲的关注明显增强。看重非洲的发展潜力和能源、原材料资源优势，支持非洲区域经济发展，推动非洲融入经济全球化进程。酝酿制订“德非共同战略”，全面规划德非在安全、社会和经济各领域的合作，帮助非洲应对解决贫困、食品短缺、疫病流行、难民、环境污染、法治不健全和极端主义等问题。在非盟和联合国框架内参与非洲维和事务，认为应让非盟在维护地区持久稳定方面发挥更大作用。前总统克勒亲自发起的“与非洲国家伙伴关系”论坛迄已举行四届。

【同拉美国家的关系】看好拉美地区经济发展潜力，视拉美为“全球治理伙伴”，认为欧拉经济互补性强，积极致力于加强与拉美国家在共同价值观基础上及多边体系中的合作。2010年3月，德外长访问智利、阿根廷、乌拉圭和巴西四国。8月，德政府出台新的拉美战略文件，视拉美为可信赖的伙伴，全面提升21世纪德拉伙伴关系。（江溥）

俄罗斯联邦

国名　俄罗斯联邦，亦称俄罗斯（The Russian Federation，The Russia；Российская Федерация，Россия）。

面积　1707.54万平方公里。

人口　1.43亿（根据2012年俄联邦统计局数据）。民族180多个，其中俄罗斯族79.8%，主要少数民族有鞑靼、乌克兰、巴什基尔、楚瓦什、车臣、亚美尼亚、摩尔多瓦、阿瓦尔、白俄罗斯、哈萨克、乌德穆尔特、阿塞拜疆、马里和日耳曼族。俄语是俄罗斯联邦全境内的官方语言，各共和国有权规定自己的国语，并在该共和国境内与俄语一起使用。主要宗教为东正教，其次为伊斯兰教。根据全俄民意研究中心的调查结果，50%～53%的俄民众信奉东正教，10%信奉伊斯兰教，信奉天主教和犹太教的各为1%，0.8%信奉佛教。

首都　莫斯科（Москва）。面积1081平方公里。常住人口1154万（根据2012年俄联邦统计局数据）。平均气温：1月-8℃，7月21℃。

2011年7月11日，俄罗斯总统梅德韦杰夫批准了莫斯科市长索比亚宁和莫斯科州长格罗莫夫共同提交的莫斯科市扩大方案。根据该方案，莫斯科市面积将扩大为2510平方公里。2012年7月1日起方案正式实行。

国家元首　俄罗斯联邦总统弗拉基米尔·弗拉基米罗维奇·普京（Владимир Владимирович ПУТИН）。2012年3月4日当选，5月7日宣誓就职。

重要节日　公历新年：1月1日；东正教圣诞节：1月7日；俄历新年：1月13日；祖国保卫者日（原苏联建军节）：2月23日；国际妇女节：3月8日；春天与劳动节（原苏联劳动者团结日）：5月1日；伟大卫国战争胜利日：5月9日；国家主权宣言通过日（国庆日）：6月12日；人民团结日（2004年设立，为纪念莫斯科打败波兰入侵者）：11月4日。

简　况　俄罗斯横跨欧亚大陆，东西最长9000公里，南北最宽4000公里。邻国西北面有挪威、芬兰，西面有爱沙尼亚、拉脱维亚、立陶宛、波兰、白俄罗斯，西南面是乌克兰，南面有格鲁吉亚、阿塞拜疆、哈萨克斯坦，东南面有中国、蒙古和朝鲜。东面与日本和美国隔海相望。海岸线长33807公里。大部分地区处于北温带，以大陆性气候为主，温差普遍较大，1月气温平均为-5℃～-40℃，7月气温平均为11℃～27℃。年降水量平均为150～1000毫米。

15世纪末至16世纪初，以莫斯科大公国为中心，逐渐形成多民族的封建国家。1547年，伊凡四世（伊凡雷帝）改大公称号为沙皇。1721年，彼得一世（彼得大帝）改国号为俄罗斯帝国。1861年废除农奴制。1917年2月，资产阶级革命推翻了专制制度。1917年11月7日（俄历10月25日）十月社会主义革命建立了世界上第一个社会主义国家政权——俄罗斯苏维埃联邦社会主义共和国。1922年12月30日，俄罗斯联邦、外高加索联邦、乌克兰、白俄罗斯成立苏维埃社会主义共和国联盟（后扩至15个加盟共和国），简称苏联。1990年6月12日，俄罗斯苏维埃联邦社会主义共和国最高苏维埃发表《国家主权宣言》，宣布俄罗斯联邦在其境内拥有“绝对主权”。1991年8月，苏联发生“8·19”事件。9月6日，苏联国务委员会通过决议，承认爱沙尼亚、拉脱维亚、立陶宛三个加盟共和国独立。12月8日，俄罗斯联邦、白俄罗斯、乌克兰三个加盟共和国领导人在别洛韦日签署《独立国家联合体协议》，宣布组成“独立国家联合体”。12月21日，除波罗的海三国和格鲁吉亚外的苏联11个加盟共和国签署《阿拉木图宣言》和《独立国家联合体协议议定书》。12月26日，苏联最高苏维埃共和国院举行最后一次会议，宣布苏联停止存在。至此，苏联解体，俄罗斯联邦成为完全独立的国家，并成为苏联的唯一继承国。1993年12月12日，俄罗斯联邦经过全民投票通过了独立后的第一部宪法，规定国家名称为“俄罗斯联邦”，和“俄罗斯”意义相同。

政　治

俄国内政局保持稳定。推进现代化问题成为俄社会政治生活的主线之一。2000年3月26日，普京当选俄总统后，着力稳定社会政治形势，逐步在全国建立起垂直权力体系，同时多方改造并巩固统一俄罗斯党，使其实力日趋壮大。2003年底，该党在俄国家杜马选举中大获全胜，占据杜马2/3以上席位。2004年3月14日，普京以71.3%的得票率连任总统。2004年别斯兰人质事件后，普京通过改变地方领导人和国家杜马的产生办法进一步强化了以总统为核心的垂直权力体系。2005年底，俄通过非政府组织法，加强了对非政府组织活动的管理和规范。2007年12月2日，第五届俄国家杜马选举顺利举行。统一俄罗斯党、俄罗斯共产党、俄罗斯自由民主党和公正俄罗斯党进入杜马。2008年3月2日，梅德韦杰夫当选为俄罗斯联邦总统，5月7日宣誓就职，随即提名普京出任政府总理。5月8日，国家杜马批准普京的总理提名，当日普京出任总理。2011年12月4日，第六届俄国家杜马选举顺利举行。统一俄罗斯党、俄罗斯共产党、俄罗斯自由民主党和公正俄罗斯党进入杜马。2012年3月4日，普京当选俄罗斯联邦总统，5月7日宣誓就职，随即提名梅德韦杰夫出任政府总理。5月8日，国家杜马批准梅德韦杰夫的总理提名，当日梅德韦杰夫出任总理。4月4日，俄新的“政党法”修正案正式生效。该法简化了政党登记制度，规定满500名党员即可申请注册政党。

2011年，俄国内重大事件主要有：1月13日，梅德韦杰夫总统主持召开反腐败委员会工作会议。梅德韦杰夫在会上指出反腐败工作的紧迫性，要求扩大公民参与反腐败工作的力度，核查公务员财产申报的准确性，强调加强国际合作。1月24日，俄首都莫斯科多莫杰多沃机场发生恐怖爆炸事件，共造成百余人伤亡。3月20日，普京总理出席在南萨哈林斯克举行的远东能源工作会议并发表讲话，重点阐述远东地区能源工业及现代化发展规划。4月20日，普京总理在国家杜马发表2010年度政府工作报告，总结去年政府工作成果，详细阐述未来俄各领域发展目标。5月9日，梅德韦杰夫总统和普京总理出席在红场举行的纪念卫国战争胜利66周年阅兵式。5月18日，“公正俄罗斯党”领导人、联邦委员会主席米罗诺夫遭解职。6月20日，俄一架图-134客机在卡累利阿共和国紧急迫降，造成50余人伤亡。7月10日，“布尔加里亚”号客轮在伏尔加河沉没，造成100多人伤亡。9月7日，俄一架雅克-42包机在雅罗斯拉夫尔坠毁，43人遇难。9月9日，普京总理视察乌拉尔联邦区并出席在下塔吉尔举办的第八届乌拉尔国际武器装备展览会。9月16日，普京总理出席第十届“索契国际投资论坛”开幕式并发表演讲，就世界经济形势、俄罗斯经济发展现状及未来战略发表看法，承诺将为投资、高科技发展和创新以及企业经营创造有利条件。9月21日，前圣彼得堡市市长、统俄党成员马特维延科当选联邦委员会主席。9月24日，统俄党第十二次代表大会召开。大会宣布普京将代表统俄党参加2012年总统选举，梅德韦杰夫领衔统俄党参加12月杜马选举。普京在会上表示，若在总统选举中获胜，将提名梅德韦杰夫出任总理。9月26日，梅德韦杰夫签署总统令，解除副总理兼财政部长库德林的职务。9月30日，梅德韦杰夫总统接受俄电视台联合采访，就将与普京对调位置、国家杜马选举、库德林解职等回答了记者提问。9月30日，普京总理签署法令，规定自2011年10月1日起公务员加薪6.5%。10月17日，梅德韦杰夫总统在莫斯科州会见联邦委员会主席马特维延科及五位副主席，讨论重新划分中央与地方权力问题。11月9日，普京总理签署有关失业救济额度的决议。决议规定2012年失业救济金额度为850 ~ 4900卢布（约合28 ~ 160美元）。12月4日，第六届俄国家杜马选举顺利举行。统一俄罗斯党、俄罗斯共产党、俄罗斯自由民主党和公正俄罗斯党进入杜马。12月14日，俄第五届国家杜马主席、统一俄罗斯党最高委员会主席格雷兹洛夫宣布辞去杜马主席职务。12月15日，普京总理举行一年一度的“与普京对话”视频直播连线活动，重点就杜马选举、反对派抗议选举舞弊、2012年总统选举、国内民主建设等问题回答了俄民众的提问。12月21日，俄第六届国家杜马召开会议，选举纳雷什金为杜马主席。12月22日，梅德韦杰夫总统发表国情咨文，就俄国内政治改革、经济发展、民主和反腐阐述观点并提出一系列改革举措。12月27日，统俄党召开第十二次代表大会第二阶段会议，正式提名普京为该党2012年总统选举候选人。

【宪法】1993年12月12日经全民投票通过，同年12月25日正式生效。该宪法是俄罗斯独立后的第一部宪法，规定俄罗斯是共和制的民主联邦法制国家，确立了总统制政体。

【议会】俄罗斯联邦会议（议会）由联邦委员会（上院）和国家杜马（下院）组成。（一）联邦委员会共166名代表（议员），由每个联邦主体的权力代表机关和权力执行机关各一名代表组成。主要职能是批准联邦法律、联邦主体边界变更、总统关于战争状态和紧急状态的命令，决定境外驻军、总统选举及弹劾、中央同地方关系问题等。联邦委员会主席瓦莲京娜·伊万诺芙娜·马特维延科（Валентина Ивановна МАТВИЕНКО，女），2011年9月21日当选。（二）国家杜马共450名代表（议员），自2007年12月第五届国家杜马起按比例代表制原则从各党派中选举产生，规定得票率达到7%的政党能参与议员席位分配。2009年，国家杜马选举法再次修订，政党进入杜马的"门槛"没有改变，但规定得票率在5%～6%之间的政党可获1个席位，得票率在6%～7%之间的政党可获2个席位；杜马代表任期由4年延长至5年。主要职能是通过联邦法律、宣布大赦、同意总统关于政府首脑的任命等。本届国家杜马为第六届，于2011年12月4日选举产生，共有4个议员团，分别为统一俄罗斯党党团（238席）、俄罗斯共产党党团（92席）、公正俄罗斯党党团（64席）、俄罗斯自由民主党党团（56席）。共设29个委员会。前总统办公厅主任谢尔盖·叶夫根尼耶维奇·纳雷什金（Сергей Евгеньевич НАРЫШКИН）同年12月21日当选第六届国家杜马主席。

【政府】俄罗斯联邦政府是国家权力最高执行机关。2012年5月8日普京签署总统令，任命梅德韦杰夫为政府总理。5月21日，梅德韦杰夫提交的政府结构和人员组成建议获总统普京批准，新政府组成。新政府设总理、1名第一副总理、6名副总理和21个部。政府成员名单：总理德米特里·阿纳托利耶维奇·梅德韦杰夫（Дмитрий Анатольевич МЕДВЕДЕВ），

第一副总理：伊戈尔·伊万诺维奇·舒瓦洛夫（Игорь Иванович ШУВАЛОВ），6名副总理：奥莉加·尤利耶芙娜·戈洛杰茨（Ольга Юрьевна ГОЛОДЕЦ，女），阿尔卡季·弗拉基米罗维奇·德沃尔科维奇（Аркадий Владимирович ДВОРКОВИЧ），德米特里·尼古拉耶维奇·科扎克（Дмитрий Николаевич КОЗАК），德米特里·奥列格维奇·罗戈津（Дмитрий Олегович РОГОЗИН），副总理兼政府办公厅主任弗拉基斯拉夫·尤利耶维奇·苏尔科夫（Владислав Юрьевич СУРКОВ），副总理兼俄总统驻北高加索联邦区全权代表亚历山大·根纳季耶维奇·赫洛波宁（Александр Геннадиевич ХЛОПОНИН）。各部部长为：财政部长安东·格尔曼诺维奇·西卢阿诺夫（Антон Германович СИЛУАНОВ），能源部长亚历山大·瓦连京诺维奇·诺瓦克（Александр Валентинович НОВАК），经济发展部长安德烈·莱莫维奇·别洛乌索夫（Андрей Рэмович БЕЛОУСОВ），劳动和社会保障部长马克西姆·阿纳托利耶维奇·托皮林（Максим Анатольевич ТОПИЛИН），交通部长马克西姆·尤利耶维奇·索科洛夫（Максим Юрьевич СОКОЛОВ），体育部长维塔利·列昂季耶维奇·穆特科（Виталий Леонтьевич МУТКО），农业部长尼古拉·瓦西利耶维奇·费奥多罗夫（Николай Васильевич ФЕДОРОВ），通讯和大众传媒部长尼古拉·阿纳托利耶维奇·尼基福罗夫（Николай Анатольевич НИКИФОРОВ），地区发展部长奥列格·马尔科维奇·戈沃伦（Олег Маркович ГОВОРУН），远东发展部长兼总统驻远东联邦区全权代表维克托·伊万诺维奇·伊沙耶夫（Виктор Иванович ИШАЕВ），工业和贸易部长杰尼斯·瓦连京诺维奇·曼图罗夫（Денис Валентинович МАНТУРОВ），自然资源与生态部长谢尔盖·叶菲莫维奇·东斯科伊（Сергей Ефимович ДОНСКОЙ），教育和科学部长德米特里·维克托罗维奇·利瓦诺夫（Дмитрий Викторович ЛИВАНОВ），文化部长弗拉基米尔·罗斯季斯拉沃维奇·梅津斯基（Владимир Ростиславович МЕДИНСКИЙ），卫生部长韦罗妮卡·伊戈列芙娜·斯科沃尔佐娃（Вероника Игоревна СКОВОРЦОВА，女），司法部长亚历山大·弗拉基米罗维奇·科诺瓦洛夫（Александр Владимирович КОНОВАЛОВ），国防部长阿纳托利·爱德华多维奇·谢尔久科夫（Анатолий Эдуардович СЕРДЮКОВ），外交部长谢尔盖·维克托罗维奇·拉夫罗夫（Сергей Викторович ЛАВРОВ），民防、紧急情况和消除自然灾害后果部长弗拉基米尔·安德烈耶维奇·普奇科夫（Владимир Андреевич ПУЧКОВ），内务部长弗拉基米尔·亚历山德罗维奇·科洛科利采夫（Владимир Александрович КОЛОКОЛЬЦЕВ），与开放型政府联络部部长米哈伊尔·阿纳托利耶维奇·阿贝佐夫（Михаил Анатольевич АБЫЗОВ）。

【行政区划】俄罗斯联邦现由83个联邦主体组成，包括21个共和国、9个边疆区、46个州、2个联邦直辖市、1个自治州、4个民族自治区。

【司法机构】俄罗斯联邦司法机关主要有联邦宪法法院、联邦最高法院、联邦最高仲裁法院及联邦总检察院。联邦宪法法院院长瓦列里·德米特里耶维奇·佐尔金（Валерий Дмитриевич ЗОРЬКИН），2003年2月起任职。联邦最高法院院长维亚切斯拉夫·米哈伊洛维奇·列别杰夫（Вячеслав Михайлович ЛЕБЕДЕВ），1989年7月起任职。联邦最高仲裁法院院长安东·亚历山德罗维奇·伊万诺夫（Антон Алексадрович ИВАНОВ），2005年1月起任职。总检察长尤里·雅科夫列维奇·柴卡（Юрий Яковлевич ЧАЙКА），2006年6月23日起任职。联邦委员会根据总统提名任命联邦宪法法院、联邦最高法院、联邦最高仲裁法院法官及联邦总检察长。

【政党和团体】2007年底举行的第五届国家杜马选举以及2008年春秋两次全国性地方议会选举确定了由"统一俄罗斯党"主导、其他3～5个政党作陪衬的

政党格局。2008年内，俄政党整合趋势加强，数量大幅减少。截至2012年4月俄“政党法”修正案生效前，在俄司法部获准注册的政党有7个，社会团体有20多万个。截至2012年6月25日，在俄司法部获准注册的政党已增至34个。当前俄主要政党有：

（1）“统一俄罗斯”党（Партия “Единая Россия”）：党主席为俄政府总理梅德韦杰夫，2012年5月出任。最高委员会主席为格雷兹洛夫（Борис Вячеславович ГРЫЗЛОВ），总委员会主席团书记为涅韦罗夫（Сергей Иванович НЕВЕРОВ）。该党成立于2001年12月1日，由“统一”党、“祖国”运动和“全俄罗斯”运动合并而成。截至2012年1月1日，共有党员2113767人。在全国各级立法机构中，议员均占据多数。在本届国家杜马中有238名代表，占半数以上。在联邦委员会中有121名议员。俄绝大多数联邦主体行政长官由该党党员或其支持者担任，该党因此被称为“政权党”。

领导机构包括党的最高委员会、总委员会和中央执行委员会。最高委员会确定党的发展战略，总委员会为党的日常决策机构，中央执委会履行日常党务管理和执行职能。该党拥护总统的各项方针政策，在经济上主张将文明的市场经济与社会公正结合起来，经济改革和发展必须以改善人民物质生活水平为宗旨；在政治上主张将强有力的国家与尊重公民自由和人权结合起来，改革国家治理方式，提高政府工作效率，逐步实现国家职能由经营者向调控者的转变。

2007年3月，“统俄党”在14个联邦主体选举中平均得票率达45%，奠定了该党在地区立法机构中的主导地位。2007年10月，该党举行第八次代表大会第一阶段会议，正式推出“普京计划”作为竞选纲领，时任总统的普京决定带领该党参加杜马选举。在当年12月举行的国家杜马选举中，获得64%以上选票，占有315个议席。同年12月举行八大第二阶段会议，与其他三党联合推举梅德韦杰夫为俄总统候选人。为确保俄社会在最高权力交接阶段对内外政策延续性形成共识并为“梅普组合”提供执政支持，该党于2007年底起大力宣传推广“普京计划”，并自2008年起在全国各地发动对“2020前俄社会经济发展战略”的全民讨论。2008年4月，“统俄党”举行第九次代表大会，修改党章，普京作为无党派人士担任该党主席。11月，该党召开第十次代表大会，宣布与农业党合并，通过修改党章的决议并补选最高委员会、改选总委员会、中央监察委员会，沃洛金连任总委员会主席团书记。

2009年，该党在春秋两次全国统一地方选举中大获成功，平均得票率超过45%。该党积极应对国际金融经济危机，配合当局迅速通过调整预算安排、反危机纲领等一系列法案。11月，统俄党在圣彼得堡市召开第十一次代表大会，通过新党纲并修改党章，补选党的领导机构。大会通过的格雷兹洛夫报告将“俄罗斯保守主义”确立为该党意识形态，强调以“2020年国家发展战略”、“普京计划”和梅德韦杰夫《前进，俄罗斯》一文为思想基础，通过巩固社会和谐，实现建设“自由、繁荣、强大的新俄罗斯”的目标。

2010年2月，统俄党与公俄党签署政治协议，决定结成政治“联盟”，即公俄党支持总统和普京政府的方针政策，统俄党继续支持米罗诺夫担任联邦委员会主席。9月，被撤销莫斯科市长职务的卢日科夫辞去统俄党最高委员会联席主席职务，并退出统俄党。10月，俄总统梅德韦杰夫签署命令，任命统俄党总委员会主席团书记沃洛金为政府副总理兼政府办公厅主任。涅韦罗夫出任统俄党总委员会主席团代书记一职。

2011年3月，俄全国83个联邦主体中的74个举行了各级地方议会和行政机构领导人选举，此次地方选举被视为国家杜马选举的预演。在争夺最激烈的12个联邦主体议会选举中，统俄党得票率高达68.56%，获得总共547个议席中的375席。2011年9月，统俄党召开第12次代表大会，总统梅德韦杰夫提名总理普京为2012年总统选举候选人，普京承诺当选后将提名梅德韦杰夫出任总理。此次大会还决定由梅德韦杰夫领衔统俄党参加12月国家杜马选举。在2011年12月举行的第六届国家杜马选举中，统俄党得票率为49.3%，获得238个议席，失去宪法多数席位，但仍控制半数以上席位。

（2）俄罗斯联邦共产党（Коммунистическая партия Российской Федерации）：中央委员会主席久加诺夫（Геннадий Андреевич ЗЮГАНОВ）。截至2012年1月1日，俄共党员人数为156528人。在国家杜马拥有92名议员。

俄共成立于1990年6月，当时是苏联共产党的一部分。1991年“8·19”事件后，俄共被当局禁止活动，财产被没收。1993年2月，俄共召开第二次代表大会，重建并恢复活动。1995年1月，俄共第三次代表大会通过新党纲，规定俄共主要目标之一是建立人民政权，主张用和平手段进行社会改革。2000年12月，俄共召开七大，提出将作普京当局“负责任的、不妥协的、建设性的反对派”。2002年1月，俄共召开第八次非例行会议，修改了党纲和党章，将“同新一轮自由化改革进行毫不妥协的斗争”定为俄共主要政治任务。在2007年12月国家杜马选举中，俄共获得11.6%的支持率，分得57个议席。在2008年3月举行的总统选举中，久加诺夫与梅德韦杰夫等4名候选人角逐，获得约18%的选票，位居第二。11月，俄共举行第十三次代表大会，重新选举中央委员会和中央纪律检查委员会，久加诺夫连任党主席。大会通过新党纲，重申俄共为当局强硬反对派的政治定位，明确理论创新、干部队伍年轻化和党内民主等党现阶段的20项迫切任务。

在2009年春秋两次地方议会和市政领导选举中，俄共通过举办纪念列宁诞辰140周年、推出本党克服金融危机纲领、在远东地区组织抗议当局提高进口车关税等活动，保住了地方议会第二大党地位。在10月地方选举后，因不满统一俄罗斯党大获全胜的选举结果，该党联合公正俄罗斯党、自由民主党等政党退出国家杜马会议现场，被评为2000年普京执政以来俄政局中最严重的政治风波，后由当局出面调停恢复议会工作。

在2011年3月俄地方选举中，俄共获得总共547个议席中的71席，得票率为12.98%。7月，俄共宣布成立具有统一阵线性质的“民兵”组织，以吸引更多选民，对抗普京领衔的全俄人民阵线。9月，俄共举行第十四次代表大会，久加诺夫作报告，在苏联解体20周年之际对苏联解体的原因和教训进行了反思。在12月举行的第六届国家杜马选举中，俄共得票率为19.19%，获得92个议席。12月，俄共正式推举久加诺夫为总统候选人。在2012年3月举行的总统选举中，久加诺夫得票率为17.18%，仅次于普京排名第二。

（3）“公正俄罗斯”党：祖国—退休者—生活（Партия “Справедливая Россия”: Родина/Пенсионеры/Жизнь）党主席列维切夫（Николай Владимирович ЛЕВИЧЕВ），公俄党国家杜马议会党团领导人米罗诺夫（Сергей Михайлович МИРОНОВ）。2006年10月28日，由“祖国”党、退休者党和生活党合并而成。截至2011年4月，党员人数为414304人。该党主要以俄“祖国”党为班底组建，“祖国”党曾以社会公正和爱国主义为基本理念，自称为“体制内反对派”（системная оппозиция власти）。

“公正俄罗斯”党自称是具有社会民主主义取向的左翼政党，主要目标是建立社会伙伴关系，实现社会民主、团结，在人道主义基础上，达到社会公正。2007年2月26日，该党在圣彼得堡召开第一次代表大会，大会讨论了党的政治纲领，提出了包括消除贫困、恢复俄传统价值、保护民族文化、严厉打击贪腐、建立知识型和社会需求型经济模式等一系列政策主张。党主席米罗诺夫在报告中提出了在俄建立社会主义的思想。在2007年12月国家杜马选举中，公俄党获得7.8%的选民支持，得到38个议席。2008年4月，公俄党举行第三次代表大会，改组了党的领导机构，米罗诺夫任党主席，巴巴科夫担任中央委员会主席团第一书记。6月，公俄党加入社会党国际，成为该组织观察员。9月，该党宣布同社会公正党和“绿党”合并。

2009年6月，公正俄罗斯党召开第四次代表大会，通过了新党纲，修改党章，补选中央领导机构。该党积极谋求在俄左翼力量中的领军地位并扩大在世界左翼运动中的影响。在四大前与社会党国际联合举办了主题为《克服金融危机的战略：社会主义者的立场》的第三届世界社会主义论坛。为展示该党应对国际金融危机的立场，该党出台《稳定俄金融体系和实现可持续发展的计划》，对政府反危机纲领提出批评，强调刺激内需、加强社会保障力度，特别关注弱势群体保护和反腐倡廉等社会热点问题。在年内两次地方选举中，在个别地区获得市长职位。

在2011年3月俄地方选举中，公俄党获得总共547个议席中的46席，得票率为8.41%。4月，公俄党召开第五次代表大会，米罗诺夫作了题为《党的纲领——国家发展纲领》的报告，选举出新的党主席、议员委员会主席、中央委员会主席团和中央监察委员会成员，对党章做出修改，通过了党的选举前纲领草案。该党国家杜马议会党团领导人列维切夫当选为新的党主席，米罗诺夫改任党的杜马议会党团领导人。5月，俄圣彼得堡立法会议召回代表圣彼得堡的俄联邦委员会主席米罗诺夫，米被自动解除联邦委员会主席职务。此后，公俄党发生内讧，国家杜马副主席巴巴科夫等多名重要党员退党，该党民意支持率严重下滑。在12月举行的第六届国家杜马选举中，公俄党得票率为13.24%，获得64个议席。在2012年3月举行的总统选举中，该党总统候选人米罗诺夫得票率为3.85%，在五名候选人中排名最后。

（4）俄罗斯自由民主党（Либерально — демократическая партия России）：党主席日里诺夫斯基（Владимир Вольфович ЖИРИНОВСКИЙ）。成立于1989年12月，是前苏联实行多党制后成立的第一个政党。截至2012年1月1日，党员人数为204693人。该党具有较浓厚的民族主义色彩，并夹带有极端主义成分，形成了较为稳定的选民队伍。对内主张集权，建立单一制国家，对重要部门实行国家垄断。对外主张在苏联时期领土内恢复俄罗斯帝国版图，提出国界“只能外推，不能内缩”；主张加强同东欧的联系以建立斯拉夫国家联盟；推行南下战略，称俄罗斯士兵应“洗靴印度洋”。“9·11”事件后，又主张与西方结盟。该党在政治上奉行投机路线，日里诺夫斯基本人经常发表轰动性言论，以吸引民众注意力。基本支持普京当局在各领域的政策。自由民主党经常与统俄党议员团合作。2007年3月举行的14个联邦主体议会选举中，该党在9个地区平均得票9%以上。2007年12月国家杜马选举中，该党得票为8.2%，位列第三，获40个议席。

2008年5月，自民党召开第21次代表大会，选举日里诺夫斯基连任党主席。该党将2009年定为“自由民主党年”，举行多场活动纪念本党作为前苏联实行多党制后的第一个政党成立20周年。该党积极参与春秋两季地方选举，利用党内“金融寡头”类型议员的丰厚资金造势，但因在莫斯科市议会选举中失去席位，与俄共、公正俄罗斯党等一起抗议选举结果，引发国家杜马“罢会风波”。党主席日里诺夫斯基则高调批评莫斯科市长卢日科夫腐败，吸引选民眼球。

在2011年3月俄地方选举中，自民党获得总共547个议席中的33席，得票率为6.03%。在2011年12月举行的第六届国家杜马选举中，自民党得票率为

11.67%，获得56个议席。在2012年3月举行的总统选举中，该党总统候选人日里诺夫斯基得票率为6.22%，在五名候选人中排名第四。

另外，俄还有右翼事业党（Правое дело）、亚博卢民主党（Российская объединенная демократическая партия Яблоко）、俄罗斯爱国者党（Патриоты России）、俄罗斯共和党（Республисканская партия России）、俄罗斯民主党（Демократическая партия России）等数十个未进入国家杜马的在司法部注册的政党。

【重要人物】弗拉基米尔·弗拉基米罗维奇·普京：俄罗斯联邦总统。1952年10月7日生于列宁格勒市（今圣彼得堡市）。1975年毕业于列宁格勒大学法律系。曾在前苏联克格勃系统工作15年，其中1985～1990年在前民主德国工作。1990年回国后，先后任列宁格勒大学校长外事助理、圣彼得堡市市长顾问、市政府外联委主席。1994年任圣市第一副市长。1996年任俄总统事务局副局长。1997年3月任俄总统办公厅副主任兼监察局局长。1998年5月任总统办公厅第一副主任，7月任联邦安全总局局长。1999年3月起兼任联邦安全会议秘书，8月9日被任命为第一副总理、代总理，8月16日就任总理。12月31日叶利钦辞去总统职务，任命普京为代总统。2000年3月26日当选总统。2004年3月14日再次当选，5月7日正式宣誓就职。2008年5月8日其总理提名在国家杜马通过，同日被梅德韦杰夫任命为政府总理。2012年3月4日，普京当选新一届俄罗斯总统，5月7日宣誓就职。酷爱体育，曾获桑勃式摔跤健将、柔道运动健将及功勋教练称号，喜欢游泳和钓鱼。能讲德语。已婚，有二女。　**德米特里·阿纳托利耶维奇·梅德韦杰夫**：俄罗斯联邦政府总理。1965年9月14日生于列宁格勒市（今圣彼得堡）。1987年毕业于列宁格勒大学法律系，1990年毕业于该校研究生院。法学副博士，副教授。1990～1999年任教于圣彼得堡大学。1990～1995年先后任列宁格勒市苏维埃主席顾问、圣彼得堡市政府外事委员会专家顾问。1999～2000年任总统办公厅副主任。2000年起任总统办公厅第一副主任，同年起任“天然气工业”股份公司董事会主席。2003年10月起任总统办公厅主任。2005年11月14日被普京总统任命为政府第一副总理。2008年3月2日当选总统，同年5月7日正式就职。2012年5月8日，其总理提名在国家杜马通过，同日出任政府总理。已婚，有一子。　**瓦莲京娜·伊万诺芙娜·马特维延科**：俄罗斯联邦联邦委员会主席。1949年4月7日生于乌克兰舍佩托夫卡市。1972年毕业于列宁格勒化学制药学院，后从事共青团工作。1986年任列宁格勒市执行委员会副主席。1989年当选苏联人民代表，任苏联最高苏维埃妇幼和家庭事务委员会主席。1991～1998年历任苏联（俄罗斯）驻马耳他大使、俄外交部地方、议会与社会组织局局长、俄驻希腊大使。1998年任负责社会事务的副总理。2003年被任命为总统驻西北联邦区全权代表，同年10月当选圣彼得堡市长。2011年9月21日当选联邦委员会主席。已婚，有一子。　**谢尔盖·叶甫盖尼耶维奇·纳雷什金**：俄罗斯联邦国家杜马主席。1954年10月27日生于列宁格勒市。1978年毕业于列宁格勒机械工程学院无线电工程专业，后毕业于圣彼得堡国际工商管理学院经济系。1982年任列宁格勒工学院院长助理，并作为苏联国家科学技术委员会经济顾问组成员在苏联驻比利时大使馆工作。1992年任列宁格勒市财政经济委员会处长。1995年任圣彼得堡“工业建筑银行”对外投资处处长。1997年任列宁格勒州政府投资局局长。1998年任列宁格勒州政府对外经济贸易和国际联络委员会主任。2004年任总统经济局副局长。2004年3月任政府办公厅副主任，同年9月任政府办公厅主任。2007年2月任政府副总理兼政府办公厅主任。2008年5月任总统办公厅主任。2011年12月21日当选为国家杜马主席。懂英语、法语。有一子一女。

经　济

2011年是俄罗斯经济在世界经济持续低迷的背景下实现快速恢复增长的一年。在国际大宗商品价格反弹的刺激下，俄经济回升较快，财政金融状况明显好转。全年GDP同比增长4.3%；工业同比增长4.7%；农业增长22.1%；固定资本投资增长6.2%；居民实际可支配收入同比增长0.8%；零售贸易额同比增长7.2%；外贸额同比增长31.2%。近年来俄GDP增长情况如下：

2008	2009	2010	2011
5.6%	–7.9%	4%	4.3%

2011年主要经济数据为：

国内生产总值（GDP）：54.37万亿卢布（约合1.85万亿美元）。

人均国内生产总值：383150卢布（约1.3万美元）。

国内生产总值增长率：4.3%。

汇率：1美元≈29.3卢布。

通货膨胀率：6.1%。

失业率：失业率6.6%。

【资源】俄自然资源十分丰富，种类多，储量大，自给程度高。国土面积1707万平方公里，居世界第一位。森林覆盖面积8.67亿公顷，占国土面积51%，居世界第一位。木材蓄积量821亿立方米。天然气已探明蕴藏量为48万亿立方米，占世界探明储量的35%，居世界第一位。石油探明储量109亿吨，占世界探明储量的13%。煤蕴藏量2016亿吨，居世界第二位。铁蕴藏量556亿吨，居世界第一位，约占30%。铝蕴藏量4亿吨，居世界第二位。铀蕴藏量占世界探明储量的14%。黄金储量1.42万吨，居世界第四至第五位。此外，俄还拥有占世界探明储量65%的磷灰石和30%的镍、锡。

【工业】近年来俄政府大力发展加工业、服务业和运输业，但俄经济发展仍高度依赖自然资源的出口。2011年，俄工业生产增长4.7%。2009 ~ 2011年俄主要工业品产量如下：

	2009	2010	2011
发电量（亿度）	9922.00	10368.00	10520.0
石油（百万吨）	493.70	504.90	509.0
天然气（亿立方米）	5836.00	6490.00	6690.0
煤（百万吨）	298.50	317.00	334.0
钢（万吨）	5920.00	6583.00	6840.0
卡车（万辆）	9.10	9.92	20.7
轿车（万辆）	59.49	98.04	173.7
水泥（万吨）	4430.00	4941.00	5610.0
木材（万立方米）	7500.00	8355.00	8689.0
布匹（百万平方米）	2600.00	2960.00	3553.0
植物油（万吨）	330.00	271.70	248.6

（资料来源：俄罗斯联邦统计局）

【农业】2011年俄粮食大丰收，全年粮食产量为9390万吨，同比增长54.1%，农业产值为34513亿卢布，同比增长22.1%。主要粮食作物有小麦、大麦、黑麦、燕麦、玉米、大米、豆类。经济作物以亚麻、向日葵和甜菜为主。畜牧业主要为养牛、养羊、养猪业。近几年主要农牧业产品产量如下（单位：万吨）：

	2009	2010	2011
粮食	9700	6100	9390
甜菜	2480	2230	4630
马铃薯	3110	2110	3260
肉类	1000	1050	1090
奶类	3250	3190	3170

（资料来源：俄罗斯联邦统计局）

【服务业】2011年服务业产值54197亿卢布，同比增长2.9%，其中通信和住房同比增长9.1%和4.7%，文化、教育等不同程度降低。

【旅游业】2011年俄旅游业继续保持增长态势，各地政府重视发展旅游业，陆续制定和推出了促进旅游业发展的政策措施和法律规划。俄政府批准了《俄罗斯联邦发展境内游和入境旅游纲要（2011 ~ 2018年）》，为实施该计划将在俄境内著名的景区景点基础上，建立旅游经济特区，为发展旅游业创造更好的环境。俄政府旅游部门确定的目标是“到2016年接待4000万人次外国游客，同时国内旅游达到5000万人次”。

目前，俄旅游业占国内生产总值的2.5%，全年境内游超过3370万人次，同比增长8%。2011年俄境内主要旅游点是莫斯科、圣彼得堡、黑海疗养地、伏尔加河沿岸城市、滨海边疆区和克拉斯诺达尔边疆区。2011年俄出境4372.6万人次，同比增长11%。其中旅游者1449.6万人次，同比增长15%；商务旅行143.3万人次，同比增长7%。

2011年共有2493万人次入境俄罗斯，同比增长12%。其中，入境旅游234万人次，同比增长9%；入境商务旅游548万人次，同比增长7%。

据俄统计局初步统计，2011年中国公民进入俄境的人数为84.6万人次，在非独联体国家中位列芬兰之后，居第二位，其中持旅游签证出境的23.4万人次。俄公民来华人数为243.2万人次。其中持旅游签证出境的150.2万人次。年内，为进一步发展两国人文领域合作，推动两国旅游合作和人员交流，中俄两国领导人决定自2012年开始互办旅游年活动，两国人民互访规模将得到进一步提升。

【交通运输】各类运输方式俱全，铁路、公路、水运、航空都起着重要作用。根据俄罗斯统计局数据，2011年客运周转量为4439亿人公里，货运量81.98亿吨，货运周转量4.91万亿吨公里，同比增长3.4%。

铁路：截至2010年年底，俄铁路网总运营里程为12.4万公里。2011年，铁路客运周转量为1397亿人公里，同比增长0.6%；客运量9.924亿人次，增长4.8%。货运量12.416亿吨，同比增长3%，货运周转量2.13万亿吨公里，增长5.7%。

公路：截至2010年年底，俄公路网总里程为100.4万公里。2011年，公路客运周转量1392亿人公里，货运周转量2228亿吨公里。

水运：截至2010年年底，俄拥有海运客货船5.6万艘，内河客货船2100艘。主要海港位于波罗的海、黑海、太平洋、巴伦支海、白海等，包括摩尔曼斯克、圣彼得堡、符拉迪沃斯托克、纳霍德卡、新罗西斯克等。2011年，海运货运周转量为775亿吨公里，同比下降22.8%。其中煤炭7830万吨，增长14%；集装箱3940万吨，增长19.8%；粮食1950万吨，增长30.1%；矿石800万吨，增长30%；黑色金属2440万吨，减少12.9%；木材600万吨，减少10%。出口货运4.085亿吨，同比增长1.1%，进口货物4460万吨，同比增长13.4%。内河航运货运周转量610亿吨公里，客运量1800万人次。

空运：2009年底机场总数为232个，其中国际机场71个，主要机场有莫斯科的谢列梅杰沃2号国际机场、谢列梅杰沃1号国际机场、伏努科沃1号国际机场、多莫杰多沃机场、圣彼得堡国际机场、下诺夫哥罗德机场、新西伯利亚机场、叶卡捷琳堡机场，哈巴罗夫斯克机场等。现有航空公司46家，其中年运力超过100万人次的大型航空公司11家。2011年，俄航空客运量为6405.7万人次，同比增长12.5%。货运量97.7万吨，同比增长5.4%。货运周转量47.2亿吨公里，同比增长12.5%。

管道运输：目前，俄石油、天然气输送管道总长超22.4万公里。2010年，输油气总量10.62亿吨，其中天然气5.372亿立方米，石油4.917亿吨，石油制品

0.332亿吨。2010年中俄原油管道全线贯通，11月1日开始试运行，2011年1月1日起投入商业运营。2011年，俄罗斯“北溪”天然气管道建成输气，开辟了绕开乌克兰直接向欧洲输气的新途径。2011年，管道运输货运周转量为2.42万亿吨公里。

【财政金融】2009 ~ 2011年俄联邦财政收支情况如下（单位：亿卢布）：

	2009	2010	2011
预算收入	73360	83000	141060
财政支出	96621	101000	110225
盈　余	–23261	–18000	30835

截至2012年1月1日，俄罗斯外汇储备为4986.49亿美元。货币供应量（M2）245434亿卢布（约合8377亿美元），市场现金流通量（M0）59386亿卢布（约合2027亿美元）。2011年国际收支经常项目顺差988亿美元，资本项目为逆差761亿美元。截至2012年1月1日，俄罗斯外债总额为5451.5亿美元。

主要银行：俄罗斯储蓄银行，1991年成立，注册资本241亿卢布；俄罗斯外贸银行，1990年成立，注册资本65.5亿卢布；天然气工业银行，1990年成立，注册资本18.5亿卢布。

【对外贸易】近年来，俄罗斯联邦议会和政府颁布了一系列与贸易有关的法律和政策。2003年11月18日，俄国家杜马通过了《对进口商品的反倾销、特保措施及补偿措施法》。该法的宗旨是“在俄罗斯关税区内出现商品进口增加、进口商品倾销和受补贴商品进口时，保护俄罗斯商品生产者的经济利益”，并就采取和实施上述措施的具体程序做出了规定。2003年12月8日通过《对外贸易活动国家调节原则法》，旨在货物贸易、服务贸易和知识产权贸易领域最大限度接近世界贸易组织的各项原则与规则，并规定除了针对货物贸易的关税和非关税调节措施，针对服务贸易和知识产权贸易的禁止与限制措施，以及新法所规定的促进外贸发展的经济措施和行政措施以外，不允许实行其他的对外经济活动国家调节措施。2004年3月11日，俄联邦政府颁布了《调整肉类进口管理办法》，对肉类进口配额的使用进行了调整。俄罗斯其他与贸易管理相关的政策和法律主要有：《特许证法》，《商品标志、服务标志和商品产地名称法》，《海关税则》，《产品和服务验证法》，《广告法》，《在对外商品贸易中保护俄罗斯联邦利益措施法》，《出口发展联邦纲要》，《出口监督法》，《外贸产品种类表及关税税则》；《电子数字签名法》，《海关法典》，《租赁法》，《关于对自俄罗斯联邦出口两用商品和技术进行监督的办法条例》。2009年俄政府对部分商品提高了临时进口关税，涉及商品主要集中在汽车、钢铁、食品领域，这些商品也是俄主要的进口商品。2010年，俄白哈关税同盟正式启动，俄积极推进入世进程，积极开展对外经济合作，推动自由贸易谈判，在经济稳定性恢复增长的背景下，对外贸易大幅反弹，基本恢复至危机前水平。主要进出口商品增长恢复较好，机构变化不大，中国跃居俄第一大贸易伙伴。外贸对经济增长贡献率有所提升，外贸顺差提高使俄外汇储备进一步增加。2011年12月16日，世界贸易组织第八次部长级会议正式同意吸纳俄入世。入世后俄整体关税水平将从2011年的10%降至7.8%。2009 ~ 2011年俄海关统计对外贸易情况如下（单位：亿美元）：

	2009	2010	2011
总　额	4690	6254	8213
出口额	3017	3964	5160
进口额	1674	2290	3053
顺　差	1343	1675	2107

2011年俄罗斯的前十大贸易伙伴及双边贸易额依次为（根据俄海关统计数据）：中国（835亿美元）、德国（718亿美元）、荷兰（685亿美元）、乌克兰（506亿美元）、意大利（460亿美元）、白俄罗斯（386亿美元）、土耳其（318亿美元）、美国（312亿美元）、日本（297亿美元）、法国（281亿美元）。

【对外投资】截至2011年年底，俄累计向境外投资为1516.7亿美元。其中直接投资190.4亿美元，占12.6%；证券投资111.1亿美元，占7.3%；其他类投资1215.2亿美元，占80.1%。

俄累计对外投资位列前位的国家（地区）分别是塞浦路斯、荷兰、卢森堡、中国、德国、英国、英属维尔京群岛、日本、美国。

【外国资本】2011年外国对俄投资总额为1906亿美元，同比增长66.1%。其中外国直接投资184.1亿美元，同比增长33.3%。证券投资8.1亿美元，同比减少25.1%。其他类投资1714.2亿美元，同比增长71.7%。外资主要投向俄金融、生产加工、零售和批发贸易、交通通讯、矿产资源开发等领域，投资额合计达1710.3亿美元，占同期外国对俄投资总额的89.7%。2011年俄罗斯外资主要来源统计如下：

来源地	投资金额（亿美元）
塞浦路斯	202.7
荷兰	168.2
英国	131.0
德国	102.6
卢森堡	46.8
法国	43.5
维京群岛（英属）	20.8
爱尔兰	20.3
中国	18.9
日本	12.4

（数据来源：俄罗斯联邦统计局）

【著名公司】（1）天然气工业股份公司：成立于1993年2月。2009年营业额为944.72亿美元，利润为245.56亿美元。该公司是世界最大的天然气公司，主要从事天然气勘探、开采、运输、加工和销售。现任总经理米勒。电话：007-495-7193001；传真：7198333，7198335。E-MAIL：gazprom@gazprom.ru。网址：http：//www.gazprom.ru。

（2）"卢克"石油公司：成立于1991年。2009年营业额为680.25亿美元，利润为70.11亿美元。世界第二大私人石油公司。该公司从事石油天然气的勘探、开采、加工和销售。现任总裁为阿列克佩罗夫。电话：007-495-9289841；传真：9160020。E-MAIL：Gmyakisheva@lukoil.com。网址：http：//www.lukoil.ru。

（3）"秋明－BP"石油公司：成立于2003年。2010年销售额为446亿美元，纯利润58亿美元。该公司从事石油天然气的勘探、开采、加工和销售。现任总经理为弗里德曼。电话：007-495-7777707，5450716；传真：7879668。E-MAIL：company@tnk-bp.ru；hotline@tnk.ru。网址：http：//www.tnk-bp.ru。

（4）"石油运输"股份公司：成立于1993年。2007年销售额为2492.70亿美元，纯利润36.81亿美元。俄罗斯最大的管道石油运输企业。现任总裁为托卡列夫。电话：007-495-9508178，9508135；传真：9508900，9535525。E-MAIL：transneft@transneft.ru。网址：http：//www.transneft.ru。

（5）伏尔加格勒汽车制造厂АвтоВАЗ：成立于1970年。是俄最大汽车制造商之一，主要品牌为"拉达"。2008年该厂生产的"拉达"牌汽车销售量为549650台，全年净盈利36亿卢布。现任总裁为科马罗夫。电话：007-8482-738009。网址：http：//www.lada-auto.ru。

（6）"苏霍伊"飞机公司АВПК"Сухой"：成立于1930年。为俄最大的飞机制造商，世界第三大战斗机制造商，主要产品为"苏"系列战斗机。2008年销售额为539亿美元。现任总裁为波戈相。电话：007-495-9402663，9402664，9402762，9454422。传真：9456806，9417645。E-MAIL：avpk@sukhoi.org，info@sukhoi.org。网址：http：//www.sukhoi.org。

人民生活

2009年6月19日，普京签署俄罗斯政府《2009年反危机计划》，该计划提出将对在全球经济危机中受损最大的居民和家庭提供支持，加强社会、医疗保障和就业安置，发展文化领域，加快经济适用房建设。2011年，俄用于社会保障的联邦预算支出总额为43654亿卢布（约合1490亿美元，其中包括法定工资、助学金、药品和养老金支出）。

社保方面，政府将通过对来自联邦预算拨款和社会保险基金的社会支出和补贴实行指数化管理、实行养老体系现代化、养老保险缴费取代统一社会税多项措施加大社会保障力度，对在全球经济危机中受损最大的居民和家庭提供支持。自2009年1月1日起，俄家庭可使用"母亲基金"用于归还房贷。俄养老金水平经过10年连续增加，至2010年底共提高了44.5%，职工月平均退休金达到8182卢布（约合270美元）。2011年退休金平均增幅约10%。医保方面，继续发展国家"健康"工程，加强国家对预算采购药品价格形成调节。对"健康、体育运动"项下的联邦预算拨款逐年提高。就业安置方面，自2009年初起，最高失业补贴已增加50%。用于失业公民补贴298亿卢布（约合9.6亿美元）。发展文化领域方面，增加"文化、电影和大众传媒"联邦预算预付款，将保留对文化参与者的优惠，保留国家对创作协会活动的扶持，其中包括对拥有苏联人民演员和苏联人民艺术家称号的创作协会成员提供物质支持。经济适用房方面，保证居民获得经济适用房和推进住房建设。

2011年居民实际可支配收入增长0.8%，名义工资23532卢布（约合803美元），同比增长12.2%。2011年通胀率为6.1%。至2011年底，俄失业人数约为460万人，失业率为6.6%。

军　事

俄罗斯军队是在前苏联军队基础上组建的。1992年3月16日，俄罗斯总统叶利钦发布关于组建俄罗斯国防部的命令，同年5月7日发布了关于组建俄罗斯联邦武装力量的命令。

俄罗斯联邦总统、俄罗斯联邦安全会议、俄罗斯联邦议会、俄罗斯联邦政府对保障国家安全、国防能力状况，对俄罗斯武装力量和其他军队的战斗准备程度、动员准备程度和战斗力负全责。俄罗斯联邦总统是国家元首和俄罗斯联邦武装力量的最高统帅。

俄罗斯联邦武装力量由管理机关、军团、兵团、部队、军事院校以及后勤部门组成。在组织编制结构上分为陆军、空军、海军3个军种和战略火箭兵、空降兵、空天防御兵3个独立兵种。未编入武装力量的其他军队包括内卫部队，联邦安全总局、联邦警卫总局所属部队，民防部队等。

俄罗斯联邦总统兼俄罗斯联邦武装力量最高统帅，对武装力量和其他军队实施全面领导，并通过国防部长和总参谋长对武装力量实施作战指挥。国防部长通过国防部对联邦武装力量实施直接领导。俄罗斯联邦武装力量总参谋部对武装力量进行作战指挥。

总统兼武装力量最高统帅为普京（2012年5月7日正式就任）。国防部长谢尔久科夫（2007年2月15日任现职），国防部第一副部长兼总参谋长马卡罗夫大将（2008年6月任现职），国防部第一副部长苏霍鲁科夫（2011年10月任现职），国防部副部长兼常务秘书潘科夫（2005年9月任现职，2009年3月由大将改为文职），国防部副部长安东诺夫（2011年2月任现职），国防部副部长布尔加科夫大将（2008年12月任国防部副部长兼武装力量后勤部部长，2010年7月任现职），国防部副部长楚什金（2008年11月任现职），国防部副部长舍夫佐娃（2010年8月任现职，女）。

2000年1月10日，俄总统普京批准第二版《俄罗斯联邦国家安全构想》。同年4月21日，俄总统普京批准第二版《俄罗斯联邦军事学说》。同年9月9日，俄总统普京批准《俄罗斯联邦信息安全学说》。2009年5月12日，俄总统梅德韦杰夫签署《俄罗斯联邦2020年前国家安全战略》。2010年2月，俄出台新版《俄罗斯联邦军事学说》。

2008年9月15日，俄总统梅德韦杰夫发布“重塑军队面貌”命令，开始新一轮军事改革，史称“新面貌”改革。改革的总体目标是建立一支“全新的、高度机动、装备现代化，能够执行多种军事任务的军队”。目前，改革第一阶段已经完成，所取得的阶段性成果主要有：俄军现役人员裁减至110余万，其中军官约22万、合同制军士18万～20万、义务兵68万～70万。基干部队（即缩编部队）均被裁撤，所有作战力量均为常备部队。按照地域原则重新组建4大军区，并相应的成立4大联合战略司令部，对辖区内的各军兵种部队行使指挥权，具有联合指挥职能。俄军指挥体制由“军区—集团军—师—团”四级改为“战略司令部—战役司令部—旅”三级。陆军24个师被裁掉23个，组建了约110个作战旅。空军撤销军师团建制，组建了3个职能司令部和4个地区司令部，以及33个航空基地。海军部队数量由240支裁至123支。战略火箭兵由3个集团军12个师裁并为2个集团军9个师。空降兵建制不变，仍由4师1旅组成。2011年11月，俄军在原航天兵基础上成立了空天防御兵。通过分类合并、兼并重组，大幅裁减行政机构和人员，俄军将原有的65所军事院校整合为10所新型综合性高等军事院校。2012年1月1日起，俄现役军人的工资大幅增长，人均翻了近三番，退休金也增长了1.6倍，使军官进入俄高薪阶层。为了整饬军纪、预防犯罪，俄军还组建了专门的军事警察部队。2012年2月23日“祖国保卫者日”前夕，俄国防部长宣布，改革第一阶段（即军队的结构改革阶段）已经完成，俄军改革进入第二阶段，此阶段改革的重点是更新武器装备，计划在2016年前将现代化装备的比重提升至30%，在2020年前达到70%以上。

兵役制度：兵员补充实行双轨制，即义务兵役制与合同兵役制相结合。从2008年1月1日起，应征入伍的义务兵服役期缩短至1年。俄军在军队的职业化方面也做了很多工作。未来5年，计划每年招募5万名合同制军人。2017年之前，100万的武装力量中，将有70万名职业军人。到2020年前，义务制军人人数缩减至14.5万。

历年军费开支：2000年63亿美元，2001年78.5亿美元，2002年91亿美元，2003年110亿美元，2004年137.16亿美元，2005年189.7亿美元，2006年238.6亿美元，2007年327亿美元，2008年383.84亿美元，2009年341.05亿美元，2010年376亿美元，2011年634亿美元。

2009年2月4日，亚美尼亚、白俄罗斯、哈萨克斯坦、吉尔吉斯斯坦、俄罗斯、塔吉克斯坦和乌兹别克斯坦元首在集安条约组织集体安全委员会非常会议上通过了创建集体快速反应部队的决定。6月14日集安条约组织莫斯科峰会，俄、哈、亚、塔、吉5个成员国签署了成立集体快反部队的协议，决定组建总兵力约2万人的集安条约组织快反部队。其主要任务是在现实和潜在威胁背景下巩固成员国安全，打击恐怖主义、极端主义和毒品走私，预警并消除自然灾害和技术事故紧急局势，保证集安条约组织有效参与维护国际和平与安全。

境外驻军：驻摩尔多瓦共和国德涅斯特河沿岸地区战役集群1000人；驻南高加索俄军集群7600人，下辖第102军事基地（驻亚美尼亚久姆里）；驻塔吉克斯坦杜尚别第201摩步师7000人；驻乌克兰塞瓦斯托波尔黑海舰队1.4万名军人；驻吉尔吉斯斯坦坎特空军基地140人；驻叙利亚塔尔图斯海军物资技术保障站150人；驻阿布哈兹古达乌塔军事基地1700人；驻南奥塞梯茨欣瓦利第4军事基地1700人。俄空天防御兵在哈萨克斯坦萨雷沙甘、塔吉克斯坦努列克、阿塞拜疆加巴拉、白俄罗斯甘采维奇各驻1个雷达站，在白俄罗斯维列伊卡驻有第43通讯站；在哈萨克斯坦拜科努尔驻有第5航天发射场，兵力约3000人。

文化教育

俄罗斯共有国立博物馆1700余所，年参观人数超过7500万。俄罗斯的联邦级博物馆86所，其中27所博物馆有分支博物馆，占地面积近11.12万顷。联邦级博物馆总面积140万平方米，其中展览面积31.3万平方米。全年接待参观者近2609.3万人次；联邦级博物馆工作人员约22.3万。圣彼得堡的埃尔米塔什博物馆是世界上最大的艺术、历史文化博物馆之一。在俄国收藏外国美术作品居第二位的是莫斯科的普希金造型艺术博物馆。最大的俄国艺术博物馆是莫斯科的特列基雅科夫美术馆。圣彼得堡的俄国博物馆收藏着同样宝贵的俄国艺术品。

俄罗斯共有图书馆15万多所，共有图书、杂志、报纸以及其他出版物和文献50多亿册。位于莫斯科的俄罗斯国家图书馆是俄国藏书最多的图书馆。位于圣彼得堡的俄罗斯民族图书馆是俄罗斯对公众开放的最古老的图书馆之一。俄罗斯共有联邦级图书馆9所，藏书约9457万册。全年借阅的图书达1573.4万册。工作人员共计5178人。

俄罗斯是一个有着悠久戏剧传统的国家。俄国第一个剧院建在沙皇阿列克谢·米哈伊洛维奇的宫殿，而俄国第一座向公众开放的剧院是伊丽莎白女皇1756

年在圣彼得堡下旨筹建的。目前，俄罗斯共有24个联邦级的剧院，拥有91座房产，座位数达到24351个；工作人员11641人，其中演员和艺术类专业人员4304人；全年在俄共举办6174场演出及海外巡演425场，接待观众322.47万人次，平均每场演出观众人数为522人。

俄罗斯共有5个音乐活动组织和19个联邦级的独立艺术院团，拥有37座房产。工作人员3171人，其中演员和艺术类专业人员1995人，全年共举办4852场活动，接待观众155万人次。

2012年，俄罗斯与德国举行了“俄罗斯—德国年”，与中国举行了“中国文化节”大型双边文化交流活动。此外，俄罗斯还举行了1812年战争胜利200周年庆祝活动、莫斯科国际军乐节、国际博物馆艺术节、普希金造型艺术博物馆建馆100周年庆祝活动。

俄罗斯教育类型分为基础教育和专业教育两种。基础教育包括：学前教育、初级基础教育（小学1～4年级）、基本基础教育（初中5～9年级）、完全基础教育（高中10～11年级）。专业教育包括：初级专业教育（中职）、中等专业教育（中专、技校）、高等专业教育（大学本科和硕士）、大学后专业教育（副博士、博士）。

2011年，全俄共有47098所全日制基础教育机构，其中28192所在农村地区；在校生总数1300万人（2000年为2200万人）；教师总数约110万人；小学一年级入学新生为1464779人，比2010年多了33000人；入园儿童为550多万，其中85万多是新入园儿童。

俄罗斯自2001年起在基础教育毕业阶段试行国家统一考试，考试科目共11门，其中数学、俄语为必考科目，其他为选考科目。选考科目根据所报考大学和专业要求而定，但参加各科奥林匹克竞赛并获奖的学生可以免考获奖科目。2007年国家统一考试推广至全国，2009年起作为中学毕业和大学入学的必须形式，莫斯科国立大学和圣彼得堡国立大学和其他一些符合条件的大学和专业有权进行补充测试。2011年，有84万人参加了国家统一考试。

俄罗斯初级和中等职业教育的办学目标是培养技术工人，分为普通职业教育和双证职业教育两种类型。普通职业教育即在基本基础教育或完全基础教育的基础上进行职业培训，分为9年级毕业后进行1至2年半的职业教育和11年级毕业后进行1至1年半的职业培训；双证职业教育即中学毕业证和职业教育文凭双证教育，毕业生即可持职业教育文凭工作，也可以持中学毕业证参加大学入学考试。学习期限分9年基础教育+至少3年职业教育和11年基础教育+1至1年半职业教育两种。

2011年，全俄共有中等职业教育机构2500多所，在校生超过200万。

高等教育分为高等专业教育和大学后专业教育两部分。高等专业教育可以授予学士学位（4年）、专家学位（5～6年）、硕士学位（2年）。俄罗斯规定，获得专家学位和硕士学位的人有资格申请学衔和攻读副博士学位（等同于中国的博士学位）。大学后专业教育包括进修、攻读副博士和博士学位等。俄罗斯将大学后学历教育统称为研究生教育，分为两个层次：研究生，学制三年，毕业后授予副博士学位；博士生，学制3～4年，毕业后授予博士学位。

2011年，全俄高校共计1090所，其中482所为非国立高校；大学在校生700多万（师范专业生50多万），其中公费生为260万；高校教师总数为35万多人，其中13%的人拥有博士学位，50%的人拥有副博士学位。

2011年，国家重点支持的高校共40所，分三个层次：享有高度自治权的联邦政府直属高校——莫斯科国立大学和圣彼得堡国立大学、9所联邦大学和29所国家研究型大学。

【新闻出版】俄全国共有3万多种报纸杂志。其中属于全国性报刊、且发行量较大的主要有：1.《俄罗斯报》，俄罗斯国家政府机关报。1990年11月11日创刊，在俄全境及独联体国家发行，2011年平均日发行量超过17万份。该报纸是俄罗斯报界具有权威性的一家报纸，俄国家的各种法律法令文件生效后须在该报发表。《俄罗斯报》目前在其全国设立32个记者站，在俄全国41个城市刊印发行日刊，在46个城市发行周刊。2.《消息报》，私营企业，社会政治类报纸，全面报道俄国内及国际重大事件，分析与评论商业、经济、体育以及文化等问题和事件。该报为前苏联报纸，1917年3月创刊。1991年8月23日注册登记，1992年11月3日重组为私有化企业，1998年4月20日重新注册登记。该报每周一至周五出版五期，周日出版周末版。3.《独立报》，为俄一家大型私营出版企业。主要报道俄国内及国际重大社会、政治问题及文化体育生活等消息。该报纸于1990年12月21日创刊。4.《莫斯科新闻报》，前身为《新闻时代报》（2000年3月出版发行），2010年改版为《莫斯科新闻报》，股份制报刊企业，以报道社会和政治类新闻为主，同时也包括财经、商贸、文化体育消息等。每周一至五发行五期，周六、周日停刊，每期12个版面。主要发行地区为莫斯科市和莫斯科州。5.《生意人报》，私营企业。主要报道俄国内及国际政治、商业、财经、体育等事件。每周出版五期，周六、周日停刊。6.《共青团真理报》，为前苏联主要报刊之一，1925年3月13日创刊，在世界上48个国家出版发行。7.《总结》杂志，周刊。该杂志由《七天》出版社出版，创刊于1997年，是目前俄较有权威性和影响力，以社会政治性题材为主要内容的期刊。该刊物发行范围较为广泛，除莫斯科和周边地区外，在俄国内各个地区和独联体国家均有发行。此外，该杂志还是“汉莎”航空、捷克航空、英国航空等多家欧美航空公司的赠送读物。除上述报刊外，在俄罗斯较有影响的刊物还有《真理报》和《公报》等。

主要通讯社有：1. 俄通社—塔斯社，简称俄塔社，俄政府官方通讯社，俄三大通讯社之一，世界五大通讯社之一。其前身是前苏联时期的塔斯社及1992年月1月成立的俄通社，1992年正式更名为俄通社—塔斯社。目前在俄境内拥有8个区域中心和34个分社，在世界各地拥有75个代表机构，全社共有500多名经验丰富的专业记者，与路透社、美联社、共同社和新华社等70多家世界各地的通讯社建立了信息合作关系。2. 俄罗斯新闻社，简称俄新社，成立于1961年，其前身是前苏联新闻社，1963年被确定为国家通讯社。系俄三大主要通讯社之一，地位与俄通社—塔斯社相同，是俄政府对外宣传的主要通讯社。其通讯网络覆盖了俄罗斯、独联体及世界其他地区的40多个国家，拥有巨大的图片库，库存约100万张，每天以俄文、英文、德文、法文、西班牙文、塞尔维亚文、中文、日文、阿拉伯文和波斯文发布社会、政治、经济、科学和金融方面的消息。该社拥有举办新闻发布会的专业信息平台，为俄总统办公厅、政府、议会、各大部委、地方权力机关及其他社会团体提供信息服务。旗下的俄新网中文版是俄罗斯媒体有史以来第一家中文电子媒体，每天发布关于中俄关系及国际事件的信息。3. 国际文传电讯社，也称为文传电讯“国际信息集团”（Interfax international services），成立于1989年，系前苏联时期首家非国有通讯社。该社系俄三大通讯社之一，主要负责向社会提供全息政治、社会新闻和调查研究，是俄目前在现代IT领域和其他经济部门中唯一掌握金融市场信息的专业化机构。目前，该集团公司可用包括俄语、哈萨克语、乌克兰语、白俄罗斯语、阿塞拜疆语，以及英语、德语等100多种语言发布各类信息。该媒体所设栏目有“国际新闻”、“中国新闻”以及“中国经贸述评”等。

主要广播电台有：1.《俄罗斯之声》广播电台，是俄国家广播公司主力宣传机构之一。该电台为1929年成立的国有电台，1989年1月1日使用现名对外广播。目前用38种语言全时段通过短波、中波、调频、卫星和移动电话网络向世界上160个国家播发信息，系世界上最受听众欢迎的5大电台之一，听众达到1.09亿。《俄罗斯之声》广播电台网站以33种语言播发新闻，世界140个国家的居民浏览其网站。2.《莫斯科回声》广播电台，1990年成立的私营电台，全天使用俄语广播。3.《灯塔》广播电台，是历史悠久并较有影响的俄国家音乐电台。1964年根据前苏联政府的有关决定建立。该电台每半个小时播发5分钟的新闻内容，其他节目的设置还有音乐、直播、晨间幽默、专访和广播电影等栏目。该电台目前拥有三套广播频道。

主要电视新闻机构有：1.“全俄广播电视公司”，成立于1990年7月，旗下设有“俄罗斯-1”电视频道、“俄罗斯-2”电视频道、“俄罗斯-24”电视频道、“俄罗斯—文化”电视频道和“俄罗斯-RTR”电视频道等多个电视频道。其中“俄罗斯-1”电视频道成立于1991年5月，覆盖全俄及部分独联体和波罗的海国家，俄境内观众群约占全国总人口的98.5%，独联体和波罗的海国家约有5000万人口收看该电视台节目。“俄罗斯-1”电视频道节目种类多样，包括新闻、电视剧、电影、电视评论、脱口秀、大型文艺和纪录片等，同时转播重要体育活动和社会政治事件。该频道的《消息》节目在俄具有重要影响力，收视率很高，多次获得俄国内电视新闻类节目的大奖。“俄罗斯-24”电视频道在原有“新闻频道”基础上改版而成，为俄唯一一家全天24小时播发新闻节目的电视频道，以播发世界、俄各地新闻为主，同时以传播迅速、信息量大见长，重要新闻节目连续滚动播出。主要节目品牌有：整点新闻，每天即时播送政治、经济、社会和体育等信息。2.《第一频道》电视台，国家参股企业，1995年4月成立，全俄综合性电视台，2002年9月由原俄罗斯公共电视台更名，系俄罗斯和世界上收视率最高的俄语电视台，在俄本土覆盖率达到99.8%。其主要的电视栏目有：新闻直播，电影节目，体育转播，电视访谈，儿童节目，文化历史节目和娱乐节目等。3.《独立电视台》，1993年建台，是目前俄唯一经过俄联邦政府批准的私营电视台。《独立电视台》除了俄本土之外，还能够覆盖到独联体国家以及西欧、中东、美国和加拿大等国家和地区。4.《中心电视台》，莫斯科市政府所属，1997年建台，节目覆盖俄大部分地区和部分独联体国家以及欧洲国家。5.《今日俄罗斯》电视台，2005年建台，隶属俄罗斯新闻社。是俄罗斯第一家全数字化电视频道，多语种24小时播报。下设5个主要频道，主要语言为英语，此外还设阿拉伯语、西班牙语频道。该电视台在英、美、法、中东等16个国家设有21个分站。

对外关系

根据俄罗斯外交部公布的《2010年俄罗斯联邦外交工作总结》，俄对外政策的中心任务是为国内全面发展和高质量的经济现代化创造良好外部条件，并在此基础上保障俄罗斯在新的国际体系中占据应有地位。俄外交重点是在日益难以预测的世界中和风险不断增加的形势下，维护和平与稳定，完善全球体系，加强地区安全。截至2010年5月30日，俄共与191个国家建有外交关系，设有145个驻外外交代表机构、14个常驻国际组织代表机构，有147个国家在俄设有外交代表机构。

2011年，俄继续奉行全方位务实外交。俄积极参与联合国、二十国集团、八国集团、亚太经合组织、上海合作组织、金砖国家等国际和地区组织框架内的多边合作；同独联体国家关系不断深化，主导欧亚地区一体化进程取得实质进展；同美国、欧盟、北约关系续有发展，在战略核裁军、俄入世、能源合作等问题上达成一定共识；同亚太、中东、非洲和拉美地区国家的关系更趋密切。

【对当前重大国际问题的态度】国际秩序：积极主张建立多极世界，反对单极世界及单边主义，坚持联合国在国际关系中拥有核心地位和最高权威，主张通过对话谈判和平解决国际争端。

联合国改革：认为应合理地改革联合国，以使其更好地适应世界政治和经济形势的变化；应继续提高联合国安理会活动的效率，在保证应有工作效能的前提下，赋予该机构更大的代表性；任何关于建立联合国安理会补充席位的决定，必须在联合国成员国最广泛一致的基础上通过；联合国安理会五个常任理事国的地位应当保留。

伊朗核问题：在反对伊拥有核武器的同时，肯定伊拥有和平利用核能权利，并积极同伊开展民用核能合作。敦促伊积极同国际社会合作，特别是加强同国际原子能机构的对话与合作。俄坚决反对以武力方式解决伊核问题，反对在安理会和国际原子能机构框架内出台新的对伊制裁措施，主张在"相互和分阶段"原则基础上寻求解决问题的途径。

中东问题：作为中东问题国际四方调解成员之一，俄同冲突各方及中东有关国家保持密切外交接触，主张坚持公正平衡立场，全力促进政治谈判进程，通过对话与合作解决包括叙利亚危机在内的争端，反对滥用制裁和使用武力。呼吁维护阿拉伯国家的合法权益，支持阿拉伯联盟为中东和谈发挥作用。主张建立由国际社会和中东地区各国及有影响的政治力量广泛参与的国际协调机制解决中东问题。

朝鲜核问题：坚持朝鲜半岛无核化，支持朝核问题六方会谈进程，认为这是解决朝核问题的唯一有效机制。支持美国加强同朝鲜直接接触。呼吁有关各方遵循六方会谈达成的协议，致力于实施2005年"9·19"共同声明的相关规定，履行对朝援助义务，促成朝核设施实现去功能化，最终实现朝鲜半岛可验证的无核化。

【同中国的关系】1949年10月2日，中华人民共和国与苏维埃社会主义共和国联盟建立外交关系。1991年12月27日，中国外交部与俄罗斯联邦外交部在莫斯科签署《会谈纪要》，确认俄罗斯继承前苏联与中国的外交关系。1994年双方宣布建立"面向21世纪的建设性伙伴关系"，1996年宣布建立"平等信任、面向21世纪的战略协作伙伴关系"，2001年签署《中俄睦邻友好合作条约》。

2011年，以庆祝《中俄睦邻友好合作条约》签署10周年为主线，中俄关系继续保持积极健康稳定的发展势头，取得丰硕成果。

两国保持密切高层交往。两国元首3次正式会晤。6月15～18日，胡锦涛主席对俄罗斯进行国事访问并出席第15届圣彼得堡国际经济论坛，两国元首全面总结《中俄睦邻友好合作条约》签署10年来双边关系发展成果和经验，宣布致力于发展平等信任、相互支持、共同繁荣、世代友好的全面战略协作伙伴关系，确定了未来10年两国关系的发展方向、规划和各领域合作目标。4月13～16日，梅德韦杰夫总统来华出席金砖国家领导人第三次会晤和博鳌亚洲论坛2011年年会开幕式，两国元首举行双边会晤。11月3日，胡锦涛主席出席在法国戛纳举行的二十国集团峰会期间与梅德韦杰夫总统举行双边会晤。两国元首还分别在上海合作组织峰会、亚太经合组织领导人非正式会议等多边会议期间见面寒暄。9月14～17日，吴邦国委员长对俄进行正式友好访问，并分别出席全国人大同俄国家杜马和联邦委员会合作委员会第五次会议。10月11日，温家宝总理与来华进行正式访问的俄总理普京举行中俄总理第16次定期会晤。11月7日，温家宝总理在圣彼得堡出席上海合作组织成员国政府首脑会议期间与普京总理双边会见。6月2日，习近平副主席赴意大利罗马出席"意大利统一150周年"庆典期间，同梅德韦杰夫总统双边会见。王岐山副总理、孟建柱国务委员、戴秉国国务委员等中国国家领导人分别访俄或赴俄出席国际会议，俄联邦安全会议秘书帕特鲁舍夫、第一副总理舒瓦洛夫、副总理茹科夫、副总理谢钦等俄领导人分别访华或来华出席国际会议。

务实合作进一步扩大和深化。双边贸易额持续快速增长，据中国海关总署统计，2011年双边贸易额为792.4亿美元，同比增长42.7%。中国连续两年成为俄罗斯第一大贸易国，俄罗斯是中国第九大贸易国。中俄原油管道于2011年1月正式投入运营，全年按计划输油1500万吨。天然气、核能、煤炭、电力和新能源等领域的合作全面推进。双方实现人民币和卢布在两国银行间外汇市场挂牌交易，本币结算范围从边境贸易扩大至一般贸易。两国高新技术园区积极开展交流合作。截至2011年年底，双方已建立起99对友好省州和友好城市。2011年中俄边贸额为93.6亿美元，同比增长23.5%。

军事交流合作继续深入发展。9月21～23日，中央军委副主席郭伯雄访俄并同俄国防部长谢尔久科夫举行中俄军事技术合作混合委员会第16次会议，双方就下一阶段合作方向和重点项目作出规划。6月4日，国务委员兼国防部长梁光烈在新加坡出席香格里拉对话会期间会见俄副总理伊万诺夫。8月3～4日，中央军委委员、总参谋长陈炳德上将对俄进行正式友好访问，分别同俄国防部长谢尔久科夫、总长马卡罗夫举行会见会谈。

人文合作不断推进。双方隆重庆祝《中俄睦邻友好合作条约》签署10周年，举行一系列富有成效的活动，扩大了条约的影响力，弘扬了中俄世代友好的和平理念。双方积极筹备2012年和2013年中俄互办旅游年活动，第12届世界俄语大会在上海成功召开，中方顺利接待俄罗斯第二批500名中小学生来华参加夏令营，俄罗斯第一副总理、喀山大运会组委会主席舒瓦洛夫率团出席深圳大运会和会旗交接仪式。

在国际和地区事务中的协调配合更加密切。两国元首发表《中俄关于当前国际形势和重大国际问题的联合声明》，全面阐述中俄双方的共同立场和主张。双方共同推动上海合作组织10周年纪念峰会和金砖国家领导人第三次会晤成功举办，在联合国改革、国际金融货币体系改革等全球性问题上，在朝核、伊朗核、叙利亚、阿富汗等地区热点问题上保持密切沟通和磋商，在联合国、二十国集团、金砖国家、上海合作组织、中俄印（度）等多边机制框架内开展密切协作，维护了两国的共同利益，为促进世界和地区的和平与稳定作出重要贡献。

中国驻俄罗斯大使：李辉。馆址：莫斯科友谊街6号（г. Москва，улица Дружбы，дом 6）。电话：007-495-9382006；传真：9382182。商务处电话：9382111。领事部电话：1431543。

俄罗斯驻华大使：谢尔盖·谢尔盖耶维奇·拉佐夫（Сергей Сергеевич РАЗОВ）。馆址：北京市东直门内北中街4号。电话：010-65321381。商务处电话：65322181。领事部电话：65321267。

【同美国的关系】2011年，俄美批准《削减进攻性战略武器条约》，美在双边和多边层面支持俄加入世界贸易组织，俄美关系“重启”进程取得重要进展，但双方在反导问题上的矛盾激化。3月9日，俄总统梅德韦杰夫与到访的美国副总统拜登举行会晤，双方就“重启”俄美关系、加强双边经贸合作等议题进行了磋商。3月22日，俄总统梅德韦杰夫在莫斯科会见到访的美国国防部长盖茨，对多国针对利比亚的军事行动及可能导致平民伤亡表示忧虑，并重申俄罗斯准备调解利比亚冲突问题。5月26日，俄总统梅德韦杰夫出席在法国埃维昂举行的八国集团峰会期间与美国总统奥巴马举行双边会见，双方就双边关系、削减进攻性战略武器条约、反导问题、俄加入世界贸易组织、中东北非局势等问题交换了意见。7月4日，俄总统梅德韦杰夫致信美国总统奥巴马，祝贺美国庆日。11月14日，俄总统梅德韦杰夫访问美国并出席亚太经济与合作组织领导人峰会。梅德韦杰夫总统与美国总统奥巴马举行双边会见，双方就双边关系及重大国际和地区问题交换了意见。11月23日，梅德韦杰夫总统就反导问题发表措辞强硬的电话讲话。梅表示，为回应美国计划部署欧洲导弹防御系统，俄可能采取一系列反制措施，包括在加里宁格勒部署“伊斯坎德尔”战术导弹，甚至退出同美国签署的新削减进攻性战略武器条约。

【同欧洲国家的关系】2011年，俄继续积极发展同欧洲国家关系，特别是同德国、法国等欧洲大国交往频繁，同捷克等东欧国家关系也有所改善。俄同欧盟在经济、金融等领域合作日趋加深。2月16～17日，俄总统梅德韦杰夫访问意大利和梵蒂冈。访意期间，梅德韦杰夫会见了意大利总理贝卢斯科尼并共同出席了“俄罗斯文化与俄语年”和“意大利文化与意大利年”开幕式。17日，俄总统梅德韦杰夫会见了罗马教皇。2月23～24日，俄总理普京访欧，与欧盟委员会主席巴罗佐举行会见，双方就能源合作、双边关系以及贸易等议题进行了讨论。2月25日，俄总统梅德韦杰夫与总理普京在圣彼得堡会见来访的西班牙国王胡安·卡洛斯一世，两国元首为2011年两国互办“国家年”活动拉开帷幕。3月3日，俄总统梅德韦杰夫致信保加利亚总统珀尔瓦诺夫祝贺保加利亚国庆日。3月22～23日，俄总理普京分别访问斯洛文尼亚和塞尔维亚，商谈经贸合作等问题。4月22日，俄总统梅德韦杰夫与希腊总理帕潘德里欧通电话，双方讨论了俄希双边合作中的优先问题及利比亚局势。4月26日，俄总理普京访问丹麦，与丹麦女王玛格丽特二世和首相拉斯穆森举行了会晤。5月16日，俄总统梅德韦杰夫会见到访的斯洛文尼亚总统图尔克，双方就当前的国际重大问题，包括俄倡导的欧洲安全条约、解决地区冲突等交换了意见。5月19日，俄总统梅德韦杰夫会见到访的奥地利总统菲舍尔，双方讨论了两国经贸合作领域问题及如何实施包括建设“南流”天然气管道在内的能源和交通合作项目。5月20日，俄总统梅德韦杰夫在圣彼得堡会见了来俄出席国际司法论坛的欧洲委员会秘书长雅格兰特。5月26日，俄总统梅德韦杰夫出席在法国埃维昂举行的八国集团峰会，会上重点讨论了中东和北非局势、反恐、消除日本地震灾害后果等问题。期间，梅德韦杰夫与法国总统萨科齐、美国总统奥巴马、英国首相卡梅伦、日本首相菅直人、德国总理默克尔举行了双边会见。6月1日，俄总统梅德韦杰夫致信意大利总统纳波利塔诺，祝贺意建国150周年。6月2日，俄总统梅德韦杰夫出席意大利建国150周年庆祝活动并会见了意大利总统纳波利塔诺。6月10日，俄总统梅德韦杰夫出席在俄下诺夫哥罗德举行的第27届俄罗斯—欧盟峰会。会议集中讨论了俄罗斯与欧盟经贸合作、发展现代化伙伴关系、制定俄与欧盟基础关系条约等问题。6月18日，俄总统梅德韦杰夫在圣彼得堡会见来俄参加国际经济论坛的芬兰总统哈洛宁。7月18～19日，俄总统梅德韦杰夫访问德国，与德国总理默克尔举行双边会见，会见后签署了一系列合作文件。梅德韦杰夫总统和默克尔共同出席了“彼得堡对话”公共论坛的部分活动。梅德韦杰夫还会见了俄、德两国的企业家代表。9月6日，俄总统梅德韦杰夫在克里姆林宫会见来访的丹麦女王玛格丽特二世，双方签署系列合作文件。9月11～12日，英国首相卡梅伦应俄总统梅德韦杰夫的邀请对俄罗斯进行正式访问。10月19～21日，俄总统梅德韦杰夫和总理普京先后会见了应邀来访的荷兰首相马克·吕特，双方主要商谈了加强两国经贸合作的问题。10月30日，俄总统梅德韦杰夫会见瑞士联邦主席时表示，俄方感谢瑞士在俄入世问题中所作的调和努力，俄将在2011年底前完成入世谈判。11月3日，俄总统梅德韦杰夫出席在法国戛纳举行的二十国集团领导人峰会，期间会见了土耳其总理埃尔多安。11月7～8日，俄总统梅德韦杰夫访问德国和捷克。访德期间，梅德韦杰夫总统与德国总理默克尔、法国总理菲永、荷兰首相吕特及欧盟能源专员奥廷格共同出席俄欧"北流"天然气管道开通仪式。访捷期间，梅德韦杰夫总统分别会见了捷克总统克劳斯和总理内恰斯。11月18日，俄总理普京会见到访的法国总理菲永，并共同主持召开了俄法政府间委员会会议。12月8日，俄总统梅德韦杰夫访问捷克，两国元首签署了系列合作文件。12月15日，俄总统梅德韦杰夫出席在比利时举行的第28届俄罗斯—欧盟峰会。会上讨论了俄与欧盟能源合作、互免签证及欧元区财政金融形势等问题。梅德韦杰夫总统还与俄、欧盟工商界代表举行了圆桌会议。

【同独联体国家的关系】2011年，俄将全面加强独联体一体化视为优先方向，继续推进与独联体国家关系。3月5日，俄总统梅德韦杰夫在索契会见阿塞拜疆总统阿利耶夫和亚美尼亚总统萨尔基相，三方发表了关于和平解决纳卡问题的联合声明。4月26日，俄总统梅德韦杰夫赴乌克兰出席切尔诺贝利核事故25周年纪念活动，与乌克兰总统亚努科维奇举行会见，双方就消除切尔诺贝利核事故后果，提供人道和医疗援助等问题交换了意见。5月28日，俄总统梅德韦杰夫致电阿塞拜疆总统阿利耶夫，祝贺阿国庆。6月14日，俄总统梅德韦杰夫访问乌兹别克斯坦并与乌总统卡里莫夫举行会见，双方就两国经贸、人文等领域合作及地区问题交换了意见。6月14～15日，俄总统梅德韦杰夫出席在哈萨克斯坦举行的上海合作组织第十次元首峰会，并会见了出席峰会的各国元首。6月24日，俄总统梅德韦杰夫在喀山会见阿塞拜疆总统阿利耶夫和亚美尼亚总统萨尔基相，三方共同讨论了纳卡问题调解的主要原则，会后发表了联合声明。8月9日，俄总统梅德韦杰夫在索契会见阿塞拜疆总统阿利耶夫，双方讨论了包括纳卡问题在内的地区重要问题。8月11日，俄总统梅德韦杰夫与乌克兰总统亚努科维奇会晤，双方讨论了跨地区合作、独联体一体化进程等问题。8月12日，俄总统梅德韦杰夫出席在哈萨克斯坦举行的集体安全条约组织第五次非正式会议。9月2～3日，俄总统梅德韦杰夫对塔吉克斯坦进行正式访问，与塔总统拉赫蒙举行双边会见。双方签署了一系列双边合作协议。同日，俄总统梅德韦杰夫与阿富汗总统卡尔扎伊、巴基斯坦总统扎尔达里、塔吉克斯坦总统拉赫蒙举行四方会谈。3日，俄总统梅德韦杰夫出席在杜尚别举行的独联体成立20周年纪念峰会。9月15日，俄总统梅德韦杰夫出席在阿斯特拉罕举行的第八届"俄哈跨地区合作论坛"，并与哈总统纳扎尔巴耶夫会见，双方主要讨论了跨境紧急情况处理等问题。9月24日，俄总统梅德韦杰夫和总理普京先后与乌克兰总统亚努科维奇举行会见，讨论俄乌关系中的迫切问题。10月18日，俄总统梅德韦杰夫赴乌克兰出席第二届俄乌地区经济论坛。论坛主要涉及区域科技合作、产业合作等议题。梅德韦杰夫会见了乌克兰总统亚努科维奇，双方签署了一系列合作协议。10月24日，俄总统梅德韦杰夫与亚美尼亚总统萨尔基相在莫斯科举行会谈。梅表示俄将一如既往地协助推动纳卡谈判进程。11月18日，俄总统梅德韦杰夫与白俄罗斯总统卢卡申科、哈萨克斯坦总统纳扎尔巴耶夫在莫斯科举行共同会晤，签署《欧亚经济一体化宣言》、《欧亚经济委员会条约》，批准《欧亚经济委员会工作章程》。宣言指出，2012月1月1日，三国将在关税同盟基础上正式启动统一经济空间。12月19日，欧亚经济共同体跨国委员会会议在莫斯科召开，会议达成将共同体改组成新的一体化联合体的相关协议。12月20日，在克里姆林宫举行了独联体国家元首委员会非正式会议，会议签署了系列文件。12月23日，俄总统梅德韦杰夫和总理普京在莫斯科会见来访的土库曼斯坦总统别尔德穆哈梅多夫，双方主要讨论了跨里海天然气管道等问题。

【同亚太国家的关系】2011年俄亚太外交活跃，与亚太地区国家及亚太地区一体化组织的关系进一步加强。

1月8日，俄总统梅德韦杰夫签署了批准俄日关于和平利用核能的政府间合作协议的法令。1月12日，俄总统梅德韦杰夫致电澳大利亚总理吉拉德，就澳大利亚洪水造成重大人员伤亡和财产损失表示慰问。3月11日，俄总统梅德韦杰夫致电日本首相菅直人，就日本发生大地震导致重大人员伤亡和财产损失表示慰问，并表示愿向日本提供必要援助。3月14日，俄总统梅德韦杰夫打电话给日本首相菅直人再次表示慰问。5月7日，俄总统梅德韦杰夫与蒙古总统额勒贝格道尔吉通电话，双方就两国合作和高层互访问题交换了意见。同日，俄总统梅德韦杰夫签署了批准俄罗斯和土耳其关于和平利用核能的政府间合作协议的法令。5月12日，俄总统梅德韦杰夫会见到访的巴基斯坦总统扎尔达里，双方就两国关系未来发展前景、反恐和中东局势等国际和地区重大问题交换了意见。5月30日至6月3日，蒙古总统额勒贝格道尔吉对俄罗斯进行正式访问。两国元首讨论了两国政治、经贸合作等问题，并就中亚和东南亚局势等国际问题交换了意见。6月15日，俄总统梅德韦杰夫会见出席上合组织峰会的阿富汗总统卡尔扎伊，双方就双边合作和俄参与阿富汗重建交换了意见。6月17日，俄总统梅德韦杰夫在圣彼得堡会见出席国际经济论坛的斯里兰卡总统拉贾帕克萨，双方就在反恐和禁毒领域合作及共同关心的国际问题交换了意见。8月24日，俄总统梅德韦杰夫在乌兰乌德会见来访的朝鲜领导人金正日，双方重点讨论了朝核问题六方会谈，以及俄与朝、韩天然气贸易问题。10月13日，俄总统梅德韦杰夫会见来访的老挝国家主席朱马利·赛雅贡。这是老挝领导人首次访俄。11月1～2日，韩国总统李明博访俄出席在圣彼得堡举行的第二届“俄—韩对话”论坛，并与俄总统梅德韦杰夫会晤。双方就双边关系、现代化和创新合作等问题交换了意见。11月12日，俄总统梅德韦杰夫在亚太经合组织论坛上会见了澳大利亚总理吉拉德，双方讨论了应对世界经济危机、发展亚太区域合作等问题。11月13日，俄总统梅德韦杰夫会见日本首相野田佳彦，双方讨论了能源合作问题，俄方重申愿帮助日本消除福岛核电站事故后果。

【同中东、拉丁美洲和非洲国家的关系】2011年，俄继续推进与中东、拉丁美洲和非洲国家关系。1月1日，俄总统梅德韦杰夫致信古巴国务委员会主席劳尔·卡斯特罗，祝贺古巴国庆。1月13日，俄总统梅德韦杰夫致电巴西总统罗塞夫，就巴西洪水造成重大人员伤亡和财产损失表示慰问。1月18～19日，俄总统梅德韦杰夫访问巴基斯坦和约旦，分别与巴民族权力机构主席阿巴斯和约旦国王侯赛因举行会谈。1月21日，俄总统梅德韦杰夫在克里姆林宫会见阿富汗总统，两国领导人重点讨论了反毒、反恐等问题。3月15日，俄总统梅德韦杰夫会见了来访的土耳其总理埃尔多安，双方讨论了经贸合作等问题。4月7日，俄总统梅德韦杰夫会见到访的约旦国王阿卜杜拉二世，梅表示，俄希望通过和平对话稳定北非和中东局势。4月22日，俄总统梅德韦杰夫会见到访的联合国秘书长潘基文，双方讨论了联合国在维护中东北非安全方面所应发挥的作用。5月20日，俄总统梅德韦杰夫致电南非总统祖马，就南非发生重大铁路交通事故表示慰问。4月6日、5月24日，俄总统梅德韦杰夫与叙利亚总统巴沙尔通电话。梅表示，希望叙利亚政府尽快实施改革并开启广泛的对话。巴沙尔承诺将尽全力以和平手段保障叙利亚民众权利。5月28日、6月3日，俄总统梅德韦杰夫与古巴国务委员会主席劳尔·卡斯特罗通电话，祝贺其80岁生日。6月7日，俄总统梅德韦杰夫致电祝贺秘鲁新当选总统乌马拉。6月1日、6月22日、7月2日，俄总统梅德韦杰夫与南非总统祖马通电话，双方就利比亚局势交换了意见。7月4日，俄总统梅德韦杰夫在索契会见南非总统祖马，双方重点就利比亚局势和寻求和平解决利比亚危机交换了意见。11月12日，俄总统梅德韦杰夫在亚太经合组织论坛上会见了秘鲁总统乌马拉，双方讨论了俄秘关系及开展国际合作等问题。

（秦松茂　冯海明）

法　国

国名　法兰西共和国（The Republic of France, La République Française）。

面积　632834平方公里（包括4个海外省，其中本土面积543965平方公里）。

人口　6535万（2012年1月，法国国家经济研究与统计局，简称INSEE）。通用法语。居民中64%信奉天主教，3%信奉伊斯兰教，2.1%信奉新教，0.6%信奉犹太教，27%自称无宗教信仰。

首都　巴黎（Paris），人口约220万。年平均气温11℃，较为湿润，年均降雨量600毫米。

国家元首　总统弗朗索瓦·奥朗德（François Holland），2012年5月6日当选，5月15日就职。

重要节日　国庆节：7月14日。1880年议会立法规定，1789年法国资产阶级大革命攻克巴士底狱日为国庆节。

简　况

位于欧洲西部，本土呈六边形，三边临水。与比利时、卢森堡、德国、瑞士、意大利、西班牙、安道尔、摩纳哥接壤，西北隔拉芒什海峡与英国相望。平原占总面积的2/3。主要山脉有阿尔卑斯山脉、比利牛斯山脉、汝拉山脉等。濒临四大海域：北海、英吉利海峡、大西洋和地中海。边境线总长度为5695公里，其中海岸线2700公里，陆地线2800公里，内河线195公里。领海宽度为12海里。西部属温带海洋性气候，南部属亚热带地中海气候，中部和东部属大陆性气候。1月平均气温北部2℃～5℃，南部6℃～8℃；7月北部17℃～20℃，南部20℃～23℃。

公元5世纪，法兰克人移居到这里，843年成为独立国家。17～18世纪达到封建社会鼎盛时期。1789年7月14日爆发资产阶级大革命。此后曾建立过五次共和国和两次帝国。1871年3月，巴黎人民武装起义，成立人类历史上第一个无产阶级政权——巴黎公社，当年5月被镇压。两次世界大战期间均遭德国入侵。二战后致力于欧洲一体化建设。1958年成立第五共和国。戴高乐、蓬皮杜、德斯坦、密特朗、希拉克、萨科齐、奥朗德先后出任总统。

政　治

当前，法国政局稳定。社会党候选人奥朗德在2012年5月举行的总统选举中获胜，当选法国总统。受国际金融危机和欧债危机影响，民众不满情绪上升。在外交领域，通过二十国集团峰会等多边舞台，对全球治理、气候变化等全球性问题及叙利亚等地区热点问题的解决有较深介入，加快调整与各大国关系，维护法的大国地位。

【宪法】现行第五共和国宪法系1958年9月公民投票通过，10月4日生效，是法国历史上第16部宪法。曾进行过多次修改。宪法规定，总统为国家元首和武装部队统帅，任期五年，由选民直接选举产生。总统任免总理并批准总理提名的部长；主持内阁会议、最高国防会议和国防委员会；有权解散议会；可不经议会而将某些重要法案直接提交公民投票表决；在非常时期，总统拥有"根据形势需要采取必要措施"的全权。在总统不能履行职务或空缺时，由参议长暂行总统职权。

【议会】实行国民议会和参议院两院制，拥有制定法律、监督政府、通过预算、批准宣战等权力。国民议会共有577名议员，任期五年，采用两轮多数投票制，由选民直接选举产生。本届国民议会于2012年6月选出，议长克洛德·巴托洛纳（Claude BARTOLONE），属社会党。

参议院共348席，任期六年，每三年改选一半，由国民议会和地方各级议会议员组成选举团间接选举产生。本届参议院于2011年9月改选产生，参议长让—皮埃尔·贝尔（Jean–Pierre BEL），属社会党。

【政府】本届政府于2012年6月16日成立，2012年6月21日改组。除总理外，包括部长20名，部长级代表18名。主要成员有：总理让—马克·埃罗（Jean-Marc AYRAULT），外交部长洛朗·法比尤斯（Laurent FABIUS），国防部长让—伊夫·勒德里昂（Jean–Yves LE DRIAN），内政部长马努埃尔·瓦尔斯（Manuel VALLS），经济和财政部长皮埃尔·莫斯科维奇（Pierre MOSCOVICI），国民教育部长樊尚·佩永（Vincent PEILLON），对外贸易部长尼克尔·布里克（Nicole BRICQ，女）等。

【行政区划】分为大区、省和市镇。本土划为22个大区、96个省，还有4个海外单省大区、6个海外行政区和1个地位特殊的海外属地。全国共有36681个市镇。

【司法机构】分为两个相对独立的司法管辖体系，即负责审理民事和刑事案件的普通法院与负责公民与政府机关之间争议案件的行政法院。

普通法院有三类：1. 专门法庭（包括儿童法庭、负责处理雇主和职工之间纠纷的劳资调解委员会、审理商人之间或商业公司之间争端事件的商务法庭和社会保险法庭）。2. 民事法院。3. 刑事法院（包括判决轻微犯罪案件的警察法庭、判决轻罪案件的轻罪法庭、判决重大刑事案件的重罪法庭）。

普通法院系统纵向分为四级：初审法庭、大审法庭、上诉法院和终审法院。终审法院是最高一级司法机关，负责受理对35个上诉法院所作判决的上诉，院长万桑·拉芒达（Vincent LAMANDA）。

行政法院是最高行政诉讼机关，下设行政法庭。行政法院对行政法令的合法性作最后裁决，并就制定法律向政府提供咨询。行政法院院长名义上由总理担任，后者委托副院长行使管理权。副院长让—马克·索维（Jean-Marc Sauvé）。

法国没有独立的检察机关系统，其职能由各级法院中配备的检察官行使。检察官虽派驻在法院内，但职能独立于法院，其管理权属于司法部。终审法院设总检察长1人，检察官若干人；上诉法院设检察长1人，检察官若干人；大审法院设检察官1人，代理检察官和助理检察官若干人。

【政党】法国实行多党制，主要政党有：

（1）社会党（Parti Socialiste，简称PS）：执政党和议会第一大党，前身是1905年成立的"工人国际法国支部"，1920年发生分裂，多数派另组共产党，少数派则保留原名。1969年改组成立社会党，1971年与其他左翼组织合并，仍用现名。党员约23.3万人（2009年9月），多为公职人员和知识分子，现任第一书记为玛蒂娜·奥布里（Martine AUBRY，女），2008年11月当选。该党对内注意体现左翼政党色彩，主张维护劳工利益，同时采取务实的经济政策；对外主张维护法国独立核力量，推动欧洲一体化建设，并加强南北对话。历史上曾多次执政。2008年3月、9月，2010年3月和2011年2月先后在市镇选举、参议院选举、大区和省议会选举中获胜。2012年5月6日，社会党候选人奥朗德担任总统。2012年6月国民议会选举中一举成为议会第一大党。

（2）人民运动联盟（Union pour un Mouvement Populaire，简称UMP）：主要反对党和议会第二大党。属中右政党。前身系2002年总统大选中的竞选联盟，核心为原保卫共和联盟（戴党），并吸收了自由民主党和法兰西民主联盟的主要力量。2002年11月17日正式宣告成立，取用现名。党员约35万人（2009年9月），多为职员、官员、自由职业者、商人、农民和工人等。现任总书记为让—弗朗索瓦·科佩（Jean–François COPE），2010年11月当选。该党党纲是"自由、责任、互助、国家、欧洲"，主张奉行务实、开放的经济政策，重塑社会市场经济理念，推动欧盟建设。

（3）欧洲环保党（即绿党，Les Verts）：20世纪70年代起，法国环保主义者开始以绿党名义参与政治活动。2007年法总统大选中绿党候选人惨败。为在政坛赢得一席之地，当年底，各环保组织负责人共商联合事宜，并于2008年10月正式宣布成立欧洲环保党。现任全国书记杜弗露（Cécile DUFLOT）。2009年欧洲议会选举中，赢得16.28%的选票，与位居第二的社会党仅差0.2%，成为法政坛一支崛起的新军。2010年3月大区议会选举中，首轮投票支持率再次居第三位。2012年4月法国总统选举第一轮投票中，绿党候选人若莉得票率2.31%。

（4）新中间党（Nouveau Centre）：前身是法兰西民主联盟（Union pour la Démocratie Française，简称UDF）中支持执政党人民运动联盟（UMP）的一支。对内主张进行一定程度的社会改革，提倡在社会、经济、文化等领域实行自由化政策，对外积极主张加强欧盟建设。领导人是埃尔维·莫兰（Hervé MORIN）。

（5）民主运动（MoDem）：前身是法兰西民主联盟（Union pour la Démocratie Française，简称UDF）中的偏左派，由法兰西民主联盟前主席弗朗索瓦·贝鲁（François BAYROU）领导。民主运动成立后拒绝与其他政党联合备选，党员一再流失。2012年4月法国总统选举第一轮投票中，该党候选人贝鲁得票率9.13%。

（6）共产党（Parti Communiste Français，简称PCF）：现有党员约7万～8万，多为工人、雇员、教员、手工业者等。现任全国书记皮埃尔·洛朗（Pierre LAURENT）。2007年前书记比费参加总统大选，首轮遭遇惨败，激化了党内派别之争，法共一度面临分裂危机。2010年6月，法共三十五大召开，洛朗当选全国书记。2012年4月法国总统选举第一轮投票中，左翼阵线候选人梅朗雄得票率11.11%。

（7）国民阵线（Front National）：成立于1972年10月。党员约10万人，多为中小工商业者。1986年议会选举中首次进入国民议会。代表极端民族主义思潮，强调“要把法国从欧洲控制和世界主义中拯救出来”。前党主席让—玛丽·勒庞（Jean-Marie LE PEN，女）在2002年首轮总统选举中胜出，对法国和欧洲政坛造成极大震动，但在第二轮中被法左右翼联手击败。2007年5月的总统选举中，勒庞首轮被淘汰。随着国际金融危机爆发，法极右翼思想出现回潮，该党影响力有所回升。现任主席玛丽娜·勒庞（Marine Le Pen，女）。2012年4月法国总统选举第一轮投票中，该党候选人勒庞得票率17.9%，创历史新高。

其他政党有：右翼：保卫法兰西运动（Mouvement pour la France）、保卫法兰西联盟（Rassemblement pour la France）。

左翼：左翼共和联盟（Association pour une Gauche Républicaine）、共和与公民运动（Mouvement Républicain et Citoyen）、左翼激进党（Parti Radical de Gauche）。

中间派：公民运动—共和之极（Mouvement des Citoyens-Pôle Républicain）。

极右：全国共和运动（Mouvement National Républicain）。

极左：工人斗争党（Lutte Ouvrière）、革命共产主义同盟（Ligue Communiste Révolutionnaire）、劳动党（Parti des Travailleurs）。

【重要人物】弗朗索瓦·奥朗德：总统。1954年8月12日出生于法国西北部诺曼底地区的鲁昂市，毕业于法国国家行政学院。学生时代就积极投身政治，25岁时加入社会党，34岁时当选国民议会议员。1997～2008年任法国社会党第一书记。著有《左翼在行动》、《抉择时刻》、《当今社会党的思想》、《真理的义务》等多部作品。2012年5月6日当选法兰西第五共和国第七位暨第十任总统。未婚，前女友为罗雅尔，现女友为《巴黎竞赛画报》女记者瓦莱莉·特里维勒。 **让—马克·埃罗**：总理。1950年1月25日出生于法国西部的沙莱市。毕业于南特大学德语专业。曾任德语教师。1972年加入社会党。1986年当选国民议会议员，后又多次当选。1989年起，连续四次当选南特市市长。1997年起，任国民议会社会党团主席。2012年5月16日出任总理。已婚，有两子。 **洛朗·法比尤斯**：外长。1946年8月出生于法国巴黎。28岁加入社会党，32岁当选国民议会议员，33岁任密特朗办公室主任，35岁起先后在莫鲁瓦和若斯潘政府中任工业与研究部长、财长等要职。38岁出任总理，42岁当选国民议会议长。1992～1993年任社会党第一书记。著有《对欧洲的一点看法》、《重建左派？》、《12人的事务所》等多部作品。2012年5月16日出任外长。离异，有两子。

经　济

法国是最发达的工业国家之一，在核电、航空、航天和铁路方面居世界领先地位。主要经济数据如下：

国内生产总值：19457.8亿欧元（2010年）。

人均国内生产总值：30162欧元（2010年，居世界第15位）。

经济增长率：1.7%。

外汇储备：1866.24亿欧元（2012年1月数据，其中黄金储备为1033.13亿欧元）。

货币名称：欧元（EURO）。

汇率：1欧元≈1.24美元（2012年6月）。

失业率（本土）：9.6%（2012年第一季度）。

通货膨胀率：2.5%。

【资源】铁矿蕴藏量约10亿吨，但品位低、开采成本高，煤储量几近枯竭，所有铁矿、煤矿均已关闭，所需矿石完全依赖进口。有色金属储量很少，几乎全部依赖进口。能源主要依靠核能，约78%的电力靠核能提供。此外，水力和地热资源的开发利用也比较充分。森林面积约1556.5万公顷，覆盖率28.6%。

【工业】2010年法工业产值为1717亿欧元，占国内生产总值的20.3%。主要工业部门有汽车制造、造船、机械、纺织、化学、电子、日常消费品、食品加工和建筑业等，钢铁、汽车和建筑业为三大工业支柱。核能、石油化工、海洋开发、航空和宇航等新兴工业部门近年来发展较快。核电设备能力、石油和石油加工技术仅次于美国，居世界第二位；航空和宇航工业仅次于美国和俄罗斯，居世界第三位。钢铁、纺织业居世界第六位。

2009年主要工业产品产量如下：粗钢149万吨，小汽车536.2万辆，总发电量5420亿度，其中核电4100亿度。

【农牧业】法国是欧盟最大的农业生产国，也是世界主要农产品和农业食品出口国。2010年农业产值666.5亿欧元，约占国内生产总值的3.4%。农业人口约102万。本土农业用地2928万公顷，约占本土面积的53.3%。农业用地的96%为家庭所有。

农业的传统地区结构为：中北部地区是谷物、油料、蔬菜、甜菜的主产区，西部和山区为饲料作物主产区，地中海沿岸和西南部地区为多年生作物（葡萄、水果）的主产区。法国已基本实现农业机械化，农业生产率很高。农业食品加工业是法国对外贸易的支柱产业之一。

2010年主要农产品产量如下：粮食6568万吨，居欧盟第一位，其中，小麦3820万吨，玉米1398万吨，油料作物665万吨。酿造葡萄酒45.7亿升。蔬菜526万吨，水果281.8万吨，甜菜3476.7万吨。（资料来源，法国农业部，INSEE）

2009年畜牧业存栏数：牛1980万头（其中奶牛379.4万头），猪1470万头，羊940万只。

【服务业】服务业在法国民经济和社会生活中占有举足轻重的地位，自20世纪70年代以来发展较快，连锁式经营相当发达，已扩展至零售、运输、房地产、旅馆、娱乐业等多种行业。服务业用工现约1600万人，占总就业人口的71.5%。2009年服务业产值为16272.7亿美元，占国内生产总值的77.6%。法国大型零售超市众多，拥有家乐福（Carrefour）、欧尚（Auchan）等世界著名品牌。

【旅游业】法国是旅游大国。2010年接待外国游客7680万人次，居世界首位，旅游外汇收入463亿欧元，继美国、西班牙之后，居世界第三位。旅游与相关行业从业人员达84.4万人，旅行机构5324家。全国有20533家旅馆和14879家各类小旅店、野外宿营地、青年之家等。有餐馆和咖啡馆187066家。（资料来源，法国旅游局，INSEE）

【交通运输】交通运输发达，水、陆、空运输均极为便利。

铁路：在法国本土，国家铁路网通往除科西嘉岛以外的各个地方，铁路总长31939公里，其中电气化铁路14176公里，高速铁路2000公里，双线或多线铁路12132公里。高速火车技术居世界领先地位，目前保持每小时574.8公里的火车速度世界纪录（2007年4月）。2010年铁路客运量为993亿人公里，货物发送量为301亿吨公里。运输量居欧洲第二位。

公路：法国公路网是世界最密集、欧盟国家中最长的，总长度超过90万公里，其中高速公路12000公里。2009年共有车辆3732.6万辆，其中家用车3095万辆，其他车辆637.6万辆。2010年公路客运量为8892亿人公里，其中使用私家车的客运量为6750亿人公里，公共汽车为499亿人公里。公路货运量为3051亿吨公里。

水运：内河航道总长8500公里，其中可通行1500吨级以上船舶的航道约1900公里。巴黎是主要内河港口。2010年货运量为81亿吨公里。主要海港有马赛港、勒阿弗尔港和敦刻尔克港。2010年法国本土海港总吞吐量3.4亿吨。

空运：2010年航空旅客周转量近1.25亿人次，起降飞机约270万架次。建有494个机场，其中153个为民用，通达134个国家和地区的529个城市。主要航空公司为法航，主要机场有巴黎戴高乐机场和奥利机场、尼斯机场等。（资料来源，法国交通部，INSEE）

【财政金融】政府财政收入主要来源于税收，税率高于美、日等国。主要税种有增值税、所得税、公司税、社会福利税等。2010年，法国公共财政赤字为1488亿欧元，占国内生产总值的7.65%；公共债务达15960亿欧元，占国内生产总值的83%。2011年公共债务17173万亿欧元，占国内生产总值的85.8%。（资料来源：INSEE）

截至2012年1月，法国外汇储备总额为1866.24亿欧元。

法国有金融机构1500多家，农业信贷银行、法国巴黎银行、兴业银行、里昂信贷等八大银行资产占全国银行总资产的一半以上。

2012年1月13日，国际评级机构标准普尔公司宣布将法国的主权信用评级由AAA级降至AA+级。

【对外贸易】与世界100多个国家和地区有贸易往来，是世界第五大出口国和第六大进口国。2010年进出口总额10273亿欧元，贸易逆差676.36亿欧元。2011年法国贸易逆差为706亿欧元。近年来，法政府把促进出口作为带动经济增长的重要手段，在保持和扩大原有国际市场的同时，积极开发拉美、亚太等地区市场。

法进口商品主要有能源和工业原料等，出口商品主要有机械、汽车、化工产品、钢铁、农产品、食品、服装、化妆品和军火等。法对外贸易的70%在欧洲国家内部进行。美国是法在欧盟之外的最大贸易伙伴。

【对外投资】2010年法对外直接投资总额为635亿欧元，比2009年下降14%。法国对外投资主要集中在欧盟成员国，对美国和石油输出国组织成员国、非洲、拉美的投资也较高，行业以工业、能源、服务部门为主。大多数投资采用企业兼并或购买公司股份的形式。

【对外援助】2010年官方发展援助总额约为97.51亿欧元，占国内生产总值的0.5%，是世界第三大援助国。援助主要方式为贷款、减债等。主要援助对象包括非洲国家（占所有援助的54%）以及越南、黎巴嫩、巴西等国。（资料来源：法国外交部）

【外国投资】20世纪80年代，外国对法投资主要集中于购买不动产。近年来外国对法服务业和工业部门的投资加快，主要领域有软件业、信息服务业、汽车及配件制造业等。2010年，外国在法直接投资额为574亿欧元，创造了3万多个就业岗位。法成为继中国和美国之后的世界第三大引资国。美、德、英、瑞典、日本等国是法主要外资来源国。目前，平均每100个法国人中就有14个在外资企业工作。（资料来源：法国国际投资署）

【著名公司】（1）雷诺集团（RENAULT）：1898年成立，是法国第一大、欧洲第二大汽车制造集团。1999年与日产汽车公司合并后资产总额162亿欧元（2009年）。在全世界118个国家开展业务，拥有员工约13万人。主要产品包括轿车、货车、大型商业用车等。2009年实现营业额337亿欧元。总裁卡洛斯·高森（Carlos GHOSN）。通信地址：34，QUAI LE GALLO，92512 BOULOGNE CEDEX，FRANCE。

（2）法国电力集团（EDF）：1946年成立，资产总额768亿欧元（2009年），是国际大型能源企业之一，欧洲最大的电力企业。法国国有企业，政府持有84.9%股份。经营范围为发电、输电、配电、天然气等。员工16.91万人，2009年实现营业额663.3亿欧元。总裁亨利·普罗格里奥（Henri PROGLIO）。通信地址：30，RUE JACQUES IBERT，75858 PARIS CEDEX 17。

（3）家乐福集团（CARREFOUR）：1959年成立，资产总额252亿欧元（2009年），是欧洲第一、仅次于美国沃尔玛的世界第二大零售集团，在世界各地共有8006家店面，另有15430家加盟店（截至2008年年底），雇用员工49万人（2007年）。2009年营业额为962亿欧元。总裁拉尔斯—奥洛夫森（Lars OLOFSSON）。通信地址：26，QUAI MICHELET，LEVALLOIS-PERRET，FRANCE。

（4）标致—雪铁龙集团（PSA PEUGEOT CITROEN）：1965年成立，是法国第二大汽车制造商和全球第一大柴油发动机生产商，在世界150多个国家共有员工20.17万人。2009年营业额为484亿欧元。总裁飞利浦·瓦兰（Philippe VARIN）。通信地址：75，AVENUE GRANDE ARMÉE 75116，PARIS，FRANCE。

（5）道达尔集团（TOTAL）：1998年成立，资产总额1047亿欧元（2009年），是世界第五大石油、天然气集团。在全世界130多个国家开展业务，主要业务范围包括石油、天然气、化工、加油站等。共有员工9.69万人。2009年营业额为1313.2亿欧元，净利润78亿欧元。总裁马哲睿（Christophe de MARGERIE）。通信地址：2，PLACE DE LA COUPOLE，92400 COURBEVOIE-LA DEFENSE，FRANCE。

人民生活

法国是高福利国家。社会保险制度始建于1945年，现已发展得较为完善。2009年各类社会保障总支出为6245亿欧元，资金主要来源于雇员和雇主交纳的社会分摊金以及对工资外收入征收的普通社会税金，保障范围涵盖退休金、养老金、医疗保险费、家庭津贴、待业金（失业补助和职业培训费）、残疾人补助等。由于人口老龄化等问题，政府财政逐渐不堪重负，2009年社保赤字达150亿欧元。政府先后于2004年和2010年相继推出《医疗保险改革法案》和《退休制度改革法案》，旨在通过延长退休年龄和社会分摊金缴纳时间等措施减轻国家财政负担。法长期实行最低标准工资，2012年1月起为每月1398.37欧元。

2010年全法共有2751家医疗机构，住院床位48万张，医生总数近21万。法国家庭56%拥有自己的产权房，80.7%有汽车，95.8%有手机，60.1%有个人电脑，58.1%接入了互联网，家用电器已很普及。（资料来源：法国卫生部、INSEE）

军　事

法目前的国防体制是在1959年《国防组织法》基础上建立起来的。1958年宪法规定，总统是武装力量的最高统帅，只有总统本人有使用核打击力量的决定权，在其领导下的国防决策机构包括内阁会议、国防委员会、小范围国防委员会和高级国防委员会，其中内阁会议是最高决策机构，负责制定国防政策、任免将级军官，有权宣布总动员、发布戒严令和紧急状态令等。法奉行独立自主的防务政策，逐步推进军队职业化改革，以职业兵役制替代义务兵役制；由核潜艇和战略轰炸机构成海空二位一体的核打击力量；国防工业实施以合并、推动高科技及真正走上市场为内容的改组。

武装力量由陆、海、空三军和宪兵组成。在编总兵力34万人，位居世界第14位。

陆军编有1个地面作战司令部、1个后勤司令部、9个作战旅、4个专业旅和2个后勤旅。主要装备有：各型坦克900辆、轻型装甲车1100辆、各型火炮875门、各型直升机420架。

海军编有战略海军司令部和水面、反潜、扫雷、潜艇等各专业作战司令部以及海军航空兵司令部和海军陆战队司令部。主要装备有：核动力航母1艘、战略弹道导弹核潜艇4艘、各种战舰和支援舰115艘、战斗机147架、编队16个。

空军编制19个歼击机大队、2个侦察机大队、17个运输机和教练机大队、4个直升机大队、1个空中补给大队、1个空降警戒大队、1个电子战大队、1个混成大队。主要装备有：歼击机330架、飞机150架、直升机80架以及预警机、侦察机、空中加油机、运输机和教练机若干。本土有37个空军基地，海外省及海外领地有9个空军基地。

三军总参谋长爱德华·吉幼（Edouard GUILLAUD，2010年2月25日任命）上将，陆军参谋长艾尔利克·伊拉斯托扎（Elrick IRASTORZA，2008年7月2日任命）上将，海军参谋长皮埃尔—弗朗索瓦·弗里西耶（Pierre-François FORISSIER，2008年2月4日任命）上将，空军参谋长让—保罗·帕勒梅罗（Jean-Paul PALOMEROS，2009年8月25日任命）上将。

法拥有独立的战略核力量，由战略航空力量、战略海洋力量和太空力量构成，配备有4艘战略核导弹潜艇、45架幻影2000 N型核攻击机和36架超军旗型舰载战斗机，共有145件运载工具和348枚核弹头。

国外驻军：法在海外驻军约3.8万人，其中1/4接受联合国、北约等国际组织的指挥。法在非洲、印度洋和太平洋等地区拥有军事基地及可使用机场、港口10余处。驻外部队的主要任务是：维护法海外省和海外领地的主权独立、领土完整及安全利益；执行与法签有双边军事合作协定国家的驻军任务；参加联合国维和部队。

2009年法开始实施《2009—2014年军事纲领法》，对内加速军队改革进程，进一步削减部队编制员额，调整部队布局，加强装备建设；对外积极参与维和、反恐和护航等行动。2009年3月，法决定重返北约军事一体化机构，并逐渐增加向北约各军事机构派驻人员的数量。

2012年国防预算为393.7亿欧元，约占国民生产总值的1.9%。

文化教育

【教育】法国教育在20世纪50、60年代进行了两次重大改革，逐渐形成现今极具特点、复杂多样的教育体制。6 ~ 16岁为义务教育。公立小学和中学免收学费，免费提供小学和初中教材。高等学院除私立学校外，一般也只缴纳少量注册费。初等教育学制5年，入学率100%。中等教育包括普通教育和职业技术教育两类。普通中等教育分为初中和高中两个阶段，学制7年各为4年和3年。中等职业技术教育近年来发展较快，主要包括技术高中、职业高中、艺徒培训中心、就业前教育适应班4种类型和层次。高等教育分为综合性大学、高等专业学院、高等技术学校和承担教学任务的科研教育机构4类。2010 ~ 2011学年，法拥有53798所小学、11375所中学、83所大学以及226所名校，各类在校生人数1499.8万人，其中小学生666.4万、中学生535.3万、大学生231.9万。2011年全国教职人员共110.8万，其中教师92.8万。2010年教育支出为1348亿欧元，占GDP的7%。（资料来源：法国教育部、INSEE）

法著名高校有：巴黎大学（1261年成立）、国家行政学院（1945年成立）、巴黎高等商业学院（1881年成立）、巴黎综合理工大学（1794年成立）等。

【新闻出版】全国共有各种报纸杂志4000余种，其中日报100多种。发行量超过10万份的报纸主要有《费加罗报》、《世界报》、《西部法兰西报》、《法兰西晚报》、《回声报》、《解放报》等。发行量超过100万份的杂志主要有《快报》、《观点》、《新观察家》、《巴黎竞赛画报》、《费加罗杂志》等。法约有6000家出版社，其中51家的图书出版量占全国的83%。

通讯社：法新社（AFP），世界主要通讯社之一。1835年创立，原名哈瓦斯通讯社，1944年9月改组并改用现名。1956年政府确定法新社的独立地位，但其财政管理仍由国家控制。在国外有110家分社，辐射165个国家，向全球约7000家报纸、2500家电台和400家电视台供稿。法新社拥有来自81个国家和地区的2000多名雇员，其中约900人在国外工作。

广播电台：法国国家广播公司成立于1975年，下设6个广播电台：国内综合台、新闻台、文化台、音乐台、蓝色台、7号台。此外，还有国家广播公司和地方共同投资的17家独立地方台。为加强对外宣传，国家广播公司专设独立的法国国际电台RFI，以17种语言全天对外广播，几乎覆盖全世界，约有4400万听众。1982年政府通过法令，取消国家对电台的垄断，允许私人和团体设立电台。目前，全国私营电台近1300家，主要有卢森堡电台、欧洲一台等。

电视台：现有5家全国性国营电视台：法国2台、法国3台、法国4台、法国5台、法国Ô台（海外节目台）。3家全国性私营台：法国1台、法国6台、CANAL+（收费台）。几十家中央或地方的有线电视台，主要通过ADSL和TNT（数字地面电视）方式播出，另可接收大部分国际卫星电视频道。TV5和法国国际台CFI是覆盖世界大部分地区的法国电视台。

对外关系

法国是联合国安理会常任理事国、欧盟创始国及北约成员国，同191个国家建立了外交关系，在162个国家设有大使馆，还设有26个常驻代表团和83个领事机构。此外，法在130个国家设有209个文化机构，在136个国家设有1000多个法语教学机构，在130个国家建有480所学校。法国外交网络继美国之后居世界第二位。

法国基本外交政策是：倡导多边主义，反对单边主义；致力于欧盟一体化建设，尤其是政治和防务建设，继续发挥法在其中的核心作用；重视大国关系，注意加强同新兴国家的政治、经济、文化联系；努力保持并发展与非洲国家的传统关系，推动发达国家增加对非援助；广泛参与国际事务和热点问题的解决；帮助法国企业开拓海外市场；保持和提高法文化的国际影响力。

【对当前重大国际问题的态度】关于总体国际形势：认为当今世界发生了划时代的变革，正进入重要过渡期，国际体系和秩序失衡现象加剧，不确定因素明显增多，国际力量对比发生重大阶段性变化。极端势力发动恐怖战争、新兴国家崛起、气候变化及流行性疾病等全球性问题成为新世纪人类面临的三大挑战。西方有效应对全球危机的能力下降，新兴国家在对世界经济增长作出贡献的同时，迫切要求扩大对国际事务的参与和话语权，国际关系严重失衡。认为和平不等于稳定，世界和平是多边主义的产物，主张进一步加强联合国在国际事务中的地位和作用。倡导建立相互尊重、公平正义、共享发展的21世纪新秩序。

联合国改革：主张增加安理会代表性，确保世界各大区域在安理会均有2～3个常任理事国席位，支持非洲、阿拉伯国家入常。支持并积极参与政府间谈判，与英国共同提出中间方案：增加任期较长、可连选连任的非常任理事国，在过渡期结束后转为常任国。

欧洲建设：认为法国对欧洲负有首要的特殊责任，将推进欧盟一体化建设作为法外交重中之重，力图将欧洲建成世界独立一极。积极支持欧盟机构改革。主张进一步加强欧盟共同外交与安全政策，倡导建立独立于北约的欧盟共同防务。成功推动《里斯本条约》的签署，主张在经济、能源、科研等领域制定欧盟共同政策，对不符合欧盟环保标准的外国进口商品征收"碳关税"。在维护"法德轴心"的同时，加强同其他欧盟主要国家的合作。欧盟的"深化"任务应优于"扩大"，扩大不能以牺牲欧盟政治特性为代价。反对土耳其入盟。欧洲主权债务危机发生后，法积极支持欧盟建立救助机制，呼吁成立欧洲"经济政府"。

西亚北非局势：认为2010年底以来西亚北非地区局势动荡是柏林墙倒塌后，对世界格局影响最为深远的事件。应与地区各势力保持接触，通过针对性援助加以引导。支持突尼斯、埃及过渡政府并提供援助。率先承认利比亚反对派成立的"国家过渡委员会"，积极参与北约针对利比亚卡扎菲政权的军事行动。

中东问题：高度关注中东局势，尊重中东地区文化、宗教特性。支持巴勒斯坦建国，呼吁尽快重启中东和平进程，实现巴以和平共处。视以色列为朋友，但要求以停止在东耶路撒冷和约旦河西岸地区修建犹太人定居点，主张协商建立加沙停火长效监督机制。重视黎巴嫩内部稳定，支持黎独立和统一。

阿富汗问题：认为塔利班卷土重来将导致恐怖势力重新壮大，向中东、北非蔓延，威胁法本土利益。北约在阿军事行动只能成功，不能失败。法国先后派4000人参与北约在阿驻军，多次召开阿问题国际会议，并向阿提供援助。强调法出兵阿系帮助当地重建治安，改善民生。支持奥巴马总统的阿富汗新战略，但宣布不向阿增兵，只增派军事教员培训阿军警。2012年5月25日，奥朗德总统突访阿富汗，重申法国将在2012年年底前从阿富汗撤出所有战斗部队，只保留少部分负责培训阿富汗安全部队的士兵。这比北约制定的撤军计划提前了两年。

【同中国的关系】中法于1964年1月27日建立大使级外交关系。1997年两国建立全面伙伴关系，2004年提升为全面战略伙伴关系。2008年中法关系因涉藏问题出现重大波折。2009年4月1日，两国外交部发表联合新闻公报，双边关系实现转圜。当前，中法关系发展势头良好。2010年，双方元首和立法机构领导人实现年内互访。4月28～30日，萨科齐总统来华进行第二次国事访问并出席上海世博会开幕式。6月20～21日，国民议会议长阿夸耶来华出席上海世博会法国馆日活动。7月7～14日，吴邦国委员长访法。11月4～6日，胡锦涛主席对法国进行国事访问。两国元首发表联合声明，宣布建设互信互利、成熟稳定、面向全球的中法新型全面战略伙伴关系。2011年，两国元首三度会晤。3月萨科齐总统来华出席国际货币体系研讨会开幕式，8月赴法属新喀里多尼亚途中经停北京，胡锦涛主席均予以会见。11月，胡锦涛主席在出席G20戛纳峰会期间会见萨科齐总统。2012年6月，胡锦涛主席在出席G20洛斯卡沃斯峰会期间会见了法国新任总统奥朗德。

据中国商务部统计，法国是中国在欧盟内第五大贸易伙伴、第二大商品进口国、第四大投资来源国和第二大技术引进国，中国是法国第十大外资来源国，也是亚洲第一大对法投资国。中国从法进口的前10类商品有飞机及航空产品、电器设备、有机化工品、专用机器、机械设备、药品、普通机器、汽车零部件、饮料及有色金属等；向法出口的主要商品有办公用信息设备、服装、体育和娱乐用品、音像传输及录放设备、皮革及旅游用品、电器设备、冶金产品、家用电器、家具和塑料产品等。受国际金融危机影响，2011年双边贸易额为520.8亿美元，中国出口额为299.97亿美元，进口额为220.83亿美元，同比分别增长16.4%、8.5%和29.1%。

法在华投资金额列欧盟第四位，世界第13位，主要集中在能源、汽车、航空、通信、化工、水务、医药等领域，大部分为生产性企业。截至2012年3月底，法国在华投资项目累计4337个，实际投资金额117.2亿美元。2011年，法方在华投资新设企业188家，实际投资7.7亿美元，同比下降37.9%。2011年，中国对法国非金融类直接投资金额1.6亿美元；截至2012年3月底，中国自法国引进技术4763项，合同金额211.8亿美元。2011年，中国自法国引进技术383项，合同金额22.9亿美元。

中国驻法国大使：孔泉，2008年4月22日递交国书。馆址：11，Avenue George V，75008 Paris。电话：(331) 49521950，文传：47202422。领事部地址：20，Rue Washington，75008 Paris。电话：(331) 53758805；传真：53758806。经商处地址：52，Rue de Lisbonne，75008 Paris。电话：(331) 53577000。文传：47234831。

法国驻华大使：白林（Sylvie BERMANN），2011年3月29日递交国书。馆址：北京市朝阳区三里屯东三街3号。电话：010-85328080；传真：65324841。商务处地址：工体北路甲2号盈科中心1015。电话：010-65391300；传真：65391301。

【同欧洲国家的关系】2011年5月26日，萨科齐总统与俄罗斯总统梅德韦杰夫在G8多维尔峰会期间举行会谈。6月17日，萨科齐总统访问德国。6月20～21日，俄罗斯总理普京访问法国。6月23～24日，萨科齐总统出席在布鲁塞尔举行的欧盟夏季峰会。6月30日至7月1日，朱佩外长访问俄罗斯。7月20日，萨科齐总统访问德国，次日，赴布鲁塞尔出席欧元区特别首脑会议。7月20～21日，朱佩外长访问西班牙，25日访问英国。8月16日，法国总统萨科齐与德国总理默克尔在巴黎举行会晤。11月17～18日，菲永总理赴俄罗斯出席法俄第16次政府联系会议。11月24日，萨科齐总统与德国总理默克尔、意大利总理蒙蒂在斯特拉斯堡就欧债问题举行会谈。2012年5月15日，奥朗德总统于就职当日下午访问德国。6月28～29日，奥朗德总统出席欧盟夏季峰会。

【同中东、北非国家的关系】2011年6月1～3日，朱佩外长访问以色列和巴勒斯坦。6月15～16日，朱佩外长访问阿尔及利亚。6月28日，萨科齐总统会见利比亚“全国过渡委员会”主席贾布里勒。7月27日，约旦国王阿卜杜拉访问法国。7月27日，阿盟秘书长阿拉比首次访法。8月24日，萨科齐总统在法国总统府会见利比亚“全国过渡委员会”主席贾布里勒。9月15日，萨科齐总统与英国首相卡梅伦一同闪电式访问利比亚。9月29日，萨科齐总统访问摩洛哥。10月14日，萨科齐总统在法国总统府与巴勒斯坦民族权力机构主席阿巴斯举行会谈。11月23日，朱佩外长在巴黎会见叙利亚“全国委员会”主席加利温。12月14～15日，朱佩外长访问利比亚。

【同亚太国家的关系】2011年6月30日至7月6日，菲永总理分别访问印尼、柬埔寨、南非。7月12日，萨科齐总统突访阿富汗。8月25日，萨科齐总统过境北京。8月26日，法国财长巴鲁安访华。9月12～14日，朱佩外长访华。9月9日，朱佩外长访问新西兰。10月6～7日，萨科齐总统访问亚美尼亚、阿塞拜疆、格鲁吉亚。11月17～18日，朱佩外长访问土耳其。12月22日，法国国民议会通过了对“否认1915年至1917年奥斯曼帝国屠杀150万亚美尼亚人事件”有关惩罚措施的议案，土耳其政府当即表示强烈谴责和抗议，并召回其驻法大使。2012年5月25日，奥朗德总统访问阿富汗。2012年6月18日，胡锦涛主席在出席G20洛斯卡沃斯峰会期间会见奥朗德总统。

【同非洲国家的关系】2011年7月9日，法国宣布正式承认南苏丹独立。7月9～11日，朱佩外长分别访问南苏丹、埃塞俄比亚、毛里塔尼亚。7月14～15日，菲永总理访问科特迪瓦，16～17日，菲永总理访问加蓬。8月4日，法国承诺为非洲之角地区提供3000万欧元的人道主义援助。9月10日，卢旺达总统卡加梅访问法国。

【同美洲国家的关系】2011年5月26日，萨科齐总统与美国总统奥巴马在G8多维尔峰会期间举行会谈。6月6～7日，朱佩外长访问美国。9月21日，萨科齐总统在出席第66届联大期间分别会见了美国总统奥巴马与巴西总统罗塞芙。11月3日，萨科齐总统与美国总统奥巴马在G20戛纳峰会前举行会谈。2012年5月18日，奥朗德总统在美国戴维营出席八国峰会期间会见美国总统奥巴马。

（朱元瑞）

法罗群岛

名称　法罗群岛（The Faroe Islands，Foeroyar）。

面积　1396平方公里。

人口　4.8万（2011年）。居民绝大部分为斯堪的纳维亚人后裔。语言主要为法罗语，通用丹麦语。多数人信奉基督教路德宗。

首府　托尔斯港（Thorshavn），人口1.2万（2011年）。

总督　丹·克努特森（Dan M. Knudsen），2008年1月1日上任。

简况　位于挪威、苏格兰和冰岛之间的北大西洋海域。由18个小岛（其中17个有人定居）组成。海岸线总长1117公里。平均海拔高度逾300米。属温带海洋性气候，1月平均气温3.4℃，7月10.3℃。年均降水量1500毫米。

约公元650年爱尔兰的基督教信徒移居此地。约1035年成为挪威属地。1380年丹麦与挪威结成联合王国，法罗群岛从此受丹麦管辖。二战期间曾受英国控制。1948年起成为丹麦的自治领。岛上设有北约雷达设施和丹麦海军基地。有自己的旗帜、邮票、特别护照和货币。丹麦克朗也可流通。1974年与欧共体签署自由贸易协定。1977年宣布渔区由20海里扩至200海里。1984年宣布为无核区。1985年宣布群岛对地下资源拥有主权。1992年，丹麦政府同意将地下矿产主权移交自治政府。1998年，丹麦政府与自治政府签署新的经济关系协议，同意自治政府自行处理经济和金融事务。2000年，法罗群岛自治政府与丹麦政府就独立问题进行了四轮谈判，后因财政补贴年限和减免债务等分歧谈判破裂。2003年11月，法罗群岛与欧盟签署协议，开始享有与其他欧盟国家同等的内部免关税贸易权利。2005年，法罗群岛自治政府与丹麦政府签署了关于提高法罗群岛自治度的联合声明，赋予法罗群岛更多自治权。

政　治

设有自治议会和自治政府，在丹麦议会中有2个席位。丹麦中央政府掌管法罗群岛的防务、外交、司法、货币等事务，并派驻高级专员（相当于总督）负责联络、协调和民法领域工作。岛内教育、卫生和社会事务由中央政府和自治政府共同负责，其他事务由自治政府负责。

【议会】自治议会（Loegting）每4年选举一次，共有33个议席，分7个选区按比例代表制普选产生。议会下属财政、外事、贸工、自治事务、文化、司法和发展事务等7个委员会。本届议会于2011年10月大选产生。联合党和人民党各8席，共和党和社会民主党各6席，中间党和进步党各2席，独立党1席。议长：约格万·拉科朱尼（Jógvan á Lakjuni，联合党）。

【政府】本届自治政府于2011年11月由联合党、人民党、中间党和独立党组成，共有8名成员：总理兼外交部长凯伊·雷欧·约翰内森（Kaj Leo Johannesen，联合党），副总理兼社会事务部长安妮卡·乌尔森（Annika Olsen，女，人民党），财政部长约根·尼克拉森（Jørgen Niclasen，人民党），卫生部长卡斯滕·汉森（Karsten Hansen，中间党），教育、科研、文化事务部长比扬·卡尔旭（Bjørn Kalsø，联合党），内政部长卡里·赫耶高（Kári P. Højgaard，独立党），渔业部长雅库普·米克尔森（Jákup Mikkelsen，人民党），贸易与工业部长约安·达尔（Johan Dahl，联合党）。

【主要政党】（1）社会民主党（Social Democratic Party）：1925年建党，1928年进入自治议会。主张法罗群岛继续保留在丹麦王国联合体中，支持更高程度的自治，支持北欧合作，强调保障人民福利水平。主席约安内斯·艾德斯高（Jóannes Eidesgaard）。

（2）人民党（People's Party）：1940年建党，同年进入议会。主张法罗群岛以渐进式自治的方式脱离丹麦王国联合体，在政治和经济上取得独立地位，自治议会拥有完全立法权，支持法罗群岛以独立身份加入北约。主席安芬·凯尔斯伯（Anfinn Kallsberg）。

（3）联合党（Coalition Party）：1906年建党以来，一直在议会拥有席位。主张法罗群岛继续保留在丹麦王国联合体中，但强调与丹麦及格陵兰三方在联合体中的平等地位，致力于法罗群岛人民在经济、文化等领域稳定、自由的发展。主席凯伊·雷欧·约翰内森（Kaj Leo Johannesen）。

（4）共和党（Republican Party）：1948年建党，1950年进入议会。支持法罗群岛完全独立，主张实行共和制。主席海尔格尼·霍达尔（Hoegni Hoydal）。

（5）独立党（Independence Party）：1906年建党，除1943～1946年外一直在议会拥有席位。主张完全独立，反对法罗群岛加入欧盟。强调当地语言与丹麦语地位同等。主席伊得恩·伊尔特舆（Eydun Elttoer）。

（6）中间党（Center Party）：1992年建党，1994年进入议会。主张继续保留在丹麦王国联合体中，但反对法罗群岛加入欧盟，致力于基督教理念在社会的推广。主席杰尼斯·拉那（Jenis Av Rana）。

经　济

20世纪90年代初经济出现困难，1995年起增长较快，1997～2001年经济平均增长率达到5.2%。2002～2004年经济增长放缓，近年有所好转。渔业资源丰富。除鱼产品和部分羊肉能自给外，工业品主要靠进口。捕鱼和鱼产品加工业在经济中占主导地位，产值约占国内生产总值的1/4，鱼产品占出口总额96%以上。旅游业发展较快，手工业、建筑业、贸易、服务和运输业也在法罗群岛经济中占有一定地位。2011年各项经济数据如下（资料来源：《2012年法罗群岛统计年鉴》，下同）：

国内生产总值：129亿克朗。

人均国内生产总值：26.7万克朗。

货币名称：法罗克朗（同丹麦克朗等值）。

汇率：1美元＝5.36克朗。

通胀率：2.2%。

失业率：6.8%。

【渔业】在经济中占重要地位。主要捕捞鳕鱼、黑线鳕、鲱鱼、鲭鱼、军曹鱼及虾。2011年捕鱼量35.5万吨。拥有20吨以上渔船150艘，总吨位约10.4万吨。

【农业】由于夏季气温低，仅能种植马铃薯和一些蔬菜。草场茂盛，畜牧业较发达。主要饲养羊、牛和马。农业人口不到人口总数1%。

【交通运输】水运：有港口20余个，多为渔港。岛与岛之间有固定渡轮，岛外有航线直通冰岛、英国和欧洲大陆，到美洲的货运主要通过丹麦、冰岛和荷兰。

空运：位于维格夷岛的维格尔机场是法罗群岛的唯一机场。全年有固定航班直飞丹麦和冰岛，夏季有航班飞往苏格兰和挪威。平均年客运量逾16万人次。

【财政金融】近几年财政收支情况如下（单位：亿克朗）：

	2008	2009	2010
收入	69.7	66.8	68.4
支出	73.4	72.5	72.9
差额	–3.7	–5.7	–4.5

2011年，丹麦中央政府对自治政府的拨款为6.24亿克朗。

【对外贸易】外贸在国民经济中占主导地位。主要出口鱼产品、钓具、毛线及皮草，进口食品、牲畜、机械、交通工具、化工产品、原料、燃料等。2011年对外贸易总额为107亿克朗。

2011年法罗群岛与其主要贸易伙伴进出口情况如

下（占总贸易额比例）：

出口		进口	
英国	13.5%	挪威	27.1%
德国	8.4%	丹麦	26.3%
丹麦	7.5%	冰岛	8.1%
冰岛	6.4%	德国	5.6%
法国	5.9%	中国	3.9%

人民生活　2011年有医院3所，病床240张，医生92名，牙医40名。各种汽车2.7万辆，其中私人小轿车2万辆。

文化教育　实行9年制义务教育。丹麦语为必修课程。2010年有中小学61所，学生7098人；师范、技术、商业、航海、医护等专业学校13所，学生999人。法罗大学是唯一的综合性高等院校。有4家报社，1家广播电视公司。2010年出版法罗文图书124册，其中85为译本。（张弛）

梵　蒂　冈

国名　梵蒂冈城国（The Vatican City State，Stato della Città del Vaticano）。

面积　0.44平方公里。

人口　常住人口994人（2011年7月数据），意大利人为主。官方语言为意大利语和拉丁语。信奉天主教。

首都　梵蒂冈城（Città del Vaticano）。

国家元首　教皇本笃十六世（Benedetto XVI），原名约瑟夫·阿洛伊斯·拉青格（Joseph Alois Ratzinger），德国人，2005年4月19日当选。

简　况　位于意大利罗马城西北角的高地上，是世界上最小的国家。属亚热带地中海型气候，平均气温1月为7℃，7月为24℃，年平均气温为16℃。

梵蒂冈在拉丁语中意为“先知之地”。2世纪时，罗马城主教因驻帝国首都，政治、经济势力最大，便试图凌驾于其他主教之上，后其影响日盛，渐独占“教皇”之称。公元756年，教皇斯提芬二世获得法兰克国王丕平所赠罗马城及周围区域，拥有世俗权，其后教皇权势日益扩张，在意大利中部出现了以教皇为君主的教皇国。1870年意大利统一后，教皇在意大利的世俗权力被剥夺，教皇依仗大批信徒的支持，退居罗马城西北角的梵蒂冈宫中，自称“梵蒂冈囚徒”，与意大利对抗。为取得教会的支持，1929年2月11日墨索里尼同教皇庇护十一世签订《拉特兰条约》，教皇正式承认教皇国的灭亡，另建梵蒂冈城国。意大利承认梵蒂冈为主权国家，其主权属教皇。梵蒂冈为中立国，其国土神圣不可侵犯。

政　治　梵蒂冈城国是政教合一的国家。教皇是梵蒂冈的首脑，有最高立法、行政、司法权。教皇自称“基督在世代表”，是世界天主教徒的精神领袖。教皇由80岁以下枢机主教组成的教皇选举团选出，终身任职。新任教皇必须得到2/3以上的选票才能当选。教皇通过教皇委员会行使立法、行政权，通过宗教法庭行使司法权。在教皇下还设有枢机主教团，作为教皇的咨询机构。2012年1月6日，教皇本笃十六世擢升了22名新任枢机主教，其中18人为枢机主教团成员，另外4人获荣誉枢机主教身份。现梵枢机主教团、教皇选举团的人数分别为206人和117人。

作为枢机主教团的补充，教皇保罗六世于1965年设立世界主教会议，不定期召开会议，就关系天主教会发展的重大课题进行讨论。梵蒂冈有自己的卫队（由瑞士人组成）、邮政电讯机构、公共事业机构和银行等。它发行的货币和邮票可在意大利流通使用。

自1978年教皇约翰·保罗二世就职以来，梵蒂冈一直以保护人的尊严和权利，维护和平，促进民主，推动不同种族、宗教和文化之间和平相处与对话作为其政策的指南。为此，教皇约翰·保罗二世先后为著名科学家伽利略等一批被教会迫害的人士平反。2000年3月，他又对天主教会在历史上所犯的7大罪过（1.背离福音，强迫教徒忏悔罪恶；2. 进行十字军东征等宗教战争和设立宗教裁判所审判异端；3. 分裂基督教；4. 敌视犹太教，对二战时纳粹分子残害犹太人表示沉默；5. 强行传教；6. 歧视妇女；7. 对诸多社会问题漠不关心）表示忏悔并请上帝宽恕。2001年5月21 ~ 24日，教皇约翰·保罗二世主持召开枢机主教特别会议，重点探讨了天主教未来发展模式和前景，进一步确定了促进基督教各宗派之间、不同宗教之间对话与共融，大力推进天主教“福音”传播的政策指南。现任教皇本笃十六世就职后，基本沿袭前任教皇的政策，重点关注贫困、和平、合作、裁军、战争、能源、环境、全球化、数字鸿沟等问题。

【**政府**】1988年6月教皇约翰·保罗二世宣布“教廷改革”，对内部一些机构进行了调整。现中央机构有国务秘书处、圣部、理事会等。

国务秘书处是教皇直接领导的工作机构，协助教皇行使其职权，主管内政和外交事务，由枢机主教衔的国务卿主持。国务卿由教皇任命，地位仅次于教皇。现任国务卿为塔尔奇西奥·贝尔托内（Tarcisio Bertone，意大利人），现任国家关系秘书（即外交部长）为多米尼克·曼贝蒂（Dominique Mamberti，法国人）。

圣部负责处理天主教的各种日常事务，各部由部长（prefect）负责，下设秘书长（Secretary）和副秘书长（Under-secretary）。现有信理部、东方教会部等9个圣部。

宗座理事会根据教皇的要求设立，负责处理一些专门事务，各理事会由主席（President）负责，下设秘书长、副秘书长。

梵蒂冈官方网站：http：//www.vatican.va。

中文版网址：http：//www.vatican.va/chinese/index.html。

【司法机构】梵蒂冈有3个法庭，即最高法庭、上诉法庭和教廷赦罪院。

【重要人物】教皇本笃十六世：1927年4月16日生于德国南巴伐利亚的小城马克特克尔。1951年晋铎，曾在波恩等地教授神学，长期潜心于天主教神学理论研究，曾任"梵二会议"理论顾问。1977年3月被任命为慕尼黑教区大主教，同年6月被教皇保罗六世擢升为枢机主教。1981年任教廷信理部部长。1998年1月任枢机主教团副团长，2002年11月升任团长。2005年4月19日当选教皇。

经　济

梵蒂冈既无工农业，也无自然资源。财政收入主要靠旅游、邮票、不动产出租、梵宗教银行盈利和向教皇赠送的贡款以及教徒的捐款等。2011年各国教徒共向教廷捐款6971万美元。2009年教廷总收入约2.5亿欧元，支出约2.54亿欧元，自2007年连续三年财政赤字，2011年教廷财政赤字1489万美元。梵在北美、欧洲许多国家有数百亿美元的投资，其资本渗透到意大利众多经济部门，特别是银行信贷和房地产，仅地产一项就达46万余公顷。黄金、外汇储备达100多亿美元。

文化教育

梵蒂冈在意大利、法国、西班牙、比利时、美国、加拿大、巴西、智利、埃塞俄比亚、菲律宾、日本等国设有大学或神学院，并在世界许多国家和地区设有学校、医院和文化机构。梵蒂冈有馆藏丰富的图书馆和16世纪修建的天文台。梵蒂冈博物馆是世界上最著名的博物馆之一，收藏有许多艺术珍品，2011年接待参观者500多万人次。

【新闻出版】《罗马观察家》报是梵唯一的官方日报，创办于1861年;《教廷文汇》为官方月刊,《宗座年鉴》为官方年鉴,《宗座活动》为梵蒂冈内外活动大事记，每年出版一次；国际信德通讯社为官方通讯社。梵有自己的广播电台，建于1931年，用35种语言每天24小时播音并建有相应的网站。梵蒂冈印刷厂可将教会的文件译成94种文字发行。

对外关系

截至2011年，梵蒂冈同179个国家和地区建立了正式外交关系，派驻在天主教国家的圣使享受当然使团长待遇。梵系联合国常驻观察员、经合组织成员。

【同中国的关系】中华人民共和国同梵蒂冈无外交关系，梵与台湾当局保持所谓"外交关系"。中华人民共和国成立后，梵蒂冈拒不承认，并对中国内政进行粗暴干涉，反对中国天主教徒的爱国运动。中国广大爱国天主教徒对此予以强烈谴责，并决心走独立自主自办教会的道路。20世纪80年代以来，梵蒂冈表示希望同中国改善关系，但仍同台湾省保持着"外交关系"，继续干涉中国内政。2000年10月1日，梵不顾中方的强烈反对，将近代史上曾经在中国犯下丑恶罪行的一些外国传教士及其追随者封为"圣人"，引起中国政府和人民以及中国天主教会的极大愤慨。2001年10月24日，教皇约翰·保罗二世在有关利玛窦的研讨会致词中，就教廷在历史上及近期对中国天主教会犯下的错误表示某种程度的歉意，但未就"封圣"事件给中国人民造成的严重伤害作出明确道歉。中国政府对此表示遗憾。

2005年4月教皇约翰·保罗二世病逝。陈水扁赴梵出席葬礼，中国政府对此表示强烈不满。2006年梵先后对中方自选自圣主教发表措辞严厉的声明，对中国昆明、徐州等五教区的主教施以"绝罚"。2007年6月30日，梵发表教皇本笃十六世致中国天主教界的牧函，这是教皇首次对中国天主教信徒发表牧函，也是本笃十六世就任以来首次系统阐述梵在中国教会问题上的政策和立场。2008年，中国爱乐乐团首次在梵蒂冈城举办专场音乐会，教皇出席并祝福北京奥运会。四川汶川地震后，教皇多次呼吁全世界天主教徒为灾区祈祷。2010年青海玉树地震后，教皇即对灾区人民表示慰问与祈祷。2010年11月和12月，梵蒂冈公开发表声明，指责中国承德教区主教祝圣和中国天主教第八次代表大会，中国国家宗教事务局发言人随即发表谈话予以驳斥。2011年7月和2012年7月，梵先后发表声明指责乐山、汕头、哈尔滨教区祝圣主教"非法"，并对相关主教处以"绝罚"。中国国家宗教事务局发言人发表谈话，对梵方无理指责并以所谓"绝罚"相威胁进行驳斥。

中国政府对同梵蒂冈改善关系的基本立场是：一、梵蒂冈必须断绝同台湾的所谓"外交关系"，承认中华人民共和国政府是中国唯一合法政府，台湾是中国领土不可分割的一部分；二、梵蒂冈不得干涉中国内政，包括不以宗教事务为名干涉中国的内部事务。

【同意大利的关系】梵同意大利关系密切。两国在修改《拉特兰条约》问题上曾存在矛盾，1984年2月终于签署了修改该条约的协定。教皇每年均对意大利的一些城市进行宗教性访问，2011年5月教皇访问威尼斯等地，9月访问安科纳。每年意大利总统、总理、议长也会多次与教皇会面。近年来，面对世俗化的冲击，天主教会坚持捍卫传统伦理道德观，教廷同意大利激进党派经常在同性恋婚姻、堕胎、安乐死等敏感问题上爆发激烈争论，一定程度上引发意民众对教廷“干涉内政”的反感。

【同美国、西欧国家的关系】梵同美国关系一直很好。1984年1月，梵美在断交117年之后复交。前任教皇约翰·保罗二世曾多次访问美国，并于1995年10月在联合国发表讲话。美国历任总统也都曾访梵。2003年伊拉克危机爆发前，教皇约翰·保罗二世多次发表演说，明确反对动武并派代表赴美游说，战争爆发后梵驻伊代表一直没有撤离巴格达，梵美关系一度趋冷。2005年4月2日，教皇约翰·保罗二世去世后美国总统布什携全家赴罗马参加其葬礼，并在棺前下跪祈祷。2007年6月9日，布什访梵，与教皇本笃十六世就中东局势等问题交换了意见。2008年4月15～21日，教皇本笃十六世访美并顺访联合国。2008年6月13日布什再度访梵。

梵同西欧国家特别是信奉天主教的国家关系密切，教皇本笃十六世上任后，即于2005年8月访问了德国，受到当地政要和信徒的热烈欢迎，被群众称为“我们的教皇”。2006年，教皇访问西班牙，批评西允许同性恋合法化，呼吁回归“正统家庭观”。教皇2010年访问葡萄牙、塞浦路斯和英国，2011年访问西班牙、德国。访德期间，教皇在德联邦议院发表历史性讲话，强调“政治必须为公义服务”。

【同独联体、前南斯拉夫及中东欧国家的关系】梵于1992年1月承认克罗地亚、斯洛文尼亚独立，2月与两国建立外交关系。同年，梵同俄罗斯建立特殊关系，并先后同乌克兰、亚美尼亚、阿塞拜疆、格鲁吉亚、摩尔多瓦、白俄罗斯、哈萨克斯坦、乌兹别克斯坦、吉尔吉斯斯坦等国建立外交关系。1993年4月，梵同阿尔巴尼亚建交；7月，同波兰签署政教关系条约。此后，教皇约翰·保罗二世多次到该地区访问。本笃十六世就任后，于2006年5月访问波兰并参观了奥斯维辛集中营。2009年，教皇访问捷克。同年，俄罗斯总统梅德韦杰夫访梵，两国宣布建立完全外交关系。

【同亚非拉国家的关系】非洲和拉美地域辽阔，人口众多，天主教在这一地区的很多国家传统上具有较强影响力，历来受到教廷的高度重视。近年来，在全球化和民族解放运动的双重影响下，当地天主教信徒日益减少，而天主教内的解放神学派发展较快，同梵分歧增加。这种局面引起了教廷的不安，为加强与这些国家和地区的联系，巩固和扩大天主教的影响，教皇约翰·保罗二世曾多次访问非洲、拉美国家，并就减免非洲债务、帮助发展中国家消除贫困和反毒等问题发表声明和讲话，受到当地民众的欢迎。1998年1月，约翰·保罗二世访问古巴并与卡斯特罗举行会晤，梵古关系得以改善。教皇本笃十六世也非常重视亚非拉地区，2007年5月出席拉丁美洲及加勒比海地区第五届主教大会，并顺访了南美最大的天主教国家巴西，会见巴领导人并册封了一位巴西籍修士为圣人。2009年本笃十六世访问喀麦隆与安哥拉；2012年访问墨西哥和古巴。访古期间，教皇促请古当局推进改革，建立开放的社会，试图巩固教会近年来在古巴的进展。

【同中东地区国家的关系】对中东各国，教皇约翰·保罗二世主张采取和解政策。1993年12月，梵同以色列签署了实现双方关系正常化和相互承认的协定并于次年6月宣布建立大使级外交关系。1994年2月梵同约旦建交。其后，约翰·保罗二世多次赴中东各国访问，除会见各国领导人外还广泛与东正教、犹太教和伊斯兰教宗教领袖会晤，使天主教与这些教派的关系明显改善。本笃十六世上台以来，延续了前任的政策，同时主张在宗教和解的背景下保持天主教价值观，批评伊斯兰教的暴力倾向，鼓吹将犹太人“改造为基督徒”。这种做法引起了其他教派的反感。2007年，梵宣布与阿拉伯联合酋长国建交。2009年教皇访问以色列，呼吁以巴和解。2012年教皇访问黎巴嫩，呼吁黎巴嫩国内基督徒与穆斯林和平共处，敦促不同宗教摒弃原教旨主义，进行真正对话，推动和平。（林霄）

芬　兰

国名　芬兰共和国（The Republic of Finland，Suomen Tasavalta）。

面积　33.8417万平方公里。

人口　540.1万（2011年底）。芬兰族占84.3%，瑞典族占6.1%，还有少量萨米人（曾称为拉普人）。芬兰语和瑞典语均为官方语言。78.3%的居民信奉基督教路德宗，1.1%信奉东正教。

首都　赫尔辛基（Helsinki），人口59.6万（2011年底）。夏季平均气温16℃，冬季平均气温-5℃。

国家元首　总统绍利·尼尼斯托（Sauli Niinisto，联合党），2012年3月就任。

重要节日　独立纪念日：12月6日。

简　况

位于欧洲北部。与瑞典、挪威、俄罗斯接壤，南临芬兰湾，西濒波的尼亚湾。海岸线长1100公里。地势北高南低。内陆水域面积占全国面积的10%，有岛屿约17.9万个，湖泊约18.8万个，有“千湖之国”之称。全国1/3的土地在北极圈内。属温带海洋性气候。平均气温冬季-14℃～3℃，夏季13℃～17℃，年均降雨600毫米。

约9000年前冰河末期，芬兰人的祖先从南方和东南方迁居至此。12世纪后半叶开始隶属于瑞典，14世纪中叶正式成为其一部分。1809年俄瑞战争后成为俄国的大公国。1917年12月6日独立，1919年成立共和国。1939～1940年芬苏战争（芬称“冬战”）之后，芬被迫同苏联签订芬苏和约，向苏割让领土。1941～1944年纳粹德国进攻苏联，芬参与对苏战争（芬称“续战”）。1947年2月，芬作为战败国与苏联等国签订巴黎和约。1948年4月，又与苏联签订《友好合作互助条约》。1955年加入联合国。1995年加入欧盟。1999年加入欧洲经货联盟（欧元区），2002年1月欧元正式在芬流通。

政治

2011年4月，芬举行全国议会选举，由中间党、联合党、绿党、瑞典族人民党组成的执政联盟仅获98个议席，失去执政地位。芬新一届议会议席分散，经过多轮协商，联合党、社民党、左翼联盟、绿色联盟、瑞典族人民党和基督教民主党等6个政党最终达成妥协，组成“彩虹联盟”执政。新政府关注民生，以压缩赤字、增加社会福利为重点，通过改革税收和社会保障政策，促进社会公平正义。主要政策有：平衡公共财政，削减援外、军费和地方政府开支；改革累进税制；提高弱势群体社会福利，改善基本社会服等，芬兰社会卫生部2012年预算较上年增加5%。在外交上，延续上届政府政策，强调欧盟是芬对外关系中最重要的决策因素。

【宪法】1919年7月17日颁布生效。宪法规定，国家立法权由议会和共和国总统共同行使；总统是国家元首，拥有任命政府、掌管外交、统帅三军等实权，每六年选举一次。1999年芬议会通过新宪法，名称由《政府组织法》改为《宪法》。新宪法加强了议会和政府在国家政治生活中的作用，削减了总统部分权力。

【议会】一院制，共有200名议员，任期四年。有联合党、社民党、正统芬兰人党、中间党等8个政党。设15个专门委员会。议长埃罗·海内卢奥马（Eero Heinäluoma，社民党），2011年6月就任。

【政府】本届政府于2011年6月成立，由联合党、社民党、左翼联盟、绿色联盟、瑞典族人民党和基督教民主党联合组成，共19名内阁成员。总理于尔基·卡泰宁（Jyrki Katainen，联合党），副总理兼财政部长尤塔·乌尔皮莱宁（Jutta Urpilainen，女，社民党），外交部长埃尔基·图奥米奥亚（Erkki Tuomioja，社民党），欧洲事务与外贸部长亚历山大·斯图布（Alexander Stubb，联合党），国际发展部长海迪·豪塔拉（Heidi Hautala，女，绿色联盟），司法部长安娜—马雅·亨里克松（Anna-Maja Henriksson，女，瑞典族人民党），内政部长佩伊薇·雷塞宁（Päivi Räsänen，女，基督教民主党），国防部长卡尔·哈格伦德（Carl Haglund，瑞典族人民党），公共管理与地方事务部长汉娜·维尔库宁（Henna Virkkunen，女，联合党），教育科学部长尤卡·古斯塔夫松（Jukka Gustafsson，社民党），文化体育部长帕沃·阿尔欣迈基（Paavo Arhinmäki，左翼联盟），农林部长亚里·科斯基宁（Jari Koskinen，联合党），交通部长梅里娅·屈勒宁（Merja Kyllönen，女，左翼联盟），经济部长于里·哈卡梅斯（Jyri Häkämies，联合党），劳动部长劳里·伊哈莱宁（Lauri Ihalainen，社民党），社会卫生部长葆拉·里西科（Paula Risikko，女，联合党），卫生与社会服务部长玛丽亚·古泽尼娜—理查松（Maria Guzenina-Richardson，女，社民党），环境部长维莱·尼尼斯特（Ville Niinistö，绿色联盟），住房与通讯部长克丽丝塔·基乌鲁（Krista Kiuru，女，社民党）。

【网址】政府网址：http//www.valtioneuvosto.fi；议会网址：http：//www.eduskunta.fi；外交部网址：http：//formin.finland.fi。

【行政区划】行政职能由6个地区管理署和15个经济发展、交通和环境管理中心承担。

【司法机构】最高司法机关为最高法院和最高行政法院。最高法院由院长和18名法官组成，负责审理民事和刑事案件。最高行政法院由院长和20名法官组成，负责审理政府机构和省、市（县）机构的行政案件。起诉机关是各级检察院。另设有国家法律监察官，有权出席内阁会议，监督总统、内阁和政府各部门的决定是否符合宪法规定。最高法院和最高行政法院院长、法官以及最高检察长均由总统任命。最高法院院长葆琳·高斯科洛（Pauliine Koskelo，女），2006年1月就任；最高行政法院院长贝卡·威赫沃里（Pekka Vihervuori），2012年就任；最高检察长马蒂·尼森宁（Matti Nissinen），2010年就任；政府法律监察官亚科·约恩卡（Jaakko Jonkka），2007年就任。议会法律监察官佩特里·耶斯基莱宁（Petri Jääskeläinen），2010年就任。

【政党】芬兰是多党制国家。2011年4月议会大选中注册政党共19个，主要政党是联合党、社民党、中间党和正统芬兰人党。

（1）民族联合党（The National Coalition Party）：简称联合党，1918年成立。主要代表工商企业界利益。党的基本目标是保障国家独立和维护民族的政治和经济利益，追求经济和精神生活的发展。主席于尔基·卡泰宁（2004年当选）。

（2）芬兰社会民主党（The Finnish Social Democratic Party）：1899年成立。原名芬兰工人党，

1903年改现名。对内主张政治、经济民主，实现充分就业和公平分配，保障社会福利，发展社会民主主义；对外主张缓和、裁军，实现国际和平。主席尤塔·乌尔皮莱宁（Jutta Urpilainen，女，2008年当选）。

（3）正统芬兰人党（The True Finns）：原名农村党，1959年从芬兰中间力量分裂出来。主张维护小农、城市贫民和中小企业利益。曾自称是官方政策的坚定反对派，后对政策进行了调整。对欧盟宪法持反对态度。主席蒂莫·索依尼（Timo Soini，2011年当选）。

（4）芬兰中间党（Centre Party of Finland）：1906年成立。曾先后称农村居民联盟、农民联盟和中间力量，1988年6月改现名。强调该党追求的目标是建立平等和公正的社会。对内反对政治经济权力垄断，主张保障农林业在国民经济中的地位，维护中小企业和农业生产者的利益；对外主张实行积极的和平外交政策，重视与北欧和波海地区国家的关系。反对欧盟联邦化，认为加入北约应成为芬外交安全政策的一种选择，但应就此举行全民公决。主席朱哈·希普拉（Juha Sipilä，2012年当选）。

（5）芬兰左翼联盟（The Finnish Left Union）：简称左联，1990年5月由原芬兰共产党和人民民主联盟合并组成，提出党的宗旨、政治活动和组织形式要适应资本主义社会的变化，不再是夺取政权和实行国有化，而是在资本主义制度内扩大社会主义成分。主张限制资本主义势力，反对公共部门私有化，就欧盟宪法举行全民公决。党主席帕沃·阿勒希迈基（Paavo Arhinmäki，2009年当选）。

（6）绿色联盟（The Green League）：由80年代初期的绿色环境保护运动逐步演化为政党，1988年正式成立。主张保护环境，支持芬政府的和平外交政策，积极参与和平与环保活动，要求就欧盟宪法举行全民公决。主席维莱·尼尼斯特（Ville Niinistö，2011年当选）。

（7）瑞典族人民党（The Swedish People's Party）：1906年成立，由芬兰的瑞典族人组成。主张维护瑞典族居民的社会地位和权利。主席卡尔·哈格伦德（Carl Haglund，2012年当选）。

（8）芬兰基督教民主党（The Finnish Christian Democratic Party）：1958年成立，原名芬兰基督教民主联盟，2001年改现名。以基督教教义为宗旨，宣扬自由、社会公正与平等，强调人在上帝面前的责任。主张实行对社会和生态负责的市场经济，注重环保和可持续发展。要求建立一个开放、安全的欧洲，希望欧盟发展成为各主权国家的联盟，反对发展共同防务及扩大欧洲议会的权力。主席拜依维·莱塞宁（Päivi Räsänen，女，2004年当选）。

【重要人物】绍利·尼尼斯托：总统。1948年生。法律硕士，联合党人。曾任法官并经营律师事务所，长期在芬兰地方议会任职。1987年当选议员，曾任议会大委员会主席。1994年任联合党主席、副总理兼财长。2003年出任欧洲投资银行副行长。2012年3月当选总统。　**于尔基·卡泰宁：**总理。1971年生。社会学硕士，联合党人。1999年进入议会，2001年当选联合党副主席，2004年当选联合党主席。2007年至2011年6月任副总理兼财政部长，2011年6月22日当选总理。

经　济

20世纪80年代，芬兰经济以年均3.7%的速度持续增长。90年代初，经济出现严重衰退，芬政府通过经济结构调整、加大科技投入等措施，使经济走出低谷。90年代中后期经济增长率保持在5%左右。1999年加入欧元区，2002年1月欧元取代芬兰马克，正式流通。2005年在世界经济论坛被评为年度“世界最具竞争力的国家”，此后5年分列第2、第6、第9、第6、第6名。2008年，受全球金融危机影响，经济下半年开始下滑，企业倒闭增加，失业上升。为防止经济进一步陷入衰退，芬政府出台了一系列刺激方案。2011年，芬宏观经济摆脱低迷，企稳向好。国外需求扩大，外贸持续回升，国内生产总值保持增长。2011年主要经济数据如下（数据来源：芬兰统计局官方网站，下同）：

国内生产总值：1920亿欧元。

人均国内生产总值：3.56万欧元。

国内生产总值增长率：2.9%。

货币名称：欧元（Euro）。

汇率：1欧元＝1.31美元（2012年4月）。

通货膨胀率：3.1%。

失业率：7.8%。

【资源】森林覆盖率高达86%，约2282万公顷，人均4.2公顷，木材储积量21.89亿立方米。矿产资源中以铜为主，还有少量的铁、镍、钒、钴等。泥炭资源丰富，已探明储量约690.91亿立方米，相当于40亿吨石油。有两座核电站（四个核反应堆），第五个反应堆在建。

【工业】2010年工业产值523.8亿欧元，约占国内生产总产值的29.1%。工业从业人口为49万人，约占总劳动力的18.3%。工业在20世纪90年代得到快速发展，已从劳动、资金密集型转变为技术密集型。建立在森林基础上的木材加工、造纸和林业机械制造业为经济支柱，并具有世界领先水平，整个森林工业产量占世界总产量的5%，是世界第二大纸张、纸板出口国（占世界出口量的25%）及世界第四大纸浆出口国。

【信息业】信息产业发达，芬兰是因特网接入比例和人均手机持有量最高的国家之一，2010年网络接入率达86%，每1000人拥有手机1439部。

【农林业】林业发达，农畜产品自给有余。2010年农林业产值为46.8亿欧元，占当年国内生产总值的2.6%。农林密切结合，几乎所有的农户都经营一定数量的林地。2010年耕地约228.7万公顷，从事农林业的劳动力为12.1万，约占总劳力的4.5%。近年主要农畜产品产量如下（单位：万吨）：

	2008	2009	2010
小麦	78.75	88.70	72.33
大麦	212.86	217.00	133.19
燕麦	121.34	111.47	80.56
黑麦	6.08	4.17	6.81
牛奶（亿公升）	21.86	22.23	22.22
黄油	4.66	4.64	4.45
肉类	40.00	41.20	38.40
鸡蛋	5.83	5.90	6.15

【服务业】服务业发达，20世纪80年代以来更为完善。基本分为私人服务业和公共管理服务业两大类。主要包括商业、贸易、旅馆、饭店、银行、保险、社会性服务业和公共服务业。2010年服务业产值为1227.6亿欧元，占国内生产总值的68.2%，从业人口为125.7万，占总劳力的46.9%。

【旅游业】2010年旅游收入21.9亿欧元，占国内生产总值的1.2%。游客主要来自俄罗斯、瑞典、德国、英国、法国、爱沙尼亚、美国、荷兰、挪威、意大利等。主要旅游点是赫尔辛基、图尔库、东部湖区、北部拉毕地区和奥兰岛。

【交通运输】交通运输业发达，以铁路和公路为主。2010年交通运输情况：

铁路：总长5919公里，客运量40亿人公里，货运量98亿吨公里。

公路：道路总长105621公里，其中公路78162公里，高速公路765公里。各种机动车336.8万辆，其中小汽车约287.7万辆、公共汽车1.3万辆、货车46.4万辆，客运量72.3亿人公里，货运量260亿吨公里。

水运：商船642艘，总吨位157.8万吨；内河航线长9541公里，客运量0.1亿人公里，货运量2亿吨公里；沿海航线长9979公里，客运量1亿人公里，货运量26亿吨公里；水运港口近30个，总吞吐量31亿吨。重要港口有赫尔辛基、图尔库、科特卡和波里。

空运：有76个机场，4家航空公司，683架民用飞机，国际航线35条；客运量11亿人公里；货运量200万吨公里；国际机场有赫尔辛基、图尔库和坦佩雷等。

管道：天然气管道580公里。

【财政金融】近几年国家财政收支情况如下（单位：亿欧元）：

	2009	2010	2011
收入（不包括借债）	478	505	615
支出	469	505	662
差额	9	0	-47

2010年外汇及黄金储备63.86亿欧元，净外债累计124.19亿欧元。

【对外贸易】2011年外贸总额约为1168亿欧元，其中进口额602亿欧元，同比增长16%，出口额566亿欧元，同比增长8%。外贸逆差达36亿欧元，为1975年以来最高水平。近几年对外贸易情况如下（单位：亿欧元）：

	2009	2010	2011
出口额	450.6	523.7	566
进口额	436.6	515.0	602
差　额	14.0	8.7	-36

芬出口商品主要有金属、纸张纸板、化工产品等；进口商品主要有金属、原油等。主要贸易对象为欧盟国家，占进出口总额的55%。芬主要贸易伙伴依次为俄罗斯、德国、瑞典、中国、英国、美国、荷兰。

【对外投资】芬直接投资国主要为瑞典及其他欧盟国家，外国对芬直接投资主要来自瑞典、美国和英国等国家。截至2010年年底，芬对外直接投资855亿欧元，吸引外资616亿欧元。

【对外援助】20世纪90年代初芬经济衰退，政府被迫大幅削减外援款项，1996年后有所增加。近几年对外援助情况如下（单位：亿欧元）：

	2009	2010	2011
总额	9.27	7.86	8.30
占国内生产总值百分比（%）	0.54	0.40	0.40

主要受援国为：埃塞俄比亚、肯尼亚、莫桑比克、赞比亚、坦桑尼亚、尼泊尔、越南和尼加拉瓜，此外还有正在进行恢复重建的阿富汗、波黑、科索沃、苏丹和巴勒斯坦地区等冲突地区。

【著名公司】（1）诺基亚集团（Nokia）：公司成立于1865年，早期从事造纸、化工、橡胶行业，20世纪60年代开始进入电信市场，近十年得到快速发展。主要生产移动和固定电信网络设备及移动电话，全球领先的数字移动和固定网络供应商。2010年在《财富》杂志全球500强企业中位居第120位。2011年2月，诺基亚正式宣布与微软达成全球战略合作伙伴关系。诺基亚1985年进入中国市场，在北京、杭州等地设有研发中心。在华最大项目为2001年建立的北京星网（国际）工业园。

（2）芬欧汇川集团（UPM — Kymmene）：是世界第三大纸和纸制品生产商，具有百年历史，在芬拥有93万公顷森林，年平均消费林材24万立方米。主要生产纸张纸浆、纸板和包装薄膜。1999年在江苏投资6亿美元建立芬欧汇川（常熟）纸厂，2002年增资4.7亿美元，将常熟纸厂的生产规模扩大到年产80万吨优质文化用纸。

（3）斯道拉－恩索纸业集团（StoraEnso）：由瑞典斯道拉纸业公司和芬兰恩索纸业公司于1998年合并组建而成，是一家林、纸、包装一体化集团，主要生产文化用纸、包装纸板和木材制品等。1998年在苏州收购紫兴纸业有限公司，年产15万吨铜版纸。2006年与山东华泰纸业有限公司合资兴建山东斯道拉恩索华泰纸业有限公司，年产超级压光纸20万吨。2007年与广西高峰集团签署北海林浆纸一体化项目合资协议，建设规模为年产90万吨浆、90万吨纸，配套建设240万亩原料林基地。

（4）富腾工程有限公司（Fortum）：欧洲主要能源公司之一，由耐思特（NESTE）工程公司、IVO有限公司等组成。经营范围包括石油和天然气，电力和热能，工程建造、运营和维护，业务几乎涉及所有能源领域。富腾在中国市场开展业务已有20年历史，主要在石油、天然气、太阳能、区域供热、热电混合产品和环保技术等领域提供服务和系统设备。2001年在华投资建立辽河富腾热电有限公司。

人民生活

2008年，劳动力人均收入约2.7万欧元；全国有医生18507人，每千人拥有3.5名医生；每千人拥有小汽车475辆、固定电话362部、移动电话1076部（2010年为1439部）；人均住房面积38平方米。

军　事

总统为军队最高统帅。国防委员会是最高咨询机构。总理负责领导民政方面的国防活动。国防军总司令负责军事方面的国防活动。国防军总司令阿里·普海洛宁（Ari Puheloinen）2009年8月1日就任。实行普遍义务兵役制，服役期6 ~ 12个月。

常备武装力量1.65万人，其中陆军1.1万人；海军2300人，舰艇总吨位1.3万吨；空军3200人，主战飞机F-18，共62架。

2011年国防预算为28.5亿欧元，占政府预算5.6%。

文化教育

【教育】教育事业发达。1921年起实行义务教育。1980年起在全国实行9年一贯制免费、义务教育。全国现有各类学校4324所，在校学生超过192.7万人（包括成人教育及各类业余学校的在校生）。2010年教育预算为62亿欧元，占政府预算12%。著名高等学校有赫尔辛基大学、阿尔托大学、坦佩雷大学等。2011年各级学校数、学生人数如下：

	学校（所）	学生（人）
基础学校	3067	347245
普通高中	406	109046
职业学校	161	133794
专科学院	30	133800
综合性大学	20	169000

2010年，芬兰全国有图书馆840家，人均借阅量和人均出版量均居世界前列。

【新闻出版】2009年全国共有报纸201种（其中每周发行4 ~ 7期的51种），各种杂志和期刊3156种（每年4期以上）。主要报刊、创刊年及发行量:《赫尔辛基新闻》，1904年，38.34万份;《晚间新闻》，1932年，15.04万份;《晨报》，1882年，13.15万份;《图尔库新闻》，1904年，10.72万份。

有5家通讯社，其中最大的是芬兰通讯社，简称芬通社，1915年成立，属半官方性质，同世界主要通讯社均有业务联系。外国在芬的通讯分社有15家。

芬兰广播公司（Finnish Broadcasting Company，YLE）：1926年成立，1934年改为国营。对外用芬兰语、瑞典语、英语、德语和法语广播。1958年正式开播电视，现有电视1台、电视2台、电视3台。此外还有赫尔辛基有线电视台和私营广告电视台。20世纪70年代开始有有线电视。

对外关系

战后长期奉行同苏联保持睦邻友好关系、不介入大国冲突、同各国发展友好关系的“积极的和平中立政策”。冷战结束、苏联解体后，芬兰对其外交政策进行了重大调整，将发展同欧盟的关系作为外交重点。1995年1月1日成为欧盟正式成员。仍坚持奉行军事不结盟和独立可靠的防务政策，密切与北约的合作，同时继续与俄罗斯保持睦邻关系，支持俄融入国际社会。芬已与186个国家缔结了外交关系。

【对当前重大国际问题的态度】关于国际形势：认为各国对安全地位、全球利益、战略区域特别是能源的争夺日益激烈，恐怖主义、大规模杀伤性武器扩散、环境污染和传染病等问题逐渐构成对全球新的安全威胁。国际金融危机和世界经济衰退对国际政治产生较大影响，世界经济、政治格局正在加速调整，新兴力量进一步上升。欧美战略关系最为重要，中国不仅是世界经济大国，而且在全球治理和冲突解决中的政治影响力大幅提高。要想成功应对气候变化、金融危机等全球性问题，仅靠多极世界是不够的，应通过“有效多边主义”加强国际合作。

关于全球化进程：认为全球化是双刃剑，其带来的新科技、尤其是信息科技的应用增加了各国间相互依存，并在某种程度上突出了民主和人权的重要性。同时，贸易保护主义在一些国家已经抬头。世界贸易组织因多哈回合败绩已失去影响力。全球化成果在国家内部和国与国间分配仍然不均衡，社会福利、就业、社会公平面临严峻挑战。认为芬兰总体上是全球化的受益者，支持设立联合国经济理事会，对全球化进行规范和监督。

关于欧洲合作与欧盟一体化：认为欧盟新一轮扩大后内部利益多元化，一体化呈现多速、多核心推进趋势。主张欧盟应继续扩大其在周边地区、中东和亚洲的影响力，坚持对西巴尔干国家和土耳其的入盟承诺，以强化民主发展，促进政治、经济改革。《里斯本条约》生效后，主张欧盟把注意力转向实际问题，展现其在国际体系中活跃和负责任的行为体角色。

关于伊朗核问题：认为应通过对话和适当施压相结合的方式促伊合作，以和平方式妥善解决问题。赞赏包括中国在内的六国对话机制发挥的作用。

【同中国的关系】1950年10月28日中芬建交，1951年互设公使馆，1954年升格为大使馆。

2011年中芬关系继续发展。9月，全国人大常委会副委员长桑国卫访芬，分别会见了芬兰议长海内卢奥马和总理卡泰宁。2012年5月，全国人大常委会副委员长路甬祥访芬，分别会见议长海内卢奥马和总理卡泰宁，与副议长拉维举行会谈。

2011年双边贸易额为111.8亿美元，同比增长17.5%。其中中方出口额为66.4亿美元，同比增长20.8%；进口额为45.4亿美元，同比增长13.0%。

中国驻芬兰大使：黄兴（2009年9月10日递交国书）。馆址：Vanha kelkkamaki 9-11，00570 Helsinki，Finland。网址：www.chinaembassy-fi.org。国家地区号：3589。电话：2289 0110（办公室），684 8416（商务处）；传真：2289 0168（使馆），684 9595（商务处）。

芬兰驻华大使：岚涛（Lars Backstrom，2009年9月4日递交国书）。馆址：北京市朝阳区光华路1号嘉里中心南楼26层。邮政编码：100020。网址：www.finland.cn。电话：010-85198300；传真：85198301。商务处电话：85298625；传真：65298654。

【同欧洲联盟的关系】1995年1月1日正式加入欧盟。1999年1月1日在北欧国家中率先加入欧元区。2001年3月25日正式实施《申根协定》。芬与欧盟其他成员国的贸易约占芬外贸总额的56%，对外投资近一半面向欧盟国家。积极支持并参与欧盟一体化进程，是北欧国家中唯一加入欧元区的国家。积极参与组建区域性欧盟快速反应部队，并于2007年1月起着手同德国、荷兰及瑞典、爱沙尼亚、挪威组建快反部队，但反对欧盟演变为军事联盟。2008年芬政府批准2007 ~ 2013年欧盟跨界合作计划适用于芬俄边界部分。

【同俄罗斯的关系】1992年1月，芬同俄罗斯签署《芬俄两国关系基础条约》，同时宣布废除《芬苏友好合作互助条约》。积极推动改善欧俄关系。重视保持与俄的睦邻友好关系和务实合作。俄是芬第一大贸易伙伴和重要出口市场，芬能源和原材料依赖从俄进口。但受金融危机影响，双边贸易额在芬外贸中的比重持续减小。2009年4月出台《对俄行动计划》，决定在欧盟政策基础上发展对俄"现代欧洲邻国关系"，成立专家论坛和非政府组织研究发展对俄关系，支持芬企业参与对俄能源合作。2011年芬俄领导人保持接触，芬国防部长等访俄。

【同北欧及波海三国的关系】重视发展同其他北欧国家、波罗的海三国及其他波海地区国家的合作，认为这对促进欧洲北部安全稳定具有重要意义。主张加强地区节能环保、能源开发、文化、教育、军备等方面合作。在欧盟内部力推北部地区合作，主张欧盟北部地区政策成为欧、挪、冰、俄四方共同政策。推动北欧国家在气候变化、节能环保领域整合资源，合作开辟亚洲等新兴市场。

【同美国和北约的关系】重视对美关系，强调巩固跨大西洋纽带和北约在欧洲安全格局中的核心地位。认为美虽实力受损，但仍是唯一超级大国。希通过双边和北约和平伙伴关系等渠道保持对美关系。2008年芬总理、外长分别访美。2009年10月，芬总统、总理和外长分别赴美出席联大会议、联合国气候变化峰会等会议。2011年3月，美副总统拜登访问芬兰。

认为北约仍是欧洲最重要的军事联盟和跨大西洋关系纽带，北约的扩大将有利于波罗的海地区的稳定。冷战后，北约正在转型并将持续演变，重点从集体防御转向军事和民事危机管理。芬与北约建有和平伙伴关系，在军工科技、人员培训和维和等领域开展合作，派兵参加北约在阿富汗和科索沃的国际维和行动。2008年决定加入北约快反部队。2009年2月出台新的《安全和防务政策白皮书》，阐述芬加入北约的利弊，保留入约的自由选择权。2010年完成按北约标准建军，邀请北约秘书长访芬，主办大规模北约研讨会。2011年初派舰参与打击索马里海盗，双方实质性合作显著深化。

【同发展中国家的关系】重视同发展中国家关系，主张中国、印度、巴西等国在世界政治和经济领域发挥更大作用。支持南北对话，主张建立国际经济新秩序。认为通过发展合作可以提高全球安全保障并获得商业利益。强调联合国应该在对外发展援助方面发挥更大作用，呼吁西方各国重视并增加外援。2002年联合坦桑尼亚发起以全球化和发展援助为主题的"赫尔辛基进程"。2011年对外援助金额约为8.3亿欧元，占国内生产总值的0.43%，计划2015年将发展援助资金占国内生产总值的比例增至0.7%。 （吴卫）

荷　兰

国名　荷兰王国（The Kingdom of the Netherlands，Koninkrijk der Nederlanden）。

面积　41526平方公里。

人口　1673.37万人（2012年）。近81%为荷兰族，此外还有弗里斯族，印尼、土耳其、苏里南为较大的少数族裔，华人已成为第四大少数族裔。官方语言为荷兰语，弗里斯兰省讲弗里斯语。居民中29%信奉天主教，19%信奉基督教。

首都　阿姆斯特丹（Amsterdam），人口79万（2012年）。政府所在地海牙（The Hague），人口50万（2012年）。

国家元首　女王贝娅特丽克丝·威廉敏娜·阿姆加德（Beatrix Wilhelmina Armgard），1980年4月30日即位。

重要节日　女王日（系已故王太后朱丽安娜生日和贝娅特丽克丝女王的登基日），即国庆日：4月30日；解放日（二战期间盟军解放荷兰日）：5月4日。

简　况

位于欧洲西北部。东邻德国，南接比利时，西、北濒北海。海岸线长1075公里。24%的面积低于海平面，1/3的面积仅高出海平面1米。从13世纪即开始围海造田，增加土地面积约60万公顷。属海洋性温带阔叶林气候。沿海地区平均气温夏季16℃，冬季3℃；内陆地区夏季17℃，冬季2℃。年平均降水量797毫米。

16世纪前长期处于封建割据状态。1568年爆发为时80年的反抗西班牙统治的战争。1581年北部7省成立荷兰共和国（正式名称为尼德兰联省共和国）。1648年《威斯特伐利亚和约》签署后，西班牙正式承认荷兰独立。17世纪曾为海上殖民强国，经济、文化、艺术、科技等各方面均非常发达，被誉为该国的“黄金时代”。18世纪后，荷兰殖民体系逐渐瓦解，国势渐衰。1795年法国军队入侵。1814年脱离法国，1815年成立荷兰王国。1848年成为君主立宪国。第一次世界大战期间保持中立。第二次世界大战初期宣布中立，1940年5月遭德军入侵，王室和内阁成员流亡英国，成立流亡政府。战后放弃中立政策，加入北约和欧共体（欧盟）。

政　治

2010年6月，荷兰提前举行大选。10月，自由民主人民党和基督教民主联盟组成少数内阁。2011年，荷政局基本平稳。2012年4月，政府因执政联盟各党派政见分歧而倒台，被迫再次提前举行大选。

【宪法】1814年3月29日颁布，1848年修改。规定荷兰是世袭君主立宪王国，立法权属国王和议会，行政权属国王和内阁。枢密院为最高国务协商机构，主席为女王本人，其他成员由女王任命。

【议会】由一院和二院组成。两院议员任期均为四年，但改选不在同一年进行。

一院（参议院）主要职责是立法，有权同意或拒绝批准法案，但不能提出或修改法案。议员75名，由省议会间接选举产生。本届一院于2011年5月产生，议长为弗雷特·德赫拉夫（Fred de Graaf，自由党）。

二院（众议院）主要职责是立法和监督内阁执政。立法权体现在二院可自行提出法案、批准或否决内阁提案和修改法案。监督权体现在二院具有预算核准权、独立调查权和质询权。议员150名，按比例代表制通过直接普选产生。本届二院于2010年6月产生，议长为赫迪·弗贝特（女，Gerdi Verbeet，工党）。一、二院席位分配如下：

	一院	二院
自由党	16	31
工党	14	30
新自由党	10	24
基民盟	11	21
社会党	8	15
左翼绿党	5	10
六六民主党	5	10
基督教联盟	2	5
其他各小党	4	4
总计	75	150

【政府】本届内阁于2010年10月14日成立，系自由民主人民党和基督教民主联盟组成的少数内阁，极右翼新自由党提供默许支持。内阁共设12名大臣（包括首相）和8名国务秘书。首相吕特（Mark Rutte，自由党），副首相兼经济、农业与创新大臣费尔哈根（Maxime Verhagen，基民盟），外交大臣罗森塔尔（Uri Rosenthal，自由党）。2012年4月23日，吕特内阁因执政联盟无法就进一步削减财政赤字达成一致而倒台，但将作为看守内阁留任至新一轮议会大选（2012年9月12日）。

【行政区划】荷兰王国由荷兰本土、博纳尔、圣尤斯特歇斯和萨巴3个海外特别行政区以及阿鲁巴、库拉索、圣马丁3个海外属地组成。荷兰本土划分为12个省，省下设443个市镇。

【司法机构】全国设62个基层法院（市镇法院），19个中级法院（地区法院），5个上诉法院和1个最高法院。此外还设有军事法庭、行政法庭等若干特别法庭。各级法院法官均系高等院校法律专业毕业，由女王任命，任期终身（实际到70岁）。

基层法院负责审理一般性民事与刑事案件，中级法院负责审理较重大的民事及刑事案件（上述两级法院均为初审法院）。上诉法院专门负责审理上诉、抗诉案件。最高法院有26名成员，作为最高司法机构，对下级法院的判决有否决权。最高法院院长考斯腾斯（G.J.M. Corstens）。

【政党】主要政党有8个：自由民主人民党、工党、基督教民主联盟、新自由党、社会党、基督教联盟、左翼绿党、六六民主党。荷政党实行领导人负责制，党主席负责日常党务工作。

（1）自由民主人民党（VVD，Volkspartij voor Vrijheid en Democratie）：成立于1948年，现有党员4.9万人。曾多次参政，2006年大选后成为在野党。2010年大选跃居第一大党，成为执政党。崇尚自由主义，主张充分尊重个人的自由，推动经济自由化和市场化，代办企业主的利益。领导人吕特，主席考特哈尔斯（Benk Korthals）。

（2）工党（PvdA，Partij van de Arbeid）：1946年成立，现有党员约6.2万人，历史上曾多次执政。2010年大选后成为最大在野党。为传统左翼政党，主张在实现经济发展和社会公正之间保持平衡，合理分配权力、收入和知识财富，代表工人、职员、知识分子和中小企业主利益。领导人萨姆松（Diederik Samsom），主席普劳曼（Lilianne Ploumen，女）。

（3）基督教民主联盟（CDA，Christen-Democratisch Appèl）：由历史上的天主教人民党、基督教历史同盟和反对革命党3个党派于1980年合并组成。现有党员约6.8万人。2002年以来一直是荷兰第一大党。2010年大选位居第四，与自由党组成少数内阁。属基督教民主主义政党，既代表垄断资产阶级利益，也得到深受基督教影响的农业地区和小城市选民及商界的广泛支持。反对过分强调政府或市场的作用，主张维护传统价值观和道德观。领导人范海尔斯玛·布玛（Sybrand van Haersma Buma），主席佩特欧姆（Ruth Peetoom，女）。

（4）新自由党（PVV，Partij voor Vrijheid）：成立于2005年，为极右翼政党，从自由党中分裂后组建。2006年首次参加大选即获得9个席位，被誉为荷政坛的黑马。2010年大选中位居第三，默许支持自由党与基民盟组成少数内阁。主张降低税收，提高教育质量，不接收外来移民。领导人、主席威尔德斯（Geert Widers）。

（5）社会党（SP，Socialistische Partij）：成立于1972年，现有党员约4.3万人。主张实现求真、平等、互助的人类社会，强调人人拥有良好的工作、收入、福利、教育和健康权利。领导人卢默（Emile Roemer），主席马莱尼森（Jan Marijnissen）。

（6）基督教联盟（Christen Unie）：成立于2000年，2006年首次获得参政权。主张和谐的劳资关系，推迟退休年龄，反对人为堕胎。领导人斯洛布（Arie Slob），主席布洛克郝斯（Peter Blokhuis）。

（7）左翼绿党（GL，GroenLinks）：创建于1990年，现有党员约2万人。主张实现社会公正，维护中下层人民的利益，特别强调环境保护。领导人萨普（Jolande Sap，女），主席威宁（Heleen Weening，女）。

（8）六六民主党（D66，Democraten 66）：1966年由工党、自由党中分裂出来的左翼激进分子组成。现有党员约1.3万人。主张对现有的民主模式进行改革，建立开放的民主制度，保障公民的个人权利。领导人贝赫托德（Alexander Pechtold），主席范安格胡芬（Ingrid van Engelshoven，女）。

【重要人物】贝娅特丽克丝：女王。1938年1月31日生。1956年入莱顿大学学习，1959年获法律学士学位，1961年获硕士学位。1980年4月30日继承王位，为荷兰王国第6代君主。爱好绘画、雕刻和音乐。生有3子，长子威廉·亚历山大为王储。女王丈夫克劳斯亲王于2002年10月6日去世。1977年5月以王储身份访华，1999年4月对中国进行首次国事访问。　**吕特：**首相。自由党党首。1967年2月14日生。毕业于莱顿大学历史系。1992年起担任联合利华公司人力资源经理。2002年7月至2004年5月担任社会福利部国务秘书。2003年1月至2003年5月，任二院议员。2004年6月至2006年6月担任教科文部国务秘书。2006年5月，担任自由党党团主席。在2010年6月9日的议会大选中，吕特领导的自由党一举成为第一大党，并与基民盟组成少数内阁。2010年10月，正式就任首相。2012年4月23日内阁倒台后，吕特留任看守内阁首相至9月举行新一轮议会大选。

经　济

发达资本主义国家。经济属外向型，80%的原料靠进口，60%以上的产品供出口。对外贸易的80%在欧盟内实现。商品与服务的出口约占国民生产总值的55%。电子、化工、水利、造船以及食品加工等领域技术先进，金融服务和保险业发达；陆、海、空交通运输十分便利，是欧洲大陆重要的交通枢纽；农业高度集约化，农产品出口额居世界前列。2011年主要经济数据如下：

国内生产总值：8404亿美元。

人均国内生产总值：50355美元。

经济增长率：1.8%。

货币名称：欧元（Euro）。

通货膨胀率：2.1%。

失业率：5.4%。

【资源】自然资源贫乏，但天然气储量丰富。2011年开采天然气2419亿立方米。

【工业】工业发达。主要工业部门有食品加工、石油化工、冶金、机械制造、电子、钢铁、造船、印刷、钻石加工等。是世界主要造船国家之一。鹿特丹是欧洲最大的炼油中心。自20世纪80年代以来，荷政府积极鼓励发展新兴工业，特别重视发展空间、微电子和生物工程领域中的高技术产业。近几年主要工业产值情况如下（2005年：100）：

	2008	2009	2010
食品、饮料、烟草	103.0	101.7	103.6
纺织、皮革、服装	102.4	89.6	99.4
纸张和印刷品	101.9	95.3	98.6
石化产品	104.8	99.7	105.0
金属工业	103.1	84.1	95.5

木材及建材	102.1	86.3	79.6
电子机械工程	109.0	93.4	106.4
工业总产值	105.4	96.0	102.1

（资料来源：荷兰统计局网站）

【农牧渔业】农业高度集约化，农业产值约占国内生产总值的1.5%，从业人员20.8万。农业构成中，畜牧业占52.6%，园艺业占33.4%，农田作物占14%。花卉生产发达，2010年出口额约78亿欧元，占世界市场的60%。近几年主要农畜产品产量如下（单位：万吨）：

	2005	2009	2010
猪肉	129.8	127.5	128.7
牛肉	39.6	40.2	38.9
鸡肉	62.8	73.3	75.1
鲜奶	1047.9	1146.9	1163.1
马铃薯	677.7	718.0	684.0
甜菜	593.1	573.5	528.0

近几年主要畜禽存栏情况如下（单位：万头/万只）：

	2005	2009	2010
猪	1131.2	1218.7	1225.2
牛	379.7	396.9	397.2
羊	136.1	113.7	112.8
鸡	9291.4	9686.2	10125.0

（资料来源：荷兰统计局网站）

【服务业】服务业是国民经济支柱产业，占GDP的70%以上，主要集中于物流、银行、保险、旅游和法律等行业。

【财政金融】2011年中央财政赤字281亿欧元，占GDP比重4.7%；公共债务3925亿欧元，占GDP比重65.2%。

主要金融机构：荷兰国际集团（ING）：由荷兰中产—邮政银行集团（NMB POSTBANK GROUP）与荷兰国民人寿保险公司（NATIONALE-NEDERLANDEN）于1991年合并而成。荷兰第一大金融机构，2011年在《财富》杂志评选的全球500强企业中列第17位。该集团下属荷兰保险公司（ING INSURANCE）为欧洲第四大保险公司，在北京、上海设有代表处；集团下属荷兰商业银行为荷第三大银行，在上海、深圳、厦门设有分行，在北京、广州、沈阳、大连设有代表处。2005年3月，与北京商业银行签订战略合作伙伴协定。

荷兰银行（ABN-AMRO BANK）：由荷兰通用银行（ABN BANK）和阿姆斯特丹—鹿特丹银行（AMRO BANK）于1991年合并而成，在世界上拥有3000多家分支机构，是世界上拥有银行网络最多的银行之一。集团资产总额5974亿欧元，在世界银行界居第17位，欧洲排行第8位。在上海和深圳设有分行，在北京、天津、广州、武汉设有代表处。

荷兰农业合作银行（RABO BANK NEDERLAND）：由荷兰数家农村信用社于1973年合并而成，为荷兰第二大银行，在世界各大银行中居第31位。2011年在《财富》杂志评选的全球500强中列第286位。主要从事农业、农业机械和食品工业等行业的金融交易。在北京、上海等地设有办事处。

【对外贸易】外贸在经济中占重要地位。2011年进出口总额为7729亿欧元。近几年对外贸易情况如下（单位：亿欧元）：

	2009	2010	2011
总　额	5834	7032.6	7729
出口额	3094	3709.0	3678
进口额	2740	3323.6	4051

进口主要是工业原料、原油、半制成品和机械等；出口主要是石油制品、电子产品、船舶和农产品等。2011年主要贸易对象如下（单位：亿欧元）：

	进口	出口	差额
欧盟	2290	3272	+982
其他国家	1357	778	-579

（资料来源：荷兰统计局网站）

【对外投资】为世界主要对外投资大国之一，其中约一半流向欧盟成员国，美、日是其欧盟以外投资的重点。近年来荷加强了对东欧和东南亚国家的投资。

【对外援助】20世纪80年代以来，荷兰官方外援金额在国民生产总值中所占比重一直保持在0.8%左右，居发达国家前列。主要受援国包括印度、坦桑尼亚、津巴布韦、苏里南、玻利维亚、缅甸、尼加拉瓜、莫桑比克、肯尼亚等。

【外国资本】外国对荷直接投资主要来自美国、英国、比利时、卢森堡、德国等国家。主要领域集中在信息、化工、医学设备仪器、电子通讯等。据统计，中国对荷投资累计12亿欧元，2011年对荷投资4300万欧元，成为荷第二大投资来源国。

【著名公司】荷兰著名的跨国公司有：

（1）荷兰皇家壳牌集团（Royal Dutch/ Shell Group of Companies）：荷最大的工业公司，在2011年《财富》杂志评选的全球500强中列第二位。1907年由荷皇家石油公司与英国壳牌运输和贸易公司合并而成，实行两总部控股制，其中荷资本占60%，英占40%，两总部分别设在荷兰鹿特丹和英国伦敦。集团公司下设14个分部，分别经营石油、天然气、化工产品、有色金属、煤炭等，其中石油、石化燃料的生产和销售能力居世界第二位。公司在中国广东惠州的石油化工合资项目总投资43亿美元，2005年10月落成投产，是目前中外合资最大的项目之一。公司总裁傅赛（Peter

Voser)。

(2)飞利浦电子公司(Philips Electronic N.V):成立于1891年，在2011年《财富》杂志评选的全球500强中列第277位，在世界电子行业中排名第7。在60多个国家设有营业机构，共有雇员26.51万人。其股票在9个国家的16个交易所上市。主要生产视听产品、照明、电子元件、半导体、医疗设备、小家电、工业电子及商业电子等，其中照明设备、彩色显像管、电动剃须刀、X光分析仪及音响设备在国际市场居领先地位。总部设在阿姆斯特丹，总裁万豪敦(Frans van Houten)。

(3)联合利华公司(Unilever N.V):英、荷合资企业，成立于1930年，世界著名日用及食品化工集团，在2011年《财富》杂志评选的全球500强中列第136位。公司在荷兰鹿特丹和英国伦敦各有一个总部。荷兰部分主要生产食品，英国则主要生产日用化工产品。集团现有员工30.6万人，分布在世界70多个国家和地区。公司总裁保罗·波尔曼(Paul Polman)。

(4)阿克苏·诺贝尔公司(Akzo Nobel N.V):跨国化工和医药集团，1994年由荷兰阿克苏公司和瑞典诺贝尔公司合并而成。公司主要有药品、涂料和化学3个部门，共有员工8.6万人，在世界60多个国家和地区设有分支机构。主营盐、碱、塑料、添加剂、工业及纺织用纤维、各种薄膜、医疗设备、药品及药品生产用原料等。总裁魏思瀚(Hans Wijers)。

人民生活

社会保障体系较完备，居民福利水平较高，贫富差距不明显。2010年家庭平均消费31497欧元，结构主要如下：食品4969欧元，服装1821欧元，住房10955欧元，出行和娱乐10289欧元，医疗卫生2490欧元，其他974欧元。

军　事

二战前为中立国，战后加入北约，并以北约的集体防卫政策作为其国防政策的基础。女王是全国武装力量最高统帅，实际指挥权掌握在内阁手中。国防委员会是荷最高安全决策机构，首相为委员会主席。现任国防大臣希伦。1997年1月1日起军队全面实行职业化，通过与志愿者签订合同形式招募人员。现役部队6.9万人。2010年军费占GDP的1.4%。

文化教育

【教育】实行12年(5～16岁)全日制义务教育。中小学校分为公立和私立两类。2010/2011学年，荷全国共有8421所各级各类学校，学生总数379.4万人，教育和科研经费302亿欧元。2010/2011学年小学在校生共157万余人，中学在校生94万人，成人和职业教育学校在校生约55万人。荷高等教育分为大学和高等职业教育。荷现有13所重点大学，其中6所综合性大学、3所理工大学、4所专业类大学，在校生24万人。高等职业学校学生41万人。著名高等院校有莱顿大学、乌特勒支大学、阿姆斯特丹自由大学、格罗宁根大学、鹿特丹伊拉斯谟大学、代尔夫特理工大学和瓦格宁根农业大学等。

莱顿大学：建于1575年，是欧洲历史最悠久的大学之一，综合学术水平享誉全球，在《泰晤士报高等教育大学排名》中位居欧洲大陆文科大学榜首。现有学生18924人(外国留学生1500多人)，教职员工约4000人。贝娅特丽克丝女王、威廉·亚历山大王储均毕业于该校。

代尔夫特理工大学：原系1842年建立的“皇家学院”的一个理工分院，1905年正式获得大学地位，现有学生约17031人，外国留学生约1300名，教职员工约4640人。

瓦格宁根农业大学：建于1918年，现有学生8500名，外国留学生约500人，教职员工7400余人。

【新闻出版】报刊发行始于1618年。现共有日报近90种(其中全国性日报8种)，综合性和专业性期刊约4000种。主要报刊有《人民报》、《新鹿特丹商报》、《忠诚报》、《金融日报》、《电讯报》、《誓言报》，周刊有《埃尔什维尔》、《自由荷兰》、《HP时代》、《绿色阿姆斯特丹人》等。

荷兰通讯社：半官方新闻机构。

共有5个全国广播电台、10个地区广播电台和150个地方广播电台。电视广播覆盖率100%，其中76%的家庭可接收有线电视。全国有35个广播电视组织，由荷兰广播电视协会根据各组织会员人数分配广播电视的播放时间，其中8大广播电视组织在3套半官方的全国性电视节目中拥有绝大部分播放时间。近年来，商业电视台发展较快。

对外关系

为欧盟和北约成员国。对外政策具有大西洋派和欧洲派双重色彩。国家安全、经济利益和民主人权是其外交的三大支柱。视美国为传统盟友，认为世界上任何重大问题的解决均离不开美国的合作，美在欧洲的存在是实现欧洲安全与稳定的保证。认为欧洲一体化进程不可逆转，支持欧盟和北约双东扩。重视联合国等国际组织的作用，支持联合国改革。重视发展与亚洲国家的关系。

【同中国的关系】1954年11月19日两国建立代办级外交关系，1972年5月18日升格为大使级。

近年来，中荷关系保持良好发展势头。2006年荷兰政府制定首份对华政策文件，强调将一个中国原则作为对华政策的基石，对随后欧盟出台的对华政策文件产生积极影响。2008年8月，鲍肯内德首相、亚历山大王储夫妇来华出席北京奥运会开幕式并观赛。玛格丽特公主出席残奥会开幕式并观赛。10月，鲍肯内德首相出席第七届亚欧首脑会议并正式访华。2010年5月，鲍肯内德首相、亚历山大王储夫妇分别来华出席上海世博会开幕式和荷兰国家馆日活动。2011年5月，荷兰副首相兼经济、农业和创新大臣费尔哈根访华。10月，全国政协主席贾庆林访荷。2012年5月，全国人大常委会委员长吴邦国访荷。

中荷经贸关系发展较快。从2003年起，荷已连续9年成为中国在欧盟的第二大贸易伙伴。据中国海关总署统计，2011年中荷贸易额为681.5亿美元，同比增长21.3%。其中，中方进口额为86.5亿美元，出口额为595亿美元，同比分别增长33.6%和19.7%。

2011年，共有7955名中国留学生在荷兰学习，荷兰在华留学生1569人。现已有20多所荷兰高等院校与中国有关高校建立了长期交流关系，主要有：莱顿大学、阿姆斯特丹大学和北京大学；乌特勒支、代尔夫特理工大学和清华大学等。2006年6月，两国政府签订的相互承认高等教育学位证书及入学的协议生效。目前中国在荷兰设有两所孔子学院，分别位于莱顿大学海牙分校和格罗宁根大学。

中国驻荷兰大使：张军。馆址：Willem Lodewijklaan 10，2517JT，Den Haag，the Netherlands。电话：0031-70-3065061；传真：3551651。领事部电话：0031-70-3065091；传真：3065085。商务处电话：0031-70-5121002；传真：5111206。

荷兰驻中国大使：裴靖康（Rudolf Simon Bekink）。馆址：北京市朝阳区亮马河南路4号。电话：010-85320200；传真：85320301。

中国于1996年开始派驻常驻荷兰武官。荷兰于2006年在华设立武官处并派驻首任武官。

荷兰在中国上海、广州、香港设有总领事馆。中国迄未在荷兰设领。目前，两国已建立24对友好省市关系。

【同美国的关系】荷美关系历来密切。政治上荷主张同美保持平等伙伴关系，军事上依靠美核保护伞，强调美在欧洲的存在是欧洲稳定的重要保证；经济上美是荷在欧盟以外最大的贸易伙伴，双方互为主要投资国。“9·11”事件后，荷领导人发表声明，谴责恐怖分子对美国的袭击，支持美反对恐怖主义的行动。支持美国在伊拉克问题上的立场，向伊派出1300名士兵。2005年3月，荷撤回期限已满的驻伊拉克维和部队，同时派遣近千人的特种部队和多架战机，参加美在阿富汗的反恐军事行动，虽然2010年从阿富汗撤军，但很快通过派遣警察训练人员的方式重返阿富汗。2008年6月，首相鲍肯内德和外交大臣费尔哈根访美。2009年4月21日，外交大臣费尔哈根访美；7月14日，鲍肯内德首相访美；9月14日，威廉·亚历山大王储夫妇访美。2011年11月，首相吕特访美。

【同欧盟国家的关系】重视加强与西欧国家的关系，与邻国的高层往来密切。1997年上半年，荷兰轮任欧盟主席国时推动签订了修改《马斯特里赫特条约》的欧盟《阿姆斯特丹条约》。1998年成为首批欧元成员国之一。2004年下半年，再次轮任欧盟主席国，积极推动欧盟政治联合和防务建设取得新的进展，历史上首部《欧洲宪法条约》得以正式签署。2008年6月和7月，议会两院先后审批通过欧盟《里斯本条约》。

【同俄罗斯及东欧国家的关系】密切关注独联体和东欧各国的发展动向，支持和推动其向民主和市场经济体制过渡。重点发展与东欧各国的关系，支持其加入欧盟和北约。2005年11月，俄罗斯总统普京访荷。2007年5月1日，荷向2004年新加入欧盟成员国开放劳动力市场。2007年10月，荷兰首相鲍肯内德访问俄罗斯。2008年3月4日，荷兰承认科索沃独立。2009年6月，俄罗斯总统梅德韦杰夫访荷。2011年10月，荷兰首相吕特率经贸代表团访俄。

【同亚洲国家的关系】对亚太地区经济迅速发展十分关注，认为这对西方既是巨大挑战，同时也带来机遇。努力改善和发展同亚洲国家的关系，扩大和加深同亚洲地区的经贸合作。近年来与亚洲国家高层互访增多。2007年10月，荷女王贝娅特丽克丝访问印度。2009年8月，日本皇太子夫妇访荷。2009年10月，荷兰首相鲍肯内德访问新加坡和日本。2011年10月，越南总理访荷。2012年3月，荷兰外交大臣罗森塔尔访问韩国。2012年4月，土耳其总统居尔访荷。

【同苏里南的关系】苏里南原为荷兰殖民地，1975年独立，荷允提供35亿荷盾的发展援助。2004年8月，两国就荷取消对苏发展援助达成一致，宣布今后双方将以更务实的合作关系取代纯援助关系，加强在安全、环境、文化和投资等领域的合作。（申昕）

黑　山

<u>国名</u>　黑山（Montenegro，Crna Gora）。

<u>面积</u>　1.38万平方公里。

<u>人口</u>　62万（2012年）。其中黑山族占44.98%，塞尔维亚族占28.73%，波什尼亚克族占8.65%，阿尔巴尼亚族占4.91%。主要宗教为东正教。

<u>首都</u>　波德戈里察（Podgorica），人口约18.7万（2011年）。

<u>国家元首</u>　总统菲利普·武亚诺维奇（Filip VUJANOVIĆ），2008年4月连任。任期五年。

<u>重要节日</u>　国庆日：7月13日。

简　况

位于欧洲巴尔干半岛中西部，东南与阿尔巴尼亚为邻，东北部与塞尔维亚相连，西北与波黑和克罗地亚相接壤。西南部地区濒临亚得里亚海，海岸线长293公里。气候依地形自南向北分为地中海式气候、温带大陆性气候和山地气候。1月平均气温5℃，7月平均气温25℃。

公元6世纪末和7世纪初，部分斯拉夫人移居到巴尔干半岛。9世纪，斯拉夫人在黑山地区建立“杜克里亚”国家。11世纪，“杜克里亚”改称“泽塔”，并于12世纪末并入塞尔维亚。1356年，“泽塔”脱离塞尔维亚并重获独立。15世纪，奥斯曼土耳其帝国占领波德戈里察及其以北领土，泽塔王朝陷落。1878年柏林会议承认黑山为独立国家。1910年黑山成为王国。1918年第一次世界大战后，黑山再次并入塞尔维亚，加入“塞尔维亚人—克罗地亚人—斯洛文尼亚人王国”，1929年改称南斯拉夫王国。1941年第二次世界大战爆发，德、意法西斯入侵并占领南斯拉夫王国。1945年，南斯拉夫人民赢得反法西斯战争胜利。同年11月29日，南斯拉夫联邦人民共和国宣告成立。1963年改称南斯拉夫社会主义联邦共和国，1991～1992年斯洛文尼亚、克罗地亚、波斯尼亚和黑塞哥维那、马其顿四个共和国相继宣布脱离南联邦独立。1992年4月27日，塞尔维亚与黑山两个共和国联合组成南斯拉夫联盟共和国。2003年2月4日，南斯拉夫联盟共和国议会通过《塞尔维亚和黑山宪法宪章》，改国名为塞尔维亚和黑山。2006年5月21日，黑山就国家独立举行公民投票并获通过。6月3日，黑山议会正式宣布独立。6月28日，黑山加入联合国。

政　治

黑山政局稳定，黑山社会主义者民主党和社会民主党联盟执政地位稳固。2010年12月，黑山总理米洛·久卡诺维奇（Milo ĐUKANOVIĆ）宣布因个人原因辞职，副总理兼财政部长伊戈尔·卢克希奇（Igor LUKŠIĆ）出任新总理，权力交接平稳。

【**议会**】一院制。议员通过直选产生，任期四年。本届议会于2009年4月23日组成，共有81个席位。社会主义者民主党—社会民主党—波什尼亚克党—克罗地亚公民倡议党联盟48席，社会主义人民党16席，新塞尔维亚民主党8席，变革运动5席，前进党、阿尔巴尼亚人民主联盟党、阿尔巴尼亚繁荣联盟党、黑山民主联盟—阿尔巴尼亚抉择党各1席。议长兰科·克里沃卡皮奇（Ranko KRIVOKAPIĆ）。

【**政府**】国家权力执行机构。本届政府于2009年4月组成，2010年12月重组，包括社会主义者民主党、社会民主党、波什尼亚克党和克罗地亚公民倡议党。主要成员：总理伊戈尔·卢克希奇，2010年12月上任，负责政治事务的副总理兼司法部、人权和少数民族权益部长杜什科·马尔科维奇（Duško MARKOVIĆ），负责经济事务的副总理兼信息社会和电信部长武伊察·拉佐维奇（Vujica LAZOVIĆ），外交和欧洲一体化部长奈博伊沙·卡鲁杰罗维奇（Nebojša KALUĐEROVIĆ），内务部长伊万·布拉约维奇（Ivan BRAJOVIĆ），国防部长米莉察·佩亚诺维奇·久里希奇（Milica PEJANOVIĆ-ĐURIŠIĆ），财政部长米洛拉德·卡特尼奇（Milorad KATNIĆ），教育和体育部长斯拉沃柳布·斯蒂耶波维奇（Slavoljub STIJEPOVIĆ），文化部长布拉尼斯拉夫·米丘诺维奇（Branislav MIĆUNOVIĆ），经济部长弗拉迪米尔·卡瓦里奇（Vladimir KAVARIĆ），交通和海事部长安德里亚·隆帕尔（Andrija LOMPAR），农业和农村发展部长塔尔赞·米洛舍维奇（Tarzan MILOŠEVIĆ），可持续发展和旅游部长普雷德拉格·塞库利奇（Predrag SEKULIĆ），卫生部长米奥德拉格·拉杜诺维奇（Miodrag RADUNOVIĆ），劳动和社会保障部长苏阿德·努马诺维奇（Suad NUMANOVIĆ），科学部长萨妮娅·弗拉霍维奇（Sanja VLAHOVIĆ，女），不管部长拉费特·胡索维奇（Rafet HUSOVIĆ）。

【**主要网址**】政府：http：//www.gov.me；议会：http：//www.skupstina.me；外交部：http：//www.mip.gov.me；《胜利报》：www.pobjeda.co.me。

【**行政区划**】全国共设21个行政区。

【**司法机构**】设宪法法院、最高法院、行政法院、上诉法院、经济法院、中级法院和初级法院。国家检察体系设最高检察长、2个中级检察长和13个初级检察长。宪法法院院长米兰·马尔科维奇（Milan MARKOVIĆ），2007年12月就任。最高法院院长韦斯娜·梅戴尼察（Vesna MEDENICA，女），2007年12月就任。最高检察长兰卡·查拉皮奇（Ranka ČARAPIĆ，女），2008年4月就任。

【**政党**】黑山政治党派和组织共计52个。其中主要政党有：

（1）黑山社会主义者民主党（Demokratska Partija Socijalista Crne Gore）：执政党。原为黑山共产主义者联盟，1991年6月改为现名。现有党员11万人。主张平等公正、民族团结，坚定走欧洲一体化道路。主席米洛·久卡诺维奇。

（2）黑山社会民主党（Socijaldemokratska Partija Crne Gore）：执政党。1993年成立，主要代表劳工利益。致力于建设民主社会主义，主张在改革中实现社会公正和经济繁荣。主席兰科·克里沃卡皮奇。

（3）黑山社会主义人民党（Socijalistička Narodna Partija Crne Gore）：在野党。1998年3月成立，由黑山社会主义者民主党分裂产生。主张平等、自由、正义、民主，主张发展市场经济，促进社会繁荣。主席斯尔詹·米利奇（Srđan MILIĆ）。

（4）新塞尔维亚民主党（Nova Srpska Demokratija）：在野党。2009年1月成立。前身为塞尔维亚人民党。主张加强议会民主和建立法制国家，强调塞族民族平等性。主席安德里亚·曼迪奇（Adrija MANDIĆ）。

【**重要人物**】**菲利普·武亚诺维奇**：总统。1954年1月生。毕业于贝尔格莱德大学法律系。1993 ~ 1995年任黑山司法部长，1996 ~ 1998年任黑山内务部长，1998年5月起任黑山总理。2001年6月再次连任。2002年11月起任黑山议长。2003年5月当选黑山总统，2008年4月连选连任。2008年8月来华出席北京奥运会开幕式。2010年5月来华出席上海世博会黑山国家馆日活动。懂英语。已婚，有三个孩子。　**兰科·克里沃卡皮奇**：议长。1961年8月生。毕业于贝尔格莱德大学法律系，曾在英国、美国学习进修。曾任黑山议会议员、议会人权和自由委员会主席、欧洲委员会议会议员。2003年当选议长，2006年10月和2009年4月两次连任。黑山社会民主党主席。2008年8月来华出席北京奥运会闭幕式。懂英语。已婚，有两个子女。　**伊戈尔·卢克希奇**：总理。1976年6月生。毕业于黑山大学经济学院。博士。曾任塞尔维亚和黑山议会议员、5次当选为黑山议会议员，并任黑山总理公共关系顾问，塞尔维亚和黑山外交部副部长等职，4次出任黑山财长。2008年12月至2010年12月两次兼任黑山副总理。2010年12月出任黑山总理。黑山社会主义者民主党副主席。懂英语、法语、意大利语。已婚，有三个孩子。

经　济

黑山国家较小，国民经济门类不全，经济对外依存度超过60%。旅游、建筑等产业是黑山经济重要组成部分。2009年，黑山经济受国际金融危机影响较大，2010年实现恢复增长。2011年，黑山经济保持增长势头，主要经济数据如下：

国内生产总值：32.7亿欧元。

增长率：2.5%。

人均国内生产总值：5277欧元。

货币：欧元（EURO）。

通货膨胀率：3.1%。

失业率：19.5%。

【**资源**】森林和水利资源丰富，森林覆盖率为39.43%。此外，铝、煤等资源丰富，铝矿石储量3600万吨、褐煤3.5亿吨。

【**工业**】2011年工业产值同比下降10.3%。主要工业有采矿、建筑、冶金、食品加工、电力和木材加工业等。近几年主要工业产品产量如下（单位：万吨）：

	2009	2010	2011
发电量（亿度）	27.50	4169009兆瓦	2800000兆瓦
钢	21.70	3.32	3.37
铝	12.50	8.20	9.30
褐煤	195.72	193.78	197.26

【**农牧业**】全国农业用地为51.6万公顷，占国土总面积的37.4%，其中可耕地面积为18.99万公顷，播种面积为3.1万公顷。2010年主要农产品产量为（单位：吨）：小麦2465；玉米10484；烟草270；土豆149252；李子6921；橄榄2343；葡萄40804。

2010年主要畜牧产品和牲畜存栏总数为：牛9.59万头；猪1.12万头；羊21.52万只；家禽50.6万只。

【**服务业**】2010年服务业产值为1.39亿欧元。共有1118个服务单位，主要包括旅馆、餐厅、咖啡馆、酒吧等。

【**旅游业**】旅游业是黑山国民经济的重要组成部分和主要的外汇收入来源。主要风景区是亚得里亚海滨和国家公园等。2011年黑山游客总数约137.3万人次，同比增长1.1%。旅游者主要来自塞尔维亚、俄罗斯、波黑、阿尔巴尼亚等。

【**交通运输**】以铁路和公路为主。2011年交通运输情况如下：

铁路：总长250公里，共有47个车站。客运量69.2万人次，货运量105万吨。

公路：总长7763公里。客运量624万人次，货运量124.7万吨。

空运：共载客125.8万人次，载货量为1074.3吨。有2个机场，分别是波德戈里察机场和蒂瓦特机场。

水运：巴尔港为黑山主要港口，可停泊大型远洋轮船。总运量为280万吨。

【**财政金融**】2011年财政赤字为1.4亿欧元，约占GDP的4.3%。2011年外债总额为14.8亿欧元，外汇储备约3亿欧元。

【**对外贸易**】近年来，黑山对外经济贸易活动逐渐活跃，外贸额稳定上升。黑山主要贸易伙伴为：塞尔维亚、意大利、希腊、斯洛文尼亚等。2011年黑山对外贸易总额为22.7亿欧元，同比增长14.6%；其中出口额为4.5亿欧元，进口额为18.2亿欧元。近年来黑山进出口情况如下（单位：亿欧元）：

	2009	2010	2011
出口额	2.87	3.30	4.5
进口额	16.50	16.50	18.2
差　额	−13.63	−13.26	−13.7

【**外国资本**】2011年外国对黑山直接投资为4.5亿欧元。主要集中在不动产和金融等领域。

人民生活

截至2011年底，全国共有各类医院120所，职业医生1383名，病床3918张。2011年，职工月平均工资为483欧元。黑山约有139万移动电话用户。

军　事

黑山最高军事决策机构是国家安全委员会，总统是武装力量的最高统帅。2006年，黑山军队取消义务兵役制。2006年12月，黑山成为北约“和平伙伴关系国”，2007年获得北约对话国地位，2009年12月，成为北约行动计划成员国。

文化教育

【教育】黑山具有完备的教育体系，包括学前教育、初等教育、中等教育、高等教育、成人教育和特殊教育等。普及实施八年制义务教育。2010/2011年度各级学校情况如下：

	学校（所）	学生（人）	教师（人）
学前班	108	13652	1322
小 学	438	70936	4962
中 学	49	32126	2332
高等学校	39	22163	1526

【文化】黑山共有10家职业剧院、9家电影院、24家博物馆、36家图书馆。

【新闻出版】2010年黑山有报纸杂志175种，主要日报有《消息报》、《胜利报》。黑山通讯社（MINA）为黑山唯一通讯社。2010年共有40家电台和20家电视台。其中黑山国家广播电视台（RTCG）为国有。

对外关系

融入欧洲—大西洋一体化进程是黑山外交的战略目标。黑山重视发展同大国的关系，奉行睦邻友好政策，致力于促进地区的和平与稳定。

截至2012年5月，已有158个国家同黑山建立外交关系。

【同中国的关系】2006年6月4日，黑山外长弗拉霍维奇致信李肇星外长，寻求中国承认黑山为主权独立国家。6月14日，中国外交部长李肇星复信黑山外长米奥德拉格·弗拉霍维奇，宣布中国政府承认黑山。7月6日，中华人民共和国代表、外交部长李肇星和黑山代表、外交部长弗拉霍维奇在北京签署《中黑建立外交关系联合公报》。弗拉霍维奇外长对中国进行正式访问。2011年是中黑建交5周年。1月，黑山议会对外关系和欧洲一体化委员会主席武科维奇访华。5月，黑山社会主义者民主党主席团成员卡拉奇来华出席第二届中欧政党高层论坛。黑山最高法院院长梅黛妮察访华。7月，国务院总理温家宝、外交部长杨洁篪分别同黑山总理卢克希奇、外长罗钦互致贺电，庆祝两国建交5周年。9月，全国政协副主席陈奎元访问黑山。10月，黑山国防部长武契尼奇、卫生部长拉杜诺维奇分别访华。2012年4月，国务院总理温家宝在波兰会见出席中国—中东欧国家领导人会晤的黑山总理卢克希奇。

中国驻黑山大使：智昭林。馆址：波德戈里察市拉多萨瓦·布里察大街4号（Radosava Burica 4, Podgorica Montenegro），邮编：81000。电话：00382-20-609275；传真：609296。

黑山驻华大使：莉莉娅娜·托什科维奇（Ljiljana TOŠKOVIĆ）。馆址：北京市朝阳区三里屯外交公寓3-1-12，邮编：100600。电话：010-65327610；传真：65327690。

【同美国的关系】2006年6月12日，美国承认黑山独立。8月15日，两国建交。2010年1月，黑山总理久卡诺维奇访美。2011年10月，黑山总理卢克希奇访美。

【同欧盟及欧洲国家的关系】2006年6月12日，欧盟外长会议决定承认黑山。2007年10月，黑山同欧盟签署《稳定与联系协议》。2008年12月，久卡诺维奇总理向欧盟轮值主席国法国总统萨科齐递交入盟申请。2010年12月，黑山获得欧盟候选国地位。2011年1月，希腊外长德鲁察斯访问黑山。5月，黑山外长罗钦访问西班牙，波兰总理图斯克访问黑山。6月，黑山议长克里沃卡皮奇访问英国、总理卢克希奇分别访问梵蒂冈和德国，外长罗钦访问意大利，匈牙利总理欧尔班、塞浦路斯外长基普里亚努访问黑山。7月，保加利亚总理博里索夫访问黑山。8月，黑山议长克里沃卡皮奇访问摩纳哥，总理卢克希奇访问爱沙尼亚、拉脱维亚和立陶宛，德国外长韦斯特维勒访问黑山。9月，黑山总统武亚诺维奇访问阿塞拜疆，斯洛文尼亚总统图尔克、斯洛伐克总统加什帕罗维奇访问黑山。10月，黑山总理卢克希奇访问保加利亚。12月，黑山总统武亚诺维奇访问德国，议长克里沃卡皮奇访问瑞典，外长罗钦访问英国，乌克兰总理阿扎罗夫访问黑山。

【同北约的关系】黑山以加入北约为其战略目标。2009年12月，北约外长会议同意接纳黑山为北约行动计划成员国。2010年11月，黑山总理久卡诺维奇出席在里斯本召开的北约峰会。

【同俄罗斯的关系】2006年6月11日，俄承认黑山为主权独立国家。26日，两国建交。2011年10月，俄罗斯紧急情况部长绍伊古访问黑山并出席两国政府经贸混委会例会。

【同邻国的关系】同塞尔维亚的关系：20世纪90年代初，原南斯拉夫社会主义联邦共和国解体后，黑山与塞尔维亚共同组成南斯拉夫联盟共和国。2003年，南联盟更名为塞黑。2006年5月21日，黑山举行独立公民投票并获通过，塞、黑最终和平分手。6月22日，两国正式建交。2011年7月，黑山总理卢克希奇访问塞尔维亚。12月，塞尔维亚总理茨韦特科维奇访问黑山。

同其他邻国的关系：2006年6月，克罗地亚、波黑、马其顿分别承认黑山并建交。7月，阿尔巴尼亚承认黑山。2011年1月，马其顿议长韦利亚诺斯基访问黑山。6月，黑山总理卢克希奇访问波黑，外长罗钦访问阿尔巴尼亚。7月，黑山总理卢克希奇出席在杜布罗夫尼克举行的“2011克罗地亚峰会”；总统武亚诺维奇出席在马其顿举行的“奥赫里德峰会”。9月，黑山议长克里沃卡皮奇访问波黑，副总理马尔科维奇访问克罗地亚。10月，黑山总统武亚诺维奇访问克罗地亚，克罗地亚议长贝比奇访问黑山。11月，黑山总理卢克希奇出席在贝尔格莱德举行的中欧倡议国组织峰会。

12月，黑山外长罗钦出席在地拉那举行的“亚得里亚宪章”成员国外长会议。（钱湘云）

捷　克

国名　捷克共和国（The Czech Republic，Česká republika）。

面积　78865平方公里。

人口　1055万（2011年）。其中90%以上为捷克族，斯洛伐克族占2.9%，德意志族占1%，此外还有少量波兰族和罗姆族（吉卜赛人）。官方语言为捷克语。主要宗教为罗马天主教。

首都　布拉格（Prague），496平方公里。人口127万（2011年）。2011年平均气温9.0℃。

国家元首　总统瓦茨拉夫·克劳斯（Václav KLAUS），2003年2月28日首次当选，2008年2月15日连任，任期五年。

重要节日　国庆日：第一次世界大战导致奥匈帝国瓦解，1918年10月28日，捷克斯洛伐克共和国成立。1993年1月1日，捷克、斯洛伐克各自独立，捷克沿用10月28日为国庆日。

简　况

地处欧洲中部。东靠斯洛伐克，南邻奥地利，西接德国，北毗波兰。属北温带，年均气温7.5℃，年均降水量674毫米。

5～6世纪，斯拉夫人西迁到今天的捷克和斯洛伐克地区，公元830年在该地区建立了大摩拉维亚帝国。9世纪末、10世纪上半叶在今捷克地区成立了捷克公国。1419～1437年，捷克地区爆发了反对罗马教廷、德意志贵族和封建统治，要求宗教改革的胡斯运动。1620年，捷克被哈布斯堡王朝吞并。第一次世界大战后奥匈帝国瓦解，捷克与斯洛伐克联合，于1918年10月28日成立捷克斯洛伐克共和国。1938年9月，英、法、德、意四国代表在慕尼黑签署了《慕尼黑协定》，将捷克斯洛伐克的苏台德地区割让给德国。1939年3月捷被纳粹德国占领。1945年5月9日，捷在苏军帮助下获得解放。1948年2月，捷克斯洛伐克共产党开始执政。1960年7月改国名为捷克斯洛伐克社会主义共和国。1968年8月20日，苏、波、匈、保、民德五国出兵捷克斯洛伐克，镇压“布拉格之春”改革运动。1969年4月，胡萨克出任捷共第一书记（后为总书记），1975年任总统。1989年11月，捷政权更迭，实行多党议会民主制。1990年改国名为捷克和斯洛伐克联邦共和国，同年6月举行首次自由选举，捷克地区的“公民论坛”和斯洛伐克地区的“公众反暴力”组织分别在本地区获胜，占据联邦议会中的多数席位，并组成联邦政府。1992年6月，捷联邦举行第二次议会大选，由“公民论坛”演变而来的公民民主党（简称“公民党”）和从“公众反暴力”组织分裂出来的争取民主斯洛伐克运动获胜，成为执政党。1992年12月31日，捷斯联邦解体。1993年1月1日起，捷克和斯洛伐克分别成为独立主权国家。

政　治

2010年7月，捷克公民民主党、TOP09党和公共事务党组成右翼三党联合政府，公民民主党主席内恰斯担任总理。2011年，联合政府内部虽龃龉不断并出现小幅改组，但政局总体保持稳定。2012年4月，公共事务党出现分裂，右翼三党执政联盟宣告解体，但在公民民主党、TOP09党及部分公共事务党议员的支持下，政府仍能继续执政。

【**宪法**】1960年7月，国民议会通过宪法，改国名为捷克斯洛伐克社会主义共和国。1968年10月，国民议会通过宪法法律，规定捷克斯洛伐克是由捷克族和斯洛伐克族两个平等民族组成的联邦制国家。1989年11月，联邦议会取消宪法中关于捷共在社会中领导作用的条款。1990年4月，联邦议会通过宪法修正案，将国名改为捷克和斯洛伐克联邦共和国，并修改了国徽。1992年11月25日，联邦议会通过了“联邦解体法”。12月15日，捷克民族议会决定接管联邦议会的职能，并于16日通过了新宪法，改国名为捷克共和国，修改了国徽，确定了多党议会民主制和平等、自由、法制的原则。新宪法于1993年1月1日生效。

【**议会**】国家最高立法机构，实行参众两院制。众议院共有议席200个，任期四年。参议院共有议席81个，任期六年，每两年改选1/3参议员。

本届众议院于2010年5月29日选举产生，有5个政党进入议会：社会民主党55席、公民民主党52席、TOP09党41席、捷克和摩拉维亚共产党26席、公共事务党21席，独立议员5席。主席米洛斯拉娃·涅姆措娃（Miroslava NĚMCOVÁ，女）。

1996年11月，捷举行了战后首次议会参议院选举。2010年10月举行了1/3参议员换届选举后，议席组成情况如下：社会民主党40席、公民民主党25席、基督教民主联盟6席、TOP09党5席、无党派人士4席。主席米兰·什捷赫（Milan ŠTĚCH）。

【**政府**】由总理、副总理和各部部长组成。现政府于2010年7月13日正式就职。主要成员有：总理彼得·内恰斯（Petr NEČAS），副总理兼外长卡雷尔·施瓦岑贝格（Karel SCHWARZENBERG），副总理兼政府立法理事会主席卡罗琳娜·皮克（Karolína PEAKE，女），财政部长米罗斯拉夫·卡卢塞克（Miroslav KALOUSEK），国防部长亚历山大·翁德拉（Alexandr VONDRA），内务部长扬·库比采（Jan KUBICE），工贸部长马丁·库巴（Martin KUBA），司法部长伊日·波斯皮希尔（Jiří POSPÍŠIL），劳动和社会事务部长亚罗米尔·德拉贝克（Jaromír DRÁBEK），交通部长帕维尔·多贝什（Paval DOBEŠ），农业部长彼得·本德尔（Petr BENDL）、卫生部长莱奥什·海盖尔（Leoš HEGER），教育部长佩特尔·菲拉（Petr FIALA），环境部长托马什·哈卢帕（Tomáš CHALUPA），文化部长阿莱娜·哈娜科娃（Alena HANÁKOVÁ，女），地方发展部长卡米尔·扬科夫斯基（Kamil JANKOVSKÝ）。

【主要网址】政府：http：//www.vlada.cz；外交部：http：//www.mzv.cz。

【行政区划】全国共划分为14个州级单位，其中包括13个州和首都布拉格市。各州下设市、镇。

【司法机构】全国设宪法法院、最高法院和最高监察院，院长均由总统任命。宪法法院院长帕维尔·里赫茨基（Pavel RYCHETSKÝ），2003年就任，任期十年。最高法院院长伊娃·布罗诺娃（Iva BROŽOVÁ，女），2000年就任，无任期年限。最高检察院院长帕维尔·泽曼（Pavel ZEMAN），2011年就任，任期五年。

州、市（区）均设法院、检察院、公证机关和经济仲裁机关。

【政党】全国共有政党、运动、联盟等政治组织60余个。主要有：

（1）公民民主党（简称公民党，Občanská demokratická strana）：执政党。约有党员2.3万人。成立于1991年4月，其前身为1989年11月成立的“公民论坛”。该党属右翼保守政党，推崇民主、自由，强调继承欧洲基督教传统、捷第一共和国的人道和民主传统，反对马列主义意识形态和任何形式的集体化倾向，主张实行彻底的私有化和市场经济。党主席彼得·内恰斯。

（2）TOP09党：执政党。成立于2009年6月，右翼政党。T.O.P三字母分别为捷克语中传统、责任和繁荣三个单词的首字母，09代表成立时间为2009年。该党崇尚民主和保守主义，反对民粹主义。党主席卡雷尔·施瓦岑贝格。

（3）公共事务党（Věci veřejné politická strana）：在野党，部分党员系内阁成员。成立于2001年。崇尚“直接民主”，号召民众打破大党主导政坛的格局，党员可通过互联网就党章、党纲、具体政策主张进行表决，直接践行民主权利，党领导层将根据表决结果参政议政。党主席拉代克·约翰（Radek JOHN）。

（4）捷克社会民主党（简称社民党，Česká strana sociálně demokratická）：在野党。约有党员1.6万人。最早成立于1878年，1938年解散，1945年恢复活动，1948年6月27日与捷共合并，1989年11月19日开始独立活动。自称中左党，政治上主张维护工人和其他劳动者的利益，经济上主张实行社会市场经济。1998年6月首次成为执政党。在2002年议会众议院大选中再次获胜并组建以该党为首的联合政府，2006年沦为在野党。党主席博胡斯拉夫·索博特卡（Bohuslav SOBOTKA）。

（5）捷克和摩拉维亚共产党（简称捷摩共，Komunistická strana Čech a Moravy）：在野党。约有党员9万人，实际参加活动的党员约3万人。由原捷克斯洛伐克共产党演变而来，成立于1990年3月31日。该党在历届议会中一直占有一定席位。党主席沃伊杰赫·菲利普（Vojtěch FILIP）。

（6）基督教民主联盟—捷克斯洛伐克人民党（简称人民党，Křesťanská a demokratická unie-Československá strana lidová）：在野党。约有党员8万人。成立于1918年，1945年加入捷共的民族阵线，1989年11月恢复原党的“非社会主义传统”。自称为中右党，强调基督教传统。党主席巴维尔·别洛布拉代克（Pavel BĚLOBRÁDEK）。

【重要人物】瓦茨拉夫·克劳斯：总统。1941年6月19日出生于布拉格市。1963年毕业于布拉格经济大学外贸专业。1963～1970年，在捷克斯洛伐克科学院经济研究所工作。1970年，因持有“反社会主义”和“反马克思主义”观点被研究所开除。1971～1986年，先后在捷克斯洛伐克国家银行等金融部门工作。1987～1989年，任捷克斯洛伐克科学院经济研究所预测研究院主任。1989年12月至1992年，任捷联邦共和国财政部长。1992年6月公民党大选获胜后，克出任捷斯联邦捷克共和国政府总理。1996年7月，连任捷克政府总理。1997年11月，政府垮台，克辞去总理职务。1998年6月至2002年6月任捷议会众议院主席。1991～2002年任公民党主席。2003年2月28日当选总统，2008年2月15日连任。1994年，克在担任总理期间访问中国。2004年，克作为总统对中国进行国事访问。2006年，克过境西安。已婚，有两子。 **彼得·内恰斯：**总理。1964年11月19日出生于乌赫尔堡。1988年毕业于马萨里克大学。1991年加入捷克公民党，1995年任国防部副部长。2006～2009年任副总理兼劳动和社会事务部长。2010年6月任公民党主席，7月任政府总理。已婚，有两子两女。

经　济

捷克为中等发达国家，工业基础雄厚。2009年受国际金融危机影响经济下滑，2010年和2011年实现恢复性增长。2011年主要经济数据如下：

国内生产总值（GDP）：2152亿美元。

人均国内生产总值：20487美元。

国内生产总值增长率：1.7%。

货币名称：捷克克朗（Kcs），1克朗＝100哈莱士。

年均汇率：1美元≈17.5克朗，1欧元≈24.3克朗。

通货膨胀率：1.9%。

失业率：6.8%。

【资源】褐煤、硬煤和铀矿蕴藏丰富，其中褐煤和硬煤储量约为134亿吨，分别居世界第三位和欧洲第五位。石油、天然气和铁矿储量甚小，依赖进口。其他矿物资源有锰、铝、锌、萤石、石墨和高岭土等。森林面积265.1万公顷，约占全国总面积的34%。伏尔塔瓦河上建有多座水电站。

【工业】主要工业部门有机械、化工、冶金、纺织、电力、食品、制鞋、木材加工和玻璃制造等。2011年工业总值同比增长7.2%。近几年主要工业产品产量如下：

	2008	2009	2010
电（亿度）	835.0	823.0	859
净煤（万吨）	1266.0	1100.0	1144
钢板（万吨）	214.8	135.7	未统计
石灰石（万吨）	620.0	609.0	未统计

（资料来源：2011年捷统计年鉴及经济公报）

【农业】2010年粮食产值12.5亿美元，畜牧业产值4.3亿美元。农业用地面积357.2万公顷，其中耕地面积259.2万公顷。森林覆盖率33%。农业人口14.3万，占全国劳动人口的5.6%。2010年粮食总产687.76万吨，粮食单产4.7吨/公顷。近几年主要农牧产品产量如下：

	2008	2009	2010
小麦（万吨）	463.2	435.8	416.2
大麦（万吨）	224.4	200.3	158.5
马铃薯（万吨）	77.0	75.3	66.5
牛肉（万吨）	18.3	18.1	17.1
猪肉（万吨）	43.1	37.0	36.6
奶（百万公升）	2728.0	2708.0	2612.0
蛋（百万个）	1402.0	1335.0	1237.0

近几年主要农畜存栏数如下（单位：万头、万匹或万只）：

	2008	2009	2010
牛	136.3	134.9	134.4
猪	197.1	190.9	174.9
羊	18.3	19.7	20.9
马	2.8	3.0	3.1
家禽	2649.1	2483.8	2125.0

（资料来源：2011年捷统计年鉴）

【旅游业】2010年接待外国游客约633万人次，创汇71.59亿美元。游客主要来自德国、荷兰、丹麦、英国、西班牙等国。主要旅游城市有布拉格、捷克克鲁姆洛夫、卡洛维伐利等。

【交通运输】以公路、铁路和航空运输为主。

公路：总长55588公里，其中高速公路657公里。2010年客运量总计3.8亿人次，货运量总计3.6亿吨。

铁路：总长9588公里，电气化铁路3060公里。2010年客运量总计1.7亿人次，货运量总计8390万吨。

水运：内河航道377公里，货运量总计164万吨。

空运：客运量总计747万人次，货运量总计1.4万吨。主要国际机场为布拉格鲁津机场。

【财政金融】近几年财政收支情况如下（单位：亿克朗）：

	2008	2009	2010
收入	14505	9746	10000
支出	14668	11670	11564
差额	–163	–1924	–1564

（资料来源：2011年捷统计年鉴及经济公报）

据捷国家银行公布数据，截至2012年2月末，捷国家银行外汇储备为429亿美元。

【对外贸易】外贸在捷克经济中占有重要位置，国内生产总值80%依靠出口实现。2011年，捷对外贸易总额为3136亿美元，同比增长20.8%，其中捷方出口额为1622亿美元，进口额为1514亿美元。近几年外贸情况如下（单位：亿美元）：

	2009	2010	2011
出口额	1118	1420	1622
进口额	1038	1334	1514
差　额	80	86	108

进口商品主要有：石油、天然气、计算机、轿车及配件、电信设备、机械设备、医药产品和器械、铁矿石、载重汽车和家用电器等。出口商品主要有：轿车及配件、电力、钢材、机械设备、玻璃制品、木材、化工产品、轮胎、家具等。主要贸易对象为：德国、斯洛伐克、波兰、中国、意大利、法国、奥地利、英国和荷兰。

【外国资本】2010年，捷克实际吸引外资约74亿美元，比上年增长近50%。1993～2010年，累计吸引外资1232亿美元。主要投资国为德国、荷兰、奥地利、英国、瑞士、美国。

人民生活

2011年，捷人均月工资为1465美元。2010年，平均每百家有全自动洗衣机100台，电冰箱110台，彩色电视机142台，个人电脑116台，手机252部，小汽车116辆，摩托车11辆。

军　事

捷克和斯洛伐克于1993年1月1日各自独立后，原联邦国家军队和武器装备按2：1分割，总统是军队最高统帅。1996年总兵力为6.5万人，2010年减至3.2万人。捷加入北约后，为满足北约提出的在军队和装备方面与缔约国接轨的要求，按北约各国模式改建了军队。2010年，军费开支为37亿美元，占国内生产总值的1.93%。捷军总参谋长弗拉斯吉米尔·皮采克（Vlastimil PICEK）。

文化教育

【教育】实行九年制义务教育。高中、大学实行自费和奖学金制，但国家对学生住宿费给予补贴。根据1990年颁布的有关法律，允许成立私立和教会学校。著名大学有查理大学、捷克技术大学、马萨里克大学、布拉格经济大学和帕拉茨基大学。2010/2011年度各类学校数量、学生及教师人数如下：

	学校（所）	学生（万人）	老师（万人）
幼儿园	4880	32.9	2.6
九年制小学	4123	78.9	5.8
高中（含技校）	1423	13.9	4.5

（资料来源：2011年捷统计年鉴）

2010年，捷克共有72所大学，其中26所公立大学，44所私立大学，2所国立大学。大学在校生39.6万，其中外国留学生3.8万。位于首都的查理大学是中欧最古老的学府，创办于1348年，现有16个院系（其中4个在外地）。创办于1707年的捷克技术大学，在中欧同类大学中也拥有最悠久的历史。

【新闻出版】2010年捷克全国发行各种报纸、杂志5265种，其中日报122种，周报、周刊188种，月刊、半月刊881种。主要报纸有：《今日青年阵线报》、《权利报》、《经济报》、《人民报》等。

捷克通讯社（捷通社）为国家商业性通讯社，在国外有11个分社，与20多个国家的通讯社有业务联系。

捷克广播电台：公共电台年均播音15万小时，私人电台年均播音48.9万小时。

捷克国家电视台于1953年5月1日开始试播，1954年正式开播。捷克国家电视台年均播放时间17628小时。私人电视台年均播放时间371128小时。

对外关系

捷克系北约、欧盟成员国。右翼三党联合政府执政后，外交政策保持连续性，继续奉行经济靠欧盟、安全靠北约的对外政策，积极参与欧盟共同外交和安全政策及北约行动并将“经济外交”和“人权外交”作为重点。捷与斯洛伐克保持“超常”关系，重视与德国、奥地利开展睦邻合作。积极倡导次区域合作，努力加强维谢格拉德集团（波兰、匈牙利、捷克、斯洛伐克）在地区事务中的作用与影响，2011年下半年至2012年上半年担任维谢格拉德集团轮值主席国。捷现已与195个国家建立了外交关系并加入了联合国、欧安合作组织、国际货币基金组织及世界银行等国际组织。

【同中国的关系】1949年10月6日，中国同原捷克斯洛伐克建交。1957年3月27日，双方签订了中捷友好条约。1989年11月捷剧变后，中捷两国在和平共处五项原则基础上保持和发展了友好合作关系。1992年年底捷联邦议会通过联邦解体法后，中国政府即照会捷方，决定从1993年1月1日起承认捷克共和国，并与其建立大使级外交关系。

2011年，中捷关系续有发展，两国在经贸、科技、文化、教育、地方等领域合作继续推进。据中国海关总署统计，2011年，双边贸易额为99.9亿美元，同比增长12.9%，其中中方出口额为76.7亿美元，同比增长7.7%，进口额为23.2亿美元，同比增长34.2%。2011年12月，中捷两国签署《中华人民共和国文化部和捷克共和国文化部2012 ~ 2014年文化合作议定书》。

1991年7月，“台北经济和文化办事处”在捷克登记注册。1993年11月，捷克在台北设立“经济文化办事处”。2010年捷台贸易额为14.9亿美元，下降50.5%，其中捷方出口额为1.1亿美元、同比增长120%，进口额为13.8亿美元、同比增长48.4%。

2009年捷克总理菲舍尔会见达赖对中捷关系带来的负面影响尚未消除。2011年达赖再次窜访捷克，并同捷副总理兼外长施瓦岑贝格会见。

中国驻捷克大使：于庆泰。馆址：布拉格6区佩莱街18号（Pelleova 18，Praha 6，16000，Czech Republic）。电话：00420-224311323；传真：224319888。商务处电话：233028872。领事部电话：233028845。使馆网址：www.chinaembassy.cz。

捷克驻华大使：利博尔·塞奇卡（Libor SEČKA）。馆址：北京市朝阳区建国门外日坛路。电话：010-85329500；传真：65325653。商务处电话：65326902。领事处电话：65326905。使馆网址：www.mfa.cz/beijing。

【同欧洲国家和地区的关系】2011年主要交往有：意大利：2月，意外长弗拉蒂尼访捷；4月，意总统纳波利塔诺对捷进行国事访问。法国：2月，捷总理内恰斯访法。波兰：2月，波总统科莫罗夫斯基访捷；6月，波议长博格丹·博鲁塞维奇访捷；7月，波总理图斯克访捷。奥地利：3月，捷总理内恰斯访奥。拉脱维亚：3月，捷副总理兼外长施瓦岑贝格对拉进行工作访问。比利时：5月，捷总统克劳斯对比进行国事访问。英国：6月，英首相卡梅伦访捷。塞浦路斯：7月，塞外长基普里亚努访捷。保加利亚：10月，保总理博里索夫访捷。克罗地亚：3月，克总统约西波维奇访捷。塞尔维亚：1月，捷总统克劳斯对塞进行工作访问；7月，塞外长耶雷米奇访捷；8月，塞总统塔迪克访捷。马其顿：2月，马总统伊万诺夫访捷。黑山：4月，捷总统克劳斯对黑进行国事访问。科索沃：6月，捷副总理兼外长施瓦岑贝格对科进行正式访问。阿尔巴尼亚：11月，阿外长迈德勒西访捷。乌克兰：12月，乌总理阿扎罗夫访捷。

【同美国的关系】2011年主要交往有：5月，捷副总理兼外长施瓦岑贝格对美进行工作访问；9月，捷副总理兼外长施瓦岑贝格对美福罗里达州进行工作访问；10月，捷总理内恰斯访美。

【同俄罗斯的关系】2011年主要交往有：5月，捷副总理兼外长施瓦岑贝格出席在莫斯科举行的萨哈罗夫会议；12月，俄总统梅德韦杰夫对捷进行国事访问。

【同其他国家的关系】2011年主要交往有：以色列：1月，捷副总理兼外长施瓦岑贝格访以；2月，以副总理梅里多尔访捷；4月，以总理内塔尼亚胡对捷进行正式访问；9月，捷总理内恰斯访以；11月，以副总理兼战略事务部长亚阿隆访捷。阿根廷：4月，捷总统克劳斯对阿进行国事访问。智利：3月，捷总统克劳斯对智进行国事访问。突尼斯：5月，捷副总理兼外长施瓦岑贝格访突。伊拉克：5月，捷总理内恰斯访伊并出席商业论坛。利比亚：6月，捷副总理兼外长施瓦岑贝格前往利反政府军控制区会见利国家过渡委员会领导人。纳米比亚：7月，纳外长努乔马访捷。塞内加尔：7月，塞外交国务部长尼昂访捷。埃及：9月，埃外长阿姆鲁访捷。日本：10月，捷副总理兼外长施瓦岑贝格访日。亚美尼亚：11月，亚外长纳尔班江访捷。

【同国际或区域组织的关系】2011年主要交往有：欧盟：2月，欧洲理事会主席范龙佩访捷；3月，捷总统克劳斯出席欧盟峰会；9月，欧盟军事委员会主席哈坎访捷；10月，欧盟外长会议批准捷克关于《里斯本条约》中有关人权免责条款。维谢格拉德集团：2月，捷克、斯洛伐克、匈牙利、波兰四国总理在布拉迪斯拉发举行维谢格拉德集团成立20周年峰会；3月，捷副总理兼外长施瓦岑贝格出席维谢格拉德集团外长扩大会议，重点讨论“东部伙伴关系”问题；11月，维谢格拉德集团与西巴尔干半岛国家外长会议在布拉格举行，主要就支持欧盟在西巴尔干半岛国家的扩大政策、加强欧盟一体化等问题进行讨论。联合国：3月，捷副总理兼外长施瓦岑贝格出席联合国第16届人权大会。4月，联合国秘书长潘基文访捷；9月，捷总统克劳斯、副总理兼外长施瓦岑贝格出席联合国66届联大会议。北约：9月，北约秘书长拉斯穆森访捷，主要就捷与北约合作、导弹防御、阿富汗形势及与俄罗斯关系等问题交换看法。经合组织：5月，捷副总理兼外长施瓦岑贝格出席经合组织国家50周年部长级会议。欧安组织：9月，欧安组织第19届经济与环境论坛在布拉格举行，旨在推动欧安组织地区在可持续能源发展和运输方面合作并采取共同举措。（姜超）

克罗地亚

国名　克罗地亚共和国（The Republic of Croatia, Republika Hrvatska）。

面积　56594平方公里。

人口　429.1万（2011年）。主要民族有克罗地亚族（89.63%），其他为塞尔维亚族、波什尼亚克族、意大利族、匈牙利族、阿尔巴尼亚族、斯洛文尼亚族等，共22个少数民族。官方语言为克罗地亚语。主要宗教是天主教。

首都　萨格勒布（Zagreb），人口79.3万（2011年），最高气温33.5℃，最低气温-5.9℃。

国家元首　总统伊沃·约西波维奇（Ivo JOSIPOVIĆ），2010年2月就任。

重要节日　国庆节：6月25日。

简　况

位于欧洲中南部，巴尔干半岛的西北部。西北和北部分别与斯洛文尼亚和匈牙利接壤，东部和东南部与塞尔维亚、波斯尼亚和黑塞哥维那、黑山为邻，南濒亚得里亚海，岛屿众多，海岸线曲折，长1777.7公里。

6世纪末和7世纪初，斯拉夫人移居到巴尔干半岛定居。8世纪末和9世纪初，克罗地亚人曾建立早期封建国家。10世纪，克罗地亚王国建立。1102～1527年，克罗地亚处于匈牙利王国统治之下。1527～1918年，克罗地亚受哈布斯堡王朝统治，直到奥匈帝国崩溃。1918年12月，克罗地亚与一些南部斯拉夫民族联合成立塞尔维亚人—克罗地亚人—斯洛文尼亚人王国，1929年改称南斯拉夫王国。1945年，南斯拉夫各族人民赢得反法西斯战争胜利，同年11月29日宣告成立南斯拉夫联邦人民共和国，1963年改称南斯拉夫社会主义联邦共和国，克成为南联邦六个共和国之一。1991年5月底，克举行全民公决，赞成克独立。同年6月25日，克议会通过决议，宣布克脱离南斯拉夫社会主义联邦共和国独立。1992年5月22日，克罗地亚加入联合国。

政　治

近年来，克政局稳定。2011年12月，克举行议会选举，克社会民主党领导的竞选联盟获胜，克社民党同人民党等组成新一届联合政府。

【宪法】1990年12月22日，克罗地亚共和国议会公布新宪法。宪法规定，总统任期五年，任期不得超过两届。2000年11月，克议会通过宪法修正案，改半总统制为议会内阁制。2001年3月，克议会再度修宪，决定取消省院，改两院制为一院制。2010年6月，克议会第四次修宪，主要确定了克加入欧盟和作为欧盟成员国的法律基础，包括对欧盟的主权让渡、克入盟公投、履行欧盟法律义务和欧盟成员国公民在克权利等。

【议会】国家最高权力机构，一院制。议员通过直选产生，任期四年。本届议会于2011年12月22日选举产生，由151名议员组成。其中，克社民党60席，克民主共同体45席，人民党—自由民主主义者党14席，斯拉沃尼亚—巴拉尼亚民主联盟、克工党—劳动党各6席，伊斯特拉民主会议党、塞族独立民主党、退休者党、波什尼亚克族民主党各3席，农民党、权利党各1席，独立议员6席。议会下设27个专门委员会。议长鲍里斯·什普雷姆（Boris ŠPREM，克社民党成员），2011年12月就任。

【政府】国家权力执行机构。本届政府于2011年12月组成，由克社民党、人民党、少数民族议员等组成，共设20个部。总理佐兰·米拉诺维奇（Zoran MILANOVIĆ），2011年12月就任。政府主要成员：副总理兼经济部长拉迪米尔·查契奇（Radimir ČAČIĆ），副总理兼社会政策和青年部长米兰卡·奥帕契奇（Milanka OPAČIĆ，女），负责内政、外交及欧洲政策的副总理奈文·米米察（Neven MIMICA），副总理兼地方发展和欧盟基金部长布兰科·格尔契奇（Branko GRČIĆ），财政部长斯拉夫科·利尼奇（Slavko LINIĆ），国防部长安特·科特罗马诺维奇（Ante KOTROMANOVIĆ），外交和欧洲事务部长韦斯娜·普西奇（Vesna PUSIĆ，女），内务部长兰科·奥斯托伊奇（Ranko OSTOJIĆ），司法部长奥尔萨特·米列尼奇（Orsat MILJENIĆ），机构部长阿尔森·巴乌克（Arsen BAUK），中小企业部长戈尔丹·马拉斯（Gordan MARAS），劳动和养老金体系部长米兰多·姆尔西奇（Mirando MRSIĆ），海洋、交通和基础设施部长西尼沙·哈伊达什·东契奇（Siniša HAJDAŠ DONČIĆ），农业部长蒂霍米尔·亚科维纳（Tihomir JAKOVINA），旅游部长韦利科·奥斯托伊奇（Veljko OSTOJIĆ），环境和自然保护部长米哈埃尔·兹马伊洛维奇（Mihael ZMAJLOVIĆ），建设和空间治理部长伊万·弗尔多利亚克（Ivan VRDOLJAK），卫国战士部长普雷德拉格·马蒂奇（Predrag MATIĆ），卫生部长拉伊科·奥斯托伊奇（Rajko OSTOJIĆ），教育、科技和体育部长热利科·约万诺维奇（Željko JOVANOVIĆ），文化部长安德雷阿·兹拉塔尔（Andrea ZLATAR，女）。

【主要网址】总统府：www.predsjednik.hr；议会：www.sabor.hr；政府：www.vlada.hr；外交部：www.mvep.hr；克通社：www.hina.hr。

【行政区划】全国设20个省和1个省级直辖市，下辖127个市和429个区。

【司法机构】设宪法法院和最高法院等。最高法院院长布兰科·赫尔瓦廷（Branko HRVATIN），2005年5月就任，2009年7月连任。宪法法院院长娅斯娜·奥梅耶茨（Jasna OMEJEC，女），2008年6月就任。最高检察院检察长姆拉登·巴伊奇（Mladen BAJIĆ），2002年4月当选，2010年2月连任。

【政党】截至2009年12月，共有109个政党和政治组织登记注册。主要有：

克罗地亚社会民主党（Socijaldemokratska Partija Hrvatske，SDP）：执政党。1990年11月3日成立。主张保护劳动人民、中下层和需要特殊照顾的少数民族的利益，建立民主政治和法律社会秩序，促进社会和谐快速发展，为推动地区自治和区域平衡发展创造社会、经济和政治条件。主席佐兰·米兰诺维奇。

克罗地亚民主共同体（Hrvatska Demokratska Zajednica，HDZ）：在野党。1989年6月17日成立。现有党员约30万。主张通过民主方式联合所有愿意在社会和政治生活中运用基督教文明和伦理道德的普遍价值观念的人，争取实现克罗地亚精神和物质生活的全新复兴。克独立后，民共体在议会和地方选举中连续赢得多数，长期执政。2011年12月克举行议会大选，民共体败选。主席托米斯拉夫·卡拉马尔科（Tomislav KARAMARKO）。

克罗地亚人民党—自由民主主义者党（Hrvatska Narodna Stranka–liberalni demokrati，HNS）：由克人民党和自由民主主义者党于2005年合并组成。主张全民平等，依法治国，三权分立，保护少数民族和有特殊需要的社会团体，联合欧洲其他国家共同维护和平，实行建立在平等、自由劳动道德观念上的市场经济，维护个人尊严、宗教信仰和文化艺术创作自由，以民主方式解决各种社会问题，在国际社会承认的领土范围内建设现代化的克罗地亚。主席拉迪米尔·查契奇（Radimir ČAČIĆ）。

斯拉沃尼亚—巴拉尼亚民主联盟（Hrvatski demokratski savez Slavonije i Baranje，HDSSB）：2005年成立。2005年，原克民共体成员格拉瓦什因不满政府对斯拉沃尼亚—巴拉尼亚地区的发展投入而组建的独立政党。主席弗拉迪米尔·希什利亚吉奇（Vladimir Šišljagić）。

克罗地亚工党—劳动党（Hrvatski Laburisti—Stranka rada）：2010年成立。主张保护工人、失业者及退休人员，反对不公正、腐败、主张法制、社会公平性、维护每个公民的尊严、尊重劳动和知识，认为劳动是个人和社会发展、精神文明的基础。主席德拉古廷·莱萨尔（Dragutin Lesar）。

【重要人物】**伊沃·约西波维奇**：总统。1957年8月28日生于萨格勒布。毕业于萨格勒布大学法律学院和音乐学院，法学博士。长期从事法律研究和教学工作。2010年1月10日当选总统，2月18日宣誓就职。2010年5月来华出席上海世博会克罗地亚国家馆日活动。 **鲍里斯·什普雷姆**：议长。1956年4月14日出生。毕业于萨格勒布大学法学院。前南时期曾长期从事党务工作。2000年后历任萨格勒布市议会副议长、总统办公室主任、议会国防委员会主席、萨格勒布市议长等职。2011年12月当选议长。　**佐兰·米拉诺维奇**：总理。1966年10月30日生于萨格勒布。毕业于萨格勒布大学法学院。克社民党主席。曾任克罗地亚外交部北约事务协调员、外长助理、克入盟谈判事务国家委员会主席等职。2011年12月出任总理。

经　济

克罗地亚是前南斯拉夫地区经济较为发达的国家，经济基础良好。旅游、建筑、造船和制药等产业发展水平较高。2011年主要经济数据如下（资料来源：克罗地亚统计局、央行等）：

国内生产总值：639亿美元。

国内生产总值增长率：0.2%。

人均国内生产总值：14506美元。

货币名称：库纳（KUNA）。

汇率：1美元＝5.34库纳；1欧元＝7.43库纳。

通货膨胀率：2.3%。

失业率：17.8%。

外债累计：592亿美元（截至2011年底）。

【资源】森林和水力资源丰富，全国森林面积248.1万公顷，森林覆盖率为47%。此外，还有石油、天然气、铝等资源。

【工业】2009年工业从业人员46万人，占全国总劳动力的31%。2009年工业产值1218亿库纳。2011年工业产值同比下降0.2%。主要工业部门有食品加工、纺织、造船、建筑、电力、石化、冶金、机械制造和木材加工业等。近几年主要工业产品产量如下：

	2008	2009	2010
发电量（亿度）	126.2	134.6	146.7
天然气（亿立方米）	27.3	27.2	26.9
原油（万吨）	83.5	77.1	71.9
钢（万吨）	8.9	4.3	9.4
铝（吨）	3158.2		

（资料来源：克统计局、国际钢铁协会等）

【农牧渔业】2009年农业从业人口约为7万，占全国总劳动力的4.6%。2010年农业产值212.92亿库纳，同比下降1.2%，约占国内生产总值6.4%。农业主要包括种植业、畜牧业、林业、渔业等。全国农业可耕地面积为269.5万公顷，播种面积约为85万公顷。近几年主要农副产品产量如下（单位：万吨）：

	2009	2010	2011
小麦	93.6	68.1	78.20
玉米	218.3	206.8	173.40
甜菜	121.7	124.9	116.80
土豆	27.0	17.9	16.80
苹果	9.3	10.7	11.30
李子	3.8	4.1	3.70
葡萄	20.6	20.8	20.40
橄榄	3.3	3.8	3.10
橘子	3.8	5.5	0.03

主要牧畜存栏总数如下：

	2008	2009	2010
牛（万头）	45.4	44.7	44.4
猪（万头）	110.4	125.0	123.0
羊（万只）	64.3	69.5	70.5
家禽（万只）	1001.5	1078.7	947.0

渔业捕获量如下（单位：千吨）：

	2007	2008	2009
海水鱼	37.9	47.5	55.3
淡水鱼	4.4	4.5	5.1

水产品养殖量如下（单位：千吨）：

	2007	2008	2009
鲤鱼	1.5	1.5	2.0
牡蛎	3.5	3.0	2.1
鲑鱼	2.0	2.0	–
鲈鱼	4.0	4.5	2.8
金枪鱼	4.2	3.7	4.2

（资料来源：同上）

【服务业】服务业领域包括商业、餐饮、酒店、交通、金融、教育、医疗和社保等。2009年服务业从业人员96.7万，占全国总劳动力的65%。

【旅游业】旅游业发达，是克罗地亚国民经济的重要组成部分和外汇收入的主要来源。2011年，克罗地亚旅游收入85亿美元，占国内生产总值13.3%。游客总人数约为1145.6万人次，同比增长8%，其中本国旅游人数为152.9万人次，外国旅游人数为992.7万人次。过夜总人数为6035.4万人次，同比增加7%。旅游者主要来自德国、斯洛文尼亚、意大利、奥地利和捷克等国。主要风景区有亚得里亚海海滨、普利特维采湖群和布里俄尼岛等。

【交通运输】交通运输业较为发达，以铁路和公路为主。主要情况如下：

铁路：2011年总长2976公里，其中电气化铁路980公里，占总里程的33%。2011年客运量约为4963万人次，货运量约为1195万吨。

公路：2011年总长29473公里，其中高速公路1563公里。2011年，公交客运量约为5256万人次，货运量约为7465万吨。截至2010年底，克罗地亚拥有小汽车151.5万辆，货车15.8万辆。

水运：2009年拥有商用客船85艘，总载客量为

34261人；商用货船64艘，总吨位为156万吨。2010年克海上客运量为1293万人次，比上年增长4.3%；货运量为3035万吨，下降5%。克拥有七个可以停泊大型远洋轮船的海港，分别为里耶卡、普拉、希贝尼克、扎达尔、斯普利特、普洛切和杜布罗夫尼克。其中里耶卡港地位突出，经此港可通达克全境及整个欧洲。2010年，港口总吞吐量为2433万吨。

空运：2009年有客机21架，航线21条。2011年客运量约为208万人次，货运量3000吨。有8个国际机场（4E级），主要机场为萨格勒布"普莱索"机场。1998年1月1日，克罗地亚航空公司成为欧洲航空协会（AEA）第27个正式成员。

管道运输：2009年输油管道总长610公里，天然气管道总长2141公里。2009年输油687.1万吨，输气233万吨。

【财政金融】近几年克罗地亚政府财政收支情况如下（单位：亿库纳）：

	2009	2010	2011
财政收入	1112	1074.1	1070.7
财政支出	1205	1201.9	1202.3
收支差额	-93	-127.8	-131.6

（资料来源：克罗地亚央行）

截至2011年底，克罗地亚央行外汇储备为111.9亿欧元。

【对外贸易】2011年克对外贸易总额为361亿美元，同比增长13.2%，其中出口额为134亿美元，同比增长13.2%；进口额为227亿美元，同比增长13.2%。

2011年，克罗地亚前三大出口市场为：意大利（10.3%）、波黑（8%）、德国（6.4%）。克罗地亚前三大进口国为：意大利（10.6%）、德国（8.1%）、俄罗斯（5.1%）。

2011年主要出口商品：石油产品、船只、药品、电力设备、木材、化工产品。主要进口商品：原油和天然气、汽车、药品、电力、船只、机床设备。

近几年进出口情况如下（单位：亿欧元）：

	2009	2010	2011
出口额	75.3	89.0	88.2
进口额	152.2	151.3	146.3
差　额	-76.9	-62.3	-58.1

【对外投资】截至2011年底，克罗地亚累计对外投资39.6亿欧元。克罗地亚对外投资主要投资国为荷兰（13.1亿欧元）、波黑（5.6亿欧元）、塞尔维亚（4.9亿欧元）和斯洛文尼亚（2.1亿欧元），投资主要集中在焦炭和精炼石油产品、海运、零售贸易和金融等领域。

【外国资本】截至2011年底，克罗地亚累计引进外资256.7亿欧元。外资主要来自奥地利（63.1亿欧元）、荷兰（39.3亿欧元）、匈牙利（24.2亿欧元）和卢森堡（15.1亿欧元）等。外国投资主要集中在金融、不动产等领域。

人民生活

截至2009年底，克罗地亚共有170.7万固定电话用户，603.5万移动电话用户，249.5万互联网用户（其中68.5万为宽带用户）。2008年全国医疗工作者共4.1万人，其中医生8406人，病床2.4万张。克罗地亚平均每千人拥有医生1.9人、病床5.4张、小汽车347.2辆。

军　事

克罗地亚于1991年建立军队。5月28日为建军节。实行义务兵役制，服役期6个月。2008年克罗地亚军队总人数22464人，其中文职占21.3%。2009年国防预算为7.5亿欧元，占GDP1.7%。宪法规定，共和国总统为武装力量的最高统帅。克军总参谋长德拉戈·洛夫里奇中将（DRAGO LOVRIĆ），2011年3月就职。

文化教育

【教育】克罗地亚文化教育程度较高，具备较为完整的教育体系，包括学前教育、初等教育、中等教育、职业教育、高等教育、成人教育和特殊教育等。全国普及实施八年制小学义务教育。共有萨格勒布大学、里耶卡大学、奥西耶克大学、斯普利特大学、扎达尔大学、杜布罗夫尼克大学和普拉大学7所高等学府。2010/2011年度各级学校情况如下：

	学校（所）	学生（人）	教师（人）
幼儿园	1323	125166	10046
小学	2130	351345	32213
中学	711	180158	24223
高等学校	132	149853	16319

【文化】2010年，克罗地亚有148家广播电台，21家电视台，53家专业剧场，175家博物馆，22家专业乐团，72家影院，1731个图书馆，各类体育协会4165家。

【新闻出版】2010年，克罗地亚共出版书籍7348种，出版报纸267种，杂志2676种。克语全国性日报共有三种：《晚报》，日发行量20.5万份；《晨报》，日发行量10万份；《信使报》4.2万份；地方性日报共有九种：如《自由达尔马提亚报》12万份；《新报》4000份等。

克罗地亚现有四家通讯社，包括克罗地亚通讯社（HINA）、克通社影像社（FaH）、天主教信息通讯社（IKA）和斯普利特私人新闻通讯社（STINA）。其中克罗地亚通讯社为国家通讯社，成立于1990年7月。

克罗地亚全国现有电视台21家，其中国家级4家，地区级9家，地方级8家。克罗地亚国家电视台（HTV）成立于1956年，有三个国内频道和一个卫星频道。

克罗地亚全国现有电台148家，其中国家级4家、地区级20家和地方级124家。克罗地亚国家广播电台成立于1926年。

对外关系

克罗地亚外交政策的主要目标是加入欧盟和北约。2009年克罗地亚加入北约。2011年完成入盟谈判，将于2013年7月入盟。克罗地亚致力于多元外交，重视发展同美国、俄罗斯和中国等大国关系。曾任2008/2009年度联合国安理会非常任理事国、安理会反恐委员会主席。致力于睦邻友好和地区合作，推动地区民族和解，与塞尔维亚等其他前南斯拉夫国家关系不断改善和加强。

截至2011年底，克罗地亚已同世界上175个国家建立外交关系。

【同中国的关系】1992年5月13日两国建交。建交后，双边关系发展顺利。2005年，两国宣布建立全面合作伙伴关系。2009年6月，国家主席胡锦涛访问克罗地亚。2011年4月，克前总统梅西奇出席博鳌亚洲论坛2011年年会。9月，中共中央政治局委员、中央军委副主席徐才厚上将、全国政协副主席陈奎元分别访克。2012年4月，国务院总理温家宝在波兰会见出席中国—中东欧国家领导人会晤的克总理米拉诺维奇。5月，全国人大常委会委员长吴邦国访克。

据中国海关总署统计，2011年中克贸易额为16.2亿美元，同比增长16.2%，中国出口额为15.4亿美元，同比增长14.7%。

中国驻克罗地亚大使：申知非。馆址：萨格勒布市姆利诺维大街132号，（Mlinovi 132，Zagreb）。电话（003851）4637011；传真：4637012。

克罗地亚驻华大使：安特·西莫尼奇（Ante SIMONIĆ）。馆址：北京市朝阳区三里屯外交人员办公楼2-72。电话：010-65326241；传真：65326257。

【同美国的关系】1992年4月7日，美国承认克罗地亚。同年8月6日，克美建交。克重视发展对美关系。2011年2月，约西波维奇总统出席在纽约举行题为“站在十字路口的美国：《代顿协议》和21世纪外交的开端”的国际会议。5月，约西波维奇总统访美，分别与美国副总统拜登、国务卿希拉里等会见会谈并在芝加哥全球事务委员会和华盛顿德国马歇尔基金会发表题为“和解与战争犯罪刑事责任”的演讲。

【同俄罗斯的关系】1991年10月4日两国建交。2010年3月和6月，克罗地亚总理科索尔两次访问俄罗斯，双方签署《克、俄政府间关于克加入“南溪”天然气管道项目的协议》、《关于克俄两国公民互访的协议》，并开设克商会驻莫斯科办公室。5月，克罗地亚总统约西波维奇赴俄出席反法西斯战争胜利65周年庆祝活动。10月，克罗地亚议长贝比奇访俄。

【同欧盟及欧盟国家的关系】2004年6月，克罗地亚成为欧盟正式候选国。2005年10月，欧盟启动同克罗地亚的入盟谈判。2011年4月，欧盟委员会主席巴罗佐访克。6月，克完成入盟谈判，12月与欧盟签署入盟条约。2012年1月，克入盟全民公投以67%支持率获得通过，欧盟成员国陆续启动批准克入盟程序，克有望于2013年7月1日正式成为欧盟第28个成员国。

【同北约的关系】2000年5月，克罗地亚加入北约“和平伙伴关系”。2009年4月，克罗地亚成为北约正式成员国。2011年6月，约西波维奇总统赴布鲁塞尔会见北约秘书长拉斯穆森。

【同邻国的关系】同波黑的关系：两国于1992年7月建交。2011年2月，波黑主席团三名成员访克，约西波维奇总统被波黑《晚报》评为“2010年地区年度人物”，约赴波黑莫斯塔尔市出席颁奖典礼。3月，克商会举办克罗地亚—波黑塞族共和国经贸论坛，约西波维奇总统与波黑塞族共和国总统多迪克出席并会谈。7月，约西波维奇总统赴波黑出席斯雷布雷尼察大屠杀16周年纪念活动。

同塞尔维亚的关系：两国于1996年9月建交。受前南解体遗留问题影响，两国关系曾一度紧张。近年来，双方关系明显缓和。2011年4月，克罗地亚总理科索尔、塞尔维亚总统塔迪奇、斯洛文尼亚总理帕霍尔在塞举行三方会议，发表关于加强三国经济合作的联合声明。7月，约西波维奇总统与塞尔维亚总统及波黑主席团三位委员在克布里俄尼岛举行非正式会晤。9月，约西波维奇总统赴塞出席第九届主题为“当代艺术与东南欧和解”的东南欧首脑峰会。10月，约西波维奇总统赴塞出席题为“欧洲前景和地区合作与稳定”的第22届“伊格曼倡议”会议。

同黑山的关系：2006年7月，克罗地亚与黑山正式建立外交关系。两国关系良好。2011年6月，约西波维奇总统赴黑山出席东南欧合作进程国家首脑会议。10月，黑山总统武亚诺维奇访克。同月，贝比奇议长访问黑山。

同斯洛文尼亚的关系：1992年2月克斯建交。2011年3月，约西波维奇总统赴斯洛文尼亚与斯总统图尔克举行会谈。4月，约西波维奇总统与图尔克总统共同出席在克城市图海利召开的题为“加强克罗地亚与斯洛文尼亚经济合作，深入拓展欧盟及双边旅游合作项目”的圆桌研讨会。5月，贝比奇议长访斯。6月，约西波维奇总统赴斯出席斯独立20周年庆祝仪式，7月再次赴斯与图尔克总统共同出席在卢布尔雅那举办的庆祝克、斯独立20周年音乐会。

同马其顿的关系：1992年3月克马建交。2011年10月，马其顿总统伊万诺夫访克。（张愉悦）

拉脱维亚

国名 拉脱维亚共和国（The Republic of Latvia）

面积 64589平方公里，其中陆地面积62046平方公里，内水面积2543平方公里。

人口 207万（2011年3月）。拉脱维亚族占62.1%，俄罗斯族占26.9%，白俄罗斯族占3.3%，乌克兰族占2.2%，波兰族占2.2%，立陶宛族占1.2%。此外还有犹太、吉普赛、爱沙尼亚等民族。官方语言为拉脱维亚语，通用俄语。主要信奉罗马天主教、基督教路德教派和东正教、旧教、浸礼教。

首都 里加（Riga），人口70万（2010年）。1月平均气温-4.6℃，7月平均气温21.4℃，全年平均气温6.7℃。

国家元首 总统安德里斯·贝尔津什（Andris BERZINS），2011年6月当选，7月就职。

重要节日 独立日（国庆节）：11月18日。

简况

位于波罗的海东岸，北与爱沙尼亚，南与立陶宛，东与俄罗斯，东南与白俄罗斯接壤。国界线总长1862公里。平均海拔87米，地貌为丘陵和平原。气候属海洋性气候向大陆性气候过渡的中间类型。1月平均气温—4.6℃，7月平均气温21.4℃，夜晚平均气温11℃。年均降水量732毫米。

公元10世纪，建立早期的封建公国。12世纪末至1562年，被日耳曼十字军侵占，后归属德利沃尼亚政权。1583～1710年，先后被瑞典、波兰—立陶宛公国瓜分。1710～1795年，被沙皇俄国占领。1795～1918年，拉东部和西部分别被俄罗斯和德国割据。1918年11月18日，拉成为独立的共和国。1939年8月，苏联和德国签订秘密条约，拉被划入苏联势力范围。1940年6月，苏军根据苏拉双边友好协议进驻拉，建立苏维埃政权，同年7月21日成立拉脱维亚苏维埃社会主义共和国，8月5日并入苏联。1941～1945年，被德国侵占。二战结束后，重新并入苏联。1990年5月4日，拉最高苏维埃通过关于恢复拉脱维亚独立的宣言，并改国名为拉脱维亚共和国。1991年8月22日，拉最高苏维埃宣布拉脱维亚共和国恢复独立。同年9月6日，苏联国务委员会承认拉独立。9月17日，拉加入联合国。

政治

政局基本稳定。2011年7月23日，拉脱维亚就是否解散第十届议会举行全民公投并获得通过。10月，拉选举产生第11届议会并成立新内阁，托姆布洛夫斯基斯总理和阿波尔金娜议长连任。

【宪法】1993年7月6日，拉议会通过决议，恢复1922年拉独立初通过的宪法。1994年、1996年和1997年，议会三次对宪法进行了修订。宪法规定拉是独立的民主共和国，议会是国家最高立法机构，总统由议会选举产生，任期四年，最多任两届，总任期不超过8年。总统任命总理并授权其组成政府（需经议会简单多数通过）。

【议会】国家最高立法机构，实行一院制，由100名议员组成，任期四年，议员由18岁以上的公民直接选举产生。参选党必须获得5%以上的选票才能进入议会。现议会是2011年10月选举产生的第11届议会，共有5个议会党团及6个独立议员，其中和谐中心31席，团结党20席，改革党16席，全国联盟——一切为了拉脱维亚及祖国自由联盟14席，绿色农民联盟13席。现任议长索尔维塔·阿波尔金娜（Solvita ABOLTINA，女）是团结党主席，2011年10月当选连任。议会领导机构为议会主席团，由主席（即议长）、两名副主席、秘书长和副秘书长5人组成。议会下设16个委员会，每年举行春季和秋季两次会议。

【政府】现政府于2011年10月成立（是拉恢复独立以来的第16届政府），成员名单如下：总理瓦尔蒂斯·托姆布洛夫斯基斯（Valdis DOMBROVSKIS），外交部长艾德加斯·林克维奇斯（Edgars RINKEVICS），财政部长安德里斯·维尔克斯（Andris VILKS），文化部长扎内特·瑶恩泽美·格蕾恩德（Zanete JAUNZEME-GRENDE），卫生部长因格里达·齐尔策内（Ingrida CIRCENE），环境与地区发展部长艾德蒙兹·斯普鲁兹什（Edmunds SPRUDZS），国防部长阿提斯·帕布里克斯（Artis PABRIKS），教育科技部长罗伯茨·基里斯（Roberts KILIS），福利部长伊尔泽·文克雷（Ilze VINKELE），农业部长拉伊姆多塔·斯特劳乌尤马（Laimdota STRAUJUMA），交通部长艾维斯·罗尼斯（Aivis RONIS），经济部长丹尼尔斯·帕夫鲁兹（Daniels PAVLUTS），司法部长加伊迪斯·贝尔津什（Gaidis BERZINS），内政部长里查德斯·科兹罗夫斯基斯（Rihards KOZLOVSKIS）。

【主要网址】总统府：http：//www.president.lv；议会：http：//www.saeima.lv；政府：http：//www.mk.gov.lv；外交部：http：//www.mfa.gov.lv。

【行政区划】设有109个区和9个全国级市。

【司法机构】最高法院院长伊瓦尔斯·比奇克维奇斯（Ivars BICKOVICS），2008年6月就职。总检察长埃里克斯·卡尔梅耶斯（Ēriks KALNMEIERS），2010

年7月就职。

【政党】截至2011年底，在司法部登记注册的政党和政治团体主要有：

（1）和谐中心联盟（Harmony Center）：反对党。由“和谐”社会民主党、拉脱维亚社会党组成。其主体“和谐”社会民主党由四党合并成立于2010年。领导人为雅尼斯·乌尔巴诺维奇斯（Janis URBANOVICS）和里加市长尼尔斯·乌沙科夫斯（Nils USAKOVS）。

（2）团结党（Unity）：执政联盟成员。由新时代党（New Era）、公民联盟（Civic Union）和另类政治联盟（Society for Other Politics）于2010年3月6日合并成立。领导人为议长索尔维塔·阿波尔金娜和总理瓦尔蒂斯·托姆布洛夫斯基斯。

（3）改革党（Reform Party）：执政联盟成员。成立于2011年7月23日。领导人为前总统瓦尔蒂斯·扎特列尔斯（Valdis ZATLERS）。

（4）全国联盟——一切为了拉脱维亚及祖国自由联盟（National Alliance “All For Latvia!” — “For Fatherland and Freedom/LNNK”）：执政联盟成员。由一切为了拉脱维亚党（All For Latvia!）和为了祖国和自由党（For Fatherland and Freedom/LNNK）于2010年合并成立。2011年7月23日转为单一政党。领导人为司法部长加伊迪斯·贝尔津什和莱维斯·津塔尔斯（Raivis DZINTARS）。

（5）绿色农民联盟（Union of Greens and Farmers）：反对党。由拉脱维亚农民联盟（Latvia's Farmers' Union）和拉脱维亚绿党（Green Party of Latvia）于2006年合并成立。领导人为莱蒙德斯·维永尼斯（Raimonds VĒJONIS）和文茨皮尔斯市长埃瓦尔斯·莱姆伯格斯（Aivars LEMBERGS）。

其他政党有：统一拉脱维亚人权党（For Human Rights in United Latvia）、拉脱维亚社会民主工人党（Latvian Social Democratic Workers' Party）、最后党（Last Party）、支持总统共和制党（For a Presidential Republic）、人民控制党（People's Control）、“自由、消除恐惧、仇恨与愤怒”党（Freedom. Free from Fear, Hate and Anger）、基督教民主联盟（Christian Democratic Unions）等。

【重要人物】**安德里斯·贝尔津什**：总统。1944年12月生于拉脱维亚中部维泽梅地区尼桃莱镇。1971年毕业于里加工业学院，获无线电工程学学位，1988年获拉脱维亚大学经济学院学位。1970年起在“电子”公司（“Elektrons”）任工程师，后成为公司董事。1988～1989年任拉公共服务部副部长。1989～1993年任瓦尔米耶拉地区议会成员。1990年当选最高理事会（拉议会前身）人民阵线成员，参与了1990年5月4日《拉脱维亚共和国重获独立地位宣言》的投票。1993年至2004年1月担任拉Unibanka银行主席。2006年当选拉工商会主席。2006年12月至2009年4月，任拉脱维亚电力公司（“Latvenergo”）理事会代理总裁。2010年秋，当选第十届议会议员。2011年7月就任总统。懂俄语、英语、德语。　**索尔维塔·阿波尔金娜**：议长。1963年2月生于拉脱维亚，毕业于拉脱维亚大学法学院。曾当选拉第八、九届议会议员，2004年12月至2006年4月出任司法部长。2009年3月至2010年11月担任第九届议会副议长。2010年11月当选议长。2011年10月连任第11届议长。懂俄语、英语、德语。已婚，有两个孩子。　**瓦尔蒂斯·托姆布洛夫斯基斯**：总理。1971年8月生于里加，拉脱维亚族。1993年毕业于拉脱维亚大学物理系，1996年获物理学硕士学位。1998～2002年在拉脱维亚银行工作。2002年当选拉议员。2002～2004年任财政部长。2004～2009年任欧洲议员。2009年3月就任总理。2010年10月和2011年10月两度连任。懂俄语、英语。

经　济

1991年恢复独立后，按西方模式进行经济体制改革，推行私有化和自由市场经济。1998年被正式接纳为世界贸易组织成员。2008年遭国际金融危机重创，国内生产总值连续两年下降达20%。2009年接受国际货币基金组织、欧盟委员会和瑞典等国75亿欧元贷款援助，成功实施财政紧缩，恢复经济增长。2011年拉经济主要数据如下（资料来源：拉中央统计局）：

国内生产总值：280.2亿美元。

人均国内生产总值：12690美元。

国内生产总值增长率：5.5%。

货币名称：拉特（Lats）；1拉特＝100拉分。

年平均汇率：1美元＝0.5075拉特；1欧元＝0.7028拉特（固定汇率，上下浮动1%）。

通货膨胀率：4.4%。

失业率：15.4%。

【资源】有泥炭、石灰石、石膏、白云石、石英沙等少量矿产。有1.4万个野生物种。森林面积292.3万公顷，其中147.2万公顷为国有林，覆盖率为45%。

【工业】工业支柱产业有采矿、加工制造及水电气供应等。2011年工业占国内生产总值的比重为22.7%，工业产值同比增长8.9%，加工制造业同比增长16.8%。

【农业】包括种植业、畜牧业、渔业等行业。2011年农业占国内生产总值的比重为4%。农业产量同比增长1.1%，其中作物产量同比增长2%，畜牧产量同比减少0.1%。

主要农业、渔业、林业产品产量分别为（单位：万吨）：

	2009	2010	2011
谷物	166.00	141.70	141.10
马铃薯	52.50	48.40	49.89
蔬菜	18.20	15.10	15.00

净肉	8.32	7.99	7.94
牛奶	83.10	83.40	84.50
鸡蛋（亿个）	6.81	7.14	6.65
森林采伐（万立方米）	1072.80	1298.00	1271.90
捕鱼	16.30	16.50	15.59

主要牲畜和家禽存栏量如下（单位：万头/万只）：

	2009	2010	2011
牛	37.80	37.9	38.1
其中奶牛	16.50	16.4	16.4
猪	37.60	39.0	37.5
绵羊	7.07	7.7	8.0
山羊	1.30	1.3	1.3
马	1.26	1.2	1.1
兔子	9.38	–	–
家禽	482.90	494.9	441.8

【服务业】服务业产值在国内生产总值中所占比重较大。2011年服务业占国内生产总值的比重为73.3%。

【旅游业】2011年拉入境游客达553.8万人次。主要来自立陶宛、爱沙尼亚、俄罗斯、挪威、瑞典、德国等国。拉出境旅游305万人次，主要去往立陶宛、爱沙尼亚、俄罗斯、白俄罗斯及欧盟国家。拉主要旅游城市和风景区有：里加古城、尤尔马拉海滨、希古达和采西斯风景区、露天民俗博物馆、隆达列宫等。全国共有旅游公司202家，主要有：拉脱维亚旅游公司（Latvia Tours）、里加旅行社（Riga Travel Agency）、塔斯旅游公司（Tas Travel Agency）、大学生青年旅行社（Student and Youth Travel）、波罗的海旅游公司（Baltic Travel Group）等。

【交通运输】铁路：总长1897公里，其中257公里电气化铁路，2011年货运量5938.4万吨，客运量2049.4万人次。

公路：国家级公路线总长20227公里。2011年公路货运量5939.6万吨，客运量20501.1万人次。

水运：内河航线全长350公里。主要海港有文茨皮尔斯、里加和利耶帕亚。2011年里加港吞吐量6405.3万吨，文茨皮尔斯港吞吐量2845.1万吨，利耶帕亚港吞吐量485.6万吨，其余港口吞吐量145.8万吨。

空运：共有飞机81架，国际航线总长8400公里，有里加、文茨皮尔斯、利耶帕亚三个国际机场。拉有波罗的海航空公司、"拉特恰特"航空公司和"拉特帕斯"等三家航空公司。波罗的海航空公司（AIR BALTIC）创建于1995年，是拉唯一的国际航空公司，国家持52.6%股份，拥有飞机20架，其中12架波音737—500飞机，8架FOKKER50飞机。2011年，里加国际机场客运量为510.7万人次，增长9.5%。里加现有直飞莫斯科、伦敦、曼彻斯特、斯图加特、维也纳、巴黎、罗马、米兰、法兰克福、都柏林、慕尼黑、布鲁塞尔、斯德哥尔摩、赫尔辛基、哥本哈根、华沙、特拉维夫、布拉格、塔林、维尔纽斯、基辅、奥德萨、明斯克、塔什干、伊斯坦布尔等地的国际航班。

输油管道总长766公里，其中原油输送管道437公里，石油产品输送管道329公里。2010年输油量为560万吨。

【财政金融】近年财政收支情况如下（单位：亿美元）：

	2009	2010	2011
收入	88.98	84.53	99.29
支出	112.38	102.90	109.06
差额	−23.40	−18.37	−9.77

（资料来源：拉脱维亚财政部、中央银行、中央统计局。）

截至2012年5月，拉共有外汇储备62.09亿美元。2011年拉国债总额达118.78亿美元。

拉脱维亚银行（央行）成立于1991年9月3日。截至2012年5月，拉共有23家商业银行，合计资产379.9亿欧元。主要商业银行有:（1）Swed银行（SwedBanka）;（2）SEB联合银行（SEB Unibanka）;（3）DnB银行（DnB Nord Banka）;（4）"巴莱克斯"银行（Parex Banka）;（5）芬兰北欧银行拉脱维亚分行（Nordea Banak Finland Latvia Branch）;（6）Rietumu银行（Rietumu Banka）;（7）Aizkraukes银行（Aizkraukles Banka）。

（资料来源：拉脱维亚各银行网）

【对外贸易】与世界120多个国家和地区有贸易关系。根据拉中央统计局资料，2011年拉进出口额分别同比增长28.3%和28.1%。近年外贸情况如下（单位：亿美元）：

	2009	2010	2011
出口额	70.84	92.51	118.25
进口额	92.06	116.47	151.76
差　额	−21.22	−23.96	−33.51

主要出口商品是木材及木制品、木炭、电机、电气设备及零配件、钢铁、矿物燃料、矿物油及其产品、机械器具及零配件；主要进口商品是矿物燃料、矿物油及其产品、机械器具及零配件、电机、电气设备及零配件、车辆及零配件。

2011年，拉主要出口市场为欧盟和独联体国家，主要出口国为俄罗斯（17.4%），立陶宛（16.2%），爱沙尼亚（12.6%），德国（7.7%），瑞典（5.5%）。拉主要进口来源为欧盟和独联体国家，主要进口国为立陶宛（17.6%），德国（11.7%），俄罗斯（8.5%），波兰（7.41%），爱沙尼亚（7.04%）。

【外国资本】2011年全年吸引外资15.6亿美元，截至2011年底，累计吸引外资121.1亿美元。外国投资的主要来源地是瑞典（23.3%），荷兰（8.1%），爱沙尼亚（5.7%），塞浦路斯（5.6%），挪威（5.3%），德国（4.9%），俄罗斯（4.3%），其他国家和地区（7.7%）。拉吸收外资主要领域：金融占25%，房地产租赁占19%，制造占9%，运输、仓储和通信占5%，批发与零售及其维修占16%，其他占26%。拉已同奥地利、保加利亚、白俄罗斯、比利时、加拿大、中国、瑞士、捷克、丹麦、埃及、西班牙、爱沙尼亚、芬兰、法国、英国、希腊、克罗地亚、匈牙利、冰岛、以色列、意大利、韩国、科威特、立陶宛、摩尔多瓦、挪威、荷兰、波兰、葡萄牙、罗马尼亚、新加坡、斯洛伐克、瑞典、土耳其、乌克兰、乌兹别克、越南等国家和地区签署投资保护协定。

【著名公司】（1）"阿尔达利斯"啤酒厂（Aldaris）：拉最大的啤酒酿造企业，有130余年历史。主要生产各种啤酒和无酒精饮料，年销售额近3800万美元。产品出口爱沙尼亚、立陶宛、俄罗斯、哈萨克斯坦等国。电话:（00371）67023200；传真：67023224。网址：http：//www.aldaris.lv。

（2）"莱依玛"巧克力厂（Laima）：拉最大的巧克力糖果生产企业，1924年建厂，年销售额3500多万美元。主要产品有：巧克力糖、巧克力糕点、奶糖、水果糖等。产品出口美国、德国、以色列、瑞典、瑞士、爱沙尼亚、立陶宛和独联体等国家和地区。电话：（00371）67080302；传真：67080332。网址：http：//www.laima.lv。

人民生活

2011年底居民平均税前工资928美元/月，平均退休金356美元/月。每百户拥有小汽车37辆、手机85部、电视机117台，放像机36台，电脑19台、冰箱96台、洗衣机47台。全国共有88所医院，4078个诊所，医生8437名，病床17001张。每万人有医生26名、病床78.1张。人均寿命71.4岁，男性平均寿命65.9岁，女性76.9岁。

军　事

1991年8月23日开始组建军队，11月成立国防部。和平时期，武装力量由国防部管辖。现任武装力量司令是尤里斯·马克拉考夫斯准将（Juris MAKLAKOVS）。国防力量由陆、海、空军和国民卫队组成。2006年前实行义务兵役，2007年1月开始实行军队职业化。根据本人意愿，军队与士兵签署3 ~ 15年的服役合同。受金融和经济危机影响，拉2009年国防预算大幅削减，计划关闭一些军事设施，裁减军队人数，削减海外派兵规模，减少军队演训次数，并对军队编制体制进行调整。2011年国防预算约占国内生产总值的1%，计划于2020年将国防预算增加到占国内生产总值2%的水平。军队实力计划维持在5100人左右。在组建军队过程中，特别是2004年4月拉加入北约后，美、英、德、法及北欧国家提供了培训和武器装备等方面的协助。在北约支持下，拉同立陶宛、爱沙尼亚积极开展军事合作，统一三国安全事务。三国在北约框架内联合进行的项目有：波罗的海国家联合区舰队（BALTRON）、波罗的海地区空情监控网（BALTNET）和波罗的海军事学院（BALTDEFCOL）。迄今，拉已同40多个国家的军队建立联系，同近30个国家签署了军事合作协议。从1996年4月起，拉军开始参加国际维和行动。目前，拉在阿富汗驻军约180人。

文化教育

【教育】实行九年义务教育，允许私人办学。大学实行公费和自费两种制度。根据拉教育部统计资料，2010/2011学年度在校学生45.6万。其中学前班人数为8.8万，普通学校学生总数22.9万，职业学校学生人数为3.5万，接受高等教育的学生10.3万人。主要高等院校有：拉脱维亚大学、里加工业大学、拉脱维亚农业大学、波罗的海俄罗斯学院、拉脱维亚医学院、拉脱维亚海洋学院、拉脱维亚音乐学院、拉脱维亚艺术学院等。创办于1919年的拉脱维亚大学是建校最早的大学，现有14个院系。

【文化】截至2011年，共有120所博物馆、17家电影院、535个文化中心、827所公共图书馆和9家剧院。

【新闻出版】全国现有291种杂志，主要用拉文和俄文发行。拉文报纸主要有：《拉脱维亚公报》、《日报》、《独立晨报》、《经济日报》、《里加晚报》等。俄文报纸主要有：《今日新闻报》、《电讯报》、《波罗的海商报》、《时报》等。英文报纸有《波罗的海时报》（周刊）。

主要通讯社有拉脱维亚通讯社（LETA）和波罗的海新闻社（BNS）。拉通社成立于1920年，原为国家通讯社，1997年实行私有化，现有90名记者和编辑人员，主要提供波罗的海三国新闻，用拉、俄、英三种文字发稿。波罗的海新闻社成立于1991年4月，现有140名工作人员，主要提供北欧和环波海地区国家新闻，用拉脱维亚文、立陶宛文、爱沙尼亚文、俄文和英文五种文字发稿。拉有20多名驻外记者，主要在俄罗斯、立陶宛、爱沙尼亚、美国、比利时等国进行采访报道。现有100多名外国常驻记者，其中50余名来自俄罗斯各大报纸、通讯社和电视台，其他来自中国、立陶宛、爱沙尼亚、波兰、芬兰、丹麦、德国、加拿大等国。路透社、德通社和新华社在拉设有记者站。

有34家全国和地方广播电台，分别用拉语和俄语广播。拉国际广播电台为公共电台，成立于1925年，共有五套节目。一套用拉语广播，主要为新闻分析类节目，二套为拉脱维亚流行音乐节目，三套为古典音乐节目，四套用俄语和其他少数民族语言播音，以新闻分析为主，五套以娱乐节目为主。其他主要广播电台还有："FM100"、"SWH"、"Star FM"、"FM102.7"、基督之声广播电台、"Super FM"等。

全国和地方电视台有26家。拉脱维亚国家电视台

（LTV）是拉最大的公共电视台，成立于1954年，有两个频道，一频道以新闻、国际评论等政治性节目为主，全部用拉语播出。七频道主要是文艺、体育和娱乐节目，有部分俄语节目（占30%）。商业电视台主要有：拉脱维亚独立电视台（LNT）、电视三台（TV3）和电视五台（TV5）。另有37家有线电视台，Baltcom TV和Telia Multicom用户最多，可收看俄罗斯、美国、英国、德国、法国、波兰等国的电视节目。

对外关系

恢复独立以来，拉将加入欧盟和北约作为外交优先方向。2004年4月2日正式加入北约；5月1日正式加入欧盟。12月30日，拉宣布自2005年1月1日起拉特与欧元正式挂钩，汇率浮动不超过1%，直至加入欧元区。在对外关系上，拉全力深化与欧盟、美国的关系，谋求发展与俄罗斯的务实合作，拓展外交空间。截至2012年6月，拉与158个国家建立了外交关系。

【对当前重大国际问题的态度】拉在重大国际问题上重视与欧盟协调立场，积极加强与波罗的海、中东欧及北欧等区域伙伴合作，寻求共同发声以影响欧盟决策进程进而维护自身利益。支持欧盟就应对主权债务危机采取一揽子救助方案。支持欧盟共同安全和防务政策，赞同欧盟和北约继续扩员，支持巴尔干国家及格鲁吉亚等加盟入约，积极参与实践北约“灵巧防卫”理念，在获得北约对波海空域巡航计划长期化保证的同时，承诺逐步提高国防预算占国内生产总值比重并继续派兵参加阿富汗等国际行动。推动欧盟共同能源市场建设，优先考虑与欧盟实现能源互联互通，以确保自身能源安全。支持联合国安理会改革，以改进安理会工作方法，提高工作透明度和民主决策程序。关注朝鲜核、伊朗核及叙利亚局势等国际热点问题，主张严格控制大规模杀伤性武器扩散。

【同中国的关系】1991年9月12日，中拉两国建立外交关系。1992年1月4日，中国在拉设立大使馆。同年1月底，拉政府与台湾当局签署所谓“建立领事关系的联合声明”，2月上旬允许台在里加开设“总领事馆”。中国政府决定从拉撤出大使馆。1994年7月，拉政府代表团前往北京，承诺断绝同台湾的领事关系，双方签署了中拉两国关于实现关系正常化的联合公报。同年8月，中国大使馆恢复在里加工作。

2011年，中拉两国关系稳步发展，各领域合作进一步拓展。3月，中联部部长王家瑞访拉。4月，全国人大外委会主任委员李肇星访拉。5月，国家开发银行副行长高坚访拉。全国人大常委会副委员长韩启德访拉，分别会见拉总统扎特列尔斯、议长阿波尔金娜、总理托姆布洛夫斯基斯，并与副议长达乌泽举行会谈。7月，中国人民银行副行长马德伦访拉。8月，国家税务总局局长肖捷访拉，与拉财政部长维尔克斯会谈并签署《关于修订〈中华人民共和国政府和拉脱维亚共和国政府关于对所得和财产避免双重征税和防止偷漏税的协定〉的议定书》。9月，人力资源和社会保障部副部长杨士秋访拉。10月，北京市副市长夏占义访拉。

拉方2011年访华主要团组如下：5月，拉团结联盟代表、经济部长卡姆帕尔斯及和谐社会民主党主席乌尔巴诺维奇斯访华，出席第二届中欧政党高层论坛。6月，拉总理托姆布洛夫斯基斯访问中国香港。9月，拉经济部长卡姆帕尔斯访华并出席在长春举行的东北亚博览会，其间会见商务部副部长姜增伟。10月，拉交通部长罗尼斯访华并出席第二届亚欧交通部长会议。

根据中国海关总署统计，2011年中拉贸易总额为12.56亿美元，同比增长50.69%。其中，中国向拉出口额为11.93亿美元，增长50.02%；中国从拉进口额为0.63亿美元，增长64.51%。拉出口商品主要是机械和电子设备、运输工具、金属制品、化工产品、木材及其制品等，进口商品主要是纺织品、机械设备和电子设备、金属制品等。

中国驻拉脱维亚大使：胡业顺。馆址：里加市甘尼布丹比斯街5号，邮编LV-1045（5 Ganibu dambis Street，Riga，LV-1045，Latvia）。电话：（00371）67357023，67357024；传真：67357025。E-mail：chinaemb_lv@mfa.gov.cn。经济商务参赞处地址：里加市达尔巴街2号，邮编LV-1046（2 Darba Street，Riga，Latvia）。电话：（00371）67805475；传真：67805470。E-mail：lv@mofcom.gov.cn。

拉脱维亚驻华大使：乐音（Ingrida LEVRENCE）。馆址：北京市朝阳区嘉林路甲1号嘉林花园71号别墅。电话：010-64333863；传真：64333810。E-mail：latemb.cn@bj-shuma.net。

【同欧盟及其成员国的关系】国际金融危机爆发后，拉脱维亚经济陷入困境。2009年1月，欧盟成员国财政部长会议决定从欧盟中期财政援助基金中支出31亿欧元，分3年支付向拉提供紧急财政贷款。同时，拉须采取一系列财政紧缩改革举措。2011年，拉顺利完成三年期欧盟援助贷款项目。拉计划于2014年加入欧元区，将于2015年上半年担任欧盟轮值主席。

【同美国的关系】两国于1991年9月5日建交。拉美关系是拉双边外交重点之一。2011年3月，拉总统扎特列尔斯访问美国，分别会见美国副总统拜登、众议长博纳，并访问密歇根州和底特律市，着力探索双方在军事及经济领域的合作潜力，吸引美公司投资拉市场。7月，拉总理托姆布洛夫斯基斯对美进行工作访问，分别会见财长盖特纳及企业界代表。9月，拉总统贝尔津什访美并出席第66届联大。

【波罗的海三国合作】2011年，波海三国继续保持密切合作，在重大外交活动中采取统一行动。1月，波海三国财长在里加举行年度会晤。4月，波海三国举行2011波罗的海军事演习。爱沙尼亚总理访拉并与拉总理会谈。8月，波海三国与北欧五国外长在赫尔辛基举行年度会晤，强调八国未来应朝着政治团结、资源共享及地区经济一体化的方向发展。11月，波海三国总理在塔林会晤，主要讨论波海三国及欧元区经济发展形势，并就波罗的海高速铁路项目交换意见。

【同俄罗斯的关系】两国于1991年10月4日建交。拉俄关系一直紧张。2011年，两国交流合作增多。2月，拉外交部国务秘书杰克马尼斯与俄副外长季托夫在莫斯科举行两国外交部年度政治磋商。3月，拉俄边界勘定委员会通过行动方案，计划2015年前完成勘界程序。4月，拉俄政府间委员会共同主席、俄交通部长访拉，与拉方讨论拉俄政府间混委会日程。双方同意在2018年前修建一条连接里加和莫斯科的高速公路。6月，拉俄政府间混委会第五次会议在拉召开，双方签署“现代化伙伴关系”宣言。10月，俄外交部发表声明称，拉对国内俄语人群歧视严重，国际社会应向拉施压，促其尽快解决“非公民”问题。12月，拉外交部声明称，俄外交部发表有关历史文件违背事实，与双方共识相悖，不利于两国关系的积极发展。

【同独联体各国的关系】2011年，阿塞拜疆总统阿利耶夫和亚美尼亚总统萨尔基相等先后访拉。

（张铁虹）

立陶宛

国名　立陶宛共和国（The Republic of Lithuania）。

面积　6.53万平方公里。

人口　319.93万（2011年12月）。立陶宛族占83.1%，波兰族占6.0%，俄罗斯族占4.8%。此外还有白俄罗斯、乌克兰、犹太等民族。官方语言为立陶宛语，多数居民懂俄语。主要信奉罗马天主教，此外还有东正教、新教路德宗等。

首都　维尔纽斯（VILNIUS），面积401平方公里，人口54.9万（2011年12月）。1月平均气温-4.9℃，7月平均气温17℃。

国家元首　总统达里娅·格里鲍斯凯婕（Dalia GRYBAUSKAITĖ，女），2009年7月就职，任期五年。

重要节日　国家重建日（国庆日）：2月16日（1918年2月16日立陶宛宣布国家重建，立陶宛共和国成立）；恢复独立日：3月11日（1990年3月11日立陶宛发表恢复独立宣言）；国家日：7月6日（1253年7月6日立陶宛国王明陶卡斯加冕）。

简　况

位于波罗的海东岸，北接拉脱维亚，东连白俄罗斯，南邻波兰，西濒波罗的海和俄罗斯加里宁格勒州。国境线总长1644公里，海岸线长90公里。属海洋性向大陆性过渡气候。最高点海拔293.6米。1月平均气温-1℃，7月平均气温19℃。

1009年史书首次提及立陶宛。1240年成立统一的立陶宛大公国。1385年后立陶宛与波兰三次联合，1387年接受天主教为国教。维陶塔斯大公执政期间（1392～1430年）是立鼎盛时期，成为当时欧洲面积最大的国家之一。1795年后逐步被沙俄吞并。第一次世界大战期间，立曾一度被德国占领。1918年2月16日，立宣布独立并建立资产阶级共和国。1920年10月9日，波兰占领维尔纽斯和立东部地区，第二大城市考纳斯成为立临时首都。1939年8月，苏联和德国签订秘密条约，立被划入苏联势力范围，次年初苏军进驻立境内。1941年苏德战争爆发后，立被德国占领。1944年苏联军队进入立，立陶宛苏维埃社会主义共和国成立并加入苏联。1990年3月11日，立通过恢复独立宣言，宣布脱离苏联独立。1991年9月6日，苏联国务委员会承认立独立，9月17日立加入联合国。2004年3月29日立加入北约，5月1日成为欧盟成员国。

政　治

2011年，立陶宛政局总体保持稳定，执政联盟在国内经济形势好转的情况下，地位有所巩固。格里鲍斯凯婕总统保持较高的民意支持率，在国家政治和社会生活中发挥着重要作用。

【宪法】1992年10月25日经全民公决通过，11月2日生效，后多次修订。现行宪法共15章154条。规定立陶宛是独立的民主共和国，主权属于全体人民，公民权利一律平等。立为议会制国家。议会是国家最高立法机关，批准或否决总统提名的总理人选；任命和解除国家领导人的职务；有权弹劾总统，但需经3/5以上议员支持。总统由公民直接投票选举产生，任期五年，最多任两届。凡年龄在40岁以上且近3年在立连续居住的立公民均可竞选总统。如总统病故、辞职、被弹劾或由于健康原因无法履行职务时，其职责由议长代为行使。总统是国家武装力量最高统帅，就重大外交问题做出决策，经议会同意任命和撤换总理，根据总理推荐任命和撤换部长。

【议会】国家最高立法机关，实行一院制，共有141个席位，任期四年。凡年满25岁、在立定居的立公民均有权竞选议员。其中71名议员由全国71个选区直接选出，其余70名由进入议会的政党产生，获得5%以上选票的政党和7%以上选票的政党联盟可进入议会，并根据各自获得选票的比例分配议席。现议会于2008年10月选举产生，目前其主要党团及所占议席分别为：祖国联盟—基督教民主党党团46席、社会民主党党团24席、秩序与正义党党团17席、自由中间联盟和民族复兴党联合党团13席、自由运动党党团12席、劳动党党团10席、混合党团10席、基督教党党团8席。现任议长伊莲娜·德古婕涅（Irena DEGUTIENĖ，女），2009年9月当选。

【政府】本届政府为立陶宛独立以来第15届政府，由祖国联盟—基督教民主党、自由运动、自由中间联盟、民族复兴党4个党派联合执政，于2008年12月组成，下设14个部。总理：安德留斯·库比留斯（Andrius KUBILIUS）。内阁成员包括：外交部长奥德罗纽斯·阿茹巴利斯（Audronius AŽUBALIS），文化部长阿鲁纳斯·盖鲁纳斯（Arūnas GELŪNAS），社会保障和劳动部长多纳塔斯·扬考斯卡斯（Donatas JANKAUSKAS），国防部长拉萨·尤克涅维切涅（Rasa JUKNEVIČIENĖ，女），环境部长盖迪米纳斯·卡兹劳斯卡斯（Gediminas KAZLAUSKAS），经济部长利曼塔斯·日留斯（Rimantas ŽYLIUS），交通和通讯部长埃利吉尤斯·马修利斯（Eligijus MASIULIS），内务部长阿尔图拉斯·梅里亚纳斯（Art ū ras MELIANAS），能源部长阿尔维达斯·塞克莫卡斯（Arvydas SEKMOKAS），农业部长卡济斯·斯塔尔凯维丘斯（Kazys STARKEVIČIUS），教育和科学部长金塔拉斯·斯捷潘纳维丘斯（Gintaras STEPONAVIČIUS），司法部长列米吉尤斯·希马修斯（Remigijus ŠIMAŠIUS），财政部长茵格里达·希蒙妮婕（Ingrida SIMONYTĖ，女），卫生部长赖蒙达斯·舒基斯（Raimondas ŠUKYS）。

【行政区划】2011年6月，立陶宛进行行政区划改革，取消县制，全国改为由7个城市、43个区、8个自治机构和2个疗养区共60个地方行政单位构成，大小城镇100余座。主要城市有维尔纽斯、考纳斯、克莱佩达、希奥利艾等。

【司法机构】宪法法院院长罗穆阿尔达斯·凯斯图蒂斯·乌尔拜蒂斯（Romualdas Kęstutis URBAITIS），2011年4月就职，任期九年。最高法院院长金塔拉斯·克里热维丘斯（Gintaras KRYŽEVIČIUS），2009年10月就职，任期九年。总检察长达留斯·瓦利斯（Darius VALYS），2010年6月就职，任期五年。

【政党】截至2011年底，立共有40余个政党和政治组织注册登记，主要政党有：

（1）祖国联盟—基督教民主党（原保守党）（Homeland Union—Lithuanian Christian Democrats "LITHUANIAN CONSERVATIVES"）：执政党。1993年5月1日成立。现有党员1.4万人。主席安德留斯·库比留斯，现任总理。

（2）自由运动党（Liberals Movement of the Republic of Lithuania）：执政党。2006年2月25日成立，主要由从自由中间联盟中退出的成员组成，现有党员2000余人。主席埃利吉尤斯·马修利斯，现任交通部长。

（3）自由中间联盟（Lithuanian Liberal and Centre Union）：执政党。2003年5月31日创建，由立自由者联盟、中间联盟和现代基督教民主联盟三党合并组成，现有成员4000余人。主席阿尔吉斯·恰普利卡斯（Algis ČAPLIKAS），现任副议长。

（4）社会民主党（Lithuanian Social Democratic Party）：在野党。1896年创建，1989年8月12日重建，2001年1月27日与立陶宛劳动民主党（Lithuanian Democratic Labor Party）合并。现有党员1.5万余人。主席阿尔吉尔达斯·布特凯维丘斯（Algirdas BUTKEVIČIUS），现任议会反对派领袖。

（5）劳动党（Lithuanian Labor Party）：在野党。2003年11月26日创建，2006年发生分裂，部分党员脱党另建公民民主党。2011年6月，立陶宛新联盟（New Union of Lithuania）与劳动党合并。现有党员1.2万余人。主席维克托拉斯·乌斯帕斯基赫（Viktoras USPASKICH），现任欧洲议会议员。

（6）秩序与正义党（Order and Justice Party）：在野党。2002年3月9日成立，原名自由民主党，2006年5月13日改称秩序与正义党（自由民主党），2008年3月8日该党第八次代表大会决定正式改称现名，现有党员7000余人。主席罗兰达斯·帕克萨斯（Rolandas PAKSAS），前总统、现任欧洲议会议员。

（7）基督教党（Christian Party）：在野党。2010年1月23日成立，由基督保守社会联盟、议会"统一立陶宛"党团（现已更名为基督教党团）、基督教民主联盟等合并而成。主席盖迪米纳斯·瓦格诺留斯（Gediminas VAGNORIUS），前总理。

其他政党有：立陶宛农民人民联盟（Lithuanian Peasant Popular Union）、立陶宛波兰人选举运动（Electoral Action of Poles in Lithuania）等。

【重要人物】达里娅·格里鲍斯凯婕：总统。1956年3月生于维尔纽斯市。1983年毕业于苏联列宁格勒日丹诺夫大学政治经济学专业，1988年在莫斯科社会科学院完成经济学博士论文答辩。1983 ~ 1990年在维尔纽斯高级党校任教。1990 ~ 1991年在立陶宛经济研究所任职。1991 ~ 1994年先后任对外经济关系部和外交部司长。1994 ~ 1995年任驻欧盟大使兼入盟谈判副代表。1996 ~ 1999年任驻美国使馆公使。1999 ~ 2001年先后任财政部和外交部副部长。2001 ~ 2004年任财政部长。2004 ~ 2009年任欧盟委员会财政计划和预算委员。在2009年5月17日举行的总统选举中，以68.21%的得票率当选总统，并于7月正式就职。未婚，无子女。 **伊莲娜·德古婕涅：**议长。1949年6月生于希奥利艾市。1974年毕业于维尔纽斯大学医学系。1974 ~ 1994年在维尔纽斯大学附属红十字医院工作，先后任麻醉科、康复科、肠胃科等科室副主任医师、主任医师。1994 ~ 1996年任卫生部副国务秘书。1996 ~ 2000年任社会保障与劳动部部长，1999年5 ~ 6月和10 ~ 11月两度出任代总理。2008年11月至2009年9月任立议会第一副议长。2009年9月当选议长。已婚，有两个孩子。　**安德留斯·库比留斯**：总理。生于1956年12月。1979年毕业于维尔纽斯大学物理系。1981 ~ 1984年在维尔纽斯大学研究生院进修。1984 ~ 1990年先后在维尔纽斯大学任实验员、工程师和研究员。1990年参与立独立运动“萨尤季斯”，1990 ~ 1992年任该组织责任秘书。1992 ~ 2008年连续五次当选立第六至十届议会议员，先后在议会欧洲事务、自然保护、法律和法制、预算和财政等委员会工作，其中1996 ~ 1999年任第一副议长。1999 ~ 2000年任总理。2008年12月再度出任总理。已婚，有两子。

经　济

2011年，立陶宛经济呈现较快增长势头，实体经济趋于改善，工业产值稳步回升，国内消费快速回暖，出口明显回升，失业率有所下降。2011年主要经济数据如下：

国内生产总值：1060亿立特（约合307亿欧元）。

人均国内生产总值：33132立特（约合9596欧元）。

国内生产总值增长率：5.9%。

货币名称：立特（LITAS），辅币为立分（CENTAS），1立特=100立分。

汇率：1美元=2.6274立特（2011年12月）；1欧元=3.4528立特（固定汇率）。

通货膨胀率：4.1%。

失业率：15.4%。

总就业人口：137.09万。

【资源】森林和水资源丰富。森林面积211.5万公顷，覆盖率为32.7%。有722条河流，长度超过100公里的河流有21条，最长的涅穆纳斯河全长937公里，在立境内长度为475公里。立境内湖泊众多，水域面积超过880平方公里，面积超过0.5公顷的湖泊有2834个，其中最大的德鲁克夏伊湖面积4479公顷（42.26平方公里）。此外还有泥炭、矿物建筑材料等资源。

【工业】2011年工业产值661.5亿立特（约合191.58亿欧元），同比增长7.4%，占国内生产总值的62.4%。2010年，工业从业人口23.81万，占就业总人口的17.7%。工业主要分为采矿和加工制造业、水电气供应两大部分，产值分别为572.8亿立特和81.12亿立特，同比分别增长10.4%和下降14.4%。

据立统计局资料显示，近几年主要工业产品产量如下（单位：万吨）：

	2008	2009	2010
开采泥炭	52.10	54.40	32.68
开采石英砂	3.80	4.10	6.73
原油	12.80	11.50	11.50
木纤维板（万平方米）	3130.00	2070.00	2820.00
造纸	11.97	8.66	11.31
水泥	110.00	60.00	80.00
电视机（万台）	37.67	42.05	41.65
亚麻纤维	0.55	0.25	0.48
套装（万套）	20.50	25.50	30.20
布匹（万平方米）	2760.00	1310.00	2950.00
发电量（亿千瓦时）	131.00	142.00	46.00

【农业】2011年农业产值79亿立特（约22.88亿欧元），同比增长21.2%。2010年，农业从业人口12.26万，占就业总人口的9.1%。

据立统计局统计，近几年主要农产品产量及家禽（畜）存栏数如下（单位：千吨、千匹、千头、千只）：

	2008	2009	2010
谷物	3421.9	3892.3	2867.2
马铃薯	716.4	662.5	476.9
蔬菜	275.7	321.7	188.6
甜菜	339.1	682.0	706.7
油菜籽	330.2	415.8	416.7
马	55.9	54.4	49.0
牛	787.9	770.9	759.4
猪	923.2	897.1	928.2
羊	63.0	64.1	67.2
家禽	9874.8	9107.5	9308.7

【服务业】服务业是立陶宛国民经济的重要组成部分。2011年，服务业产值412亿立特，同比增长11.3%。其中交通运输业189亿立特，酒店服务业4.21亿立特，其他服务业216亿立特，同比分别增长15.3%、24.2%和7.8%。2010年，服务业从业人口90.12万人，占就业总人口的63.6%。

【旅游业】2010年，立陶宛宾馆、旅店、疗养院等旅游机构共接待境内外游客155.28万人次，其中外国游客84.03万人次，占54.1%，主要来自波兰（16.2%）、德国（12.6%）、俄罗斯（12.6%）和拉脱维亚（7.9%）等国。立公民赴国外旅游19.87万人次，同比下降60.5%，主要目的国为白俄罗斯、波兰、俄罗斯、拉脱维亚。截至2010年底，立共有各类宾馆、酒店等907家，客房21185间。主要旅游景点：维尔纽斯老城、特拉盖古堡、凯尔纳维遗址、尼达沙丘、帕兰加、希奥利艾十字架山、德鲁斯基宁盖等。

【交通运输】交通体系完备，铁路网与欧洲及独联体国家连成一体，可直接或转车前往有关国家；公路网发达，有E28、E67、E77、E85、E262、E272等6条欧洲公路干线经过；克莱佩达港是立陶宛最大海港，与世界200多个港口通航。国内交通运输以公路、铁路为主。

2011年，立全年货运总量为1.21亿吨，较上年增长5.2%。客运总量为3.94亿人次，较上年增长1.5%。

铁路：境内通车里程1775.3公里，其中宽轨（1520毫米）铁路1753.5公里，窄轨（1435毫米）铁路21.8公里。货运量5233万吨，同比增长8.9%；客运量465.5万人次，同比增长6.7%。

公路：全国公路总长21320公里，其中高速公路309公里，欧洲E级公路1510公里，国道4946公里，县道14625公里。货运量4600万吨，同比增长2.9%；客运量3.85亿人次，同比增长1.1%。

海运：海上货运量718.0万吨，同比增长4.2%；客运量29.0万人次，同比增长14.6%。克莱佩达港货物吞吐量3659.4万吨，同比增长17%；客运量28.0万人次，同比增长12.1%。

河运：内河货运量103.77万吨，同比增长4.2%；内河客运量171.55万人次，同比下降8.31%。

空运：各机场货运总量3500吨，同比增长20.7%；客运总量为44.46万人次，同比下降46.3%。机场进出港旅客269.29万人次，同比增加17.9%。

主要国际机场：维尔纽斯机场、考纳斯机场、帕兰加机场。

【财政金融】立陶宛中央银行数据显示，截至2012年1月，立黄金外汇储备200亿立特（57.92亿欧元），较上年同期增长23%。

据立财政部统计，2011年，立中央财政收入306.95亿立特（约合88.90亿欧元），财政支出339.57亿立特（约合98.35亿欧元），财政赤字32.62亿立特（约合9.45亿欧元）。截至2011年12月，立中央政府债务总额385.04亿立特（约合111.51亿欧元），占国内生产总值的36.4%，其中长期债务375.74亿立特（约合108.82亿欧元），占97.6%，短期债务9.3亿立特（约2.69亿欧元），占2.4%。近年国家预算收支状况如下（单位：亿立特）：

	2009	2010	2011
收入	207.090	323.188	306.95
支出	245.929	390.577	339.57
差额	−38.839	−67.369	−32.62

截至2011年12月，立共有9家注册商业银行、8家外国银行分行和代表处，外国资本占85%。此外还有立中央信用社及其他67家信用社，另有174家欧盟国家银行虽在立无代表机构，但可处理跨国业务。

（1）SEB银行（SEB Bank）：1990年3月成立，现注册资本10.35亿立特，总资产270亿立特，吸收存款96.7亿立特，贷款额197亿立特。

（2）瑞典银行（Swedbank）：注册资本5.7亿立特，总资产179.5亿立特，吸收存款67.6亿立特，贷款额129.1亿立特。

（3）DnB NORD银行：原立陶宛农业银行，2002年经德资收购改称NORD/LB银行，2006年5月改为现名。注册资本6.57亿立特，总资产95.28亿立特，吸收存款30.78亿立特，贷款额60.25亿立特。

（4）经济银行（Ūkio Bank）：注册资本1.77亿立特，总资产37.52亿立特，吸收存款22亿立特，贷款额18亿立特。

【对外贸易】据立陶宛海关统计，2011年立进出口总额为1478亿立特（约合428.06亿欧元），同比增长28.6%，其中出口额为696亿立特（约合201.58亿欧元），进口额为782亿立特（约合226.48亿欧元），同比分别增长28.9%和28.2%，外贸逆差为86亿立特（约合24.91亿欧元），同比增长23.2%。

主要出口商品为矿产品、机电设备、电气设备、木材等，主要进口商品为矿产品、机电设备、电气设备、化工产品、蔬菜及水果等。近几年进出口贸易额如下（单位：亿立特）：

	2009	2010	2011
出口额	407.25	542.64	696
进口额	451.38	609.43	782
差　额	−44.13	−66.79	−86

2011年，立对欧盟国家出口占出口总额的61.4%，对独联体国家占27.7%，其中对俄罗斯出口占16.6%；立自欧盟进口占进口总额的55.9%，独联体国家占36.6%，其中从俄罗斯进口占32.8%。

【外国资本】截至2011年底，立陶宛累计吸引外国直接投资372亿立特（约合107.74亿欧元），较上年增加5.98%，人均累计吸引外国直接投资11628立特（约3368欧元）。主要投资国及所占份额依次为：瑞典15.4%，波兰11.5%，德国10.4%，荷兰8.8%和俄罗斯6.6%。外国投资主要集中在制造业、批发零售业、交通通信业及金融业等。

【对外投资】2011年，立陶宛累计对外直接投资53.75亿立特（约合15.57亿欧元），较上年减少0.9%。对外投资总额中78.4%投向欧盟国家，17.5%投向独联体国家。主要投资对象国及所占份额依次为：荷兰29.0%，拉脱维亚16.0%，塞浦路斯8.3%，波兰8.2%，俄罗斯7.6%，乌克兰6.3%。

人民生活

2011年，立陶宛平均月收入2042立特（约合591.4欧元），较上年增长2.6%，税后实际收入1592立特（约合461欧元）。最低工资标准800立特（约合231.7欧元）。2011年立失业率为15.4%，较上年下降2.4%，失业人口为24.88万人。

军　事

1992年11月19日组建军队，2004年3月29日加入北约。总统为武装力量最高统帅，国家国防委员会是协助总统处理国防事务的决策机构，由总统、议长、总理、国防部长和三军司令组成。现阶段实行行政领导与作战指挥相分离的军政、军令双轨领导体制，即由国防部文职人员控制军队，由三军司令及其领导的国防参谋部指挥部队执行各种作战训练任务。现任国防部长拉萨·尤克涅维切涅，三军司令阿尔维达斯·波丘斯（Arvydas POČIUS）中将。立国家安全政策是公开、透明和非对抗性的，认为目前国家安全未受到任何直接军事威胁，不视任何国家为敌人。2011年，立军共有1.6万余人，编为陆军、空军、海军、特种作战部队、后勤保障部队、军事教育训练机构和部队等，其中陆军约6000余人，空军约1000余人，海军约600余人，还有8000余名预备役人员。目前，立军在阿富汗等地派驻200余人参与北约军事行动及协助当地重建工作。

2011年度国防预算8.69亿立特（约合2.52亿欧元），约占当年国内生产总值的0.82%。

文化教育

【教育】教育管理机构主要是教育和科学部、议会教科文委员会和国家科学委员会。重大教育问题由议会或政府与国家科学委员会协商决定。采取10年基础教育制度，即初等小学（1 ~ 4年）、基础中学（5 ~ 10年）。基础中学毕业后，学生可选择进入高级中学（2年）、职业学校（3 ~ 4年）、音乐学院（6年）或职业教育中心。高级中学毕业后可进入高校进行为期4 ~ 5年的本科学习。此外，立陶宛还设立强化高中（通常为私立中学）（4年）、特殊教育学校（为残疾儿童而设）和青年学校等。

2011 ~ 2012学年，立共有各类学校1431所，注册学生总数为614275人。全国共有公立大学14所，私立大学9所，在校大学生125046名，教师9809名。主要高等院校有：维尔纽斯大学、维尔纽斯师范大学、盖迪米纳斯理工大学、考纳斯维陶塔斯大学、考纳斯理工大学、考纳斯医学院和立陶宛军事学院等。维尔纽斯大学创建于1579年，是立最著名的综合性大学，也是欧洲最古老的高等学府之一，现有学生2.2万名。

【新闻出版】2011年，立陶宛定期出版558种杂志和期刊，年发行总量6170万份；报纸262种，发行量1.76亿份。主要报刊有：《立陶宛晨报》、《共和国报》、《晚间消息报》、《商业新闻》、《考纳斯日报》、《西部快报》、《人物杂志》等。

主要通讯社有：立陶宛通讯社（ELTA）、波罗的海通讯社（BNS）等，均为私营通讯社。

主要电视台有：国家电视台——立陶宛电视台（LTV）、自由独立频道（LNK）、“TV–3”电视台、“TV–4”电视台等。

主要电台有：国家电台——立陶宛电台、“M–1”电台、“中央电台”、“自由之波”电台、俄语电台“俄罗斯广播”、波兰语电台“ZNAD WILII”等。

对外关系

2004年3月29日加入北约、5月1日加入欧盟。2007年12月21日，正式成为申根协议成员国。奉行务实的对外政策，重视睦邻友好合作，努力扩大在波罗的海地区乃至欧盟的影响力。积极参与国际事务，已先后加入60多个国际和地区组织。大力发展与乌克兰、摩尔多瓦、外高加索和巴尔干地区国家的关系，支持其加入欧盟和北约。截至2012年3月，立陶宛建交国总数为160个。2011年，立任欧洲安全与合作组织（OSCE）轮值主席国，积极推动该组织在应对跨国威胁、维护地区安全、发展与地中海国家关系等方面加强对外合作。

【对当前重大国际问题的态度】立陶宛在重大国际问题上重视与欧盟协调立场，支持欧盟应对主权债务危机的一揽子举措，主张欧盟和北约继续扩员，支持北约实践“灵巧防卫”理念，认为北约应进一步强化对成员国外交及安全政策的协调，主张加强跨大西洋合作。支持联合国进行全面改革，以进一步提高工作透明度和行政效率，加强安理会权威。在气候变化问题上，支持欧盟减排计划，积极落实《京都议定书》并参与哥本哈根气候变化大会。高度重视能源安全问题，主张提高核安全标准，积极呼吁欧盟尽早制定统一的能源安全战略，减少对俄罗斯的能源依赖。关注朝鲜核和伊朗核等国际热点问题，主张严格控制大规模杀伤性武器扩散。

【同中国的关系】1991年9月14日两国建立外交关系。

2011年，中立关系取得积极进展，两国共同庆祝建交20周年。4月，商务部国际贸易谈判副代表崇泉访立。5月，立陶宛文化部长盖鲁纳斯访华，两国文化部签署2012 ~ 2016年文化交流计划；立外长阿茹巴利斯访华。8月，国家税务总局局长肖捷访立。9月，国家主席胡锦涛与立总统格里鲍斯凯婕、外交部长杨洁篪与立外长阿茹巴利斯互致贺电，庆祝两国建交20周年；人力资源和社会保障部副部长杨士秋访立；立经济部长日留斯赴华出席第十五届厦门国际投资贸易洽谈会；农业部长斯塔尔凯维丘斯赴华出席第六届“中国—中东欧国家农业经贸合作论坛”。10月，立交通和通讯部长马修利斯赴华出席在四川成都举行的第二届亚欧交通部长会议。

据中国海关总署统计，2011年，中立双边贸易额为14.23亿美元，同比增长38.9%。其中，中国对立出口额为13.35亿美元，同比增长35.9%；进口额为8760万美元，同比增长107.8%；对立贸易顺差12.47亿美元，同比增长32.9%。

中国驻立陶宛大使：刘增文。馆址：维尔纽斯市阿尔吉尔多大街36号（Algirdo g.36，LT–03218 Vilnius，Lithuania）。电话：（3705）2162861；领事部电话：2162972；传真：2162682。网址：www.chinaembassy.lt。经商处地址：维尔纽斯市布林捷街34号（Blindžių g.34，LT–08110 Vilnius，Lithuania）。电话：（3705）2722375；传真：2722161。网址：http://lt.mofcom.gov.cn。

立陶宛驻华大使：丽娜·安塔纳维切涅（Lina Antanavičienė，女）。馆址：北京市朝阳区霄云路18号京润水上花园B区30号，邮政编码：100016。电话：（010）84518520；传真：84514442。

【同美国的关系】1991年9月6日与美国建立外交关系。立陶宛独立以来，一直与美保持密切关系，在重大国际问题上基本支持美方立场，积极参与美领导的军事行动。2011年立美关系发展顺利。2月，美参议员麦凯恩、利伯曼率国会代表团访立；立外长阿茹巴利斯访美；立政府与美国国家核安全管理局签署协议，深化双方合作。4月，美参议院代表团访立。6月，美国务卿克林顿参加立举办的民主共同体框架下的世界女性领导人峰会。9月，立总统格里鲍斯凯婕在出席第六十六届联合国大会期间，与美总统奥巴马简短交谈。12月，美国务卿克林顿在立参加欧安组织外长会议。

【同俄罗斯的关系】1991年10月9日与俄罗斯建立外交关系。受历史和现实等因素影响，近年来，立俄关系发展不顺。2011年，两国高层往来不多。2月，立陶宛外长阿茹巴利斯访俄。12月，俄外长拉夫罗夫在立参加欧安组织外长会议。

【同波罗的海邻国的关系】立陶宛与拉脱维亚、爱沙尼亚在政治、经济、历史、地理、文化等众多方面有着密不可分的传统联系，三国之间除设有国家元首、政府首脑及部长级定期会晤机制外，还建立了波罗的海大会、波海地区国家经济论坛、三国首都会议机制等。2011年，三国继续保持各级别、各领域的频繁互访和密切交往。此外，三国还就合资在立修建核电站、推动建立波海三国统一能源市场等问题上取得一定进展。

【同其他国家的关系】2011年，立陶宛总统格里鲍斯凯婕访问挪威、奥地利、阿塞拜疆、格鲁吉亚、亚美尼亚、德国、摩尔多瓦、冰岛、哈萨克斯坦、乌克兰等国。立总理库比留斯访问英国、乌克兰、阿富汗、阿塞拜疆等国。波兰总统科莫罗夫斯基、卢森堡首相容克、瑞典首相赖因费尔特、克罗地亚总统约西波维奇、斯洛伐克总统加什帕罗维奇、黑山总理卢克希奇、波兰总理图斯克、法国总理菲永、摩尔多瓦总理菲拉特等访立。

（罗锋）

列支敦士登

国名 列支敦士登公国（The Principality of Liechtenstein，Das Fuerstentum Liechtenstein）。

面积 160.5平方公里。

人口 36476人（2011年12月），其中外国人12145人，约占33.3%，主要是瑞士人、奥地利人、德国人和意大利人。官方语言为德语。天主教为国教，信奉天主教的居民超过80%，基督教约7%，其他教派约13%。

首都 瓦杜兹（Vaduz），人口5237人（2011年12月）。

国家元首 汉斯—亚当二世（Hans Adam II）公爵。2004年8月15日起，王储阿洛伊斯（Prince Alois）摄政，代公爵处理国内、国际事务。

重要节日 国庆节：8月15日；圣诞节：12月25日。

简况

位于阿尔卑斯山中部和莱茵河谷的内陆国。西邻瑞士，东接奥地利。气候温和，平均气温1月1.1℃，7月19.9℃。列支敦士登人是公元500年以后迁移到此的日耳曼民族的后裔。1719年1月23日以列支敦士登亲王之姓氏建国。1806年作为主权国家加入“莱茵联盟”，1815年加入“德意志联盟”。1852年，与奥匈帝国签订关税条约，1919年，条约随奥匈帝国崩溃而终止。1923年，与瑞士签订了关税条约，两国边界开放，建立共同经济区，使用统一货币——瑞士法郎。两次世界大战期间，均保持中立。

政治

实行议会民主的君主立宪制，公爵拥有最高权力。人民通过选举议员或提出倡议、参加公民投票行使政治权利。2000年生效的新选举法将选民年龄由20岁提前到18岁。2009年，新一届政府成立，由祖国联盟和激进公民党联合组成，以后四年的政策基于两党的合作协定。

【宪法】宪法规定国家政体为君主立宪制，国家元首世袭。旧宪法于1921年10月5日制定。公爵与议会自1995年9月起就公爵、政府及议会间权力分配问题进行修宪谈判，经过艰难讨价还价，2003年3月，列公民投票通过公爵汉斯—亚当二世提出的修宪案。8月14日，新宪法正式生效。

【议会】实行一院制。人民直接选举议会，议长是人民最高代表，议会参与立法和缔结国家条约、掌管财政，监督政府。议会任期四年。议长每年改选一次。议长及议员均为兼职。本届议会2009年3月产生，有25名议员，激进公民党12席，祖国联盟11席，自由名单1席，无党派1席。现任议长布龙哈特·阿图尔（Brunhart Arthur，祖国同盟），副议长沃尔维尔特·蕾娜特（Wohlwerd Renate，女，激公党）。

【政府】由5名成员组成，除首相和副首相外，其余3名政府委员均为兼职。根据列宪法规定，政府成员由公爵根据议会的建议任命，任期四年。本届政府2009年3月组成。首相兼财政、家庭部长克劳斯·屈策尔（Klaus Tchuetscher），副首相兼经济、建设和交通部长马丁·迈耶尔（Martin Meyer），社会、卫生、环境、农业和林业部长蕾娜特·米斯娜（Renate Müessner，女），教育、内政和体育部长胡戈·克瓦德勒（Hugo Quaderer），司法、外交和文化部长奥蕾利亚·弗里克（Aurelia Frick，女）。

【司法机构】法院分三级：地方法院、中级法院和最高法院。最高法院共有5名法官，由公爵根据议会的推举任命，任期四年，院长盖特·戴勒卡特（Gert Delle Karth）。

【政党】现有3个主要政党：

（1）激进公民党（Fortschrittliche Buergerpartei）：1918年成立。主席亚历山大·巴特林内尔（Alexander Batliner）。

（2）祖国联盟（Vaterlaendische Union）：1918年成立。主席雅克布·布歇尔（Jakob Buechel）。

（3）自由名单（Freie Liste）：1986年成立，成员为青年知识分子、环保主义者。1993年首次进入议会。理事会主席沃尔夫冈·马克赛尔（Wolfgagn Maxer）。

【重要人物】**汉斯—亚当二世公爵**：国家元首。1945年2月14日生于瑞士苏黎世。曾在维也纳和瑞士圣加仑学习并在伦敦一家银行受过职业培训。获经济学士学位。1984年8月其父弗朗茨·约瑟夫二世将大部分权力授予他，由他负责政府事务。1989年11月13日约瑟夫二世逝世，同日，汉斯—亚当宣布继位，称汉斯—亚当二世。在金融和经济方面有专长，主张积极参与国际事务。在其执政后，列先后加入联合国、欧洲自由贸易联盟和欧洲经济区。已婚，有4个子女。**王储阿洛伊斯**：1968年6月11日生于苏黎世。1987年赴英国桑赫斯特皇家军事学院学习，曾在香港和伦敦服役。获奥地利萨尔茨堡大学法学硕士学位。1993～1996年在伦敦一家经济评估公司工作。1990年8月15日，宣誓为公爵继承人。2004年8月15日起摄政。已婚，有三子一女。

经　济

原是贫穷的农业国，大多数人从事畜牧业，只有小规模的纺织和陶瓷等工业。战后逐步发展成为发达的工业国家。工业是国民经济的支柱，工业产品95%以上出口。有16家银行，2011年收益由2010年的5.7亿瑞郎下降至1.63亿，降幅为71.7%，银行管理的资金量为1170亿瑞郎，比2010年减少40亿瑞郎，降幅为3.5%。1912年开始发行邮票，列国邮票闻名遐迩，也是国家财政的重要来源之一。2011年主要经济数据如下：

国内生产总值：53.76亿瑞郎。

人均国内生产总值：14.8万瑞郎。

国民生产总值增长率：9.6%。

货币名称：瑞士法郎，1瑞郎=100生丁。

汇率：1美元=0.9584瑞郎（2012年6月）。

通货膨胀率：0.7%（2010年）。

失业率：2.3%。

【资源】有大理石矿。森林面积66平方公里，占国土面积的41%。

【工业】工业发达，产值约14.8亿瑞郎，占国内生产总值的27.54%。主要有金属加工、机械、仪表制造、陶瓷、化工、医药、电子、纺织和食品加工等。真空镀膜产品、用于造船工业和建筑业的射钉枪、钻孔机以及假牙产品享有国际声誉。工业产品质量高，有竞争力，主要向欧美国家出口。截至2010年，全国有工业企业578家，从业人员占总从业人口的40.6%。

【农业】截至2010年，农业可用地面积36.97平方公里，占国土总面积的22%。产值约0.64亿瑞郎，占国内生产总值的1.19%。农业从业人员327人，占总从业人口0.8%。以种植土豆、玉米、葡萄为主。45%的农业毛产值来自牛奶产业，2010年牛奶产量1400吨。

【服务业】服务业发达，产值达38.3亿瑞郎，约占国内生产总值的71.27%。主要包括旅游业、金融和保险业。2010年从业人员12321人，占总从业人口的58.6%。

【旅游业】地处欧洲南北交通要道，绮丽的自然风光，“袖珍国家”所独有的魅力以及王室藏画展和高山滑雪场等为发展旅游业创造了有利条件。2010年，列共有41家旅馆，1144张床位，2010年旅馆过夜115051人次。

【交通运输】以公路运输为主，境内无高速公路和铁路。

【财政金融】列政府近年财政收支情况如下（单位：亿瑞郎）：

	2008	2009	2010
收入	11.03	11.20	10.95
支出	11.58	9.87	10.53
差额	−0.55	1.33	0.42

（资料来源：列支敦士登统计局）

【对外贸易】2011年进出口总额为53亿瑞郎，其中进口额为19.7亿瑞郎，同比增长4.4%，出口额为33.3亿瑞郎，同比增长0.1%，外贸顺差为13.6亿瑞郎。主要贸易伙伴是瑞士、德国、美国。

人民生活

世界上最富有的国家之一。全国有正式医生（包括兽医）131人，实习医生58人。邮局服务点12个。全国拥有固定电话机19518部，移动电话32013部，电视机14845台。每千人拥有小汽车728辆。

军　事

1868年废除军队。根据宪法规定，紧急情况下，“每个有持械能力”的公民（60岁以下）都有义务保卫祖国。1933年成立“列支敦士登安全团”，现有警察83人。

文化教育

【教育】幼儿园2年，小学5年，初中4年，高中4年。中学毕业生大多到瑞士和奥地利上大学。2000年，列第一所高等院校——列支敦士登人文科学大学正式建立，设有心理学和神经学两门学科。与瑞士开展职业教育合作。有一所音乐学校。2010/2011年度，列在校大学生约840人（不含在国外上大学的学生），中小学及“特殊学校”在校生总数约为5000人，教师约600名。

【新闻出版】有3家报纸：《列支敦士登人民报》，创刊于1878年，是列历史最悠久的报纸，日发行量8000份，每周四为大版，发行量18500份；《列支敦士登祖国报》，日发行量10500份；《列支敦士登周报》，每周日出版，发行量32000份。1955年建立第一家私营广播电台。1998年3月批准成立第一家私营电视台。

对外关系

永久中立、依附瑞士、根据可能和本国利益积极参与国际活动是外交政策的三大支柱。是联合国、欧洲委员会、欧洲自由贸易联盟和欧洲经济区成员国。同70个国家建立大使级外交关系。

与瑞士保持着特殊关系。根据1919年两国达成的协议，瑞士驻外机构代表列国在外国的利益，但列保留与其他国家建立外交关系的权利。与奥地利的关系也很密切。1938年以前，列支敦士登的公爵都在维也纳定居。目前，列奥两国除签有国家条约外，在司法合作、教育及社会生活领域也签有一系列协定。

近年来，列积极开展经济和实效外交。深化与欧盟合作，积极寻求加入《申根协定》，但反对加入欧盟。由于低税政策和银行保密法，部分欧洲国家指责列成为邻国企业和富人逃税的“天堂”。列因此多次成为欧盟国家打击逃税和洗钱行为的目标。

【同中国的关系】根据列与瑞士的协议，中瑞1950年9月14日建交时，中列两国同时亦建立了外交关系。1988年9月14日，中国首次任命驻列国总领事（由中国驻苏黎世总领事兼任）。

1990年10月，钱其琛外长在联大会晤列国首相兼外长布隆哈特。中国外交部副部长周南（1988年9月）、王英凡（1997年3月）分别访问列国。1995年9月，外长安德丽娅·维利来华参加第四届世界妇女大会。2002年10月，公爵汉斯—亚当二世对上海进行私人访问。2005年5月，中列双方在浙江举办联合发行《绘画作品》特种邮票的中方首发式；6月，中国国家邮政总局代表团参加在瓦杜兹举行的列方首发式，受到阿洛伊斯王储接见。2006年2月，温家宝总理致函阿洛伊斯王储，邀请列参加2010年上海世博会。2007年10月，国家元首汉斯·亚当二世公爵应国家杂交水稻工程技术研究中心主任袁隆平邀请非正式访华。2008年8月，公主诺拉以国际奥委会委员身份来华出席北京奥运会开幕式。2009年5月，列正式确认参展2010年上海世博会。9月，汉斯—亚当二世公爵再次应袁隆平邀请非正式访华。2010年5月，政府委员兼外交、司法、文化部长弗里克来华参加“全球妇女峰会”并赴上海世博会参观，外交部副部长傅莹、文化部副部长王文章、司法部副部长张苏军分别会见。8月底9月初，摄政王储阿洛伊斯和首相屈策尔共同访华，习近平副主席会见并宴请，商务部、财政部和税务总局负责人分别会见，双方签署关于承认中国完全市场经济地位的谅解备忘录，列代表团出席上海世博会列国家馆日活动。10月底11月初，副首相迈耶尔访华，出席上海世博会闭幕活动。2011年6月，外交部副部长傅莹访列。

中列贸易往来始于20世纪50年代。近年来，两国经贸关系发展迅速。2011年双边贸易额为9223.8万美元，同比增长20.3%。其中，中国出口额为1332.4万美元，进口额为7891.4万美元，分别增长72.5%和14.5%。

2004年6月，中国与瑞士签署旅游目的地国实施谅解备忘录（包括列），并于9月1日开始执行，列正式成为中国公民出境旅游目的地国。2008年1月，中国证监会与列支敦士登金融管理局在北京签署《证券期货监管合作谅解备忘录》。同年，列出版两套以北京奥运会为主题的邮票。2010年，列出版了以世博会为主题的纪念邮票。

中国驻苏黎世兼驻列支敦士登公国总领事：梁建全。总领馆地址：Bellariastrasse 20，CH-8002 Zuerich。电话：0041-44-2011005，2011073（签证处）；传真：2017712。网址：http：//zurich.chineseconsulate.org。

瑞士驻中国大使（代表列在华利益）顾博礼（Blaise Godet）。馆址：北京市朝阳区三里屯东五街3号。电话：010-85328888（总机）；传真：65324353。网址：http：//www.eda.admin.ch/beijing。

（鲁青）

卢 森 堡

国名　卢森堡大公国（The Grand Duchy of Luxembourg，Le Grand-Duché de Luxembourg）。

面积　2586.3平方公里。

人口　51.18万（2011年），其中卢森堡人占56.8%，外籍人占43.2%，主要为欧盟成员国（葡、意、法、比、德、英、荷）侨民。官方语言是法语、德语和卢森堡语。法语多用于行政、司法和外交；德语多用于报刊新闻；卢森堡语为民间口语，亦用于地方行政和司法。97%的居民信奉天主教。

首都　卢森堡（Luxembourg），面积51.2平方公里，人口9.4万（2011年），外籍人口超过65%。

国家元首　大公亨利（Le Grand-Duc Henri），2000年10月7日即位。

重要节日　国庆日：6月23日。

简　况　卢森堡位于欧洲西北部，东邻德国，南毗法国，西部和北部与比利时接壤。属海洋—大陆过渡性气候，1月份平均气温0.8℃，7月份17.5℃；年平均气温9℃，年均降水量782.2毫米。

公元前，卢森堡曾是高卢人的居住地。公元400年后日耳曼人入侵，先后成为法兰克王国和查里曼帝国的一部分。公元963～1354年，先后为神圣罗马帝国阿登伯爵、卢森堡伯爵和卢森堡公爵的自治领地。15～18世纪历受西班牙、法国和奥地利统治。1815年维也纳会议决定卢为大公国，由荷兰国王兼任大公，同时又是德意志同盟的成员。1839年伦敦协定承认卢为独立国家。1867年成为中立国。1868年实行君主立宪制。1890年前拿骚公爵阿道夫成为卢大公，彻底摆脱荷兰国王的统治。两次大战中均被德国入侵。1945年成为联合国创始国，1948年放弃中立政策，1949年加入北约，50年代参与创建欧共体（后成为欧盟），并与荷兰、比利时结成经济联盟。1995年成为申根区国家，1998年5月成为首批欧元国之一。

政　治　实行君主立宪制。卢政局长期保持稳定，政府加速推进经济社会体制改革与多元化战略，注重保障民生，执政地位进一步稳固，经济实现持续较快发展，外交活跃。主要反对党与执政党协调合作，政府赢得较高支持率。

【宪法】1868年10月17日颁布，后经多次修改。宪法规定，大公为国家元首、武装部队统帅，拥有立法权和行政权，有权解散议会。实际上，议会行使立法权，政府行使行政权，对议会负责。

【议会】一院制，为最高立法机构。有议员60名，任期五年。本届议会于2009年6月7日普选产生，各党所占席位如下：基督教社会党24席，社会工人党14席，民主党10席，绿党7席，选择民主改革党（原民主与合理退休金行动委员会）5席。议长洛朗·莫萨（Laurent Mosar，基社党），2009年7月当选。

【政府】本届政府于2009年7月20日由基社党和社工党联合组成，内阁共15名成员（13名大臣、2名大臣级代表，其中基社党9名，社工党6名）。主要成员有首相兼行政改革和国库大臣让·克洛德·容克（基社党），副首相兼外交大臣让·阿瑟伯恩（社工党），司法、通信、高等教育、媒体、公共职能及研究大臣弗朗索瓦·比尔特根（基社党）等。

【行政区划】全国划分为卢森堡、迪基希、格雷文马赫3个省，下辖12个专区、116个市镇。省长、市（镇）长由大公任命。

【司法机构】全国设1个高等法院、1个行政法院、2个地区法院、3个治安法院。1996年又成立宪法法院。各级法院的法官均由大公任命，终身制。最高法院院长桑特（Georges Santer），总检察长加米尔·汪帕奇（Gamille Wampach）。

【政党】（1）基督教社会党（Parti Chrétien Social—P.C.S.）：简称基社党，执政党，1914年成立。原名“右派党”，1944年改用现名。党员逾万人。主席弗朗索瓦·比尔特根。

（2）社会工人党（Parti Ouvrier Socialiste Luxembourgeois—P.O.S.L.）：简称社工党，执政党，1902年成立。原名卢森堡社会民主党，1945年改用现名。党员6900人。主席阿列克斯·波迪利（Alex Bodry）。

（3）民主党（Parti Démocratique—P.D.）：1904年成立。前身是自由党，1945年重建，称民主爱国集团，1955年改用现名。党员6600人，主席克劳德·迈施（Claude Meisch）。

（4）绿党（Parti Vert“Dei Greng”）：1983年成立。1986年分裂，1994年12月重新合并。党员1100人。主席弗朗索瓦·鲍什（François Bausch）。

（5）选择民主改革党（Parti réformiste d’alternative démocratique）：1989年成立。原名民主与合理退休金行动委员会，2006年4月改用现名。主席弗尔南德·卡泰塞（Fernand Kartheiser）。

（6）卢森堡共产党（Parti Communiste du Luxembourg—P.C.L）：1921年成立，现有党员430余人。主席阿里·吕克尔特（Ali Ruckert）。

【重要人物】大公亨利：国家元首，1955年4月16日生。1975年在英国桑赫斯特皇家军事学院学习并获得军官文凭。1978年在瑞士日内瓦大学获政治学学士学位，曾获多项荣誉博士学位。1989年成为卢军上校，并被授予英国伞兵团荣誉少校军衔。1980～1998年任国务委员会成员。1998年以来任国际奥委会委员。2000年10月7日正式即位。曾于1988年、1994年、1998年三度以大公储身份访华，2006年9月以大公身份对华进行国事访问，2008年8月以卢国家元首及国际奥委会委员身份来华出席北京奥运会开幕式及相关活动。2010年10月出席上海世博会卢森堡国家馆日活动。　**让—克洛德·容克**：首相兼行政改革和国库大臣。1954年12月9日生于卢森堡南部的一个工人家庭。法律硕士。1979～1985年任基督教社会青年联盟主席。1982～1984年任劳动、社会保险国务秘书。1984年起历任劳动大臣、财政大臣、基社党主席。1995年1月就任首相，1999年、2004年、2009年3次连任，是目前欧洲任职时间最长的政府首脑。2004年9月，出任欧元集团主席，2008年9月连任。曾于1996年、1998年、1999年、2002年、2004年和2007年访华，2008年10月来华出席第七届亚欧首脑会议并顺访湖南。2009年11月以欧元集团主席身份来华出席第12次中欧领导人会晤。

经济

发达资本主义国家，国小民富。人均国内生产总值连续多年位居世界第一。自然资源贫乏，市场狭小，经济对外依赖性大。钢铁工业、金融业和卫星通信业是卢经济的三大支柱产业。2011年，国内生产总值428.22亿欧元，人均国内生产总值82938欧元，经济增长率3.5%，通货膨胀率2.3%，失业率6%。目前卢系欧元区现存的4个拥有3A主权信用评级的国家之一，财政赤字占GDP的比例不足1%，公共债务占GDP的比例为18.2%。2011年主要经济数据如下：

国内生产总值：428.22亿欧元。

人均国内生产总值：83669欧元。

经济增长率：1.6%。

货币名称：欧元（EURO）。

通货膨胀率：3.4%。

失业率：5.7%。

【资源】资源贫乏。森林面积近9万公顷，约占国土面积的1/3。卢98%的能源靠进口，主要是天然气和石油产品。全国电力消费的50%靠自产，其中4%来自可再生能源。卢政府反对发展核能。

【工业】以钢铁为主，化工、机械制造、橡胶、食品工业也较发达。目前90%工业产品用于出口。工业产值占国内生产总值约10%，工业就业人口占全国就业人口的10%。2011年，受欧债危机影响，金融市场缺乏信心，非钢铁业工业产量下降导致卢工业总产量降低。2011年工业（含能源）附加值30.12亿欧元，非钢铁业工业产值11.7亿欧元。

【农业】农业占经济总量比重不断下降，2011年农业、渔业附加值1.18亿欧元。农业生产主要位于卢北部、东部，多半由拥有50公顷以上土地的大农场经营，其中畜牧业占农业生产50%以上，另有葡萄种植、林业、狩猎、渔业等。农业用地13.08万公顷。农业人口约5000人，约占全国就业人口0.3%。2010年主要农产品（小麦、黑麦、大麦和玉米）产量为16.6万吨。卢绿色农业占地3924公顷，从业单位102家，其中养蜂厂15家，菜地14家，葡萄园8个，果园8个。卢森堡人均消费绿色食品量在欧盟27国中排名第三。

【旅游】年均接待游客约100万人次。现有各类旅馆267家，共7591张床位；野外宿营地97处，可接待游客47517人次。

【交通运输】截至2010年，国家级公路总长2899公里（其中高速公路152公里），铁路275公里。2009年，客运航空公司客运量155.1万人次，货运量62.84万吨。

【财政金融】2011年，卢国家财政收入96亿欧元，支出103亿欧元，赤字6.84亿欧元，公共债务5.21亿欧元。2011年投入3.61亿欧元用于投资。

卢金融业发达，银行林立。首都卢森堡市被称为“金融之都”，是全球第八大金融投资中心。截至2011年11月，卢货币金融机构总资产10872.59亿欧元，比上年增长0.3%，在卢注册的银行为142家，银行总资产7931亿欧元，比上年增长0.9%。2011年卢银行业实现净收益29.06亿欧元，较上年下降24%。卢森堡也是仅次于美国的世界第二、欧洲最大的基金管理中心，共管理基金2200多支，总额2万多亿欧元。卢森堡国家储蓄银行（BECC）成立于1856年，总资产413亿欧元，目前是欧元区唯一一家保持三A评级的营业银行。卢森堡通用银行成立于1919年，现有雇员2170人，总资产369亿欧元；此外，还有成立于1856年的卢森堡国际银行和成立于1949年的卢森堡信贷银行。

【著名公司】（1）阿塞洛尔—米塔尔集团：卢第一大企业，世界第一大钢铁集团。总部设在卢森堡市。2001年，卢阿尔贝德钢铁公司（创建于1882年）与法国北方和西班牙阿塞拉利亚合并，形成阿塞洛尔集团（Arcelor）。2006年7月，阿塞洛尔又与世界第一大钢铁公司米塔尔合并，成立阿塞洛尔—米塔尔集团。在60多个国家设有分支机构，员工总数约32万人，在卢员工5870人。2010年，粗钢产量9060万吨，占世界钢铁产量8%。2011年销售额940亿美元，较上年增长20.4%；但净收入同比下降22%，为23亿美元。由于市场需求不旺，公司已暂时关闭在卢森堡境内的RODANGE和SCHIFFLANGE两家炼钢厂。

（2）欧洲卫星公司：成立于1985年，总部设在卢森堡。该公司通过运营ASTRA、AMERICOM及NEW SKIES卫星系统为客户提供电视、广播和多媒体直接到户的信息传送服务。拥有卫星数量52颗，居欧洲首位、世界第二，其卫星信号全球覆盖率达99.999%。1.22亿欧洲家庭可接收该公司卫星转播的2400套电视、电台节目。公司还参股SES SIRIUS、QUETZSAT、CIEL等多家卫星运营商。1998年12月参股亚星公司，与中国的中信公司同为亚星公司股东。2011年净利润6.17亿欧元，同比增长26.8%。公司计划在2014年底前发射7颗新卫星。

（3）卢森堡货运航空公司：成立于1970年，是欧洲最大、世界第十大全货运航空公司。拥有波音747—400F型货机16架。经营国际货运线路90多条，覆盖全球50多个国家和地区。2009年公司总收入13.52亿美元，货运总量62.78万吨，占全球市场份额的4%，雇员1110人。目前开通至北京、上海、厦门、重庆、香港、台北航线。该公司股权比例为卢方65%，卡塔尔航空公司占35%。

（4）卢森堡电台电视台：该公司系卢与德国联合组建的欧洲最大的视听公司，拥有18个电视台和22个广播电台。

【对外贸易】主要出口产品为机械设备、钢铁制品、轮胎和塑料等。原料和消费品大多靠进口。主要贸易伙伴是欧盟国家，其中对德、法、比三个邻国出口占出口总额56%，对三国进口占进口总额75%。出口到欧盟以外商品只占19%，主要是美国和一些亚洲国家。

2011年，进出口总额为306.3亿欧元，其中出口额为120.3亿欧元，同比增长11.5%；进口额为186亿欧元，同比增长13.3%。逆差65.7亿欧元。

【对外援助】发展援助是卢外交政策的重要组成部分。2010年度对外发展援助约占国民生产总值的1%，位居世界前列。2011年对外援助额达3亿欧元，援助重点为非洲国家。

人民生活

2011年人均收入水平排名世界第一，人均寿命80岁。卢森堡市是世界最安全和生活水平最高的城市之一。卢青年失业率为13.5%，低于欧盟平均水平（20%）。

军　事

大公为武装力量最高统帅，实际由国防大臣直接指挥。卢武装力量总兵力2114人，由陆军、宪兵和警察组成。其中陆军930人，编成一个轻步兵营（辖3个连）和一个独立连，主要装备有5辆装甲运兵车和若干反坦克导弹。宪兵682人，警察502人。陆军实行志愿兵役制，服役期3年。宪兵和警察实行招募制。2010年国防预算为6872万欧元。

卢森堡是北约成员国，奉行依靠北约的集体安全政策。北约在卢无驻军，但设有一个预警机基地，驻有18架E—3A型预警机。卢同美国签有共同防务协定，同德国签有共同防卫边境地区领土的协定。

文化教育

【教育】法律规定，年满6岁儿童必须接受9年义务教育。2008/2009年度有小学生32496人，中学生12469人，中等技术学校学生24323人，在国外的大学生7410人，2003年建立首所完整的大学——卢森堡大学，现有在校生5250人。

卢国家对文化的投入逐年提高。2010年预算为1.18亿欧元，占国家支出的1.2%。曾举办过欧洲文化年活动。

【科研】2010年科研预算达1.46亿欧元，占国内生产总值的0.6%，居欧盟首位。从事科研人数占人口百分比位居世界前10位。重要的科研机构有：卢森堡大学中心，高等技术研究所，大公国研究院，地球动力研究中心等。

【新闻出版】有6家日报：5家德文报，1家法文报，日发行量共约13万份。其中，《卢森堡言论报》（德文）日发行7.5万余份；《日报》（德文）日发行2.5万余份；《新闻》（德文）日发行2万余份；《洛林共和报》（法文）日发行2万余份。卢森堡电视台用法、德、荷、卢语播送，星期日还有意大利语节目。卢森堡广播电台用法、德、英、卢、荷等多种语言广播。

卢森堡广播电视公司（RTL）有40家电视台和33家广播电台，节目覆盖整个欧洲，是欧洲最大的视听媒体集团，美国本土外最大的独立发行商。

对外关系

卢主张在国际关系中应遵循的准则是：平等、不使用武力和武力威胁、反对军备竞赛、遵守国际法、尊重人权、尊重小国利益。卢对外政策以欧洲为重点，与比利时、荷兰结成经济联盟，是欧盟和北约成员国。主张在北约、欧盟和欧安会组织的框架内建立欧洲集体安全体系，积极推动欧洲一体化进程。强调美应在欧洲事务中发挥作用，认为俄罗斯和前南斯拉夫地区的稳定对欧洲安全至关重要。主张积极发展和扩大与亚太地区国家的经贸合作，推动欧亚国家间进行政治对话，加强与新兴大国合作关系。发展援助以消除贫困、促进发展、维护安定为目标，重点是非洲。目前卢已同146个国家建立了外交关系。

【同中国的关系】1972年11月16日建交。

近年来，中国与卢森堡大公国关系发展良好，各级别交往频繁。两国钢铁、金融、航空、卫星等传统重点领域合作进展顺利，投资基金、卫生、环保等新领域合作效果良好。2008年8月，大公亨利以卢国家元首和国际奥委会委员身份来华出席北京奥运会开幕式及相关活动。9月，菲利克斯王子来华出席残奥会开幕式。10月，卢首相容克来华出席亚欧首脑会议并顺访湖南。2009年11月，卢首相容克以欧元集团主席身份来华出席第12次中欧领导人会晤。2010年4月，卢副首相兼外交大臣阿瑟伯恩访华，议长莫萨来华出席上海世博会开幕式。10月，大公亨利来华出席上海世博会卢森堡国家馆日活动。2011年10月，纪尧姆大公储访华。2012年2月，外交部副部长张志军访卢。5月，全国人大常委会委员长吴邦国访问卢森堡。

中国是卢在亚洲最大贸易伙伴和欧盟外第二大贸易伙伴。2011年中国同卢森堡的双边贸易额为19亿美元，同比上升52.9%。其中，中国出口额为16亿美元，同比增长61.5%；中国进口额为3亿美元，同比增长19.9%。截至2011年底，卢对华投资项目324个，实际投入16.8亿美元。2011年，卢对华投资项目34个，实际投入5.1亿美元。卢是中国在欧盟第一大投资目的地。截至2010年底，中国对卢直接投资共57.87亿美元。2011年，中国对卢非金融类直接投资18.63亿美元。2011年，中国自卢引进技术19项，合同金额8760万美元。

1979年两国签订文化合作协定。1983年至今，双方先后签署了7个文化交流执行计划，互办各种艺术品展、古文物展、图片展、音乐会。中国的杂技团、民族乐团、体操队曾访卢。卢交响乐团、Largo乐队等艺术团队多次访华演出。2011年10月，卢承办“第四届中欧文化对话”，卢前首相、文化和财政大臣分别出席活动并致辞，由中国艺术研究院和各领域专家组成的中方代表团与欧方就多个专题进行深入探讨。

教育合作富有成果。2000年双方签署了中卢教育合作谅解备忘录。2006年卢大公亨利访华期间，两国签署《中国人民大学和卢森堡大学合作备忘录》。2007年，卢森堡大学正式启动与山东大学、人民大学等高校的研究生互换委培项目，中国首批留学生已学成归国。目前，卢每年派一名学生来华学习。中方派学生赴卢学习酒店业及旅游业管理。此外，中国有少量自费留学生在卢学习，2010年，中国在卢留学生人数达50余人。2011年7月，“卢森堡中国语言文化中心”成立，在旅卢华人社团开办的“卢森堡中文学校”基础上，增设成人班和书法、绘画、武术等课程。

中国驻卢森堡大使：曾宪柒。馆址：2，Rue Vander Meulen，Dommeldange L—2152 Luxembourg。电话：00352-436991；传真：422423。电传：2434 Amchin Lu。电子信箱：AMBCHINE@PT.LU。

卢森堡驻中国大使：柯意赫（Carlo KRIEGER）。馆址：北京市东城区内务部街21号。电话：010-65135937；传真：65137268。E-mail：pekin.amb@mae.etat.lu。

【同美国的关系】认为跨大西洋关系是国际社会稳定的关键，北约的团结是跨大西洋关系的重要表现。主张欧美在中东、伊拉克、伊朗、反恐等重大问题上加强合作，共同促进民主和人权。

【同俄罗斯及东欧国家的关系】认为欧洲的和平与稳定离不开俄，应与俄建立稳定的伙伴关系。俄格冲突爆发后，主张欧盟应释放善意，恢复欧俄战略伙伴关系谈判。认为欧盟与北约应在东扩问题上与俄保持对话和沟通。主张欧盟与东欧国家保持联系，支持中东欧国家转轨进程，认为中东欧人民有权要求加入到一个民主的欧洲中来。

【同其他国家的关系】卢同比利时、荷兰有历史传统关系，并结成经济联盟。欧洲是卢外交重点。作为欧共体创始国之一，卢积极主张和推动欧洲一体化建设进程，同时强调兼顾大小国家利益，反对大国支配欧洲事务。支持欧盟深化改革，1992年7月批准《马斯特里赫特条约》，1998年5月成为首批欧元国家之一，同年7月批准《阿姆斯特丹条约》。

重视发展与亚洲国家及新兴大国的关系，同时注意加强发展与拉美国家的关系。（文莉）

罗马尼亚

国名 罗马尼亚（Romania）。

面积 238391平方公里。

人口 1904万（2011年12月）。罗马尼亚族占89.5%，匈牙利族占6.6%，罗姆族（吉卜赛人）占2.5%，日耳曼族和乌克兰族各占0.3%，其余民族为俄罗斯、塞尔维亚、斯洛伐克、土耳其、鞑靼等。城市人口所占比例为55.2%，农村人口所占比例为44.8%。官方语言为罗马尼亚语，主要少数民族语言为匈牙利语。主要宗教有东正教（信仰人数占总人口数的86.7%）、罗马天主教（4.7%）、新教（3.2%）。

首都 布加勒斯特（Bucuresti），人口194万（2011年12月）。平均气温1月为-2.9℃，7月为22.8℃。

国家元首 总统特拉扬·伯塞斯库（Traian BASESCU），2004年12月13日当选，2009年12月8日连任，任期五年。

重要节日 国庆日：12月1日（1918年国家统一日）；建军节：10月25日（1944年全境解放日）。

简况

位于东南欧巴尔干半岛东北部。北和东北分别与乌克兰和摩尔多瓦为邻，南接保加利亚，西南和西北分别与塞尔维亚和匈牙利接壤，东南临黑海。海岸线245公里，温带大陆性气候。平均气温1月为-3℃～1℃，7月为22℃～24℃。

罗马尼亚人的祖先为达契亚人。约公元前1世纪，布雷比斯塔建立了第一个中央集权和独立的达契亚奴隶制国家。公元106年达契亚国被罗马帝国征服后，达契亚人与罗马人共居融合，形成罗马尼亚民族。14世纪先后组成瓦拉几亚、摩尔多瓦和特兰西瓦尼亚3个公国。16世纪后成为奥斯曼帝国的附属国。1859年，瓦拉几亚公国和摩尔多瓦公国合并，称罗马尼亚，仍隶属奥斯曼帝国。1877年5月9日，罗马尼亚宣布独立。1881年，改称罗马尼亚王国。1918年12月1日，特兰西瓦尼亚公国与罗马尼亚王国合并。至此，罗马尼亚形成统一的民族国家。

二次大战期间，安东尼斯库政权参加德、意、日法西斯同盟。1944年8月23日，罗举行反法西斯武装起义。1945年3月6日，罗成立联合政府。1947年12月30日，成立罗马尼亚人民共和国。1965年，改国名为罗马尼亚社会主义共和国。1989年12月22日，齐奥塞斯库政权被推翻，罗马尼亚救国阵线委员会接管国家一切权力，易国名为罗马尼亚，定国庆日为12月1日。

政　治

2009年12月，总统伯塞斯库开始第二任期，任期至2014年。2011年，由民主自由党和匈牙利族民主联盟组成的中右翼政府继续执政，在野党虽不时对政府进行弹劾，但无法撼动执政联盟的地位。2011年底以来，在欧债危机背景下，罗实施紧缩政策导致政治和社会矛盾趋向激化。2012年2～4月，罗政府两度更迭，原在野的社会自由联盟（由社会民主党、国家自由党和保守党组成）上台执政，民主自由党下野。6月，罗举行地方政府选举，社会自由联盟获胜，民主自由党溃败。7月，社会自由联盟凭借议会多数罢免民主自由党掌控的参、众议长，分别选举执政党国家自由党主席安东内斯库及社会民主党副主席兹戈内亚为新任参、众议长，并对总统伯塞斯库发起弹劾。总统被停职，由安东内斯库参议长代行总统职务。由于未满足投票率和支持罢免票数双过半的条件，罢免总统未获全民公决通过，伯塞斯库复职。现政府由社会民主党、国家自由党和保守党组成，总理为社会民主党主席蓬塔。2012年11月，罗将举行议会选举。

【宪法】1991年11月21日，罗议会批准新宪法，12月8日全民公决予以通过。罗宪法规定：罗马尼亚是一个主权、独立、统一和不可分割的民族国家；政体为共和制。2003年10月，罗修改宪法，进一步确立政治多元化、三权分立的制衡原则；明确规定保障和保护私有财产；允许少数民族在地方行政及司法程序中使用本民族语言；为贫困家庭子女和孤儿提供助学金；保障男女平等；取消义务兵役制；增补罗加入欧盟、北约的相关条款，规定罗公民同欧盟公民依法享有同等权利和义务，允许欧盟公民在罗购买土地和拥有土地所有权。

【议会】议会是罗人民最高代表机构和唯一的立法机关，由参议院和众议院组成。任期四年。本届议会于2008年11月普选产生，共有参议员135人，众议员327人。参议长克林·安东内斯库（Crin ANTONESCU），众议长瓦列留·兹格内亚（Valeriu ZGONEA）。

目前，议会中各党派所占议席数如下：

	参议院	众议院
社会民主党	43	96
国家自由党	32	57
民主自由党	38	110
匈牙利族民主联盟	8	20
全国进步联盟	12	17
其他	2	27

【政府】2012年5月组成现政府。政府成员名单如下：总理维克多·蓬塔（Victor PONTA），副总理兼公共财政部长弗洛林·杰奥尔杰斯库（Florin GEORGESCU），经济、贸易和商业环境部长达尼埃尔·基佐尤（Daniel CHITOIU），内务部长米尔恰·杜沙（Mircea DUSA），外交部长蒂图斯·科尔勒采恩（Titus CORLATEAN），司法部长莫娜·皮夫尼切鲁（Mona PIVNICERU），国防部长科尔内留·多布里佐尤（Corneliu DOBRITOIU），欧洲事务部长莱奥纳德·奥尔班（Leonard ORBAN），文化和国家遗产部长普尤·哈绍蒂（Puiu HASOTTI），农业和乡村发展部长达尼埃尔·康斯坦丁（Daniel CONSTANTIN），交通运输和基础设施部长奥维迪乌·西拉吉（Ovidiu SILAGHI），区域发展和旅游部长爱德华·黑尔维格（Eduard HELLVIG），电信和信息部长达恩·尼卡（Dan NICA），卫生部长瓦西里·切波伊（Vasile CEPOI），教育、研究、青年和体育部长埃卡特琳娜·安德罗内斯库（Ecaterina ANDRONESCU），环境和森林部长罗瓦娜·普伦布（Rovana PLUMB），劳动、家庭和社会保障部长玛丽安娜·肯佩亚努（Mariana CAMPEANU），行政管理特派部长拉杜·斯特罗埃（Radu STROE），商业环境特派部长米哈伊·沃伊库（Mihai VOICU），与议会关系特派部长达恩·绍瓦（Dan SOVA），社会对话特派部长利维乌·波普（Liviu POP）。

【行政区划】1个直辖市和41个县，下设市、镇、乡。

【主要网址】罗马尼亚总统府：www.presidency.ro；参议院：www.senat.ro；众议院：www.cdep.ro；政府：www.gov.ro；外交部：www.mae.ro；国防部：www.mapn.gov.ro；内务部：www.mai.gov.ro；教育部：www.edu.ro；财政部：www.mfinante.ro。

【司法机构】中央设有宪法法院、审计法院、最高法院和最高检察院，县、市、镇设各级法院和检察院。宪法法院院长奥古斯丁·泽格雷安（Augustin ZEGREAN），2007年就任。审计法院院长尼古拉·沃克罗尤（Nicolae VACAROIU），2008年就任。最高法院院长利维娅·多侬娜·斯坦丘（Livia Doina STANCIU），2010年就任。最高检察院检察长劳拉·科德鲁策·科维希（Laura Codruta KOVESI，女），2006年就任。

【政党】1989年12月22日以后实行多党制。主要政党有：

（1）社会民主党（Partidul Social Democrat）：执政党。前身为成立于1989年12月的救国阵线，主要由原罗共干部和知识分子组成。1992年3月救国阵线分裂，其中左翼力量于同年4月成立民主救国阵线，1993年7月改称罗马尼亚社会民主主义党。2001年6月，该党与非议会政党社会民主党合并，改用现名。该党为中左翼政党，其基本价值准则是自由、社会公正和正义、团结、责任和管理精神。2003年7月，社民党同社劳党合并。10月，社会民主党被社会党国际接纳为正式成员。约有党员50万人。党主席为维克多·蓬塔。

（2）国家自由党（Partidul National Liberal）：执政党。始建于1864年，1990年1月重建，后几经分化组合。2001年1月，该党主流派与非议会政党联盟党合并，保留了国家自由党的名称。2003年4月，该党与右翼力量联盟合并。约有党员30万人。党主席为克林·安东内斯库。

（3）民主自由党（Partidul Democrat Liberal）：在野党。前身为建立于1989年12月的救国阵线，1990年2月6日登记注册为政党。1990年5月大选后曾执政。1992年3月救国阵线分裂，其中以罗曼为首的派别于1993年与原民主党合并成立新的民主党。2005年6月，该党决定由左翼社会民主性质转为右翼，退出社会党国际。2007年1月，成为欧洲人民党成员。同年12月，该党吸纳自由民主党，更名为民主自由党。约有党员45万人。党主席为瓦西里·布拉加（Vasile BLAGA）。

（4）保守党（Partidul Conservator）：执政党。原名为人道主义党。成立于1991年12月。2005年5月改用现名。该党为右翼政党，主张维护私有财产，促进私有经济发展，减少国家对经济的干预，重视传统、家庭、军队和宗教的价值，强调政治道德。约有党员10万人。党主席为达尼埃尔·康斯坦丁。

（5）罗马尼亚匈牙利族民主联盟（Uniunea Democrata Maghiara din Romania）：在野党。成立于1989年12月25日。匈民联自称是一个代表和捍卫罗马尼亚境内匈牙利少数民族的联盟。匈民联以基督教教义为其活动基础。约有党员25万人。党主席为凯莱曼·胡诺尔（Kelemen Hunor）。

【重要人物】特拉扬·伯塞斯库：总统。1951年11月4日出生于罗马尼亚康斯坦察县。1976年毕业于康斯坦察海运学院航运系。曾任罗航运公司大型货轮船长和该公司驻安特卫普办事处主任。1989～1990年任政府运输部国家海运管理局局长。1990～1992年历任运输部副国务秘书、部长。1992～1996年为众议员兼民主党副主席。1996～2000年任运输部长。2000年6月当选首都布加勒斯特市长。2001年5月当选民主党主席。2004年6月蝉联布加勒斯特市长。2004年12月当选总统，2009年12月连任。曾7次来华。已婚，有两个孩子。 **维克多·蓬塔**：总理。1972年9月出生于布加勒斯特市。1995年毕业于布加勒斯特大学法律系，国际刑法学博士及政治管理学硕士。1998～2001年任最高检察院检察官。2001～2004年任政府监察署署长。2004年11月当选为众议员。2006～2007年任众议院副议长。2008～2009年任罗政府与议会关系特派部长。曾任社会民主党青年组织主席。2006年12月至2010年2月任社民党副主席。2010年2月当选为社民党主席。2012年5月起，任总理。曾5次访华。已婚，有两个孩子。

经　济

1989年剧变后罗马尼亚开始由计划经济向市场经济过渡。2000～2008年经济连年增长。受国际金融危机影响，2009年、2010年经济连续负增长。2011年罗主要经济数据如下：

国内生产总值（GDP）：1900亿美元。

人均国内生产总值：10000美元。

国内生产总值增长率：2.5%。

货币名称：列伊（Leu/RON）。

汇率：1欧元≈4列伊；1美元≈3列伊。

通货膨胀率：5.79%。

失业率：7.5%。

【资源】矿藏有石油、天然气、煤、铝土矿、金、银、铁、锰、锑、盐、铀、铅等，森林面积为636万公顷，约占全国面积的28%，水力资源蕴藏量为565万千瓦。内河和沿海产多种鱼类。

【工业】主要工业部门有冶金、石油化工和机器制造。2011年工业总值比上年增长5.6%。近几年主要工业产品产量如下：

	2009	2010	2011
钢（万吨）	270	390	444
发电量（亿千瓦时）	580	610	610
净煤（万吨）	3062	3030	3482
天然气（亿立方米）	109	110	106
原油（万吨）	432	405	400
化肥（万吨）	101	106	115
小汽车（万辆）	30	35	36
水泥（万吨）	960	685	–

（资料来源：罗国家统计局公报）

【农业】2011年粮食产量2084万吨。全国农业面积1480万公顷，其中耕地面积940万公顷。森林面积635万公顷，森林覆盖率27.3%。近几年主要农产品产量如下（单位：万吨）：

	2009	2010	2011
粮食	1487	1671	2084
玉米	797	904	1172
小麦	520	581	713
蔬菜	390	386	418
马铃薯	400	328	408
甜菜	82	84	66
水果	132	142	148
葡萄	99	74	88
油料作物	176	238	269
向日葵	110	126	179

近几年牲畜存栏数如下：

	2009	2010	2011
牛（万头）	251	200	199
猪（万头）	579	543	536
羊（万只）	914	842	853
禽（万只）	8384	8085	7984

（资料来源：同上）

【服务业】2011年罗服务业产值同比增长10.0%。

【旅游业】旅游资源比较丰富，主要旅游点有布加勒斯特、黑海海滨、多瑙河三角洲、摩尔多瓦地区、喀尔巴阡山山区等。到2011年底有旅行社约3200个。2011年接待外国旅游者151万人次，同比增长13%。

【交通运输】罗以公路、铁路运输为主。2011年交通运输情况如下：

铁路：总长度为2万公里。2011年铁路货运量6099万吨，客运量6100万人次。

公路：总长度8.2万公里，其中高速公路340公里，欧洲级公路6190公里。2011年公路货运量为1.8亿吨，客运量2.4亿人次

水运：河道长1780公里，拥有港口35个、海港3个。2011年内河货运量为2900万吨，客运量8.3万人次；海运货运量为3900万吨。康斯坦察港现已有100多个泊位，是黑海第一大港。

空运：已开辟连接首都和国内17个城市、欧洲大多数国家的航线。主要航空公司为罗马尼亚航空公司（TAROM）。有6个国际机场，最重要的是布加勒斯特的广达国际机场，还有康斯坦察、蒂米什瓦拉、阿拉德、锡比乌、苏恰瓦等机场。2011年空运货运量为2.7万吨，客运量约1000万人次。

【财政金融】2009～2011年预算执行情况如下（单位：亿欧元）：

	2009	2010	2011
收入	380	421	382
支出	470	505	442
赤字	90	84	60

截至2011年底，外汇储备332亿欧元，黄金储备价值40.6亿欧元，中长期外债756亿欧元。

【对外贸易】罗目前同世界约180个国家和地区有经贸往来。2011年外贸总额997亿欧元。近几年对外贸易情况如下（单位：亿欧元）：

	2009	2010	2011
出口额	291	373	450
进口额	389	467	547
差　额	-98	-94	-97

（资料来源：罗国家统计局公报）

主要出口产品有：鞋类、服装、纺织品。主要进口产品有：机电、家电、矿产品、石油产品。主要贸易国：德国、意大利、法国。

【外国资本】1991年罗通过《外国投资法》，1994年重新修订。2011年吸引外资19亿欧元，同比下降13.6%。主要投资国为：荷兰、法国、德国、美国、意大利。中国在罗注册资本约为3.84亿美元，中资公司9000余家。

人民生活

2011年人均月收入约340欧元。全国有医疗机构1200多家，病床15.6万张，医务工作者5万人，平均寿命为男性67.6岁、女性74.9岁。每100户拥有音响85台、小汽车29辆、电视机134台、电冰箱83台、燃气炉灶95台、洗衣机74台、吸尘器62台。居民互联网使用率47%。

军　事

1994年10月25日建军。最高国防委员会是罗最高军事决策机构，一般由总统兼任委员会主席。国防部是罗军领导机构。1994年3月起国防部长改由文职人员担任。现任国防部长科尔内留·多布里佐尤。

2003年10月，罗修改宪法，取消义务兵役制。目前罗军不断推进军队职业化进程，计划逐步实行军旅制。2011年罗国防预算为21.6亿欧元，约占国内生产总值的1.4%。罗军总兵力9.7万人。罗在阿富汗、科索沃和波黑分别派驻维和人员1940人、73人和67人。

文化教育

【教育】现行教育体制分学龄前、小学、初中、高中、职业教育、高等教育和大学后教育。全国已普及10年制义务教育。截至2011年年底，全国共有小学4623所，在校学生172万人，教师14万人。中学1638所，在校学生84万人，教师6万人。大学108所，在校学生78万人，教师3万人。全国著名高等学府有：布加勒斯特大学、布加勒斯特工学院、布加勒斯特经济学院、克鲁日—纳波卡大学、雅西大学等。2011年教育支出13.7亿欧元，约占GDP的1%。

【新闻出版】目前主要报刊有：《真理报》、《自由罗马尼亚报》、《全国信使报》、《罗马尼亚评论报》、《今日报》、《每日事件报》、《经济论坛》、《九点钟报》（英文）、《世界杂志》。

罗马尼亚通讯社：国家通讯社。前身系1889年成立的罗电报通讯社，系罗最早的政府新闻机构。1949年更名为罗马尼亚通讯社。

罗马尼亚广播公司：国家广播电台。1994年在罗广播电台基础上组建，对外用罗马尼亚语和11种外语广播。

罗马尼亚电视公司：国家电视台。创办于1958年，1994年组建为电视公司。1983年8月开始黑白、彩色混播，现已全部播放彩色节目。1990年后陆续建立的PROTV电视台、“天线一号”电视台、PRIMA电视台、ACASA电视台、民族电视台等私人电视台迅速发展，已具有较大规模和较高收视率。罗同100多个国家的广

播、电视系统有联系。有线电视用户337万户，有线电视普及率居世界第18位。

对外关系

目前，罗马尼亚同182个国家建立了外交关系，重点发展同美国、欧盟和北约的关系，同时注重搞好与周边及亚太地区国家的关系，积极发展对华关系。罗于2004年3月29日加入北约，2007年1月1日加入欧盟。

【同中国的关系】中国和罗马尼亚于1949年10月5日建立大使级外交关系。长期以来，两国保持着密切的友好合作关系。2004年6月，中罗建立了全面友好合作伙伴关系。2011年两国关系进一步发展。

两国高层保持交往。4月，应罗政府邀请，中共中央政治局常委李长春对罗进行正式友好访问。访问期间，李长春同志分别会见罗总统伯塞斯库、参议长杰瓦讷、总理博克、副总理马尔科及外长巴孔斯基等，并出席中罗企业家早餐会。8月，罗马尼亚总理博克访华并出席深圳大运会开幕式，胡锦涛主席、温家宝总理分别同博会见会谈，博在京期间还出席了中国贸促会同罗驻华使馆联合举办的中罗经贸论坛。杨洁篪外长会见随访的罗外长巴孔斯基。

经贸合作富有成效。据中国海关总署统计，2011年两国贸易额为44亿美元，同比增长17%，其中中方出口额为34.5亿美元、同比增长14.8%；进口额为9.5亿美元，同比增长25.5%。中国在罗投资总额为3.84亿美元。

中国驻罗马尼亚大使：霍玉珍。馆址：布加勒斯特市一区北方路2号，Sos. Nordului nr.2，sector 1，Bucuresti，Romania，codul postal 71512。电话：0040-21-2328858。传真：2330684。商务处电话：0040-21-2329677；传真：0040-21-2307786。领事部电话：0040-21-2334188。使馆网址：www.chinaembassy.org.ro。

中国驻康斯坦察总领事：宿彦文。馆址：康斯坦察市瓦西里·珀尔万大街11—13号，Str. Vasile Parvan nr. 11-13，Constanta，Romania。电话：0040-241-617833；传真：612092。

罗马尼亚驻华大使：多鲁·科斯泰亚（Doru Costea）。馆址：北京市朝阳区日坛路东2街。电话：010-65323442，65323879；传真：65325728。商务处电话：010-65323315。签证处电话：010-65323616。使馆网址：beijing.mae.ro。

罗马尼亚驻上海总领事：弗洛林·马留斯·达库（Florin Marius Tacu）。馆址：上海市长宁区仙霞路88号太阳广场西塔305室。电话：021-62701146；传真：62085105。

罗马尼亚驻香港总领事：索林·瓦西里（Sorin Vasile）。馆址：香港北角电气道148号。电话：00852-25233813；传真：25233815。

【同美国的关系】美国于1880年6月14日在罗马尼亚设立办事处，同年8月11日，该办事处升为公使馆。1941年12月罗美断交。1946年2月罗美恢复公使级外交关系。1964年6月1日罗美建立大使级外交关系。2007年8月，美在罗设立军事基地。2010年2月，罗最高国防委员会决定同意美在罗境内部署新反导系统，计划于2015年投入使用。4月，罗总统伯塞斯库等中东欧11个北约成员国领导人在捷克会见美国总统奥巴马，讨论美俄签署新的核裁军协议对欧洲安全的影响等问题。2011年8月，罗美两国海军在罗举行首次海上登陆演习。9月，罗总统伯塞斯库访美，双方签署美在罗部署反导系统协议并发表《罗美面向21世纪战略伙伴关系联合声明》。10月，美负责武器控制和国家安全的副国务卿陶舍尔访罗。11月，罗参议长杰瓦讷访美。

【同俄罗斯的关系】罗马尼亚与俄罗斯于1878年9月建立公使级外交关系。1918年两国断交，1934年6月9日，两国恢复外交关系。1941年6月22日，两国再次断交。1945年8月6日，双方建立公使级外交关系，同年8月24日，两国外交关系升格为大使级。2009年2月，罗外长迪亚科内斯库访俄。2010年8月，俄以罗驻俄使馆一名外交官从事间谍活动为由宣布其为“不受欢迎的人”，罗外交部表示抗议并对俄采取报复措施。

【同欧洲国家的关系】2011年主要往来有：克罗地亚：1月，克总理科索尔访罗。9月，罗外长巴孔斯基访克。拉脱维亚：3月，拉总统扎特列尔斯对罗进行国事访问。爱沙尼亚：4月，罗总统伯塞斯库对爱进行国事访问。摩尔多瓦：4月，摩代总统、议长卢普访罗。5月，罗外长巴孔斯基访摩。9月，摩总理菲拉特访罗。11月，摩副总理卡尔波夫访罗举行双边政治磋商。英国：5月，罗外长巴孔斯基访英。6月，罗总统伯塞斯库访英。乌克兰：5月，乌外长格里先科访罗。11月，罗外长巴孔斯基访乌。匈牙利：5月，罗外长巴孔斯基访匈。希腊：6月，希总统帕普利亚斯访罗。意大利：5月，意总理贝卢斯科尼访罗。9月，意总统纳波利塔诺访罗。瑞士：5月，罗外长巴孔斯基出席罗瑞建交100周年庆祝活动。6月，瑞联邦主席兼外长卡尔米—雷伊访罗。丹麦：6月，罗外长巴孔斯基访丹。12月，丹首相托宁—施密特访罗。德国：10月，罗外长巴孔斯基访德。11月，罗总统伯塞斯库访德。马其顿：10月，马总统伊万诺夫访罗。保加利亚：10月，保总理博里索夫访罗。捷克：10月，捷副总理兼外长施瓦岑贝格访罗。塞尔维亚：11月，罗总统伯塞斯库访塞。斯洛文尼亚：11月，斯外长日博加尔访罗。

【同其他国家的关系】2011年主要往来有：阿塞拜疆：4月，罗总统伯塞斯库访阿。约旦：4月，罗总统伯塞斯库访约。土库曼斯坦：5月，土总统别尔德穆哈梅多夫访罗。卡塔尔：6月，卡塔尔国际合作部长阿提亚访罗。11月，罗总统伯塞斯库访卡。埃及：6月，罗外长巴孔斯基访埃。突尼斯：6月，罗外长巴孔斯基访突。以色列：7月，以总理内塔尼亚胡访罗。11月，罗总理博克访以。南苏丹共和国：7月，罗外交部发表公告称，罗对南苏丹共和国宣布独立表示欢迎，承认其为独立和主权国家，并希与之保持紧密关系。奥地利：7月，罗外长巴孔斯基赴维也纳出席欧盟多瑙河流域战略国际会议并访奥。土耳其：7月，罗外长巴孔斯基访土。8月，土外长达乌特奥卢访罗。12月，罗总统伯塞斯库访土。同月，罗外长巴孔斯基访土。波兰：9月，罗外长巴孔斯基访波。亚美尼亚：9月，亚总理萨尔基相访罗。11月，罗外长巴孔斯基访亚。利比亚：9月，罗总统在罗驻外使节会议上表示，罗承认利"全国过渡委员会"为利唯一政权。11月，罗外长巴孔斯基访利。格鲁吉亚：10月，罗众议长阿纳斯塔塞访格。阿尔及利亚：11月，阿外长梅德西访罗。

【同国际或区域性组织的关系】2011年主要往来有：联合国：4月，罗宪法法院大法官尤利娅·莫托克当选联合国人权理事会特派报告人。5月，罗当选联合国人权理事会成员国，任期三年。6月，罗常驻联合国代表米库列斯库当选第66届联大特别政治和非殖民化委员会主席。9月，罗外长巴孔斯基率团出席第66届联合国大会。北约：3月，罗最高国防委员会派遣一艘载有207名官兵的护卫舰参与北约对利比亚的武器禁运行动。7月，罗护卫舰结束任务回国。10月，第57届北约议员大会在布加勒斯特召开，来自28个成员国的350名议员与会。12月，罗外长巴孔斯基出席布鲁塞尔北约外长会议。欧盟：3月，罗总统伯塞斯库出席在布鲁塞尔举行的欧盟首脑特别会议和欧盟春季首脑会议，各方就利比亚局势、欧洲地区核电站安全等问题交换意见，并通过欧元区"竞争力公约"。7月，欧盟理事会副主席、欧盟数字议程专员克罗斯访罗。同月，罗外长巴孔斯基赴布鲁塞尔出席欧盟对外关系和总务委员会会议。10月，欧盟委员会副主席兼竞争事务委员阿尔穆尼访罗。同月，罗总统伯塞斯库赴布鲁塞尔出席欧盟领导人秋季峰会。12月，罗总统伯塞斯库出席布鲁塞尔欧盟领导人峰会。黑海经济合作委员会：6月，罗外长巴孔斯基出席该委员会成员国外长理事会。（刘阳）

马　耳　他

国名　马耳他共和国（The Republic of Malta）。

面积　316平方公里。主要由5个岛屿组成，其中马耳他岛最大，面积245.73平方公里，多天然良港；第二大岛为戈佐岛，面积67.08平方公里。

人口　41.76万（2011年）。主要是马耳他人，占总人口95%以上，其余为阿拉伯人、意大利人、英国人等。马耳他语和英语为官方语言。天主教为国教，信奉人数占98%，少数人信奉基督教新教和东正教。

首都　瓦莱塔（Valletta），0.758平方公里，人口7519人（2008年）。

国家元首　总统乔治·阿贝拉（H.E. Dr. George Abela），由冈奇总理提名并经议会一致通过，2009年4月4日就职，任期五年。

重要节日　国庆日：9月21日。

简　况

位于地中海中部的岛国，有"地中海的心脏"之称。全境由五个岛屿及多处礁石组成，其中马耳他岛面积最大，海岸线长190余公里。属亚热带地中海式气候，年均气温19.7℃，最高气温40℃，最低气温5℃。年均降水量560毫米。

公元前5000年，岛上即有史前人类活动。公元前10～8世纪，腓尼基人到此定居。公元前218年起，受罗马人统治。9世纪起，先后被阿拉伯人、诺曼人占领。1530年，耶路撒冷圣约翰骑士团从罗得岛移居这里。1798年，法国军队将骑士团逐出。1800年被英国人占领，1814年沦为英国殖民地。1947～1959年及1961年起获得一定程度的自治，1964年9月21日正式宣布独立，为英联邦成员国，实行君主立宪制，英女王仍为国家元首，向马派遣总督。1966年举行独立后的第一次大选，国民党获胜执政。1971～1987年，工党连续执政16年之久。1974年12月13日，马议会通过宪法修正案，改君主立宪政体为共和国制，总统为国家元首。1979年3月31日，英被迫从马撤出军事基地。1987～1996年，国民党执政。1996～1998年，工党执政。1998年9月起，国民党执政至今。

政　治

国民党1998年9月上台执政，2003年4月和2008年3月两次蝉联执政。马于2004年5月1日加入欧盟后，加速融入欧盟。对内，国民党政府对马经济、社会政策进行较大调整，在财政、金融、税收、司法、教育和医疗等领域推行一系列改革措施，经济开始好转。2007年12月加入申根区，2008年1月正式启用欧元。对外，加强与欧盟内国家的友好关系，巩固同地中海南北两岸国家的合作，推动欧盟和阿盟合作，支持成立地中海联盟，同时继续发展同美、俄、中、印、澳、南非、巴西、土耳其等域外国家和新兴工业大国的关系。

【宪法】1964年9月21日颁布的独立宪法规定，马耳他为君主立宪制政体，英国女王为马耳他国家元首。1974年12月13日修改宪法，马成为共和国，但仍保留在英联邦内。总统为国家元首，由总理提名经议会投票同意产生，任期五年。

【**议会**】一院制，称众议院，由普选产生，任期五年，为立法机构。本届议会于2008年3月选举产生，共69席，其中国民党（执政党）占35席，工党（反对党）占34席。议长迈克尔·弗南多（Michael Frendo，2010年4月就职）。

【**政府**】2008年3月12日，国民党蝉联执政后组成新一届政府，劳伦斯·冈奇连任总理。2012年1月内阁进行改组，共设11个部。2012年5月30日内政部长遭反对党弹劾。目前内阁成员由总理（兼内政部长）、副总理（兼外交部长）、9位部长和2位议会国务秘书（亦为内阁成员，相当于副部长）共13名成员组成。主要成员有：总理兼内政部长劳伦斯·冈奇（Lawrence Gonzi），副总理兼外交部长托尼奥·博奇（Tonio Borg），戈佐部长吉奥瓦纳·德波诺（Giovanna Debono，女），基础设施、交通和通讯部长奥斯汀·盖特（Austin Gatt），资源和农村事务部长乔治·普利奇诺（George Pullicino），教育和就业部长多洛蕾斯·克里斯蒂娜（Dolores Cristina，女），财政、经济和投资部长托尼奥·芬内克（Tonio Fenech），卫生、老年和社区关怀部长乔·凯萨（Joe Cassar），旅游、文化和环境部长马里奥·德马科（Mario de Marco），司法、对话和家庭事务部长克里斯·赛德（Chris Said），公平竞争、小企业和消费者事务部长杰森·阿佐帕迪（Jason Azzopardi）。

【**行政区划**】全国共有68个地方市政委员会，其中马耳他岛54个，戈佐岛14个。

【**司法机构**】高等法院为最高司法机构，由1名首席大法官和16名大法官组成，由总统根据总理推荐任命，任职到65岁退休。现任首席大法官为西尔维奥·卡米莱里（Dr. Silvio Camilleri），2010年就任。检察长彼得·格雷克（Dr. Peter Grech），2010年就任。

【**政党**】（1）国民党（Partit Nazzjonalista，PN）：执政党。1880年成立，党员主要是工商业者、教职员、律师、农民。对内主张把马建成信奉天主教、具有欧洲传统和民族精神、自由正义的民主国家。对外主张加强同欧洲国家和地中海各国的联系和合作。现任领袖劳伦斯·冈奇，2004年3月就职，副领袖托尼奥·博奇。

（2）工党（Partit Laburista，PL）：主要反对党。1921年成立，党员以工人居多。对内主张“公民第一”，权力一律平等，逐步削弱宗教势力，建立自主经济，工会参与企业管理，出售部分国有企业股份。对外主张中立和不结盟，不参加任何军事集团，反对马加入欧盟，但在马入盟后表示尊重马人民的选择；重视同地中海国家关系。现任领袖约瑟夫·穆斯卡特（Joseph Muscat），2008年6月就职。

（3）民主选择党（Alternattiva Demokratika，AD），又称“绿党”（The Green Party）：成立于1989年，是欧洲绿党成员，在马议会无席位，注重环境及社会问题。在2008年大选中，该党支持率为1.31%。2009年6月，在欧洲议会议员选举中表现平平。现任主席迈克尔·布里古格里奥（Michael Briguglio），2009年10月就职。

（4）国家行动党（Azzjoni Nazzjonali）：成立于2007年6月，以坚持欧盟应分摊非法移民负担立场而出名，主张国家利益最大化，认为应赋予总统更多权力且不应受党派之争影响，呼吁总统直选、缩编议会和内阁。现任领袖乔西·穆斯卡特（Josie Muscat）为主要创始人之一。

【**重要人物**】**乔治·阿贝拉**：总统，1948年4月22日生，就读于马耳他大学，博士学位，曾任职业律师，1975年始任工人总工会法律顾问，1982年任马足球协会主席，1992年任工党负责党务的副领袖，1996年工党赢得大选后任桑特总理的法律顾问，1998年因反对工党抵制加入欧盟、取消增值税及提前举行大选等辞去工党副领袖职务，2000年终止与工人总工会的一切关系，2008年竞选工党领袖输给现任领袖穆斯卡特，之后接受穆任命任工党在马耳他-欧盟指导行动委员会代表，获总统提名后已辞去该职。2009年4月4日任马第八任总统。曾两次访华。已婚，有一子一女。 **劳伦斯·冈奇**：总理，国民党领袖。1953年7月1日生。1975年获马耳他大学法学博士学位后开始担任律师。曾长期从事法律、天主教、残疾人、商业等事务。1987年从政，1988 ~ 1996年任议会议长，随后任议会反对党督导和党团秘书及影子内阁社会政策部长。1997年起，任国民党总书记。1998年，任社会政策部长和议会党团领袖。1999年，当选国民党副领袖，并出任副总理兼社会政策部长。2004年3月，当选国民党领袖，任政府总理兼财政部长。2008年3月大选获胜后再次出任总理。2012年5月兼任内政部长。曾三次访华。已婚，有两子一女。

经 济

马自然资源贫乏，技术人员短缺，工业基础薄弱，粮食基本依赖进口，对外贸易长期逆差。旅游业、造船和修船业是其传统产业，其中旅游业是马外汇的重要来源。2004年加入欧盟以来，政府不断大力调整经济结构，推出系列改革措施，宏观经济不断改善。此外，从欧盟内得到的大笔援款也给马经济注入了更多活力，近年实现连续增长，于2008年初顺利加入欧元区并提出了在金融服务、信息和通信技术、旅游业、制造业、医疗卫生、教育、戈佐一生态岛七个领域重点发展的2015远景规划。2008年，得益于严格的金融管理制度、量入为出的经济政策和保守谨慎的信贷投资传统，加之在马外国实体投资多来自英法德等国，质量较高，马经济未受国际金融危机和欧债危机直接冲击，表现尚可。但由于经济对外依存度高，受国际金融危机影响，马经济于2008年底陷入衰退，当年经济增长率仅为1.6%。2009年持续下滑，GDP增长率为-2.1%。为缓解危机影响，2010年政府投入约9000万欧元用以制定经济刺激计划，并采取提高存款准备金率、实施旅游业贷款利息补贴、为企业量身定制资金帮扶等一系列措施，以稳定市场、保障就业、吸引投资和刺激经济。马经济开始复苏，旅游业和新兴金融服务业恢复增长。2011年马主要经济数据如下（资料来源：马耳他国家统计局网站）：

国内生产总值：64亿欧元，同比增长2.1%。

人均GDP：15309欧元。

货币名称：欧元（2008年1月1日后采用）。

财政收入：25.7亿欧元。

失业率：6.4%。

通胀率：1.5%。

【资源】除建筑用石灰岩外，无矿产资源，石油、天然气完全依赖进口。太阳能、风能资源丰富，但开发不足，可替代能源使用率仅为0.36%。淡水资源匮乏，55%生活用水依靠海水淡化。

【制造业】同其他发达国家一样，近年来制造业产值不断下降，目前仅占GDP的16%左右，低于西方国家总体水平；从业人员占总劳力的比重不足20%。主要产品有电子、化工、机械设备、医药、食品饮料等。

【农业】马土地贫瘠，可耕地有限（11453公顷），加之严重缺水，制约了农业的发展。2011年，农业和渔业产值占GDP的2%左右，农业人口为18539人，全职农业人口仅为1301人，系由很多农业人口转向服务业造成，兼职农业人口也不再将农业收入作为主要收入来源。农业产业主要包括饲料、蔬菜、水果、花卉、马铃薯、牲畜、畜副产品等。大部分粮食、牛奶、植物油、水果等依赖进口。

【旅游业】旅游业是马经济支柱和主要外汇来源，但也面临价格和质量等结构性问题。由于政府在2006年推出的一些激励措施吸引了一些廉价航空公司开始在马运营，使旅游业在2007年取得较大增长。但受国际金融和经济危机影响，自2008年第四季度起，马旅游业出现大幅下滑，2009年访马游客人数减少8.4%。2010年，访马游客人数约为133万人次，同比增长13%。2011年，访马游客人数约为143万人次，创历史新高。英国、意大利、德国、法国等欧盟国家为赴马游客的主要来源国。

【交通运输】境内无铁路和内陆水路，与岛外的交通主要依赖航空和海运。唯一机场是卢阿（Luqa）国际机场，目前与欧、美、北非等主要大城市有多条直飞航线。马耳他航空公司有12架客机，7架空客A320，5架空客A319，与欧洲、北非、地中海东岸50多个城市有直飞航线，每周有200多个航班。此外，阿航、汉沙、法航、意航、英航、埃航和廉价航空RYANAIR、EASYJET等在马经营定期航班。港口主要有两个，法资管理的自由港系地中海沿岸第三大港，年吞吐量逾300万只20尺标箱，与世界125个港口有货物往来，另与新加坡合资管理大港。与其邻国意大利、利比亚等有海运客运航线。在马注册船只约2500艘，是世界第八大船舶登记国。马国土面积小，且多山地丘陵，国内交通主要依靠公路，全国公路约2200公里，无高速交通系统。私家车约有30.5万辆（2010年12月），其中私人车辆23.1万辆，平均2位居民拥有1辆以上汽车，私车拥有率居世界前列，为主要交通工具。公交系统不太发达。

【财政金融】近些年来，马公共财政状况总体良好，在GDP增长、降低结构性赤字和公共债务等方面取得积极成果。受国际金融和经济危机影响，从2008年起，马财政状况出现逆转。2009年政府财政赤字达2.85亿欧元，约占GDP的5.0%；政府债务超过39亿欧元，占GDP的68.3%。2010年财政赤字2.28亿欧元，占GDP的3.7%；债务42亿欧元，占GDP的69%。2011年财政赤字1.74亿欧元，占GDP2.7%；债务46亿欧元，占GDP72%。截至2012年4月，马外汇储备折合3.02亿欧元。

【对外贸易】马对外贸易长期逆差。欧盟一直保持马最大贸易伙伴地位，占马对外贸易近2/3，其中法国、意大利为马主要贸易对象国。主要进口日用消费品、机械、食品、原材料，主要出口电子、服装、医药、普通机械产品等。2011年马进出口总额为90.1亿欧元，其中进口额为52.7亿欧元，出口额为37.4亿欧元，贸易逆差15.3亿欧元。

人民生活

实行免费教育、免费医疗及退休保险制度。人均寿命79.44岁（2009年），世界排名第29位。2010年，手机用户为45.6万人，普及率为110.2%，因特网使用率为59%，计算机普及率为62.6%，贫困线维持在6260欧元。2012年，法定最低工资为每年7589欧元，在欧盟国家中处于中间水平，名列第10位。2011年人均GDP为欧盟平均水平的83%（2012年6月）。

军　事

不设国防部，武装部队由总理直接管辖。现有正规军约1700人，其中军官100人。武装部队司令马汀·雪瑞布（Martin Xuereb）准将，2010年1月就职。根据1980年同意大利签订的双边防务协定，意负责为马提供安全保障。马警察力量约1800人，由内政部管辖。现任警察总署署长约翰·里佐（John Rizzo），2001年11月就职。

文化教育

共有各类学校约340所，在校生8.4万人，教师近1万人，公立学校均实行免费教育。高等教育入学率约为60%，马耳他大学（University of Malta）系马唯一一所大学，其他主要高等院校是大专院校旅游学院（ITS，

Institute of Tourism Studies）及高职院校马耳他人文科技学院（MCAST，Malta College of Arts，Science & Technology）。

【新闻出版】共有主要日报4份，马耳他文和英文各占2份。最大报纸为《时报》和《独立报》，发行量2万余份，另有多种周报。

广播电视受马耳他广播局监管。马耳他电视台（TVM）为国家电视台，1962年开始播放电视节目，由政府公共广播服务有限公司经营。国民党和工党分别开设各自电视台Net TV和One TV。私营有线电视台（Smash TV，Calypso TV，Favourite）以播放娱乐性节目为主。另有教育台Education 22和电视购物台ITV。马广播局成立于1961年9月，现为欧广联和英联邦广播协会及欧洲新闻学会的成员。马公共广播服务有限公司系于1991年9月27日成立的政府机构。马新闻局是马总理府的一个司局级单位，统管政府新闻政策和各类新闻媒体。

对外关系

独立后一直奉行中立政策，始终保持与欧洲大陆和地中海沿岸国家的友好关系，强调自己是“欧洲的一部分，也是地中海的一部分”，坚持以欧盟和地中海为重点，全面参与欧盟决策进程，推动欧洲地中海合作，积极发展同地中海南北两岸国家关系。重视并积极发展同美国、俄罗斯、中国、澳大利亚、印度、南非等域外大国和新兴经济体的关系。

【对当前重大国际问题的看法】认为世界处于新旧国际秩序交替之中。新的问题不断出现，国际和平与安全受到威胁。在安全与发展、民主和人权、繁荣与环保等问题上，各国相互依存度加深，需要在国际领域开展新的多边合作。赞成多边主义，提倡国际法制，不赞成使用武力和采取军事行动解决地区冲突；认为加强对话和深化合作是世界各国共同有效应对全球化所面临机遇与挑战的基础。

关注地中海、北非事务。自身定位为“具有地中海使命的欧盟国家”，巩固并深化与地中海南岸北非邻国的传统友好关系，认为只有加强地中海地区伙伴关系，欧地合作才能实现。强调欧洲和地中海的安全密切相关，力促欧盟给予地中海国家更多的经援，推动并积极参与各种欧洲—地中海合作进程：发起成立地中海议会大会并在马设立秘书处；举办首届欧盟—阿盟外长会，并成功争取在马设立欧盟—阿盟联络办；坚决支持并积极参加地中海联盟成立大会，成功获得联盟副秘书长职位。

鉴于来自非洲的非法移民给其经济和社会带来沉重压力，马高度重视非法移民问题。要求盟内成员国本着“负担分摊”原则，从马接受部分非法移民并加大对马援助力度，呼吁欧盟及国际社会对非法移民和人口贩卖问题作出共同回应，以对非法移民形成强有力的打击。认为非洲在减贫方面取得进展，但仍较落后，世界应加大对非援助力度以实现其可持续发展。

重视发展与美、俄、中等域外大国的关系，加强同美在政治、经济、司法、军事、安全等领域的合作。同时努力探索发展同印度、巴西、南非等新兴经济体国家的政治和经济关系，突出“经济因素”，为本国经济发展服务。

十分关注中东局势，同情巴勒斯坦一方。支持巴以分别建国，强调军事手段无法解决问题，应通过和平对话解决巴以冲突。呼吁联合国所有成员国全力支持联合国秘书长工作，早日解决巴勒斯坦难民、耶路撒冷最终地位、定居点、边界、水资源和安全等问题。

重视联合国等多边国际组织作用，强调国际关系应遵循《联合国宪章》的宗旨和原则，主张联合国在世界和平与安全等重大问题上发挥主导作用，反对绕过联合国对一些国家采取重大行动。认为要保证联合国更好地发挥作用，必须加快当前正在进行的改革进程，坚决支持一个具有广泛代表性、作用和行动透明、真正负责、运转高效的联合国。支持安理会扩大，但仅限于增加非常任理事国，限制否决权。是“观点相近国家”，反对增加安理会常任理事国，主要增长中小国家在安理会中的代表性。

坚决反对国际恐怖主义，认为恐怖主义不应有生存的空间。积极参与国际反恐合作，坚持全面执行关于反恐的国际公约和安理会决议，愿与其他国家共同努力，彻底根除一切形式的恐怖主义。

重视气候变化问题，认为国际组织和相关机构应以更加协同的态度对待该问题及其后果，有关各方应采取一致立场，帮助相关国家提高应对气候变化的能力，支持在联合国框架公约内就减排尽快采取行动，认为小岛国受气候变化负面影响的脆弱性应予重视。支持欧盟关于2020年和2025年中长期应对气候变化目标，承诺出资80万欧元，参与欧盟为发展中国家提供资金援助。对坎昆会议取得的积极成果表示欢迎。对德班会议成果，则主张优先落实坎昆协议确定的各种机制安排。

非常重视国际能源安全，强调经济可靠的能源供应，积极支持国际社会保证主要能源产区国政治和经济稳定的努力，支持加大对能源部门投资，呼吁建立更加开放和透明的国际能源市场，提倡以高效和可持续的方式使用能源资源。重视加强与主要原油生产国、加工国和运输国的外交关系。

【同中国的关系】中马1972年1月31日建交以来，一直保持友好合作关系。

双方高层互访较频繁。2001年7月，江泽民主席与德马科总统成功互访。近年来中方往访的还有：全国人大常委会副委员长王兆国（2004年7月）、全国政协主席贾庆林（2004年9月，过境）、全国政协副主席王忠禹（2005年6月）、国务院副总理回良玉（2005年8月）、中纪委书记吴官正（2005年9月）、国家副主席习近平（2009年2月）、全国人大常委会副委员长兼秘书长李建国（2010年9月）、全国政协副主席陈宗兴（2012年6月）等。马方来访的还有：国民党副领袖、副总理冈奇（2000年4月）、议长塔博恩（2002年7月）、总理阿达米（2002年10月）、国民党副领袖、副总理博奇（2005年10月和2006年10月）、外长弗南多（2007年5月）、总理冈奇（2008年10月）、议会外委会主席弗南多（2009年7月）、副总理兼外长博奇（2010年3月）、工党领袖穆斯卡特（2010年4月）和国民党副领袖、副总理兼外长博奇（2011年8月）。

2010年4月底，阿贝拉总统来华出席上海世博会开幕式期间意外受伤，中方给予阿精心治疗，胡锦涛主席亲往探望并派专机送阿回国。

2011年初利比亚国内局势发生动荡后，马耳他政府积极支持、配合中方撤离滞留利比亚的中国公民。2月，温家宝总理向冈奇总理致口信，代表中国政府和人民向马耳他政府和人民表示感谢。3月，外交部副部长傅莹访问马耳他，向马方转交了温家宝总理致冈奇总理的感谢信。

2012年1月31日，胡锦涛主席、温家宝总理和杨洁篪外长分别与马耳他总统阿贝拉、总理冈奇和副总理兼外长博奇互致贺电，热烈庆祝中马建交40周年。同年1月，杨洁篪外长访马，与马总理冈奇、副总理兼外长博奇分别会见，双方就中马关系和共同关心的国际和地区问题交换了意见。6月，外交部副部长宋涛赴马进行两国外交部磋商。

经贸合作不断深化。1997年，双方签署《贸易和经济合作协定》，确立了经贸混委会制度。2009年6月，商务部副部长姜增伟与马财政、经济和投资部长芬内克在瓦莱塔共同主持召开了中马政府经贸混委会第八次会议，双方就当前两国经济和进一步扩大双边经贸合作等共同关心的问题交换了意见。2009年2月，马基础设施、交通和通讯部长奥斯汀·盖特访华，与交通部领导会谈并探讨两国合作新领域。2011年3月，盖特部长再次访华。2010年，中国证监会主席尚福林、中国银监会主席刘明康和国家税务总局局长肖捷分别访马，并签署有关协议或备忘录。2011年1月，中国国家开发银行副行长郑之杰访马，积极推动两国金融务实合作。同月，马耳他—中国商会成立，为两国开展经贸活动提供了新平台。此外，汇丰银行（马耳他）跨境贸易人民币结算业务启动、中国国际投资促进会代表团赴马考察，进一步便利了双边贸易往来，拓展了两国经贸合作。2012年1月，工业及信息化部副部长刘利华访马，就促进电子政务、信息安全、电信管理及软硬件开发方面的合作等议题与马方交换意见。同年3月，由中国驻马使馆经商处、中国对外贸易中心和马中商会共同主办的第111届广交会推介会在马举办。

据统计，2011年，双边贸易额为31.8亿美元，同比增长31.8%，其中中方出口额为23.3亿美元，增长26.1%，进口额为8.5亿美元，增长49.6%。2012年1～4月，双边贸易额为8.5亿美元，同比增长6.4%，其中中方出口额为5.9亿美元，增长7.8%，进口额为2.6亿美元，增长3.3%。

文化领域合作卓有成效。1972年两国建交后，中国杂技、歌舞及体育代表团频频访马。1992年8月，中马签订文化协定，随后相继签署了1996～1998年度、1998～2000年度、2001～2003年度、2005～2008年度和2009～2012年度5个文化交流执行计划。2003年9月，中国在马正式成立地中海地区首个中国文化中心。目前该中心已成为传播中国文化、促进中马两国人民相互了解和友谊的重要平台。

医疗卫生合作颇有特色。20世纪90年代，中方在马设立了地中海地区和欧洲首个中医中心，每年为患者提供治疗近5000人次，并通过举办培训等活动，在马影响渐大，并于2008年在马新建国立医院设立了中医门诊科，系中医首次以独立科室的形式进入欧盟国家级医院。

教育领域合作富有成果。中方每年向马方提供1～2名全额奖学金留学名额，马耳他大学地中海外交关系学院和国际海洋法学院则向中方共提供2～3个奖学金名额。目前，约有30多名中国留学生在马耳他大学和旅游学院就读。2009年2月，习近平副主席访马时签署了《中国孔子学院总部与马耳他大学关于合作设立马耳他大学孔子学院的协定》，2011年10月正式揭牌。目前有1名中方院长和几名汉语教师志愿者在马教学。

近年来，中马在军事、党务、司法、警务、民政、青年、媒体等领域的交流合作不断增多，已签署了多个合作文件。2009年2月，习近平副主席访马期间，两国有关部门签署了刑事司法协助条约和合作打击跨国犯罪协定。2010年11月，马警察署长约翰·里佐访华，与中方就应对恐怖犯罪、毒品交易、非法移民等进行了深入探讨，为两国警务合作注入新活力。2011年系中欧青年交流年，马方派员出席2011年2月在北京举办的中方开幕式。5月，作为“2011中欧青年交流年”旗舰项目之一——“中欧青年周”活动的一部分，中华全国青年联合会代表团访马。此外，中方已将马列为中国公民出境旅游目的地国，双方签署了关于互免持外交和公务护照人员签证的协定，并于2008年生效。马公交部门还于2011年1月采购174辆厦门金龙大巴，用于升级公交系统。2011年4月新华社瓦莱塔分社在马成立。9月，中央电视台英语新闻频道在马有线电视网落户。

截至2012年7月，中马共结成一对友好城市（2001年11月，桑塔露西亚市与苏州市金阊区）。

中国驻马耳他大使：蔡金彪。馆址：Karmnu Court，Lapsi Street，St. Julian's，STJ1264，Malta。电

话：00356-23798804；传真：21364730。电子邮件：chinaemb_mt@mfa.gov.cn。网址：mt.chineseembassy.org或mt.china-embassy.org。

马耳他驻华大使：约瑟夫·卡萨（Joseph Cassar）。馆址：北京市朝阳区三里屯办公楼1-51。电话：010-65323114；传真：65326125。电子邮件：maltaembassy.beijing@gov.mt。马耳他签证申请中心网址：mt.vfsglobal.cn/chinese。

【同欧盟的关系】2004年5月加入欧盟，2007年12月加入申根区，2008年1月加入欧元区。2008年，马全面参与欧盟决策进程，议会顺利批准《里斯本条约》。10月，冈奇总理出席布鲁塞尔欧盟峰会，同其他欧盟成员国领导人一道共同批准了《欧盟移民与难民庇护公约》。马促使欧盟将在打击非法移民问题上实行"负担分摊"的条款写入该公约。2011年4月，欧洲理事会主席范龙佩访马表示，欧盟理事会和欧盟内其他国家将继续在移民问题上与马保持团结，并给予必要协助。同欧盟内国家交往活跃，支持欧盟进一步扩大，支持乌克兰与欧盟签署伙伴协议，支持冰岛、西巴尔干国家和土耳其入盟愿望。坚持欧盟统一外交与安全政策，主张欧盟发挥更大政治影响力，强化跨大西洋关系，促进与非盟和阿盟的关系。支持欧盟强化财纪律和监管制度及发行统一债券，但反对统一金融税。

【同北约的关系】马国民党政府曾于1994年5月加入北约"和平伙伴关系计划"（Partnership for Peace，PfP）。1996年工党执政后，以违反马宪法关于中立、不结盟规定为由退出。1998年9月，国民党政府重新执政，与北约保持密切关系。2008年4月，国民党政府重新加入PfP，但强调指出，马加入PfP的目的并非为了加入北约，而是为了发展国家必备的军事和民事协同能力，以便有效参与联合国制裁危机处理和促进和平行动，完全符合宪法有关保持中立的规定。马视加入PfP为致力于促进泛欧洲安全秩序的努力以及发展和提升欧盟—北约合作职能的途径。

【同意大利的关系】马重视与邻国意大利的关系。根据双边有关协定，意大利为马提供防务安全保障，并向马提供一定的财政援助。两国外交部及议会间保持经常性接触。2009年3月，马总统阿达米访意，副总理兼外长博奇陪同。访问期间，双方签署修订两国避免双重征税协定议定书；马方表示将派军方人员参加意大利与利比亚于5月在利海域开始的联合海上巡逻，以减少抵马非法移民。12月，马武装部队接受了意驻马军事代表团价值400万欧元的装备捐赠。2012年3月，马总统阿贝拉访意，副总理兼外长博奇陪同。阿贝拉与意总统纳波利塔诺和总理蒙蒂分别举行会谈，主要就非法移民、欧元区危机、西亚北非局势和双边关系等问题交换了意见。近年来，两国在非法移民营救和接收问题上龃龉不断，但双方表示愿通过协商解决有关问题，并联合向欧盟内其他国家施压，呼吁盟友分担非法移民压力。

【同英国的关系】马是英联邦成员，同英保持传统友好关系。2008年11月，马副总理兼外长博奇访英，与英外交大臣米利班德就欧盟—阿盟对话、地中海联盟、中东和平进程、欧盟扩大等议题举行会谈。2011年10月，英国外交大臣黑格访马，分别会见冈奇总理和副总理兼外长博奇，表示将与马企业联手合作，共同寻找在利比亚基建、能源、教育、电信等领域新商机。

【同美国的关系】马同美国关系密切，美军舰经常赴马停靠补给。2008年8月，两国签署避免双重征税协定。2009年12月，马加入美免签计划。2010年，美对马军事援助约45.5万美元，2011年美新预算案停止对马进行军援，但向马提供470万美元反恐援助。2011年4月，马反对党领袖穆斯卡特访美。10月，美国国务卿希拉里访马，在与冈奇会谈中对马在利比亚危机中帮助撤离美国公民表示感谢，称赞马对地区和平与安全作出了重要贡献。希拉里系1989年美总统老布什与戈尔巴乔夫在马举行峰会以来访马的美最高级别官员。2007年以来，美通过难民安置计划接收在马难民已达985人。

【同北非、中东国家的关系】马高度重视与北非和中东国家的关系，与利比亚、突尼斯、阿尔及利亚等北非阿拉伯国家在投资、金融、侨务等领域有着密切的传统联系。

2011年2月利比亚发生动乱后，马政府奉行对利独立立场，致力于协助各国经马撤离侨民行动，未参与美欧对利军事行动，呼吁利比亚政权和平过渡并愿向利人民提供必要的人道主义援助，同时极力维护马经济利益。8月，马全面承认过渡委员会的政府地位。11月，马总理冈奇访问利比亚，会见了过渡政府总理凯卜，是利新政府正式成立后首个来访的外国总理。

2011年3月，马举办西撒哈拉问题国际会议，马副总理兼外长博奇会见摩洛哥和阿尔及利亚与会代表，并表示南地中海地区的和平与稳定至关重要。

在叙利亚问题上支持阿盟立场，谴责流血冲突事件，呼吁叙各方开启有效沟通与对话，实现人民主导的政治过渡。不支持外部军事干预，不鼓励干涉一国内政，希联合国在该问题上发挥主导作用。

十分关注中东局势，同情巴勒斯坦，并尽己所能向巴提供物资和资金等人道主义援助。但同时与以色列积极接触，极力塑造在中东问题上的调停者角色。

（金松宝）

马　其　顿

国名　马其顿共和国（The Republic of Macedonia，Republika Makedonija）。

面积　25713平方公里。

人口　204万（2008年）。主要民族为马其顿族（64.18%），阿尔巴尼亚族（25.17%），土耳其族（3.85%），吉普赛族（2.66%）和塞尔维亚族（1.78%）。官方语言为马其顿语。居民多信奉东正教，少数信奉伊斯兰教。

首都　斯科普里（Skopje），人口51万（2008年）。最高气温43.2℃，最低气温-25.6℃，年平均气温12.4℃。

国家元首　总统格奥尔盖·伊万诺夫（Gjorge IVANOV），2009年4月当选，任期五年。

重要节日　国庆节：9月8日。

简　况

位于欧洲巴尔干半岛中部。西邻阿尔巴尼亚，南接希腊，东界保加利亚，北部与塞尔维亚接壤。气候以温带大陆性气候为主。

7世纪，斯拉夫人迁居马其顿地区。10世纪下半叶至11世纪初，塞缪尔始建第一个斯拉夫人的国家。此后，该地区长期处于拜占庭和奥斯曼帝国统治之下。1912年第一次巴尔干战争结束后，塞尔维亚、保加利亚、希腊军队占领马其顿地区。经过1913年第二次巴尔干战争，塞尔维亚、保加利亚和希腊重新瓜分马其顿地区。地理上属于塞尔维亚的部分称瓦尔达尔马其顿，属于保加利亚的部分称皮林马其顿，属于希腊的部分称爱琴马其顿。第一次世界大战后，瓦尔达尔马其顿作为塞尔维亚的一部分并入塞尔维亚人—克罗地亚人—斯洛文尼亚人王国（1929年改称南斯拉夫王国）。第二次世界大战后，南斯拉夫联邦人民共和国成立（1963年改称南斯拉夫社会主义联邦共和国）。1991年11月20日，马其顿从前南联邦宣布独立，定宪法国名为“马其顿共和国”。因希腊反对马其顿使用宪法国名，1993年4月7日，马其顿以“前南斯拉夫马其顿共和国”的暂时名称加入联合国。

政　治

近年来，马其顿国内政局保持基本稳定。2011年6月，马其顿举行提前议会选举，以内部革命组织民族统一民主党（简称内部革命组织）为首的竞选联盟再次获胜，继续组阁执政。

【宪法】1991年11月17日，马其顿通过新宪法，规定马其顿是一个主权、独立、民主和福利的国家，总统以无记名投票方式通过普选产生，任期五年，最多不得超过两任。1992年1月，马其顿议会对宪法进行修改，声明马其顿对邻国没有领土要求。2001年11月，马其顿议会再次修宪，扩大阿尔巴尼亚族自治权利。

【议会】国家最高立法机构。议员通过直选产生，任期四年。本届议会于2011年6月选举产生，设123个议席，其中含首次设立的3个海外选区议员席位。马其顿内部革命组织竞选联盟获56席（含3个海外议员议席），社会民主联盟竞选联盟获42席，阿尔巴尼亚族融合民主联盟获15席，阿尔巴尼亚族民主党获8席，国家民主复兴党获2席。议长特拉伊科·韦利亚诺斯基（Trajko VELJANOSKI）连任。

【政府】国家权力执行机构。本届政府于2011年7月24日成立。总理尼科拉·格鲁埃夫斯基（Nikola GRUEVSKI），副总理兼财政部长佐兰·斯塔夫莱斯基（Zoran STAVRESKI），副总理弗拉迪米尔·佩舍夫斯基（Vladimir PESHEVSKI），副总理特乌塔·阿里菲（Teuta ARIFI，阿族，女），副总理穆萨·扎菲里（Musa XHAFIRI，阿族）外交部长尼科拉·波波斯基（Nikola POPOSKI），国防部长法特米尔·贝希米（Fatmir BESIMI，阿族），内务部长戈尔达娜·扬库洛夫斯卡（Gordana JANKULOVSKA，女），经济部长瓦伦·萨拉奇尼（Varon SARAQINI，阿族），信息化部长伊沃·伊瓦诺夫斯基（Ivo IVANOVSKI），文化部长伊利沙白—坎切斯卡·米莱夫斯卡（Elizabeta Kancheska MILEVSKA，女），教育和科学部长潘切·克拉莱夫（Panche KRALEV），卫生部长尼科拉·托多罗夫（Nikola TODOROV），劳动和社会政策部长斯皮罗·里斯托夫斯基（Spiro RISTOVSKI），交通和通讯部长米莱·亚纳基埃斯基（Mile JANAKIESKI），农业林业和水利部长留普乔·迪莫夫斯基（Ljupcho DIMOVSKI），司法部长布莱里姆·贝扎蒂（Blerim BEXHATI，阿族），生活环境和空间规划部长阿布迪拉基姆·阿戴米（Abdilaqim ADEMI，阿族），地方自治部长奈夫扎特·贝伊塔（Nevzat BEJTA，阿族），不管部长比尔·帕夫莱斯基（Bill PAVLESKI），不管部长奈日戴·穆斯塔法（Nezhte MUSTAFA），不管部长哈迪·奈集尔（Nadi NEZIR），不管部长韦莱·萨马克（Vele SAMAK）。

【主要网址】马其顿总统府：www.president.gov.mk；政府：www.vlada.mk；议会：www.sobranie.mk；外交部：www.mfa.gov.mk。

【行政区划】2004年8月，马其顿议会通过《新行政区划法》，共设85个地方行政单位。

【司法机构】设宪法法院、普通法院和检察院。普通法院分初级法院（区法院）、中级（地区法院）和最高法院三级。宪法法院院长特伦达菲尔·伊万诺夫斯基（Trendafil IVANOVSKI），2007年就任。最高法院院长迪米特里埃·迪米斯科夫斯基（Dimitrie DIMISKOVSKI）。检察长柳普乔·施福尔格夫斯基（Ljupco SVRGOVSKI）。另外，还设有经济法院和军事法院。

【政党】共有80个政党。主要政党为：

（1）马其顿内部革命组织民族统一民主党（Internal Macedonian Revolutionary Organization Democratic Party For Macedonian National Unity）：执政党。1990年6月成立。约有党员11万人。主张维护马其顿国家独立、主权和领土完整，保障少数民族权利，反对国家分裂，通过实行市场经济将马其顿建成富裕的国家，同邻国发展睦邻友好关系，争取加入欧盟和北约。2011年6月，在议会提前选举中再次获胜，继续执政。主席尼科拉·格鲁埃夫斯基。

（2）马其顿社会民主联盟（The Social Democratic Union Of Macedonia）：在野党。前身为马其顿共产主义者联盟，1989年改称马其顿共盟—民主改革党，1993年改为现名。党员约6万人。对内主张建立民主的马其顿国家和遵循市场经济规律的新经济体制，对外执行和平外交政策，致力于加入欧盟和北约，同邻国发展等距离的睦邻友好关系。马其顿独立后，该党曾长期执政。2011年6月，在议会提前选举中失利，继续作为在野党。主席布兰科·茨尔文科夫斯基（Branko CRVENKOVSKI）。

（3）阿族融合民主联盟（Democratic Union for Integration）：执政党。2002年6月成立。主张马其顿所有公民一律平等，保证阿族人参加政治生活，以彻底改变马其顿阿族人的地位。2011年6月议会提前选举后，成为联合执政党之一。主席阿里·阿赫麦提（Ali AHMETI）。

（4）阿族民主党（Democratic Party of Albanians）：在野党。1994年2月成立。主张遵循欧洲标准，实现公民和多种族间的高度民主平等；法律面前人人平等。主席曼杜赫·塔奇（Manduh THACI）。

【重要人物】**格奥尔盖·伊万诺夫**：总统。1960年生。毕业于斯科普里大学法律系，博士学位。曾任国家电台编辑、斯科普里大学法律系副主任、国家高等教育鉴定理事会主席等职。2009年4月当选总统。已婚，有一子。 **特拉伊科·韦利亚诺斯基**：议长。1962年生。毕业于斯科普里大学法律系。内部革命组织成员。曾任司法部国务秘书、副部长、总理法律顾问。2006年当选议员，任选举和任命事务委员会主席等职。2008年6月、2011年6月两任议长。2010年4月来华出席上海世博会开幕式。已婚，有一子一女。 **尼科拉·格鲁埃夫斯基**：总理。1970年生。毕业于斯科普里大学经济系。内部革命组织主席。曾先后任马其顿国家电视台金融类节目评论员、证券交易委员会主席、世界银行主管重建和发展官员。1998 ~ 2002年任政府不管部部长、贸易部长和财政部长。2002年9月任议会财政预算委员会主席。2006年8月出任总理。2008年6月连任，2011年7月再次连任。2009年9月来华出席在大连举行的第三届“夏季达沃斯”年会。已婚，有二女。

经　济

独立后，马其顿经济深受前南危机影响，后又因国内安全形势恶化再遭重创。近年来，随着国内外环境的改善和各项改革措施的推进，马其顿经济有所恢复和发展。2011年马主要经济数据如下（资料来源：马其顿财政部、国家统计局）：

国内生产总值：69.15亿欧元。

国内生产总值增长率：3.0%。

人均国内生产总值：3353欧元。

货币名称：代纳尔（Denar）。1代纳尔=100代尼（Deni）。

汇率：1美元≈44.2代纳尔。

通货膨胀率：3.9%。

失业率：31.8%。

【资源】矿产资源比较丰富，有煤、铁、铅、锌、铜、镍等，其中煤的蕴藏量为1.25亿吨。还有非金属矿产碳、斑脱土、耐火黏土、石膏、石英、蛋白石、长石等。森林覆盖率为35%。

【工业】2010年工业产值约为12.73亿欧元，占国内生产总值的18.41%。工业从业人口189024人，占全部从业人口的28.66%。主要工业部门有矿石开采、冶金、化工、电力、木材加工、食品加工等。

【农业】2010年农业产值约6.67亿欧元，占国内生产总值的9.6%。耕地面积为32.33万公顷，其中可耕种面积为28.28万公顷，农作物面积21.5万公顷，果树面积7797公顷，葡萄面积16895公顷，其他面积43138公顷。农业从业人口126928人，占全部从业人口的19.24%。近年主要农产品产量如下（单位：吨）：

	2008	2009	2010
小麦	91514	138089	93727
稻米	2132	320	1157
玉米	622	1621	5657
烟草	16630	20592	9806
肉	8251	7020	9308

（资料来源：马其顿国家统计局，后同）

牲畜存栏数如下（单位：头/只）：

	2009	2010	2011
牛	252521	230400	265299

绵羊	755356	668470	766631
猪	193840	127268	196570
家禽	2117890	1388582	1944260

【旅游业】2010年旅游收入约7300万欧元，占国内生产总值1.05%。主要旅游设施有旅馆、浴场、私人小旅馆、汽车宿营地等。主要旅游区是奥赫里德湖、斯特鲁加、多伊兰湖、莱森、马弗洛沃山和普雷斯帕湖等地。2010年，酒店餐饮业从业人口21573人，占从业人口的3.3%。近年游客数据如下（单位：人次）：

	2009	2010	2011
国内游客	328566	324545	320097
外国游客	259204	261696	327471
游客总数	587770	586241	647568

【交通运输】以铁路和公路为主。

铁路：2006年铁路总长696公里，其中电气化铁路234公里。2010年铁路客运量151.2万人次，货运量309.7万吨。

公路：2006年公路总长为13736公里。2010年公路客运量1347.4万人次，货运量3478.2万吨。

空运：主要机场是斯科普里机场和奥赫里德机场。2010年航空客运量719796人次，货运量2005吨。

【财政金融】近几年财政收支情况如下（单位：百万代纳尔）：

	2009	2010	2011
收入	128.498	132.146	137.166
支出	139.393	142.690	148.649
赤字	10.895	10.544	11.483
盈亏占GDP	-2.68%	-2.5%	-2.5%

截至2011年12月，外汇储备20.689亿欧元。

主要银行：商业银行，成立于1955年。马其顿银行，成立于1998年。

【对外贸易】2011年，马进出口总额为82.37亿欧元，同比增长24.5%。其中，出口额为31.98亿欧元，同比增长28%；进口额为50.39亿欧元，同比增长22.3%。主要贸易伙伴为欧盟国家、前南斯拉夫国家、日本、美国、加拿大、中国等。主要进口产品为电力、原油、金属、机动车、食品、饮料、纺织品、化工产品。主要出口产品为钢铁、服装、石油产品、水果、蔬菜、金属矿石、食品、葡萄酒、烟草和卷烟、饮料、化工产品等。近几年进出口额如下：（单位：亿欧元）：

	2009	2010	2011
出口额	19.21	24.93	31.98
进口额	34.72	39.61	50.39
差　额	-15.51	-14.68	-18.41

【外国资本】2011年外国直接投资总额3.035亿欧元。

【外国援助】2007年外援约8000万欧元。援助方主要为欧盟、荷兰、美国、德国、挪威、英国和奥地利。

人民生活

2003年，56.6%家庭拥有汽车，100%家庭拥有电视机，2004年，每百人中拥有29部电话机。2006年月平均工资293美元。2008年，家庭电脑普及率45.6%，网络普及率29.4%。每千人拥有医生2.5名。

军　事

1992年3月28日，马其顿创建军队。马其顿总统为武装力量最高统帅。马其顿国防政策以维护国家的独立主权和领土完整为主要任务，积极要求加入北约。实行职业军人兵役制，职业军人每3年签一次合同。现役军人7756名。2009年国防预算总额2.04亿美元，占GDP的2.05%。现任总参谋长戈兰乔·科特斯基（Gorancho KOTESKI）少将。

文化教育

【教育】全国普及9年制义务教育。教育经费占GDP的5%。2009/2010学年度共有初级学校（小学和初中）在校学生208980人。中等学校（高中、职业学校）在校学生94284人。高等学校在校学生57894人。主要高校有：斯科普里大学、比托拉大学、泰托沃大学等。

【新闻出版】2007年，出版报纸26种，总发行量2940万份。主要报纸有:《日报》、《晨报》、《晚报》、《新马其顿报》等。刊物195种，总发行量为1329万册。主要刊物有:《论坛》、《TEA》等。

通讯社：马其顿文传社（国家通讯社MACFAX），另有马其顿新闻社（MAKPRESS）和马其顿新闻中心（MIC）。

电视台：全国有公共电视台58家，其中中央台1家，地方电视台52家，另有5家私立电视台。中央台用马其顿语和阿尔巴尼亚语等7种语言播放。

广播电台：全国共有60个广播电台，其中国家广播电台1个，地方广播电台59个。国家广播电台用马其顿语、阿尔巴尼亚语、土耳其语、吉普赛语、弗拉西语、塞尔维亚语、保加利亚语和希腊语广播。

对外关系

对外政策的主要目标是维护国家的独立、主权和领土完整；致力于加入欧盟和北约；优先发展同大国和邻国的关系。截至2011年1月，马其顿已同167个国家建立外交关系。

【同中国的关系】1993年10月12日，中马建交。1999年1月27日，马其顿外长迪米特罗夫在台北同台湾“外长”胡志强签署“建交公报”；2月8日，马其顿政府正式批准“建交公报”；2月9日，中方宣布同马其顿中止外交关系。

2001年6月18日，马其顿正式同台湾断绝“外交关系”，中国外长唐家璇和马其顿外长米特雷娃在北京签署《中华人民共和国和马其顿共和国关于实现关系正常化的联合公报》，中马关系恢复正常。近年来，双边关系发展顺利。

2011年9月，全国人大常委会副委员长桑国卫访问马其顿。11月，马其顿总统夫人伊万诺娃赴华出席“妇女与可持续发展”论坛。11月，农业部副部长高鸿宾访问马其顿。11月，马其顿文化部长伊利沙白—坎切斯卡·米莱夫斯卡访华并出席“马其顿文化日”开幕式。12月，马其顿国防部长法特米尔·贝希米、马军总参谋长戈兰乔·科特斯基访华。2012年3月，国务院副总理回良玉访问马其顿。4月，温家宝总理在华沙会见了出席中国—中东欧国家领导人会晤的马其顿总理格鲁埃夫斯基。5月，马其顿总理格鲁埃夫斯基来华举办商务推介活动，温家宝总理再次会见。

据中国海关总署统计，2011年，中马贸易总额为2.5亿美元，同比增长70.6%。其中，中方出口额为9181万美元，同比增长73.9%；进口额为1.55亿美元，同比增长68.7%。

中国驻马其顿大使：崔志伟。馆址：UL 474 BR.20，1000，SKOPJE，MACEDONIJA（马其顿斯科普里市474大街20号）。电话：（003892）3213163；传真：3212500。

马其顿驻华大使：奥利维尔·沙姆贝夫斯基（Oliver SHAMBEVSKI）。官邸：北京市朝阳区塔园公寓9-1-51；办公处：北京市朝阳区三里屯外交公寓3-2-21。电话：010-65327846；传真：65327847。电子邮件：macdebas@public3.bta.net.cn。网站：www.macedonianembassy.com.cn。

【同美国的关系】1994年2月美正式承认马其顿。1995年9月，马美建交。2011年2月，马其顿总统伊万诺夫访美。8月，美国欧洲与欧亚事务助理国务卿瑞克访问马其顿。12月，马其顿副总理阿里菲访美。

【同俄罗斯的关系】1994年1月，马俄建交。1998年1月，马其顿总统格利戈罗夫访俄，双方签署友好合作声明。2011年4月，俄罗斯外长拉夫罗夫访问马其顿。9月，马其顿副总理斯塔夫莱斯基、农业部长迪莫夫斯基访俄。10月，马其顿内务部长扬库洛夫斯卡访俄。

【同欧盟的关系】马其顿积极发展同欧盟国家的关系。1996年1月，马其顿同欧盟建立外交关系。2000年4月，马其顿同欧盟签署《稳定和联系公约》。2004年3月，马其顿正式向欧盟递交入盟申请。2005年12月，欧盟首脑会议决定给予马其顿欧盟候选国地位。2011年4月，欧盟主席巴罗佐访问马其顿。6月，马其顿总理格鲁埃夫斯基访问欧盟。7月，欧盟扩大事务总司副司长萨尼诺访问马其顿。9月，马其顿副总理阿里菲访问欧盟。10月，马其顿外长波波斯基访问欧盟。11月，马其顿副总理阿里菲访问欧盟。

【同北约的关系】加入北约是马其顿对外政策的战略目标之一。1998年5月，马其顿加入北约“和平伙伴关系计划”。2011年3月，北约政务与安全政策副秘书长布伦格尔曼访问马其顿。12月，马其顿副总理阿里菲访美期间会晤北约副总参谋长卡罗。

【同邻国的关系】马其顿主张在相互尊重主权、领土完整、互不干涉内政的原则基础上，同邻国保持平等的睦邻友好关系。

同希腊的关系：马其顿独立后，希腊认为马其顿地理概念广泛，其范围包括希腊的北部地区，坚决反对将“马其顿”或“马其顿”的派生词作为马国名。1995年9月13日，在联合国秘书长特使万斯的主持下，马希双方在联合国签署两国关系正常化的《临时协议》。但双方就马其顿国名问题的谈判迄未取得实质性进展。2011年12月，国际法庭最终裁定希腊在2008年布加勒斯特北约峰会上否决马其顿加入北约，违反了马希两国1995年签署的《临时协定》第11款，并驳回希腊诉马其顿违反《临时协定》的请求。

同保加利亚的关系：1992年1月15日，马保建交，但保加利亚不承认马其顿民族和马其顿语。2011年8月，马其顿外长波波斯基访问保加利亚。

同阿尔巴尼亚的关系：1993年4月26日，阿尔巴尼亚承认马其顿。12月24日，马阿建交。2011年3月，马其顿总统伊万诺夫访问阿尔巴尼亚。8月，马其顿国防部长贝希米访问阿尔巴尼亚。9月，马其顿副总理阿里菲访问阿尔巴尼亚。10月，马其顿外长波波斯基访问阿尔巴尼亚。11月，阿尔巴尼亚总理贝里沙访问马其顿。

同塞尔维亚的关系：两国于1996年4月8日建交。2011年9月，马其顿总统伊万诺夫访问塞尔维亚。副总理阿里菲和内务部长扬库洛夫斯卡出席塞尔维亚—欧盟论坛。12月，塞尔维亚总统塔迪奇访问马其顿。马其顿内务部长扬库洛夫斯卡访问塞尔维亚。（林凯）

摩尔多瓦

国名 摩尔多瓦共和国（The Republic of Moldova，Republica Moldova）。

面积 33800平方公里。

人口 356万（2012年1月1日，不含“德左”和本德尔市人口），城市人口148万，农村人口208万。其中摩尔多瓦族占75.8%，乌克兰族8.4%，俄罗斯族5.9%，加告兹族4.4%，罗马尼亚族2.2%，保加利亚族1.9%，茨冈族0.4%，犹太族0.1%，其他民族0.5%。官方语言为摩尔多瓦语，俄语为通用语。多数人信奉东正教。

首都　基希讷乌（Chisinau），人口79.4万（2012年1月1日）。全年平均气温为10.6℃。

国家元首　总统尼古拉·蒂莫夫蒂（Nicolae TIMOFTI），2012年3月23日任职。

重要节日　公历新年：1月1日；东正教圣诞节：1月7日；东正教复活节：4月；胜利日：5月9日；独立日（国庆日）：8月27日；语言节：8月31日。

简　况

摩为内陆国，东、南、北与乌克兰为邻，西连罗马尼亚。属温带大陆性气候。全年平均气温为8.4℃～12.3℃。2月平均气温为-4.9℃～1.9℃，7月为20.6℃～26℃。

摩尔多瓦人的祖先为达契亚人。13～14世纪，蒙古鞑靼人和匈牙利人入侵，达契亚人逐渐分为三支：摩尔多瓦人、瓦拉几亚人、特兰西瓦尼亚人。1359年，摩尔多瓦人在喀尔巴阡山以东至德涅斯特河之间的大部分领土上建立了摩尔多瓦公国。1487年，摩公国沦为奥斯曼帝国附庸。16～18世纪，它一直处于奥斯曼帝国的统治之下。1812年，沙俄通过对土耳其战争的胜利，将摩公国部分领土，即比萨拉比亚划入俄国版图。1918年1月比萨拉比亚宣布独立，3月与罗马尼亚合并。1940年6月，苏联进驻比萨拉比亚，将其大部分领土与德涅斯特河左岸的摩尔达维亚自治共和国合并，成立了摩尔达维亚苏维埃社会主义共和国，使其成为苏联15个加盟共和国之一。1941年，比萨拉比亚被划归罗马尼亚。1944年9月，苏罗停战协定规定恢复1940年的苏罗边界，比萨拉比亚被重新划归苏联，再次成为摩尔达维亚苏维埃社会主义共和国的一部分。1990年6月，摩尔达维亚苏维埃社会主义共和国更名为摩尔多瓦苏维埃社会主义共和国，1991年5月23日再次更名为摩尔多瓦共和国，1991年8月27日宣布独立。

政　治

2010年11月28日摩举行议会提前选举，摩共产党人党、自由民主党、民主党和自由党进入议会。12月30日自由民主党、民主党和自由党组成第二届“与欧洲一体化联盟”（以下简称执政联盟），共享59个议席，成为议会多数。民主党主席卢普当选议长，并代理总统一职至2012年3月22日；自由民主党主席菲拉特任总理。2012年3月23日，执政联盟推选的无党派人士蒂莫夫蒂出任新一届总统。但摩共以本届议会在规定的期限内未能选出总统，应该解散议会，提前大选为由，拒绝参加议会会议，不承认新选出的总统，多次组织街头抗议活动，要求政府辞职，提前举行议会选举。

【德涅斯特河左岸问题】摩德涅斯特河左岸地区（简称“德左”）位于德涅斯特河东侧并与乌克兰相邻，面积4163平方公里，人口63万，其中摩族占40%，乌克兰族占28%，俄罗斯族占25%。俄在“德左”地区有驻军。1990年9月，“德左”地区宣布独立，国际社会迄未承认。1992年初，摩当局与“德左”地区爆发武装冲突。7月，冲突停止。摩当局提出在保持一个国家的前提下给予“德左”地区高度自治，但“德左”坚持独立。欧安组织和联合国分别于1999年11月和12月通过决议，要求俄在2002年底前从“德左”撤军。2003年11月，俄就解决摩“德左”问题提出了“实现国家统一框架基础原则备忘录”，摩中央政府最终宣布放弃签署备忘录。2005年7月，摩议会通过法案，给予“德左”地区特殊行政地位，但同时强调“德左”地区是摩不可分割的一部分。10月，美国、欧盟首次作为观察员参加解决“德左”问题谈判，形成摩、“德左”、俄罗斯、乌克兰、欧安组织及美国、欧盟“5+2”谈判机制，经过四轮谈判后，2006年2月起此机制暂停运行。2006年9月，“德左”地区就“德左”未来地位问题举行全民公决，78.6%的选民参加了投票。支持“德左”独立并随后加入俄罗斯联邦的占97.1%。2008年12月，摩总统沃罗宁与“德左”领导人斯米尔诺夫在蒂拉斯堡举行会晤，双方同意在有俄罗斯参加的“2+1”模式下继续磋商。2009年3月，摩总统沃罗宁、俄总统梅德维杰夫、德左领导人斯米尔诺夫在莫斯科就“德左”问题举行磋商，三方签署了共同声明，重申“5+2”机制的重要性，同意在“德左”问题解决后将三方维和部队改为由文职人员组成的欧安组织部队。8月，第二届与欧洲一体化联盟上台执政，新政府主张在解决左岸问题上加强对话与合作，加强两岸信任，为进行“5+2”谈判创造良好氛围，与各方积极接触，争取推动左岸问题早日解决。2010年9月，摩总理菲拉特与“德左”地区领导人斯米尔诺夫举行会晤，双方就简化“德左”地区产品出口程序和恢复“德左”铁路运输等问题达成一致。经努力，2011年9月各方在莫斯科磋商，决定恢复“5+2”正式谈判，11月30日在立陶宛首都维尔纽斯，2012年2月28日在爱尔兰首都都柏林关于“德左”问题的“5+2”正式谈判两次举行，各方就谈判的原则、程序和时间表等问题进行了磋商。

2011年12月26日，尤金·舍夫丘克（Evgheni Sevciuc）当选“德左”地区新一届领导人。2012年3月30日，菲拉特总理与“德左”领导人塞夫丘克签署了有关双方恢复在“德左”地区铁路运输原则议定书。

【宪法】1994年7月29日，摩议会通过了新宪法，其中规定：摩是一个主权、独立、统一和不可分割的国家；坚持在政治多元化条件下的民主，实行三权分立；公有和私有制并存；摩永远为中立国家，不允许在摩领土上驻扎外国军队；国语为摩尔多瓦语。1999

年7月25日，摩议会决定将7月29日定为宪法日。2000年7月28日，摩由半议会半总统制改为议会制的宪法修正案生效，摩总统自此由议会选举产生。

【议会】实行一院制，共有101个议席。2010年6月，摩议会修改选举法，调整了进入议会的门槛，单个政党为4%，由两个或三个及以上政党组成的联盟分别为7%和9%，独立候选人为2%。2010年11月28日摩举行议会提前选举，摩共、自由民主党、民主党和自由党进入议会，分别获得42、32、15、12席。12月30日自由民主党、民主党和自由党组成第二届“与欧洲一体化联盟”，成为议会多数。马里安·卢普（Marian LUPU）当选为议长。2011年11月，前总理格雷恰内、前副总理兼经济部长多顿等3名摩共议员脱离摩共，成为独立议员。此前，1名自由民主党议员也宣布脱离自由民主党议员团，成为独立议员。2012年6月，又有米申等三名摩共议员宣布脱离摩共议员团，成为独立议员。

【政府】本届政府于2011年1月14日组成。内阁成员为：总理弗拉迪米尔·菲拉特（Vladimir Filat），副总理兼外交及与欧洲一体化部长尤里·良格（Iurie Leanca），副总理兼经济部长瓦列留·拉泽尔（Valeriu Lazar），主管国家统一问题的副总理欧金·卡尔波夫（Eugen Carpov），主管社会问题的副总理米哈伊·莫尔多瓦努（Mihai Moldovanu），财政部长韦亚切斯拉夫·内格鲁策（Veaceslav Negruta），司法部长奥列格·耶夫利姆（Oleg Efrim，2011年5月上任），内务部长阿列克谢·罗伊布（Alexei Roibu），国防部长维塔利亚·马里努策（Vitalie Marinuta），地区发展和建设部长马切尔·勒杜坎（Marcel Raducan），农业和食品工业部长瓦西里·布马科夫（Vasile Bumacov），交通和道路基础设施部长阿纳托里亚·沙拉鲁（Anatol Salaru），环境部长格奥尔基·沙拉鲁（Gheorghe Salaru），教育部长米哈伊·什里亚赫基茨基（Mihai Sleahtitchi），文化部长鲍利斯·福克沙（Boris Focsa），劳动、社会保障和家庭部长瓦伦丁娜·布利加（Valentina Buliga，女），卫生部长安德烈·乌萨特伊（Andrei Usatii），青年和体育部长扬·切巴努（Ion Cebanu），信息技术和通讯部长巴维尔·菲利普（Pavel Filip），加告兹自治区行政长官米哈伊尔·福尔穆扎尔（Mihail Formuzal），科学院院长格奥尔基·杜卡（Gheorghe Duca）。

【行政区划】2003年6月，摩实行新行政区划，全国共分32个区、3个直辖市（基希讷乌、伯尔兹、本德尔）及2个地方行政区（加告兹自治行政区、德涅斯特河左岸行政区）。

【司法机构】宪法法院院长亚历山德鲁·特纳塞（Alexandru Tanase，2011年10月就任）、最高法院院长米哈伊·波阿莱伦吉（Mihai Poalelungi，2012年2月就任）、最高检察院总检察长瓦列留·祖布科（Valeriu Zubco，2009年10月7日就任）。

【政党】2007年12月，摩议会通过政党法。新法规定，从国家预算中拨款0.05%作为政党活动经费，在中央和地方权力机构占有20%以上席位的政党按其所占比例获得经费。摩主要政党有：

摩尔多瓦共产党人党（Partidul Comunistilor din Moldova）：成立于1993年10月23日。现有党员2万多人，全国共有基层党组织1670个。2007年加入欧洲左翼党。摩共的最终目标是实现共产主义，坚持在创新马列主义学说的基础上结合摩的情况发展自己。摩共主张的四个战略优先方向是：新的生活质量、经济现代化、融入欧洲和加强社会团结。主席弗拉迪米尔·沃罗宁（Vladimir Voronin）。

摩尔多瓦自由民主党（Partidul Liberal Democrat din Moldova）：成立于2007年12月8日。党员约有4万人。主张巩固民主制度，发展经济，加入欧盟和北约。2011年3月，以乌列基安为首的“我们的摩尔多瓦”联盟与自由民主党合并。主席弗拉迪米尔·菲拉特（Vladimir Filat）。

自由党（Partidul Liberal）：前身为成立于1993年的改革党，2005年4月更名为自由党。共有党员1.2万人。该党主张创造新就业，提高社会福利，通过发展经济吸引左岸，主张摩并入罗马尼亚，加入欧盟和北约。主席米哈伊·金普（Mihai Ghimpu）。

摩尔多瓦民主党（Partidul Democrat din Moldova）：前身为成立于1997年2月8日的“为了民主与繁荣的摩尔多瓦”社会政治运动，2000年4月15日更名为摩尔多瓦民主党。共有党员1.1万人。以欧洲民主为目标，主张在经济持续增长的基础上复兴摩尔多瓦，消除贫困与失业，促进出口，支持本地生产者和中小企业，打击腐败。主张和平解决左岸问题与回归欧洲。2009年7月，前议长卢普脱离摩尔多瓦共产党人党，加入民主党并当选为该党主席。该党原主席杜米特鲁·迪亚科夫任该党名誉主席。主席马里安·卢普（Marian Lupu）。

【重要人物】**尼古拉·蒂莫夫蒂**：总统。1948年12月22日生于摩尔多瓦弗洛列什蒂区。1972年毕业于摩国立大学法律系。1974年起从事司法工作，1980年任最高法院法官，1990年当选最高法院副院长兼刑事庭庭长，1996～2001年底任上诉法院院长。1996年任摩法官协会主席，2011年3月任最高司法委员会主席。2012年3月23日任摩总统。已婚，有三子。 **马里安·卢普**：议长。1966年6月20日生于伯尔兹市。经济学博士。1987年毕业于摩国立大学经贸系，1991年起在摩经济部工作。1997年任经济和改革部对外关系司司长。2001年5月任经济部副部长，2003年8月任部长。2005年3月至2009年3月任议长。2010年12月30日再次当选议长，兼任代总统至2012年3月22日。已婚，有一子一女。懂英、法和俄语。 **弗拉迪**

米尔·菲拉特：总理。1969年5月6日生于摩尔多瓦亨切什蒂区。1994年毕业于罗马尼亚雅西库扎大学法律系。曾任摩尔多瓦私有化和国有财产管理局局长、国务部长等职。1997年加入摩自由民主党，2000年出任该党副主席、主席。2005年当选议员。2009年9月出任政府总理。2011年1月再次任总理。已婚，有两个孩子。

经　济

摩尔多瓦是一个传统农业国家，葡萄种植和葡萄酒酿造业发达。摩独立后，经济形势持续恶化。2000年经济开始回升。2009年在全球金融危机中，摩经济遭受严重打击，国内生产总值下降6.5%。2010年经济恢复增长，2011年经济继续好转，其主要经济数据如下：

国内生产总值（GDP）：822亿摩列伊（约合69亿美元）。

人均国内生产总值：23082摩列伊（约合1969美元）。

国内生产总值增长率：6.4%。

货币名称：摩尔多瓦列伊（Leu Moldovenesc），简称摩列伊；1列伊=100巴尼（Bani）。

汇率：1美元＝11.72摩列伊（2011年12月31日）。

通货膨胀率：7.4%。

失业率：6.7%（失业人数为8.4万人）（2011年12月）。

【资源】主要有建筑材料、磷钙石、褐煤等。地下水资源丰富，约有2200个天然泉。森林覆盖率为9%，主要树种有柞树、千金榆树、水青冈树等。野生动物有獐、狐狸和麝鼠等。

【工业】2011年工业生产总值约为330亿摩列伊（约合28亿美元），同比增长7.4%。其中，采掘业同比增长17.1%，加工业同比增长8.9%，电力与热力同比下降4.6%。2011年主要工业部门产值如下：

	产量	同比增长（或下降，%）
面包（万吨）	9.00	–5.0
面粉（万吨）	4.70	–13.0
酸奶（万升）	2.70	6.7
牛奶（万升）	6093.60	–3.5
果汁、蔬菜汁（万升）	2960.00	9.4
香肠（万吨）	1.20	1.8
糖（万吨）	8.70	–15.0
白兰地（万升）	239.00	35.6
烈酒与甜酒（万升）	273.00	6.0
葡萄酒（亿升）	11.00	1.5
矿泉水（亿升）	10.00	–5.0
针织品（万件）	1653.00	–16.0
鞋（万双）	246.00	8.1
电力（百万千瓦时）	1009.00	–4.4
热力（百万兆千卡）	2.23	–5.6

【农业】2011年农业生产总值约为221亿摩列伊（约合18.8亿美元），同比增长4.6%。其中，农作物同比增长6.7%，畜产品同比增长0.4%。2011年主要农产品产量如下（单位：万吨）：

	产量	同比增长（%）
小麦	79.30	6.6
玉米	146.80	1.9
葵花籽	42.50	10.8
甜菜	59.00	–29.6
烟叶	0.54	–29.1
大豆	7.80	–29.1
马铃薯	35.10	25.4
蔬菜	36.10	8.0
水果	37.70	15.4
葡萄	59.40	24.6

2011年畜牧业主要产品产量如下（单位：万吨）：

	产量	同比增长（%）
肉类	16.1	4.3
牛奶	56.0	–5.4
鸡蛋（百万枚）	70.3	–2.8

【服务业】2011年摩商品零售总额为317亿摩列伊（约合27亿美元），同比增长17.1%。

服务业总产值为76亿摩列伊（约合6.5亿美元），同比增长1.2%。

【旅游业】2011年，摩旅行社共接待游客18.46万人次。其中，境外游客1.08万人次，同比增长20.5%，游客主要来自罗马尼亚（14.8%），俄罗斯（13.0%），乌克兰（11.0%），德国（9.3%），美国（5.2%）；出境游13.61万人次，同比增长16.1%，主要目的地国为土耳其（37.3%），保加利亚（31.9%），罗马尼亚（9.4%），乌克兰（8.6%）；境内游3.78万人次，同比增长6.1%。

【交通运输】以铁路和公路运输为主。2011年交通运输情况如下：

	货物运输量（万吨）	同比增长（%）
总量	984.3	16.8
铁路	455.3	18.2
公路	514.0	15.6

【财政金融】2012年3月底摩外汇储备为20.5亿美元（摩国家银行公布）。据摩财政部数据，2011年，国家公共财政收入为301亿摩列伊（约合25.6亿美元），同比增长9.5%；公共财政支出为321亿摩列伊（约合27.3亿美元），同比增加9.5%，赤字达19.5亿摩列伊。

【对外贸易】2011年对外贸易总额为74亿美元，同比增长36%，其中出口额为22.2亿美元，同比增长44.1%，进口额为51.9亿美元，同比增长34.7%，外贸逆差29.7亿美元。

对欧盟出口额为10.88亿美元，同比增长49.2%，占出口总额的49.0%；对独联体国家出口额为9.19亿美元，同比增长47.3%，占出口总额的41.4%。对其他国家出口额为2.1亿美元，同比增长13.8%，占出口总额的9.6%。

从欧盟国家进口额为22.6亿美元，同比增长32.4%，占进口总额的43.5%；从独联体国家进口额为17.1亿美元，同比增长36.3%，占进口总额的33.0%。对其他国家进口额为12亿美元，同比增长36.6%，占进口总额的23.5%。

主要出口商品：蔬菜、水果、粮食及其制品、食用油、酒类、烟草、药品、机械及运输设备、家俱、服装、鞋类等。2011年摩主要出口情况如下：

	出口额（亿美元）	同比增长（%）	所占比重（%）
俄罗斯	6.26	55.0	28.2
罗马尼亚	3.76	52.8	16.9
意大利	2.15	46.3	9.7
乌克兰	1.53	66.3	6.9
德国	1.11	48.0	5.0

主要进口商品：石油、天然气、电力、蔬菜、水果、粮食及其制品、鱼、肉及其制品、奶制品、烟、酒、化学制品、药品、机械及运输设备、家用电器等。2011年摩主要进口情况如下：

	进口额（亿美元）	同比增长（%）	所占比重（%）
俄罗斯	8.23	40.4	15.9
乌克兰	6.41	21.3	12.3
罗马尼亚	5.74	48.5	11.1
中国	3.99	24.9	7.7
德国	3.96	34.4	7.6
土耳其	3.67	78.3	7.1

【投资】2011年摩固定资产投资约为152.0亿列伊（约合13.0亿美元），同比增长9.3%。

人民生活

2011年摩平均月工资为3707列伊（约合316美元），同比增长8.4%。2011年12月，财政拨款单位平均月工资为2936列伊（约合250美元），实体部门平均月工资为4070列伊（约合347美元）。

军　事

建军时间：1992年9月3日。1992年3月17日摩最高苏维埃通过《国防法》、《武装力量法》、《摩尔多瓦公民兵役法》、《军队和接受军训的公民及其家属的社会保障和法律保障法》。同日，摩总统就任摩武装力量总司令，宣布前苏联驻摩的军队、装备和设施归摩所有，并在此基础上组建摩国防军。现役军人共计6800人。

摩总统为武装力量的最高统帅，即武装力量总司令。武装力量由国防军、边防军和警察部队组成。国防部行使对国防军的领导。此外，军事指挥机关还有边防部队局和属内务部管辖的警察部队总局。在和平时期，国防军总参谋部负责制订武装力量的军事训练计划。如遇战争，总参谋部将在武装力量总司令的领导下，领导军事单位保卫国家。国防政策的主要目标是确保国家和人民的安全，按照国际法的准则预防战争和军事冲突，保卫国家独立和领土完整。摩宪法规定摩为中立国家，不容许外国在摩领土上驻军，也不容许利用摩领土进攻其他国家，摩不首先对他国发动军事行动。

文化教育

【教育】摩实行免费义务教育。教育结构分为：学龄前教育、初级教育、中等教育和高等教育。主要高等院校有国立大学、经济学院、自由国际大学、国立理工大学、国立医科大学、农业大学、基希讷乌国立师范学院、艺术学院、音乐学院等。

2011/2012学年，摩共有小学及中学1460所，在校生38万人；中等职业学校70所，在校生2万人；中等专科机构48所，在校生31442人；高等院校34所，其中19所为国立大学，共有在校生103956人。

【文化】有图书馆2907座，馆藏书刊约8951万册。博物馆106座，剧院14座，电影院30座。

【新闻出版】共发行报纸杂志452种，其中半数用摩尔多瓦文出版，其余用俄文或摩俄两种文字出版。主要报纸有:《主权摩尔多瓦》（每周出4期摩文版、1期俄文版）、《独立摩尔多瓦》（俄文）、《摩尔多瓦共青团真理报》（俄文）、《共产党人报》、《星期周报》（摩文）、《潮流报》（摩文）、《文学和艺术报》、《时间报》、《基希讷乌新闻》、《经济评论》（俄文）。主要杂志有：《比萨拉比亚》、《摩尔多瓦妇女》、《摩尔多瓦与世界》、《摩尔多瓦文学》、《商界》等。

1994年10月26日，摩议会通过《新闻法》。新闻机构和电台、电视台绝大部分经费由国家预算拨款。

通讯社、广播电台有：摩尔多瓦通讯社（国营）、巴萨通讯社（私营）、因佛达格通讯社（私营）、摩尔多瓦公共广播电视公司下设的摩尔多瓦电视台和电台，其他私营及合资电视台共13家。

对外关系

摩积极发展同美国、欧盟国家的关系，将融入欧洲、加入欧盟作为摩内政外交的优先目标，重视发展与俄罗斯及其他独联体国家的关系。摩已加入联合国、世界银行、国际货币基金组织、欧洲安全与合作组织、欧洲委员会、欧洲复兴开发银行等组织。1994年5月摩与北约签署了“和平伙伴关系”计划。2001年5月加入世界贸易组织。2001年6月加入“东南欧稳定公约”。2003年6月，成为国际移民组织（OIM）成员国。2004年10月以观察员身份加入“东南欧合作进程”。2006年5月，以正式成员身份加入“东南欧合作进程”。2007年，摩成为东南欧能源协定正式成员国。2009年摩担任独联体轮值主席国。2010年1月，摩与欧盟正式开启了摩成为欧盟联系国的谈判工作。3月，摩签署加入欧洲能源共同体协议。6月，摩与欧盟启动了免签证谈判。2011年1月，欧盟向摩转交了免签证行动计划。10月，摩与欧盟草签了共同航空区协定。

【同中国的关系】1992年1月30日建交。同年6月，中国在基希讷乌设大使馆。1996年3月，摩在北京设大使馆。

2011年中摩互访情况如下：9月，全国人大副委员长桑国卫率团访摩；摩副总理莫尔多瓦努赴华出席首届欧亚经济论坛，摩共中央政治执委、中央执行书记蒙泰安访华。10月，应杨洁篪外长邀请，摩副总理兼外交及与欧洲一体化部部长莱安克对中国进行正式访问。11月，应曹建明总检察长邀请，摩总检察长祖布科访华，双方签署了两国检察机关合作谅解备忘录。12月，中联部副部长陈凤翔访摩。

据中国海关总署统计，2011年，中摩贸易总额为1.1亿美元，同比增长26.4%。其中中方出口额为9738万美元，同比增长21.0%，进口额为1280万美元，同比增长90.8%。

2010/2011学年，摩在华政府奖学金留学生15人。中国在摩留学生共5人。

中国驻摩尔多瓦大使：佟明涛，2012年2月3日递交国书。馆址：摩尔多瓦基希讷乌市多索夫泰大主教街124号（Str. Mitropolit Dosoftei，124，Chisinau，Republic Moldova）。邮编：2004。电话：00373-22-210712；传真：295960。领事部电话、传真：296104。商务处地址：摩尔多瓦基希讷乌市安东·克里汉大街30号（Str. Anton Crihan 30，Chisinau，Republic Moldova）。邮编：2009。电话：00373-22-222257，213072；传真：223335。

摩尔多瓦驻华大使：阿纳托利·乌列基安（Anatol Urecheanu）。2010年9月3日递交国书。馆址：北京市朝阳区塔园外交人员办公楼2—9—1号。电话：0086-10-65325494；传真：65325379。

【同俄罗斯的关系】2011年2月，摩代总统兼议长卢普应俄国家杜马主席格雷兹洛夫邀请访俄。3月，摩俄政府间经济合作委员会第12次会议在莫斯科举行。3月，摩副总理兼外长良格访俄。5月，俄国家杜马外事委员会主席科萨切夫访摩。10月，摩总理菲拉特与俄总理普京在圣彼得堡举行的独联体政府首脑峰会上举行双边会晤。11月，摩总理菲拉特访俄。同月，俄外长拉夫罗夫访摩。

【同独联体国家的关系】2011年4月，摩信息技术和通讯部副部长亚科博赴哈萨克斯坦出席摩哈经贸合作委员会会议。5月，摩代总统兼议长卢普在圣彼得堡出席独联体国家议会大会第36届全会。7月，乌克兰外长格里先科对摩进行工作访问。同月，应乌克兰总统亚努科维奇邀请，摩代总统兼议长卢普访乌。9月，摩代总统兼议长卢普出席在杜尚别举行的独联体国家首脑理事会会议。同月，菲拉特总理赴雅尔塔出席“乌克兰与世界，共同的挑战与未来”研讨会。同月，应乌克兰议长利特温邀请，摩代总统兼议长卢普访乌。10月，摩总理菲拉特在圣彼得堡出席独联体国家政府首脑会。11月，乌克兰能源和煤炭工业部部长博伊科赴摩出席摩乌政府间经贸合作委员会会议。12月，摩副总理兼经济部长拉泽尔参加在莫斯科举行的独联体经济委员会例会。同月，摩代总统兼议长卢普参加在莫斯科举行的独联体国家领导人峰会。

【同罗马尼亚的关系】2011年1月，罗参议长杰瓦纳访摩。3月，摩副总理兼外长良格访罗。4月，摩代总统兼议长卢普访罗。5月，罗驻温杰尼领事馆开馆。同月，摩内务部长罗伊布与罗内务部长伊加什签署了关于成立共同联络中心的协议。

【同其他欧洲国家的关系】2011年3月，波兰总理图斯克访摩。4月，摩总理菲拉特访问法国。5月，摩总理菲拉特访问德国。6月，摩代总统兼议长卢普应邀访问意大利。7月，摩代总统兼议长卢普与波兰众议长谢海蒂纳签署关于建立伙伴关系的联合声明。11月，摩总理菲拉特访问捷克。

【同美国的关系】2011年2月，摩政府与美千年挑战公司签署协议，美政府向摩提供1.3亿美元的援助用于修建道路。3月，美副总统拜登访摩。5月，摩代总统兼议长卢普在华沙出席中东欧国家元首第17次峰会期间与美总统奥巴马举行了会见。

【同国际组织的关系】2011年1月，欧盟向摩转交了免签证行动计划。2月，摩总理菲拉特访问布鲁塞尔，分别与欧盟委员会主席巴罗佐、欧洲议会议长布泽克会见。同月，欧洲委员会议会议长察夫索格吕访摩；摩与欧盟联系国协议第五轮谈判在布鲁塞尔举行。3月，应欧洲委员会秘书长亚格兰邀请，摩代总统兼议长卢普访问斯特拉斯堡；欧盟外交和安全政策高级代表阿什顿访摩；摩代总统兼议长卢普、总理菲拉特分别访问布鲁塞尔。4月，摩与欧盟联系国协议第六轮谈判在基希讷乌举行。5月，欧安组织议会主席埃夫蒂米乌对摩进行工作访问。6月，摩代总统兼议长卢普出席东南欧合作进程国家元首和政府首脑峰会。同月，摩副总理兼外长良格出席在布加勒斯特举行的第24届黑海经济合作组织外长委员会会议。7月，摩副总理兼外长良格在维尔纽斯出席民主国家共同体部长级会议。同月，欧洲理事会主席范龙佩访摩。8月，摩与欧盟关于简化签证制度的第二轮谈判在基希讷乌举行；国际移民组织总干事斯温访摩。9月，摩总理菲拉特在波兰会见欧洲议会议长布泽克。10月，摩副总理兼经济部长拉泽尔出席在基希讷乌举行的能源共同体部长委员会会议；欧盟与摩尔多瓦共同航空区协定在基希讷乌草签。11月，关于简化摩欧签证制度的第三轮高官会在布鲁塞尔举行。12月，摩副总理兼外长良格出席欧安组织部长理事会会议。（李爽）

摩　纳　哥

国名　摩纳哥公国（The Principality of Monaco，La Principauté de Monaco）。

面积　2.02平方公里，其中约0.5平方公里为填海造地。

人口　36371人（2011年），摩纳哥籍8389人，其他人口来自125个不同国家，其中法国籍占28%，意大利籍占17%，英国人占6%。官方语言为法语，通用意大利语、英语和摩纳哥语。91%的人口信奉天主教。

首都　摩纳哥（Monaco）。

国家元首　阿尔贝二世亲王（Prince Albert II），2005年7月12日即位。

重要节日　国庆日：11月19日。

简　况

位于欧洲西南部，三面被法国包围，南濒地中海。边境线长5.47公里，海岸线长3.83公里。地形狭长，东西长约3公里，南北最窄处仅200米。境内多丘陵，最高海拔不足200米。属亚热带地中海式气候，夏季干燥凉爽，冬季潮湿温暖。年均气温15℃～20℃，年均降水量为600～700毫米。

先后有利古利亚人、腓尼基人和迦太基人在此居住。1297年，格里马尔迪家族夺取了摩纳哥城堡，开始了对摩长达700年断断续续的统治。14世纪形成公国雏形，先后成为西班牙、法国的保护国。1861年同法国签署协定，摩放弃对芒通、罗克布伦两大市镇的所有权，领土由20平方公里缩小到现有面积，法承认摩独立。同年，摩法建立关税同盟。1911年首次颁布宪法，成为君主立宪国。1918年同法国签署确定两国政治关系的条约，摩承诺在完全尊重法国政治、经济、航海和军事利益的前提下行使主权，法国负责保障摩的独立、主权和领土完整。1954年同法签署睦邻和行政互助协定。2002年10月，摩法签署新的双边关系条约，再次确认两国传统特殊友好关系，同时赋予摩更多的主权和权力。2005年摩法又签署一系列条约，两国关系实现新突破：摩拥有自行任命包括国务大臣（即政府首脑）在内的所有政府成员的权力；摩法加强司法、行政、税收等领域的合作。

政　治

【宪法】现行宪法于1962年12月颁布，2002年4月修改。根据宪法，摩为世袭君主立宪制国家，亲王为国家元首，王位继承人须是亲王的合法直系子嗣（男性优先）以及亲王的兄妹及其直系子嗣。亲王对外代表国家，拥有最高行政权，有权签署和批准条约。政府首脑，即国务大臣，须为摩纳哥籍或法国籍，由亲王任命并得到法国政府批准，可代表亲王执掌包括外交在内的各项工作，并对亲王负责。立法权和预算权由亲王和议会共同掌管。

【议会】一院制，共有24名议员，通过直接普选产生，任期五年。立法权由亲王和议会共同行使，亲王负责提出法案，议会进行讨论和投票，最后由亲王批准。本届议会于2008年2月选出，议长让·弗朗索瓦·罗比永（Jean-Francois ROBILLON）。

【政府】又称政府委员会，由六名大臣组成。由亲王任命并对亲王负责，在亲王领导下行使行政权。国务大臣（即政府首脑）可代表亲王执掌包括外交在内的各项工作并签署政府法令。现政府成员包括：国务大臣米歇尔·罗杰（Michel ROGER），内政大臣保罗·马斯隆（Paul MASSERON），社会和卫生事务大臣斯特法内·瓦莱里（Stéphane VALERI），对外关系大臣罗斯·巴迪亚（José BADIA），装备、环境与城市规划大臣玛丽—皮埃尔·格拉马格里亚（Marie-Pierre GRAMAGLIA，女），财政和经济大臣马可·彼希尼尼（Marco PICCININI）。

【行政区划】全国设1个市镇单位，下辖4个区（非行政单位）。市镇委员会由15名成员组成，通过直接选举和按名单投票方式产生，任期四年。市长和副市长由市镇委员会从其成员中选出。现任市长为乔治·马桑（Georges MARSAN），2003年初次当选，2007年3月、2011年3月两次连任。

【司法机构】亲王拥有司法权，法院以其名义执法，独立审理案件。司法机构包括治安法庭、初审法院、上诉法院、重审法院、重罪法院和最高法院等。此外还有劳工法庭、房租仲裁委员会和高等仲裁法院等专门法庭。最高法院有5名正式法官及2名候补法官，分别由议会、国务委员会、枢密院、法院推荐，并由亲王任命，任期四年，负责审理行政诉讼和裁定援引的法律条文是否适当。最高法院院长由亲王指定。现任最高法院院长为于贝尔·夏尔（Hubert CHARLES）。1962年废除死刑。

【枢密院】枢密院为亲王的咨询机构，由7名摩纳哥籍人组成，任期三年，可连任。亲王指定主席和3名成员，其他成员由议会提名、亲王任命。枢密院每年至少召开2次会议，对涉及国家最高利益的问题提出处理意见。亲王在签署重要国际条约、解散议会、审理入籍申请及特赦、大赦等问题上必须咨询枢密院。现任主席米歇尔—伊夫·姆鲁（Michel-Yves MOUROU）。

【国务委员会】咨询机构，由12名成员组成，负责对亲王拟订的法律和敕令草案提出咨询性意见。

【政党】无固定政治组织和党派。在议会选举期间，一些政见相同或相似的人临时组成政治团体参加竞选。

【重要人物】阿尔贝二世亲王：国家元首。1958年3月14日生于摩纳哥。美国马萨诸塞州阿姆赫斯特大学毕业，政治学学士，并获爱尔兰梅努斯教皇大学名誉哲学博士学位。自1976年起，曾先后在摩政府各部门、法国海军、巴黎和纽约的商业公司、银行、法律事务所工作。1982年任摩红十字会主席。1983年任摩游泳联合会主席。1984年任摩游艇俱乐部主席和摩田径联合会主席。1988年起，任国际奥委会委员兼田径联合会副主席，蒙特卡洛电视节组委会主席。1993年起，任摩出席联合国大会代表团团长。1994年起，任摩奥委会主席。1996年任亚特兰大奥运会协调委员会委员。2005年4月，前任国家元首兰尼埃三世亲王逝世后任摄政，7月即位。主张积极发展对华关系。1993年6月和1999年6月分别以国际奥委会委员和摩王储身份访华。2002年11月来华出席摩驻上海名誉领事馆开馆仪式。2004年11月率摩经贸代表团非正式访华。2007年4月对中国进行国事访问。2008年8月来华出席北京奥运会开幕式。2010年10月来华出席上海世博会摩纳哥国家馆日活动。酷爱体育，曾代表摩参加奥运会比赛。有姐妹两人。2010年6月与南非游泳选手威兹托克（Charlene WITTSTOCK）订婚，2011年7月完婚。

经　济

摩国土面积狭小，自然资源稀少。20世纪50年代以来，摩政府采取多元化、高附加值和无污染的经济发展方针，积极推动第三产业全面发展，取得显著成就，其中尤以金融业发展最为突出。除本国银行外，许多世界著名的银行均在摩设有分支机构。2011年，共有投资基金59支，基金管理公司46个，银行36个，金融公司3个。摩在房地产、广告、保险、咨询、贸易、服务业等领域发展迅速。摩有少量工业，主要是化工、医药、化妆品等。摩纳哥一年一度的国际汽车“F1（一级方程）”大奖赛较为著名。摩纳哥是欧洲旅游胜地，2011年接待游客约29.5万人次，同比增长5.6%。

摩国民经济统计习惯使用“国民经济营业额”。2005年，摩政府首次公布国内生产总值。2010年国内生产总值为41.3亿欧元，同比增长3.23%；2011年国民经济营业额为133亿欧元。其中批发和零售业营业额为68.8亿欧元，银行业及金融服务业营业额19亿欧元，公共工程及不动产营业额为9.2亿欧元，工业部门营业额为10.26亿欧元，旅馆业营业额为5.5亿欧元，运输业营业额为3.3亿欧元。

【工业】为支持工业发展，政府积极给予企业财政支持，并克服国土狭小的困难，努力为工业发展提供地皮。鼓励建立高附加值、无污染的出口型企业，积极发展高技术产业。2011年工业部门营业额为10.26亿欧元。主要工业部门有塑料加工（占2011年工业营业额的36.5%）、化工、医药、化妆品（33.6%）、冶金（9.2%）、电器和电子元件（8.2%）、纺织和服装（4.8%）、印刷和包装品（3.3%）等。截至2011年，共有各类工业企业111家。

【银行业】银行业发达，除本国银行外，世界上一些大银行均在摩设有分支机构。2011年，共有银行和营业所36个，金融公司3个。截至2011年，吸收储蓄额达289.1亿欧元，证券491.3亿欧元，发放贷款160.6亿欧元。

【旅游业】旅游业是支柱产业之一。摩是欧洲著名旅游胜地，每年都举行许多文体活动吸引游客，其中蒙特卡洛国际杂技节、国际礼花节、一级方程式汽车大奖赛等闻名于世。娱乐、住宿设施完善。2011年有星级旅馆15家（1家在法国境内），餐馆107家，客房总数2535间，床位5526张。近年来注重发展商业旅游设施，兴建了大型会议中心，吸引一些国际会议在摩召开。2011年接待游客29.5万人次。

【交通运输】公路总长50公里，与欧洲高速公路网连接。铁路总长1.7公里，并入法国铁路网，由法国国营铁路公司管理。有2个港口，主要用于停靠各类游艇，商船则可在锚地短期停泊，有直升机航班往返于法国尼斯和摩纳哥之间。

【财政金融】国民收入主要来自旅游业、不动产、中小企业、银行、保险、邮票、博彩等。烟草、邮票等由国家专卖。税收在国民收入中所占比重逐渐增大。政府不征收个人所得税，对企业征收税率为33.33%的利润税。摩不是欧盟成员国，但根据有关协议，被视作欧盟关税区内的实体。增值税制及税率与法国相同，普通税率为19.6%，优惠税率自2012年起由原来的5.5%升至7%（生活必需品仍维持5.5%）。此外还征收遗产税等。

2011年国家财政收入8.09亿欧元，支出8.61亿欧元，财政赤字5178万欧元。

【对外贸易】2011年进出口贸易总额约为12.32亿欧元，其中进口额约为6.1亿欧元（自欧进口占59.38%），出口额约为6.22亿欧元（对欧出口占65.51%），顺差1205万欧元。主要进口商品有：交通运输设备、塑料制品等；主要出口商品有：化工产品、交通运输设备、食品等。

人民生活

摩经济发达，人民生活水平很高，2010年人均国内生产总值55272欧元，同比增长1.54%，位居世界前列。摩政府不征收个人所得税，因此吸引了数量可观的富裕避税移民。

文化教育

【教育】对6～12岁的儿童实行义务教育，教育体制与法国相同。公立学校包括6所幼儿园及小学、1所初中、1

所高中和1所酒店管理学校；私立学校有1所小学和1所小学至高中混合学校。高等院校包括摩纳哥国际大学和造型艺术学院等。课程设置方面，摩纳哥历史是必修课，小学、初中开设摩纳哥语课程。摩纳哥国际大学提供工商管理、金融和奢侈品管理专业学士、硕士和博士的英语课程。2011年在校学生5849人，教师453人。

【新闻出版】主要报刊有《尼斯晨报摩纳哥专版》和《摩纳哥周刊》等。蒙特卡洛广播电台和电视台收听、收视率较高，是西欧重要的广播电台和电视台，用36种语言播音。

此外，摩每年都举办蒙特卡洛国际马戏节等大量的文化交流活动。摩海洋博物馆和研究所享誉世界，此外还有拿破仑纪念馆、国家博物馆、卡罗琳图书馆、蒙特卡洛歌剧院等文化设施。

军　事

摩无军队，根据摩法有关双边条约，法国承诺保护摩独立、主权和领土完整。摩有550名治安警察，其中包括约148名消防抢险人员（其中6名为文职）和119名亲王卫队成员，人均警察数量排名全球第一。

对外关系

主张普遍裁军，维护世界和平、安全、进步、自由、人权，推进经济和社会发展，支持国际人道主义行动，反对国际恐怖主义。十分重视世界环保事业，特别是海洋、生态保护及研究。

1918年摩法条约规定，摩采取外交行动须事先与法国政府达成协议。2002年10月，摩法两国签署新条约，摩首次获得对外正式建交权，摩无须预先征得法国同意，即可自主地与其他国家谈判建立正式外交关系。2005年12月1日新条约生效。

截至2012年1月30日，摩纳哥与96个国家建立大使级外交关系。目前，摩在法国、意大利、西班牙、比利时、英国、瑞士、梵蒂冈、德国、美国、中国、澳大利亚、印度、日本、葡萄牙等国派有常驻或非常驻大使，并向欧盟和联合国派有4个常驻代表团，在全球72个国家和地区设立了124个领事代表处。摩境内共有65个使馆和75个领事机构，50位大使（法国、意大利为常驻大使）向亲王递交国书并履职。

摩于1993年5月28日加入联合国，是联合国教科文组织、国际电信联盟、世界卫生组织、世界旅游组织等近70个国际组织的成员国。国际海道测量组织、国际体育总会、国际业余田联等10余个国际机构总部设在摩纳哥。蒙塔纳经济论坛、能源峰会等国际会议常年在摩举行。

摩主张在保护本国经济利益的同时加强与欧盟的关系。2004年10月加入欧洲委员会。持申根签证可赴摩。

【同中国的关系】中国与摩纳哥于1995年1月16日建立领事关系。2006年2月6日，中摩关系升格为大使级。中国驻法国大使兼任驻摩纳哥大使。2012年1月16日，摩现任驻华大使（非常驻）福特里埃女士向胡锦涛主席递交国书。2008年10月31日，中方向摩首任驻北京名誉领事闫兰女士颁发名誉领事证书。现摩在北京、上海和香港各设一名名誉领事。

建交以来，中摩关系平稳发展。重要互访有：阿尔贝王储访华（1999年6月）；唐家璇外长访法期间应邀出席摩国务大臣午宴（2001年4月）；阿尔贝王储赴沪主持摩驻沪名誉领馆开馆仪式（2002年6月）；李岚清副总理、吴仪国务委员率上海申办世博会代表团出席在摩举行的国际展览局大会（2002年12月）；阿尔贝王储率经贸代表团对中国进行非正式访问（2004年11月）；李肇星外长对摩纳哥进行正式访问（2006年2月）；2007年4月，摩元首阿尔贝二世亲王对中国进行国事访问。2008年5月，四川汶川特大地震后，阿尔贝二世亲王向胡锦涛主席致函慰问，摩政府和红十字会向中方提供15万欧元的紧急援助。8月，阿尔贝二世亲王来华出席北京奥运会开幕式并赴青岛、香港等地观赛。2010年10月，阿尔贝二世亲王来华出席上海世博会摩纳哥国家馆日活动。

据中国海关总署统计，2011年中摩贸易额为3516万美元，同比增长38.5%。其中，中方出口额为2251万美元，同比增长55.6%；中方进口额为1265万美元，同比增长15.8%。中国自摩进口产品主要包括医药、集成电路及微电子组件、阀门、二极管及类似半导体器件、液泵及液体提升机、变压整流电感器及零件、塑料制品等；中国向摩出口产品主要包括服装、鞋类、纺织纱线及织物、录放像机、电视机、塑料制品、灯具、复印机、不锈钢及餐具等。截至2011年底，摩对华投资项目21个，实际使用金额263万美元。截至2010年底，中国在摩开展工程承包合同金额1790万美元，完成营业额2160万美元；劳务合作合同金额49万美元。

中国驻摩纳哥大使：孔泉（兼任）。馆址：11，Avenue George V，75008 Paris。电话：(331) 49521950；传真：47202422。领事部地址（驻马赛总领馆）：20，boulevard Carmagnole，13008 Marseille。电话：(334) 91320000；传真：91320008。经商处地址：52，rue de Lisbonne，75008 Paris。电话：(331) 53577000；传真：47234831。（周丽飞）

挪　威

国　名　挪威王国（The Kingdom of Norway, Kongeriket Norge）。

面积　38.5万平方公里（包括斯瓦尔巴群岛、扬马延岛等属地）。

人口　498.6万（2011年）。96%为挪威人，外国移民约占4.6%。有萨米族约3万人，主要分布在北部。官方语言为挪威语和萨米语（部分地区）。90%人口信奉基督教路德宗。

首都　奥斯陆（Oslo），人口约61.3万（2011年）。年平均气温5.7℃，降水量763毫米。

国家元首　国王哈拉尔五世（Harald V），1991年1月21日即位。

重要节日　宪法日：5月17日（纪念1814年5月17日通过第一部宪法）。

简　况

位于北欧斯堪的纳维亚半岛西部。东邻瑞典，东北与芬兰和俄罗斯接壤，南同丹麦隔海相望，西濒挪威海。海岸线长21192公里（包括峡湾）。大部分地区属温带海洋性气候。

9世纪形成统一王国。9～11世纪进入全盛期。14世纪中叶开始衰落，1397年与丹麦和瑞典组成卡尔马联盟，受丹麦女王玛格丽特一世统治。1814年被丹麦割让与瑞典。1905年6月7日脱离瑞挪联盟独立，选丹麦王子为国王，称哈康七世。一次大战期间中立。二战中被德国占领。战后由工党、保守党单独或与其他政党联合执政。

政　治

政局稳定。2009年9月，挪工党、社会主义左翼党和中间党组成的中左联盟在议会大选中胜选连任。本届政府在保持原内外政策的基础上，提出团结协作、创造价值和社会公平的核心理念，明确其任期目标是实现全民就业、加强知识型社会建设和提高社会福利，并强调将努力应对人类活动造成的灾害性气候变化。

【宪法】现行宪法于1814年5月17日通过，后经多次修订。宪法规定挪实行君主立宪制。国王为国家元首兼武装部队统帅，并提名首相人选，但无权解散议会。

【议会】国家立法机构，采用比例代表直选制。由169名议员组成，任期四年。本届议会于2009年10月选举产生，由7个政党组成，其中工党64席、进步党41席、保守党30席、社会主义左翼党11席、中间党11席、基督教民主党10席、自由党2席。议长达格·安德森（Dag Andersen，工党）。

【政府】本届政府于2009年10月16日组成，内阁大臣共20人，其中工党12人，社会主义左翼党4人，中间党4人，女阁员共10人。主要内阁成员为：首相延斯·斯托尔滕贝格（Jens Stoltenberg，工党），教育大臣克里斯汀·哈尔沃森（Kristin Halvorsen，女，社会主义左翼党），地方政府与地区发展大臣利芙·西格纳·纳瓦塞特（Liv Signe Navarsete，女，中间党），外交大臣约纳斯·加尔·斯特勒（Jonas Gahr Støre，工党），司法大臣格蕾特·法莱姆（Grete Faremo，女，工党），财政大臣西比约恩·约翰森（Sigbjørn Johnsen，工党），贸易与工业大臣特隆德·吉斯克（Trond Giske，工党），交通与通讯大臣玛丽特·阿恩斯塔（Marit Arnstad，女，中间党），卫生与护理大臣安娜—格蕾特·斯特罗姆—埃里克森（Anne-Grete Strøm-Erichsen，女，工党），环境大臣博德·维加尔·苏尔耶（Bård Vegar Solhjell，社会主义左翼党），石油与能源大臣乌拉·博尔滕·莫伊（Ola Borten Moe，中间党），首相府大臣卡尔·埃里克·薛特—彼得森（Karl Eirik Schjøtt-Pedersen，工党），文化大臣安妮肯·胡伊特菲尔特（Anniken Huitfeldt，女，工党），农业与食品大臣特吕格韦·斯拉格斯福德·维杜姆（Trygve Slagsvold Vedum，中间党），行政、改革与宗教事务大臣里格莫尔·奥斯鲁德（Rigmor Aasrud，女，工党），劳动大臣汉娜·比约斯特罗姆（Hanne Bjurstrøm，女，工党），渔业与沿海事务大臣里斯拜特·贝格-汉森（Lisbeth Berg-Hansen，女，工党），儿童、平等与社会融合事务大臣英嘉·马尔特·托尔希德森（Inga Marte Thorkildsen，女，社会主义左翼党），国防大臣艾斯本·巴特·艾德（Espen Barth Eide，中间党），国际发展大臣海基·霍尔莫斯（Heikki Holmås，社会主义左翼党）。

【主要网址】政府：http://www.regjeringen.no；议会：http://www.stortinget.no。

【行政区划】全国设1市18郡。

【司法机构】法院独立行使职能，分三级：最高法院，6个高等法院，93个区、市初审法院。此外还设有劳资纠纷法院、社会保障法院、土地认证法院等。最高法院设1名院长和18名大法官，院长为图尔·谢（Tore Schei），2002年就任。检察院隶属司法部，总检察长为托尔—阿克塞尔·布什（Tor-Aksel Busch），1997年就任。

【政党】全国有20多个注册政党。

（1）工党（Labour Party）：执政党。1887年成

立。约有7万党员。挪第一大党，战后主要执政党，在工会中有较大影响。对内主张实行福利社会，实现充分就业、可持续发展、公正分配和加强社会福利。2005年与社会主义左翼党、中间党组成中左联合政府，2009年三党在大选中再次获胜，继续执政。党主席延斯·斯托尔滕贝格。

（2）进步党（Progress Party）：在野党，议会第二大党。1973年成立。约有1.2万党员。对外国移民和申请避难者态度较苛刻，赞成加入欧盟，主张减税。近年来支持率持续上升。党主席西芙·延森（Siv Jensen，女）。

（3）社会主义左翼党（Socialist Left Party）：执政党。1975年成立。约有1万党员。奉行激进的社会民主主义路线，反对加入欧盟，外交上奉行对美国相对独立政策，注重环保。党主席奥于敦·比约洛·里斯巴肯（Audun Bjørlo Lysbakken）。

（4）保守党（Conservative Party）：在野党。1884年成立。约有6.7万党员。代表金融、航运和工商业大垄断资本利益，强调自由市场竞争，坚定拥护加入欧盟。党主席埃尔纳·索尔贝格（Erna Solberg，女）。

（5）中间党（Centre Party）：执政党。1920年成立。约有2.3万党员。代表农场主和家庭农户利益，坚决反对加入欧盟。党主席利芙·西格纳·纳瓦塞特。

（6）基督教民主党（Christian Democratic Party）：在野党。1933年成立。约有5万党员。维护基督教传统道德观念，反对加入欧盟，支持向发展中国家提供经援。党主席克努特·阿里尔·哈尔莱德（Knut Arild Hareide）。

（7）自由党（Liberal Party）：在野党。1884年成立，是挪历史上最早的政党，曾经历多次分裂。约有7400名党员。代表中小资产阶级利益，反对极端垄断和社会化，主张国际参与。党主席特利娜·施·格兰德（Trine Skei Grande，女）。

其他政党还有：挪威共产党（Norwegian Communist Party）、红党（The Red Party）、绿党（The Green Party）等。

【重要人物】哈拉尔五世：国王。1937年2月21日生于奥斯陆。1940年4月德国入侵挪威后，随其母及两个姐姐应美国总统罗斯福之邀侨居美国，战后回国。1955年入挪威军事学院学习。1960～1962年在英国牛津大学学习历史、经济和政治学，1984年获英国约克大学荣誉博士学位。1977年获陆海空上将军衔。1957年9月起为挪王储，开始参与国事活动。1991年1月21日即位。1985年4月作为王储首次访华。1997年10月偕宋雅王后访华。2008年8月偕宋雅王后来华出席北京奥运会开幕式。**延斯·斯托尔滕贝格**：首相。1959年3月16日生。经济学硕士。26岁担任工党青年团主席。1990年起在政府、议会和工党内担任重要职务。历任环保部国务秘书、议会能源与环境委员会主席等。1993年任经济与能源大臣。1996年任财政大臣。2000年出任首相，次年选举失利下台。2002年起任工党主席。2005年任工党、社会主义左翼党和中间党组成的联合政府首相。2009年三党联盟在议会大选中获胜，斯连任首相。对内主张福利与社会公平、务实经济发展和政治改革。在外交上倡导和推动联合国框架下的多边主义。2007年作为首相正式访华。

经济

挪威是拥有现代化工业的发达国家。20世纪70年代经济发展速度较快，80年代有起有落，90年代初因取消石油生产限额，收入剧增，外贸顺差大幅增加。近年来，世界石油价格高企，挪石油出口获巨额收益，经济复苏加快，失业率下降，通胀率维持在较低水平。2008年金融危机爆发后，挪政府出台了一揽子应对方案，挪经济未受明显冲击，在较短时间内恢复稳定并重新实现连续增长。2011年主要经济数据如下（资料来源：除注明外，均根据挪威中央统计局数据，下同）：

国内生产总值：2.72万亿挪威克朗（约合4851亿美元）。

人均国内生产总值：54.9万挪威克朗（约合9.8万美元）。

国内生产总值增长率：1.4%。

货币：挪威克朗（Krone），1克朗=100欧尔。

汇率（全年平均值）：1美元=5.607挪威克朗。

消费者物价指数（CPI）：1.2%。

失业率：3.5%。

挪政府“石油基金”市值：33120亿挪威克朗（约合5643亿美元）。

【资源】油气、水力、森林、渔业资源丰富。截至2012年4月，原油及天然气预计总储量为131亿立方米（石油当量），已开采44%（挪石油管理局数据）。可开发的水电资源约2150亿度，已开发60.2%。北部沿海是世界著名渔场。

【工业】在国民经济中占有重要地位，海洋石油、化工、航运、水电、冶金等尤为发达。欧洲重要铝、镁生产国和出口国，硅铁合金产品大部分供出口。2009年工业产值（包括电力、建筑业等，但不包括油气产业）约3160亿克朗，占国内生产总值约15%。从业人口约占总劳动力的11%。20世纪70年代，挪近海石油工业兴起，成为国民经济重要支柱，现为世界第七大石油出口国。2009年石油工业产值4640亿克朗，约占国内生产总值的22%。2010年，发电量1236亿度。

【农林渔业】2009年农林渔业总产值约211亿克朗，占国内生产总值的1.7%。从业人口约占总劳动力的3%。近1/3国土在北极圈以内，农业面积99.9万公顷（2011年），仅占国土面积2.6%，其中牧草地65.2万公顷。农业以畜牧业为主，蛋、奶制品基本自给，蔬菜水果主要依靠进口。近几年主要产品产量如下（单位：万吨）：

	2009	2010	2011
谷物	105.5	120.6	103.9
马铃薯	33.3	33.3	29.8
肉类	31.5	32.2	32.1

森林覆盖率占国土面积40%，可采伐的森林面积7.48亿立方米，木材采伐量约680万立方米。

渔业（捕捞与养殖）是重要的传统经济部门，占国内生产总值的0.7%（2011年）。2011年捕鱼量为230万吨，同比减少15%，总价值159亿克朗，主要捕捞鱼种为鳕鱼、鲱鱼、鲐鱼、毛鳞鱼等。养殖业以三文鱼为主，2011年养殖鱼产品总销售量114万吨，同比增加11.7%；其中三文鱼106万吨，同比增加12.8%。

【服务业】包括商业、旅游、运输、通讯、金融保险、房地产、建筑、公共服务等。2009年服务业总产值约占国内生产总值的57%，从业人数约占总劳力的76%。

【旅游业】2009年旅游业总产值约占国内生产总值的3.3%。主要旅游城市有首都奥斯陆、第二大城市卑尔根等，西北部地区的峡湾和冰川等自然景观享有盛名。

【交通运输】海运业发达。2010年主要交通运输情况如下：

铁路：总长约4114公里，其中电气化铁路2552公里；客运量31亿人公里，货运量25亿吨公里。

公路：全国公路总长9.3万公里；机动车总数约270万辆（其中小汽车230万辆，货车40余万辆）。

水运：挪商船队总吨位1678万吨。年客运量约8.7亿人公里，货运量约150亿吨公里；主要港口有奥斯陆、特隆赫姆和卑尔根，奥斯陆港年吞吐量约600万吨。

空运：1946年与瑞典、丹麦共同成立北欧航空公司（SAS）。有各类民用飞机1000余架；客运量3480万人公里，货运量11.5万吨公里；主要机场有奥斯陆、卑尔根和斯塔万格。

【财政金融】近年来收支情况如下（单位：亿挪威克朗）：

	2009	2010	2011
收入	10050	10648	12235
支出	6580	8929	9521
盈余	3470	1719	2714

（资料来源：挪威财政部）

截至2012年2月，挪中央银行国际外汇储备约2897亿挪威克朗。

主要银行有：挪威中央银行（Norges Bank），总资产1.4万亿挪威克朗；国家住房银行、渔业银行、农业银行等国家专业银行；挪威银行（DnB）、诺迪亚（Nordea）等商业银行。

【对外贸易】主张自由贸易。外贸在经济中占据重要地位。近几年对外贸易情况如下（单位：亿挪威克朗）：

	2009	2010	2011
出口额	11030	10460	11452
进口额	7550	7150	7698
差　额	3480	3310	3754

主要出口石油、天然气、有色金属、各类机械、渔产品、化工产品。主要进口机械、电器设备、运输工具、石油制品、纺织品、食品。主要进口国包括瑞典、德国、中国等。主要出口国有英国、德国、瑞典等。

【对外投资】截至2010年底，挪威在国外直接投资总额约1.13万亿挪威克朗，主要集中在欧盟国家和美国等。投资主要集中在石油、制造、交通与通讯、金融等行业。

【对外援助】2011年外援金额达49亿美元，约占国内生产总值的1%。主要受援国有阿富汗、坦桑尼亚、莫桑比克、乌干达、埃塞俄比亚等。外援中双边与多边项目约各占一半。多边援助中50%以上通过联合国机构实施。

【外国资本】截至2010年底，外国在挪直接投资总额约1万亿挪威克朗。主要投资国有瑞典、美国、荷兰、英国等。投资主要集中在石油、金融以及制造业。

【经济团体和大公司】挪威工商联合会（NHO）：1989年1月成立，由雇主协会、工业协会和手工业协会合并组成，是挪最大的企业家组织，成员包括全国1万多个企业。会长克里斯汀·斯考根·伦德（Kristin Skogen Lund）。

挪威国家石油公司（Statoil）：挪威国家石油公司成立于1972年，是挪最大石油公司、北海最大原油生产商和西欧最大原油销售商。2006年底与挪海德鲁公司油气部合并，现拥有3.1万名职工。股票市值约合1000亿美元。总裁海尔格·伦德（Helge Lund）。

挪威海德鲁公司（Norsk Hydro）：创建于1905年，著名铝制品生产商，挪最大的工业公司。主要经营化工、轻金属、化肥、水电、食品、医药等，51%的股本为挪威政府所有。在近40个国家和地区共有2.4万雇员。年营业额约2000亿挪威克朗。总裁思文·布莱德赛格（Svein Brandtzaeg）。

人民生活

有较高的生活水平和社会福利。全国共有各种医疗机构320所，住院床位约2.4万张；平均寿命女为82.7岁，男为78.1岁；平均每千人有小轿车454辆；移动电话用户占全国人口93%，90%的居民上因特网。

军　事

国王为名义上的最高统帅。内阁通过国防大臣掌握全军。最高作战指挥机构为最高国防司令部，国防司令哈拉尔·孙德上将（Harald Sunde，2009年10月上任）。奉行与美国和北约结盟的防务政策，建有北约军事基地。

实行义务兵役制，服役期6～12个月。现役军人和文职人员共约3万人，国民卫队6万人，后勤部门6000人。挪向波黑、科索沃、阿富汗、伊拉克等地联合国维和部队派驻约1500人。2011年国防预算为393亿挪威克朗，占政府预算的4.2%。近年来，随着欧洲形势的变化，挪威正在调整防务政策，压缩军费开支，削减人员数量，提高装备质量。

文化教育

【**教育**】1998年起实行十年制义务教育。学校大多数为公立，中央负责高等教育，地方负责中等和初等教育。各类在校学生总数约105万，教师7.6万。有高等院校71所，学生约20万。奥斯陆大学，1813年成立，有学生约4万，是挪威最大的综合性大学。此外还有卑尔根大学、挪威科技大学、特罗姆瑟大学、挪威生命科学大学、挪威商学院（BI）等著名高等学府。

【**科研**】科研经费40%以上由政府提供，其余由科研单位自筹。主要研究机构为“挪威科研理事会”，下设六个部门，分别负责工业和能源、生物生产和改良、环境与发展、文化和社会、自然科学和技术方面的研究工作。

【**新闻出版**】全国出版各种日报约60种，日平均发行量300万份。另有其他报刊100余种。主要报纸有：《晚邮报》、《世界之路报》、《日报》、《卑尔根时报》等。

挪威通讯社（NTB）：1867年成立，非官方。

挪威国家广播公司（NRK）：1933年建立，分广播、电视两部分，隶属文化部。

对外关系

外交以联合国、北约、欧盟、周边为四大重点，但迄未加入欧盟。积极参与联合国事务，重视加强与欧盟、周边及新兴国家关系。致力于气候外交，希国际社会达成公平有力的气候协议，支持发展中国家应对气候变化的努力。挪与140多个国家有外交关系。

【**对当前重大国际问题的态度**】关于国际形势：认为当前国际形势中的安全问题仍存，非传统安全因素对国际关系的影响日趋上升。主张国际社会应建立由联合国主导的新秩序，以维护全球和平与安全、促进经济的可持续发展、确保人权进步。金融危机对世界产生广泛和深远影响，一些新兴大国正快速进入国际舞台，使全球和地区性力量对比不断发生变化。

关于联合国的作用：重视联合国作用，认为在全球化进程加速发展的今天，国际社会面临前所未有的机遇和挑战，联合国的重要性更加凸显。强调联合国是维护国际和平与安全最重要的组织，主张实施“有效多边主义”，加强联合国作用，支持安理会改革，认为安理会应更具代表性、合法性和有效性。积极参与联合国维和与重建行动，大力推动联合国改革。挪威首相斯托尔滕贝格现任联合国发展业务改革问题高级别小组共同主席。

关于防扩散、裁军问题：主张完全销毁核武器，建立无核世界，认为核扩散是对国际和平与安全的严重威胁。主张国际社会应在联合国框架内就共同核安全问题进行合作。呼吁北约将裁军和军控作为安全政策的一部分。主张北约应从欧洲撤出并最终销毁所有战术核武器。敦促俄罗斯削减其战术核武器。对美倡导的导弹防御计划持谨慎态度。积极参与打击恐怖主义和有组织犯罪的国际合作，认为必须加大预防性投入，消除冲突根源。主张国际社会在联合国主导下广泛开展反恐合作。

关于中东问题：认为中东问题的解决需要美国、欧盟、联合国等多方参与。支持“路线图”计划，敦促以巴严格遵守该计划。强烈要求以色列停止对加沙地区的封锁。

对外发展援助问题：主张推动经济可持续发展和促进人权，增加援助金额，特别是加大对非洲地区的投入，并进一步减免发展中国家债务。坚持将国民总收入（GNI）的1%用于外援，强调发挥挪自身优势，增加在环境和气候变化领域的援助，将重点受援国从武装冲突的国家转向面临气候变化危机的国家。

【**同中国的关系**】1954年10月5日建交。建交以后，两国关系平稳发展。20世纪80年代两国关系有较大发展。进入90年代，双方高层互访频繁，在各领域的合作迅速发展。1996年和1997年，江泽民主席和挪威国王哈拉尔五世实现互访。

2009年，中挪关系平稳发展。全国政协副主席、中央统战部部长杜青林、中联部部长王家瑞访挪。挪卫生与护理大臣汉森、环保与国际发展大臣苏尔海姆等访华。2010年，中共中央政治局常委、中央纪委书记贺国强、北京市委书记刘淇访问挪威。挪威王储哈康来华出席上海世博会挪威馆日活动。2010年10月后，中挪关系因诺贝尔和平奖授奖问题陷入低谷。

据中国海关总署统计，2011年双边贸易额为74.1亿美元，同比增长22.1%；其中中方出口额为37.9亿美元，进口额为36.2亿美元，同比分别增长33.5%和12.1%。

中国驻挪威大使：赵军（2012年5月22日递交国书）。馆址：TUENGEN ALLE 2B，0244，OSLO，NORWAY。电话：(47) 22492052；传真：22921978。商务处：电话：(47) 22449638；传真：22447230。签证处：电话、传真：(47) 22148908。使馆主页：http://www.chinese-embassy.no。

挪威驻华大使：司文（Svein Saether，2007年4月3日递交国书）。馆址：北京市朝阳区三里屯东一街1号。电话：010-85319600；传真：65322392。使馆主页：http://www.norway.org.cn。

【**同美国和北约的关系**】同美国及北约保持密切合作是挪外交和安全政策基石。视美为最重要盟友。强调北约在欧洲安全政策上的主导作用，主张加强跨大西洋纽带，支持北约在防区外采取行动。派战斗机参加北约对利比亚的军事行动。

【同俄罗斯及东欧国家的关系】关注俄政治经济走向，认为俄系最重要邻国，希俄国内保持稳定，愿全面加强同俄关系。主张通过对话解决与俄在北部地区的资源纠纷。2011年与俄就巴伦支海划界问题达成协议。积极发展同独联体及东欧国家的和平伙伴关系。

【同欧盟的关系】主张扩大泛欧合作，支持欧安组织和欧洲理事会，主张协助欧洲经济区（EEA）缩小其成员国间的社会及经济差异。虽两次全民公决否决加入欧盟，但作为申根成员国，支持欧盟一体化，主张积极加强同欧盟国家在各领域的合作。

【同亚洲及发展中国家的关系】日益重视亚洲，认为中国、印度的崛起将进一步提升亚洲的国际影响力，视亚洲发展为机遇，但对其潜在的民族、宗教等问题表示担忧。曾于2001年、2007年两次出台全面深化同中国关系的对华战略文件。2005年出台“对印度行动计划”。2011年出台“巴西战略”。（徐泗晟）

附：

斯瓦尔巴群岛

名称　斯瓦尔巴群岛（The Svalbard Archipelago）。主权属于挪威王国。

面积　61020平方公里。

人口　2504人（2011年）。主要为挪威人，另有少量俄罗斯、乌克兰和波兰人。人口密度约0.04人/平方公里。

首府　朗伊尔城（Longyearbyen），位于斯匹次卑尔根岛。人口约2000人。

简　况　位于北冰洋，南距挪威北海岸657公里，由9个主岛和众多小岛组成。近60%的区域被冰川覆盖。年平均气温最高7℃，最低-22℃；年均降水量约200毫米。

12世纪由维京人首先发现，17世纪成为重要的捕鲸中心，20世纪初发现煤炭资源。几个世纪以来，英国、荷兰、丹麦和挪威等国对其提出主权要求。1920年2月9日，14个国家签署条约，承认挪威对该岛拥有主权。根据斯瓦尔巴条约，通行权和经济开发权为国际社会共享，但严禁将该岛用于战争目的或修建军事设施。1925年，斯瓦尔巴群岛正式并入挪威。目前，除波兰建有一小型长期研究站外，只有挪威和俄罗斯、乌克兰在岛上有居民定居。

政　治　斯瓦尔巴总督既是最高行政长官，也是最高司法长官。总督由挪威政府任命，向挪威司法部极地事务司负责。任期三年，可延长两年。现任总督奥德·奥尔森·英格勒（Odd Olsen Ingerø，2009年任命）。挪威极地研究所负责提供政策咨询服务。

经　济　经济活动十分有限，主要为采煤业。

【财政金融】通用挪威克朗。2008年财政预算约为2.5亿克朗，其中1.6亿克朗由挪政府直接拨款。一部分收入来自出售捕鱼许可证。

【资源】煤炭资源蕴藏丰富。2009年共产煤约264万吨，大部分出口至德国。其他矿藏包括铁、磷酸盐、亚硫酸盐、石棉、硬石膏和石灰石等。

【交通】对外交通主要通过空运和海运。朗伊尔城建有机场和深水海港，每周五次航班直飞挪威北部城市特罗姆瑟，海运仅限6、7、8三个月。此外还有俄罗斯修建的直升机站、移动雷达站等少量航空设施。

【旅游】2008年约有9.3万旅游者访问了该岛。

人民生活　岛上娱乐、交通、金融和教育设施很少。仅有一所医院。有4所初级学校。（徐泗晟）

扬马延岛

名称　扬马延岛（Jan Mayen）。

面积　377平方公里。

简　况　小火山岩岛，位于北冰洋，与挪威、格陵兰岛、斯瓦尔巴群岛和冰岛隔海相望。气候恶劣，寒冷多雾。1970年9月，岛上火山自19世纪初以来首次喷发。未发现可开采的矿藏，地表也十分贫瘠，目前主要用于气象观察、导航和无线电传输。约有50名居民（通常一次居住时间仅为一年）。没有公共交通和食宿设施。

17世纪曾有捕鲸者和狩猎者在岛上短暂居住。19世纪中期以来成为挪威人重要的海豹捕猎场所。20世纪初，挪气象学会上岛开始气象观察活动并于1922年宣布占据该岛。1929年5月8日，挪威国王颁布法令宣布对扬马延岛拥有主权，1930年正式并入挪威版图。扬马延岛是二战期间唯一未被德军占领的挪领土，挪政府和盟军继续利用该岛的气象站并修建了无线电定位站。1946年，在岛上建立集气象观测站和海岸无线电台于一体的基地，后来成为北大西洋防务合作中远程导航（LORAN）系统的一部分。基地司令兼任该岛

最高行政长官。1980年，经与冰岛谈判，挪政府宣布将扬马延岛专属经济区扩大至200海里。（徐泗晟）

布韦岛

名称 布韦岛（Bouvet Island，Bouvetøya），挪威领地。

面积 58.5平方公里。

简况 位于南大西洋，地处南纬54°26′、东经3°24′，好望角西南约2400公里、南极洲以北约1600公里处。布韦岛的本身为一冰川覆盖的火山锥，最高点奥拉夫峰（Olav Peak）海拔935米，四周为陡峭岩石和冰崖，自然资源贫乏。海岸线长29.6公里。属极地气候，年平均气温-1℃。

1739年1月1日，法国探险家布韦（J. B. C. Bouvet de Lozier）率探险船队抵此，该岛因而得名。1930年，挪威宣布该岛为其领地。目前该岛无人居住，挪科学家定期来岛。防务由挪司法和警察部极地司管辖。岛上无经济活动，1970年被宣布为自然保护区，1977年设立了一个自动化气象站。近海岸仅有一个抛锚点。

（徐泗晟）

葡萄牙

国名 葡萄牙共和国（The Portuguese Republic，A República Portuguesa）。

面积 92212平方公里。

人口 1064.7万（2011年）。主要为葡萄牙人。2010年，外国合法居民为448083人，主要来自欧盟、非洲葡语国家、巴西及亚洲等国家。官方语言为葡萄牙语。2010年，劳动力人口为554.3万，人口密度为115.4人/平方公里，男女比例为93.7 ∶ 100。约84.5%的居民为罗马天主教徒。

首都 里斯本（Lisbon），人口283万（2009年）（大里斯本城区），8月最高气温为17℃～28℃（平均日最低温及最高温），1月最低气温为8℃～14℃。

国家元首 总统阿尼巴尔·安东尼奥·卡瓦科·席尔瓦（Aníbal António Cavaco Silva），2011年1月当选，3月就职。任期五年。

重要节日 4月25日：纪念1974年4月25日推翻独裁统治；6月10日：国庆日；10月5日：共和国日；12月1日，恢复独立日。

简况 位于欧洲伊比利亚半岛的西南部。东、北连西班牙，西、南濒大西洋。海岸线长832公里。地形北高南低，多为山地和丘陵。北部属海洋性温带阔叶林气候，南部属亚热带地中海式气候。

欧洲古国之一。1143年成为独立王国。15、16世纪在非、亚、美洲建立大量殖民地，成为海上强国。1580年起隶属西班牙王室，1640年摆脱西班牙统治。18世纪末，法国拿破仑军队入侵葡萄牙，直到1811年葡在英国帮助下赶走法国军队。1820～1910年葡确立君主立宪制。1910年10月成立共和国。1926年5月建立军人政府，开始"新政"。1932年萨拉查就任总理，实行法西斯独裁统治。1949年，葡加入北约。1955年，加入联合国。1974年4月25日，一批中下级军官组成的"武装部队运动"推翻统治葡40余年的极右政权，开始民主化进程，同时放弃在非洲的葡属殖民地，葡正式成为西方民主制度国家。1986年，苏亚雷斯当选总统。1986年1月1日加入欧共体，1999年1月1日成为欧元创始国。

政治 2009年9月27日，社会党以36.55%的得票率赢得第11届议会选举，蝉联执政，总书记苏格拉底连任总理。该政府上台以来，全力振兴经济，促进就业，提高政府公共服务质量，取得一定成效。但受国际金融危机影响及经济结构矛盾突出等因素制约，葡经济发展低迷。2010年，葡债务形势告急。葡连续推出三期紧缩财政的"稳定与增长计划"，以应对困难局面。2011年3月，葡政府第四期"稳定与增长计划"遭议会否决，苏格拉底总理被迫辞职。6月5日葡举行提前大选，社民党在大选中以38.66%的选票获胜。社民党主席佩德罗·帕索斯·科埃略出任新一届宪法政府总理。新政府于6月21日就职，由社民党和人民党联合组成多数派政府。至此，葡总统、总理和议长均来自社民党，该党在葡政坛形成强势执政地位。

为确保完成援葡备忘录各项要求，新政府大幅增加税收，积极推动私有化进程，但在结构性改革、促进经济增长等领域进展缓慢，失业率继续升高，因紧缩政策引发的社会反弹有所加剧，游行罢工等时有发生。但总体而言，社会对政府紧缩政策的认知度较高，社会秩序尚保持稳定。

【**宪法**】现行宪法于1976年制定，后经历了六次修改。最近一次修订于2004年完成。宪法规定，总统、议会、政府和法院是国家权力机构；总统为武装部队最高司令，根据政府提名任免总参谋长和三军将领。总统在听取各党派、国务委员会的意见后才能解散议会，“在必要时”可以解散政府和罢免总理。

【议会】一院制，议员230人，任期四年。本届议会为1974年4月25日以来的第12届议会，于2011年6月5日选举产生。社民党人阿松桑·埃斯特维斯（Assunção Esteves，女）任议长。四位副议长分别为：吉列尔梅·席尔瓦（Guilherme Silva，社民党）、费罗·罗德里格斯（Ferro Rodrigues，社会党）、特雷莎·卡埃罗（Teresa Caeiro，女，人民党）、安东尼奥·菲利佩（António Filipe，葡共）。各党派议席分配如下：社民党108席，社会党74席，人民党24席，葡共14席，左翼集团8席，绿党2席。

【政府】本届政府为第19届宪法政府，于2011年6月21日就职，由社民党和人民党组成。主要成员有：总理佩德罗·帕索斯·科埃略（Pedro Passos Coelho，社民党），国务部长兼财政部长维托尔·加斯帕尔（Vitor Gaspar，独立人士），国务部长兼外交部长保罗·波尔塔斯（Paulo Portas，人民党），国防部长若泽·佩德罗·阿吉亚尔·布兰科（José Pedro Aguiar Branco，社民党），内政部长米格尔·马塞多（Miguel Macedo，社民党），司法部长保拉·特谢拉·达克鲁斯（Paula Teixeira da Cruz，女，社民党），总理助理部长兼议会事务部长米格尔·雷尔瓦斯（Miguel Relvas，社民党），经济与就业部长阿尔瓦罗·桑托斯·佩雷拉（Álvaro Santos Pereira，独立人士），农业、海洋、环境与土地管理部长阿松桑·克里斯塔斯（Assunção Cristas，女，人民党），卫生部长保罗·马塞多（Paulo Macedo，独立人士），教育、高教与科学部长努诺·克拉托（Nuno Crato，独立人士），社会团结与社会保障部长佩德罗·莫塔·苏亚雷斯（Pedro Mota Soares，人民党）。参加部长会议的两名国务秘书为：部长会议国务秘书路易斯·马克斯·格德斯（Luís Marques Guedes，社民党），总理助理国务秘书卡洛斯·莫埃达斯（Carlos Moedas，社民党）。

【重要网址】总统府：www.presidencia.pt；议会：www.parlamento.pt；总理府：www.portugal.gov.pt/pt.aspx；外交部：www.portugal.gov.pt/pt.aspx；教育部：www.portugal.gov.pt/pt.aspx；最高法院：www.stj.pt。

【行政区划】全国分为18个大区，分别为：里斯本、波尔图、科英布拉、维亚纳堡、布拉加、雷阿尔城、布拉甘萨、瓜达、莱里亚、阿威罗、维塞乌、圣塔伦、埃武拉、法鲁、布朗库堡、波塔莱格雷、贝雅、塞图巴尔。另有马德拉和亚速尔两个自治区。

【司法机构】最高法院是最高司法机构，院长由法官选举产生。最高法院院长在国家领导人中排名第四，位于总统、议长和总理之后，如前三位领导人不在国内或无力履行其职责时，最高法院院长可代任国家元首职务。现任最高法院院长为路易斯·纳西门托（Luís António Noronha Nascimento），2006年就职。共和国总检察院是最高检察机构，总检察长费尔南多·若泽·马托斯·平托·蒙特罗（Fernando José Matos Pinto Monteiro），2006年10月9日就职。

【政党】葡实行多党制，主要政党有：

（1）社会民主党（Partido Social Democrata）：执政党。1974年5月成立，原名人民民主党，1976年改为现名。党员约15万人。曾于1985年至1995年10月连续执政10年，2002年4月至2005年3月再次上台执政。2011年6月5日又一次当选，与人民党联合组阁执政。主席佩德罗·帕索斯·科埃略（Pedro Passos Coelho），2010年4月社民党三十三大当选就任。

（2）人民党（Partido Popular）：执政党。1974年7月成立。前身是社会民主中心党，1995年2月改名人民党。党员2.5万人（2011年）。2002年4月至2005年3月曾与社民党联合执政。2011年6月5日大选后再次与社民党联合执政。主席保罗·波尔塔斯（Paulo Portas），于2010年就任，现任本届政府外长。

（3）社会党（Partido Socialista）：最大在野党。1973年4月在“葡萄牙社会主义运动”基础上重建。党员约7.3万人。曾于1995 ~ 2002年上台执政，并于2005年再获执政地位至2011年6月。主席玛丽亚·德贝伦·罗塞拉（Maria de Belém Roseira，女），2011年9月社会党十八大当选，曾任卫生部长、平等部长、联合国卫生组织大会副主席（1997年）、主席（1999年）。2004年9月至2011年6月，若泽·苏格拉底（José Sócrates）担任总书记。2011年7月下旬，安东尼奥·若泽·塞古罗（António José Seguro）当选为该党新的总书记。

（4）葡萄牙共产党（Partido Comunista Português）：在野党。1921年成立。党员5.89万人（2008年）。总书记热罗尼姆·德索萨（Jerónimo de Sousa），2004年11月就任至今。

左翼集团（Bloco da Esquerda）：在野党。1998年成立。现任总书记为弗兰西斯科·洛桑（Francisco Louçã）。

绿党（Partido Ecologista “Os Verdes”）：在野党。1982年成立。

其他政党还有：葡萄牙民主运动（Movimento Democrático de Portugal）、人民君主党（Partido Popular Monárquico）以及革命社会党（Partido Social Revolucionário）等。

【重要人物】**阿尼巴尔·安东尼奥·卡瓦科·席尔瓦**：总统。1939年7月15日生于葡南部阿尔加维省洛莱市。1964年获里斯本技术大学经济学学士，后获英国约克大学经济学博士。先后在里斯本新大学财经学院、葡天主教大学任教。系葡资深经济学家。1974年加入葡社民党。1980年任财政部长，同年当选为议会议员。1985年起4次当选为社民党主席。1985年11月至1995年11月担任葡总理。1996年初竞选总统失败，重返大学任教，并担任葡萄牙银行顾问。2011年1月23日获选连任总统，3月9日就职。任期五年。席尔瓦1987年4月访华时两国签署《中葡关于澳门问题的联合声明》。1994年再次访华。已婚，有一子一女。**佩德罗·帕索斯·科埃略**：总理。1964年出生于科英布拉。2001年获卢济塔尼亚大学经济学学士学位，经济学家。1978年加入社民党青年组织并历任该组织总书记、副主席和主席。1991 ~ 1999年任全国议员，期间曾任社民党议会党团副主席、发言人。1997 ~ 2001年任阿马多拉市议会议员，2005年当选雷阿尔城的市议会议长。2005 ~ 2006年任社民党副主席。2010年3月，当选社民党主席。2011年苏格拉底政府因主权债务危机辞职后，领导社民党在6月5日举行的大选中获胜，并出任新一届政府总理。夫人劳拉·玛丽亚·加塞斯·费雷拉为职业理疗师。有3个女儿，其中2人为前妻所生。

经济

葡是欧盟中等发达国家，工业基础较薄弱。纺织、制鞋、酿酒、旅游等是国民经济的支柱产业。软木产量占世界总产量的一半以上，出口位居世界第一。为全球第11大制鞋出口国。2008年以来，受国际金融经济危机影响，经济遭受重创，失业率走高，经济复苏势头明显回落。2010年初，希腊出现主权债务危机，葡主权债务形势也急转直下。2010 ~ 2012年，国际评级机构先后多次下调葡主权信用评级。2011年3月，葡政府第四期“稳定与增长计划”遭议会否决，政府被迫辞职。受葡政治危机影响，市场对葡经济前景悲观。葡国债收益率不断上升，葡融资成本不断提高。2011年4月7日，葡看守政府总理苏格拉底正式向欧盟请求财政援助，葡成为继希腊、爱尔兰之后，第三个陷入主权债务危机的欧盟国家。5月16日和21日，欧盟财长会议和国际货币基金组织分别批准对葡萄牙的援助方案，同意在今后三年中由欧盟和国际货币基金组织分别向葡提供520亿欧元和260亿欧元的援助贷款。作为条件，葡须在2011 ~ 2013年将财政赤字占国内生产总值的比例分别降至5.9%、4.5%和3%。截至2012年2月，葡先后通过欧盟和国际货币基金组织对其执行援助备忘录情况的三次审查。2011年，葡财赤占国内生产总值之比降至4.5%，低于“三驾马车”规定的5.9%；当年经济增长同比下降1.6%，也在“三驾马车”规定的负2.2%之内。据多方预计，2012年葡经济将负增长3%左右，2013年有望实现正增长。

2011年葡国内生产总值同比增长-1.6%。第一、第二和第三产业增加值分别占国内生产总值的2.1%、23.3%和74.5%，从业人口分别约占总劳动力人口的10.9%、27.7%和61.4%。2011年主要经济数据如下（资料来源：葡国家统计局）：

国内生产总值：1711.12亿欧元（合2378.46亿美元）。

人均国内生产总值：16150欧元（合22449美元）。

经济增长率：-1.6%。

货币名称：欧元（Euro）。

全年平均汇率：1欧元＝1.392美元。

通货膨胀率：3.6%

失业率：12.7%。

【资源】矿产资源较丰富，主要有：钨、铜、黄铁、铀、赤铁、磁铁矿和大理石，钨储量为西欧第一位。森林面积320万公顷，覆盖率35%。近年因气候变化，连年发生森林火灾，每年损失20万公顷森林。

【工业】葡萄牙工业包括采掘业、加工业、水、电、煤气和冷气生产业等。主要工业部门有电力、纺织、服装、制鞋、食品、化工、造纸、电子器械、陶瓷、酿酒、软木等。2011年葡制鞋业出口额为15亿欧元，同比增长16.2%，从业人数3.4万。当年纺织成衣产品出口额为39亿欧元，同比增长8.4%。汽车、机电、模具、制药和可再生能源等产业发展较快，2011年葡境内汽车产量同比增长21.1%。2011年，葡石油消费总额为74亿欧元，人均消费692欧元，同比增长148欧元。

【农林牧渔业】2009年农林渔业总产值约47.8亿欧元，占国内生产总值的2.9%，从业人口为55.8万，约占总就业人口的10%。88%以上的水产品为海洋捕捞，以沙丁鱼、金枪鱼、鲭鱼、章鱼为主，淡水鱼主要为鳟鱼。2010年，登记渔民为16920人（同比减少2.8%），渔船8492艘（同比减少0.8%），总吨位101601吨（同比下降2.3%）。当年捕鱼量为16.6304万吨，比上年增长14.9%；产值2.7197亿欧元，同比增长6.7%。

【服务业】服务业从20世纪90年代开始迅速发展，其产值连年增长。到20世纪末，在国民经济中的比重以及该行业在全国就业人口中的比例已接近欧洲发达国家水平。2009年服务业产值为1199.6亿欧元，占国内生产总值的72.8%，从业人数334.8万，占总就业人口的60%。

【旅游业】旅游业是葡外汇收入的重要来源和弥补外贸赤字的重要手段。2010年旅游收入76.11亿欧元，同比增长10%，创造了32.8万个就业岗位。2011年，预计葡旅游收入将占葡国内生产总值的5.3%，从业人口为总劳动力人口的7%。2010年共有2369.4万人次的外国游客在葡旅馆住宿，同比增长2.1%，主要游客来自英国（23.4%）、西班牙（13.9%）、德国（13.8%）、荷兰（7.8%）、法国（6.9%）等欧盟成员国以及巴西和美国。主要旅游胜地有阿尔加维、里斯本、马德拉群岛、法罗、波尔图等。

【交通运输】陆路运输总里程数超过8万公里，是葡交通运输的主要方式。

铁路：2010年国内铁路总长2843公里，其中2794公里为运营里程数，构成了葡萄牙大陆部分沿海的铁路通道。2010年，铁路运送1.53亿人次旅客，同比减少0.5%，共41.11亿人/公里，比上年减少1.1%。货运量为929.55万吨。

公路：葡萄牙公路网由高速公路（AE）、主要公路（IP）、辅助公路（IC）、国道（EN）和地区公路组成。2010年，葡大陆部分公路总长为13123公里，其中2737公里是高速公路，占公路网总里程数的1/5以上。2009年、2010年公路货运量分别为228.39亿吨和196.699亿吨。

水运：内陆河运总里程210公里，水运主要为海运。主要港口有里斯本、阿威罗、锡图巴尔、锡奈什、丰沙尔（位于马德拉群岛）和蓬塔德尔加达（位于亚速尔群岛）。2010年，共有14665艘商船驶入葡港口，运输集装箱1005173个。当年，海运客运量为1662408人次。

空运：全国有15座机场。大陆部分主要国际机场在里斯本、波尔图和法罗等地，它们都位于沿海地区。里斯本正计划新建一座机场。亚速尔自治区有9座机场，马德拉自治区有2座机场。大部分国际航空公司都有飞葡萄牙机场的航线，其中葡萄牙航空公司（TAP Portugal）是本国的航空公司。2010年，共运送旅客2890万人次，同比增长5.8%。运送的旅客中，78.8%属于国际旅行，国内旅行仅占21.2%。货运量为13.81万吨。

【财政金融】近年葡政府财政收支情况如下（单位：亿欧元）：

	2009	2010	2011
收入	655.08	716.64	763.69
支出	808.74	874.47	836.15
赤字	153.66	157.83	72.46

2011年葡财政赤字为72.46亿欧元，占国内生产总值的4.2%，远低于2010年的9.1%，也低于“三驾马车”援葡计划中规定的5.9%。公债总额为1842.91亿欧元，为国内生产总值的107.8%。

2012年2月，葡外汇储备240.1858亿美元，居世界第52位。侨汇收入是葡重要经济来源之一，主要来自居住在法国、瑞士、美国、德国、西班牙、英国、卢森堡、安哥拉、加拿大和委内瑞拉等国的葡萄牙侨民。据国际货币基金组织、葡萄牙银行等统计，2011年1～9月，侨汇收入为17.8亿欧元。2011年5月，葡萄牙银行拥有黄金储备382.5吨，市值约207亿美元。

【对外贸易】近年外贸（商品和服务贸易额）统计如下（单位：亿欧元）：

	2009	2010	2011
进口额	601.48	656.50	671.73
出口额	483.39	544.67	617.27
差　额	−118.09	−111.83	−54.46

进口主要产品有机械、仪表、矿石燃料、汽车、化工产品、农产品和常用金属、塑料、橡胶和食品等；出口主要产品为机械、仪表、汽车、常用金属、塑料、橡胶、矿石燃料、服装、纸浆、矿石、农产品、食品、纺织品、鞋类、木材和软木等，大理石出口居世界前列。

2011年，葡主要出口地区为：欧盟（占出口总量74.1%）、非洲葡语国家（6.9%）、北美自由贸易区（5.1%）、马格里布地区（指阿尔及利亚、利比亚、摩洛哥、毛里坦尼亚和突尼斯）（2.1%）、南共市（1.8%）和其他地区（9.9%）。葡主要从以下地区进口：欧盟（73%）、南共市国家（3.7%）、北美自由贸易区（2.7%）、非洲葡语国家（2.1%）、马格里布地区（1.7%）和其他地区（16.9%）。

2011年，列葡前10位的出口目的地国家依次为：西班牙（占出口总额的24.8%）、德国（13.6%）、法国（12.0%）、安哥拉（5.5%）、英国（5.1%）、荷兰（3.9%）、意大利（3.6%）、美国（3.5%）、比利时（3.2%）、巴西（1.4%）和其他国家（23.4%）。对葡进口列前10位的国家依次为：西班牙（占进口总额的31.6%）、德国（12.4%）、法国（6.9%）、意大利（5.4%）、荷兰（4.8%）、英国（3.3%）、尼日利亚（2.7%）、比利时（2.6%）、中国（2.6%）、巴西（2.5%）和其他国家（25.2%）。（资料来源：葡国家统计局）

【对外投资】近5年来，葡在国外直接总投资额每年约在80亿～160亿欧元之间。20世纪90年代和21世纪初期，葡对西班牙和巴西投资额巨大。自2001年以来，对欧盟成员国的投资额大幅增加。按投资领域分，2011年对外投资额依次为金融与保险（82.2%）、加工业（4.6%）、电力、天然气及自来水（3.6%）、科技咨询（3.5%）、零售及批发贸易（2.2%）、建筑业（2.2%）、房地产（0.2%）、计算机及通讯（0.1%）和其他领域（1.4%）。按投资目的地分，2011年对外投资国依次为荷兰（73.2 %）、西班牙（9.2%）、巴西（3.6 %）、安哥拉（1.6%）、波兰（1.2%）、美国（1.1%）、英国（0.9%）、爱尔兰（0.9%）、卢森堡（0.9%）、莫桑比克（0.5%）和其他国家（19.7%）。近年来葡萄牙对外投资一览表（单位：亿欧元）：

	2009	2010	2011
总投资额	77.70	97.90	155.92
净投资额	5.88	−56.58	90.92

【对外援助】葡对外官方发展援助（ODA，Official Development Assistance）分单边援助和多边援助两类。单边援助主要针对非洲葡语国家、东帝汶和少量不发达国家，绝大多数是无息贷款，一小部分是专项贷款。多边援助一般通过联合国（占5%）、欧盟（占65%）、世界银行（占17%）和地区发展银行（占10%）等国际机构进行。2005年葡对外援助额为3.77亿美元，2008年增至6.2亿美元，2009年减至5.13亿美元（同比减少17.3%），2010年增至6.49亿美元（合

4.9亿欧元），增幅达26.6%。。2009年和2010年，葡对外援助额占其国民总收入（Gross National Income）之比分别为0.23%和0.29%。根据欧盟成员国约定，至2015年，欧盟对外援助额占其国民总收入之比应达到0.7%，2006年和2010年应分别达到0.33%和0.51%的比例。葡对外援助占国民总收入之比应为0.3%（2009年）、0.34%（2010年）、0.4%（2011年）和0.46%（2012年）。

2009年和2010年，葡双边援助额分别占葡对外援助总额的54%和61%。2010年，位居前10位的援助接受国依次为：佛得角（1.03亿美元）、莫桑比克（9300万美元）、东帝汶（3400万美元）、圣多美和普林西比（2000万美元）、安哥拉（1700万美元）、几内亚比绍（1500万美元）、阿富汗（1300万美元）、摩洛哥（1000万美元）、塞尔维亚（600万美元）、科索沃（500万美元）。前10个援助接受国得到的援款占总援款额的85%，前20个援助接受国得到的援款占总援款额的90%。

葡对外援助领域主要是教育、卫生、工农业生产、减债、人道主义援助和基础设施等。

【外国资本】近5年来，外国对葡直接总投资额每年都在300亿～400亿欧元之间。近年来，外国资本加大了对葡高新技术领域的投资。2010年，外国对葡直接总投资额为396.22亿欧元，同比增长9.6%；2011年，为396.26亿欧元，同比增长0.01%。2011年，外国对葡直接净投资额为74.41亿欧元，同比增长272.5%。近年来外国对葡萄牙投资一览表（单位：亿欧元）：

	2007	2008	2009	2010	2011
总投资额	326.34	352.87	320.18	396.22	396.26
净投资额	22.38	31.85	19.48	19.98	74.41

按投资领域分，2011年外国对葡投资领域依次为零售及批发贸易（38.9%）、金融与保险（22.3%）、加工业（21%）、计算机及通讯（5.7%）、科技咨询（2.6%）、电力、天然气及自来水（1.9%）、建筑业（1.0%）、房地产（0.9%）和其他领域（5.7%）。按投资来源国分，2011年对葡投资的国家依次为荷兰（22.5%）、西班牙（17.7%）、法国（16.4%）、英国（13.8%）、德国（10.1%）、瑞士（6.2%）、比利时（4.1%）、卢森堡（2.7%）、爱尔兰（1.5%）、美国（1.3%）和其他国家（3.7%）。（资料来源：葡萄牙银行）

【外国援助】2007～2013年葡从欧盟获得225亿欧元，其中结构基金164.2亿欧元，团结基金27.22亿欧元，农村发展基金31.7亿欧元，渔业基金2.2亿欧元。2011年4月，因受政治危机和主权债务危机的双重困扰，葡看守政府向欧盟请求财政援助。同年5月，欧盟、欧洲央行和国际货币基金组织（即“三驾马车”）与葡达成协议，同意在今后3年内对葡提供金额为780亿欧元的援助贷款，帮助其应付主权债务危机，保证经济持续发展。截至2012年2月，葡先后三次通过“三驾马车”就其执行援助备忘录情况进行的审查，获得780亿欧元援款中的396.1亿欧元。2012年4月，葡还将继续获得一笔金额为146亿欧元的援款。

人民生活

2011年，最低工资为485欧元，人均年可支配收入为15819欧元。2009～2011年，因失业而移民国外人数超过6万人。2010年，有传统住所5750755处，50%的家庭有条件使用互联网，96.1%的医院有条件使用互联网。每100人拥有电话25.57部。大型邮局884处，小型邮电所2013个。

据2011年11月公布的联合国人类发展指数显示，葡的世界排名从2010年的40名降至41名。葡民众对生活总体满意度为49%，人均受教育年限7.7年。2008～2010年，人均预期寿命79.2岁，男性为76.14岁，女性为82.05岁。

2011年，卫生领域预算开支为91.48亿欧元，占政府总预算开支的5.15%。有各类医院、保健中心1760所，全国约有4.14万名医生、7.8万名护士、1.05万名药剂师，每10万人有227张床位。

军　事

总统为三军最高统帅，国防部长通过总参谋部和各军种参谋部领导武装力量。总参谋长路易斯·阿劳诺（General Luís Evangelista Esteves de Araújo）上将。武装力量由正规军和国家安全部队组成。实行义务兵、志愿兵、合同兵三结合的兵役制。服役期：义务兵4个月，志愿兵8～10个月，合同兵不定期，但至少一年以上。2011年国防预算开支28.99亿欧元，占政府预算的1.63%。

2011年，正规军有总兵力3.99万人。其中陆军2.21万人，海军1.06万人，空军0.72万人。此外，还有预备役部队、准军事部队，包括共和国国民卫队和公安警察等20多万人。

文化教育

【教育】实行12年义务教育，包括基础教育（小学4年，中学预备班2年，初中3年）和中等教育（3年，相当于我国高中）。高等教育为大学4～5年。2011年，教育预算为78.88亿欧元，占政府总预算的4.44%。2009年，文盲率为9%。主要高等院校有里斯本大学、科英布拉大学、波尔图大学、里斯本理工大学、米尼奥大学、阿威罗大学、埃武拉大学和国家行政管理学院。近年，全国高等院校、教师及学生数量统计如下：

	高等院校	注册学生	教师
2009/2010	296	383627	36215
2010/2011	300	396268	38064

【新闻出版】2010年，全国有各种报刊1910种，其中489种有网络版。自20世纪90年代起，葡所有报

社皆为私营。目前主要日报有:《新闻日报》、《公众报》、《新闻报》和《晨邮报》；主要周刊有《快报》、《太阳报》。主要商务金融性报刊有:《经济日报》、《生意日报》和《经济周刊》。

卢萨社是1987年由葡萄牙通讯社和葡萄牙新闻社合并而成的国家通讯社。

目前，主要电台有葡萄牙广播电台、复兴电台（宗教背景）、商业电台等。电视台三家：葡萄牙国家电视台（1频道、2频道）、SIC电视台（私营）和独立电视台。

对外关系

主张在平等互利的基础上同世界各国普遍发展友好合作关系。立足欧盟，支持并积极参与欧洲一体化建设。2007年下半年成功担任欧盟轮值主席国，推动签署《里斯本条约》，为欧盟一体化进程作出积极贡献。一贯推行稳健务实的外交政策，重点加强与欧盟、美国和葡语国家的传统关系。主张西方与俄接触、合作，支持北约东扩，但认为应顾及俄的安全利益。主张通过政治谈判解决伊核问题。重视强化与葡语国家、特别是非洲葡语国家的传统盟友关系，大力推进葡语国家共同体一体化进程，完善其运作机制。积极开拓新兴国家市场，重点发展同中、俄、日、印（度）、南非和北非阿拉伯国家的合作关系。加强与委内瑞拉、安哥拉和利比亚等石油大国的经贸往来，为本国经济服务。2010年10月，成功当选联合国安理会2011 ~ 2012年度非常任理事国。2011年11月1日起，葡轮任为期1个月的联合国安理会非常任主席国。与世界上180个国家和地区建立有外交关系，共设146个驻外使领馆。其中使馆70个，职业领馆66个，驻国际组织代表团10个。

【同中国的关系】中葡1979年2月8日建交。同年9月，两国互派大使。1987年4月，中葡两国政府通过协商就解决历史遗留的澳门问题达成协议，并签署关于澳门问题的联合声明，中国于1999年12月20日恢复对澳门行使主权。2005年12月，两国建立全面战略伙伴关系。近年来，两国关系发展顺利，各级别人员往来密切。中方主要往访的有：全国政协主席贾庆林（2004年）、国务院总理温家宝（2005年）、全国人大常委会副委员长王兆国（2006年）、全国政协副主席王刚（2008年）、国家主席胡锦涛（2010年）、全国人大常委会副委员长乌云其木格（2011年）。葡方主要来访有：总统桑帕约（2005年）、总理苏格拉底（2007年）、议长伽马（2009年）、国务部长兼外交部长阿马多（2008年、2010年）及国务部长兼财政部长多斯桑托斯（2010年）。2010年11月，葡总理苏格拉底率团出席在澳门举行的中国—葡语国家经贸合作论坛（澳门）第三届部长级会议。2011年8月，全国政协副主席黄孟复访葡。

2010年5月，中国—葡萄牙第七次经贸混委会在里斯本召开。2010年11月，胡锦涛主席访葡期间，双方签署经贸、文化、旅游、能源、银行等领域共12项合作文件，其中两国企业签署金额为7.788亿美元的商业协议与合同。两国还举行了中葡企业家洽谈会。

据中国海关总署统计，2011年全年双边贸易额为39.64亿美元，同比增长21.3%。其中中方出口额为28.01亿美元，同比增长8.5%，进口额为11.63亿美元，同比增长54.1%。截至2011年底，葡萄牙对华投资项目共181个，实际投入1.73亿美元。

中葡两国政府于1982年4月签订文化、科学技术合作协定，据此协定，两国已签署了6个2至3年期的年度文化交流执行计划，合作情况良好。2010年11月，双方签署《中葡政府2010年至2012年度在文化、语言、教育、科学、技术、高等教育、青年、体育和传媒领域的合作执行计划》。双方签有《中葡两国政府间科技合作协定》（1993年4月），至今双方已召开五届科技混委会，共确定97个科技合作项目，执行情况良好。2005年12月，温家宝总理访葡期间，双方共同举办语言教育双向合作研讨会，并举行孔子学院授牌仪式。2008年4月，第二所孔子学院在里斯本大学举行授牌仪式。目前，中国15所高校开设葡萄牙语教学。双方每年交换奖学金名额10个（中方提供6个，葡方4个）。2011年，在华学习的葡萄牙学生总数为385名，其中持中国政府奖学金的学生22名。2011年，中方共有197人赴葡留学，其中公派25人。截至年底，中方在葡留学生共422人。司法方面，双方签署了《中葡刑事司法协定》、《中葡引渡条约》和《中葡移管被判刑人条约》。

近年来，两军友好交往频繁。2000年，中央军委副主席张万年上将访葡。2001年，中央军委委员、常务副总参谋长郭伯雄上将访葡。2002年7月，我海军舰队应邀访问里斯本港。2003年，中央军委委员、总政治部主任徐才厚上将访葡。2006年1月，葡国防部长阿马多访华，双方签署《两国国防部合作协议》。2009年，葡海、空军参谋长分别率团出席中国海、空军成立60周年系列活动。2010年8月，葡萄牙海军“萨格雷斯”号风帆训练舰访问上海。2011年6月，葡陆军参谋长拉马略上将（General José Luís Pinto Ramalho）访华。

两国地方和民间交往日益密切。2007年10月，里斯本市长科斯塔访华，北京与里斯本建立友城关系。目前，中葡间友城数量已达5对，其余4对分别是：上海—波尔图、无锡—卡斯卡伊斯、珠海—卡斯特罗布兰科和铜陵—莱利亚。2000年12月，中国葡萄牙友好协会在北京成立。

中国驻葡萄牙大使：张备三。馆址：Rua do Pau de Bandeira 13，Lapa，1200 Lisboa，Portugal。电话：（国家地区号00351-21）3928440，3928436；传真：3975632。网址：http: //pt.chineseembassy.org/chn/;

电子邮箱：chinaemb_pt@mfa.gov.cn。商务处地址：Rua António de Saldanha 42，1400 Lisboa，Portugal。电话：3011947。电传：0404-13274 CNCOM P。

葡萄牙驻中国大使：若泽·塔德乌·苏亚雷斯（José Tadeu Soares）。馆址：北京市朝阳区三里屯东五街8号。电话：010-65323497，65323220；传真：65324637。电传：22326 PORTB CN。商务处电话：65326745；传真：65326746。

2006年9月，葡驻上海总领馆正式开馆。

【同欧盟的关系】欧盟是葡对外关系的基础。葡积极支持并参与欧洲一体化进程，赞成欧盟东扩；反对将成员国分为不同等级，反对欧盟决策权过分集中在少数国家手中。2007年下半年，成功担任欧盟轮值主席国，主持完成修订和签署《里斯本条约》，使欧盟走出"制宪"困境，推动欧盟制定"里斯本战略"第二个3年规划，进一步增强欧盟经济活力和竞争力，还完成申根区东扩至中东欧9国。同时，保持与西、法、德等欧盟大国的高层交往，促进经济和科技合作；积极推进欧盟能源战略规划，积极发展可再生能源；重视与欧盟各国联合打击非法移民和反对恐怖主义，正式启动电子生物指纹护照和签证制度；成功促成欧洲海洋安全局总部落户里斯本。2009年，《里斯本条约》生效后，面对欧盟即将成立对外行动署，适当调整对外政策延伸，重点发展与欧盟以外国家和地区关系，从而提高自身在欧盟内的影响和地位。2010年6月，葡接替西班牙，担任欧盟驻几内亚比绍部队司令，该部队负责改革几比国防和安全体系，并对其人员进行培训。

欧债危机爆发后，葡认为在货币联盟基础上强化经济治理有助于保障欧盟稳定和一体化发展，债务危机给欧盟国家提供了一个提高凝聚力的机会，成员国从各自为战到联合应对，再次印证了欧盟一体化的必要性和紧迫性。

【同美国的关系】葡是美国的传统盟国，也是北约成员国，历来把同美国的关系放在优先地位。"9·11"事件后，坚决支持美反恐军事行动，并为其执行反恐和救援任务的飞机在亚速尔群岛拉日什军事基地起降提供便利。在保持发展与美政治、经济关系的同时，进一步加强军事合作。2005年，葡美双方进行了外长级互访，双方重新签署了引渡条约，并表示愿意推动建立葡、美和非洲葡语国家三方合作机制。葡主张欧洲应创造条件，进行更富有建设性的跨大西洋合作。2007年，继续加强与美在安全防务领域的实质合作，支持美设立非洲司令部。2009年9月，开始轮值为期2年的欧盟海军司令。与美签署共同打击恐怖主义协议，接收2名叙利亚籍关塔那摩恐怖嫌犯，增兵阿富汗，葡美关系平稳过渡并有所加强。2011年9月，在纽约出席联大会议的葡外长波尔塔斯与美国国务卿希拉里就中东问题举行双边会晤。11月，葡总统席尔瓦访问美国，与奥巴马总统就欧债危机、葡形势和巴勒斯坦加入联合国等议题举行了会谈。

【同非洲葡语国家和巴西的关系】由于历史原因，葡同非洲葡语五国（莫桑比克、安哥拉、佛得角、几内亚比绍、圣多美和普林西比）关系较为密切。作为葡语国家最集中的地区和葡石油、天然气的主要供应地，非洲在葡外交中的分量愈加重要。近几年，为发挥葡在欧、非两大陆的桥梁作用，葡积极发展同五国在各个领域的合作。近年来，与非洲葡语国家高层互访频繁，大量增加在非能源、军事、金融和商贸等各领域投入力度。2007年轮值欧盟主席国期间，倡导召开第二届欧非峰会，欧非双方建立了在平等基础上进行战略对话的新型关系。还极力响应"地中海联盟"倡议，重视同北非马格里布国家间的沟通与合作，维护南欧地区的和平与稳定，同时保证能源供应的稳定和多元化，开拓出口市场。

2011年7月，葡外长波尔塔斯访问安哥拉、莫桑比克，希与两国进一步加强经济关系，并表示葡有能力走出当前危机。11月，葡总理科埃略访问安哥拉，双方就进一步加强两国经贸合作交换了意见。11月底，首届葡萄牙—莫桑比克峰会在里斯本举行，莫总统格布扎率团与会并对葡进行访问。两国签署了涉及允许莫使用葡历史、外交和制图档案以及葡向莫政府提供财政援助等3项合作协议和备忘录。2012年3月，葡财长加斯帕尔访问安哥拉，两国就发展互利战略同盟关系具体合作进行了商讨。

重视加强与巴西的传统关系。近10年来，对巴西投资90亿欧元，有600家企业参与。每年进口巴西产品额约7.7亿美元，出口约2亿美元。2010年5月，巴西总统卢拉访问葡萄牙，与葡总理苏格拉底共同举行第十届葡巴峰会。2011年4月，巴西新总统迪尔玛·罗塞芙访葡，表示巴将积极支持葡应对主权债务危机。同年7月，葡外长波尔塔斯访问巴西，表示葡政府将完成援葡备忘录，并对巴方投资利益予以关照。

葡还积极利用葡语国家共同体（Community of Portuguese-Speaking Countries，Comunidade dos Países de Língua Portuguesa，简称CPLP，即葡共体），推动葡语国家之间的政治、外交、经贸、文化合作。该共同体于1996年7月由葡萄牙和巴西倡议成立，总部设在里斯本，成员国包括葡萄牙、巴西、安哥拉、莫桑比克、佛得角、几内亚比绍、圣多美和普林西比、东帝汶（2002年加入）。视葡共体为其外交三大支柱之一，重视推进葡共体内部建设，提高其国际地位和影响。2008年7月至2010年7月葡担任葡语国家共同体轮值主席国期间，继续扩大与葡语国家合作。2010年7月，葡总统席尔瓦对安哥拉进行了国事访问，并出席在安举行的葡共体第八届峰会，会上通过了《罗安达宣言》和《关于葡语推广、传播和投射的巴西利亚行动计划》。2012年2月，葡共体总部新址在里斯本揭牌启用。

【同西班牙的关系】葡1974年“四·二五”革命后，葡西关系一度紧张，1975年末起趋于正常。1977年11月，两国签订友好和互不侵犯条约。两国政府首脑定期举行会晤，就双边关系和共同关心的其他问题交换意见。2003年2月，两国签署了《海事安全事务合作与建立快速报警共同机制的联合声明》。2004年，葡总理和西首相实现互访。2006年9月，席尔瓦总统对西班牙进行就职后的首次国事访问。2008年1月，葡总理苏格拉底和西首相萨帕特罗共同主持召开第23届伊比利亚峰会，探讨如何进一步拓展和深化两国各领域合作，包括安全防务合作，不断密切和提升双边关系。2012年1月，西班牙新首相拉霍伊访葡，双方就两国经济形势、双边关系、欧盟经济形势等议题交换了意见。

【同独联体和其他东欧国家的关系】苏联解体后，葡主张西方加强对俄的援助，帮助俄从计划经济向市场经济过渡。支持俄与欧盟改善关系，认为俄在平衡国际关系中的作用十分重要。表示愿与俄建立全方位合作，在良好的政治基础上，加强双方贸易、文化关系。2004年11月，俄罗斯总统普京访葡，系俄最高领导人首次访葡。2005年5月，总理苏格拉底出席在俄国举行的纪念卫国战争胜利60周年活动。近年来，与东欧国家的往来有所增加，表示支持东欧国家加入欧盟和北约的要求，但认为应以与俄保持稳定的安全关系为基础。

【同东帝汶的关系】东帝汶是葡萄牙前殖民地，1951年名义上改为葡海外省。1974年葡国内发生“四·二五”事件后，葡新政权主张非殖民化，允许东帝汶举行公民投票，实行自决。1992～1999年，在联合国秘书长主持下，葡与印尼外长就东帝汶问题进行了12轮谈判，最终双方就东帝汶的民族自决问题达成共识。1999年8月，在联合国的监督下，东帝汶进行了全民投票，78.5%的东帝汶人支持独立。1999年以来，除向东帝汶提供大量经济和人道主义援助外，还派遣了1000余人的维和部队和警察以及100名教师，是国际社会对东帝汶援助最多的国家。2010年9月28日至10月5日，东帝汶总统奥尔塔访问葡萄牙。2011年9月，东帝汶总理古斯芒访问葡萄牙，双方就加强两国和企业合作交换意见，并签署一系列双边合作协议。

（肖兵）

瑞　典

国名　瑞典（Sweden）。

面积　449964平方公里。

人口　948万（2011年12月）。90％为瑞典人。外国移民及其后裔约100万人，北部萨米族是唯一的少数民族，约1万人。官方语言为瑞典语。90%的国民信奉基督教路德宗。

首都　斯德哥尔摩（Stockholm），市区人口86万（2011年12月），全年平均气温6.7℃。

国家元首　国王卡尔十六世·古斯塔夫（Carl XVI Gustaf），1973年9月15日即位。

重要节日　国庆日：6月6日。

简　况

位于北欧斯堪的纳维亚半岛东半部。西邻挪威，边境长1619公里；东北接芬兰，边境长586公里；东临波罗的海，西南濒北海，同丹麦隔海相望，海岸线长2181公里，领海12海里。地形狭长，地势自西北向东南倾斜。北部为诺尔兰高原，南部及沿海多为平原或丘陵。湖泊约10万个，可通航河流较少。大部分地区属温带针叶林气候，最南部属温带阔叶林气候。受北大西洋暖流影响，平均气温1月北部−16℃，南部−0.7℃；7月北部14.2℃，南部17.2℃。

公元11世纪初开始形成国家。1157年兼并芬兰。1397年与丹麦、挪威组成卡尔马联盟，受丹统治。1523年脱离联盟独立。1654～1719年为强盛时期，领土包括现芬兰、爱沙尼亚、拉脱维亚、立陶宛以及俄国、波兰和德国的波罗的海沿岸地区。1718年对俄国、丹麦和波兰作战失败后逐步走向衰落。1805年参加拿破仑战争，1809年败于俄国后被迫割让芬兰，1814年从丹麦取得挪威，结成瑞挪联盟，1905年挪独立。瑞典在两次世界大战中均保持中立，未参战。

政　治

2010年9月，瑞典举行大选，温和联合党、人民党、中间党、基督教民主党组成联合政府。当前政局总体平稳。四党联合政府谨慎施政，坚持稳健的财政和经济政策，积极促进就业，努力改善福利。

【宪法】现行宪法由政府法典（1809年制定，1974年修订）、王位继承法（1810年制定，1979年修订）和新闻自由法（1949年制定）三个基本法组成。此外还有议会组织法（1866年制定，1974年修订）。宪法规定瑞典实行君主立宪制。国王是国家元首，作为国家象征仅履行代表性或礼仪性职责，不能干预议会和政府工作。议会是立法机构，由普选产生。政府是国家最高行政机构，对议会负责。国王的长子女是法定王位继承人。

【议会】一院制，共349名议员，议员经普选产生，任期四年。议会组织法规定，政党在大选中需获得全国选票的4%或一个选区的12%才能进入议会。本届议会于2010年9月选出，由温和联合党、人民党、中间党、基督教民主党组成的中右联盟获得议会349席中的173席，社会民主党为首的左翼政党占156席，极右翼的瑞典民主党获20席。议长为佩尔·韦斯特贝里（Per Westerberg，温和联合党）。

【政府】现政府于2010年10月6日组成。政府设12个部，包括首相在内共24名阁员。首相弗雷德里克·赖因费尔特（Fredrik Reinfeldt，温和联合党），副首相兼教育大臣扬·比约克隆德（Jan Björklund，人民党），外交大臣卡尔·比尔特（Carl Bildt，温和联合党），欧盟事务大臣比吉塔·乌尔松（Birgitta Ohlsson，女，人民党），司法大臣贝特里斯·阿斯克（Beatrice Ask，女，温和联合党），移民事务大臣图比亚斯·比尔斯特伦（Tobias Billström，温和联合党），外援大臣古尼拉·卡尔松（Gunilla Carlsson，女，温和联合党），贸易大臣埃娃·比约琳（Eva Björling，女，温和联合党），社会事务大臣约兰·黑格隆德（Göran Hägglund，基民党），儿童和老年护理事务大臣玛丽亚·拉尔松（Maria Larsson，女，基民党），民事和住宅事务大臣斯特芬·阿特法尔（Stefan Attefall，基民党），社会保障事务大臣乌尔夫·克里斯特松（Ulf Kristersson，温和联合党），财政大臣安德士·博里（Anders Borg，温和联合党），金融市场大臣彼得·诺曼（Peter Norman，温和联合党），平等事务大臣兼副教育大臣尼阿姆库·萨布尼（Nyamko Sabuni，女，人民党），农村事务大臣埃斯基尔·埃兰德松（Eskil Erlandsson，中间党），环境大臣列娜·艾克（Lena Ek，女，中间党），工商大臣安妮·略夫（Annie Lööf，女，中间党），信息技术和能源大臣安娜—卡琳·哈特（Anna-Karin Hatt，女，中间党），基础设施事务大臣卡塔琳娜·埃尔姆赛特—斯维德（Catharina Elmsäter-Svärd，女，温和联合党），文化和体育事务大臣列娜·安德松·丽列罗斯（Lena Adelsohn Liljeroth，女，温和联合党），劳动市场大臣希列维·恩斯特伦（Hillevi Engström，女，温和联合党），融合事务大臣兼副劳动市场大臣埃里克·乌伦哈格（Erik Ullenhag，人民党），国防大臣卡琳·恩斯特伦（Karin Enström，女，温和联合党）。

【主要网址】瑞典王室：http://www.royalcourt.se；议会：http://www.riksdagen.se；首相府：http://www.regeringen.se；外交部：http://www.ud.se；瑞典国际开发署：http://www.sida.se；瑞典学会：http://www.si.se。

【行政区划】全国划分为21个省和289个市。省长由政府任命，市级领导机构由选举产生，省、市均有较大自主权。

【司法机构】法院分三级：最高法院、6所中级（上诉）法院、72所初审法院，此外另设28所行政法院。皇家最高法院由16名政府任命的终身法官组成，现任院长玛丽安娜·隆蒂尤斯（Marianne Lundius）。全国设国家检察院、6个中级检察院、38个区级检察院和11个专司经济犯罪的检察院。国家检察长由政府任命，现为安德士·佩尔克莱夫（Anders Perklev）。设有独立监察官，对议会负责，监督各级政府机构和官员。现任总监察官塞西利亚·诺登费尔特（Cecilia Nordenfelt）。

【政党】主要政党有：

（1）温和联合党（Moderata Samlingspartiet）：亦称保守党，1904年成立。现有党员5.5万人。主张坚持私有制和为企业减税，积极参与国际合作，主张加入北约。主席弗雷德里克·赖因费尔特。

（2）人民党（Folkpartiet Liberalerna）：亦称自由党，1934年成立。现有党员1.8万人。主张自由竞争和宽松的移民政策。主席扬·比约克隆德（Jan Björklund）。

（3）中间党（Centerpartiet）：1913年成立，原名农民协会，1958年改为现名。现有党员4.3万人。代表农场主和家庭农户利益。反对加入欧盟和北约、反对中央集权，强调环保。主席安妮·略夫（Annie Lööf，女）。

（4）基督教民主党（Kristdemokratiska Partiet）：1964年成立，原名基督教社会民主党，1996年改为现名。现有党员2.3万人。坚持基督教价值观、重视家庭。主席约兰·海格隆德（Göran Hägglund）。

（5）社会民主工党（Socialdemokratiska Arbetarpartiet）：简称社民党。1889年成立。瑞典第一大政党，曾长期执政。现有党员10万人。主张保持和发展福利制度，积极参与国际合作。主席斯蒂凡·略夫文（Stefan Löfven）。

（6）环境党（Miljöpartiet de Gröna）：1981年9月成立。现有党员9000人。强调环保，主张关闭核电站，反对加入欧元区。实行集体领导制，主要领导人玛丽亚·维特斯特朗（Maria Wetterstrand，女）和彼得·埃里克松（Peter Eriksson）。

（7）左翼党（Vänsterpartiet）：1917年成立。原名左翼党—共产党人，1990年改为现名。党员1.1万人。要求缩短工时、重视妇女权利、反对加入欧盟。主席拉什·奥利（Lars Ohly）。

（8）瑞典民主党（Sverigedemokraterna）：1988年成立。党员6000余人。要求政府实行更加严格的移民政策。2010年首次进入全国议会。主席吉米·奥克松（Jimmie Åkesson）。

【重要人物】**卡尔十六世·古斯塔夫**：国王。1946年4月30日生于斯德哥尔摩。1966年高中毕业后在部队接受军事训练，1968年在乌普萨拉大学和斯德哥尔摩大学进修。1973年9月15日即位。爱好体育运动。

1976年6月与德国人希尔维亚结婚。有二女一子，长女维多利亚公主为王储。1981年9月和2006年7月偕王后访华，2008年出席北京奥运会，2010年5月出席上海世博会，11月随瑞典皇家工程院科技考察团访华，2011年2月与王后因私访沪。　**弗雷德里克·赖因费尔特**：首相。1965年生，经济学家。1990年当选温和联合党斯德哥尔摩青年联盟主席，1991年当选议会议员，1992～1995年出任温和党青年联盟主席，并当选温和党中央执委。1994年任议会金融委员会委员。2001年当选议会法律委员会主席。2003年5月被推举为党主席。2006年9月17日领导温和党赢得大选，10月出任首相，2010年大选连任。已婚，有两子一女。　**佩尔·韦斯特贝里**：议长。1951年生，经济学家。温和党人，1979年当选议员。1991～1994年任工商大臣，并先后担任议会工商委员会主席、环境及农业委员会主席、交通委员会副主席，为瑞议会欧盟委员会成员。2003年当选议会第一副议长。2006年10月出任议长，2010年大选连任。已婚，有4个子女。

经　济

经济发达。20世纪90年代初受世界性经济危机影响出现衰退，1994年经济开始回升，此后大力发展电子和信息技术产业，经济一直保持2%～4%的增长速度。2008年以来，国际金融危机对瑞典实体经济造成冲击。面对危机，瑞典政府采取一系列措施稳定金融市场，刺激经济增长。2009年起瑞经济企稳回升。受全球经济增长停滞和欧债危机影响，2011年瑞经济增速稍有放缓。世界经济论坛2011—2012年度全球竞争力排名中位列第三，仅次于瑞士和新加坡。2011年主要经济数据如下（资料来源：瑞典统计局。下同）：

国内生产总值：34950亿克朗。

人均国内生产总值：36.9万克朗。

国内生产总值增长率：3.9%。

货币名称：瑞典克朗（Svensk krona）；1克朗=100奥尔。

汇率：1美元=6.78克朗。

通货膨胀率：1.9%。

失业率：7.5%。

【资源】铁矿、森林和水力是瑞典三大资源。已探明铁矿储量36.5亿吨，系欧洲最大的铁矿砂出口国。铀矿储量25～30万吨。森林覆盖率为54%，蓄材26.4亿立方米。可利用的水力资源有2014万千瓦（1760亿千瓦时），已开发81%。此外，北部和中部地区有硫、铜、铅、锌、砷等矿，储量不大。

【工业】工业发达，主要有矿业、机械制造业、森林及造纸工业、电力设备、汽车、化工、电信、食品加工等。2011年从业人员占总就业人数28.2%，工业产值占国内生产总值的26.9%。主要工业产品产量如下（单位：万吨）：

	2009	2010
铁矿砂	1770.0	2530.0
铜	5.5	7.7
纸浆和纸张	2240.0	2280.0
小汽车（万辆）	45.6	58.6
发电（亿千瓦时）	138.0	147.0

【农业】全国耕地面积共264.83万公顷，占国土面积的5.93%。2011年农、林、牧、渔从业者约占总就业人数1.1%。农业产值约占国内生产总值的1.8%，其中畜牧业占农业总产值的80%。粮食、肉类、蛋和奶制品自给有余，蔬菜、水果主要靠进口，农产品自给率达80%以上。主要农畜产品产量如下（单位：万吨）：

	2009	2010	2011
谷物	525.0	433.3	460.0
小麦	168.0	159.6	196.6
马铃薯	57.8	54.3	58.4
牛肉	14.0	13.8	13.8
猪肉	28.7	29.1	25.6
禽类	9.7	10.3	12.1
蛋	9.8	8.6	11.6
奶制品	319.7	293.3	285.0
捕鱼	31.6	20.3	18.0

【服务业】2011年服务业从业人员约占总就业人数70.7%，主要分布在医疗护理、商业、运输通讯、金融、企业服务、教育、科研、公共行政部门、个体、文化服务及家庭服务等领域。2011年服务业产值约占国内生产总值的71.3%。

【旅游业】旅游业稳定发展，2011年共接待外国旅客约775万人次。主要旅游地有首都斯德哥尔摩、北部自然保护区、南部的哥德堡市和斯考奈省。

【交通运输】铁路：2010年总长1.28万公里。2011年客运量1.88亿人次，货运量6800万吨。

公路：2010年总长21.6万公里，其中有国道、省道13.9万公里。2011年公路货运量3.5亿吨。2011年有轿车440.1万辆，公共汽车1.4万辆、卡车54.8万辆、拖拉机32.1万辆、摩托车28.1万辆。

水运：2011年有商船992艘，总吨位411.7万吨；全国港口吞吐量1.77亿吨。

空运：北欧航空公司（SAS）为瑞典、丹麦和挪威共有，瑞典占3/7股份，现有飞机140架；此外瑞还有安德森商业航空公司（Andersson Business Jet AB）、商业喷气公司（BussnessJet）等小型从事商业旅行服务和国内短途旅行的航空公司10余个。2011年全国机场进出港3704万人次；货运量15.3万吨。

【财政金融】近年来财政收支情况如下（单位：亿克朗）：

	2009	2010	2011
收入	8386	7664	8634
支出	7789	7873	7900
差额	597	−209	734

【对外贸易】外贸依存度较高，2011年对外贸易额23540亿克朗，相当于国内生产总值的67%，出口占国内生产总值的35%。出口商品主要有：各类机械、运输通讯设备、化工及医药产品、纸张纸浆、造纸设备、铁矿石、家用电器、能源设备、石油制品、天然气和纺织品等。近几年外贸情况如下（单位：亿克朗）：

	2009	2010	2011
出口额	9960	11360	12141
进口额	9083	10664	11418
差　额	877	696	723

鼓励自由贸易，积极拓展外贸市场。2011年主要贸易伙伴如下（单位：亿瑞典克朗）：

	出口额	进口额
德国	306.8	498.8
挪威	298.2	249.3
英国	228.4	191.6
丹麦	191.3	225.8
芬兰	189.2	137.1

【对外投资】1989年正式取消外汇管制。主要投资对象是美国和欧洲国家，2011年瑞典对外投资262亿美元。

【外国资本】近年来瑞以良好的基础设施和充足的高科技人才吸引了大量外资，瑞典的外国投资者主要来自德国、芬兰、美国、英国、荷兰等国。2011年瑞典吸收外国直接投资122亿美元。

【对外援助】2011年瑞外援额为352亿克朗，占国内生产总值的1%。主要受援国是坦桑尼亚、阿富汗、莫桑比克、刚果、苏丹、肯尼亚、乌干达、巴基斯坦、埃塞俄比亚等。

【著名公司】2011年排名世界500强的瑞重要公司（单位：亿美元）：

公司名称	营业收入	排名
沃尔沃汽车公司（Volvo）	367.5	237
大瀑布能源公司（Vattenfall）	296.5	322
爱立信公司（Ericsson）	282.3	339

（资料来源：《财富杂志》网站）

人民生活

生活水平较高。社会保障制度完善，医疗卫生体系发达。2010年共有医生3.4万人，护士10.2万人。男女平均寿命分别为78.8岁和83.5岁，老龄化较严重。

军　　事

奉行军事不结盟政策。和平时期注重包括军事防务、民防、经济防务和心理防务的总体国防建设。国王为全国武装力量最高代表。三军总司令负责提出军事战略，领导部队训练，指挥全军作战。全国划分为四个军区。2011年7月1日，瑞典取消实行100多年的义务兵役制，开始实行募兵制。常规军总兵力2.5万人，预备役6.1万人。2011年国防开支为67亿美元。军工发达，80%的军事物资可自己生产。三军总司令斯维克·约兰松（Sverker Göranson）上将。

文化教育

实行科教立国政策。2011年政府科教投入占国内生产总值6.7%。

【教育】实行9年一贯制义务免费教育。2010年小学和初中在校生89.2万，高中在校生39.5万。全国有各类高校47所（其中综合性大学7所，艺术类院校9所），在校学生41万人，教师15万人。护理高等学校5所。

著名高校有斯德哥尔摩大学、乌普萨拉大学、隆德大学、皇家工学院等。

【科研】科研较发达。全国科研力量主要集中在国家资助的全国各级高校、专业研究所、皇家科学院和工程院以及企业资助的下属研发部门。科研开发投入逐年增加，每年开展研发项目约5000多个。

【文化】文化生活较丰富。全国有专业和公共图书馆389个，各类博物馆241个，电影院823所。年产40部电影。

【体育】全民体育健身活动丰富，网球、冰球、乒乓球、足球、手球、高尔夫球、赛马等竞技项目普及并有较高水平，全国约有2.7万个体育协会和俱乐部。

【新闻出版】年出版图书近1.6万多种，日报170种，总发行量超过450万份。主要报纸有《每日新闻》、《瑞典日报》、《晚报》等。新闻媒体有瑞典通讯社，1921年创立，为半官方新闻机构。下设瑞典全国广播电台、瑞典电视台和教育台。

对外关系

奉行“和平时期军事不结盟。加入欧盟、申根协定，但未加入欧元区。没有加入北约，但系北约“和平伙伴关系”成员国并参与经联合国授权、北约主导的国际维和行动。以维护国际法和尊重人权作为对外政策两大基石，希望通过提供发展援助、参与国际维和行动等方式，承担应有的全球责任，成为国际发展合作领域的“领导力量”。积极推动联合国改革，密切关注国际热点问题。将与欧盟国家的合作放在外交和安全政策的特殊地位，支持欧盟继续扩大，主张加强跨大西洋合作，视周边地区为自身安全的基础，近年更加重视发展同亚太及新兴国家的关系。

【对当前重大国际问题的看法】关于国际形势：认为地区冲突、恐怖主义、大规模杀伤性武器扩散、侵犯人权和贫困是对世界安全的主要威胁。国际能源竞争日趋激烈已成为新的安全问题。主张建立全球安全体系，并将争取人权与民主、经济和社会公正、国际自由贸易、良好环境、裁军作为实现全球安全的中心目标。

关于环境保护和气候变化问题：高度重视环境保护和气候变化问题，成立以外援大臣为主席的国际气候变化和发展委员会。在欧洲率先提出自身减排40%的目标。支持由联合国主导气候变化问题的进程，推动制定新的气候公约。重视最不发达国家和受气候变化影响最严重国家的实际需要，认为需达成确保升温不超过2摄氏度的国际气候协议，希新的气候协议涵盖世界所有国家。认同“共同但有区别的责任”原则，主张美国、中国、印度等排放大国为解决气候问题承担相应的国际义务。在巴西举行的“里约+20”环境大会上，瑞推动国际社会从经济、社会和环境三个可持续发展领域综合发展。

关于自由贸易问题：坚持贸易自由化，视自由贸易为对外贸易和经济政策的重要基石。认为反对保护主义是国际贸易的中心任务，自由贸易和新科技应用将为实现全球经济可持续复苏创造前提条件。积极通过双边、多边机制和地区性贸易协定推动自由贸易。重视世界贸易组织机制，积极推动多哈回合谈判。要求欧盟内部加强市场建设，推动欧盟同重要伙伴国尽快结束双边或地区自由贸易谈判。

关于北极理事会：瑞2012～2013年担任北极理事会轮值主席国，主要推动该地区国家改善极地居民生活条件、保护自然环境等问题。瑞已开始实施政府2011年春季通过的北极地区战略。

关于叙利亚问题：关注叙利亚问题，认为叙政府必须停止暴力行动，巴沙尔总统必须下台，并立即启动民主过渡进程，只有这样才能避免叙爆发殃及整个地区的内战。国际社会需加大对叙制裁力度，增加人道主义援助。

关于巴以局势：对巴以和平进程停滞不前表示关注。支持建立一个具有活力、民主的巴勒斯坦国，希巴以双方能早日实现和睦相处。

关于伊朗核问题：主张中东地区成为没有大规模杀伤性武器的地区。敦促伊朗尊重联合国安理会决议，同国际原子能机构进行充分合作，履行核不扩散条约义务。支持欧盟对伊朗实行“双轨”策略。认为伊朗未能充分解释其核项目背后的意图，国际社会应该对伊朗采取一致行动。

关于阿富汗问题：认为阿富汗国内人权状况亟待改善，呼吁西方国家加大对阿富汗重建的经济援助。承诺每年为阿提供20亿瑞典克朗援助。瑞资深外交官米斯图拉被任命为联合国阿富汗事务特别代表。瑞政府设阿富汗—巴基斯坦问题特使。支持国际安全援助部队在阿富汗的维和行动，目前在阿驻军500余人，争取在2014年底将瑞军所承担使命完全移交阿本国部队。2012年起对阿的援助将以民事为主，通过支持联合国统一协调、加大对阿民事援助等方式，帮助阿承担自身责任。

关于朝核问题：曾任朝鲜战争停战协议中立国监察委员会成员，长期关注半岛局势，在朝鲜设有常驻机构。认为朝鲜发展核武器将破坏核不扩散体系，并对地区和国际和平与安全构成威胁。主张通过外交途径和对话解决朝核危机，愿在人权和市场经济方面向朝鲜提供“更多帮助”。

【同中国的关系】瑞典于1950年5月9日同中国建交，是第一个与中国建交的西方国家。建交后两国关系正常发展。20世纪80年代，两国关系发展较快，中国总理访瑞，瑞国王和两位首相访华。1998年，瑞出台包括深化对华关系内容的“亚洲战略”，并于2002年春进行修订和补充。2005年12月，瑞政府发表亚洲政策新文件，提出在环保和可持续发展等领域进一步加强对华合作。

2006年7月，瑞国王卡尔十六世·古斯塔夫第二次对华进行国事访问。2007年6月，胡锦涛主席访问瑞典。这是中国国家主席首次对瑞典进行国事访问。2010年3月，习近平副主席对瑞典进行正式访问。2008年8月，瑞国王卡尔十六世·古斯塔夫来华观摩北京奥运会并出席闭幕式，2010年5月来华出席上海世博会。2008年4月，瑞首相赖因费尔特对中国进行正式访问并出席博鳌亚洲论坛年会开幕式，10月来华出席第七届亚欧首脑会议，2009年11月来华出席第12次中欧领导人会晤。

2012年4月23～25日，温家宝总理对瑞典进行正式访问，这是中国国务院总理28年来首次访瑞。访问期间，温家宝总理与瑞国王卡尔十六世·古斯塔夫、议长韦斯特贝里、首相赖因费尔特分别会见、会谈，出席“斯德哥尔摩+40可持续发展伙伴论坛”并发表讲话。两国签署了一系列政府部门间协议及金融协议和商业合同，共同发表了《中瑞政府关于在可持续发展方面加强战略合作的框架文件》。

中国驻瑞典大使：兰立俊（2011年5月19日递交国书）。馆址：Lidovägen 8, 11525 Stockholm, SWEDEN。电话：46-8-57936437；传真：57936454，7318404（商务处）。使馆网址：http://www.chinaembassy.se。

瑞典驻华大使：罗睿德（Lars Fredén，2010年12月1日递交国书）。馆址：北京市朝阳区东直门外大街3号。电话：010-65323331；传真：65325008，65323803（贸易处）。使馆网址：http://www.swedemb-cn.org.cn。

【同欧盟的关系】致力于成为欧盟核心成员国，以更好地维护国家利益和促进瑞价值观。认为欧元区保持强大和稳定，确保受欧债危机严重影响的国家能在其他国家帮助下脱困，符合瑞利益。瑞加入欧盟新财政协议，并主办由北欧五国、波罗的海三国以及英国等九国参加的“北部未来论坛”。希扩大和深化欧洲内部共同市场。

【同美国的关系】认为美国是欧盟最重要的战略伙伴。欧美广泛合作促进了全球和欧洲的安全与繁荣。美是瑞促进互联网自由和安全的重要伙伴。瑞将继续推动深化欧美之间经贸合作。

【同俄罗斯的关系】认为俄罗斯成为一个为应对全球共同挑战发挥建设性作用的真正民主国家，符合瑞和欧盟利益。俄加入世贸组织是俄融入世界经济并成为欧盟全面经济合作伙伴的重要步骤。

【同波罗的海次区域的合作】与北欧和波罗的海邻国之间的合作基础深厚。2013年，瑞将担任北欧理事会轮值主席国并负责协调北欧与波罗的海国家合作事宜，将继续推进波罗的海战略。（张晨晖）

瑞士

国名 瑞士联邦（Swiss Confederation）。

面积 41284平方公里。

人口 779.2万（2010年12月），其中外籍人超过22.59%。德语、法语、意大利语及拉丁罗曼语等4种语言均为官方语言，居民中讲德语的约占65.6%，法语22.8%，意大利语8.4%，拉丁罗曼语0.6%，其他语言2.6%。信奉天主教的居民占38.8%，新教30.9%，其他宗教10.2%（其中伊斯兰教4.5%），无宗教信仰20.1%。（2010年底最新人口普查结果）

首都 伯尔尼（Bern），市区人口13.34万（2010年12月）。

国家元首 联邦委员会全体成员集体作为国家元首。联邦主席由联邦委员会7名委员轮任，对外代表瑞士，任期一年。2012年联邦主席是埃维利娜·维德默—施鲁姆普夫（Eveline Widmer-Schlupf，女，公民民主党）。

重要节日 国庆节：8月1日；圣诞节：12月25日。

简况

位于中欧的内陆国。与奥地利、列支敦士登、意大利、法国和德国接壤。地处北温带，受海洋性气候和大陆性气候交替影响，气候变化较大，年平均气温9℃。

1291年8月1日，乌里、施维茨和下瓦尔登三个州在反对哈布斯堡王朝的斗争中秘密结成永久同盟，此即瑞士建国之始。1815年维也纳会议确认瑞士为永久中立国。1848年制定宪法，设立联邦委员会，成为统一的联邦制国家。在两次世界大战中均保持中立。

政治

自1959年起，一直由议会中的四大党自由民主党（简称自民党）、社会民主党（社民党）、基督教民主人民党（基民党）和瑞士人民党组成联合政府，四党在联邦委员会中的比例为2∶2∶2∶1。这一模式保证了几十年来瑞政局的稳定，被称为“奇妙组合”。2003年联邦议会选举后，人民党赢得联邦委员会第二个席位，基民党则失去一席，“奇妙组合”发生变化。2007年联邦议会选举后，“奇妙组合”被“五党共治”替代。自民党和社民党各占两席，基民党、人民党和公民民主党各占一席。2011年10月，瑞举行联邦议会选举，新一届联邦委员会仍保持既有格局。

【宪法】1848年制订通过，1874年以来曾多次修改。瑞士实行“公民表决”和“公民倡议”形式的直接民主。凡修改宪法条款、签订期限为15年以上的国际条约或加入重要国际组织，必须经过公民表决并由各州通过方能生效。1999年瑞士公民表决通过新宪法，明确规定瑞士是联邦制国家，各州有自己的宪法。联邦政府管辖外交、财政、金融、联邦税收、货币、国防、海关、铁路、邮电、能源、电视、广播和社会保障等，其他事务由各州管辖。各州必须遵守联邦的全国性法规并接受联邦的监督。新宪法还确定了国际法高于国内法的原则。

【议会】联邦议会是最高立法机构，由具有同等权限的国民院和联邦院组成。只有两院一致批准，法律或决议方能生效。国民院有200名议员，由公民普选产生，任期四年；联邦院有46名议员，由各州选派，任期因州而异，最长四年。两院议长任期均为一年。2012年度国民院议长汉斯耶尔格·瓦尔特（Hansjörg Walter，人民党），联邦院议长汉斯·阿尔特赫尔（Hans Altherr，自民党）。

本届议会2011年10月产生，各主要政党在两院所占席位如下：

	国民院	联邦院
瑞士人民党	54	6
社会民主党	46	10
自由民主党	30	11
基督教民主人民党	28	13
绿党	15	2
公民民主党	9	1
其他	18	3

【政府】联邦委员会是国家最高行政机构，由7名委员组成，分任7个部的部长，实行集体领导，任期四年。设主席和副主席，由联邦委员轮任，任期一年，

不得连任。2011年12月12日，瑞举行新一届联邦委员会选举，2009年和2010年瑞共有3名联邦委员辞职，瑞举行联邦委员补选选举。2012年度联邦委员会组成如下：

联邦主席兼财政部长埃维利娜·维德默—施鲁姆普夫（Eveline Widmer-Schlumpf，女，公民民主党），联邦副主席兼国防、民防和体育部长于利·毛雷尔（Ueli Maurer，人民党），环境、交通、能源和电信部长多丽丝·洛伊特哈德（Doris Leuthard，女，基民党），经济部长约翰·施耐德—阿曼（Johann N. Schneider-Ammann），外交部长迪迪埃·布尔克哈尔特（Didier Burkhalter，自民党），司法警察部长西蒙奈塔·索玛鲁嘎（Simonetta Sommaruga，女，社民党），内政部长阿莱恩·贝尔塞（Alain Berset，社民党）。

【司法机构】联邦法院是瑞最高司法机构。法院内设民事、刑事、公法和社会法法庭。2007年前，瑞士在联邦层面曾设有联邦法院和联邦保险法院。后经机构调整，联邦保险法院成为联邦法院下属的社会法法庭，负责有关社会保险方面的诉讼。整合后的联邦法院现有联邦法官38名，均由议会选举产生，正、副院长每两年改选一次。2010/2011年度联邦法院院长为洛伦茨·迈尔（Lorenz Meyer），副院长为吉尔伯特·霍利（Gilbert Kolly）。

此外，瑞士还设有联邦行政法院和联邦刑事法院，负责审理行政申诉或上诉案件、渎职案件及恐怖袭击、泄密、叛国、洗钱等特殊刑事案件。

【行政区划】瑞士的行政区划分为三级，即联邦、州、市镇。全国由26个州组成（其中6个州为半州）：苏黎世、伯尔尼、卢塞恩、乌里、施维茨、上瓦尔登（半州）、下瓦尔登（半州）、格拉鲁斯、楚格、弗里堡、索罗图恩、巴塞尔城（半州）、巴塞尔乡（半州）、沙夫豪森、外阿彭策尔（半州）、内阿彭策尔（半州）、圣加仑、格劳宾登、阿尔高、图尔高、提契诺、沃州、瓦莱、纽沙泰尔、日内瓦、汝拉。

【政党】大小政党共有30多个，主要政党有：

（1）瑞士人民党（Schweizerische Volkspartei）：法语区称中间民主联盟，1971年由农民党和民主党合并组成。党员约9万人。主席托尼·布龙讷（Toni Brunner）。

（2）瑞士自由民主党（Freisinnig-Demokratische Partei der Schweiz）：法语区称激进民主党，1894年成立。党员约13万人。主席福尔沃·佩里（Fulvio Pelli）。

（3）社会民主党（Sozialdemokratische Partei）：法语区称瑞士社会党，1888年成立。党员约4万人。主席克里斯蒂安·莱韦拉特（Christian Levrat）。

（4）瑞士基督教民主人民党（Christlich-Demokratische Volkspartei der Schweiz）：法语区称基督教民主党，建于1912年。前身是“人民保守党”，1970年改为现名。党员约10万人。主席克里斯托弗·达伯雷（Christophe Darbellay）。

（5）瑞士公民民主党（Buergerlich-Demokratische Partei）：2008年成立，分离自瑞士人民党。党员约6000人。主席汉斯·格伦德尔（Hans Grunder）。

（6）瑞士绿党（Gruene Partei der Schweiz）：建于1983年。党员约6500人。主席于利·洛伊恩贝格（Ueli Leuenberger）。

【重要人物】埃维利娜·维德默—施鲁姆普夫：女，56岁，公民民主党。法学博士，律师。2008年起当选瑞联邦委员兼任司法警察部长，2011年起任财政部长，2012年任联邦主席，任期一年。

经　济

瑞士是高度发达的工业国。实行自由经济政策，政府尽量减少干预。对外主张自由贸易，反对贸易保护主义。2011年主要经济数据如下（资料来源：瑞士联邦统计局网站）：

国内生产总值：6755亿瑞郎（按当年价格计算）。

人均国内生产总值：61079瑞郎（按当年价格计算）。

国内生产总值增长率：1.21%。

货币名称：瑞士法郎，1瑞士法郎=100生丁。

汇率：1美元=0.9217瑞郎（2012年4月）。

通货膨胀率：0.28%（2011年12月）。

失业率：4.5%（2011年12月）。

【资源】瑞士矿产资源匮乏，仅有少量盐矿、煤矿、铁矿和锰矿。生产生活所需能源、工业原料主要依赖进口。水力资源丰富。森林面积127.8万公顷，森林覆盖率为32.4%。

【工业】机械制造、化工、医药、高档钟表、食品加工、纺织业是瑞士的主要支柱产业。工业技术先进，产品质量精良，在国际市场具有很强的竞争力。除ABB、雀巢、诺华、苏尔寿等著名大公司外，绝大多数为中小企业。2009年，工业就业人数约102.4万，占总就业人口的25.3%。

【农业】主要农作物有小麦、燕麦、马铃薯、甜菜和葡萄种植。肉类基本自给，奶制品自给有余。2009年，农业就业人数17万，约占总就业人口的4.2%。

【旅游业】旅游业十分发达，是仅次于机械制造和化工医药的第三大创汇行业。2011年，瑞士拥有旅馆4921家，床位24.9万张。2011年游客过夜数为3628万人次，创历史新高。游客主要来自德国、英国、美国、法国和意大利。主要旅游点是苏黎世、日内瓦、卢塞恩和洛桑等地。

【交通运输】以公路和铁路运输为主。

铁路：总长5124公里，全部电气化，铁路密度居世界前列。2011年列车客运量达3.788亿人次。

公路：总长71384公里，分国道、州道、镇道，其中国道1790公里，为公路交通主干。公路网四通八达，遍及全国。拥有目前世界上最长的公路隧道——

圣哥达大隧道，总长16300米。

水运：有水路航线1230公里。瑞士拥有33艘海运货轮。目前海运总吨位近80万吨。重要内河港口为巴塞尔。

空运：主要国际机场有苏黎世机场和日内瓦机场。2010年在瑞注册的各类飞机共计1871架，直升机336架。瑞士航空公司现有飞机82架，2010年运送乘客约1567万人次，同比增长1.4%。

管道运输：有输油管道108公里，天然气管道1986公里。

【**财政金融**】近几年联邦财政收支情况如下（单位：亿瑞郎）：

	2009	2010	2011
收入	609	597	642
支出	582	64	623
差额	27	-44	19

（资料来源：瑞士联邦统计局网站）

2010年全国共有银行329家。外国银行在瑞分支机构35家。全日制银行职员约13.7万人。最大城市苏黎世是国际金融中心之一，是仅次于伦敦的世界第二大黄金交易市场。有220家保险企业，其中外资保险公司41家，全日制职工约4.2万人。

2011年3月，瑞士外汇储备2910.73亿美元，黄金储备市值达481.24亿瑞郎。

瑞士两大银行：（1）瑞士联合银行（UBS），由原瑞士联合银行和瑞士银行公司于1997年12月合并，投资资产总计2.23万亿瑞郎，拥有员工7.9万人，是世界第一大资产管理公司。受美国信贷危机牵连，遭受前所未有的巨大损失，2008年亏损208.9亿瑞郎（约合179亿美元）。2009年第三季度起扭亏为盈，2011年税前盈利55.6亿瑞郎。（2）瑞士信贷银行（CSG），成立于1856年，总资本约1.2万亿瑞郎，拥有员工4.78万人。2011年盈利45亿瑞郎。

保险公司：苏黎世金融服务集团，1872年成立。1997年与英国最大的烟草集团BAT的金融保险业务分部（BASF）合并，组成苏黎世金融服务集团，总部设在苏黎世。新集团为世界第二大保险公司，员工6万人。2011年，集团盈利38.6亿美元。

【**对外贸易**】外贸在经济中占重要地位。95%的原料、能源和60%的消费品依靠进口；工业产品的70% ~ 90%外销。2011年外贸总额3675亿瑞郎。近几年进出口情况如下（单位：亿瑞郎）：

	2008	2009	2010
进口额	1869	1601	1740
出口额	2063	1803	1935
差　额	194	202	195

（资料来源：瑞士联邦统计局网站）

主要出口商品是机械设备、化工产品、医药、精密仪器、钟表及食品，进口商品主要是原料、半成品和耐用消费品。主要贸易伙伴是欧盟和美国。

【**对外援助**】瑞士将帮助战乱国家恢复和平、发展经济、消除贫困作为其发展援助的主要目标，并通过双边和多边途径加以实施。援助对象主要是非洲、亚洲、拉美地区贫穷的中、小发展中国家以及东欧和独联体国家。政府计划2015年达到联合国关于发达国家发展援助占其国民收入0.7%的目标。

【**对外投资**】2011年瑞士对外直接投资达361.3亿瑞郎，投资主要在美国、欧洲及其他地区工业国。

【**外国投资**】2011年外国在瑞士直接投资达233.9亿瑞郎。注册资产在1000万瑞郎以上的外国企业共817家，1000万瑞郎以下资产的外资企业共约4000家。外资企业在瑞共有员工约33.7万人。

【**著名企业**】（1）雀巢公司：成立于1866年，总部设在韦维，现已发展成为世界上最大的食品工业集团，拥有员工27.8万人。2011年营业额1034.8亿瑞郎，纯利润325.67亿瑞郎，同比降低7.8%。公司主要产品有饮料、奶制品、冷冻食品、成品及半成品食物、巧克力和糖果等。董事长彼得·包必达（Peter Brabeck-Letmathe），首席执行官保罗·布尔克（Paul Bulcke）。

（2）ABB集团：1988年由ASEA公司和BBC Brown Boveri公司合并而成，是一个业务遍及全球的电气工程集团，主要业务包括开发、生产和销售发电设备、高压输电设备及系统、中低压配电设备及安装和电力机车等。总部在苏黎世。2011年营业额311亿美元，净收入24.8亿美元。现有员工11.7万人。集团董事长胡伯图斯·冯·格林伯格（Hubertus von Gruenberg），总裁兼首席执行官约瑟夫·豪根（Josef Hogan）。

（3）诺华公司（Novartis）：总部在巴塞尔，世界第二大医药公司。由瑞士两大化工集团汽巴·嘉基和山度士于1996年3月合并而成。2011年营业额549.8亿美元，净利润127.6亿美元。主要经营医疗保健、农用化学品和食品。全球共有员工约12万人。集团总裁、董事长兼首席执行官魏思乐（Dr.Daniel Vasella）。

人民生活

瑞士是高工资、高福利、高消费国家。2010年全国共有医疗卫生从业人员541824名，有299家医疗保健机构，床位38852张，每千人有床位4.9张。全国共有机动车591.2万辆，其中小轿车420万辆，每千人有小轿车529辆。

军　事

实行民兵制，现役编制兵力12.2万人，有陆、空军两个军种。凡20 ~ 34岁身体健康的男性公民都必须服兵役，服役人员一生中参加军训时间总计280天。服役期间和退役后，单兵武器装备均归个人保管。1995年，瑞士颁布了第一部民役法，规定自1997年起公民可在军役和民役间自由选择。联邦委员会拥有最高指挥权并通过国防部领导军队。总体作战指导思想是防御战。2010年国防开支44.21亿瑞郎，占国内生产总值的0.65%。

文化教育

【教育】教育事业由各州管理，自筹经费，自编教材。全国实行9年义务教育制，各类学校11000所。有12所高等院校，其中苏黎世高等工业大学和洛桑高等工业大学直属联邦。2009/2010年度9年义务教育学生76.9万余人，学前教育学生14.8万人，高中及职业学校学生32.5万人，高等院校学生23.1万人。

【新闻出版】有1个通讯社：瑞士通讯社。全国有报纸79种，影响较大的是德语报纸《新苏黎世报》、《每日导报》和《一瞥报》。瑞士荣格集团（Ringier AG）创立于1883年，是瑞士最大的综合性媒体集团，总部设在苏黎世，全球拥有员工8000多人，2011年实现销售额12.44亿瑞郎。

各语区均有各自语言的广播电视。瑞士公共广播电视公司（SRG），总部设在伯尔尼，1997年开播，享有联邦广播特许权，负责用四种官方语言制作和播送广播和电视节目。瑞士国际广播电台用官方语言和英语、西班牙语及阿拉伯语制作节目，通过无线电短波、卫星向国外传送。

对外关系

瑞士为永久中立国，自1815年以来一直奉行中立政策。近年来，为更好地维护自身利益，逐步调整外交政策，由传统保守的中立向“积极的中立”过渡，把促进和平共处，尊重人权并促进民主，维护瑞海外经济利益，减少全球危机与贫困以及维护人类基本生存条件视为其外交政策的五大目标。自2002年9月加入联合国以来，外交政策更加突出人权和人道主义，大力开展斡旋外交，力图在国际事务中发挥独特作用，扩大国际影响。瑞士同世界上192个国家建有外交关系。

【同中国的关系】1950年9月14日与中国建交。2011年，两国关系继续保持良好发展势头，双方高层交往密切。4月，中共中央政治局委员、上海市委书记俞正声访瑞，瑞联邦委员兼内政部长布尔克哈尔特访华。5月，杨洁篪外长访瑞。7月，瑞联邦委员兼国防、民防和体育部长毛雷尔访华。9月，中共中央政治局委员、全国政协副主席王刚访瑞。

瑞士是中国在西欧的重要贸易伙伴，中国是瑞士在亚洲的第一大贸易伙伴。2011年双边贸易额为300.9亿美元，同比增长54%。其中，中方出口额为37亿美元，增长22.1%；进口额为272.1亿美元，增长59.7%。2011年1月，中国和瑞士启动两国自贸区协定谈判。

中国驻瑞士大使：吴恳。馆址：KALCHEGGWEG 10，CH-3006 BERN。　电　话：0041-31-3527333，3514593（领事部），9511401（商务处）；传真：3514573。网址：http：//www.china-embassy.ch。电子邮箱：china-embassy@bluewin.ch。

瑞士驻华大使：顾博礼（Blaise Godet）。馆址：北京市朝阳区三里屯东五街3号。电话：010-85328888；传真：65324353。网址：http：//www.eda.admin.ch/beijing。

【同欧盟的关系】与欧盟利益关系紧密。对欧盟进出口额分别约占瑞进出口总额的80%和60%，是欧盟第三大贸易伙伴。全力推动瑞欧双边合作向纵深发展，双方于2002年和2004年签署涉及人员自由往来、消除技术壁垒、司法警察及难民合作、利息税等16个领域的双边协议。2008年12月，正式加入申根区。2009年，加入欧盟对外边境行动管理署（FRONTTEX），与欧盟草签教育合作协定，全民公投支持将瑞欧人员自由流动协定永久化并将该协定适用范围扩大至保加利亚和罗马尼亚。

但另一方面，瑞加入欧洲经济区、入盟申请以及启动入盟谈判的人民倡议先后遭公投否决。同时，随着欧盟内联外扩向纵深发展，成员国利益需求更加多元，形成统一对瑞政策措施的难度增加，在谈判中坚持要求瑞全盘接受欧盟有关法规。瑞同欧盟关系发展的复杂性和制约因素增多。

2010年政府发表《瑞欧关系审议报告》，强调通过对瑞的欧盟政策目标以及对发展瑞欧关系可采取的模式及利弊进行全面评估，确认走“双边道路”仍系瑞目前发展对欧关系的最佳选择。

【同美国的关系】同美关系密切。赞赏奥巴马重视对话、人权和气候变化，强调多边主义和通过外交手段解决冲突，期待美重视多极世界的现实。2009年以来，进一步调整对美政策，全面落实瑞美双边合作备忘录，加强协调，妥善解决有关问题，两国关系明显升温。（鲁青）

塞尔维亚

国名　塞尔维亚共和国（The Republic of Serbia，Republika Srbija）。

面积　8.84万平方公里（2011年）。

人口　990万（2002年）。主要民族塞尔维亚族（62.6%）、阿尔巴尼亚族（16.5%）、黑山族（5%）、匈牙利族（3.3%）和穆斯林（3.2%）。官方语言为塞尔维亚语。主要宗教是东正教。

首都 贝尔格莱德（Belgrade，Beograd），人口164万（2011年）。一月平均气温0.6℃，七月平均气温24.4℃。

国家元首 总统托米斯拉夫·尼科利奇（Tomislav NIKOLIĆ），2012年6月就任，任期五年。

重要节日 国庆节：2月15日。

简 况

位于欧洲巴尔干半岛中北部，东北与罗马尼亚、东部与保加利亚、东南与马其顿、南部与阿尔巴尼亚、西南与黑山、西部与波黑、西北与克罗地亚相连。以温带大陆性气候为主，四季分明。冬季寒冷，夏季炎热。1月平均气温0℃，7月平均气温22℃，年平均气温11℃。

公元6～7世纪，部分斯拉夫人越过喀尔巴阡山移居巴尔干半岛。9世纪，塞尔维亚国家形成。14世纪上半叶，塞尔维亚曾是巴尔干最强盛的国家之一。15世纪，奥斯曼土耳其帝国征服包括塞尔维亚在内的巴尔干大部分地区，并统治达500年。1878年，柏林会议承认塞尔维亚独立。1882年，塞尔维亚成为王国。第一次世界大战后，部分南部斯拉夫民族于1918年12月联合成立塞尔维亚人—克罗地亚人—斯洛文尼亚人王国，1929年改称南斯拉夫王国，塞尔维亚成为其中一部分。二战期间南斯拉夫被德、意法西斯占领。1945年5月15日，南全国解放，同年11月29日，铁托领导下的南斯拉夫联邦人民共和国成立，塞尔维亚成为南联邦六个共和国之一。1963年4月南斯拉夫修改宪法，改国名为南斯拉夫社会主义联邦共和国。1991年，斯洛文尼亚、克罗地亚、波黑和马其顿先后宣布脱离南联邦独立。1992年4月27日，塞尔维亚、黑山两个共和国联合成立南斯拉夫联盟共和国（The Federal Republic of Yugoslavia）。2003年2月，南斯拉夫联盟议会通过“塞尔维亚和黑山宪法宪章”，南联盟更名为“塞尔维亚和黑山”（Serbia and Montenegro）。2006年6月3日，黑山共和国宣布独立。6月5日，塞尔维亚共和国宣布继承塞黑国际法主体地位。

政 治

2011年，塞尔维亚政局总体保持稳定。由民主党、塞尔维亚社会党、G17+党等组成的执政联盟致力于改善民生、促进社会稳定，根据欧盟要求推动政治和经济改革，取得一定成绩。

【宪法】2006年11月，塞尔维亚议会通过新宪法。根据新宪法，塞尔维亚是塞民族和所有生活在塞公民的国家，建立在法制和社会公正基础上，奉行民主，尊重人权和少数民族权利，从属欧洲价值观；科索沃享有高度自治，是塞尔维亚共和国领土的一部分。

【议会】国家最高权力机构，实行一院制。议员通过直选产生，任期四年。本届议会于2012年5月6日选举产生，共有250席。其中塞尔维亚前进党联盟73席，民主党联盟67席，塞尔维亚社会党联盟44席，塞尔维亚民主党21席，自由民主党联盟19席，塞尔维亚地区联盟16席，伏伊伏丁那匈牙利人联盟5席，桑贾克民主行动党2席，塞穆斯林联盟1席，普雷舍沃山谷阿尔巴尼亚人联盟1席，NOPO少数民族党1席。议长奈博伊沙·斯特法诺维奇（Nebojša STEFANOVIĆ）。

【政府】最高权力执行机构。本届政府于2012年7月组成，系以塞社会党、塞前进党、塞退休者联盟、塞地区联盟、桑贾克民主党、桑贾克民主行动党等组成的联合政府。总理兼内务部长伊维察·达契奇（Ivica DAČIĆ）。政府成员有：第一副总理兼国防部长阿莱克桑达尔·武契奇（Aleksandar VUČIĆ），副总理兼劳动、就业和社会政策部长约万·克尔科巴比奇（Jovan KRKOBABIĆ），副总理苏扎娜·格鲁别希奇（Suzana GRUBJEŠIĆ，女），副总理兼内外贸易和电信部长拉西姆·利亚伊奇（Rasim LJAJIĆ），财政和经济部长姆拉詹·丁基奇（Mlađan DINKIĆ），外交部长伊万·姆尔基奇（Ivan MRKIĆ），地区发展和地方自治部长韦里察·卡拉诺维奇（Verica KALANOVIĆ，女），交通部长米卢廷·姆尔科尼奇（Milutin MRKONIĆ），建设和城市化部长韦利米尔·伊利奇（Velimir ILIĆ），司法和国家管理部长尼科拉·塞拉科维奇（Nikola SELAKOVIĆ），农业、林业、水利部长戈兰·克奈热维奇（Goran KNEŽEVIĆ），教育、科学和技术发展部长扎尔科·奥布拉多维奇（Žarko OBRADOVIĆ），卫生部长斯拉维察·久基奇—德亚诺维奇（Slavica ĐUKIĆ-DEJANOVIĆ，女），能源、发展和环保部长左拉娜·米哈伊洛维奇（Zorana MIHAJLOVIĆ，女），文化和传媒部长布拉蒂斯拉夫·佩特科维奇（Bratislav PETKOVIĆ），自然资源、矿产资源和国土规划部长米兰·巴切维奇（Milan BAČEVIĆ），青年和体育部长阿莉莎·玛丽奇（Alisa MARIĆ，女），不管部长苏莱伊曼·乌格利亚宁（Sulejman UGLJANIN）。

【主要网址】总统府：http：//www.predsednik.rs；议会：http：//www.parlament.gov.rs；政府：http：//www.srbija.gov.rs；外交部：http：//www.mfa.gov.rs；《政治报》：http：//www.politika.rs。

【司法机构】设有最高法院、共和国检察院、宪法法院、地方各级法院和检察院等。最高法院和各级法院行使审判权。最高法院院长和检察院检察长由议会选举产生。最高法院院长娜塔·梅萨罗维奇（Nata MESAROVIĆ，女），2009年11月就任，任期五年。共和国检察长扎戈尔卡·多洛瓦茨（Zagorka DOLOVAC），2009年11月就任，任期六年。宪法法院院长德拉吉沙·斯利耶普切维奇（Dragiša SLIJEPČEVIĆ），2011年2月就任，任期三年。

【行政区划】全国设29个州，下辖194个区。

【政党】塞尔维亚主要政党有：

（1）塞尔维亚前进党（Srpska Napredna Stranka）：

执政党。成立于2008年10月。系由塞尔维亚激进党分裂出来的党派。主张将塞尔维亚建设成为东、西方间的桥梁和有自尊的欧盟成员国。代主席阿莱克桑达尔·武契奇。

（2）民主党（Demokratska Stranka）：在野党。成立于1990年2月。约有10万党员。主张保障议会民主、法治和人权自由。主席鲍里斯·塔迪奇。

（3）塞尔维亚社会党（Socijalistička Partija Srbije）：执政党。成立于1990年7月，由原塞尔维亚共产主义者联盟和塞尔维亚劳动人民社会主义联盟合并而成。主张实行民主社会主义，建立现代法治国家和经济发达、文化繁荣的国家。主席伊维察·达契奇。

（4）塞尔维亚地区联盟（Ujedinjeni Regioni Srbije）：执政党。成立于2010年5月，是由原"G17+"党和塞尔维亚地区、地方政党及民众团体组成的联盟。主张中央权力下放、政企分离、推行区域化，建设民主稳定、经济富强的塞尔维亚，支持塞尔维亚加入欧洲一体化进程，促进地区合作。主席姆拉詹·丁基奇。

（5）塞尔维亚激进党（Srpska Radikalna Stranka）：在野党。成立于1991年2月。约有19万党员，主要由工人、农民、家庭妇女、职员等组成。主张多党制、私有化和民主化。主席沃伊斯拉夫·舍舍利（Vojislav ŠEŠELJ）。

（6）塞尔维亚民主党（Demokratska Stranka Srbije）：在野党。成立于1992年，由民主党分裂产生。约有8万名党员。致力于建立同塞尔维亚民族地位相称的国家，主张改革经济体制和实行私有化。认为塞尔维亚不能与全世界对抗，但在涉及塞尔维亚人民利益的原则问题上不应让步。主席沃伊斯拉夫·科什图尼察（Vojislav KOŠTUNICA）。

【重要人物】托米斯拉夫·尼科利奇：总统。1952年生。毕业于诺维萨德大学经济与工程管理学院。自南联盟时期起，长期担任塞尔维亚议会议员。1998年先后任南联盟塞尔维亚共和国副总理、南联盟副总理。2012年5月当选塞尔维亚总统。1991～2008年，任塞激进党第一副主席。2008年10月创立塞前进党并任党主席。2012年5月当选总统后辞去党主席职务。曾于2010年11月底访华。已婚，有两个孩子。　**奈博伊沙·斯特法诺维奇：**议长。1976年生。毕业于贝尔格莱德"Megatrend"私立大学经济学院。经济学硕士。2004～2009年先后任贝尔格莱德"Interspeed"进出口公司销售经理、塞"苹果"公司财务副经理。2004～2008年任贝尔格莱德市议会议员、塞尔维亚共和国议会议员。2012年5月当选塞尔维亚共和国议会议员。塞前进党主席团成员、中央委员会副主席。懂英语和俄语。已婚，有　女。　**伊维察·达契奇：**总理。1966年生。毕业于贝尔格莱德大学政治学院。塞社会党资深党员。1990年，任塞社会党贝尔格莱德青年党主席。1992～2000年，任塞社会党发言人。2000～2003年，任塞社会党贝尔格莱德市委书记。2006年12月起，任塞社会党主席。1992年当选南联盟议会议员，2004年当选塞尔维亚共和国议会议员。曾先后在南联盟和塞尔维亚共和国议会中担任议员团团长，并曾任塞尔维亚共和国议会常驻欧洲议会代表团成员。2000年底至2001年初，曾任塞尔维亚共和国过渡政府信息部长。2008年7月起，任塞尔维亚共和国政府第一副总理兼内务部长。懂英语和俄语。已婚，有两个孩子。

经　济

近年来，塞尔维亚政府积极实行经济改革、推进私有化、改善内部投资环境，经济恢复较快。2011年塞尔维亚经济逐步走出国际金融危机阴影。2011年主要经济数据如下（资料来源：塞尔维亚国家统计局、财政部）：

国内生产总值：330亿欧元。

国内生产总值增长率：1.9%。

人均国内生产总值：4543欧元。

货币名称：第纳尔（DINAR）。

汇率：1美元≈94第纳尔（2012年7月）。

通货膨胀率：11%。

失业率：23.7%。

【资源】矿藏有煤、铁、锌、铜等，森林覆盖率25.4%，水力资源丰富。

【工业】主要工业部门有冶金、汽车制造、纺织、仪器加工等。近几年主要工业产品产量如下（单位：万吨）：

	2008	2009	2010
电力（亿度）	372.64	383.76	381.05
煤	3918.70	3881.40	3786.40
石油	63.60	66.30	86.50
扁钢	239.30	155.60	212.80
生铁	151.60	96.50	115.90
铸铁	5.87	4.73	4.85
铜	6.04	5.60	6.23
铝	7.43	5.40	7.30
镶木地板（万平米）	27.90	18.10	14.50

（资料来源：2011年塞尔维亚统计年鉴）

【农牧业】农业在塞尔维亚经济中占有重要地位。土地肥沃，雨水充足，农业生产条件良好。农业土地505万公顷，主要集中在北部的伏伊伏丁那平原和塞尔维亚中部地区。农业土地中耕地330万公顷，果园24万公顷，葡萄园5.7万公顷，草场62.4万公顷，牧场83.6万公顷。近几年主要农产品产量如下（单位：万吨）：

	2008	2009	2010
小麦	209.50	206.80	163.10
玉米	615.80	639.60	720.70

大麦	34.40	30.30	24.40
大豆	35.10	34.90	54.10
向日葵	45.40	37.80	37.80
甜菜	230.00	279.80	332.50
燕麦	9.56	7.36	6.76
黑麦	1.36	1.27	1.05
烟草	1.08	0.98	1.04
树莓	8.43	8.70	8.39

（资料来源：同上）

近几年主要牲畜存栏和畜牧产品总数如下（单位：万吨、万头、万只）：

	2008	2009	2010
牛	105.70	100.20	93.80
猪	359.40	363.10	348.90
羊	160.50	150.40	147.50
家禽	1718.80	2282.10	2015.60
猪肉	26.60	25.20	26.90
牛肉	9.90	10.00	9.60
羊肉	2.30	2.40	2.30
家禽肉	7.60	8.00	8.40
牛奶（亿升）	15.34	14.78	14.62
鸡蛋（亿个）	12.04	10.26	12.19
蜂蜜（吨）	2561.00	4577.00	4479.00

（资料来源：同上）

【**服务业**】主要包括旅馆、餐厅、咖啡馆和酒吧等。2009年，塞尔维亚共有1.69万个服务单位，其中旅馆334家，汽车旅馆90家，餐厅3574家，咖啡馆2423家，酒吧4564家。

【**旅游业**】旅游业发展良好。2010年接待外国游客68.3万人次。主要旅游区有浴场、滑雪场和国家公园等。

【**交通运输**】以铁路和公路为主。2010年交通运输情况如下：

铁路：总长为3809公里，其中电气化铁路1279公里。客运量5.22亿人公里，货运量35.22亿吨公里。

公路：总长4.37万公里，其中高速公路5087公里。截至2010年年底，共有小轿车156.71万辆，公共汽车8034辆；货车16.29万辆，拖车9.9万辆。

空运：共有12架飞机，1332个客位，航线总长为4.79万公里，客运量11.46亿人公里，货运量274万吨公里。共有5个机场，主要机场为贝尔格莱德尼科拉·泰斯拉机场。

【**财政金融**】2011年，塞尔维亚财政收入为13025亿第纳尔，支出14609亿第纳尔。截至2011年底，塞尔维亚人民银行外汇储备120亿欧元，塞尔维亚外债总额145亿欧元。2011年共吸引外资18亿欧元。

【**对外贸易**】近年来，塞尔维亚对外经贸活动日渐活跃，外贸额总体保持上升势头。2011年，塞尔维亚外贸额继续保持上升趋势。近几年进出口情况如下（单位：亿欧元）：

	2009	2010	2011
出口额	59.62	73.93	84.39
进口额	111.57	126.22	144.49
差　额	−51.95	−52.29	−60.10

2011年塞尔维亚主要出口产品为：钢铁、有色金属、电子设备、粮食、蔬菜和水果，主要进口产品为：石油及其制成品、天然气、汽车、机械设备和电子设备等。主要出口贸易伙伴为：德国、意大利和波黑，主要进口贸易伙伴为：俄罗斯、德国和意大利。

人民生活

2010年全国共有医生2.11万名，病床4.12万张。2011年塞尔维亚人均税后月工资约360欧元，居民消费价格同比增长7%。

军　事

塞尔维亚军队是2006年6月塞尔维亚和黑山解体后，在接受原塞尔维亚和黑山军队的基础上组建而成的。建军节为2月15日。总统为武装力量最高统帅，国防部为武装力量军事领导机构。总参谋部为武装力量军事指挥机构。国防部长为德拉甘·舒塔诺瓦茨（Dragan ŠUTANOVAC），总参谋长为米洛耶·米莱蒂奇（Miloje MILETIĆ）中将。2011年，塞取消义务兵役制，只实行合同兵役制。截至2011年底，塞军队总兵力约3.8万人。2011年国防预算为9.14亿美元，占国内生产总值2.16%。

文化教育

【**教育**】塞尔维亚实行八年制义务教育。全国主要大学有贝尔格莱德大学、诺维萨德大学、尼什大学、克拉古耶瓦茨大学和普里什蒂纳大学。2009/2010年度各级学校情况如下：

	学校（所）	学生（万人）	教师（万人）
小学	3505	58.3799	5.0886
中学	501	28.3068	3.0067
高等院校	189	22.6772	1.4812

【**新闻出版**】2010年，全国共有报纸388种，其中日报18种，期刊1104种。主要日报有《政治报》、《新闻晚报》、《快报》、《今日报》、《战斗报》和《信使报》等，用塞尔维亚文出版。期刊主要有《新闻周刊》、《时代》等。

塔纽格通讯社（原南斯拉夫通讯社）：国家通讯社，建立于1943年11月。贝塔通讯社、FoNet通讯社为主要私营通讯社。2010年全国共有190家电台和95家电视台。

对外关系

争取尽快加入欧盟，全力发展同美国、俄罗斯、中国等大国关系，睦邻修边，积极参与区域合作。

【同中国的关系】1992年4月27日，南斯拉夫联盟共和国组成，中国政府宣布驻南斯拉夫社会主义联邦共和国大使转任驻南斯拉夫联盟共和国大使。2003年2月，南联盟更名为塞尔维亚和黑山后，中国驻南斯拉夫联盟共和国大使馆和大使更名为驻塞尔维亚和黑山大使馆和大使。2006年塞尔维亚、黑山分手后，中国于6月14日宣布中国驻塞尔维亚和黑山大使转任驻塞尔维亚大使，使馆亦随之更名。2011年5月，外交部长杨洁篪访问塞尔维亚。塞军总长米莱蒂奇访问中国。7月，中共中央政治局常委、中央纪委书记贺国强访问塞尔维亚。8月，塞尔维亚议长久基奇—德亚诺维奇访问中国。9月，中共中央政治局委员、中央军委副主席徐才厚访问塞尔维亚。2012年4月，国务院总理温家宝在波兰会见出席中国—中东欧国家领导人会晤的塞尔维亚总理茨韦特科维奇。

据中国海关总署统计，2011年，双边贸易额为4.75亿美元，同比增长18.7%。其中，中方出口额为3.96亿美元，同比增长14.9%。

中国驻塞尔维亚大使：张万学。馆址：贝尔格莱德乌日契卡大街25号（Užička 25，Beograd）。电话：（38111）3695057；传真：3066001。商务处地址：贝尔格莱德约万纳·达尼恰大街1号（Jovana Danića 1，Beograd）。电话：（38111）2651630；传真：2650726。电传：12492 CACCOYU。

塞尔维亚驻华大使：米奥米尔·乌多维契基（Miomir UDOVIČKI）。馆址：北京市朝阳区三里屯东六街1号。电话：010-65323516或65321562；传真：65321207。商务处电话：65323616。电传：22403 CN。

【同欧盟的关系】将加入欧盟作为外交首要任务。2011年1月，塞副总理兼经济部长丁基奇访问欧盟总部，副总理杰利奇访问欧洲委员会总部。总理茨韦特科维奇向欧盟扩大事务专员费勒提交入盟答卷。欧盟议会批准塞与欧盟签署的《稳定与联系协议》。2月，欧洲委员会议会议长乔吾什访问塞尔维亚。3月，塞尔维亚第一副总理达契奇、副总理杰利奇访问欧盟总部。欧盟扩大事务专员费勒访问塞尔维亚。5月，欧盟外交与安全事务高级代表阿什顿访问塞尔维亚。塞尔维亚第一副总理达契奇访问欧盟总部。6月，塞尔维亚总统塔迪奇、外长耶雷米奇访问欧盟总部。欧洲委员会人权事务专员哈马博格访问塞尔维亚。9月，欧盟理事会主席范龙佩访问塞尔维亚。塞副总理杰利奇访问欧盟总部。10月，欧盟扩大事务专员费勒访问塞尔维亚。11月，欧洲议会议长布泽克访问塞尔维亚。欧盟扩大事务专员费勒访问塞尔维亚。塞尔维亚总统塔迪奇、副总理杰利奇访问欧盟总部。12月，欧盟理事会决定推迟给予塞欧盟候选国地位。

【同美国的关系】2011年1月，美国副助理国务卿坎特里门访问塞尔维亚。2月，塞尔维亚第一副总理达契奇访问美国。6月，美国助理国务卿高顿访问塞尔维亚。8月，美国副国务卿助理瑞克访问塞尔维亚。10月，塞尔维亚议长久基奇—德亚诺维奇访问美国。塞尔维亚第一副总理达契奇访问美国俄亥俄州。

【同欧洲国家的关系】2011年，塞尔维亚与欧洲各国交往密切。1月，丹麦国防大臣贝克访问塞尔维亚。塞外长耶雷米奇访问西班牙、爱尔兰。捷克总统克劳斯访问塞尔维亚。2月，塞尔维亚第一副总理达契奇访问西班牙。副总理杰利奇访问德国。意大利经济发展部长罗马尼访问塞尔维亚。3月，塞外长耶雷米奇访问法国。芬兰总统哈洛宁、葡萄牙外长阿马多访问塞尔维亚。4月，比利时外长瓦纳克尔、挪威外长斯特勒访问塞尔维亚。塞尔维亚总统塔迪奇访问法国，两国建立战略伙伴关系。5月，塞外长耶雷米奇访问乌克兰。卢森堡外交大臣阿瑟伯恩访问塞尔维亚。6月，塞尔维亚总理茨韦特科维奇访问塞浦路斯。经济部长契里奇访问波兰。外长耶雷米奇访问斯洛伐克。西班牙外交大臣希门尼斯访问塞尔维亚。8月，德国总理默克尔访问塞尔维亚。塞尔维亚总统塔迪奇访问捷克。9月，塞尔维亚第一副总理达契奇访问立陶宛。外长耶雷米奇访问瑞典。希腊外长兰布利尼迪斯、意大利经济发展部长罗马尼访问塞尔维亚。10月，塞尔维亚总统塔迪奇访问德国巴登—符腾堡州。总理茨韦特科维奇访问葡萄牙、西班牙。外长耶雷米奇访问塞浦路斯。意大利外长弗拉蒂尼、奥地利外长施平德勒格、法国欧盟事务部长莱奥内蒂访问塞尔维亚。11月，塞尔维亚总统塔迪奇访问英国、乌克兰。议长久基奇—德亚诺维奇访问挪威。总理茨韦特科维奇访问土耳其。第一副总理达契奇访问拉脱维亚、爱沙尼亚。副总理杰利奇访问波兰。外长耶雷米奇访问英国。瑞典外长比尔特访问塞尔维亚。12月，塞尔维亚总统塔迪奇访问奥地利。

【同俄罗斯的关系】2011年，塞尔维亚与俄罗斯关系发展良好。3月，俄罗斯总理普京访问塞尔维亚。4月，俄罗斯外长拉夫罗夫访问塞尔维亚。10月，俄罗斯紧急情况部长绍伊古访问塞尔维亚。

【同周边国家的关系】同黑山的关系：2011年1月，黑山总理卢克希奇访问塞尔维亚。3月，塞尔维亚总统塔迪奇、第一副总理兼内务部长达契奇访问黑山。6月，塞尔维亚议长久基奇—德亚诺维奇访问黑山。7月，黑山总理卢克希奇访问塞尔维亚。9月，黑山总统武亚诺维奇访问塞尔维亚。

同斯洛文尼亚的关系：2011年4月，斯洛文尼亚总理帕霍尔访问塞尔维亚。9月，塞尔维亚总统塔迪奇访问斯洛文尼亚。10月，塞尔维亚外长耶雷米奇访问斯洛文尼亚。

同克罗地亚的关系：2011年4月，克罗地亚总理科索尔访问塞尔维亚。6月，塞尔维亚总统塔迪奇访问克罗地亚。9月，克罗地亚总统约西波维奇访问塞尔维亚。11月，塞尔维亚总统塔迪奇访问克罗地亚。

同波黑的关系：2011年1月，塞尔维亚总理茨韦特科维奇访问波黑塞族共和国。3月，波黑塞族共和国经济关系与地区合作部长茨韦亚诺维奇访问塞尔维亚。4月，波黑主席团成员波什尼亚克族代表伊泽特贝戈维奇、塞尔维亚族代表拉德马诺维奇和克罗地亚族代表科姆希奇访问塞尔维亚。7月，塞尔维亚总统塔迪奇访问波黑。8月，塞尔维亚外长耶雷米奇访问波黑塞族共和国。9月，塞尔维亚第一副总理达契奇访问波黑塞族共和国。10月，波黑主席团轮值主席科姆希奇访问塞尔维亚。

同马其顿的关系：2011年1月，塞尔维亚第一副总理达契奇访问马其顿。9月，马其顿总统伊万诺夫访问塞尔维亚。

同阿尔巴尼亚的关系：2011年9月，阿尔巴尼亚总统托皮访问塞尔维亚。

同匈牙利的关系：2011年5月，匈牙利总统施密特访问塞尔维亚。6月，匈牙利总理欧尔班访问塞尔维亚。9月，匈牙利外长马尔托尼访问塞尔维亚。

同保加利亚的关系：2011年2月，塞尔维亚总理茨韦特科维奇访问保加利亚。9月，保加利亚总统珀尔瓦诺夫访问塞尔维亚。

同罗马尼亚的关系：2011年11月，罗马尼亚总统伯塞斯库访问塞尔维亚。

【同其他国家的关系】2011年1月，刚果（金）负责安全事务的副总理恩塞富访问塞尔维亚。塞外长耶雷米奇访问埃塞俄比亚。2月，塞外长耶雷米奇访问越南、印尼。3月，塞尔维亚总统塔迪奇访问日本。总理茨韦特科维奇访问土耳其。刚果（金）外长姆万巴、尼日利亚国防部长卡约德访问塞尔维亚。4月，塞尔维亚总统塔迪奇访问科威特。外长耶雷米奇访问巴西。土耳其总统居尔、刚果（金）国民议会主席博夏卜、越南外长范家谦访问塞尔维亚。5月，塞外长耶雷米奇访问印尼。9月，塞尔维亚召开不结盟运动50周年纪念大会部长级会议。10月，塞尔维亚外长耶雷米奇访问柬埔寨。11月，塞尔维亚外长耶雷米奇访问安哥拉。

（钱湘云）

塞浦路斯

国名　塞浦路斯共和国（The Republic of Cyprus）。

面积　9251平方公里，其中塞北部土族区面积3355平方公里。

人口　89.24万（2009年底）。其中希腊族占75.4%，土耳其族占10.0%，外籍人占14.6%。主要语言为希腊语和土耳其语，通用英语。希腊族信奉东正教，土耳其族信奉伊斯兰教。

首都　尼科西亚（Nicosia），人口31.54万。年均最高气温31℃～37℃，最低气温5℃～15℃。

国家元首　季米特里斯·赫里斯托菲亚斯（Dimitris Christofias），2008年2月28日就任，任期五年。

重要节日　国庆节：10月1日。

简　况　位于地中海东北部，为地中海第三大岛。海岸线全长782公里。属于亚热带地中海型气候，夏季干热，冬季温湿。夏季平均气温28℃～35℃，冬季4℃～10℃。

公元前1500年，希腊人移居塞岛。后曾被埃及、波斯等国征服。公元前58年并入罗马帝国。公元395年后归属拜占庭帝国。1571年由奥斯曼帝国统治。1878年被割让给英国，1925年成为英“直辖殖民地”。1959年2月19日与英国、希腊、土耳其签订“苏黎世—伦敦协议”。1960年8月16日宣布独立，成立塞浦路斯共和国。1961年加入英联邦。独立后，希、土两族多次发生冲突。1974年后，土族北移，并于1975年和1983年先后宣布成立“塞浦路斯土族邦”和“北塞浦路斯土耳其共和国”，形成两族南北分治局面。“北塞浦路斯土耳其共和国”，仅得到土耳其的承认。

政　治　2008年2月，劳动人民进步党总书记赫里斯托菲亚斯当选总统，并组建以劳进党为核心、民主党和社会民主运动参与的三党联合执政的新政府，2010年2月，社会民主运动退出执政联盟。新内阁上台后，国内政局保持平稳，党派合作比较顺利。赫刻意淡化左翼意识形态色彩，对内强调社会团结，促进社会公正，维护社会安定；对外积极开拓，树立稳健、务实的形象，积极推动塞希、土两族领导人就塞浦路斯问题进行直接谈判，内容涉及权力分配、财产、塞与欧盟的关系和经济四大议题。

【宪法】现行宪法于1960年8月16日公布。宪法规定塞为共和国，总统由希族人担任，土族人任副总统，行政权属总统、副总统，他们对行政方面的重大决定均有最后否决权。由于两族争端，宪法并未得到贯彻。

【议会】实行一院制，议会每五年选举一次，独立之初，议会共有50个席位，其中希族35席，土族15席。1964年，两族冲突爆发后，土族议员退出议会。1985年通过宪法修正案。议席增至80个，其中希族56

席，土族24席（土族长期以来另立议会，共50个席位，由土族各党派通过选举产生）。现议会2011年5月选出，为塞第10届议会，议长为社会民主运动党主席雅纳基斯·奥米卢（接替民主党主席马里奥斯·卡洛扬），任期五年。议会56个议席分配情况如下：

劳动人民进步党（左翼）19席，民主大会党（右翼）20席，民主党（中右）9席，社会民主运动5席，欧洲党2席，绿党1席。

【政府】总统内阁制。总统是国家元首、政府首脑。季米特里斯·赫里斯托菲亚斯在2008年2月议会选举中获胜，成为塞第六任总统，2月28日就职。现政府主要成员有：外交部长艾拉多·高扎库—玛尔古丽（Erato Kozakou-Marcoullis），内政部长艾莱尼·玛夫洛（Eleni Mavrou），国防部长季米特里斯·伊里亚迪斯（Demetris Eliades），财政部长瓦索斯·希亚利（Vassos Shiarly），司法与公共事务部长卢卡斯·卢卡（Loucas Louca），劳工与社会保障部长索蒂罗拉·哈拉兰普斯（Sotiroula Charalambous），教育与文化部长乔治·德莫塞努斯（Giorgos Demosthenous），贸易、工业与旅游部长内奥克利斯·西里基奥迪斯（Neoklis Sylikiotis），卫生部长斯达夫罗斯·马拉斯（Stavros Malas），交通与工程部长埃夫米奥斯·弗洛伦左斯（Efthymios Flourentzos），农业、自然资源与环境部长索福克里斯·阿莱特拉里斯（Sophoclis Aletraris）。

【行政区划】全国划分为六个行政区：尼科西亚、利马索、法马古斯塔、拉纳卡、帕福斯和基雷尼亚。基雷尼亚和法马古斯塔的大部分及尼科西亚的一部分由土族控制。

【司法机构】有最高法院、刑事法院、区级法院、宗教法院（希族）和家庭事务法院（土族）。最高司法理事会由共和国总检察长和最高法院院长及法官组成。最高法院院长佩德罗斯·阿特莱米斯（Petros Atremis）。总检察长佩德罗斯·克利里迪斯（Petros Kliridis）。

【政党】主要政党有：

（1）劳动人民进步党（The Working People's Progressive Party）：议会第二大党，执政党。1926年8月成立，前身为塞浦路斯共产党。1941年改组并改现名。现有党员1.4万人。该党主要任务是争取同其他党合作，制定解决塞问题的共同路线和策略。2008年7月，该党在议会审议《里斯本条约》时投反对票。总书记安德罗斯·基普里亚努（Andros Kyprianou）。

（2）民主大会党（Democratic Rally）：议会第一大党，在野党。1976年7月4日成立。约有党员1万人，多系银行家、工商企业家、律师、医生和高级职员等。该党主张对内发展西方民主，对外同希腊等西方国家及欧盟大力发展政治、经济和文化等关系，主张通过谈判解决塞问题。主席尼科斯·阿纳斯塔西亚迪斯（Nikos Anastasiades）。

（3）民主党（Democratic Party）：执政党。1976年7月11日成立。约有党员8000人，成员多系中小企业主、职员、自由职业者和富裕农民等。基本目标是实现国家统一和彻底独立，争取国家的进步和经济发展。主张维护塞的独立、主权、领土完整、统一和不结盟。坚持土耳其从塞撤军和根据联合国决议寻求解决塞问题。主席马里奥斯·卡洛扬（Marios Karoyian）。

（4）社会民主运动（Social Democratic Movement）：在野党。1970年5月成立。党员约3000人。该党目标是促进民族和社会的发展。对内主张机会均等、消灭人剥削人制度，在人民控制生产资料和资源的基础上建设社会主义；对外反对美国和北约对塞的控制，主张积极发展与不结盟国家、社会主义国家和阿拉伯国家的关系。该党曾于1998年参政，1999年由于克莱里季斯总统决定不在塞南部部署俄制地空导弹而退出政府，与中央重组运动（Movement for the Regrouping of the Centre）合并后易名，但很快分裂。主席雅纳基斯·奥米卢（Yiannadis Omirou）。

（5）欧洲党（European Party）：2005年6月成立。由欧洲民主党、新视野党和一位独立人士联合组成，主席德米特里斯·希路瑞斯（Demetris Syllouris）。

土族主要政党：（1）共和土族党（Republican Turkish Party）：1970年成立，主席麦赫迈特·塔拉特（Mehmet Talat）。（2）民族团结党（National Unity Party）：1975年成立，主席德尔维什·埃尔奥尔（Dervic Eroglu）。（3）民主党（Democratic Party）：1993年成立，主席塞达尔·登克塔什（Sedar Denktas）。（4）族社解放党（Communal Liberation Party）：1976年成立，主席穆斯塔法·阿肯哲（Mustafa Akinci）。（5）和平民主运动（Peace and Democracy Movement）：主席穆斯塔法·阿金基（Mustafa Akinci）。（6）改革党（Reform Party）：2006年成立，主席图尔加伊·阿夫哲（Turgay Avci）。

【重要人物】季米特里斯·赫里斯托菲亚斯：总统。1946年8月29日生于基雷尼亚，1969～1974年就读于莫斯科社会科学院，获哲学博士学位。1954年加入劳进党。1976年当选劳进党尼科西亚—基雷尼亚地区委员会委员。1982年当选劳进党第15届中央委员会委员。1986年当选劳进党中央委员会政治局委员。1987年当选劳进党中央委员会秘书长。1988年当选劳进党中央委员会总书记。1991年、1996年、2001年三次当选议会议员。2001年6月当选议长，2006年6月成功连任。2008年2月当选总统。曾于2002年、2007年两次作为议长访华。2008年8月和10月来华出席北京奥运会开幕式和第七届亚欧首脑会议。　**雅纳基斯·奥米卢：**议长。1951年9月18日出生于帕福斯。毕业于希腊雅典大学法学院。曾任塞统一民主中间派联盟（2000年2月改名为塞社会民主运动，又称社会党）总书记、第一副主席和议会发言人。1998年3月曾出任国防部长，次年4月辞职。2001年7月后任社会党主席。1981年以来7次当选议员。2011年6月当选现职。

经济

20世纪60年代，国民经济的支柱是农业。自70年代中期塞分裂以来，经济结构发生较大变化。70年代至80年代中期，经济发展主要依靠制造业。之后，船运、旅游、金融业等服务业取代制造业，成为拉动经济增长的主力。自1998年成为欧盟成员候选国以来，开始按照入盟要求对经济政策、经济结构进行调整。2004年5月1日，正式加入欧盟。2008年1月1日顺利加入欧元区，此后，经济进一步融入欧洲。2012年，塞政府为救助受希腊债务危机严重冲击的银行业，向欧盟提出资金救助申请，成为第五个申请救助的欧盟成员国。2011年主要经济数据如下：

国内生产总值：177.6亿欧元。

人均国内生产总值：22000欧元。

国内生产总值同比增长：0.5%。

货币名称：欧元。

失业率：6.7%。

通胀率：3.29%。

土族当局的人口普查显示，土族区实际人口约27.4万。土族区经济规模小，以农业和旅游业为主，2009年国民生产总值33.58亿美元，人均收入已逾1万美元。土族2009年经济增长率为-6.3%。

【资源】矿藏以铜为主，其他有硫化铁、盐、石棉、石膏、大理石、木材和土性无机颜料。近年来矿源开采量逐年下降。森林面积1735平方公里。水力资源贫乏，已建立大型水坝6个，总蓄水量1.9亿立方米。

【工业】工业生产总值占国内生产总值约10%（2009年），由于国内市场不大，塞工业产品和加工农产品大部分用于出口。工业企业大多为私企，规模不大，雇用工人在30人以下。主要工业部门有食品、纺织、皮革、木材、金属、机械、运输、电力、光学、化工等。

【农业】农业生产总值占国内生产总值约6.4%（2009年），农业对本国经济的贡献随着服务业的快速发展略有下降，但农产品贸易在对外贸易中仍具有举足轻重的地位。对外出口最多的五种产品中有三种为农产品：柠檬、土豆和奶酪。

【服务业】金融、保险、服务及旅游业等较为发达。注重发展以度假旅游为特征的旅游业，近年来成为国家外汇收入主要来源和拉动经济增长的支柱产业。2011年出境旅游120.8万人次，同比减少3%。2011年入境游人数达240万人次，同比增长10.1%；入境旅游收入18亿欧元，同比增长12.9%。主要旅游城市有帕福斯、利马索、拉纳卡等。

【交通运输】有公路17000公里，其中一半以上是已铺路面道路。北部土族区道路里程占35%。2008年注册车辆67722辆，比2007年增加5.2%。其中，34895辆新车，32827辆旧车。全年私用轿车增加2%。主要港口有利马索（年吞吐量60万标准箱）、拉纳卡（年吞吐量25万标准箱）、法马古斯塔（塞岛分裂前的主要港口，现仅土族使用）。海运业发达，2011年，在塞注册船舶有1848艘，总吨位2202万吨。

【财政金融】2011年财政赤字为10.85亿欧元，占GDP的6.01%。其中，财政收入65.89亿欧元，占GDP的36.54%，同比减少1.98%；财政支出76.74亿欧元，占GDP的42.56%，同比减少4.96%。

【对外贸易】2011年，塞浦路斯外贸进出口总额76.4亿欧元，其中进口额为62.5亿欧元，同比减少4.2%；出口额为13.9亿欧元，同比增长22.1%，贸易逆差为48.6亿欧元，同比减少9.7%。主要出口商品为医药用品、柑橘、服装、奶酪、酒类及部分轻工产品和农产品。主要进口矿产品、机械、运输设备、贱金属及其制品、化学工业及其相关工业的产品等。

【对外投资】2010年外国在塞直接投资达13.6亿欧元，塞对外直接投资达5.9亿欧元。

【外国援助】欧盟、希腊、美国每年分别向塞提供3600万美元、2000万美元和1500万美元的援助。2007年，欧盟批准2007～2013年欧洲渔业基金（EFF）执行准则，向塞提供1750万欧元资助。2011年塞浦路斯与俄罗斯签订总额为25亿欧元的政府贷款，贷款期限4.5年。

人民生活

十多年来，人民的平均收入增长4倍多。平均每2.2人拥有1辆小汽车，每375人拥有1名医生，每240人拥有1张床位，每千人有1115部手机，20%的家庭使用宽带上网，固定电话及移动通信费用较低。每年有60%以上的人出国旅游。

军事

武装力量为国民警卫队，建于1964年。司令和一些高级军官由希腊军官担任。实行义务兵役制，服役期为25个月，总兵力约10000人，另有警察部队3700人。

希腊在塞驻军1250人；土耳其驻军3.6万人；英国在塞有两个主权军事基地，驻军3700人；联合国驻塞浦路斯维和部队860人。自2000年起，为欧盟防务贡献力量，并参与了欧洲防御能力增强计划19个项目组织中的5个。

土族常规部队“保安旅”有5000人，编为7个步兵营和1个装甲连，另外还有武装警察部队1853人。

文化教育

【教育】小学和初中实行义务教育，15岁以上人口受教育率为97%。多年来，教育经费占政府预算的13%左右。有各类教育机构1270所，在校学生179650人，其中约70%就读于公立学校，其余30%就读于私立学校。各种高等专科学校30所。有一所综合性大学。

【新闻出版】有各种报刊30余种。希族主要有：《自由爱好者报》，1955年创刊，发行量2万份；《黎明报》，1956年创刊，发行量1.4万份；另有《公民报》、《斗争报》、《今日报》、《自由新闻报刊》、《真理报》和《新闻报》等。土族主要报刊有：《灰狼报》，1951年创刊，发行量5000份。

塞浦路斯通讯社于1976年4月成立，为非官方通讯社。1997年2月与新华社签署合作协议，开始进行新闻交流与合作。

共有10个覆盖全岛范围的电台。塞浦路斯广播电台建于1952年，除用希腊语广播外，还用土、英、法、阿拉伯和亚美尼亚语广播。土族电台建立于1963年。另有38个地方广播电台。

共有7个覆盖全岛范围的电视台，其中2个国家电视台，3个私人电视台，2个卫星电视台。国家电视台建于1957年。土族电视台建于1976年。另有6个地方电视台。

对外关系

奉行中立的和平外交政策，支持不结盟运动，是不结盟运动25个创始国之一。强调维护国家独立、主权、统一和领土完整，发展同世界各国的友好关系。主张用和平手段解决地区及国际争端，国家不论大小一律平等，关注小国安全。2004年5月加入欧盟，随后宣布退出不结盟运动。与世界上173个国家建立了外交关系。

【同中国的关系】1971年12月14日两国建立大使级外交关系，当前中塞关系发展良好。2011年12月，双方共同庆祝建交40周年，胡锦涛主席与赫里斯托菲亚斯总统互致贺电。近年重要来访：2007年议长赫里斯托菲亚斯访华，2008年外长基普里亚努访华，2008年总统赫里斯托菲亚斯两次来华，出席北京奥运会开幕式和第七届亚欧首脑会议，2010年外长基普里亚努访华，2011年议长卡洛扬访华。近年重要往访有：2007年国务院副总理回良玉，2009年全国人大常委会副委员长华建敏，2009年全国政协副主席厉无畏，2010年全国政协副主席王刚，2012年国务委员刘延东。

据中国海关总署统计，2011年双边贸易总额为11.50亿美元，同比下降15.8%；其中，中国出口额为11.24亿美元，同比下降16.6%；自塞进口额为0.26亿美元，同比增长52.6%。

中国驻塞浦路斯大使：刘昕生。馆址：No.28, Archimidous St. Engomi Nicosia P.O.Box 4531，Nicosia，Cyprus。电话：（0357）22352182（办公室）；传真：（00357）22353530。商务处地址：No.17，Agapinor St. Nicosia，P.O.Box 7088，Nicosia，Cyprus。电话：（00357）22375252；传真：（00357）22376699。

塞浦路斯驻华大使：伊欧娜·玛利奥蒂斯（Ioanna Malliotis）。馆址：北京市朝阳区塔园外交人员办公楼2-13-2。电话：65325057；传真：65324244。

【同美国的关系】美国每年向塞提供1500万美元的经济援助。美国支持联合国秘书长为解决塞问题所作的努力，曾多次提出塞问题解决方案，寻求解决的途径，并同塞保证国希腊、土耳其、英国等保持着密切接触。2011年12月，塞外长玛尔古丽访问美国，会见美国务卿克林顿。

【同欧盟的关系】塞的历史、文化和经济根系欧洲，加入欧盟是基本国策。1971年开始与欧共体（欧盟前身）谈判，1972年签署“联系国协定”，1987年与欧共体签订关税同盟条约。1990年7月，正式申请加入欧共体。1997年，欧盟接纳塞为首批入盟候选国。1998年11月，与欧盟开始入盟谈判。1999年，欧盟赫尔辛基会议正式确认“解决塞问题不是塞入盟的前提条件”。2003年3月，欧洲议会外事委员会通过塞入盟决议，同意塞入盟申请。7月，与欧盟警察部队签署共同打击跨国有组织犯罪协议。9月，签署加入欧盟经济区协议。2004年5月，正式加入欧盟并表示，希望欧盟在塞问题上发挥积极作用。2008年7月，议会批准《里斯本条约》。2011年4月，塞总统赫里斯托菲亚斯会见欧洲理事会主席范龙佩，双方就经济危机、地区局势和塞问题等交换意见。

【同英国的关系】英联邦成员国。英国是塞安全保证国之一，在塞有两个主权军事基地。投资、贸易和旅游人数在塞均居首位。英国支持联合国秘书长为解决塞问题所作的斡旋努力。2011年2月，塞议长卡洛扬访问英国，会见英国欧洲事务国务大臣丁顿。2011年11月，塞外长玛尔古丽访问英国，会见英外交大臣黑格。

【同希腊的关系】两国关系密切。希族一直保持着希腊的语言、文化传统和宗教信仰。希腊是塞的安全保证国，塞始终将发展和加强同希腊关系置于其对外关系的首位。希腊一贯支持塞在加入欧盟及解决塞问题上的立场，每年向塞提供2000万美元的财政援助。2011年2月，希腊外长德鲁查斯访问塞浦路斯，分别会见塞总统、议长，并与塞外长会谈。

【同土耳其的关系】与土无外交关系，且矛盾复杂尖锐，土坚决支持塞土族。1974年，土耳其出兵塞岛。1983年11月“北塞浦路斯土耳其共和国”宣布成立后，土即予以承认，成为国际上唯一承认“北塞”的国家。每年土族近一半的财政支出由土耳其援助。2011年7月，土总理埃尔多安访问塞土区。

【同俄罗斯的关系】同俄保持着传统的友好合作关系。近年来，两国在军事、旅游等方面关系明显加强。俄支持联合国有关解决塞问题的努力，主张塞岛非军事化及以联合国有关决议为基础通过政治对话解决塞问题。2011年12月，俄罗斯与塞浦路斯签署双边政府贷款协议，俄将分批向塞提供总额25亿欧元贷款，年收益率4.5%，贷款期限4.5年。（张爱山）

圣马力诺

国名 圣马力诺共和国（The Republic of San Marino，La Repubblica di San Marino）。

面积 61.19平方公里。

人口 31888人（2011年1月），其中85%具有圣马力诺国籍。官方语言为意大利语。居民大多信奉天主教。

首都 圣马力诺（San Marino），人口约4500人。

国家元首 由两名权力相等的执政官共同担任，任期半年，不能连任，三年后可再次当选。执政官由大议会选举产生，每年分别于3月和9月改选，4月1日和10月1日就职。执政官既是国家元首，又是议会首脑。2010年10月1日至2011年3月31日，执政官为乔万尼·弗朗切斯科·乌戈利尼（Giovanni Francesco Ugolini）和安德烈·扎菲拉尼（Andrea Zafferani），2011年4月1日至9月30日为玛丽亚·路易莎·贝尔蒂（Maria Luisa Berti）和菲利波·塔马尼尼（Filippo Tamagnini），2011年10月1日至2012年3月31日为加布里埃莱·加蒂（Gabriele Gatti）和马泰奥·费奥里尼（Matteo Fiorini），2012年4月1日至9月30日为毛里其奥·拉蒂尼（Maurizio Rattini）和伊塔洛·里吉（Italo Righi）。

重要节日 国庆日：9月3日。

简况

位于欧洲亚平宁半岛东北部的内陆国，距亚德里亚海仅23公里。四周与意大利接壤。境内起伏多山，位于中部最高的蒂塔诺山，海拔755.24米。属亚热带地中海式气候。年平均气温16℃，冬季最低气温-2℃，夏季最高气温30℃。年均降水量880毫米。

相传，公元301年，一位叫马力诺的基督徒石匠为逃避罗马皇帝的迫害，藏身于蒂塔诺山顶。圣马力诺的地名由此而来。最初，圣实行族长管理，1243年确立了两个执政官联合执政的制度，成为当今世界上最古老的共和国。历史上圣马力诺两次遭受外来入侵。1503年被切萨雷·博吉亚占领过7个月；1739年被阿尔贝罗尼（Alberoni）红衣主教占领，但很快于1740年2月重新独立。在两次世界大战中，圣始终保持中立。战后，圣经济稳定发展，并加入了联合国等一些重要的国际组织。

政治

实行多党民主制。2008年11月的大议会选举中，天主教民主党（简称“天民党”）率领的中右联盟“圣马力诺协议”击败中左联盟“改革与自由”成为执政联盟。

【宪法】现行宪法起源于14世纪，1600年10月8日正式通过，称为“第一号宪章”，其后稍有修改。

【议会】一院制，名为大议会，由两名执政官主持。其任务是立法、选举执政官、批准条约、通过财政预算和任命高级官员等。有60名议员，由全国按比例制普选产生，任期五年。议会讨论和通过的法律，需待执政官公布、内政部发表公报后方可生效。中右联盟获得本届议会60个席位中的35个。

【政府】政府成员由大议会任命。不设总理，外长起总理作用。本届政府于2008年12月成立，组成如下：外交、政治、电信和交通部长安东内拉·穆拉罗尼（Antonella Mularoni），内政、民事保护部长瓦莱里娅·恰瓦塔（Valeria Ciavatta），财政和预算、与集邮和钱币企业关系部长帕斯夸莱·瓦伦蒂尼（Pasquale Valentini），教育和文化、大学和青年政策部长罗密欧·莫里（Romeo Morri），卫生和社会安全、救济、家庭和社会事务、机会均等部长克劳迪奥·波代斯基（Claudio Podeschi），国土、环境、农业及与制造业企业关系部长贾恩卡洛·文图里尼（Giancarlo Venturini），劳动、合作和青年邮政部长弗朗切斯科·穆索尼（Francesco Mussoni），工业、手工业、贸易部长马尔科·阿尔齐利（Marco Arzilli），司法、与城堡关系、信息及研究部长奥古斯托·卡萨利（Augusto Casali），旅游、体育、经济计划、与公用事业国企关系部长法比奥·贝拉尔迪（Fabio Berardi）。

【行政区划】全国划分为9个行政区，分别是：阿夸维瓦、博尔戈·马吉欧雷、基埃萨努欧瓦、多玛尼亚诺、法尔齐亚诺、费奥伦蒂诺、蒙泰吉阿迪诺、塞拉瓦莱和圣马力诺城。

【政党】主要政党有：

（1）圣马力诺天主教民主党（Partito Democratico Cristiano Sammarinese）：执政党。成立于1948年，圣第一大党，有2400名党员。2006年6月大选得票率32.91%。总书记马尔科·加蒂（Marco Gatti）。

（2）圣马力诺社会民主党（Partito dei Socialisti e dei Democratici）：在野党。成立于2005年2月，由原来的圣马力诺社会党和民主人士党合并而成。2006年6月大选得票率31.83%。总书记焦瓦尼奥利·杰拉尔多（Giovagnoli Gerardo）。

（3）圣马力诺人民联盟（Alleanza Popolare）：执政党。成立于1993年1月，2006年6月大选得票率12.05%。主席马里奥·文图里尼（Mario Venturini），总协调人阿尔贝托·塞尔瓦（Alberto Selva）。

（4）圣马力诺左翼联盟（Sinistra Unita）：在野党。

2006年6月大选得票率8.67%。

此外，还有新社会党（NPS），圣马力诺人党（NS），人民党（POP），全国联盟（ANS），自由党（SPL）。

经　济　20世纪60年代以来，旅游业、商业和工业持续发展，经济结构发生根本性变化，逐步由农业国变为工业和第三产业发达的国家，国内生产总值大幅增长。中小企业是经济的支柱，以服装、机械制造、电子设备、化工、建筑、酿酒为主。近10年来，第三产业发展迅速，就业人口中第三产业占40%。另外，旅游业和邮票发行也是国民收入的重要来源。受国际金融危机影响，以及国际社会要求其增加银行系统透明度和进行税制改革的压力，境内企业数量显著减少，失业率有所上升，经济增长放缓，但其总体经济形势稳定，国家预算略有盈余，没有国债。2011年国内生产总值14.72亿欧元，同比下降2.6%，人均国内生产总值4.4万欧元，失业率5.5%，通货膨胀率2%。

【资源】全部能源从意大利进口。自然资源贫乏，仅有蒂塔诺山出产建筑用石材，目前矿石场已关闭。

【工业】主要工业部门有纺织、电子、服装、水泥、制革、造纸、家具、陶瓷、酿酒等。铝制品厂是欧洲最大的铝制品厂之一。

【农牧业】传统农牧业活动有谷物种植、养羊和采石。现今农牧业日益衰退，主要集中在谷物、葡萄、果树的种植和猪、牛、马的饲养。可耕地面积6000公顷。主要农产品有葡萄、橄榄、小麦、玉米，还有奶酪和肉类产品等。

【旅游业】旅游业发达，其收入占国民生产总值的50%以上。全国有中等规模以上的旅馆27家，饭店67家。2010年共接待游客197万人次。

【邮票】精美绝伦的集邮册、首日封和圣马力诺硬币是其旅游收入的重要来源之一，以新颖、超前的邮政服务、邮票和古钱币享誉世界。1894年首次在意大利发行纪念邮票和贴邮票的信封，并使其成为全国的主要产业。全国所有10家邮局都出售纪念邮票和可收藏硬币，并从1979年起，境内使用注名邮戳。

【交通】无铁路、机场和港口，公路总长220公里，无高速公路。

【财政金融】财政收入主要来源于税收、发行邮票和纪念币。

【对外贸易】资源匮乏，国力有限，石油制品、工业原料、电力、粮食和副食品主要依赖从意进口。主要贸易伙伴是意大利、欧盟其他成员国、美国和中国。

人民生活　2011年1月常住人口约为31888人。2010年新生婴儿334人，死亡人口为222人。期望寿命男性为80.11岁，女性为85.67岁。

全体公民享受公费医疗。全国有1所医院，三所医疗中心，17个诊疗所，6所药房。

军　事　奉行中立政策，因此无正规军，也不实行义务兵役制，但在遭受外来侵略情况下，所有16 ~ 65岁的公民都将应征保卫国家。国防预算主要用于国内安全、治安和执法等非军事项目。

大议会卫队：成立于1740年，当时用于保卫大议会及执政官，目前为执政官仪仗队。

城堡卫队：主要负责对政府机构常规服务与边境巡逻，保卫议会所在地和执政官的安全，在重大仪式中组成仪仗队炮兵，必要时与宪兵合作。

民兵：建于1600年，16 ~ 55岁的公民均可参加。负责参加官方典礼或仪式，在特殊时刻协助宪兵与警察。

宪兵：建于1842年。负责预防及打击犯罪，维护公共秩序，保护公民及其财产安全，监督法律与法规的执行等。由受过专门训练的人员组成。

市政警察：建于1963年。它不属于军队建制，但可与宪兵合作，负责管理交通并维持民事、工业、商业、旅游、金融及税收秩序。

文化教育　**【教育】**实行小学和中学16年义务教育制。全国有托儿所6所，幼儿园14所，小学14所，初中3所，高中4所。此外，还有一些专业培训班和夜校。高中入学率为95%，大学入学率为68%。据统计，全国人口中的27%拥有高中文凭，7%大学毕业。境内文化机构包括：公共图书馆5所，国家博物馆5所，私人博物馆5所。

【新闻出版】3家报纸和期刊。其中，《新闻》，外交部主办；《圣马力诺》，天民党主办。2个电台，1993年建立了圣马力诺广播电视台。主要网站：http://www.libertas.sm。

对外关系　外交政策的宗旨是维护国家的主权和独立，愿同一切友好的国家发展关系。奉行积极中立的外交政策，主张互相尊重独立、主权和领土完整；反对武装干涉和侵略，维护世界和平；支持裁军与核不扩散条约，主张全面销毁核武器；强调加强南北对话，支持各国开展合作；重视保护人权，支持并遵守有关国际条约；主张大小国家一律平等，致力于促进合作与稳定，为建设和平、公正的世界而努力；认为世界正经历着深刻变化，世界局势由紧张对峙走向安全与合作；主张各国增强相互信任与合作，通过和平方式解决地区冲突。参与了欧洲安全与合作组织的创建，认为该组织具有重大历史意义，是保证未来欧洲和平、安全与合作最有效的机制，必须加强其作用。积极参加国际活动，发展同国际组织的关系。1992年3月2日正式加入联合国。同年9月加入国际货币基金组织。目前是国际法院、世界卫生组织、世界旅游组织、国际红十字会等24个国际组织的正式成员。是欧洲委员会成员国，现任该委员会部长理事会主席；与欧盟有正式关系。同中国、意大利、梵蒂冈、美国、法国、英国、加拿大、俄罗斯、比利时、德国、日本、印度、埃及、古巴等90多个国家建立了正式关系。

【同中国的关系】1971年5月4日中圣达成建交协议，5月6日正式建立领事级外交关系。1991年7月15日起升格为大使级外交关系。1995年7月19日，任命萨维娜·扎费拉尼为首任驻华大使（非常驻）。20世纪90年代以来，圣访华的主要有：外长加蒂（1991年5月），内政部长塞尔瓦（1991年10月），财政部长加拉西（1994年4月），工业和经济合作部长斯托尔菲和劳工部长波德西（1995年10月），执政官扎费拉尼和阿马蒂（2008年8月）来华出席北京奥运会开幕式。中国访圣的有：全国对外友协会长韩叙（1993年），钱其琛副总理兼外长（1998年），王光亚副外长（2000年），回良玉副总理（2007年）。两国于1980年8月26日签订了文化教育合作协定，1985年签订互免签证协议（这是中国与西方国家首次签署此类协议）。1996年5月，为庆祝中圣建交25周年，双方分别举办联合发行邮票仪式。1997年7月，驻华大使（非常驻）扎费拉尼来京出席香港回归庆祝活动。2001年中圣联合发行了“中圣建交30周年纪念封”。2003年10月18～21日，圣国务委员、旅游、商务、体育兼运输部长帕尔迪德·安德烈奥利来京参加世界旅游组织第15届大会。2005年7月，两国就圣在香港委派名誉领事事以互换照会的形式达成协议。2006年，中国地方友好代表团访问圣马力诺，并出席了时任执政官泰伦齐和弗兰奇尼的就职典礼。中央军委副主席、国防部长曹刚川上将过境圣马力诺，会见了时任执政官罗西和曼奇尼，并出席《中圣贸易和经济合作协定》签字仪式。2008年5月，对外友协会长陈昊苏会见来华访问的圣马力诺前执政官泰伦齐。圣马力诺积极参加2010年上海世博会活动，4月圣驻华大使（非常驻）扎费拉尼女士作为圣政府代表出席上海世博会开幕式，6月圣旅游、体育和经济部部长贝拉尔迪出席圣马力诺国家馆日活动，10月圣工业部长阿尔齐利出席上海世博会中国国家馆日。

2011年是中圣建交40周年，双方举行了系列庆祝活动。中国驻意使馆在圣马力诺举办了建交40周年招待会。全国对外友协主席陈昊苏访圣。圣议会外委会主席、圣中友协主席泰伦齐访华。2012年7月，圣外交、政治、电信和交通部部长安东内拉·穆拉罗尼访华，杨洁篪外长与其会谈，中圣双方签署了《关于税收情报交换的协定》。

中圣两国自1988年起开始直接贸易往来，贸易额不大。2011年双边贸易总额为213.5万美元，同比下降62.5%。其中中方对圣出口额183.1万美元，同比下降66.8%，进口额30.4万美元，同比增长58.7%。2012年1～5月，中圣双边贸易额为108.1万美元，同比增长18%。截至2012年5月底，圣在华投资项目共计4个，实际投入1253万美元。中国对圣无投资和工程承包，中国自圣也无技术引进。

中国驻意大利大使丁伟兼任驻圣马力诺大使。馆址：Via Bruxelles 56，00198 Roma。总机：0039-06-965242。传真：85352891。

圣马力诺在华未设使馆，1995年11月6日任命萨维娜·扎费拉尼为驻中国大使（非常驻）。

【同意大利的关系】圣意关系十分密切。重视改善和发展同意大利的关系。早在1897年，两国就签有“友好睦邻条约”，1971年签订“友好睦邻条约”的补充协定，将强加于圣的“保护性友谊”改为“永久性友谊”。1979年两国外交关系由总领事级升为大使级。1990年、1991年意总统访圣。2002年3月，圣两名执政官和外长访意，双方签署文化、科学合作以及避免双重税收的协定。2010年1月意大利经济发展部长斯卡约拉访问圣马力诺，会见圣执政官并与圣外交部长穆拉罗尼举行会谈，就双方经贸、金融、投资合作交换意见。（孟凡宇）

斯洛伐克

<u>国名</u>　斯洛伐克共和国（The Slovak Republic，Slovenská republika）。

<u>面积</u>　49037平方公里。

<u>人口</u>　539.7万（2011年）。斯洛伐克族占80.7%，匈牙利族占8.5%，罗姆（吉卜赛）人占2%，其余为乌克兰族、日耳曼族、波兰族和俄罗斯族。官方语言为斯洛伐克语。居民大多信奉罗马天主教。

<u>首都</u>　布拉迪斯拉发（Bratislava），人口46.2万（2011年）。2011年平均气温10℃；最高气温36℃；最低气温-23℃。

<u>国家元首</u>　总统伊万·加什帕罗维奇（Ivan GAŠPAROVIČ），2004年4月首次当选，2009年4月连任，任期五年。

<u>重要节日</u>　1992年9月1日，捷克斯洛伐克联邦斯洛伐克民族委员会通过斯洛伐克共和国宪法。1993年1月1日斯洛伐克独立，将1月1日、9月1日定为国

庆日。

简　况　欧洲中部的内陆国。东邻乌克兰，南接匈牙利，西连捷克、奥地利，北毗波兰。属海洋性向大陆性气候过渡的温带气候。

5～6世纪，西斯拉夫人在此定居。公元830年后成为大摩拉维亚帝国的一部分。906年帝国灭亡后，沦于匈牙利人统治之下，后为奥匈帝国的一部分。1918年奥匈帝国解体，10月28日成立独立的捷克斯洛伐克共和国。1939年3月，被纳粹德国占领，后建立傀儡的斯洛伐克国。1945年5月9日，捷克斯洛伐克在苏军帮助下获得解放，恢复共同国家。1948年2月，捷克斯洛伐克共产党执政。1960年改国名为捷克斯洛伐克社会主义共和国。1989年11月，捷克斯洛伐克政权更迭，改行多党议会民主和多元化政治体制。1990年4月，改国名为捷克和斯洛伐克联邦共和国。1992年12月31日，捷克和斯洛伐克联邦解体。自1993年1月1日起，斯洛伐克共和国成为独立主权国家。

政　治　2011年斯洛伐克右翼执政联盟内部纷争不断，民众群体抗议事件时有发生。10月，因欧洲金融稳定基金议案在国民议会表决中未获通过导致右翼联合政府垮台。2012年3月，斯举行提前大选，中左社会民主—方向党（简称“方向党”）以44%的得票率获胜，在议会150席中占据83席，独自组建中左政府。该党主席菲佐担任总理。

【宪法】1992年7月17日，斯洛伐克国民议会通过宪法，规定斯实行多党议会民主制。同年9月1日，该法在捷克斯洛伐克联邦斯洛伐克民族委员会获得通过，并于10月1日生效。

【议会】国民议会为斯洛伐克最高立法机构，实行一院制，共150个席位，每届任期四年。本届议会于2012年3月10日大选产生，有6个党派进入议会：方向党83席、基督教民主运动和普通公民组织各16席、桥党13席、民主基督教同盟—民主党和自由与团结党各11席。

【政府】由总理、副总理和各部部长组成。现政府于2012年4月3日正式就职。主要成员有：总理罗贝尔特·菲佐（Robert FICO），负责大型项目副总理吕博米尔·瓦日尼（Ľubomír VÁŽNY），副总理兼内务部长罗贝尔特·卡利尼亚克（Robert KALIŇÁK），副总理兼财政部长佩特尔·卡日米尔（Peter KAŽIMÍK），副总理兼外交部长米罗斯拉夫·莱伊恰克（Miroslav LAJČÁK），国防部长马丁·格尔瓦奇（Martin GLVÁČ），司法部长托马什·伯雷茨（Tomáš BOREC），劳动、社会事务和家庭部长扬·里赫尔特（Ján RICHTER），教育部长杜尚·恰普罗维奇（Dušan ČAPLOVIČ），交通部长扬·波恰特克（Ján POČIATEK），经济部长托马什·马拉廷斯基（Tomáš MALATINSKÝ），卫生部长祖扎娜·兹沃伦斯卡（Zuzana ZVOLENSKÁ），文化部长马雷克·马贾里奇（Marek MAĎARIČ），农业部长吕博米尔·亚赫纳特克（Ľubomír JAHNÁTEK），环境部长佩特尔·日加（Peter ŽIGA）。

【主要网址】政府：http：//www.government.gov.sk；外交部：http：//www.foreign.gov.sk。

【行政区划】全国分为8州79个县，下设市、镇。布拉迪斯拉发为直辖市。

【司法机构】宪法法院、最高法院是国家最高司法机关，总检察院是国家最高检察机关，其院长、副院长、总检察长、副总检察长均由议会选举产生，总统任命。地方还设有地方法院、检察院。宪法法院院长伊维塔·玛采科娃（Ivetta MACEJKOVÁ，女），2007年2月16日就任，任期12年；最高法院院长什捷凡·哈拉宾（Štefan HARABIN），2009年6月23日上任，任期五年；总检察长职位由于总统一直未同意提名而空缺，任期应为七年，由第一副检察长拉迪斯拉夫·蒂希（Ladislav TICHÝ）代理。

【政党】注册党派100余个，主要有：

（1）社会民主—方向党（Sociálna demokracia-Smer）：执政党。党员约16200人。2005年1月，方向党与民主左翼党、民主选择党和社会民主党正式合并，更名为社会民主—方向党。把建立有序、公正和稳定的社会作为党的首要目标。主席罗贝尔特·菲佐。

（2）基督教民主运动（简称“基民运”，Krest'anske demokratické hnutie）：在野党。党员约15360人。1989年11月成立，该党崇尚基督教价值观，主张建立公正、民主国家。党主席扬·菲戈尔（Ján FIGEL）。

（3）民主基督教同盟—民主党（简称“民基盟”，Slovenská demokratická krest'anská únia-Demokratická strana）：在野党。党员7117人。2006年1月，民基盟与民主党合并，正式更名为民基盟—民主党。主张建立基于基督教和民主价值观的民主法制国家及稳定和高效运转的自由市场经济体制。党主席帕沃尔·弗雷肖（Pavol FREŠO）。

（4）自由与团结党（Sloboda a solidarita）：在野党。成立于2009年3月，主张尊重个人自由和社会团结，推崇自由市场经济和私有制，反对国家干预。党主席理查德·苏利克（Richard SULÍK）。

（5）桥党（MOST-Híd）：在野党。党员4472人。2009年7月成立，由原匈牙利联盟党分化而出的主要党员创立，匈牙利族党团，主张睦邻友好和多民族和平共处。主席贝拉·布加尔（Béla BUGÁR）。

（6）普通公民组织（Obyčajní ľudia a nezávislé osobnosti）：在野党。成立于2011年11月。右翼党派，倡导为民请愿，反对腐败。主席伊戈尔·马托维奇（Igor MATOVIČ）。

（7）斯洛伐克民族党（Slovenská národná strana）：

非议会在野党。党员2500人。斯洛伐克民族党是斯洛伐克人于1871年创立的最早的政党，1945～1989年，民族党停止活动。1990年，新型的斯洛伐克民族党成立，致力于发展斯洛伐克国家和民族特性。主席扬·斯洛塔（Ján SLOTA）。

【重要人物】伊万·加什帕罗维奇：总统。1941年3月27日出生。1964年毕业于斯洛伐克考门斯基大学法学院。曾任前捷斯联邦总检察长。1992年当选斯国民议会议员。1993年斯独立后，任斯议会议长，1994年11月连任。1998年10月至2004年4月任斯议员和议会资格审查和豁免委员会委员，斯驻国际议会联盟代表团成员。2004年4月首次当选，2009年4月连任。1992年至2002年7月为民斯运成员，曾任民斯运副主席。2002年7月退出民斯运，创建争取民主运动并任主席。该运动在2002年斯大选中未能进入议会。1995年，加在担任议长期间访华。2008年和2010年，加先后来华出席北京奥运会和上海世博会开幕式。已婚。有两个子女。 **罗贝尔特·菲佐：**总理。1964年9月出生。毕业于斯考门斯基大学法学院，获法官资格证书。1986～1995年在司法部法律研究所从事刑法研究工作。1999年创建方向党，任主席至今。2006年，方向党赢得大选，2006～2010年，菲佐首次出任总理。2012年4月二度出任总理。已婚，有一子。

经　济

早年为农业区，基本无工业。捷克斯洛伐克共产党执政期间在斯逐步建立了钢铁、石化、机械、食品加工及军事工业，缩小了同捷在经济上的差距。1989年剧变后，斯根据联邦政府提出的“休克疗法”开始进行经济改革，导致经济大衰退。1993年1月斯独立后，推行市场经济，加强宏观调控，调整产业结构。近年来，斯政府不断加强法制建设，改善企业经营环境，大力吸引外资，逐渐形成以汽车、电子产业为支柱，出口为导向的外向型市场经济。2009年受国际金融危机影响经济下滑，2010年、2011年实现恢复性增长。2011年主要经济数据如下：

国内生产总值（GDP）：961亿美元。
国内生产总值增长率：3.3%。
人均国内生产总值：1.78万美元。
货币名称：欧元。
通货膨胀率：2.3%。
失业率：13.5%。

【资源】有褐煤、硬煤、菱镁矿。石油、天然气依赖进口。

【工业】2011年工业生产总值为518亿美元，占国内生产总值的53.9%。主要工业部门有钢铁、食品、烟草加工、石化、机械、汽车等。从业人员63.6万，约占总劳动力27%。近几年主要工业产品产量如下：

	2007	2008	2009
水泥（万吨）	586.00	639.00	483.00
砌砖（万立方米）	83.90	69.10	42.30
电机（万台）	1.64	1.53	1.42
火力发电（亿度）	77.80	77.40	71.10
水力发电（亿度）	45.80	45.00	47.30

（资料来源：2010年斯统计年鉴）

【农业】2010年农业生产总值为15.54亿欧元，占国内生产总值的1.7%。农业用地193万公顷，可耕地面积为135.1万公顷。森林覆盖率约40%。农业人口约7.1万，占总劳动力的3%。粮食总产量255.1万吨。主要农作物有大麦、小麦、玉米、油料作物、马铃薯、甜菜等。近几年主要农牧产品产量如下（单位：万吨）：

	2008	2009	2010
小麦	181.9	153.8	118.5
大麦	89.1	67.5	36.1
玉米	126.1	98.8	92.1
马铃薯	24.5	21.6	12.6
甜菜	67.9	89.9	97.8
油料作物	63.3	59.6	50.1
蔬菜	11.8	9.7	7.7
水果	7.5	6.9	6.9

近几年主要农畜存栏数如下（单位：万头、万匹或万只）：

	2008	2009	2010
牛	48.8	47.2	46.7
猪	74.8	74.1	68.7
羊	36.2	37.7	39.4
马	0.8	0.7	0.7
家禽	1122.0	1358.0	1299.0

（资料来源：斯国家统计局）

【交通运输】以公路和铁路运输为主，近年来航空运输有所发展。2010年交通运输情况如下：

公路：总长17937公里，其中高速公路391公里。客运量总计6.98亿人次，货运量总计4464万吨。

铁路：总长3623公里，其中复线1016公里，电气化铁路1577公里。客运量总计4658万人次，货运量总计4164万吨。

水运：内河航道172公里，客运量总计9.9万人次，货运量总计131万吨。

空运：客运量总计228.6万人次，货运量总计7.2万吨。

【财政金融】近几年财政收支情况如下（单位：亿美元）：

	2009	2010	2011
收入	146	174	329
支出	185	226	372
差额	-39	-52	-43

（资料来源：斯国家统计局，斯央行）

截至2012年1月，斯外汇储备为28亿美元，截至2011年9月30日，斯外债总额717亿美元。

【对外贸易】 2011年斯对外贸易总额为1535亿美元，其中斯方出口额为786.3亿美元，进口额为748.7亿美元。近几年外贸情况如下（单位：亿美元）：

	2009	2010	2011
出口额	551	670	786.3
进口额	519	667	748.7
差额	32	3	37.6

主要出口商品有：钢材、电子产品、交通工具、机械产品、化工产品、矿物燃料、金属和金属制品、电力设备等。主要进口商品有：石油、天然气、机械设备、原材料、食品、化工产品等。主要贸易伙伴为：德国、捷克、俄罗斯、意大利、奥地利、波兰、法国、匈牙利、英国、荷兰、比利时和美国。

【外国资本】 2011年斯吸引外资8.46亿美元，外资绝大部分流向工业生产、交通、邮电通讯、金融和保险业、商业、建筑业、服务业等领域。主要投资国为荷兰、德国、奥地利、意大利、匈牙利、捷克等。

人民生活

2011年，人均月工资1094美元。

军　事

1993年捷克和斯洛伐克联邦解体后，捷与斯按二比一原则分割原捷联邦的军队及其装备。总统是斯全国武装力量最高统帅，国防委员会是国防与安全问题的最高决策机构，国防部是政府主管军事的行政机关，总参谋部是全军最高指挥机构，总参谋长柳博米尔·布利克（L'ubomír BULÍK）。2005年，斯军队开始职业化，现有兵力约2万人。

文化教育

【教育】 实行十年制义务教育，国家对食宿给予补贴。最著名高等院校有考门斯基大学、斯洛伐克技术大学、艺术学院等。2009年各类学校数量及学生人数如下：

	学校（所）	学生（人）	教师（人）
幼儿园	2765	133655	13238
九年制小学	2214	437223	29987
高中	250	94019	6710
中专	487	189265	13473
大学	33	144018	10961

（资料来源：2010年斯统计年鉴）

【新闻出版】 斯报刊实行私有化，2010年全国发行报刊杂志1400余种，主要日报有：《真理报》、《存在报》、《新时代》、《经济报》、《经济日报》等。

斯洛伐克通讯社（斯通社）：国家商业性通讯社。

斯洛伐克信息通迅社：私营通迅社。

2009年斯国家广播电台对内广播58694小时，其中少数民族语言广播5006小时，主要语言为匈牙利语、乌克兰语、罗姆语、德语；对外广播3832小时，主要语言有斯洛伐克语、英语、法语、德语、西班牙语和俄语。私人广播电台共有28家，全年广播193052小时。

2009年斯电视台播放全国性节目25370小时，其中用少数民族语言播放节目257小时，主要有匈牙利语、罗姆语、德语和乌克兰语。斯有133家私人电视台，全年播放节目772035小时。

对外关系

1993年1月1日，斯洛伐克成为主权独立国家，外交不断进取，国际地位显著提高。2004年3月和5月分别加入北约和欧盟；2006～2007年担任联合国安理会非常任理事国；2007年12月成为《申根协定》缔约国；2009年1月1日加入欧元区。2011年，斯外交活跃，以欧盟和北约为依托，发展睦邻友好关系，重视同大国关系，积极推动地区合作，广泛参与国际事务。

【同中国的关系】 1949年10月6日，中国同原捷克斯洛伐克建交。1957年3月27日，双方签订了中捷友好条约。1993年1月1日斯洛伐克共和国独立，中国政府予以承认并与之建立了大使级外交关系。

2011年，中斯关系顺利发展。双方在经贸、科技、文化、教育、地方等领域合作富有成效。据中国海关总署统计，2011年双边贸易额为59.69亿美元，同比增长59.2%；其中中方出口额为25.12亿美元，同比增长28.3%；进口额为34.57亿美元，同比增长93.1%。

2003年8月，台湾在斯洛伐克设立"代表处"。同年11月，斯洛伐克在台湾设立经济文化办事处。2010年斯台贸易额为9.62亿美元，其中斯方出口额为0.24亿美元，进口额为9.38亿美元。

中国驻斯洛伐克大使：顾子平。馆址：布拉迪斯拉发扬乔娃街8号（Bratislava Jancova 8, Slovak Republic）。电话00421-2-62803348；传真：62804289。商务处电话：52920154。领事部电话：62804283。使馆网址：sk.china-embassy.org。

斯洛伐克驻华大使：弗兰季谢克·德尔霍波尔切克（Frantisek Dlhopolcek）。馆址：北京市朝阳区建国门外日坛路。电话：010-65321531，65325653（使馆、商务处、签证处）；传真：65324814。

【同欧洲国家的关系】 斯洛伐克高度重视发展与欧洲国家关系，尤其注重加强维谢格拉德集团合作，2010年下半年至2011年上半年任维谢格拉德集团轮值主席国。同西巴尔干国家交往频繁，支持该地区国家加入欧盟。2011年主要往来有：1月，匈牙利总统施密特、总理欧尔班分别访斯；3月，克罗地亚总理科索尔访斯。4月，意大利总统纳波利塔诺访斯。5月，斯总理拉迪乔娃访问捷克、斯洛文尼亚、英国。6月，斯总统加什帕罗维奇访问立陶宛；塞尔维亚外长耶雷米奇、乌克兰总统亚努科维奇、波兰总统科莫罗夫斯基、捷总统克劳斯分别访斯；9月，德总统武尔夫、外长韦斯特维勒访斯、斯总统加什帕罗维奇访问马耳他、黑山，斯外长祖林达访问乌克兰、黑山，总理拉迪乔娃访问克罗地亚。

【**同美国的关系**】2011年9月，斯总理拉迪乔娃对美国进行工作访问。12月，斯外长祖林达同美国国务卿克林顿签署了两国反对非法运输核及放射性物质共同行动书。

【**同俄罗斯的关系**】2011年5月，俄罗斯总理普京赴斯为俄申办2016年世界冰球锦标赛助阵，同斯总统加什帕罗维奇、总理拉迪乔娃分别会见。

【**同其他国家的关系**】2011年3月，日本发生9级大地震，斯政府向日提供价值13.2万欧元的物资和现金援助。6月，斯外长祖林达访问埃及。7月9日，斯正式承认南苏丹独立。8月30日，斯正式承认利比亚"全国过渡委员会"为利国家唯一合法代表。10月，斯总统加什帕罗维奇访问印尼。12月，斯外长祖林达访问南苏丹、加纳，并同南苏丹正式签署建交协议。

【**同国际或区域组织的关系**】2011年2月，斯总理拉迪乔娃赴布鲁塞尔出席欧盟峰会，重点讨论欧盟今后10年能源和创新政策；斯主办维谢格拉德集团峰会，纪念该组织成立20周年。3月，斯总理拉迪乔娃赴布鲁塞尔出席欧盟特别首脑会议，重点讨论扩大欧盟金融稳定机制、德法《竞争力公约》方案及利比亚局势。5月，北约秘书长拉斯穆森访斯；斯总理拉迪乔娃赴巴黎出席经合组织成立50周年纪念仪式。9月，斯总理出席在波兰华沙举行的欧盟"东部伙伴计划"领导人峰会。11月，联合国秘书长潘基文任命斯前外长库比什为阿富汗事务特别代表及联合国驻阿援助团团长。12月，斯外长祖林达出席北约外长会议。（*姜超*）

斯洛文尼亚

<u>国名</u> 斯洛文尼亚共和国（The Republic of Slovenia，Republika Slovenija）。

<u>面积</u> 20273平方公里。

<u>人口</u> 205.7万（2012年）。主要民族为斯洛文尼亚族，约占83%。少数民族有塞尔维亚族、克罗地亚族、匈牙利族、意大利族等。官方语言斯洛文尼亚语，主要宗教天主教。

<u>首都</u> 卢布尔雅那（Ljubljana），人口33万（2012年）。

<u>国家元首</u> 总统达尼洛·图尔克（Danilo TÜRK），2007年11月当选，任期五年。

<u>重要节日</u> 国庆节：6月25日。

简　况

位于欧洲中南部，巴尔干半岛西北端。西接意大利，北邻奥地利和匈牙利，东部和南部与克罗地亚接壤，西南濒亚得里亚海。海岸线长48公里。特里格拉夫峰为境内最高的山峰，海拔2864米。最著名的湖泊是布莱德湖。气候分山地气候、大陆性气候和地中海式气候。夏季平均气温21.3℃，冬季平均气温-0.6℃，年平均气温10.7℃。

6世纪末，斯拉夫人迁移到现斯洛文尼亚一带。9～20世纪初，斯洛文尼亚一直受德意志国家和奥匈帝国的统治。1918年底，斯洛文尼亚与其他一些南部斯拉夫民族联合成立塞尔维亚人—克罗地亚人—斯洛文尼亚人王国，1929年改称南斯拉夫王国。1941年，德国、意大利法西斯入侵南斯拉夫。1945年，南斯拉夫各族人民赢得反法西斯战争的胜利，并于同年11月29日宣告成立南斯拉夫联邦人民共和国（1963年改称南斯拉夫社会主义联邦共和国），斯洛文尼亚为其中的一个共和国。1991年6月25日，斯洛文尼亚议会通过决议，宣布脱离南斯拉夫社会主义联邦共和国，成为独立的主权国家。1992年5月，斯洛文尼亚加入联合国。2004年3月和5月，斯洛文尼亚先后成为北约和欧盟成员。

政　治

斯洛文尼亚政局长期保持稳定。2007年11月，斯洛文尼亚举行总统选举，独立候选人图尔克获胜。2011年12月，斯举行独立后首次提前议会选举。以卢布尔雅那市长扬科维奇为首的"积极的斯洛文尼亚党"赢得最多议席，但组阁失败。第二大党斯民主党主席扬沙获得总理提名。2012年2月，扬沙内阁获得议会表决通过，斯新政府成立。目前，斯政局总体保持稳定。

【**宪法**】1991年12月23日，斯洛文尼亚议会通过新宪法。1997年和2000年两次修宪。宪法确立立法、行政、司法三权分立原则。

【**议会**】斯洛文尼亚国民议会是国家最高立法和监督机构，实行一院制。国民议会由90名议员组成，通过直接选举产生，任期四年。全国共分8个选区，每个选区选出11名代表，保留两名代表席位给意大利族和匈牙利族议员。本届国民议会于2011年12月组成，现共有7个政党，其中积极的斯洛文尼亚党28席、斯民主党26席、社会民主人士党10席、公民名单党8席、斯人民党6席、斯退休者民主党6席及新斯洛文尼亚基督教人民党4席，意大利族和匈牙利族少数民族议员各1席。议长格雷戈尔·维兰特（Gregor VIRANT），2011年12月当选。

【政府】国家权力执行机构，任期四年。本届政府成立于2012年2月，由斯民主党、公民名单党、退休者民主党、人民党和新斯洛文尼亚基督教人民党组成。总理雅奈兹·扬沙（Janez JANŠA）。政府成员为：副总理兼经济发展和科技部长拉多万·热尔亚夫（Radovan ŽERJAV），副总理兼外交部长卡尔·埃里亚韦茨（Karl ERJAVEC），副总理兼负责境外斯洛文尼亚人事务的不管部部长柳德米拉·诺瓦克（Ljudmila NOVAK，女），劳动、家庭和社会事务部长安德雷伊·维兹亚克（Andrej VIZJAK），财政部长雅奈兹·舒什特尔希奇（Janez ŠUŠTERŠIČ），农业与环境部长弗兰茨·博戈维奇（Franc BOGOVIČ），内务部长文科·格雷纳克（Vinko GORENAK），国防部长阿莱什·霍伊斯（Aleš HOJS），基础建设与空间部长兹温科·切尔纳奇（Zvonko ČERNAČ），司法与公共管理部长森科·普利查尼奇（Senko PLIČANIČ），教育、文化、科学与体育部长日加·土尔克（Žiga TURK），卫生部长托马日·甘塔尔（Tomaž GANTAR）。

【主要网址】斯洛文尼亚政府：http：//www.gov.si；国家统计局：http：//www.stat.si；政府新闻办公室：http：//www.uvi.si；宏观经济分析与发展研究所：http：//www.umar.gov.si/；工商会：http：//www.gzs.si。

【行政区划】全国分为12个统计地区，共有212个市镇级行政单位。

【司法机构】法院和检察院是国家司法机构。法院分宪法法院，最高法院、高等法院、地区法院和县级法院，另外设有专业法院：劳动和社会法院（主要负责处理雇佣关系和社会福利方面的法律案件）、行政诉讼法院及审计法院。宪法法院主要负责判定议会有关立法是否与国家宪法相抵触，由9名法官组成，任期九年，不得连任。宪法法院院长埃尔奈斯特·佩特里奇（Ernest PETRIČ），2010年11月就任，任期三年。最高法院为最高司法机构，院长任期六年。院长布兰科·马斯莱沙（Branko MASLEŠA），2010年11月就任。检察院分共和国检察院、高等检察院（4个）和地区检察院（11个）。总检察长兹温科·菲塞尔（Zvonko FIŠER），2011年5月就任，任期六年。

【政党】截至2011年4月，斯洛文尼亚登记注册的政党共有74个。主要政党有：

（1）斯洛文尼亚民主党（Slovenska Demokratska Stranka）：简称斯民主党。执政党。前身为1989年2月16日成立的斯洛文尼亚社会民主协会，后更名为斯社会民主党，2003年9月改为现名。主张民主、自由、尊重人权、教育机会平等，倡导自由政府和市场经济。主席雅奈兹·扬沙，现任总理。

（2）公民名单党（Državljanska lista）：执政党。成立于2011年10月，原名维兰特公民名单，2012年4月改为现名。追求自由、理性，提倡爱国、建设性合作、创新和可持续性发展。主席格雷戈尔·维兰特，现任议长。

（3）斯洛文尼亚退休者民主党（Demokratična Stranka Upokojencev Slovenije）：执政党。成立于1991年5月。党员超过3.5万人。提倡建立公正社会，致力于经济稳定增长，并兼顾地区平衡发展，认为各年龄段的公民都应享有高质量的生活，坚持养老和健康保险法要得到全社会认可。主席卡尔·埃里亚韦茨，现任副总理兼外长。

（4）斯洛文尼亚人民党（Slovenska Ljudska Stranka）：简称人民党。执政党。前身为斯洛文尼亚农民联盟，成立于1988年。1990年更名为斯农民联盟—人民党。1992年改为现名。农民占相当比重。遵循基督教传统价值，追求自由、团结、公正，努力确保斯民族独特的语言与文化。主席拉多万·热尔亚夫，现任副总理兼经济发展和技术部长。

（5）新斯洛文尼亚基督教人民党（Nova Slovenija-krščanska ljudska stranka）：简称新斯党。执政党。前身为斯洛文尼亚基督教民主党。成立于2000年8月。主张联合所有接受欧洲和斯洛文尼亚文化、民主、道德和社会价值观的全体斯国民。主席柳德米拉·诺瓦克，现任副总理兼境外斯洛文尼亚人事务不管部长。

（6）积极的斯洛文尼亚党（Pozitivna Slovenija）：在野党。成立于2011年10月。主张建立自由、民主、团结和成功的国家。主席佐兰·扬科维奇（Zoran JANKOVIČ），现任卢布尔雅那市长。

（7）社会民主人士党（Socialni Demokrati）：在野党。成立于1993年5月29日，原名社会民主人士联合名单。2005年改为现名。约有党员2.7万人。倡导社会稳定，加大对知识和新技术领域的投入，提倡走“第三条道路”。主席伊戈尔·卢克希奇（Igor LUKŠIČ）。

【重要人物】**达尼洛·图尔克：**总统。1952年2月生。毕业于卢布尔雅那大学法学院。1984～1992年任联合国消除歧视和保护少数民族委员会委员。1987年任斯洛文尼亚人权委员会副主席。1992年任斯洛文尼亚常驻联合国代表，后任联合国秘书长助理，负责政治事务，2005年结束联合国的任期。2006年任卢布尔雅那大学法学院副院长。2007年11月当选总统。2008年10月对华进行国事访问并出席第七届亚欧首脑会议。已婚，有一女。　**格雷戈尔·维兰特：**议长。1969年12月生。毕业于卢布尔雅那大学法律学院，法学博士。1995～1998年曾任斯宪法法院顾问。2000～2004年任内务部国务秘书。2004～2008年任公共管理部部长。2011年10月，成立维兰特公民名单并参加议会选举。2011年12月，当选议长。**雅奈兹·扬沙**：总理。1958年9月生。毕业于卢布尔雅那大学社会、政治及新闻学院。1992年加入斯社会民主党（现已更名为斯民主党）并于1993年出任党主席至今。1995年以来连选连任斯议员。1990年和2000年两度出任国防部长。2004～2008年任总理。2012年2月再次出任总理。2007年11月对华进行正式访问。

经　济

拥有良好的工业和科技基础。服务业发达、教育程度高。自1991年独立后，经济转轨平稳，人民生活水平持续提高。2004年加入欧盟并充分依托欧盟优势，扩大外向型经济，各项宏观经济指标名列新入盟国家前列，已被世界银行列为发达国家。2007年1月1日，斯加入欧元区。2009年以来，斯经济受国际金融危机和欧洲主权债务危机影响较大。2011年主要经济数据如下（资料来源：斯洛文尼亚国家统计局）：

国内生产总值：356.39亿欧元。

人均国内生产总值：17361欧元。

国内生产总值增长率：−0.2%。

货币名称：欧元。

通货膨胀率：1.8%。

失业率：8.2%。

【资源】森林和水力资源丰富，森林覆盖率为66%。矿产资源相对贫乏，主要有汞、煤、铅、锌等，采矿业多年来呈下降趋势。石油与天然气等能源消耗主要依赖进口。

【工业】主要工业部门有汽车制造、机械设备和家用电器制造、电气机械和仪表制造、化工（含制药）、电力能源、冶金、橡胶及塑料产品加工、非金属矿物质制品加工、食品饮料加工、木材加工、家具制造、造纸、印刷出版、纺织、成衣和皮革制品加工。2010年，工业总产值为178.74亿欧元，约占国内生产总值的46%。近几年工业产品产量如下：

	2008	2009	2010
非家用制冷与排气设备（台）	587697.0	349464.0	479656.0
其他农业林业机械（台）	28281.0	16391.0	14862.0
机床（台）	78000.0	52000.0	53000.0
电动机、发动机、变压机（万台）	6967.4	5535.0	6204.0
配电、电力控制仪表（万台）	18300.0	14800.0	15000.0
绝缘电线电缆（吨）	5088.0	–	4505.0
发电（千兆瓦时）	16398.0	16401.0	16433.0
油漆、涂料（万吨）	24.2	25.6	24.4
葡萄酒（万升）	2597.3	2575.0	22680.0

（资料来源：斯洛文尼亚国家统计局）

【农业】农业在国民经济中比重逐年下降。2010年农业用地482803公顷，农业人口7.8万人。2010年农业总产值11.11亿欧元，增加值5000万欧元，占GDP总值的2.9%。农产品不能满足本国需求，每年需从其他国家大量进口粮食等农产品。近几年主要农产品产量如下（单位：吨）：

	2008	2009	2010
牛肉	77200.0	74700.0	77600.0
猪肉	72200.0	57800.0	55300.0
家禽肉	83200.0	85300.0	86400.0
小麦	160297.0	136904.0	153481.0
玉米	319902.0	302600.0	311117.0
马铃薯	100319.0	103425.0	101208.0
葡萄	105719.0	112855.0	108541.0
鸡蛋（万个）	35882.2	36030.0	35708.6

近几年主要牲畜存栏总数如下（单位：头/只）：

	2008	2009	2010
牛	469983	472878	470151
其中奶牛	191527	189026	189016
猪	432011	415230	395593
绵羊	138958	138108	129788
家禽	4575000	5212000	4618000

近几年渔业捕获量如下（单位：吨）：

	2008	2009	2010
海水鱼	686	867	764
淡水鱼	1044	931	659

（资料来源：同上）

【服务业】为国民经济重要组成部分。包括批发和零售、修理、旅馆饭店、运输、通信、仓储、金融中间机构、房地产、租赁、企业服务、公共管理、教育、医疗保健、社会服务、其他社区或个人服务。从业人数超全国人口总数1/5。近几年服务业产值如下：

	2008	2009	2010
服务业总值（亿欧元）	208.0	362.67	164.98
占全年GDP总值（%）	56.0	57.80	46.60
从业人口（万人）	56.2	–	43.40

（资料来源：同上）

【旅游业】斯旅游业比较发达。2010年，共有住宿设施1260余家，房间42414间，床位117947张。2010年，旅客超过300.6万人次，过夜游客890.6万人次。国外游客主要来自意大利、奥地利、德国和克罗地亚。主要旅游区为亚得里亚海海滨和阿尔卑斯山区。主要旅游点有：特里格拉夫山区国家公园、布莱德湖、波斯托伊纳溶洞。主要旅游设施有：海滨浴场、滑雪场、温泉、溶洞、旅馆、疗养胜地、山区或海滨度假旅馆、私人小旅馆、过夜旅馆、汽车宿营地、野营宿营地、酒吧、咖啡馆、旅游农场等。

【交通运输】地理位置较好，电气化铁路和现代化公路占相当大比重。

铁路：2010年铁路总长1228公里，其中电气化503公里，复线铁路330公里。2010年客运量1622万人次，货运量1623.4万吨。

公路：2010年公路总长39052公里，其中高速公路675公里。全国载人小汽车106.2万辆，卡车68320辆，公共汽车2400辆，农用拖拉机89087辆。2010年公路客运量3476.9万人次，货运量8102.6万吨。

海运：斯有3个港口，分别是科佩尔港、伊佐拉港和皮兰港。其中，科佩尔港是斯第一大港。该港建成于1958年，港区面积为450公顷，有2000米的海岸可供装卸货物，有25万平方米的仓储面积。2009年斯海路货运量656.1万吨，2010年斯海路货运量613.1万吨。

空运：2010年共有客机14架，共起降25124架次，载客117万人次，货运1851吨。卢布尔雅那约热·普奇尼克机场为唯一的国际机场。国家航空公司为亚得里亚航空公司。

【财政金融】近年财政收支情况如下（单位：亿欧元）：

	2008	2009	2010
收入	157.97	152.58	156.76
支出	164.92	174.03	177.48
差额	−6.95	−21.45	−20.72

（资料来源：同上）

2011年，斯外汇储备为7.67亿欧元。政府财政赤字占GDP的6.4%。累计外债169.54亿欧元，占GDP的47.6%。

斯洛文尼亚共有银行20家。主要有：

（1）新卢布尔雅那银行（Nova Ljubljanska Banka d.d. Ljubljana）：成立于1994年7月27日，截至2012年6月，总资产为92.31亿欧元。

（2）新马里博尔信贷银行（Nova Kreditna Banka d.d. Maribor）：成立于1994年，截至2011年5月10日，总资产为40.81亿欧元。

（3）Abanka Vipa银行（Abanka Vipa d.d. Ljubljana）：成立于2002年，截至2012年6月，总资产为30.05亿欧元。

【对外贸易】斯洛文尼亚经济为高度外向型，对外贸易在国民经济中占有较高比重。2010年主要贸易伙伴国为：德国、意大利、奥地利、法国、克罗地亚、匈牙利、捷克、荷兰、西班牙、比利时。主要出口商品类别为：机械和设备、光学仪器、化学制品、医药、人造纤维、汽车和运输设备。主要进口商品类别为：汽车和运输设备、金属制品、化学制品、医药、人造纤维等。近几年对外贸易进出口总额如下（单位：亿欧元）：

	2008	2009	2010
出口额	198.08	160.18	182.43
进口额	230.46	171.15	198.81
差　额	−32.38	−10.97	−16.38

（资料来源：同上）

【对外投资】2010年对外投资总额为55.18亿欧元，主要国家为（单位：亿欧元）：塞尔维亚（14.59）、克罗地亚（11.18）、波黑（6.57）、马其顿（3.51）、俄罗斯（3.45）、荷兰（3）、德国（1.98）、利比里亚（1.87）、黑山（1.7）、波兰（1.1）、奥地利（0.87）。

【对外援助】斯主要通过欧盟、联合国和世界银行等机构提供外援，援助对象主要集中在巴尔干地区。援外数额：2008年为4680万欧元，2009年为5127万欧元，2010年为4425万欧元。

【外国资本】2010年累计引进外资107.71亿欧元。主要国家有（单位：亿欧元）：奥地利（51.63）、瑞士（8.18）、意大利（6.66）、法国（6.5）、德国（6.02）、荷兰（5.53）、克罗地亚（5.25）、英国（3.14）、比利时（2.9）、卢森堡（2.08）。

【著名公司】（1）雷诺轿车组装厂（Revoz）。主要产品：轿车和轿车零部件。注册资本：5500万欧元。创建于20世纪50年代。董事长阿莱什·布拉托日（Aleš Bratož）。网址：http://www.revoz.si。

（2）Gorenje电器厂。主要产品：洗衣机、电冰箱等家用电器。注册资本：5850万欧元。创建于20世纪50年代。董事长弗拉尼奥·博比纳茨（Franjo Bobinac）。网址：http://www.gorenje.si。

（3）Krka制药厂。主要产品：药品。注册资本：5910万欧元。创建于20世纪50年代。董事长兼总经理约热·佐拉里奇（Jože Colarič）。网址：http://www.krka.si。

人民生活

重视提高和改善人民生活水平，实行覆盖所有纳税人家庭和个人的医疗保障和社会保障制度，包括免费医疗、免费教育、失业保障金、退休金、残疾人福利等。2010年，斯共有29家医院，其中综合性医院18家，妇产医院2家，肺病专科医院2家，神经疾病医院4家，整形医院2家，康复医院1家。共有病床9367张，医师和牙医3238人。医务人员中，受过中等和高等教育的为7631人，国家注册护士3013人。全年共收诊病人363505人，出院病人364104人。2011年人均每月税前收入1523.47欧元。2011年，每100人拥有74台台式电脑（其中72台可上网）、48台笔记本电脑、40部电话、73部手机。

军　事

国家武装部队正式成立于1991年6月，原名为斯领土保卫部队，1993年10月改名为斯洛文尼亚军队。总统为国家武装力量最高统帅。1998年起，斯按西方标准改组军队体制，分为基本国防部队、加强部队、快速反应部队。2003年9月取消义务兵役制。截至2012年5月，斯军队总人数约9143人，其中职业军人7544人，预备役1599人。2012年国防预算为3.81亿欧元，占GDP的1.1%。斯派出的维和部队人员情况（截至2012年5月）：科索沃299人，波黑15人，阿富汗87人，黎巴嫩14人，叙利亚4人，塞尔维亚2人，索马里1人，马其顿1人。

文化教育

【教育】2009年斯教育支出为21.2亿欧元，占国内生产总值的5.7%。斯实行12年义务教育制度。学制：小学8年，中学4年，大学4～6年。2009/2010学年在校学生人数分别为：小学生160074人，中学生82193人，大学生98279人，研究生11789人。2010年毕业大学生16017人，研究生736人。各类教师共计31556人。2008年，共有综合性大学4所，中学129所，小学454所。全国各类图书馆共计1178个，博物馆49个。

【新闻出版】2010年，斯有日报12种，周刊44种，双周刊42种，月刊343种，双月刊104种。发行量较大的全国性报纸主要为：Žurnal周报（28.3万份）、Žurnal24小时报（11万份）、斯洛文尼亚新闻（Slovenske Novice，7.7万份）、劳动报（Delo，4.7万份）、晚报（Večer,4.3万份）、每日新闻（Dnevnik,4.1万份）、金融报（Finance，1.4万份）。

电视台：2009年共有54个电视频道。其中国家电视台为斯洛文尼亚广播电视台（RTV，6个频道，1958年成立）。私营商业电视台主要有Kanal A（1989年成立）和POP TV（1993年成立），2000年10月，POP TV的母公司美国Super Plus收购了Kanal A，但仍使用其名称。

广播电台：2009年，共有95个广播频道，区域节目全年播音时间总计超过8万小时；地方节目全年播音时间总计超过9万小时。

国家通讯社：斯洛文尼亚通讯社，简称STA，成立于1991年6月20日。

对外关系

斯洛文尼亚于2004年5月1日正式加入欧盟。致力于全面融入欧盟体系。积极发展同德国、法国等欧盟大国和美国、俄罗斯等大国的关系。注重发展与其他前南斯拉夫国家的关系，积极参与协调西巴尔干事务及国际热点问题的解决。截至2012年6月，斯已与184个国家建立外交关系。

【同中国的关系】1992年5月12日中斯建交。两国关系发展顺利。

2011年4月，中共中央政治局常委李长春访斯。5月，全国人大常委会副委员长韩启德访斯。6月，斯议长甘塔尔访华；同月，斯国防部长耶鲁希奇访华。9月，斯洛文尼亚国民委员会主席卡弗契奇访华。斯洛文尼亚司法部长扎拉尔访华。2012年4月，国务院总理温家宝在华沙会见出席中国—中东欧国家领导人会晤的斯洛文尼亚总理扬沙。

据中国海关总署统计，2011年双边贸易额为18.78亿美元，同比增长20.2%。其中，中方出口额为16.76亿美元，同比增长21%；进口额为2.02亿美元，同比增长14.4%。

中国驻斯洛文尼亚大使：张宪一。馆址：卢布尔雅那市科布拉列瓦大街3号（Koblarjeva 3，1000 Ljubljana，Republic of Slovenia）。电话：00386-1-4202855；传真：2822199。

斯洛文尼亚驻华大使：玛利娅·阿达尼娅（Marija ADANJA，女）。馆址：北京市朝阳区霄云路18号京润水上花园F区57号。电话：010-64681154；传真：64681040。

【同美国的关系】1992年8月，斯美建交。两国关系密切。2011年2月，斯总理帕霍尔访问美国。

【同俄罗斯的关系】1992年5月，斯俄建交。两国关系发展良好。2010年11月，斯总统图尔克对俄罗斯进行国事访问。2011年3月，俄总理普京访斯。4月，俄外长拉夫罗夫访斯。5月，斯总统图尔克访俄。7月，俄国家杜马主席维亚切斯拉沃维奇访斯。

【同欧盟的关系】1992年4月13日，斯同欧盟建交。2004年5月1日，斯正式加入欧盟。2005年2月1日，斯议会以79票对4票批准《欧盟宪法条约》。2008年上半年，斯担任欧盟轮值主席国。2011年2月，欧盟负责内部市场与服务的委员巴尼尔访斯。6月，欧洲理事会主席范龙佩访斯。

【同欧洲国家的关系】2011年1月，斯总统图尔克访问意大利；议长甘塔尔访问卢森堡。2月，英国下院议长伯科访斯；3月，斯总统图尔克访问捷克；总理帕霍尔访问土耳其、法国。4月，奥地利总统菲舍尔访斯。5月，斯总统图尔克访问冰岛、爱沙尼亚；克罗地亚议长贝比奇访斯；匈牙利议长拉斯洛访斯；斯洛伐克总理拉迪乔娃访斯。6月，斯议长甘塔尔访问德国；总理帕霍尔访问克罗地亚；保加利亚总统珀尔瓦诺夫访斯。8月，德国总理默克尔访斯。10月，斯总统图尔克访问乌克兰。11月，斯总统图尔克访问荷兰；外长日博加尔访问罗马尼亚、摩尔多瓦。

【同西巴尔干国家的关系】斯重视发展同西巴尔干国家的关系，致力于加强合作。2011年2月，斯外长日博加尔访问阿尔巴尼亚和马其顿；马其顿总统伊万诺夫访斯；波黑主席团三成员访斯。3月，斯外长日博加尔访问波黑、马其顿；克罗地亚总统约西波维奇访斯。4月，斯总统图尔克访问克罗地亚。6月，斯外长日博加尔访问塞尔维亚。8月，斯总理帕霍尔访问塞尔维亚。9月，斯总统图尔克访问黑山。（刘冬）

乌　克　兰

国名　乌克兰（UKRAINE，УКРАИНА）。

面积　603700平方公里。

人口　4564万（2012年1月1日）。共有130多个民族，乌克兰族约占77%，俄罗斯族约占20%，其他为白俄罗斯、犹太、克里米亚鞑靼、摩尔多瓦、波兰、匈牙利、罗马尼亚、希腊、德意志、保加利亚等民族。官方语言为乌克兰语。主要宗教为东正教和天主教。

首都　基辅（KIYV，КИЕВ），人口278万，面积827平方公里。全国政治、经济、文化、科学中心。8月最高气温37℃，1月最低气温-26℃。

国家元首　总统维克多·费奥多罗维奇·亚努科维奇（Виктор Федорович ЯНУКОВИЧ），2010年2月25日就任。

重要节日　公历新年：1月1日；东正教圣诞节：1月7日；统一日（纪念东西乌克兰合并）：1月22日；全民团结和自由日：5月1日；胜利日（纪念第二次世界大战胜利）：5月9日；宪法日（纪念1996年颁布独立后制定的第一部宪法）：6月28日；独立日（国庆节）：8月24日。

简　况

位于欧洲东部，黑海、亚速海北岸。95%国土为平原。东西长1316公里，南北长893公里。北邻白俄罗斯，东北接俄罗斯，西连波兰、斯洛伐克、匈牙利，南同罗马尼亚、摩尔多瓦毗邻。陆地边界线长5631公里，海岸线长1959公里。最大山系为西部的喀尔巴阡山，最高峰戈尔维拉峰海拔2061米。大部分地区为温带大陆性气候，克里米亚半岛南部为亚热带气候。1月平均气温-7.4℃，7月平均气温19.6℃。

"乌克兰"一词最早见于《罗斯史记》（1187年）。公元9世纪下半叶建立古罗斯国家—基辅罗斯。后在其境内逐步形成三个主要民族乌克兰族、俄罗斯族和白俄罗斯族。1240年蒙古帝国拔都率西征军占领基辅。公元1654年，哥萨克首领赫梅利尼茨基与俄罗斯沙皇签订《佩列亚斯拉夫和约》，乌俄两国合并。1917年12月，建立乌克兰苏维埃政权。1919年1月成立乌克兰苏维埃社会主义共和国并于1922年加入苏联（西部乌克兰1939年加入）。1990年7月16日，乌最高苏维埃通过《乌克兰国家主权宣言》。1991年8月24日乌宣布独立。

政　治

亚努科维奇2010年2月当选乌克兰总统，乌"橙色革命"宣告终结。两年来，亚努力打造总统垂直权力体系，在议会组建以地区党为核心的议会多数派，任命地区党主席阿扎罗夫为政府总理，通过修宪国家政体重回总统—议会制，理顺总统、政府和议会三者关系。在执政根基趋牢，政局稳定因素增多背景下，当局启动独立以来最大规模的国家现代化改革。2011年，乌政局总体保持稳定。"祖国党"等政治反对派影响力进一步下降，但仍利用议会等平台掣肘当局施政。8月，乌前总理、反对派"祖国党"领袖季莫申科因涉嫌越权签署乌克兰同俄罗斯天然气购销合同被羁押候审，10月基辅彼切尔区法院判处上述罪名成立，季莫申科被判处7年监禁，引发反对派同当局关系紧张上升。乌当局实施经济社会各领域改革触及部分民众利益，社会不满情绪上升，小规模抗议活动增多。

【宪法】1996年6月28日，乌议会通过独立后的第一部宪法，确定乌为主权、独立、民主的法制国家，实行共和制，乌克兰语为官方语言。总统为代表国家的最高元首；最高拉达为立法机关；内阁为行政机关，对总统负责。2004年12月8日，乌议会通过宪法修正案，规定自2006年1月1日起乌政体由总统—议会制过渡为议会—总统制。2010年10月1日，乌宪法法院裁决2004年"政治改革"宪法修正案违宪，全面恢复1996年宪法效力，国家政体由议会—总统制重回总统—议会制。

【议会】由450名议员组成，一院制，任期五年。设议长一人、第一副议长一人、副议长一人；下设法律政策、司法、国家建设和地方政策及自治、法律保护与立法保障、反腐败和有组织犯罪、国家安全和国防、人权和少数民族及族际关系、外事、与欧洲一体化、议会议事日程及活动保障与议员道德、预算、财政和银行工作、经济政策、工业政策和企业、能源和核政策、建筑和城市建设及住宅公用事务、交通和通信、农业政策与土地关系、环境政策和自然资源利用及消除切尔诺贝利核事故后果、科学教育、卫生保障、文化宗教、家庭事务和青年政策及体育和旅游、言论自由与信息、社会政策和劳动、退休者和老战士及残疾人、私有化问题等27个委员会。乌克兰新一届议会选举将于2012年10月举行。

截至2012年2月1日，议员席位分配情况为：地区党192席，季莫申科联盟102席，"我们的乌克兰—公民自卫"联盟65席，乌克兰共产党25席，利特文集团20席，改革为了未来议员团21席，无党派议员25席。

【政府】本届政府产生于2012年3月12日，由总理、第一副总理、6名副总理、21名部长组成。经行政改革，截至2012年3月23日，乌政府设16个部，政府成员由总理、第一副总理、3名副总理（兼部长）、13名部长组成。乌政府组成为：总理尼古拉·亚诺维奇·阿扎罗夫（Николай Янович Азаров），第一副总理瓦列里·伊万诺维奇·霍罗什科夫斯基（Валерий Иванович Хорошковский），副总理兼卫生部长赖萨·瓦西里耶夫娜·博加特廖娃（Раиса Васильевна Богатырева，女），副总理兼社会政策部长谢尔盖·列昂尼多维奇·季吉普科（Сергей Леонидович Тигипко），副总理兼基础设施建设部长鲍里斯·维克托罗维奇·科列斯尼科夫（Борис Викторович Колесников），外交部长康斯坦丁·伊万诺维奇·格里先科（Константин Иванович Грищенко），国防部长德米特里·阿尔贝托维奇·萨拉马京（Дмиртий Альбертович Саламатин），内务部长维塔利·尤里耶维奇·扎哈尔琴科（Виталий Юрьевич Захарченко），经济发展与贸易部长彼得·阿列克谢耶维奇·波罗申科（Петр Алексеевич Порошенко），司法部长亚历山大·弗拉基米罗维奇·拉夫里诺维奇（Александр Владимирович Лавринович），财政部长尤里·弗拉基米罗维奇·克洛博夫（Юрий Владимирович Колобов），能源和煤炭工业部长尤里·阿纳托里耶维奇·博伊科（Юрий Анатолиевич Бойко），紧急情况部长维克多·伊万诺维奇·巴洛加（Виктор Иванович Балога），教育、科学、青年和体育部长德米特里·弗拉基米罗维奇·塔巴奇尼克（Дмитрий Владимирович Табачник），农业政策和粮食部长尼古拉·弗拉基米罗维奇·普里夏日纽克（Николай Владимирович Присяжнюк），文化部长米哈伊尔·安德烈耶维奇·库利尼亚克（Михаил Андреевич Кулиняк），生态和自然资源部长尼古拉·弗拉季斯拉沃维奇·兹洛切夫斯基（Николай Владиславович Злочевский），地区发展、建筑和住宅公用事业部长阿纳托利·米哈伊洛维奇·布利兹纽克（Анатолий Михайлович Близнюк）。

【网址】总统：http：//www.president.gov.ua；政府：http：//www.kmu.gov.ua；议会：http：//portal.rada.gov.ua。

【行政区划】全国有24个州，1个自治共和国，2个直辖市，共27个行政区划。此外，乌共有459个市、490个区、886个镇和10278个村。

【司法机构】分为最高法院和地方法院，法官由选举产生，任期五年。案件审理过程中的分歧交由最高行政法院裁决。司法监督由总检察长或其下属的地方检察长执行。检察长任期五年。1996年10月18日成立宪法法院，由18名法官组成，任期三年。宪法法院院长阿纳托利·谢尔盖耶维奇·戈洛温（Анатолий Сергеевич Головин），2010年7月任职；最高法院院长彼得·菲利波维奇·皮利普丘克（Петр Филиппович Пилипчук），2011年12月任职；总检察长维克多·帕夫洛维奇·普雄卡（Виктор Павлович Пшонка），2010年11月任职。

【政党】实行多党制，截至2012年2月，共有198个政党在乌司法部注册登记，其中影响较大的政党为：

（1）地区党（Партия Регионов）：中左派，乌第一大党。1997年11月成立。主张在合理、有效分清中央与地方权限和责任的前提下，建设繁荣昌盛的民主法制国家，通过诚实的劳动建立以中产阶级为主的公平、稳定的社会。保护公民利益，主张俄语成为官方语言。主席为现任总理尼古拉·阿扎罗夫，名誉主席为现任总统亚努科维奇。

（2）季莫申科联盟（Блок Юлии Тимошенко）：右派，系在全乌克兰“祖国”联盟（Всеукраинское объединение “Батьківщина”）基础上组建的政党联盟。主张建立民主国家和公民社会，推行市场经济，扩大社会福利，加速私有化进程。主席为前总理尤利娅·季莫申科（Юлия Тимошенко）。

（3）变革阵线党（Фронт Перемен）：中派，成立于2008年11月。主张捍卫民主原则，打造政治和管理精英，制定国家发展战略，实现民族复兴，提高乌克兰在国际舞台上的地位，确保乌克兰在东欧地区现代化进程中的领袖地位。主席阿尔谢尼·亚采纽克（Арсений Яценюк）。

（4）乌克兰共产党（Коммунистическая Партия Украины）：左派，1993年6月在原乌共基础上重建。宣布代表工人、农民、知识分子和军人的利益，主张根本改变国家现行方针，恢复社会主义政治体制和原苏联，确立人道的、民主的、集体的原则，法律至上，各民族一律平等，支持发展乌俄关系和推动独联体一体化进程，在原苏联范围内建立起各独立国家人民的兄弟联盟。乌共中央第一书记彼得·西蒙年科（Петр Симоненко）。

（5）乌克兰自由运动（Всеукраинское объединение “Свобода”）：激进民族主义政党，前身是1991年9月29日成立的乌克兰“社会—民族党”。主张做共产主义意识形态不妥协的对抗者，支持总统制和实行经济民族主义政策。要求通过《乌克兰语保护法》，不再参加任何与俄罗斯为核心的超国家欧亚组织，包括独联体。主席奥列格·季亚尼博科（Олег Тягнибок）。

（6）打击党，“乌克兰争取改革民主同盟”的俄文简称（УДАР—［Украинский Демократический Альянс за Реформы］）：乌政坛新崛起政党，前身是2005年3月成立的“新国家”党。主张建立民主国家，发展社会市场经济，保证法律至上和公民权利、自由优先，不断接近欧洲标准，使乌成为成功的欧洲国家。强调政治和经济变革，呼吁建立平衡的权力体系，强化公民社会作用，巩固宪政制度。主席为世界重量级拳王维塔利·克里琴科（Виталий Кличко）。

此外还有人民党（Народная Партия Украины）、“我们的乌克兰”人民联盟（Народный союз “Наша Украина”）、乌克兰社会党（Социалистическая партия Украины）、乌克兰进步社会党（Прогрессивная социалистическая партия Украины）、乌克兰人民党（Украинская Народная Партия）、“改革与秩序”党（Партия “Реформы и порядок”）、乌克兰统一社会民主党（Социал — демократическая партия Украины [объединенная]）、乌克兰工业家和企业家党（Партия промышленников и предпринимателей Украины）及乌克兰人民鲁赫党（Народный Рух Украины）等。

【重要人物】维克多·费奥多罗维奇·亚努科维奇：总统。1950年7月9日生于乌克兰顿涅茨克州。乌克兰族。经济学博士。1969～1972年在顿涅茨克叶纳基耶沃市冶金厂、汽车制造厂从事气焊工、汽车钳工、机械师等工作。1973～1976年在叶纳基耶沃技术学校学习。1976～1980年在顿涅茨克工学院学习，获机械工程学士学位。1980～1996年历任顿涅茨克州煤炭运输公司主任、顿巴斯建筑公司第一副总经理、总经理、顿涅茨克州公路交通公司总经理等职。1996年8月至2002年11月先后任顿涅茨克州副州长、第一副州长、州长。2002年11月至2005年1月任乌克兰政府总理。2005年2月至2006年8月进入乌克兰最高苏维埃，担任地区党议员团主席。2006年8月至2007年12月担任乌克兰政府总理。被解职后再任地区党议员团主席。在2010年2月举行的乌总统选举第二轮投票中得票48.95%，当选乌第四任总统。2月25日宣誓就职。已婚，有二子。　**尼古拉·亚诺维奇·阿扎罗夫：**总理。1947年12月17日生于俄罗斯卡卢加市。1971年毕业于莫斯科大学地球物理专业。1971～1976年任俄罗斯图拉市第一煤炭企业总工程师。1976～1984年任莫斯科地区煤炭设计研究院实验室主任。1984～1995年历任乌克兰国家地矿、地质力学和矿山测量研究设计院副院长、院长。1994～1998年当选乌克兰最高苏维埃议员。1996～2002年任国家税务总局局长。2002年11月至2005年2月任政府第一副总理。2006年5～8月，为议员，议会预算委员会主席。2006年8月至2007年12月任政府第一副总理兼财政部长。2007年12月至2010年3月，为议员，议会金融与银行事务委员会主席。2010年3月12日出任政府总理。已婚，有一子。　**弗拉基米尔·米哈伊洛维奇·利特文：**议长。1956年4月28日出生于乌克兰日托米尔州，1978年毕业于基辅大学历史系。1979～1986年先后任基辅国立舍甫琴科大学历史系助教、讲师、资深讲师、副教授等职。1986～1991年历任乌克兰共产党中央委员会顾问、书记秘书等职。1991～1994年任国立基辅大学副教授、教授。1994～2002年历任乌总统助理、总统办公厅副主任、总统办公厅主任。2002年4月当选乌克兰第四届议会议员，2002年5月14日当选为议长。2002年5月28日退出“统一乌克兰”党团，2004年6月当选为“乌克兰（人民）农业党”主席。在2007年9月议会提前大选中领导利特文集团进入议会，任议员团主席。2008年12月9日，再次当选议长。已婚，有一子一女。

经　济

2011年，乌克兰经济保持恢复性增长，宏观经济整体稳定，经济总体指标小幅上扬，但政府财政拮据状况改观不大。为应对国际金融危机冲击，乌政府奉行审慎财政金融政策，进一步压缩财政赤字。工业、农业和交通运输业等主导产业成为经济增长主要引擎。农业大丰收，粮食产量5670万吨。国家债务增长势头得到遏制，外国直接投资增多，对外贸易和贸易逆差双增加。国际货币基金组织未向乌划拨新贷款。本币格里夫纳保持稳定，居民实际收入增加。2011年主要经济数据如下：

国内生产总值：13166亿格里夫纳。

人均国内生产总值：28850格里夫纳。

国内生产总值增长率：5.2%。

货币名称：格里夫纳（гривня），戈比（копейка），1格里夫纳=100戈比。

汇率：1美元=8.02格里夫纳（2012年1月1日）。

通货膨胀率：4.6%。

失业率：8.6%。

【资源】乌国土面积的2/3为黑土地，占世界黑土总量的1/4。境内有100多条流长超过100公里的河流，2万多个湖泊。森林资源较为丰富，森林覆盖率43%，跨越三个植被带—森林沼泽带、森林草原带和草原带。乌已探明有80多种可供开采的富矿，主要包括煤、铁、锰、镍、钛、汞、石墨、耐火土、石材等，这些矿产分布在全国7000多个地区，其中有4000多个地区已进行开发。乌已探明的铁矿石的储量有275亿吨；锰矿石的储量超过21亿吨，位居世界前列；煤、染料矿石、陶土地腊和石墨的储量也比较丰富。乌石油和天然气资源相对匮乏，其中80%蕴藏在第聂伯罗彼得罗夫斯克州和黑海沿岸，乌国内所需石油90%依赖进口。顿巴斯为乌最大的煤矿，已探明储量1090亿吨。

【工业】2011年，乌工业产值11203亿格里夫纳。全年工业产值同比上升7.6%，其中开采业上升7.2%，机械制造业上升17.2%，冶金业上升8.9%，加工业上升8.2%，轻工业生产上升7.7%。近年主要工业产品产量如下：

	2009	2010	2011
电（亿度）	1729.00	1880.00	1939.00
煤（万吨）	5480.00	5440.00	8180.00
钢（万吨）	1570.00	3330.00	3550.00

钢管（万吨）	170.00	190.00	240.00
汽车（万辆）	8.07	7.80	9.75
水泥（万吨）	949.00	946.00	1051.00
布（亿平方米）	0.86	0.87	0.88

（资源来源：乌国家统计委员会统计资料）

【**农业**】2011年，乌农业产值2651亿格里夫纳，较上年增加了17.5%。粮产量5670万吨，向日葵680万吨，甜菜1874万吨，马铃薯2425万吨。畜牧业同比增长3.5%，牛258万头，羊174万只，猪748万头，家禽1.99亿只。近年主要农产品产量如下：

	2009	2010	2011
面包（万吨）	175.0	173.0	169.0
肉（万吨）	270.0	288.6	303.0
植物油（万吨）	270.0	290.0	320.0
加工肉制品（万吨）	26.0	27.0	25.9
奶制品（万吨）	75.6	165.9	120.0

（资源来源：乌国家统计委员会统计资料）

【**旅游业**】2011年，乌接待外国游客123万人次，其中俄罗斯48.9万，占游客总数的39.8%，其他来源国为波兰（13.7万）、白俄罗斯（10.5万）、德国（7万）、美国（4.4万）等。目前，全乌共有7400余家企业从事旅游业，其中有3500家旅行社，1700多家宾馆、旅店，2600余家疗养院。截至2011年底，乌共有1300多个国家级文物保护单位，160多处历史文化古迹，23个自然保护区和国家级天然公园（总面积77.19万公顷）。主要景点分布在基辅、克里米亚半岛、敖德萨、利沃夫、外喀尔巴阡山、切尔尼科夫等地。

【**交通运输**】2011年，乌货运量为8.11亿吨，同比上升7.4%。其中管道货运量1.55亿吨，同比增长1%。客运量69.7亿人次，同比上升1.9%，客运里程1342亿公里，同比上升3.3%。

铁路：货运量4.7亿吨，同比上升8.2%；客运量4.30亿人次，同比上升0.7%。

公路：货运量1.78亿吨，同比上升12.6%；客运量36.04亿人次，同比下降3.3%。

水运：货运量990万吨，同比下降升10.7%；客运量800万人次，同比上升5.2%。主要海港：敖德萨、尼古拉耶夫、赫尔松、马里乌波尔。

空运：货运量10万吨，同比增长55.8%；客运量750万人次，同比增长22.7%。主要国际航空港：基辅鲍里斯波尔机场、利沃夫机场、敖德萨机场、辛菲罗波尔机场等。

【**财政金融**】2011年乌完成预算收入3145亿格里夫纳，实现预算支出3380亿格里夫纳，预算赤字235亿格里夫纳。主要数据如下：外汇储备：318亿美元；债务总额：592.1亿美元；外债：374.7亿美元；内债：217.4亿美元。

截至2011年底，在乌中央银行注册的商业银行共有182家，资金主要集中前几大银行，其他银行普遍规模较小。目前较为重要银行有："私有化银行"、"储蓄银行"、"社会银行"、"进出口银行"、"外贸银行"、"工业投资银行"、"第一乌克兰国际银行"、"Альфа"银行、"Надра"银行、"Дельта"银行。

【**对外贸易**】2011年，乌同216个国家和地区有贸易联系，对外商品贸易总额为1510亿美元，同比上升34.7%，其中出口额684亿美元，同比上升33%，进口额826亿美元，同比上升36%，逆差142亿美元。乌主要出口国分别为俄罗斯（28.9%）、土耳其（5.4%）、意大利（4.4%）等，主要进口国为俄罗斯（35.2%）、中国（9.2%）、德国（8.3%）等。主要出口产品为黑色金属及其制品、无机化学材料、化肥、木材、纺织品、铝制品、机车等，主要进口产品有天然气、石油、地面交通设备、纸张、塑料制品、药品、粮食和车床等。近年进出口情况如下（单位：亿美元）：

	2009	2010	2011
进出口总额	760	1121	1510
同比增幅	↓50%	↑31.7%	↑34.7%
出口额	356	514	684
同比增幅	↓46%	↑29.6%	↑33%
进口额	404	607	826
同比增幅	↓52%	↑33.7%	↑36%

（资源来源：乌国家统计委员会统计资料）

【**对外投资**】截至2011年12月31日，乌克兰海外直接投资总额为68.98亿美元，主要投资国家为塞浦路斯（63.42亿美元，占91.9%）、俄罗斯（2.36亿美元，占3.4%）、拉脱维亚（0.8亿美元，占1.2%）、波兰（0.48亿美元，占0.7%）、格鲁吉亚（0.32亿美元，占0.5%）。

【**外国资本**】截至2011年12月31日，乌克兰吸引外国直接投资总额为493.62亿美元。对乌主要投资国为：塞浦路斯（126.45亿美元，占25.6%）、德国（73.86亿美元，占15.0%）、荷兰（48.22亿美元，占9.8%）、俄罗斯（35.94亿美元，占7.3%）、英国（25.08亿美元，占5.1%）、法国（22.30亿美元，占4.5%）、瑞典（17.44亿美元，占3.5%）。

【**著名公司**】克里沃罗格钢铁公司：20世纪30年代成立，位于第聂伯罗彼得罗夫斯克州，主要生产并出口各种冶金制品。联系电话：380-564-785301；传真：928550。

南方机器制造厂：苏联时期成立，位于第聂伯罗彼得罗夫斯克州，设计生产导弹和宇航产品。电话：380-562-343912；传真：343912。

切尔卡瑟氮肥股份公司：苏联时期成立，位于切尔卡瑟州，生产并出口各种矿物肥。联系电话：380-472-392926；传真：640336。

安东诺夫飞机制造厂：1946年成立，位于基辅市郊，集设计、试验和生产于一身，共生产“安”式飞机22000多架，出口50多个国家。联系电话：380-44-4543149；传真：4008144。

人民生活

2011年乌居民货币收入同比增长14.6%，实际收入上升9%。乌居民月平均工资水平为2633格里夫纳。乌工资收入较高的行业包括航空运输、金融机构、开采和焦炭生产行业，而渔业、农业、纺织工业工资最低。

军　事

乌军队在原苏军基础上组建于1991年8月24日，拥有陆、海、空军三个军种。苏联解体后，乌继承了原苏军大量部队、武器装备及战略储备物资，其中包括78万名现役军人，6500辆坦克，7150辆装甲车，1500架飞机，350艘舰艇，1272枚洲际导弹核弹头，2500枚战术核武器。1992年，乌宣布奉行无核、中立、不结盟政策，开始进行大规模裁军，并在俄罗斯、美国的帮助下销毁了大量核武器。1994年2月，乌在独联体国家中率先加入北约“和平伙伴关系”计划，正式与北约建立合作关系。1997年，乌开始实施“2005年前军队建设和发展规划”，确定建立一支“数量小、机动性强、训练有素、装备精良、保障全面”的新型军队。2000年7月，乌提出融入欧洲大西洋一体化的战略方针，此后，军队开始在组织结构、指挥体制、武装力量编成等方面以北约军队为标准进行改革。2005年10月，乌根据北约军队标准制定了“乌武装力量2006 ~ 2011年发展规划”，在武装力量指挥体制、编制结构、军事教育体系、职业化进程、训练指标、装备发展、后勤保障、预算需求等方面提出了具体的实施步骤。截至2011年12月，乌军总兵力20万人，其中陆军7.3万，空军4.6万，海军1.5万，内务部队3万，边防军人3.6万。各类坦克776辆，装甲车2332辆，100毫米以上口径火炮944门，作战飞机331架，作战舰艇26艘。2011年度国防预算136亿格里，占国内生产总值的1.15%。国防部长德米特里·阿尔贝托维奇·萨拉马京（Дмиртий Альбертович Саламатин）。

文化教育

【文化】乌克兰文化政策的宗旨是：国家对文艺组织和艺术家提供法律保障，支持民族文化的发展，不对其实行政治或行政干预，保持文化艺术在其存在和发展过程中所表现出的自身价值和独立性，保证创作自由，保存文化遗产，为各民族人民进一步发展其传统文化创造必要条件。吸引各方资金，以支持文化基层单位和重要文艺机构开展活动。截至2011年底，乌共有国家级剧院138所，各级博物馆478家，各类图书馆2.06万个，藏书3.52亿册。国家级文物保护单位1.88万个。

【教育】实行国家管理和社会自治相结合的教育管理体制。教育与科技部是国家教育主管部门，参与制定国家教育、科学和干部职业培训法规，制定教育发展纲要、国家教育标准和教育工作的具体政策，统筹全乌教育工作。地方教育由地方权力执行机构及地方自治机构负责管理并建有专门的管理机构，学前教育、基础教育、校外教育机构及中等师范学校均隶属上述机构。地方教育管理机构负责向其所属学校拨款，为教育工作者及青少年提供社会保障，为学生就近入学并接受教育创造必要条件。

教育体制主要由学前教育、普通中等教育、职业技术教育、高等教育组成，还有校外教育、继续教育、副博士研究生教育、博士研究生教育、自学教育。截至2011年底，乌共有854所高校，教师20万，在校学生240多万。著名大学有国立基辅大学、国立技术大学（基辅理工学院）、乌克兰音乐学院、国立哈尔科夫大学、国立哈尔科夫师范大学、国立利沃夫大学、国立塔夫里大学、敖德萨音乐学院等。

【新闻出版】1992年10月2日乌克兰最高苏维埃通过《乌克兰信息政策法》。乌新闻机构管理部门为乌国家广播电视信息政策委员会，前身为乌信息政策部，隶属乌内阁，主要负责乌新闻机构的政策指导、业务管理和协调。

主要电视台：乌国家电视1台、国际电视台、“新频道”电视台、“1＋1”电视台、“ICTV”电视台、“五频道”电视台和基辅电视台等。除国家电视1台由国家财政拨款外，其余电视台均为私营股份制电视台。

主要广播电台：乌国内共有40多个电台，影响较大的有：乌国家广播公司、基辅市广播电台、“自由”电台、“金门”电台等。乌国家广播公司创建于1924年，共4套节目，每天播出94.5小时，覆盖乌全境。

主要报纸：《事实报》、《政府信使报》、《乌克兰之声》、《日报》、《基辅导报》、《镜报》、《工人报》、《基辅电讯》等。

主要通讯社：1家官方通讯社，23家私营通讯社。乌国家通讯社简称乌通社，创建于1918年。每天用乌克兰语、俄语、英语、德语四种语言发布消息，向乌政府机关、500多家新闻机构、社会团体、企业、驻乌外交使团提供新闻稿。是“欧洲通讯社联盟”成员，在中国、俄罗斯、美国、英国等十多个国家有常驻记者。

对外关系

2011年，乌继续奉行“非集团化”外交政策，取得一定成果。乌在友好、相互尊重和务实原则基础上稳步推进同俄罗斯各领域合作，但乌俄天然气价格谈判迄未达成协议。同欧盟关系取得进展，双方结束历时4年的“联系国”协议谈判。同美国、波兰等传统战略伙伴关系续有进展，同中国关系提升至战略伙伴关系水平，同邻国关系取得实质性进展。通过签署自贸区协定加大同独联体国家经济合作力度。截至2011年12月31日，乌与180个国家建立外交关系。

【同中国的关系】1992年1月4日，中乌正式建立外交关系。建交后，双边关系健康稳步发展。2011年，两国高层交往频繁，政治互信进一步增强。6月，两国元首宣布建立和发展战略伙伴关系，确定两国关系新定位。中乌副总理级政府间合作委员会正式成立并举行第一次会议，两国经贸、农业、科技、人文等领域合作取得积极进展。

2011年3月20～22日，外交部部长助理程国平率团访乌，期间同乌副外长迈科举行两国外交部磋商，就双边关系、高层互访、务实合作以及共同关系的国际和地区问题交换意见，并分别会见乌外长格里先科、经济发展与贸易部副部长马尔马佐夫、紧急情况部切尔诺贝利隔离区国家管理署署长霍洛舍及内阁部副部长卡梅舍夫。4月8日，乌总理阿扎罗夫在访华前夕接受新华社和中央电视台记者专访，介绍其访华目的以及对中乌关系现状和前景的看法。同日，乌内阁部副部长卡梅舍夫访华，期间分别拜会外交部、中联部及相关企业领导，为总理阿扎罗夫访华做准备。4月14～18日，乌总理阿扎罗夫访华并出席博鳌亚洲论坛2011年年会，期间同胡锦涛主席、温家宝总理、中共中央政治局常委、中央纪委书记贺国强举行会见，就双边关系、务实合作及党际交往等交换意见。访问期间，中联部副部长陈凤翔同乌地区党副主席科扎拉签署《中国共产党同乌克兰地区党合作协议》。同日，司法部副部长郝志勇率团访乌，期间同乌司法部长拉夫里诺维奇举行会谈并签署《中乌司法部交流与合作协议》。4月18～22日，国务院副总理张德江率团访乌，期间出席“安全与创新利用核能”峰会、切尔诺贝利筹资大会、中乌企业家理事会成立大会，并与乌第一副总理克柳耶夫共同主持召开中乌合作委员会第一次会议，双方签署《中华人民共和国政府和乌克兰政府关于成立中乌合作委员会的协定》等8份合作文件。张德江副总理还分别会见乌总统亚努科维奇、总理阿扎罗夫，就双边关系、两国务实合作交换意见。5月26日，乌内阁副秘书长卡梅舍夫率团访华，同中联部、外交部、商务部、财政部领导商谈两国信贷投资合作等事宜。6月6～8日，中共中央政治局委员、全国人大常委会副委员长王兆国率团访乌，期间分别会见乌总统亚努科维奇、总理阿扎罗夫、议长利特文以及第一副议长马丁纽克，就双边关系、两国议会交往交换意见。6月18～20日，胡锦涛主席对乌进行国事访问，期间分别同乌总统亚努科维奇、总理阿扎罗夫、议长利特文举行会谈、会见，全面总结中乌建交19年来两国关系发展成果，对下一阶段双边关系发展做出战略规划。两国元首共同签署《中华人民共和国与乌克兰关于建立和发展战略伙伴关系的联合声明》，中乌战略伙伴关系正式确立。胡主席还赴克里米亚自治和国参观访问。此外，双方还签署了4个政府间合作文件，以及两国银行和企业间有关农业、能源、电力、科技、创新等领域合作文件。7月1日，乌地区党主席、总理阿扎罗夫致电中共中央总书记、国家主席胡锦涛，祝贺中国共产党成立90周年。同日，乌共中央第一书记西蒙年科致电中共中央，向中国共产党建党90周年表示祝贺。7月26日，乌总统亚努科维奇、总理阿扎罗夫分别致电胡锦涛主席、温家宝总理，对中国发生“7·23”铁路交通事故表示慰问。7月30～31日，温家宝总理、杨洁篪外长分别致电乌总理阿扎罗夫、外长格里先科，就乌卢甘斯克州发生煤矿爆炸事故表示慰问。8月2日，乌总统亚努科维奇就中国发生暴雨洪涝灾害向胡锦涛主席致电表示慰问。8月8～12日，中央军委委员、中国人民解放军总参谋长陈炳德上将率团访乌，期间分别会见乌总理阿扎罗夫、国防部长叶热利以及武装力量总参谋长佩德琴科上将，就两军交流合作交换意见。8月18日，胡锦涛主席、温家宝总理、张德江副总理、杨洁篪外长分别致电乌总统亚努科维奇、总理阿扎罗夫、第一副总理克柳耶夫以及外长格里先科，祝贺乌独立20周年。8月18～20日，乌农业政策与粮食部部长普里夏日纽克率团访华，与农业部部长韩长赋举行会谈，就中乌农业合作、建立农业合作园区等交换意见。访问期间，召开中乌合作委员会农业分委会第一次会议及商业论坛，并签署6个合作文件。9月21～25日，“中国文化日”——“中国当代纤维艺术展”、“中国民乐大师团音乐会”系列活动在乌举办。9月21～23日，乌议会最高人权代表卡尔帕乔娃赴华出席“第四届北京人权论坛”。9月22～24日，国务委员兼公安部部长孟建柱访乌，期间分别同乌国家安全与国防会议秘书博加特廖娃、内务部长莫吉列夫以及国家边防总局局长利特文举行会谈、会见，就双边关系、两国执法安全领域合作交换意见。双方签署《中华人民共和国公安部和乌克兰内务部会谈纪要》以及《中华人民共和国公安部和乌克兰国家边防总局合作协议》。9月下旬，乌总统亚努科维奇、议长利特文、总理阿扎罗夫、第一副总理克柳耶夫、外长格里先科分别致电胡锦涛主席、吴邦国委员长、温家宝总理、张德江副总理、杨洁篪外长，祝贺新中国建国62周年。同月，湖北省副省长张岱梨、北京市副市长丁向阳、中央统战部副部长斯塔、西安市政协主席程群力、中国经济社会理事会副主席阳安江、中国社会科学院副院长李扬、全国人大民族委员会副主任委员周声涛、中国人民武装警察部队司令员王建平先后访乌。10月7～11日，国家外专局局长张建国访乌，会见乌科学院院长巴顿并签署《中国国家外国专家局与乌克兰国家科学院关于人才交流、培训以及智力引进领域合作的框架协议》。10月17～19日，公安部八局政委武冬力率团访乌，同乌国家警卫局草签《中华人民共和国公安部警卫局与乌克兰国家警卫局合作谅解备忘录》。10月18～23日，中国人民对外友好协会副会长李建平率团访乌。10月21～24日，中国农业发展集团有限公司董事长刘身利访乌，会见乌农业政策与粮食部部长普里夏日纽克及哈尔科夫州州长多普金，商讨两国农业领域合作。10月28日，中国政府向乌克兰外交部提供信息通讯系统和电脑设备换文仪式在乌外交部举行，驻乌大使张喜云、乌外长格里先科出席仪式。11月4日，乌国家安全总局局长霍洛什科夫斯基率团访华，期间同安全部长耿惠昌举行会谈，就加强两国安全事务合作交换意见。11月7～9日，云南省政协副主席曾华率团访乌。11月10～14日，中宣部副部长、国家广电总局局长蔡赴朝访乌，同乌广播电视委员会主席会谈并签署合作备忘录。11月11日，中乌合作委员会文化合作分委会第一次会议在乌首都基辅举行。分委会中方主席、中国文化部副部长赵少华和乌方主席、乌克兰文化部副部长科汉共同主持会议，并签署会谈纪要。11月22日至12月2日，乌地区党干部考察团访华，在上海、贵州和北京进行考察学习。11月29日，中国驻敖德萨总领馆正式开馆，外交部副部长程国平、中国驻乌克兰大使张喜云、敖德萨州州长马特维丘克出席开馆仪式。次日，程国平副部长同乌副外长迈科在基辅举行中乌外交部磋商，就明年双边关系发展规划、两国外交部合作、务实合作等交换意见。12月4～9日，乌国家安全与国防会议秘书博加特廖娃率团访华，与孟建柱国务委员举行会谈并签署《安全问题会谈纪要》。博还分别会见习近平副主席和卫生部长陈竺，并出席中国社科院与乌驻华使馆共同举办的《中乌外交历史与现实——通往战略伙伴之路》圆桌会议。博一行还赴上海参观访问。12月8～11日，中国人民解放军总装备部副部长兼科技委员会主任李安东上将率团访乌，召开中乌军技合作协委会第七次会议，并会见乌国防部长叶热利。12月12日，乌总统亚努科维奇向胡锦涛主席致生日贺电。12月28日，乌克兰鲍里斯波尔国际机场至基辅轨道交通项目正式启动，中国驻乌克兰大使张喜云、乌国家投资与大项目署署长卡西基夫出席启动仪式。12月29日，中国驻乌克兰大使张喜云在乌知名媒体《2000年报》新年特刊上发表题为《不断深化战略伙伴关系，共创中乌关系美好未来》的署名文章，纪念中乌建交20周年。

据中国海关总署统计，2011年中乌双边经贸额为103.8亿美元，同比增长34.35%，提前实现中乌两国元首关于2012年双边贸易额达到100亿美元的目标。其中中方出口额为71.5亿美元，同比增长28.51%；进口额32.31亿美元，同比增长49.4%。

中国驻乌克兰大使：张喜云。馆址：基辅市格鲁舍夫斯基大街32号（г.Киев，ул.Грушевского，32）。邮编：01901。电话：0038-044-2537371；传真：2302622。领事部电话：2531049；传真：2540086。经商处电话：2847710；传真：2848040。

乌克兰驻华大使：尤里·瓦西里耶维奇·科斯坚科。馆址：北京市朝阳区三里屯东六街11号，邮编：100600。电话：（010）65326359。领事部电话：65324114。

【同俄罗斯的关系】4月12日，俄总理普京访乌，分别与乌总统亚努科维奇、总理阿扎罗夫举行会见、会谈，双方就签署新的天然气购销合同、俄天然气过境乌、共建能源合资企业、农业、航空、航天等领域合作交换意见。5月23～24日，乌俄举行“和平航线—2011”海军演习。6月7日，乌总理阿扎罗夫同俄总理普京在莫斯科共同主持召开乌俄经济合作委员会第八次会议，双方商定继续履行此前签署的天然气购销及运输协议，同时成立专门工作组，就天然气价格问题继续谈判。双方表示进一步扩大双边贸易额，加强相互投资，提升务实合作水平。6月21日，乌总统亚努科维奇就俄罗斯客机失事向俄总统梅德韦杰夫致慰问电。6月25日，俄总理普京对乌进行私人访问，同乌总统亚努科维奇非正式会晤，并同乌总理阿扎罗夫通电话。8月11日，乌总统亚努科维奇对俄进行工作访问，同俄总统梅德韦杰夫会晤，双方就两国关系、经贸合作等问题交换意见。9月5日，乌外长格里先科访俄，同俄外长拉夫罗夫就双边关系及国际和地区问题交换意见。9月7日，乌总统亚努科维奇、总理阿扎罗夫分别就俄雅克—42型飞机发生空难向俄总统梅德韦杰夫、总理普京致慰问电。9月24日，乌总统亚努科维奇访俄，与俄总统梅德韦杰夫、总理普京举行会谈，重点讨论两国能源合作、包括俄供乌天然气及天然气过境乌等问题。9月26～27日，乌俄国家委员会经济合作委员会会议在敖德萨举行。10月18日，乌总统亚努科维奇同俄总统梅德韦杰夫共同出席在顿涅茨克举行的第二届乌俄地区间经济论坛，并举行小范围会谈，双方重点就乌俄天然气价格谈判、地方合作、乌参与独联体一体化进程等问题交换意见。10月18～19日，乌总理阿扎罗夫在圣彼得堡出席独联体政府首脑理事会会议期间同俄总理普京会晤，就两国天然气价格谈判、乌参与俄白哈海关联盟等问题交换意见。阿签署独联体自贸区协定。11月9日，乌议长利特文访俄并出席在圣彼得堡举行的独联体国家跨国议会大会，同俄联邦委员会主席马特维延科、国家杜马主席格雷兹洛夫举行会见。11月30日至12月1日，俄联邦委员会主席马特维延科对乌进行正式访问，同乌总统亚努科维奇、议长利特文、总理阿扎罗夫举行会见。12月20日，乌总统亚努科维奇访俄并出席在莫斯科举行的独联体成员国元首非正式峰会，同俄总统普京单独会晤，双方重点就天然气价格问题交换意见。同日，乌总理阿扎罗夫在莫斯科同俄总理普京会晤。

【同美国的关系】2月13～15日，乌外长格里先科在华盛顿同美国国务卿克林顿共同主持乌美战略伙伴关系委员会第三次会议。会议主要就民主发展和保障公民权利、美支持乌进行经济改革等进行讨论。两国外长共同发表《乌美战略伙伴关系委员会第三次会议联合声明》。3月3日，乌总统亚努科维奇同美国副总统拜登通电话，积极评价2月举行战略伙伴关系委员会第三次会议成果，就核安全、军控、开展民主对话等问题交换意见。4月20日，美总统奥巴马就切尔诺贝利核事故25周年致信乌总统亚努科维奇，承诺向乌再提供1.23亿美元用于支持切尔诺贝利隔离区“新石棺”项目建设。9月7日，乌总统亚努科维奇会见到访的美国防部副部长费什博，就乌美战略伙伴关系发展、乌同北约关系等交换看法。9月19～22日，乌总统亚努科维奇访美并出席第66届联合国大会。其间，同美总统奥巴马、国务卿克林顿、联合国秘书长潘基文、北约秘书长拉斯穆森等举行会晤。

【同欧盟的关系】1月10～12日，欧盟扩大和邻国政策委员菲勒访乌，分别会见乌总统亚努科维奇、总理阿扎罗夫、外长格里先科，就加强双方高层互访，乌欧签署“联系国”协议、自贸区协定等交换意见。3月2日，乌第一副总理、经济发展与贸易部长克柳耶夫访问欧盟，分别同欧盟竞争委员会副主席、扩大和邻国政策委员、贸易委员等举行会见，就乌欧签署“联系国”协议、自贸区建设、互免签证等问题交换意见，希于半年内完成“联系国”协议谈判工作。3月25～27日，乌第一副总理、经济发展与贸易部长克柳耶夫访问欧盟，分别同欧盟内部事务委员、扩大和邻国政策委员等举行会见，就加强双方司法领域合作，欧对乌提供援助、乌欧签署“联系国”协议等交换意见。3月17日，乌总统亚努科维奇同欧盟委员会主席巴罗佐通电话，双方就签署乌欧“联系国”协议和自贸区协定等交换意见。4月18日，乌总统亚努科维奇同出席“安全与创新利用核能峰会”的欧盟委员会主席巴罗佐举行会谈，就安全利用核能、乌欧关系等交换意见。巴表示，欧方准备年底前完成乌欧“联系国”协议谈判。5月10日，乌议长利特文在斯特拉斯堡会见欧洲议会议长布泽克，就乌融入欧洲一体化进程交换意见。7月11日，乌总统亚努科维奇同欧盟委员会主席巴罗佐通电话。10月19～20日，乌第一副总理、经济发展与贸易部长克柳耶夫访问欧盟总部，同欧盟贸易委员古赫特就乌加入欧盟自贸区谈判举行会谈。12月19日，乌克兰—欧盟第15次峰会在基辅举行，乌总统亚努科维奇、欧洲理事会主席范龙佩和欧盟委员会主席巴罗佐出席，并在峰会前举行小范围会谈。双方发表《联合声明》，宣布结束“联系国”协议谈判进程，启动“联系国”协议和自贸区协定技术核定工作，争取近期签署。

【同北约的关系】2月24日，北约秘书长拉斯穆森访乌，同乌总统亚努科维奇举行大、小范围会谈，与乌总理阿扎罗夫、议长利特文分别会见。拉表示，乌是北约不可或缺的重要伙伴，北约大门向乌敞开。乌方强调积极发展同北约的建设性伙伴关系，深化双方全面合作。3月2日，乌克兰—北约大使级理事会会议在布鲁塞尔举行，双方商定就乌参与欧洲反导体系建设、北约“海盾”打击海盗行动、北约维和行动等加强合作。4月15日，乌克兰—北约外长级理事会会议在柏林举行，就落实乌克兰—北约2011年国别合作计划等问题交换意见。6月6～18日，乌克兰和北约“海上微风—2011”年度联合军演在乌南部港口敖德萨举行。

【同邻国的关系】与波兰的关系：2月3～4日，乌总统亚努科维奇访波，分别同波总统科莫罗夫斯基、总理图斯克举行会谈、会见，就深化双边关系、共同筹备2012年欧洲足球锦标赛等交换意见。2月25日，乌外长格里先科对波进行工作访问，分别同波总统科莫罗夫斯基、外长西科尔斯基举行会见、会谈。5月27～28日，乌总统亚努科维奇访问波兰，同波总统科莫罗夫斯基举行会谈，就两国合办2012年欧洲足球锦标赛、乌融入欧洲一体化进程等交换意见。6月22日，乌总统亚努科维奇会见波外长西科尔斯基，西表示，波支持乌融入欧洲，在担任欧盟轮值主席国期间将努力促成乌欧达成“联系国”协议。7月1日，乌总统亚努科维奇同波总统科莫罗夫斯基通电话，祝贺波担任欧盟轮值主席国。8月30日，乌总统亚努科维奇访波，同波总统科莫罗夫斯基会谈，就双边关系及乌欧“联系国”协议、建立自贸区、互免签证制度谈判等交换意见。9月8日，乌总统亚努科维奇同波总统科莫罗夫斯基通电话，就乌欧“联系国”协议谈判现状和前景交换意见。9月29～30日，乌总统亚努科维奇访波并出席欧盟“东方伙伴关系”华沙峰会，分别同波总统科莫罗夫斯基、总理图斯克会晤，就双边关系及乌欧一体化进程等交换意见。11月15日，乌总统亚努科维奇访波并出席弗罗茨瓦夫大学200周年校庆活动。其间，亚同波总统科莫罗夫斯基、德国总统武尔夫举行三方会见，重点讨论乌融入欧洲一体化问题。11月28日，乌总统亚努科维奇会见到访的波总统科莫罗夫斯基，就双边关系及乌融入欧洲一体化等问题交换意见。

与土耳其的关系：1月16～18日，乌议长利特文对土耳其进行正式访问，分别同土总统居尔、议长沙英、总理埃尔多安举行会谈、会见，就双边关系、扩大两国议会合作，推动乌与欧盟关系发展等交换意见。1月25～27日，土耳其总理埃尔多安访乌，同乌总统亚努科维奇、总理阿扎罗夫举行会见、会谈，就提升两国关系，深化经贸、航空航天等领域合作交换意见。3月13～14日，乌总理阿扎罗夫访土，分别会见土总理埃尔多安和土企业界代表，主要就经贸合作问题交换意见，双方商定两年内将两国贸易额提升至100亿美元，并及早启动自贸区谈判。12月22日，乌总统亚努科维奇对土耳其进行工作访问，同土总统居尔、总理埃尔多安举行会谈、会见，就深化两国经贸、能源、文化等领域合作交换意见，亚努科维奇和埃尔多安作为两国战略合作委员会双方主席主持委员会第一次会议。

【同独联体国家的关系】与白俄罗斯的关系：5月19日，乌总理阿扎罗夫访白，分别同白总统卢卡申科、总理米亚斯尼科维奇举行会见，就加强两国经贸、农业、科技等领域合作，共建科技园区及合资企业等交换意见。

与摩尔多瓦的关系：6月17日，乌总统亚努科维奇同摩代总统兼议长卢普通电话，就乌摩关系现状及深化双边合作等交换意见。7月6～7日，乌外长格里先科访摩，同摩代总统兼议长卢普、总理菲拉特、副总理兼外交与欧洲一体化部部长良格等举行会见、会谈，就深化双边合作，重启"5+2"谈判机制解决"德左"问题等交换意见。7月8～9日，摩代总统兼议长卢普访乌。9月26～27日，乌总统亚努科维奇、总理阿扎罗夫分别会见到访的摩代总统兼议长卢普，就加强两国政治对话、"德左"问题交换意见。

与阿塞拜疆的关系：1月28日，乌总统亚努科维奇、阿总统阿利耶夫在出席达沃斯世界经济论坛期间举行会晤，双方就深化两国关系及加强各领域合作达成共识。2月23日，乌外长格里先科同到访的阿外长马梅德亚罗夫会谈，双方高度评价两国在能源、经贸等领域合作取得的成果，表示愿进一步扩大双方合作。4月28日，乌总统亚努科维奇访阿，同阿总统阿利耶夫举行会谈并共同主持召开两国元首理事会第三次会议，双方就加强两国经贸、能源、科技及国际领域合作交换意见，签署《乌阿关于进一步发展战略伙伴关系的联合声明》等文件。8月26日，乌外长格里先科访阿，同阿总理拉西扎德、外长马梅德亚罗夫等举行会见、会谈，就落实乌总统4月访乌成果及深化两国经贸、能源等领域合作交换意见。

与亚美尼亚的关系：2月11日，乌外长格里先科访亚，分别同亚总统谢·萨尔基相、总理季·萨尔基相、外长纳尔班江举行会见、会谈，就深化两国关系、扩大经贸等领域合作交换意见。7月1日，亚总统谢·萨尔基相访乌，分别同乌总统亚努科维奇、总理阿扎罗夫等举行会谈、会见，双方就深化两国关系等交换意见，商定完善两国经济合作委员会机制，签署航空、金融、经贸等合作文件。

与哈萨克斯坦的关系：11月24日，乌总理阿扎罗夫对哈进行工作访问，同哈总统纳扎尔巴耶夫、总理马西莫夫举行会见、会谈，就深化双边关系，加强在独联体地区合作等问题交换意见。

与塔吉克斯坦的关系：9月2～3日，乌总统亚努科维奇访塔并出席独联体国家元首理事会会议。其间，乌塔两国元首就双边关系、启动两国政府间经济合作委员会等交换意见。12月15～16日，塔总统拉赫蒙访乌，同乌总统亚努科维奇举行大、小范围会谈，双方一致同意制定《2020年前两国政府合作规划》，深化经贸、能源、交通、科技、农业等领域合作，推动经济合作项目及时有效落实。

与土库曼斯坦的关系：8月17日，乌总统亚努科维奇、总理阿扎罗夫会见到访的土副总理兼外长梅列多夫，就加强两国高层互访，发展互利合作等交换意见。9月12～13日，乌总统亚努科维奇访土，同土总统别尔德穆哈梅多夫举行会谈，探讨深化双边关系，加强务实合作等问题。其间，两国元首共同签署《乌土发展友好合作关系的联合声明》、《乌土长期经贸合作协议》等文件。

（张良）

西　班　牙

国名　西班牙王国（The Kingdom of Spain，Reino de España）。

面积　505925平方公里。

人口　4675万（2011年），主要是卡斯蒂利亚人（即西班牙人），少数民族有加泰罗尼亚人、加里西亚人和巴斯克人。卡斯蒂利亚语（即西班牙语）是官方语言和全国通用语言。少数民族语言在本地区亦为官方语言。96%的居民信奉天主教。

首都　马德里（Madrid），人口326万（2010年）。

国家元首　国王胡安·卡洛斯一世（Juan Carlos I），1975年11月22日登基。

重要节日　国庆节：10月12日；宪法日：12月6日。

简　况

位于欧洲西南部伊比利亚半岛。西邻葡萄牙，东北与法国、安道尔接壤，北濒比斯开湾，南隔直布罗陀海峡与非洲的摩洛哥相望，东和东南临地中海。海岸线长约7800公里。中部高原属大陆性气候，北部和西北部沿海属海洋性气候。首都平均气温1月4.9℃，8月22.5℃。

1492年"光复运动"胜利后，建立统一的西班牙封建王朝。同年10月12日哥伦布抵达西印度群岛。此后西逐渐成为海上强国，在欧、美、非、亚各洲均有殖民地。1588年"无敌舰队"被英国击溃，开始衰落。1873年建立第一共和国。1931年建立第二共和国。1936～1939年爆发内战。1947年佛朗哥宣布西为君主国，自任终身国家元首。1975年11月佛朗哥病逝，胡安·卡洛斯一世国王登基。1976年7月胡安·卡洛斯一世国王任命原国民运动秘书长阿·苏亚雷斯为首相，西开始向西方议会民主政治过渡。1982年工人社会党首次在大选中获胜组阁，上台执政长达14年。1996～2004年人民党连续执政。2004～2011年工社党重新上台执政。2011年11月，工社党在大选中失利，人民党重掌政权。

政 治

受国际金融危机和欧洲主权债务危机影响，西班牙经济形势严峻，人民党政府为应对危机推行财政紧缩政策，执政压力巨大，但由于在议会拥有绝对多数优势，执政地位相对稳固。

【**宪法**】现行宪法于1978年12月6日全国公民投票通过，12月29日生效。宪法规定西班牙是社会与民主的法制国家，实行议会君主制，王位由胡安·卡洛斯一世的直系后代世袭。国王为国家元首和武装部队最高统帅，代表国家。政府负责治理国家并向议会报告工作。宪法承认并保证各民族地区的自治权。

【**议会**】由参议院和众议院组成，行使立法权，审批财政预算，监督政府工作。立法权以众议院为主，参议院为地区代表院。议员由普选产生，任期四年。本届议会于2011年12月组成。众议员349名，参议员265名。两院议席分配情况如下：

	众议院	参议院
人民党	184	163
工人社会党	110	65
统一与联合	16	13
左翼联盟	11	–
巴斯克民族主义党	5	5
民主进步联盟	5	–
加泰罗尼亚左翼进步联盟	–	10
其他党派	18	9

众议长赫苏斯·玛丽亚·波萨达·莫雷诺（Jesús María Posada Moreno），参议长皮奥·加西亚—埃斯库德罗·马克斯（Pío García-Escudero Márquez）。两人均为人民党党员。

【**政府**】本届政府于2011年12月21日成立，有14名内阁成员：首相马里亚诺·拉霍伊·布雷（Mariano Rajoy Brey），副首相兼首相府大臣、政府发言人索拉亚·萨恩斯·德圣玛丽亚（Soraya Sáenz de Santamaría，女），经济及竞争大臣路易斯·德金多斯（Luis de Guindos），财政及公共管理大臣克里斯托瓦尔·蒙托罗（Cristóbal Montoro），外交与合作大臣何塞·曼努埃尔·加西亚—马加略（José Manuel García-Margallo），司法大臣阿尔韦托·鲁伊斯·加利亚东（Alberto Ruiz Gallardón），国防大臣佩德罗·莫雷内斯（Pedro Morenés），内政大臣豪尔赫·费尔南德斯·迪亚斯（Jorge Fernández Díaz），发展大臣阿娜·帕斯托尔（Ana Pastor，女），教育及文体大臣何塞·伊格纳西奥·沃特（José Ignacio Wert），就业及社会保障大臣法蒂玛·巴涅斯（Fátima Bañez，女），工业、能源及旅游大臣何塞·曼努埃尔·索里亚（José Manuel Soria），农业、食品及环境大臣米盖尔·阿里亚斯（Miguel Arias），卫生、社会服务和平等大臣阿娜·马托（Ana Mato，女）。

【**行政区划**】全国划分为17个自治区、50个省、8000多个市镇，在摩洛哥境内另有休达和梅利亚两块飞地。

【**司法机构**】司法领导机构是司法总委员会，由20名成员组成，最高法院院长兼任主席。司法机构分司法法院和行政法院两大系统。

最高检察机构是国家总检察院，下辖各级检察院及派驻各司法部门的检察官。国家总检察长爱德华多·托雷斯—杜尔塞·利凡特（Eduardo Torres-Dulce Lifante）。

【**政党**】西实行多党制。主要政党有：

（1）人民党（Partido Popular）：执政党。原名人民同盟，1977年创立，1989年易名为人民党。执行"中间改良主义"路线。现有党员约60万。该党成立后不久便在国家的政治舞台上崭露头角，力量不断扩大。1996年5月首次上台执政。2000年3月蝉联执政。主席马里亚诺·拉霍伊，总书记玛丽亚·多洛雷斯·德科斯特达（María Dolores de Costedal，女）。

（2）西班牙工人社会党（Partido Socialista Obrero Español）：最大在野党。成立于1879年，现有党员约41万。该党在1982～1996年间，四次蝉联执政。总书记阿尔弗雷多·佩雷斯·鲁瓦尔卡瓦（Alfredo Pérez Rubalcaba），主席何塞·安东尼奥·格里尼安（José Antonio Griñán）。2004年4月 至2011年11月 两 度执政。

（3）西班牙共产党（Partido Comunista de España）：成立于1920年，党员约4万，总书记何塞·路易斯·森特利亚（José Luis Centella）。西共和其他左翼党派组成以它为主的联合左翼（Izquierda Unida），党员约5万，卡约·拉腊（Cayo Lara）任总协调人。

（4）统一与联合（Convergencia i Unión）：由加泰罗尼亚民主统一（Convergencia Democrática de Cataluña）与加泰罗尼亚民主联合党（Unión Democrática de Cataluña）组成。1975年成立，党员约1万。主席阿图尔·马斯（Artur Mas），总书记何塞·安东尼奥·杜兰·列达（Josep Antoni Duran i Lleida）。

（5）巴斯克民族主义党（Partido Nacionalista Vasco）：1895年成立，巴斯克自治区执政党，党员约4万。主席伊尼戈·乌赫库略（Íñigo Urkullo）。

【**重要人物**】**胡安·卡洛斯一世**：国王。1938年1月5日生于罗马，西班牙波旁王朝末代国王阿方索十三世之孙。幼时随父旅居意大利、瑞士和葡萄牙等国。1955年起，先后在西海、陆、空三军军事学院和大学学习，毕业后到政府各部门实习行政管理，1969年7月经西班牙议会批准为王位继承人，1975年11月登基。爱好滑雪、狩猎、航海、航空。1962年与希腊公主索菲娅结婚，有二女一子。　**马里亚诺·拉霍伊·布雷：**首相。1955年3月27日生。法学学士。1996～2003年曾担任西班牙公共管理大臣，教育和文化大臣，第一副首相兼首相府大臣、内政大臣和政府发言人。2003～2004年任人民党总书记。2004年起任人民党主席。2011年12月当选首相。

经　济

西班牙是中等发达的资本主义工业国，经济总量居欧盟第五位。20世纪80年代初，开始实行紧缩、调整、改革政策，采取了一系列经济自由化措施。以1986年加入欧共体为契机，经济发展出现高潮。90年代初，由于出现经济过热现象，经济增长速度放慢并陷入衰退。90年代中期以来，在西政府采取的宏观调控政策的作用下，经济开始回升并持续稳步增长。1998年5月西成为首批加入欧元区国家后，经济持续快速增长，年增幅高于欧盟国家平均水平。近年来，受全球金融危机影响，西金融风险加大，房地产泡沫破灭，失业率飙升，经济急速下滑，社会发展面临严峻挑战。2012年6月，西向欧元区申请不超过1000亿欧元的优惠贷款用于救助银行业。2011年主要经济数据如下：

国内生产总值：1.4万亿美元。

人均国内生产总值：32409美元。

国内生产总值增长率：0.7%。

货币名称：欧元。

通货膨胀率：2.4%。

失业率：22.9%。

【资源】主要矿产储藏量：煤88亿吨，铁19亿吨，黄铁矿5亿吨，铜400万吨，锌190万吨，汞70万吨。森林总面积1437万公顷。

【工业】2009年工业、能源产值占国内生产总值的12%，就业人口占全国就业人口的14.69%。2009年建筑业产值占国内生产总值的9.2%，就业人口占全国就业人口的12.1%。主要工业部门有食品、汽车、冶金、化工、能源、石油化工、电力等行业。纺织、服装和制鞋业是西重要传统产业。汽车工业是支柱产业之一，生产量居韩国之后，列世界第七。2010年汽车生产量239万辆，出口208万辆。

【农牧业】2009年农、林、渔业产值占国内生产总值的2.5%，就业人口占全国就业人口的4.0%。农业占地3310万公顷，其中已用地2490万公顷，可耕地1620万公顷。葡萄酒产量居世界第三，仅次于法、意。2006年橄榄种植面积220万公顷，橄榄油产量133万吨，居世界第一。2009年猪、羊、牛存栏数分别为2534万头、2265万只、608万头。

【服务业】国民经济的重要支柱之一，包括文教、卫生、商业、旅游、科研、社会保险、运输业、金融业等，其中尤以旅游和金融业较为发达。2009年服务业产值占国内生产总值的60%，就业人口占全国就业人口的71.15%。

【旅游业】旅游业发达，占国内生产总值的12%，就业人口占全国就业人口的16%。入境人数和旅游收入均居世界第二。2010年旅游收入525亿欧元，较前一年增加2.5%。2010年，接待外国游客5270万人次，较上年增加1.4%。最受欢迎的旅游目的地是加那利群岛。2009年全国共有9500家旅行社。2009年全国共有各种旅馆18330家，床位约173万张，入住率53.6%。著名旅游胜地有马德里、巴塞罗那、塞维利亚、太阳海岸、美丽海岸等。世界旅游组织总部设在马德里。

【交通运输】以陆路交通运输为主。2008年，主要交通运输情况如下：

铁路：高速铁路1636.2公里，普通铁路17074公里，货运量3090万吨。

公路：总长165416公里。客运量13.08亿人次，货运车辆530万辆。

水运：客运量和货运量分别为3020万人次和4.8亿吨。主要港口53个，其中最主要的有巴塞罗那、毕尔巴鄂、塔拉戈纳、阿尔赫西拉等。

空运：飞机班次194万架次，客运量和货运量分别为2.09亿人次和6.07亿吨。全国有机场105个。主要机场有马德里巴拉哈斯机场、帕尔马·德马略卡机场和巴塞罗那机场。

【财政金融】受国际金融危机和希腊主权债务危机持续蔓延影响，西财政形势严峻。2011年，公共债务和财政赤字分别占国内生产总值的67.4%和8.5%，外汇储备405.36亿欧元。

西班牙主要银行：桑坦德中部西班牙美洲银行（Banco Santander Central Hispanoamericano），市值950.43亿欧元，据市值排名为欧元区第一、世界第七大银行；毕尔巴鄂比斯开对外银行集团（Banco Bilbao Vizcaya Argentaria），市值640亿欧元；人民银行（Banco Popular），市值170亿欧元。

【对外贸易】2011年，西对外贸易总额为4753.1亿欧元。其中进口额为2608.2亿欧元，出口额为2144.9亿欧元。近年外贸情况如下（单位：亿欧元）：

	2009	2010	2011
进口额	2084.4	2380.8	2608.2
出口额	1582.5	1858.0	2144.9
差　额	-501.9	-522.8	-463.3

（资料来源：2012年西统计局报告）

主要进口石油、工业原料、机械设备和消费品。主要出口汽车、钢材、化工产品、皮革制品、纺织品、葡萄酒和橄榄油等。主要贸易伙伴是欧盟、亚洲、拉美和美国。

【直接投资】2010年1～9月，对外投资为490.5亿欧元。主要投资部门有交通、电信、能源、金融、保险、房地产等，主要投资地区为拉丁美洲。2009年，引资为146.94亿欧元，同比下降62%。

人民生活

政府福利开支不断增加，2009年占国内生产总值的20%。职工均可享受社会保险，费用由国家负担34%，企业和个人承担64%。2009年男性平均寿命为77.8岁，女性为84.3岁。2009年有50万名医生。2006年有公立医院289家，私立医院457家。2010年每10万人有334张病床。2009年人均年消费11365欧元。2009年平均月退休金854.1欧元。

军　事

武装力量由正规军和准军事力量（国家安全部队）组成，国王为最高统帅。国防委员会是国防最高决策机构，国王任主席，政府首相主持工作。成员有副首相、国防、外交、内政大臣、国防参谋长、三军参谋长。国防部负责制定防务政策并领导国防工业。三军参谋长联席会议是首相和国防大臣的军事顾问机构。2001年12月31日起取消义务兵役制，实现军队职业化。自2004年起，三军撤销了原有建制，并根据职能和任务分工，成立了6个作战司令部、10个部队支援机关，以减少指挥层次、加强作战效率。

2009年国防预算为78.39亿欧元，占国内生产总值的0.75%。三军总兵力约为13.3万人，其中陆军8.56万人，海军1.94万人，空军2.75万人。此外，国家警察6.2万人，国民警卫队7.98万人。

文化教育

【教育】中、小学实行免费义务教育（6～16岁）。小学为6年，中学为4年，大学4～5年。2009年，教育费用为518.4亿欧元，占国内生产总值的4.93%，其中大部为公共部门的投资。高等学府主要有：马德里孔普鲁腾塞大学、马德里自治大学、萨拉曼卡大学、巴塞罗那大学等。2008～2009学年幼儿园、小学、中学学生数分别为176.6万、266.3万和296.1万人。2006～2007学年大学生总数141万人。

【新闻出版】全国共有报刊155种，全国性杂志170种，销售量共420万。主要报纸平均日发行量:《国家报》，39.19万份;《世界报》，40.87万份;《阿贝塞报》，25.67万份;《先锋报》，24.62万份;《加泰罗尼亚报》，16.78万份;《道理报》14.28万份。

主要通讯社：埃菲社，官方通讯社，1939年1月创办。另外还有私营的欧洲通讯社、罗戈斯通讯社。

广播电视总局统管电台、电视台。全国共有200多家电台，主要有西班牙国家广播电台和私营的西班牙广播公司、洲际电台、西班牙人民广播电台。

电视台：西班牙电视台为国营、全国性电视台，有两个频道。此外还有安达卢西亚、加泰罗尼亚、加里西亚、巴斯克和马德里等地方电视台。1989年政府批准建立了多频道、天线－3和电视5台3家私营电视台。1997年两家数码电视台开始运营。

对外关系

西班牙外交政策的首要目标是尽快恢复西班牙在欧盟和国际社会中应有的严肃守信形象，为国内经济复苏和海外战略利益服务。政府统筹资源，在政治、经济、文教、体育等领域科学评估并全面打造“西班牙品牌”，树立西“伟大国家形象”。政府将欧美、伊比利亚美洲、北非、亚洲及新兴国家视为外交四大战略重点。西与近200个国家和地区有外交、领事和商务关系。

【同中国的关系】1973年3月9日同中国建交。两国政治、经贸、文化、科技、教育、司法等领域的友好合作关系不断发展。双方签有引渡条约、被判刑人移管条约、刑事司法互助条约、航空协定、文化协定、经济和工业合作协定、科技合作基础协定、避免双重征税协定、投资保护协定和打击有组织犯罪合作协定。

近年来，中西关系继续保持良好发展势头。2005年，两国建立了全面战略伙伴关系。2008年以来中方访西的有：全国人大常委会副委员长蒋树声（2008年7月），全国政协副主席王刚（2008年9月），国务院总理温家宝（2009年1月），中共中央政治局常委、中纪委书记贺国强（2009年6月），全国人大常委会副委员长司马义·铁力瓦尔地（2010年11月），国务院副总理李克强（2011年1月），全国政协副主席孙家正（2011年6月），全国人大常委会副委员长乌云其木格（2011年7月），全国政协副主席黄孟复（2011年7月），全国人大常委会副委员长严隽琪（2011年11月），全国人大常委会委员长吴邦国（2012年5月）等。北京奥运会、残奥会期间，西王后、王储等王室成员以及多名政要来华出席开、闭幕式并观摩赛事。第七届亚欧首脑会议期间，西首相萨帕特罗来华参会。2010年5月，西众议长博诺来华出席上海世博会开幕式，2010年8月，萨帕特罗首相参加上海世博会西班牙国家馆日活动。2011年4月，萨帕特罗首相来华出席博鳌亚洲论坛并访问北京。

近年来，中西经贸合作持续发展，西是中国在欧盟内第六大贸易伙伴。2011年，双边贸易额为272.78亿美元，同比增长11.7%。其中中方出口额为197.22亿美元，同比增长8.5%；进口额为75.56亿美元，同比增长21.2%。

中国驻西班牙大使：朱邦造。馆址：C /.Arturo Soria，113。网址：www.embajadachina.es/chn/。电话：(003491)5194242。文传：5192035。电传：27719 CHNAME。领事部电话：7216287。商务处电话：4135892。电传：22808 EMCHIE。网址：http://es.mofcom.gov.cn/index.shtml。

中国驻巴塞罗那总领事：严邦华。馆址：No. 34，AVDA.Tibibado，08022-Barcelona，Spain。电话：（003493）2541199；传真：4173833。网址：http://barcelona.china-consulate.org/chn/。

西班牙驻中国大使：欧亨尼奥·布雷戈拉特（Eugenio Bregolat）。馆址：北京市朝阳区三里屯路9号。电话：010-65321986，65321445。电传：65323401。领事部电话：65320780。商务处电话：65322072。驻上海总领馆电话：021-63213543。

【同欧盟的关系】奉行欧洲主义，视欧洲为其对外政策三大传统支柱之首，融入欧盟并在欧盟内发挥更大作用是西对外政策的根本。认为强大和团结的欧洲是世界进步的保障，欧盟应拥有真正的安全防务政策，在预防和解决国际和地区冲突中发挥积极有效和可信的作用，根据联合国宪章担负起维护世界和平与安全的责任。西积极致力于欧盟一体化建设，支持并推动通过《里斯本条约》，并于2010年上半年担任欧盟轮值主席国。同德国、法国、意大利和葡萄牙建立了政府首脑定期会晤机制。

【同美国的关系】视对美关系为西外交格局中重要支点之一。近年来，西美关系不断密切，合作领域不断拓宽。西在参加北约反导防御系统等问题上与美积极配合。2011年11月，人民党在大选中获胜后，奥巴马总统第一时间致电祝贺。

【同北非国家的关系】将近邻北非地区作为西不可忽视的外交重点。愿推动有关国家和平民主进程。在预算大幅削减背景下，西对非发展援助将进一步向医疗卫生等福利项目和“良政工程”倾斜。遵守联合国对解决西撒哈拉主权争端的原则立场，愿积极发展同摩洛哥和阿尔及利亚的关系。

【同拉丁美洲国家的关系】与拉美国家有特殊传统关系，把发展与拉美国家的关系作为其战略重点。主张建立伊比利亚美洲共同体，积极倡导并参与伊比利亚美洲首脑会议。主张通过建立欧盟－拉美战略伙伴关系，推动欧盟与拉美进一步接近。

【同亚洲国家的关系】将亚太地区及新兴大国作为新的外交重点。认为上述国家很好地把握了全球化带来的机遇，并成功抵御了全球金融危机冲击，取得了高速的经济增长和不断上升的国际地位。愿通过推动经贸合作和文化交流以及增设外交代表机构等方式加强与亚太国家的联系。　（王亭婷）

希　腊

国名　希腊共和国（The Hellenic Republic）。

面积　131957平方公里，其中15%为岛屿。

人口　1131万（2011年）。98%以上为希腊人，其余为穆斯林及其他少数民族。官方语言为希腊语，东正教为国教。

首都　雅典（Athens），人口307万（2011年）。最高气温（7月）18℃～41℃，最低气温（1月）0℃～18℃。

国家元首　总统卡罗洛斯·帕普利亚斯（Karolos Papoulias），2005年2月8日当选，2010年2月连任。

重要节日　国庆节：3月25日；复活节：4月19日；抗击意大利入侵日：10月28日；圣诞节：12月25日。

简　况

位于巴尔干半岛最南端。北同保加利亚、马其顿、阿尔巴尼亚相邻，东北与土耳其的欧洲部分接壤，西南濒爱奥尼亚海，东临爱琴海，南隔地中海与非洲大陆相望。海岸线长约15021公里，领海宽度为6海里。属亚热带地中海气候。平均气温冬季0℃～13℃，夏季23℃～41℃。

西方文明的发祥地。公元前3000年至前1100年克里特岛曾出现米诺斯文化，公元前1600年至前1050年伯罗奔尼撒半岛出现迈锡尼文化。公元前800年形成奴隶制城邦国家，前5世纪为鼎盛时期。公元前146年并入罗马帝国。15世纪中期被奥斯曼帝国统治。1821年，爆发争取独立的战争。1832年成立王国。1974年通过全民公投改为共和制。此后由新民主党和泛希腊社会主义运动（简称泛希社运）轮流执政。

政　治

2011年，希腊主权债务危机形势更加恶化。2011年10月27日欧盟峰会后，总理乔治·帕潘德里欧（George Papandreou）提出就欧盟救助举行全民公投，引起各方强烈反对。11月10日，帕潘德里欧辞职。11日，希腊泛希社运、新民主党和人民党组建联合政府，前资深经济学家、欧洲央行前副行长卢卡斯·帕帕季莫斯（Lucas Papademos）临危受命出任总理。2012年5月6日，希腊举行大选。得票率最高的三个政党新民主党、左联和泛希社运先后尝试组阁，但均遭失败。16日，总统帕普利亚斯任命国家行政法院院长帕纳约蒂斯·皮克拉梅诺斯（Panayiotis Pikrammenos）担任看守政府总理。6月17日，希腊举行二次大选，新民主党险胜左联赢得大选。总统任命新民主党主席安东尼斯·萨马拉斯（Antonis Samaras）担任总理，并授权其组阁。21日，新民主党、泛希社运和民主左翼成功组建联合政府。

【宪法】现行宪法于1975年6月11日生效。国家体制为“总统议会共和制”，总统为国家元首，任期五年，可连任一次；立法权属议会和总统，行政权属总理，司法权由法院行使。1986年通过的宪法修正案使总统的权力缩小。

【议会】一院制。议会的主要职能是立法和监督政府工作。议会由全国56个选区普选产生，共有300名议员。本届议会于2012年6月选举产生，任期四年。议会议席分配如下：新民主党129席，左联71席，泛希社运33席，独立希腊人20席，金色黎明18席，民主左翼17席，希腊共产党12席。埃万盖洛斯·梅伊玛拉奇斯（Evangelos Meimarakis）任议长。

【政府】2011年11月，帕帕季莫斯组建过渡政府。2012年5月6日，希腊大选后组阁失败，总统任命皮克拉梅诺斯担任看守政府总理。现政府于2012年6月29日组成。总理安东尼斯·萨马拉斯，财政部长约阿尼斯·斯图尔纳拉斯（Yiannis Stournaras），内政部长埃夫里比季斯·斯蒂利亚尼季斯（Evripides Stylianidis），外交部长迪米特里斯·阿弗拉莫普洛斯（Dimitris Avramopolous），国防部长帕诺斯·帕纳约托普洛斯（Panos Panagiotopoulos），发展、基础设施和交通运输部长科斯蒂斯·哈齐达基斯（Kostis Hatzidakis），行政改革和电子政务部长安东尼斯·马基塔基斯（Antonis Manitakis），环境、能源和气候变化部长埃万盖洛斯·利韦埃拉多斯（Evangelos Livieratos），教育、宗教、文化和体育部长康斯坦丁诺斯·阿尔瓦尼托普洛斯（Constantine Arvanitopoulos），劳工和社会保障部长约阿尼斯·弗鲁齐斯（Yannis Vroutsis），卫生部长安德列亚斯·利古仁佐斯（Andreas Lykourentzos），农业发展和粮食部长阿萨纳西奥斯·查弗塔里斯（Athanassios Tsaftaris），司法、透明度和人权部长安东尼斯·鲁帕基奥蒂斯（Antonis Roupakiotis），旅游部长奥尔伽·凯法洛雅妮（Olga Kefaloyianni），海运和爱琴海事务部长科斯塔斯·穆苏鲁利斯（Costas Mousouroulis），公共秩序和公民保护部长尼科斯·增季亚斯（Nikos Dendias），马其顿和色雷斯地区事务部长塞德罗斯·卡拉奥格鲁（Theodoros Karaoglou），国防部长迪米特里斯·斯塔马蒂斯（Dimitris Stamatis）。

【司法机构】最高司法机构包括最高法院和最高行政法院及检察机构。法院分初级、上诉及最高法院三级。各级法院设有检察官，初级地方治安法院设有公诉人。

【政党】主要政党是：

（1）新民主党（New Democracy Party）：1974年9月成立，创始人是康斯坦丁·卡拉曼利斯，现有党员20余万人。该党曾于1974～1981年、1990～1993年和2004～2009年9月执政。2012年6月，成为议会第一大党，与泛希社运、民主左翼共同组建联合政府。主席安东尼斯·萨马拉斯。

（2）泛希腊社会主义运动（Pan-Hellenic Socialist Movement）：1974年9月成立，创始人是安德烈·帕潘德里欧，现有党员20余万人。该党于1981～1989年和1993～2003年长期执政。2004年3月7日举行的全国议会大选中失利，成为在野党。2009年10月重新上台。2011年11月参加帕帕季莫斯领导的过渡政府。2012年6月希腊二次大选后，与新民主党、民主左翼共同组建联合政府。埃万盖洛斯·维尼泽洛斯（Evangelos Venizelos）于2011年3月18日当选主席。

（3）左翼激进联盟（Coalition of Redical Left）：简称“左联”，1987年4月成立，党员约1万人。主要由当年希共国内派成员组成。2012年6月议会选举后，成为第一大反对党。主席阿莱克斯·齐普拉斯（Alexis Tsipras）。

（4）希腊共产党（Communist Party of Greece）：1918年成立，党员约3.2万人。总书记阿莱卡·帕帕莉卡（Aleka Papariga，女），名誉主席哈利劳斯·弗洛拉基斯（Harilaos Florakis）。

【重要人物】**卡罗洛斯·帕普利亚斯：**总统。1926年出生于希北部城市约阿尼纳，毕业于雅典大学和摩纳哥大学法学系并获科隆大学法学博士学位。任律师，后从政。1974年9月与安德烈·帕潘德里欧共同创建泛希社运，任中央委员会委员，1977年当选全国议员，1974～1985年担任泛希社运国际关系委员会秘书长，1981年担任外交部副部长，1985～1989年和1993～1996年两次出任外交部长，2001～2003年，连续三届当选议会外交与国防委员会主席。2005年2月8日当选共和国总统，2010年2月连任。帕长期致力于对华友好工作，曾多次访华。2008年6月应邀对中国进行国事访问。精通德语、意大利语，已婚，有3女。 **安东尼斯·萨马拉斯：**总理。1951年生于政治世家，其祖父、叔叔均为资深议员。哈佛大学经济学士和公共管理硕士。新民主党青年组织创建者之一。1989～1993年历任经济部长、外交部长。2009年出任文化部长。2009年11月当选新民主党主席。2012年6月出任总理。

经　济

希腊属欧盟经济欠发达国家之一，经济基础较薄弱，工业制造业较落后。海运业发达，与旅游、侨汇并列为希外汇收入三大支柱。农业较发达，工业主要以食品加工和轻工业为主。近年来，希政府积极推行经济和社会福利改革，鼓励外来投资，取得一定效果。2009年底以来深陷主权债务危机。2011年具体经济数据如下（资料来源：经济季评、希腊官方网站）：

国内生产总值：2151亿欧元。

人均国内生产总值：19018.57欧元。

国内生产总值实际增长率：-6.9%。

货币名称：欧元。

通货膨胀率：3.1%。

失业率：20.9%。

【资源】主要矿产有铝矾土（储藏量约10亿吨），褐煤（储藏量58亿吨）、镍、铬、镁、石棉、铜、铀、金、石油、大理石等。森林覆盖率为17%。

【工业】工业基础较薄弱，规模较小，技术较落后。2011年工业产值约为385亿欧元，同比增加5.8%，占国内生产总值的17.9%。主要工业有采矿、冶金、食品加工、纺织、造船、建筑等。

【农业】希腊属丘陵地区，可耕种地面积占国土面积的30%，其中灌溉农业面积占37%。64%的耕地面积种植粮食作物，其他为果树、橄榄树和蔬菜等。希主要农产品都能自给自足，水果蔬菜可批量出口欧洲等地，只进口少量肉、奶及调剂类农产品。出口的农产品有烟草、棉花、橄榄油、水果和甜菜等。2011年农业产值为70.983亿欧元，占国内生产总值的3.3%。

【服务业】服务业是希经济的重要组成部分。2011年服务业总产值为1697亿欧元，约占国内生产总值的78.9%。

【旅游业】旅游业是希获得外汇来源和维持国际收支平衡的重要经济部门。自20世纪60年代以来旅游业发展迅速，入境游客人数连年增长。近年来，政府将旅游业发展重心从增加游客数量转向提高游客消费水平，取得较好经济和社会效益。主要旅游景点有：雅典卫城、德尔菲太阳神庙、奥林匹亚古运动场遗址、克里特岛迷宫、埃皮达夫罗斯露天剧场、维尔吉纳马其顿王墓、圣山、罗得岛、科孚岛等。2004年雅典奥运会为希腊旅游业打下了良好的基础，特别是使基础设施明显提升。据希腊国家统计局公布的数字，2011年1～9月入境旅游人数为1423万人，同比增加10.4%。

【交通运输】国内运输以公路和海运为主，铁路为辅，对外贸易主要靠海运。

铁路：铁路系统比较落后，利用率低，经济效益不佳。2004年，铁路总长2385公里，年货运量259万吨，年客运量888万人次。奥运会前后，希政府加大对地铁、市内轻轨建设的投入，取得一定成效，但总里程增长不多。为适应经济发展需要，希政府计划建设南北铁路大动脉，以提高经济和交通运输的能力。

公路：2005年统计的高速公路里程为2186公里。近年来，希政府在欧盟支持下，大力发展基础建设，高速公路、机场、桥梁及其他交通枢纽设施的建设，高等级公路及城市主干道建设增加较多，城市交通状况明显改善。特别是在奥运会期间，以雅典为中心连接全国的交通网络为奥运会的成功发挥了重要作用。

据希腊国家统计局统计，截至2007年底，希腊拥有各类机动车738万辆，平均每1.5人拥有1辆机动车；其中轿车479.8万辆，公共汽车2.7万辆，卡车125.6万辆，摩托车129.8万辆。

海运：希腊是世界航运大国，海运业是国家经济的重要支柱产业。希拥有千吨级以上船只2014艘，载重量1.195亿吨。近年来，希致力于船队现代化建设，虽船舶数量有所减少，但吨位和质量明显提高，在世界航运业的竞争力不断增强。海运业共为19万人提供了就业机会，除6万名在海轮上工作的希腊籍船员外，海运业带动的金融、保险、咨询服务业、船用设备、维修等相关产业吸纳了13万劳动力，仅在比雷埃夫斯港就有1000多家企业开展与海运业相关的经营活动。有各类港口150个，主要有比雷埃夫斯、萨洛尼卡、沃洛斯和佩特雷港，港口总吞吐量约为8035万吨。2010年，希腊共拥有船只2096艘，总吨位4308万吨，其中货轮587艘，总吨位1594万吨，油轮544艘，总吨位2554万吨，客轮965艘，总吨位160万吨。

空运：奥林匹克航空公司是国有大型航空公司，不久前已将部分股权出售给一私人公司，以扭转长期严重亏损局面。目前该公司拥有41架客机，运营37条国际航线和36条国内航线。2006年客运量563.5万人次，货运量为3.13万吨。另外有7家私人航空公司主要经营国内航线。全国有35个机场。主要机场有维尼泽洛斯（雅典）国际机场、萨洛尼卡、克里特和罗德岛机场等。

【财政金融】近几年财政状况如下（单位：亿欧元）：

	2009	2010	2011
财政赤字	363.06	241.93	200.04
占GDP比例（%）	15.40	10.50	9.30
公共债务	2987.06	3285.88	3478.17
占GDP比例（%）	127.10	142.80	161.70

（资料来源：希腊统计局）

希腊共有各类金融机构60家，其中当地银行22家，外国银行或分行21家，15家合资银行等。当地银行有：国民银行（ETHNIKI）、农业银行（AGROTIKI）、阿尔法信贷银行（ALPHA PISTEOS）、商业银行（EMBORIKI）等。

【对外贸易】希同100多个国家有贸易关系，欧盟成员国是其最大贸易伙伴，占其进出口总额的64%以上。德国、意大利、英国、保加利亚、俄罗斯和中国为其主要贸易伙伴。近几年外贸情况如下（单位：亿美元）：

	2009	2010	2011
出口额	213.42	209.62	315.81
进口额	642.09	466.04	605.42
差　额	–428.67	–256.42	–289.61

（资料来源：同上）

主要出口商品为食品、烤烟、石油产品、纺织品、橄榄油、水泥等。主要进口商品为原材料、石油及石油产品、天然气、日用品和交通运输设备等。

【对外投资】希对外投资主要集中在保加利亚、罗马尼亚、马其顿和阿尔巴尼亚等邻国。截至2011年，希对华投资共有107个项目，实际投入9161万美元。

【外国援助】2005年12月，欧盟与希腊签署了《第四个援助框架方案（2007～2013）》，总计将向希提供201亿欧元的经济发展援助。希每年还从美国获得约3亿美元的军事援助。2009年年底以来，希主权债务问题不断加剧。2010年5月，欧元区同国际货币基金组织（IMF）宣布启动救助机制，在未来3年内分13批向希提供1100亿欧元贷款。2012年3月，欧元区财长会议批准向希腊提供总额1300亿欧元的第二轮救助贷款协议。

人民生活

平均每2.3人有一辆轿车（2007）；每1.6人一部电话（2007）；每2.8人（16～74岁）一台电脑（2007年）；76%的家庭有自己的住房；电视普及率为99.48%；全国共有医院317家，其中公立141家，私立176家；每千人拥有病床48.3个，医护人员46.1人（2006）。

军　事

总统是名义上的武装部队最高统帅。总理负责国防政策和部队建设，任最高国防委员会主席。国防部长在总理领导下实施国防政策和管理武装部队。总参谋长主管作战指挥机构。军队受本国和北约双重指挥。实行义务兵役制，服役期为陆军12个月，海军15个月，空军14个月。正规军总兵力15万人，其中陆军11万人，海军1.9万人，空军2.1万人。陆军编为1个集团军、4个军、1个装甲师、3个机械化师、9个步兵师、1个支援师、2个机械化旅、1个山地突击团、1个伞兵团和一个海军陆战队团。主要装备有2285辆主战坦克、2364辆装甲车、2279门火炮和205架直升机；海军有8艘潜艇、7艘驱逐舰、7艘护卫舰，14艘登陆舰、18艘导弹快艇、11架巡逻机和14架武装直升机。空军编为7个战斗机联队、1个防空导弹大队、4个训练联队、2个运输联队，装备各型飞机600余架。除正规军外，准军事部队（国民警卫队、警察、港警等）共5万人。

文化教育

【教育】实行9年义务教育制，公立中小学免费，大学实行奖学金制。2007年教育经费为56.92亿欧元，占国内生产总值的3.79%。全国共有21所大学，著名大学有雅典大学、萨洛尼卡大学、克里特大学、佩特雷大学、雅典工学院。

【新闻出版】希腊发行各类报纸246种，杂志上千种，但发行量有限。全国发行量较大的主要日报有：《新闻报》、《自由新闻报》和《每日报》等。

雅典通讯社：1896年成立，官方通讯社，同世界各主要通讯社均有联系。马其顿通讯社：1991年成立，半官方通讯社。

希腊广播和电视组织：1938年成立，受政府新闻部领导，统一管理国营电视台2个，广播电台4个，并依法批准核发地方和私人广播电视台的许可证。国营电台每天24小时广播，除希文外，有英、法、阿拉伯文新闻节目。私营电视台158个，有些电台还转播美国和欧洲通过卫星播放的电视节目，较有影响的私营电视台有："MEGA"、"STAR"、"ANTENNA"、"NEW"、"SKY"等。私营广播电台1200个。

对外关系

积极促进和维护欧洲一体化进程，依托欧盟维护民族独立和国家安全是希腊外交政策的根本出发点。希积极发展同美和北约的关系，主张北约与欧盟在维护和平与安全上共同发挥作用，支持欧盟组建欧洲多国快速反应部队。积极发挥在联合国及其他国际组织的作用，倡导东南欧合作进程机制化，积极推动建立东南欧自贸区，鼓励和促进本地区国家融入欧洲。反对科索沃独立。支持土耳其加入欧盟，但前提是与塞浦路斯问题全面解决挂钩。重视与包括中国和印度在内的亚太国家关系，希冀通过加强经贸合作，从中、印等国经济快速发展中获益，服务希经济的发展目标。

【同中国的关系】1972年6月5日建交以来，中希两国友好合作关系稳步发展，两国间友好、互信关系日益增强，在联合国及其他国际组织的合作密切。

近年来，两国高层互访频繁，中方访希的主要领导人有：国家主席胡锦涛（2008年），全国人大常委会委员长吴邦国（2006年），国务院总理温家宝（2010年），全国政协主席贾庆林（2011年），中共中央政治局常委、中纪委书记贺国强（2009），政治局常委李长春（2004年），国务院副总理张德江（2010年）等。希方访华的重要人士有：总统帕普利亚斯（2008年），总理卡拉曼利斯（2006年），议长贝纳基（2007年），外长芭戈雅妮（2007年）等。

2011年，中希全面战略伙伴关系持续发展，各领域友好合作不断扩大。10月23～27日，全国政协主席贾庆林对希腊进行正式友好访问，会见希总统帕普利亚斯，与议长佩察尔尼科斯会谈，接受议会"伯里克利斯"最高荣誉勋章，会见反对党新民主党第一副主席阿弗拉莫普洛斯、克里特省长阿尔纳乌塔基斯，向18位希友好人士颁发"中希友好贡献奖"。贾庆林还出席了希工商界欢迎晚宴，发表题为《深化务实合作、促进互利共赢》的讲话，与希副总理潘卡洛斯共同出席5个协议的签字仪式，涉及金额5.31亿美元。6月15～17日，中共中央政治局委员、广东省委书记汪洋访问希腊，会见潘卡洛斯副总理，与克里特省省长阿尔纳乌塔基斯共同见证了广东省与克里特省缔结友好关系协议签字仪式。11月2～7日，潘卡洛斯副总理对广东省进行友好访问。期间与汪洋书记会见，并作为特邀嘉宾出席"2011年广东国际旅游文化节"开幕式，见证了广东与希腊加强旅游交流合作备忘录签字仪式。2月20～26日，希海洋、岛屿和渔业事务部部长迪亚蔓蒂斯访问北京和上海，国务院副总理张德江会见。5月15～18日，希外交部副部长库维利斯访华，两国签署《中希两国外交部关于简化签证手续的联合声明》。

2月，利比亚安全形势恶化后，希总理帕潘德里欧指示本国有关部门及地方当局全力配合，协助中方将13185名中国公民经克里特岛从利比亚安全撤离。国务院总理温家宝通过中国驻希腊大使馆向帕潘德里欧总理致口信，代表中国政府和人民感谢希腊政府和人民在中方撤离在利比亚人员方面所提供的支持和帮助。

受希腊主权债务危机持续恶化影响，中希双边贸易额有所减少，希腊对华出口下降幅度较明显。2011年双边贸易额为43.03亿美元，其中中方出口额为39.49亿美元，进口额为3.54亿美元，同比分别下降了1.1%、0.2%和9.4%。海运务实合作继续深化。中远比雷埃夫斯港集装箱码头公司集装箱吞吐量不断刷新纪录。

5月11日，中国国际航空公司恢复北京—雅典航线，并分别在北京和雅典举行复航仪式，便利了两国人员往来和旅游合作。11月10～11日，第三届中国西藏发展论坛在雅典成功举办。

中国驻希腊大使：杜起文。馆址：Krinon Street 2A，Paleo Psychico，Athens，Greece。电话：（30210）6723282；传真：6723819。网址：http://gr.chineseembassy.org。经商处电话：（30210）6723281；传真：6741575。

希腊驻华大使：塞德罗斯·耶奥卡凯罗斯（Theordoros Georgakelos）。馆址：北京市朝阳区光华路9号世贸天阶大厦17层。电话：010-65872838；传真：65872855。E-mail：gremb.pek@mfa.gr。

【同美国的关系】战后在政治、经济、军事上长期依靠美国。两国签有防务合作协定。希军事装备的80%来自美国。美每年向希提供3亿美元的军事援助，主要用于购买军事装备等。目前美在希仍保留一个军事基地。2011年7月17～18日，希腊副总理兼财长维尼泽洛斯访美。同月24～25日，美国务卿克林顿对希腊进行正式访问。

【同欧盟的关系】认为《里斯本条约》为欧盟更民主、更有活力和进一步扩大奠定了基础，提升了欧盟机构的效率和影响力。支持欧盟扩大和一体化走向深化，认为欧盟应在国际事务中发挥更大作用。认为巴尔干国家加入欧盟有利于地区稳定与繁荣。希望在东南欧国家加入欧盟的进程中发挥主导作用。将入盟问题与马其顿国名、希土关系问题捆绑，希望对申请入盟的马、土两国施加压力。希腊认为债务危机考验了欧盟机构能力和政治团结，将推动欧盟一体化走向深入。全球化条件下，欧盟不应满足于建立货币联盟，必须建成真正的政治联盟，并统筹协调区内经济、社会政策，施行全面治理。2011年4月12日，欧盟理事会主席范龙佩对希腊进行为期一天的工作访问。

【同巴尔干邻国的关系】主张睦邻友好，视巴尔干为重要外交场所，积极推动巴尔干的区域合作，谋求在该地区发挥主导作用。支持邻国加入欧盟和北约，反对科索沃独立。与马其顿存在国名分歧，主张通过谈判达成双方均可接受的解决方案。

【同阿拉伯国家的关系】同阿拉伯国家有着传统友谊，积极推动中东和平进程。希是最早呼吁黎以冲突停火的国家之一，并利用各种方式及时向黎提供了人道主义援助。积极为应对该地区局势和创造未来中东和平作贡献。

【同土耳其的关系】支持土加入欧盟，要求土履行候选国义务，遵守有关原则。与土保持经济、文化、旅游等方面的交流与合作，努力扩大双边经贸合作，冷静处理双方分歧，保持希土关系总体稳定。

【同塞浦路斯的关系】是塞独立的三个保证国之一，两国关系十分密切。希支持塞希族在解决塞问题上的立场，主张根据两族人的比例建立一个独立、统一和中央集权的联邦国家。继续致力于在联合国决议基础上的公正、可行的解决方案。支持塞两族开展直接贸易等交流，改善气氛，使两族关系更加紧密。

（王煦）

匈　牙　利

国名　匈牙利（Hungary，Magyarország）。

面积　93030平方公里。

人口　996万（2011年12月）。主要民族为马扎尔族，约占90%。少数民族有斯洛伐克、罗马尼亚、克罗地亚、塞尔维亚、斯洛文尼亚、德意志等族。官方语言为匈牙利语。居民主要信奉天主教（66.2%）和基督教新教（17.9%）。

首都　布达佩斯（Budapest）。人口173.4万（2011年1月）。2010年平均气温12.9℃，最高气温36.1℃，最低气温-8.6℃。

国家元首　总统阿戴尔·亚诺什（ÁDER János），2012年5月10日就职，任期五年。

重要节日　3月15日：1848年革命和自由斗争纪念日；8月20日：匈牙利国庆节；10月23日：1956年

革命和自由斗争纪念日暨1989年共和国成立日。

简　况　中欧内陆国。东邻罗马尼亚、乌克兰，南接斯洛文尼亚、克罗地亚、塞尔维亚，西靠奥地利，北连斯洛伐克，边界线全长2246公里。属大陆性气候，凉爽湿润，2011年平均气温约为12.9℃，年降雨量约为603毫米。

公元896年，马扎尔游牧部落从乌拉尔山西麓和伏尔加河湾一带移居多瑙河盆地。1000年，圣·伊什特万建立封建国家，成为匈第一位国王。1526年土耳其入侵，匈封建国家解体。1541年匈一分为三，分别由土耳其苏丹、哈布斯堡王朝和埃尔代伊大公统治。1699年起全境由哈布斯堡王朝统治。1848年爆发革命自由斗争。1849年4月建立匈牙利共和国。1867年成立奥匈二元帝国。1919年3月建立匈牙利苏维埃共和国。1949年8月20日宣布成立匈牙利人民共和国并颁布宪法。1956年10月爆发匈牙利事件。1989年10月23日国名改为匈牙利共和国。2012年1月1日起更名为匈牙利。

政　治　2010年4月，匈举行剧变后第六次国会换届选举，在野的青年民主主义者联盟（简称青民盟）获胜，赢得超过2/3议席；执政8年的社会党下野。尤比克党和绿党进入国会。新一届国会5月14日成立。5月29日，政府完成组阁，宣誓就职。青民盟单独执政，青民盟主席欧尔班出任总理。2011年匈政局较稳定，青民盟政府执政地位稳固，出台振兴经济、促进就业、养老金改革以及调整税收等多项政策措施。2012年4月，前总统施密特·巴尔因博士论文抄袭丑闻被迫辞职。5月，阿戴尔·亚诺什（青民盟）当选新总统。

【宪法】1989年10月18日国会通过宪法修正案，对宪法作了重大修改，确定匈实行多党议会民主制，建立独立、民主、法治的国家，执行立法、行政、司法三权分立的原则。2011年4月18日国会通过名为《基本法》的新宪法，将“匈牙利共和国”更名为“匈牙利”，确定基督教为匈牙利历史和文明的基础。

【议会】国会是立法机关和国家最高权力机构，实行一院制，设386个议席，每四年普选一次。本届国会于2010年4月由青民盟、社会党、尤比克、绿党4党组成。目前，青民盟占263席，社会党占48席，尤比克占46席，绿党占15席，独立议员占14席。国会下设20个常设委员会。国会每年定期召开春季和秋季会议，亦可视情举行特别会议。国会主席格维尔·拉斯洛（KÖVÉR László，青民盟），2010年7月22日当选。

【政府】国家最高行政机构。按照法律规定，各部部长由总理提名，共和国总统任命。现政府于2010年5月组成，设有8个部。政府成员：总理欧尔班·维克多（ORBÁN Viktor），副总理兼行政和司法部长纳夫拉奇赤·蒂博尔（NAVRACSICS Tibor），副总理谢姆延·若尔特（SEMJEN Zsolt），内务部长宾代尔·山多尔（PINTÉR Sándor），外交部长马尔托尼·亚诺什（MARTONYI János），经济发展部长马托尔奇·捷尔吉（MATOLCSY György），人力资源部长鲍洛格·佐尔坦（BALOG Zoltán），国家发展部长内梅特·拉斯洛妮（NÉMETH Lászlóné），地方发展部长法泽科什·山多尔（FAZEKAS Sándor），国防部长汉戴·乔鲍（HENDE Csaba）。

【网址】总统府：http：//www.keh.hu；总理府：http：//www.kormany.hu./hu/miniszterelnokseg；外交部：http：//www.kormany.hu/hu/kulugyminiszterium。

【行政区划】全国划分为首都和19个州，设立24个州级市、274个市、2854个乡。首都是布达佩斯。

【司法机构】法院和检察院是国家司法机构。法院分最高法院、地区法院、州法院和地方法院四级，实行两审终审制；检察机构分最高检察院、州检察院和地方检察院三级。最高法院院长由国会选举产生，任期六年。最高法院院长鲍高·安德拉什（Dr. BAKA András），2009年6月当选。最高检察院检察长由国会选举产生，任期九年。最高检察长波尔特·彼得（POLT Péter），2010年12月当选。自1990年1月起设宪法法院，现任院长鲍佐劳伊·彼得（PACZOLAY Péter），2008年7月就任。

【政党】登记注册的政党有183个，大部分成立于80年代末。目前，国会中共有4个政党。

（1）青年民主主义者联盟—基民盟（FIDESZ–KNDP）：执政党。1988年3月30日成立，主要由青年知识分子组成。主席欧尔班·维克多。

（2）匈牙利社会党（Magyar Szocialista Párt）：在野党。1989年10月7日成立，主要由知识分子、职员和企业家组成。主席麦什代尔哈兹·阿蒂拉（MESTERHÁZY Attila）。

（3）尤比克党（JOBBIK / Magyarországért Mozgalom）：在野党。2003年10月24日成立，主要由青年人组成。主席沃纳·加博尔（VONA Gábor）。

（4）绿党（Lehet más a Politika）：在野党。2009年2月26日成立，主要由青年知识分子组成。主席施佛尔·安德拉什（SCHIFFER András）。

国会外的政党主要有：匈牙利共产主义工人党（Magyar Kommunista Munkáspárt）、匈牙利社会民主党（Magyarországi Szociáldemokrata Párt）、匈牙利民主论坛（Magyar Demokraták Forúm）、匈牙利自民盟（Szabad Demokraták Szövetség）等。

【重要人物】阿戴尔·亚诺什：总统。1959年5月9日生于久尔—莫松—肖普隆州。1983年毕业于罗兰大学。青民盟创始人之一，1990～2009年任国会议员，1998～2002年任国会主席，2009年当选欧洲议会议员，并任欧洲议会环境、公共卫生和食品安全委员会副主席。2012年5月2日当选总统，并于5月10日正式就职。　**欧尔班·维克多：**总理。1963年5月31日生于塞盖什白城。毕业于罗兰大学法学院。1988年加入青民盟，为青民盟创始成员之一，1993年起任青民盟主席。1990年起为国会议员，1998～2002年任匈牙利总理。2010年5月再次出任总理。2009年作为党主席访华，2010年来华出席上海世博会闭幕式。**格维尔·拉斯洛**：国会主席。1959年生于维斯普雷姆州。1986年毕业于罗兰大学法律专业。青民盟创始人之一。1990年当选国会议员，1998年任主管情报的不管部部长，2000～2001年任青民盟主席。2002年任国会国家安全委员会主席、青民盟议员团副主席、全国选举委员会主席等。2010年7月当选国会主席。

经　济

属中等发达国家，经合组织（OECD）成员国。经济目标是建立以私有制为基础的市场经济。经济转轨顺利，私有化基本完成，市场经济体制已经确立。目前，私营经济的产值约占GDP的86%。2011年主要经济数据如下：

国内生产总值（GDP）：1401亿美元。

人均国内生产总值：14047美元。

国内生产总值增长率：1.7%。

货币名称：福林（Forint）。

汇率：1欧元=279.21福林；1美元=200.94福林。

通货膨胀率：3.9%。

失业率：11%。

【资源】自然资源比较贫乏。主要矿产资源是铝矾土，蕴藏量居欧洲第三位，此外有少量褐煤、石油、天然气、铀、铁、锰等。森林覆盖率为20.4%。

【工业】工业发展较快。2010年工业生产增长10.7%，总产值204441.49亿福林。其中加工工业占92.4%，电力工业占7.3%，矿产工业占0.4%。工业从业人员87.2万，占全国就业人口总数的23.2%。近几年主要工业产品产量如下（单位：万吨）：

	2007	2008	2009
煤	974.8	940.4	900.0
天然气	265.3	223.5	227.5
石油	83.9	77.5	77.2
铝矾土	51.5	51.1	26.7
电（亿度）	357.6	348.2	304.5
公共汽车（辆）	314.0	191.0	261.0
电视机（万台）	969.6	1305.8	1299.8
电冰箱（万台）	290.2	–	243.0

［资料来源：2010年匈牙利统计手册（2012年出版）］

【农牧业】农业基础较好。主要种植小麦、玉米、甜菜、马铃薯、葡萄等。2010年同上年相比减产6.8%，粮食总产量1226万吨。2010年小麦平均每公顷产量3710公斤，玉米6470公斤，甜菜59090公斤，马铃薯20420公斤。耕地面积450.2万公顷。农牧林渔业从业人员17.6万，约占全国就业人口总数的4.7%。近几年主要农、畜产品产量如下（单位：万吨）：

	2008	2009	2010
小麦	563.1	441.9	374.5
玉米	889.7	752.8	698.5
甜菜	57.3	73.7	81.9
马铃薯	68.4	56.1	48.8
水果	84.0	84.4	76.6
葡萄	57.1	55.0	29.5
肉牛	8.8	8.0	7.8
肉猪	62.0	57.0	60.0
肉羊	2.0	1.9	1.9
肉禽	64.6	66.0	65.7
鱼	2.0	2.0	2.0
牛奶（亿升）	17.9	17.1	15.9
鸡蛋（亿个）	28.8	27.4	27.1

（资料来源：同上）

近几年主要农畜存栏数如下（单位：万只或万头）：

	2008	2009	2010
牛	70.1	70.0	68.2
猪	338.3	324.7	316.9
羊	123.6	122.3	118.1
鸡	3116.5	3212.8	3184.8

（资料来源：同上）

【服务业】发展迅速。各种小商店、小饮食店、小旅馆和其他服务网点的私有化已经完成。2010年全国商业网点50591个，零售总额为74785亿福林。2010年商业就业人数54万，约占全国就业人数的14.3%。

【旅游业】比较发达。2010年旅游外汇收入11898.2亿福林。全年接待外国游客3990.4万人次。2010年全国共有星级饭店900家，总床位12.4万张，其中五星级饭店23家，四星级饭店221家。主要旅游点：布达佩斯、巴拉顿湖、多瑙河湾、马特劳山。

【交通运输】目前已形成以首都为中心、通向全国和邻国的铁路和公路网。

铁路：总长7352公里，其中电气化铁路2929公里。2010年货运量88.09亿吨公里，客运量77亿人公里。

公路：总长31628公里，其中高速公路1067公里。2010年货车40.3万辆，小轿车298.4万辆，公共汽车1.76万辆。公路货运量337.2亿吨公里，长途客运量118.6亿人公里。

水运：水路长1638公里。2010年客运量1374万人公里，2010年货运量23.9亿吨公里。

空运：民用飞机1237架，其中直升机142架。2010年客运量55.86亿人公里，货运量2010万吨公里。1个国际机场：布达佩斯李斯特·费兰茨机场。

管道运输：管道总长7786公里，其中输油管道

848公里，天然气管道5517公里。总输送量56.2亿吨公里，其中输送石油24.15亿吨公里，输送天然气24.09亿吨公里。

【财政金融】近几年财政收支情况如下（单位：亿福林）：

	2008	2009	2010
收入	81704	83242	79292
支出	90321	90679	87652
赤字	8617	7437	8360

［资料来源：2010年匈牙利统计手册（2012年出版）］

2010年外汇储备337亿欧元。国际收支逆差66亿欧元。净外债514亿欧元，占GDP的52.2%。

【对外贸易】2010年进出口总额为378383亿福林。外贸进口额为181605亿福林，比上年增长15%；出口额为196778亿福林，比上年增长16.8%；外贸顺差为15173亿福林。匈同欧盟国家的进出口贸易分别占匈进出口总额的67.8%和77.3%，同其他国家分别占32.2%和22.7%。近几年进出口情况如下（单位：亿欧元）：

	2008	2009	2010
贸易总额	1470.8	1150.2	1355.2
出口额	733.8	595.0	704.8
进口额	737.0	555.2	650.4
差　额	-3.2	39.8	54.4

（资料来源：同上）

主要进口产品中机械设备占50%；加工产品占31.8%，能源占11.1%，原材料占2.1%。食品、烟、酒占5.0%。主要出口产品中机械设备占60.2%，加工产品占27.5%，能源占3.0%，原料占2.4%，食品、烟、酒占6.9%。2010年主要贸易国及外贸额如下（单位：亿福林）：

	进口	出口
德　国	46306	49521
奥地利	11509	9451
意大利	7625	10855
法　国	6682	9844
俄罗斯	14186	7054
中　国	12852	3192
日　本	3942	1275
英　国	3464	1063
美　国	3271	4030
荷　兰	7839	6287
波　兰	7760	7195

（资料来源：同上）

【外国资本】积极鼓励吸收外资。1990～2009年，累计引进外资达724.07亿欧元。2009年引进15.5亿欧元。主要集中在贸易、运输和通信、金融、房地产、加工业和汽车制造业等行业。在匈投资的前六位国家是德国、奥地利、荷兰、卢森堡、法国和美国。外资企业28988家。

人民生活

重视提高和改善居民生活水平，不断增加退休金、家庭补贴、生育和抚养儿童的补助金等。此外，在医疗、教育、文化、体育和旅游等方面实行优惠补贴。2010年职工人均月净收入155206福林。2010年国家投入补贴总额为3667亿福林，平均每家月补2.45万福林。截至2011年1月，全国退休人员共有292万人，人均月退休金86361福林。2010年全国有医生33943人，平均每万人拥有医生34人，每十万人拥有病床71.3张。2009年人均食品消费量：蔬菜61.4公斤，水果31.2公斤，肉类65.4公斤，鱼类1.4公斤，鸡蛋247个，糖29.8公斤，油类36.6公斤。2009年平均每百户拥有小轿车56辆，电冰箱68台，冷冻箱51台，彩色电视机151台，洗衣机83台，手机174部，台式电脑49台，笔记本电脑10台。2010年全国共有住房435万套，平均每套建筑面积为93平方米，平均每百套住房居住227人。

军　事

1990年2月匈牙利人民军改名为匈牙利国防军。1999年3月，匈正式成为北约成员国。宪法规定共和国总统是武装力量最高统帅。国防部是最高军事统率机关。于2004年12月取消义务兵役制。2010年军队总人数为2.9万，其中义务兵0.75万，职业兵1.32万，文职人员6154人。2010年，匈军拥有T-72型坦克87辆，装甲车574辆，直升机29架，战斗机31架，其中米格29飞机12架，运输机5架。派出15支部队参加维和行动，人数为920人。国防军司令兼总参谋长本戈·蒂博尔（BENKŐ TIBOR）上将。2010年国防开支为3178亿福林，占GDP的1.2%。

文化教育

【教育】实行12年制义务教育，幼儿免费入托，小学免费教育。学制：小学8年，中学（包括职业中学）4年，大学4～6年，医科大学7年。除公办学校外，还有教会学校、私立学校和基金会学校。1986年9月实施新教育法，扩大各类学校业务上和经济上的自主权，促使学校生活民主化。1993年通过了第一部高等教育法。2010年教育预算支出12627亿福林，文化预算支出1967亿福林。2010/2011年度各级学校数量、学生及教师人数如下：

	学校（所）	学生（人）	教师（人）
幼儿园	4358	338162	30359
小学	3306	756569	73565
中学	1815	439064	38121
专科学校	801	139237	10832
高等院校	69	240727	21495

［资料来源：2010年匈牙利统计手册（2012年出版）］

【新闻出版】发行量较大的全国性报纸主要有：人民自由报，1942年创刊，2010年日发行量8.8万份；民族体育报，1903年创刊，9.0万份；匈牙利民族报，1938年创刊，5.6万份；匈牙利新闻报，1968年创刊，2.7万份；人民之声报，1873年创刊，3.1万份；世界经济报，1969年创刊，1.2万份。

通讯社：匈牙利通讯社，国营，1880年成立。

主要广播电台：科苏特广播电台，裴多菲广播电台和巴尔托克广播电台均为国营电台。此外还有尤文图斯广播电台、道努比乌斯广播电台，均为商业电台。2010年广播时间总共为30653小时。

主要电视台：国营电视台有匈牙利电视台，1957年成立；多瑙河电视台，1992年成立。私营电视台有RTL俱乐部电视台，1997年成立；TV2电视台，1997年成立。2010年播放节目时间总共为25888小时。

对外关系

主要外交目标和任务是：保障国民安全，服务国内经济发展和改善民生；高效应对全球化挑战；加强中欧地区合作，积极参与欧洲一体化建设；加强匈族人团结。在国际金融危机影响的情况下，致力于成为亚欧贸易桥梁，视中国、俄罗斯、印度为经济外交重点。目前，同170多个国家建立了外交关系。

1999年3月加入北约，2004年5月加入欧盟。2007年12月21日正式加入申根协定。

【同中国的关系】1949年10月6日建交。中匈关系一直发展顺利。2011年，两国继续保持高层和各级别交往。5月，国务委员戴秉国赴匈出席第二轮中欧高级别战略对话并访匈。6月，外交部长杨洁篪赴匈出席亚欧外长会议。国务院总理温家宝正式访匈，分别会见施密特总统、格维尔国会主席，与欧尔班总理举行会谈，并出席中国—中东欧国家经贸论坛。匈国会副主席乌伊海伊、国家发展部部长费莱基等先后访华。

2011年，中匈贸易额为92.6亿美元，同比增长6.2%，创历史最高记录。其中，中方出口额为68.1亿美元，增长4.4%；进口额为24.5亿美元，增长11.6%。中国主要出口机电产品、计算机部件、音视设备、纺织品、服装等，主要进口机电产品、汽车零配件等。匈是中东欧地区华商和中资机构最集中的国家之一。据不完全统计，中国在匈华商约2万人，中资机构4000多家，总投资额达25亿美元。中国企业在匈投资建成了彩电组装、紧固件生产、拖拉机组装、手机零部件等生产加工项目。匈在华投资项目652个，实际投资额超过3亿美元。

两国在金融、旅游、航空、文教、科技等领域合作不断扩大。2003年，中国银行布达佩斯分行设立，这是中国在中东欧地区的首家营业性金融机构。同年，匈成为中国公民出境旅游目的地国。2004年，中国海南航空公司开通北京—布达佩斯直航（2012年初暂停航班）。布达佩斯匈中双语学校和罗兰大学孔子学院分别于2004年、2006年成立。

中国驻匈牙利大使：高建。馆址：1068 Budapest, Városligeti fasor 20-22。电话：00-361-4132401；传真：3229067。经商处电话：00-361-4133369。领事部电话：00-361-4133373。网址：www.chinaembassy.hu。

匈牙利驻华大使：库绍伊·山多尔（KUSAI Sándor）。馆址：北京市朝阳区三里屯东直门外大街10号；电话：010-65321431；传真：65325053。商务处电话：65323182。网址：http://www.mfa.gov.hu/emb/beijing。

1990年6月，台湾在匈设立“台北贸易办事处”，1995年更名为“台北代表处”。1998年5月，匈国际贸易与发展公司在台北设立“匈牙利贸易办事处”。

【同欧洲国家和地区的关系】2011年，施密特总统访问英国、西班牙、比利时、法国；欧尔班总理访问斯洛伐克、塞尔维亚。阿尔巴尼亚总统巴米尔·托皮、黑山总统武亚诺维奇、科索沃“总统”阿蒂费特·亚希雅加等相继访匈。

与欧盟贸易关系密切。目前，对欧盟出口占匈总出口额的76.1%，进口占匈总进口额的69%。

【同美国的关系】2011年5月，外交部国务秘书内迈特访美。6月，美国国务卿希拉里访匈。9月，国家发展部部长费莱基访美。11月，施密特总统访美。

【同俄罗斯和独联体国家的关系】2011年，施密特总统访问乌兹别克斯坦、土库曼斯坦、阿塞拜疆。格鲁吉亚总统萨卡什维利、哈萨克斯坦总统拉赫蒙、乌克兰外长格里先科等访匈。

【同其他国家的关系】重视发展与亚太地区各国的关系，并加强同广大发展中国家的往来，关注迅速发展的亚洲地区。2011年，欧尔班总理访问埃及；施密特总统访问土耳其；马尔托尼外长访问马来西亚和新加坡；巴勒斯坦民族权力机构主席哈巴斯、澳大利亚外长陆克文、日本外相松本刚明、韩国外交通商部部长金星焕访匈。

【同国际及地区组织的关系】2011年1～6月，匈牙利担任欧盟轮值主席国。3月，施密特总统访问欧洲议会；欧尔班总理访问欧盟总部、欧洲议会，出席欧盟峰会。9月，施密特总统出席第66届联大会议；欧尔班总理出席东部伙伴关系峰会；马尔托尼外长出席在塞尔维亚举行的西巴尔干地区国际安全政策论坛。10月，施密特总统出席第36届联合国教科文组织大会；欧尔班总理出席在布拉格举行的维谢格拉德四国总理会晤。11月，马尔托尼外长出席欧盟外长会议；欧盟外交和安全事务高级代表阿什顿、欧盟委员会主席巴罗佐、欧洲理事会主席范龙佩等相继访匈。

（段双喜）

意 大 利

国名 意大利共和国（The Republic of Italy，la Repubblica Italiana）。

面积 301333平方公里。

人口 6081万（2011年）。主要是意大利人。讲意大利语，西北部的瓦莱·达奥斯塔、东北部的特伦蒂诺—上阿迪杰和弗留利—威尼斯·朱利亚等少数民族地区分别讲法语、德语和斯洛文尼亚语。大部分居民信奉天主教。

首都 罗马（Roma），人口278.3万（2011年）。最热的月份为7月，一般气温在20℃～32℃；最冷月份为1月，一般气温在1℃～10℃。

国家元首 乔治·纳波利塔诺（Giorgio Napolitano），2006年5月10日当选。

重要节日 元旦：1月1日；主显节：1月6日；复活节：春分后第一次月圆之后的第一个星期日；解放日：4月25日；劳动节：5月1日；国庆日：6月2日；圣母升天节：8月15日；万圣节：11月1日；胜利日：11月4日；圣诞节：12月25日。

简 况

位于欧洲南部，包括亚平宁半岛及西西里、撒丁等岛屿。北以阿尔卑斯山为屏障与法国、瑞士、奥地利、斯洛文尼亚接壤，东、南、西三面分别临地中海的属海亚得里亚海、爱奥尼亚海和第勒尼安海。海岸线长约7200多公里。大部分地区属亚热带地中海式气候。平均气温1月2℃～10℃，7月23℃～26℃。

意大利半岛史前就有人类活动迹象，最早可追溯到旧石器时代早期。公元前9世纪伊特鲁里亚人曾创造灿烂的文明。公元前754年罗马建城。古罗马先后经历王政（前735～前510年）、共和（前509～前28年）、帝国（前27～476年）三个阶段，存在长达一千年。共和时期，罗马基本完成疆域扩张，帝国时期，成为以地中海为中心，跨越欧、亚、非三大洲的大帝国。西罗马帝国于476年灭亡，东罗马帝国于1453年灭亡。公元962年至11世纪，意大利北部和中部成为"日耳曼民族神圣罗马帝国"的一部分，而南部则为拜占庭领土，直至11世纪诺曼人入侵意南部并建立王国。12～13世纪在意大利的神圣罗马帝国统治瓦解，分裂成许多王国、公国、自治城市和小封建领地。随着经济实力增强，文化艺术空前繁荣。15世纪，人文主义和文艺复兴运动在意大利应运而生，16世纪在欧洲广泛传播。15世纪末，法国和西班牙争夺亚平宁半岛斗争激化，导致了持续数十年的意大利战争。16世纪起，大部分领土先后被法、西、奥占领。18世纪民族精神觉醒。19世纪民族复兴运动兴起。1861年3月建立王国。1870年攻克罗马，完成领土统一。此后，意同其他欧洲列强进行殖民扩张竞争，曾先后占领了厄立特里亚（1885～1896年）、索马里（1889～1905年）、利比亚和爱琴群岛（1911～1912年），并在中国取得天津一块商业租界（1902年）。一战时获得了东北部特伦蒂诺、上阿迪杰、威尼斯·朱利亚和多德卡尼索斯等地区。1922年10月31日墨索里尼上台执政，实行长达20余年的法西斯统治；其间包括入侵埃塞俄比亚（1930～1936年）、帮助佛朗哥在西班牙打内战和与德国结成罗马—柏林轴心（1938年），随后卷入二战（1939～1945年）并沦为战败国。1946年6月2日全民公投，废除君主立宪，同年7月12日组成共和国第一届政府。二战后，参加马歇尔计划、签署"大西洋公约"并积极参加欧洲一体化进程，系欧盟创始国之一。

政 治

2008年4月中旬，举行全国大选，贝卢斯科尼率领中右联盟以较大优势赢得大选。同年5月8日宣誓就职，贝任总理。2011年，意政局持续动荡，执政联盟丧失议会多数，11月12日，贝卢斯科尼被迫在议会通过"稳定法案"后辞去总理职务。13日，意大利总统纳波利塔诺任命马里奥·蒙蒂为总理，组建技术政府。

【宪法】现行宪法于1947年12月22日由立宪会议通过，1948年1月1日颁布，2001年10月7日，全民公决通过修改后的宪法。宪法规定意大利是一个建立在劳动基础上的民主共和国。总统为国家元首和武装部队统帅，代表国家的统一，由参、众两院联席会议选出。总理由总统任命，对议会负责。

【议会】议会是最高立法和监督机构，由共和国参议院和众议院组成。两院权力相等，可各自通过决议，但两院决议相互关联。参、众两院分别有315个和630个席位，参、众议员均由普选产生，任期五年。总统有权在任期内任命5位终身参议员。本届参议院共有7名终身参议员。议会的主要职能是：制定和修改宪法和法律，选举总统，审议和通过对政府的信任或不信任案，监督政府工作，讨论和批准国家预算、决算，对总统、总理、部长进行弹劾，决定战争状态和授予政府必要的政治决定权力等。本届为战后第十六届议会，于2008年4月选举产生。参议长雷纳托·朱塞佩·斯基法尼（Renato Giuseppe Schifani，自由人民党），众议长詹弗兰科·菲尼（Gianfranco Fini，意大利未来与自由党）。参、众两院各党派议席分配如下：

	参议院	众议院
自由人民党	128	228
民主党	106	206
北方联盟	25	59
中间联盟	15	35
责任倡议党		29
意大利未来与自由党	13	29
意大利价值党	12	22
国家凝聚力党	12	
其他	4	22
共计	315	630

【政府】本届政府于2011年11月16日宣誓就职。内阁成员如下：总理马里奥·蒙蒂（Mario Monti），总理府国务秘书安东尼奥·卡特里卡拉（Antonio Catricalà）。主要部长有：外交部长朱利奥·泰尔齐·迪圣阿加塔（Giulio Terzi di Sant'Agata），内政部长安娜·玛丽亚·坎切列里（Anna Maria Cancellieri，女），司法部长保拉·塞韦里诺（Paola Severino，女），国防部长詹保罗·迪保拉（Giampaolo Di Paola），经济与财政部长马里奥·蒙蒂（兼任），经济发展、基础设施与运输部长科拉多·帕塞拉（Corrado Passera），农林与食品部长马里奥·卡塔尼亚（Mario Catania），环境、领土与海洋保护部长科拉多·克里尼（Corrado Clini），劳动与社会政策部长埃尔萨·福尔内罗（Elsa Fornero，女），卫生部长雷纳托·巴尔杜齐（Renato Balduzzi），教育、大学与科研部长弗朗切斯科·普罗富莫（Francesco Profumo），文化部长洛伦佐·奥尔纳基（Lorenzo Ornaghi），无任所部长有：欧洲事务部长恩佐·莫阿韦罗·米拉内西（Enzo Movero Milanesi），大区事务部长法布里齐奥·巴尔卡（Fabrizio Barca），机会均等部长埃尔萨·福尔内罗（兼任）(Elsa Fornero），与议会关系部长皮耶罗·加尔答（Piero Giarda），国际合作及一体化部长安德烈亚·里卡尔迪（Andrea Riccardi），旅游和体育部长皮耶罗·纽迪（Piero Gnudi）。

【行政区划】全国划分为20个行政区，103个省，8101个市镇。20个行政区包括15个普通自治行政区：皮埃蒙特、伦巴第、威内托、利古里亚、艾米利亚—罗马涅、托斯卡纳、翁布里亚、拉齐奥、马尔凯、阿布鲁佐、莫利塞、坎帕尼亚、普利亚、巴西利卡塔、卡拉布里亚和5个特别自治行政区瓦莱·达奥斯塔、特伦蒂诺—上阿迪杰、弗留利—威尼斯·朱利亚、西西里岛及撒丁岛。

【司法机构】最高司法委员会是最高司法权力机构，拥有独立司法体制和任命法官的权力，有法官的任命、分配、调遣、晋升和规定措施等项权力。由33人组成，总统任主席，最高法院院长和总检察长为当然成员。其他成员由议会选举的10位委员（律师和司法教授）和全体法官选出的20位法官组成，任期四年，不得连任和兼职。宪法法院负责处理法律法规的合宪性，解决中央政府各部门间、中央与地方间、地方与地方间权力划分争议，并依据宪法处理对总统和部长的指控。由15名法官组成，任期九年，不得兼职，享有豁免权。宪法法院院长阿方索·夸兰塔（Alfonso Quaranta），最高法院院长乌戈·德塞尔沃（Ugo De Siervo），总检察长维塔里亚诺·埃斯波西托（Vitaliano Esposito）。此外，还设有地方调解法官、初审法院（轻罪）、法庭、初审法院（负责民事和刑事案件）、上诉法院、审计院（主管公共账目和养老金）等。

【政党】实行多党制，各主要政党或党派联盟大多分布在中左和中右两大阵营：

（1）自由人民党（Il Popolo della Libertà）：中右翼最大政党。2007年11月，贝卢斯科尼（Silvio Berlusconi）在米兰宣布解散意大利力量党（Forza Italia），成立自由人民党。2008年1月，普罗迪领导的中左政府发生危机，纳波利塔诺总统宣布解散议会提前大选。全国大选在即，中右各派力量迅速重组，加快了自由人民党的组建进程。2008年2月，民族联盟（Alleanza Nazionale）宣布加入。此后，社会行动党（Azione Sociale）等纷纷加入，自由人民党进一步壮大。同年4月，与北方联盟（Lega Nord）和自治运动（Movimento per l'Autonomia）联合竞选获胜。

（2）民主党（Partito Democratico）：中左翼最大政党，2007年10月成立，全国总书记贝尔萨尼（Pier Luigi Bersani）。2007年4月，橄榄枝联盟主要政党左翼民主党（democratici di Sinistra）和雏菊党（Margherita）分别决定解散两党，组建民主党。2007年7月，民主党全国初选协调委员会（Coordinamento Nazionale delle Primarie）选举韦尔特罗尼为全国书记。2007年10月，民主党成立大会在米兰举行。2008年4月，民主党与意大利价值党（Italia dei Valori）联合参选失利。2009年2月，维尔特罗尼辞去全国书记一职，弗兰切斯基尼继任。同年10月，贝尔萨尼接替弗兰切斯基尼任民主党全国书记。

（3）北方联盟（Lega Nord）：1989年12月成立，总书记马罗尼（Roberto Maroni），前任总书记博西（Umberto Bossi）。成立之初，北方联盟曾主张将富足的北方省区从意大利分离出去，后其分裂主张有所收敛。2001年入主政府期间，该党积极推动联邦主义、权力下放和地方自治。同年10月，意大利通过全民公投修改宪法第9条，将许多中央职权下放地方。2008年4月议会选举中，该党与自由人民党、自治运动结成竞选联盟。2012年4月，博西因贪腐贿赂丑闻辞去总书记职务，保留北方联盟主席一职。2012年7月1日，马罗尼任新任总书记。

（4）中间联盟（Unione di Centro）：2008年成立，党领袖卡西尼（Pier Ferdinando Casini）。2008年1月，

普罗迪领导的中左政府发生危机，纳波利塔诺总统宣布解散议会提前大选。为应对大选，中间力量主要党派基督教民主联盟（Unione dei Democratici Cristiani e di Centro）、意大利玫瑰（Rosa per l’Italia）加快联合。2008年2月，两党合并组建中间联盟并于4月单独参加议会选举。

（5）意大利价值党（Italia dei Valori）：1998年3月成立，党主席迪彼德罗（Antonio Di Pietro）。迪彼德罗长期担任法官职业，在反对政治腐败的“净手运动”中名声大震。1998年，组建意大利价值党，并吸收一些独立参选的议员加入。2008年4月，该党与民主党结成竞选联盟参加议会选举。

（6）意大利未来与自由党（Futuro e Libertà per l'Italia）：2010年7月，原民族联盟领导人菲尼带领46名众参两院议员退出自由人民党，另组“意大利未来与自由”党。

【重要人物】乔治·纳波利塔诺：总统。生于1925年，法学专业毕业。早年加入反法西斯共产主义青年组织。1945年加入意大利共产党。1956年当选意共中央成员。1962年当选意共中央全国领导机构成员。曾任意共那波里省委书记、意共中央南方发展委员会负责人、意共中央文化委员会负责人、经济政策负责人、对外政策及国际关系委员会负责人等职。1981～1986年任众议院意共党团主席。1989～1992年任欧洲议员。1989～1991年初任外交部长。1991年加入左民党并进入该党全国领导机构。1992～1994年任众议长。1996～1998年任内政部长。1999～2004年任欧洲议会宪法委员会主席。2005年9月任终身参议员。2006年5月，当选总统。 **马里奥·蒙蒂：**总理。1943年出生于瓦雷塞，毕业于意大利博可尼大学和美国耶鲁大学，经济学家，博可尼大学董事会主席。曾任欧盟委员会竞争委员。2011年11月9日被意大利总统任命为终身参议员，13日出任政府总理。 **詹弗兰科·菲尼：**众议长。1952年生于博洛尼亚。大学教育心理学专业毕业。早年从事记者职业，青年时加入新法西斯党——意大利社会运动（Movimento Socialista），曾任该党党报《世纪报》编辑、青年阵线全国书记。1987年、1991年两度当选为意社会运动全国书记。1993年，意大利社会运动易名为民族联盟，宣布与新法西斯政党决裂，以较温和面貌谋求在政治上更大作为。菲尼系民族联盟主要创始人。1994年菲尼当选民族联盟全国协调员，1995年当选党主席。2001年任副总理，2005年兼任外交部长。2008年2月与贝卢斯科尼共同创建自由人民党。同年4月，自由人民党赢得议会选举，菲尼出任众议长。 **雷纳托·朱塞佩·斯基法尼：**参议长。1950年生于巴勒莫。职业律师，早年加入天民党，20世纪90年代初天民党解体后加入力量党。2008年2月加入由力量党与民族联盟合并成立的自由人民党。1996年起连续当选参议员，曾任参议院宪法委员会、劳动委员会、农业委员会、土地与环境委员会委员。2001年起任第14届和第15届参议院意大利力量党党团主席。2008年4月出任参议长。

经　济

意大利是发达工业国家。私有经济为主体，占国内生产总值的80%以上。服务业约占国内生产总值的2/3。国内各大区经济发展不平衡，南北差距明显。中小企业占企业总数的98%以上，堪称“中小企业王国”。2011年主要经济数据如下（数据来源：意大利国家统计局，国际货币基金组织，国际金融统计）：

国内生产总值：16300亿欧元。

人均国内生产总值：26017欧元。

国内生产总值增长率：0.5%。

通货膨胀率：2.8%。

失业率：8.9%。

【资源】自然资源贫乏，仅有水力、地热、天然气等能源和大理石、粘土、汞、硫磺以及少量铅、铝、锌和铝矾土等矿产资源。本国石油和天然气产量只能满足4.5%和22%的市场需求，3/4的能源供给和主要工业原料依赖国外进口。

【工业】近年来，工业增长在欧盟处于较低水平。各类中等技术含量消费品和投资产品在世界市场上占有相当份额，但高技术产品相对较少。主要工业有：石油化工、汽车制造、家用电器、电子仪器、冶金、机械、设备、纺织、服装、制革、家具、食品、饮料、烟草、造纸、出版、印刷、建筑等。

中小企业众多，且专业化程度高、适应能力强、传统上以出口为导向，近70%的国内生产总值由中小企业创造。中小企业在制革、制鞋、服装、纺织、家具、厨房设备、瓷砖、丝绸、首饰、酿酒、机械、大理石开采及机械工业等领域具有较大竞争力。但随着经济全球化和不断加剧的国际竞争，中小企业也面临日益严峻的挑战。

【农林渔业】农、林、渔业占国内生产总值约为2.4%。境内多山和缺乏肥沃土壤，农业可耕地面积仅占全国总面积的10%。2010年，意大利葡萄酒产量超过法国，成为世界最大葡萄酒生产国，主要出口德国，美国和英国。尽管2011年意经济受到债务危机严重打击，但该国食品行业出口仍逆势增长，总规模达300亿欧元，甚至超过汽车出口成为拉动意经济增长的火车头。其中，奶酪出口增长21%，橄榄油增长9%，意大利面8%，烘烤食品及冷鲜肉增长7%。从出口目的地看，对欧盟国家出口平均增长6%，向非欧盟国家出口则大幅增长了15%。酒类出口增长21%，向中国出口增长幅度高达65%。

【服务业】服务业发展较快，一直呈上升势头。服务业产值占国内生产总值的68%。服务业产值是制造业的两倍，但多数服务业均与制造业产品营销或供应有关。

【旅游业】旅游业发达，为世界第四旅游大国。旅游资源丰富，气候湿润，风景秀丽，文物古迹很多，有良好的海滩和山区，公路四通八达。旅馆多为中小型，包括宾馆、露营地、旅游村和农业旅游住所等在内全国共有11.5万处。主要旅游城市是罗马、威尼斯和佛罗伦萨等。旅游从业人员32万人。

【交通运输】交通基础设施较齐全。国内运输主要依靠公路，铁路、水路和航空运输也较发达。全国公路网总长65.5万公里，其中高速公路总计6661.3公里，铁路网总长19394公里。全国有热那亚、那不勒斯、威尼斯、的里雅斯特、塔兰托、里窝那、锡拉库扎等19个主要港口。

【财政金融】巨额赤字和公共债务一直是意经济的两大难题。2011年意财政赤字率4%，公债总额1.915万亿欧元，占GDP的121%。1992年开始，意先后对国民劳动银行、意大利信贷银行和意大利商业银行以及伊利、埃尼、国家保险公司、国家电力公司、高速公路公司等大型国有企业实施私有化。同时削减公共开支，严厉打击逃税企业和个人逃税，并进行社会福利体制改革，财政状况有所改善。2011年意财政收入共计4117.9亿欧元，同比增长1.25%。2011年，受希腊主权债务危机影响，意主权债务形势严峻，第四季度国债收益率急速攀升，10年期国债收益率一度达到7.5%。标普、穆迪、惠誉等主要国际评级机构下调意主权信用评级。此后欧央行多次在二级市场出手干预，意新政府积极采取财政紧缩措施并推进结构性改革，在一定程度上缓解危机。

意主要金融机构有：联合圣保罗银行（Intesa Sanpaolo）、裕信银行（Gruppo Unicredit）、卡皮塔里亚集团（Capitalia）、锡耶纳银行（Banca Monte dei Paschi di Siena）、忠利集团（Assicurazioni Generali）等。

【对外贸易】对外贸易是意经济的主要支柱。外贸产值占GDP的40%以上。各种个人消费品、机器机械设备以及资本商品在世界市场占据非常重要的地位。意大利曾经是世界最大的贸易顺差国之一，年顺差在百亿美元以上，但自21世纪初，由于欧元坚挺，能源价格飞涨，以及产业结构僵化原因，逐渐沦为贸易逆差国。意大利为全球十大外贸国之一，年进出口贸易总额长期稳定在世界第七至八位。2011年，意大利出口额为3757.19亿欧元，增长11.4%，进口额为4000.52亿欧元，增长8.9%。贸易逆差243亿欧元，其中与欧盟国家逆差27亿，与非欧盟国家逆差216亿。意大利产品目前在世界仍然有较强竞争力，出口商品种类非常齐全。主要以机械仪器、汽车、农产品加工、钢铁、化工化学、制药、家用电器、服装、制鞋、贵重金属等工业制成品为主。意国外市场主要为欧盟国家，对其出口量占总量一半以上。但近年来，意大利对世界其他地区市场出口份额逐渐加大，出口欧盟占出口总份额逐渐缩小。俄罗斯、日本、中国、巴西、美国、越南、北非、中东、南非等国家和地区都是意国非欧盟国家中重要贸易伙伴。

【著名公司】（1）芬梅卡尼卡集团（Gruppo Finmeccanica）：是意大利最大的高科技集团公司，公司总产值占意大利国防工业总产值的70%，国家控股32.4%，涉及航空、航天、能源、电子防务、交通和信息技术等领域。集团主要进行飞机、直升机、卫星、导弹系统、雷达、火车及发电机组的设计和生产。网址：www.finmeccanica.com。

（2）忠利集团（Gruppo Generali）：成立于1831年。欧洲第三大保险集团，世界十大保险集团之一。由297家公司组成，其中107家保险公司，119家金融与房地产公司。忠利集团与50多个国家有业务往来。2002年，忠利保险有限公司和中国石油天然气集团公司合资组建中意人寿保险有限公司，公司注册资本19亿元人民币，成为中国加入WTO后首家获准成立的中外合资保险公司。目前，中意人寿注册资本33亿元，总资产超过400亿元，是中国最大的合资寿险公司。网址：www.generali.com。

（3）菲亚特集团（Gruppo Fiat）：全称意大利都灵汽车制造厂，1899年创办，1906年正式用现名，总部设在都灵。由阿涅利家族控制的企业。2010年菲亚特利润为19亿欧元，增长8%。1996年，中国南京汽车集团与菲亚特集团依维柯公司共同成立南京依维柯汽车有限公司，成为当时中意两国政府最大的合作项目。2010年，由广州汽车集团股份有限公司和菲亚特集团汽车股份公司以50：50的出资比例建立的广汽菲亚特汽车有限公司在湖南省长沙经济技术开发区成立，占地面积超过70万平方米，主要业务包括乘用车产品的整车、发动机、零部件的研究开发、生产制造、销售及售后服务等。2010年中国成为菲亚特前五大市场，且是将来最具发展潜力的市场。2011年底，菲亚特公司称将拓展在华业务，除了在华生产菲亚特汽车外，还将在华生产旗下阿尔法—罗密欧品牌汽车。网址：www.fiatgroup.it。

（4）倍耐力集团（Pirelli S.p.A）：成立于1872年。主要经营范围：橡胶轮胎、电缆和通讯设备。总部设在米兰，目前在世界各地有24家子公司，分别为意大利5家、巴西5家、英国2家、德国2家、土耳其2家、罗马尼亚2家、阿根廷1家、中国1家、埃及1家、西班牙1家、美国1家、委内瑞拉1家。业务结构遍布全球160多个国家的主要市场和拥有约10000家经销商及零售商。2005年，倍耐力进入中国，选择在山东建厂。2007年末，倍耐力在山东建立了在中国的第二条轮胎生产线——子午线轿车轮胎生产线，正式投产高性能轿车轮胎，此举意味着倍耐力第二轮扩张计划的开始。2010年6月，倍耐力在北京正式推出了中文标识。网址：www.Pirelli.it。

（5）意大利电信公司（Telecom Italia S.p.A）：前身是意大利电信集团（Gruppo Telecom Italia），有上百年历史，总部设在米兰。40%的股份由意与一些国家政府占有。公司业务分布于9个国家，共拥有760万宽带客户，其中意境内客户为610万人。2011年，意大利电信亏损47亿欧元。网址：www.Telecomitalia.it。

（6）国家碳化氢公司（Ente Nazionale Idrocarburi，ENI）：亦称"埃尼集团"，总部在米兰。1953年2月10日由国家控制的石油、天然气、石油化工企业合并而成。经营范围包括：原油、天然气、化学品和石油化工产品、核燃料、煤、机械设备、纺织原料和服装、采矿业与冶金，并承包工程建筑及贸易。同约70个国家有业务往来，有员工72000多人。网址：www.eni.it。

（7）国家电力公司（ENEL）：1962年成立，国家控股68%，1999年在米兰和纽约上市，拥有230万股民，是拥有股民最多的欧洲公司和意最大的电力公司及第二大天然气输送公司。员工人数为64000人，生产能力42000兆瓦，电力领域拥有3000万客户。网址：www.Enel.it。

人民生活

根据意大利国家统计局2010年数据统计，意大利共有家庭2490.5万个，平均每个家庭2.41人，家庭月平均消费2453欧元。2011年，意大利家庭储蓄率降至12%，为1995年以来的最低水平。失业率8.9%，就业率56.7%。多年来，意人口老龄化和出生率下降现象严重。人口出生率为9.2‰，死亡率为9.7‰。人均寿命较长，男性平均79.1岁，女性平均84.3岁。

【南方问题】南方地区包括阿布鲁佐、莫利塞、坎帕尼亚、普利亚、卡拉布里亚、巴西利卡塔大区，以及西西里岛和撒丁岛。南部面积为12.3万平方公里，占全意的40.8%，人口2085万，占全国人口的36%。由于历史原因，南方经济和社会发展严重滞后，南北差距较大，某些省区甚至是欧盟中经济最落后的地方。南方人均收入低，贫困家庭占12%。南方人均国内生产总值仅占中北部地区的一半。南方失业率高达16%左右，目前，南方失业人口150万，占全国的64.2%。另外，南方"黑手党"等犯罪组织猖獗，虽然近年来随着意打击力度的加大，犯罪组织气焰减弱，但仍影响着南方的发展。

军　事

总统为武装部队最高统帅，总理对国防政策及军队建设负有全部责任。国防部是最高军事行政机关，负责武装力量的建设和管理，实行以国防部长（文官）为首、国防参谋长和国防秘书长分别主管军事和后勤管理的双轨制。国防参谋部是最高军事指挥机构，下辖陆军、海军、空军参谋部和宪兵总部。参谋长委员会为国防部最高咨询机构，成员有国防参谋长、三军参谋长、国防秘书长和宪兵部司令，由国防参谋长任主席。国防参谋长是最高军事长官，通过国防参谋部、国防秘书厅和军种参谋部对三军实施行政管理，通过三军作战司令部、舰队司令部、空军作战司令部指挥部队的作战和演习。目前实行义务兵和志愿兵相结合的兵役制度。义务兵服役期为10个月。自2000年起在自愿基础上征招女兵。根据2000年意议会通过的法律，从2004年起开始实行军队职业化，同时将义务兵役改为志愿兵役；2006年最终停止征兵。意从1997年起开始逐步裁军，目前陆、海、空三军总兵力为18.67万人。2009年国防预算总额为202.9亿欧元，占其国内生产总值的1.24%。意是北约成员，北约南欧盟军司令部设在那不勒斯。美国在意还设有多处军事基地与设施，在加埃塔、那不勒斯、西西里的西戈耐拉和撒丁岛附近的马达莱纳岛设有海军基地，在阿维亚诺设有空军基地，在维琴察、里窝那设有陆军基地。目前意军队参与了联合国、北约、欧盟框架下涉及18个国家的25个境外维和任务。

文化教育

【教　育】2008年10月29日，意大利参议院批准了政府提出的教育改革方案。政府将在未来5年削减大学的教育经费，同时减少小学校任课教师的人数。根据改革计划，在小学校将恢复实行"单一教师制"，即一个教师担任多门学科的任课老师。在大学的改革包括适当压缩学生获取学位的课程，政府还允许大学设立基金会，以吸纳私人投资来弥补公共财政资金的不足。著名大学有罗马大学、米兰"博可尼"大学、米兰理工大学、都灵理工大学、波伦亚大学、帕多瓦大学、那不勒斯大学、比萨大学和佛罗伦萨大学等。

【新闻出版】新闻出版比较发达，全国有各种报刊杂志52种。主要报纸及其日平均发行量如下：《晚邮报》，68.99万份；《共和国报》，62.42万份；《体育报》（周一版），58.38万份；《24小时太阳报》，41.52万份；《体育报》，41.50万份；《新闻报》，39.81万份；《赛场体育邮报》（周一版），32.24万份；《信使报》，26.22万份；《赛场体育邮报》，24.34万份；《今日报》，21.79万份。其次，还有一些地方报和主要政党的机关报。

主要综合性期刊：《展望》周刊，55.62万份；《快报》周刊，39.47万份；女性周刊《现代妇女》，55.59万份；宗教性期刊《基督教家庭》。

安莎通讯社：1945年建立，意最大通讯社。

意大利广播电视公司：广播电台有3套节目，年播音1.8万多小时；有3个电视台，年播节目6000小时。此外，还有大量私营广播电台和电视台。

对外关系

对外政策基本点是立足欧洲，积极参加欧盟建设，促进欧洲一体化进程；依靠北约，重视发展跨大西洋盟友关系，主张联合国安理会改革，但坚决反对增加常任理事国，强调联合国在建立国际新秩序和解决地区冲突中的主导作用，积极参加联合国框架下的维和与人道主义救援行动；主张世界多极化和加强地区性合作；认为要对现行国际金融体制进行改革，加强全球经济治理；主张通过对话解决地区冲突和南北差距，减免债务和增加对第三世界国家的援助；关注巴尔干半岛局势和地中海事务，积极推动中东和平进程；拓展同亚太地区国家的关系，强调维护人权。同120多个国家建立外交关系。

【同中国的关系】1970年11月6日中国与意大利建交。2004年5月温家宝总理访意期间，两国建立全面战略伙伴关系，并成立中意政府委员会。近年来，中国访意的主要领导人有：国家主席江泽民（1999年），国务院总理李鹏（1992年、1996年），国务院总理朱镕基（2000年），国务院总理温家宝（2004年），国家主席胡锦涛（2009年），全国人大常委会委员长吴邦国（2009年），国务院总理温家宝（2010年），中共中央政治局常委、中纪委书记贺国强（2010年），国家副主席习近平（2011年）等。意访华的重要人士有：总统斯卡尔法罗（1998年）、总统钱皮（2004年）、总理普罗迪（1997年）、众议院议长维奥兰特（2000年）、总理阿马托（2001年）、总理贝卢斯科尼（2003年、2008年）、总理普罗迪（2006年）、总统纳波利塔诺（2010年）、总理蒙蒂（2012年）等。

意是中国在欧盟的重要贸易伙伴。1970年两国贸易额仅为1.2亿美元。目前，意大利是中国在欧盟的第五大贸易伙伴，中国是意大利在亚洲的第一大贸易伙伴。2011年，双边贸易额为512.8亿美元，同比增长13.6%。中国对意出口额为336.9亿美元，同比增长8.2%，进口额为175.9亿美元，同比增长25.6%。2012年1～4月，双边贸易额为133.1亿美元，同比下降20.8%。中国对意主要出口商品有：服装及衣着附件、纺织纱线、织物及制品、鞋类、旅游用品及箱包、山羊绒、玩具、自动数据处理设备及其部件、塑料制品、医药品等。中国从意主要进口商品有：纺织机械、牛皮革和马皮革、电视显像管、金属加工机床、橡胶或塑料加工机械、医药品、烟草加工机械、型模及金属铸造用型箱、电视、收音机及无线电通讯设备的零附件、计量检测分析自控仪器及器具等。

中意经济技术合作发展迅速，截至2012年4月，意在华投资项目共计4672个，实际投入55.7亿美元。截至2012年4月，中国在意非金融类直接投资4.36亿美元。截至2012年4月，中国自意引进项目3920项，合同金额152.3亿美元。

两国于1978年签署中意政府间科技合作协定，成立中意科技合作混委会，双方至今已召开13次混委会会议。2011年，中意技术转移中心、中意设计创新中心和中意电子政务中心正式启动。2011年10月，中意创新合作高层论坛在南京召开。中意在环境监测、水资源管理、可再生能源等领域合作成果丰硕，双方签署项目近百个。

中意在文化、教育等领域的交流与合作密切。2010年10月，“中国文化年”活动在意大利隆重开幕。2011年，“中国文化年”活动在意多个城市全面铺开，130余场活动产生广泛社会影响，受众上百万人，成为中意友好交流史中的佳话。2012年1月，“中国文化年”活动成功闭幕。双方已在意合作建立10所孔子学院，11个孔子课堂。中意两国已建立北京—罗马、上海—米兰、天津—伦巴第大区、南京—佛罗伦萨、苏州—威尼斯、杭州—比萨等60对友好省市和地区关系。

中国驻意大利大使：丁伟。馆址：Via Bruxelles, 56 Roma。总机：0039-06-965242；传真：85352891。使馆网址：http：//it.chineseembassy.org。

意大利驻华大使：严农祺（Attilio Massimo Iannucci）。馆址：北京市朝阳区三里屯东二街2号。电话：010-65322131-2-3-4。商务处、签证处电话：010-65322131-2-3-4。使馆网址：www.italianembassy.org.cn；签证申请中心网站：http：//www.italyvac.cn。

【同欧盟的关系】意大利作为欧盟创始成员国之一，高度重视并积极推动欧洲一体化建设。认为欧盟一体化建设是应对全球化挑战的有效手段，只有建立强大团结的欧盟才能最大限度维护意安全和利益。支持欧盟机构改革，积极参与欧盟对外行动署的筹建和运作。欧洲主权债务危机爆发后，倡议在欧盟内部设立应对危机的统一基金，支持欧盟三大经济治理措施，即由欧洲统一发债、赋予欧洲央行更大权力以及加大体制改革协调力度。2011年11月蒙蒂组阁后，积极奔走于英、法、德大国之间，宣讲意政府解决债务问题和促进经济增长的紧缩和改革措施，以谋求欧盟大国支持，力求赢得市场信心。

【同美国的关系】意是美传统盟友，战后一直与美国保持密切的政治、经济和军事关系。重视发展跨大西洋伙伴关系，承认美在世界新秩序中的主导作用，主张发展与美特殊伙伴关系。蒙蒂政府上台后，继续致力于巩固意美战略同盟，并将美国确定为新政府组阁后出访的首个非欧盟大国。

【同北约的关系】认为北约仍是欧洲主要防务力量，在保障欧洲大陆和各成员国安全方面发挥中心作用。主张北约与欧盟在危机处理和维和行动方面进行密切合作。支持北约组建快反部队，主张北约和欧盟快反部队应互为补充，共同维护跨大西洋联盟。支持北约东扩，倡导北约与俄罗斯建立新型伙伴关系。主张北约转变职能，在解决地区冲突、反恐和防扩散行动中发挥重要作用。

【同俄罗斯的关系】意积极发展与俄关系，视俄为世界政治、军事和能源大国，重视俄在欧洲政治、安全的合作，率先提出俄与欧洲有着共同的文化和宗教渊源，俄应成为未来大欧洲的一员。支持俄加入世界贸易组织；力促欧盟和北约进一步对俄开放。主张加大融俄力度，建立包括俄在内的“大欧洲”。同俄在经贸、能源、科技和文化等领域的合作不断加深，意是俄在欧洲第二、全球第三大贸易伙伴。

【同巴尔干国家的关系】从地缘政治出发，积极参加“中欧倡议”组织活动，促进该地区合作，谋求在中南欧特别是巴尔干地区发挥更大作用。曾负责联合国驻阿尔巴尼亚多国维和部队的指挥，为阿局势的稳定发挥了独特作用。对巴尔干重建的投资居欧盟第二位，仅次于德国。还是中东欧国家的重要贸易伙伴。

【同地中海国家的关系】意认为自己是欧洲和地中海的桥梁，历届政府一直将该地区视为其地缘战略的重点。作为“地中海和平稳定宪章”的倡议国和欧盟－地中海伙伴关系国成员，意积极推动欧盟与地中海国家对话与合作，实施欧盟－地中海战略，支持巴塞罗那进程。强调北约南翼的重要性，呼吁欧盟关注地中海地区局势，支持2010年建立欧盟－地中海自由贸易区。推动北约成立“地中海常设舰队”，与法、西组建“地中海快速反应部队”。对中东和平进程十分关注并积极参与调解行动。意同阿拉伯国家及巴以双方均保持良好关系，为寻求政治解决巴以危机作出积极努力。2011年5月，意总统纳波利塔诺访问巴勒斯坦、以色列，分别与巴总统、民族权力机构主席阿巴斯和以总统佩雷斯会谈。在巴期间，意方宣布将巴驻意代表团级别提升为使团。6月，以色列总理内塔尼亚胡访意，并与意总理贝卢斯科尼共同出席两国部际峰会，签署8项双边合作协议。

【同亚洲、非洲、拉丁美洲国家的关系】意重视同亚太地区国家的关系，加强同东南亚国家的经济合作。主张印巴和解，积极推动朝鲜半岛和平进程，促进印尼的民主进程。意积极参与阿富汗战后重建工作。在与亚洲国家的关系中，意重点发展与中国、日本、伊朗及中亚各国的互利合作关系。意是第一个同朝鲜建交的西方国家，关注朝鲜半岛局势。认为朝核问题涉及国际安全，希通过外交手段和平解决；意积极加强同非洲国家关系，发展经贸合作，保持援助规模，促进非洲民主化进程。意是利比亚在欧盟内最大贸易伙伴。2011年3月利国内危机爆发后，意支持联合国安理会第1973号决议，承认“国家过渡委员会”，主张政治解决。5月，意外长弗拉蒂尼访问班加西。12月，利“全国过渡委员会”主席贾利勒访意。意积极加强发展同埃及战略伙伴关系，支持埃民主化进程。意是埃在欧洲第一大、世界仅次于美国的第二大贸易伙伴，是埃及的重要出口市场。意同拉美国家有传统的政治、经济、文化关系，在该地区有千余万移民。意积极开拓与拉美国家之间的关系，强调拉美南方共同市场是欧盟重要的对话伙伴，深化与南方共同市场的贸易和文化关系是欧盟的优先课题。

（孟凡宇）

英　国

国名　大不列颠及北爱尔兰联合王国（The United Kingdom of Great Britain and Northern Ireland）。

面积　24.41万平方公里（包括内陆水域）。英格兰地区13.04万平方公里，苏格兰7.88万平方公里，威尔士2.08万平方公里，北爱尔兰1.41万平方公里。

人口　6264万（2011年），其中英格兰占83.9%，苏格兰占8.4%，威尔士占4.8%，北爱尔兰占2.9%。官方语言为英语，威尔士北部还使用威尔士语，苏格兰西北高地及北爱尔兰部分地区仍使用盖尔语。居民多信奉基督教新教，主要分英格兰教会（亦称英国国教圣公会，其成员约占英成人的60%）和苏格兰教会（亦称长老会，有成年教徒59万）。另有天主教会及伊斯兰教、印度教、锡克教、犹太教和佛教等较大的宗教社团。

首都　伦敦（London），人口782.5万（2010年）。最热月份为7月，一般气温在13℃～22℃；最冷月份为1月，一般气温在2℃～6℃。

国家元首　女王伊丽莎白二世（Queen Elizabeth II），1924年4月21日出生，1952年2月6日即位，1953年6月2日加冕。

简　况　岛国，位于欧洲西部，由大不列颠岛（包括英格兰、苏格兰、威尔士）、爱尔兰岛东北部和一些小岛组成。隔北海、多佛尔海峡、英吉利海峡与欧洲大陆相望。海岸线总长11450公里。属海洋性温带阔叶林气候。通常最高气温不超过32℃，最低气温不低于-10℃。北部和西部的年降水量超过1100毫米，其中山区超过2000毫米，中部低地为700～850毫米，东部、东南部只有550毫米。每年2～3月最为干燥，10月至翌年1月最为湿润。

公元1～5世纪，大不列颠岛东南部受罗马帝国统治。后盎格鲁、撒克逊、朱特人相继入侵。7世纪开始形成封建制度。829年英格兰统一，史称“盎格鲁—撒克逊时代”。1066年诺曼底公爵威廉渡海征服英格兰，建立诺曼底王朝。1536年英格兰与威尔士合并。1640年爆发资产阶级革命，1649年5月19日宣布为共和国。1660年王朝复辟。1688年发生“光荣革命”，确定了君主立宪制。1707年英格兰与苏格兰合并，

1801年又与爱尔兰合并。18世纪60年代至19世纪30年代成为世界上第一个完成工业革命的国家。1914年占有的殖民地比本土大111倍，是第一殖民大国，自称"日不落帝国"。1921年爱尔兰南部26郡成立"自由邦"，北部6郡仍归英国。第一次世界大战后英开始衰落，其世界霸权地位逐渐被美国取代。第二次世界大战严重削弱了英经济实力。随着1947年印度和巴基斯坦相继独立，英殖民体系开始瓦解，但英仍是英联邦53个成员国的盟主。目前，英在海外仍有13块领地。1973年1月加入欧共体。

政　治

2010年5月英国大选后，出现"无多数议会"，议会第一大党保守党与第三大党自民党组成英二战后首个联合政府，保守党领袖戴维·卡梅伦（David Cameron）担任首相，自民党领袖尼克·克莱格（Nick Clegg）担任副首相，主要负责宪政改革。新政府上台后，积极采取措施，削减公共开支，降低财政赤字，防范主权债务风险，同时鼓励中小企业发展，促进经济复苏；推出"大社会"计划，动员民众充分参与决策，进行教育、医疗、养老金等改革。外交方面，强调加强外交与安全政策的协调，成立由首相直接领导的国家安全委员会；主张保持英核威慑力量；将阿富汗问题列为外交第一要务；巩固英美"特殊关系"；积极推进英在欧盟的利益，重申英不加入欧元区、未经公投不向欧盟让渡主权的立场，拒绝加入欧盟新财政契约；加大与中国、印度等新兴力量的接触力度，注重"经济外交"；呼吁推动通过"两国方案"解决巴以冲突，2011年初以来，积极介入西亚北非事务，参与了北约对利比亚军事行动，承诺支持利战后重建，推动对叙利亚实施制裁；重视国际发展问题，承诺将国内生产总值的0.7%用于海外援助目标。

【苏格兰和威尔士地方议会和政府】1999年5月，苏格兰和威尔士选举成立地方议会，分别设129和60个议席。7月1日，两地议会和政府正式运作。苏格兰议会在地方政务、司法、卫生、教育、经济发展等方面享有一定的立法权和行政权，并享有部分征税权，可将所得税的基本税率浮动3%。威尔士议会主要在就业、卫生、教育和环境等问题上拥有决策权，但没有调整税率的权力。此举被视为工党政府实施权力下放的标志性成就。现任苏格兰首席部长亚历克斯·萨蒙德（Alex Salmond），威尔士首席部长卡因·琼斯（Carwyn Jones）。

【北爱尔兰自治政府】1998年4月10日，英国和爱尔兰政府及北爱冲突各方签署和平协议，英向北爱移交地方事务管理权，爱尔兰放弃对北爱领土的主权要求，之后选举产生北爱地方议会，推举成立由北爱多党分享权力的北爱自治政府，行使除国防、外交和税收之外的立法和行政权。由于北爱各派在缴械等问题上的争执，英政府先后被迫4次中止北爱政府的运作。经过多次波折，2005年7月28日，爱尔兰共和军发表声明，宣布从即日起放弃武装斗争，不再从事任何非和平活动。随后，英政府拆毁在北爱的部分军事设施并分阶段撤军。2007年3月9日，北爱举行地方议会选举，民主统一党和新芬党得票总数过半。2007年5月8日，北爱各方经过艰苦谈判，就权力分配达成妥协，北爱地方联合政府宣告重启。2010年2月，民主统一党和新芬党就移交警务和司法权问题达成协议，北爱的警务和司法权从英议会移交至北爱地方议会。现任首席部长为民主统一党的彼得·鲁宾逊（Peter Robinson），新芬党的马丁·麦吉尼斯（Martin McGuinness）任副首席部长。

【宪法】英国宪法不是一个独立的文件，由成文法、习惯法、惯例组成。主要有大宪章（1215年）、人身保护法（1679年）、权利法案（1689年）、议会法（1911、1949年）以及历次修改的选举法、市自治法、郡议会法等。政体为君主立宪制。君主是国家元首、最高司法长官、武装部队总司令和英国国教圣公会的"最高领袖"，形式上有权任免首相、各部大臣、高级法官、军官、各属地的总督、外交官、主教及英国圣公会的高级神职人员等，并有召集、停止和解散议会，批准法律，宣战媾和等权力，但实权在内阁。苏格兰有自己独立的法律体系。

【议会】最高立法机构，由君主、上院（贵族院）和下院（平民院）组成。上院议员包括王室后裔、世袭贵族、终身贵族、教会大主教及主教。1999年11月，上院改革法案获得通过，除92人留任外，600多名世袭贵族失去上院议员资格，非政治任命的上院议员将由专门的皇家委员会推荐。2006年7月首次经过选举产生了上院议长，现任议长为迪苏莎女男爵（Baroness D'Souza）。下院议员由普选产生，采取简单多数选举制度，任期五年，但政府可提议提前大选。本届下院于2010年5月选出。在650个议席中，保守党占307席、工党占258席、自民党占57席、其他小党和无党派人士占28席。现任议长为约翰·伯科（John Bercow）。

【政府】实行内阁制。由君主任命在议会中占多数席位的政党领袖出任首相并组阁，向议会负责。现政府为保守党和自由民主党联合政府，于2010年5月大选后组成。现任内阁主要成员为：首相兼首席财政大臣、文官大臣戴维·卡梅伦（David Cameron），副首相兼枢密院大臣尼克·克莱格（Nick Clegg），首席大臣兼外交大臣威廉·黑格（William Hague），财政大臣乔治·奥斯本（George Osborne），司法大臣兼大法官肯尼思·克拉克（Kenneth Clarke），内政大臣兼妇女和平等事务大臣特里萨·梅（Theresa May，女），国防大臣菲利普·哈蒙德（Philip Hammond），商业、创新和技能大臣文森特·凯布尔（Vincent Cable），就业和养老金大臣伊恩·邓肯·史密斯（Iain Duncan Smith），能源和气候变化大臣爱德华·戴维（Edward Davey），卫生大臣安德鲁·兰斯利（Andrew Lansley），教育大臣迈克尔·戈夫（Michael Gove），社区和地方政府大臣埃里克·皮克尔斯（Eric Pickles），交通大臣贾斯廷·格里宁（Justine Greening），环境、食品和乡村事务大臣卡罗林·斯佩尔曼（Caroline Spelman），国际发展大臣安德鲁·米切尔（Andrew Mitchell），北爱尔兰事务大臣欧文·佩特森（Owen Paterson），苏格兰事务大臣迈克尔·摩尔（Michael Moore），威尔士事务大臣谢里尔·吉兰（Cheryl Gillan），文化、奥运、媒体和体育大臣杰里米·亨特（Jeremy Hunt），财政部首席大臣丹尼·亚历山大（Danny Alexander），上院领袖兼兰卡斯特公爵郡大臣斯特拉思克莱德勋爵（Lord Strathclyde），不管部国务大臣沃西女男爵（Baroness Warsi）。

【主要网址】英王室：www.royal.gov.uk；内阁办公室：www.cabinetoffice.gov.uk；中央政府：www.direct.gov.uk；首相府：www.number-10.gov.uk；议会：www.parliament.uk；财政部：www.hm-treasury.gov.uk；英格兰银行：www.bankofengland.co.uk；外交及联邦事务部：www.fco.gov.uk；司法部：www.justice.gov.uk；内政部：www.homeoffice.gov.uk；国防部：www.mod.uk；卫生部：www.dh.gov.uk；环境、食品和乡村事务部：www.defra.gov.uk；国际发展部：www.dfid.gov.uk；商业、创新和技能部：www.bis.gov.uk；就业和养老金事务部：www.dwp.gov.uk；交通部：www.dft.gov.uk；社区与地方政府部：www.communities.gov.uk；儿童、学校和家庭事务部：www.dfes.gov.uk；文化、传媒和体育部：www.culture.gov.uk；贸易和投资署：www.uktradeandinvest.gov.uk；国家统计局：www.statistics.gov.uk；税务及海关总署：www.hmrc.gov.uk；英国广播公司：www.bbc.co.uk。

【行政区划】分为英格兰、威尔士、苏格兰和北爱尔兰四部分。英格兰划分为43个郡。苏格兰下设32个区，包括3个特别管辖区。威尔士下设22个区。北爱尔兰下设26个区。苏格兰、威尔士议会及其行政机构全面负责地方事务，中央政府仍控制外交、国防、总体经济和货币政策、就业政策以及社会保障等。

伦敦也称“大伦敦”（Greater London），下设独立的32个城区（London Boroughs）和1个“金融城”（City of London）。各区议会负责各区主要事务，但与大伦敦市长及议会协同处理涉及整个伦敦的事务。

【司法机构】有三种不同的法律体系：英格兰和威尔士实行普通法系，苏格兰实行民法法系，北爱尔兰实行与英格兰相似的法律制度。司法机构分民事法庭和刑事法庭两个系统。在英格兰和威尔士，民事审理机构按级分为郡法院、高等法院、上诉法院民事庭、最高法院。刑事审理机构按级分为地方法院、刑事法院、上诉法院刑事庭、最高法院。最高法院是英国所有民事案件的最终上诉机关，也是英格兰、威尔士和北爱尔兰所有刑事案件的最终上诉机关。苏格兰高等法院是苏格兰所有刑事案件的最终上诉机关。

1986年成立皇家检察院，负责受理所有由英格兰和威尔士警察机关提交的刑事诉讼案。总检察长和副总检察长是英政府的主要法律顾问。现任总检察长多米尼克·格里夫（Dominic Grieve）。

2007年5月，英内政部改组，分为内政部、司法部两个独立部门。内政部专责安全、反恐、移民，打击犯罪、毒品、反社会行为及建立身份证制度等事务；司法部负责法院、监狱、缓刑等事务。

【政党】政党体制从18世纪起即成为英宪政中的重要内容。现英国主要政党有：

（1）保守党（Conservative Party）：议会第一大党。领袖戴维·卡梅伦，2005年12月当选。保守党前身为1679年成立的托利党，1833年改称现名。1979～1997年间曾4次连续执政18年。2010年5月英国大选后，保守党重获执政地位，与自民党组成联合政府。支持者一般来自企业界和富裕阶层。主张自由市场经济，严格控制货币供应量，减少公共开支，降低通货膨胀，限制工会权利，加强“法律”和“秩序”等。近年来，提出“富有同情心的保守主义”，关注教育、医疗、贫困等社会问题。强调维护英国主权，反对“联邦欧洲”、欧盟制宪及英加入欧元区，但强调英应该在欧盟内发挥积极作用。

（2）工党（Labour Party）：议会第二大党。1900年成立，原名劳工代表委员会，1906年改用现名。1997～2010年连续执政13年。2010年5月大选失利，成为反对党。2010年9月，埃德·米利班德（Ed Miliband）当选新领袖。近年来，工党更多倾向关注中产阶级利益，与工会关系一定程度上有所疏远。主张保持宏观经济稳定增长，建立现代福利制度。外交上主张积极参与国际合作，视与美国和欧盟关系为两大外交支柱，支持欧盟一体化建设，主张在经济条件成熟时可考虑加入欧元区。

（3）自由民主党（Liberal Democrat Party）：议会第三大党。1988年3月由原自由党和社会民主党内多数派组成，领袖尼克·克莱格，2007年12月当选。自民党政治主张居中偏左，在很多问题上与工党立场相近。主张通过减税还富于民，提高个税起征点；呼吁限制金融城过度扩张，对银行家薪酬课以重税；承诺公平教育，保护公民权利和自由；倡导宪政改革，提出减少议员议席，在选举制度上采用比例代表制；支持欧洲制宪，主张加入欧元区。2010年5月大选后，与议会第一大党保守党达成协议，组建联合政府，获得5个内阁位置，首次成为执政党。

英国其他政党还有：苏格兰民族党（Scottish National Party）、威尔士民族党（Plaid Cymru）、绿党（Green Party）、英国独立党（UK Independence Party）、

英国国家党（British National Party），北爱尔兰一些政党如：北爱尔兰统一党（Ulster Unionist Party）、民主统一党（Democratic Unionist Party）、社会民主工党（Social Democratic and Labour Party）、新芬党（Sinn Fein）等。

【重要人物】伊丽莎白二世： 国家元首。全称为"托上帝洪恩，大不列颠及北爱尔兰联合王国以及其他领土和属地的女王、英联邦元首、基督教的保护者伊丽莎白二世"。1926年4月21日生，为已故英王乔治六世的长女。6岁时开始接受治国教育，研读法律、历史和语言，能讲流利的西班牙语，也会法语和德语。二战期间，担任一些社会团体的领导职务，战后担任更多的社会职务，经常巡视英国各地。1952年2月6日即位，1953年6月2日加冕。女王丈夫为菲利普亲王，受封为爱丁堡公爵。生有三子一女，长子查尔斯王子受封为威尔士亲王，是英国王储。女王曾于1986年10月访华。1999年10月和2005年11月分别邀请江泽民主席和胡锦涛主席对英进行国事访问。 **戴维·卡梅伦：** 英国首相。1966年10月生于伦敦，先后就读于伊顿公学和牛津大学。2001年当选议会下院议员，2003年起历任保守党下院副领袖、保守党副主席和影阁教育大臣。2005年12月当选保守党领袖。2010年5月英国大选后，保守党与自民党组建联合政府，卡出任首相。曾于2007年12月以保守党领袖身份访华。2010年11月作为首相首次访华。已婚，现有一子二女。

经　济

英是世界上第七大经济体，欧盟内第三大经济体，排在德国和法国之后。私有企业是英经济的主体，占国内生产总值的60%以上，服务业占国内生产总值的3/4，制造业只占1/10左右。受国际金融危机影响，英金融业遭受重创，经济陷入长达六个季度的衰退，收缩6.4%，为20世纪30年代大萧条以来最大衰退。2010年GDP增长1.3%。2011年GDP增长率为0.7%。截至2011年12月，失业人口268万，失业率8.4%。2011年主要经济数据如下（资料来源：英国家统计局网站）：

国内生产总值：23741亿美元。

人均国内生产总值：38131美元。

国内生产总值增长率：0.7%。

货币名称：英镑（Pound Sterling）；1英镑＝100便士。

汇率：1英镑=1.60美元；1英镑=1.20欧元（2011年平均汇率）。

通货膨胀率：4.5%。

失业率：8.4%。

【资源】 英是欧盟中能源资源最丰富的国家，主要有煤、石油、天然气、核能和水力等。能源产业在英经济中占有重要地位。2010年天然气产量为664百万兆瓦时，原油产量6300万吨，煤炭产量1780万吨，总发电量达381万亿瓦时，2/3发电量来自煤和天然气。英国现有10座核电站，其发电量在2010年占英国总发电量的16%，根据现有计划，到2025年，英国40%的电力供应将来自核能。采煤业完全私有化，近年来生产呈下降趋势。2011年，英森林覆盖面积308万公顷，占本土面积12.6％。主要工业原料依赖进口。近年来，政府强调要提高能源利用效率，发展核能和可再生能源，减少对传统矿物燃料的依赖，建设"低碳经济"，并为此进行了一系列立法保障和政策引导，鼓励高效节能技术开发，培养企业和家庭节能意识。政府计划将可再生能源占终端能源消耗的比重从2004年的3.6%提高到2020年的15%。

【工业】 英主要工业有：采矿、冶金、化工、机械、电子、电子仪器、汽车、航空、食品、饮料、烟草、轻纺、造纸、印刷、出版、建筑等。生物制药、航空和国防是英工业研发的重点，也是英最具创新力和竞争力的行业。目前，英工业产值约占国内生产总值的23%。同许多发达国家一样，随着服务业的不断发展，英制造业自20世纪80年代开始萎缩，80年代和90年代初两次经济衰退加剧了这一态势。2005年，英本国拥有的最大汽车生产企业MG罗孚公司破产。英制造业中纺织业最不景气，但电子和光学设备、人造纤维和化工产品，特别是制药行业仍保持雄厚实力。

【农牧渔业】 英农牧渔业主要包括畜牧、粮食、园艺、渔业，可满足国内食品需求总量的近2/3。目前，农业在英国内生产总值中所占比重不到1%，从业人数约45万，不到总就业人数的2%，低于欧盟国家5%的平均水平，低于其他主要工业国家。农用土地占国土面积的77%，其中多数为草场和牧场，仅1/4用于耕种。农业人口人均拥有70公顷土地，是欧盟平均水平的4倍。英是欧盟国家中最大捕鱼国之一，捕鱼量占欧盟的20%，满足国内2/3的需求量。

【服务业】 服务业包括金融保险、零售、旅游和商业服务等，是英经济的支柱产业，产值约占国内生产总值的3/4。2011年英服务贸易总额2767亿英镑，约合4352亿美元。伦敦是世界著名金融中心，拥有现代化金融服务体系，从事跨国银行借贷、国际债券发行、基金投资等业务，同时也是世界最大外汇交易市场、最大保险市场、最大黄金现货交易市场、最大衍生品交易市场、重要船贷市场和非贵重金属交易中心，并拥有数量最多的外国银行分支机构或办事处。伦敦金融城从业者达30多万人，共有550多家跨国银行、170多家国际证券公司在伦敦设立了分支机构或办事处。

【旅游业】 英国旅游业收入居世界第五位，仅次于美国、西班牙、法国和意大利，是英最重要的经济部门之一，产值占国内生产总值的5%，从业人员约210万。2011年到英游客达3068万人次，收入达179亿英镑，约合286亿美元。美国游客居海外游客之首，其他依次为法国、德国、爱尔兰、西班牙、荷兰、意大利和波兰。伦敦是外国游客必到之处，且旅馆众多，但旅馆房间多为豪华型，经济型房间较为紧缺；而餐馆在数量和风味上都有很大增加，可满足不同口味的需求。主要旅游地区有：伦敦、爱丁堡、卡迪夫、布赖顿、格林尼治、斯特拉福、牛津和剑桥等。主要观光景点有：歌剧院、博物馆、美术馆、古建筑物、主题公园和商店等。

【交通运输】交通基础设施较齐全。陆路、铁路、水路、航空运输均较发达。伦敦有十分发达的地铁网。1994年英法海底隧道贯通，将英国与欧洲大陆的铁路系统连接起来。卡梅伦政府执政后，推出建设高铁计划，英政府拟投资320亿英镑修建连接伦敦和伯明翰至北英格兰高铁网络，预计2017年动工，2026年完工。近年来的交通运输情况如下：

铁路：英铁路总长达1.66万公里。日均发送旅客300万人次，货物周转量6000万吨公里。全国铁路和伦敦地铁分别承担了铁路系统运输量的49%和44%，其余由轻轨承担。

公路：英国公路总长达39.4万公里，其中3540公里为高速公路，承担着19.8%的交通量；3.08万公里为A级公路，承担44.3%的交通量。截至2011年底，注册的机动车辆总数为3420万辆，新增机动车238万辆。

水运：英内河航道共3200公里，其中620公里用于货运。泰晤士河是最繁忙的内陆水运河，其次为福斯河。海运承担了95%的对外贸易运输。2010年，英国共有1000吨以上商船701艘，总吨位为1730万吨，港口总吞吐量为5.01亿吨，出口1.97亿吨，进口3.04亿吨。英国大小港口众多，其中100个为重要商业港口，有52个港口年吞吐量在100万吨以上。吞吐量超过1000万吨的港口有：格里姆斯比—因明翰、伦敦、蒂斯—哈特浦尔、福斯、米尔福德—黑文、南安普顿、利物浦、萨仑沃、菲利克斯托、多佛等。通过发展航运金融和海事服务，英国保持了全球航运定价中心和管理中心地位。伦敦是国际海事组织、国际海运联合会等国际航运机构总部所在地。

空运：英国所有的航空公司和大多数机场均为私营企业。目前共有50多家航空公司，在役飞机967架，2011年前三季度载客量约1.57亿人次，2009年客运里程约3110亿公里，货运运输量230万吨。英国航空公司（British Airways）是世界最大航空公司之一，拥有300多架飞机，其航线覆盖90多个国家和地区约220座城市。英共有449个机场，其中35个机场年客流量在10万人次以上。英最大机场是伦敦希思罗机场，也是世界最大最繁忙的机场之一，客流量6590万人次；盖特威克机场是英第二大机场，客流量3300万人次。

【财政金融】每年4月1日开始新的财政年度。政府财政预算支出包括公共支出（中央政府和地方政府开支）、支付债务利息和财务调整。财政预算收入含直接税、间接税和国民保险税收入三项。2011年度英外汇储备共679.5亿欧元。中央和地方政府债务总额1.25万亿英镑，约占国内生产总值的83%。财政赤字1254亿英镑，占国内生产总值的比重为8.3%。

【主要银行】英格兰银行（Bank of England）：1694年成立，1946年成为英国的中央银行，是世界上第一家中央银行。

汇丰控股公司（HSBC Holding）：世界第46大公司。2011年营业收入1027亿美元。

劳埃德TSB集团（Lloyds TSB Group）：世界第59大公司。2011年营业收入957亿美元。

皇家苏格兰银行（Royal Bank of Scotland）：世界第100大公司。2011营业收入681亿美元。

巴克莱银行（Barclays）：世界第115大公司。2011年营业收入637亿美元。

【对外贸易】英基础设施完善，政府配套服务措施到位，鼓励自由贸易，重视引进新技术、新产品和新的管理方法，以增加出口，提高就业。英与世界80多个国家和地区有贸易关系，主要贸易对象是欧盟、美国和日本。

2011年，英商品贸易额为5972亿英镑，约合9392亿美元。服务贸易自1966年以来一直顺差，2011年顺差为689亿英镑，约合1084亿美元。主要进口产品有：食品、燃料、原材料、服装、鞋业、电子机械设备、汽车等。主要出口产品有：石油及相关产品、化工产品（包括医药制品）、烟草、饮料、机械设备等。近年来，英前五位最大出口市场为：美国、德国、荷兰、法国、爱尔兰，前五位最大进口来源地为：德国、中国、美国、荷兰、法国。

【对外投资】英一直是国际资本的重要输出大国，这一特点随着英1979年取消外汇管制和北海油田的发现更加突出。20世纪80年代上半期英对外投资额可与美、日媲美，但随着90年代初期的经济衰退，英对外投资也随之大幅下降，之后又开始大幅攀升。2010年英国对外直接投资净值为233.7亿英镑，约合367.5亿美元。2003年，英国贸易局更名为“贸易和投资署”，下设英贸易伙伴局和投资局。

【对外援助】根据联合国千年发展目标，英正逐步将对具体项目的援助改为向落实减贫战略的国家政府直接提供援助，并承诺于2013年前将官方发展援助总额提高到国民总收入（GNI）的0.7%。2011年，英官方发展援助（ODA）总额为85.7亿英镑，占国民生产总值的0.56%。2011年3月，英宣布将停止对俄罗斯、中国、越南、塞尔维亚等16国的直接援助，将援助集中于埃塞俄比亚、孟加拉国、尼日利亚、刚果（金）、巴基斯坦等27个最不发达的国家和地区。

【外国资本】英国政府鼓励吸引外资。2010年共吸收外国直接投资净值328亿英镑，约合515.8亿美元。外资在英投资项目主要为计算机软件、信息技术、互联网、电子商务、电子和通讯、医药和生物技术、管理行业、汽车、食品和饮料等。投资形式为收购、兼并现有企业、扩大生产规模、建立科研基地或跨国公司等。美国是对英最大投资国，其他主要投资国包括法国、日本、加拿大、德国、爱尔兰、挪威等。

【著名公司及经济团体】：2011年营业收入进入《财富》全球500强的英国公司和企业有：

英国石油（BP）：世界第4大公司。主要经营炼油业务。2011年营业收入3089亿美元。

特易购（Tesco）：世界第61大公司。主要经营食品及药品业务。2011年营业收入942亿美元。

英杰华（Aviva）：世界第64大公司。主要经营人寿健康保险业务。2011年营业收入902亿美元。

沃达丰（Vodafone）：世界第92大公司。主要经营电信业务。2011年营业收入713亿美元。

力拓集团（Rio Tinto Group）：世界第140大公司，英国和澳大利亚联合公司。主要经营矿产业务。2011年营业收入566亿美元。

南苏格兰电力公司（Scottish and Southern Energy）：世界第193大公司。主要经营天然气与电力。2011年营业收入441亿美元。

葛兰素史克（GlaxoSmithKline）：世界第194大公司。主要经营制药业务。2011年营业收入439亿美元。

阿斯利康（Astra Zeneca）：世界第281大公司，主要经营制药业务。2011年营业收入333亿美元。

桑斯博里（J. Sainsbury）：世界第283大公司。主要经营食品及药品店业务。2011年营业收入328亿美元。

英国宇航集团（BAE Systems）：世界第288大公司。主要从事航天国防服务。2011年营业收入326亿美元。

英国电信公司（BT）：世界第301大公司。主要经营电信业务。2011年营业收入为318亿美元。

英美资源集团（Anglo American）：世界第345大公司，经营矿产业务。2011年营业收入280亿美元。

沃斯利集团（Wolseley）：世界第474大公司。主要生产建筑材料。2011年营业收入207亿美元。

英美烟草集团（British American Tobacco）：世界第424大公司。主要经营烟草业务。2011年营业收入230亿美元。

康帕斯集团（Compass Group）：世界第432大公司，主要经营饮食服务业。2011年营业收入225亿美元。

国家电力供应公司（National Grid Transco）：世界第437大公司。主要经营天然气与电力。2011年营业收入223亿美元。

英中贸易协会（China-Britain Business Council）：前身是1953年由一批冲破西方对华贸易封锁的英中小企业成立的“48家集团”。后英政府又成立了半官方的“英中贸易协会”。两组织于1991年合并为“英中贸易48集团”，1998年更名为“英中贸易协会”。该会受英政府的资助和指导，现有核心会员近300家，绝大部分是长期从事对华经贸合作的企业、银行和贸易公司。主要任务是：促进中英双边贸易和经济技术合作。主要活动是：组织贸易代表团访华，接待中国到访代表团，举办展览会，为英商提供中英贸易信息和咨询，出版《中英贸易回顾》和《英国工业》等刊物。

人民生活

实行公共保健、社会保险等福利制度，是最早实施福利制度的西方国家。实行五天工作制。2011年英总就业人数为2900万。

国民医疗服务体系（National Health Service）是英福利体系的标志。1948年由当时的工党政府创立，并一直延续至今，为全民提供免费医疗服务。2011财年，英卫生预算达1260亿英镑。由于初级健康保健实施良好，英人均寿命与其他发达国家相当。2011年，男性平均寿命为77.7岁，女性为81.9岁；婴儿死亡率为4.3‰。

军　事

建军时间约在17世纪中期。女王伊丽莎白二世为英军名义上的最高统帅。最高军事决策机构是“国防与海外政策委员会”，首相任主席，成员有国防大臣、外交大臣、内政大臣和财政大臣等；必要时，国防参谋长和三军参谋长列席会议。国防部为国防执行机构，既是政府行政部门，又是军事最高司令部。现任国防大臣菲利普·哈蒙德（Philip Hammond）。

英是北约集团的创始国和主要成员国，拥有独立的核力量，将北约集体防务力量作为英国安全的基础；积极推动建立欧洲快速反应部队；保持强大的常规部队及核威慑力量；突出强调质量建军和联合快速反应部队的建设，重点提高英军处理各种危机、应付突发事件的快速反应能力，努力维护英在欧洲及海外传统势力范围的战略利益。

英实行正规军与预备役部队相结合的武装力量体制。现有正规军总兵力19.6万。实行志愿兵役制，服役期3、6、9、12、15年不等，一般最长为22年。预备役部队总兵力19.15万。在海外驻军4.1万人，主要部署在阿富汗、伊拉克、科索沃、直布罗陀、德国、加拿大、塞浦路斯、马尔维纳斯群岛、波斯尼亚和塞拉利昂等地。2011财年，英国防预算400亿英镑。2010年10月，英出台《国家安全战略报告》和《战略防务与安全审议报告》，对英安全和国防政策作出重大调整，大幅裁减军事规模，今后4年英军费将削减8%；陆军减少7000人，海军和空军各减少5000人，文职人员裁减2.5万人；减少40%的坦克和重炮，宣布现役2艘航母中的1艘提前退役，将现役“前卫”级核潜艇使用期限延长至2030年，将艇载导弹发射管由每艘12个减至8个、携带核弹头从48枚降低至40枚。

英军事工业发达，武器装备的现代水平居世界先进行列。军事工业规模可观、种类齐全、技术力量雄厚，具有独立研制包括战略核武器在内的各种大型武器装备的能力，某些技术和装备居世界一流水平。英是世界武器出口大国，主要出口类别包括军用飞机、战术导弹、作战舰艇和军事电子设备。

文化教育

【教育】英格兰、威尔士和苏格兰实行5 ~ 16岁义务教育制度，北爱地区实行4 ~ 16岁义务教育制度。义务教育归地方政府主管，高等教育则由中央政府负责。

英重视教育和科研水平的提高，目前正进行教育改革，允许高校增收学费，同时继续加大教育投资，2011财年教育预算为890亿英镑。中小学公立学校学生免交学费，约占学生总数的90%以上。私立学校师资条件与教学设备较好，但收费高，学生多为富家子弟，约占学生总数的7%。文盲率仅为1%。

约40%中学毕业生能够接受高等教育。全国有110多所大学和高等教育学院。著名的高等院校有牛津大学、剑桥大学、帝国理工学院、伦敦政治经济学院、圣安德鲁斯大学、伦敦大学学院、华威大学、曼彻斯特大学、爱丁堡大学和卡迪夫大学等。目前有30多万海外学生在英大专院校学习。

英是世界高科技、高附加值产业的重要研发基地之一，其科研几乎涉及所有科学领域。以世界1%的人口，从事世界5%的科研工作，所发表学术论文占9%，引用量达12%，仅次于美国。获国际大奖人数约占世界的10%，迄已涌现出80多位诺贝尔科学奖得主，居世界第二。在生物技术、航空和国防方面具有较强的竞争力。

【文化】英国是世界文化大国之一，文化产业发达。全国约有2500家博物馆和展览馆对外开放，其中大英博物馆、国家美术馆等闻名于世。英国皇家芭蕾舞团、伦敦交响乐团等艺术团体具有世界一流水准。每年举行约500多个专业艺术节，其中爱丁堡国际艺术节是世界上最盛大的艺术节之一。当今世界80%的信息以英语传播。

【新闻出版】英国新闻出版业发达，目前全国共有约1300多种报纸，8500种周刊和杂志，其中全国性日报11份，每周日发行的报纸11份。主要报刊、杂志有《泰晤士报》、《金融时报》、《每日电讯报》、《卫报》、《独立报》、《世界新闻》、《观察家报》《星期日泰晤士报》和《经济学家》等。英15岁以上人口中有超过2/3的人至少阅读一份全国性日报。英互联网普及率较高，2010年英上网人数达3830万人。

通讯社主要有3家：（1）路透社：1851年成立，集体合营，世界重要通讯社之一，总部设在伦敦，在130个国家设有190多个分支机构，拥有编辑、记者和摄影师及各类工作人员约5.5万人。（2）新闻联合社：1868年创办，由PA新闻、PA体育、PA检索和PA数据设计4家公司联合经营，专门为英国和加拿大的企业提供公关和投资信息。（3）AFX新闻有限公司：由法新社与金融时报联合经营，向欧洲的金融及企业界提供信息和服务，在欧洲12国、美国及日本设立分支机构，总部在伦敦。

英共有5家通过地面发射的覆盖全国的电视台，即英国广播公司（BBC）、独立电视台（ITV）、第四频道（Channel 4）、第五频道（FIVE）和专门针对威尔士地区并使用威尔士语的S4C。此外还有卫星电视和有线电视，如天空电视等。

英国广播公司（BBC）除提供电视节目外，还提供无线电广播服务。该公司系由几个无线电制造商于1922年创办，最初只向全英提供有限的无线电广播服务，现成为世界大型广播公司，拥有10多个传统及在线广播电台、10多个传统及数码交互式电视频道，2010年全球约有各类听众和观众2.4亿人。目前广播电台年播出总量达4万多小时，在英国内拥有60%的听众，其对外广播电台用40多种语言向全世界各国播放节目。电视台开播于1936年，目前每年播出时间超过5万小时，BBC1主要播放新闻、时事、宗教、体育、歌剧及少儿和娱乐节目，BBC2主要播放音乐、艺术、喜剧、教育及一些特别节目。

独立电视台（ITV）节目始播于1955年，面向全国提供24小时全天服务，其中1/3时间播放新闻，其他时间播放体育、喜剧、游戏和电影等。经费来源主要靠广告赞助。第4频道（Channel 4）自己不制作节目，所播节目主要从独立制片人或包括海外的节目制作商处获取。节目从形式到内容以表现实验性、改革性和创新性为主。第五频道（FIVE）于1997年3月开播，主要播出时政、儿童节目、电影、戏剧和体育节目。

对外关系

英国是联合国安理会常任理事国以及欧盟、北约、英联邦等120多个重要国际组织成员，系5个核大国之一，同185个国家建立了外交或领事关系，有13块海外领地。冷战结束后，英努力维护大国地位，利用传统影响和软实力，力求发挥“超出自身实力”的影响力。2009年国际金融危机发生后，英经济受到重创，对外行动能力有所下滑。

2010年5月，保守党和自民党联合政府成立后，基本沿袭前任工党政府外交政策框架，同时根据内外形势变化进行调整，更加灵活务实，强调英的全球影响力和独特优势。英成立国家安全委员会，统筹外交、国防、情报和援助等工作；视发展对美国、新兴国家和欧盟的关系为英外交“三大支柱”；继续把“英美特殊关系”作为外交战略重中之重，进一步与美国保持协调，卡梅伦首相上任之初即访问美国；积极参与欧盟事务，寻求扩大在欧盟内作用，同时更加坚定维护英主权；推进“新商业主义外交”，将经济利益置于外交政策中心，加强与中国、印度、土耳其等新兴经济体国家发展关系，大力开展与各国经贸合作；重视阿富汗、中东等热点问题，关注核裁军、发展、气候变化等全球性问题。

【对当前重大国际问题的态度】关于西亚北非局势：认为西亚北非局势动荡对英来说是百年不遇的时刻，应抓住这一机遇。突尼斯和埃及人民推翻专制政权是民主价值观的胜利。认为英国及其他西方国家多年来在中东地区扶植集权政府、用民主交换利益的做法是错误的，政治经济改革是实现地区繁荣稳定和维护西方利益的必要条件。欧盟应调整中东援助政策，附加更为严格的政治条件，推进地区民主进程。有关各方应加紧推动巴以进程，落实两国方案。应对伊朗实施更严厉制裁，促其放弃拥核目标。

关于叙利亚局势：认为叙是保持中东格局稳定的关键因素，积极推动国际和地区力量解决叙问题。借重阿拉伯国家联盟、海湾国家合作委员会等地区组织，加大对阿萨德政权施压。2011年8月会同法、德发表联合声明，要求叙政府停止暴力镇压平民，敦促阿萨德下台，赞成对叙当局进一步加强制裁，认为叙当局必须向国际社会表明停止屠杀的诚意，否则将进一步向其施压。

关于联合国和安理会改革：认为联合国是国际体系的基石、国际集体行动合法性的最有力来源和最具广泛代表性的国际组织。主张在国际问题上更多发挥联合国作用，推动联合国增加对减贫、疾病防治和环境保护的投入，呼吁实现联合国千年发展目标，将人权、安全及发展问题更紧密联系起来，提高联合国预防和解决冲突的能力。主张对联合国安理会进行必要改革，支持安理会同时扩大常任和非常任理事国，支持德国、日本、印度、巴西四国和非洲国家“入常”。不希望改革触及现有常任国的否决权。认为“五常”在安理会改革上有共同利益，应进行开诚布公的沟通，需在有共识的领域加强协调。

关于全球经济治理和二十国集团：支持积极参与全球经济治理，认为二十国集团已取代八国集团成为全球经济治理的最佳机制，倡导保持世界经济自由开放、协调各国宏观经济政策和加强金融监管。主张发展议题是二十国集团的主要任务之一，推动建设二十国集团“三驾马车”机制。

关于欧洲主权债务问题：认为欧元区面临的是一场信心危机，德国需同其他欧元区成员国制定更加强有力的财政政策。英国不是欧元区成员国，在可预见的将来也不会加入欧元区，无法直接参与欧元区的救援进程，不加入新的欧盟财政契约，但愿给予必要帮助。

关于多哈回合谈判和自由贸易：认为反对贸易保护主义是确保安全和经济繁荣的重要内容，推动多哈回合谈判是英经贸政策的重中之重。如果谈判取得成功，将加强多边贸易体制，提供更多市场准入机会，使世界各国特别是发展中国家受益。希望美、欧、中、印等主要成员发挥领导作用，显示更多灵活性，通过双边或小范围磋商消除分歧。

关于气候变化：认为气候变化问题是全球性问题，需要各国长期共同努力应对。坎昆气候变化大会达成的新协议向前迈出了重要一步，重树了国际社会对采取多边行动减少碳排放的信心。德班会议保持了国际气候变化谈判势头，制定了一系列实质性措施和时间表，为今后谈判奠定了良好的框架基础。认为美国在气候变化问题上表现欠佳，如果欧盟、中国等各方切实履行协议，就能对美国形成足够压力，防止其脱离国际气候变化轨道。英国将充分履行自己的国际责任，力争把本届政府打造成英国有史以来最绿色的政府。

关于反恐：认为恐怖主义是英面临的最重要国家安全威胁之一。表示拉登对包括“9·11”在内的最恶劣恐怖主义暴行负有责任，他的死是世界人民的巨大解脱，是国际反恐事业的巨大成功，但同时认为拉登之死并不意味着反恐战争结束，未来一段时间要提高对恐怖主义活动的警惕。

关于防扩散、核裁军：认为在防扩散领域做发展中国家工作至关重要。认为核裁军与金融危机和气候变化同等重要。支持建立无核武器的世界，愿适时参与多边核裁军谈判。表示只有安理会“五常”在消除核武器方面作出切实贡献，其他国家才会受到鼓舞而作出相应努力。

关于伊朗核问题：反对伊朗不顾国际社会一再劝戒，执意推进其核计划。认为欧盟国家应对其采取更严厉的制裁措施，同时对伊施压与接触并用，以施压实现接触，迫伊重返谈判桌。对伊动武乃至实现政权更迭不是英方的优先选项，希望以色列坚持外交解决伊核问题的轨道。

关于朝鲜核问题：关注朝核问题，谴责朝退出《核不扩散条约》，认为此举威胁到地区稳定。敦促朝以“明确和可核查的”方式放弃核武计划，允许国际原子能机构派监督员返朝，并全面、无条件地遵守所有相关国际条约和义务。

关于阿富汗问题：认为阿富汗稳定事关反恐大局，事关北约战略转型，该问题是英外交首要优先内容。表示英并不指望阿富汗拥有“完美民主”，而是希望阿能保持局势稳定并维护自身安全。英作战部队将在2015年前撤离阿富汗，但仍将继续为阿提供长期的经济、政治和安全支持。

【同中国的关系】英国于1950年承认新中国，是最早承认新中国的西方大国。中英于1954年6月17日建立代办级外交关系，1972年3月13日升格为大使级。此后30多年，中英关系历经波折，总体上朝着积极稳定的方向发展。1997年香港政权顺利交接后，两国关系进入全面发展的新阶段。

1998年朱镕基总理与布莱尔首相实现互访，双方发表联合声明，宣布建立中英全面伙伴关系。1999年江泽民主席成功访英，这是中国国家元首对英国的首次国事访问。2004年5月，温家宝总理对英进行正式访问，两国发表联合声明，宣布建立中英全面战略伙伴关系，同意建立两国总理年度会晤机制，并确定两国重点合作领域。2005年7月在英轮任八国集团主席时，胡锦涛主席赴英出席八国集团同中国、印度、巴西、南非、墨西哥五国领导人对话会。11月，胡锦涛主席应伊丽莎白二世女王邀请对英进行国事访问。2006年9月温家宝总理对英进行工作访问。2006年10月，全国政协主席贾庆林对英进行正式友好访问。2008年1月、8月，布朗首相两次访华；10月，米利班德外交大臣代表布朗首相来华出席第七届亚欧首脑会议。2009年1月，英政府首次发表题为《英中合作框架》的对华战略文件。同月，温家宝总理对英进行正式访问，双方发表合作应对国际金融危机的联合声明。4月，胡锦涛主席赴英出席二十国集团领导人伦敦金融峰会。2010年7月，国务委员戴秉国与英外交大臣黑格在北京进行中英战略对话。11月，国务院副总理王岐山与英财政大臣奥斯本在北京共同主持第三轮中英经济财金对话。同月，卡梅伦首相访华。

2011年，中英关系健康稳定发展，双边各领域合作富有成果：

一、两国高层交往频繁，政治互信增强。1月，国务院副总理李克强访英。6月，国务院总理温家宝访英。9月，国务院副总理王岐山和国务委员戴秉国分别访英，与英方共同主持第四轮中英经济财金对话和第五轮中英战略对话。此外，两国领导人还多次在各种多边场合会晤或简短寒暄。

二、中英经贸合作保持增长势头。英是欧盟第二大对华投资国和中国在欧盟第三大贸易伙伴。2011年，中英双边贸易额为586.8亿美元，同比上升17.2%。9月，国务院副总理王岐山与英国财政大臣奥斯本共同主持第四次中英经济财金对话。

三、人文、教育、科技、军事等各领域合作成果丰硕。6月，温家宝总理访英期间，双方宣布两国建立高级别人文交流机制。12月，大熊猫“甜甜”和“阳光”落户英国爱丁堡动物园，用于开展为期10年的合作研究项目。

英是与中国开展教育合作交流较早的欧洲国家之一，也是中国赴欧留学人数最多的国家。目前中国赴英各类留学人员约12万人，英在华留学生3000余人。10月，中英第六次教育部长磋商在英举行，两国签署《中英教育合作伙伴关系行动计划》，并举办大学校长高峰论坛和留学中国教育展。

两国签有政府间科技合作协定和20多个科技合作对口协议或备忘录。6月，中英举行第六次科技联委会，确定了前沿新兴学科、能源和可再生资源、环境等为新一轮中英合作重点领域。英国迄已成为中国第三大科研合作伙伴。

两军关系取得新进展。6月，副总参谋长章沁生访英。4月，英国防副参谋长霍顿上将赴华参加第四次中英防务战略磋商。7月、11月，英空军参谋长斯蒂芬·道尔顿和海军参谋长马克·斯坦霍普先后访华。

截至2011年底，两国已缔结友好（省、郡、区）48对。

四、双方在国际事务中密切沟通，加强协调。杨洁篪部长同英国外交大臣黑格年内多次会面或通电话，及时就重大国际和地区问题交换看法，两国在防扩散、气候变化、应对国际金融危机等问题上保持密切沟通与协调。

中国驻英国大使：刘晓明。馆址：49-51 PORTLAND PLACE，LONDON W1B 1JL。电话：0044-20-72994049，0044-20-797-0292561（24小时）；传真：76362981，76365578。领事部地址：31 PORTLAND PLACE，LONDON，W1B 1QD。电话：0044-20-76311430；传真：74369178。经商处地址：16 LANCASTER GATE，LONDON W2 3LH。电话：0044-20-74028775转8233；传真：77062777。文化处地址：11 WEST HEATH ROAD，HAMPSTEAD NW3 7UX。电话：0044-20-74318830；传真：74318810。教育处地址：50 PORTLAND PLACE LONDON W1B 1NQ。电话：0044-20 -76120262；传真：75804474。科技处地址：10，GREVILLE PLACE，LONDON NW6 5JN。电话：0044-20-76250079；传真：76250070。

英国驻华大使：吴思田（SEBASTIAN WOOD）。馆址：北京市朝阳区光华路11号。电话：010-51924000；传真：65321937/8/9。领事签证处地址：北京市朝阳区光华路1号嘉里中心21层。电话：010-85296600；传真：85296081（领事），85296080（签证）。文化教育处地址：北京市朝阳区东三环北路8号亮马河大厦4层。电话：010-65906903；传真：65900977。国际发展处地址：北京市朝阳区光华路1号嘉里中心南座30层。电话：010-85296882。

【同美国的关系】从维护西方世界团结和对多极秩序主导权的目的出发，强调美国的领导地位和国际作用不可或缺，将英美特殊关系作为外交基石，认为这种特殊关系是建立在两国人民的密切接触与广泛的商业联系基础之上，在重大国际和热点问题上与美协调并提供协助，借英美关系提升英的地位，在国际事务中发挥超出自身实力的作用。

英联合政府上台后，英美“特殊关系”更趋活跃。美国总统奥巴马第一时间致电卡梅伦，祝贺其就任英国新首相，重申了对美英“特殊关系”的坚定承诺。2011年5月，奥巴马正式访英，双方再次强调英美特殊关系的重要性，并就全球经济治理、利比亚、中东等问题交换意见。

【同欧盟的关系】2009年11月，英推举阿什顿担任欧盟外交和安全政策高级代表，加大参与欧盟事务，确保英在欧洲的核心地位。英联合政府上台后继续奉行积极的对欧政策。2011年12月，英首相卡梅伦在欧盟峰会上，反对法、德提出的修改《里斯本条约》以应对欧债危机的提议，欧盟不得不放弃修约初衷，改为缔结政府间条约。

【同法国、德国的关系】注重与法、德合作，主张共同推动欧盟单一市场建设，提升欧盟经济竞争力，联手应对欧洲主权债务危机，促进欧盟改革，推进欧盟共同外交和防务建设。2010年5月，英国首相卡梅伦上任后先后访问法国和德国，与法总统萨科齐、德总理默克尔就双边关系、欧洲主权债务危机和伊朗核等问题举行会谈。2011年9月，卡梅伦与萨科齐联合访问利比亚。11月、12月，卡先后访问德国、法国。三国领导人还在八国集团、二十国集团领导人峰会、欧盟首脑峰会等场合保持密切接触。

【同西巴尔干地区国家的关系】看重西巴尔干国家的重要战略位置，与该地区各国均保持了密切联系，并通过欧盟及双边渠道向有关国家提供发展援助。承认科索沃单方面宣布独立，在科设立大使馆并向科当局提供援助。支持克罗地亚、马其顿、塞尔维亚申请加入欧盟。

【同俄罗斯的关系】近年来英俄关系较紧张，英指责俄对内搞集权、民主倒退、对外大国意识膨胀。英是俄罗斯重要的投资国，俄是英重要的能源供应方，双方经贸关系仍较密切。英认为俄实现民主、保持稳定有利于欧洲和平，鼓励俄进一步改革，支持俄罗斯加入世界贸易组织。2006年俄叛逃特工利特维年科在英被投毒身亡事件令双方关系紧张。2008年俄要求关闭莫斯科以外的英在俄文化协会和俄格冲突令双方关系持续走低。2009年双边关系开始转暖。2010年10月，英外交大臣黑格访问俄罗斯，双方乐观评价两国关系，同意推动双边关系发展，将在阿富汗问题、反恐以及打击贩毒等方面加强合作。2011年9月，卡梅伦访问俄罗斯，这是英国首相6年来首次访问俄罗斯，卡表示重建因中毒案受损的两国关系。

【同中东欧及其他独联体国家的关系】欢迎中东欧、独联体国家加入北约和欧盟，关注格鲁吉亚、乌克兰、乌兹别克斯坦、塔吉克斯坦和吉尔吉斯斯坦等国的民主进程及人权状况。

【同日本的关系】重视在全球化背景下增强与日政治、经济和军事关系，积极发展双方在环境、科技、人道援助、反恐等领域的合作。视日是“可信赖”的国际伙伴，重视日在朝鲜半岛、伊拉克、中东等地区热点问题上的作用，支持日成为联合国安理会常任理事国，欢迎日积极参与国际维和行动。2010年，英外交大臣黑格访问日本。2011年日本地震引发海啸和核危机后，黑格表示英愿为日本应对危机提供帮助。

【同巴基斯坦的关系】对巴基斯坦局势表示高度关切，重视与巴反恐合作，支持打击巴伊斯兰极端主义势力，希巴局势尽快恢复稳定，高度关注阿、巴边境安全形势，在制定对巴援助政策时重点考虑帮助巴减少贫困。2011年4月，卡梅伦首相访问巴基斯坦，双方领导人就启动战略安全对话、加强经贸投资和反恐合作及南亚局势等问题交换意见，英方承诺在2020年前向巴提供6.5亿英镑（约合10.5亿美元）教育援助，帮助400万巴儿童接受教育。

【同中东国家的关系】支持中东和平进程，重视同该地区国家发展关系。认为阿以冲突是中东问题的症结，支持“以土地换和平”的原则，呼吁阿以双方停止暴力，通过政治途径实现中东问题的全面解决。承认以色列对西耶路撒冷的实际控制，但不承认以对耶城拥有主权。反对扩大犹太人定居点。认为巴勒斯坦享有包括建国在内的自决权，支持向巴提供援助。强调推动中东和平进程对根除国际恐怖主义的重要性。2011年2月，卡梅伦首相访问埃及，成为中东爆发大规模抗议浪潮后第一位到访埃及的西方领导人。

【同英联邦国家的关系】积极改善并发展与英联邦国家的传统联系，增加对成员国的援助，注重经援与民主、法治、人权和良政挂钩，希以民主自由观念增进英联邦国家的凝聚力，利用英联邦广泛的联系提升英国际影响。英联合政府加大对英联邦的重视和投入，主张加强英联邦的作用，将之打造成为推进民主、发展和人权的平台，更多地借重英联邦实现英外交政策目标，尤其强调加强与印度的关系。2010年7月，卡梅伦首相访问印度。

【同非洲国家的关系】将非洲问题作为英外交重点之一。支持“非洲发展新伙伴计划”以及非盟发挥更大作用。主张国际社会在减债、投资和市场准入等方面为非洲提供更有利的条件，增加对非援助。大力推动千年发展目标。认为非洲发展的关键是实行西方“民主制度”和“良治”，强调对非援助要与非洲“民主”、“良治”挂钩。关注非洲地区冲突，参与非洲地区的维和行动。呼吁国际社会共同为减贫而努力。十分关注中国在非行动，愿与中方加强在非洲问题上的合作，包括在非洲国家搞一些联合项目。主张欧中非三方合作。2011年7月，卡梅伦首相访问南非和尼日利亚。

【同津巴布韦的关系】与津巴布韦关系紧张，反对津政府实施激进土地改革。指责津总统穆加贝无视人权、限制言论自由、操纵选举、破坏经济，鼓动欧盟等西方国家实施并延长了对津制裁。推动英联邦终止了津的成员资格。欢迎津巴布韦分权协议，希望协议能使津找到经济复兴和政治稳定的新路，但不会马上取消对津经济制裁和启动经济援助计划。

【同拉美国家的关系】主张与拉美国家加强双边交往，密切欧盟与拉美国地区的联系，重视与该地区前宗主国西班牙合作，促进双方在该地区的利益。支持巴西成为联合国安理会常任理事国，主张与古巴发展关系，要求古促进人权和政治自由，呼吁促进委内瑞拉国内政治和解。2010年2月，英国迪塞尔石油公司在马尔维纳斯群岛（英称福克兰群岛）附近海域开始石油勘探作业，阿根廷指责英方此举属挑衅行为，出台针对马岛附近海域的限航令，并在拉美国家和联合国进行外交游说。2011年，英阿关于马岛归属的争端加剧。4月，阿总统克里斯蒂娜重申阿对马岛拥有主权，呼吁英尽快就马岛问题与阿进行谈判。11月，英皇家空军宣布威廉王子将于2012年赴马岛服役，阿对此表示强烈抗议。12月，阿政府发布马岛海峡封锁令并扣押违反封锁令的西班牙渔船，阿英紧张关系持续升级。

（周延）

直布罗陀

名称 直布罗陀（Gibraltar）。现为英国海外领地（British Overseas Territory）。

面积 6.543平方公里。

人口 29752人（2011年）。主要是直布罗陀人（意大利、马耳他、西班牙人后裔），其次是英国人，余为摩洛哥人、印度人、葡萄牙人、巴基斯坦人和西班牙人。主要语言为英语，亦通用西班牙语、意大利语和葡萄牙语。77%的居民信奉天主教，9%的居民信奉英国国教，9%的居民信奉伊斯兰教。

总督 阿德里安·约翰斯爵士（Sir Adrian Johns），2009年10月就职。

重要节日 民族日：9月10日（1967年）。

简况 位于伊比利亚半岛南端，海岸线长12公里。自最南端的欧罗巴角灯台，天气晴好时能望见对岸的非洲大陆。属地中海气候，冬季平均温度为12℃～18℃，夏季为13℃～29℃。

1501年正式纳入西班牙版图。西班牙国王卡洛斯二世无嗣，嘱由法国波旁王族继承西王位。1700年卡洛斯二世死后，法国王路易十四之孙菲力普被宣布为西国王。但卡洛斯二世的外甥、奥地利查理大公按哈布斯堡王族的血缘关系也要求继承王位。由此引发1701年王位继承战争。英国和荷兰支持查理大公，并于1704年攻占直布罗陀。1713年交战双方签订《乌特勒支和约》，承认了菲力普的西班牙国王地位，但作为交换条件，直布罗陀被割让给英国。英占直布罗陀后，驱逐了原有的西班牙居民，从外地大量移民。1909年英国在直布罗陀与西本土之间的中立地带修筑军事基地和机场并设栅栏，形成现今的边界。

西班牙从未放弃收复直布罗陀的要求。第二次世界大战后，西加强了收复活动。1964年联合国非殖民化特别委员会认为“给予殖民地国家和人民独立宣言的条款完全适用于直布罗陀”，要求英西两国政府谈判解决直布罗陀争端。1966年联合国大会又通过决议，敦促“加快直布罗陀非殖民化”。英国拒绝谈判，并加速推行直布罗陀“自治”，于1967年9月10日在直布罗陀举行了归属问题的公民投票，结果绝大多数人赞成直布罗陀继续归属英国。联大通过决议指出这次公民投票违背了联合国决议，再次敦促英西举行谈判。1969年直布罗陀议会通过新宪法，宣称直“是英国的一部分”，在“没有完全充分表达民意的公民投票的情况下，直布罗陀不应交给他国”。西班牙对此表示强烈不满，于1969年封锁边界，撤走在直工作的工人，中断与直的通信和交通联系，禁止英国飞机飞越西领空，使直布罗陀成为孤岛。

1980年，西英两国商定通过对话解决关于直布罗陀的一切分歧并恢复直布罗陀地区的直接联系。1981年，英国授予直布罗陀居民完全的英国国籍，使西英争端更为复杂。1984年11月，英方首次表示同意谈判包括直主权在内的各种问题。1985年2月，西政府宣布开放直布罗陀边境及西本土与直布罗陀的陆海通道，英则宣布给予西班牙人在直布罗陀工作、居住和购买房地产的权利，随后两国外交大臣在日内瓦举行会谈。英方强调对直布罗陀拥有合法主权，有《乌特勒支和约》为凭，而且应尊重直布罗陀人的意愿。西政府指出《乌特勒支和约》只规定直布罗陀的城堡、港口和防御工事等地面建筑物让与英，但未割让领土管辖权。在以后举行的谈判中，双方未能就直布罗陀的归属问题取得进展，但就其他一些问题达成了协议。1987年12月，西英两国政府签署了关于共同使用直布罗陀机场的协议，但由于直布罗陀当局的反对，协议未能实施。1994年12月，西英双方决定成立由西、英两国和直当局代表组成的工作组，研究在直采取反走私和禁毒措施。1995年1月和4月，西、英举行了两次有直代表参加的会议，讨论直布罗陀的走私等问题。1997年1月和12月，西英两国外交大臣分别在马德里和伦敦举行了第10轮和第11轮关于直问题的会晤，西方提出了西英长期（不低于50年）共同享有直主权的新方案，但未得到积极响应。同年6月，直当局向联合国非殖民化特别委员会提出将寻求从英国得到更多的自治权，享有类似海峡群岛与英国的特殊关系。1998年7月，西英两国政府就北约演习使用直军事设施达成协议。1998年10月，直当局限制西渔民在直附近海域捕鱼，并于1999年1月扣留了西一艘渔船，导致西加强对直边界的控制，引起西英、西直关系一度紧张。2000年4月，西英两国政府就直布罗陀问题达成一项协议，明确英政府是处理直涉外事务的唯一政府。2001年11月，西、英两国外交大臣举行正式会谈，双方同意今后达成一项涵盖有对外合作与主权等重大问题的全面协议，共同致力于让直享有更大的自治权，同时重申邀请直首席部长参与谈判。2002年7月，英国初步表示同意西班牙提出的主权共享方案，谈判取得了一定进展。同年11月，直布罗陀就主权归属问题举行公民投票，99%以上的直居民反对西、英对直主权共享。西、英两国都明确表示对直公投结果不予承认。2004年6月，直首次参加欧洲议会选举。

2004年10月27日，西英两国一致同意成立新的三方对话论坛，年底直布罗陀历史上第一次以独立一方参加有关会谈。2005～2010年，三方对话论坛举行了一系列会议，包括3次部长级会议。2006年9月18日，西、英、直三方在西南部城市科尔多巴（Cordoba）市举行的三方对话论坛首次部长级会议上签署了一个"历史性"文件。根据协议，直将在两年内出资建造一个新机场，新机场由一家西班牙和直布罗陀合资公司经营，向西班牙开放。现机场与马德里的直飞航班将在三个月内开通。协议还包括英政府支付早年在直工作过的西班牙工人养老金，西承认直的国际电话代码（350），西将为边关通行提供更大方便，以及西在直建立塞万提斯学院等。但协议没有提及直主权问题。

2008年6月，直当地政府首席部长彼德·卡鲁阿纳（Peter Caruan）宣布，直已不再是英国殖民地，他将不再参加联合国反殖民地委员会。他要求委员会给予直殖民地人民自主决定权。他同时说："直布罗陀从来不曾也永远不会再成为西班牙的一部分。"

2009年7月21日，西班牙外交大臣莫拉蒂诺首度访问直布罗陀，这是西班牙部长级官员300多年来首次踏上直布罗陀的土地。他与英国外交大臣米利班德及直首席部长彼德·卡鲁阿纳举行了历史性的会面。而在5月，欧盟委员会在西班牙的请求下，规定直半岛周围争议海域为海洋环境保护区，但该海域内执法权归西班牙。直当即表示将上诉，谴责这个裁决违反国际法规定，并表示将不参加三方会谈。

2012年，英国皇家海军和西班牙警察就西班牙渔船出现在直布罗陀沿海而发生争执。西班牙方面认为，英国的海上控制区仅限在直布罗陀的港口，而直布罗陀的警方和英国皇家海军试图阻止进入的海域属于西班牙所有，所以西班牙警方派出专人前来保护受到直布罗陀巡逻船驱赶的本国渔民。据报道，西班牙王后索菲娅为此取消了访问英国、参加英女王伊丽莎白二世登基60周年庆祝活动的计划。而英国外交部欧洲事务大臣戴维·利汀顿在与直布罗陀首席部长法比安·皮卡多（Fabian Picardo）举行会谈中，重申英国在直布罗陀主权一事上的立场，现在和将来英国都不会就此与西班谈判。

政　治

1996年5月，直举行大选，社民党获胜，卡鲁阿纳上台执政。2000年2月、2003年11月、2007年10月，卡三次蝉联执政。卡政府致力于促进经济的健康发展，维护直在财政、就业和社会福利方面的自治水平，在直的归属问题上奉行非殖民化的、由直布罗陀人自决的原则。2002年11月，直就西、英对直主权共享进行公决，99%的人投票反对。2007年初，直施行新宪法。

2011年12月8日，直举行议会选举，反对党社工党/自由党联盟（得票率48.88%）击败了长期执政的社民党（46.76%），组成联合政府。

【宪法】现行宪法于2006年11月经直公民投票通过，2007年1月2日生效。新宪法依旧保留了1969年宪法序言部分的陈述。总督是英国女王的代表，其职责包括防务、外交以及内部安全事务等。

【议会】直布罗陀议会（Gibraltar Parliament）为一院制，有18个席位，其中17席经普选产生，任期四年，议长席位由议会任命。本届议会于2011年12月选出，社工党/自由党联盟占10席，社民党占7席。

【政府】本届政府于2011年12月组成，由社工党和自由党联合执政。首席部长法比安·皮卡多（社工党），副首席部长约瑟夫·加西亚（Joseph Garcia，自由党）。

【司法机构】司法系统包括上诉法院、最高法院、初审法院和地方法院。

【政党】主要政党有：

（1）直布罗陀社会主义工党（Gibraltar Socialist Labour Party）：成立于1976年。1988～1996年执政。2011年4月，领导人乔·博萨诺（Joe Bossano）退休，由法比安·皮卡多接任领袖。同年12月，该党再次执政。

（2）直布罗陀自由党（Liberal Party of Gibraltar）：成立于1991年，当时称直布罗陀国民党（Gibraltar National Party）。自2000年起，与社工党结盟参加大选。领导人为副首席部长约瑟夫·加西亚。

（3）直布罗陀社会民主党（Gibraltar Social Democrats）：成立于1989年。1996～2011年执政。领导人为前首席部长彼德·卡鲁阿纳。

经　济

直缺乏自然资源。主要经济行业是金融业（占地区生产总值22%）、海运业（20%）和零售/旅游业（25%），网络游戏业发展迅猛。依赖对欧盟国家的贸易。近年来，直年均经济增长率达9%。

对外贸易主要进口产品：燃料、制成品和食品；主要出口产品：转口石油产品（51%）、制成品。主要贸易伙伴是英国，其次为西班牙、日本和荷兰。2011年进口石油产品17.87亿英镑，非石油产品5.41亿英镑。2001年，劳动人口1.27万人，其中从事工业的人口占40%，从事服务业人口占60%。财政收入主要来自个人所得税、关税、不动产税、邮政和彩票。2008年估计，预算收入4.758亿美元，支出4.523亿美元，盈余占地区生产总值2.1%。公路长约50公里，有机场和海港各一个。2011年每百人有汽车85.6辆。近15年来，直旅游业一直快速增长，2011年自陆、海、空抵达直布罗陀的游客分别为1140万、32.5万和18.9万人次。

直是"税务天堂"，有7万家注册企业。2002年10月，欧盟委员会决定对直的金融体系进行深入调查，同时敦促英国取消或对直现行的免税体制进行改革。

据直方统计，2011年，直同中国香港进口非石油产品总额为67.8万英镑，同中国进口非石油产品总额为33.9万英镑。

2011年主要经济数据如下（资料来源：英国外交部、美国CIA）：

地区生产总值：10.5亿美元。

人均地区生产总值：32415英镑（2010年）。

货币：直布罗陀镑，与英镑等值。

汇率：1美元=0.6241直镑。

通货膨胀率：7%。

失业率：3%（2005年估计值）。

文化教育 对5～15岁少年儿童实行义务教育。共有6种报刊，主要报纸杂志是《直布罗陀纪实报》和《见解》杂志。直布罗陀广播公司（GBC）提供电视和广播服务，有1家电视台和4家广播电台。

人民生活 2012年估计，居民平均预期寿命为78.83岁，其中男性为75.99岁，女性为81.87岁。

2010年，直有电话线2.4万条，手机用户32500人，互联网用户20200户（2009年）。

军　事 长期以来，直的军事防务由英国负责。1991年3月，英国陆军正式将直布罗陀的防务移交给由当地人组成的一个团队，同时还保留了部分驻军，从此结束了英国在直布罗陀长达287年的军事管辖。战略地位重要的军民合用机场直布罗陀机场目前由英国皇家空军管理，是英国重要的空军基地。其附近建有英国皇家海军的军事基地。

（亦名）

美　　洲

阿根廷

国名　阿根廷共和国（Argentine Republic，República Argentina）。

面积　2780400平方公里（不含马尔维纳斯群岛和阿主张的南极领土。资料来源：阿根廷国家统计和普查局）。

人口　4011万（2010年）。白人和印欧混血种人占95%，多属意大利和西班牙后裔。印第安人口60.03万，其中人口最多的少数民族为马普切人（Mapuche）（2005年印第安人口普查）。官方语言为西班牙语。76.5%的居民信奉天主教，9%的居民信奉新教（2008年宗教普查）。

首都　布宜诺斯艾利斯（Buenos Aires），人口289万（2010年）。首都气候温和，年平均气温17.4℃，全年降雨量1313.1毫米。

国家元首　总统克里斯蒂娜·费尔南德斯·德基什内尔（Cristina Fernández de KIRCHNER，女）。2007年12月10日就职，2011年12月10日连任，任期至2015年12月10日。

重要节日　国庆节：5月25日；独立日：7月9日。

简　况

位于南美洲东南部，东濒大西洋，南与南极洲隔海相望，西邻智利，北与玻利维亚、巴拉圭交界，东北与乌拉圭、巴西接壤。南北长3694公里，东西宽1423公里。陆上边界线长25728公里，海岸线长4725公里。北部属热带气候，中部属亚热带气候，南部为温带气候。年平均气温北部24℃，南部5.5℃。

16世纪前居住着土著印第安人。16世纪中叶沦为西班牙殖民地。1810年5月25日爆发反抗西班牙殖民统治的“五月革命”，成立了第一个政府委员会。1812年，民族英雄圣马丁率领人民抗击西班牙殖民军，于1816年7月9日宣布独立。此后阿长期处于动乱和分裂状态。1853年，乌尔基萨将军制定了第一部宪法，建立联邦共和国，乌成为阿制宪后第一任总统。1860年改为共和国。20世纪30年代起，军人多次执政。1943年庇隆总统执政后，阿逐步实现工业化。70年代中后期，军政府曾对左翼反对派人士进行残酷镇压。1982年同英国因马尔维纳斯群岛主权争端爆发战争，旋即战败，军政府倒台。1983年激进党的阿方辛民选政府上台，恢复并大力推进民主化进程，民主政体逐渐巩固。正义党领袖梅内姆自1989年起连续执政十年，推行新自由主义经济政策，阿经济一度有较大发展。梅执政后期，阿经济转入衰退，社会问题日益突出。1999年激进党人德拉鲁阿当选总统后，未能遏止持续三年的经济衰退。2001年12月，阿爆发严重的政治、经济和社会危机，德被迫辞职。此后阿形势严重动荡，十日之内数易总统。2002年1月1日，正义党人杜阿尔德被国会推举为总统，仍无法扭转政经颓势。2003年5月，正义党人基什内尔就任总统后，阿经济快速复苏，政局稳定，民生改善，国际和地区影响力重新回升。

政　治

2007年10月28日，阿举行总统大选。基什内尔总统夫人、参议员克里斯蒂娜作为跨党派联盟“胜利阵线”候选人，凭借政府的良好政绩和丰厚的执政资源，以45.29%的得票率大幅领先对手，顺利当选阿第48位总统，并于同年12月10日就职。克执政以来，基本承袭基什内尔政府的各项内外政策，政局总体保持稳定。但受国际金融危机等影响，支持率有所下降。2009年6月议会中期选举中，“胜利阵线”一度失去在参、众两院的多数席位。克及时调整策略。2010年10月27日，基什内尔突发心脏病逝世，克得到广泛同情和支持。在2011年10月举行的大选中，克以54%的得票率成功连选连任。“胜利阵线”也重新获得议会两院多数优势。目前，阿政局保持稳定。

【**宪法**】1853年制定第一部宪法。1994年8月22日，宪法经第四次修改后实施。修改后的宪法规定：阿为联邦制国家，实行代议制民主。总统为国家元首和政府首脑，兼任武装部队统帅。总统通过直选产生，任期四年，可连选连任一次。

【议会】国家最高权力机构，由参、众两院组成，拥有联邦立法权。参、众议员均由直选产生，可连选连任。参议院72席，全国24个省区各3席。参议员任期六年，每两年改选1/3。众议院257席，由各省区按人口比例分配。众议员任期四年，每两年改选1/2。

目前，各主要党派在议会的席位如下：

	众议院	参议院
胜利阵线	131	38
激进公民联盟	41	17
正义党异见派	36	9
广泛进步阵线	22	4
共和国方案联盟	12	0
公民联盟	7	0
其他党派	8	4

宪法规定：参议长由副总统兼任，现任副总统兼参议长为阿马多·布杜（Amado Boudou），2011年12月10日就职，任期四年。另常设临时参议长一名，在副总统空缺或代行总统之职时，代行参议长职责。现任临时参议长比阿特丽斯·罗赫克斯·德阿尔佩洛维奇（Beatriz Rojkés de Alperovich）。现任众议长胡里安·安德雷斯·多明格斯（Julián Andrés Domínguez），2011年12月10日就任。

【政府】本届政府于2011年12月10日成立，设有15个部。原外交、国际贸易和宗教事务部更名为外交和宗教事务部，国际贸易事务转入经济和公共财政部。本届政府主要阁员如下：内阁首席部长胡安·曼努埃尔·阿瓦尔·梅迪纳（Juan Manuel Abal Medina），内政部长阿尼瓦尔·费洛伦西奥·兰达索（Aníbal Florencio Randazzo），外交和宗教事务部长埃克托尔·马科斯·蒂梅尔曼（Héctor Marcos Timerman），国防部长阿图罗·安东尼奥·普里切利（Arturo Antonio Puricelli），经济和公共财政部长埃尔南·洛伦西诺（Hernán Lorenzino），联邦计划、公共投资和服务部长胡利奥·德维多（Julio de Vido），司法和人权部长胡利奥·阿拉克（Julio Alak），教育部长阿尔韦托·西莱奥尼（Alberto Sileoni），科技和生产革新部长利诺·巴拉尼奥（Lino Barañao），劳动、就业和社会保障部长卡洛斯·托马达（Carlos Tomada），卫生部长胡安·路易斯·曼苏尔（Juan Luis Manzur），社会发展部长阿莉西亚·基什内尔（Alicia Kirchner，女），工业部长德沃拉·乔治（Débora Giorgi），农牧渔业部长诺尔贝托·亚乌哈尔（Norberto Yauhar），旅游部长恩里克·梅耶尔（Enrique Meyer），安全部长尼尔达·加雷（Nilda Garré）。

【行政区划】全国划分为24个行政单位。由23个省和联邦首都（布宜诺斯艾利斯市）组成。

【司法机构】由最高法院和各联邦法院组成。最高法院由正副院长和7名大法官组成，院长和大法官由总统提名后经参议院批准任命，任期三年，可连选连任。另设法官理事会，负责挑选联邦法院法官并管理全国司法事务。

基什内尔总统上任后，对最高法院进行了大规模改组，弹劾滥用职权的大法官，并首次起用两位女性任大法官。2006年11月，阿议会通过决议，决定不再对空缺的两名大法官席位进行补缺，在现任大法官退休或辞职后亦不再任命新的大法官，最终将大法官人数由9名缩减为5名。现任高法院长里卡多·路易斯·洛伦塞蒂（Ricardo Luis Lorenzetti），2006年12月就任。副院长埃莱娜·海顿·德诺拉斯科（Elena Highton de Nolasco，女）。总检察长埃斯特万·里吉（Esteban Righi）。阿宪法中还规定设护民官一职，以保障人权及弱势群体权益。现任总护民官暂空缺，由第一副总护民官安塞尔诺·塞拉（Anselmo Sella）代行职权。

【政党】正义党和激进党为传统大党。2001年底阿全面危机后，阿传统政党日益衰微，新兴政党尚不具备全国性影响，政党政治处于转型过渡期。主要政治力量有：

（1）正义党（Partido Justicialista）：又名庇隆主义党，阿第一大政党，执政党。基督教民主党国际成员。1945年由庇隆创建，当时的党员主要来自中低收入社会阶层。七次执政。现有党员350万人。主张实行民主、社会正义、国家改革和发展自由市场经济，推行“现实主义”外交政策。20世纪90年代末以来，党内派系林立，组织松散。

2003年基什内尔总统执政后，以正义党内本派力量为主、联合激进党内异见派和部分地方中左政党组建中左跨党派竞选联盟——“胜利阵线”，成为阿第一大政治力量。“胜利阵线”强调变革与团结，倡导社会公正、消除贫富差别。在2011年10月举行的大选中，“胜利阵线”在参、众两院分别赢得38席和131席，在议会中占多数优势。主席为丹尼尔·肖利（Daniel Scioli）。

（2）激进公民联盟（Unión Cívica Radical）：亦称激进党，最大在野党。社会党国际成员。1891年成立，是阿历史最悠久的政党，曾六次执政。现有党员250万人。党员主要来自城市中产阶级。信奉人道主义，主张政治多元化和社会改良。2001年底阿政治、经济、社会危机导致该党严重分裂，相当数量党员与“胜利阵线”结盟。现为阿议会第二大党团，在参、众两院分别拥有17席和41席。主席为马里奥·巴雷塔（Mario Barletta）。

（3）广泛进步阵线（Frente Amplio Progresista）：反对党联盟，新兴中左派。2011年成立，由社会党、南方自由党、团结与平等党等主张进步主义和社民主义的政党组成。主张发展可持续经济和建立福利国家。在参、众两院分别占4席和22席。主席为埃梅斯·胡安·宾内尔（Hermes Juan Binner）。

（4）共和国方案联盟（Propuesta Republicana）：反对党联盟，新兴中左派。2005年由变革承诺党和发展重建党联合成立，现有党员2万余人。在众议院占12席。主席为现任布宜诺斯艾利斯市长毛里西奥·马克里（Mauricio Macri）。

（5）公民联盟（Coalición Cívica）：反对党联盟，新兴中左派。2007年由巩固平等共和国党、造就全国团结党、为了大众联盟党等联合组建，现有党员近5万人，在众议院占7席。主张惩治腐败和进行政治改革。领袖为埃莉萨·卡里奥（Elisa Carrió，女）。

【重要人物】克里斯蒂娜·费尔南德斯·德基什内尔：总统。1953年2月19日生于阿根廷布宜诺斯艾利斯省，拉普拉塔国立大学法律和社会学系毕业，法学博士。律师，正义党人。曾长期从事议会工作。1989年起，历任圣克鲁斯省众议员兼省众议院宪法、权力和规章制度委员会主席，省众议院第一副议长，全国参议员，全国众议员，全国参议员兼参议院宪法委员会主席等职。2007年10月28日当选总统，2011年12月10日连任，任期至2015年。对华友好，重视发展对华关系。曾于2004年6月以总统夫人、参议员身份陪同时任总统基什内尔访华。2010年7月对中国进行国事访问。

经　济

阿是拉美地区综合国力较强的国家。工业门类较齐全，农牧业发达。

克里斯蒂娜总统执政后，延续宏观调控和审慎的财政和货币政策，鼓励出口，力保财政和外贸双盈余，经济运行平稳。2008年下半年起，受国际金融危机、国内严重旱灾和甲型流感疫情等影响，阿根廷经济增速放缓。为应对危机，阿政府在加强金融监管、保持汇市稳定的同时，出台了一揽子经济刺激计划，加大调控力度，收到一定成效。2010年，受世界经济回暖、国际市场原材料价格高企、国内消费转旺和农业丰收等有利因素拉动，阿经济强劲回升。2011年下半年以来，受美欧债务危机引发的新一轮全球金融动荡影响，阿金融市场震荡，经济增速放缓。阿政府采取了刺激内需、鼓励和保护民族工业、加强金融管制、进口替代等应对措施。目前，阿根廷经济总体保持增长势头，但通胀与增速放缓压力有所增加。2011年主要经济数据如下：

国内生产总值：4500亿美元。

人均国内生产总值：11224美元。

国内生产总值增长率：8.9%。

货币名称：比索（Peso）。

汇率：1美元=4.52比索（2012年7月）。

通货膨胀率：9.5%。

失业率：7.3%。

【资源】矿产资源丰富，居世界第六位，是拉美主要矿业国之一。主要有石油、天然气、金、铜、铝、铀、铅、锌、硼酸盐、黏土等，大部分位于与智利、玻利维亚交界的安第斯山脉附近。但矿产资源勘探水平较低，目前预计尚有75%的资源未得到勘探开发。现已探明蕴藏量：石油4.16亿立方米，天然气4419.74亿立方米，煤炭6亿吨，铁3亿吨，铀7080吨。水力、渔业资源丰富。森林面积125.3万平方公里，森林覆盖率45.06%。

【工业】工业较发达，主要有钢铁、汽车、石油、化工、纺织、机械制造、食品加工等，门类齐全。工业地理分布不均衡，主要集中在布宜诺斯艾利斯省和科尔多瓦省，内地省份工业基础薄弱。核工业发展水平居拉美前列，现拥有3台运行中的核电机组和较完整的核燃料循环体系，能独立生产浓缩铀。食品加工业较先进，主要有肉类加工、乳制品、粮食加工、水果加工、酿酒等行业。2011年阿工业生产增长6.5%。工业产值占国内生产总值的比重约为18%。近几年主要工业产品产量如下：

	2008	2009	2010
粗钢（万吨）	554.10	401.30	513.80
铝（万吨）	39.30	41.26	41.70
铁（万吨）	442.80	284.90	409.80
电解锌（万吨）	3.85	3.30	3.95
发电量（亿千瓦时）	1130.90	–	–
水泥（万吨）	970.33	–	–
原油（万立方米）	3652.30	3616.30	3536.50
天然气（亿立方米）	502.71	–	–
汽车（万辆）	59.71	51.29	50.84

（资料来源：阿根廷国家统计和普查局、经济部）

【农牧渔业】农牧业发达，是世界粮食和肉类重要生产和出口国，素有“世界的粮仓和肉库”之称。全国大部分地区土壤肥沃，气候温和，适于农牧业发展。东部和中部的潘帕斯草原是著名的农牧业区。全国可耕地和多年生作物用地2720万公顷，占国土面积的9.8%。长期牧场面积14210万公顷，占国土面积的51.2%。灌溉面积169万公顷，占可耕地面积的6.8%。2001年农业人口123.36万人，占总人口比重的10.7%。人均耕地面积0.74公顷，居世界前列。2008年农牧林业产值911.60亿比索，同比增长33.56%。

主要种植大豆、小麦、玉米、高粱、葵花籽等。2008年阿全国发生大面积罕见旱灾，农牧业生产受到严重影响。2007/2008年度主要农作物播种面积3275.34万公顷，同比增长5.38%。粮食总产量4381.6万吨，同比增长12.19%。油料作物产量5156.7万吨，基本同上一季持平。近年来，受国际大豆价格不断上涨的影响，阿大豆种植面积日益扩大，由1997/1998年度的717.6万公顷扩大至2007/2008年度的1659.6万公顷，增加了131.27%。马铃薯、棉花、玉米、高粱、水稻等作物的种植面积则大幅减少，传统畜牧生产亦受到一定影响。近几年主要农产品产量如下（单位：万吨）：

	2008/2009	2009/2010	2010/2011
大豆	3099	5268	4889
玉米	1312	2268	2300
水稻	133	124	175
小麦	837	749	1527
高粱	147	363	444
葵花籽	248	222	367

（资料来源：阿根廷农业部）

畜牧业历史悠久，牲畜品种及畜牧水平在世界均占先进地位。畜牧业占农牧业总产值的40%。全国牲畜的80%集中在潘帕斯大草原，以牛羊为主。阿是注射疫苗非口蹄疫区和非疯牛病疫区。

阿根廷是牛肉生产、出口和消费大国。2007年阿牛肉产量135万吨，居世界第五；出口量60万吨，居世界第五；国内人均年消费65.3公斤，居世界第二。2008年，为稳定国内市场供应，阿政府对牛肉出口采取了限制措施，阿牛肉出口同比减少20.3%。2010年，受政府出口限制和旱情影响，阿肉牛养殖及牛肉生产和销售均有所下降，全国牛存栏4895万头，牛肉产量260万吨，出口量19.2万吨，同比分别减少10.1%、22.6%和54.3%。2010年主要畜牧产品情况为：

	屠宰量（万头）	出口量（万吨）	消费量（万吨）
牛	1177.90	260.0	240.8
猪	322.65	–	–
羊	152.40	–	–
家禽	6.16（亿只）	159.3	101.1*

* 数据为2010年1～9月资料。

（资料来源：阿根廷农牧渔业部）

渔业资源丰富。渔业生产60%在南部，近50%集中在马德普拉塔港口。主要渔产品为鳕鱼、鱿鱼、对虾等。2008年渔业产值为23.65亿比索，同比增长27.91%。捕鱼量93.29万吨，同比增长2.3%。2008年，为抑制国际金融危机对阿渔业的冲击，阿政府加大了对渔产品的出口扶持力度。当年渔产品出口量56.1万吨，出口额13亿美元，同比分别增加4%和18%。

【旅游业】旅游业发达，是南美主要旅游国家。近年来，受经济复苏和比索贬值的影响，赴阿游客大幅增加。旅游业成为阿第三大创汇产业。2011年共接待外国游客570万人次，创汇54亿美元。全国有自然保护区39个，总面积366.41万公顷。有世界自然和文化遗产8处。主要旅游点有巴里洛切风景区、伊瓜苏大瀑布、莫雷诺冰川等。

【交通运输】交通运输在拉美诸国中最为发达，公路、铁路、航空和海运均以首都为中心，向外辐射，形成扇形交通网络。国内交通运输以陆运为主，外贸货物的90%通过水路运输。20世纪90年代，阿政府将交通运输服务业全部实行了私有化。

铁路：总长34059公里。但铁路部门长期经营不善，连年亏损，加之缺乏投资，许多设备及2/3的线路老化，大部分路段已停运。2008年共运送旅客4.5亿人次，货物2361.9万吨。

首都地铁发达，建有6条线路，总长50公里，日平均输送旅客超过15万人次。其中A号线是拉美第一条地铁线路。还建有一条长7.4公里的城铁线路。

公路：总里程超过50万公里。2008年国道总长38920.14公里，有铺装路面所占比重为88.38%。当年中央政府用于道路基础设施建设60.09亿比索，同比增长40.12%。2008年国家级公路收费站通过车辆1.22亿辆次，收费2.10亿比索。新车上牌数量为61.52万辆，其中国产汽车25.22万辆，进口汽车36.30万辆。2010年全年生产汽车71.65万辆，同比增长39.7%。

水运：全国有海港38个，内河港口25个。2008年港口吞吐量1.57亿吨。重要港口有布宜诺斯艾利斯港、布兰卡港和罗萨里奥港等。巴拉圭—巴拉那河道是阿主要内河航线，全长3302公里。

空运：全国有机场58个，其中23个为国际机场。各省省会、主要城市及重要旅游点每天均有航班往来，国际航线26条。2008年国内航线客运量581.8万人次，货运量11763吨；国际航线客运量928.7万人次，货运量294591吨。首都埃塞伊萨（Ezeiza）国际机场是全国最大的航空港。阿根廷航空公司（Aerolíneas Argentinas）是阿最大航空公司。

【财政金融】阿政府财政收入曾长期赤字。2002年开始厉行增收节支，连续多年实现初级财政盈余。2010年，阿财政收入4098.99亿比索，支出3848.17亿比索，盈余250.82亿比索，同比增长45%。

截至2011年年底，阿公共债务总额为1789.63亿美元，占国内生产总值的41.8%。其中外债余额为1397.15亿美元。

截至2011年10月，阿全国共有各类银行金融机构和非银行金融机构80家，其中国有银行12家，私有银行52家，非银行金融机构16家，总资产达6120.88亿比索。

【对外贸易】对外贸易在国民经济中占有重要地位。近年来，阿政府大力促进出口，积极推动产品出口结构和出口市场多元化，加之国际市场大宗商品价格不断走高，阿外贸连续多年保持顺差。主要出口产品为油料作物、石油、天然气、汽车、谷物、牛肉、皮革、奶制品、钢铁、渔产品和林产品等；进口核反应堆及机械设备、汽车、电子产品、燃料、有机化学品、塑料及其制成品、钢铁、医药产品等。主要贸易伙伴为巴西、欧盟、中国、美国、智利、墨西哥、日本等。2011年，阿对外贸易总额为1581.91亿美元，其中出口额为842.69亿美元，进口额为739.22亿美元，同比分别增长26.6%、24%和31%。全年实现顺差103.47亿美元。近年对外贸易情况如下（单位：亿美元）：

	2009	2010	2011
出口额	557.50	685.00	842.69
进口额	387.71	564.43	739.22
差　额	169.79	120.57	103.47

（资料来源：阿根廷国家统计和普查局）

【外国资本】阿吸引外资的历史始于19世纪上半叶。二次大战前，英国资本占半数以上。二战后，美资后来居上。1990～1999年，外国投资总额达1210亿美元，其中主要来源于西班牙、美国、法国、智利等国家。外国投资主要集中在石油、天然气、汽车制造、医药、化工、金融、民航、电信、服务业等部门。2001年经济危机后，阿外资流入大幅下降，2004年起开始回升。近年吸收外国直接投资额如下（单位：亿美元）：

2007	2008	2009	2010
64.73	79.79	40.17	61.93

（资料来源：阿根廷国家统计和普查局）

人民生活

阿根廷原来贫富差距相对较小，中产阶级所占比重大。受2001年经济危机影响，阿贫困人口占全国人口的比例从1994年的16%升至2003年的51.7%。2003年以来，阿政府重视扩大就业和增加对社会事业的投入，随着经济持续复苏，阿贫困人口有所减少。2011年上半年贫困率和赤贫率分别为8.3%和2.4%。

据联合国开发署2011年报告，阿人类发展指数为0.797，超过拉美地区0.731的平均水平，位列第二。营养不良人口比率小于5%（2006年）。人均预期寿命75岁，其中男性72岁，女性78岁（2008年）。出生率18.6‰，死亡率7.6‰，新生儿死亡率为12.1‰（2009年）。2001～2010年人口年均增长率为11.2‰。阿人均拥有医生比例及医疗占国内生产总值比重均达到发达国家水平。人均医疗支出为1665美元（2006年）。全国共有医疗机构8000所，共设床位78057张（2004年）。

军　事

总统为武装力量最高统帅，下设国防委员会和危机委员会。国防委员会由副总统、内政部长、外交部长、国防部长和经济部长组成，协助总统制定和评估国防政策和国防战略。危机委员会由国防部长、武装力量联合参谋长和陆、海、空军参谋长组成，协助总统进行军事行动和军事战略评估和决策。国防部长全面主持国防事务，并直接对总统负责。联合参谋长协调各军种工作，并直接对国防部长负责。陆、海、空军参谋长主持各自军种事务，并直接对国防部长负责。

联合参谋长豪尔赫·阿尔韦托·切瓦列尔（Jorge Alberto Chevalier）空军上将。陆军成立于1810年5月29日，现任陆军参谋长路易斯·阿尔韦托·波齐陆军上将（Luis Alberto Pozzi）。海军成立于1814年5月17日，现任海军参谋长卡洛斯·阿尔韦托·巴斯海军上将（Carlos Alberto Paz）。空军成立于1912年8月10日，现任空军参谋长诺尔曼多·科斯坦蒂诺空军上将（Normando Costantino）。

在结束军政府统治后，阿与邻国关系逐步改善，国防政策由原来与邻国的“假设冲突”战略调整为“战略性防御”。认为21世纪的冲突将围绕粮食、水和能源展开，阿应以此为前提制定国防战略。积极开展地区军事合作，加入南美国家联盟南美防务理事会。积极参与联合国维和行动，与智利、秘鲁共同组建联合维和部队。1993年倡导建立联合国“白盔部队”，辅助“蓝盔”维和部队从事人道主义救助行动。

自1995年起由义务兵役制改为志愿兵役制，18～24周岁公民可根据协议期限志愿服兵役，最高服役年龄至28周岁。武装力量由正规军和准军事部队组成，其中正规军由陆、海、空三军组成。现有三军总兵力7.37万人。准军事部队3.124万人，此外还有预备役部队37.5万人。阿是南美地区军费开支最低的国家之一。2010年军费开支为32亿比索，占政府预算支出的1.07%。没有海外基地和驻军。

文化教育

【教育】教育水平居拉美国家前列。1884年通过的《普通教育法》是阿全国教育体系的基石。2006年颁布的《国家教育法》规定，全国实行13年制义务教育，包括学前1年，小学6年，初中3年，高中3年，小学入学年龄为6岁。规定中央及各省市教育专项经费占国内生产总值比重不得低于6%。其他主要教育法规还有：1995年颁布的《高等教育法》、2005年颁布的《职业技术教育法》、2006年颁布的《教育融资法》等。每年9月11日为教师节。

2001年人口普查显示：阿全国文盲76.7万人，文盲率为2.6%。教育经费约占国内生产总值的4.9%（2007年）。2008年阿普通教育情况如下：

	教育机构（所）	教师（人）	学生（人）
学前教育	17001	99475	1485899
小学教育	22207	314492	4664025
中学教育	15524	159766	540216（初中） 454369（高中）
非大学高等教育	2052	19058	607233

（资料来源：阿根廷教育部）

至2005年年底，全国完成大学学业人口占全国人口比例为12.6%，其中男性占11%，女性占14%。2008年全国18 ~ 24岁青年中大学生比例为46.9%。著名大学有布宜诺斯艾利斯大学、拉普拉塔国立大学、科尔多瓦国立大学等。其中科尔多瓦国立大学成立于1613年，是阿历史最悠久的高等学府。2008年阿大学高等教育情况如下：

	总数（所）	大学（所）	学院（所）
	107	87	20
公立大学	48	42	6
私立大学	57	44	13
外籍大学	1	1	-
国际大学	1	-	1

（资料来源：阿根廷教育部）

	学生总数（人）	入学新生（人）	大学毕业生（人）
	1600522	365227	94909
公立大学	1283482	271428	65581
私立大学	317040	93799	29328

（资料来源：同上）

【科研】科研水平位居拉美前列。在科技领域至今共有三位诺贝尔奖获得者，分别获得1947年和1984年医学奖和1970年化学奖。据联合国教科文组织统计，阿每100万人中有713名科学家或工程师，每1000名经济活动人口中有1.9名研究人员，均居拉美前列。全国重要的科研机构包括国家原子能委员会（CNEA，1950年成立）、国家农牧业技术研究院（INTA，1956年成立）、国家工业技术研究院（INTI，1958年成立）、国家科学技术研究委员会（CONICET，1958年成立）等。

2009年政府科技经费为43.63亿比索，占政府预算支出的1.9%；全国科研人员为46884人。近些年阿科技研发情况如下（单位：亿比索）：

	2005	2006	2007
总支出	27.96	37.69	49.34
政府支出	11.27	16.17	21.12
高校支出	6.53	8.78	12.31
企业支出	9.38	11.68	14.87

（资料来源：阿根廷国家统计和普查局）

【新闻出版】2004年全国有出版社8745家，其中62%集中在首都。2006年全国报纸日发行量周一至周六为108.83万份，周日为183.86万份。2008年全国出版图书刊物19663种，全年杂志发行量11.91万本。

主要报纸有：《号角报》（Clarín）：1945年创刊，标榜中立，反映"发展主义"的经济观点，发行量37.96万份；《国民报》（La Nación）：1870年创刊，主要反映大农牧主的观点，发行量15.79万份；《金融界报》（Ambito Financiero）：1976年创刊，金融类报纸，发行量8万份；《新闻报》（La Prensa）：1869年创刊，反映右翼保守势力的立场，发行量3000份；《纪事报》（El Cronista）：1963年创刊，以社会新闻为主，发行量8000份。目前各大报均已推出网络版。重要周刊有《市场》（Mercado）、《索莫斯》（Somos）、《人物》（Gente）等。

美洲通讯社（Télam）为阿国家通讯社，成立于1945年，属总统府新闻国务秘书处领导，设28处国内记者站，无国外记者站。目前有员工450名，300余家用户，日发稿量560条。报联社（DyN）为私人通讯社，是阿最大新闻社，1982年成立，用户为阿全国大多数报社、电台、电视台及一些企业、国家机构和政党。

阿第一家广播电台成立于1920年。全国有调幅电台260个，调频电台1150余个（大部分无许可证），短波电台6个。公共广播电台1台（LRA 1）是阿唯一一家全国性国家电台，成立于1937年，有一套调幅节目和三套调频节目。阿根廷对外广播电台成立于1958年，现用7种语言进行对外广播。收听率最高的调幅电台主要有米特雷电台（Radio Mitre，1925年成立，综合电台）、网络电台（Radio La Red，1929年成立，原名"细刨花电台"，1991年更改为现名，主要播放体育、时事新闻类节目）、大陆电台（Radio Continental，1969年成立，主要播放文艺类节目）和美洲电台（Radio América，1948年成立，综合电台）等。

2007年阿全国有线电视公司共8家，有线电视用户315.6万人，有线电视覆盖率75%，卫星电视覆盖率4%。阿根廷有线电视集团（Cable Visión）成立于1981年，拥有用户133万人，是阿最大的有线电视公司。2007年收视率最高的电视台依次为TELEFE电视台（收视率26.1%）、电视13台（Canal 13，收视率19.8%）、电视7台（Canal 7，国有电视台，收视率7.2%）、美洲电视台（América，收视率2.1%）和新闻台（Todo Noticias，收视率1.9%，是拉美覆盖面积最大的卫星新闻台，全天24小时不间断播出）。

对外关系

奉行独立自主的多元化外交政策，主张多边主义和国际关系民主化，奉行不干涉内政、保护人权和恪守国际法等原则。主张在平等、公正的基础上，通过谈判与对话和平解决国际争端。积极参与联合国维和行动，反对各种形式的恐怖主义。致力于恢复行使对马尔维纳斯群岛、南乔治亚和南桑得韦奇群岛及周边海域的主权。同184个国家建有外交关系，是联合国、美洲国家组织、拉美和加勒比国家共同体、南美国家联盟、南方共同市场、拉美经济体系、拉美一体化协会等国际和地区组织及二十国集团、77国集团等多边机制的成员国。

【对当前重大国际问题的看法和立场】关于国际形势：认为和平与发展是时代主流，新兴发展中国家的崛起正在逐步改变国际格局，多极化将占主导地位，但美国仍将发挥重要作用。认为没有资源的合理分配和各国共同的价值观，就不可能有稳定的国际关系体系，消除贫困是防止国际和国内冲突的基础。认为发展不足是导致世界经济不平衡的根源，主张加强南南对话，以发展更公正的全球经济。

关于世界经济形势：认为面对当前世界经济复杂形势，市场信心没有恢复，各国人民深感不安。应采取加强对金融系统和评级机构的监管、通过政治方式解决经济问题、加强全球金融信息透明、向实体经济注资等措施加以应对。

关于国际金融体系改革：主张加快国际金融体系改革进程，增加发展中国家代表性和发言权，促进国际金融体系民主化。呼吁国际货币基金组织、世界银行等多边金融机构开辟大规模融资渠道，增加用于发展的贷款，为新兴市场和发展中国家提供及时、无条件的金融支持。要求进一步完善金融监管体系，打击“避税天堂”，增加资金流向透明度，限制投机资本运作及帮助有关国家妥善处理主权债务重组等。

关于联合国及安理会改革：认为联合国是维护世界和平与安全和实践多边主义的唯一途径，主张进一步加强联合国作用，提升联合国权威。面对复杂多变的国际形势，联合国现状已不能完全适应现实，应对安理会、否决权、决策透明化等问题进行改革。作为“观点相近国家”成员，反对增加常任理事国，主张增加可连选连任、不拥有否决权的非常任理事国，认为中间方案是安理会改革的可能出路。

关于气候变化：支持将《联合国气候变化框架公约》及其《京都议定书》作为气候变化国际谈判的主框架，坚持共同但有区别责任原则，反对为发展中国家设定强制减排指标。认为发达国家应对其历史行为负相应责任，要求发达国家向发展中国家提供力所能及的资金和技术支持，反对任何将责任转嫁给发展中国家的做法。认为气候变化问题已成为发达国家遏制发展中国家发展的手段，要求应对全球变暖问题不应以牺牲发展为代价。

关于多哈回合谈判：主张建立更加公平合理的国际贸易秩序，要求通过谈判改变多边贸易体制中的结构性失衡。主张发达国家承担更大责任，要求美欧取消农业补贴，进一步开放市场。认为各方应通过平等协商，达成一个兼顾各方利益，尤其是有利于发展中国家利益的相对平衡的结果，而不是屈从于美欧压力。

关于粮食安全：认为粮食问题是国家主权问题，粮食安全涉及国家主权安全。粮食危机的根源在于发达国家实行的高额农业补贴和保护主义政策。此外，国际金融机构以获得贷款为由，对发展中国家强行施加一系列条件，导致发展中国家未能充分发挥生产潜力，也是造成粮食危机的主要原因。国际市场的投机行为进一步加剧了粮价上涨。但阿反对二十国集团采取共同行动干预国际粮食价格，认为只有找到世界经济失衡的原因并采取相应措施，才能解决世界经济面临的一系列深层次问题。

【同中国的关系】1972年2月19日中阿建交。建交以来，两国关系稳步发展，各领域友好合作日益扩大。2004年胡锦涛主席和基什内尔总统成功互访，中阿建立战略伙伴关系，双边关系进入全面发展的新阶段。2010年7月，克里斯蒂娜总统对中国进行国事访问。

2011年，两国高层交往密切。10月，国家主席胡锦涛和副主席习近平分别致电克里斯蒂娜和布杜，祝贺当选总统和副总统。12月，胡锦涛主席特使、全国人大常委会副委员长蒋树声应邀出席克里斯蒂娜总统连任就职仪式，分别会见克里斯蒂娜总统、布杜副总统兼参议长和新任众议长多明格斯，转交了胡锦涛主席致克里斯蒂娜总统的信函。7月，全国人大常委会副委员长路甬祥访阿。8月，全国政协副主席白立忱访阿。3月，外交部副部长李金章访阿，举行两国外交部间第11次政治磋商。8月，外交部部长助理张昆生出席东亚—拉美合作论坛第五届外长会并访阿。9月，蒂梅尔曼外长访华。

中阿除互设大使馆外，阿在上海、香港和广州设有总领事馆。目前，双方建有14对友好省、市关系。

据中国海关总署统计，2011年双边贸易额为147.95亿美元，其中中方出口额为85.04亿美元，进口额为62.91亿美元，同比分别增长14.5%、39.0%和-7.5%。两国在基础设施建设、能矿、金融、农业、机械制造、电信等领域的合作开展顺利。1月，阿工业部长乔治访华。5月，商务部长陈德铭访阿。7月，质检总局局长支树平访阿，阿农业部长多明格斯访华，阿国贸国秘克雷克勒来华出席中阿经贸混委会第18次会议。10月，克雷克勒来华出席广交会。

两国在议会、政党、地方、文教、科技等领域合作不断扩大。全国人大法律委员会副主任委员胡彦林、中央统战部副部长陈喜庆、国务院新闻办主任王晨、团中央书记处第一书记陆昊、上海市长韩正、陕西省省长赵正永、浙江省副省长龚正、民革中央副主席修福金、九三学社中央副主席赖明、中国科学院院长白春礼等访阿。阿根廷圣克鲁斯省省长佩拉尔塔、门多萨省省长哈奎、里奥内格罗省省长萨伊斯等访华。

中国驻阿根廷大使：殷恒民。馆址：Av.Crisólogo Larralde 5349，1431-Buenos Aires，República Argentina。电话：（005411）45478100或45478199；传真：45451141。商务处电话：45542613或45541258；传真：45538939。领事部电话：45478128。

阿根廷驻中国大使：古斯塔沃·阿尔维托·马蒂诺（GUSTAVO ALBERTO MARTINO）。馆址：北京市朝阳区三里屯东五街11号。电话：010-65322090，65322142。商务处电话：65322875。签证处电话：65322354。

【同拉美国家的关系】奉行睦邻友好政策，将发展同拉美国家、尤其是地区大国的关系作为外交优先目标。重视南方共同市场一体化，认为同巴西的战略联盟关系是南共市“战略轴心”。与智利、墨西哥建有战略伙伴关系，看重与委内瑞拉在金融、能源领域的合作，积极支持委加入南共市。2003年以来，因界河造纸厂争端与乌拉圭关系紧张，2010年造纸厂风波顺利化解。前总统基什内尔当选南美国家联盟首任秘书长并成功斡旋委内瑞拉和哥伦比亚外交纠纷、厄瓜多尔警察骚乱，作用受到肯定。阿担任南共市轮值主席国期间，推动取消双重征税，成功重启同欧盟自贸谈判。积极参与海地、智利地震救灾，树立负责任地区大国形象。地区国家同阿关系进一步巩固，并在马岛问题上予阿坚定支持。2011年，阿地区外交积极活跃，克里斯蒂娜总统与巴西总统罗塞芙实现互访，委内瑞拉、哥伦比亚、乌拉圭总统访阿，阿外长访问墨西哥等国，阿与巴、墨、委等国战略伙伴关系进一步加强。阿与地区国家积极协调财政、金融政策，共同应对国际金融危机深层次影响。积极倡导地区国家在南共市、南美国家联盟、拉共体等框架内的合作，推动拉美一体化。

【同美国的关系】阿美传统关系友好，美是阿主要贸易伙伴和最大债权国。阿历届政府均将发展同美国关系放在对外政策的首要位置。20世纪90年代梅内姆总统执政时曾表示阿美关系是“肉体关系”，但2001年阿政治、经济、社会危机爆发后，美冷漠观望、不施援手，引起阿各界强烈不满，阿美关系因而疏远。基什内尔政府上台后，同委内瑞拉等国家关系有所加强，阿美关系相对冷淡。克里斯蒂娜政府执政以来，特别是奥巴马就任美国总统后，阿政府积极改善与美关系。2010年3月，美国国务卿希拉里访问阿根廷。4月，在出席华盛顿核安全峰会期间，克里斯蒂娜总统与奥巴马总统举行会晤。2011年，两国总统在二十国集团领导人戛纳峰会再次会晤。

【同欧洲国家的关系】欧盟是阿主要经贸伙伴和农牧产品传统出口市场。阿与西欧有共同的文化渊源、宗教信仰和血缘关系，历届政府均重视同欧洲的传统关系，阿积极推动南共市与欧盟合作，希在两大集团间建立政治、经济联合体，最终实现贸易自由化。欧盟支持阿与国际货币基金组织开展债务谈判，但要求阿尊重国际私人债权人的合法权益，尽快解决阿拖欠“巴黎俱乐部”债务问题。2010年，克里斯蒂娜总统出席欧盟—拉美加勒比国家首脑会，俄罗斯总统、德国外长等访阿。2011年以来，围绕马岛主权争端，阿与英国关系趋紧。

【同亚太国家的关系】重视拓展与亚太国家关系，看重该地区经济发展速度、市场容量和潜力。把发展同亚太国家关系，特别是同中国的关系置于其外交政策的重要位置，积极寻求扩大与该地区的政治和经贸联系。2010年1月，阿外长访问日本。2011年，作为东亚—拉美合作论坛拉美协调国，阿成功举办论坛第五届外长会。

（马振）

阿鲁巴

名称　阿鲁巴（Aruba）。

面积　180平方公里（阿鲁巴中央统计局资料）。

人口　106113人（2011年7月估计），人口增长率为1.436%（2011年估计）。人口中80%为印第安人与欧洲白人的混血后裔。官方语言为荷兰语，通用帕彼曼都语（荷兰语、西班牙语、英语、印度语和西非方言混合而成），也讲西班牙语和英语。居民中80.8%信奉天主教，9%信奉基督教新教。

首府　奥拉涅斯塔德（Oranjestad），人口3.3万（2006年）。

总督　弗雷迪斯·里夫犹鲁（Fredis REFUNJOL），2004年5月11日就任。

重要节日　旗帜日：3月18日（1976年）。

简　况

阿鲁巴岛位于加勒比海南部，小安的列斯群岛的最西端，南距委内瑞拉北岸28公里，属背风群岛的一部分。属热带气候，2006年平均气温28.6℃，年降水量611毫米。

岛上最早的居民是印第安部族阿拉瓦克人。1499年西班牙占领该岛。1643年易手荷兰。1807年被英国夺取。1814年重归荷兰管辖，并成为荷属安的列斯的一部分。1986年1月1日宣布正式脱离荷属安的列斯，成为荷兰王国的一个单独的政治实体，荷兰继续负责该岛的防务和对外事务。在经济和货币事务方面，阿鲁巴和荷属其他海外领地组成合作联盟。

政　治

2009年9月，阿举行新一届议会选举，在野的阿鲁巴人民党获胜。10月30日，米奇尔（迈克）·戈德弗雷德·埃曼[Michiel（Mike）Godfried EMAN]宣誓就任阿鲁巴第五任总理。2010年，阿鲁巴政局基本稳定。

【宪法】1986年1月1日施行。荷兰女王为其元首，总督为女王的代表。阿鲁巴拥有完全的内部事务自治权，实行议会制。

【议会】立法机构，一院制，由普选产生，有21个议席，任期四年。本届议会于2009年9月25日大选产生，阿鲁巴人民党12席，阿鲁巴人民选举运动8席，真正民主党1席。议长保尔德里克·特奥多里克·弗朗西斯·克罗埃斯（Pauldrick Teodoric François Croes）。

【政府】称为部长会议，通常由在议会中占多数议席的政党组成，对议会负责，任期四年。本届政府于2009年10月组成，成员包括：总理兼总务部长迈克·埃曼，副总理兼财政、通信、公共事业和能源部长迈克·埃里克·德梅萨（Mike Eric de MEZA），司法和教育部长阿瑟·劳伦斯·道尔斯（Arthur Lawrence DOWERS），经济、社会事务和文化部长米歇尔·詹妮丝·胡伊伯尔—温克拉尔（Michelle Janice HOOYBOER-WINKLAAR，女），旅游、劳工和运输部长奥特马尔·恩里克·奥杜贝尔（Otmar Enrique ODUBER），一体化、基础设施和环境部长奥斯林·贝尼托·塞温格（Oslin Benito SEVINGER），卫生和体育部长理查德·韦恩·米尔顿·菲瑟（Richard Wayne Milton VISSER），驻海牙部长全权公使埃德温·比比亚诺·阿巴特（Edwin Bibiano ABATH），驻华盛顿部长全权公使乔斯林·玛丽·玛格丽特·赫罗妮莫—克罗埃斯（Jocelyne Marie Marquerite HERONIMO-CROES，女），部长会议秘书尼科尔·露西娅·玛丽亚·霍弗尔茨（Nicole Lucia Maria HOEVERTSZ，女）。

【网址】http：//www.overheid.aw/index.asp?nmoduleid=19&wgid=6&spagetype=21&nPageID=26&nCMSPageType=1（政府）；http：//www.cbs.aw/cbs/home.do（中央统计局）。

【司法机构】本岛设初审法庭，在荷属安的列斯的库拉索岛设荷属安的列斯和阿鲁巴联合高级法院。首席法官和总检察长均为终身制，由荷兰女王同两实体的政府协商后任命。联合高级法院首席法官韦恩霍尔特（M. R. Wijinholt）。阿鲁巴总检察长特里萨·佩德拉（Theresa D.Croes-Fernandes Pedra）。

【政党】主要政党有：

（1）阿鲁巴人民党（Arubaabse Volkspartij，AVP）：执政党，属于基督教民主党。1942年成立。赞同阿鲁巴目前的“分离状态”。领袖为总理迈克·埃曼。

（2）人民选举运动（Movimentu Electoral di Pueblo，MEP）：在野党，属于社会党。1971年成立，有党员1200人。领袖为前总理纳尔逊·奥杜贝尔（Nelson O. ODUBER）。

还有阿鲁巴爱国运动（Movimento Patriotico Arubano，MPA）、RED党、真正民主党（Democracia Real）、阿鲁巴自由组织（Organisacion Liberal Arubiano，OLA）、阿鲁巴爱国党（Partido Patriótico Arubano）等。

【重要人物】弗雷迪斯·里夫犹鲁：总督。1950年生于阿鲁巴岛。曾先后在奥杜贝尔政府中任社会和教育部长、副总理兼教育和行政事务部长等职。2004年出任阿鲁巴第三任总督。**迈克·埃曼：**总理，阿鲁巴人民党主席。1961年9月1日出生，是阿首任和第三任总理简·亨德里克·埃曼之弟。1992年毕业于荷属安的列斯大学的法学专业，并成为公证员，直到2001年当选议员。2003年当选为阿鲁巴人民党主席。2005年大选后任反对党领袖。在2009年9月举行的议会选举中，阿鲁巴人民党成为议会第一大党，并且拿到了组阁权。10月底，出任总理。

经　济

目前，旅游业和离岸银行业成为阿鲁巴经济的支柱产业，而长期以来一直作为阿主要产业的石油冶炼和存储转运业已经于2009年基本结束。2002年估计，在地区生产总值中，农业占0.4%，工业33.3%，服务业66.3%。近十年来，旅游业的快速增长，也带动了相关经济部门的持续发展。主要经济数据如下：

地区生产总值：24亿美元（购买力平价，2007年估计）。

人均地区生产总值：21500美元（购买力平价，2007年估计）。

地区生产总值增长率：1%（2007年估计）。

货币名称：阿鲁巴弗罗林；1弗罗林＝100分。

汇率：1美元＝1.79阿鲁巴弗罗林（2010～2012年）。

通货膨胀率：2.1%（2010年估计）。

失业率：6.9%（2005年）。

【工业】目前工业除提供船舶转载设施外，仅限于烟草制品、饮料和一些消费品。建有“自由工业区”。海水淡化厂可日淡化海水2080万公升，为世界最大的海水淡化厂之一。2008年发电量9.1亿千瓦小时（估计）。

【农业】土质贫瘠，农业不发达。主要农产品有芦荟、活牲畜、鱼。

【旅游业】国民经济的支柱之一。该岛终年阳光充足，气候宜人，热带风光独具一格。著名的“棕榈海滨浴场”及早期印第安人的岩洞吸引着不少的游人。20世纪后期，大力发展旅游业，目前，每年接待游客超过150万人次，游客75%来自美国。

【交通运输】无铁路。公路长800公里，有全天候的公路网。水路交通发达，主要港口奥拉涅斯塔德可停泊远洋轮。2006年接待油轮和货轮464艘，游轮等955艘。首府的贝娅特丽克丝国际机场有通往美国、欧洲、中美洲、南美洲和加勒比国家的航线。

【财政金融】2012年估计，财政收入5.684亿美元，支出7.35亿美元，税收及其他收入占地区生产总值25.2%，财政赤字占地区生产总值7.4%。2005年公共债务占地区生产总值46.3%，外债为4.78亿美元。2002年外汇储备（不包括黄金）为3.39亿美元，黄金储备为3812万美元。

【对外贸易】2012年（估计）进口额为27.56亿美元，出口额为34.76亿美元。

主要进口商品有机械和电子设备、原油（用于提炼和再出口）、化工产品、食品等，主要出口商品有活牲畜及其产品、艺术及收藏品、机械和电子设备、运输设备等。2011年主要进口来源国有美国（50.6%）、荷兰（11.6%）、英国（4.7%）；主要出口目的国（地区）有哥伦比亚（40.8%）、委内瑞拉（20.5%）、前荷属安的列斯（15.6%）、美国（8.9%）、荷兰（4.5%）。

【**外国援助**】外援主要依靠荷兰，但最近两年荷援减少。2004年共接受外国援助约1130万美元。

【**经济团体**】阿鲁巴工商会（Aruba Chamber of Commerce and Industry）：成立于1930年。地址：J.E. Irausquin Boulevard 10，P.O. Box 140，Oranjestad，Aruba（Dutch Caribbean）。电话：(297) 582-1120转分机34或41。传真：(297) 588-3200。网址：http://www.arubachamber.com/。

人民生活

岛上有一所荷兰援建的现代化医院，有床位308张。政府对低收入者、政府公务员及其家庭成员以及参加社会保险的私营企业雇员及家庭提供免费医疗服务。2012年居民平均期望寿命75.93岁。2008年有固定电话3.5万部，移动电话13.18万部，互联网用户2.4万户（2009年）。

军　事

防务由荷兰负责。荷兰任命的总督为岛上武装力量总司令。荷兰在阿鲁巴驻扎海军。1999年美国海军和空军在岛上设有巡逻基地以对付该地区的非法贩毒活动。

文化教育

【**教育**】自1999年始，对4～16岁儿童实行义务教育。教育制度与荷兰类似。初等教育从6岁开始，学制6年。中等教育学制5年。2008年公共教育开支约占地区生产总值的5%。成人识字率约97.3%。有小学68所，中学12所，大学5所，有些学生选择赴北美、南美或欧洲接受高等教育。2007年有全日制学生22930人。

【**新闻出版**】全国有6家日报，主要是：《阿鲁巴朋友报》，1884年创刊，荷兰文日报，发行量11000份（包括在荷属安的列斯）；《新闻报》，英文日报，发行量8228份。

主要通讯社为阿鲁巴通讯社。荷兰通讯社和美联社在该岛设有办事机构。有6家广播电台，除一家为宗教和文化电台外，其余为商业电台。均用荷兰、英、西班牙、帕彼曼都语播音。

阿鲁巴电视台为1963创立的商业电视台。

对外关系

外交由荷兰掌管。阿鲁巴为国际劳工组织（ILO）、国际货币基金组织（IMF）、国际刑警组织（Interpol）、国际奥委会（IOC）、万国邮政联盟（UPU）、金融行动特别工作组（FATF）和国际工会联合会（ITUC）成员，联合国教科文组织（UNESCO）、世界旅游组织（UNWTO）联系成员，加勒比共同体（Caricom）观察员。2012年，阿鲁巴派团参加伦敦奥运会。

【**同中国的关系**】2007年，阿鲁巴政府授权中国国际技术智力合作公司（中文简称"中智"，英文简称"CIIC"）的全资子公司中智国际商务发展中心（CIIC International Business Development Center）作为"阿鲁巴中国事务投资促进办公室"（Aruba Investment and Promotion Office），负责阿鲁巴与中国贸易、投资、旅游、文化交流等事务的沟通与联络。网址：http://www.ciicbiz.com/。

2011年1月8～14日，中国驻荷兰大使张军访问荷兰王国海外领地库拉索、阿鲁巴及荷属圣马丁，与上述三地区领导人举行了会谈，看望了三地区华侨华人代表并与侨界举行座谈。在访问阿鲁巴期间，张军大使分别与阿鲁巴总理迈克·埃曼和阿鲁巴外事局长奥古斯丁·弗洛利伊克（Agustin Vrolijk）举行了会谈。张大使在同三地区领导人会谈会见中详细介绍了当前中荷关系现状以及中荷经贸交往情况，表示中方重视与荷兰王国的关系，尊重荷兰王国政治制度和政治构架，尊重三地区人民选择的发展道路，愿在中荷关系的总体框架下，发展与三地区的关系。中国与荷兰王国关系的良好势头，为发展与三地区的关系创造了更加有利的条件。中方愿在相互尊重、平等互利的基础上，加强与三地区人员往来、经贸合作和文化交流，进一步增进相互了解，实现互利共赢。三地区领导人欢迎张大使来访，简要介绍了各自当前政治经济形势，表示三地区地理位置特殊、基础设施完善、投资环境优越，希更多的中国企业能够来该地区投资兴业。与此同时，中国经济的快速发展为深化双方各领域的交流与合作带来了良好契机，三地区愿加强与中方在可再生能源、旅游、远洋航运等领域的合作，不断提升双方交流与合作水平。

2012年7月17日，中国驻荷兰大使张军应约会见阿鲁巴政府总理迈克·埃曼。张大使积极评价当前中荷关系，表示中方愿以两国建立大使级外交关系40周年为契机，在中荷关系的总体框架下，发展同阿鲁巴的友好合作关系，希望双方抓住机遇，进一步加强相互了解，推进务实合作，实现互利共赢。埃曼表示，阿鲁巴政府一向重视发展对华关系，期盼加强同中国的友好往来与经贸合作，愿与中方共同努力，将双方的交流与合作提升至新的水平。　（石宜　卜阏）

安　圭　拉

名称　安圭拉（Anguilla）。

面积　96平方公里。

人口　15423人，人口增长率为2.146%，出生率12.92‰，死亡率4.41‰（2012年估计）。主要居民是黑人（90.1%），混血人（穆拉托人）4.6%，白人3.7%。另有4000侨民常住美属维尔京群岛，1万侨民常住英国。英语为官方语言。居民中信奉基督教的占83.1%，天主教占5.7%。

首府　瓦利（The Valley），人口3000人。

总督　威廉·阿里斯泰尔·哈里森（William Alistair HARRISON），2009年4月21日就任。

重要节日　安圭拉日：5月30日（1967年），每年庆祝日期略有不同；宪法日：8月11日。

简　况

安圭拉位于东加勒比海背风群岛的北端，在圣基茨岛西北113公里，包括安圭拉岛（90平方公里）、松布雷罗岛（5平方公里）等。属亚热带气候。由于受信风影响，气候湿热。月平均气温26.67℃。年平均降水量889毫米（2～3月为旱季，9～10月为雨季）。

1650年沦为英国殖民地。1825年6月，英将其划归圣基茨岛管辖。1958年，圣基茨、尼维斯与安圭拉成为西印度联邦的一部分。1962年，该联邦解体。1967年2月，英国将安与圣基茨、尼维斯合并成为英国联系邦，取名为“圣基茨—尼维斯—安圭拉”，实行内政自治，外交与国防由英国负责。安不愿接受圣基茨和尼维斯的统治，同年5月举行公民投票，宣布脱离同圣基茨和尼维斯的联合。1969年2月，再次举行公民投票，宣布独立，成立共和国；3月，英国军队占领该岛。1969年英国在安设专员进行管理，直至1972年。1976年2月，英国为安圭拉制定新宪法。1980年12月19日正式脱离圣基茨—尼维斯联邦，重新成为直属英国的自治领。1982年4月1日改由总督管理。现为英国的海外领地（British Overseas Territory）。

政　治

2010年2月，安议会举行换届选举，反对党安圭拉统一运动获胜，休伯特·休斯（Hubert HUGHES）再次出任首席部长。2011～2012年，安政局基本稳定。

【宪法】现行宪法于1982年4月1日起施行，1990年修订。规定总督由英国女王任命，拥有行政权，负责外事、防务、司法和内部安全。在其他事务上与以首席部长为首的执行委员会协商。执行委员会对议会负责。

【议会】一院制议会（House of Assembly）由11名成员组成，任期五年。其中7名由普选产生，2名由总督与首席部长协商后指定，另2名为财政部长和总检察长。本届议会于2010年2月15日选举产生，安圭拉统一运动4席（得票率32.7%），安圭拉联合阵线尽管得票率达39.4%，但只获得2席，安圭拉进步党1席（得票率14.7%）。议长芭芭拉·韦伯斯特—伯恩（Barbara Webster-Bourne，女），她是安圭拉第一任女议长。

【政府】称执行委员会（Executive Council），总督任主席，通常由在议会中占多数议席的政党组成，包括首席部长（Chief Minister），不超过三名其他部长，以及两名当然成员（副总督和总检察长）。本届政府于2010年2月16日组成，主要成员有：总督威廉·阿里斯泰尔·哈里森，首席部长兼财政、经济发展、投资和旅游休伯特·休斯，内政、自然资源、土地和体育规划部长杰罗姆·罗伯茨（Jerome C. Roberts），基础建设、通信、公共工程和住房部长埃文·冈布斯（Evan GUMBS），社会发展部长爱迪逊·贝尔德（Edison A. BAIRD），副总督斯坦利·雷德（Stanley E. REID），总检察长詹姆斯·伍德（James M. WOOD）。

政府网址：http://www.gov.ai/。

【司法机构】设高等法院、上诉法院和地方法院。高等法院开庭时，东加勒比最高法院派一名法官参加。最高可上诉至英国枢密院。

【政党】（1）安圭拉统一运动（Anguilla United Movement，AUM）：执政党。1979年成立，1984年重组。领袖休伯特·休斯。

（2）安圭拉民族战略选择（Anguilla Strategic Alternative，ANSA）：执政党。领袖爱迪逊·贝尔德。

（3）安圭拉联合阵线（Anguilla United Front，AUF）：反对党。2000年1月7日由安圭拉民族联盟（Anguilla National Alliance，ANA）和安圭拉民主党（Anguilla Democratic Party，ADP）组成的保守派联盟。领导人为奥斯本·弗莱明（Osbourne B. FLEMING）和维克多·班克斯（Victor BANKS）。

（4）安圭拉进步党（Anguilla Progressive Party，APP）：领导人罗伊·罗杰斯（Roy ROGERS）。

【重要人物】威廉·阿里斯泰尔·哈里森：总督。1954年11月14日出生。1977年进入英国外交与联邦事务部（FCO）。曾在英国驻波兰使馆、驻联合国代表团及欧洲委员会任职。2003～2005年任FCO国际司司长。2005～2008年任英国驻赞比亚高级专员（大使）。2009年出任安圭拉总督。　**休伯特·休斯：**首席部长，安圭拉统一运动领袖。1933年出生。1994年大选后，他领导安圭拉统一党和安圭拉民主党组成联合政府，他出任首席部长。1999年大选后，两党继续执政，他连任首席部长。2000年3月联合政府解体，在提前举行的大选中失利下台。2010年2月再度任首席部长。

经　济

经济活动在很大程度上依赖于豪华旅游、离岸银行业务、龙虾捕捞和侨汇。旅游业的发展也带动了建筑等相关行业对地区生产总值的贡献。由于游客多来自工业发达国家，因此这些国家的经济状况以及本岛的天气状况对旅游收入的影响较大。为此，政府近年来努力发展离岸银行业务。2009年主要经济数据如下：

地区生产总值：2.9727亿美元。

人均地区生产总值：18623美元。

地区生产总值增长率：-13.1%。

货币名称：东加勒比元；1东加元＝100分。

汇率：1美元＝2.7东加元（固定汇率，1976年起）。

通货膨胀率（消费价格，估计）：1.1%（2010年）；4.5%（2012年）。

失业率：8%（2002年）。

【资源】自然资源贫乏。

【工业】2010年估计工业产值占地区生产总值的26.6%。以建筑业为主，还有晒盐业和造船业等。晒盐业主要生产工业用盐，向特立尼达和多巴哥等国出口。另有一些鱼虾加工业。

【农渔业】主要种植水果和蔬菜，满足岛内需要。2011年估计农渔业产值占地区生产总值的2.2%。主要农作物有豌豆、红薯和玉米。家畜养殖是传统的出口创汇来源，20世纪80年代后半期，渔业发展较快，部分鱼、虾（龙虾）用于出口，出口额占出口总额的90%。

【服务业】在经济中占有极为重要地位，2011年估计服务业产值占地区生产总值的69.3%。

【旅游业】旅游业是安经济的主体，且对其他经济部门有强劲拉动作用。近几年游客人数和旅游收入逐年增长。2006年旅店和餐饮业产值占地区生产总值的31.2%。2003年接待游客总数109282人次，主要来自美国、加勒比国家、欧洲和加拿大，过夜游客人数增长6.7%。

【交通运输】2006年交通运输和通信业产值占地区生产总值的15.6%。

公路：总长175公里，其中约100公里为柏油路。2002年注册机动车为5978辆。

水运：主要港口是鼓风角、路德港。

空运：有航线通往圣基茨、英属维尔京和加勒比其他岛屿。有3个机场，沃巴尔克（WALLBALKE）机场是全岛唯一现代化机场。

【财政金融】财政年度从每年的7月1日至翌年的6月30日。财政状况良好，数年来一直保持盈余，2000年首次出现60万东加元的赤字，主要与飓风灾害有关，这也暴露了该岛经济的脆弱性。财政收入除来自英国外，大部分来自在国外工作的劳工的汇款，此外还有关税和邮票收入。2009年估计预算收入2280万美元，支出2250万美元，税收及其他收入占地区生产总值的13%。2005年外债为1190万美元。

【对外贸易】长期逆差。2011年估计进口额为1.534亿美元，出口额为2620万美元。主要进口燃料、粮食、机器设备、化工产品、卡车、纺织品等。主要出口龙虾和鱼、家畜、盐、建材、朗姆酒等。主要贸易对象是美国、波多黎各、英国等。

【经济团体】安圭拉工商会（Anguilla Chamber of Commerce and Industry）。通信地址：P.O. Box 321, The Valley, Anguilla, British West Indies。电话：001（264）497-2839。电子信箱：acoci@caribcable.com。网址：http://www.anguillachamber.com/index.htm。

人民生活

有一家医院和数家诊所。1982年起实行社会保险制度。1998年政府卫生预算开支占地区生产总值的4.92%。2003年贫困线以下人口占总人口的23%。2012年居民平均期望寿命为80.98岁。2011年有固定电话6200部，手机26000部，互联网用户3700户（2009年）。

军　事

防务由英国负责。

文化教育

【教育】对5～17岁儿童实行免费义务教育。有公立小学6所，学生1460人；公立中学1所，学生1062人。无高等学校。成人识字率为95%。2008年教育开支占地区生产总值的3.5%。

【新闻出版】有《光明》（周刊）、《安圭拉人》（周刊）、《安圭拉生活杂志》（每年三期）等。还有临近岛屿圣马丁出版的《每日先驱报》和《纪事》。有9家电台和1家电视台。

安圭拉电台（Radio Anguilla）：1969年创立。1976年起为政府所有和经营，每天播音17个小时。加勒比灯塔电台：私人商业性和宗教性电台，创建于1981年，每天播音24小时。

对外关系

外交由英国掌管。安圭拉为万国邮政联盟、加勒比发展银行、东加勒比国家组织成员，加勒比共同体联系成员，设有国际刑警组织安圭拉支局。　　（沉思）

安提瓜和巴布达

国名　安提瓜和巴布达（Antigua and Barbuda）。

面积　442.6平方公里。

人口　8.79万（2011年），绝大多数为非洲黑人后裔。英语为官方语言和通用语。多数居民信奉基督教。

首都　圣约翰（St. John's），人口2.9万。

国家元首　英国女王伊丽莎白二世，女王任命总督为其代表。现任总督路易丝·莱克—塔克（Louise LAKE-TACK，女），2007年7月17日就任。

重要节日　独立日：11月1日。

简　况

位于加勒比海小安的列斯群岛的北部。属热带气候，年均气温27℃。年均降水量约1020毫米。

1493年，哥伦布第二次航行美洲时到达该岛，并以西班牙塞维利亚安提瓜教堂的名字命名。1520~1629年间曾先后遭西班牙和法国殖民者入侵。1632年被英国占领。1667年根据《布雷达条约》正式成为英国殖民地。1967年成为英国的联系邦并成立内部自治政府。1981年11月1日宣布独立，为英联邦成员国。

政　治

独立后，安提瓜工党长期执政。2004年，联合进步党首次在大选中获胜，并于2009年蝉联执政。党领袖鲍德温·斯潘塞（Baldwin SPENCER）担任总理。目前，安巴政局稳定。

【宪法】1981年11月1日正式生效。宪法规定安提瓜和巴布达是一个“统一和享有主权的民主国家”；总督必须由本国人担任，由英国女王根据总理的建议任命，并根据内阁的决定行使职权。

【议会】两院制，由参议院和众议院组成，任期五年。参议院17人，由总督任命，其中11人（必须有1名巴布达居民）由总理提名；4人由反对党领袖提名；1人由总督决定；1人由巴布达委员会（巴布达地方政府的主要机关，其成员和作用由议会决定）提名。众议院17人，由直接选举产生。本届议会于2009年3月大选后产生，参议长哈兹琳·弗朗西斯—梅森（Hazlyn FRANCIS-MASON，女），众议长吉塞里·艾萨克（D. Gisele ISAAC，女）。

【政府】本届政府于2009年3月组建。成员包括：总理兼外交和外贸部长鲍德温·斯潘塞（Baldwin SPENCER），副总理兼卫生、社会转型和消费者事务部长威尔莫斯·丹尼尔（Wilmoth DANIEL），农业、土地、住房和环境部长希尔森·巴普蒂斯特（Hilson BAPTISTE），教育、体育、青年和妇女事务部长杰奎·秦—林多（Jacqui QUINN-LEANDRO），财政、经济和公共管理部长哈罗德·洛弗尔（Harold LOVELL），国家安全部长埃罗尔·科特（Errol CORT），旅游、民航和文化部长约翰·马金利（John MAGINLEY），工程和交通部长特雷弗·沃克（Trevor WALKER），总检察长贾斯廷·西蒙（Justin SIMON）等。

【司法机构】本国设地方法院，最高司法机关是东加勒比最高法院（设在圣卢西亚，由高等法院和上诉法院组成，有一名法官常驻安巴），终审可上诉至英国枢密院。

【行政区划】全国共分为安提瓜、巴布达和雷东达3岛。安提瓜岛设6个行政区，即圣约翰、圣彼得、圣乔治、圣菲利普、圣玛丽和圣保罗。

【政党】主要有两大政党：

（1）联合进步党（The United Progressive Party）：执政党。1992年3月，由统一国家民主党、进步劳工运动及安提瓜加勒比解放运动合并成立。其中，进步劳工运动曾于1971~1976年执政。联合进步党2004年首次赢得大选，2009年蝉联执政。党领袖鲍德温·斯潘塞。

（2）安提瓜工党（Antigua Labour Party）：反对党。成立于1946年。1976~2004年，该党连续执政。党领袖莱斯特·伯德（Lester BIRD），2005年4月就任。

此外，安巴还有巴布达人民运动（Barbuda People's Movement）等政党。

【重要人物】路易丝·莱克—塔克：总督。女。生于1944年，从安提瓜女子高中毕业后移居英国。早年从事护理专业，后在多所大学学习法律，1995年成为英国职业律师。热心社会公益事业，曾在旅英安巴侨民协会工作近24年，为促进安巴与英国民间友好及安巴慈善事业做了大量工作。2007年7月被英国女王任命为安提瓜和巴布达总督，是安巴历史上第一位女总督。爱好阅读、写作和园艺。有两名子女。　**鲍德温·斯潘塞：**总理兼外交和外贸部长。生于1948年，曾就读于加拿大圣弗朗西斯大学、英国牛津大学拉斯金学院和挪威奥斯陆大学。先后任安提瓜工人工会第一副主席、助理总书记、加勒比海事航空理事会主席、圣约翰西郊区议员，1991年任联合进步党领袖。2004年3月大选中，领导联合进步党击败工党，出任安巴独立以来的第三位总理，2009年3月蝉联执政。已婚，有一子一女。

经　济

经济基础薄弱，门类单一。旅游业是最重要的经济部门。离岸金融业和网上博彩业为安巴的主要财政收入来源。

农业在国民经济中的比重逐年下降，粮食不能自给。工业以制造业、建筑业为主，基础薄弱。2011年主要经济数据如下（主要资料来源：2012年《经济季评》）：

国内生产总值：11.87亿美元。

增长率：−0.5%。

人均国内生产总值：13352美元。

货币名称：东加勒比元。

汇率：1美元＝2.7东加元。

【资源】仅有少量石灰石、黏土、建筑用石料及重晶石。

【农业】包括家畜业、林业和渔业。农业在国民经济中的地位持续下降。粮食不能自给。近年来，安巴政府鼓励发展农业，减少对食品进口的依赖。目前主要农产品有玉米、蔬菜、水果及少量海岛棉等。安提瓜岛捕捞少量活鱼和龙虾。

【旅游业】在国民经济中占主导地位。安巴对旅游业依存度较高，旅游收入约占国内生产总值的74.2%。全国共有1.9万个就业岗位直接或间接与旅游业相关，占总就业岗位的68.4%。游客主要来自美国、欧洲、加拿大以及加勒比海其他国家。安提瓜岛以海滩、国际赛艇比赛和狂欢节而著名；巴布达岛发展较为落后，但岛内各种野生动物每年也吸引了大量游客。

【交通运输】全国有干线公路384公里，辅助公路780公里，无铁路。首都圣约翰是天然深水港，有现代化的设施，可停靠万吨级远洋客货轮。维尔·伯德机场位于首都圣约翰东北9公里，有通往北美、欧洲和加勒比地区其他英语国家的航线，安提瓜和巴布达两岛之间每天有定期航班。

【财政金融】2010~2011财年，安巴政府财政收入为6.2亿东加勒比元，支出为6.911亿东加勒比元。

【对外贸易】由于工业不发达，从小五金到各类电子产品、汽车等商品几乎全部进口，对外贸易历来逆差很大。主要进口机械设备、运输工具、生产用原料（含半制成品）、燃料与润滑油、建材、农产品、汽车、食品及日用品等。出口少量朗姆酒、海岛棉、服装、皮棉、加工食品等。主要贸易对象是美国和加勒比地区国家。

【经济团体】安提瓜和巴布达工商会（Antigua and Barbuda Chamber of Commerce and Industry Ltd）：1944年成立，1991年改为现名。会长克拉维斯·约瑟夫（Clarvis Joseph）。地址：Red Cliffe St.，P .O .BOX774，St. John's。

人民生活

国家提供免费医疗和养老金，医疗卫生条件优越。2010年，安巴人均寿命为75.2岁，年人口增长率为1.289%。通信产业发展迅速，通信干线全部实现光缆化，2010年共有固定电话4.17万部，移动电话16.39万部。

军　事

有国防军170人，其中陆军125人，海岸卫队45人。军费开支占国民生产总值的0.5%。

文化教育

【教育】中小学实行义务教育，小学阶段5~12岁，中学阶段12~16岁。大部分中小学为公立。大学为安提瓜国立学院。西印度大学个别学院在安巴设有分部，学生可通过其提供的基础课程和考试考取西印度大学分校。

2011年5月，安巴总理斯潘塞表示政府将与电信企业合作启动“20/20教育信息计划”，为安巴所有中小学教师提供笔记本电脑和宽带接入。

【新闻出版】新闻事业落后。主要报纸有:《安提瓜太阳报》（Antigua Sun），属于美国斯坦福集团，电话：1-268-4625960；传真：4805968。《观察家日报》（Daily Observer），网址：www.antiguaobserver.com。

安提瓜和巴布达广播公司（Antigua and Barbuda Broadcasting Service）为安巴新闻部下属机构，下设电视台和广播电台。另有一家私人商业电视台，经营有线电视。

对外关系

安巴政府积极推行务实外交，在主权平等的基础上与各国发展友好合作关系。积极参与地区一体化进程，支持成立加勒比共同体单一市场和经济，将加强与加勒比国家的关系视为外交政策的核心。重视同英、美等传统友好国家发展关系，并努力开拓同中国、日本等亚洲国家的关系。

关注可持续发展问题，呼吁国际社会照顾小国关切，避免小国在国际社会中日益被边缘化。系小岛屿国家联盟成员，在气候变化问题上要求将全球温升控制在1.5℃以内，要求发达国家提供适应气候变化所需资金和技术。

【同中国的关系】1983年1月1日，中国与安巴建交。建交以来，两国友好关系顺利发展，双边高层互访和各领域交流与合作不断加强。

2011年9月，安巴总理斯潘塞赴特立尼达和多巴哥出席第三届中国—加勒比经贸合作论坛，并会见国务院副总理王岐山。

2011年11月，全国人大常委会副委员长陈昌智访问安巴。

2012年3月，两国举行首次外交部间磋商。

据中国海关总署统计，2011年，双边贸易额为6.57亿美元，同比下降18.5%，基本上全部为中方出口，中方进口额仅为5.1万美元。中方主要出口船舶、纺织品、日用家电、塑料橡胶制品和矿物燃料等。

中国驻安提瓜和巴布达大使：刘汉明。馆址：Paradise View，ST. JOHN'S，ANTIGUA，W.I.。电话：1-268-4621125；传真：4626425。经商处：MCKIHHON WAY，PARADISE VIEW，ST. JOHN'S，ANTIGUA W. I.。电话：1-268-4620986；传真：4620986。

安提瓜和巴布达驻华大使（非常驻）：戴维·肖

尔（David SHOUL）。

【同美国的关系】安巴与美国经贸关系紧密，美国的援助和游客是安巴外汇收入的重要来源。2008年6月，美国援建的安巴国家紧急运营中心剪彩。11月，斯潘塞总理向美国当选总统奥巴马致信祝贺，并将安巴最高峰命名为“奥巴马峰”。2011年2月，美国国民警卫队代表团访问安巴。

【同英国的关系】安巴是英联邦成员，在政治、司法及教育方面仍承袭英国体制。英每年向安巴提供相当数量的援助，包括人员培训等。2011年7月，安巴政府将一块海滩命名为“戴安娜王妃海滩”。

【同加勒比国家的关系】安巴是加勒比多个地区组织成员，与加共体、尤其是东加勒比国家组织中其他成员保持密切关系，主张实现加勒比一体化和更广泛的区域性合作，加强地区协商对话。2010年6月，安巴与其他东加勒比国家组织成员共同成立东加勒比经济联盟。2011年3月，“贸易风”年度军事演习在安巴举行。（陆兵）

巴 巴 多 斯

国名　巴巴多斯（Barbados）。

面积　431平方公里，最宽处23公里，最长处34公里。

人口　28.7万，其中80％以上是非洲黑人后裔，4％为欧洲人后裔。英语为官方语言和通用语。居民多信奉基督教。

首都　布里奇顿（Bridgetown），人口约11.2万。

国家元首　英国女王伊丽莎白二世，女王任命总督为其代表。总督埃利奥特·菲茨罗伊·贝尔格雷夫爵士（Sir Elliot Fitzroy BELGRAVE），2012年6月1日就任。

重要节日　独立日：11月30日。

简　况

位于东加勒比海小安的列斯群岛最东端。海岸线长97公里。属热带雨林气候，7~11月为雨季，1~6月为旱季。年均气温23℃~30℃。

16世纪前为印第安人阿拉瓦克族和加勒比族居住地。1518年，西班牙人登岛，十余年后葡萄牙人入侵。1624年被英国占领，1627年设总督管辖。1958年加入西印度联邦。1961年10月获内部自治地位。1966年11月30日宣告独立，现为英联邦成员国。

政　治

独立后，民主工党和工党交替执政，政局长期稳定。2010年10月，副总理兼总检察长和内政部长弗罗因德尔·斯图亚特（Freundel STUART）接替因病去世的汤普森任总理。

【宪法】现行宪法于1966年11月30日独立时生效。宪法规定总督任命众议院多数党领袖为政府总理，并根据总理提名任命部长。内阁由总理和不少于5名部长组成，对议会负责。反对党领袖亦由总督任命。

【议会】分参、众两院，任期均为五年。参议院21席，由总督任命，其中12席由总理提名，2席由反对党领袖提名，另7席由总督在社会名流中选任。众议院30席，普选产生。2008年1月大选中，民主工党获20席，工党获10席。参议长克丽安·伊菲尔（Kerryann F.Ifill），2012年3月就任。众议长迈克尔·卡林顿（Michael A. CARRINGTON）2008年2月12日就任。

【政府】总理为政府首脑。本届政府于2008年1月成立，后经数次调整。主要内阁成员有：总理兼民政、国家安全和城市发展部长弗罗因德尔·斯图亚特，总检察长兼内政部长阿德里尔·布拉思韦特（Adriel BRATHWAITE），外交和外贸部长玛克辛·麦克林（Maxine MCCLEAN，女）、旅游部长理查德·西利（Richard SEALY），工业、小企业和农村发展部长丹尼斯·科尔曼（Denis Kellman）等。

【司法机构】由上诉法院、高等法院和地方法院组成。首席法官马斯顿·吉布森（Marston Gibson），2011年9月就任。2005年4月加勒比法院成立后，取代英国枢密院成为巴终审上诉机构。

【政党】主要政党有：

（1）民主工党（Democratic Labour Party）：执政党。1955年由原工党部分成员创建。曾于1961~1976年、1986~1994年执政。2008年1月再次执政。党领袖弗罗因德尔·斯图亚特。

（2）巴巴多斯工党（Barbados Labour Party）：反对党。1938年成立，曾于1976~1986年、1994~2008年执政。党领袖欧文·阿瑟（Owen ARTHUR）。

（3）人民自强党（The People's Empowerment Party）：2006年1月14日成立，前身为1988年建立的克莱蒙特·佩恩运动（Clement Payne Movement）。党主席大卫·卡米松（David COMISSIONG）。

【重要人物】**埃利奥特·菲茨罗伊·贝尔格雷夫爵士**：总督。1931年3月16日生。早年就读于英国伦敦、剑桥大学，分获法律学士、硕士学位。历任巴公诉总长、最高法院法官和上诉法官。对巴法制贡献突出，曾被授予巴荣誉同伴称号。2011年11月接替因病提前卸任的巴前总督克利福德·赫斯本兹爵士（Sir Clifford HUSBANDS），出任代总督。2012年6月1日正式宣誓就任巴第七任总督。已婚，有一女。 **弗罗因德尔·斯图亚特**：总理。1951年4月27日生于巴巴多斯。曾就读于西印度大学，获政治学、历史和法学荣誉学士学位，1982年获该校法学硕士学位，1984年获法学教育证书并开始从事律师工作。1994~1999年任众议员，2003~2007年任参议员，2008年再次当选众议员并任副总理兼总检察长和内政部长。2010年10月23日，接替病逝的汤普森任总理。有一女。

经 济

传统产业为制糖业。20世纪80年代以来，巴推行经济多元化，旅游、轻工制造、离岸金融和信息服务业逐步成长为支柱产业。2008年以来，为应对国际金融危机冲击，巴政府实施积极财政政策，对旅游、制造及农业等部门给予必要扶持，并加强同发展中国家的经贸合作，取得一定成效。2011年主要经济数据如下（资料来源：巴巴多斯统计局、国际货币基金组织官网）：

国内生产总值：44.78亿美元。

人均国内生产总值：16148美元。

国内生产总值增长率：1.8%。

货币名称：巴巴多斯元。

汇率：1美元≈2巴元。

通货膨胀率：7.4%。

失业率：12%。

【资源】有少量石油和天然气。石油储量约为200万桶，天然气储量为1.1亿立方米。石灰石资源丰富，覆盖面达国土面积的85%，储量约为300亿吨。浮石储量为13.2亿吨。

【农业】全国土地的65%为可耕地。近年来农业不断衰退，原糖产量大幅下降。随着欧盟农产品进口新政策的实施，巴制糖业收入或将进一步萎缩。巴政府拟鼓励发展蔬果种植业，减轻食品进口压力。

【制造业】主要包括制糖、饮料、朗姆酒和啤酒酿造、化学药品、电子零部件、服装、家具和食品加工等。

【建筑业】近年来，巴加大旅游基础设施建设投入，建筑业发展迅速，成为巴经济增长主要拉动力之一。巴大型建筑公司还承建加勒比其他国家道路、机场和工业设施。

【旅游业】主要经济支柱之一。游客主要来自欧洲、美国、加拿大和其他加勒比国家。2011年过夜游客56.77万人次，同比增长6.7%，游轮游客61.91万人次，同比下降6.9%（数据来源：加勒比旅游组织）。

【交通运输】空运：巴是东加勒比地区重要航运中心。距首都18公里的格兰特利·亚当斯国际机场（Grantley Adams International Airport，BGI）是加勒比地区最现代化的国际机场之一，24小时运营，有17个停机泊位，有飞往美国、英国、加拿大及南美和大多数加勒比国家的直达航班。最大客流量每小时约3000人。

水运：首都布里奇顿为全天候深水港，可停靠万吨级远洋客货轮。有8个泊位，并可同时为5艘轮船提供燃料补给。

公路：总长1793公里。

【财政金融】近几年财政收支情况如下（单位：百万巴元）：

	2009	2010	2011
收入	2429.8	2298.3	2176.0
支出	3163.5	3012.7	3054.5
差额	–733.7	–714.4	–878.5

（资料来源：2012年经济季评，巴央行）

2011年，巴外债总额约为12.6亿美元。2011年，巴外汇储备（不含黄金）约为7.59亿美元。

【对外贸易】主要出口原糖、朗姆酒、化学制品、食品和饮料等；进口食品、饮料、石油、机械设备、汽车等。主要贸易伙伴为美国、英国、特立尼达和多巴哥、加拿大。近年对外贸易情况如下（单位：百万美元）：

	2009	2010	2011
出口额	440.2	425.4	467.8
进口额	1298.0	1372.0	1606.4
差 额	–857.8	–946.6	–1138.6

（资料来源：2012年经济季评）

【经济团体】主要经济团体有：

巴巴多斯工商会（Barbados Chamber of Commerce and Industry）：1825年成立，有286家成员公司，321名代表。会长拉鲁·瓦斯瓦尼（Lalu VASWANI）。地 址：Braemar Court，Deighton Road，St. Michael，Barbados。电话：（246）434–4750；传真：228–2907。

（2）巴巴多斯国家石油有限公司（Barbados National Oil Co. Ltd.）：1982年成立，主要开采原油和天然气。董事会主席伦纳德·纳斯（Leonard NURSE），总经理温顿·吉布斯（Winton GIBBS）。地址：Woodbourne，St. Philip。电话：（246）420–1800。

人民生活

巴医疗水平较高，国家主要医院、区级医院和门诊部均实行免费医疗。全国有176所医院和诊所，平均每万人有84张病床。有医生228人，医患比约为1：1129。2011年，全国互联网用户19.2万人；2009年，全国共有固定电话13.57万部，移动电话37.71万部。2011年居民人均寿命74.52岁，人口增长率0.354%，死亡率0.839%，婴儿死亡率1.163%。

军 事

国防军始建于1978年4月，包括常备军、后备军和学生军训团。1974年成立的海岸警卫队为国防军海上部队。1981年建立空军。国防军参谋长为昆腾（Alvin E. Quintyne）。2003年，常备军610人，其中海岸警卫队

110人，陆军500人，此外还有预备役人员430人。

文化教育 【教育】实行大中小学免费义务教育。小学入学率为100%，中学入学率为89%，全国成人识字率为99.7%。加勒比地区综合性大学西印度大学在巴设有Cave Hill分校。

【新闻出版】主要有《巴巴多斯鼓动报》，1895年创刊，发行量1.5万份；《民族报》，1973年创刊，发行量2.5万份；《巴巴多斯人》，月刊，1953年创办，月发行量8000份。

主要媒体有：（1）加勒比媒体公司：2000年由加勒比通讯社和加勒比广播公司合并而成，业务涵盖广播、电视和因特网服务；（2）巴国营电视台：1964年开始播放黑白电视节目，1971年11月在加勒比地区首播彩色电视节目。

对外关系 奉行独立自主和不结盟的外交政策，主张外交多元化，外交为经济发展服务。在巩固与美国、英国、加拿大和其他欧洲国家传统友好关系的同时，积极探索与巴西、中国、印度、日本等大国发展平等互利关系。重视推动加勒比地区一体化。

【同中国的关系】中巴于1977年5月30日建交。两国关系发展顺利，在政治、经济、人文等领域开展了良好合作。2011年6月，巴总理斯图亚特访华，吴邦国委员长和温家宝总理分别会见和会谈。11月，全国人大常委会副委员长陈昌智访巴。

2011年双边贸易额为1.51亿美元，其中中方出口额为1.44万美元，进口额为670.8万美元，分别增长100.3%、101.6%、76.2%。

中国驻巴巴多斯大使：徐宏。馆址：17 Golf View Terrace Rockley Christ Church，Barbados。电话：1-246-4356890；传真：4358300。经商处地址：Coral Isle Apartment，Maxwe Coast Road Christ Church，Barbados。电话：1-246-4283384；传真：4285860。

巴巴多斯驻华大使：劳埃德·厄斯金·桑迪福德爵士（Sir Lloyd Erskine SANDIFORD）。馆址：北京市朝阳区东方东路22号亮马桥外交公寓A区09-02号楼。电话：010-85325404；传真：85325437。

【同美国的关系】巴历届政府均十分重视同美保持友好关系。巴认为美是当今世界唯一超级大国，承认其在美洲的“领袖地位”及在加勒比地区的安全和战略利益，高度重视与美保持和发展传统关系，双方在反恐、禁毒等领域保持密切合作。同时，巴强调与美的政治关系不能损害巴独立和主权，不谋求在所有问题上与美保持一致。

【同英国的关系】英是巴重要贸易伙伴，为巴出口蔗糖、朗姆酒及其他产品提供优惠待遇。英为巴最大旅游客源国之一和巴在海外移民最集中的国家，在英的巴移民约5万余人。

【同加拿大的关系】加是巴第二大游客来源地和第四大商品出口市场。巴与加保持着密切的金融往来，在巴注册的6000家从事离岸金融或其他离岸商务的银行、国际商务公司、外国代销公司和豁免保险公司中大部分来自加拿大。

【同加勒比国家关系】巴视加强与加勒比各国的友好合作关系为其外交政策核心。巴是加共体单一市场首批成员，承认加勒比法院为其终审法院。

（王默）

巴 哈 马

国名 巴哈马国（The Commonwealth of The Bahamas）。

面积 陆地面积13878平方公里，国土总面积（含水域）25.9万平方公里。

人口 35.36万（2010年），其中黑人占85%，其余为欧美白人后裔和少数亚洲人后裔。官方语言为英语。多数居民信奉基督教。

首都 拿骚（Nassau），人口22.2万。

国家元首 英国女王伊丽莎白二世。女王根据巴总理提名任命总督为其代表。现任总督阿瑟·福克斯（Arthur FOULKES），2010年4月14日就任。

重要节日 独立日：7月10日。

简 况 位于美国佛罗里达州东南海岸对面，古巴北侧。群岛由西北向东南延伸，长1223公里，宽96公里。由700多个岛屿及2400多个珊瑚礁组成。其中30个岛屿有人居住。属亚热带气候，8月为最热月份，平均气温30℃；1、2月为最冷月份，平均气温20℃。年平均气温23.5℃。年平均降水量1000毫米。

1492年哥伦布首航美洲最先到达巴哈马群岛中部的圣萨尔瓦多岛（华特林岛）。1647年首批欧洲移民到此。1649年英属百慕大总督带领一批英国人占据群岛。1717年英国宣布巴哈马群岛为其殖民地。1783年英国、西班牙签订《凡尔赛和约》，正式确定该群岛为英属地。1964年1月实行内部自治。1967年实现黑人多数统治。1973年7月10日独立，为英联邦成员国。

政 治 长期以来，巴政局稳定，民主体制日臻成熟。独立后，进步自由党和自由民族运动两大政党轮流执政。2012年5月7日，进步自由党再次赢得大选，党领袖佩里·克里斯蒂（Perry CHRISTIE）出任总理。

【宪法】现行宪法于1973年7月10日生效。宪法规定：巴哈马为主权民主国家，必须保证公民的基本人权和自由。议会由参议院和众议院组成，任期五年。总督任命总理及反对党领袖，并根据总理提名任命内阁部长。除总理外，内阁至少应有八位部长，总检察长为其中之一。

【议会】由参议院和众议院组成，任期均五年。参议院由总督任命的16名议员组成，其中9名由总理提名，4名由反对党领袖提名，另3名由总理和反对党领袖协商提出。参议长莎伦·威尔逊（Sharon WILSON），2012年5月当选。众议院由普选产生的38名议员组成。本届众议院于2012年5月组成，进步自由党占29席，自由民族运动占9席。众议长肯德尔·梅杰（Kendal MAJOR），2012年5月当选。

【政府】本届政府2012年5月组成。主要内阁成员有：总理兼财政部长佩里·克里斯蒂（Perry CHRISTIE），副总理兼工程与城区发展部长菲利普·戴维斯（Philip DAVIS），外交与移民部长弗雷德里克·米切尔（Frederick MICTHELL）、总检察长兼司法部长埃里森·吉布森（Allyson GIBSON）等。

【行政区划】主要岛屿上设地方专员。主要岛屿有：新普罗维登斯岛，大巴哈马岛，安德罗斯岛，阿巴科岛，伊柳塞拉岛。其中新普罗维登斯岛居住着全国70%以上的人口，大巴哈马岛居住着约全国16%的人口。

【司法机构】设有最高法院、上诉法院和地方法院。均受理刑事和民事案件。英国枢密院为终审法院。最高法院院长伯顿·霍尔（Burton HALL），上诉法院院长琼·索耶（Joan SAWYER）。

【政党】（1）进步自由党（Progressive Liberal Party，PLP），执政党。成立于1953年10月。1973年7月领导巴哈马独立。主要代表黑人和中小资产阶级利益。独立后，该党连续执政至1992年，并于2002~2007年执政。2012年5月，该党再次胜选上台。领袖为佩里·克里斯蒂（Perry CHRISTIE）。

（2）自由民族运动（Free National Movement，FNM），反对党。成立于1972年。由从进步自由党分裂出来的议员和联合巴哈马人党（United Bahamian Party）组成。领导层多为中产阶级和知识分子。曾于1992~2002年和2007~2012年执政。2012年5月7日大选失利后下野。党领袖休伯特·明尼斯（Hubert MINNIS）。

（3）民主全国联盟（Democratic National Alliance，DNA），反对党。由自由民主运动前议员、移民国务部长布兰威尔·麦卡特尼（Branville McCARTNEY）于2011年4月组建，在2012年5月大选中虽未获议席，但对两大主要政党选情产生重要影响，成为巴哈马政坛的第三大党。

此外，还有巴哈马民主运动（Bahamas Democratic Movement）等政党，在巴政治生活中影响较小。

【重要人物】阿瑟·福克斯：总督，1928年5月11日生于伊纳瓜岛，拿骚公立学校毕业。巴独立前，曾任交通部长、旅游部长。多次当选众议员。1971年参与创立巴自由民族运动。1992年起，先后出任巴驻英国高专和驻法、德、意、比利时和欧盟大使。2001年被英女王封为爵士。2004年参与创立巴中友协并曾任副主席。1999~2002年任巴驻华大使（非常驻）。2007年起，任巴副总督兼新闻局长。2010年4月14日，就任巴总督。**佩里·克里斯蒂：**总理兼财政部长。1943年8月21日生于巴首都拿骚。曾就读于英国伯明翰大学，获法学学士学位，毕业后成为执业律师。1974~1977年任参议员。1977年起，历任卫生和国民保险部长，旅游部长，农业、贸易和工业部长。1992~1997年任进步自由党副领袖，1997年起任党领袖。2002~2007年任总理。2012年5月再任总理兼财政部长。圣公会教徒。已婚，有3个子女。

经　济

巴是加勒比地区最富裕的国家之一，人均国内生产总值居加勒比之冠，在西半球国家中仅次于美国和加拿大。旅游业和金融服务业是国民经济最重要的部门，产值占国内生产总值70%左右。近几年巴政府提出经济多样化发展目标，强调重点发展工农业，吸引外资，取得一定成效。2011年主要经济数据如下（资料来源：巴哈马政府财政预算报告）：

国内生产总值：79亿美元。

国内生产总值增长率：1.6%。

人均国内生产总值：约2.3万美元。

货币名称：巴哈马元；1元＝100分。

汇率：1美元＝1巴哈马元。

通货膨胀率：3.2%。

失业率：15.9%。

【资源】有天然气、盐、霰石等。

【制造业】有伐木、小船制造、水泥、食品加工、饮料、酿酒、手工艺品和制药等，主要集中在大巴哈马岛的自由贸易区内。为实施经济多样化战略，巴政府制定优惠政策，鼓励发展中小企业。

【农渔业】巴土层薄，土壤贫瘠，农业不发达，农渔业产值仅占国内生产总值的5%左右。只种植少量蔬菜、水果，主要农作物有甘蔗、番茄、香蕉、玉米、菠萝、豆类等。食品80%靠进口，部分蔬菜和柑橘类水果能自给并有少量出口，家禽生产约占农业产值的50%，肉类生产基本上满足国内需求。巴政府对农产品和水果产品实行保护政策。巴海域是世界重要渔场之一，鱼种类繁多，水产品生产潜力很大，但巴哈马的商业捕捞尚未形成规模。巴海域主要出产龙虾、海螺、石斑鱼、马林鱼、旗鱼和金枪鱼等。其中龙虾约占水产总量的60%。

【旅游业】是巴国民经济的支柱产业。年均接待游客约500万人次，收入占GDP的40%和外汇收入60%以上，为巴提供了约50%的就业机会。游客主要来自美国、加拿大和欧洲。坐落在天堂岛的亚特兰蒂斯饭店举世闻名，共有客房2500间。2011年，抵巴外国游客达559万人次，同比增长6.3%。

【金融服务业】是巴国民经济的第二大支柱产业，年收入占GDP的15%左右，为巴提供的就业机会超过10%。由于巴与美国毗邻，政治经济形势稳定，境内无直接税、无外汇管制，有严格的银行保密法等原因，巴成为全球重要的离岸金融中心。目前，巴政府已与20余国签署税收情报交换协定，以规避美欧国家对其离岸金融业的打压。

【交通运输】航空和海运较发达。

公路：公路总长3350公里，其中新普罗维登斯岛约966公里，其余主要分布在伊柳塞拉岛、大巴哈马岛、长岛以及卡特岛。

水运：巴是国际海运中心之一，两个主要港口为拿骚和自由港。自1976年起开始对外开放船舶注册，目前为世界第三大船舶注册国。

空运：有通往美国、加拿大、欧洲、古巴、牙买加等国的定期航班。有两个主要国际机场（拿骚和自由港），可降大型客机；另有55处国内机场，各主要岛屿间有航班运营。

【财政金融】政府收入主要来自关税和印花税等，约占总收入的70%。2010/2011财政年度，收入16.03亿美元、支出17.35亿美元；2011年末，巴外汇储备8.85亿美元；政府债务43.56亿美元，占当年GDP的55%；2011年，外国直接投资（FDI）8.85亿美元。近几年财政收支情况如下（单位：亿巴元）：

	2008/2009	2009/2010	2010/2011
收入	13.20	14.11	16.03
支出	17.42	17.85	17.35
差额	–4.20	–3.74	–1.32

（资料来源：巴政府工作报告）

【对外贸易】巴主要商品长期依赖进口，每年均有巨额贸易赤字，国际收支主要靠旅游业收入弥补。主要出口渔产品、化工产品、药品、朗姆酒、食盐，进口食品、消费品、机械设备和汽车等。主要贸易对象是美国、加拿大、欧盟国家、日本、韩国等。2011年巴进出口总额为42.3亿美元，逆差26.8亿美元。

【经济团体】（1）巴哈马商会（Bahamas Chamber of Commerce）。地址：Shirley St.，POB N–655。电话：001–242–322–2145；传真：322–4649。

（2）巴哈马农工公司（Bahamas Agricultural and Industrial Corp.）。 地 址：BAIC Bldg，East Bay St.，POB N–4940，Nassau。电话：001–242–322–3740；传真：322–2123。

人民生活

2011年，巴人均GDP约2.3万美元，在美洲地区仅次于美国和加拿大，但贫富悬殊较严重。2011年，人口出生率1.61%，死亡率0.69%。

军　事

皇家巴哈马国防部队（RBDF）成立于1975年10月，隶属巴哈马国家安全部，有海军士兵约1100人，主要职责是捍卫国家主权，打击毒品走私和非法移民。部队司令为海军准将罗德里克·鲍维（Roderick BOWE）。

文化教育

【教育】公立学校对5~14岁儿童实行免费义务教育。小学6年制，5岁入学；中学6年制，分两阶段，11岁入学。学生多在巴哈马当地就读大学，巴哈马学院为巴最高学府。2009年，该院设立了孔子课堂。

【新闻出版】主要报刊有:《论坛报》，发行量13500份;《拿骚卫报》，1844年创立，日报，发行量14100份;《巴哈马日报》，日报。

巴哈马广播公司：国营，1936年建立。

巴哈马电视台：国营，1977年建立，属巴哈马广播公司所有。此外，还可接收美国电视节目和一些卫星节目。

对外关系

奉行和平合作、尊重各国主权的外交政策。倡导民族自决、独立自主、领土完整和互不干涉原则，主张国际合作及和平解决争端。谴责恐怖主义行径，支持国际反恐斗争。对外关系中侧重经济因素。巴在同美、英保持传统的密切关系的同时，积极发展同其他英联邦国家、加勒比国家和其他国家的友好合作关系。巴为联合国、加勒比共同体、加勒比国家联盟、美洲国家组织、英联邦以及不结盟运动等成员国。与64个国家建有外交关系。

【同中国的关系】1997年5月23日，中巴建交。建交以来，两国友好合作关系稳步发展。2006年1月，巴在华设立使馆。2008年9月19日，巴首任常驻华大使坎贝尔递交国书。2009年，吴邦国委员长和回良玉副总理分别访巴。2010年，英格拉哈姆总理和巴参议长霍洛韦斯科、众议长史密斯访华并出席上海世博会闭幕式。2011年，王岐山副总理赴特立尼达和多巴哥出席第三届中国—加勒比经贸合作论坛期间过境巴哈马。

2011年中巴双边贸易额为6.13亿美元，其中中方出口额5.5亿美元，进口额6290万美元。

中国驻巴哈马大使：胡山。馆址：3rd Orchard Terrace，Village Road，P.O.BOX SS–6389，Nassau，The Bahamas。电话：001–242–393–1415；传真：393–0733。

巴哈马驻华大使：暂缺。馆址：北京市朝阳区亮马河南路14号塔园外交办公楼2单元4层。电话：010-65322083；传真：65322304。

【同美国的关系】同美国一直保持着传统的友好关系。美是巴最大的经济贸易伙伴，是巴游客及消费品的主要来源地。巴与美的经济关系占巴经济总量60%和巴对外经济关系总量80%以上。两国签署了反毒、司法互助和税收情报交换协议等政府间协定。

【同英国及英联邦国家的关系】与英国及英联邦国家保持密切的传统关系，英每年给巴一定的经济援助。

【同古巴的关系】巴积极发展与古巴的关系。2000年4月，双方互设外交机构。2003年两国私人货轮开通，结束了古巴长达40年的贸易禁运。2004年11月，古驻巴总领馆升格为大使馆，2005年，古向巴派出首任常驻大使。2011年10月，两国签订海洋边界协定。巴古每年贸易额约2000万美元。

【同加勒比国家的关系】与加勒比邻国关系密切。1983年7月加入加勒比共同体。由于巴经济发展水平与其他加共体国家差别较大，巴未加入2006年1月启动的加共体单一市场，亦未将加勒比法院作为其终审法院。但在对外磋商中，巴与加共体保持一致立场。2011年8月，加共体向巴提供援助用于飓风灾后重建。（胡启全）

巴拉圭

国名 巴拉圭共和国（Republic of Paraguay，República del Paraguay）。

面积 40.68万平方公里。

人口 637.6万（2010年）。95%为印欧混血种人，其余为印第安人和白种人。官方语言为西班牙语和瓜拉尼语。89.6%的居民信奉天主教。

首都 亚松森（Asunción），人口51.9万，夏季气温22℃～35℃，冬季气温12℃～22℃。

国家元首 总统卢戈于2012年6月22日被议会弹劾。同日，路易斯·费德里科·弗朗哥·戈麦斯（Luis Federico FRANCO Gómez）就任总统，任期至2013年8月。

重要节日 独立日：5月14日。

简况

南美洲内陆国家，与阿根廷、玻利维亚和巴西三国为邻。地处拉普拉塔平原北部，巴拉圭河从北向南把全国分成东、西两部分。东部为丘陵、沼泽和波状平原，全国90%以上的人口集中于此；西部为原始森林和草原。属亚热带气候，夏季平均气温27℃，冬季平均气温17℃。东部年平均降水量为1500毫米，西部500毫米。

早期为印第安土著瓜拉尼人居住地。1537年沦为西班牙殖民地。1811年5月14日宣告独立。1865年，洛佩斯政府为扩大地盘，进攻当时巴西的西南地区，巴西、阿根廷、乌拉圭三国联军对巴宣战。战争历时5年，巴拉圭战败，洛佩斯政府割地赔款，疆域缩小近一半，并失去出海口，成为内陆国家。19世纪70年代后，由红党与自由党轮流执政。1932～1935年，巴同玻利维亚为争夺石油资源发生查科战争，双方签订和平协定，巴得到查科地区3/4的土地。1954年5月4日，军人斯特罗斯纳伙同红党右翼发动政变上台，实行军事独裁长达35年。1989年2月2日，巴第一军区司令罗德里格斯发动政变，推翻斯特罗斯纳独裁政权，并于同年5月当选总统。在1993年总统选举中，红党候选人瓦斯莫西获胜，成立1954年后第一届民选文人政府。1998年5月，红党总统候选人库瓦斯当选总统。1999年3月，副总统、红党主席阿加尼亚遇刺，库被迫辞职，参议长冈萨雷斯继任总统并组成以红党为主的联合政府。2003年4月，红党总统候选人杜阿尔特当选总统。2008年4月21日，反对党“争取变革全国联盟”候选人、前主教卢戈以40.83%的得票率当选总统，结束了红党连续执政61年的历史。

政治

卢戈总统执政以来，在分权等问题上与主要执政党蓝党产生较大分歧。执政联盟内阁成员更迭频繁。反对党红党依靠国会议席优势对政府形成牵制。2012年6月，巴北部发生警察与占地农民间的流血冲突，造成17人死亡。红党以卢戈处置不当为由，分别推动众议院和参议院以压倒性多数通过对卢戈的弹劾案。卢戈被迫宣布辞职，但表示弹劾程序不符合法律程序。副总统弗朗哥接任总统，任期至下次大选前。

【宪法】现行宪法于1992年6月20日颁布。宪法规定巴为代议制国家。总统由普选产生，任期五年，不得连任。设副总统一名，现任副总统阿曼西奥·奥斯卡·丹尼斯（Amancio Óscar DENIS），蓝党，2012年6月28日当选，任期至2013年8月。

【议会】分为参、众两院，参议员45人，众议员80人，均由普选产生，任期五年。本届议会于2008年4月组成。各党派在议会所占席位如下（截至2012年6月）：

	众议院	参议院
红党	33	12
真正激进自由党（蓝党）	29	14

道德公民全国联盟	12	9
亲爱祖国党	4	4
其他	2	6
总计	80	45

参、众议长任期一年，每年改选。现任参议长豪尔赫·奥维多·马托（Jorge Oviedo MATTO），道德公民全国联盟，2012年6月当选。现任众议长维克托·博加多·冈萨雷斯（Víctor BOGADO González），红党，2010年6月当选，2011年6月连任，2012年6月再次连任。

【政府】现政府由总统府秘书处和10个部组成。主要成员有（截至2012年6月政府更迭后）：总统府秘书长：空缺，内政部长卡梅洛·卡韦列罗（Carmelo CABALLERO），外交部长何塞·费利克斯·费尔南德斯·埃斯蒂加里维亚（José Félix FERNÁNDEZ Estigarribia），财政部长曼努埃尔·阿道夫·费雷拉·布鲁斯科蒂（Manuel Adolfo FERREIRA Brusquetti），国防部长玛丽亚·利斯·加西亚·弗拉斯克里（María Liz GARCÍA Frasquerí，女），司法和劳动部长玛丽亚·洛雷纳·塞戈维亚·阿苏卡斯（María Lorena SEGOVIA Azucas，女），公共卫生和社会福利部长安东尼奥·埃里韦托·阿尔沃·索萨（Antonio Heriberto ARBO Sosa），教育和文化部长奥拉西奥·加莱亚诺·佩龙尼（Horacio GALEANO Perrone），公共工程和通讯部长恩里克·萨利姆·康塞普西翁·布萨尔基斯·卡塞雷斯（Enrique Salym Concepción BUZARQUIS Cáceres），工业和贸易部长弗朗西斯克·何塞·里瓦斯·阿尔马达（Francisco José RIVAS Almada，留任），农牧业部长恩索·卡多索·希门内斯（Enzo CARDOZO Jiménez，留任）。

【行政区划】全国划分为17个省和1个特别区（首都亚松森）。

【司法机构】根据宪法，国家设司法委员会，由8人组成。最高法院由9名大法官组成，大法官由司法委员会提名并经政府同意后，由参议院任命。现任最高法院院长维克多·曼努埃尔·努涅斯·贝尼特斯（Víctor Manuel NÚÑEZ Rodríguez）。

【政党】传统政党6个，主要有：

（1）真正激进自由党（PLRA，Partido Liberal Radical Auténtico）：又称蓝党。执政党。有80万名党员。1977年从激进自由党分裂出来，自由党国际成员。斯特罗斯纳独裁时期该党持强硬的反政府立场，长期处于非法地位。1989年2月获合法地位。在工人、农民和知识界有一定影响。对内主张实行土改、发展民族经济，要求实行民主开放和国家的全面改造；对外主张维护民族独立、反对外来干涉，同世界各国发展友好关系。1999年3月同红党、全国聚会党组成联合政府，2000年2月退出联合政府。2008年8月上台执政。现任主席为布拉斯·安东尼奥·利亚诺·拉莫斯（Blas Antonio LLANO Ramos）。

（2）红党（Partido Colorado）：又名全国共和联盟（ANR，Asociación Nacional Republicana）或国家共和党。反对党。1887年9月11日成立并执政到1904年。1948年再度执政。从1954年起连续执政至2008年。2002年3月，原党内“红色道德全国团结派”领导人奥维多将军脱离红党，另立新党。党内主要派别有：红色调解运动（Movimiento de Reconciliación Colorado）和民主共和行动（Acción Democrática Republicana）。2006年2月，时任总统杜阿尔特当选红党主席，但象征性就职后即辞职，第一副主席何塞·阿尔韦托·阿尔德莱特（José Alberto ALDERETE）接任党主席。在2006年11月举行的市政选举中，红党赢得包括首都和第二大城市东方市在内的半数以上市长席位。2008年4月21日，巴举行大选，红党败选，结束其连续执政61年的历史。目前红党仍为巴第一大党，现有160万名党员，现任主席莉莲·萨马涅戈（Lilian SAMANIEGO，女）。

（3）亲爱祖国党（PQ，Patria Querida）：前身为亲爱祖国运动（Movimiento Patria Querida），2000年成立，2003年9月更为现名。主张推进全面变革，认为巴目前政治腐败是灾难性的。现任主席为企业家佩德罗·尼古拉斯·马拉阿·法杜尔·涅利亚（Pedro Nicolas Maraa FADUL Niella）。

（4）道德公民全国联盟（UNACE，Unión Nacional de Ciudadanos Éticos）：2002年3月成立，由从红党分裂出来的红色道德全国团结派组成，自称有31万党员。现任主席为前陆军司令利诺·塞萨尔·奥维多·席尔瓦（Lino César OVIEDO Silva）。

（5）国家团结党（PPS，Partido País Solidario）：2001年由前全国聚会党领导人之一卡洛斯·阿尔韦托·费利佐拉·帕利亚雷斯（Carlos Alberto FILIZZOLA Pallares）创立并任主席。党员人数约2.5万。

（6）全国聚会党（PEN，Partido Encuentro Nacional）：参政党。1993年5月大选前成立。党员约18万人。主要由独立派人士组成。该党政治上主张多元化，改变传统政党长期执政局面；经济上主张改革，实现社会财富公平分配。1999年与红党、真正激进自由党组成联合政府。2001年，党领导人之一、前亚松森市长费利佐拉因不满该党留任联合政府宣布退党。现任主席为埃米利奥·卡马乔·帕雷德斯（Emilio CAMACHO Paredes）。

【重要人物】路易斯·费德里科·弗朗哥·戈麦斯：总统。1962年7月生于亚松森。外科医师。毕业于国立亚松森大学，后开始行医并担任多所医院院长职务。从政后加入蓝党，并曾担任党主席。2008年4月作为卢戈竞选搭档赢得总统大选，8月起任副总统，但双方在执政后分歧日益严重。2012年6月接替受到弹劾并被迫辞职的卢戈担任总统，任期至2013年8月。已婚，夫人埃米利亚·阿尔法罗，有三子一女。　**费尔南多·阿明多·卢戈·门德斯**：前总统。1951年生于圣索拉诺省。神职人员。毕业于亚松森天主教圣母大学，后在意大利教会大学深造。当过乡村教师。曾任神父、巴拉圭宗教协会副主席、圣佩德罗省主教。2005年辞去主教职位投身政坛，2007年被主要反对党蓝党和其他14个反对党组成"争取变革爱国联盟"联合推举为总统候选人。卢于2008年4月21日赢得大选，8月15日就职。2012年6月受到国会弹劾并被迫辞职。

经　济

国民经济以农牧业为主，工业基础薄弱，是拉美最落后的国家之一。经济活动主要集中在首都亚松森和东方市，经济受气候及国际初级产品价格影响。

2002年经济总量和人均国民收入达近20年来最低。2003年后，受地区经济好转及国际农产品市场价格变动等影响，经济出现恢复性增长，出口、投资和消费逐渐转旺。

2008年，受国际经济金融危机影响，巴经济增长大幅回落，财政赤字和贸易逆差扩大，外汇储备和投资减少。2009年下半年以来，随着国内旱情缓解和国际农产品需求上涨，巴经济形势逐渐企稳回升。2010年，巴经济取得较快增长。2011年主要经济数据如下：

国内生产总值：239.46亿美元。

人均国内生产总值：3649美元。

国内生产总值增长率：4.0%。

货币名称：瓜拉尼（Guaraní）。

通货膨胀率：4.9%。

汇率：1美元≈4630瓜拉尼（2011年12月）。

失业率：7.6%。

【资源】盐矿和石灰石储量较大，还有少量铁、铜、锰、铁钒土、云母、铌、天然气、铝矾土等。水力资源丰富。出产珍贵的硬质木材。

【工业】工业基础薄弱，以向国内市场供应基本消费品的轻工业和农牧产品加工业为主，主要产品有肉类罐头、面粉、饮料、烟草、柴油、石脑油等。2011年第一季度工业占国内生产总值的25%。

【农牧业】农业是巴国民经济的主要支柱。2010年农业产值占国内生产总值的49.9%，全国45%的经济人口从事农业生产，农牧产品出口额占出口总额的90%以上。主要农产品有大豆、棉花、烟草、小麦和玉米等。近年来主要农产品产量如下（单位：万吨）：

	2005/2006	2006/2007	2008/2009
棉花籽	18.0	–	–
大豆	380.0	600.0	385.5
稻米	12.6	11.0	21.5
甘蔗	320.0	410.0	480.0
葵花籽	6.8	19.0	19.4
玉米	110.0	125.0	185.8
木薯	480.0	480.0	262.1
花生	3.6	3.6	2.3
菜豆	7.0	7.0	–
烟草	1.5	1.5	0.6
小麦	62.0	80.0	106.7
芝麻	5.6	7.8	–

（资料来源：巴拉圭统计局）

畜牧业在巴经济中占有重要地位。近年来国际市场对肉类需求增加，巴肉类出口大幅上升。2011年9月和2012年1月，巴国内两次爆发口蹄疫，肉类生产和出口受到严重影响。

【林业】森林覆盖率为39%。70%的森林资源集中在格兰查科地区。20世纪70年代至80年代末期，森林遭大面积采伐，年均采伐面积达到50万公顷。2000年，森林砍伐面积10万公顷，造林面积5000公顷。2004年相关保护森林资源法律出台后，砍伐面积减为1.9万公顷。现仅保留95.9万公顷的天然林。

【能源】石油依赖进口。自1998年底以来全部进口阿根廷产原油。1981年在首都亚松森附近建有日产7500桶油的炼油厂。近年，在靠近玻利维亚边界的查科地区发现储量丰富的天然气。巴水力资源丰富，蕴藏量约为56000兆瓦。1973年巴拉圭同巴西达成协议在帕拉那河上合建伊泰普水电站，总装机容量为1400万千瓦（共有20台70万千瓦的涡轮发电机）。此外，巴还同阿根廷签订了关于合建亚西雷塔—阿皮培水电站协议，设计装机容量为300万千瓦，并于1994年9月投产。2007～2009年巴拉圭发电量统计表（单位：亿千瓦时）：

	2007	2008	2009
总发电量	905.22	939.47	1012.05
净发电量	905.04	939.30	1011.85

（资料来源：巴拉圭统计局）

【旅游业】旅游业是巴外汇收入主要来源之一，外国游客主要来自欧美国家。近年来，受地区经济动荡等影响，巴旅游业收入逐年下降。2009年，巴拉圭共接待外国游客43.92万人次，其中美洲游客39.4万人次，欧洲游客3.47万人次。

【交通运输】铁路：总长1147公里。原由英国资本控制，1961年收归国有。1979年耗资6800万美元进行现代化改造。共有12条线路，中央铁路长441公里，连接首都和巴阿边境城市安卡尔纳森。

公路：总长64310公里，其中柏油路4324公里。泛美公路由亚松森市直通玻利维亚。

水运：主要港口是亚松森。国家商船队主要承担巴至阿根廷和乌拉圭的短途河运。此外，巴拉圭海外船运公司有班轮通往美国和欧洲一些主要港口。

空运：截至2009年，巴拉圭共有14个设正规跑道的机场，其中2个为国际机场，分别位于亚松森和东方市。巴拉圭航空公司（LAPSA）原为国营，1994年政府出售了其80%股份。有定期航班通往阿根廷、乌拉圭、玻利维亚、比利时和美国。2009年载客量57万人次，货运量1.5万吨。

【财政金融】截至2011年12月，巴外汇储备余额49.13亿美元。截至2011年2月，巴外债余额23.07亿美元。

【对外贸易】2011年，巴拉圭对外贸易总额177.71亿美元，其中出口额54.60亿美元，进口额123.11亿美元。主要出口对象国为巴西、乌拉圭、智利、阿根廷，主要进口来源国为美国、日本、荷兰、意大利等。主要出口产品为粮食、植物油、肉类等。近年来对外贸易情况如下（单位：亿美元）：

	2009	2010	2011
出口额	31.67	45.35	54.60
进口额	65.00	93.99	123.11
差　额	−33.33	−48.64	−68 51

（资料来源：巴拉圭中央银行）

近几年主要产品出口额统计表（单位：百万美元）：

	2009	2010	2011
大豆	902.77	1593.80	2295.00
棉花	29.39	39.12	−
肉产品	578.78	930.45	752.08
木材	57.12	−55.09	−

（资料来源：巴拉圭统计局）

近几年进口分类统计表（单位：亿美元）：

	2007	2008	2009
消费品	15.26	24.05	21.72
资本货	23.26	32.65	23.52
中间产品	16.87	28.35	19.73

（资料来源：同上）

【外国资本】巴拉圭政府积极引进外资。1991年制定国内外投资法，对外资实行特别优惠政策，规定5年内免缴95%的赢利税。外资主要来源于美国、巴西、阿根廷，投资集中在食品、加工、纺织和化工行业。近年来，由于巴政局持续动荡，投资环境不断恶化，外资净流入额明显下降。2010年，巴吸引外国直接投资额为268万美元，同比增长171%。

人民生活

社会两极分化较严重。贫困人口占人口总数的34.7%（2010年）。土地高度集中，不到1%的人占有全国75%以上的土地。基尼系数为0.568（2009年）。最低工资为1507484瓜拉尼（约合350.58美元）（2010年，联合国拉美经委会）。1996年，巴立法规定建立国民医疗保障体系，至2007年仅覆盖了21.6%的人口。平均预期寿命为71岁（男）、75岁（女）（2010年，联合国拉美经委会）。政府投入医疗卫生领域的经费占国内生产总值的3.4%（2004年）。2007年，每百户家庭拥有冰箱76.6台，电视机84.9台，洗衣机51台，空调14.9台，汽车24.3辆，固定电话18.6部，移动电话75部，11.2%的家庭拥有电脑，3%的家庭使用互联网。

军　事

宪法规定，总统为武装部队总司令。国防委员会是最高军事决策机构，由总统、全体内阁部长、武装力量参谋长和陆、海、空三军司令组成，总统任主席，国防部长任副主席。国防部为最高军事行政机关。此外，还设有武装部队资格评判特别委员会，由总司令、武装部队司令、总参谋长、陆海空三军司令和后勤部队司令组成，总司令任该委员会主席，主要职能是决定军官晋升和退役。实行义务兵役制，服役期陆军和空军为一年半，海军两年。现任陆军司令阿达尔韦托·拉蒙·加尔塞特·马丁内斯中将（Adalberto Ramón GARCETE Martinez），海军司令胡安·卡洛斯·贝尼特斯·弗洛姆赫斯（Juan Carlos BENÍTEZ Fromherz），空军司令米格尔·克里斯特·雅各布斯少将（Miguel CHRIST Jacobs）。

2010年，巴全国总兵力约1.2万人，其中陆军7000人，海军2000人，空军1200人。

文化教育

【教育】实行九年义务教育制。全国有2所公立大学：亚松森国立大学和天主教大学，另有10所私立大学。宪法规定教育预算应占总预算的20%以上。2005年教育预算为19641.2亿瓜拉尼，占政府全部预算的30.8%。政府自1990年起执行全国教育发展计划，开展扫盲运动。15岁以上人口文盲率为4.1%（男）、5.3%（女）（2010年，联合国拉美经委会）。2006年各级教育情况如下：

	学校（所）	在校生（万人）	教师（人）
小学	8295	123.70	63737
中学	2213	21.06	23906
技校	434	4.20	36171
国立大学	2	5.50	−

【新闻出版】主要报纸有:《彩色ABC》，日发行量7.5万份;《今日报》，日发行量4万份;《祖国报》，日发行量8000份;《论坛报》，日发行量3万份;《最新时刻》，日发行量4.5万份。

全国广播电台为国家电台，另有11个私营商业电台和5家电视台。

对外关系

巴拉圭政府实行对外开放和多元化外交政策，愿同世界所有国家发展友好合作关系。主张维护国家主权、人民自决、不干涉别国内政、反对在国际关系中使用武力或以武力相威胁等原则，主张通过谈判解决国际争端。重视与拉美国家、特别是南方共同市场其他成员国的关系，努力参与地区事务和一体化进程。积极发展同美国、西欧国家关系。巴目前同128个国家有外交关系。

巴是联合国、77国集团、世界贸易组织、世界卫生组织、美洲国家组织、拉美经济体系、拉美一体化协会、拉美和加勒比共同体、南方共同市场、安第斯共同体（联系国）等国际和地区组织的成员。

2012年6月卢戈总统遭到弹劾并宣布辞职后，多数拉美国家及主要地区组织均对巴国会弹劾程序提出质疑，南共市宣布中止巴成员国资格，阿根廷、委内瑞拉、厄瓜多尔、玻利维亚及美洲玻利瓦尔联盟等谴责巴反对党行为是“政变”行为。

【同中国的关系】中巴无外交关系。据中国海关总署统计，2011年中国同巴拉圭贸易总额为12.93亿美元，其中中方出口额为12.48亿美元，进口额为4400万美元。

巴于1957年同台湾当局“建交”。台在巴首都设有“大使馆”，在巴第二大城市东方市设有“总领馆”。2008年，巴台贸易额为6665万美元，其中台出口额为5974.5万美元，进口额为690.5万美元。

【同美国的关系】巴政府重视与美关系。在打击国际犯罪、缉毒合作、反恐问题上与美积极配合，但在出兵伊拉克、向古巴派遣人权观察员及建立美洲自由贸易区等问题上未给予美支持。2005年8月，美国防部长拉姆斯菲尔德访巴，双方就建立“美巴战略关系”达成共识，美巴军事合作进一步加强。2006年5月和7月，巴副总统卡斯蒂略尼及外长拉奇德先后访美。当年，美巴在巴境内共举行13次联合军事演习。2007年4月，美助理国务卿香农访巴，6月巴外长访美，会见国务卿赖斯，双方就共同打击贩毒达成共识。2008年10月，卢戈总统访问美国。2009年12月和2010年11月，美国总统奥巴马特使、国务院西半球事务助理国务卿巴伦苏埃拉两度访巴。

【同巴西的关系】巴拉圭同巴西保持传统的友好关系。巴西在政治、经济、文化等方面对巴拉圭有较大影响，是巴拉圭在南方共同市场最重要的贸易伙伴，两国签订有多项双边合作协定。2007年5月，巴西总统卢拉访问巴拉圭。2008年9月和2010年5月，卢戈总统两度访问巴西。2011年1月，巴西外长帕特里奥塔访问巴拉圭。5月，巴拉圭外长拉腊访问巴西。6月，巴西总统罗塞芙访问巴拉圭并出席第41届南共市首脑会议。

【同阿根廷的关系】巴拉圭同阿根廷长期保持着良好的睦邻关系。双方经贸关系密切，在水电合作上成果显著。2010年5月，卢戈总统赴阿城市卡达莱斯出席南美国家联盟特别首脑会议。8月，阿外长蒂梅尔曼对巴进行工作访问。2011年5月，巴外长拉腊访问阿根廷。

【同其他拉美国家的关系】巴拉圭同拉美各国关系稳步发展。2008年6月，当选总统卢戈访问厄瓜多尔和玻利维亚。8月，委内瑞拉总统查韦斯访巴并出席卢戈总统就职典礼。2009年6月，卢戈总统访问古巴并会见古国务委员会主席劳尔·卡斯特罗，玻利维亚总统莫拉莱斯访巴。7月，巴主办第37届南共市首脑会议，卢戈访问玻利维亚。8月，哥伦比亚总统乌里韦访巴。2009年12月和2010年3月，卢戈访问智利。2011年，卢戈总统访问古巴、海地、厄瓜多尔和委内瑞拉，并出席委独立200周年庆祝活动。巴作为轮值主席国主办第41届南共市首脑会议。2012年2月，卢戈总统访问阿根廷，外长拉腊访问古巴。3月，巴主办南美国家联盟外长会议。4月，卢戈总统赴哥伦比亚城市卡塔赫纳出席第六届美洲国家首脑会议。

【同日本的关系】巴与日本一直保持密切的经济合作关系。日本是巴最大的援助国，已累计向巴提供近10亿美元援助。在巴有日本人和日侨约7000人。2010年1月，巴拉圭外长拉科戈纳塔赴日本东京出席第四届东亚—拉美论坛外长会议并访问日本。2011年3月日本东北部发生特大地震灾害后，巴政府向日提供援助。6月，日本外相松本刚明访巴，双方签署《粮食安全合作协议》。8月，日本向巴提供1900万美元援助，用于为偏远地区修建饮用水等公共设施。（朱晓晖）

巴 拿 马

国名 巴拿马共和国（The Republic of Panama, La República de Panamá）。

面积 7.55万平方公里。

人口 340.6万（2010年）。印欧混血种人占75%，印第安人12.6%，黑人9.2%，另有少量白人和亚洲人。西班牙语为官方语言。85%的居民信奉天主教，4.7%信奉基督教新教，4.5%信奉伊斯兰教。

首都 巴拿马城（Ciudad de Panamá），人口171万（2010年）。雨季（5～12月）气温为23℃～32℃，旱季（1～4月）气温为21℃～31℃。

国家元首 总统里卡多·马丁内利·贝罗卡尔（Ricardo Martinelli Berrocal），2009年7月1日就职，任期五年。

重要节日　独立日：11月3日。

简　况

位于中美洲地峡。东连哥伦比亚，南濒太平洋，西接哥斯达黎加，北临加勒比海。连接中美洲和南美洲，巴拿马运河从北至南沟通大西洋和太平洋。海岸线全长2988公里。地近赤道，属热带海洋性气候，年平均气温23℃～27℃。全年分旱、雨两季，年均降水量1500~2500毫米。

原为美洲印第安人居住地。1501年沦为西班牙殖民地。1821年成为大哥伦比亚共和国的一部分。1903年11月3日在美国支持下，脱离哥伦比亚独立。同年巴美签订《运河条约》，美获得修建和经营运河的永久垄断权和运河区的永久占领和使用权。美国从1904年起恢复开凿运河，1914年完工。1977年9月巴美签署《新运河条约》（又称"托里霍斯—卡特条约"），规定自1979年10月1日起至1999年12月31日，巴拿马运河由两国共同组成的运河管理委员会管理。1989年12月，美军入侵巴拿马，逮捕巴政府首脑、国防军司令诺列加。1999年12月31日，巴拿马收回运河主权。

政　治

2009年5月3日巴举行大选，由民主变革党等巴主要反对党组成的"变革联盟"候选人马丁内利以60%得票率当选总统，并于7月1日就职。马就任后高举反腐旗帜，着力改善政府形象；实行税收改革，努力发展经济；提高最低工资，扶助弱势群体。马执政三年多来，巴民主体制进一步巩固，经济恢复增长，社会保持稳定。

【宪法】现行宪法于1972年10月11日生效，历经1978年、1983年、1994年和2004年四次修改。规定国家三权分治，总统为国家元首，通过直接选举产生，任期五年，不得连任，但可隔届竞选。1994年10月4日，巴议会通过宪法修正案，取消军队，建立警察部队。2004年10月，宪法再次作出重要修改，规定国民议会更名为"国民大会"，并取消一个副总统职位。

【议会】国民大会为一院制，行使立法权。由71名议员组成，通过直选产生，任期五年。本届议会于2009年7月1日组成，各党派所占席位如下：民主变革党（执政联盟成员）37席，民主革命党17席，巴拿马主义党12席，民族主义共和自由运动党（执政联盟成员）4席，人民党1席。国会主席塞尔西奥·加尔韦斯（Sergio Gálvez）2012年7月1日当选，任期一年。

议会下设22个工作委员会，分别负责内政和司法事务、预算、公共财政和经济计划、贸易和工业、公共工程、教育文化和体育、运河事务、劳工及社会福利、通讯和交通、公共卫生和社会保险、外交、农业、住宅、人权、人口环境和发展、预防、控制和消除毒品、走私和洗钱等。

【政府】本届政府于2009年7月1日成立，主要成员有：副总统胡安·卡洛斯·巴雷拉（Juan Carlos Varela），总统府部长罗伯托·恩里克斯（Roberto Henriquez），外交部代部长弗朗西斯科·阿尔瓦雷斯·德索托（Francisco Álvarez De Soto），内政部长豪尔赫·里卡多·法夫雷加（Jorge Ricardo Fábrega），公共安全部长何塞·劳尔·穆利诺（José Raúl Mulino），经济财政部长弗兰克·乔治·德利马（Frank George de Lima），工商部长里卡多·基哈诺（Ricardo Quijano），农牧业发展部长奥斯卡·阿曼多·奥索里奥·卡萨尔（Oscar Armando Osorio Casal），卫生部长富兰克林·贝尔加拉（Franklin Vergara），住房部长何塞·多明戈·阿里亚斯（José Domingo Arias），劳工部长阿尔马·科尔特斯（Alma Cortés，女），社会发展部长吉列尔莫·费鲁菲诺（Guillermo Ferrufino），教育部长露西·莫利纳尔（Lucy Molinar，女），公共工程部长费德里科·苏亚雷斯（Federico Suárez），中小企业部长吉塞尔·布里略（Giselle Brillo，女），运河部长罗慕洛·罗斯（Rómulo Roux），旅游部长萨洛蒙·萨马（Salomón Shamah）。

【行政区划】全国划分为9个省和5个原著居民区，省下设县（市），县（市）下设区。

【司法机构】司法权由高等法院和国家总检察院行使。高等法院设9名法官，由政府任命，国会批准，任期10年。高等法院院长亚历杭德罗·蒙卡达·卢纳（Alejandro Moncada Luna）。国家总检察长何塞·阿尤·普拉多（José Ayú Prado）。

【政党】执政联盟包括：

（1）民主变革党（Partido Cambio Democrático）：第一大党，1998年5月成立。2011年3月原爱国联盟党并入该党。现有党员48.3万人。主席为现总统马丁内利，总书记贾科莫·坦布雷利（Giacomo Tamburelli）。

（2）民族主义共和自由运动（Movimiento Liberal Republicano Nacionalista）：1982年8月成立，现有党员6.1万人。该党强调实行代议制民主的廉洁政治，对外主张与美国、西欧、拉美国家平等合作。主席塞尔希奥·冈萨雷斯·鲁伊斯（Sergio González Ruiz）。

主要反对党有：

（1）民主革命党（Partido Revolucionario Democrático）：全国第二大党和最大反对党。1978年由托里霍斯将军倡议筹建，1979年3月11日正式成立。现有党员48.1万人。主席弗朗西斯科·桑切斯·卡德纳斯（Francisco Sánchez Cárdenas）。总书记米切尔·多恩斯（Mitchell Doens）。

（2）巴拿马主义党（Partido Panameñista）：巴第三大党。原称阿努尔福党（Partido Arnulfista）。1988年8月从真正巴拿马主义党中分裂出来，1991年10月正式成立。2005年1月改为现名。现有党员27.3万人。2009年1月加入马丁内利领导的"变革联盟"参加大选。2011年8月，与民主变革党同盟关系破裂。主席胡安·卡洛斯·巴雷拉（Juan Carlos Varela），总书记阿尔西维亚德斯·巴斯克斯·贝拉斯克斯（Alcibíades Vásquez Velásquez）。

（3）人民党（Partido Popular）：2001年7月由基督教民主党更名为人民党。现有党员2.6万人，成员多为大学生和中等知识分子及专业人员。主席米尔顿·戈恩—恩里克斯（Milton Cohen-Henríquez），总书记何塞·拉莫斯·雷耶斯（José Ramos Reyes）。

【重要人物】里卡多·马丁内利：总统。1952年3月11日生于巴拿马城。毕业于美国阿肯色州大学企业管理市场营销专业，后获哥斯达黎加中美洲工商管理研究院金融专业工商管理硕士学位。系巴知名企业家，拥有大型连锁超市“超级99”和里卡马尔进口公司，参与投资环球银行、国家电视台、维多利亚糖业公司等多家重要企业。曾出任巴社会保险局局长、运河部部长兼运河管理局局长等公职。1998年创建民主变革党。2004年作为该党候选人参加大选失利。2009年5月作为反对党“变革联盟”候选人参加大选获胜，7月1日就职。已婚，夫人玛尔塔·利纳雷斯（Marta Linares），有二子一女。

经济

巴拿马运河航运、地区金融中心、科隆自由贸易区和旅游业是巴经济的四大支柱。服务业在国民经济中占有重要地位。20世纪90年代初，巴政府实施私有化、扩大开放和减少保护等措施并取得成效。巴经济连续数年保持较高增长。后由于外部经济环境恶化，香蕉、海产品等主要农产品出口下降，加上美军撤离导致服务业萧条等原因，巴经济处于低迷状态。自2004年起，受世界经济回暖影响，巴经济连续5年保持快速增长。2011年，巴政府延续积极的财政政策，继续实行经济刺激措施，以运河扩建、矿业开发、地铁、港口等大型项目吸引外资，经济延续了2010年的良好回升势头，增长率在拉美地区处于领先地位。2011年巴主要经济数据如下（资料来源：巴总审计署）：

国内生产总值：306.80亿美元。

人均国内生产总值：8600美元。

国内生产总值增长率：10.6%。

货币名称：巴波亚（Balboa），仅发行作为辅币，在巴流通美元。

汇率：与美元等值。

通货膨胀率：5.9%。

失业率：4.5%。

【资源】全国70%以上的土地为热带森林所覆盖，林业资源丰富，主要有红木、雪松、棕榈树、橡胶树等。矿产主要有金、银、铁、铜、钼、铝矾土、盐、汞、硫磺和煤等。其中，铜储量居世界第11位，待开采量居世界第四位，拥有世界储量最大的铜矿，但品质一般。巴政府准备积极利用外资和国内私人资本开采除盐和铝矾土外的矿产。

【工业】工业基础薄弱，以食品加工业和轻工业为主，无重工业。2011年制造业产值12.12亿美元，同比增长3.2%；建筑业产值14.28亿美元，同比增长18.5%；矿业产值3.44亿美元，同比增长18.4%；电力、自来水和燃气行业产值6.14亿美元，同比增长6.7%。

【农业】耕地面积占全国土地面积的22.6%。全国20%以上的劳动人口从事农牧渔业。2011年农牧业产值6.84亿美元，同比增长3.8%。水稻、玉米、豆类为主要农作物，香蕉、甘蔗、菠萝、香瓜、西瓜和咖啡为主要经济作物。

【旅游业】有6处景点被联合国教科文组织列为“人类自然遗产”。2011年全国共有宾馆客房20768间。饭店和餐饮业产值6.53亿美元，同比增长7.6%。著名景区有巴拿马运河、孔塔多拉旅游区、桑普拉斯群岛、牛口群岛和雷岛等。近年访巴游客人数和旅游收入如下：

	2009	2010	2011
访巴人数（万人次）	156.30	168.50	194.10
旅游收入（亿美元）	14.83	16.76	19.26

（资料来源：巴总审计署、国家旅游局）

【交通运输】国内交通以公路为主。

公路：2010年巴公路总长为15137公里。

铁路：2010年巴铁路货运业务增长1.6%，运送游客总数近10万人次。

水运：巴是海运大国。巴拿马运河连接大西洋和太平洋，全世界约5%的贸易货运经由巴拿马运河。截至2011年底，全世界共有9133艘船舶在巴拿马注册，总载重量2.14亿吨，均居世界首位。四个主要港口包括曼萨尼略港、克里斯托瓦尔港（香港和记黄埔巴拿马港口公司经营）、巴波亚港、科隆集装箱码头（台湾长荣公司经营）。2011年巴港口行业产值增长13.7%，其中集装箱吞吐量为663万个，同比增长18.5%。

空运：巴是拉美空运中心之一，全国有近250个大小机场和停机坪。托库门国际机场（原名奥马尔·托里霍斯机场）是巴最大的国际机场，位于巴拿马城以东11公里处，1978年6月建成使用，每天可起降120多架次飞机，有56条国际航线。2010年巴常规空运增长33%，进出港航班共89400架次，运送旅客510万人次。2011年1~8月自托库门机场入境旅客人数为85.67万人次。

【财政金融】巴拿马城国际银行中心（CBI）现有银行93家，是拉美地区最重要的金融中心。2011年共吸引外国直接投资27.9亿美元，公共债务余额128.1亿美元，其中外债109亿美元，2010年底外汇储备为35.25亿美元。近年中央政府财政收支情况如下（单位：百万美元）：

	2009	2010	2011
收入	4460	5212.03	5579.94
支出	4818	6323.37	7302.09
差额	–358	–1111.34	–1722.15

（资料来源：巴总审计署）

【对外贸易】历年商品贸易均有巨额逆差。2011年出口额为7.86亿美元，进口额为113.42亿美元，同比分别增长8.3%和24%。主要出口产品为金枪鱼、虾、鱼粉、咖啡、香蕉等，主要出口对象为美国、瑞典、西班牙、哥斯达黎加等。主要进口石油产品、制成品、药品和食品等，进口主要来自美国、日本、哥斯达黎加等地。

科隆自由贸易区位于巴拿马运河大西洋入海口处，建于1948年，是仅次于香港的世界第二大自由贸易港，区内有企业3200多家。2011年科隆自贸区实现进口额139.70亿美元，出口额151.50亿美元，同比分别增长36.6%和33%。

人民生活

根据巴2010年人口普查，全国人口密度为45.9人/平方公里。平均寿命77.79岁。人口出生率19.4‰，死亡率4.7‰，婴幼儿死亡率13.4‰，产妇死亡率0.71‰。2011年全国共有劳动人口254.16万，其中就业人口150.09万。全国公共卫生开支16.82亿美元，占社会开支的30.3%，有326.47万人享受社保。全国共有62家医院、798家医疗中心。2010年全国共有医生5122名，床位8374张。

军　事

1989年美军入侵巴拿马，逮捕原国防军司令诺列加。1990年2月，巴决定解散国防军，建立由政府直接领导的警察部队，其主要职责是维护国家治安和防务。1994年巴通过宪法修正案，规定取消军队。2011年国家警察力量2万人。国家警察局长胡利奥·莫尔托（Julio A. Moltó. A.）。

文化教育

【教育】自1995年起实行11年义务教育，包括学前教育、6年小学和3年初中。根据巴2010年人口普查，巴文盲率为5.5%。2011年全国教育支出12.98亿美元，占社会性开支的23.4%。著名高等学府有巴拿马大学、技术大学、圣玛丽亚大学和地峡大学。截至2011年底，全国共有教师59328名。

【新闻出版】全国有8份西班牙文报纸（7份日报和1份周报），其创刊年份及发行量分别为：《巴拿马美洲报》（1925年，2.5万份）、《自由论坛报》（1958年，3.2万份）、《每日报》（2003年，3.6万份）、《新闻报》（1980年，4.5万份）、《我的日报》（2003年，3.2万份）、《世纪报》（1985年，4.2万份）、《巴拿马明星报》（1853年，1.7万份）以及周报《资本和金融》（2000年，5000份）。此外，还有3份中文日报：《拉美快报》（1992年，3000份）、《拉美侨声》（1997年，2000份）、《新报》（2004年，1000份）。

巴有电台273家，大部分为商业台。

无线电视频道10个，分属五个电视集团（台）：MEDCOM集团（1995年成立）旗下4频道、7频道和13频道；千禧年传播机构旗下21频道、33频道和37频道；国家电视台旗下2频道和9频道；教育基金会电视台（5频道）；由巴天主教人士主办的教育电视台；国家教育文化电视台（11频道），巴拿马大学主办，从事教育和文化传播。

有线电视频道2个：Cable Onda（1982年成立，MEDCOM集团下属）旗下体育专业频道（15频道）和购物频道（32频道）。

有10家私人互联网服务供应商。

对外关系

奉行中立、不结盟的外交政策，对美政策历来是巴外交政策的核心。在国际事务中，巴主张和平共处，尊重人权和可持续发展，通过多边主义化解国际冲突，主张依靠联合国的作用化解地区冲突。现阶段对外政策的基本目标是：维护国家的主权与独立，维护民主；保持运河的中立性；开展有利于国家发展的国际合作，重视与美国、欧盟、日本、俄罗斯、印度等大国发展关系；广泛吸引外资，通过商签自由贸易协定扩大出口。

同128个国家（不包括中国台湾省）有外交关系。是联合国、世界贸易组织、国际货币基金组织、世界银行集团、世界卫生组织、77国集团、不结盟运动、拉美和加勒比国家共同体、美洲国家组织、拉美经济体系、中美洲一体化组织、拉美一体化协会等重要国际和地区组织的成员国，中美洲共同市场的准成员国。

2011年，巴政府积极参与国际与地区事务，继续深化同美国的关系，并重视发展同周边国家睦邻友好。继续积极寻求与其他国家商签避免双重征税协定，脱离经济发展与合作组织“避税天堂”黑名单。

【同中国的关系】中国和巴拿马无外交关系。1973年5月，新华社在巴拿马设立分社。1987年12月，中国银行在巴拿马城设立分理处，并于1994年8月升格为中国银行巴拿马分行。1995年9月，中巴两国政府签署关于互设民间商务代表处的协议。1996年3月和8月，中巴分别在对方首都设商代处。

2011年中巴交往主要有：3月，民革中央副主席修福金访巴并出席中南美洲暨巴拿马和平统一促进会成立十周年大会。4月，全国人大常委会委员查培新赴巴出席各国议会联盟第124届大会。7月，致公党中央副主席李卓彬率团访巴。

巴现为中国在拉美第六大贸易伙伴。据中国海关总署统计，2011年中巴贸易总额为146.46亿美元，其中中方出口额为146.03亿美元，进口额为0.43亿美元，同比分别增长22.38%、22.28%和69.27%。中国自1994年起每年组团参加巴拿马国际博览会。2011年中方参展企业达64家。

中国巴拿马贸易发展办事处代表：霍洪海，2011年7月到任。地址：Torre Global Bank，P.22，Calle 50，Ciudad de Panamá。电话：507-2654058/61/62；传真：2654051

巴拿马中国贸易发展办事处代表：亚历杭德罗·卡斯蒂列罗（Alejandro Castillero），2012年1月到任。地址：北京市朝阳区塔园外交公寓6号楼1单元11号。电话：010-65325981；传真：65326822。

巴于1922年1月5日与"中华民国"建立"外交关系"，互设"大使馆"。1974年台在科隆设"领事馆"，2009年8月关闭。台"中央社"在巴设有分社。巴台间签有农业技术合作、渔业技术合作、投资及待遇保护、空中运输、贸易、文化、观光合作、新闻合作、派遣志工等协定。台在巴派驻农技团，主要向巴农民和渔民传授农产品种植和水产捕捞、养殖技术。

2011年，台方访巴的主要有：2月台高雄港务局局长萧丁训、3月台北市长郝龙斌、7月台"副总统"萧万长等。巴方访台的主要有：6月巴总检察长普拉多、8月巴副外长阿莱曼及政府科技创新局局长哈恩。

近年巴台贸易额有所下降。据台方统计，2011年台巴贸易总额为2.40亿美元，其中台出口额为2.0亿美元，进口额为0.4亿美元，同比分别下降28.3%、32.3%和2.0%。

【同美国的关系】巴于20世纪初在美国保护下脱离大哥伦比亚并出让运河开凿权。此后巴与美形成了既有矛盾、又严重依赖的复杂关系。60年代之前巴美关系以合作为主，60年代末至80年代末，在以托里霍斯将军为代表的军人主政期间，巴民族主义有所发展，巴美关系相对紧张。经过长期艰苦的谈判，1977年巴美达成新的运河条约即"托里霍斯—卡特条约"。1989年美以缉毒为由军事入侵巴拿马，逮捕了巴政府首脑、国防军总司令诺列加总统并将其押至美国审判和服刑，同时扶持恩达拉执政。1994年6月3日起，美按双方协议开始逐步撤离驻巴美军。1997年2月，巴美签署"全天候开放"航空协定，成为拉美第一个同美达成此类协议的国家。"9·11"事件后，巴积极配合美反恐战略，与美签署"反毒品合作"、"保护运河安全"和"加强巴拿马与哥伦比亚边境安全"等多项协议。

2011年，巴政府仍将对美关系作为外交优先目标，成功推动美国会通过巴美自由贸易协定。巴美继续深化在反毒、反洗钱和打击有组织犯罪领域的合作，但美人权报告对巴民主、人权及言论自由状况提出批评。年内，巴总统马丁内利、副总统兼外长巴雷拉分别访美，马丁内利总统赴美参加第66届联大。美国共和党议员麦凯恩访巴，美新任驻巴大使法勒到任。美国主持的"2011联盟力量"联合军事演习在巴举行。美在"梅里达计划"框架下向巴提供625万美元用于改善巴国内安全形势。

【同欧洲国家的关系】欧盟是巴资金和技术的主要来源地。巴政府重视加强同欧盟国家传统友谊。2011年，马丁内利总统先后访问西班牙、意大利、德国、英国和法国，并出席在瑞士达沃斯举行的"世界经济论坛"第41届年会。副总统兼外长巴雷拉先后访问西班牙、意大利、法国。

【同拉丁美洲国家的关系】1989年12月美国入侵巴拿马后，大多数拉美国家不承认美政府扶植的恩达拉政府。1990年里约集团取消巴成员国资格。巴举行民主选举后，里约集团于1994年8月重新接纳其为成员国。

2011年，巴政府积极参与地区事务，继续巩固和发展与周边国家的关系。积极推动在巴设立联合国人道主义援助中心和中美洲一体化体系地区安全事务行动协调中心，协调洪都拉斯重返美洲国家组织，积极参与美洲国家组织、里约集团、中美洲一体化体系及伊比利亚美洲国家首脑会议等地区组织活动。2011年，马丁内利总统访问智利、厄瓜多尔、洪都拉斯、多米尼加、哥斯达黎加和秘鲁，分别出席在委内瑞拉举行的拉美及加勒比国家共同体领导人峰会、在萨尔瓦多举行的中美洲一体化体系领导人第37次会议、在危地马拉举行的中美洲安全战略支援大会以及在巴拉圭举行的第21届伊比利亚美洲国家首脑会议，并接待洪都拉斯总统洛沃访巴。

【同亚洲国家的关系】近年来，巴与亚洲国家交往逐渐增多。日本、韩国向巴提供多项经济和技术援助。

【巴拿马运河和运河扩建计划】巴拿马运河位于巴拿马中部的蜂腰地带，是一条沟通太平洋和大西洋的著名国际运河。运河全长81.3千米，宽152~304米，深13.5~26.5米。运河两端各有一套三级双向船闸。船只通过（包括停泊等候）一般需24小时，长度、船腹、吃水线、重量等方面的限制分别为965英尺、106英尺、39.5英尺、6.5万吨级以下。运河对所有国籍船只实行全天候无歧视开放。现每天通航能力38艘。

2011年巴运河共通行船只14684艘，货物重量3.22亿吨，同比分别增长3.2%和7.3%；过河费及与通行相关收入共计17.30亿美元，同比增长16.7%。

美国原在运河区设有南方司令部。根据1979年生效的托里霍斯—卡特条约，美国在2000年以前关闭在运河两岸的14个军事基地，运河完全归还巴拿马。1999年11月30日，美向巴政府移交其在巴的最后一个军事基地"克莱顿堡基地"，结束了美在巴的军事存在。12月31日，运河管理权正式归还巴拿马。

1997年6月11日，巴总统佩雷斯正式批准《巴拿马运河管理局法》。巴运河管理局于1999年12月31日起取代由美巴双方共同组成的运河委员会行使管理运河的职权。

近年来，针对全球贸易不断增长，大型国际海运船舶越来越多的形势，巴政府决定拓宽运河。2006年

4月，托里霍斯总统公布运河扩建计划，主要内容是通过修建第三套大型船闸等工程，使超巴拿马型船舶能顺利通过运河。运河扩建工程总投资52.5亿美元，建设工期7~8年，建成后将使运河通行能力由每年3.3亿吨增至6亿吨。工程融资将通过提高船舶过河费和国际融资解决。10月，运河扩建项目获巴全民公决通过。2007年9月，运河扩建工程顺利启动。截至2011年底，工程已完工30%，预计竣工时间为2014年10月。

（陆雅萍）

巴　西

国名　巴西联邦共和国（The Federative Republic of Brazil，República Federativa do Brasil）。

面积　851.49万平方公里。

人口　1.91亿（2010年）。白种人占53.74%，黑白混血种人占38.45%，黑种人占6.21%，黄种人和印第安人等占1.6%。官方语言为葡萄牙语。64.6%的居民信奉天主教。

首都　巴西利亚（Brasília），人口245.5万（2010年），年平均气温21℃。

国家元首　总统迪尔玛·罗塞芙（Dilma Rousseff，女），2011年1月1日就任，任期至2015年1月1日。

重要节日　独立纪念日，即巴西国庆：9月7日。

简　况

位于南美洲东南部。北邻法属圭亚那、苏里南、圭亚那、委内瑞拉和哥伦比亚，西界秘鲁、玻利维亚，南接巴拉圭、阿根廷和乌拉圭，东濒大西洋。海岸线长约7400公里。国土的80%位于热带地区，最南端属亚热带气候。北部亚马孙平原属赤道热带雨林气候，年平均气温27℃～29℃。中部高原属热带草原气候，分旱、雨两季，年平均气温18℃～28℃。南部地区年平均气温16℃～19℃。

1500年4月22日，葡萄牙航海家佩德罗·卡布拉尔抵达巴西。16世纪30年代葡派远征队在巴建立殖民地，1549年任命总督。1808年拿破仑入侵葡萄牙，葡王室迁往巴西。1821年葡王室迁回里斯本，王子佩德罗留巴任摄政王。1822年9月7日，佩德罗王子宣布独立，建立巴西帝国。1889年11月15日，丰塞卡将军发动政变，推翻帝制，成立巴西合众国。1964年3月31日，军人政变上台，实行独裁统治，1967年改国名为巴西联邦共和国。1985年1月，反对党在总统间接选举中获胜，结束军人执政。此后，巴政权6次平稳更迭，代议制民主政体基本稳固。2002年10月，以劳工党为首的左翼政党联盟候选人卢拉赢得大选。2003年1月卢拉就职，成为巴西第40任总统，这是巴历史上首位直选左翼总统。2006年10月，卢拉战胜社会民主党候选人阿尔克敏，获得连任。2010年10月，迪尔玛·罗塞芙作为劳工党候选人赢得大选，并于2011年1月1日就职。

政　治

巴政局稳定。罗塞芙政府强调延续上届政府既定的治国方略和发展战略，以推动巴西现代化进程、加快向全球性大国迈进为主要目标，以促进经济增长、减少贫困和促进社会进步为施政重点，加强宏观调控，稳定经济，加大卫生、教育和基础设施等民生领域投入，得到社会各界的广泛认同和支持。2011年1月罗塞芙政府执政以来，已有多位内阁部长因涉嫌贪腐被迫辞职。目前，罗塞芙总统民意支持率保持70%以上。

【宪法】第一部帝国宪法于1882年产生。1988年10月5日颁布巴西历史上第八部宪法，规定总统由直接选举产生，任期五年，取消总统直接颁布法令的权力。在公民权利方面，宪法保障人身自由，废除刑罚，取消新闻检查，规定罢工合法，16岁以上公民有选举权等。1994年和1997年议会分别通过宪法修正案，将总统任期缩短为四年，并允许总统和各州、市长连选连任。

【议会】联邦议会是国家最高权力机构。其主要职能是：制定一切联邦法律；确定和平时期武装力量编制及兵力；制定全国和地区性的发展计划；宣布大赦令；授权总统宣布战争或和平；批准总统和副总统出访；批准或撤销总统签署的临时性法令、联邦干预或戒严令；审查总统及政府行政开支；批准总统签署国际条约；决定临时迁都等。

联邦议会由参、众两院组成。两院议长、副议长每两年改选一次，可连选连任。参议长兼任联邦议会主席。参议员81人，每州3人，任期八年，每四年改选1/3或2/3。众议员513人，任期四年，名额按各州人口比例确定，但最多不得超过70名，最少不低于8名。现任参议长若泽·萨尔内（José Sarney，巴西民主运动党），2011年2月当选，任期至2013年2月；众议长马尔科·马亚（Marco Maia，巴西劳工党），2011年2月当选，任期至2013年2月。各党在议会中的席位如下：

	参议院	众议院
巴西民主运动党	19	79

劳工党	13	86
民主党（原自由阵线党）	4	29
巴西社会民主党	10	50
共和党	6	36
进步党	5	39
巴西工党	6	20
民主工党	5	26
巴西社会党	4	30
社会主义人民党	0	9
巴西共产党	2	11
巴西共和党	1	9
社会主义自由党	1	3
绿党	1	14
基督教社会党	1	16
其他党派和无党派	1	60

【政府】本届联邦政府于2011年1月1日成立，共设24个部。现内阁成员如下：司法部长若泽·爱德华多·卡多佐（José Eduardo Cardozo），国防部长塞尔索·阿莫林（Celso Amorim），外交部长安东尼奥·帕特里奥塔（Antônio Patriota），财政部长吉多·曼特加（Guido Mantega），交通部长保罗·帕索斯（Paulo Passos），农牧业和供给部长门德斯·里贝罗（Mendes Ribeiro），教育部长阿洛伊西奥·梅尔卡丹特（Aloizio Mercadante），文化部长安娜·德奥兰达（Ana da Hollanda，女），劳动就业部长卡洛斯·布里佐拉（Carlos Brizola），社会福利部长加里巴尔迪·阿尔维斯（Garibaldi Alves），社会发展和消除饥饿部长特雷莎·坎佩洛（Tereza Campello，女），卫生部长亚历山大·帕迪利亚（Alexandre Padilha），发展、工业和贸易部长费尔南多·皮门特尔（Fernando Pimentel），矿能部长爱迪生·洛邦（Edison Lobão），计划、预算和管理部长米丽娅姆·贝尔肖尔（Miriam Belchior，女），通讯部长保罗·贝尔纳多（Paulo Bernardo），科技部长马尔科·安东尼奥·茹普（Marco Antônio Raupp），环境部长伊萨贝拉·特谢拉（Izabella Teixeira，女），体育部长阿尔多·雷贝洛（Aldo Rebelo），旅游部长加斯唐·维埃拉（Gastão Vieira），全国一体化部长费尔南多·贝泽拉（Fernando Bezerra），农村发展部长阿丰索·弗洛伦塞（Afonso Florence），城市部长阿吉纳尔多·里贝罗（Aguinaldo Ribeiro），渔业和养殖部长马尔塞罗·克里韦拉（Marcelo Crivella）。

【行政区划】全国共分26个州和1个联邦区。州下设市，全国共有5564个市。

【司法机构】根据1988年10月5日颁布的宪法，司法机构包括联邦最高法院、联邦法院、高等司法院、高等劳工法院、高等选举法院、高等军事法院和各州法院。联邦最高法院由11名大法官组成，大法官必须是年龄在35岁以上、65岁以下的巴西公民，由总统提名，经参议院批准后任命。联邦最高法院院长塞萨尔·佩卢索（Cezar Peluso，2010年4月就任，任期两年）。联邦总检察长罗伯托·蒙泰罗·古热尔·桑托斯（Roberto Monteiro Gurgel Santos，2011年8月连任，任期两年）。

【政党】在巴西高等选举法院登记的政党有29个，主要有：

（1）劳工党（Partido dos Trabalhadores—PT）：主要执政党。1980年2月成立，主要由城乡劳动者、工会领导人和知识分子组成，是巴西最大左翼政党，现有党员约150万人。该党政治上主张实行改革，保障劳动者的权益；经济上主张公平分配财富；对外主张各国相互尊重、加强国际合作，维护世界和平。主席鲁伊·法尔康（Rui Falcão）。

（2）巴西民主运动党（Partido do Movimento Democrático Brasileiro—PMDB）：执政联盟成员。1980年1月成立，其前身为1965年成立的巴西民主运动，在军政府时期长期为唯一合法的反对党。对内主张实行土改和保护民族工业，全面恢复民主制度。对外主张执行独立的外交政策，尊重各国自决权。主席瓦尔迪尔·拉乌普（Valdir Raupp）。

（3）巴西工党（Partido Trabalhista Brasileiro—PTB）：执政联盟成员。1945年由时任总统瓦加斯创立。1964年军人政变后被迫停止活动。1979年重新组建。主席罗伯托·杰弗逊（Roberto Jefferson）。

（4）民主工党（Partido Democrático Trabalhista—PDT）：执政联盟成员。1979年成立，前身为巴西工党的一部分，系社会党国际成员。主张实行多党制，工会独立，实行土改，消除贫富不均和扶助中小企业。对外主张民族独立，人民自决，各民族和平相处和不结盟。主席卡洛斯·卢皮（Carlos Lupi）。

（5）社会主义人民党（Partido Popular Socialista—PPS）：执政联盟成员。1992年1月，巴西的共产党宣布解散，以党主席罗伯托·弗莱雷为首的"现代派"决定改名成立社会主义人民党。主席罗伯托·弗莱雷（Roberto Freire）。

（6）巴西共产党（Partido Comunista do Brasil—PC do B）：执政联盟成员。1962年从原"巴西的共产党"中分裂出来，将1922年3月25日作为建党日。主要成员是城乡劳动者、青年学生和自由职业者。1985年7月获合法地位。主席若泽·雷纳托·拉贝洛（José Renato Rabelo）。

（7）进步党（Partido Progressista—PP）：执政联盟成员。原名巴西进步党，1995年9月由改革进步党和进步党合并而成，2003年4月更名。信奉基督教义，推崇自由、进步与社会正义。主张在不损害国家主权和尊严的基础上，逐步推行改革开放。在保障全国各地区、各阶层均衡发展的前提下，实现社会正义和国家现代化。主席弗朗西斯科·多内莱斯（Francisco

Dornelles）。

（8）巴西社会民主党（Partido da Social Democracia Brasileira—PSDB）：在野党。1988年6月25日成立，由一批因对民运党不满而退出该党的人组成。主张完善民主制度，实行经济开放，鼓励外国投资，改革分配制度，消除贫富差别。主席塞尔吉奥·格拉（Sérgio Guerra）。

（9）民主党（DEMOCRATA）：在野党。原名自由阵线党（Partido da Frente Liberal—PFL），1985年1月成立，2007年3月更名。对内主张维护民主制度，实行社会变革和国营企业私有化，改革分配制度等。对外主张主权自决和平等。主席若泽·阿格里皮诺（José Agripino）。

其他政党还有：基督教社会党（Partido Social Cristão）、共和党（Partido da República）、社会自由党（Partido Social Liberal）、民族动员党（Partido da Mobilização Nacional）、巴西社会党（Partido Socialista Brasileiro）、巴西共和党（Partido Republicano Brasileiro）、绿党（Partido Verde）等。

【重要人物】迪尔玛·罗塞芙：总统。1947年12月14日生。毕业于巴西南里约格朗德联邦大学经济系。曾因反对巴西军政府的独裁统治被捕入狱。1980年进入南里约格朗德州议会工作。1985年起历任州首府阿雷格里港市财政局长、州经济与统计基金会主席、州矿能交通厅长。2001年加入劳工党。2002年出任矿能部部长，2005年出任总统府民事办公室主任。2010年10月31日在总统选举第二轮投票中以56.01%的得票率当选总统。2011年1月1日就职。2004年曾以能矿部长身份访华。2011年4月对中国进行首次国事访问并出席金砖国家领导人第三次会晤和博鳌亚洲论坛2011年年会开幕式。 **米歇尔·特梅尔（Michel Temer）**：副总统。1940年9月23日生。圣保罗天主教大学法律博士。律师、教授。民主运动党人。1983年起，历任圣保罗州检察官、检察长、州政府公共安全局长。1987年至今连任联邦众议员，任期至2011年。1997～2000年任众议长。2009年2月，第三次就任众议长，任期至2011年2月。2010年10月作为劳工党总统候选人罗塞芙的搭档参加大选，当选副总统，2011年1月1日就职。

经 济

2011年国内生产总值位居世界第六位（国际货币基金组织），经济实力居拉美首位。农牧业发达，是世界蔗糖、咖啡、柑橘、玉米、鸡肉、牛肉、烟草、大豆等农牧产品主要生产国和出口国。工业基础雄厚，门类齐全，石化、矿业、钢铁、汽车工业等较发达，民用支线飞机制造业和生物燃料产业在世界上居于领先水平。服务业产值占国内生产总值近六成，金融业较发达。

2003年以来，巴西政府执行稳健务实的经济政策，经济整体平稳较快增长，发展前景良好。受国际金融危机影响，巴西经济在2008年第三季度至2009年第三季度一度下滑，增速放缓，政府及时出台了一揽子稳定金融和刺激经济措施，取得一定成效。2010年巴西经济增长7.5%，但受国际游资大量涌入、国际原材料价格上涨等因素影响，国内通胀和本币升值压力加大，经济面临过热风险。对此，巴西政府一度采取财政、货币"双紧缩"政策。自2011年下半年起，受美欧经济形势恶化影响，巴西经济增长速度有所放缓。巴西政府因应形势及时调整政策，相继出台"壮大巴西"新工业政策、降低基准利率、加强国内市场保护等刺激经济增长措施。从目前情况看，巴西经济继续保持良好的发展态势。2011年巴西主要经济数据如下（资料来源：国际货币基金组织、巴西地理统计局）：

国内生产总值：2.49万亿美元。

人均国内生产总值：约1.28万美元。

国内生产总值增长率：2.7%。

货币名称：雷亚尔（Real）；1雷亚尔=100分。

汇率：1美元=1.8751雷亚尔（2011年12月30日）。

通货膨胀率：6.6%。

失业率：5.2%。

【资源】矿产、土地、森林和水力资源十分丰富。铌、锰、钛、铝矾土、铅、锡、铁、铀等29种矿物储量位居世界前列。铌产量占世界总产量的90%以上，铁矿砂、锰、钛、铅产量居世界第二。森林覆盖率达62%。探明石油储量为17亿吨，居世界第15位，南美地区第二位（仅次于委内瑞拉）。2007年底以来，在沿海陆续发现多个特大油气田，预期储量可能超过500亿桶，有望进入世界十大储油国之列。水力资源丰富，拥有世界18%的淡水，人均淡水拥有量2.9万立方米，水力蕴藏量达1.43亿千瓦/年。

【工业】实力和工艺均居拉美首位。20世纪70年代即建成比较完整的工业体系，工业基础较雄厚。2011年工业增长1.6%。主要工业部门有：钢铁、汽车、造船、石油、水泥、化工、冶金、电力、建筑、纺织、制鞋、造纸、食品等。民用支线飞机制造业和生物燃料产业在世界上居于领先水平。90年代中期以来，药品、食品、塑料、电器、通信设备及交通器材等行业发展较快；制鞋、服装、皮革、纺织等行业萎缩。近年来主要工业产品产量如下（单位：万吨）：

	2009	2010	2011
铝	150.0	153.6	144.0
粗钢	2560.0	3280.0	3520.0
纸浆	1346.0	1405.0	1399.7
汽车（万辆）	318.2	363.8	440.6

（资料来源：巴西网站）

【农牧业】可耕地面积约3.4亿公顷。咖啡、蔗糖、柑橘、菜豆产量居世界首位，大豆、玉米产量居世界第二和第三位，是世界第二大转基因作物种植国。2011年农牧业增长3.9%，粮食总产量1.595亿吨。除小麦等少数作物外，主要农产品均能自给并大量出口。近年主要农产品产量如下（单位：万吨）：

	2009	2010	2011
稻谷	1153.2	1262.8	1370.0
大豆	6516.0	6855.0	7175.0
小麦	214.2	502.6	579.0
玉米	5743.0	5272.3	5620.0
杂豆	315.8	364.6	352.6
棉花	157.8	121.5	

（资料来源：驻巴西使馆经商处、巴西农业供给公司、巴西农牧业协会、巴西国家地理统计局）

【服务业】2011年增长2.7%。主要部门包括不动产、租赁、旅游业、金融、保险、信息、广告、咨询和技术服务等。

【旅游业】2011年接待外国游客543万人次，创汇59亿美元。全国主要旅游城市和景点：里约热内卢、圣保罗、萨尔瓦多、巴西利亚、伊瓜苏大瀑布、马瑙斯、黑金城、巴拉那石林和大沼泽地等。

【交通运输】公路运力占全国总运力的60.49%、铁路占24%、水路占13.86%、管道运输占4.46%、航空运输占0.33%。

铁路：巴西铁路运力居拉美首位，目前铁路网总长度约为3万公里，主要分布在巴西南部、东南部和东北部，其中35%以上建于60年前。铁路系统职工总人数27.6万人，拥有机车2863台，车厢8.9万节。

公路：总长175万公里，其中联邦级公路7.57万公里，铺好路面的公路21.9万公里。全国登记的各种车辆3660万辆。

水运：水运总量6.92亿吨，集装箱运输量达6328万吨，全年装箱总量为350万箱。全国有82个港口，远洋货船126艘。内河航线总长9403公里。主要港口有：桑托斯、维多利亚、里约热内卢、帕拉那瓜和圣路易斯等。近年来，为适应农产品出口的增长，带动东北部地区经济发展，巴正在东北部地区兴建一批万吨级以上的深水码头。

空运：2011年全国机场客运总能力为1.8亿人次。全国有36家航空公司，其中塔姆（TAM）、戈尔（GOL）和瓦里格（VARIG）三家主要公司经营国际和绝大部分国内航线。正式登记的飞行器1.2万余架。全国通航城市150个，与世界主要地区均有定期航班。全国共有机场2498个，其中私人机场1759个，公用机场739个。主要国际机场为：圣保罗、里约热内卢、巴西利亚、累西腓、马瑙斯。

【财政金融】受巨额债务的影响，巴财政收支长期赤字。为摆脱财政赤字，巴政府从1999年起厉行增收节支，增加初级财政盈余。2011年初级财政盈余1287.10亿雷亚尔，占国内生产总值的3.11%。公共债务余额1.51万亿雷亚尔，占GDP的36.5％。2011年，巴西外汇储备3521亿美元，外债3015亿美元。

巴西银行：成立于1808年，是巴西最大的国家银行，在21个国家设有代表处。2004年10月在上海开设办事处。

巴西国家开发银行：成立于1952年，主要职责是为巴西大型基础设施和工程提供资金帮助。

【对外贸易】近年来，巴西政府对外贸政策作了重大调整。摈弃以高额关税限制进口的保护主义，对出口进行奖励和补贴，鼓励提高产品质量和加强出口竞争机制，宣布开放市场，减免5000种商品进口关税。1999年雷亚尔对美元贬值后，巴产品出口迅速增加，外贸形势逐步好转。近年巴西外贸情况如下（单位：亿美元）：

	2009	2010	2011
进口额	1276.47	1816	2262.5
出口额	1529.95	2019	2560.4
顺　差	253.48	203	297.9

主要进口机械设备、电子设备、药品、石油、汽车及零配件、小麦等。出口汽车及零部件、飞机、钢材、大豆、药品、矿产品（主要是铁矿砂）等。

2011年与各主要贸易伙伴进出口情况如下（单位：亿美元）：

	进口额	出口额	总　额
中国	524	318	842
美国	259	342	602
阿根廷	227	169	396
欧盟	529	465	994

（资料来源：巴西发展、工业和外贸部）

【外国资本】目前在巴有11400多家外资企业，雇员170万人。外国在巴主要投资部门为汽车、能源、通信、金融、冶金、化工、交通运输和机械等。2011年巴吸收外国直接投资600.55亿美元。主要投资国是美国、卢森堡、荷兰、日本、西班牙、法国、澳大利亚、德国等，外资主要投向银行、能源和冶金等领域。

各国在巴投资的情况如下（单位：亿美元）：

	2007	2008	2009
荷兰	81.1613	46.2368	65.15
美国	60.3919	69.1795	49.02
西班牙	21.6352	37.8747	34.24
德国	17.5678	10.3657	24.73
法国	12.1440	28.5613	21.41
日本	4.6463	40.9878	16.73

（资料来源：巴西中央银行2009年外资普查）

【著名企业】（1）巴西石油公司（PETROBRAS）

1953年10月成立，负责国家在石油领域的垄断经营。1997年8月，政府颁布法令，允许私人和外资参与该公司经营，打破国家对石油领域垄断，但巴西石油公司仍为巴境内最大的石油企业。2010年，公司拥有生产平台133个，炼油厂15个，输油（气）管道25966公里，各类油轮172艘（其中自有52艘），定点加油站8000个，2个化肥厂。2011年，公司平均日产原油202万桶、天然气564万立方米，净利润333亿雷亚尔。现任总裁格拉萨·福斯特（Graça Foster）。

（2）巴西航空工业公司（EMBRAER）世界第三大民用飞机制造企业和巴西主要出口创汇企业之一，在生产120座以下支线飞机方面居世界领先地位。成立于1969年，1994年实行私有化。目前国家持股0.8%，但拥有否决权。主要产品为ERJ-145系列和E 170/190系列支线喷气客机、“超级大嘴鸟”螺旋桨战斗机等。同以生产“幻影”战斗机闻名的法国达索航空工业集团有合作关系。总部在圣保罗州的圣若泽多斯坎普斯市，同时在美国、法国、葡萄牙、中国和新加坡设有办公机构和客户服务中心。2003~2011年与中国航空工业第二集团公司在哈尔滨合资生产民用涡扇支线飞机。全公司共有员工1.8万人，2011年净利润约1.56亿美元。现任总裁弗雷德里科·弗勒里·库拉多（Frederico Fleury Curado）。

（3）淡水河谷公司（VALE）1942年成立，世界第三大矿业集团，最大铁矿砂和球铁矿生产企业。1997年巴政府将公司私有化后，公司盈利不断上升，经营规模逐步扩大。除传统的铁、铝、锰、黄金等矿产品外，还将业务拓展到铁路、水路运输、热力发电和金融证券等领域。公司在上海设有办事处，同上海宝钢有在巴西合资开发铁矿砂的合作项目。2011年铁矿石产量达3.12亿吨，同比增长4.98%，净利润228.9亿雷亚尔。现任总裁穆里洛·费雷拉（Murilo Ferreira）。

人民生活

巴实行社会养老保险的福利政策。2011年3月，政府设定的最低月工资为545雷亚尔。2011年全国赤贫人口1600万，占总人口的8.5%。据统计，全国共有医院5864所，平均每千人拥有病床3.11张。还有63662个卫生站等卫生服务机构，平均每千人拥有2.08名医生。2010年巴人均预期寿命73.1岁，新生儿死亡率19.88‰。

军　事

巴军队分为海、陆、空三个军种，分别建立于1823年12月11日、1648年8月25日和1940年10月23日。总统为三军最高统帅，武装部队各军种司令、参谋长和总统府机关安全办公室主任协助总统制定有关军事政策和处理军务。1999年8月，巴政府将原海、陆、空三部合并，成立国防部。巴实行义务兵役制，服役期一年。2010年三军总兵力约33.1万人，其中陆军19.6万人，海军6.7万人，空军6.9万人。自1947年起参加联合国维和行动，是十大维和人员派遣国之一。巴有约1.2万名士兵在海外执行维和任务。

文化教育

【教育】教育体系分基础教育和高等教育两级，基础教育又分初级教育和中等教育。初级教育相当于中国的小学和初中，中等教育相当于中国的高中。高等教育指各类大学，学制一般为四年。2005年巴有高等教育机构1859所，其中大学163所，在校生约388.8万。著名高等学府有圣保罗大学、坎皮纳斯大学、巴西利亚大学、里约热内卢天主教大学等。巴西实行九年义务教育制（6～14岁），对贫困生入学实行国家助学金制度。2009年，6～14岁儿童入学率为97%，成人识字率90%。

【新闻出版】全国日报有532种，发行量在15万份以上的主要报纸有:《圣保罗页报》、《圣保罗州报》、《环球》、《号外》、《零点》、《人民邮报》等。全国杂志有3651余种，主要杂志有:《请看》、《时代》、《这就是》等，均为周刊。

全国有广播电台4305家，大多为私人所有。巴西广播公司为官方电台。大型电视台有七家，节目播放时间从早6时至次日晨3～4时，全国覆盖面达99.77%，并通过卫星向美洲、欧洲主要国家和日本传送节目。“环球台”为全国最大私营电视台，其他较大的私营电视台有“巴西电视网”和“纪录”等。政府管理的有两家，即国家电视台和教育电视台。上述电台和电视台均使用葡萄牙语。

对外关系

奉行独立自主、不干涉内政、尊重主权与领土完整、和平解决争端和友好共处的对外政策。主张世界多极化和国际关系民主化。

积极促进和深化南共市发展，并以之为依托，推动成立南美国家联盟、拉美和加勒比国家共同体。大力推动南美及拉美一体化进程。

主张加强联合国作用，积极推动安理会改革，争当常任理事国。积极参与联合国维和行动，领导联合国海地维和团工作。强烈呼吁国际社会加强反贫困合作，设立全球反贫困基金。重视与发展中大国合作，主张构建发展中大国合作机制，倡导成立“印度—巴西—南非对话论坛”，努力推动金砖国家对话。在世贸组织多哈回合谈判中，积极推动发展中国家间的协调与合作，以维护共同利益。

巴与158个国家建立了外交关系，是里约集团、南方共同市场、南美国家联盟创始国之一，二十国集团、七十七国集团和美洲国家组织成员国，不结盟运动观察员。

【对当前重大国际问题的看法和立场】国际形势：当前国际形势发生深刻复杂变化，国际体系处于过渡阶段，全球化深入发展，热点问题更加突出。国际金融危机影响深远，发达国家和发展中国家力量对比此消彼长，新兴大国迅速崛起，成为推动世界格局演变的重要力量，在国际事务中的影响力和发言权日益扩大。美国等发达国家长久以来在国际体系中的主导地位有所削弱，但尚无任何国家或大国集团能挑战美国的地位。主张国际关系民主化、世界多极化、反对霸权主义和单边主义。提倡各国在国际法准则基础上开展合作。

联合国及其安理会改革：支持强化联合国在维护世界和平与安全方面的作用。主张对联合国进行必要的改革，认为安理会的构成应充分体现发展中国家的代表性，积极推动同时扩大常任和非常任理事国数量的改革方案，与德国、印度和日本共同组成“四国集团”。主张联合国应加强对全球发展问题的关注，在促进社会和经济发展、消除贫困、歧视和不平等现象以及保护人权等方面发挥更积极作用。

全球治理机制改革：二战后建立的以联合国和布雷顿森林体系为核心的世界政治经济治理体系已无法适应当今世界经济金融危机、气候变化、粮食危机等挑战接踵而至的现实。主张通过改革强化联合国的权威和作用，加强发展中国家代表性。主张建立更加公正、平衡的世界经济体系，积极推动国际金融体系改革。主张建立一个更具代表性、更透明的全球治理机制。

可持续发展：可持续发展是一个内涵广泛的综合概念，不能局限于气候变化、生物多样性等单一领域。经济、社会、环境应平衡协调发展，是可持续发展的三大支柱。可持续发展机制框架改革势在必行，并应统筹兼顾三大支柱之间关系。“共同但有区别的责任”符合当前世界发展需要，其作为可持续发展大会基本原则的地位不容挑战。可持续发展的路径和方式应适应不同国家根据本国国情和发展现状作出的不同选择。

气候变化：是“基础四国”成员，作出“到2020年温室气体在照常排放基础上减少36.1%至38.9%”的自主减缓承诺。主张各国减排行动应与其经济社会发展水平相适应，不应只强调环保问题而忽视维护发展中国家的主权和发展权。主张发达国家应对气候变化承担历史和现实责任，并向发展中国家提供资金和技术转让。维护《联合国气候变化框架公约》及其《京都议定书》在气候变化国际谈判中的基本框架和主渠道地位，坚持共同但有区别的责任原则和“巴里路线图”双轨制谈判进程。

二十国集团：二十国集团比八国集团更具代表性和合法性，作为全球经济治理重要平台的地位日益稳固。主张将世界经济恢复增长、国际货币基金组织份额改革、维护国际贸易发展列为当前二十国集团的工作重点，扩大非洲国家参与，并建立与非成员国对话机制。

金砖国家：视金砖国家合作机制为提升自身影响力、跻身世界大国的重要平台，认为金砖国家加强合作对改变当前不合理的国际政治、经济、贸易和金融秩序，增强发展中国家在国际事务中的参与权和发言权，推动多极化进一步发展具有重要意义。认为金砖国家应加强在政治领域协调和沟通，并深化各领域务实合作。

多哈回合谈判：在多哈回合谈判中充当发展中成员代言人，主张积极推动谈判过程，视多哈回合谈判为推进巴西外贸战略的主要选择。认为多哈回合谈判在解决农业补贴等“贸易扭曲体制”方面的作用无法取代，对推动世界多极化和应对当前贸易保护主义抬头倾向意义重大。作为农业出口国，希望进一步开放农产品特殊产品市场。

生物燃料：重视发展生物燃料，在燃料乙醇的研发、生产、应用方面居世界领先水平，近年来加大对纤维素乙醇的研发力度。积极推动国际生物燃料合作，同美国建立乙醇合作战略联盟，同多个非洲国家签署生物能源合作协议，倡议成立“国际生物燃料论坛”，并于2008年举办首届国际生物燃料大会。认为生物能源在实现可持续发展、保障能源安全和应对气候变化等方面发挥着重要作用，强调巴西以非粮作物甘蔗生产燃料乙醇不影响粮食安全。

关于人权：坚定推进人权事业，主张人权问题的非选择性、客观性和多变性原则，避免人权问题政治化、片面化，坚持所有国家都适用同一评判标准。

【同中国的关系】1974年8月15日与中国建交。建交以来，中巴在政治、经贸、科技、文化等领域的友好合作关系全面发展。1993年中巴建立战略伙伴关系，2012年提升为全面战略伙伴关系。双方建有中国—巴西高层协调与合作委员会、立法机构定期交流、战略对话等对话与合作机制。

两国高层交往频繁，胡锦涛主席两次访问巴西。2011年4月，罗塞芙总统对中国进行国事访问并出席金砖国家领导人第三次会晤和博鳌亚洲论坛2011年年会开幕式，两国领导人签署并发表《联合公报》。2012年6月，温家宝总理对巴西进行正式访问，两国领导人宣布将中巴关系提升为全面战略伙伴关系，双方发表《联合声明》。

中巴在国际事务中合作密切，在联合国、世贸组织、二十国集团、金砖国家、“基础四国”等国际组织和多边机制中合作密切，并就国际金融体系改革、气候变化、新兴大国合作等重大国际问题保持良好沟通与协调。

2009年以来中国成为巴西第一大贸易伙伴、第一大出口对象国和第二大进口来源国。巴西是中国全球第九大贸易伙伴。据中国海关总署统计，2011年双边贸易额为842亿美元，其中中方出口额为318亿美元，进口额为524亿美元，分别增长35%、30%和37%。中方主要出口机械设备、计算机与通信技术、仪器仪表、纺织品、光电技术、液晶显示板、钢材、运输工具等，主要进口铁矿砂及其精矿、大豆、原油、纸浆、豆油、牛皮革及马皮革、飞机等。

据商务部统计，截至2011年底，中国企业对巴各类投资额达148.12亿美元，主要涉及采矿、家电组装、通信、摩托车生产等领域。截至2011年底，巴西在华实际投资4.3亿美元，主要涉及支线飞机制造、压缩机生产、煤炭、房地产、汽车零部件生产、水力发电、纺织服装等项目。中国企业在巴西承建火电厂、高炉等项目。

中巴科技、人文交流成果丰硕。中巴联合研制地球资源卫星项目被誉为南南合作的典范，已发射3颗卫星，并免费向非洲国家提供了图像。2009年5月，两国科技部签署《科学技术与创新合作工作计划》，将农业科学、农业能源、可再生能源、生物技术和纳米技术确定为未来5年优先合作领域。双方建有农业联合实验室、气候变化和能源创新技术中心以及纳米研究中心。2012年6月，两国科技部签署《关于建立气象卫星联合中心的谅解备忘录》和《关于建立中巴生物技术中心的谅解备忘录》。

2012年6月，双方就互设文化中心签署谅解备忘录，并决定于2013年分别在巴西和中国举办"中国文化月"和"巴西文化月"。教育部在巴西利亚大学和圣保罗大学建有汉语教学点，孔子学院总部在巴西建有四所孔子学院和一所孔子学堂。中方积极配合"巴西科学无国界—中国子项目"，宣布每年向巴西提供250个奖学金名额。中国社会科学院拉美研究所和北京大学分别设有巴西研究中心和巴西文化中心。

中国驻巴西大使：李金章。馆址：SES-Av. das Nações，Lote 51，CEP：70443-900，Brasília DF，Brasil。电话：0055-61-21958200；传真：33463299。领事部电话：21958271。商务处电话：32481446；传真：32482139。

中国在圣保罗和里约热内卢分别设有总领馆。

巴西驻华大使：克洛多瓦尔多·胡格内·菲略（Clodoaldo Hugueney Filho）。馆址：北京市朝阳区光华路27号。电话：010-65322881。签证处电话：65322993。

巴西在上海、香港、广州设有总领馆。

【同美国的关系】巴西独立后，美国是第一个承认巴西的国家。巴同美保持着传统、密切的政治和经贸关系，主张在平等和相互尊重的基础上，同美建立"平等、成熟的伙伴关系"。美是巴第二大贸易伙伴和最大债权国。2011年巴美贸易总额为601.64亿美元，占巴对外贸易总额的12.5%。2011年3月，奥巴马总统访巴，双方发表联合公报，将两国关系定位为"全球伙伴关系"。两国外长和国防部长间也建有定期磋商制度。

【同欧盟国家的关系】巴西与欧盟政治、经济、文化关系密切。欧盟作为整体是巴最大的贸易伙伴和外国对巴直接投资的最大来源地区。巴欧贸易额约占巴外贸总额的25%，欧盟对巴投资超过巴吸收外资总额的40%。巴主张积极发展同欧盟国家的关系，认为欧盟是巴全球外交格局中"不可替代的组成部分"，认为保持与欧盟的政治对话对巩固多边国际体系具有重大意义，对推动南共市与欧盟组建跨大西洋贸易区持积极态度。巴西与欧盟建有政治磋商机制和战略伙伴关系。

【同拉美国家的关系】奉行睦邻友好政策，把发展与拉美特别是南美国家的关系、推动地区政治团结和经济一体化进程作为其外交工作的重点。呼吁南美国家团结协作，共同努力消除饥饿、贫困、文盲、失业等社会痼疾，合作打击恐怖主义、毒品走私、有组织犯罪等。积极推动南方共同市场发展，并推动成立南美国家联盟、拉美和加勒比国家共同体、南方银行、南美防务理事会、南美卫生理事会等地区性组织机构。

【同亚洲国家的关系】认为东亚和东南亚是当今世界最具经济活力的地区，重视发展同亚洲国家，尤其是与中国、日本、印度、韩国和东盟国家的政治和经贸关系，并希望进一步密切同亚洲地区性组织之间的联系。积极参与"东亚—拉美合作论坛"。

日本是巴西发展与亚太地区国家关系的重点之一，也是巴在亚洲的重要贸易伙伴和投资来源国。巴、日两国签有移民协议，日在巴拥有海外最大侨社，旅巴日侨和日裔约150万，巴在日拥有海外第三大侨社。20世纪90年代后期，两国贸易额下降，日本对巴投资和参与巴私有化的活动减少。近年来，双方经贸合作进一步加强。

【同俄罗斯和东欧国家的关系】巴重视俄罗斯的大国地位和对国际事务的影响。2000年，巴俄正式启动两国副总统—总理级高级合作委员会，确立了面向21世纪的两国关系框架，双边关系进入新的发展阶段。巴与独联体各国都建立了外交关系，主动发展双边经贸和科技合作，其中较为突出的是与乌克兰的空间技术合作。巴希望加强同东欧国家的传统关系，扩大政治对话和双边合作。

【同非洲国家的关系】巴与非洲有种族、文化和历史渊源，强调重视发展与非洲国家，特别是与非洲葡语国家的关系，在葡语国家共同体中发挥了重要作用。积极参加联合国在非洲的维和行动，免除了部分非洲国家的债务。

【同中东和阿拉伯国家的关系】重视同中东国家的对话和贸易交流，希望通过在巴西的黎巴嫩、叙利亚和犹太人移民，加强同中东国家的联系。谴责中东地区各种暴力和恐怖行为，支持巴勒斯坦同以色列的和谈进程。支持伊拉克战后重建。（于越）

百 慕 大

名称 百慕大（Bermuda）。

面积 53.3平方公里。

人口 68679人，人口增长率0.594%，出生率11.42‰，死亡率7.57‰（2011年估计）。黑人占54.8%，白人占34.1%，混血人占6.4%。英语为官方语言和通用语，少数人讲葡萄牙语。居民多信奉基督教。

首府 汉密尔顿（Hamilton），位于百慕大岛，人口1.3万人（2010年）。

总督 乔治·弗格森（George Fergusson），2012年5月23日就任。

重要节日 百慕大日：5月24日。

简 况

北大西洋西部群岛，距美国东海岸的南卡罗来纳州917公里。由7个主岛及130余个小岛和礁群组成。气候温和湿润，年平均气温21℃。年平均降水量1470毫米。

1503年西班牙人胡安·百慕大抵达该岛。1609年，英国人在岛上定居。1684年沦为英国殖民地，是英联邦中最早的英国殖民地。1940年3月，英美签订《行政协定》，美以一些旧驱逐舰为代价，租借该群岛中的摩根、特克尔和圣大卫三个岛屿，为期99年。1957年英国军队最后撤出百慕大群岛。1968年百慕大群岛获得内部自治权，实行政党体制。现为英国的海外领地（British Overseas Territory）。

政 治

进步工党于1998年上台执政，并连续在2003年、2007年的大选中获胜。2010年10月，葆拉·考科斯（Paula Cox，女）接任总理。她是进步工党的第四位总理。

2011年，为了迎接2012年将举行的大选，两大反对党——百慕大联合党（United Bermuda Party，UBP）和百慕大民主联盟（Bermuda Democratic Alliance）于5月合并为一个新党——一个百慕大联盟（One Bermuda Alliance，OBA）。

2012年5月18日，总督理查德·格兹尼爵士（Sir Richard GOZNEY）离任，副总督戴维·阿克利（David B. Arkley）代理总督。5月23日，新总督弗格森就任。12月，举行五年一度的议会选举。一个百慕大联盟获得众议院36个席位中的19席（得票率51.7%），执政多年的进步工党败北（17席，46.1%）。5月18日，一个百慕大联盟领袖克雷格·加农涅（Craig Cannonier）出任总理。

【宪法】1968年6月8日施行。1973年、1979年、1989年、2001年和2003年两次修订。宪法规定，百慕大为英国殖民地，设自治政府；总督代表英国女王，通过总督委员会掌管外事、防务和内部治安；总理由议会多数党领袖担任，由总督任命；其他部长由总理任命；内阁对议会负责。

【议会】分参议院（Senate）和众议院（House of Assembly），任期均为五年。参议院由11人组成，其中3人独立人士，总理推荐5人，反对党领袖推荐3人，均由总督任命。众议院由36人组成，普选产生。本届议会于2012年12月17日选举产生，在众议院中，一个百慕大联盟占19席，进步工党占17席。议长霍顿（K. H. ‘Randolph’ Horton，进步工党），2013年2月8日当选，这是第一次由反对党成员出任议长。

【政府】内阁通常由在议会中占多数议席的政党组成，包括总理和不少于6名议员。本届政府于2012年12月组成，主要成员：总理克雷格·加农涅，内政部长迈克尔·法伊（Michael Fahy）、财政部长鲍勃·理查德（Bob Richards）等。

政府网址：http：//www.gov.bm/portal/server.pt。

【司法机构】设最高法院、上诉法院和三个地方法院。最高法院对一切严重的刑事、民事案件行使裁判权，并接受地方法院案件的上诉。上诉法院成立于1964年，职权与其他英联邦国家的上诉法院相同。最高法院首席法官伊恩·卡瓦利（Ian Rowe Chukudinka Kawaley），2012年4月3日就任。上诉法院院长爱德华·扎卡（Edward ZACCA），2004年1月1日就任。终审权在英国枢密院的司法委员会。

【政党】主要有：

（1）一个百慕大联盟：执政党。2011年5月17日由百慕大联合党和百慕大民主联盟合并而成，约翰·巴里特（John Barritt）任临时领袖。2011年9月，克雷格·加农涅当选为领袖。2012年底，该党赢得大选上台执政。

（2）进步工党（Progressive Labor Party，PLP）：在野党。1963年建立，1998～2012年执政。左翼党，党员大多数为黑人。主张经济“百慕大化”、推行更公平的税收制度、健全福利制度以及争取独立。领袖为前总理葆拉·考科斯（Paula Cox，女）。

【重要人物】乔治·弗格森：总督。1955年出生，其父曾任新西兰总督（1962～1967）。1978年入英国北爱尔兰办公室任职。1988年转入英国外交与联邦事务部（FCO）任一等秘书。曾任驻苏联、韩国、美国的外交官。2006～2010年，任英国驻新西兰和萨摩亚高级专员（大使）及皮特凯恩总督（非常驻）。2012年任百慕大总督。 **克雷格·加农涅：**总理。生于1963

年。2011年9月任“一个百慕大联盟”领袖。2012年12月任总理。

经　济　百慕大是世界人均地区生产总值最高的地区之一。与美国经济联系紧密，旅游业、金融服务业和保险业为支柱产业。在地区生产总值中，服务业占90%。百慕大是世界保险和再保险业中心之一，其资产超过350亿美元，规模仅次于伦敦和纽约。国际商务、金融中介、置业和理财服务收入约占国民产值的40%，为百慕大外汇收入主要来源。2001年，国际商务部门的收入约占地区生产总值的15.3%。近年来，随着美国经济走缓，旅游业受到影响，百经济增速减缓。高度依赖进口，农业和制造业在经济中所占份额很小。主要经济数据如下：

地区生产总值：56亿美元（2010年）。

人均地区生产总值：92000美元（2010年）。

地区生产总值增长率：-2.5%（2009年）。

货币名称：百慕大元；1元＝100分。

汇率：1美元＝1百慕大元。

通货膨胀率：2.8%（2011年估计）。

失业率：2.1%（2004年估计）。

【工业】由于缺乏自然资源，只有船舶修理、小船制造、制药和手工艺品等小型工业。2000年从业人口约占劳动力总数的11.4%。近年来，政府积极鼓励发展轻工业生产。建筑业在地区生产总值中的比例上升。2011年估计工业产值占地区生产总值的7%。2009年和2010年发电量分别为6.937亿和6.864亿千瓦小时。

【农业】有可耕地839英亩，一半用于种植蔬菜和水果，主要有马铃薯、柑橘、香蕉等；另一半为休耕地。90%以上的食品靠进口，奶、蛋基本自给。农渔业劳动力占就业人口总数的3%（2004年）。小规模的渔业生产仅能满足约1/3的当地需求。2011年估计农业产值占地区生产总值的0.7%。

【服务业】2011年估计服务业产值占地区生产总值的92.2%。金融服务业是第二大经济部门。由于百慕大政局相对稳定，没有外汇管制，并严格遵守金融保密法，该群岛成为世界上最大的境外金融和商业中心之一。金融业已超过旅游业成为百慕大外汇收入的主要来源。2004年直接从事服务业人员约占总劳力的19%。保险业相当发达，约占世界意外险种再投保量的1/3。至2003年底，在百注册的国际公司达14042家，其中大部分为保险公司，其次为商贸公司、航运集团、个人投资公司。百慕大是世界第五大船舶注册地。

【旅游业】最主要的经济部门，收入占地区生产总值的32%、外汇总收入的40%。从业人口占全国劳动力的60%。主要接待高收入游客。近年来旅游业不太景气，75%～80%的过夜游客来自美国，其余的来自加拿大等英联邦国家。2003年接待外国游客483700人次。

【交通运输】公路：总长447公里，其中222公里为私有。2002年注册车辆46662辆，其中包括私人小汽车20775辆，客车、出租车819辆。为缓解交通拥挤状况，每个家庭限购一辆客用汽车。

水运：主要港口为汉密尔顿和圣乔治。2008年在百注册的船只137艘。

空运：肯德利费尔德是唯一的国际机场。有通往英国、美国的航线。

【财政金融】财政年度为每年的4月1日至翌年的3月31日。关税、公司税、印花税和土地税是政府收入的主要来源，其中关税占总收入的35%～40%。政府总支出的一半用于支付工资。2004/2005财年，预算收入为7.38亿美元，支出为6.65亿美元。

【对外贸易】外贸历年巨额入超，几乎所有商品均依赖进口。2011年估计进口额为9.4亿美元，出口额为1600万美元；2012年估计进口额为9.5亿美元，出口额为1500万美元。

2011年主要进口来源国为韩国（43.4%）、美国（16.1%）、中国（9.6%）、挪威（7.5%）、新加坡（6.6%）；主要出口目的国为德国（14%）、美国（11.7%）、澳大利亚（8%）。主要进口产品为服装、燃料、机械和运输设备、建筑材料、化工产品、食品和活畜等。出口产品以药品的再出口为主，其次为化妆品和鲜花。

人民生活　政府实行社会保险和养老金制度，为所有就业者提供养老金。政府为所有居民提供医疗保险，并为儿童提供免费医疗，为老人提供医疗补贴。2000年贫困线以下人口占19%。

2012年居民平均期望寿命为80.82岁。2010年有固定电话5.78万部，移动电话8.82万部。2009年有互联网用户5.4万户。

军　事　防务由英国负责，驻有百慕大团。

文化教育　【教育】公立学校为5～16岁儿童提供免费义务教育，并为高等教育及教师培训提供大量奖学金。2005年识字率为98%。目前有26所中小学，其中小学18所，中学5所，高中2所，特殊教育学校1所。百慕大学院建于1972年，为大专性质；国内无大学。学生中学毕业后一般赴美国、英国或加拿大的大学深造，如学生被这些国家的名牌学校录取，百政府将为每位学生提供奖学金。近年来，政府加大了对教育的投资力度。2009年教育支出占地区生产总值的2.6%。

【新闻出版】主要报纸有《皇家日报》（The Royal Gazette）和《百慕大太阳》（Bermuda Sun）（一周两期）。

广播电视公司有两家：百慕大广播公司[Bermuda

Broadcasting Company（BBC）]和VSB。

有3家电视台，另提供有线电视及卫星电视转播服务。约有10家广播电台。

对外关系 外交由英国掌管。百慕大作为英国代表团的成员参加国际劳工组织、世界卫生组织和其他国际组织。百慕大为万国邮政联盟、国际奥委会成员，加勒比共同体联系成员，设有国际刑警组织百慕大支局。美国在百慕大派有总领事。2012年，百慕大派团参加伦敦奥运会。

【同中国的关系】2010年12月2日，国家税务总局副局长王力与百慕大总理兼财长葆拉·考科斯分别代表各自政府在百慕大首府汉密尔顿共同签署了《中华人民共和国政府和百慕大群岛政府关于税收情报交换的协定》及谅解备忘录（下称“协定及谅解备忘录”）。这是中国继与巴哈马、英属维尔京群岛、马恩岛、根西、泽西签署税收情报交换协定后对外正式签署的第六个税收情报交换协定。

双方分别于2011年3月23日和2011年10月31日互相通知已完成使协定及谅解备忘录生效所必需的各自法律程序。根据协定第十三条及谅解备忘录第六条的规定，该协定及谅解备忘录自2011年10月31日起生效，并于2012年1月1日开始执行。（沉思）

秘　　鲁

国　名　秘鲁共和国（the Republic of Peru, República del Perú）。

面积　1285216平方公里。

人口　2946万（2010年），其中印第安人占45%，印欧混血种人占37%，白人占15%，其他人种占3%。官方语言为西班牙语，一些地区通用克丘亚语、阿伊马拉语和其他30多种印第安语。96%的居民信奉天主教。

首都　利马（Lima），人口822万（2010年）。年平均气温18.7℃。

国家元首　总统奥扬塔·乌马拉·塔索（Ollanta HUMALA Tasso），2011年7月28日就职，任期五年。第一副总统马里索尔·埃斯皮诺萨·克鲁斯（Marisol ESPINOSA Cruz），第二副总统暂缺。

重要节日　独立日：7月28日。

简　况 位于南美洲西部。北邻厄瓜多尔、哥伦比亚，东界巴西、玻利维亚，南接智利，西濒太平洋。海岸线长2254公里。山地占全国面积的1/3。安第斯山纵贯南北。全境从西向东分为热带沙漠、高原和热带雨林气候。年平均气温西部12℃～32℃，中部1℃～14℃，东部24℃～35℃。

公元11世纪，印第安人以库斯科城为首府，在高原地区建立印加帝国。1533年沦为西班牙殖民地。1544年成立秘鲁总督区，成为西班牙在南美殖民统治的中心。1821年7月28日宣布独立。1835年，秘鲁与玻利维亚合并，称秘鲁—玻利维亚邦联，1839年邦联瓦解。1879～1883年，联合玻利维亚同智利进行了“太平洋战争”，秘战败割地。

政　治 2011年4月，秘鲁举行总统和议会选举。6月5日，左翼“秘鲁胜利”联盟总统候选人奥扬塔·乌马拉在第二轮总统选举中赢得51.45%的选票，当选总统，并于7月28日就职。乌上任后，致力于改善民生，消除贫困，推动经济和社会同步发展；完善政府官员评估和司法监督机制，严厉打击腐败、偷税漏税、洗钱、贩毒等各种犯罪行为。目前，政局基本稳定。

【宪法】现行宪法于1993年12月31日生效。宪法规定总统可连任一届，隔届可再当选；增设第一和第二副总统；国会由两院制改为一院制；对恐怖分子可处极刑等等。2000年11月2日，秘国会通过宪法修正案，规定总统不得连任，但可隔届参选。2005年3月11日，秘国会再次通过宪法修正案，正式赋予军人和警察投票权。

【议会】称国会，一院制，由130名议员组成，行使立法和监督职能。议员由选举产生，任期五年，须是秘鲁出生、年满25岁、有选举权的本国公民，可连选连任。国会休会期间，由常务委员会主持工作。每届国会任期五年。本届国会于2011年7月成立。现任国会主席丹尼尔·阿布加塔斯（Daniel ABUGATTAS），2011年7月就职，任期一年。

国会议席分配情况：“秘鲁胜利”联盟47席、“2011力量”党37席、国会联盟20席（“秘鲁可行”党等）、“伟大变革”联盟12席、“民族团结”联盟8席、国会协商联盟（阿普拉党等）6席。

【政府】内阁由部长会议主席和17名部长组成。总统主持部长会议并任命内阁。现任内阁成员为：部长会议主席奥斯卡·巴尔德斯·丹夸特（Óscar VALDÉS Dancuart），外交部长拉斐尔·龙卡利奥洛·奥韦戈索（Rafael RONCAGLIOLO Orbegoso），国防部长何塞·乌尔基索·马基亚（José URQUIZO Maggia），经济和财政部长米格尔·卡斯蒂利亚·鲁维奥（Miguel CASTILLA Rubio），内政部长威尔贝尔·卡列·希龙（Wilver CALLE Girón），外贸和旅游部长何塞·路易斯·席尔瓦（José Luis SILVA），司法部长胡安·希门内斯·马约尔（Juan JIMÉNEZ Mayor），教育部长帕特里西娅·萨拉斯·奥布林（Patricia SALAS O'brien，女），卫生部长阿尔韦托·特哈达·诺列加（Alberto TEJADA Noriega），农业部长路易斯·吉诺科奇奥·巴尔卡萨尔（Luis GINOCCHIO Balcázar），劳动和促进就业部长何塞·比列纳·佩得罗西诺（José VILLENA Petrosino），生产部长格拉迪斯·特里维里奥（Gladys TRIVEÑO），能源和矿业部长豪尔赫·梅里诺·塔夫尔（Jorge MERINO Tafur），交通和通讯部长卡洛斯·帕雷德斯·罗德里格斯（Carlos PAREDES Rodríguez），住房、建设和用水部长雷内·科尔内霍·迪亚斯（René CORNEJO Díaz），妇女部长安娜·哈拉·贝拉斯克斯（Ana Jara VELÁZQUEZ，女），环境部长曼努埃尔·普尔加·比达尔（Manuel PULGAR Vidal），文化部长路易斯·佩拉诺（Luis PEIRANO）。

【行政区划】全国共分24个省和1个直属区（卡亚俄区）。

【司法机构】法院分四级：最高法院、高级法院、一审法院和调解法院。各级法官均通过全国或地方法官委员会考核推荐，由总统任命。最高法院院长从大法官中选举产生，任期两年。现任最高法院院长塞萨尔·圣马丁（Cesar SAN MARTIN）。

国家检察院为独立机构，检察长由最高检察团选举产生，任期三年，可连选连任一次，但第二任期不得超过两年。现任国家检察长何塞·安东尼奥·贝拉埃斯（Jose Antonio PELAEZ）。审计署为独立机构，审计署长由政府提名，国会任命，任期七年。现任国家审计署长福阿德·埃里亚斯·科里（Fuad Elías KHOURY）。

【政党】秘鲁政党主要有：

（1）民族主义党（Partido Nacionalista Peruano）：左翼政党。2005年由奥扬塔·乌马拉创建。在贫困地区和城市弱势群体中拥有较高支持率。反对新自由主义经济发展模式，主张发挥国家对经济的适当干预作用，恢复国家对资源的掌控，促进社会公正，提倡拉美国家团结和一体化。2010年底同秘“红色祖国”、秘社会主义党等传统左翼政党结成“秘鲁胜利”联盟参加大选，总统候选人乌马拉在大选第二轮投票中胜出。党主席为现任总统奥扬塔·乌马拉（Ollanta HUMALA）。

（2）阿普拉党（Partido Aprista Peruano）：又称人民党。秘最大传统政党，党员35.2万。1930年由阿亚·德拉托雷创建。对内主张民主自由和社会正义，反对独裁，主张对新自由主义经济政策进行调整，允许多种所有制并存；对外主张捍卫国家主权，反对帝国主义干涉，促进拉美团结。1985 ~ 1990年首次执政，2006 ~ 2011年再度执政。党主席为前任总统阿兰·加西亚·佩雷斯（Alan GARCIA Perez）。

（3）“2011力量”党（Fuerza 2011）。2010年藤森庆子为参加总统选举创建的新兴政党。政治立场中右。尊重民主与法制，主张平等和社会正义，促进地区均衡发展。倡导根除腐败、严打各种犯罪行为，维护社会治安。党主席藤森庆子（Keiko Fujimori，女）。

（4）“秘鲁可行党”（Perú Posible）：1994年阿莱杭德罗·托莱多为参加次年总统选举创建的政党。政治立场中右。尊重民主人权，主张以“人本主义”进行国家建设，通过持续的经济增长促进社会公平。认为私人经济是促进经济增长和技术创新的主体力量。2001 ~ 2006年执政。党主席阿莱杭德罗·托莱多（Alejandro TOLEDO）。

（5）人民行动党（Partido Acción Popular）：1956年由费尔南多·贝朗德等人在原“全国青年民主阵线”基础上创建。核心政治主张为民主、民族主义和革命。对内主张实行代议制民主和混合经济模式；对外强调独立自主和不结盟原则，支持拉美一体化。该党曾于1963~1968年、1980~1985年两度执政，时任党主席贝朗德出任总统。党主席哈维尔·阿尔瓦·奥兰迪尼（Javier Alva Orlandini）。

（6）基督教人民党（Partido Popular Cristiano）：传统中右政党。1966年由基督教民主党分裂而成。在秘中上层、特别是企业界影响较大。主张建设互助社会和提高共同福利。提倡尊重人权，建立和谐劳资关系，依靠私营企业发展经济，实施渐进社会变革。1980 ~ 1984年同人民行动党联合执政。2010年11月同人道主义党、进步联盟、全国重建党组成“伟大变革”联盟参加大选。党主席劳尔·卡斯特罗·斯塔格纳罗（Raúl Castro Stagnaro）。

【重要人物】奥扬塔·乌马拉·塔索：总统。1962年6月27日生。毕业于乔利略军校。退役陆军中校。曾在阿亚库巧省边防部队服役。1991年参加政府军清剿反政府游击队“光辉道路”的军事行动。2000年因领导兵变要求藤森政府下台，被捕入狱，后被国会特赦。2003~2004年先后任秘驻法国使馆副武官和驻韩国使馆武官。2005年10月创建民族主义党。2006年以民族团结党总统候选人身份参选，在第二轮选举中以微弱劣势败北。2011年作为左翼“秘鲁胜利”联盟总统候选人参加大选，在6月5日第二轮选举中获胜。2011年7月28日就职，任期五年。已婚，夫人娜迪内·埃雷迪亚，有两女一子。

经　济

传统农矿业国家，属拉美中等发展水平经济体。矿产资源丰富，石油自给有余。藤森执政期间，实行私有化政策，并在物价、税收等方面进行了一系列改革，经济形势逐步好转。托莱多政府实行“恢复经济政策”，宏观经济运行平稳，5年间经济年均增长率达5%。

加西亚政府时期，经济连年快速增长。2009年，受国际金融危机冲击，秘经济仅微幅增长。2010年，秘经济重返快速增长轨道，全年经济增长8.78%，在拉美国家中位居前列。乌马拉总统上任后，表示将加大国家对经济的调控力度，尊重同其他国家签署的贸易协定，欢迎外国投资，在保障民众权益的前提下进行资源开发。2011年秘经济增长6.92%。2011年主要经济数据如下（资料来源：秘鲁中央储备银行）：

国内生产总值（GDP）：1767亿美元。

人均国内生产总值：5930美元。

货币名称：新索尔（Nuevo Sol）。

汇率：1美元＝2.75新索尔。

通货膨胀率：4.7%。

失业率：7.8%。

外汇储备：488.59亿美元。

【资源】矿业资源丰富，是世界12大矿产国之一。主要有银、铜、锌、锡、铋、钒、铅和黄金等。目前天然气探明储量1960亿立方米，液态天然气储量9.35亿桶。煤储量11亿吨，铀储量10万吨。铁矿石储量8.61亿吨，铜储量为5790万吨，钼储量约45万吨，铅、锌铅储量520万吨，锌储量1820万吨。银储量为43800吨，金储量为3000吨。森林覆盖率为58%，面积7800万公顷，在南美洲仅次于巴西。渔业资源丰富。

【工矿业】工业以加工和装配业为主。2011年制造业增长5.6%，建筑业增长3.4%，矿产油气业下降0.2%。近年主要工、矿产品产量如下：

	2009	2010	2011
铜（万吨）	127.47	124.71	123.52
铁（万吨）	448.95	604.26	701.10
锌（万吨）	150.91	147.05	125.00
金（吨）	182.40	163.00	164.01
银（吨）	3854.02	3637.41	3414.01
石油（万桶）	5302.70	5436.40	5775.50
发电量（亿千瓦时）	324.40	357.36	387.10
天然气（百万立方英尺）	122680	232242.00	410442.00

（资料来源：秘鲁国家统计局、秘鲁能矿部）

【农牧渔业】2011年农牧业产值同比增长3.8%；渔业产值同比增长29.7%。2010年播种面积141.18万公顷，农业人口约占全国人口的1/3。秘是世界主要鱼粉、鱼油生产国。2010年主要农牧渔产品产量如下（单位：万吨）：

甘蔗	966.08	小麦	21.93
咖啡	26.47	玉米	127.92
棉花	6.34	大米	283.81
马铃薯	344.72	鱼粉	78.60

（资料来源：秘鲁农业部）

【服务业】20世纪80年代以来，服务业有所发展。2011年服务业产值同比增长8.6%。

【旅游业】秘鲁是印加文明的发祥地，旅游资源丰富。2011年，秘鲁接待外国游客260万人次，旅游外汇收入29.12亿美元，同比增长17.6%。2011年全国各类饭店数量：5星级36家、4星级52家、3星级548家、2星级1079家、1星级362家。主要旅游景点有库斯科城、马丘比丘遗址、利马大广场、黄金博物馆等。

【交通运输】秘鲁的交通运输以公路为主，公路货运量占全国运输总量的80%。水上运输较发达，外贸主要依靠海上运输。

铁路：秘是南美最早修建铁路的国家，1851年建成第一条利马至卡亚俄的铁路。2011年铁路总里程1908公里，主要有中部、南部和东南部铁路，多用于山区农矿产品运输及部分旅游客运。2011年客运量176万人次，货运量790.6万吨。

公路：2011年，公路里程12.9万公里。其中国道2.3万公里，省道2.6万公里，市镇级公路8.0万公里。2011年，全国机动车合计197.99万辆，公路客运量7083.10万人次。秘鲁主要公路是纵贯南北的泛美公路和横跨东西的中央公路。

水运：秘鲁濒临太平洋，沿海多优良港口。内陆地区尤其是亚马逊地区河流纵横，水路运输便利。秘现有海港19个，河港4个，湖港1个。2011年有各类民用船只6053艘，货运量2174万吨。主要港口有：卡亚俄、派塔、钦博特、伊洛、萨拉维里等。

空运：2009年全国共有民航飞机257架，客运量1336.69万人次。秘鲁有机场66个，其中国际机场5个，国际航线可通美国、欧洲部分国家和拉美各主要国家。最主要国际机场有豪尔赫·查维斯机场和阿雷基帕、奇克拉约、皮斯科、伊基托、库斯科机场等。

【财政金融】近几年秘鲁中央政府财政收支情况如下（单位：亿新索尔）：

	2009	2010	2011
收入	599.89	746.34	882.30
支出	485.10	706.44	789.79
差额	114.79	39.90	92.51

（资料来源：秘鲁中央储备银行）

截至2011年底，秘鲁外汇储备488.59亿美元，债务余额383.19亿美元。

【对外贸易】秘鲁实行自由贸易政策。主要出口矿产品和石油、农牧业产品、纺织品、渔产品等。

2011年，秘外贸总额831.93亿美元，其中出口额为462.26亿美元，同比增长30.1%。进口额为369.67亿美元，同比增长12.8%。主要贸易伙伴为中国、美国、巴西、加拿大等。

	2009	2010	2011
出口额	268.85	350.42	462.26
进口额	210.11	298.80	369.67
差　额	58.74	51.62	92.59

（资料来源：秘鲁外贸旅游部）

【外国资本】1991年3月，秘鲁政府修改外资法，取消了对外国投资的某些限制措施，允许外商在能源、电信、自来水等部门投资，利润自由汇出。2011年，秘共吸收外国直接投资（IDE）76.59亿美元，较2010年同比增长4.5%。西班牙、英国、美国是秘主要投资来源国。

【外国援助】2007/2013年度，欧盟向秘提供1.32亿欧元援助，主要用于提高政府执政能力和发展社会事业。2010年秘接受美国援助资金共1.66亿美元，用于打击贩毒、军事合作和加强民主建设。2011年，德国宣布将向秘提供500万欧元援助以支持秘保护雨林及生物多样性，并计划向秘提供总值2亿欧元援助，用于秘开展环保、权力下放和循环饮用水等领域项目。加拿大宣布在未来4年内向秘提供总额为489万美元的援助以解决秘国内因采矿引发的社会冲突。

人民生活

2009年全国共有医院469家、医疗中心2321家、卫生所6165个。2011年移动电话和固定电话门数分别为2911万和297万。2011年，秘贫困率为27.8%。

军 事

总统为武装力量最高统帅。国防委员会为最高军事决策机构，总统任主席。最高军事指挥机构是武装力量联合指挥部，直属总统领导，成员为三军总司令，并轮流担任主席。现任联指司令何塞·奎托·阿塞尔比（José CUETO Aservi），陆军司令里卡多·蒙卡达·诺沃亚（Ricardo MONCADA Novoa），海军司令豪尔赫·德拉·普恩特（Jorge DE LA PUENTE），空军司令佩德罗·华金·塞亚夫拉（Pedro Joaquín SEABRA），国民警察司令奥斯卡·贝塞拉·贝拉尔德（Oscar BECERRA Velarde）。秘鲁实行义务兵役制，服役期两年。

2009年秘三军总兵力10.1867万人。陆军6.2057万人，下辖4个军区和一个临时军区，编有5个步兵旅、2个装甲旅、2个摩托旅、2个山地旅、2个特种旅、1个丛林旅、1个陆航旅和1个纵队。海军2.291万人，设有5个海区，拥有现役巡洋舰1艘、导弹驱逐舰8艘、导弹护卫舰6艘、潜艇6艘、巡逻艇59艘等。空军1.69万人，编有4个飞行联队，1个训练司令部。另有约10万国民警察组成的准军事部队。自20世纪70年代开始引进苏联飞机。

2011年，秘国防预算38.82亿美元，占政府预算总额3.4%。

文化教育

【教育】秘鲁政府重视发展教育事业。现行教育体制为：学前教育1～2年，小学6年，中学6年，大学5年。2010年，秘鲁小学入学率为98.7%，初中入学率为91.6%。教育预算4.705亿美元。

秘全国著名高等院校大多集中在首都利马。最著名的国立大学是圣马科斯大学（建于1551年），亦是拉美历史最悠久的高等学府。排名前五位的私立大学分别是：天主教大学、利马大学、圣马丁·德彼雷斯大学、里卡多·帕尔马大学和太平洋大学。

【新闻出版】全国共有各种报纸及刊物20余种。主要有：《商报》，发行量约28万份；《快报》，发行量15万份；《共和国报》，发行量15万份；《秘鲁人报》，发行量25万份；《太阳报》，发行量3万份。主要政论期刊有：《假面具》周刊，发行量3.5万份；《请听》和《是》各发行1万份。

秘鲁新闻社和安第斯新闻社为官方通讯社。

全国共有广播电台1107家，除一家国家电台外，其余均为私人电台。影响较大的电台有：国家电台、圣罗莎电台、秘鲁节目电台、团结电台和联合电台等。

全国共有电视发射台和转播台90家，其中7家有全国广播网。电视七台为国家台，其余均为商业性电视台。影响较大的商业性电视台有拉丁台（电视二台）、美洲台（电视四台）、泛美台（电视五台）、安第斯台（电视九台）、OK台（电视十一台）和全球网台（电视十三台）。

对外关系

秘鲁奉行独立自主的外交政策，强调外交为经济发展服务。主张在国际事务中遵循国际法、联合国宪章和泛美体系准则，维护国际和平与安全。支持联合国改革，主张加强联合国的权威。尊重普世人权观。重视同美国的关系，积极发展同拉美国家关系，支持地区团结和一体化，反对地区军备竞赛，努力拓展同欧盟及亚太国家关系。现与130多个国家保持外交关系。

秘是不结盟运动、七十七国集团、十五国集团、里约集团、南美国家联盟、安第斯国家共同体、拉美一体化协会、拉美经济体系、亚马孙合作条约、太平洋经济合作理事会、南太平洋常设委员会、太平洋联盟等国际和地区组织的成员国。1998年11月，秘鲁正式加入亚太经济合作组织。

2011年，秘继续推行多元化外交，积极实施自贸战略，服务于国内经济发展和“社会融合”。年内，同墨西哥、日本、巴拿马三国的自贸协定相继生效。

【同中国的关系】1971年11月2日建交。2008年11月胡锦涛主席访秘期间，中秘宣布建立战略伙伴关系。

2011年，双方高层交往频繁。胡锦涛主席、杨洁篪外长分别同秘总统乌马拉、龙卡利奥洛外长就两国建交40周年互致贺电。两国元首在夏威夷亚太经合组织领导人非正式会议期间举行双边会晤。胡主席特使、农业部长韩长赋出席秘总统权力交接仪式。国务院副总理回良玉、中央军委副主席郭伯雄和全国人大常委会副委员长华建敏分别访秘。

两国经贸互利合作不断深化。2009年，两国正式签署自由贸易协定。2011年双边贸易额为125.87亿美元，同比增长29.5%。其中中方出口额为46.53亿美元，进口额为79.34亿美元，同比分别增长31.0%和

28.6%。中国是秘鲁第一大贸易伙伴，秘鲁是中国在拉美第七大贸易伙伴。

中国驻秘鲁大使：黄敏慧。馆址：Jirón José Granda 150 San Isidro Lima 27，Perú。信箱：Apartado Postal 375。电话：2220842、4429458（办公室、值班），4429466（领事部）。国家地区号：511。电传：(036) 25283 PE CHI LIMA。传真：4429467。网址：www.embajadachina.org.pe。商务处地址：Av. Javier Prado Oeste 2496 Magdalena del Mar，Lima 17，Perú。信箱：Apartado Postal 170140。电话：4619536。电传：(036) 25625 PE CHIS LIMA。传真：4619855。

秘鲁驻华大使：贡萨洛·古铁雷斯·雷内尔（Gonzalo Gutiérrez Reinel）。馆址：北京市朝阳区三里屯外交人员办公楼1单元91号。电话：010-65322494，65323719。电传：22278 LEPRU CN。传真：65322178。网址：www.embperu.cn.net。

【同美国的关系】秘美1826年建交。美是秘最大的贸易伙伴和出口市场。2006年4月，两国政府签署自贸协定，并于次年获美国会通过。2011年，秘总统乌马拉、部长会议主席莱内尔等访美。美副国务卿伯恩斯、南方司令部司令弗雷泽及众议院代表团访秘。

【同拉美国家的关系】秘重视同地区内国家特别是邻国的关系，积极推动地区一体化进程，反对地区军备竞赛。2011年，加西亚总统访问智利、哥伦比亚、厄瓜多尔并赴巴西出席罗塞芙总统就职仪式；墨西哥总统卡尔德龙、乌拉圭总统穆希卡等访秘。乌马拉总统当选后访问巴西、乌拉圭、巴拉圭、阿根廷、智利、玻利维亚、厄瓜多尔、哥伦比亚、委内瑞拉、墨西哥和古巴等国。智、阿、厄等拉美多国元首出席乌就职仪式。秘墨签署贸易一体化协定，秘分别同巴拿马、哥斯达黎加签署自贸协定，同墨、智、哥宣布成立"拉美太平洋联盟"。

【同独联体国家和东欧国家的关系】苏联解体后，秘政府相继承认独联体各国。1997年，秘先后与哈萨克斯坦、白俄罗斯和立陶宛建立大使级外交关系。2007年，俄国家杜马副主席佩赫京、俄外长拉夫罗夫分别访秘。2008年11月，俄罗斯总统梅德韦杰夫对秘进行国事访问，梅系首位访秘的俄最高领导人。2011年，俄外长拉夫罗夫访秘。秘鲁—乌克兰磋商机制第三次会议在利马召开。

【同日本及其他亚太地区国家和组织的关系】藤森总统执政期间，秘日关系发展迅速，日本在秘对外关系中的地位明显上升。秘是拉美国家中接受日援最多的国家。近年来，秘积极发展与亚太国家的关系，加强对太平洋事务的参与，积极参与亚太经合组织事务及跨太平洋战略经济协定（TPP）的谈判。2011年，秘同日本签署经济伙伴协定，同韩国自由贸易协定生效，并同印度正式启动自贸协定谈判。

【同欧盟的关系】欧盟是秘重要贸易伙伴和投资来源地。2011年，秘外长龙卡利奥洛访问西班牙、法国、德国和欧盟。

【同中东地区国家的关系】秘重视发展同该地区国家关系。因中东地区动荡，秘外长龙卡利奥洛宣布原计划于2011年举行的第三届南美—阿拉伯国家峰会推迟至2012年在利马举行。（王梦春）

波多黎各

名称 波多黎各自由邦（The Commonwealth of Puerto Rico），拥有美国联邦领土地位（US Commonwealth Territory）。

面积 13790平方公里，其中陆地面积8870平方公里，海岸线长501公里。

人口 399.9万（2012年7月）。白人（多是西班牙裔）占76.2%，黑人占6.9%，美洲印第安裔占0.2%，亚裔占0.3%，混血占4.4%。官方语言为西班牙语和英语。居民主要信奉基督教（天主教徒85%，新教及其他15%）。

首府 圣胡安（San Juan），39.5万（2010年）。

总督 路易斯·福图诺（Luis Fortuno），2009年1月就职。

简况

位于加勒比海大安的列斯东部，北临大西洋，南濒加勒比海，东与美属、英属维尔京群岛隔水相望，西隔莫纳海峡同多米尼加共和国为邻。科地勒拉山穿过境内，属热带海洋性气候，雨量充足，1月平均气温24℃，7月平均气温27℃。

原为印第安人居住地。1493年哥伦布第二次去美洲大陆时抵达此岛。1509年沦为西班牙殖民地。1869年，波人民起义，宣布成立共和国，遭西班牙军镇压。1897年实现内部自治。1898年美西战争后割让给美国。1917年，波多黎各人被赋予美国公民权。波多黎各居民可以参加美国全国的政党初选，但不能参加美国总统大选。1947年开始自行选举总督。1952年通过的宪法规定，在实现内部自治的前提下，保持与美国的联系，美国会通过法律给予波多黎各美国联邦领土地位（即在内部事务方面享有最高自治地位）。在1993年11月的全民投票中，48%的人赞成保持美国联邦领土地位，46%赞成拥有美国州的地位，4%的人赞成完全独立。在1998年11月的全民投票中，46.4%的人赞成拥有美国州的地位。

政　治　波多黎各现仍维持美国联邦领土地位，但宪法地位问题（即与美国关系的法律地位问题）仍是内部争执的焦点。目前主要争执点是维持目前的美国联邦领土地位还是成为美国之一州。

【**宪法**】根据1952年通过的宪法，总督为最高行政长官，由选举产生，任期四年。下设部长会议。美国国会有权废止波多黎各议会通过的法律。

【**议会**】分参众两院。参议员27人，众议员51人，任期四年。由于不实行美国税务法律，该岛在美国国会无代表权。该岛人民选举出地方代表常驻美国国会，只在众院各委员会参加表决。

【**政府**】总督拥有行政权，也是民兵总司令，有权宣布戒严，任期四年。

【**政党**】（1）人民民主党（Partido Popular Democratico）：1938年成立。1948年实行选举产生总督以来，该党曾多次执政。主张保持波的美国联邦领土地位。现任主席安尼巴尔·阿塞维多·维拉（Anibal Acevedo-Vila）。

（2）新进步党（Partido Nuevo Progresista）：1967年成立。曾数次执政。主张成为美国一州。现任主席为佩德罗·罗塞罗（Pedro Rossello）。

（3）波多黎各独立党（Partido de la Independencia Puertoriqueno）：1946年成立。主张波从美国独立出来。现任主席鲁本·贝里奥斯（Ruben Berrios）。

其他政党有波多黎各国家民主党、国家共和党、社会党、共产党等。

经　济　波人民生活水平在拉美属于一流。2007年发电量为237亿度，其中，煤或石油发电占99.2%，水力发电占0.8%。由于基础设施不足，经济增长受到很大制约。美国联邦援助项目对波经济至关重要。近年来，波注重与加勒比地区和拉美国家发展经济关系。正致力于将本岛建成拉美国家面向美加自由贸易区成员的制成品加工中心。由于人口密集，就业形势一直严峻。近年来旅游业较快发展，失业率有所下降。经济已连续四年负增长，2011年失业率逼近16%。

国内生产总值：648亿美元（2010年）。

人均国民收入：16300美元（2010年）。

货币：美元。

失业率：15.9%（2011年）。

【**工业**】2005年，工业产值占国民生产总值的45%。主要有制药、电子、服装、机械制造、建筑、采矿、化工、塑料、石油、食品加工和饮料等行业。

【**农业**】2005年，农业产值占国民生产总值的1%。主要生产棉花、咖啡、甘薯、烟草、水果等。

【**服务业**】2005年，服务业产值占国民生产总值的54%。从业人口占劳动总人口的79%。

【**旅游业**】2007年接待游客近340万人次，绝大多数来自美国。2001年后由于美国经济增长放缓，旅游收入有所下降，2004～2005年情况好转，2006～2007年再次下滑。主要名胜有：蓬塞艺术博物馆、圣胡安老城、圣胡安大教堂、云盖雨林和波多黎各16～17世纪家庭博物馆等。

【**交通运输**】运输业较发达。拥有铁路96公里，高速路426公里，机场29个。波为加勒比地区空运中心，圣胡安、蓬塞、马亚古埃斯均为海空良港。

【**对外贸易**】2002年，进出口总额分别为289亿和471亿美元。主要贸易伙伴除美国大陆外，还有日本、英国、多米尼加、委内瑞拉、美属萨摩亚等。同美国的进出口贸易分别占其进出口总额的55%和90%。

军　事　美国负责其防务。实行义务兵役制，拥有主要由美国联邦政府提供预算的国民警卫队1.1万人。

文化教育　【**教育**】对6～16岁儿童实行免费义务教育。授课用西班牙语进行，但所有年级英语都是必修课。有中小学1782所，私立中小学818所；高等学校69所（其中以圣胡安大学、波多黎各大学等三所大学规模最大）。平均56%的人至少受过一年大学教育。

【**新闻出版**】主要报纸：《世界报》、《新日报》、《圣胡安明星报》等。广播电台125个，电视台30多个，其中3个属美国驻军。

对外关系　为国际奥委会成员、联合国拉美及加勒比经社理事会准成员，拥有加勒比共同体和共同市场的观察员地位。

（潘雄文）

玻利维亚

国名　多民族玻利维亚国（The Multinational States of Bolivia，Estado Plurinacional de Bolivia）。

面积　1098581平方公里。

人口　1062.4万。城市人口717万。占总人口的65%，农村人口345.4万，占总人口的35%。印第安人占总人口的54%，印欧混血种人占31%，白人占

15%。官方语言为西班牙语。主要民族语言有克丘亚语和阿依马拉语。多数居民信奉天主教。

首都 政府、议会所在地：拉巴斯（La Paz），人口83.9万（2011年），海拔高度3627米，年平均气温14℃。法定首都（最高法院所在地）苏克雷（Sucre），人口29万（2011年），年平均气温21.8℃。

国家元首 总统胡安·埃沃·莫拉莱斯·艾玛（Juan Evo MORALES Ayma），2006年1月22日就职，2009年12月在根据新宪法举行的大选中再次当选总统，2010年1月22日就职，任期至2015年1月。

重要节日 独立日:（即国庆节）8月6日。

简况

位于南美洲中部，内陆国。东北与巴西为界，东南毗邻巴拉圭，南邻阿根廷，西南邻智利，西接秘鲁。属温带气候。

公元13世纪为印加帝国的一部分。1538年沦为西班牙殖民地，史称上秘鲁。1825年8月6日宣布独立，为纪念解放者玻利瓦尔取名玻利瓦尔共和国，后改为现名。1952年4月爆发人民武装起义，民族主义革命运动领导人帕斯·埃斯登索罗就任总统。此后，军事政变频繁，政局长期动荡。1983年10月恢复民主政体。

政治

2005年12月18日，玻提前举行大选，左翼的争取社会主义运动党候选人莫拉莱斯以54%的选票当选，成为玻建国以来首位印第安人总统。莫拉莱斯总统就职后，提出在玻建设"社群社会主义"，积极推行"民主文化革命"，在政治、经济等领域进行重大变革。如成立制宪大会、实施油气资源国有化、土改等。2007年底以来，围绕新宪法草案和地方自治等问题，玻朝野激烈对峙。2008年5月、6月，圣克鲁斯省等东部四省先后举行自治公投，朝野对抗加剧。8月，莫在罢黜性公投中顺利过关并向国会提交拟于2009年初举行新宪法公投的提案。2009年1月，玻新宪法公投顺利举行并以约60%的支持率获得通过。3月26日，莫签署最高法令宣布将原国名"玻利维亚共和国"改为"多民族玻利维亚国"。4月，国会通过《过渡选举法》。12月6日，玻举行总统、议会和省长选举。莫拉莱斯以63%的选票再次当选总统，任期至2015年。执政党"争取社会主义运动"掌控参议院和众议院多数席位，并赢得全国9个省中的6个省长职位。2010年1月21日，玻举行总统就职仪式。12月26日，玻政府颁布最高法令，宣布取消燃油补贴，汽油和柴油的价格分别上涨82.8%和72.9%。此举引发民众大规模抗议活动，反对党亦借机向政府发难。莫迫于强大压力于12月31日宣布废止调价法令。2011年，玻先后爆发"燃油涨价风波"、物价上涨引起的抗议示威及反对政府修建穿越原住民居住区的公路的大规模游行示威事件，社会冲突有所增加。2012年上半年，玻发生中央工会、拉巴斯司机联合会和警察罢工骚乱，在政府与各方代表协商后，有关事件得以平息。目前，玻政局稳定。

【宪法】 1826年颁布，1967年和1994年两次修改。宪法规定，国体为共和制，总统和副总统均由直接选举产生，总统任期为五年，不得连任，但可隔届当选一次；副总统不得连选总统或副总统。

2009年1月25日，玻举行新宪法公投和限制大地产公投。新宪法以61.47%的高支持率获得通过，多数选民支持个人拥有土地面积限额为5000公顷。新宪法对原宪法作了上百处修改，主要有：（一）强调玻多民族国家性质，赋予公民更多权利，政府应承担更多义务。（二）建立四权分立政治体制，印第安人较前更受重视，提出除行政、立法、司法权力机关外，建立多民族选举机构为第四种国家权力机关。（三）改变现行行政区划体制，实行符合宪法的自治制度。（四）国家政权在经济中扮演重要角色，采取复合经济模式，限制大地产和双重地契。（五）关于后续立法及未来的宪法修订，若修改整个宪法或涉及根本内容，需由土著人全权制宪会议进行。

【议会】 国会由参众两院组成。国会拥有通过和修改法律、审查议员资格、处理违法议员、弹劾政府部长等职权。宪法规定，共和国副总统兼任国会主席。众议院设130席，按各省人口比例分配，其中68位众议员由各区选民直接选举产生，其余在大选中产生。年满25岁、服过兵役、无犯罪记录、由政党或合法团体提出的候选人均可竞选。参议院设36席，每省4席，参议员经大选直接选举产生。年满35岁、具有当选众议员资格的公民方能当选。每届国会任期五年。参、众议长由两院分别选举产生，任期一年，可连选连任。现任参议长加布列拉·蒙塔尼奥·比亚尼亚（Gabriela MONTAÑO Viaña，女），众议长埃尔比拉·德尔加多·布尔戈亚（Elvira DELGADO Burgoa），于2012年1月就职。各主要政党在国会中所占席位如下：

	参议院	众议院
争取社会主义运动（MAS）	26	87
玻利维亚进步计划（PPB）	10	38
民族团结党（UN）	0	3
社会联盟党（AS）	0	2

【政府】 总统内阁制。总统为国家元首、政府首脑和武装部队统帅。本届政府于2010年1月成立，2011年年初改组。内阁成员有：外交部长戴维·乔克万卡·塞斯佩德斯（David CHOQUEHUANCA Céspedes），总统府部长胡安·拉蒙·金塔纳（Juan Ramon QUINTANA），内政部长卡洛斯·罗梅罗（Carlos ROMERO），国防部长鲁文·萨阿韦德拉（Rubén SAAVEDRA），司法部长塞西利亚·艾

略恩（Cecilia AYLLON，女），环境和水务部长费利佩·吉佩斯·昆塔（Felipe QUISPE Quenta），发展规划部长埃尔瓦·比维安娜·卡罗·伊诺霍萨（Elba Viviana CARO Hinojosa，女），经济与财政部长路易斯·阿尔韦托·阿尔塞·卡塔科拉（Luis Alberto ARCE Catacora），生产发展和多种经济部长特雷莎·莫拉莱斯·奥利维拉（Teresa MORALES Olivera，女），公共工程、服务和住宅部长阿图罗·弗拉迪米尔·桑切斯（Arturo Vladimir SANCHEZ），矿业和冶金部长马里奥·比雷拉（Mario VIRREYRA），油气资源与能源部长胡安·何塞·埃尔南多·索萨（Juan Jose Hernando SOSA），教育部长罗伯特·阿吉拉尔（Roberto AGUILAR），文化部长巴布罗·格鲁奥克斯（Pablo GRUOX），卫生与体育部长胡安·卡洛斯·卡维蒙特斯（Juan Carlos CALVIMONTES），劳动、就业和社会保障部长达尼埃尔·桑塔利亚·托雷斯（Daniel SANTALLA Torrez），农村发展和土地部长内梅西亚·查科略·托拉（Nemesia CHACOLLO Tola，女），非中央集权和自治部长克劳迪亚·佩尼亚（Claudia PENIA，女），国家法律保护部长伊丽莎白·阿里斯门迪·丘马塞罗（Elizabeth ARISMENDI Chumacero，女），透明和反腐败部长纳尔迪·苏索（Nardi SUXO），社会联络部长阿曼达·达维拉（Amanda DAVILA，女）。

【行政区划】全国共分为九省。

【司法机构】2011年10月，直选产生新一届司法机构法官。由大法官、农业环境法院法官、宪法法院法官和法官委员会委员等共56人组成，其中男女法官各28人，土著人法官占多数。贝尼省籍法官贡萨洛·乌尔塔多（Gonzalo HURTADO）和土著人女律师克里斯蒂娜·马马尼（Cristina MAMANI）分别当选最高法院院长和法官委员会主席。总检察长由多民族立法大会选举产生，任期六年，不得连任。现任总检察长马里奥·乌里韦·梅伦德雷斯（Mario URIBE Melendres）。

【政党】全国合法政党23个，主要有：

（1）争取社会主义运动（Movimiento Al Socialismo，MAS）：1997年7月成立。执政党。玻新兴左派政党，系“广泛参与的全国性民主力量”。反对新自由主义经济和经济全球化。玻议会第一大政治力量。党的领导人为总统埃沃·莫拉莱斯。

（2）玻利维亚进步计划—国家团结党（Plan Progreso para Bolivia-Convergencia Nacional，PPB-CN）：最大反对党，2009年9月由“玻利维亚进步计划”、“玻利维亚自治党”和“民族主义革命运动”合并而成，党的领导人为曼弗雷德·雷耶斯·比利亚（Manfred Reyes Villa）。

（3）国家统一党（Unidad Nacional）：2005年成立。主张维护中产阶级和企业界利益。党主席为玻水泥大王萨姆埃尔·多利亚·梅迪那（Samuel Doria Medina）。

（4）社会联盟党（Alianza Social）：2005年10月成立。主张玻各民族、各种族间相互尊重，求同存异，共同建立一个团结的自治国家。党主席为波托西市前市长勒内·华金诺（René Joaquino）。

（5）无畏党（Movimiento Sin Miedo）：1999年3月成立，原为执政党“争社运”联盟党，2010年起与“争社运”决裂，成为反对党。目前该党占据拉巴斯、奥鲁罗两市市长席位。党的领导人为拉巴斯市前市长胡安·德尔格拉纳多（Juan del Granado）。

（6）社会民主力量党（Poder Democrático Social）：2005年成立。主张改革现有经济模式，维护社会稳定，促进生产发展。领导人为前总统豪尔赫·基罗加（Jorge Quiroga）。

（7）左派革命运动（Movimiento de la Izquierda Revolucionaria）：1971年成立，成员为工人和自由职业者，主张实行进步的民族主义。1992年加入社会党国际。党的领袖是前总统海梅·帕斯·萨莫拉（Jaime Paz Zamora）。

其他主要政党有：新共和力量党、公民团结联盟、自由玻利维亚运动、左革阵、基督教民主党、“四·九”革命先锋党、社会党、共产党等。

【重要人物】胡安·埃沃·莫拉莱斯·艾玛：总统。1959年10月26日生于玻利维亚奥鲁罗省一个贫苦印第安人家庭。未受过高等教育。年轻时曾当过矿工、面包工人和泥瓦匠。从20世纪80年代起积极投身古柯农工会组织工作，逐渐成为该组织的主要领导人，曾连续9次当选六大古柯农工会联盟秘书长。1997年当选众议员，2001年因领导古柯农封路、游行活动被罢免。2002年，莫拉莱斯组建争取社会主义运动党，并在议会选举中获得35个议席，成为全国第二大党。同年，莫拉莱斯以该党领袖身份参加大选并进入第二轮，但在议会投票中以微弱差距败北。在2005年12月18日大选中，莫拉莱斯赢得54%的选票，当选总统，2006年1月就职。同月，莫以当选总统身份访华。2009年12月在根据新宪法举行的大选中再次当选总统，任期至2015年。

经　济

玻利维亚是世界著名的矿产品出口国，工业不发达，农牧产品可满足国内部分需求，为南美最贫穷的国家之一。近年来，玻经济形势逐步好转，但仍面临外债负担沉重、引资困难、失业率居高不下等困难。莫拉莱斯上台后，摒弃新自由主义经济政策，大幅提升国家在经济生活中的地位，宣布对石油天然气资源实行国有化，提高天然气出口价格，并推动土地改革，宏观经济指数普遍改观。

2010年，玻宏观经济运行平稳，国有化进程稳步推进，经济总体保持快速增长。2011年，玻经济增长约5%。但外债负担重、出口结构单一仍是玻经济面临的主要问题。2011年主要经济数据如下：

国内生产总值：230亿美元。

人均国内生产总值：2283美元。

国内生产总值增长率：5%。

货币名称：玻利维亚诺（Boliviano）。

汇率：1美元＝6.96玻利维亚诺。

通货膨胀率：6.9%。

失业率：6.5%。

【资源】矿产资源丰富，主要有锡、锑、钨、银、锌、铅、铜、镍、铁、黄金等。锡储量为115万吨。铁储量约450亿吨，在拉美仅次于巴西。石油探明储量为9.29亿桶，天然气为52.3万亿立方英尺。森林覆盖面积50万平方公里，占国土面积的48%。

【工业】工业落后，以小工业及食品、纺织、皮革、酿酒、卷烟等加工业为主。有色金属冶炼有一定能力，拥有号称世界第三的平托（Vinto）冶炼厂。2010年矿业（包括石油、天然气）产值约占国内生产总值的13.48%，加工业产值约占国内生产总值的18.89%，建筑业占3.71%。

【农牧渔业】农业较落后。全国可耕地面积3.4万平方公里，约占国土面积的3%。2010年全国土地种植面积296万公顷。粮食生产仅能满足国内34%的需求，其余依赖进口。2010年全国牛存栏数为799万头，羊214万只，猪257万头。2010年农牧渔业产值23.1亿美元，占国内生产总值的12%。主要经济作物有棉花、咖啡、烟草、甘蔗、向日葵和古柯等。主要农牧产品为玉米、水稻、小麦、薯类产品和大豆等。近几年主要农产品产量如下（单位：千吨）：

	2008	2009	2010
高原小米	28.8	29.9	30.9
大麦	13.3	13.9	14.1
玉米	1000.0	1174.0	718.0
小麦	161.0	201.0	255.0
马铃薯	935.0	957.0	975.0
咖啡	27.0	28.0	29.0
大豆	1225.0	1893.0	1917.0
高粱	436.0	503.0	335.0
木薯	244.0	249.0	255.0
棉花	2.5	1.4	0.4
甘蔗	7459.0	7804.0	5892.0
向日葵	299.0	394.0	311.0
番茄	52.0	53.0	53.0

（资料来源：玻利维亚国家统计局）

【旅游业】旅游基础设施相对落后。近年来重视发展旅游业。玻现有具备接待能力的各级旅店836家，床位3万多张。2010年接待外国游客67.12万人次，创汇收入3.14亿美元。游客多来自秘鲁、阿根廷、美国、巴西及西欧国家。同期国内游客52万人次，旅游业收入约合9.47亿美元。主要旅游景点有的的喀喀湖、印加帝国古城蒂亚瓦纳科和伊利马尼雪山等。

【交通运输】主要铁路和公路网集中在西部，边远地区依靠航空沟通。

公路：2010年各类公路总长80887公里，其中沥青路和石子路面分别占7.9%和37.3%，土路占54.8%；有各类机动车辆44.9万辆。

铁路：2010年铁路总长3652公里。2002年铁路运输客货运量分别为72.6万人次和151.6万吨。

空运：拥有玻利维亚劳埃德航空公司等3家民用航空公司和8家航空运输公司。拉巴斯、圣克鲁斯和科恰班巴各有1个国际机场，国际航线14条。2010年客运量为160.1万人次，货运量3.36万吨。

水运：内河航运线1.4万多公里。2010年水运客货运量分别为1.58万人次和107万吨。

【财政金融】近几年财政收支情况如下（单位：亿玻利维亚诺）：

	2008	2009	2010
收入	583.9	457.5	615.70
支出	544.8	430.4	592.60
差额	39.1	27.1	23.15
财政赤字占GDP（%）	3.2	2.0	–

（资料来源：同上）

截至2012年3月，外汇储备127.3亿美元，外债余额34.9亿美元。

【对外贸易】玻历届政府均重视发展对外贸易，特别是鼓励出口以拉动经济增长。玻积极参与地区一体化进程，与多数拉美国家签有经济互补协定。近年来，玻大力开拓其天然气出口市场，并制定了“南方共同市场能源供应地战略”。现与世界80多个国家和地区保持着贸易关系。

2011年，玻出口总额为91.09亿美元，同比增长29.4%，主要出口产品为燃油、天然气、矿产品及大蒜；进口总额74.05亿美元，同比增长37.3%，主要进口原材料及中间产品、工业设备、消费品、运输设备和食品。主要出口对象国为巴西、美国、阿根廷、哥伦比亚、委内瑞拉。近几年进出口额如下（单位：亿美元）：

	2009	2010	2011
出口额	52.97	69.56	91.09
进口额	44.10	53.70	74.05
差　额	8.87	15.86	17.04

（资料来源：同上）

【外国投资】2010年玻吸收外国直接投资4.23亿美元。外资主要流向石油天然气、商业和服务业、矿业等领域。主要投资国为英国、意大利、西班牙、美国和智利等。

人民生活　玻利维亚政府将教育文化、健康营养、卫生设施、城市建设和住房、就业等列为社会发展政策中需要迫切解决的问题。2010年政府规定最低工资为679玻利维亚诺（合96美元）。近几年经济虽保持增长，但贫富差距依然悬殊，人民实际生活水平持续下降，64%的民众生活在贫困线以下，其中37%处于赤贫状态。近年来，约有100万玻利维亚人移居国外，其中大多数在邻国从事家政行业。全国分为42个保健区，共有11920名医务人员，2587所医院、诊所；每千人拥有床位1.3张，每千人拥有1.5名医生。2010年，人口增长率为26.31‰，死亡率为7.29‰，人均预期寿命67.9岁；医疗部门公共投资为6.51亿玻利维亚诺。2010年每百人拥有固定电话72部。

军　事　玻利维亚实行义务兵役制，凡年满18岁的男性公民必须服兵役，服役期一年。自1995年起，军官服役期延长至35年。

总兵力4万人（2005年），其中陆军2.5万人，编为10个师，有各类坦克、装甲车200辆，轻型炮200门；空军8000人，编为4个旅，下辖13个飞行大队，有战斗机25架，运输机30架，直升机30架；海军7000人，编为6个海区，下辖8个陆战队，有内河巡逻艇10艘，美制“波士顿”级救生艇8艘。警察部队总兵力2万人，归内政部管辖。各军种装备较陈旧落后。

武装力量总司令蒂多·甘达利亚斯（Tito GANDARILLAS），陆军司令古斯塔沃·桑多瓦尔（Gustavo SANDOVAL），海军司令劳尔·比斯卡拉（Raúl VISCARRA），空军司令利沃里奥·弗洛雷斯（Liborio FLORES），警察司令豪尔赫·桑蒂埃斯特万（Jorge Sandiestevan）。

2012年玻国防预算为4.6亿美元。

文化教育　【教育】玻利维亚文化教育落后，其文盲率是拉美最高的国家之一。2010年文盲率为9%，公办学校人数为13.8万人。国家对6～12岁儿童实行义务教育，但基础设施薄弱，资金缺乏。著名大学有圣弗朗西斯科·哈维尔大学和圣安德烈斯大学。2010年小学和中学入学率分别为88.79%和57.95%。

【新闻出版】主要报刊有：《日报》，发行量5万份；《责任报》发行量4万份；《理性报》发行量约3万份；《时代报》发行量约2.5万份；《新闻报》，发行量4万份；《变革报》，发行量1.2万份。

2010年有广播电台639家，其中322家设在城市，317家设在农村。多为商业电台，用西班牙语、阿依马拉语和克丘亚语广播。

国家电视台创建于1964年，在拉巴斯等7个省有转播台。另有9家私营电视台及3家有线电视和卫星电视台。

对外关系　玻利维亚奉行独立自主、和平和不结盟的对外政策，维护民族独立和主权，坚持各国一律平等、人民自决，不干涉别国内政、和平解决国际争端等原则，突出多元外交和务实经济外交。重视发展同拉美国家的传统友好关系，积极推进地区一体化。重视与美国的传统关系。玻历届政府均坚持向智利提出恢复太平洋出海口的要求。莫拉莱斯总统执政后，双方就此重开谈判，玻智关系有所改善。重视发展同欧盟和亚太国家的经贸合作关系。主张反毒，但认为古柯不是毒品，呼吁国际社会为古柯“解禁”。

玻系不结盟运动、世界贸易组织、美洲国家组织、南美国家联盟、安第斯共同体、里约集团、拉普拉塔河流域组织、亚马孙合作条约组织等成员国和南方共同市场联系国。同86个国家保持外交关系。玻驻外使馆33个，领事馆104个，多派遣名誉领事。26个国家和国际组织在玻派有常驻大使或代表，在玻内地城市设有41家外国领事馆。

【同中国的关系】中玻于1985年7月9日建交。建交以来，两国关系发展顺利。

2011年，两国高层保持交往，政治互信不断加深。3月，中国人民解放军副总参谋长马晓天访玻。9月，国务院副总理回良玉对玻进行正式访问。6月，玻国防部长萨阿韦德拉访华。8月，玻利维亚总统莫拉莱斯访华并出席深圳第26届世界大学生夏季运动会开幕式；科恰班巴省省长诺维略访华。12月，玻武装力量总司令古铁雷斯访华。

两国经贸合作发展迅速，合作领域不断拓宽。2011年中玻双边贸易额为6.59亿美元，其中中方出口额为3.84亿美元，进口额为2.75亿美元，同比分别增长82.3%、122.3%和45.7%。

中国驻玻利维亚大使：李东。馆址：Calle 1，NO.8532，Los Pinos，Calacoto，La Paz。电话：591-2-2793851（办公室），2792902（值班室），2794567（商务处）；传真：2797121。电传：03093352（CHINALP BV）。

玻利维亚驻华大使：吉列尔莫·查卢普·连多（Guillermo CHALUP Liendo）。馆址：北京市朝阳区塔园外交人员办公楼2-3-1号。电话：010-65323074，65324370（领事）；传真：65324686。

【同美国的关系】玻美于1825年6月8日建交。

传统上玻同美保持密切关系，对美关系是玻外交重点。美在玻驻有外交和军事使团，派有帮助培训缉毒部队的军事顾问。玻是接受美援助最多的拉美国家之一。

2008年9月，玻以干涉内政为由驱逐美大使，委内瑞拉为支持玻亦驱逐了美驻委大使。随即，美宣布取消对玻的《安第斯国家最惠关税待遇和铲除古柯法》

（ATPDEA）待遇，并将玻从与美合作伙伴名单中删除。11月，玻宣布中止与美的反毒合作。但莫拉莱斯总统多次表示愿与美保持平等合作，希与美总统奥巴马举行会晤。

2009年5月，美国前总统卡特和美国主管西半球事务的助理国务卿香农分别访玻。6月，美国奥巴马政府宣布鉴于玻禁毒不力，美彻底终止对玻ATPDEA优惠关税待遇。9月，莫拉莱斯总统指责美国国际发展署资助主要竞争对手玻利维亚进步计划—国家和解（PPB-CN）推出的竞选搭档雷耶斯—比利亚和费尔南德斯的竞选活动。12月，美国国会众议院批准将给予安第斯地区国家的《安第斯贸易优惠和铲除毒品法》（ATPDEA）优惠关税待遇延长至2010年12月31日，但依旧将玻排除在外。

2010年5月31日至6月2日，美国国务院负责西半球事务的助理国务卿巴伦苏埃拉访玻。11月，莫拉莱斯总统表示希与美重新互派大使，在平等和相互尊重的基础上尽快实现关系正常化。2011年11月7日，玻美签署了基于互相尊重主权原则的双边框架协定，同意重新互派大使。2012年2月28日，玻美第一届高级联合委员会会谈在拉巴斯举行。玻发展规划部长卡罗与美国助理国务卿威尔塔克共同主持会议，双方主要就司法、经贸、反毒等领域合作进行商谈。3月1日，美国际反毒署和国际开发署对玻清除古柯叶非法种植努力表示赞赏；美方支持玻推动2013年为“国际高原小米年”。3月27~29日，美国驻玻使馆一辆汽车在贝尼省因运送武器装备和通讯设备被扣留，玻方成立调查组对该事件进行调查，表示此事件已损害两国关系并指责美方违反维也纳公约。

【同拉美国家的关系】重视同拉美各国，特别是安第斯共同体以及巴西和阿根廷等邻国的传统友好关系，高层往来频繁。玻利维亚2010年7月起开始担任安共体轮值主席国，任期至2011年7月。玻与多数拉美国家签有经济互补和投资保护协定，积极参与地区一体化进程，谋求实现成为贯通两大洋的通道和南方共同市场能源供应地。莫拉莱斯总统上台后玻与古巴、委内瑞拉结成“反新自由主义阵营”和拉美“正义轴心”，并推动玻加入委倡导的“美洲玻利瓦尔选择”（2009年6月更名为“美洲玻利瓦尔联盟”，ALBA）。委、古两国给予玻大量现金、实物和技术援助。玻积极参与地区一体化，努力加强与周边国家的相互信任和合作。

2010年，莫拉莱斯总统出席在拉美有关国家召开的里约集团峰会、南美国家联盟特别首脑会议、ALBA峰会、南共市峰会等，并先后出席乌拉圭新总统穆希卡就职典礼、委内瑞拉独立运动200周年庆典、巴拉圭独立199周年庆典、阿根廷革命200周年庆典等活动。乌拉圭总统穆希卡、阿根廷总统克里斯蒂娜先后访玻。

玻重视气候变化问题。2010年4月举办“世界人民气候变化和地球母亲权利大会”，委内瑞拉总统查韦斯、古巴国务委员会副主席拉索等出席，联合国秘书长潘基文致函大会，共147个国家的35000余民众参加会议。9月，莫拉莱斯总统前往纽约会晤联合国秘书长潘基文，递交世界人民气候变化大会报告并在联大发表演讲，呼吁把上述报告内容列入墨西哥坎昆会议议事日程。12月，莫拉莱斯总统出席在坎昆举行的联合国气候变化公约第16次缔约方会议。

2011年3月，委内瑞拉总统查韦斯访玻。5月，莫拉莱斯总统应邀出席巴拉圭独立200周年活动，并会见巴总统卢戈、阿根廷总统克里斯蒂娜和乌拉圭总统穆希卡等政要。6月，秘鲁当选总统乌马拉访玻；莫拉莱斯总统访问阿根廷。7月，莫拉莱斯总统赴委内瑞拉参加委独立200周年庆典；赴利马出席秘鲁当选总统乌马拉的就职典礼。8月，时任巴西总统卢拉访玻。9月，莫拉莱斯总统访问委内瑞拉、古巴。10月，莫拉莱斯总统出席在巴拉圭首都亚松森举行的伊比利亚—美洲首脑峰会。

2012年3月15日，莫拉莱斯总统访问哥伦比亚。

同智利的关系：玻在太平洋战争（1879 ~ 1883年）中被智击败，丧失沿海大片领土，成为内陆国。此后玻一直要求重新获得出海口，历届政府均将此列为外交政策重点。1978年双方因出海口问题谈判破裂而断交，迄今只保持领事关系。玻将恢复海洋主权视为政府最为重要的外交任务，多次表示要与智就玻重获出海口问题恢复谈判。玻还将此问题带到了包括联合国、美洲国家组织在内的各种多边场合。

2006年1月莫拉莱斯上台后，玻主动缓和与智利的关系，两国元首50年来首次相互出席对方就职仪式。12月，巴西、智利总统访玻，三国共同宣布于2009年建成东起智利伊基克港、西至巴西桑托斯港的两洋陆路走廊。2008年以来，智利总统巴切莱特以南美国家联盟轮值主席身份积极斡旋玻朝野对话，使波智关系明显回暖。6月，智外交部副部长访玻时表示，智已准备把伊基克港作为可供玻自由通行的港口。2009年6月29 ~ 30日，玻和智利外交部官员在拉巴斯举行第八次双边事务工作组会议和第十次政治磋商，双方就两国双边关系13点议题进展交换了意见。

2010年3月，莫拉莱斯总统参加智利新总统皮涅拉就职仪式期间，向智政府转交玻人道主义救援物资。

2011年1月，玻智两国宣布成立双边高委会，商谈玻出海口要求。3月，首次高委会在拉巴斯召开。此后，由于智强硬坚持出海口问题不容谈判，13点议题进程陷入停顿，玻宣布拟将出海口问题提交海牙国际法庭裁判，智方强烈反对，两国关系重陷低谷。9月，玻向智利正式提出将阿里卡港划归玻管辖的建议，并等待智方答复。

2012年2月10日，玻国防部长萨阿韦德拉表示，玻已决定将出海口问题从玻智两国关系“13点议程”中取消，通过国际法庭提出申诉。

【同欧洲国家的关系】玻重视发展同欧盟各国的关系，争取贷款和援助。

2006年1月，玻当选总统莫拉莱斯访问欧盟、西班牙、法国和荷兰。5月，莫拉莱斯总统出席在维也纳举行的第四届欧盟—拉美加勒比国家首脑会议。8月，西班牙副首相德拉维加访玻。11月，莫拉莱斯总统访问荷兰。2007年2月，意大利副外长访玻，意向玻提供7100万美元的援助。3月和10月，玻总统莫拉莱斯先后赴意大利进行顺访和正式访问。2008年2月，莫拉莱斯总统访问阿根廷、比利时、挪威和法国。7月，玻外长乔克万卡访问西班牙。2009年2月15～18日，莫拉莱斯总统访问俄罗斯和法国，就能源、矿产、贸易和反毒合作与两国领导人举行会谈并签署一系列合作协议。2009年3月，莫拉莱斯总统赴奥地利维也纳出席联合国麻醉品委员会召开的麻醉品管制署第52届高级别会议并在开幕式上发言，还会见了奥总统菲舍尔。9月，莫访问瑞士和西班牙，西政府同意免除玻所欠债务的60%约7700万欧元，并将剩余40%用于实施两国商定的社会项目。12月，莫出席在丹麦首都哥本哈根举行的联合国气候变化会议。

2010年4月，莫拉莱斯总统前往加拉加斯与正在访委的俄罗斯总理普京举行会晤，讨论能源、国防安全等议题。5月，莫拉莱斯总统访问梵蒂冈、挪威和芬兰。11月，西班牙外交大臣希门尼斯访问玻利维亚。

2011年4月，玻外长乔克万卡访问西班牙、法国、比利时、英国等欧洲四国。5月，玻副总统加西亚访问西班牙。

【同日本的关系】1956年，玻日两国签署移民协定，随后1000户日本家庭移居玻。1989～1995年，日本向玻提供贷款和援助共计5.56亿美元。1996年1月，双方就延长玻欠日1.53亿美元的债务偿还期达成协议。11月，桑切斯总统正式访问日本，日向玻提供5000万美元的无偿经济援助和1900万美元的贷款。1997年，日本政府向玻提供各类援助3900万美元。1998年，日向玻提供2300万美元的技术设备以及总价值为4140万美元援助。1999年，日本政府向玻提供3300万美元，用以兴建学校、医院及基础设施。2000年，日本同意免除玻欠日共计约2亿美元的债务。2001年日本向玻提供价值800余万美元的教育物资和赠款。2005年4月梅萨总统访日。2006年2月，日本免除玻6300万美元的债务。2007年3月，玻总统莫拉莱斯对日本进行正式访问，日本首相安倍晋三和天皇分别会见。日宣布对玻提供940万美元捐赠，用于救助玻洪水灾害地区的灾民以及灾后重建。

2010年12月，莫拉莱斯总统访问日本，出席明仁天皇午宴，同菅直人首相举行会谈。日方同意在玻投资2.5亿美元建立一个火电厂，并表示愿同玻方在锂矿开发领域加强合作。

2011年2月，日本宣布向玻提供350万美元机械设备，帮助玻抵御洪灾。3月，玻政府就日本遭受强烈地震灾害表示慰问。

【同其他国家的关系】2010年8月，玻总统莫拉莱斯对韩国进行国事访问，这是自1965年两国建交以来首位玻元首访韩。莫与韩总统李明博举行对口会谈，会见韩国会议长并参观韩知名企业。双方签署了韩在玻境内开发锂资源的谅解备忘录。莫拉莱斯总统访问伊朗，同伊总统艾哈迈迪内贾德举行会谈。双方签署关于促进资源和技术合作方面的双边协议，伊将向玻提供2亿欧元可循环贷款，用于玻制奶、纺织和拖拉机厂等项目。12月，玻政府宣布承认巴勒斯坦国为完整主权国家。

2011年9月，莫拉莱斯总统在纽约分别会见伊朗总统艾哈迈迪内贾德、匈牙利总统施密特和尼泊尔总理巴特拉伊，并在联大发表演讲；联合国粮农组织（FAO）正式向玻递交文件，支持将2013年设定为"国际高原小米年"。

2012年3月12~13日，莫拉莱斯总统赴维也纳出席联合国麻醉品管理委员会第55届大会并顺访奥地利。莫在大会上发表演讲，宣传玻保护民族文化传统的政策，呼吁国际社会支持咀嚼古柯叶合法化。

（齐欣）

伯　利　兹

国名　伯利兹（Belize）。

面积　2.3万平方公里。

人口　32.8万（2012年）。混血种人和克里奥尔人分别占总人口的48.7%和24.9%，其他还有印第安人、印度人、华人和白人。居民中49.6%信奉天主教，25.5%信奉基督教新教，另有少数伊斯兰教徒。英语为官方语言，但近半数居民通用西班牙语或克里奥尔语。

首都　贝尔莫潘（Belmopan），人口约1.8万。

国家元首　英国女王伊丽莎白二世，女王任命总督为其代表。现任总督科尔维尔·诺马·扬爵士（Sir Colville Norma YOUNG）。

重要节日　独立日：9月21日。

简　况

位于中美洲东北部。北和西北与墨西哥接壤，西和南与危地马拉毗邻，东濒加勒比海。海岸线长386公里。属亚热带雨林气候。年平均气温25℃~27℃。南方雨量高达4550毫米。

原为玛雅人居住地。16世纪初沦为西班牙殖民地。1638年英国殖民者入侵，1862年正式宣布其为英国殖民地，改名英属洪都拉斯。1973年6月改为伯利兹。1981年9月21日独立，为英联邦成员国。

政治

独立以来，统一民主党和人民统一党轮流执政。2012年3月大选中，执政党统一民主党蝉联执政，党领袖迪安·巴罗（Dean BARROW）连任总理，任期五年。目前，伯政局稳定。

【宪法】现行宪法于1981年9月生效。宪法规定：英国女王为伯利兹国家元首，由女王任命的总督（须是伯利兹公民）代表；总督任命众议院多数党领袖为政府总理，并根据总理提名任命副总理及部长。反对党领袖亦由总督任命。

【议会】由参、众两院组成，任期均为五年。参议员12名，由总督任命，其中6名由总理提名，3名由反对党领袖提名，伯利兹教会、工商界和工会组织各推荐1名。众议员31名由大选产生。本届议会于2012年3月组成。

【政府】本届政府于2012年3月14日组成。成员包括：总理兼财政部长迪安·巴罗，副总理兼农业和自然资源部长加斯帕·维加（Gaspar VEGA），通信和交通部长梅尔文·赫尔斯（Melvin HULSE），经济发展、商业、工业和消费者保护部长埃尔温·孔特雷拉斯（Erwin CONTRERAS），教育和青年部长帕特里克·费伯（Patrick FABER），外交部长威尔弗雷德·埃尔林顿（Wilfred Peter ELRINGTON），新闻、广播和公共工程部长埃尔文·彭纳（Elvin PENNER），劳动和地方政府事务部长加夫列尔·马丁内斯（Gabriel MARTINEZ），工程部长安东尼·马丁内斯（Anthony MARTINEZ）等。

【司法机构】设上诉法院、最高法院和区法院。2010年2月，伯利兹宣布将加勒比法院取代英国枢密院作为伯终审法院。

【政党】（1）统一民主党（United Democratic Party，“红党”，简称UDP）：执政党，1974年由民族独立党、人民发展运动、自由党和黑人联合发展协会合并组成，主要得到黑人的支持。1984~1989年，1993~1998年执政。2008年2月赢得大选，2012年3月蝉联执政。领袖迪安·巴罗。

（2）人民统一党（People's United Party，“蓝党”，简称PUP）：反对党。1950年成立，支持者多来自混血种人，曾于1954~1984年、1989~1993年、1998~2008年执政。领袖胡安·安东尼奥·布里赛尼奥（Juan Antonio BRICEO）。

【重要人物】迪安·巴罗：总理。1952年生于伯利兹。获美国佛罗里达大学法学硕士学位。1983年开始从政。1984年当选众议员。1984~1989年担任外交和经济发展部长、总检察长。1990年任统一民主党副领袖。1993~1998年任副总理兼外交和经济发展部长、总检察长、国家安全和移民部长。1998年任党领袖至今。2008年2月任总理，2012年3月连任。

经济

以农业为主，产值约占国内生产总值的22%。近年来，旅游业得到快速发展，逐步成为支柱性产业。同时，离岸金融业、渔业、轻工业和建筑业等也有较快的发展。工业不发达，人民生活用品绝大部分靠进口。

统一民主党执政以来，致力于吸引外资，发展旅游业，扩大国有企业在石油行业的份额，加大对教育、住房及医疗卫生等领域投入，以刺激经济增长，增加政府财政收入，改善国家债务状况。2011年主要经济数据如下（资料来源：2012年《经济季评》）：

国内生产总值：14.74亿美元。

人均国内生产总值：4349.4美元。

国内生产总值增长率：2.5%。

汇率：1美元＝1.91伯利兹元。

通货膨胀率：1.9%。

失业率：10.916%。

【资源】森林和渔业资源丰富。森林面积约1.6万平方公里，覆盖率在70%左右。产红木、苏木、染料木等贵重木材，红木被称为国木。盛产龙虾、旗鱼、海牛和珊瑚等。西北地区有石油、重晶石、锡石、黄金等矿藏。伯已证实的石油储量为670万桶，是加勒比地区继特立尼达和多巴哥之后第二个出口原油的国家。

【工业】工业不发达，主要工业部门为制衣、制糖、柑橘加工、啤酒及饮料。工业生产主要为了满足国内消费，出口产品生产集中在制糖、服装以及粮食生产等领域。近年来服装业发展较快，成为仅次于制糖的第二大创收行业和提供就业机会的主要部门。

【农业】农业是伯利兹经济支柱，农田占伯国土面积的1/3。农业从业人数约占总劳力的30.5%，农产品出口约占外汇总收入的71%。主要农作物有甘蔗、柑橘、香蕉、水稻、玉米、可可等。

【旅游业】旅游业起步较晚，但发展迅速。位于伯的世界第二大、北半球第一大堤礁以及玛雅遗迹吸引着越来越多的游客。另外，伯还有八大野生动物保护区，其中有世界仅存的美洲虎和红足鲣鸟保护区。近几年来政府重视旅游业投资，游客人数迅速增加，年旅游收入超过1亿美元。

【交通运输】公路：总长为3007公里。主要城镇间有公路相通，全国有4条主要交通干线，其中有2条与邻国墨西哥和危地马拉相通。

水运：伯利兹城是伯主要港口，可停靠集装箱轮船。有9条主要出入航运线。伯与牙买加有定期班轮。

另外，伯与美国、英国和欧洲大陆等地都有良好的海上运输线。

空运：菲利普·戈德森国际机场（Phillip Goldson International Airport）位于伯利兹城城郊，有通往美国、中美洲邻国的航线。国内有玛雅、热带和岛际等航班。另有11个简易机场。

【财政金融】2011~2012财年，伯政府财政收入为7.84亿伯利兹元，财政支出8.9亿伯利兹元。截至2010年底，伯外汇储备（不含黄金）为2.19亿美元。

【对外贸易】伯高度依赖进口，对外贸易一直存在巨额赤字。主要出口糖、香蕉、成衣、水果、木材、海产品；主要进口机械和运输设备工业制品、日用品、食品、燃料和药品。主要贸易对象为美国、英国、欧盟、墨西哥、加拿大、加勒比共同体国家。近几年对外贸易情况如下（单位：亿伯利兹元）：

	2009	2010	2011
进口额	6.68	4.04	6.03
出口额	2.50	7.40	7.74
差　额	–4.18	3.36	1.71

【经济团体】伯利兹工商会（Belize Chamber of Commerce and Industry）：1920年成立。网址：www.belize.org。

伯利兹贸易与投资发展会（Belize Trade and Investment Development Service）：1986年成立。网址：www.belizeinvest.org.bz。

人民生活

政府推行全国卫生计划，门诊病人享受免费治疗。2009年伯国家贫困评估报告显示，伯贫困人口为14.2万人，占总人口的43%，其中极度贫困人口达5.2万人，占总人口的16%。

军　事

伯利兹国防军建于1978年，包括陆军、空军和海防队，现有正规军1050人，后备队700人。英国驻军于1994年1月1日开始从伯撤军，并正式将防务移交伯政府。国防军总司令达里奥·塔皮亚（Dario TAPIA），2008年5月30日就职。

文化教育

【教育】伯政府一贯对教育部门予以强有力的财政支持，其经常项目开支的1/4用于教育事业，5~14岁儿童享受免费义务教育。伯利兹教育体系主要由初等、中等及高等教育三个层次组成。初等教育为8年制，中等教育为4年制。

【新闻出版】《伯利兹时报》（Belize Times）：周报，发行量约6000份；《报导者》（The Reporter）：周报，1968年创刊，发行量6500份；《阿曼达拉报》（Amandala）：周报，发行量45000份；《今日伯利兹》（Belize Today）：月刊，发行量17000份；《人民的脉搏》（The People's Pulse）：周报，发行量5000份。

伯利兹电台：国家电台，建于1937年。每天用英语和西班牙语广播。另有一家私营电台。

伯利兹广播网（BBN）：建于1952年，属国家所有，但独立经营，下设两个电台。用英语和西班牙语播音。还有若干小电视台，24小时播放，主要播放美国卫星电视节目。

对外关系

奉行不结盟的对外政策。积极维护和发展与加勒比各国的关系，参与地区一体化进程，强调睦邻友好，努力促进中美洲的和平与稳定，注重发展同英国的传统关系和对美关系，积极维护和发展与加勒比各国的关系，强调睦邻友好，努力促进中美洲的和平与稳定。1974年5月加入加勒比共同体，1990年成为美洲国家组织成员国。

【同中国的关系】1987年2月6日两国建交。同年4月，伯总理埃斯基韦尔访华。1989年10月11日，普赖斯政府与台湾当局建立“外交关系”。10月23日，中国政府宣布中止与伯外交关系。

据中国海关总署统计，2011年中伯贸易额为5239.3万美元，其中中方出口额为4949.1万美元，进口额为290.2万美元，同比分别增长29.1%、22.7%和1051.1%。

【同美国的关系】伯美关系密切。美是伯最大的贸易伙伴和经援国。美每年向伯派遣约200名和平队员。共有185家美国公司在伯投资，总额约2.5亿美元，主要投资领域为旅游业。

【同英国的关系】伯独立后继续保持与英国的传统关系，英多次向伯提供经援。英国从1994年1月1日起开始撤走其主要驻军，正式将防务移交伯政府，仅保留约100人维持一所丛林战训练学校，以防备危地马拉对伯的领土要求。2000年6月伯总理穆萨访英。2005年，英国向美洲国家组织和平基金捐款25万英镑，用于伯利兹和危地马拉边境地区的基础设施项目，以推动两国争议地区的重建信任进程。2010年12月，因预算削减，英国防部宣布关闭在伯军事基地。

【同加勒比国家的关系】伯利兹与加勒比地区其他国家有着相同的经历，所以在政治、文化、经济以及社会等方面与其相似。该地区国家支持伯与危地马拉通过外交途径解决两国领土争端。伯利兹是加勒比共同体成员。在地区一体化问题上，伯利兹与加勒比国家紧密合作，共同努力。（陆兵）

多米尼加

国名 多米尼加共和国（The Dominican Republic，La Repúbilca Dominicana）。

面积 48734平方公里。

人口 1013.51万（2011年）。黑白混血种人和印欧混血种人占73%，白人占16%，黑人占11%。官方语言为西班牙语。90%以上居民信奉天主教，少数人信奉基督教新教和犹太教。

首都 圣多明各（Santo Domingo），人口381.3万（2011年）。年平均温度25℃。

国家元首 总统莱昂内尔·费尔南德斯（Leonel Fernández），2008年8月16日就职，任期四年。曾于1996~2000年、2004~2008年两次任多总统。

重要节日 国庆日：2月27日。

简况

位于加勒比海北部，大安的列斯群岛中的伊斯帕尼奥拉岛东部。东隔莫纳海峡与波多黎各相望，西接海地，南临加勒比海，北濒大西洋。北部、东部属热带雨林气候，西南部属热带草原气候，平均气温25℃。

原为美洲印第安人居住地。1496年西班牙人在岛上建立圣多明各城，成为欧洲殖民者在美洲的第一个永久性居民点。1795年归属法国。1809年复归西班牙。1844年2月27日独立，成立多米尼加共和国。1930年特鲁希略发动军事政变上台，实行长达30年的独裁统治。1965年美国出兵占领多米尼加。1966~1978年改革党人巴拉格尔执政。1978~1986年革命党人古斯曼、布兰科先后执政。1986~1996年巴拉格尔再次连续执政。1996~2000年解放党人费尔南德斯执政。2000~2004年革命党人梅希亚执政。2004~2012年，解放党人费尔南德斯再度执政并连任。

政治

费尔南德斯总统自2008年再次执政以来，积极采取措施稳定经济，增加对教育、卫生等社会项目的投入，改善民生，严厉打击腐败，整顿社会治安，积极改善国内投资环境，取得一定成效。2010年5月，执政党解放党在议会和市政选举中获得压倒性胜利，费执政地位得到进一步巩固。目前，多政局稳定。2012年5月20日，多举行总统选举，执政的解放党候选人梅迪纳以51.74%的得票率当选总统，将于8月16日就职。

【宪法】根据1966年11月颁布的宪法，多为总统制国家，设总统和副总统。总统是国家元首、政府首脑和武装力量最高统帅，由公民选举产生。1994年8月，多修改宪法规定总统任期四年，不得连选连任。2002年6月，多修改宪法恢复总统连选连任制。2010年1月，多再次修改宪法并成立宪法法院。新宪法规定，总统不得当届连选连任，但可隔届参选；总统和议会选举将于同一年举行，2010年当选的议员任期由原定的4年延长至6年；众议院席位先从178个增至190个，2012年起从190个增至195个，其中包括7名海外议员。新宪法还更改了多19个政府部门名称，将原来的"国务秘书处"改称为"部"。

【议会】分参、众两院。参议院设32个席位，由全国各省和国家区（即首都）各选1名。众议院设190个席位，每省至少选2名。2010年5月，多举行新一届议会和市政选举。目前，在参议院中，解放党占31席，基督教社会改革党1席；在众议院中，解放党占105席，革命党75席，基督教社会改革党3席。现任参议长雷纳尔多·帕雷兹·佩雷斯（Reinaldo Pared Pérez），众议长阿韦尔·马丁内斯·杜兰（Abel Martínez Durán），均于2011年8月16日当选，任期一年。

【政府】本届政府于2008年8月16日组成。主要成员：副总统拉斐尔·阿尔武凯克（Rafael Albuquerque），总统府部长塞萨尔·皮纳·托里维奥（César Pina Toribio），内政和警察部长何塞·拉蒙·法杜尔（José Ramón Fadul），外交部长卡洛斯·莫拉莱斯（Carlos Morales），武装力量部长华金·比尔希略·佩雷斯·费利斯（Joaquín Virgilio Pérez Feliz），财政部长比森特·本戈瓦（Vicente Bengoa），工商部长曼努埃尔·加西亚·阿雷瓦洛（Manuel García Arévalo），经济、计划和发展部长胡安·特米斯托克雷斯·蒙塔斯（Juan Temístocles Montás），农业部长萨尔瓦多·希门内斯（Salvador Jiménez），公共工程和通讯部长维克多·迪亚斯·鲁阿（Victor Díaz Rúa），体育部长费利佩·帕亚诺（Felipe Payano），环境和自然资源部长海梅·费尔南德斯·米拉瓦尔（Jaime Fernández Mirabal），公共卫生和社会救济部长包蒂斯塔·罗哈斯·戈麦斯（Bautista Rojas Gómez），公共管理部长拉蒙·本图拉·卡梅霍（Ramón Ventura Camejo），旅游部长弗朗西斯科·哈维尔·加西亚（Francisco Javier García），劳动部长马克西米利亚诺·普伊赫（Maximiliano Puig），文化部长何塞·拉斐尔·兰提瓜（José Rafael Lantigua），教育部长何塞菲娜·皮门特尔（Josefina Pimentel，女），高等教育和科技部长利希亚·阿玛达·梅洛（Ligia Amada Melo，女），青年部长富兰克林·罗德里格斯（Franklin Rodríguez），妇女部长阿列杭德里纳·赫尔曼（Alejandrina Germán，女）等。

【**行政区划**】全国划分为31个省和1个国家区。省下设市和乡。

【**司法机构**】由最高法院、检察院和司法部门共同行使司法权。最高法院由16名大法官组成，最高法院院长由参议院任命。总检察长由总统任命。全国有5个上诉法院和1个土地法院，另设有治安法院。现任最高法院院长豪尔赫·苏韦罗·伊萨（Jorge Subero Isa）。现任总检察长拉达梅斯·希门尼斯·培尼亚（Radhamés Jiménez Peña）。

【**政党**】全国有20多个政党，主要有：

（1）多米尼加解放党（Partido de la Liberación Dominicana）：又称“紫党”，执政党。1973年成立，由从多米尼加革命党分裂出来的已故前总统胡安·博什和总统莱昂内尔·费尔南德斯等人创建。1996~2000年、2004~2008年、2008~2012年3次执政。现有党员200余万人。党主席费尔南德斯，现总统。

（2）多米尼加革命党（Partido Revolucionario Dominicano）：又称“白党”，反对党。1939年由胡安·博什等人创建。1973年博什另组解放党后，该党领导层发生分裂，分成布兰科派、马赫卢塔派和戈麦斯派。系社会党国际成员。现有党员100余万人。党主席米格尔·巴尔加斯·马尔多纳多（Miguel Vargas Maldonado）。

（3）多米尼加基督教社会改革党（Partido Reformista Social Cristiano）：又称“红党”，在野党。1961年成立，原称多米尼加改革党，1984年与基督教社会革命党合并改称现名。曾执政多年。前党主席巴拉格尔去世后，该党影响有所下降。党主席卡洛斯·莫拉莱斯·特龙科索（Carlos Morales Troncoso）。

此外还有多米尼加共产党、独立革命党、民主团结绿党、团结变革独立运动、民主社会主义制度阵营、人民民主党、基斯科民主党、劳工党等。

【**重要人物**】**莱昂内尔·费尔南德斯**：总统。1953年12月26日生于多米尼加圣多明各市。小学毕业后赴美国读中学。毕业于多米尼加圣多明各自治大学，后赴美国、墨西哥和法国留学。法学博士，律师。1973年与胡安博什创建多米尼加解放党。先后担任该党中央委员会委员和政治委员会委员。1996年8月至2000年8月任总统。2002年起任该党主席至今。2004年5月作为解放党总统候选人再次参加大选获胜。2008年5月连任总统，任期至2012年。两次婚姻，现夫人玛格丽塔·塞德尼奥（Margarita Cedeño），有三个子女。

经　济

多米尼加是农业国。旅游业、出口加工业和侨汇构成多经济的三大支柱。2004年费尔南德斯总统执政以来，通过改革税制、保护投资、扩大出口、稳定汇率等措施创造了比较稳定的宏观环境，多经济恢复增长。2005~2007年，多经济年均增长9.3%，通货膨胀率降至10%以下。2008年以来，受世界粮价上涨、飓风灾害和全球金融危机等影响，多经济增速放缓。2010年，多经济恢复增长。2011年多政府采取紧缩政策应对国际金融危机冲击，外贸继续扩大，经济保持平稳增长，但仍面临电力短缺及通膨和失业率偏高等问题。2011年主要经济数据如下（资料来源：多米尼加中央银行）：

国内生产总值：567亿美元。

人均国内产值：5638.7美元。

国内生产总值增长率：4.5%。

货币名称：比索（Peso）。

汇率：1美元＝37.6比索。

通货膨胀率：7.76%。

失业率：6.8%。

【**资源**】矿产资源较丰富，主要有金、银、铁、镍和铝矾土等。森林覆盖率为33%。石油、煤炭和水力资源缺乏，能源主要依靠进口。电力供应不足，缺口约27万千瓦时。

【**工业**】烟草加工、制糖、化肥和水泥生产为主要产业，其次有纺织和食品加工业等。2011年，制造业、建筑业和矿业等工业产值占国内生产总值的25.9%，

【**农业**】国民经济的重要部门。以种植甘蔗、烟草、咖啡、可可为主，另有水稻、香蕉、水果等。耕地面积占国土面积的26.7%。2011年农牧业产值占国内生产总值的7.3%。近年主要农产品产量如下（单位：千吨）：

	2008	2009	2010
蔗糖	520.11	517.51	524.75
烟草	15.65	20.39	12.27
咖啡	85.36	80.67	65.82
可可	70.54	77.81	82.16
大米	435.58	474.78	513.23

（资料来源：多米尼加农业部、中央银行）

【**服务业**】2011年，饭店、餐饮、交通、通讯、水、电、金融等服务业产值占国内生产总值的64.7%，从业人数占劳动人口的60.2%。

【**旅游业**】多政府重视旅游业发展。2011年旅游业收入43.6亿美元，同比增长3.4%。2011年从多各个国际机场入境的游客达430.64万人次，同比增长4.4%。外国游客主要来自美国、加拿大及欧盟国家。2011年全国旅游客房住宿率达69.3%，同比增长2.7个百分点。主要旅游景点有圣多明各、拉罗马纳、卡纳港、普拉塔港和金色海滩等。

【**交通运输**】以公路为主。2009年全国有公路19705公里（其中约50%为沥青路）。铁路1784公里，其中80%用于甘蔗运输。有14个港口、8个国际机场、30家船运公司。全国有圣多明各、拉罗马纳、普拉塔港、蓬塔卡纳、巴拉奥纳萨马南和圣地亚哥西瓦奥等8个国际机场。2011年航空客运量为963万人次，有52

家航空公司经营着258条常规航线。主要海港有圣多明各港、海纳港、博卡奇卡港和圣彼德罗德马科利斯港。

【财政金融】近年政府收支情况如下（单位：百万比索）：

	2009	2010	2011
收入	226213.2	255085.1	280456.9
支出	283592.1	310841.9	311742.5
赤字	57378.9	55756.8	31285.6

（资料来源：多米尼加中央银行、财政部）

2011年多外汇储备36.38亿美元，外债余额127.58亿美元，外国直接投资24亿美元。多是国际货币基金组织、世界银行和美洲开发银行等国际和地区金融机构的援助对象国。

【对外贸易】主要出口蔗糖、可可、咖啡、烟草、服装和金、银、镍铁合金等，进口石油、燃料、食品、机电产品和化工原料等。主要贸易伙伴是美国、欧盟、日本、委内瑞拉、墨西哥等国。近年贸易进出口情况如下（单位：亿美元）：

	2009	2010	2011
出口额	54.60	65.98	85.36
进口额	99.57	128.85	145.22
差　额	–44.97	–62.87	–59.86

（资料来源：多米尼加中央银行）

人民生活

贫富分化悬殊，不到人口10％的富人占有国民收入的45.8%。根据联合国和世界银行的贫困标准（按购买力平价每人每天消费不足2美元），2011年多贫困人口占总人口的31.6%。2011年预期寿命男性为75.28岁，女性为79.69岁，新生儿死亡率19‰，平均每千人拥有3.3名医生及1张病床床位。

军　事

实行义务兵役制，服役期四年。2004年全国武装力量总数为2.45万人，其中陆军1.5万人，海军4000人，空军5500人。另有准军事警察1.5万人。2011年国防预算为2.32亿美元，占国内生产总值的0.4%。

文化教育

【教育】对全国6~15岁的儿童实行义务教育。2009年小学入学率为87%，平均每25名小学生有1名教师，中学入学率为61.5%，平均每27名中学生有1名教师。2011年全国文盲率为15%。主要大学有圣多明各自治大学等。

【新闻出版】主要报刊有:《利斯汀日报》（Listín Diario），1889年8月1日创刊，发行量5万份;《加勒比报》（Periódico El Caribe），1948年4月创刊，发行量2.8万份;《国民报》（El Nacional），1966年创刊，发行量4.5万份。全国有各类出版社15家。

全国有48家电视台和325家广播电台。多米尼加国家广播电视台为主要电视台，另有安第斯电视台、彩色屏幕电视台等。

对外关系

奉行尊重领土完整和主权独立、互不干涉内政的外交政策；主张国际和平与安全应建立在尊重国家主权、意识形态多元化和各国人民自决权的基础上；呼吁建立更加合理的国际经济新秩序，反对贸易保护主义；支持联合国改革，认为改革应充分考虑使全球化进程向有利于世界各国人民利益的方向发展；谴责国际贩毒和恐怖主义。目前，多与126个国家有外交关系（不包括中国台湾省）。

【同中国的关系】中国与多米尼加无外交关系。1993年10月15日，中多签署互设贸易发展办事处协议。1994年3月，多在广州设办事处，后于1995年3月关闭。1994年4月，中国在圣多明各设处。1997年6月中多签署关于多驻香港领事机构改为贸易发展办事处的协议和关于两国贸易发展办事处运作备忘录。2005年11月，多在北京设立贸易发展办事处。

近年来，双方往来较少。中方主要去访团组：中国侨联主席林兆枢（2007年5月）、贸促会副会长董松根（2007年7月）、致公党中央副主席李卓彬（2008年4月）、贸促会副会长王锦珍（2009年11月）、致公党中央副主席王钦敏（2012年5月）、外交学会副会长黄星原（2012年6~7月）。多方主要来访团组：青年部部长克雷斯波（2007年7月）、总检察长希门尼斯（2008年5月）、众议长巴伦廷（2008年9月）、科学院院长莫雷诺（2010年6月）、旅游部长加西亚率团参加上海世博会多米尼加国家馆日活动（2010年10月）。

据中国海关总署统计，2011年中多贸易额为12.59亿美元，其中中方出口额为9.68亿美元，进口额为2.92亿美元，同比分别增长21.68%、6.99%和123.30%。

中华人民共和国贸易发展办事处代表：高守坚，2012年5月到任。办事处地址：Av.27 De Febrero，# 328，Ed.RS，Piso 5，Frente a Merkaven Sector Bella Vista，Santo Domingo，República Dominicana。电话：001-809-3341642。

多米尼加共和国贸易发展办事处代表：吴玫瑰（Rosa del Carmen Ng Báez），2011年5月到任。办事处地址：北京市朝阳区霄云路18号京润水上花园别墅G座37室。电话：010-64681387。

多米尼加与台湾当局保持“外交关系”。双方签有友好条约、农技合作协定、贸易协定和投资保护协定等。台在多派有农业、工业技术团，主要从事水稻品种改良、园艺作物栽培、水产养殖及技术合作等项目。

近年台访多主要团组：“副总统”吕秀莲（2007年7月）、“国防部长”李天羽（2007年11月）、“外长”黄志芳（2007年12月）、“总统”马英九（2008年8月，2010年1月）。多访台主要团组：众议长巴伦廷（2007

年4月、6月）、副总统阿尔武凯克（2007年10月）、总统特使马丁内斯（2008年5月）、武装力量部长拉斐尔（2010年6月）。

2010年多台贸易额为1.42亿美元，其中多出口额为4400万美元，进口额为9800万美元，同比分别增长37.8%、102%和20.5%。

【同美国的关系】同美国关系密切，在经济上对美依赖较深。2011年多美贸易额为115.08亿美元，其中多出口额为73.17亿美元，进口额为41.91亿美元。1993~2010年，美对多直接投资总额达51.29亿美元，占外国对多直接投资总额的27.9%。

2004年费尔南德斯总统就职以来，与美高层接触频繁，双方在贸易、税收改革及打击走私、洗钱、贩卖武器、毒品交易和有组织犯罪等领域加强合作。费支持美国发动对伊拉克战争，并曾派兵参与伊战后重建和维和。2010年海地地震发生后，多同意美国将其作为向海地提供援助的桥梁。2011年，美国务卿希拉里·克林顿在参加“美洲繁荣道路倡议”部长会时表示，美鼓励多政府加强廉政建设，积极解决多海地移民的国籍及公民权问题。美副国务卿巴伦苏埃拉表示，美将在加勒比区域安全框架内继续开展对多援助，重点是支持多政府加大缉毒力度和公共安全。多美签署司法互助协议，继续加强在打击贩毒、有组织犯罪、恐怖主义活动等领域合作。

【同拉美国家的关系】同拉美和加勒比国家保持着传统友好关系。多政府支持和积极参与地区一体化和建立中美洲和加勒比自由贸易区等进程，并积极开展地区多边外交。2010年，多参与斡旋洪都拉斯问题，承认洪新政府，接受洪被罢黜总统塞拉亚流亡请求。2011年，费尔南德斯总统访问危地马拉和巴西，出席海地新任总统马尔泰利的就职仪式，赴哥伦比亚参加阿拉伯和拉丁美洲国家论坛、第六届美洲国家首脑会议，赴委内瑞拉参加第三届拉美及加勒比峰会，赴墨西哥参加第13届图斯特拉对话和协调机制首脑会议。多主办“美洲繁荣道路倡议”第四届部长会议、第五届美洲竞争力论坛、第二届圣多明各国际论坛、比亚里茨（Biarritz）论坛、第十六届美洲地区移民问题会议等。

【同其他国家的关系】欧盟是多米尼加的主要援助方和投资方之一。第十期（2008~2013年）欧洲发展基金向多提供1.73亿欧元的无偿援助。2006~2010年，欧洲投资银行向多提供了3.83亿美元贷款。1993~2010年，欧盟主要成员国对多直接投资额达60.58亿美元，占外国对多直接投资总额的33%。2010年1月海地地震后，费尔南德斯总统曾多次在国际会议上与欧盟国家领导人会谈并就对海援助及制定中长期重建计划等问题交换意见。2011年6月，费访问西班牙和法国，寻求加强经贸、投资及教育等领域的合作。

费尔南德斯政府重视发展同亚非国家的关系，积极同亚非国家开展能源合作并争取直接投资。在费任内，多与摩洛哥、卡塔尔、阿拉伯联合酋长国、印度、南非、斯里兰卡、吉尔吉斯斯坦等多国建立外交关系，并成为非洲联盟观察员国。2011年，费访问印度、约旦、巴勒斯坦、以色列。多与约旦签署政府间合作协议，支持巴勒斯坦加入联合国，与卡塔尔结为战略联盟，卡将向多供应天然气并扩大对多旅游产业投资。

（石晶）

多米尼克

国名　多米尼克国（The Commonwealth of Dominica）。

面积　751平方公里。

人口　7.13万。主要为黑人和黑白混血种人。多数居民信奉天主教，少数信奉新教。英语为官方语言。

首都　罗索（Roseau），人口约2万。

国家元首　总统尼古拉斯·利物浦（Nicholas LIVERPOOL）。2003年11月就职，2008年连任，任期五年。

重要节日　独立日：11月3日。

简　况

位于东加勒比海向风群岛东北部。东临大西洋，西濒加勒比海，南与马提尼克岛隔马提尼克海峡、北同瓜德罗普隔多米尼克海峡相望。岛内多山，年均气温25℃~32℃，热带海洋气候。

土著居民为来自南美印第安部落的阿拉瓦克人和加勒比人。1493年哥伦布来到该岛。1763年《巴黎条约》将该岛划归英国，此后被法国两度占领。1805年法国占领者放火烧毁罗索，英国支付8000英镑“赎金”后正式占领多米尼克岛。1958年加入西印度联邦。1967年实行内部自治。1978年11月3日独立，为英联邦成员国。

政　治

1978年独立后，工党曾短期执政。此后，自由党和统一工人党相继执政。2000年1月，工党与自由党联合执政。2004年1月，查尔斯总理病逝，教育部长罗斯福·斯凯里特（Roosevelt Skerrit）出任工党领袖并接任总理。2005年、2009年大选中，工党连续获胜并单独执政，斯凯里特连任总理。

【宪法】现行宪法于1978年11月3日独立时生效。宪法规定，总统由议会选举产生，任期五年，最长不得超过两任。

【议会】一院制，任期五年。共30席，其中21席由选举产生，9席由总理和反对党领袖提名（总理提名5人，反对党领袖提名4人，由总统任命，称参议员）。本届议会于2009年12月组成，经选举产生的21席中，工党占18席，统一工人党占3席。议长阿利克斯·博伊德—奈茨夫人（Alix Boyd-Knights）。

【政府】本届政府于2009年12月组成，内阁主要成员有：总理兼财政、外交和信息技术部长罗斯福·斯凯里特，土地、住房与水资源管理部长雷金纳德·奥斯特里（Riginald AUSTRIE），农业与林业部长马修·沃尔特（Matthew WALTERS），公共工程、能源和港口部长雷伯恩·布莱默（Rayburn BLACKMOOR），旅游与司法部长伊恩·道格拉斯（Ian Douglas），教育与人力资源开发部长皮特·塞让（Peter SAINT. JEAN），总检察长弗朗辛·巴伦（Francine BARON）等。

【行政区划】全国划分为10个区。

【司法机构】由东加勒比最高法院和地方初审法院组成，英国枢密院司法委员会拥有司法终审权。东加勒比最高法院6名陪审法官中须有1名长期在多居住，负责即席裁决。地方初审法院处理涉及不超过500东加元的违法行为。

【政党】主要有三个政党：

（1）多米尼克工党（Dominica Labor Party，DLP）：执政党。1955年成立，1978~1980年执政，1985年重组。2000年与自由党组成联合政府。2005年至今连续单独执政。党领袖罗斯福·斯凯里特。

（2）多米尼克统一工人党（United Workers'Party，UWP）：反对党。1988年7月成立，于1995~2000年执政。党领袖罗纳德·格林（Ronald GREEN）。

（3）多米尼克自由党（Dominica Freedom Party，DFP），1968年成立，前身为联合人民党。代表中上层人士利益。1980~1995年执政，2000~2005年与工党联合执政。2005年、2009年大选中均未获议席。

【重要人物】**尼古拉斯·利物浦**：总统。1934年9月9日生。在英国获法学学士、博士学位。曾任大学讲师、律师等职。1979年起先后任上诉法院及高等法院法官、多驻美国大使等。曾参与修订多、巴巴多斯、圣文森特、安巴、巴哈马等国法律。2003年11月10日就任总统，2008年10月连任。已婚，有5个子女。 **罗斯福·斯凯里特**：总理。1972年6月8日生。曾就读于多国立学院、美国新墨西哥州立大学、密西西比大学，获心理学、英文学士学位。曾任中学教师、公司顾问、国立学院讲师。2000年当选众议员并任体育和青年事务部长；同年10月任教育和人力资源开发事务部长。2004年1月继任总理兼财政、计划和加勒比事务部长。2005年5月大选后蝉联总理，兼任财政、计划、国家安全和海外公民事务部长。2009年大选后，任总理兼财政、外交和信息技术部长。未婚，信奉天主教。

经济

以农业为主，主要向欧盟出口香蕉。近年来，多政府持续实施经济稳定计划，旅游业、农业逐步恢复，外债重组进展顺利，政府财政状况有所改善。为应对加入加共体单一市场的挑战，多政府正努力通过修改现行法律，改善投资环境，鼓励私营经济发展，积极寻求外资、外援。2011年主要经济数据如下（资料来源：多政府官网、国际货币基金组织报告）：

国内生产总值：4.89亿美元。

增长率：0.9%。

人均国内生产总值：6908美元。

货币名称：东加勒比元。

汇率：1美元≈2.7东加勒比元。

通货膨胀率：3.5%。

失业率：18%。

【资源】蕴藏大量浮石，年产10万吨。地热、水力资源较丰富，有待开发。森林面积约360平方公里。

【工业】基础薄弱，仅有小型水果加工、服装、卷烟、酿酒、肥皂、榨油等轻工业。建筑业和制造业有所发展，占国内生产总值比例较小。

【农业】农业收入约占国内生产总值的16%，出口收入的一半。主要农产品有香蕉、椰子、柑橘、芒果等。近年来，多政府致力于推行农业生产多样化，发展花卉业、水产养殖和蔬菜生产。

【旅游业】旅游资源丰富，有热带雨林、温泉、冷泉、瀑布等景观，发展潜力较大。但航空、交通状况不佳、降雨量多、缺少优良海滩及地震多发等因素阻碍了旅游业发展。近年来，多政府致力于吸引外资，利用雨林、火山等自然条件大力发展生态旅游。全国共有客房约900间。游客主要来自加勒比国家、美国、加拿大和欧洲。

【金融业】近年来，多政府大力发展离岸金融业，但规模尚小。2000年被经合组织（OECD）列入"避税港"和"不合作国家"黑名单，发展受到影响。多政府通过加强金融监管，脱离黑名单。2009年，OECD认为多等加勒比国家承诺遵守国际上达成一致的税收标准但执行不足，将其列入打击避税天堂的"灰名单"。

【交通运输】以公路运输为主，没有铁路。

公路：岛内有全天候公路1200公里，其他公路200公里。

水运：最大港口为罗索，其次为朴茨茅斯。年吞吐量约10万吨。

空运：有两个机场，只能供小型飞机起降，年客运量约2万人。2010年，多政府利用欧盟援助改造北部迈维豪机场，使其具备接受夜间起降能力。

【财政金融】近年来多政府财政情况如下（单位：百万美元）：

	2009	2010	2011
收入	186.52	133.33	148.10
支出	172.59	188.37	111.10（预计）
差额	13.93	-55.04	37.00（预计）

（资料来源：多米尼克年度财政预算）

2009年外债为9.01亿美元，占当年GDP的88.3%。2004年外汇储备（黄金储备除外）为4800万美元。

【对外贸易】经济高度依赖进出口贸易，进出口总额超过GDP总量，贸易逆差较大。主要出口香蕉等农产品，进口石油、日用品、食品等。英国为最主要贸易伙伴，其次为牙买加和安巴。主要进口来源地为美国、特多和英国。近几年进出口贸易情况如下（单位：百万美元）：

	2009	2010	2011
进口额	174	191	221.88
出口额	45	49	28.35
差　额	-129	-142	-193.53

（资料来源：东加勒比中央银行）

【外国资本】英国为最大投资者，垄断了多公共事业、水果加工、香蕉收购和出口等。美国、加拿大等国也有少量投资。全国金融业的95%属于外资。

【外国援助】多政府积极争取外援，中国、委内瑞拉、古巴、美国、欧盟、日本、墨西哥、韩国、印度、法国、英国、尼日利亚等国为多提供了援助。

【经济团体】（1）多米尼克进出口署（Dominica Export & Import Agency，DEXIA）：1986年成立，经营农产品进出口业务。地址：P.O. Box 173，Bayfront，Roseau。电话：1-767-4482780。

（2）多米尼克工商协会（The Dominica Association of Industry & Commerce，DAIC）：1973年成立，为私营企业联合体。主席卡尔·纳西夫，首席执行官赞德拉·菲利普斯。地址：P.O. Box 85，14 Church Street，Roseau。电话：1-767-4491962。

人民生活

全国有7所医院和44个卫生所，35名医生、92名护士、252张床位。水电可满足国内能源需求的75%。2009年全国有移动电话10.6万部。

军　事

无常规军队，有警察、海岸警卫队约400人。

文化教育

【教育】对5~15岁儿童实行免费义务教育。2004年全国有82所学龄前学校、65所小学，15所中学，有两所高等学院、一所护士学校和西印度大学一个教学中心，在校学生约1.6万人。成人识字率95%。

【新闻出版】《新纪事报》，每周五发行；《热带星报》，每周三发行。国营多米尼克广播公司用英、法两种语言播音。私营江博电台用法语播音；还有一家教会电台。有两家电视台，除播放本国节目外，还通过有线电视转播美国和巴巴多斯的节目。

对外关系

主张根据《联合国宪章》宗旨和国际关系准则发展与其他国家关系，强调国家间应相互尊重主权、领土完整和边界的不可侵犯，互不干涉内政，和平解决国际争端。反对恐怖主义，提倡尊重人权和自由，提倡互惠合作。强调发展与欧盟、美国、日本和加拿大等西方发达国家的关系，重视发展与古巴、委内瑞拉等国关系，2008年1月加入由委主导的美洲玻利瓦尔选择（ALBA）。支持加勒比地区一体化。目前，多同75个国家建立了外交关系。

【同中国的关系】2004年3月23日中多建交。建交后，双边关系发展顺利。多总统利物浦、总理斯凯里特、社区事务部长沃尔特、农业部长乔治等曾访华。中国全国人大常委会副委员长顾秀莲、外交部副部长周文重、杨洁篪、商务部副部长廖晓淇、全国人大常委会副秘书长王云龙、中联部部长王家瑞等曾访多。两国在经贸、文化、教育、新闻。体育、青年等领域的合作有序展开。

据中国海关总署统计，2011年，中多双边贸易额为2688.5万美元，其中中方出口额为2649万美元，进口额为39.6万美元，同比分别下降38.1%、35.2%和84.4%。

中国驻多米尼克大使：王宗来。馆址：Morne Daniel，Roseau，the Commonwealth of Dominica。电话：001-767-4490088；传真：4400088。

多米尼克驻中国大使：暂空缺。馆址：北京市朝阳区东方东路22号亮马河外交公寓A区6号。电话：010-65320838；传真：65320848。

【同美国的关系】美是多主要援助来源国之一，主要通过世界银行和加勒比开发银行等国际和地区组织在教育、卫生等领域向多提供技术援助。多美签有海事执法协定、司法协助条约和双边引渡条约。

【同欧盟的关系】欧盟是多最大援助方，帮助多修建多项基础设施并提供各类人力资源培训。2008年10月，加勒比论坛成员国与欧盟签署经济伙伴关系协定（EPA）。

【同加拿大的关系】加是多主要援助来源国之一，多加关系稳定良好。加拿大与东加勒比国家签有贸易优惠协定，多米尼克等本地区国家出口加拿大商品大部分享受免税待遇。

【同日本的关系】多日于1978年12月建交，日本是多在亚洲最早建交的国家。多日在渔业领域建立了工作级磋商机制。日本在多援建了数个渔业综合设施工程，并派有志愿者在多工作。

【同加勒比国家的关系】与本地区国家关系较密切。是东加勒比国家组织、加勒比共同体、加勒比国家联盟、美洲玻利瓦尔选择等组织成员。近年来，多在促进加共体和东加勒比组织各国间政治团结、经济合作和推进地区一体化进程等方面发挥了积极作用。

（周兴）

厄瓜多尔

国名　厄瓜多尔共和国（The Republic of Ecuador，La República del Ecuador）。

面积　256370平方公里。

人口　1448.3万（2012年）。其中，印欧混血种人占77.42%，印第安人占6.83%，白种人占10.46%，黑白混血种人占2.74%，黑人和其他人种占2.55%。官方语言为西班牙语，印第安人通用克丘亚语。94%的居民信奉天主教。

首都　基多（Quito），人口215.19万（2010年）。海拔2818米。全年气温在10℃～23℃之间。年平均气温13.5℃。

国家元首　总统拉斐尔·科雷亚·德尔加多（Rafael CORREA Delgado），2006年11月26日，主权祖国联盟运动候选人科雷亚在第二轮总统选举中当选总统，并于2007年1月15日就职。2009年4月重新当选，8月10日就职，任期四年。

重要节日　独立日：8月10日（即国庆节）。

简　况

位于南美洲西北部。东北与哥伦比亚毗连，东南与秘鲁接壤，西临太平洋。海岸线长930公里。赤道横贯国境北部（国名即西班牙语“赤道”之意）。东西部属热带雨林气候。山区盆地为热带草原气候，山区属亚热带森林气候。平均气温沿海为23℃～25℃，东部地区23℃～27℃。年平均降水量2000～3000毫米，山区1000毫米。

古代境内居住着印第安部落。15世纪属于印加帝国。1532年沦为西班牙殖民地。1809年8月10日宣布独立，但仍被西班牙殖民军占领。1822年结束西班牙的殖民统治并加入由哥伦比亚、委内瑞拉和巴拿马组成的大哥伦比亚共和国。1830年该共和国解体后，宣布成立厄瓜多尔共和国。二次大战后，厄政局长期动乱，政权更迭频繁，军人多次执政。1979年，军政府还政于民，政局趋于稳定。

政　治

2002年10月，古铁雷斯当选总统后，谋求通过全面对话同社会各阶层达成共识，但继续推行新自由主义经济政策，引起下层民众不满和执政联盟破裂。2005年4月，古因控制最高法院、取消审判前总统布卡拉姆，引发民众抗议浪潮，厄国会以“弃职”为由罢免古总统职务，副总统帕拉西奥接任总统。帕上台后，由于缺乏社会基础和政党支持，未能兑现政治改革的承诺，同时对石油生产危机和社会问题处理不力，导致政府威信下降和社会动荡，大规模罢工和抗议活动时有爆发。2006年11月26日，主权祖国联盟运动候选人科雷亚在第二轮总统选举中当选总统，并于2007年1月15日就职。科就职后即推动召开制宪大会，以进行深层次变革，革除厄政治沉疴。2007年4月15日，厄全民公决以81.72%的支持率决定召开制宪大会。11月，制宪大会正式召开。2008年7月，制宪大会通过新宪法草案。9月，新宪法在全民公投中以63.94%的支持率获得通过，并于10月正式颁布实施。2009年4月，厄根据新宪法重新举行总统、议会和地方政府选举，科雷亚当选总统。2010年9月，为抗议国民代表大会通过包含削减警察和军人福利待遇条款的《公共服务法》，首都基多等厄主要城市爆发大规模警察抗议活动并引发骚乱，科雷亚总统遭袭并一度被困，后在军方、国会及国际社会支持下脱困。2011年5月7日，厄举行改革司法体系、加强媒体管理、取消博彩业、禁止残杀动物等十项政治、社会议题全民公投，有关议题全数获得通过。目前，厄政局保持稳定。

【宪法】现行宪法于2008年9月28日通过，当日正式生效。新宪法建立了五权分立的政治体制，在加强行政权、改革立法权和司法权的基础上，增设公民参与与社会管理权和选举权。规定总统可连任一次，并可在任期头三年解散议会（立法机构）。加强政府对国民经济的宏观规划和计划性指导，严格控制涉及国计民生的战略性部门，加强金融监管，取消中央银行自主权。成立债务委员会，严格审查和批准举借外债手续。

【国会】厄瓜多尔国民代表大会实行一院制。议员共124名，其中全国议员15人，省议员103人，海外议员6人。本届国会于2009年4月组成，7月31日正式宣誓成立，任期四年。各党派在议会中所占席位如下：执政党主权祖国联盟运动59席，“1·21”爱国社团党19席，制度革新党7席，城市运动7席，人民民主运动5席，力争国家完整城市主义运动5席，基督教社会党4席，帕查库蒂克运动4席，罗尔多斯党3席，民主左派党2席，其他党派9席。主席、副主席由国会全体会议选举产生，任期两年，可连选连任。现任主席费尔南多·科尔德罗（Fernando CORDERO），第一副主席胡安·卡洛斯·卡西内里（Juan Carlos CASSINELLI），第二副主席罗西奥·巴拉莱索（Rocío VALAREZO）。

【政府】总统为国家最高行政首脑。现政府于2009年8月组成。目前共包括8个国务秘书处、8个协调部和20个执行部。后经过微调，现内阁成员有：公共管理国务秘书比尼西奥·阿尔瓦拉多·埃斯皮内尔（Vinicio ALVARADO Espinel），新闻国务秘书劳尔·帕蒂尼奥（Raúl PATIÑO），风险管理国务秘书玛丽亚·科尔内霍（María CORNEJO，女），行为透明国务秘书胡安·罗尔丹（Juan ROLDAN），规划和发展国务秘书范德尔·法尔科尼（Fander FALCONI），移民事务国务秘书洛弗朗西斯科·阿戈（Francisco HAGO），民族、社会运动和公民参与国务秘书米雷娅·卡德纳斯（Mireya CARDENAS，女），科技国务秘书雷尔·拉米雷斯（Rene RAMIREZ）；社会发展协调部长理查德·埃斯皮诺萨（Richard ESPINOZA，女），战略性行业协调部长豪尔赫·格拉斯·埃斯皮内尔（Jorge GLAS Espinel），经济政策协调部长珍妮特·桑切斯（Jeannette SANCHEZ，女），生产、就业和竞争力协调部长圣地亚哥·莱昂（Santiago LEON），自然和文化遗产协调部长费尔南达·埃斯皮诺萨·加尔塞斯（Fernanda ESPINOSA Garcés，女），政治协调和地方自治政府部长贝蒂·托拉（Betty TOLA，女），安全协调部长奥古斯托·埃斯皮诺萨（Augusto ESPINOZA），人才协调部长吉列尔莫·索洛萨诺（Guillermo SOLORZANO）；内政部长何塞·塞拉诺（José SERRANO），国防部长米格尔·卡瓦哈尔（Miguel Angel CARVAJAL Aguirre），外交、贸易和一体化部长里卡多·帕蒂尼奥（Ricardo PATIÑO Aroca），司法、人权和宗教部长霍阿娜·佩桑特斯·贝尼特斯（Johana PESÁNTEZ Benítez，女），财政部长帕特里西奥·里维拉（Patricio RIVERA），不可再生自然资源部长威尔逊·帕斯托·莫里斯（Wilson PASTOR Morris），电力和可再生能源部长埃斯特万·阿尔沃诺斯·温迪米莉亚（Esteban ALBORNOZ Vintimilla），交通和公共工程部部长玛丽亚·杜阿尔特（María DUARTE，女），电信和信息社会部长海梅·格雷罗·鲁伊斯（Jaime GUERRERO Ruiz），教育部长格洛利亚·比达尔（Gloria VIDAL，女），劳动关系部长胡安·巴卡斯（Juan VACAS），经济和社会发展部长多丽丝·索利思（Doris SOLIZ），公共卫生部长卡丽娜·梵塞·玛弗拉（Carina Vance MAFFLA，女），城市发展和住房部长佩德罗·哈拉米略（Pedro JERAMILLO），文化部长艾里卡·席尔瓦（Erika SYLVA，女），体育部长何塞·塞瓦略斯（José CEVALLOS），环境部长马塞拉·阿吉纳加·巴列霍（Marcela AGUIÑAGA Vallejo，女），旅游部长弗雷迪·埃勒斯（Freddy EHLERS），农业、畜牧业、水产养殖和渔业部长哈维尔·庞塞·塞瓦略斯（Javier Ponce CEVALLOS），产业和竞争力部长维罗妮卡·席翁（Verónica SION，女）。

【行政区划】全国划分为24个省，下设215个市、1081个区。

【司法机构】新宪法规定，由国家法院取代原国家最高法院，为国家最高司法机关。国家法院下设7个法庭，每个法庭共3名法官，共有21名法官（包括院长在内）。现任院长为卡洛斯·拉米雷斯·罗梅罗（Carlos RAMÍREZ ROMERO）。此外，厄瓜多尔还设有宪法法院，主要处理与宪法相关的条文解释和判决。现任院长为帕特里西奥·帕斯米尼奥·弗莱雷（Patricio PAZMIÑO Freire）。总检察长华盛顿·佩桑特斯·穆尼奥斯（Washington PESANTEZ Muñoz），总监察长迭戈·加西亚·卡里翁（Diego GARCÍA Carrión）。

【政党】全国性主要政党有：

（1）主权祖国联盟运动（Movimiento Alianza País）：执政党。2005年11月建立。主张对内建立民主、稳定的社会，实现法律公正，加强经济、社会和环境的协调与平衡，建立完全竞争的市场机制，打破少数经济寡头的行业垄断；对外维护国家独立和在能源、货币和文化等方面的主权，推动地区合作。党主席拉斐尔·科雷亚·德尔加多。

（2）制度革新党（Partido Renovador Institucional Acción Nacional）：2002年4月建立。党员100万人。主张国家利益至上，尊重民主和人权，鼓励公民积极参与国家建设，反对贪污、剥削和社会歧视。主张取消所得税，以吸引更多投资，增加就业。强调对国家各项体制进行改革，重振经济，减少贫困，实现发展和繁荣。党主席阿尔瓦罗·诺沃亚（Alvaro NOBOA）。

（3）"1·21"爱国社团党（Partido Sociedad Patriótica 21 de Enero）：在野党。2002年2月建立。2003年1月至2005年4月曾执政。党员40万人。主张继承拉美和厄瓜多尔民族先驱的理想，建立一个摆脱殖民主义、落后贫困与愚昧状态的民主国家。主张根除腐败，实施立法、司法和监察机构的改革。反对霸权主义，主张人民自决。党主席卢西奥·古铁雷斯（Lucio GUTIERREZ）。

（4）基督教社会党（Partido Social Cristiano）：在野党。1945年成立时称基督教民主党，1951年改为现名。1956 ~ 1960年和1984 ~ 1988年两次执政。党员35万。代表企业家利益，主张基督教民主。党主席帕斯夸尔·德尔西奥波·阿拉贡第（Pascuál DEL CIOPPO Aragundi）。

其他政党有：民主左派党、罗尔多斯党、帕查库蒂克运动、公民道德运动、基督教民主联盟和人民民主运动等。

【重要人物】**拉斐尔·科雷亚·德尔加多：**总统。1963年4月6日生于瓜亚基尔，毕业于厄天主教大学，曾在比利时和美国多所大学进修，获经济学博士学位。曾在瓜亚基尔天主教大学任教，还曾担任厄圣弗朗西斯科大学、拉美社会科学院、安第斯大学客座教授。2005年4月至8月担任经济和财政部长。曾发表《厄瓜多尔经济的脆弱性》、《发展的挑战》等专著。2007年1月15日就任总统。2009年4月，厄根据新宪法重新举行总统选举，科再次当选总统，任期至2013年8月。

经　济

南美地区经济相对落后的国家，工业基础薄弱，农业发展缓慢，石油业是厄第一大经济支柱。经济发展分为三个时期，即可可时期、香蕉时期和石油时期。厄以"香蕉之国"闻名于世，1992年起连续多年香蕉产量和出口量均居世界第一位。

2000年1月，马瓦德总统宣布实行经济美元化，遭到民众反对。诺沃亚继任总统后，正式实施经济美元化政策。2004年，厄政府同国际货币基金组织等国际金融机构达成外债重组和贷款协议，宏观经济继续保持增长势头。但美元化也带来竞争力下降、出口乏力等弊端。2006年，帕拉西奥政府把社会和生产性投资放在与外债同等的地位，增加社会和生产性投资以促进生产力。科雷亚总统2007年1月执政后，宣布摒弃新自由主义经济模式，加强国家对经济运行的控制力度，重审与外国签署的投资保护协定。在资源问题上强调国家利益与主权，颁布《第42号石油法修正案补充法令》，单方面将外国公司在厄签订的石油合同超额油价税分成由50%比50%调高为99%比1%。同时利用石油出口、侨汇收入和社会投入等手段拉动经济增长。2008年下半年以来，国际金融危机对厄实体经济影响逐步显现，厄原油出口等下降。为此，厄政府制定措施，加大对基础设施修建、改建的投入，通过大量的公共工程建设拉动内需和就业，刺激经济增长并兑现新宪法中涉及民生的承诺。2011年主要经济数据如下（资料来源：厄中央银行）：

国内生产总值：659.45亿美元。

人均国内生产总值：4612美元。

经济增长率：7.8%。

货币名称：美元（厄从2000年1月实行经济美元化，原货币苏克雷已于同年9月停止流通。目前厄已完全使用美元）。

通货膨胀率：5.41%。

失业率：5.07%。

【资源】自然资源较丰富。截至2010年年底，厄已探明原油储量为72.1亿桶，占世界已探明原油储量的0.6%。天然气储量2250亿立方米。此外有金、银、铜、铁、锰、煤、硫黄等。森林覆盖率42.5%。水力和渔业资源丰富。

【工业】主要有石油和采矿业、制造业、建筑和电力工业等。2009年，制造业、建筑业、采矿业产值分别为21.34亿美元、54.49亿美元和83.85亿美元。2011年，厄石油产量为1.82亿桶。

【农牧渔业】2006年，全国可耕地面积为931万公顷，种植面积590万公顷。2009年，农牧业产值为31.8亿美元。粮食不能自给。香蕉、可可、咖啡为传统出口农产品。

【服务业】2009年服务业产值为239.52亿美元，占国内生产总值的46.6%。

【旅游业】厄历来重视旅游业，旅游业已成为厄第四大创汇行业。2010年，厄接待外国旅游者104.7万人次，创汇7.865亿美元，主要来自美国、哥伦比亚、秘鲁和西班牙。2010年，全国共有星级宾馆357家。其中，3星级134家，4星级93家，5星级25家。主要旅游点有基多、瓜亚基尔、昆卡、因巴布拉省、东部亚马孙河流域和加拉帕戈斯群岛（龟岛）。基多市、龟岛和昆卡市被联合国教科文组织列入"世界文化与自然遗产"名录。

【交通运输】交通事业自20世纪80年代起发展较快。

公路：总长4.32万公里，其中沥青路6040公里，硬石路2.1万公里，其余为土路。2009年，保有机动车数量905651辆。

铁路：总长965公里。近几年铁路建设基本处于停滞状态。2009年，客运人数为83247人次。

空运：国际机场两个，在基多和瓜亚基尔市。国内航线的民用机场有17个。厄瓜多尔航空公司为国营，拥有10架大型客机。私人航空公司两家，还有属军队管辖的TAME公司。2009年，空运旅客330万人次。搭乘国际航班入境人数为1324121人次，出境人数为1282631人次。

海运：拥有一个8艘油船的石油船队，1700余艘渔船和两家私人海运公司。主要港口有瓜亚基尔、埃斯梅拉达斯、玻利瓦尔、曼塔和巴拉奥。2009年，国际货运吞吐量为4550.7万吨。

输油管道：由东部阿格略湖至埃斯梅拉达斯港，全长503公里。

【财政金融】近年财政收支情况如下（单位：亿美元）：

	2008	2009	2010
收入	149.49	115.83	140.63
支出	141.49	142.17	157.50
差额	8.00	−26.34	−16.87

（资料来源：厄财政部）

2011年年底，外汇储备29.58亿美元；公共债务余额145.6亿美元，占国内生产总值的22%。2011年，侨汇收入26.72亿美元，占国内生产总值的4.1%。2010年，金融系统存款总额172.59亿美元。私营银行坏账率2.2%。

【对外贸易】奉行出口商品和市场多样化、保护和发展民族工业、鼓励工业制成品和半制成品出口等政策。主张同世界不同制度和意识形态的国家发展贸易并进一步寻求新市场。与90多个国家和地区有贸易关系。2011年外贸总额为443.32亿美元，其中出口额223.22亿美元，进口额230.10亿美元，同比分别增长20.6%，27.6%和18.2%。近年进出口贸易情况如下（单位：亿美元）：

	2008	2009	2010
总　额	359.26	278	367.69
出口额（离岸价）	185.11	138	174.90
进口额（离岸价）	174.15	140	192.79
差　额	10.96	–2	–17.89

（资料来源：厄瓜多尔中央银行）

主要出口石油、香蕉、大虾和鲜花。主要进口机械设备、工业原料、燃料和消费品等。主要贸易伙伴是美国、巴拿马、中国、欧盟和日本。

【外国资本】1997年，厄颁布《促进与保障投资法》，规定在国防、安全、广播电视、新闻等领域不能实施外国直接投资，在其他领域的外国与本国投资享受同等待遇。2008年厄颁布新宪法规定，国内资本优先于外资，外资为本国资本的补充。2011年，厄吸收外资9.33亿美元。外资流入的主要领域是矿业和采石业。近年外资主要流向为（单位：亿美元）：

	2009	2010	2011
采矿、采石业	–0.06	1.59	3.46
制造业	1.28	1.23	1.01
贸易	0.71	0.70	0.65
为企业提供的服务	–0.25	0.67	0.37

（资料来源：厄中央银行）

【外国援助】2006年1月，日本向厄提供1000万美元贷款；2月，西班牙向厄提供3000万欧元贷款。2007年2月，委内瑞拉向厄提供10亿美元贷款。4月，日政府向厄提供370万美元无偿援助用于购买农业肥料。7月，美国向厄捐赠价值950万美元的高科技通讯设备及军事设备用于打击贩毒活动。2008年2月，欧盟向厄提供1620万欧元，用于支持厄教育计划。2010年11月，西班牙允向厄亚苏尼环保项目捐资100万欧元。

人民生活

拉美地区较贫困的国家，人民生活水平较低。2010年，平均最低工资为240美元。2011年，全国贫困人口率为28.4%，基尼系数为0.47。2004年，全国共有917家医院，28653张病床。2009年，婴儿死亡率15.2‰。2010年，卫生和公共事业开支约13.3亿美元，约占国内生产总值的2.3%。2009年互联网用户总数达184万人，较2008年增长5.14%。

军　事

总统为武装部队最高统帅，通过国防部长和三军联合指挥部统率全军。国防部长由总统任免，可为现役或退役军人。三军联合指挥部由联指司令和陆、海、空三军司令组成，负责从战略层面规划、领导训练和作战计划的制定，并提供国防和战争政策咨商。实行义务兵役制，服役期一年。现任三军联指司令埃雷斯托·冈萨雷斯（Ernesto GONZALEZ），陆军司令帕特里西奥·卡德纳斯（Patricio CÁRDENAS），海军司令豪尔赫·格罗斯（Jorge GROSS），空军司令莱昂纳多·巴雷罗（Leonardo BARREIRO）。

总兵力约5.5万人，其中陆军3.5万人，编有4个师、14个旅。装备轻型坦克111辆、装甲车67辆、装甲运输车350辆、各型火炮1000门、飞机90架；海军1.4万人，设有3个军区，编有1个舰队、1个潜艇分队。装备各型舰艇38艘，各型潜艇30艘，飞机20架。陆战队1500人，编为3个陆战营。海军航空兵250人。空军6000人，设有3个军区、4个司令部。编有7个联队、16个中队。装备飞机200余架，其中作战飞机78架。另有海岸警卫队200人，预备役军人10万。

2011年军费预算为17亿美元，分别占国家预算总额的7.1%和国内生产总值的2.7%。

文化教育

【教育】宪法规定，政府预算的25%～30%用于教育。2009年厄全国文盲率为7.76%。2010年，教育开支28.05亿美元，约占国内生产总值的4.5%。目前国立大、中、小学实行免费教育，大学实行自治，保护私人办学自由。近几年来，教育事业发展较快。著名高等院校有厄瓜多尔中央大学、天主教大学、瓜亚基尔大学和昆卡大学。

【新闻出版】厄新闻事业比较发达。有50多种报纸和21种杂志，多为私人经营。主要报纸和发行量：《商报》，为曼蒂利亚家族的私营报纸，发行量9万份；《今日报》，由海梅·曼蒂利亚集资兴办，7.2万份；《宇宙报》，7.5万份；《快报》，6万份。《浏览》是发行量较大的综合性杂志。以上报刊均为西班牙文版。

国家通讯社：厄瓜多尔和南美洲公共新闻社（简称"安第斯通讯社"）。

全国社会通讯秘书处成立于1973年，原名全国公共新闻秘书处，主管全国新闻宣传工作。

广播电台：全国电台共460多家，首都有54家。主要有厄瓜多尔电台、天主教电台、基多电台、成就电台和安第斯之声电台。电台绝大多数为私人所有。

全国共有19家电视台，均由私人经营。主要电视台：2台、4台、8台、10台和13台。

对外关系

奉行独立、自主、和平的外交政策。主张各国相互尊重主权和领土完整，互不干涉，和平解决国际争端。坚持不结盟政策，认为不结盟运动的任务已由政治转向经济。强调外交为经济建设服务。主张全面裁军，减少核武器，拉美应成为真正的无核区。要求建立国际经济、金融和货币新秩序。赞成债务国采取一致立场和联合行动，以争取合理的偿债条件，强调债权国必须与债务国共同承担责任，政治解决外债问题。主张加强联合国的作用，安理会应具有更广泛的代表性，并增加其工作透明度和决策民主性。主张尊重和捍卫人权，支持召开国际人权会议。认为在新形势下，拉美国家只有加强团结合作，实行一体化，才能获得发展。主张积极发展同亚太地区国家的政治与经贸关系。要求加入亚太经合组织。同85个国家保持外交关系。科雷亚政府上台后，逐步调整对外政策，注重加强地区合作。

【同中国的关系】中厄于1980年1月2日建交。

2010年，两国友好合作关系有新的发展。双方保持高层交往。12月26 ~ 27日，中国国务委员刘延东对厄瓜多尔进行正式访问，分别会见了厄总统科雷亚，厄总统府高等教育、科技与创新国务秘书巴尔德翁。双方就中厄关系和其他共同关心的问题深入交换意见，一致同意继续增进两国教育、科技、文化等领域交流与合作。

2010年8月10~16日，厄外交、贸易和一体化部长帕蒂尼奥、自然和文化遗产协调部长埃斯皮诺萨和旅游部长埃勒斯联袂对中国进行正式访问并出席上海世博会厄瓜多尔国家馆日活动。其间，习近平副主席、杨洁篪部长分别予以会见会谈。双方就中厄关系和加强两国互利合作坦诚交换意见，并达成广泛共识。9月，科雷亚总统访问亚洲途中过境武汉。

2011年，中厄贸易额为28.05亿美元，同比增长40.04%。其中，中方进口额5.80亿美元，同比增长14.40%；出口额22.25亿美元，同比增长48.73%。中方主要进口矿物、木材和水产品，出口机械、电机设备和钢铁制品等。

中国驻厄瓜多尔大使：苑桂森。馆址：Avenida Atahualpa No.349 y Avenida Amazonas。信箱：17-1105143。电话：2444362（值班室），2458337，2458587，2444362（领事部），2458128（经商处）。传真：2444364。国家地区号：593-2。电传：（0308）22614 ECHINA ED。

厄瓜多尔驻华大使：莱昂纳多·阿里萨加（Leonardo ARÍZAGA）。馆址：北京市朝阳区三里屯办公楼2-62号。电话：010-65320489；传真：65324371。

【同美国的关系】厄美于1848年8月12日建交。两国经济关系密切，厄资金和技术大部分来自美国。美是厄主要石油出口国和第一大贸易伙伴。1999年4月，厄美签署协议，厄允美租用曼塔空军基地作为美在南美地区反毒基地，租期已于2009年9月到期，厄政府不再续约。美政府支持厄政府实行经济美元化。2004年5月，美同厄、哥伦比亚和秘鲁正式启动自由贸易谈判。2009年6月，厄外长法尔孔尼访美。11月厄美举行第二轮双边对话，厄副外长奥尔博和美国负责西半球事务助理国务卿香农出席。2010年4月，美西半球事务助理国务卿巴伦苏埃拉访厄。6月，美国务卿希拉里访厄。7月，厄国民代表大会主席科尔德罗访美。9月，厄国防部长庞塞访美。"9·30"警察骚乱后，美国总统奥巴马与科雷亚总统通电话，重申美对厄民主制度及科本人的支持。2011年4月，美、厄两国因维基解密事件互相驱逐大使。11月，美国国务院西半球事务助理国务卿巴伦苏埃拉以学者身份访厄并出席科雷亚总统宴请。

【同拉美、加勒比国家的关系】发展与拉美、加勒比国家，特别是同邻国的关系，是厄对外关系的重点。厄主张在拉美实行"真正的一体化"。2009年6月厄宣布加入"美洲玻利瓦尔选择"（后更名为"美洲玻利瓦尔联盟"），9月，厄签署成立南方银行条约。2010年，厄利用担任南美国家联盟轮值主席国的契机，推动厄与拉美其他国家高层交往、务实合作和地区一体化。科雷亚总统出席玻利维亚、乌拉圭、哥斯达黎加、哥伦比亚等国总统就职仪式，访问秘鲁、阿根廷，亲赴海地、智利、哥伦比亚、委内瑞拉提供赈灾援助，并出席里约集团、南美国家联盟、美洲玻利瓦尔联盟峰会。委内瑞拉、智利、玻利维亚、乌拉圭等国元首访厄。2011年，科雷亚总统先后访问智利、哥伦比亚、巴拉圭、古巴、秘鲁、海地，并出席伊比利亚美洲国家首脑会议和南共市会议等。巴拿马、秘鲁、危地马拉、哥伦比亚等国元首访厄。

【同欧盟、日本的关系】欧盟和日本是厄所需资金、技术的重要来源，又是厄传统出口产品的重要市场，相互间签有多项经贸和科技合作协定。厄向欧盟出口占其出口总额的12%。厄外债中10%的债权属日本商业银行。2010年5月16 ~ 18日，科雷亚总统前往西班牙出席第六届欧拉峰会，并会见希腊总理帕潘德里欧。9月，厄总统科雷亚访问日本和韩国。11月，西班牙外交大臣希门尼斯访厄。2011年，西班牙王后索菲亚访厄。（李塈）

法属圣马丁

<u>名称</u>　圣马丁海外领地（Overseas Collectivity of Saint Martin，Collectivity d'outre mer de Saint-Martin），简称法属圣马丁（Saint Martin，Saint-Martin）。

<u>面积</u>　54.4平方公里（包括圣马丁岛北部及邻近一些小岛）。

<u>人口</u>　30615人（2011年7月估计）。包括克里奥尔人（也称穆拉托人，指黑人、白人混血儿）、黑人、瓜德罗普梅斯蒂索人（法国人与东亚人混血儿）、白人、东印度人等。法语是官方语言，也使用英语、荷兰语、法语当地方言、西班牙语、帕皮亚门托语（荷属安的列斯方言）。居民信奉天主教、耶和华见证会、基督教新教、印度教等。

<u>首府</u>　马里戈特（Marigot），地处圣马丁岛中西部沿海，人口5700人。

<u>行政长官</u>　菲利普·肖邦（Philippe Chopin），2011年11月16日任命。

<u>重要节日</u>　法国国庆日（巴士底日，Bastille Day）：7月14日（1789年）。舍尔歇日（Schoalcher Day）（废除奴隶制节）：7月12日（1848年）。1848年，"法国的废除奴隶制之父"维克托·舍尔歇（Victor Schoelcher）在第二共和国时期任海军部副部长，起草废除殖民地奴隶制的著名法令。

简况

圣马丁岛（法文Saint-Martin，荷兰文Sint Maarten）位于加勒比海东部、波多黎各岛东南300公里，在小安的列斯群岛中向风群岛的北端，它是世界上最小的分属两国的岛屿。地形丘陵起伏。地处北纬18度，属热带气候，气候温和，气温在24℃～35℃，平均气温约27℃。7～11月有飓风。6～11月为湿季，12～5月为干季。年降水量1140毫米。

圣马丁岛于1493年圣马丁节（12月11日）时被第二次远航美洲途中的哥伦布所"发现"，并宣布此地为西班牙领土。1631年，荷兰人占领该岛。西班牙于1933年重占该岛。1648年，法国与荷兰将圣马丁岛瓜分。岛的南部（占全岛1/3，约37平方公里）由荷兰管辖，北部（占2/3）由法国统治，两部分之间没有关税壁垒。

荷属圣马丁曾为荷属安的列斯的一部分，2010年10月10日，荷属安的列斯解体，荷属圣马丁成为荷兰王国内单独的政治实体（海外属地）。

法属圣马丁曾长期归瓜德罗普管辖。2003年，法属圣马丁居民公投通过要求脱离瓜德罗普、成为法国直辖海外行政区（COM）决议。2007年2月7日，法国国会通过法案，分别授予其和邻近的巴泰勒米岛海外行政区的地位。同年7月15日，法属圣马丁正式成为法国单独的海外领地。

政治

2011年，法属圣马丁政局基本稳定。2011年11月，菲利普·肖邦出任新一任行政长官（兼任圣巴泰勒米行政长官）。

2012年3月，法属圣马丁举行五年一度的领地议会换届选举，责任成就联盟获胜。同年6月17日，法属圣马丁和圣巴泰勒米共同选举出一名法国国民议会议员——丹尼埃尔·吉博斯（Daniel GIBBES，属人民运动联盟党团）。

法属圣马丁在法国参议院有一个席位，现任参议员为路易—康斯坦·弗莱明（Louis-Constant FLEMING，属人民运动联盟党团），2008年9月21日当选，任期六年。

【宪法】实行法国宪法，行政长官（Prefect）为法国总统的代表。

【议会】一院制的领地议会（Le Conseil Territorial）任期五年，有23个席位，议员由普选产生。本届议会于2012年3月18日和25日选举产生：责任成就联盟17席，丹尼埃尔·吉博斯团队6席。领地议会主席阿兰·理查森（Alain RICHARDSON，责任成就联盟），2012年4月1日任职。

【政府】称为执行委员会（Le conseil exécutif），领地议会主席任执委会主席（政府首脑）。执委会主席阿兰·理查森。还设有咨询机构—经济社会和文化委员会（Le conseil économique social et culturel）。

网　址：http：//www.com-saint-martin.fr/default.aspx（官方网站）；http：//www.st-martin.org/（圣马丁旅游办公室）。

【政党】主要政党有：责任成就联盟（Rassemblement Responsabilite Reussite，RRR）：领导人阿兰·理查森（Alain RICHARDSON）；丹尼埃尔·吉博斯团队（Team Daniel Gibbs）；进步联盟（Union Pour le Progres，UPP）：领导人路易—康斯坦·弗莱明；圣马丁成就党（Reussir Saint-Martin）：领导人让—吕克·哈姆雷特（Jean-Luc HAMLET）；所有人的圣马丁（Saint-Martin pour tous）。

经济

圣马丁岛拥有得天独厚的洁净海滩和宜人的气候。法属圣马丁的经济活动主要领域是非金融性的服务业、贸易和建筑业。在2006年的4134家公司中，贸易公司占

24.6%，酒店和饭店23.6%，服务业23.1%，建筑业11.5%。

旅游业发展迅速，已经成为经济支柱，85%的劳动人口直接或间接服务于旅游业，每年大约有100万人次前往该岛旅游。法属圣马丁的人均GDP在加勒比海地区是较高的。地区生产总值（1999年）为4.21亿欧元，人均14500欧元（估计，比法国本土低39%，比荷属部分低21%）。在地区生产总值（2000年）中，农业仅占1%，工业15%，服务业为84%。使用欧元（euros，EUR），1美元=0.7558欧元（2010年估计）和0.7107欧元（2011年估计）。也接受美元。

法属圣马丁有一个小型机场，最近的国际机场为位于荷属圣马丁的朱丽安娜国际机场。（石宜　卜阙）

哥伦比亚

国名　哥伦比亚共和国（The Republic of Colombia，La República de Colombia）。

面积　1141748平方公里。

人口　4600万。其中印欧混血种人占60%，白人占20%，黑白混血种人占18%，其余为印第安人和黑人。官方语言为西班牙语。多数居民信奉天主教。

首都　波哥大（Bogotá），人口736万。年平均气温14℃。

国家元首　总统胡安·曼努埃尔·桑托斯·卡尔德龙（Juan Manuel SANTOS Calderón），副总统安赫利诺·加尔松（Angelino Garzón）。两人均于2010年8月7日就职，任期至2014年8月。

重要节日　独立日：7月20日。

简况　位于南美洲西北部，东邻委内瑞拉、巴西，南接厄瓜多尔、秘鲁，西北与巴拿马相连，北临加勒比海，西濒太平洋。海岸线长2900公里。境内分为东部平原区和西部山地区。哥地处热带，气候因地势而异。东部平原南部和太平洋沿岸属热带雨林气候，1000～2000米的山地属亚热带森林气候，西北部属热带草原气候。

原为奇布查族等印第安人的居住地。1536年沦为西班牙殖民地。1810年7月20日宣布独立，后遭镇压。1819年，南美解放者西蒙·玻利瓦尔领导的起义军大败西班牙殖民军后，哥重获解放。1821年与现厄瓜多尔、委内瑞拉、巴拿马组成大哥伦比亚共和国。1829～1830年，委、厄先后退出，大哥伦比亚共和国解体。1831年改名为新格拉纳达共和国，1861年称哥伦比亚合众国，1886年改称现名（1903年巴拿马独立）。历史上，自由党和保守党曾长期轮流执政。2002年5月，独立人士乌里韦当选总统并于2006年连任。2010年6月，民族团结社会党候选人桑托斯当选总统并于8月就职，任期至2014年8月。

政治　2010年6月，支持乌里韦政府的民族团结社会党候选人胡安·曼努埃尔·桑托斯·卡尔德龙在大选第二轮投票中以69.6%的得票率当选总统。桑托斯总统执政以来，加大反腐力度，继续推行行政和司法改革，努力改善民生，创造就业和消除贫困，加强公民安全保障，保持较高民意支持率，执政地位稳固。

长期以来，哥国内非法武装问题始终未得到妥善解决。前总统乌里韦在国内和平问题上采取强硬立场，实施“民主安全政策”，主张“以战促和”。桑托斯执政以来继续加大对哥反政府游击队军事打击力度。2010年9月，哥政府军成功击毙主要反政府游击队“哥伦比亚革命武装力量”（FARC）最高军事指挥、该组织第二号人物霍霍伊。2012年，反政府游击队虽承诺停止以索取赎金为目的的绑架并释放被扣多年的10名军警人质，但又接连制造恐怖袭击，造成大量军警死伤。目前，哥国内安全形势趋于好转，但实现全面和平仍任重道远。

【宪法】现行宪法是在1886年宪法基础上修改而成的，于1991年颁布。新宪法扩大民主参与范围，并加强司法权力。主要内容有：实行三权分立的代议制民主；总统为国家元首兼政府首脑、武装部队最高统帅，直选产生，最多可连任两届。恢复设立副总统；省长、市长为直选产生；保障公民人身安全、信仰、结社、劳动、思想和教育自由等人权。2004年，哥议会通过允许总统连选连任法案；2005年，宪法法院批准了该法案。

【议会】国会由参、众两院组成，国会主席兼任参议长。本届国会于2010年7月20日成立，任期四年。参议员102名，众议员166名，均由直选产生，可连选连任，任期均为四年。参议长和众议长任期一年。现任国会主席兼参议长胡安·曼努埃尔·科尔索·罗曼（Juan Manuel CORZO Román），众议长西蒙·加维里亚·穆尼奥斯（Simón GAVIRIA Múñoz），均于2011年7月就职。主要党派在本届议会中的席位如下：

	参议院	众议院
民族团结社会党	28	47
保守党	22	37
自由党	17	36

民主变革中心党	8	4
激进变革党	8	16
国家统一党	9	12
绿党	5	3
其他政党	5	11

【政府】总统制，内阁成员16人。本届政府于2010年8月组成，现内阁成员为：内政部长费德里科·伦希福（Federico Rengifo），外交部长玛利亚·安赫拉·奥尔古因（María Ángela HOLGUÍN，女），财政与公共信贷部长胡安·卡洛斯·埃切韦里·加尔松（Juan Carlos ECHEVERRY Garzón），国防部长胡安·卡洛斯·平松·布埃诺（Juan Carlos PINZON Bueno），司法部长胡安·卡洛斯·埃斯格拉·波托卡雷罗（Juan Carlos ESGUERRA Portocarrero），农业和农村发展部长胡安·卡米洛·雷斯特雷波·萨拉萨尔（Juan Camilo RESTREPO Salazar），卫生和社会保障部长比阿特丽丝·隆多尼奥·索托（Beatriz LONDOÑO Soto，女），矿业和能源部长毛里西奥·卡德纳斯·圣·玛丽亚（Mauricio CÁRDENAS Santa María），贸易、工业和旅游部长赛尔西奥·迪亚斯·格拉纳多斯·吉达（Sergio Díaz GRANADOS Guida），教育部长玛利亚·费尔南达·坎普·萨阿韦德拉（María Fernanda CAMPO Saavedra，女），住房、城市和国土部长赫尔曼·巴尔加斯·列拉斯（Germán VARGAS Lleras），环境和可持续发展部长弗兰克·约瑟夫·珀儿·冈萨雷斯（Frank Joseph PEARL González）信息技术和通讯部长迭戈·埃内斯托·莫拉诺·维加（Diego Ernesto MOLANO Vega），交通部长米格尔·佩尼亚洛萨（Miguel PEÑALOSA），文化部长玛丽亚娜·加尔塞斯·科尔多瓦（Mariana GARCÉS Córdoba，女）和国家计划委员会主任毛里西奥·圣·玛丽亚·萨拉曼卡（Mauricio Santamaría SALAMANCA）。

【行政区划】全国分32个省和波哥大首都区。

【司法机构】最高法院、行政法院、宪法法院、高级司法委员会和总检察院组成哥司法体系。最高法院是最高司法机关，由23名大法官组成。国家行政法院和宪法法院分别由26名和9名大法官组成。高级司法委员会由13名大法官组成。各法院院长均由大法官选举产生，任期一年。总检察院属哥司法系统的组成部分，但享有行政和预算自治权。最高法院院长卡米洛·温贝托·塔尔基诺·加列戈（Camilo Humberto TARQUINO Gallego），宪法法院院长胡安·卡洛斯·埃纳奥·佩雷斯（Juan Carlos HENAO Pérez），总检察长爱德华多·蒙特亚莱格雷·利内特（Eduardo MONTEALEGRE Lynett），国家总监察长桑德拉·莫雷利·里科（Sandra MORELLI Rico）。

【政党】全国主要政党如下：

（1）民族团结社会党（Partido Social de la Unidad Nacional）：2005年成立，简称“U”党。党的创始人为现总统桑托斯。议会第一大党。强调代表广大民众利益，尊重政治多元化，重视民主建设，巩固民主宪政，监督政府机构，推动建设公正、自由、繁荣的社会。现任主席西蒙·加维里亚·穆尼奥斯（Simón GAVIRIA Múñoz）。

（2）保守党（Partido Conservador）：哥传统政党。1849年成立。1987年曾易名为社会保守党，1992年改回原名。党员160万。曾主要代表农牧业主、教会和大资产阶级利益，现在中、小资产阶级、工人、农民中亦有一定影响。主张维护民族独立和国家主权，反对干涉别国内政，促进社会公正，推崇市场经济，允许意识形态差异。党主席费尔南多·阿劳霍·佩尔多莫（Fernando ARAÚJO Perdomo）。

（3）自由党（Partido Liberal）：哥传统政党。1848年成立。党员400万。主要代表工商资产阶级的利益，在工农和小资产阶级中也颇有影响。主张发展民族经济和推行政治、经济改革，外交上主张各国平等，互不干涉内政和民族自决。1989年6月，该党加入社会党国际。历史上，该党曾长期与保守党轮流执政。党主席拉斐尔·帕尔多（Rafael PARDO）。

（4）民族统一党（Partido de Integración Nacional）：2009年11月成立，主要力量来自原公民团结党。该党在2010年3月议会选举得票位居第四。主张创立“安全与社会承诺”口号框架下新的政治选择，进行必要改革。党主席安赫尔·阿利里奥·莫雷诺（Ángel Alirio MORENO）。

（5）激进变革党（Partido Cambio Radical）：1998年成立，在2002年和2006年大选中支持乌里韦竞选总统。对内主张实行民主变革，增加公共管理透明度，消除贫困，重建道德，完成国内和平进程，对外主张实行全方位外交，尊重国际法，和平解决争端。党主席卡洛斯·费尔南多·加兰·帕琼（Carlos Fernando GALÁN Pachón）。

（6）民主变革中心党（Polo Democrático Alternativo）：2006年成立。为左翼政党代表，主要成员来自工会、企业行会和中下阶层人士等。在2006年举行的总统大选中，该党候选人卡洛斯·加维里亚得票率位居第二。主张政治多元化，反对新自由主义，加强国家对经济的宏观调控和对战略型企业的控制。主席克拉拉·洛佩斯·奥夫雷贡（Clara LÓPEZ Obregón）。

（7）绿党（Partido Verde）：2009年9月成立。在2010年举行的总统大选中，该党候选人安塔纳斯·莫克库斯得票率位居第二。提出“为国家政治生活输氧”，主张尊重宪法体制，追求社会公正，尊重生命，反对暴力，提倡保护环境和生物多样性，实现经济、社会和环境的可持续发展。总书记路易斯·爱德华多·加尔松（Luis Eduardo Garzón）。

【重要人物】**胡安·曼努埃尔·桑托斯·卡尔德龙**：总统。1951年8月10日出生于波哥大市。毕业于美国堪萨斯大学经济和企业管理系。伦敦经济学院经济学硕士，哈佛大学经济发展及公共管理硕士。曾担任哥驻国际咖啡组织代表（1972～1981年）、哥《时代报》副社长（1981～1991年）、外贸部长（1991～1993年）、财政和公共信贷部长（2000年）、国防部长（2006～2009年）等职。1995～1997年担任哥自由党领导委员会成员，2004年退出自由党，2005年创建民族团结社会党。2010年6月20日在总统选举第二轮投票中高票当选，并于8月7日就职，任期四年。夫人玛丽亚·克莱门西亚·罗德里格斯，有两子一女。

经　济

在拉美属中等发展水平。农业、矿业为国民经济支柱产业。是世界第二大鲜花出口国、第三大咖啡和香蕉出口国及第四大煤炭出口国。绿宝石储量居世界第一位。

桑托斯政府将矿业、建筑业、农业、基础设施和产业创新作为拉动经济增长和就业的五大动力。推行矿业权益金分配改革，实行税制改革，加强汇市调控，控制本币过度升值，增强出口产品竞争力，积极吸引外资，经济复苏势头进一步巩固。2011年主要经济数据如下：

国内生产总值：3000亿美元。

人均国内生产总值：6530美元。

国内生产总值增长率：5.9%。

货币名称：比索（Peso）。

汇率：1美元＝1942.7比索（2011年12月）。

外贸总额：1116.28亿美元。

通货膨胀率：3.73%。

失业率：10.8%。

【资源】自然资源丰富。已探明煤炭储量约70.64亿吨，居拉美第二位。石油储量18亿桶，天然气储量187亿立方米，铝矾土储量1亿吨，铀储量4万吨。此外还有金、银、镍、铂、铁等矿藏。森林面积约4923万公顷。

【工矿业】采矿业有石油、煤炭、黄金、绿宝石、铀、镍、铝矾土、铁和铂等。20世纪80年代以来，石油业发展迅速，成为哥支柱产业之一。2011年矿业产值为4859.26亿比索，增长14.3%。近几年主要工矿业产品产量如下：

	2009	2010	2011
原油（万桶/日）	67.10	78.50	91.36
煤炭（百万吨）	72.81	74.35	85.80
黄金（吨）	47.84	53.61	55.91
铂（百万克）	0.93	1.00	1.23
银（吨）	10.83	15.30	24.05
绿宝石（百万克拉）	2.94	5.23	3.40

（资料来源：哥伦比亚矿业和能源部）

【农业】耕地面积467万公顷，占国土的8.5%。是世界第二大鲜花出口国，第三大香蕉和咖啡出口国。2011年咖啡种植面积92.1万公顷，产量46.85万吨。2011年农牧林渔业增长2.2%，达84384亿比索。

【服务业】服务业发展较快。2011年服务业各主要部门产值情况如下（单位：亿比索）：

电信	177756
企业活动	145921
私人医疗	144702
不动产	124280
私立高等教育	47339
交通	37192
信息	33020

（资料来源：哥伦比亚国家统计局）

【旅游业】主要旅游区有：波哥大、卡塔赫纳、麦德林、卡利、圣玛尔塔、圣安德烈斯、巴兰基亚和库库塔等。2011年，外国游客达158.22万人次，同比增长7.2%。

【交通运输】以公路为主。2008年交通运输业产值为115437亿比索，占国内生产总值的4.11%。

铁路：总里程3368公里。1992年停止客运。2008年运营车厢749节，机车40台，运营里程1672公里，货运量5847万吨。1995年麦德林市地铁建成运营。

公路：2008年总长16.4万公里，机动车辆总数为539万辆。2005年客运量为15657万人次，货运量13973万吨。

水运：2002年拥有海船23艘，总吨位17.7万吨。2008年海运量为25.3万人次。主要海港有布埃纳文图拉、圣玛尔塔、卡塔赫纳和巴兰基亚。内河可通航里程18225公里。2002年拥有各类内河船只2003艘，2008年内河客运量为354.3万人次，货运量457万吨。

空运：共有74个哥伦比亚民航局所属的机场，其中11个为国际机场，主要机场有埃尔多拉多和普恩特阿埃雷奥。有三家航空公司，阿维安卡是拉美最早成立的航空公司，与17个国家通航。2011年哥国内航空客运量为2150万人次，同比增长4.8%。

管道运输：2011年有输油管道5467公里，多用途管道3106公里。

【财政金融】近几年中央财政收支情况如下（单位：亿比索）：

	2009	2010	2011
收入	779574	749403	941000
支出	968670	942085	1120000
赤字	189096	192682	179000

（资料来源：哥伦比亚国家统计局、中央银行）

2011年，哥政府公共预算818.33亿美元，外汇储备323亿美元，中央政府财政赤字66亿美元。公共债务总额为427.69亿美元，同比增长8.15%。

【对外贸易】推动外贸出口和自贸战略是哥本届政府施政重点。主要出口产品有石油、化工产品、煤炭、咖啡、农副产品和纺织品等。其中，绿宝石出口居世界第一位，鲜花出口居世界第二位、咖啡出口居世界第三位。主要进口机械设备、化工产品、农副产品、纺织品和金属材料等。主要贸易对象为美国、墨西哥、中国和日本等。近年外贸情况如下（单位：亿美元）：

	2009	2010	2011
总　额	640.4	805.02	1116.28
出口额	328.5	398.19	569.53
进口额	311.9	406.83	546.75
差　额	16.6	–8.64	22.78

（资料来源：哥伦比亚国家统计局、中央银行）

【对外投资】哥主要投资对象依次为墨西哥、智利、美国、乌拉圭、秘鲁、开曼群岛和西班牙，主要投资领域为金融和企业服务、水电气、制造业、旅馆业和矿产开发。2011年，哥对外投资82.89亿美元，同比增长27.39%。

【外国资本】2011年外国直接投资150亿美元。外资主要进入石油、矿业、手工制造业和金融业。

人民生活

1991年起，哥对全国不满周岁的婴儿予以免费医疗，并全面推行医疗保险制，每人每月需缴纳工资5.5% ~ 7%的医疗保险金。全国共有医院1010所，医生34862名，护士11164名；平均每1200人拥有1名医生，共有病床46610张。但医生和病床地区分布不平衡，专业不全，护士短缺。1996年，哥专门设立为500万贫困人口提供医疗补贴的卫生体系。2011年，哥医疗保障覆盖率达到97%。2001年，全国共有737万门固定电话和326万部手机。2002年，哥有71.2万电脑用户。2006年，哥手机用户增至2790万。2011年，哥宽带用户达到410万。

军　事

总统为武装力量最高统帅。武装力量总司令部是最高军事指挥机构。最高国防委员会为最高军事咨询机构。实行义务兵役制，服役期两年。现任武装力量总司令亚历杭德罗·纳瓦斯（Alejandro NAVAS）上将，陆军司令赛尔西奥·曼蒂利亚·圣米格尔（Sergio MANTILLA Sanmiguel）上将，海军司令罗伯托·加西亚·马克斯（Roberto GARCIA Márquez）上将，空军司令蒂托·萨乌尔·皮尼利亚（Tito Seúl PINILLA）上将，国家警察局长何塞·罗伯托·莱昂·里亚尼奥（José Roberto León Riaño）少将。

三军总兵力28.52万人。陆军23.75万人，编有步兵旅、独立机械化营、别动营、伞兵营和高炮营等。海军3.46万人，编为2支舰队，2个陆战营和海军航空队，1支海军陆战队；拥有各型舰艇90余艘，其中潜艇4艘，驱逐舰4艘，护卫舰4艘，装备各型飞机10架。空军1.31万人，装备各型飞机200余架，其中作战飞机72架、武装直升机72架。此外，准军事部队（国民警察）14.41万人。

2011年，哥国防预算为122.13亿美元，占政府预算总额的14.92%。

文化教育

【教育】实行小学义务教育。2011年，文盲率为6.6%。著名高等学府有：哥伦比亚国立大学、哈维里亚那大学、安第斯大学、国立师范大学等。2011年，哥教育预算为116.63亿美元。2011年各级学校、教师、学生情况如下：

	学校（所）	教师（万人）	学生（万人）
学龄前	43930	5.2	102.9
小学	53921	18.8	455.3
中学	18897	21.1	429.7
大学	286	–	184.9

【新闻出版】全国约有400种报纸杂志。主要报纸有：《时代报》，发行量35万份；《观察家报》，22万份；《新世纪报》，近3万份；《共和国报》，5万多份。主要杂志（均为周刊）有：《星期》、《变革》等。以上报刊均为西班牙文。

哥伦比亚新闻社是哥最大的私人通讯社，成立于1981年，向全国近20家报纸和电台提供新闻。

全国共有582座广播电台。“国家电台”是唯一国营电台，创建于1940年。“哥伦比亚广播公司”、“全国广播公司”和“托德拉尔”电台为较大的三家私人广播公司，在各地设有广播发射台和转播台。

电视业始于1954年。全国共有15家电视台，其中三家为国家电视台和播放台，但一、二台通过合同向私人电视节目制作台和播放台出租，第三台为国家直接管理，播放文化教育等节目。蜗牛电视台、RCN电视台、CMI电视台等为主要私人电视机构。

对外关系

奉行独立自主、不结盟和多元化的外交政策。实施外交为国内和平进程和经济发展服务的战略，努力提高哥的国际地位，创造有利的国际环境。重视同美国的关系，加强同拉美地区特别是周边国家的合作，巩固同欧盟的传统联系，增进与亚太国家的交流合作。现任2011/2012年度联合国非常任理事国。哥现与171个国家保持外交关系。

【同中国的关系】1980年2月7日两国建交。2011年，双边关系继续顺利发展，两国各领域交流合作进一步扩大。中央政治局委员、中央政法委副书记王乐泉，中央军委副主席郭伯雄先后访哥。哥副外长隆多尼奥、国会主席兼参议长贝内德蒂、贸工部长迪亚斯先后访华。

2011年，双边贸易额为82.34亿美元，同比增长39.2%。其中中方出口额为58.4亿美元，同比增长52.9%，进口额为23.94亿美元，同比增长14.3%。

中国驻哥伦比亚大使：汪晓源。馆址：Carrera 16 No.98–30，Bogotá D.C，Colombia。国家地区号：0057–1。电话：6223235（总机），6223202（值班），6223213（办公室），6222879（经商处），6223228（文化处），6223126（领事部），6223248（武官处）。传真：6223114。

哥伦比亚驻华大使：卡洛斯·伊格纳西奥·乌雷亚·阿韦拉埃斯（Carlos Ignacio URREA Arbeláez）。馆址：北京市朝阳区光华路34号。电话：010–65323367，65323377，65321713，65323166（领事事务），65326461（武官处）。传真：65321969。

【同美国的关系】哥美于1822年6月17日建交。两国传统关系密切，美是哥第一大投资国和贸易伙伴。2006年2月，哥美签署双边自贸协定，2011年10月获美国国会批准。2009年10月，哥美签署《防务和安全合作与技术援助补充协议》，允许美军使用哥境内的7个军事基地。该协议于2010年6月被哥宪法法院裁定违宪，需重新提交哥议会审议。2010年，美通过《哥伦比亚计划》继续向哥提供军事和发展援助。2011年，哥美自贸协定获美国会通过；桑托斯总统在纽约主持联合国辩论会时与美国总统奥巴马举行会晤；加尔松副总统、奥尔古因外长访问美国，奥尔古因外长与美国国务卿克林顿在联大期间举行会晤。美国政治事务副国务卿伯恩斯、美国国务院负责国际组织事务的助理国务卿布里默访哥。

【同欧洲国家的关系】欧盟是哥重要贸易伙伴。2011年，桑托斯总统访问法国、西班牙、德国、英国、土耳其；奥尔古因外长访问欧盟总部布鲁塞尔、葡萄牙。

【同拉美国家的关系】与拉美国家保持密切的传统关系。哥同委内瑞拉、智利签有双边自由贸易协定，同厄瓜多尔建立自由贸易区。同墨、委签有三国自由贸易协定。同中美洲和加勒比地区的自由贸易和经济合作取得显著进展。哥积极谋求加强同南方共同市场的关系。2011年，哥与智利、墨西哥、秘鲁宣布成立“太平洋联盟”，与智利、秘鲁三国联合股票市场正式运营。年内，桑托斯总统访问墨西哥、智利、阿根廷、厄瓜多尔。萨尔瓦多总统富内斯、秘鲁总统加西亚、委内瑞拉总统查韦斯、厄瓜多尔总统科雷亚、秘鲁当选总统乌马拉、洪都拉斯总统洛沃、多米尼加总统费尔南德斯等访哥。

【同亚洲国家的关系】近年来，哥重视发展与亚太国家的政治和经贸合作关系。2011年，桑托斯总统访问日本、韩国，哥韩建立战略伙伴关系；奥尔古因外长在柬埔寨出席第30届东盟旅游论坛。（王洁）

哥斯达黎加

国名 哥斯达黎加共和国（The Republic of Costa Rica，La República de Costa Rica）。

面积 5.11万平方公里。

人口 430.2万（2011年）。白人和印欧混血种人占95%，黑人3%，印第安土著居民约0.5%。官方语言为西班牙语。95%的居民信奉天主教。

首都 圣何塞（San José），人口287万。最热月（7月）平均气温21℃~27℃，最冷月（1月）平均气温9℃~26℃。

国家元首 总统劳拉·钦奇利亚·米兰达（Laura Chinchilla Miranda，女），2010年5月8日就职，任期四年。

重要节日 独立日：9月15日。

简况

位于中美洲南部。东临加勒比海，西濒太平洋，北接尼加拉瓜，东南与巴拿马毗连。海岸线长1200公里。

原为印第安人居住地。1564年沦为西班牙殖民地。1821年9月15日宣布独立。1823年加入中美洲联邦，1838年退出。1848年8月30日成立共和国。

政治

钦奇利亚总统执政以来，致力于增加就业，加强社会综合治理，改善社会医疗服务，提出建设公路和港口等基础设施计划，积极发展可再生能源。目前哥政局稳定。

【宪法】现行宪法于1949年11月7日生效。宪法规定，国家实行立法、司法和行政三权分立的共和制。总审计署和最高选举法院为独立机构。总统为国家元首和政府首脑；总统和副总统由直接选举产生，任期四年；总统缺位时，依次由第一副总统、第二副总统和议长接任。2003年4月，哥再次修宪，允许总统可隔届再次当选连任。

【议会】称立法大会，一院制，为全国最高立法机构，由57名议员组成。议员由选民直接选举，任期四年，不得连任。本届立法大会于2010年5月组成，其中执政党民族解放党24席，公民行动党11席，自由运动党9席，基督教社会团结党6席，全民皆入党4席，广泛阵线党、民族革新党和国家复兴党各1席。现任主席为公民行动党的维克多·埃米利奥·格拉纳多斯·卡尔沃（Víctor Emilio Granados Calvo），2012年5月当选，任期一年。

【政府】本届政府于2010年5月成立。主要内阁成员有：第一副总统阿尔菲奥·皮瓦·梅森（Alfio Piva Mesén），第二副总统路易斯·利伯曼·金斯伯格（Luis Liberman Gingsburg），总统府部长兼旅游部长卡洛斯·里卡多·贝纳维德斯（Carlos Ricardo Benavides），外交和宗教事务部长恩里克·卡斯蒂略·巴兰特斯（Enrique Castillo Barrantes），财政部长埃德加·阿亚雷斯（Edgar Ayales），外贸部长安娜贝尔·冈萨雷斯·坎帕巴达尔（Anabel González Campabadal，女），经济、工业和贸易部长马伊·安迪翁·格雷罗（Mayi Antillón Guerrero，女），计划部长罗贝托·加利亚多·努涅斯（Roberto Gallardo Núñez），卫生部长玛利亚·路易莎·阿维拉（María Luisa Avila，女），科技部长亚历杭德罗·克鲁斯·莫利纳（Alejandro Cruz Molina），权力下放及地方行政部长胡安·马林·基罗斯（Juan Marín Quirós），社会福利部长费尔南多·马林·罗哈斯（Fernando Marín Rojas），内政、警察及公共安全部长马里奥·萨莫拉·科尔德罗（Mario Zamora Cordero），财政部长费尔南多·埃雷罗·阿科斯塔（Fernando Herrero Acosta），公共工程及交通部长路易斯·利亚奇（Luis Llach），教育部长莱昂纳多·加尼埃尔·里莫罗（Leonardo Garnier Rímolo），住房部长伊雷内·坎波斯·戈麦斯（Irene Campos Gómez，女），能源、环境及电信部长雷内·卡斯特罗·萨拉萨尔（René Castro Salazar），劳动和社会保障部长桑德拉·皮斯科·费因吉伯（Sandra Piszk Feinzilber，女），文化部长曼努埃尔·奥夫雷贡·洛佩斯（Manuel Obregón López），农业及畜牧业部长格洛丽亚·阿夫拉姆斯·佩拉尔塔（Gloria Abrahams Peralta，女），司法部长费尔南多·费拉罗·卡斯特罗（Fernando Ferraro Castro），通讯部长弗朗西斯科·查孔（Francisco Chacón）。

【行政区划】全国划分为7个省，下设81个县市，421个区。各省名称如下：瓜纳卡斯特、阿拉胡埃拉、埃雷迪亚、卡塔戈、圣何塞、利蒙、彭塔雷纳斯。

【司法机构】最高法院是最高司法机构，由22名法官组成，任期八年。任满时如无立法大会2/3议员的反对，可自动连任。下设4个法庭，第一、第二、第三法庭各由5名法官组成，第四法庭（宪法法庭）由7名法官组成。地方分省、县、区三级法院。最高法院院长路易斯·保利诺·莫拉（Luis Paulino Mora），1999年6月12日任职，2011年连任，任期至2015年。

【政党】主要政党：

（1）民族解放党（Partido de Liberación Nacional）：执政党。1952年4月成立。2010年2月，该党候选人钦奇利亚当选总统，实现第九次执政。党主席贝尔纳尔·希门尼斯（Bernal Jiménez），总书记安东尼奥·卡尔德龙·卡斯特罗（Antonio Calderón Castro）。

（2）公民行动党（Partido Acción Ciudadana）：哥第二大政党，反对党。2000年12月由奥通·索利斯·法利亚斯（Ottón Solís Fallas）创建。党主席伊丽莎白·丰塞卡·科拉莱斯（Elizabeth Fonseca Corrales，女），总书记玛格丽塔·博拉尼奥斯·阿尔金（Margarita Bolaños Arquin，女）。

（3）自由运动党（Movimiento Libertario）：哥第三大党，反对党。1994年12月组成。党主席奥托·格瓦拉·古斯（Otto Guevara Guth），总书记达尼罗·库贝罗（Danilo Cubero）。

（4）基督教社会团结党（Partido Unidad Social Cristiana）：1983年12月由民主复兴党、民族共和党、基督教民主党和人民联盟党组成。党主席赫拉尔多·巴尔加斯·罗哈斯（Gerardo Vargas Rojas），总书记威廉姆·阿尔瓦拉多·博甘特斯（William Alvarado Bogantes）

【重要人物】**劳拉·钦奇利亚·米兰达**：总统。1959年3月28日生于哥斯达黎加。毕业于哥斯达黎加大学政治学专业，美国乔治敦大学公共政治学硕士。1990年以来，先后在多个国际组织担任司法和公共安全改革顾问，参与联合国计划开发署、泛美开发银行等机构司法改革方面的研究及计划制定工作。1994~1998年先后任哥国家移民局局长、国家禁毒领导委员会委员、公共安全部副部长、联合禁毒情报中心领导委员会主席、公共安全部长。2002~2006年任议员。2006年当选第一副总统，兼任司法部长。2010年2月7日作为执政党民族解放党候选人在总统大选中获胜，是哥首位女总统。

经　济

哥经济发展水平在中美洲名列前茅。外贸、旅游和服务业在国民经济中占重要地位。哥政府继续推动自由贸易，努力扩大出口。积极吸引外资，对外开放电信、保险等部门。鼓励发展农牧业、旅游业、高科技制造业和创新产业，加大科技、教育和基础设施投入，开发利用可再生能源和清洁能源。有关举措取得一定成效，2011年以来哥经济呈恢复性增长，主要经济数据如下（资料来源：哥中央银行）：

国内生产总值：414.7亿美元。

人均国内产值：8884美元。

国内生产总值增长率：4.2%。

通货膨胀率：4.7%。

失业率：7.7%。

货币名称：科朗（colón）。

汇率：1美元＝500科朗（2012年7月）。

【资源】自然资源丰富。铝矾土蕴藏量约1.5亿吨，铁蕴藏量约4亿吨，煤蕴藏量约5000万吨。森林覆盖面积60万公顷。

【工业】以轻工和制造业为主，主要有纺织、电子产品、机械、食品、木材、化工等。原材料依赖进口，产品主要出口。石油全部进口，主要来自委内瑞拉。2011年制造业总产值为32852.0亿科朗，占国内生产总值的15.8%，从业人员23.6万人；建筑业总产值为10867.7亿科朗，占国内生产总值的5.2%，从业人员12.4万人。

【农业】系中美洲农业发展水平最高的国家之一。2011年，哥农牧渔业生产总值12916.6亿科朗，占国内生产总值的6.2%。农产品出口额占出口总额的24.5%。哥是世界上仅次于厄瓜多尔的第二大香蕉出口国。2011年香蕉出口创汇7.49亿美元，占哥出口总额的7.2%。目前哥香蕉种植面积4.56万公顷，从业人员3.4万。主要出口对象为美国和欧盟。

哥是咖啡生产国协会和国际咖啡组织的成员。据哥咖啡协会统计，2011年哥咖啡产量为209.5万袋（每袋46公斤），同比增加1.46%，创汇3.78亿美元。目前哥咖啡种植面积约9万公顷，从业人员5万，主要出口对象为美国和欧盟。

【服务业】在国民经济中占有重要地位。主要有金融保险、不动产、企业服务、公共管理、社区服务、中介服务等。2011年，哥服务业总产值为95924.3亿科朗，占国内生产总值46.1%。

【旅游业】旅游业发达，是哥外汇收入主要来源之一。游客主要来自北美、中美和欧洲等地。自20世纪90年代以来，哥政府充分利用自然资源，将生态旅游业发展成国家的重要经济支柱之一。旅游胜地有伊拉苏火山、波阿斯火山、阿雷纳火山和西班牙殖民文化遗址等。全国有30多个国家森林公园和自然保护区。2011年赴哥旅游的外国游客人数达219.6万人次，同比增加4.6%。近年来旅游业情况如下：

	2009	2010	2011
旅游人数（万人）	175	209	220
旅游收入（百万美元）	1636	2098	2182

（资料来源：哥国家旅游协会）

【交通运输】国内交通以公路为主。

公路：国家公路网由国道和地方道路组成，国道由国家公路委员会（CONAVI）管理，地方道路由各地方政府进行运营管理。是中美洲公路里程最长的国家。2009年全国公路总长约3.9万公里，其中49%是沥青路。每千人公路里程8.52公里。泛美高速公路贯穿南北。

铁路：总长278公里，由国家铁路局运营。由于缺乏投资和年久失修，自1995年起哥铁路基本处于停运状态，只承接少量货运及从圣何塞至莫因的游客。2005年起圣何塞至周边城市的铁路恢复运营，但由于设备老化和游客稀少，基本无盈利。

水运：拥有轮船1029艘，总吨位57万吨。4个主要港口为利蒙港、莫因港、蓬塔雷纳斯港和卡尔德拉港。利蒙港和莫因港的吞吐量占全国的80%以上。

空运：两家航空公司经营10条国内航线、15条国际航线。有两个国际机场，首都有胡安·圣玛丽亚国际机场，年客运量200万人次。2001年由美建筑公司BECHTEL承包经营20年。北部利比里亚市有丹尼尔·奥杜韦机场。

【通讯业】哥通讯业发达，居拉美国家前列。2010年，全国共有电话线149万条，移动电话195万部，因特网使用者为146万人。

【财政金融】2011年外汇储备46.5亿美元，外债88.6亿美元。中央政府财政赤字8489亿科朗，占国内生产总值的5.4%。近年中央政府财政收支情况如下（单位：十亿科朗）：

	2009	2010	2011
收入	2304.7	2730.0	3020.7
支出	2806.7	3724.4	3869.6
差额	−502.0	−994.4	−848.9

（资料来源：哥中央银行）

中央银行（1950年成立）和国家银行（1936年成立）为哥斯达黎加主要金融机构。中央银行行长为罗德里格·博拉尼奥斯·萨莫拉（Rodrigo Bolaños Zamora）。

【对外贸易】哥实行贸易开放政策，与中国、美国、欧盟、墨西哥、智利、秘鲁、中美洲五国、多米尼加、新加坡等签有自由贸易协定，与世界50多个国家（地区）有贸易关系。对外贸易在国民经济中占重要地位。主要出口电子芯片、集成电路、纺织品、香蕉、菠萝、咖啡、医疗器械、加工食品、机械和电子配件等，主要出口对象国为美国、中国、欧盟和中美洲邻国；主要进口原材料、消费品、燃料、润滑油和资本货物，主要进口来源国为美国、欧盟、委内瑞拉和墨西哥。近年来，哥进出口情况如下（单位：百万美元）：

	2009	2010	2011
进口额	11394.5	13569.6	16219.5
出口额	8788.4	9384.8	10408.4
差　额	−2606.1	−4184.8	−5811.1

2011年主要产品出口额如下（单位：百万美元）：

电子电器产品	2659.5
农产品	2389.4
食品	1304.3
医疗设备	1251.9

（资料来源：同上）

【外国资本】外资主要来自美国、加拿大、墨西哥和西班牙等国。2011年哥吸引外国直接投资21.5亿美元，同比增长46.4%，主要投入在电信、保险、贸易服务、旅游和房地产业。

【外国援助】 哥斯达黎加主要从国际货币基金组织、世界银行和美洲开发银行获得贷款，用于生产行业、基础设施建设和经济结构调整。

人民生活

2011年哥全国贫困率为21.6%；其中极端贫困率达6%。哥共有劳动力215.5万人，就业人口199万人。

根据2011年世界人类发展报告，哥人类发展指数排名世界第69位。公共卫生支出占国内生产总值的21.5%。人口预期寿命79.3岁，婴儿死亡率9.5‰。

军　事

1948年12月1日哥宣布废除武装力量，成立国民警卫队，成为世界上第一个没有军队的国家。2011年共有警察1.4万人。

文化教育

【教育】 重视教育。实行中小学义务教育，全国有小学6884所，12%的人口接受高等教育，教育水平居拉美国家前列。2011年教育支出占国内生产总值的7%。成人识字率95.2%。主要高等院校有哥斯达黎加大学和国立大学。

【新闻出版】 全国有6家日报，主要有：《民族报》，发行8.5万份；《自由新闻》，发行5万份；《共和国报》，发行5.88万份。全国有130家电台，12家电视台。影响较大的商业性电视台有哥斯达黎加电视7台、2台和13台。

对外关系

哥奉行和平中立的外交政策，支持各国人民自决和不干涉内政原则，重视发展同拉美各国的传统友好关系，积极推动地区经济一体化进程，支持建立美洲自由贸易区。三度当选联合国安理会非常任理事国（1974～1975年、1997～1998年和2008～2009年），是2012~2016年联合国人权理事会成员，拉美和加勒比国家共同体成员，拉美“太平洋联盟”观察员。现与153个国家有外交关系。

【同中国的关系】 中哥于2007年6月1日建交。

2007年10月，阿里亚斯总统对中国进行首次国事访问。2008年11月，胡锦涛主席对哥进行首次国事访问。

2011年以来，中方主要往访有：胡锦涛主席特使、全国人大常委会副委员长陈昌智（2011年3月），全国政协副主席万钢（2011年9月），全国人大常委会副委员长华建敏（2011年11月），全国政协副主席、统战部长杜青林（2012年4月），中共中央政治局委员、天津市委书记张高丽（2012年6月）。

哥方主要来访有：自由运动党主席格瓦拉（2011年3月）、立法大会专门委员会主席阿拉亚、索托马约尔和贡戈拉（2011年8月）、圣何塞市长阿拉亚（2011年8月）、哥前总统阿里亚斯（2012年5月）、最高法院院长莫拉（2012年6月）等。

2011年11月，中国“和平方舟”号海军医院船首次访问哥斯达黎加，为当地民众和华人华侨开展人道主义医疗服务。

中国是哥第二大贸易伙伴。2010年4月8日，两国签署自贸协定。2011年8月1日，该协定正式生效。据中国海关总署统计，2011年中哥贸易总额为47.28亿美元，其中中方出口额为8.84亿美元，进口额为38.44亿美元，同比分别增长24.6%、28.5%和23.7%。

两国人文领域交流日益活跃。2011年8月，广州市与圣何塞市签署加强友好交流与合作备忘录。9月，首届中哥地质论坛举行。2012年1月，中国“四海同春”艺术团赴哥演出。

中国驻哥斯达黎加大使：李长华，2010年1月12日递交国书。馆址：De la casa de D. Oscar Arias 100 metros al sur y 50 metros al oeste，Rohrmoser，Pavas，San José，Costa Rica。领事部、文教科组办公地址：Frente a la casa de D. Oscar Arias，Rohrmoser，Pavas，San José，Costa Rica。电话：00506-22914811；传真：22914820。邮政信箱：1518-1200。电子邮箱：chinaemb_cr@mfa.gov.cn。领事部电话：00506-22914650；领事部传真：22914654。

哥斯达黎加驻中国大使：马尔科·比尼西奥·鲁伊斯（Marco Vinicio Ruiz），2010年12月1日递交国书。馆址：北京市朝阳区建国门外交公寓1号楼5单元41-42。电话：010-65324157；传真：65324546。领事部电话：65234157-807。

中哥建交前，哥台往来密切。中哥建交后，台宣布中止与哥“外交关系”，并停止一切在哥援建项目和合作计划。据哥方统计，2011年台哥贸易总额为4.23亿美元，其中台出口额为1.56亿美元，进口额为2.67亿美元，分别增长35%、52.4%和26.6%。

【同美国的关系】 哥美1851年建交。两国关系密切，高层互访不断。美为哥最大的贸易伙伴，2011年哥对美出口额为38.5亿美元，进口额为77.2亿美元。美一直视哥为拉美国家的“民主样板”并提供大量经济援助。双方在反恐、禁毒、军事等领域保持密切合作。美在哥建有拉美警察学校，美军舰使用哥太平洋和大西洋港口。2011年5月，哥总统钦奇利亚访美，会见美能源部长朱棣文，就两国开展环境、气候变化与可更新能源领域合作交换看法。9月，钦赴美出席联合国大会，与美国务卿克林顿会晤，重点探讨中美洲地区安全策略。

【同拉美国家的关系】 重视发展同拉美国家特别是中美洲各国的睦邻友好合作关系，保持密切高层往来，积极推动中美洲地区一体化进程并协调地区冲突。

2010年10月，哥与尼加拉瓜因边界卡莱罗岛归属问题发生争端。目前，该争端已提交海牙国际法庭裁决。2011年5月，哥与秘鲁签署自贸协定。哥与巴西加大在能源领域合作，与哥伦比亚、墨西哥积极开展打击毒品犯罪合作。

【同欧洲国家的关系】同欧洲国家有着传统经贸往来，是中美洲对欧盟最重要的出口国。

2010年5月，哥与中美洲有关国家和欧盟签署《中美洲—欧盟合作伙伴协议》。2011年1月，哥外长卡斯蒂略出访英国、德国、挪威、西班牙等国，就哥与尼加拉瓜边界冲突事做工作。5月，德国总统武尔夫访哥。2012年5月，哥总统钦奇利亚出访德国、法国、意大利等国，推动有关国家尽快通过中美洲与欧盟伙伴协议。

【同亚太国家的关系】近年来，哥日益重视开展同亚太国家的经贸合作，主张中美洲与东盟国家建立经常性的政治和经济磋商机制。2011年1月，日本文仁亲王夫妇访哥，庆祝哥日建交75周年。5月，哥第一副总统皮瓦访问韩国。12月，哥总统钦奇利亚访日，分别会见日本首相野田佳彦和明仁天皇。（李可）

格林纳达

国名 格林纳达（Grenada）。

面积 344平方公里。

人口 10.84万（2011年），黑人约占82%，混血人占13%，白人及其他人种占5%。英语为官方语言和通用语。居民多信奉天主教。

首都 圣乔治（St.George's），人口约1万。

国家元首 英国女王伊丽莎白二世，女王任命总督为代表。现任总督卡莱尔·格林（Carlyle GLEAN），2008年11月就任。

重要节日 独立日：2月7日。

简况

位于东加勒比海向风群岛最南端，南距委内瑞拉海岸约160公里。属热带海洋性气候，1~5月为旱季，6~12月为雨季。8~11月天气较热，最高气温35℃。12月至翌年3月，天气较凉爽，最低气温18℃。年平均气温26℃。

原为印第安人居住地。1498年被哥伦布“发现”，1650年归属法国，1762年被英国占领。1763年法国根据《巴黎条约》将格转让给英国，1779年被法国重新占领。1783年根据《凡尔赛条约》正式确认为英国所有，从此沦为英国殖民地。1974年2月7日宣布独立，同年加入联合国。1979年3月，“新宝石运动”发动军事政变，成立人民革命政府，毕晓普担任总理。1983年10月，副总理科尔德等人发动政变，杀害毕晓普总理等人。美国遂以保护侨民和应东加勒比国家组织请求干预为由，与牙买加、多米尼克、巴巴多斯等6个加勒比国家联合出兵格林纳达。1984年恢复大选。

政治

2008年7月，格民族民主大会党在大选中获胜。该党领袖蒂尔曼·托马斯（Tillman THOMAS）出任总理。本届政府关注民生，鼓励发展农业和旅游业，积极引进外资，主张发展私营经济。目前，格政局较稳定。

【宪法】现行宪法于1974年独立时生效。1979年3月13日因内乱停止实行。1984年1月1日恢复实行。

【议会】分参、众两院，任期均为5年。参议院13席，由总督根据总理和反对党领袖提名任命。众议院15席，由普选产生。本届众议院由2008年7月8日大选产生，民族民主大会党占11席，新民族党占4席。参议长琼·珀塞尔（Joan PURCELL），众议长乔治·麦·夸尔（George James Mc Guire）均于2008年8月19日当选。

【政府】本届政府于2008年7月13日组成。2012年以来，格政府多次调整内阁。主要成员有：总理兼外交、法律事务、国家安全和信息产业部长蒂尔曼·托马斯，农业、林业和渔业部长迈克尔·莱特（Michael Denis LETT），卡里亚库和小马提尼克事务部长乔治·普赖姆（George PRIME），教育和人力资源部长弗兰卡·伯娜丁（Franca BERNADINE，女），财政、计划、经济、能源和合作部长纳齐姆·伯克（Nazim BURKE），卫生部长安·彼得斯（Ann PETERS，女），住房、土地和社区发展部长阿莱恩·沃克（Alleyne WALKER），环境、外贸部长格莉妮丝·罗伯茨（Glynnis ROBERTS，女），劳动、社会保障、教会事务和社会发展部长西尔维斯特·夸尔斯（Sylvester QUARLESS），旅游、民航和文化部长乔治·文森特（George VINCENT），青年发展、文化和体育部长帕特里克·西蒙斯（Patrick SIMMONS），总检察长罗汉·菲利普（Rohan Phillip）。

【行政区划】全国划分为六个区和一个属地。

【司法机构】设有最高法院和地方法院。最高法院包括高等法院和上诉法院。1991年格加入东加勒比国家组织后，其司法权移至东加勒比最高法院，但终审机构为英国枢密院司法委员会。

【政党】（1）民族民主大会党（National Democratic Congress）：执政党。1987年10月成立，系由新民族党部分成员和民主劳工大会、格林纳达民主劳工党合并而成。1990~1995年执政。2008年7月再次赢得大选。党领袖蒂尔曼·托马斯。

（2）新民族党（New National Party）：反对党。

1984年8月成立后，在格五次大选中四次（1984年、1995年、1999年和2003年）获胜组阁。现任领袖基思·米切尔（Keith MITCHELL），主席埃尔文·尼姆罗德（Elvin NIMROD）。

（3）格林纳达统一工党（Grenada United Labour Party）：反对党。1950年成立。该党创始人艾里克·盖里曾任格1974年独立后首任总理，后被毕晓普领导的“新宝石运动”推翻。现任领袖格洛利亚·班菲尔德（Gloria PAYNE-BANFIELD，女）。

【重要人物】卡莱尔·格林：总督。1932年2月11日生于格林纳达。1970年获加拿大卡尔加里大学教育学学士学位。长期从事教育工作，曾担任格师范学院校长并在西印度大学担任讲师，1990~1995年担任教育部长。2008年11月27日被英国女王任命为格林纳达总督。有5个子女。　**蒂尔曼·托马斯**：总理。1947年6月13日出生于格林纳达。毕业于美国纽约福特汉姆大学和西印度大学，获学士学位和法律教育证书，曾任职业律师。早年因宣传言论自由一度入狱。1984年加入新民族党（NNP），同年当选众议员。1985年出任格司法部国务部长。1987年辞去政府职务并退出NNP后，参与成立民族民主大会党（NDC）。1990~1995年，历任工程部长、财政部国务部长和旅游部长。1999年出任NDC领袖至今。2008年7月领导NDC大选获胜，并出任总理。已婚。

经　济

经济主要以农业和旅游业为主，工业不发达。2004年9月“伊万”飓风使格农业遭受毁灭性打击。国际金融危机爆发后，格旅游业收入大幅下滑。格政府将恢复经济作为重中之重，托马斯总理宣布一揽子刺激经济计划，包括建设和维护道路、医院、学校、住房等一系列旨在扩大就业的项目，增加公共救助金领取人数，开展劳动力技术培训和游说外资银行向当地开发商提供优惠贷款等，同时对外积极寻求援助和投资。2011年主要经济数据如下（资料来源：2012年《经济季评》）：

国内生产总值：8.22亿美元。

人均国内生产总值：7877.8美元。

国内生产总值增长率：0.82%。

货币名称：东加勒比元。

汇率：1美元＝2.7东加元。

【资源】有一定储量的石油，但尚未开采。森林面积40.47平方公里。

【工业】工业不发达。主要为小型加工制造业，包括农产品加工、食品、饮料、纺织、轻型组装等。

【农业】农业基础薄弱，主要种植肉豆蔻、香蕉、可可、椰子、甘蔗等。格曾是世界第二大肉豆蔻生产国，有“香料之国”之称。2004年伊万飓风对格肉豆蔻产业造成毁灭性打击。格政府着力恢复农业生产，2010年肉豆蔻年产量约378吨。

【旅游业】格经济重要部门。2004年伊万飓风使格旅游业遭受致命打击。国际金融危机爆发后，格旅游业受到严重冲击，近年来有所恢复。

【交通运输】全国有公路1127公里，无铁路。海空交通便利。首都圣乔治有深水港设施，可停靠大型远洋客货轮。2003年竣工的圣乔治港扩建工程使格具备停泊国际上先进大型货轮的条件。有三个机场，其中莫里斯·毕晓普国际机场有通往加勒比共同体各国和伦敦、北美的客货航班。

【财政金融】2011财年，格政府年度预算总额为7.834亿东加勒比元，比上年度增加15.3%，其中经常性支出5.796亿东加勒比元，资本支出2.03亿东加勒比元。

【对外贸易】主要出口肉豆蔻、香蕉、可可等；进口食品、机械、交通设备和基本制成品。每年贸易均有巨额逆差。主要贸易伙伴为特立尼达和多巴哥、美国。近几年进出口情况如下（单位：百万美元）：

	2008	2009	2010
出口额	30.5	26.6	38
进口额	343.1	293.4	343
差　额	-312.6	-266.8	-305

（资料来源：2012年《经济季评》）

【经济团体】（1）格林纳达工商会（Grenada Chamber of Industry and Commerce，Inc.）：1921年成立。地址：Decaul Bldg，Mt Gay，P.O.B.129，St. George's。电话：440-2937。传真：440-6627。

（2）格林纳达肉豆蔻合作联合会（Grenada Co-Operative Nutmeg Association）：1947年成立。地址：POB 160，St. Geroge's。电话：440-2117。传真：440-6602。

人民生活

人口自然出生率为1.7%，自然死亡率为0.79%。全国共有公立医院3家，私立医院3家，平均每1150人拥有一名医生，每170人有一张病床。

2010年，格共有2.84万部固定电话、12.19万部移动电话。

军　事

无正规军，有警察约600人。

文化教育

【教育】对5~16岁儿童实行免费义务教育，全国识字率96%。小学和中学学制均是7年。有20所公立中学，有1所医学院、1所艺术学院。首都圣乔治有一免费公共图书馆。每个区都设有职业培训中心。

【新闻出版】有几家周报，主要是:《格林纳达时报》、《今日格林纳达》、《格林纳达之声报》、《情报员》。

格林纳达广播公司：国营，成立于1972年，包括格林纳达广播公司电视台。

对外关系

奉行“维护国家议会民主及和平友善”的外交政策，反对以武力解决国际争端，愿与世界所有国家发展贸易和文化交往。支持全球反恐斗争，支持打击跨国犯罪，打击毒品、武器走私和洗钱。主张通过解决发展问题消除贫穷、饥饿、失业等问题，发达国家应向发展中国家提供技术、经济以及其他形式的援助。主张改革全球贸易体系，呼吁发达国家停止对农业进行补贴，消除非关税和其他阻碍农产品贸易的技术壁垒。在重大国际问题上主张与本地区组织协调一致立场。曾于2009~2011年任小岛屿国家联盟主席国，重视气候变化外交，多次在多边场合呼吁国际社会重视小岛国在气候变化问题上的关切。

【同中国的关系】中格于1985年10月1日建交。1989年7月19日，格政府宣布与台湾当局“建交”；8月7日，中国中止了与格的外交关系。2005年1月20日，中格签署了关于恢复外交关系的联合公报，宣布自即日起正式恢复外交关系。同年，格在华设立使馆并派出首任常驻大使。

复交后，顾秀莲副委员长（2007年7月）、杨洁篪副外长（2006年5月）访格。格总督威廉斯（2005年9月）、总理米切尔（2005年7月）、总理托马斯（2009年6月、2010年7月出席上海世博会加勒比共同体日活动）访华。

2011年9月，格总理托马斯赴特立尼达和多巴哥出席第三届中国—加勒比经贸合作论坛，并会见国务院副总理王岐山。

据中国海关总署统计，2011年，双边贸易额为591.3万美元，其中中方出口额为591.2万美元，进口额为0.1万美元，同比分别增长15.5%、15.7%和-93.5%。中国对格主要出口木制品、橡胶制品和机电产品。

中国驻格林纳达大使：徐建国。馆址：Azar Villa At Calliste St. George's，Grenada。电话：001-473-4141228；传真：4396231。电邮：chinaemb_gd@mfa.gov.cn。

格林纳达驻华大使：暂缺。馆址：北京市朝阳区塔园外交公寓5号楼2单元5层2号。电话：010-65321208；传真：65321015。

【同美国的关系】1974年与美国建交。两国间签有《针对犯罪共同司法援助条约》和《引渡条约》。2008年10月，格总理蒂尔曼·托马斯在白宫与美国总统布什会见。双方讨论了贸易、安全和气候变化等问题。2011年3月，格旅游部长率团出席在美国迈阿密举行的年度海洋贸易峰会。同月，格总理托马斯与美国驻格代办签署有关美向格提供交通工具的援助备忘录。

【同古巴的关系】1979年格古建交。1997年，格古签署经济技术合作协定，双边合作不断扩大和深化。2009年2月，格外长戴维访古。2010年3月，格总理托马斯访古，并出席格古联合委员会第12次会议。10月，格外长戴维赴古巴出席第三届古巴—加勒比共同体部长级会议。

【同英国的关系】格是英联邦成员，在政治、司法及教育方面仍承袭英国体制。2011年2月，格旅游部长与英国驻格高专签署《航空运输服务协定》，协议规定两国政府都可指定相关航空公司经营两国间民航路线。同月，格外交部长访问英国，同英国外交和联邦事务部主管加勒比事务大臣举行会见。7月，第36届加勒比、美洲和大西洋地区英联邦议会大会在格举办。

【同加勒比国家的关系】格重视加勒比地区一体化，主张东加勒比各国应首先联合。积极主张实现加勒比经济一体化和更广泛的区域合作，支持向风群岛一体化。不断加强与邻国的双边交往和经贸往来。2010年6月，格与其他东加勒比国家组织成员共同成立东加勒比经济联盟。2011年2月，第22届加勒比共同体政府首脑会议在格举行。（邢玉春）

格陵兰

名称 格陵兰（Greenland，Kalaallit Nunaat）。

面积 216.6万平方公里。

人口 5.7万（2011年），大多数为格陵兰人，约10%来自其他北欧国家（主要是丹麦）。语言为格陵兰语和丹麦语（官方语言）。大多数居民信奉基督教路德宗。

首府 努克（Nuuk），前称戈特霍布（Godthaab）。人口1.6万（2011年）。

总督 米凯拉·英吉尔（Mikaela Engell），2011年上任。

简况 世界第一大岛。位于北美洲东北部。全岛约4/5的面积在北极圈以内，近85%的土地终年冰雪覆盖。海岸线长4.4万公里。年平均气温在0℃以下，最低可达-70℃。1月平均气温-7.4℃，7月6.5℃。年均降水量752毫米。

公元前约1000年，加拿大北部因纽特人迁至格岛北部定居，以狩猎为生。1261年成为挪威殖民地。1397年，丹麦、挪威及瑞典等组成卡尔马联盟，格陵兰转由丹管辖。挪威1905年独立后与丹麦就格陵兰归属发生争议。1933年，海牙国际法庭将格判归丹麦。1953年，丹麦宪法规定格陵兰为丹一部分。1973年格陵兰随丹麦一起加入欧共体，1985年退出。1978年，丹通过格陵兰内部自治法。1979年5月1日，格正式实行内部自治，通过当地普选产生自治议会和自治政府。2004年，丹格联合成立"格陵兰—丹麦自治委员会"，在丹宪法基础上研究扩大格陵兰自治权。经丹中央政府和自治政府批准和格陵兰公投通过，2009年6月格陵兰获得"充分自治"地位，承认格陵兰人民是国际法定义下享有自决权的民族，明确格陵兰语为格官方语言，进一步扩大格自治权。

政　治

设有自治议会。格陵兰在丹麦议会中有2个议席，有自己的旗帜和邮票。丹中央政府负责格陵兰防务、外交、司法和货币，并派驻高级专员（相当于总督）负责联络、协调和民法领域工作。其他事务均由自治政府负责。政局基本稳定。

【议会】自治议会（Inatsisartut）经普选产生，任期四年，设31个议席。本届自治议会于2009年6月选举产生，工人党14席，前进党9席，民主党4席，团结党3席，候选人联盟党1席。议长约纳坦·莫兹菲特（Jonathan Motzfeldt，前进党）。

【政府】本届自治政府于2009年6月由工人党、民主党和候选人联盟组成，共有9名成员：主席库皮克·克莱斯特（Kuupik Kleist，工人党），兼管外交事务，副主席兼住房、基础设施和交通部长严斯·弗雷德里克森（Jens B.Frederiksen，民主党），财政部长马利纳·阿贝尔森（Maliina Abelsen，工人党），渔业、捕猎和农业部长安·汉森（Ane Hansen，工人党），工业和矿产资源部长乌·卡尔·贝特尔森（Ove Karl Berthelsen，工人党），家庭、文化、宗教和性别平等部长弥米·卡尔森（Mimi Karlsen，工人党），卫生部长安格特·方藤（Agathe Fontain，工人党），教育和科研部长（并主管北欧合作）帕勒·克里斯钦森（Palle Christiansen，民主党），内政和自然环境部长安什·弗雷德里克森（Anthon Frederiksen，候选人联盟）。

【行政区划】全岛分为东格陵兰、西格陵兰和北格陵兰三部分。

【政党】主要有：

（1）前进党（Siumut）：1977年7月成立。属温和社会主义党派，主张实现更高程度的自治。

（2）工人党（Inuit Ataqatigiit）：1976年成立。由从前进党分裂出来的左翼人士组成。主张格陵兰脱离丹麦完全独立。

候选人联盟（Kattusseqatigiit）：1999年后由一批参选自治议会的无党派人士组成，2005年正式建立。

民主党（Demokraatit）：2002年建党，由2001年从前进党中分裂出来的自治议会议员Per Berthelsen发起组建。主张加强格陵兰的民主化，走温和的中间道路。

（5）团结党（Atassut）：1978年成立。前身是团结运动，1981年改为现名。倾向保守，主张加强格陵兰与丹麦的关系。

经　济

捕鱼业和鱼产品加工业是主要经济部门。1977年建立200海里渔区。2010年总捕鱼量约10万吨。主要海产品为虾、格陵兰大比目鱼、鳕鱼和鲑鱼。有各种渔船757艘，其中吨位在20吨以上渔船118艘。2010年主要经济数据如下（资料来源：格陵兰统计局）：

国内生产总值：113亿克朗。

人均国民收入：19.9万克朗（2009年）。

经济增长率：1.2%。

货币名称：丹麦克朗。

汇率：1美元＝5.36克朗（2011年）。

通货膨胀率：1.7%。

失业率：6.9%（2011年）。

【狩猎业和牧业】狩猎业是传统行业，有1/4人口以此为生。2010年猎获海豹约10.8万头，产海豹皮约7万张，2011年产海豹皮约4.9万张。畜牧业以羊为主，2010年养羊2.07万只。

【资源与采矿业】地下蕴藏铅、锌、冰晶石、铬、煤、钨、钼、铁、镍、铀和石油等资源，其中冰晶石已基本采完。1985年生产锌矿石11.9万吨，铅矿石2.6万吨。1987年至今无采矿活动。1989年在该岛东部发现金矿，初步探明储量价值约12亿克朗，每年可采12吨。

【交通运输】主要交通工具为船、飞机、直升机和雪橇等，没有铁路交通。同丹麦、加拿大和冰岛有定期航班或客货轮联系，有13个机场和16个港口。

【财政金融】近几年财政预算收支情况如下（单位：亿克朗）：

	2008	2009	2010
收入	88	91	96
支出	88	93	94
差额	0	–2	2

（资料来源：格陵兰统计局，下同）

2010年，丹麦政府对自治政府的拨款为35.13亿克朗。

【对外贸易】主要出口鱼、虾和裘皮；进口机械、矿产品、燃料、食品、烟酒和运输工具等。近年来商品进出口情况如下（单位：亿克朗）：

	2008	2009	2010
进口额	44.21	36.69	45.32
出口额	24.80	19.23	21.45
差　额	–19.41	–17.46	–13.87

2009年与主要贸易伙伴进出口情况如下（单位：亿克朗）：

出口额		进口额	
丹麦	16.70	丹麦	24.40

葡萄牙	0.71	瑞典	6.31
挪威	0.33	德国	0.99
冰岛	0.20	挪威	0.51

人民生活　有医院、医疗所18所，医生89人，牙医33人，护理人员525人，病床441张。2009年有各类汽车5770辆，其中小轿车5106辆。

军　事　丹在格岛设有格陵兰司令部，具体负责渔区巡逻、海上救援、海洋测量、气象服务及同美军事基地的联络。1941年4月9日，丹美签订《格陵兰防务协定》，美取得在岛上建立军事设施的权利。美国设有图勒军事基地、雷达站和预警系统。2004年8月，格与丹、美三方签署了关于升级图勒雷达基地的防务协议，将图勒雷达基地纳入美国国家导弹防御系统。

文化教育　【**教育**】实行九年制免费义务教育，教学用语为格陵兰语，丹麦语为学生必修课目。2008年有中小学87所，在校学生10255名，教师1189人，其中格陵兰本地教师1012人。有职业学校10所，贸易学院、教育学院、小型大学（格陵兰大学）各1所。绝大多数学生到丹麦高等院校接受高等教育。

【**新闻出版**】主要报刊有《格陵兰邮报》、前进党党报《前进报》和团结党党报《团结报》。有1家格陵兰广播电视台、2家广播电台和若干地方小电视台。2008年出版图书126种。（肖峰）

古　巴

国名　古巴共和国（The Republic of Cuba，La República de Cuba）。

面积　109884平方公里。

人口　1124.79万（2011年）。人口密度为102.3人/平方公里。城市人口占75.3%。白人66%，黑人11%，混血种人22%，华裔1%。官方语言为西班牙语。主要信奉天主教、新教、非洲教、古巴教等。

首都　哈瓦那（La Habana），人口213万（2011年，古巴国家统计局）。年平均气温25℃。最热月（8月）平均气温24℃～32℃，最冷月（1月和2月）平均气温18℃～27℃。年平均湿度81%。最干月（2月和3月）平均降水46毫米，最湿月（10月）平均降水173毫米。

国家元首　国务委员会主席劳尔·卡斯特罗·鲁斯（Raúl Castro Ruz），2008年2月就任。

重要节日　国庆日：1月1日（革命胜利纪念日）；起义日：7月26日（攻打蒙卡达兵营纪念日）；建军节：12月2日（“格拉玛”号登陆日）。

简　况　位于加勒比海西北部墨西哥湾入口。北距美国佛罗里达半岛最南端217公里，东与海地和多米尼加隔海相望（77公里），南距牙买加140公里，西离墨西哥尤卡坦半岛210公里。由古巴岛、青年岛等1600多个岛屿组成，是西印度群岛中最大的岛国。古巴岛长1250公里，宽31～191公里。海岸线长5746公里。全境大部分地区属热带雨林气候，仅西南部沿岸背风坡为热带草原气候，年平均气温为25℃。1月为最冷月，平均气温21℃。5～10月为雨季，11月至翌年4月为旱季。6～11月为飓风多发期。除少数地区外，年降水量在1000毫米以上。共有约200条河流，但只有极少数适于发电。

1492年10月27日，哥伦布航海发现古巴岛。1510年西班牙远征军开始征服古巴并进行殖民统治。1868年和1895年两次爆发独立战争。1898年美西战争后被美国占领。1902年5月20日美国扶植成立“古巴共和国”。1903年美强租古海军基地两处，其中关塔那摩海军基地迄今仍被美占领。此后，古基本上由亲美独裁政府统治，政局动荡。1933年，巴蒂斯塔将军在美国支持下发动政变上台，执政至1944年。1952年3月，巴蒂斯塔再次发动政变并上台执政。1953年7月26日，菲德尔·卡斯特罗·鲁斯（Fidel Castro Ruz）率领一批进步青年攻打蒙卡达兵营，失败后被捕入狱，1955年流亡墨西哥。1956年12月，卡斯特罗率领81名起义战士乘“格拉玛”号游艇返古，在马埃斯特拉山区开展游击战。1959年1月1日，卡斯特罗率起义军推翻了巴蒂斯塔独裁统治，建立革命政府。1961年，古巴军民在吉隆滩击败美国雇佣军入侵，卡斯特罗宣布开始社会主义革命。1962年，美宣布对古实行经济、贸易和金融封锁。

政　治　2006年7月31日，卡斯特罗主席因病将职权移交胞弟劳尔临时代理。2008年2月24日，在古巴第七届全国人民政权代表大会上，劳尔当选国务委员会主席兼部长会议主席，并接任革命武装力量总司令，正式接替卡斯特罗。这是古巴自1959年革命胜利以来首次实现最高领导人更替。目前，古巴政局稳定，社会秩序良好。

【**宪法**】现行宪法于1976年2月通过，宪法规定：古巴是主权独立的社会主义国家，是一个民主、统一的共和国，由全体劳动者组成，谋求政治自由、社会公正、个人和集体利益及人民团结。1992年7月，第三届全国人民政权代表大会第十一次会议通过宪法修正案，把马蒂思想与马列主义并列作为党的指导思想。2002年6月，第五届全国人民政权代表大会特别会议通过宪法修正案，重申社会主义制度不可更改。

【议会】全国人民政权代表大会，为国家最高权力机关，享有修宪和立法权。每届任期五年。每年举行两次例会。全国和省级人大代表候选人由群众和学生组织提名后交市级人民政权代表大会审批，然后由全体选民以无记名方式直选产生。第七届全国人大成立于2008年2月，共有代表614人。主席里卡多·阿拉尔孔·德克萨达（Ricardo Alarcón de Quesada），1993年起连任至今。

国务委员会于1976年取消总统制后设立，在全国人民政权代表大会休会期间代表人大行使立法等国家权力，由主席、第一副主席、4名副主席、1名秘书和20名委员组成，从全国人大代表中选举产生。宪法规定，国务委员会主席是国家元首、政府首脑和武装部队总司令。本届国务委员会成立于2008年2月，2009年3月以来多次改组。主席劳尔·卡斯特罗·鲁斯，第一副主席何塞·拉蒙·马查多·本图拉（José Ramón Machado Ventura）；4名副主席：阿韦拉多·科洛梅·伊瓦拉（Abelardo Colomé Ibarra，兼内务部长）、拉米罗·巴尔德斯·梅嫩德斯（Ramiro Valdés Menéndez）、胡安·埃斯特万·拉索·埃尔南德斯（Juan Esteban Lazo Hernández）、格拉迪丝·玛丽亚·贝赫拉诺·波特拉（Gladys María Bejerano Portela，女，兼总审计长）；秘书：奥梅罗·阿科斯塔·阿尔瓦雷斯（Homero Acosta Álvarez）。

【政府】即部长会议，是国家最高行政机关，由主席、第一副主席、若干副主席、执行秘书、各部部长和法律确定的其他人员组成。其中由主席、第一副主席、副主席和执行秘书共同组成的执行委员会系其领导机构。部长会议主席由国务委员会主席兼任，成员经主席建议由全国人民政权代表大会任命。本届部长会议成立于2008年2月，2009年3月以来多次调整。现任主席劳尔·卡斯特罗·鲁斯，第一副主席何塞·拉蒙·马查多·本图拉；7位副主席：拉米罗·巴尔德斯·梅嫩德斯（Ramiro Valdés Menéndez）、米格尔·迪亚斯—卡内尔·贝穆德斯（Miguel Diaz-Canel Bermúdez）、里卡多·卡布里萨斯·鲁伊斯（Ricardo Cabrisas Ruiz）、乌里塞斯·罗萨莱斯·德尔托罗（Ulíses Rosales del Toro）、安东尼奥·恩里克·卢松（Antonio Enrique Lussón）、马里诺·阿尔韦托·穆里略·豪尔赫（Marino Alberto Murillo Jorge，兼古巴《经济社会政策纲领》落实和改进常设委员会主席）、阿德尔·奥诺弗雷·伊斯基耶多·罗德里格斯（Adel Onofre Yzquierdo Rodríguez，兼经济和计划部长）；执行秘书：何塞·阿马多·里卡多·格拉（José Amado Ricardo Guerra）。部长有：内务部长阿韦拉多·科洛梅·伊瓦拉（Abelardo Colomé Ibarra）、革命武装力量部长莱奥波尔多·辛特拉·弗里亚斯（Leopoldo Cintra Frías）、基础工业部长阿尔弗雷多·洛佩斯·巴尔德斯（Alfredo López Valdés）、科技和环境部长埃尔瓦·罗莎·佩雷斯·蒙托亚（Elba Rosa Pérez Montoya，女）、信息通讯部长迈米尔·梅萨·拉莫斯（Maimir Mesa Ramos）、交通部长塞萨尔·伊格纳西奥·阿罗查（César Ignacio Arocha）、内贸部长马里·布兰卡·奥尔特加·巴雷多（Mary Blanca Ortega Barredo，女）、建设部长雷内·梅萨·比利亚法尼亚（René Mesa Villafaña）、文化部长拉斐尔·贝尔纳尔·阿莱马尼（Rafael Bernal Alemany）、教育部长埃娜·埃尔萨·贝拉斯克斯·科别利亚（Ena Elsa Velázquez Cobiella，女）、高等教育部长鲁道夫·阿拉尔孔·奥尔蒂斯（Rodolfo Alarcón Ortiz）、财政和价格部长利娜·奥琳达·佩德拉萨·罗德里格斯（Lina Olinda Pedraza Rodríguez，女）、食品工业部长玛丽亚·德尔卡门·康塞普西翁·冈萨雷斯（María del Carmen Concepción González，女）、农业部长古斯塔沃·罗德里格斯·罗列罗（Gustavo Rodríguez Rollero）、轻工业部长达马尔·马塞奥·克鲁斯（Damar Maceo Cruz）、钢铁机械工业部长萨尔瓦多·帕尔多·克鲁斯（Salvador Pardo Cruz）、司法部长玛丽亚·埃斯特尔·雷乌斯·冈萨雷斯（María Esther Reus González，女）、外交部长布鲁诺·罗德里格斯·帕里利亚（Bruno Rodríguez Parrilla）、公共卫生部长罗伯托·莫拉莱斯·奥赫达（Roberto Morales Ojeda）、劳动和社会保障部长玛格丽塔·马莱内·冈萨雷斯·费尔南德斯（Margarita Marlene González Fernández，女）、旅游部长曼努埃尔·马雷罗·克鲁斯（Manuel Marrero Cruz）、外贸外资部长罗德里戈·马尔米耶卡·迪亚斯（Rodrigo Malmierca Díaz）、民航局长拉蒙·马丁内斯·埃切韦里亚（Ramón Martínez Echeverría）、体育和文娱局长胡里奥·克里斯蒂安·希门内斯·莫里纳（Julio Christian Jiménez Molina）、央行行长埃内斯托·梅迪纳·比利亚韦兰（Ernesto Medina Villaveirán）、全国水利资源委员会主席伊内斯·玛丽亚·查普曼（Inés María Chapman，女）。

【行政区划】全国划分为15个省（包括省级市哈瓦那市），1个特区（青年岛特区）。省下设168个市。

【司法机构】最高人民法院是国家最高司法机构。共和国总检察院负责行使司法监督权。最高人民法院院长、法官、总检察长、副总检察长均由全国人民政权代表大会选举和罢免。最高人民法院院长鲁文·雷米西奥·费罗（Rubén Remigio Ferro），1999年1月就任，连任至今。总检察长达里奥·古拉·德尔加多

(Darío Cura Delgado),2010年3月就任。

【政党】古巴共产党(Partido Comunista de Cuba, PCC),古唯一合法政党。宪法规定,古巴共产党是马蒂思想和马列主义先锋组织,是古巴社会和国家的最高领导力量。1961年,“七·二六运动”、人民社会党和“三·一三革命指导委员会”合并成“古巴革命统一组织”,1962年改名为“古巴社会主义革命统一党”,1965年改用现名。古共成立以来共召开6次全国代表大会(1975年12月、1980年12月、1986年2月、1991年10月、1997年10月和2011年4月)。古共四大决定,允许信仰宗教的先进革命分子入党。古共五大通过政治、经济和修改党章三项决议,并选举产生中央委员会(150人)和中央政治局(24人)。2006年7月,古共五届五中全会决定恢复设立中央书记处(12人)。2008年4月,古共五届六中全会决定成立政治局委员会,作为政治局最高决策机构,由国务委员会主席、第一副主席和5名副主席组成,并增补3名政治局委员。2011年4月16～19日,古巴共产党第六次全国代表大会召开。大会审议通过了劳尔所作中心报告、《经济社会政策纲领》、《关于完善人民政权机关、选举制度和行政区划的决议》、《关于召开党的全国代表会议的决定》等文件,选举产生了六届中央委员会(115人)、中央政治局(15人)和书记处(7人)。革命领袖卡斯特罗正式卸任古共中央第一书记,由劳尔接任,国务委员会第一副主席兼部长会议第一副主席马查多出任第二书记。2012年1月28～29日,古共召开党的全国代表会议,研究部署加强和改进党的建设等问题,作出转变党的职能和作风、打破领导干部终身制、实现干部队伍年轻化等决策,并通过了《关于古巴共产党工作目标的决议》。古共现有党员约80万人。

【重要人物】**劳尔·卡斯特罗·鲁斯:** 菲德尔·卡斯特罗胞弟。古巴共产党中央第一书记、国务委员会主席兼部长会议主席、革命武装力量总司令。1931年6月3日出生。受其兄卡斯特罗影响,青年时代即投身于反对独裁统治的学生运动,加入了古巴人民社会党。1953年参加攻打蒙卡达兵营战斗,失败后被捕入狱。1955年大赦获释,流亡美国、墨西哥。1956年随卡斯特罗乘“格拉玛”号游艇回到古巴,在马埃斯特拉山区开展游击战争。1958年在克里斯塔尔山区开辟并领导了第二战线。1959年革命胜利后任革命武装力量部长。1965年起任古共中央第二书记。1976年起任国务委员会第一副主席兼部长会议第一副主席,同年被授予大将军衔。1997年在古共五大上被确定为卡斯特罗的接班人。2006年7月31日,卡斯特罗主席因病将职权移交其临时代理。2008年2月24日,在古巴第七届全国人民政权代表大会上,当选国务委员会主席兼部长会议主席,兼任革命武装力量总司令,成为国家最高领导人。2011年4月,在古共六大上当选古共中央第一书记。曾于1997年11月、2005年4月、2012年7月访问中国。**菲德尔·卡斯特罗·鲁斯:** 古巴杰出的革命家和领导人。曾长期担任古共中央第一书记、国务委员会主席兼部长会议主席、革命武装力量总司令。1926年8月13日生于奥连特省。1949年加入古巴人民社会党。1950年在哈瓦那大学获法学博士学位。1953年7月26日率一批青年攻打蒙卡达兵营失败后被捕。1955年大赦获释后流亡墨西哥并组织了“七·二六运动”。1956年回到古巴,在马埃斯特拉山区开展反对巴蒂斯塔独裁统治的武装斗争。1959年革命胜利后出任总理。1965年古巴共产党成立,卡当选古共中央第一书记。1976年取消总统制后任国务委员会主席兼部长会议主席。有《历史将宣判我无罪》等著述。2006年7月31日,卡斯特罗主席因病将职权移交胞弟、法定接班人劳尔临时代理。2008年2月24日,在第七届全国人民政权代表大会上,卡斯特罗正式卸任国务委员会主席兼部长会议主席和革命武装部队总司令。2011年4月在古共六大上正式卸任古共中央第一书记。曾于1995年11月、2003年2月和2012年7月三次访问中国。

经　济

长期实行计划经济体制。旅游、制糖业和镍出口为重要经济支柱。曾长期维持以蔗糖生产为主的单一经济发展模式,从1990年起糖工业逐渐丧失主导地位。20世纪80年代末期,苏东剧变使古经济受剧烈冲击,经济大幅下滑。1990～1993年古巴国内生产总值累计下降35%以上。1993年开始逐步推出“特殊阶段的措施”,允许个人拥有外汇,扩大个体经济,改革农业体制。1994年推出扩大企业自主权,实行财税改革,开放农贸自由市场和小商品市场,向外资开放生产部门等举措。1995年进行货币改革,实行新的外国投资法。1996年进一步完善税制,颁布《自由区和工业园区法》,扩大社会保险范围。1997年,古共五大首次提出把经济工作放在优先地位。1998年启动国企改革。1999年成立货币政策委员会。2002年开始重组糖工业,关闭71家糖厂。2003年收紧外汇管理,禁止本国企业开设美元账户。2004年,继续调整经济结构,进一步完善国有企业制度。1994～2003年,古经济年均增长3.6%。2004～2007年,经济进入快速发展时期,年均增长9.2%。2008～2010年,受国际金融危机、严重飓风灾害及美国封锁等影响,古经济形势严峻。2011年古共六大后,古工作重心转向经济建设,出台了一系列政策调整措施,主要思路是进一步转变经济管理模式,向国企下放更多经营自主权,努力搞活流通体制,逐步取消农产品国家统购;缩减社会福利,逐步取消配给制,稳步推进国有部门裁员;支持个体经营等多种非公有制经济发展。在这些措施带动下,古经济活力有所增强,个体经营扩张较快。2011年古宏观经济保持稳定,外贸形势有所好转,财政和外汇收入增加。2011年古巴主要经济数据如下(资料来源:古巴国家统计局网站）：

国内生产总值：487.45亿比索。

人均国内产值：4335比索。

国内生产总值增长率：2.7%。

货币名称：比索（Peso）和可兑换比索（Peso convertible，1995年1月开始流通）。

汇率：1美元＝24比索；1美元＝1可兑换比索。

失业率：3.2%。

通货膨胀率：1.1%。

【资源】镍储量约1600万吨，居世界第三位，年产量约7万吨，居世界第四位。铁、铬、钴蕴藏量分别为35亿吨、200万吨、80万吨，此外还有锰、铜等。2004年年底发现一个储量为1亿桶的新油田，预计可开采3.5年。2008年10月，古宣布在墨西哥湾靠近古巴海域发现一处储量200亿桶的特大深海油田。森林覆盖率27.3%。物种多样，有8000多种植物，14000多种动物，其中50%以上为特有物种。

【工业】近年来，工业结构明显调整，采矿、发电、炼油、炼钢、食品加工、机械、轻纺、电子、水泥等行业发展较快，制糖业在国民经济中的地位呈下降趋势。古巴曾是世界最大的原糖出口国，糖出口曾占古出口收入的80%。2002年起对糖工业进行调整，关闭半数以上糖厂。2011年，撤销糖工业部，成立古巴糖业集团，拥有13家子公司，56家糖厂，提高甘蔗收购价，向蔗农提供商业贷款，糖产量有所恢复。在制造业领域，以生物技术和制药工业为重点，迄今投入约10亿美元。2011年古巴制造业产值64.56亿比索，糖工业产值2.03亿比索，矿业产值3.03亿比索。近年主要工业产品产量如下（单位：万吨）：

	2009	2010	2011
蔗糖（粗糖）	133.67	–	–
镍（钴）	7.01	6.84	–
钢	26.58	29.00	–
水泥	163.80	164.14	173.63
发电（亿度）	177.09	175.74	–
雪茄（亿支）	3.73	3.76	3.92
原油	273.13	302.48	–
天然气（百万立方米）	1.15	1.07	–

（资料来源：古巴国家统计局网站）

【农业】1959年革命胜利后，古政府实行土地改革，建立了大量国营农场和农村合作社，确立了国有制主导的发展模式，农业生产以甘蔗、烟草种植为主。20世纪90年代初，古再次推行农业改革，允许国营农场将部分土地租借给合作社，以优化农业结构。

2002年糖工业重组后，大量甘蔗田转种其他作物或用于发展林业。2007年古全国耕地298.8万公顷，其中国营农场69.4万公顷，占23.2%；农业生产基层组织、农牧业生产合作社、服务与信贷合作社及个体农民共计拥有耕地229.43万公顷，占76.8%。其中甘蔗种植面积为114.1万公顷，占总耕地的38.2%。咖啡、水稻、烟草、香蕉和酸性水果的种植面积分别为13.53万公顷、17.66万公顷、6.1万公顷、10.28万公顷和16.96万公顷。古大米、豆类和小麦等主要依赖进口。蔗糖、烟草、酸性水果和鱼类是主要出口农产品。

2008年强烈飓风袭击导致古农业基础设施受损严重，粮食和经济作物产量下降，农业发展受到冲击。2009年以来，古继续将解决国内粮食生产和供应问题作为当务之急，并颁布若干政策调整措施。2010年，古推行一系列政策调整措施，允许农民承包闲置土地。2011年农业产值（含畜、林、渔）为18.16亿比索，同比减少1.4%。近年主要农产品产量如下（单位：万吨）：

	2009	2010	2011
块茎	223.60	231.64	228.00
蔬菜	254.88	226.19	220.00
水稻	28.18	45.44	56.64
酸性水果	41.80	32.16	26.45
其他水果	74.80	80.00	81.70
玉米	30.48	36.70	35.40
菜豆	11.08	8.75	13.30

近年主要畜产品产量如下（单位：万吨）：

	2008	2009	2010
猪肉	29.20	27.10	26.10
牛肉	12.39	13.00	12.70
鸡肉	4.14	4.26	4.31
鸡蛋（亿只）	23.28	24.27	24.30

（资料来源：同上）

【服务业】从业人员素质高、经验丰富，可在医疗、教育、信息、电讯、航空、海上运输、船舶修理等领域提供专业服务。2011年服务业约占国内生产总值的80.9%。

【旅游业】旅游资源丰富。全国有适宜旅游海滩约300处，其中巴拉德罗海滩是著名旅游胜地。近年来，旅游业成为古重点发展项目、第一大创汇产业和重要就业来源。2010年全国有旅馆565家，客房6.5万间。2011年入境旅客271.63万人次，同比增长7.3%。游客主要来自加拿大、英国、西班牙、意大利、德国和法国。近年来旅游业发展情况如下：

	2009	2010	2011
外国游客（万人次）	242.5	250.70	271.60
外汇收入（亿美元）	20.82	22.18	25.03

（资料来源：同上）

【交通运输】以公路为主。

公路：总长4.9万余公里（其中硬化公路10990公

里，高速公路682公里）。中央公路横贯古巴岛。2011年公路客运量为15.89亿人次，2010年货运总量为3776.86万吨。

铁路：总长14838公里，其中一半以上为甘蔗运输专线。另有147公里电气化铁路。2011年客运量970万人次。2010年货运总量847.84万吨。

海运：有16个商业港口和23个辅助港口。1980年前是加勒比地区最大海运国家，1990年由于苏联解体，古海运量下降了一半，当时有6家船运公司，商船约100艘，总吨位120万吨。主要港口有哈瓦那港和圣地亚哥港。2010年海运货物总量为120.82万吨。

空运：共有20个机场，其中11个为国际空港，年接待总能力为800万人次。有48架客机，2架货机。同41个国家通航，国际航线23条。哈瓦那和巴拉德罗国际机场每年入境人数占全国70%。2011年航空客运总数110万人次。2010年货运总量1.05万吨。

【财政金融】2011年财政收入462.97亿比索，支出489.67亿比索，实际财政赤字26.70亿比索，占国内生产总值的5.48%。截至2008年底，古外债总额约200亿美元。近年来财政收支情况如下（单位：亿比索）：

	2009	2010	2011
总收入	435.96	434.68	462.97
总支出	466.11	460.34	489.67
赤　字	30.15	25.66	26.70
占GDP比重（%）	6.50	4.84	5.48

（资料来源：同上）

截至2007年，古巴除中央银行外，有8家商业银行、15家非银行金融机构、12家外资银行代表处和4家外资非银行金融机构代表处，尚无外资机构获得营业许可。

古巴国民银行是最大商业银行，1948年12月成立。1997年5月起不再承担中央银行职能而改为商业银行，主要承办对国家有重大影响项目的贷款、转贷或担保业务，不办理储蓄业务。

【对外贸易】主要出口镍、蔗糖、蜂蜜、龙虾及对虾、咖啡、浓缩果汁、酸性水果、雪茄烟、朗姆酒等，主要进口石油、粮食、机械、化肥、化工产品等。2011年货物外贸总额为199.97亿比索，同比增加31.2%。其中，出口额60.41亿比索，同比增加31.4%；进口额139.56亿比索，同比减少31.3%。服务贸易额为119.59亿比索，同比增加15.3%。主要出口对象为荷兰、俄罗斯、委内瑞拉、加拿大、中国、西班牙等，主要进口来源国为委内瑞拉、意大利、西班牙、法国、加拿大、中国等。近年来货物进出口情况如下（单位：亿比索）：

	2009	2010	2011
出口额	104.34	136.23	60.41
进口额	92.85	96.94	139.56
差　额	11.49	39.29	-79.15

（资料来源：同上）

【对外援助】援外对象主要是拉美、加勒比和非洲国家。目前，古有数万名援外人员在上百个国家提供医疗、体育、教育等服务。医务援外人员约5.4万人，分布在77个发展中国家，其中一半以上在委内瑞拉；通过实施“奇迹计划”，为30多个国家的近50万名患者进行眼科手术；援外教育工作者约1.5万名；接收了来自130多个国家的4.7万名青年留学生；参加了近20个国家的扫盲工作。

【外国资本】1995年9月，古颁布外资法。截至2004年，与62个国家签署鼓励和相互保护投资协定，与8个国家签署避免双重征税协定。外资主要集中在镍矿、石油、旅游和电信等行业，其中50%以上外资来自欧盟。主要投资来源国为西班牙、加拿大、意大利、法国、英国、墨西哥、中国等。

人民生活

实行全民免费医疗制度。拥有完整的医疗卫生保健网络：家庭医生—门诊医院—综合医院/专门医院，家庭医生保健体系覆盖全国99.1%的人口。2010年医疗卫生支出64.72亿比索，占国内生产总值的13.68%。全国共有医院219所，综合门诊部498个，医生74880名（其中家庭医生34261名），平均每146人就有一名医生，系目前世界上人均医生率最高的国家。2011年古人均预期寿命79.1岁，其中女性81.2岁，男性77.2岁；年人均看病次数8.4次，每千人有病床5.9张。人口出生率为10.29‰，死亡率为7.4‰，新生儿死亡率4.5‰，人口增长率为0.29‰。

2011年，全国共有517.45万经济活动人口，就业人口501.01万，其中男性313.38万，女性187.63万，职工月均工资455比索，同比增长0.7%。2009年电话普及率14.4%，电视覆盖率97.4%。

军　事

实行义务兵役制，服役期两年，每年征兵两次。古巴革命武装力量部前身为起义军，1959年改为现名。12月2日为建军节。国务委员会主席为武装部队总司令。革命武装力量部负责三军的指挥和管理，现任部长辛特拉。

2010年国防开支22.13亿比索，占当年国内生产总值的4.68%。全国总兵力：正规部队4.9万人，其中陆军3.8万人，海军3000人（含陆战队550人），空军与防空军8000人。另有预备役部队3.9万人、准军事部队2.65万人（其中国家保安队2万人，边防警卫队6500人）、劳动青年军7万人、民防卫队5万人、地方民兵100万人。

文化教育

古巴政府重视发展文化教育，系拉美识字率和平均受教育水平最高的国家。拥有较高水准的芭蕾舞团、交响乐团等文艺团体。群众文化普及程度较高，各种博物馆、图书馆、艺术厅、文化之家遍布全国。全国有剧院73家、电影院333家、图书馆385家、书店358家、艺术馆120家、博物馆237家、文化之家327个。全国有电视频道51个，电视节目播出总时间6.2万小时；广播电台96家，节目播出总时间50万小时。

【教育】古巴教育水平居世界前列，实行全民免费教育制度，共分三级：第一级为学龄前教育；第二级包括小学、初中和大学预科；第三级为高等教育。实行九年制义务教育，高等教育实行公费制。2010年全国共有大、中、小学及特殊教育机构共计9970所，在校学生242.52万，教师31.61万，平均每千人有28.1名教师，是世界上按人口比例拥有教师最多的国家。适龄儿童入学率近100%，近85%的高中毕业生可进入大学或专科学校，15岁以上人口文盲率为0.2%。2010年教育经费投入为96.24亿比索，占GDP的20.34%，同比增长6.56%。目前，古巴每14个人有1人是大学毕业，470万就业人口中平均每6人就有1人为大学毕业。2011年各级学校、教师和学生数量如下：

	学校（所）	学生（万人）	教师（万人）
学前	1105	13.15	0.94
小学	7053	80.56	9.49
中学	21800	81.44	10.21
大学	60	35.11	5.39
成人	402	12.86	0.68

（资料来源：同上）

哈瓦那大学建于1728年，是古巴最古老、规模最大的高等学府，拥有13个系，30多个专业，下设14家科研所。

【体育】拉美体育强国。全国有5196个体育场所，4.24万名专业体育教师。在2008年北京奥运会上，古巴体育代表团共获得2枚金牌、11枚银牌和11枚铜牌，名列金牌榜第28位。在北京残奥会上，古体育代表团共获得5枚金牌、3枚银牌和6枚铜牌，名列第23位。体育强项有棒球、拳击、女子排球、柔道等。

【新闻出版】主要报刊:《格拉玛报》，古巴共产党机关报，创于1965年10月，发行量70万份;《起义青年报》，共青盟中央机关报;《劳动者报》，中央工会机关报;《波希米亚》周刊，创于1908年5月，发行量30万份。

主要通讯社：拉美通讯社，官方国际通讯社，创建于1961年，在全世界设有37个分社；国家通讯社，创建于1974年，主要负责国内新闻报道。

全国性广播电台5家：时钟电台、进步电台、起义电台、音乐电台和古巴哈瓦那国际电台（用8种语言播音）。

全国性电视台2家：古巴国家电视台（Cubavisión）和起义电视台（TeleRebelde）。

对外关系

古巴外交政策遵循国际法基本原则，主张尊重各国主权和领土完整及民族自决权，各国及各国人民一律平等。谴责一切形式的霸权主义、干涉主义、单边主义和歧视政策。反对使用或威胁使用武力。反对包括国家恐怖主义在内的一切形式的恐怖主义。

系联合国创始成员国，世界贸易组织、不结盟运动、加勒比国家联盟、加勒比论坛、美洲玻利瓦尔联盟、拉美一体化协会、东亚—拉美合作论坛、拉美和加勒比国家共同体等国际和地区组织成员国。2006年9月至2009年7月任不结盟运动轮值主席国。2009年6月，第39届美洲国家组织大会宣布废除1962年中止古成员资格的决议，但古表示拒绝重返该组织。2013年，古将担任拉美和加勒比国家共同体轮值主席国。同182个国家建交。

【对当前重大国际问题的态度】认为当前国际形势日益复杂，经济危机、能源危机、粮食危机、气候变化、核威胁等问题更加突出。主张世界多极化，并在此基础上建立稳定、公正、民主的国际关系体系。呼吁建立公正合理的国际经济新秩序，取消现有的国际货币基金组织，代之以能代表所有国家利益的新机构，并建立透明、开放、平等、非歧视性、有利于维护发展中国家利益的贸易体系。

肯定联合国存在的必要，认为联合国应维护世界和平与安全，消除贫困，促进发展。联合国对指导国际关系是必不可少的，但目前的联合国是一个不公平的单极世界的联合国，必须对其改革，使其更加民主、透明。

认为人权包括社会正义、真正平等和财富公平分配，最重要的人权是生存权和发展权，强调各国依据本国国情决定行使人权的方式，反对利用人权干涉别国内政。认为人权概念得到长足发展，但保障落实却鲜有成效。认为外债是当今世界发展的最大障碍，希望富国免除发展中国家的外债并提供新贷款用于发展，主张第三世界国家团结起来，共同应对债务危机。反对包括国家恐怖主义在内的一切形式的恐怖主义，反对在反恐中践踏《国际法》、《联合国宪章》和使用双重标准，支持联合国在国际反恐斗争中发挥领导作用。主张在严格有效的国际监督下，全面销毁核武器和切实有效地实行裁军，要求尊重各国和平利用核能的合法权利。

【同中国的关系】古巴是西半球第一个与新中国建交的国家。1960年9月2日，卡斯特罗主席宣布古断绝同台湾关系，并表达了与新中国建交的意愿。28日，中古两国政府发表联合公报，确认建交。

建交初期两国关系良好，中国全国人大常委会副委员长郭沫若（1960年）访古，古总统多尔蒂科斯（1961年）、国家银行行长格瓦拉（1960年）等访华。1966年起，双方除保持大使级外交关系和贸易关系外，其他往来先后中止。1983年，各领域交往陆续恢复。1989年两国外长互访后，中古关系走向全面恢复。进入20世纪90年代以后，两国高层互访频繁，各个领域的平等互利合作不断扩大。中方访古主要有：1993年江泽民主席，1995年全国政协主席李瑞环，1996年乔石委员长，1999年中共中央政治局常委尉健行，2001年江泽民主席、李鹏委员长，2003年中共中央政治局常委李长春，2004年胡锦涛主席，2005年全国政协主席贾庆林、中共中央政治局常委罗干，2007年中共中央政治局常委吴官正，2008年胡锦涛主席、中共中央政治局常委贺国强，2009年吴邦国委员长。

古方访华主要有：卡斯特罗主席（1995年、2003年）、劳尔主席（2012年）、劳尔第一副主席（1997年、2005年）、国务委员会副主席兼部长会议执行秘书拉赫（1993年、1999年）、全国人大主席阿拉尔孔（1993年、2007年、2010年）、国务委员会副主席拉索（1996年、2006年）、国务委员会副主席兼内政部长科洛梅（1997年、2010年）、国务委员会副主席兼部长会议副主席马查多（1999年、2004年）。

2011年，中古关系持续深入发展，胡锦涛总书记和劳尔第一书记分别就古共六大召开和中国共产党成立90周年互致贺电。6月，习近平副主席访古。此外，中央军委副主席郭伯雄上将，全国政协副主席、统战部长杜青林，全国人大常委会副委员长、中国人民争取和平与裁军协会会长韩启德，农业部长韩长赋，国新办主任王晨，中央党校常务副校长李景田等访古。劳尔第一书记特使、古共中央国际关系部长巴拉格尔，部长会议副主席卡布里萨斯，古与各国人民友协主席塞拉诺，外贸外资部长马尔米耶卡，副外长梅迪纳等访华。

2012年7月，古巴国务委员会主席兼部长会议主席劳尔对中国进行国事访问。

两国经贸合作发展良好。据中国海关总署统计，2011年中古贸易额为19.48亿美元，同比增长6.4%。其中中方出口额为10.44亿美元，进口额为9.04亿美元，同比分别增长-2.4%和13.2%。中方主要进口食糖、酒类、原油、废金属等，出口电冰箱、客车、内燃机车、发动机等机电产品。

两国在文教、卫生、科技、新闻、体育、军事等领域互利友好合作逐步扩大。2010年，古共中央政治局委员、文化部长普列托访华，双方签署《2011—2013年文化交流执行计划》。2011年，中国公民首站赴古4312人次，同比下降15.3%；古巴来华人数2433人次，同比下降10%。

中国驻古巴大使：张拓，2012年2月13日递交国书。馆址：Calle 13 No.551 entre C y D，Vedado，Ciudad de La Habana，Cuba。电话：53-7-8333005；传真：8333092。领事部电话：8360037。商务处地址：Calle 42 No.313 esq. 5ta. Av. Miramar，Ciudad de La Habana，Cuba。商务处电话：53-7-2042585；传真：2041021。

古巴驻中国大使：白诗德（Alberto Jesús Blanco Silva），2011年12月5日递交国书。馆址：北京市建国门外秀水南街1号。电话：010-65321855，65326656；传真：65322870，65325636。商务处电话：65321243。经济处电话：65321984。

【同美国的关系】1959年1月，美国宣布承认古巴革命临时政府。1960年，美禁止部分古产品输美。1961年1月3日，美古断交。1961年4月，美雇佣军入侵古巴吉隆滩（猪湾）失败。1962年2月7日，美宣布对古实行全面经济封锁政策。1977年，双方互设“照管利益办事处”。苏联解体后，美加大对古施压。1992年，美颁布“托里切利修正案”，强化对古经济封锁。1996年，美颁布“赫尔姆斯—伯顿法”，限制其他国家与古进行正常贸易和投资。

“9·11”事件后，美将古列为“邪恶轴心”外围国家，指责古支持恐怖主义和研发生化武器。2004年，美宣布中止与古移民谈判，再度将古列入“支持恐怖主义国家”名单，并强化对古封锁。古强烈谴责并采取应急经济措施。2005年，美将古列入“暴政前哨”国家名单。2006年，美政府继续强化对古封锁。2009年奥巴马总统就职后，美两次宣布部分放松对古制裁，解除侨汇、探亲方面的某些限制，并允许宗教、文化、新闻等特定领域美公民赴古，放开申请运营赴古包机等措施，但仍将古列入“支恐国家”名单；古也注意缓和对美关系，双方启动了移民和直接通邮等谈判。2011年，古以“破坏古独立和领土完整罪”判处美承包商格罗斯15年徒刑。美前总统卡特和新墨西哥州前州长理查德森分别以私人身份访古，古方高规格接待。

【同拉美和加勒比国家的关系】重视发展同拉美各国关系，积极推动地区一体化进程。同拉美国家关系总体良好。近年来，先后同乌拉圭、巴拿马、哥斯达黎加、萨尔瓦多复交，同墨西哥、洪都拉斯恢复大使级外交关系。古巴向不少拉美国家派有医生、教师和体育教练，每年吸收近千名拉美留学生。2008年，第三届古巴—加共体首脑峰会在哈瓦那召开。2010年，古联手巴西、委内瑞拉等国重建海地医疗卫生体系，受到各方好评。古同拉美国家贸易额占古巴外贸总额的30% ~ 40%。

古同委内瑞拉、玻利维亚等美洲玻利瓦尔联盟成员国关系密切。2004年，委总统查韦斯访古，双方签署支持创建“美洲玻利瓦尔选择”的《联合声明》和《关于实施“美洲玻利瓦尔选择”的协议》，决定共同推动建立一个更公正、更团结的拉美并最终实现真正的拉美一体化，取代美国提出的“美洲自由贸易区”。2005年，查韦斯总统访古，古委签署《实施美洲玻利瓦尔选择战略计划协议》以及能源、金融、矿产、交通等49个合作文件。2006年，古国务委员会主席卡斯特罗、委总统查韦斯和玻利维亚总统莫拉莱斯在哈瓦那签署了关于三国经济一体化的《美洲玻利瓦尔选择人民自由贸易协定》。目前，古在委有数万名医疗和教育工作者。古委在经贸、能源、医疗、金融、通信等领域开展了广泛合作。2010年4月，劳尔主席访委。2011年6月，查韦斯总统被发现身患癌症后，多次赴古接受手术或治疗。

【同俄罗斯的关系】1960年5月8日与苏联建交。苏联解体后，俄罗斯停止对古援助，古俄关系一度较冷淡。2004年以来，俄罗斯调整对古政策，两国关系逐步恢复。2008年以来，俄加强了同古巴等拉美国家关系。梅德韦杰夫总统、谢钦副总理访古，同古方就加强两国能源、交通、航空等领域合作交换意见。2009年，劳尔主席访俄，双方签署能源、通信、科技等领域合作协议。2011年2月，古巴外长罗德里格斯访问俄罗斯。2012年7月，劳尔主席对俄罗斯进行工作访问。

【同加拿大的关系】1945年3月16日与加拿大建交。近年来，古加关系进一步加强。加是古主要贸易对象和投资国，也是古最大旅游客源国，每年约有近60万加拿大游客赴古旅游。加反对美国“赫尔姆斯—伯顿法”，并于1997年通过“外国治外法权措施法”，允许本国公司反诉美国公司。2000年，卡斯特罗主席赴加参加特鲁多总理葬礼。2005年，加拿大SHERRIT公司与古方签订镍矿合资公司扩大生产规模的协议，协议总金额4.5亿美元，双方各出资2.25亿美元。

【同欧盟国家的关系】欧盟反对美国利用“赫尔姆斯—伯顿法”干涉自由贸易的做法。1996年，发表对古政策文件“共同立场”，主张同古进行建设性对话，通过加强经贸文化往来促古“向民主转变”。2003年，欧盟谴责古审判75名“持不同政见者”和判处3名劫船犯死刑，古欧关系倒退。2005年以来，古欧关系有所改善。古与欧盟所有国家恢复官方接触，欧盟外长会议决定暂停对古外交制裁，恢复与古政治性互访和文化往来，但双方在人权等问题上的分歧仍然存在。2008年，古签署联合国人权两公约，欧盟全面解除对古制裁。2009年，古与欧盟三驾马车举行部长级对话会，欧盟发展与人道主义援助专员3次访古。2010年西班牙担任欧盟轮值主席国期间，积极推动废除欧盟对古“共同立场”，但因古异见人士绝食身亡事件而搁浅。为缓解压力，古邀请梵蒂冈、西班牙外长等访古，并释放大批异见人士。2011年，古同英国、挪威恢复或扩大经贸、科技、文化合作，同法国重启政治磋商，古外长罗德里格斯会晤欧盟外交和安全政策高级代表阿什顿，要求欧盟取消对古“共同立场”。2012年3月，教皇本笃十六世访问古巴。

【同亚洲和非洲国家的关系】同亚非国家保持传统友好关系。古革命胜利后曾向部分非洲国家提供军事援助和派出军事人员，并长期向非洲国家提供医疗、人员培训等援助。2003年，卡斯特罗主席赴马来西亚出席不结盟运动首脑会议并访问越南、中国、日本。2005年，劳尔第一副主席访问中国、老挝、马来西亚、越南。2012年，劳尔主席访问中国、越南。

目前古与所有黑非洲国家都建立了外交关系。迄今共有8万多名古援外人员在28个非洲国家工作过，现仍有4000多名各类专家和技术人员在非工作。迄今，古方共接受了3.3万名非洲留学生，现有非洲留学生2200多名。古还在5个黑非洲国家实施扫除文盲计划。2009年，古与中东非洲地区的贸易占古外贸总额的4.9%，其中出口额占8.4%，进口额占3.7%。古主要出口医药产品、雪茄等，从非洲进口能矿产品。绝大多数亚非国家支持古反抗美封锁。（张音）

圭亚那

<u>国名</u>　圭亚那共和国（The Republic of Guyana）。

<u>面积</u>　21.5万平方公里（包括现在圭管辖之下、与委内瑞拉有争议的面积约15.9万平方公里的埃塞奎博地区，不包括与苏里南有纠纷的面积约1.7万平方公里的科兰太因河上游地区）。

<u>人口</u>　约74.2万（2012年）。其中印度裔占43.5%、非洲裔占30.2%、混血种人占16.7%、印第安人占9.1%。英语为官方语言和通用语，也使用克里奥尔语、乌尔都语、印第安语和印地语。印度教为主第一大宗教，信徒占全国总人口的28.4%，其次分别为基督教16.9%、罗马天主教8.1%、伊斯兰教7.3%。

<u>首都</u>　乔治敦（Georgetown），人口约25万。

<u>国家元首</u>　总统唐纳德·拉莫塔（Donald RAMOTAR），2011年11月就任总统，任期五年。

<u>重要节日</u>　共和国日：2月23日；独立日：5月26日。

简　况　位于南美洲北部。西北与委内瑞拉交界，南与巴西毗邻，东与苏里南接壤，东北濒大西洋。属热带雨林气候，年降雨量1500 ~ 2000毫米，年平均气温24℃ ~32℃。

公元9世纪起印第安人在此定居。15世纪西班牙人入侵。17 ~ 18世纪为荷兰占领，1814年荷兰将其转让给英国，1831年正式成为英国殖民地，并取名英属圭亚那。1966年5月26日宣布独立。1970年2月23日成立圭亚那合作共和国，后更名为圭亚那共和国。

政　治

圭独立以来，人民全国大会党曾长期执政。1992年人民进步党上台后连续执政。2011年11月，圭举行大选，人进党虽赢得胜利，但首次出现无多数议会局面，执政面临挑战。目前，圭政局总体稳定。

【宪法】现行宪法于1980年10月6日生效。宪法规定总统为国家元首、政府首脑和武装部队最高统帅，议会多数党领袖出任总统，任期为五年，可连选连任。总统有权解散议会。1988年2月，议会通过了宪法修正案，加强了议会的权力。

【议会】一院制。1980年宪法规定，议会由国民议会和总统组成，任期五年。在65名选举产生的议员中，40名按比例代表制在全国范围内选举产生，称为不分区议员；25名按比例代表制从全国10个选区中分别选出。本届议会于2011年11月产生，人民进步党获32席，以人民全国大会党为首的反对党联盟“国民团结伙伴关系”获26席，变革联盟获7席。议长拉斐尔·特罗特曼（Raphael TROTMAN）。

【政府】本届政府于2011年12月组成，主要成员包括总统唐纳德·拉莫塔、总理塞缪尔·海因兹（Samuel HINDS）、外交部长卡罗琳·罗德里格斯—伯基特（Carolyn RODRIGUES-BIRKETT）、财政部长阿什尼·辛格（Ashni SINGH）、自然资源和环境部长罗伯特·帕索德（Robert PERSAUD）等。

【行政区划】全国划分为10个地区。

【司法机构】最高法院由上诉法院和高等法院组成。现任上诉法院代院长卡尔·辛格（Carl SINGH），高等法院代院长伊恩·张（Ian CHANG）。圭接受加勒比法院为终审法院。

【政党】主要有三大政党：

（1）人民进步党（The People's Progressive Party）：1950年1月成立，执政党。领袖巴拉特·贾格迪奥（Bharrat Jagdeo），总书记唐纳德·拉莫塔。

（2）人民全国大会党（The People's National Congress）：主要反对党。1955年10月伯纳姆等人脱离人民进步党后于1959年组建。领袖罗伯特·科宾（Robert CORBIN），总书记奥斯卡·克拉克（Oscar CLARKE）。

（3）变革联盟（Alliance for Change）：2005年10月成立，被称为“第三势力”，由前人进党和人大党中央执委联合组建。领袖拉菲尔·特罗特曼，主席凯姆拉什·拉姆加谭（Khemraj RAMJATTAN）。

【重要人物】唐纳德·拉莫塔：总统。1950年10月22日生于埃塞奎博地区。1967年加入人民进步党，1979年当选中央委员，1983年当选中央执行委员。1993年任人进党中央执行书记，后兼任国际书记。1997年任人进党总书记。2011年11月大选中当选总统，12月3日就职。　**塞缪尔·海因兹**：总理。1943年12月27日生于德默拉拉东海岸。曾就读于圭皇后学院、加拿大新布伦斯维克大学，获化学工程学学士学位。曾在林登铝土公司任加工处首席工程师、负责人，圭矿业公司研究和开发处负责人。曾任圭亚那改革和民主行动委员会主席。1992年10月任总理，后连任至今。

经　济

圭经济以初级产品生产为主，铝矾土、蔗糖和大米为其三大经济支柱。近年来，圭政府执行稳健的宏观经济政策和适度扩张的财政政策，加大公共设施投入，进行大规模糖业和矿业改造，经济稳中有升。2011年主要经济数据如下（资料来源：圭财政部2011/2012年预算报告）：

国内生产总值：22.65亿美元。

人均国内生产总值：2868.7美元。

国内生产总值增长率：5.4%。

货币名称：圭亚那元。

汇率：1美元≈203.8圭元。

通货膨胀率：3.3%。

【资源】圭地广人稀，自然资源丰富。矿藏有铝矾土、金、钻石、锰、钼、铜、钽、钨、镍、铀等，其中铝矾土蕴藏量丰富，约3.6亿吨。森林面积16.4万平方公里，占全国土地面积的83%，有1000多个树种，木材蕴藏量约20亿立方米。水力资源丰富。

【工业】以采矿业和制糖业为主。采矿业主要开采铝矾土、黄金和钻石，2011年采矿业总产值达352.02亿圭元，同比增长19.2%；制糖业产值37.11亿圭元，同比增长7.1%。

【农林渔业】农林渔业产值约占国内生产总值的30%，出口额约占圭出口总额的一半。主要种植水稻和甘蔗，产量约占圭农业总产量的一半，此外还有椰子、水果、蔬菜、烟草等。2011年农业总产值达651.9亿圭元，同比增长2.6%。其中蔗糖产值为139.6亿圭元，大米产值为88.9亿圭元。

【旅游业】圭地形复杂，物种繁多。境内河流广布，主要有埃塞奎博河、德默拉拉河和伯比斯河。多瀑布，最著名的是凯尔图尔瀑布，是世界一次落差最大的瀑布。有大片未经开发的热带雨林，发展生态旅游潜力巨大。但由于基础设施落后，旅游业受到限制。近年来，圭政府重视开发旅游资源。2011年圭接待游客约15.7万人次，同比增长3.3%。

【交通运输】圭交通设施落后，公路及水运都集中在沿海地区。20世纪90年代以来，圭政府加大对改善交通的财政投入。

铁路：有长约187公里的黄金运输专用铁路。

公路：全长7970公里，其中沥青路面约1300公里。

水运：有5900公里内河航道。首都乔治敦和新阿姆斯特丹为主要港口。

空运：主要为契迪·贾根国际机场，内地有一些小型简易机场。

【财政金融】2011年圭政府财政收入为1209.2亿圭元，比2010年增加12.1%，其中税收收入1114.1亿圭元，非税收收入96.1亿圭元。政府财政支出为1507.4亿圭元，外汇储备8.1亿美元，外债总额12亿美元。

圭全国7家商业银行中4家为外资，最大的2家为特立尼达和多巴哥共和银行所有。圭亚那银行（中央银行）负责对各金融机构进行监督和管理。此外，圭现有6家保险公司及少量信托公司和信贷协会。

【对外贸易】主要出口黄金、糖、海产品、铝土、大米、木材等；进口燃油、润滑油和消费品等。主要出口目的地包括加拿大、美国、荷兰、特立尼达和多巴哥等，主要进口来源地包括特立尼达和多巴哥、美国、古巴、中国等。近几年对外贸易情况如下（单位：亿美元）：

	2009	2010	2011
出口额	7.68	8.85	11.78
进口额	10.97	12.99	16.76
差　额	−3.29	−4.14	−4.98

（资料来源：2012年经济季评）

【经济团体】（1）乔治敦工商会（Georgetown Chamber of Commerce and Industry）：成立于1889年。主席杰里·古维尔。地址：156 Waterloo St. North Cummingsburg，POB 10110，Georgetown。

（2）圭亚那制造商协会（Guyana Manufacturers Association LTD）：成立于1967年。会长诺曼·麦克莱恩（Norman McLean）。地址：157 Walterloo St., North Cummingburg Georgetown。

人民生活

国家为老人提供养老金，为工伤事故者提供抚恤金。全国有27家医院，294个医疗单位。2010年有固定电话14.99万部，移动电话55.54万部；2009年有互联网用户18.96万户。2011年人口出生率1.669%，死亡率0.718%。

军　事

圭国防军有现役军人1600人，其中陆军1400人，海空军各100人。实行志愿兵役制，服役期3年。现任国防军参谋长卡里·贝斯特（Cary BEST）。另外有预备役部队1500人。

文化教育

【教育】6~15岁少年儿童享受免费义务教育。成人识字率91.8%。

【新闻出版】圭亚那3大日报：《圭亚那纪事报》（Guyana Chronicle），1881年由政府创办，官方报纸，日发行量6000份；《凯丘新闻报》（Kaieteur News），1997年由无党派私人企业家格兰·劳尔创办，目前日发行量居第一位，约22900份；《斯塔布罗克新闻报》（Stabroek News），1986年创办，私营报纸，日发行量14000份。

圭亚那共有14个电视频道和6家广播电台。圭亚那电视台（NCN）为国家电视台，主要转播英国BBC和美国CNN新闻，以及美国和印度电影。圭亚那广播公司（GBG）是唯一全国性广播电台，1979年成立。

《圭亚那评论》（Guyana Review）为唯一新闻性杂志，1993年创刊，发行量约2000份。

对外关系

奉行独立、不结盟的外交政策，与各国发展友好合作关系。目标是维护国家主权、领土完整和独立，促进国家经济和社会发展，塑造良好国际形象。

重视与加勒比国家的团结与合作，是加勒比共同体创始国之一，也是其秘书处所在地。重视与南美邻国的关系，努力使圭成为连接加勒比和南美国家的桥梁。把发展对美、欧关系作为外交政策的重点。主张与世界各国发展友好关系，积极参与不结盟运动、英联邦和联合国活动，倡导建立“全球人类新秩序”。增强圭在国际政治舞台上的影响和地位。

【同中国的关系】中圭于1972年6月27日建交。圭是英语加勒比地区第一个与中国建交的国家。圭多位总统、总理、议长及政党领导人曾访华。2010年7月，贾格迪奥总统来华出席上海世博会加共体日活动。2011年9月，中国国务院副总理王岐山在特立尼达和多巴哥出席第三届中国—加勒比经贸合作论坛开幕式期间，会见圭总统巴拉特·贾格迪奥。

据中国海关总署统计，2011年，中圭双边贸易额为1.47亿美元，同比增长46.3%；其中中方出口额为1.33亿美元，同比增长59.2%；进口额为1453.9万美元，同比下降15.9%。

中国驻圭亚那大使：于文哲。馆址：Lot 2, Mandela Avenue, Botanic Gardens, Georgetown, Guyana。电话：592-2271651，2271652；传真：2259228。经商处电话：592-2267428，2269965。

圭亚那驻中国大使：戴维·达比丁。馆址：北京市朝阳区建国门外秀水东街1号。电话：010-65321337，65321601；传真：65325741。

【同美国的关系】圭美于1966年8月15日建交。20世纪90年代，美曾向圭提供经济援助。“9·11”事件后，美减少对圭经济发展的援助，但仍在基础设施建设、减贫、防治艾滋病、教育、打击犯罪等方面向圭提供经济和技术援助，并给予债务减免，在促进圭经济和社会发展方面起着举足轻重的作用。2011年4月，圭美签署加勒比盆地安全计划一揽子协议。

【同委内瑞拉的关系】圭委于1966年11月25日建交。两国对埃塞奎博地区的归属问题久有争执，争议地区占圭亚那领土面积的2/3。2004年2月，委内瑞拉总统查韦斯对圭进行国事访问，双方就领土纠纷、委免除圭债务、供应石油等问题进行了磋商。2005年6

月，圭委签署能源合作协议，圭通过加勒比石油计划以合理的价格从委进口石油。2010年7月，圭总统贾格迪奥首次访委，双方签署了涉及化肥贸易、航空燃油贸易、处理越境捕鱼、大米贸易等问题的谅解备忘录和贸易承诺书。2011年，圭外长罗德里格斯—伯基特与委外长马杜罗在特多会晤，就两国领土争端调停交换意见并签署共同声明，一致同意继续通过联合国秘书长代表斡旋双边领土纠纷。

【同苏里南的关系】圭苏于1975年11月25日建交。圭苏之间存在领土纠纷，主要在科兰太因河上游地区的新河三角洲，涉及面积1.7万平方公里（现在圭实际控制范围内）。圭苏多次举行边界委员会会议，商讨在有争议的海域共同开发资源和新河三角洲非军事化问题，但迄无进展，制约了两国在其他领域的合作关系。2004年，圭政府将两国海洋边界划分的争端提交国际海洋法法庭进行仲裁。2007年9月，国际海洋法法庭作出裁决，基本采用中间线原则划定两国海洋边界，争议水域略大于2/3部分划归圭方。

2011年3月，苏总统鲍特瑟访圭，圭总统贾格迪奥同其举行会谈，双方均表示希遵循国际法原则以和平方式解决两国领土争议。

【同巴西的关系】圭巴于1978年12月18日建交。近年来，圭重视发展同巴西等南美邻国的关系，提出使圭成为加勒比通往巴西等南美国家“门户”的新主张，积极推动与这些国家实现公路联网，促进经济合作。圭巴间签有《领事合作条约》。2011年8月，圭巴军方第六届双年会在乔治敦举行。

【同古巴的关系】1972年12月8日圭古建交，两国签有经济、科技、文教合作等协议。圭古建交30多年来，古一直向圭提供留学生名额，为圭培养不同领域的人才，在医疗卫生、农业等方面向圭提供人员、技术和设备等援助。圭批评美对古实施经济制裁，呼吁美与古实现关系正常化，解除对古的贸易禁运。

（朱倩）

海　地

国名　海地共和国（The Republic of Haiti，La République d'Haïti）。

面积　27797平方公里。

人口　980万（2012年）。95%为黑人。80%的居民信奉天主教，16%的居民信奉新教，农村中盛行伏都教。官方语言为法语和克里奥尔语，90%的居民使用克里奥尔语。

首都　太子港（Port au Prince），人口约210万（2011年）。最高气温38℃，最低气温16℃。

国家元首　米歇尔·马尔泰利（Michel Martelly），2011年5月14日就职，任期五年。

重要节日　独立日：1月1日；国旗日：5月18日；海地发现日：12月5日。

简　况

位于加勒比海北部，伊斯帕尼奥拉岛（即海地岛）西部。东与多米尼加共和国相邻，南临加勒比海，北濒大西洋，西与古巴和牙买加隔海相望。75.8%的国土为山地，其余为平原和高原。海岸线长1080余公里。北部属热带雨林气候，南部为热带草原气候。年平均气温25℃。

原为美洲印第安人居住地，1492年被哥伦布发现，先后沦为西班牙和法国殖民地。1790年爆发反法独立战争。1804年1月1日宣告独立，定国名为海地，是拉美和加勒比地区第一个宣布独立的国家。自独立以来，海内乱不断。1915～1934年被美国占领。1957～1986年杜瓦利埃家族实行独裁统治。1988年2月举行首次民主选举。1990年12月，阿里斯蒂德当选总统，但于次年9月被军事政变推翻，流亡海外。1994年7月，联合国安理会授权以美国为首的多国部队对海地进行干预。同年10月，阿返海重新执政。1995年12月，执政的“拉瓦拉斯之家”候选人普雷瓦尔当选总统。2000年11月阿里斯蒂德再次执政后，海朝野严重对立，局势动荡。2004年海地爆发动乱，阿被迫辞职并再次流亡国外，联合国海地稳定特派团（联海团）进驻。2006年2月，普雷瓦尔再次当选总统。2010年1月12日，海地发生7.3级强烈地震，造成至少22.3万人死亡，近150万人受灾，直接经济损失达140亿美元。2011年4月20日，马尔泰利当选总统。

政　治

2010年11月28日和2011年3月20日，海地举行总统选举两轮投票。农民代表党候选人马尔泰利在第二轮选举中以67.57%的得票率当选总统，并于2011年5月14日宣誓就职。2011年10月，科尼耶出任总理并组建新内阁，2012年2月科辞职。5月，拉莫特出任总理兼外长。

【宪法】现行宪法于1987年3月29日通过，1988~1989年曾中止实施，其后少数条款被废止。1994年10月，海地恢复法制化。宪法规定：海地是不可分割、主权、独立、自由、民主的共和国；三权分立是神圣原则；国家主权属全体公民；公民可直接选举共和国总统、立法机构成员及宪法与法律规定的其他权力机构的成员；宗教信仰自由，法律面前人人平等；总统任期五年，不得连任，总任期不超过两届；行政权由总统、总理和国民议会分享；议会有权弹劾政府。

修改宪法须经参议院和众议院各2/3成员同意。

【议会】国民议会分参、众两院。议员通过直接选举产生。参议员任期六年，每两年改选1/3成员。众议员任期四年，每四年全部改选。两院议员均可连选连任。参议长任期一年，兼任国民议会议长；众议长任期一年，兼任国民议会副议长。2010年11月在与总统选举同期举行的第49届议会选举中，前总统普雷瓦尔所属的团结党赢得参议院30个席位中的17席，众议院99个席位中的46席。总统马尔泰利所在农民代表党仅在众议院获3个议席。现任参议长西蒙·迪厄瑟尔·德拉（Simon Dieuseul Desras），众议长勒瓦扬·路易·热内（Levaillant Louis Jeune），均于2012年1月10日当选。

【政府】总理由总统提名经议会批准，内阁由总理商总统组成。每届内阁不少于10名部长，总理可酌情增减国务秘书。本届政府于2012年5月成立，总理兼外交和宗教事务部长洛朗·拉莫特（Laurent Lamothe），总统府负责侨务部长丹尼埃尔·苏普里斯（Danile Supplice），总理府负责与议会关系部长级代表拉尔夫·理查多·泰阿诺（Ralph Richardo Théano），总理府负责农民事务部长级代表玛丽·米莫斯·菲利克斯（Marie Mimos Félix，女），总理府负责人权和扶贫事务部长级代表玛丽·卡梅尔·罗斯·安娜·奥古斯特（Marie Carmelle Rose Anne Auguste，女），司法及公共安全部长让·勒纳尔·萨农（Jean Renel Sanon），内政和国土部长蒂埃里·玛雅得·保罗（Thierry Mayard Paul），国防部长让·罗道夫·若埃伊尔（Jean Rodolphe Joazile），经济和财政部长玛丽·卡梅尔·让·玛丽（Marie Carmelle Jean Marie，女），计划和对外合作部长约瑟法·雷蒙·高迪尔（Jesépha Raymond Gauthier），农业、自然资源和农村发展部长托马斯·雅克（Thomas Jacques），旅游部长斯特法尼·巴米尔·维尔杜因（Stéphanie Balmir Villedrouin，女），商业和工业部长威尔森·拉罗（Wilson Laleau），公共工程、交通、通讯和能源部长雅克·卢梭（Jacques Rousseau），环境部长约瑟夫·罗纳德·杜桑（Joseph Ronald Toussaint），教育和职业培训部长雷吉纳德·保罗（Réginald Paul），青年、体育和公民行为部长勒内·让·鲁斯维特（René Jean Roosvelt），卫生和人口部长弗洛朗斯·迪普瓦尔·吉尧姆（Florence Duperval Guillaume，女），社会事务和劳动部长罗莎·圣—西尔（Ronsard St-Cyr），妇女部长雅尼克·梅兹尔（Yanick Mézil，女），文化部长让·马里奥·杜普伊（Jean Mario Dupuy），新闻部长阿迪·让·加帝（Ady Jean Gardy）。

【行政区划】全国划分为10省，省下设区，区下设市镇。

【司法机构】设最高法院、上诉法院、高级法院、治安法院和特殊法庭。

【政党】海地政党林立。1986年8月海全国委员会颁布法令规定，合法政党的创建者应不少于20人、支持者不少于2000人。目前登记的合法政党有104个，主要有：

（1）农民代表党（REPONS PEYIZAN）：执政党，2010年大选时由现任总统马尔泰利临时组建，代表海中下层及工商阶层利益。随着马执政根基稳固，该党实力渐有壮大趋势。现任党主席瓦内·杜朗蒂斯（Varnel Durandis）。

（2）团结党（Inite）：2009年9月成立，由前总统普雷瓦尔联合其之前领导的“希望平台党”（Plateforeme de l'Espoir）中亲普政治团体组建而成的新政党联盟。前参议长约瑟夫·朗贝尔（Joseph Lambert）任该党领导人。2012年6月以来，因内部分歧陷入分裂危机。

（3）海地社会民主党（Parti Social Démocrate Haitien）：2005年4月由“民族主义革命进步党”、“民主运动全国委员会”及“海地英才”三党合并而成。现任党主席维克多·贝努瓦（Victor Benoît），总书记罗伯特·奥古斯特（Robert Auguste）。

（4）人民斗争组织（Organisation du Peuple en Lutte，OPL）：1991年2月成立，原名拉瓦拉斯组织，后改名拉瓦拉斯政治组织。曾是阿里斯蒂德的重要支持力量，后内部发生分裂。1995～2000年为执政党。1997年1月更名为人民斗争组织。现任总协调人埃德加·勒布朗·费思（Edgard Leblanc Fils）。

（5）拉瓦拉斯之家（Fanmi Lavalas）：简称拉瓦拉斯，2000～2004年为执政党。1996年由阿里斯蒂德创建，自称代表中下层阶层利益。目前，该党主要领导深陷囹圄或流亡海外，实力已严重削弱。

（6）海地创建民主运动（Mouvement pour L'Instauration de la Démocratie en Haiti）：1986年成立，在2006年大选中与拉瓦拉斯之家结盟。党主席马尔克·巴赞（Marc Bazin）。

【重要人物】**米歇尔·马尔泰利**：总统。1961年2月12日出生于海地首都太子港，自小喜欢音乐。年轻时曾在美国从事音乐事业，并往返于美国和海地参加文艺表演活动，逐渐成为海地家喻户晓的流行歌手，被歌迷们称为“甜米基”。在演艺事业上获得成功后，马决定步入政坛，于2010年参加总统选举。2011年4月20日，以67.57%的得票率当选总统。

经　济

海是拉美最贫穷国家，经济以农业为主，严重依赖外援。基础设施建设滞后，投资环境较差。2009年被加勒比经济共同体吸纳为成员国。2011年海政府以灾后重建为工作重心，积极开展国际合作，经济恢复增长。但由于灾后重建进展缓慢，加上大选期间政治纷争不断，海经济增长未达到预期目标。2011年主要经济数据如下（资料来源：海地信息及数据统计局网站）：

国内生产总值：69.62亿美元。
人均国内产值：670美元。
国内生产总值增长率：5.6%。
货币：古德（Gourde）
汇率：1美元＝40古德。
失业率：75%。

【资源】主要矿藏有铝矾土、金、银、铜、铁等，其中铝矾土储量约1200万吨，此外还有高岭土、大理石、碳酸盐、褐煤等非金属矿藏。森林覆盖率为1%。2012年宣称在海地东北部发现储量达28吨的金矿及储量100万吨的铜矿。海石油主要依赖进口。2006年5月，海加入“加勒比石油计划”后，委内瑞拉每日向海提供1.4万桶石油。

【工业】工业基础薄弱。近年来，因政局动荡、基础设施落后，招商引资成效有限。海地北部及南部建有两大工业园区。2011年海加工业产值增长28%，占国内生产总值的9%。

【农业】是主要经济部门。农村人口占全国总人口的70%，57%的人口从事农业生产。全国可耕地面积55.5万公顷，其中12.5万公顷为可灌溉地，但仅半数具有灌溉系统。2011年海农业产值为17.16亿美元，占国内生产总值的23%。粮食自给不足，大米自给率为20%，其余依赖进口和国际援助。主要经济作物为咖啡，种植面积约10万公顷。近年来海农业生产逐渐转向大米、玉米、高粱、小米和大豆等粮食作物，咖啡产量和出口量均有下降。

【旅游业】外汇主要来源之一。但因海治安状况恶劣、基础设施落后，旅游业发展缓慢。2011年，旅游总收入仅占国内生产总值的8%。全国有旅游客房1200间。主要旅游景点有北部的海地角和南部的雅克迈尔。

【交通运输】以公路运输为主，没有营运铁路。

公路：总长4500公里，其中国家级沥青、水泥公路900公里，碎石路1500公里。

空运：客货运市场由外国航空公司控制，目前共有14个机场，首都太子港和海地角建有国际机场，承担全国94%的客运量。海地航空公司成立于1969年，有飞机35架。每天都有美航班往来于太子港和迈阿密及纽约之间，法航、加航也均有到太子港的客运航线。

海运：主要港口有首都太子港、海地角港以及在建的中部格纳伊夫港。沿海还有17个小港口。

2010年1月地震发生后，首都太子港机场、港口被毁，公路遭严重破坏。2010年3月以来，随着灾后重建逐步展开，海交通运输正逐渐恢复。

【财政金融】2011财年海国家财政收入为9.7亿美元，增长5%，支出达30亿美元，其中10亿美元用于政府部门财政开支，20亿美元用于为国家投资项目计划拨款。财政资金2/3来自于加勒比石油基金和国际援助。截至2011年底，海外债余额4.94亿美元，同比减少63%。

主要银行有：联合银行（UNIBANK），1993年2月11日成立，资产额为2.57亿美元；国家信贷银行（Banque Nationale de Crédit），1979年8月17日成立，资产额为1.27亿美元；索日银行（Sogebank），1986年1月27日成立，资产额为2.87亿美元。

【对外贸易】主要出口咖啡、可可、芒果、香精油和加工制成品等产品，进口食品、燃油（成品油）、工业制成品、机械设备、运输设备及日用消费品等。主要贸易伙伴是美国和欧盟。2010年，海地主要港口受到地震破坏，对外贸易有所下降。2011年恢复增长。近年来进出口情况如下（单位：百万美元）：

	2009	2010	2011
出口额	558.7	530.0	587.6
进口额	2048.1	2727.2	3430.7
差　额	1489.4	2197.2	2843.1

（资料来源：海地信息及数据统计局网站）

人民生活

贫富悬殊，占全国人口5%的富人拥有全国财富的90%，80%的国民生活在贫困线以下。2009年8月海议会通过《最低工资法案》，将日最低工资由70古德增加至125古德。仅28%的居民享有卫生保健服务，56%的人口营养不良，48%的人口享有饮用水，30%的家庭通电。平均预期寿命61.38岁。2011年人口出生率为23.87‰，死亡率8.1‰，新生儿死亡率57.25‰。2010年地震后发生霍乱疫情迄已造成7000多人死亡，52万人感染。固定电话用户10.8万，手机用户320万，因特网用户100万。

军　事

1994年10月，阿里斯蒂德总统复职后宣布解散国家军队，目前有一支5000人的国家警察队伍在联合国海地稳定特派团的领导下负责维护国内秩序。地震后，海警察体系遭受严重破坏，联合国安理会决定扩大维和警察规模并加强对海地警察队伍建设的支持和援助。2011年9月，马尔泰利成立“军队重建委员会”，拟在海恢复军队。

文化教育

【教育】7~13岁儿童享受免费义务教育。2010年公共教育支出占国内生产总值的1.5%，成人文盲率为47.9%。全国有小学1200所，中学138所，高等学校20所，其中约90%的学校为私立学校，学费昂贵。

【新闻出版】海地主要日报为《消息报》（Le Nouvelliste）和《晨报》（Le Matin）。官方通讯社为海地通讯社，1981年成立。全国有37家电视台和近200家广播电台，官方电视台为海地国家电视台（Télévision Nationale d'Haïti）。

对外关系

海同40个国家（不包括中国台湾省）建立了外交关系，是美洲开发银行、世界银行、国际货币基金组织、世界贸易组织、联合国（包括拉丁美洲经济委员会）、加勒比共同体、拉美和加勒比国家共同体成员。30多个国际和地区组织在海设有常驻机构。2010年1月地震发生后，国际社会展开救援，并向海提供经济援助，有关国家在联合国的协调下积极参与海灾后重建。争取援助和协调各国参与灾后重建是当前海外交重点。

【同中国的关系】中海无外交关系。1996年9月，两国政府签署互设贸易发展办事处协议。1997年1月和1998年2月，中海互在对方首都设处。

2010年1月海地发生强烈地震后，杨洁篪外长致电海外长表示慰问，向海派出救援队和医疗队，累计向海提供了1.03亿元人民币的现汇、物资和医疗救护援助。2010年5月，海派团参加上海世博会，在加共体联合馆办展。2011年11月，中国第九支维和警队赴海地进行为期1年的民事维和工作。

主要交往：近年来，中方去访团组较少。海方主要来访团组：临时政府总理拉托特（2006年）、议长朗贝尔（2007年）、工商部长杜塞（2007年）、总理顾问安托尼奥（2009年）。

据中国海关总署统计，2011年中海贸易总额为3.11亿美元，其中中方出口额为3.04亿美元，进口额为700万美元，同比分别增长18.85%、18.73%和23.83%。中方主要向海出口化工产品、塑料和橡胶制品、服装、贱金属及制品、机电音像设备和汽车零配件等，从海进口废钢铁等。

中国海地贸易发展办事处代表：王书平，2009年10月到任。地址：No.8，Impasse Simon，Rue Alamanda，Morne-Calvaire，Pétion-Ville，Pout-au-Prince，Haïti。电话：509-37132489，37326709；传真：22560354。

海地中国贸易发展办事处代表：娜塔莉·吉赛尔·美诺斯（Nathalie Gissel Ménos，女）。2012年5月到任。地址：北京市朝阳区霄云路18号京润水上花园别墅D16。电话：010-64608307；传真：64637141。

海地与台湾当局于1956年“建交”。1965年，台在海设“大使馆”。台向海提供多笔贷款并实施了一些经济合作项目。现台在海派有农业技术团，主要从事稻米增产示范推广及训练计划、竹类栽培及加工利用计划等。2010年海地震发生后，台向海派遣了救援队。

近年海访台主要团组有：工商部长马吉·迪赛（2006年）、参议长巴斯蒂安（2009年）、外长尼古拉斯（2009年）及前总理阿列克西（2009年）。台访海主要团组有：“外交次长”黄泷元（2006年），“外长”黄志芳（2007年），“总统夫人”周美青“关怀之旅”（2010年），台湾“行政院”副院长陈冲以“总统特使”身份参加马尔泰利总统就职仪式（2011年）。

2011年台海贸易额为882.92万美元，其中台方出口额为112.80万美元，进口额为770.12万美元。台向海主要出口纺织品、小客车、电扇等，进口金属废料，不锈钢、棉制品等。

【同美国的关系】海美关系密切，美是海最大的进口国和出口国，也是海最大的援助国。2009年4月，美国务卿希拉里·克林顿访海。5月，联合国秘书长潘基文任命美前总统克林顿为海地事务特使。2010年1月地震发生后，美派军进驻海地并提供10亿美元援助。2010年4月，海组建“海地重建临时委员会”（CIRH）协调海震后重建，由海总理贝勒里维和美国前总统克林顿共同领导。8月，美援助海5000万美元用于总统大选。2012年2月，海地总理科尼耶访美。

【同拉美国家的关系】海重视发展同拉美和加勒比地区国家的关系。2009年主办加勒比国家联盟外长委员会第14次会议。2010年地震发生后，多米尼加总统费尔南德斯、厄瓜多尔总统科雷亚、智利总统巴切莱特和巴西总统卢拉先后访海，向海提供赈灾援助。美洲国家组织和加勒比共同体派出观察员监督海总统大选。2011年，马尔泰利总统先后访问智利、古巴、委内瑞拉、多米尼加、危地马拉、巴拿马，并赴委出席拉美和加勒比国家共同体首届领导人会议。2012年2月，巴西总统罗塞芙访海。2012年3月，委内瑞拉向海捐赠3.6亿美元用于解决海粮食危机。

【同其他国家的关系】加拿大是海地的第二大援助国。2008年加拿大国际关系部长特伦布莱、外交部长贝尼埃分别访海。2010年1月地震后，加拿大承诺向海地提供约7亿美元援助，还为控制霍乱捐款600多万美元。2012年1月，加拿大宣布捐助1000万美元用于安置灾民及恢复重建。

欧盟是海地官方援助的主要来源之一，双方签有双边贸易和援助协议。2009年2月，欧盟发展专员米歇尔访海，表示将在未来4年内向海提供2.8亿欧元捐款。法国和西班牙是欧盟成员中对海援助大国。2009年1月，西班牙王后索菲亚访海。2010年地震后，法国总统萨科齐访海。同年9月，法国外长库什内访海，向海提供1270万欧元援助用于灾后重建。11月欧盟选举专家团赴海监督大选。2011年11月，西班牙王后索菲亚再次访海，西班牙向海捐赠5000万欧元用于发展海地中小型企业。

亚洲国家中，日本是向海提供援助最多的国家。2009年，日本向海提供超过1500万美元的援助。同年6月，海前总理阿列克西访问日本。2010年地震后，日本向海地提供约1亿美元捐款。2011年，日本向海提供470万美元捐款并签署总金额达1.3亿美元的合作项目。

（石晶）

荷属圣马丁

名称 荷属圣马丁领地（Country of Sint Maarten, Land Sint Maarten）。简称荷属圣马丁（Sint Maarten）。

面积 34平方公里。

人口 30594人（2011年）。多数居民为黑人。官方语言为英语与荷兰语，居民还使用西班牙语、帕彼曼都语（荷兰语、西班牙语、英语、印度语和西非方言混合而成）、法语等。居民中44.8%信奉基督教新教（五旬节派11.6%，基督复临派6.2%，其他教派27%），39%信奉天主教。

首府 菲利浦斯堡（Philipsburg），人口1338人（2006年）。

总督 尤金·霍利戴（Eugene Holiday），2010年10月10日荷属安的列斯解体后就任。

重要节日 女王日：4月30日，系荷兰已故王太后朱丽安娜生日（1909年）和现女王贝娅特丽克丝即位日（1980年），即荷兰国庆日。

简况

圣马丁岛（法文Saint-Martin，荷兰文Sint Maarten）位于加勒比海东部、波多黎各岛东南300公里，在小安的列斯群岛中向风群岛的北端，它是世界上最小的分属两国的岛屿。地形丘陵起伏。地处北纬18度，属热带气候，气候温和，气温在24℃～35℃，平均气温约27℃。7～11月有飓风。6～11月为湿季，12～5月为干季。年降水量1140毫米。

圣马丁岛于1493年圣马丁节（12月11日）时被第二次远航美洲途中的哥伦布所“发现”，并宣布此地为西班牙领土。1631年，荷兰人占领该岛。西班牙于1933年重占该岛。1648年，法国与荷兰将圣马丁岛瓜分。岛的南部（占全岛1/3，约37平方公里）由荷兰管辖，北部（占2/3）由法国统治，两部分之间没有关税壁垒。

法属圣马丁曾长期归瓜德罗普管辖。2007年7月15日，法属圣马丁正式成为法国单独的海外领地。

荷属圣马丁于20世纪80年代初与邻近的萨巴岛（Saba）和圣尤斯特歇斯岛（St. Eustatius）一起，组成荷属安的列斯向风群岛选区。2010年10月10日，荷属安的列斯解体，根据各岛公决的结果，荷属圣马丁和库拉索（Curaçao）分别成为荷兰王国内单独的政治实体（海外领地），而博奈尔岛（Bonaire）、萨巴岛和圣尤斯特歇斯岛则成为荷兰的三个海外特别行政区［也被称为加勒比荷兰（Caribbean Netherlands）］。荷兰继续负责荷属圣马丁的防务和对外事务。

政治

2010年9月17日，圣马丁举行议会选举，民族阵线获得15个席位中的7席，联合人民党6席，民主党2席。9月23日，联合人民党与民主党同意组成联合政府，由民主党领导人萨拉·威斯科特—威廉（Sarah Wescott-Williams，女）出任总理（Prime minister）。2010年10月10日，威斯科特—威廉成为荷属圣马丁首位总理。

2011年2月25日，荷属圣马丁前行政官（1968～1975）赖纳·范德尔登（Reinier O. van Delden，1928～2011）去世。

2012年5月8日，威斯科特—威廉总理由于在议会失去多数支持而被迫辞职。5月21日，由民族阵线、民主党等组成联合政府，威斯科特—威廉仍任总理。

【宪法】2010年10月10日起施行基本法（Staatsregeling）。荷兰女王为其元首，总督为女王的代表。荷属圣马丁拥有完全的内部事务自治权，实行议会制。

【议会】一院制议会（Estates of Sint Maarten）有15个席位，任期四年。本届议会于2010年9月选举产生，也是同年10月荷属安的列斯解体后荷属圣马丁的第一届议会，民族阵线（NA）7席，联合人民党（UP或UPP）6席，民主党（DP）2席。

【政府】通常由议会中占据多数席位的党派执政。副总理兼基础建设部长威廉·马林（William Marlin，NA），财政部长罗兰·图伊特（Roland S. Tuitt），司法部长罗兰·邓肯（Roland Duncan），教育、文化、青年和体育部长希尔维利亚·雅各布（Silveria Jacobs，女），公共卫生、社会发展和劳动部长科内利乌斯·德维沃（Cornelius de Weever），旅游、经济事务、运输和通信部长罗梅罗·潘多弗利特（Romeo Pantophlet）。

【司法机构】设初审法院和联合高级法院。法官由女王任命。

【政党】主要政党有：

（1）圣马丁民主党（Democratic Party of Sint Maarten，DP-St. M）：执政党之一。领导人为总理萨拉·威斯科特—威廉（女）。

（2）民族阵线（National Alliance，NA）：议会第一大党。领导人为副总理威廉·马林。

（3）联合人民党（United People's Party，UPP）：领导人为副总理狄奥多尔·海利格（Thecdore Heyliger）。

（4）和谐政治联盟（Concordia Political Alliance or CPA）：领导人杰弗里·理查德森（Jeffery RICHARDSON）。

经济

经济活动主要集中在旅游业，农业和渔业极其有限，使得几乎所有食品均需要进口，能源和工业制成品也需要进口。荷属圣马丁的人均收入在前荷属安的列斯的五个岛屿中排第一位。2008年估计主要经济数据如下：

地区生产总值：7.947亿美元（购买力平价）。

人均地区生产总值：15400美元（购买力平价）。

地区生产总值增长率：1.6%（2008年）。

货币名称：荷属安的列斯盾。

汇率：1美元＝1.79荷属安的列斯盾（2010年）。

通货膨胀率：0.7%（2009年估计）。

失业率：10.6%。

【工农业】仅有极少量的轻工业、制造业及农业。2008年发电量3亿千瓦小时（估计）。主要农产品是糖。

【旅游业】国民经济的支柱，劳力占总劳力的80%。气候宜人，海滩优美，热带风光独具一格，吸引着不少的游人。每年接待游客数量在100万人次以上，2008年约130万人次。

【交通运输】无铁路。公路长53公里。圣马丁岛的主要港口和机场均位于荷属部分。主要港口菲利浦斯堡可停靠大型邮轮。朱丽安娜国际机场位于荷属圣马丁西部，是东加勒比地区重要的航空枢纽，其繁忙程度仅次于波多黎各的圣胡安国际机场，2007年共接待约165万名旅客。由于该机场跑道只有2349米，当飞机到达机场附近的梅霍海滩时，离海滩高度只有约10～20米，被视为全球最危险的机场之一。

人民生活

政府对低收入者、政府公务员及其家庭成员以及参加社会保险的私营企业雇员及家庭提供免费医疗服务。2009年居民平均期望寿命为男73.1岁，女78.2岁。2001年有固定电话5153部。

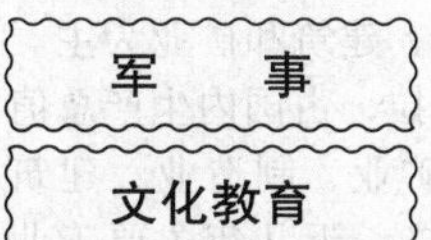

军　事

防务由荷兰负责。

文化教育

【教育】教育制度与荷兰类似。初等教育从6岁开始，学制6年。中等教育学制5年。在菲利浦斯堡设有圣马丁大学。加勒比美国大学医学院（原设在蒙特塞拉特）也设在荷属圣马丁。

【新闻出版】有《今日报》（Today Newspaper）等报刊，“圣马丁之声”（Voice of St.Maarten）、“圣马丁有线电视台”（St. Maarten Cable TV）等广播电视台。

对外关系

外交由荷兰掌管。

【同中国的关系】2011年1月8～14日，中国驻荷兰大使张军访问荷兰王国海外领地库拉索、阿鲁巴及荷属圣马丁，与上述三地区领导人举行了会谈，看望了三地区华侨华人代表并与侨界举行座谈。在访问荷属圣马丁期间，张军大使分别与荷属圣马丁总督霍利戴、总理萨拉·威斯科特–威廉举行了会谈。

张大使在同三地区领导人会谈会见中详细介绍了当前中荷关系现状以及中荷经贸交往情况，表示中方重视与荷兰王国的关系，尊重荷兰王国政治制度和政治构架，尊重三地区人民选择的发展道路，愿在中荷关系的总体框架下，发展与三地区的关系。中国与荷兰王国关系的良好势头，为发展与三地区的关系创造了更加有利的条件。中方愿在相互尊重、平等互利的基础上，加强与三地区人员往来、经贸合作和文化交流，进一步增进相互了解，实现互利共赢。

三地区领导人欢迎张军大使来访，简要介绍了各自当前政治经济形势，表示三地区地理位置特殊、基础设施完善、投资环境优越，希更多的中国企业能够来该地区投资兴业。与此同时，中国经济的快速发展为深化双方各领域的交流与合作带来了良好契机，三地区愿加强与中方在可再生能源、旅游、远洋航运等领域的合作，不断提升双方交流与合作水平。

（石宜　卜阅）

洪 都 拉 斯

国名　洪都拉斯共和国（The Republic of Honduras，La República de Honduras）。

面积　112492平方公里。

人口　820.153万（2011年）。印欧混血种人占83%，印第安人10%，黑人5%，白人2%。官方语言为西班牙语。95.8%的居民信奉天主教。

首都　特古西加尔巴（Tegucigalpa）。宪法规定首都由特古西加尔巴城和科马亚圭拉城（Comayagüela）共同组成，称作中央大区，面积1514平方公里，人口102.9万。最热月（5月）平均气温18℃～30℃，最冷月（1月）平均气温14℃～25℃。

国家元首　总统波尔菲里奥·洛沃·索萨（Porfirio Lobo Sosa），2010年1月27日就职。任期四年。

重要节日　独立日：9月15日。

简　况

位于中美洲北部。北临加勒比海，南濒太平洋的丰塞卡湾，东、南同尼加拉瓜和萨尔瓦多交界，西与危地马拉接壤。海岸线长1033公里。沿海属热带雨林气候，年平均气温31℃；中部山区凉爽干燥，年平均气温23℃。

全年分两季，6 ~ 10月为雨季，11 ~ 5月为旱季。

原为土著印第安人居住地，16世纪沦为西班牙殖民地。1821年9月15日独立。1823年加入中美洲联邦。1838年联邦解体后成立共和国。

政治

2009年11月，洪举行总统选举。国民党候选人洛沃以55.9%的得票率当选洪新一任总统，并于2010年1月27日就职。洪新政府上台以来，着力改善民生，加大对教育、卫生等领域投入，维护社会稳定，改善投资环境，积极寻求国际社会承认。政变引发的政治危机趋于缓和，社会秩序逐步稳定。

【宪法】现行宪法于1982年1月20日生效。宪法规定，国家实行立法、司法和行政三权分立的共和制。总统是国家元首、政府首脑和武装力量最高统帅，由直接选举产生，任期四年，不得连任。

【议会】议会实行一院制，为全国最高立法机构，由128名议员组成。议员由选民直接选举，任期四年。本届议会于2010年1月27日产生，其中执政党自由党占62席，国民党55席，其他党派11席。现任议长为国民党的胡安·奥尔兰多·埃尔南德斯（Juan Orlando Hernández），2010年1月当选，任期四年。

【政府】本届政府于2010年1月27日成立，主要内阁成员有：副总统、总统府部长玛丽亚·安东涅塔·纪廉（María Antonieta Guillén，女），内政和司法部长阿菲利科·马德里（África Madrid），外交部长阿图罗·克拉莱斯·阿尔瓦莱斯（Arturo Corrales Álvarez），工业和贸易部长阿多尼斯·拉瓦依莱（Adonis Lavaire），财政部长埃克托·蒂托·纪廉（Héctor Tito Guillén），自然资源和环境部长里格韦托·奎亚尔·克鲁斯（Rigoberto Cuellar Cruz），劳工部长费利西多·阿维拉·奥多涅斯（Felícito Avila Ordóñez），卫生部长阿图罗·本达尼亚（Arturo Bendaña），教育部长马隆·奥涅尔·埃斯科托（Malon Oniel Escoto），公共工程、交通和住房部长米盖尔·帕斯托（Miguel Pastor），文化、艺术和体育部长图略·马里亚诺·冈萨雷斯（Tulio Mariano González），农业和畜牧业部长哈科沃·雷加拉多（Jacobo Regalado），国防部长马龙·帕斯夸（Marlón Pascua），公共安全部长庞佩约·博尼利亚·雷耶斯（Pompeyo Bonilla Reyes），旅游部长内利·赫雷斯（Nelly Jerez Caballero，女），技术合作部长胡利奥·劳达莱斯（Julio Raudales）。

【行政区划】全国划分为18个省：阿特兰蒂达、科隆、科马亚瓜、科潘、科尔特斯、乔卢特卡、埃尔帕拉伊索、弗朗西斯科·莫拉桑、格拉西亚斯·阿迪奥斯、因蒂布卡、海湾群岛、拉巴斯、伦皮拉、奥科特佩克、奥兰乔、圣巴巴拉、巴列、约罗。

【司法机构】由最高法院、上诉法院和地方法院组成。最高法院院长和总检察长由国民议会选举产生，任期四年，可连选连任。最高法院由15名大法官组成，任期七年。最高法院院长豪尔赫·里韦拉·阿维莱斯（Jorge Rivera Avilés）。总检察长埃特尔·贝拉·埃纳莫拉多（Ethel Vera Enamorado）。

【政党】主要政党有：

（1）自由党（Partido Liberal）：又称“红党”，最大反对党。1881年成立。1981~2006年4次赢得大选。党主席埃尔温·桑托斯（Elvin Santos）。

（2）国民党（Partido Nacional）：又称“蓝党”，执政党。1902年从自由党中分离成立。党主席里卡多·阿尔瓦雷斯·阿利亚斯（Ricardo Alvarez Arias）。

【重要人物】波菲里奥·洛沃·索萨：总统。1947年12月22日出生。毕业于美国迈阿密大学企业管理专业。1989~2006年，连续三次当选议员。2002~2006年任议长。2005年，洛作为国民党候选人参加总统选举，输给自由党候选人塞拉亚。2009年11月，洛作为国民党候选人赢得大选，2010年1月就职。

经济

拉美最不发达国家之一。农业系国民经济主导产业，工业基础相当薄弱。2011年主要经济数据如下（资料来源：洪都拉斯中央银行）：

国内生产总值：174.2亿美元。

人均国内生产总值：2120美元。

国内生产总值增长率：3.6%。

货币名称：伦皮拉（Lempira）。

汇率：1美元＝19.05伦皮拉（2012年7月）。

通货膨胀率：5.6%。

失业率：4.3%。

【资源】主要矿藏有金、银、铜、铅、锌、煤、锑、铁等。森林资源丰富，占全国面积的70%，盛产松木、杉木及红木等优质木材。

【工业】传统工业以加工制造、建筑和矿业为主。2011年工业总产值1105.11亿伦皮拉，占国内生产总值的37.9%，同比增长7.8%。其中矿业、制造业、建筑业分别增长7.8%、10.0%和-0.7%。近几年主要工业部门产值如下（单位：百万伦皮拉）：

	2009	2010	2011
矿业	1978	2132	2393
制造业	45135	49650	58796
建筑业	15927	15809	17527
摩托车及其他家庭用品	36061	38970	43436

（资料来源：洪都拉斯中央银行）

【农牧业】主要农产品有咖啡、香蕉、果蔬、玉米和豆类等。粮食不能自给。全国可耕地面积139万公顷，占国土面积的34%。从业人口118万。2011年农业产值444.11亿伦皮拉，同比增长31.6%。

【服务业】2011年服务业产值为628.15亿伦皮拉，同比增长7.38%。

【旅游业】20世纪90年代以来旅游业发展迅速，

古老的玛雅文化遗址、风景秀丽的海滩和珊瑚礁吸引了大量游客，旅游收入逐年增加。2011年接待外国游客185.2万人次。

【交通运输】铁路：全国铁路总长40公里，多集中在北部沿海地区。其中可运行4公里，为香蕉和甘蔗专用运输线。

公路：全国公路有14346公里，其中柏油路为3220公里，全年可行驶公路9704公里。主要有泛美公路和南方公路。2011年各类机动车数量为110.4849万辆，新增机动车9.1992万辆。

水运：主要港口有科尔特斯、特拉、塞巴和特鲁希略。

空运：有4个国际机场：特古西加尔巴市的"通孔廷机场"、圣佩德罗苏拉市的"拉蒙·比列达机场"、拉塞瓦市的"戈罗松机场"和罗亚坦市的"胡安·曼努埃尔机场"。两家航空公司：国家航空运输公司和洪都拉斯航空服务公司，航线通往美国、墨西哥和中美洲国家。另有19家国内小型机场。

【通讯业】2011年，洪手机用户为806.2万人，固定电话线路60.9万条。

【财政金融】近年政府财政收支情况如下（单位：百万伦皮拉）：

	2009	2010	2011
总收入	47006.7	50494.4	56924.7
总支出	63669.0	64460.8	72222.5
差　额	−16662.3	−13966.5	−15297.8
财政赤字占GDP比重（%）	4.0	2.9	4.6

（资料来源：同上）

2011年，洪外汇储备为28.21亿美元，较上年增长4.5%。外债41.82亿美元。财政赤字占GDP比重为4.6%。

【对外贸易】主要出口咖啡、香蕉、棕榈油、虾、食糖、烟草等农作物及金、锌、铅、银等矿产品，主要出口对象国为美国、欧盟和中美洲国家；主要进口机械、电子设备、化工产品、燃料、润滑油、工业制成品和粮食等，主要进口来源国为美国、欧盟、中美洲国家和日本。近几年对外贸易情况如下（单位：百万美元）：

	2009	2010	2011
出口额	2304	2749	3897
进口额	6111	7134	8953
差　额	−3807	−4385	−5056

2011年主要产品出口额如下（单位：百万美元）：

咖啡	1377.3
香蕉	397.8
棕榈油	251.1
虾	207.6

2011年主要产品进口额如下（单位：百万美元）：

燃料和润滑油	2103.7
化工产品	1251.3
电子产品	1283.6
食品	815.9
塑料制品	529.6

（资料来源：同上）

【外国资本】外资主要来自美国、英国和加勒比国家，用于电子通信、食品制造等行业。2011年洪吸引外国直接投资10.14亿美元，同比增长27.2%。侨汇收入27.49亿美元。

人民生活

人口自然增长率为2.1%，人口密度为71.5人/平方公里。平均寿命73.1岁，5岁以下儿童死亡率25.1‰。全国有105家医院，1547个卫生所，5312张病床。结核病、疟疾、艾滋病患者人数居中美洲国家之首。2011年洪贫困率为67.8%。2011年最低平均工资标准为每月5524.65伦皮拉（约合290.77美元）。

2011年，洪全国有6753人死于凶杀，平均每10万居民中有86人死于暴力犯罪，居世界首位。

军　事

1954年10月21日建军。1995年4月取消义务兵役制，实行志愿兵役制。武装部队共有12000人，警察6000人。武器装备均由美国提供，军官大多由美国培训。1997年10月，原由军人控制的警察领导权正式转交给政府。1998年9月，国民议会修改宪法，废除武装力量总司令一职，由国防部长取代。

文化教育

【教育】城市小学为七年制。农村小学三年制。14岁以前实行义务教育。全国有10所高等院校，其中洪都拉斯国立自治大学成立于1846年。2011年，成人文盲率为14.9%。2011年初中、小学及高中学生情况如下：

	学校（所）	学生（万人）
初中和小学	12547	135.5904
高中	1384	56.6616

（资料来源：洪都拉斯中央银行）

【新闻出版】主要有4份全国日报：《新闻报》、《时代报》、《论坛报》和《先驱报》。有3份新闻周刊：《世界时代》、《洪都拉斯周报》和《市场报》。2007年报纸发行量71811份。目前全国有181家电台，33个电视频道和74个有线频道。洪都拉斯电台为官方电台，美洲电台为商业电台。

对外关系

主张各国和平共处，相互尊重领土主权；促进民主，捍卫人权；重视发展同美国、欧盟及日本等发达国家的关系，保持与拉美国家的传统友好；支持地区一体化进程；支持国际反恐合作。系77国集团、不结盟运动、中美洲一体化体系成员国。1994年4月加入关贸总协定。1995 ~ 1996年度联合国安理会非常任理事国。2004 ~ 2006年度联合国人权委员会成员国。

【同中国的关系】同中国无外交关系。2011年来两国交往不多。中方主要往访有：贸促会副会长董松根（2011年9月）。洪方主要来访有：财政部长威廉·常·王、能源部长马丁内斯和环境部长奎亚尔（2011年2月，商务考察）、洪多党议员团（2012年6月）。

据中国海关总署统计，2011年中洪贸易额为5.69亿美元，其中中方出口额为4.22亿美元，进口额为1.47亿美元，同比分别增长39.1%、31.1%和69%。中国主要向洪方出口塑料制品、化工产品、棉纺织品、铝等，进口咖啡、纺织品等。

洪与台湾保持"外交关系"，双方签有投资保护、农业技术合作、渔业合作等协定。2007年5月，洪台签署自由贸易协定。2011年5月，洪总统府部长纪廉出席马英九就职仪式。

台在洪企业主要集中在圣佩得罗苏拉市。2011年洪台贸易总额为8021万美元，其中台出口额为4647万美元，进口额为3374万美元，同比分别增长1.8%、-12.9%和32.6%。

【同美国的关系】洪美关系密切。美是洪最重要的贸易伙伴。洪近40%的出口产品输往美国。两国签有军事合作协定，美在洪驻有军事使团，在帕尔梅罗拉设有军事基地。

2004年5月，洪等中美洲国家与美签署自由贸易协定。2006年4月，洪美自由贸易协定生效。2011年以来，洪总统洛沃多次访美。2012年2月、3月，美国国土安全部长纳波利塔诺、副总统拜登、助理国务卿布朗菲尔德分别访洪。洪是中美洲最大的侨民输出国，每年约有10万侨民进入美国。2011年来自美的侨汇总额约27.49亿美元，同比增长14.5%。

【同拉美国家的关系】重视发展同拉美国家特别是中美洲国家的关系。系拉美和加勒比国家共同体、拉美经济体系、加勒比国家联盟、中美洲共同市场等地区组织成员国。积极参与地区一体化进程。

2011年6月，洪重返美洲国家组织。11月同其他中美洲国家与墨西哥签署自由贸易协定。12月正式恢复与巴西、阿根廷的大使级关系，基本实现与地区国家关系正常化。洪总统洛沃出席中美洲一体化组织领导人会议，参与拉美和加勒比国家共同体成立大会。

【同欧盟的关系】与欧盟有重要贸易关系。2009年3月，洪主持召开欧盟与中美洲伙伴协议第七轮谈判。2011年，德国向洪提供4700万欧元援助。2012年6月，洪与中美洲其他五国国家元首共同与欧盟签署伙伴协议。（李可）

加 拿 大

国名　加拿大（Canada）。

面积　998万平方公里，居世界第二位，其中陆地面积909万平方公里，淡水覆盖面积89万平方公里。

人口　3467万（2012年）。主要为英、法等欧洲后裔，土著居民（印第安人、米提人和因纽特人）约占3%，其余为亚洲、拉美、非洲裔等。现有华人约145万人。英语和法语同为官方语言。居民中信奉天主教的占45%，信奉基督教新教的占36%。

首都　渥太华（Ottawa），地处安大略省。首都地区（包括安大略省的渥太华市、魁北克省的赫尔市及其周围城镇）人口123.6万，面积4715平方公里。年平均最高气温15℃ ~ 26℃（7月），最低气温-16℃ ~ -6℃（1月）。

国家元首　英国女王伊丽莎白二世。由女王任命的总督代行职权。总督由总理提名，女王任命，任期一般为五年。现任总督戴维·约翰斯顿（David Johnston），2010年10月就任。

重要节日　国庆日（加拿大日）：7月1日。

简　况

位于北美洲北部。东临大西洋，西濒太平洋，西北部邻美国阿拉斯加州，南接美国本土，北靠北冰洋。海岸线长约24万多公里。东部气温稍低，南部气候适中，西部气候温和湿润，北部为寒带苔原气候。中西部最高气温达40℃以上，北部最低气温低至-60℃。

原为印第安人与因纽特人居住地。16世纪沦为法国殖民地，后被割让给英国。1867年7月1日，英将加拿大省、新不伦瑞克省和诺瓦斯科舍省合并为联邦，成为英国最早的自治领。此后，其他省也陆续加入联邦。1926年，英国承认加的"平等地位"，加始获外交独立权。1931年，加成为英联邦成员国，其议会也获得了同英议会平等的立法权，但仍无修宪权。1982年，英国女王签署《加拿大宪法法案》，加议会获得立宪、修宪的全部权力。

政　治

1867年建立联邦以来，基本上由自由党和进步保守党轮流执政。1993年，自由党在联邦大选中获胜，让·克雷蒂安（Jean Chrétien）就任总理。1997年、2000年大选中，自由党连续获胜，克蝉联执政。2003年12月，克雷蒂安宣布退休，保罗·马丁（Paul Martin）继任总理。2004年6月，加举行大选，自由党再次获胜，马丁连任总理。2006年1月，保守党在大选中战胜自由党上台，该党领袖斯蒂芬·哈珀（Stephen Harper）担任总理。2008年10月、2011年5月，保守党两次赢得大选并蝉联执政，哈珀连任总理。

【宪法】加至今没有一部完整的宪法，主要由在各个不同历史时期通过的宪法法案构成，其中包括1867年英国议会通过的《不列颠北美法案》。宪法规定，加实行联邦议会制，尊英王为加国家元首，总督为英女王在加代表，英、法语均为官方语言。宪法宗旨为和平、秩序和良政。

【议会】由参议院和众议院组成，参众两院通过的法案由总督签署后成为法律。总督有权召集和解散议会。参议院共105席，名额按各省人口比例和历史惯例分配。参议员由联邦总理提名，总督任命。1965年6月2日前任命的为终身制，此后任命的到75岁退休。截至2012年6月，参议院议席情况为：保守党59席，自由党40席，进步保守党1席，独立人士2席，空缺3席。现任参议长为保守党人诺埃尔·金塞拉（Noel A. Kinsella），2006年2月就任。众议院共308席，众议员由按各省人口比例划分的联邦选区直接选举产生，任期四年。根据加有关法案，加众议院到2015年大选时将增至338席。第41届联邦众议院于2011年6月组成。截至2012年4月，议席情况为：保守党164席，新民主党101席，自由党35席，魁北克集团4席，绿党1席，独立人士2席，空缺1席。众议长为保守党人安德鲁·希尔（Andrew Scheer），2011年6月就任。

【政府】内阁制。由众议院中占多数席位的政党领袖出任总理并组阁。本届保守党政府于2011年5月就职，现政府主要成员有：总理斯蒂芬·哈珀，外交部长约翰·贝尔德（John Baird），国际贸易部长爱德华·法斯特（Edward Fast），国库委员会主席托尼·克莱门特（Tony Clement），财政部长詹姆斯·弗莱厄蒂（James Flaherty），国防部长彼得·麦凯（Peter MacKay）等。

【行政区划】全国分10省3地区。10省为不列颠哥伦比亚、阿尔伯塔、萨斯喀彻温、曼尼托巴、安大略、魁北克、新不伦瑞克、诺瓦斯科舍、爱德华王子岛、纽芬兰和拉布拉多，3地区为育空、西北、努纳武特。各省设省督、省议长、省长和省内阁。地区也设立相应职位和机构。

【司法机构】设联邦、省和地方（一般指市）三级法院。联邦法院一般受理财政、海事和有关经济方面的案件。最高法院由1名大法官和8名陪审法官组成，主要仲裁联邦和各省上诉的重大政治、法律、有关宪法问题以及重大民事和刑事案件。最高法院的裁决为终审裁决。最高法院法官均由总理提名，总督任命，75岁退休。首席大法官贝弗利·麦克拉克林（Beverley McLachlin，女）于2000年1月就任。司法部长兼总检察长罗伯特·尼科尔森（Robert Nicholson）于2007年1月就任。各省设有省高等法院和省法院，主要审理刑事案件及其他与该省有关的重要案件，但也有一些省级法院审理民事案件。地方法院一般审理民事案件。

【政党】（1）保守党（Conservative Party）：执政党，加右翼政党。由联盟党和进步保守党于2003年12月合并而成，代表银行保险业、铁路运输业、能源工业垄断资本和大农场主利益。领袖斯蒂芬·哈珀。

（2）新民主党（New Democratic Party）：正式反对党。1961年由“平民合作联盟”与“加拿大劳工大会”联合而成。属于社会民主党性质，代表中下劳动阶层利益，主张企业公营，标榜社会主义。领袖杰克·莱顿（Jack Layton）。

（3）自由党（Liberal Party）：反对党。1873年成立。代表工业垄断资本集团利益并兼顾中、小企业利益。前领袖迈克尔·伊格纳蒂夫（Michael Ignatieff）于2011年5月辞职，临时领袖为鲍勃·雷（Bob Rae）。

（4）魁北克集团（Bloc Quebecois）：反对党。1990年成立。代表魁北克人的利益，主张魁北克独立。前领袖吉利斯·杜塞普（Gilles Duceppe）于2011年5月辞职。

其他政党还有：绿党、社会信用党、加拿大党和加拿大共产党等。

【重要人物】戴维·约翰斯顿：总督。1941年生于加安大略省萨德贝里市。曾先后在美国哈佛大学、英国剑桥大学和加拿大皇后大学法律专业攻读并获学位。毕业后曾在加皇后大学、多伦多大学、西安大略大学等校任教。1979～1994年任麦吉尔大学校长。1997年被授予“加拿大勋章”最高等级（Champion of the Order of Canada）。1999～2010年任滑铁卢大学校长。热爱运动，曾是冰球和马拉松运动员，担任过哈佛大学冰球队队长，并两次入选全美冰球联队。2010年10月就任加第28任总督。已婚，有五女。　**斯蒂芬·哈珀**：总理。1959年4月生于加多伦多市，毕业于卡尔加里大学，获经济学学士和硕士学位，并在该校短期执教。1987年协助创立改良党。1993年当选联邦众议员，并任改良党财政及全国团结事务发言人。1997年弃政，出任全国城市居民联盟主席。2002年3月当选在改良党基础上组建的加联盟党领袖，同年5月再次当选联邦众议员，并担任议会正式反对党领袖。2003年12月促成联盟党与进步保守党合并，组建保守党。2004年3月当选保守党领袖。2006年2月任加第22任总理，2008年10月、2011年5月连任。已婚，有一子一女。

经　济

加是西方七大工业国家之一。制造业、高科技产业、服务业发达，资源工业、初级制造业和农业是国民经济的主要支柱。近年来，加经济增长较为强劲，增速在发达工业国中名列前茅。加以贸易立国，对外贸依赖较大，经济上受美国影响较深。根据国际货币基金组织数据，2011年主要经济数据如下：

国内生产总值（GDP）：17368.69亿美元（世界排名第十）。

人均国内生产总值：50435.50美元（世界排名第九）。

GDP增长率：2.46%。

货币名称：加拿大元。

汇率：1美元=1.0289加元（2011年10月）。

失业率：7.65%。

【资源】地域辽阔，森林和矿产资源丰富。矿产有60余种，主要有（按储量世界排名）：钾（97亿吨，第一）、钨（26万吨，第二）、铀（52万吨，第三）、镉（55万吨，第三）、镍（490万吨，第四）、铅（200万吨，第五）等。石油储量仅次于委内瑞拉和沙特居世界第三，其中97%以油砂形式存在。已探明的油砂原油储量为1732亿桶，占全球探明油砂储量的81%。森林面积4亿多公顷（居世界第三，仅次于俄罗斯和巴西），产材林面积286万平方公里，分别占全国领土面积的44%和29%；木材总蓄积量约为190亿立方米。加领土面积中有89万平方公里为淡水覆盖，可持续性淡水资源占世界的7%。

【工业】2011年加制造业总产值1621.97亿加元，占国内生产总值的12.8%，从业人员176万，占全国就业人口的9.41%。建筑业总产值765.06亿加元，占国内生产总值的6.04%，从业人员126.2万，占全国就业人口的6.75%。近几年主要工、矿业产品产量如下：

	2009	2010	2011
汽车（万辆）	146.80	158.40	162.10
原油（亿立方米）	1.48	1.58	1.71
天然气（亿立方米）	1706.08	1702.51	1727.39
铁矿砂（万吨）	3170.40	3605.80	3357.30
煤（万吨）	6293.40	6789.60	6673.60
镍（万吨）	13.20	15.30	21.20
铅（万吨）	7.20	6.00	6.00
金（万公斤）	9.60	9.10	9.82
银（万公斤）	60.88	55.95	53.30
铜（万吨）	48.10	50.80	55.10
铀（万吨）	1.01	0.99	0.87

（资料来源：加统计局2012年《加拿大经济观察》、加国土资源部《2011年矿业产量表》、加国家能源局《2011原油产量表》）

【农牧业】2011年农、林、渔业总产值290.56亿加元，占国内生产总值的2.29%。主要种植小麦、大麦、亚麻、燕麦、油菜籽、玉米、饲料用草等作物。可耕地面积约占国土面积16%，其中已耕地面积约6758.67万公顷，占国土面积8%。2011年，农业人口30.6万，占全国就业人口的1.64%。加渔业发达，75%的渔产品出口，是世界上最大的渔产品出口国。近几年主要动物产品产值如下（单位：亿加元）：

	2009	2010	2011
牛肉	65.31	61.57	64.88
猪肉	31.87	33.46	38.66
家禽肉	23.81	22.90	26.13
奶制品	53.06	54.95	58.15

（资料来源：2012年《加拿大经济观察》）

【服务业】2011年产值为9064.68亿加元，约占当年国内生产总值的71.57%，从业人员1350.1万，占当年全国总劳动力的72.2%。

【旅游业】据世界旅游组织统计，加在世界旅游收入最高国家中排名第九。2011年，旅游收入668亿加元，接待外国游客2408.1万人。主要旅游城市有温哥华、渥太华、多伦多、蒙特利尔、魁北克市等。

【交通运输】水、陆、空运输均十分便利，人均交通线占有量居世界前列。2011年运输业总产值597.74亿加元，约占当年国内生产总值的4.72%。共提供84.3万个工作岗位，占全国工作岗位的4.51%。具体情况如下：

铁路：总长72245公里，货运量2.77797亿吨（2011年）。

公路：目前全国高速公路和普通公路总长140.89万公里。横贯加拿大的高速公路长7725公里，于1971年全线通车，从太平洋东岸的维多利亚直到大西洋西岸纽芬兰的圣约翰斯，是全世界最长的国家级高速公路。2011年全国注册车辆总数2600万辆。

水运：圣劳伦斯运河深水航道全长3769公里，是世界最长的运河，船舶通航可从大西洋抵达五大湖水系。全加共有25个大的深水港和650个小港口，年吞吐量总计4.7亿吨。最大的港口是温哥华港，年吞吐量达7630万吨。

空运：约有商业飞机4500架，主要机场68个，包括多伦多、温哥华、卡尔加里和蒙特利尔等国际机场。2011年客运量约1179.77亿人次，货运量约15.19亿吨。

管道运输：输送石油、天然气与水的管道总长19.6万公里，是世界第二长的管道系统。

【财政金融】受国际金融危机冲击，2009/2010财年，加联邦财政预算出现高额赤字，连续11年保持盈余的状况就此结束。2011年6月起，加政府在预算案中将减少赤字作为重要任务之一，计划大幅削减政府开支，争取在2014/2015财年实现赤字“归零”。近几年财政预算情况如下（单位：亿加元）：

	2009/2010	2010/2011	2011/2012	2012/2013（预计）
收入	2186	2371	2480	2550
支出	2742	2705	2729	2761
盈余	-556	-334	-249	-211

截至2011年12月，加外汇储备为658亿美元，其中黄金储备1.67亿美元，占外汇储备的0.25%。2011年，联邦债务总额约5750亿加元。

主要银行有：（1）加拿大皇家银行（Royal Bank of Canada）：成立于1869年，最大的民营银行。2011年资产总值达7517亿加元。

（2）加拿大帝国商业银行（Canadian Imperial Bank of Commerce）：由加拿大商业银行（1867年成立）与加拿大帝国银行（1875年成立）于1961年合并而成，为加第二大银行。2011年总资产为3536.99亿加元。

（3）蒙特利尔银行（Bank of Montreal）：成立于1817年，为加第三大银行。2011年总资产为4774亿加元。

【对外贸易】加经济对外贸依赖严重，2011年对外商品贸易额为9140.6亿加元，出口额与进口额分别增长13.2%与10.2%。近几年外贸情况如下（单位：亿加元）：

	2009	2010	2011
出口额	3697.6	4048.3	4581.9
进口额	3743.7	4138.3	4558.7
差　额	-46.1	-90.0	23.2

（资料来源：同上）

主要出口汽车及零配件、其他工业制品、林产品、金属、能源产品等；主要进口机械设备、汽车及零配件、工业材料、食品等。主要贸易对象是美国、中国、日本、欧盟国家。2011年对美出口额占加出口总额的72.29%。

【对外投资】截至2011年底，加直接海外投资总额为6845亿加元。

【对外援助】加政府2010/2011财年对外援助总金额为56.79亿加元。

【外国资本】截至2011年底，外国在加直接投资总额为6075亿加元。

【与中国往来较多的著名公司和经济团体】（1）庞巴迪公司（Bombardier）：成立于1942年，总部设在蒙特利尔，主要业务为设计、开发、制造、销售飞机、火车、有轨电车等大型交通运输设备及相关产品，是全球大型交通运输设备领军企业之一。2011年总收入为183亿美元，总资产234.3亿美元。董事长博杜安（Laurent Beaudoin）。地址：800 Renelevesque Blvd. West，Montreal，Que.，Canada，H3B 1Y8。

（2）鲍尔公司（Power Corp. of Canada）：成立于1925年，主要从事广播电视、出版、金融、采矿、房地产等业务，由德马雷家族控股。多位前总理卸任后均在鲍尔公司任职。2011年营业额329.12亿加元，总资产4996亿美元，董事长保罗·德马雷（Paul Desmarais，Jr.），总裁兼首席执行官安德烈·德马雷（Andre Desmarais）。地址：751 Square Victoria，Montreal，Quebec，Canada，H2Y 2J3。

（3）加中贸易理事会（Canada-China Business Council）：加拿大一非赢利性民间机构，成立于1978年，宗旨是推动和促进加拿大与中国之间的贸易和投资。总部设在多伦多。在加拿大温哥华和中国北京、上海、沈阳、南京、成都、深圳设有办事处。董事会主席彼得·克鲁依特（Peter Kruyt），也是鲍尔公司副总裁。会长彼得·哈德（Peter Harder）。机构网址：www.ccbc.com。

人民生活

加社会保险体系涵盖广泛，包括失业保险、失业救济、医疗保险、养老金、家庭津贴和残疾津贴等多项内容，由联邦、省和市三级政府分类负担和管理。49%的家庭有私人住宅，人均拥有汽车量排名世界第五，每千名居民拥有560辆汽车。

军　事

总督为形式上的武装部队最高司令，总理是实际上的最高统帅，国防部长在国防参谋长的协助下负责武装部队建设并领导全国部队。加以北大西洋公约组织的集体防务、与美国的双边战略和防务合作为其防务政策的两大支柱。积极参加联合国维和行动，主张军备控制、裁军谈判和销毁生化武器。在保持与美国、西欧国家军事合作的同时，近年来与亚太地区的军事交往有所加强。

实行义务兵役制，正规军约6.8万人，预备役约2.7万人，文职人员2.9万人（2012年）。加长期以来参加联合国维和行动和国际观察、监督活动。1947年以来，加拿大军队已完成72项国际行动。

2011年的军费开支为230亿美元，占当年国内生产总值的1.82%。为实现政府收支平衡，保守党政府2012/2013财年预算提出，将在未来3年里总计削减11亿军费开支。

文化教育

【教育】联邦政府不设专门机构，教育管理权归省级政府。各省教育经费基本依靠自筹，联邦政府也提供一定的资助。普及中、小学教育。著名学府有女王大学、麦吉尔大学、多伦多大学、不列颠哥伦比亚大学、拉瓦尔大学和阿尔伯塔大学等。

【新闻出版】加拿大主流媒体在全国范围形成了“两报”（《环球邮报》、《全国邮报》）、“两社”（加拿大通讯社、加西通讯社）、“两台”（加拿大广播公司电视台、加拿大电视台）为主导的基本格局。此外，还有一些重要的地区性大报，如《多伦多星报》、《蒙特利尔日报》、《渥太华公民报》和《魁北克新闻报》。

日报共有110家，日发行量580余万份。英文报纸主要有《多伦多星报》，发行量43.6万份，周末版63.4万份；《环球邮报》，发行量32.2万份，周末版41万份；《全国邮报》，发行量20万份。主要法文报纸有《蒙特利尔日报》，发行量19.2万份。杂志有1300种，年发行量4.2亿本。主要杂志有新闻周刊《麦克琳》。

主要通讯社包括加拿大通讯社、加西通讯社、索瑟姆通讯社和加拿大合众社等。其中加拿大通讯社成立于1917年，有约260名记者。总部设在多伦多，在加13个城市和美国华盛顿、英国伦敦设有分社，向加国内约100家日报、逾500家电台和电视台供稿。该社与美联社和路透社有合作关系，是其国际新闻主要来源。

加拿大广播公司是加主要国营广播公司，成立于1936年，用英、法及8种土著语言对国内广播，覆盖率达全国人口的99.4%。该公司的国际广播电台于1942年建立，用包括中文在内的9种语言播音。

加拿大广播公司电视台拥有由31家电视台组成的英、法语电视网，覆盖率达全国人口的99.2%。此外，主要私营电视台有：加拿大电视台（系英语播音的全国性电视台）、环球电视台（系地区性英语电视台）和四季电视台（系地区性法语电视台）。

对外关系

2006年4月，加拿大保守党政府在首份施政报告中指出，加外交的总体目标是进一步提升加的国际地位，加强与美国的关系是加对外关系的首要任务。加将以建设性方式继续密切多边合作，继续支持加军在阿富汗的军事行动，更有效地开展外援，同时致力于在世界上进一步弘扬自由、民主和人权等加核心价值观。2007年10月，保守党政府发表第二份施政报告，将捍卫北极主权和提高加国际影响力列为未来施政重点，强调阿富汗是加发挥国际作用的重要舞台，重申加将在现有基础上继续履行其国际义务。报告继续将民主、自由、人权、法治作为加外交的指导思想。2008年11月，保守党政府发表第二任期施政报告，提出外交重点是参与改革国际金融体系，巩固加美关系，推进与欧洲、亚洲、拉丁美洲关系，加在阿富汗使命重点由军事转向重建和援助等，正式提出2011年从阿富汗全面撤军。2010年3月，保守党政府发表施政报告，总结了加在民主制度、共同价值观、移民国家、难民庇护所等方面特征，强调在国际事务中执行由其价值观主导的、主权与国家利益相结合的外交政策，在全球安全和人权事务中发出自己的声音。2011年5月，保守党发表第三任期施政报告，继续强调加将致力于在全世界推动民主进程，明确表示在利比亚的军事行动以保护平民为目的，并指出将驻阿富汗部队的主要任务由作战转为培训阿部队。

截至目前，加已同193个国家建交。

【同中国的关系】1970年10月13日与中国建交。2011年，两国关系保持良好发展势头。

两国高层交往频繁。11月，国家主席胡锦涛在出席夏威夷亚太经合组织领导人非正式会议期间会见加拿大总理斯蒂芬·哈珀。胡锦涛主席积极评价当前中加关系发展的良好势头，赞赏哈珀总理及加拿大新一届政府在发展对华关系上的积极态度，强调双方应抓住有利时机，增进互信，拓展合作，扩大共识，深化友谊，将两国合作潜力转化为现实成果，推动中加关系不断向前发展，并提出从战略高度看待和发展中加关系、保持高层交往和各级别对话磋商、加强经贸等领域务实合作、扩大人文交流、促进多边领域合作等五点主张。哈珀赞同胡锦涛主席关于发展两国关系的意见，表示加方高度重视发展加中战略伙伴关系，愿同中方一道，充分挖掘潜力，突出重点，在经贸、能源、教育、人文、多边等广泛领域开展合作，应对共同面临的挑战，深化两国战略和经济合作伙伴关系。两国领导人一致同意双方要共同推动中加战略伙伴关系不断迈上新台阶。全国人大常委会副委员长陈昌智、严隽琪，全国政协副主席杜青林、万钢分别访加。10月，加拿大参议长诺埃尔·金塞拉访华，全国人大常委会委员长吴邦国、副委员长路甬祥分别与金会见。

两国各级别交往密切。7月，加拿大外交部长约翰·贝尔德访华，国务院副总理李克强、外交部长杨洁篪分别与贝会见、会谈。11月，外交部长杨洁篪在出席夏威夷亚太经合组织会议期间会见加外长贝尔德。中共中央对外联络部部长王家瑞、卫生部长陈竺分别访加。加国际贸易部长爱德华·法斯特、财政部长詹姆斯·弗莱厄蒂、两任渔业和海洋部长盖尔·谢伊和基思·阿什菲尔德、自然资源部长乔·奥利佛、政府间事务部长兼枢密院主席彼得·皮纳薛、外交国务部长黛安娜·阿布隆齐、小企业及旅游国务部长马克西姆·贝尼耶以及前总督米夏埃尔·让、前总理让·克雷蒂安、前副总理约翰·曼利等分别访华。9月，中加战略工作组第三次会议在渥太华举行，外交部副部长崔天凯、商务部副部长王超、国家发展和改革委员会副主任张晓强以及加外交部副部长莫里斯·罗森伯格、国际贸易部副部长路易·雷维斯科、自然资源部副部长瑟奇·杜邦共同出席会议，就双边关系以及贸易与投资、能源与自然资源、教育、司法执法、旅游、国际地区问题等广泛议题深入交换意见，取得了积极成果。

两国在经贸、能源资源、科技、环保、卫生、民航、教育、司法执法等各领域的交流与合作取得新进展。双边贸易和投资额持续增长，全年贸易额再创历史新高，中国是加拿大第二大贸易伙伴和第七大投资来源国。双方举行中加经贸联委会第22次会议、科技联委会第四次会议、环境合作联委会第七次会议、第三次卫生政策对话、第二届教育高层磋商会议、第八次执法工作组会晤、第六次气候变化工作组会议等机制性对话，积极推进有关领域合作。两国关系出现“旅游热”、“直航热”、“留学热”，人员交流更加密切。中国驻蒙特利尔总领馆6月开馆，外交部副部长宋涛出席开馆仪式。潜逃加拿大12年之久的赖昌星7月被最终遣返回中国。双方在联合国改革、二十国集团等重大国际和地区问题上密切沟通与协调。

两国地方交往活跃。魁北克省省长让·夏雷、不列颠哥伦比亚省省长简蕙芝、爱德华王子岛省省长罗伯特·吉兹、渥太华市市长吉姆·沃森分别访华。中加友好省市达到49对。

中国驻加拿大大使：章均赛。馆址：515 St. Patrick Street，Ottawa，Ont. Canada，K1N 5H3。电话：(613) 7893434；传真：7893514。网址：http://www.chinaembassycanada.org。商务处地址：401 King Edward Avenue，Ottawa，Ont. Canada K1N 9C9。电话：(613) 7893511；传真：7893515。领事部地址：（同使馆地址）。电话：(613) 7899586；传真：7891414。

加拿大驻华大使：马大维（David Mulroney）。馆址：北京市朝阳区东直门外大街19号（邮编100600）。电话：010-65323536；传真：65324072。网址：http://www.beijing.gc.ca/beijing/en/index.htm。商务处电话：65323536-3355；传真：65324072。移民和签证处传真：65321684。

【同美国的关系】美是加邻国和最重要的盟国，两国在政治、经贸、军事等领域保持着密切关系。加历届政府均视对美关系为外交政策基石。2006年1月加保守党执政后，将美定位为“加最可靠的盟友、最亲密的邻国和最大的市场”，着力加强同美国的关系。

2009年2月，美总统奥巴马访加。9月，加总理哈珀赴美出席二十国集团匹兹堡峰会并顺访美。2009年加外交、国贸、国防、工业、环境部长等多位高官访美，美国务卿、国土安全部长、参谋长联席会议主席等访加。2010年，加美两国外长多次会晤。两国举行边境安全问题战略对话，重启波弗特海划界谈判。2011年2月，哈珀总理对美国进行短暂工作访问。2011年12月，哈珀总理再次访美，双方宣布正式实施“边境安全与经济竞争力行动计划”和“规制合作行动计划”，保障两国边境安全并促进经贸合作。2012年5月，哈赴美国芝加哥出席北约峰会。

美是加最大投资国，加美互为最大贸易伙伴。2011年，加美双边贸易额达6124.52亿加元，其中加出口额为3312.26亿加元，进口额为2812.26亿加元，分别占加当年出、进口总额的72.29%和61.69%。加美间存在贸易纠纷，主要集中在钢铁、农产品等方面。加美也曾进行过长达5年的“软木贸易战”，双方于2006年4月达成一项为期7年的协议，使这一争端告一段落。2009年，加方就美“购买美国货”等贸易保护主义做法多次向美方提出交涉。双方一致同意谈判商签地方政府采购协议，以互惠方式解决争端，防止贸易纠纷失控。

【同亚洲主要国家的关系】加认为亚洲将成为未来的世界经济中心，加须抓住机遇，大力发展与亚洲的经济和战略关系。加是亚太经合组织成员、东盟地区论坛成员和东盟对话国，亚太地区已成为加重要的贸易伙伴，也是加资金、技术和移民的来源地之一。

日本、韩国、新加坡是加传统贸易伙伴，印度、中国等也是加重视的新兴市场。2011年，加与日韩的双边贸易额分别为237亿加元和117亿加元，同比增长4.79%和18.6%；与印度的双边贸易额为51亿加元，同比增长22%；与东盟国家贸易额为155亿加元，同比增长12%。加政府制订“亚太门户计划”，重点用于基础设施建设，旨在将不列颠哥伦比亚省打造成连接北美和亚洲的航运枢纽，同时保护港口、货物贸易和人员的安全。

2010年以来，加与亚洲主要国家关系继续发展。6月，加总理哈珀与赴加出席二十国集团多伦多峰会的印度总理辛格举行会谈，双方签署民用核能合作协议。11月，加印宣布开启全面经济伙伴关系协定谈判，加总理哈珀分别赴韩国、日本出席二十国集团首尔峰会和亚太经合组织领导人横滨峰会，哈珀同日首相菅直人会晤并签订加日政治、和平、安全合作联合声明。同月，加宣布于2011年底前从阿富汗撤离作战部队，之后将继续以非战斗身份为阿国民安全部队提供培训至2014年3月。

2011年5月，加总理哈珀突访阿富汗。7月5日，加从阿撤出作战部队，但留有近千人的军事培训人员。11月，加国贸部长法斯特访问印度，出席第二届加印投资贸易部长级对话。2012年2月，加国贸部长法斯特访问马来西亚、新加坡和文莱，就加参与跨太平洋战略经济伙伴协定（TPP）事争取支持。3月，加外长贝尔德首访缅甸。4月，加总理哈珀访问泰国、日本，并赴韩国出席首尔核安全峰会，期间宣布与泰国探讨商签自贸协定可能性，与日本开始自贸谈判。5月，加国贸部长法斯特访问澳大利亚和新西兰。同月，加总理哈珀在北约芝加哥峰会上重申在阿军事行动将于2014年正式结束，承诺在2015~2017年每年向阿安全部队提供1.1亿加元的援助。

【同西欧国家的关系】加是北约、英联邦、八国集团和法语国家首脑会议的成员国，重视发展同西欧国家的关系，认为加自身的繁荣和安全与西欧国家紧密相关。加与西欧国家在政治、经济、军事和文化等领域保持着传统的密切关系，在重大国际问题上经常与西欧各国协调立场。

加与欧盟在外交和安全政策方面立场相近，建立了一年两次的“加拿大—欧盟首脑会议”机制，早在1996年即签署了加强双方关系的政治宣言和行动计划。保守党执政后保持了这一传统。2010年5月，加总理哈珀访问荷兰、克罗地亚和德国，并出席在布鲁塞尔召开的加欧峰会。6月，加总理哈珀对英国和法国进行工作访问。同月，加先后举办八国集团领导人峰会和二十国集团领导人峰会。10月，加总理哈珀访问瑞士并出席第十三届法语国家首脑会议。11月，加总理哈珀出席在葡萄牙举行的北约首脑峰会。2011年5月，加总理哈珀赴法国出席八国集团领导人峰会，其间同法国总统萨科齐、英国首相卡梅伦举行双边会晤。同月，哈珀访问希腊。2012年4月，加外长贝尔德访问英国、德国，并赴比利时出席加欧年度跨大西洋对话会议，加欧同意加快完成《加欧全面经济贸易协定》和《加欧战略伙伴关系协定》谈判。

【同独联体和东欧国家的关系】苏联解体后，加迅速承认独联体各国，并积极发展同它们的双边关系。加向独联体和东欧国家均提供援助，并给予俄罗斯、乌克兰、爱沙尼亚、拉脱维亚、立陶宛、亚美尼亚等国关税优惠待遇。对独联体国家的援助主要用于推动结构性改革和民主进程，以帮助其顺利完成向市场经济的转轨。对东欧国家援助主要集中在政治、司法改革以及技术和管理援助等领域。

2010年4月，俄罗斯第一副总理祖布科夫对加进行工作访问。9月，加外长坎农访俄。10月，加总理哈珀访问乌克兰，加乌签订青年交流协议。2011年6月，第八届俄加政府间经济委员会在渥太华举行。11月，加与拉脱维亚、罗马尼亚的《投资贸易保护协定》开始生效。2012年4月，波兰总理塔斯克访加，两国签署了新的《避免双重征税协定》。

【同拉丁美洲国家的关系】拉美国家是加重要贸易伙伴和投资目的地。加是美洲国家组织成员国，与拉美国家建立了“加拿大—拉美国家论坛”，与加勒比国家建立了不定期首脑会晤制度，与智利、哥斯达黎加等国签署了自由贸易协议，与墨西哥同为北美自由贸易区成员。加积极主张将北美自由贸易区扩大至南美，成立美洲自由贸易区。加关注海地局势，在海地派有维和部队。加对古巴奉行接触政策，近年来，对古投资增长较快，现有数十家公司在古经营采矿等企业。

2010年1月，海地发生地震后，加宣布向海提供1.35亿加元人道主义援助，加外长坎农在蒙特利尔主持召开海地重建问题外长会。2月、3月和5月，加总理哈珀、总督米夏埃尔·让、外长坎农先后访问海地。2011年8月，加总理哈珀先后访问巴西、哥伦比亚、哥斯达黎加、洪都拉斯四国。同月，加与哥伦比亚、洪都拉斯签署的自贸协定开始生效。12月，加外交国务部长阿布隆齐宣布启动第一届美洲事务部长级对话，同月访问乌拉圭和阿根廷。2012年4月，加总理哈珀赴哥伦比亚出席第六届美洲首脑会议并访问智利，与美洲国家领导人就经济一体化、地区安全等议题交换意见，与智利签订“升级版”自贸协定。

【同非洲国家的关系】近年来，加对发展与非洲国家关系重视程度提高，关注并参与联合国及非洲地区组织主导的非洲地区冲突及内战的调停与斡旋。2006年11月，加总督米夏埃尔·让访问阿尔及利亚、马里、加纳、摩洛哥和南非。2007年11月，加总理哈珀赴乌干达出席英联邦国家首脑会议并顺访坦桑尼亚。自2007年7月以来，加已向津巴布韦提供了价值1000万加元的人道主义援助。2008年3月，加外长贝尼耶访问苏丹。2010年4月，加总督米夏埃尔·让对塞内加尔、刚果、卢旺达进行国事访问，对佛得角进行工作访问。2011年3月，加参与北约对利比亚军事行动。6月，加国际合作部部长贝弗莉·小田宣布向包括肯尼亚和布基纳法索在内的13个发展中国家提供3700万加元援助，以帮助改善当地儿童的教育、卫生条件。2012年5月，加总理哈珀在美国戴维营出席八国集团峰会期间宣布，将为八国集团非洲粮食安全“新联盟计划”提供资助。（刘畅）

开曼群岛

名称 开曼群岛（The Cayman Islands）。

面积 264平方公里（陆地面积，开曼群岛政府资料）。

人口 51384人，人口增长率2.287%，出生率12.24‰，死亡率5.1‰（2011年估计）。混血种人占40%，白人20%，黑人20%。英语为官方语言和通用语。居民多信奉基督教。

首府 乔治敦（George Town），位于大开曼岛，人口27704人（2010年）。

总督 邓肯·泰勒（Duncan Taylor），2010年1月15日就任。

重要节日 宪法日：7月的第一个星期一。

简况 位于加勒比海西北部，距牙买加西北部290公里，主要岛屿为大开曼岛、开曼布拉克岛和小开曼岛。属亚热带气候，受信风影响，平均气温夏季30℃，冬季25.5℃。年平均降水量1433毫米。6～11月有飓风。

1503年哥伦布发现该群岛。1670年根据《马德里条约》，开曼群岛归英国统治，但在1959年前的280年间，群岛实际上为当时的英国殖民地牙买加的属地，由牙买加总督全权管辖。1962年牙买加独立后，群岛才单独成为英国直辖殖民地，由英女王任命的总督行使管辖权。现为英国的海外领地（British Overseas Territory）。

政 治

近年来，开曼群岛政局基本稳定。2009年5月20日举行议会选举，在野的联合民主党获胜，同时举行的全民公投通过宪法修正案。11月6日，开曼新宪法生效，政府事务领袖麦克基瓦·布什（McKeeva Bush）成为开曼第一任总理。

2010年1月，新总督泰勒任职。2011年9月，弗兰茨·曼德森（Franz Manderson）被任命为副总督（2012年1月就任），他是开曼群岛第二位副总督。2012年12月18日，议会以11票对3票通过一项对总理布什的不信任案。12月19日，总督泰勒解除布什的总理职务，任命朱莉安娜·奥康纳—康诺利（Julianna O'Connor-Connolly，女）为总理，她是开曼群岛第一位女总理，同时兼任财政部长。

【宪法】现行宪法于2009年11月6日生效。

【议会】称立法会议（Legislative Assembly），任期四年，由选举产生的15名议员组成（根据2009年宪法，从下届议会起选举产生的议员增加到18名，另有两名来自内阁的当然成员）。本届议会于2009年5月20日选举产生，联合民主党9席，人民进步运动5席，独立人士1席。议长玛丽·劳伦斯（Mary Lawrence，女）。

【政府】内阁（Cabinet）通常由在议会中占多数议席的政党组成，由总督主持，包括两名官方成员（副总督和总检察长）和5名当选成员（称为部长，其中1名任总理）。官方成员由总督任命，在议会中无席位；5名部长由议会议员选举产生。本届内阁于2009年11月组成，2012年12月布什总理被解职后，人员及职务有所调整，主要成员为：总督邓肯·泰勒，总理兼财政、区域管理、劳工和土地部长朱莉安娜·奥康纳-康诺利，教育、财政服务、培训和职业部长罗斯顿·安格林（Rolston Anglin），卫生、环境、青年、体育和文化部长马克·苏格兰（Mark Scotland），旅游和发展部长克莱因·格利登（Cline Glidden），社区、性别事务和住房部长道恩·西摩（Dwayne Seymour），副总督弗兰茨·曼德森，总检察长塞缪尔·保尔金（Samuel Bulgin）。

政府网址：http：//www.gov.ky/portal/page?_pageid=1142，1&_dad=portal&_schema=PORTAL。

【司法机构】设有即决法院（包括青少年法院）、群岛大法院（相当于最高法院）和上诉法院（在牙买加）。英国枢密院为最高上诉机关。大法院每年开庭六次，审理民事和刑事案件，接受即决法院的上诉。首席法官安东尼·斯梅利（Anthony Smellie）。

【政党】目前主要有两大政党：

（1）联合民主党（United Democratic Party，UDP）：2001年成立。2001年11月至2005年5月执政。2009年重新执政。领袖为前总理麦克基瓦·布什。

（2）人民进步运动（People's Progressive Movement，PPM）：2002年成立，2005 ~ 2009年执政。领袖库尔特·特贝茨（Kurt Tibbetts）。

【重要人物】邓肯·泰勒：总督，英国外交官。1958年10月17日出生。1982年进入英国外交与联邦事务部（FCO）。2005年被任命为英国驻巴巴多斯及东加勒比地区专员，辖涵盖安提瓜和巴布达、格林纳达、多米尼克等7国。2010年1月被任命为开曼群岛总督。已婚，有二子三女。 **朱莉安娜·奥康纳—康诺利**：总理，女。生于1962年。在利物浦大学获得法律学位。1996年当选为议员。1997年任社区事务、体育、妇女、青年和文化部长，也是开曼群岛第一位女部长。2001年联合民主党成立，她是创建者之一。2001 ~ 2003年任议长。2003 ~ 2005年任计划、通信、区域管理和信息技术部长。2009年11月任布什政府副总理兼区域管理、工程和性别事务部长。2012年12月接替布什任总理。

经 济

金融服务和旅游业是两大经济支柱。由于没有直接的税收，该地区成为繁荣的离岸金融中心。旅游业约占地区生产总值的70%和外汇收入的75%。旅游业是针对高端市场，主要是为了迎合北美游客，约有一半游客来自美国。岛上的食品和消费品约90%必须进口。2010年主要经济数据如下：

地区生产总值：23.358亿开曼元。

人均地区生产总值：43800美元（2004年估计）。

地区生产总值增长率：-2.3%。

货币名称：开曼元；1元＝100分。

汇率：1美元＝0.83开曼元（2010 ~ 2012年估计）。

通货膨胀率：1.2%（消费价格2012年估计）。

失业率：4%（2008年）。

【工业】规模极小。2010年估计工业产值占地区生产总值的50.7%。发电5.935亿千瓦小时主要生产建材、首饰、家具、食品和化学包装用具。

【农业】受土地贫瘠、雨水少、劳动力费用高等因素的制约，农业很不发达，2010年估计农业产值仅占地区生产总值的0.5%。主要作物为蔬菜、热带水果等。90%以上的粮食靠进口。

【金融服务业】经济的重要部门。由于开曼政局稳定，没有外汇限制，不收直接税，并严格遵守金融保密法，该群岛成为世界最大的离岸金融中心之一，设有证券交易所。截至2008年，超过9.3万家公司在开曼注册，其中包括近300家银行、800家保险公司和10000家共同基金。

【旅游业】主要经济支柱，以豪华旅游为发展方向，主要面向北美游客，旅游业收入占外汇收入的75%左右。2002年旅游收入为5.85亿美元，2008年抵达游客总数超过190万人次。

【交通运输】公路：785公里。2000年注册的机动车为2.48万辆。

水运：有船通往佛罗里达、牙买加、哥斯达黎加和海地。主要港口是乔治敦。2000年国际货运量为2.39亿吨。

空运：有通往美国休斯敦、迈阿密和牙买加金斯敦的定期航班。有两个国际机场：欧文·罗伯茨机场和杰勒德·史密斯机场，均可供喷气客机起降，有8个航空公司在此运营。岛屿之间有国内航线。

【财政金融】财政年度从每年的7月1日至翌年的6月30日。政府财政收入主要来自进口税、印花税、注册费、版权税、财产税和旅游者税。2012年估计，预算收入7.234亿美元，支出7.428亿美元，税收及其他收入占地区生产总值32.1%，预算赤字占地区生产总值0.9%。

【对外贸易】每年贸易赤字巨大，90%的食品和消费品均需要进口。但是，旅游和来自境外金融业的收入以及国外汇款大体上将其抵消。2012年估计，出口额为4260万美元，进口额为7.968亿美元。主要出口产品有海龟肉、皮革和贝壳等；主要进口产品有机械、运输设备和食品等。主要贸易伙伴是美国、荷属安的列斯、日本。

人民生活

儿童享受免费医疗。平均每千人有2.15个医生。2010年人均预期寿命为80.57岁，婴儿死亡率为6.78‰。有固定电话3.8万部（2009年），移动电话3.38万部（2004年），互联网用户2.3万户（2008年）。

军　事

由英国负责防务。

文化教育

【教育】公立学校对5～15岁学生实行免费义务教育。识字率98%。政府开设有一所四年制的大学——开曼群岛大学和一所法律学校。

【新闻出版】主要报刊有《开曼罗盘》和《开曼网络新闻》（均为每周五天出版）及《开曼观察家》（周刊）。

开曼电台：政府商业电台，1976年起用英语全天播音。开曼群岛国际学院电台：1973年创立，播放文化教育节目。

电视台：开曼电视台，1991年成立，全天播放当地及美国新闻娱乐节目。开曼群岛国际电视网：1992年成立，播放当地、加勒比、国际新闻及美国娱乐节目。

对外关系

外交由英国掌管。开曼群岛为万国邮政联盟、国际奥委会、加勒比开发银行成员，联合国教科文组织、加勒比共同体联系成员，设有国际刑警组织开曼群岛支局。2012年开曼群岛派团参加伦敦奥运会。

【同中国的关系】作为离岸金融服务中心之一，一些发达国家（地区）通过开曼群岛对华进行投资。而开曼群岛也是中国对外直接投资主要流向地之一，2011年，中国对外直接投资流向中国香港、英属维尔京群岛、开曼群岛的共计468亿美元，占到当年流量总额的62.7%。（沉思）

库　拉　索

名称　库拉索领地（Land Curacao），简称库拉索（Curaçao）。

面积　444平方公里。

人口　142180人（2010年1月估计），人口增长率为1.478%（2009年估计）。主要为印第安人与欧洲白人的混血后裔。官方语言为荷兰语，通用帕彼曼都语（荷兰语、西班牙语、英语、印度语和西非方言混合而成），也讲西班牙语和英语。居民中80.1%信奉天主教，5.5%信奉基督教新教。

首府　威廉斯塔德（Willemstad），人口约2.07万（2003年估计）。

总督　代理总督阿代尔·范德普鲁伊吉姆—弗雷德（Adčle van der Pluijm-Vrede，女），2012年11月24日就任。

重要节日　女王日：4月30日，系荷兰已故王太后朱丽安娜生日（1909年）和现女王贝娅特丽克丝即位日（1980年），即荷兰国庆日。

简　况

包括库拉索岛（Curaçao）和邻近无人居住的小库拉索岛（Klein Curacao），位于东加勒比海南部，南距委内瑞拉北岸55公里。属热带气候，年平均最高气温31.2℃，最低气温25.6℃。年均降水量553.4毫米。

岛上最早的居民是印第安部族阿拉瓦克人。1634年，荷兰人占领库拉索。1954年，库拉索与阿鲁巴（Aruba）、荷属圣马丁（Sint Maarten）、博奈尔岛（Bonaire）、萨巴岛（Saba）、圣尤斯特歇斯岛（St Eustatius）组成荷属安的列斯（Netherlands Antilles），成为荷兰王国的一个单独的政治实体（1986年1月1日，阿鲁巴脱离荷属安的列斯）。2010年10月10日，荷属安的列斯解体，根据各岛公决的结果，库拉索和荷属圣马丁分别成为荷兰王国内单独的政治实体（海外属地），而博奈尔岛、萨巴岛和圣尤斯特歇斯岛则成为荷兰的三个海外特别行政区[也被称为加勒比荷兰（Caribbean Netherlands）]。荷兰继续负责库拉索的防务和对外事务。

政　治

2010年8月27日，库拉索举行了议会选举。9月，议会第二大党库拉索未来运动（MFK）与主权人民（PS）、新安的列斯运动（MAN）决定组建联合政府。10月，荷属安的列斯解体，库拉索未来运动领导人赫里特·肖特（Gerrit Schotte）成为库拉索首任总理。

2011年，岛内政党间矛盾加剧。政府部长更换频繁。2012年8月，由于新安的列斯运动的一名议员撤回对联合政府的支持，肖特总理向总督递交辞呈并解散议会。9月29日，斯坦利·马里奥·贝特里恩（Stanley Mario Betrian）出任临时总理。10月19日，库拉索举行议会选举，主权人民与库拉索未来运动各获得5席，投票率74.5%。11月24日，总督弗里茨·格杰拉德（Frits Goedgedrag）辞职，阿代尔·范德普鲁伊吉姆—弗雷德代理总督职权。12月31日，银行家丹尼尔·霍奇（Daniel Hodge）就任库拉索第三任总理。

【宪法】2010年10月10日起施行基本法（Staatsregeling）。荷兰女王为其元首。

【议会】一院制议会（Staten），由普选产生，有21个议席，任期四年。本届议会于2012年10月19日选举产生，主权人民（PS）5席，库拉索未来运动（MFK）5席，安的列斯重建党（PAR）4席，进步与社会变革党（PAIS）4席，新安的列斯运动（MAN）2席，人民民族党（PNP）1席。

【政府】通常由在议会中占多数议席的政党组成，对议会负责。2010年10月，库拉索未来运动（MFK）与主权人民（PS）、新安的列斯运动（MAN）组建联合政府，赫里特·肖特（MFK）任总理。此后，政府内一些部长有所调整。

2012年8月，联合政府倒台。9月，贝特里恩出任临时政府总理（负责全面工作及司法），四名部长分别为何塞·亚尔迪姆（Jose Jardim，负责财政和经济发展）、斯坦利·波多克（Stanley Bodok，负责卫生、环境与自然、社会发展、劳动）、斯密特（C. G. Smit，负责教育、科学、文化与体育、规划与服务）、多米尼克·阿德里安斯（Dominique Adriaens，10月17日任职，负责交通、运输与统筹）。

2012年12月，主权人民等政党组成联合政府，总理丹尼尔·霍奇。

网址：http: //www.curacao-gov.an/tempsite.nsf（政府）；http: //www.cbs.aw/cbs/home.do（中央统计局）。

【司法机构】设初审法院和联合高级法院。法官由女王任命。

【政党】政党众多，主要政党有：

（1）主权人民（Pueblo Soberano，PS）：执政党之一。2005年建立。领导人赫尔米恩·维尔斯（Helmin WIELS）。

（2）库拉索未来运动（Movementu Futuro Korsou，MFK）：最大反对党。2010年建立。领导人为前总理、反对党领袖赫里特·肖特。

（3）安的列斯重建党（Partido Antia Restruktura，PAR）：反对党。成立于1993年11月。领导人为前荷属安的列斯总理（2006 ~ 2010）埃米莉·德容—埃尔哈格（Emily de JONGH-ELHAGE，女）。

（4）进步与社会变革党（the Party for the Advancement and Social Innovation，PAIS）：领导人阿历克斯·罗萨里阿（Alex Rosaria）。

（5）新安的列斯运动党[Movimentu Antiyas Nobo(New Antilles Movement)，MAN]：反对党。领导人尤尼斯·艾斯登（Eunice EISDEN）

（6）人民民族党（People's National Party，PNP）：领导人汉弗莱·达维拉尔（Humphrey DAVELAAR）

（7）工人解放阵线[Frente Obrero Liberashon（Workers'Liberation Front），FOL]：领导人安东尼·戈德特（Anthony GODETT）。

经　济

旅游、石油提炼（包括石油转运和石油产品）和离岸金融业为库拉索经济的三大支柱。2010年估计，在地区生产总值中，农业占0.7%。工业占15.5%，服务业占83.8%。

地区生产总值在过去十年间略有增长，与该地区其他国家（地区）相比，库拉索享有较高的人均收入和发达的基础设施。有一个天然良港，可停泊大型油轮。委内瑞拉国家石油公司从库拉索政府租赁岛上的一个炼油厂，炼油厂的大部分石油是从委内瑞拉进口的，石油产品大部分出口到美国。几乎所有的消费品和资本货均需进口，主要进口来源国是美国、巴西、意大利和墨西哥。政府正试图使其工业和贸易多样化，并已经与欧盟签署了一项协议。而政府预算问题使得医疗卫生改革和由于人口老龄化引起的养老金制度改革更加复杂化。主要经济数据如下：

地区生产总值：50.8亿美元（以购买力平价计算为23.38亿美元，2008年估计）。

人均地区生产总值：15000美元（购买力平价，2004年）。

地区生产总值增长率：3.5%（2008年）。

货币名称：荷属安的列斯盾。

汇率：1美元＝1.79荷属安的列斯盾（2011年估计）。

通货膨胀率：2.6%（2011年估计）。

失业率：10.3%（2008年估计）。

【农业】土壤贫瘠和供水不足，阻碍了农业的发展。

【工业】以石油提炼为主。2008年发电量为11.67亿千瓦小时（估计）。

【旅游业】国民经济的支柱之一。该岛终年阳光充足，气候宜人，热带风光独具一格。

【交通运输】无铁路。公路长550公里，有全天候的公路网。水路交通发达，主要港口威廉斯塔德。有一个机场。

【财政金融】2010年估计财政预算收入为5.423亿美元，支出为5.87亿美元，税收和其他收入占地区生产总值的10.7%。2011年估计财政预算赤字占地区生产总值0.9%。

【对外贸易】2011年（估计）进口额为25亿美元，出口额为15亿美元。主要进口产品有原油、食品和机械设备等，主要出口产品有石油产品。

人民生活

库拉索是加勒比地区生活水平较高的地区之一，其人居人均地区生产总值排名居世界第28位（按购买力平价居第46位）。政府对居民提供免费医疗，对低收入者、政府公务员及其家庭成员以及参加社会保险的私营企业雇员及家庭提供免费医疗服务。2009年居民平均期望寿命男72.4岁，女80.1岁。

军　事

防务由荷兰负责。荷兰皇家海军在加勒比地区有常驻部队，并在库拉索设有基地。

文化教育

【教育】对4 ~ 16岁儿童实行义务教育。教育制度与荷兰类似。初等教育从6岁开始，学制6年。中等教育学制5年。

【新闻出版】有政府主办的一家电视台和一家广播电台，另有几家私人电台。

对外关系

外交由荷兰掌管。库拉索为万国邮政联盟（UPU）、国际电信联盟（ITU）和金融行动特别工作组（FATF）成员，联合国教科文组织（UNESCO）、世界旅游组织（UNWTO）联系成员，加勒比共同体（Caricom）观察员。

【同中国的关系】2011年1月8 ~ 14日，中国驻荷兰大使张军访问荷兰王国海外领地库拉索、阿鲁巴及荷属圣马丁，与上述三地区领导人举行了会谈，看望了三地区华侨华人代表并与侨界举行座谈。在访问库拉索期间，张军大使分别与库拉索总督弗里茨·格杰拉格、总理赫里特·肖特、经济部长哈基姆（El Hakim）、外事局长约莱德·容—梅塞利纳（Jollede Jong-Mercelina）举行了会谈，还应约会见库副总理兼城市规划部长以及库商会会长、商会主席、可口可乐公司董事长等工商界人士。张军大使在同三地区领导人会谈会见中详细介绍了当前中荷关系现状以及中荷经贸交往情况，表示中方重视与荷兰王国的关系，尊重荷兰王国政治制度和政治构架，尊重三地区人民选择的发展道路，愿在中荷关系的总体框架下，发展与三地区的关系。中国与荷兰王国关系的良好势头，为发展与三地区的关系创造了更加有利的条件。中方愿在相互尊重、平等互利的基础上，加强与三地区人员往来、经贸合作和文化交流，进一步增进相互了解，实现互利共赢。三地区领导人欢迎张军大使来访，简要介绍了各自当前政治经济形势，表示三地区地理位置特殊、基础设施完善、投资环境优越，希更多的中国企业能够来该地区投资兴业。与此同时，中国经济的快速发展为深化双方各领域的交流与合作带来了良好契机，三地区愿加强与中方在可再生能源、旅游、远洋航运等领域的合作，不断提升双方交流与合作水平。（石宜　卜阂）

马尔维纳斯群岛

名称　马尔维纳斯群岛（Islas Malvinas，以下简称“马岛”），英国称福克兰群岛（Falkland Islands）。

面积　12173平方公里（马岛地方政府网站）。

人口　3140人（2008年），其中55岁或以下人口占78%，90%以上是英国移民及后裔。讲英语。居民中80%信奉基督教。

首府　阿根廷港（Puerto Argentino），英国称斯坦利（Stanley）。人口2115人（2006年）。

总督　奈杰尔·海伍德（Nigel Haywood）。2010年10月16日就任马岛第34任总督。

简　况

位于阿根廷南端以东的南大西洋水域，西距阿根廷483公里，与巴塔哥尼亚大陆架相连。由索莱达（东福克兰）、大马尔维纳（西福克兰）两大岛和200多个小岛组成。海岸曲折，海岸线长1288公里。北部两条东西走向的山脉贯穿两大岛并延伸到周围岛屿，最高峰705米。岛上多丘陵，河流短小流缓。属海洋性气候，多风、寒湿。1月平均气温（最热月）9.4℃，7月（最冷月）2.3℃，年平均气温5.6℃。全年雨量均衡，年均降水量625毫米，一年中雨雪天气250天左右。岛上植被为浓密矮小的亚灌木干草原，鸟类、企鹅及海豹等海洋哺乳动物繁多。马岛当局专设有自然保护区。

马岛西望南大西洋和南太平洋的交通要道——麦哲伦海峡，战略地位十分重要，历史上是世界海上强国争夺之地。

阿根廷历史学家认为马岛是1520年由葡萄牙人

发现的。英国学者则认为英国航海家戴维斯1592年最先发现马岛。1690年，英国船长约翰·斯特朗最先在西岛登陆。18世纪中叶，法、英先后在两大岛上建立居民点并少量驻军。1770年西班牙开始管辖群岛，1767～1811年共任命了32任总督，但英以最先发现为由，声称仍对群岛拥有主权。阿于1816年独立后即宣布继承西班牙对马岛的主权，马岛为其领土不可分割的一部分，并任命马岛地方官员，拒绝英对马岛的主权要求。1833年1月，英武装占领马岛，驱逐了阿驻岛总督和岛上居民。此后两国对马岛主权之争从未间断。阿历届政府始终将收复马岛主权作为对外政策的重要目标。

二战结束后，阿英两国断续进行了多次谈判，但没有结果。1972年，在马岛附近海域发现了丰富的石油和天然气资源，估计储量为英国北海油田的数倍，马岛问题谈判变得更加复杂。1982年2月，谈判再次破裂。同年4月2日，阿政府派兵占领马岛，英宣布与阿断交并派出特遣舰队，“马岛战争”爆发。6月14日，英军攻占马岛首府，驻岛阿军宣布投降。战后，马岛开始使用自己的宪法、货币、旗帜和国徽，以体现岛民“自治”。阿曾提出按“香港租借”方式解决马岛问题和向马岛派遣联合国和平部队等建议，均遭英拒绝。1986年，英宣布马岛周围150海里为“渔业保护区”，并于1993年将“保护区”扩大为200海里，阿方就此提出强烈抗议。几经谈判，阿英于1990年达成复交协议，但英一直拒绝讨论马岛主权问题，阿则将对马岛的主权要求写入1994年宪法，声明“阿根廷对马尔维纳斯群岛、南乔治亚和南桑德韦奇群岛及周边海域拥有合法的、不受时限约束的主权。在尊重国际法和岛上居民生活方式的基础上，收复并完全恢复行使上述地区主权，是阿根廷人民永不改变、永不放弃的目标”。

1989年和1990年，阿英两国发表《马德里联合声明》，同意在“搁置主权”的方式下，就开展马岛地区合作进行谈判，并达成一系列谅解。1990年，两国发表关于保护渔业资源的联合声明，并成立南大西洋渔业委员会。1995年9月，阿英达成在马岛水域共同勘探开采油气资源的协议，并建立了磋商和信息交流过渡制度，规定双方军队的直接接触必须受两国外交部的监督。1998年10月，梅内姆总统访问英国。1999年3月，英国王储查尔斯访问阿根廷，是1925年以来第一位访阿的英国王储。同年，两国发表《建立信任、缓解紧张状态》的联合声明，并就阿公民持本国护照赴马岛、石油开采、打击非法捕鱼、通信、巡逻等达成协议，同意在马岛达尔文公墓建立阿根廷阵亡将士纪念碑；两国海军亦在南大西洋举行了马岛战争后首次联合军事演习。

2003年，阿英两国外交部就开通阿根廷至马岛直航航班问题进行了数次接触，但未达成协议。当年11月，阿方停止向非定期飞往马岛的阿旅游包机颁发许可证。

2005年以来，英单方面决定将在马岛附近海域捕鱼许可证期限由原来的1年延长至25年，并开始为油气公司在马岛附近海域进行勘探开发活动颁发许可证，阿对此提出强烈抗议，认为英单方面举动违背了联合国的相关决议，无助于为重启谈判创造良好气氛，并于2007年3月宣布中止与英的相关合作，中断南大西洋渔业委员会会议，禁止第三国渔业公司持马岛当局颁发的许可证在马岛海域进行捕捞作业，并停止执行关于油气资源合作的共同声明。2007年12月，《里斯本条约》将马岛列为欧盟海外领地，阿政府就此向欧方提出抗议并重申对马岛的主权。2008年以来，阿政府多次就英方在马岛设立火箭发射场、制定马岛新“宪法”、单方面开采马岛海域油气资源等提出强烈抗议。2011年，英政府宣布将举行“马岛战争”胜利30周年庆祝活动并派威廉王子登岛服役，计划在马岛附近海域建立自然保护区。阿方表示强烈不满，阿政府宣布禁止未经阿方许可的船只通过马岛水域。

阿历届政府均重申对马岛的主权要求，呼吁英方早日与阿就马岛主权问题重开谈判，以找到公正、和平、持久的解决办法；同时坚持马岛主权问题只能在阿、英两国政府间解决，拒绝接受马岛当局参与主权谈判。

阿对马岛的主权要求得到了世界上大多数国家的支持。1965年，第20届联大通过2065号决议，呼吁阿英通过谈判，和平解决马岛主权争端。1982～1990年，联大每年审议马岛议题，并先后通过7项决议，敦促阿英政府恢复谈判，尽早解决这一主权争端。自1991年起，联大每年将该问题推迟至下届联大审议，未再进行实质性讨论，亦未通过新决议。1983年至今，联合国非殖民化特别委员会会议（英不参加）每年均以协商一致的方式通过与联大关于马岛问题决议内容相似的决议。1999年，联合国秘书长安南表示，将尽一切努力促成阿英谈判，以尽快结束马岛“殖民地状态”。美洲国家组织、南美国家联盟、里约集团、南方共同市场等地区组织和伊比利亚美洲首脑会议、南美—阿拉伯国家会议等多边机制亦多次通过决议或声明，敦促阿英政府依照联合国有关决议就马岛主权重开谈判，尽早和平解决争端。

政　治

根据马岛1985年自定的宪法，马岛属英海外领地，除外交与军事事务外，由岛民实行“自治”。总督代表英女王行使权力。马岛地方政府由农业、渔业、矿业、教育、卫生和社会福利等22个部门组成。设立法委员会和行政委员会。立法委员会有委员8人，选举产生，任期四年，在总督主持下不定期开会，但每年至少举行四次，负责制定维护本岛法律、秩序、立法权和行政权的法案，但须提交英国女王，经英外交大臣批准方能生效。本届立法委员会2009年11月经选举产生，任期至2013年11月。每年立法委员会从其成员中挑选三名，与首席行政官和财政官一起组成行政委员会，每月定期举行会议，负责向总督提出有关行政方面的建议。总督、首席检察官和英在南大西洋岛屿驻军司令有权出席上述两个委员会会议，并有发言权。英在马岛有海、陆、空驻军约1700人。

2008年6月11日，英国政府批准了马岛新"宪法"，以进一步加强岛上居民的民主和"自决"权利，并就总督权力等问题作出了重大修改。新"宪法"于2009年1月1日生效。

经济

羊毛和渔产品加工业是马岛传统支柱产业。近年来，颁发石油开采许可证和捕鱼许可证成为马岛当局主要收入来源。目前除国防支出仍由英国负担外，马岛当局已实现财政自理。2007年国内生产总值约为1.04亿英镑，人均GDP为34944美元。2009/2010年度，马岛财政收入4240万英镑，财政支出4760万英镑。英国每年向马岛划拨7000万英镑，用于维护驻马岛军事基地。

2004年出口额为1.25亿美元，主要出口产品为羊毛、肉类、皮革、渔产品，主要出口对象国为西班牙、英国和美国。进口额为9000万美元，主要进口燃料、建材、食品、日用必需品和各类生产资料，主要进口来源国为英国、西班牙和法国。

马岛现行货币为"福克兰镑"，与英镑等值。英镑在岛上可自由兑换。岛上唯一一家银行——渣打银行马岛分行设在阿根廷港（斯坦利）。

岛上电力自给自足，其中30%靠风力发电。2005年发电量1600万千瓦时，用电量1488万千瓦时。燃料全部依赖进口。2006年进口石油12500吨。

【资源】蕴藏丰富的泥炭以及铅、铝、铁、银等矿产资源。近海有石油和天然气，石油预计储量100亿桶，潜在产能50万桶/日。目前马岛油气有限公司正与外国公司合作进行相关勘探工作，但迄今未发现可开采点。

【农牧渔业】岛上土地99%为牧场。全岛农场88家，总面积102.7万公顷。有绵羊约71.2万只，年产羊毛177.6万公斤，产值约300万英镑。毛质优良，主要出口英国等欧盟国家。

渔业资源丰富，马岛渔场是世界最优良的渔场之一。年均捕鱼量约25万～30万吨，主要有鱿鱼、石斑鱼、乌贼、鳕鱼等品种，大部分出口至欧洲和远东市场。2008年捕捞量为27万吨，同比下降10%。自1987年起，马岛当局向在群岛专属区捕鱼的外国渔船征收捕鱼特许税，特许税年均收入约1500万～2500万英镑。2008年，特许税收入为1530英镑。

【旅游业】是马岛第二大产业，年产值约500万英镑。近年来，马岛旅游业发展较快，2008/2009年度游客人数为6.9万人次。主要客源国为美国、加拿大和英国。发行邮票和纪念币也是马岛重要产业。

【交通运输】公路总长约440公里。有7座中小型机场。马岛主要岛屿间有不定期小飞机服务。英国皇家空军一月六次从马岛飞往英国，岛上军民均可乘坐。智利航空公司每周有直航班机从智利飞往马岛。主要港口为阿根廷港（斯坦利港）。达尔文航运公司提供从英国南海岸开往该港的定期航班服务。敦豪国际航空快递公司（DHL）提供邮寄服务。

人民生活

2009年岛上有电话线路2000条，手机用户约3300人，互联网用户约2900人。

全体岛民享受免费医疗，阿根廷港（斯坦利）建有1家医院，共27张病床，1间急诊室，1间产房。对偏远地区农场实行定期出诊。危重病人需送往智利或乌拉圭等国救治。

马岛治安良好，几无犯罪现象发生。

文化教育

【教育】实行11年制免费义务教育制度，采用英国教育和考试体系。首府阿根廷港（斯坦利）有中小学各一所，在其他大农场还开设有三所小规模的学校。另设巡回教师和远程教育系统，负责偏远农村学生教育。每年选送学生去英国学习。2005年全岛共有55名教职员工、400名学生。2009/2010财政年度教育经费为530万英镑。

岛上有2家电视台，8个电台，1份周报《企鹅新闻报》。（马振）

美　国

国名　美利坚合众国（The United States of America）。

面积　962.9091万平方公里（其中陆地面积915.8960万平方公里），本土东西长4500公里，南北宽2700公里，海岸线长22680公里。

人口　3.087亿（2010年人口普查数据，截至当年4月1日）。白人占64%，拉美裔占16.3%，黑人占12.6%，亚裔占4.7%（2010年美人口普查数据，族群划分有交叉）。通用英语。据2007年估算数据，51.3%的居民信奉基督教新教，23.9%信奉天主教，1.7%信奉犹太教，1.7%信奉摩门教，1.6%信奉其他基督教，不属于任何教派的占4%。

首都 华盛顿哥伦比亚特区（Washington D. C.），人口约60万。

国家元首 巴拉克·奥巴马（Barack H. Obama）。美国第44任（第56届）总统，2009年1月20日就职。

重要节日 国庆日：7月4日（美国独立日，1776年）。

简　况 位于北美洲中部，领土还包括北美洲西北部的阿拉斯加和太平洋中部的夏威夷群岛。北与加拿大接壤，南靠墨西哥湾，西临太平洋，东濒大西洋。大部分地区属大陆性气候，南部属亚热带气候。中北部平原温差很大，芝加哥1月平均气温-3℃，7月24℃；墨西哥湾沿岸1月平均气温11℃，7月28℃。

原为印第安人聚居地。15世纪末西班牙、荷兰、法、英等国开始向北美移民。到1773年，英已建立13个殖民地。1775年爆发独立战争。1776年7月4日通过《独立宣言》，正式宣布建立美利坚合众国。1787年制定联邦宪法，1788年华盛顿当选为第一任总统。在1776年后的100年内，美国领土几乎扩张了10倍。2009年1月，奥巴马宣誓就任美国第44任第56届总统。

政　治 奥巴马政府执政后，组建了新的政府内阁班子；将应对经济金融危机作为首要任务，相继推出“美国复苏与再投资法”和“金融稳定计划”等政策措施，实施量化宽松的非传统货币政策，以稳定金融市场、刺激经济增长和创造就业；高度重视能源、气候变化等问题，加大科技研发投入，推行创新战略，倡导发展绿色经济；完成医保、金融监管等经社改革立法，推进教育改革。2010年11月举行国会中期选举，共和党赢得众院多数席位，民主、共和两党分掌国会参、众两院。2011年，奥巴马政府不断调整内外政策，出台削减财政赤字、增加出口、提振就业和提升美竞争力等举措，以进一步提振经济、改善民生。民主、共和两党围绕减赤、上调联邦债务上限及2012财年预算案等议题斗争激烈，联邦政府几乎濒临“关门”和违约边缘。2011年9月，美国内爆发“占领华尔街”运动，一度呈蔓延之势。2012年1月3日，美2012年总统大选正式启动。5月29日，前马萨诸塞州州长罗姆尼赢得得克萨斯州初选，攒足获得提名所需的1144张党代表票，锁定共和党总统候选人提名领先优势扩大，出线前景趋于明朗。民主党方面，奥巴马作为在任总统和民主党唯一竞选人，获得党内总统候选人提名几无悬念，正紧锣密鼓为竞选连任谋篇布局。美总统大选逐渐进入两党对决阶段，选情更趋激烈。

【宪法】1776年7月4日制定了宪法性文件《联邦条例》。1787年5月制定了宪法草案，1789年3月第一届国会宣布生效。它是世界上第一部作为独立、统一国家的成文宪法。宪法的主要内容是建立联邦制的国家，各州拥有较大的自主权，包括立法权；实行三权分立的政治体制，立法、行政、司法三部门鼎立，并相互制约。两个世纪以来，共制定了27条宪法修正案。重要的修改有：1791年9月由国会通过的包括保证信仰、言论、出版自由与和平集会权利在内的宪法前10条修正案，后通称“民权法案”（或“权利法案”）；1865年和1870年通过的关于废除奴隶制度和承认黑人公民权利的第13条和15条修正案；1951年通过的规定总统如不能行使职权由副总统升任总统的第25条修正案。

【国会】国会是最高立法机构，由参、众两院组成。两院议员由各州选民直接选举产生。参议员每州2名，共100名，任期六年，每两年改选1/3。众议员按各州的人口比例分配名额选出，共435名，任期两年，期满全部改选。两院议员均可连任，任期不限。参众议员均系专职，不得兼任政府职务。本届国会（第112届）于2011年1月5日开幕。目前，参议院有民主党人53名，共和党人47名；众议院有民主党人192名，共和党人242名，空缺1名。参议院议长（副总统兼任）小约瑟夫·拜登；临时议长井上健（Daniel Inouye，民主党）；众议院议长约翰·博纳（John Boehner，共和党）。

【政府】总统内阁制。总统是国家元首、政府首脑兼武装部队总司令。总统的行政命令与法律有同等效力。总统通过间接选举产生，任期四年。政府内阁由各部部长和总统指定的其他成员组成。内阁实际上只起总统助手和顾问团的作用，没有集体决策的权力。2009年1月20日，巴拉克·奥巴马（Barack H. Obama）宣誓就任总统。副总统小约瑟夫·拜登（Joseph Robinette Biden Jr.）。内阁有15名部长：国务卿希拉里·克林顿（Hillary Clinton，女），财政部长蒂莫西·盖特纳（Timothy Geithner），国防部长利昂·帕内塔（Leon Panetta），司法部长埃里克·霍尔德（Eric Holder，非洲裔），内政部长肯尼斯·萨拉查（Kenneth Salazar），农业部长托马斯·维尔萨克（Thomas Vilsack），商务部代理部长丽贝卡·布兰克（Rebecca Blank，女），劳工部长希尔达·索利斯（Hilda Solis，女），卫生与公众服务部长凯瑟琳·西贝利厄斯（Kathleen Sebelius，女），住房与城市发展部长肖恩·多诺万（Shaun Donovan），运输部长雷蒙德·拉胡德（Raymond LaHood，阿拉伯裔），能源部长朱棣文（Steven Chu，华裔），教育部长阿恩·邓肯（Arne Duncan），退伍军人事务部长埃里克·新关（Eric Shinseki，日裔），国土安全部长珍妮特·纳波利塔诺（Janet Napolitano，女）。

【司法机构】设联邦最高法院、联邦法院、州法院及一些特别法院。联邦最高法院由首席大法官和8名大法官组成，终身任职。联邦最高法院有权宣布联邦和各州的任何法律无效。现任首席大法官小约翰·罗伯茨（John Roberts Jr.）。

【行政区划】全国共分50个州和1个特区（哥伦比亚特区），有3042个县。联邦领地包括波多黎各和北马里亚纳；海外领地包括关岛、美属萨摩亚、美属维尔京群岛等。各州名称：亚拉巴马、阿拉斯加、亚利桑那、阿肯色、加利福尼亚、科罗拉多、康涅狄格、特拉华、佛罗里达、佐治亚、夏威夷、爱达荷、伊利诺伊、印第安纳、艾奥瓦、堪萨斯、肯塔基、路易斯安那、缅因、马里兰、马萨诸塞、密歇根、明尼苏达、密西西比、密苏里、蒙大拿、内布拉斯加、内华达、新罕布什尔、新泽西、新墨西哥、纽约、北卡罗来纳、北达科他、俄亥俄、俄克拉荷马、俄勒冈、宾夕法尼亚、罗得岛、南卡罗来纳、南达科他、田纳西、得克萨斯、犹他、佛蒙特、弗吉尼亚、华盛顿、西弗吉尼亚、威斯康星、怀俄明。

【政党】美国有多个党派，但在国内政治及社会生活中起重大作用的只有共和党和民主党。

（1）共和党（Republican Party）：成立于1854年。1861年林肯就任总统，共和党首次执政。此后至1933年的70多年中，除16年外，共和党一直主政白宫。1933年至2001年之间，曾有艾森豪威尔（1953年1月至1961年1月），尼克松、福特（1969年1月至1977年1月），里根（1981年1月至1989年1月），乔治·H. W. 布什（1989年1月至1993年1月），乔治·W. 布什（2001年1月至2009年1月）执政。共和党全国委员会主席现为雷恩斯·普利巴斯（Reince Priebus）。该党没有固定的党员人数，一般在总统大选中投共和党候选人票者就成为其党员。

（2）民主党（Democratic Party）：1791年成立，当时称共和党。1794年改称民主共和党，1828年改为民主党。1861年南北战争前夕，民主党内部分裂，该党的南方奴隶主策划叛乱。南北战争结束后，民主党在野24年。1885年克利夫兰当选总统。此后该党又大部分时间在野。1933年开始，民主党人罗斯福、杜鲁门、肯尼迪、约翰逊、卡特、克林顿、奥巴马先后当选总统执政。现任全国委员会主席为黛比·舒尔茨（Debbie Schultz）。该党没有固定的党员人数，一般在总统大选中投民主党候选人票者就成为其党员。

（3）其他政党有绿党（Green Party）和改革党（Reform Party）等。

【重要人物】**巴拉克·奥巴马：**总统，民主党。1961年8月4日生于夏威夷州火奴鲁鲁市，父亲来自肯尼亚一部落首领家庭，母亲出生于堪萨斯州白人工薪家庭。1983年获哥伦比亚大学国际关系专业学士学位。1991年获哈佛大学法学博士学位。1996年当选伊利诺伊州参议员。2004年当选伊州联邦参议员。2008年11月当选总统，成为美国历史上首位非洲裔总统。 小

约瑟夫·罗比内特·拜登：副总统，民主党。1942年生于宾夕法尼亚州。1965年获特拉华大学历史学与政治学双学位。1968年获锡拉丘兹大学法学博士学位。1972年当选特拉华州联邦参议员。曾任参议院对外关系委员会主席。2008年11月当选副总统。

经　济

美国有高度发达的现代市场经济，其国内生产总值和对外贸易额均居世界首位。2001年，美国经济在经历长达十年的增长后陷入短暂衰退，之后进入新一轮繁荣期。2007年，美国经济下行因素增多，7月次级房贷危机全面爆发。2008年9月，随着雷曼兄弟等多家金融机构接连破产、被兼并或由政府接管，美国次贷危机迅速升级演变成大萧条以来最严重的国际金融危机。金融系统损失重大，信贷市场迅速萎缩，实体经济深度衰退，市场信心受到严重影响，创近60年来最严重衰退纪录。奥巴马政府上台后实施大规模刺激经济计划，2009年下半年起，美国经济金融形势开始好转，国内生产总值恢复增长。2010年，美经济继续复苏，全年GDP增长率达3.0%，经济总量基本恢复至危机前的水平。2011年，美经济继续保持温和复苏势头，四个季度经济增速分别为0.4%、1.3%、1.8和3.0%，全年经济增长率为1.7%。2012年以来，美经济继续保持温和增长，工业生产、商品零售、居民收入、房地产价格等均有所回升，制造业持续扩张，但经济增速放缓，第一季度仅为1.9%，3～5月份失业率小幅反弹至降至8.2%的新低，同时仍面临失业率高企、财赤问题恶化、联邦债务规模攀升、房地产行业低迷等问题。2011年主要经济数据如下：

国内生产总值（GDP）：150940亿美元（按当年价格计算）。

人均国内生产总值：48147美元（根据IMF数据）。

实际国内生产总值增长率：1.7%。

通货膨胀率：3.2%。

失业率：8.9%（全年平均）。

【资源】自然资源丰富，矿产资源总探明储量居世界首位。煤、石油、天然气、铁矿石、钾盐、磷酸盐、硫磺等矿物储量均居世界前列。其他矿物有铜、铅、钼、铀、铝矾土、金、汞、镍、碳酸钾、银、钨、锌、铝、铋等。战略矿物资源钛、锰、钴、铬等主要靠进口。截至2010年底，美国已探明原油储量206.8亿桶，居世界第13位。目前，美国已探明天然气储量7.716万亿立方米，居世界第五位；已探明煤储量4910亿短吨，居世界第一。森林面积约44亿亩，覆盖率达33%。

【工业】2011年，美国工业生产增长率约为4.1%，占当年美国国内生产总值的19.2%。工业就业人数约占全部就业人口的20.3%。制造业在工业中占有主导地位，产值约占美国国内生产总值的11%，是美国经济的重要基础支柱。但近年来，美国产业转型加快，制造业所占比重呈下降趋势，劳动密集型产业进一步被

淘汰或转移到国外。与此同时，信息、生物等高科技产业发展迅速，利用高科技改造传统产业也取得新进展。美国主要工业产品有汽车、航空设备、计算机、电子和通讯设备、钢铁、石油产品、化肥、水泥、塑料及新闻纸、机械等。近几年部分工业产品产量如下：

	2007	2008	2009
原油（百万桶）	1848.0	1811.0	1956.0
煤（百万短吨）	1146.6	1171.8	1072.8
发电量（十亿度）	4156.7	4119.4	3953.1

近几年主要金属产量如下：

	2007	2008	2009
金（吨）	238	233	210
银（吨）	1280	1230	1230
铜（千吨）	1170	1310	1190
铁（百万吨）	51	54	28
锌（千吨）	769	748	670
铅（千吨）	434	399	400

近几年各种能源产量如下（单位：万亿英国热单位）：

	2007	2008	2009
总产量	71.61	73.42	72.97
化石燃料	56.45	57.61	56.86
核电	8.45	8.43	8.35
可再生能源	6.71	7.38	7.76

2011年美国原油产量20.65亿桶，进口41.46亿桶，出口10.67亿桶。天然气产量28.58万亿立方英尺，进口3.46万亿立方英尺，出口1.51万亿立方英尺。

【农业】农业高度发达，机械化程度高。2011年农业产值约占国内生产总值的1.2%。农、林、渔等部门就业人数约占总就业人口的0.7%。2009年共有农场220万个，耕地面积9.20亿英亩。2010年美国粮食产量约占世界总产量的16.5%。2011财年农产品出口总额为1374亿美元，中国首次成为美国农产品最大出口市场，出口额接近200亿美元，出口产品包括大豆、棉花、坚果和毛皮等。当年美国农产品进口总额为947亿美元。

2009年主要农产品产量：小麦60.3百万吨；玉米333.0百万吨；大豆91.4百万吨；大米（已加工）6.9百万吨；棉花12.2百万包。

2009年主要农产品出口量：小麦23.6百万吨；玉米49.0百万吨；大豆39.7百万吨；大米（已加工）3.3百万吨；棉花12.3百万包。

2009年主要农产品产量占世界总产量比重：小麦8.9%；玉米41.2%；大豆35.2%；大米（已加工）1.6%；棉花（百万包）11.9%。

2009年主要农产品出口占世界总出口量比重：小麦18.3%；玉米57.0%；大豆45.4%；大米（已加工）11.2%；棉花（百万包）34.7%。

【服务业】2011年服务业创造的产值约占国内生产总值的79.6%。据估计，各项服务行业就业人数约1.2亿，占总就业人口的79.1%，其中管理、专业、技术类领域就业人数占总就业人数的37.3%，销售等领域就业人数占24.2%，其他服务行业占17.6%。最大的四家零售商为：沃尔玛、西尔斯·雷巴克、塔尔盖特、联邦百货。最大的三家人寿保险公司为：大都会人寿保险、宝德信金融集团、纽约人寿保险。

【旅游业】在遭遇“9·11”恐怖袭击后，美国旅游业2001年、2002年连续两年下滑，2003年起开始恢复。目前，旅游业已成为美国最大服务出口行业。据美国商务部数据显示，2011年，美国旅游业接待外国游客6200万人次，同比增长4%；旅游业带来的直接产出为8141亿美元，累计总产值约1.37万亿美元，吸纳了750.5万就业人口。外国游客主要来自加拿大、墨西哥、英国、法国、巴西、日本、中国等国，参观的主要城市依次为：纽约、洛杉矶、旧金山、迈阿密、奥兰多等；主要州依次为：纽约、加利福尼亚、佛罗里达、内华达、夏威夷等。

【交通运输】美国拥有完整而便捷的交通运输网络，运输工具和手段多种多样。2011年，美国交通运输和仓储业产值为4188亿美元，约占美国经济总量的2.8%，吸纳了约3%的就业人员。

铁路：由于近年油价高企导致公路、航空运输成本上升，二战以后总体处于衰落状态的铁路运输近年重现繁荣，铁路总长约达22.5万公里，居世界第一。最大的铁路公司依次为：太平洋联合、伯林顿圣达菲、CSX、南方诺福克等。

公路：2008年道路总长650.6万公里，其中高速公路总里程7.504万公里，世界排名第一。

水运：2007年共有1030.8万总注册吨位。此外，美国的很大部分船队是在巴拿马和利比里亚注册的。2008年，美国内河航道总长4.1万公里，居世界第四位，其中1.9万公里可用于商业航行。

空运：航空运输在交通运输中的比重逐年提高。目前，美国国内客货空运约占世界总量的50%。2010年，美国共有机场约15079个。主要航空公司是：美国航空、联合航空、德尔塔、西北、大陆航空等。主要航空业制造公司为：波音—麦道公司、洛克希德—马丁公司、联合技术公司。主要航空港是：芝加哥、亚特兰大、达拉斯、洛杉矶、旧金山、丹佛、底特律等。

管道运输：2009年，美国输油管道总长24.46万公里，天然气管道总长54.87万公里。

【财政金融】美国规定，其财年为每年10月1日至次年9月30日。

20世纪60~70年代，美国政府奉行“凯恩斯主义”的赤字财政政策，大幅增加社会福利和军事支出。

80年代，里根政府一方面减免税收，另一方面扩大政府支出特别是军费开支，导致美联邦财政赤字急剧扩张。1992年，美联邦财政赤字达2904亿美元，占当年美国内生产总值的4.9%。1993年克林顿政府上台后将“减赤”作为施政重点之一。90年代美国经济持续增长使税收收入大幅增加，同时克林顿政府加强了税收征管，美联邦财政于1998财年转亏为盈，出现692亿美元的盈余。布什政府期间，一方面通过减税刺激经济复苏，另一方面大幅增加反恐及军费开支，从2002财年起美联邦财政重现赤字。奥巴马政府就任后，为摆脱经济危机，推出大规模刺激经济计划和金融援助措施，2009、2010、2011财年美联邦财政赤字分别高达1.4万亿、1.29万亿和1.3万亿美元。

2006年起，美国房市陷入衰退，而房贷利率上升，次级房贷违约率大幅上升。次级房贷是指金融机构向信用记录较差、还款能力较弱的客户发放的高息房贷。2007年3月起，30多家大型房贷机构因次贷违约率过高申请破产，大量购买次贷债券的其他金融机构随即遭受巨额损失。7、8月间，美国股市、债市大幅震荡，次贷危机全面爆发。2008年3、4月间，以美国第五大投资银行贝尔斯登被强制收购为标志，美国次贷危机由房地产领域的局部性危机骤然升级为影响美国金融体系正常运转的系统性危机。2008年9月以后，随着雷曼兄弟、美国国际集团等多家重量级金融机构短时间内集中破产、被兼并或由政府接管，次贷危机迅速演变成大萧条以来最严重的金融危机。美国五大投资银行一家破产，两家被收购，两家转型，花旗等大型银行也蒙受重大损失；大批对冲基金遭到毁灭性打击；股票市场深度下挫，信贷融资市场迅速萎缩，市场功能和信心受到严重影响。由于美国金融市场的全球化，许多国家的中央银行、政府投资机构、商业银行等都大量持有美国次贷衍生金融资产。美国金融体系和市场剧变引发了全球范围的连锁反应，其资产损失、流动性风险、偿付风险也迅速向全球其他经济体扩散。奥巴马政府就任后，实施了大规模金融救市计划，2009年下半年起美金融体系逐步恢复稳定。2010年7月，奥巴马政府签署《多德—弗兰克华尔街改革和消费者保护法》，开启美国自“大萧条”以来最严厉的金融监管改革。

目前，美国主要商业银行有：

（1）摩根大通（J. P. Morgan Chase）：2000年12月由J. P. 摩根公司和大通—曼哈顿公司合并而成，总部设在纽约。

（2）美国银行（Bank of America Corp）：原中文名“美国美洲银行”，创建于1968年10月，总部设在旧金山。

（3）富国银行（Wells Fargo）：创立于1852年，总部设在旧金山，是美国唯一一家获得AAA评级的银行。

（4）花旗集团（Citigroup）：1955年纽约花旗银行与纽约第一银行合并，改名为纽约第一花旗银行，1962年改为第一花旗银行，1967年改为花旗公司。总部设在纽约。1998年与旅行者集团合并组建花旗集团，成为世界上最大的金融服务公司。

【对外贸易】美国是世界上第一大进口国和第三大出口国。奥巴马政府高度重视出口，将扩大出口作为带动美国经济复苏的重要举措之一。2010年3月，奥巴马签署行政法令《国家出口倡议》，加大对美国出口企业的支持力度，提出未来五年美国出口额翻一番的目标。

美国主要出口商品为：化工产品、机械、汽车、飞机、电子信息设备、武器、食品、药品、饮料等。主要进口商品是：食品、服装、电子器材、机械、钢材、纺织品、石油、天然橡胶以及锡、铬等金属。

2011年美国前五大货物贸易伙伴为加拿大、中国、墨西哥、日本和德国。美国前五大货物出口市场为加拿大、墨西哥、中国、日本和英国。美国前五大货物进口市场为中国、加拿大、墨西哥、日本和德国。

2011年，美国商品和服务贸易总额为4.77万亿美元，较2010年增长14.2%；其中出口额为2.11万亿美元，同比增加14.6%；进口额为2.67万亿美元，同比增加14.0%；逆差5600亿美元，同比增加12.0%。

按中方统计，2011年中美货物贸易额达4466.5亿美元，同比增长15.9%。其中中国对美出口额3245亿美元，同比增长14.5%；中国自美进口额1222亿美元，同比增长19.6%。中方顺差2023亿美元，同比增长11.6%。中美互为第二大贸易伙伴。美国是中国第二大出口市场、第六大进口来源地。近几年美国对外贸易情况如下（单位：亿美元）：

	2009	2010	2011
商品和服务进口总额	19457	23297	26650
商品和服务出口总额	15708	18318	21050
逆　差	3749	4978	5600

【对外投资和外国资本】据统计，截至2011年底，美国对外直接投资总额约4.5万亿美元，吸收外国直接投资约3.5万亿美元。

据中方统计，截至2011年底，美国对华投资项目累计达61068个，实际投入676亿美元。目前，美国仍是中国外资最大的来源地之一。

截至2011年底，中国企业在美直接投资约60亿美元，投资范围广泛，涉及工业、科技、服装、农业、餐饮、食品加工、旅游、金融、保险、运输和工程承包等各领域。

【对外援助】据美国国际开发署统计，2009年美国对外援助共计449.57亿美元，其中对外经济援助339.47亿美元，对外军事援助110.10亿美元，主要投向南亚、中东、北非和非洲撒哈拉沙漠以南地区。其中，美国最大受援国阿富汗获得30.46亿美元的经济援助，57.18亿美元的军事援助；第二大受援国以色列获得5200万美元的经济援助和23.80亿美元的军事援助。

【主要大公司】在《福布斯》网站2011年4月公布的全球企业2000强中，美国公司占据536席，遥遥领先，其中前十位的排序如下：

摩根大通（J.P. Morgan Chase）；通用电气公司（General Electric）；埃克森·美孚公司（Exxon Mobil）；伯克希尔哈撒韦公司（Berkshire Hathaway, Inc. CL A）；花旗银行（Citigroup）；美国富国银行集团（Wells Fargo）；美国电话电报公司（AT&T）；雪佛龙公司（Chevron）；沃尔玛公司（Wal-Mart Stores）；康菲石油公司（ConocoPhillips）。

人民生活

2011年美国个人收入总额为129912亿美元，个人收入主要构成：工资和薪金收入66682亿美元，其他劳务收入16084亿美元，资产收益17900亿美元，转移支付净额（老人、儿童、残疾人、失业、卫生保健等社会福利减去个人社会保险额）23362亿美元。个人可支配收入达115935亿美元。

美国个人净储蓄率一直不高，自20世纪90年代后期不断下降，2005年达到大萧条以来的历史最低点-0.5%。2007年次贷危机引发经济危机以来，美国个人净储蓄率有所上升，2009年升至4.3%，但2011年年底再度降至3.7%。

美国贫富差距较大，反映家庭收入分配差距的基尼系数为0.45，超过警戒水平。2010年，全美共有1.18亿户家庭。所有家庭当年税前收入中位数为49445美元，家庭税前平均收入为67530美元。其中，年收入20万美元以上的最富有家庭占家庭总数的3.8%，其收入约占全民总收入的近一半；而15.1%的人生活水平在贫困线以下。

美国的社会福利分为社会保险和非社会保险两种。属于社会保险福利项目的有：老残保险、失业保险和其他就业保险；属于非社会保险福利项目的有：对抚养儿童困难家庭的补助、社会保障收入、食品券、医疗补助、住房补助和能源补助。美国社会保障制度面临诸多问题。

美国的医疗保障体系主要由联邦医疗保险和政府医疗补助两部分组成。联邦医疗保险主要为65岁以上老人、残障人士和晚期肾衰竭病人提供医疗保障，政府医疗补助则是为低收入者及符合特定标准的个人与家庭提供健康保险服务。近年来，美国医疗开支不断攀升，政府财政入不敷出。奥巴马政府执政后，大力推动医保改革立法进程。2010年3月，美国会通过以“全覆盖”和“低成本”为核心的医保改革法案。该法案将使3200万无医保者获保，使美医保覆盖率提高至95%，并在10年内为美财政节省近1400亿美元。但此轮医保改革的实施仍面临阻力。

2011年，预计美国人均寿命为78.37岁，其中男性75.92岁，女性80.93岁；出生率为13.83‰，死亡率为8.38‰，人口增长率为0.963%。

军　事

美国总统兼任武装部队总司令，掌握最高指挥权。进攻性战略武器和核武器的使用权集中在总统手中。国家军事指挥系统由国家安全委员会、国防部和参谋长联席会议组成。国家安全委员会负责向总统提供与国家安全有关的内政、外交和军事政策的综合咨询建议，其法定成员为总统、副总统、国务卿和国防部长4人。参谋长联席会议主席为首席军事顾问，国家情报总监为首席情报顾问，总统国家安全事务助理负责具体协调落实。国防部是总统领导与指挥全军的办事机构，又是向各联合司令部发布总统和国防部长命令的军事指挥机关。参谋长联席会议是总统和国防部长最高军事咨询机构，由主席、副主席、陆军和空军参谋长、海军作战部长及海军陆战队司令组成。国防部长利昂·帕内塔（Leon Panetta）；参谋长联席会议主席马丁·邓普西上将（Martin Dempsey）；国家情报总监詹姆斯·克拉珀（James Clapper）。

截至2011年底，美国现役部队总兵力141.5万人，后备役84.6万人，文职人员79.4万人。在美军现役部队中，陆军55.9万人，海军32.3万人，海军陆战队20万人，空军33.3万人。另外，美国海岸警卫队共4.3万人，平时由国土安全部指挥，战时由国防部指挥。美在海外驻军约40.7万，其中太平洋地区约13.1万人；欧洲地区约7.9万人；中东、南亚和北非地区约19.7万人。其中，美在阿富汗驻军10.2万。美国同世界上40多个国家和地区订有多边和双边军事条约，海外基地与设施共700余个，向40个国家和地区提供军事援助，与90多个国家和地区订有援外军事训练计划。2011年美国军费支出为7110亿美元，2013财年军费预算为6139亿美元。

文化教育

【教育】中小学教育主要是由各州教育委员会和地方政府管理。学校分公立、私立两类。多数州实行十年义务教育。各州学制不一，大部分为小学六年、初中三年、高中三年。高等教育有两年制的初级学院和技术学院，四年制的大学本科和二至四年的研究生院。美国教育部公布数据显示，2008年美国各级教育总支出约计10930亿美元，占当年GDP的7.6%。其中，60.5%用于中、小学基础教育，39.5%用于高等教育及相关科研项目。

著名高等学府有：哈佛大学、普林斯顿大学、耶鲁大学、宾夕法尼亚大学、杜克大学、斯坦福大学、加州理工学院、麻省理工学院、哥伦比亚大学、达特茅斯学院、华盛顿大学圣路易斯分校、西北大学、康奈尔大学、约翰·霍普金斯大学、布朗大学、芝加哥大学、莱斯大学、圣母大学、范德比尔特大学、艾莫利大学和加利福尼亚大学伯克莱分校等。

【新闻出版】美国报业系统庞大，是世界第四大报纸发行市场，现日均发行各类报刊约5000万份。2008年进入世界发行量前100名的美国日报有:《今日美国》、《华尔街日报》、《纽约时报》、《洛杉矶时报》、《纽约每日新闻》、《纽约邮报》、《华盛顿邮报》、《地球时报》。

美联社是美国最大的通讯社，1848年在芝加哥成立，1893年成为联营公司，1990年将总部迁到纽约。在国外有3个总分社、60多个分社；与世界上115个国家的新闻机构有交换新闻关系。合众国际社是美国第二大通讯社，1958年由前合众社和国际新闻社合并组成，总部设在纽约。国外有80多个分社，拥有一个世界范围的图片网。

美国有普通电视台1791家，数字节目电视台1682家；全国共有调频广播电台9885家，短波广播电台5036家；4994家地方电视台和调频广播电台。最大的两家对外广播机构为美国之音和美国广播电视网，均属官方电台。美国最大的几家全国性广播网是全国广播公司（NBC）、哥伦比亚广播公司（CBS）、美国广播公司（ABC）、美国有线电视新闻网（CNN）和福克斯（FOX）等。美国访问量较大的新闻网站有雅虎新闻网站（Yahoo!News）、微软—全国广播公司网站（MSNBC）、有线新闻广播公司网站（CNN）、美国在线新闻网站（AOL News）等。

对外关系

奥巴马政府继续实施“巧实力”外交，巩固与传统盟友关系，提升与新兴大国关系，推动建设“多伙伴世界”。推进实施战略“再平衡”，加大对亚太投入。积极应对西亚北非局势动荡，促进中东国家“民主转型”。完成从伊拉克撤军，继续从阿富汗撤军。大力实施“出口倍增”计划，开展经济外交，拓展全球市场。积极应对欧洲债务危机，推动解决朝鲜核、伊朗核、叙利亚等热点问题。

【同中国的关系】1978年12月16日，中美两国发表建交公报。1979年1月1日，中美两国正式建立大使级外交关系。

2011年，中美关系总体保持稳定发展势头。两国高层和各级别交往密切。经贸、科技、能源、环境、反恐、执法、防扩散、人文等广泛领域交流合作继续推进，地方和民间交往密切。双方就朝鲜半岛局势、伊朗核、南亚局势、南北苏丹等地区热点问题以及全球经济治理、国际金融危机、气候变化等全球性问题保持密切沟通和协调。

1月3～7日，外交部长杨洁篪访问美国，会见美国总统奥巴马、总统国家安全事务助理多尼隆、国务卿克林顿、财政部长盖特纳、商务部长骆家辉、参议院外委会共和党首席成员卢格、众议院“美中工作小组”成员等。

1月9～12日，美国国防部长盖茨访华。国家主席胡锦涛、国家副主席习近平、中央军委副主席徐才厚、外交部长杨洁篪分别会见，国务委员兼国防部长梁光烈与盖茨会谈。

1月18～21日，国家主席胡锦涛应美国总统奥巴马邀请对美国进行国事访问。胡主席访问了华盛顿、芝加哥两地，出席近20场活动。胡主席与奥巴马总统举行会谈并共同会见记者，出席奥巴马总统举行的欢迎晚宴及拜登副总统、克林顿国务卿举行的午宴，会见众议院议长博纳、参议院多数党领袖瑞德、芝加哥市长戴利等政界人士，就中美关系及共同关心的问题进行深入探讨。胡主席还广泛接触美国社会各界，并与奥巴马总统共同会见中美企业家，走访了芝加哥佩顿中学。两国发表《中美联合声明》，确认双方将共同努力建设相互尊重、互利共赢的中美合作伙伴关系。访问前夕，胡主席接受美国《华尔街日报》和《华盛顿邮报》联合书面采访，就推动中美关系长期健康稳定发展、外资企业在华投资环境、中国应对国际金融危机政策举措、中国经济社会发展、中国和平发展和政治体制改革、中国同亚太国家关系、朝鲜半岛局势等回答了提问。

访问期间，两国元首就中美关系及共同关心的重大国际和地区问题坦诚深入交换意见，全面规划今后一个时期发展中美关系的重点方向和深化双方合作的重点领域。胡主席就两国关系未来发展提出5点建议，强调双方要发展求同存异、平等互信的政治关系；深化全面合作、互利共赢的经济关系；开展共同应对挑战的全球伙伴合作；推进人民广泛参与的中美友好事业；建立深入沟通、坦诚对话的高层交往模式。胡主席表示，中方愿同美方一道，加强对话、增进互信，扩大交流、深化合作，妥善处理敏感问题，共同推动中美关系长期健康稳定发展，开创两国伙伴关系新局面。奥巴马总统完全赞同胡主席关于进一步发展两国关系的重要意见，表示美方珍视两国关系，愿意在相互尊重和共同利益基础上，加强高层接触，增进战略互信，在推动解决全球经济可持续增长、促进亚太和世界繁荣、防止大规模杀伤性武器扩散、应对全球性环境和气候变化等问题上加强合作。

1月27～28日，美国常务副国务卿斯坦伯格访华，国务委员戴秉国、外交部长杨洁篪、副部长张志军、崔天凯分别与斯会见、会谈。

4月10～16日，国务委员刘延东应美国国务卿克林顿邀请赴美主持第二轮中美人文交流高层磋商并访问美国。其间，刘延东国务委员在华盛顿与克林顿国务卿共同主持第二轮磋商，并访问波士顿、旧金山和波特兰。

5月9～10日，第三轮中美战略与经济对话在华盛顿举行。胡锦涛主席特别代表王岐山副总理和戴秉国国务委员同美国总统奥巴马特别代表希拉里·克林顿国务卿和蒂莫西·盖特纳财长共同主持对话。胡锦涛主席向奥巴马总统致口信。奥巴马总统会见双方四位特别代表。拜登副总统出席对话联合开幕式并致辞。中美双方各约30个部门的负责人参加了此次对话。对话期间，中美双方宣布建立中美战略安全对话机制并举行首次对话，宣布建立中美亚太事务磋商机制。15～22日，中央军委委员、总参谋长陈炳德上将访美。其间，陈炳德与美军参谋长联席会议主席马伦举行会谈，并会见美军方和政府领导人，同美国会议员、前政要及美军官兵等广泛进行接触，在美国防大学发表演讲，并参访美军指挥机构、部队和院校等。

6月2日，国家副主席习近平在罗马出席“意大利统一150周年”活动期间与美国副总统拜登交谈，就中美关系有关问题交换了意见。24～30日，美国前国务卿基辛格访华，出席第二届全球智库峰会和纪念基辛格首次访华40周年座谈会。访问期间，国家副主席习近平，国务院副总理李克强、王岐山，中央书记处书记、中组部部长李源潮，国务委员戴秉国等分别会见或宴请。25日，中美首次亚太事务磋商在美国夏威夷举行，中国外交部副部长崔天凯和美国助理国务卿坎贝尔共同主持。双方就亚太形势、各自亚太政策、中美在亚太互动、区域合作机制、地区热点等广泛议题进行了坦诚、深入对话。

7月22日，外交部长杨洁篪在出席东盟地区论坛外长会期间会见美国国务卿克林顿，就中美关系有关问题交换意见。25日，国务委员戴秉国与美国国务卿克林顿在深圳举行小范围非正式会晤，就中美关系及共同关心的问题深入交换意见。

8月16日，国家主席胡锦涛在人民大会堂接受美国新任驻华大使骆家辉递交国书。17～22日，美国副总统拜登应国家副主席习近平邀请访华。其间，国家主席胡锦涛、全国人大常委会委员长吴邦国、国务院总理温家宝分别会见拜登，国家副主席习近平与拜登举行会谈，并共同出席中美企业家座谈会。除北京外，拜登还访问了成都，在四川大学发表演讲，与习副主席共同参观了都江堰地震灾后重建项目和水利枢纽。29日，外交部长杨洁篪会见美国民主党联邦众议员赵美心和法里奥马维加率领的美国会众议院亚太裔小组代表团，双方就中美关系等共同关心的问题交换了意见。

9月28日，第三届中美政党高层对话在北京举行，中联部部长王家瑞与美国民主党代表、前国务卿奥尔布赖特和共和党代表、前助理国务卿威廉姆森共同主持对话。

10月11日，中美第二次亚太事务磋商在北京举行，中国外交部副部长崔天凯和美国助理国务卿坎贝尔共同主持。19日，中国人民对外友好协会和美国全国州长协会联合举办中美省州长对话。中国浙江、湖南、北京、辽宁、安徽、江西、山东、云南等省、市领导及美国华盛顿州、佐治亚州、夏威夷州、北卡罗来纳州、关岛、北马里亚纳群岛州长和总督参加对话。外交部副部长崔天凯应邀出席中美省州长对话开幕式并致辞。27～28日，全国人大常委会副委员长、全国妇联主席陈至立率中国妇女代表团赴美国华盛顿出席国际妇女论坛2011年度世界领导人会议，获国际妇女论坛颁发的国际名人堂奖，并礼节性会见美国国务卿克林顿，就深化中美妇女交流与合作交换意见。27～29日，美国常务副国务卿伯恩斯访华。国务委员戴秉国，外交部长杨洁篪，副部长张志军、崔天凯，中联部部长王家瑞，副总参谋长马晓天分别与伯会见、会谈。

11月3日，国家主席胡锦涛在出席二十国集团领导人戛纳峰会期间会见美国总统奥巴马，就中美关系及二十国集团领导人戛纳峰会等共同关心的问题交换了意见。12日，国家主席胡锦涛在美国夏威夷州首府檀香山出席亚太经合组织第十九次领导人非正式会议期间会见美国总统奥巴马。两国元首就双边关系及共同关心的国际和地区问题坦诚深入交换了意见，达成广泛共识，表示将共同努力把中美合作伙伴关系不断推向前进。陪同出席会议的国务委员戴秉国于11日和12日分别与美国国务卿克林顿、总统国家安全事务助理多尼隆举行小范围会晤，就中美关系及共同关心的国际和地区问题交换意见。此外，外交部长杨洁篪也应约会见了美国国务卿克林顿，19日，国务院总理温家宝在印尼巴厘岛出席东亚领导人系列会议期间会见美国总统奥巴马，就中美关系及两国经贸合作等交换意见。21日，第22届中美商贸联委会在成都举行。国务院副总理王岐山与美国商务部长布赖森、贸易代表柯克共同主持，美国农业部长维尔萨克出席。23日，美国副国务卿舍曼访华，外交部长杨洁篪、副部长崔天凯、部长助理吴海龙分别与舍会见、会谈，就中美关系等问题交换意见。

12月7日，副总参谋长马晓天与美国防部副部长弗卢努瓦在北京共同主持第12次中美国防部防务磋商。7～15日，美国前总统卡特出席在北京举办的中美“乒乓外交”40周年纪念活动并访问广州、深圳和香港。国家副主席习近平会见。8日，第四届中美政党高层对话在华盛顿举行，中共中央对外联络部部长王家瑞与民主党代表、前国务卿奥尔布赖特和共和党代表、前参议员韦伯共同主持对话。

2012年1月11～18日，美国前国务卿基辛格与唐家璇同志在北京共同主持中美“二轨”高层对话第三次会议。国家副主席习近平，国务院副总理李克强、王岐山，国务委员戴秉国，外交部长杨洁篪，中联部部长王家瑞等分别会见或宴请。

2月13～17日，国家副主席习近平应美国副总统拜登邀请对美国进行正式访问。其间，习副主席在首都华盛顿和艾奥瓦州的马斯克廷、得梅因、加利福尼亚州的洛杉矶四个城市停留，共出席了27场正式活动。习副主席同奥巴马总统、拜登副总统举行会见、会谈，就推进中美合作伙伴关系建设达成了许多重要共识。习副主席还会见了美国会众议长博纳、参议院多数党领袖里德、国务卿克林顿、国防部长帕内塔和美军参联会主席邓普西，并与基辛格等美前政要和有关州、市长交流看法。习副主席并在美友好团体欢迎午宴上发表题为《共创中美合作伙伴关系的美好明天》的演讲，在中美经贸合作论坛开幕式上发表题为《着眼长远，携手开创中美合作新局面》的演讲，在中美农业高层研讨会开幕式上作题为《谱写中美农业互利合作新篇章》的致辞。访问期间，两国共同对外发表《关于加强中美经济关系的联合情况说明》。访问前，习副主席还接受了《华盛顿邮报》书面采访。

3月7日，外交部长杨洁篪向在华盛顿举办的纪念尼克松访华和《上海公报》发表40周年中美关系研讨会发表视频讲话。12日，中美第三次亚太事务磋商在美国马里兰州安纳波利斯海军学院举行，中国外交部副部长崔天凯和美国助理国务卿坎贝尔共同主持。

3月26日，国家主席胡锦涛在首尔出席核安全峰会期间会见了美国总统奥巴马。两国元首就进一步推动中美合作伙伴关系发展以及共同关心的国际和地区问题深入交换了意见。

4月11日，中美投资论坛第五次会议在美国华盛顿召开。国家发展改革委张晓强副主任与美国财政部副部长布伦纳德共同主持，美国副国务卿霍尔默茨、商务部副部长桑切斯、副贸易代表马兰提斯出席会议。

5月1日，第14届中美科技合作联委会在北京举行。全国政协副主席、科技部部长万钢和美国总统科技事务助理、白宫科技政策办公室主任霍尔德伦共同主持开幕式，中美两国相关部门负责人和美国驻华大使骆家辉出席开幕式。国务委员刘延东出席联委会，宣读了国家主席胡锦涛的贺信，并会见了由霍尔德伦率领的美国政府科技代表团，出席了中美科技合作项目签字仪式。

5月3～4日，第四轮中美战略与经济对话在北京举行。胡锦涛主席特别代表王岐山副总理和戴秉国国务委员同美国总统奥巴马特别代表克林顿国务卿和盖特纳财长共同主持对话。胡锦涛主席出席开幕式并发表题为《推进互利共赢合作、发展新型大国关系》的重要讲话。奥巴马总统发来书面致辞。胡锦涛主席、温家宝总理会见美方代表团主要成员。习近平副主席会见美方两位特别代表并出席联合欢迎晚宴。李克强副总理会见了盖特纳财长。对话期间，双方围绕落实两国元首重要共识、习副主席2月访美成果，就事关中美关系发展的全局性、战略性和长期性问题进行了坦诚、深入对话，在经贸等广泛领域和重大国际地区问题上达成重要共识，取得积极丰富成果。双方发表了联合新闻稿，决定进一步强化双边关系，构建21世纪新型国家关系模式；决定继续利用好、发展好战略与经济对话及其框架下的各种机制，就战略和经济问题进行高级别、机制化沟通。经济对话和战略对话分别达成67项和50项具体成果。双方还在战略对话框架下举行了战略安全对话、气候变化、能源安全、外交政策、南亚、南北苏丹、联合国维和等7场对口会见或磋商。

5月3日，第三次中美创新对话在北京举行。全国政协副主席、科技部部长万钢与美国总统科技助理、白宫科技政策办公室主任约翰·霍尔德伦共同主持会议，两国政府及产学研各界代表参加。4日，第三轮中美人文交流高层磋商在北京举行。国务委员、机制中方主席刘延东与美国国务卿、机制美方主席希拉里·克林顿共同主持会议并致辞。会议全面总结了中美人文交流取得的进展，并就加强教育、科技、文化、体育、妇女、青年等领域合作达成一系列重要共识，确定了数十项新的合作项目。

2012年6月19日，国家主席胡锦涛在墨西哥洛斯卡沃斯出席二十国集团领导人峰会期间会见美国总统奥巴马。两国元首就中美关系及共同关心的国籍和地区重大问题深入交换意见。

2012年6月22～23日，中美城市经济合作与投资会议在南京举行。中国财政部、外交部、发展改革委、商务部和美国财政部、商务部的高级官员，中美两国50多个城市的市长及代表，两国市长协会、商会以及200多家企业的代表参加了会议。

2011年，奥巴马政府在台湾问题上基本维持一个中国框架。2011年1月，胡锦涛主席对美国进行国事访问期间双方发表了《中美联合声明》。美方在声明中表示奉行一个中国政策，遵守中美三个联合公报的原则，赞赏台湾海峡两岸《经济合作框架协议》，欢迎两岸间新的沟通渠道，支持两岸关系和平发展，期待两岸加强经济、政治及其他领域的对话与互动，建立更加稳定的关系。奥巴马总统、拜登副总统及美国政府多次重申坚持一个中国政策，恪守三个中美联合公报，欢迎和支持两岸关系改善。但另一方面，美方仍继续与台湾进行变相官方往来和军事联系，并支持台扩大“国际空间”。2011年内，美允许台“副总统”萧万长“过境”美国，允许台“外长”杨进添、“外交部次长”沈吕巡、“国防部副部长”杨念祖、“立法院长”王金平、“陆委会主委”赖幸媛到美国活动，允许台“立法院副院长”曾永权、“台湾加油赞”执行长金溥聪及民进党主席蔡英文等蓝绿阵营人士赴美为2012年台地方领导人选举造势。美方还派助理商务部长库马尔、国际开发署署长沙阿、能源部副部长波内曼等访台，并与台在美举行“美台防务工业会议”等活动。美方还不顾中方多次严正交涉，执意于9月21日宣布总额达58.52亿美元新的大规模对台军售计划，给中美关系造成损害。美并继续实施已宣布的对台军售计划，包括为台升级E–2T“鹰眼”预警机等。中国政府对美方错误行径进行了严正交涉和坚决斗争，外交部、国防部等部门发言人就美再次宣布售台武器发表谈话表明立场。中国政府敦促美方恪守坚持一个中国政策和中美三个联合公报，要求美方信守承诺，以实际行动反对“台独”、反对“两个中国”和“一中一台”，反对台湾加入仅限主权国家参加的国际组织，停止美台官方往来和军事联系，停止售台武器，以实际行动支持两岸关系和平发展。

2011年，美方继续利用达赖、人权、宗教、涉疆等问题干涉中国内政。美方允许达赖于5月和7月两次窜访美国，美国总统奥巴马7月16日在白宫地图室会见达赖，美国国会众议长博纳、众议院少数党领袖佩洛西等国会议员以及所谓“西藏事务特别协调员”玛丽亚·奥特罗于达赖7月窜访期间与其会面。11月，“西藏流亡政府”“首席噶伦”洛桑孙根窜访美国，众议院少数党领袖佩洛西及麦凯恩、范因斯坦等国会议员会见洛。4月，美国国务院发布年度“国别人权报告”，涉华部分继续无端指责中国人权状况。美国国际宗教自由委员会和美国国务院分别于4月和9月发表年度“国际宗教自由报告”，继续对中国宗教政策和宗教自由状况进行指责。美国继续通过双边接触和其他场合就人权问题向中国表达关切。6月4日，美国国务院发言人、国会众议院少数党领袖佩洛西发表声明，指责中国人权状况。11月，美国“国会与行政部门中国委员会”就陈光诚案举行听证会，要求美国国会和政府加大向中方施压。中方为维护国家主权、安全和发展利益，对美方上述错误言行进行了严正交涉，表明了反对美方利用有关问题干涉中国内政、损害中方利益的坚定立场。

2011年，中美经贸合作继续深化。据中国海关总署统计，2011年中美贸易额为4466.4亿美元，同比上升16%。其中，中方出口额3244.9亿美元，同比上升14.5%；中方进口额1221.5亿美元，同比上升19.6%；中方顺差2023.4亿美元，同比上升12%。中美互为第二大贸易伙伴，美国是中国的第二大出口市场和第六大进口来源地，中国是美国的第三大出口市场和第一大进口来源地。

中美双边投资保持平稳较快发展。截至2011年底，美国对华投资项目累计61068个，美方实际投入676亿美元。美国是中国外资最大的来源地之一。同时，中国企业赴美投资步伐加快。截至2011年底，中国企业在美非金融类直接投资约为60亿美元，投资范围广泛，涉及工业、科技、服装、农业、餐饮、食品加工、旅游、金融、保险、运输和工程承包等领域。

两国执法、司法部门在追逃、禁毒、打击跨国犯罪等方面的合作取得积极成果，两国在反恐领域的磋商与合作继续深化。5月，外交部条法司司长黄惠康、公安部国际合作局副局长薛东征与美国助理国务卿布朗菲尔德、助理司法部长帮办安德烈斯在第三轮中美战略与经济对话期间共同主持两国执法合作对口磋商。6月，公安部与美国警方联合摧毁全球最大中文淫秽色情网站联盟——“阳光娱乐联盟”，成功抓捕该组织头目王勇，此案系中美两国执法机构在打击网络犯罪领域的首次成功联合执法行动。11月初，中美执法合作联合联络小组第九次会议在华盛顿举行，就两国在打击网络犯罪、反腐败、刑事司法协助、知识产权刑事执法、追逃、遣返非法移民、打击偷渡等领域开展合作交换意见。

中美在教育、科技、文化、卫生、体育等领域交流与合作继续加强。3月，中美人文交流高层磋商机制中方协调人、教育部副部长郝平率工作组访美，与机制美方协调人、副国务卿麦克黑尔会谈，会见美国教育部常务副部长米勒等，文化部副部长赵少华率文化部代表团访美，就国务委员刘延东赴美主持第二轮中美人文交流高层磋商并访美筹备工作与美方进行协商。4月，第二轮中美人文交流高层磋商在华盛顿举行，国务委员刘延东和美国国务卿克林顿共同主持。5月，科技部长万钢访美，与美国总统科技顾问、白宫科技政策办公室主任霍尔德伦共同主持召开第二次中美创新对话。7月，国家体育总局副局长蔡振华率中国乒乓球代表团访美，出席中美乒乓外交40周年纪念活动。9月，中美清洁能源联合研究中心指导委员会会议在北京举行，科技部长万钢与美国能源部长朱棣文共同主持。文化部长蔡武率中国政府文化代表团访美并启动“中国文化系列活动”。12月，美国乒乓球协会主席彼得·斯卡德纳率美国乒乓球代表团访华，出席在杭州举行的中美乒乓外交40周年纪念活动。

中美在能源、环境领域进行了卓有成效的互利合作。双方在节能减排、新能源、可再生能源、清洁能源、建筑能效、环境治理等领域的合作成为两国关系新亮点。2011年5月，在第三轮中美战略与经济对话期间，双方结合西亚北非局势、国际油价走势、福岛核泄漏事故，就能源安全、清洁能源发展等问题深入交换意见。9月，第二届中美先进生物燃料论坛和第二届中美可再生能源产业论坛先后在华盛顿举行。同月，李克强副总理会见来访的美国能源部部长朱棣文。11月，第22届中美商贸联委会期间，国家发改委副主任、国家能源局局长刘铁男与美国贸易发展署署长扎克共同签署《中国国家能源局和美国贸易发展署关于支持中美能源合作项目的谅解备忘录》。

两军关系因美售台武器问题受到严重干扰，但逐步获得改善和发展。2011年1月9~12日，美国国防部长盖茨访华。5月9~10日，中国人民解放军副总参谋长马晓天空军上将出席在华盛顿举行的第三轮中美战略与经济对话和首次中美战略安全对话。5月15~21日，中央军委委员、总参谋长陈炳德上将应美军参联会主席马伦海军上将邀请访美。6月，梁光烈国务委员兼国防部长和美国国防部长盖茨在参加香格里拉对话会期间再次会面。7月9~13日，美军参联会主席马伦海军上将访华。9月8~22日，济南军区司令员范长龙上将访美，会见美军太平洋总部司令威拉德海军上将、代理助理国防部长拉沃伊、美军参联会联合参谋部主任戈特尼海军中将等。此外，两军还按计划在院校教育、军事档案、陆军工程兵等领域开展了务实交流与合作，举行了第七次中美国防部工作会晤。12月，第12次中美国防部防务磋商在北京举行。

中国驻美国大使：张业遂。馆址：美国华盛顿哥伦比亚特区西北区外国使馆中心区3505号（3505 International Place，NW，Washington，D.C.，20008，U.S.A.）。电话：001-202-495000。网址：http://www.china-embassy.org；http://us.chineseembassy.org；http://us.china-embassy.org。商务处电话：001-202-6253380；传真：3375845，3375846。签证处电话：001-202-3386688；传真：5889760。

美国驻华大使：骆家辉（Gary Locke，华裔）。馆址：北京市朝阳区安家楼路55号。电话：（010）85313000。网址：http://beijing.usembassy-china.org.cn。商务处电话：（010）85296655；传真：85296558/6559。签证处电话：非移民签证处电话：40008-872-333（从中国拨打），（86-21）3881-4611（从国外拨打）。传真：（86-10）8531-3355。

移民签证：仅广州总领馆受理。电话：4008-872-333（从中国拨打），（86-10）3881-4611（从国外拨打）。传真：（86-20）3884-4412。

【同日本的关系】美国继续巩固与日本的同盟关系。2011年1月6日，日外相前原诚司访美。1月13日，美国防部长盖茨访日。3月10日，针对美国务院日本处处长梅厄有关侮辱日冲绳岛民的言论，助理国务卿坎贝尔代表美国政府向日方道歉。3月11日，日本发生特大地震、海啸及核泄漏灾难后，总统奥巴马、国务卿克林顿等发表讲话，对日表示慰问，并派军舰、救援队、核专家等助日救灾。3月16日，总统奥巴马与日首相菅直人通电话，3月18日赴日驻美使馆吊唁。4月16~17日，美国务卿克林顿访日，承诺建立"公私伙伴关系"，帮助日本灾后重建。4月29日，日新任外相松本刚明访美，就举行美日安全磋商（"2+2"会议）日期安排、日首相访美等进行沟通。6月14日，美与日澳在美举行副外长级三边战略对话。6月21日，美日在华盛顿召开外交、防务双部长（"2+2"）会议。8月23~24日，副总统拜登访日。9月19日，日外相玄叶光一郎访美，与克林顿国务卿举行会谈。9月20~24日，日首相野田佳彦赴美出席联合国大会并访美，与总统奥巴马举行短暂会谈。10月26日，防长帕内塔访日。11月，在夏威夷亚太经合组织领导人非正式会议期间，总统奥巴马会见日首相野田佳彦。12月19日，国务卿克林顿与日本外务大臣玄叶光一郎会谈，美国、日本和印度三国高级别外交官在华盛顿举行首次三边会晤，就亚太地区一系列问题进行磋商。20日，总统奥巴马与日本首相野田佳彦通电话，讨论金正日去世后朝鲜半岛形势，强调美将恪守同日及其他盟友的盟约。

2012年1月12日，美国财长盖特纳访日。2月11~24日，美国与日本、澳大利亚空军在关岛举行首次联合训练，内容包括空战、防空和电子战。4月3日，美国防长帕内塔就朝射星问题同日本防卫大臣田中直纪通电话。10日，美国国务卿克林顿与日本外务大臣玄叶光一郎在八国集团外长会前会晤，双方一致同意如朝射星，将推动安理会采取行动。27日，日本与美国两国政府发表关于修改驻日美军整编计划的联合声明称，驻冲绳美海军陆战队1.9万人中将有9000人移驻至关岛、澳大利亚和夏威夷等地。30日，日本首相野田佳彦访美，同美国总统奥巴马在华盛顿举行会晤。5月21日，美国务卿克林顿与参加北约芝加哥峰会的日本外务大臣玄叶光一郎举行会谈。6月21日，美日韩三国在朝鲜半岛以南的公海举行为期两天的联合军演。7月7~9日，美国务卿克林顿访问日本，出席东京"阿富汗问题国际会议"。

【同韩国的关系】美韩关系继续发展。2011年1月14日，美国防部长盖茨访韩。2月28日至3月10日，美韩在韩境内举行"关键决心—鹞鹰2011"联合军事演习。4月16～17日，美国务卿克林顿访韩。4月26日，美韩在华盛顿举行第二次外交防务"2+2"部长级会谈和美韩战略对话。6月24日，韩外交通商部长官金星焕访美。8月10日起，美韩举行为期10天的"乙支自由卫士"联合军演。10月12日，美国会批准《美韩自贸协定》。10月13日，韩总统李明博对美进行国事访问。10月27日，美国防部长帕内塔访问韩国。11月30日，国务卿克林顿访问韩国。

2012年3月9日，韩国外交通商部长官金星焕访美，会晤美国务卿克林顿。15日，《美韩自贸协定》正式生效。25日，美国总统奥巴马访韩，视察朝韩边境非军事区，26～27日出席在首尔举行的核安全峰会。4月7～18日，美韩两国空军在韩西部空域进行代号为"超级雷霆"的例行联合军演。6月14日，美韩举行外长和防长"2+2"会谈。21日，美日韩三国在朝鲜半岛以南的公海举行为期两天的联合军演。23日，美韩在黄海海域举行大规模年度例行联合军演。

【同朝鲜的关系】美国继续对朝鲜推行制裁与接触两手策略。2011年1月4日，美对朝政策特别代表博斯沃思表示，对朝策略的核心是进行严肃的谈判。3月2日，国务院核不扩散及军控问题特别顾问艾因霍恩称，朝鲜铀浓缩项目违反联合国安理会决议，违背"9·19"共同声明，美正推动安理会就朝铀浓缩活动发表主席声明。4月18日，总统奥巴马颁布新行政命令，自4月19日起禁止在美境内直接或间接进口朝鲜商品、服务或技术。4月26日，前总统卡特率国际长者会（The Elder's Group）代表团访朝。5月24日，国务院朝鲜人权事务特使罗伯特·金率团访朝，评估朝粮食短缺情况。5月27日，朝鲜释放去年11月扣押的一名美国公民，美表示欢迎。7月23日，美日韩三国外长在出席东盟地区论坛系列外长会期间会晤并发表联合声明，对南北对话表示欢迎。7月28～29日，朝第一副外相金桂冠与美对朝政策特别代表博斯沃思在纽约举行第一次高层对话。8月18日，美宣布通过非政府组织向朝提供90万美元紧急人道主义物资援助。10月24日，美朝在日内瓦举行第二次高层对话。12月15日，美朝代表在北京会晤讨论对朝粮食援助问题。19日，国务卿克林顿就朝鲜领导人金正日去世发表声明，希朝走和平之路，美准备帮助朝鲜人民。

2012年1月3日，美国国务院发言人称，朝拒绝与韩国接触无助于重启六方会谈，美坚持认为朝韩关系改善、朝履行国际义务和承诺是重启会谈的前提。2月23~24日，美对朝政策特别代表戴维斯和朝第一副外相金桂冠在北京举行会谈。29日，美朝同时各自宣布会谈成果，朝将暂停核试验、远程导弹射试和宁边铀浓缩活动，并就暂停铀浓缩活动接受国际原子能机构监督。美将向朝提供24万吨营养食品援助。美国务卿克林顿称，朝决定是向正确道路迈出的幅度很小的第一步，美将密切关注朝方行动并作出判断。3月7日，美国国务院朝鲜人权问题特使罗伯特·金在北京与朝方就美对朝首批营养食品援助问题进行磋商。12日，正在美国访问的朝鲜副外相、六方会谈朝方团长李勇浩称，朝将采取切实措施履行近期朝美对话达成的协议，在近期内接受国际原子能机构（IAEA）核查。16日，美国国务院发表声明称，朝宣布射星明显违反国际义务且具有高度挑衅性，对地区安全构成威胁。美国务卿克林顿称，朝此举具有高度挑衅性，将对地区安全构成威胁，违背朝最近作出的不进行远程导弹发射的承诺。21日，美国国防部称，美已中止寻找在朝鲜战争中丧生美军士兵遗体。23日，美国国防部表示，如朝射星使用弹道导弹技术，将明显违反所承担的国际义务。26日，美国助理国防部长克里登称，美有意在亚洲及中东建立与欧洲类似的导弹防御系统，应对来自伊朗和朝鲜的威胁。4月15日，美国等国推动安理会就朝射星问题通过主席声明，强烈谴责朝射星，要求朝立即全面遵守安理会决议，承诺不再发射导弹，放弃核武器和核计划，以免安理会采取新行动。6月2日，美国国防部长帕内塔、韩国防部长金宽镇、日本防卫副大臣渡边周发表联合声明称，朝鲜挑衅行为对三国构成威胁，三国将继续加强政策协调予以应对。14日，美韩举行外长和防长"2+2"会谈并发表联合声明称，如朝鲜停止挑衅，履行国际义务和承诺，采取切实行动实现无核化，朝重返国际社会可能性依然存在。国务卿克林顿呼吁金正恩专注改善民生而非备战，成为推动朝转型的领导者。18日，美国总统奥巴马通知国会称，因朝鲜政府的行为和政策继续对美国家安全、外交政策和经济构成"异乎寻常和独特的威胁"，决定把针对朝鲜的制裁延长一年。

【同东盟的关系】奥巴马政府进一步加大对东盟的关注和投入，从政治、经济、军事等方面加强与东南亚国家关系。2011年2月7~18日，美与泰国、新加坡、印尼、日本、韩国、马来西亚等七国在泰国境内举行"金色眼镜蛇2011"联合军演。2月24日，东帝汶总理古斯芒访美。4月26日，美国第一位驻东盟大使卡登抵达雅加达赴任。5月18日，副助理国务卿约瑟夫·尹访问缅甸，与缅新政府成员会面，并会见昂山素季。6月1~2日，共和党参议员麦凯恩访问缅甸，会见缅副总统、外长、昂山素季和政党领袖等。6月16~17日，美国与越南在华盛顿举行第四轮美越政治、安全与防务磋商。6月20~24日，菲律宾外长罗萨里奥访美。7月23日，国务卿克林顿出席东盟地区论坛系列外长会。9月19日，美越举行第二次防务政策对话。29日，缅甸外长吴温纳貌伦访美。10月22日，防长帕内塔访问印尼，会见东盟国家防长。11月16~17日，国务卿克林顿访问菲律宾、泰国。18~19日，总统奥巴马出席在印尼举行的东亚峰会，与东盟举行第三次美—东盟国家领导人会议。25日，缅甸事务协调员米德伟访缅。12月1~2日，国务卿克林顿访缅，成为50年来首位访缅的美国务卿。

2012年1月13日，美总统奥巴马称缅甸大赦是推进民主改革进程的"实质步骤"，要满足缅民众期望尚需作出更多努力，美将继续参与该进程。国务卿克林顿宣布，美将启动与缅互派大使进程。14日，国务卿克林顿与缅外长吴温纳貌伦及昂山素季通电话。18日，助理国务卿坎贝尔在华盛顿与新加坡外交部常秘比拉哈里举行美新首次战略伙伴对话。26~27日，美菲在华盛顿举行第二次双边战略对话。2月1~4日，美助理国务卿坎贝尔访问越南和柬埔寨。8~16日，美助理国务卿夏皮罗访问菲律宾、印尼、新加坡和马来西亚。4月1日，美国务卿克林顿祝贺缅甸成功举行议会补选。2日，美白宫发言人卡尼称，此次选举是缅民主转型的重要一步，希缅未来更加开放、透明，能够深化改革。4日，美国务卿克林顿称，美已开始有针对性放松对缅金融和投资限制，但仍将维持针对反对民主进程的缅个人和机构的制裁，并将继续施压，推动缅进一步改革。5日，美国防部长帕内塔与访美的新加坡国防部长黄永宏发表联合声明。15~27日，美与菲律宾举行为期12天的年度联合军演。23日，美第七舰队船只驶往越南岘港，开始为期5天的美越海军交流。30日，美和菲律宾举行首次外长和防长"2+2"会谈，并发表联合声明。5月17日，美总统奥巴马向国会提名现任缅甸问题特使米德伟为驻缅大使，称将部分解除对缅金融服务出口和投资限制，对缅政治犯、国内冲突等问题仍表关切，认为有必要对缅保持制裁压力。当日，美国务卿克林顿会见到访的缅外长吴温纳貌伦。20~22日，美国—东盟高官会举行，为11月第四次东盟—美国领导人会议做准备。6月2日，美国防部长帕内塔出席在新加坡举行的第11届亚洲安全会议（香格里拉对话会），并访问越南。12日，柬埔寨副首相兼外交和国际合作部大臣贺南洪访美。13日，美与泰国举行第四轮战略对话。7月9~13日，美国务卿克林顿先后访问蒙古、越南、老挝、柬埔寨，出席在金边举行的东盟地区论坛系列外长会议、美国—东盟外长会议、湄公河下游之友部长会议、美国“湄公河下游倡议”部长会议等。克成为57年来首访老挝的美国务卿。

【同南亚国家的关系】奥巴马政府重视与南亚国家的关系，加强与印度的关系，继续推进阿富汗战略，与巴关系接连受挫。2011年1月6~8日，代理阿巴事务特别代表鲁杰罗访问巴基斯坦。1月10~12日，副总统拜登突访阿富汗和巴基斯坦。1月14日，巴基斯坦总统扎尔达里访美，出席美前阿巴事务特别代表霍尔布鲁克的葬礼，并会晤美总统奥巴马。1月25日，负责南亚和中亚事务的助理国务卿罗伯特·布莱克宣布，美对印军售“解禁”。1月27日，美驻拉合尔总领馆人员戴维斯因枪杀两名巴基斯坦人遭巴警方拘捕；3月16日，巴方释放戴维斯。2月18日，国务卿克林顿发表演讲，重申对阿富汗实行“军事—民事—外交”三位一体战略，并宣布任命格罗斯曼为美新任阿巴事务特别代表。3月6日，阿巴事务特别代表格罗斯曼访问巴基斯坦。3月7~8日，国防部长盖茨访问阿富汗。5月2日，驻阿富汗美军越境进入巴基斯坦击毙“基地”组织头目本·拉登，致巴方不满，美巴关系紧张。同日，阿巴事务特别代表格罗斯曼访问巴基斯坦，与巴基斯坦、阿富汗代表举行首次美阿巴三边对话。5月15~16日，民主党参议员、参院外交关系委员会主席克里访问阿富汗、巴基斯坦。5月25~27日，国土安全部长纳波利塔诺访问印度，美印举行首轮国土安全对话。5月27日，国务卿克林顿访问巴基斯坦，会见巴总统、总理、陆军参谋长、三军情报局长等，参联会主席马伦陪同访问。6月4~5日，国防部长盖茨访问阿富汗。6月6日，印度内阁安全委员会批准购买耗资40多亿美元购买10架美C-17重型军用运输机，这是印美之间金额最大的一笔军备交易。6月10日，中央情报局局长、候任国防部长帕内塔访问巴基斯坦，会晤巴陆军参谋长、三军情报局局长等。6月22日，奥巴总统马宣布从阿富汗撤军计划。7月9日，美新任国防部长帕内塔访问阿富汗。7月10日，美宣布暂停部分对巴军事援助。9月12日，美印举行亚太战略对话。22日，美国发起召开“新丝绸之路计划”外长会议。10月20~22日，美国务卿克林顿访问巴基斯坦、阿富汗。11月2日，国务卿出席在伊斯坦布尔举行的阿富汗问题国际会议。26日驻阿富汗联军袭击了两座巴基斯坦边境检查站，造成24名巴方士兵死亡。12月5日，美国务卿克林顿出席阿富汗问题波恩会议。15日，美国会通过《国防授权法》，其中就美对巴军援增加新的条件。22日，美国/北约公布调查报告称北约轰炸巴基斯坦哨站系失误导致，巴声明拒绝接受。

2012年1月，总统奥巴马与巴基斯坦总统扎尔达里通话，国务卿克林顿与巴总理吉拉尼通话，以个人名义就24名巴士兵死亡表示哀悼，强调攻击行动令人遗憾、并非故意针对巴方，重申美将展开全面调查。4日，美国务院发言人纽兰称，美准备支持阿富汗塔利班在卡塔尔设办公室，但尚未作出释放关塔那摩囚犯的决定。2月20日，驻阿美军焚烧古兰经事件引发阿民众大规模抗议，导致美阿关系紧张。21日，美总统奥巴马与阿富汗总统卡尔扎伊通电话。26日，美国国务卿克林顿与巴基斯坦外长希娜举行会谈，这是自去年11月北约空袭炸死24名巴方士兵后双方最高级接触。3月10日，一名驻阿美军士兵向当地平民开枪，造成至少15人死亡、9人受伤。11日，美国总统奥巴马致电卡尔扎伊，对美军士兵枪杀16名阿富汗平民事件表达震惊和悲痛。12日，奥巴马发表声明对遇难者家庭以及阿人民致以慰问，承诺将尽快查明事件真相，全面追究相关人员责任，并重申美对阿人民的高度尊重以及两国之间的密切关系。14~16日，在驻阿富汗美军涉嫌枪杀平民事件后，美国国防部长帕内塔突访阿富汗。15日，阿富汗塔利班发表声明称，由于美国谈判立场反复无常，塔决定中断与美在卡塔尔进行的谈判。27日，美国总统奥巴马与巴基斯坦总理吉拉尼在首尔核峰会的间隙举行了会谈。4月8日，美阿两国就僵持多时的夜袭行动谈判达成一致。5月2日，美总统奥巴马突访阿富汗，与阿总统卡尔扎伊举行会谈，双方签署“阿富汗—美国永久战略伙伴关系协议”。5日，美国务卿克林顿抵达访问孟加拉国，成为自2003年以来第一次访孟的美国务卿。6~9日，美国务卿克林顿任内第三次访问印度。21日，美国务卿克林顿与巴基斯坦总统扎尔达里在北约峰会芝加哥期间会面。6月5日，美国防部长帕内塔访问印度，7日突访阿富汗。13日，印度外长克里希纳访美，美印举行第三次战略对话。6月11日，美与巴基斯坦中止恢复补给线谈判，并从巴基斯坦撤回谈判代表。7月3日，美国务卿克林顿与巴基斯坦外长希娜通电话，并发表声明对北约去年11月空袭巴检查站致使24名巴士兵死亡事件表示最深切遗憾，向巴军遭受损失致歉。同日巴内阁国防委员会发表声明称，巴方决定重开经由巴境内前往阿富汗的北约后勤补给线。7日，美国务卿克林顿突访阿富汗并会见阿总统卡尔扎伊，宣布正式将阿定为“重要非北约盟国”。

【同俄罗斯及中亚国家的关系】奥巴马政府重视改善美俄关系。2011年1月，俄罗斯国家杜马批准美俄新核裁军条约。2月5日，美俄民用核能合作协议正式生效。3月，美副总统拜登、国防部长盖茨访问俄罗斯。4月，美俄就落实第三阶段新核裁军条约（START III）举行了首次双边磋商。4月6日，双方启动条约落实相互实地检察。5月26日，总统奥巴马与俄总统梅德韦杰夫在出席法国多维尔八国集团峰会期间会晤。5月27日，美俄就向阿富汗提供俄制米-17直升机签署协议，美方出资3.7亿美元。5月31日，总统奥巴马任命白宫俄罗斯问题首席顾问迈克尔·麦克福尔为下一任驻俄罗斯大使。7月13日，俄外长拉夫罗夫访美。10月29日，美俄举行落实第三阶段削减战略核武器条约协商委员会第二次会议。11月23日，梅德韦杰夫指责美国“强行”在欧洲部署反导系统，宣布将采取一系列回应措施，29日，加里宁格勒市雷达预警系统奉命进入战斗值班。12月6日，美国务卿克林顿批评俄杜马选举“既不自由也不公正”。

2012年3月9日，美总统奥巴马与俄罗斯总理普京通电话，祝贺普京在总统大选中获胜。26日，美总统奥巴马在首尔核安全峰会期间与俄总统梅德韦杰夫会晤。5月5日，美总统国家安全事务助理多尼隆访俄，会见俄当选总统普京。9日，美白宫发表声明称，普京与奥巴马通电话，因忙于组阁事务，无法赴美出席将于18日举行的八国集团峰会，将由梅德韦杰夫总理代为出席。14日，美白宫发言人卡尼称，因需出席9月民主党全国代表大会，总统奥巴马将不赴俄罗斯出席亚太经合组织领导人非正式会议。6月2日，美国务卿克林顿与俄罗斯外长拉夫罗大就叙利亚问题通电话。18日，美总统奥巴马与俄罗斯总统普京在洛斯卡沃斯会晤。29日，美国务卿克林顿与俄外长拉夫罗夫在圣彼得堡举行会晤。

奥巴马政府重视发展对中亚关系。2011年3月8～9日，吉尔吉斯斯坦总统奥通巴耶娃访美。3月和4月，美负责南亚和中亚事务的助理国务卿布莱克分别访问哈萨克斯坦和塔吉克斯坦，与塔举行第二次年度双边磋商。6月9~10日，吉尔吉斯斯坦外长卡扎克巴耶夫访美，双方举行首次年度双边磋商。6月13~18日，蒙古总统额勒贝格道尔吉访美。10月22~23日，美国务卿克林顿访问塔吉克斯坦、乌兹别克斯坦。2012年3月14日美国防部长突然访问吉尔吉斯斯坦商讨马纳斯过境转运中心前途。31日，美中央司令部司令詹姆斯·马蒂斯访问土库曼斯坦。6月12日，美常务副国务卿伯恩斯访问乌兹别克斯坦。

【同欧洲国家的关系】奥巴马政府继续加强美欧关系，积极应对欧洲债务危机。2011年1月8日，法国总统萨科奇访美。2月，国务卿克林顿赴德国出席第47届慕尼黑国际安全会议。3月，副总统拜登访问芬兰和摩尔多瓦。国务卿克林顿赴法国出席八国集团外长会。4月13~15日，国务卿克林顿访问德国。5月22~28日，总统奥巴马先后访问爱尔兰、英国、法国和波兰，并出席法国多维尔八国集团峰会。6月6~8日，德国总理默克尔访美。6月29日至7月2日，国务卿克林顿先后访问匈牙利、立陶宛和西班牙。9月13日，美与罗马尼亚就部署反导系统签署协议。10月17日，国务卿克林顿访问马耳他。11月4日，总统奥巴马出席在法国举行的二十国集团峰会。28日，美与欧盟在华盛顿举行年度峰会。12月4~8日，国务卿克林顿访问德国、立陶宛、瑞士、比利时、荷兰。6日，副总统拜登访问希腊，承诺与希腊一起应对债务危机。6~8日，财长盖特纳访问德国、法国和意大利，呼吁欧盟尽快解决债务危机问题，这是盖三个月内第三次访欧。

2012年2月5日，国务卿克林顿访问保加利亚。23~24日，国务卿克林顿访问英国。3月13~14日，英国首相卡梅伦访问美国。4月11日，美国务卿克林顿与欧、日、俄等国外长举行八国集团外长会。12日，美总统奥巴马与法总统萨科齐在电视电话会议后发表联合声明，敦促叙政府无条件严格执行安南建议。5月7日，美总统奥巴马与奥朗德通电话，祝贺奥当选并邀请他访美。18日，美总统奥巴马与访美的法国总统奥朗德举行会谈。19日，八国集团首脑会议在美国戴维营举行。20~21日，北约峰会在美国芝加哥举行。5月31日至6月7日，美国务卿克林顿访问斯堪的纳维亚、高加索地区国家和土耳其等7国。6月6日，美总统奥巴马分别与德国总理默克尔和意大利总理蒙蒂就欧债危机和洛斯卡沃斯二十国集团峰会通电话。18日，美总统奥巴马与德国总理默克尔在洛斯卡沃斯峰会期间会晤。

【同中东国家的关系】奥巴马政府调整推进中东战略，积极应对西亚北非局势动荡，促中东国家“民主转型”。2011年1月，国务卿克林顿访问阿联酋、也门、阿曼、卡塔尔四国，并在多哈出席大中东和北非地区国家与八国集团举行的未来论坛。2月，美军参谋长联席会议主席马伦访问以色列、约旦、沙特、卡塔尔、阿联酋和科威特。副国务卿伯恩斯访问约旦和埃及。3月，国务卿克林顿访问埃及和突尼斯，国防部长盖茨访问巴林和埃及。美与有关国家推动联合国安理会通过在利比亚设立“禁飞区”的1973号决议，并与英法等多国组成联军，对利发动军事打击。5月22~24日，负责中东事务的助理国务卿费尔特曼访问利比亚反对派大本营班加西，会见利反对派领导人，并邀请利“全国过渡委员会”在华盛顿开设办事处。6月9日，国务卿克林顿出席在阿联酋首都阿布扎比举行的“利比亚联络小组”第三次会议。4月4日，以色列总统佩雷斯访美。4月12日，约旦外长访美。4月28日阿曼外长访美。5月3日，阿尔及利亚外长访美。5月11日，美宣布对叙利亚实施经济制裁。16~17日，约旦国王阿卜杜拉二世访美。5月19日，总统奥巴马发表中东政策演讲，表示将继续推动地区民主转型和经济发展。5月21~25日，以色列总理内塔尼亚胡访美。8月18日，奥巴马政府要求叙利亚总统阿萨德下台，并对叙实施新一轮制裁。9月29日，国务卿希拉里·克林顿对美驻叙利亚大使罗伯特·福特在与叙反对派接触时遭叙民众攻击一事表示谴责。10月4日，美投票支持英国、法国提交的安理会叙利亚问题制裁决议。10月18~19日，国务卿克林顿访问利比亚、阿曼。11月30日，副总统拜登访问伊拉克，出席撤军仪式，12月2日拜登访问土耳其。7日，国务卿克林顿会见叙利亚反对派代表。12月18日，国防部长帕内塔签署官方文件，正式结束伊拉克战争。

2012年1月3日，美方指责叙利亚政府未能全面履行其与阿拉伯国家联盟达成的和平计划，要求联合国安理会对叙采取行动。18日，总统奥巴马在会见到访的约旦国王阿卜杜拉二世后表示叙利亚发生的暴力活动程度令人无法接受，将寻求国际社会对叙利亚施加更大的压力。20日，美军参谋长联席会议主席邓普西访问以色列。2月24~26日，国务卿克林顿访问突尼斯、阿尔及利亚和摩洛哥。3月5日，以色列总理内塔尼亚胡访问美国。7日，美国防部长帕内塔称，美正考虑向叙反对派提供包括通讯设备在内的“非杀伤性援助”。21日，美国国务卿克林顿称，联合国安理会通过涉叙利亚问题主席声明标志各方迈出积极步伐，叙总统巴沙尔应同国际社会一道落实安南建议，否则将面临更大压力和孤立。30~31日，国务卿克林顿访问沙特，参加首次海合会—美国战略合作论坛部长级会议。31日至4月1日，国务卿克林顿访问土耳其，参加第二届叙利亚之友会议。美支持联合国—阿盟叙危机联合特使安南提出的六点建议，同时，奥巴马政府批准向叙反对派中“非暴力、政治性”组织增加通信设备、医疗用品等援助。5月9日，奥巴马总统以继续对美国国家安全构成“独特和非同寻常的威胁”为由，宣布把针对叙的现有制裁举措延长一年。5月31日，国防部长帕内塔称，目前叙局势令人“无法忍受”，美军方正在做好各种应对准备。如美军对叙采取军事行动，须得到联合国安理会决议支持。6月6日，国务卿克林顿出席在伊斯坦布尔召开的叙问题会议。6月24日，总统奥巴马给埃及当选总统穆尔西打电话表示祝贺。6月26日，国务卿克林顿向叙利亚危机联合国—阿盟联合特使表示，美反对伊朗参加叙利亚国际会议。6月30日，国务卿克林顿参加在日内瓦举行的叙利亚问题“行动小组”外长会，在会后称，巴沙尔将无法获各方同意进入“过渡管理机构”，仍须交权，美将加速推动安理会通过涉叙决议。7月6日，国务卿克林顿出席在法国举行的第三次叙利亚之友会议，表示各国未能有效制裁叙政府是巴沙尔政权得以延续的原因。7月8日，国务卿克林顿在东京出席“阿富汗问题国际会议”时称，叙政权应意识到其崩溃指日可待。安南承认斡旋失败应警醒各方，但叙仍有机会避免灾难性后果。

奥巴马政府继续高度关注伊朗，加大推动对伊制裁。2011年1月，美财政部对与伊朗国营船运公司有业务往来的24家船企及隶属伊朗航空航天组织的两家实体实施制裁。2月，美财政部和国务院宣布对两名伊朗高官实施经济和旅行限制等制裁。5月22日，美宣布放宽对伊朗学生及学者的入境签证限制。5月24日，美宣布对与伊朗有商业往来的21家公司及2名个人进行制裁。6月9日，美国国务院和财政部发表声明，以在2009年的伊朗总统大选中“严重侵犯人权”为由，对伊朗警察部队以及另外两支安全部队进行制裁。10月11日，美宣布挫败伊朗企图暗杀沙特驻美大使的案件，并对伊朗有关人员进行制裁。11月21日，美总统奥巴马下令对伊朗重要的石化产品行业实施制裁，同时扩大对伊朗油气行业的制裁。12月7日，美开通“虚拟”驻伊朗大使馆。12日，总统奥巴马表示已经要求伊朗归还被伊军缴获的一架无人飞机。15日，美国会通过《国防授权法》，对伊实施涉石油进出口的金融制裁。28日，美国国防部警告伊朗不要试图封锁霍尔木兹海峡。

2012年1月3日，美国防部发言人称，美将继续在海湾部署军舰，但无意在霍尔木兹海峡与伊对抗，以免紧张事态升级。8日，美国防部长帕内塔称，伊目前尚未决心研发核武器，应继续通过外交和经济手段对伊施压。美军参联会主席邓普西称，美有能力彻底清除伊核计划。10日，美国务院评论称，伊朗总统艾哈迈迪内贾德访问拉美四国恰恰证明了其虚弱的一面。20日，国务卿克林顿表示，伊朗如果有意重启核谈判，就必须展示出在此问题上的“真诚和严肃”的态度。24日，总统奥巴马在国情咨文中表示，美决意组织伊拥有核武器，不排除使用任何手段，如伊改变立场且履行义务，伊核问题仍有可能和平解决。2月5日，奥巴马总统下令冻结伊朗政府和包括伊朗中央银行在内的所有金融机构在美国境内的所有资产。15日，美白宫发言人卡尼称，伊朗宣布取得重大核进展极具挑衅性。21日，美国总统国家安全事务助理多尼隆访以色列，强调美理解以在伊核问题上的关切，伊核问题仍有和平解决的空间。28日，美国务卿克林顿称，美情报部门认为伊尚未决定制造核武，美将坚决阻止伊拥核。3月2日，美国总统奥巴马在接受美《大西洋》月刊采访时强调，美有可能对伊核设施进行军事打击的警告不是虚张声势，伊、以双方都已认识到美方不能接受伊拥核。3月20日，美国国务卿克林顿发表声明称，英、法、德及比利时等10个欧洲国家及日本决定大幅削减自伊朗进口原油，美《2012财年国防授权法案》有关对伊制裁条款在180天内不适用于上述国家的银行及金融机构，希其他国家积极效仿。4月14日，伊核问题六国与伊朗代表在伊斯坦布尔进行新一轮会谈。4月15日，奥巴马总统称，如未来数月伊核问题谈判未获进展，伊将面临进一步制裁。5月1日，美国财政部负责反恐及金融情报的副部长科恩发表声明称，奥巴马总统签署的行政命令赋予美财政部更多授权制裁伊朗、叙利亚。财政部将认定违反美相关制裁规定，与伊、叙进行商业往来的个人和实体，禁止他们进入美金融和商业系统。5月21日，美国会参议院一致通过提案，对伊石油产业实施新一轮制裁。5月23日，伊核问题六国及欧盟与伊朗对话会在巴格达举行。6月1日，《纽约时报》载文称，奥巴马上台后加快前总统小布什任内针对伊主要核设施计算机网络施行代号为“奥运会”的攻击计划，曾造成伊近1000台离心机一度瘫痪。11日，美国国务卿克林顿发表声明称，由于印度、马来西亚、南非、韩国、斯里兰卡、土耳其和台湾明显减少自伊进口原油，美《2012财年国防授权法》有关对伊制裁条款不适用上述七个经济体。18 ~ 19日，伊核问题六国及欧盟与伊朗新一轮对话会在莫斯科举行。6月28日，国务卿克林顿发表声明称，由于中国和新加坡明显减少自伊朗原油进口，美《2012财年国防授权法》有关对伊制裁条款不适用于中、新两国。7月2日，美白宫发言人卡尼发表声明称，欢迎欧盟于7月1日开始对伊实施禁运等制裁措施。

【同拉丁美洲国家的关系】奥巴马政府重视改善美拉关系。2011年1月1日，国务卿克林顿赴巴西参加巴西新任总统就职典礼。1月24日，国务卿克林顿出访墨西哥，会见墨总统卡尔德龙和外长埃斯皮诺萨，就双边问题等交换意见。1月28日，国务卿克林顿会见访美的哥伦比亚副总统安吉利诺。1月30日，国务卿克林顿访问海地。2月3日，国务卿克林顿会见访美的危地马拉外长罗达斯。2月9~11日，助卿费尔南德斯出访巴西，率团参加双边“经济伙伴对话”。2月10日，国务卿克林顿会见访美的巴拿马副总统维埃拉，23日会见访美的巴西外长帕特利奥塔。3月3日，总统奥巴马会见访美的墨西哥总统卡尔德隆。3月4日，国务卿克林顿会见到访的哥斯达黎加外长卡斯特罗。3月19~23日，总统奥巴马访问巴西、智利和萨尔瓦多，会见三国领导人，签署十余项合作文件，并就美与拉美关系发表演讲。3月29~31日，副国务卿奥特罗访问多米尼加。4月7日，美总统奥巴马会见到访的哥伦比亚总统桑托斯。5月30日至6月3日，助理国务卿夏皮罗访问哥伦比亚和巴西，并出席美巴政治军事对话。5月31日，国务卿克林顿与哥伦比亚外长奥尔古因在美共同主持“美哥高级别对话”。6月1日，国务卿克林顿会见访美的巴西外长帕特里奥塔。6月22日，国务卿克林顿访问危地马拉和牙买加。7月6日，总统奥巴马和国务卿克林顿分别会见访美的秘鲁当选总统乌马拉。9月1~4日，常务副国务卿伯恩斯访问秘鲁和智利。10月5日，国务卿克林顿访问多米尼加。11月3~4日，助理国务卿费尔南德斯访问萨尔瓦多。11月15~18日，助理国务卿康特里曼访问阿根廷和巴西。11月28日至12月2日，副国务卿奥特罗访问哥斯达黎加、危地马拉和洪都拉斯，12月5~6日访问巴西。2012年2月18~20日，国务卿克林顿访问墨西哥。4月2日，奥巴马总统与加拿大总理哈珀、墨西哥总统卡尔德龙在华盛顿共同出席北美峰会。4月8~10日，巴西总统罗塞芙访美，与奥巴马总统举行会谈。4月14日，第六届美洲国家首脑会议在哥伦比亚开幕，奥巴马总统和克林顿国务卿与会。会间，美国和加拿大坚持将古巴排除在会议之外，但遭到其他与会国反对。4月16~17日，克林顿国务卿赴巴西参加第三届美巴全球伙伴对话。

【同非洲国家的关系】奥巴马政府继续重视非洲地区。2011年1月16日，总统奥巴马就苏丹南方公投顺利结束发表声明。1月14~23日，助理国务卿夏皮罗访问吉布提、肯尼亚、刚果（金）。1月26日，国务卿克林顿会见访美的苏丹外长库尔提，赞赏苏政府为南方公投和平举行给予的合作和帮助，表示如苏履行全面和平协议（CPA），美愿为实现与苏关系正常化作出努力。1月28日，美苏丹问题特使格雷申访问埃塞俄比亚和苏丹。1月29日至2月5日，常务副国务卿斯坦伯格率团列席非盟峰会并访问埃塞俄比亚、吉布提、苏丹、肯尼亚、乌干达、加纳。2月14~18日，助理国务卿施瓦茨访问利比里亚。3月29日，美副总统拜登会见到访的南非副总统莫特兰蒂。4月1日，美新任苏丹问题特使莱曼访问埃塞俄比亚和苏丹。4月12日，副总统拜登会见到访的肯尼亚总理奥廷加。4月20~21日，第二次美国—非盟高级别会谈在华盛顿举行。5月5~13日，副国务卿麦克黑尔访问南非和塞内加尔。6月6~9日，助理国务卿费尔南德斯访问南非和赞比亚。6月8~9日，总统奥巴马在白宫分别会见到访的尼日利亚总统乔纳森和加蓬总统邦戈。6月10~13日，国务卿克林顿访问赞比亚、坦桑尼亚和埃塞俄比亚，会见三国领导人，出席“非洲增长与机会法案”部长级论坛并发表讲话，访问非盟总部、会见非盟委员会主席让·平并就美对非政策发表演讲。6月21~26日，美“第一夫人”米歇尔对南非和博茨瓦纳进行正式访问。6月23日，利比里亚总统瑟利夫访问美国。7月9日，常驻联合国代表赖斯率团赴朱巴出席南苏丹共和国独立庆典。7月27~29日，贝宁、几内亚、尼日尔、科特迪瓦四国总统对美进行联合工作访问并会晤奥巴马总统。9月30日，副国务卿奥特罗访问布隆迪。10月17~26日，非洲事务助卿卡尔森访问刚果（金）、卢旺达和尼日尔。12月14~15日，美召集多国在华盛顿召开南苏丹国际接触会议。12月22日，奥巴马宣布再向非洲之角提供1.13亿美元紧急援助，使美对非洲之角救灾援助总额达到8.7亿美元。

2012年1月10日，美国总统奥巴马签发备忘录，决定向南苏丹派出5名美国军官，参与联合国在南苏丹的战略安全规划和行动。

2012年1月16~17日，国务卿克林顿访问利比里亚、科特迪瓦、多哥和佛得角。1月26~30日，美常务副国务卿伯恩斯访问加纳、乌干达、南苏丹和埃塞俄比亚，并出席第18届非盟峰会。2月29日，美国国务卿克林顿称，苏丹总统巴希尔决意破坏《全面和平协定》成果，美将向苏政府及巴施加压力。3月26日，美国贸易代表柯克发表声明称，美将南苏列入普惠制优惠待遇名单，对南苏石油等商品免征进口关税。27日，美国务卿克林顿称，美对南北苏丹冲突表示极度担忧，希望双方通过对话结束暴力。4月2日，美总统奥巴马与南苏丹总统基尔通电话，希南苏对当前冲突保持克制，南北苏丹应尽快就石油问题达成协议。6月14日，白宫发布《美国对撒哈拉以南非洲的战略》报告，提出美国对非洲战略四大支柱，巩固民主制度；促进经济增长和贸易投资；维护和平与安全；创造机遇和促进发展。6月14~15日，第11届《非洲增长与机会法案》（AGOA）论坛在华盛顿举行。6月21~22日，美国—非洲工商大会将在美国俄亥俄州召开。

（李楷　潘雄文　吴一波　赵健　葛明东）

美属维尔京群岛

名称　美属维尔京群岛（The United States Virgin Islands），美国海外属地，为美国“未合并领土”（unincorporated territory）。

面积　1910平方公里，其中陆地面积为346平方公里，水域面积1564平方公里，海岸线长188公里。

人口　109574人（2012年7月），主要分布在圣克鲁斯岛和圣托马斯岛。黑人占76.2%，白人占13.1%，亚裔1.1%，其他6.1%。居民主要是西印度群岛人，还有美国人和波多黎各人等。英语为官方语言，广泛使用西班牙语、法语和克里奥尔语。居民多信奉基督教（浸信会教徒42%，天主教徒34%，圣公会教徒17%，其他7%）。

首府　夏洛特·阿马里（Charlotte Amalie），位于圣托马斯岛。

总督　约翰·德雍（John Dejongh），2007年1月1日就职。

简　况

位于大西洋和加勒比海之间，在加勒比海小安的列斯群岛东部，西距波多黎各64公里，由圣托马斯（215平方公里）、圣约翰（80平方公里）和圣克鲁斯（52平方公里）3个主岛和约50个小岛组成。属亚热带海洋气候，一年温差变化不大，年均气温26℃。

原始土著居民为加勒比地区的卡鲁比（Carib）和阿拉瓦克（Arawak）印第安人。1493年欧洲人到达该群岛，土著居民几乎全被屠杀。16世纪起先后受西班牙、荷兰、英国、法国和马耳他控制。1670年丹麦将圣托马斯和圣约翰两岛据为殖民地。1733年圣克鲁斯岛被法国卖给丹麦后形成丹麦的西角印度群岛。1917年，美国用2500万美元向丹麦买下该群岛，由美国海军部管辖。该群岛居民从1927年起成为美国公民，但不能在本岛参加美国总统的选举。1954年美国政府修订了1936年通过的《维尔京群岛组织法》，规定该岛居民享有一定限度的选举权，成立了经选举产生由15人组成的参议院。自1970年始，行政权被交给民选总督。从1973年起，普选产生一名驻美国众院代表，但只在众院的委员会有表决权。该群岛有自己的旗帜。

政　治

1970年以前，民主党执掌地方行政权。总督执掌行政权，原由美国总统任命，1970年起改由普选产生，任期四年。在1970年的总督选举中，海尔文·伊文思当选为第一任民选总督。

【宪法】1936年制定《维尔京群岛组织法》，1954年修订，1968 ~ 1972年间曾多次尝试通过宪法（须经美国总统和国会批准），以确立最后法律地位，获取更大自治权，但均被全民否决。1980年7月，该岛第四次制宪会议通过一部宪法草案，并于1981年7月获得美国国会批准。在同年11月3日举行的全民公决中，80.3%居民赞成维持目前地位，14.2%赞成与美国合并，4%赞成终止美国对群岛的主权。但此次公决因投票率太低（仅27.4%）而无效。

【议会】维尔京群岛参议院，为一院制。由15名议员组成，任期两年。议会法案生效须经总督批准。本届议会于2010年11月选举产生。

【政府】本届政府于2006年产生。由总督、副总督和地方行政官员等组成，并有一名派驻美国众议院的代表。总督约翰·德雍，任期四年。

【政党】主要政党有：

（1）维尔京群岛民主党（Democratic Party of the Virgin Islands）：源于1936年成立的各种俱乐部。1962年该党正式得到法律承认，并加入美国民主党全国委员会。从20世纪60年代起一直控制着议会。主席阿图罗·沃特林顿（Arturo Watlington）。

（2）维尔京群岛进步共和党（Progressive Republican Party of the Virgin Islands）：前身是一个政治俱乐部。受当地白人地主、实业家和某些富有的有色人种团体支持。主席加里·斯普拉夫（Gary Sprauve）。

（3）独立公民运动（Independent Citizens' Movement）：1968年成立。主要得到下层有色人种群众的支持。领导人尤赛·理查德（Usie Richards）。

经　济

经济十分倚重美国，对美国商品的进口依赖严重，90%的贸易同波多黎各和美国进行。迄未探明自然资源。旅游业收入约占国内生产总值的80%，游客主要来自美国。2004年国内生产总值为15.77亿美元，人均国民收入14500美元。2004年失业率为6.2%。流通货币为美元。

【工业】主要工业部门有炼油、酿酒、手表制造、纺织、电子工业等。圣克鲁斯岛有世界上最大的炼油厂（之一），日处理原油能力为545万桶。朗姆酒是主要出口产品之一，但由于北美自由贸易协定于1994年生效，墨西哥已成为该群岛朗姆酒出口的有力竞争者。

【农业】养牛、捕鱼、蔬菜及水果种植为主要行业。近年来政府鼓励粮食作物的生产。

【旅游业】是主要经济活动，产值约占国民生产总值的80%，从业人员占全部就业人口的80%。2008年接待游客280万人次。主要旅游名胜有：圣约翰群岛的维尔京群岛国家公园、海滨浴场、印第安古迹和丹麦移民史迹等。

【交通运输】海空运输较发达。圣托马斯和圣克鲁斯岛均有国际机场。

【对外贸易】外贸主要面向波多黎各和美国市场，主要进口原油、出口石油制品。

军　事

防务由美国负责。1967年美国政府将设在圣托马斯岛的海军基地移交给该岛管理。目前美国在圣克鲁斯岛西岸保持一个雷达声纳追踪站和一个海岸追踪控制中心。

文化教育

【教育】对16岁以下青少年实行强制义务教育。小学8年，中学4年。

【新闻出版】主要报刊有：《商业公报》（双周刊）、《维尔京群岛新闻日报》、《信风》及《自豪》杂志。有22家电台和5家电视台。　（李楷）

蒙特塞拉特

名称　蒙特塞拉特（Montserrat）。

面积　102平方公里（陆地面积）。

人口　5164人，人口增长率0.484%，出生率1.162%，死亡率0.678%（2012年估计）。非洲裔黑人占88.4%，混血人占3.7%。通用英语。居民信奉基督教新教和天主教。

首府　普利茅斯（Plymouth），毁于1997年火山爆发。临时政府所在地为该岛北部的布莱兹（Brades）。

总督　阿德里安·戴维斯（Adrian Davis），2011年4月8日就任。

重要节日　英国女王诞辰：6月的第二个星期六。

简　况

蒙特塞拉特岛位于加勒比海东北、小安的列斯群岛中部。东北、东南分别与安提瓜岛和瓜德罗普岛隔水相望。属热带气候，平均气温夏季32℃，冬季24℃。年降水量1250～2000毫米。6～11月有飓风。

1493年哥伦布到达此岛。1632年沦为英国殖民地，后曾两次被法国占领。1783年再度沦为英国殖民地。1871～1956年为背风群岛联邦的一部分。1958～1962年为西印度联邦成员。1962年联邦解体，它成为单独的领地。1967年1月举行公民投票，仍继续为英国殖民地。1971年由英国女王任命总督直接统治。现为英国的海外领地（British Overseas Territory）。

该岛南部的苏弗里耶尔火山在沉寂350年后，于1995～1997年不断喷发，造成严重灾难，半数以上的居民逃离了世代居住的家园。科学家预言，苏弗里耶尔火山活动还将持续数十年。2009年和2010年，该火山仍有大规模喷发。

政　治

2009年9月，争取变革和繁荣运动在议会选举中获胜，鲁本·米德（Reuben Meade）第二次出任首席部长（Chief Minister）。2010年5月，蒙特塞拉特议会通过新的宪法草案。

2011年1月2日，前首席部长（1978～1991，2001～2006）、新人民解放运动领导人约翰·奥斯本（John Osborne，1936～2011）去世。3月3日，总督彼得·沃特沃思（Peter A. WATERWORTH）离任，副总督萨丽塔·弗朗西斯（Sarita Francis，女）代理总督。同年4月，新总督戴维斯任职。9月，蒙新宪法生效，米德成为蒙第一任总理（premier）。

2012年6月26日，议会反对党领袖唐纳森·罗密欧（Donaldson Romeo，蒙特塞拉特民主党）提出对政府的不信任案，但在表决中以2比7失利。

【宪法】2010年新宪法的修订工作基本完成后，宪法草案提交英国议会。2011年9月1日，新宪法（Montserrat Constitution Order 2010）生效。总督由英国女王任命，副总督由蒙特塞拉特人担任。

【议会】称立法会议（Legislative Council），任期五年。由12名成员组成：议长、9名普选产生的议员、官方成员2名（总检察长和财政秘书）。本届议会于2009年9月8日选举产生：争取改革和繁荣运动党获得9个席位中的6席，独立人士［包括前首席部长洛威尔·刘易斯（Dr Lowell Lewis）］3席。2010年4月，特蕾西娜·鲍德金（Teresina Bodkin，女）当选为议长，她是蒙特塞拉特第一位女议长。

【政府】称为内阁[新宪法生效前称为执行委员会(Executive Council)]，通常由在议会中占多数议席的政党组成，成员包括总理（原称首席部长）和3名其他部长以及2名当然成员（总检察长和财政秘书）。

本届政府于2009年9月10日产生，4名部长均为争取变革和繁荣运动成员：首席部长（兼管财政和经济发展）鲁本·米德，通信和工程部长查理·基尔农(Charles Kirnon)，土地、住房、农业和环境部长伊斯顿·法雷尔(Easton Farrell)，教育、卫生和社区服务部长科兰·赖利(Colin Riley)。2011年9月27日，米德就任蒙特塞拉特首任总理。

网址：http: //www.gov.ms/。

【司法机构】设有即席裁决法院和地方法院。最高终审机构为东加勒比最高法院（设在圣卢西亚）。该法院驻蒙陪席推事（巡回）内维尔·史密斯(Neville L. Smith)。地方法官安娜·瑞安(Anna B.Ryan)。

【政党】(1)争取变革和繁荣运动(Movement for Change and Prosperity, MACP)：执政党。其前身是1991年成立的国家进步党，2006年改为现名。2009年，鲁本·米德任领导人。

(2)新人民解放运动(New Peoples Liberation Movement, NPLM)：1996年成立，其前身是人民解放运动。2011年初，领导人约翰·奥斯本去世。

(3)蒙特塞拉特民主党(Montserrat Democratic Party)：领导人洛威尔·刘易斯，2006～2009年任首席部长。

还有蒙特塞拉特工党(Montserrat Labour Party)、蒙特塞拉特改革党(Montserrat Reformation Party)等。

【重要人物】**阿德里安·戴维斯**：总督。生于伦敦。作为一名训练有素的经济学家在1974年加入当时的海外开发署（英国官方发展援助）(ODA)，后成为英国国际发展部(DFID)官员。曾先后在孟加拉国、泰国、埃及、菲律宾和中国工作。2011年出任蒙特塞拉特总督。 **鲁本·米德**：总理。1954年出生。1991年组建国家发展党参加大选获胜，1991年10月至1996年10月首次担任首席部长。2009年出任争取变革和繁荣运动领导人。同年9月10日，第二次出任首席部长。2011年9月，就任总理。

经济

以旅游业、服务业和农业为主。近年来，通信业和金融业发展迅速，正逐渐成为政府的主要收入来源之一。为实现农产品自给的目标，政府重视发展农业，制订了一系列发展计划。20世纪90年代中期开始的火山活动曾使经济基本停滞，而其影响至今仍未消除。而2006年起，火山活动有所增强，给该岛经济带来不利影响。蒙官方与英国就有关援助达成《国家政策计划》(Country Policy Plan)（每三年一期）。目前岛上有限的经济活动包括采矿、建筑、金融及服务业、旅游等。服务业从业人数占劳动人口的75.3%。

2011年估计在地区生产总值中，服务业占75.3%，工业占23%，农业占1.6%。主要经济数据如下：

地区生产总值：1.5987亿东加勒比元（2009年）。

人均地区生产总值：31725东加勒比元（2009年）。

经济增长率：-6%（2010年）。

货币名称：东加勒比元。

汇率：1美元＝2.7东加勒比元（固定汇率，1976年起）。

通货膨胀率：5.0%（2010年）。

失业率：13%（2001年）。

【工业】目前规模较小。主要生产轻工产品，如朗姆酒、纺织品、电子零件等。2009年估计发电量2200万千瓦小时。

【农牧渔业】可耕地较少。从业人数占劳动人口的1.6%。主要种植棉花、土豆、红薯、辣椒、热带水果和蔬菜等，其中土豆、红薯、芒果和酸橙可向邻岛出口。

【旅游业】重要经济部门。游客主要来自北美。2006年旅游状况低迷，到港人数和旅游收入全面下降。2006年到港人数9500人次，旅游收入2090万东加元。

【交通运输】1997年火山爆发后，公路大部被毁。目前，岛屿北部的公路设施已经建成。

水运：原主要港口普利茅斯于1997年损毁于火山活动。目前在北部的里特尔湾已经建成一个新的港口，有渡轮通往安提瓜岛。

空运：主要机场布莱克伯恩机场于1997年毁于火山活动。在北部修建的新机场于2005年开始启用。

【财政金融】财政年度为4月1日至翌年3月31日。2011年预算收入3140万美元，支出3704万美元。

2006年政府总债务为1270万东加元，其中中央政府债务为400万东加元。

【对外贸易】长期严重入超。主要出口产品有电子元器件、塑料袋、服装、辣椒、柠檬、牛等。主要进口产品有机械和运输设备、食品、工业制成品、燃料、润滑油等。主要出口国为美国、安提瓜和巴布达。主要进口国为美国、英国、特立尼达和多巴哥、加拿大。2010年和2011年估计外贸出口额分别为340万和330万美元，进口额分别为3150万和2900万美元。

【外国援助】援助来自英国、加拿大、欧盟、联合国、加勒比开发银行和美国国际开发署。1997年蒙特塞拉特火山大规模爆发，使岛上2/3土地无法居住，居民集中到北部“安全区”。从1995年迄今，英国提供的财政援助和项目基金已经超过3亿英镑。2011/2012财年，英国政府援助将达2500万英镑。

人民生活

在北部有一所医院。2012年居民平均期望寿命73.41岁。2009年有固定电话2600部，移动电话4200部（2008年），互联网用户1200户。

军　事　防务由英国负责。

文化教育　【教育】对入公立学校的5～14岁儿童实行免费义务教育。成人文盲率低于10%。2004/2005学年，小学与中学入学率均为96%，学生与教师之比分别为20∶1和11∶1。高等教育则由西印度群岛大学（在巴巴多斯、牙买加、特立尼达和多巴哥设有校园）提供。

【新闻出版】出版英文周刊《蒙特塞拉特记者》。

蒙特塞拉特电台：政府电台，1952年创立，1957年首次播音。安的列斯电台：地区商业性电台。1963年创立，用英、法两种语言播音。明珠广播网络：商业性电台，1984年创立。

安的列斯有线电视台：有两个频道。另有蒙特塞拉特有线电视台。

对外关系　外交由英国掌管。蒙特塞拉特为万国邮政联盟、加勒比共同体、加勒比开发银行、东加勒比国家组织成员，设有国际刑警组织蒙特塞拉特支局。（沉思）

墨　西　哥

国名　墨西哥合众国（The United Mexican States, Los Estados Unidos Mexicanos）。

面积　1964375平方公里。

人口　1.12亿（2010年底），印欧混血人和印第安人占总人口的90%以上。官方语言为西班牙语，88%的居民信奉天主教，5.2%信奉基督教新教。

首都　墨西哥城（Ciudad de México）。面积1525平方公里，人口约2200万（含卫星城），海拔2240米。最热月（5月）平均气温12℃～26℃；最冷月（1月）平均气温6℃～19℃。

国家元首　总统费利佩·德赫苏斯·卡尔德龙·伊诺霍萨（Felipe de Jesús Calderón Hinojosa），2006年12月1日就职，任期六年。

重要节日　独立日：9月16日。

简　况　位于北美洲南部。北邻美国，南接危地马拉和伯利兹，东临墨西哥湾和加勒比海，西南濒太平洋。海岸线长11122公里，其中太平洋海岸7828公里，墨西哥湾、加勒比海岸3294公里。有300万平方公里专属经济区和35.8万平方公里大陆架。东、西、南三面为马德雷山脉所环绕，中央为墨西哥高原，东南为地势平坦的尤卡坦半岛，沿海多狭长平原。墨气候复杂多样。高原地区终年温和，平均气温10℃～26℃；西北内陆为大陆性气候；沿海和东南部平原属热带气候。大部分地区分旱（10～4月）、雨（5～9月）两季，雨季集中了全年75%的降水量。

美洲文明古国。玛雅文化、奥尔梅克文化、托尔特克文化和阿兹特克文化均为墨印第安人创造。1519年西班牙殖民者入侵。1810年9月16日伊达尔戈神父发动起义，开始独立战争。1821年墨宣告独立。1824年10月成立联邦共和国。1910年爆发资产阶级民主革命。1917年颁布资产阶级民主宪法，宣布国名为墨西哥合众国。革命制度党自1929年起连续执政71年。2000年、2006年国家行动党连续两次赢得大选。

政　治　卡尔德龙总统自2006年12月执政以来，以打击犯罪、增加就业、减少贫困为施政重点，推动政治和解，重视社会稳定，大力改善民生，取得一定成效。目前，墨政局总体稳定，但社会治安形势不佳，贩毒和有组织犯罪活动增多。2012年7月1日，墨举行总统选举。根据墨联邦选举委员会公布的计票结果，革命制度党总统候选人恩里克·培尼亚·涅托（Enrique Peña Nieto）以38.21%的得票率获胜。墨联邦选举法院将于9月确认选举结果。

【宪法】1824年颁布独立后第一部宪法。1917年2月5日颁布《墨西哥合众国宪法》并执行至今，历经多次修改。宪法规定立法、行政、司法三权分立；总统通过直接普选产生，任期六年，终身不得再任；土地、水域及其他一切自然资源归国家所有；工人有权组织工会、罢工等。联邦各州制定本州宪法，但州政府权力受国家宪法约束。

【议会】联邦议会分为参众两院，行使立法权。主要职权有：批准条约及总统对司法、财政、外交及军队高级官员的任命；修改宪法；批准总统出访；必要时任命临时总统等。两院均设“领导委员会”和“政治协调委员会”。两院议员不得连选连任，但可隔届竞选。

参议院128名议员，由31个州和联邦区各选4名组成，任期六年。本届参议院于2006年7月选举产生，国家行动党占50席，革命制度党33席，民主革命党25席，其他小党20席。现任参议长为国家行动党的何塞·冈萨雷斯·莫尔芬（José González Morfín），2011年9月1日当选，任期一年。

众议院500名议员，其中300席通过多数票选举产生，200席按政党比例代表制产生，任期三年。本届众议院于2009年7月产生，革命制度党占240席，国家行动党占140席，民主革命党60席，其余由小党占据。现任众议长为国家行动党的奥斯卡·马丁·阿尔塞·帕尼亚瓜（Oscar Martín Arce Paniagua），2012年5月1日当选，任期四个月（经各党协商，2011~2012年度众议长一职将由革命制度党、民主革命党和国家行动党众议员轮流担任）。

【政府】本届政府于2006年12月1日成立。主要内阁成员有内政部长亚历杭德罗·普瓦雷（Alejandro Poiré），外交部长帕特里西亚·埃斯皮诺萨·坎特利亚诺（Patricia Espinosa Cantellano，女），国防部长吉列尔莫·加尔万·加尔万（Guillermo Galván Galván），海军部长马里亚诺·弗朗西斯科·塞内斯·门多萨（Mariano Francisco Saynez Mendoza），公共安全部长赫纳罗·加西亚·卢纳（Genaro García Luna），财政和公共信贷部长何塞·安东尼奥·梅阿德·库里贝尼亚（José Antonio Meade Kuribeña），社会发展部长埃利韦托·费利克斯·格拉（Heriberto Félix Guerra），环境和自然资源部长胡安·拉法埃尔·埃尔维拉·克萨达（Juan Rafael Elvira Quesada），能源部长豪尔迪·埃雷拉·弗洛雷斯（Jordy Herrera Flores），经济部长布鲁诺·费拉里·加西亚·德阿尔瓦（Bruno Ferrari García de Alba），农业、畜牧业、农村发展、渔业及食品部长弗朗西斯科·哈维尔·马约尔加·卡斯塔涅达（Francisco Javier Mayorga Castañeda），通信与交通部长迪奥尼西奥·佩雷斯·哈科梅·弗里西奥内（Dionisio Pérez-Jácome Friscione），公共职能部长拉斐尔·摩根·里奥斯（Rafael Morgan Ríos），公共教育部长何塞·安赫尔·科尔多瓦·比利亚洛沃斯（José Ángel Córdova Villalobos），卫生部长萨洛蒙·切尔多利夫斯基（Salomón Chertorivski），劳动和社会预防部长罗萨琳达·贝莱斯·华雷斯（Rosalinda Vélez Juárez，女），农业改革部长阿韦拉多·埃斯科瓦尔·普列托（Abelardo Escobar Prieto），旅游部长格洛丽亚·格瓦拉·曼索（Gloria Guevara Manzo，女）等。

【行政区划】全国划分为31个州和1个联邦区（墨西哥城），州下设市（镇）和村。

【司法机构】分为最高法院、大区法院（巡回法院）和地区法院3级。最高法院大法官由总统提名18名候选人，参议院任命其中11人，任期15年。最高法院每4年从其法官中选举1人任院长，不得连任。现任最高法院院长胡安·席尔瓦·梅萨（Juan Silva Meza）。大区法院和地区法院的法官由最高法院指派，任期四年。

设有总检察院和联邦区检察院。总检察长由总统提名，参议院任命。现任联邦总检察长玛丽塞拉·莫拉莱斯·伊瓦涅斯（Marisela Morales Ibáñez，女）。此外，还设有联邦劳动保护检察院、联邦消费者检察院、保护儿童和家庭检察院等。

【政党】近年来，墨多党制民主政体进一步发展，主要政党有：

（1）国家行动党（Partido Acción Nacional）：执政党。1939年9月15日成立。基督教民主国际成员。党主席古斯塔沃·马德罗·穆尼奥斯（Gustavo Madero Muñoz），总书记塞西莉亚·罗梅洛·卡斯蒂略（Cecilia Romero Castillo，女）。

（2）革命制度党（Partido Revolucionario Institucional）：反对党。1929年3月4日成立，1929~2000年连续执政71年。社会党国际成员。党主席佩德罗·华金·科德韦尔（Pedro Joaquín Coldwell），总书记玛丽亚·克里斯蒂娜·迪亚斯·萨拉萨尔（María Cristina Díaz Salazar，女）。

（3）民主革命党（Partido de la Revolución Democrática）：主要反对党。1987年7月成立，前身是全国民主阵线，1989年5月墨西哥社会党（原墨西哥共产党）加入后改为现名。社会党国际成员。党主席赫苏斯·桑布拉诺·格里哈尔瓦（Jesús Zambrano Grijalva），总书记多洛雷斯·卢纳（Dolores Luna，女）。

此外，还有劳动党（Partido de Trabajo）、绿色生态党（Partido Verde Ecologista）、公民运动党（Partido Movimiento Ciudadano）等。

【重要人物】费利佩·卡尔德龙·伊诺霍萨：总统。1962年8月18日生于米却肯州州府莫雷利亚市。美国哈佛大学公共管理硕士、墨西哥自治理工学院经济学硕士。1988年当选首都联邦区议会议员。1991年、2000年两次当选联邦众议员。2003年2~9月任全国公共工程和服务银行行长。2003年9月至2004年5月任能源部长。年轻时即在父亲影响下加入国家行动党。20世纪90年代初进入该党全国执委会，历任全国执委会青年书记、学习书记、驻联邦选举委员会党代表、总书记（1993年）、党主席（1996~1999年）等职。2006年7月作为国家行动党候选人参加大选获胜，同年12月1日就职，任期至2012年12月1日。已婚，夫人玛格丽塔·萨瓦拉（Margarita Zavala），曾任联邦众议员。有2子1女。

经　济

墨是拉美经济大国，世界最开放的经济体之一，同44个国家和地区签有12个自贸协定。工业门类齐全，石化、电力、矿业、冶金和制造业较发达。旅游业发达，侨汇收入丰富。

卡尔德龙政府以墨经济长期稳定增长为目标，推行稳健的经济政策，实施财税改革，积极扶持出口行业和中小企业。2011年主要经济数据如下（资料来源：墨国家统计局、墨西哥银行）：

国内生产总值：1.08万亿美元。

国内生产总值增长率：3.9%。

货币名称：比索（Peso）。

汇率：1美元＝12.42比索（2011年全年平均）。

通膨率：3.8%。

失业率：5.2%。

【资源】世界能源和矿产大国。矿产资源丰富，是世界主要石油生产国和出口国之一。据墨西哥石油公司报告显示，截至2011年，原油已探明储量138亿桶。根据美国中央情报局《世界概况》，墨天然气已探明储量3388亿立方米。墨是全球最大的白银生产国和铜生产国之一，天青石、铋、萤石、砷、镉、硅灰石、石墨、锌、铅、钼和重晶石产量也均居世界前列。拥有8个世界级矿山，其中铜矿2个、盐矿、银矿、金矿、萤石矿、锰矿、石膏矿各1个。森林面积6423.8万公顷，水力资源约1000万千瓦。

【工业】门类齐全，石化、能源、矿业、冶金和制造业较发达。2010年工业产值占GDP总量的31%。近年主要工矿业产品产量如下：

	2008	2009	2010
非炼焦煤（吨）	10402658.0	10086058.0	11246639
铁（吨）	7161657.0	7069702.0	7931167
焦炭（吨）	1419137.0	1315444.0	1648709
银（千克）	2556874.0	2497722.0	3499470
原油（万桶/日）	279.9	260.1	250

（资料来源：墨国家统计局）

【农牧业】传统农业大国。1994年加入北美自由贸易协定后农业生产受冲击，严重萎缩。全国可耕地面积2160万公顷，其中常用耕地面积1850万公顷。主要种植玉米、高粱、小麦、大豆、水稻、棉花等。剑麻产量居世界前列。2010年农业产值占GDP总量的4%。近年主要农产品产量如下（单位：千吨）：

	2008	2009	2010
玉米	22881	24227	20202
高粱	5926	7067	6175
小麦	4020	4297	4148
大米	267	233	262
菜豆	1016	1136	1051

（资料来源：同上）

【服务业】服务业是墨产值最高的部门，也是创造最多就业机会的产业。2010年产值占GDP总量的65%。墨服务业主要包括商业、金融业、电讯产业、不动产、旅游、保险、广告、传媒等。

【旅游业】旅游资源丰富，旅游服务业发达。近年来，墨政府积极促进旅游业发展，如开辟旅游新线路和增设旅游项目等。2011年全年旅游业收入116.63亿美元，同比增长-0.8%。

【交通运输】交通运输业较发达，以公路交通和航运为主。

公路：总长37291公里，其中主要公路长度12.3万公里。注册车辆2235.1万辆。2010年全国公路客运量31.4亿人次，货运量5.8亿吨。

铁路：总长27483公里。2010年铁路货运量10576.3万吨。

水运：全国共有114个港口，其中16个是国际港口。同欧美、中南美、加勒比地区、亚洲许多国家设有客货运班轮。主要港口有墨西哥湾的阿尔塔米拉港、韦拉克鲁斯港、太平洋沿岸的曼萨尼略港和拉萨罗—卡德纳斯港。2010年全国港口货运量2.53亿吨。

空运：截至2010年，全国共建有24个国内机场，61个国际机场，1350个小型机场。共有273架商业飞机，352架公务飞机，1598架私人小型飞机，年客运量5197万人次。主要机场有墨西哥城、瓜达拉哈拉、蒂华纳、坎昆、瓦利亚塔港和阿卡普尔科等机场，其航空业务量占全国的70%。

【财政金融】近年公共财政收支预算及执行情况如下（单位：亿比索）：

	2008	2009	2010
总收入	28609	28163	29602
总支出	28726	30916	33335
差　额	-117	-2753	-3733

（资料来源：墨财政部、墨西哥银行）

截至2012年3月底，墨外汇储备1485亿美元。截至2012年5月底，墨政府内债余额37404.10亿比索，外债余额1197.38亿美元。2011年墨侨汇收入总额为227.31亿美元。

主要银行有：墨西哥银行（Banco de México），墨中央银行，成立于1925年。墨西哥外贸银行（Banco Nacional de Comercio Exterior），成立于1937年。

【对外贸易】同200多个国家和地区建立了贸易关系，与44个国家签订了自由贸易协定。近年墨对外贸易情况如下（单位：亿美元）：

	2009	2010	2011
进口额	2343.85	3014.82	3508.42
出口额	2297.08	2983.63	3496.76
差　额	-46.77	-31.19	-11.66

（资料来源：墨西哥经济部）

墨主要出口原油、工业制成品、石油产品、服装、农产品等。主要进口客车、石化产品、食品、医药制品、广播电视接收及发射设备等。

【外国资本】墨是拉美吸引外资最多的国家之一。据墨经济部统计，2011年墨吸收外国直接投资194.39亿美元，同比增长9.7%。投资主要领域为制造业、贸易和金融服务业。主要投资来源地为荷兰、美国和西班牙。

【著名公司】墨西哥石油公司（PEMEX）：墨法定的唯一石油生产与销售公司，隶属墨能源部，是墨最大、拉美第二大企业，也是世界第四大石油生产企业。成立于1938年，现有员工15.3万人。2011年日产原油255万桶，日出口134万桶，日生产天然气65.9亿立方英尺，全年销售收入1113.93亿美元，上缴税费626亿美元，约占墨联邦政府预算1/3。总裁胡安·何塞·苏亚雷斯·科贝尔（Juan José Suárez Coppel）。公司总部：Torre Ejecutiva Piso 44，Marina Nacional 329，Col. Huasteca Miguel Hidalgo，México D.F.。

墨西哥电话公司（TELMEX）：成立于1947年，现为墨最大通讯服务公司，现有员工5.4万人。主要经营电话、宽带、数字电视及数据传输业务，占有墨国内90%以上的固话市场份额。2010年公司实现收入90亿美元，净利润15亿美元。总裁卡洛斯·斯利姆（Carlos Slim）。公司总部：Parque Vía 190，Col. Cuautemoc，México D.F.。

墨西哥水泥公司（CEMEX）：成立于1906年，现为墨最大、世界第三大水泥公司，全球最大的白水泥生产商。主要从事水泥及熟料、商品混凝土的生产和销售，在全球50多个国家和地区设有分支机构，入选美国《财富》杂志企业500强。2011年实现销售总额151.39亿美元。总裁洛伦索·桑布拉诺（Lorenzo Zambrano）。公司总部：Av. Constitución 444 Pte. Monterrey，Nuevo León，México。

人民生活

贫富分化严重。据墨西哥社会发展评估委员会发布的2008~2010年度报告，墨贫困人口占总人口的46.2%，其中极端贫困人口占总人口的10.4%。

军　事

墨军队建于1821年，始称国民军，1913年改称宪制军。根据宪法，总统为武装力量最高统帅，有权宣布“紧急状态”和“战争状态”，决定兵力调动、国防开支和将级以上将领任命等。最高国防决策机构为“国家安全内阁会议”，由总统领导，成员包括国防部长、海军部长、内政部长、外交部长及其他有关政府部长。

国防部和海军部是最高军事行政机关和军事指挥机构。国防部领导并指挥陆军和空军，海军部领导并指挥海军。长期以来，墨军基本上没有对外作战，主要担负维护国内安定的任务。墨实行义务兵和志愿兵相结合的兵役制度。规定18 ~ 45岁的男性公民均需服兵役。义务兵服役期1年，志愿兵服役期3 ~ 9年。现役总兵力26.45万人。2010年国防预算为596亿比索（约合49亿美元）。

文化教育

【教育】墨是教育大国，公共教育基本为免费教育。义务教育阶段的教材全部免费。墨现行教育体制分为：

基础教育：学前（3年）、小学（6年）和初中（3年），宪法规定从2008年开始实行从学前3年到初中的12年义务教育制。

高中教育：墨称之为准高等教育（3年）。

高等教育：本科4 ~ 5年，技术大学2 ~ 4年，硕士3年，博士2年。高等院校分四类：国立大学（含自治大学）、私立大学、科技院校和研究机构中的教学机构等。

非学校教育：成人教育、远距离教育及职业培训等。

2009~2010学年，全国在校学生达3250万人，其中基础教育2123万，中级教育368万，高等教育272万，职业教育138万。

墨西哥国立自治大学是墨规模最大、历史最悠久的大学，在拉美也较有影响。学校成立于1551年，1929年实行自治，称墨西哥国立自治大学并沿用至今。2011~2012年在校学生32.44万人，教师员工3.68万人。全校有13个系、4所学院、7个多学科中心、8个博物馆、9所预科学校及46个科研机构。墨大还在全国25个州及美国、加拿大、西班牙设有分校。墨西哥25%的科学家在墨大工作，承担全国近一半的科研任务。

【科研】墨有较完整、系统的科研体系。全国科学技术理事会是最高科技领导机构，1970年成立，主席由总统任命。全国高级科研人员近万名。科研领先优势为：环境和气候、生物医药研究和卫生、农林渔业、工业和制造技术、电子、材料和度量学、非核能源、生物技术、航空、空间研究及应用等。主要科研机构有：科学院、石油研究所、农业研究所、核能研究所和国际玉米和小麦中心等。

【新闻出版】全国约有300家报纸和100多种全国性刊物。主要报刊有:《宇宙报》（El Universal），发行量15万份;《每日报》（La Jornada），发行量10.6万份;《改革报》（Reforma），发行量14万份;《至上报》（Excelsior），发行量4.5万份;《金融家报》（El Financiero），财经类报纸，发行量约8.1万份。

墨西哥通讯社为官方通讯社，隶属内政部。墨转载国际新闻90%来源于美联社、合众社和法新社。

特莱维萨和阿兹特克为墨两大电视集团，拥有全国95%以上的电视观众。

墨每年出版1.2万种书刊，总发行量2.5亿册，是世界上出版西班牙语刊物最多的国家之一。

【文化艺术】美洲著名文明古国，曾孕育了玛雅、奥尔梅克、托尔特克和阿兹特克等古代印第安文化。玛利雅奇音乐和萨巴特奥舞蹈融合了西班牙和印第安音乐的特色，成为墨西哥独特的民族艺术形式。

墨西哥文学在拉美独树一帜。作家奥克塔维奥·帕斯（1990年诺贝尔文学奖）、胡安·鲁尔福和卡洛斯·富恩特斯都是现代西班牙语文坛巨匠。墨西哥壁画举世闻名，里维拉、奥罗斯科、西凯罗斯为杰出壁画家。

对外关系

长期奉行独立自主的外交政策，主张维护国家主权与独立，尊重民族自决权，推行对外关系多元化。主张和平解决国际争端。

墨是联合国、世贸组织、二十国集团、北美自由贸易区、亚太经合组织、经济合作与发展组织、美洲国家组织、拉美和加勒比国家共同体等组织成员国和不结盟运动观察员。现同187个国家有外交关系。

【同中国的关系】1972年2月14日与中国建交。建交以来，两国关系发展顺利。2003年12月，温家宝总理访墨，两国建立战略伙伴关系。2004年8月，中墨成立政府间两国常设委员会。

建交以来，墨历任总统均在任内访华。中国国家主席、政府总理等领导人先后访墨。2005年9月，胡锦涛主席对墨进行国事访问。2008年7月，卡尔德龙总统对中国进行国事访问。2010年9月，胡锦涛主席和杨洁篪外长分别致电卡尔德龙总统和埃斯皮诺萨外长，祝贺墨独立200周年。2011年7月，两国举行第二次战略对话和外交部间第11次政治磋商。7月，墨总统卡尔德龙就中国共产党建党90周年向胡锦涛主席致贺电。墨西哥银行行长卡斯滕斯、卫生部长科尔多瓦、环境部长埃尔维拉等访华。2012年2月，胡锦涛主席和杨洁篪外长分别同卡尔德龙总统和埃斯皮诺萨外长互致贺电，庆祝两国建交40周年。4月，墨外长埃斯皮诺萨访华，与杨洁篪外长共同主持召开两国常设委员会第五次会议。6月，胡锦涛主席在墨西哥出席二十国集团领导人第七次峰会期间，与卡尔德龙总统举行双边会见。

据中国海关总署统计，2011年中墨贸易总额达333.59亿美元，其中中方出口额为239.78亿美元，进口额为93.81亿美元，同比分别增长34.7%、34.2%和36.2%。

截至2011年底，中国累计在墨生产性投资6.14亿美元，墨在华实际投资0.9亿美元。中方对墨出口的主要商品有计算机与通讯技术产品、服装、电器及电子产品、机械设备、电视、收音机、无线电讯设备零附件、原油等；从墨主要进口计算机与通讯技术产品、电子技术产品、自动数据处理设备零附件，集成电路及微电子组件、汽车零附件等。

文化、教育交流：2011年，北京紫禁城民乐团等团组赴墨参加塞万提斯艺术节及中国文化艺术特别展示活动。中国43所高校联合赴墨举行“21世纪中国高等教育展”。

中国驻墨西哥大使：曾钢。馆址：Avenida Río Magdalena No.172，Colonia Tizapán，C.P. 01090，México，D.F.。电话：(52-55) 56160609；传真：56160460。商务处地址：Calle Platón No.317，Colonia Polanco，C.P.11560 México，D.F.。电话：52808592；传真：52804847。

驻蒂华纳总领事：张善利。馆址：Av. Lomas del Monte 1614. Frace. Lomas de Agua Caliente，Primera Sección Tijuana，B.C. 22440 México。信箱：Apartado Postal 2830。邮编：22440。电话：0052-664-6816771；传真：6219762。电子邮箱：Chinagct@hotmail.com。

墨西哥驻华大使：豪尔赫·欧亨尼奥·瓜哈尔多·冈萨雷斯（Jorge Eugenio Guajardo González），2007年8月递交国书。馆址：北京市朝阳区三里屯东五街5号。电话：010-65322022；传真：65323744。商务处电话：65322272。签证处电话：65322070。

1989年，台湾远东贸易服务中心在墨设立代表处。1993年开设了“中国台北进出口银行驻墨办事处”。1994年2月，台在墨增设台北经济文化办事处，下设“新闻旅游办公室”。1990年，墨外贸银行在台北设立“驻台商务办事处”。

2011年墨台贸易额为62.38亿美元，其中墨向台出口额为4.68亿美元，从台进口额为57.70亿美元。墨向台出口石化产品、棉花、铜、钢材等，进口计算机、电器设备、纺织品、服装、塑料制品和电子元件。

【同美国的关系】1825年与美建交。1846年美入侵墨，1848年双方签订和约，墨被迫将230万平方公里的领土割让给美国。1994年，墨加入北美自由贸易区。美是墨最大贸易伙伴、投资国和债权国。对美关系是墨历届政府的外交重心。

卡尔德龙政府高度重视墨美关系，低调处理双方在移民、农产品补贴等问题上的分歧，推进墨美在安全、反毒等领域务实合作。2011年，墨美关系受“维基揭秘”事件影响出现波折。美驻墨大使因负面评价墨反毒战略被迫辞职。卡尔德龙两度访美，修复双边关系。

据墨西哥经济部统计，2011年墨美贸易总额为4490.68亿美元，其中墨对美出口额为2747.12亿美元，从美进口额为1743.56亿美元，墨顺差1003.56亿美元。

【同拉美国家的关系】卡尔德龙政府重视加强同拉美国家的传统友好关系，将巩固与发展同拉美和加勒比地区国家关系作为对外政策重点之一，呼吁拉美各国联合自强，实现共同发展。促进墨与中美洲国家加强融合，共同发展。2011年，墨分别与秘鲁、中美洲五国签署自贸协定，同秘鲁、哥伦比亚和智利宣布建立拉美“太平洋联盟”，加入拉美和加勒比国家共同体。阿根廷、萨尔瓦多、哥斯达黎加和危地马拉总统分别对墨进行国事访问。

【同欧洲国家的关系】墨卡尔德龙政府重视发展同欧盟关系，视欧洲为世界政治力量的重要平衡因素，将对欧关系作为对外关系多元化战略的重要组成部分，以改变墨外交对美单极依赖的现状。2008年，墨与欧盟建立战略伙伴关系。2011年，墨外长访问欧盟总部、比利时、法国、挪威和俄罗斯，德国和塞尔维亚外长访墨。

【同亚太国家的关系】认为亚太地区是当今世界最具经济活力的地区，积极发展与亚太国家的合作关系，深化双方在高科技、金融等领域的合作。重视并优先发展同中国、日本、韩国等东亚国家关系。墨是亚太经合组织、太平洋盆地经济理事会、太平洋经济合作会议、亚太议会、亚太经济合作组织及东亚—拉美合作论坛等组织成员。2011年，墨外长访问泰国，孟加拉国、澳大利亚外长访墨。（张进）

南乔治亚和南桑德韦奇群岛

南乔治亚和南桑德韦奇群岛（South Georgia and South Sandwich Islands）地处南大西洋，是英属海外领地，常住人口不详，英语为通用语，英镑为通用货币，首府位于南乔治亚岛爱德华国王角。当地经济以渔业、旅游为主。政府主要收入来源为发放渔业许可证，2010年财政赤字达67.4万英镑。

南乔治亚岛位于福尔克兰群岛东南1390公里处，面积约3592平方公里。南桑德韦奇群岛距南乔治亚岛东南约750公里，面积约311平方公里。1775年，英国船长库克抵达南乔治亚和南桑德韦奇群岛，自此该群岛被英国据为己有。1908年，该群岛成为马尔维纳斯群岛的组成部分。1927年和1948年，阿根廷分别正式向南乔治亚和南桑德韦奇群岛提出主权要求。1955年，英国单方面将此主权纠纷提交国际法庭处理，但由于阿根廷的坚决反对，国际法庭未予受理。在1982年英阿马岛战争之前，南乔治亚一直是英国南极考察基地。在1976年12月约50名阿根廷科研人员来到之前，南桑德韦奇群岛一直无人定居。1982年马岛战争中阿根廷人被英军赶走。英国驻马岛总督兼任驻南乔治亚和南桑德韦奇群岛专员。1993年5月，鉴于阿根廷政府将出售附近水域的捕渔许可证，英政府宣布其控制领域由群岛周围12海里扩展到200海里以内，以保护珍贵的渔业资源。英于2001年3月从南乔治亚岛撤出驻扎军队，同时增加岛上的科研力量，由英驻马岛皇家军队负责南乔治亚和南桑德韦奇群岛安全。现任专员奈杰尔·海伍德（Nigel Haywood），助理专员里克·奈（Ric Nye），行政长官马丁·柯林斯（Martin Collins）。（周延）

尼加拉瓜

国名 尼加拉瓜共和国（The Republic of Nicaragua，La República de Nicaragua）。

面积 13.04万平方公里。

人口 588.89万（2011年）。印欧混血人种占69%，白人17%，黑人9%，印第安人5%。官方语言为西班牙语，在大西洋海岸也通用苏莫语、米斯基托语和英语。居民多信奉天主教。

首都 马那瓜（Managua），人口146万（2006年）。最高气温32℃，最低气温23℃。

国家元首 总统丹尼尔·奥尔特加·萨阿韦德拉（Daniel Ortega Saavedra），2012年1月10日就职，任期五年。

重要节日 革命成功日：7月19日；独立日：9月15日。

简况

位于中美洲地区中部。北界洪都拉斯，南连哥斯达黎加，东临加勒比海，西濒太平洋。海岸线长约820公里。属热带气候。1～5月为旱季，6～12月为雨季。年平均气温25.5℃。

原为印第安人居住地。1502年哥伦布航行抵达，1524年沦为西班牙殖民地。1821年9月15日宣告独立。1823年加入中美洲联邦。1839年建立共和国。在美国的支持下，索摩查家族自1936年起对尼进行长达40余年的统治。1979年7月，桑地诺民族解放阵线推翻索摩查政权。1990年2月，全国反对派联盟候选人查莫罗在大选中获胜，1990~1997年执政。1997~2002年，制宪自由党人阿莱曼执政。2002~2007年，制宪自由党人博拉尼奥斯执政。

政治

2006年11月，桑解阵领导人奥尔特加再次当选总统，2007年1月10日就职。2011年11月，奥尔特加成功连任，2012年1月10日就职。

【宪法】1986年8月18日由国民议会通过，1987年1月生效。1995年2月、2000年1月和2004年12月三次修改宪法。

宪法规定，尼是独立、自由、自主、统一和不可分割的国家；国家中央权力机构由总统、国民大会、最高法院和最高选举委员会组成；总统和议员都由选举产生，任期五年；总统为国家元首、政府首脑和武装部队最高司令；总统任命内阁部长需经议会批准，议会有权罢免政府官员和再否决总统对法案的否决。

【议会】国民议会为一院制，由90名议员组成，任期五年。本届议会于2012年1月组成，其中桑解阵62席，独立自由党26席，制宪自由党2席。议长任期一年，可连选连任。现任议长雷内·努涅斯（René Núñez）。

【政府】本届政府于2007年1月成立。主要成员有：副总统奥马尔·阿耶斯莱文·阿塞韦多（Omar Hallesleven Acevedo），内政部长安娜·伊莎贝尔·罗萨莱斯（Ana Isabel Rosales，女），外交部长萨穆埃尔·桑托斯（Samuel Santos），财政部长阿尔韦托·格瓦拉（Alberto Guevara），国防部长鲁特·埃斯佩兰萨·塔皮亚（Ruth Esperanza Tapia，女），工业和贸易部长奥尔兰多·索洛萨诺（Orlando Solórzano），农牧和林业部长阿列尔·布卡尔多（Ariel Bucardo），交通与基础设施部长巴勃罗·马丁内斯（Pablo Martínez），卫生部长索尼娅·卡斯特罗·冈萨雷斯（Sonia Castro González，女），劳动部长赫阿内斯·查韦斯（Jeaneth Chávez，女），环境与自然资源部长胡安娜·阿赫尼业尔（Juana Argeñal，女），能源和矿产部长埃米利奥·拉巴乔利（Emilio Rappaccioli），家庭部长马尔西亚·拉米雷斯·梅尔卡多（Marcia Ramírez Mercado，女），教育部长米利亚姆·劳德斯（Miriam Ráudez，女），旅游部长马里奥·萨利纳斯（Mario Salinas）。

【行政区划】全国划分为16个省和2个自治区，下设153个市镇。

【司法机构】设最高法院、上诉法院和共和国法院。最高法院由国民议会选举产生的16名大法官组成，大法官任期五年。最高法院院长阿尔瓦·卢斯·拉莫斯·巴内加斯（Alba Luz Ramos Vanegas，女）。

【政党】主要政党有：

（1）桑地诺民族解放阵线（Frente Sandinista de Liberación Nacional，FSLN）：执政党。1961年7月23日成立，主要成分是工人、农民和知识分子，为推翻索摩查军人独裁统治进行了长期的武装斗争。1979年7月至1990年4月执政。1991年7月该党召开首届代表大会，确认作为一个“革命、民主和反帝的政党”，继续依法开展政治斗争。1992年9月作为观察员加入社会党国际。1994年，党内改革派退党另组“桑地诺革新运动”。近年，该党努力改变激进形象，呼吁和解团结，并于2006年11月大选中获胜，从而在丧失政权16年后再度执政。总书记丹尼尔·奥尔特加，现总统。

（2）独立自由党（Partido Liberal Independiente，PLI）：反对党。1944年成立，主要由自由民族主义党中不满索摩查家族而分裂出来的成员组成。2011年11月，其候选人加德亚参加总统选举，以31.13%的得票率居第二位。现任主席爱德华多·蒙特亚莱格雷（Eduardo Montealegre）。

（3）制宪自由党（Partido Liberal Constitucionalista，PLC）：反对党。1996年首度执政。2001年11月在大选中再度获胜。2003年1月该党在党主席、前总统阿莱曼腐败案中因立场对立而发生分裂，拥阿的多数派宣布倒戈，联合桑解阵议员成为反对党。2006年11月大选中败北。现任主席玛利亚·阿伊德·奥苏那（María Haydeé Osuna，女），总书记米盖尔·罗萨雷斯·奥尔特加（Miguel Rosales Ortega）。

（4）尼加拉瓜自由联盟（Alianza Liberal Nicaragüense，ALN）：反对党。2006年由前内政部长蒙特亚莱格雷创建，主要由制宪自由党中不满阿莱曼与桑解阵结盟而分裂出来的成员组成。2006年11月，其候选人蒙特亚莱格雷参加总统选举，以28%的得票率居第二位。现任主席爱德华多·蒙特亚莱格雷（Eduardo Montealegre）。

（5）桑地诺革新运动（Movimiento Renovador Sandinista，MRS）：反对党，1995年5月18日成立。主要由从桑解阵分离出来的部分干部、知识分子和知名艺术家组成，主张维护社会民主、法制与公平。现任主席恩里克·萨恩斯（Enrique Sáenz）。

【重要人物】丹尼尔·奥尔特加·萨阿韦德拉：总统。1945年出生。1963年加入桑解阵。1981年任民族复兴政府执行委员会协调员（相当于政府首脑）。1984年当选尼总统，1985~1990年执政。1991年起任桑解阵总书记。1990年、1996年和2001年三次竞选总统均失利。2006年，第四次竞选获胜，2007年1月就任。2011年11月成功连任，2012年就任。夫人罗萨里奥·穆里略（Rosario Murillo），有8个子女。

经　济

以农牧业为主。主要生产棉花、咖啡、甘蔗、香蕉、肉类等。2011年主要经济数据如下（资料来源：尼加拉瓜中央银行）：

国内生产总值：72.98亿美元。

人均国内产值：1329.2美元。

国内生产总值增长率：4.7%。

人均国内产值增长率：9.3%。

货币：科多巴（Córdoba）。

汇率：1美元＝22.42科多巴。

通货膨胀率：8%。

失业率：6.3%。

【资源】拉美主要产金国之一，已探明有106条金矿脉，年产量居世界第13位。其他矿藏有银、锑、锌、铜、铅等。地热资源丰富，有两处石油矿藏。森林面积占国土面积的43%。2009年尼共有动物1.23万种，植物5796种。

【工业】基础薄弱，以制造业为主，近年来出口加工业发展迅速。主要有食品、饮料、烟草、纺织、木材、化工、金属、黑色金属产品等。设有拉斯梅塞德斯等工业开发区，2011年尼工业总产值为331.26亿科多巴，同比增长4.6%。其中制造业、建筑业和采矿业总产值为77.25、9.97和3.93亿科多巴，同比分别增长7.6%、17%和11.7%。2011年总发电量38.24亿千瓦时。近年来工矿业产品产量如下：

	2009	2010	2011
液化天然气（万桶）	14.02	17.19	19.20
汽油（万桶）	82.53	81.80	82.78
柴油（万桶）	159.08	158.58	165.66
沥青（万桶）	6.44	5.26	7.40

（资料来源：尼加拉瓜中央银行）

【**农牧业**】国家主要出口创汇部门。主要农作物有咖啡、甘蔗、香蕉、玉米、水稻、高粱等。可耕地和牧场面积共计625.5万公顷，其中20%未开发。农牧业劳动人口占全国总人口的42.6%。2011年农业总产值49.27亿科多巴，其中农产品出口22.48亿科多巴，同比分别增长-3%和20.3%。近年主要农产品产值如下（单位：百万科多巴）：

	2009	2010	2011
咖啡	986.9	1171.7	1115.2
芝麻	87.9	62.6	94.0
甘蔗	532.1	612.8	549.5
香蕉	40.7	41.4	41.6
水稻	574.2	603.8	636.3
菜豆	760.2	694.4	687.5
玉米	331.6	352.1	369.6

（资料来源：同上）

【**服务业**】商业、交通运输、保险、水电等各项服务业从业人员约40万，约占经济自立人口的36%。2011年尼商业和服务业总产值为289.55亿科多巴，同比增长3.9%。

【**旅游业**】旅游资源丰富。近年来旅游业发展较快，同咖啡、糖构成尼经济的三大支柱。2011年全国共有酒店732家，客房10235间，共接待外国游客112.15万人次，主要来自中美洲（65.1万）、北美洲（23.9万）和欧洲（7万），旅游收入3.77亿美元。著名旅游景点有尼加拉瓜湖、圣地亚哥火山等。

【**交通运输**】主要为陆路和水路运输。

铁路：总长345公里，1994年起因损毁严重而停运。

公路：总长24748公里，其中柏油路1500公里。通往洪都拉斯和哥斯达黎加段泛美高速公路长368.5公里。2011年陆地客运量1.18亿人次。

水运：位于太平洋岸的科林托港和位于大西洋岸的布卢菲尔兹港是国际商港。国内五条河流可部分通航。2011年客运量48.3万人次，载货量352.5万吨。

空运：国际航线通往迈阿密、墨西哥城、哈瓦那和中美洲各国首都。马那瓜的塞萨尔·奥古斯托·桑地诺机场为主要国际机场。2011年客运量14.3万人次，载货量为2.19万吨。

【**财政金融**】2011年尼外汇储备18.92亿美元，外债总额40.72亿美元，侨汇9.12亿美元，外国直接投资9.68亿美元。近年尼中央财政收支情况如下（单位：百万美元）：

	2010	2011
收入	1291.2	1540.6
支出	1487.3	1636.6
差额	-196.1	-96.0

（资料来源：同上）

【**对外贸易**】尼是世贸组织成员，同50多个国家和地区有贸易关系。与墨西哥、中美洲其他国家、多米尼加和美国签订自由贸易协定，与哥伦比亚、委内瑞拉、欧盟、加拿大、日本等签订关税优惠协议。2011年尼外贸总额为101.83亿美元，同比增长28.1%。主要出口咖啡、肉类、水产、糖、金、银、木材、香蕉等，主要出口对象国为美国、萨尔瓦多、洪都拉斯和哥斯达黎加。进口原材料、半成品、消费品、石油、燃料、润滑油等，主要进口来源国为美国、墨西哥、哥斯达黎加和委内瑞拉。近年尼进出口情况如下（单位：百万美元）：

	2009	2010	2011
进口额	3927.2	4792.2	6125.4
出口额	2386.8	3156.6	4057.0
差　额	-1540.4	-1635.6	-2068.4

近年主要产品出口额如下（单位：百万美元）：

	2009	2010	2011
咖啡	236.7	341.6	429.3
牛肉	230.6	307.6	427.0
蔗糖	50.0	126.8	156.3
黄金	81.2	208.3	352.3
花生	65.9	61.8	96.1
虾类	44.3	57.9	62.2
香蕉	11.7	6.6	2.4

近年主要产品进口额如下（单位：百万美元）：

	2009	2010	2011
消费品	1125.8	1497.4	1654.8
汽油、燃料和润滑剂	684.1	776.0	1256.4
资本产品	670.6	768.6	947.2
中间产品	986.2	1122.4	1337.4
其他产品	10.8	8.8	8.0

（资料来源：同上）

【**外国援助**】国际社会每年都向尼提供大量援助。

2000年12月，世界银行批准尼成为“高负债穷国计划”（HIPC）的受益国。世界银行、国际货币基金组织、美洲开发银行、石油输出口国组织基金、巴黎俱乐部等机构大幅减免尼债务。1994 ~ 2005年尼接受外援32.24亿美元，2011年，尼共接受外国援助2.47亿美元，俄罗斯是给予尼援助最多的国家，援助额达4060万美元。共接受贷款2.57亿美元，韩国和西班牙给尼贷款最多。多边援助主要来自世界银行、欧盟和联合国儿童基金会。

人民生活

尼是拉美和加勒比地区最贫穷的国家之一。2010~2015年尼人口增长率1.3%，出生率23.1‰，死亡率4.6‰，人均寿命74.5岁。新生儿死亡率23.1‰，人口密度为45.2人/平方公里。2011年尼共有劳动力人口399.98万人，其中就业人口280.71万人，就业率为74.9%，平均月工资4182.9科多巴。全国共有住宅98.99万间。2011年政府在卫生方面共投入2.61亿美元，占国内生产总值的3.9%，人均44.3美元，全国共有医院或诊所62家，全年共接诊1239.4万次，平均每万人有病床9.1张。

军　事

1961年桑解阵成立后领导游击斗争。1979 ~ 1990年桑解阵执政期间将游击队定名为桑地诺人民军。1990年宣布裁军并废除义务兵役制。1995年2月，桑地诺人民军改称尼加拉瓜国民军。尼宪法规定，军队必须服从政府指挥，总统为武装部队最高司令；国民军总司令从军事委员会提名的候选人中产生，由总统任命，任期五年，不得连任。

文化教育

【教育】实行中小学义务教育。小学学制6年，中学5年，大学4 ~ 7年。2011年全国共有教师5.66万人，其中学前班1.03万人，小学3.08万人，中学1.55万人。2011年在校学生总数为164.79万人，其中学前班22.76万，小学92.52万，中学49.51万。全国有4所大学，其中最著名的是马那瓜国立大学。2007年1月，尼取消公立学校学生注册费和月费，恢复免费教育。

2011年尼政府在教育方面投入为3.67亿美元，占国民生产总值的5.0%。文盲率从2010年的3%降至1.3%。2010年小学入学率为87.3%。

【新闻出版】全国共有私人电视台16家，广播电台280家。主要日报为《新闻报》和《新日报》。

对外关系

奉行不结盟的外交政策，愿在主权、自决和互相尊重的原则下与各国建立和发展关系。主张和平解决国际争端，保护人权，支持所有旨在缓和国际紧张局势、制止军备竞赛和推动裁军的行动。主张加强南南合作，改善南北经济关系，支持联合国改革。奥尔特加政府上台后，尼加入“美洲玻利瓦尔联盟”（ALBA），同委内瑞拉、古巴、玻利维亚加强关系，积极推动中美洲一体化进程。

【同中国的关系】1985年12月7日中尼建交。1990年11月6日，尼台“复交”。11月9日，中国政府宣布中止与尼的外交关系。

中尼断交后双方往来较少。近年中方访尼主要有：中拉友协秘书长王宏强（2007年3月）、贸促会副会长张伟（2008年4月）、贸促会副会长王锦珍（2010年12月）。尼访华主要有：尼中友协主席阿尔塞（2006年7月、2010年9月）、尼旅游部长萨利纳斯来华出席“2010世界旅游日全球主会场庆典活动”（2010年9月）。

2011年中尼贸易总额为3.66亿美元，其中中方出口额为3.48亿美元，进口额为1809.23万美元，同比分别增加47.5%、43.6%和208.3%。中方主要向尼出口轻工和纺织品、计算机和通讯设备、摩托车和自行车零件等产品，进口农产品、食糖、皮革和木材等。

1955年台在尼设“公使馆”，1962年升格为“大使馆”。1990年尼台“复交”后，双方保持高层往来。2011年，尼外长桑托斯与台“外长”杨进添互访，台北市长郝龙斌访尼。

2006年6月，尼台签订“自由贸易协定”，12月生效。据台方统计，2011年尼台贸易总额为8799万美元，其中台出口额为3436万美元，进口额为5364万美元，同比分别增加90.3%，104.7%和83.4%。

【同美国的关系】20世纪80年代桑解阵政权受美制裁。1990年桑解阵下台后，尼美关系恢复。尼在反恐、反毒和伊拉克问题上给予美支持。奥尔特加再度执政后表示愿与美发展关系，但多次公开谴责美国内外政策，尼美关系有所疏远。美系尼最大贸易伙伴。2011年尼向美出口6.49亿美元。

2008年，受尼市政选举舞弊事件影响，美方宣布中断对尼援助。2009年，桑托斯外长两度访美，试图说服美重启对尼援助。2010年，奥尔特加总统多次公开批评美国对外政策并拒绝美、欧关于重新审核尼市政选举结果的要求，尼美关系紧张。2011年，美关闭对尼“千年挑战账户”援助项目，指责尼大选程序不规范。

【同中美洲邻国的关系】尼重视同邻国的友好合作关系，保持高层互访，参加定期首脑会议，就地区和国际事务交换意见并协调行动。主张中美洲地区政治经济一体化，建立中美洲关税联盟，积极推动中美洲加入拉美地区一体化进程。

2010年，在洪都拉斯问题上，奥尔特加总统公开批评中美洲一体化体系（SICA）国家首脑以特别声明的方式接受洪重返该组织，并多次缺席SICA首脑会议。10月，尼挑起与哥斯达黎加边界争端，扩大了与中美洲其他国家的分歧。2011年，尼同洪都拉斯关系实现正常化。

【同古巴的关系】1979年桑解阵取得革命胜利后即与古巴复交。两国政府签有多项合作协定。古曾向尼派出军事顾问、医生、教师及其他专业技术人员。1990年3月，尼右翼新政府上台后，古巴停止对尼军援，但保留在尼医务及其他专业技术人员。1991年9月，尼表示欢迎古重返美洲国家组织，反对赫尔姆斯—伯顿法，呼吁美结束对古封锁和制裁。1995年尼古签署体育交流协议。1998年12月，古外长罗瓦伊纳访尼，古免除尼5010万美元外债，向尼派遣359名医务人员。在2002年、2003年联合国人权会上，尼支持反古提案。奥尔特加总统再次执政后，尼古关系迅速升温。奥多次访古，古向尼派遣教师和医生。

【同其他拉美国家的关系】重视加强同拉美其他国家的友好合作关系。1999年9月，尼加入里约集团。奥尔特加执政后，尼同委内瑞拉等美洲玻利瓦尔联盟（ALBA）成员关系密切。2011年，尼以美洲玻利瓦尔联盟（ALBA）为依托，全面加强对委关系，委继续向尼提供大量经援。（陆雅萍）

萨尔瓦多

国名　萨尔瓦多共和国（The Republic of El Salvador，La República de El Salvador）。

面积　20720平方公里。

人口　625万（2012年）。其中印欧混血种人占90%，欧洲人后裔占12%，印第安人占1%。官方语言为西班牙语。75%以上的居民信奉天主教。

首都　圣萨尔瓦多市（San Salvador），面积72.25平方公里，人口206万（2012年）。最热月（5月）平均气温19℃～33℃，最冷月（12月）平均气温16℃～32℃。

国家元首　总统毛里西奥·富内斯（Mauricio Funes），2009年6月1日就任，任期五年。

重要节日　和平日：1月16日（1992年政府与游击队签订《和平协定》日）；独立日：9月15日（1821年《中美洲独立议定书》签订日）。

简况

位于中美洲北部。东北部和西北部分别与洪都拉斯和危地马拉接壤，南濒太平洋。海岸线长256公里。除南部沿岸狭长平原外，其余为山地高原，境内多火山，被称为“火山之国”。平均海拔650米。全境属热带气候，年均气温28℃。11～4月为旱季，5～10月为雨季。沿海和低地气候湿热，山地气候凉爽。

原为印第安人居住地。1522年5月31日西班牙探险队首次抵达。1524年沦为西班牙殖民地。1811年11月开始独立战争。1821年9月15日签订《中美洲独立议定书》。1823年加入中美洲联邦。1841年2月18日脱离中美洲联邦，宣布成立共和国。此后多次与邻国发生战争。1907年中美洲六国签署《和平与友谊协定》。20世纪30年代起，军人多次发动政变，政局长期动荡。1974年诞生左派武装组织法拉本多·马蒂民族解放阵线（以下简称马蒂阵线）。1992年1月16日，马蒂阵线与政府签订《和平协议》，结束内战。

政治

2009年3月，萨举行总统选举，马蒂阵线候选人毛里西奥·富内斯以51.27%的得票率获胜，成为1992年内战结束后第一位来自左翼政党的总统，也结束了右翼的民族主义共和联盟连续执政20年的历史。富上台以来，重视发展经济，加大对教育、医疗、安全等领域投入，努力创造就业岗位，支持率保持较高水平，萨政局总体稳定。

【宪法】现行宪法于1983年12月23日生效。宪法规定，国家实行三权分立的代议制民主共和体制，总统、副总统由全国直接选举产生，不得连选连任，候选人首轮得票率超过50%即可当选，否则，在得票最多的前两名候选人间举行第二轮投票。

【议会】国民议会实行一院制，共有议员84名，其中64名按各省人口比例分配，其余20名不分省籍，按得票多少确定。任期三年，可连选连任。本届议会于2012年3月选举产生，民族主义共和联盟33席，马蒂阵线31席，民族团结大联盟11席，民族和解党6席。现任议长为马蒂阵线的西格弗里多·雷耶斯（Sigfrido Reyes），2012年5月1日当选，任期三年。

【政府】本届政府于2009年6月组成。主要内阁成员有：副总统兼教育部长萨尔瓦多·桑切斯·塞伦（Salvador Sánchez Cerén），外交部长乌戈·罗赫尔·马丁内斯·博尼利亚（Hugo Roger Martínez Bonilla），政府部长温贝托·森特诺·纳哈罗（Humberto Centeno Najarro），财政部长卡洛斯·卡塞雷斯（Carlos Cáceres），经济部长埃克托尔·米格尔·安东尼奥·达达（Héctor Miguel Antonio Dada），国防部长戴维·维多里亚诺·蒙吉亚·帕耶斯（David Victoriano Munguía Payes），劳动和社会保障部长维多利亚·玛里娜·阿维莱斯（Victoria Marina de Aviles，女），农业部长米格尔·拉蒙·塞维利亚·阿维莱斯（Miguel Ramón Sevilla Aviles），公共卫生部长玛丽亚·伊莎贝尔·罗德里格斯（María Isabel Rodríguez，女），司法部长曼努埃尔·梅尔加（Manuel Melgar），公共工程、交通、住房和城市发展部长曼努埃尔·奥兰多·金特罗斯（Manuel Orlando Quinteros），环境和自然资源部长埃尔南·温贝托·罗莎·查韦斯（Hernán

Humberto Rosa Chávez），旅游部长何塞·拿破仑·杜阿尔特（José Napoleón Duarte）。

【行政区划】全国划为14个省，省下共设262个市。各省名称如下：阿瓦查潘、松索纳特、圣安娜、拉利伯塔德、圣萨尔瓦多、查拉特南戈、库斯卡特兰、拉巴斯、圣维森特、卡瓦尼亚斯、乌苏卢坦、圣米格尔、莫拉桑、拉乌尼翁。

【司法机构】司法权由最高法院、总检察院等行使。最高法院由15名法官组成（含院长），由议会选举产生，任期九年，每3年改选1/3。最高法院院长任期五年，可连选连任。总检察长由议会选举产生，任期三年，可连选连任。最高法院院长何塞·贝拉米诺·海梅（José Belarmino Jaime），2009年7月就职；总检察长索尼娅·科尔特斯·德马德里斯（Sonia Cortéz de Madriz，女），2010年1月就职。

【政党】主要政党：

（1）法拉本多·马蒂民族解放阵线（Frente Farabundo Martí para la Liberación Nacional）：执政党。1980年10月，"法拉本多·马蒂人民解放军"、"全国抵抗武装力量"、"人民革命军"、中美洲劳工革命党、萨尔瓦多共产党联合组成反政府武装阵线。1992年1月，该阵线与政府签署《和平协定》，12月成为合法政党。1995年6月阵线内部各党派统一组建"法拉本多·马蒂民族解放阵线"党。1994年、1999年和2004年三次大选失利，2009年3月该党候选人富内斯赢得总统选举。现有党员约12万人。全国执委会总协调员梅达多·冈萨雷斯（Medardo González），2004年11月当选。

（2）民族主义共和联盟（Alianza Republicana Nacionalista）：主要反对党。1981年9月由罗伯特·德阿武因松（Roberto D'Abuisson）创立，1982年1月正式登记注册。曾于1989~2009年执政。全国执行委员会主席阿尔弗雷多·克里斯蒂亚尼（Alfredo Cristiani）。

【重要人物】毛里西奥·富内斯：总统。1959年10月18日出生于圣萨尔瓦多。毕业于中美洲大学社会传媒系，获文学硕士学位。大学毕业后在萨尔瓦多天主教学校任教，1986年10月进入电视10台工作。1987年加盟电视12台，负责《每日新闻》栏目中的议会新闻。1991年参与创建中美洲大学视听中心。1997年担任12台新闻栏目主编，并主持访谈类节目《未经审查》。2005年5月进入15台任主持人，开办《富内斯访谈》栏目。连续15年担任CNN驻萨尔瓦多记者。2009年3月，作为马蒂阵线候选人当选总统，6月1日就职。

经　济

以农业为主，工业基础薄弱。1992年起推行经济自由化改革，通膨得到遏制，经济较快发展。1990～1997年均增幅5.3%。2001年起实施经济美元化政策，允许美元合法流通，本币与美元汇率固定，宏观经济总体稳定。受国际金融危机影响，萨经济增长缓慢。2011年主要经济数据如下（资料来源：萨尔瓦多中央储备银行）：

国内生产总值：226亿美元。

人均国内生产总值：3722美元。

国内生产总值增长率：1.3%。

货币名称：科朗（Colón）。

固定汇率：1美元=8.75科朗。

失业率：7%。

通膨率：5.1%。

【资源】矿藏有金、银、铜、铁、石油、煤、锌、铅、水银、硫磺等，还有较丰富的地热和水力资源。森林面积约占全国面积的13.4%。是世界主要橡胶生产国之一。

【工业】主要有食品加工、纺织、成衣制作、卷烟、制糖、水泥、炼油、医药、汽车装配等部门。从业人口占总劳力的19.3%。2011年工业产值占国内生产总值的24.8%。

【农业】是国民经济的支柱。农村人口271万。农业从业人口约占总劳动力的1/4。农业出口收入占全国出口总额的1/3。全国可耕地面积210.4万公顷。主要农作物有玉米、菜豆、大米、高粱。80%的农产品供出口，主要有咖啡、棉花、蔗糖、虾类等。2011年农业产值占国内生产总值的11.6%。

【旅游业】萨尔瓦多是古代玛雅文化发祥地之一。火山、高原湖泊及太平洋沿岸的海滨浴场景色宜人。现有旅馆188家，客房4426间，床位7133张。2011年接待外国游客160万，旅游业创汇6.81亿美元。

【交通运输】以公路为主。

公路：总长12164公里。拥有泛美公路和滨海公路两条主要公路。

铁路：总长283公里。因经营不善，自2005年起停止运营。

水运：主要港口有阿卡胡特拉港、自由港、库图科港和凯旋港，其中阿卡胡特拉港是中美洲重要港口之一。

空运：位于首都以南40公里处科马拉帕（COMALAPA）的萨尔瓦多国际机场是中美洲最现代化的国际机场。此外还有略潘戈国际机场。萨尔瓦多航空公司有通往中美洲各国、墨西哥城、迈阿密和洛杉矶的国际航线。

【财政金融】2001年起实行经济美元化政策。2011年国际储备25.03亿美元，外债余额113.92亿美元，侨汇收入36.48亿美元，同比增长6.4%。近年中央政府财政收支情况如下（单位：百万美元）：

	2009	2010	2011
收入	2857	3213	3557
支出	3629	3794	4913

赤字	–772	–581	–1356

（资料来源：萨尔瓦多中央储备银行）

2007年，萨最大的商业银行——萨尔瓦多农业银行和最大的金融机构——Cuscatlán集团被外资收购。2009年，萨共有27家商业银行和金融机构。

【对外贸易】对外贸易占国内生产总值的一半以上。萨政府采取鼓励出口、特别是非传统产品出口的政策，主要出口咖啡、棉花、蔗糖、虾类、纺织品等，主要出口对象国为美国、危地马拉、洪都拉斯和哥斯达黎加；主要进口原材料、燃料、工业制成品和日用消费品，主要进口来源国为美国、危地马拉、墨西哥和日本。近年进出口贸易情况如下（单位：百万美元）：

	2009	2010	2011
出口额	3797	4499	5309
进口额	7254	8498	10118
差　额	–3457	–3999	–4809

主要产品出口额如下（单位：百万美元）：

	2009	2010	2011
咖啡	230.0	213.0	464.0
糖	88.0	128.0	132.0
虾	0.4	2.4	0.7

主要产品进口额如下（单位：百万美元）：

	2009	2010	2011
消费品	2602	3047	3494
中间产品	2802	3614	4486
资本商品	1012	1084	1285

（资料来源：同上）

【外国资本】美国是萨最大的投资国，控制着萨全部空运、2/3的铁路及大部分咖啡生产。美私人投资主要分布在银行、炼油、机械制造等部门。其他投资国主要有：德国、法国、日本、西班牙、意大利。萨系美国"加勒比海盆地振兴计划"和欧盟普遍优惠关税体系受惠国，纺织成衣出口上述国家不受配额限制。2006年3月1日，萨成为中美洲国家中率先实施中美洲国家及多米尼加与美国的自由贸易协定的国家。截至2011年，外国对萨直接投资总额为83.01亿美元。

人民生活

贫困人口占全国人口的30.7%，基尼指数0.52。2009年人均预期寿命72.3岁，出生率25.3‰，死亡率5.47‰。城镇化率61%。手机用户385万人，互联网用户63.7万人。2010年最低月工资为207.7美元。

军　事

1992年，萨政府根据《和平协议》颁布新的征兵法，实行志愿兵役制。2002年总兵力为1.68万，其中陆军1.5万人、海军700人、空军1100人。另有预备役4200人、警察和准军事部队1.2万人。2007年军事预算1.11亿美元。

文化教育

【教育】中、小学分别实行9年和3年义务教育。中学和小学入学率分别为48%和92%，成人识字率80%。著名大学有圣萨尔瓦多大学和中美洲大学等。

【新闻出版】主要报刊有:《新闻写真》，日报发行量97312份，周报发行量115564份;《今日》，发行量75786份;《世界报》，日报发行量58032份，周报发行量61822份。此外，还有《拉丁日报》等报刊。

全国有51家电台。国家电台隶属总统府新闻局。有8家电视台，其中1家为国家电视台。共有3家公司提供收费电视入户服务。

对外关系

萨强调维护国家主权和领土完整；尊重人权和基本自由；各国人民自决，互不干涉内政；依据国际法和平解决争端；寻求和维护国际和平与安全；不威胁使用武力；支持在平等、公正和合作基础上建立国际新秩序，主张国际关系民主化。重视发展同美国和中美洲邻国的传统关系，积极参与中美洲地区一体化进程。现同102个国家（不包括中国台湾）建交。

【同中国的关系】萨尔瓦多与中国无外交关系。双边人员往来较少。2008年5月，以达戈维托为团长的萨尔瓦多议员团一行4人访华。2009年3月，应马蒂阵线邀请，中联部工作组以观察员身份赴萨观察大选。2010年11月，中国贸促会在萨尔瓦多首都圣萨尔瓦多市举办中国贸易展览会。2011年9月，应中联部邀请，马蒂阵线派员参加中美洲加勒比国家政党干部考察团。2012年6月，外交学会副会长黄星原率团访萨。

据中国海关总署统计，2011年中萨贸易总额为4.56亿美元，其中中方出口额为4.5亿美元，进口额为0.06亿美元，同比分别增加22.46％、23.23%和15.04%。中方主要出口纺织品、鞋类、车辆、机械设备、化学品等，进口电力机械、金属矿砂等。

萨于1941年与当时的中华民国政府建立外交关系。萨台关系密切。与台湾当局签有农业、贸易、文化、科技、相互促进和保护投资等协议。2007年5月，萨台签署自由贸易协定；2008年3月，协定生效。2007年8月，陈水扁访萨。2008年5月，萨卡总统出席马英九的"就职"仪式。2009年4月，台"外长"欧鸿炼访萨。6月，马英九出席富内斯总统就职典礼。2010年10月，萨国防部长蒙吉亚访台。

目前台在萨注册公司有30多家，投资总额逾5800万美元。2011年萨台贸易总额为1.92亿美元，其中萨出口额为0.62亿美元，进口额为1.3亿美元。

【同美国的关系】同美国关系密切。美是萨主要投资国和贸易伙伴。美在萨尔瓦多的科马拉普萨有军事基地。萨在反恐、反毒等问题上坚决支持美立场。萨美贸易占萨外贸总额的80%。2001年起至今，美给予旅美萨非法移民临时特别保护，允许暂时居留和工作许可。现旅美萨侨民约230万。萨支持美对伊拉克动武。自2003年8月至2008年8月，萨共派遣11批军事人员前往伊拉克，系唯一在伊驻军的拉美国家。2004年5月，萨等中美洲五国及多米尼加与美签署自由贸易协定。2006年3月，该协定率先在萨生效。2007年2月和11月，萨卡总统两度访美。2009年6月，美国务卿克林顿出席萨新总统就职仪式。9月，美国南方司令部司令弗雷泽访萨，会晤萨国防部长蒙吉亚。12月，萨外长马丁内斯访美。2010年3月和9月，富内斯总统两次访美，就移民、经济发展和打击有组织犯罪等问题与美方沟通。7月，美宣布将对萨侨民的临时保护条款延续至2012年3月。2011年3月，美总统奥巴马访萨，将萨纳入美"增长伙伴计划"。

【同欧洲国家的关系】重视发展同欧洲国家的关系，积极参与中美洲国家同欧盟伙伴协议谈判。2007年3月，西班牙国王卡洛斯夫妇访萨。2008年8月，西班牙第一副首相德拉维加访萨。2009年6月，德国免除萨1400万美元的债务。2010年5月，富内斯总统出席在西班牙首都马德里举行的欧盟与拉美和加勒比国家峰会。10月，萨外长马丁内斯访问德国，旨在加强两国关系和扩大双边贸易。

【同拉丁美洲国家的关系】重视发展与拉美国家的关系，积极推动中美洲一体化进程。萨是拉美和加勒比国家共同体、中美洲共同市场、中美洲经济一体化银行、中美洲议会、中美洲一体化体系和"普埃布拉—巴拿马计划"成员国。与墨西哥、多米尼加、智利、巴拿马、哥伦比亚等国分别签订了自由贸易协定。

2004年5月，萨与危地马拉、洪都拉斯、尼加拉瓜达成协议，决定从2005年起建立中美洲关税联盟。11月，萨危两国实现两国人员和商品自由流通。2006年7月，萨与洪都拉斯、危地马拉、尼加拉瓜达成协议，四国实行统一签证制度。2007年8月，萨尔瓦多、危地马拉、洪都拉斯同哥伦比亚签署自贸协定。2008年萨总统先后访问哥斯达黎加和墨西哥。2009年，萨总统访问智利和巴西。6月，萨宣布与古巴复交。12月，萨副总统塞伦访问古巴。2010年2月和7月，萨总统两次出席中美洲一体化体系成员国元首会晤。4月，萨副总统桑切斯出席萨尔瓦多、危地马拉和洪都拉斯三国副总统每半年一次的定期会晤。10月，富内斯总统访问古巴，与古领导人劳尔·卡斯特罗会晤。双方签署了经贸、教育、卫生和政治领域合作等多项协议。12月，古巴外长罗德里格斯访萨。2011年2月，富内斯访问哥伦比亚；6月，参加在危地马拉举行的中美洲安全策略援助大会，举办美洲国家组织第41届年会；11月，与其他中美洲国家集体同墨西哥签署自贸协定；12月，举办中美洲一体化体系第38次会议。

【同洪都拉斯的领土纠纷问题】1762年，一场热带风暴引发的山洪导致萨尔瓦多和洪都拉斯的界河戈阿斯科兰河入海口向萨境内移动14公里，洪多出76.2平方公里"新生地"。1882年，萨首次诉诸国际法院提出领土要求。1969年，两国因该纠纷爆发战争。1972年，萨再度向国际法院提起诉讼。1980年，萨洪接受国际仲裁，签署"和平总条约"。当两国着手勘界时，有关海域浮标神秘失踪，萨再次提出上诉，但败诉。2001年，萨再次提起上诉。2002年9月，两国元首举行会晤，双方决定根据1992年9月11日国际法院的裁决进行划界。10月，两国元首再次会晤，双方正式展开陆地边界划界工作。2006年4月，两国边界勘界工作全部结束。（初庆宇）

圣巴泰勒米

名称　圣巴泰勒米海外领地（Overseas Collectivity of Saint Barthelemy，Collectivite d'outre mer de Saint-Barthélemy），简称圣巴泰勒米（Saint Barthelemy，Saint-Barthélemy）。也称圣巴特（"Saint Barts"或"Saint Barths"或"Saint Barth"）。

面积　25平方公里（包括圣巴泰勒米岛及邻近一些小岛，资料来源：法国官方资料）。

人口　7367人（2011年7月估计）。有白人、克里奥尔人（也称穆拉托人，指黑人、白人混血儿）、黑人、瓜德罗普梅斯蒂索人（法国人与东亚人混血儿）等。法语为主要语言，也使用英语。居民信奉天主教、基督教新教、耶和华见证会等。

首府　古斯塔维亚（Gustavia），位于圣巴泰勒米岛西岸。

行政长官　菲利普·肖邦（Philippe Chopin），2011年12月12日就任（由法属圣马丁行政长官兼任）。

重要节日　法国国庆日（巴士底日，Bastille Day）：7月14日（1789年）；圣巴泰勒米日（St. Barthelemy Day）：8月24日。

简　况

圣巴泰勒米岛（面积21平方公里）位于加勒比海最东北部，圣马丁岛西南25公里，瓜德罗普岛西北230公里。周围有一些小岛礁。地处北纬17.9度，属热带气候，终年气温变化不大，平均气温约27℃。5~11月为湿季（被称为"冬季"），12~4月为干季（被称为"春季"）。年降水量1140毫米。

圣巴泰勒米岛于1493年被第二次远航美洲途中的哥伦布所“发现”，以其兄长同名的圣人而命名，并宣布此地为西班牙领土。1784年，法国人到此殖民。1784年，法国将该岛出售给瑞典。瑞典的统治在该岛留下不少印记，首府古斯塔维亚即是纪念瑞典国王古斯塔夫三世而得名。1878年3月16日，瑞典将该岛回售给法国。法国随即将其划归瓜德罗普管辖。2003年，该岛居民公投通过要求脱离瓜德罗普、成为法国直辖海外行政区（Les collectivités d'outre-mer，COM）决议。2007年2月7日，法国国会通过法案，分别授予该岛和邻近的法属圣马丁海外行政区的地位。同年7月15日，圣巴泰勒米正式成为法国单独的海外领地。

政　治

2011年，圣巴泰勒米政局基本稳定。2011年11月，菲利普·肖邦出任新一任行政长官（兼任法属圣马丁行政长官）。

2012年3月，圣巴泰勒米举行五年一度的领地议会换届选举，圣巴特第一党继续执政。同年6月17日，圣巴泰勒米和法属圣马丁共同选举出一名法国国民议会议员——丹尼埃尔·吉博斯（Daniel GIBBES，属人民运动联盟党团）。

圣巴泰勒米在法国参议院有一个席位，现任参议员为马格拉斯·米歇尔（MAGRAS Michel，属人民运动联盟党团），2008年9月21日当选，任期6年。

【**宪法**】实行法国宪法，行政长官（Prefect）为法国总统的代表。

【**议会**】一院制的领地议会（Le Conseil Territorial）任期5年，有19个席位，议员由普选产生。本届议会于2012年3月18日选举产生：圣巴特第一党16席，圣巴泰勒米团结党2席，圣巴泰勒米联合党1席。领地议会主席布律诺·马格拉斯（Bruno MAGRAS，圣巴特第一党），2007年7月16日任职。

【**政府**】称为执行委员会（Le conseil exécutif），领地会议主席任执委会主席（政府首脑）。执委会主席布律诺·马格拉斯。还设有咨询机构——经济社会和文化委员会（Le conseil économique social et culturel）。

【**政党**】（1）圣巴特第一党［Saint-Barth d'abord!（Saint Barth First!）］：议会第一大党，领导人布律诺·马格拉斯。

（2）圣巴泰勒米团结党［Ensemble pour St-Barthélemy（Together for Saint Barthélemy）］：领导人伯努瓦·肖万（Benoit CHAUVIN）。

（3）圣巴泰勒米联合党［Tous unis pour St-Barthélemy（All United for Saint Barthélemy）］：领导人卡里纳·米奥—里夏尔（Karine MIOT-RICHARD）。

（4）平衡与透明行动［Action Equilibre et Transparence（Action Balance and Transparence）］：领导人马克西姆·德苏什（Maxime DESOUCHES）。

经　济

圣巴泰勒米岛是典型的热带岛屿，向以风光明媚、不受污染的海滩闻名，是全球名人和富豪的度假和避世天堂。11月至4月为旅游旺季，旅游业是其主要收入支柱。目前其经济立足于高端旅游和免税奢侈品消费。该岛曾被财经杂志《福布斯》选为全球十大购物天堂之一，这里一直是富豪乐园，亦是好莱坞明星的度假天堂。岛上拥有众多天然沙滩，首府有多个购物中心，其滨海大道更是国际名牌林立，加上是免税岛，吸引名人富豪到此购买珠宝、香水、名牌服饰等奢侈品。各类酒店年接待游客7万人，另每年有13万人乘游轮来访。

据统计，年地区生产总值为1.79亿欧元，人均接近26000欧元。使用欧元，汇率：1美元=0.755欧元（2010年估计）和0.7107欧元（2011年估计）。（石宜　卜阙）

圣基茨和尼维斯

国名　圣基茨和尼维斯联邦（The Federation of Saint Kitts and Nevis），原国名圣克里斯托弗和尼维斯联邦（The Federation of St. Christopher and Nevis）仍沿用。

面积　267平方公里，其中圣基茨岛174平方公里，尼维斯岛93平方公里。

人口　5.07万。黑人占94%，另有少量英国人、葡萄牙人和黎巴嫩人。英语为官方语言。居民多为英国圣公会教徒，也有新教徒和天主教徒。

首都　巴斯特尔（Basseterre），人口1.3万。

国家元首　英国女王伊丽莎白二世，女王任命总督为其代表。现任总督卡思伯特·蒙托威利·塞巴斯蒂安（Dr. Cuthbert Montraville SEBASTIAN），1996年1月1日就任。

重要节日　独立日：9月19日。

简　况

位于东加勒比海背风群岛北部，由圣基茨、尼维斯及桑布雷罗等岛屿组成。属热带海洋性气候，平均气温26℃。年均降雨量圣基茨1400毫米，尼维斯1220毫米。

1493年哥伦布到达圣基茨岛，1623年被英国占领。此后法国一度占领该岛两端。1783年根据《凡尔赛条约》，该岛正式归属英国。尼维斯岛于1628年沦为英国殖民地。1983年9月19日，圣基茨和尼维斯宣告独立，为英联邦成员国。

政　治　2010年1月大选中，工党获得议会11席中的6席，连续第四次赢得大选，登齐尔·道格拉斯（Denzil Douglas）连任总理。

圣政局总体稳定，但尼维斯有独立倾向。尼维斯岛有较大自治权，有5人组成的独立议会。1997年6月，尼维斯地方政府总理万斯·艾默里（Vance Amory）再次提出关于尼维斯脱离联邦的议案。1998年8月10日，圣举行全民公决，61.8%的公民投票支持尼维斯独立，但未达到法定2/3多数。关心市民运动党于2003年重提尼维斯脱离联邦的问题，并称将通过全民公决再次争取独立。

【宪法】现行宪法于1983年9月19日独立时制定。宪法规定圣基茨和尼维斯实行联邦制，给尼维斯最大自主权。尼维斯有自己的立法、政府机关，设总理和副总督。副总督为尼岛最高首脑。

【议会】国民议会为一院制，共14席，其中11席由选举产生（8名从圣基茨岛选出，3名从尼维斯岛选出），另3名由提名产生（2名由总理提名，1名由反对党领袖提名），任期五年。议长柯蒂斯·马丁（Curtis Martin），2008年4月就任。

【政府】本届政府于2010年2月组成。主要内阁成员有：总理兼财政、可持续发展和人力资源发展部长登齐尔·道格拉斯，副总理兼外交、国家安全、劳工、移民和社会安全部长萨姆·康多（Sam Condor），青年发展、体育、信息技术、通讯和邮政部长格伦·菲利普（Glen Phillip），教育部长奈杰尔·卡蒂（Nigel Carty），旅游和国际运输部长里基·斯凯里特（Ricky Skerritt）等。

【司法机构】由东加勒比最高法院行使司法权力（法院在圣卢西亚，但有一名法官常驻圣基茨和尼维斯）。终审机构为英国枢密院。

【政党】主要政党有：

工党（Labour Party）：执政党。1932年成立。主要势力在圣基茨岛。圣独立后，该党曾于1995年上台，并连续三次赢得大选，蝉联执政至今。党领袖登齐尔·道格拉斯。

（2）关心市民运动（Concerned Citizen's Movement，CCM）：由四个党派联合组成。主要势力在尼维斯岛。党领袖万斯·艾默里（Vance Amory）。

（3）人民行动运动（People's Action Movement，PAM）：1965年成立。代表中产阶级利益。党领袖林赛·格兰特（Lindsey Grant）。

（4）尼维斯革新党（Nevis Reformation Party，NPR）：1970年成立。主张尼维斯脱离圣基茨。1980～1995年与人民行动运动联合执政。党领袖约瑟夫·帕里（Joseph Parry）。

【重要人物】登齐尔·道格拉斯：总理兼财政、发展、计划、国家安全部长。1953年1月14日生。圣基茨文法学校毕业后执教于巴斯特尔中学。后就读于西印度大学巴巴多斯分校，获生物和生物化学荣誉学位。1984年毕业于西印度大学牙买加分校医学院。1986年回国任圣基茨和尼维斯医学协会主席。1987年任工党副主席。1989年当选圣国民议会议员、工党政治领袖，并被任命为议会反对党领袖。1995年7月4日就任圣总理。2000年3月、2004年10月和2010年1月三次连任。已婚，有一子一女。

经　济　制糖业和旅游业是国民经济主要支柱产业和外汇收入主要来源。近年来，圣政府为实现经济多样化，重视发展轻工业和旅游业。目前，外债问题成为经济发展面临的最大困难。2011年主要经济数据如下（资料来源：国际货币基金组织官网）：

国内生产总值：7.15亿美元。

人均国内生产总值：12728美元。

国内生产总值增长率：1.5%。

货币名称：东加勒比元。

汇率：1美元≈2.7东加勒比元。

通货膨胀率：4.6%。

失业率：2.7%（2010年）。

【工业】近年来，建筑业和制造业发展较快，主要有农产品加工、轧棉、服装、电子元件、食品生产和酿酒等。拥有东加勒比地区最大的电子组装业。尼维斯致力于发展小型离岸金融业。

【农业】以种植甘蔗和棉花为主，其他农产品有椰子、水果、香蕉等。从事农业人口约占全部劳动力的13.4%。尼维斯岛农业规模较小，主要生产海岛棉、水果、蔬菜。

【旅游业】为圣经济支柱产业，增长较快，是圣外汇收入重要来源。2011年全年游客总数约72.14万人次，旅游收入约2.49亿东加元。游客多来自美国、加拿大、英国和加勒比邻国。

【交通运输】窄轨铁路，总长58公里，在圣基茨，主要运输甘蔗。

公路：总长383公里，其中163公里为沥青路。

水运：主要港口为巴斯特尔深水港，可停靠豪华游轮并提供集装箱业务。有国营商业客轮进行各岛间客运。

空运：罗伯特·卢埃林·布雷德肖机场为圣基茨岛上的国际机场，尼维斯也建有一个机场。有通往北美、英国和加勒比其他国家的航班。

【财政金融】圣政府近几年经常性项目财政收支情况如下（单位：百万东加元）：

	2008	2009	2010
收入	542.91	536.39	507.82
支出	536.18	537.62	524.94
差额	6.72	–1.23	–17.12

（资料来源：东加勒比中央银行）

2011年外汇储备（不含黄金）约1亿美元。

【对外贸易】主要出口蔗糖，进口机械、食品、化工产品。主要贸易伙伴为美国、英国、特立尼达和多巴哥、波多黎各。近几年对外贸易情况如下（单位：百万美元）：

	2009	2010	2011
出口额	57.6	61.7	63.1
进口额	266.0	292.7	315.7
差　额	–208.4	–231.0	–252.6

（资料来源：同上）

【经济团体】（1）圣基茨和尼维斯工商会（St. Kitts–Nevis Chamber of Industry and Commerce）：成立于1949年。现有137名成员。地址：P O Box 332 Horsford Road Fortlands，Basseterre。电话：（869）465–2980。传真：（869）465–4490。现任主席迈克尔·莫顿（Michael Morton）。

（2）圣基茨投资促进署（St.Kitts Investment Promotion Agency，SKIPA）：成立于1987年。地址：CAP Southwell Industrial Park，Basseterre，St. Kitts。电话：1–869–465–1153。传真：1–869–465–1154。

人民生活　2011年，全国互联网用户1.7万人。全国共有固定电话约2.06万部，移动电话8.5万部。2011年圣人均预期寿命74.8岁，人口增长率0.81%，出生率1.39%，死亡率0.71%，婴儿死亡率0.94%。

军　事　圣拥有一支约300人的正规国防军，含步兵及海岸警卫队。圣参加了1982年由美国赞助建立的地区安全体系。

文化教育　**【教育】**对5~17岁学生实行义务教育。全国有30所国立学校、8所私立学校、5所教会学校和1所技术学校。2000年9月，由私人出资在尼维斯创办美洲医科大学，注册学生40名。成人识字率97.8%。

【新闻出版】有两家报纸，发行量约1万份。有10家刊物，主要包括《民主者》，每周六出版；《劳动者发言人》，每周三、六出版；《观察者》周刊。总发行量约4.4万份。

全国有三家广播电台，两家广播电视台和有线电视广播。

对外关系　主张在互相尊重主权、基本权利和自由的基础上，扩大同世界各国的关系，反对"任何大国对小国的操纵和胁迫"。是加勒比共同体和共同市场、东加勒比国家组织、英联邦和联合国等组织成员。重视加勒比地区一体化，支持东加勒比地区合作。

【同中国的关系】中圣无外交关系。

据中国海关总署统计，2011年中圣进出口贸易总额为486万美元，同比增长63.5%，其中中方出口额为438.5万美元，同比增长64.3%；进口额为47.6万美元，同比增长56.6%。

【同其他国家和地区的关系】圣同英国、美国、加拿大、委内瑞拉、哥伦比亚、特立尼达和多巴哥，尤其与东加勒比地区的安提瓜和巴布达、蒙特塞拉特的关系较为密切。

（王默）

圣卢西亚

国名　圣卢西亚（Saint Lucia）。

面积　616平方公里。

人口　17.6万。82.5%为黑人，11.9%为黑白混血种人，另有少数白人。英语为官方语言和通用语。当地居民普遍讲帕图阿语（Patois，亦称克里奥尔语）。过半数居民信奉罗马天主教。

首都　卡斯特里（Castries），人口6.8万。

国家元首　英国女王伊丽莎白二世。女王任命总督为代表。现任总督皮尔莱特·路易茜爵士（Dame Pearlette Louisy，女），1997年9月17日就任。

重要节日　国庆日（哥伦布发现圣卢西亚岛纪念日）：12月13日；独立日：2月22日。

简　况　位于东加勒比海向风群岛中部，为山地岛国，多短小河流、肥沃河谷。最高山峰是莫基米山，海拔959米。热带气候，年均气温26℃。

最早居民为印第安人。1639年英国人入侵。1651年为法国人占领。此后英、法长期争夺该岛。1814年，《巴黎和约》正式将该岛划为英国殖民地。1979年2月22日宣布独立，为英联邦成员国。

政　治　独立后，工党和统一工人党轮流执政。2011年11月，圣工党胜选上台，该党领袖、前总理肯尼·安东尼（Kenny Anthony）再次出任总理。

【宪法】现行宪法于独立时生效，规定国家元首为英国女王，女王任命总督为代表。议会有权修改宪法。

【议会】分参、众两院，任期均为五年。参议院11席，由总督任命，其中6席由总理提名，3席由反对党领袖提名，2席为独立人士。参议长克劳迪厄斯·弗朗西斯（Claudius Francis）。众议院17席，由选举产生，总检察长为当然成员。目前，执政党圣工党在议会占11席，反对党统一工人党占6席。众议长彼得·福斯特（Peter Foster）。

【政府】本届政府于2011年12月组成。内阁主要成员有：总理兼财政、经济事务、经济计划和国家发展部长肯尼·安东尼，外交和国际贸易部长阿尔瓦·巴普蒂斯特（Alva Baptiste），基础设施、港口和交通部长菲利普·皮埃尔（Philip Pierre），教育、人力资源发展和劳工部长罗伯特·刘易斯（Robert Lewis）等。

【司法机构】由东加勒比最高法院和地方初审法院组成，英国枢密院司法委员会拥有司法终审权。东加勒比最高法院首席法官休·安东尼·劳林斯（Hugh Anthony RAWLINS），圣基茨和尼维斯人，2008年8月就任。

【政党】主要政党有：

（1）圣卢西亚工党（St. Lucia Labour Party）：执政党。1946年成立，曾先后于1951~1964年、1979~1982年、1997~2006年执政。2011年11月胜选上台。领袖肯尼·安东尼。

（2）统一工人党（The United Workers, Party）：反对党。1964年由人民进步党和全国劳工运动合并而成。同年参加大选获胜，执政至1979年。曾领导圣卢西亚于1979年取得独立。1982年、1987年、1992年连续三次在大选中获胜。2006~2011年再次执政。领袖史蒂芬森·金（Stephen King）。

【重要人物】皮尔莱特·路易茜：总督。女，1946年6月8日生。曾就读于西印度大学巴巴多斯分校英语和法语专业，获文学士学位。后分获加拿大拉瓦尔大学文学硕士和英国布里斯托尔大学哲学博士学位。曾在圣多校执教，曾任圣A级学院院长，在圣阿瑟·刘易斯爵士社区学院任艺术、科学和总体研究系主任，后任该校副院长、院长。1997年9月17日就任总督。曾发表多篇教育学学术论文并获奖。精通英语、法语和克里奥尔语。　**肯尼·安东尼：**总理兼财政、经济事务、经济计划和国家发展部长。1951年1月8日生。曾就读于西印度大学和英国伯明翰大学，获法律博士学位，并在英国取得律师资格。曾任教于西印度大学特立尼达分校。先后任圣教育部长、加共体秘书处首席律师等职。1996年1月当选圣工党领袖。1997年5月任总理，2002年连任至2006年。2011年12月，再度任总理。

经　济

农业和旅游业在国民经济中占主要地位，农业以香蕉种植为主，主要出口欧盟。粮食、食品、日用品多从美国进口。近年来，旅游业发展迅速，为圣主要外汇来源。2011年农业、制造业和旅游业对GDP增长的贡献率分别为3.21%，5.37%和2.2%。2011年主要经济数据如下（资料来源：国际货币基金组织、圣政府官网）：

国内生产总值：12.39亿美元。

人均国民生产总值：7434美元。

国内生产总值增长率：1%。

货币名称：东加勒比元。

汇率：1美元≈2.7东加元。

通货膨胀率：2.77%。

失业率：21.2%。

【资源】无重要矿藏，地热、森林资源丰富，南部有硫磺矿。

【工业】主要生产出口型的轻工业产品，如肥皂、椰油、朗姆酒、饮料及电子装配、服装等。近年来，建筑业发展较快，政府为促进工业发展，将圣南部维约堡建成自由工业区。

【农业】1/3就业人口从事农业。主要种植香蕉、椰子、可可、香料等。

【旅游业】圣主要外汇来源。游客主要来自北美和欧洲。首都卡斯特里为主要停泊港口。2011年过夜游客30.46万人次，同比下降0.4%；游轮游客63万人次，同比下降5.9%。

【交通运输】全国无铁路。公路总长1210公里。卡斯特里和维约堡为重要进出口岸。北部有一地区性机场，南部有一国际机场，航班可达加勒比大部分地区，有定期直飞北美、英国和法国的航班。

【财政金融】金融业在国民经济中占有重要地位，政府计划建立国际金融服务中心。2011年圣国际收支逆差约2.92亿美元，外汇储备约1.89亿美元。

【对外贸易】以出口初级农产品为主，进口粮食、食品、石油、机械及其他工业品和日用品。主要贸易伙伴为美国、英国、加拿大及加勒比共同体成员国。经济对外贸依存度较高。近几年进出口额如下（百万美元）：

	2009	2010	2011
出口额	130.0	159.6	161.4
进口额	550.0	543.2	699.6
差　额	−420.0	−383.6	−538.2

（资料来源：2010年经济季评、圣政府官网）

【外国援助】独立以来，从四个洛美协定获得总额为1940万欧洲货币单位的援助。2004年，欧盟提供6110万东加元援助，加勒比开发银行提供6830万东加元贷款，法国开发署提供120万东加元贷款，世界银行提供2910万东加元贷款。2009年接受欧盟等捐助共计4530万东加元。

【经济团体】圣卢西亚农工商会（Saint Lucia Chamber of Commerce, Industry and Agriculture）：于1884年成立，共130名成员。现任主席杰勒德·伯根斯（Gerard Bergasse）。地　址：1st Floor, American

Drywall Building，Vide Boutielle，Castries。

人民生活 全国有2家综合医院、1家精神病院和1个吸毒酗酒康复中心，435张病床、64名医生和256名护理人员。社区共有33个保健中心、1家联合诊所、2家地区医院。2011年，全国互联网用户约14.2万人，全国共有固定电话4.1万部，移动电话17.6万部。2011年人均预期寿命为76.8岁，人口增长率0.9%，出生率1.37%，死亡率0.76%，婴儿死亡率2.01%。

军　事 无常规军队。有一支300人的皇家警察部队（包括特种服务部队）和海岸警卫队。

文化教育 【教育】重视文化教育事业，对5~15岁青少年实施义务教育。成年识字率90.1%。有两位诺贝尔奖得主：阿瑟·刘易斯（1979年经济学奖）、德雷克·沃尔科特（1992年文学奖）。

【新闻出版】主要报刊有:《声报》(The Voice)、《星报》(The Star)、《远征军报》(The Crusader)、《一个加勒比》(One Caribbean)、《镜报》(The Mirror)、《先锋》(The Vanguard)、《天主教记事报》(The Catholic Chronicle)、国家电视网（National Telecommunication Network）。

主要广播电视台有：圣卢西亚广播电台（Radio Saint Lucia）、海伦电视台（Helen Television System）、达哈电视台（Daher Broadcasting System）等。

对外关系 主张同所有国家保持和谐关系。强调外交为经济服务，政府应同所有国家在开展经贸、相互投资等合作基础上寻求建立平衡的国际关系。在东加勒比国家组织和加共体等地区组织和地区事务中表现活跃。曾参与1983年出兵格林纳达行动。为英联邦、美洲国家组织和联合国成员国。

【同中国的关系】中圣于1997年9月1日建交。2007年4月30日，圣与台湾当局签署“复交”公报。中方于同年5月5日宣布中止与圣外交关系。

据中国海关总署统计，2011年，中圣双边贸易额为1043.9万美元，其中中方出口额为1015.2万美元，进口额为28.8万美元，分别增长26.7%、25.1%和134.5%。

【同美国的关系】两国重点在打击国际、地区犯罪及贩毒等安全领域开展合作。1996年4月，圣美签署打击共同犯罪条约和引渡条约。同年6月，圣美签订反毒协定，允许美国军舰进入圣领海及专属经济区，追捕、搜查涉嫌贩毒船只。

【同古巴的关系】圣呼吁解除对古经济封锁，允许其重返泛美体系，主张接纳古为加勒比共同体成员。古向圣提供医疗卫生领域援助。（王默）

圣皮埃尔和密克隆

名称 圣皮埃尔和密克隆集合领地（Territorial Collectivity of Saint Pierre and Miquelon，Collectivité territoriale de Saint-Pierre-et-Miquelon），简称圣皮埃尔和密克隆（St. Pierre and Miquelon，Saint-Pierre-et-Miquelon）。

面积 242平方公里，其中圣皮埃尔岛25平方公里，密克隆岛（大密克隆岛）110平方公里，朗格拉德岛（小密克隆岛）91平方公里，后两岛之间有狭长地峡相连。

人口 5831人（2012年7月估计）。居民多为法国移民后裔。官方语言为法语。99%的居民信奉天主教。

首府 圣皮埃尔市（Saint Pierre），人口9500人（2003年估计）。

行政长官 帕特里斯·拉特龙（Patrice LATRON），2011年11月16日就任。

重要节日 7月14日（法国国庆）。

简　况 位于北美洲加拿大纽芬兰岛以南25公里的北大西洋中。全境由圣皮埃尔、密克隆、朗格拉德等八个岛屿组成。拥有120公里的海岸线。气候阴冷多风，年平均气温5.6℃，冬季最低气温达-20℃，夏季平均气温10℃～20℃。年降水量1400毫米。

1520年，葡萄牙人航行到此。1536年，被法国人雅克·卡蒂耶起用现名。1604年，法国渔民在此建立第一个永久性居民点。此后200年中，英法交替占领该群岛。1816年被法国占领。1946年10月成为法国海外领地（territoire d'outre-mer，TOM）。1976年7月改为法国海外省（département d'outre-mer，DOM）。1985年6月成为法国的享有特殊地位的地方行政单位（集合领地）（collectivité territoriale）。2003年3月成为法国的海外地方行政区（collectivités d'outre-mer，COM），但其正式名称仍为圣皮埃尔和密克隆领地。法国政府任命一名行政长官为其代表。防务由法国负责。

政　治 2010年，圣皮埃尔和密克隆政局基本平稳。2011年11月，行政长官让—雷吉斯·博里于（Jean-Régis BORIUS）卸任。同月，拉特龙被任命为新一任行政长官。

2012年3月，圣皮埃尔和密克隆领地议会举行六年一度的换届选举，“群岛明天”继续执政。

圣皮埃尔和密克隆在法国国民议会和参议院各拥有一个议席。现任国民议会议员为安妮克·杰拉尔丹（Annick GIRARDIN，女，左翼激进党），2007年当选，2012年6月连任。现任参议员为卡琳·克莱尔奥（Karine CLAIREAU，女，属社会党团），2011年9月25日当选。

【宪法】实行法国宪法，行政长官（Prefect）为法国总统的代表。

【领地议会（Conseil territorial）】地方议会，原为称省议会（Conseil général），2007年2月根据法国相关法律改为现名，其权力有所增加。领地议会由19名议员组成，任期六年，其中圣皮埃尔岛15名，密克隆岛4名。本届议会于2012年3月18日选出，“群岛明天”占15席，“未来之路”4席。领地议会主席斯蒂芬·阿塔诺（Stephane ARTANO，“群岛明天”），2006年3月31日任职。

【政府】由行政长官、19名领地议会议员以及当地选出的法国国民议会议员和参议员共同组成。议会主席为地方政府首脑。

网　址：www.saint-pierre-et-miquelon.pref.gouv.fr（概况）。

【司法机构】在圣皮埃尔设初审法庭、高等上诉法庭和行政法庭。初审法庭庭长帕斯卡尔·玛蒂斯（Pascal Mathis），高等上诉法庭庭长弗朗索瓦·比龙（François Billon）。

【政党】主要政党均与法国本土政党联系密切，有“群岛明天”（Archipel Démain—AD，与法兰西民主联盟/保卫法兰西联盟名单有联系）、“未来之路”（Cap sur l'Avenir，与左翼激进党有联系）、“圣皮埃尔和密克隆2000/密克隆未来”（Saint Pierre and Miquelon 2000/Avenir Miquelon—SPM 2000/AM）等党派。

经　济

传统经济以渔业及其加工业为主。后因与加拿大发生海域和捕鱼定额之争，渔业生产受到严重影响。1992年经国际仲裁法庭裁决，圣皮埃尔和密克隆获得专属经济区12348平方公里（只相当于法国主张面积的25%）。为来往船只、主要是拖网渔船提供给养服务也曾是重要的经济收入之一，但受渔业不景气影响而趋于萧条。政府将开发港口和扩大旅游业作为保持经济发展的主要手段。因土质和气候条件不适宜农业生产，只有少量的蔬菜种植、养猪及蛋禽生产。在财政方面相当依靠法国政府给予的资助。

地区生产总值：4380万美元（购买力平价，2003年估计）；人均地区生产总值26073欧元（购买力平价，2004年）。货币为欧元，也使用加拿大元。汇率：1美元=0.7185欧元（2011年估计）和0.7838欧元（2012年估计）。通货膨胀率（2005年）：8.1%。

【工业】主要为渔产品加工业，从业人员占就业总人口41%，主要生产鱼子酱、腌鳕鱼等。2009年发电量估计为5300万千瓦时。

【渔业】为传统经济支柱。近年来注重在法属经济区开发多样化资源，大力发展扇贝和鳕鱼的人工养殖。2007年总渔获量为1108吨。

【旅游业】为重要经济部门。有1家旅行社、16家旅馆，193间客房。2007年接待游客约为24935人次。游客主要来自加拿大。

【交通运输】以海空运输为主。

公路：117公里（其中80公里铺设路面）。

海运：圣皮埃尔港码头长1200米，有三艘汽船。从圣皮埃尔港至加拿大哈利法克斯、新斯科舍及美国波士顿有集装箱航线。2003年进港轮船1017艘，货运量614000吨。

空运：有两个机场，圣皮埃尔机场能起降大型飞机。法航班机从巴黎经伦敦或蒙特利尔达圣皮埃尔。圣皮埃尔航空公司辟有通往加拿大哈利法克斯、新斯科舍、蒙特利尔、魁北克、蒙克顿、西德尼等地的直航航线。地方航空公司航线通往纽芬兰岛。2004年客运量为32318人次。

【财政金融】财政支出常年大于收入，主要依靠法国政府援款填补赤字。

主要银行为始建于1889年的圣皮埃尔和密克隆群岛银行（Banque des Iles Saint Pierre et Miquelon）和1962年成立的圣皮埃尔信贷银行（Crédit Saint Pierrais）。

【对外贸易】2005年出口额为550万美元，进口额为6820万美元。主要出口鱼和鱼产品，主要进口肉类、服装、燃料、电器、机械、建筑材料等。主要贸易对象是加拿大、法国及其他欧盟国家。

人民生活

居民享受与法国公民同等的社会福利待遇。有一所综合性医院，104张病床，其中设有养老院和残疾人中心。人均预期寿命80岁（2012年估计）。2010年有固定电话4800部。

文化教育

【教育】实施与法国相同的教育制度，对6～16岁儿童实行免费义务教育。2007年公立学校有小学4所，各类中等学校5所（包括技术学校1所），总在校生793人；私立学校有小学4所，中学1所，总在校生528人。

【新闻出版】主要报刊有：《政府公报》，月刊，1866年创办；《回声报》，周刊，1982年创办，发行量2500份；《自由之风》，周刊，发行量350份；《纽带》，人民运动联盟机关报，一年发行10期。

法国海外广播电视台在圣皮埃尔—密克隆设有分台。电台有2个频道，电视台有3个频道。

大西洋电台：私人电台，每天播音24小时。

（石宜　卜阙）

圣文森特和格林纳丁斯

国名 圣文森特和格林纳丁斯（St.Vincent and the Grenadines）。

面积 389平方公里。其中，圣文森特岛344平方公里。

人口 10.4万（2010年）。其中黑人占66%，混血种人占19%，印度裔人占6%，欧洲裔占4%，印第安人占2%，其他占3%。英语为通用语言。多数居民信奉基督教和天主教。其中，英国国教徒占47%，卫理工会派教徒占28%，罗马天主教徒占13%，其他占12%。

首都 金斯敦（Kingstown）。人口1.4万。

国家元首 英国女王，女王任命总督为其代表。现任总督弗雷德里克·纳撒尼尔·巴兰坦（Frederick Nathaniel BALLANTYNE），2002年9月就任。

重要节日 独立日：10月27日。

简　况

位于小安的列斯群岛南部。属热带气候，年平均气温26℃。原为印第安加勒比部落居住地。1489年哥伦布到达圣文森特岛。1627年被英国占领，后法国声称拥有主权，两国为争夺该岛进行了多次战争。1783年《凡尔赛条约》确认英国的统治权。1979年10月27日宣布独立，为英联邦成员国。

政　治

独立以来，新民主党和联合工党长期轮流执政。政局较稳定。

2010年12月，党领袖拉尔夫·冈萨维斯（Ralph GONSALVES）率领联合工党再次赢得大选，第二次蝉联执政。冈萨维斯政府注重打击犯罪活动，增加教育投入，采取积极措施改善旅游业状况。

【宪法】现行宪法于1979年10月27日独立时生效。规定国家元首为英国女王，女王任命总督为其代表。议会有权修改宪法。总理和议长由总督任命。

【议会】为一院制，任期五年。共有21名议员，其中众议员15席，由普选产生。本届议会于2010年12月大选后组成，15名众议员中，联合工党占8席，新民主党占7席。参议员6席，由总督任命，其中4席由总理提名，2名由反对党领袖提名。现任议长为汉德里克·亚历山大（Hendrick ALEXANDER）。

【政府】本届政府于2010年12月组成。主要成员有：总理兼财政、能源、经济计划、国家安全、司法和格林纳丁斯事务部长拉尔夫·冈萨维斯，教育部长格尔琳·米盖尔（Girlyn MIGUEL），外交外贸和消费者事务部长道格拉斯·斯莱特（Douglas SLATER），交通、工程、城市发展和地方政府部长朱利安·弗朗西斯（Julian FRANCIS），住房、人居、土地勘察设计部长蒙哥马利·丹尼尔（Montgomery DANIEL）等。

【行政区划】全国分为6个区。

【司法机构】由东加勒比最高法院行使司法权力，终审权在英国枢密院。

【政党】主要政党有：

（1）联合工党（United Labour Party）：执政党。1994年9月由圣文森特工党与全国统一运动党合并而成。2001年上台执政至今。领袖拉尔夫·冈萨维斯。

（2）新民主党（New Democratic Party）：反对党。1975年12月由詹姆斯·米切尔（James MITCHELL）创建。曾于1985~2001年执政。领袖安海姆·尤斯塔斯（Arnhim EUSTACE）。

经　济

农业是经济的基础，有少量的农产品加工及小型制造业，离岸金融业和旅游业占有重要地位。2011年主要经济数据如下（资料来源：国际货币基金）：

国内生产总值：6.95亿美元。

国内生产总值增长率：0.8%。

人均国内生产总值：6342美元。

货币名称：东加勒比元。

固定汇率：1美元=2.7东加元。

【工业】有少量的农产品加工及服装、皮革、榨油和肥皂等小型工业。小型制造业发展缓慢，主要产品有水泥、面粉和家具等。

【农业】可耕地占土地总面积的17.95%。主要种植香蕉、葛根、甘薯、甘蔗、椰子等。香蕉为圣主要经济作物。圣是世界上最大的葛粉生产国。

【旅游业】旅游业是最大的经济支柱，旅游区主要集中在具有优质海滩的格林纳丁斯群岛。受国际金融危机影响，圣旅游业出现下滑。

【交通运输】有公路829公里，其中柏油路580公里，非柏油路249公里。

水运：在金斯敦有一深水港。

空运：共有6个机场，其中ET JOSHUA国际机场有通往加勒比共同体各国和欧美国家的客货航班。

【财政金融】2011财年，圣政府财政收入为2.86亿美元，支出为2.94亿美元。

【对外贸易】主要进口食品、机械、基本工业品。主要出口香蕉、蔬菜和葛粉。主要贸易对象为新加坡、特立尼达和多巴哥、美国、中国、意大利、土耳其、法国和罗马尼亚。

人民生活

2009年有固定电话2.3万部，移动电话12.11万部，互联网用户

7.6万户。2011年，人口出生率为1.46%，死亡率为0.698%。

军　事　无正规军队，国防由总部设在巴巴多斯的地区安全体系负责。

文化教育　【教育】实行小学教育免费。成人文盲率4%左右。教育支出占国民生产总值的7%左右。

【新闻出版】主要有《圣文森特人周报》、《星报》、《圣文森特之声》、《正义报》、《政府公报》、《新时代》。

有9个调频电台，其中1个常作为调幅电台，圣文森特和格林纳丁斯电台为唯一国营电台。有1家电视广播站，1家有线电视运营商。

对外关系　奉行维护民族尊严和地区团结的外交政策。同美国、英国、加拿大以及加勒比地区国家关系密切。主张加勒比一体化。为联合国、加勒比共同体、加勒比国家联盟、美洲玻利瓦尔联盟等国际和地区组织成员。

【同中国的关系】中圣无外交关系。2010年7月，圣派员出席上海世博会加勒比共同体日活动。

1981年，圣与台湾当局“建交”。

据中国海关总署统计，2011年，中圣双边贸易额为7802.6万美元，其中，中方出口额为7800.2万美元，进口额为2.4万美元，同比分别增长5.8%、5.8%、7.6%。　（胡启全）

苏　里　南

国名　苏里南共和国（The Republic of Suriname）。

面积　163820平方公里（包括同圭亚那有争议的1.7万平方公里）。

人口　约56万（2011年）。其中印度人占37%，克里奥尔人占31%，印度尼西亚人占15%，丛林黑人占10%，印第安人占2%，华人占2%，其他人种占3%。荷兰语为官方语言，通用苏里南语。各民族均有自己的语言。居民的48%信奉基督教，27%信奉印度教，20%信奉伊斯兰教。

首都　帕拉马里博（Paramaribo），人口25.9万。

国家元首　总统德西·鲍特瑟（Desire BOUTERSE），2010年8月就任。

重要节日　独立日：11月25日。

简　况　位于南美洲北部。东邻法属圭亚那，南界巴西，西连圭亚那，北濒大西洋。属热带雨林气候。年平均气温23℃～27℃。

原为美洲印第安人居住地。1593年被西班牙探险者宣布为其属地。1602年荷兰人开始到此定居。1630年英国移民迁此。1667年英、荷签订条约，苏成为荷兰殖民地。1815年维也纳条约正式确立荷对苏的殖民主地位。1954年除外交和国防事务外实行内部自治。1975年11月25日宣布独立，成立共和国。

政　治　2010年5月25日，苏举行新一届议会选举，以原反对党民族民主党为首的大联盟获得议会51席中的23席。随后，大联盟和A联盟、人民联盟组阁成功。7月19日，苏国民议会举行总统选举，大联盟候选人、民族民主党主席鲍特瑟当选总统，并于8月12日就职。

【宪法】1987年国民议会通过新宪法草案并生效。宪法规定：立法权由国民议会和总统共同行使，国民议会经由全民选举产生。总统和副总统由国民议会2/3以上多数选举产生，如果未达2/3，将由国民议会和省、市议会共同组成的国民大会选举产生。总统是国家元首、政府首脑、国务委员会主席、武装部队总司令，行使行政权，任命内阁；政府由总统、副总统及各部部长组成，副总统兼任总理，领导内阁，对总统负责，政府部长不是国民议会的议员；国务委员会监督政府执行国民议会的决定，成员由总统和工会、企业、立法机构及军方等主要政治力量的代表组成，有权否决它认为违背宪法的法案，最终否决权在总统手中，总统在1个月内考虑同意或反对国务委员会的决定。法院的司法独立，不受任何方式的干涉。

【议会】国民议会为一院制，设51个席位，任期五年。本届议会2010年5月成立。议长珍妮弗·西蒙斯（Jennifer Simons），2010年7月就任。

【政府】本届政府于2010年8月13日正式成立，后进行微调。主要成员有：总统德西·鲍特瑟，副总统罗伯特·阿梅拉利（Robert AMEERALI），财政部长阿德琳娜·韦内曼（Adeline WIJNERMAN，女），外交部长温斯顿·拉金（Winston LACKIN），自然资源部长吉姆·霍克（Jim HOK），国防部长拉米尔·拉图尔（Lamure LATOUR），公共工程部长拉蒙·亚伯拉罕斯（Ramon ABRAHAMS），农牧渔业部长亨德里克·塞特罗维焦约（Hendrik SETROWIDJOJO）等。

【行政区划】全国划为一市即帕拉马里博市和九省：瓦尼卡、尼克里、萨拉马卡、科摩维纳、马罗维纳、巴拉、勃洛克彭都、西帕里维尼、科罗尼。

【司法机构】设最高法院、检察院和3个地方法院。最高法院法官任职终身制，院长埃瓦尔德·翁布勒（Ewald OMBRE），2010年6月就任。总检察长索巴肖德尔·彭瓦西（Soebhaschaudre PUNWASI）。

【政党】全国登记在册的政党有20多个，主要有：

1. 大联盟：现政府执政联盟组成部分。2010年大选中，民族民主党、新苏里南党、民族统一团结党、进步农工联盟4党组成大联盟，并赢得议会23席，其中民族民主党获18席，占主导地位。

民族民主党（Nationale Democratische Partij，简称NDP）：1987年6月军人集团建立。主张建立以民族、民主为基础的社会经济秩序，反对荷兰干涉内政。主席德西·鲍特瑟。

A联盟：现政府执政联盟组成部分，由兄弟团结政治联盟、大众解放发展党、SEEKA党3党组成，党员主要为丛林黑人，又称马荣人。该联盟在2010年大选中获议会7席，其中兄弟团结政治联盟获4席，大众解放发展党获3席。

3. 人民联盟：现政府执政联盟组成部分，由崇高真理党等4党组成，2010年大选中崇高真理党获议会6席，其余党派均未获得议席。

4. 新阵线：由进步改革党、民族党、工党和91民主选择党4党组成，现为反对党联盟。2010年大选获议会14席，其中进步改革党获8席，民族党获4席，其余两党各获1席。

（1）进步改革党（Vooruitstrevende Hervormings Partij，简称VHP）：1949年成立，1974年改为现名。党员主要是印度斯坦人。主要维护印度斯坦人以及与荷、美企业有联系的社会阶层的利益。主张实行议会民主和加强同荷兰的关系。主席昌德利卡波萨德·单多吉（Chandrikapersad SANTOKHI）。

（2）苏里南民族党（Nationale Partij Suriname，简称NPS）：1946年成立，主要由克里奥尔人组成。自苏独立以来，除军人执政期以及1996年9月至2000年8月外一直处于执政党地位，2010年大选下台。主张实行议会民主，发展独立的民族经济。主席格里高利·鲁斯兰德（Gregory RUSLAND）。

【重要人物】德西·鲍特瑟：总统。1945年10月13日生于苏里南多姆堡。职业军人，曾在荷兰皇家军校学习，后在荷兰和北约军队服役。1975年加入苏国防军。1980年参与发动军事政变，推翻民选政府，先后出任国防军总司令和全国军事委员会主席等军政府首要领导人。1987年创立民族民主党，并任党主席。同年11月参加政变后首次大选失利。1991年大选再度失利，并辞去军职。1996~2000年，民族民主党赢得大选，鲍出任国家顾问。2010年7月当选总统，并于8月12日宣誓就职。

经　济

苏里南自然资源丰富，但经济基础相对薄弱，经济发展不平衡。国民经济主要依靠铝矿业、加工制造业和农业。近年来，苏经济发展受挫，汇率不稳，政府推行的国有企业私有化改革进展缓慢。近年来，苏经济状况总体稳定。2011年主要经济数据如下（资料来源：国际货币基金组织官网）：

国内生产总值：37.9亿美元。

人均国内生产总值：7096美元。

国内生产总值增长率：4.5%。

货币名称：苏里南元。

汇率：1美元≈3.3苏元。

通货膨胀率：17.7%。

【资源】铝矾土资源丰富，1998年底探明蕴藏量约为5.8亿吨。其他矿产有石油、铁、锰、铜、镍、铂、黄金等，近年来在近海发现石油。森林和水力资源丰富。森林覆盖率达95%。1998年，苏宣布将160万公顷（相当于国土的10%）的原始雨林设为国家保护区。

【工业】以铝矾土开采和加工为主，为世界第九大铝矾土生产国。此外还有粮食加工、香烟、饮料、化工产品的生产等。

【农林渔业】耕地面积占国土面积的0.36%。2008年农林渔业产值占国内生产总值的4.3%。稻米、水果、蔬菜为主要农作物，此外还有甘蔗、棕榈、咖啡、可可等。总体上，苏为粮食净出口国。稻米播种面积占可耕地面积的近一半，43%的稻米出口，占出口总值8%。捕虾业也是重要的创汇来源。

【交通运输】以公路和水运为主。

铁路：总长225公里，用来运输木材和铝矾土。无公用客运铁路。

公路、桥梁：总长近9000公里。1999年7月竣工的哥本南大桥将首都帕拉马里博和西部尼克里地区连接起来。2000年5月竣工的苏里南河大桥将首都和东部地区连接起来。

水运：可航行的河流总长约1500公里。首都帕拉马里博为主要港口。苏有1小型商业船队，至2002年底注册船只12艘。2002年装货230.6万吨，卸货121.2万吨。轮渡可通往圭亚那和法属圭亚那。

空运：有一个国际机场，有四条国际航线。其他机场及简易机场只能供小型飞机起降。

【财政金融】2011年财政总收入35.38亿苏元，总支出35.51亿苏元，赤字1300万苏元。

截至2011年底，苏外汇储备（不含黄金）8.45亿美元，外债2.57亿美元。

【对外贸易】经济对外贸的依赖很深。主要出口产品为氧化铝，其次为大米、虾、水果、木材等。主要进口产品为燃料、工业原材料和半制成品、机械、交通和生活用品。

主要贸易对象是美国、加拿大、挪威和其他加勒比国家。近几年对外贸易情况如下（单位：亿美元）：

	2009	2010	2011
出口额	14.04	20.84	24.67
进口额	12.96	13.98	16.79
差　额	1.08	6.86	7.88

（资料来源：2011年经济季评）

【外国援助】2011年2月，韩国扶贫基金会向苏捐赠30万美元用于抵抗自然灾害。7月，联合国向苏提供100万美元资助，用于旅游区保护。11月，欧盟向苏提供73.5万欧元，用于改善苏日计里稻米产区水利管理能力。

【经济团体】（1）工商会（Chamber of Commerce and Industry），成立于1910年，成员16109人，主席阿麦拉里（R.L.A. Amwwrali）。地址：P.O.BOX 139，Mr. J.C. De Mirandastraat 10，Paramaribo，Suriname，电话：473527；传真：470802。

（2）苏里南工贸协会（Suriname Trade and Industry Association）：成立于1950年，成员290人。主席迈耶（M. Meyer）。地址：P.O.Box 111，Prins Hendrikstraat 18，Paramaribo，Suriname。

人民生活

有现代化的医疗设施，但医疗卫生系统人才流失极为严重。2009年全国共有固定电话8.5万部，移动电话89万部，互联网用户16.3万人。2011年人均寿命71.1岁，人口增长率1.22%，出生率1.74%，死亡率0.62%，婴儿死亡率2.89%。

军　事

实行志愿兵役制。总兵力约2000人，其中陆军1500人，海军和空军各200余人。

文化教育

【教育】基本延用荷兰的教育体制，对6～12岁儿童实行义务教育，大中小学都是免费教育。全国有1所大学（苏里南大学）。成人识字率为89.6%。

【新闻出版】有4份主要报纸。其中《真理时报》，发行量8000份；《西方晚报》，发行量1.5万～1.8万份。

苏里南通讯社：同西方、拉美、加勒比各大通讯社有业务联系，每天出版荷文、英文新闻稿。

有12家广播电台。主要有：苏里南广播基金会：创建于1965年，由政府经营，用荷兰语和当地语言播音；苏里南国际广播电台：创建于1984年，由政府经营，用荷兰语、英语和苏里南语播音，每周两次；K.B.C. 电台：创建于1985年，用当地语言和英语广播；帕拉马里博电台：创建于1957年，用当地语言、英语和西班牙语广播；鼓声电台：创建于1958年，用荷兰语、当地语广播。

苏里南电视台：建于1965年，由政府经营，用当地语言、荷兰语和英语广播。阿波尼电视台：1985年建立，由政府经营，用荷兰语、英语、葡萄牙语、西班牙语及当地语言广播。

对外关系

奉行不结盟的外交政策，维护国家主权、民族自决和不干涉内政等原则；重视发展同邻国圭亚那、巴西和法属圭亚那的关系；保持与美国、荷兰以及其他欧盟国家的务实关系；促进地区一体化，加强同南美大陆特别是亚马孙条约国家间的合作；近年来，努力开拓同日本、中国、印尼、马来西亚和韩国等亚太国家的关系。苏是加勒比共同体、加勒比开发银行、伊斯兰会议组织和美洲开发银行成员。与约100个国家建立了外交关系。

【同中国的关系】中苏于1976年5月28日建交。2011年2月，中共中央对外联络部副部长陈凤翔访苏。3月，农业部副部长牛盾访苏。8月，苏农牧渔业部长塞特罗维焦约访华。9月，苏副总统阿梅拉利出席在特立尼达和多巴哥举行的第三届中国—加勒比经贸合作论坛，并与中国国务院副总理王岐山会见。11月，全国人大常委会副委员长陈昌智访苏。2012年6月，中共中央政治局委员、天津市委书记张高丽访苏。

据中国海关总署统计，2011年中苏双边贸易额为1.52亿美元，其中中方出口额为1.36亿美元，进口额为1590万美元，分别增长19.6%、19.5%和20.2%。

中国驻苏里南大使：袁南生。馆址：Anton Dragtenweg 154，P.O.Box 3042，Paramaribo，Suriname。电话：（597）451570，451210。电传：197 CEP512 SN。商务处地址：Erosstraat 4，P.O.Box 8116，Paramaribo，Suriname。电话：（597）450490，452560。

苏里南驻华大使：劳埃德·卢西恩·皮纳斯（Lloyd Lucien PINAS）。馆址：北京市建国门外大街外交公寓1-3-31。邮政编码：100600。电话：010-65322939，65322938；传真：65322941。

华侨华人组织：广义堂。创建于1880年，是苏最大、影响最广的华侨华人社团。所办《洵南日报》为加勒比地区影响最大的中文报刊。

友好组织：苏中友协。1974年成立，现任主席伦纳德·约翰斯（Leonard JOHANNS）。

【同荷兰的关系】由于历史原因，苏在政治、经济和文化等方面受荷影响很深。1975年苏独立后，两国关系曲折发展，荷曾数次中止对苏援助。本届政府上台后，苏荷关系趋于紧张。2011年3月，荷兰正式将苏从对外援助对象国名单上除名。

【同圭亚那的关系】苏圭于1975年11月25日建交。圭与苏里南之间存在领土纠纷，主要在科兰太因河上游地区的新河三角洲，涉及面积1.7万平方公里（现在圭实际控制范围内）。圭苏多次举行边界委员会会议，商讨在有争议的海域共同开发资源和新河三角洲非军事化问题，但迄无进展，制约了两国在其他领域的合作关系。2004年，圭政府将两国海洋边界划分的争端提交国际海洋法法庭进行仲裁。2007年9月，国际海洋法法庭作出裁决，基本采用中间线原则划定两国海洋边界。

2011年3月，苏总统鲍特瑟访圭，同圭总统贾格迪奥举行会谈，双方均表示希遵循国际法原则以和平方式解决两国领土争议。

【同印度的关系】2010年1月，苏内政部长哈桑坎访问印度，并出席世界印度侨民大会。2月，苏国防部长弗尔纳尔德对印进行工作访问。

【同美国的关系】苏重视发展同美国的关系，在经济上对美依赖较深。反对美制裁古巴，反对美对伊拉克发动战争，在修建美国和墨西哥边界隔离墙问题上与美立场有分歧。苏美在缉毒方面有合作。2003年，在美压力下，苏加大打击非法移民的力度。在美洲自由贸易区谈判中，苏对美存有戒心，担心美在贸易安排中牺牲弱小国家利益，主张加强与巴西等拉美国家协调立场。2010年9月，苏总统鲍特瑟出席联大会议期间同美总统奥巴马会见。

【同巴西的关系】苏十分重视与巴西的关系，双方合作领域广泛。在国际事务中，苏跟随巴西较紧，认为巴西能代表拉美中小国利益。巴西在苏有数万移民，多为非法居留。2010年12月，苏总统鲍特瑟出席在巴西举行的南方共同市场首脑峰会。2011年5月，巴西军舰访苏，进行水文地质考察。

【同印尼的关系】苏、印尼曾同属荷兰殖民地，由于历史渊源，两国关系较为密切。两国在多个领域开展经济技术合作，每年举行经济混委会。2003年，两国签订了航空合作协议和避免双重征税协议。2011年9月，苏外长拉金同印度尼西亚外长在纽约签署两国持外交公务护照互免签证协议，10月协议正式生效。

（朱倩）

特克斯和凯科斯群岛

名称　特克斯和凯科斯群岛（The Turks and Caicos Islands）。

面积　430平方公里。约有40个岛屿，仅8个有人居住。

人口　4.63万，人口增长率3.17%，出生率17.44‰，死亡率3‰(2012年估计)。黑人占90%，混血种人、欧洲人和北美人后裔占10%。英语是官方语言。多数人信奉基督教。

首府　科伯恩城（Cockburn Town），位于特克斯群岛北部的大特克岛上，人口5100人（2004年估计）。

总督　达米安·罗德里克·托德（Damian Roderic Todd），2011年9月12日就任。

重要节日　宪法日：8月30日（1976年）。

简　况

位于巴哈马群岛东南端，距海地北部约145公里。东部濒临大西洋，西部同古巴隔水相望，由特克斯和凯科斯两组群岛组成。属亚热带气候。8月为最热月份，气温26℃～32℃，1～2月为最冷月份，气温21℃～27℃。6～11月有飓风。

原为印第安人的阿拉瓦克部族和卢卡约斯部族居住地。1512年西班牙人抵此。1766年成为英国殖民地。1799年归英国巴哈马总督区管辖。1873～1959年归英国牙买加总督区管辖。1962年牙买加独立后，该群岛成为英直属殖民地。1972年英女王第一次任命主管该群岛的总督。现为英国的海外领地（British Overseas Territory）。

政　治

2009年8月，英国政府以清除岛上政府的腐败现象为由，暂停当地政府的统治权，交由英国指派的总督管理。此举遭到岛上官员强烈反对。总督接管政府等权力后，由首席行政官及一个顾问委员会协助其工作。2010年8月，马克·凯普斯（Mark Capes）出任新一任首席行政官。

2011年8月22日，总督戈登·韦瑟雷尔（Gordon WETHERELL）离任，马丁·斯坦利（Martin Stanley）任代理总督。9月，新总督托德就任。

2012年10月15日，安雅·威廉斯（Anya Williams，女）出任副总督。11月9日，特克斯和凯科斯群岛举行了新一届议会选举。原议会于2007年选出，2009年被强行解散。在本次选举中，议会解散前的执政党进步民族党获得15个席位中的8席，人民民主运动7席。11月13日，进步民族党领袖鲁福斯·尤因（Rufus Ewing）就任新一任总理。

【宪法】2006年8月9日新宪法生效。规定英国女王为元首，总督代表英国女王并由女王任命，掌管外交、防务等事务。2009年由于总督接管政府等权力，宪法进行了临时修订[The Turks and Caicos Islands Constitution（Interim Amendment）Order 2009]。

【议会】一院制议会（House of Assembly）任期四年。有21名成员，包括15名普选产生的成员，以及4名来自内阁的指定成员、1名当然成员（总检察长）和议长。2007年2月选出的议会在2009年8月被解散。本届议会于2012年11月9日选举产生，在15名普选成员中，进步民族党占8名，人民民主运动占7名。

【政府】内阁包括总督、总理和六名其他部长及总检察长，通常由在议会中占多数议席的政党组成。

2009年8月14日，总理和内阁权力被总督接管。2009年8月18日至2012年10月15日由临时顾问委员会（Advisory Council）行使政府职能。其成员包括：约瑟夫·康诺利（Joseph Connolly）、埃迪特·考克斯（Edith Cox，女）、西奥·达勒姆（Theo Durham）、卡尔顿·米尔斯（Carlton Mills）、欧根·奥托恩耶（Eugene Otuonye，2011年7月13日去职）、多琳·奎尔奇-米西克（Doreen Quelch-Missick，女）、约翰·史密斯（John

Smith）、克莱顿·托马斯（Clayton Thomas，2011年8月11日任职）以及5名当然成员（总督、副总督、首席行政官、总检察长、常任财政秘书）。

2012年11月，组成新一届政府，内阁成员包括总督达米安·罗德里克·托德、总理鲁福斯·尤因、副总督安雅·威廉斯（女）、总检察长休·谢泼德（Huw Shepheard）等。

网址：http：//tcgov.tc/home.html（政府）；www.turksandcaicosislands.gov.tc（政府新闻办）；http：//www.turksandcaicostourism.com/（旅游局）；http：//lvyou168.cn/travel/Caribbean/TurksCaicos/contactus.html（旅游局，中文）；http：//www.tcinvest.tc/（投资局）。

【司法机构】设最高法院。首席法官常驻巴巴多斯，首席法官不在期间由一位地方法官代理。上诉法院设在巴哈马的拿骚。英国枢密院为其最高上诉法院。

【政党】主要政党：

（1）进步民族党（Progressive National Party，PNP）：执政党。主张成立全面自治政府。曾于1980～1988年、1991～1995年、2003～2009年执政。2012年底再次执政。领袖为总理鲁福斯·尤因。

（2）人民民主运动（People's Democratic Movement，PDM）：主张成立内部自治政府并最终取得独立。曾于1976～1980年、1988～1991年、1995～2003年执政。2012年6月奥斯瓦尔德·斯基平斯（Oswald SKIPPINGS）当选为该党领袖，夏琳娜·卡特莱特－鲁滨逊（Sharlene Cartwright-Robinson）则成为该党第一位女性副领袖。

【重要人物】达米安·罗德里克·托德：总督。大学专业为历史，1980年起在英国外交部工作，曾赴南非、捷克斯洛伐克和德国工作，2001～2004年任英国驻斯洛伐克大使，2007-2011年任英国驻波兰大使。2011年9月任特克斯和凯科斯群岛总督。已婚，有三个孩子。

经　济

该群岛自然资源缺乏，无制造业，主要生产部门是渔业和盐业，收入主要来自旅游业和金融服务业。2011年估计在地区生产总值（GDP）中，服务业占74.8%，工业占24.2%，农业占1%。2006年估计主要经济数据如下：

地区生产总值：7.22亿美元。

人均地区生产总值:17112美元。

地区生产总值增长率：24.76%。

货币名称：使用美元；1美元＝100分。

通货膨胀率（消费价格）：2.2%（2011年估计），2.5%（2012年估计）。

失业率：5.4%（2007年）。

【农渔业】农业规模很小，种植少量玉米、豆类、热带水果和蔬菜。渔业是重要经济部门，有世界上最大的海螺养殖场，渔业产品是主要出口产品。农业和渔业人口占全部劳动力的1/5。

【金融服务业】金融服务业是近几年新兴产业，由于没有外汇管制和不收税，发展较快，成为主要经济部门。2000年在该群岛注册的公司共有8000家，该岛公司注册费收入达270万美元。

【旅游业】政府重视发展旅游业，旅游业是财政和外汇收入的主要来源之一。2007年抵达游客总数为30万人次，主要来自美国和加拿大。主要旅游景点有索尔特珊瑚礁，被联合国教科文组织列为世界遗产。

【交通运输】公路：总长121公里，其中铺设路面的仅24公里。

水运：有通往伦敦、迈阿密和佛罗里达的货运航班。1990年国际货运量估计为28.4万吨。大特克、普罗维登西亚莱斯和南凯科斯有港口。

空运：有8个机场，大特克、普罗维登西亚莱斯、南凯科斯和北凯科斯都有国际机场，航班通往迈阿密、海地、多米尼加和巴哈马。

【财政金融】财政年度为日历年。关税是政府财政收入的主要组成部分。此外英国每年继续提供大量资金，用于基础建设工程和技术合作。工资和补贴占经常开支的17.4%。2011年和2012年估计，预算收入3.795亿美元和4.174亿美元，支出3.895亿美元和4.089亿美元。2005年外债约4043万美元。

【对外贸易】历年严重入超且逐年增加。主要进口食品、饮料、制成品、原材料和燃料；出口龙虾、海螺和渔业产品。渔业产品出口年收入为400万美元。主要贸易伙伴是美国、英国以及邻国。2007年出口额为1625万美元，进口额为5.8亿美元。

【外国援助】英国是最大的援助国。2000年英国提供援助1120万美元，各类多边组织提供援助170万美元。

人民生活

大特克岛有一所综合医院。每个岛上有一个诊所。

2012年居民平均期望寿命估计为79.26岁。有固定电话3700部（2009年），手机25100部（2004年）。2010年有互联网主机72591台。

军　事

防务由英国负责。

文化教育

【教育】公立学校实行13年免费义务教育（从4岁开始）。识字率为98%。2005/2006学年，政府教育开支3100万美元，有小学生3560人，中学生1704人。设有1所社区学院，科伯恩城有温莎大学。

【新闻出版】岛上没有日报，主要报刊有《特克斯和凯科斯新闻》（周报）、《特克斯和凯科斯自由新闻》（周报）等。

特克斯和凯科斯广播电台为政府所有。岛上可以收看到巴哈马的电视节目。在大特克岛和普罗维登西亚莱斯岛可收看有线电视。

对外关系

外交由英国掌管。特克斯和凯科斯群岛为万国邮政联盟、加勒比开发银行成员，加勒比共同体联系成员，设有国际刑警组织特克斯和凯科斯群岛支局。（沉思）

特立尼达和多巴哥

国名　特立尼达和多巴哥共和国（The Republic of Trinidad and Tobago）。

面积　5128平方公里，其中特立尼达岛4828平方公里，多巴哥岛300平方公里。

人口　122.75万（2011年）。其中印度裔人占40%，黑人占37.5%，其余为混血种人及欧洲人、华人和阿拉伯人后裔。英语为官方语言和通用语。居民中26%信奉天主教，22.5%信奉印度教，7.8%信奉英国圣公会教，5.8%信奉伊斯兰教。

首都　西班牙港（Port of Spain），人口49万。

国家元首　总统乔治·理查兹（George RICHARDS），2003年3月就任，2008年3月连任，任期五年。

重要节日　独立日：8月31日；狂欢节：每年2月。

简　况

位于加勒比海小安的列斯群岛的东南端，西与委内瑞拉隔海相望。属热带海洋性气候。气温在20℃~34℃之间。特立尼达岛原为印第安人阿拉瓦克族和加勒比族的居住地。1498年哥伦布经过该岛附近，宣布为西班牙所有。1781年被法国占领。1802年根据《亚眠条约》划归英国。多巴哥岛历经西、荷、法、英多次争夺，1814年根据《巴黎条约》沦为英国殖民地。1889年两岛成为一个统一的英殖民地。1956年实行内部自治。1962年8月31日独立。1976年8月1日改为共和国，现为英联邦成员国。

政　治

2010年5月24日，特多提前举行大选，联合民族大会党等5党组成的人民伙伴联盟赢得大选，联盟领袖卡姆拉·佩萨德—比塞萨尔（Kamla Persad-Bissesar）于5月26日宣誓就任特多历史上首位女总理。

特多政府注重民生，大力发展文教卫生事业，积极应对国际金融危机的冲击，推动经济实现恢复性增长。目前，特多政局基本稳定。

【宪法】现行宪法于1976年8月1日生效。宪法规定特多为共和国，继续留在英联邦内；总统为国家元首，由参、众两院选举产生，任期五年；全国每5年举行一次大选，政府由大选中获众议院多数席位的政党组成，对议会负责。多巴哥设有多巴哥议会，享有有限的税收自主权以及卫生、教育、住房及行政事务的权力。

【议会】分参、众两院，任期均为五年。参议院31席，由总统任命，其中总理提名16人，反对党领袖提名6人，另9人由总统在社会名流中选任，参议长蒂莫西·哈梅尔—史密斯（Timothy Hamel-Smith），2010年6月18日就任。众议院41席，普选产生。在2010年5月举行的大选中，人民伙伴联盟获29席，人民民主运动党获12席，众议长韦德·马克（Wade Mark），2010年6月18日就任。

【政府】本届政府于2010年5月组成，并于2012年6月改组。主要成员有：总理卡姆拉·佩萨德—比塞萨尔（女），外交部长温斯顿·杜克兰（Winston Dookeran），国家安全部长杰克·沃纳（Jack Warner），法律事务部长普拉卡什·拉马达尔（Prakash Ramadhar），人民和社会事务部长格伦·拉马达尔辛格（Glenn Ramadharsingh），教育部长蒂姆·戈皮辛格（Tim Gopiesingh），住房部长鲁达尔·穆尼拉尔（Roodal Moonilal），司法部长休伯特·沃尔尼（Hubert Volney），公共事务管理部长卡罗琳·西佩萨德—巴昌（Carolyn Seepersad-Bachan，女），能源部长凯文·拉姆纳利恩（Kevin RAMNARINE），劳工和企业发展部长埃罗尔·迈克劳德（Errol McLeod），交通部长钱德雷什·夏尔马（Chandresh Sharma），体育部长阿尼尔·罗伯茨（Anil Roberts），规划部长伯恩德拉特·特瓦里（Bhoendratt Tewarie），公共设施部长尼扎姆·巴克什（Nizam Baksh），地方政府事务部长苏鲁杰拉坦·兰伯昌（Surujrattan Rambachan），工程和基础设施部长伊曼纽尔·乔治（Emmanuel George），卫生部长富亚德·可汗（Fuad KHAN），高等教育部长法扎勒·卡里姆（Fazal Karim），旅游部长斯蒂芬·卡迪兹（Stephen Cadiz），社区发展部长温斯顿·彼得斯（Winston Peters），食品生产部长德万特·马哈拉吉（Devant MAHARAJ），科技部长鲁铂特·格里菲思（Rupert Griffith），贸易、工业和投资部长瓦桑特·巴拉特（Vasant Bharath）等。

【行政区划】全国分为9个郡、2个市、3个区和1个半自治行政区（多巴哥岛）。

【司法机构】设最高法院（由高等法院和上诉法院组成）和地方法院。地方法院和高等法院均对民事和刑事案件享有初审权。上诉法院受理地方法院和高等法院审理过的上诉案件。2012年4月，特多政府宣布将加勒比法院确定为该国的终审法院。

【政党】主要政党：

（1）联合民族大会党（United National Congress）：执政党。1989年4月成立。曾于1995~2001年执政。2010年5月与人民大会党等5个政党组成人民伙伴联盟再次赢得大选。主要代表印度裔人的利益。主张在权力分配、种族问题上实行平等。政治领袖卡姆拉·佩萨德—比塞萨尔。

（2）人民大会党（Congress of People）：执政党。2006年9月联合民族大会党内部严重分裂，政治领袖杜克兰另起炉灶，携5名支持他的众议员成立该党。2010年5月加入人民伙伴联盟。其主要支持者以中产阶级为主。政治领袖普拉卡什·拉马达尔。

（3）人民民族运动党（People's National Movement）：反对党。1956年1月成立。曾于1956~1986年、1991~1995年、2001~2010年执政。主要代表非洲裔人的利益，属温和的民族主义政党。主张政治自由、社会平等和种族博爱。政治领袖基斯·罗列。

【重要人物】乔治·理查兹：总统。1931年出生于特多圣费尔南多市。1955年、1957年分获曼彻斯特大学化学工程理学士学位和硕士学位，1963年获剑桥大学博士学位。1950~1951年，特多联合英国石油公司职员。1957~1965年，在壳牌特多公司担任管理职位。此后进入西印度大学，任化学工程高级讲师。1970年，晋升为化学工程教授。1980年，任副院长。1984~1985年，任代院长。1985~1996年，任院长和第一副校长。现仍为化学工程系化学工程荣誉教授。特多工程师协会等职业学会会员。1977年1月至2003年3月，任特多政府工资审查委员会主任。2003年就任总统，2008年连任。已婚，有2个子女。　**卡姆拉·佩萨德—比塞萨尔**：总理。1952年生于特多，信奉印度教。曾就读于西印度大学等高校，并赴英国深造，先后获教育学和法学荣誉学士学位、高层管理人员工商管理硕士学位及法学教育资格证书。大学毕业后在牙买加、特多等国任教，并曾赴英国从事社会工作。1985年开始从事法律工作。1987~1991年任圣帕特里克议会议员，1994~1995年代表联合民族大会党担任参议员，1995年被选为众议员并连任至今。1995~2001年先后出任特多总检察长、司法部长和教育部长等职。2006年4月至2007年11月被推选为联民党领袖，并被总统任命为议会反对党领袖。2010年1月被选举为联民党政治领袖，2月再度被推选为党领袖，5月当选特多历史上首位女总理。已婚，有一子。

经　济

天然气和石油资源丰富。经济以能源开发和加工业为主。能源产品产值约占国民生产总值的40%左右，出口收入约占出口总收入的80%，是加勒比地区重要的石油输出国。加工制造业门类较齐全。近年来，建筑业、旅游业、金融保险业等行业发展较快。特多已同中国、加拿大、法国、英国、美国等国签署了双边投资协定，与中国、加拿大、丹麦、德国、法国、意大利、挪威、瑞典、瑞士、美国等国签署了避免双重征税协定，以吸引更多外来直接投资。2011年主要经济数据如下（主要资料来源：2012年《经济季评》）：

国内生产总值：227.07亿美元。

人均国内生产总值：17158美元。

国内生产总值增长率：−1.3%。

货币名称：特立尼达和多巴哥元。

汇率：1美元＝6.38特元。

通货膨胀率：5.099%。

失业率：5.8%。

【资源】主要有石油和天然气。已探明的天然气储量为4361亿立方米，石油储量为7.283亿桶。特多还拥有世界最大的天然沥青湖，该湖面积约47公顷，估计储藏量1200万吨。

【工业】以石油、天然气开采和炼油为主，其次为建筑业和制造业。主要制造业有化肥、钢铁、食品、烟草等。特多日产原油15.16万桶，年产天然气393亿立方米，是世界上第五大液化天然气出口国，占据美国天然气市场份额的70%多，同时是世界上最大的氨肥和甲醇出口国。

【农业】主要种植甘蔗、咖啡、可可、柑橘、椰子和水稻等，其中可可质量上乘。75%的食品靠进口。全国可耕地约23万公顷。

【旅游业】旅游业约占GDP总量的13.8%，从业人员占全国就业人口的16.7%。特多正改变经济过多依赖石油业的状况，大力发展旅游业，计划在2015年使旅游业达到GDP总量的16.5%，从业人员达19.2%。赴特多游客主要来自美国、英国、加拿大及加勒比其他国家。

【交通运输】以公路运输为主。有公路8000多公里。

水运：主要港口有4个：西班牙港、利萨角、查瓜拉马斯和塔巴拉多角。其中西班牙港最大，有通往世界各大港口的海运线。有6艘商船，其中客船1艘，客货船4艘，游艇1艘。

空运：有6座机场。其中，特立尼达岛和多巴哥岛各有一机场，均可停降波音747等大型客机。皮亚科国际机场是英语加勒比地区最现代化的机场，有飞往欧洲、美国、加拿大、拉美多国的直达航班。

【财政金融】2011~2012财年，特多财政收入预计470亿特多元，财政支出预计546亿特多元。

【对外贸易】主要出口石油、化工产品、制成品、原材料和牲畜。主要进口燃料、润滑油、运输设备和食品等。主要贸易伙伴是美国、哥伦比亚、委内瑞拉、俄罗斯、巴西、中国。近年进出口额如下（单位：百万美元）：

	2008	2009	2010
出口额	16408	9538	12060
进口额	9845	6517	8234
差　额	6563	3021	3826

（主要资料来源：2012年《经济季评》）

【经济团体】（1）特立尼达和多巴哥工商会（Trinidad & Tobago Chamber of Industry & Commerce）：成立于1891年，主席戴维·奥布赖恩（David O'Brien）。地址：Rm 950–952，Hilton Hotel，Port of Spain。

（2）特立尼达和多巴哥粮农有限公司（Food and Agriculture Corporation of Trinidad and Tobago Ltd.）：主席穆巴拉克·阿里·阿齐兹（Mubarak Ali Aziz）。地址：Arena Road，Port of Spain。

人民生活

社会福利较为完备。政府向老年人和失业者分别提供养老金和失业救济金。2010年，全国共有固定电话29.33万部，手机189.4万部。

军事

国防军始建于1962年，由陆军、空军和海岸警卫队组成。总统为国防军司令，总参谋长负责军队日常事务。军费约占国民生产总值的0.3%。

文化教育

【教育】中、小学实行免费义务教育。大学有西印度大学特多圣奥古斯丁分校及新近成立的特立尼达和多巴哥大学，另有东加勒比农学院和一所教师培训学院。

【新闻出版】主要有《特立尼达和多巴哥快报》、《特立尼达卫报》和《新闻日报》3份报纸。

全国有3家主要的新闻机构：（1）加勒比新媒体集团：拥有3个电视频道和3家电台。（2）加勒比通讯网：私营。（3）特立尼达广播有限公司。

广播电台有30余家，多为私营，有的类似家庭电台，播出节目多是音乐等。主要电台有：中波610电台（国营）、特立尼达电台（国营）等。

电视台约有八家，分别是TV6，CNC3，CNMG，NCC，ITV，IETV，IBN8，GAYALA7，前三家为主要电视台。

对外关系

奉行独立自主和不结盟的外交政策，维护民族独立和国家主权，坚持不干涉别国内政原则，反对殖民主义和种族主义，主张建立国际经济新秩序，发展平等互利的国际经济合作，积极推进加勒比一体化进程。确定外交为“2020国家发展战略”服务，以促进特多经济发展为核心任务。努力加强并深化与加共体、美洲国家组织、联合国以及其他国家的关系，确保特多在国际舞台上展现最佳形象。在与西方保持密切关系的同时，强调加强与中国、印度等发展中国家的联系。

【同中国的关系】1974年6月20日两国建交。2005年两国建立“互利发展的友好合作关系”。

2011年2月，中国人民解放军副总参谋长马晓天空军上将访问特多。2011年9月，第三届中国—加勒比经贸合作论坛在特多首都西班牙港举行。国务院副总理王岐山出席论坛开幕式。

2012年3月，中共中央政治局委员、全国人大常委会副委员长王兆国访问特多。

双边文化交往密切。2011年10月，特多武术团参加第八届中国郑州国际少林武术节，并获铜奖。11月，南京杂技团在特多演出。2012年1月，重庆艺术团赴特多访演，5月，深圳爱华艺术团参加2012特多钢鼓节演出。

据中国海关总署统计，2011年，双边贸易额为6.27亿美元，其中中方出口额为2.87亿美元，进口额为3.4亿美元，同比分别增长57%、–1.5%和214.8%。

中国驻特多大使：杨优明。馆址：39 ALEXANDRA STREET，ST. CLAIR，PORT OF SPAIN，TRINIDAD AND TOBAGO。电话：1–868–6286417；传真：6227613。商务处地址：40 ELIZABETH STREET，ST. CLAIR，PORT OF SPAIN，TRINIDAD AND TOBAGO。电话：1–868–6285556。

特多在华无常设外交机构。

【同美国的关系】美国是特多第一大贸易伙伴，并在特多有大量投资，特多对美经济依存度较高。同时，双方在打击毒品走私等领域也保持密切合作。2009年4月，美国总统奥巴马赴特多出席第五届美洲国家首脑会议。2010年11月，特多总理比塞萨尔访问美国。2011年4月，特多总理比塞萨尔赴美国出席美洲国家组织首脑会议。

【同其他西方国家关系】特多注重与西方发达国家保持密切的政治和经济关系。2008年10月，特多作为加勒比论坛成员与欧盟签署《经济伙伴关系协定》。2009年11月，英联邦首脑峰会在特多首都西班牙港举办。2010年7月，第25届英联邦议会协会大会在特多首都西班牙港举办。9月，特多总理比塞萨尔访问英国。

【同加勒比国家的关系】重视加勒比地区团结与合作，主张推动地区一体化进程，是加勒比共同体以及加勒比国家联盟的创始国之一。加勒比国家联盟总部设在特多首都西班牙港。2005年4月，加勒比法院在特多成立。2006年1月，特多加入加共体单一市场。2008年8月，特多与格林纳达、圣卢西亚、圣文森特和格林纳丁斯等3个东加勒比国家共同倡议建立政治和经济联盟。2011年12月，加勒比共同体国家和古巴首脑会议在特多举办。

【同拉美国家的关系】特多重视与拉美国家的关系。积极同拉美国家就国家安全和打击贩卖毒品进行协商合作。2010年5月，美洲发展银行推出“加勒比竞争力”项目，帮助包括特多在内的加勒比国家提高竞争力。8月，特多能源部长西佩萨德—巴昌访问委内瑞拉，双方签署共同开发天然气协定。2011年11月，美洲国家组织国家安全部长级会议在特多首都西班牙港举办。12月，特多总理比塞萨尔赴委内瑞拉出席拉美—加勒比峰会。

【同亚非国家的关系】特多重视与亚太地区的关

系，特多和印度来往较多，双方签有经贸科技协定和文化协定。与韩国签有促进和保护投资协定。2009年4月，特多发起并举办特多—非洲能源会议。2011年1月，特多总理比塞萨尔访问印度。3月，印度政府出资援建特多的新甘地研究所动工兴建。（陆兵）

危 地 马 拉

国名　危地马拉共和国（The Republic of Guatemala，La República de Guatemala）。

面积　108889平方公里。

人口　1471万（2011年）。土著印第安人占41%，其余为印欧混血种人和欧洲移民后裔。官方语言为西班牙语。70%的居民信奉天主教，20%的居民信奉基督教新教。

首都　危地马拉城（Ciudad de Guatemala），人口310万（2010年）。海拔1480米。亚热带气候，最热月（5月）气温为16℃～29℃，最冷月（1月）气温为12℃～23℃。

国家元首　总统奥托·佩雷斯·莫利纳（Otto Pérez Molina），2012年1月14日就任。任期四年。

重要节日　独立日：9月15日。

简　况

位于中美洲西北部。西部和北部与墨西哥、东北与伯利兹、东南与洪都拉斯和萨尔瓦多接壤，东临加勒比海的洪都拉斯湾，南濒太平洋。海岸线长约500公里。境内多山地和火山，沿海平原土壤肥沃，北部森林覆盖率较高。以亚热带气候为主，年平均气温16℃～20℃，5～10月为雨季，11～4月为旱季。

危地马拉是古代印第安人玛雅文化中心之一。1524年沦为西班牙殖民地。1821年9月15日宣布独立。1823年加入中美洲联邦。1839年成立共和国。后长期实行独裁统治。1944年起开始民主化进程。1954年起进入右翼军政府和文人政府交替执政时期。1960年出现左派军事组织。1982年1月，危全国各左派游击队合并成立"危地马拉全国革命联盟"，左派武装斗争遍布全国各地。1996年12月，阿尔苏政府（全国先锋党）与"危地马拉全国革命联盟"达成《最终和平协定》，结束长达36年的内乱。

政　治

是拉美最贫困的国家之一，多年内战造成社会发展严重滞后。长期以来，高凶杀率和高贫困率构成危两大痼疾。2011年11月，爱国党候选人佩雷斯经过两轮投票当选总统。上台后，佩致力于打击犯罪、发展经济、消除贫困，主要举措有增加警力、加强司法体系建设、修改税法、完善扶贫政策等。目前，危政局总体稳定。

【宪法】现行宪法于1985年5月经国民议会通过，1986年1月14日生效，1994年1月30日通过宪法修正案。宪法规定：总统、副总统由直接选举产生，任期四年，不得连选连任；总统为国家元首、政府首脑和武装部队总司令；军人必须在退役5年后才能竞选总统。

【议会】国民议会为一院制，行使立法权，议员任期四年，可连选连任。设议长和3名副议长，任期一年。本届议会于2012年1月成立，共158席，各党所占席位如下：爱国党57席，全国希望联盟与全国大联盟共同席位48席，全国变革联盟和民主革新自由党分别14席，其余政党及无党派人士占27席。现任议长为爱国党的古蒂·里韦拉（Gudy Rivera），2012年1月14日就职，任期一年。

【政府】本届政府于2012年1月组成。主要成员有：副总统罗克萨娜·巴尔德迪（Roxana Baldetti，女），外长阿罗德·卡瓦列罗斯（Harold Caballeros），内政部长劳尔·贝拉斯克斯（Raúl Velásquez），国防部长乌里塞斯·诺埃·安苏埃托·希龙（Ulises Noé Anzueto Girón），财政部长帕维尔·森特诺（Pavel Centeno），交通运输、基础设施和住房部长亚历杭德罗·西尼瓦尔迪（Alejandro Sinibaldi），教育部长辛提亚·德尔阿吉拉（Cynthia Del Aguila，女），农业、牧业和食品部长埃弗拉因·梅迪纳（Efraín Medina），经济和贸易部长塞尔希奥·德拉托雷·希梅诺（Sergio de la Torre Gimeno），公共卫生和社会福利部长弗朗西斯科·阿雷东多（Francisco Arredondo），劳工和社会保障部长卡洛斯·孔特雷拉斯·索罗尔萨诺（Carlos Contreras Solorzano），能源和矿业部长埃里克·埃斯特华多·阿奇拉·德埃萨（Erick Estuardo Archila Dehesa），文化和体育部长卡洛斯·巴特辛（Carlos Batzín），环境和自然资源部长玛西亚·罗克萨娜·索韦内斯·加西亚（Marcia Roxana Sobenes García，女）。

【行政区划】全国分22个省，下设331个市镇。

【司法机构】由最高法院、宪法法院、总检察署、国家公诉专署、内务部等组成国家司法委员会。设最高法院、上诉法院、初级法院。最高法院有13名大法官，任期五年，由议会选举产生，可连任；最高法院院长兼任国家司法委员会主席，由大法官以2/3多数票选举产生，任期一年，不得连任。现任最高法院院长路易斯·阿图罗·阿奇拉（Luis Arturo Archila）。

【政党】主要政党有：

（1）爱国党（Partido Patriota）：执政党。佩雷斯于2001年12月20日创建该党并担任党的实际领导人。原为贝尔赫政府执政联盟成员，2004年6月因政见分歧宣布退出。总书记罗克萨娜·巴尔德迪（Roxana Baldetti，女）。

（2）全国希望联盟（Unidad Nacional de la Esperanza）：反对党。2001年新民族联盟分裂后，由前总统科洛姆（原属危地马拉全国革命联盟）组建，中左政党。总书记哈伊罗·华金·弗洛雷斯（Jairo Joaquín Flores）。

（3）全国大联盟（Gran Alianza Nacional）：反对党。2003年由改革运动（Movimiento Reformador）、全国团结党（Partido Solidaridad Nacional）和M-17运动（Movimiento M-17）3个中右小党组成，并赢得当年大选。2004年1月至2008年1月执政期间，各结盟党先后脱离执政联盟。2007年大选中该联盟失利。总书记海梅·安东尼奥·马丁内斯·洛艾萨（Jaime Antonio Martínez Loaiza）。

【重要人物】**奥托·佩雷斯**：总统。1950年12月1日生于危地马拉城，曾在危地马拉国家军校学习，后在美国的美洲学院受训。1993~2000年先后任危陆军参谋长、陆军总监、驻美洲防御会议代表，曾代表军方参加《最终和平协定》谈判。2000年退役。2001年2月创立爱国党，2004~2008年任国会议员。2007年作为爱国党总统候选人参加大选，以微弱劣势败北。2011年再次参选，经过两轮角逐，当选总统。已婚，有一子一女，夫人罗莎·莱亚尔·德佩雷斯（Rosa Leal de Pérez）。

经　济

以农业为主，工业基础薄弱。受长期内战影响，经济长期停滞。1996年《最终和平协议》生效后，危经济恢复增长。2003~2008年，年均增长率达4%。2009年，受国际金融危机影响，危经济表现低迷，财政状况恶化。2010年，危经济恢复增长。2011年主要经济数据如下（资料来源：危中央银行、拉美经济季评）：

国内生产总值：3651亿格查尔。

人均国内生产总值：3188美元。

国内生产总值增长率：3.9%。

货币名称：格查尔（Quetzal）。

汇率：1美元=7.81格查尔。

通货膨胀率：6.22%。

失业率：4.1%。

【资源】矿产有铅、锌、铬、锑、金、银、水银、镍等；石油储量14.3亿桶。森林面积占全国面积34.5%。

【工业】以轻工业为主。传统工业有采矿业、制造业、纺织、食品加工、制药和造纸等。近年来以纺织为主的客户加工业、电力、通讯业等发展较快。2009年工业产值占国内生产总值的27.2%，2010年占22.1%。

【农业】在国民经济中占有重要地位。全国可耕地面积为1090万公顷，森林和湿地占国土面积的33%。农业以种植咖啡、蔗糖、香蕉、可可等为主。农业人口占全国人口的1/3。近年因受自然灾害、国际市场农产品价格低迷等因素影响，传统农业生产有所下降，但鲜花、水果等非传统产品出口增长。2009年农业产值占国内生产总值的13.5%，2010年占13.8%。

【旅游业】是危第二大外汇来源。多姿多彩的生态环境、丰富的文化古迹是危重要的旅游资源。主要旅游景点有：危地马拉城老城区、蒂卡尔、奇奇卡斯特南戈、亚柯哈和纳库穆等玛雅文化遗址和阿蒂特兰湖及火山风光。每年的12月、1月、7月、8月和复活节是旅游黄金季节。2011年共接待外国游客182.3万人次，旅游收入9.37亿美元，同比下降4.9%。游客主要来自美国、加拿大、墨西哥、伯利兹、萨尔瓦多及其他中美洲国家和欧盟。

【交通运输】以公路运输为主。

公路：2009年总长15735公里，其中沥青或水泥公路占45%，其余为乡村公路。主要干线有泛美公路、太平洋公路和大西洋公路。各类机动车约163万辆。

铁路：2006年总长885公里，国家铁路通过首都连接太平洋和大西洋沿岸主要海港，在一些省份也有支线，可以通往墨西哥和萨尔瓦多。1997年危将铁路营运权转让给美国公司，期限50年。2009年货运量4.32万吨。无客运服务。

水运：主要港口有大西洋沿岸的巴里奥斯和圣托马斯·德卡斯蒂利亚港及太平洋沿岸的格查尔港。2008年货运量1801万吨。2009年货运量1721万吨。

空运：危地马拉有2个国际机场，危地马拉城的拉奥罗拉国际机场和蒂卡尔市的圣埃莱娜国际机场，危地马拉国际航空公司有通往中美洲各国、多米尼加、墨西哥、美国、西班牙、荷兰等国的航线。2008年拉奥罗拉国际机场客运量234万人次，2009年为221万人次。

【财政金融】危政府大力压缩财政支出，减少财政赤字。近年中央政府财政收支情况如下（单位：百万格查尔）：

	2009	2010	2011
收入	34037	37425	43178
支出	43709	48385	53511

（资料来源：危中央银行、财政部）

2011年侨汇收入43.78亿美元，同比增长6.1%；外债总额56.05亿美元，同比增长0.8%；外汇储备61.88亿美元，同比增长3.9%；财政赤字占国内生产总值的比重为2.9%。

2009年，危有1家国有银行，25家国内私人银行和2家外国银行（美国花旗银行和墨西哥阿斯特克银行）。2011年，危全国共有各类银行机构3118家。

【对外贸易】主要出口咖啡、蔗糖、香蕉等传统农产品。主要出口对象国为美国、中美洲国家、欧元区国家、墨西哥、巴拿马等国；主要进口消费品、原料及半成品、资本商品和燃油等，主要进口来源国为美国、墨西哥、中美洲国家、中国、欧元区国家、哥伦比亚等国。近几年进出口贸易情况如下（单位：亿美元）：

	2009	2010	2011年
进口额	115.31	138.36	157.17
出口额	72.14	84.66	106.07
差　额	-43.17	-53.70	-51.1

近几年主要产品出口情况如下（单位：亿美元）：

	2009	2010	2011
咖啡	5.82	7.06	11.74
蔗糖	5.09	7.26	6.49
香蕉	4.85	3.50	5.04
矿石	3.50	5.28	9.41
石油	1.92	2.28	3.35

近几年主要进口产品情况如下（单位：亿美元）：

	2009	2010	2011
消费品	32.85	38.53	44.46
原料及半成品	39.26	48.62	57.52
资本商品	18.35	23.27	27.39
燃油	22.06	24.75	32.83

（资料来源：危中央银行）

【外国资本】危经济命脉主要由美国联合果品公司、中美洲国际铁路公司及美国和其他国家合营电力公司的子公司（危地马拉电力公司）等外国公司所控制。2011年外国直接投资9.1亿美元，同比增长13%。

【外国援助】1996年底危和平协议签署后，国际社会允诺向危提供19亿美元的援助，用于国家重建。1997年，美洲开发银行向危提供1.83亿美元贷款。2002年2月，咨询小组华盛顿会议筹措13亿美元资金支持危和平进程。2009年2月，美洲开发银行和国际重建与发展银行向危提供9.785亿美元贷款，用于加强危公共财政体系和人力资源开发。4月，国际货币基金组织与危签署总额9.35亿美元的紧急贷款协议，为危财政赤字提供融资。8月，欧盟宣布将通过世界粮食计划署向危提供630万欧元的援助。11月，西班牙与美洲开发银行宣布向危提供1亿美元贷款，帮助其改善饮用水质量。2010年，美国与欧盟分别宣布907万美元和3512万欧元的援助承诺，用于帮助消除危饥饿与贫困。

人民生活

2009年人均寿命为70.3岁，出生率27.98‰，死亡率5.11‰。城市人口占总人口的49%，并以每年3%的速度增长。贫富悬殊，最上层10%的人口占有全国42.4%的财富，最底层10%的人口只占有全国1.3%的财富，基尼指数0.55。2010年1月1日起，危工人最低工资上调至每人每天56格查尔（合6.71美元），外加每月250格查尔（合29.97美元）的奖金。

军　事

实行义务兵役制，服役期为2年。现总兵力为3.1万人。2007年军事支出占国内生产总值0.4%。

文化教育

【教育】实行小学义务教育。小学6年，中学6年。2005年，有初级教育机构17275所，其中14824为国立，学生约230万人；中学6557所，其中4401所为私立，中学生75.44万人；大学5所，其中圣卡洛斯大学为国立，2005年有学生11.27万人；其余4所为私立。2008年文盲率28.2%。2009年教育经费占国内生产总值的3.1%。

【新闻出版】发行量较大的报纸有：《写真报》，1863年创刊，发行量6万份；《自由新闻报》，1951年创刊，发行量6.85万份；《时报》，1944年创刊，发行量2万份；《中美洲日报》，1980年创刊，官方日报，发行量1.5万份。此外，还有《21世纪报》和《新闻报》。

全国有95家广播电台，其中“危地马拉之声”等5家电台受政府控制；90家私人电台。全国有26家电视台，其中5家为国家电视台，1家军队电视台，6家教育电视台，其余为私人商业电视台。

对外关系

主张维护国际和平与安全，尊重民族自决和不干涉别国内政，以和平手段解决国际争端。重视加强与美国、欧盟、墨西哥和日本的经贸关系，积极参与国际事务和推动地区一体化进程。系联合国、不结盟运动、美洲国家组织、拉美和加勒比国家共同体、拉美议会、拉美经济体系、加勒比国家联盟、中美洲共同市场、中美洲一体化体系、中美洲议会等国际和地区组织成员国。现同142个国家（不含中国台湾）保持外交关系。

【同中国的关系】中危无外交关系。

近年中国访危团组主要有：贸促会副会长张伟（2006年6月）、贸促会副会长王锦珍（2007年9月）、贸促会秘书长徐沪斌（2009年9月）。

危方访华团组主要有：经济部长马西奥·奎瓦斯（2005年10月）、危商会代表团（2008年4月）、危爱国党代表团（2010年9月）、危爱国党专家考察团（2011年7月）。

据中国海关总署统计，2011年中危贸易总额为12.77亿美元，其中中方出口额为12.54亿美元，进口额为0.23亿美元，同比分别增长21.13%、23.13%和-35.4%。中方主要向危出口石化、纺织、机械设备、金属制品等，主要进口水果、糖等食品。

2007年9月、2009年9月和2011年9月，中国贸促会先后三次在危举办中国商品贸易展。

危同台湾当局于1960年9月建立“外交关系”。双方保持密切交往，签有农业、贸易、投资、文化、体育、技术、矿业、职业培训等合作协定。2005年9月，陈水扁访危，双方签署自由贸易协定。2006年7月，该协定生效。2007年6月，危总统贝尔赫访台。2008年1月，陈水扁出席科洛姆总统就职仪式。5月，危副总统埃斯帕达出席马英九的“就职典礼”。10月，危总统科洛姆访台。2009年5月，马英九访危。10月，危副总统埃斯帕达访台。2010年6月，危火山爆发后，台向其提供50万美元的现汇援助和15辆救护车。7月，危总统顾问诺列加率团访台。2011年危总统科洛姆、副总统埃斯帕达、外长罗达斯分别访台。

2011年危台贸易总额为1.76亿美元，其中危进口额为1.05亿美元，出口额为0.71亿美元。

【同美国的关系】同美在政治、经济和军事等方面保持密切关系，美在危有军事使团、军事顾问和两处军事基地。2004年危加强与美在打击洗钱、走私和贩毒领域的合作，危国会批准美直接参与危国内反毒的“猎豹”计划。2005年5月，危等中美洲国家和多米尼加与美国签署自由贸易协定。10月，美副国务卿佐立克访危，11月，美向危提供卡车、救护车等救灾物资。2006年5月，布里斯外长访美，美向危提供250万美元的缉毒经费。7月，与美自贸协定生效。2007年3月，美总统布什访危。2008年4月，危总统科洛姆访美。2010年2月，危总统科洛姆再度访美。同月，美国务卿克林顿访危并出席在危举行的中美洲国家首脑会议。2011年12月，科洛姆总统对美进行工作访问。

【同欧洲国家的关系】重视发展与欧洲国家的关系。2006年1月，危与奥地利签署投资保护协定。5月，贝尔赫总统出席欧盟与拉美加勒比国家峰会。9月，与黑山共和国建交。2007年3月，西班牙国王卡洛斯夫妇访危；7月，西第一副首相德拉维加访危。2008年1月，西班牙王储费利佩出席科洛姆总统就职仪式。2009年1月，西班牙负责伊比利亚美洲事务的国务秘书希门内斯访危。2010年5月，包括危在内的中美洲国家与欧盟签署伙伴协议，危欧自贸协定生效。2011年4月，欧盟宣布向危提供650万欧元，以改善危儿童营养不良状况。

【同墨西哥的关系】历史上两国曾发生边境冲突。1998年危墨签署教育、文化和科技合作协议。2001年3月，墨与危等中美洲国家自由贸易协定正式生效。2006年10月，墨总统福克斯和当选总统卡尔德龙先后访危。2007年4月，罗森塔尔外长访墨。2008年2月，危总统科洛姆访墨。2009年10月，墨总统卡尔德龙访危期间，科洛姆总统出席危墨两国电网并网仪式。两国签署相互承认学历、促进性别平等及合作打击腐败三项协议。2011年11月，危与其他中美洲国家集体同墨签署自贸协定。

【同拉美其他国家的关系】积极参与中美洲一体化进程，密切与南美国家关系。2004年11月，危萨实现两国人员和商品自由流通。2006年7月起，危地马拉、萨尔瓦多、尼加拉瓜和洪都拉斯四国使用统一签证。2007年8月，危地马拉、萨尔瓦多、洪都拉斯三国签署与哥伦比亚间的自贸协定。2008年2月，科洛姆总统访问巴拿马，签署危巴自贸协定。4月，科洛姆总统访问巴西。7月，科洛姆总统出席“加勒比石油计划”缔约国第五次特别首脑会议并宣布加入该组织。2009年6月，危签署加盟协议，正式成为“加勒比石油计划”成员国。同月，巴西总统卢拉访危，承诺向危提供9900万美元的贷款；危与巴拿马自由贸易协定生效。11月，危与哥伦比亚自由贸易协定生效。同月，中美洲一体化组织成员国环境部长在危举行会晤，商讨该地区国家在哥本哈根气候变化会议上的原则立场。2009年，科洛姆总统先后访问古巴、智利。巴拿马、萨尔瓦多、哥伦比亚总统以及阿根廷、玻利维亚外长等先后访危。2010年2月，智利总统访危，两国自贸协定生效。科洛姆总统积极推动中美洲国家承认洪都拉斯新政府。年底，危积极斡旋哥斯达黎加与尼加拉瓜边界争端，促成两国直接对话。2011年4月，多米尼加总统费尔南德斯访危；5月，科洛姆总统访问厄瓜多尔；12月，危与秘鲁签署自贸协定。

【同伯利兹的关系】1991年8月，危正式承认伯利兹独立，两国建立大使级外交关系。但两国在1.2万平方公里的领土归属问题上仍存在纠纷。1996年10月，两国外长举行非正式会晤，危主张将领土纠纷交由国际仲裁，伯认为应在双边框架内解决。2000年底，两国政府就稳定边界局势签署协议。2002年2月，危总统波蒂略参加在伯举行的中美洲—加勒比首脑会议，成为多年来第一位访伯的危总统。2004年5月，两国外长在美洲国家组织总部举行会晤并发表联合公报，表示将在美洲国家组织框架下寻找适当机制，以公正、平等、和平的方式永久解决领土争端。2005年9月，两国签署有关谈判框架协定。2006年2月，双方在华盛顿启动边界谈判。

【同亚洲其他国家的关系】近年来，日益重视发展同亚洲国家的关系。积极开展与日本、印度、韩国等国的经贸合作关系。2004年6月，危与文莱建交。2005年5月，危外长布里斯访问印度。9月，韩国总统卢武铉访危并出席韩国与中美洲一体化峰会。2006年2月，布里斯外长访问日本和韩国。2008年5月，埃斯帕达副总统访问韩国。2009年12月，以色列副总理亚阿隆访危。

（初庆宇）

委内瑞拉

国名　委内瑞拉玻利瓦尔共和国（The Bolivarian Republic of Venezuela，La República Bolivariana de Venezuela）。

面积　916700平方公里。对现在圭亚那管辖之下约15.9万平方公里的埃塞奎博地区有主权要求。

人口　2894万（2010年1月）。印欧混血种人占58%，白人29%，黑人11%，印第安人2%。官方语言为西班牙语，居民98%信奉天主教，1.5%信奉基督教。

首都　加拉加斯（Caracas），人口322万，年均气温21℃。

国家元首　总统乌戈·拉斐尔·查韦斯·弗里亚斯（Hugo Rafael CHÁVEZ Frías），1999年2月就任总统。在2000年7月根据新宪法举行的大选中重新当选，2006年12月连选连任。本届任期至2013年1月。

重要节日　独立日：7月5日。

简　况

位于南美洲大陆北部。东与圭亚那为邻，南同巴西接壤，西与哥伦比亚交界，北濒加勒比海。海岸线长2813公里。全境除山地外基本上属热带草原气候。气温因海拔高度不同而异，山地温和，平原炎热。每年6～11月为雨季，12～5月为旱季。

古代为印第安人阿拉瓦克族和加勒比族的居住地。1567年沦为西班牙殖民地。1811年7月5日宣布独立。1819～1829年同现哥伦比亚、巴拿马和厄瓜多尔组成“大哥伦比亚共和国”。1830年建立委内瑞拉联邦共和国。1864年改名为委内瑞拉合众国。1953年改为委内瑞拉共和国。1999年改称委内瑞拉玻利瓦尔共和国。1958年实行宪政，建立文人政权。此后，民主行动党和基督教社会党交替执政。1998年12月，查韦斯作为“爱国中心”总统候选人参加大选并获胜，打破了两大传统政党长期交替执政的政治格局。

政　治

查韦斯执政后积极倡导“玻利瓦尔革命”，主张通过“和平革命”实现“参与式民主”，先后推动制定新宪法，开展土改，对工会组织进行全面改组，颁布旨在深化经济和社会变革的一系列法律法规，但遇到强大阻力。

2002年4月11日，反对派举行大规模抗议示威，发生流血冲突。以陆军司令巴斯克斯为首的军人发动政变，关押查韦斯总统。13日，查韦斯恢复行使总统职权。此后，反对派联合组成“民主协调委员会”，号召通过“罢黜性全民公决”，以迫使查韦斯提前下台。12月2日，反对派发起全国大罢工，持续63天，使委经济陷入瘫痪。2003年5月，在国际社会协调下，委政府和反对派签署政治协议，双方承诺以符合宪法、和平和民主的方式解决政治危机。2004年8月，委举行“罢黜性全民公决”，查韦斯获58.25%的支持率，免遭罢免。同年10月，委举行地方中期选举，执政党派获21个州长职位和45%的州议员席位，反对派严重受挫。2005年12月，委举行议会（全国代表大会）选举，反对派抵制并退出选举，执政党派获得全代会所有议席。2006年12月，查韦斯在大选中连任后，全面推进21世纪社会主义建设。

2007年8月，查韦斯向全代会提交包括总统可连选连任、建设社会主义民主和经济等内容的修宪提案。12月初，该修宪提案以微弱劣势遭全民公投否决。2008年11月委举行地方选举，查韦斯任党主席的委内瑞拉统一社会主义党（PSUV）以560万张选票赢得17个州长、265个市长和178个州议员席位，分别占总数的77%、81%和76%。2009年2月15日，查 以54%的支持率赢得以取消民选公职人员连选连任限制为主要内容的修宪公投。

2010年9月26日，委举行全国代表大会选举。在全部165个议席中，由查韦斯领导的执政党统一社会主义党及其盟党组成的“爱国联盟”获得98席，主要反对党组成的“民主团结圆桌会议”和独立参选的“大家的祖国”党分获65席和2席。

委将于2012年10月7日举行全国大选，查韦斯总统和反对党联盟“民主团结圆桌会议”候选人卡普里莱斯等8人已正式登记参选。目前，委国内形势总体稳定。

【宪法】现行宪法于1999年12月颁布。2009年2月，委通过全民公投修改宪法，取消对包括总统在内的民选公职人员连选连任次数的限制。

【议会】全国代表大会（简称“全代会”）是全国最高立法机构，一院制。全代会主要职能为制定法律、修改宪法、依法监督政府和公共管理部门、宣布大赦和审批国家预算等。全代会代表由全国大选直接选举产生，任期六年；主席任期一年，可连选连任。第一届全代会于2000年8月成立。本届全代会于2011年1月成立，由165名代表组成。查韦斯领导的执政党统一社会主义党及其盟党占据98个代表席位，主要反对党和独立政党“大家的祖国”党分别占据65席和2席。现任全代会主席迪奥斯达多·卡韦略·龙东（Diosdado CABELLO Rondón）。

【政府】总统是政府首脑，副总统和内阁部长由总统任命。本届政府于2007年1月成立。现内阁成员有：副总统埃利亚斯·豪阿·米拉诺（Elías JAUA Milano），人民政权内政和司法部长塔雷克·埃尔·艾萨米（Tarek EL AISSAMI），人民政权外交部长尼古拉斯·马杜罗·莫罗斯（Nicolás MADURO Moros），人民政权计划财政部长豪尔赫·吉奥尔达尼（Jorge GIORDANI），人民政权国防部长亨利·兰赫尔·席尔瓦（Henry Rangel Silva），人民政权工业部长里卡多·何塞·梅嫩德斯·普列托（Ricardo José MENÉNDEZ Prieto），人民政权旅游部长亚利杭德罗·安东尼奥·弗莱明·卡布雷拉（Alejandro Antonio FLEMING Cabrera），人民政权农业和土地部长胡安·卡洛斯·洛约（Juan Carlos LOYO），人民政权高等教育部长埃德加多·拉米雷斯（Edgardo RAMIREZ），人民政权教育部长玛丽安·汉森（Maryann HANSON，女），人民政权卫生和社会保障部长埃乌赫尼亚·萨德尔（Eugenia SADER，女），人民政权劳动与社会保障部长玛丽亚·克里斯蒂娜·伊格莱西亚（María Cristina IGLESIA，女），人民政权公共工程和住房部长里卡多·安东尼奥·莫利纳（Ricardo Antonio MOLINA），人民政权石油和矿业部长拉斐尔·达里奥·拉米雷斯·卡雷尼奥（Rafael Dario RAMIREZ Carreño），人民政权环境部长亚利杭德罗·安东尼奥·赫切·玛尔瓦尔迪（Alejandro Antonio HITCHER Marvaldi），人民政权科技部长豪尔赫·阿尔韦托·阿雷亚萨·蒙特塞拉特（Jorge Alberto ARREAZA Montserrat），人民政权贸易部长埃德梅·贝当古（Edmee BETANCOURT，女），人民政权食品部长费利克斯·奥索里奥·古斯曼（Félix OSORIO Guzmán），人民政权文化部长弗朗西斯科·德阿西斯·塞斯托·诺瓦斯（Francisco de Asís SESTO Novas），人民政权公社和社会保障部长伊西斯·奥乔阿·卡尼塞雷斯（Isis OCHOA Canizales，女），人民政权体育部长埃克托尔·比森特·罗德里格斯·卡斯特罗（Hector Vicente RODRIGUEZ Castro），人民政权水路和航空运输部长埃尔萨·古铁雷斯·格拉费（Elsa GUTIÉRREZ Graffe），人民政权陆路运输部长胡安·加西亚·图森特（Juan García TOUSSANTT），人民政权新闻传播部长马乌里希奥·埃杜阿尔多·罗德里格斯（Mauricio Eduardo RODRIGUEZ），人民政权印第安人事务部长尼西亚·玛丽娜·马尔多纳多（Nicia Marina MALDONADO），人民政权妇女事务部长南希·佩雷斯·塞伊拉（Nancy PEREZ Sierra，女），人民政权电力部长埃克托尔·纳瓦罗（Héctor NAVARRO），人民政权总统办公室主任玛丽亚·伊萨贝尔·格多伊（María Isabel GODOY），人民政权青年事务部长玛丽比丽·埃尔南德斯（Maripili HERNÁNDEZ），人民政权监狱服务部长伊利斯·巴雷拉（Iris VALERA）。

2009年9月，委内瑞拉政府设立常设行政机构——部长委员会，查韦斯总统任主席并任命6名副主席，分别负责安全、社会、经济、生产、区域内生发展和政治事务。部长委员会分3级运作：第一级是主席会议，由查韦斯总统主持，6名副主席参加；第二级是小组会议，由6名副主席分别主持，其分管领域的部长参加；第三级是行政会议，由副总统主持，全体部长参加。

【行政区划】全国划分为21个州，2个边疆地区（亚马孙和阿马库罗三角洲边疆区），1个首都区和1个联邦属地（由72个岛屿组成）。

【司法机构】最高法院为全国最高司法机构，由院长、两名副院长和32名大法官组成，下设宪法、政治行政、选举、民事审判、社会审判和刑事审判六个法庭。大法官由司法推选委员会推荐，由全国代表大会任命，任期12年，不得连任。院长任期两年，可连选连任一次。现任最高法院院长路易莎·莫拉莱斯·拉姆尼奥（Luisa MORALES Lamuño，女）。司法系统还包括总检察署、护民署、刑事调查机构和司法辅助机构。国家总检察长为路易莎·奥尔特加·迪亚斯（Luisa ORTEGA Díaz，女）。总审计长暂空缺。护民官为加夫列拉·拉米雷斯·佩雷斯（Gabriela RAMIREZ Pérez，女）。

【政党】（1）委内瑞拉统一社会主义党（Partido Socialista Unido de Venezuela，PSUV）：执政党。2008年1月成立。现有正式党员700万人。2009年11月至2010年4月，统社党召开第一次特别代表大会，确定《党章》、《原则宣言》和《基础纲领》三个文件。该党主张反对资本主义和帝国主义，奉行社会主义、人道主义和国际主义，捍卫玻利瓦尔革命果实，维护劳动阶级和人民利益，致力于建设公平、自由、人道的"21世纪社会主义"。党主席乌戈·查韦斯·弗里亚斯（Hugo CHAVEZ Frías）。

（2）一个新时代党（Un Nuevo Tiempo）：反对党。1999年成立，2006年成为全国性政党。在2010年全代会选举中，获得99.86万张选票，仅次于委统一社会主义党，成为新一届全代会最大反对党。社会党国际成员。全国协商委员会为党的最高权力机构。党的主席曼努埃尔·罗萨莱斯（Manuel ROSALES）。执行主席奥马尔·巴尔博萨（Omar BARBOZA）。

（3）民主行动党（Partido de Acción Democrática）：反对党。1941年9月13日成立，有党员150万人。社会党国际成员。全国代表大会为党的最高权力机构。党的主席伊萨贝尔·卡尔莫纳（Isabel CARMONA），发言人亨利·拉莫斯·阿留普（Henry RAMOS Allup）。

（4）争取社会主义运动（Movimiento al Socialismo）：1971年1月19日成立，党员47万人。社会党国际成员。由脱离委内瑞拉共产党的一部分中央委员组成，主张革新马克思主义理论，建立一个委内瑞拉式的民主、多元、主权、人民自治的社会主义社会。2001年，党内分裂为反对政府和支持政府两派。党的主席费利佩·穆希卡（Felipe MUJICA），发言人何塞·安东尼奥·埃斯帕尼亚（José Antonio ESPAÑA）和乌戈·卡维萨斯（Hugo CABEZAS）。

（5）基督教社会党（Partido Socialcristiano）：反对党。1946年1月成立，党员约45万。基民党国际和美洲基民组织成员。党的主席罗贝托·恩里克斯（Roberto ENRIQUEZ），总书记赫苏斯·阿尔贝托·巴里奥斯（Jesús Alberto BARRIOS）。

（6）委内瑞拉计划（Proyecto de Venezuela）：反对党。1996年12月成立，1998年7月成为全国性政党。主张在法制框架内实现国家变革，建立自由、有秩序的委内瑞拉。创始人恩里克·萨拉斯·罗梅尔（Enrique SALAS Romer），主席卡洛斯·贝里斯贝迪亚（Carlos BERRIZBETIA）。

【重要人物】乌戈·查韦斯·弗里亚斯：总统。1954年生于巴里那斯州。1975年毕业于委内瑞拉军事学院，获陆军工程军事科学和艺术硕士学位。后在西蒙·玻利瓦尔大学进修政治学专业。曾获“卡拉沃沃之星”和“陆军十字”等勋章。1982年创建由退役军人和社会中下层组成的“玻利瓦尔革命运动”，主张建立玻利瓦尔所倡导的“拉美国家联盟”。1991年任空降营中校营长，1992年领导“二·四”军人政变未遂，入狱两年后获释。1998年1月创建“第五共和国运动”，主张彻底改革国家政治体制，建立人民参与的真正民主；12月，作为竞选联盟“爱国中心”总统候选人参加大选并获胜。1999年2月就任总统后，推动通过全民公决成立制宪大会修宪，对国家政治体制进行重大改革。根据新宪法，委于2000年7月重新举行大选，查韦斯再次当选总统，并于8月19日就任委内瑞拉玻利瓦尔共和国首任总统。2006年12月，查韦斯连选连任，任期至2013年。2008年2月23日当选为委内瑞拉统一社会主义党主席。曾于1999年、2001年、2004年、2006年、2008年和2009年六次访华。离异，有四个子女。

经　济

拉美经济较发达国家之一。石油业为国民经济命脉。冶金、矿业、电力、制造、建筑、石化和纺织等工业部门发展较快。农业发展缓慢，粮食不能自给。1998～1999年，受国际石油价格影响，委经济形势严峻。查韦斯上台后主张实行国家控制与市场调节相结合的经济模式，大力发展民族产业和国有及集体经济，实施农业、工业和旅游业发展综合计划，鼓励生产和刺激内需，调整收入分配，经济取得恢复性增长。2002～2004年上半年，由于政局动荡以及国际和地区经济环境恶化，特别是委反对派举行全国大罢工，委经济严重下滑。2004年8月全民公投后，委政局趋于稳定，加之石油价格大幅上扬，经济迅速恢复。2005年和2006年，委经济增长率分别达到9.4%和10.3%。2007年，委政府加大通讯、电力和石油等战略部门国有化步伐，进一步加强对国民经济的主导权。但以石油为主的单一经济模式仍制约经济均衡平稳发展。经济结构性矛盾加剧，外资连续第三年下降，食品供应短缺，通膨持续攀升。2008年，委政府继续在水泥、钢铁、银行等战略部门实施国有化。进行货币改革，加强外汇管制，抑制通货膨胀，并采取石油限产保价政策，应对国际石油价格下跌。2009年下半年以来，国际金融危机和石油价格下跌对委经济造成强烈冲击，石油出口收入减少，财政拮据。委经济连续5个季度衰退，社会治安状况较为恶劣。2011年，委经济呈现复苏向好势头，主要经济数据如下（资料来源：委中央银行，委国家统计局）：

国内生产总值：3200亿美元。

人均国内生产总值：11026美元。

国内生产总值增长率：4.2%。

货币名称：玻利瓦尔。

汇率：1美元＝4.3玻利瓦尔。

通货膨胀率：27.6%。

失业率：8.3%。

外贸总额：1433.36亿美元。

外汇储备：298.92亿美元。

外债：956.02亿美元。

【资源】矿产资源丰富。据石油输出国组织统计，截至2010年，委石油探明储量为406亿吨（2965亿桶），居世界第一位。2011年，委石油日产量42.71万吨（299万桶），年产量1.56亿吨（10.91亿桶），日出口量35.29万吨（247万桶）。天然气探明储量5.52万亿立方米，居世界第八位。铁矿石探明储量36.44亿吨，煤炭探明储量7.28亿吨，铝矾土储量13.32亿吨，镍矿49万吨，黄金储量4353吨。此外，还有金刚石、铀、石灰岩等矿产资源。水力和森林资源也很丰富，森林覆盖率为56%。

【工业】主要工业部门有石油、铁矿、建筑、炼钢、炼铝、电力、汽车装配、食品加工、纺织等。其中石油部门为国民经济支柱产业，2011年石油业同比增长1.8%，非石油业同比增长5.1%。近年主要工业产品产量如下：

	2009	2010	2011
石油（万桶）	105050	101500	109135
铁矿砂（万吨）	1380	1400	1640
铝矾土（万吨）	361	340	–
黄金（千克）	12232	7013	–

（资料来源：委能源矿产部、委石油公司、石油输出国组织）

【农牧渔业】委内瑞拉全国共有2707万公顷土地用于农林业生产，其中耕地面积268万公顷，天然和人工放牧草场面积1379万公顷。

2011年，委内瑞拉水稻产量123万吨，玉米产量

211万吨，高粱产量47.2万吨，咖啡产量7.5万吨。畜牧产品产量532万吨。

【**服务业**】2011商业产值占GDP的9.61%；通讯业产值占GDP的6.57%；金融保险业产值占GDP的4.37%。

【**旅游业**】2011年共接待外国游客58.19万人次，主要来自欧美和拉美各国。全国共有旅游接待设施2461个，客房77372间，星级饭店483家，其中五星级饭店23家、四星级28家、三星级127家。著名游览点为安赫尔瀑布和玛格丽塔岛等。

【**交通运输**】2011年，运输仓储业产值占国内生产总值的3.53%。

公路：委内瑞拉公路网相对发达。目前全国共有公路总里程约93400公里，其中铺装路面35000公里。高速公路约2500公里。全国公路网面积密度为10.2公里/百平方公里。汽车运输量占全国总货运量的70%和客运量的90%。全国共有机动车约600万辆。

铁路：除了为矿区专门服务的市郊铁路专线，委内瑞拉已建成铁路约41公里，年客运量约3200万人。在建（含改建）铁路5条，里程共约1354公里。首都加拉加斯共有5条开通运营或正在建设的城市轨道交通线路，开通运营里程总长约83公里。

水运：委内瑞拉海岸线长约2800多公里，商贸港点220处以上。全国有9个国际港口，34个石油、铁矿砂港和5个渔港。主要港口为拉瓜伊拉港、卡贝略港、马拉开波港和奥尔达斯港，其中卡贝略港（Cabello）的货物吞吐量占全国公共港口总吞吐量的60%以上，是最大的公共性商贸港口。全国共有1000吨以上各类民用船舶60艘，总吨位63万吨。

内河航线总长1000多公里，奥里诺科河（Orinoco）和阿普雷河（Apure）是委内瑞拉境内的最主要的通航河流，是委内瑞拉中部地区铁矿、铝土矿和冶金产品主要的运输通道，沿岸分布有众多货主码头。据统计，奥利诺科内河2010年货运量超过1500万吨，主要运输铁矿和铝矾土。

空运：全国共有61个商业机场，其中11个为国际机场。主要国际机场为西蒙·玻利瓦尔机场，集中了全国约90%的国际航班。2010年国内客运量为576万人次，平均客座率66.5%。

管道运输：目前拥有原油运输管道约6370公里，成品油运输管道480公里，天然气管道4010公里，重油管992公里，其他管道（油/水）141公里。

【财政金融】近几年财政收支具体情况如下（单位：亿玻利瓦尔）：

	2009	2010	2011
收入	1498.10	1240.73	3048.00
支出	1779.79	1529.50	3588.76
结余	–281.69	–288.77	–540.76

（资料来源：委内瑞拉财政部、中央银行）

【**对外贸易**】1990年9月，委加入《关税和贸易总协定》，现与世界100多个国家和地区有贸易关系。主要出口原油、石油化工产品、铝锭、钢材、铁矿砂、金属制品等，进口机电设备、化工和五金产品、汽车配件、建筑材料及农产品等。主要贸易对象为美国、哥伦比亚、中国、巴西和墨西哥。近年进出口贸易情况如下（单位：亿美元）：

	2009	2010	2011
出口额	710.86	657.90	926.02
进口额	414.40	422.00	507.34
差 额	296.46	235.90	418.68
石油出口	681.10	608.11	881.31
非石油出口	29.76	49.79	44.71

（资料来源：委中央银行年度报告）

【**外国资本**】1990年修改《外资法》，扩大对外开放领域，取消对外资利润汇出和再投资等方面的限制。1995年7月4日，国会通过《石油对外开放法案》，对外资全面开放石油新区的勘探、开采和经销活动，实行风险自负、利润共享政策，同时规定外国投资者在石油业投资须缴纳67.7%的所得税和16.66%的主权税（矿区使用费可适当减免）。2001年11月，查韦斯总统颁布《石油法》，规定将石油开采主权税率由原来的16.66%提高到30%，所得税率由67.7%降至50%；在新成立的合资公司中，委国家石油公司须控股50%以上。2011年，委新增外国直接投资53.02亿美元。

人民生活

2011年人均国内生产总值11026美元。2011年贫困人口占全部人口的31.9%。2011年人均寿命74.3岁，人口出生率2.45%，死亡率5.14‰，婴儿死亡率14.78‰。截至2011年底，全国互联网用户1160万，手机用户2900万，固定电话用户730万，有线电视用户210万。

军　事

总统是军队的最高统帅。国家安全与防务委员会是总统在国家安全与防务战略和政策方面的最高咨询机构，由副总统、国防部长、内政部长、财政部长以及武装力量总监、联合参谋长等人组成。该委员会设常务执行秘书，即国家安全顾问，直接对总统负责。全国代表大会内设有国防委员会，负责审核和批准有关军队、军事方面的法律、法令以及大宗武器装备的进口和拨款等事宜，有权质询国家的军队和安全事务。最高军事指挥部是军队的最高领导机构，是总统和国家安全与防务委员会的最高军事顾问机构，由国防部长、武装力量总监、联合参谋长及四个军种司令7人组成，由国防部长负责领导。

军队的实际指挥机构是国防部下属的联合参谋部和联合指挥部。联合参谋部是国防部的主要办事机构，负责制定全军的战略、情报、作战、后勤等方面的战略、方针、政策和法规，并负责组织实施。联合指挥部负责统一组织、指挥和协调全军各军种和各部队的作战行动。

委军实行义务兵役制。根据兵役法规定，凡年满18~50岁身体健康的公民，必须依法在兵役局注册登记服兵役。陆、海、空军和国民警卫队的服役期限均为24个月。

人民政权国防部长亨利·兰赫尔·席尔瓦（Henry RANGEL Silva），武装部队联合指挥部司令卡洛斯·马塔·菲格罗亚陆军中将（Carlos MATA Figueroa），陆军司令卡洛斯·阿尔卡拉中将（Carlos ALCALÁ），海军司令迭戈·莫莱罗海军上将（Diego MOLERO），空军司令豪尔赫·佩雷斯·埃斯卡洛纳上将（Jorge PÉREZ Escalona），国民警卫队司令胡安·弗朗西斯科·罗梅罗·菲格罗亚上将（Juan Francisco ROMERO Figueroa），玻利瓦尔国家民兵司令古斯塔沃·恩里克·冈萨雷斯·洛佩斯上将（Gustavo Enrique GONZÁLEZ López）。

委内瑞拉武装力量由正规军，即陆军、海军、空军和国民警卫队四个军种以及国家玻利瓦尔民兵等后备役部队组成。武装力量总兵力约11.73万人。其中，陆军3.4万人、海军1.83万人、空军0.7万人、国民警卫队2.3万人、国家玻利瓦尔民兵3.5万人。

文化教育

【教育】对6～15岁儿童实行义务教育，已被联合国教科文组织宣布为无文盲国家。政府规定，全国所有学校都必须在教育部立案，并按统一规定课程教学。2009年修改教育法，将“21世纪社会主义”纳入中小学教学大纲。2011年，学前班人数121.97万，9年制基础教育普及率93%，中等教育普及率73.3%，注册大学生229万人。

【新闻出版】有100多种报纸杂志，其中日报75种。主要报纸均为私营：《国民报》，1943年创刊，在知识界较有影响，发行量17.5万份；《宇宙报》，1909年由努涅斯家族创办，无党派报纸，在金融企业界较有影响，发行量14万份；《最新消息报》，1941年创办，以社会新闻为主，发行量约35万份。主要杂志有《塞塔》、《波希米亚人》等，属综合性杂志。以上报刊均为西班牙文版。2010年发行《奥里诺科邮报》，系执政党统一社会党机关报。

委内瑞拉通讯社为国营通讯社，1977年5月成立。后改为玻利瓦尔通讯社。

2009年建立国家通讯委员会，2010年初，在该委员会注册登记的电台、电视台有391家，除国家广播电台、国家电视台之外，其余均为私营和商业性质。

对外关系

奉行独立自主的外交政策。提倡南南合作。积极推动拉美地区一体化，注重同古巴、玻利维亚、巴西等拉美国家开展合作。重视同俄罗斯、伊朗等亚非国家发展关系。坚决反对美干涉内政，委美政治关系冷淡，但仍维持密切的经贸联系。

委同160多个国家保持外交关系，是不结盟运动、七十七国集团、十五国集团、石油输出国组织、世界贸易组织、国际货币基金组织、世界银行、泛美开发银行、美洲国家组织、美洲玻利瓦尔选择、南美国家联盟、南方共同市场、里约集团、拉美一体化协会、拉美经济体系、拉美和加勒比国家共同体等国际和地区组织成员国。拉美经济体系总部设在加拉加斯。

【同中国的关系】中委于1974年6月28日建交。建交以来，中委在政治、经贸、科技、文化等领域的友好合作关系全面发展。2001年4月，两国建立共同发展的战略伙伴关系。2004年12月，委宣布承认中国完全市场经济地位。

2011年中方访委的有：进出口银行行长李若谷（2月），全国人大常委会副委员长陈昌智（3月，过境），商务部副部长傅自应，国家开发银行董事长陈元（9月），国家发展和改革委员会副主任张晓强（11月）。委方访华的有：全国代表大会主席索托（10月）。

2011年，中委双边贸易额达181.7亿美元，同比增长77.1%，其中中方出口额为65.2亿美元、进口额为116.5亿美元，同比分别增长78.6%、76.2%。中方主要出口机械设备、电器及电子产品、计算机及通信技术等；进口原油、铁矿砂、乳化油、氧化铝和钢材等。

中国驻委内瑞拉大使：赵荣宪。馆址：委内瑞拉加拉加斯市巴鲁塔区拉斯梅尔塞斯住宅区奥里诺科大街和蒙特雷小街交会处（Av. Orinoco con la Calle Monterrey，Urbanización Las Mercedes，Municipio Baruta，Caracas，Venezuela）。电　话：0058-414-3669865/1867522（值班电话），9754022/9761678（商务处）。传真：0058-212-9935685，9770611（商务处）。

委内瑞拉驻华大使：罗西奥·马内罗·冈萨雷斯（Rocío MANEIRO González）。馆址：北京市朝阳区三里屯路14号。电话：010-65321295，65323521。

【同美国的关系】委美于1835年6月30日建立外交关系。查韦斯总统上台执政后，美批评委政府侵犯人权，指责其支持哥伦比亚反政府游击队并与哥贩毒集团有联系。为此，美对委国家石油公司采取制裁措施。查韦斯总统批驳美方有关指责，反对美以人权、反毒为借口干涉委内政，明确反对美政治、经济和贸易制度。2010年，委拒绝接受美新任驻委大使提名。委美经贸联系紧密，美是委最大出口市场，委是美第四大石油供应国。

【同欧洲国家的关系】欧盟是委第二大贸易伙伴和投资来源地。委重视发展同欧盟国家的关系，以求引进资金、技术和增加出口。委与欧盟成员国签有多项经贸和科技合作协定。

2010年，白俄罗斯总统卢卡申科、俄罗斯总理普京和葡萄牙总理苏格拉底访委，查韦斯总统访问俄罗斯、白俄罗斯、乌克兰和葡萄牙。2011年，委内瑞拉—白俄罗斯第五次联合委员会会议在委举行，俄罗斯副总理谢钦访委，委副总统豪阿与俄罗斯总理普京共同主持了两国第八次政府间高级委员会会议。

【同拉美和加勒比国家的关系】委重视同拉美国家关系，积极参与地区事务，大力推动美洲玻利瓦尔联盟等拉美一体化战略，同古巴、玻利维亚、厄瓜多尔等国家关系密切。

2010年7月，委内瑞拉中断与哥伦比亚的外交关系。8月，两国复交。

2011年，查韦斯总统访问哥伦比亚、阿根廷、玻利维亚、乌拉圭、巴西、厄瓜多尔和古巴，巴西总统罗塞芙、阿根廷总统克里斯蒂娜、乌拉圭总统穆希卡、秘鲁当选总统乌马拉访委。2011年12月，委成功举办首届拉丁美洲和加勒比国家共同体峰会，拉美和加勒比地区33国元首、政府首脑及代表出席会议。

【同亚洲、太平洋及非洲国家的关系】委看重亚太及非洲地区发展前景，逐步加强与上述地区的经贸合作，把发展与亚太及非洲国家的关系作为实现外交多元化的重要目标。

2010年，查韦斯总统访问伊朗、叙利亚和利比亚，叙利亚总统阿萨德访委。2011年5月，委与塔吉克斯坦共和国建立正式外交关系。9月，委与伊朗召开第七次双边混委会。（贺伟）

乌拉圭

国名　乌拉圭东岸共和国（Oriental Republic of Uruguay，República Oriental del Uruguay）。

面积　17.62万平方公里。

人口　325.15万（2011年，乌拉圭国家统计局），其中白人占88%，印欧混血种人占8%。官方语言为西班牙语。66%的居民信奉天主教。

首都　蒙得维的亚（Montevideo），面积530平方公里，人口129.23万（2011年，乌拉圭国家统计局），年平均气温16℃。

国家元首　总统何塞·阿尔韦托·穆希卡·科尔达诺（José Alberto MUJICA Cordano），2010年3月1日就职，任期五年。

重要节日　国庆日：8月25日。

简　况

位于南美洲东南部，乌拉圭河与拉普拉塔河的东岸。北邻巴西，西界阿根廷，东南濒大西洋。海岸线长660公里。地势平坦，丘陵和草原相间，平均海拔116米。属温带气候，1～3月为夏季，气温17℃～28℃，7～9月为冬季，气温6℃～14℃。年降水量由南至北从950毫米递增到1250毫米。

早期为查鲁亚印第安人居住地。1516年西班牙探险队到达。1726年西班牙殖民者建立蒙得维的亚城，开始殖民统治。1810年何塞·阿蒂加斯发起独立运动。1825年8月25日，胡安·安东尼奥·拉瓦列哈等一批爱国者收复蒙得维的亚城，宣告乌拉圭独立。1903年，红党的何塞·巴特列·奥多涅斯当选总统后，以畜牧业为依托，大力发展对外贸易和服务业，奠定了国民经济发展基础。20世纪上半叶，乌拉圭政治稳定、福利优厚、社会安宁，被誉为“南美瑞士”。60年代末经济出现困难，社会矛盾激化，局势动荡。1973年2月军人政变上台，实行独裁统治。1984年，军政府还政于民，同年11月红党候选人胡利奥·玛丽亚·桑吉内蒂当选总统，乌拉圭恢复民主宪制。1989年，白党的路易斯·拉卡列当选总统。1994年，桑吉内蒂再次当选总统。2000年3月，红党的豪尔赫·巴特列上台执政。2004年10月，左翼政党联盟广泛阵线总统候选人巴斯克斯在大选中获胜。2009年11月，左翼政党联盟广泛阵线总统候选人穆希卡当选总统。

政　治

自20世纪80年代中期结束军人独裁统治后，乌民主政体不断巩固。2010年3月1日，穆希卡总统宣誓就职，成为乌拉圭历史上第二位左翼总统。穆希卡总统上任后，政治上力促团结，主动加强同反对派合作；经济上强调严控财政支出，加强金融监管，优化债务结构；在社会领域，着力改善民生，重视优化财富分配、打击贩毒、整饬治安，提高教育和医疗覆盖面，优先帮扶妇幼及贫困人口等弱势群体。目前乌政局保持稳定。

【宪法】1830年7月18日颁布第一部宪法，后经多次修改。1951年宪法废除了总统制，设立国务会议（最高行政权力机构）。1966年修宪恢复总统制。1973年军人政变后废除宪法。1985年民选政府执政后恢复。目前实施的是1996年修改并经全民公决通过的宪法。宪法规定：乌拉圭实行民主共和制，三权分立。设总统和副总统各一名。总统是国家元首和政府首脑，兼武装力量最高统帅。总统、副总统和各省省长均由公民直选产生，任期五年。总统不能连任，可隔届再次参选。现任副总统为达尼洛·安赫尔·阿斯托里·萨拉戈萨（Danilo Angel ASTORI Saragosa），2010年3月1日就职。

【议会】两院制。参、众两院分别由30名参议员和99名众议员组成，任期五年，可连选连任。国会主席兼参议长由副总统兼任。众议长由众议员选举产生，任期一年。每年3月15日至12月15日为国会会期。闭会期间，由参、众两院组成常设委员会主持日常工作。现任众议长为广泛阵线成员豪尔赫·奥马尔·奥里科·米拉尔迪（Jorge Omar ORRICO Miraldi），2012年3月就职。本届国会于2010年2月15日组成。各党派在国会中所占席位：

	参议院	众议院
广泛阵线	16	50
白党	9	30
红党	5	17
独立党派人士	0	2

【政府】本届政府于2010年3月1日成立，设13个部。总统为政府首脑。除总统、副总统外，内阁主要成员包括（截至2012年7月）：内政部长爱德华多·博诺米（Eduardo BONOMI），外交部长路易斯·阿尔马格罗（Luis ALMAGRO），经济和财政部长费尔南多·洛伦索（Fernando LORENZO），国防部长路易斯·罗萨迪亚（Luis ROSADILLA），社会发展部长达尼埃尔·奥赖斯科（Daniel OLESKER），教育和文化部长里卡多·厄尔里奇（Ricardo EHRLICH），交通和公共工程部长恩里克·平塔多（Enrique PINTADO），工业、能源和矿业部长罗伯托·克雷伊梅尔曼（Roberto KREIMERMAN），劳动和社会保障部长爱德华多·布伦塔（Eduardo BRENTA），旅游和体育部长莉莲·凯齐齐安（Liliam KECHICHIÁN，女），公共卫生部长豪尔赫·恩里克·贝内加斯（Jorge Enrique VENEGAS），牧农渔业部长塔瓦雷·阿格雷（Tabaré AGUERRE），住房、土地规划和环境部长弗朗西斯科·贝尔特拉梅（Francisco BELTRAME）。

【行政区划】全国共分19个省。

【司法机构】最高法院由5名大法官组成，需经国会批准。大法官任期十年，退休年限为70岁。院长由5人轮流担任，任期一年。现任最高法院院长为丹尼尔·伊韦里科·古铁雷斯·普罗托（Daniel Ibérico GUTIÉRREZ Proto）。

【政党】主要政党有：

（1）广泛阵线（Frente Amplio）：左翼政党执政联盟，议会第一大政治力量。成立于1971年，包括人民政府运动、社会党、基督教民主党、共产党等派别。1973年被军政府取缔，1982年恢复合法地位。1989年、1994年两度竞选首都市长成功。1994年同其他左翼政党组成进步联盟—广泛阵线。2004年，新多数派加入，改名为进步联盟—广泛阵线—新多数派。2005年再次改名为广泛阵线。1994年、1999年和2004年三次推举联盟主席巴斯克斯参加总统选举，前两次未获成功，第三次在大选首轮投票中胜出。2009年，广泛阵线总统候选人穆希卡再次赢得大选。该党以社会民主主义为指导思想，认为民主应包括政治、经济、社会三方面内涵：追求政治民主，反对集权统治；追求经济民主，反对贫困；追求社会民主，主张经济与社会协调发展。在对外交往中主张通过对话和平解决争端，捍卫自决，反对干涉、封锁、以大欺小。现有20多个左派政党和派别，主要有“人民参与运动”（Movimiento de Participación Popular）、“乌拉圭大会”（Asamblea Uruguay）、“新空间”（Nuevo Espacio）等。现任主席莫尼卡·哈维尔（Mónica XAVIER，女）。

（2）白党（Partido Blanco）：又称民族党（Partido Nacional）。在野党，议会第二大政治力量。1836年成立。代表农牧业主利益，在内地特别是农村影响较大。政治上主张维护国家主权、公民自由和宪法，追求正义的民主社会。主张改革经济、社会和国家体制。奉行独立自主、多元化外交政策，在自决和不干涉原则基础上同世界各国发展关系。1973年被军政府取缔，1982年恢复合法地位，曾于1990～1995年执政。2002年10月退出与红党的执政联盟。党内有“埃雷拉派”（Herrerismo）、“实干派”（Manos a la Obra）、“全国罗查运动”（Movimiento Nacional de Rocha）、“全国挑战派”（Desafío Nacional）等派系。党的最高领导机构是全国领导委员会。现任主席路易斯·阿尔韦托·埃韦尔（Luis Alberto HEBER），2011年6月就任。

（3）红党（Partido Colorado）：在野党，议会第三大政治力量。1836年成立。传统中右翼政党，代表工商资产阶级、社会民主主义者和自由职业者利益。信奉民主、自由、参与、社会公正原则。对内主张建立合理的国民经济体系，发展社会福利事业，公平分配收入。对外强调民族自决和不干涉政策，主张和平解决国际争端，积极参与和推动多边合作及拉美地区一体化。历史上曾执政100多年，1973年被军政府取缔，1982年恢复合法地位，1984年、1994年和1999年三度在大选中获胜，但近年渐趋式微。党内主要派别有“激进巴特列主义”（Batllismo Radical）、“巴特列论坛”（Foro Batllista）、“红色巴特列联盟”（Unión Batllista Colorada）和“九四运动”（Cruzada 94）等。全国执行委员会为该党领导机构，由15名委员按月轮值主席。现任总书记玛尔塔·蒙塔内尔（Martha MONTANER，女）。

【重要人物】何塞·阿尔韦托·穆希卡·科尔达诺：总统。1935年5月20日出生于蒙得维的亚。青年时曾加入白党。20世纪60年代成为左翼游击组织图帕马罗斯全国解放运动的创始人和主要领导人之一，曾被捕入狱。1985年乌恢复民主后在大赦中获释。1989年，穆参与创建“人民参与运动”，同年该党加入广泛阵线，后逐渐成为广泛阵线内最大派别。1994年当选众议员，1999年、2004年两次当选参议员。2005～2008年任牧农渔业部长。2009年11月在总统选举第二轮投票中胜出，并于次年3月1日正式就职，任期五年。已婚，夫人露西亚·托波兰斯基（Lucía TOPOLANSKY），2009年当选参议员。无子女。

经济

在拉美处于中等发展水平。经济规模较小，产业结构单一，依赖出口，能源依赖进口。农牧业较发达，主要生产并出口肉类、羊毛、水产品、皮革和稻米等。工业以农牧产品加工业为主。服务业占国民经济比重较高，以金融、旅游、物流、交通业为主。

实行自由市场经济政策，积极参与地区经济一体化。2008年国际金融危机爆发后，乌政府积极应对，保持经济稳定增长。穆希卡政府执政以来，注意保持宏观经济政策的延续性，重视宏观调控，控制财政支出，加强金融监管，优化债务结构，着力加强服务业，打造物流中心。当前乌经济总体运行平稳。2011年主要经济数据如下：

国内生产总值：467.38亿美元。

国内生产总值增长率：5.7%。

人均国内生产总值：13784美元。

货币名称：乌拉圭比索（Peso Uruguayo）。

汇率：1美元=19.59乌拉圭比索（2011年12月）。

通货膨胀率：8.6%。

失业率：6.0%。

【资源】盛产大理石、紫水晶石、玛瑙、乳白石等。已探明有铁、锰等矿藏。林业和渔业资源丰富，盛产黄鱼、鱿鱼和鳕鱼。

【工业】以农牧产品加工业为主，包括肉类加工、榨油、酿酒、制糖及罐头、面粉、牛乳、干酪加工等，其次是纺织业，主要加工羊毛、生产棉纺和化纤产品。2009年全国共有工业企业13853家，工业部门劳动力12.79万人，占总劳动人口20%，工业制造业出口额41.44亿美元。2010年工业总产值1552.16亿比索，约合63.72亿美元，约占国内生产总值的24%。

【能源】能源依赖进口，2009年能源消耗总量为36.28万吨石油当量，其中石油、电力和煤炭分别占52%、21%和14%。原油全部依赖进口，2009年进口原油192.47万吨。电力以水力发电为主，近44.8%电力从邻国购买，2009年发电量为7620兆瓦时。

【农林牧渔业】农牧业在国民经济中占重要地位，农牧产品大部分供出口。2009年农牧业产值866.33亿比索，约合38.41亿美元，占国内生产总值的12.2%。农牧业从业人口15.7万，约占总劳动力的14%。2009年全国农业用地1486.4万公顷，其中可耕地面积164万公顷，固定耕种面积3.3万公顷，灌溉面积21.8万公顷。牧业用地面积1319.1万公顷，牧场50576家，肉类、羊毛、皮革等传统产品出口占出口总额的1/3以上，是世界第六大稻米出口国。2009/2010年度各种作物播种面积情况如下（单位：万公顷）：

水稻	16.19	向日葵	1.00
小麦	55.30	高粱	3.50
大麦	14.09	大豆	84.88
玉米	9.55	甘蔗	0.58

近年主要农产品产量情况如下（单位：万吨）：

	2008	2009	2010
小麦	69.71	135.67	184.44
大麦	31.02	40.10	46.10
大豆	77.29	102.86	179.30
玉米	33.47	26.98	52.71
高粱	15.12	32.42	13.74
葵花籽	5.42	5.06	9.00
甘蔗	29.31	33.41	29.65

（资料来源：乌拉圭国家统计局及乌拉圭农牧渔业部网站）

2011年，乌共出口肉类9.93万吨，创汇3.797亿美元，同比增长8%。其中出口牛肉8万吨，出口额为3.1亿美元，同比分别增长8%和11%，平均出口价格为3874美元/吨。出口羊肉3108吨，总额为1250万美元，同比分别下降20%和27%，平均出口价为4033美元/吨。

2011年，乌共出口羊毛及毛纺织品2.97亿美元，同比增长17.8%。主要销往中国（36.4%）、德国（13.9%）、土耳其（6.5%）、印度（6%）和英国（3.5%）。

2010年全国森林面积174.4万公顷，森林覆盖率约10%，天然林场面积76.6万公顷，人工造林97.8万公顷。2008年原木采伐量944万立方米。近几年主要水果产量如下（单位：吨）：

	2007	2008	2009
橙子	186272	128930	130100
柑橘	117672	88450	92777
柠檬	37689	33008	41993
柚子	4605	4605	3072
苹果	66874	51266	58775
梨	18698	15755	13272

（资料来源：同上）

乌拉圭海域面积2.35万平方千米。2009年全国共有渔船585条，其中工业渔船87条，木质渔船498条，年捕鱼量8.14万吨，其中海鱼7.72万吨，甲壳类0.17万吨，软体鱼0.17万吨，淡水鱼827吨。

【矿业】2009年产矿1110.3万吨，主要矿物产量如下（单位：万吨）：

	2007	2008	2009
石灰岩	140.39	151.47	141.16
铁	1.93	2.17	2.02
黏土	6.40	5.84	6.81

砂	195.90	188.56	191.21
石渣	309.61	302.30	440.46
凝灰岩	47.87	102.79	100.71

【旅游业】乌政府重视发展旅游业，旅游业发达。境外游客主要来自阿根廷、巴西、巴拉圭和智利等周边国家。埃斯特角和首都蒙得维的亚是主要旅游地。2010年到乌外国游客220万人次，同比增长15.6%，旅游外汇收入13亿美元。外国游客在乌平均停留7.2日。

【能源环境】2007年二氧化碳排放量为621.9万吨，人均年排放1.9吨，国内生产总值每增长1000美元二氧化碳排放0.25吨。

【交通运输】交通运输业以公路运输为主，大部分由政府控制。2008年交通运输业产值为626.50亿比索，约合26.76亿美元。

公路：总长8738公里，其中水泥路288公里，沥青路7511公里，沙砾路939公里。2009年全国公路运货量239.48万吨，机动车保有量为118.04万辆，销售零公里机动车2.54万辆、货车2293辆。

铁路：总里程2993公里，除11公里复轨铁路外，其余均为窄轨铁路。2009年全国铁路客运量56.8万人次，货运量131.9万吨。

水运：内河航运为重要运输手段，航线总长1250公里。海运不发达。蒙得维的亚港是乌拉圭最大的港口，此外还有科洛尼亚、派桑杜、埃斯特角、萨尔托等港口。2009年蒙得维的亚港进港船只4881条，集装箱吞吐量509.7万吨，货物吞吐量759.6万吨，全国港口货物吞吐量826.56万吨，客运量268.95万人次。

空运：有两家主要的航空公司。普卢纳（Pluna）公司负责国际航线，与阿根廷、巴西、智利、巴拉圭、玻利维亚、西班牙等国通航。塔穆（Tamu）公司负责国内航线。首都的卡拉斯科国际机场是国内最大机场，派桑杜、里韦拉、萨尔托、梅洛、阿蒂加斯、埃斯特角及杜拉斯诺等地均有机场。2009年全国航空客运量150.53万人次，货运量2.57万吨。

2009年全国新增住房用地84.19万平方米，商业用地26.15万平方米，工业工地7.7万平方米。

【财政金融】截至2011年底，乌外债余额144.18亿美元，外汇储备额115.79亿美元。2011财年乌政府财赤为5.718亿美元，约占国内生产总值（PIB）的1.2%。近几年财政收支情况如下（单位：亿比索）：

	2007	2008	2009
收入	1269.32	1464.85	1627.89
支出	1337.28	1556.86	1785.43
差额	−67.96	−92.01	−157.54

（资料来源：乌拉圭国家统计局网站、乌拉圭中央银行网站资料）

【对外贸易】在国民经济中占有重要地位，外贸总额超过国内生产总值的1/3。乌历届政府均强调以外贸带动经济发展，采取鼓励出口及市场多元化政策。现政府除加强与本地区国家经贸关系外，积极开拓北美和亚太市场。2011年乌主要出口目的地为巴西、中国、阿根廷和俄罗斯；主要进口来源地为阿根廷、巴西、中国和美国。主要出口产品为肉类、大豆、大米、小麦和奶制品；主要进口产品为汽车、汽车配件和电话等。近年外贸情况如下（单位：亿美元）：

	2009	2010	2011
出口额	53.86	67.33	80.22
进口额	69.07	81.35	85.71
差　额	−15.21	−14.02	−5.49

（资料来源：乌拉圭中央银行、国家统计局网站资料）

2011年，乌外国直接投资总额25.28亿美元，同比增长2%。

人民生活

国内城镇化率较高。2011年，全国城镇人口308.67万，占总人口95%；农村人口16.48万，占总人口5%。人口比例总体平衡。2011年，全国女性人口169.03万，男性人口156.12万。社会福利较高。政府对失业、退休、残疾、妇孺、工伤、疾病等均提供福利补贴，并实行满30年工龄退休制。政府开支的相当一部分用于文教卫生领域。2011年基尼指数为0.401。贫困人口占总人口13.7%，其中赤贫人口1.63万人，占人口总数0.5%，同比分别降低4.9%和0.6%。贫富差距显著降低，其中10%的最富有人群与最贫困人群收入相差13.3倍。2011年乌侨汇收入为1.23亿美元，同比增长3.3%.

2009年全国劳动人口占总人口的63.1%，就业岗位分布状况如下（单位：%）：

岗位	比例	男性比例	女性比例
公共部门和私企高官	6.3	6.5	5.9
高等教育、科研	9.4	5.9	13.7
中等教育、技术人员	6.6	7.1	6.0
文员	12.5	8.1	18.0
服务业	14.4	8.6	21.7
农渔业	5.5	8.2	2.1
工人、手工业制造者	13.8	21.1	4.7
装配工、机械操作员	7.5	11.6	2.5
军人	0.7	1.2	0.1
其他	23.4	21.7	25.4

2009年，第一、第二、第三产业平均劳动时间分别为每周45.7小时，41.4小时和37.9小时。2009年退休总人数36.17万人，其中22～54岁退休人数5633人，55～59岁7974人，60～64岁4.21万人，65～69岁6.15万人，70～79岁14.9万人，79岁以上9.54万人。全国享受失业保险人数为6095人。

2009年全国平均年龄33.5岁，男性31.7岁，女性

35.2岁。人口出生率14.36‰，2010年死亡率9.36‰，人口自然增长率4‰。平均预期寿命为76.4岁，男性72.9岁，女性80.1岁。

2009年全国共有医生1.42万名，病床6467张，平均236名居民拥有1名医生，用于医疗公共开支占国内生产总值的4.5%，医疗体系覆盖率97.2%。

2009年全国固定电话95.37万部，移动电话411.17万部，5岁以上人口中38.6%经常使用互联网，10.5%的家庭有宽带接入。

2011年全国共有居民住房138.77万套。

军　事

奉行"独立自主、不参加任何军事集团"的国防政策，重视军队职业化建设。实行志愿兵役制。服役期1～2年，可延长。现总兵力25541人，占人口的0.76%。其中陆军16234人，海军5403人，空军2984人，准军事部队（特警）920人。2008年军费预算为3.168亿美元，占国内生产总值的1.19%。自1992年起参加联合国维和行动，是十大维和人员派遣国之一，目前有2595名乌拉圭士兵在海外执行任务，约占拉美国家参加维和行动人数的40%。军队高级将领有：陆军司令佩德罗·阿格雷·西凯拉少将（Pedro AGUERRE Siqueira），海军司令阿尔韦托·劳雷亚诺·卡拉梅斯·西尔韦拉上将（Alberto Laureano CARAMÉS Silveira）。

文化教育

【教育】教育事业发达。实行9年制免费义务教育，公立大学和专科学校免收学费。2010年全国文盲率为1.7%，农村人口文盲率3.1%。15～24岁人口文盲率为1.0%，25～34岁人口文盲率为1.2%，35～44岁人口文盲率为1.1%，45～59岁人口文盲率为1.2%，60岁以上人口文盲率为3.5%。大学及以上文化程度人口占总人口的9.2%。2010～2014年乌教育经费预算为83.41亿美元，占总预算的37%。位于首都的共和国大学是全国唯一的公立综合性大学，有22个院系。另有蒙得维的亚大学、天主教大学、乌拉圭大学、企业家大学等5所私立大学。2009年乌拉圭各类学校数量及在校师生人数如下：

	学校（所）	在校生（人）	教师（人）
学龄前教育	1455	111891	4154
小学	2406	336865	19486
公立中学	278	181851	－
私立中学	184	41741	－
技校	134	72092	－
公立大学	1	81774	9229
私立大学	5	22967	3856

（资料来源：乌拉圭国家统计局、乌拉圭文化教育部）

【新闻出版】全国有各类报刊374种，其中日报31种。主要报纸有：《国家报》，1918年创刊，发行量10万份；《晨报》，1917年创刊，发行量4万份。此外，还有《共和国报》、《观察家报》、《最新消息报》等。2009年全国图书发行量共831种，电台100多家，电视台20家。

对外关系

奉行独立自主的外交政策，强调不以政治制度或意识形态画线，主张世界多极化和国际关系民主化，加强南南合作。

外交多元务实，积极参与地区事务，以南方共同市场为依托，支持南美及拉美一体化，注重发展同美国和欧盟国家的传统关系，重视扩大同包括中国在内的亚太国家合作。

同176个国家保持外交关系，在其中49个国家设有大使馆。是联合国、美洲国家组织、拉美和加勒比共同体、南美国家联盟、拉美一体化协会、拉美经济体系、里约集团、七十七国集团、南方共同市场成员国和不结盟运动观察员。

【同中国的关系】1988年2月3日中乌建交。建交以来，两国关系发展顺利。自20世纪90年代以来，中国国家主席、全国人大常委会委员长等相继访乌。中乌建交以来历任总统均曾访华。2001年，江泽民主席访乌，双方建立长期稳定、平等互利的友好合作关系。2002年，乌拉圭总统巴特列访华。2005年，全国政协主席贾庆林、中共中央政治局常委罗干先后访乌。2006年，全国人大常委会委员长吴邦国访乌。2008年，回良玉副总理访乌。2009年，乌拉圭总统巴斯克斯访华。双方迄已举行7次外交部间政治磋商、16次经贸混委会。

近年来，中乌两国高层交往频繁。2011年6月，习近平副主席访乌，与穆希卡总统、阿斯托里副总统兼国会主席分别举行会谈，双方签署经济技术、文化和旅游等领域合作文件。7月，全国人大常委会副委员长路甬祥访乌。2012年6月，温家宝总理对乌拉圭进行正式访问，与穆希卡总统会谈，分别会见阿斯托里副总统兼国会主席和奥里科众议长，双方签署经济技术、农业、环保、质检合作协议，并发表联合声明。

两国经贸合作保持快速增长。据中国海关总署统计，2011年中乌双边贸易额为34.14亿美元，其中中方出口额为20.01亿美元，进口额为14.13亿美元，同比分别增长29.8%、35.5%和22.6%。中国继续保持乌第二大贸易伙伴和乌羊毛最大进口国。

中国驻乌拉圭大使：屈生武。馆址：Av. Miraflores 1508，esq. Pedro Blanes Viale，Carrasco，Montevideo，Uruguay。电话：005982-6001419，6043899（经商处）。

乌拉圭驻中国大使：罗萨里奥·波特利·卡萨诺瓦（Rosario PORTELL Casanova，女）。馆址：北京市朝阳区塔园外交人员办公楼1-11-2。电话：010-65324445，65324413。

【同其他拉美国家的关系】优先发展同拉美国家的关系，特别是同巴西、阿根廷、巴拉圭等南共市成员国的关系。2011年，继续以南共市为优先方向，以该组织轮值主席国身份积极倡议加强区域合作，应对金融市场震荡，维护地区经济稳定。重点推进同巴西、阿根廷等邻国、大国关系，加强同委内瑞拉、墨西哥等其他地区重点国家合作。2011年3月，穆希卡总统先后访问巴拉圭、委内瑞拉、阿根廷和墨西哥等拉美国家，委内瑞拉总统查韦斯访乌。

【同美国的关系】 同美国自1830年建交以来一直保持传统友好关系。2007年，美总统布什、财政部长保尔森、商务部长古铁雷斯、副国务卿伯恩斯、助理国务卿香农分别访问乌拉圭，双方签署《贸易与投资框架协议》。2008年10月，两国签订能源合作协议，计划推动两国在生物燃料方面的合作。2009年12月，美西半球事务助理国务卿巴伦苏埃拉访乌。2010年3月，美国务卿希拉里出席乌总统权力交接仪式。7月，美西半球事务助理国务卿凯利访问乌。2011年3月，美国防部西半球事务部长助理莫拉访乌，举行美乌首次防务战略对话。

【同欧盟的关系】 重视保持同欧盟的传统关系，但反对欧盟农业保护主义政策，希通过谈判推动乌拉圭对欧盟出口产品多元化。2009年10月，乌与欧盟解决了酒类产品贸易关税争端。2009年8月，乌开始启动实施欧盟援助的科技创新项目，该项目投资1680万美元，重点是加强生物技术的研究。2010年2月，乌同欧盟在蒙得维的亚召开第七次双边混委会。2010年5月，副总统阿斯托里参加在西班牙马德里召开的第六届欧盟—拉美和加勒比首脑会议，推动南共市同欧盟重启自由贸易谈判。2010年11月，穆希卡总统对西班牙进行非正式访问。乌先后同瑞士、西班牙、马耳他等国签署避免双重关税协定和引渡协定。2011年3月，乌外长阿尔马格罗访问英国、爱尔兰。10月，穆希卡总统访问瑞典、德国、比利时和布鲁塞尔欧盟总部。

（朱晓晖）

牙　买　加

国名　牙买加（Jamaica）。

面积　10991平方公里。

人口　270.93万（2011年）。黑人和黑白混血种人占90%以上，其余为印度人、白人和华人。多数居民信奉基督教，少数人信奉印度教和犹太教。官方语言为英语。

首都　金斯敦（Kingston），人口97万。

国家元首　英国女王伊丽莎白二世，女王任命总督为其代表。现任总督帕特里克·林顿·艾伦（Patrick Linton ALLEN），2009年2月26日就任。

重要节日　独立日：8月6日。

简　况

位于加勒比海西北部。东隔牙买加海峡与海地相望，北距古巴约145公里。海岸线长1220公里。北部和西部海岸是低凹的冲积平原和优美海滩。中部多为山区，最高峰位于蓝山，海拔2256米。属热带雨林气候，年平均气温为27℃。

原为印第安人阿拉瓦克族居住地。1494年哥伦布来到此地，1509年沦为西班牙殖民地。1655年被英国占领。1866年成为英直辖殖民地。1962年8月6日宣告独立，为英联邦成员国。

政　治

独立以来，牙买加工党和人民民族党长期轮流执政。政局保持相对平稳，但失业、贫困、贩毒和暴力犯罪等社会问题突出。

2011年12月，人民民族党击败工党赢得大选，组成以党领袖波西娅·辛普森—米勒为总理的新政府。人民民族党政府重视民生问题，致力于削减债务，促进经济增长，扩大就业。

【宪法】 现行宪法于1962年8月6日生效。宪法规定总督任命众议院多数党领袖为政府总理，并根据总理提名任命部长。内阁由总理和不少于11名的部长组成，对议会负责。反对党领袖亦由总督任命。

【议会】 由参、众两院组成，任期五年。参议员21名，由总督任命，其中总理推荐13名，反对党领袖推荐8名。众议员63名，普选产生。本届众议院于2011年12月29日选出，人民民族党占42席，牙买加工党占21席。参议长斯坦利·雷德伍德（Stanley REDWOOD），众议长迈克尔·皮尔特（Michael PEART），均于2012年1月17日就职。

【政府】 本届政府于2011年12月组成，主要内阁成员包括：总理兼国防、发展、新闻和体育部长波西娅·辛普森—米勒（Portia SIMPSON-MILLER，女），外交和外贸部长阿诺德·尼科尔森（Arnold NICHOLSON），财政和计划部长彼得·菲利普斯（Peter PHILIPS），工业、商业和投资部长安东尼·希尔顿（Anthony HYLTON），农业和渔业部长罗杰·克拉克（Roger CLARKE），旅游和娱乐业部长威克姆·麦克尼尔（Wykeham MCNEIL）等。

【行政区划】 全国划分为3个郡，下设14个区。

【司法机构】 有上诉法院、最高法院、初审法院和各专门法院，英国枢密院为终审司法机构。各院院长均由总理提名，经反对党同意后由总督任命，任期不限。上诉法院院长西摩·潘顿（Seymour PANTON），2007年7月就职。最高法院院长扎拉·麦克卡拉（Zaila MCCALLA），2007年6月就职。

【政党】主要政党有人民民族党、牙买加工党、新牙买加联盟等：

（1）人民民族党（People's National Party，PNP）：执政党。1938年9月由全国改革协会、公民协会联盟和牙买加进步同盟合并而成。主张民主社会主义，宣称要寻找以社会民主为方向的"第三条道路"，建立既非资本主义又非社会主义，以民族资本为主、外国资本为辅的混合经济体制。曾于1955～1962年、1972～1980年、1989～2007年执政。2011年12月赢得大选并再次执政。领袖波西娅·辛普森—米勒。

（2）牙买加工党（Jamaica Labour Party，JLP）：反对党。1943年7月成立。党章规定以"健康的基督教原则"为建党基础，坚持民主主义的最高理想。客观上倾向于保护工人和社会弱者的利益，主张维护劳方和资方的各自权利并发展私营经济。曾于1944～1955年、1962～1972年、1980～1989年、2007～2011年12月执政。领袖安德鲁·霍尔尼斯（Andrew Holness）。

（3）新牙买加联盟（New Jamaica Alliance，NJA）：反对党，2002年6月成立，由全国民主运动（NDM）、牙共和党（RPJ）和牙全国统一联盟（JANU）合并组成。

【重要人物】帕特里克·林顿·艾伦：总督。1951年2月7日生于牙波特兰区。曾就读于莫尼格师范学院，在美国安德鲁斯大学获历史和宗教学学士、系统神学硕士和教育行政管理学博士学位。1986年起从事神职工作，曾先后担任西班牙城基督复临安息会（简称"安息会"）教堂牧师、牙中部安息会联合会教育和联络事务主管、西印度群岛安息会联盟教育和家庭生活事务主管、牙中部安息会联合会主席、西印度群岛安息会联盟主席。2006年被授予牙政府"杰出勋章"。2009年2月26日就任牙独立后第六任总督。已婚，有三个子女。 **波西娅·辛普森—米勒：**总理。1945年生。获美国迈阿密联合学院公共管理学士学位。历任劳动、社会保障和体育部长，地方政府、社区发展和体育部长，旅游和体育部长，地方政府、社区发展和体育部长等职。2006年3月至2007年9月任人民民族党领袖、总理，是牙第一位女总理。2011年12月29日率人民民族党赢得大选并再次出任总理，2012年1月5日宣誓就职。

经　济

旅游业、矿业、农业和新兴的信息技术服务业是牙国民经济支柱。以旅游业为核心的服务业收入占牙国内生产总值的60%以上。铝矾土储量居世界第四位。农业以传统的甘蔗、香蕉种植为主。国际金融危机爆发后，牙经济受到影响，面临较大困难，主要表现为金融流动性不足，债务负担重，信用评级被调降，传统出口产品铝矾土和氧化铝创汇能力下降。牙政府出台一系列改革发展措施，如适当放宽财政政策，实行公共部门改革，继续推行财税制度改革，鼓励外贸，支持基础设施建设，扩大从多边金融机构举债，实行能源政策改革等，已初见成效。2011年主要经济数据如下（数据来源：牙买加统计局、财政部、规划院、中央银行）：

国内生产总值：125.7亿美元。

人均国内生产总值：4660美元。

国内生产总值增长率：1.5%。

汇率：1美元=87.3牙买加元（2012年3月）。

通货膨胀率：6.6%。

失业率：12.6%。

【资源】主要有铝矾土，储量约25亿吨。其他矿藏有钴、铜、铁、铅、锌和石膏等。森林面积26.5万公顷，多为杂木。

【工业】牙为世界第四大铝矾土生产国。铝矾土的开采冶炼是牙最重要工业部门。此外还有食品加工、饮料、卷烟、金属制品、电子设备、建筑材料、化学制品和纺织服装等工业。

【农牧渔业】具有悠久的农业传统。全国耕地面积约27万公顷，森林面积约占全国总面积的20%。主要种植甘蔗和香蕉，其他还有可可、咖啡和红胡椒等。粮食需大量进口。为减少进口，并使农产品出口多样化，政府鼓励种植蔬菜、水果及稻米。

【旅游业】重要经济部门，主要外汇来源。近年来旅游业发展迅速，直接从业人员4万人，间接从业人员17万人。外国游客大部分来自美国、欧洲和加拿大。2011年游客人数为283万人次，同比增长8.7%。

【交通运输】以公路为主，有良好的公路网。

公路：总长17925公里，约4991公里为柏油路面，其中786公里为一级公路。

铁路：总长339公里。1992年起停止客运，现几乎完全用于运输铝矾土和氧化铝。

水运：沿海有13个港口。金斯敦为世界第七大天然港，占地25公顷，是加勒比地区主要中转站之一，有现代化的集装箱码头和仓库，每年集装箱吞吐能力为150万个标准箱。

空运：有首都金斯敦的诺曼·曼利和蒙特哥贝的唐纳德·萨格斯特两个国际机场。牙买加航空公司有通往北美、欧洲和加勒比国家的航线。

【财政金融】2011年，牙买加国家债务达190亿美元，占国内生产总值的128%，为世界上人均负债最多的国家之一。截至2011年底，牙国际储备净值为18亿美元。2011财年，财政收入36.9亿美元，支出46.18亿美元，赤字9.28亿美元。

【对外贸易】历年贸易均有逆差。2011年进出口总额为82.39亿美元，其中进口额为66.15亿美元，出口额为16.24亿美元。近年来对外贸易情况如下（单位：亿美元）：

	2009	2010	2011
进口额	50.66	52.27	66.15
出口额	13.20	12.94	16.24
差　额	-37.46	-39.33	-49.91

（资料来源：牙买加统计局）

主要进口石油、食品、机械产品等，出口铝矾土、氧化铝、蔗糖和香蕉等。主要贸易伙伴为美国、英国、加拿大和挪威。

【外国援助】欧盟、美国、日本等西方发达国家和世界银行、美洲开发银行等国际和地区金融机构是牙外援的主要来源。

【经济团体】（1）牙买加商会（Jamaica Chamber of Commerce）：地　址：7–8 East Parade，POB 172，Kingston。电话：001–876–922–0150。

（2）牙买加投资贸易促进署（Jamaica Promotions Corporation，简称：JAMPRO）：地址：35 Trafalgar Rd，Kingston 10。电话：001–876–929–7190；传真：001–876–924–9650。

人民生活

政府部门工作人员和企业职工退休后享受养老金。生活费用较高，贫富悬殊。全国有公费医疗服务，公立医院30所，病床7648张，医生759人。2011年，全国共有移动电话303万部，人口出生率1.52%，死亡率0.66%，人均寿命74.13岁。

军　事

牙买加国防军成立于1962年7月31日，前身为英国陆军西印度步兵团。主要职责包括：保护牙不受军事或准军事威胁；向牙政府和警察部队提供军事支持；维护牙水域和空域领土完整；实施反恐行动等。牙国防军由现役和预备役人员组成，其中现役部队约2500人，包括2个步兵营、1个飞行大队、1个海岸警卫队、1个工兵团、1个后勤保障营和1个总部情报科；预备役部队（即国防军第三步兵营）约有1000人。现任国防军参谋长斯图尔特·桑德斯（Stewart SAUNDERS）少将，2007年10月就职。目前，牙国家安全部代表牙总理（兼国防部长）行使对国防军的指挥权。

文化教育

【教育】牙教育系统由学前、小学、中学和高等教育四个阶段组成，公办中小学校实行免费教育，经费主要由政府承担，同时吸纳教育组织、私营企业和非政府组织的贷款和捐赠。2010/2011财年牙政府教育预算约8.43亿美元，占总预算支出约14.56%。

全国有各类公办学校1012所；小学和中学在校生分别约为29万人和26万人；学生和教师比例小学为40∶1，中学为25∶1，成人识字率为91.7%。高等院校共17所，其中西印度大学莫纳分校为加勒比地区著名综合性高等学府，设有人文与教育学、伦理与应用科学、社会学、医学和研究生院等5个学院共30多个学科，有学生约1.1万人。

【新闻出版】牙买加新闻署：1962年成立，是政府新闻机构。

牙买加通讯社：1979年成立。是官方通讯社，隶属新闻部。

广播电台和电视台主要有：牙买加广播公司，1959年政府拨款建立，由政府任命董事会领导。设有广播电台和电视台。广播电台一台及二台全天播音。电视台为商业性，每星期播出140小时。牙买加电台，1950年建立，由21个团体合资开办，全天播音。

牙买加电视台（TVJ），为牙收视率最高的电视台，系牙广播媒体集团公司的控股子公司，市场占有率约60%，日均观众约100万人。

CVM电视台，牙第二大电视台，市场占有率约35%，主要以时事、体育和娱乐节目为主。

LOVE电视台，为宗教服务电视台。

对外关系

奉行独立、不结盟的外交政策，主张国家主权平等、互不干涉内政、促进国际合作，主张在联合国的框架内解决国际争端，反对使用武力。外交工作主要目标是维护国家主权、吸引外资和游客、开拓国际市场。积极发展同加勒比国家的团结与合作，积极参与加勒比共同体和加勒比国家联盟等地区性组织，大力促进地区一体化进程。优先发展与美国等西方主要发达国家关系，努力发展与拉美、亚洲、非洲等发展中国家的友好合作。在国际和多边事务领域表现活跃，曾分别两度当选联合国安理会非常任理事国和77国集团主席，积极利用联合国、世界贸易组织、美洲国家组织、英联邦首脑会议、小岛屿国家联盟等国际和地区平台阐述政治立场，寻求外来支持。目前，牙同147个国家建立了外交关系。

【同中国的关系】自1972年11月21日建交以来，中牙两国关系不断发展。2005年2月曾庆红副主席访牙，中牙建立"共同发展的友好伙伴关系"。2007年，全国人大常委会副委员长成思危访牙。2008年4月，牙外交和外贸部常秘桑德斯访华，与李金章副外长共同建立并启动两国外交部官员会晤制度。10月，牙国防军参谋长桑德斯少将访华。2009年2月，习近平副主席访牙。2010年2月，牙总理戈尔丁访华。2010年9月，牙众议长卓来华出席第二届世界投资论坛。2011年9月，回良玉副总理访牙。同月，戈尔丁总理赴特立尼达和多巴哥出席第三届中国—加勒比经贸合作论坛，并同国务院副总理王岐山会见。

据中国海关总署统计，2011年中牙双边贸易额为3.75亿美元，同比增长56.6%；其中中方出口额为3.71亿美元，同比增长57.4%；进口额为397万美元，同比增长7%。中方主要出口纺织品、服装、食品、化学品、轻工产品和机电产品等，进口氧化铝等。

中国驻牙买加大使：郑清典；馆址：8 Seaview Avenue Kingston 10 Jamaica。电话：001-876-9273871（办公室、值班），9787780（商务处）；传真：9273919。网址：http://jm.chineseembassy.org。

牙买加驻华大使：厄尔·考特尼·拉特雷（Earle Courtenay Rattray）。馆址：北京市建国门外秀水街1号建外外交公寓6号楼2单元7层2号。电话：010-65320670，65320671；传真：65320669。网址：http://www.jamaicagov.cn。

【同美国的关系】牙美关系密切，美国是牙买加最大的贸易伙伴和第二大经援国，牙美年均贸易额约20亿美元，美在牙铝矿业、旅游业、金融保险业等方面有大量投资。牙在美有大量侨民。两国签有投资保护和知识产权保护等协定。牙对美政策重在促进官方往来和交流，提高对美国商品和服务出口，吸引更多美国游客与投资，争取更多发展援助。近年来两国在打击毒品犯罪方面合作增多。2011年6月，美国务卿克林顿访牙，并出席加共体外长会议，同月，牙总理戈尔丁访美。

【同英国的关系】牙与英国保持着传统的友好关系。英在牙投资较多，对牙经济有较大影响。2009年4月，英政府宣布免除牙政府一笔500万英镑债务。自1998~2009年，英国政府共免除牙5800万英镑的债务，同时每年向牙提供250万英镑的额外援款以减少贫困。2011年1月，英外交大臣布朗访牙，会见牙总理戈尔丁及副总理兼外长鲍等。

【同加拿大的关系】牙与加关系密切。加在牙总投资1.4亿多美元，并有四家银行。牙买加航空公司中有加拿大股份和技术人员。加每年向牙提供援助。每年有不少加拿大游客赴牙旅游。牙向加派出大量劳务人员，从事农业、服务业等方面工作。近年来，两国在缉毒、司法协助和移民等方面的合作不断加强。2009年3月，牙副总理兼外交和外贸部长鲍访加。4月，加拿大总理哈珀访牙，期间两国签署加向牙提供1800万加元用于牙司法改革的援助备忘录。2010年6月，牙总理戈尔丁访加。2011年8月，加方与牙方共同举行应对飓风的“美洲虎行动”演习。

【同加勒比国家的关系】重视加勒比地区的团结与合作，努力促进地区一体化进程，是加勒比共同体创始国之一。牙在促进加共体各成员间政治团结、经济合作等方面发挥着积极作用。2006年初，牙成为加共体单一市场首批成员。2009年1月，牙开始在全国颁发加勒比共同体护照。2月，牙与加勒比开发银行签署一项金额为1亿美元的贷款协议。2010年1月海地地震后，牙积极参与海地赈灾。2011年4月，牙通过《外国人和英联邦公民就业法》，放开加共体公民在牙从事护士、教师等职业，无需申请工作许可。

【同古巴的关系】1972年12月牙古建交。1981年与古巴断交。1990年7月27日，牙古恢复外交关系。牙古关系近年来发展较快，双方交往日益增多。自1973年以来，已有13000多名牙籍学生接受古巴政府资助赴古留学。牙坚决反对美国长期对古实施的禁运政策，支持美洲国家组织废除驱古决议。2008年4月，牙农业部长塔夫顿访问古巴。5月，牙总理戈尔丁访问古巴。6月，牙副总理兼外长鲍访问古巴并出席第五届牙古政府间联合委员会会议。2010年6月，牙众议长卓率议会代表团访古。2011年9月，牙古签订《警察与海事合作协议》，加强双边情报共享，合作打击贩毒、小武器走私和其他有组织犯罪活动。

【同日本的关系】1964年牙日建交，两国关系发展顺利。两国间有外长级磋商机制，2010年8月，牙副总理兼外交和外贸部长鲍访日。日本主要通过提供捐款、贷款、债务减免、实物捐赠和投资等方式对牙进行援助，并派青年志愿人员赴牙服务，两国文化、艺术和教育交流项目不断发展。日本是牙蓝山咖啡和郎姆酒的最大海外市场。（邢玉春）

英属维尔京群岛

名称 英属维尔京群岛（The British Virgin Islands）。

面积 153平方公里。

人口 31148人，人口增长率2.443%，出生率10.69‰，死亡率4.82‰（2012年估计）。黑人占82%，白人6.8%，还有印第安人、亚裔、混血人等。英语为官方和通用语言，少数人讲西班牙语。居民中86%信奉基督教新教，10%信奉天主教。

首府 罗德城（Road Town），位于托托拉岛（Tortola），人口约8600人（2006年）。

总督 博伊德·麦克莱里（Boyd McCleary），2010年8月20日就任。副总督伊内兹·阿齐博尔德（Inez Archibald，女）。

重要节日 领地日（Territory Day）：7月1日（1956年），每年纪念时间略有不同，2010年为7月2日（星期五），2011年为7月1日（星期五）。

简况

位于大西洋和加勒比海之间，背风群岛的北端，距波多黎各东海岸100公里，与美属维尔京群岛毗邻。约有60个岛屿（其中16个有人居住），领海面积1489平方公里，最大岛屿是托托拉岛（54平方公里）。属亚热带气候，平均气温28℃，年降水量1000毫米。7～10月常遭受飓风和热带风暴袭击。

原始土著居民为加勒比地区的印第安人。1493年哥伦布航行到此。1672年被英国兼并。1872年成为英国殖民地背风群岛（the Leeward Islands）的一部分，受背风群岛总督管辖。1956年拒绝加入西印度联邦（the West Indian Federation），7月1日成为单独的领地。1967年获得自治。1971年设总督管理。现为英国的海外领地（British Overseas Territory）。

政　治

2011年11月7日，英属维尔京群岛举行新一届议会选举，反对党民族民主党赢得13个席位中的9席（得票率49.4%），执政的维尔京群岛党只获得4席（得票率42%）。投票率为75%。11月9日，民族民主党领袖奥兰多·史密斯（Orlando SMITH）出任总理兼财政部长。

【宪法】2007年6月15日施行新宪法（The Virgin Islands Constitution Order 2007），取代1976年宪法。英国女王为英属维尔京群岛元首，总督为女王代表，负责其外事、防务、治安、司法等事务。

【议会】议会（House of Assembly）由13名直接选举成员、议长和总检察长组成，任期4年。第二届议会于2011年11月7日选出，民族民主党9席，维尔京群岛党4席。议长英格里德·摩西—斯凯特利菲（Ingrid Moses-Scatliffe，女）。

【政府】内阁包括总理、四名其他部长和一名当然成员（总检察长），通常由在议会中占多数议席的政党组成，其领袖担任总理。内阁成员由总理提名，总督任命。本届内阁于2011年11月组成，成员包括：总督麦克莱里，总理兼财政和旅游部长奥兰多·史密斯，副总理兼自然资源和劳动部长凯德里克·皮克林（Kedrick Pickering），卫生和社会发展部长罗尼·斯克顿（Ronnie Skelton），教育和文化部长米隆·沃尔温（Myron V. Walwyn），通信和工程部长马克·范特尔浦（Mark Vanterpool），总检察长克里斯托弗·马尔科姆（Dr Christopher Malcolm）。

网址：http：//www.bvi.org.uk/government/（政府伦敦办公室）；http：//www.dpu.gov.vg/AboutUs/GovernmentBVI.html（发展计划署）；http：//www.bviwelcome.com/（旅游局）；http：//www.bviports.org/（港务局）。

【司法机构】受辖于东加勒比最高法院（Eastern Caribbean Supreme Court，由高等法院和上诉法院组成，均设在圣卢西亚）。法律体系是参照英国普通法律体系设立的，也增加了一些别的法律条款。每个岛上设一个初审法庭。终审可上诉至英国枢密院。

【政党】有四个政党。

（1）民族民主党（National Democratic Party，NDP）：执政党。成立于1998年5月。2003～2007年执政，2011年再次执政。领袖为总理奥兰多·史密斯。

（2）维尔京群岛党（Virgin Islands Party，VIP）：反对党。20世纪70年代初成立。1986～2003年、2007～2011年执政。领袖为前总理拉尔夫·特尔福德·奥尼尔（Ralph Telford O'NEAL）。

（3）统一党（United Party，UP）：20世纪60年代中期成立，领袖格列高利·麦德罗（Gregory MADURO）。

（4）关心市民运动（Concerned Citizen's Movement，CCM）：1994年成立，前身为独立人民运动。领袖埃塞林·史密斯（Ethlyn SMITH）。

【重要人物】博伊德·麦克莱里：总督。1949年出生于北爱尔兰。在贝尔法斯特王后大学学习德国语言和文学。1975年进入英国外交与联邦事务部（FCO）。曾任英国驻德国（两次）、韩国、土耳其和加拿大外交官。2006～2010年任英国驻马来西亚高级专员（大使）。2010年任英属维尔京群岛总督。　**奥兰多·史密斯：**总理，民族民主党领袖。生于1944年8月28日。1999年首次当选为立法委员会（现为议会）成员。2003年大选中率领民族民主党击败长期执政的维尔京群岛党，出任首席部长。2007年因大选失利而去职。2011年11月，民族民主党再次执政，他出任总理。

经　济

主要依靠旅游业和金融服务业，有少量农业与渔业。进入21世纪后，经济稳定发展，年增长率维持在3%以上。2011年在地区生产总值（GDP）中，服务业占87.2%，工业11.9%，农业1%。主要经济数据如下：

地区生产总值：10.95亿美元（2008年）。

地区生产总值增长率：3.05%（2011年估计）。

人均地区生产总值：30282美元（2010年估计）。

货币名称：使用美元。

通货膨胀率：4.1%（2011年估计）。

失业率：3.1%（2006年估计）。

【工业】制造业规模较小。主要生产朗姆酒、旅游品、印刷品等。2009年发电量估计为5000万千瓦时。

【农牧渔业】约有耕地800公顷，草场4000公顷。主要种植水果、蔬菜和甘蔗。水果和蔬菜供国内消费并出口美属维尔京群岛，甘蔗主要用于酿造朗姆酒。有畜牧养殖业和渔业。大部分食品靠进口。

【服务业】离岸金融服务业和房地产业是新兴产业，近年来发展很快。政府进行立法促进保险业务以加强金融业并使其多元化。离岸金融业收入等占政府直接收入的50%。

作为世界重要离岸金融中心之一，曾有超过70万家离岸公司在此注册，目前仍有活动的约45万家。这里被不少公司视为“避税天堂”，离岸金融中心为逃税、资本外逃和洗钱犯罪创造了机会。

【旅游业】最重要的经济部门和发展计划的基础之一。2008年接待各类游客达93.4万人次（其中海上巡游旅客57.1万人次，过夜游客34.6万人次）。

【交通运输】岛内以公路运输为主。2007年公路总长约200公里。

水运：有直达英国、美国和荷兰的轮船。罗德港（Road Harbor）为一深水港。主岛间有渡船往来。

空运：有4个机场，航线通往迈阿密、美属维尔京群岛以及圣基茨等附近岛国。主要机场是距罗德城约16公里的牛肉岛机场，航班经波多黎各和安提瓜连接北美及欧洲。

【财政金融】财政年度为4月1日至翌年3月31日。2011年估计财政收入与支出均为3亿美元，税收及其他收入占地区生产总值27.4%。

2004年外债为4410万美元。2010年经常账户收支余额3.626亿美元（估计）。

【对外贸易】历年均为入超。2010年估计进口额为2.284亿美元，出口额为3520万美元。主要进口产品有建筑材料、汽车、食品、机器等，主要出口产品有朗姆酒、鲜鱼、水果、动物、砾石等。主要贸易对象为美属维尔京群岛、美国等。

【外国援助】援助主要来自英国和加勒比开发银行。

人民生活 托托拉岛有1所医院，其他岛屿有诊所。2012年居民平均期望寿命估计为77.95岁。2010年有固定电话20100部，移动电话24500部，互联网用户4000户（2002年）。

军　事 防务由英国负责。

文化教育 【教育】15岁以上人口识字率为98.2%。中小学实行免费义务教育（12年，从5岁开始）。2005年小学与中学的入学率分别为95%和88%，学生与教师之比分别为15：1和9：1。有一所以前首席部长斯托特命名的社区学院。

【新闻出版】有三种周刊：《英属维尔京灯塔》，1984年创刊，发行量3000份；《维岛太阳》，1962年创刊，发行量2850份；《维尔京群岛观点》，周刊。

有五家商业电台。维尔京群岛广播有线公司创立于1965年，设ZBVI电台，进行商业性广播。英属维尔京群岛有线电视台，主要通过电缆收看美属维尔京群岛和波多黎各的电视节目。ZBTV西印度有线电视台为商业性电视台。

对外关系 外交由英国掌管。英属维尔京群岛为万国邮政联盟、国际奥委会、加勒比开发银行、东加勒比国家组织成员，联合国教科文组织、加勒比共同体联系成员，设有国际刑警组织英属维尔京群岛支局。

2012年英属维尔京群岛派团参加伦敦奥运会。

【同中国的关系】作为离岸金融服务中心之一，一些发达国家（地区）通过英属维尔京群岛对华进行投资。据中国商务部统计，2011年，来自港澳台及英属维尔京群岛的外商直接投资合计占比为72%，较上年上升2个百分点，这些地区的外商投资大都有境外返程投资性质（外方实际控制人为境内机构或个人的外商直接投资），现汇出资和结汇倾向均较为明显。而英属维尔京群岛也是中国对外直接投资主要流向地之一，2011年，中国对外直接投资流向中国香港、英属维尔京群岛、开曼群岛的共计468亿美元，占到当年流量总额的62.7%。

2009年12月7日，《中华人民共和国政府和英属维尔京群岛政府关于税收情报交换的协议》及《中华人民共和国政府和英属维尔京群岛政府关于税收情报交换协议的议定书》在伦敦正式签署。这是中国继与巴哈马签署税收情报交换协定后对外正式签署的第二个税收情报交换协定。中国与英属维尔京群岛双方分别于2010年2月11日和2010年12月1日互相通知已完成使该协议和议定书生效所必需的各自法律程序。根据协议第十四条的规定，该协议及议定书自2010年12月30日起生效，并适用于2011年1月1日或以后取得的所得。（沉思）

智　利

国名　智利共和国（Republic of Chile，República de Chile）。

面积　756626平方公里。

人口　1709万（2010年）。其中城市人口占86.9%。印欧混血种人占75%，白人20%，印第安人4.6%。官方语言为西班牙语。在印第安人聚居区使用马普切语。15岁以上人口中信仰天主教的占70.0%，信仰福音教的占15.0%。

首都　圣地亚哥（Santiago），人口681.46万（2009年）。1月最热，平均气温为12℃~19℃。6月最冷，平均气温为3℃~14℃。年均最高气温22.6℃，最低气温9.3℃。

国家元首　总统塞瓦斯蒂安·皮涅拉·埃切尼克（Sebastián Piñera Echenique），2010年3月11日就职，任期四年。

重要节日　独立日：9月18日。

简　况 位于南美洲西南部，安第斯山脉西麓。东邻阿根廷，北界秘鲁和玻利维亚，西濒太平洋，南与南极洲隔海相望。海岸线总长约1万公里。是世界上最狭长的国家，南北长4352公里，东西宽96.8~362.3公里。境内多火山，地震频繁。气候地区差异大：北部是常年无雨的热带沙漠气候；中部是冬季多雨、夏季干燥的亚热带地中海式气候；南部为多雨的温带阔叶林和寒带草原气候。年均最低和最高气温分别为8.6℃和21.8℃。

早期境内居住着阿劳干人、马普切人、火地人等印第安民族，16世纪初以前属于印加帝国。1535年，西班牙殖民者从秘鲁侵入智利北部。1541年建立圣地亚哥城，智利沦为西班牙殖民地。1810年9月18日成立执政委员会，实行自治。此后，智利人民在民族英雄贝尔纳多·奥希金斯率领下开展反殖民统治斗争。1817年2月同阿根廷联军击败西班牙殖民军。1818年宣告独立。1970年社会党人阿连德当选总统，组成“人民团结”政府。1973年以皮诺切特为首的军人推翻阿连德政府上台，开始了长达17年的军政府统治。1989年，社会党、基民党等组成“争取民主联盟”（后称执政联盟）参加议会选举和总统大选，基民党人艾尔文当选总统，于次年3月11日开始执政，从而恢复了代议制民主。1994年3月基民党人弗雷继任。1998年皮诺切特交出军权，作为终身参议员进入国会，智“民主过渡”进程基本完成。

政　治

自军人“还政于民”以来，智政局保持稳定。中左政党组成的执政联盟连续执政20年，历经四届政府。2010年1月，中右翼联盟总统候选人皮涅拉在大选第二轮投票中当选总统，于2010年3月11日就职，任期四年。因2010年2月27日智中南部地区发生特大地震，皮就职后重点开展灾后重建工作，同时加大对民生领域的投入。目前，智政局保持稳定。

【宪法】现行宪法于1981年3月11日生效，后经过1989年、1991年、1993年、2005年四次修改。宪法规定，总统是国家元首和政府首脑。2005年修宪将总统任期改为四年，并取消了终身参议员和指定参议员。

【议会】国民议会（Congreso Nacional）实行参、众两院制。议会由直接选举的38名参议员、120名众议员组成。参议员任期八年，每四年改选其中一半；众议员任期四年。1973年军事政变后议会被解散，1990年3月11日恢复。本届议会成立于2011年3月11日。现任参议长为社会党人卡米洛·埃斯卡洛纳（Camilo Escaolona），众议长为民族革新党人尼古拉斯·蒙克贝格（Nicolás Monckeberg），均于2012年3月就任，任期一年。主要党派在议会中所占席位如下：

	参议院	众议院
民族革新党	8	17
独立民主联盟	8	39
基民党	9	19
社会党	5	11
争取民主党	4	18
社会民主激进党	1	5
共产党	0	3
独立地区主义党	0	2
社会广泛运动	1	0
独立派人士	2	6

【政府】本届政府于2010年3月11日组成，共设22个部委，主要成员有：内政部长罗德里戈·欣茨佩特·吉尔贝格（Rodrigo Hinzpeter Kirberg），外交部长阿尔弗雷多·莫雷诺·查尔梅（Alfredo Moreno Charme），国防部长安德列斯·阿亚曼德（Andrés Allamand），政府秘书部部长安德列斯·查德维科·皮涅拉（Andrés Chadwick Piñera），总统府秘书部部长克里斯蒂安·拉鲁莱特·比尼奥（Cristián Larroulet Vignau），财政部长费利佩·拉腊因·巴斯库尼安（Felipe Larraín Bascuñán），经济部长巴勃罗·隆盖拉·蒙特斯（Pablo Longueira Montes）等。

【行政区划】全国共分为15个大区（Región），下设51个省（Provincia）和346个市（Comuna）。大区主席和省长由总统任命，市长由直接选举产生，任期四年，可连任。

【司法机构】司法独立。全国设最高法院、17个上诉法院和1个军事法庭。最高法院院长鲁文·巴列斯特罗斯（Rubén Ballesteros），2012年1月就任，任期两年。1999年成立检察院，国家检察长为萨瓦斯·查安·萨拉斯（Sabas Chahuán Sarrás），2007年11月就任。

【政党】主要政党有：

（1）民族革新党（Renovación Nacional，RN）：执政的争取变革联盟成员。1987年2月由右翼的民族联盟、独立民主联盟和全国劳动阵线合并而成。后独立民主联盟脱离该党。党员7.7万人。其宗旨是在智维护和发展西方文明和历史传统，建立“以人为中心，充分尊重个人自由”的社会。2009年，该党领袖皮涅拉当选总统。主席卡洛斯·拉腊因（Carlos Larraín）。

（2）独立民主联盟（Unión Demócrata Independiente，UDI）：执政的争取变革联盟成员，议会第一大党。1983年9月25日成立，由独立人士和1979年成立的“新民主”组织组成。该党自2001年起成为议会第一大党。主席帕特里西奥·梅莱罗（Patricio Melero）。

（3）基督教民主党（Partido Demócrata Cristiano，PDC）：在野的中左翼联盟第一大党。1957年7月成立。党员登记人数10.84万人。基民党国际成员。主张实现真正的基督教主义，建立民主制度，尊重人权，与不同的思想派别共处。该党在智民主化进程中发挥了重要作用，其领导人艾尔文、弗雷先后任军政府后的第一、二任民选总统。现任党主席伊格纳西奥·瓦尔克（Ignacio Walker）。

（4）社会党（Partido Socialista，PS）：在野的中左翼联盟成员。1933年4月成立。有党员约7万人。1970～1973年与共产党等组成“人民团结”政府，该党领导人阿连德任总统。1979年发生分裂。1989年12月阿拉特和阿尔梅达两大派宣布联合。1989年、1993年、1999年和2005年与争取民主党、基民党等结盟参加总统大选获胜。该党主张巩固真正民主体制和建立民主社会主义，强调民主价值观。1996年9月加入“社会党国际”。主席奥斯瓦尔多·安德拉德（Osvaldo Andrade）。

（5）争取民主党（Partido por la Democracia，PPD）：在野的中左翼联盟成员。1987年12月由以后来成为总统的拉戈斯为首的一批社会党等左翼政党人士创立。有党员8.4万人，主要来自社会党。其纲领与社会党基本相同，但更为自由化，对内主张积极推动宪法改革，根除军政府建立的法制体系。对外主张以国际主义、人道主义、和平主义和拉美主义原则同世界各国建立外交、贸易和文化关系。1996年9月与社会党同时加入“社会党国际”。党主席海梅·金塔纳（Jaime Quintana）。

（6）社会民主激进党（Partido Radical Social Demócrata，PRSD）：在野的中左翼联盟成员。前身为激进党，1888年11月19日成立，智最悠久的政党之一。1987年激进党内发生分裂，原副主席安塞尔莫·苏莱等另组社会民主激进党。1992年两党合并定为现名。党员约9万人。“社会党国际”成员。主席何塞·安东尼奥·戈麦斯（José Antonio Gómez）。

（7）共产党（Partido Comunista，PC）：在野党。1912年6月成立。有党员4.7万人。原名社会主义工人党，1922年改为现名。1970～1973年与社会党等联合执政，1979年提出“人民造反”路线，要求立即结束军政权。1983年同社会党阿尔梅达派等组成“人民民主运动”，1985年被宪法法庭宣布为非法。1990年10月恢复合法地位。党主席吉列尔莫·泰列尔（Guillermo Tellier），总书记劳塔罗·卡蒙娜（Lautaro Carmona）。

【重要人物】塞瓦斯蒂安·皮涅拉·埃切尼克：总统。1949年12月1日生于智利首都圣地亚哥，先后获得智利天主教大学商学学士学位、美国哈佛大学经济学硕士和博士学位。民族革新党人。1973年起，先后在世界银行、美洲开发银行等机构任职。1976年返智创业。曾担任智利航空公司、智利视野电视台董事长。1990～1998年任参议员。2001～2004年任民族革新党主席。2005年曾作为民族革新党总统候选人参加大选，在第二轮投票中败北。2010年1月，作为“争取变革联盟”候选人再次参加大选，在第二轮投票中当选。已婚。有4子。夫人塞西莉亚·莫雷尔·蒙特斯。

经　济

智利属于中等发展水平国家。矿业、林业、渔业和农业是国民经济四大支柱。20世纪80年代后，智开放市场，加强宏观调控，调整产业结构，经济取得较大增长，被世界银行和西方国家誉为拉美经济的样板。特别是2003年以来，智政府实行稳健的财政政策和货币政策，得益于铜、三文鱼、纸浆等智出口支柱产品价格持续走高，经济稳步增长。2008年以来受国际金融危机蔓延影响，智实体经济受到冲击，经济增长放缓。2009年下半年以来，智经济企稳回升。2010年“2·27”特大地震造成智基础设施受损严重，经济损失达300亿美元，约占智国内生产总值的18%。皮涅拉政府迅速推出恢复经济增长举措，重点围绕恢复交通、住宅、就业和渔业四方面展开灾后重建工作，取得一定成效。但从2011年下半年起，受欧债危机蔓延等外部因素影响，经济增速有所放缓。2011年的主要经济数据如下：

国内生产总值：2485.93亿美元。

人均产值：14412美元。

国内生产总值增长率：6%。

货币名称：比索（peso）。

汇率：1美元=496比索。

通货膨胀率：4.4%。

失业率：6.6%。

【资源】矿藏、森林和水产资源丰富，以盛产铜闻名于世，素称“铜之王国”。已探明的铜蕴藏量达2亿吨以上，居世界第一位，约占世界储藏量的1/3。铜储量、产量和出口量均为世界第一。铁蕴藏量约12亿吨，煤约50亿吨。此外，还有硝石、钼、金、银、锂、铝、锌、碘、石油、天然气等。盛产温带林木，木质优良，是拉美第一大林产品出口国。渔业资源丰富，是世界第五渔业大国。

【工业】工矿业是智国民经济的命脉。2011年，工业总产值为131299.27亿比索，矿业总产值182626.57亿比索。近几年主要工矿业产品产量如下：

	2008	2009	2010
铜（万吨）	532.80	539.00	541.90
金（吨）	39.20	40.80	39.50
银（吨）	1405.00	1301.00	1286.70
铁矿砂（万吨）	931.60	824.20	912.90
石油（万立方米）	15.35	21.50	24.43
天然气（亿立方米）	18.28	18.80	17.93
煤（万吨）	53.38	63.60	61.88
钼（万吨）	3.37	3.48	3.70

（资料来源：2010年智利中央银行统计概览）

【农林牧渔业】2011年，智农、林业产值为33287.49亿比索，农业劳动力73.51万人。2010年耕地面积1.66万平方公里。主要农作物播种面积67.41万公顷。近年来主要农产品产量如下（单位：万吨）：

	2008	2009	2010
小麦	123.77	114.53	152.39
燕麦	38.42	34.44	38.09
大麦	9.61	7.34	9.74
水稻	12.10	12.73	9.47
玉米	136.50	134.60	135.80
马铃薯	96.60	92.50	108.10
甜菜	120.85	104.24	142.07
菜豆	7.60	10.00	7.97
油菜籽	6.66	7.85	4.93

（资料来源：同上）

2008年水果种植面积为30.88万公顷，2007年总产量440.1万吨。主要水果有苹果、葡萄、油梨、李子、桃、梨等。

林业：2008年全国森林覆盖面积16.48万平方公里。根据智利国家林业局2010年统计资料，天然林1370万公顷，占国土面积18.4%；人工林270万公顷，占国土面积3.1%；混合林8.7万公顷。主要树种是辐射松（73.5%）和桉树（18.5%），主要林产品为木材、纸浆、纸张等。

畜牧业：牧场面积12.93万平方公里。2010年产牛肉21.07万吨，羊肉1.05万吨，猪肉49.8万吨，禽类59.4万吨，牛奶25.3亿升。

渔业：2010年捕鱼量为376.2万吨。

【旅游业】智利政府重视发展旅游业。2010年全国有旅行社1246家，其中33.3%在首都大区，19.3%在瓦尔帕莱索，共有星级酒店、宾馆、别墅等住宿设施4126处。2010年旅游外汇收入20.4亿美元，共接待外国游客276.6万人次，主要来自巴西、阿根廷等周边国家、北美和欧洲。2010年智利公民出境旅游达336.7万人次。

【交通运输】铁路：总长8613公里，其中电气化铁路1654公里。2010年客运量为2202万人次，货运量2521.5万吨。首都圣地亚哥地铁全长74.5公里，2010年客运量为6.2亿人次。

公路：总长10万公里。其中泛美公路长达3600公里。2010年全国有各种机动车329.95万辆。

海运：2010年国内外船只装卸量分别为6157.6万吨和5341.7万吨，货物总吞吐量达11499.3万吨。全国共有70多个沿海港口，主要港口有：瓦尔帕莱索港、塔尔卡瓦诺港、安托法加斯塔港、圣安东尼奥港和彭塔阿雷纳斯港等。

空运：有5家航空公司，6个国际机场。2010年国内航线年客运量597.47万人次，货运量29203吨。国际航线客运量508.97万人次，货运量266643吨。全国有大小机场325个，主要国际机场有首都的阿图罗·梅里诺·贝尼特斯机场和北部阿里卡市的查卡柳塔机场。

【财政金融】近几年的财政收支情况如下（单位：亿比索）：

	2009	2010	2011
收入	183165.42	238807.33	268360.07
支出	181262.18	199858.54	201036.47
差额	1903.24	38948.79	67323.60

（资料来源：同上）

截至2011年底，外汇储备419.79亿美元，外债余额985.79亿美元。

主要银行有：智利银行，成立于1893年，2010年资产总额182562.35亿比索；国家银行，成立于1853年，2010年资产总额188018.35亿比索。

【对外贸易】智利经济在很大程度上依赖对外贸易。出口总额占国内生产总值的60%左右。实行统一的低关税率（2003年起平均关税率为6%）的自由贸易政策。目前同世界上170多个国家和地区有贸易关系。近年贸易情况如下（FOB，单位：亿美元）：

	2009	2010	2011
出口额	530.24	710.29	805.86
进口额	397.08	551.74	699.70
差　额	133.16	158.55	106.16

近年来主要贸易对象及占智外贸总额的比例：

占智出口（%）

	2009	2010	2011
中国	21.8	24.40	22.70
美国	10.6	9.69	10.90
日本	8.5	10.50	11.37
韩国	5.5	5.80	5.50

占智进口（%）

	2009	2010	2011
中国	12.8	15.7	16.1
阿根廷	11.5	8.7	7.1
美国	18.1	17.6	21.0
巴西	7.1	8.8	9.3

［资料来源：智利出口促进会（PROCHILE）］

【对外投资】智利对外投资活动始于20世纪70年代。90年代以来智经济持续快速发展，由于国内市场狭小，一批大型企业和跨国公司为开拓国外市场和争取更有利的发展环境，开始在厄瓜多尔、阿根廷、墨西哥、秘鲁和巴西等周边国家投资。据智中央银行统计，2010年智直接对外投资额498.38亿美元。

【对外援助】据智利外交部国际合作署统计，2010年，智对外援助422万美元，主要受援对象为拉美和加勒比国家。

【外国资本】2000年拉戈斯政府宣布取消外资保证

金制度和外资审批制度。2011年共吸引直接外资120亿美元。

【外国援助】据智外交部国际合作署统计，2006~2009年智接受国外合作项目援助4259.02万美元和8025.9万欧元。

对智提供合作项目援助的主要国家有德国、日本、西班牙等。国际组织主要包括欧盟、联合国和美洲国家组织等。援助项目涉及环境保护、能源开发、国家建设、公共管理、科技创新等领域。

【著名公司】（1）智利国家铜公司（Corporacion Nacional del Cobre de Chile，简称CODELCO）：成立于1976年4月1日，是世界最大的铜生产企业，经营铜矿的开发、开采、提炼、加工及销售等。2010年产铜量168.9万吨，年销售额160.66亿美元。董事长赫拉尔多·霍夫雷·米兰达（Gerardo Jofré Miranda），执行总裁迭戈·埃尔南德斯·卡夫雷拉（Diego Hernández Cabrera）。地址：Huerfanos 1270，piso 11，Santiago，Chile。

（2）智利化工、矿业公司（Sociedad Quimica y Minera de Chile S.A.，简称SQM）：成立于1968年，经营化肥、化工产品、碘、锂的生产及销售。2010年资产总额33.73亿美元，销售额18.30亿美元。董事长胡利奥·庞塞·勒鲁（Julio Ponce Lerou），首席执行官帕特里西奥·孔特塞·冈萨雷斯（Patricio Contesse Gonzalez）。地址：El Trovador 4285，Las Condes，Santiago，Chile。

（3）智利钼金属公司（Molibdenos y Metales S.A.，简称Molymet）：成立于1975年，是世界上钼的主要生产企业，占有全球1/3的市场份额，从事钼及相关产品的生产及销售。2010年资产总额15.50亿美元，销售额12.92亿美元。总裁卡洛斯·乌尔塔多·鲁伊斯—塔格莱（Carlos Hurtado Ruiz-Tagle）。地址：Huerfanos 812，of. 612，Santiago，Chile。

（4）南美船运公司（Compania Sudamericana de Vapores S.A.，简称CSAV）：成立于1872年，拉美最大的船运公司，经营船运及相关配套服务。2010年资产总额13.87亿美元，销售额54.52亿美元。董事长海梅·克拉罗（Jaime Claro）。地址：Hendaya 60，Piso 10，Las Condes，Santiago，Chile。

人民生活

智最低月工资标准为182000比索。2009年全国共有劳动力730.0万人，就业人数659.3万，失业人数70.7万，失业率9.7%。2007年月收入在2700 ~ 5500美元的高收入家庭约有29.7万户，占全国人口的7%，中产阶级占40%，贫困家庭83.9万户，贫困人口占总人口的20%，赤贫人口占总人口的5.7%。近十年智医疗卫生事业发展迅速，建立了完善的医保体系。智利的医保体系由公共、私营两部分组成，其中公共医保占66%，私营部分占34%。医疗保障金占收入的7%。全国有公立医院183家，床位32913张；私人医院37家，床位10336张。2004年全国共有医生20726人，平均770人拥有一个医生。2001年就诊人数为3469万人次。2003年医疗卫生支出占GDP的6.1%。第17次人口普查显示，智最近十年人口增长率1.2%，出生率1.8%，死亡率为0.6%。人均寿命75.97岁，其中男性73.04岁，女性79.01岁。2002年每百户家庭平均拥有87台彩电、82.1台冰箱、78.8台洗衣机、20.5台电脑、51部移动电话、34辆小汽车。2002年2月，智海关在全世界率先实现电子报关。

军　事

智武装部队分为陆、海、空和武警四个军种。总统为武装力量最高统帅，通过国防部对全军和武警实施行政领导和作战指挥。国家安全委员会是国家安全问题的最高决策机构。国防部长由文人担任。国防部设陆军、海军、空军、武警和调查警五个副部长。下辖的国防参谋部是国防咨询机构，负责协调和制定三军和武警的作战、训练、情报、军事预算和军购等事宜。国防部长和国防参谋长均无权调动和指挥军队，由各军种司令直接领导和指挥部队。实行义务兵役制，服役期两年。

2011年总兵力为8.03万人，其中陆军4.38万人，海军2.5万人，空军1.15万人，此外，预备役部队5万人，武警3.9万人。智利实行各军分立，全国没有统一的军区划分，各军种根据防务需要划分为不同的军区。陆军编为6个军区，海军 4 个海区，空军5个旅区，武警 8 个警备区。武警为主要治安力量。2009年军费开支38.16亿美元。

文化教育

【教育】实行12年义务基础教育。中等学校分为两种：一是科学—人文学校，即普通中学，学生毕业后绝大部分报考大学；另一种为技术—职业学校，分工业、商业、技术和农业等门类。从这类学校毕业的学生既可参加工作，也可升大学。有各类学校10768所，其中高等教育院校298所，职业学校82所，技术培训中心156个。著名大学有：智利大学、智利天主教大学、圣地亚哥大学。人均受教育时间为9.25年。目前在校学生为425万，其中6 ~ 18岁的学生为360万，大学生65万（包括技术学校）。成人识字率为95.79%，文盲率为4.09%左右。2011年教育经费支出为54137.2亿比索。

【科研】主要科研机构有科学院、全国科学技术研究委员会和核能委员会。科学工作者人数占全国总人数的3.68%，居拉美第四位。

【新闻出版】全国有报社87家。共发行824种报纸杂志，其中日报124种，杂志463种，简报69种。主要报纸有：《信使报》，1827年创刊，发行量平日13万份，星期六18万份，星期日31万份；《民族报》，1980年创刊，发行量3万份；《三点钟报》，1950年创刊，发行量平日18万份，周末23万份；《二点钟报》（晚报），

1931年创刊，发行量4万份；《最后消息报》，1902年创刊，发行量15万份；主要杂志有：《事件》，1971年创刊，发行量3万份；《新情况》，1976年创刊，发行量2.5万份；《今日》，1977年创刊，发行量3万份。除《民族报》为官方报纸外，其他均为独立发行。

主要通讯社为私营的环球通讯社。

全国有电台1095家，主要有国家电台、合作电视台、波塔莱斯电台、农业电台和矿业电台。

电视台9家，其中影响较大的是国家电视台、智利大学电视台、天主教大学电视台、大视野电视台和瓦尔帕莱索天主教大学电视台。

【文化艺术】智是拉美文化艺术水准较高的国家之一。全国有图书馆1999家，总藏书量为1790.7万册。有电影院260家。首都圣地亚哥是全国文化活动中心，有25个美术馆。诗人加夫列拉·米斯特拉尔获1945年诺贝尔文学奖，成为第一个获此奖的南美洲作家。诗人巴勃罗·聂鲁达获1971年诺贝尔文学奖。

对外关系

智利奉行独立自主的多元化务实外交政策。主张尊重国际法，和平解决争端，捍卫民主和人权。大力推行全方位的外交战略，经济外交色彩浓厚，对外交往十分活跃。智优先巩固和发展同拉美邻国和南共市国家的关系，积极推动拉美一体化，重视与美、欧的传统关系，积极拓展同亚太国家的关系，努力实现出口市场多元化。同世界上171个国家建立了外交关系。重视双边自由贸易谈判，目前智已同绝大多数拉美国家及美国、加拿大、欧盟、韩国、中国、日本等58个国家和地区签署了23个自由贸易协定。2006年，同新加坡、文莱、新西兰签订跨太平洋战略经济伙伴协定（TPP）。

智利积极参与国际和地区事务，是南美洲国家联盟、美洲国家组织、拉美和加勒比国家共同体、亚太经合组织、太平洋经济合作理事会、太平洋盆地经济理事会、不结盟运动、十五国集团等国际和地区组织的成员国和南方共同市场的联系国。同新加坡一起倡议并推动成立了“东亚—拉美合作论坛”，并成功主办了论坛第二届、第三届高官会和首届外长会。2011年12月，拉美和加勒比国家共同体成立，智利担任首任轮值主席国，任期一年。

【对当前重大国际问题的态度】关于当前国际形势：认为和平与发展是人类共同的目标和任务。加强多边主义、南南合作和南北对话越来越成为多数国家的共识。亚太地区正成为世界政治、经济的重心和国际热点、地区问题的集中地区。推动建立富有同情心、消除贫困的更加均衡的世界是迫切任务。各国应共同努力应对贫困、社会不公、腐败、气候变化等挑战。

关于当前国际经济金融形势：目前全球经济形势总体仍不稳定，系统性风险仍然存在。欧债危机前景仍不明朗。发达国家正在经历的危机可能进一步恶化。新兴经济体经济增长明显放缓，应做好应对外来资本冲击的准备。

关于联合国和安理会改革问题：主张对联合国进行全面和必要改革，提高其效率，加强其政治合法性，以适应新的国际形势。支持安理会扩员，以增加代表性，提高发展中国家参与度。

关于人权问题：高度尊重、保护和促进人权是智利外交政策的核心之一。认为国际社会应关注和促进人权，建立维护人权的有效国际机制。支持联合国人权理事会国别审查制度，要求有关国际组织在不干涉内政的前提下，加强对各成员国人权状况的监督检查和对侵犯人权的预防。

关于禁核和裁军问题：反对核扩散，反对任何国家进行核试验。主张和平利用核能，不生产、不获得、不储存核武器。反对军备竞赛，积极参加联合国裁军会议。

关于环境问题：认为环境问题已成为国际事务的中心议题，主张关于环境问题的讨论应该同可持续发展和各国合作相结合。各国拥有开发资源造福于民的主权权利，但在发展的同时不应忽视环保。支持加强国际环保机构的制度建设，为国际体系中的弱小国家提供平等保障，但反对单方面强加环保标准。

关于气候变化问题：坚持共同但有区别的责任原则，要求发达国家按《联合国气候变化框架公约》原则和“巴厘路线图”的要求，在2012年后继续率先减排，并向发展中国家提供资金和技术。主张发展中国家加强团结，防止发达国家推卸责任。积极评价并支持《哥本哈根协议》，认为《哥本哈根协议》基本锁定了国际社会在气候变化主要问题上的共识，为以后气候变化谈判提供了基础。智利已向《联合国气候变化框架公约》秘书处书面表达了其支持《哥本哈根协议》的态度，宣布到2020年减排20%。相比其他拉美国家，智利温室气体排放主要来自大规模毁林而非工业化进程，减排压力较小。

关于反恐：坚决反对任何形式的恐怖主义，认为恐怖主义敌视文明的基本准则，是威胁人类共存的灾祸和人类的共同敌人。反恐斗争是维护民主的要素之一，但反恐不应以牺牲人类自由为代价。

关于拉美一体化：积极支持拉美一体化进程。主张通过加强拉美国家基础设施建设、开展能源和交通合作以及促进人员往来等途径，推动贸易和投资自由化，提高拉美在国际上的整体地位。积极加入南美国家联盟，希望该联盟促进成员国建立互信互利的战略联盟关系，有效地推动地区一体化。

【同中国的关系】智利于1970年12月15日同中国建交，是第一个同中国建交的南美洲国家。2004年两国建立全面合作伙伴关系。建交41年来，两国关系发展顺利，双方高层接触频繁，经贸合作日益扩大，在国际多边领域保持良好合作。迄今，双方已举行12次外交部间政治磋商、19次经贸混委会、8次科技混委会和6次议会政治对话委员会会议。

2011年两国保持高层交往。7月，全国人大常委会委员长吴邦国分别致电智利参众议长，祝贺智利国会成立200周年。6月，国家副主席习近平对智利进行正式访问，分别同皮涅拉总统和众议长梅莱罗举行会谈、会见，并在联合国拉美经委会发表演讲。访问期间双方签署两国质检、矿业、金融、通信等领域多项合作文件签字仪式。

2011年，中央军委委员、中国人民解放军总装备部部长常万全上将（11月），副总参谋长魏凤和中将（4月），上海市市长韩正（9月），中国人民武装警察部队司令员王建平中将（9月），科技部副部长陈小娅（11月）先后访智；智利国防部长阿亚曼德（6月）、海军司令冈萨雷斯上将（6月）先后访华。

2011年中智经贸合作继续深化。智利农业部长安东尼奥（4月），经济、发展与旅游部长安德烈斯（6月）先后访华。双边贸易稳定增长。2011年双边贸易额达314.56亿美元，其中中方出口额为108.17亿美元、进口额为206.39亿美元，同比分别增长26.1%、34.8%和15%。智是中国在拉美的第三大贸易伙伴，中国是智在全球的第一大贸易伙伴和智利铜最大买主。

2011年5月，中国驻伊基克总领事馆复馆。8月，智利驻广州总领事馆正式开馆。

中国驻智利大使：杨万明。馆址：EMBAJADA DE LA REPUBLICA POPULAR CHINA，AV. PEDRO DE VALDIVIA 550，SANTIAGO，CHILE。电话：(562) 2339880（办公室），2339898（领事部），2339886（文化处）；传真：2341129，3352755。

商务处地址：AV. PEDRO DE VALDIVIA 1032，SANTIAGO，CHILE。电话：(562) 2239988；传真：2232465。

智利驻华大使：路易斯·施密特（Luis Schmidt Montes）。馆址：北京市朝阳区三里屯东四街1号。电话：010-65321591；传真：65323170。

【同拉美和加勒比国家的关系】智政府强调立足拉美，优先巩固和加强同拉美国家，特别是周边邻国的关系。重视地区国家间的政治磋商与协调以及经贸技术合作，积极推动地区一体化，维护地区民主与和平。2011年4月，与秘鲁、哥伦比亚、墨西哥宣布成立“拉美太平洋联盟”，以推动实现沿太平洋国家经贸合作和一体化。

【同美国的关系】智美1823年建交。美国一直是智最主要的经贸伙伴和投资国之一。智民选政府执政后同美关系实现正常化，把对美关系视为外交重点，美亦把智视为在拉美优先考虑的国家之一，恢复给予智“普惠制”待遇，允智重新加入美海外投资保险体系，取消了禁止向智出口武器和提供军援的“肯尼迪修正案”。智美建有政治、国防等磋商机制。2003年，智作为安理会非常任理事国，在对伊动武问题上不支持美对伊动武，并挑头提出“折中方案”，双方关系由此一度出现波折。同年6月6日，智美签署双边自由贸易协定。2011年3月，美国总统奥巴马访智，并在圣地亚哥发表美对拉政策讲话，两国还签署包括核能合作在内的多项合作协议。

【同欧盟的关系】巩固和加强同欧盟的传统关系是智的既定方针。智欧高层互访频繁。2010年，皮涅拉总统访问西班牙，并出席欧拉领导人峰会。欧盟是智重要的贸易伙伴和出口市场。1999年，智欧开始商谈自由贸易协定。2002年双方签署政治、经济伙伴与合作协议，智成为同欧盟签署自贸协定的第二个拉美国家。协议于2003年1月1日起生效。2011年，皮涅拉总统先后访问英国、法国、德国、意大利和西班牙。

【同亚太国家的关系】智政府把加强同亚太地区的关系放在其外交的重要位置，认为加强同亚太国家的经贸关系符合其外交多元化和多样化的总目标，对智当前和长远经济发展都具有重要战略意义。亚太地区国家是智最大的贸易伙伴。1994年11月，智正式加入亚太经合组织。2004年，智作为东道国成功主办了亚太经合组织会议。2005年，拉戈斯总统访问了印度、澳大利亚。2006年，巴切莱特总统出席越南河内第14次亚太经合组织首脑会议并访问越南。2007年，巴切莱特总统访问日本并出席在澳大利亚悉尼举行的第15次亚太经合组织首脑会议，2008年，巴切莱特访问中国并出席博鳌亚洲论坛2008年年会。2009年巴切莱特出席在新加坡举行的第17次亚太经合组织首脑会议。2010年11月，皮涅拉总统出席在日本横滨举行的第18次亚太经合组织领导人非正式会议。智积极参与亚太区域经济安排，分别于2007年3月、2008年7月、2010年11月同日本、澳大利亚、马来西亚签署自贸协议。

【同俄罗斯和东欧国家的关系】近年来，智同俄罗斯和东欧国家双边政治交往有所增加，经贸领域的互惠合作有所发展。智将东欧地区视为进一步开拓出口产品市场的重点地区之一。与匈牙利签署了鼓励和相互保护投资协定，与乌克兰和俄罗斯签署了空间技术合作协定。2005年，保加利亚总统访智。2010年，智同俄罗斯建立战略合作伙伴关系。（姜妮）

大洋洲

澳大利亚

国名　澳大利亚联邦（The Commonwealth of Australia）。

面积　769.2万平方公里。

人口　2266万（2012年6月）。英国及爱尔兰后裔占74%，亚裔占5%，土著人占2.7%，其他民族占18.3%。官方语言为英语。约63.9%的居民信仰基督教，5.9%的居民信仰佛教、伊斯兰教、印度教等其他宗教。无宗教信仰或宗教信仰不明人口占30.2%。

首都　堪培拉（Canberra），人口约41.8万（2011年），年平均气温20℃。

国家元首　英国女王伊丽莎白二世。女王任命总督为其代表，任期五年。现任总督昆廷·布赖斯（Quentin Bryce，女），2008年9月5日就任。

重要节日　澳大利亚日（国庆日）：1月26日。

简　况

位于南太平洋和印度洋之间，由澳大利亚大陆、塔斯马尼亚岛等岛屿和海外领土组成。东濒太平洋的珊瑚海和塔斯曼海，北、西、南三面临印度洋及其边缘海。海岸线长36735公里。北部属热带气候，大部分属温带气候。年平均气温北部27℃，南部14℃。

最早居民为土著人。1770年英国航海家詹姆斯·库克抵澳东海岸，宣布英国占领这片土地。1788年1月26日，英向澳流放的第一批犯人抵悉尼湾，开始在澳建立殖民地，后来将1月26日定为澳国庆日。1900年，英议会通过“澳大利亚联邦宪法”和“不列颠自治领条例”。1901年1月1日，澳6个殖民地区联合成为澳大利亚联邦。1926年成为英帝国自治领。1931年成为英联邦内独立国家。1986年，英议会通过“与澳大利亚关系法”，澳获得完全立法权和司法终审权。1999年11月澳全民公决决定维持君主立宪制政体。

政　治

2010年9月，执政党工党在1名绿党议员和3名独立议员支持下赢得大选，以少数地位蝉联执政。工党领袖朱莉娅·吉拉德（Julia Gillard，女）出任澳大利亚联邦政府第28任总理。

【议会】联邦议会是立法机构，成立于1901年，由女王（澳总督为其代表）、众议院和参议院组成。本届众议院于2010年9月选举产生。众议员150名，按各州人口比例选出，任期三年。其中工党72席，自由党61席，国家党12席，独立议员4席，绿党1席。现任众议长彼得·斯利帕（Peter Splipper，独立议员），2011年11月就职（2012年4月因涉嫌欺诈暂时离职，由副议长安娜·伯克代行职务）。参议院有76名议员，6个州每州12名，2个地区各2名。各州参议员任期六年，每三年改选一半，地区参议员任期三年。现任参议长约翰·霍格（John Hogg，工党），2010年10月就职。

【政府】政府由众议院多数党或政党联盟组成，任期三年。本届政府于2010年9月组成，有部长30名，其中20名内阁部长，10名非内阁部长。内阁是政府最高决策机关，主要成员有：总理朱莉娅·吉拉德，副总理兼国库部长韦恩·斯旺（Wayne Swan），外长鲍勃·卡尔（Bob Carr），高等教育、就业、技能和劳资关系部长克里斯·埃文斯（Chris Evans），地区发展、地方政府事务和艺术部长西蒙·克林（Simon Crean），国防部长斯蒂芬·史密斯（Stephen Smith），财政和减少管制部长黄英贤（Penny Wong），总检察长罗伯特·麦克莱兰（Robert McClelland），资源、能源和旅游部长马丁·弗格森（Martin Ferguson），贸易部长克雷格·埃默森（Craig Emerson）。

【行政区划】全国划分为6个州和2个地区。6个州分别是新南威尔士、维多利亚、昆士兰、南澳大利亚、西澳大利亚、塔斯马尼亚；2个地区分别是北方领土地区和首都地区。各州有州督、州议会、州政府和州长。

【司法机构】最高司法机构是联邦最高法院，对其他各联邦法院、州法院、地区法院具有上诉管辖权，并对涉及宪法解释的案件作出决定，由1名首席大法官和6名大法官组成。现任首席大法官罗伯特·申顿·弗伦奇（Robert Shenton French），2008年9月就职。除高等法院外，全国还设有联邦法院和家庭法院。各州设最高法院、区法院和地方法院。首都地区和北领地只设最高法院和地区法院。

【政党】有大小政党几十个，主要政党有：

（1）澳大利亚工党（Australian Labour Party）：执政党。成立于1891年，为澳最大政党，与工会关系密切，工会会员多为其集体党员。自1940年以来曾11次执政。2007年11月，工党在联邦大选中获胜，时隔11年后重新执政。2010年9月在大选中获胜蝉联执政。领袖朱莉娅·吉拉德。

（2）自由党（Liberal Party）：反对党。1944年成立，前身是1931年成立的澳大利亚联合党。主要代表工商业主利益，曾多次执政。2007年11月在联邦大选中失利后结束了与国家党连续11年的联合执政。领袖托尼·阿博特（Tony Abbott）。

（3）国家党（National Party）：反对党。成立于1918年，原称乡村党，后称国家乡村党，1982年改用现名。主要代表农场主利益，1996～2007年与自由党联合执政。领袖沃伦·特拉斯（Warren Truss）。

其他小党有澳大利亚民主党、绿党和澳大利亚共产党等。

【重要人物】**昆廷·布赖斯**：总督。1943年生于昆士兰州。1968～1983年任教于昆士兰大学法律系。长期从事社会公益与平等权益工作，1984～1997年，先后就职于澳联邦妇女地位办公室、澳人权和平等机会委员会、澳关爱儿童理事会等。1997年任悉尼大学女子学院院长。2003～2008年任昆州州督。2008年9月就任澳第25任总督。 **朱莉娅·吉拉德**：总理。1961年生于英国。1966年随父母移民澳大利亚。先后就读于阿德莱德大学和墨尔本大学的艺术和法律专业。1998年当选联邦众议员。2001年起先后任反对党工党影子内阁人口和移民事务部长、民族和解与土著人事务部长、卫生部长。2006年12月当选反对党工党副领袖。2007年11月任副总理兼劳资关系、就业和教育部长，成为澳历史上第一位女副总理。2010年6月接替陆克文任工党领袖，并成为澳联邦政府第27任总理及澳历史上第一位女总理。同年9月率领工党在大选中获胜并连任总理。

经　济

后起的工业化国家。农牧业发达，自然资源丰富，盛产羊、牛、小麦和蔗糖，也是世界重要的矿产品生产和出口国。农牧业、采矿业为其传统产业。近年来，制造业和高科技产业发展较快。服务业已成为国民经济主导产业。20世纪70年代以来，进行了一系列经济改革，大力发展对外贸易，经济保持较快增长。2008年之前的17年，经济年均增长率为3.5%，在经合组织国家中名列前茅。受国际金融危机影响，2009年经济增幅有所放缓。但由于澳金融体系稳健，监管严格，宏观经济政策调整空间大，在这次危机中表现好于其他西方国家。矿业处于160年最繁荣时期，但对其他行业造成挤压，经济“双速增长”问题突出。2011年主要经济数据如下：

国内生产总值：约1.5万亿美元。

经济增长率：2.0%。

人均国内生产总值：约6.6万美元。

货币名称：澳元。

汇率：1澳元≈1.0032美元（2012年6月）。

失业率：5.1%（2012年5月）。

通货膨胀率：3.5%。

进出口总额：5742亿美元。

外汇储备：481.3亿美元（2012年6月）。

【资源】矿产资源丰富，至少有70余种。其中铅、镍、银、铀、锌、钽的探明经济储量居世界首位。澳是世界上最大的铝矾土、氧化铝、钻石、钽生产国，黄金、铁矿石、煤、锂、锰矿石、镍、银、铀、锌的产量也居世界前列。澳还是世界最大的烟煤、铝矾土、钻石、锌精矿出口国，第二大氧化铝、铁矿石、铀矿出口国，第三大铝和黄金出口国。已探明的有经济开采价值的矿产蕴藏量包括：铝矾土约53亿吨，铁矿砂146亿吨，黑煤403亿吨，褐煤300亿吨，铅2290万吨，镍2260万吨，银4.14万吨，钽40835吨，锌4100万吨，黄金5570吨。原油储量2270亿升，天然气储量2.2万亿立方米。森林覆盖率21%，天然森林面积约1.63亿公顷（2/3为桉树）。渔业资源丰富，捕鱼区面积比国土面积多16%，是世界上第三大捕鱼区，有3000多种海水和淡水鱼以及3000多种甲壳及软体类水产品，其中已进行商业捕捞的约600种。最主要的水产品有对虾、龙虾、鲍鱼、金枪鱼、扇贝、牡蛎等。

【工业】以制造业、建筑业和矿业为主。2010/2011年度，制造业产值为1119亿澳元，占GDP的9.0%，建筑业和矿业产值分别为950亿澳元和1177亿澳元，分别占GDP的7.0%和9.0%。

【农牧业】农牧业发达，农牧业产品的生产和出口在国民经济中占有重要地位，是世界上最大的羊毛和牛肉出口国。受多年旱灾影响，近年来澳农牧业产量和产值持续下降。2010/2011年度，澳农牧业产值为340亿澳元，约占GDP的3.0%。农业用地4.19亿公顷。主要农作物有小麦、大麦、羊毛、蔗糖、棉花、油料作物、牛羊肉和乳制品等。其中，小麦产量2790万吨，产值71亿澳元；大麦产量810万吨，产值17亿澳元；羊毛产值27亿澳元；牛肉产值78亿澳元；羊肉产值29亿澳元。

【服务业】是澳经济最重要和发展最快的部门。经过30年的经济结构调整，已成为国民经济支柱产业。

2009/2010年度，服务业产值达8452亿澳元，占GDP的65.8%，就业人数超过960万。

【旅游业】2010/2011年度，澳旅游业产值为345.95亿澳元，占国内生产总值2.5%，同比下降0.2%。近年来，海外游客人数总体呈上升趋势，但国内游客仍是旅游业的主导。2010/2011年度，国内游客消费支出719亿澳元，海外游客消费支出236亿澳元。澳旅游资源丰富，著名的旅游城市和景点有悉尼、墨尔本、布里斯班、阿德莱德、珀斯、大堡礁、黄金海岸和达尔文等。

【交通运输】国际海、空运输业发达。悉尼是南太平洋主要交通运输枢纽。交通运输情况如下：

铁路：自20世纪90年代以来，铁路行业进行了公司化和私有化改革。全国铁路总长约4.4万公里。2006/2007年全国铁路共运送乘客6.77亿人次，同比增长5.2%；运送货物6.65亿吨，同比增长3.8%。

公路：全国公路总长80多万公里。2010年，注册机动车辆1606万辆，其中客车1226万辆，轻型货车246万辆，公共汽车8.6万辆。

水运：港口97个，墨尔本为全国第一大港。2009/2010年度，拥有国际海运船只80艘，国际水运货运量8.34亿吨。有5814艘国际海运船只进入澳港口。

空运：2010年，注册飞机14081架。截至2004年有448个注册机场，其中12个国际机场。2009/2010年，国际飞行14.1万架次，客运2562万人次，货运量75.6万吨，国内飞行56.4万架次，客运5176万人次。澳航空业务主要由“快达”（Qantas）、“维珍蓝”（Virgin Blue）和“捷斯达”（Jetstar）航空公司主导。年客流量超过100万人次的国际机场有：悉尼、墨尔本、布里斯班和珀斯。

【财政金融】财政年度为每年7月1日至次年6月30日。2010/2011年度，政府财政赤字515亿澳元，占GDP的4.2%。2011年12月，总储备资产额446.85亿澳元，其中黄金储备约合39.8亿澳元，外汇储备354.5亿澳元，特别提款权45.48亿澳元，在IMF中储备11.56亿澳元。截至2011年10月，净外债总额7405亿澳元，约占GDP的60%。

澳股票市场发达，约54%的成年人持有股票。股票市场由澳股票交易所（ASX）运作，三种传统主要股票指数包括综合普通股指数（All Ordinaries）、综合工业股指数（All Industrials）和综合资源股指数（All Resources）。自2000年4月起，澳股票交易所和标准普尔公司联合推出全新股票指数，以更好地反映投资市场的新变化。新股指主要包括S&P/ASX100、S&P/ASX200和S&P/ASX300三种，其中S&P/ASX200代表本地市场88.2%的资金，被认为可能成为衡量澳股票市场运行状况的最重要指标。目前处于新旧指数共存阶段。

截至2007年6月，共有55家商业银行，澳储备银行为中央银行。国民银行、联邦银行、西太银行、澳新银行为最主要的四大银行，总资产占全部银行资产的50%以上。全国共有25681台自动取款机（ATM）提供银行服务。

【对外贸易】对国际贸易依赖较大。2010/2011年度，外贸总额5742亿澳元，贸易顺差为209亿澳元。澳与130多个国家和地区有贸易关系。目前，澳主要贸易伙伴依次为中国、日本、美国、韩国、印度、新加坡、英国、新西兰、泰国、德国等。近年来商品贸易进出口情况如下（单位：亿澳元）：

	2008/2009	2009/2010	2010/2011
出口额	2847	2995	2975
进口额	2790	2906	2766
差　额	57	89	209

2010/2011年度，澳出口以能矿资源和农牧业产品为主，包括铁矿石、煤、黄金、原油、天然气、铝矾土、铜矿、牛肉、羊毛、小麦等。进口以制成品为主，主要包括摩托车、精炼油、航空器材、药物、通信器材、计算机、公交车、货车等。

【对外投资】20世纪80年代以来，澳在海外投资持续增长。截至2011年6月，海外投资累计达1.25万亿澳元。主要投资对象为美国、英国、新西兰、日本等。

【对外援助】2010/2011年度，澳对外官方发展援助总额约43.62亿澳元，同比增长0.33%。主要集中于巴布亚新几内亚等南太岛国和东南亚部分国家。近年来援助总额变化情况如下（单位：亿澳元）：

	2008/2009	2009/2010	2010/2011
援助额	38.00	38.18	43.62
占GDP（%）	0.33	0.35	0.33

【外国资本】截至2011年6月，外国投资累计2.03万亿澳元。主要来自美国、英国、日本和国际资本市场，主要集中在金融保险、制造、采矿等行业。

【著名公司】澳主要上市企业是：

（1）国民银行（National Australia Bank Ltd.）：最大的商业银行，成立于1858年。1984年成为有限公司。2011年，利润约52.2亿澳元，总资产7540亿澳元，雇用员工约4.46万人。董事会主席迈克尔·钱尼（Michael Chaney），首席执行官卡梅伦·克莱因（Cameron Clyne）。地址：500 Bourke Street，Melbourne，Victoria 3000。

（2）澳大利亚联邦银行（Commonwealth Bank of Australia）：第二大商业银行，也是澳客户人数最多的银行。成立于1912年。2011年，利润约68.35亿澳元，总资产6679亿澳元，雇用员工5.2万人。董事会主席戴维·特纳（David Turner），首席执行官拉尔夫·诺瑞斯（Ralph Norris）。地址：Level 1，48 Martin Place，

Sydney，New South Wales 2000。

（3）西太银行（Westpac Banking Corporation）：澳最老的银行。前身为新南威尔士银行（Bank of New South Wales），成立于1817年，1982年更名。2011年，利润约69.9亿澳元，总资产约为8700亿澳元，雇用员工4万人。董事会主席泰德·埃文斯（Ted Evans），首席执行官盖尔·凯利（Gail Kelly）。地址：Level 25，60 Martin Place，Sydney，New South Wales 2000。

（4）澳新银行（The Australia and New Zealand Banking Group）：成立于1835年。2010年，利润11.3亿澳元，总资产5317亿澳元，雇用员工约4万人。董事会主席约翰·莫舍尔（John Morschel），首席执行官迈克尔·史密斯（Michael Smith）。

（5）必和必拓公司（BHP Billiton Ltd.-Broken Hill Proprietary Billiton Ltd.）：以经营石油和矿产为主的著名跨国公司。BHP于1885年在墨尔本成立。Billiton于1860年成立。2001年6月，两公司合并。2011年，利润约217亿美元，雇用员工4万人。董事会主席雅克·纳泽（Jacques Nasser），首席执行官马里厄斯·克劳伯斯（Marius Kloppers）。地址：180 Lonsdale Street，Melbourne，Victoria 3000。

（6）麦格里集团（Macquarie Group Limited）：成立于1969年，是一家多元化国际金融机构，提供银行、金融顾问及投资服务。2010年3～9月，利润为9.56亿澳元。2010年，总资产3100亿澳元，雇用员工2.3万人。董事会主席凯文·麦卡恩（Kevin McCann），首席执行官尼古拉斯·穆尔（Nicholas Moore）。地址：GPO Box 4294，Sydney NSW 1164。

（7）澳电信公司（Telstra）：澳最大电讯企业。最早成立于1901年，1991年成为有限公司。澳政府分别于1997年、1999年和2006年出售其股票，逐渐将其私有化。目前澳政府控股17%。2011年，利润约32.3亿澳元，总资产379.1亿澳元，雇用员工3.5万多人。董事会主席凯瑟琳·利文斯通（Catherine Livingstone），首席执行官戴维·索迪（David Thodey）。地址：Level 41，242 Exhibition Street，Melbourne，Victoria 3000。

（8）西农集团（Wesfarmers Limited）：澳最大的零售公司之一。前身为西澳州农民合作社，成立于1914年，1984年上市。业务涉及零售、家装、煤矿、保险等广泛领域，2007年收购当时澳最大的零售公司科尔斯公司（Coles）。2011年，利润约19.2亿澳元，总资产408亿澳元。雇用员工22万人，是澳雇员人数最多的私人企业。董事会主席鲍勃·埃夫里（Bob Every），首席执行官理查德·戈伊德（Richard Goyder）。地址：40 The Esplanade，Perth 6000，Western Australia。

（9）力拓集团（Rio Tinto Group）：世界第二大矿业公司，成立于1873年。在全球拥有60多家子公司。2010年，利润约152亿美元，总资产约1124亿美元，雇用员工7.7万人。中国在澳最大投资项目恰那铁矿就是与该公司在西澳的子公司哈默斯利铁矿公司的合作成果。该公司向中国出口铁矿石、铝矾土、氧化铝、铝等矿产品。董事会主席简·杜·普莱西斯（Jan du Plessis），首席执行官汤姆·阿尔班尼斯（Tom Albanese）。集团包括力拓股票上市公司（Rio Tinto plc，总部在英国伦敦）和力拓有限公司（Rio Tinto Limited，总部在墨尔本，地址：Level 33，55 Collins Street，Melbourne，Victoria 3000）。

人民生活

高福利国家，福利的种类多而齐全，主要包括：失业救济金、退伍军人及家属优抚金、残疾人救济金、退休金以及家庭补贴等。2011年4月就业人数1144.6万，失业率4.9%，全职成年职工人均周工资1272.5澳元。截至2007年11月，每千人拥有车辆705辆。

所有永久居民享受全国性的医疗保健待遇，其资金来源于政府税收收入。近年来，政府积极鼓励扩大私人医疗保险。截至2006年6月，约43%的人参加各种私人医疗保险。2009/2010年度，全国共有公立医院756所（其中精神病院19所），拥有床位56478张，平均每千人拥有2.5张。2009/2010年度，私人医院561所，拥有床位27466张，平均每千人1.2张。

军事

总督为武装部队总司令。国防部为军队行政管理机构。国防委员会为三军最高决策机构，主席由国防部长担任。国防军司令为国防部长的首席军事顾问。现任国防军司令安格斯·休斯顿（Angus Houston）上将。

实行志愿兵役制。国防军由陆、海、空三军组成。2009/2010年度，常规军兵力为57697人，预备役兵力为21248人，合计78945人。常规军中，陆军29339人，编成第一师司令部（Headquarters 1st Division）、部队司令部（Forces Command）和特种作战司令部（Special Operations Command）；海军13828人，下辖14个主要海军基地，装备Anzac Class Frigate、Patrol boats、Guided Missile Frigate、Landing Platform Amphibious等各类舰船；空军14530人，下辖11个主要空军基地，装备F/A-18、F-111、AP-3C等各类飞机。截至2009年12月，被派往海外执行任务的共计3228人，包括1550人派往阿富汗参加北约领导的反恐多国部队执行反恐任务，811人派往中东，82人派往伊拉克，654人派往东帝汶，80人派往参加地区援所（所罗门）团等。近年来国防预算情况如下（单位：亿澳元）：

	2009/2010	2010/2011	2011/2012
国防预算	244	257.0	290
占GDP（%）	2	1.8	2

文化教育

【教育】教育主要由州政府负责。各州设教育部，主管本州的大、中、小学和技术教育学院。联邦政府只负责向大学和高等教育学院提供经费，制定和协调教育政策。学校分公立、私立两种，实行学龄前教育、中小学12年义务教育和高等教育，重视并广泛推行职业教育。2010年，全国有小学6357所，中学1409所，中小学连读学校1286所，特殊学校416所。中小学教师28.5万，其中约70%的教师在公立学校任教。2008年，全国共有高校学生106.6万人，其中约100.2万人在公立学校就读，约6.4万人在私立学校就读。2010年，澳高等学校有22.7万国际学生，同比增长7.6%。著名高等院校有国立大学、堪培拉大学、墨尔本皇家理工学院、格里菲斯大学、墨尔本大学、悉尼大学、新南威尔士大学、莫那什大学、默多克大学、麦夸里大学、新州理工学院等。

【新闻出版】有4大报业集团:《先驱报》和《时代周刊》杂志集团、默多克新闻公司、费尔法克斯公司和帕克新闻联合控股公司。其中，默多克新闻公司发展最快，近年来买下了英国的《泰晤士报》和美国的《纽约邮报》，已成为国际性报业集团。主要报刊有:《澳大利亚人报》，发行量约41万份;《每日电讯报》，发行量39.7万份;《悉尼先驱晨报》，发行量约26万份;《世纪报》，发行量约20.2万份;《金融评论报》，发行量约8.5万份;《堪培拉时报》，发行量约4万份。有期刊1400多种，《澳大利亚妇女周刊》是发行量最大的刊物，达80多万份。《公报》周刊（1880年创刊）是最老的刊物之一。

澳大利亚联合新闻社（AAP）是最大通讯社，总部在悉尼，1964年起与路透社结为联社。

有3个广播电视管理机构。(1）澳大利亚广播公司（ABC）：有4个电台网，通过州和地区首府的制作设备向全国播放非商业性广播和电视节目，并为边远地区提供卫星服务；澳大利亚广播电台（Radio Australia）和澳大利亚国际电视台（Australia Television International）向海外播放。年度预算大部分由联邦议会拨款。

（2）澳大利亚通讯和媒体局（Australian Communications and Media Authority）：管理电信、互联网、商业性电台和社区广播，收费并发放许可。全国有商业电台270多家，商业电视台55家。

（3）澳大利亚特别节目广播事业局（Special Broadcasting Service，SBS）：主管SBS电视台和SBS广播电台，由联邦政府资助。SBS电视台是一个多元文化电视台，1980年10月24日联合国日开始工作，除新闻、体育和部分纪录片用英语播送外，其余节目均用澳各移民族裔的语言配英文字幕播送，为非英语背景人士提供了解世界的媒体渠道。

对外关系

【同中国的关系】中澳于1972年12月21日建交以来，双边关系总体发展顺利。1999年江泽民主席访澳期间，双方一致同意建立中澳面向21世纪长期稳定、健康发展的全面合作关系。2003年，胡锦涛主席应邀对澳进行国事访问，就深化中澳全面合作关系与澳领导人达成共识。2006年4月，温家宝总理对澳进行正式访问，与澳领导人就发展中澳21世纪互利共赢的全面合作关系达成共识。2007年9月，胡锦涛主席对澳进行国事访问并出席悉尼亚太经合组织（APEC）领导人非正式会议，与澳领导人就进一步发展中澳互利共赢的全面合作关系达成重要共识。

2010年，双方主要交往有：3月，澳能源资源和旅游部长弗格森访华。4月，澳众议长詹金斯率团访华并出席中澳议会（众院）定期交流机制第二次会议。在京期间，全国人大常委会委员长吴邦国、国家副主席习近平、全国人大常委会副委员长桑国卫分别会见并宴请，全国人大外事委员会副主任委员、中澳友好小组组长查培新与詹共同主持会谈。5月，中央政治局委员、中央军委副主席郭伯雄上将对澳进行正式友好访问，分别会见澳总理陆克文、国防军司令休斯顿、国防部秘书长瓦特等，并与国防部长福克纳会谈。同月，澳贸易部长克林、外长史密斯分别访华并出席上海世博会有关活动。6月，澳总督布赖斯来华出席上海世博会澳国家馆日活动并访问北京，为“澳大利亚文化年”揭幕，国家副主席习近平、国务委员刘延东分别会见。同月，国家副主席习近平对澳进行正式访问，分别会见澳总督布赖斯、总理陆克文、众议长詹金斯、参议长霍格、反对党领袖阿博特等。10月，澳外长陆克文来华出席上海世博会闭幕式并非正式访问北京。11月，国家主席胡锦涛在出席二十国集团领导人首尔峰会期间同澳总理吉拉德简短寒暄。同月，澳副总理兼国库部长斯旺访华。

2011年1月，全国人大常委会副委员长严隽琪访澳。4月，全国政协主席贾庆林对澳进行正式友好访问，分别会见澳总督布赖斯、总理吉拉德、外长陆克文等。4月下旬，澳总理吉拉德对华进行正式访问，国家主席胡锦涛、国务院总理温家宝分别会见会谈。5月，澳外长陆克文非正式访问广东。6月，中澳举行第三次战略对话。11月，国务院总理温家宝在印尼巴厘岛出席第六届东亚峰会期间会见澳总理吉拉德。同月，中澳论坛首次会议在澳举行。

2012年6月，中央政治局委员、广东省委书记汪洋访澳。

双边经贸合作继续保持快速增长。据中国海关总署统计，2011年，中澳双边贸易额为1166.3亿美元，同比增长32%。其中，中国进口额为827.2亿美元，同比增长35.3%；出口额为339.1亿美元，同比增长24.6%。澳是中国第八大贸易伙伴、第七大进口来源地和第十大出口市场。据澳方统计，2011年，中澳双边贸易额为1143亿澳元，同比增长17%。中国是澳第一大贸易伙伴、出口市场和进口来源地。中国主要从澳进口铁矿砂、氧化铝、煤、羊毛等，主要向澳出口家电、计算机、服装、纺织品、鞋、箱包、玩具等机电和轻纺产品。

国际金融危机以来，中国企业赴澳投资步伐加快，中澳双向投资活跃。据商务部统计，截至2011年底，中国企业累计对澳非金融类直接投资109亿美元，97%集中在采矿和勘探业；澳企业累计在华实际投资项目9862个，实际投资68.5亿美元。2005年5月，中澳启动双边自贸协定谈判。截至2012年3月，共举行了18轮谈判。

中澳两国在科技、文化、教育、旅游等领域交流与合作成果丰硕。目前，中国是澳第三大国际科技合作伙伴。2010年6月，国家副主席习近平访澳期间为江苏大学与澳国立大学共建的"中澳功能分子材料联合研究中心"揭牌。8月2~6日，澳创新工业与科技部在上海世博会澳大利亚馆举办"中澳科技周"及《中澳科技合作协定》签署30周年庆祝活动。2011年4月，吉拉德总理访华期间，双方宣布成立中澳科学与研究基金。中澳签署《教育交流备忘录》和《相互承认高等教育文凭和学位证书协议》等文件。目前，汉语已成为澳第二大语言。双方于2010年6月至2012年6月互办文化年活动。截至2012年6月，中国在澳共开设12家孔子学院。2011年，中国在澳留学生总数近18.89万人，是澳最大的海外留学生来源国。2011年，澳大利亚访华人数72.6万人次、同比增长9.8%。中国公民首站访澳人数65.2万人次，同比增长19.6%。截至2012年6月，两国已建立82对友好省州和城市关系。

两军保持友好交往。2010年5月，中共中央政治局委员、中央军委副主席郭伯雄上将访澳。9月，澳海军"瓦拉蒙加"号护卫舰访问青岛、湛江，与中国海军军舰进行海上联合搜救演练。同月，由"郑和"号训练舰和"绵阳"号导弹护卫舰组成的中国海军舰艇编队访澳。12月，澳国防军司令休斯顿上将访华，与中央军委委员、中国人民解放军总参谋长陈炳德上将在江苏南通共同举行第13次中澳防务战略磋商。2011年11月，中国人民解放军副总参谋长马晓天上将与澳国防军副司令宾斯金空军中将和国防部副秘书长杰宁斯在悉尼共同主持了中澳第14次防务战略磋商。同月，总参谋长助理戚建国中将访澳。2012年5月，澳海军"巴拉瑞特"号护卫舰访问上海港、6月，澳国防部长史密斯访华。

中国驻澳大利亚大使：陈育明（2010年10月30日递交国书）。馆址：15 Coronation Drive，Yarralumla Canberra A.C.T.2600。电话：（612）62734780（总机），62734785（商务处），62734786（科技处），62734783（领事部），62864351（教育处），62862588（文化处）。传真：62734878。网址：http ://au.china-embassy.org。

澳大利亚驻华大使：孙芳安（H.E. Ms. Frances Adamson，2011年8月16日递交国书）。馆址：北京市东直门外大街21号。电话（010）51404111（总机）；传真：51404230。商务处电话：51404184，51404210；传真：65324606。签证处电话：51404424；传真：51404164。

1972年12月21日，澳大利亚与台湾断交，与台保持民间经济和文化往来，允许台保留设在墨尔本和悉尼的"远东贸易公司"。1981年10月，澳商会在台北设立办事处。1990年11月，澳允许台在堪培拉设"台北经济文化办事处"。澳在台北设"澳大利亚驻台北工商办事处"。2011年澳台贸易额为129亿澳元，台为澳第六大出口市场和第14大进口来源地。

【同美国的关系】澳美于1940年3月6日建交。1951年澳、新（西兰）、美三国签订《澳新美安全条约》后，澳美结为同盟关系。"9·11"事件后，澳启动《澳新美安全条约》，派兵参加美对阿富汗和伊拉克战争。近年来，澳总理、外长、国防部长多次访美。2003年10月，美总统布什访澳。2005年7月，澳美签署澳参与美导弹防御计划谅解备忘录，澳同意美在澳北部建立联合军事训练中心。2006年3月，澳美日三国在华盛顿举行首次外长级战略对话。

2007年12月澳总理陆克文就任后，布什总统打电话表示祝贺。2008年3月、2009年3月和11月，澳总理陆克文三次访美。2010年9月，澳外长陆克文访美。11月，美国国务卿希拉里、国防部长盖茨赴澳举行第25次澳美年度双部长会议。2011年3月，澳总理吉拉德访美。9月，澳外长陆克文、国防部长史密斯访美，与美国国务卿希拉里、国防部长帕内塔举行第26次澳美年度双部长会议，并纪念澳美同盟60周年。11月，澳总理吉拉德赴夏威夷出席亚太经合组织领导人非正式会议，美国总统奥巴马访澳。2012年4月，澳外长卡尔访美。

澳美经贸关系密切。2004年5月，澳美正式签署双边自由贸易协定（FTA），该协定于2005年1月正式生效。2010/2011年度双边贸易额为350亿澳元，美是澳第三大贸易伙伴。

【同日本的关系】澳在对外政策白皮书中称，在亚洲没有其他国家能替代日本对澳经济发展的重要性，澳在日本有重要的经济和安全利益。澳政府将努力确保澳日关系长期保持活力。自1996年起，澳日开始年度首脑会晤并建立"政治、军事"年度磋商机制。2006年3月，日本外相麻生太郎访澳，两国宣布建立"全面战略关系"。2008年1月，澳外长史密斯访日。6月，澳总理陆克文首次访日。12月，澳、日两国外长、国防部长在东京举行第二次年度双部长磋商。2009年5月，日本外相中曾根弘文访澳。12月，澳总理陆克文访日。2010年2月，日本外相冈田克也访澳。2011年4月，澳总理吉拉德访日。2012年5月，澳外长卡尔访日。

2003年7月两国签署了双边贸易和经济框架协

定。2007年4月，澳日启动双边自贸谈判。2010/2011年度，双边贸易额为636亿澳元，日是澳第二大贸易伙伴。

【同朝鲜及韩国的关系】澳关注朝鲜半岛局势，支持朝核问题六方会谈进程，要求朝同意以完全、可核查和不可逆的方式放弃核武器计划。积极参与推动“防扩散安全倡议”。

澳朝于1974年建交，次年断交，2000年复交。2002年朝宣布退出《不扩散核武器条约》(NPT)后，澳停止对朝双边发展援助。2004年8月，澳外长唐纳访朝。2006年朝分别于7月和10月试射导弹和进行核试，澳于9月宣布对朝进行制裁，并于10月宣布加强对朝制裁措施。2007年3月，澳政府派团访朝讨论朝弃核及澳向朝提供能源援助、核安保支持等问题。4月，澳通过联合国向朝提供400万澳元人道援助。澳支持六方会谈进程，支持联合国安理会2006年10月和2009年6月分别通过的第1718号决议和第1874号决议，反对朝发射火箭及进行地下核试验。2010年5月、11月，“天安号”事件、延坪岛炮击事件发生后，除执行联合国对朝制裁外，还实施推迟对朝援助等单方面制裁措施。金正日去世后，澳代理总理斯旺和外长陆克文联合发表声明，呼吁朝鲜保持冷静和克制，以符合本国人民利益的方式行事，同国际社会保持建设性接触。2012年4月，朝鲜发射卫星失败后，澳总理吉拉德、外长卡尔联合发表声明，对朝鲜予以谴责。

澳重视与韩国的经济和安全关系。2000年5月，两国宣布建立外长和贸易部长年度会晤机制。2005年11月，澳总理霍华德赴韩国出席亚太经合组织(APEC)领导人会议。同月，澳外长唐纳访韩。2006年9月，澳农业、渔业和林业部长麦戈兰访韩。2006年12月，韩总统卢武铉访澳。2009年3月，韩总统李明博访澳。5月，澳韩启动双边自由贸易协定谈判。2011年4月，澳总理吉拉德访韩。12月，韩国防部长金宽镇访澳。2010/2011年度，双边贸易额为295亿澳元，韩是澳第四大贸易伙伴。

【同印尼的关系】2002年10月，印尼巴厘岛爆炸事件后，澳与印尼加强反恐合作，两国签订双边反恐合作协定。澳支持印尼民主和经济改革进程、印尼领土完整和主权统一。2005年印度洋海啸灾难后，澳向印尼提供了大量援助。2005年4月，印尼总统苏希洛访澳，与澳签署全面发展两国伙伴关系框架协议。2006年11月，澳外长唐纳访问印尼，与印尼签署“澳大利亚—印尼安全合作框架协议”。2008年6月，澳总理陆克文访问印尼。11月，第九届澳印（尼）部长级论坛在堪培拉举行。12月，澳总理陆克文出席在印尼举行的“巴厘民主论坛”，并宣布向印尼提供10亿美元的紧急财政贷款协助其应对金融危机。2009年10月，澳总理陆克文访问印尼。2010年3月，印尼总统苏西洛访澳。11月，澳总理吉拉德访问印尼，两国发表联合声明，宣布建立“更高水平的全面伙伴关系”。12月，澳外长陆克文出席印尼“巴厘民主论坛”。2011年2月，印尼外长纳塔勒加瓦访澳。10月，首届“澳大利亚—印度尼西亚对话”在印尼举行。11月，首届澳—印尼年度领导人会晤在印尼巴厘岛举行，澳总理吉拉德、印尼总统苏希洛出席。2012年3月，首届澳—印尼外交国防双部长会议在澳举行。2010/2011年度，澳与印尼贸易额为105亿澳元，占澳贸易总额的16.9%。

【同东盟其他国家的关系】澳于1974年同东盟正式建立对话伙伴关系，并先后与马来西亚、新加坡和印尼等主要东盟国家签订了双边或多边安全防务条约。巴厘岛爆炸事件后，澳与东南亚国家加强反恐合作，与印尼、马来西亚、泰国、文莱、柬埔寨、菲律宾签订反恐协定，并与印尼主办了地区反恐会议。澳与东盟的经贸关系发展良好，签署了《紧密经济伙伴关系》协议。2010/2011财年澳与东盟双边贸易额为641.07亿澳元，占澳贸易总额的13.9%。2003年3月，澳与新加坡正式签订双边自由贸易协定(FTA)。2004年7月，澳与泰国完成FTA谈判。2005年4月，澳与马来西亚开始双边FTA谈判。2009年2月，澳、新西兰与东盟签署自由贸易协定。2010年1月，该协定生效。2005年，澳正式加入《东南亚友好合作条约》，澳总理霍华德分别于2005年12月和2007年1月两次出席东亚峰会。2007年11月，澳外长唐纳出席东亚峰会。2009年10月，澳总理陆克文出席在泰国举行的第四届东亚峰会。2010年10月，澳总理吉拉德出席在越南河内举行的第五届东亚峰会。2011年5~7月，澳外长陆克文先后访问泰国、缅甸、印尼和东帝汶。10月，澳宣布向泰国、柬埔寨、越南、老挝、菲律宾等遭受洪灾的国家提供价值515万澳元的人道主义援助。2012年3月，澳外长卡尔访问柬埔寨、越南和新加坡。6月，澳外长卡尔访问缅甸。

【同太平洋岛国的关系】澳认为对南太地区负有特殊责任，维护南太地区稳定、促进岛国经济发展符合澳利益。近年来，澳对南太地区的援助作出调整，由原来的直接预算援助改为项目援助，重点改善岛国政府管理、加强能力建设，督促岛国在良政的基础上实现自给自足。澳呼吁美、日、中等大国更多地分担对南太岛国的援助。2003年7月应所罗门群岛政府要求，澳与新西兰及部分南太岛国对所罗门进行联合军事干预。2003年12月与巴新签署一揽子援助方案，协助巴新政府整治经济、治安等。2004年2月与瑙鲁签署谅解备忘录，澳向瑙鲁提供2250万澳元的一揽子援助计划，帮助瑙摆脱财政危机。澳还提出“联合地区管理”等主张，推动建立南太地区航线和设立地区警察培训中心等。2004年澳联合新西兰推出旨在实现地区和平、和谐、安全与繁荣的“太平洋计划”。所罗门群岛和东帝汶分别于2006年4月和5月发生骚乱后，澳联合地区国家向两国派遣部队和警察以稳定局势。2006年12

月，斐济发生政变，澳与新西兰等国一道对斐实施制裁。2007年12月，陆克文政府执政后对岛国政策进行务实调整，主张与岛国发展积极和谐的关系，承诺投入10亿澳元实施“太平洋发展伙伴计划”，启动与岛国的自贸协定谈判，并积极修复与所罗门、巴新等岛国关系，重申加强地区援所团（RAMSI）和对东帝汶的安全承诺。2009年8月，第40届太平洋岛国论坛领导人会议在澳大利亚凯恩斯举行，通过《凯恩斯契约》。2011年9月，澳总理吉拉德出席第41届太平洋岛国论坛首脑会议，澳外长陆克文访问巴布亚新几内亚。10月，澳外长陆克文访问巴新，巴新总理奥尼尔访澳。2012年3月，澳总督布赖斯赴汤加出席汤加国王图普五世的葬礼，并顺访萨摩亚、图瓦卢、基里巴斯等八个太平洋岛国。4月，澳外长卡尔赴斐济出席太平洋岛国论坛斐济问题部长级联络组会议。

【同新西兰的关系】澳新建有领导人半年度定期互访机制。1983年，澳新签订《进一步密切经济关系协议》，1990年建立双边自由贸易区。近年来两国商讨建立经济共同体，取得一定进展。2009年3月和8月，新总理约翰·基两次访澳。8月，澳、新举行年度“更紧密经济关系”（CER）部长级会议。2011年2月，澳总理吉拉德访新。6月，新总理约翰·基访澳。2012年3月，澳外长卡尔访问新西兰。2010/2011年度，双边贸易额为150亿澳元，新是澳第八大贸易伙伴。

【同欧盟和俄罗斯的关系】澳与欧盟有传统的经济、安全和人文联系。澳与欧盟委员会和欧盟主席国有定期部长级磋商机制。欧盟是澳重要的贸易伙伴和第二大投资伙伴。欧盟对澳投资占澳外资总额的1/3，澳对外投资的1/4在欧洲。2008年4月和10月，澳总理陆克文两次访问欧盟，双方并于10月共同发表《澳大利亚—欧盟伙伴关系框架》宣言。2011年5月，澳外长陆克文访问芬兰、挪威。9月，法国外长朱佩访澳，欧盟委员会主席巴罗佐访澳。10月，英国女王伊丽莎白二世夫妇访澳。11月，澳总理吉拉德赴法国戛纳出席二十国集团峰会。2012年4月，澳外长卡尔访问英国、比利时、马耳他、土耳其。2010/2011年度，澳与欧盟贸易额为563亿澳元，约占澳对外贸易总额的12.3%。澳重视与俄罗斯的关系，希发展与俄的经贸关系，在能源开发、防扩散等领域与俄合作。2006年6月，澳俄就俄加入世界贸易组织（WTO）签署双边协议。2007年，俄总统普京访澳并出席亚太经合组织领导人峰会，此为俄国家元首首次访澳。2012年2月，俄外长拉夫罗夫访澳。2010/2011年度，澳与俄罗斯双边贸易额为15.5亿澳元，占澳对外贸易总额的0.3%。

【同中东国家的关系】澳关注中东安全问题，派兵参与海湾战争、伊拉克战争。希阿以通过和平方式结束冲突。反对伊朗发展核武器，要求伊朗允许对其核设施进行无限制核查。2008年5月，澳总督杰弗里访问以色列。6月，澳外长史密斯访问阿联酋和科威特。陆克文执政后，澳于2008年6月从伊拉克撤出500多名作战部队。2009年3月，伊拉克总理马利基访澳，澳总理陆克文与其会谈，双方发表联合宣言。7月底，澳驻伊部队完成在伊军事任务，除80人继续留在伊负责澳使馆安全保卫外，其余全部撤离。2011年初以来，澳高度关注西亚北非局势，支持西亚北非国家民主变革，但强调变革须以和平、非暴力方式进行，确保民众以和平方式享有言论自由的权利。2011年2~3月，澳外长陆克文先后访问南非、突尼斯、埃及、约旦、以色列、巴勒斯坦、沙特、阿联酋、阿曼等国。11月，澳总理吉拉德访问阿富汗，出席澳驻阿使馆落成仪式。2012年6月，澳外长卡尔访问阿尔及利亚、沙特、阿曼、利比亚等国。

澳看重中东市场潜力，积极推动农牧产品和制成品向中东地区出口。沙特阿拉伯和阿拉伯联合酋长国是澳在中东的主要贸易伙伴。2010/2011年度，澳与阿拉伯国家贸易总额约为115.8亿澳元。

【同拉美国家关系】近年来对拉美投入力度不断增大，积极加强同拉美国家在政治、经贸、人文等领域的交流合作以及在联合国、二十国集团等多边机制中的协调。2008~2009年，澳外长史密斯先后访问墨西哥、秘鲁、巴西、智利、古巴、特立尼达和多巴哥等国。智利、巴西、哥伦比亚外长访澳。2009年，澳与墨西哥、智利、古巴三国签署政治合作谅解备忘录。同年，与智利自由贸易协定生效。同年11月，与加勒比共同体的15个成员国签署谅解备忘录。2010年12月，澳外长陆克文出席在巴西举行的南方共同体市场领导人会议并发表演讲，宣布将在4年内向拉美提供1亿澳元发展援助。2010/2011年度，澳与拉美国家贸易总额为73.6亿澳元。（李旻）

巴布亚新几内亚

国名 巴布亚新几内亚独立国（The Independent State of Papua New Guinea）。

面积 462840平方公里。

人口 706万（2012年）。城市人口占15%，农村人口占85%。98%属美拉尼西亚人，其余为密克罗尼西亚人、波利尼西亚人、华人和白人。官方语言为英语，地方语言820余种。皮金语在全国大部分地区流行，南部的巴布亚地区多讲莫土语。居民中93%为基督教徒，传统拜物教也有一定影响。

首都　莫尔斯比港（Port Moresby），人口约32万（2012年）。

国家元首　英国女王伊丽莎白二世。女王任命总督为其代表，任期六年。迈克尔·奥吉奥（Michael Ogio）2011年2月25日就任巴布亚新几内亚（以下简称“巴新”）第九任总督。

重要节日　独立日：9月16日。

简　况

位于太平洋西南部。西与印度尼西亚的伊里安查亚省接壤，南隔托雷斯海峡与澳大利亚相望。属美拉尼西亚群岛。全境共有600多个岛屿。主要岛屿包括新不列颠、新爱尔兰、马努斯、布干维尔和布卡等。海岸线全长8300公里，包括200海里专属经济区在内的水域面积达240万平方公里。海拔1000米以上属山地气候，其余属热带气候。5~10月为旱季，11~4月为雨季，沿海地区年均气温21.1℃~32.2℃，山地地区比沿海地区低5℃~6℃。年平均降水量2500毫米。

新几内亚高地地区早已有人定居。1511年葡萄牙人发现新几内亚岛。18世纪下半叶，荷兰、英国、德国殖民者接踵而至。1906年英属新几内亚交澳大利亚管理，改称澳属巴布亚领地。德属部分在第一次世界大战中被澳军占领，1920年12月17日国际联盟委托澳管理。1942年被日本占领。1945年联合国将其重新交澳托管。1949年澳将原英属和德属两部分合并为一个行政单位，称“巴布亚新几内亚领地”。1973年12月1日实行内部自治。1975年9月16日独立。迈克尔·索马雷（Michael Somare）为首任总理。

政　治

2007年8月13日，国民联盟党领袖迈克尔·索马雷在第八届议会选举中连任总理，当日宣誓就职。2011年8月2日，反对党联合国民联盟党内部分议员以索马雷总理连续三次缺席议会会议、总理职位出现空缺为由，推动议会举行选举，组成新的联合政府，人民全国代表大会党领袖彼得·奥尼尔（Peter O'Neill）被推选为总理。12月12日，最高法院判决奥尔尼当选无效，恢复索马雷的总理职务，但奥政府不服从法院判决，奥凭借议会多数优势再次当选总理。2012年5月21日，最高法院再次判决奥尼尔当选无效，索马雷为合法总理。5月30日，议会再次选举奥尼尔为总理。6月23日至7月6日，巴新举行新一届大选。

【关于布干维尔和平进程】巴新布干维尔自治区原系北所罗门省，是巴新最大铜矿潘古纳铜矿所在地。由于巴新中央政府、地方政府、开发公司、矿区土地主相互矛盾不断激化，当地民众于1988年开始诉诸武力，关闭了铜矿，并于1990年宣布独立，布危机爆发。2001年6月22日，巴新政府与布干维尔各派就全面解决布问题达成协议，包括布自治、全民公投以及武器处理等内容。8月30日，布干维尔和平协议正式签署，标志着长达12年战争的结束，布开始走上恢复和重建道路。2005年1月，中央政府批准《布干维尔宪法》，5月，布举行自治政府选举。6月，布自治政府正式成立，困扰中央政府长达15年的布问题基本得到解决。自治政府初期集中推动缴械、和平与和解进程。2010年6月，新布干维尔党候选人、巴新前驻华大使约翰·莫米斯（John Momis）在布区第二届选举中当选自治政府主席，当月就职，任期五年。

【宪法】1975年8月15日制定，同年9月15日生效。

【议会】称“国民议会”，一院制。议员109人（2012年大选后议员人数将增至111人），任期五年。本届议会于2007年8月选出。现任议长杰弗里·纳佩（Jeffery Nape）。

【政府】由议会中占多数的政党或政党联盟组阁。内阁对议会负责。除奥尼尔总理外，现内阁其他主要成员有：副总理兼政府间关系部长利奥·戴恩（Leo Dion），国家计划部长查尔斯·埃布尔（Charles Abel），国库部长唐·波利（Don Polye），财政部长詹姆斯·马拉佩（James Marape），外交与移民部长伦宾克·帕托（Rimbink Pato）等。

【行政区划】全国划分为18个省、布干维尔自治区及首都行政区（莫尔斯比港市）。2012年大选后将新增2个省。

【司法机构】设有最高法院、国家法院和地方法院。现任最高法院首席大法官为萨拉莫·英加（Salamo Injia）。

【政党】主要有：（1）奥尼尔领导的人民全国代表大会党（People's National Congress Party），现有议员28名。（2）纳马领导的巴布亚新几内亚党（PNG Party），现有议员25名。（3）波利领导的胜利、传统、实力党（Triumph Heritage Empowerment Party），现有议员21名。（4）索马雷领导的国民联盟党（National Alliance），现有议员13名。另有联合资源党（United Resources Party）、潘古党（Pangu Party）、新一代党（New Generation Party）、人民进步党（People's Progress Party）、美拉尼西亚自由党（Melanesian Liberal Party）等。

【重要人物】迈克尔·奥吉奥：总督。1942年生于巴新布干维尔自治区。曾在巴新和澳大利亚接受高等教育，获澳大利亚行政学院教育管理专业毕业证书。1987~2002年任国会议员，其间先后任公共服务部长、布干维尔事务管理部长、国会副议长、环境与环保部长、林业部长兼副总理兼文化和旅游部长。2007年再次当选国会议员。2007年8月至2011年1月任高教、研究与科技部长。2011年1月14日当选巴新第九任总督，2月25日就任。

经　济

资源丰富，经济落后，许多山区居民仍过着原始部落自给自足的生活。全国人口中近40%生活在国际贫困线（人均1.25美元/天）以下。2011年联合国开发计划署人类发展指数显示，巴新在187个国家中列第153位。矿产、石油和经济作物种植是巴新经济的支柱产业。

近年来，巴新政府集中精力发展经济，制订了《2011~2015年中期发展规划》、《2010~2030年发展规划》、《2050年远景规划》等发展战略规划，为巴新经济社会发展提供了相对稳定的外部政策环境，使巴新经济实现连续10年正增长。目前经济形势处于历史最好水平。2011年国内生产总值经济增长率为8.9%。政府加大吸引外资的力度并取得一定成效，液化天然气项目、拉姆镍矿等投资项目均取得重要进展，为推动巴新经济持续增长发挥了重要作用。但同时，人口增长较快，大量农村人口流向城市，失业率居高不下，社会治安有待改善，广大民众生活依旧艰难。2011年主要经济数据如下：

国内生产总值：127亿美元。

人均国内生产总值：1900美元。

经济增长率：8.9%。

货币名称：基那。

汇率：1基那≈0.4840美元（2012年6月）。

外汇储备：44.4亿美元（2012年4月）。

【资源】金、铜产量分别列世界第11位和第10位，已探明铜矿储量2000万吨，黄金储量3110吨，铜金共生矿储量约4亿吨。石油、天然气蕴藏丰富，原油储量5.76亿桶，天然气探明储量6.25万亿立方英尺，预测储量14万亿立方英尺。此外还有铬、镍、铝矾土等丰富的矿产资源。

【矿业】2010年矿产品出口总额为117.147亿基那。

【林业】热带原始森林覆盖面积3600万公顷，约占国土面积的86.4%，林木总蓄积量为12亿立方米，可采蓄积量为3.6亿立方米。主要出口原木，深加工产品包括家具、胶合板及地板等建筑材料。2010年木材出口总额为6.999亿基那。

【农业】可耕地面积占全国土地的5%。农业人口占全国人口的85%。主要农产品为椰干、可可豆、咖啡、天然橡胶和棕榈油。巴新是太平洋岛国地区最大的椰油和椰干生产国。2010年农产品出口总额为27.495亿基那。

【渔业】1978年宣布200海里专属经济区，捕鱼区扩大至240万平方公里，渔业资源丰富，是南太平洋地区第三大渔区。盛产金枪鱼、对虾和龙虾。金枪鱼年潜在捕捞量30万吨，目前年捕捞量约20万吨，占世界捕捞量的10%及南太地区的20%~30%，主要出口亚洲、美国。其他各类鱼出口1.5万吨以上。2010年巴新渔业出口总额为0.917亿基那。

【旅游业】旅游资源丰富，开发潜力较大。2011年接待外国游客16.4万人次，同比增长14%。

【交通运输】公路：总长约3万公里。

水运：与澳大利亚、日本、新加坡、其他太平洋岛国等国家和地区及中国台湾和香港等地有海运联系。主要港口有莫尔斯比港、莱城和拉包尔等。

空运：巴新最大航空公司为国营的新几内亚航空公司，设有飞往国内主要城市和澳大利亚、新加坡、日本、菲律宾、香港及所罗门群岛的航线，拥有20余架飞机。此外，巴新还有六七家私营航空公司，多经营直升机等小型飞机运输。机场大多为设在偏远地区的小型机场，只有少数机场可停降大型飞机，其中首都杰克逊机场为国际机场。

【财政金融】财政收入主要来源是税收和国际援助。2011年财政收入为82.545亿基那。2012年政府预算总额为105.6亿基那，同比增加13.2%。截至2009年，巴新外债为29.366亿基那。

主要银行有：（1）巴布亚新几内亚银行（Bank of Papua New Guinea）：即巴新中央银行，成立于1973年，负责制定货币政策、监管其他商业银行并发行货币等职能。现任行长为罗伊·巴卡尼（Loi Bakani）。

（2）南太银行（BSP）：占全国市场的60%，政府拥有其25.3%的股份。

此外，巴新还有澳大利亚的澳新银行、西太银行以及马来西亚的五月银行等商业银行。

【对外贸易】贸易在巴新经济中占重要地位。2010年进出口总额246亿基那，其中进口额为93.429亿基那，出口额为152.558亿基那，顺差59亿基那。

主要出口铜、金、矿砂、原木、原油、椰干、椰油、可可、咖啡、棕榈油等初级产品。主要贸易对象国有澳大利亚、日本、新西兰、中国、韩国、英国、新加坡、美国和德国等。

【外国资本】积极鼓励外国投资。主要投资来源国有澳大利亚（占总额近2/3）、马来西亚、新西兰、韩国、日本和美国等。巴新工、矿、林、农、渔各业几乎均为澳、日、英、美等国公司所控制。2008年吸引外资约7.4亿美元。

【外国援助】外援主要来自澳大利亚，占全部外援的近70%。2011~2012财政年度，澳大利亚对巴新援助为4.82亿澳元。提供援助的还有中国、新西兰、日本、美国、英国、韩国、欧盟、联合国开发计划署、世界银行、国际货币基金组织和亚洲开发银行等。援助类别有经济援助、军事援助、教育和卫生援助等。

【著名公司】（1）新几内亚航空公司（Air Niugini）：巴新国营航空公司，成立于1973年，资产总额为1.15亿基那。辟有莫尔斯比港飞往悉尼、布里斯班、凯恩斯、霍尼亚拉、马尼拉、新加坡、东京、香港等多条国际航线和20多条国内航线。负责人：董事会主席Garth McIllwain、首席执行官Wasantha

Kumarasiri。通信地址：P.O.Box 7186，Boroko NCD，PNG。电话：(00675) 3259000；传真：3273482。

(2) 轮船贸易公司（Steamships Trading Company Ltd.）：巴新最大的私营综合性商业公司，创立于1919年。现从事商品批发零售、海运、旅馆、房地产、汽车及配件、肥皂生产和工程施工等业务。负责人：董事会主席W. L. Rothery、经理David H. Cox。通信地址：Champion Parade & Hunter Street，P.O. Box 1，Port Moresby，PNG。电话：(00675) 3220222；传真：3213595。

人民生活

全国有19家医院，240余家诊所。人均寿命62岁，25岁以下人口约占全国人口的40%（2011年）。人口自然增长率为2.7%（2011年）。主要流行病有霍乱、痢疾、肺炎、疟疾等。目前，巴新的性传播疾病和艾滋病发病率在亚太地区居首位。巴新1987年发现首例艾滋病患者，病例年增长率为0.8%（2010年），艾滋病患者4.5万人（2011年）。

文化教育

【**教育**】巴新教育体制分中央、省、地三级。国民识字率不足50%（2011年）。全国有社区中、小学3000多所，在校生约10万人。现有6所大学，主要有巴新大学和巴新科技大学，学生约7780人。另有21所私营城乡国际学校，在校生6000余人。

【**新闻出版**】主要通讯社为官方的巴新国际通讯社。主要报刊有：英文报纸《国民报》（日报，发行量约7万份）、《信使邮报》（日报，发行量约4万份）、《星期日纪事报》（周报，发行量约1万份）和皮金语报纸《同乡报》（周报，发行量约1万份）。巴新国家广播公司（NBC）成立于1975年，下设3个主要电台。EMTV电视台（私营）创建于1987年。巴新国家电视台（NTS）于2008年9月17日开播，主要报道巴新经济社会发展成就和政府在农业、林业、渔业等方面的政策。

军　事

巴新军队创建于1940年，称巴新国防军，现有编制2200人。巴新与澳大利亚签有防务合作协议，澳每年向其提供约4000万澳元军援，并提供军事培训。

对外关系

对外奉行中立政策，主张各国和平相处，增加经济往来与合作，致力于南太平洋地区的和平与稳定。支持联合国在国际事务中发挥积极作用。积极参与国际和地区事务。近年来，巴新政府在继续与澳大利亚、新西兰等南太平洋国家和欧美国家发展传统关系的同时，对东亚和东南亚各国重视程度不断提高。2007年索马雷总理连任后，巴新政府继续大力鼓励出口和吸引外来投资，坚持“以出口带动复苏的经济发展战略”，主张以“有选择性的交往”作为外交政策的主轴，强调“北向政策”，同时把改善与澳大利亚关系作为外交重点，积极“参与南太地区事务”。巴新已同70余个国家建交，是联合国、不结盟运动、亚太经合组织、东盟地区论坛、太平洋岛国论坛、太平洋共同体、美拉尼西亚先锋集团等组织成员，有18个驻外使团。

近年来，巴新外交表现较前活跃。积极出席联合国成立60周年、亚太经合组织、东盟地区论坛、亚非峰会、英联邦和非加太集团部长会议等活动，日益重视在多边外交中发挥作用。利用“热带雨林国家联盟”共同主席国身份，积极谋求在气候变化问题上的发言权。主办了第16届美拉尼西亚先锋集团大会、第五届南太旅游组织（SPTO）大会、SPTO组织部长理事会会议、第35届太平洋岛国论坛会议及第16届非加太——欧盟联合议会大会。

【**同中国的关系**】1976年10月12日两国建交。1980年11月中国在巴新设使馆，1988年巴新在北京设使馆。

近年来，中国同巴新关系稳定发展，双边高层交往频繁。2004年2月，巴新总理索马雷访华，两国发表《联合新闻公报》。2005年9月，全国人大常委会副委员长许嘉璐出席巴新独立30周年庆典。2006年10月，巴新总督马塔内访华。2007年3月，曾培炎副总理访问巴新。2009年4月，索马雷总理访华并出席博鳌亚洲论坛年会。2009年10月，陈炳德总长访问巴新。2009年11月，李克强副总理访问巴新。2010年9月，索马雷总理来华出席第四届夏季达沃斯论坛并访问北京。2011年9月，国务院副总理回良玉过境巴新首都莫尔斯比港。

2003～2008年，胡锦涛主席和索马雷总理每年在亚太经合组织领导人非正式会议期间举行会晤。2005年4月，胡锦涛主席在出席雅加达亚非峰会期间会见索马雷总理。2006年4月，温家宝总理在斐济出席“中国—太平洋岛国经济发展合作论坛”首届部长级会议期间会见索马雷总理。

两国经贸、经济技术、文化、农业、卫生、渔业等各领域合作不断加强。中冶集团与巴新方合作开发的拉姆镍钴矿项目于2006年11月奠基。2007年11月，两国签署《关于中国旅游团队赴巴布亚新几内亚旅游实施方案的谅解备忘录》。2008年7月，首届巴新—中国贸易投资洽谈会在巴新首都莫尔斯比港举行。

据中国海关总署统计，2011年，中巴新贸易额为12.65亿美元，同比增长12%，其中中国出口额为4.53亿美元，同比增长28.5%；进口额为8.12亿美元，同比增长4.5%。

截至2011年底，中国在巴新非金融领域直接投资总额为3.24亿美元。

中国驻巴布亚新几内亚大使：仇伯华。馆址：Sir John Guise Drive，Waigani，Papua New Guinea，P.O. Box 1351，Boroko，PNG。电话：(00675) 3250935（值班）；传真：3258247，3211191（商务处）。网址：

www.chinaembassy.org.pg。电子信箱：chinaemb_pg@mfa.gov.cn。

巴新驻华大使：克里斯托弗·梅罗（Christopher Mero）。馆址：北京市朝阳区塔园外交人员办公楼2单元11层2号。电话：010-65324312，65324709。网址：www.pngembassy.org.cn。

现有华侨、华人约10000人，主要是：1. 当地出生的华人，多数从事批发、超市、房地产和加工业等，资本较大，在巴新社会有一定地位和影响。2. 来自东南亚各国和港台的华人，多经营超市、伐木、捕鱼、餐馆等，生活较富裕。3. 近年来来自中国大陆（主要是福建省）的华侨、华人，大多打工、经营餐馆和小店等。

【同澳大利亚的关系】巴新同澳一直保持着特殊关系，两国领导人互访频繁，每年举行部长级磋商。澳是巴新最大援助国，年援助额超过4亿澳元。2011年，澳对巴新援助金额达到4.82亿澳元。澳也是巴新最大贸易与投资伙伴，澳投资占外国在巴新投资的近2/3。2011年巴新与澳双边贸易额为70亿澳元。在两国“防务合作计划”下，澳向巴新提供包括培训和技术咨询在内的军事援助，双方定期举行联合军演。

2008年3月，澳总理陆克文访问巴新，双方发表了《莫尔斯比港宣言》，签署了《森林碳伙伴协议》。2009年4~5月，巴新总理索马雷访澳。2011年9月，澳外长陆克文访问巴新。同年10月，巴新总理奥尼尔访问澳大利亚。

【同新西兰的关系】两国关系密切。巴新是新西兰最大的援助对象国和在南太地区第三大出口市场。2006年2月，巴新总督马塔内访新；5月，新外长彼得斯访巴新。2007年12月，新外长彼得斯访问巴新，并与巴新外长阿巴尔共同主持两国外长双边磋商。2009年1月，新总理约翰·基、外长麦卡利访问巴新。2009年9月，新总督萨特亚南德访问巴新。2010年4月，巴新总理索马雷访新。2010年8月，巴新国防部长达达埃访新。2011年，新对巴新发展援助额达2700万新元。

【同美国的关系】两国签有防务合作和联合军事演习等协议，巴新允许美军舰停靠其港口。根据与美的《国防安排规划》，巴新派军官赴美进行培训。美向巴新提供大量人道主义援助，为巴新布干维尔重建等提供帮助。“9·11”事件后，巴新政府谴责国际恐怖主义，支持国际反恐行动。

2010年11月，美国务卿克林顿访问巴新。2011年6月，美助理国务卿坎贝尔和太平洋舰队司令威拉德访问巴新。同年10月，美国际开发署太平洋岛国地区办公室在巴新首都莫尔斯比港设立。美目前有100名和平队志愿人员在巴新学校、医院服务。

【同其他太平洋岛国的关系】与所罗门群岛、斐济和瓦努阿图同为美拉尼西亚先锋集团成员国。2007年3月，巴新总理索马雷与所罗门群岛总理索格瓦雷、瓦努阿图总理利尼及斐济临时政府外长奈拉蒂考在瓦首都维拉港签署《美拉尼西亚先锋集团宪章》。

1990年，巴新布干维尔岛“革命军”宣布脱离巴新，成立“布干维尔共和国”，并得到所罗门群岛政府的支持。巴新与所关系因此恶化。2003年以来，巴新与所的关系逐步缓和。2008年1月，所总理西库阿访问巴新。4月，巴新总督马塔内访所。2011年10月，所总理菲利普访问巴新。

【同东盟国家的关系】加强与东盟国家的关系是巴新对外工作的重点之一。近年来，巴新外长一直以观察员身份出席东盟外长会议。1994年，巴新成为东盟地区论坛成员。马来西亚是巴新第二大投资国。印尼、新加坡、菲律宾也有许多私营企业在巴新投资。2007年12月，巴新总理索马雷出席在印尼巴厘岛举行的“气候变化大会”，期间会见了印尼总统苏西洛和新加坡总理李显龙。2009年4月，巴新总理索马雷访问菲律宾。

【同日本的关系】日本是巴新第二大贸易伙伴和第二大援助国。1974年以来，日提供的援助共约32亿基那，年均援助额占巴新接收外国援助总额的24%。近年来，两国政治和经贸关系发展迅速，人员往来增多。2009年5月，巴新总理索马雷赴日本出席第五届日本—太平洋岛国领导人会议。2010年10月，副总理波利赴日本出席第五届日本—太平洋岛国领导人会议部长级会议。2011年3月日本发生强烈地震并引发海啸后，巴新向日捐款1000万基那用于灾后重建。2012年5月，巴新驻日大使代表奥尼尔总理出席在日本冲绳举行的第六届日本—太平洋岛国论坛首脑会议。

【同韩国的关系】韩国是巴新第四大贸易伙伴。2003年12月，韩国海军舰艇编队访问巴新，期间与巴新国防军司令伊劳举行会谈。2004年12月，两国签署协议，韩国向巴新提供2000万基那，用于韦瓦克排水项目。2005年2月，韩国就在巴新投资8200万基那建造乙醇制造厂与巴新签署协议。2006年7月，韩国产资部次官访巴新并签署积极参加巴新能源开发的备忘录。2011年5月，巴新外长波利赴韩国出席首届韩国—太平洋岛国外长会议。

【同欧洲国家的关系】巴新是英联邦成员，同英国签有防务合作协定，英每年向巴新提供约10万美元的援助。法国于1996年12月同巴新签订友好合作框架协议。2006年6月，巴新总理索马雷出席在巴黎举行的第二届法国—大洋洲峰会。2008年7月，索马雷总理访问英国。2012年5月，巴新总督奥吉奥赴英出席女王登基60周年庆典活动。

【同欧盟的关系】欧盟在巴新派有常驻代表。1977年以来，欧盟共向巴新提供超过27亿基那的援助。2006年2月，欧盟与巴新政府签署协定，承诺6年内向巴新提供1.56亿基那的教育援助。2007年11月，迫于欧盟对其金枪鱼和蔗糖增加进口税的压力，巴新与欧

盟签署临时《经济伙伴协议》。欧盟计划于2008~2013年间向巴新提供1.423亿欧元援助。（刘畅）

北马里亚纳群岛

名称 北马里亚纳群岛（The Northern Mariana Islands），拥有美国联邦领土（US Commonwealth Territory）地位。

面积 464平方公里。

人口 44582人（2012年7月预计）。多数属密克罗尼西亚人种，另有少数西班牙人、德国人和日本人。官方语言为英语、查莫罗语、加罗林语。居民主要信奉罗马天主教。人均寿命77.27岁（2012年）。移民人口占人口总数的41.32‰（2012年）。

首府 塞班岛（Saipan Island）。人口62392人（2000年）。

总督 本尼洛·菲特勒尔（Benigno R.Fitlal），契约党，2009年5月1日就任。

重要节日 联邦日：1月8日。

简况

位于北太平洋马里亚纳群岛北部，东距檀香山5300公里，距日本东京2400公里。由14个岛屿组成，其中6个有人居住，主要聚居在塞班岛、罗塔岛和提尼安岛三个大岛上。塞班岛最大，人口38896人。阿格里汗岛最高，3166英尺。北部九个岛火山活动频繁，有几个为活火山。热带海洋气候，温度较高且变化不大，年均气温27℃。

3500年前就有人居住。葡萄牙航海家麦哲伦1521年首次发现该岛，1565年被西班牙占领。1899年西班牙将北马里亚纳卖给德国。一次大战爆发后被日本占领，二次大战期间1944年被美军攻占。联合国1947年将北马里亚纳交美国托管。1972年与美国就未来政治地位进行谈判。1975年同美签署《关于建立北马里亚纳群岛与美利坚合众国政治联盟的条约》（简称《自由联邦条约》），并于同年6月由公民投票通过了该条约。根据该条约，北马里亚纳在政治上同美国合并，享有一定的内政自主权，国防由美国负责。1978年第一位民选总督和第一届政府就职。1986年11月，美国宣布北马里亚纳获得美国联邦地位，居民获得美国公民权。1990年12月，联合国安理会通过终止部分太平洋托管领土托管协定的决议，结束了北马里亚纳群岛的托管地位，北马里亚纳正式成为美国的一个联邦领土，使用美国国旗。

政治

主要党派是民主党、共和党和契约党。共和党人佩德罗·特诺里欧（Pedro A. Tenorio）任驻华盛顿代表。该群岛在夏威夷和关岛设有联络处。政府下设领土和国际事务办公室。北马里亚纳现为南太平洋委员会成员和联合国亚太经社会准成员（associate member）。

【**宪法**】1978年1月1日起实施的自由联邦宪法。实行行政、立法和司法三权分立。国家元首是美国总统，由普选产生的总督和副总督主持政府，另外选举产生驻华盛顿代表。

【**议会**】议会拥有立法权，分参众两院。参议员9人，任期四年；众议员20人，任期两年。本届议会于2009年11月选举产生。

【**司法**】基本上以美国法律为模本，但在海关、工资、移民、税收等方面另行制定了法律法规。法院分为联邦领土最高法院、高级法院和地区法院。

经济

按官方汇率计算，2000年国内生产总值为6.33亿美元，人均12500美元。服务业尤其旅游业是最重要的产业。成衣制造由于享受美国的免税待遇和无配额优惠，自20世纪80年代中以来已成为最大的制造业和出口部门，从业人员约17500人，其中大多数是中国人。20世纪80年代的经济增长导致外国劳工大量涌入。1990年外来人口首次超过常驻居民，该岛议会随即通过限制外籍劳工的法令。经济发展的优势是同美国的特殊关系和地理上同日本的邻近，主要制约因素是基础设施不足和对外籍劳工的依赖。同时，该自由邦联还可享受美国政府向各州提供的联邦资助。流通货币为美元。度量衡除个别例外，实行英制，正逐渐转向实行公制。

【**农渔业**】可耕地占总面积13.04%（2005年），以小农庄为主，主要生产咖啡、可可豆、水果和烟草等。海岸线长1482公里，渔业资源丰富。

【**旅游业**】旅游业受到重视，是其主要外汇收入来源。游客主要来自日本、韩国和中国。50%的居民从事旅游业，产值占国内生产总值约1/4。

【**交通运输**】海上交通方便，塞班、洛塔和提尼安三个岛上都有港口。有五个机场，536公里高速公路。

【**对外贸易**】最大贸易伙伴为美国、日本。2008年，出口额为9820万美元。

文化教育

【**教育**】学校按美国方式运作。共有28所中小学，在校学生11000人（2003年）；大学1所，在校学生3051名（2003年）。

【**新闻出版**】有《马里亚纳观察家》和《马里亚纳评论》等几种周刊和《马里亚纳面面观》、《太平洋每日新闻》等四种报纸。有四家广播电台和两家电视台。有一家互联网服务供应商。（李楷）

法属波利尼西亚

名称 法属波利尼西亚海外领地（Overseas Lands of French Polynesia，Pays d'outre-mer de la Polynésie Fran□aise），简称法属波利尼西亚（French Polynesia，Polynésie française）。

面积 4167平方公里，其中可居住面积3521平方公里。

人口 274512人（2012年7月估计）。波利尼西亚人占78%，华人12%，其余为波—欧、波—亚混血人种、欧裔和其他亚裔人。官方语言为法语和波利尼西亚语（塔希提语）。居民中54%信奉基督教新教，30%信奉罗马天主教，10%信奉其他宗教，6%无宗教信仰。

首府 帕皮提（Papeete），1818年建城，人口约3万人。

高级专员 让—皮埃尔·拉法拉屈克雷（Jean-Pierre Laflaquičre），2012年9月3日就任。

重要节日 7月14日（法国国庆）。

简况

位于太平洋东南部。西与库克群岛隔海相望，西北临莱恩群岛。由118个岛屿和珊瑚礁组成，分属社会群岛（包括向风群岛和背风群岛）、马克萨斯群岛、南方群岛、甘比尔群岛、土阿莫土群岛等五大群岛，其中位于社会群岛的塔希提岛（又译大溪地）最大。属热带雨林气候，炎热潮湿，年均气温26℃，降水量2500～3000毫米。3月气温最高，月均气温28℃；8月气温最低，月均气温20℃。历史上曾多次受到飓风袭击。

公元300年已经有人在此居住。1595年，西班牙人蒙达那登上马克萨斯群岛。此后的三百年间，葡萄牙人、英国人和法国人来到这些群岛并开始争夺所有权。1880年，塔希提岛沦为法国殖民地。至19世纪末，其他岛屿亦被法占领。1946年成为海外属地（territoire d'outre-mer，TOM）。1956年与法国政府达成自治框架协议，1957年正式取用法属波利尼西亚，由总督管理，属地议会和政府委员会协助其工作。1977年开始实行部分自治。1984年起实行内部自治，但法国仍掌管外交、国防和司法权，政府委员会的权力，尤其是商务方面的权力有所增强，法国委派高级专员（Haut commissaire de la République）取代总督，政府委员会改为部长会议，成员由属地议会选出，任期五年。2003年，法属波利尼西亚成为海外领地（collectivité d'outre-mer，COM）。2004年，法国国民议会和参议院通过法案，将法属波利尼西亚提升为共和国内海外领地（pays d'outre-mer au sein de la République，POM），部长会议提升为自治政府，享有自主选举领导人、立法、管理经济社会事务、统辖警务和领海安全事务以及组织公投等权利。

政治

自治政府主席由议会选举产生，由于在议会内各党团实力相近，故近年来政府更迭频繁。2011年和2012年，法波政局相对稳定。

2011年1月7日，高级专员阿道夫·科尔拉（Adolphe COLRAT）离任，亚历山大·罗沙特（Alexandre Rochatte）代理高级专员。同月24日，新任高级专员理查·迪迪埃（Richard Didier）就任。4月1日，议会通过对童桑（Gaston TONG SANG）政府的不信任案（29票对0票），奥斯卡·特马鲁(Oscar TEMARU)第五次出任政府主席。

2012年9月，新任高级专员让—皮埃尔·拉法拉屈克雷就任。

法波在法国国民议会有三个席位（2012年比上届增加一席），在法国参议院有两个席位。现任国民议会议员为爱德华·弗里奇（Edouard FRITCH）、若纳斯·塔于图（Jonas TAHUAITU）和让—保尔·蒂阿伊瓦（Jean-Paul TUAIVA），于2012年6月当选，均属于民主与独立人士联盟党团。现任参议院议员为：加斯东·弗罗斯（Gaston FLOSSE，人民运动联盟），1998年9月当选，2008年9月连任；理查·蒂埃伊阿瓦（Richard TUHEIAVA，独立人士），2008年9月当选。

【**宪法**】实行法国宪法。共和国高级专员是法国总统的代表。

【**议会**】议会（Assemblée de la Polynésie française）的57名议员由6个选区按确定数额通过普选产生，任期五年。每年召开两次大会，21名议员组成常务委员会。本届议会于2008年1～2月选出，"我们的家园"联盟27席，民主联盟党团20席，人民联盟10席。2010年4月，奥斯卡·特马鲁（民主联盟）当选为议会主席。2011年4月，雅克·哈罗德·蒂亚马塔伊·德罗勒（雅基·德罗勒）[Jacques Harold Tiamatahi DROLLET（Jacqui DROLLET），民主联盟]当选为议会主席。

【**政府**】主席（Président de Polynésie française）由议会选举产生，主席提交政府成员名单经过议会批准。

2011年4月，以童桑为主席的政府因议会通过不信任案而下台，随后组成以特马鲁为主席的政府，主要成员有：副主席安东尼·盖罗斯（Antony Géros），财政部长皮埃尔·弗勒博（Pierre Frébault）。

【**网址**】www.polynesie-francaise.pref.gouv.fr（高级专员）；www.presidence.pf（政府主席）；www.

assemblee.pf（议会）。

【**行政区划**】分为向风群岛（塔希提岛等）、背风群岛（腊亚特阿岛等）、南方群岛、马克萨斯群岛、甘比尔—土阿莫土群岛五个区域。

【**司法机构**】设初审法庭、上诉法院和行政诉讼法庭。初审法庭庭长让—路易·蒂奥莱（Jean Louis Thiolet），检察官米歇尔·马罗特（Michel Marotte）；上诉法院院长帕特里克·米肖（Patrick Michaux），总检察长杰克·戈蒂埃（Jack Gauthier）；行政诉讼法庭庭长阿尔弗雷德·布拜（Alfred Poupet）。

【**政党**】主要政党有：

（1）"波利尼西亚，我们的家园"党［O Porinetia To Tatou Ai'a（"Polynesia，Our Home"）］：由加斯东·童桑率领一些脱离"人民联盟"的议员于2007年10月1日创建。反对脱离法国独立。2008年选举时，与一些主张自治的人士组成"我们的家园"［Our Home alliance（To Tatou Aia）］参加议会选举。

（2）服务人民党［Tavini Huiraatira（People's Servant Party）］：前身是1977年由奥斯卡·特马鲁创建的波利尼西亚解放阵线［the Front for the Liberation of Polynesia（FLP）］，1993年改为现名。主张独立，反对核试验。2004年起，与一些政党组成民主联盟［Union for Democracy alliance，UPD（Union pour la Démocratie）］参加议会选举。

（3）人民联盟［Popular Rally（Tahoeraa Huiraatira）］：1977年由加斯东·弗罗斯创建。与法国人民运动联盟关系密切。主张同法国保持联系，实行内部自治。

【**重要人物**】**让—皮埃尔·拉法拉屈克雷**：法属波利尼西亚高级专员。生于1947年8月18日。2009～2011年任法国芒什省省长。2012年9月任现职。　**奥斯卡·特马鲁**：自治政府主席。1944年11月1日生于法阿阿市，其祖父来自中国广东。中学时结识法波独立派领导人让—玛丽·吉巴乌，由此走上争取法波独立的道路。曾在法国海军服役三年，参加过阿尔及利亚战争。退役后一直供职于塔希提海关。1977年创立波利尼西亚解放阵线（后更名为服务人民党）。1983年当选法阿市市长。1986年当选领地议会议员。2004年5月，民主联盟在议会选举中获胜，6月特当选自治政府主席，10月遭议会弹劾被推翻，从而在岛内引发长达数月的政治危机。2005年2月至2006年12月，2007年9月至2008年2月两次任自治政府主席。2009年2～11月，第四次任自治政府主席。2010年4月当选议长。2011年4月，第五次任自治政府主席。　**加斯东·弗罗斯**：法国参议员，前自治政府主席。法国人后裔，1931年6月24日生于塔希提岛。1984年9月至1987年2月为首任法波部长会议主席。1977年创建人民联盟。1991年4月至2004年2月再任部长会议主席。随后成为首任法波自治政府主席直至2004年6月。2004年10月至2005年3月，2008年2～4月又两度任自治政府主席。1986年3月当选法国国民议会议员，1993年3月连任。1998年9月当选法国参议院议员，2008年连任。

经　济

法波是大洋洲地区排在澳大利亚、新西兰、夏威夷和新喀之后的第五大经济体。传统经济以农业为主，工业基础薄弱。20世纪90年代，法国在南太平洋进行核试验导致驻军增加，促使当地建筑业和服务业急剧发展，外来劳务人员大量涌入塔希提岛，自给自足的传统农业经济遭到破坏。旅游业已成为主要经济支柱。经济增长主要得益于法国的财政支持和旅游业的发展。作为太平洋共同体成员，法波政府正努力寻求与亚太国家发展紧密的经贸关系，以促进其出口能力的增长。

地区生产总值：56.5亿美元（2006年）。

人均地区生产总值：21999美元（2006年）。

经济增长率：2.7%（2005年）。

货币：太平洋结算法郎（Comptoirs Francais du Pacifique francs，CFP或XPF）。

汇率：1欧元＝119.3317太平洋法郎（固定汇率），1美元＝90.01太平洋法郎（2010年估计）。

通货膨胀率：1.1%（2007年）。

失业率：11.7%（2005年）。

【**资源**】矿藏主要有磷酸盐和钴。渔业资源丰富，盛产金枪鱼和珍珠。拥有森林1万公顷。

【**工业**】主要有采矿业、制造业、建筑业。2006年工业产值占地区生产总值的29%。2004年工业产值为655亿太平洋法郎，从业人口占总劳动力的8.2%。制造业产品主要有椰子油、椰干、啤酒、乳制品、香精等。每年生产磷肥约1000万吨。

火力发电为主要能源。帕皮提火力发电厂向波利尼西亚提供75%的用电量。另有水力、风力和太阳能发电站。2009年估计发电总量7.25亿千瓦小时。

【**农业**】农业产值占地区生产总值2.2%。2003年农业产值170亿太平洋法郎，从业人口占总劳动力的4%。主要农产品有：椰子、蔬菜、柑橘、菠萝、香草、咖啡等，大部分供出口。2004年椰子产量为7929吨。

2004年主要畜禽存栏数：猪3万头、牛6500头、鸡14万只；畜产品产量猪肉918吨、牛肉93吨、鸡肉76吨、鸡蛋316万打、牛奶260万升。

2004年捕鱼量为7412吨，其中772吨供出口。人工养殖虾、牡蛎、黑珍珠等。法波是世界上第一大黑珍珠产地，2004年产量为8927公斤，出口额达108.8亿太平洋法郎，占全球市场1/4的份额。日本和中国香港是其黑珍珠的主要出口地。

【**服务业**】2005年产值占地区生产总值的76.1%。旅游业为主要经济部门，2004年接待游客21.2万人次，旅游收入406亿太平洋法郎。游客主要来自美国、法国和日本。有两家旅行社，饭店和家庭旅店共有客房

4606间，另有14处露营地。主要旅游点为塔希提岛。

【交通运输】公路：总长2590公里，其中柏油路1735公里，石面路855公里。

水运：主要港口帕皮提，远洋轮船定期在此停泊。塔希提国际海运代理公司及其他几家海运公司的航线通达新西兰、美国、澳大利亚、美属萨摩亚、新喀里多尼亚、智利、斐济及其他欧洲和亚洲国家。

空运：2010年各岛共有53个机场（其中46个为硬面跑道），直升机场1个，距帕皮提6公里的法阿机场是唯一的国际机场。国际运输由法国、新西兰、澳大利亚、智利、美国等航空公司承担，两家当地航空公司承担各岛间的运输。2005年，国际航线客运量676299人次，货运量12844吨；本地区航线客运量809048人次，货运量3442吨。

【财政金融】2004年财政收入1153亿太平洋法郎，支出906亿太平洋法郎。截至2004年底，公共债务为689亿太平洋法郎，人均负担28万。2003年，法国政府援助额为1447.8亿太平洋法郎。不设收入税、遗产税。

2004年共有13家银行和金融公司。主要银行有：

（1）波利尼西亚银行（Banque de Polynésie SA）：1973年成立。法国兴业银行占80%股份。截至2004年底，总资本13.8亿太平洋法郎，吸收存款1139亿太平洋法郎。下设21个分行。

（2）塔希提银行（Banque de Tahiti SA）：1969年成立。为美国夏威夷银行（占94%股份）和法国里昂信贷银行（占3%股份）所有。截至2004年底，总资本57亿太平洋法郎，吸收存款904.24亿太平洋法郎。下设17个分行。

（3）太平洋社会发展信贷银行（Banque Société pour le Crédit et le Dévelopment en Océanie）：1959年成立，为法国国民银行分行。截至2005年底，总资本170亿太平洋法郎，吸收存款1417.88亿太平洋法郎。下设26个分行。

【对外贸易】主要从法国、美国、澳大利亚等国进口大米、糖、面粉、水泥、石油产品及机械等商品，向中国香港、法国、美国、日本等出口椰油和人工养殖珍珠（占其出口额的82.7%）。2006年进口额和出口额分别为22亿美元和6000万美元。

人民生活

居民享受免费医疗，2007年公立机构有610张病床，私立机构有260张病床。平均每10万人拥有175名医生。2012年估计出生率为15.29‰，死亡率为4.76‰；预期寿命76.39岁，男为74.18岁，女为78.71岁。2004年最低工资标准为12.5万太平洋法郎/月。估计有固定电话和移动电话分别为5.5万部和22.28万部（2011年），互联网用户12万（2009年）。

军　事

防务由法国负责，法国在塔希提岛设有海军基地。1966年起，法国开始在穆鲁罗瓦岛和土阿莫土群岛进行核试验。1975 ～1992年，共进行了135次地下核试验和52次大气核试验。1995年，希拉克总统宣布继续于一年内在法波进行8次核试验。1996年初，波利尼西亚独立科学家小组发表报告，披露法国核试验场有放射性化学物质渗漏到附近海域。法国政府对此予以承认，但否认这些物质对环境造成威胁。法国政府于1998年彻底拆除了核试验场设施，1999年被行政法院判决向波利尼西亚赔偿2.04亿太平洋法郎。

文化教育

【教育】对6 ～14岁儿童实行8年义务教育。教育预算约为600亿太平洋法郎。2004年共有教师5867名，在校中、小学生76714名。另有30余所教会学校。主要高校有法属波利尼西亚大学、波利尼西亚私立高等教育学院、法波综合师范学校等。2003/2004学年，法波大学注册生为2318人。

【新闻出版】主要报刊有：《塔希提快报》，法文日报，1964年创刊，发行量1.5万份；《塔希提海滨快报》，1980年创刊，英文周刊，发行量3500份；《塔希提新闻》，法文日报，1956年创刊，发行量6500份；《今日塔希提》，英文季刊，发行量3000份。

塔希提新闻社：成立于2001年，用英、法双语向外发布新闻文字和图片。

法新社、美国报业联合会、路透社在塔希提设有代表处。

塔希提广播电视台：1951年建立，1965年开播电视节目，每天用法语和塔希提语播放节目。另有1家私人电视公司和6家私人广播电台。

对外关系

外交由法国掌管。法波是太平洋共同体（SPC）、国际工会联合会（ITUC）成员和太平洋岛国论坛（PIF）联系成员。

【同中国的关系】法波素以“南太明珠”著称于世，与中国有着悠久的友好交往。早在19世纪，就有中国人到塔希提创业、定居，积极融入法波社会，参与当地经济发展，成为连接法波与中国友好合作关系的桥梁。从2008年9月15日起，法属波利尼西亚正式成为中国公民组团出境旅游目的地。双方人员往来日益频繁，经济、文化、旅游等领域合作取得较快发展。中国“远望”号科学考察船多次在法波停靠补给，受到当地热情友好接待。

近年来，在中法关系深入发展的背景下，中国与法波的关系日益密切。双方人员往来增多，经济、文化、旅游等领域合作取得较快发展。

2011年6月11日，中国国家副主席习近平在出访回国途中经停塔希提岛，会见了法属波利尼西亚高级专员迪迪埃和自治政府主席特马鲁。9月25日，中国国务院副总理回良玉在出访途中经停法属波利尼西亚首府帕皮提。同年6月，深圳艺术团应邀赴法属波利尼西亚进行了慰侨演出。

2012年8月1～3日，全国政协副主席、致公党中央主席、科技部部长万钢率全国政协代表团访问法属波利尼西亚,会见了法波政府主席特马鲁。同年8月，执行环球航行出访及远洋实习训练任务的中国海军远洋航海训练舰“郑和”舰对法属波利尼西亚帕皮提进行了为期四天的友好访问。

2007年9月13日，中国驻帕皮提领事馆开馆。驻帕皮提领馆是中国在法国海外领地的第一个外交机构。馆长：石冠耿领事。地址：RESIDENCE TAINA，PUNAAUIA，BP 4495，PAPEETE，POLYNESIE FRANCAISE。地区号：00689。电话：456179。传真：456201。电子信箱：consulatderpc@hotmail.com。

（布衣）

斐　济

国名　斐济共和国（The Republic of Fiji）。

面积　陆地面积1.8333万平方公里，水域面积129万平方公里。

人口　83.7万（2007年），其中56.8%为斐济族人，37.5%为印度族人。官方语言为英语、斐济语和印地语，通用英语。53%的人信奉基督教，38%的人信奉印度教，8%的人信奉伊斯兰教。

首都　苏瓦（Suva），人口11.2万（2007年）。

国家元首　总统埃佩利·奈拉蒂考（Ratu Epeli Nailatikau），2009年11月就任。

重要节日　独立日：10月10日。

简　况

位于西南太平洋中心，由332个岛屿组成，其中106个有人居住。多为珊瑚礁环绕的火山岛，主要有维提岛和瓦努阿岛等。属热带海洋性气候，常受飓风袭击。年平均气温22℃～30℃。

斐济人世居岛上。1643年荷兰航海者塔斯曼首先来到斐济。19世纪上半叶欧洲人开始移入。1874年沦为英国殖民地。1879～1916年，大批印度人作为英国“殖民制糖公司”的合同工到此种植甘蔗。1970年10月10日独立，并成为英联邦成员。1987年政变后改为共和国，并脱离英联邦。1990年通过新宪法确立国名为“斐济主权民主共和国”。1997年通过宪法修正案，改国名为“斐济群岛共和国”，同年重新加入英联邦。2009年国名改为“斐济共和国”。

政　治

2006年12月5日，军队司令乔萨亚·沃伦盖·姆拜尼马拉马（Josaia Voreqe Bainimarama）宣布接管国家行政权力，并解散政府和议会。2007年1月，斐成立临时政府，姆拜尼马拉马任总理。2009年4月，斐济上诉法院宣布斐临时政府非法，斐总统约瑟法·伊洛伊洛·乌鲁伊温达（Josefa Iloilovatu Uluivuda）随即宣布废除宪法，重新任命姆为临时政府总理，任命奈拉蒂考为斐副总统。7月30日，伊宣布退休，奈任代总统。11月，奈就任斐第四任总统。

【宪法】2009年4月，伊洛伊洛总统宣布废除宪法。7月，斐临时政府总理姆拜尼马拉马宣布“恢复民主路线图”，提出将于2013年9月前完成制定新宪法。2012年3月，斐政府公布制宪时间表，拟于2013年2月完成宪法草案并提交总统批准。

【议会】斐曾设有议会，分参、众议两院，2006年12月政变后被解散。斐还曾设有大酋长委员会（The Great Council of Chiefs），系斐济族行政体系中最高议政机构，该委员会经与总理协商后，享有提名和任命总统、副总统权力。2008年2月，姆拜尼马拉马总理自任大酋长委员会主席。2009年4月后，该委员会再无活动。2012年，经奈拉蒂考总统批准，姆拜尼马拉马总理宣布撤销该委员会。

【政府】2009年4月，伊洛伊洛总统任命斐临时政府新内阁，现有11名成员：总理兼财政、战略规划、国家发展和统计，公共服务，“人民宪章”，新闻、国家档案和图书馆服务，土著事务、省级发展、多民族事务和糖业，土地和矿产资源部长姆拜尼马拉马；总检察长兼司法部长、反腐败部长、公共设施部长、通讯部长、民航部长、旅游部长、贸易和工业部长艾亚兹·赛义德—海尤姆（Aiyaz Sayed-Khaiyum）；妇女、社会福利和扶贫部长吉科·鲁温尼（Jiko Luveni）；外交和国际合作部长伊诺凯·昆布安博拉（Inoke Kubuabola）；教育、国家遗产、文化和艺术部长菲利普·博列（Filipe Bole）；初级产业部长兼代理国防、国家安全和移民部长约凯塔尼·索卡纳辛加（Joketani Cokanasiga）；公共事业（供水及能源）、工程和运输部长蒂莫西·莱西·纳图瓦（Timoci Lesi Natuva）；卫生部长奈尔·夏尔马（Neil Sharma）；地方政府、城区发展、住房和环境部长萨穆埃拉·绍马图阿（Samuela Saumatua）；青年和体育部长维利阿米·瑙波托（Viliame Naupoto）；劳动、产业关系和就业部长乔恩·乌苏马特（Jone Usumate）。

政府网站：www.fiji.gov.fj。

【行政区划】全国分为2个直辖市（苏瓦、劳托卡）、4大行政区（下辖奈塔西里、纳莫西、雷瓦、塞鲁阿、泰莱武、布阿、卡考德罗韦、马库阿塔、坎达武、劳、洛迈维提、姆巴、拉和那德罗加诺沃萨14个省）和罗图马岛。

【司法机构】设最高法院、上诉法院、高等法院和地方法院。最高法院由首席大法官和不超过7名法官组成。2009年4月，伊洛伊洛总统解除了斐所有法院法官职务，后陆续任命了一些高等法院法官（包括首席大法官）和地方法院法官，并从斯里兰卡等国聘用了一些法官。首席大法官为安东尼·盖茨（Anthony Gates）。

【政党】（1）团结的斐济党（United Fiji Party，斐济语缩写为SDL）：2001年5月成立。领袖为前总理莱塞尼亚·恩加拉塞（Laisenia Qarase），主席为索罗莫内·纳瓦鲁（Solomone Naivalu）。该党得到不少斐族基层群众和一些商界人士的支持，主张在促进全国民族和解的同时更多地照顾土著斐族和罗图马族的利益，确保斐族拥有国家的最高权力。曾于2001年和2006年两次执政，2006年12月被政变推翻。2004年9月与中国共产党正式建立党际关系。

（2）斐济工党（Fiji Labour Party）：1985年7月成立。领袖为马亨德拉·乔杜里（Mahendra Chaudhry），代主席为萨茨达·南德·夏尔马（Sacchida Nand Sharma）。该党是在各大工会支持下以印族为主体组成的多民族政党，主要代表中下层印族人利益，在广大印族蔗农、工会成员、部分知识分子和青年中影响较大。曾于1987年和1999年两次执政，后都被政变推翻。2006年5～12月、2007年1月至2008年8月曾先后参与恩加拉塞政府和姆拜尼马拉马领导的临时政府。2005年8月与中国共产党正式建立党际关系。

（3）联合人民党（United People's Party）：1998年成立，原名联合一般党，1999年大选前代表少数种族。2003年12月修改党章，决定向各种族开放并改为现名。领袖为米克·贝多斯（Mick Beddoes）。

（4）民族联盟党（National Federation Party）：1963年成立，为斐第一个印族人政党。成员为印族人，主要代表印族中上层利益。领袖为普莱姆·辛格（Prem Singh），总书记为普拉莫德·雷伊（Pramod Rae）。

（5）民族联合党（National Alliance Party）：又称新联合党（New Alliance Party），2005年4月成立。核心成员为斐前政治家马拉的追随者。该党向各种族开放，主张消除种族政治，实现各种族平等。主席为埃佩利·加尼劳（Ratu Epeli Ganilau）。

（6）保守联盟党（Conservative Alliance Matanitu Vanua Party，简称CAMV）：2001年6月成立，其核心成员包括政变成员斯佩特，最初建党宗旨主张总统和总理职位只能由斐族人担任，基督教应定为官方宗教，2005年之后立场有所松动。在2001年大选中有6名成员担任众议院议员，2006年2月该党解散并入团结斐济党（SDL）参加执政联盟，2008年9月该党成员申请注册重新成为独立政党。现秘书长为罗佩特·西佛（Ropate Sivo）。

（7）民族团结党（Party of National Unity）：1998成立，主席为西区大酋长赛鲁西·纳加加沃卡（Sairusi Nagagavoka），主要代表斐西区尤其是姆巴省斐族人的利益诉求。曾加入斐工党领导的"人民联盟"参与1999年大选，赢得4个众议院席位，2001年大选失去全部席位，但其骨干成员波尼佩特·勒萨乌阿（Ponipate Lesavua）被时任反对党领袖候选人乔杜里任命为参议员。近年来该党活动较少。

【重要人物】**埃佩利·奈拉蒂考**：总统。1941年生于斐济。在斐完成中学学业，后赴新西兰陆军学校学习。1962年加入斐军。1970～1975年分别在斐驻澳大利亚高专署、常驻联合国代表团、斐外交部任职。后历任斐军营长、联合国驻黎巴嫩维和部队营长、斐军总参谋长等职。1982～1987年任斐军司令，获准将军衔。1987年辞去斐军司令职务，此后先后出任斐驻英国等6国大使、负责监督巴新布干维尔和平进程的无任所大使、外交部常秘、副总理、众议长等职。2007年1月任临时政府外交和外贸部长。2009年4月被任命为副总统，7月任代总统，11月正式出任斐第四任总统。已婚，其妻为前总统马拉之女，育有1子1女。 **乔萨亚·沃伦盖·姆拜尼马拉马**：总理、斐济军队司令。1954年4月27日生于斐济。1975～1988年在海军任职，先后被授予少尉、中尉和中校军衔。其间，姆指挥海军完成了汤加、图瓦卢和基里巴斯三国专属经济区的标识工作，在澳大利亚、新西兰、智利和美国等国接受军事培训，并赴西奈半岛执行联合国军事观察员任务。1988～1997年先后任斐海军指挥官、海军司令和上校。1997～2006年先后任斐军参谋长和斐军司令，并被授予准将衔。2006年12月5日发动政变。2007年1月起任临时政府总理。已婚，有6个子女。

经　济

斐济是太平洋岛国中经济实力较强、经济发展较好的国家。制糖业、旅游业和服装加工业曾是国民经济的三大传统支柱。斐重视发展民族经济，强调发展私营企业，建立宽松的政策环境，促进投资和出口，逐步把斐经济发展成"高增长、低税收、富有活力"的外向型经济。近年来，由于国际市场价格下跌和国内产业结构调整等原因，服装加工业已经衰退，制糖业发展面临较多困难，仅旅游业发展较好，采矿业在国家经济中的比重日益增加。2010年以来，斐经济出现缓慢增长势头，2010年实现0.1%的微弱经济增长，2011年经济增长率达到2%，2012年经济增长率预计为2.7%。2010年主要经济数据如下：

国内生产总值：52.43亿斐元。

人均国内生产总值：6183斐元。

国内生产总值增长率：7.2%。

货币名称：斐济元（Fiji Dollar）。

汇率：1美元≈1.83斐元（2012年5月）。

通货膨胀率：8.7%（2011年）。

【资源】森林覆盖面积93.5万公顷，约占全国土地面积的一半，有开采价值的约25万公顷，出产优质硬木和松木。有2个金矿，还有铜、银、铝矾土、石油资源等。渔业资源丰富，盛产金枪鱼。

【工业】以榨糖为主，其次是服装加工、黄金开采、渔产品加工、木材和椰子加工。目前全国甘蔗种植面积为75000公顷，2010年甘蔗压榨量为178万吨，蔗糖产量13.2万吨，主要出口市场为欧盟。

【农业】可耕地面积约28.8万公顷，主要产甘蔗、椰子、香蕉等。小麦全靠进口，大米自给率不足20%。近年来斐政府努力发展多种经营，推广水稻种植。

【旅游业】旅游业较发达，旅游收入约占斐国内生产总值30%左右，是斐最大的外汇收入来源。2011年赴斐游客达67.5万人次。全国约有4万人在旅游部门工作，占就业人数的15%。游客主要来自澳大利亚、新西兰、北美、西欧、日本等国。

【交通运输】斐济为南太地区交通枢纽，水、陆、空交通较发达。首都苏瓦港系重要国际海港，可泊万吨轮。苏瓦的瑙索里机场可起降波音737飞机，楠迪机场可起降波音747等大型客机。

铁路：总长720公里（窄轨），用于运输甘蔗。

公路：总长5300公里，其中沥青路面1340公里。2006年注册机动车6543辆。

水运：注册商船747艘；苏瓦、楠迪、劳托卡、莱维卡为主要国际港口。

空运：斐济太平洋航空公司系国际航空公司，有6架飞机，经营澳、新、日、美、瓦努阿图、萨摩亚、图瓦卢、汤加、所罗门及中国香港等航线。澳、新、马绍尔群岛、加拿大等国航空公司有定期班机停降楠迪国际机场。瑙索里机场主要是国内民航机场。

【对外贸易】长期贸易逆差。主要出口对象为美国、澳大利亚和日本，主要进口来源地为新加坡、澳大利亚和新西兰。主要进口燃料、运输设备、化工产品、食品等，出口原糖、糖蜜、服装、黄金、木材、椰油等。近几年进出口情况如下（单位：亿斐元）：

	2008	2009	2010
总　额	50.71	40.38	50.00
进口额	36.01	28.08	34.50
出口额	14.70	12.30	15.50
差　额	-21.31	-15.78	-19.00

（资料来源：斐济国家统计局）

【外国资本】外资在斐济国民经济中占有重要地位。斐国内市场商业网点主要控制在两家澳跨国公司手中。银行、保险、海运、电信、汽油供应等亦为外资所控制。

【外国援助】外援主要来自澳、日、新、英、法、美、欧盟、联合国开发计划署。

【著名公司】（1）维诺德·帕特尔（五金）公司（Vinod Patel Co. Ltd.）：1962年成立。注册资本85.7万斐元。年营业额4000万斐元。经营五金工具、机电零件、室内装修材料等。负责人尤玛考特·帕特尔（Umakaut S. Patel）。通信地址：Conterpoint，Ratu Dovi Rd，LB. East Suva。电话：（00679）3393111；传真：3340255。

（2）斐济糖业公司（Fiji Sugar Corporation Ltd）：1973年成立。斐政府持股68%，其他股份由法定机构、当地公司和个人持有。公司拥有和管理斐劳托卡（Lautoka）、姆巴（Ba）、拉奇拉奇（Rakiraki）和兰巴萨（Labasa）四大糖厂，主要负责斐蔗糖及其副产品的生产和销售。执行主席阿卜杜尔·可汗（Abdul Khan）。通信地址：Cnr. of Bila & Vidilo Street，3rd Floor Western House，Lautoka，Fiji。电话：（00679）6662655；传真：6664685。

（3）戈卡尔有限公司（Gokal D. & Company Limited）：1962年成立。注册资本10万斐元。年营业额400万斐元。经营电子产品、纺织品、食品进口业务。负责人维诺德·戈卡尔（Vinod B. Gokal）。电话：（00679）3315744；传真：3315758。

（4）Courts Homecentres公司：经营五金、玻璃制品、办公设备、木材等进口业务。首席执行官凯思·柯尔塔特（Keith Coltart）。电话：（00679）3381333；传真：3370483。

军　事

斐济军队全称为“斐济共和国武装力量”（Republic of Fiji Military Forces，RFMF），定名于斐1990年宪法。总统兼任军队总司令，并根据内政部长的建议任命军队司令，军队司令要向总统和内政部长负责。现任军队司令乔萨亚·沃伦盖·姆拜尼马拉马，1999年就任，连任至今。

斐军只有陆军和海军，由正规军和后备军组成。目前军队编制为3586人。海军330人，装备有5艘各类舰艇和巡逻船。斐自1978年起就派遣士兵和警察参与联合国维和任务，截至2011年底已派遣1200多人。2012年国防预算为1.12亿斐元，同比增加520万斐元。

文化教育

【教育】文教事业较其他太平洋岛国发达，适龄儿童入学率达98%以上，每年教育经费约占政府总预算支出的15%。2011年提出建设“知识型社会”的目标，重视发展农村边远地区教育事业。2012年教育预算为2.57亿斐元，同比增加900万斐元。

2009年斐共有注册学校983所，其中小学721所，中学172所，师范学校4所，技校69所，特殊学校17

所。南太平洋大学由12个太平洋岛国政府合办，主校区位于斐首都苏瓦市。另有斐济国立大学、斐济大学等高等院校。

【新闻出版】英文报纸《斐济时报》(Fiji Times)和《斐济太阳报》(Fiji Sun)发行量较大，平均日发行量约4万份。主要杂志有《岛国商务》和《太平洋岛屿》月刊，在南太地区发行，发行量约1万册。中文报纸有《斐济日报》。

斐济广播有限公司(Fiji Broadcasting Corporation Limited)，成立于1985年，是斐全国性的广播网，拥有6个电台，以斐济语、印地语和英语播出。2011年11月，该公司电视台FBC TV正式开播，转播斐国内和韩国、中国、伊朗等国的节目。

斐济电视台(Fiji TV)，由新西兰电视公司、斐济开发银行和私人股东于1993年底成立，现有工作人员(包括记者)约115人，播放3个频道节目。2005年设立面向南太地区的太平洋天空卫星电视节目服务部。

麦电视台(Mai TV)，完全私营的电视台，成立于2006年，2008年正式开播。

对外关系

斐济是太平洋岛国中外交较为活跃的国家。2006年斐政变后，受到澳大利亚、新西兰和一些西方国家制裁，与澳、新等国关系僵冷，提出“向北看”战略，更加重视保持与其他太平洋岛国的传统关系，积极发展同亚洲、非洲和美洲国家的关系，2011年加入“不结盟运动”。

斐是联合国、英联邦、世界贸易组织、太平洋岛国论坛、太平洋共同体、美拉尼西亚先锋集团、非加太集团成员，已与120多个国家建交，斐驻外使团有17个，外国和国际组织常驻斐使团有34个。2009年5月和9月，太平洋岛国论坛和英联邦分别宣布中止斐成员资格。

【同中国的关系】中斐1975年11月5日建交。建交以来，两国关系发展较顺利。1976年中国在斐设大使馆。2001年，斐在北京设立大使馆。

2006年4月4～5日，国务院总理温家宝对斐济进行正式访问，并出席“中国—太平洋岛国经济发展合作论坛”首届部长级会议开幕式。访斐期间，温总理分别与斐总统伊洛伊洛和总理恩加拉塞会见、会谈，就建立和发展“中斐重要合作伙伴关系”达成共识。双方发表联合新闻公报，签署多项合作协议。2009年2月和2010年12月，习近平副主席、刘延东国务委员分别过境斐济。2011年8月，全国政协副主席廖晖访问斐济。同年9月，回良玉副总理过境斐济。

近年来斐方访华的主要有：总统奈拉蒂考(2010年9月底10月初出席中国宁夏国际投资贸易洽谈会和上海世博会中国国家馆日活动，2011年8月出席深圳大运会开幕式)，总理姆拜尼马拉马(2008年8月出席北京奥运会开幕式，2010年5月过境北京、7月底至8月上旬出席上海世博会斐国家馆日活动，2011年10月来华非正式访问，2012年6月出席第十四届浙江投资贸易洽谈会)，外长奈拉蒂考(2007年8月访问，2008年9月出席“中国—太平洋岛国经济发展合作论坛投资、贸易、旅游部长级会议”)，外交和国际合作部长昆布安博拉(2010年10月正式访华，2011年7月访问浙江)，妇女、社会福利和扶贫部长卢韦尼(2011年11月出席“国际妇女与可持续发展论坛”)，初级产业部长兼代理国防、国家安全和移民部长索卡纳辛加(2009年9月出席首次“中国—太平洋岛国农业合作论坛”，2011年4月访问)，地方政府、城区发展、住房和环境部长绍马图阿(2010年8月访问)，警察总监泰莱尼(2009年6月访问)。

2011年，中斐贸易额为1.72亿美元，同比增长34.10%。其中，中方出口额为1.71亿美元，同比增长34.14%；从斐进口额为100万美元，同比增长28.56%。斐系中国在太平洋岛国中第四大贸易伙伴，中国是斐第六大贸易伙伴。

中国驻斐济大使：黄勇。馆址：183 Queen Elizabeth Drive，Suva，Fiji。电话：(00679)3300215；传真：3300950。

斐济驻华大使：泰莱尼(Esala Teleni)。馆址：北京市朝阳区塔园外交人员办公楼1-15-2。电话：(010)65327305；传真：65327253。

【同澳大利亚、新西兰的关系】斐同澳、新有着传统的密切关系。澳、新是斐最重要的贸易伙伴，也是斐第一和第三大援助国。根据《南太平洋区域贸易和经济合作协定》，除糖和服装等少数商品外，斐向澳、新出口单方面享受免税或无限制市场准入待遇。

2006年12月5日斐济政变后，澳、新对斐实施制裁。2011年，斐澳贸易额为4.88亿澳元，其中斐出口额为1.84亿澳元，进口额为3.04亿澳元；斐新贸易额为4.1亿新元，其中斐出口额为0.66亿新元，进口额为3.43亿新元。

【同欧盟、美国的关系】欧盟和美国是斐原糖和农产品的主要出口市场和斐游客及投资的重要来源地。根据《洛美协定》和《科托努协定》，欧盟以3倍于国际市场的价格购买斐糖。斐在比利时和英国设有使馆，法国、英国、欧盟在斐设有使馆。2006年12月斐政变后，欧盟要求斐尽快恢复民主和法治，暂停向斐提供糖业援助资金，并于2007年停止了对斐直接经济援助。

斐美互设使馆。斐重视与美关系，认为美的援助对斐的市场准入和地区竞争具有重要意义，积极推动美、南太联合商务委员会开展活动。2006年12月斐政变后，美对斐实施制裁。2009年斐美贸易额为2.61亿斐元，其中斐出口额为1.35亿斐元，进口额为1.26亿斐元。2008年2月，美国首席助理国务卿帮办戴维斯访斐。

【同日本的关系】近年来，斐日关系发展较快，日已成为斐第二大援助国，每年对斐援助为1300万斐元。自1983年日向斐派出志愿者以来，共有约500人到斐提供志愿服务。斐在旅馆业方面吸收了大量日资。2009年斐日贸易额为1.55亿斐元，其中斐出口额为0.82亿斐元，进口额为0.73亿斐元。

1997年10月、2000年4月、2003年5月，斐总理兰布卡、乔杜里、恩加拉塞先后率团赴日出席第一、二、三届日本—太平洋岛国领导人会议。2005年6月，恩加拉塞总理赴日出席爱知世博会斐济馆日开幕式。2009年5月，斐驻日本大使以政府代表身份参加第五届日本—太平洋岛国领导人会议。2010年10月，斐外长昆布安博拉出席日本—太平洋岛国领导人会议外长会。

【同印度的关系】斐印关系在斐1987年政变后恶化。1997年，斐修改1990年宪法中对印族人的歧视性条款，斐印关系好转。1997年，斐总理兰布卡两次会晤印总理古杰拉尔。1998年，印解除对斐长达10年的贸易禁运。斐对印1998年5月进行的地下核试表示谴责。斐1999年大选后，斐印关系逐步恢复，印于1999年5月在斐重开高专署。2000年斐“5·19政变”后，印一度对斐实施制裁。2004年1月，斐在印设高专署。2005年10月，恩加拉塞总理访印。2008年2月，斐临时政府总理姆拜尼马拉马访印。2008年4月，斐临时政府财长乔杜里访印。2009年4月，姆拜尼马拉马总理再次访印。2012年4月，姆拜尼马拉马总理率团赴印出席第41届国际糖业理事会会议。

【同其他太平洋岛国的关系】斐重视同其他太平洋岛国的传统关系，是太平洋岛国论坛创始会员国。斐与其他太平洋岛国领导人互访频繁。斐曾于2002年7月主办“第三届非加太国家首脑会议”，并多次主办太平洋岛国论坛首脑会议及会后对话会。2008年8月，斐临时政府缺席在纽埃举行的第39届太平洋岛国论坛首脑会议，会议公报称此举“不可接受”。2009年1月，斐出席了在莫尔斯比港召开的太平洋岛国论坛领导人斐济问题特别会议。会议敦促斐在2009年5月1日前确定年内举行大选的时间表，被斐拒绝。7月和8月，美拉尼西亚先锋集团分别在瓦努阿图首都维拉港和斐首都苏瓦举行特别首脑会议和外长会议，与会各国表示理解和支持斐“国家发展和民主路线图”。

2010年7月，美拉尼西亚先锋集团主席、瓦努阿图总理纳塔佩拒绝向斐总理姆拜尼马拉马移交轮值主席职务，斐政府转而在斐举办第一届“接触太平洋”会议。12月，瓦斐双方举行和解仪式，瓦新任总理基尔曼向斐移交轮值主席一职。2011年3月和2012年3月，斐主办美拉尼西亚先锋集团首脑会议。2011年9月，斐举办第二届“接触太平洋”会议。（刘波）

关　　岛

名称　关岛（Guahan，原称Guam），美国海外属地，2010年2月，关岛总督卡马科签署政令，将该岛官方名称改为查莫罗语Guahan。

面积　544平方公里。

人口　185674人（2011年7月）。其中查莫罗人（为西班牙人、密克罗尼西亚人和菲律宾人的混血后裔）约占37.1%，菲律宾人26.3%、其他太平洋岛民11.3%，其他混血后裔9.8%，白人6.9%，其他亚裔6.3%，其他种族2.3%。人均寿命78.34岁（2011年）。英语为官方语言，通用查莫罗语及菲律宾语。85%的居民信奉罗马天主教。1996年，曾有两千多名库尔德难民被暂安置到该岛。

首府　阿加尼亚（Agana）。

总督　埃迪·卡尔沃（Eddie Calvo），2011年3月就任。副总督雷·提诺瑞欧（Ray Tenorio），2011年3月就任。

重要节日　发现日（Discovery Day）：3月的第一个星期一。

简　况

位于西太平洋马里亚纳群岛最南端（为该群岛最大岛屿），夏威夷以西5300公里处，是通向密克罗尼西亚（西太平洋诸岛总称）的门户。热带雨林气候，年均气温26℃。年降雨量2000毫米。常有地震。

1521年麦哲伦环球旅行时抵达关岛。1565年被西班牙人占领。欧洲人在此大肆迫害当地土著（密克罗尼西亚人），使土著人口从1521年的10万多人锐减至1741年的5000多人。1898年美西战争后被割让给美国。1941年被日本占领，1944年美军夺回后成为主要海空军基地，归美海军部管辖。1950年美国通过《关岛组织法》，宣布关岛为美“未合并领土”，赋予关岛地方政府自治权力，归美国内政部管辖。关岛居民有美国公民权，但不能在全美选举中投票。1976年的一项公民投票支持关岛维持与美国密切联系的地位。目前关岛正与美国政府就关岛获得美国联邦领土地位问题进行谈判。1994年，美军将3200英亩土地归还民用，1995年位于中央位置的布里菲尔德空军基地也被交还民用。

政　治

国家元首是美国总统，政府首脑是总督。1969年美众议院通过选举关岛总督的法令，1970年第一任民选总督产生。

总督拥有行政权，每四年普选产生。政府由总督和副总督领导，下设48个行政部门。政党有民主党和共和党（现控制议会），分属美国的民主党和共和党。一院制议会，普选产生，任期两年，从1998年11月起，议会由21人缩减至15人。上次选举于2010年11月2日举行，共和党获得6个议席，民主党获得9个议席。1972年美国会通过法案，同意关岛派遣一名常驻美国会众议院代表，在众院委员会有表决权，但在众院全院大会无表决权。

法院系统包括联邦地区法院和地方高等法院，其中联邦地区法院法官由美总统任命，地方高等法院法官由总督任命（任期八年）。宪法为1950年8月1日生效的组织法案（Organic Act），使用美国国旗。关岛现为国际奥林匹克委员会、南太平洋委员会、万国邮政联盟成员。

经　济　货币使用美元。岛内收入主要依靠旅游业和美军在该岛海空基地的开支。每年游客约100万人次，游客中90%来自日本。服务业是当地的主要产业，其次分别为农业和工业。主要农作物有烟草、水果等。主要工业有建筑、轻工、食品加工、炼油等。新加坡是其最大进口贸易国，自新进口贸易额占总贸易额的50%，其次是韩国和日本，分别占21.4%和14%；日本是其最大出口贸易国，向日出口贸易额占总贸易额的67.2%（2006年）。劳动按购买力平价计算，2005年国内生产总值25亿美元，人均15000美元。有1045公里的高速公路，5个机场。

近年来，由于外来移民大量涌入，威胁到当地查莫罗人地位，限制移民的呼声日高。近来，政府提出要将关岛建成“离岸金融中心”的规划，但其实现与否，同关岛能否取得美国联邦领土地位有很大关系。

军　事　美重要军事基地。美军在关岛的军事用地约27000英亩（包括已归还民用的部分），约占关岛陆地总面积的20%。关岛的安德逊空军基地是美国在太平洋地区的一个重要战略空军基地。美海军在阿加尼亚设有航空站，在阿卜拉港有潜艇基地。美海军陆战队和海岸警卫队在岛上有驻军。2003年，岛上共有美国海空军人员8000人。2000年8月28日，五角大楼证实已于该月月初从本土调防60多枚AGM-86型空射巡航导弹至关岛，这是美国首次在其大陆以外部署这种先进导弹。美海军也开始在关岛就部署攻击核潜艇进行研究。2003年3月美国防部长宣布，为加强对朝鲜周边的防卫和威慑，向关岛派12架B-1和12架B-52重型轰炸机。2006年6月美军在关岛进行了为期5天名为“勇敢之盾”的大规模军事演习。

文化教育　岛上共有各类公立中小学36所，以及若干所私立学校，在校学生约32000人。有两所公立大学和两所私立大学，以公立关岛大学规模最大，有学生2000多人。有16家电台（中波3个，长波11个，短波2个）、3家电视台以及《太平洋每日新闻》、《关岛商业周报》和《关岛论坛报》等7家主要报纸。有76家因特网服务提供商（2006年），约90000人使用互联网。　（胡昌金）

赫德岛和麦克唐纳群岛

名称　赫德岛和麦克唐纳群岛（Heard Island and the McDonald Islands）。

面积　412平方公里。

人口　无常住居民。曾有波利尼西亚人在岛上居住过。现多为探险家到访。

简　况　位于印度洋南部，东北距澳大利亚西澳州珀斯约4000公里，以南约1600公里达南极洲边沿。由赫德岛（Heard Island）、沙格岛（Shag Island）和麦克唐纳群岛（the McDonald Islands）组成，可直通五大洋。

赫德岛是一座直径约为25公里的圆形岛，面积390平方公里。最高点为莫森峰（Mawson Peak），海拔2745米。岛上有一座名为大笨钟（Big Ben）的活火山，是澳大利亚唯一的两座活火山之一。1947年12月26日，英国将该岛主权转交给澳大利亚，该岛成为澳大利亚海外领地。

赫德岛80%被冰雪覆盖，是少数几个未被外来物种影响的南极地区动植物栖息地之一，具有一定科研价值，动物学和地质学探险队多次到此探险。岛上气候寒冷、多风、湿润，年温差4℃左右，冬季气温0℃左右。1991年，关于全球变暖的国际研究在此开展。

麦克唐纳群岛面积约1平方公里，位于赫德岛以西42公里处，由费拉特岛（Flat Island）和麦克唐纳岛（the McDonald Island）组成。地势陡峭，多岩石。岛上有一座活火山，最近一次在2005年8月喷发。

1997年，赫德岛和麦克唐纳群岛被联合国教科文组织定为“世界遗产”。2002年11月，赫德岛和麦克唐纳群岛签署加入了《环境和生物多样化保护法案》。澳大利亚联邦政府可持续、环境、水务、人口和社区部长负责管理赫德岛和麦克唐纳群岛。　（李炅）

基里巴斯

国名　基里巴斯共和国（The Republic of Kiribati）。

面积　陆地面积812平方公里，水域面积350万平方公里。

人口　10万（2010年）。其中90%以上属密克罗尼西亚人种，其余为波利尼西亚人和欧洲移民。官方语言为英语，通用基里巴斯语和英语。居民多信奉罗马天主教和基里巴斯新教。

首都　塔拉瓦（Tarawa），人口约5万（2010年）。

国家元首　总统阿诺特·汤（Anote Tong），2003年7月就任，2007年10月和2012年1月两次连任。

重要节日　独立日：7月12日。

简　况

位于太平洋中部，由33个大小岛屿组成（其中21个岛有常住居民），分属吉尔伯特、菲尼克斯和莱恩三大群岛；是世界上唯一纵跨赤道且横越国际日期变更线的国家。属热带海洋气候。年均气温32℃，年均降水量1600毫米。

3000年前已有马来—波西尼亚语系人定居。公元前14世纪左右，斐济人和汤加人入侵，与当地人通婚，形成基里巴斯民族。1892年吉尔伯特群岛与埃利斯群岛部分岛屿沦为英国“保护地”。1916年被划入“英属吉尔伯特和埃利斯群岛殖民地”（1975年埃利斯群岛分出，改称图瓦卢）。第二次世界大战期间曾被日本侵占。1977年1月1日实行内部自治。1979年7月12日独立，改称基里巴斯。

政　治

在2003年3月，议会通过对政府的不信任案，塞布罗罗·斯托（Teburoro Tito）总统下台。在7月举行的大选中，阿诺特·汤（Anote Tong）以700多票的微弱优势（47.4%∶43.5%）战胜其胞兄和平议事厅党候选人哈理·汤（Harry Tong）当选总统。2007年10月和2012年1月两次蝉联总统。

【宪法】现行宪法是以1977年《吉尔伯特法》为基础制定的，1979年独立后正式生效，故又名“独立宪法”。宪法规定，总统由议会提名，经公民投票选举产生，任期四年，连任不得超过3届。

【议会】一院制，议员任期四年，除总检察长和雷贝岛（Rabi Island）的1名议员由指定产生外，其余议员均由选举产生。议员数量根据人口的变化而变化。2007年，议会通过决议：有居民的岛屿的议员数按人口决定。人口在1500人以下的岛屿产生1名议员，人口在1500～5000人的岛屿产生2名议员，人口在5000人以上的岛屿产生3名议员。本届议会于2011年11月组成，共46个议席。现任议长陶玛蒂·依乌塔（Taomati Iuta），2007年10月首次当选，2012年1月连任。

【政府】总统既是国家元首，又是政府首脑。内阁称部长委员会，成员包括：总统兼外交和移民部长阿诺特·汤，副总统兼工商合作部长塞伊马·奥诺里奥（Teima Onorio），工商合作部长平托·卡蒂亚（Pinto Katia），通信、交通和旅游部长塔贝兰南·蒂梅翁（Taberannang Timeon），卫生和医疗服务部长考图·塞纳瓦（Kautu Tenaua），财政和经济发展部长汤姆·默多克（Tom Murdoch），渔业和海洋资源发展部长斯尼安·赖海尔（Tinian Reiher），莱恩和菲尼克斯岛开发部长塔维塔·塞莫库（Tawita Temoku），劳动和人力资源发展部长布图·巴塞里基（Boutu Bateriki），环境、土地和农业发展部长塔里特·邝（Tiarite Kwong），总检察长斯塔布·塔巴内（Titabu Tabane）。

【网址】http://www.parliament.gov.ki。

【行政区划】共有23个行政区，每个行政区设有委员会，委员会主席为行政机构最高领导人，拥有行政、财政、法院诉讼等权力。

【司法机构】设有高级法院和地方法院。高级法院由首席法官和陪席推事组成。每年有澳大利亚、新西兰法官组成南太平洋巡回高级法官团赴基受理上诉案件。

【政党】主要政党有：

（1）追求真理党（Boutokean Te Koaua Party, BTK）：执政党，领袖为总统阿诺特·汤，目前在议会拥有18个席位。

（2）和平议事厅党（Maurin Te Maneaba Party, MMP）：反对党，领袖为卡马乌里·泰泰（Kamauri T Taitai），目前在议会拥有14个席位。前领袖哈里·汤因该党连续在2003年和2007年大选中失败，于2010年初宣布辞去该党领袖职务。

（3）你好基里巴斯党（Mauri Kiribati Party, MKP）：反对党，2007年成立，当地民众称“中立党”，目前在议会拥有3个席位。

（4）联合同盟党（Karikirakean Tei-Kiribati, KTK）：反对党，于2010年成立，由其他一些小党派联合组成，目前在议会拥有9个席位。

【重要人物】阿诺特·汤：总统。1952年6月11日生于基里巴斯。其父为广东移民汤定凯，母亲为基里巴斯人。阿诺特·汤1974年毕业于新西兰坎特伯雷大学，后就读于伦敦政治经济学院并获经济学硕士。曾先后任职于南太平洋大学、太平洋岛国论坛秘书处、地区航空服务秘书处和英联邦大选监督专家团。1994年当选议员。2003年7月当选总统，2007年10月和2012年1月两次连任。

经　济

经济落后，严重依赖外援，被联合国列为最不发达国家之一。大部分地区为自给自足的原始经济。磷酸盐被开采殆尽后，渔业资源成为基主要经济来源。近年来，基政府不断拓宽外汇收入来源，努力实现经济多样化，鼓励发展小型私人企业、渔业、小规模加工制造业和椰子种植，商品经济有所发展。2010年主要经济数据如下：

国内生产总值：1.67亿美元。

人均国内生产总值：1592美元。

国内生产总值增长率：1.8%。

货币：无本国货币。通用澳元，圣诞岛地区也通用美元。

通货膨胀率：2.8%。

【资源】有丰富的渔业资源。1979年以前产磷酸盐，由英国、澳大利亚、新西兰合股开采，现已枯竭。近海海底有锰、镍等矿藏。

【工业】有一家造船厂，集造船、修船为一体，年营业额约1000万澳元。另有一些小规模的椰子加工、腌鱼、食品、工艺品、家具、服装和皮革制品厂。

【农业】大部分陆地被珊瑚沙层覆盖，仅能生长椰子、香蕉、面包果等少数作物。椰干年产量约1.1万吨，其中出口约1万吨，总产值约700万澳元。近年来由于国际市场不景气和天气干旱等原因，椰干生产和出口均有较大幅度下降。全国无粮食作物和蔬菜种植。

【渔业】渔业资源丰富，主要有金枪鱼、鲷鱼、鲣鱼、海虾等。基捕捞业落后，国内仅有一家小型渔业公司，有5条机动小船，产量有限，当地居民只能进行小规模捕捞。目前，美国、日本、韩国、澳大利亚、新西兰及中国台湾省分别有数十艘渔船在基海域捕捞金枪鱼，这些渔船向基政府缴纳的捕鱼执照费成为基政府主要外汇来源之一。

【旅游业】全国有4家旅馆，其中首都3家：欧什塔依旅馆，80张床位；贝索旅馆，20张床位；梅瑞旅馆，22张床位。基利用其跨越国际日期变更线的地理优势，发展旅游业，提高国际知名度。基最大岛屿圣诞岛是世界上最大的环状珊瑚岛，拥有世界著名的鸟类保护区和潜水场，每年有来自美国、西欧、澳大利亚和新西兰等地的1500多名游客来此观光。

【交通运输】以海运为主，塔拉瓦为主要海、空港。基政府正努力发展岛上公路运输。

公路：总长670公里，全国有机动车约2000辆。

水运：基里巴斯航运公司共有客、货轮10艘，经营各岛间的客、货运业务。

空运：全国有2个国际机场，分设在首都塔拉瓦和圣诞岛，其他小岛还有17个小机场。基里巴斯航空公司共有小型客货机3架，其中2架（包括从中国购买的运12飞机）经营岛屿间航线。斐济太平洋航空公司、瑙鲁航空公司等经营从其他岛国至塔拉瓦的国际航线。

【财政金融】实行“量入为出、节俭财政”政策。国家财政预算收入主要依靠1956年建立的从磷矿开采所得的预算平衡储备基金（RERF）进行平衡，实际从未提取。

基里巴斯银行：成立于1984年，与澳大利亚西太银行合资经营，2001年改为与澳新银行合资经营，基占49%股份，澳新银行占51%的股份。

基里巴斯开发银行：成立于1987年，系基国家银行，主要向私营企业提供贷款。

【对外贸易】主要贸易对象有澳大利亚、新西兰、斐济、日本、美国、中国和欧盟等。1979年以来，由于磷矿枯竭，出口锐减，外贸呈逆差。目前主要出口椰干、海藻及热带观赏鱼。

【外国援助】澳大利亚、日本等发达国家每年向基提供大量赠款，帮助基进行基础设施建设及教育培训等技术合作项目。澳大利亚为基最大外援国，2011/2012年度澳向基提供2820万澳元的援助，2012/2013年度将向基提供3040万澳元的援助。新西兰2011/2012年向基提供了1200万新元的援助。2011~2015年，日本每年将提供120万澳元无偿援助。

人民生活

太平洋岛国地区最贫穷的国家之一。全国大部分地区还未通电。薪水较低，失业率较高。人民生活贫困。实行公费医疗，全国有3所医院，200多张病床，当地和外国医生总共不到20人，护士约130人。首都地区流行肺结核和痢疾。人均寿命为男62岁，女67岁。人口增长率为12.5‰。

军　事

无军队，仅有警察约300名。海上巡逻由澳大利亚1艘巡逻艇负责。

文化教育

【教育】小学和初中实行免费教育。儿童入学率为93%。有公办小学约90所，中学约20所（包括私立学校），技校6所，中等专业学校2所（基里巴斯师范学院和塔拉瓦技术学院）。另有1所与德国人合办的海员培训学校。基每年向国外派留学生和进修生约170人。

【新闻出版】《韦凯拉》[（UEKERA），前译为《生命和智慧之树》] 系政府主办的全国性报纸，为基文和英文混合版，每周二、五出版。

塔拉瓦电台（建于1984年）用基语和英语播音，每天播3次，并出版新闻稿。

基里巴斯电视台（KTV1）由基政府主办，于2004年12月建成，2005年4月正式开播，只有两个频道。每晚播放两个小时的基当地节目，其他时间播放澳大利亚电视台节目。

对外关系　强调维护国家主权和领土完整，反对别国干涉内政和掠夺资源；重视环境安全，呼吁国际社会采取有效措施，防止海平面上升威胁岛国的生存。关心南太平洋地区安全，反对在该地区进行核试验。重视发展对外关系，尤其与南太各国的友好关系。经济因素常为基政府外交决策的首要考虑。基同30多个国家建交，但只在斐济设有外交代表机构，在少数国家设有名誉领事。

是联合国、英联邦、太平洋共同体、太平洋岛国论坛及论坛渔业局、瑙鲁协定等地区组织成员，积极参与相关组织活动，与太平洋岛国论坛合作较密切。

【同中国的关系】中基曾于1980年6月25日建交。2003年基大选，台湾当局重金诱拉和资助阿诺特·汤。汤当选总统后于11月7日宣布基台“建交”。11月29日，中国中止与基外交关系。

2008年，基体育代表团参加北京奥运会。2010年，基同其他太平洋岛国以太平洋联合馆形式参加上海世博会，11月中国派团出席了在基举行的“塔拉瓦气候变化会议”。2011年中基贸易额为1335万美元，同比增长17.2%，其中1326万美元为中方出口。

2010年3月，台湾地区领导人马英九访基。6月，基总统阿诺特·汤访台。2012年5月，阿诺特·汤总统访台出席台湾地区领导人马英九连任就职仪式。2010年台基贸易额为1132万美元，其中台出口904万美元。

【同美国的关系】1979年9月20日，美基签订《友好条约》，并于1983年9月23日交换条约批准书。据此，美放弃对基14个岛屿的主权要求，基允许美保留对其军事设施的排他性使用权和在基经济区的捕鱼权。美有捕鱼船在基作业，并向基派有40多名和平队员。

【同澳大利亚、新西兰的关系】澳、新分别于1981年、1989年在基开设高专署。基十分重视同澳、新，尤其是同澳的关系。基每年从澳进口占基进口总额的一半左右。澳在基一些政府、经济部门派有顾问。澳20余名修女长期在基从事教育、卫生工作。澳每年向基提供项目援助，主要用于基础教育、人力资源开发和公共部门管理等领域，已为基援建了10所中学。2010/2011财年，基澳贸易额为2300万澳元。

【同英国的关系】基受英殖民统治达87年。英原在基设有常驻高专署，1993年撤销，改设管理协调办事处，1998年8月撤销。2002年1月，英重开驻基高专署，2005年3月再次撤销。

【同日本的关系】日本是基最大援助国之一。日在圣诞岛设有卫星地面站，每年向基政府支付35万澳元租金。1996年，日向基提供2200万美元援建基贝索码头。1998年1月，日提供600万美元援建一所中学。1999年，日援基3000万澳元用于修建新贝索港口、集装箱码头工程，900万澳元承建基议会大厦。日本援建的南塔拉瓦岛发电厂于2002年底竣工投产，基本解决了基首都的供电难题。（刘波）

科科斯（基林）群岛

名称　科科斯（基林）群岛［Cocos（Keeling）Islands］。

面积　14平方公里。

人口　600人（2011年）。其中，58%为科科斯马来人，主要在主岛（Home Island）居住；26%为欧洲人，主要在西岛（West Island）居住，多数为短期居住的政府官员。官方语言为英语。当地岛民主要讲英语和马来语的混合方言——科科斯马来语。80%的岛民都是信奉逊尼派的穆斯林。

行政中心　西岛。

行政长官　布赖恩·莱西（Brian Lacy），2009年9月上任。

重要节日　澳大利亚国庆日：1月26日。

简　况　位于距澳大利亚珀斯西北2768公里的印度洋中，由27个岛屿组成，形成两个海拔较低的环形珊瑚礁。气候温和，温度在21℃～32℃，年均降水量2000毫米。

原本无人居住，1609年被东印度公司威廉·基林（William Keeling）船长发现。1826年，亚历山大·黑尔（Alexander Hare）在岛上建立第一个定居点。1857年，英国宣布拥有科岛主权。1878年起被锡兰（现称斯里兰卡）统治。1886年划入海峡殖民地（现新加坡和马来西亚的一部分）。同年，英王把科岛的土地赠与约翰·克卢尼斯·罗斯（John Clunies-Ross）及其继承人。1946年，科岛成为新加坡的属地。

1955年11月，科岛的行政权被移交给澳大利亚联邦政府，划入澳北方领土地区，由来自澳大利亚的代理人担任官方代表。1975年起，澳政府任命一名行政官员，与澳地区服务、领土和地方政府部长一起负责管理科岛。

1977年6月，澳政府买下约翰·克卢尼斯·罗斯在岛上除房产外的全部股权后，公布了对科岛的新政策。1984年10月，澳高等法院裁定，澳政府为获得克卢尼斯·罗斯剩余财产所采取的行动不符合宪法。1993年，克卢尼斯·罗斯家族宣布破产，其财产归澳政府所有。

政　治　1979年7月，科岛成立议会。1984年4月6日，澳政府举行了有联合国观察员参加的公民投票，决定科岛未来的政治地位。大部分岛民赞成科岛并入澳大利亚联邦。从此，岛上居民享有与澳大利亚公民同等的权利和义务。1992年，根据澳西澳州法律成立科岛地方议会。议会每两年召开。1993年第一届地方议会经选举产生，成员7人。新一届议会选举将于2013年举行。澳总检察部以社区公告（Community Bulletins）和政府公告（Government Gazettes）的方式向科岛居民发布信息。2007年3月，澳政府各部门根据“提供服务安排”（Service Delivery Arrangements）向该岛居民提供政府服务。

行政长官由澳总督任命，向澳乡村、地区发展和地方政府事务部部长负责。

经　济　渔业资源丰富。岛民饲养家畜，种植蔬菜、香蕉和巴婆果，但不能自给自足，其他食品、燃料和日用消费品需从澳大利亚进口。椰子是岛上唯一的经济作物。使用澳大利亚货币。

工业以椰干肉生产为主。旅游业规模较小，但增长较快。农产品有蔬菜、香蕉、木瓜和椰子。

出口产品以椰干肉为主。进口主要面向澳大利亚。贸易赤字由澳联邦财政拨款、补助和邮票销售收入（科岛于1979年9月开办邮政业务）来抵消。

【交通运输】每周有一架航班经圣诞岛往返于西岛和澳大利亚珀斯之间，运送旅客和邮件。2010年建成首个机场。每隔4～6周有货船从新加坡和珀斯运送补给。截至2007年，岛上有公路22公里，其中10公里铺有路面。

军　事　由澳大利亚负责。

文化教育　【教育】有两所公立学校分别位于主岛和西岛，主要提供初等教育，西岛为16岁及以上的公民提供中等教育。科科斯马来青少年可依靠奖学金去澳大利亚本土完成高等教育。

【新闻媒体】有一家非商业性广播电台（Radio VKW Cocos），每天用科科斯马来语和英语广播。另有一家电视台，1992年成立，播放印度尼西亚、马来西亚和澳大利亚的卫星电视节目。

对外关系　属澳大利亚海外领地。

（李昊）

库克群岛

国名　库克群岛（The Cook Islands）。

面积　陆地面积240平方公里。

人口　17791（2011年12月），均持新西兰护照。毛利人（属波利尼西亚人种）占92%，欧洲后裔占3%。通用语为库克群岛毛利语和英语。居民69%信奉基督教新教，15%信奉罗马天主教。

首都　阿瓦鲁阿（Avarua），位于拉罗汤加岛（Rarotonga）。

国家元首　英国女王伊丽莎白二世。女王代表弗雷德里克·古德温（Frederick Goodwin），2001年2月9日就任。

重要节日　宪法日（国庆日）：8月4日。

简　况　位于南太平洋，南纬8°～23°，西经156°～167°，属波利尼西亚群岛，由15个岛屿和岛礁组成。属热带雨林气候。年均气温24℃，年均降雨量2000毫米。

毛利人为原住民。1773年，英国海军上校库克船长探险到此地，以“库克”命名。1888年成为英国保护地。1901年成为新西兰属地。1964年在联合国监督下举行全民公决，通过宪法。1965年宪法生效，实行内部完全自治，享有完全的立法权和行政权，同新西兰保持自由联系，防务和外交由新西兰负责，但只有应库克政府要求，新西兰方可采取行动。1989年，新西兰政府致函联合国，声明库克有完全宪法能力自主处理对外关系和签署国际协定，希望国际社会视库克为主权国家。

政　治　2010年11月举行大选，反对党库克群岛党获得议会24个议席中的16席，赢得大选。库克群岛党领袖亨利·普那（Henry Puna）出任总理。

【宪法】1964年立法院批准库克群岛宪法。1965年宪法生效。1981年和1991年两度修改宪法。1994年大选时对国名、国旗、国歌、议会任期和是否保留海外选区进行全民公决，投票结果为维持原状不变。2004年9月大选宣布取消海外议席并将议会任期由原来的五年缩短为四年。

【议会】一院制，由普选产生的24名议员组成立法会议，任期四年。现任议长为杰弗里·亨利（Jeoffery

Henry）。此外，1966年成立酋长院，由代表各岛的20名酋长组成，就土地使用和传统习俗向议会和政府提出建议。现任院长为托乌·特拉维尔·阿里基（Tou Travel Ariki）。

【政府】由议会多数党组成。内阁组成为：总理亨利·普那，副总理兼外交和移民、交通、矿产、自然资源部长汤姆·马斯特斯（Tom Marsters），教育、海洋资源、旅游、珍珠管理、国家人力资源发展部长泰纳·毕晓普（Teina Bishop），财政、经济管理、内政、商业贸易、投资部长马克·布朗（Mark Brown），基础设施和计划、文化发展部长铁里基·希瑟（Teariki Heather），卫生、农业部长南迪·格拉西（Nandi Glassie）。

【司法机构】设高等法院和上诉法院。高等法院由首席法官和另5名法官组成，设民事庭、刑事庭和土地庭。上诉法院有3名法官，其中1名须为新西兰上诉法院或高等法院法官。上诉法院的上诉呈递英国枢密院。1993年5月起，有关土地和首领头衔的案件由岛内法院自行审理，民事和刑事案件仍上诉枢密院。另设有儿童法院审理少年犯罪案。

【政党】主要政党为：

（1）库克群岛党（Cook Islands Party）：执政党。1964年成立，现领袖为亨利·普那。

（2）民主党（Democratic Party）：反对党。1971年成立，现领袖为罗伯特·威格莫尔（Robert Wigmore）。

【重要人物】亨利·普那：总理。生于1949年7月。历任库克群岛政府贸易、劳工、交通和旅游部秘书长。2005年当选马尼希基选区议员，2006年出任库克群岛党领袖，同年落选议员席位。2009年连任该党领袖，2010年重新当选马尼希基选区议员并出任库政府总理。业余从事珍珠养殖，并曾担任南太港口协会主席、库克群岛港口管理局主席等社会职务。

经　济

主要经济来源是旅游业。农业和海洋资源丰富，黑珍珠养殖业发展较快。其他出口商品有：木瓜、鲜鱼、服装等。主要进口商品为机器设备、食品和活畜、工业制成品、燃料和化学品。财政收入较依赖外援。2010年主要经济数据如下：

国内生产总值：2.413亿美元。

经济增长率：0.2%。

人均国内生产总值：2.05万美元。

货币：使用新西兰货币，1新元约合0.77美元（2012年6月）。

通货膨胀率：0.6%（2011年）。

【工业】有水果加工及生产香皂、香水、旅游纪念品的小型工厂若干家，以及加工纪念硬币、邮票、贝壳和手工艺品的作坊。

【农、渔业】出产椰干、香蕉、柑橘、菠萝、咖啡、芋头、芒果和木瓜等。饲养猪、山羊和家禽等。海洋资源丰富，黑珍珠养殖业发展较快。

【旅游业】支柱产业。2011年1~11月游客数量为10.3万人次，新西兰为最大客源国。

【离岸金融业】有4家信托公司为外国资产提供保护，并向外国银行发放银行营业许可证。年获益约1000万新元。

【交通运输】公路：拉罗汤加岛有环岛公路，陆路交通工具主要是汽车和摩托车等。

海运：有3个海港，分别在拉罗汤加岛、艾图塔基岛和彭林岛。拉罗汤加岛的阿瓦蒂乌港可停泊3000吨货轮。拉罗汤加船运公司和库克群岛国家船运公司经营库克群岛与纽埃、新西兰、萨摩亚、汤加之间的定期货运业务。库克群岛水运委员会与另一船运公司负责各岛之间的运输。

空运：拉罗汤加岛上的阿瓦鲁阿国际机场可供波音747飞机起降。艾图塔基岛有一国内机场，另外7个岛仅有飞机跑道。拉罗汤加航空公司经营国内航线。新西兰航空公司、萨摩亚波利尼西亚航空公司有定期航班从拉罗汤加岛飞往奥克兰、洛杉矶、夏威夷等地。2007年4月，拉罗汤加航空公司和塔希提航空公司开通拉罗汤加至塔希提航线，代替此前新西兰航空公司已停运的相应航线。

【对外贸易】2010/2011财年，出口额为520万新元，进口额为4.08亿新元。主要出口商品为鱼类、珍珠、木瓜等。2011年，前四大出口市场为日本、新西兰、美国、澳大利亚。主要进口商品为燃料和化学品、机器设备、工业制成品、食品和活畜。前三大进口来源地为新西兰、澳大利亚、美国。

【外国援助】财政收入主要靠外援，接受外援的60%来自新西兰和澳大利亚。自2004年起，两国联合执行对库克群岛援助，由新西兰国际开发署负责协调。2009/2010财年，库接受外援3000万新元，同比增加43.8%。2011/2012财年，新西兰计划援助库克群岛1900万新元，澳大利亚计划援助库克群岛440万澳元。

欧盟自2002年起援助库克群岛。2002 ~ 2007年，援助总额为260万欧元。截至2001年，亚洲开发银行向库提供优惠贷款逾2460万美元。此外，库还与联合国开发计划署、联合国粮农组织等国际组织开展合作。

军　事

根据1965年宪法，新西兰负责库克群岛国防事务，但需要征得库政府同意。根据《互助行动纲领》，新西兰国防军支持库太平洋巡逻艇行动，潜水训练，小武器使用和安全以及相关搜救协助。该项目一年预算为16.2万新元。新西兰国防军还对库专属经济区进行例行巡逻。

人民生活

实行免费医疗。有8所政府医院，151张病床。

军　事

【教育】对4岁儿童进行学龄前教育，对6 ~ 15岁儿童实行义务教育。有中、小学39所，学生5560人，教师300多人。有一所师范学院。南太平洋大学拉罗汤加分校进行成人高等教育和函授教学。全国仅1%人口是文盲。新西兰为库克群岛学生提供到新西兰、斐济等国学习的奖学金。

【新闻出版】《库克群岛新闻》日报，用英文和毛利文出版；《库克群岛先驱报》，周六出版。

库克群岛电台：用英语和毛利语广播，转播澳大利亚、新西兰电台的国际和地区消息。拉罗汤加还有一家私人电台。

库克群岛电视台：除转播新西兰电视新闻外，主要播放美、澳电视节目。

对外关系

库克群岛不是联合国成员国，与中国、新西兰、澳大利亚、日本、法国、德国、印度、意大利、西班牙、葡萄牙、瑞士、波黑、斐济、伊朗、马来西亚、以色列、瑙鲁、挪威、巴布亚新几内亚、南非、梵蒂冈、泰国、比利时、古巴、牙买加、摩纳哥、东帝汶、土耳其、捷克等国及欧盟建立外交关系。驻外外交机构有：驻新西兰高专署、驻奥克兰总领馆、驻悉尼名誉领事、驻夏威夷名誉领事、驻奥斯陆名誉总领事。除新西兰向库派常驻高专外，澳大利亚、中国、斐济、法国、印度、马来西亚、挪威、巴布亚新几内亚、南非向库派兼任大使或高专，法国、德国、英国和瑙鲁在库设名誉领事。库是联合国开发署、联合国粮农组织、联合国教科文组织、世界卫生组织、世界气象组织、国际民航组织、国际海事组织、亚洲开发银行、国际红十字会等国际组织成员，是英联邦和联合国亚太经社理事会准成员国，是太平洋共同体、太平洋岛国论坛、非加太集团等地区组织成员。

库克群岛与新西兰签有防务、民航等协定，与韩国、挪威签有渔业协定，与美国、法国签有海域边界条约，与法国签有友好合作协定，与斐济签有双边贸易协定。2000年6月，库加入“非加太集团”，与欧盟15国在贝宁签署经济贸易伙伴关系文件“科托努协定”（原洛美协定）。2000年，为加强与欧盟关系，库任命了首任驻欧盟特别代表。8月，库正式签署《中西太渔业公约》。

2009年1月，库总理马鲁雷、副总理马奥阿特、外长拉斯穆森出席在巴新召开的太平洋岛国论坛领导人特别会议。5月，库总理马鲁雷出席在日本北海道召开的日本—太平洋岛国论坛首脑会议。8月，库总理马鲁雷出席在澳大利亚举行的第40届太平洋岛国论坛首脑会议。10月，太平洋岛国论坛部长级会议在库召开。11月，太平洋岛国论坛议会大会在库举行。2010年4月，新西兰—库克群岛联合部长级会议在库召开。8月，库总理马鲁雷出席在瓦努阿图举行的第41届太平洋岛国论坛首脑会议。同月，国际电信联盟太平洋地区会议在库召开。12月，新西兰外长麦卡利访库。2011年3月，库克群岛与日本建交。6月，库克群岛总理普那访问日本。8月，库克群岛总理普那访问新西兰并出席第42届太平洋岛国论坛首脑会议。11月，库克群岛总理普那先后出席在新喀里多尼亚举行的太平洋共同体第七次会议、在夏威夷举行的太平洋岛国领导人会议和在萨摩亚举行的波利尼西亚次区域国家领导人会议。12月，库克群岛与菲律宾建交。2012年1月，库克群岛总理普那出席在阿联酋阿布扎比举行的太平洋岛国领导人加速可再生能源吸收会议。2月，新西兰外长麦卡利访问库克群岛。5月，库克群岛总理普那先后出席在巴巴多斯举行的联合国小岛屿发展中国家能源可持续发展会议和在日本冲绳举行的日本—太平洋岛国论坛首脑会议。6月，库克群岛总理普那出席萨摩亚独立50周年庆祝活动。

【同中国的关系】自1997年7月25日中库建交以来，两国关系发展顺利，各领域交流与合作不断拓展。

1998年11月，库克群岛总理杰弗里·亨利正式访华。

2010年4月，库克群岛总理马鲁雷就青海玉树地震致函胡锦涛主席表示慰问。8月，国家主席胡锦涛致电库克群岛女王代表古德温，对库克群岛宪法日表示祝贺。同月，库克群岛副总理罗伯特·威格莫尔来华出席上海世博会库克群岛国家馆日活动。同月，外交部副部长崔天凯在瓦努阿图出席太平洋岛国论坛会后对话会期间会见库克群岛总理马鲁雷。12月，国务院总理温家宝、外交部长杨洁篪分别致电库克群岛新一届政府总理普那、副总理兼外交和移民部长马斯特斯，祝贺其就任。同月，中国新任驻库克群岛大使徐建国向库克群岛女王代表古德温递交国书。

2011年3月，吴邦国委员长致电祝贺库克群岛议长亨利就任。8月，胡锦涛主席致电库克群岛女王代表古德温，祝贺库克群岛宪法日。同月，广东省文艺代表团赴库克群岛演出，并参加库克群岛宪法日活动。9月，库克群岛总理普那首次非正式访华。10月下旬至11月上旬，库克群岛旅游部长毕晓普出席在昆明举行的中国国际旅游交易会，并访问北京、上海、浙江、广州，深圳，中库签署为期三年的渔业合作协定。11月，库克群岛文化发展部长希瑟率团出席广东国际旅游文化节。

2012年5月，吴邦国委员长就库克群岛议长亨利逝世向库总理普那致唁电。6月，吴邦国委员长致电祝贺库克群岛议长拉特尔就任。

2011年，中库双边贸易额为570.4万美元，同比增长16.5%。其中，中国出口额为496.6万美元，同比增长32.8%；进口额为73.8万美元，同比下降36.1%。

中国驻新西兰兼驻库克群岛大使：徐建国。馆址：2-6 Glenmore Street，Wellington，N. Z.。电话：00-64-4-4749631；传真：4990419。经商处电话：4714101；传真：4714104。（李滟）

马绍尔群岛

国名　马绍尔群岛共和国（The Republic of the Marshall Islands）。

面积　陆地面积181.3平方公里（包括比基尼环礁、埃尼威托克环礁和夸贾林环礁），水域面积213.1万平方公里。

人口　5.32万（2011年），多属密克罗尼西亚人种。马绍尔语为官方语言，通用英语。54.8%的居民为新教徒，25.8%为神召会教徒，8.7%为天主教徒。

首都　马朱罗（Majuro）。

国家元首　克里斯托弗·洛亚克（Christopher J. Loeak），2012年1月当选。

重要节日　宪法日：5月1日。

简　况

位于中太平洋密克罗尼西亚地区。由29个环礁岛群和5个小岛共51225个大小珊瑚岛礁组成。东南面岛礁统称为日出群岛，西北面的统称为日落群岛，两部分中间相隔约208公里。绝大多数人口集中在首都马朱罗和夸贾林（Kwajalein）岛。海岸线长370.4公里。属热带气候，年均气温27℃，年均降雨量为3350毫米，5～11月为雨季，12月至翌年4月为旱季。

16世纪初西方航海者抵此。1788年英船长约翰·马绍尔到此勘察，该群岛由此得名。1886年成为德国的保护领地。一战之初被日本占领，二战中成为日本在太平洋作战的基地。1944～1947年美国对其实行军管。1947年7月，马绍尔群岛被联合国交给美国托管，后与帕劳共和国、北马里亚纳群岛和密克罗尼西亚联邦构成太平洋岛屿托管地的四个政治实体。1983年6月25日与美国正式签署《自由联系条约》（1986年10月21日生效）。根据该条约，马获得内政、外交自主权，安全防务15年内由美国负责，可参加地区组织，但不能参加联合国。1990年12月22日，联合国安理会通过终止部分太平洋托管领土托管协定决议，结束马的托管地位。1991年9月17日，马成为联合国成员。

政　治

2012年1月3日，新一届议会选举克里斯托弗·洛亚克为马绍尔群岛第六任总统。

【**宪法**】1979年3月通过，5月1日生效。宪法规定马绍尔群岛实行总统制。总统为国家元首，也是政府首脑，由议会选举产生。

【**议会**】称国会，一院制，由33名议员组成，任期四年。本届议会于2011年11月大选产生。现任议长唐纳德·卡佩尔（Donald F. Capelle），副议长托马基·朱达（Tomaki Juda），均于2012年1月当选。此外，由12人组成的大酋长委员会，负责就影响习惯法和诉讼程序的问题提出建议。

【**政府**】内阁由总统任命的10名部长组成。本届内阁于2012年1月组成，成员有：总统助理部长托尼·德布勒姆（Tony A. De Brum），外交部长菲利普·马勒（Philip H. Muller），财政部长丹尼斯·莫里斯（Dennis Morris），内政部长威尔伯·海因（Wilbur Heine），卫生部长戴维·卡布亚（David Kabua），教育部长希尔达·海因（Hilda Heine，女），交通通讯部长基恩·莫里斯（Kien Morris），司法部长托马斯·海因（Thomas Heine），资源与发展部长迈克尔·科内利奥斯（Michael Konelios），工程部长山村弘（Hiroshi V. Yamamura）。

【**行政区划**】全国分为33个城镇，主要城镇包括马朱罗、比基尼（Bikini）和夸贾林等。

【**司法机构**】设高等法院和最高法院。总检察长兼任司法部长。2010年6月14日，马内阁任命包括首席大法官沃尔特·埃尔本（Walter Elbon）在内的3名传统权力法官。

【**政党**】主要政党有：

（1）联合人民党（The United People's Party，UPP）：2007年11月由原“我们的岛屿”党（AKA）联合部分独立议员组成的执政联盟。

（2）联合民主党（The United Democratic Party，UDP）：反对党，1999年6月25日成立。

【**重要人物**】**克里斯托弗·洛亚克**：总统。1952年11月生于马绍尔群岛埃林拉普拉普礁岛（Ailinglaplap Atoll）。1985年起当选国会议员。曾先后任司法部长、社会服务部长、教育部长和总统助理部长。2012年1月当选总统。

经　济

经济落后，严重依赖外援，财政预算的60%以上依靠美国及其他国家和地区财政捐助。2006年政府负债总额为9930万美元。2006年以来，政府积极推行国有企业私有化政策，减轻政府债务水平，加大对教育的投入，加强基础设施建设，经济取得一定发展。2010年估计主要经济数据如下：

国内生产总值：1.6294亿美元（2000年不变价格）。

人均国内生产总值：3111美元。

国内生产总值增长率：5.2%。

货币名称：美元。

通货膨胀率：12.9%（2008年）。

失业率：30.9%（2008年）。

【资源】海域面积广大，海底有钴壳和锰结核等矿产资源。部分岛屿蕴藏磷酸盐，渔业资源丰富，海产养殖及捕鱼业有较大发展潜力。

【农业】产椰子、香蕉、芋头、面包果等。近来，渔业生产增幅较大，椰干产量略有增加，由于收购价格提高，产值增幅较大。

【交通运输】以海运为主。

公路：总长152公里。

水运：商船数540艘（每艘注册总吨位在1000吨或以上）。2010年，超过2000艘船舶悬挂马绍尔群岛国旗，马船舶注册量居世界第三。马朱罗为主要港口。来往于澳大利亚和日本的定期远洋客货轮在马经停。马经营的4艘船只航行于国内各主要岛屿之间。

空运：有15个机场（2009年），其中只有4个机场有铺设较好的跑道。主要机场在马朱罗，能起降波音737客机。马绍尔航空公司有定期航班飞往国内许多岛屿和邻近太平洋岛国。美国大陆/密克罗尼西亚航空公司每周有班机来往于檀香山、关岛和马朱罗。

【财政金融】2010年政府财政收入0.67亿美元，主要收入来源为海外援款，占63.1%，支出0.624亿美元。2012年财政预算总额为1.322亿美元，其中美国直接援助占68%。

主要银行：马绍尔群岛银行（Bank of Marshall Islands），系商业银行，成立于1982年11月。

【对外贸易】出口产品结构单一，对外贸易连年赤字，且居高不下。主要贸易伙伴为美国、日本和澳大利亚，其中马美贸易额占马贸易总额的一半以上。

主要出口冷冻鱼、椰油、椰饼、手工艺品，进口食品、燃料、烟草、建材、汽车和机械设备。主要进口来源有美国、日本、澳大利亚、新西兰、中国等。2008年，马外贸总额为9880万美元，其中出口额为1940万美元，进口额为7940万美元。

【外国援助】主要援助方有美国、日本、欧盟和中国台湾地区，其中美国援助最多，台湾位居第二。日本以项目援助为主。

【著名公司】（1）罗伯特·赖默斯公司（Robert Reimers Enterprises）：1960年成立。资本额2000多万美元。经营批发、零售、饭店、餐馆、建筑材料、汽车和零部件、海水淡化饮用水、国际航运代理、出租办公用房、海产品养殖以及与旅游有关的租船、潜水、垂钓等业务。负责人罗伯特·赖默斯（Robert Reimers）。通信地址：P.O.Box 1，Majuro，MH 96960。

（2）太平洋国际公司（Pacific International Inc.）：1967年成立。资本额1000万美元。经营建筑材料、重型机械修理、旅行社、保险公司、汽车和楼宇出租等业务。负责人杰里·克雷默（Jerry Kramer）。通信地址：P.O.Box 6，Majuro，MH 96960。

人民生活

首都和伊拜岛各有一所医院，共有病床113张，医护人员约120名。

2008年固定电话注册用户4400户，手机用户1000户，互联网用户1000户。2010年初，马接通海底光缆，开通了高速网络服务。

军　事

根据与美国协议，马国防由美国负责。

文化教育

【教育】对6～14岁的儿童实行义务教育，公立学校学费全免。马绍尔群岛学院（专科），有学生近400名。政府向符合条件的学生提供奖学金。

【新闻出版】主要报纸为私人办的《马绍尔周报》。政府不定期出版公报。岛上有卫星通信设备。有三个电视台，其中一个是独立台，另外两个是美国军方电视台。

对外关系

支持民族自决，主张保护海洋资源和环境、发展地区合作，建立南太平洋无核区，积极寻求与亚洲国家发展关系，开展平等互利的友好合作，以促进本国经济发展。

1996年9月，马在全面禁核试条约上签字。2010年7月，在巴西举行的联合国教科文组织第34届年会表决通过将马绍尔群岛比基尼环礁核试遗址列入世界文化遗产名录（1946～1958年美共在此进行67次核试验）。

同60多个国家建交，系联合国、国际民航组织、太平洋岛国论坛、亚洲开发银行等20多个国际和地区组织成员。在美国、斐济、日本和联合国总部设使馆并派常驻大使。

【同中国的关系】中国与马绍尔群岛曾于1990年11月16日建交。1991年，中国在马建馆并派驻大使。1992年，马在华设馆并派常驻大使。

1998年11月20日，马与台湾当局签署“建交”公报。12月11日，中国宣布中止与马的外交关系，撤回大使。

2008年，马体育代表团参加北京奥运会。2010年，马绍尔群岛同其他太平洋岛国以太平洋联合馆形式参加上海世博会。2011年，中马双边贸易额为22.07亿美元，同比增长13.1%。其中中方出口额为21.90亿美元，同比增长12.5%；进口额为1654万美元，同比增长215.6%。

2010年3月，台湾地区领导人马英九访马。2010年6月和9月、2011年6月，泽德卡亚总统先后赴台访问或出席会议。2012年5月，洛亚克总统赴台出席台湾地区领导人马英九就职仪式。

【同美国的关系】受美托管多年，与美关系密切。根据1986年生效的马美《自由联系条约》，马享有内政、外交自主权，但防务15年内由美负责，马公民可以自由出入美国。2003年5月，马美续签该条约，美承诺将在20年内继续向马提供经济援助，同时逐步为马建立信托基金。1986～2002年，美向马提供的经济援助超过10亿美元。

马在华盛顿和夏威夷分别设有使馆和领馆。美在马设有使馆。

【同日本的关系】曾被日本占领。马日关系密切。日每年平均对马援助额约400万～500万美元。1997年，日在马设使馆并派大使。日自1991年起向马派志愿者。（谢炎村）

美国本土外小岛屿

根据国际标准化组织有关标准（ISO 3166），美国本土外小岛屿（United States Minor Outlying Islands）包括太平洋上的贝克岛、豪兰岛、贾维斯岛、约翰斯顿岛、金曼礁、中途岛、巴尔米拉环礁、威克岛及加勒比海上的纳瓦萨岛。

豪兰和贝克群岛（Howland and Baker Islands），由两个无潟湖珊瑚礁岛组成，为美国无建制领土。位于太平洋中部靠近赤道处，东北距夏威夷3300公里。赤道气候，少雨，多风。地势低平，四周有暗礁环绕。无淡水资源。豪兰岛长2.4公里，宽0.9公里，陆地面积1.6平方公里，海岸线长6.4公里，陆地最高点为海平面以上3米。贝克岛长1.6公里，宽1.1公里，陆地面积1.4平方公里，海岸线长4.8公里，陆地最高点为海平面以上8米。

19世纪下半叶，美国人和英国人开始在此采集鸟粪。1935年，美国人在两岛建立居民点（二战期间撤废），并在贝克岛修建了一座灯塔。翌年，以上两岛划归美国内政部管辖。1937年，美国在豪兰岛修建了一个简易机场，现已不用。1942年，美国人在遭日军攻击后撤离。1943年美军在贝克岛建立了空军基地，战后废弃。1990年，美国会曾立法建议将两岛置于夏威夷州管辖。现在两岛是美国国家野生动物保护体系的一部分，由美国内政部鱼类和野生动物服务组织负责管理。无常住居民，一般只对科学家和研究人员开放。

豪兰岛为夏威夷和澳大利亚之间的航空中间站。美国海岸警卫队每年巡视两岛。两岛无港口，仅有小船停泊区。

贾维斯岛（Jarvis Island）位于太平洋中部檀香山以南2417公里处，是美国无建制领土。全岛长约2.8公里，宽1.6公里，面积4.5平方公里，海岸线长8公里，陆地最高点为海平面以上7米。为沙岛和珊瑚岛，四周有暗礁环绕。无淡水资源。热带气候，少雨，多风。

美国人曾于1935年在此建立了名为米勒什维尔的定居点，作为气象站使用，二战期间撤废，1957年国际地球物理年时曾被科学家再度使用过。现岛上无常住居民。1974年，美国宣布该岛为野生动物保护地，由美国内政部管辖。1990年，美国国会有关立法建议将该岛置于夏威夷州管辖。目前仍由美国内政部鱼类和野生动物服务机构管理，每年巡视，一般只对科学家和研究人员开放。美国海岸警卫队每年巡视此岛。岛上无港口，仅有海面停泊所。西海岸中部有一灯塔。

约翰斯顿环礁（Johnston Atoll）属波利尼西亚群岛，为美国无建制领土。位于北太平洋中部，东北距夏威夷檀香山1328公里，有重要战略地位。主要由约翰斯顿、萨德两岛及北岛、东岛两个人工小岛组成。面积2.8平方公里，海岸线长34公里。热带气候，干燥，持续东北信风。地势平坦，陆地最高点为海平面以上10米。无淡水资源。

1807年，英国海军舰长查尔斯·詹姆斯·约翰斯顿发现该岛。1858年，夏威夷王国和美国对该岛归属发生争议。1898年美吞并夏威夷后，该岛属美国。1934年起由美海军部管辖，并在岛上修建了基地。1941年宣布为美海军防务区，建立海军航空兵站。1948年改由美空军管辖。20世纪50、60年代该岛为核武器试验区和飞机加油站，直到2000年一直是化学武器的储存及处理地。1983年，美国曾计划在此建立化学武器处理设施，但引起南太论坛及环保组织的抗议。1996年从德国转运至该岛的神经毒气炮弹在该岛完成销毁，有关化学武器设施的清理和关闭工作于2004年完成。该岛现由美国太平洋空军希卡姆空军基地（Hickam AFB）和内政部的鱼类和野生动物服务机构管理。

岛上有20条声讯数据线路，一定量的电信设施，可提供互联网服务；有商业卫星电视系统，可接收到30个频道，有七个电台。有一个飞机场，但已关闭。岛上曾有1100名美国军事人员和承包商，2005年美政府人员全部撤离。经济活动仅限于为岛上人员提供服务。所有食品和制成品依赖进口。

中途岛（Midway Island）属波利尼西亚群岛，为美国无建制领土。位于太平洋北部，地处太平洋东、西两岸的中途，东南距檀香山约2334公里。由沙岛、东岛和斯皮特岛组成，为珊瑚礁岛，陆地面积6.2平方公里，海岸线长15公里。地势低平，陆地最高点为海平面以上13米。亚热带气候，盛行东风。岛上无本土居民。

1859年，美国人布鲁克斯抵达该岛。1867年美占领该岛。1903年建成海军基地，并因其所处美国加州及日本中途的地理位置而被美海军改为现名。1905年在沙岛上建成夏威夷与菲律宾之间的海底电缆连接站。1935年建成民用航空站。1940年美国海军修建了航空和潜艇基地。1942年6月3～6日，美日曾激战于此。二次大战后，其商业航空站的地位下降，1950年取消了定期航班。现岛上有潜艇和空军基地，还设有野生动物保护区，对公众开放游览。1990年的一项美国国会立法要求将该岛包括在夏威夷州的范围之内。1993年，海军基地关闭。1996年10月，该岛从美国国防部转为美国内政部管辖，现由内政部鱼类和野生动物服务机构管理。岛上大约有40位美国鱼类和野生动物服务机构工作人员。目前，岛上的国家野生动物保护区因机构重组暂时关闭。经济活动仅限于为岛上的国家野生动物保护活动提供服务。所有食品和制成品依赖进口。

岛上有7.8公里的管道，一个港口（沙岛），三个机场（只有一个正常运营）。

威克岛（Wake Island）是美国无建制领土。位于北太平洋，关岛以东约2060公里，由3个小礁岛组成，形成于水下的火山之上，中央的潟湖即原来的火山口。面积6.5平方公里，海岸线长19.3公里。陆地最高点为海平面以上6米。热带气候，偶有台风。

该岛地处关岛和夏威夷之间，战略地位重要，被称为“太平洋的踏脚石”。1940～1941年，美国在岛上建立了重要的空军与海军基地。1941年12月，日本占领此岛直至二战结束。1962年，美国在岛上建成了现代化机场，1964年完成了新的海底电缆的铺设。该岛还是檀香山和关岛海底电缆的连接点。1972年，该岛交由美国防部管辖。1974年用作导弹试验基地。20世纪70年代中期至今，成为美空军紧急降落基地，也是美民航和军用飞机从檀香山到东京和关岛的加油站。1990年美国国会有一项立法建议将该岛置于关岛管辖范围内。目前该岛由美国内政部管辖，美国空军管理岛上活动。

岛上无本土居民，只有约75名美军事人员和承包商。经济活动仅限于为岛上的军事人员和承包商提供服务。所有的食品和制成品依赖进口。岛上有电话系统和卫星通信系统。无港口，有两个大型船只近海停泊区；有一个飞机场，供美军和商业货运飞机使用。

马绍尔群岛共和国（南距该岛500公里）以该岛在传统宗教仪式上的重要性为理由，对该岛提出主权要求。

金曼礁（Kingman Reef）为美国无建制领土。位于太平洋中部的莱恩群岛北部，檀香山以南1778公里，面积1平方公里。陆地最高点不到海平面以上2米。1922年属美国。1934年曾为美国海军基地。现无人居住。

巴尔米拉环礁（Palmyra Atoll）为美国无建制领土。位于莱恩群岛北部、金曼礁以南。面积11.9平方公里。陆地最高点为海平面以上3米。无常驻居民，有一个私人机场。岛上大约有4～20位大自然保护协会、美国鱼类和野生动物服务机构工作人员。

纳瓦萨岛（Navassa Island）位于加勒比海，在海地和牙买加之间。面积5.4平方公里。无人居住，岛上有灯塔。美国将其列为无建制领土，由内政部管辖。海地对该岛有主权要求。（荀彬）

美属萨摩亚

名称 美属萨摩亚（American Samoa），又称“东萨摩亚”。

面积 陆地面积199平方公里。

人口 68061人（2011年7月）。多属波利尼西亚人种，还有少数韩国人和华人。讲萨摩亚语，通用英语。居民多信奉基督教公理会教派和天主教。

首府 帕果帕果（Pago Pago）。

总督 托吉奥拉（Togiola Tulafono），2004年11月当选，2008年11月连任。

重要节日 旗日：4月17日。

简况

位于中太平洋南部国际日期变更线东侧，属波利尼西亚群岛。包括萨摩亚群岛的土土伊拉、奥努乌、罗斯岛、马努阿群岛的塔乌、奥洛塞加、奥福岛及斯温斯岛。70%的土地为丛林覆盖，主岛土土伊拉岛最高峰拉塔山海拔964米。属热带海洋性气候。5～10月为旱季，11月至翌年4月为雨季。年平均气温21℃～32℃，年平均降水量5000毫米。

大约公元前1000年已有人居住。1722年荷兰人抵此。后法、英、德、美国人相继到此。1899年，根据美、英、德三国协定，美德分治萨摩亚群岛。1900年，东萨摩亚成为美国殖民地。1922年成为美国非建制领土。1951年以前是美国海军基地，由美国海军部管辖。1951年7月划归美国内政部岛屿事务办公室管辖。总督为最高行政官。

政　治

1977年11月，彼得·塔里·科尔曼在首次普选中当选总督，并于1980年连任。1984年11月，阿菲奥格·鲁塔里当选总督。1988年11月，彼得·塔里·科尔曼击败鲁塔里，重新当选为总督。1992年11月，鲁塔里再次当选总督。1996年11月，塔乌埃塞·皮塔·苏尼亚当选总督，2000年11月再次当选。2003年4月，托吉奥拉任代理总督。2004年11月，托吉奥拉当选总督，2008年11月连任。

【议会】有参众两院。参院有18个席位，参议员用从选区酋长中推选的传统方法产生，任期四年。众议院有21个席位，其中20席由选举产生，另1席为斯温斯岛代表，任期两年。

美属萨摩亚在美国会众议院中有一席，由该岛居民选出，无投票权。现任众议员伊尼·法里奥马维加（Eni F. H. Faleomavaega），民主党人，1989年首次当选众议员，多次连任，2010年11月再度连任，任众议院外委会亚太小组委主席。

【政府】政府首脑为总督托吉奥拉。

【司法机构】有高级法院。法官由美国内政部任命。

【政党】两党制：民主党和共和党。

【重要人物】托吉奥拉：总督。1947年生。曾做律师二十多年，曾任美主管萨摩亚的国务卿的行政助理、地区法官、地区议员、美属萨摩亚电力局首届董事会主席等职，并担任美属萨摩亚基督教公理会副主祭24年。1997～2003年4月担任美属萨摩亚副总督。2003年4月，前总督塔乌埃塞·皮塔·苏尼亚突然逝世后任代理总督，2004年11月当选总督，2008年11月连任。

经　济

属传统波利尼西亚经济，90%的土地为公有地。土地贫瘠，多山，可耕地占10%，仅出产少量香蕉、椰子、薯类和蔬菜，粮食、水果和日用品不能自给。经济以金枪鱼捕捞和加工业为支柱，金枪鱼罐头是其主要出口产品。财政严重依赖美国联邦政府财政转移支付。2007年，按购买力平价计算，国内生产总值为5.753亿美元，人均8000美元。货币为美元。

【工业】主要工业是美国投资的两家金枪鱼罐头厂、一家制衣厂和少量手工业。两家罐头厂年加工量约20多万吨，雇用5000多名工人（其中4000多为萨摩亚人），产品绝大部分销往美国。制衣厂雇用约400多名工人。

2008年发电量为1.9亿千瓦时，耗电量1.767亿千瓦时。

【农业】以传统作物为主，如椰子、香蕉、芋头、面包果、蔬菜等。根据当时的美国总统克林顿批准的“农业法案”，从1995年10月1日到2002年间，东萨每个财政年度可得到530万美元的食品印花资金。

【旅游业】政府致力于发展旅游业，但由于资金缺乏及交通不便，东萨旅游业目前发展缓慢。全地区有1家“造雨”旅馆和7家汽车旅馆。

【交通运输】首都帕果帕果是天然良港，可泊万吨轮。国际机场可起降大型客机。政府的萨摩亚航空公司（Samoa Air）只有2架19座和1架9座的客机。3个机场（2012年）。公路241公里（2008年）。

【财政金融】财政年度始自当年10月1日，止于次年9月30日。2006/2007年财年，预算总额1.554亿美元，37%来源于当地税收，63%来自美联邦政府补助；当年实际政府开支约1.836亿美元。

主要银行有：美属萨摩亚银行（American Samoa Bank）和美属萨摩亚开发银行（Development Bank of American Samoa）。

【对外贸易】2004年，进口额为3.088亿美元，主要进口产品是用于罐头加工的生鱼（56%），食品、燃料、机械及零部件等，主要进口地是澳大利亚、萨摩亚和新西兰；出口额为4.456亿美元，出口产品93%为金枪鱼罐头，主要出口印尼、印度、澳大利亚、日本和新西兰。

人民生活

职工最低工资标准每小时2.63美元（1999年）。东萨70%以上的工人拿最低工资或接近最低工资。东萨人享受免费医疗，住院每天只象征性交7美元。有中心医院1所，卫生中心2所；医生25名，护士18名。

文化教育

【教育】中小学全部实行12年义务教育，共有公、私立各类学校102所，其中学龄前儿童学校59所，幼儿园30所，小学32所，中学9所，社区学院1所（美属萨摩亚社区学院有学生1000多名，教师40多名，学制两年），还有1所特别教育学校。截至2009年3月，接受初等教育总人数为13963人，其中小学在校生为9530人，高中在校生为4433人。

【新闻出版】报刊有《萨摩亚新闻》日报和《美属萨摩亚政府通讯》。

有三家电台（2009年）。WVUV电台为商业电台，1975年由政府租借给萨摩亚广播公司，用英语和萨摩亚语播音。有一家有线电视台（2006年）。KVZK电视台：建于1964年，为政府所有，现有3个频道，每天播放18个小时的电视节目。有一个互联网服务提供商（2006年）。

（何建林）

密克罗尼西亚

国名 密克罗尼西亚联邦（The Federated States of Micronesia）。

面积 陆地面积705平方公里，水域面积298万平方公里。

人口 10.26万（2010年）。密克罗尼西亚人占97%，亚洲人占2.5%，其他人占0.5%。官方语言为英语。天主教徒占50%，新教徒占47%，其他教派和不信教者占3%。

首都 帕利基尔（Palikir），位于波纳佩州（Pohnpei）。

国家元首 总统伊曼纽尔·莫里（Emanuel Mori），为密第七任总统（2011年5月11日连任）。

重要节日 独立日（国庆日）：11月3日；宪法日：5月10日。

简况

位于中部太平洋，属加罗林群岛。东西延伸2500公里。海岸线长6112公里。由607个大小岛屿组成，其中4个主要大岛为：波纳佩（Pohnpei）、丘克（Chuuk）、雅浦（Yap）和科斯雷（Kosrae）。岛屿为火山型和珊瑚礁型，多山地。属热带气候。12月至翌年3月为旱季，4～11月为雨季。年均气温27℃，年均降水量约2000毫米，其中波纳佩年降水量约3000毫米，是世界上降水量最多的地方之一。

4000年前就有人居住。16世纪被西方航海者发现。19世纪中期英、美、德国先后在此设立贸易点，1885年遭西班牙占领，1899年被转让给德国。第一次世界大战后（1914～1945年）被日本占领，第二次世界大战后被美国占领。1947年，联合国将密交美国托管，后与马绍尔群岛、北马里亚纳群岛和帕劳构成太平洋岛屿托管地的四个政治实体。1965年1月成立议会，此后不断要求自治。1969年，密开始就未来政治地位同美国谈判。1979年5月10日通过宪法，密克罗尼西亚联邦成立。1982年与美国正式签订《自由联系条约》，1986年11月3日生效，密联邦正式独立。根据《自由联系条约》，密获得内政、外交自主权，安全防务15年内由美国负责。1990年12月，联合国安理会召开会议，结束密联邦的托管地位，1991年9月17日接纳密为联合国正式成员国。

2003年密美双方就《密美自由联系条约》续约事达成协议，将该条约延长20年，2004年5月生效至2023年。

政治

2011年5月11日，第17届国会第一次会议上，上任总统、丘克州联邦议员伊曼纽尔·莫里（Emanuel Mori）再次当选密联邦总统，上任副总统阿利克·阿利克（Alik Alik）、议长艾萨克·菲吉尔（Issac V. Figir）也分别连任，伯尼·马丁（Berney Martin）当选副议长。

【宪法】1979年5月10日通过并生效。宪法规定，总统为国家元首，也是政府首脑，国会议员从来自4个州的4位四年期议员中选举产生。

【国会】一院制，由14名议员组成，其中每州1名任期四年的“全任期”议员，其余10名议员任期两年，按人口比例在各州分配。第17届国会议员于2011年3月8日选举产生，5月11日宣誓就任。

【政府】内阁部长由总统提名，国会批准后组成联邦内阁。现内阁成员主要有：外交部长洛林·罗伯特（Lorin Robert），资源与发展部长马里奥·亨利（Mario Henry），卫生与社会事务部长维塔·斯基林（Vita Akapito Skilling），交通、通讯及基础设施部长弗朗西斯·伊蒂迈（Francis Itimai），教育部长鲁菲诺·毛里西奥（Rufino Mauricio）等。

主要网址：http：//www.fsmgov.org/index.html。

【行政区划】全国共分为4个州：从西往东依次为雅浦、丘克、波纳佩和科斯雷。

【司法机构】设最高法院、州法院。联邦首席大法官为终身制，现任大法官马丁·伊纳格（Martin Yinug）于2010年8月被任命，2011年5月5日宣誓就职。

【重要人物】伊曼纽尔·莫里：总统。1948年12月25日生于丘克州。毕业于关岛大学，获工商管理学士学位。1973年起，历任美国花旗银行关岛分行实习生、花旗银行塞班分行经理助理、丘克州税务官、密联邦发展银行总裁兼首席执行官、密联邦银行行政副总裁等职。1999年和2003年通过补选成为密联邦国会全任期议员。2005年起任密联邦国会资源与发展委员会主席。2007年3月再次当选国会全任期议员，5月当选密第七任总统。2011年5月11日连任。2007年12月来华进行国事访问，2008年8月来华出席北京奥运会开幕式，2010年4月底至5月初来华进行国事访问并出席上海世博会开幕式。

经济

经济不发达，绝大多数人的经济生活以村落为单位。产椰子、胡椒、芋头、面包果等农产品。渔业资源丰富，尤以金枪鱼著名。基本上没有工业，粮食及生活日用品大多靠进口。对外援依赖严重，国内缺乏有效的市场机制和良好的投资环境，经济发展缓慢。密在国家经济发展规划中把农业、渔业、旅游业作为经济的“三大支柱”。目前正在制定新的经济发展战略，大力鼓励私有经济发展，促进全国经济社会全面发展，争取经济上的独立自主。2011财年主要经济指标如下：

国内生产总值：2.431亿美元（按不变价格计算）。

人均国内生产总值：2368美元。

国内生产总值增长率：3.1%。

货币名称：美元。

通货膨胀率：4.3%。

【资源】密海域是世界著名的金枪鱼产地。蟹、贝类、龙虾以及淡水鳗、虾等资源待开发。

【工业】只有少量加工业，如鱼产品加工厂、制皂厂、椰油加工厂和成衣加工厂。建筑和机械修理行业部分由外国人经营。

【农业】无粮食种植。椰子、香蕉、面包果、木瓜、木薯等热带果木到处可见。出产优质黑胡椒，出口国外。

【旅游业】旅游资源较为丰富，不仅热带风光秀丽，而且保存着独特的民族传统文化和风俗，还有“纳马杜”古城堡、“石币银行”等古迹以及太平洋战场遗址。旅游业是其经济发展的重要行业之一，但仍处于开发阶段。2009年入境外国游客13727人次，主要来自美国、日本、欧洲、菲律宾和澳大利亚。

【通信】4个州设有电话、电报、互联网、邮政和地面卫星设施。全国固定电话用户为11294户（2008年），移动电话用户数量达近50000户（2008年）。国际互联网用户2284户（2008年）。2010年3月关岛与波纳佩州间海底光缆已接通，目前联邦政府正在积极筹措资金，将海底光缆连接到密其他各州。

【交通运输】岛屿之间交通主要有空运和海运。境内机场可供波音737飞机起降。公路运输较为落后。无铁路。

公路：全国公路长约240公里。

水运：联邦政府拥有2艘800吨级轮船定期来往于各州。各州政府共有4艘600吨左右的客货两用船。各州的港口均可停靠远洋级货轮。主要港口：波纳佩港（Pohnpei Port）、科洛尼亚（Colonia）、莱莱（Lele）、莫恩（Moen）。

空运：各州均有小型国际机场。美国大陆/密克罗尼西亚航空公司每周有数次航班往来于关岛、夏威夷、波纳佩、丘克、雅浦和科斯雷。

【对外贸易】贸易逆差严重。2009财年对外货物贸易总额为1.97亿美元。其中，进口额为1.72亿美元，出口额为2490万美元。主要进口产品为食品（约占40%）、日用品、机械、汽车、燃油等。主要进口市场为美国、日本、澳大利亚。出口产品以离岸捕鱼（约占69%）、槟榔、珊瑚鱼、金枪鱼、黑胡椒、黑珍珠、熟食和萨考酒为主。美国是密最大进口来源地，占密进口总额的2/3。密产品可优惠向美出口。日本是密最大出口市场，密出口商品的60%销往日本。

【财政金融】财政严重依赖外援。2010年政府财政收入2.025亿美元，主要收入来源为外国援款，支出1.991亿美元。自1998年密联邦及各州政府实行行政机构改革及政府公职人员“提前退休计划”等节流措施后，密财政曾于2002年和2003年出现盈余。但2004年和2005年政府财政再次出现赤字。2009年起密逐渐从金融危机中恢复，经济形势好转。

【外国援助】密接受的外援主要来自美国。根据密美《自由联系条约》，美国在1986～2001年间，共向密提供13.4亿美元的援助。根据2003年续签后的密美《自由联系条约》，美将在20年内向密提供总额约20亿美元的援款，其中部分用于设立信托基金。2023年起，美将停止援助，密靠信托基金自力更生。密同时也积极寻求从世行、亚行等国际金融组织和中国、澳大利亚、新西兰、日本等国获取援助。

人民生活

全国有4所公立医院，1所菲律宾人经营的私立医院，1所精神病康复中心，82个诊所，病床319张。有58名医生，从事医疗卫生工作的人员有1000人。医疗卫生经费约占密年度财政预算的10%。

军　事

根据密美《自由联系条约》，密国防由美国负责。密无军队，只有少量警察。

文化教育

【教育】密政府重视发展教育事业，宪法规定对5～14岁儿童实行强制性义务教育，政府每年在教育上投入经费占密年度预算的20%左右。

密有一所专科学院密克罗尼西亚联邦学院（COM-FSM），在密4个州各有一所分校。该校共有在校学生约2400名（2011年3月），教师约100名，雇用部分外籍教师。密有公立学校218所，私立学校25所，在校学生约3万人。文盲率11%。

【体育】密曾派体育代表团参加2000年悉尼奥运会和2004年雅典奥运会，参赛项目有游泳、田径和举重。2006年，雅浦州举重选手曼努·明英菲尔（Manue Mingingfel）排名世界第三。密派团参加2008年北京奥运会，参加举重、摔跤、游泳等项比赛。

【新闻出版】波纳佩州现有一份私人出版、在全国4个州销售的双周刊报纸《你好通讯》（The Kaselehlie Press）。科斯雷、丘克和雅浦州政府分别定期发行时事通讯。雅浦州政府设有网站。

密各州均设有广播电台，政府电台每天广播16～18小时。有一家联邦电信公司控股的有线电视台，转播美国有线新闻网（CNN）、英国广播公司（BBC）、日本广播协会（NHK）、澳大利亚广播公司（ABC）、半岛电视台等频道的电视节目。

对外关系

密以“和平、友谊与合作”为其发展对外关系的指导原则。

政治上积极争取国际社会的广泛承认，树立独立自主形象；经济上谋求国际经济技术援助，促进经济自立的进程。截至2011年3月，密已同64个国家建交。

密是太平洋岛国论坛、太平洋共同体、太平洋岛屿发展计划、太平洋椰子共同体、亚太广播联盟、亚太经社理事会、亚洲开发银行、国际民航组织、世界卫生组织和国际奥委会等19个国际和地区组织成员。1991年7月和1998年8月，密成功举办了第22届和第29届太平洋岛国论坛首脑会议。1997年9月，密主办了太平洋区域环境署（SPREP）第六次会议。《中西部太平洋高度洄游鱼类养护和管理公约》委员会总部设在密联邦波纳佩州。

【同中国的关系】1989年9月11日建交。1990年2月中国在密建使馆。1991年6月，中国派驻首任常驻大使。2007年4月，密在华设立使馆。现任驻华大使阿基利诺·哈里斯·苏赛亚（Akillino H. Susaia）为密首任常驻驻华大使，2010年7月递交国书。

密方访华的主要有：哈格莱尔加姆总统（1990年11月）、奥尔特总统（1992年9月）、法尔卡姆总统（2000年3月）、乌鲁塞马尔总统（2004年3月和2006年4月）、莫里总统（2007年12月，2008年8月出席北京奥运会开幕式，2010年4月底至5月初进行国事访问并出席上海世博会开幕式）、基里昂副总统（2002年10月和2006年7月）、阿利克副总统（2009年7月和11月，2010年8月底至9月初出席上海世博会密国家馆日活动并访问宁夏和山东、2011年10月出席第12届中国西部国际博览会）、克里斯琴议长（2005年10月）、菲吉尔议长（2008年10月访问新疆）、副议长菲利普（2006年11月）、普里莫（2010年10月底至11月初出席上海世博会闭幕式并访问云南和湖北）。此外，2006年2月，外长阿内法尔访华。2008年9月，现任外长罗伯特来华出席北京残奥会开幕式。2009年6月，密议会代表团访华。2010年9月，密卫生及社会事务部长斯基林、副外长齐吉娅访华。

2005年2月和11月，外交部副部长周文重、杨洁篪先后访密。2006年5月，全国人大常委会外委会副主任委员吉佩定访密。2006年7月，李肇星外长访密。2007年7月，中国政府特使、外交部部长助理何亚非赴密出席密总统莫里就职典礼。2011年7月，中国政府特使、卫生部副部长王国强赴密出席密新一届领导人联合就职庆典。2007年9月，全国人大常委会副委员长蒋正华访密。2010年4月，中国—太平洋岛国论坛对话会特使杜起文访密。

山东省和密科斯雷州、浙江省和密波纳佩州、广东省和密丘克州、宁夏回族自治区和密雅浦州已分别建立友好省（区）州关系。2007年，密克罗尼西亚联邦学院与浙江海洋学院结为友好院校。

2011年，中密贸易总额为503万美元，同比下降24.8%。其中，中方出口额为341.3万美元，同比下降10.7%；进口额为161.5万美元，同比下降43.5%。

中国驻密克罗尼西亚联邦大使：张卫东。馆址：Embassy of the People's Republic of China in the Federated States of Micronesia，Palikir，Pohnpei，FM96941。电话：（00691）3205575；传真：3205578。网址：http：//fm.china-embassy.org/。

密克罗尼西亚现任驻华大使：阿基利诺·苏赛亚（Akillino H. Susaia）。馆址：北京市朝阳区建国门外外交公寓#1-1-11，邮编：100600。电话：010-65324708；传真：65324609。网址：http：//www.fsmembassy.cn/。

【同美国的关系】密受美托管多年，同美有特殊关系。根据1986年生效的密美《自由联系条约》，密享有内政、外交自主权，但防务15年内由美负责，密不得允许其他国家利用密领土和海域从事军事目的的活动。密公民可自由出入美国。2003年5月，密美续签该条约，美承诺将在20年内继续向密提供经济援助，同时逐步为密建立信托基金。

密在华盛顿设有使馆，在夏威夷和关岛设领事馆。美在密设使馆。美国每年向密出口的商品占密进口总额的2/3。密产品可优惠向美出口。

【同日本的关系】密、日于1988年8月5日建交。密曾被日本占领，日在密有较多后裔和移民，双方政治和经济关系密切。两国互设使馆。2008年，日本向密派驻首任常驻大使。日本是密第二大援助国和最大出口市场，密出口商品的60%输往日本。密、日之间签有捕鱼协定。日向密提供的无偿援助主要用于在各州修建公路、码头和冷冻设施。日在密派有志愿队员。日游客日益成为密旅游业的支柱。

【同澳大利亚的关系】1987年7月建交，澳是最早向密派出常驻大使的国家。澳是继美国和日本之后的密主要援助国，曾援助密3艘巡逻艇，派海军在密培训密方人员并负责巡逻艇维修等费用，还向密提供少量奖学金名额。2011年2月，澳大利亚国会太平洋事务秘书长理查德·马尔斯（Richard Marles）率团访密。

（谢炎村）

瑙　鲁

国名　瑙鲁共和国（The Republic of Nauru）。

面积　陆地面积21.1平方公里，水域面积32万平方公里。

人口　1万（2009年），58%为瑙鲁人，属密克罗尼西亚人种，余为其他太平洋岛国人、华人、菲律宾人和欧洲人后裔。另有约2000瑙鲁人居住在澳大利亚。英语为官方语言，通用瑙鲁语。居民多数信奉基督教新教，少数信天主教。

首都　不设首都。行政管理中心在亚伦区（Yaren District）。

国家元首　总统斯普朗特·达布威多（Sprent Dabwido），2011年11月就任。

重要节日　独立日：1月31日；宪法日：5月17日；返乡日：Angam Day，10月26日。

简　况

位于中太平洋、赤道以南约60公里处，由一独立的珊瑚礁岛构成，全岛长6公里，宽4公里，海岸线长约30公里，最高点海拔61米。全岛3/5曾为磷酸盐所覆盖。属热带雨林气候，年均气温24℃～38℃，年均降水量1500毫米。

瑙鲁人世居岛上。1798年英国船"猎手"号首抵瑙鲁。1888年被并入德国马绍尔群岛保护地。20世纪初英国人获准在此开采磷酸盐。1920年，国际联盟将瑙鲁划归英国、澳大利亚和新西兰共管，由澳代表三国行使职权。1942～1945年被日军占领。1947年成为联合国托管地，仍由澳、新、英共管。1968年1月31日独立。

政　治

2011年11月10日，瑙议会通过对马库斯·斯蒂芬总统（Marcus Stephen）涉嫌腐败的不信任案并迫其辞职，原商务与产业部长皮彻（Freddie Pitcher）接任总统。11月15日，议会通过起对皮彻的不信任案，皮彻辞职，前电信与运输部长斯普伦特·达布威多（Sprent Dabwido）当选总统并兼任外长。2012年6月12日，瑙总统重组内阁。

【宪法】1968年1月29日通过，5月17日生效。实行总统制。总统既是国家元首，也是政府首脑，由议会选举产生。

【议会】一院制，由18名议员组成，任期三年。议长由议员推举产生。总统由议会选举产生。本届议会于2010年11月组成。

【政府】政府由总统及其任命的部长组成，对议会负责。本届政府于2010年11月产生。现政府主要成员有：总统兼内阁主席、公共服务、警察和应急、内政部长达布威多，外交部长基兰·凯克（Kieren Keke），商务、工业和环境部长马库斯·斯蒂芬（Marcus Stephen），财政部长罗纳德·库恩（Ronald Kun），内阁成员多米尼克·塔布纳（Dominic Tabuna）和里德尔·阿库阿（Riddel Akua）（职务未定）。

【网址】http: //www.naorugov.nr。

【行政区划】全国划分14个区。

【司法机构】设最高法院，下设地区法院和家庭法院。在大多数情况下，以澳大利亚高等法院为终审法院。现任大法官澳大利亚人杰弗利·埃姆斯（Geoffrey Eames），2010年12月任现职。

【政党】无政党。

【重要人物】斯普林特·达布威多：总统。1972年9月16日生。2004年、2007年、2008年三次连任瑙MENENG选区的议员，并于2005~2007年任议会副议长。2008年被任命为斯蒂芬政府运输和电信部长。2011年11月任现职。

经　济

主要依靠磷酸盐出口、发放捕鱼证和外销热带水果，严重依赖外援和举债。2009年主要经济数据如下：

国内生产总值：2440万美元。

人均国内生产总值：2440美元。

货币：无本国货币，通用澳元。

通货膨胀率：2.2%。

【资源】磷酸盐资源丰富，向澳大利亚、新西兰出口磷酸盐是主要收入来源。20世纪70、80年代，其年产量和出口量约为100万～150万吨。自90年代始，产量逐年下降。2002年降至约20万吨，2003年不到10万吨。2004年产量仅为约4万吨。此后略有回升，2008年产量达40万吨。

1989年，瑙鲁向国际法院起诉澳大利亚，要求澳对在瑙独立前开采磷酸盐造成生态破坏予以赔偿。1993年，瑙澳达成庭外和解，澳同意赔偿瑙1.07亿澳元，以现金支付其中5700万澳元建立信托基金，另5000万澳元分20年逐年拨付（每年平均250万澳元），用于双方商定的项目。

【农渔业】农产品十分有限，主要是椰子、香蕉、菠萝等。几乎所有食品和饮用水都依赖进口。

渔业资源较丰富，多金枪鱼，每年潜在捕鱼量约为4万多吨，待开发。每年政府通过发放捕鱼证方式获得的收入约600万～800万澳元。

【交通运输】铁路：全长3.9公里，用来连接岛屿中部的磷酸盐矿区和西南岸的加工厂。

公路：有环岛沥青公路，全长24公里，其他公路6公里。

水运：有货船定期来往于澳大利亚和瑙鲁。瑙渔业局有2条捕鱼船。有2个小码头，其中1个货运码头，可通过驳船转运装卸货物，另一个为供渔船出入的小码头。

空运：瑙鲁航空公司靠从澳大利亚诺福克航空公司租借的1架旧波音737–300型客机维持经营，并更名为OUR航空公司。每周沿澳大利亚布里斯班—瑙鲁—基里巴斯塔拉瓦—斐济楠迪航线往返一次。

【财政金融】1989年，政府开始出现财政赤字。1995年瑙鲁银行崩溃，政府陷入严重的财政危机。1999年7月至2003年6月，财政赤字累计达5849万澳元。为解决财政问题，政府采取了出售5架飞机、3艘轮船、瑙鲁投资者护照以及限制货币外流等措施，但收效甚微。瑙债台高筑，欠美国通用电气金融公司2.4亿澳元的高息贷款，在澳资产被债权人委托的资产监管人拍卖；欠美国进出口银行1400万美元的债务。瑙政府估计目前瑙外债总额达10亿澳元。

近年来，发展离岸金融业务，因涉嫌从事不法业务遭西方制裁，其银行业务亦遭冻结。2004年以来，议会通过一系列法案，限制境内金融不法行为。

【对外贸易】主要贸易伙伴有澳大利亚、新西兰、斐济、日本、美国等国家和地区。主要出口磷酸盐，进口食品、家电、日用品、五金、建材等。2010/2011年度，瑙澳贸易额约2343万澳元。

【外国援助】主要来自澳大利亚。2001年12月，瑙澳签署难民问题备忘录，澳在瑙建立难民甄别中心，并向瑙提供1000万澳元援助，用于教育、卫生、基础设施建设等领域。2002年和2004年，瑙澳签署难民问题第二、第三期备忘录，澳允诺向瑙提供合计3700万澳元援助，并向瑙派出高级财政和警务官员协助管理。但迫于社会舆论的压力，澳大利亚陆续关闭了其在海外的难民甄别中心。2008年2月瑙难民甄别中心关闭。澳2011/2012年度对瑙援助额为2620万澳元，2012/2013年度计划援助金额为2370万澳元。

新西兰2010年向瑙提供的政府援助为170万美元。2010年，俄罗斯援助瑙900万美元帮助维修港口设施。

人民生活

实行免费医疗，有1所医院、3名本国医生和8名古巴医生。

有国内和国际电话服务，包括因特网服务。2009年有电话约1900部，但电讯设施落后，各项服务时常中断。

军　事

无军队，防务由澳大利亚协助。有警察约100名。

文化教育

【教育】实行免费义务教育。少数学生在斐济接受高等教育，政府提供奖学金。另接受澳大利亚、泰国、太平洋岛国论坛等提供的奖学金。

【新闻出版】政府不定期出版《公报》，免费赠阅。瑙鲁广播电台、瑙鲁电视台为官方机构，播放议会会议情况、瑙鲁新闻等。瑙鲁广播电台转播澳大利亚广播公司（ABC）节目。瑙鲁电视台转播ABC、卫视体育台（STAR–SPORTS）等外国电视节目。

对外关系

奉行不结盟政策，主张同各国友好相处。是联合国、英联邦、国际展览局、亚洲开发银行、太平洋岛国论坛和太平洋共同体等组织成员。与英、美、法、日、澳、新、加、俄、泰国以及其他太平洋岛国等50多个国家建立外交关系。目前，在墨尔本、曼谷设有总领馆，有苏瓦设有高专署，在纽约设有常驻联合国代表团（兼驻美国大使馆），在新德里和伦敦分别设有名誉领事。

近年来，瑙外交重点主要放在寻求外援上。由于澳在瑙临时安置非法移民，澳对瑙援助有所增加。澳在瑙派有总领事和移民局官员。2009年8月，澳将总领馆升格为高专署。2012年4月，澳大利亚总督昆廷·布赖斯率团访瑙。

【同中国的关系】1968年瑙独立时，台湾当局即予“承认”。1975年，瑙在台设办事机构。1980年，瑙台建立“领事关系”，同年台在瑙设“总领馆”。1990年8月，瑙台建立“全面外交关系”，台在瑙机构升格为“大使馆”。

2002年7月21日，瑙鲁同中国建交，同时与台“断交”。2005年5月14日，瑙总统斯考蒂在台北签署“复交公报”，宣布瑙台“复交”，5月27日，中国宣布中止与瑙鲁的外交关系和两国政府间的一切协议。

2008年，瑙体育代表团参加北京奥运会。2010年，瑙与其他太平洋岛国以太平洋联合馆形式参加上海世博会。2011年中瑙贸易额为19.4万美元，同比增长789%，其中中方出口额为18.4万美元。目前在瑙华人华侨约300多人。

2010年3月，台湾地区领导人马英九访瑙。10月，瑙外长科克访台。2012年5月，瑙总统达布威多访台出席台湾地区领导人马英九连任就职仪式。2011年台瑙贸易额为35.5万美元。　（刘波）

纽　埃

国名　纽埃（Niue）。

面积　陆地面积260平方公里。

人口　1490人（2011年10月），另有约1.2万人居住在新西兰。属波利尼西亚人种。通用纽埃语和英语。75%的居民信奉埃克利西亚纽埃教，10%信奉摩门教，5%信奉罗马天主教。

首都　阿洛菲（Alofi），居民约900人。

国家元首　英国女王伊丽莎白二世。女王代表系新西兰总督杰里·迈特帕里（Jerry Mateparae）。

重要节日　国庆日（宪法日）：10月19日。

简　况

位于南太平洋国际日期变更线东侧，属波利尼西亚群岛。纽埃岛是世界第二大正在上升的环形珊瑚礁，被称为“波利尼西亚之礁”。位于新西兰东北方向2400公里。北距萨摩亚约550公里，西距汤加约480公里，东距库克群岛拉罗汤加岛约900公里。属热带气候，年平均气温27℃。

1000多年前波利尼西亚人到此定居。1774年英国人发现纽埃岛。1900年成为英国保护地。1901年作为库克群岛的一部分归属新西兰。1904年单独设立行政机构。1974年10月实行内部自治，同新西兰保持自由联系。纽埃政府享有完全的行政权和立法权。应纽埃政府要求，新西兰政府可协助处理防务和外交事务。新西兰政府与纽埃政府互派高级专员。纽埃人同时享有纽埃和新西兰双重公民身份。

2011年5月举行大选，托克·塔拉吉（Toke Talagi）连任总理。

政　治

【宪法】1974年10月19日，实行内部自治并颁布宪法。宪法规定，由内阁制定政策和管理纽埃，总理由议会推选，任期三年，可连任。

【议会】一院制。1984年3月31日成立立法会议，由20名议员和1名委任的议长组成，议长无最终一票决定权。20名议员中，14名由14个村选区推选，其余6名由普选产生，任期三年。本届议会于2011年5月选举产生，阿霍希亚瓦·莱维（Ahohiva Levi）当选议长。

【政府】本届政府内阁成员包括：总理兼外交、财政、关税、经济计划、公务员、内政、民航、旅游、环境、体育事务部长托克·塔拉吉，教育、农林渔业、行政服务事务部长波科托亚·希佩利（Pokotoa Sipeli），公共工程、邮政、电信、燃料事务部长哈伦内·马加托吉亚（Halene Magatogia），卫生、社区、司法、土地和测量事务部长琼·维利亚姆（Joan Viliamu，系纽埃首位女性内阁成员）。

【行政划分】岛上共有14个村落。

【司法机构】设高级法院，由首席法官和陪审推事负责，有向新西兰高等法院上诉的权力。另设土地法院，处理土地纠纷。

【政党】纽埃人民党（Niue People’s Party）：1994年由扬·薇薇安与拉卡塔尼共同建立，系纽埃第一个政党。

【重要人物】托克·塔拉吉：总理。生于1951年1月，1975年毕业于新西兰梅西大学，获农业学学士学位。1981年起先后任纽埃驻新西兰奥克兰高专署总领事、纽埃经济事务办公室主任。1999年当选议员。2002年任负责财政、邮政、电信、教育和环境等事务的副总理。2005年起任纽埃巡回大使和驻非加太—欧盟协定代表。2008年6月当选总理。2011年5月连任总理。

经　济

自然资源贫乏。主要产业为农业、旅游业和渔业。严重依赖新西兰援助和侨汇。人口外流严重。近年来，政府致力于国家经济和金融独立，积极发展旅游业和渔业，平衡政府开支，鼓励私营部门发展，取得一定成效。2010年，国内生产总值（GDP）为1590万美元。人均1.04万美元。2010年6月年度，通货膨胀率为4%。使用新西兰货币，1新元约合0.77美元（2012年6月）。

【工业】仅有小型水果加工厂。年产锯木几百立方米，用于当地建设。

【农业】拥有可耕地2.1万公顷。主要产芋头、椰子、薯类和水果等。饲养家禽、猪和牛。

【旅游业】将旅游业作为经济发展龙头。1996年设立旅游局，并投资增设旅游点及旅店，目前共有8家旅馆，175张床位。2010年来访游客总数6214人次，同比增长33.3%。

【交通运输】公路：全长128公里，1996年开通一条长38.2公里、贯穿全岛的柏油公路。丛林卡车道106公里。注册车辆655辆（1992年）。

空运：2005年10月，纽埃政府与新西兰航空公司签署协议，新航于2005年11月开始执行新纽通航。每周有两班皇家汤加航空公司班机，一班往返于努库阿洛法和纽埃，另一班路线为奥克兰—纽埃—努库阿洛法—奥克兰。哈南国际机场建于1970年，1995年扩建，柏油跑道长2335米，可降落波音737和767飞机。

海运：纽埃到新西兰、库克群岛和塔希提岛的航运业务由新西兰航运公司经营，每隔3～4周有往返于新纽的海运服务。小型的库克集装箱船每月两次抵达纽埃，此外还有不定期客轮。

【对外贸易】主要出口芋头和蜂蜜，主要进口食品、饮料、机械和建筑材料。主要贸易对象是新西兰。2008年，出口额为2.7万新元，同比下降99%，进口额为1098.6万新元，同比增长19.5%。

【外国援助】新西兰是纽埃最大援助国，对纽埃援助额占纽埃GDP的50%以上，主要援助领域为旅游、卫生、教育、林业及私营部门。2011/2012财年，新西兰对纽埃援助预算为1400万新元。此外，纽还接受澳大利亚和联合国开发计划署的援助。

人民生活

实行免费医疗，医疗费用由新西兰资助。有1所医院和1个牙医诊所，24张床位。私人汽车591辆，摩托车197辆，政府车辆100辆。

军 事

根据1974年《宪法法案》，应纽埃政府要求，新西兰负责纽埃国防事务。新西兰任命一名负责纽埃国防事务的顾问。新西兰皇家空军定期在纽埃专属经济区巡逻。2005年5～7月，新西兰军队在纽埃举行了代号为“热带黎明行动”的军事演习，内容包括风灾后的救援和重建。

文化教育

【教育】对5～14岁儿童实行义务教育。有1所小学，20名教师，350名学生；1所中学（含高中），28名教师，310名学生。教师主要从当地挑选，每年还从新西兰或其他国家聘请15～20位教师。目前，纽埃学校引进新西兰课程设置，其高中教育受到新西兰教育认证机构的承认。

【新闻出版】政府新闻处出版英文和纽埃文周刊《托希塔拉纽埃》。纽埃广播公司为政府所有，下设“阳光”广播电台和纽埃电视台，纽埃电视台主要播放新西兰电视节目。1998年，纽埃建成第一家电影院，有120个座位。

纽埃电信公司提供国际直拨电话及传真服务。1999年纽埃电信公司完成国内移动电话网络改造工程。

对外关系

纽埃同新西兰自由联系。如纽方要求，新西兰有义务帮助纽埃处理其外交。双方互派高级专员。1981年纽埃在新西兰奥克兰市设立总领事馆。2008年7月和10月，纽埃总理塔拉吉两次访问新西兰。8月，第39届太平洋岛国论坛首脑会议和会后对话会在纽埃召开。2009年1月，新西兰外长麦卡利访问纽埃。2月，纽埃总理塔拉吉访问日本，同麻生太郎首相会晤。5月，太平洋岛国论坛渔业部长会议、食品与农业组织会议相继在纽埃召开。同月，纽埃总理塔拉吉出席在日本北海道召开的日本—太平洋岛国论坛首脑会议。7月，新西兰总理约翰·基访问纽埃。8月，纽埃总理塔拉吉赴澳大利亚凯恩斯出席太平洋岛国论坛首脑会议。2010年8月，纽埃总理塔拉吉赴瓦努阿图维拉港出席太平洋岛国论坛首脑会议。10月，太平洋岛国论坛经济部长会议在纽埃召开。2011年3月，太平洋气候变化圆桌会议在纽埃召开。5月，纽埃总理兼外交部长塔拉吉赴韩国出席首届韩国—太平洋岛国外交部长会议。9月，纽埃总理塔拉吉赴新西兰出席第42届太平洋岛国论坛首脑会议。11月，纽埃总理塔拉吉出席在夏威夷举行的太平洋岛国领导人会议。2012年5月，纽埃总理塔拉吉出席在日本冲绳举行的日本—太平洋岛国论坛首脑会议。

纽埃不是联合国成员国，是联合国教科文组织、世界卫生组织、世界粮农组织、太平洋岛国论坛、太平洋共同体、南太旅游组织等机构成员及英联邦准成员国。2000年纽埃签署科托努协定（前身为洛美协定）。2002年，纽埃正式加入《太平洋紧密经济关系协定》。2008年12月，纽埃决定加入联合国碳平衡网络。2009年4月，纽埃在太平洋岛国能源部长会议期间签署地区燃料合作协定。2011年6月，纽埃宣布自愿接受《凯恩斯契约》框架下的发展援助同行审议。2012年4月，纽埃签署《全面禁止核试验条约》。

【同中国的关系】2007年12月12日，纽埃总理维维安同中国驻新西兰大使张援远在新西兰首都惠灵顿签署建交公报，中纽建立大使级外交关系。

2010年8月，外交部副部长崔天凯在瓦努阿图出席太平洋岛国论坛会后对话会期间会见塔拉吉总理。10月，国务院总理温家宝致电纽埃总理塔拉吉，对纽埃宪法日表示祝贺。同月，纽埃总理塔拉吉来华出席上海世博会纽埃国家馆日活动。

2011年2月，中国新任驻纽埃大使徐建国向纽埃总理塔拉吉递交国书。5月，全国人大常委会委员长吴邦国和国务院总理温家宝分别致电纽埃新任议长莱维和总理塔拉吉表示祝贺。9月，外交部副部长崔天凯在新西兰奥克兰出席第23届太平洋岛国论坛会后对话会期间会见纽埃总理塔拉吉。10月，温家宝总理致电纽埃总理塔拉吉，祝贺纽埃宪法日。

中国驻新西兰兼驻纽埃大使：徐建国。馆址：2–6 Glenmore Street，Wellington，N. Z.。电话：00–64–4–4749631；传真：4990419。经商处电话：4714101；传真：4714104。

（李滏）

诺 福 克 岛

<u>名称</u>　诺福克岛（Norfolk Island）。

<u>面积</u>　34.6平方公里。

<u>人口</u>　约2302人（2012年3月）。主要为来自皮特凯恩岛的英国人后裔，其余为澳大利亚、新西兰、波利尼西亚移民。80.8%为澳公民，16%为新西兰公民。官方语言为英语，当地居民也讲诺福克语（18世纪英语和古代塔希提语相混合的语言）。71.5%的居民信奉基督教。

<u>行政中心</u>　金斯敦（Kingston）。

<u>行政长官</u>　尼尔·波普（Neil Pope），2012年3月21日宣誓就职。

<u>重要节日</u>　皮特凯恩人登陆纪念日：6月8日（1856年）。

简　况

位于太平洋西南部，为火山岛，距澳大利亚1676公里，距新西兰640公里。主岛诺福克岛长8公里，宽4.8公里，海岸线长32公里。领土还包括无人居住的菲利浦岛和尼皮恩岛（分别位于主岛以南7公里和1公里）。属亚热带海洋性气候。气温一般在10℃ - 26℃之间。年均降雨量1292毫米。

1774年由英国库克船长发现并命名。19世纪初被英国政府用作犯人流放地。1856年，部分皮特凯恩岛居民（英国船员后裔）来此定居。1897年成为英属澳大利亚新南威尔士殖民地的一部分。1913年移交澳大利亚，由澳总督任命的行政长官负责管理。1979年澳大利亚内务部和诺福克岛委员会协商制定的《1979年诺福克岛法案》进一步明确澳大利亚与该岛关系。

政　治

根据《1979年诺福克岛法案》，该岛主权属澳大利亚，但享有包括立法权和行政权在内的很大自治权。行政管理由行政长官和立法会议共同负责。立法会议由9人组成，任期三年。

【议会和政府】立法会议设1名议长、1名副议长和7名成员。行政委员会由立法会议中4人组成，负责制定政府政策，协助行政长官管理岛内事务，负责人为首席部长。现任立法会议2010年3月产生，议长罗宾·亚当斯（Robin Adams），首席部长大卫·巴菲特（David Buffett）。

网站：http://www.norfolkislandgovernment.com/。

【司法机构】设有最高法院和小型议事法庭，上诉权仍属澳大利亚联邦法院。

经　济

旅游业是诺岛的经济基础。每年接待约3万名游客，其中80%来自澳大利亚。财政收入主要来源于关税和发行邮票。渔业资源丰富。土地肥沃，可耕地约400公顷，农产品有棕榈树籽、谷物、蔬菜、水果及家禽等。粮食不能自给，需从澳大利亚、新西兰进口。当地货币为澳大利亚元。

【交通运输】空运：岛上有一个机场。新西兰航空公司和诺福克喷气特快公司开通可直达澳大利亚悉尼、墨尔本、布里斯班和新西兰奥克兰的航线。

海运：有3家航运公司经营至该岛的航线。另有小油轮定期向该岛运送所需石油和液态丙烷气。

公路：总长约80公里，其中53公里铺有路面。

【对外贸易】主要出口产品有邮票、棕榈树籽及少量鳄梨，绝大部分商品需进口。主要贸易伙伴为澳大利亚、新西兰及其他太平洋岛国。

文化教育

【教育】有一所公立学校，对5～12岁儿童（约300名）实行免费教育。澳大利亚新南威尔士州教育部门负责提供支持与协助。愿意赴澳接受高等教育的青少年可获奖学金。

【新闻出版】有《诺福克岛政府公报》和《诺福克岛人报》，均为周刊。有电台4家，电视台1家，可接收卫星电视。1998年设立了两家互联网服务供应商。

环境保护

20世纪80年代中期，澳联邦政府和诺福克岛联合设立面积465公顷的诺福克岛国家公园，以保护原始森林及岛上绿鹦鹉、树蕨等独有的动植物物种。菲利浦岛也被辟为自然保护区。

（李昊）

帕　劳

<u>国名</u>　帕劳共和国（The Republic of Palau）。

<u>面积</u>　陆地面积458平方公里，水域面积约62.9万平方公里。

<u>人口</u>　2.08万（2009年）。多属密克罗尼西亚人

种。官方语言为帕劳语，通用英语。全国73%居民信奉基督教，其中41.6%信奉罗马天主教，28.3%信奉基督教新教。

首都 梅莱凯奥克（Melekeok）。2006年10月1日自科罗尔（Koror）迁至此。

国家元首 约翰逊·托里比昂（Johnson Toribiong），2009年1月15日上任，为帕第八任总统。

重要节日 独立日：10月1日。宪法日：7月9日。

简况

位于西太平洋，关岛以南700多英里处，属加罗林群岛，是太平洋进入东南亚的门户之一。海岸线长1519公里。由300多个火山岛和珊瑚岛组成，分布在南北长640公里的海面上，其中只有9个岛有常住居民。最大岛屿为巴伯尔岛（Babeldaob），面积352平方公里，在本地区仅次于关岛。属热带气候，年均气温27℃。5～11月为雨季，12月至次年4月为旱季。年均降水量3000毫米以上。

马绍尔人世居于此。1710年被西班牙探险家发现。1885年被西班牙占领。1898年被西班牙卖给德国。一战中被日本占领。二战期间被美国攻占。1947年，联合国将其交美国托管，与马绍尔群岛、北马里亚纳群岛和密克罗尼西亚联邦构成太平洋岛屿托管地的四个政治实体。1969年，帕劳开始就未来政治地位同美国谈判。1982年8月，帕与美签订《自由联系条约》，该条约在帕1993年11月举行的公民投票中获得通过。根据该条约，帕劳于1994年10月1日结束其托管地位，成为独立的主权国家，但仍与美国保持特殊关系。同年12月，帕劳加入联合国。

政治

实行总统制，总统既是国家元首，又是政府首脑。部长由总统任命。大酋长委员会参政议政，在帕政治中发挥较大影响。帕两位最高酋长分别称作Ibedul和Reklai，享有与总统相当的声望。全国分成16个州，各州自行立宪。在2008年11月大选中，托里比昂当选总统。2010年，托里比昂政府因接收关塔那摩恐怖嫌犯、推动政府高薪法案、削减地方财政等措施引发争议，托因此撤销多名高级官员职务，维护了政局稳定。

【宪法】1980年7月9日通过，1981年1月1日生效。

【议会】由参众两院组成。参议院较众议院权力大，具有对总统候选人提出建议和表决的权力。参院有13名参议员，众院有16名众议员，任期均为四年。两院均设正副议长职位。本届议会于2008年11月大选产生。参议长姆利布·特梅图奇尔（Mlib Tmetuchl），众议长诺厄·伊德琼（Noah Idechong），2009年1月15日当选。

【政府】总统和副总统经普选产生，任期四年。本届内阁成员主要有：总统约翰逊·托里比昂，副总统兼财政部长克雷·马里厄（Kerai Mariur），司法部长约翰尼·吉本斯（Johnny Gibbons），卫生部长史蒂文森·库阿泰（Stevenson Kuartei），教育部长马萨阿基·埃米西欧切尔（Masa-Aki Emesiochel），国务部长维克多·雅诺（Victor Yano），公共工程及工商业部长杰克逊·恩吉雷恩加斯（Jackson Ngiraingas），自然资源、环境及旅游部长哈里·弗里茨（Harry Fritz），社区及文化事务部长福斯蒂娜·雷休赫—马鲁格（Faustina Rehuher-Marugg）。

【网址】www.palaugov.net；www.visit-palau.com/kor.html。

【行政区划】全国分16个州。

【司法机构】设最高法院、全国法院和下属法院等三级法院及土地法院。高法大法官为亚瑟·恩吉拉克尔松（Arthur Ngiraklsong），1992年就职，终身制。

【重要人物】约翰逊·托里比昂：总统。1946年7月22日出生于艾拉伊州。帕知名律师，曾任帕首届国会参议院党团领袖，2001年起任帕驻台"大使"，2008年11月当选总统，2009年1月宣誓就职。

经济

近年来经济保持增长。目前帕是太平洋岛国中人民生活水平较高国家之一。经济依靠外国援助。旅游业发展较快。服务业对国内生产总值（GDP）贡献率超过80%。服务业就业人数占全国就业总数的一半。2010年，政府修订外来投资法，在能源、旅游和民用航空等领域积极引进外资，为经济发展注入了活力。2009年估计主要经济数据如下：

国内生产总值：1.784亿美元。

人均国内生产总值：8100美元。

货币名称：美元。

通货膨胀率：12%（2008年）。

【农渔业】主要农产品有鸡蛋、水果、蔬菜、猪肉、槟榔果等。盛产金枪鱼，年捕鱼量为6万~7万吨。粮食不能自给。

【旅游业】是帕支柱产业之一，占GDP总量约50%。2011年入境游客超过12万人次，主要来自日本、台湾、韩国等国家和地区。"岩石岛"（Rock Islands）拥有太平洋地区最好的海洋生态系统。

【交通运输】境内无铁路。有机场、港口和卫星通信系统。

公路：总长61公里。无公共交通设施。

水运：科罗尔为主要港口。

空运：共有3个机场。美国、日本、韩国、菲律宾、关岛、台湾地区有定期航班往返。

【财政金融】主要依赖美国和日本的援助。2012年度财政预算为6085.5万美元。

【对外贸易】主要进口机械、汽车、燃油、工业制成品、食品等，出口渔产品、椰干和服装。2008年进口总额为1.295亿美元。

【外国援助】根据帕美《自由联系条约》，美国向帕提供大量援助。美以租金形式在条约生效的前15年内（1994~2009年）向帕提供超过8亿美元的援助，其中7000万美元存入帕信托基金。该基金已超过1.44亿美元，供帕美条约结束后补贴帕财政之用。美还将在2009~2023年向帕提供2.15亿美元的援助。美援款约占帕GDP的20%。日本为帕第二大援助国。

人民生活

当地职员年均收入约3380美元。有1所医院和13所诊疗所。2006年有医生20名。2005年帕人口平均寿命为70.14岁。2008年固定电话用户7500户，手机用户12000户。2009年有互联网服务商2家。

军　　事

根据帕美《自由联系条约》，1994~2044年，帕国防由美国负责。美海岸警卫队负责巡逻帕海域。帕为无核区。

文化教育

【教育】有小学25所，中学6所，大专1所，即帕劳社区学院（Palau Community College）。文盲率为8%。

【新闻出版】主要报纸有官方周刊《帕劳报》（Palau Gazette）、私营双周刊报纸《Tia Belau》。

有两家广播电台。有卫星地面接收站和有线电视台，可接收美国有线新闻网（CNN）等节目。

对外关系

致力于同各国发展友好关系，重视加强同亚太地区国家合作，积极参与地区事务。为联合国、国际货币基金组织、世界银行、太平洋岛国论坛、太平洋共同体、各国议会联盟和世界卫生组织成员。与60个国家建交。在联合国派大使级常驻代表，在荷兰派名誉领事。

【同中国的关系】中帕无外交关系。2008年，帕体育代表团参加北京奥运会。2010年，帕劳同其他太平洋岛国以太平洋联合馆形式参加上海世博会。2011年，中帕贸易额为120万美元，同比减少40%，几乎全为中方出口。

1996年5月18日，帕在台设“名誉领事馆”。1999年12月29日帕台建立“外交关系”。台当局于2000年3月在帕设“使馆”。2010年3月，台湾地区领导人马英九访帕。同年1月和11月，托里比昂总统赴台出席世界自由日活动和台北花博会。7月，帕副总统马里厄访台。2012年5月，托里比昂总统赴台出席台湾地区领导人马英九就职仪式。

【同美国的关系】帕美《自由联系条约》于1994年10月1日生效，有效期50年。根据该条约，帕有内政、外交自主权，美国负责其国防及战略安全事务，提供天气预报、医疗和自然灾害救助等，并对帕航道具有独家使用权。帕美互设使馆。2010年，美向帕派出首任常驻大使（此前一直为代办）。帕还设有驻关岛总领馆、驻夏威夷领馆、驻塞班领馆。2009年3月，帕总统托里比昂访美。

【同日本的关系】日本是帕第二大援助国，是帕金枪鱼和鲭鱼主要出口市场。1999年，帕日互设使馆。帕早已向日派驻大使，日于2010年3月向帕派常驻大使。

【同菲律宾的关系】帕菲互设使馆并派大使，但因财政预算问题，菲计划于2012年7月关闭驻帕使馆。目前，菲律宾人已占帕总人口的20%，帕60%的外国劳动力来自菲。2008年4月，帕总统雷门格绍访菲。

【同澳大利亚的关系】1994年10月1日，帕与澳大利亚建交。澳驻密克罗尼西亚联邦大使兼驻帕大使。2008/2009财年，澳向帕提供约15万美元援助，并继续资助巡逻艇维修费。2008/2009财年，澳向帕出口额为92万美元，进口额为1万美元。　（谢炎村）

皮特凯恩群岛

名称　皮特凯恩群岛（Pitcairn Islands）。

面积　47平方公里（陆地面积）。

人口　约48人（2010年）。均为皮特凯恩人。官方语言为英语，本地语为英语和塔希提语的混合语。信奉基督教。

首府　亚当斯敦（Adamstown）。

总督　非常驻，由英国驻新西兰高专兼任。现任总督为维基·特雷德尔（Vicki Treadell），2010年6月就任。

重要节日　英女王官方诞辰日：6月第二个星期六。

简　　况

位于东南太平洋，属波利尼西亚群岛。包括皮特凯恩岛及附近的三个环礁：汉德森（Henderson）、迪西（Ducie）和奥埃诺岛（Oeno）。皮岛为火山岛，地势陡峭，最高海拔350米。无河流。属亚热带气候。气温13℃~33℃。年平均降水量为2000毫米。11月至翌年3月为雨季。

1767年英国探险家菲利普·卡特莱发现此岛。1790年英国“邦蒂”号哗变船员和一些塔希提岛居民到此定居。1838年成为英在太平洋岛国地区第一个殖民地。1898年起受英国西太平洋高级专员管辖。1952年行政权转归英属斐济殖民地总督。1970年斐济独立后，英国驻新西兰高级专员兼任皮特凯恩群岛总督。

政　　治

根据《1964年地方政府法》，岛上成立岛屿委员会，为立法机构，共10个席位。其中6席普选产生，1席由上述6人选出，2席由总督任命，1席属岛屿秘书长（Island Secretary），任期一年。委员会由行政官主持。行政官由民选产生，任期三年。现任行政官兼岛屿委员会主席保罗·沃伦（Paul Warren）。岛屿法院亦由行政官主持。市长是政府首脑，管理该岛日常事务，现任市长迈克尔·沃伦（Michael Warren）。

主要网址：http：//www.government.pn。

经　济　无税收，财政收入来自邮票、钱币销售、投资利润和英国不定期赠款，给外国渔船颁发捕鱼许可权也获得一定收入。1992年宣布周围370平方公里海域为专属经济区。重点发展电力、通信及港口、道路建设。使用新西兰元货币。

【工业】以邮票、手工艺品制造和养蜂为主。

【农业】土地肥沃，生产各种水果、蔬菜和薯类。家庭捕鱼和饲养家禽较为普遍。

【交通运输】无港口，无铁路，无机场，通过少量不定期船只来往保持与外界的联系。公路总长约6.4公里。

【财政金融】2004/2005财政年度，财政收入74.6万新元，支出102.8万新元。2004年接受国外经济援助384.65万新元。

【对外贸易】出口水果、蔬菜和手工艺品，进口燃料、机械、面粉、糖和其他食品。

人民生活　无医院及固定医生，仅有1名护士。岛上不定期雇用外地医务人员。一般情况下，居民生病去新西兰或塔希提就医，政府负担2/3费用。岛上只有移动电话和一部付费电话。

军　事　由英国负责国防。

文化教育　【教育】实行免费小学教育。岛上无中学，新西兰免费提供中学教育。

【新闻出版】皮特凯恩教育官员每月编辑出版名为《皮特凯恩杂集》的新闻报纸。岛上有一个电台。

对外关系　属英国海外领地。现为太平洋共同体（Pacific Community）成员。（李昊）

萨摩亚

__国名__　萨摩亚独立国（The Independent State of Samoa，原名为西萨摩亚独立国，1997年7月更名为萨摩亚独立国）。

__面积__　陆地面积2934平方公里，水域面积12万平方公里。

__人口__　18.6万（2011年统计）。绝大多数为萨摩亚人，属波利尼西亚人种；还有少数其他太平洋岛国人、欧洲人和华裔以及混血人种。官方语言为萨摩亚语，通用英语。多数居民信奉基督教。

__首都__　阿皮亚（Apia），人口约4万。年均气温27℃。

__国家元首__　图伊阿图阿·图普阿·塔马塞塞·埃菲（Tuiatua Tupua Tamasese Efi），2007年6月19日就任，任期五年。副元首图伊马莱阿利法诺·瓦莱托阿·苏阿劳维第二（Tuimaleali'ifano Va'aletoa Sualauvi II）。

__重要节日__　国庆日（又称独立日）：6月1日。

简　况　位于太平洋南部，萨摩亚群岛西部，由乌波卢（Upolu）、萨瓦伊（Savaii）两个主岛和附近的马诺诺、阿波利马、努乌泰雷、努乌卢瓦、纳木瓦、法努瓦塔普、努乌萨菲埃、努乌洛帕8个小岛（Manono、Apolima、Nuutele、Nuulua、Namua、Fanuatapu、Nuusafee、Nuulopa）组成。境内大部分地区为丛林覆盖。属热带雨林气候。5～10月为旱季，11月至翌年4月为雨季。年均气温27℃，年均降水量2000～3500毫米。

3000年前已有萨摩亚人在此定居。约1000年前被汤加王国征服。1250年马列托亚家族赶走汤加入侵者，萨摩亚成为独立王国。1722年荷兰人发现萨摩亚。19世纪中叶，英、美、德国相继侵入，1899年三国签订条约，西萨摩亚沦为德国殖民地，东萨摩亚由美国统治。第一次世界大战爆发后，新西兰对德宣战，占领西萨摩亚。1920年，国际联盟把西萨交新西兰管理。1920～1936年，西萨发生了著名的反对殖民统治的"马乌"（MAU）运动，提出了"萨摩亚人的萨摩亚"的斗争口号。1954年开始实行内部自治。1962年1月1日，西萨在太平洋岛国中率先独立，定国名为"西萨摩亚独立国"。独立后，马列托亚与另一位传统首领共同履行国家元首职责。1963年4月该传统首领去世，马列托亚成为唯一的元首。由于1月多雨，又值圣诞节假期，不便举行庆祝活动，因此自1963年起改6月1日为独立日。1997年7月4日，西萨摩亚独立国更名为萨摩亚独立国。

政　治　2011年3月，萨举行大选，人权保护党再次获胜，赢得绝对多数议席，以较大优势组成政府，该党领袖图伊拉埃帕连任总理兼外交贸易部长。

【宪法】1960年制定，1962年1月1日生效。规定国家元首由议会选出，任期五年。首任国家元首为终身职务。除元首外，还设立代表委员会，委员即为副元首，不超过3名。其职能是，一旦国家元首出现空缺或不能行使职务时，代行元首职权。

【议会】一院制，称立法大会，共有49名议员，任期五年。其中2个议席专为非纯萨摩亚血统的人（历史上称为"欧洲人"）而设，从独立选区（首都阿皮亚）选出，其余47个议席从41个选区中选出。原规定除独立选区外，仅"马他伊"即酋长才有选举权和被选举权，1991年3月改为普选后，凡年满21岁的萨摩亚公民均有选举权，仍只有"马他伊"享有被选举权。本届议会于2011年3月产生，49名议员中，执政的人权保护党有36席，反对党服务萨摩亚党有13席。议长拉乌利·莱瓦蒂亚·波拉塔伊瓦奥（La'auli Leuatea Polata'ivao），人权保护党，2011年3月18日宣誓就职。

【政府】内阁由总理、副总理和11名部长组成，任期五年。总理由议会选出并经元首确认。总理从议员中提名组阁。本届政府于2011年3月18日组成。现内阁成员有：总理兼外交贸易部长图伊拉埃帕·卢佩索里艾·萨伊莱莱·马利埃莱额奥伊（Tuilaepa Lupesoliai Sailele Malielegaoi），副总理兼工商劳工部长福诺托·皮埃尔·拉沃福（Fonotoe Pierre Lauofo），农渔业部长勒马梅亚·罗帕蒂（Le Mamea Ropati），通讯与信息技术部长图伊苏伽莱塔瓦·索法哈·阿沃（Tuisugaletaua Sofara Aveau），教育、体育与文化部长马格莱·马乌伊利乌·马格莱（Magele Mauiliu Magele），财政部长福穆伊纳·蒂亚蒂亚·利厄加（Faumuina Tiatia Liuga），卫生部长图伊塔马·塔拉莱莱·图伊塔马（Tuitama Talalelei Tuitama），司法与法庭管理部长菲亚梅·内奥米·马塔阿法（Fiame Naomi Mata'afa，女），自然资源、环境与气象部长法阿莫艾塔乌洛阿·法阿莱·图马利伊（Fa'amoetauloa Fa'ale Tumaali'i），警察部长萨拉·法塔·皮纳蒂（Sala Fata Pinati），海关与税收部长图伊洛马·普莱·拉梅科（Tuiloma Pule Lameko），妇女、社区与社会发展部长托洛富艾瓦莱莱·法来莫埃·莱亚塔瓦（Tolofuaivalelei Falemoe Lei'ataua），工程、交通与基础设施部长马努阿莱萨加拉拉·波萨拉·埃诺卡蒂（Manualesagalala Posala Enokati）。

【行政区划】首都阿皮亚为全国唯一的城市。全国分为11个行政区（Political Districts），其中乌波卢岛5个，萨瓦伊岛6个，其余小岛都划归乌波卢岛。

【司法机构】设最高法院、地方法院、上诉法院和土地头衔法院。首席大法官是最高法院、地方法院和上诉法院的院长。地方法院有两名法官，土地头衔法院有13名法官。最高法院和上诉法院审理案件时要从新西兰请法官。首席大法官帕图·蒂阿瓦阿苏伊·法莱法图·萨波鲁（Patu Tiavaasue Faleafatu Sapolu），1992年就职，为终身职务。

【政党】主要政党为：

（1）人权保护党（The Human Rights Protection Party）：执政党，目前在议会中有32席。成立于1979年5月。对内主张坚持国家宪法，保护公民权利和自由，提高人民的文化和生活水平。对外奉行同各国友好的政策，加强同南太平洋邻国的关系。1982年和1985年大选获胜。1985年党内发生分裂后下台。1988年大选获胜，重新执政。后连选连胜，执政至今。领袖为总理图伊拉埃帕。

（2）服务萨摩亚党（Tautua Samoa Party）：反对党，目前在议会中有12席。成立于2008年12月，主要为原萨摩亚民主联合党议员和议会独立议员。领袖为帕鲁萨略·法波二世（Palusalue Faapo Ⅱ）。

【重要人物】**图伊阿图阿·图普阿·塔马塞塞·埃菲**：国家元首。1938年3月1日生于阿皮亚。毕业于新西兰维多利亚大学。1966年当选议员，1970～1975年任工程部长。1976～1982年任总理。1985～1988年任副总理。2004年任国家副元首。2007年6月任萨第二任国家元首，任期五年。对太平洋文化和历史有浓厚兴趣，曾在多所大学及学术机构任职，并著有多部作品。热爱体育运动，曾任萨摩亚橄榄球联盟主席。1980年6月以总理身份访华。2008年8月来华出席北京奥运会开幕式。　**图伊拉埃帕·萨伊莱莱·马利埃莱额奥伊**：总理兼外交贸易部长。1945年4月14日生于乌波卢岛。信奉罗马天主教。1969年毕业于新西兰奥克兰大学，获商业硕士学位。1971～1973年任经济局副局长。1973～1978年任财政部副秘书长。1978～1980年在非洲、加勒比和太平洋委员会秘书处供职。1981年当选为人权保护党议员。1982～1985年任经济事务、交通和民航部长，并兼任副财长。1984年任财长。1988年任亚洲开发银行董事会董事。1990年任非加太部长理事会主席。1991～1998年任副总理兼财政、旅游、贸易、商业和工业部长。1998年11月当选总理。2001年、2006年、2011年连选连任。多次来华访问或出席国际会议，其中2000年8月、2005年5月作为总理对中国进行正式访问。2007年3月作为萨人权保护党领袖访华；2008年9月访华并出席北京残奥会闭幕式；2010年8月出席上海世博会萨国家馆日活动；2011年5月非正式访问成都。

经　济

萨是农业国，资源少，市场小，经济发展缓慢，被联合国列为最不发达国家之一。2009年9月，萨遭受强烈地震海啸灾害，经济损失巨大。萨政府积极开展灾后重建并有效应对国际金融危机，保持经济增长势头。目前萨政府主要致力发展农业、旅游、私营经济、基础设施、交通运输、通信、教育和医疗等。2007年联合国决定萨从最不发达国家行列“毕业”，“过渡期”3年。2010年，应萨要求，联合国决定将萨“过渡期”延长至2014年初。2011年主要经济数据如下：

国内生产总值：15.47亿塔拉（约6.53亿美元）。

人均国内生产总值：3537美元。

经济增长率：3.9%。

货币名称：塔拉（Samoan Tala）。

汇率：1美元≈2.42塔拉（2012年6月）。

通货膨胀率：5.2%。

【资源】森林资源逐年减少，目前森林面积占全国面积的46.3%，其中39.4%（约11万公顷）为非生产性森林，可采林只有1.36万公顷，仅占全国面积的4.8%。其余2.1%（约0.6万公顷）为国家级保护林和部落传统所有林地。专属经济区水域12万平方公里，盛产金枪鱼。

【工业】工业基础十分薄弱。独立后，萨初步建立了一批消费工业和农产品加工业，主要生产食品、烟草、啤酒和软饮料、木材家具及椰油，还有印刷、日用化学业。2011年，制造业产值为1.278亿塔拉（包含食品饮料业的3039万塔拉），同比下降14%，占国内生产总值（GDP）的8.3%；建筑业产值为2.12亿塔拉，同比增长0.5%，占GDP的13.7%。

【农业】全国现有耕地6万多公顷。全国农业人口为12.4万，占全国总人口的67%。主要种植椰子、可可、咖啡、芋头、香蕉、木瓜、卡瓦和面包果。由于抵抗飓风等自然灾害的能力差，农业生产严重依赖气候条件。2011年农业产值为7509万塔拉，同比增长1.1%，占GDP的4.9%。

【渔业】经济海域12万平方公里，盛产金枪鱼。2011年渔业产值为8003万塔拉，同比增长1.06%，占GDP的5.2%。目前，全国有各种渔船约2200艘，其中机动船200艘。因萨专属经济区较其他岛国小，萨政府禁止外国渔船单独作业，只允许外国渔船公司与萨方合作，外资不得超过40%。

【服务业】从事服务业人数约为2000人。2011年，旅馆餐饮业产值为5448万塔拉，同比增长1.07%，占GDP的3.5%；交通电信业产值为2.166亿塔拉，同比增长1.04%，占GDP的14%；金融服务业产值为1.4亿塔拉，同比增长1.1%，占GDP的9.1%。个人及其他服务业产值为6467万塔拉，同比增长1.02%，占GDP的4.2%。

【旅游业】旅游业是萨摩亚主要经济支柱之一和第二大外汇来源。萨政府致力于发展旅游硬件设施及其他与旅游相关的行业。游客主要来自美属萨摩亚、新西兰、澳大利亚、美国和欧洲。2010年访萨游客为12.95万人次，与2009年基本持平。萨已提前实现太平洋共同体（SPC）为其制定的旅游收入指标。影响其旅游业发展的主要因素是酒店设施简陋、客房数量不足及交通不便。萨现有客房900多间，但多数条件较差。主要旅馆有：艾吉·格雷旅馆（Aggie Grey's Hotel），156间客房；艾吉·格雷海滩度假村（Aggie Grey's Lagoon, Beach Resort & Spa），140间客房；辛纳雷海滩度假村（Sinalei Beach Resort），29间客房。

【交通运输】全国公路总长976公里，其中柏油公路332公里。

水运：阿皮亚港为萨主要对外港口，可泊5万～6万吨级轮船。

空运：法莱奥洛机场为萨唯一国际机场，可起降波音747客机。2005年10月，“波利尼西亚·蓝”航空公司（萨政府与澳大利亚“维京蓝航空公司”合资创办的企业）开始营业，承担了原由波利尼西亚航空公司运营的大部分国际客货运输业务（萨摩亚至新西兰、澳大利亚等）；波航仅保留了往返于萨摩亚与美属萨摩亚、汤加之间的航线和国内航线（乌波卢岛与萨瓦伊岛之间）。2011年12月，“波利尼西亚·蓝”航空公司更名为“维京·萨摩亚”航空公司。新西兰航空公司也是来往萨摩亚的主要航空公司，另外，斐济太平洋航空公司航班也在此经停。

【财政金融】2012/2013财年，财政预算收入6.7亿塔拉，支出7.74亿塔拉，财政赤字1.03亿塔拉。

截至2012年3月，外汇储备约1.37亿美元，相当于5个月的进口所需外汇。外债累计为8.22亿塔拉，约占GDP的53.2%。

主要银行有：（1）萨摩亚中央银行（Central Bank of Samoa）：1954年成立。资本2687万塔拉。资产1.7亿塔拉。地址：Private Bag, Apia, Samoa。电话：（00685）34100；传真：20293。行长莱阿西·帕帕利伊·汤米·斯坎伦（Leasi Papali'i Tommy Scanlan）。

（2）澳新银行萨摩亚分行[ANZ Bank（Samoa）LTD]：前身为萨政府拥有的萨摩亚银行，1997年政府将其出售给澳新银行集团，成为澳新银行萨摩亚分行。地址：POB 1855, Apia, Samoa。电话：（00685）22422；传真：24595，23807。现任总经理曼迪·辛普森（Mandy Simpson）。

（3）西太平洋银行（WESTPAC BANK）：前身太平洋商业银行，是夏威夷银行的分行，成立于1977年。现夏威夷银行和澳大利亚的西太银行各占42.7%的股份，其余为萨摩亚人拥有。地址：PO BOX 1860, APIA, SAMOA。电话：（00685）20000；传真：22848。总经理杰森·格林（Jason Green）。

【对外贸易】主要出口渔产品、脑努汁、啤酒、椰奶、脑努果、芋头等产品。2011年，出口总额为1.2566亿塔拉，同比下降17%。市场主要是澳大利亚、新西兰、美国、日本和中国。主要进口机械和运输设备、食品、石油、建筑材料等产品，来源主要是新西兰、澳大利亚、美国、日本和中国。2011年，进口总额为8.0575亿塔拉，同比增长2%；商品贸易逆差高达6.8143亿塔拉。

【外国援助】外援主要来自澳大利亚、新西兰、日本、欧盟、中国及国际组织等。2009/2010财年，萨共接受外援1.528亿塔拉。

【著名公司】（1）陈茂公司（Chan Mow Co. Ltd.）：1950年成立，1976年正式经营进出口业务，目前是萨摩亚最大的商贸公司。经营进出口批发和零售业务。资本800万塔拉，资产1亿塔拉。

（2）AH LIKI家族集团：由早年在萨华工AH LIKI的第二代后裔建立，五兄弟分别经营建筑业、批发、运输、五金、食品。其中运输业（蓝鸟运输公司Blue Bird Transport Ltd.）1978年从10万塔拉起家，现有资本6000万塔拉。主要承包德国和日本的援助项目。

人民生活

全国约76%的人口住在乡村，从事农业生产活动。农村电和自来水基本普及。由于每年萨有一千多人移民海外，国内人口数量增长缓慢，2011年人口增长率为1.03%。平均寿命72.85岁。萨人口结构年轻，0～14岁人口占39.2%，15～64岁占55.9%，65岁以上占4.8%。萨每户居民都有亲属在海外工作，平均年侨汇超过2亿塔拉。65岁以上的老人享有养老金。

实行免费医疗。全国有两所国家级医院，7所地区医院，23个卫生所。共有医生60人，牙医14人，护士200多人，病床300张。患传染病、糖尿病、心脏病和癌症等疾病都能享受免费医疗。

军　事

没有军队，有警察500多名，负责治安和交通。

文化教育

【教育】实行中小学义务教育，入学率85.7%。文盲率4.3%。有157所小学，44所中学，4所职业学校，36所教会学校，2所师范学校。大专院校有萨摩亚国立大学（2005年与萨摩亚工艺学院合并）和阿拉富阿农学院（南太平洋大学分校）。每年约有4800名大中学毕业生需要就业。

【新闻出版】主要报纸：《萨瓦利》（SAVALI），政府周报，1904年创刊，分萨语版和萨、英语混合版两种，萨语版主要向农村发行，混合版在首都地区发行，发行量4500～5000份。《萨摩亚观察家报》（SAMOA OBSERVER），私营日报，发行量2000～3000份。另有《新闻》（NEWSLINE）等小报，发行量不大。

萨摩亚现有三家电视台（TV1，TV3和STAR TV），均为私营。除播送自制的新闻和教育节目外，主要转播澳、新电视台和BBC节目。此外还有几个宗教台。中央电视台英语新闻频道（CCTV NEWS）已在萨落地。

“萨摩亚广播公司”电台部（又称2AP STATION）为国家电台。波利尼西亚电台（Radio Polynesia Ltd.，又称Magic 98）为私人电台，现有3个频道。萨电台主要播放欧美流行音乐、萨摩亚音乐以及轻音乐，此外还包括自制的萨语节目和英语节目。另有一些宗教电台，主要播放基督教节目。中国国际广播电台已在萨落地。

对外关系

主张维护民族独立，发展民族经济，认为国家不分大小，均应受到平等对待。萨将外交重点放在南太地区。在保持同新西兰传统友好关系的同时，重视发展同亚太国家的关系。要求建立国际经济新秩序，重视全球和地区环境保护，支持建立南太无核区，反对核试验，尤其反对在南太地区进行核试验以及倾倒和运输核废料。萨是联合国、英联邦、太平洋岛国论坛、太平洋共同体和太平洋区域环境署等组织的成员。太平洋区域环境署秘书处、联合国粮农组织、教科文组织及开发计划署太平洋地区代表处都设在阿皮亚。现已同中、澳、新西兰、美、日、英、德等60国建交。2011年11月，萨联合汤加、图瓦卢、库克群岛等波利尼西亚国家和地区成立次区域组织“波利尼西亚领导人集团”，旨在保护和促进波利尼西亚文化、语言和传统，并通过合作实现经济可持续发展与繁荣。2012年5月，萨正式成为世贸组织成员。

【同中国的关系】1975年11月6日两国建交。1976年10月，中国在萨设立使馆。2009年6月，萨在北京设立使馆。萨首任驻华大使塔普萨拉伊·特里·托欧玛塔于2009年8月28日向胡锦涛主席递交国书。

2005年5月，萨总理图伊拉埃帕访华期间，双方发表《中萨联合声明》。

近年来，中方访萨的主要有：全国政协主席贾庆林（2011年4月）、中央政治局常委吴官正（2007年4月过境）、李长春（2007年4月）、全国人大常委会副委员长严隽琪（2008年9月）、陈昌智（2010年1月）、外交部长李肇星（2006年7月）、商务部长陈德铭（2012年4月）、中国政府特使、民政部副部长罗平飞（2012年5月底6月初出席萨独立50周年庆典）、国家体育总局局长刘鹏（2010年4月）、中国—太平洋岛国论坛对话会特使杜起文（2011年1月）等。

萨方访华的主要有：国家元首埃菲（2008年8月出席北京奥运会开幕式）、总理图伊拉埃帕（2000年和2005年正式访问、2007年3月应中联部邀请率人权保护党代表团访华、2008年9月访华并出席北京残奥会闭幕式、2010年8月出席上海世博会萨国家馆日活动、2011年5月非正式访问成都）、议长托洛富艾瓦莱莱（2007年6月、2008年3月、2010年11月）、拉乌利（2011年7月底8月初来华出席商业活动、2012年5月参加太平洋岛国政治家联合考察团访华）、副总理米萨（2006～2010年每年来华出席国际会议、2010年5月参观上海世博会）、福诺托（2011年9月出席在厦门举行的中国国际投资贸易洽谈会并访问广东、2012年5月出席在北京举行的中国国际服务贸易交易会）、首席大法官萨波鲁（2009年9月）等。

2011年，中萨贸易额为3785万美元，同比下降

46%。其中，中方出口额为3782.3万美元，同比下降46%；进口额为2.7万美元，同比增长18.3%。

中国驻萨摩亚大使：赵卫平。馆址：Embassy of the People's Republic of China in Samoa，Vailima，Apia，Samoa。电话：(00685) 22474；传真：21115。

萨摩亚驻华大使：塔普萨拉伊·特里·托欧玛塔（Mr. Tapusalaia Terry Toomata）。馆址：北京市朝阳区塔园外交办公楼2-7-2。电话：010-65321673；传真：65321642。

华侨华人：19世纪末就有中国人赴萨，20世纪20、30年代成批华工赴萨种植椰子、香蕉，最多时达数千人，后因新西兰政府实施种族政策，华人数量开始减少，最后留下数百人，多与当地人通婚。目前，纯血统的华人不足百人，混血华裔超过3万，约占萨人口20%，数量在外来血统中居首位。1963年萨华裔公会成立。

【同新西兰的关系】新曾为萨的宗主国，两国关系密切。萨在惠灵顿设有高专署，在奥克兰设有总领事馆。新在萨设有高专署。两国间签有友好条约。2004年双方同意定期举行两国政府部长级官员全体磋商。新是萨第三大援助国，萨是新在南太地区第四大受援国。新是萨主要贸易对象，新对萨商品出口约占萨进口总额的1/3，萨对新出口占萨出口总额的10%左右。新公司是萨建筑市场的主要承包者。根据《相互支援协定》，新帮助萨培训警察人员，进行海上巡逻等。新每年向萨提供1100人的移民配额，萨在新西兰的移民总数超过10万人。2007年8月，新总督萨蒂亚南德访萨。2007年12月，萨国家元首埃菲访新。2008年4月，新外长彼得斯赴萨参加新萨部长级联合会议。2012年5月底6月初，新总督迈特帕里出席萨独立50周年庆典。2009年9月，萨发生海啸灾情后，新向萨提供大量灾后援助。

【同澳大利亚的关系】澳在萨有高专署。澳为萨第一大援助国，平均每年对萨援助约3700万澳元，主要用于提高政府办事效率、增加就业和投资、加强司法执法、提高教育水平和改善卫生医疗条件。澳为萨的第二大进口来源国。旅居澳的萨摩亚人有4万～5万，另有萨公派留学生数十名。澳在萨有侨民200多人。萨澳间有"防务合作计划"，由澳方帮助巡逻萨专属经济区，并为萨培训警察。2009年9月，萨发生海啸灾情后，澳向萨提供大量灾后援助。

【同日本的关系】萨重视同日本的关系。1972年起日本向萨派遣志愿人员，至今已有200多人在萨服务过。近年来，日本成为萨最大援助国之一，对萨援助占萨受援总额的40%左右。平均每年向萨提供近1000万美元援助，主要用于教育、环保、卫生、基建等。截至2004年底，日对萨发展援助总额达2.361亿美元。日每年还向萨提供十余个奖学金和约50个短期培训机会。萨目前有两家日资企业：一是矢崎汽车配件厂，二是北野作家旅馆。2012年5月，萨总理图伊拉埃帕赴日出席第六届日本与太平洋岛国领导人会议。

【同美国的关系】萨重视同美国的关系。1988年11月，美在萨设使馆，大使由美驻新大使兼任。萨在美设使馆，大使由其常驻联合国代表兼任。受美国内立法限制，美对萨不提供直接经济援助，只通过多边渠道和地区组织提供少量援助。美自1976年起向萨派遣和平队员。虽然美国对萨贸易量很小，但萨与美属萨摩亚之间的贸易较多。美属萨摩亚和美国是萨第一和第二大出口市场，2005年萨对美属萨摩亚和美国出口占其出口总额的4/5。

【同东盟国家的关系】萨与菲、泰、马和印尼有外交关系。近年来重视发展与东盟国家的关系，寻求资金、技术援助和拓展经贸合作。

【同欧洲国家的关系】主要是经援关系。德国是对萨援助最多的欧洲国家。1975～2001年，欧盟作为整体通过国家指标计划（NATIONAL INDICATIVE PROGRAM — NIP）、洛美协定出口补贴和灾害紧急援助共向萨提供8500万塔拉。欧盟在萨设有代表处，主要管理援助项目。2002～2007年欧盟向萨提供6600万塔拉，主要用于建设给排水工程和公共卫生体系。2010年5月，欧盟与萨签订价值1671.5万欧元的援助协议。（谢炎村）

圣 诞 岛

名称 圣诞岛（Christmas Island）。

面积 135平方公里。

人口 约1403人（2011年）。其中华人占70%，白人占20%，马来人占10%。官方语言为英语。36%的居民信奉佛教，25%信奉伊斯兰教，18%信奉基督教。

简 况

位于印度洋东北部，北距巽他海峡南口的爪哇海岬约380公里，东南距澳大利亚西岸的西北角约1565公里。为火山岛。海岸线长80公里。沿岸大多为悬崖峭壁，最高处有20米；仅有浅滩约13处，最大的一处名为飞鱼湾（Flying Fish Cove），是岛内唯一港口和人口主要聚居地。属热带气候，气温21℃～32℃，湿度达80%～90%。气候温和，但湿季（11月至翌年4月）偶有暴风雨，岛周围风浪较大。年均降雨量2000毫米。

英国威廉·迈纳斯船长于1643年圣诞节发现该岛并命名。1888年并入英国版图。1942年被日本军队占领。1946年成为新加坡属地。1958年1月移交英国管辖，同年10月，依据《1958年圣诞岛法案》，移交澳大利亚联邦管理，成为澳海外领地。

政　治　该岛主权属澳大利亚。1958年起由澳政府派行政长官管辖。1984年成立圣诞岛自治机关，协助行政长官管理岛内事务。1992年自治机关由圣诞岛地方委员会取代。地方委员会由9名成员组成，任期四年。1994年岛内举行决定该岛地位的全民投票，否决了脱离澳大利亚的提案，但85%的投票者希望扩大岛内自治权。

难民问题突出，沉船、伤亡事件频发。澳霍华德政府通过法案将圣诞岛排除在澳移民区域之外，到达该岛者不能自动获得向澳政府申请避难的资格。

【政府】由澳大利亚总督任命的行政长官和地方委员会组成。现任行政长官布莱恩·莱希（Brian Lacy），2009年10月就任。

【司法机构】设有最高法院和地方法院三级司法系统。

经　济　磷酸盐工业是圣诞岛经济支柱。1998年磷酸盐资源公司与澳大利亚联邦政府签订了为期21年的矿产租约，负责勘探和开发。此外，旅游业也是圣诞岛的主要收入来源之一。当地货币为澳大利亚元。

【交通运输】空运：有一个国际机场。维珍航空公司经营从珀斯至该岛的航线，每周四班。圣诞岛航空公司经营马来西亚科伦坡至该岛的航线，每周一班。

海运：澳大利亚国家航运公司经营由澳大利亚大陆至该岛的航线。每4至6周有货轮从澳大利亚弗里曼特尔（Fremantle）运送物品至该岛。有私营公司经营由圣诞岛至附近其他岛屿的船运业务。

公路：总长140公里，其中30公里铺有路面。

铁路：总长18公里，主要用于磷酸盐运输。

【对外贸易】主要贸易伙伴为澳大利亚、新西兰。磷酸盐为圣诞岛主要出口商品。绝大部分商品需进口，主要来源国为澳大利亚。

【旅游】为保护自然环境和稀有动植物，该岛约63%的面积被辟为国家公园。独特的动植物资源及良好的潜水、捕鱼设施吸引众多游人前来观光。旅游正日益成为重要产业。

文化教育　**【教育】**澳大利亚西澳大利亚州教育部在岛上办有圣诞岛区学校，提供学龄前至中学10年级教育。1986年，圣诞岛政府开办了全日制成人教育教程，旨在帮助岛民特别是妇女掌握语言及工作技能。建有一个公共图书馆。

【广播电视】有两家电台，一家电视台。该岛社区广播电台于1991年成立，每天用英语、马来语、粤语和汉语普通话广播。（李昊）

所罗门群岛

国名　所罗门群岛（The Solomon Islands）。

面积　2.84万平方公里。

人口　51.587万（2009年统计），年均增长率为2.3%，其中美拉尼西亚人占94.5%，波利尼西亚人占3%，密克罗尼西亚人占1.2%，白人占0.4%。全国有87种方言，通用皮金语，官方语言为英语。居民中95%以上信奉基督教新教和天主教，圣公会拥有的信教徒占全国人口2/3以上。

首都　霍尼亚拉（Honiara），人口6.46万（2009年）。

国家元首　英国女王伊丽莎白二世。女王任命总督为其代表。现任总督弗兰克·卡布伊（Sir Frank Kabui），于2009年7月7日就任。

重要节日　独立日（即国庆日）：7月7日。

简　况　位于太平洋西南部，属美拉尼西亚群岛。西南距澳大利亚1600公里，西距巴布亚新几内亚485公里、东南与瓦努阿图隔海相望。全境有大小岛屿900多个，最大的瓜达尔卡纳尔岛面积6475平方公里。境内多火山、河流。属热带雨林气候，终年炎热，无旱季。首都霍尼亚拉年均气温28℃，年均降水量3000～3500毫米。

早在3000年前已有人在此居住。1568年被西班牙人发现并命名。后荷兰、英国、德国等殖民者相继而至。1885年北所罗门成为德国保护地，同年转归英国（布卡与布干维尔岛除外）。1893年成立“英属所罗门群岛保护地”。二次大战期间曾被日本占领。1975年6月更名为所罗门群岛。1976年1月2日实行内部自治。1978年7月7日独立。系英联邦成员。

政　治　马莱塔与瓜达尔卡纳尔两大部族曾长期武装冲突。2000年10月，相关各方在澳大利亚汤斯维尔市签署《汤斯维尔和平协议》。2001年底大选后再次陷入混乱。2003年7月，由澳大利亚、新西兰及其他太平洋岛国组成的“地区驻所援助团”（RAMSI）军警部队进驻所首都至今。2006年4月，所总理选举结果引发大规模骚乱。澳、新迅速调集200多名警务人员协助所政府维持社会秩序。当选总理辛德·里尼（Synder Rini）辞职，社会信誉党领袖梅纳西·索格瓦雷（Manasseh Sogavare）当选总理。2007年11月，多名政府部长和执政联盟议员辞职，索被迫下台。12月，反对党联盟候选人德里克·西库阿（Derek Sikua）当选总理。在2010年8月议会选举后，丹尼·菲利普（Danny Philip）的联合阵营以微弱优势击败所民主党领袖斯蒂夫·阿巴纳（Steve Abana）的联合阵营，当选所第九任总理。2011年11月11日，为避免通过反对派提出的不信任案，菲利普辞去总理职务。11月16日，曾任菲利普政府财长的戈登·达西·利洛（Gordon Darcy Lilo）经议会投票当选总理。

【宪法】1978年6月8日英国议会通过所罗门群岛新宪法，同年7月7日生效。

【议会】一院制，称国民议会，是所最高权力机关，由50名议员组成，任期四年。现任议长阿兰·凯马凯扎（Allan Kemakeza）于2010年8月当选，为所第九任议长。现任副议长为乔布·陶辛加（Job D.Tausinga）。

【政府】现政府于2011年11月组成，主要成员包括：总理戈登·达西·利洛，副总理兼内政部长梅纳西·梅兰加（Manasseh Maelanga），外交部长弗奥·所阿拉奥伊（Forau Soalaoi），财政与国库部长里克·豪（Rick Hou），发展计划与援助协调部长辛德·里尼（Snyder Rini），教育部长迪克森·哈莫里（Dickson Ha'amori），渔业部长阿尔弗莱德·吉奥（Alfred Ghiro），林业部长迪克森·穆阿（Dickson Mua），环保部长莫法特·富吉（Moffat Fugui），司法部长康明斯·梅瓦（Cummins Mewa），土地、住房与调查部长约瑟夫·奥尼卡（Joseph Onika），和平与和解事务部长海波利特·塔雷梅（Hypolite Taremae），农业部长科内柳斯·萨达卡巴图（Cornelius Sandakabatu），旅游和文化部长塞缪尔·马内托阿利（Sammuel Manetoali），矿业与能源部长摩西·加鲁（Moses Garu），农业发展部长莱昂内尔·亚利克斯（Lionel Alex）。

【网址】http://www.pmc.gov.sb；http://www.solomontimes.com；http://www.solomonstarnews.com。

【行政区划】全国划分为首都霍尼亚拉1个市和西部、瓜达尔卡纳尔、马莱塔、中部、伊萨贝尔、马基拉乌拉瓦、特姆突、雷纳尔与贝罗纳、乔伊索9个省。

【司法机构】沿用英国的司法制度，高等法院（又称国家法院）由大法官和一名陪审推事组成。1978年设上诉法院。各行政区设有区法院和地方法院。现任大法官艾伯特·帕尔默（Sir Albert Palmer）。

【政党】所政党较多，且各政党在议会中力量经常消长，现内阁部长中独立人士较多。目前主要政党有改革民主党（Reform Democratic Party）、民主党（Democratic Party）、我们的党（Our Party）、农村发展党（Rural Development Party）、人民代表大会党（People's Congress Party）等。

【重要人物】弗兰克·卡布伊：总督。所罗门群岛前高等法院法官和总检察长，所律师协会主席。2009年7月7日当选并就任总督。　**戈登·达西·利洛：**总理。1965年8月28日出生。获巴新大学经济学学士学位、澳大利亚国立大学发展与行政专业硕士学位。2001年当选议员。曾任财政与国库部秘书长。2010年8月起任丹尼·菲利普内阁财政与国库部长。2011年11月当选总理。

经济

独立以来，经济由过去的单一经济逐步转变为包括农、渔、矿、林、旅游业等在内的多样化经济。牛肉、粮食、蔬菜基本自给。受亚洲金融危机和部族冲突影响，1997年下半年起经济陷入困境，出口减少，货币贬值，财政严重亏空。2003~2008年经济发展有所好转，年均经济增长率近6%，一度成为太平洋岛国地区经济增长率最高的国家之一。受国际金融危机影响，2009年经济增长率降到-2.2%。近两年，政府采取多项发展措施，推动土地改革，改善管理方式，积极吸引外资，有效控制通货膨胀，经济出现迅速复苏势头。2011年主要经济数据如下：

国内生产总值：7.88亿美元。

人均国内生产总值：1457美元。

经济增长率：5.7%。

货币名称：所罗门群岛元（简称所元）。

汇率：1美元＝7.05所元（2012年6月）。

通货膨胀率：6%。

【资源】有铝土、镍、铜、金、磷酸盐等矿藏。已探明铝土矿储量5800万吨，磷酸盐1000万吨。水利资源丰富。森林覆盖面积占陆地总面积90%，约263万公顷。林木总蓄积量为1.27亿立方米，商品材蓄积量为4810万立方米。近年来，林业发展迅速，已成为主要经济支柱和出口产业。但因过度采伐，面临林业资源可能在数十年内枯竭的危险。

【工业】有渔产品、家具、塑料、服装、木船、香料、食品和饮料等小工厂和采矿业。工业仅占国内生产总值的5%。

【农业】农业人口占全国人口的90%以上。农业收入占国内生产总值的60%。主要农作物是椰干、棕榈油、可可等。2010年椰干产量为24395吨。

【渔业】盛产金枪鱼，是世界上渔业资源最丰富的国家之一，金枪鱼年捕鱼量约8万吨。海产品是第三大出口产品，主要出口到日本。2010年捕鱼量为21385吨。2011年1月，所启动珊瑚礁、渔业安全计划，以有效保护海洋和渔业资源。

【旅游业】沿海地势较平坦，海水没有污染，被视为世界上最好的潜水区之一，旅游业潜力较大。所计划到2015年实现赴所旅游人数达5万人。但所基础设施落后，交通不便，社会治安较差，严重制约所旅游业的发展。

【交通运输】公路：陆路交通不发达。各岛共有1900公里公路干线。其中首都地区柏油路面公路100公里，农村土路1770公里。

空运：除霍尼亚拉国际机场外，还有35个小机场（2009年）。国际航班运营商主要有巴布亚新几内亚航空公司和瑙鲁航空公司，澳大利亚航空公司与所罗门航空公司也有联营的国际航班。

水运：与澳大利亚、日本、新加坡、其他太平洋岛国及中国台湾和香港等国家和地区有海运联系。有定期的海上运输货轮通往澳大利亚、新西兰、巴新、日本、中国香港和欧洲。霍尼亚拉是主要港口。

【财政金融】财政严重依赖外援。2010年外汇储备2.66亿美元。2011年债务总额为14亿所元，财政收入为24.78亿所元。

中央银行和开发银行为所两家大银行，所现任央行行长为丹顿·拉拉瓦（Denton Rarawa）。另外，澳新银行、西太银行等在所设有分行。2011年3月，澳新银行任命巴里·索曼（Barry Sowman）为该行新总裁。

【对外贸易】主要出口木材、椰干、鱼类、棕榈油及可可，进口交通运输工具、机械、食品、燃料、化工品等。主要贸易伙伴为澳大利亚、日本、英国、中国等。2008年进出口贸易总额为37.2亿所元，其中进口额为20.63亿所元，出口额为16.57亿所元。2009年，木材出口占出口总额的60%，出口到中国和韩国的木材占木材出口总量的77.4%；椰子出口量298吨，同比增长33%。

【外国援助】争取多边援助，强调外援使用权必须由所决定。目前，澳大利亚为所最大援助国，其他主要援助方为欧盟、日本、新西兰、英国和亚洲开发银行等。2009/2010财年，澳向所提供2.46亿澳元援助（包括对RAMSI的资助）。

【著名公司及经济团体】（1）矿产与勘探公司协会（Association of Mining and Exploration）：成立于1988年。地址：C/O POB G24，Honiara，Solomon Islands。

所罗门群岛开发信托公司（Solomon Islands Development Trust）。地址：POB 147，Honiara，Solomon Islands。

人民生活

【卫生】全国有9所医院，900多张病床，135家诊所和农村医疗站。人均寿命58岁。

文化教育

【教育】保持美拉尼西亚的传统文化。文盲约占人口的49%。全国有小学52所，中学20所，技术学院和师范学校各1所。中小学生占适龄儿童和少年的1/3左右。

【新闻出版】有私人经营的英文日报《所罗门星报》、《所罗门之声》。政府办的所罗门广播电台用英语和皮金语广播。

军　事

无军队，仅有800多名警察。

对外关系

强调国际和睦、友谊、相互尊重、和平及人类尊严等外交原则。奉行不与任何大国结盟的政策，坚持在谨慎并有选择的基础上发展与各国的政治和经贸关系，有选择地利用外资和外援。支持南太无核区主张，重视与英、澳、新等传统友好国家的关系，同时注重与其他太平洋岛国发展友好合作关系，积极发展同日本、欧盟、美国、古巴、伊朗、阿联酋、以色列等国家的关系。2010年6月，总理西库阿率团出席在阿不扎比举行的首次太平洋岛国—阿拉伯国家峰会。

目前已同30多个国家建交（包括2010年以来新建交的塞浦路斯、阿联酋、摩洛哥等），系联合国、英联邦、太平洋岛国论坛、太平洋共同体、美拉尼西亚先锋集团等国际和地区组织成员。在联合国、澳大利亚、欧盟、巴新等设有外交机构。

【同中国的关系】中国与所罗门群岛无外交关系。

2006年4月，所发生骚乱，华侨生命财产遭受严重威胁和重大损失，60多家华人商铺被烧毁，损失达上千万美元；中国撤侨300多人。

2008年，所体育代表团参加北京奥运会。2010年，所同其他太平洋岛国以太平洋联合馆形式参加上海世博会。2011年，中所双边贸易额为3.79亿美元，同比增长20.2%，其中中方出口额为3063万美元，同比增长7.8%，进口额为3.484亿美元，同比增长21.4%。

1983年，台湾当局与所建立“领事级外交关系”，1985年提升为“大使级外交关系”。2010年3月，台湾地区领导人马英九访所；5月和10月，所总督卡布伊和总理菲利普先后访台。台湾全球海洋水产公司控制着所金枪鱼市场。2008年台所贸易额为156.1万美元。2012年5月，所总理利洛访台。

华侨华人：自1910年起，华人开始到所谋生。目前，旅所华商有1000人左右，主要从事批发零售和餐饮服务等行业。

【同英国的关系】所英关系密切。所原是英国的殖民地，被英统治85年。1978年所独立后，政府部门的顾问等仍由英国人担任。英是所重要的援助国及贸易伙伴。2005年4月，所总督维纳访英。2006年10月，英联邦秘书长麦金农访所。2011年4月，所总督卡布伊夫妇赴英国出席威廉王子婚礼。6月，卡布伊总督夫妇赴英国出席女王登基60周年庆典活动。

【同澳大利亚、新西兰的关系】所与澳关系密切，澳在所经营银行、航运和锯木厂。2003年，应所要求，澳、新等以太平洋岛国论坛名义派出RAMSI，协助所稳定局势。2008年3月，澳总理陆克文访所。2009年1月，澳与所签署发展伙伴计划。2011~2012年，澳将向所提供2.616亿澳元的援助。2012年4月，澳国防部长史密斯访所。新对所也积极开展外交、贸易活动并为所提供援助。2010年2月和11月、2012年1月，新西兰外长麦卡利访所。

【同其他太平洋岛国的关系】1988年3月，所与巴新、斐济、瓦努阿图在瓦首都维拉港签署“美拉尼西亚国家合作原则声明”及互免签证协议。2007年3月，所总理索格瓦雷在瓦努阿图首都维拉港与瓦总理利尼、巴新总理索马雷、斐济临时政府外长奈拉蒂考签署《美拉尼西亚先锋集团宪章》。2011年3月，所总理菲利普出席在斐济举行的第18届美拉尼西亚先锋集团领导人会议。所与巴新建有年度高官磋商机制，2011年11月，第十次年度高官磋商在巴新举行。

【同日本的关系】早在所罗门群岛独立前，日就与所签订了渔业协定，合办“所罗门大洋渔业公司”。该公司的出口值占所出口总值的1/4以上。日还在所经营木材加工和伐木厂，勘探铝矾土矿，并为所提供援助、人员培训等。2012年5月，所总理利洛赴日出席第六届日本—太平洋岛国领导人会议。

【同欧盟的关系】欧盟自1998年起共向所提供了约13亿所元的援助，主要用于救灾及实施乡村微型项目。2010年2月底至3月初，所总理西库阿访问欧盟并出席第三届所罗门群岛—欧盟对话会。目前欧盟是所第二大援助方。（刘畅）

汤　　加

国名　汤加王国（The Kingdom of Tonga）。

面积　陆地面积747平方公里，水域面积25.9万平方公里。

人口　10.3万（2011年）。98%是汤加人，属波利尼西亚人种，其余为其他太平洋岛国人、欧洲人、亚洲人及其后裔。华人华侨约有800人。通用汤加语和英语。居民多信奉基督教。

首都　努库阿洛法（Nuku'alofa），人口约3万（2011年）。

国家元首　2012年3月18日，图普五世（George Tupou V）国王在香港私人访问期间病逝，王储图普托阿·拉瓦卡（Topouto'a Lavaka）继承王位，称图普六世（Tupou VI）国王。

重要节日　独立日：6月4日；国庆日：11月4日。

简　况

位于南太平洋西部、国际日期变更线西侧，西邻斐济。由汤加塔布、瓦瓦乌、哈派三大群岛和埃瓦、纽阿等173个岛屿组成，其中36个有人居住，无河流。属热带雨林气候，5～8月为旱季，12月至翌年4月为雨季。年均气温南部23℃，北部27℃。年均降水量1793毫米。11月至翌年3月常有飓风和暴雨。

3000多年前已有人在此定居。约从公元950年起至今经历4个王朝，现为1845年乔治·图普一世建立的陶法阿豪王朝。17、18世纪，荷兰、英国、西班牙探险家先后抵达。19世纪基督教传入。1900年成为英国保护国。1970年6月4日独立，并成为英联邦成员。

政　治

国王为国家元首，首相掌握行政权力。社会分王族、贵族和平民3个阶层。全国有33个世袭贵族头衔。

【宪法】现行宪法由国王乔治·图普一世于1875年颁布，2010年修订。宪法规定政府由内阁、立法会、司法机构三部分组成。

汤加近年来推进政治改革，国王让渡国家行政管理大权和部分人事权，枢密院不再是最高行政决策部门，改为国王个人的咨询机构。贵族议员维持9人不变，平民议员增至17人。首相从26名议员中选举产生，由国王任命；内阁大臣由首相提名，由国王任命。首相可从议员之外提名4名内阁大臣。2010年11月，汤根据新的选举制度举行大选。

【议会】即立法会。一院制。由9名贵族议员和17名平民议员组成。每4年选举一次。贵族议员由其所在选区贵族选举产生，平民议员由所在选区普选产生。议长由议员推选，国王任命。本届议会于2010年11月选举产生，议长为拉西克（Lord Lasike）。

【政府】内阁由包括首相、副首相在内的内阁大臣以及瓦瓦乌岛、哈派岛的行政长官组成。目前内阁成员主要包括：首相兼外交、国防、信息和通讯事务大臣图伊瓦卡诺（Lord Tu'ivakano），副首相兼交通和工程大臣瓦伊普卢（Hon. Vaipulu），土地、测量、自然资源和气候变化大臣马阿福（Lord Ma'afu），农业、食品、林业和渔业大臣兼培训、就业、青年和体育大臣瓦伊阿（Lord Vaea），教育、妇女事务和文化大臣安娜·玛乌伊·塔乌费隆加基（Hon.'Ana Maui Taufe'ulungaki，女），税收大臣索塞福·费奥莫亚塔·瓦卡塔（Hon. Sosefo Fe'aomoeata Vakata），财政、国家规划大臣利西亚特·阿洛韦塔·阿科洛（Hon. Lisiate'Aloveita' Akolo），旅游大臣维利亚米·乌阿西克·拉图（Hon. Viliami Uasike Latu），司法和公共企业大臣威廉·克莱夫·爱德华兹（Hon. William Clive Edwards），卫生大臣图伊阿费图（Lord Tui'afitu）。瓦瓦乌岛行政长官弗利瓦伊（Lord Fulivai），哈派岛行政长官图伊哈安加纳（Lord Tu'iha'angana）。

【司法机构】设上诉法院、最高法院、土地法院和地方法院。最高法院首席法官和其他法官均由国王任命。最高法院现任大法官为迈克尔·斯科特（Michael Sccot，英国人），2010年9月就任。总检察长尼尔·阿德塞特（Hon. Neil Adsett）。

【政党】汤加人民民主党，2005年4月成立。汤加国家全面发展党，2007年8月成立。汤加民主党，2010年9月成立，在同年11月的大选中赢得12个议席，领袖为波希瓦（'Akilisi Pohiva）。

【重要人物】**图普六世**：国王，图普五世国王胞弟。1959年7月12日生于努库阿洛法。毕业于美国海军学院、澳大利亚军事学院和澳大利亚邦德大学。1998年10月任外交国防大臣。2000年1月任首相兼外交国防、农林、渔业、海事和港务大臣。2001年1月不再兼任海事和港务大臣，新兼任民航、电信大臣。2002年10月不再兼任农林、渔业大臣。2006年2月辞去首相职务。2006年9月被敕封为王储。随后任汤驻澳大利亚高专。2012年3月18日继承图普五世的王位。已婚，有二子一女。1998年11月访华并签署中汤建交公报。1999年8月以国防大臣身份访华。2002年4月来华出席汤加驻北京名誉领事馆开馆仪式。2008年8月来华出席北京奥运会开幕式。　**萨洛特·皮洛莱乌·图伊塔（Salote Pilolevu Tuita）**：公主，图普五世国王胞妹、图普六世国王胞姐。1951年11月14日生于努库阿洛法，曾在新西兰学习。现经商，任汤加卫星公司（Tongasat）董事长、汤加莱奥拉（Leiola）免税店有限公司董事、汤中友好协会主席、太平洋和东南亚妇女协会执委、汤加妇女商业协会、业余体协、红十字会、汤加音协主席，汤加储备银行董事。已婚，有5个子女。曾多次访华。2010年8月来华出席上海世博会汤加国家馆日活动，9月来华出席国际友好城市大会暨美大地区友好论坛。　**图伊瓦卡诺**：首相。1952年1月15日生，1986年1月继承其父的贵族头衔。曾在新西兰、澳大利亚等国留学，获新西兰阿德莫师范学院教师资格证书和澳大利亚弗林德斯大学政治学专业荣誉文学学士学位。回国后任教于汤加中学并任职于教育部。1996年起担任贵族议员，2001~2004年担任议长，之后曾任工程大臣，2006~2010年任就业、培训、青年和体育大臣，12月当选首相，兼外交、国防、信息和通讯大臣。2003年率议会代表团访华，2005年来华参加亚洲减灾大会，2008年来京出席奥运会开幕式。已婚，有6个子女。

经　济

以农业为主，工业不发达。生产力水平低，经济发展落后，严重依赖外援。农业、渔业和旅游业是国民经济的三大支柱，但长期以来未能有效开发。2006年汤加发生骚乱，经济遭到重创（损失占当年GDP的20%）。此后，政府相继出台一系列振兴经济发展政策，鼓励投资，创造就业机会，经济出现一些好转迹象，利率和外汇储备基本保持稳定。受国际金融危机影响，经济曾连年负增长，2009/2010财年增长-1.4%，2010/2011财年增长-0.5%，2011/2012财年增长1.2%。2010年主要经济数据如下：

国内生产总值（GDP）：6.71亿美元。

人均国内生产总值：约6505潘加。

货币名称：潘加（PA'ANGA）。

汇率：1美元≈1.78潘加（2012年6月）。

通货膨胀率：3.6%。

【资源】渔业和森林资源较丰富，陆地基本无矿产资源。2008年5月，加拿大Nautilus矿业公司开始在汤加海域进行矿产勘探。2010年2月，美国Modulus能源公司与汤签署协议，将于2015年开始在汤海域开始勘探性钻井作业。

【工业】重视发展工业，主张产品多样化。1975年在首都郊区设立小型工业区，区内只有一些小企业从事组装、来料加工、进口成品改小包装及简单的农产品和食品加工业。主要工业有小型渔船制造、饼干和方便面制造、食用椰油和固体油脂的加工和包装、金属废料加工、太阳能热水器组装、家具加工制作、电焊铁围栏、油漆分装和烟厂等，工业产值约占GDP的17.6%。

【农业】农业为汤经济最重要组成部分，但基本靠自然发展，以小农场为主，作物品种单调，耕作方式原始，技术落后，产量不高。汤加全国耕地面积179.3平方公里，占土地总面积的24%。从事农业生产的人数占总就业人数的40%，主要农产品有芋头、木薯、南瓜、香草、卡瓦等，还生产香蕉、菠萝、椰子、西瓜、木瓜等热带水果及少量蔬菜。大米、面粉、部分蔬菜和水果及肉类等依赖进口。农产品和鱼类出口在汤出口中占绝对主导地位，但农产品出口不稳定，近年由于南瓜、根茎作物、卡瓦等出口产品价格回落，汤农业连续出现负增长。

【渔业】汤海域辽阔，渔业资源较丰富，以金枪鱼出口为主。近年来，由于气候原因和过度捕捞，鱼类资源不断减少，加之运输成本的不断增加，金枪鱼等主要渔产品出口下降，发展低于预期。2006年渔业出口量为85万公斤，比上年减少15万公斤；总产值1068万潘加，比上年稍有增长。汤渔业部门正积极开发珍珠、海藻养殖项目，加强对海参、海胆等繁殖的研究，以形成新的经济增长点。近年来，海参捕捞发展迅速。

【旅游业】旅游业是汤加经济重要组成部分之一，是政府收入和解决就业的重要行业。政府积极鼓励和发展旅游业，以推动其他经济部门的发展。全国共有旅馆、汽车旅馆和客栈50余家，共约700个房间。2010/2011年度赴汤游客有7.4万人次，同比增长14.9%。游客主要来自新西兰、美国、澳大利亚和欧洲。汤加现为中国公民旅游目的地国。

【交通运输】公路：总长约950公里；小汽车4

万辆。

水运：以各岛轮渡运输为主。共有6个海港。汤加塔布岛的努库阿洛法港和瓦瓦乌岛的纳阿夫港可停靠远洋货轮。同澳大利亚、斐济、新西兰、萨摩亚和日本等国之间有定期班轮。

空运：共有大小6个机场。2006年，国际和国内航班分别运营132289和45545人次。澳大利亚（Pacific Blue）、新西兰（Air New Zealand）、斐济（Air Pacific）有航班飞经汤加。国内航线主要由新西兰查塔姆航空公司（Chatham Airline，2008年4月进入汤国内航空市场）运营。原来的皮阿乌·瓦瓦乌航空公司在汤加2006年11月骚乱后一直停运。

【财政金融】2009/2010财年度汤财政总支出1.8亿潘加，总收入1.76亿潘加（含外援），财政赤字400万潘加。外债占GDP比重为41%（2010年6月）。2012年4月外汇储备为2.4亿潘加。全国金融系统由汤加国家储备银行、汤加发展银行和西太银行汤加分行等三大商业银行组成。

（1）汤加国家储备银行（National Reserve Bank of Tonga）：成立于1989年。核准资本为200万潘加。是汤中央银行，负责发行货币、调节汇率及管理国家外汇储备等。

（2）汤加发展银行（Development Bank of Tonga）：成立于1977年。是促进投资的金融机构。主要负责向私营部门提供金融贷款。其权益资本主要由澳大利亚和新西兰政府捐赠。截至2000年12月，总资产约3946万潘加。

（3）西太银行汤加分行（Westpac Bank of Tonga）：原名汤加银行，成立于1974年，是汤最大的商业银行。截至2001年9月底，总资产为9131万潘加，存款6390万潘加。2002年7月汤议会批准该银行更名为Westpac Bank of Tonga，当时澳大利亚的Westpac银行持有该银行60%的股份，汤政府持40%股份。但目前汤政府已不再持有股份。

（4）马来西亚银行（MBF Bank Limited）：成立于20世纪90年代初，为较小的商业银行。

（5）澳新银行（Australia and New Zealand Banking Group Limited）汤加分行：成立于1993年，商业银行。

【对外贸易】长期以来，外贸逆差巨大。2009年出口额为560万美元，2010年为570万美元，2009年进口额为1.33亿美元，2010年为1.179亿美元。主要出口南瓜、鱼类、卡瓦、檀香木、香草和根茎作物。主要进口食品、服装、日用品、机械、运输设备、燃料和建筑材料等。主要贸易对象为新西兰、澳大利亚、斐济、美国和日本。前三大进口来源国为新西兰、新加坡、美国，前三大出口目的地国为新西兰、美国、澳大利亚。

【外国援助】外援主要来自澳大利亚、新西兰、日本、中国、欧盟和亚洲开发银行。近年来，汤加接受外援的资金额度不断增加，2006年骚乱后，汤加经济更加依靠外援。2007/2008年度汤加预算中外援总额达1.01亿潘加，其中现金援助5480万潘加，实物援助4620万潘加。截至2011年4月，汤加预算中确认到位的现金援助为940万潘加。

人民生活

实行全国免费医疗制度。2010/2011财年，汤加医疗卫生预算为2460万潘加，占当年财政预算总额的11.1%。2009年，全国共有4家医院，14家卫生中心，34家卫生诊所，各类卫生从业人员共计800余人。

军　事

汤加国防军（Tonga Defence Services）由陆军、海军和皇家卫队组成，共600多名官兵。国王为国防军最高统帅，首相图伊瓦卡诺兼任国防大臣。国防军司令为陶埃卡·乌塔阿图准将（Brigadier Tau'aika Uta'atu）。2010/2011财年，国防预算为660万潘加，占当年财政预算总额的3%。

有警察500多名。

文化教育

【教育】公办学校对6~14岁儿童实行免费教育。南太平洋大学在汤设有分校，另有一所私立工科大学。汤加法律规定教会可参与办学。小学约90%由政府创办，中学约75%由教会创办。一些英联邦国家及中国、日本等国向汤提供留学奖学金。2010/2011财年教育预算为3650万潘加，占当年财政预算总额的16.4%。文盲率1%（2010年）。

【新闻出版】全国共有4种主要报纸，每周出版一次，多数用汤加文出版，分别是:《汤加时报》（Taimi）、《宣告报》（Talaki）、《螺号报》（Ke'lea）和《ITA》。主要网站是《汤加风》（Matangi Tonga）。此外还有部分宗教报纸和不定期出版的杂志。

全国共有5家广播电台和1家电视台，主要以汤加语播出，也播放少量英语新闻、体育比赛与影视剧等节目。中国中央电视台英语新闻频道和英国BBC节目可免费收看。其余的电视频道如SKY-TV需付费。

对外关系

汤加与48个国家建立了外交关系，澳大利亚、新西兰在汤设有高专署，中国、日本在汤设有使馆，韩国、荷兰、德国、瑞典、法国在汤设有名誉领事。2007年，汤加先后与马耳他、委内瑞拉、阿联酋和冰岛建交。

汤加在中国设有大使馆；在澳大利亚设高专署；在英国设高专署并兼管比利时、卢森堡、丹麦、荷兰、瑞士、法国、德国、意大利、俄罗斯、欧盟事务；在美国纽约设常驻联合国代表团并兼管美国、加拿大、古巴、墨西哥等国事务；在旧金山和奥克兰设总领馆；在美国夏威夷设有名誉领事办公室。

汤加是联合国、英联邦、太平洋岛国论坛、太平洋共同体、国际民航组织、亚洲开发银行、世界银行、国际货币基金组织、世界贸易组织等成员国。汤关心地区安全与稳定，支持美澳新军事联盟和美在太平洋地区发挥主导作用；积极参加地区合作，主张建立南太平洋无核区，但尚未签署南太无核区条约。2007年7月，汤加成为世界贸易组织第151名成员国。

2007年10月，汤加主办第38届太平洋岛国论坛首脑会议、第19届论坛会后对话会以及第17届南太旅游组织部长理事会会议。2011年4月，汤加主办联合国粮农组织西南太平洋地区农业部长会议。2011年4月，汤加举办发展伙伴论坛，争取援助方增加对汤援助。同年5月，汤加主办太平洋岛国论坛贸易部长会议，同月，汤加召开能源路线图计划年度审议会，呼吁各发展伙伴积极支持汤增加可再生能源的使用，降低对石油能源的依赖。

【同中国的关系】中汤于1998年11月2日建交。同月，中国在汤加设使馆，并派大使。

2009年6月，议长图伊拉卡帕参加太平洋岛国议员代表团访华。2010年8月，皮洛莱乌公主来华出席上海世博会汤国家馆日活动，9月来华出席国际友好城市大会暨美大地区友好论坛。2011年1月，图普五世国王非正式访华。同年8月，图伊阿费图副议长应中联部邀请率“太平洋岛国政治家联合考察团”访华。2012年5月，汤议会全体委员会主席图乌塔法伊瓦和瓦瓦乌岛行政长官弗利瓦伊来华参加太平洋岛国政治家联合考察团。

2009年1月，商务部副部长傅自应访汤；4月，中国人民对外友好协会副会长李小林访汤；11月，全国人大外委会委员金矛访汤。2010年4月，中国—太平洋岛国论坛对话会特使杜起文访汤；9月，中国海军远航训练编队访汤。2012年3月，胡锦涛主席特使、民政部副部长姜力赴汤出席图普五世国王的葬礼；6月，中国—太平洋岛国论坛对话会特使李强民访汤。

2011年，中汤贸易额为1332万美元，同比增长36.5%。其中，中方出口额为1327.7万美元，同比增长36.1%；进口额为4.7万美元，同比增长717.1%。

中国驻汤加大使：王东华。馆址：Embassy of the People's Republic of China in the Kingdom of Tonga，P.O. Box 877，Vuna Road，Nuku'alofa，Kingdom of Tonga。电话：（00676）24554。传真：24595。

汤加驻华大使：西亚梅利耶·拉图（Siamelie Latu）。馆址：北京市朝阳区建国门外外交公寓1-2-11。电话：（008610）65327203。传真：65327204。

【同新西兰的关系】1970年建交。两国关系密切。新是汤主要援助国，1976年开始向汤提供援助，后逐年增加。新是汤最大贸易伙伴和进口市场，2009年双边贸易额为5331万新元。2006年11月汤加首都发生骚乱，新与澳一起派军队协助维持治安、平息骚乱。2007年4月，汤加参加新西兰季节工计划。2009年5月，汤首相塞韦莱访新，汤在新设高专署。2009年7月，新总理约翰·基访汤。2009年7月、2010年7月、2011年5月和7月，新外长麦卡利多次访汤。2011年7月，汤国王图普五世访汤。2012年3月，新总督迈特帕里、副总理英格利希和毛利王图黑提亚赴汤出席图普五世国王葬礼。

【同澳大利亚的关系】1970年建交，两国关系密切。澳是汤主要援助国，1976年开始向汤提供援助。2010/2011年度澳向汤援助约为2780万澳元。澳是汤重要贸易伙伴，2009/2010年度双边贸易额为1319万澳元。澳汤互设高专署。2009年6月，澳外长史密斯访汤。2011年3月，澳负责太平洋岛国事务的议会秘书马尔斯访汤。同年6月，澳参议长霍格赴汤出席汤议会开幕式。2012年3月，澳总督布赖斯赴汤出席图普五世国王葬礼。

【同美国的关系】近年来，两国关系有所加强。美对汤援助包括军事支持、派遣和平队志愿者等。2008年1月，汤首相塞韦莱访问美军夏威夷基地；同月，汤派遣第3批55名官兵赴伊拉克参与维和。2月，美1艘护卫舰访汤。2010年11月，美参谋长联席会议主席马伦访汤。2011年6月，美助理国务卿坎贝尔访汤。2012年6月至8月，汤加首次派兵参加美国主导的环太平洋联合军演。目前，汤共有约4万名侨民旅居美国，汤80%的侨汇来自美国。汤常驻联合国代表兼驻美大使，目前为汤前任外交大臣索那塔内·图普。

【同日本的关系】1970年建交，日在汤设有大使馆。日本是汤重要贸易伙伴和援助国，是汤南瓜、金枪鱼主要出口市场。1993~2006年，日本通过“平民援助项目”向汤提供了500多万美元的援助，投入179个项目。汤卫生部中心医院即为日援建，投资近1000万美元。2008年3月，汤首相塞韦莱以太平洋岛国论坛轮值主席身份访日。2009年5月，塞韦莱首相赴日出席第五届日本与太平洋岛国领导人会议。2011年1月，汤加国王图普五世赴日私人访问。2012年3月，日皇室成员正仁亲王夫妇赴汤出席图普五世国王葬礼。5月，汤首相图伊瓦卡诺赴日出席第六届日本与太平洋岛国领导人会议。1973年以来，日本已向汤派遣了约350名志愿者。

【同英国的关系】同英国保持传统关系。英国曾在汤设高专署近百年，但因调整驻外机构于2006年4月1日正式关闭驻汤高专署，由英驻新西兰高专署代管汤事务。英国女王曾于20世纪3次访汤。2008年1月，汤国王图普五世访英。2010年3月，英国安妮公主访汤，参加2010太平洋地区未来领导人对话会。10月，汤国防军司令乌塔阿图访英期间与国际安全援助部队（ISAF）签署谅解备忘录，确认汤在未来两年向阿富汗派遣55名军人，协助英军的反恐维和任务。2011年4月，汤加国王图普五世赴英出席威廉王子婚礼。2012年3月，英国格洛斯特公爵理查德亲王赴汤出席图普五世国王葬礼。5月，汤加国王图普六世夫妇赴英国出席英女王伊丽莎白二世登基60周年庆典。

【同法国的关系】两国早在1855年就签署了《法国—汤加友好条约》。法国在汤设有名誉领事。法不定期向汤提供一些军事物资援助，法军舰时常访汤。2009年5月，法属新喀里多尼亚司令向汤国防军赠送15辆军用卡车；9月，汤国防军和法驻新喀里多尼亚部队举行小型军事演习。2011年3月，法国军舰“La Moqueuse”号访汤。

【同欧盟的关系】欧盟在汤有若干援助项目。欧盟曾在汤设办事处及临时代办，2002年起该办事处事务由驻斐济办事处兼管。欧盟通过2002~2007第9个欧盟援助计划向汤提供1700万潘加援助，并将通过2008~2012年第10个欧盟援助计划向汤提供2000万潘加援助。2010年5月，欧盟同意向汤提供2400万潘加无偿援助，其中1650万潘加用于预算支持，其余用于乡村电网升级。2012年6月，汤劳工、商业和工业大臣普卢赴瓦努阿图出席第37届非加太—欧盟部长理事会会议。（刘洋）

图瓦卢

国名　图瓦卢（Tuvalu）。

面积　陆地面积26平方公里，水域面积约130万平方公里。

人口　1万（2009年）。97%为图瓦卢人，属波利尼西亚人种。其余为基里巴斯人、欧洲裔等。英语为官方语言，图瓦卢语为通用语言。居民信奉基督教。

首都　富纳富提（Funafuti）。

国家元首　英国女王，总督是女王的代表。现任总督亚科巴·伊塔莱利·塔埃阿（Iakopa Italeli Taeia），2010年4月16日就任。

重要节日　图瓦卢日：10月1日。

简况

位于中太平洋南部，在国际日期变更线西侧。由9个环形小珊瑚岛群组成，其中8个有人居住，富纳富提为主岛。海岸线长15英里。无河流。属热带海洋性气候。年均气温29℃，年均降水量3000毫米。陆地最高点不超过海平面5米，面临因海平面上升而被淹没的危险。

图瓦卢人世居岛上。1892年英宣布图瓦卢和附近的吉尔伯特为英“保护地”。1916年被划入“英属吉尔伯特和埃利斯群岛殖民地”。1975年10月在法律上同吉尔伯特分离，改用旧名图瓦卢（意为“八岛之群”）。1978年6月实行自治，10月1日独立。

政治

2010年9月16日图大选后，前总理托阿法（Maatia Toafa）当选总理。12月21日，图议会通过对托阿法政府的不信任案。24日，议会选举原内政部长威利·特拉维（Willy Telavi，前译泰拉维）为新总理。

【宪法】1978年10月1日独立时生效。宪法规定，图为英联邦成员国。英女王根据图总理推荐任命总督。总理由议员选举产生。内阁对议会负责，由总理和数名部长组成。总检察长为政府的主要法律顾问。1986年6月修改宪法，总督丧失对政府所提建议的否决权。

【议会】一院制，由15名议员组成，各岛根据登记选民数量产生1～2名议员，任期四年。本届议会于2010年9月产生，现议长为卡穆塔·拉塔西（Kamuta Latasi）。

【政府】本届政府于2010年12月组成，现主要成员有：总理特拉维，副总理兼通信、交通和公共设施部长卡乌塞亚·纳塔诺（Kausea Natano），教育、青年和体育部长法莱萨·皮托伊（Falesa Pitoi），外交、环境、贸易、劳工和旅游部长阿皮萨伊·耶莱米亚（Apisai Ielemia），财政与经济发展部长洛托阿拉·梅蒂亚（Latoala Metia），卫生部长陶姆·塔努卡莱（Taom Tanukale），自然资源部长以赛亚·伊塔莱利·塔埃亚（Isaia Italeli Taeia）。

【司法机构】设最高法院、地区法院和岛法院（共8个）。最高法院由一名大法官主持受理下级法院的上诉案。如要进一步上诉则由斐济上诉法院代理或呈请英国枢密院司法委员会审理。

【网址】http：//www.tuvaluislands.com；http：//www.tuvalu-news.tv；http：//www.timelesstuvalu。

【政党】无政党。

【重要人物】威利·特拉维：总理。长期从事警察工作，1993年出任警察总监。2006年进入议会，曾任耶莱米亚政府和托阿法政府内政部长。2010年12月，特倒向反对派，议会通过对托阿法政府不信任案后，特在议会举行的总理选举中以8：7的微弱优势击败对手索波阿加出任总理。

经济

资源匮乏，土地贫瘠，农业落后，几乎无工业。被联合国列为最不发达国家之一。家族是生产和生活的最基本单位。集体劳动，主要从事捕鱼和种植椰子、香蕉、芋头，所获物品在家族内平分。买卖主要是以物易物。外汇收入主要靠外援、邮票和椰干等出口、“.tv”网络域名出售、外国在图海域的捕鱼费以及海员汇款和在瑙鲁磷矿工作的侨民汇款。2009年主要经济数据如下：

国内生产总值：约3500万美元。

人均国内生产总值：约3500美元。

国内生产总值增长率：0.37%。（IMF世界经济展望资料）

货币名称：图瓦卢币；通用澳元。

通货膨胀率：3.6%。

【农渔业】农业主要靠种植椰子、香蕉、芋头及饲养家禽、猪等。渔业资源丰富，但无开发能力。图与日本、韩国和中国台湾签有渔业协定，每年可获捕鱼费23万美元。

【交通运输】以水运为主。首都富纳富提有深水港。图瓦卢有通往斐济等国的不定期班轮。斐济太平洋航空公司每周有2次（周二和周四）自楠迪经苏瓦飞富纳富提的航班。境内有沙面公路8公里。

【财政金融】2011年政府财政收入为2800万澳元，财政支出为3400万澳元（IMF世界经济展望资料）。收入主要来自"图瓦卢信托基金"、侨汇、出售捕鱼许可证和因特网电信协议。

【对外贸易】2007年出口总额约12万澳元，商品主要有邮票、椰干和手工艺品，出口市场主要为意大利和斐济。进口总额约1850.3万澳元，商品主要有矿产品、预加工食品、机械、动物及动物产品，进口来源国包括斐济、日本、澳大利亚和新西兰。2000/2010年度，图澳贸易额约为290万澳元。

【外国援助】主要来自英、澳、新、日、欧洲发展基金和联合国开发计划署。1987年起，英国对图财政预算援款每年减少7.5万美元。为解决由此带来的困难，图政府制订了一项发展基础设施计划，并于同年6月设立图瓦卢信托基金。澳、新、英、日本和韩国为主要捐助国，2000年信托基金达4500万美元。图还游说其他国家捐款。作为最不发达国家之一，图可从世界银行得到特许贷款，出口商品可获特别关税待遇。澳大利亚为其最大援助国，2010/2011年度向图提供890万澳元援助，2011/2012年度向图提供990万澳元援助，2012/2013年度将向图提供1110万澳元的援助。新西兰2011/2012年度提供500万新元援助。

人民生活

有1所医院，36张床位。

军　　事

无正规军队。设海上巡逻警察，负责海上搜救及监察。

文化教育

【教育】普及小学教育，实行免费教育。全国有11所小学，70多名教师，约1500名在校生；有1所中学，31名教师，约350名学生。另有1所海员训练学校，约50名学生。

【新闻出版】图瓦卢电台为官方电台，用图瓦卢语和英语播音。政府出版的唯一一份报纸《图瓦卢回声》（Tuvalu Echoes），可通过富纳富提图瓦卢传媒公司（Tuvalu Media Corporation）订阅。

2006年，图瓦卢天空—太平洋电视台（Sky Pacific television）开播。

富纳富提岛上有固定电话设施，邮政服务连通其他岛屿。图政府拥有唯一的互联网服务供应商（ISP）。

对外关系

奉行与所有国家友好合作的政策，外交重点在太平洋地区，同英国、澳大利亚关系较深。同斐济关系密切，在斐设有高专署，在纽约、布鲁塞尔、伦敦等设有外交机构。图与英联邦成员国和比利时、智利、荷兰、法国、德国、日本、韩国等有外交关系。1979年初与美国签订了友好条约（1983年9月生效）。根据这一条约，美放弃对图瓦卢南部4小岛的主权要求。图澳2009年开始谈判签署新太平洋发展伙伴关系协定。

系联合国、联合国教科文组织、英联邦、世界卫生组织、万国邮政联盟、太平洋岛国论坛、太平洋共同体、太平洋区域环境署、亚洲开发银行等组织成员。在气候变化问题上立场激进。

【同中国的关系】中图无外交关系。2008年，图体育代表团参加北京奥运会。2010年，图与其他太平洋岛国以太平洋联合馆形式参加上海世博会。2011年1月，图工会主席瓦瑞克·诺基斯和外籍海员工会书记费普瓦里·基迪塞尼来华出席"中国—南太平洋国家工会领导人研讨会"。2011年中图贸易额为1493万美元，同比增长77.4%，全部为中方出口。

1979年与台湾当局建立"外交关系"。2007年12月，图总理耶莱米亚访台。2010年3月，台湾地区领导人马英九访图。2012年5月，图总理特拉维访台出席台湾地区领导人马英九连任就职仪式。（刘波）

托　克　劳

名称　托克劳（Tokelau）。

面积　12.2平方公里。

人口　1411人（2011年10月）。另有约6500人在新西兰居住。主要是波利尼西亚人，有少数欧洲人。讲托克劳语和英语。居民70%信奉基督教新教，28%信奉罗马天主教。托克劳人同时具有英国和新西兰国籍。

行政中心　随政府首脑办公室轮流设于3个环

礁岛。

行政长官 由新西兰外长任命新政府资深官员担任。现任行政长官乔纳森·金斯（Jonathan Kings），2011年1月就任。

简况 位于太平洋东南部，由相距几十公里的努库诺努（Nukunonu）、法考福（Fakaofo）、阿塔富（Atafu）三个环礁岛组成。主岛努库诺努南距萨摩亚480公里。年平均气温28℃。

1877年成为英国保护地。1916年被并入英国殖民地吉尔伯特·艾利斯群岛。1926年英国将行政权移交新西兰。1946年称托克劳群岛。1948年主权移交新西兰并划入新西兰版图，为新西兰非自治领地。1976年改称托克劳。

政治 国家元首为英国女王，女王代表为新西兰总督。原由行政长官掌握行政权。2004年，行政权移交托克劳前进政府理事会（Council for the Ongoing Government of Tokelau），由3位村领袖和3位村长组成。3位村领袖轮流担任政府首脑，每人任期一年。托克劳代表大会为托立法机构，由各岛代表及村领袖共20人组成，每年召开3次会议，决定政策和预算。村领袖、政府理事会和代表大会均为3年改选一次。

1994年6月，托克劳代表大会通过了托克劳第一个国民战略计划，内容包括开发人力与自然资源、发展对外关系等。2006年、2007年，托克劳两次就是否实行内部自治举行全民公决，未获规定所需的2/3多数。2009年9月，新西兰总督萨特亚南德向托克劳颁授首面官方旗帜。

【司法机构】根据1986年《托克劳修正案》，新西兰高等法院对托克劳行使司法权，新西兰总督任命的3名司法专员和各岛选举产生的村长依法处理民事和刑事案件。

经济 经济落后，土地贫瘠。1993年估算国内生产总值为150万美元。出产椰子、面包果、木瓜、芋头和香蕉等。产鱼，饲养少量猪和家禽。主要经济来源是出口椰子、邮票、纪念币、手工艺品以及出售在托克劳专属经济区捕鱼的许可。新西兰经济援助约占托克劳政府预算的80%。2000年，新西兰与托克劳共同发起并建立“托克劳国际信托基金”，新西兰与澳大利亚分别向该基金提供了1900万新元和500万澳元。2011/2012财年，新西兰对托克劳援助预算为1700万新元。托克劳还接受联合国开发计划署、南太平洋委员会、联合国教科文组织、联合国人口基金、世界卫生组织、联合国儿童基金会、英联邦青年发展计划等机构的援助。货币为新西兰元，1新元约合0.77美元（2012年6月）。

【交通运输】交通运输不发达，无公路，水运全靠外国海运公司提供。2001年起，可从萨摩亚乘水上飞机抵达托克劳。托克劳与新西兰和萨摩亚之间有卫星通信联系。

人民生活 当地人主要从事捕鱼和饲养家禽。有3所医院，护士大多由斐济和萨摩亚培训。

军事 无军队，防务由新西兰负责，仅有9名警察。

文化教育 【教育】有3所学校，对5～16岁儿童实行免费教育。共有43名教师和13名辅导员。新西兰教育部进行管理并提供教学设备。部分成绩优秀学生获得奖学金赴新西兰、萨摩亚和纽埃等地深造。

【新闻出版】由政府首脑办公室定期就托克劳事务发布一份托克劳文和英文的新闻通讯。三岛均设有广播电台，主要用于气象预报和商船联络。（李淹）

瓦利斯和富图纳

名称 瓦利斯和富图纳群岛领地（Territory of the Wallis and Futuna Islands, Territoire des Iles Wallis et Futuna），简称瓦利斯和富图纳（Wallis and Futuna, Wallis et Futuna）。

面积 陆地面积274平方公里，水域面积约30万平方公里。

人口 15453人（2012年7月估计）。绝大多数为波利尼西亚人，余为欧洲人。官方语言为法语，多数人（58.9%）使用瓦利斯语，部分人（30.1%）使用富图纳语。居民中99%信奉天主教。

首府 马塔乌图（Mata-Utu），位于乌韦阿岛（Ile Uvea），人口约815人（1983年）。

高级行政官 米歇尔·冉让（Michel Jeanjean），2010年7月12日任职。

重要节日 7月14日（法国国庆）。

简况 位于太平洋西南部国际日期变更线西侧。两群岛相距约230公里，均属波利尼西亚群岛。东北部的瓦利斯群岛（Wallis Islands）面积159平方公里，包括主岛瓦利斯（当地语称乌韦阿，面积60平方公里）及附近的22个小岛，主岛有火山和潟湖，最高点海拔150米。西南部的富图纳群岛（Futuna Islands）亦称霍恩群岛

（Hoorn Islands），由富图纳（面积64平方公里）和阿洛菲（面积51平方公里）两个小岛组成，富岛最高点海拔760米。属热带气候，终年炎热。11月至翌年4月为雨季，5～10月为旱季。地处热带，气温通常为23℃～30℃，年平均气温27℃。年平均降雨量为2500～3000毫米。10月至翌年3月常有旋风。

15世纪以前，瓦利斯群岛就有人居住。1767年，英国航海家塞缪尔·瓦利斯（Samuel Wallis）发现该岛并命名。1837年，第一批玛利亚会传教士到瓦利斯群岛和富图纳群岛传教。瓦利斯群岛和富图纳群岛分别于1887年和1888年被法国占领，成为法保护地。1961年正式成为法国海外领地（Territoire d'Outre-Mer，TOM）。当地居民为法国籍。

政　治

由法国派驻的高级行政官（administrateur supérieur du territoire）和领地议会（Assemblée Territoriale）管理。

2011年底，瓦利斯和富图纳领地议会主席易人。

2012年3月，瓦利斯和富图纳领地举行五年一度的地方议会选举。

瓦利斯和富图纳在法国国民议会和参议院各有一个席位。国民议会议员由普选产生，现任国民议会议员阿尔贝·利居瓦吕（David VERGÉ，同社会党、共和与公民党团结盟），2012年6月当选。参议员由领地议会选举产生，现任参议员罗贝尔·洛福奥吕（Robert LAUFOAULU，人民运动联盟），1998年当选，2008年9月连任。

【宪法】实行法国宪法。法国总统任命高级行政官为其代表。

【议会】一院制的领地议会有20个席位（瓦利斯群岛13席，富图纳群岛7席），成员由普选产生，任期5年。本届议会于2012年3月选举产生，社会党4席，人民运动联盟4席，中间人士3席，其他9席。

2011年12月，佩萨米诺·塔普塔伊（Pesamino Taputai，人民运动联盟—民主运动）出任领地议会主席。他曾于2007年4～12月担任该职。

2012年4月，韦特里诺·恩欧［Vetelino NAU，瓦利斯和富图纳人民联盟（社会党）］出任领地议会主席。

【政府】由高级行政官和领地委员会（Council of the Territory）联合执政，领地议会协助高级行政官管理地方事务。领地议会主席为政府首脑。

领地委员会有6名成员，其中有3名为国王［乌韦阿王国（瓦利斯岛）、阿洛王国（富图纳岛东部）、西加韦王国（富图纳岛西部）］，另3名成员经领地议会选举，由高级行政官任命。地方政府首脑为领地议会主席。国王在其当地享有一定的权力。

【司法】司法由高级行政官依法国法律进行管理，但国王和酋长依传统法进行管理。马塔乌图有地方法官。上诉法庭设在新喀里多尼亚的努美阿。

【政党】政党多与法国本土政党有联系，主要有：人民运动联盟（Union pour un Mouvement Populaire，UMP）、社会党（Parti Socialiste，PS）、光辉前程（Taumu'a Lelei）、法国民主联盟（Union pour la Démocratie Fran□aise，UDF）、左翼激进党（Mouvement des Radicaux de Gauche，MRG）、地方人民联盟（Union Populaire Locale，UPL）等。

【网址】http：//www.adsupwf.org/（高级行政官）；http：//www.adsupwf.org/ext-rieurs/assembl-e-territoriale.html（领地议会）；http：//www.adsupwf.org/ext-rieurs/d-l-gation-w-f-paris-3.html（领地驻巴黎代表团）。

经　济

以传统的自给自足农业为主。2001年估计，农业劳力占总劳力的80%，工业4%，服务业16%。主要收入来自法国政府的援助、在新喀里多尼亚镍矿工作的侨民（约17000名瓦利斯人在新喀工作）汇款和捕鱼执照费。2005年主要经济数据如下：

地区生产总值：1.88亿美元（按市场汇率计算）。

人均地区生产总值：12640美元（按市场汇率计算）。

货币：太平洋结算法郎（Comptoirs Francais du Pacifique francs，CFP或XPF）。

汇率：1欧元＝119.3317太平洋法郎（固定汇率），1美元＝90.01太平洋法郎（2010年估计）。

通货膨胀率：2.8%。

失业率：15.2%。

【工业】主要产品有：椰干、手工艺品、渔产品、木材等。

【农业】主要产品有：椰子、面包果、薯蓣、芋头、香蕉、猪、山羊、鱼等。

【交通运输】以海运为主。

公路：瓦利斯岛和富图纳岛分别有环岛公路。

水运：瓦利斯航运公司有两艘船，经营瓦、富两岛之间及驶往新喀里多尼亚、斐济和瓦努阿图的航线。

空运：有2个机场，其中瓦利斯岛有1个国际机场，喀里多尼亚航空公司每周有一班飞机飞往努美阿，每周有三班飞机往返于瓦、富两岛间。

【财政金融】财政主要依靠法国政府补贴。2004年预算收入29730美元，支出31330美元，外债为367万美元，公共债务占国内生产总值的5.6%（估计）。

【对外贸易】主要出口商品有椰干、化工产品、建材等；主要进口商品有化工产品、机械、客轮、消费品等。主要贸易伙伴为法国、新加坡、澳大利亚和新西兰。2007年无出口（2006年出口额为12.2万美元），进口额为6300万美元。

人民生活

实施免费医疗制。该群岛现有两所公立医院和三个公立诊所。2012年估计人口增长率0.356%；出生率13.91‰，死亡率为4.79‰；预期寿命79.12岁，男为76.14岁，女为82.26岁。有固定电话3100部（2010年），互联网用户1300户（2009年）。

军　事　由法国负责防务。瓦利斯和富图纳是太平洋共同体（SPC）成员和太平洋岛国论坛（PIF）观察员。

文化教育　【教育】对6～16岁儿童实行10年义务教育。1987年有公立中小学13所，学生4622名。

【新闻出版】双语杂志《Fenua Magazine》创刊于2002年，取代法文和瓦利斯文周刊《Te Fenua Fo'ou》。

法兰西海外广播电台每天24小时用瓦利斯语、富图纳语和法语播音。1986年9月开始播放电视节目，每天播7～10小时的法语节目。（布衣）

瓦努阿图

国名　瓦努阿图共和国（The Republic of Vanuatu）。

面积　陆地面积1.22万平方公里，水域面积84.8万平方公里。共有82个岛屿。

人口　25.7万（2011年）。其中98%为瓦努阿图人，属美拉尼西亚人种，其余为法、英、华裔和越南、波利尼西亚移民以及其他太平洋岛国人。2/3人口集中在埃法特、桑托、马拉库拉、塔纳四个岛屿。官方语言为英语、法语和比斯拉马语，通用比斯拉马语，全国共有100多种方言。84%的人信奉基督教。

首都　维拉港（Port Vila），人口44039(2009年)，年均气温25.3℃。

国家元首　总统尤路·约翰逊·阿比尔（Iolu Johnson Abbil），2009年9月就任，任期五年。

重要节日　独立日：7月30日。

简　况　位于太平洋西南部。属美拉尼西亚群岛，由约83个岛屿（其中68个有人居住）组成。最大的桑托岛（又称圣埃斯皮里图岛）面积3947平方公里。属热带海洋性气候。

数千年前瓦努阿图人即在此生息。1606年被西班牙探险家发现。1768年法国人到此。1774年英国库克船长到此并将该地命名为"新赫布里底"。1906年10月，英法签署了共管公约，该地沦为英法共管殖民地。1963年土著人成立了第一个政党——乡村党，要求收回土地和实现独立。1978年1月实行内部自治。1980年7月30日独立。独立后，新赫布里底民族党（后改名为瓦努阿库党，简称瓦库党）领袖沃尔特·利尼出任首任总理，索科马努任总统。

政　治　2008年9月，瓦举行新一届议会选举，瓦库党主席爱德华·纳塔佩（Edward Natapei）出任总理。2010年12月，瓦议会通过反对党对纳塔佩政府提出的不信任案，由瓦库党、温和党联盟和联盟党组成的联合政府下台，以萨托·基尔曼（Sato Kilman）领导的联盟党、科尔曼领导的共和党、哈姆·利尼领导的民族联合党和独立议员组成的新政府上台执政。2011年4~6月，瓦政府数次更迭。6月26日，基尔曼再次当选总理，执政地位得到确认。

【宪法】1979年制定，1980年生效。宪法规定：总统由议会和地方委员会主席组成的选举团（总计58人）选举产生，任期五年。立法权归议会，行政权归部长会议。总理由议会选举产生，内阁部长由总理任命。瓦努阿图所有土地属土著人及其后裔所有。10月5日为宪法日。

【议会】一院制，共52席，任期四年。每年举行两次例会，应议员多数、议长或总理的请求，议会可举行特别会议。本届议会于2008年9月2日选举产生，现任议长为执政党人民进步党副主席唐斯坦·希尔顿（Dunstan Hilton），2011年9月当选。截至2012年6月，各主要政党在议会中所占议席数如下：联盟党16席（其中包括：人民进步党6席，绿党联盟5席，土地及正义党1席，酋长联盟1席，独立人士3席），瓦库党8席，民族联合党3席，温和党联盟6席，共和党6席，工党3席，人民行动党1席，马勒库拉人民党1席，哈里·伊奥科阵营3席，美拉尼西亚进步党1席，Natatok党1席，独立人士3席。

【政府】内阁又称部长会议（Coucil of Ministers）。现内阁主要成员有：总理萨托·基尔曼，副总理兼贸易、工业、商业和旅游部长哈姆·利尼（Ham Lini），基础设施部长哈里·伊奥科（Harry Iauko），外交外贸部长艾尔弗雷德·卡洛特（Alfred Carlot），财政和经济管理部长莫阿纳·卡凯塞斯（Moana Carcasses），司法和社会事务部长夏洛特·萨尔瓦伊（Charlot Salwai），内政部长乔治·韦尔斯（George Wells），土地、地质和矿产部长斯蒂文·卡尔萨考（Steven Kalsakau），农林渔业部长詹姆斯·万格（James Wango），教育部长马塞利诺·皮彼特（Marcelino Pipite），卫生部长威利·鲁本·埃布尔（Willie Reuben Abel），青年发展、训练和体育部长莫金·史蒂文斯（Morking Stevens），合作社和瓦努阿图人经济部长唐·肯（Ton Ken）。

【行政区划】瓦全国分为托尔巴、桑马、佩纳马、马兰帕、谢法和塔费阿6个省以及维拉港、卢甘维尔2个市。

【司法机构】设上诉法院、最高法院和负责传统事务的地方法院。首席法官由总理提名、总统任命。现任首席法官文森特·吕纳贝克（Vincent Lunabeck），总检察长为伊施梅尔·卡尔萨考（Ishmael Kalsakau）。

【政党】主要政党有：

（1）联盟党（Alliance）：执政党。2009年，在人民进步党（People Progressive Party）主席、时任议会反对党领袖萨托·基尔曼的倡议下，议会反对派小党包括人民进步党、绿党联盟、民族党、马勒库拉人民党、进步共和农民党及部分独立人士结成联盟党，以提高议会小党的参政分量，加入联盟党的各党派仍维持原有的名称及党章。现在，联盟党主要由人民进步党、绿党联盟、土地及正义党、酋长联盟及独立人士组成。

（2）民族联合党（National United Party）：执政党。1991年9月成立，主要由原瓦努阿库党利尼派组成。主席哈姆·利尼现任副总理兼贸工部长，詹姆斯·布莱任秘书长。2004年3月与中国共产党正式建立党际关系。

（3）瓦努阿库党（Vanuaaku Party）：反对党。原名新赫布里底民族党，成立于1971年，是瓦历史最悠久的政党，1977年改为现名，成员约2.7万。该党自1980年瓦独立以来连续执政至1991年。主席爱德华·纳塔佩。1999年4月与中国共产党正式建立党际关系，是太平洋岛国第一个与中共建立党际关系的政党。该党已分裂为两派，以基础设施部长哈里·伊奥科为首的反对派加入政府联合执政。

（4）温和党联盟（Union of Moderate Parties）：反对党。成立于1974年，成员约2.6万，是瓦最有影响的法语政党之一。主席为瑟奇·沃霍尔。2012年温和党联盟副领袖萨尔维出任基尔曼政府司法部长，成立温和党联盟改革党（UMPC）。

（5）共和党（Republican Party）：1998年1月19日从温和党联盟分裂出来的政党。主席为现教育部长皮彼特，2012年6月当选。2008年1月与中国共产党正式建立党际关系。

【重要人物】尤路·约翰逊·阿比尔：总统。1944年出生，在瓦接受基础教育，后在斐济、巴新、英国等地接受短期培训。1987～1995年连选连任议员，并历任政府副总理、内政部长、瓦库党副主席等职。2004～2005年出任代理检察官。2009年9月，当选瓦第七任总统。　**萨托·基尔曼：**总理，人民进步党主席。1957年生，1978年加入新赫布里底（瓦努阿图旧称）警察部队英国分队。1984年被任命为瓦机动部队（VMF）第一位土著司令。1991年任警察总监。1995年以美拉尼西亚党候选人身份参选议员并获胜。1997年当选美拉尼西亚党副主席，并任瓦政府土地部长。2000年出任综合改革部部长。2001年组建成立人民进步党并任主席。2004～2008年先后出任农业部长，副总理兼外交部长等职。2008年9月大选后，任反对党领袖。2009年，创建由议会反对派小党组成的联盟党，并任主席。2009年11月任副总理兼贸工部长。2010年12月2日至2011年4月24日任总理，后因不信任案被推翻。2011年5月13日，瓦上诉法院宣布，议会通过对基尔曼政府不信任案的程序违宪，基尔曼重返政府执政。2011年6月16日，瓦最高法院裁定基尔曼2010年12月当选总理无效。2011年6月26日，基在瓦议会特别会议上再次当选总理。2005年1月、2006年1月两次以副总理兼外长身份正式访华。2010年4月来华出席“中国—太平洋岛国经济技术合作洽谈会”，10月出席上海世博会瓦国家馆日活动并访问珠海。

经　济

经济落后，被联合国列为最不发达国家之一。农业和旅游业是瓦经济支柱。近年来，瓦经济出现较快增长势头，2011年国内生产总值（GDP）增长率为4.3%。以旅游业为主的服务业和建筑业仍是拉动经济的主要动力，但国内家庭消费、产品出口、私营经济等有所下滑。2011年主要经济数据如下：

国内生产总值：7.31亿美元。

人均国内生产总值：3074美元。

货币名称：瓦图。

汇率：1美元≈93瓦图（2012年6月）。

通货膨胀率：0.9%。

【资源】原有锰矿开采已尽，新探明资源有少量锰矿、铁矿、镍、铜和铝矾土等，还有大量的白硫火山灰，目前没有采矿作业。森林覆盖率为36%，其中只有20%具有商业开采价值。渔业资源丰富，盛产金枪鱼。

【工业】由于瓦物价和生产成本高，工业产品缺乏出口竞争力，外商投资的工业产品主要是替代进口商品，在瓦本国销售。瓦只有食品、木材加工、肥皂等小工厂。

【农业】瓦气候和地形适宜农业和牧草开发，国土41%为肥沃的可耕地，但已开发耕地仅占18%。农村人口占全国人口的80%。2011年，农业实际产值为1.53亿美元，占国民生产总值的21.0%。主要农产品是椰干、卡瓦、可可、咖啡、芋头、木薯、红薯、香蕉等。瓦农业生产方式落后，国家投资严重不足，发展缓慢。

【渔业】瓦专属经济区面积84.8万平方公里，盛产金枪鱼等。目前有100多条外国渔船与瓦合作，在瓦专属经济区捕鱼。按瓦有关规定，外国渔船经瓦方同意后，可在12～200海里之间的海域进行捕捞作业。只有瓦公民和本国公司可以在12海里内的海域捕鱼，6海里内的捕鱼事宜由当地省政府管辖。本国公民商业性渔业规模小。

【服务及旅游业】旅游业是瓦支柱产业之一和最大的外汇收入来源，产值约占国民生产总值的1/3。瓦饭店床位1800余张，房间使用率年均50%以上。多数游客来自澳大利亚、新西兰和新喀里多尼亚。主要游览胜地有维拉港、塔纳、桑托、马勒库拉和彭特考斯特岛。2011年瓦全年接待航空与游船游客共计241500人次，旅游业总收入2.43亿美元。

【交通运输】交通设施落后，费用昂贵。以海运为主。公路总长约1900公里，绝大部分为土路。

水运：水路总长780公里。岛间运输船舶的最大吨位为200多吨，现有船舶破旧落后，投资乏力。首都维拉港和桑托港为国际海港，都可停靠万吨商船。

空运：各主要岛屿都有机场。维拉港有国际机场，可直飞澳大利亚、新西兰、斐济、所罗门群岛和新喀里多尼亚。瓦努阿图航空公司是瓦唯一经营国际航线的公司，国内有近10条航线。

瓦努阿图是新兴的船旗国，目前有约600条船悬挂瓦国旗。中瓦海运航线有天津/上海—釜山—维拉港，广州—香港—悉尼—维拉港。

【通信】近年来电信业得到长足发展。瓦电信业过去由政府授权瓦努阿图电信公司（TVL）垄断经营，提供固定电话、手机、数据通信、因特网服务。2008年瓦政府打破垄断，授予总部设在牙买加的电信公司Digicel手机业务经营许可，刺激瓦移动通信市场快速增长，手机保有量达到每百人40余部。

【财政金融】2011年政府财政收入为1.63亿美元，财政支出为1.8亿美元。内外债总额1.47亿美元。

主要银行有：（1）瓦努阿图储备银行（Reserve Bank of Vanuatu）：1981年成立。前称瓦努阿图中央银行，1989年改为现名。是瓦中央银行。

（2）瓦努阿图国家银行（National Bank of Vanuatu）：1991年接管瓦努阿图合作储备银行后成立。1998年11月，同瓦努阿图开发银行合并。属国有银行。

（3）澳新银行（ANZ Banking Group Ltd.）：1970年成立，前称英国巴克莱银行，1985年改为现名，现为澳大利亚的银行。电话：（00678）22536；传真：22814。

（4）西太银行（Westpac Banking Corporation）：总部位于澳大利亚。电话：（00678）22084；传真：24773。

（5）法国Bred银行：2008年在维拉港设立分行，为法国Banque Populaire银行下属银行。电话：（00678）29111；传真：29003。

【对外贸易】瓦商品贸易年年逆差，主要出口椰干、可可、牛肉和卡瓦等。瓦产品主要出口欧盟、日本、澳大利亚、新西兰、印尼、泰国、德国、孟加拉、韩国、美国、比利时等国；并从日本、澳大利亚、新加坡、德国、新西兰等国进口食品、机械、燃料等。2011年瓦外贸总额为3.53亿美元，其中出口额为6426万美元，进口额约为2.89亿美元。1995年5月，瓦正式提出加入世界贸易组织（WTO）的申请。2001年11月，瓦副总理沃霍尔宣布，瓦政府决定暂不加入WTO。2008年5月，瓦宣布将重启加入WTO谈判。2012年4月24日，瓦完成全部入世法律程序，正式成为世贸组织第154名成员国。

【外国资本】外资主要投资在信托保险、法律、会计、金融、旅游等服务业以及电力、通信、商业等。2011年新增投资约2.67亿美元。

【外国援助】瓦年均接受外援占国内生产总值的17%左右，主要来自澳大利亚、新西兰、欧盟、法国、英国、日本、亚洲开发银行、联合国机构等，一般用于工业、农业、教育、医疗卫生、防务、司法和行政管理等具体项目。

【著名公司】（1）瓦努阿图电力公司（UNELCO）：1939年成立。资本额3.5亿瓦图。年营业额10亿瓦图。经营城市供电、供水业务。该公司由法国ELYO公司和瓦努阿图政府合资经营，双方股份分别占85.61%和14.39%。负责人让·弗朗索瓦·巴尔波（Jean François Barbeau）。通信地址：P.O.Box 26，Port Vila，Vanuatu。电话：（00678）22211；传真：25011。

（2）瓦努阿图电讯公司（Telecom Vanuatu Ltd.）：前称瓦尼特尔国家电讯公司（Vanitel National Telecoms），成立于20世纪70年代后期，1992年12月改为现名。现由法国电讯公司、英国电缆无线电公司和瓦努阿图政府合资经营，各占1/3股份。资本额7.57亿瓦图。年营业额10亿瓦图。经营电讯业务。负责人菲利普·里查兹（Philip Richards）。通信地址：P.O.Box 146，Port Vila，Vanuatu。电话：（00678）22185；传真：22628。

（3）阿宝公司（Au Bon Marche）：1974年9月成立。经营超级市场、五金店、加油站和批发商店等业务。负责人张连仲（Rene Ah Pow）。通信地址：P.O.Box 64，Port Vila，Vanuatu。电话：（00678）22945；传真：22576。

人民生活

瓦政府规定最低月工资为2.6万瓦图（约240美元）。商品供应齐全，但价格相对昂贵。全国共有5所医院，30个医疗中心，97个门诊部，374张病床，12名医生，220名护士。基本实行免费医疗。

2006年和2010年，瓦努阿图两度被英国新经济基金会评为全球幸福指数最高的国家。

军　事

无正规军队。2008年有警察534人和机动部队约350人，由内政部管辖。瓦与澳大利亚、新西兰和巴布亚新几内亚签有防务协定。瓦警察和机动部队人员参与了联合国在东帝汶、波斯尼亚的维和行动、巴新布干维尔和平监督团以及地区驻所罗门群岛援助团。

文化教育

【文化】瓦内政部为瓦文化工作最高领导机构，由该部任命组成的“全国文化理事会”（National Culture Council）领导文化工作。瓦文化中心为具体组织开展文化活动的机构，下设国家博物馆、国家图书馆、文化遗址登记处、国家音像档案处。主要文艺组织有：瓦鹦鹉音乐协会（Nasviru Musik Asosiesen）、维拉业余戏剧协会（Vila Amateur Theatrical Society）。

【**教育**】瓦教育制度规定，小学6年，初中4年，高中3～4年。小学入学率达到95%，但中学入学率很低。截至2011年底政府公办学校：小学284所，初中30所，高中28所。全国小学在校生39341人，中学在校生10723人；小学教师1966人，中学教师883人。中等职业学校有：国立技术学院、师范学院、护士学校、警察学校等。南太平洋大学法律系（为分校）设在维拉港。

【**新闻出版**】主要报刊有：《每日邮报》（Daily Post），私营，每天（除周日外）用英文出版，发行量为3000～5000份。《独立报》（Independent），2003年创刊，私营，每周六用英文、法文及比斯拉马文混编出版。

瓦努阿图广播电视总公司（Vanuatu Broadcasting and Television Corporation）：为官方新闻机构，拥有瓦努阿图广播公司（Radio Vanuatu）和瓦努阿图电视台（TV Blong Vanuatu）。电台于1966年建立，每天早、中、晚三次用比斯拉马语、英语和法语播放新闻和文艺节目，转播英国BBC、法国国际电台和澳大利亚电台的新闻节目。电视台于1993年建立，每天播出3～4小时的节目，除少量节目自己制作外，主要播放法、英和澳的文艺节目。中国中央电视台英语新闻频道、法语频道TV5MONDE及中国国际广播电台（CRI）在瓦落地。已在瓦落地的国际频道还包括：RFO/Tele Nouvelle Caledonie，TBN，ABC Australian Network，TV NZ，Telsat Pay TV，LPF Pay TV。

对外关系

瓦积极参与国际事务，加强传统双边和多边伙伴关系。瓦是联合国、不结盟组织、英联邦、法语国家共同体、太平洋岛国论坛、美拉尼西亚先锋集团以及世界贸易组织、国际货币基金组织、世界银行和亚洲开发银行的成员。强调在亚太地区扮演建设性的角色，致力于创造和平、和谐、无核及地区有效合作的发展环境。

【**同中国的关系**】1982年3月26日与中国建交。

近些年来中瓦高层交往较多，其中中方访瓦的主要有：全国人大常委会副委员长热地（2003年4月）、许嘉璐（2005年9月）、国务院副总理曾培炎（2007年3月）、全国政协副主席廖晖（2012年5月）、中共中央政治局委员、中宣部部长刘云山（2003年9月）、外交部长李肇星（2006年8月）、外交部副部长崔天凯（2011年8月）、中联部副部长张志军（2004年1月、6月，2005年1月，2008年2月）、刘结一（2010年6月）、中宣部副部长蔡名照（2011年5月）、商务部副部长傅自应（2009年1月）、中国—太平洋岛国论坛对话会特使杜起文（2010年2月）、中国政府特使、商务部副部长马秀红（2010年7月）、最高人民法院副院长江必新（2010年3月）、国家广电总局副局长张丕民（2010年5月）等。

瓦方访华的主要有：总统马塔斯凯莱凯莱（2007年7月国事访问、2008年8月出席北京奥运会开幕式）、总统阿比尔（2010年10月来华出席上海世博会瓦国家馆日活动）、总理利尼（2005年2月正式访问、2008年8月出席北京奥运会开幕式）、总理纳塔佩（2003年7月、2010年4月）、议长阿沃克（2008年2月）、副总理基尔曼（2005年1月、2006年1月、2007年7月、2010年4月、2010年10月出席上海世博会瓦国家馆日活动）、外长韦尔斯（2008年1月）、共和党主席、土地部长科尔曼（2008年1月）、卫生部长纳图曼（2009年4月）、农业部长莫利塞莱（2009年8月）、内政部长克鲁比（2009年11月）、农业部长卡尔萨考（2010年9月）、绿党联盟主席卡凯塞斯（2008年5月）、青年体育部长莫金·史蒂文斯（2010年12月）、民族联合党主席利尼（2010年6月）、温和党联盟主席沃霍尔（2010年10月）。

2011年中瓦贸易额为1.3625亿美元，同比增长485.7%。其中，中方出口额为1.3386亿美元，同比增长492.2%；进口额为239万美元，同比增长262.8%。中方主要出口机电产品、机械器具及零件、纺织品等，主要从瓦进口诺丽果汁、卡瓦和檀香木制品等。

中国驻瓦努阿图大使：谢波华，2012年8月。馆　址：Embassy of the People's Republic of China in Vanuatu，Private Mail Bag：9071，Port Vila，Vanuatu。电话：（00678）23598；传真：24877。

瓦努阿图驻华大使：威利·吉米（Willie Jimmy）（已于2012年6月离任，瓦尚未任命新大使）。馆址：北京市朝阳区三里屯外交公寓办公楼2单元11号。电话：（010）65320337；传真：65320336。

【**同美国的关系**】瓦美1986年建交。美驻巴布亚新几内亚大使兼任驻瓦大使。1989年，瓦美签署美向瓦派和平队的协议，此后美每年派出数十名和平队员赴瓦，帮助瓦发展教育事业。美还资助瓦警察和机动部队赴美进行专业培训。2005年，美将瓦列为其千年挑战计划援助国家之一，并于2006年3月与瓦签署协议，承诺此后五年向瓦提供6569万美元，用于瓦基础设施建设。2008年5月，瓦司法部长卡尔萨考出席太平洋岛国论坛外长会议期间会晤美国国务卿赖斯。

【**同澳大利亚的关系**】瓦澳于1980年建交。澳是瓦最大援助国。近年来，澳对瓦援助大幅增加。2010/2011财年通过澳援署向瓦援助达5900万澳元，2011/2012财年达7000万澳元。澳对瓦援助重点为改善教育、健康、法治状况及促进良政，包括提供资金、材料、顾问、奖学金等。瓦澳签有防务协定。澳是瓦最大贸易伙伴和进口产品来源。2010/2011财年澳向瓦出口额为7340万澳元，瓦向澳出口额为0.765万澳元。澳是瓦旅游业主要客源国之一，瓦2/3的长期游客来自澳。2008年，澳宣布将瓦纳入澳首批太平洋地区季节性工人试验性计划，允其赴澳从事蔬菜和水果采摘等季节性工作。该计划于2012年7月结束并以太平洋季节工人项目取代。澳在瓦设有高专署。2009年5月，纳塔佩总理访澳并与澳总理陆克文签署瓦澳发展伙伴协议。2010年7月，澳总督布赖斯赴瓦出席瓦独立30周年庆典。2011年2月，澳大利亚政府驻议会秘书（负责太平洋事务）马尔斯赴瓦参加太平洋岛国论坛斐济问题联络小组会议。

【同新西兰的关系】瓦新于1980年建交。1991年两国签署防务合作协定。瓦从新主要进口日用品、纸张、蔬菜、铝和成品油，向新主要出口木材、水果、香料和兽皮等。新是瓦主要援助国之一，每年向瓦提供数百万新元的援助。根据新援瓦五年计划“2006 ~ 2010年新瓦开发战略”，新共援瓦8500万新元，并从2007年开始允许瓦季节性工人前往新从事果园管理等工作。2010/2011财年，新援瓦总额约1900万新元，2011/2012年度援瓦2000万新元。新是瓦旅游业主要客源国之一。新在瓦设有高专署。2007年5月，瓦副总理兼外长基尔曼访新。2008年2月，瓦总理利尼访新。2009年11月，瓦总理纳塔佩访新。2010年6月和8月，新外长麦卡利和总理约翰·基分别访瓦。2011年6月，新外长麦卡利访瓦。

【同英国和法国的关系】英法原为瓦的共管宗主国。瓦英关系近几年来发生重要变化，英减少对瓦援助，目前只向教育领域提供援助。2005年英国关闭驻瓦高专署。法是瓦的主要援助国之一，在瓦设有使馆。2006年6月，法国举办法国—太平洋岛国发展合作峰会，会上法瓦签署协议，法承诺2006 ~ 2010年向瓦提供总额为1600万欧元的援助。2012年4月，瓦外长卡洛特率团访问法国并与法国外长朱佩举行了会谈。

【同日本的关系】瓦、日于1981年建交。日驻斐济大使兼任驻瓦大使。20世纪90年代以来，瓦日关系发展迅速。双方在渔业、肉类加工、旅游业等方面建立了合资关系。截至2010年底，日通过日本国际合作局（Japan International Cooperation Agency）共向瓦提供9278万美元的项目援助和5716万美元的技术合作援款。日为瓦援建了维拉港机场扩建项目、桑托水电站工程、埃法特部分环岛公路、维拉港港口改建项目、维拉港中心医院扩建项目。日本同时向瓦派遣志愿者和专家在教育、技术和社会经济发展等领域对瓦进行援助。2006~2010年，日本官方发展援助项目（ODA）向瓦提供共计5513万美元的资金和技术援助。2012年6月，瓦总理基尔曼出席了在日本冲绳举行的第六届“日本—太平洋岛国领导人会议”，期间与日本首相野田佳彦举行会晤。日方承诺向瓦提供总额6400万美元的赠款和超低息贷款。

【同欧盟的关系】瓦与欧盟关系密切。1984年欧盟在瓦设代办处。根据《洛美协定》有关安排，1975 ~ 2000年，瓦共接受欧盟8400万美元的援助。瓦系欧盟在太平洋岛国中唯一的政府财政受援国。根据瓦与欧盟签订的协议，2008~2013年欧盟将通过欧洲发展基金（EDF）向瓦提供约2320万欧元的援助，主要用于帮助瓦人力资源建设，创造就业和促进经济发展。2006年5月3日，瓦欧双方举行纪念欧洲人1606年5月3日发现瓦努阿图400周年的庆祝活动。2008年10月，瓦财政部长莫利萨访问欧盟总部。2011年3月，欧盟负责发展事务专员皮耶巴尔格斯访问瓦努阿图参加气候变化会议。2012年6月，第37届非加太—欧盟部长理事会会议在瓦努阿图维拉港召开。

【同以色列的关系】2012年12月28日，瓦总理基尔曼对以色列进行国事访问，并在耶路撒冷与以色列总理内塔尼亚胡举行会谈，这是两国建交以来瓦总理首次访以。以方承诺将加强与瓦在各领域的合作。

【同其他太平洋岛国的关系】瓦与巴布亚新几内亚、所罗门群岛和斐济同是“美拉尼西亚先锋集团”成员。该集团每年举行一次会议，协调在地区事务上的立场。集团秘书处现设在瓦努阿图首都维拉港。

（顾欣强）

新喀里多尼亚

名称 新喀里多尼亚领地（Territory of New Caledonia and Dependencies，Territoire des Nouvelle-Calédonie et Dépendances），简称新喀里多尼亚（New Caledonia，Nouvelle-Calédonie）。

面积 18575平方公里。其中新喀里多尼亚岛16372平方公里，洛亚蒂群岛1981平方公里。

人口 260166人（2012年7月估计）。人口结构非常年轻，一半以上人口年龄在25岁以下。根据1996年统计，美拉尼西亚人占44.1%，欧洲人34.1%，瓦利斯和富图纳人9%，塔希提人2.6%，印度尼西亚人2.5%，越南人1.4%，瓦努阿图人1.1%。官方语言为法语，通用美拉尼西亚语和波利尼西亚语。居民中60%信奉天主教，30%信奉基督教新教。

首府 努美阿（Nouméa），人口91386人（2004年）。

高级专员 阿尔贝·迪皮（Albert Dupuy），2010

年11月2日就任。

重要节日 7月14日（法国国庆）；9月24日（新喀里多尼亚日）。

简　况

位于南太平洋，距澳大利亚昆士兰东岸1500公里处。属美拉尼西亚群岛。由新喀里多尼亚岛、洛亚蒂群岛和无人居住的切斯特菲尔德群岛组成。主岛新喀里多尼亚为一狭长岛屿，崎岖的山脉将该岛分为东西两部分，少平地。属热带草原气候，年均气温24℃，12月至翌年3月为雨季。东部地区年降水量为2000毫米，西部地区为1000毫米。

最早的居民来自巴布亚和波利尼西亚群岛。1774年，英国的詹姆士·库克船长航行到此。1843年，英国在该岛派驻专员。1853年沦为法国殖民地，后与塔希提岛合并。1860年成为独立行政区。1946年成为法国海外领地（territoire d'outre-mer，TOM）。1956年成立第一届领地议会。1976年12月成立政府委员会，享有部分处理内部事务的自治权。法国委派的总督改为高级专员（Haut commissaire de la République）。1979年法国政府解散政府委员会，将新喀置于中央政府直接统治下。此后几年，新喀政党与法政府就新喀独立问题进行多次协商。1986年12月，联合国大会通过决议，新喀被列入联合国非自治领土名单，从而确定了新喀居民享有自治权。1988年6月，共和党（保卫喀里多尼亚在共和国内联盟）和卡纳克社会主义民族解放阵线同法国政府在巴黎签订《马提翁协议》，规定一年后新喀实行有限的地方自治，成立北方、南方和洛亚蒂群岛三个自治省，并于1998年举行全民公投以决定是否独立。从1989年7月起，法国逐步把大部分权力交给了新选出的三个省议会。2003年法议会通过宪法修正案，新喀成为地位特殊的海外属地。

政　治

1998年4月21日，法国政府同卡纳克社会主义民族解放阵线及保卫喀里多尼亚在共和国内联盟就新喀未来地位问题达成努美阿协议，主要内容有：法国逐步向新喀移交教育、税收、外贸、交通运输等权力，但仍掌握防务、司法、警察等部门；在今后15～20年内，新喀将就独立问题举行全民公投，如3／5的人选择独立，法国则交出其余权力，如独立被否决，可在随后4年中再举行两次投票，如独立在第二次投票中仍被否决，将重新商议该群岛的前途；承认"法兰西共和国内的新喀里多尼亚公民身份"，日后新喀若选择独立，这一身份即变成"国籍"。同年11月8日，新喀举行公民投票通过了《努美阿协议》。

2009年5月，举行领地议会选举。6月，共同喀里多尼亚党、人民运动联盟等结盟在新议会选举菲力浦·高麦斯（Philippe Gomčs）为政府主席，组成联合政府。

2011年2月17日，高麦斯政府由于来自喀里多尼亚联盟部长的退出而倒台。3月3日，议会主席哈罗德·马丁（Harold Martin，共同未来党）第二次出任政府主席。然而，由于各派意见分歧，3～4月，马丁政府三次重组。

新喀里多尼亚在法国国民议会和参议院各拥有两个席位。现任国民议会议员：索尼亚·拉加德（Sonia Lagarde，女）和菲力浦·高麦斯，均属民主联盟和独立人士党团，2012年6月当选。现任参议员：皮埃尔·弗罗吉尔（Pierre Frogier）和希拉里翁·图米·旺代古（Hilarion Tumi Vendégou），均属人民运动联盟党团，2011年9月当选。

【宪法】实行法国宪法。共和国高级专员是法国总统的代表。

【议会】议会（Congrès de la Nouvelle Calédonie）为立法机构。本届议会于2009年5月9日选举产生，共54席，任期五年。各省所占席位：南方省32席、北方省15席、洛亚蒂群岛省7席。各党席位如下：人民运动联盟13席，共同喀里多尼亚10席，喀里多尼亚联盟8席，全国独立联盟8席，共同未来党6席，卡纳克社会主义民族解放阵线3席，工党3席，其他3席。2011年3月3日，由于议会主席马丁出任政府主席，莱昂纳尔·萨姆·德里莱（Léonard Sam Drilë，共同未来党）代理议会主席。4月1日，罗克·瓦姆伊坦（Roch Wamytan，喀里多尼亚联盟）任议会主席。

1999年8月设立协商参议院（customary senate），共有16名成员，任期六年。协商参议院下设8个习惯协商委员会，就有关影响当地和卡纳克传统的事务提供咨询。本届协商参议院于2006年产生，主席让—居伊·姆布里（Jean-Guy MBOUERI）。

【政府】政府由议会选举产生。本届政府于2011年3月组成，曾三次重组。政府主席哈罗德·马丁，副主席皮埃尔·恩加伊奥尼（Pierre NGAIOHNI，来自卡纳克社会主义民族解放阵线，根据努美阿协议，如政府主席为反独立人士，则副主席应由主张独立人士担任）。

北方省省长保尔·内阿胡蒂纳（Paul NEAOUTYINE，全国独立联盟），南方省省长皮埃尔·弗罗吉尔，洛亚蒂群岛省省长内高·内佩于纳（Néko HNEPEUNE，喀里多尼亚联盟）。

【网址】www.nouvelle-caledonie.gouv.fr（高级专员）；www.gouv.nc（政府主席）；www.congres.nc（议会）；http：//www.adecal.nc/index.htm（新喀经济发展局）。

【司法机构】设有上诉法院、初审法庭、联合商业仲裁法庭，少年法庭。

【政党】主要政党有：

（1）共同喀里多尼亚党（Caledonie Ensemble）：2008年10月14日成立，由以菲力浦·高麦斯为首的一些原共同未来党成员组成。为中间派政党，反对独立。

（2）共同未来党（L'Avenir Ensemble，AE）：2004年4月创建，由原保卫喀里多尼亚在共和国内联盟（RPCR）部分人士联合其他一些小党组成。走中间路线，注意同亲法派及激进独立派拉开距离。在2004年新喀议会选举中一跃成为第一大党。2008年分裂。2011年，哈罗德·马丁重任该党领导人。

（3）人民运动联盟（Rassemblement-Union pour un Mouvement Populaire，R-UMP）：1977年建立。原名保卫喀里多尼亚在共和国内联盟。由于同法国人民运动联盟关系密切，2004年取用现名。由争取喀里多尼亚复兴联盟、基督教和解社会民主党、保卫喀里多尼亚联盟、共和联盟和喀里多尼亚自由运动5党组成。主张维持新喀现状。领导人皮埃尔·弗罗吉尔。

（4）卡纳克社会主义民族解放阵线（Front de Libération Nationale Kanak et Socialiste，FLNKS）：1984年建立。最大的两个党派是卡纳克解放党（Kanak Liberation Party，Palika）和喀里多尼亚联盟（Union Calédonienne，UC），还包括全国独立联盟（Union Nationale pour l'independence，UNI）、美拉尼西亚进步联盟（Union Progressiste Melanesienne，UPM）等。成员有1万多人，主要为卡纳克人。主张新喀独立。主席暂缺，由政治局代行主席职权。

（5）多样化运动（Mouvement de la diversité，LMD）：2008年建立的右翼政党，反对独立，与人民运动联盟关系密切。领导人西蒙·洛克霍特。

其他政党还有工党（Labor Party，PT）、国民阵线（Front national，FN）、独立人士协调委员会联合会（Fédération des Comités de Coordination des Indépendantistes，FCCI）等。

【重要人物】阿尔贝·迪皮：新喀里多尼亚高级专员。1947年出生。2005～2006年任圣皮埃尔和密克隆高级行政官。2008～2010年任法国伊泽尔省省长。2010年11月任新喀里多尼亚高级专员。**哈罗德·马丁**：新喀里多尼亚政府主席。1954年生于努美阿。1997～1998年、2004～2007年和2009～2011年三次任领地议会主席。2007～2009年任自治政府主席。2011年3月第二次任自治政府主席。曾为保卫喀里多尼亚在共和国内联盟成员。2004年参与创建共同未来党。2004～2008年和2010年起为该党领导人。

经　济

新喀是大洋洲地区排在澳大利亚、新西兰和夏威夷之后的第四大经济体。镍矿开采业和旅游业是两大经济支柱。主要工业品和粮食需进口。2007年主要经济数据如下：

国内生产总值：88亿美元。

人均国内生产总值：36376美元。

国内生产总值增长率：4.6%。

货币：太平洋结算法郎（Comptoirs Francais du Pacifique francs，CFP或XPF）。

汇率：1欧元＝119.3317太平洋法郎（固定汇率），1美元＝90.01太平洋法郎（2010年、2011年，估计）。

通货膨胀率（估计）：2.7%（2010年）；2.4%（2011年）。

失业率：17.1%（2004年）。

【资源】镍矿储量居世界第一位，约占世界储量的20%～25%，共计5000万吨。2005年开采镍矿砂644.5万吨。此外还有丰富的钴（世界第二大生产地）、铬、锰、铜、铅、锌等矿藏。森林面积约25万公顷。渔业资源主要有金枪鱼和虾。现已在领海勘探到丰富的天然气资源，并有望发现储量可观的石油。

【工业】主要有制造（占国内生产总值的13%，包括食品加工）、采矿（10%）、建筑（8.6%）、电力等工业。工人占总就业人口的16%。2005年产铁镍和镍锍共59576吨。电力工业主要为热力、水力和风力发电。2009年总发电量估计为15.58亿千瓦小时。

【农林牧业】农业产值约占国内生产总值的1.4%，农业人口占总就业人口的5%左右。耕地总面积为247878公顷。主要农作物有玉米、山药、马铃薯、甘薯、椰子、南瓜、椰子、咖啡、香草等。

畜禽业以饲养鸡、牛、羊、猪、马、鹿等为主。2005年生产牛肉3497吨、猪肉1803吨、鹿肉243吨、鸡肉923吨。

拥有145万平方公里海域经济专属区。2004年捕获各种鱼虾7281吨；养虾656公顷，产量2210吨。

【旅游业】包括旅游业在内的服务业产值占国内生产总值65%。2006年接待游客118898人次，主要来自法国、日本、澳大利亚和新西兰。2005年旅游外汇收入175.26亿太平洋法郎。共有旅馆91家，房间2295间（不含青年旅社和宿营地）。2008年，联合国教科文组织将“新喀里多尼亚潟湖：珊瑚礁多样性及相关生态系统”列入《世界自然遗产名录》。

【交通运输】陆路：公路总长5622公里（2006年），有各种车辆102477辆（2004年）。

水运：主要港口努美阿。有两家船运公司。国际航线通达澳大利亚、新西兰、南太岛国及亚洲和欧洲国家。2005年货运量824.8万吨。

空运：建有努美阿国际机场和其他一些小机场。喀里多尼亚国际航空公司、法航、新西兰航空公司、瓦努阿图航空公司等辟有新喀通达法国、澳大利亚、新西兰、斐济、瓦努阿图等国以及法属波利尼西亚、瓦利斯和富图纳等地的航线。2005年客运量692115人次，货运量6419吨。

【财政金融】2004年财政收入1033.33亿太平洋法郎，支出964.84亿郎。2005年接受法国中央政府财政拨款1057.35亿太平洋法郎，平均每个居民45.11万郎。

2004年共有银行和其他金融机构17家。主要银行有新喀里多尼亚银行（Banque de Nouvelle-Calédonie）、新喀里多尼亚巴黎国民银行（Banque Nationale de Paris

Nouvelle Calédonie）、喀里多尼亚兴业银行（Société Générale Calédonienne de Banque）和喀里多尼亚投资银行（Banque Calédonienne d'Investissement）。

【对外贸易】主要进口机械设备、燃料、化工品、食品等，主要出口铁镍、镍矿砂、海产品等。进口额为33.13亿美元（2010年），出口额9.694亿美元（2009年）。2011年主要进口来源国：法国（33.8%）、新加坡（19.2%）、澳大利亚（11.9%）、新西兰（4.7%）、中国（4.4%）；主要出口对象国：日本（19.5%）、法国（18.4%）、澳大利亚（12.9%）、韩国（10.5%）、美国（4.8%）、中国（4.3%）、西班牙（4.1%）。

人民生活　2012年估计，人口增长率1.489%，出生率16.05‰，死亡率5.43‰，儿童夭折率为5.62‰；人均期望寿命76.94岁，男性为72.88岁，女性为81.2岁。2011年约有固定电话7.62万部，移动电话22.73万部，因特网用户8.5万户（2009年）。2005年最低工资标准为11万太平洋法郎/月。每千人拥有医院床位3.7张。

军　事　由法国负责防务。2005年法在新喀驻军2700余人，包括陆军1320人、海军550人、空军164人和宪兵720人，配备5艘战舰、2架海空侦察机、7架直升机和3架运输机。

文化教育　【教育】对6～16岁儿童实行10年义务教育。学校分公立和教会两种体制，均属教育部管辖。法国政府资助公办中级教育学校。小学为5年制，6岁入学；中学分为初中4年和高中3年。2010年有学校约370所，学生约6.94万人，其中公立学校学生占72.2%。高校主要是新喀大学，2005年注册学生2496人，教师78人。

【新闻出版】主要报刊有：《喀里多尼亚新闻》，日报，发行量1.85万份；《喀里多尼亚农业》，双月刊，发行量3000份；《新喀里多尼亚教会》，天主教会刊物，月刊，发行量450份；《喀里多尼亚展望》，工会机关报。

新喀里多尼亚广播电台：前身为法国海外广播电台，建于1942年，每天用法语广播节目24小时。此外，还有蓝色节奏广播电台。

新喀法国海外广播电视台：1965年建立，从属于法国海外广播电台，每天播放10小时节目。

对外关系　由法国负责。新喀为太平洋共同体（SPC）、国际工会联合会（ITUC）、世界工会联合会（WFTU）成员和太平洋岛国论坛（PIF）联系成员。

瓦努阿图对地处新喀东部无人居住的马修岛（Matthew Island）和亨特岛（猎人岛，Hunter Island）有主权要求，认为其是本国塔菲亚省（Tafea）的一部分。

（布衣）

新　西　兰

国名　新西兰（New Zealand）。

面积　27.0534万平方公里。

人口　443万（2012年6月）。其中，欧洲移民后裔占67.6%，毛利人占14.6%，亚裔占9.2%（华人约20万），太平洋岛国裔占6.9%。官方语言为英语、毛利语。70%的居民信奉基督教新教和天主教。

首都　惠灵顿（Wellington），市区人口近20万，大区人口近50万。平均气温夏季16℃左右，冬季8℃左右。

国家元首　英国女王伊丽莎白二世。总督为女王代表，由总理提名，女王任命，任期五年。现任总督杰里·迈特帕里（Jerry Mateparae），2011年8月就职。

重要节日　国庆日：2月6日，称"威坦哲日"（Waitangi Day）。

简　况　位于太平洋西南部，西隔塔斯曼海与澳大利亚相望，相距1600公里。由南岛、北岛及一些小岛组成，南、北两岛被库克海峡相隔。全境多山，山地和丘陵占全国面积的75%以上，平原狭小。河流短而湍急，航运不便，但水利资源丰富。北岛多火山和温泉，南岛多冰河与湖泊。南岛的库克峰海拔3754米，为全国最高峰。海岸线长约1.5万公里。属温带海洋性气候。平均气温夏季20℃左右，冬季10℃左右。年平均降水量600～1500毫米。

1350年起，毛利人在新西兰定居。1642年荷兰航海者在新西兰登陆。1769～1777年，英国库克船长先后5次到新西兰。此后英国向新西兰大批移民并宣布占领。1840年2月6日，英国迫使毛利人族长签订《威坦哲条约》，新西兰成为英国殖民地。1907年独立，成为英国自治领，政治、经济、外交受英国控制。1947年成为主权国家，同时为英联邦成员。

政　治　自1935年起，工党和国家党轮流执政。1993年11月，全民投票决定将议会选举制度由简单多数制改为混合比例代表制。1996年10月举行首次混合比例代表制大选，国家党与新西兰第一党组成联合政府。1998年8月，因执政两党摩擦不断，联合政府解体，总理希普利组成以国家党为主的少数政府。1999年11月大选后，工党与联盟党组成少数联合政府。2002年7月大选后，工党与进步党组成少数联合政府。2005年9月大选后，工党和进步党再度组成联合政府，并在财政和信任投票上得到新西兰第一党和联合未来党支持。2008年11月，国家党在大选中获胜，并获得行动党、毛利党和联合未来党的财政与信任支持，组成少数政府。2011年11月，国家党再次赢得大选，并获得行动党、毛利党和联合未来党的财政与信任支持，组成少数政府。

【宪法】无成文宪法，宪法由英国议会和新西兰议会通过的一系列法律和修正案以及英国枢密院的某些决定构成。

【议会】一院制，仅设众议院，成立于1854年。议员由普选产生，任期三年。本届议会为第50届，于2011年12月组成。共有议席121个，其中国家党59席，工党34席，绿党14席，第一党8席，毛利党3席，行动党、联合未来党、马纳党各1席。议长洛克伍德·史密斯（Lockwood Smith）。

【政府】总督和部长组成的行政会议是法定最高行政机构。行政会议由总督主持，总督缺席时由总理或高级部长主持。总督行使权力必须以行政会议的建议为指导。内阁掌握实权。本届政府由国家党于2011年12月组成，现有成员28人，其中内阁部长20人，非内阁部长8人。主要成员包括：总理兼旅游部长约翰·基（John Key），副总理兼财长英格利希（Bill English），坎特伯雷震后重建兼交通部长布朗利（Gerry Brownlee），外长麦卡利（Murray McCully），国防部长科尔曼（Jonathan Coleman），贸易部长格罗泽（Tim Groser）等。

【行政区划】全国分为12个大区和4个单一辖区，设有74个地区行政机构（其中包括15个市政厅、58个区议会和查塔姆群岛议会）。主要城市有：惠灵顿、奥克兰、克赖斯特彻奇（基督城）、哈密尔顿、达尼丁等。

【司法机构】设有最高法院、上诉法院、高等法院、若干地方法院和受理就业、家庭、青年事务、毛利人事务、环境等相关法律问题的专门法院。最高法院2004年1月1日成立，取代英国枢密院成为终审法院，由首席大法官和4名法官组成。现任首席大法官为沙恩·伊莱亚斯（Dame Sian Elias，女）。上诉法院由院长和9名法官组成，现任院长为马克·奥里甘（Mark O'Regan）。高等法院由35名法官和9名协理法官组成，现任首席法官为海伦·温克尔曼（Helen Winkelmann）。

【政党】注册政党15个。主要包括：

（1）国家党（National Party）：执政党。1936年由自由党和改良党合并而成。主要代表农场主、大企业家、律师等的利益。主张实行自由市场经济和私有化，反对政府过多干预经济；严格规范福利政策，削减政府开支。曾多次执政。2011年赢得大选蝉联执政。领袖为现任总理约翰·基。

（2）工党（Labour Party）：最大反对党。1916年成立。主要代表中低收入者利益，工会组织和毛利人是其传统支持者。主张实行民主社会主义，重视社会福利制度，社会政策上加大政府干预。曾多次执政，2008年大选失利后下野。现任领袖戴维·希勒（David Shearer）。

（3）毛利党（Maori Party）：2004年4月，因在毛利人问题上与工党政府意见相左，协理毛利事务部长塔里安娜·图里娅（Tariana Turia）辞职并组建毛利党。主张维护毛利人传统利益，保护毛利文化、习俗和语言。联合领袖为塔里安娜·图里娅和著名毛利学者皮塔·沙普尔斯（Pita Sharples），现分别担任国家党政府毛利发展事务、残疾人事务部长、协理卫生、住房、社会发展、高等教育、培训就业部长和毛利事务部长、协理教养、教育部长（均为非内阁部长）。

（4）行动党（ACT Party）：前身是工党政府部长罗杰·道格拉斯（Roger Douglas）创立的消费者及纳税人协会，1994年11月改为现名。代表企业界利益，支持者多为大财团及富商。2011年11月大选后，原领袖唐·布拉什（Don Brash）辞职。目前，该党领袖、唯一议员约翰·班克斯（John Banks）现担任国家党政府规章改革、小企业部长、协理商业和教育部长（非内阁部长）。

（5）联合未来党（United Future Party）：前身为团结党，1995年6月成立。2000年11月与未来党合并，改为现名。领袖彼得·邓恩（Peter Dunne），现担任国家党政府税收部长、协理资源保护和卫生部长（非内阁部长）。

（6）绿党（Green Party）：前身为价值党，1972年成立，1990年与绿色和平组织合并，改为现名。积极致力于反战、反核、环保运动和维护老年人、贫困家庭等弱势群体利益。1991年加入联盟党。1999年脱离联盟党。联合领袖为默蒂里娅·图雷（Metiria Turei）和拉塞尔·诺曼（Russel Norman）。

（7）新西兰第一党（NZ First Party）：1993年成立，曾于1996~1998年与国家党联合组阁，2005~2008年与工党联合组阁。领袖为温斯顿·彼得斯（Winston Peters）。

（8）马纳党（Mana Party）：2011年4月，毛利党议员霍恩·哈拉维拉（Hone Harawira）率支持者脱离毛利党组建。

其他政党有：保守党（Conservative Party）、民主党（Democratic Party）、基督教遗产党（Christian Heritage）等。

【重要人物】杰里·迈特帕里：总督。毛利族人，1954年生于新西兰旺加努伊市。毕业于英国参谋学院、澳大利亚联合军种参谋学院和英国皇家国防研究学院，获新西兰怀卡托大学文学硕士学位。1972年入伍。

1994年起，历任联合国驻南黎巴嫩停火监督团首席观察员、驻布干维尔停火监督团联合部队司令、新西兰驻东帝汶维和部队司令、联合部队司令部陆军局局长。2002年2月，任新西兰陆军司令，晋升少将。2006年5月，任新西兰国防军司令，晋升中将。迈系新西兰历史上首位担任国防军司令的毛利人。2011年2月退役，任新西兰政府情报机构通信安全局局长。2011年8月就任新西兰第20任总督。**约翰·基**：总理。1961年8月生于奥克兰。毕业于坎特伯雷大学会计专业并获商业学士学位。1985年起从事投资银行工作。1995年受聘于美林银行，先后在该行伦敦、新加坡、悉尼分行担任外汇投资部经理。1999年任纽约联邦储备银行外汇委员会成员。1990年加入国家党。2002年当选议员，曾任国家党交通、商业、统计、财政等事务发言人。2006年11月当选国家党领袖。2008年11月率国家党赢得大选，并出任总理。2011年12月连任。**戴维·希勒**：反对党工党领袖。1957年7月生于奥克兰。获奥克兰大学理学士和坎特伯雷大学硕士学位。1995年加入联合国人道主义事务署，曾担任联合国驻利比里亚、卢旺达等人道主义事务负责人。2009年6月通过补选首次进入议会，曾担任议会教育、科学特别委员会和外交、国防、贸易特别委员会成员，以及工党研究和发展、科技和高等教育、国防事务发言人等职。2011年12月出任工党领袖。

经　济

以农牧业为主，农牧产品出口占出口总量的50%。羊肉和奶制品出口量居世界第一位，羊毛出口量居世界第二位。2012年3月年度主要经济数据如下（按1995/1996年度不变价格计算）（数据来源：新西兰统计局、新西兰储备银行）：

国内生产总值：1359亿新元。

经济增长率：1.8%。

人均国内生产总值：约3万新元。

货币：新西兰元。

汇率：1新元约合0.77美元（2012年6月）。

通货膨胀率：5.69%（2012年第一季度）。

失业率：6.7%（2012年第一季度）。

【资源】矿藏主要有煤、金、铁矿、天然气，还有银、锰、钨、磷酸盐、石油等，但储量不大。石油储量3000万吨，天然气储量1700亿立方米。煤主要出口到日本、智利、印度和中国。

【工业】以农林牧产品加工为主，主要有奶制品、毛毯、食品、皮革、烟草、造纸和木材加工等轻工业，产品主要供出口。近年来，陆续建立了一些重工业，如炼钢、炼油、炼铝和制造农用飞机等。

【农业】农业高度机械化。主要农作物有小麦、大麦、燕麦、水果等。粮食不能自给，需从澳大利亚进口。2011年，乳制品出口额为119.08亿新元，肉产品出口额为55.3亿新元。

【林业】森林面积810万公顷，其中自然林630万公顷，人造林180万公顷。主要出口产品有原木、木浆、纸及木板等，主要出口市场为澳大利亚、日本、中国、韩国、美国、印尼、中国台湾等。2011年，林业出口总额为32亿新元。

【畜牧业】畜牧业发达，畜牧业生产占地1352万公顷，为国土面积的一半。乳制品与肉类是最重要的出口产品。粗羊毛出口量居世界第一位，占世界总产量的25%。近年主要牲畜存栏数如下［单位：万头、万只，6月年度（7月1日至6月30日）］：

	2009	2010	2011
肉牛	410	390	390
绵羊	3240	3260	3110

近几年主要畜产品产值如下［单位：亿新元，3月年度（4月1日至3月31日）］：

	2010	2011	2012
乳制品	82.94	108.84	119.16
羊毛	5.35	6.17	8.03

（资料来源：新西兰统计局、新西兰财政部）

【渔业】渔产丰富，拥有世界第四大专属经济区，200海里专属经济区内捕鱼潜力每年约50万吨。专属经济区海域每年商业性捕捞和养殖鱼、贝类60万～65万吨，其中超过半数供出口。2011年，渔业产品出口总额为13.61亿新元。

【旅游业】2011年，出入境游客总人数为469.3万人次。入境人数为260.1万人次，主要来源地为：澳大利亚115.6万，英国23万，美国18.5万，中国大陆14.6万，日本6.9万。

【交通运输】交通运输发达，通信联络畅通。进出口货物主要靠海运，但空运在对外贸易中的重要性日增。

铁路：总长4000公里，电气化铁路约为500公里。中短途客运量1249万人次，货物周转量39.19亿吨公里（2010年）。

公路：总长93459.8公里，其中高速公路10909公里（2010年6月）。新各类车辆总数322万辆，其中私人轿车260万辆（2010年）。

海运：有国际航线6条，主要港口13个。奥克兰、惠灵顿、奥塔哥、利特尔顿、达尼丁、陶朗加是重要的集装箱港口。99%的国际贸易货物运输通过海运。2002年，港口货物吞吐量为2457.4万吨。截至2005年12月，在新船舶登记局登记的船舶有2465艘，总吨位为258952吨。

空运：新西兰是世界航空业最发达的国家之一，每456人中就有一名飞行员，每1059人拥有一架飞行器。截至2005年6月，有各类民用飞机3872架，飞行员8998人，机场156个，国际机场有奥克兰机场、克赖斯特彻奇（基督城）机场、惠灵顿机场和皇后镇机场。民航客机飞南太、亚洲、北美和欧洲多个国家和地区，27家外国航空公司班机飞新西兰。

【财政金融】新西兰财年由每年的7月1日起，止于翌年的6月30日。截至2011/2012财年，新西兰财政赤字为180亿新元，预计将于2014/2015财年实现财政盈余。

截至2012年4月，新西兰外汇储备为149.7亿新元。

主要银行有：（1）新西兰储备银行（Reserve Bank of New Zealand）：中央银行。1934年成立时为私人银行，1936年起成为国家银行。主要职能是：制定和执行货币政策；管理货币发行；维持合理有效的财经体制；向国库部长提供政策咨询并执行外汇政策；每半年发布一次《新西兰经济展望》和《新西兰金融政策声明》。现任行长博拉德（Allan Bollard）。

（2）澳新银行财团（新西兰）有限公司［Australia and New Zealand Banking Group（NZ）LTD］：成立于1840年，是新西兰历史最悠久、规模最大的私营商业银行，母公司为澳新银行财团。2003年10月以54亿新元从英国劳埃德银行收购新西兰国民银行，成为新第一大银行。

（3）新西兰银行（Bank of New Zealand）：成立于1861年。1989年7月以前国营，此后政府出售37.5%股份。1992年成为澳大利亚国家银行集团的子银行。有80万客户，400个国内分支机构。

【对外贸易】严重依赖外贸。2011年外贸总额为911.45亿新元，其中出口额450.73亿新元、进口额460.72亿新元。主要进口汽车、机电设备、原油、纺织品、塑料制品等，出口铝、羊毛、乳制品、肉类、林产品、水果和鱼类等。主要贸易伙伴依次为澳大利亚、中国、美国、日本、韩国、英国、新加坡、德国。近几年进出口情况如下（单位：亿新元）：

	2009	2010	2011
进口额（到岸价）	402	424	442.52
出口额（离岸价）	397	435	454.90
差　额	–5	11	12.38

（资料来源：新西兰统计局）

2011年，主要贸易伙伴从新进口额为（亿新元，下同）：澳大利亚108.73、中国58.90、美国39.99、日本34.44、韩国16.77；对新出口额为：中国74.41、澳大利亚73.78、美国48.02、日本29.22、新加坡21.64。

【对外投资】截至2011年12月，新西兰在海外直接投资总额为246.42亿新元。

【对外援助】对外援助以双边援助为主，太平洋岛国为援助重点，主要援助方向为财政补贴、农牧林业、卫生保健、资源环境保护、文化遗产及人员培训等。2011/2012财年，对外援助预算为4.915亿新元，其中对太平洋岛国地区援助情况（单位：万新元）：所罗门群岛4000，巴布亚新几内亚2700，库克群岛1900，纽埃1400，瓦努阿图2000，托克劳1700，萨摩亚1700，基里巴斯1200，斐济500，图瓦卢500。

【外国资本】截至2011年12月，外国对新直接投资额为958.34新元。主要投资来源国包括澳大利亚、美国、荷兰、英国和日本。新西兰是传统资金输入国，1000万新元以下的投资项目不需政府批准。对外国投资实行国民待遇。外资主要分布在银行、电信、交通、房地产、林业、畜牧业和旅游业等部门。

【著名公司】（1）恒天然公司（Fonterra Co-operative Group）：新西兰最大公司。2001年由基维乳品公司（Kiwi Company）、奶制品集团（Dairy Group）和乳品局（Dairy Board）合并成立，是全球第一大乳制品加工企业，占新西兰国内乳品总产量的95%。下辖100个分公司，员工1.56万人，公司资产141亿新元，业务遍及140多个国家。该公司是一个全国性合作社，股东为分布在全国的13000多个牛奶农场主，外来投资只能通过购买农场、建立合资企业或兼并进行。首席执行官安德鲁·费里尔（Andrew Ferrier）。

（2）斐雪·派克公司（Fisher & Paykel Appliances Holding LTD）：新西兰制造业的标志，是全球领先的高端家用电器制造商和大洋洲最大的电器生产企业。创立于1934年，拥有生产机械有限公司、动态烹饪系统公司（美国）和意大利斐雪·派克公司三家全资子公司，在新西兰、意大利、泰国和墨西哥设有制造厂，在中国杭州设有销售处。是世界首家实现冰箱聚氨酯泡沫保温技术商业化生产的公司，20世纪60年代后期开始研发彩涂钢，并将此技术应用于冰箱和洗衣机生产。80年代，智能驱动洗衣机成为该公司拳头产品。随后，公司凭借智能电子控制无刷直流电动机技术进入洗碗机领域。2009年8月，海尔集团购买该公司20%的股份，成为该公司最大股东。首席执行官斯图尔特·布罗德赫斯特（Stuart Broadhurst）。

（3）狮王有限公司（Lion Nathan LTD）：大洋洲地区最大的饮料公司，在澳新两国上市，成立于1988年。以啤酒酿造为主，占有澳啤酒市场的41%、新啤酒市场的53%，拥有中国无锡狮王太湖水啤酒公司60%的股份、澳百事可乐公司和新百事可乐公司83.5%的股份，并在澳、新两国生产和销售百事可乐饮料。公司也从事葡萄酒和烈酒的生产与销售。1998年4月，日本最大的啤酒厂麒麟公司以14亿新元的价格购买了狮王公司46%的股权。2000年6月公司总部移至澳大利亚。首席执行官罗布·默里（Rob Murray）。

人民生活

新西兰是高福利国家，政府建立基本医疗组织，向居民提供基本医疗保障。为控制福利开支，政府对高等教育和医疗实施部分收费政策。政府为低收入家庭增加补贴；设立养老基金，提高退休金比例；提高医疗保险，为民众提供低收费医疗保障；增加廉租房；建立家庭委员会，保护儿童权利。

军　事

总督为武装部队总司令，名义上的最高统帅。国防部长在国防军司令协助下行使对军队的实际控制权。国防军司令是国防部长的首席军事顾问。国防部秘书长是国防部首席文职顾问，负责研提防务政策建议、装备采购和维修更新等。

1951年同澳大利亚和美国签订《澳新美安全条约》。1984年，工党执政后采取反核立场，新西兰议会于1987年通过《新西兰无核区、裁军和军备控制法案》，禁止美国核舰艇访新，美国因而中止双边防务合作。与澳大利亚签有防务合作协定和《进一步密切防务关系协定》，与东盟和南太岛国签有军队互助计划，与英国、澳大利亚、马来西亚和新加坡于1971年签署《五国联防安排》，五国于1997年在南海进行了签约后最大规模的军事演习。

2008年国家党执政后，着手调整国防政策。2010年11月，新西兰政府发布13年来首份《国防白皮书》。该白皮书规划了未来25年国防战略蓝图，明确新西兰国防军主要任务是：保护新西兰领土及太平洋岛国地区安全，与澳大利亚共同应对本地区突发事件；保持并增强在邻近地区的作战能力，为维护亚洲和更大范围的稳定作贡献；保持与主要伙伴协同行动的能力；在维持贸易通道开放、保护海洋资源、实施人道主义救助及减灾等方面发挥作用。

1972年底取消征兵制，实行志愿兵役制。截至2012年1月，新国防军共有14019人，其中常规部队9133人，包括陆军4686人，空军2453人，海军1994人，预备役2313人，文职人员2573人。2010/2011财年军费预算为22.79亿新元，同比增长5.6%。新西兰国防军司令理查德·里斯·琼斯（Richard Rhys Jones）中将。

文化教育

【**教育**】国立中小学实行免费教育，入学年龄为5岁；对6～15岁青少年进行义务教育。2002年政府发布《儿童早期教育战略》，加强儿童早期教育，提高教育质量。主要大学包括：奥克兰大学、奥克兰理工大学、怀卡托大学、维多利亚大学、坎特伯雷大学、梅西大学、奥塔哥大学、林肯大学。2010年，主要赴新西兰留学生来源国为：中国（包括香港）、韩国、日本、印度。

【**新闻出版**】全国共有报纸140种，其中日报25种，杂志4700多种。主要报刊有：《新西兰先驱报》，最大日报，日发行量逾18.71万份，总编辑蒂姆·墨菲（Tim Murphy）。《自治领邮报》，第二大日报，由《晚邮报》和《自治领报》合并而成，日发行量9.8万份，总编辑伯纳德特·考特尼（Bernadette Courtney）。《星期日明星时报》，唯一一份全国发行的大版面报纸，年发行量40万份，总编辑戴维·凯梅斯（David Kemeys）。2003年，费尔费斯（Fairfax）新西兰公司以12亿新元收购独立报业集团，成为新西兰最大的传媒集团，拥有9份日报，2份周报和13份杂志出版权等。

新西兰报联社为新唯一的全国性新闻通讯社，由主要报纸联合组成，前身为1879年成立的联合报社，1942年改为现名，总部设在惠灵顿。与路透社、澳联社、美联社、法新社有合作协议。2011年4月，该通讯社宣布将于2011年底关闭。首席执行官迈克尔·缪尔（Michael Muir）。

广播电台遍及全国，共190多家，多数为商业电台。除新西兰广播公司为国有外，其余电台分属广播网（The Radio Network）和广播工厂（Radio Works）两大广播网络。前者主要股东为澳大利亚地方报业集团（APN）公司，后者为加西传媒公司（CANWEST）控股。近年来，政府资助成立了一些反映多元文化的公益性电台。

新西兰电台：前身为1925年成立的公共广播电台，1955年改建为国有公司。下辖国家广播电台调频电台以及中波、短波电台。国家台24小时播音，重点播发时事和国内政治新闻，覆盖96%国土。国际短波电台对太平洋岛国播出。首席执行官理查德·格里芬（Richard Griffin）。

新西兰电视台：1962年正式开播，原由新西兰广播公司统管，1988年8月成为独立的国营企业。下设电视一台、电视二台以及五个地区电视台。主要播放新闻、体育、科教、影视等节目。用户约有112.6万，覆盖全国，收视率达70%。首席执行官里克·埃利斯（Rick Ellis）。

电视三台：唯一一家私人电视台，由加西传媒公司控股。1989年11月开播，以新闻、电视剧为主，覆盖面为全国人口的98%。首席执行官贾森·帕里斯（Jason Paris）。

新西兰毛利电视台：2004年3月28日正式开播。首席执行官吉姆·马瑟（Jim Mather）。

对外关系

强调对外政策的根本目的是维护世界，特别是太平洋地区的和平，以保障新西兰主权与安全，维护经济利益。将同澳大利亚和太平洋岛国的关系作为对外政治、防务和经济关系的立足点；将亚太地区作为对外关系优先领域；积极改善与美国的关系，维护与欧洲国家的传统关系，强调发展与拉美新兴国家政治、经济关系；积极支持和参与联合国的维和行动和人道主义援助，寻求在国际组织中发挥作用；重视参与地区经济合作，积极推动贸易和投资自由化；强调军队的防御性和参与维和、人道主义援助等多重功能；主张继续推动国际核裁军进程，最终全面销毁核武器；坚持南太平洋无核区，支持建立东南亚无核区；积极参与国际反恐合作，反对伊拉克战争，积极参与阿富汗、伊拉克战后重建；关注朝核问题，反对朝鲜发展核武器，希朝核问题通过和平方式得以解决；关注西亚北非局势，谴责埃及、叙利亚等国的暴力事件，支持北约在利比亚的军事行动。

【同中国的关系】自1972年12月22日建交以来，两国各领域友好合作关系发展顺利。1999年9月，江泽民主席对新西兰进行国事访问。2000年11月，新西兰总督博伊斯对中国进行国事访问。2003年10月，胡锦涛主席对新西兰进行国事访问。2008年8月，新西兰总督萨特亚南德出席北京奥运会开幕式并顺访中国。

2010年，双方主要交往有：3月，新西兰与中国香港特别行政区签订《新西兰与中国香港紧密经贸合作协议》。新西兰外长麦卡利访华。4月，全国政协副主席、中国人权发展基金会理事长黄孟复访新。6月，国家副主席习近平访新。7月，新西兰总理约翰·基访问北京并出席上海世博会新西兰国家馆日活动。8月，国务院台湾事务办公室主任王毅访新。11月，国家主席胡锦涛在日本横滨出席亚太经合组织领导人非正式会议期间同新西兰总理约翰·基寒暄。

2011年1月，《新西兰与中国香港紧密经贸合作协议》正式生效。新西兰副议长蒂什访华。2月，国务院总理温家宝、外交部长杨洁篪分别就新西兰克赖斯特彻奇市地震向新西兰总理约翰·基、外长麦卡利致电慰问，中国红十字会向新红十字会提供5万美元人道主义援助，中国政府向新提供50万美元紧急人道主义现汇援助。3月，全国政协副主席、科技部部长万钢访新。4月，新西兰副总理兼财政、基础设施部长英格利希出席博鳌亚洲论坛2011年年会并正式访华，两国签署《中国人民银行与新西兰储备银行双边本币互换协议》。5月，中新第18次外交部官员年度政治磋商在北京举行。9月，国务院副总理回良玉访新。

2012年4月，新西兰外长麦卡利访华。同月，全国政协主席贾庆林访新。5月，全国政协副主席、中国—大洋洲友好协会会长廖晖访新。6月，中共中央政治局委员、广东省委书记汪洋访新。

中新经贸合作不断加强。2008年4月，两国签署双边自贸协定。10月，协定正式实施。新西兰成为第一个与中国签署并实施双边自贸协定的发达国家。据中方统计，2011年，双边贸易额为87.23亿美元，同比增长33.6%，其中中方出口额为37.36亿美元，同比增长35.2%，进口额为49.86亿美元，同比增长32.5%。中国是新西兰第二大贸易伙伴、出口市场和第一大进口来源地。截至2011年底，新西兰累计来华投资项目总数1625个，实际投入金额11.21亿美元，主要分布在农林、轻工、纺织、冶金、食品加工、医药、计算机等领域；中国对新非金融类直接投资1.7亿美元，主要涉及乳业、资源开发和建筑等领域。截至2012年1月，新西兰共向中国提供约2709万新元（约1.668亿元人民币）发展援助。

根据中方统计，2011年，中国在新西兰各类留学人员为4.4万人。中国是新西兰第一大留学生来源国。2011年全年，共有569名新西兰留学生在华学习，其中29名奖学金来华留学生。截至2011年底，中国共接受181名新西兰奖学金来华留学生。2007年2月，奥克兰大学孔子学院举行揭牌仪式。2009年11月，坎特伯雷大学孔子学院正式成立。2010年6月，维多利亚大学孔子学院成立。中国是新西兰第四大旅游客源国和成长最快的海外旅游市场，2011年，中国公民首站到新旅游10.8万人次，同比增长21.1%；新西兰来华游客12.7万人次，同比增长4.18%。截至2012年6月，两国已建立29对友好省市关系。

2011年9月，中国人民解放军副总参谋长侯树森上将访新。同月，新西兰国防军司令琼斯中将访华。10月，新西兰陆军司令基廷少将访华。11月，中国人民解放军副总参谋长马晓天上将与新西兰国防军副司令斯蒂尔少将在新共同举行中新两军第四次战略对话。2012年4月，中国人民解放军总参谋长助理戚建国中将访新。

中国驻新西兰大使：徐建国，2010年9月30日递交国书。馆址：2-6 Glenmore Street, Wellington, N. Z.。电话：00-64-4-4749631；传真：4990419。经商处电话：4714101；传真：4714104。

新西兰驻华大使：伍开文（H.E. Mr. Carl Worker），2009年6月12日递交国书。馆址：北京市朝阳区日坛东二街1号。电话：010-85327000；传真：65324317。

目前，新西兰与台湾保持民间和经贸往来。1973年，台湾在新西兰设立“亚东贸易中心”，处理双方经贸事务。1988年4月，新西兰在台北设立“新西兰工商办事处”，处理贸易、工商事务。1991年，“亚东贸易中心”改称“台北经济文化办事处”。1991年8月，新西兰航空公司开航台北。2009年11月，新西兰对部分台湾“护照”持有者给予三个月免签待遇。2011年2月，新西兰克赖斯特彻奇市地震后，台湾向克市派出地震救援队并提供10万美元援助。据新方统计，2011年新西兰与台湾贸易额为15.91亿新元。其中新方出口额为8.99亿新元，进口额为6.92亿新元。台湾是新西兰第12大贸易伙伴。

【同澳大利亚的关系】1943年建交。新西兰将与澳大利亚关系置于外交防务政策优先位置，两国领导人定期会晤，接触频繁，双方在政治、经济、社会和安全以及国际领域的合作密切。2004年5月，首届澳新领导层论坛在新西兰举行。2005年2月，澳大利亚总理霍华德访新。2006年1月，新澳海上边界条约生效。2月，新澳达成原产地规则协议。新西兰总理克拉克访澳。2007年6月、12月，新西兰总理克拉克两次访澳。2008年1月，新西兰副总理兼财长卡伦访澳。6月，澳大利亚总理陆克文访新。2009年2月，新西兰副总理兼财长英格利希访澳。3月，新西兰总理约翰·基访澳。7月，新西兰副总理兼财长英格利希再次访澳。8

月，新西兰总理约翰·基再次访澳，与澳总理陆克文共同主持首次联合内阁会议，并发表关于继续推进跨塔斯曼海峡合作的联合声明。2010年2月，新西兰外长麦卡利访澳。10月，新西兰总理约翰·基在越南河内出席第五届东亚峰会期间与澳大利亚总理吉拉德举行首次正式会谈。11月，新西兰外长麦卡利、气候变化事务部长史密斯访澳。2011年2月，澳大利亚总理吉拉德访新，两国签署《进一步密切经济关系投资议定书》并发表《跨塔斯曼合作联合声明》，吉拉德应邀在新西兰议会演讲并成为首位在新议会演讲的外国领导人。澳大利亚国防部长史密斯访新。新西兰克赖斯特彻奇市地震后，澳大利亚提供380万美元援助，并向克市派出地震救援队及协助维持治安的警察志愿者。3月，澳大利亚总督布赖斯和总理吉拉德赴新西兰参加克市地震全国哀悼活动。澳大利亚外长陆克文访新。6月，新西兰总理约翰·基访澳，应邀在澳议会演讲并成为首位获此待遇的新西兰领导人。7月，新西兰外长麦卡利访澳。澳大利亚副总理兼国库部长斯旺访新。10月，新西兰外长麦卡利出席在澳大利亚珀斯举行的英联邦外长会议，并代表新西兰总理约翰·基出席英联邦首脑会议。2012年1月，新西兰总理约翰·基访澳，与澳总理吉拉德举行两国领导人年度会晤。4月、6月，新西兰副总理兼财长英格利希两次访澳。

1983年，两国签署《进一步密切经济关系协定》（CER）。1990年，两国宣布建立自由贸易区，取消关税。1996年，两国签署《单一航空市场协定》，保障两国航空公司在对方国家享有“不受限制的飞行权”。1998年，两国签署《跨塔斯曼旅游安排》，规定两国公民可自由在对方国家生活和工作。2007年1月，两国就继续推进单一经济市场达成共识。澳大利亚是新西兰第一大贸易伙伴和投资来源国。据新方统计，2011年，双边贸易额为182.51亿新元，其中新方出口额为108.73亿新元，进口额为73.78亿新元。截至2011年3月，澳大利亚在新投资达517.75亿新元。澳大利亚是新西兰第一大旅游客源国，2011年到新旅游115.6万人次。

【同美国的关系】1942年建交。1951年，新西兰、美国、澳大利亚缔结《澳新美安全条约》，新西兰成为美国盟国。20世纪80年代中期，工党政府奉行反核政策，拒绝美国核舰访新，美国将新西兰从盟国降为友好国家，并中止与新西兰防务合作。90年代，国家党政府积极改善与美国关系。1995年和1999年，新西兰总理博尔格、希普利先后访美。1999年9月，美国总统克林顿访新。1999年，工党政府上台后，坚持无核政策，强调根据现实利益处理与美国关系，无意恢复《澳新美安全条约》关系。“9·11”事件后，新西兰支持美国反恐行动，并派特种部队配合美国在阿富汗军事行动。2003年3月，新西兰总理克拉克访美。10月，新西兰总理克拉克与美国总统布什在出席泰国亚太经合组织领导人非正式会议期间短暂会晤。2004年6月，新西兰总督卡特赖特出席美国前总统里根葬礼。反对党领袖布拉什访美。2007年3月，新西兰总理克拉克访美。2008年7月，美国国务卿赖斯访新。2009年4月，新西兰外长麦卡利访美。5月，新西兰贸易部长兼国际气候变化谈判部长格罗泽访美。9月，美国太平洋战区司令基廷访新。2010年1月，新美签署《科技合作协定》。4月，新西兰总理约翰·基访美并出席核安全峰会。美国参谋长联席会议副主席卡特赖特将军访新。5月，新西兰与美国、日本举行联合军演。9月，新西兰贸易部长兼国际气候变化谈判部长格罗泽访美。10月，新西兰副总理兼财长英格利希访美。11月，美国国务卿克林顿访新，双方签署《惠灵顿宣言》，将两国关系提升为“新型战略伙伴”关系。新西兰总理约翰·基出席日本亚太经合组织领导人非正式会议期间会见美国总统奥巴马。2011年2月，新西兰克赖斯特彻奇市地震后，美国向克市派出地震救援队并提供40吨物资等援助。3月，美国国家情报总监克拉珀访新。5月，新西兰外长麦卡利访美。7月，新西兰总理约翰·基访美。9月，新西兰贸易部长兼国际气候变化谈判部长格罗泽访美，出席由世界主要碳排放国代表参加的“主要经济体论坛”。10月，新西兰议长史密斯访美。11月，新西兰副总理英格利希出席在夏威夷举行的亚太经合组织领导人非正式会议。2012年1月，美国国会议员代表团访新。4月，新西兰国防军和美军在新举行联合军演。5月，新西兰外长麦卡利和国防部长科尔曼访美并出席北约芝加哥峰会。新西兰贸易部长格罗泽访美。美国国土安全部长那波利塔诺访新。6月，新西兰国防部长科尔曼访美，与美国国防部长帕内塔签署《华盛顿宣言》，加强两国防务合作。美国海军陆战队官兵访新并出席美国协防新西兰70年庆祝仪式。新西兰海军参加美国组织的2012年环太平洋军事演习。

美国是新西兰第三大贸易伙伴和第二大投资来源国。据新方统计，2011年，双边贸易额为88.01亿新元，其中新方出口额为39.99亿新元，进口额为48.02亿新元。美国是新西兰第三大旅游客源国，2011年到新旅游18.5万人次。

【同日本的关系】1952年建交。新西兰重视发展与日关系，双边高层接触频繁。2008年5月，新西兰总理克拉克访日，首届日新伙伴关系论坛在东京召开。2009年5月，新西兰外长麦卡利访日并出席三年一度的日本—太平洋岛国论坛首脑会议。10月，新西兰总理约翰·基访日。2010年5月，新西兰与美国、日本举行联合军演。10月，新西兰农业部长卡特访日。11月，新西兰总理约翰·基访日并出席亚太经合组织领导人非正式会议。新西兰渔业部长希特利访日。2011年2月，新西兰克赖斯特彻奇市地震后，日本向克市派出地震救援队并提供50万美元援助。3月，日本发生地震海啸核泄漏灾害后，新西兰向日提供80万美元援助并派出救援队。5月，新西兰外长麦卡利访日。2011年6月，新西兰贸易部长格罗泽访日。2012年6月，新西兰外长麦卡利访日。

新西兰反对日本在南太禁捕区进行科研性捕鲸、增加金枪鱼捕捞数量以及向南太地区海域运送和倾倒核废料。

日本是新西兰第四大贸易伙伴和重要外资来源地。两国签有渔业、民航协定。据新方统计，2011年，双边贸易额为63.62亿新元，其中新方出口额为34.4亿新元，进口额为29.22亿新元。日本是新西兰第五大旅游客源国，2011年到新旅游6.9万人次。

【同欧盟的关系】重视同欧盟关系。2004年3月，新西兰外长戈夫访问爱尔兰、英国、德国、比利时，签署《新欧深化关系协定》。4月，欧盟在新西兰设立常驻代表团。5月，新西兰总理克拉克访问马耳他、意大利和梵蒂冈。6月，新西兰总理克拉克赴法国参加纪念诺曼底登陆60周年活动并访问荷兰和挪威，新总督卡特赖特访问德国和希腊。10月，新西兰总理克拉克访问匈牙利。2005年2月，德国副总理兼外长菲舍尔访新。11月，新西兰总理克拉克参加英联邦国家首脑会议并顺访欧盟总部。2006年11月，新西兰总理克拉克访问英国、德国、法国和意大利。2009年9月，匈牙利总统绍约姆访新。12月，新西兰总理约翰·基赴丹麦出席哥本哈根气候变化会议。2010年1月，新西兰贸易部长格罗泽访问瑞士并出席达沃斯世界经济论坛。6月，新西兰外长麦卡利赴西班牙出席新与欧盟半年度磋商。10月，新西兰副总理兼财长英格利希、外长麦卡利出席布鲁塞尔第8届亚欧首脑会议。11月，新西兰外长麦卡利赴葡萄牙出席北约峰会阿富汗问题会议。2011年3月，欧盟贸易委员德古特访新并作为欧盟代表出席新西兰克赖斯特彻奇市地震悼念活动。6月，新西兰农业部长卡特、贸易部长兼气候变化国际谈判部长格罗泽访问意大利。2012年6月，新西兰总理约翰·基访问德国，在布鲁塞尔会见欧洲议会主席舒尔茨，与北约秘书长拉斯穆森签署新西兰与北约合作伙伴协议。

据新方统计，2011年，新西兰与欧盟贸易额为126.3亿新元，其中新方出口额为53.6亿新元，进口额为72.7亿新元。

【同英国的关系】新西兰是英联邦成员，在历史、文化上与英国有着传统联系，双方高层接触频繁。1995年11月，英国女王和首相梅杰赴新参加英联邦政府首脑会议并访新。1997年10月和1999年1月，新西兰总理博尔格、希普利分别访英。工党政府上台后，宣布废除英国王室授勋制，在10至20年内终止与英国王室联系。2006年3月，英国首相布莱尔访新。2007年，新西兰总理克拉克访英，英国议会副秘书长马恩访新。2008年9月，英国安妮公主访新。11月，新西兰总理约翰·基访英。2009年10月，新西兰副总理兼财长英格利希访英。2010年1月，英国威廉王子访新。6月，新西兰外长麦卡利、国防部长马普访英。10月，新西兰副总理兼财长英格利希访英。11月，新西兰外长麦卡利访英。2011年1月，英国外交大臣黑格、国防大臣福克斯访新。2月，新西兰克赖斯特彻奇市地震后，英国向克市派出地震救援队并提供援助。3月，英国威廉王子访新并作为英国女王代表出席克市地震悼念活动。4月，新西兰总理约翰·基访英并出席英国威廉王子婚礼。6月，新西兰农业部长卡特访英。9月，新西兰贸易部长兼气候变化国际谈判部长格罗泽访英，出席非政府组织“碳战争房间”组织的“创造气候财富峰会”。2012年6月，新西兰总理约翰·基访英，并出席英女王伊丽莎白二世登基60周年庆祝典礼。

英国曾是新西兰最大的贸易伙伴，现已退居第六大出口国和第九大进口来源地。据新方统计，2011年，双边贸易额为28.12亿新元，其中新方出口额为15.45亿新元，进口额为12.67亿新元。英国是新西兰第二大旅游客源国，2011年到新旅游23万人次。

【同法国的关系】新法关系曾因1985年法国特工在奥克兰港炸沉绿色和平组织的“彩虹勇士”号和1995年法国在南太平洋进行核试验而两度紧张。1996年，法国宣布停止核试验并签署南太无核区条约附加议定书，新法关系逐步改善。2004年6月，新西兰总理克拉克赴法参加纪念诺曼底登陆60周年活动。2010年5月，新西兰贸易部长格罗泽访法并出席在巴黎举行的经合组织年度经济论坛会议。2011年4月，新西兰总理约翰·基访法。2012年3月，新西兰贸易部长格罗泽赴法出席经合组织环境委员会会议。5月，新西兰贸易部长格罗泽赴法出席经合组织部长理事会会议。

据新方统计，2010年双边贸易额为10.52亿新元，其中新方出口额为4.57亿新元，进口额为5.95亿新元。2011年，新方自法国进口额8.97亿新元。2011年，法国到新游客3.7万人次。

【同东盟国家的关系】同东盟国家关系密切，是东盟对话国和东盟地区论坛、东亚峰会成员。积极推动论坛建立信任措施和预防性外交机制，支持东盟国家关于在东南亚建立和平、自由、中立区及东南亚无核区的主张。除参加“五国联防”（FPDA）外，还与新加坡、马来西亚、文莱、印尼签有双边防务协定，与泰国签有避免双重征税协定。2001年9月，新西兰、澳大利亚与东盟10国代表通过建立澳新与东盟《进一步密切经济伙伴关系协定》（CEP）的正式框架文件和初步工作计划，决定建立东盟自由贸易区/进一步密切经济关系协定经济顾问委员会（AFTA/CER Business Advisory Council）。2004年6月，新西兰与泰国正式开始《密切经济伙伴关系协定》谈判。11月，新西兰总理克拉克赴老挝出席纪念新澳与东盟建立对话伙伴关系30周年领导人会议。2005年，马来西亚总理巴达维、印尼总统苏西洛、越南总理潘文凯、东盟秘书长王景荣分别访新。7月，新西兰签署《东南亚友好合作条约》并与新加坡、智利、文莱签署《跨太平洋战略经济伙伴关系协定》。12月，新西兰总理克拉克赴马来西亚出席首届东亚峰会。2006年3月，新西兰总理克拉克访问菲律宾。6月，新加坡总理李显龙访新。7月，新西兰外长彼得斯赴马来西亚出席东盟地区论坛外长会，与东盟签署"新西兰与东盟合作框架"。2007年1月，新西兰总理克拉克出席菲律宾宿务第二届东亚峰会。10月，新西兰总理克拉克和外长彼得斯发布旨在进一步加强与亚洲联系的政策白皮书《我们的未来与亚洲》。11月，新西兰总理克拉克赴新加坡出席第三届东亚峰会。2009年2月，新西兰签署《澳大利亚—新西兰—东盟自由贸易协定》。9月，东盟秘书长素林访新。10月，新西兰与马来西亚签署双边自贸协定。2010年7月，新西兰总理约翰·基访问越南。8月，新西兰—马来西亚双边自贸协定正式生效。新西兰贸易部长格罗泽出席在越南举行的东盟和东亚峰会国家经济部长年度会议。10月，新西兰总理约翰·基出席在越南举行的第五届东亚峰会。新西兰外长麦卡利访问印尼、马来西亚。新西兰国防部长马普出席在越南举行的首届东盟防长扩大会议。11月，新西兰商业部长鲍尔访问新加坡。2011年2月，新西兰克赖斯特彻奇市地震后，新加坡向克市派出地震救援队并提供两架C-130运输机用于运送灾民。6月，新西兰贸易部长格罗泽访问菲律宾。7月，新西兰外长麦卡利出席在印尼举行的东盟地区论坛系列外长会。8月，新西兰贸易部长格罗泽出席在印尼举行的东亚峰会经贸部长非正式会议。11月，新西兰外长麦卡利出席在印尼举行的东亚峰会。12月，新西兰向遭受台风袭击的菲律宾南部地区提供50万新元援助。2012年4月，新西兰总理约翰·基访问印尼和新加坡。5月，新西兰在惠灵顿主办东盟地区论坛会间辅助组会议和防务官员对话会。

东盟为新西兰重要的贸易伙伴和外国投资的重要来源之一。据新方统计，2011年，新西兰与东盟双向贸易额为110.49亿新元，其中新方出口额为44.91亿新元，进口额为65.58亿新元。

【同太平洋岛国的关系】与岛国有密切的传统关系，同所有独立的岛国建交，与库克群岛、纽埃保持自由联系，将岛国作为外援重点。重视太平洋岛国论坛等地区组织的作用，并在其中发挥重要影响。防务上，与巴新、汤加、斐济、萨摩亚、瓦努阿图、所罗门群岛等国签有"互相援助计划"，帮助有关岛国训练军队并进行联合军事演习；与澳大利亚一道负责一些太平洋经济区的海上巡逻。2003年8月，设立"太平洋合作基金"。2004年4月，新西兰总理克拉克以轮值主席身份主持太平洋岛国论坛领导人特别会议，制定帮助岛国发展的"太平洋计划"。2005年6月，与斐济签署双边反恐谅解备忘录。10月，新西兰总理克拉克赴巴布亚新几内亚出席第36届太平洋岛国论坛首脑会议。2006年4月，出兵干预所罗门群岛骚乱。5月，派兵赴东帝汶维和。10月，新西兰总理克拉克赴斐济出席第37届太平洋岛国论坛领导人会议。11月，派军警赴汤加协助维护秩序。12月斐济政变后，宣布不承认斐济军方临时政府并对斐实施制裁。2007年10月，新西兰总理克拉克赴汤加出席第38届太平洋岛国论坛领导人会议，并访问纽埃。2008年8月，新西兰总理克拉克赴纽埃出席第39届太平洋岛国论坛领导人会议。2009年1月，新西兰总理约翰·基赴巴布亚新几内亚出席太平洋岛国论坛领导人斐济问题特别会议。4月，新西兰外长麦卡利发表声明，谴责斐济临时政府废除宪法并重新任命姆拜尼马拉马为总理。7月，新西兰总理约翰·基访问汤加、萨摩亚、纽埃和库克群岛。8月，新西兰总理约翰·基赴澳大利亚凯恩斯出席第40届太平洋岛国论坛首脑会议。11月，新西兰与斐济互相驱逐外交官并关闭驻对方国家外交机构。12月，新西兰总理约翰·基表示愿与斐济政府恢复接触。2010年2月，新西兰外长麦卡利访问斐济，与斐外长昆布安博拉举行会谈。4月，巴布亚新几内亚总理索马雷访新。8月，新西兰总理约翰·基赴瓦努阿图出席第41届太平洋岛国论坛首脑会议。10月，新西兰协理财长鲍尔赴纽埃出席第14届太平洋岛国论坛经济部长会议。12月，新西兰外长麦卡利访问库克群岛。2011年2月，新西兰外长麦卡利赴瓦努阿图出席太平洋岛国论坛与斐济接触部长级小组会议。5月，新西兰外长麦卡利访问汤加、库克群岛。6月，新西兰外长麦卡利访问瓦努阿图、所罗门群岛。7月，汤加国王图普五世访新。新西兰外长麦卡利访问汤加、萨摩亚、库克群岛和纽埃。9月，第42届太平洋岛国论坛首脑会议及第23届论坛会后对话会在新西兰奥克兰举行。2012年1月，新西兰外长麦卡利对斐济宣布取消紧急状态令表示欢迎，访问所罗门群岛。2月，新西兰外长麦卡利访问库克群岛。5月，新西兰外长麦卡利和国防部长科尔曼宣布将为巴布亚新几内亚大选提供援助。

据新方统计，2010年新西兰与除澳大利亚之外的太平洋岛国论坛成员国贸易总额为9.83亿新元，其中新方出口额为8.80亿新元，进口额为1.03亿新元。

【同韩国、朝鲜的关系】与韩国关系密切。2006年12月，韩国总统卢武铉访新，签署《面向21世纪的伙伴关系协定》，双方同意加强在政治、经济、环境、创新、知识经济及人员交流等方面的合作，同意进行双边自贸协定可行性研究。2009年3月，韩国总统李明博对新西兰进行首次正式访问。6月，两国举行第一轮自贸协定谈判。2010年7月，新西兰总理约翰·基访韩。2012年3月，新西兰总理约翰·基出席首尔核安全峰会并访韩。

韩国是新西兰第五大贸易伙伴和第六大游客来源国。据新方统计，2011年，双边贸易额为31.31亿新元，其中新方出口额为16.77亿新元，进口额为14.54亿新元。2011年，韩国到新旅游52629人次。

2001年3月26日，与朝鲜正式建立大使级外交关系。8月，任命驻韩国大使兼任驻朝鲜大使。1994年至2004年2月，通过多边和地区组织向朝鲜提供6300万新元援助。关注朝核问题，敦促朝鲜放弃核计划，希望国际社会共同努力，早日通过和平方式解决朝核问题。2006年7月，新西兰外长彼得斯发表声明，谴责朝鲜试核导弹。2007年8月，新西兰政府通过国际红十字会向朝提供50万新元救灾款，用于暴雨和洪水后重建工作。2008年7月，新西兰外长彼得斯宣布向联合国提供50万新元解决朝鲜食品短缺问题。2009年4月，新西兰外长麦卡利发表声明，谴责朝鲜发射卫星。5月，新西兰外长麦卡利再次发表声明，谴责朝鲜进行核试验。2010年5月、11月，新西兰外长麦卡利分别发表声明，就"天安号"事件、延坪岛炮击事件谴责朝鲜。2011年12月，新西兰总理约翰·基就朝鲜最高领导人金正日去世发表评论，希望朝鲜政治权力能够平稳交接，并期待未来朝鲜民众的生活能够得到改善。2012年4月，新西兰外长麦卡利对朝鲜发射卫星予以谴责。

【同俄罗斯的关系】近年来，双边高层互访增多，贸易关系日趋活跃。2004年4月，两国举行一系列庆祝建交60周年活动。新西兰议长亨特访俄。6月，新西兰宣布出资100万新元在俄建立一个消除化学武器的设施。2008年1月，俄罗斯联邦众议院联合理事会主席访新。2010年6月，新西兰与俄罗斯启动自贸谈判。2012年1月，俄罗斯外长拉夫罗夫访新。

据新方统计，2010年，新俄双边贸易额为7亿新元，其中新方出口额为2.76亿新元，进口额为4.25亿新元。2011年，新方自俄罗斯进口额为12.04亿新元。

【同拉美国家的关系】以智利、阿根廷、墨西哥、秘鲁、乌拉圭和巴西为重点，积极发展经贸关系和推动教育出口。2004年11月，新西兰总理克拉克赴智利出席亚太经合组织领导人会议并访问智利。2005年7月，新西兰与新加坡、智利、文莱签署《跨太平洋战略经济伙伴关系协定》。2006年3月，新西兰总理克拉克访问智利。11月，智利总统巴切莱特访新。2007年9月，墨西哥总统卡尔德龙访新。11月，乌拉圭总统巴斯克斯访新。2010年1月，新西兰政府就海地地震向海地政府提供200万新元援助。3月，新西兰与墨西哥签署可再生能源合作协定。6月，智利能源部长伯纳恩访新。10月，新西兰贸易部长兼国际气候变化谈判部长格罗泽访问巴西、哥斯达黎加和墨西哥。2011年3月，新西兰贸易部长兼国际气候变化谈判部长格罗泽访问墨西哥。

墨西哥是新西兰在拉美的最大贸易伙伴。据新方统计，2010年双边贸易额为5.97亿新元，其中新方出口额为3.63亿新元，进口额为2.33亿新元。

【同非洲国家的关系】看好非洲大陆的发展潜力，全面推动发展与南非的关系。重视与埃及关系。2007年11月，新西兰总理克拉克访问埃及。2010年6月，新西兰总理约翰·基访问南非。2011年9月，新西兰贸易部长兼国际气候变化谈判部长格罗泽访问南非，出席联合国气候变化会议部长级预备会议。12月，新西兰贸易部长兼国际气候变化谈判部长格罗泽和气候变化事务部长史密斯出席南非德班气候变化大会。

南非是新西兰在非洲的最大贸易伙伴。据新方统计，2010年与南非贸易总额为3.59亿新元，其中新方出口额为2.16亿新元，进口额为1.44亿新元。2011年11月年度，南非到新游客2.63万人次。（李淦）

南极地区和北极地区

极 地

极地综述

【极地】极地（polar region）是指位于地球南北两极极圈以内的陆地与海域。极地终年白雪覆盖大地，气温非常低，以致于几乎没有植物生长。南北极的地形完全不同：南极是一块广大的陆块，称做南极洲；而北极则是一片汪洋，称为北冰洋。南北极的动物也不尽相同：北极的代表动物是北极熊；南极则是企鹅。

极地是地球表面的冷极，在全球气候系统中起着重要和不可替代的调节作用。南极气候环境过程与中国的气候变化存在“遥相关”，北极气候环境变化对中国气候有着更直接的影响。

截至2012年10月底，中国已经开展了28次南极科学考察和5次北极科学考察。

南 极 洲

地 理

从字面上看，南极就是地球的最南端，但实际上，南极这个词有多种近似含义，例如：南极洲、南极点、南极大陆、南极地区、南极圈等。按照国际上通行的概念，一般把南纬60° 以南的地区称为南极，它是南大洋及其岛屿和南极大陆的总称，总面积约6500万平方公里。

南极洲（Antarctica）包括南极大陆及其周围岛屿，总面积约1400万平方公里，其中南极大陆面积为1239万平方公里，岛屿面积约7.6万平方公里，海岸线长达2.47万公里。南极洲另有约158.2万平方公里的冰架。南极洲的面积占地球陆地总面积的十分之一。

南极洲又称第七大陆，位于地球最南端，土地几乎都在南极圈（南纬66°33′44″）内，四周濒太平洋、印度洋和大西洋，是世界上纬度最高的一个洲，也是地球上最后一个被发现、唯一没有土著人居住的大陆，面积在世界七大洲中名列第五。它与南美洲最近的距离为965公里，距新西兰2000公里、距澳大利亚2500公里、距南非3800公里，与中国首都北京的直线距离约有12000公里。

南大洋（Southern Ocean）是南极大陆到南极辐合带之间的海域，面积为3800万平方公里，太平洋、大西洋和印度洋的最南部在这里连通。

整个南极大陆被一个巨大的冰盖所覆盖，平均海拔为2350米。横贯南极山脉（Transantarctic Mountains）将南极大陆分成东南极洲（East Antarctica）和西南极洲（West Antarctica）两部分，位于西南极洲的文森山（Vinson Massif）高达5140米，是南极洲的最高峰。

【区域、边缘海和岛屿】南极洲主要地区有：科茨地（Coats Land）、毛德皇后地（Queen Maud Land）、恩德比地（Enderby Land）、威尔克斯地（Wilkes Land）、维多利亚地（Victoria Land）、埃尔斯沃思地（Ellsworth Land）、南极半岛（Antarctic Peninsula）等。

南极洲边缘海有属于南太平洋的别林斯高晋海（Bellingshausen Sea）、罗斯海（Ross Sea）、阿蒙森海（Amundsen Sea）和属于南大西洋的斯科舍海（Scotia Sea）、威德尔海（Weddell Sea）等。

南极洲主要岛屿有奥克兰群岛（Auckland Island,）、布韦岛（Bouvet Island）、南设得兰群岛（South Shetland Islands）、南奥克尼群岛（South Orkney Islands）、阿德莱德岛（Adelaide Island）、亚历山大岛（Alexander Island）、彼得一世岛（Peter I Island）、南乔治亚岛（South Georgia）、爱德华王子群岛（Prince Edward Islands）、南桑威奇群岛（Sandwich Islands）等。

【冰盖和冰架】南极大陆98%的地域被一个巨大的永久冰盖所覆盖。经过科学家多年的测量计算，南极冰盖的总体积为2800万立方公里，平均厚度为2000米，最大厚度为4800米。最厚的冰盖位于东南极洲的澳大利亚凯西站以东510公里处。南极大陆常年被冰雪覆盖着，使得南极大陆，特别是东南极洲形成一个穹状的高原，平均高度为2350米，成为地球上最高的大陆，比包括青藏高原在内的亚洲大陆的平均高度要高2.5倍。但是如果不计这巨大的冰盖，南极大陆的平均高度仅有410米，比整个地球上陆地的平均高度要低得多。南极夏季冰盖面积达265万平方公里，冬季可扩展到南纬55°，达1880万平方公里。

南极总贮冰量为2930万立方公里，占全球冰总量的90%，相当于全球淡水贮存量的75%。如其融化，全球海平面将上升大约60米。南极冰盖将1/3的南极大陆压沉到海平面之下，有的地方甚至被压至1000米以下。由于南极冰盖本身的巨大压力，使得冰层缓慢地从中心高原向四周运动。缓慢流动的冰层遇到高大山岭的阻挡，就流入山谷之中，在山间谷地中流动形成冰川。冰川运动速度从100 ~ 1000米每年不等。越接近大陆边缘，冰层变得越薄，并伸向海洋。有些冰层断裂，成为漂浮的冰山，而固定在海岸周围并浮在海面上的冰体就成为冰架。世界上最著名的冰架是罗斯海湾的罗斯冰架（Ross Ice Shelf）和威德尔海湾的菲尔希纳冰架（Filchner-Ronne Ice Shelf）。罗斯冰架面积约49万平方公里，菲尔希纳冰架约有45万平方公里。在南极，因断裂而被排入海洋的冰山数以万计。沿海触地冰山可存在多年，未触地冰山受潮汐与海流作用漂移北上而逐渐融化。南极地区观测到的最大的冰山面积约有3.1万平方公里。

根据中国科学院测量与地球物理研究所科学家的观测，南极冰架正以每年60亿吨至100亿吨的速度消融，南极西南部一块数十万平方公里的冰架，冰雪消融速度较快，年均下降10厘米至20厘米，如果这一冰架全部融化，海平面将上升6米。他们发现，南极冰盖质量变化呈东增西减的趋势，东部增量不明显，西部减量比较明显。同时初步研究发现，南极冰架每消融一吨，约有半吨融入海洋。

尽管目前关于地球变暖、海冰融化以及海平面上升的消息频繁出现在媒体的头条，但近年来，南极海冰出现大块浮冰的总量实际上是不断增加的。在2012年9月下旬，卫星数据显示南极洲周围的海冰区域达到了有史以来最大的范围，根据美国国家冰雪数据中心（NSIDC）公布的数据，南极海冰区域面积为751万平方英里，约为1944万平方公里，并且还呈现出缓慢增长的趋势，以约1%的速度增加。

然而，北极海冰的总量正在下降，而南极海区的海冰却略有增加，两者之间为什么会存在如此大的差异呢。其原因在于南极是一片大陆，而北极几乎除了海洋外都没有任何实质性的陆地，在北极可以看到处于升温状态的大气以及海平面增加的海洋，加上海冰的转移，因此这些影响将作用于北极海冰并减少其冰层的覆盖量。

在南极，就必须认为这里拥有自己的气候系统，并独立于世界上其他大洲。实际上对南极海冰总量略有增加的理论符合我们对全球变暖的了解。对于全球变暖的一般趋势如格陵兰冰盖和冰帽减少是按照现有的理论演化，而南极的升温速度明显异于世界上的其他地区，其温度变化趋势是上升的，但非常缓慢。

【气候】南极素有“寒极”之称，南极低温的根本原因在于南极冰盖将80%的太阳辐射反射掉了，致使南极热量入不敷出，成为永久性冰封雪覆的大陆。南极仅有冬、夏两季之分。每年4 ~ 10月为冬季，11月至次年3月为夏季。南极沿海地区夏季月平均气温在0℃左右，内陆地区为-35℃ ~ -15℃；冬季沿海地区月平均气温在-30℃ ~ -15℃，内陆地区为-70℃ ~ -40℃。前苏联的“东方”站记录到的南极最低气温为-89.2℃（1983年7月21日，据南极研究科学委员会资料）。南极气温随纬度与海拔的升高而下降。

根据阿蒙森—斯科特南极站的最新数据显示，2009年南极站气温为1957年有记录以来最高，为零下54.2华氏度（-47.9℃）。之前记录在册的南极高温出现在2002年，达到温度零下54.4华氏度（-48℃）。根据美国宇航局的说法，2005年为全球最热的一年，其次是2009年（气温数据的记录始于18世纪）。而NOAA（美国国家海洋和大气管理局）在2011年6月发布的《2010气候状况》报告中指出，2010年和2005年并列成为南极有记录以来最热的年份。

南极虽然贮藏了全球75%的淡水资源，但因其是以固态方式存在的，所以南极又是异常干旱的大陆，有“白色沙漠”之称。南极年平均降水量为120 ~ 150毫米，沿海地区为900毫米，内陆地区仅为50毫米。有些地区仅为20 ~ 30毫米。南极洲的降水几乎都是雪。

南极的暴风雪频繁，风力也强，所以，南极还有“世界风极”之称。南极大陆沿海地带的风最大，风向偏东，平均风速17 ~ 18米/秒。特别是东南极大陆沿岸，风速可达40 ~ 50米/秒。当前记录到的最大风速为327公里/小时（法国迪蒙·迪维尔站，1972年7月）。南极“西风带”是海上航行最危险的地区，在南纬50° ~ 70°之间，一般风力4 ~ 6级，浪高4 ~ 5

米。当受到极地气旋影响时，风速可达每小时85公里，浪高10～30米。

【自然资源】南极大陆上如今已不存在高等动物和开花植物，现仅存340余种植物，其中包括200种地衣、85种苔藓、28种伞状菌和25种龙牙草。南极沿海有两种显花植物和近千种海藻。南极大陆上仅有一些微生物和少数无脊椎动物生存于植物丛、地衣和泥沼中。目前在南极发现的无脊椎动物有387种。

与南极大陆贫乏的生物种类相比较，南大洋生物资源异常丰富。南大洋中存在一个稳定的食物链，可简单地表示为：浮游植物→浮游动物→磷虾→鱼类、乌贼→企鹅、鸟类→海豹→鲸。在南极生物链中磷虾是其中关键一环，其储量达10亿吨。

南极洲有藏量丰富的矿物资源，目前已经发现的就有220多种，包括煤、铁、铜、铅、锌、铝、金、银、石墨、金刚石和石油等。还有具有重要战略价值的钍、钚和铀等稀有矿藏。从已查明的资源分布来看，煤、铁、石油的储量为世界第一，其他的矿产资源正在勘测过程中。

南极发现史

古希腊人依据其几何学对称理论认为地球上存在一个与北方大陆相对称的未知的南方大陆。从1772年库克船长扬帆南下到19世纪末先后有很多探险家驾帆船去寻找南方大陆，这一时期被称为“帆船时代”。20世纪初到第一次世界大战前，人类先后跨越了南磁极和南极点，涌现出了像沙克尔顿、阿蒙森、斯科特等探险家，这一时期被称为“英雄时代”。第一次世界大战后至50年代中期，人类在南极探险中逐渐用机械设备代替了狗拉雪橇，这一时期被称为“机械化时代”。从1957～1958年国际地球物理年起到现在，各国在南极纷纷建立科学考察站，每年都有大批的科学家赴南极开展考察，人类对南极的认识不断深化，这一时期被称为“科学考察时代”。

目前为止，已经有超过20个国家在南极建立了150多个科学考察基地。这些众多的考察站，根据其功能大体可分为：常年科学考察站、夏季科学考察站、无人自动观测站三类。其中，常年科学考察站有50多个，中国的南极长城站和中山站都是常年科学考察站；夏季科学考察站在南极洲大约有100多个，经常使用的有70～80个左右，中国的南极昆仑站是夏季科学考察站。

从各国南极科学考察站的分布来看，大多数国家的南极站都建在南极大陆沿岸和海岛的夏季露岩区。只有美国、俄罗斯（前苏联）和日本在南极内陆冰原上建立了常年科学考察站。地处南极内陆冰盖最高点冰穹A、经线交会的南极极点、全球温度最低的南极冰点、地球磁场南极的磁点并称为南极科考的四大“必争之点”，在其上分别设有昆仑站（中国）、阿蒙森—斯科特站（Amundsen-Scott South Pole Station，南纬90°，东经0°，美国）、东方站（Vostok Station，南纬78°27′51.8″，东经106°50′14″，俄罗斯）、迪蒙·迪维尔站（Dumont d'Urville Station，南纬66°39′47.3″，东经140°00′5.3″，法国）。

南极洲的法律地位

在《南极条约》生效前，阿根廷、智利、澳大利亚、法国、新西兰、挪威、英国七国已对82%的南极大陆提出了领土要求，其中澳、法、新、挪四国互相承认各自的领土要求；阿、智、英三国要求的领土互相重叠，三方坚持各自的主权要求，互不承认他方的主权要求；美、前苏联不承认任何国家对南极的领土主权要求，同时保留他们自己对南极提出领土主权要求的权利。

1908年，英国第一次对南极提出主权要求。1923年，新西兰宣布领有南纬60°以南、东经160°与西经150°之间的土地，即罗斯属地（Ross Dependency）。1924年，美国声明，任何对南极“无主地”的发现，如果没有伴随名副其实的“定居”，不能构成有效的主权要求。1939年，苏联声明，在参加解决南极洲土地的命运问题上拥有不可剥夺的权利。1933年，澳大利亚宣称领有除了阿德利地（Adélie Land）以外的南纬60°以南、东经45°～136°、142°～160°之间的土地，称为澳大利亚南极领地（Australian Antarctic Territory）。1939年，法国宣称领有南纬60°以南、东经136°～142°之间的土地，即阿德利地（现为法属南部和南极领地的一部分）。同年挪威宣称领有南极洲东经45°到西经20°之间的沿海土地以及“更远的土地”［被称为毛德皇后地（Queen Maud Land）］。1940年智利宣称领有南极洲西经53°～90°之间的土地——智利南极省（Chilean Antarctica），这和英国早些时期宣称的领有南极洲西经20°～80°之间的土地部分重叠。第二次世界大战后，美国宣布保留19世纪以来由于美国公民在南极洲的活动而产生的一切权利，包括提出领土要求在内。1946年，阿根廷宣布领有南纬60°以南、西经25°～74°之间的地区——阿根廷属南极地区（Argentine Antarctica），包括全部岛屿陆地以及拥有南乔治亚岛和南桑韦奇群岛的主权。1947年，美国通过美洲国家会议把南极洲划入美洲“共同防御”线内。1948年，美国同一些有关国家就南极地区“国际化”的问题进行了非正式谈判。到20世纪50年代，阿、澳、法、挪、新、英、智七国对南极的领土要求包括南极大陆5/6的土地。1959年，有关国家签订了《南极条约》（Antarctic Treaty）。苏联宣称“保留提出自己领土要求的权利”。

1961年生效的《南极条约》冻结了对南极的领土要求，并规定已提出领土要求的国家不得扩大其要求；没有提出领土要求的国家也不准提出新的要求。因此，根据《南极条约》可以说，南极现在不属于任何一个国家，它属于全人类。

1962年英国宣称将原属福克兰群岛（马尔维纳斯群岛）南纬60°以南的南设得兰群岛、南奥克尼群岛和在南极洲本土帕默半岛（现称南极半岛）的格雷厄姆海岸划为“英属南极领地”（British Antarctic Territory）。但南奥克尼群岛也是阿根廷“南极领地”的一部分，因此英国和阿根廷之间对这个群岛有争议。而英国、阿根廷、智利三国之间对南设得兰群岛也有争议。

由于《南极条约》只是暂时冻结了各国的领土主权要求，对附属于领土的诸如大陆架等方面的权利则没有界定。在《南极条约》签订50周年之后，联合国将对该条约进行修订，所有对南极提出主权要求的国家都要在2009年5月13日之前提交报告。

南极条约体系

旨在协调各国对南极和平利用的《南极条约》（Antarctic Treaty），于1959年12月1日签署，并于1961年6月23日生效。美国政府为南极条约的保存国政府。《南极条约》的主要内容为：禁止在条约区从事任何带有军事性质的活动，南极只用于和平目的；冻结对南极的任何形式的领土主权要求；鼓励南极科学考察中的国际合作；各协商国都有权派代表到其他南极考察站上视察；对南极重大事务决策实行协商一致的原则。南极条约协商国依照其国名英文字母的排列顺序轮流主办会议，并承担一切费用。南极条约的工作语言为英语、法语、俄语、西班牙语。会议主办国必须为会议提供上述四种语言的同声传译和文件。

中国于1983年5月9日加入南极条约，1985年10月7日被接纳为协商国。

《南极条约》有50个缔约国（2012年8月），其中阿根廷、澳大利亚、比利时、巴西、保加利亚、智利、中国、厄瓜多尔、芬兰、法国、德国、印度、意大利、日本、韩国、荷兰、新西兰、挪威、秘鲁、波兰、俄罗斯、南非、西班牙、瑞典、乌克兰、英国、美国、乌拉圭等28国为协商国；奥地利、白俄罗斯、加拿大、哥伦比亚、古巴、捷克、丹麦、爱沙尼亚、希腊、危地马拉、匈牙利、朝鲜、马来西亚（2011年10月31日加入）、摩纳哥、巴基斯坦（2012年5月31日加入）、巴布亚新几内亚、葡萄牙、罗马尼亚、斯洛伐克、瑞士、土耳其、委内瑞拉等22国为非协商国。

南极条约体系（Antarctic Treaty System，ATS）系指南极条约、根据南极条约实施的措施和与条约相关的单独有效的国际文书和根据此类文书实施的措施，包括南极条约协商会议（Antarctic Treaty Consultative Meetings，ATCM）、南极研究科学委员会（Scientific Committee on Antarctic Research，SCAR）、国家南极局局长理事会（Council of Managers of National Antarctic Programs，COMNAP）及其他有关条约、议定书[如：《南极海洋生物资源养护公约》（Convention for the Conservation of Antarctic Marine Living Resources，1980年签署，1982年生效）；《关于环境保护的南极条约议定书》（Protocol on Environmental Protection to the Antarctic Treaty，1991年签署，1998年生效）]组成。

目前，中国派代表团出席南极条约体系相关会议。

【南极条约协商会议和环境保护委员会】南极条约协商会议（ATCM）是《南极条约》协商国就南极问题进行磋商、做出决议的重要形式，每年举行一次。根据南极条约的规定，协商会议通过的所有建议措施应经全体协商国批准后才能生效。协商会议通过的建议措施涉及和平利用南极、保护南极资源、便利南极科考和合作、交流情报以及完善南极条约体系的运行等。目前，经各国同意已生效的建议措施共100多项，构成南极地区的重要活动准则。

环境保护委员会（the Committee for Environmental Protection，CEP）是根据《关于环境保护的南极条约议定书》第十一条设立的（简称南极环境委员会）。

1998年，第22届南极条约协商会议和第1届南极环境委员会（ATCM XXII—CEP I）同时举行。目前，ATCM和CEP每年联合举行会议。

2011年6月20日至7月1日，第34届南极条约协商会议和第14届南极环境委员会（ATCM XXXIV—CEP XIV）在阿根廷布宜诺斯艾利斯举行，讨论南极环境保护、南极旅游、生物勘探等问题。外交部、国家海洋局和交通运输部组成中国代表团参会，外交部海洋法事务特别顾问、条法司参赞周健任团长。中国代表团积极参与了会议各项议题的审议。会议决定将中国南极长城站一号栋列为南极历史遗址和纪念物。

会议于6月23日举行纪念《南极条约》生效50周年系列活动，并通过宣言，肯定南极条约的重要性。中国驻阿根廷大使殷恒民作为杨洁篪外长的特别代表出席活动。殷大使发言肯定《南极条约》在维护南极和平、促进南极科学研究与环境保护方面的积极作用，强调协商与合作精神是《南极条约》取得成功的关键，也是解决南极各种挑战的根本途径，呼吁各国继续发扬这种精神。

2012年6月12 ~ 20日，第35届南极条约协商会议和第15届南极环境委员会（ATCM XXXV - CEP XV）在澳大利亚霍巴特市（Hobart, Australia）举行。

第五次国际南极大会（5th International Antarctic Conference）于2011年5月17 ~ 19日在乌克兰基辅举行。

第36届南极条约协商会议和第16届南极环境委员会（ATCM XXXVI—CEP XVI）将于2013年5月20 ~ 29日在比利时布鲁塞尔举行。

南极条约秘书处是协商会议的一个机构，于2004年9月设于阿根廷布宜诺斯艾利斯。网址：http://www.ats.aq。其主要工作为：准备和支持南极条约协商会议和其他会议；收集、保存和出版南极条约协商会议纪要；促进《南极条约》和《关于环境保护的南极条约议定书》的要求的各成员国之间的信息交流；将南极条约体系的信息提供给公众。

南极条约秘书处执行秘书曼弗雷迪·莱因克博士（Dr Manfred Reinke，德国），2009年9月任职，任期四年。

【南极研究科学委员会（SCAR）】SCAR是国际科学理事会（International Council for Science，ICSU）下属的南极科学组织，是负责发起、促进和协调南极科学活动、制定和审查具有极地范围和意义的科学规划的国际学术结构。它成立于1957年8月，总部设在英国剑桥，每两年举行一次大会（Biennial SCAR Meeting）。SCAR由主席、副主席和执行秘书（Executive Director）组成的执行委员会（每届任期两年）领导，除设有财政委员会外，设立三个常设科学组（Standing Scientific Groups，SSG）：地球科学常设科学组（Standing Scientific Group on Geo Sciences，SSG—GS）、生命科学常设科学组（Standing Scientific Group on Life Sciences，SSG—LS）、物理科学常设科学组（Standing Scientific Group on Physical Sciences，SSG—PS）。2006年，SCAR设立了南极地理信息常设委员会（Standing Committee on Antarctic Geographic Information，SC—AGI）。

目前，SCAR成员包括：31个正式成员（Full Members）和6个准成员国（Associate Members）的国家委员会（National Committees）以及国际科学理事会下属的9个国际科学联合会成员（Union Members）。中国于1986年6月加入SCAR。SCAR网址：http：//www.scar.org。

SCAR正式成员：阿根廷、澳大利亚、比利时、巴西、保加利亚、加拿大、智利、中国、厄瓜多尔、芬兰、法国、德国、印度、意大利、日本、韩国、马来西亚、荷兰、新西兰、挪威、秘鲁、波兰、俄罗斯、南非、西班牙、瑞典、瑞士、乌克兰、英国、美国、乌拉圭。

准成员：丹麦、摩纳哥、巴基斯坦、葡萄牙、罗马尼亚、委内瑞拉。

科学联合会成员：国际天文学联合会（International Astronomical Union，IAU）、国际地理联合会（International Geographical Union，IGU）、国际第四纪研究联合会（International Union for Quaternary Research，INQUA）、国际生物科学联合会（International Union of Biological Sciences，IUBS）、国际大地测量学与地球物理学联合会（International Union of Geodesy and Geophysics，IUGG）、国际地质科学联合会（International Union of Geological Sciences，IUGS）、国际提纯及化学应用联盟（International Union of Pure and Applied Chemistry，IUPAC）、国际生理科学联合会（International Union of Physiological Sciences，IUPS）、国际无线电科学联盟（Union Radio Scientifique International，URSI）。

SCAR执行委员会主席赫罗尼莫·洛佩斯—马丁内斯教授（Professor Jerónimo López-Martínez，西班牙人），2012年任职；执行秘书迈克·斯帕罗博士（Dr Mike Sparrow，英国人），2010年任职。

中国自1982年的第17届SCAR大会起派团参加会议。2002年7月，第27届SCAR大会和第14届国家南极局局长理事会（COMNAP/SCALOP）会议在中国上海召开。会议由国家海洋局和上海市政府共同承办。这是中国参与国际南极事务以来，首次举办国际南极科学界最高层次国际性会议。

第32届南极研究科学委员会和开放科学大会以及第24届国家南极局局长理事会（XXXII SCAR and Open Science Conference & COMNAP XXIV AGM）于2012年7月13～25日在美国俄勒冈州波特兰（Portland，Oregon，USA）举行。

【国家南极局局长理事会（COMNAP）】COMNAP成立于1988年，其主要宗旨是：回顾南极考察运作过程中的问题，为日常的信息交换提供便利；检查、讨论、寻求解决一船运作性难题的可能方案；为解决南极考察国家作业实施过程中共同遇到的问题，提供一个自由探讨和充分发表意见的论坛，以便更好地为南极科考提供平台和现场作业支撑，并协调与SCAR的关系。

南极后勤和作业常设委员会（Standing Committee on Antarctic Logistics and Operations，SCALOP）是COMNAP的常设委员会，成员由每个国家南极管理机构指定。该成员一般是各国负责南极后勤和作业事务的官员。委员会的职责是就南极后勤和作业方面的问题向COMNAP提供技术咨询和解决办法。

COMNAP每年召开一次国家代表会议（COMNAP Annual General Meeting），每两年召开一次关于南极和后勤作业和管理等问题学术性研讨会。COMNAP下设若干技术工作组，包括南极环境影响评估组、雪上运行技术组、南极航空运输网等，以及为解决特殊问题而成立的工作组，如意外事故、南极旅游、环境监测、航空运作等，同时与SCAR共同成立了数据管理委员会，密切了与SCAR的关系。COMNAP的执行委员会（EXCOM）由理事会主席、理事会另外两名成员、SCALOP主席和执行秘书组成，负责处理理事会会议期间的日常事务。财务委员会（FICOM）由理事会主席和其他两名成员组成，负责处理理事会的财务问题。

COMNAP网址：http：//www.comnap.aq。

COMNAP/SCALOP目前有29个成员国：阿根廷、澳大利亚、比利时、巴西、保加利亚、加拿大、智利、中国、厄瓜多尔、芬兰、法国、德国、印度、意大利、日本、荷兰、新西兰、挪威、秘鲁、波兰、俄罗斯、韩国、南非、西班牙、瑞典、乌克兰、英国、美国、乌拉圭。

中国是成员之一。中国每年都派团参加COMNAP大会。

2011年8月1～3日，在瑞典斯德哥尔摩举行了第23届COMNAP会议（COMNAP XXIII AGM），中国国家海洋局极地考察办公室组团参会，中国极地研究中心副主任李院生作为COMNAP副主席主持了能源项目组会议。

第24届COMNAP会议（COMNAP AGM XXIV）于2012年7月在美国俄勒冈州波特兰举行。

第25届COMNAP会议（COMNAP AGM XXV）将于2013年7月8～11日在韩国首尔举行。

【南极海洋生物资源养护公约（Convention on the Conservation of Antarctic Living Marine Resources，CCAMLR）】1980年5月20日于澳大利亚堪培拉签订，1982年4月7日生效，此后成为“南极条约体系”的组成部分之一。

该公约旨在保护南大洋生物资源、防止过度捕捞对南大洋生态系统造成损害，并许可对生物资源进行合理程度的捕捞和开发。公约建立了观察和检察制度并确定了解决争端的原则。CCAMLR的地理适用范围为位于大约南纬50度的南极辐合带以南的南大洋水域。同时，CCAMLR与捕鲸管理公约和海豹保护公约保持协调一致的立场。

该公约的运行和日常工作由“南极海洋生物资源养护委员会”［the Commission for the Conservation of Antarctic Marine Living Resources，简称“委员会”（the Commission）］负责。该委员会为政府间国际组织，主要职责是采取措施，确立观察和检察制度等，委员会在协调一致的基础上做出决议。“南极海洋生物资源养护委员会”又建立了“南极海洋生物资源养护科学委员会”［the Scientific Committee for the Conservation of Antarctic Marine Living Resources，简称“科学委员会”（the Scientific Committee，SC-CAMAR）］，其主要职责是评价南极海洋生物状况，对捕捞方法和捕获程度提出科学建议，对南大洋海洋生物资源进行研究等。

2006年10月19日，中国加入《南极海洋生物资源养护公约》；此后，中国第一次以缔约国的身份作为观察员出席CCAMLR年会。中国于2007年7月申请加入南极海洋生物资源养护委员会，2007年10月2日成为其正式成员。

目前，南极海洋生物资源养护委员会成员（Members）包括欧盟和24个国家：阿根廷、澳大利亚、比利时、巴西、智利、中国、法国、德国、印度、意大利、日本、韩国、纳米比亚、新西兰、挪威、波兰、俄罗斯、南非、西班牙、瑞典、乌克兰、英国、美国、乌拉圭。签字国（Acceding States）10个：保加利亚、加拿大、库克群岛、芬兰、希腊、毛里求斯、荷兰、巴基斯坦、秘鲁、瓦努阿图。CCAMLR秘书处设在澳大利亚霍巴特。CCAMLR网址：http://www.ccamlr.org。

自1982年起，CCAMLR和SC-CAMAR每年在澳大利亚的霍巴特联合举行会议。

2010年4月，安德鲁·赖特（Andrew Wright）出任CCAMLR秘书处第四任执行秘书。

2011年10月24日至11月4日，南极海洋生物资源养护和管理委员会及科学委员会第30届年会（CCAMLR-XXX and SC-CAMLR-XXX）在霍巴特举行。会议通过了南极海洋保护区一般性框架，制订和修订了多项南极海洋生物资源养护措施，并对各国有关南极磷虾和犬牙鱼的年度捕捞申请进行了审议。中国继续就捕捞南极磷虾提出申请并获得委员会批准。中国代表团积极参与了有关养护措施的制订和修订，强调设立南极海洋保护区应遵循国际法，具备科学依据，充分考虑对有关资源的合理利用；中方观点在委员会通过的一般性框架中得到体现。

第31届南极海洋生物资源养护和管理委员会年会（CCAMLR-XXXI）和科学委员会年会（SC-CAMLR-XXXI）将分别于2012年10月23日至11月1日和10月22～26日举行。

【关于环境保护的南极条约议定书（Protocol on Environmental Protection to the Antarctic Treaty）】南极环境历来是全球极为关心的问题。1990年底南极条约协商会议在智利举行第11次特别会议，开始专门对南极环境保护问题进行专门讨论。经过多次协商和谈判，1991年10月南极条约协商国在西班牙马德里签署了《关于环境保护的南极条约议定书》及其5个附件。马德里议定书于1998年1月14日生效。2005年在瑞典斯德哥尔摩召开的第28届南极条约协商会议上讨论了应急环境责任事故附件，即马德里议定书第6附件。

议定书对南极环境保护的原则作了重要和较为全面的规定，其中包括对南极考察活动要进行环境影响评价，禁止南极矿产资源开发，视察、制定应急反应计划、争端的解决等。议定书还成立了环境保护委员会，其主要职责是为南极条约协商大会提供南极环境保护问题的咨询和建议，各成员国均可派一名代表参加。环境保护委员会每年和南极条约协商会议一起举行一次会议。

议定书的6个附件还对环境影响评价、南极动植物保护、废物处理和管理、防止海洋污染和区域保护及管理、应急环境责任事故赔偿等作了详细的规定。

中国南极考察

中国开展南极科学考察事业20多年来，业绩丰硕，成就斐然。中国的南极科学考察事业起步于1980年，2名中国研究人员参加了澳大利亚国家南极考察队。1984年11月，中国首次派出由591人组成的国家南极考察队，乘“向阳红10号”考察船赴南极，并于1985年2月在乔治王岛建成中国第一个南极考察基地——长城站。

1988年11月，中国首支东南极考察队踏上征程，并于次年2月在东南极的拉斯曼丘陵上建成了中国第二个南极考察基地——中山站。2009年1月，在南极内陆建成中国第三个南极考察站——昆仑站。截至2012年9月，中国成功组织了28次南极科学考察。伴随中国综合国力的迅速提高，目前已形成“一船四站一基地”（即“雪龙”船、南极长城、中山和昆仑站、北极黄河站和极地考察国内基地）为主体的国家极地考察战略格局和基础平台。

2011年度中国执行南极科考的总人数为226人，共执行科学考察任务37项，其中内陆考察项目3项、长城站11项、中山站15项、南大洋项目8项。

【“雪龙”号船】该船是中国第三代极地考察、运输两用船。船长167米，宽22.6米，满载排水量21025吨，吃水9米，功率17920马力。最大航速18节，冰区通过能力为1.2米当年冰、20厘米雪、航速0.5节，续航能力18000海里。“雪龙”号极地科学考察船自1994年10月首航南极以来，到2012年10月，已先后15次赴南极、5次赴北极执行科学考察与补给运输任务。

长久以来，“雪龙”号科考船是中国极地科考唯一的一条破冰船，长期服役使得“雪龙”船早已不堪重负，维修频繁且成本较高。2012年7月31日，国家海洋局与芬兰阿克北极公司在北京签署了中国首艘自主建造的极地科考破冰船的基本设计合同。这意味着今后中国极地科学考察事业将摆脱“雪龙”船单兵作战的局面。该破冰船建成后，将与“雪龙”船组成一支南、北极海洋科学考察破冰船队，实现中国至少有2艘极地考察船同时在南、北极区域开展考察作业活动，并保持每年有200天以上的极地海洋考察时间的目标。

【中国南极长城站】1985年2月20日，中国首次南极考察队在南极洲的南设得兰群岛的乔治王岛上胜利地建成中国南极长城站。长城站的地理坐标为：南纬62°12′59″，西经58°57′52″，海拔高度10米，与北京的方位为170°38′27″，距离北京17501.9公里。建筑面积4000多平方米，有健全的生活设施和科研观测室。站上每年可接纳度夏考察人员30名，越冬考察人员15名。考察站常年开展气象学、电离层、高空大气物理学、地磁和地震等项目的常规观测。南极夏季期间，除常规观测项目外，还进行包括地质学、地貌学、地球物理学、生物学、环境科学、人体医学和海洋科学等的观测研究。

【中国南极中山站】1989年2月26日，中国首次东南极考察队在南极大陆的拉斯曼丘陵上胜利建成中国南极中山站。中山站的地理坐标为：南纬69°22′24″，东经76°22′40″，海拔高度11米，与北京的方位为32°30′50″，距离北京12553.2公里。中山站是中国南极考察向内陆发展的重要基地，也是国际合作的重要实验基地。建筑面积3000多平方米，有办公栋、宿舍栋、气象栋、科研栋、发电栋及车库等。站上每年可接待度夏考察人员40名，越冬考察人员15名。考察站常年开展气象学、电离层、高空大气物理学、地磁和地震等项目的常规观测。南极夏季期间，除常规观测项目外，还进行包括地质学、地貌学、地球物理学、冰川学、生物学、环境科学、人体医学和海洋科学等的观测研究。

【中国南极昆仑站】为中国首个南极内陆考察站，于2009年1月27日建成。位置确定为南纬80°25′01″，东经77°06′58″，高程4087米，位于南极内陆冰盖最高点冰穹A西南方向约7.3公里。这是中国继在南极建立长城站、中山站以来，建立的第三个南极考察站，它也是世界第六座南极内陆考察站。考察站的建成将实现中国南极考察从南极大陆边缘向南极内陆扩展的历史性跨越，它意味着，中国将成为第一个在南极内陆建站的发展中国家。根据规划，昆仑站的近期目标是建成可供15 ~ 20人夏季科考的度夏站，3 ~ 5年后，再逐步升级扩建为满足科考人员越冬的常年站。

【中国第28次南极考察队】第28次南极考察队由220人组成，其中48名队员（含2名台湾考察队员）搭乘飞机，途经智利，到达中国南极长城站执行考察任务，其他队员则搭乘“雪龙”船于2011年11月3日从天津出发，经澳大利亚前往南极中山站。

2011年11月29日，“雪龙”船抵达南极中山站陆源冰卸货地点。12月8日（北京时间12月9日），考察队配置的“雪鹰”号卡—32型直升机（编号B—7810）在执行“雪龙”船至中山站物资吊挂运输作业任务空载返回“雪龙”船途中，在南极冰山间的海冰区上空突然失控，迫降未成功，该直升机坠落海冰上损毁。机上两名机组人员安全脱险。2012年1月1日，“雪龙”船抵达中国南极长城站。1月4日，中国第28次南极考察队昆仑站队抵达中国南极昆仑站。1月6日，以国家海洋局局长刘赐贵为团长的中国赴南极长城站视察慰问政府代表团抵达长城站，慰问在站科考队员，并视察了站区建设及科研开展情况。2012年4月8日，中国第28次南极考察队完成各项考察任务，乘坐“雪龙”船胜利返回上海。

中国第28次南极考察队自2011年11月3日起航以来，历时163天，执行“一船三站”的物资补给和大洋考察任务，圆满完成了33项科考任务和16项后勤保障项目。“雪龙”船安全航行28000余海里，四次穿越西风带，考察队经受住了南极恶劣环境的严峻考验，克服了各种各样的困难与挑战，按计划圆满完成了各项预定任务，取得了丰硕的考察成果。

【中国第29次南极考察队】2012年11月5日，中国第29次南极科学考察队乘坐的“雪龙”船从广东广州南沙码头起航奔赴南极，执行预计为期162天的科学考察任务。据了解，中国第29次南极科学考察将采取“一船两站”的方式进行，即搭乘“雪龙”船，对中山站、昆仑站进行考察，此次南极科考将完成31项站区科学考察和8项南大洋科学考察项目，执行12项后勤保障任务。计划总航程约2.7万海里，将4次穿越西风带，于2013年4月上旬返回上海。

此次科考将为中国第四个南极科考站建设进行选址调研，这也是中国南极科考队首次对第四个南极站开展选址工作。目前，中国在南极已有长城站、中山站和昆仑站三个考察站，长城站位于南极洲乔治王岛，中山站和昆仑站都位于东南极大陆上。长城站、中山站和昆仑站大致处于一条线上，其中昆仑站由于高海拔、低温等恶劣环境因素，目前还只是度夏站，而非越冬站。中山站靠近南极最大的兰伯特冰川和第三大冰架埃默里冰架，拥有较好的气候和海洋环境观测研究条件。为了对整个南极大陆的气候和环境变化进行系统研究，需要更多的监测点以加大观测范围。

本次南极科考队从广州出发后，计划中途在澳大利亚弗里曼特尔进行补给，12月初抵达中国南极中山站进行物资卸运后将赴南极大陆罗斯海沿岸考察，之后将至澳大利亚霍巴特港停靠补给，2013年2月再次回到中山站卸货并进行为期一个月的南大洋考察，3月11日离开中山站回国，再次途经弗里曼特尔补给后于4月上旬抵达上海。

北极地区

地　理

北极地区是指北极圈（北纬66°33′44″）以北的广大地区，包括北冰洋、诸多岛屿和亚、欧、北美大陆北部的苔原带和部分泰加林带，面积2100万平方公里，约占地球总面积的1/25。其中陆地和岛屿面积占800万平方公里，全部归属于8个环北极国家，但北冰洋仍属国际公共海域。此外，北冰洋中北极圈内的斯瓦尔巴群岛的行政主权尽管属于挪威政府，但由于中国政府于1925年签署了由海牙国际法院主持的《斯匹次卑尔根群岛条约》，因此至今中国人仍有权自由出入该群岛，并在遵守挪威法律的前提下在那里进行正常的科学和生产等活动。

【北冰洋（the Arctic Ocean）】“Arctic”一词源于希腊语“熊”，意指正对大熊星座的海洋。北冰洋是一个四周由大陆环绕、近于封闭的海洋。其面积约1475万平方公里，约占世界海洋总面积的4.1%。海水容积约1807万立方公里。平均水深约1225米，最大水深5527米（位于格陵兰海的东北部），是世界四大洋中面积最小、平均水深最浅的一个海洋。北冰洋表面广被海冰覆盖，冬季海冰覆盖面积最大，可达1140万平方公里（3月），约占总面积的77.3%。夏季海冰覆盖的最小面积为700万平方公里（9月），约占总面积的47.5%。北冰洋大部分面积位于北极圈内，海冰平均厚度约3米，其中央部分海冰已有300万年以上的历史，为终年不融海冰。北冰洋有8个附属海：挪威海（Norwegian Sea）、格陵兰海（Greenland Sea）、巴伦支海（Barents Sea）、喀拉海（Kara Sea）、拉普捷夫海（Laptev Sea）、东西伯利亚海（East Siberia Sea）、楚科奇海（Chukchi Sea）和波弗特海（Beaufort Sea）。

1650年，德国地理学家B.瓦伦纽斯首先把它划成独立的海洋，称大北洋。1845年，伦敦地理学会命名为北冰洋。

【北极陆地区（Lands of Arctic）】北极陆地区包括加拿大、美国、俄罗斯、芬兰、挪威和瑞典等国在北极圈内的陆地，以及格陵兰岛的大部分地域，总面积约800万平方公里。

【环北极国家（The Surround-Arctic Nations）】指其领土陆地自然延伸到北极地区以内且环绕北冰洋的国家，共8个国家：加拿大、丹麦（包括其属地格陵兰和法罗群岛）、芬兰、冰岛、挪威、瑞典、俄罗斯和美国。

北极资源丰富，拥有9%的世界煤炭资源，还有丰富的石油和天然气，据推测其含量占世界未开发油气资源的25%。另外，北极地区还有大量的金刚石、金、铀等矿藏和水产资源。此外，北极地区还有着重要的战略地位。据一些科学家预计，随着全球气候变暖加速冰山融化，10年后，从大西洋穿越北冰洋到达太平洋的航行时间将会缩短近1个月。届时，经从亚洲到欧洲，将比走巴拿马运河缩短上万公里行程。这意味着哪一个国家控制了北极，不仅控制了战略要道，也控制了新的世界经济走廊。而另一方面，美国和俄罗斯等重要大国的领土都邻近北极，也让这一地区更具军事战略意义。

自1909年美国探险家皮里向全世界宣布他踏上北极点以来，北极地区不仅成为西方各国探险家和航海家频频光顾的地方，而且逐渐成为许多大国所觊觎的一块战略要地。北极地区的陆地部分已经被8个环北极国家领有。

【北极领土纷争】北极领土纷争始于20世纪50年代初，当时，加拿大率先宣布对北极享有领土主权。而邻近北极的美国、丹麦、俄罗斯、挪威等国也都没有放弃对该地区拥有领土主权的要求。各国争夺的焦点主要围绕海上边界和沿岸大陆架的划分以及北极航道控制权展开。

目前对于北极领土的划分有两种主张：一是俄罗斯和加拿大等国主张按扇形原则来划分。加拿大于1907年提出此原则，该原则对国土东西跨度大、北部海岸线绵长的国家来说最有利，因此得到俄罗斯的支持。不过，由于遭到美国、挪威等其他北冰洋沿岸国家的反对，扇形原则并没有得到公认。

二是近年来依据海底大陆架主张划分原则，其主要法律依据是1982年通过的《联合国海洋法公约》，该公约已获得150多个国家批准。按照《公约》的有关规定，环北冰洋国家在北极圈的领海里程从陆地算起不能超过200海里，但如果某国能证明该国大陆架在地理上与北极海床相连，即可对北极领土提出更多要求；一国可以对距其海岸线350海里的海域拥有经济专属权。由于目前没有证据表明任何一个国家的大陆架延伸至北极，因此北极点及附近地区不属于任何国家，北极点周边为冰川所覆盖的北冰洋被视为国际海域。

【北极地区的居民（Peoples of Arctic Regions）】北极地区现有人口约900万，主要分布在8个环北极国家的北纬60 度以北地区。其中土著居民约200多万，主要居住在北美洲的阿拉斯加和加拿大北部的北冰洋沿岸和格陵兰岛的北部。由20多个民族组成，最大的民族约30多万人，最小的约200多人。具代表性的土著民族有因纽特人（Inuits）[亦称爱斯基摩人（Eskimo）]、阿留申人（Aleut）、科米人（Komi）、曼西人（Mansi）、可汗人（Khant）、塞库普人（Selkup）、恩特西人（Entsy）、恩加纳桑人（Nganasan）、多尔干人（Dolgan）、侗人（Tungus）、拉穆特人（Lamut）、育卡格赫人（Yukaghir）、南特西人（Nantsy）、雅库特人（Yakut）、库雅特人（Koryat）、堪察加人（Kanchadal）、鄂温克人（Howek）、萨米人（Sami）、拉普人（Lapp）、楚科奇人（Chukchi）、凯特人（Ket）等。这些土著民族世代生活在气候环境恶劣的北极地区，靠渔猎（主要是海豹、鲸、海象和鱼类）为生，居住极其简陋。至今，他们驯养驯鹿，也开始享受着现代科技与物质文明生活，又保留着北极地区土著民族传统的渔猎和生吃鱼肉的风俗习惯。在格陵兰岛西北部北纬79度以北的爱斯基摩人，称为极地爱斯基摩人。

北极体系

北极体系是由北极理事会、国际北极科学委员会、北极地区当地社团组成。主要关心全球变化对北极地区环境包括经济文化的影响。

【北极理事会（Arctic Council，AC）】1996年8月6日，8个环北极国家的代表在加拿大的渥太华举行会议，讨论建立北极理事会的声明（渥太华声明），正式成立高级别的政府间论坛。其宗旨是：（1）确保居住在北极地区的居民包括当地少数民族及其团体享有的权益；（2）确保北极地区在经济和社会发展以及在卫生条件和文化教育的改善方面的可持续发展；（3）确保北极环境保护，包括北极生态系统的保护、北极生物多样性维持和自然资源的保护和可持续使用。为实施上述宗旨，要求建立北极环境保护策略：（1）应认识到北极土著民族及其团体的传统文化的重要意义以及北极科学研究对环北极地区整体理解的重要意义；（2）应进一步采取要求环极合作的北极问题一致行动的措施；（3）应积极支持因纽特环极会议、萨米理事会以及俄罗斯北部、西伯利亚和远东当地少数民族协会，并充分认识到他们在北极理事会发展中的作用。网址：http：//www.arctic-council.org。

北极理事会是讨论北极地区环境和可持续发展问题的重要国际组织。成员包括8个环北极国家。理事会设立可持续发展、北极监测与评估、北极海洋环境保护、北极污染物行动计划、北极动植物养护、突发事件预防反应6个工作组。部长级会议（Ministerial Meeting）是理事会决策机构，每两年召开一次。高官会议（Senior Arctic Officials Meeting）是理事会执行机构，每年召开两次会议。理事会成员国轮流担任主席国，任期两年：丹麦（2009 ~ 2011）、瑞典（2011 ~ 2013）。6个非北极国家（法国、德国、荷兰、波兰、西班牙和英国）在北极理事会中享有观察员（Observers）地位。在北极理事会享有观察员地位的还有隶属联合国体系的各个组织，以及各个政府间的、学术性和非商业性的联盟及联合会等，北极理事会与它们中的许多组织建立了密切的合作关系。

下列组织为北极理事会的“经常性参与者”（Permanent Participants）：阿留申人国际协会[Aleut International Association（AIA）]、北极阿萨帕斯卡人委员会[Arctic Athabaskan Council（AAC）]、哥威迅人委员会国际[Gwich'in Council International（GCI）]、因纽特人北极圈委员会[Inuit Circumpolar Council（ICC）]、萨米人委员会（Saami Council）、俄罗斯北方、西伯利亚和远东原住民协会[Russian Association of Indigenous Peoples of the North，Siberia and Far East（RAIPON）]。

第1 ~ 6届北极理事会部长会议分别在加拿大[伊奎特（Iqaluit），1998年9月]、美国[阿拉斯加巴罗（Barrow，Alaska），2000年10月]、芬兰[伊纳里（Inari），2002年10月]、冰岛（雷克雅未克，2004年11月）、俄罗斯[亚马尔—涅涅茨（Yamalo-Nenets）民族自治区首府萨列哈尔德（Salekhard），2006年10月]、挪威特罗姆瑟[（Tromsø），2009年4月]举行。

2011年3月16 ~ 17日，北极理事会高官会春季会议在丹麦哥本哈根举行。

5月12 ~ 13日，第七届北极理事会部长级会议在丹麦格陵兰岛首府努克举行。与会国家外长签署了北极理事会成立15年以来的首个正式协议《北极搜救协定》，就各成员国承担的北极地区搜救区域和责任进行了规划。丹麦外交大臣莱娜·埃斯珀森、美国国务卿希拉里·克林顿和瑞典外交大臣卡尔·比尔特等8个理事国外长和代表，以及格陵兰岛自治政府领导人雅各布·克莱斯特出席了会议。埃斯珀森对《北极搜救协定》的签署表示十分满意。她说："这是一个历史性的突破，它是北极理事会第一个具有法律约束力的协议。"本届会议的主题是北极地区的环境问题，并就未来开发北极石油、矿产、渔业和航运资源的合作与协调进行了商讨。在会议上公布的主要环境研究结果显示，气候变化对北极环境影响比以前所了解的要更为深刻，黑碳（煤烟）、臭氧和甲烷对北极地区变暖的影响高达40%。下届北极理事会轮值主席国瑞典外交大臣比尔特说："北极地区的国家未来面临着许多挑战，需要加强合作，而不仅仅是在预防和对付石油泄漏问题上进行合作。"北极理事会各成员国外长还一致决定设立秘书处，以加强北极理事会应对未来挑战的能力，秘书处将设在挪威北部城市特罗姆瑟。

11月8～9日，北极理事会高官会秋季会议在瑞典吕勒奥举行。

中国政府派代表出席了上述三次会议，强调中国高度重视北极地区的科学研究和环境保护，支持根据海洋法以及相关国际法处理北极问题，尊重北极地区国家的主权以及根据国际法享有的主权权利和管辖权，愿在平等的基础上，与有关各方就北极问题加强互利合作，为实现北极地区的和平、稳定和可持续发展作出贡献，并希望有关国家继续支持中国成为北极理事会观察员。

2007年，中国成为北极理事会"特别观察员"。目前，中国已经申请北极理事会的永久观察员。作为观察员国虽然没有投票权，也无权在年会上发言，但他们在北极议题上具有合法的权利。北极理事会成员国将在2013年5月讨论中国的申请。第8届北极理事会部长级会议将于2013年在瑞典举行。

【国际北极科学委员会（International Arctic Science Committee，IASC）】1990年，8个环北极国家成立了国际北极科学委员会。IASC是一个非政府间的国际组织，旨在鼓励和促进所有从事北极研究的国家和地区在北极科学研究各个领域的合作。其成员应是能覆盖所有北极研究的国家科学组织。每个成员的国家组织也为理事会和北极科学团体之间的接触提供方便。IASC正是利用这种关系来确定优先发展的科学问题以及工作组成员等。有IASC所规划和建议的国际科学研究项目应是北极和全球科学研究优先考虑的领域。几乎所有北半球发达国家都开展了北极研究活动。截至2010年3月，IASC共有19个成员：加拿大、中国、丹麦/格陵兰、芬兰、法国、德国、冰岛、意大利、日本、荷兰、挪威、波兰、俄罗斯、韩国、西班牙、瑞典、瑞士、英国、美国。中国于1996年加入了IASC。网址：http://web.arcticportal.org/iasc/。

2009年1月1日起，IASC秘书处由位于德国波茨坦的阿尔弗雷德·魏格纳极地与海洋研究所[the Alfred Wegener Institute for Polar and Marine Research in Potsdam（Germany）]主办。执行秘书沃尔克·拉乔尔德（Volker Rachold）。

随着国际社会对北极的科学考察与研究的不断深入，北极科考领域内的国际合作日益增多，1999年，由IASC发起，代表北极科学研究最高国际水平的北极科学高峰周会议（Arctic Science Summit Week，ASSW）机制正式形成。该机制的主要目的是：将主要的国际北极科学组织集中起来召开各自的年会；通过直接接触和组织集体活动等方式鼓励这些组织间的合作与交流；了解主办国开展的北极研究等。ASSW由成员国轮流承办，一般在每年3月或4月召开，包括IASC、北冰洋科学委员会（AOSB）、北极研究管理者论坛（FARO）、欧洲极地委员会（EPB）和泛太平洋北极工作组（PAG）、北极圈国家组织（RB）、新奥尔松科学管理委员会（NySMAC）等会议，以及一些专题会议（如科学日、研究项目日等）。2005年4月，中国成为承办ASSW会议的第一个亚洲国家。

2011年北极科学高峰周会议于3月27日至4月1日在韩国首尔举行，并且有一场以"北极：全球科学的新前沿"（The Arctic：New Frontier For Global Science）为主题的综合性科学研讨会。这是继2009年首次在挪威卑尔根市成功举办之后的第二次科学研讨会，提供了在北极科学上交流学识、互通有无和开展合作的平台。

【北极地区迅速变暖】全球变暖所引发的局部地区环境变暖更为明显。过去的100年，全球平均增温0.5℃。

早在20世纪70年代初，北极"夏季融冰"的面积就以每10年7%的速度减少。自20世纪80年代末90年代初起，大量北极浮冰就被风吹出北冰洋进入大西洋，随后又向南漂流最终融化。

美国国家冰雪数据中心（NSIDC）发布的数据显示，北极海冰面积2011年夏已接近自1953年有记录以来的历史最低值。而德国不来梅大学科研人员综合分析多颗卫星的观测数据后认为，北极海冰面积已经降至自1979年有卫星数据以来的历史最低值。

美国国家冰雪数据中心宣布，2012年8月，北极海冰面积已降到410万平方公里，创下30多年卫星观测史上的最低值，比1979年至2000年的最低均值少247万平方公里，比2007年9月18日历史最小面积少大约7万平方公里。而在9月16日，海冰面积更是跌至341万平方公里，达到2012年的最低点，同时也是自1979年有卫星数据以来的最低纪录。有关学者认为，这是表明全球气候变暖的"强烈信号"，这一数据表明，北冰洋未来"无冰"现象，并非是杞人忧天。

北极海冰每年在夏季融化，秋天复冻。夏季海冰面积的最小值是科学家监测全球变暖的关键数据。

【**北极国际航道之争**】目前北极航道由两条航道构成：加拿大沿岸的“西北航道”和西伯利亚沿岸的“东北航道”（又称北方航道）。2008年8月中下旬，美国宇航局的卫星照片显示，至少在12.5万年以来，西北航道和东北航道第一次同时冰融开通，北极变成了一座孤岛。海冰专家将这些图像形容为“具有历史意义的事件”，代表人类史上首次可绕过北极开展商业航行，由此引发了新一轮北极航道开发热潮。西北航道和东北航道是联系亚、欧、美三大洲的潜在最短航线。北极航线在航程等方面与其他航线相比具有较大优势。然而，从政治与法律层面来看，西北航道究竟是不是该划为国际航道存在着争议，部分东北航道究竟属俄罗斯内水还是国际航行水域也存在法律分歧。沿岸各国均通过立法，以环境保护为理由对北极航行进行严格管理与管辖。法律和政治上的不确定性，是北极航运问题的关键所在。

中国北极考察

【**中国北极考察**】北极地区多有国家归属，开展考察不仅仅是科研问题，还涉及外交协商，不似开展南极考察的程序简单。中国的北极考察要晚于南极考察。

1995年，在企业的赞助下，由中国科学技术协会主持，中国科学院组织实施了首次民间北极科学考察活动。

中国政府自20世纪90年代开始进行北极科学研究，于1996年正式加入北极国际科学委员会，于1999年、2003年、2008年、2010年和2012年进行了五次北极海洋综合考察。2004年，中国在北极地区建立了科学考察站“黄河站”，并于2005年承办了北极科学高峰周会议。多年来，中国对北极高空物理、气候变化、生态、海洋等进行了研究，建立了初步观测体系，形成了素质较高的专家队伍。

2011年度，中国参加北极黄河站区域年度考察的总人数为83人，完成科考项目24项。主要围绕空间物理、生物和生态环境变化、冰川、测绘等学科开展研究。同时，结合极地环境综合考察专项开展了有关的政策和标准规范制定等项目的调研工作。

【**中国第一个北极科学考察站——黄河站**】2002年9月由国家海洋局组团赴北极斯瓦尔巴群岛地区进行了建站的前期选址调研工作，根据中国1925年签署的《斯匹次卑尔根群岛条约》和专家的论证，中国北极科学考察站站址选在挪威斯瓦尔巴群岛的新奥尔松（78°55′N，11°56′E）。

2003年9月底，中国北极考察站投入试运行。北极考察站为一栋两层楼的建筑，面积约500平方米，有会议室、办公室、通信室、18间宿舍和4间实验室。经国务院批准，中国北极科学考察站于2004年正式投入运行。2004年7月，国家海洋局正式将中国第一个北极科学考察站定名为黄河站。

截至2011年年底，中国成功组织实施了8个年度的北极黄河站考察。

2011年8月3日，国土资源部党组书记、部长徐绍史，国家海洋局党组书记、局长刘赐贵率团抵达中国北极黄河站，视察并慰问在站执行考察任务的考察队员。中国驻挪威大使唐国强、参赞王海涵，国土资源部和国家海洋局有关司室领导陪同视察慰问。

在视察慰问期间，代表团深入调研了黄河站的科考工作，了解了站区周边设备设施，召开了队员座谈会，访问了英、印、意、德等国的科考站，考察了挪威极地研究所设在齐柏林山上的全球大气本底站，实地参观了当地部分冰川。代表团高度评价了黄河站建站7年来在凝练科考项目、形成学科布局、培养重点支撑单位、培养高素质的科学考察队伍等方面取得的丰硕成果。

【**中国第五次北极科学考察**】2012年6月27日至9月27日，119名科考队员搭乘“雪龙”船，历时93天，累计航行1598小时、18635海里，圆满完成了中国对北极地区的第五次综合科学考察任务，首次实现中国跨越北冰洋的科学考察任务，圆满完成冰岛访问交流任务，开创了非北极国家与北极国家深入合作的典范。

“雪龙”船于2012年6月27日离开上海极地考察国内基地码头，6月29日抵达青岛市奥帆中心码头。中国第五次北极科学考察队于7月2日从青岛出发，前往北冰洋区域进行科学考察。本次北极科学考察队领队由中国极地研究中心主任杨惠根担任，首席科学家由国家海洋局第一海洋研究所所长马德毅担任。考察队由科研人员、组织协调与管理人员、后勤保障人员、媒体记者和“雪龙”号船员组成，同时邀请了来自法国、丹麦、冰岛的4名科学家以及1名中国台湾科学家参加，共计120人。

本次北极科学考察的主要内容是海洋环境变化和海—冰—气系统变化过程的关键要素考察、北极地区海洋环境快速变化的地质记录及其对中国气候的影响、北极地区地球物理场关键要素调查与构造特征分析、北极海域生态系统功能现状考察及其对全球变化的响应等。

“雪龙”船从青岛出发后，途经白令海、楚科奇海、北方海航道抵达冰岛，在冰岛开展为期5天的访问和调查活动，再经挪威和丹麦的公海海域从北冰洋高纬地区返回楚科奇海，经白令海返回上海港。

此次航行，“雪龙”船正式驶入北极东北航道，向西穿越北冰洋挺进大西洋，这是中国北极科考队首次进入北冰洋大西洋扇区进行综合考察。东北航道是指西起冰岛，经巴伦支海，沿欧亚大陆北方海域向东，直至白令海峡的航道。它与穿过加拿大北极群岛的西北航道一并被称为北极航道。“雪龙”船在北极东北航道航行的大部分时间是在俄罗斯的领海，特别是维利基茨基海峡是俄罗斯主张的内水，通行必须接受其强制的破冰领航服务。为了确保顺利通行，“雪龙”船与俄罗斯北方海航道管理局和原子能公司定期联系，一方面确保“雪龙”船航行满足其环保等特殊要求，另一方面由于“雪龙”船具备破冰能力和冰区航行经验，积极争取在喀拉海后脱离编队，独立航行，提高航速。整个航行历时12天，航程3260海里，比计划时间缩短了4天。

本次考察首次执行“南北极环境综合考察与评估”国家专项的北极调查任务，同时承担了海—气耦合、海洋生态及航道评价等国家海洋公益专项以及国家自然科学基金等国家项目的现场调查，实际累计作业时间40天，开展了物理海洋学、大气与海冰物理学、海洋地质与地球物理学、大气与海洋化学、海洋生物生态学等多学科调查。

本次考察的范围涵盖白令海及北冰洋太平洋扇区和中心区等传统考察区域，首次在北冰洋大西洋扇区以及冰岛周边海域（含北大西洋）开展了综合环境考察。考察队乘坐“雪龙”船成功穿越了北冰洋，考察区域南北纵贯2350海里，东西横跨4050海里，实现了北太平洋水域、北冰洋太平洋扇区、北冰洋中心区、北冰洋大西洋扇区和北大西洋水域的准同步考察，为全面了解北极快速变化积累了较全面的现场观测数据，这也是中国北极考察首次实现北极亚北极5大区域的准同步考察。

考察队共完成了128个站位的海洋学综合调查，6个短期冰站的多学科综合观测，布放了1套大型海—气耦合观测浮标、5套冰物质平衡浮标、8套海冰漂流浮标和1套极地长期气象自动观测站，布放和成功回收潜标1套，实施了多学科走航观测，共获得各类观测数据超过800G、各类样品逾万份，超额完成计划考察任务。

8月16～20日，考察队应冰岛共和国总统和政府邀请，乘“雪龙”船访问了雷克雅未克和阿克雷里。访冰期间，考察队与冰方开展了学术交流，联合召开了第二届中—冰北极科学研讨会和阿克雷里北极合作研讨会；与冰岛公众进行了对话交流，举办了2次“雪龙”船公众开放日活动，接待参观人数1800余人；冰岛总统访问了“雪龙”船，在官邸接见了全体科考队员，接受了随队记者专访。此外，双方还围绕北极气候变化、北极航道开发利用以及北极全球合作等重大问题进行了深入交流。　（何颉　龚健）

国际组织、政府间多边机制和国际会议

联合国
The United Nations—UN

联合国概况

【成立日期】1945年4月25日，来自50个国家（波兰因故未参加）的代表在美国旧金山召开联合国国际组织会议。6月25日，通过了《联合国宪章》。6月26日，50国代表签署了《联合国宪章》。同年10月24日，中、法、苏、英、美和其他多数签字国递交批准书后，宪章自动生效，联合国正式成立。1947年，联合国大会决定，10月24日为联合国日。

【宗旨和原则】联合国的宗旨是：维护国际和平与安全；发展国际间以尊重各国人民平等权利及自决原则为基础的友好关系；进行国际合作，以解决国际间经济、社会、文化和人道主义性质的问题，并促进对于全体人类的人权和基本自由的尊重。

为实现上述宗旨，联合国应遵循下列原则：（1）所有会员国主权平等；（2）各会员国应忠实履行根据宪章规定所承担的义务；（3）各会员国应以和平方法解决国际争端；（4）各会员国在国际关系中不得以不符合联合国宗旨的任何方式进行武力威胁或使用武力；（5）各会员国对联合国依照宪章所采取的任何行动应给予一切协助；（6）联合国在维护国际和平与安全的必要范围内，应确保使非会员国遵循上述原则；（7）联合国组织不得干涉在本质上属于任何国家国内管辖的事项，但此项规定不应妨碍联合国对威胁和平、破坏和平的行为及侵略行径采取强制行动。

【会员国】凡要求加入联合国的国家必须提交一份申请书，声明接受宪章所载义务，由安理会推荐，经联合国2/3多数的会员国通过，即被接纳为会员国。安理会对联合国某一会员国采取防止行动或强制行动时，联合国大会可根据安理会建议中止该国行使会员国的权利和特权。安理会可以恢复这些权利和特权的行使。对一再违背宪章原则的会员国，大会可根据安理会的建议将其开除出联合国。截至2013年1月，联合国共有会员国193个（2011年7月南苏丹加入联合国），其中创始会员国49个（原为51个。原捷克斯洛伐克和原南斯拉夫均为创始会员国，后解体）；另外，常驻联合国观察员国2个。会员国在联合国所在地设有常驻代表团，观察员国在联合国设有常驻观察员国办事处。

【总部】联合国总部在美国纽约，在瑞士日内瓦、奥地利维也纳、肯尼亚内罗毕、泰国曼谷、埃塞俄比亚亚的斯亚贝巴、黎巴嫩贝鲁特、智利圣地亚哥分别设有办事处。官方网址：http：//www.un.org。

【出版物】《联合国记事》（UN Chronicle）季刊，用中、英、法、西、俄和阿拉伯六种文字发行；《联合国年鉴》（Yearbook of the United Nations），英文。

【徽记和旗帜】联合国的正式徽记是一个从北极俯瞰的世界地图，周围是两枝对称的橄榄枝。联合国旗帜的底色为浅监色，止中是一个白色的联合国徽记。

【组织机构】联合国有六个主要机构：大会、安全理事会、经济及社会理事会、托管理事会、国际法院和秘书处。

（一）大会（General Assembly）：由全体会员国组成。根据宪章规定，大会有权讨论宪章范围内的任何问题或事项，并向会员国和安理会提出建议。大会接受并审议安理会及联合国其他机构的报告；选举安理会非常任理事国、经社理事会和托管理事会的理事国；选举国际法院的法官；根据安理会推荐批准接纳新会员国和委任秘书长。联合国的预算和会员国分摊的会费比额均需经大会讨论决定。每一会员国在大会有一个投票权。宪章还同时规定，关于安理会正在审议的任何争端或局势，非经安理会请求，大会不得提出任何建议。

大会每年举行一届常会。根据第57届联大通过的新决议，大会常会每年在9月从至少有一个工作日的第一个星期起算的第三个星期的星期二在联合国总部开幕。常会通常持续到12月中下旬。大会可在会议期间决定暂时休会，并可在以后复会，但必须在下届常会开幕前闭幕。每届常会开会时，各国往往派外交部长或其他部长级官员率代表团出席，一些国家元首和政府首脑也到会发表讲话。

第一届联合国大会于1946年1月召开。

2011年9月12日第65届联合国大会在纽约联合国总部闭幕。第65届联大主席戴斯在闭幕式上说，第65届联大的优先工作分为三大主题：减贫与实现千年发展目标、绿色经济与可持续发展以及全球治理，尽管一年来面临着多重危机的阻挠和挑战，但相关工作还是取得了不同程度的进展。例如，2011年5月，在第四届联合国最不发达国家会议上，联大为最不发达国家规划了未来十年的发展蓝图，明确提出将生产能力、基础设施、公共和私人经济发展作为优先发展领域。在6月份举行的发展对话会上，联大还首次就千年发展目标到期后的后续行动展开了有意义的深入探讨。

2010年9月联大召开了联合国千年发展目标高级别会议，承诺在2015年前实现全球贫困人口减半、普及小学教育等8项目标。"现在距最后期限只剩5年时间，再次明确为实现目标而加倍努力的承诺是极为重要的"。

戴斯指出，与发展相关的各种议题在第65届联大期间得到了持续的关注。联大不仅通过了全球抗击艾滋病的新政治宣言，更制订出台了在十年内实现"无新发艾滋病病毒感染、无歧视、无艾滋病导致死亡"的新目标，为今后防治艾滋病的工作指明了方向。

另外，第65届联大还特别召集举行了有关青年以及生物多样性等问题的高级别会议，就如何实现生产与消费转型、保护生态环境、鼓励绿色经济发展以刺激经济增长和促进就业等现实问题展开了建设性的讨论，为明年联合国可持续发展大会的顺利举行作出了积极贡献。

戴斯表示，重申联合国在全球治理中的核心作用是贯穿整个第65届联大的重要主题。当今世界，各种挑战正日益全球化，采取协调一致的集体应对行动至关重要，因此联合国的作用及地位决不能被边缘化。第65届联大特别启动了与二十国集团的互动对话，并在韩国和法国举行了两次首脑会议，以致力于加强联合国与二十国集团之间的合作与协调。此外，联合国的内部机构改革也在持续进行，并在诸多领域采取了令人鼓舞的切实行动。

戴斯说，目前中东局势还不稳定，世界多处地方存在冲突，相当多的人口还生活在不安全的环境里。面对这些情况，联合国"没有权利保持冷漠"。

戴斯建议联合国通过维护基本价值观、回应人们的真正需求等方式来"作出强有力的改变"。

在闭幕式上，新一届联大主席、卡塔尔常驻联合国代表纳西尔•阿卜杜勒阿齐兹•纳赛尔登上主席台，从戴斯手里接过了象征联大主席权力的木槌。

2011年9月13日第66届联合国大会在纽约联合国总部开幕。第66届联大主席纳西尔•阿卜杜勒阿齐兹•纳赛尔主持了新一届联大的第一次全体会议。

纳赛尔在开幕式致辞中说，世界正处在一个关键的转折点，不公平待遇、自然灾害和人道主义危机是各国需要应对的问题。他说："未来几代人将认为我们对处理这些问题负有责任。第66届联大为我们提供了一个证明自己的机会，国际社会有勇气、智慧和坚韧精神找到有创造性和具有远见的解决方式。"他说，各国之间强而有力的合作以及达成共识将是本届联大取得成功的关键。

纳赛尔说："第66届联大是我们在当前关键的历史时刻重新定义联合国的位置的契机，也是证明国际社会有勇气、智慧和策略达致创造性的和富有远见的解决方案的契机。我们团结在一起能够产生结果。我们从过去吸取了教训。面对少数选择暴力和残忍的人，我们选择和平、人权和民主。"

纳赛尔表示，第66届联大的议事日程十分繁忙，他确认了四个重点领域，即和平解决争端、改革与振兴联合国、自然灾害的预防和应对、可持续发展和全球繁荣。

第66届联大期间，将举行一系列会议，其中9月19～20日举行联合国大会"关于预防和控制非传染性疾病问题"高级别会议，9月20日举行联合国大会"在可持续发展和消除贫穷的背景下解决荒漠化、土地退化和干旱问题"高级别会议，9月21～24日和26～30日举行大会一般性辩论，9月22日举行纪念"德班宣言和行动纲领"通过的十周年大会高级别会议。届时将有来自许多国家的国家元首、政府首脑和其他高级官员出席。

联合国秘书长潘基文、193个会员国的代表出席了第66届联大第一次全体会议。中国常驻联合国代表李保东出席了当天的会议。

第66届联合国大会9月21日展开一般性辩论，各国元首或政府首脑纷纷登上联大讲台，表达他们的关心和关切，并就本国对当前国内国际形势的立场和看法进行全面阐述。

今年联大辩论的主题是"斡旋在解决争端中的作用"。本届联大主席纳赛尔在发言中说，应对本届联大的重要议题需要国际社会的"政治意愿、公开对话、密切合作以及建立共识"。他承诺将同会员国和主要利益攸关方共同合作，为全球统一的伙伴关系搭建桥梁。

联合国秘书长潘基文在开幕式上发表讲话说，当今世界面临环境、经济、地缘政治等方面的重大挑战。面对格外艰巨的挑战，联合国不能以普通的方式回应。他呼吁国际社会适应时代的变化，团结一心，以同情心、勇气和信仰采取行动。

潘基文对国际社会提出了未来发展的5项重要任务，即可持续发展、预防和缓和冲突、建立一个更安全的世界、支持过渡国家、帮助妇女和年轻人。

第66届联合国大会一般性辩论27日在纽约联合国总部闭幕。本届联大主席纳赛尔在闭幕前的总结性发言中说，绝大多数国家领导人呼吁中东地区实现公正、全面的和平，巴以双方作为主权独立的两个国家和平共存。他说，"在大多数国家意见一致的基础上，我希望在本届联大期间，我们能够团结力量，遵循国际法的原则，寻求全面解决阿拉伯——以色列冲突的方法。"

纳赛尔还就本届联大一般性辩论期间涉及的联合

国改革、疾病预防、可持续发展、联合国千年发展目标及气候变化等问题进行了总结。他同时表示，最关键的下一步在于"执行承诺"，"将对话发挥出真正的作用"。

纳赛尔说，要完成我们共同的责任，必须要建立一致且可持续的方案以应对全球挑战。依循各国在一般性辩论中的呼声，本届联大将"南南合作、三方合作、促进不同文化间的对话及和平"等领域作为工作重点。

本届联大一般性辩论从21日开始，联合国193个会员国均派代表出席，其中包括约120位国家元首或政府首脑。一般性辩论期间，许多会员国还对纳赛尔确定的本届联大期间的一些重点议题充分阐述了各自的立场。这些议题包括振兴与改革联合国、改善自然灾害预防与应对、可持续发展和全球繁荣。

纳西尔•阿卜杜勒阿齐兹•纳赛尔于2011年6月22日当选联合国大会第66届会议主席。

纳赛尔是一位资深外交官，在近四十年的职业生涯中为推进和平与安全、可持续发展和南南合作领域的多边议程作出了贡献。

在1998年到2011年的13年中，纳赛尔担任卡塔尔大使和常驻联合国代表。在此期间，他作为大会特别政治和非殖民化委员会（第四委员会）主席（2009 ~ 2010）和大会南南合作高级别委员会主席（2007 ~ 2009）发挥了领导作用。他还在纽约联合国总部主持了77国集团加中国的工作（2004），他指导的行动为第二年在卡塔尔多哈举行77国集团第二届南方首脑会议铺平了道路并促成了发展和人道主义事务南方基金的建立，该基金是协助南方国家解决贫穷、饥饿和自然灾害等问题的筹资机制。

在卡塔尔担任联合国安全理事会非常任理事国的两年任期（2006 ~ 2007）中，纳赛尔在安全理事会担任卡塔尔的代表。他曾担任2006年12月份的安全理事会主席，安理会在此期间对一系列复杂的和平与安全问题采取了行动，包括国际合作打击恐怖主义和在武装冲突中保护记者。他还主持了安理会三个附属机构的工作。

在担任驻联合国大使期间，纳赛尔还曾担任联合国大会第57届会议副主席（2002 ~ 2003）并代表卡塔尔参加众多国际和区域会议及其他论坛。同时，他还在美洲许多国家，包括阿根廷、伯利兹、巴西、加拿大、哥伦比亚、古巴、尼加拉瓜、巴拿马、巴拉圭和乌拉圭担任非常驻大使。

此前，纳赛尔曾被任命为卡塔尔常驻约旦大使（1993 ~ 1998），在此之前，他曾到纽约卡塔尔常驻联合国代表团任职，担任全权公使（1986 ~ 1993）。

纳赛尔很早就步入国际舞台，1972年他在贝鲁特被任命为卡塔尔驻黎巴嫩大使馆随员。1975年他在伊斯兰堡被分配到卡塔尔驻巴基斯坦大使馆工作，在1975年晚些时候他又被派往阿拉伯联合酋长国迪拜，担任卡塔尔的总领事，一直到1981年8月为止。

纳赛尔获得过许多勋章和奖项。2009年纳赛尔获得纽约外交政策协会名誉研究员的称号，2007年获得（中国）重庆大学国际事务名誉博士学位。许多国家向他颁发了国家奖章，其中包括：约旦哈希姆王国政府独立勋章（1998）；大军官勋位功绩勋章（意大利，2004）；马卡里奥斯三世最高司令勋章（塞浦路斯，2007）；何塞·马蒂亚斯·德尔加多博士国家勋章（萨尔瓦多，2007）；共和国司令勋章（科特迪瓦，2008）。

纳赛尔以他的私人身份担任若干机构理事会成员，包括纽约大学对话中心顾问委员会成员。他在多哈和贝鲁特接受教育，能说流利的阿拉伯语和英语。

纳赛尔于1953年9月15日出生在多哈。他与穆纳·里哈尼结婚，生有一子，阿卜杜勒阿齐兹。

（注：纳赛尔小传资料来自联合国网站）

大会全体会议由大会主席（或副主席）主持。大会设主席1人，副主席20人，由全体会议选举产生。安理会5个常任理事国是当然的副主席，其余副主席席位按地区分配原则选出，即非洲5席、亚洲4席、东欧1席、拉美3席、西欧及其他国家2席。大会主席所属地区的副主席名额减少1个。大会主席由上述5个地区轮流推选本地区代表并经大会选举担任。

大会原设7个委员会。第47届联大通过决议，将特别政治委员会和第四委员会合并，成为新的第四委员会，即政治与非殖化委员会。各委员会由全体会员国组成，各委员会选举主席1人、副主席2人和报告员1人，负责讨论大会分配给该委员会的议题并提出建议。各委员会的决议以简单多数表决通过，然后提交大会全体会议通过，成为大会决议。

大会还设有两个程序委员会：总务委员会和全权证书委员会。总务委员会由大会主席、副主席和六个委员会的主席组成，负责就议程的通过、议程项目的分配和大会工作安排向大会提出报告，交大会全体会议决定；全权证书委员会由大会根据上届大会主席提议而任命的九个会员国组成，负责审查各国出席会议代表的全权证书。

大会另有两个常设委员会：行政和预算咨询委员会及会费委员会。行政和预算咨询委员会由大会任命的16人组成，负责联合国方案预算的技术审查，并协助第五委员会工作；会费委员会由大会任命的18名专家组成，负责就各会员国间分摊联合国的会费问题向大会提供意见。

大会还设有一些其他机构或委员会，如给予殖民地国家和人民独立宣言执行情况特别委员会（简称"非殖化特委会或24国委员会"）、反对种族隔离特别委员会、印度洋特别委员会、联合国维和行动特委会、《联合国宪章》特委会、东道国关系委员会、裁军委员会、裁军谈判会议等。

大会的正式语文是阿拉伯文、中文、英文、法文、俄文和西班牙文；工作语文是英文和法文。

大会应安理会或过半数会员国的请求或经过半数会员国对任何会员国的请求表示赞同后，可于15天内召开联大特别会议，24小时内召开紧急特别联大。

大会表决的原则是：凡属重要问题的决定，例如关于和平与安全的建议，安理会、经社理事会、托管理事会理事国的选举，接纳新会员国，会员国权利的中止及会员国的开除，托管及预算事务等，均需经出席并参加投票的会员国以2/3的多数通过；其他问题只需以简单多数通过。

（二）安全理事会（Security Council）：由5个常任理事国和10个非常任理事国组成。《联合国宪章》规定，中、法、苏、英、美为常任理事国。苏联于1991年底解体后，其席位于1991年12月27日由俄罗斯继承。非常任理事国按地区分配原则选出，即亚洲和非洲5个、拉美2个、东欧1个、西欧及其他国家2个，由大会选举产生，任期两年，每年改选5个，不能连选连任。

2011年的10个非常任理事国为：波黑（2011）、黎巴嫩（2011）、尼日利亚（2011）、加蓬（2011）、巴西（2011）、德国（2012）、印度（2012）、南非（2012）、葡萄牙（2012）、哥伦比亚（2012）。（注：它们的任期终止于括号内年份的12月31日）

2011年10月24日，联合国大会选出了安理会5个非常任理事国：阿塞拜疆、危地马拉、摩洛哥、巴基斯坦、多哥。从2011年1月1日开始，任期为两年。新当选的国家将接替波黑、黎巴嫩、尼日利亚、加蓬、巴西。

2012年10月18日，韩国、澳大利亚、卢旺达、阿根廷和卢森堡当选安理会2013～2014年度非常任理事国，替代到任的德国、印度、南非、葡萄牙、哥伦比亚。2013年1月1日开始任期。

按宪章规定，安理会在维护国际和平及安全方面负有主要责任。安理会的职能是：根据宪章规定作出全体会员国都有义务接受的决定；调查任何国际争端或可能引起国际摩擦的任何局势，促请当事国采取和平的方式解决争端；断定威胁和平、破坏和平或侵略行为，并可采取经济、外交或军事制裁行动来反对侵略；负责拟订军备管制的计划；向大会推荐新会员国和秘书长；行使联合国关于战略托管的职能。安理会在履行其职能时，应遵照《联合国宪章》的宗旨和原则及其他规定。

安理会的表决原则是：每一理事国有一个投票权；程序问题由15个理事国中至少9个理事国的赞成票决定；任何一个常任理事国投反对票，都可以否决实质问题的决议案，即每个常任理事国在实质问题上都拥有否决权。同时宪章还规定，关于和平解决争端的决议，争端的当事国不得参加表决。

安理会主席由各理事国（常任和非常任）依国名的英文字母顺序按月轮流担任。

大会、秘书长以及任何会员国都可以提请安理会注意可能危及国际和平与安全的争端和局势。应邀参加安理会会议的非理事国的会员国或非会员国，可以参加讨论，但无表决权。

安理会会议一般在联合国总部举行。

安理会设有军事参谋团和接纳新会员国委员会以及若干特设机构。军事参谋团由五个常任理事国的总参谋长或其代表组成，负责向安理会提供有关安理会支配的军队的战略指导问题、军备管制问题和可能的裁军问题的意见和帮助。接纳新会员国委员会由安理会全体成员国组成，审议有关国家加入联合国的申请并将审查结果报告安理会。目前安理会的特设机构主要有维持和平行动部队和军事观察团以及根据安理会有关决议设立的制裁委员会。

（三）经济及社会理事会（Economic and Social Council）：在大会权力之下，负责协调联合国及各专门机构即所谓“联合国系统”的经济和社会领域的工作，由54个理事国组成。理事国任期三年，每届联大需改选其中18个，可以连选连任。2010年10月25日，大会选出18个经济与社会理事会成员，当选的国家为：巴基斯坦、保加利亚、英国、韩国、丹麦、俄罗斯联邦、厄瓜多尔、加蓬、喀麦隆、卡塔尔、拉脱维亚、马拉维、墨西哥、尼加拉瓜、瑞典、塞内加尔、新西兰、中国。从2011年1月1日开始，任期为三年。经社理事会席位按地区分配如下：非洲14个、亚洲11个、拉丁美洲和加勒比海地区10个、东欧6个、西欧及其他地区13个。上述分配原则同样适用于安理会5个常任理事国。从1971年起中国一直是经社理事会理事国。

经社理事会设有各种会间、常设和特设委员会，以及8个职司委员会（Functional Commissions）和5个区域委员会（Regional Commissions）。按地区设立的区域委员会，旨在协助地区经济社会发展，加强该地区内国家之间的经济关系及与世界其他地区国家的关系，受经社理事会领导。各职司委员会、区域委员会或常设机构研究的问题，均需向经社理事会提出报告。

经社理事会同国际劳工组织等14个关于经济、社会、文化性质的“联合国专门机构”建立工作关系。此外，世界贸易组织和国际原子能机构也被列入与之建立关系的政府间机构。

（四）托管理事会（Trusteeship Council）：主要负责监督对置于国际托管制度下的领土的管理。托管理事会由管理托管领土的会员国、安理会常任理事国中非管理托管领土国及经大会选举的必要数额的其他会员国组成。托管理事会每年举行一次会议，负责审查托管领土居民的请愿书，按期视察托管。领土托管理事会决议由半数以上理事国赞成通过，经联合国大会通过生效。

最后一个托管领土——太平洋岛屿托管地贝劳于1994年10月1日宣布独立，12月15日被联合国接纳为新的会员国。1994年11月1日，理事会停止运作，现只有五个理事国：美国、中国、法国、英国和俄罗斯。

秘书长在其题为"革新联合国：改革方案"的报告（A/51/950）中曾建议，将托管理事会改为一个论坛，会员国通过这个论坛，为全球环境、海洋，大气层和外层空间等公共领域的完整，行使集体托管。同时秘书长还建议，托管理事会应成为联合国同民间团体之间的纽带，以处理那些需要公共、私营及自愿部门积极参与的全球关注的领域。

（五）国际法院（International Court of Justice）：

【成立】国际法院是联合国主要司法机关，根据1945年6月26日签署的《联合国宪章》设立，其目的在于"以和平方法且依正义及国际法之原则，调解或解决足以破坏和平之国际争端或情势"。法院设在荷兰海牙和平宫，1946年开始工作，取代1920年在国际联盟主持下设立的常设国际法院。

【管辖】国际法院可以对各国提交的法律争端案件行使管辖权。一方面，法院不对个人进行管辖，只有国家才能作为诉讼当事方提交诉讼案件。可以向法院提交诉讼案件的国家包括：联合国会员国；非联合国会员国但是法院规约当事国的国家；向书记官处交存一份符合联合国安理会规定的说明，承认法院管辖权并承诺执行法院判决的国家。另一方面，法院并非凌驾于国家主权之上的实体，行使管辖权应以国家同意为基础。具体来说法院可通过以下几种方式确立管辖权：当事国通过缔结特别协定向法院提交案件；条约授权法院对缔约国之间的相关争端进行管辖；法院规约缔约国作出单方面声明，将自己与接受同样义务的国家之间可能发生的争端交给法院管辖。

此外，法院还可就联合国机关或专门机构所提交的法律问题提供咨询意见。可以向法院提出咨询请求的联合国机关有大会、安全理事会、经济及社会理事会、托管理事会、大会临时委员会。可以提出此类请求的联合国系统专门机构包括国际劳工组织、联合国粮食及农业组织、世界卫生组织及联合国教育、科学及文化组织等。

【组成】国际法院由15位不同国籍法官组成。根据法院规约，这15位法官必须代表世界各大文化和主要法系。实践中法官名额按地区分配如下：非洲3名；拉丁美洲2名；亚洲3名；西欧和其他国家（包括加拿大、美国、澳大利亚和新西兰）5名；东欧（包括俄罗斯）2名。安理会常任理事国一般都有其国民担任法官。国际法院院长彼得·通卡，2012年2月6日当选，任期为三年。

国际法院的法官任期九年，可连选连任，每三年改选1/3。法官不得担任任何政治或行政职务，也不得从事任何其他职业性工作。法官身份独立，不代表其国籍国政府。根据法院规约，法官均为"品格高尚并在各自国家具有最高司法职位之任命资格或公认为国际法之法学家"。法官由联合国大会和安理会同时选举产生，候选人被提名后必须在大会和安理会均获绝对多数票后才能当选。

【主要活动】自1947年受理第一起案件至今，国际法院已受理120余起诉讼案件，26起咨询案件，范围涉及国家主权、使用武力、领土和边界纠纷、海洋法、环境法、国家管辖权、外交和领事关系等国际法领域的广泛问题。

法院的判决对相关国家有约束力。《联合国宪章》规定，联合国会员国作为案件当事国应承诺遵行国际法院的判决。与判决不同，法院的咨询意见一般情况下不具有约束力，相关的联合国机关或专门机构可以不予执行。

法院的判决和咨询意见在国际法上有很高的权威和价值，对国际法的发展影响深远。由于其崇高地位和权威性，国际法院的司法活动在和平解决国际争端，维护世界和平与安全方面发挥着重要的作用。

【同中国的关系】中国作为联合国安理会常任理事国，一直高度重视国际法院的工作。2009年，中国政府首次参与国际法院的咨询意见案件司法程序，就科索沃临时自治机构单方面宣布独立问题提交了书面意见并参加了口头陈述。

在中国恢复联合国合法席位前，徐谟、顾维钧曾担任国际法院法官。倪征日奥（yù）于1985～1994年任法官，是新中国第一位国际法院法官。史久镛于1994～2010年任法官，还曾担任法院副院长、院长。2010年6月29日，中国候选人薛捍勤通过补缺程序高票当选国际法院法官，成为法院首位中国籍女法官，并于2011年在联大和安理会同时举行的选举中成功连任，新任期为2012～2021年。（杨毓娅）

（六）秘书处（Secretariat）：由秘书长和联合国工作人员组成。

秘书长是联合国的最高行政首长，由安理会推荐经联合国大会任命，任期五年，可连任。秘书长的职能是：在大会、安理会、经社理事会和托管理事会的会议中，以秘书长资格行使职权，向大会提交关于联合国工作的年度报告和必要的补充报告，有权将其认为有可能威胁国际和平与安全的事件提请安理会注意，并根据大会和安理会授权负责有关决议的实施。

现任联合国秘书长为潘基文。2006年10月13日，第61届联合国大会192个成员国代表以鼓掌的方式通过决议，正式任命时任韩国外交通商部长官的潘基文（Ban Kmoon）为新任联合国秘书长，任期自2007年1月1日始。2011年6月21日，联合国大会通过决议，任命潘基文连任联合国秘书长，第二个任期自2012年

1月1日起，至2016年12月31日止。

在潘基文之前，联合国先后有七位秘书长，分别是特里格夫·赖伊（Trygve Lie，挪威人，1945～1952）、达格·哈马舍尔德（Dog Hammarskjold，瑞典人，1953～1961）、吴丹（U Thant，缅甸人，1962～1971）、库尔特·瓦尔德海姆（Kurt Waldheim，奥地利人，1972～1981）、哈维尔·佩雷斯·德奎利亚尔（Javier Perez de Cuellar，秘鲁人，1982～1991）和布特罗斯·布特罗斯·加利（Boutros Boutros Ghali，埃及人，1992～1996）、安南（Kofi Annan，加纳人，1997～2006）。

秘书处由在联合国纽约总部和世界各地工作的全体国际工作人员组成，从事联合国各种日常工作。秘书处为联合国其他主要机关服务，并执行这些机关制定的方案与政策。秘书处的职责同联合国所处理的问题一样多种多样，范围从管理维持和平行动到调停国际争端、从调查经济及社会趋势和问题到编写关于人权和可持续发展问题的研究报告。秘书处工作人员还使世界各通信媒体了解和关心联合国的工作；就全世界所关切的问题组织国际会议；监测联合国各机构所作决定的执行情况；将发言和文件翻译成联合国各正式语文。到2011年6月30日止，秘书处有来自世界各地的约43747名工作人员。

联合国职员由秘书长按照大会所确定的规章任命。宪章规定，雇用职员和决定服务条件时的“首要考虑”是保证最高的工作效率、才干和品德，同时应该在尽可能广泛的地域基础上录用职员。

按照宪章规定，秘书长和秘书处职员只对联合国负责，秘书处作为在总部和外地处理联合国日常工作的国际工作人员班子，不得寻求或接受任何政府的指示。

联合国在许多国家设有新闻中心或新闻服务处。它还以30种语文对世界各国和地区广播有关联合国的新闻节目。（程明　安然　穆易）

附件1：第66届联合国大会主席纳西尔·阿卜杜勒阿齐兹·纳赛尔先生阁下的当选演讲

（2011年6月22日，纽约）

我深感荣幸，感谢亲爱的同事和朋友们以鼓掌方式选举我担任大会第66届会议主席。

我谨借此机会感谢约瑟夫·戴斯先生阁下作为本届会议主席发挥的领导作用。我还要感谢秘书长潘基文先生阁下出席今天的会议，并祝贺他连任联合国秘书长。潘先生的连任表明各国对他的信任。联合国过去五年的成功无疑将算得上其众多成就之一。在过去五年中，联合国在世界舞台上的显著地位得到加强。我很高兴能在大会主席任期内与他一起共事。

没有亚洲集团的信任，我就不可能当选担任这一崇高职务。我深以亚洲集团为傲，并向它表示深切感谢。我也要感谢卡塔尔国埃米尔谢赫·哈马德·本·哈利法·阿勒萨尼殿下及其当然继承人谢赫塔米姆·本·哈马德·阿勒萨尼殿下领导的我国政府毫无保留的支持。我还要感谢我国首相兼外交大臣谢赫哈马德·本·贾西姆·本·贾贝尔·阿勒萨尼先生阁下的支持，并欢迎卡塔尔国外交事务国务大臣兼大臣会议成员艾哈迈德·本·阿卜杜拉·阿勒马哈穆德阁下出席今天我的就职典礼。

我想简略地着重谈谈联合国大会第66届会议的特别重要性。在该届会议期间，世界将经历重大变化，并面对巨大的政治、社会、经济和环境挑战。没有一个月我们不听到自然或人为灾害，以及不可避免随之产生的粮食、安全、卫生和教育危机。与此同时，仍有人处于被占领、非正义和被压迫之下，他们渴望自由、尊严和正义。此外，还存在着人权和维持和平行动，可持续发展、最不发达国家和小岛屿国家的关切、根除贫困、南南合作、发展筹资、里约热内卢成果文件、国际贸易、不同文明间对话、和平文化、调解、裁军、打击国际恐怖主义、全系统一致性、联合国经费分摊比额表，以及很多组织、行政问题和很多其他敏感问题。

除了这些至关重要的问题之外，我还高兴地获悉，大会核准了我提议的在第66届会议开幕时举行的高级别辩论的主题，即“调解在和平解决争端中的作用”。我认为，选定该主题将丰富对于处于联合国工作核心的这一重要问题的辩论，加深在该问题上的合作。

我之所以开诚布公地这样说，只是因为我认识到，所有这些挑战和问题都影响到本组织的关键作用、其信誉乃至存在。因此，联合国的完整性、合法性、生存和效力取决于整个大会。

尊重多样性和多元性，消除宗教、种族或族裔藩篱，是创立联合国所依据的原则。因此，我深感荣幸的是，各位来自不同宗教、种族和族裔的亲爱的朋友们选择了我来担任大会主席。我向各位保证，我将本着建设性合作和相互尊重的精神履行这一重要职责。我将依靠20年来在联合国外交使团中积累的经验，坚定、执着地履行主席职务。我认真和精心选定的称职的工作团队将对我的工作给予支持，这个团队的人员多样性和我在大会堂这里看到的一样。

我在主席任内将自始至终与所有会员国和区域集团密切合作和充分协调。我们只有通过共同努力，才能促进本组织的崇高目标，维护国际和平与安全，以及加强各国和各国人民之间的友谊和睦邻关系。

成功之路必须以伙伴关系原则以及强烈的正义感和责任感为基础。我在担任主席期间，将不只是主持会议或宣读发言。相反，我还将专注于加强大会的作用，促进大会与联合国各机关和专门机构以及其他国际和区域组织之间的建设性合作。我也希望成为连接发达、发展中和最不发达国家的桥梁，以便为所有会员国和整个联合国系统谋利益。我的工作重点将是就当今世界面临的重大全球挑战建立共识，这些挑战包括武装冲突、人民自决权、饥饿、贫困、恐怖主义、气候变化、全球经济和金融危机，以及自然灾害的人道主义救援工作。

我将毫不犹豫地帮助会员国克服你们在我提到的问题上所存在的分歧。我也将期望你们承担起作为会员国的职责，负责任地应对这些挑战。在这方面，我要引用玛格丽特•撒切尔的话："我不知道有谁能够不用付出艰苦努力就可以到达顶峰。那是成功之道。它不会总是让你到达顶峰，但会使你距离顶峰很近。"

附件2：联合国大会历届会议主席

届次	年份	姓名	国家
第一届会议	1946年	保罗—亨利·斯巴克先生	比利时
第一届特别会议	1947年	奥斯瓦尔多·阿拉尼亚先生	巴西
第二届会议	1947年	奥斯瓦尔多·阿拉尼亚先生	巴西
第二届特别会议	1948年	何塞·阿尔塞先生	阿根廷
第三届会议	1948年	H. V. 伊瓦特先生	澳大利亚
第四届会议	1949年	卡洛斯·P. 罗慕洛先生	菲律宾
第五届会议	1950年	纳斯罗拉·安迪让先生	伊朗
第六届会议	1951年	路易斯·帕迪利亚·内尔沃先生	墨西哥
第七届会议	1952年	莱斯持·B. 皮尔逊先生	加拿大
第八届会议	1953年	维贾雅·拉克希米·潘迪特夫人	印度
第九届会议	1954年	埃尔科·N. 范克里芳斯先生	荷兰
第十届会议	1955年	何塞·马萨先生	智利
第一届紧急特别会议	1956年	鲁德辛多·奥尔特加先生	智利
第二届紧急特别会议	1956年	鲁德辛多·奥尔特加先生	智利
第十一届会议	1956年	旺·威泰耶康·瓦拉旺亲王	泰国
第十二届会议	1957年	莱斯利·孟罗爵士	新西兰
第三届紧急特别会议	1958年	莱斯利·孟罗爵士	新西兰
第十三届会议	1958年	查尔斯·马利克先生	黎巴嫩
第十四届会议	1959年	维克托·安德列斯·贝朗德先生	秘鲁
第四届紧急特别会议	1960年	维克托·安德列斯·贝朗德先生	秘鲁
第十五届会议	1960年	弗雷德里克·H. 博兰先生	爱尔兰
第三届特别会议	1961年	弗雷德里克·H. 博兰先生	爱尔兰
第十六届会议	1961年	蒙吉·斯陵先生	突尼斯
第十七届会议	1962年	乔杜里·穆予默德·查弗鲁拉·汗爵士	巴基斯坦
第四届特别会议	1963年	乔杜里·穆予默德·查弗鲁拉·汗爵士	巴基斯坦
第十八届会议	1963年	卡洛斯·索萨·罗德里格斯先生	委内瑞拉
第十九届会议	1964年	亚历克斯·奎森—萨基先生	加纳
第二十届会议	1965年	阿明托雷·范范尼先生	意大利
第二十一届会议	1966年	阿卜杜勒—拉赫曼·帕日瓦克先生	阿富汗
第五届特别会议	1967年	阿卜杜勒—拉赫曼·帕日瓦克先生	阿富汗
第五届紧急特别会议	1967年	阿卜杜勒—拉赫曼·帕日瓦克先生	阿富汗
第二十二届会议	1967年	科尔内留·曼内斯库先生	罗马尼亚
第二十三届会议	1968年	埃米略·阿雷纳莱斯·卡塔兰先生	危地马拉
第二十四届会议	1969年	安吉·布鲁克斯—伦道夫女士	利比里亚
第二十五届会议	1970年	爱德华·汉布罗先生	挪威
第二十六届会议	1971年	亚当·马利克先生	印度尼西亚
第二十七届会议	1972年	斯坦尼斯瓦夫·特雷普钦斯基先生	波兰
第二十八届会议	1973年	莱奥波尔多·贝尼特斯先生	厄瓜多尔
第六届特别会议	1974年	莱奥波尔多·贝尼特斯先生	厄瓜多尔

（续表）

第二十九届会议	1974年	阿卜杜拉齐兹·布特弗利卡先生	阿尔及利亚
第七届特别会议	1975年	阿卜杜拉齐兹·布特弗利卡先生	阿尔及利亚
第三十届会议	1975年	加斯东·托恩先生	卢森堡
第三十一届会议	1976年	阿梅拉辛格先生	斯里兰卡
第三十二届会议	1977年	拉扎尔·莫伊索夫先生	南斯拉夫
第八届特别会议	1978年	拉扎尔·莫伊索夫先生	南斯拉夫
第九届特别会议	1978年	拉扎尔·莫伊索夫先生	南斯拉夫
第十届特别会议	1978年	拉扎尔·莫伊索夫先生	南斯拉夫
第三十三届会议	1978年	因达莱西奥·利埃瓦诺先生	哥伦比亚
第三十四届会议	1979年	萨利姆·萨利姆先生	坦桑尼亚联合共和国
第六届紧急特别会议	1980年	萨利姆·萨利姆先生	坦桑尼亚联合共和国
第七届紧急特别会议	1980年	萨利姆·萨利姆先生	坦桑尼亚联合共和国
第十一届特别会议	1980年	萨利姆·萨利姆先生	坦桑尼亚联合共和国
第三十五届会议	1980年	吕迪格尔·冯韦希马尔先生	德意志联邦共和国
第八届紧急特别会议	1981年	吕迪格尔·冯韦希马尔先生	德意志联邦共和国
第三十六届会议	1981年	伊斯马特·基塔尼先生	伊拉克
第九届紧急特别会议	1982年	伊斯马特·基塔尼先生	伊拉克
第七届紧急特别会议（续会）	1982年	伊斯马特·基塔尼先生	伊拉克
第十二届特别会议	1982年	伊斯马特·基塔尼先生	伊拉克
第三十七届会议	1982年	伊姆雷·霍拉伊先生	匈牙利
第三十八届会议	1983年	豪尔赫·伊留埃卡先生	巴拿马
第三十九届会议	1984年	保罗·卢萨卡先生	赞比亚
第四十届会议	1985年	海梅·德皮涅斯先生	西班牙
第十三届特别会议	1986年	海梅·德皮涅斯先生	西班牙
第四十一届会议	1986年	胡马云·拉希德·乔杜里先生	孟加拉国
第十四届特别会议	1986年	胡马云·拉希德·乔杜里先生	孟加拉国
第四十二届会议	1987年	彼得·弗洛林先生	德意志民主共和国
第十五届特别会议	1988年	彼得·弗洛林先生	德意志民主共和国
第四十三届会议	1988年	丹特·卡普托先生	阿根廷
第四十四届会议	1989年	约瑟夫·南文·加尔巴先生	尼日利亚
第十六届特别会议	1989年	约瑟夫·南文·加尔巴先生	尼日利亚
第十七届特别会议	1990年	约瑟夫·南文·加尔巴先生	尼日利亚
第十八届特别会议	1990年	约瑟夫·南文·加尔巴先生	尼日利亚
第四十五届会议	1990年	吉多·德马尔科先生	马耳他
第四十六届会议	1991年	萨米尔·谢哈比先生	沙特阿拉伯
第四十七届会议	1992年	斯托扬·加内夫先生	保加利亚
第四十八届会议	1993年	塞缪尔·因萨纳利先生	圭亚那
第四十九届会议	1994年	阿马拉·埃西先生	科特迪瓦
第五十届会议	1995年	迪奥戈·弗雷塔斯·多阿马拉尔教授	葡萄牙
第五十一届会议	1996年	拉扎利·伊斯梅尔先生	马来西亚
第十届紧急特别会议	1997年	拉扎利·伊斯梅尔先生	马来西亚
第十九届特别会议	1997年	拉扎利·伊斯梅尔先生	马来西亚
第十届紧急特别会议（两次续会）	1997年	拉扎利·伊斯梅尔先生	马来西亚
第五十二届会议	1997年	赫纳迪·乌多文科先生	乌克兰
第十届紧急特别会议（续会）	1998年	赫纳迪·乌多文科先生	乌克兰
第二十届特别会议	1998年	赫纳迪·乌多文科先生	乌克兰
第五十三届会议	1998年	迪迪埃·奥佩蒂·巴丹先生	乌拉圭

（续表）

第十届紧急特别会议（续会）	1999年	迪迪埃・奥佩蒂・巴丹先生	乌拉圭
第二十一届特别会议	1999年	迪迪埃・奥佩蒂・巴丹先生	乌拉圭
第五十四届会议	1999年	西奥—本・古里拉布先生	纳米比亚
第二十二届特别会议	1999年	西奥—本・古里拉布先生	纳米比亚
第二十三届特别会议	2000年	西奥—本・古里拉布先生	纳米比亚
第二十四届特别会议	2000年	西奥—本・古里拉布先生	纳米比亚
第五十五届会议	2000年	哈里・霍尔克里先生	芬兰
第十届紧急特别会议（续会）	2000年	哈里・霍尔克里先生	芬兰
第二十五届特别会议	2001年	哈里・霍尔克里先生	芬兰
第二十六届特别会议	2001年	哈里・霍尔克里先生	芬兰
第五十六届会议	2001年	韩升洙先生	大韩民国
第十届紧急特别会议（续会）	2001年	韩升洙先生	大韩民国
第十届紧急特别会议（两次续会）	2002年	韩升洙先生	大韩民国
第二十七届特别会议	2002年	韩升洙先生	大韩民国
第五十七届会议	2002年	杨・卡万先生	捷克共和国
第五十八届会议	2003年	朱利安・罗伯特・亨特先生	圣卢西亚
第十届紧急特别会议（两次续会）	2003年	朱利安・罗伯特・亨特先生	圣卢西亚
第十届紧急特别会议（续会）	2004年	朱利安・罗伯特・亨特先生	圣卢西亚
第五丨九届会议	2004年	让・平先生	加蓬
第二十八届特别会议	2005年	让・平先生	加蓬
第六十届会议	2005年	扬・埃利亚松先生	瑞典
第六十一届会议	2006年	哈亚・拉希德・阿勒哈利法女士	巴林
第六十二届会议	2007年	斯尔詹・克里姆先生	前南斯拉夫马其顿共和国
第六十三届会议	2008年	米格尔・德斯科托・布罗克曼先生	尼加拉瓜
第六十四届会议	2009年	阿里・阿卜杜萨拉姆・图里基先生	阿拉伯利比亚民众国
第六十五届会议	2010年	约瑟夫・戴斯先生	瑞士
第六十六届会议	2011年	纳西尔・阿卜杜勒阿齐兹・纳赛尔	卡塔尔

注：资料来源于联合国网站。

附件3：2012年联合国会员国应缴纳的会费（单位：美元）

（按汉语拼音顺序排列）

A	分摊比额	会费毛额	员工薪金税抵扣	会费净额
阿尔巴尼亚	0.010	258523	22206	236317
阿尔及利亚	0.128	3309096	284244	3024852
阿富汗	0.004	103409	8883	94526
阿根廷	0.287	7419612	637328	6782284
阿拉伯联合酋长国	0.391	10108253	868276	9239977
阿拉伯叙利亚共和国	0.025	646308	55516	590792
阿曼	0.086	2223299	190976	2032323
阿塞拜疆	0.015	387785	33310	354475
埃及	0.094	2430117	208742	2221375
埃塞俄比亚	0.008	206819	17765	189054
爱尔兰	0.498	12874449	1105887	11768562
爱沙尼亚	0.040	1034092	88826	945266
安道尔	0.007	180966	15545	165421

（续表）

安哥拉	0.010	258523	22206	236317
安提瓜和巴布达	0.002	51705	4441	47264
奥地利	0.851	22000314	1889778	20110536
澳大利亚	1.933	49972511	4292528	45679983
B	分摊比额	会费毛额	员工薪金税抵扣	会费净额
巴巴多斯	0.008	206819	17765	189054
巴布亚新几内亚	0.002	51705	4441	47264
巴哈马	0.018	465342	39972	425370
巴基斯坦	0.082	2119889	182094	1937795
巴拉圭	0.007	180966	15545	165421
巴林	0.039	1008240	86605	921635
巴拿马	0.022	568751	48854	519897
巴西	1.611	41648068	3577477	38070591
白俄罗斯	0.042	1085797	93267	992530
保加利亚	0.038	982388	84385	898003
贝宁	0.003	77557	6662	70895
比利时	1.075	27791231	2387205	25404026
秘鲁	0.090	2326708	199859	2126849
冰岛	0.042	1085797	93267	992530
波兰	0.828	21405711	1838703	19567008
波斯尼亚和黑塞哥维那	0.014	361932	31089	330843
玻利维亚	0.007	180966	15545	165421
伯利兹	0.001	25852	2221	23631
博茨瓦纳	0.018	465342	39972	425370
不丹	0.001	25852	2221	23631
布基纳法索	0.003	77557	6662	70895
布隆迪	0.001	25852	2221	23631
C	分摊比额	会费毛额	员工薪金税抵扣	会费净额
朝鲜人民民主共和国	0.007	180966	15545	165421
赤道几内亚	0.008	206819	17765	189054
D	分摊比额	会费毛额	员工薪金税抵扣	会费净额
大不列颠及北爱尔兰联合王国	6.604	170728642	14665212	156063430
大韩民国	2.260	58426216	5018682	53407534
丹麦	0.736	19027299	1634403	17392896
德国	8.018	207283806	17805220	189478586
东帝汶	0.001	25852	2221	23631
多哥	0.001	25852	2221	23631
多米尼加共和国	0.042	1085797	93267	992530
多米尼克	0.001	25852	2221	23631
E	分摊比额	会费毛额	员工薪金税抵扣	会费净额
俄罗斯联邦	1.602	41415397	3557491	37857906
厄瓜多尔	0.040	1034092	88826	945266
厄立特里亚	0.001	25852	2221	23631
F	分摊比额	会费毛额	员工薪金税抵扣	会费净额
法国	6.123	158293682	13597077	144696605

（续表）

菲律宾	0.090	2326708	199859	2126849
斐济	0.004	103409	8883	94526
芬兰	0.566	14632406	1256891	13375515
佛得角	0.001	25852	2221	23631
G	分摊比额	会费毛额	员工薪金税抵扣	会费净额
冈比亚	0.001	25852	2221	23631
刚果	0.003	77557	6662	70895
刚果民主共和国	0.003	77557	6662	70895
哥伦比亚	0.144	3722732	319774	3402958
哥斯达黎加	0.034	878979	75502	803477
格林纳达	0.001	25852	2221	23631
格鲁吉亚	0.006	155114	13324	141790
古巴	0.071	1835514	157667	1677847
圭亚那	0.001	25852	2221	23631
H	分摊比额	会费毛额	员工薪金税抵扣	会费净额
哈萨克斯坦	0.076	1964775	168770	1796005
海地	0.003	77557	6662	70895
荷兰	1.855	47956031	4119317	43836714
黑山	0.004	103409	8883	94526
洪都拉斯	0.008	206819	17765	189054
J	分摊比额	会费毛额	员工薪金税抵扣	会费净额
基里巴斯	0.001	25852	2221	23631
吉布提	0.001	25852	2221	23631
吉尔吉斯斯坦	0.001	25852	2221	23631
几内亚	0.002	51705	4441	47264
几内亚比绍	0.001	25852	2221	23631
加拿大	3.207	82908352	7121644	75786708
加纳	0.006	155114	13324	141790
加蓬	0.014	361932	31089	330843
柬埔寨	0.003	77557	6662	70895
捷克共和国	0.349	9022456	775009	8247447
津巴布韦	0.003	77557	6662	70895
K	分摊比额	会费毛额	员工薪金税抵扣	会费净额
喀麦隆	0.011	284375	24427	259948
卡塔尔	0.135	3490062	299788	3190274
科摩罗	0.001	25852	2221	23631
科特迪瓦	0.010	258523	22206	236317
科威特	0.263	6799157	584032	6215125
克罗地亚	0.097	2507674	215404	2292270
肯尼亚	0.012	310228	26648	283580
L	分摊比额	会费毛额	员工薪金税抵扣	会费净额
拉脱维亚	0.038	982388	84385	898003
莱索托	0.001	25852	2221	23631
老挝人民民主共和国	0.001	25852	2221	23631
黎巴嫩	0.033	853126	73282	779844

（续表）

立陶宛	0.065	1680400	144343	1536057
利比里亚	0.001	25852	2221	23631
利比亚	0.129	3334948	286465	3048483
列支敦士登	0.009	232671	19986	212685
卢森堡	0.090	2326708	199859	2126849
卢旺达	0.001	25852	2221	23631
罗马尼亚	0.177	4575859	393056	4182803
M	分摊比额	会费毛额	员工薪金税抵扣	会费净额
马达加斯加	0.003	77557	6662	70895
马尔代夫	0.001	25852	2221	23631
马耳他	0.017	439489	37751	401738
马拉维	0.001	25852	2221	23631
马来西亚	0.253	6540634	561826	5978808
马里	0.003	77557	6662	70895
前南斯拉夫马其顿共和国	0.007	180966	15545	165421
马绍尔群岛	0.001	25852	2221	23631
毛里求斯	0.011	284375	24427	259948
毛里塔尼亚	0.001	25852	2221	23631
美利坚合众国	22.000	568750776	a	568750776
蒙古	0.002	51705	4441	47264
孟加拉国	0.010	258523	22206	236317
密克罗尼西亚联邦	0.001	25852	2221	23631
缅甸	0.006	155114	13324	141790
马达加斯加	0.003	77557	6662	70895
摩尔多瓦	0.002	51705	4441	47264
摩洛哥	0.058	1499434	128798	1370636
摩纳哥	0.003	77557	6662	70895
莫桑比克	0.003	77557	6662	70895
墨西哥	2.356	60908038	500231865	55676173
N	分摊比额	会费毛额	员工薪金税抵扣	会费净额
纳米比亚	0.008	206819	17765	189054
南非	0.385	9953139	854952	9098187
瑙鲁	0.001	25852	2221	23631
尼泊尔	0.006	155114	13324	141790
尼加拉瓜	0.003	77557	6662	70895
尼日尔	0.002	51705	4441	47264
尼日利亚	0.078	2016480	173211	1843269
挪威	0.871	22517360	1934191	20583169
P	分摊比额	会费毛额	员工薪金税抵扣	会费净额
帕劳	0.001	25852	2221	23631
葡萄牙	0.511	13210529	1134755	12075774
R	分摊比额	会费毛额	员工薪金税抵扣	会费净额
日本	12.530	323929419	27824820	296104599
瑞典	1.064	27506856	2362778	25144078
瑞士	1.130	29213108	2509341	26703767

（续表）

S	分摊比额	会费毛额	员工薪金税抵扣	会费净额
萨尔瓦多	0.019	491194	42192	449002
萨摩亚	0.001	25852	2221	23631
塞尔维亚	0.037	956535	82164	874371
塞拉利昂	0.001	25852	2221	23631
塞内加尔	0.006	155114	13324	141790
塞浦路斯	0.046	1189206	102150	1087056
塞舌尔	0.002	51705	4441	47264
沙特阿拉伯	0.830	21457416	1843144	19614272
圣多美和普林西比	0.001	25852	2221	23631
圣基茨和尼维斯	0.001	25852	2221	23631
圣卢西亚	0.001	25852	2221	23631
圣马力诺	0.003	77557	6662	70895
圣文森特和格林纳丁斯	0.001	25852	2221	23631
斯里兰卡	0.019	491194	42192	449002
斯洛伐克	0.142	3671028	315333	3355695
斯洛文尼亚	0.103	2662788	228727	2434061
斯威士兰	0.003	77557	6662	70895
苏丹	0.010	258523	22206	236317
苏里南	0.003	77557	6662	70895
所罗门群岛	0.001	25852	2221	23631
索马里	0.001	25852	2221	23631
T	分摊比额	会费毛额	员工薪金税抵扣	会费净额
塔吉克斯坦	0.002	51705	4441	47264
泰国	0.209	5403132	464117	4939015
坦桑尼亚联合共和国	0.008	206819	17765	189054
汤加	0.001	25852	2221	23631
特里尼达和多巴哥	0.044	1137502	97709	1039793
突尼斯	0.030	775569	66620	708949
图瓦卢	0.001	25852	2221	23631
土耳其	0.617	15950874	1370145	14580729
土库曼斯坦	0.026	672160	57737	614423
W	分摊比额	会费毛额	员工薪金税抵扣	会费净额
瓦努阿图	0.001	25852	2221	23631
危地马拉	0.028	723865	62178	661687
委内瑞拉	0.314	8117625	697286	7420339
文莱达鲁萨兰国	0.028	723865	62178	661687
乌干达	0.006	155114	13324	141790
乌克兰	0.087	2249151	193197	2055954
乌拉圭	0.027	698012	59958	638054
乌兹别克斯坦	0.010	258523	22206	236317
X	分摊比额	会费毛额	员工薪金税抵扣	会费净额
西班牙	3.177	82132783	7055024	75077759
希腊	0.691	17863945	1534473	16329472
新加坡	0.335	8660523	743920	7916603

（续表）

新西兰	0.273	7057680	606239	6451441
匈牙利	0.291	7523022	646211	6876811
Y	分摊比额	会费毛额	员工薪金税抵扣	会费净额
牙买加	0.014	361932	31089	330843
亚美尼亚	0.005	129262	11103	118159
也门	0.010	258523	22206	236317
伊拉克	0.020	517046	44413	472633
伊朗伊斯兰共和国	0.233	6023588	517413	5506175
以色列	0.384	9927286	852732	9074554
意大利	4.999	129235688	11101059	118134629
印度	0.534	13805133	1185830	12619303
印度尼西亚	0.238	6152849	528516	5624333
约旦	0.014	361932	31089	330843
越南	0.033	853126	73282	779844
Z	分摊比额	会费毛额	员工薪金税抵扣	会费净额
赞比亚	0.004	103409	8883	94526
乍得	0.002	51705	4441	47264
智利	0.236	6101145	524075	5577070
中非共和国	0.001	25852	2221	23631
中国	3.189	82443010	7081672	75361338
总数	100.000	2585230800	173211168	2412019632

注 a：2012 年未抵扣的“员工薪金税抵扣”的会员国：美利坚合众国，48854432 美元。

数据来源：联合国网站，ST/ADM/SER.B/853（英文）。

联合国部分重要议题

安理会改革问题

2011年，联合国会员国继续围绕安理会改革问题展开讨论。

在第65届联大期间，各国就安理会改革所涉及的各类问题进行了深入讨论，进一步加强了对相互立场的了解。联大于3月2日举行安理会改革第七轮政府间谈判会议。会前，政府间谈判机制主席、阿富汗常驻联合国代表塔宁起草并散发了第三稿“谈判文件”。各方在会上基本重申各自立场，并就第三稿“谈判文件”交换看法。

9月12日，第65届联大协商一致通过时任联大主席戴斯（瑞士籍）宣读的决定，要求第66届联大根据前几届联大相关决定授权，在第65届联大取得的进展及会员国所提立场和提案的基础上，继续就安理会改革问题进行政府间谈判。

11月8～9日，第66届联大举行全会，就安理会年度报告和安理会改革问题举行联合辩论。中国常驻联合国副代表王民大使出席并在发言中阐述中方原则立场，强调安理会改革涉及联合国未来和全体会员国的切身利益，当前会员国在安理会改革涉及的核心问题上仍存在严重分歧，应坚持以政府间谈判为主渠道，继续展开对话、谈判和协商，寻求“一揽子”解决方案。中方反对为改革人为设定时限或强行推动会员国仍存在严重分歧的方案，“分步走”或“零散处理”的做法行不通。

11月28日，安理会改革第八轮政府间谈判举行第一次会议，各方在谈判中继续阐述各自立场和关切，就安理会改革下步走向、政府间谈判发展方向等问题交换看法。

（范尔为）

反恐问题

2011年，安理会通过有关国际恐怖主义的2项决议，发表2份主席声明和多份主席新闻谈话。

1月24日，安理会发表主席新闻谈话，谴责发生在俄罗斯莫斯科的恐怖袭击事件。

2月28日，安理会发表主席声明，强调安理会制裁基地组织和塔利班委员会监察员在改进该制裁委列名程序方面发挥了重要作用，欢迎该监察员根据安理会相关决议提交的报告。

4月11日，安理会发表主席新闻谈话，谴责发生在白俄罗斯明斯克的恐怖袭击事件。

4月29日，安理会发表主席新闻谈话，谴责发生在摩洛哥马拉喀什的恐怖袭击事件。

5月2日，安理会发表主席声明，对本·拉登5月1日被击毙表示欢迎，呼吁会员国继续努力，将恐怖分子绳之以法。

6月17日，安理会一致通过了第1988号、1989号决议，决定将安理会制裁基地组织和塔利班委员会拆分为制裁塔利班委员会和制裁基地组织委员会，设立分别针对塔利班和基地组织的两份综合制裁清单，并对两份清单所列个人和实体实施资产冻结、旅行限制、武器禁运制裁措施。

7月13日，安理会发表主席新闻谈话，谴责发生在印度孟买的恐怖袭击事件。

7月25日，安理会发表主席新闻谈话，谴责发生在挪威的恐怖袭击事件。

9月7日，安理会发表主席新闻谈话，谴责发生在印度德里的恐怖袭击事件。

9月9日，为纪念“9·11”恐怖袭击事件发生十周年，安理会发表主席新闻谈话，谴责恐怖分子发动“9·11”恐怖袭击，呼吁国际社会进一步加强反恐合作。

9月28日，安理会反恐委员会举行成立十周年特别会议，中国常驻联合国副代表王民大使出席，届时赞赏安理会反恐委员会与安理会反恐执行局为国际社会反恐努力作出的积极贡献，并就更好落实安理会相关决议、提高国际社会的反恐成效提出五点建议。第一，凝聚共识、加强合作。国际社会必须在反恐问题上努力谋求共识、缩小分歧，向恐怖势力发出团结的声音、采取一致的行动。第二，摒弃双重标准。不论何人、以何理由、在何时间及地点实施的恐怖主义行为，都应该受到国际社会的一致谴责和共同打击。第三，不应将恐怖主义与任何民族、宗教联系起来。第四，帮助发展中国家加强反恐能力建设。中方鼓励安理会反恐委员会和安理会反恐执行局进一步向广大会员国提供符合其需要的反恐技术援助，帮助发展中国家克服反恐资源和能力方面的困难。第五，推动联合国和安理会反恐机制在国际反恐合作中发挥主导作用。

12月27日，安理会发表主席新闻谈话，谴责发生在尼日利亚的恐怖袭击事件。（戴德茂）

维和问题

自1948年以来，联合国共部署66项维和行动，数十万人参加，耗资690多亿美元。2011年，联合国正在实施的维和行动有16项（含由联合国维和部领导的政治特派团），部署在巴（勒斯坦）以（色列）边境、印（度）巴（基斯坦）边境、塞浦路斯、戈兰高地、黎巴嫩、西撒哈拉、科索沃、刚果（金）、利比里亚、科特迪瓦、海地、苏丹达尔富尔和阿布耶伊、南苏丹、东帝汶、阿富汗，共有来自114个国家的9.9万名维和人员实地执行维和任务。联合国维和行动继续广受各方重视。

8月26日，安理会发表主席声明，强调将改进同维和行动出兵（警）国、秘书处等有关各方的沟通和磋商制度，确认将更多听取出兵国等军事部门的意见并确立相关机制，决心继续在维和行动中考虑初期建设和平工作。

2月22日至3月18日，第65届联大维和行动特委会在纽约联合国总部举行。会议听取了联合国主管维和事务的副秘书长勒罗伊及主管后勤支助事务的副秘书长马科拉关于联合国维和领域工作的报告，重点讨论了维和行动参与建设和平、保护平民、提高行动效力和维和费用等议题。

中国一贯重视并支持开展符合《联合国宪章》精神的维和行动，不断扩大参与规模和领域。自1989年起，中国共向28项维和行动派出军事人员、警察和民事官员1.9万余人次。截至2011年12月，中国是联合国维和行动第16大出兵国，共有1924人在南苏丹、利比里亚、黎巴嫩、刚果（金）等国11个任务区执行任务，为促进联合国维和事业发展、维护世界和平与安全作出了重要贡献。（王雨）

联合国财政和预算问题

2011年，第66届联合国大会五委主要审议了联合国2012～2013年两年期项目预算、政治特派团及维和特派团经费筹措等议题。

大会批准2010～2011年预算订正为53.67亿美元，追加2.08亿美元。批准2012～2013年两年期初步预算53.96亿美元。

在审议中，中国代表发言强调应保持稳定而持续的财政支持，确保联合国有效开展各项方案活动。联合国应充分利用现有资源，严格执行预算纪律，并保持合理适度的预算水平。（王丹）

叙利亚问题

2011年，叙利亚爆发政治危机，安全局势急剧恶化，引发国际社会高度关注。安理会多次审议并通过1份主席声明和3份主席新闻谈话。

7月12日，安理会发表主席新闻谈话，强烈谴责袭击外国驻叙利亚使领馆的行径。重申外交机构不受侵犯，东道国政府有义务采取一切适当措施保护外交机构免遭入侵和破坏。呼吁叙利亚政府保护外交财产及人员。

8月3日，安理会发表主席声明，谴责叙利亚发生的广泛侵犯人权的行为及政府对平民使用武力，呼吁立即停止所有暴力，敦促各方保持最大克制，避免采取袭击国家机构等报复行为。要求叙政府与联合国人权事务高级专员办公室充分合作，追究暴力事件责任人，履行政府改革承诺。要求联合国秘书长在7天内向安理会通报叙利亚国内最新情况。

10月4日，安理会就英国、法国、德国和葡萄牙共同提交的决议草案进行表决，中国、俄罗斯投反对票，巴西、印度、黎巴嫩、南非投弃权票，美国、波黑、哥伦比亚、加蓬、尼日利亚及提案国投赞成票。因常任理事国中、俄行使否决权，决议草案未获通过。

11月15日，安理会发表主席新闻谈话，强烈谴责袭击外国驻叙利亚使领馆的行径。重申外交机构不受侵犯，东道国政府有义务采取一切适当措施保护外交机构免遭入侵和破坏。再次呼吁叙利亚政府全面遵守保护外交财产及人员的国际义务。

12月23日，安理会发表主席新闻谈话，强烈谴责发生在叙利亚首都大马士革的恐怖袭击。重申一切形式和表现的恐怖主义都是对和平与安全的最严重威胁之一，任何恐怖主义行为，不论其动机为何，在何时发生，何人所为，都是不可开脱的犯罪行为。重申根据《联合国宪章》责任，抗击一切形式恐怖主义的决心。

中国常驻联合国代表李保东大使在安理会有关审议中发言表示，中国高度关注叙利亚局势的发展。我们呼吁叙利亚各方保持克制，避免一切形式的暴力行为和更多的流血冲突。我们希望叙利亚政府落实有关改革承诺，也希望由叙利亚主导的、具有包容性的政治进程尽早启动，推动局势尽快走向缓和。国际社会应为实现上述目标提供建设性的帮助，同时应该充分地尊重叙利亚的主权、独立和领土完整。安理会是否在叙利亚问题上采取进一步的行动，应该看是否有助于缓和叙利亚的紧张局势，是否有助于推动政治对话，化解分歧，是否有助于维护中东地区的和平与稳定，更应该看是否符合《联合国宪章》及不干涉内政的原则。因为这些原则关乎着广大发展中国家、特别是中小国家的安全和生存，这些原则关乎着世界的和平与稳定。中国政府在这些原则问题上的立场是坚定的和一贯的。叙利亚是中东地区的重要国家。叙利亚保持和平与稳定，符合叙利亚人民和国际社会的共同利益。中国愿同国际社会一道，继续为妥善解决叙利亚问题发挥积极和建设性的作用。我们也将继续支持有关地区国家和组织的斡旋努力。（何芬）

利比亚问题

2011年2月6日，安理会一致通过第1970号决议，决定对利比亚实行武器禁运、禁止利比亚领导人卡扎菲及其家庭主要成员出国旅行、冻结卡扎菲和相关人员的海外资产等。

2月22日，安理会就利比亚局势发表主席新闻谈话，谴责针对平民使用武力，同时呼吁利政府保障公民集会及言论自由。

3月1日，联大协商一致通过65/265号决议，中止利比亚联合国人权理事会成员国资格。这是联合国大会首次中止人权理事会某一成员国的资格。

3月17日，安理会通过第1973号决议，根据《联合国宪章》第七章采取行动，决定在利比亚设立禁飞区，并要求有关国家采取一切必要措施保护利比亚平民和平民居住区免受武装袭击的威胁，同时加强武器禁运措施、扩大旅行禁令和资产冻结范围。

9月16日，安理会通过第2009号决议，决定设立联合国利比亚支助团（联利支助团），任期三个月，联利支助团的任务是协助和支持利比亚恢复公共安全和秩序，促进法治，开展包容各方的政治对话，促进民族和解，着手开展制宪和选举工作等。

同日，第66届联大以114票赞成、17票反对、15票弃权的结果，同意接受利比亚“国家过渡委员会”作为利比亚在联合国的合法代表。

10月27日，安理会通过第2016号决议，决定取消第1973号决议有关“保护平民”和禁飞区的授权。

10月31日，安理会通过第2017号决议，评估从利比亚扩散的所有各类军火和相关物资，特别是与恐怖主义有关的威胁和挑战，要求利比亚和地区国家采取措施遏制武器扩散。

11月18日，第66届联大以123票赞成、4票反对、6票弃权的投票结果通过66/11号决议，决定恢复利比亚在联合国人权理事会的成员资格。

12月12日，安理会通过第2022号决议，决定将联合国利比亚支助团的任务期限延长三个月至2012年3月16日；扩大联利支助团授权包括防止利比亚武器扩散。

中国常驻联合国代表李保东大使在安理会第1973号决议通过后的解释性发言中表示，中国支持安理会采取适当和必要的行动，尽快稳定利比亚局势，制止针对平民的暴力行径。中国一直强调，安理会有关行动应遵循《联合国宪章》和国际法准则，尊重利比亚的主权、独立、统一和领土完整，通过和平手段解决利比亚当前危机。中国一贯反对在国际关系中使用武力。在安理会有关决议磋商过程中，中方和其他一些安理会成员提出了一些具体问题。但遗憾的是，不少问题没有得到澄清和回答。中国对决议的部分内容有严重困难。同时，中方高度重视阿拉伯联盟关于利比亚的相关决定，也高度重视非洲国家和非盟的立场。鉴此并考虑到利比亚局势的特殊情况，中国对有关决议投了弃权票。

9月26日，外交部长杨洁篪在第66届联大一般性辩论中表示，中方尊重利人民的选择，承认利“国家过渡委员会”为利执政当局和利人民的代表。希望利各方在“过渡委”的领导下，开启包容性政治过渡进程，维护利的民族团结与国家统一，尽快实现利局势稳定并开展经济重建。中方支持联合国在利战后重建进程中发挥主导作用，支持联合国利比亚支助团及早开展工作。（刘少轩）

也门问题

2011年1月底，也门多省先后爆发大规模抗议示威活动，要求时任总统萨利赫下台。4月，海湾合作委员会提出了旨在化解也门危机的调解协议。11月，时任总统萨利赫与海湾合作委员会签署调解协议。

10月21日，安理会通过第2014号决议，严重关切也门不断恶化的安全局势，欢迎并支持海湾合作委员会参与调解也门政治危机，呼吁尽快以海湾合作委员会的倡议为基础，签署和执行一项解决协定。

6月24日，安理会发表主席新闻谈话，欢迎海湾合作委员会解决也门政治危机的努力。

8月9日、9月24日，安理会两次发表主席新闻谈话，关切也门安全局势、人道主义危机和恐怖主义威胁，呼吁也门各派摒弃暴力，尽早开启政治过渡进程。

11月28日，安理会发表主席新闻谈话，欢迎也门时任总统萨利赫签署海湾合作委员会协议，要求全面履行海湾合作委员会协议及安理会第2014号决议，组建民族团结政府，在期限内举行大选等。

12月22日，安理会发表主席新闻谈话，对政治过渡和落实机制所取得的进展表示满意，欢迎民族团结政府的成立，要求全面落实海湾合作委员会倡议及安理会第2014号决议，再次呼吁也门各派摒弃暴力，最终实现也门的和平、稳定和和解，改善也门人道及经济形势。

中方一直十分关注也门局势的发展，呼吁也门各派以国家和人民利益为重，保持理性与克制，避免暴力，推动包容、和平、有序、由也门主导的政治过渡进程，通过对话等和平方式解决分歧。中方支持联合国秘书长也门问题特别顾问及海湾合作委员会作出的斡旋努力，希望国际社会发挥建设性作用，以利于也门尽快恢复社会稳定和正常秩序。（刘少轩）

阿富汗问题

2011年，安理会多次审议阿富汗问题，通过了2项决议，发表1份主席声明，4份主席新闻谈话。

3月22日，安理会一致通过第1974号决议，决定将联合国驻阿富汗援助团任期延长至2012年3月23日。

4月1日，安理会发表主席新闻谈话，对在阿富汗发生的针对联合国驻阿富汗机构的暴力袭击事件导致联合国人员伤亡表示谴责，呼吁阿富汗政府将袭击者绳之以法，并切实保护联合国人员和财产安全。

9月21日，安理会发表主席新闻谈话，对阿富汗高级和平委员会主席拉巴尼遇袭身亡表示谴责，重申坚定支持阿富汗民族和解进程。

10月12日，安理会一致通过第2011号决议，决定将国际安全援助部队任期延长至2012年10月13日。

10月31日，安理会发表主席新闻谈话，对在阿富汗发生的针对联合国驻阿富汗机构的暴力袭击事件导致联合国人员伤亡表示谴责，呼吁阿富汗政府将袭击者绳之以法，并切实保护联合国人员和财产安全。

12月6日，安理会发表主席新闻谈话，对在阿富汗发生的恐怖袭击事件表示谴责，呼吁阿富汗政府将袭击者绳之以法，重申将打击一切形式的恐怖主义。

12月19日，安理会发表主席声明，欢迎2011年12月5日在波恩举行的阿富汗国际会议和会议结论。

中国积极参与安理会有关审议，积极支持、参与和推动阿富汗和平重建进程，并向阿提供了力所能及的帮助。中国支持联合国继续在协调国际社会对阿富汗援助方面发挥领导作用，并积极参与有关阿富汗问题的国际合作。杨洁篪外长及其代表出席了阿富汗问题伊斯坦布尔会议、波恩会议等。（戴德茂）

尼泊尔问题

2011年1月15日，联合国驻尼泊尔政治特派团撤离尼泊尔。安理会就此于1月14日发表主席声明，赞赏联尼特派团在协助尼泊尔和平进程方面所作努力，呼吁尼有关各方继续努力，尽快完成制宪与和平进程。（戴德茂）

巴以问题

2011年，安理会继续关注巴以问题，每月举行公开会，由主管政治事务、人道主义事务的副秘书长、中东和平进程特别协调员兼秘书长个人代表等通报最新形势。

6月26日，巴勒斯坦解放组织（巴解组织）执委会秘书长在约旦河西岸城市拉姆安拉举行的执委会会议上正式宣布，将于2011年9月前往联合国要求其承认以1967年战争前边界线为基础，以东耶路撒冷为首都建立巴勒斯坦国，给予巴勒斯坦联合国会员国身份并根据《联合国宪章》承认其自治权。美国、以色列强烈反对巴勒斯坦在当年联大期间单方面寻求建国，美并声称如巴方在联合国安理会提交"入联"申请，将予否决。9月23日，巴勒斯坦民族权力机构主席阿巴斯在纽约联合国总部向联合国秘书长潘基文正式递交了巴勒斯坦寻求成为联合国会员国的申请书。11月11日，联合国安理会接纳新会员国委员会通过巴勒斯坦入联申请报告并递交安理会，但安理会未能达成一致。巴方坚称不放弃"入联"努力。10月31日，联合国教科文组织以107票同意、14票反对和52票弃权的结果通过决议，接纳巴勒斯坦为正式成员国。

对巴方拟将独立建国问题提交联合国，中方表示理解、尊重和支持。中方一贯支持巴勒斯坦和阿拉伯人民争取恢复民族合法权利的正义事业，认为独立建国是巴人民不可剥夺的合法权利，是实现巴勒斯坦、以色列两个国家和平共处的基础和前提，有利于中东地区的长治久安。中方主张，中东问题有关各方在联合国有关决议、"土地换和平"原则、"阿拉伯和平倡议"和中东和平"路线图"计划等基础上，通过谈判妥善解决彼此争端，最终实现巴勒斯坦独立建国，以色列同所有阿拉伯国家关系正常化。巴勒斯坦问题是中东问题的核心。和平谈判是解决中东问题的唯一正确途径。希望巴以双方坚持谈判道路，以严肃认真和负责任的态度推动和谈不断向前发展。中方赞赏并支持国际社会推动巴以和平合作的不懈努力，愿继续与国际社会一道，推动中东问题早日得到公正、全面、持久的解决。　（刘少轩）

苏丹有关问题

2011年，国际社会继续高度关注南北苏丹问题和苏丹达尔富尔问题，安理会多次进行审议，共通过8项决议、3份主席声明和12份主席新闻谈话。

1月6日，安理会发表主席新闻谈话，欢迎苏丹南方公投筹备工作取得进展，期待公投1月9日和平举行。严重关切阿布耶伊问题迄无共识，敦促苏丹南北双方尽快就包括阿布耶伊在内的未决问题达成一致。关切达尔富尔地区（达区）暴力增多，敦促有关各方立即、无条件加入达区政治进程。

1月18日，安理会发表主席新闻谈话，欢迎苏丹南方公投总体和平、有序完成，期待"南方公投委员会"公布结果。谴责阿布耶伊暴力事件，敦促苏丹南北双方尽快就包括阿布耶伊在内的未决问题达成一致。关切达尔富尔地区暴力增多，敦促有关各方立即、无条件加入达区政治进程。

2月9日，安理会发表主席声明，欢迎"南方公投委员会"2月7日宣布公投结果，显示98.83%的投票者选择独立。呼吁国际社会全力支持所有苏丹人民建设一个和平与繁荣的未来。呼吁全体会员国尊重公投结果，期待南苏丹在7月9日后成为国际社会的新成员。

3月3日，安理会发表主席新闻谈话，对阿布耶伊近期冲突深表关切，敦促各方缓和紧张局势，执行此前达成的协议。谴责琼格莱州冲突再起，强调有必要预防类似冲突。敦促联合国驻苏丹特派团监督阿布耶伊和琼格莱州局势，根据安理会授权保护平民。

4月21日，安理会发表主席声明，支持苏丹南北双方继续举行谈判就未决问题达成一致。关切阿布耶伊地区的紧张、暴力和流离失所情况更趋严重，呼吁各方执行此前达成的协议。承认海牙常设仲裁法院于2009年7月作出的裁决，其中明确了阿布耶伊的边界。达尔富尔政治进程可在确保达尔富尔地区人民参与和支持、更多参与落实多哈和平进程方面发挥补充作用。但达尔富尔政治进程仍需进一步的有利环境，其中包括：（1）参与者的公民权利和政治权利，从而使他们能够发表意见而不必担心报复；（2）言论和集会自由，以允许公开协商；（3）参与者和达尔富尔混合行动的行动自由；（4）达尔富尔人之间比例相称的参与；（5）不受骚扰、任意逮捕和恐吓；（6）不受政府或武装运动的干涉。

4月27日，安理会一致通过第1978号决议，决定将联合国驻苏丹特派团（联苏特派团）任期延至7月9日。打算设立另一特派团接替联苏特派团，并授权联苏特派团利用其资产筹建上述后续特派团。

5月11日，安理会发表主席新闻谈话，谴责苏丹南北双方均向阿布耶伊地区（阿区）派兵，违反《全面和平协议》。敦促双方立即从阿区撤军，并在非盟斡旋下就阿区最终地位问题达成共识。

5月17日，安理会一致通过第1982号决议，决定将安理会苏丹制裁委员会下属专家小组的任期延长到2012年2月19日，并请秘书长尽快采取必要的行政措施，请专家小组最迟在其任期结束前30天，向安理会提交最后报告以及结论和建议。

5月22日，安理会发表主席新闻谈话，谴责苏丹南方政府军袭击联合国驻苏丹特派团装甲车，谴责苏丹政府军出兵占领阿布耶伊地区城镇。要求苏南北双方从阿区全面撤军，在非盟斡旋下通过谈判就阿区最终地位达成政治解决。

6月3日，安理会发表主席声明，对阿布耶伊地区不断发生暴力和局势迅速恶化深表关切，强烈谴责苏丹政府军对阿布耶伊地区进行军事控制并继续维持这种控制，导致成千上万阿布耶伊居民流离失所。呼吁其确保立即停止所有抢劫、纵火和非法重新定居。强调将追究所有违反国际法、包括人道主义法和人权法的人以及下令实施这些行为的人的责任。

6月23日，安理会发表主席新闻谈话，呼吁达尔富尔各方妥善解决分歧，尽快通过谈判达成永久停火，并在《多哈和平文件》基础上达成全面政治协议。

6月27日，安理会一致通过第1990号决议，决定设立联合国驻阿布耶伊临时安全部队，任期为6个月，最高人数将包括4200名军事人员、50名警务人员和适当的文职支助人员。其授权包括监测与核实苏丹南北双方撤军情况、参与阿布耶伊地区相关机构的工作及为人道主义援助工作提供便利等。

7月8日，安理会一致通过第1996号决议，决定于2011年7月9日设立联合国驻南苏丹特派团，初步任期一年，并打算视需要予以延长，该特派团将最多有7000名军事人员，包括军事联络官和参谋人员，最多有900名文职警察人员，包括酌情配置建制单位，并有适当的文职部门，包括进行人权调查的技术专业人员。决定特派团授权包括巩固和平并为南苏丹的长期建设和经济发展创造条件，支持南苏丹履行预防、缓解和消除冲突和保护平民的责任，以及支持南苏丹建立保障安全的能力，实行法治，加强安全和司法部门改革。

7月11日，安理会一致通过第1997号决议，决定即日起撤出原联合国驻苏丹特派团，吁请秘书长最迟于2011年8月31日完成撤离。

7月22日，安理会发表主席新闻谈话，欢迎苏丹政府与达尔富尔叛军组织“自由与正义运动”签署和平路线图，呼吁达区其他叛军组织与苏丹政府军停止敌对行动，协商和平协议。

8月1日，安理会一致通过第2003号决议，决定将联合国–非盟达尔富尔“混合行动”的任期再延长12个月，到2012年7月31日为止。“混合行动”在决定使用现有能力和资源时，应优先注重保护达尔富尔各地平民和为人道主义援助提供便利。重申必须推动非盟和联合国牵头的达尔富尔和平与政治进程，欢迎优先推动“混合行动”继续努力支持和补充这项工作，并欢迎非盟苏丹问题高级别小组在这方面进行的努力。

8月3日，安理会发表主席新闻谈话，对联合国驻阿布耶伊临时安全部队的四名埃塞俄比亚籍维和士兵在地雷爆炸中身亡表示悲痛，对埃塞政府及遇难者家属致以深切同情和哀悼。

8月8日，安理会发表主席新闻谈话，强烈谴责针对联合国—非盟达尔富尔“混合行动”的袭击事件，对在袭击中遇难的一名塞拉利昂籍维和士兵家属致以深切哀悼。

10月11日，安理会发表主席新闻谈话，强烈谴责针对联合国—非盟达尔富尔“混合行动”的袭击事件，对在袭击中遇难的两名卢旺达籍维和士兵和一名塞内加尔籍警察顾问家属致以深切哀悼。

11月4日，安理会发表主席新闻谈话，谴责南北苏丹均未完全撤离其部署在阿布耶伊地区的安全部队，呼吁双方立即、无条件完成撤离。强调南北苏丹在非盟斡旋下，早日就包括阿区最终地位在内的未决问题达成共识的重要性和紧迫性。

11月8日，安理会发表主席新闻谈话，强烈谴责针对联合国–非盟达尔富尔“混合行动”的袭击事件，对在袭击中遇难的一名塞拉利昂籍维和士兵家属致以深切哀悼。

12月14日，安理会一致通过第2024号决议，决定扩大联合国驻阿布耶伊临时安全部队的授权，包括协助南北苏丹落实关于边界安全的协议。

12月22日，安理会一致通过第2032号决议，决定延长联合国驻阿布耶伊临时安全部队的任期5个月，呼吁南北苏丹全面配合其工作。

中国支持南北苏丹和平进程，主张南北苏丹本着互谅互让的精神，通过对话和协商妥善解决有关分歧，全面落实北南《全面和平协议》。国际社会应为此创造有利条件，鼓励南北苏丹珍惜来之不易的和平成果，继续通过平等对话和协商，早日就边界划分、阿布耶伊、财富分配等未决问题达成共识。中方支持达尔富尔问题的政治解决，主张应充分发挥联合国、非盟、苏丹政府“三方机制”的主渠道作用，平衡推进维和部署和政治谈判的“双轨”战略，特别是推动达尔富尔地区主要派别尽快加入政治谈判进程。同时，应帮助苏丹改善达尔富尔人道和安全局势，早日实现该地区的和平、稳定与发展。

12月22日，中国常驻联合国副代表王民大使代表中国政府再次向联合国达尔富尔问题政治进程信托基金捐款50万美元。中国继续参与联合国—非盟达尔富尔“混合行动”和联合国驻南苏丹特派团的维和行动。

（何芬）

伊拉克问题

2011年安理会就伊拉克问题通过1项决议并发表4份主席新闻谈话。

6月22日、12月15日，安理会两次听取秘书长高级协调员塔拉索夫通报并发表主席声明，欢迎伊拉克、科威特积极加强合作，共同致力于解决科威特及第三国失踪人员和财产问题的努力，支持将联合国秘书长高级协调员的任期延长6个月。

6月30日，安理会发表主席声明，欢迎伊拉克政府全面掌管伊拉克发展基金收益。

8月18日，安理会发表主席声明谴责8月15日伊拉克发生的恐怖袭击事件，呼吁将有关责任人绳之以法。

7月28日，安理会通过第2001号决议，决定将联合国伊拉克援助团（联伊援助团）的任务期限延长12个月，呼吁会员国继续向联伊援助团提供支持。

（刘少轩）

塞浦路斯问题

2011年，安理会多次审议塞浦路斯问题，共通过2项决议。

6月13日，安理会一致通过第1986号决议，决定将联合国驻塞浦路斯维持和平部队（联塞部队）任期延长至2011年12月15日。

12月14日，安理会一致通过第2026号决议，决定将联塞部队延期至2012年7月19日。

中国充分尊重塞浦路斯独立、主权和领土完整，主张塞问题在联合国有关决议基础上得到公正、合理的解决。希望塞浦路斯、希腊和土耳其两族领导人保持谈判势头，进一步扩大共识，缩小分歧。国际社会应保持耐心，积极为谈判创造良好氛围，发挥建设性作用。联合国应继续秉持公正、客观原则，支持和推动由塞人民主导的谈判进程。（王丹）

科索沃问题

2011年，安理会多次审议科索沃问题并举行公开会。

中国积极参与安理会对科索沃问题的审议，强调应尊重塞尔维亚的主权和领土完整，主张科索沃问题应在安理会第1244号决议框架内，由当事方通过对话谈判，达成彼此均可接受的解决方案。中方对科索沃地区、特别是科北部的族群关系紧张表示关切，希望当事方采取慎重态度，通过对话化解分歧，避免采取可能导致局势复杂升级的行动。中方赞赏联合国驻科索沃特派团（联科特派团）为促进地区和平稳定、推动对话作出的不懈努力，支持联科特派团继续根据安理会第1244号决议授权开展工作。希望联科特派团、欧盟科索沃法治特派团、驻科国际维和部队等加强协调，为推动有关问题的解决发挥积极和建设性的作用。（王丹）

索马里问题

2011年，安理会多次审议索马里问题，通过3项决议，并发表3份主席声明和5份主席新闻谈话。

1月14日，安理会发表主席新闻谈话，表示注意到索马里过渡联邦机构过渡期将于8月结束，重申对非盟驻索马里特派团工作的支持，谴责针对索马里过渡联邦政府、非盟驻索马里特派团和平民的袭击。

3月10日，安理会发表主席声明，对索马里人道主义局势恶化和旱灾表示严重关切，强烈谴责武装团伙袭击和阻挠运送人道主义援助物资的行为；确认非盟驻索马里特派团和索马里安全部队取得的进展，呼吁国际社会迅速向联合国非索特派团信托基金捐款。

3月17日，安理会一致通过第1972号决议，强调所有国家应全面遵守关于对索马里实施军火禁运等相关决议，决定在16个月内，第1844（2008）号决议第3段规定的金融定向制裁措施不适用于人道主义援助行为。

5月11日，安理会发表主席声明，对索马里过渡联邦机构单方面决定延长其任期表示遗憾，敦促其尽快就举行总统和议会议长选举问题达成协议；敦促索马里过渡联邦机构在过渡期结束前优先在实现和解、制订宪法和协助提供基本服务方面取得进展，并指出安理会今后对索马里过渡机构的支持将取决于是否取得明显成果。

6月24日，安理会发表主席声明，欢迎索马里各派签署《坎帕拉协议》，呼吁签署方履行其义务；注意到索马里任命了过渡联邦政府的新总理，并期待迅速任命新内阁；欢迎即将举行的索马里过渡联邦机构和索马里所有利益攸关方都参加的协商会议，指出会议应商定一个由过渡联邦机构执行、有明确的时间表和标准的优先工作路线图，安理会今后对过渡联邦机构的支持将取决于上述工作的完成情况。

7月25日，安理会发表主席新闻谈话，对索马里南部饥荒以及干旱引发非洲之角部分地区民众严重营养不良深表关切；欢迎国际社会所采取的应对行动，严重关切人道援助资金不足情况，敦促会员国作出贡献。

7月29日，安理会一致通过第2002号决议，决定第1844号决议有关制裁措施亦适用于在索马里武装冲突中招募和使用儿童、袭击平民的个人和实体；将索马里制裁委监测小组任期延长12个月，并根据第1907号决议扩大监测小组职能范围；决定在12个月内对索人道主义援助不受金融定向制裁措施限制。

8月15日，安理会发表主席新闻谈话，强烈支持秘书长索马里问题特别代表为即将举行的索马里协商会议提供便利，强调索马里过渡联邦机构和索马里所有利益攸关方应广泛参加该会议；欢迎索马里局势近期取得进展，赞赏非盟驻索马里特派团和索马里安全部队所作努力；重申对索马里持续动荡引发恐怖主义、海盗和人道主义危机的严重关切；重申对索马里饥荒的严重关切，敦促会员国作出贡献。

9月30日，安理会一致通过第2010号决议，决定将非盟驻索马里特派团授权延期至2012年10月31日，请非盟将特派团核定兵力迅速增至1.2万人。

10月4日，安理会发表主席新闻谈话，强烈谴责摩加迪沙发生的恐怖袭击事件造成平民伤亡；重申对索马里过渡联邦政府、非盟驻索马里特派团的支持。

12月13日，安理会发表主席新闻谈话，欢迎联合国秘书长潘基文于12月9日访问索马里并宣布联合国索马里政治事务办公室将于2012年1月迁回摩加迪沙；重申支持秘书长呼吁索马里过渡联邦机构更快执行《结束过渡期路线图》（《路线图》），指出安理会对索马里过渡联邦机构的支持取决于上述任务的完成情况；重申严重关切索马里饥荒，敦促会员国作出贡献。

中国代表在安理会有关审议中表示，中方欢迎索马里和平进程和安全局势取得积极进展，非盟驻索马里特派团和索马里安全部队有关军事行动取得重要成果，赞赏联合国、非盟等国际和地区组织以及地区国家为此所作的贡献，希望索马里各方继续巩固团结、增进互信，加强自身能力建设，确保《路线图》顺利执行；呼吁国际社会、特别是联合国加大对非盟驻索马里特派团的支助力度，提供更多的后勤、技术和资金支持，支持安理会积极考虑在适当时候在索马里部署维和行动。中方对索马里饥荒持续蔓延深表关注，赞赏国际人道机构开展的紧急救援行动。中方敦促索马里有关各方全力配合国际社会的救援努力，呼吁国际社会继续向索马里提供更多援助。（王雨）

索马里海盗问题

2011年，安理会多次审议索马里海盗问题，并通过了3项决议。

4月11日，安理会一致通过第1976号决议，敦促所有国家在本国法律中将海盗定为犯罪；再次呼吁各国积极考虑起诉在索马里沿海抓获的海盗嫌犯和监禁被定罪的海盗；敦促各国、联合国禁毒办和区域组织统筹集中国际援助，加强索马里的监狱能力。

10月24日，安理会一致通过第2015号决议，呼吁所有国家调查和起诉海盗嫌犯，紧急要求索马里过渡联邦政府和索马里有关区域当局制定一整套反海盗法律；强烈敦促尚未在本国法律中将海盗定为犯罪的国家将其定为犯罪；决定继续紧急考虑在索马里和该区域其他国家设立反海盗特别法庭。

11月22日，安理会一致通过第2020号决议，赞赏欧盟、北约以及其他国家打击海盗努力；决定应索过渡联邦政府要求将打击索海盗的授权延长12个月。

2011年，根据安理会1851号决议成立的索马里海盗问题联络小组共举行三次全体会议和多次工作组会议，讨论打击海盗的军事行动协调、地区能力建设、商船自保措施、司法领域及加强公众宣传等问题。中方派团参加了上述全体会议和工作组会议。

中国代表在安理会有关审议中表示，索马里海盗滋生的根源没有消除，打击海盗任务依然艰巨，需要国际社会尽快进一步作出全面努力，争取标本兼治。中国支持各国根据国际法及安理会有关决议为打击索海盗开展各项行动，并支持国际社会在现行国际法框架下就起诉索海盗问题加强国际合作。从根本上解决海盗问题，必须坚持综合治理，积极推进索国内和平进程，帮助索应对经济、社会问题，并制定打击索海盗的地区战略。

中国在安理会相关决议框架内积极参与打击索马里海盗的国际合作。中国海军护航编队继续保护各国航经亚丁湾、索马里海域船舶及其人员安全，保护世界粮食计划署等国际组织运送人道救援物资船舶的安全。（王雨）

刚果（金）问题

2011年，安理会多次审议刚果（金）问题，通过1项决议，并发表1份主席声明和4份主席新闻谈话。

2月7日，安理会发表主席新闻谈话，欢迎刚果（金）政府同联合国驻刚果（金）稳定特派团增进合作与沟通；注意到刚果（金）议会修改宪法，包括对总统选举程序的修改；敦促各方为自由、公平、透明、可信的选举创造有利、和平的环境。

5月18日，安理会发表主席声明，认为刚果（金）和平与安全局势近年来有所改善，确认其在消除外国和本国武装团体威胁的行动取得了成果；敦促刚果政府以及有关各方确保创建有利环境，从而可以开展有公信力、包容、透明、和平、及时、自由和公正的选举工作。

6月28日，安理会一致通过第1991号决议，决定延长联合国驻刚果（金）稳定特派团任期至2012年6月30日。

10月17日，安理会发表主席新闻谈话，重申呼吁刚果（金）举行可信、和平的总统选举；强烈鼓励各方签署选举行为准则；呼吁联合国驻刚果（金）稳定特派团继续支持选举的组织工作。

11月8日，安理会发表主席新闻谈话，重申对刚果（金）选举过程中暴力事件有关报告的关切，呼吁有关各方保持克制；强调支持联合国驻刚果（金）稳定特派团对选举给予的技术和后勤支持。

11月29日，安理会一致通过第2021号决议，决定将刚果（金）制裁措施及专家小组延期至2012年11月30日。

12月2日，安理会发表主席新闻谈话，欢迎刚果（金）于2011年11月28日举行第二次总统和议会选举，祝贺刚果（金）人民广泛参与选举；要求有关各方确保维护平静、和平环境，保持克制等待选举结果。

中国代表在安理会审议刚果（金）问题时表示，刚果（金）总体安全局势保持稳定，经济实现较快增长，人民生活水平提高，人道主义形势进一步改善，地区合作日益密切。中方对此表示祝贺，并赞赏刚果（金）政府为此所作的不懈努力。中方赞赏和支持联合国驻刚果（金）稳定特派团为协助刚果（金）实现和平稳定作的大量工作，认为联合国在刚（金）存在及未来发展问题上应继续听取并尊重刚果（金）政府的意见。（王雨）

厄立特里亚制裁问题

2011年，安理会继续审议对厄立特里亚制裁问题，并通过1项决议。

12月5日，安理会以13票赞成，2票弃权（中国、俄罗斯）通过第2023号决议，谴责厄立特里亚违反安理会有关决议，继续支持参与破坏索马里和平和该区域和平的武装团体；要求厄立特里亚立即停止一切破坏各国稳定的行为；决定各国应采取适当措施，要求在厄立特里亚从事与矿业有关活动的国民和公司保持警惕，防止厄立特里亚将资金用于违反安理会有关决议的活动。

中国代表在安理会审议中表示，中国一贯对制裁持慎重态度，认为制裁往往达不到预期目的，反而可能导致局势更加复杂，并影响当事国的经济发展和民生。安理会在非洲之角问题上的相关行动，应该有利于地区国家改善关系，有利于推动有关各方通过对话协商解决分歧，有利于维护地区和平与稳定。因此，中国对安理会2011年通过的第2023号决议投了弃权票。（王雨）

几内亚湾海盗问题

2011年，安理会审议几内亚湾海盗问题，并通过1项决议，发表1项主席新闻谈话。

8月30日，安理会发表主席新闻谈话，对几内亚湾海盗、海上武装抢劫、劫持人质对地区安全、贸易与经济造成的影响表示关切，注意到地区国家所作努力，确认地区国家在该问题上的主导地位，并呼吁国际社会给予帮助。

10月31日，安理会一致通过第2018号决议，谴责在几内亚湾各国沿海犯下的所有海盗和海上武装抢劫行为；鼓励西非国家经济共同体、中部非洲国家经济共同体和几内亚湾委员会国家拟定一项全面应对战略；吁请各国与航运业、保险业和国际海事组织合作，向船只提供适当咨询和指导；吁请西非经共体、中非经共体和几内亚湾委员会国家协力起诉被指控在几内亚湾沿海实施海盗和海上武装抢劫行为的人。

中国代表在安理会审议中表示，几内亚湾海盗活动日益猖獗，对地区和平与安全带来威胁。沿岸国、有关区域组织和国际社会应充分认识到海盗问题的严峻性，及时采取预防和打击行动，充分重视海盗问题产生的根源，采取综合性战略，切实维护有关国家和地区和平稳定的局面。中方呼吁国际社会通过信息共享、经验交流、技术援助、能力建设等方式向沿岸国和有关区域组织提供必要协助。（王雨）

几内亚比绍问题

2011年，安理会继续审议几内亚比绍局势，通过1项决议，并发表2份主席新闻谈话。

2月25日，安理会发表主席新闻谈话，注意到几内亚比绍政府近期在稳定局势和维护宪政秩序上取得的进展；对毒品走私等跨国有组织犯罪活动上升并影响地区和平安全保持关切。

8月26日，安理会发表主席新闻谈话，欢迎几内亚比绍国民议会致力于推进全国各方政治和解；强调几内亚比绍政府应加大努力，为民事官员增强对几比安全部队的管理创造有利环境；欢迎西非国家经济共同体制定几比安全部门改革路线图。

11月21日，安理会一致通过第2030号决议，将联合国驻几内亚比绍建设和平支助办事处任期延长至2013年2月28日，敦促几内亚比绍武装部队成员不干涉政治事务。

中国代表在安理会审议中表示，中方关注几内亚比绍局势，赞赏非盟、西非经济共同体等的斡旋努力，呼吁几比各方开展对话，达成民族和解，实现国家的稳定和发展。（王雨）

科特迪瓦问题

2011年，安理会继续审议科特迪瓦问题，并通过7项决议，发表4份主席新闻谈话。

1月10日，安理会发表主席新闻谈话，支持非盟和西非国家经济共同体（西共体）寻求和平解决科特迪瓦危机的努力；强调安理会强烈期望科危机得到和平解决；严重关切科发生的暴力和侵犯人权事件；谴责针对维和人员和平民的袭击事件；敦促各方最大限度保持克制。

1月19日，安理会一致通过第1967号决议，决定向联合国驻科特迪瓦特派团（联科团）增派2000名军事人员，部署至2011年6月30日；将第1942号决议授权临时增派的军事和警察人员的部署期限延至2011年6月30日；延长从联合国驻利比里亚特派团（联利团）临时借调至联科团的步兵连和军事通用直升机和机组的部署期限最多至4个星期；临时将武装直升机及机组从联利团调往联科团，任期4个星期。

2月16日，安理会一致通过第1968号决议，决定延长从联利团临时调至联科团的步兵连、军事通用直升机、武装直升机及机组的部署期限最多至3个月。

3月3日，安理会一致通过第1975号决议，敦促科特迪瓦各方承认瓦塔拉当选新任总统；谴责前总统巴博拒不配合非盟政治解决方案，敦促其立即让位；敦促科所有国家机构服从于瓦塔拉；强调全力支持联科团采用一切必要手段执行任务，在其能力范围和部署地区内保护平民，包括防止对平民使用重型武器；决定对巴博及其侧近人士进行定向制裁。

3月3日，安理会发表主席新闻谈话，严重关切科特迪瓦不断升级的暴力活动；重申支持非盟和西共体解决科危机的努力并强调期望危机得到和平解决；谴责科限制言论自由的权利；鼓励联科团监督军火禁运措施的执行。

3月11日，安理会发表主席新闻谈话，欢迎非盟和平与安全理事会召开元首和政府首脑会议并确认瓦塔拉为科特迪瓦当选总统；赞赏非盟科危机高级别委员会工作并支持非盟和西共体通过民主、和平方式解决科危机。

4月13日，安理会发表主席新闻谈话，欢迎瓦塔拉行使国家元首职责；敦促全体科特迪瓦人民避免报复和挑衅行为；赞赏瓦塔拉总统呼吁全国实现公正与和解并决定成立真相与和解委员会；对有关阿比让普遍存在暴力与恐吓行为的报告表示关切，敦促所有非法武装人员立即向科当局缴械；呼吁联科团在法国驻科部队协助下继续执行保护平民的授权。

4月28日，安理会一致通过第1980号决议，决定将对科特迪瓦实施的制裁措施延至2012年4月30日，将科特迪瓦毛坯钻石出口禁令延至2012年4月30日；决定对安理会制裁科特迪瓦委员会专家小组任期延至2012年4月30日。

5月13日，安理会一致通过第1981号决议，决定将联科团任期延长到2011年7月31日；将从联利团临时调至联科行动的步兵连、通用直升机、武装直升机及机组的部署期限延长到2011年6月30日。

6月29日，安理会一致通过第1992号决议，决定将从联利团调到联科团的武装直升机及机组任期延长到2011年9月30日；将向联科团增派的2000名军事人员及临时增加的军事和警察人员任期延长到2011年7月31日。

7月27日，安理会一致通过第2000号决议，将联科团的任期延长到2012年7月31日；决定将安理会对法国驻科部队的授权期限延长至2012年7月31日。

中国代表在安理会审议科特迪瓦问题时表示，中方呼吁科特迪瓦有关各方立即停止暴力和武力对抗，通过对话和协商解决分歧。中方主张通过和平方式解决科特迪瓦因大选引发的危机，赞赏并支持非盟和西共体致力于政治解决危机的努力，呼吁科特迪瓦有关各方予以积极、全面的配合。中方一贯主张联合国维和行动应恪守中立原则。中方希望联科特派团严格、全面履行授权，帮助和平解决科特迪瓦危机，并避免成为冲突一方。（王雨）

海地问题

2011年，安理会继续审议海地问题，发表1份主席声明，并通过1份决议。

4月6日，安理会就海地问题举行高级别公开辩论会，并发表1份主席声明，重申对海地主权、独立、领土完整和统一的承诺，强调联合国驻海地稳定特派团（联海稳定团）在支持海地政府创造安全、稳定环境和实现经济复苏方面的重要作用，呼吁国际社会继续提供支持、加快兑现各项援助承诺；重申有关各方应在有效和协调一致的框架下，继续支持海地强化治理结构，落实复苏与发展计划。国际社会应在教育、医疗、住房、政府能力建设等领域加大对海地的支持。

10月14日，安理会一致通过第2012号决议，决定联海稳定团的总兵力最多为7340人，其中警察部分最多为3241人，并将联海稳定团任务的期限延长至2012年10月15日，确认海地政府和人民自主决定并担负海地稳定工作的首要责任，呼吁联海稳定团支持海地目前的政治进程，支持海地的部分立法机构选举和地方政府选举；协调国际社会为海地提供的选举援助。

中国代表在安理会审议海地问题时表示，海地政治、安全和人道形势仍面临严峻挑战，国际社会应继续提供支持和援助，推进海地政治进程，实现权力平稳过渡；海地政府和人民对国家安全稳定、实现重建和可持续发展负有首要责任，国际社会应尊重海地自主权和主导作用；国际社会应尽快兑现对海地援助承诺，加强协调合作；中方支持联海稳定团继续履行安理会授权，重点在协助海地维护安全稳定、推动政治进程、支持政府机构能力建设等方面发挥作用。

目前，中国共有28名民事警察在联海稳定团从事维和工作。（张文天）

联合国部分机构

联合国组织机构庞杂，设立了各种理事会、委员会或其他名称的机构。下面介绍一些比较重要或同中国关系较多的机构。

联合国经社理事会职司委员会

社会发展委员会（Commission for Social Development—CSD）

【成立日期】根据经社理事会1946年6月21日决议成立，原称“社会委员会”，后根据经社理事会1966年7月29日决议改现名。

【成员】该委员会成员由经社理事会按地区分配原则选举产生，任期四年。1996年，社发委特别会议决定扩大委员会成员，由32个国家增至46个（非洲国家12个、亚洲国家10个、拉美国家9个、东欧国家5个、西欧及其他国家10个）。常设机构是联合国社会发展和人道事务中心的社会发展分部。该中心设在维也纳。委员会每2年举行一次会议。1997年起届会改为每年一次。

【主要活动】该委员会是联合国经社理事会9个职司委员会之一。其职能和主要活动为：研究和讨论国际社会领域的形势和趋势；对社会发展的目标和政策提出建议；对妇女、青年、老龄人、残疾人、社会治安与犯罪控制等领域应采取的措施问题提出意见和建议；并与在经社理事会享有咨商地位的有关非政府组织建立工作关系。

【同中国的关系】中国于1989年首次当选为联合国社会发展委员会（社发会）成员，并连选连任至今。中国本次任期至2013年。

中国一贯重视社会发展问题，积极参与多边社会发展领域的活动。2011年2月7日至20日，联合国社会发展委员会第49届会议在联合国总部举行。中国代表团由外交部、国家发展改革委员会、全国老龄办、中国残疾人联合会、国务院扶贫办中国国际扶贫中心等单位派员组成。中国常驻联合国代表团副代表王民大使任代表团团长。本届会议是社会发展问题世界首脑会议和联合国大会第24届特别会议的后续行动，会议的优先主题是“消除贫穷”。会议审查了《关于残疾人的世界行动纲领》、《世界青年行动纲领》《马德里老龄问题国际行动计划，2000年》以及包括家庭问题、政策和方案等与社会各群体状况有关的联合国行动计划和行动纲领；讨论了新出现的社会保护问题。会上，中国代表团团长王民大使、外交部代表尤佳和周宁宇分别就消除贫穷、“审查与社会各群体状况有关的联合国行动计划和行动纲领”、“社会保护”等议题作了发言。（穆易）

麻醉品委员会（Commission on Narcotic Drugs—CND）

【成立日期】根据联合国经社理事会1946年2月16日决议成立。

【成员】成员由经社理事会从联合国会员国、麻醉品公约参加国、麻醉药品和精神药物的重要生产国和消费国中选出，同时注意地域均衡分配原则。现有成员53个，任期四年。

【主要职能】委员会是联合国系统内负责麻醉品管制问题的中心决策机构，主要职能包括：协助经社理事会制订有关政策和措施；根据国际禁毒公约的规定，管制非法使用和滥用麻醉品及精神药物，审议各缔约国落实公约情况；审议各国落实1998年禁毒特别联大《政治宣言》的情况；执行联合国机构所授予的其他职责等。

【组织机构】下设中近东麻醉品非法贩运及有关事务小组委员会和亚太、非洲、欧洲和拉美及加勒比四个地区性协调委员会。

【主要活动】委员会每年召开一次届会。四个地区性委员会定期分别举行会议，审议本地区管制和禁止麻醉品滥用和非法贩运等问题。

【同中国的关系】1973年，中国派观察员出席了委员会第25届会议。1986～2005年和2008年至今，中国为委员会成员，现有任期至2015年。中国于1985年加入经修正的《1961年麻醉品单一公约》和《1971年精神药物公约》。1989年9月，中国批准《联合国禁止非法贩运麻醉药品和精神药物公约》。在1998年禁毒特别联大上，中国提出“坚持广泛参与、责任共担原则；全面实施综合均衡的国际禁毒战略；重视替代发展”三项主张。

2011年3月21～25日，联合国麻醉品委员会第54届会议在维也纳召开。中国驻维也纳代表团临时代办陈佩洁率中国代表团与会，国家禁毒委员会办公室、国家食品药品监督管理局和香港、澳门特区代表参团。大会围绕各项国际药物管制公约的执行情况、全球毒品贩运趋势、《政治宣言和行动计划》的执行落实情况等议题进行了讨论，并通过16项决议，涉及减少需求、公共卫生、易制毒化学品管制等问题。（张哲）

预防犯罪和刑事司法委员会（Commission on Crime Prevention and Criminal Justice—CCPCJ）

【成立日期】1992年2月6日根据联合国大会第46/152号决议成立。

【成员】成员国由经社理事会根据公平地域分配原则选举产生，任期三年。该委员会现有成员国40个。

【主要职能】在预防犯罪和刑事司法领域为联合国提供政策指导；制定方案并监督、审查其执行情况；促进并协调区域间和区域预防犯罪研究所的活动；动员各会员国支持联合国预防犯罪和刑事司法方案；召开联合国预防犯罪和罪犯待遇大会并审议大会提交的建议。

【主要活动】委员会每年召开一次届会。针对近年来跨国有组织犯罪活动猖獗的情况，1997年委员会第六届会议决定，成立政府特设委员会负责起草打击跨国有组织犯罪国际公约。经过11次特委会会议，公约草案完成并由2000年第55届联大通过。2000年12月，联合国在意大利巴勒莫举行该公约高级别签字大会，共有141个国家签署了公约。2003年9月该公约生效。

【同中国的关系】中国自1980年恢复参与联合国预防犯罪和刑事司法领域的工作以来，本着积极、务实、合作的精神参加了联合国在这一领域的各项有关活动，为打击犯罪和加强预防犯罪和刑事司法领域的国际合作作出了贡献。中国政府派团出席了联合国预防犯罪和刑事司法委员会历届会议，积极参加有关议题的审议、有关标准规则及文件的制定，加强与各成员国的合作，发挥了重要作用。2008年至今，中国为该委员会成员，现有任期至2014年。中国政府于2000年签署了《联合国打击跨国有组织犯罪公约》，2003年第十届全国人民代表大会常务委员会第四次会议批准该公约。

2011年4月11 ~ 15日，联合国预防犯罪和刑事司法委员会第20届会议在维也纳举行。司法部副部长郝赤勇率由外交部、公安部、最高人民检察院、最高人民法院、国务院新闻办公室及驻维也纳代表团与会。会议以"保护数字时代的儿童：虐待和剥削儿童方面的技术滥用"为主题。郝赤勇副部长在会上发言，中国代表团还积极参加了会议其他议题及相关决议的讨论和磋商。（张哲）

可持续发展委员会（Commission on Sustainable Development—CSD）

【成立日期】1992年6月，联合国环境发展大会通过《21世纪议程》，决定于1992年第47届联大上审议建立可持续发展委员会。该委员会在1993年2月经社理事会组织会议上正式成立，并选举产生53个成员国，是经社理事会下设的8个职司委员会之一。

【宗旨】保证环境与发展大会后续行动的有效性；加强可持续发展国际合作；使环境与发展大会事务的决策合理化；审查《21世纪议程》的实施。可持续发展委员会的具体职能在《21世纪议程》中有清楚的说明，其中包括：追踪联合国系统在实施《21世纪议程》、将环境与发展密切结合方面取得的进展；审议各国提供的关于实施"议程"情况的信息，包括各国面临的资金、技术转让等问题；审议执行"议程"的进展情况，包括提供资金和技术转让，以及发达国家的官方发展援助是否达到了占其国民总收入0.7%的水平；向经社理事会提出报告，并通过经社理事会将报告送交联大。

【成员】为使可持续发展委员会具有足够的代表性，该委员会由53个成员组成，遵循"地域公平分配原则"，亚洲11个成员国，非洲13个成员国，拉美10个成员国，东欧6个成员国，西欧和其他地区13个成员国。委员会每年由联合国经社理事会组织会议从联合国会员国及专门机构成员国中产生，任期三年。

【网址】http：//www.un.org/eas/sustdev/csd.htm。

【联络方式】电话：+1-212-963-3170。传真：+1-212-963-4260。电子邮件：dsd@un.org。

【主要活动】可持续发展委员会是联合国系统内讨论、审议国际环境与发展合作最重要论坛之一，在动员各方力量保持合作势头、敦促实施环境与发展大会各项决定方面发挥了积极的作用。委员会每年在纽约举行高级别会议，还围绕该年的主题综合审议《21世纪议程》的执行。

在2003年5月举行的委员会第11次会议上，可持续发展委员会进行了改革，决定今后委员会针对同一类主题以两年为周期进行讨论，第一年审议执行情况，第二年进行政策讨论，并请联合国各区域委员会组织相应的区域活动。会议还确定了2004年到2017年工作方案，其中2004 ~ 2005年主题为"水、卫生和人居"；2006 ~ 2007年主题为"能源促进可持续发展、工业发展、大气污染、气候变化"；2008 ~ 2009年主题为"农业、农村发展、土地、干旱、荒漠化和非洲"。2010 ~ 2011年主题为"可持续生产和消费、矿业、交通运输、废弃物管理、化学品"。2012 ~ 2013年主题为"森林、生物多样性、生物技术、旅游、山脉"。

2011年5月2 ~ 13日，委员会第19次会议（CSD19）在纽约联合国总部举行。会议就"可持续的生产和消费、矿业、交通运输、废弃物管理、化学品"等议题进行讨论，并围绕上述议题谈判制定国际政策措施、通过相关决定。会议举行了部长级对话，并对2012年联合国可持续发展大会进行展望。中国常驻联合国代表团代表李保东大使率团与会。2012年，因联合国可持续发展大会召开，可持续发展委员会未举行会议。2012年6月，联合国可持续发展大会决定在可持续发展委员会相关经验、资源和模式的基础上成立可持续发展政府间高级别政治论坛，最终取代可持续发展委员会。

【同中国的关系】自1993年以来，中国一直是可持续发展委员会的成员，并积极参与其工作。2011年5月，中国常驻联合国代表团代表李保东大使率团出席委员会第19次会议并发言，强调可持续发展攸关世界各国长远利益，各方应利用2012年联合国可持续发展大会之机，全面审议20年来可持续发展领域取得的进展和差距，并就全球可持续发展进程中的新挑战形成新战略和措施。中方将发挥建设性作用，与各方加强协调，分享经验，总结教训，推动大会取得积极成果。（宋磊）

妇女地位委员会（Commission on the Status of Women—CSW）

【成立日期】根据联合国经社理事会决议于1946年成立。

【成员】成员由经社理事会按地区分配原则选举产生，任期四年。成员国45个（非洲13个，亚洲11个，东欧4个，拉丁美洲和加勒比9个，西欧及其他国家8个）。

【主要职能】妇女地位委员会（下称"妇地会"）是联合国处理有关妇女问题的主要机构，其主要职责是促进妇女在政治、经济、社会及教育等方面实现男女平等，就有关妇女权益的迫切问题向经社理事会提出建议和报告。

【组织机构】从1971年起，妇地会由每年召开一次会议，改为两年一次；1988年又改为每年一次。该委员会闭会期间，日常事务由联合国提高妇女地位司负责，隶属联合国经济和社会事务部。

【主要活动】妇女问题是联合国社会领域重点活动之一。联合国自成立以来通过了一系列旨在提高妇女地位、维护妇女正当权益和促进男女平等的决议、宣言和公约。为使这些国际文书的条款得以实施并敦请国际社会和各国政府进一步加强对妇女问题的关注，根据妇地会的建议和1975年在墨西哥召开的世界妇女大会的建议，联合国宣布1975年为国际妇女年，1976 ~ 1985年为联合国妇女十年，1980年和1985年联合国先后在哥本哈根（丹麦）和内罗毕（肯尼亚）召开了妇女十年中期和终期世界会议（即第二次和第三次世界妇女大会）。在终期会议上制定了《到2000年提高妇女地位内罗毕前瞻性战略》（下称《战略》）。作为妇女十年活动的一部分，联合国于1979年12月18日通过了《消除对妇女一切形式歧视公约》。

1995年9月，联合国第四次世界妇女大会在北京举行。会议审议和评价了《战略》的执行情况，制定并通过了加速执行《战略》的《北京宣言》和《行动纲领》，具体确定了各国和国际社会在提高妇女地位方面共同遵循的原则和应承担的义务。

2000年6月，联合国在纽约总部召开妇女问题特别联大。会议重点审议国际社会实施第四次世界妇女大会后续行动的情况，通过了《政治宣言》和《执行<北京宣言>和<行动纲领>的进一步行动和倡议》。

2005年，第四次世界妇女大会十周年纪念会议在北京举行，会议主题为共同发展，实现两性平等，并通过了《北京+10宣言》。

【同中国的关系】中国于1972年首次当选为妇地会成员。此后还参加过多次竞选，均当选。1980年，中国签署并批准《消除对妇女一切形式歧视公约》。

2011年2月22日至3月4日，第55届联合国妇女地位委员会在纽约联合国总部举行。会议主要讨论了各国和各区域执行《北京行动纲领》和妇女问题特别联大后续行动情况。全国妇联副主席、书记处书记宋秀岩率团出席，并受邀在一般性辩论中发言，宣传中国在保护和促进妇女权益及履行《消除对妇女一切形式歧视公约》等方面采取的措施和取得的成就。

（*石玉丰*）

非政府组织委员会（Committee on Non-Governmental Organizations）

非政府组织委员会系联合国经社理事会（以下简称“经社会”）下属常设委员会，根据经社会决议于1946年成立，最初由中国、法国、英国、苏联、美国5国组成。1950年，巴基斯坦和秘鲁加入委员会，1966年扩大至13国。1981年7月，经社会决定将委员会成员从13个增至19个，由5个非洲国家、4个亚洲国家、4个拉美国家、4个西方国家和2个东欧国家组成。成员任期最初为一年，从1975年起改至四年，每四年改选一次，可连选连任。2012年成员国为中国、美国、俄罗斯、比利时、保加利亚、摩洛哥、布隆迪、苏丹、莫桑比克、塞内加尔、印度、巴基斯坦、土耳其、以色列、吉尔吉斯斯坦、古巴、秘鲁、委内瑞拉和尼加拉瓜。

该委员会是联合国系统内唯一审议非政府组织申请联合国经社会咨商地位、讨论制定非政府组织行为规范等问题的机构。每年召开两次会议。

根据联合国经社会1996/31号决议有关规定，经社会咨商地位分三类：全面（General）、特别（Special）和名册（Roster）。获得咨商地位的非政府组织可以观察员身份列席经社会及其下属机构会议。截至2011年9月，共有3534个非政府组织获得经社会咨商地位。

自恢复联合国合法席位后，中华人民共和国于1994年首次当选委员会成员并连选连任至今。在2010年联合国经社理事会组织会议上，中国再次当选，任期从2011年至2014年。截至2012年6月，中华全国妇女联合会、中国残疾人联合会、中国人权研究会、中国联合国协会、中国光彩事业促进会、中国女企业家协会、中国人民对外友好协会、中国人民争取和平与裁军协会、中国国际交流协会、中国绿化基金会、中国科学技术协会、中国可持续发展研究会、中国关爱协会、中国计划生育协会、中国军控与裁军协会、中华环境保护基金会、中国前外交官联谊会、中国跨国公司研究会、中国国际科技合作协会、中国国际教育交流协会、中国国际公关协会、中国西藏文化保护与发展协会、中国国际民间组织合作促进会、中国长城协会、中国民间组织国际交流促进会、中华环保联合会等43家非政府组织先后获得联合国经社会咨商地位。

非政府组织委员会2012年届会于1月30日至2月8日在纽约举行，会议共审议了343个非政府组织要求获得经社会咨商地位的申请和395份非政府组织四年期报告，决定给予158个非政府组织咨商地位，批准3个更改类别的申请。授予来自香港的亚洲控烟咨询组织特别类咨商地位。

5月21 ~ 30日，非政府组织委员会2012年续会在纽约举行。会议共审议281个非政府组织要求获得经社会咨商地位的申请和129份非政府组织四年期报告，决定给予其中128个非政府组织咨商地位，批准1个非政府组织更改类别申请和4个更改名称的申请。（*王一*）

联合国人权理事会
United Nations Human Rights Council—UNHRC

【成立日期】2006年3月15日，第60届联合国大会表决通过60/251号决议，决定成立人权理事会，取代原人权委员会。理事会为联大附属机构。

【**宗旨和职能**】促进对所有人人权与基本自由的普遍尊重；处理侵犯人权情况并提出建议；推动各国全面履行人权义务；推动联合国系统人权主流化；在与会员国协商同意后，帮助会员国加强人权能力建设，促进人权教育并提供技术援助；提供人权问题专题对话论坛；向联大提出进一步发展国际人权法的建议；向联大提交年度报告等。

【**成员**】理事会共有47个成员，根据公平地域分配原则，亚洲组13国、非洲组13国、拉美组8国、东欧组6国、西方组7国。理事会成员由联大以秘密投票方式选举产生，必须获半数以上会员国支持才能当选，任期三年，只能连选连任一次。联大可以2/3多数表决中止“粗暴和系统性侵犯人权国家”的成员资格。2006年5月9日，第60届联大选举产生理事会首届成员。中国以146票成功当选。2009年5月12日，第63届联大改选18名联合国人权理事会成员。中国以167票成功连任。截至2012年6月，理事会成员为：中国、沙特阿拉伯、吉尔吉斯斯坦、约旦、孟加拉国、卡塔尔、马来西亚、马尔代夫、泰国、印度、印度尼西亚、菲律宾、科威特、喀麦隆、毛里求斯、尼日利亚、塞内加尔、吉布提、安哥拉、毛里塔尼亚、乌干达、布基纳法索、贝宁、刚果（布）、博茨瓦纳、古巴、墨西哥、乌拉圭、厄瓜多尔、危地马拉、智利、秘鲁、哥斯达黎加、俄罗斯、匈牙利、波兰、摩尔多瓦、捷克、罗马尼亚、美国、比利时、挪威、西班牙、瑞士、奥地利、意大利。2011年3月1日，联大协商一致通过决议，暂停利比亚人权理事会成员权利。11月18日，联大以123票赞成、4票反对和6票弃权通过决议，决定恢复利比亚在理事会成员权利，中国投赞成票。

理事会工作以普遍、公正、客观、非选择性及建设性对话与合作为指导原则。理事会基本继承并改进原人权委员会机制和职能，同时新增对联合国192个会员国人权状况进行国别人权审查（亦称“普遍定期审议”）（Universal Periodic Review）机制。理事会建章立制方案规定，各会员国每四年向理事会提交本国人权状况报告，接受理事会审议。2008年4月，理事会正式启动首轮审议。目前已完成对所有会员国的首轮审议。2009年2月，中国首次接受审议。6月，理事会第11次会议顺利核可审议中国的报告。2012年5月，第二轮国别人权审查启动，审议周期改为四年半，中国将于2013年10月接受第二轮审议。

理事会每年举行至少3次会议，其中包括一次主要会议，会期合计不少于10周。经至少1/3成员同意，即可召开特别会议。迄今，理事会共召开20次全会，并就被占巴勒斯坦领土问题、苏丹达尔富尔、粮食安全、国际金融危机、海地、科特迪瓦、利比亚、叙利亚人权状况等问题举行19次特别会议。

【**主要活动**】2011年9月12 ~ 30日、2012年2月27日至3月23日、6月18日至7月6日，理事会在日内瓦分别召开第18次、第19次、第20次会议。在上述会议中，中国积极参与各项议题讨论和决议磋商，发言介绍中国在人权领域取得的最新成就，在国别人权决议、发展权、保护残疾人、妇女和儿童权利、反对种族歧视等问题上积极支持发展中国家合理主张，发挥建设性作用。

2011年10月3 ~ 14日、2012年5月21日至6月4日，理事会国别人权审查工作组在日内瓦分别召开第12次、第13次会议。津巴布韦、泰国、冰岛等16国接受首次审议，英国、印度、巴西、南非等14国接受第二次审议。

2011年4月29日、8月22日、12月2日、2012年6月1日，理事会就叙利亚人权状况召开4次特别会议。

【**同中国的关系**】中国是人权理事会成员，积极参与理事会工作，并发挥积极和建设性作用。中国政府重视联合国人权高级专员及其办公室（下称“高专办”）在促进和保护人权方面发挥的作用并与之保持合作。曾先后8次接待前任高专访华，落实与高专办签署的人权技术合作《谅解备忘录》。2011年12月，中国与人权高专办在浙江杭州共同举办司法研讨会，取得良好效果。及时答复人权理事会特别机制来函，已接待任意拘留工作组、宗教自由、教育权、酷刑和粮食权特别报告员访华。

附：一、人权理事会咨询委员会（The Human Rights Council Advisory Committee）

根据人权理事会建章立制方案，人权理事会成立了咨询委员会，取代原人权委员会下属促进和保护人权小组委员会（简称“小组会”）。该委员会继承原小组会大部分职能，负责从事人权专题研究并向理事会提出咨询意见。委员会由18名独立专家组成。联合国所有会员国均可提名人选，由理事会直接选举产生，根据公平地域分配原则，亚洲、非洲组各5名，拉美、西方组各3名，东欧组2名，任期三年，可连任一次。每年最多开两次会议，总会期不超过10个工作日。与原人权委员会小组会不同的是，委员会不得通过任何决议或决定。自1984年以来，中国的顾以佶、田进、范国祥先后担任小组会专家。中国专家陈士球教授于2008年3月当选为委员会成员，并于2009年3月成功竞选连任，任期至2012年9月。

二、联合国人权事务高级专员办公室（Office of the High Commissioner for Human Rights）

根据1993年联大48/141号决议设立的联合国系统内负责人权事务的最高行政长官，由联合国秘书长任命，经联合国大会核准产生。人权高级专员主要负责协调联合国在人权领域的活动，副秘书长级，任期四年，可连任一次。第一任高专是何塞·阿亚拉·拉索（Jose Ayala Lasso，厄瓜多尔籍），第二任是玛丽·罗宾逊夫人（Mary Robinson，爱尔兰籍），第三任是塞尔吉奥·维埃拉·德梅洛（Sergio Vieira de Mello，巴西籍），第四任是路易斯·阿博尔（Louis Arbour，加拿大籍）。现任高专为皮雷女士（Navanethen Pillay，南非籍），于2008年9月1日正式上任。2012年5月，第66届联大协商一致通过决议，核可联合国秘书长潘基文的建议，决定延长皮雷任期两年至2014年8月31日。

1997年10月，第52届联大通过联合国秘书长安南提出的对联合国人权秘书处进行改组的方案，将原联合国人权中心并入联合国人权高专办公室，负责联合国人权领域的技术支持工作，总部设在日内瓦，并在纽约联合国总部设办事处。2005年9月，联合国60周年首脑会议通过成果文件，决定加强人权高专办公室的工作，在今后五年内将高专办的常规预算翻一番。截至2011年底，高专办在墨西哥、柬埔寨、乌干达等设有13个国家办事处，在欧洲、非洲、美洲等设有12个地区办事处，在联合国15项维和行动中派驻人权官员。高专办经费主要来自联合国经常性预算和会员国、政府间组织等的自愿捐款。

高专办下设行政领导和管理处、项目支持和管理部门、人权理事会和条约机构司、特别程序司、驻地行动和技术合作司、研究和发展权司。

三、人权理事会特别机制（Special Procedures of the Human Rights Council）

自20世纪60年代末以来，联合国人权委员会陆续设立了一些特别报告员、秘书长特别代表、独立专家和由专家组成的工作组，统称为“联合国人权特别机制”。根据授权，这些机制分为两类，一类为国别机制（Country Mandate），负责调查和监督某一国家或地区的人权状况。另一类为专题机制（Thematic Mandate），主要对某一特定人权问题开展研究。

人权理事会继承了人权委员会特别机制。截至2012年7月，共有叙利亚、白俄罗斯、缅甸、朝鲜、伊朗等12个国别机制。截至2012年7月，共有住房权、教育权、言论自由等36个专题机制。国别机制成员任期一年，专题机制成员任期三年，只能连任一届。各国政府、各地区组、国际组织、非政府组织及个人都可提名特别机制候选人，理事会主席确定合适人选，理事会全会核准。特别机制开展的活动主要包括受理个人申诉、进行国别访问、开展研究、提出技术合作建议、向人权理事会提交报告等。（王一）

联合国毒品和犯罪问题办公室
The United Nations Office on Drugs and Crime—UNODC

【**成立日期**】成立于1997年，由联合国禁毒署和联合国预防犯罪中心合并而成。

【**主要职能**】对毒品和犯罪问题进行调研，制定有关政策和措施；协助各国政府批准和执行国际公约；协助各国政府制定关于毒品、犯罪和反恐问题的国内法；通过具体技术合作项目，提高各成员国打击毒品、犯罪及恐怖主义的能力。

【**主要负责人**】办公室执行主任为副秘书长级，由维也纳联合国办事处主任兼任。现任执行主任尤里·费多托夫（Yury Fedotov俄罗斯人），2010年7月起任职，任期四年。

【**出版物**】《世界禁毒报告》等。

【**机构**】UNODC设在维也纳，其经费主要来自各国政府自愿捐助。

【**同中国的关系**】长期以来，中国与UNODC包括其前身联合国禁毒署（2002年改为现名）一直保持良好合作关系。20世纪80年代以来，联合国禁毒署向中国提供了约3000万人民币的捐助。中国与UNODC在区域禁毒合作机制中合作良好，如东亚次区域禁毒合作谅解备忘录以及东盟和中国禁毒合作行动计划等。

2005年10月，中国与UNODC签署《关于UNODC在北京设立项目办公室的意向备忘录》。2007年12月，双方正式签署艾滋病项目文件，UNODC在北京成立艾滋病临时项目办公室。

2009年2月，UNODC执行主任科斯塔应邀来华参加“万国禁烟会”一百周年纪念活动。

2010年10月，中国同意UNODC在北京设立的艾滋病临时项目办公室继续存在。（张哲）

联合国开发计划署
United Nations Development Programme—UNDP

【**成立日期**】正式成立于1965年，是联合国系统最大的多边无偿援助机构。其前身为1949年设立的“技术援助扩大方案”和1958年设立的“联合国特别基金”。

【**宗旨**】向发展中国家和地区提供资金和技术援助，以促进其以人为中心的经济和社会可持续发展。

【**主要负责人**】署长海伦·克拉克（Helen Clark，新西兰人），2009年4月上任，任期四年。

【**总部**】美国纽约。网址：http：//www.undp.org。

【**出版物**】《年度报告》（Annual Report），《世界发展》（World Development）月刊，《联合国开发计划署通讯》（UNDP News），《人类发展报告》（Human Development Report）等。

【**组织机构**】（1）执行局：领导机构，由36个成员组成，其中亚洲7个，非洲8个，东欧4个，拉美5个，西欧和其他地区12个。执行局成员由经社理事会按地区分配原则和主要捐助国、受援国代表性原则选举产生，任期三年。执行局每年举行两次常会、一次年会。（2）秘书处：在署长领导下处理日常事务，在

177个国家和地区设有常驻代表处。

【主要活动】该署是联合国发展业务系统的中央筹资机构和中心协调组织，主要提供无偿援助，包括提供专家，资助国内外培训、考察及购买有限的硬件。该署项目以前主要由诸如工发组织、劳工组织等联合国专门机构执行，近几年国家执行的比例日益增加。开发署的援助也从传统的以加强国外先进技术的吸收和转让为主转向以扶贫为中心，以环保和社会发展为重点的可持续发展。

联合国开发计划署执行局每年举行两次常会和一次年会，会议主要审议署长年度工作报告、财务预算和行政事项、联合国项目服务厅以及南南合作，并核准国别方案等。

【同中国的关系】中国自1972年开始参加该署活动，中国与该署的合作方案始于1978年，每五年一周期，将要执行的第七周期（2011～2015年）方案主要包括减贫、环境和可持续发展和性别平等等。该周期开发署将向中国提供4.2亿美元。2011年中国向开发署的捐款为460万美元和250万元人民币。

【驻华代表机构】开发署驻华代表处设立于1979年。现任驻华代表为罗黛琳（Renata Lok-Dessallien，加拿大人）。办公地址：北京市朝阳区亮马河南路2号。电话：010-65323731，65323739。（唐晓妍）

联合国贸易与发展会议

United Nations Conference on Trade and Development—UNCTAD

【成立日期】联合国贸易与发展会议（简称“贸发会议”）成立于1964年。

【宗旨】贸发会议是联合国系统内综合处理贸易和发展、金融、技术、投资和可持续发展领域相关问题的机构，旨在促进所有成员国，特别是发展中国家的贸易增长和经济发展，其三大职能分别为政策分析和研究、政府间协商、技术合作。

【成员】194个。

【负责人】素帕猜（Supachai Panitchpakdi，泰国人），2005年9月上任，任期四年。2009年，由联合国秘书长潘基文提名并经联大批准，获得连任，第二任任期自2009年9月1日至2013年8月31日。

【总部】瑞士日内瓦。地址：Palais Des Nations8-14，Av.De La Paix，1211 Geneva10 Switzerland。网址：http://www.unctad.org。电话：41229171234。传真：41229170057。

【出版物】《贸易与发展报告》（Trade And Development Report）、《世界投资报告》（World Investment Report）、《最不发达国家报告》（Least Developed Countries Report）等，贸发会议还围绕经济、金融、科技等主题出版各类研究报告。

【组织结构】（1）贸发大会：最高权力机构，由全体成员国参加，每4年举行一届部长级会议。（2）理事会（Trade and Development Board）：决策机构。每年举行1次理事会并根据需要加开特别理事会。理事会下设3个委员会，即货物、服务贸易和商品委员会；投资、技术和相关资金问题委员会；企业、商业便利和发展委员会。委员会每年举行一届会议。委员会可根据需要召开专家会议，就政策问题进行专业技术研讨。（3）秘书处：主要为贸发大会、理事会及其附属机构服务。贸发会议负责人由联合国秘书长任命，联大认可。

【主要活动】自成立以来，贸发会议在促进发展中国家的经济发展、推动南北对话和南南合作方面发挥了重要作用。贸发会议有较强的研究能力，尤其在向发展中国家提供技术援助，帮助其融入世界经济和多边贸易体系方面有较强的优势，被誉为“发展中国家智囊”和“南方思想库”。近年来，贸发会议通过研究和政策分析、政府间审议以及政策分析等活动，在帮助发展中国家制定经济发展战略和贸易、投资、金融政策，加强其参与多边经济贸易事务的能力方面，发挥着独特和重要的作用。

2011年9月，贸发会议第58届理事会在瑞士日内瓦召开，各方集中讨论了贸易保护主义、全球金融体系监管、国际金融体系改革等议题。

【同中国的关系】中国自1971年恢复在联合国的合法席位后，从1972年即参加了贸发会议。中国一贯支持并积极参与贸发会议的活动，贸发会议也为中国的经济建设和改革开放提供了很多帮助，双方一直保持良好的合作关系。中国是贸发大会、理事会和各委员会的成员，参加了自第三届贸发大会以来的历届大会及其下属各级别的会议，积极参与贸发会议各项活动，阐明对重大国际问题的原则立场，并同其他发展中国家一道，推动建立国际经济新秩序，维护了中国和广大发展中国家的合法权益。

中国同贸发会议合作形式多样，成效显著。双方的合作内容从早期的普惠制、限制性商业惯例、贸易网点建设，拓展到现在的外国直接投资、经济全球化、贸易与发展、区域贸易安排等多个领域。近年来，双方在经济全球化、服务贸易等方面联合举办培训班，共同为近80个发展中国家的200多名官员提供了能力培训。贸发会议还是中国国际投资贸易洽谈会、中国—亚欧博览会、中国国际绿色创新产品展等活动的协办单位或共同主办方之一。2011年9月，中国常驻联合国日内瓦代表团出席贸发会议第58届理事会。

（卢毓辉）

联合国环境规划署
United Nations Environment Programme—UNEP

【**成立日期**】1972年第27届联合国大会根据同年6月在瑞典斯德哥尔摩召开的联合国人类与环境大会的建议，决定成立联合国环境规划署（简称“环境署”）。1973年1月该署正式成立。

【**宗旨**】促进环境领域国际合作，并为此提出政策建议；在联合国系统内协调并指导环境规划；审查世界环境状况，以确保环境问题得到各国政府的重视；定期审查国家和国际环境政策和措施对发展中国家造成的影响；促进环境知识传播及信息交流。

【**成员**】所有联合国会员国、联合国专门机构成员和国际原子能机构成员均可加入。

【**主要负责人**】执行主任阿希姆·施泰纳（Achim Steiner，德国人），2006年6月上任，2010年连任，任期至2014年。

【**总部**】设在肯尼亚首都内罗毕。网址：http://www.unep.org。电话：+254-20-7621234；传真：+254-20-7624489/90。电子邮件：unepinfo@unep.org。

【**出版物**】《年度报告》（Annual Report），《我们的星球》（Our Planet），《环境图集》（Atlas），《联合国环境规划署新闻》（UNEP NEWS），月刊。

【**组织机构**】（1）理事会：由58个成员组成，任期四年，可以连任。理事会席位按区域分配如下：亚洲13个，非洲16个，拉美10个，西欧及其他地区13个，东欧6个。每两年改选理事会成员中的半数。理事会通过联合国经社理事会向联大报告，每两年召开一次理事会会议。在不举行理事会的年份举行一届特别理事会。（2）全球部长级环境论坛：1999年，联大通过决议，启动全球部长级环境论坛，每年于理事会会议和特别理事会会议期间举行。（3）秘书处：联合国系统内环境活动实施和协调中心。

【**资金来源**】环境基金：主要来自成员国自愿认捐。主要用途是为该署提供联合国预算外资金，用于支付或部分支付该署活动经费，以及与其他联合国机构、国际机构、各国政府和非政府组织进行合作的费用。

【**主要活动**】环境评估：具体工作部门包括全球环境监测系统、全球资料查询系统、国际潜在有毒化学品中心等；环境管理：包括人类住区的环境规划和人类健康与环境卫生、陆地生态系统、海洋、能源、自然灾害、环境与发展、环境法等。支持性措施：包括环境教育、培训、环境信息的技术协助等。该署定期召开理事会和特别理事会；此外，环境署和有关机构还经常举办同环境有关的各种专业会议。

2009年2月16～20日，环境署第25届理事会暨全球部长级环境论坛在肯尼亚内罗毕举行，会议主要讨论了全球金融、粮食等危机给生态环境带来的机遇和风险，以及发展绿色经济等问题。2011年2月，环境署第26届理事会暨全球部长级环境论坛在内罗毕召开，会议主要讨论了绿色经济及国际环境治理。2010年2月，环境署第11届特别会议暨全球部长级环境论坛在印度尼西亚巴厘岛举行，主要讨论了国际环境治理与可持续发展、绿色经济、生态系统和生物多样性等议题。2012年2月，环境署理事会第12届特别理事会暨全球部长级环境论坛在肯尼亚内罗毕举行，主要讨论了环境署参与联合国可持续发展大会及全球环境治理、绿色经济、化学品和废弃物管理等议题。

【**同中国的关系**】中国自1973年以来一直是环境署理事会成员。1976年，中国在内罗毕设立驻联合国环境规划署代表处，由中国驻肯尼亚大使兼任代表。自1976年起，中国开始向环境署基金捐款，并于1982年起改为每年定期捐款。自2006年开始，中国每年向环境署捐款25万美元。2003年9月，环境署驻华代表处在北京成立。前国家环保总局局长解振华及前国家环保局局长曲格平分别于2003年和1992年荣获环境署颁发的笹川环境奖。

2012年2月，环保部核安全总工程师、国际司司长徐庆华率由环保部、外交部和常驻环境规划署代表处组成的中国政府代表团出席在肯尼亚内罗毕举行的环境署理事会第12届特别会议暨全球部长级环境论坛。会议主要讨论环境署参与联合国可持续发展大会及全球环境治理、绿色经济、化学品和废弃物管理等议题。

2012年6月，温家宝总理在出席联合国可持续发展大会期间宣布，中方将向环境规划署信托基金捐款600万美元，用于支持发展中国家加强环保能力建设。

【**驻华代表机构**】联合国环境规划署驻华代表处负责人：张世钢。地址：北京市朝阳区亮马河南路2号。电话：010-85320922/21。电子邮箱：zhang.shigang@unep.org。

（宋磊）

联合国人口基金
United Nations Population Fund—UNFPA

【**成立日期**】1966年第21届联合国大会通过第2211号决议，要求联合国系统的组织在人口方面向各国提供技术援助。1969年成立了“联合国人口活动基金”，1987年正式定名为“联合国人口基金”，属联合国经社理事会下属机构。

【**宗旨**】加强成员国能力建设，以对人口和计划生育领域的需求作出反应；促进发展中国家和发达国家提高人口意识及制订解决人口问题的战略；应发展中国家要求，采用适合其国情的方法帮助其解决人口问题；在联合国系统的人口领域发挥主导作用，负责协调由人口基金支持的方案和项目。

【主要负责人】执行主任巴巴图德·奥索提迈辛（Babatunde Osotimehin，尼日利亚人），2011年1月就任，任期五年。

【总部】美国纽约。网址：http：//www.unfpa.org

【出版物】联合国人口基金年度报告（UNFPA Annual Report），世界人口状况报告（State of World Population）。

【组织结构】（1）执行局（人口基金与开发计划署共有一个执行局）：由36个成员组成，其中亚洲7个，非洲8个，东欧4个，拉美5个，西欧和其他地区12个。执行局成员由经社理事会按地区分配原则和主要捐助国、受援国代表性原则选举产生，任期三年。执行局每年举行两次常会，一次年会。该执行局负责审核批准人口基金的行政、财务预算等。（2）秘书处：在执行主任领导下处理日常事务。（3）办事处：在埃及、泰国、斯洛伐克、南非和巴拿马设有区域办事处，并设有6个次区域办事处和129个代表处。

【主要活动】援助的主要领域包括计划生育和妇幼保健、避孕药具的研究生产、人口数据的收集分析、人口动态、人口政策与方案的制定与评估、人口教育和宣传、老年及妇女人口研究、专业人员的培训等。人口基金在约150个国家或地区开展项目或提供技术援助，帮助提高妇儿健康水平，防止艾滋病传播和性暴力，降低孕妇死亡率。

联合国开发计划署/人口基金执行局每年召开一次年会和两次常会，主要审议执行主任年度工作报告、人口基金定期评估报告、对人口基金的捐款承诺、人口基金内部审计和监督报告，并核准国别方案等议题。

【同中国的关系】中国恢复联合国合法席位以来，人口基金同中国的关系逐步发展。1978年5月，人口基金与中国在北京签署《谅解备忘录》。30多年来，双方开展了6个周期的合作，实施了120多个合作项目，中国接受了约2.2亿美元的无偿援助资金。中国与人口基金的合作涉及计划生育、生殖健康、妇幼保健、扶贫、人口普查数据研究、人口学研究与人口教育、避孕药具研制、艾滋病防治、性别平等、人口老龄化、南南合作等领域，取得了良好的经济和社会效益。

自1994年开罗人口与发展国际会议后，人口基金重新调整援助资金的分配标准，中国从重点受援国成为一般受援国。2011年，中国向人口基金捐款105万美元和30万元人民币（用于当地费用）。

【驻华代表机构】设立于1978年。现任驻华代表为阿里·霍克曼（Arie Hoekman，荷兰人）。办公地址：北京市朝阳区亮马河路14号塔园外交人员办公大楼1单元161。电话：010-65320506。（唐晓妍）

联合国儿童基金会
United Nations Children's Fund—UNICEF

【成立】1946年12月11日成立，当时称“联合国国际儿童紧急基金会”。1953年改称“联合国儿童基金会”，简称“儿童基金”或“儿基会”，英文缩写保留“UNICEF”。

【宗旨】成立之初为向第二次世界大战中受害儿童提供紧急救济，1950年后主要是帮助解决发展中国家儿童的营养不良、疾病和教育等问题。近年来，其业务范围已扩大到儿童生存、发展和保护等各个领域，尤其以保护女童为优先。

【主要负责人】执行主任安东尼·雷克，美国人，2010年5月上任，任期五年。

【总部】在美国纽约。网址：http：//www.unicef.org。

【出版物】每年出版《世界儿童状况》报告。

【组织结构】（1）执行局：领导机构，由36个成员组成（亚洲7个、非洲8个、东欧4个、拉美5个、西欧和其他地区12个），由经社理事会按地区分配原则和主要捐助国、受援国代表性原则选举产生，任期三年。（2）秘书处：在执行主任领导下处理日常事务。执行主任任期五年。（3）许多发达国家在本国设立儿童基金会国家委员会（非政府组织），与儿童基金会在筹资方面密切合作。

【主要活动】致力于全球儿童的生存、发展和保护，主要援助对象是发展中国家的儿童，重点在儿童保健、营养、教育、福利、妇女发展、安全饮用水等领域。1965年，儿童基金被授予诺贝尔和平奖。1989年在儿童基金推动下，联大通过了《儿童权利公约》。1990年9月30日，世界儿童问题首脑会议在纽约联合国总部召开，会议通过了《儿童生存、保护和发展世界宣言》和《执行90年代儿童生存、保护和发展世界宣言的行动纲领》。2002年5月8～10日，儿童问题特别联大在纽约联合国总部召开，会议通过了题为“一个适合儿童的世界”的成果文件，从卫生、教育、儿童保护、艾滋病防治、筹资和建立伙伴关系等方面制定了未来10年的规划和目标。

儿童基金会执行局每年举行两次常会和一次年会，核准国别方案，审议执行主任年度报告、战略计划实施报告、合作及伙伴关系全球战略、财务预算及年度认捐等。

【同中国的关系】1979年，中国开始与儿童基金发展合作关系。自1980年以来，中国一直是儿童基金执行局成员。儿童基金共向中国提供了约4.95亿美元的援助，开展190多个项目。2011年，中国向儿童基金捐款130万美元和50万元人民币。

【驻华代表机构】儿童基金驻华代表处设立于1979

年。现任驻华代表为麦吉莲（Gillian Mellsop，澳大利亚和新西兰双重国籍）。办公地址：北京市朝阳区亮马河南路2号。电话：010-65323131。（唐晓妍）

世界粮食计划署
World Food Programme—WFP

【成立日期】根据1961年第16届联大和第11届联合国粮农组织大会的决定建立，由联合国和粮农组织共同创办，1963年正式开展业务。

【宗旨】通过提供粮食援助，实现消灭饥饿和贫困的最终目的。

【主要负责人】执行干事埃塞琳·卡津（Ertharin Cousin，美国人），于2012年4月就职，任期至2017年3月31日。

【总部】意大利罗马。网址：http://www.wfp.org/。

【出版物】年度报告（WFP Annual Report），《世界粮食计划署新闻》（WFP Journal）。

【组织机构】（1）执行局：领导机构，由36个成员国组成，其中发展中国家占24席。执行局成员分别由联合国经社理事会及粮农组织理事会各选举一半，每年改选1/3，任期三年。执行局每年召开两次例会和一次年会。负责讨论审批粮食计划署政策制定和修改、财务预算及审计、项目等重要事项。（2）秘书处：日常办事机构。负责人是执行干事，由联合国秘书长和粮农组织总干事商执行局后联合任命，任期五年。

【主要活动】世界粮食计划署是联合国系统中负责多边粮食援助活动的协调机制。全球多边渠道开展的粮食援助活动，有99%是通过世界粮食计划署实施的。援助包括救济、快速开发项目和正常开发项目三种。到目前为止，世界粮食计划署共向发展中国家提供的援助累计价值700多亿美元，累计受益人口逾6亿。

【同中国的关系】中国于1979年正式参加世界粮食计划署活动。1987年以来，中国一直任粮食援助政策和计划委员会（执行局前身）成员。1995年起，中国一直是世界粮食计划署执行局成员（2008年除外）。2006年起，世界粮食计划署结束其在华常规粮援项目，中国从世界粮食计划署的受援国转变为捐赠国。

2006年以来，中国逐渐增加对世界粮食计划署的捐款，截至2012年7月，累计向该署捐款6855万美元。2008年，中国政府承诺在未来5年对世界粮食计划署的捐款将翻一番。此外，中国还向世界粮食计划署提供了海啸捐款、津巴布韦粮源捐款和快速反应账户捐款。自1978～2005年，世界粮食计划署共向中国提供了75个无偿粮食援助项目，总金额达10亿美元，约3000多万人直接受益。

【驻华代表机构】世界粮食计划署于1980年在北京设立驻华代表处。2006年起，世界粮食计划署驻华代表处更名为世界粮食计划署驻中国办公室，现任主任是黄安生（Brett Rierson，澳大利亚人）。办公地址：北京市朝阳区亮马河南路2号。电话：010-85325228。（刁君姝）

联合国妇女署
UN Women

【成立日期】根据联合国大会2010年决议设立，2011年1月1日开始运作。

【宗旨】推进全球妇女事业发展，特别是在联合国各层面纳入性别观念及向各国提供政策指导和技术支持。

【主要负责人】由一位联合国副秘书长兼任联合国妇女署执行主任。现任执行主任巴切莱特（Michelle Bachelet，智利前总统），2011年上任，任期四年。

【法律地位】系联大附属机构，集政策设定和项目实施功能于一体，法律性质上属混合实体。

【总部】美国纽约。网址：http://www.unwomen.org。

【组织机构】执行局是联合国妇女署理事机构，负责提供具体业务指导。执行局属政府间机构，由41个成员国组成，任期三年。其中，35个席位依据公平地域分配原则由经社理事会选举产生（亚洲组10席、非洲组10席、东欧组4席、拉美组6席、西方组5席）。另外6席分配给主要捐助国。执行局每年通过经社理事会向联大提交业务活动报告。

【主要活动】联合国妇女署目前处于初建阶段，工作重点致力于将驻地网络覆盖所有国家和地区。驻地机构的规模视实际需求、政府意见、联合国现有机构能力及可获得的资源等因素确定。

【同中国的关系】中国积极深入地参与了联合国妇女署筹建及建章立制进程，高度重视妇女署在国际妇女领域发挥的牵头作用，妇女署开展的一系列工作有力推动了全球妇女事业取得新进展。（石玉丰）

联合国近东巴勒斯坦难民救济和工程处
The United Nations Relief and Works Agency for Palestine Refugees in the Near East—UNRWA

【成立日期】1948年，阿拉伯国家和以色列之间爆发的第一次大规模武装冲突使大批巴勒斯坦人成为难民。为援助难民，联合国大会于1949年12月8日通过第302（IV）号决议，决定建立联合国近东巴勒斯坦难民救济和工程处（简称“近东救济工程处”，UNRWA）。该处于1950年5月1日正式开始运作。此后历届联大都审议巴勒斯坦难民问题，并适时通过相关决议，延长该处任期。其最新任期至2014年6月

30日。

【宗旨】在找到1948年阿以冲突造成的巴勒斯坦难民问题的解决办法之前，向这些难民提供救济和援助。从1967年开始，该处还向受1967年中东战争影响的其他难民提供人道主义援助。

【主要负责人】主任专员：菲力波·格兰迪（Filippo Grandi，意大利人），2010年1月上任。

【总部】该机构总部先后设在贝鲁特、维也纳，1996年7月始迁至巴勒斯坦加沙和约旦安曼。

【出版物】《主任专员年度报告》（Annual Report of the Commissioner General）；《联合国巴勒斯坦难民救济情况》（UNRWA—A Survey of the United Nations' Assistance to Palestine Refugees），每两年一期；《今日巴勒斯坦难民》（Palestine Refugees Today—the UNRWA Newsletter），季刊。

【组织机构】该处业务由总部和分设在安曼、贝鲁特、大马士革、东耶路撒冷、加沙的5个办事处进行管理。设在纽约、日内瓦和开罗的小型联络处同联合国总部、联合国驻日内瓦办事处和埃及政府保持联系。巴勒斯坦是委员会的观察员。委员会每年举行一次会议，讨论该处的活动。该处是联合国在中东地区最大的办事机构，目前共有工作人员约3万人，管理或资助着900多个诊所、学校等设施。

【主要活动】截至2011年底，在该处登记的巴勒斯坦难民约480万人。这些难民分布于约旦、黎巴嫩、叙利亚、约旦河西岸和加沙地带5个区域，其中约140万人生活于该处承认的58个难民营中。随着时间的推移，该处活动已由过去重点向难民提供救济发展到现在主要兴办教育、提供卫生保健以及社会服务。其中教育是该处最大的项目，约有50%的预算以及2/3的工作人员从事教育工作。

该处的经费主要依靠各国政府、政府间和非政府组织及个人的自愿捐款，财政状况一直较拮据。美国、欧盟、英国、瑞典、挪威、荷兰、加拿大是最大的捐助方。2011年该处财政预算为12亿美元，但仅收到9.48亿美元捐助。

【同中国的关系】中国在历届联大关于近东救济工程处议题的审议中，一贯充分肯定该处的工作和作用。自1981年起，中国正式开始向该处认捐，每年5万美元（1982年为7万美元）。从1991～2003年，中国每年向该处捐款6万美元。2004～2011年，中国每年向该处捐款8万美元。该处多任主任专员曾访华。

（刘少轩）

联合国人居署
United Nations Human Settlements Programme—UN-HABITAT

【成立日期】1978年10月，联合国人居中心成立。2001年12月，联合国大会56/206号决议决定将联合国人居中心升格为联合国人居署。

【宗旨】促进社会和环境方面可持续性人居发展，达到为所有人提供合适居所的目标。

【主要负责人】执行主任华安·克洛斯（Joan Clos，西班牙人），2010年就任，任期四年。

【总部】在肯尼亚内罗毕。网址：http://www.unhabitat.org。

【出版物】《年度报告》、《全球人类住区报告》、《世界城市状况》及一些期刊和宣传品。

【组织机构】（1）理事会：由58个成员国组成，每两年举行1次会议，审查工作、预算等，并通过联合国经社理事会向联合国大会报告。（2）执行机构：分为执行主任和副主任办公室、地区与技术合作处、监控与研究处、房屋与可持续人居发展处和人居财政处。（3）地区办事处：在肯尼亚、日本和巴西设有3个地区办事处，在瑞士、匈牙利、比利时、中国、印度和埃及设有联络信息办公室。

【主要活动】联合国人居署致力于推动"人人享有适当住房"和"在城市化进程中人类住区的可持续发展"两目标的实现。目前有两项全球倡议：安全的土地保有权（Global Campaign for Secure Tenure）和城市管理（Global Campaign on Urban Governance）。两项倡议的目标是加强与各国各级政府和民间社会的合作，以提高公众意识，并改善国家政策，消除城市贫困。

【同中国的关系】1988年，中国成为联合国人居中心委员会成员国。1990年，中国在肯尼亚内罗毕正式设立驻联合国人居中心代表处。

人居署与中国合作关系良好，在中国实施了城市管理、垃圾处理等项目。唐山、杭州、威海、厦门、包头、扬州、南宁、绍兴、张家港等多个城市、有关城市建设项目、数位中央部委和地方政府负责人曾获联合国人居奖。

2011年，中国向人居署捐款15万美元和50万元人民币。（唐晓妍）

联合国难民事务高级专员公署
Office of the United Nations High Commissioner for Refugees—UNHCR

【成立日期】根据1950年第五届联合国大会决议于1951年1月1日在日内瓦成立，简称"难民署"。

【宗旨】保护难民并促使难民问题获得永久解决。

【主要负责人】联合国难民事务高级专员（High Commissioner for Refugees）安东尼奥·古特雷斯（António Guterres，葡萄牙前总理），2005年6月15日上任，2010年4月连任，任期五年。

【总部】瑞士日内瓦。网址：http://www.unhcr.org。

【出版物】《难民》(Refugees)月刊，以英、法、西文出版，从1985年起不定期出版中文版。

【组织机构】难民高专方案执行委员会(执委会)：难民署领导机构，1958年成立，成员由经社理事会从那些“关心和致力于解决难民问题”的国家中产生，适当考虑地区代表性，现有85个成员国。每年10月左右在日内瓦举行年会，审议通过难民署的预算和援助方案，并就难民国际保护提出意见和建议。在每次年会之间，由常设委员会负责执委会工作。

【主要活动】该署章程规定，其主要职责是向世界各地的难民(不含由联合国其他机构负责提供救济和援助的难民)提供国际保护和援助，并通过协助各国政府(或经有关国家政府同意后协助私人组织)为难民自愿遣返或为其在新国度融合提供便利，以求得难民问题的永久解决。此外，难民署还根据联大授权向由于国内武装冲突、外国入侵、自然灾害、贫困等原因外流者或国内流离失所者提供援助。

【同中国的关系】2011年，中国政府继续积极支持难民国际保护工作，与难民署保持良好合作。

10月3～7日，第62届难民执委会会议在日内瓦召开。执委会84个成员国、55个观察员国及国际组织和非政府组织代表出席。难民高专古特雷斯做年度报告，介绍了国际难民形势发展状况，指出2011年是难民署充满挑战的一年，武装冲突、自然灾害、气候变化等使国际难民形势更加严峻。中国驻日内瓦代表团代表何亚非大使率团与会并发言，强调国际社会应继续推进国际关系民主化，发展经济，消除贫困。坚持国际团结，责任共担原则，加强合作，希望联合国难民署继续发挥作用，防止难民保护体系被滥用。

12月7～8日，联合国难民署在日内瓦举行庆祝《关于难民地位的公约》通过60周年和《减少无国籍状态的公约》通过50周年部长级会议。来自各国政府、国际和非政府组织800多名代表参加，70多个国家派出部级官员与会。中国驻日内瓦代表团何亚非大使率团与会。会议总结了两公约通过以来取得的成绩，讨论了当前国际难民保护面临的挑战及应对措施。

【驻华机构】联合国难民事务高级专员公署驻中国及蒙古地区代表处。地区代表：竹赛普·德·文森蒂斯(Giuseppe de Vincentiis，意大利人)，2010年4月上任。地址：北京市朝阳区亮马河南路14号塔园外交人员办公楼1-2-1。电话：65326806。 (石玉丰)

联合国和平利用外层空间委员会
UN Committee on the Peaceful Uses of Outer Space

【成立日期】1957年10月4日，第一颗人造卫星进入太空，从而开创了人类和平利用外层空间的新纪元。1958年12月23日，联合国大会决定设立“和平利用外层空间特设委员会”。1959年12月13日联合国大会通过决议，将特设委员会转为常设委员会，改称“和平利用外层空间委员会”(简称“外空委员会”或“外空委”)。

【宗旨】促进各国在和平利用外空方面的合作，交流相关信息，鼓励和支持国家外空研究项目，研究与探索和利用外空有关的科技问题和可能产生的法律问题，主导制定和平利用外空的规则。

【成员】外空委员会最初的成员国为24个，以后曾有过数次扩大，截至2011年，已有成员国71个：阿尔巴尼亚、阿尔及利亚、阿根廷、澳大利亚、奥地利、阿塞拜疆、比利时、贝宁、玻利维亚、巴西、保加利亚、布基纳法索、喀麦隆、加拿大、乍得、智利、中国、哥伦比亚、古巴、捷克、厄瓜多尔、埃及、法国、匈牙利、德国、希腊、印度、印度尼西亚、伊朗、伊拉克、意大利、日本、哈萨克斯坦、肯尼亚、黎巴嫩、利比亚、马来西亚、墨西哥、蒙古、摩洛哥、荷兰、尼加拉瓜、尼日尔、尼日利亚、巴基斯坦、秘鲁、菲律宾、波兰、葡萄牙、韩国、罗马尼亚、俄罗斯、沙特阿拉伯、塞内加尔、塞拉利昂、斯洛伐克、南非、西班牙、苏丹、瑞典、瑞士、叙利亚、泰国、突尼斯、土耳其、英国、美国、乌克兰、乌拉圭、委内瑞拉、越南。

【主要负责人】主席堀川康(Yasushi Horikawa，日本人)。第一副主席菲利佩·杜阿尔特·桑托斯(Filipe Duarte Santos，葡萄牙人)。第二副主席兼报告员彼得·沃兰斯基(Piotr Wolanski，波兰人)。科技小组委员会主席费利克斯·克莱门蒂诺·梅尼科奇(Félix Clementino Menicocci，阿根廷人)。法律小组委员会主席塔雷·查尔斯·布里西比(Tare Charles Brisibe，尼日利亚人)。

【总部】在联合国秘书处下设有联合国外空司，作为外空委员会的秘书处。1993年之前，外空司在联合国纽约总部办公，外空委员会及其小组委员会届会则分别在纽约和日内瓦召开。根据1992年第47届联大第47 / 212B号决议，联合国外空司于1993年9月移至维也纳联合国办事处。自1994年起，外空委员会及其小组委员会届会均在维也纳举行。网址：http: //www.oosa.unvienna.org/oosa/en/COPUOS/Copuos.html。

【出版物】各种会议文件和研究报告。

【组织机构】外空委员会下设科学技术小组委员会和法律小组委员会，由外空委全体成员国组成。外空委主席团由主席、副主席、报告员各一人组成。小组委员会设主席一人，不设副主席和报告员。委员会及两个小组委员会每年各举行一届会议。科技小组委员会主要审议和研究与探索及和平利用外空有关的科技问题以及促进空间技术的国际合作和应用；法律小组委员会主要审议和研究和平利用外空活动中产生的法律问题，起草有关的法律文件和公约。外空委员会主要审议两个小组委员会的工作报告及不由小组委员会审议的一般性外空问题，就委员会的工作作出决定，并向联合国大会提出建议等。

【主要活动】该委员会自1959年成立以来，已拟订了两项宣言、三套原则和五个国际公约，均已提交联合国大会审议通过。两项宣言为《各国探索和利用外层空间活动的法律原则宣言》(1963)、《关于开展探索和利用外层空间的国际合作，促进所有国家的福利和利益，并特别要考虑到发展中国家需要的宣言》(1996)；三套原则为《各国利用人造地球卫星进行国际直接电视广播所应遵守的原则》(1982)、《关于从外层空间遥感地球的原则》(1986)、《关于在外层空间使用核动力源的原则》(1992)；五个国际条约是《关于各国探索和利用包括月球和其他天体在内外层空间活动的原则条约》(1967)、《关于援救航天员，送回航天员及送回射入外空之物体之协定》(1968)、《外空物体所造成损害之国际责任公约》(1972)、《关于登记射入外层空间物体的公约》(1975)和《指导各国在月球和其他天体上活动的协定》(1979)，上述五个条约均已生效。另外，2007年第62届联合国大会核可了外空委的《空间碎片减缓指南》，并单独以决议形式通过了《关于加强国家和国际政府间组织登记空间物体的做法的建议》。

外空委的经常性活动有：研究并促进气象、通信、导航、直接广播和遥感地球资源等各种卫星的国际合作；举办国际、区域和区域间的研究会议及讨论会和讲习班；促进外空研究的情报交换等。此外，根据联合国应用方案同联合国粮农组织、国际空间法学会、联合国教科文组织等机构合作，开展技术交流活动；通过开发计划署援助有关国家发展将空间技术应用于经济和社会发展所需要的技术。联合国大会根据外空委员会的建议，于1968年8月、1982年8月和1999年7月在维也纳召开了三次联合国探索及和平利用外层空间会议。

委员会于2012年6月5 ~ 12日在联合国维也纳办事处举行了第55届会议。会议主要议题为一般性交换意见、维持外层空间用于和平目的的方法和途径、科技小组委员会第49届会议（同年2月举行）报告、法律小组委员会第51届会议（同年3月举行）报告、外空委的未来作用等。

【同中国的关系】1980年6月，中国派出观察员代表团参加了外空委员会第23届会议。1980年11月3日，联合国正式接纳中国为该委员会成员国。此后，中国参加了历届外空委员会及其下属的科技和法律小组委员会届会。中国于1983年12月加入了《关于各国探索和利用包括月球和其他天体在内的外层空间活动的原则条约》，于1988年12月加入了《关于援救航天员，送回航天员及送回射入外空之物体之协定》、《外空物体所造成损害之国际责任公约》和《关于登记射入外层空间物体的公约》。

2012年，由外交部、国防科工局（国家航天局）、中国驻维也纳代表团等单位组成的中国代表团出席了外空委及其两个小组委员会的届会。中国代表团积极参加了外空委各项议题的讨论，在“一般性交换意见”、“法律小组委员会报告”、“科技小组委员会报告”等议题下作了发言。

中国政府一贯支持和平利用外层空间的各种活动，主张在平等互利、取长补短、共同发展的基础上，增进和加强外空领域的空间合作。从20世纪70年代中期开始，中国在空间技术、空间应用和空间科学等领域开展了双边合作、区域合作、多边合作以及商业发射服务等多种形式的国际空间合作，取得了良好成果。中国与众多发展中国家的空间合作已被视为南南合作的典范。（杨毓娅）

建设和平委员会
Peacebuilding Commission—PBC

【成立日期】为协调联合国支持冲突后重建和平国家的努力，加强国际社会在建设和平、维护和平方面的能力，联合国大会和安理会于2005年12月20日分别通过第60/180号和第1645（2005）号决议，授权建立建设和平委员会。有关决议同时授权设立建设和平基金（Peacebuilding Fund—PBF）和建设和平支助办公室（Peacebuilding Supporting Office—PBSO）。以上三个机构共同构成了联合国建设和平构架。

【主要任务】建设和平委员会的主要任务包括：（一）为冲突后建设和平及重建提出综合战略；（二）帮助确保早期重建活动所需的资金；（三）提高国际社会对冲突后重建的关注；（四）研究制定最佳范例，处理需要在政治、安全、人道主义和发展等行为方之间开展广泛协调的问题。

【成员】组织委员会（Organizational Committee）是建设和平委员会的常设机构，由31个成员国组成。组委会构成方式如下：（一）在安理会中产生的7个成员国（五常是永久成员）；（二）在经社理事会中产生的7个成员国；（三）缴纳联合国会费排前10名的成员国中产生的5个成员国；（四）在向联合国维和行动提供军事和警察人员人数最多的10个国家中产生的5个成员国；（五）联合国大会地区组选出的7个成员国。

2011年度建设和平委员会成员为：中国、美国、英国、法国、俄罗斯、加蓬、哥伦比亚（安理会）；埃及、危地马拉、卢旺达、韩国、西班牙、乌克兰、赞比亚（经社理事会）；贝宁、巴西、捷克、印度尼西亚、乌拉圭、秘鲁、突尼斯（联大）；加拿大、日本、瑞典、德国、挪威（出资国）；孟加拉、尼泊尔、巴基斯坦、印度、尼日利亚（出兵国）。

2011年度建设和平委员会主席由卢旺达担任，危地马拉和乌克兰为副主席，6个国别会议主席为瑞士（布隆迪组）、加拿大（塞拉利昂组）、比利时（中非组）、巴西（几内亚比绍组）、约旦（利比里亚组）、卢森堡（几内亚）。

【主要活动】2011年1月21日，安理会发表主席声明，强调冲突后国家政府和民间社会对成功开展建设和平工作负有首要责任，联合国可在帮助它们建立国家机构方面发挥重大作用；安理会愿更多地利用建设和平委员会的咨询作用；决心在决定维和行动、政治特派团和建设和平综合办事处的任务规定和构成时，更好地审议和考虑与机构建设相关的早期建设和平任务。

【同中国的关系】中国作为安理会常任理事国，是建设和平委员会组委会永久成员。为显示中国对委员会工作支持，中国自2007年起分3次向建设和平基金捐款300万美元。2010年，中国决定自2010～2012年，再向基金捐款300万美元，每年支付100万美元。

（王雨）

联合国国际法委员会
International Law Commission Of the United Nations

【成立日期】国际法委员会是隶属于联合国大会的一个国际法研究机构。1947年大会通过第147（Ⅱ）号决议，决定建立国际法委员会并通过了其章程。1949年4月12日，委员会举行了第一届会议。

【宗旨】国际法委员会第一条第一款规定，“委员会以促进国际法的逐渐发展和编纂为宗旨”。

【成员】最初由15名委员组成，经过数次扩大，1981年增加到34名。委员由联合国会员国政府提名后，经联合国大会选举产生，以个人身份参加委员会工作，任期五年，可连选连任。

【出版物】《国际法委员会报告》、《国际法委员会年鉴》和其他文件。

【网址】http：//www.un.org/law/ilc/。

【主要活动】委员会每年在联合国日内瓦办事处召开届会，一般为8周，每届任期最后一年可能为12周，分上下两个半期举行。从1949年开始正式运作以来至2012年已举行了64届会议，共审议了50余项议题，其中的36项已经完成。在委员会对有关专题拟定的条款草案的基础上，联合国主持缔结了多项多边公约及议定书。

国际法委员会第64届会议于2012年5月7日至6月1日和7月2日至8月3日在日内瓦万国宫举行。会议审议了驱逐外国人、或引渡或起诉、自然灾害中的人员保护、政府官员在外国法院的刑事豁免、条约随时间演变、最惠国待遇条款等议题，其中驱逐外国人专题的条款草案经委员会一读通过，将经联合国大会请各国提交意见或评论。

【同中国的关系】中国恢复在联合国的合法席位后，1981年开始推选候选人参加国际法委员会委员选举，先后有倪征噢（yù）、黄嘉华、史久镛、贺其治、薛捍勤担任国际法委员会委员。现任中国籍委员黄惠康于2010年7月14日经补缺程序当选，并于2011年11月在联合国大会举行的委员会换届选举中成功连任，新任期为2012～2017年。

每年联合国大会期间，第六委员会（法律委员会）均将审议国际法委员会报告作为其固定议题之一。中国政府代表团在发言中对委员会议题和工作提出建设性意见。

（杨毓娅）

联合国裁军审议委员会
United Nations Disarmament Commission—UNDC

【成立日期】联合国裁军审议委员会（简称“裁审会”）系根据1978年第一届裁军特别联大决议设立，前身为1952年设立的裁军委员会。

【职能】裁审会系联合国审议裁军问题的专门机构，附属于联合国大会。其职责是：审议裁军领域各方面问题以及裁军特别联大有关决议的后续行动，并就上述问题提出建议。

【组成】裁审会由联合国所有成员国组成，设主席1人，副主席8人，报告员1人，并根据议题下设相应的工作组。

【网址】http：//www.un.org/disarmament/HomePage/Disarmament Commission/UNDiscom.shtml。

【主要活动】裁审会每年春季在纽约举行为期三周的实质性会议。根据联大1998年52/492号决定，裁审会一般每三年审议两项实质性议题，其中一项必须是核裁军议题。在各方一致同意的情况下，可增加第三项议题。裁审会每年向联大提交报告。

2011年裁审会实质性会议于4月4～21日在纽约联合国总部举行，会议就“关于实现核裁军与防止核武器扩散目标的建议”、“宣布2010年代为第四个裁军十年宣言草案要素”和“常规武器领域切实可行的建立信任措施”三项议题进行审议。由于各方分歧明显，会议未就上述议题达成一致，仅通过程序性报告。

【同中国的关系】自1978年以后，中国一直积极参加裁审会工作。

（孔君）

联合国裁军事务咨询委员会
United Nations Advisory Board on Disarmament Matters

【成立日期】联合国裁军事务咨询委员会（简称“裁咨委”）根据1978年5月第一届裁军特别联大决议

设立，时称“裁军研究咨询委员会”，1989年改为现名。

【职能】裁咨委系由国际知名军控专家组成的联合国军控和裁军问题咨询机构。其职能为：一、向联合国秘书长提供关于军控和裁军问题的咨询建议。二、向联合国秘书长提供关于实施联合国裁军信息项目的咨询建议。三、作为联合国裁军研究所的理事会。

【网址】http: //www.un.org/disarmament/HomePage/AdvisoryBoard/AdvisoryBoard.shtml。

【主要活动】裁咨委每年举行两次会议，议程包括联合国秘书长指定的军控和裁军问题以及委员会认为需要讨论的其他事项。裁咨委主席负责向联合国秘书长提交会议报告，并由联合国秘书长每年向联合国大会报告裁咨委活动情况。

2011年2月和6～7月，裁咨委分别在纽约和日内瓦举行了第55次和第56次会议，就日内瓦裁谈会等议题进行讨论。

【同中国的关系】中国推荐负责军控事务的资深外交官担任裁咨委委员，参加了委员会历届会议。2011年，裁咨委中国委员成竞业出席了裁咨委第55次和第56次会议。（孔君）

同联合国建立关系的政府间机构

国际劳工组织
International Labour Organization—ILO

【成立日期】1919年根据《凡尔赛和约》作为国际联盟的附属机构成立。1946年12月14日成为联合国的一个专门机构。

【宗旨】促进充分就业和提高生活水平；促进劳资合作；改善劳动条件；扩大社会保障；保证劳动者的职业安全与卫生；获得世界持久和平，建立和维护社会正义。

【成员】184个成员国。

【主要负责人】国际劳工局局长胡安·索马维亚（Juan Somavia，智利人），1999年就任，2004年、2008年两次连任，2011年因个人原因宣布将于2012年9月30日提前退休。

总干事盖·瑞德（Gug Ryder，英国人），2012年当选，任期至2017年。

【总部】在瑞士日内瓦。地址：4 Route Des Morillons 1211 Geneva 22 Switzerland。Tel:（41-22）79996111。E-mail：relconf@ilo.org。网址：http: //www.ilo.org。

【出版物】《国际劳工评论》，双月刊;《正式公报》，每年三期;《劳工统计公报》，季刊;《社会和劳工公报》，季刊;《劳工统计年鉴》;《劳动世界》，双月刊。

【组织机构】主要机构为国际劳动大会、劳工局理事会和国际劳工局。（1）国际劳工大会：最高权力机构，每年6月在日内瓦举行。（2）劳工局理事会：国际劳工组织的执行机构，每三年由大会选举产生，在大会休会期间指导该组织工作，每年召开三次会议。（3）国际劳工局：常设秘书处，由经社理事会任命的局长领导。

国际劳工组织是以国家为单位参加的国际组织，但组织结构上实行独特的“三方代表”原则，即参加各种会议和活动的成员国代表团由政府、雇主组织和工人组织的代表组成，三方代表有平等独立的发言和表决权。

【主要活动】2011年，国际劳工局分别于3月、6月、11月召开第310、311和312届理事会。5月31日至6月17日，第100届国际劳工大会在日内瓦举行。

【同中国的关系】中国是劳工组织的创始会员国，也是理事会政府组的常任理事国。1971年中国恢复在该组织的合法席位。1983年，中国派团出席第69届国际劳工大会，正式恢复了在劳工组织中的活动。中国重视并积极参与劳工组织的各项活动，与其保持着良好的合作关系，出席了历届劳工局理事会以及国际劳工大会。

2011年6月，中国人力资源和社会保障部部长尹蔚民、中华全国总工会副主席、书记处第一书记王玉普、中国企业联合会会长王忠禹率中国三方代表团出席第100届国际劳工大会。中国代表团发言介绍了中国政府在后危机时代积极转变经济发展方式、保障和改善民生等一系列政策和措施，并提出中国对国际劳工问题的主张和建议。

【驻华代表机构】国际劳工组织北京局。局长霍百安（Ann Herbert，女，美国人）。地址：北京市朝阳区塔园外交人员办公楼1-10-1。电话：010-65325091。（石玉丰）

联合国教育、科学及文化组织
United Nations Educational, Scientific and Cultural Organization—UNESCO

【成立日期】1945年11月16日在伦敦通过《联合国教育、科学及文化组织组织法》。1946年11月4日在巴黎正式成立。

【宗旨】“通过教育、科学及文化促进各国间合作，对和平与安全作出贡献，以增进对正义、法治及联合国宪章所确认之世界人民不分种族、性别、语言或宗教均享人权与基本自由之普遍尊重。”

【成员】195个会员国和8个准会员。

【主要负责人】现任总干事为博科娃女士（Irina BOKOVA，保加利亚人），2009年当选，任期至2013年11月。

【总部】法国巴黎。网址：http：//www.portal.unesco.org/。

【出版物】主要出版物：《教科文组织信使》（The UNESCO Courier）；《教育展望》（Prospects：Quarterly Review on Education）；《国际教育杂志》（International Review of Education）；《自然与资源》（Nature and Resources）；《国际社会科学杂志》（International Social Science Journal）；《博物馆》（Museum International）；《教科文组织统计年鉴》（Statistical Yearbook of UNESCO）；《世界教育报告》（World Education Report）；《世界科学报告》（World Science Report）；《世界文化报告》（World Culture Report）等。

【组织机构】（1）大会：最高权力机构。由全体会员国参加，每两年举行一次届会。有特殊情况时，可召开特别大会。现已举行过35届大会。（2）执行局：大会闭幕期间的监督、管理机构。由58个经大会选举产生的会员国组成，任期四年，每两年改选半数，可以连选连任。每年举行两次或三次届会。执行局下设5个委员会，即计划与对外关系委员会，行政与财务委员会，公约与建议委员会，国际非政府组织委员会和特别委员会。（3）秘书处：常设执行机构。秘书处最高行政首长为总干事，由大会选举产生，任期四年，可连任一届。为增进会员国之间的区域协调与合作，秘书处在各大洲和一些主要国家设立了50余个办事处。

【主要活动】主要活动形式为：（1）制定国际准则性文件，如公约、议定书、建议书、宣言等；（2）召开各类政府间国际会议；（3）组织开展各类专业学术研究活动；（4）出版各类图书、期刊、报告、文献、音像制品及电子制品；（5）以专家咨询、技术设备等形式向会员国提供技术援助；（6）举办培训、研修、实习活动；（7）向非政府国际组织提供资助；（8）与会员国和地区性机构合作开展业务活动。

教科文组织在其主管的教育、科学、文化、传播与信息等业务范围内设立了几十个政府间大型合作计划，以推动国际智力合作，如：国际教育局、人与生物圈计划、国际地质对比计划、国际水文计划、政府间海洋学委员会、社会变革管理计划、世界遗产委员会、非物质文化遗产保护政府间委员会、促使文化财产归还原主或归还非法占有文化财产政府间委员会、世界版权公约政府间委员会、国际传播发展计划、综合信息计划、政府间信息学计划、政府间体育运动委员会等。由教科文组织大会选举产生的执行理事机构负责规划和管理计划实施，并建立各自的国际或地区合作网络。

教科文组织还同世界教育、科学、文化领域内许多重要的非政府国际组织建立和发展合作关系。

【同中国的关系】双方合作广泛、良好，在全民教育、扫盲、高等教育、遗产保护以及生物多样性、海洋、水文、地质等领域开展了一系列项目，成绩显著。自1975年以来，该组织总干事多次访华，受到中国国家高层领导人的接见。

2011年8月11日，胡锦涛主席在深圳会见了教科文组织总干事博科娃。胡锦涛主席指出，联合国教科文组织是在教育、科技、文化领域规模最大的政府间国际组织，成员众多，影响广泛，对世界的教育普及提高、科技发展进步、文化传承创新做了大量的开拓性的工作，发挥了重要作用。中国高度重视同联合国教科文组织的友好合作，将一如既往加强和联合国教科文组织的合作。博科娃感谢胡锦涛主席对教科文组织的积极评价，赞赏中国给予教科文组织的支持，高度评价中国教育规划纲要，希望中国与教科文组织合作建立信托基金，支持发展中国家和非洲国家的教育。

为落实胡锦涛主席与博科娃总干事的会谈精神，在刘延东国务委员的支持和部领导的努力推动下，中国首次在教科文组织建立了中非多边教育合作信托基金，为期四年，每年200万美元。2012年3月3日，教育部副部长郝平与联合国教科文组织总干事博科娃在巴黎签署了启动该基金的合作协议。

10月24～25日，中国与教科文组织合作在巴黎教科文组织总部举办教科文组织—非洲—中国大学校长研讨会，来自“中非高校20+20合作计划”下的中非各20所大学以及部分非洲国家常驻教科文组织使节等出席会议。与会代表就中非大学毕业生就业能力现状、面临的挑战和三方高等教育领域内的务实合作进行了研讨。

10月25日至11月10日，教科文组织第36届大会在巴黎举行。教育部长袁贵仁率团出席会议并在领导人论坛上发言。袁贵仁部长全面介绍了中国颁布实施《国家中长期教育改革和发展规划纲要（2010—2020年）》有关情况，表示可持续发展是中国的基本战略，也是中国教育改革发展秉承的重要理念。中国将大力发展教育事业，为促进可持续发展，实现世界和平繁荣作出更大贡献。大会以107票赞成，52票弃权，14票反对的唱名表决结果，通过了接纳巴勒斯坦加入教科文组织的决议。美国、以色列随即宣布停缴教科文组织会费。

11月22～29日，第六届非物质文化遗产委员会会议在印尼巴厘岛召开。会议审议通过将中国皮影戏列入《非物质文化遗产代表作名录》，赫哲族伊玛堪列入《急需保护的非物质文化遗产名录》。迄今，中国共有29个项目列入《非物质文化遗产代表作名录》，7个项目列入《急需保护的非物质文化遗产名录》。

5月，联合国教科文组织第10届世界记忆工程国际咨询委员会会议将中国《本草纲目》和《黄帝内经》项目列入了《世界记忆名录》。迄今，中国有7项文献遗产被列入《世界记忆名录》。

6月，联合国教科文组织世界遗产委员会审议通过将中国杭州西湖列入《世界文化和自然遗产名录》。至此，中国共有41项世界遗产，其中29项文化遗产，8项自然遗产和4项双重遗产。

9月，中国安徽天柱山和香港国家地质公园被联合国教科文组织批准列入教科文组织世界地质公园网络。至此，中国已有26个世界地质公园网络成员。

【驻华代表机构】教科文组织于1984年在华设立地区办事处，负责中国、朝鲜、韩国、蒙古及日本五个东亚国家的工作。代表：辛格（Abihmanyu Singh，印度人）。代表处地址：北京市朝阳区建外公寓5号楼153号。电话：010-65321725。（吴艳）

联合国粮食及农业组织

Food and Agriculture Organization of the United Nations—FAO

【成立日期】正式成立于1945年10月16日，简称“粮农组织”，属联合国专门机构。1980年，联合国根据联合国粮农组织1979年决议，决定从1981年起每年10月16日为“世界粮食日”。

【宗旨】提高各国人民的营养水平和生活水准；提高所有粮农产品的生产和分配效率；改善农村人口的生活状况，促进世界经济的发展，并最终消除饥饿和贫困。

【成员】截至2011年6月，共有192个成员，包括191个成员国和1个成员组织（欧洲联盟），另有2个准成员（法罗群岛、托克劳群岛）。

【主要负责人】总干事何塞·格拉齐亚诺·达席尔瓦（Jose Graziano Da Silva，巴西人），任期自2012年1月1日至2015年7月31日。

【总部】意大利罗马。网址：http：//www.fao.org/。

【出版物】年度报告《粮农状况》（State of Food and Agriculture），以及各种专业年鉴和杂志。

【组织机构】（1）大会：最高权力机构，负责审议世界粮农状况，研究重大国际粮农问题，选举、任命总干事，选举理事会成员国和理事会独立主席，批准接纳新成员，批准工作计划和预算，修改章程和规则等；每两年举行一次，全体成员国参加。（2）理事会：隶属于大会，在大会休会期间在大会赋予的权利范围内处理和决定有关问题；由大会按地区分配原则选出的49个成员国组成，任期三年，可连任，每年改选1/3；在大会两届例会期间至少举行4次会议。（3）秘书处：执行机构，负责执行大会和理事会有关决议，处理日常工作。负责人是总干事，由大会选出，任期四年，在大会和理事会的监督下领导秘书处工作。秘书处下设农业与消费者保护、经济和社会发展、林业渔业及水产养殖、综合服务、人力资源及财政、自然资源管理及环境、技术合作等8个部，在亚太、非洲、拉美及加勒比、近东、欧洲5个区域设有办事处，另设有11个次区域办事处、5个联络处和74个国家代表处。

【资金来源】成员国缴纳会费和自愿捐款。

【主要活动】作为世界粮农领域的信息中心，搜集和传播世界粮农生产、贸易和技术信息，促进成员国之间的信息交流；向成员国提供技术援助，以帮助提高农业技术水平；向成员国特别是发展中成员国家提供农业政策支持和咨询服务；商讨国际粮农领域的重大问题，制定有关国际行为准则和法规。

1996年11月，粮农组织在意大利罗马举办了首次世界粮食首脑会议，来自185个国家和欧共体的代表出席会议。会议讨论了消除全球饥饿等问题。

2002年，世界粮食首脑会议五年回顾会议在意大利罗马举行。来自183个国家的数千名代表出席了会议，其中71个国家的国家元首和政府首脑率团与会。会议通过了题为“反饥饿国际联盟”的宣言。

2009年11月16～18日，世界粮食安全峰会在罗马召开，60多个国家的元首或首脑出席峰会。会议通过了《世界粮食安全峰会宣言》。

【同中国的关系】中国是粮农组织创始成员国之一，自1973年恢复在该组织席位以来，一直是理事会成员国，与粮农组织始终保持着良好的合作关系。

粮农组织积极支持中国农村改革和农业发展。1978年开始，粮农组织在华实施了200多个援助项目，援助总额达6000多万美元，粮农组织同时还利用其技术优势执行了世界银行、国际农业发展基金、联合国粮食计划署、联合国开发计划署等机构的援华项目。

同时，中国也积极履行成员国义务，广泛参与和支持粮农组织活动。中国向粮农组织缴纳的会费从20世纪90年代末的每年300多万美元增加到现在的近1600万美元，会费分摊额在成员国中排第八位。中国积极参与粮农组织“粮食安全特别计划”框架下的南南合作。截至2012年6月底，中国已向亚洲、非洲、南太平洋和加勒比地区25个国家派遣了近千名农业专家和技术员，涉及种植业、畜牧、水产、农机、园艺、农产品加工等领域。

2004年5月，中国与粮农组织在北京共同举办了粮农组织第27届亚太区域大会。2006年，中国成为国际食品法典农药残留和食品添加剂两个分委会的主席国。2008年9月，温家宝总理在联合国千年发展目标高级别会上宣布向粮农组织捐款3000万美元设立特别信托基金，用于帮助发展中国家提高农业生产能力的项目和活动。2009年3月，双方在北京签署《中华人民共和国政府与联合国粮农组织关于信托基金的总协定》，并正式启动相关合作。

【驻华代表机构】粮农组织于1983年1月在北京

设立驻华代表处。现任代表是珀西·米斯卡，（Percy Misika，纳米比亚人）。办公地址：北京市朝阳区建国门外建外外交公寓4号楼2单元151/152号。电话：010-65322835。（刁君姝）

世界卫生组织
World Health Organization—WHO

【成立日期】1946年7月，世界卫生组织成立筹备会并通过世界卫生组织法，1948年4月7日该法得到联合国26个会员国批准并生效，4月7日因此被定为世界卫生日。1948年6月24日在日内瓦召开第一届世界卫生大会，世界卫生组织正式成立。

【宗旨】使全世界人民获得尽可能高水平的健康。该组织将健康定义为“身体、精神和社会生活的完美状态”。

【成员】194个正式成员，2个准成员。

【主要负责人】现任总干事陈冯富珍（Margaret Chan，中国籍，香港特区前卫生署长），2006年11月当选，2012年5月连任，任期至2017年6月30日。

【总部】在瑞士日内瓦。网址：http://www.who.int/。

【出版物】《世界卫生组织月报》（Bulletin of the World Health Organization），每年6期，英、法、阿、俄文；《疫情周报》（Weekly Epidemiological Record），英、法文；《世界卫生统计》（World Health Statistics），季刊，英、法、中、阿、俄、西文；《世界卫生》（World Health），月刊，英、法、俄、西、德、葡、阿文。

【组织机构】（1）世界卫生大会：最高权力机构，每年举行一次。主要任务是审议总干事的工作报告、规划预算、接纳新会员国和讨论其他重要议题。（2）执行委员会：由世界卫生大会选出的34名会员国政府指定的代表组成，任期三年，每年改选1/3。根据世界卫生组织的口头君子协议，联合国安理会五常任理事国是必然的执委成员国，但席位第三年后轮空一年。（3）秘书处：常设办事机构，下设非洲、美洲、欧洲、东地中海、东南亚、西太平洋六个地区办事处。总干事是秘书处行政和业务首席官员，经秘密投票选举产生。

【主要活动】2011年1月、5月，世界卫生组织执委会分别举行第128届、129届会议。

5月16～24日，第64届世界卫生大会在日内瓦召开。会议讨论了防控非传染性疾病、实施《国际卫生条例》、世卫组织筹资前景、共享流感病毒及疫苗等议题，通过28项决议和3项决定。

10月10～13日，世界卫生组织西太平洋区委员会第62届会议在菲律宾马尼拉举行。

11月1～3日，世界卫生组织改革问题特别执委会在日内瓦召开。

【同中国的关系】中国是世界卫生组织的创始国之一。1972年第25届世界卫生大会恢复了中国在该组织中的合法席位。其后，中国出席了该组织历届大会和西太平洋区地区委员会会议，多次被选为执委会成员。目前，中国是世卫组织第九大会费国。

3月14日，世界卫生组织全球流感参比和研究合作中心在北京举行揭牌仪式。中国国家流感中心成为世界卫生组织在全球任命的第五家、发展中国家的首家全球流感参比和研究合作中心。

5月，中国卫生部长陈竺率团出席第64届世界卫生大会，在一般性辩论中作了主题为“慢性非传染性疾病防控刻不容缓”的发言，呼吁国际社会必须增强使命感和紧迫感，坚定实施慢性非传染性疾病全球战略行动计划，将慢性非传染性疾病防控纳入衡量本国经济社会发展状况的核心指标，进一步加强卫生体系建设。中华台北卫生署以观察员身份参加了本届大会。

7月9～16日，世界卫生组织总干事陈冯富珍访华并出席在北京举行的金砖国家首次卫生部长会议。温家宝总理与其会见，并正式宣布中国政府支持陈冯富珍竞选连任总干事。

10月，中国代表团出席了世界卫生组织西太平洋区委员会第62届会议。

【驻华代表机构】世界卫生组织于1981年在北京设立驻华代表。代表蓝睿明博士（Michael J. O'Leary，美国人）。地址：北京东直门外大街23号东外外交办公楼401号。电话：010-65327189。（初光）

国际复兴开发银行（世界银行）
International Bank for Reconstruction and Development—The World Bank

【成立日期】根据1944年7月布雷顿森林会议的决定，于1945年10月27日成立，1946年开始运作，1947年11月15日起成为联合国的一个专门机构，又称“世界银行”。目前，该行与国际开发协会（The International Development Association—IDA）、国际金融公司（The International Finance Corporation—IFC）、多边投资担保机构（The Multilateral Investment Guarantee Agency—MIGA）、解决投资争端国际中心（The International Center for Settlement of Investment Disputes—ICSID）等四个相关组织共同组成世界银行集团（The World Bank Group）。

【宗旨】帮助成员国实现减贫与发展。

【成员】188个成员国。

【主要负责人】现任行长金墉（Jim Yong Kim，美籍韩国人），2012年7月1日上任，任期五年。

【总部】美国华盛顿。网址：http://www.worldbank.org。

【出版物】《年度报告》、《世界发展报告》、《全球监测报告》、《世界发展指标》等。

【组织结构】理事会是世界银行最高权力机构，由各成员国派正、副理事各一名组成，每年召开一次会议，理事一般由各国的财政部长或中央银行行长担任。执行董事会是世界银行负责处理日常业务的机构，由25名执董组成。

【股本和资金来源】世界银行创始法定资本为100亿美元，此后经历4次普遍增资和13次特别增资。截至2011年底总股本达到约1968亿美元，其中各国实缴股本为119亿美元。该行所需借贷资金主要从国际资本市场筹措。

【主要活动】世界银行/国际货币基金组织春季例会（WB/IMF Spring Meetings）于2011年4月14日至16日在华盛顿召开。财政部长谢旭人和中国人民银行行长周小川率中国代表团出席。发展委员会部长级会议主要讨论全球经济形势、世行内部治理改革、粮食价格波动与粮食安全等议题。国际货币基金组织国际货币与金融委员会会议主要讨论了国际金融危机影响、国际金融机构作用、国际货币基金组织的职能改革及增资等议题。期间还举行了发展中国家二十四国集团部长级会议和二十国集团财长和央行行长会议。

世界银行/国际货币基金组织联合年会（WB/IMF Annual Meetings）于2011年9月23 ~ 25日在华盛顿举行。期间还举行了发展委员会第84届部长级会议和国际货币与金融委员会（IMFC）第25次部长级理事会。187个成员国出席了会议，就全球经济金融形势、IMF/WB改革方向、发展问题等议题深入讨论。财政部长谢旭人和中国人民银行行长周小川率中国代表团出席了会议。

【同中国的关系】中国于1945年加入世界银行，是该组织的创始国之一。新中国成立后，中国在世界银行的合法席位长期被台湾当局非法占据。1980年4月14日，世界银行声明，自中华人民共和国政府在国际复兴开发银行、国际开发协会和国际金融公司中代表中国之日起，该三机构将按协定只同作为唯一代表成员国——中国的中华人民共和国发生关系。其后中国代表团参加了该组织的历届年会。截至2011财年底，国际复兴开发银行和国际开发协会对华承诺贷款累计约达492亿美元，其中国际复兴开发银行约392亿美元，国际开发协会约100亿美元。此外，国际金融公司还向中国私营部门提供总额约54.3亿美元的贷款与投资。中国自1980年恢复在世行被台湾当局非法占据的席位后，单独组成一个选区并派任执行董事，现任执行董事是杨少林。

【驻华代表机构】该组织于1985年在北京设立代表处。现任代表罗兰德（Klaus Roland，德国人）。办公地址：北京市朝阳区建国门外大街1号国贸2座18层。电话：010-58617701；传真：58617700。

（卢毓辉）

国际货币基金组织
International Monetary Fund—IMF

【成立日期】根据1944年7月签订的《国际货币基金协定》，于1945年10月27日与世界银行同时成立，1947年3月1日开始运作，1947年11月15日起成为联合国的一个专门机构，简称“基金组织”。

【宗旨】稳定国际汇兑，消除妨碍世界贸易的外汇管制，在货币问题上促进国际合作，并通过提供短期贷款，解决成员国国际收支暂不平衡时产生的外汇资金需求。

【成员】188个成员国。

【负责人】历任总裁按惯例均由欧洲人担任。现任总裁是克里斯蒂娜·拉加德（Christine Lagarde，法国人），2011年7月上任，为基金组织第11任总裁，任期五年。

【总部】美国华盛顿。网址：http://www.imf.org。

【出版物】《世界经济展望》、《国际金融统计》、《国际货币基金概览》、《贸易统计指南》、《政府财政统计年鉴》、《国际收支统计》、《汇兑安排和汇兑限制年报》、《全球金融稳定报告》。

【组织结构】理事会是基金组织最高权力机构，由各成员国派正、副理事各一名组成，理事一般由各国的财政部部长或中央银行行长担任。每年9月召开一次理事会会议，各理事单独行使本国的投票权（各国投票权的大小由其所缴基金份额的多少决定）。执行董事会负责处理基金组织日常业务，由24名执董组成，其中5名由占基金份额最多的5个国家（美、英、法、德、日）派任，不参加执董选举。其余19名由其他成员国的理事按地区组成19个选区产生，每两年选举一次，其中沙特阿拉伯、俄罗斯和中国均单独构成一个选区。每个选区选出的执董行使的表决权是其所在选区各国表决权的总和。总裁负责基金组织的业务工作，行使执董会主席的职能，由执董会推选，任期五年，可连任。

【股本和资金来源】基金组织的资金主要来源于各成员国认缴的份额。各成员国的份额由该组织根据各国的国民收入、黄金和外汇储备、进出口贸易额以及出口的波动性等经济指标确定。缴纳份额时，25%为可兑换货币或特别提款权，75%为本国货币。成员国份额越大，其享有的表决权越大。成员的主要权利是按照所缴份额的一定比例借用外汇。此外，成员国有义务提供经济资料并在本国的外汇政策和管理方面接受基金组织的监督。

【主要活动】世界银行/国际货币基金组织春季例会（WB/IMF Spring Meetings）于2011年4月16 ~ 17日在华盛顿召开。财政部长谢旭人和中国人民银行副行长易纲率中国代表团出席。国际货币基金组织国际货币与金融委员会会议主要讨论了世界经济和全球金融形势、国际货币基金组织的职能改革、宏观经济金融风险管理等议题；发展委员会会议讨论了世行内部治理改革、世行增资、粮食安全等议题。

世界银行/国际货币基金组织联合年会（WB/IMF Annual Meetings）于2011年9月23～25日在华盛顿举行。期间还举行了国际货币与金融委员会（IMFC）第24次部长级理事会和世行第84届发展委员会（DC）部长级会议。188个成员国出席了会议，就世界经济形势走向、IMF/WB改革等议题深入讨论。财政部长谢旭人、中国人民银行行长周小川率中国代表团出席了会议。

【同中国的关系】中国于1945年加入基金组织，是该组织的创始国之一。新中国成立后，中国在国际货币基金组织的合法席位长期被台湾当局非法占据。1980年4月17日，中华人民共和国政府的代表权得到恢复，单独组成一个选区并派任执行董事。其后中国代表团参加了该组织的历届年会。2006年9月，基金组织理事会决议，决定为中国、土耳其、韩国、墨西哥四国特别增资。中国在基金组织的份额占总份额的比重从2.98%升至3.72%，按国别份额排序由第八位升至第六位。2008年4月，基金组织理事会表决通过新决议，再次给部分成员国增资。中国在基金组织份额将从3.72%上升至3.99%，仍居第六位。2010年11月5日举行的国际货币基金组织执董会通过了基金组织份额和其他治理结构改革方案，新兴市场和发展中国家份额从39.5%增加至42.3%。中国份额从3.996%升至6.394%，从第六位上升至第三位。此外，改革方案还包括2013年1月前对份额公式进行全面检查，并在2014年1月前完成下一次份额定期检查，以继续增加新兴市场和发展中国家包括最贫穷国家的发言权和代表性。中国成功推动朱民于2011年7月出任基金组织副总裁，这是中国在基金组织获得的首个副总裁职位。

【驻华代表机构】该组织于1991年在北京设立代表处。现任首席代表维韦克·阿罗拉（Mr. Vivek Arora）。办公地址：北京市朝阳区建国门外大街1号国贸大厦2座3612室。电话：010-65051155；传真：65058580。（程昱）

国际民用航空组织
International Civil Aviation Organization—ICAO

【成立日期】1944年11月1日至12月7日，52国在美国芝加哥举行国际民用航空会议，签订了《国际民用航空公约（芝加哥公约）》，并决定成立过渡性的临时国际民用航空组织。1947年4月4日《芝加哥公约》生效。国际民用航空组织（ICAO）正式成立，5月13日成为联合国的一个专门机构。

【宗旨】由于发展国际民用航空有助于各国和人民间的友好和谅解，滥用它则将威胁普遍安全；由于世界和平有赖于促进各国和人民间的合作，并有赖于减少摩擦，因此制定一些原则和办法，以使国际民用航空业能安全而有秩序地发展，使国际航空运输能基于机会均等之上并经济而健康地营运。

【成员】190个。

【主要负责人】理事会主席罗伯特·克贝·冈萨雷斯（Lic.Roberto Kobe Gonzalez，墨西哥人），2006年8月1日上任，2007年11月连任，2010年11月再次连任，任期三年。秘书长雷蒙·邦雅曼（Raymond Benjamin，法国人），2009年8月当选，2012年7月连任，任期至2015年。

【总部】加拿大蒙特利尔市（999 University Street，Montreal，Quebec H3C 5H7，Canada）。电话：+1-514-954-8319。电子信箱：icao-hq@icao.int。网址：http：//www.icao.int。

【出版物】《国际民航组织公报》（ICAO Bulletin），每年出10期，英、法、西文；《国际民航组织年报》（ICAO Journal），英、法、西文。

【组织机构】（1）大会：最高权力机构，每三年举行一次。（2）理事会：常设机构，由36个理事国组成，每届大会选举产生。每年举行三次例会。理事会下设航空技术、航空运输、法律、联营导航设备、财务和制止非法干扰国际民航等六个委员会。（3）秘书处：处理日常工作，设航空技术、航空运输、法律、技术合作和行政服务五个局，以及对外关系办公室等。另外，该组织设西非和中非（达喀尔）、南美（利马）、北美、中美和加勒比（墨西哥城）、中东（开罗）、欧洲（巴黎）、东非和南非（内罗毕）、亚洲和太平洋（曼谷）七个地区办事处。

【主要活动】按照《国际民用航空公约》授权，制定并更新航行方面的国际技术标准和建议措施是ICAO最主要的工作。其他工作包括修订现行国际民航法规条款并制定新的法律文书；实施航空安全审计计划；制止非法干扰，敦促成员国加强机场安全保卫工作，开展安全保卫培训计划；实施新航行系统及航空运输服务管理制度；收集、审议和公布民航领域的有关统计资料，进行经济预测并协助各国规划民航发展；开展并维持民航技术合作项目和有关机制；向各国和各地区民航训练学院提供援助等。

【同中国的关系】中国是《国际民用航空公约》创始缔约国之一，1944年国民党政府签署该公约，1946年成为ICAO正式会员国。1971年ICAO通过决议承认中华人民共和国为中国唯一合法代表。1974年中国承认《国际民用航空公约》并正式开始参加该组织活动并于当年当选为二类理事国后一直连任。由于中国经济持续快速发展和中国民航整体实力的提高，中国于2004年当选为ICAO一类理事国，并于2007年连任。2005年，中国成为仅次于美国的世界第二大航空运输大国。

2010年，中国继续积极参加ICAO的活动。8月30日至9月10日，国际民航保安公约外交大会在北京举行。大会讨论修订了《关于制止危害民用航空安全的非法行为的公约》和《关于制止非法劫持航空器的公约》。9月28日至10月8日，国际民航组织第37届大会在蒙特利尔召开，主要议题包括重新选举36个理事国、航空环保与气候变化、航空安全、技术合作、改进国际民航组织标准等。中国在本次大会上成功连任一类理事国。国家民航局、外交部、香港和澳门特别行政区、驻国际民航组织代表处等组成的中国代表团出席了会议。（吴艳）

国际海事组织
International Maritime Organization—IMO

【成立日期】根据1948年通过、1958年3月17日生效的《政府间海事协商组织公约》，1959年1月17日在英国伦敦正式成立政府间海事协商组织，并召开了第一届大会。1982年5月22日改名为国际海事组织。该组织自成立之日起即是联合国系统中负责处理国际海运技术、专业问题的一个专门机构。

【宗旨】促进各国的航运技术合作，鼓励各国在促进海上安全、提高船舶航行效率、防止和控制船舶对海洋污染方面采用统一的标准、处理有关的法律问题。

【成员】截至2011年12月，该组织共有170个成员国和3个联系会员（associate member）（中国香港、中国澳门和法罗群岛）。

【主要负责人】秘书长关水康司（Koji Sekimizu，日本人），2012年1月1日上任，任期四年。

【总部】英国伦敦。网址：http://www.imo.org/。

【出版物】《国际海事组织新闻》（IMO News），季刊，英文；本组织所制定的各种公约、规则、建议案和决议。

【组织机构】（1）大会：该组织最高权力机构，由全体成员国代表组成，每两年召开一次。任务是批准工作计划和财务预算，选举理事会成员国，审议并通过各委员会提出的有关海上安全、防止海洋污染及其他有关规则的建议案。（2）理事会：由大会选举产生的40个理事国组成。成员分为A、B、C三类，A类是在提供国际航运服务方面具有最大利害关系的10个国家；B类是在国际海上贸易方面具有最大利害关系的10个国家；C类是作为地区代表当选的20个国家。（3）委员会：该组织下设海上安全、海上环境保护、法律、技术合作、便利运输5个委员会。（4）秘书处：处理该组织日常事务的常设机构，负责保存国际海事组织会议制定的公约、规则、议定书、建议案和会议记录、会议文件。设有海上安全司、海上环境保护司、法律事务和对外关系司、行政司、会议司和合作司。

【主要活动】召开成员国大会，制定和修改有关海上安全、防止海洋污染、便利海上运输和提高航行效率及与之有关的海事责任方面的公约、规则、议定书和建议案；在上述方面交流实际经验，研究相关海事报告，利用联合国开发计划署等国际组织提供的经费和捐助国提供的捐款，向发展中国家提供一定技术援助；召开各委员会会议，研究与各专业委员会业务有关的事务并提出建议。

【同中国的关系】中国于1973年正式加入国际海事组织以来，曾在该组织第9届至15届大会上当选为B类理事国，并在第16届至27届大会上当选为A类理事国。中国还派出一百多名专业人员到该组织创办的世界海事大学进修。1984年，世界海事大学大连分校在中国大连成立。该组织秘书长曾多次访华。

自中国加入该组织后，历年均派团出席有关国际会议并参与相关国际法规、议定书的制定工作，在有关海事、安全等具体业务方面，中国政府有关部门与该组织开展并保持了有效合作，双边和多边交流活动顺利进行。

2011年11月，国际海事组织第27届大会在英国伦敦召开，交通运输部李盛霖部长率团与会。中国北海救助飞行服务队“B7313”救生员王浩、北海救助局“北海救111轮”船长曹德广、浙江温岭市民间救助站志愿者郭文标荣获海上特别勇敢奖奖状，南海救助局“南海救197轮”全体船员、浙江渔船“浙平渔0158轮”全体船员、北海救助飞行队和东海救助局“东海救113轮”水手长周国雄获得表扬信。

中国还出席了国际海事组织第106届、第107届理事会会议、海上安全委员会第89届会议、海上环境保护委员会第62届会议、法律委员会第98届会议、便利运输委员会第37届会议、技术合作委员会第61届会议等，逐步加大参与海事组织活动力度，提升了在国际海事事务中的话语权。

为落实与国际海事组织签署的技术合作谅解备忘录，中国于2011年3月21～25日在深圳举办“船员培训发证和值班国际公约（STCW）马尼拉修正案国家级研讨会”。（张哲）

国际电信联盟
International Telecommunication Union—ITU

【成立日期】1865年5月17日，法、德、俄、意、奥等20个欧洲国家在巴黎签订《国际电报公约》，创建了国际电报联盟。1906年，德、英、法、美、日等27个国家在柏林签署《国际无线电公约》。1932年，70多个国家在马德里召开国际电报联盟第五届全权代表大会，决定将上述两个公约合并为《国际电信公约》，并将国际电报联盟更名为国际电信联盟。1947年，国际电信联盟成为联合国负责电信事务的专门机构，总部从瑞士伯尔尼迁至日内瓦。

【宗旨】维护和扩大各成员国之间的合作，以改进和合理使用各种电信资源；促进并提供对发展中国家的技术援助；促进电信设施的发展及其最有效的运营，以提高电信业务的效率；促进电信技术和业务的应用，使世界上所有人得益于新的电信技术带来的便利；促进和加强相关实体和组织参与国际电信联盟活动并建立合作伙伴关系，以实现上述目的。

【成员】193个成员国，700多家私营部门实体和学术机构组成的部门成员和准成员。

【主要负责人】秘书长哈马德·图埃（Hamadoun Touré，马里人），2006年11月当选，2010年10月连任，任期四年。

【总部】瑞士日内瓦。网址：http：//www.itu.int/。

【出版物】国际电信联盟总秘书处、电信标准化局、无线电通信局和电信发展局就电信政策、技术、业务、资费等出版的系列建议书、操作公报、电信业务规则、须知和手册、电信统计年鉴以及不定期出版的电信杂志等。

【组织机构】（1）全权代表大会：国际电信联盟最高权力机构，每四年召开一届，其主要任务是审议确定国际电信联盟发展战略，制定国际电信联盟预算，选举理事国及秘书长、副秘书长和各部门局长以及无线电规则委员会委员等，修订国际电信联盟《组织法》和《公约》及其他相关法规文件。（2）理事会：国际电信联盟的管理机构，现有48个成员国。理事会在两届全权代表大会期间代行全权代表大会赋予的职责，负责审议电信政策问题，制定年度预算，协调总秘书处及各部门之间的活动，促进实施《组织法》、《公约》和其他行政规则各项条款以及全权代表大会等会议所通过的决定等。（3）世界国际电信大会：负责审议修订《国际电信规则》并处理其权限内具有世界性的任何问题。（4）无线电通信部门：主要职责是研究无线电通信的技术业务问题，以确保所有无线电通信业务合理、公平、有效和经济地使用无线电频谱及卫星轨道资源，并通过有关无线电通信问题的建议书。无线电通信部门通过无线电通信局、世界和区域性无线电通信大会、无线电规则委员会、无线电通信全会、无线电通信研究组、无线电通信顾问组等开展工作。（5）电信标准化部门：主要职责是研究电信技术、运营和资费问题，并通过建议书，以实现全球电信标准化。电信标准化部门通过电信标准局、世界电信标准全会、电信标准化研究组、电信标准化顾问组等开展工作。（6）电信发展部门：主要职责是组织和协调技术发展和援助，促进全球电信的发展。电信发展部门通过世界和区域性电信发展大会、电信发展研究组、电信发展顾问组以及电信发展局等机构开展工作。（7）总秘书处：由秘书长领导，一名副秘书长协助管理。主要职责是负责为各成员提供及时有效的服务，协调和支持三大部门的活动，承担各类会议的秘书处工作，管理行政和财务事宜等。

【主要活动】每4年召开一次全权代表大会、世界电信标准化全会和世界电信发展大会；每3～4年召开一次世界无线电通信大会；每年召开一次理事会。各部门每年召开各研究组及工作组会议。

【同中国的关系】中国于1920年加入国际电报联盟，1932年派代表参加马德里大会，签署了马德里《国际电信公约》。1947年在美国大西洋城召开的全权代表大会上被选为行政理事会理事国。新中国成立后，中华人民共和国在国际电信联盟的合法席位曾一度被剥夺。1972年5月，国际电信联盟第27届行政理事会通过决议恢复中华人民共和国在国际电信联盟的合法席位。此后，中国一直担任国际电信联盟理事国。1998年，中国政府推荐的赵厚麟当选国际电信联盟电信标准化局局长，2002年连任；并在2006年当选国际电信联盟副秘书长，2010年连任，任期四年。2010年，中国政府继续积极参与国际电信联盟的各项活动。

10月11～21日，国际电信联盟理事会在瑞士日内瓦举行。来自48个理事国、33个观察员国和部门成员的343名代表与会。工业和信息化部国际合作司司长陈因率团出席。会议审议通过了国际电信联盟2010～2011年活动报告和战略规划实施情况报告，审议批准了2012～2013年双年度财务预算，听取审议了9个理事会工作组的工作报告，并研究确定了今后几年重要活动安排。 （杨力扬）

万国邮政联盟
Universal Postal Union—UPU

【成立日期】1874年10月9日成立“邮政总联盟”，1878年改称现名，1948年成为联合国专门机构，简称“万国邮联”或“邮联”。1969年邮联通过决议将每年的10月9日定为“万国邮联日”，1984年更名为“世界邮政日”。

【宗旨】组织和改善国际邮政业务，促进此领域的国际合作与发展。通过邮政业务的有效工作，发展各国人民之间的联系，以实现在文化、社会与经济领域促进国际合作的崇高目标。

【成员】192个。

【主要负责人】国际局总局长爱德华·达扬（Edourd Dayan，法国人），2004年当选，2008年连任，任期至2012年。

【总部】瑞士伯尔尼。网址：http：//www.upu.int。

【出版物】《邮联》（Union Postale），季刊，用法、德、英、阿、中、西、俄7种文字出版。

【组织机构】（1）邮联大会（Congress of Universal Postal Union）：最高权力机构，由各成员国派出的全权代表参加，每四年举行一次。主要任务是修订法规，制定邮政发展战略，批准邮联经费开支，选举行政理事会、邮政经营理事会理事国和邮联国际局正、副总局长等。大会下设若干委员会，分别负责资格审查、财务、公约、业务质量等专业问题。（2）行政理事会（Council of Administration）：由一名主席国和40名理事国组成。大会东道国是当然理事国及主席国。其他40个理事国席位由大会按区域分配原则选出，每届大会至少更换其中半数，任何理事国不得连选连任三次。行政理事会通常每年在邮联总部召开一次会议，并在两届大会之间监督邮联的全部活动。（3）邮政经营理事会（Postal Operations Council）：由40个国家组成，由大会根据特定的地区分配原则选出。发展中国家占24席，发达国家16席。每届大会至少更换其中的1/3。经营理事会主要负责技术和经营问题，包括研究有利于邮联各成员国邮政和经营、商业化、经济和技术合作方面，特别是涉及邮政经济，如邮件资费等重大问题。（4）国际局是邮联秘书处、中央办事处，总部设在伯尔尼。由总局长领导，负责为两理事会提供行政和后勤保障。

【主要活动】2011年4月26日至5月13日，万国邮联邮政经营理事会年会在伯尔尼召开。会议讨论了邮政战略、邮联改革、邮联法规修改、函件终端费、邮政技术与标准等问题。

10月24日至11月11日，万国邮联行政理事会年会在伯尔尼举行。会议审议通过了行政理事会各委员会、邮政经验理事会及咨询委员会的工作报告，通过了经再次修改后的多哈邮政战略草案，讨论了万国邮联改革、邮政普遍服务、邮联法规修改等相关问题，确定了2012年第25届邮联大会的组织计划。

【同中国的关系】中国于1914年加入该组织。1972年4月，邮联恢复中国合法席位。自1974年以来，中国参加了历届邮联大会，并当选历届邮政经营理事会理事国，行政理事会除一届轮空外，均当选为行政理事会理事国。1999年9月，中国在北京成功主办了第22届邮联大会。这是中国首次承办联合国系统专门机构全权代表大会。自1999～2004年，中国担任行政理事会主席。在2004年第23届邮联大会上，原国家邮政局国际合作司司长黄国忠当选邮联国际局副总局长，任期四年；在2008年第24届邮联大会上获得连任。此系邮联历史上首次由亚太国家人选担任该职务，提高了中国在邮联的地位，扩大了影响。2010年，中国继续积极开展与万国邮联合作。

4月26日至5月13日，国家邮政局外事司副司长林洪亮率团出席在伯尔尼举行的万国邮联经营理事会年会。中国代表团在会上向邮政经营理事会全会做了报告。

10月24日至11月11日，国家邮政局代表团出席了万国邮联行政理事会年会，国家邮政局外事司副司长林洪亮主持了行政理事会二委/四委联合会议和行政理事会二委发展与合作委员会会议。（乐爽）

世界知识产权组织
World Intellectual Property Organization—WIPO

【成立日期】1893年，“国际保护工业产权联盟”（巴黎联盟）国际局和“国际保护文学艺术作品联盟”（伯尔尼联盟）国际局合并成立保护知识产权联合国际局，此即为世界知识产权组织（WIPO）的前身。1967年7月14日，上述两个联盟的51个成员国在瑞典斯德哥尔摩召开外交会议，签署了《建立世界知识产权组织公约》。1970年5月26日，该公约正式生效。1974年12月，该组织成为联合国的一个专门机构。

【宗旨】通过国家之间的合作，并在适当情况下与其他国际组织配合，促进世界范围内的知识产权保护；保证各知识产权联盟间的行政合作。

【成员】185个。

【主要负责人】现任总干事高锐（Francis Gurry，澳大利亚人）2008年就任，任期六年。

【总部】瑞士日内瓦。网址：http://www.wipo.int/。

【出版物】《世界知识产权组织国际商标公约》，月刊，英、法文；《国际外观设计公报》，月刊，英、法文；《专利合作条约公报》，周刊，英、法文；《专利合作条约通讯》，月刊，英文；《工业产权和版权》，月刊，英、法文；《工业产权与版权》，双月刊，西班牙文；《亚洲和太平洋地区知识产权》，季刊，英文。

【组织机构】（1）大会：最高权力机构，由该组织所协调各联盟的成员国组成，每两年召开一次普通届会；应协调委员会或1/4以上成员国的请求，可召开特别会议。（2）成员国会议：由《建立世界知识产权组织公约》的所有签署国组成，每两年召开一次普通届会，与大会同期同地举行；应多数成员国请求，总干事可召集特别成员国会议。（3）协调委员会：大会和成员国会议的咨询机构及执行机构，由巴黎联盟和伯尔尼联盟执委会成员组成。现有成员83个，每年召开一次例会；应总干事或委员会主席或1/4成员的请求，可召开特别会议。国际局是该组织以及受其管理的各联盟的日常行政机构，受大会和成员国会议管理，由以总干事为首的来自各国的常任职员组成。国际局下设有关工业产权法律、版权法律、情报、公约保存以及专利、商标、外观设计和原产地名称注册等业务机构。世界知识产权组织的行政首长为总干事，总干事由大会根据协调委员会提名任命，任期六年。

【主要活动】该组织的主要活动是在世界范围内保护知识产权。该组织鼓励缔结新的国际条约及各国知识产权立法的现代化，向发展中国家提供法律技术援助，收集和传授有关情报，为发明、商标、外观设计等在多国获得法律保护提供服务并努力促进成员国之间在知识产权法律保护方面的合作。在集中管理各国知识产权的行政事务方面，该组织通过国际局对工业产权和版权的14个联盟实行集中管理，以有利于各联盟之间的相互协调。在过去几年中，该组织加强了与发展中国家在知识产权保护方面的活动，促进国家、地区和多边各级机构通过或修改现有的保护知识产权的准则，通过国际注册体系来获得国际知识产权保护。2000年10月，该组织成员国大会第35届系列会议根据中国和阿尔及利亚的提案，决定将每年的4月26日定为世界知识产权日。2011年“世界知识产权日”的主题为“设计未来”。该组织主要活动包括举行成员国大会、发展与知识产权委员会会议，遗传资源、传统知识与民间文艺政府间委员会会议等常规会议，计划与预算委员会会议，国际专利分类联盟工作组会议，专利法常设委员会会议、审计委员会等。

【同中国的关系】中国于1980年6月3日加入WIPO后，一直与该组织保持良好的合作关系，并通过该组织与其他国家的知识产权部门加强了联系与交流。该组织总干事曾多次访华。迄今，中国已加入该组织管辖的13个条约。

2011年9月26日至10月5日，世界知识产权组织成员国大会第49次系列会议在瑞士日内瓦召开。国家知识产权局局长田力普率团与会并在会上发言，宣传中国近年来知识产权事业取得的成就，强调应促进国际知识产权制度的平衡发展，各国应共同分享成功经验，探索共同发展之路。

11月8～10日，世界知识产权组织总干事高锐应邀访华，出席“世界知识产权组织国家知识产权战略区域研讨会”、第十三届中国专利奖颁奖大会及第五届中国专利周开幕式等活动。期间，全国人大常委会副委员长路甬祥院士会见了高锐，高度评价世界知识产权组织在促进全球知识产权事业发展方面取得的成绩。

2012年6月，世界知识产权组织保护音像表演外交会议在北京召开，并通过《视听表演北京条约》。

（乐爽）

国际农业发展基金
International Fund for Agricultural Development—IFAD

【成立日期】联合国于1974年11月在罗马召开世界粮食会议，决定建立国际农业发展基金（简称“农发基金”），属联合国专门机构。1977年11月，《关于建立国际农业发展基金的协议》正式生效。1978年1月1日，农发基金开始业务活动。

【宗旨】通过筹集资金，以优惠条件提供给发展中的成员国，用于发展粮食生产，改善人民营养水平，逐步消除农村贫困。

【成员】截至2012年6月，共有168个成员国。

【主要负责人】总裁肯纳尤·内旺泽（Kanayo Nwanze，尼日利亚人），2009年4月1日任职。

【总部】意大利罗马。网址：http://www.ifad.org/。

【出版物】每年出版《年度报告》，不定期出版政策报告、国别报告和战略报告等。

【组织机构】（1）理事会：为农发基金的最高决策机构。成员国各派一名理事和一名副理事。理事会每年召开一届年会，审议批准农发基金的重大事项，包括批准新成员、任命农发基金总裁、批准行政预算、通过主要政策等。（2）执董会：由从基金成员国中选举产生的18位执行董事和18位副执行董事组成，任期三年。受理事会委托监督农发基金日常事务，并在每年的4月、9月和12月召开执董会会议审批新的贷款和赠款项目。（3）内设行政机构：为日常办事机构。负责人是总裁，任期四年。目前，农发基金分别在中国、印度、巴西、越南、尼日利亚、埃塞俄比亚等17国设立代表处。

【资金来源】主要包括：（1）创始捐资；（2）补充捐资；（3）非成员国和来自其他方面的特别捐资；（4）投资收益等。其中，补充捐资是农发资金的主要资金来源，每3～5年举行一轮，自1980年以来已完成9轮，每轮补充捐资目标由各成员国协商确定。

【主要活动】农发基金主要为发展中国家的扶贫和农业开发提供优惠资金支持，帮助各国改善粮食安全状况，促进实现千年发展目标。1978年至2011年底，农发基金累计向发展中国家贫困地区投资129.45亿美元，支持892个项目，惠及3.3亿农村贫困人口。

【同中国的关系】中国政府自1980年正式加入农发基金以来，一直与其保持着良好的合作关系，是农发基金最大的受援国之一。截至2011年12月底，中国共从农发基金获得23笔优惠贷款，累计贷款协议金额5.9亿美元。与此同时，中国政府积极发挥成员国的作用，在认捐等问题上给予农发基金积极支持。截至2011年12月，中国已累计向农发基金承诺捐资约7870万美元。

随着业务的发展，农发基金和中国政府的高层官员互访也日趋频繁。农发基金历任总裁曾先后访华，并拜会中国国家领导人。中国国家领导人和有关部委领导访问意大利时，也曾多次会见农发基金总裁等高级官员，促进了双方的友好合作。财政部是农发基金在中国的窗口管理部门。

1993年以来，除1996年和2005年外，中国一直担任农发基金执董（2005年任副执董）。

【驻华联络办】2005年，农发基金在华设立联络办公室，负责人是孙印洪（中国籍）。地址：北京市朝阳区亮马河南路2号联合国大楼。电话：010-85325228转5251。

（刁君妹）

联合国工业发展组织
United Nations Industrial Development Organization—UNIDO

【成立日期】1966年成立。1985年6月成为联合国专门机构。

【宗旨】通过工业发展推进扶贫和环境友好型经济增长，提高全世界人民，尤其是最贫困国家人民的生活水平和生活质量。

【成员】截至2011年7月，共有173个成员国。

【主要负责人】总干事云盖拉（Kandeh K. Yumkella，塞拉利昂人），2005年12月就任，任期四年，于2009年连任至今。

【总部】奥地利维也纳。网址：http：//www.unido.org/。

【出版物】《工业发展年度报告》（Industrial Development Report），《工业竞争力与贸易》（Industrial Competitiveness and Trade）。

【组织机构】（1）大会：最高权力机构，由全体成员参加，每两年举行一届大会。（2）理事会：由大会选出的53个成员国组成，任期4年，每年改选一半，可连任，每年举行一次例会。（3）秘书处：大会和理事会的执行机构。负责人是总干事，由大会根据理事会的推荐任命，任期4年，可连任。

【资金来源】各国按联合国份额缴纳会费和自愿捐款。

【主要活动】联合国工业发展组织是联合国系统促进可持续工业发展和国际工业合作的专门机构，通过发挥其全球论坛职能及与发展中国家技术合作等活动，主要开展三大核心业务：减贫、贸易能力建设、能源和环境。

工发组织每两年举行一次大会，每年举行一次工发理事会会议和一次方案预算委员会会议。

【同中国的关系】中国在1972年第27届理事会上当选为理事国，并连任至今。1981年联合国工业发展组织向中国派遣了高级工业发展顾问。自1979年以来，工发组织在中国共开展了500多个项目，总额约4亿美元。2011年，中国向工发组织捐款71万美元和95万元人民币，会费分摊约288.7万欧元。

【驻华代表机构】1998年9月以前，联合国工业发展组织驻华代表机构设在联合国开发计划署内。1998年9月，工发组织成立独立的驻华代表处。2006年底升级为工发组织驻中国、蒙古、朝鲜和韩国的区域代表处。现任代表柯文斯（Edward Clarence，英国人），2009年上任。办公地址：北京市朝阳区塔园外交办公楼2单元。电话：010-65323440。

工发组织中国投资促进处于1996年1月1日成立，前身为工发组织北京中心。主任胡援东。办公地址：北京市朝阳区亮马河南路14号塔园外交人员办公大楼2单元142号。电话：010-65326140。（刁君姝）

国际原子能机构
International Atomic Energy Agency—IAEA

【成立日期】1954年第九届联合国大会通过决议，要求成立一个专门致力于和平利用核能的国际机构。经过两年筹备，有82个国家参加的规约会议于1956年10月26日通过了国际原子能机构（简称“机构”）的《规约》。1957年7月29日，《规约》正式生效。同年10月，机构举行首次全体会议，宣布机构正式成立。

【宗旨】谋求加速和扩大原子能对全世界和平、健康及繁荣的贡献，确保由其本身、或经其请求、或在其监督或管制下提供的援助不用于推进任何军事目的。

【成员】任何国家不论是否为联合国的会员国或联合国专门机构的成员国，经机构理事会推荐并由大会批准入会后，交存对机构《规约》的接受书，即可成为该机构的成员国。截至2012年11月，机构共有158个成员国。

【主要负责人】总干事天野之弥（Yukiya Amano，日本人），2009年12月1日就任，任期四年。

【总部】奥地利维也纳。网址：http：//www.IAEA.org。

【出版物】《核聚变》月刊，《国际原子能机构通报》季刊，均为英、法、俄、西班牙文，从1986年起《国际原子能机构通报》增加中文本。机构每年还出版各种关于原子能及核保障监督的科技书籍。

【组织机构】（1）大会：由全体成员国组成。大会每年一次，一般在9月，为期一周。大会下设全体委员会和总务委员会，后者兼有证书委员会的职能。（2）理事会：由35国组成，每年举行四次会议。（3）秘书处：执行机构，由总干事领导。总干事由理事会任命，大会批准，任期四年。秘书处下设政策制定办公室、技术援助及合作司、核能和核安全司、行政管理司、研究和同位素司、保障监督司。此外还设有三个研究单位：塞伯斯道夫实验室（奥地利）、的里雅斯特国际理论物理研究中心（意大利）、国际海洋放射性实验室（摩纳哥）。

【主要活动】国际原子能机构不是联合国的专门机构，但与联合国订有关系协定，同联合国大会、安理会和经社理事会有直接关系。机构每年向联大提交工作报告。

机构的主要活动有：（1）向成员国提供技术援助，帮助他们开展和平利用核能的研究和应用；（2）与有关国家和国际组织订立“保障监督协定”，对由机构本身或经其介绍提供的技术援助项目、对成员国或其他国际组织以及根据核不扩散义务委托监督的项目实施保障监督，以确保这些不用于任何军事目的；（3）组织研究和制定有关核安全和核保安的导则文件，并向世界各国推荐使用；（4）与有关成员国或专门国际机构签订科学研究合同；（5）召集各种科技会议，通过建立情报网、图书馆和出版书刊等方式组织关于和平利用核能的资料交流。

机构自成立以来，在《规约》规定的两大职能（保障监督和和平利用核能）方面做了大量工作。在保障监督领域，已与170多个国家和地区组织签订了全面保障监督协定及单项保障协定，也分别与核武器国家缔结了自愿保障监督协定。1997年5月，机构通过保障监督附加议定书，这标志着机构的保障监督能力和范围从仅核查无核武器国家申报的核活动扩大到可核查未申报的核设施和核活动。在促进核知识和核技术的传播、加强核安全国际合作方面，机构先后主持制定了一系列与核安全、辐射安全、废物管理安全标准有关的国际公约，如《及早通报核事故公约》、《核事故或辐射紧急情况援助公约》、《核安全公约》、《乏燃料管理安全和放射性废物管理安全联合公约》、《核材料实物保护公约》及修订案等。

2011年，机构分别于3月、6月、9月及11月召开理事会会议，并于9月召开第55届大会，主要审议了核能和核科学技术应用、核安全和核保安、保障监督执行情况、计划与预算委员会报告、伊朗核问题、朝鲜核问题、叙利亚核问题、多边核燃料循环等议题。

【同中国的关系】1984年，中国政府向机构递交了接受《规约》的接受书，成为正式成员国。1986年，中国参与制定并签署了《及早通报核事故公约》和《核事故或辐射紧急情况援助公约》。1988年9月，中国与机构正式签署了《中华人民共和国与国际原子能机构关于在中国实施保障监督的协定》，并于1989年9月生效。1988年12月，中国参加了由机构主持制定，并由机构总干事保存的《核材料实物保护公约》。1990年6月，中国与机构签署了《中华人民共和国和国际原子能机构技术援助协定》。1992年3月，中国加入了《不扩散核武器条约》。1994年9月，中国签署了《核安全公约》。1998年12月，机构总干事巴拉迪和中国常驻机构代表张义山大使签署了《中华人民共和国与国际原子能机构关于在中国实施保障监督的协定的附加议定书》。2002年3月，中国政府通知机构已完成附加议定书生效所需的内部程序，附加议定书对中国生效。2006年4月，中国加入《乏燃料管理安全和放射性废物管理安全联合公约》。2009年8月，中国批准了《核材料实物保护公约》修订案。

中国积极参与机构有关工作，参加了2011年的有关理事会及大会。 （孔君）

世界贸易组织
World Trade Organization—WTO

【成立日期】其前身为关税及贸易总协定（General Agreement on Tariffs and Trade—GATT）。1994年4月在摩洛哥马拉喀什举行的关贸总协定部长级会议正式决定成立世界贸易组织。1995年1月1日成立，简称"世贸组织"。

【宗旨】促进经济和贸易发展以提高生活水平、保证充分就业、保障实际收入和有效需求的增长；扩大货物和服务的生产和贸易；以可持续发展为目标，考虑对世界资源的最有效利用，既保护环境、又与不同经济发展水平成员的需要和关注相一致；保证发展中国家、特别是最不发达国家在国际贸易增长中获得与其经济发展需要相当的份额。

【成员】155个。

【负责人】总干事帕斯卡尔·拉米（Pascal Lamy，法国人），欧盟前贸易委员，2005年9月1日上任，任期四年。2009年连任，任期将于2013年9月到期。

【总部】瑞士日内瓦。地址：Centre William Rappard，Rue De Lausanne 154，CH-1211 Geneva 21 Switzerland。网址：http：//www.wto.org。电话：+41（0）227395111；传真：+41（0）227314206。

【组织结构】（1）部长级会议：最高权力机构。至少每两年举行一次，讨论和决定涉及世贸组织职能的所有重要问题，并采取行动。（2）总理事会（由所有成员组成）：在两届部长级会议期间履行世贸组织的职能，包括作为争端解决机构、贸易政策审议机构的职能。（3）总理事会下设货物贸易理事会、服务贸易理事会和与贸易有关的知识产权理事会，各自履行有关协议以及总理事会所赋予的职能。（4）部长级会议还下设贸易与发展委员会、国际收支限制委员会以及预算、财务与行政委员会等6个委员会，1个加入世贸组织工作组以及贸易与投资关系工作小组等3个工作小组。（5）秘书处：为上述职能机构提供各种经常性的服务。由1名总干事和4名副总干事领导。

【主要活动】执行和管理乌拉圭回合一揽子协议以及诸贸易协议；主持多边贸易谈判；作为争端解决机构；作为贸易政策审议机构；与国际货币基金组织和世界银行合作参与全球经济政策的制定。

世贸组织多哈回合谈判进展一直是各方重点关注的焦点之一。二十国集团领导人戛纳和洛斯卡沃斯峰会、金砖国家领导人第四次会晤、亚太经合组织第十九次领导人非正式会议等重要多边国际会议都将多哈回合谈判作为重要议题。在2011年底的世贸组织第八次部长级会议上，各方同意在最终达成一揽子协议的前提下，通过循序渐进的方式对一些议题先行达成协议。2012年1月，美国、欧盟、日本、加拿大、澳大利亚等16个世贸组织成员开始服务贸易“诸边谈判”，希望绕过多哈回合谈判，在服务贸易开放方面取得进展。2012年6月，二十国集团洛斯卡沃斯峰会重申各方坚持多哈发展回合授权，承诺致力于完成多哈回合谈判，先在贸易便利化和其他最不发达国家关切的议题上探寻成果。

【同中国的关系】2001年12月11日，中国正式成为世贸组织成员。加入世贸组织后，中国认真履行在申请加入谈判过程中所作的承诺，修改、制定了大量法律法规，对贸易体制和政策进行了全面调整，对外开放水平不断提高。在货物贸易领域，进一步降低了关税，取消全部非关税措施；在服务贸易领域，切实落实各项承诺。加入世贸组织为中国发展赢得了良好的外部环境，促进了国内产业结构的调整，推动了经济和贸易的发展。截至2010年，中国加入世贸组织的所有承诺已全部履行完毕。

加入世贸组织以来，中国认真恪守世贸组织多边贸易规则，反对贸易保护主义，促进世界各国特别是发展中国家的共同发展，获得国际社会的肯定。对于与其他成员的贸易摩擦，中国坚持遵循世贸组织有关规则，通过平等协商寻求解决办法。

中国积极参与多哈回合谈判。“免关税、免赔额”是最不发达国家在多哈回合中最关心的议题之一。2011年11月，胡锦涛主席在二十国集团戛纳峰会上宣布中国将在南南合作框架下对同中国建交的最不发达国家97%的税目的产品给予零关税待遇。世贸组织总干事拉米在现场随即发言致谢，强调这一承诺不仅对世界上最贫穷国家是一个好消息，对多边贸易体系和多哈回合谈判也是强有力的、及时的支持。孟加拉国驻世贸组织代表团大使代表最不发达国家集团于11月11日专门致函中国驻世贸组织代表团，就此向中方表示衷心感谢。

中国重视世贸组织在促进多边自由贸易体制发展方面的作用。2011年是中国加入世贸组织十周年，商务部在各部委配合下，开展了一系列以加入世贸组织十周年为主题的纪念活动。12月11日，“中国加入世贸组织十周年高层论坛”在人民大会堂举行，胡锦涛主席出席会议并发表讲话。世贸组织总干事拉米应邀出席并发言。此前，商务部在世界经济论坛、博鳌亚洲论坛、厦洽会、广交会等场合举办了“中国入世十周年”专题论坛。

世贸组织总干事拉米重视中国的重要作用。2011年9月和12月拉米两次访华，同中方就如何加强多边贸易体系、推动多哈回合谈判交换看法。胡锦涛主席在二十国集团戛纳和洛斯卡沃斯峰会上同拉米寒暄。

（刘念）

世界旅游组织
World Tourism Organization—UNWTO

【成立日期】1975年1月2日。2003年11月成为联合国专门机构。

【宗旨】促进和发展旅游事业，使之有利于经济发展、国际间相互了解、和平与繁荣以及不分种族、性别、语言或宗教信仰、尊重人权和人的基本自由，并强调在贯彻这一宗旨时要特别注意发展中国家在旅游事业方面的利益。

【成员】正式成员154个，联系成员（associate member）7个，附属成员（affiliate member）383个。

【主要负责人】现任秘书长塔勒布·瑞法（Taleb Rifai，约旦人），2009年10月当选，任期至2013年。

【总部】西班牙马德里。网址：http：//www.world-tourism.org。

【出版物】《旅游统计年鉴》（Yearbook of Tourism Statistic），年刊。均为英、法、西班牙文。

【组织机构】（1）全体大会（Assembly）：最高权力机构。每两年召开一次。（2）执行委员会（Executive Council）：常设机构。一年至少召开两次会议。成员数量为该组织成员国总数的1/5。成员由地区委员会推选，执委会提名，大会通过。2011年执行委员会成员为32个国家。联系成员及附属成员委员会可各推选一位代表参加执行委员会的工作，但无投票权。（3）秘书处：负责日常工作。秘书长（Secretary-General）是世界旅游组织的主要负责人，由执委会推荐，大会选举产生，任期四年，可连任两次。（4）地区委员会：常任机构，每年召开一次会议。共有欧洲、非洲、中东、南亚、东亚及太平洋、美洲6个地区委员会。

【主要活动】负责制定国际性旅游公约、规则，研究全球旅游政策，收集和分析旅游数据，定期向成员国提供统计资料。近年来，该组织积极参与旅游领域的经济活动，努力倡导以旅游促进经济发展、消除贫困、解决就业、与各国开展合作项目。对旅游经济活动提供咨询、援助，开展技术合作。

【同中国的关系】中国于1983年10月加入世界旅游组织。多次当选执行委员会委员，本届任期至2015年。

2011年9月1日，国务院副总理王岐山在中南海会见联合国世界旅游组织秘书长塔勒布·瑞法，并接受了由世界旅游组织与世界旅游业理事会联合发起的“全球领导人支持旅游”倡议活动公开信。

10月9～13日，国家旅游局副局长杜江率团出席了在韩国庆州举行的第19次联合国世界旅游组织全体大会和旅游部长圆桌会议，并在两个会议上发言。本届全体大会通过2011～2015年度执委会16个席位的选举决议，中国成功连任为执委会成员国。（乐爽）

伊斯兰合作组织

Organization of the Islamic Cooperation—OIC

【成立日期】1970年5月正式成立，原名伊斯兰会议组织，于2011年6月改名为伊斯兰合作组织。

【宗旨】促进各成员国之间的团结，加强他们在经济、社会、文化、科学等方面的合作；努力消除种族隔离和种族歧视，反对一切形式的殖民主义；支持巴勒斯坦人民恢复其民族权利和重返家园的斗争；支持所有穆斯林人民保障其尊严、独立和民族权利的斗争。

2008年3月，在塞内加尔首都达喀尔召开的第11届伊斯兰会议组织首脑会议通过了新宪章，在前言和宗旨原则方面增加了体现时代色彩的内容，如：促进人权、基本自由、良政和法治国家建设；促进伊斯兰成员国和世界其他国家之间相互信任、相互尊重、友好合作的关系；正面宣传伊斯兰教温和、宽容和尊重多样性的价值观念；支持国际关系民主化，配合国际社会对一切形式的恐怖主义的斗争；加强伊斯兰国家内部的经贸、科技和文化合作，最终建立伊斯兰共同市场等。

【成员】57个：阿富汗、阿尔巴尼亚、阿尔及利亚、阿塞拜疆、巴林、孟加拉国、贝宁、文莱、布基纳法索、喀麦隆、乍得、科摩罗、科特迪瓦、吉布提、埃及、加蓬、冈比亚、几内亚、几内亚比绍、圭亚那、印度尼西亚、伊朗、伊拉克、约旦、哈萨克斯坦、科威特、吉尔吉斯斯坦、黎巴嫩、利比亚、马来西亚、马尔代夫、马里、毛里塔尼亚、摩洛哥、莫桑比克、尼日尔、尼日利亚、阿曼、巴基斯坦、巴勒斯坦、卡塔尔、沙特阿拉伯、塞内加尔、塞拉利昂、索马里、苏丹、苏里南、叙利亚、塔吉克斯坦、多哥、突尼斯、土耳其、土库曼斯坦、乌干达、阿拉伯联合酋长国、乌兹别克斯坦、也门。

此外，波黑、中非、泰国、俄罗斯、“北塞浦路斯土耳其共和国”为观察员国。

【主要负责人】秘书长埃克麦尔丁·伊赫桑奥卢（Dr. Ekmeleddin Ihsanoglu，土耳其人），2004年12月当选，2009年1月1日连任。

【总部】秘书处设在沙特阿拉伯王国的吉达市。网址：http://www.oic-oci.org。

【组织机构】（1）首脑会议：最高权力机构，每三年举行一次。（2）外长会议：每年轮流在一个成员国举行一次。（3）常设秘书处。另外设有伊斯兰开发银行、耶路撒冷委员会、阿富汗问题委员会、伊斯兰和平委员会、伊斯兰法庭、伊斯兰发展基金会和伊斯兰经贸常设委员会等。

根据2008年3月第11届伊斯兰会议组织首脑会议修改的宪章规定，又增加了常设委员会、执行委员会、伊斯兰国际法院、独立人权常设委员会和常设代表委员会等专门机构。

【主要活动】伊斯兰国家首脑会议：迄今共召开过11次例会和3次特别会议。

2008年3月13～14日，第11届伊斯兰会议组织首脑会议在塞内加尔首都达喀尔召开。57个成员国均派团参加，其中有28位国家元首或政府首脑。联合国秘书长、阿盟秘书长、非盟委员会主席作为嘉宾出席。俄罗斯、泰国等观察员国也派团参加。美国、法国、欧盟派代表参与会议有关活动。会议围绕“21世纪伊斯兰世界面临的挑战”这一主题，就修改伊斯兰会议组织宪章、加强伊斯兰世界内部合作、提升伊斯兰形象等展开讨论，并通过了政治、经济、文化、法律、组织结构等方面的多项决议，发表了最终公报和《达喀尔宣言》。

修改后的宪章对吸收成员国和观察员国作出新规定。对成员国增加了三个条件：必须是联合国成员；伊斯兰人口占多数；入会必须由成员国协商一致通过。对观察员国增加了两个条件：必须是联合国成员；入会必须由成员国协商一致通过。在表决程序方面，除了2/3通过的规则外，增加了优先考虑协商一致通过的规定。

《达喀尔宣言》强调伊斯兰会议组织将在帮助伊斯兰国家应对全球化挑战、对抗灾害、保护环境等方面发挥积极作用；支持巴勒斯坦人民的斗争，谴责一切形式的恐怖主义和宗教极端主义；确立总金额为100亿美元的“伊斯兰团结发展基金”，以消除成员国间贫富差距，促进伊斯兰世界团结。

原定于2011年3月中旬在埃及召开第12届伊斯兰会议组织首脑会议，后因西亚北非地区局势动荡未能如期举行。2012年8月14～15日，第四届伊斯兰合作组织特别首脑会议——“伊斯兰团结峰会”在沙特麦加召开，除叙利亚以外的56个成员国派团与会。

外长会议：迄今共召开过39次外长会议。

2011年6月28～30日，第38届伊斯兰会议组织外长会议在哈萨克斯坦首都阿斯塔纳举行。这届会议主题为“和平、合作、发展”。OIC全体成员国和观察员国派团参加。哈萨克斯坦总统纳扎尔巴耶夫出席会议开幕式并致辞。会议决定将伊斯兰会议组织更名为伊斯兰合作组织，并更换了组织徽标。会议最后发表《阿斯塔纳宣言》，并就政治、经济、社会等议题通过一系列决议。

2012年11月15～17日，第39届伊斯兰合作组织外长会议在吉布提召开。这届会议主题为“团结实现可持续发展”，主要讨论了叙利亚、缅甸罗兴迦穆斯林、马里和萨赫勒地区局势、索马里、巴勒斯坦、反恐等问题。会议发表了《吉布提宣言》。

【同中国的关系】1974年2月，第二次伊斯兰国家首脑会议召开时，周恩来总理向大会发了贺电。此后，中国总理多次向该组织首脑会议致电祝贺。1993年8月，由巴基斯坦外长阿卜杜尔·萨塔尔率领的伊斯兰会议组织部长级代表团访华。1994年11月，应中国伊斯兰教协会邀请，伊斯兰会议组织副秘书长穆罕默德·穆哈辛率团访华。1995年7月，由摩洛哥外交部多边关系合作司总司长本希马率领的伊斯兰会议组织代表团访华。

2005年7月，伊斯兰会议组织秘书长伊赫桑奥卢访华。这是该组织秘书长首次访华。2009年8月，伊斯兰会议组织秘书处代表团访华。2010年6月，伊斯兰会议组织秘书长伊赫桑奥卢访华，吴邦国委员长、杨洁篪外长、国家宗教局局长王作安分别会见伊，外交部副部长翟隽与伊会谈。双方发表了联合新闻公报，强调将共同努力，深化双方在政治、经贸、文化等领域的友好合作关系。12月，外交部副部长翟隽访问伊斯兰会议组织总部，同伊赫桑奥卢秘书长举行会谈，这是中国政府代表团首次访问伊斯兰会议组织总部。2012年1月，温家宝总理出访沙特期间在利雅得会见伊斯兰合作组织秘书长伊赫桑奥卢，双方就中国与伊斯兰世界关系、西亚北非地区局势及其他共同关心的问题交换了看法。2012年6月，伊斯兰合作组织秘书长伊赫桑奥卢来华参加首届“中国与伊斯兰文明研讨会”，期间全国政协主席贾庆林会见伊，外交部副部长翟隽与伊会谈。

2010年5月、2011年6月，中国驻塔吉克斯坦大使左学良、驻哈萨克斯坦大使周力先后以会议主席国客人身份出席了伊斯兰会议组织第37、38届外长会议。（奚栋）

阿拉伯国家联盟

League of Arab States—LAS

【成立日期】1945年3月22日，在埃及倡议下，7个阿拉伯国家的代表在埃及首都开罗举行会议，通过了《阿拉伯联盟宪章》，阿拉伯国家联盟（简称“阿盟”）正式成立。

【宗旨】密切成员国间的合作关系，协调彼此间的政治活动，捍卫阿拉伯国家的独立和主权，促进阿拉伯国家的整体利益，推动各成员国在经济、财政、交通、文化、卫生、社会福利、国籍、护照、签证、司法等方面进行密切合作。成员国相互尊重国家政治制度，彼此之间的争端不得诉诸武力解决，某一成员国与其他国家缔结的条约和协定对其他成员国无约束力。

【成员】目前阿盟成员为22个：阿尔及利亚、阿拉伯联合酋长国、阿曼、埃及、巴勒斯坦、巴林、吉布提、卡塔尔、科威特、黎巴嫩、利比亚、毛里塔尼亚、摩洛哥、沙特阿拉伯、苏丹、索马里、突尼斯、叙利亚、也门、伊拉克、约旦、科摩罗。2011年11月16日，阿盟正式中止叙利亚成员国资格，并于11月27日在埃及开罗召开外长会议后宣布对叙实施经济制裁。

【主要负责人】秘书长纳比勒·阿拉比（Nabil al-Arabi，埃及人），2011年7月3日正式就任，任期五年。

【总部】阿盟宪章规定，阿盟总部的永久地址为埃及首都开罗。网址：www.arableagueonline.org。

【出版物】《阿拉伯事务》月刊，阿拉伯文；《新闻公报》（Information Bulletin），阿、英文。

【组织机构】（1）首脑级理事会：最高权力机构，1964年起开始举行首脑会议，商讨地区性重大问题。可应成员国要求召开特别首脑会议或紧急首脑会议。2000年10月在开罗召开的第11次特别首脑会议决定每年定期举行首脑会议，由成员国轮流主持。卡塔尔和利比亚分别为2009年度和2010年度主席国。（2）部长级（外长）理事会：由全体成员国外长组成，下设数个委员会，负责讨论、制定和监督执行有关的阿拉伯共同政策、制定阿盟各机构的内部条例并任命阿盟秘书长。每年3月和9月举行例会，也可以应两个以上成员国的要求随时召开特别会议或紧急会议。协商一致通过的决议对所有成员国均有约束力。唯有财政和管理问题，获2/3多数通过后即对全体成员有效。（3）专项部长理事会：随着阿拉伯国家相互关系的发展和合作领域的扩大，各专项领域的部长理事会相继建立并逐步取代了原外长理事会下设的有关委员会。到目前为止，共成立了10个专项部长理事会，由成员国相关部长组成，定期召开会议，负责制定有关领域的阿拉伯共同政策和加强成员国间的有关协调与合作。它们分别是：新闻、内政、司法、住房、运输、卫生、社会事务、青年与体育、环境事务和通讯部长理事会等。（4）联合防御理事会：根据“共同防御与经济合作条约”建立，由成员国外长和国防部长组成，其任务是统一各成员国的防务计划，为加强其军事力量而开展合作。（5）经社理事会：由成员国有关部长或其代表组成，致力于实现阿盟在经济和社会发展方面制定的目标，并有权建立或取消任何专项组织，负责监督其运作情况。目前其属下有19个专门组织和机构。（6）秘书处：阿盟的常设行政机构和理事会及各专项部长理事会的执行机构，设秘书长1人，由副秘书长和秘书长顾问组成的委员会协助其工作。

阿盟在埃塞俄比亚、奥地利、比利时、西班牙、德国、俄罗斯、法国、美国、瑞士、意大利、印度、英国、中国等设有办事处。

2009年12月21日，阿拉伯—俄罗斯合作论坛成立。

【主要活动】（1）首脑级理事会。至2012年7月，阿盟共举行过23次首脑会议和12次特别首脑会议。2000年10月在埃及开罗召开的第11次特别首脑会议，决定每年定期举行阿拉伯国家首脑会议。从第13届阿拉伯国家首脑会议（2001年3月）起，阿盟首脑会议机制化。

2012年3月29日，第23届阿盟首脑会议在伊拉克巴格达召开。会议通过了《巴格达宣言》，强调维护阿拉伯团结与民族利益，通过对话解决阿拉伯国家内部分歧。关于叙利亚问题，宣言中表示：支持叙人民追求自由、民主的合法要求及规划未来、完成政权和平交接的权利；谴责暴力、杀戮，呼吁制止流血；坚持政治解决和民族对话，反对外国干涉，维护叙领土完整；支持并遵守阿盟就叙问题通过的有关决议；支持联合国—阿盟叙利亚危机联合特使安南斡旋努力；注意到叙政府接受安南六点建议，强调必须立即、全面执行上述建议等。会议宣言还重申支持巴勒斯坦人民正义事业；在政治、经济和发展领域向也门提供支持；支持索马里重建进程；谴责一切形式的恐怖主义；强调致力于建立中东无核武器和大规模杀伤性武器区；加强阿拉伯国家经贸合作和区域经济一体化等。

第24届阿盟首脑会议将于2013年在卡塔尔首都多哈召开。

（2）外长级理事会。截至2012年7月，阿盟外长理事会共举行了137次例会，并召开了多次特别会议或紧急会议。

2010年3月3日，第133届阿盟外长理事会在开罗举行，会议着重讨论了中东和平进程和地区局势等问题。此次会议在协调阿拉伯国家关于恢复巴以谈判的立场方面取得了突破。阿拉伯国家外长在声明中决定，支持巴方与以方展开为期4个月的间接谈判。

2010年9月7～9日，第134届阿盟外长理事会在开罗举行，会议着重讨论了中东和平进程和地区局势等问题。

2011年3月2日，第135届阿盟外长理事会在开罗举行，会议通过决议要求利比亚停止暴力冲突，同时考虑在利比亚设立禁飞区的举措。会议还反对外界对利比亚进行直接军事干预。

3月12日，阿盟召开利比亚问题紧急外长会议，以大多数同意的方式达成决议，呼吁联合国安理会在利比亚设立“禁飞区”。3月17日，联合国安理会通过1973号决议，在利比亚设立“禁飞区”。5月15日，阿盟外长会同意由埃及外长纳比勒·阿拉比接替阿姆鲁·马哈茂德·穆萨出任阿盟秘书长。

【同中国的关系】中国同阿盟于1956年建立联系。近十几年来，双方关系日益密切，交往不断增多，在国际事务中保持协调和相互支持。

1993年5月，阿盟秘书长马吉德正式访华。8月，阿盟在北京设立办事处。1996年5月，江泽民主席在访问埃及期间会见了马吉德秘书长。1999年1月，唐家璇外长在开罗阿盟总部与马吉德秘书长签署了《中华人民共和国外交部与阿拉伯国家联盟秘书处关于建立政治磋商机制的谅解备忘录》。9月，马吉德秘书长首次提出了建立中阿论坛的设想。2002年4月，朱镕基总理访问埃及时在阿盟总部会见穆萨秘书长，双方就“中阿合作论坛”、中东局势等问题交换了意见。2004年1月，胡锦涛主席访问阿盟总部，会见穆萨秘书长及22个阿盟成员国代表，双方共同宣布“中阿合作论坛”成立。同年9月，李肇星外长出席在开罗召开的“中阿合作论坛”首届部长级会议，“中阿合作论坛”正式启动。阿盟与中国关系进一步加强，在国际事务中相互支持，并在“中阿合作论坛”框架下共同举办了一系列中阿对话与合作活动。2005年，中国任命驻埃及大使兼任驻阿盟代表。2009年11月，温家宝总理出席中非合作论坛第四届部长级会议期间访问了开罗阿盟总部，会见了穆萨秘书长，并发表了题为《尊重文明的多样性》的演讲。2010年5月，中国国家主席胡锦涛、国务院总理温家宝分别会见了前来参加中阿合作论坛第四届部长级会议的阿拉伯国家联盟秘书长穆萨，会议签署并发表了《天津宣言》，宣布在论坛框架下建立“全面合作、共同发展”的中阿战略合作关系。2011年10月，阿盟秘书长顾问哈立德访华。2012年5月，阿盟秘书长阿拉比正式访华。

近年来，阿盟首脑会议和外长理事会连续作出对华关系决议，呼吁阿盟成员国积极发展同中国在各个领域的关系。

此外，阿盟与中国有关部门密切合作，在“中阿合作论坛”框架下共同举办了第二届中阿能源合作大会、第三届中国—阿拉伯国家新闻合作论坛、“中阿合作论坛第八次高官会”、“中阿合作论坛”第四届部长会、第二届中国艺术节、第三届中阿友好大会、第四届文明对话研讨会等活动。2012年5月，“中阿合作论坛”第九次高官会和第五届部长会在突尼斯哈马迈特举行。

【阿盟驻华代表处】阿拉伯国家联盟驻华代表处：北京市朝阳区霄云路18号京润水上花园H-22号别墅。网址：www.arableague-china.org。电话：010-64649983，64649984；传真：64649973。电子信箱：info@arableague-china.org。主任：穆罕默德·哈桑·沙布（Mohamed el Hassan Shabbo，苏丹籍），2007年3月8日到任。

（林海）

阿拉伯议会联盟

Arab Inter-Parliamentary Union—AIPU

【成立日期】1974年6月21日。

【宗旨】加强阿拉伯议会间的往来和交流；协调、统一各国议会在国际上和其他各方面的活动；加强同其他地区议会联盟和国家议会组织的交往；协调、统一阿拉伯国家立法；研讨阿拉伯世界的共同性问题，在国际上促进阿拉伯民族事业。

【成员】22个：约旦、阿拉伯联合酋长国、巴林、突尼斯、阿尔及利亚、科摩罗、吉布提、沙特阿拉伯、索马里、苏丹、叙利亚、伊拉克、阿曼、巴勒斯坦、卡塔尔、科威特、黎巴嫩、利比亚、埃及、摩洛哥、毛里塔尼亚、也门。

【主要负责人】议会联盟主席胡莱菲（卡塔尔人），2011年2月当选；秘书长努尔丁·波希科吉（摩洛哥人），1995年4月当选。

【总部】叙利亚首都大马士革。网址：www.arab-ipu.org。

【出版物】《阿拉伯议会》（The Arab Parliament）季刊和《议会对话》（Parliamentary Dialogue）季刊，均为阿、英、法文。《情况公报》（Information Bulletins），阿文。

【组织机构】（1）大会：每年第一季度召开，必要时可举行紧急会议，由各成员国议会组织派代表团参加，东道国议长任主席。（2）理事会：通常每年开会两次，必要时可举行紧急会议，由各成员国议会组织各派一名议员任代表，议会联盟主席兼任主席。（3）秘书处：由秘书长领导，秘书长每两年由理事会选举产生。

【主要活动】截至2012年7月，阿拉伯议会联盟大会共举行过18次会议。

2012年3月5～6日，阿拉伯议会联盟第18次大会在科威特举行。会议着重从政治、经济层面讨论了积极维护阿拉伯民族团结、捍卫阿拉伯民族安全、支持巴勒斯坦人民斗争的正义事业、阿拉伯议会联合行动、阿拉伯议会在各自国家发挥的作用等议题。

【同中国的关系】1985年，中国全国人大与该联盟建立了联系。同年10月，该联盟首次派以秘书长布巴维为首的代表团访华，耿飚副委员长会见。1992年2月，该联盟代表团访华，就利比亚涉嫌参与炸机事件与中方交换意见，彭冲副委员长会见，符浩常委与之会谈。同年4月，出席各国议会联盟第87届大会的该组织主席卡杜拉会见了正在喀麦隆访问的中国全国人大代表团，并邀请中国全国人大代表团访问设在大马士革的该组织总部。5月，该组织主席卡杜拉致函万里委员长，再次邀请中国全国人大代表团访问其总部，并希望就双方共同关心的问题交换意见。　（林海）

阿拉伯马格里布联盟

Union du Maghreb Arabe—UMA

【成立日期】1989年2月17日。

【宗旨】在尊重各成员国的政治、经济和社会制度的前提下，充分协调经济、社会方面的立场、观点和政策，大力发展经济互补合作。在外交和国际领域协调立场，进行合作。优先实现经济一体化，最终实现阿拉伯统一。

【成员】阿尔及利亚、利比亚、毛里塔尼亚、摩洛哥、突尼斯。1994年11月，埃及正式要求加入阿拉伯马格里布联盟（简称“马盟”，）但马盟迄今未审议埃及的要求。

【主要负责人】执行主席由成员国元首轮流担任，任期一年。

【总部】常设秘书处在摩洛哥。秘书长哈比卜·本·叶海亚（Habib Ben Yahia，突尼斯人），2006年1月任命。

【组织机构】（1）元首委员会：最高决策机构，由成员国元首组成，每年举行一次例会，会议主席由元首轮流担任并在委员会休会期间任马盟执行主席。（2）外长理事会：由各成员国外长组成，负责审议后续工作委员会和各部长专门委员会提交的工作报告，为元首会议作准备，并列席元首委员会例会。（3）后续工作委员会：由成员国负责马格里布事务的国务秘书组成，负责落实元首委员会的决议。（4）部长专门委员会：现有粮食安全、财政经济、人力资源和基本建设4个专门委员会。常设机构有：（1）常设秘书处：原为总秘书处，由各成员国一名代表组成。1990年元首委员会决定改为常设秘书处。秘书长任期为三年，可连任一届。（2）咨询委员会：即马盟议会，设在阿尔及利亚，由成员国各20名立法代表组成，其主要职责是对元首委员会作出的决议、计划提出意见，并就马盟活动和实现目标提出建议。（3）马盟法院：由成员国各两名法官组成，设在毛里塔尼亚。

【主要活动】1989年2月16～17日，马格里布5国元首在摩洛哥马拉喀什举行会议，签署了阿拉伯马格里布联盟条约，正式宣布成立阿拉伯马格里布联盟。1990～1994年共举行了6次首脑会议。1995年2月，利比亚表示因洛克比危机无法接替阿尔及利亚担任马盟主席国。12月，摩洛哥指责阿尔及利亚直接插手西撒哈拉问题，要求暂时中止马盟活动，并拒绝担任下届主席国。此后，马盟首脑会议未再举行。

2000年4月，首届欧非首脑会议期间，阿尔及利亚、摩洛哥、利比亚、突尼斯四国元首实现多年来的首次集体会晤，四国均重申区域一体化是其战略选择。2001～2003年，马盟外长理事会在阿尔及利亚召开多次会议，利比亚在第21次会议上接任马盟主席国。截至2012年2月，马盟外长理事会共召开了30次会议。2007年2月，马盟宣布成立马格里布商人联盟。

【同地中海北岸国家关系】马盟5国与法国、意大利、西班牙、葡萄牙和马耳他5国于1990年11月建立"5＋5"对话关系，目的是加强彼此合作，促进共同发展，维护西地中海地区的和平与安全。2003年12月，首届"5＋5"首脑会议在突尼斯举行。会议着重就地区安全与稳定、经济一体化、社会与人文、文化与文明对话及加强政治磋商等5个议题进行讨论，通过了《突尼斯宣言》。2004年11月，第四届西地中海"5＋5"外长会议在阿尔及利亚奥兰市举行。会议决定建立欧洲—地中海国家自主安全机制，加强打击非法移民和反恐活动，强调马盟经济一体化是建立欧—地自由贸易区的基础。2005年12月，第二届西地中海"5＋5"国防部长会议在阿尔及利亚阿尔及尔举行。会议通过了一项旨在加强西地中海地区安全的行动纲领。2008年1月，第六届西地中海"5＋5"外长会议在摩洛哥拉巴特举行。会议讨论了地区一体化等议题，敦促地区各国在反恐、打击非法移民和海运安全等方面加强合作。2009年5月，西地中海"5＋5"国防部长会议在利比亚的黎波里召开，讨论联手打击非法移民、扫雷、地中海地区和平与安全等问题。2010年2月，欧洲27国与"5＋5"机制地中海南岸5国在西班牙马约卡举行国防部长联席会议，讨论合作应对地区安全威胁、打击恐怖主义、毒品走私、有组织犯罪等问题。4月，第八届西地中海"5＋5"外长会议在突尼斯举行，会议呼吁在"两国方案"基础上立即重启中东和平进程。同月，首届西地中海"5＋5"对话国环境和可再生能源部长级会议在阿尔及利亚奥兰市举行。会议通过了《奥兰宣言》，并在奥兰建立"地中海可持续发展监测机构"。（陈瑶）

海湾阿拉伯国家合作委员会

Cooperation Council for the Arab States of the Gulf—GCC

【成立日期】1981年5月25日，6个海湾阿拉伯国家（阿拉伯联合酋长国、阿曼苏丹国、巴林王国、卡塔尔国、科威特国、沙特阿拉伯王国）的元首在阿联酋开会，宣布成立海湾阿拉伯国家合作委员会（简称"海湾合作委员会"或"海合会"），并签署了合作委员会章程。

【宗旨】加强成员国之间在一切领域内的协调、合作和一体化，以实现它们的统一；加强和密切成员国人民间的联系、交往与合作；推动六国发展工业、农业、科学技术，建立科学研究中心，兴建联合项目，鼓励私营企业间的经贸合作。

【成员】正式成员为阿拉伯联合酋长国、阿曼苏丹国、巴林国、卡塔尔国、科威特国、沙特阿拉伯王国。2001年12月召开的海合会第22届首脑会议同意也门加入海合会卫生、教育、劳工和社会事务部长理事会等机构。2011年6月在吉达召开的海合会外长理事会第119次会议发表声明，欢迎约旦、摩洛哥加入海合会。

【主要负责人】现任秘书长阿卜杜拉提夫·扎耶尼（Abdul-Latif Al-Zayani，巴林人），2010年12月任命，2011年4月履新。

【总部】总秘书处设在沙特首都利雅得。网址www.gcc-sg.org。

【组织机构】（1）最高理事会：最高权力机构。由成员国元首组成。主席由各国元首按国名字母（阿拉伯文）顺序轮流担任，任期一年。2012年主席为沙特国王阿卜杜拉·本·阿卜杜勒阿齐兹·阿勒沙特（Abdullah Bin Abdul-Aziz Al-Saud）。（2）部长理事会：由成员国外交大臣（部长）或代表他们的其他大臣组成。主席由各国按字母顺序轮流担任，任期一年。2012年主席为沙特外交大臣沙特·本·费萨尔·本·阿卜杜勒阿齐兹·阿勒沙特（Saud Bin Faisal Bin Abdul-Aziz Al-Saud）。（3）总秘书处：设秘书长和分别负责政治、经济、军事、安全、文化等领域事务的9名助理秘书长。秘书长按国名字母顺序轮流担任并由最高理事会在海合会首脑会议期间任命，任期三年。

【主要活动】海合会自成立以来，每年11月或12月轮流在六国首都召开首脑会议。至2011年12月共举行了32次。1999年起每年在首脑会议之间召开1次非正式首脑磋商会议，迄今已召开14次。六国外交、国防、内政、石油和财政等大臣（部长）也定期或根据需要召开会议。会议主要商讨六国和海湾、中东地区面临的政治、经济、外交、安全、军事等重大问题，互通情况，协调立场，共商对策，联合行动。

自1981年起，海合会第1～32次首脑会议先后在阿布扎比（1981.5）、利雅得（1981.11）、麦纳麦（1982.11）、多哈（1983.11）、科威特城（1984.11）、马斯喀特（1985.11）、阿布扎比（1986.5）、利雅得（1987.12）、麦纳麦（1988.12）、马斯喀特（1989.12）、多哈（1990.12）、科威特城（1991.12）、阿布扎比（1992.12）、利雅得（1993.12）、麦纳麦（1994.12）、马斯喀特（1995.12）、多哈（1996.12）、科威特城（1997.12）、阿布扎比（1998.12）、利雅得（1999.11）、麦纳麦（2000.12）、马斯喀特（2001.12）、多哈（2002.12）、科威特城（2003.12）、麦纳麦（2004.12）、阿布扎比（2005.12）、利雅得（2006.12）、多哈（2007.12）、马斯喀特（2008.12）、科威特城（2009.12）、阿布扎比（2010.12）、利雅得（2011.12）举行。

自1999年起，海合会第1～14次非正式首脑磋商会议先后在沙特（1999）、阿曼（2000）、巴林（2001）、沙特（2002.5）、沙特（2003.5）、沙特（2004.5）、沙特（2005.5）、沙特（2006.5）、沙特（2007.5）、沙特（2008.5）、沙特（2009.5）、沙特（2010.5）、沙特（2011.5）、沙特（2012.5）召开。

2011年5月10日，海合会第13次非正式首脑磋商会议在沙特首都利雅得举行。会议强调每一个成员国的安全和稳定与其他成员国的安全密不可分，海合会派遣沙特和阿联酋部队进入巴林是合法和必要的；谴责伊朗干涉海湾国家内政，影响地区安全，希望伊朗严格遵守联合国、伊斯兰会议组织的相关规定，本着睦邻友好的原则，停止破坏海湾国家地区安全的行为；希望也门各方尽快达成和解，避免局势进一步恶化。

2011年12月19～20日，海合会第32次首脑会议在沙特首都利雅得召开。会议通过了《利雅得宣言》，强调海合会由“合作组织”转向“统一联盟”的重要性，并决定成立一个专门委员会，负责海合会的“转型”工作。会议讨论了海合会一体化进程议题，如统一关税、统一货币以及建立共同市场等，并讨论了叙利亚、也门、伊拉克、伊朗等热点问题。

2012年5月14日，海合会第14次非正式首脑磋商会议在沙特首都利雅得举行。会议就海合会由“合作组织”转向“统一联盟”问题进行了讨论，但未能达成一致，决定继续研究并向年内的首脑会议提交研究报告。

【对外政策】六国均奉行不结盟的外交政策。举措温和、务实。面对新的国际局势，六国更多依靠以海合会为整体参与国际和地区事务，开展多元外交，注重大国间的平衡。在重大国际、地区问题上采取统一立场，发挥海合会集体作用，体现六国对外政策的统一性和整体性。

【对当前重大国际和地区问题的表态】中东问题：强调以色列必须从1967年以来被占的阿拉伯领土上撤出，在联合国安理会有关决议的基础上建立独立、可生存、以东耶路撒冷为首都、与以和平共存的巴勒斯坦国，并以此为前提讨论巴以之间关于边界、水资源、定居点、难民、耶路撒冷地位、安全等主要问题。坚持和谈进程应包括叙以、黎以和谈，以有关国际决议和协议为基础实现中东地区的全面、公正、持久和平。

伊拉克问题：强调尊重伊拉克主权、独立和领土完整，维护伊拉克的阿拉伯和伊斯兰属性，强调全国和解是实现稳定的基础，反对外部势力干涉伊内政。

伊朗核问题和中东无核化问题：呼吁遵循国际法、通过对话以和平方式解决伊朗核问题，避免发生任何冲突。肯定伊朗有权和平利用核能，敦促伊朗与国际社会继续对话，并与国际原子能机构充分合作。强调地区国家有和平利用核能的权利，中东和海湾地区应成为无大规模杀伤性武器区，坚持以色列必须加入不扩散核武器条约并将其所有核设施置于国际原子能机构监督之下，要求国际社会就此向以色列施压。

阿联酋与伊朗“三岛”纠纷问题：支持阿联酋对大、小通布和阿布穆萨三岛及其海域、领空和专属经济区的主权；对与伊朗谈判未取得积极成果表示遗憾，认为该问题的解决有助于地区的安全与稳定；呼吁伊朗响应阿联酋关于通过直接谈判或提交国际法院解决争端的倡议。

【同中国的关系】海合会自成立之日起即同中国建立了联系。自1990年起，中国外长在出席联大期间均集体会见海合会六国外交大臣（或其代表）及海合会秘书长。近年来，双方友好交往持续发展。

2011年5月2日，中国—海合会第二轮战略对话在阿联酋首都阿布扎比举行。会议由杨洁篪外长和海合会部长理事会轮值主席国阿联酋外长阿卜杜拉共同主持，科威特副首相兼外交大臣穆罕默德、巴林外交大臣哈立德、海合会下任轮值主席国沙特外交国务大臣迈阿尼和海合会秘书长扎耶尼出席会议。对话结束后，双方共同发表新闻公报。

2011年9月24日，杨洁篪外长在纽约联合国总部会见海合会轮值主席国阿联酋外长阿卜杜拉及海合会秘书长扎耶尼。

2012年1月，温家宝总理访问沙特时，会见了海合会秘书长扎耶尼，双方就加强中国与海合会关系及共同关心的国际和地区问题交换了看法。

近年来，中国与海合会六国经贸、能源合作发展迅速。2011年，中国与六国贸易总额为1338亿美元，同比增长44.6%。2012年1～9月，双方贸易额1151.77亿美元，同比增长19.5%。中国自海合会六国进口原油8541.5万吨，同比增长12.1%。目前，中国与海合会自贸区谈判已举行五轮，能源小组对话已举行两轮。2012年3月，中国—海合会首届经贸联委会在沙特利雅得召开。

（马征）

中国—阿拉伯国家合作论坛

China—Arab States Cooperation Forum

【成立日期】2004年1月30日，中国国家主席胡锦涛访问了设在埃及开罗的阿拉伯国家联盟（下称"阿盟"）总部，会见了阿盟秘书长阿姆鲁·穆萨和22个阿盟成员国代表。会见结束后，李肇星外长与穆萨秘书长共同宣布成立"中国—阿拉伯国家合作论坛"，并发表了《关于成立"中国—阿拉伯国家合作论坛"的公报》。

【宗旨】加强对话与合作、促进和平与发展。

【成员】中国和阿盟22个成员国：约旦、阿拉伯联合酋长国、巴林、突尼斯、阿尔及利亚、吉布提、沙特阿拉伯、苏丹、叙利亚（2011年11月16日，阿盟正式中止叙利亚成员国资格）、索马里、伊拉克、阿曼、巴勒斯坦、卡塔尔、科摩罗、科威特、黎巴嫩、利比亚、埃及、摩洛哥、毛里塔尼亚、也门。

【机制】（1）部长级会议：为论坛长期机制，由各国外长和阿盟秘书长组成，每两年在中国或阿拉伯国家联盟总部或任何一个阿拉伯国家轮流举行一次部长级例会，必要时可以召开非常会议。会议主要讨论加强中国和阿拉伯国家在政治、经济、安全等领域的合作：就共同关心的地区和国际问题、联合国及其专门机构会议所讨论的热点问题交换意见；回顾论坛行动计划执行情况；讨论双方共同关心的其他事务。（2）高官委员会会议：每年召开例会，由中阿双方轮流承办，必要时经双方同意也可随时开会。负责筹备部长级会议并落实部长级会议的决议和决定，并举行中阿集体政治磋商。（3）其他机制：除部长级会议和高官会外，论坛框架下逐步形成了中阿企业家大会暨投资研讨会、中阿关系暨中阿文明对话研讨会、中阿友好大会、中阿能源合作大会和中阿新闻合作论坛、中阿互办文化节等机制。以上活动一般每两年轮流在中国和阿拉伯国家举办一次。此外，中阿在环境保护和人力资源培训领域也有着机制性合作。（4）联络组：中国驻埃及大使馆为中方联络组，阿拉伯驻华使节委员会和阿盟驻华代表处为阿方联络方，负责双方的联络并落实部长会和高官会的决议和决定。中方论坛事务秘书处办公室设在中国外交部西亚北非司。

【论坛网址】www.cascf.org。

【主要活动】截至2012年7月，"中国—阿拉伯国家合作论坛"已举行五届部长级会议、九次高官会。其他合作机制有序运行。

2011年至2012年7月论坛框架下举办的主要活动有：

2011年5月22 ~ 23日，"中阿合作论坛"第八次高官会在卡塔尔首都多哈举行。会议由"论坛"中方秘书长、外交部西亚北非司司长陈晓东和卡塔尔代表团团长、助理外交大臣布埃宁共同主持，中国外交部、商务部、文化部、国务院新闻办、贸促会、全国友协等单位代表参加。来自17个阿拉伯国家外交部以及阿盟秘书处、阿拉伯农业发展组织及阿拉伯国家驻华使节委员会的官员与会。会议回顾了《中国—阿拉伯国家合作论坛2010年至2012年行动执行计划》有关活动执行情况，讨论了论坛机制发展举措与前景，就共同关心的国际和地区问题举行了政治磋商，并就将于2012年在突尼斯举行的第五届部长级会议筹备工作交换了意见。会议通过了《成果文件》。

2011年12月27 ~ 28日，第四届"中阿关系暨中阿文明对话研讨会"在阿联酋首都阿布扎比举行。外交部前副部长杨福昌大使率团出席，来自中国外交部、文化部、新闻出版总署、国家宗教局、国新办、对外友协、伊斯兰教协会和相关研究机构、高校的专家学者以及18个阿拉伯国家和阿拉伯国家联盟的近百名代表围绕"中阿文明的共同价值"、"历史上和当代为推进中阿文明相互了解和对话的中阿重要人物"、"文明对话及其在促进中阿战略合作关系方面发挥的作用"、"中国的伊斯兰文化，及其在促进相互了解、中阿文明与文化对话方面的重要性"以及"中、阿媒体在加深相互了解和丰富中阿文明对话方面的作用"等议题进行了对话和讨论。会议通过了"最终报告"。

2012年3月25 ~ 31日，第二届中国艺术节在巴林首都麦纳麦举行。巴林外交大臣哈立德、中国文化部副部长王文章、中国驻巴林大使杨伟国、外交部中阿合作论坛中方秘书处代表武春华大使、部分驻巴林外国使节以及巴林各界人士500余人出席了开幕式。

2012年4月24 ~ 25日，第三届中阿新闻合作论坛在广州举行。论坛发表了《第三届中国—阿拉伯国家新闻合作论坛公报》。公报指出，此次论坛中阿双方围绕"加强媒体合作，推动中阿经贸关系发展"这一论坛主题，就"媒体在促进经贸关系中的作用"、"如何利用新媒体技术推动经贸合作"议题进行了广泛深入的探讨，就双方媒体间合作在促进经贸关系中的重要作用达成共识。双方对论坛成果表示满意，表示将进一步推动双方媒体间开展形式多样的务实合作，以增进双方人民间的相互了解和友谊。

2012年5月31日，中阿合作论坛第五届部长级会议在突尼斯哈马迈特举行。中国外长杨洁篪、突尼斯外长阿卜杜赛拉姆、阿盟秘书长阿拉比以及包括17位外长或部长级官员在内的20个阿拉伯国家的代表与会。突总统马尔祖基、总理贾巴利分别出席会议开、闭幕式并讲话。中国外交部、工业和信息化部、商务部、文化部、卫生部、国家质量监督检验检疫总局、国家能源局、全国对外友协、中国国际贸易促进委员会等单位代表参加。会议期间，中阿双方以“深化战略合作，促进共同发展”为主题，就中阿关系及共同关心的重大问题深入交换看法。会后，中阿双方签署了《中国—阿拉伯国家合作论坛第五届部长级会议公报》、《中国—阿拉伯国家合作论坛2012年至2014年行动执行计划》、《中华人民共和国国家质量监督检验检疫总局与阿拉伯工矿发展组织谅解备忘录》、《中华人民共和国工业和信息化部与阿拉伯工矿发展组织谅解备忘录》、《中华人民共和国卫生部与阿拉伯国家联盟卫生合作机制谅解备忘录》等相关文件。

中阿合作论坛第六届部长级会议将于2014年在中国举行。（林海）

中非合作论坛

Forum on China-Africa Cooperation—FOCAC

【成立日期】为进一步加强中国与非洲国家在新形势下的友好合作，共同应对经济全球化挑战，谋求共同发展，在中非双方共同倡议下，中非合作论坛——北京2000年部长级会议于2000年10月10～12日在北京召开，中非合作论坛正式成立。

【宗旨】平等磋商、增进了解、扩大共识、加强友谊、促进合作。

【成员】中国、非盟委员会和与中国建交的50个非洲国家：阿尔及利亚、安哥拉、贝宁、博茨瓦纳、布隆迪、喀麦隆、佛得角、中非、乍得、刚果（布）、科摩罗、科特迪瓦、刚果（金）、吉布提、埃及、赤道几内亚、厄立特里亚、埃塞俄比亚、加蓬、加纳、几内亚、几内亚比绍、肯尼亚、莱索托、利比里亚、利比亚、马达加斯加、马拉维、马里、毛里塔尼亚、毛里求斯、摩洛哥、莫桑比克、纳米比亚、尼日尔、尼日利亚、卢旺达、塞内加尔、塞舌尔、塞拉利昂、索马里、南非、苏丹、南苏丹、坦桑尼亚、多哥、突尼斯、乌干达、赞比亚、津巴布韦。

【会议机制】中非合作论坛第一届部长级会议上通过的《中非经济和社会发展合作纲领》规定，中非双方同意建立后续机制，定期评估后续行动的落实情况。2001年7月，中非合作论坛部长级磋商会在赞比亚首都卢萨卡举行，讨论并通过了《中非合作论坛后续机制程序》。2002年4月，后续机制程序正式生效。中非合作论坛对话磋商机制建立在三个级别上：部长级会议每三年举行一届；高官级后续会议及为部长级会议作准备的高官预备会分别在部长级会议前一年及前数日各举行一次；非洲驻华使节与中方后续行动委员会秘书处每年至少举行两次会议。部长级会议及其高官会轮流在中国和非洲国家举行。中国和承办会议的非洲国家担任共同主席国，共同主持会议并牵头落实会议成果。部长级会议由外长和负责国际经济合作事务的部长参加，高官会由各国主管部门的司局级或相当级别的官员参加。

2006年，中国和非洲国家领导人在中非合作论坛北京峰会暨第三届部长级会议上一致同意建立中非外长定期政治对话机制，在每届部长级会议次年的联合国大会期间举行。2007年9月26日和2010年9月23日，中非外长在纽约先后举行了两次政治磋商。

【中方后续行动委员会】2000年11月，中非合作论坛中方后续行动委员会成立，目前共有27家成员单位，分别是：外交部、商务部、财政部、中共中央对外联络部、国家发展改革委员会、教育部、科学技术部、工业和信息化部、国土资源部、环境保护部、交通运输部（国家民用航空局）、农业部、文化部、卫生部、中国人民银行、海关总署、国家税务总局、国家质检总局、国家广电总局、国家旅游局、国务院新闻办公室、共青团中央、中国国际贸易促进委员会、国家开发银行、中国进出口银行、中国银行、北京市人民政府。外交部长和商务部长为委员会两名誉主席，两部主管部领导为两主席。委员会下设秘书处，由外交部、商务部、财政部和文化部有关司局组成，外交部非洲司司长任秘书长。秘书处办公室设在外交部非洲司。

中非合作论坛网站网址：http：//www.focac.org。

【主要活动】（一）第一届部长级会议。2000年10月10～12日，中非合作论坛第一届部长级会议在北京举行，中国和44个非洲国家的80余名部长、17个国际和地区组织的代表及部分中非企业界人士出席会议。中国国家主席江泽民和国务院总理朱镕基分别出席开幕式和闭幕式并发表讲话；非洲统一组织（非洲联盟前身）“三驾马车”，即前任主席阿尔及利亚总统布特弗利卡、现任主席多哥总统埃亚德马、候任主席赞比亚总统奇卢巴以及坦桑尼亚总统姆卡帕出席开幕式并讲话；非统秘书长萨利姆在闭幕式上致辞。会议议题是：面向21世纪应如何推动建立国际政治经济新秩序，如何在新形势下进一步加强中非在经贸领域的合作。会议通过了《中非合作论坛北京宣言》和《中非经济和社会发展合作纲领》，为中国与非洲国家发展长期稳定、平等互利的新型伙伴关系确定了方向。中国政府宣布了减免非洲重债穷国和最不发达国家100亿元人民币债务和设立“非洲人力资源开发基金”等举措。（二）第二届部长级会议。2003年12月15～16日，中非合作论坛第二届部长级会议在埃塞俄比亚首都亚的斯亚贝巴举行，中国和44个非洲国家的70多名部长及部分国际和地区组织的代表参加会议。中国国务院总理温家宝和埃塞俄比亚总理梅莱斯，其他非洲国家6位总统、3位副总统、2位总理、1位议长，非洲联盟委员会主席科纳雷、联合国秘书长代表出席开幕式并发表讲话。会议主题为：务实合作、面向行动。会议回顾了第一届部长级会议后续行动落实情况，通过了《中非合作论坛——亚的斯亚贝巴行动计划（2004～2006年）》。中国政府宣布在论坛框架下继续增加对非援助，3年内为非洲培养1万名各类人才以及给予非洲部分最不发达国家部分输华商品免关税待遇等举措。（三）北京峰会暨第三届部长级会议。2006年是新中国同非洲国家开启外交关系50周年，为进一步提升中非合作水平，中非双方商定举行中非合作论坛北京峰会暨第三届部长级会议。

2006年11月3日，中非合作论坛第三届部长级会议在北京召开，为北京峰会召开作最后的准备。中国和48个非洲国家的外交部长、负责国际经济合作事务的部长或代表出席了会议，24个国际和地区组织的代表作为观察员列席了会议开幕式。11月4～5日，中非合作论坛北京峰会隆重举行，会议主题为：友谊、和平、合作、发展。中国国家主席胡锦涛和非洲35位国家元首、6位政府首脑、1位副总统、6位高级代表以及非洲联盟委员会主席科纳雷出席。会议通过了《中非合作论坛北京峰会宣言》和《中非合作论坛——北京行动计划（2007～2009年）》，决定建立和发展政治上平等互信、经济上合作共赢、文化上交流互鉴的中非新型战略伙伴关系。胡锦涛主席代表中国政府宣布了旨在加强中非务实合作、支持非洲国家发展的8项政策措施，包括增加对非援助、提供优惠贷款和优惠出口买方信贷、设立中非发展基金、援建非盟会议中心、免债、免关税、建立经贸合作区、加强人力资源开发以及教育、医疗等领域的合作。中国国务院总理温家宝与33位非洲国家领导人共同出席了与中非工商界代表高层对话会。（四）第四届部长级会议。2009年11月8～9日，中非合作论坛第四届部长级会议在埃及沙姆沙伊赫举行。中国国务院总理温家宝、埃及总统穆巴拉克以及其他非洲国家9位总统、3位总理、3位副总统、1位议长和非盟委员会主席让·平出席开幕式并发表讲话。会议主题是：深化中非新型战略伙伴关系，谋求可持续发展。会议审议了中方关于论坛北京峰会后续行动落实情况的报告，通过了《中非合作论坛沙姆沙伊赫宣言》和《中非合作论坛——沙姆沙伊赫行动计划（2010～2012年）》两个文件，规划了此后3年中非在政治、经济、社会、人文等各领域的合作。温家宝总理在开幕式上代表中国政府宣布了对非合作8项新举措，涉及农业、环境保护、促进投资、减免债务、扩大市场准入、应对气候变化、科技合作、医疗、教育、人文交流等方面。（五）第五届部长级会议。2012年7月19～20日，中非合作论坛第五届部长级会议在北京举行。中国国家主席胡锦涛和非洲国家6位总统、2位总理、论坛非方主席国埃及总统特使以及联合国秘书长潘基文出席开幕式。来自中国和50个非洲国家的外交部长和负责国际经济合作事务的部长或代表以及非盟委员会主席让·平与会，部分国际和非洲地区组织代表分别以嘉宾和观察员身份列席开幕式和会议。会议主题是：继往开来，开创中非新型战略伙伴关系新局面。会议审议了中方关于论坛第四届部长会后续行动落实情况的报告，通过了《中非合作论坛第五届部长级会议北京宣言》和《中非合作论坛第五届部长级会议——北京行动计划（2013年至2015年）》两个文件，全面规划了今后3年中非关系的发展方向和中非合作的重点领域，并决定于2015年在南非举行第六届部长级会议。

胡锦涛主席在开幕式上发表了题为《开创中非新型战略伙伴关系新局面》的重要讲话，代表中国政府宣布了今后3年在投融资、援助、非洲一体化、民间交往以及非洲和平与安全等五大领域支持非洲和平发展、加强中非合作的一系列新举措。主要包括：（1）扩大投资和融资领域合作，为非洲可持续发展提供助力。向非洲国家提供200亿美元贷款额度，重点支持非洲基础设施、农业、制造业和中小企业发展。（2）继续扩大对非援助，让发展成果惠及非洲民众。适当增加援非农业技术示范中心，帮助非洲国家提高农业生产能力；实施“非洲人才计划”，为非洲培训3万名各类人才，提供政府奖学金名额1.8万个，并为非洲国家援建文化和职业技术培训设施；深化中非医疗卫生合作，派遣1500名医疗队员，同时继续在非洲开展“光明行”活动，为白内障患者提供相关免费治疗；帮助非洲国家加强气象基础设施能力建设和森林保护与管理；继续援助打井供水项目，为民众提供安全饮用水。（3）支持非洲一体化建设，帮助非洲提高整体发展能力。同非方建立非洲跨国跨区域基础设施建设合作伙伴关系，为项目规划和可行性研究提供支持，鼓励有实力的中国企业和金融机构参与非洲跨国跨区域基础设施建设；帮助非洲国家改善海关、商检设施条件，促进区域内贸易便利化。（4）增进中非民间友好，为中非共同发展奠定坚实民意基础。倡议开展“中非民间友好行动”，支持和促进双方民间团体、妇女、青少年等开展交流合作；在华设立“中非新闻交流中心”，鼓励中非双方新闻媒体人员交流互访，支持双方新闻机构互派记者；继续实施“中非联合研究交流计划”，资助双方学术机构和学者开展100个学术研究、交流合作项目。（5）促进非洲和平稳定，为非洲发展创造安全环境。

发起“中非和平安全合作伙伴倡议”，深化同非盟和非洲国家在非洲和平安全领域的合作，为非盟在非开展维和行动、常备军建设等提供资金支持，增加为非盟培训和平安全事务官员和维和人员数量。

作为部长会两配套活动，第二届中非民间论坛和第四届中非企业家大会分别于7月10～11日和7月18～19日在江苏苏州和北京举行，中国国家副主席习近平和国务院总理温家宝分别出席上述两会议开幕式并讲话。（李研硕）

上海合作组织

The Shanghai Cooperation Organization—SCO

【成立日期】2001年6月15日。

【宗旨】加强各成员国之间的相互信任与睦邻友好；鼓励各成员国在政治、经贸、科技、文化、教育、能源、交通、环保及其他领域的有效合作；共同致力于维护和保障地区的和平、安全与稳定；建立民主、公正、合理的国际政治经济新秩序。

【成员】6个（截至2012年6月）：中国、俄罗斯、哈萨克斯坦、吉尔吉斯斯坦、塔吉克斯坦、乌兹别克斯坦。观察员5个：蒙古、巴基斯坦、伊朗、印度、阿富汗。对话伙伴3个：斯里兰卡，白俄罗斯、土耳其。

【总部】上海合作组织秘书处设在北京，2004年1月正式启动。现任秘书长伊马纳利耶夫（吉尔吉斯斯坦籍）。2010年1月上任，任期三年。网址：www.sectsco.org。

【组织机构】上海合作组织常设机构为秘书处、地区反恐怖机构；非常设机构为元首理事会、政府首脑（总理）理事会、外长理事会、国家协调员理事会及各部门领导人会议（现有安全会议秘书、总检察长、最高法院院长、外交部长、公安内务部长、国防部长、总参谋长、经贸部长、交通部长、文化部长、教育部长、科技部长、农业部长、紧急救灾部门领导人、卫生部长、财政部长和央行行长、最高审计机关领导人会议机制）。

【主要活动】2011年3月17日，上海合作组织成员国国防部长会议在哈萨克斯坦阿斯塔纳举行。中国国务委员兼国防部长梁光烈率中方代表团出席。会议上，各方就地区安全形势面临的新挑战、新威胁，上海合作组织防务安全合作机制化、务实化发展等问题深入交换了意见，共同签署了《上海合作组织成员国国防部长会议联合公报》，批准了《上海合作组织成员国国防部2012年至2013年合作计划》。

2011年3月30日，上海合作组织成员国禁毒部门领导人会议在哈萨克斯坦阿斯塔纳举行。中国国家禁毒委员会副主任、公安部副部长张新枫出席会议。各方在友好和建设性气氛中商讨了在禁毒领域进一步加强国际合作问题，一致强调将共同打击毒品犯罪，并通报了2004年6月17日签署的《上海合作组织成员国关于合作打击非法贩运麻醉药品、精神药物及其前体的协议》在本国落实情况。会议审议通过了《2011～2016年上海合作组织成员国禁毒战略》草案。

2011年4月25～26日，上海合作组织成员国首届军队总参谋长会议在上海举行。中央军委委员、总参谋长陈炳德上将率中方代表团出席并主持会议。与会各方共同回顾总结了上海合作组织10年来在防务安全领域的合作情况，就国际和本地区安全形势、进一步推动防务安全领域合作等深入交换意见。各方表示将共同努力，加强合作，为上海合作组织防务安全合作取得更丰硕成果作出新的努力。会后，各方代表团团长共同签署了会议纪要。

2011年4月28日，上海合作组织成员国公安内务部长会议在哈萨克斯坦阿斯塔纳举行。中国国务委员、公安部长孟建柱率中方代表团出席。各方就打击有组织犯罪、毒品走私、非法移民和利用信息技术及网络犯罪等问题进行了广泛磋商和交流，就加强本组织框架内联合执法能力建设达成广泛共识。会后，各方代表团团长签署了会议纪要。

2011年4月29日，上海合作组织成员国第六次安全会议秘书会议在哈萨克斯坦阿斯塔纳举行。中国国务委员孟建柱率中方代表团出席。各方研究了维护地区稳定、深化禁毒和信息安全合作、同国际和地区组织开展安全合作等问题。各方一致决定在过去有效合作的基础上，进一步发挥安秘会的统筹协调作用。会后，各方代表团团长共同签署了会议纪要。

2011年5月6日，“天山2号（2011）”上海合作组织成员国执法安全机关联合反恐演习在新疆喀什举行。演习由中国公安部副部长孟宏伟任总指挥。演习有效检验和提高了上海合作组织成员国联合打击恐怖主义的能力，展示了上海合作组织成员国在反恐领域的务实合作成果，进一步密切了中国与上海合作组织其他成员国的反恐合作关系和执法安全协作机制，对维护各国及本地区的安全与稳定发挥了积极作用。

2011年5月14日，上海合作组织成员国外长理事会会议在哈萨克斯坦阿拉木图举行。中国外交部部长杨洁篪率中方代表团出席会议。会议回顾总结了上海合作组织成立10年来取得的成就，一致认为上海合作组织国际影响和威望不断提升，为促进地区和平、稳定及成员国经济和社会发展发挥了积极作用。各国外长就进一步加强上海合作组织内部机制建设、对外交往、深化安全、经济、人文等领域务实合作，以及重大国际和地区问题交换了意见。

2011年5月27～28日，上海合作组织论坛第六次会议在乌兹别克斯坦塔什干举行。各方学术机构代表回顾了2010年6月塔什干峰会所取得的成果，全面探讨了上海合作组织在安全、经济、社会与人文领域的合作优先方向，认为必须继续深入研究组织框架内的具体实际问题，增强组织成员国各国家研究中心之间的学术联系与合作。

2011年6月8日，上海合作组织成员国第九次总检察长会议在哈萨克斯坦阿拉木图举行。最高人民检察院副检察长柯汉民率中方代表团出席。成员国之间就建立打击毒品交易的屏障区域达成了共识，并就加强情报信息交流、监控非法资金流动、打击有组织跨国犯罪集团过程中加强多方合作等内容签署了新的协议。

2011年6月15日，上海合作组织成员国元首理事会第11次会议在哈萨克斯坦阿斯塔纳举行。中国国家主席胡锦涛、哈萨克斯坦总统纳扎尔巴耶夫、吉尔吉斯斯坦过渡时期总统奥通巴耶娃、俄罗斯总统梅德韦杰夫、塔吉克斯坦总统拉赫蒙、乌兹别克斯坦总统卡里莫夫，以及观察员国领导人、主席国客人和国际组织代表出席。胡锦涛主席发表了题为《和平发展 世代友好》的重要讲话。成员国回顾和总结了上海合作组织过去10年的发展成就和经验，就国际和地区形势以及上海合作组织发展等问题深入交换意见，对该组织未来10年发展作出总体规划。会议签署了《上海合作组织十周年阿斯塔纳宣言》，发表了《新闻公报》，批准了《2011年至2016年上海合作组织成员国禁毒战略》及其《落实行动计划》、《关于申请国加入上海合作组织义务的备忘录范本》。成员国授权代表还签署了《上海合作组织成员国政府间卫生合作协定》。

2011年9月28日，上海合作组织成员国第六次紧急救灾部门领导人会议在塔吉克斯坦杜尚别举行。民政部副部长孙绍骋率中方代表团出席。会议讨论了防灾救灾多边合作发展的前景，通报了“2011～2012年实施上海合作组织紧急救灾互助协定活动计划”的落实情况。各方商定，当前双边及多边紧急防灾救灾合作的发展重点应放在救灾和信息部门的人员培训、再教育和能力提高，将技术装备和新技术纳入紧急防灾救灾领域，继续做好《上海合作组织成员国政府间救灾互助协定》的落实工作。

2011年10月26日，上海合作组织成员国经贸部长会议在塔吉克斯坦杜尚别举行。商务部副部长蒋耀平率中方代表团出席。各方就上海合作组织成员国经贸合作现状和前景交换了意见，广泛审议了下一步深化上海合作组织区域经济合作问题。各方一致认为应一贯实施《上海合作组织多边经贸合作纲要实施措施计划》，着力具体领域内的优先项目。

2011年10月28日，上海合作组织成员国第五次交通部长会议在俄罗斯莫斯科举行。交通运输部副部长冯正霖率中方代表团出席。各方就上海合作组织交通运输合作现状和前景交换了意见，强调加快完成《上海合作组织成员国政府间国际道路运输便利化协定》签署准备工作。各方商定继续发展交通运输领域互利合作，完善交通网和边境口岸，加强人员培训和经验交流，提高合作效率。

2011年11月7日，上海合作组织成员国政府首脑（总理）理事会第十次会议在俄罗斯圣彼得堡举行。中国国务院总理温家宝率中方代表团出席。各方在友好、建设性和务实气氛中就国际地区形势、全球和本地区经济发展及深化务实合作的举措等问题广泛深入地交换了意见，总结了成员国经济、人文合作经验和成果。各方强调，必须集中精力制定和落实交通、通信、科技、创新、节能、农业、贸易和旅游等领域的联合项目，促进成员国经济可持续发展。会议发表《联合公报》、《关于世界和上海合作组织地区经济形势的联合声明》。成员国授权代表签署了《上海合作组织银行间联合体中期发展战略》。（李爽）

东南亚国家联盟（东盟）

Association of Southeast Asian Nations—ASEAN

【成立日期】1967年8月8日。

【宗旨】《东南亚国家联盟成立宣言》确定的宗旨和目标是：（一）以平等与协作精神，共同努力促进本地区的经济增长、社会进步和文化发展；（二）遵循正义、国家关系准则和《联合国宪章》，促进本地区的和平与稳定；（三）促进经济、社会、文化、技术和科学等方面的合作与相互支援；（四）在教育、职业和技术及行政训练和研究设施方面互相支援；（五）在充分利用农业和工业、扩大贸易、改善交通运输、提高人民生活水平方面进行更有效的合作；（六）促进对东南亚问题的研究；（七）同具有相似宗旨和目标的国际和地区组织保持紧密和互利的合作，探寻与其更紧密的合作途径。2008年12月生效的《东盟宪章》强调东盟及其成员国将遵循相互尊重独立、主权、平等、领土完整、互不侵略、和平解决争端、互不干涉内政、尊重多样性等原则。

【成员】10个：印度尼西亚、马来西亚、菲律宾、新加坡、泰国、文莱、越南、老挝、缅甸、柬埔寨。总面积约446万平方公里，人口5.9亿（截至2009年底）。观察员国：巴布亚新几内亚。

【主要负责人】首脑会议是东盟最高决策机构，由东盟轮值主席国负责召集。现任主席国为柬埔寨，2012年1月接任。东盟秘书长是东盟首席行政官，由东盟各国轮流推荐资深人士担任，任期五年，向东盟首脑会议负责。东盟现任秘书长为素林·披苏旺（Surin Pitsuwan，泰国前外长），于2008年1月接任。

【总部】东盟秘书处设在印度尼西亚首都雅加达（70A Jl. Sisingamangaraja，Jakarta 12110，Indonesia）。网址：http：//www.asean.org/。

【出版物】有众多定期或不定期发行的出版物，如《东盟年度报告》、《东盟商务通讯》等。

【组织机构】根据《东盟宪章》，东盟调整了组织机构，主要包括（1）首脑会议：就东盟发展的重大问题和发展方向作出决策，每年举行两次。（2）东盟协调理事会：由东盟各国外长组成，是综合协调机构，每年举行两次会议。（3）东盟共同体理事会：包括东盟政治安全共同体理事会、东盟经济共同体理事会和东盟社会文化共同体理事会，协调其下设各领域的工作，每年至少举行两次会议，由担任东盟主席的成员国相关部长担任主席。（4）东盟领域部长机制：在各自相关领域加强合作，支持东盟一体化和共同体建设。（5）东盟秘书长和东盟秘书处：负责协助落实东盟的协议和决定，监督落实进程。（6）常驻东盟代表委员会：由东盟成员国指派的大使级常驻东盟代表组成，代表各自国家与东盟秘书处和东盟领域部长机制进行协调。（7）东盟国家秘书处：是东盟在各成员国的联络点。（8）东盟政府间人权委员会：负责促进和保护人权与基本自由的相关事务。（9）东盟基金会：与东盟相关机构合作，支持东盟共同体建设。（10）与东盟相关的实体：包括各种民间和半官方机构。

【主要活动】自1976年以来东盟共举行了20次峰会。

2003年10月在印度尼西亚巴厘岛举行的第九届东盟峰会发表《东盟协调一致第二宣言》（亦称《第二巴厘宣言》），宣布将于2020年建成东盟共同体，其三大支柱分别是“东盟政治安全共同体”、“东盟经济共同体”和“东盟社会文化共同体”。

2004年11月在老挝万象举行的第十届东盟峰会通过为期6年的《万象行动计划》（VAP）以进一步推进一体化建设，并决定建立“东盟发展基金”以保障落实。会议还决定起草《东盟宪章》以加强东盟机制建设。

2005年12月在马来西亚吉隆坡举行的第11届东盟峰会签署《关于制定〈东盟宪章〉的吉隆坡宣言》。会议责成部长们成立高级别工作组负责起草宪章，决定进一步加大《东盟一体化倡议》等有关计划的落实力度。

2007年1月在菲律宾宿务举行的第12届东盟峰会签署《关于加速于2015年建立东盟共同体的宿务宣言》，决定提前5年实现东盟政治安全、经济和社会文化三个共同体。会议还签署《关于〈东盟宪章〉蓝图的宿务宣言》、《关于建设一个关爱和共享的共同体的宿务宣言》、《东盟反恐公约》和《保障与提倡海外劳工权利宣言》等一系列文件。

2007年11月在新加坡举行的第13届东盟峰会就推进东盟经济、政治安全、社会文化三大共同体建设进行了探讨。会议签署《东盟宪章》、《东盟经济共同体蓝图宣言》、《东盟环境可持续性宣言》和《东盟关于第十三次〈联合国气候变化框架公约〉缔约方会议和第三次<京都议定书>缔约方会议的宣言》。

2009年2月在泰国曼谷举行的第14届东盟峰会重点是落实《东盟宪章》和合作应对全球金融危机。会议签署了《东盟政治安全共同体蓝图》、《东盟社会文化共同体蓝图》、《东盟共同体2009 ~ 2015年路线图宣言》，发表了《关于全球经济和金融危机的新闻公报》、《东盟地区粮食安全声明》和《关于东盟实现千年发展目标的联合宣言》、第二份《东盟一体化倡议工作计划》，并见证签署《东盟货物贸易协定》、《东盟全面投资协定》和《东盟石油安全协定》。

2009年10月在泰国华欣举行的第15届东盟峰会以加强互联互通建设和合作应对全球金融危机为重点。会议通过了《启动东盟政府间人权委员会华欣宣言》，发表了《加强教育合作以实现关爱和共享的东盟共同体华欣宣言》、《东盟关于第十五次〈联合国气候变化框架公约〉缔约方会议和第五次〈京都议定书〉缔约方会议的联合声明》、《东盟领导人关于东盟互联互通的声明》。

2010年4月在越南河内举行的第16届东盟峰会重点讨论了落实《东盟宪章》、加快共同体建设和加强后金融危机合作。会议签署了《东盟宪章争端解决机制议定书》，发表了《东盟领导人关于持续复苏和发展的声明》和《东盟领导人关于联合应对气候变化的声明》。

2010年10月在越南河内举行的第17届东盟峰会，重点讨论了加快共同体建设、加强东盟内部互联互通和促进可持续发展。会议通过了《东盟互联互通总体规划》，发表了《东盟领导人关于人力资源和技能开发以促进经济复苏和可持续发展的声明》和《促进东盟妇女儿童福利和发展的河内宣言》。

2011年5月在印尼雅加达举行的第18届东盟峰会重点讨论了加快东盟共同体建设、东亚峰会发展、柬泰边界冲突等问题。峰会发表了《全球大家庭中的东盟共同体联合声明》。

2011年11月，第19次东盟首脑会议在印尼巴厘岛举行。会议通过了《全球大家庭中的东盟共同体巴厘宣言》（也称第三份《巴厘宣言》），在政治与安全、经济、社会、文化等方面阐述了东盟成员国应如何加强合作，并承诺在2022年建立应对全球事务的东盟共同平台。

2012年4月，第20次东盟首脑会议在柬埔寨金边举行，主题为“东盟：共同体、共命运”，重点就提升东盟一体化水平等问题进行讨论。会议发表了《金边宣言——东盟：共同体、共命运》、《东盟共同体建设金边议程》、《2015年实现无毒品的东盟宣言》、《“全球温和派运动”概念文件》等文件。东盟领导人还共同庆祝了东盟成立45周年。

东盟积极开展多方位外交。1994年7月，东盟倡导成立东盟地区论坛（ARF），主要就亚太地区政治和安全问题交换意见。1994年10月，东盟倡议召开亚欧会议（ASEM），促进东亚和欧盟的政治对话与经济合作。1999年9月，在东盟的倡议下，东亚—拉美合作论坛（FEALAC）成立。此外，自1978年始，东盟国家每年与其对话伙伴（时为美国、日本、澳大利亚、新西兰、加拿大、欧盟，后相继增加韩国、中国、俄罗斯和印度）举行对话会议，就重大的国际政治和经济问题交换意见。2009年7月，美国加入《东南亚友好合作条约》。

【同中国的关系】中国与东盟1991年开始对话进程。经过20年的共同努力，双方政治互信明显增强，经贸合作成效显著，其他领域合作不断拓展和深化。

政治上，中国于2003年作为首个域外大国率先加入《东南亚友好合作条约》，与东盟建立了面向和平与繁荣的战略伙伴关系。双方建立了较为完善的对话合作机制，主要包括领导人会议、11个部长级会议机制和5个工作层对话合作机制。2002年，中国与东盟签署《南海各方行为宣言》，就和平解决争议、共同维护地区稳定、开展南海合作达成共识。面对各种重大自然灾害和突发事件，中国与东盟真诚合作、共同应对。双方召开了非典型性肺炎特别峰会和防治禽流感特别会议，制定了一系列合作措施。2005年，中国为遭受印度洋地震海啸袭击的东盟国家提供了帮助。2006年10月30日，中国—东盟建立对话关系15周年纪念峰会在广西南宁成功举办，规划了双方关系未来发展方向，进一步巩固和提升了双方战略伙伴关系。2011年11月18日，中国—东盟建立对话关系20周年纪念峰会在印尼巴厘岛成功举办，双方发表了《联合声明》，对双方关系做了回顾和展望，强调愿将中国—东盟战略伙伴关系推向新的高度。

经济上，20年来中国与东盟贸易额以年均20%以上的速度增长。2010年1月，中国—东盟自贸区全面建成。2011年双方贸易额3628亿美元，创历史新高，东盟对华顺差227亿美元。中国是东盟第一大贸易伙伴，东盟暂列中国第三大贸易伙伴。截至2010年年底，双方累计相互投资近745亿美元。中国—东盟博览会及商务与投资峰会自2004年起每年在广西南宁举行，已成为中国与东盟国家经贸往来的重要平台。

领域合作方面，双方确定了农业、信息产业、人力资源开发、相互投资、湄公河流域开发、交通、能源、文化、旅游、公共卫生和环保11大重点合作领域，在法律、非传统安全、青年事务、南海、禽流感、教育、新闻、劳动保障等20多个领域开展了务实合作，签署了农业、信息通信、非传统安全、大湄公河次区域信息高速公路、交通、文化、卫生和植物卫生、新闻、知识产权、技术法规、标准和合格评定程序、东盟东部增长区、建立中国—东盟中心等12份合作谅解备忘录，打造了中国—东盟博览会、教育交流周、电信周、青年企业家论坛、文化产业论坛等一系列合作平台。双方设立了中国—东盟合作基金和中国—东盟公共卫生合作基金，用于支持中国—东盟各领域合作。

在国际和地区事务上，中国与东盟的协调配合进一步加强。中国始终支持东盟在东亚合作进程中发挥主导作用，双方共同推动东盟与中日韩合作、东亚峰会、东盟地区论坛、亚洲合作对话、亚太经合组织、亚欧会议、东亚—拉美合作论坛等区域和跨区域合作机制的健康发展。（曹婷）

附表：东盟发表的重要文件

序号	文件名称	发表时间
1	《曼谷宣言》	1967年
2	《和平、自由和中立化宣言》（即《吉隆坡宣言》）	1971年
3	《东盟协调一致宣言》	1976年
4	《东南亚友好合作条约》	1976年
5	《东南亚友好合作条约修改议定书》	1987年
6	《促进东盟经济合作框架协议》	1992年
7	《东盟自由贸易区共同有效优惠关税协定》	1992年
8	《东南亚无核武器区条约》	1995年
9	《东盟2020年远景规划》	1997年
10	《东南亚友好合作条约第二修改议定书》	1998年
11	《河内行动计划》	1998年
12	《为促进东盟一体化、缩小发展差距的河内宣言》	2001年

（续表）

13	《东盟一体化倡议行动计划》	2002年
14	《东盟协调一致第二宣言》	2003年
15	《万象行动计划》	2004年
16	《东盟一体化建设重点领域框架协议》	2004年
17	《东盟安全共同体行动计划》	2004年
18	《东盟社会文化共同体行动计划》	2004年
19	《关于制定〈东盟宪章〉的吉隆坡宣言》	2005年
20	《关于〈东盟宪章〉蓝图的宿务宣言》	2007年
21	《关于加速于2015年建立东盟共同体的宿务宣言》	2007年
22	《关于建设一个关爱和共享的共同体的宿务宣言》	2007年
23	《东盟反恐公约》	2007年
24	《保障与提倡海外劳工权利宣言》	2007年
25	《东盟宪章》	2007年
26	《东盟经济共同体蓝图宣言》	2007年
27	《东盟环境可持续性宣言》	2007年
28	《东盟关于第十三次〈联合国气候变化框架公约〉缔约方会议和第三次〈京都议定书〉缔约方会议的宣言》	2007年
29	《东盟政治安全共同体蓝图》	2009年
30	《东盟社会文化共同体蓝图》	2009年
31	《东盟共同体2009～2015年路线图宣言》	2009年
32	《关于全球经济和金融危机的新闻公报》	2009年
33	《东盟地区粮食安全声明》	2009年
34	《关于东盟实现千年发展目标的联合宣言》	2009年
35	《东盟一体化倡议工作计划》（第二份）	2009年
36	《东盟货物贸易协定》	2009年
37	《东盟全面投资协定》	2009年
38	《东盟石油安全协定》	2009年
39	《启动东盟政府间人权委员会华欣宣言》	2009年
40	《加强教育合作以实现关爱和共享的东盟共同体华欣宣言》	2009年
41	《东盟关于第十五次〈联合国气候变化框架公约〉缔约方会议和第五次〈京都议定书〉缔约方会议的联合声明》	2009年
42	《东盟领导人关于东盟互联互通的声明》	2009年
43	《东盟宪章争端解决机制议定书》	2010年
44	《东盟领导人关于持续复苏和发展的声明》	2010年
45	《东盟领导人关于联合应对气候变化的声明》	2010年
46	《东盟互联互通总体规划》	2010年
47	《东盟领导人关于人力资源和技能开发以促进经济复苏和可持续发展的声明》	2010年
48	《促进东盟妇女儿童福利和发展的河内宣言》	2010年
49	《全球大家庭中的东盟共同体联合声明》	2011年
50	《全球大家庭中的东盟共同体巴厘宣言》（即第三份《巴厘宣言》）	2012年
51	《金边宣言——东盟：共同体、共命运》	2012年

南亚区域合作联盟

South Asian Association for Regional Cooperation—SAARC

【成立日期】1985年12月，孟加拉国、不丹、印度、马尔代夫、尼泊尔、巴基斯坦、斯里兰卡七国首脑齐聚达卡，通过《南亚区域合作宣言》和《南亚区域合作联盟宪章》，宣告南亚区域合作联盟（简称“南盟”）正式成立。

【宗旨】根据南盟宪章，南盟的宗旨是：促进南亚各国人民的福祉并改善其生活质量；加快区域内经济增长、社会进步和文化发展，为每个人提供过上体面生活和实现全部潜能的机会；促进和加强南亚国家集体自力更生；促进相互信任和理解及对彼此问题的了解；促进在经济、社会、文化、技术和科学领域的积极合作和相互支持；加强与其他发展中国家的合作；在国际论坛上就共同关心的问题加强彼此合作；与具有类似目标和宗旨的国际及地区组织进行合作。

南盟宪章特别规定了南盟应遵循的基本原则：（1）各级机构应在协商一致的基础上作出决定；（2）不审议双边和有争议的问题；（3）南盟框架内的合作应在尊重主权平等、领土完整、政治独立、不干涉别国内政和互惠互利的基础上进行；（4）南盟合作不应取代双边和多边合作，而是对其进行补充；（5）南盟合作不应与双边和多边义务相抵触。

【成员】成员国8个：阿富汗、孟加拉国、不丹、印度、马尔代夫、尼泊尔、巴基斯坦、斯里兰卡。观察员9个：中国、日本、韩国、缅甸、美国、欧盟、澳大利亚、伊朗、毛里求斯。

【主要负责人】艾哈迈德·萨利姆（Ahmed Saleem）于2012年3月接任法蒂玛特·迪亚娜·萨伊德（Fathimath Dhiyana Saeed，女，马尔代夫籍）担任南盟秘书长，任期至2014年2月。

【总部】南盟秘书处设在尼泊尔加德满都。网址：http：//www.saarc-sec.org。

【组织机构】（1）峰会：南盟的最高权力属于各国元首和政府首脑参加的峰会。峰会每年举行一次，必要时可随时召开，轮流在各成员国举行。东道国元首或政府首脑担任会议主席。（2）部长理事会：由成员国外长组成，负责制定政策，审查区域合作进展情况，决定新的合作领域，并决定秘书长人选。每年召开两次会议。（3）常务委员会：由成员国外秘组成，负责全面监察和协调各项计划，核准项目和方案及其筹资方式，决定部门间优先事项，调集域内外资源，寻找新的合作领域等。（4）技术委员会：根据“南盟一揽子行动纲要”，成立了农业与农村发展、卫生与人口活动、妇青幼、环境与林业、科技与气候、人力资源开发、运输七个技术委员会。此后，南盟还设立了信息与通信技术、生物技术、知识产权、旅游、能源五个工作组。（5）秘书处：南盟常设办事机构，负责南盟会务、成员国间及南盟与其他国际组织的交流与合作，协调和监督南盟各项活动的实施。（6）特别部长会议：迄今已就成员国共同关心的商贸、儿童、妇女、环境、残疾人、住房等领域问题分别举行过会议。（7）经济合作委员会：由成员国商务和贸易部秘书组成，已成为南盟处理经贸问题的核心机构。负责制定具体政策措施并监督实施，促进域内经贸合作。（8）区域中心：已分别设立了农业信息中心（达卡）、结核病中心（加德满都）、气象研究中心（达卡）、文献中心（新德里）、人力资源开发中心（伊斯兰堡）、海岸区域管理中心（马累）、信息中心（加德满都）、能源中心（伊斯兰堡）、灾害管理中心（新德里）、林业中心（廷布）和文化中心（科伦坡）。

【主要活动】南盟迄已举行17届峰会。近年来，南盟区域合作和对外开放步伐加快。2004年第12届南盟峰会通过《南亚自由贸易区框架协定》，各国从2006年1月1日起开始逐步降低关税，7～10年内从当前的30%左右降至0～5%。2005年第13届峰会就发展区域经济、消除贫困、打恐、应对自然灾害等方面加强合作制定50多条措施，宣布2006～2015年为南盟“减贫十年”。峰会决定吸收阿富汗为新成员，并接纳中国、日本等国为观察员国。2007年第14届峰会决定加强基础设施、能源和经贸等领域合作，设立南亚大学、地区粮食银行。印度承诺出资1亿美元，启动南盟发展基金，帮助解决本地区贫困问题。中国、日本、韩国、美国、欧盟等观察员国首次派团出席峰会。2008年第15届南盟峰会签署了南盟发展基金宪章、南亚地区标准组织协议、司法互助公约和阿富汗加入南亚自贸区议定书，修改了观察员国指导原则，吸收澳大利亚和缅甸为观察员国。2010年4月，第16届南盟峰会以“走向绿色和幸福的南亚”为主题，发表了《廷布宣言》，通过了《廷布气候变化宣言》、《南盟环境合作公约》，欢迎成员国签署《南盟服务贸易协定》，宣布在不丹首都廷布设立南盟发展基金秘书处，并将2010～2020年作为南盟内部实现互联互通的十年。2011年第17届南盟峰会强调加强区域联通，早日落实南亚自贸协定，推动地区经济一体化。南盟八国领导人签署了《应对自然灾害快速反应协定》、《南盟种子银行协定》等4份合作文件。会议决定第18届南盟峰会于2013年在尼泊尔举行。

【同中国的关系】2005年11月，第13届南盟峰会原则同意中国成为观察员国。2006年8月，南盟第27届部长理事会审议通过南盟观察员国指导原则，正式接纳中国为观察员国，并邀请中国以观察员国身份出席第14届南盟峰会。

2007年、2008年和2010年，外交部长李肇星、外交部副部长武大伟、副部长王光亚分别率团出席第14、15、16届南盟峰会。2010年中方向南盟发展基金捐款30万美元。

2011年，外交部副部长张志军率团出席第17届南盟峰会，建议在继续办好现有合作项目基础上，将经贸、农业、基础设施建设、环保、人力资源培训和扶贫减灾作为中国—南盟务实合作的重点领域，探讨建立双方务实和更有效的合作机制。中方还在会上宣布将于2012年再次向南盟发展基金捐款30万美元。

中国在人力资源培训、扶贫减灾、经贸、人文交流等领域与南盟开展了多项合作。2012年6月5日至10日，第7届中国—南亚商务论坛、第5届南亚国家商品展暨第20届昆交会在昆明举行。中方还举行了南亚政党干部研修班、"南亚外交官了解现代中国研修班"等一系列活动。

2011年，中国与南盟国家贸易额为974亿美元，同比增长20%。双方人员往来逾130万人次，同比增长近23%。（钱珺珺）

非洲联盟

African Union—AU

【成立日期】非洲联盟的前身是成立于1963年5月25日的非洲统一组织（简称"非统"）。1999年9月9日，非统第四次特别首脑会议通过《锡尔特宣言》，决定成立非洲联盟（简称"非盟"）。2002年7月，非盟正式取代非统。

为纪念非统和非盟成立，每年的5月25日、9月9日分别被定为"非洲日"和"非洲联盟日"。

【目标与宗旨】非盟宪章确定的目标是：实现非洲国家和人民间更广泛的团结和统一；维护成员国主权、领土完整和独立；促进和平、安全和稳定；加快政治、社会和经济一体化进程；促进民主原则、大众参与和良政；促进和保护人权；推动非洲在经济、社会、文化和一体化方面的可持续发展；推动在各领域的泛非合作，提高人民生活水平；协调和统一当前和未来的区域经济组织的政策，以逐步实现非盟目标；维护非洲共同立场和利益；加强国际合作，创造条件使非洲在全球事务中发挥应有作用。

非盟宗旨是：成员国主权平等，相互依存；尊重独立时存在的边界；和平共处；不干涉内政；制定共同的防务政策；和平解决争端，禁止使用或威胁使用武力；尊重民主原则、人权、法治和良政；尊重人类生命的神圣性，谴责和反对暗杀、恐怖主义行为和颠覆活动；让非洲人民广泛参与非盟建设；反对以非宪法方式更迭政权；成员国发生战争罪、种族屠杀或大规模人道主义危机时，非盟有权依照大会决定进行干预；为恢复和平与安全，成员国有权要求非盟干预；促进性别平等；促进社会公正，推动经济平衡发展。

【成员】54个（2011年）：阿尔及利亚、埃及、埃塞俄比亚、安哥拉、贝宁、博茨瓦纳、布基纳法索、布隆迪、赤道几内亚、多哥、厄立特里亚、佛得角、冈比亚、刚果（布）、刚果（金）、吉布提、几内亚、几内亚比绍、加纳、加蓬、津巴布韦、喀麦隆、科摩罗、科特迪瓦、肯尼亚、莱索托、利比里亚、利比亚、卢旺达、马达加斯加、马拉维、马里、毛里求斯、毛里塔尼亚、莫桑比克、纳米比亚、南非、尼日尔、尼日利亚、塞拉利昂、塞内加尔、塞舌尔、圣多美和普林西比、斯威士兰、苏丹、索马里、坦桑尼亚、突尼斯、乌干达、赞比亚、乍得、中非、南苏丹（2011年7月9日独立建国，7月27日被接纳为非盟成员）以及阿拉伯撒哈拉民主共和国（即"西撒哈拉"，1984年11月被非统接纳为成员，摩洛哥随即退出非统，后摩未再加入非统/非盟）。

【主要负责人】现任非盟轮值主席为贝宁总统亚伊，任期至2013年1月。现任非盟委员会主席为加蓬前副总理兼外交、合作、法语国家事务和地区一体化部长让·平（Jean Ping），2008年4月就职。2012年1月，非盟第18届首脑会议举行非盟委员会主席换届选举，两位候选人让·平与南非内政部长恩科萨扎娜·德拉米尼-祖马（Nkosazana Dlamini-Zuma）均未获得当选所需的2/3多数，首脑会议未能按计划选出新一任非盟委员会主席。在2012年7月举行的第19届非盟首脑会议上再次举行选举，最终祖马战胜让·平当选新一任非盟委员会主席，于2012年10月就职。

【总部】非盟总部在埃塞俄比亚首都亚的斯亚贝巴。网址：http：//www.au.int/。

【组织机构】（1）大会（The Assembly of the Union，即首脑会议）：系非盟最高权力机构。原每年召开一次例会，从2005年起改为每年两次，年初的首脑会议原则上在亚的斯亚贝巴总部召开，年中的首脑会议在成员国轮流举行。大会主席任期一年，任期可视情延长（不超过一年）。若某国提出要求并经2/3成员国同意，可召开特别首脑会议。（2）执行理事会（The Executive Council）：由成员国外长或成员国指定的其他部长组成。每年举行两次例会，若某国提出要求并经2/3成员国同意，可举行特别会议。执行理事会对非盟首脑会议负责，执行其通过的有关政策并监督决议的实施情况。（3）非盟委员会（The Commission）：为非盟常设行政机构，负责处理非盟的日常行政事务。其领导机构由主席、副主席及8名委员共10人组成，任期四年，至多可连任一次。（4）泛非议会（Pan-African Parliament）：非盟的立法与监督机构。目前只具有咨询和建议职能。由非盟46个成员国（科摩罗等7个非盟成员国尚未签署建立泛非议会的议定书）各5名议员共230人组成，设1位议长和4位副议长，根据地域平衡原则分别来自非洲的五个次区域。每年召开两次例会。现任议长为尼日利亚人贝特尔·恩那埃梅卡·阿马迪（Bethel Nnaemeka Amadi）。（5）和平与安全理事会（The Peace and Security

Council）：由15个成员国组成，其中5国任期三年，10国任期两年，均可连选连任。成员国权力平等，无否决权。主要职能是：维护地区和平与安全，预防地区冲突；对成员国实施军事干预与维和行动；帮助战后重建；进行人道主义和灾难救援等。主要权力有：制订非盟对成员国干预的形式和计划；制裁以违宪手段更迭政权者；确保非盟反恐政策的实施；推动成员国实行民主、良政、法治和保障人权等。（6）经济、社会和文化理事会（The Economic，Social and Cultural Council）：咨询机构，由成员国社会团体、专业团体、文化组织和非政府组织等组成。（7）常驻代表委员会（The Permanent Representatives Committee）：由成员国驻非盟代表组成，主要职能为向执行理事会提出工作建议，加强非盟委员会与成员国间的沟通，每月举行一次例会。（8）非洲法院（The Court of Justice）：司法机构。（9）特别技术委员会（The Specialized Technical Committees）：拟成立14个特别技术委员会，由成员国负责相关领域的部长或高级官员组成，对执行理事会负责。主要职能为起草相关领域规划，并提交执行理事会审议，监督、跟踪、评估非盟有关决议执行情况，向执行理事会提出意见和建议。（10）金融机构（The Financial Institutions）：包括非洲中央银行、非洲货币基金、非洲投资银行三个机构，均尚未建立。

【主要活动】截至2012年初，非盟分别召开了18届首脑会议和九次特别首脑会议。

2011年1月30～31日，非盟第16届首脑会议在埃塞俄比亚首都亚的斯亚贝巴举行。40多位非洲国家元首或政府首脑与会。法国总统萨科齐、联合国秘书长潘基文、第65届联大主席戴斯等区外代表与会。会议主题是“寻求共同价值，促进团结与一体化”，主要讨论了非洲和平与安全、一体化建设、安理会改革和气候变化等问题。赤道几内亚总统奥比昂在会上当选新任非盟轮值主席。

2011年6月30日至7月1日，非盟第17届首脑会议在赤道几内亚首都马拉博举行。40多位非洲国家元首或政府首脑以及联合国常务副秘书长米吉罗、阿盟副秘书长本·哈里、巴西前总统卢拉等国际组织和区外国家代表与会。会议主题是“加快青年能力培养以促进可持续发展”。重点讨论了非洲和平与安全、地区一体化建设以及安理会改革、气候变化等问题。

2012年1月29～30日，非盟第18届首脑会议在埃塞俄比亚首都亚的斯亚贝巴举行。40多位非洲国家元首或政府首脑以及联合国秘书长潘基文等国际组织和区外国家代表与会，中国全国政协主席贾庆林出席本届首脑会议开幕式并发表演讲。会议主题是“促进非洲区内贸易”，主要讨论了非洲和平与安全、非盟机构和能力建设、非洲参与全球事务等问题。会议通过了《促进区内贸易、建立全非自由贸易区宣言》和《非洲基础设施发展规划宣言》，进一步明确了以经济融合促进非洲一体化的主导方向。贝宁总统亚伊在会上当选新一任非盟轮值主席。本届首脑会议还举行了非盟委员会主席选举，经过四轮投票，两位候选人现任非盟委员会主席让·平和南非内政部长祖马均未获超过2/3票数支持，未选出新任主席。会议决定在2012年7月举行的第19届非盟首脑会议期间再次进行非盟委员会主席选举。会议期间举行了非盟会议中心落成典礼。

【同中国的关系】中国同非盟及其前身非统保持着友好往来和良好合作，并向其提供了力所能及的援助。1996年5月，国家主席江泽民访问非统总部并就中国对非洲政策发表重要演讲。2003年11月，国务院总理温家宝在埃塞俄比亚出席中非合作论坛第二届部长级会议期间会见时任非盟委员会主席科纳雷。2005年8月，科纳雷访华。2006年11月，科纳雷来华出席中非合作论坛北京峰会暨第三届部长级会议。2008年1月，外交部长杨洁篪访问非盟总部，并会见科纳雷。4月，非盟轮值主席、坦桑尼亚总统基奎特对中国进行国事访问并出席博鳌亚洲论坛2008年年会。8月，非盟委员会主席让·平来华出席北京奥运会开幕式，出席国家主席胡锦涛集体会见并宴请部分非洲国家领导人的活动，并会见国务委员戴秉国。11月，全国人大常委会委员长吴邦国访问埃塞俄比亚时访问非盟总部，并会见让·平。同月，外交部部长助理翟隽与让·平在亚的斯亚贝巴举行中国—非盟首次战略对话。2009年9月，让·平访华并与杨洁篪外长共同主持中国—非盟第二次战略对话，温家宝总理和戴秉国国务委员分别会见。11月，让·平出席在埃及沙姆沙伊赫举行的中非合作论坛第四届部长级会议开幕式。2010年9月，非盟委员会副主席姆温查访华。10月，杨洁篪外长与来华的非盟委员会主席让·平共同举行中国—非盟第三次战略对话。自2002年非盟成立以来，中国每年均以中国国务院总理名义向非盟年中的首脑会议发贺函（电），并派团出席首脑会议。2005年3月，中国成为首批向非盟派遣兼驻代表的区外国家。

2011年1月，中国与非盟举行首次中国—非盟外交政策磋商。外交部部长助理刘振民作为中国政府特使出席了在埃塞俄比亚首都亚的斯亚贝巴举行的非盟第16届首脑会议。5月，全国政协副主席阿不来提·阿不都热西提应邀出席非洲国家驻华使节举行的庆祝“非洲日”48年招待会并致辞。外交部副部长翟隽赴亚的斯亚贝巴与让·平举行第四次战略对话。6月30日，温家宝总理致电祝贺非盟第17届首脑会议召开，翟隽副部长作为中国政府特使出席会议。6月，非盟委员会副主席姆温查来华进行工作访问。9月，外交部长杨洁篪在纽约出席第66届联合国大会一般性辩论期间会见让·平，非盟非洲发展新伙伴计划规划协调局首席执行官马亚基应邀访华。10月，中非合作论坛第八届高官会通过会议纪要，接纳非盟委员会为论坛正式成员。

2012年1月29日，中国国家主席胡锦涛向非盟第

18届首脑会议致贺词。中国全国政协主席贾庆林出席非盟第18届首脑会议开幕式并发表演讲，其间贾庆林主席分别会见了非盟轮值主席、赤道几内亚总统奥比昂和非盟委员会主席让·平，并出席了中国援建非盟会议中心落成典礼。

中国与非盟在气候变化、多哈回合谈判等重大国际问题以及非洲热点问题上加强沟通协调。非盟在涉及中国核心和重大利益问题上坚定支持中国。中国向非盟能力建设和有关维和行动提供了援助。（王硕）

萨赫勒—撒哈拉国家共同体

Community of Sahel-Saharan States—CEN-SAD

【成立日期】1998年2月4日。

【宗旨】加强成员国间的政治和经济合作，维护地区安全，促进地区一体化建设。

【成员】利比亚、苏丹、乍得、马里、尼日尔、布基纳法索、科特迪瓦、几内亚比绍、利比里亚、中非、厄立特里亚、吉布提、冈比亚、塞内加尔、摩洛哥、突尼斯、埃及、尼日利亚、索马里、多哥、贝宁、加纳、塞拉利昂、几内亚、科摩罗、毛里塔尼亚、圣多美和普林西比、肯尼亚。

【主要负责人】执行主席由成员国轮流担任，任期一年。现任轮值主席国为乍得。

【总部】秘书处在利比亚首都的黎波里。网址：http：//www.cen-sad.org。

【组织机构】（1）元首委员会：最高权力机构，由成员国元首组成，每年举行一次首脑例会，会议主席由成员国元首轮流担任，并在委员会休会期间任执行主席。元首委员会制定共同体的大政方针，以实现共同体所确定的目标。（2）执行委员会：由秘书长和成员国部长组成，每半年举行一次会议，主席由会议主办国担任。执行委员会负责执行首脑会议决议，并处理共同体的对外关系、经济、财政、计划、内政、安全等事务。（3）秘书处：监督首脑会议决议的执行，并对各个机构负责。秘书长由首脑会议指定，任期三年。现任秘书长穆罕默德·阿扎利（Mohamed Al Azhari）。（4）大使委员会：由成员国驻利比亚使节组成，负责向每次执行委员会会议提交一份行动报告。（5）经济、社会、文化委员会：是共同体的协商机构，由成员国指定的10人组成，主要任务是参与共同体有关经济、社会、文化项目的文件起草。该委员会每年举行一次会议，总部设在马里首都巴马科。（6）农业和水资源委员会：负责农业水利和环境保护问题。（7）非洲发展与贸易银行：总部设在利比亚的黎波里。

【主要活动】1998年2月4日，在利比亚领导人卡扎菲的倡议下，利比亚、布基纳法索、马里、尼日尔、乍得和苏丹等6国成立了萨赫勒—撒哈拉国家共同体。1999 ~ 2009年，共同体第一至十一届首脑会议分别在利比亚、乍得、苏丹、吉布提、尼日尔、马里、布基纳法索、贝宁、利比亚举行。截至目前，共同体有28个成员国，是非洲第二大地区性组织。

除每年举行首脑会议外，共同体下设的各机构还经常举行会议，讨论成员国共同关心的文化、教育、金融、反恐、粮食安全等各个领域的问题。2010年7月，第12届共同体首脑会议在乍得首都恩贾梅纳举行。2012年6月11日，萨赫勒—撒哈拉国家共同体执行委员会在摩洛哥首都拉巴特举行特别会议，讨论重新调整发展战略，以应对新挑战等问题，呼吁各成员国共同努力，以实现本地区的持续发展和安全稳定。（李林嘉）

独立国家联合体

Commonwealth of Independent States—CIS

【成立经过】1991年12月8日，前苏联三个加盟共和国领导人——俄罗斯联邦总统叶利钦、乌克兰总统克拉夫丘克、白俄罗斯最高苏维埃主席舒什克维奇在白俄罗斯的别洛韦日会晤，签署关于建立独立国家联合体（简称“独联体”）的协定。12月12日，前苏联哈萨克斯坦等五个中亚加盟共和国领导人在土库曼斯坦首都阿什哈巴德会晤并发表声明，表示愿意作为“平等的创始国”参加独联体。12月21日，前苏联的阿塞拜疆、亚美尼亚、白俄罗斯、哈萨克斯坦、吉尔吉斯斯坦、摩尔多瓦（1993年8月，摩议会曾否决了摩加入独联体的决定，于1994年4月重新批准摩加入）、俄罗斯、塔吉克斯坦、土库曼斯坦、乌兹别克斯坦、乌克兰11国领导人在阿拉木图会晤，通过了《阿拉木图宣言》等文件，宣告成立独立国家联合体及苏联停止存在。格鲁吉亚派代表以观察员身份与会。12月25日，戈尔巴乔夫发表电视讲话，辞去苏联总统职务，苏联正式解体。

1992年5月15日，俄罗斯、哈萨克斯坦、乌兹别克斯坦、塔吉克斯坦、亚美尼亚和吉尔吉斯斯坦6国在乌兹别克斯坦首都塔什干会晤时签署集体安全条约。

1993年，格鲁吉亚、阿塞拜疆和白俄罗斯加入该条约。条约于1994年正式生效，有效期5年。条约的宗旨是建立独联体国家集体防御空间和提高联合防御能力，防止并调解独联体国家内部及独联体地区性武力争端。1999年，条约第一个5年期限结束后，阿塞拜疆、格鲁吉亚和乌兹别克斯坦宣布退出。2002年5月14日，集体安全条约理事会会议通过决议，将独联体集体安全条约正式更名独联体集体安全条约组织（简称“集安条约组织”）。2006年12月，乌兹别克斯坦最高会议参议院批准了乌兹别克斯坦重返集安条约组织的法律草案。2012年6月20日，乌兹别克斯坦外交部向集安条约组织秘书处递交照会，宣布暂停参与该组织活动。

【宗旨】《独联体章程》规定：独联体以所有成员国的主权平等为基础。独联体不是国家，也不拥有凌驾于成员国之上的权力，为成员国进一步发展和加强友好、睦邻、信任、谅解和互利合作关系服务。成员国协调在国际安全、裁军、军备监督和军队建设方面的政策，采用包括派观察员小组和集体维和部队等手段保证独联体地区内部安全。当成员国的主权、安全和领土完整以及国际和平与安全受到威胁时，成员国应立即进行协商，协调立场，采取相应措施。

【成员】阿塞拜疆、亚美尼亚、白俄罗斯、格鲁吉亚（1993年12月起）、哈萨克斯坦、吉尔吉斯斯坦、摩尔多瓦（1994年4月起）、俄罗斯、塔吉克斯坦、土库曼斯坦、乌兹别克斯坦、乌克兰。

土库曼斯坦自2005年8月起转为独联体联系国。格鲁吉亚于2009年8月18日正式退出独联体。

【总部】在白俄罗斯首都明斯克。

【组织机构】（1）独联体国家元首理事会和政府首脑理事会：国家元首理事会是独联体的最高机构，通常每年召开两次会议。政府首脑理事会每年召开四次会议。会议轮流在各国首都举行。（2）跨国议会大会、跨国经济委员会和支付联盟，以及外交、国防等部长级理事会。（3）协调协商委员会：为独联体常设执行和协调机构，每个成员国派两名全权代表常驻该委员会。独联体工作语言为俄语。

【主要活动】2011年8月12日，独联体集安条约组织成员国领导人非正式会议在哈萨克斯坦首都阿斯塔纳开幕，这是该组织自成立以来的第五次领导人非正式会议。除乌兹别克斯坦总统卡里莫夫外，其他6个成员国总统全部与会。此次峰会主要讨论了地区和国际安全形势及提高集安条约组织应对危机能力和运行效率等问题。

2011年9月3日，独联体国家元首理事会会议在塔吉克斯坦首都杜尚别开幕，这是独联体成立20周年的纪念峰会。会议通过了《关于落实〈独联体后续发展构想〉的主要行动计划》等一系列跨国合作协议，涉及反恐、移民、防空、欧亚地区一体化等领域。

2011年9月19日，为期两周的“中央—2011”独联体集体安全条约组织联合战略军事演习在俄罗斯、哈萨克斯坦、塔吉克斯坦和吉尔吉斯斯坦四国境内同时举行。白俄罗斯和亚美尼亚也派兵参演。参演兵力总计达1.2万人，共出动上千件各类武器装备。此次联合军演的主要目的是加强集安条约组织各国间多兵种配合，维护中亚地区稳定。

2011年10月18～19日，独联体国家政府首脑理事会会议在俄罗斯圣彼得堡举行。除阿塞拜疆、乌兹别克斯坦和土库曼斯坦三国之外的成员国政府首脑签署了独联体国家自由贸易区协议，这一成果标志着独联体国家在经济一体化进程中迈出了实质性步伐。

2011年12月20日，独联体国家元首理事会非正式会议在俄罗斯首都莫斯科举行。与会领导人共同庆祝独联体成立20周年，并签署独联体成员国首脑宣言及加强在通讯、文化和选举监督等领域合作的三个文件。集安条约组织峰会也于当日举行，会议通过声明，规定其他国家在集安条约组织成员国内部署任何军事基础设施必须经过该组织全体成员国一致同意。

（冯海明）

英　联　邦
The Commonwealth

【成立经过】由英帝国演变而成。1926年，“帝国会议”的帝国内部关系委员会提出，英国与已经由殖民地成为自治领的加拿大、澳大利亚、新西兰和南非是“自由结合的英联邦的成员”，“地位平等，在内政和外交的任何方面互不隶属，唯依靠对英王的共同效忠精神统一在一起”。1931年，《威斯敏斯特法案》从法律上对此予以确认，英联邦遂正式形成。1947年，印度、巴基斯坦分别独立并加入英联邦；1949年，印度成为共和国，选出了自己的国家元首，从此英联邦成员由需对英王效忠的原则演变为英联邦成员“接受英王为独立成员国自由联合体的象征，因而是英联邦的元首”。如今英国不再是英联邦的主宰。英联邦已演变成为一个松散的、相互进行政治、经济磋商和合作的组织。英国和各成员国互派高级专员，代表大使级外交关系。每年4月27日被定为英联邦日（the Commonwealth Day）。

【成员】由英国及其自治领和其他已独立的前殖民地、附属国组成。现有成员共54个，绝大多数为发展中国家，总人口约21亿，占世界人口的30%，贸易总额占全球的1/5。其中，由本国人担任国家元首的有博茨瓦纳、多米尼克、冈比亚、圭亚那、基里巴斯、加纳、肯尼亚、莱索托、马尔代夫、马耳他、马拉维、马来西亚、斐济、孟加拉国、塞浦路斯、塞舌尔、斯里兰卡、斯威士兰、坦桑尼亚、塞拉利昂、尼日利亚、汤加、特立尼达和多巴哥、瓦努阿图、文莱、乌干达、瑙鲁、萨摩亚、新加坡、印度、英国、赞比亚、巴基斯坦、纳米比亚、南非、喀麦隆、莫桑比克、毛里求斯、卢旺达；由英女王伊丽莎白二世担任国家元首，其职能由女王任命的总督行使的有：安提瓜和巴布达、澳大利亚、巴巴多斯、巴布亚新几内亚、巴哈马、伯利兹、格林纳达、加拿大、圣基茨和尼维斯、圣卢西亚、圣文森特和格林纳丁斯、所罗门群岛、图瓦卢、新西兰、牙买加。其中，不出席英联邦政府首脑会议的特别成员国有瑙鲁和图瓦卢。南非1961年退出英联邦，1994年重新加入。原为成员国的爱尔兰于1949年退出英联邦。2003年12月，津巴布韦正式宣布退出英联邦。2007年11月，巴基斯坦被中止英联邦成员国资格，2008年5月再次恢复成员国资格。2009年9月，斐济被中止英联邦成员国资格。2009年11月，卢旺达加入英联邦。

【主要负责人】秘书长卡马勒什·沙马（Kamalesh Sharma，印度人），2007年11月当选，2008年4月就任。

【总部】秘书处等机构设在伦敦。网址：http://www.thecommonwealth.org/。

【出版物】《今日英联邦》（The Commonwealth Today），《英联邦手册》（The Commonwealth Factbook）。

【组织机构】（1）英联邦政府首脑会议：前身为帝国会议，1944年易名为英联邦总理会议，1975年改现名。通常两年举行一次，以前一直在伦敦举行，1966年起轮流在成员国举行，由东道国政府首脑主持。会议不通过决议，会议发表的总原则对与会国无约束力。英联邦第38届政府首脑会议将于2011年10月在澳大利亚珀斯举行。（2）亚太地区英联邦政府首脑会议：1978年起每两年举行一次，讨论共同关心的地区性问题。（3）英联邦部长会议：每年举行一次的有教育部长会议、卫生部长会议、司法部长会议和电信部长会议；不定期举行的有贸易和经济会议、青年会议、工业合作会议、农业会议等。（4）英联邦秘书处：1965年成立，负责组织成员国间的协商和合作、交流情况、组织会议等。秘书长每五年改选一次，可连任。（5）英联邦基金会及其他组织：英联邦基金会成立于1966年，1983年改组成一个国际基金组织，资金由成员国政府提供，用于推动英联邦内专业及其他非政府间的更密切的合作。英联邦研究所主要靠英政府资助，通过举办展览、讲座、放映电影、开放图书馆等活动促进人们对英联邦的了解。此外，还有一些专业性组织，如英联邦议会协会、英联邦新闻联盟、英联邦广播协会、英联邦青年交流理事会、英联邦体育运动联合会和英联邦艺术协会等。

【主要活动】20世纪90年代以来，英联邦政府首脑会议开过11次，分别在津巴布韦的哈拉雷（1991年10月）、塞浦路斯的利马索尔（1993年10月）、新西兰的奥克兰（1995年11月）、英国的爱丁堡（1997年10月）、南非的德班（1999年11月）、澳大利亚的库拉姆（2002年3月）、尼日利亚的阿布贾（2003年12月）、马耳他的瓦莱塔（2005年11月）、乌干达的坎帕拉（2007年11月）、特立尼达和多巴哥的西班牙港（2009年6月）和澳大利亚的珀斯（2011年10月）举行。

（周延）

欧洲安全与合作组织
Organization for Security and Cooperation in Europe—OSCE

【成立日期】前身为于1973年7月至1975年8月分三个阶段进行的欧洲安全合作会议（简称“欧安会”）。此后召开了四次续会。1995年1月1日起改名为欧洲安全与合作组织（简称“欧安组织”）。

【宗旨】促进欧洲地区的民主和安全，尊重人权和少数民族利益，建设法制国家。

【成员】56个（2011年）：德国、法国、英国、爱尔兰、奥地利、瑞士、比利时、荷兰、卢森堡、西班牙、葡萄牙、意大利、瑞典、挪威、丹麦、芬兰、冰岛、希腊、安道尔、马耳他、摩纳哥、圣马力诺、梵蒂冈、列支敦士登、美国、加拿大、匈牙利、罗马尼亚、保加利亚、捷克、斯洛伐克、波兰、阿尔巴尼亚、摩尔多瓦、克罗地亚、斯洛文尼亚、波黑、马其顿、塞尔维亚、黑山、俄罗斯、乌克兰、白俄罗斯、爱沙尼亚、拉脱维亚、立陶宛、格鲁吉亚、亚美尼亚、阿塞拜疆、哈萨克斯坦、乌兹别克斯坦、土库曼斯坦、吉尔吉斯斯坦、塔吉克斯坦、土耳其、塞浦路斯。

以色列、埃及、约旦、摩洛哥、阿尔及利亚、突尼斯6个地中海国家和日本、韩国、泰国、阿富汗、蒙古5个亚洲国家以及澳大利亚为欧安组织合作伙伴国，出席欧安组织的有关会议并参与部分活动。

【主要负责人】2011年当值主席阿茹巴利斯（Audronius Azubalis，立陶宛外长）；秘书长拉姆伯图·赞尼尔（Lamberto Zannier，意大利人），2011年7月任职。

【总部】奥地利维也纳。地址：Wallnerstrasse 6,

1010 Vienna Austria。电话：0043-1514360。电子信箱：info@osce.org。网址：http：//www.osce.org。

【出版物】《欧安组织年度报告》(OSCE Annual Report)；《欧安组织情况报道》(OSCE Factsheets)；《欧安组织要闻》(OSCE Highlights)；《欧安组织手册》(OSCE Handbook)；《欧安组织杂志》(OSCE Magazines)。

【组织机构】谈判与决策机构：(1)首脑会议(Summit)，原则上每两年或三年举行一次，成员国国家元首或政府首脑出席。(2)部长理事会(Ministerial Council)，由成员国外长组成，一般每年年底举行一次会议，在当年有首脑会议时不召开。(3)经济与环境论坛(Economic and Environmental Forum)，1992年建立，由成员国政治司长或相应级别代表组成，每年举行一次会议，主要讨论经济合作、环境保护等问题。(4)常设理事会(Permanent Council)，设在维也纳，由各成员国常驻代表组成，每周举行一次会议，负责欧安组织的日常工作并有权对与欧安组织有关的所有问题作出决定。(5)安全合作论坛(Forum for Security Cooperation)，由各成员国代表组成，每周在维也纳举行一次会议，负责军控、裁军、建立信任和安全措施的谈判以及关于安全政策的磋商和合作。

执行机构：(1)当值主席(Chairman-in-Office，简称CiO)，由主席国外长担任，任期一年，负责全面执行欧安组织使命，协调欧安组织的活动。(2)三驾马车(Troika)，由上任、现任、下任当值主席组成，以保证组织活动的延续性。(3)当值主席代表(Personal Representatives of the CiO)，负责专门领域，如打击贩卖人口、反种族主义、反歧视等事务。(4)议会(OSCE Parliamentary Assembly)，设议长1人，副议长8人，由56个成员国的320名议员组成，每年举行一次会议，会议秘书处设在哥本哈根。(5)民主制度与人权事务办公室(Office for Democratic Institutions and Human Rights，原为自由选举办公室)，1990年建立于波兰华沙，主要职责是在欧安组织范围内推广人权与民主。(6)少数民族高级专员署(High Commissioner on National Minorities)，1992年建立于荷兰海牙，主要负责及时发现有可能损害欧洲地区和平、稳定及欧安组织成员国之间关系的民族冲突，提出处理意见和解决办法。(7)新闻自由代表(Representative on Freedom of the Media)，设在维也纳，负责监督欧安组织成员国新闻自由状况，对侵犯新闻及言论自由的行为提出警告。(8)秘书处(Secretariat)及秘书长(Secretary General)，秘书长任期三年，代表当值主席并在所有活动中协助当值主席的工作。秘书处主要办公地点在维也纳。下设机构有：反恐行动组，负责协调与协助欧安组织在反恐方面的行动与能力建设项目；边界组，负责在欧安组织范围内推行最高级别的共同边界管理标准；打击贩卖人口协调员与特别代表办公室，负责支持各成员国打击贩卖人口政策的执行与进展；冲突预防中心，负责交流各国军事情报、核查各国军备情况、防止冲突、处理危机并为欧安组织使团提供帮助；对外合作组，负责处理欧安组织与地中海及亚洲伙伴国、联合国、欧盟、北约等组织的对话合作关系；性别平等部门，负责协助、促进与监督各成员国在性别平等上的执行情况；战略警务组，支持各成员国为本国国民提供可靠警务服务；内部监管办公室，通过独立审计、监督、评估与调查提高组织效率；欧安组织经济与环境事务协调办公室；培训部门，在组织内部协调与支持人员培训项目。(9)高级规划小组(High-level Planning Group)，建立于1994年12月，由成员国军事专家组成，主要为欧安组织当值主席提供有关军事行动的建议。

【主要活动】2011年1月1日，立陶宛接替哈萨克斯坦担任欧安组织轮值主席国。13日，新任欧安组织轮值主席、立陶宛外长阿茹巴利斯在该组织常设理事会发表就职演讲，阿表示立陶宛主席国设想和2011年欧安组织工作重点是应对冲突和跨国威胁，促进新闻自由，推进“宽容”教育，加强能源安全等，呼吁该组织成员国共同努力，致力于作出具体贡献。14日，阿召集欧安组织各个机构和使团负责人举行会议，讨论2011年工作重点。31日，阿与欧盟外交与安全政策高级代表阿什顿在布鲁塞尔举行会见，就德涅斯特河左岸问题等欧洲地区有关问题发展情况及欧安组织在阿尔巴尼亚、白俄罗斯、摩尔多瓦等国的工作交换意见，双方一致认为欧盟、俄罗斯、美国应在欧安组织有关事务上保持沟通。

2月2日，阿茹巴利斯访问俄罗斯，与俄外长拉夫罗夫等会见，介绍该组织2011年工作重点并就有关问题交换意见。15日，阿向安理会通报欧安组织工作。16日，阿与美国国务卿克林顿举行会晤，就立陶宛主席国设想交换了意见，讨论了德涅斯特河左岸问题和纳卡冲突、阿尔巴尼亚局势等欧洲地区有关问题。

3月3日，阿茹巴利斯与联合国秘书长潘基文及其他国际组织领导人共同召开电话会议，就北非局势及由联合国牵头协调国际力量为北非国家提供帮助等问题交换意见。14日，阿访问阿塞拜疆，强调阿在地区稳定中的重要作用，呼吁阿当局推动纳卡冲突的解决，加快民主改革进程。15日，欧安组织宣布将举办2010年阿斯塔纳峰会后续工作系列讨论会，以推动就防止和解决冲突、国际威胁、能源和环境事务、安全和人权等欧洲地区有关问题的交流。31日，由于白俄罗斯政府拒绝延长欧安组织驻明斯克办公室工作期限，该办公室宣告关闭。

4月1日，欧安组织发表2010年年度工作报告，总结了阿斯塔纳峰会情况，2010年该组织在吉尔吉斯斯坦危机、阿富汗问题、格鲁吉亚问题、纳卡问题等国际地区热点问题上的工作，以及在促进安全与人权、推动对外合作方面的成果。5日，阿茹巴利斯与联合国秘书长潘基文再次举行电话会议，讨论埃及和突尼斯局势，均认为国际社会应帮助两国人民建立更民主、自由的社会，并向两国提供经济和选举方面的帮助。两人还就吉尔吉斯斯坦危机交换意见。15～16日，阿访问突尼斯并与突外长凯菲、联合国驻突代表团负责人等举行会见。阿表示，突人民正在履行创造一个更自由、更繁荣的社会的历史使命，这一使命应当获得胜利并树立起社会转型的成功典范。欧安组织愿在选举、新闻自由、警务改革、边界管理、移民管理等方面提供帮助。

5月9～10日，欧安组织举行网络安全问题国际会议，会议认为该组织在网络安全问题上应发挥更大的协调和平台作用。23～24日，欧安组织2011年国际会议在蒙古国首都乌兰巴托举行，会议主题为"加强欧安组织及其亚洲伙伴国合作：保障系统安全，应对共同挑战"。30多个欧亚国家和国际组织的代表与会，蒙对外关系与贸易部长赞登沙特尔主持会议，并作主旨发言。

6月6日，欧安组织安全合作论坛召开会议。北约副秘书长毕索尼耶罗出席会议。毕表示，北约和欧安组织应在反恐、防扩散、防止网络犯罪、打击海盗以及阿富汗和其他转型国家问题上加强合作。22日，欧安组织下任轮值主席国爱尔兰副总理兼外交贸易部长吉尔摩向该组织常设理事会作报告称，爱2012年接任轮值主席国后将在哈萨克斯坦和立陶宛工作的基础上，推动欧安组织在打击恐怖主义、有组织犯罪、非法走私，促进自由民主，解决欧洲地区有关冲突问题，履行阿斯塔纳目标上实现更大作为。30日，欧安组织年度安全会议在维也纳举行。北约秘书长拉斯穆森与会并作主旨发言。拉表示，北约与欧安组织应就应对欧洲、北非和中东地区安全挑战、阿富汗问题、防扩散和促进民主改革等问题上加强合作。该组织轮值主席国立陶宛国务秘书扬考斯卡斯表示，立致力于推动欧安组织对外合作，成为各个国际力量对话与互动的稳固平台。

7月1日，前联合国驻科索沃特派团团长兰贝托·赞尼尔当选欧安组织新一任秘书长。赞为意大利人，曾于2002～2006年任欧安组织冲突预防中心主任。赞在对该组织常设理事会作报告时表示，他将致力于提高该组织秘书处工作效率，改善该组织形象，推动组织范围内的各项合作。6日，欧安组织在贝尔格莱德召开年度议员大会。来自53个成员国的300多名议员与会。会议主题是"加强作用、提高效率——阿斯塔纳峰会后的新开始"，并就德涅斯特河左岸问题、纳卡冲突、格鲁吉亚、科索沃、阿富汗等国际和地区热点问题进行了讨论。18日，欧安组织三驾马车——立陶宛、哈萨克斯坦和爱尔兰三国外长与欧盟外交与安全政策高级代表阿什顿在布鲁塞尔举行会晤，就欧安组织和欧盟合作、第18届欧安组织部长理事会筹备工作及欧洲范围内热点问题等交换意见。

9月15日，欧安组织秘书长赞尼尔访问乌克兰，与乌克兰总统亚努科维奇、外长格里先科等会见，讨论了乌克兰2013年接任组织轮值主席国事宜。21日，欧安组织轮值主席阿茹巴利斯、秘书长赞尼尔赴美国出席联合国大会，并与欧洲委员会部长委员会主席、乌克兰外长格里先科、以色列、吉尔吉斯斯坦、俄罗斯、突尼斯、约旦等国高官举行会晤，讨论双边合作、第18届欧安组织部长理事会会议、反恐、推动地区民主进程等事宜，并就阿富汗、北非局势等国际和地区热点问题交换意见。

10月7～10日，第十届欧安组织秋季议员大会在克罗地亚举行，讨论了东南欧地区国家的发展、推动地中海地区自由、安全和公平等问题。10～11日，欧安组织年度地中海地区事务会议在黑山举行，主要讨论了支持南地中海地区国家民主转型问题。17～19日，欧安组织在维也纳举行经济和环境问题国际会议，讨论欧安组织在加强监督、促进能源、环境安全等方面工作。来自150多个国家的代表与会。28日，蒙古国对外关系与贸易部长赞登沙特尔致函阿茹巴利斯，正式提出蒙希望加入欧安组织。欧安组织将于11月派出代表团，就蒙加入该组织有关事宜与蒙方磋商。31日，欧安组织秘书长赞尼尔访问土耳其，与土总统居尔、外长达乌特奥卢等举行会晤，讨论了土与欧安组织在军控、反恐、能源安全等政治军事领域的合作。赞还出席了在土举行的地区国家阿富汗问题高级别会议。

11月3～4日，欧安组织在阿什哈巴德举行高级别国际能源会议，讨论国际能源市场一体化和保障能源安全等议题。23日，欧安组织轮值主席阿茹巴利斯在北约北大西洋理事会发表演讲。阿表示，欧安组织和北约在欧洲—大西洋和欧亚地区建立安全、推动民主上目标一致，角色互补，应进一步加强合作。阿介绍了定于12月举行的欧安组织第18次部长理事会会议筹备事宜，强调该组织应始终是欧洲—大西洋和欧亚地区安全对话的主要平台。

12月6～7日，欧安组织第18次部长理事会会议在立陶宛首都维尔纽斯举行，该组织56个成员国外长或高级代表与会。会议讨论了国际安全新威胁、欧安组织在地区安全中的作用、双边合作以及与地中海伙伴开展合作等问题，并重点关注了德涅斯特河左岸问题、格鲁吉亚冲突以及即将在美国芝加哥举行的北约首脑会议等问题。轮值主席国立陶宛总统格里鲍斯凯婕在会上发表讲话说，欧安组织在应对冲突扩大化、处理新的安全威胁与挑战等方面的作用非常重要，立陶宛担任欧安组织主席国期间重启了有关解决德涅斯特河左岸问题的"5＋2"谈判机制。会议还讨论并同意蒙古正式加入欧安组织，责成2012年轮值主席国爱尔兰尽快推动履行吸收蒙加入的程序。（秦朗）

北大西洋公约组织

North Atlantic Treaty Organization—NATO

【成立日期】1949年4月4日。

【宗旨】成员国在集体防务和维持和平与安全方面共同努力，通过政治和军事手段，促进欧洲—大西洋地区的民主、法治和福利，保卫成员国的自由与安全。

【成员】28个（2011年）：比利时、冰岛、丹麦、德国、法国、荷兰、加拿大、卢森堡、美国、挪威、葡萄牙、土耳其、西班牙、希腊、意大利、英国、波兰、匈牙利、捷克、爱沙尼亚、立陶宛、拉脱维亚、斯洛文尼亚、斯洛伐克、罗马尼亚、保加利亚、克罗地亚、阿尔巴尼亚。

【主要负责人】秘书长安诺斯·福格·拉斯穆森（Anders Fogh Rasmussen，丹麦人），2009年8月1日任职。军事委员会主席孔德·巴特尔斯（Knud Bartels，丹麦人），2012年1月2日就任。北约盟军作战司令部司令詹姆斯·斯塔夫里迪斯（James G. Stavridis，美国人），2009年7月1日就任。

【总部】设在比利时布鲁塞尔。地址：NATO Headquarters，Blvd Leopold III，1110 Brussels，Belgium。电子信箱：natodoc@hq.nato.int。网址：http://www.nato.int。

【组织机构】（1）北大西洋理事会（North Atlantic Council）：亦称“北约理事会”，即部长理事会，为北约最高决策机构，由成员国外长组成，必要时国防部长、财长甚至政府首脑也可与会，每年召开2次例会。在部长理事会休会期间，各成员国大使级常驻代表负责理事会日常工作。（2）军事委员会（The Military Committee）：北约最高军事指挥机构，由参加军事一体化指挥系统的成员国总参谋长组成。每年召开3次会议，负责向部长理事会、防务计划委员会和核计划小组提出有关北约共同防务问题的建议，并对下属战略司令部实施领导。军事委员会主席任期三年。其日常事务由各国常驻军事代表组成的军事代表委员会负责。军委会下设国际军事参谋部和2个军事指挥机构，即北约盟军作战司令部和北约盟军转型司令部。（3）国际秘书处（International Secretariat）：北约秘书长直接领导的办事机构，负责理事会及各委员会会议的筹备、对外关系等。下设副秘书长1人，助理秘书长6人并分别主管6个总司。（4）北约议员大会（NATO Parliamentary Assembly）：系北约外围组织，宗旨是鼓励各国议会间的合作，密切各国议会与北约机构的联系，推动实现北大西洋公约的目标。议员大会每年召开2次全会。

【主要活动】20世纪90年代华沙条约组织解体和冷战结束后，北约随之调整战略，将周边地区冲突、核扩散和恐怖主义视为主要挑战，先后推出危机反应战略和“新战略构想”。同时，北约通过介入前南地区危机、东扩和推行“和平伙伴关系计划”，增强了其在欧洲安全事务中的作用。当前，北约加快战略转型，在保留传统职能的同时，将应对大规模杀伤性武器扩散、恐怖主义、网络攻击、能源、气候变化等新型安全问题纳入任务范畴，更加注重在全球范围内拓展对话合作。

2011年1月24日，北约秘书长拉斯穆森宣布，鉴于科索沃安全形势趋于好转，从3月1日起北约驻科索沃部队人数将减少一半，即从1万人减少到5000人。26日，北约—俄罗斯理事会总参谋长会议在布鲁塞尔举行，会议决定2011年北约与俄罗斯将在阿富汗、反恐、打击海盗以及战区导弹防御系统等领域内加强合作。26～27日，北约军事委员会在布鲁塞尔举行会议，商讨落实北约里斯本峰会有关决定与实施北约新战略概念，并制定北约向阿富汗武装力量移交防务，以及北约撤军后确保阿富汗安全与稳定等具体计划。

2月4日，北约秘书长拉斯穆森在慕尼黑安全政策会议开幕式发言中对欧洲国家减少国防投入表示担心，并提出欧洲各国在开发军事技术和能力上可通过北约汇集和分享各国的能力和资源，把资金用在优先急需之处，确保各国在削减防务上取得某种协调。7日，北约秘书长拉斯穆森表示，北约将于2011年上半年开始陆续向阿富汗安全部队移交防务。25日，北约秘书长拉斯穆森在匈牙利格德勒参加欧盟成员国国防部长非正式会议，并与各国防长讨论了如何加强合作，以应对经济危机所带来的国防预算下降等负面影响。

3月10～11日，北约国防部长会议在布鲁塞尔举行，主要讨论了利比亚局势。会议同意调集北约两个海上常备编队的力量，增加在中地中海的军事存在。18日，北约发表声明称，北约欢迎联合国安理会针对利比亚的第1973号决议，认为这是国际社会对利比亚发出的有力而清晰的信息，即利比亚当局立即停止对其人民的屠杀。23日，来自北约7个成员国的16艘海军舰艇参与对利比亚实施武器禁运的行动。23～30日，北约举行年度“危机管理演习”，演习旨在战略层次演练联盟危机管理的程序，参加者包括来自北约总部、各盟国军事和民事人员，但未派实兵参加。27日，北约表示，北约成员国已经决定在联合国决议框架下接管在利比亚的所有军事行动，并称北约的目标是保护受到卡扎菲政权攻击威胁的平民和平民区。31日，北约从格林尼治时间6时起正式全面接管联军对利比亚的空袭行动，行动代号称为“统一保护者”，行动范围包括执行武器禁运、禁飞区巡逻、保护平民及平民区。

4月4日，北约秘书长拉斯穆森抵达土耳其进行访问，与土总理埃尔多安就在利比亚按照联合国有关决议实现停火的途径交换了意见，一致同意“将采取尊重利比亚人民意愿的立场”。14日，北约外长会在柏林召开，28个成员国及参加利比亚军事行动的6个非北约国家外长参加，会议重申支持通过政治途径解决利比亚问题并表示，将在安理会1973号决议授权范围内“最大限度地”执行保护平民的使命。各国同意使北约伙伴关系更加有效和灵活并通过了新的伙伴国政策，主旨是与非北约成员国建立关系，采取应对措施防范国际和平稳定面临的共同威胁，这种新型伙伴关系将在北约全球伙伴计划框架内实施。15日，北约—格鲁吉亚委员会在柏林举行部长级会议，北约重申将接纳格鲁吉亚加入北约的立场。

5月30日，为期4天的北约议员大会春季会议在保加利亚黑海城市瓦尔纳闭幕。北约秘书长拉斯穆森在最后的全体会议上发言时表示，北约需要同俄罗斯建立真正的战略伙伴关系，以改善整个欧洲—大西洋地区的安全环境。

6月3日，中国外交部副部长傅莹礼节性会见了来华访问的北约助理秘书长布兰泽曼一行。19日，北约发表声明，首次承认其对利比亚的轰炸造成平民伤亡。22日，美国总统奥巴马宣布了美国从阿富汗撤军的“三步走”计划。23日，北约秘书长拉斯穆森对此表示欢迎，认为这是结束这场长达10年、费用高昂的战役的第一步。

7月4日，俄罗斯—北约理事会大使级会议在俄罗斯索契举行，会议未能就欧洲反导系统问题达成协议。17日，阿富汗国家安全部队开始接管中部巴米扬省的安全防务，这标志着阿富汗和北约安全防务移交的正式启动。18日，北约驻阿富汗国际安全援助部队在喀布尔举行交接仪式，约翰·艾伦就任该部队司令。29日，北约警告土耳其，若土耳其选择采购中国或俄罗斯的系统来建设其防空和导弹防御系统，北约将不会与土分享弹道导弹的情报信息。

8月19日，北约航运中心公布新版反海盗网站。对亚丁湾、非洲之角、印度洋海域的海盗活动进行更新，使商业航运组织了解海盗活动高发海域并预做有关准备。22日，北约秘书长就利比亚局势发表声明。拉斯穆森称，卡扎菲政权崩溃在即，卡本人应意识到无法战胜人民的事实，尽早交权以使利人民免遭进一步流血和苦难。拉表示，北约将继续监控卡扎菲武装部队和关键设施，如果发现其仍有威胁平民的行为，将继续对其进行军事打击。24日，北约导弹防御系统首次模拟拦截测试取得成功。测试于8月22～24日，与美国部署在欧洲的弹道导弹防御系统指挥控制演练一并进行，北约驻德国于德姆和拉姆斯泰因空军基地、位于德国和荷兰的“爱国者”导弹营、美国“宙斯盾”作战系统等参与。27日，北约秘书长拉斯穆森就阿布哈兹选举发表声明，称北约不承认26日在格鲁吉亚领土阿布哈兹举行的选举，北约重申对格鲁吉亚维护主权和领土完整的全力支持。

9月16日，北约秘书长拉斯穆森表示，对利比亚的军事行动是“北约历史上第一次不是由美国领导的行动”。由欧洲盟友承担更多责任的做法，将会成为北约未来行动的一种模式。同日，北约秘书长拉斯穆森在北约总部接受中国新华社记者的专访。拉表示，北约不视中国的崛起为潜在威胁，北约邀请中国参与了打击海盗领域的政治讨论，迈出了历史性一步。北约期待在涉及双方共同利益的领域加强对话。21日，北约秘书长拉斯穆森宣布，北约决定将对利比亚行动的授权再度延长90天。30日，北约秘书长拉斯穆森宣布，至2012年5月北约芝加哥峰会时，北约导弹防御系统将具备“中期作战能力”，可对来袭导弹发出预警。

10月5日，美国和西班牙就在西部署北约导弹防御系统达成协议。根据协议，4艘美国“宙斯盾”驱逐舰将部署在西班牙罗塔海军基地内，西从而成为继罗马尼亚、波兰和土耳其之后第四个参与北约反导系统的欧洲国家。5～6日，北约国防部长会议在北约总部召开。会议重点讨论了军事能力建设、利比亚军事行动、阿富汗防务移交等议题。7～10日，北约议员大会在罗马尼亚布加勒斯特召开。会议讨论了利比亚、阿富汗和阿拉伯地区局势、导弹防御以及经济危机对成员国防务开支的影响等问题，并通过有关利比亚、阿富汗、反对生化武器、信息安全等问题的决议。10～11日，北约网络安全研讨会在英国剑桥召开。会议由北约“和平与安全科学项目”出资赞助，北约及其伙伴国的40多名网络安全专家与会，重点讨论了网络空间安全威胁、网络空间指挥与控制、互联网安全事故、下一代互联网安全、网络空间的法治与国际合作等问题。12～13日，北约与乌克兰共同举办网络犯罪和网络恐怖主义研讨会。北约及伙伴国网络安全相关政府官员、军方人士及技术专家与会。13日，2011年底第二次北约“武器装备主任会议”在北约总部召开，会议重点讨论国际合作、北约机构改革、弹道导弹防御、北约地面监视系统等问题，并取得一些成果。22日，北大西洋理事会就利比亚局势发表声明，初步决定于2011年10月31日结束北约在利比亚的军事行动。28日，北约正式决定于当地时间10月31日停止在利比亚的军事行动。该行动为期7个月，北约共出动飞机2.65万余架次，其中9700余架次执行作战任务。

11月14日，北约秘书长拉斯穆森就南奥塞梯选举发表声明，称选举不利于维护地区稳定，北约重申对格鲁吉亚主权和领土完整的支持。23日，北约秘书长拉斯穆森就欧洲反导系统发表声明。拉称，欧洲反导系统用于应对来自于欧洲以外的威胁，而不是为了改变威慑平衡。27日，北约秘书长拉斯穆森就北约越境空袭巴阿边界事件发表声明，称已致信巴基斯坦总理吉拉尼，表示空袭造成巴、阿人员伤亡令人遗憾和无法接受。北约将继续与巴加强合作，防止类似事件再次发生。

12月1日，北约启动阿富汗防务移交第二阶段工作。北约驻阿富汗国际安全援助部队和阿富汗安全部队在阿东部帕尔万省举行防务移交仪式。2日，北约代表团访问俄罗斯。北约国际军参部主任博内曼中将与俄外交部、国防部高官进行会谈，重点讨论了北约与俄军事合作、欧洲反导系统、北约领导下的军事行动等问题。7～8日，北约外长会议在布鲁塞尔召开，主要讨论反导问题、伙伴关系、科索沃和阿富汗局势以及芝加哥峰会前期准备工作情况。12日，北约宣布结束在伊拉克的训练任务，决定于2011年12月31日永久撤离在伊的训练部队。北约将继续通过现有合作框架，全力履行与伊的政治伙伴关系。22日，北约就直升机越境空袭巴基斯坦边防检查站调查报告发表声明。声明称，双方均犯了一系列错误。在空袭发生前及开始后双方的沟通过程中，双方均未能准确通报对方各自所在的具体位置与各自已采取的行动。北约部队不是有意向巴基斯坦军队开火的。（来丹）

欧洲联盟

European Union—EU

【成立经过】欧洲联盟（简称“欧盟”）是在欧洲煤钢共同体、欧洲原子能共同体和欧洲经济共同体等统称为欧洲共同体的三个机制的基础上发展而来的。1951年4月18日，法国、联邦德国、意大利、荷兰、比利时和卢森堡在巴黎签订了《建立欧洲煤钢共同体条约》，1952年7月24日生效。1957年3月25日，6国在罗马签订了建立《欧洲经济共同体条约》和《欧洲原子能共同体条约》，统称《罗马条约》。1958年1月1日条约生效，上述两个共同体正式成立。1965年4月8日，6国签订《布鲁塞尔条约》，决定将3个共同体的机构合并，统称“欧洲共同体”。由于《欧洲煤钢共同体条约》到期，2002年7月23日之后，欧洲煤钢共同体不再存在。目前欧洲原子能共同体和欧洲经济共同体仍各自存在，具有独立法律人格。《布鲁塞尔条约》于1967年7月1日生效。1991年12月11日，欧共体马斯特里赫特首脑会议通过了以建立欧洲经济货币联盟和欧洲政治联盟为目标的《欧洲联盟条约》（又称《马斯特里赫特条约》，简称《马约》）。1993年11月1日《马约》生效后，欧共体未就其称谓的变更问题作出决定，但欧共体内部和国际上越来越广泛地使用欧盟这一称谓。1995年12月欧盟马德里首脑会议正式决定欧元是欧洲单一货币的全称，并将取代埃居。1999年1月欧元正式启动。2002年1月欧元顺利进入流通。2009年12月1日，《里斯本条约》（简称《里约》）正式生效，取消了欧盟条约中“三大支柱”的原有架构，欧盟取代并继承欧共体，具备法律人格，可与第三国及国际组织缔结协议，并在国内与国际法院以欧盟名义提起法律诉讼。

【宗旨】《罗马条约》申明，各成员国“决心在欧洲各国人民之间建立愈益密切的联合基础”，“消除分裂欧洲的壁垒”，“保证它们国家的经济和社会进步”，“不断改善人民的生活和就业条件”，“执行共同贸易政策”，“为逐步废止国与国之间交流的限制作出贡献”。1986年2月签署的《欧洲单一文件》强调，“欧洲共同体及欧洲政治合作旨在促进欧洲团结发展”，“共同为维护世界和平与安全作出应有贡献”。《马约》指出，欧盟的宗旨是“通过建立无内部边界的空间，加强经济、社会的协调发展和建立最终实行统一货币的经济货币联盟，促进成员国经济和社会的均衡发展”，“通过实行共同外交和安全政策，在国际舞台上弘扬联盟的个性”。《里约》则进一步指出，“欧盟的宗旨是促进和平、联盟的价值观和联盟人民的福祉”，“为公民提供一个无内部边界的自由、安全和公正的区域”，“努力实现建立在经济平衡发展、物价稳定、具有高度竞争性的社会市场经济基础之上的欧洲可持续发展”，并“在更广泛的世界关系中，坚持和促进其价值观和利益”，致力于实现“和平、安全的全球可持续发展、各国人民间的团结和相互尊重、自由公正的贸易、消除贫困、保持人权”，“以及严格遵守并发展国际法”。

【成员】欧共体创始国为法国、联邦德国、意大利、荷兰、比利时和卢森堡六国。后经六次扩大，欧盟成员国增至27个。历次扩大的对象和时间为：丹麦、爱尔兰和英国（1973）；希腊（1981）；西班牙、葡萄牙（1986）；奥地利、芬兰、瑞典（1995）；塞浦路斯、捷克、爱沙尼亚、匈牙利、拉脱维亚、立陶宛、马耳他、波兰、斯洛伐克、斯洛文尼亚（2004）；罗马尼亚、保加利亚（2007）。

【轮值主席国】塞浦路斯（2012年下半年）、爱尔兰（2013年上半年）、立陶宛（2013年下半年）。

【总部】在比利时布鲁塞尔。地址：Rue de la Loi 200, B-1049 Brussels。电话：（0032）22991111。网址：http://europa.eu。

【出版物】主要有：《欧盟公报》（OFFICIAL JOURNAL OF THE EUROPEAN UNION）、《欧盟事实手册》（FACTS SHEETS OF THE EUROPEAN UNION）、《欧盟公共财政》（EUROPEAN UNION

PUBLIC FINANCE)、《欧盟经济统计》(EUROPEAN ECONOMIC STATISTICS)、《欧盟商务：事实与数字》(EUROPEAN BUSINESS: FACTS AND FIGURES)等。

【组织机构】(1)欧洲理事会(European Council)：又称“欧盟首脑会议”或“欧盟峰会”。欧盟最高决策机构。《里约》规定，欧洲理事会为“欧盟发展提供必要推动力”和确定“总的政治方向和优先事项”。《里约》首次规定欧洲理事会为独立欧盟机构，其决策除特殊规定外采取协商一致原则。欧洲理事会设主席一职，任期两年半，可连任一届，主要职责是主持和推进欧洲理事会工作，确保首脑会议顺利进行，对外代表欧盟。每6个月须召开两次欧洲理事会，必要时可召开特别会议。欧洲理事会由成员国国家元首或政府首脑及欧洲理事会主席、欧委会主席组成，欧盟外交和安全政策高级代表兼欧委会副主席参与其工作。欧洲理事会会议一般在布鲁塞尔召开。首任欧洲理事会主席是比利时人赫尔曼·范龙佩(Herman Van Rompuy)，2010年1月1日正式就任，并于2012年3月获得连任，新任期从2012年6月1日至2014年11月30日。

(2)欧盟理事会(Council of the European Union)：又称“部长理事会”或“理事会”。欧盟立法与政策制定、协调机构。《里约》规定，“理事会与欧洲议会共同行使立法和预算职能，并根据条约行使政策制定和协调职能”。理事会由每个成员国各一名部长级代表组成，在理事会会议上代表其成员国政府进行投票表决。理事会按不同领域划分为若干个部长理事会。理事会下设有不同级别的协调机制。理事会主席国由各成员国轮任，任期半年。2007年1月1日理事会以法律文件的方式对轮任顺序加以确定。2011～2013年轮值主席国依次为匈牙利、波兰、丹麦、塞浦路斯、爱尔兰和立陶宛。《里约》生效后，理事会决策机制和内部结构有部分调整：首先，将总务与外长理事会一分为二，分别履行不同职责。外长理事会由欧盟外交和安全政策高级代表兼欧委会副主席主持，总务理事会以及其他理事会由轮值主席国部长主持。轮值主席国将不再具有对外代表权。其次，重新定义特定多数表决制，并增加其适用范围。特定多数是指自2014年11月1日起，至少55%的理事会成员和这些成员国所代表的总人口至少占欧盟总人口的65%。增加33项适用多数表决制的新领域，使适用多数表决制的事项达到93个。第三，扩大共同决策程序适用范围。欧洲议会和理事会共同决策领域由目前38个扩大至80多个，涉及内政、司法、农业和外贸等多个领域。德国人乌韦·科塞庇乌斯(Uwe Corsepius)于2011年6月26日接替法国人皮埃尔·德·布瓦西厄(Pierre de BOISSIEU)任理事会秘书长一职，任期到2015年6月30日。欧盟理事会设在布鲁塞尔。

(3)欧盟委员会(European Commission)：又称“欧委会”或“委员会”。欧盟立法建议与执行机构。《里约》规定，“欧盟委员会应促进欧盟整体利益，并为此提出适当的立法建议”，负责“监督欧盟条约的适用情况”，“执行预算，负责欧盟各种计划项目工作”，“除条约另有规定外，欧盟立法性法令只能在欧委会提议的基础上通过”。欧委会共由27人组成，其中设主席1人，副主席7人。本届欧委会任期从2009年11月计算，到2014年。主席是葡萄牙人若泽·曼努埃尔·巴罗佐(José Manuel Barroso)，2009年9月16日当选连任。欧委会设在布鲁塞尔。

(4)欧洲议会(European Parliament)：欧盟监督、咨询和立法机构。欧洲议会议员由成员国直接普选产生，任期五年，设议长1人，副议长14人，任期两年半，可连选连任。欧洲议会原则上以简单多数表决，可以2/3多数弹劾欧委会。自欧盟《阿姆斯特丹条约》(简称《阿约》)以来，欧洲议会的地位不断得到提升，其与理事会共同参与的共同决策权进一步扩大。《里约》规定，“欧洲议会与理事会共同行使立法和预算职能”，以及“条约赋予的政治监督和咨询职能”。《里约》还规定，除议长外，欧洲议会议员不得超过750人，选举采用递减比例制，每个成员国至少拥有6名议员，任何成员国议席不得超过96席。现有议员754名，7个党团。2012年1月，德国人马丁·舒尔茨(Martin Schulz)当选新一届议长。欧洲议会总部设在斯特拉斯堡，每月欧洲议会全体会议在斯召开，其他会议在布鲁塞尔召开。欧洲议会总秘书处及其所属各部门设在卢森堡。

(5)欧盟法院(Court of Justice of the European Union)：欧盟司法机构。《里约》规定，欧盟法院的职责是“确保解释和适用《里约》时遵守法律”。欧盟法院包括“法院”(Court of Justice)、“综合法院”(General Court)和“专门法院”(Specialised Court)。“法院”原称欧洲法院，现有27名法官(含院长，每个成员国1名)，以及8名护法顾问(Advocate-General)，协助法官工作。“法院”院长由法官从其内部选举产生，任期三年，可连选连任。现任“法院”院长是希腊人瓦西里欧斯·斯库利斯(Vassilios Skouris)，2003年10月7日上任，连任至今。“综合法院”原名初审法院，现有27名法官(含院长)，每个成员国至少有一名法官，院长由法官从其内部选举产生，任期三年，可连选连任。现任“综合法院”院长是卢森堡人马克·耶格(Marc Jaeger)，2007年9月17日上任。“法院”的法官、护法顾问以及“综合法院”的法官任期为六年，每三年进行部分替换。“专门法院”由欧洲议会和理事会根据普通立法程序设立，隶属“综合法院”，旨在对特定领域的某些类型的诉讼进行初审。欧盟法院设在卢森堡。

(6)审计院(Court of Auditors)：欧盟审计机构。《里约》规定审计院“负责欧盟审计”。审计院现由27

人组成（含院长），由欧盟理事会经咨询欧洲议会后，以特定多数方式表决任命，任期为六年，可连任。审计院院长由审计院成员从内部选举产生，任期为三年，可连选连任。现任审计院院长是葡萄牙人维特·曼努埃尔·达·西尔瓦·卡尔德拉（Vítor Manuel de Silva Caldeira）。审计院设在卢森堡。

此外，欧盟机构还包括欧洲中央银行、欧洲投资银行、欧洲统计局，以及经济和社会委员会和地区委员会等欧盟咨询机构。

【经济实力】欧盟27国总面积为432.99万平方公里。2011年，人口为5.063亿。2010年，国内生产总值约为16.27万亿美元。

【主要活动】（一）内部建设:（1）建立关税同盟和共同外贸政策。对外实行统一的关税率，成员国之间取消商品关税和限额。从1970年起基本实现共同外贸政策，在关税、贸易和关税协定的缔结、贸易自由化措施、出口政策等方面实施一致行动原则。1994年2月，实施统一对外配额制度。2005年3月欧盟首脑会议通过的“增长与就业计划”决定在税收政策方面加强协调。《里约》对欧盟共同贸易政策进行了一系列调整：首次将投资议题纳入共同贸易政策，使该领域政策权限范围进一步扩大；规定共同贸易政策应在联盟对外行动原则和目标框架内实施，增强了与其他政策的相互关联性；首次赋予欧洲议会与理事会在贸易立法和贸易协定方面享有共同决策权等。

（2）实行共同农业政策。共同农业政策于1962年出台，是欧盟最早的共同政策。主要内容有：一是建立统一的农产品市场；二是制定对内统一的农产品价格体系和对外统一的农产品关税壁垒；三是建立共同农业基金，即“欧洲农业指导和保证基金”，对农产品出口予以补贴；四是调整农业结构。共同农业政策极大地促进了欧盟农业发展，同时也造成农业开支过大和农产品过剩以及引发贸易争端等问题。多年来，欧盟不断对共同农业政策进行改革。2005年12月，在世贸组织部长级会议上，欧盟同意在2013年之前逐步取消农业补贴。2006年2月，欧盟出台“共同体农村发展战略指导”，明确提出2007 ~ 2013年总体农村发展计划。“战略指导”重点加强农产品经济、环境、农村人口三大领域建设，将增强农林业竞争力、环保、鼓励农村经济多样性、提高地方自主能力等作为优先重点，逐步加快欧盟落后农村经济发展。6月，欧盟决定从农村发展农业基金中拨款697.5亿欧元用于2007 ~ 2013年落后地区农村发展。2008年11月，欧盟成员国农业部长就改革欧盟农业补贴政策达成协议。欧盟将每年500多亿欧元的农业补贴与产量脱钩，不再根据产量多少决定农场主领取的补贴数额，节约下来的资金将用于支持落后地区的发展和保护生态环境。2009年国际金融危机对欧盟各农业部门带来不同程度的冲击，欧盟农产品价格大幅下跌，高附加值农产品消费需求相对萎缩，农业部门投入有所下降。欧盟在2009年1月重新启动对奶产品出口补贴；3月决定在农业部门投资10亿欧元，用于农村基础设施建设和部门结构调整，并推行农产品质量政策，发起新的有机农产品标识活动，确保欧盟农产品质量优势发挥带动市场的积极作用。2010年11月，欧委会提出了“迈向2020年共同农业政策——应对未来粮食、自然资源和地区挑战”的报告。报告指出，欧盟共同农业政策的目标是保证粮食生产，对自然资源进行可持续管理，维护农村地区的平衡发展和多样性，并提出了2013年后欧盟共同农业政策改革的方向。2011年10月12日欧盟公布共同农业政策改革的法律草案，草案包括直接支付、单一共同市场组织、农村发展和监督管理等四大要素。2011年12月1日，欧盟表示未来3年将拨款3000万欧元（4038万美元），用于向非欧盟国家推介欧盟的农产品。

（3）实行共同渔业政策。欧共体自1977年起将各成员国在北大西洋和北海沿岸的捕鱼区扩大为200海里，作为欧共体的共同捕鱼区，由欧共体统一管理，并授权欧共体委员会与第三国谈判渔业协定。1983年1月25日，欧共体内部就捕鱼配额的分配、渔业资源的保护和渔业产品的销售等达成协议，标志着欧盟共同渔业政策开始实施。该政策有4个基本目标：保护渔业资源，保护海洋环境，促进欧洲捕鱼业发展，为消费者提供高质量的海产品。1994年12月，欧盟渔业部长通过了新渔业政策。2001年4月，欧委会发表关于未来渔业政策的绿皮书，提出改革共同渔业政策应遵循的原则。2003年1月，欧盟渔业部长理事会就渔业政策改革问题达成了共识，主要包括进一步改进现行捕捞措施，加强欧委会与成员国在捕捞监管和处罚方面的合作，以及建立地区咨询理事会等。2007年欧委会为应对气候变化对渔业的影响，制订新的共同渔业政策行动计划。2010年1月，欧盟渔业与非法捕捞管理新体系正式生效。新体系旨在保护欧盟及成员国海洋资源免遭不法经营者破坏，保护渔民免受不公平竞争。5月，欧盟渔业部长会议在西班牙召开，会议初步确定了共同渔业政策的改革方案。2011年7月3日，欧委会提出欧盟共同渔业政策改革提案，该提案旨在确保未来鱼群资源量及渔民生计，并结束过度捕捞及资源枯竭的状况，在欧盟和国际上推行更好的渔业管理标准。2011年12月2日，欧委会提议为2014 ~ 2020年期间建立新的欧盟海事与渔业政策基金。该基金将使用67亿欧元帮助实现共同渔业政策改革目标，并帮助渔民向可持续捕捞转变，帮助沿岸社区实现经济多样化。

（4）建立总预算。1967年欧共体建立了总预算。1980年开始完全实行“自身财源”，主要由四部分组成：农产品进口差价税；工业品进口关税；成员国零售商品增值税的一部分；成员国按其在欧共体国民生产总值中所占比例缴纳的摊款。1992年12月爱丁堡首脑会议决定，从1995年起逐步提高欧盟预算支出占欧盟国民生产总值的比例，1999年达到1.27%。2006年5月，欧洲议会通过了欧盟2007 ～ 2013年中期财政预算方案，支出总额为8644亿欧元。2010年4月，欧委会出台2011年预算草案，总额为1426亿欧元，其中644亿欧元将用于推动欧盟经济复苏，579亿欧元将用于支持落实欧盟“2020战略”中的各项计划。2011年11月19日，欧盟就2012年的财政预算达成协议，同意把开支限制在1290亿欧元。根据新的预算案，欧盟对成员国的补助被削减了12.9亿欧元，农业补贴减少7.89亿欧元，用于外交等行政性支出也削减2.87亿欧元。

（5）建立内部统一市场。1986年2月，各成员国签署《欧洲单一文件》，决定于1992年底建成欧共体统一大市场，通过逐步消除各种非关税壁垒，实现商品、人员、资本和服务四大自由流通。1993年1月1日，统一大市场初步形成。1995年3月，对各类人员取消边界检查的《申根协定》在法国、德国、荷兰、比利时、卢森堡、西班牙、葡萄牙7国之间正式生效。1997年10月和1998年4月，《申根协定》先后在希腊、意大利和奥地利生效。2001年3月，《申根协定》在瑞典、芬兰、丹麦及非欧盟成员国挪威和冰岛正式生效。2007年12月，捷克、爱沙尼亚、匈牙利、拉脱维亚、立陶宛、马耳他、波兰、斯洛伐克、斯洛文尼亚等9国加入。2008年12月，瑞士加入，申根区扩大至25国。2006年5月，欧盟成员国达成原则协议，决定在欧盟区域内开放服务业，允许更大的市场自由流动和更深入的经济一体化。2011年2月，欧盟召开非正式首脑会议，决定加大对科技创新领域投入，提出到2014年建成“欧洲研究区”，打造统一的欧盟知识、研究和创新市场，计划到2015年建成统一的欧盟数字市场。2011年4月，欧委会内部市场总司出台《统一市场法令》，内容涵盖12个行业领域。同年10月，欧盟首脑峰会承诺，到本年底要推动相关措施取得明显成效，包括：帮助中小企业更方便地获及资金支持；加强各成员国间的职业证书互认，促进技术劳工流动；尽早建成欧盟统一数字化市场等。

（6）建立经济与货币联盟。1979年3月，欧共体巴黎首脑会议决定建立欧洲货币体系，决定主要内容有：①建立“欧洲货币单位”（European Currency Unit—ECU，简称“埃居”），用于欧共体内部会计、信贷记账与结算，并部分取代美元，起储备货币的作用；②规定汇率波动的幅度，ECU与除英国、意大利货币外的各种货币之间波动幅度上下限为2.25%，英、意货币上下波动幅度可为6%；③成立欧洲货币基金。成员国将其黄金与美元储备的20%纳入欧洲货币基金，用于成员国的信贷安排。

1988年6月，欧共体首脑会议提出了建设经货联盟、发行统一货币的目标。确定第一阶段从1990年7月1日开始，目标是在成员国之间实行完全的资本自由流动，并加强成员国之间以稳定价格为目标的货币政策合作。1991年12月欧共体首脑会议签署的《马约》规定第二阶段从1994年1月1日开始，目标是为统一货币做法律与技术上的准备，建立欧洲货币局，作为未来欧洲中央银行的过渡性机构，加强成员国之间的经济趋同。《马约》规定经货联盟第三阶段最早于1997年7月1日，最迟于1999年1月1日开始。1993年11月《马约》正式生效，经货联盟建设步入快速发展的轨道。1994年1月1日，欧洲货币局正式成立。1995年12月，马德里首脑会议决定于1999年1月1日起正式启动单一货币，并将统一货币定名为欧元（EURO）。1996年12月，都柏林首脑会议就《稳定与增长公约》以及“第二货币汇兑机制”达成一致。《稳定与增长公约》规定凡放松财政控制、预算赤字占GDP的比例再度超过3%的国家，如不能按期纠偏，应向欧洲中央银行交纳一定数额的无息储金。如在一定期限之内仍不能达标，储金便转成罚款。“第二货币汇兑机制”规定以欧元为基准，欧盟非欧元国货币汇率浮动幅度上下限为15%。1998年5月2日，布鲁塞尔首脑会议宣布德国、比利时、奥地利、荷兰、法国、意大利、西班牙、葡萄牙、卢森堡、爱尔兰、芬兰11国将为首批欧元国。7月1日，欧洲中央银行在法兰克福正式成立，其决策与管理机构主要有欧洲央行委员会、董事会和扩大委员会，主要职责是制定和落实欧元区货币政策，管理货币储备，决定货币发行量，与财长理事会共同制定汇率政策，向欧盟机构和成员国提供咨询等。1999年1月1日，欧元正式启动。1月4日，欧元进入外汇市场交易。2001年1月1日，希腊正式成为欧元区第12个成员国。2002年1月1日，欧元现钞开始流通。2002年3月，欧元成为欧元区国家唯一法定货币。此后，斯洛文尼亚（2007）、马耳他、塞浦路斯（2008）、斯洛伐克（2009）、爱沙尼亚（2011）先后加入欧元区，使欧元区成为拥有17个成员国的经济货币联盟。欧元启动以来，总体运行正常，在国际金融市场中的地位逐步确立，已成为第二大国际货币，2010年欧元在全球外汇储备中的份额达到26%以上。

（7）实施共同外交和安全政策。《马约》规定欧盟将逐步实行共同外交和安全政策。由西欧联盟负责执行欧盟未来的维和与人道主义行动；欧盟理事会秘书长为欧盟对外政策代表；成立“政策分析和预警中心”，为理事会决策提供依据。2000年3月，欧盟理事会设立了政治和安全委员会、军事委员会和总参谋部3个临时机构，并于12月转为常设机构。2002年12月，欧盟与北约签署了“欧盟与北约关于欧洲外交与安全政策宣言”，确定欧盟可在维和军事行动中使用北约军事资源。2003年12月，欧盟制定了“欧洲安全战略”，明确界定了欧洲安全面临的主要威胁并制定了应对措施。针对恐怖主义和大规模杀伤性武器扩散的威胁，欧盟制定有效多边主义政策并提出了“预防性行动”概念。2004年7月，欧洲军备局成立。12月，欧盟正式接管北约在波黑的维和任务，并组建了一支7000人的欧盟维和部队。2005年7月，欧盟决定向非盟在达尔富尔地区的维和部队提供军事和民事支持。2007年，欧盟组建完成13个“快反战斗群”。2008年9月，欧盟决定向格鲁吉亚派驻民事观察团。11月，欧盟外长会正式批准欧盟向索马里海域派遣军舰和飞机，以打击海盗活动，保护世界粮食计划署运粮船安全。12月8日，欧盟外长会决定正式启动代号为“阿塔兰塔”的军事行动，派遣6艘军舰和3架海上侦察机在索马里海域打击海盗。2009年12月，《里约》生效后，欧盟在共同外交和安全政策方面进行了一系列调整，主要包括：欧盟具备法律人格，有权在共同外交和安全政策领域缔结国际条约；将原欧盟共同外交和安全政策高级代表和欧委会对外关系委员两职位合二为一，设立新的欧盟外交和安全政策高级代表，并兼任欧委会副主席；创建由欧盟机构和成员国外交官组成的总计约7000人的欧盟对外行动署（European External Action Service—EEAS），作为欧盟外交机构，协助高级代表开展工作；把欧盟外交机构权限从传统外交政策领域扩展到发展政策、人权、军事安全、民事危机处理等领域，并使其拥有独立预算和人事任免权。在共同外交和安全政策领域，欧盟各成员国仍将以政府间合作方式进行决策。2010年，欧盟共对外派遣约9000人，开展了13项对外军事和民事行动。2011年4月4日，欧盟决定成立应对利比亚局势的维和部队，向利比亚的人道救援行动提供支援。

2010年12月1日，欧盟对外行动署正式成立，2011年1月正式运转。对外行动署由欧盟外交和安全政策高级代表兼欧委会副主席阿什顿领导。阿与首席运营官、秘书长，以及2名副秘书长共同构成对外行动署的核心领导层。对外行动署下设6大地区业务总司，分别为亚洲总司、非洲总司、俄罗斯、东部邻国和西巴尔干总司、中东和南部邻国总司、美洲总司和全球与多边事务总司。对外行动署还设有欧盟情报中心、民事和军事危机管理等部门。

（8）开展司法和内政合作。欧盟在成员国间建立了司法、内政事务合作机制，以协调各国的移民和避难政策，联合开展打击国际恐怖活动、犯罪和贩毒的斗争。1999年10月，欧盟在芬兰坦佩雷召开首次有关司法和内政合作的首脑会议。2001年“9·11”事件后，欧盟内部加大了在司法内政等领域的合作，对恐怖主义行为及恐怖主义组织进行了具体的界定，公布了恐怖主义组织及个人名单并对其财产进行冻结，着手制定“欧洲统一逮捕令”。2002年6月，欧盟塞维利亚首脑会议决定，加快制定欧盟共同移民和避难政策；加强警务、移民部门的合作，强化外部边境管理和控制，并制定了具体时间表；加强同非法移民来源国和过境国的合作，并向其提供经济援助；在欧盟与第三国的合作协定中加入打击非法移民和遣返条款。2004年10月，欧洲议会通过了“海牙计划”，指导2005～2010年的司法和内政事务。2008年4月，欧盟司法和内政部长会议决定，欧洲刑警组织从2010年1月1日起成为欧盟正式机构，以加强欧盟成员国间的执法合作。2009年12月，欧盟冬季首脑会议决定启动2010～2014年为期5年的“斯德哥尔摩计划”，旨在强化欧洲公民基本权利、维护司法公正、保护人身财产安全、进一步完善移民和难民政策等方面的合作。2010年7月，欧盟电子司法门户网站正式开通，将为欧盟公民提供司法援助、法律培训、房产登记等远程司法服务。2011年2月，欧盟边防局应意大利当局请求启动“赫尔墨斯”联合行动，协助意当局管理来自西亚北非的难民和移民事务。5月，欧委会出台了强化对来自西亚北非地区移民管理的一揽子措施，以应对难民和移民潮问题。2011年初以来，因西亚北非局势持续动荡引发的移民潮促使一些《申根协定》成员国要求对业已施行16年的《申根协定》进行修改，以便在突发情况下能够自主启动临时边境检查。2011年9月16日，欧盟委员会公布《申根协定》修改草案，主张建立由欧盟委员会和成员国组成的欧盟层面决策机制，对“重启边境检查”问题共同进行裁决。根据该草案，某一成员国在发生诸如恐怖袭击、核事故等突发事件后可以紧急启动临时边境检查，但是边检不得超过五天。如果需要延期则必须向欧盟决策机制提交相关申请，在获得同意后方可延长边检。草案还建议取消成员国之间就协定执行情况进行的互评，改由欧盟委员会和成员国专家团对某一成员国进行例行或突击检查。欧盟委员会每半年公布“申根健康检查”报告，供欧洲议会及欧盟理事会讨论。

（9）推进机构和机制改革。2001年12月，欧盟拉肯首脑会议决定成立制宪大会。2002年2月至2003年6月，欧盟举行了为期16个月的欧洲制宪大会，通过《欧洲宪法条约》草案。2004年6月，欧盟首脑会议正式通过《欧洲宪法条约》，10月正式签署。但由于法国、荷兰全民公决否决了该条约，2005年6月欧盟布鲁塞尔首脑会议决定推迟《欧洲宪法条约》的生效日期。2007年3月，欧盟召开纪念《罗马条约》签署50周年特别首脑会议，发表了《柏林宣言》，强调欧盟将与时俱进不断改进欧洲政治建设，共同努力，争取在2009年欧洲议会选举前“将欧盟置于一个新的共同基础上”。12月，欧盟首脑会议签署了旨在拯救制宪危机的《里约》。2008年6月，爱尔兰全民公投否决《里约》。2009年6月18日，欧盟夏季首脑会议决定满足爱尔兰在批准《里约》问题上的关切，以法律形式承诺爱保留在防务、税率、堕胎等方面的特权，并强调已批约国无需就此重新履行批准程序，为条约尽快生效创造了有利条件。10月2日，爱尔兰第二次公投批准了《里约》。随后，在本国关切得到满足的情况下，波兰和捷克相继批准《里约》，使《里约》生效道路上的最后障碍得以排除。12月1日,《里约》正式生效。

《里约》内容主要包括：赋予欧盟法律人格；设立欧洲理事会主席，由欧洲理事会以特定多数方式选举产生，任期两年半，可连任一届；精简欧委会机构，拟自2014年11月1日起将欧委会委员人数精简为原来的2/3；改革欧洲议会，规定欧洲议会由750名议员组成，各成员国在议会中至少占6席，最多占96席；扩大欧洲议会和理事会行使共同决策权的政策领域；实施新的特定多数表决机制，即自2014年11月1日起，特定多数表决通过的条件是须有至少55%的成员国同意（至少15国），同时这些成员国至少代表65%的欧盟人口；设立新的欧盟外交与安全政策高级代表，并兼任欧委会副主席，负责执行欧盟的共同外交和安全政策，领导欧盟对外行动署；扩大多数表决制适用范围；增加欧盟法律中的人权内容，使《欧盟基本权利宪章》在欧盟立法层面上具有法律约束力。《里约》生效后，欧盟机制机构改革陆续启动，主要进展有：2009年11月，选举产生首任欧洲理事会主席范龙佩和欧盟外交和安全政策高级代表兼欧委会副主席阿什顿。

（10）制定能源和气候政策。1973年的石油危机使欧洲开始重视由于依赖外国油气供应而产生的风险。1988年5月，欧共体委员会的“共同能源市场报告”首次建议制定共同能源政策。2002年3月，欧盟巴塞罗那首脑会议决定于2004年对商业和企业用户开放电力和天然气市场，在能源市场开放问题上迈出了重要的一步。2006年3月24日，欧盟春季首脑会议首次明确提出要着手制定欧洲能源政策。2007年3月，欧盟首脑会议就气候变化和能源问题达成系列共识：①承诺到2020年将温室气体排放量在1990年基础上至少减少20%，愿与美、日、中、印等其他主要排放国一道将减排目标提高至30%。②大力落实欧洲能源政策，到2020年将可再生能源在能源消费中所占比重由目前的6.5%提高到20%，能源使用效率提高20%，生物燃料在交通能源中的比重提高到10%。2008年7月，欧洲议会同意从2012年起对航空业实施温室气体限排，并将其纳入温室气体排放交易机制。12月，欧盟首脑会议通过能源气候一揽子计划，决定2013 ~ 2019年间给予波兰、捷克等9个中东欧国家一定比例的免费碳排放交易许可，并给予德、意等国的高排放企业一定特殊照顾。2009年1月，欧委会出台题为“通向哥本哈根全面气候变化协定”的政策文件，重申2050年全球平均气温比工业化前上升不超过2摄氏度，全球温室气体排放量比1990年减少50%等战略目标，将欧盟自定的减排上限标准推广至所有发达国家，并首次明确提出发展中国家的高标准量化减排目标。10月，欧盟秋季首脑会议批准了欧盟参加哥本哈根气候变化大会的立场文件，重申欧盟愿与国际社会一道在2020年之前向发展中国家提供国际气候援助资金的承诺。12月，欧盟冬季首脑会议决定于2010 ~ 2012年每年向发展中国家提供24亿欧元的“快速启动”资金。2010年3月3日，欧盟出台“2020战略”，将“三个20%”的气候及能源目标作为未来10年欧盟发展的5大目标之一。2011年10月23日，欧盟领导人秋季峰会就2011年底在南非德班召开的联合国气候变化大会达成欧盟内部统一的谈判立场，表示在一定条件下，欧盟愿意认可《京都议定书》第二承诺期。欧盟领导人表示,《京都议定书》到期后，亟需推动下一个全面且有法律约束力的全球框架协议，并确保主要经济体的积极参与，从而实现将全球气温升高控制在2摄氏度以内的目标。2011年底欧委会推出“欧盟2050能源战略路线图”，确定总目标为到2050年在保证经济社会可持续发展和满足大众生活质量对能源需求的同时，在1990年基础上降低温室气体排放80% ~ 95%。能源行业作为能源供应和节能减排的“源头”，成为实现“欧盟2050能源战略路线图”的关键。

（11）应对国际金融危机。2008年3月，欧盟春季首脑会议呼吁推动国际金融体制改革，增强金融市场透明度，提升金融危机管理能力，加强监督实现金融市场稳定，并就主权财富基金问题达成原则共识。10月12日，欧元区峰会通过一项应对危机的行动计划，同意由各国政府为银行再融资提供担保并向银行注资。15 ~ 16日，欧盟首脑会表示将继续致力于确保欧盟金融秩序稳定和恢复投资者信心，决定建立一个非正式的欧盟金融预警、信息交换和评估机制，呼吁召开由全球主要国家领导人参加的“第二次布雷顿森林”会议，彻底改革现行国际金融体系。11月4日，欧盟正式批准从中期财政援助基金中拿出65亿欧元帮助匈牙利应对危机。12月，欧盟冬季首脑会议批准了欧委会提出的约2000亿欧元的经济刺激计划。2009年2月，欧盟召开特别首脑会议，为伦敦二十国集团（G20）金融峰会协调立场，并就加强金融监管达成系列共识。3月19 ~ 20日，欧盟春季首脑会议决定将对中东欧成员国提供的中期财政援助基金规模扩大至500亿欧元，就伦敦G20金融峰会达成欧盟共同立场，主张加强金融监管和国际合作，承诺向国际货币基金组织增资750亿欧元。6月，欧盟首脑会议出台新的金融监管措施，决定在宏观层面成立“欧洲系统风险委员会”，及时就威胁欧洲金融稳定的潜在风险提出预警和建议；在微观层面成立“欧洲金融监管系统”，由分别负责银行、保险和证券领域的三个泛欧监管局组成。

（12）应对主权债务危机。2010年年初以来，希腊、葡萄牙、西班牙、意大利和爱尔兰等国相继爆发主权债务危机，其中希腊公共债务高达3000亿欧元，占GDP的115.1%。国际评级机构对希、爱、葡、西等国主权信用评级大幅下调。欧洲主权债务问题爆发两年多来，由于欧盟内部围绕救助方式、力度等存在分歧，应对措施不力，加之国际宏观经济形势不稳，国际评级机构推波助澜，欧债问题持续恶化，对欧洲政治、经济、社会造成多重冲击。

2011年入夏以来，欧债问题再度升温。希腊减赤不力，债务问题积重难返，欧盟内部酝酿对希进行有序重组。意大利和西班牙主权信用评级连遭调降，持续打击投资者信心。穆迪警告法国主权评级可能遭调降。欧债问题向欧洲银行业蔓延迹象显露。法国农业信贷银行和兴业银行及意大利、希腊部分银行信用评级被下调，德夏银行遭拆分。部分重债国经济遭受重创，社会问题突出，希腊等国爆发多次工潮示威活动。

7月21日，欧盟特别峰会决定向希腊提供1090亿欧元第二批救助，放宽运用欧洲金融稳定工具（EFSF）纾困的条件，EFSF可对非重债国提供支持，将来用于直接向银行注资，在二级市场购买债券等。8月16日，法德领导人举行峰会，倡议建立“欧洲经济政府”，推行欧元区经济长效治理，解决债务问题。10月13日，斯洛伐克议会通过了EFSF扩容方案，为该决议的正式实施扫清了最后障碍。

10月23日、26日，欧盟连续举行两次峰会，就应对欧债问题达成框架性共识。主要内容包括：①在2020年前将希腊债务占GDP比重降至120%，私营部门自愿将所持希腊债券减记50%。向希腊提供总额为1000亿欧元的救助款。②将EFSF救助能力扩充四至五倍，约1万亿欧元。③欧洲银行在2012年6月30日前将资本充足率提高至9%，注资总规模为1060亿欧元。④适当修改《里斯本条约》，强化欧元区经济治理，推进欧洲一体化进程。

11月以来，欧债问题继续恶化，加速扩散蔓延，多国国债收益率上升。意、法等核心国家成为新的关注焦点，意10年期国债收益率一度突破7%上限，斯洛文尼亚、葡萄牙、比利时主权评级被调降，法国、奥地利、芬兰、荷兰等国债收益率上扬，德国亦受波及。欧元区紧迫感上升，加紧应对。29日，欧元区财长会确定EFSF扩容细节，欧委会就发行共同债券提出三种方案，法德等大国领导人频繁会晤，协调立场，意推出新的紧缩措施。12月5日，标普宣布将欧元区15国的主权信用评级列入“前景展望负面”观察名单，欧债问题形势进一步趋紧。

12月8～9日，欧盟举行峰会重点讨论欧债问题，达成重要共识：一是由于英国反对，会议决定放弃修改欧盟条约的计划，决定缔结一项新财政协定，包括严格财政纪律，将保持预算平衡原则写入各国法律，加大对财政违规行为的惩罚力度及赋予欧盟机构更大监督权；二是动用更多金融资源救助重债国，包括加速EFSF扩容、提前启动欧洲稳定机制（ESM）、欧盟及成员国向国际货币基金组织（IMF）追加2000亿欧元贷款等。19日，欧盟27国财长会举行电话会议，最终就向IMF注资方案达成初步意见，包括欧元区成员国提供1500亿欧元双边贷款，并希望非欧元区国家提供500亿欧元，呼吁其他IMF成员国参与注资。21日，欧央行决定进行“长期再融资操作”（LRTO），以1%低利率向欧洲银行提供3年期无限量应急贷款，银行业反应积极，已申请4890亿欧元贷款。

（13）制定欧盟“2020战略”。2010年3月，欧盟出台“2020战略”。该战略强调促进欧盟经济实现“灵巧、可持续和包容性”增长，提出5项量化指标：一是将20～64岁人口就业率提高到75%以上；二是将欧盟GDP的3%用于科技研发；三是实现“三个20%”的气候能源发展目标；四是将欧盟各国失学率降至10%以下，将30～40岁之间受高等教育人群比例提高到40%以上；五是帮助2000万人脱贫。该战略决定启动“创新联盟计划”、“青年人在行动计划”、“数字欧洲计划”、“资源效率型欧洲计划”、“全球化时代的工业政策计划”、“新技能和就业计划”以及“欧洲减贫计划”等7项发展计划，用以加快欧盟发展方式转型，增强竞争力，促进经济社会长期可持续发展。

（二）对外关系：欧盟同世界上许多国家和地区建立了联系。截至2011年，已有168个国家向欧盟派驻外交使团，26个国际组织和地区（包括巴勒斯坦、香港、澳门等）向欧盟派驻代表处，欧盟委员会已向超过130个国家和国际组织派驻代表团。欧盟同其中绝大多数国家缔结了贸易协定、经贸合作协定、联系国协定或其他协定，并与一些地区性组织建立了比较密切的关系。2009年12月1日，《里约》正式生效，根据条约规定，欧盟委员会向其他国家或国际组织派驻的代表团正式更名为欧盟代表团。

（1）同美国的关系。欧盟与美国关系密切，经济上互为最大的贸易伙伴和最大投资方，在政治上互为盟友。截至2011年底，美国总统奥巴马六度造访欧洲，推动了美欧关系的发展。但双方在气候变化、国际金融体系改革等问题上仍存在差异和分歧。2011年5月，奥巴马访问爱尔兰、英国、法国和波兰，在法出席八国集团峰会并在波兰参加中东欧20国领导人峰会。11月28日，欧美峰会在华盛顿举行，奥巴马与欧洲理事会主席范龙佩、欧盟委员会主席巴罗佐以及欧盟外交事务与安全政策高级代表阿什顿展开磋商。峰会后发表联合声明，认为世界经济已步入“新的艰难阶段”。双方强调大西洋两岸经济的“深度互联”。美欧共识的三大经济目标为：重振经济增长、创造就业和确保金融稳定。为落实这些目标，欧美双方以贸易和投资为主轴，责成原有的跨大西洋经济理事会成立就业与增长的高级工作组，在各领域，尤其是在新兴经济部门挖掘创造就业和推动增长的经济合作潜力。美国欢迎欧盟为确保欧元区金融稳定和解决危机的行动。欧盟则期待美国在中期财政整顿上采取措施。

（2）同独联体国家的关系。欧盟重视同俄罗斯的关系。2009年以来，在美俄关系实现“重启”、北约与俄关系缓和等大背景下，欧俄政治关系有所改善，进一步走出俄格冲突的阴影。双方在能源和经贸领域的合作持续增强，相互依存度不断深化。欧盟是俄最大贸易伙伴和最主要的外资来源地，俄60%的出口面向欧盟，80%的外资来自欧盟。俄是欧盟主要贸易伙伴之一，也是重要的能源来源地。欧盟25%的石油和45%的天然气来自俄，部分成员国甚至完全依赖从俄能源进口。但双方在能源供应、欧洲安全等问题上仍存在矛盾与分歧。双方尚未就签署新的《欧俄伙伴关系与合作协定》达成一致。

2011年6月10日，第27届欧俄峰会在俄罗斯下诺夫哥罗德市举行。欧洲理事会主席范龙佩、欧盟委员会主席巴罗佐、欧盟外交和安全政策高级代表阿什顿与俄总统梅德韦杰夫举行会谈。本次峰会既关注了全球经济形势，也涉及俄欧双边关系问题。俄方呼吁欧俄尽快结束有关俄罗斯入世的谈判，并希望欧盟简化部分俄公民进入欧盟的签证。此外，双方讨论的议题还包括如何克服国际金融危机影响、全球核能发展前景、西亚北非局势尤其是利比亚局势等。12月15日，第28届欧俄峰会在布鲁塞尔举行。双方就欧债危机与全球经济、地区及国际热点问题、欧俄互免签证与能源合作等议题进行了磋商，并通过了互免签证谈判路线图。俄方表示将通过向国际货币基金组织注资的方式，间接向欧元区重债国提供援助。

1994年起，欧盟先后与乌克兰、吉尔吉斯斯坦、哈萨克斯坦、摩尔多瓦、亚美尼亚、阿塞拜疆、乌兹别克斯坦签署了《伙伴合作关系协定》。独联体成员国中，乌克兰、摩尔多瓦等国均曾公开表达过加入欧盟的愿望，阿塞拜疆希望“融入欧洲”，塔吉克斯坦正在探讨同欧盟建立合作委员会机制的可能性。

2011年12月19日，第15次欧盟—乌克兰峰会在基辅举行，乌克兰在欧盟的联系国地位以及深化乌欧一体化是峰会主要内容。双方就给予乌克兰联系国地位以及建立自由贸易区的谈判已经结束，本计划草签有关协议，但因欧盟不满乌克兰政府羁押前总理季莫申科而推迟了协议草签时间。欧盟还要求乌克兰进行“有真正进展”的政治改革，增加新闻媒体的独立性和自由度。欧盟同时敦促乌克兰政府在打击腐败以及改善投资环境方面作出更大努力。

欧盟一些国家一直指责白俄罗斯侵犯人权。1997年以来，欧盟15国除葡萄牙外，均中断了同白的经贸合作，并拒绝与白进行部长级以上接触。2009年白外长马丁诺夫两次访欧，分别访问欧盟总部和德国，与欧方就开展政治对话、拓展各领域务实合作问题交换意见。2011年1月，欧洲议会通过决议，对白俄罗斯当局采取针对反对派的行动实施制裁。决议还呼吁欧盟理事会冻结白俄罗斯高官的签证及其在欧洲的银行账户。10月，在卢森堡召开的欧盟外长理事会会议上通过了扩大对白俄罗斯单方面制裁的决议。白俄罗斯关闭欧洲安全与合作组织驻明斯克办事处。

2009年5月29～30日，欧盟—中亚国家外长会晤在塔吉克斯坦首都杜尚别举行。欧盟轮值主席国捷克外长施瓦岑贝格、欧盟中亚事务特别代表毛磊、中亚五国外长出席会议。各方重点讨论了欧盟中亚战略的实施情况，并就共同应对金融危机、能源、经贸、环保、边境管理、打击毒品犯罪等问题交换了意见。欧盟还分别与五国外长举行了双边磋商，就落实欧盟中亚战略和促进双边关系等问题进行了讨论。欧盟表示，当前与中亚的合作重点是帮助中亚国家削减贫困并提高各国施政能力。

（3）同西巴尔干国家的关系。欧盟对西巴尔干国家的局势一直十分关注。2010年11月9日，欧委会通过2010年欧盟扩大事务报告，涉及8个国家及科索沃。报告要求黑山与阿尔巴尼亚继续进行在众多领域的改革；与克罗地亚的入盟谈判已经进入尾声；建议开始与马其顿进行入盟谈判；欢迎塞尔维亚为加入欧盟所作出的努力，欧盟委员会已经开始对塞入盟申请进行审议。2011年12月，欧盟宣布推迟考虑给予塞尔维亚欧盟候选国资格地位，范龙佩表示欧盟打算在2012年6月启动与黑山的入盟谈判，并考虑给予塞尔维亚候选国资格。

2008年2月欧盟决定向科索沃派驻特派团，目的是“为了帮助科索沃警察部队、司法、海关和监狱机构按照欧盟标准取得进展”，由包括警察、检察官、法官、边防警察和海关人员在内的100多人组成，在科全境执行任务。2010年，欧盟表示科索沃目前还没有提出入盟申请，但欧盟将促进其参与欧盟的相关计划。2011年，欧盟称塞尔维亚和科索沃就有争议的边界地区达成一项关键的联合管理协议，为解决北科索沃地区的紧张局势迈出一步。范龙佩敦促塞尔维亚继续与科索沃的谈判，认为塞改善与科索沃的关系有利于地区的稳定。

克罗地亚于2003年2月正式递交了入盟申请。2004年6月欧盟决定给予克正式候选国地位，2005年10月启动同克罗地亚的入盟谈判。2009年10月，欧盟与克代表在布鲁塞尔恢复入欧盟谈判，克重新开始了入盟进程。2011年12月，克罗地亚正式与欧盟成员国领导人签署入盟协议，这意味着克罗地亚有望于2013年7月成为欧盟第28个成员国。

2004年3月马其顿政府向欧盟递交入盟申请。2005年12月，马其顿被接纳为欧盟候选国。2007年12月，希腊表示希望帮助马其顿加入欧盟，但前提是马其顿宪法国名问题能够在有关各方均能接受的情况下妥善解决，坚决反对将“马其顿”或“马其顿”的派生词作为马其顿的国名。2011年4月，欧盟委员会主席巴罗佐访问马其顿，与马其顿总理尼古拉·格鲁埃夫斯基举行了会谈。巴罗佐表示马其顿入盟进程面临着三大挑战：解决与邻国希腊的国名争议，继续推进司法独立等改革进程，以及打击有组织犯罪。他认为马其顿在欧洲一体化方面取得了明显进展，欧盟将尽快作出更明确的评估。

（4）同地中海沿岸国家的关系。2008年7月，包括16个地中海沿岸非欧盟成员国以及27个欧盟成员国在内的43国领导人在巴黎出席地中海峰会，宣布成立地中海联盟，旨在深化欧盟和地中海沿岸国家间的合作，并确定了第一阶段的6个重点合作倡议。2010年1月5日，法国、西班牙、约旦和突尼斯四国外长在开罗和埃及外长会晤，讨论重启地中海联盟的各项计划。2011年，针对利比亚动荡局势，法国、英国等欧洲国家对利比亚进行数月的空袭，武装利比亚反对派。欧盟外交和安全政策高级代表阿什顿访问利比亚反对派大本营班加西，宣布欧盟在班加西办事处正式运行。多个欧洲国家承认"全国过渡委员会"为利比亚的合法代表。8月，欧盟委员会主席巴罗佐和欧洲理事会主席范龙佩发表联合声明，称在北约、一些欧盟成员国以及其他国家的军事支持下，代表新利比亚的武装力量经过不懈努力，终于将卡扎菲政权推向终结。9月，欧洲议会通过决议，要求欧盟对利比亚采取"一项真正的共同战略"，并呼吁欧盟成员国不要采取不利于这一战略的单边措施和行动。决议称，欧洲议会完全支持利比亚全国过渡委员会，要求欧盟帮助利新当局建设一个团结、民主和多元化的国家。10月，卡扎菲死后，欧盟表示在利比亚的重建过程，重点对利比亚的边界管理、公民社会建设、加强妇女权利和媒体作用等方面发挥重要作用。此外，欧盟逐渐解除针对利比亚经济实体的制裁，并与利比亚新政府重启签署双边关系框架协议的谈判。

（5）同中东国家的关系。欧盟是中东问题四方之一，关注中东和平进程，主张承认以色列的生存权和巴勒斯坦人民的建国权，通过政治谈判和平解决阿以冲突。2009年6月，欧盟共同外交和安全事务高级代表索拉纳先后访问以色列、巴勒斯坦、黎巴嫩、埃及。索敦促以色列总理内塔尼亚胡承诺"两国方案"，重申欧盟支持黎巴嫩发展，表示欧洲和美国都决心在年底前使中东问题取得突破。2010年4月，欧盟表示将进一步关注中东和黎巴嫩的利益，认为有必要推动巴以和谈进程，以便达成有利于中东和平的解决方案。2011年2月，欧盟和联合国、美国、俄罗斯在慕尼黑举行会谈，就中东问题及埃及等中东地区国家最近局势进行了磋商。欧盟外交与安全政策高级代表阿什顿表示，鉴于埃及等中东地区国家局势变化，中东和平取得进展尤其重要。四方会后发表书面声明，重申支持9月完成巴以谈判，对以色列没有延长2010年9月底到期的、为期10个月的约旦河西岸定居点限建令感到遗憾。7月，四方在华盛顿举行会谈，探讨恢复巴勒斯坦和以色列直接和谈的途径。会后未能发表声明。

欧盟于1992年开始与伊朗进行"批评性对话"。2010年7月26日，欧盟外长会议通过了对伊朗的新制裁措施，包括禁止对伊朗的天然气和石油工业进行新的投资、提供技术帮助及技术、设备和服务转让；限制伊朗海运及空运公司的运营；冻结更多伊朗银行账户及保险业交易等。但欧盟表示仍希望通过谈判解决问题，并呼吁伊朗向国际社会展示谈判的意愿，接受欧盟发出的谈判邀请。10月26日，伊朗开始向国内首座核电站布什尔核电站核反应堆堆芯加核燃料棒。欧盟外长会作出决议，在能源和金融领域对伊朗实施额外制裁。2011年12月，欧盟外长会议发表声明，对11月29日发生在伊朗首都德黑兰的袭击英国使馆事件以及驱逐英国驻伊大使的行为表示谴责。会议决定进一步扩大对伊朗的制裁，又有143家伊朗企业和37名个人被列入制裁清单，并称在与国际社会密切合作的基础上，欧盟还可能对伊朗的财政、交通、能源部门以及革命卫队采取进一步的制裁措施。但决议仍然强调要通过外交努力解决伊朗核问题。英国、德国、法国、荷兰、意大利等欧盟国家宣布召回各自驻伊大使。

伊拉克已探明石油储量位居世界前列，是欧盟寻求进行合作的重点国家之一。欧盟是伊拉克的主要国际捐助方，2009年11月，欧伊在布鲁塞尔举行第九轮《伙伴与合作协定》磋商，欧盟宣布双方完成谈判，协定草案将在送交欧盟各成员国和伊政府批准之后正式签署。2010年1月18日，欧盟与伊拉克在巴格达签署了一份谅解备忘录，旨在加强双方的能源合作关系。这份谅解备忘录为欧盟和伊拉克接下来的能源合作确定了三大重点领域，即确保双方能源供应安全，推广可再生能源和提高能效，以及帮助伊拉克制定能源政策。2011年5月26日，伊拉克主管能源事务的副总理沙赫里斯塔尼和欧盟能源专员厄廷格签署天然气供应协议。

（6）同亚洲其他国家的关系。2005年10月3日，欧盟正式启动与土耳其的入盟谈判。双方就35个政策领域中的12个进行了谈判，但仅就"科技与研发"1个领域达成共识。2010年7月13日，欧盟与土耳其在伊斯坦布尔就土耳其入盟进程问题举行政治对话。2011年9月，土耳其副总理贝希尔·阿塔拉伊称，如果塞浦路斯在2012年获任欧洲联盟轮值主席国，正在申请入盟的土耳其将冻结与欧盟关系。12月，出席维也纳世界政策大会的土耳其总统居尔表示，希望欧盟采取切实行动应对欧债危机，还担心欧洲的债务危机可能会刺激欧洲的排外仇外情绪，影响到政治生活，尤其是仇恨伊斯兰的思潮增长。

2004年6月，欧盟出台了《欧盟—印度战略伙伴关系文件》。2010年，欧盟对印度出口额为348亿欧元，从印度进口额为332亿欧元。同年12月10日，第11届欧印峰会在布鲁塞尔举行，双方发表《反恐联合声明》、《文化联合宣言》，开始谈判《欧印自由贸易协定》。

自2002年以来，欧盟已为阿富汗提供16亿多欧元的援助。2010年2月23日，欧盟外交与安全政策高级代表阿什顿任命维加乌达斯·乌沙茨卡斯为欧盟驻阿富汗大使。2011年12月，阿富汗问题国际会议在波恩举行，来自85个国家和15个国际组织的代表与会。此次会议旨在总结10年来北约阿富汗维和行动和重建工作，以及北约2014年逐步撤军后阿富汗未来走向。参会的许多欧洲国家囊中羞涩，自顾不暇。德国总理默克尔称会一如既往支持阿富汗，至少到2024年。默克尔强调国际社会资助阿富汗的前提是，阿富汗要首先做好自己的功课，要把反腐败、与塔利班和谈及建立民主国家等事情做好。

欧盟是东盟最大的投资来源地，第二大贸易伙伴，而东盟则是欧盟第五大贸易伙伴，双边贸易额在过去20年增长了10倍，每年约有700万欧洲游客访问东盟国家。2009年5月27～28日，第17届欧盟—东盟部长级会议在柬埔寨首都金边召开。2010年5月26日，第18届欧盟—东盟部长级会议在西班牙首都马德里举行，欧盟外交与安全政策高级代表阿什顿、欧盟轮值主席国西班牙外交大臣莫拉蒂诺斯和东盟秘书长素林共同主持会议。出席会议的欧盟27国和东盟10国的外长和代表讨论了双方在政治、经济和安全等领域的合作。本届会议的目的之一，是向东盟介绍《里斯本条约》生效后欧盟新的运行机制，以及这一机制对东盟国家的影响。会议还重点讨论了国际金融危机、反恐、气候变化、核不扩散等问题，并签署《马德里声明》，评估了双方的合作情况，确定未来的合作目标。2011年5月，以推进两个地区间商务往来及推动双边企业与政府对话为主旨的首届东盟—欧盟商务峰会在雅加达举行。东盟秘书长素林和欧盟贸易委员卡雷尔·德古特共同主持，约350名来自欧盟和东盟的代表出席会议。双方就农产品、服务业、机动车、医疗与基建等5个领域的合作进行了探讨。

1991年7月，欧共体与日本签署了《欧日关系宣言》。2001年签订的“欧盟—日本行动计划”成为双边关系的基石。2010年4月28日，欧日领导人在东京举行第19次欧日领导人会晤，双方重申在新形势下全面深化双边关系的愿望，表示将加强在国际维和、阿富汗、索马里海盗等问题上的合作。双方还讨论了贸易、气候变化、网络安全、防扩散等问题，并同意成立一个高级别工作组研究双方经贸问题。2011年3月，日本发生强烈地震和海啸后，欧洲理事会主席范龙佩和欧盟委员会主席巴罗佐联名对日本表示慰问，代表欧盟向日本政府和人民以及遇难者表达同情和哀悼，欧盟发表声明称愿全力向日本提供援助。5月，双方在欧日峰会后发表联合声明，表示将为启动自由贸易谈判作准备，以便争取尽早达成双边自由贸易协定。日本是欧盟的第六大贸易伙伴，2011年双边贸易额约1100亿欧元。欧盟要求日本进一步在政府采购方面给予欧洲企业更公平的待遇，并把这一点作为启动自贸谈判的条件。

2009年5月，第四届欧韩峰会在韩国首尔举行。韩国总统李明博与欧盟轮值主席国捷克总统克劳斯、欧委会主席巴罗佐等举行会谈。这是自2002年来双方首次单独举行峰会，之前欧韩峰会都是在每两年一次的亚欧峰会期间进行。2010年10月6日，欧洲理事会主席范龙佩、欧盟委员会主席巴罗佐和韩国总统李明博在布鲁塞尔举行第五届欧韩峰会，双方正式签署了欧韩自由贸易协定，并决定将双方关系升级为战略伙伴关系。2011年2月，欧洲议会表决通过了欧韩自由贸易协定。根据该协定，欧盟和韩国将在未来5年内削减约98%的进口关税和其他贸易壁垒。欧洲议会同时还通过了与欧盟理事会达成的一项保护条款，要求在韩国汽车、电子产品和纺织品进口急剧增长时恢复关税并展开调查，以保护欧洲工业。欧盟期待该协议在中期内使欧韩贸易额翻一番。7月，欧盟—韩国自贸区协定正式生效，韩国成为第一个同欧盟签署自贸协定的亚洲国家，韩国对欧盟的年均贸易额有望增长47亿美元。韩国是欧盟第八大贸易伙伴，欧盟是韩国第一大投资方和第二大出口目的地，双方2010年贸易额为666亿欧元。

1998年以来，欧盟向朝鲜提供了大量物质援助。2001年7月，朝鲜和欧盟宣布双方正式建立外交关系。目前，在欧盟27个成员国中，除法国和爱沙尼亚外，其他国家均已同朝鲜建立了外交关系。欧盟支持六方会谈，愿为谈判解决朝核问题作出贡献。2010年11月，欧盟外交与安全政策高级代表阿什顿对朝鲜半岛炮击事件表示谴责，并要求朝鲜采取克制，避免紧张局势升级。欧盟发表声明强调，保持朝鲜半岛和平与稳定对地区和世界的和平至关重要。同年，朝鲜从欧盟进口额为6800万欧元，向欧盟出口额为9900万欧元。2011年6月，欧盟派遣人道主义小组访问朝鲜。7月，欧盟向朝鲜提供约1000万欧元的紧急粮食援助。

同拉美国家的关系。欧盟重视发展与拉美国家的关系。2010年5月17日，欧盟27国和拉美及加勒比地区30多国领导人在马德里召开峰会，峰会主题是“战略伙伴：创新和技术促进可持续发展和社会包融”。双方发表了内容广泛的声明和行动计划，表示欧盟和拉美是应对全球挑战的伙伴，同意重启关于自由贸易的谈判，并制定了欧拉科研和创新共同战略。随后欧盟成立投资基金，以促进对拉美国家近30亿欧元的投资。拉美投资促进基金由欧委会注入1.25亿欧元资金启动，旨在通过调动欧委会拨款以及欧盟金融发展机构贷款等资金，对拉美国家的投资项目予以支持。2011年2月，欧洲议会投票正式通过了一项欧盟与拉丁美洲国家之间关于香蕉贸易的协议。国际贸易中历经16年的“欧拉香蕉大战”终告结束。根据这项协议，欧盟将降低对从拉丁美洲国家进口香蕉的关税，从每吨176欧元降至2017年的114欧元。而拉美国家则不再在世界贸易组织起诉欧盟，并不会在多哈回合贸易谈判中要求进一步减免关税。

（8）同非洲国家的关系。欧盟关注非洲地区局势。2005年12月，欧盟首脑会议通过第一份对非战略文件《欧盟与非洲：走向战略伙伴关系》。2010年9月，首届非洲—欧盟能源伙伴关系高级别会议在维也纳召开。双方达成的共同目标是，到2020年，使非洲的水电发电量增加1000万千瓦，风力发电增加500万千瓦，太阳能发电增加50万千瓦。使非洲使用现代能源服务的人口增加1亿人。11月，欧盟与非洲在的黎波里举行第三次首脑会议，双方40多位政府首脑出席会议。会议评估了双方2007年确立的欧非战略伙伴关系及其《行动计划》执行情况，围绕"投资、经济增长和创造就业"的主题以及和平与安全等问题进行探讨和交流。峰会发表《的黎波里宣言》并通过2011年至2013年《行动计划》，双方强调将进一步加强在政治、安全、经贸、气候、环保、移民等各领域合作。欧盟抵制苏丹总统巴希尔与会，苏丹政府也抵制了会议。2011年12月，欧盟理事会批准基于共同安全和防务政策框架的新计划，以采取行动帮助非洲之角和西印度洋国家提高打击海盗能力，任务包括帮助上述除索马里以外的国家提高远海执法能力，以及帮助索马里培训海岸警卫力量和海事执法人员，并保护执法人员的安全。欧盟将向吉布提、肯尼亚、坦桑尼亚、莫桑比克、塞舌尔、毛里求斯、也门和索马里等国提供法律、政策和海事安全等方面的专业建议以及装备。

【同中国的关系】1975年5月6日，中国同欧洲经济共同体建立正式关系。同年9月，中国在布鲁塞尔设立驻欧洲经济共同体使团。1983年11月1日，中国同欧洲煤钢共同体和欧洲原子能共同体建立外交关系，从而实现了与欧共体的全面建交。1988年5月，欧共体委员会在华设立代表团。2001年，中国同欧盟建立全面伙伴关系。2003年第六次中国—欧盟领导人会晤宣布发展中欧全面战略伙伴关系。

2011年以来，中国同欧盟及其成员国关系保持积极发展势头，各领域合作取得新的进展。

中欧高层交往密切。国家主席胡锦涛、全国人大常委会委员长吴邦国、国务院总理温家宝、全国政协主席贾庆林、中共中央政治局常委李长春、国家副主席习近平、国务院副总理李克强等多位国家领导人访欧。法国总统、波兰总统、德国总理、西班牙首相、奥地利总理、罗马尼亚总理、法国国民议会议长等欧盟国家领导人访华。胡锦涛主席在二十国集团领导人戛纳峰会、洛斯卡沃斯峰会等多边场合与欧盟机构及法国、德国等国领导人会见或寒暄。胡锦涛主席、温家宝总理还通过热线电话等方式与欧盟领导人就中欧关系及重大国际和地区问题保持密切沟通。

2011年5月，欧洲理事会主席范龙佩上任后首次访华。胡锦涛主席主持会谈并宴请，温家宝总理、习近平副主席分别会见。范龙佩主席并赴四川、上海参观访问，对汶川地震灾后重建工作印象深刻，结束访华时还在微博上赋俳句短诗一首"今日之中国，日新月异换新颜，古今共融汇"。2011年10月，欧盟外交与安全政策高级代表兼欧盟委员会副主席阿什顿访华，国务委员兼国防部长梁光烈、国务委员戴秉国、外交部长杨洁篪分别会见。

因受欧债问题影响，原定于2011年10月在天津举行的第14次中欧领导人会晤推迟至2012年2月在北京举行，温家宝总理同欧洲理事会主席范龙佩、欧盟委员会主席巴罗佐共同主持。15日，胡锦涛主席、李克强副总理分别会见欧盟领导人。会晤发表联合新闻公报，宣布建立中欧高级别人文交流对话机制；建立中欧城镇化伙伴关系，举办中欧市长论坛；举行中欧高级别能源会议；建立网络工作小组等。中欧领导人还共同出席第七届中欧工商峰会并致辞。

在2012年3月举行的欧盟春季首脑会议上，范龙佩成功连任欧洲理事会主席，国家主席胡锦涛、国务院总理温家宝分别致电祝贺。在2012年1月举行的欧洲议会全会上，欧洲议会社会党党团主席舒尔茨当选新任欧洲议会议长，吴邦国委员长致信祝贺。

2012年5月，李克强副总理访问欧盟总部，分别会见欧洲理事会主席范龙佩和欧盟委员会主席巴罗佐，与巴罗佐主席共同出席中欧高层能源会议闭幕式并致辞，宣布建立中欧能源消费国战略伙伴关系，与欧盟委员会副主席兼竞争委员阿尔穆尼亚、欧洲地区委员会主席布莱索、欧盟经济社会委员会主席尼尔森共同出席中欧城镇化伙伴关系高层会议开幕式并致辞。此外，李克强副总理同巴罗佐主席共同签署《中欧城镇化伙伴关系共同宣言》，并见证《中欧能源安全联合声明》、《中欧关于促进电力市场相关合作的联合声明》的签署。

2012年4月，国务委员刘延东访问欧盟总部，会见欧洲理事会主席范龙佩，与欧盟委员会教育、文化、语言多样性及青年事务委员瓦西利乌主持中欧高级别人文交流对话机制第一次会议，签署《中欧高级别人文交流对话机制第一次会议联合宣言》，并在中欧高级别人文交流论坛发表演讲。

中国同欧盟各级政治对话和磋商有序进行，就双边关系和重大国际及地区热点问题保持沟通与协调。2011年5月，第二轮中欧高级别战略对话在匈牙利布达佩斯举行，国务委员戴秉国和欧盟外交与安全政策高级代表兼欧盟委员会副主席阿什顿围绕中欧关系、中美关系和国际形势三大议题深入对话。2012年7月，戴秉国国务委员和阿什顿高级代表在北京共同主持第三轮中欧高级别战略对话，并首次发表战略对话联合新闻稿。其间，温家宝总理、国务委员兼国防部长梁光烈、中联部长王家瑞、外交部部长助理马朝旭与阿什顿高级代表分别会见。

2011年6月，外交部长杨洁篪在布达佩斯出席第十届亚欧外长会议期间与阿什顿高级代表举行会晤。9月，杨洁篪外长在第66届联合国大会一般性辩论期间与范龙佩主席、阿什顿高级代表分别会面，双方就中欧关系和欧洲经济形势交换看法。10月，杨洁篪部长应邀与欧盟及其成员国驻华使节举行工作餐。2012年1月，戴秉国国务委员在印度应约会见阿什顿高级代表，双方就中欧关系及共同关心的国际与地区问题交换看法。7月，杨洁篪部长在金边出席东盟地区论坛系列外长会期间会见阿什顿高级代表。

中国同欧盟商签伙伴合作协定（PCA）工作继续推进。2011年6月，中欧PCA谈判第12轮工作组磋商在北京举行。9月，外交部副部长傅莹与欧盟对外行动署首席运营官奥沙利文主持PCA谈判第六次指导委员会会议。

此外，中欧人权对话、司法研讨会、外交政策磋商、非洲事务磋商、气候变化磋商、军控与防扩散磋商等对话继续深入开展。

2011年，中国与欧盟经贸合作再创新高。欧盟保持中国第一大贸易伙伴、进出口市场和技术引进来源地地位。中国是欧盟第二大贸易伙伴及出口市场。据中国海关总署统计，2011年中欧贸易额突破5000亿美元大关，达5672.1亿美元，同比增长18.3%。欧盟是中国累计第四大实际投资来源地。截至2011年年底，欧盟在华直接投资项目35104个，实际投入785.4亿美元。2011年全年，欧盟在华直接投资项目1743个，实际投入63.5亿美元。中国对欧投资取得较大进展。2011年中国对欧非金融类投资42.78亿美元，同比增长94.1%。

中国同欧盟各领域务实合作日趋深入。2011年以来，欧盟委员会副主席兼机构关系和行政委员谢夫乔维奇（2012年5月），经济与货币事务委员雷恩（2011年3月），内部市场和服务委员巴尼耶（2011年3月、2012年1月），教育、文化、语言多样性及青年事务委员瓦西利乌（2011年10月）、卫生与消费者政策委员达利（2012年3月），科研创新委员奎因（2011年5月），国际合作、人道主义援助和危机应对委员格奥尔基耶娃（2012年6月），农业与农村地区发展委员乔洛什（2011年3月、2012年6月）等相继访华。此外，中欧经贸混委会、能源对话、财金对话、竞争政策对话、环境政策对话等机制磋商和对话顺利开展。

中欧人文交流有声有色。2011年是“中欧青年交流年”，这既是中欧首个主题年，也是迄今中欧间最大的人文交流活动。1月，交流年欧方开幕式在布鲁塞尔举行，欧盟委员会教育、文化、语言多样性及青年事务委员瓦西利乌出席。2月，交流年中方开幕式在北京举行，国务院总理温家宝出席并致辞，欧盟委员会主席巴罗佐发来视频贺词。双方举行了使馆（团）青年开放日、青年创业论坛、志愿者服务大会、联欢节、辩论赛等丰富多彩的活动，1万多名中欧青少年直接参加活动，16万人通过新媒体参与交流，为增进中欧青年的相互了解与友谊发挥了积极作用，在中欧社会产生广泛的积极影响。

2011年9月，首届中国—欧洲民间友好合作对话会在北京和天津召开。会议以“跨越时空的合作”为主题，设立经济对话会和人文对话会两个专题会议，并发表“天津共识”。10月，第二届“中欧文化高峰论坛”在中国国家博物馆举行，主题为“创制城市”。同月，“2011中欧社会管理论坛”在北京举行，就社会管理领域中的热点难点问题进行研讨，国务委员兼国务院秘书长、国家行政学院院长马凯出席并致辞。11月，中国驻欧盟使团与欧盟智库“欧洲之友”联合举办第一届布鲁塞尔“中欧论坛”，国务院总理温家宝致信祝贺。此外，中欧在欧盟对华技术援助框架下签署了警务培训合作项目文件。2011年全年，欧盟27国共有3.08万人来华留学，占当年来华留学人员总数的10.5%。

2012年是“中欧文化对话年”，这是欧盟成立以来最大规模的对外文化交流活动。对话年开幕式于2012年2月1日在布鲁塞尔开幕，文化部长蔡武和欧盟委员会教育、文化、语言多样性及青年事务委员瓦西利乌出席。

政党、议会交流稳步开展。2011年5月，第二届中欧政党高层论坛第一次会议在北京、天津两地分阶段举行。11月，论坛第二次会议在布鲁塞尔举行，中央政治局委员、书记处书记、中宣部长刘云山率团与会。两次会议围绕中国“十二五”规划与“欧洲2020”战略进行深入讨论。2012年5月，第三届中欧政党高层论坛在布鲁塞尔举行，中共中央对外联络部部长王家瑞率团出席，本次会议的主题是“中欧合作共迎挑战”。王家瑞部长还分别会见了欧洲议会议长舒尔茨、欧盟外交与安全政策高级代表阿什顿。

2011年8月，欧洲议会对华关系代表团团长利凡里尼访华，出席中欧议会定期交流机制第32次会议。2012年7月，全国人大—欧洲议会关系小组主席查培新率领全国人大代表团访问欧洲议会，双方举行了交流机制第33次会议。

2011年1月，以“欧洲议会欧中友好小组”名义主办的西藏历史图片展在欧洲议会布鲁塞尔总部大楼成功举行。2012年5月，中共西藏自治区党委副书记、自治区人大常委会主任向巴平措率全国人大西藏代表团访问欧洲议会，分别与欧洲议会欧中友好小组主席德瓦、欧洲议会对华关系代表团团长利凡里尼、欧中友好协会主席沃汉等举行座谈。2011年5月、12月及2012年4月，中国经济社会理事会与欧盟经济社会委员会分别在西安、慕尼黑和杭州举行第九、十和十一次圆桌会议。

中国驻欧盟使团团长：吴海龙大使。使团馆址：BOULEVARD DE LA WOLUWE 100，1200 BRUSSELS。邮编：1200。电话：00322-7729572转8107。经商处电话：00322-6261753。

欧盟驻华代表团团长：艾德和大使（Markus Ederer，德国籍）。代表团地址：北京市朝阳区东直门外大街15号。邮编：100600。电话：0086-10-84548000。（熊英 熊伟 陈文君）

欧洲委员会

The Council of Europe—COE

【成立日期】1949年5月5日正式成立。

【宗旨】保护人权、多元民主和法治；促进欧洲文化认同和多样性意识的形成并鼓励其发展；寻求欧洲社会面临挑战的共同解决方案；通过支持政治、立法和宪法改革，巩固欧洲的民主稳定。

【成员】47个（截至2012年7月）：爱尔兰、奥地利、比利时、冰岛、丹麦、德国、法国、荷兰、列支敦士登、卢森堡、马耳他、挪威、葡萄牙、瑞典、瑞士、塞浦路斯、圣马力诺、土耳其、西班牙、希腊、意大利、英国、芬兰、匈牙利、波兰、保加利亚、斯洛文尼亚、立陶宛、捷克、斯洛伐克、爱沙尼亚、罗马尼亚、安道尔、摩尔多瓦、阿尔巴尼亚、拉脱维亚、乌克兰、马其顿、俄罗斯、克罗地亚、格鲁吉亚、阿塞拜疆、亚美尼亚、波黑、塞尔维亚、黑山、摩纳哥。此外，白俄罗斯为候选成员国。美国、加拿大、日本、墨西哥和梵蒂冈为欧洲委员会部长理事会观察员国。加拿大、墨西哥和以色列为欧洲委员会议会的观察员国。

【主要负责人】议会议长让·克洛德·米尼翁（Jean-Claude Mignon，法国人），2012年1月当选，任期一年。秘书长托尔比约恩·亚格兰（Thorbjørn Jagland，挪威人），2009年10月当选，任期五年。

【总部】法国斯特拉斯堡。在巴黎、布鲁塞尔设有办事处。地址：Avenue de l'Europe，67075 Strasbourg Cedex，France。电话：33 3 88 41 20 00。网址：http://www.coe.int。电子信箱：point_i@coe.int。

【会旗和会歌】会旗为蓝色天幕上环饰12颗金星。会歌为贝多芬第九交响曲中《欢乐颂》的序曲。

【官方语言】英语和法语，议会大会亦使用德语、意大利语和俄语作为工作语言。

【出版物】《论坛》（Forum），季刊；《欧洲委员会出版目录》（Catalogues of Publications of the Council of Europe），年刊。

【主要机构】（1）部长委员会（Committee of Ministers）：最高决策和执行机构，由成员国外长（或驻斯特拉斯堡常设代表）组成，每年召开两次会议，主要负责重大决策制定、批准预算和制订行动计划。下设部长代表委员会，由成员国各派一名常驻代表（大使级）组成，负责处理日常事务。主席由各成员国代表轮流担任，任期半年。2012年5月至11月为阿尔巴尼亚，2012年11月至2013年5月为安道尔，2013年5月至11月为亚美尼亚。（2）议会（Parliamentary Assembly）：有审议权，没有立法权。现有议员和候补议员各318名，议员因故不能出席会议时由候补议员替补。议员与候补议员均由各成员国从本国议员中推举产生，名额根据各成员国人口比例分配，最多18名，最少2名。议会由欧洲人民党党团、社会党党团、欧洲民主党党团、自由民主党联盟和欧洲联合左翼党等5个党团及无党派代表组成。通常每年召开四次会议。一般决议由简单多数通过，重大决议以2/3多数通过。议会下设常务委员会，在议会休会期间负责日常工作，每年至少召开三次会议；还设有政治、经济、人权、社会、文教、司法和农业问题等10个专门委员会。议长由全体议员选举产生，任期一年，最多可连任三年。副议长20人。（3）总秘书处（Secretariat）：处理欧委会日常事务，包括欧委会秘书长和副秘书长办公室、部长委员会秘书处、议会秘书处、地方和地区政权代表大会秘书处、人权专员办公室、欧洲人权法院书记室、5个司和5个总司。总秘书处设秘书长和副秘书长各一名，均由部长委员会推荐，议会选举产生，任期五年，可连任。（4）欧洲地方和地区政权代表大会（Congress of Local and Regional Authorities）：1994年1月成立，其宗旨是保证地方和地区团体参与欧洲联合进程及欧洲委员会的工作。分地方政权院和地区政权院两院，拥有代表313名，候补代表313名，由地方或地区团体的代表组成。代表大会下设一个常委会，负责在休会期间处理日常事务。此外，欧洲委员会还有欧洲人权法院、人权专员署、欧洲青年中心、欧洲青年基金组织和社会发展基金等机构。

【重要文件】截至2012年7月，欧洲委员会已通过213个公约或协议。其中比较重要的法律文件有：《欧洲人权公约》（1950年）、《欧洲社会宪章》（1961年，1996年重新修订）、《欧洲社会安全公约》（1972年）、《欧洲文化公约》、《欧洲保护野生动植物和自然环境公约》、《制止恐怖主义公约》（1977年）、《欧洲防止酷刑、不人道和有辱人格的待遇或惩罚公约》（1987年）、《欧洲税务方面相互行政协助公约》（1988年）、《保护人类免受生物医学损害的框架公约》（1990年）、关于移民本地化问题的《法兰克福宣言》（1991年）、《关于保护少数民族的框架公约》（1994年）、《关于人权和生物医学的条约》（1997年）、《腐败刑事公约》（1998年）、《腐败民事公约》（1999年）、《欧洲委员会关于预防恐怖主义的公约》（2005年）、《关于避免国家在过渡期间处于无政府状态的公约》（2006年）、《保护儿童免受性侵害公约》（2007年）、《欧洲收养儿童公约》（2008年）、《欧洲委员会关于公文使用权的公约》（2009）、《欧洲引渡公约第三附加议定书》（2010年11月）、《预防与打击针对妇女暴力和家庭暴力公约》（2011年5月）等。

【**首脑会议**】1993年10月8～9日，欧洲委员会响应时任法国总统密特朗的倡议，在维也纳举行了首次首脑会议。当时的32个成员国中除英国、希腊和匈牙利外，均派国家元首或政府首脑出席。当时要求加入该组织的俄罗斯、阿尔巴尼亚、白俄罗斯、克罗地亚、马其顿、摩尔多瓦、拉脱维亚、乌克兰也应邀派代表出席。会议着重讨论了欧洲格局变化后前苏联各国的"民主政治建设"及保护少数民族权利等问题，并通过了《维也纳声明》。

1997年10月10～11日，欧洲委员会第二次首脑会议在法国斯特拉斯堡举行。这是自独联体、东欧国家加入以后的第一次首脑会议，40个成员国领导人与会。会后发表最后宣言和行动计划，称要把欧洲建成一个"更加自由、更加宽容和更加公正的社会"，并提出设立新的全欧人权法院、执行欧洲社会宪章、在打击恐怖活动领域加强合作等具体行动计划。在关于欧洲委员会的作用问题上，西欧国家强调发挥欧洲委员会在制定人权标准方面的作用，以俄罗斯和乌克兰为首的独联体、东欧国家则希望欧洲委员会发挥不局限于人权的更大作用。

2005年5月17日，欧洲委员会第三次首脑会议在华沙举行。会议发表了《华沙宣言》及附加《行动计划》。会议强调要充分发挥保护人权和基本自由的作用，促进民主和良政的发展。

【**同欧盟的关系**】欧洲委员会与欧洲联盟关系密切，两组织的议会每年召开一次联席会议。2005年5月，欧盟对外关系委员瓦尔德纳参加了欧洲委员会第三次首脑会议，进一步加强了欧盟与欧洲委员会合作关系。自2006年起，双方每年举行两次外长级别的会议，落实有关合作议题。2007年5月23日，欧洲委员会与欧盟签署了相互合作备忘录，双方决定建立合作机制，加快在民主、人权、法治、文化、教育以及社会融合等方面的合作。2008年，欧盟基本权利机构与欧洲委员会签署合作协议。2009年12月1日，欧盟《里斯本条约》和《基本权利宪章》生效，欧盟与欧洲委员会在"人权保护"领域的伙伴关系进一步加强。2010年5月11日，欧盟—欧洲委员会外长会议决定，继续探讨欧盟如何加入欧洲委员会有关公约，并欢迎欧盟在与第三国交往时推行欧洲委员会标准。

【**同俄罗斯的关系**】1996年2月28日，欧洲委员会接纳俄罗斯为第39个成员国，但同时向俄提出了遵守《欧洲人权公约》、取消死刑、用和平方式解决车臣冲突等诸多条件。2002年10月，欧洲委员会部长委员会召开紧急会议，强烈谴责发生在莫斯科轴承厂剧院的人质事件，欢迎俄罗斯为解决危机进行的一切努力，重申欧洲委员会反对一切形式恐怖主义的立场，号召成员国进一步密切反恐合作，但仍强调车臣问题只能通过政治途径解决。2003年5月22日，俄罗斯联邦委员会主席谢尔盖·米罗诺夫率团访问欧洲委员会，与欧洲委员会秘书长施威梅尔进行会谈，讨论了车臣、欧洲委员会第三次首脑会议筹备和波罗的海三国讲俄语的少数民族地位问题。2004年5月14～15日，施威梅尔秘书长应俄罗斯联邦会议上院邀请访问了莫斯科，与该院人权委员会委员卢金等举行了会谈。2005年3月10～11日，欧洲委员会议会议长范德·林登访问俄罗斯。11月17日，欧洲委员会向俄车臣地方选举派遣了由8人组成的观察团，监督选举。2006年12月19日，欧洲委员会与俄签署了关于反洗钱与切断恐怖资金援助的协议。2008年俄格冲突后，欧洲委员会反应强烈，部长委员会主席卡尔·博尔德特以及议会议长路易斯·玛丽亚·德普伊赫均发表声明批评俄的行动，并多次派员从中斡旋。

【**同中国的关系**】20世纪70年代末，中国开始同欧洲委员会建立联系。近年来双方的主要往来有：2001年8月，欧洲委员会对外关系局局长德容热访华。9月，全国人大常委会外事委员会副主任李淑铮率团访问欧洲委员会，会见了其议长、秘书长等。2002年4月，欧洲委员会青年和体育署主任马尔丹率团访华。钱其琛副总理、姜春云副委员长和最高人民检察院副检察长张穹分别会见。2003年11月，重庆市人大副主任刘文率团参加了欧洲委员会欧洲地方和地区政权代表大会会议，并介绍了对人与自然和谐发展、中央与地方经济协调发展的看法。2009年10月，杨洁篪外长致信亚格兰祝贺其当选欧洲委员会新任秘书长。同月，中国青联代表团访问欧洲委员会，欧委会副秘书长、教育、文化、青年和体育总司司长、欧洲青年中心主任等分别会见。2010年3月，中国国际友好城市联合会副会长李小林应邀率团出席欧洲委员会地方和地区政权代表大会第18届全体会议。2010年11月，欧洲委员会教育、文化、遗产、青年和体育总司司长加布里埃拉·巴泰尼·德拉戈尼访问北京和河南，全国青联副主席卢雍政及文化部、河南省领导分别接见。

（李晗）

北欧理事会

The Nordic Council—NC

【成立经过】1952年3月，丹麦、冰岛、挪威、瑞典四国就成立北欧理事会达成协议，1953年2月13日在哥本哈根召开北欧理事会第一届全体会议。1956年芬兰加入，1970年奥兰群岛和法罗群岛分别加入芬兰、丹麦代表团。1984年格陵兰代表作为丹麦代表团成员与会。

【宗旨】根据1962年五国签订的《赫尔辛基条约》（北欧理事会宪章），理事会宗旨是：维持和发展北欧国家间在立法，文化、社会和经济政策，交通运输和通信方面的合作。条约规定，理事会对北欧合作进行探讨，向北欧部长理事会或北欧各国政府提出建议并敦促贯彻执行，以加强和扩大北欧国家间合作。该组织是北欧国家议会和政府间的协商和咨询机构。近年来更加关注文化、儿童、青年、信息、可持续发展和民主问题。

【成员】五国：冰岛、丹麦、芬兰、挪威、瑞典；三个内部自治区：奥兰群岛（芬）、法罗群岛（丹）和格陵兰（丹）。

【主要负责人】理事会主席团主席基莫·萨西（Kimmo Sasi，芬兰人）。2011年11月任职，任期一年。

【总部】主席团秘书处设在丹麦哥本哈根。地址：P.O. Box 3043，Store Strandstrande 18，DK-1021 Copenhagen K。

【出版物】《北欧政治》（Politik i Norden），季刊；另设时事通讯，周刊。在www.norden.org网站上每日更新内容。

【组织机构】（1）理事会：最高权力机构。由从成员国议员中选出的87名理事组成，瑞典、丹麦（包括法罗群岛和格陵兰）、芬兰（包括奥兰群岛）、挪威各20名，冰岛7名，任期一年。内分社民党、保守党、中间党、左翼党4个党团，自设秘书。每个党团至少由5名理事组成，代表至少3个国家。1996年起理事会全体会议每年秋季在各成员国轮流召开，五国政府首脑和部长均可与会，但无表决权，也不参选理事会或主席团其他机构。（2）理事会主席团：理事会休会期间的最高执行机构，包括主席、副主席各1名和11名成员，理事会主席团主席、副主席由理事会全体会议选举产生，通常由下届理事会全体会议东道国的代表出任。负责对政治、行政、安全和地缘政策进行规划。（3）理事会下设5个委员会：文化教育、福利、社会、环境保护和经济委员会。（4）监察委员会：负责北欧共同基金资助活动的监察及有关北欧合作协议、理事会议事日程及其他内部规定的解释工作。（5）选举委员会：负责筹备理事会全体会议通过的选举事宜。（6）主席团秘书处：协助各国秘书处、党团进行理事会的准备工作。（7）各国秘书处：为各国代表团服务，负责会议筹备、特殊事务顾问和公众宣传。

1971年成立的北欧部长理事会是北欧五国政府间和北欧国家政府与北欧理事会之间合作与联系的渠道。部长理事会向北欧理事会会议提出建议，报告五国的合作情况。

北欧理事会各机构拥有共同的人事、财务和服务部门，2001年新闻处合并为一。理事会在圣彼得堡、里加、塔林和维尔纽斯设有新闻处。

【主要活动】北欧国家间已经实现的主要合作有：统一的劳务市场，侨民享受侨居国的社会福利，设立北欧文化基金和工业发展基金，组建北欧投资银行等。瑞典、芬兰、挪威、丹麦四国1958年开始实施互免签证协定，冰岛和法罗群岛分别于1965年和1966年加入。2001年3月，北欧五国同时实施《申根协定》。2005年1月，波罗的海三国成为北欧投资银行成员国。

2011年11月1～3日，北欧理事会在哥本哈根举行年会，理事会全体成员领导人出席，爱沙尼亚、拉脱维亚、立陶宛三国总理首次共同参加。会议主题为“开放的北欧社会”，与会方主要就加强北欧地区合作、维护和发展北欧福利模式、欧债问题、绿色能源与气候变化等问题深入交换意见。与会方领导人一致同意加强北欧社会的开放性，认为重视平等对话以及加强开放性是发展北欧福利社会的正确道路。提议北欧国家共同提升本地区对外来投资和移民的吸引力与开放程度，建设北欧绿色解决方案检测中心，加强绿色增长领域的教育、培训和研究，设立绿色科技的标准化，为绿色企业和投资设立基金等。（陈槐楠）

美洲国家组织

Organization of American States—OAS

【成立经过】1890年4月14日，美国同拉美17个国家在华盛顿举行第一次美洲会议，决定建立美洲共和国国际联盟及其常设机构——美洲共和国商务局。4月14日即被定为“泛美日”。1948年在波哥大举行的第九次美洲会议上，通过了《美洲国家组织宪章》，联盟遂改称为“美洲国家组织”（COAS）。

【**宗旨**】加强美洲大陆的和平与安全；确保成员国之间和平解决争端；成员国遭到侵略时，组织声援行动；谋求解决成员国间的政治、经济、法律问题，消除贫困，促进各国经济、社会、文化合作；控制常规武器；加速美洲国家一体化进程。

【**成员**】正式成员35个（2012年6月）：阿根廷、安提瓜和巴布达、巴巴多斯、巴哈马、巴拉圭、巴拿马、巴西、秘鲁、玻利维亚、多米尼加、多米尼克、厄瓜多尔、哥伦比亚、哥斯达黎加、格林纳达、古巴、海地、洪都拉斯、加拿大、美国、墨西哥、尼加拉瓜、萨尔瓦多、圣卢西亚、圣文森特和格林纳丁斯、圣基茨和尼维斯、苏里南、特立尼达和多巴哥、危地马拉、委内瑞拉、乌拉圭、牙买加、智利、圭亚那、伯利兹。

古巴系美洲国家组织成员国，但自1962年以来一直被拒绝参加该组织的活动。2009年美洲国家组织第39届大会一致通过废止1962年OAS中止古巴成员资格的决议，但古巴拒绝重返该组织。洪都拉斯因国内发生军事政变而于2009年7月被暂时中止成员资格，2011年6月恢复。

常驻观察员64个（2012年6月）：欧盟、德国、法国、西班牙、希腊、意大利、比利时、英国、芬兰、瑞士、瑞典、丹麦、挪威、荷兰、葡萄牙、爱尔兰、卢森堡、梵蒂冈、奥地利、塞浦路斯、冰岛、俄罗斯、波兰、捷克、斯洛伐克、罗马尼亚、匈牙利、保加利亚、克罗地亚、波黑、斯洛文尼亚、塞尔维亚、乌克兰、亚美尼亚、阿塞拜疆、格鲁吉亚、哈萨克斯坦、拉脱维亚、爱沙尼亚、立陶宛、土耳其、埃及、摩洛哥、阿尔及利亚、尼日利亚、突尼斯、安哥拉、赤道几内亚、加纳、贝宁、卡塔尔、沙特阿拉伯、以色列、黎巴嫩、也门、日本、韩国、菲律宾、印度、巴基斯坦、斯里兰卡、泰国、中国、瓦努阿图等。此外，该组织还视情邀请一些国家作为特别观察员出席全体会议。

【**主要负责人**】秘书长何塞·米盖尔·因苏尔萨（José Miguel Insulza，智利人），2005年5月2日当选，2010年3月24日连选连任，5月就职，任期五年。副秘书长阿尔伯特·拉姆丁（Albert Ramdin，苏里南人），2005年6月7日当选，2010年3月24日连选连任，任期五年。

【**总部**】设在美国华盛顿。在日内瓦设有驻欧洲办事处，在各成员国设有办事机构。网址：http：//www.oas.org。

【**出版物**】《美洲》（AMERICAS），双月刊，英、西、葡文。

【**组织机构**】1.大会：最高机构。各成员国参加，每年举行1次。经2/3成员国同意，可召开特别大会。2.外长协商会议：《泛美互助条约》规定，常设理事会绝对多数票赞成即可召集会议，就共同关心的紧急问题进行协商。如涉及军事合作问题，则同时召集由各成员国最高军事当局代表参加的防务咨询委员会会议。3.大会直属机构：（1）常设理事会，由成员国各派1名大使级代表组成。正、副主席由各国代表轮流担任，任期半年；（2）泛美一体化发展理事会，由成员国各派1名部级代表组成。4.咨询机构：泛美法律委员会、泛美人权委员会。5.秘书处：常设机构。受大会、外长协商会议和两理事会领导和监督。正、副秘书长均由大会选举产生，任期五年，只能连任1次。6.专门机构：美洲开发银行、泛美卫生组织、泛美儿童学会、泛美妇女委员会、泛美史地协会、泛美印第安人协会、泛美农业合作协会、泛美控制毒品委员会、泛美通信委员会。此外，还有泛美人权法院、泛美防务委员会、泛美统计局、泛美行政管理学院、泛美核能协会、泛美紧急基金等。

【**主要活动**】2007年6月，美洲国家组织第37届大会在巴拿马首都巴拿马城召开，主要围绕“能源促进可持续发展”，以及地区政治、民主、安全和社会发展等议题进行了讨论，通过了《巴拿马宣言》及90多项决议。

2008年6月，美洲国家组织第38届大会在哥伦比亚麦德林市召开，主题是“青年与民主价值”，发表了“麦德林宣言”，呼吁美洲各国根据美洲国家组织宪章和美洲民主宪章，努力提高青年的民主意识和参与政治、经济和社会的群体竞争能力，还就解决粮食危机、消除贫困、打击恐怖和贩毒活动等议题进行了讨论。

2009年6月，美洲国家组织第39届大会在洪都拉斯圣佩德罗苏拉市举行，与会各国重点围绕“迈向非暴力文化”和古巴重返OAS展开讨论，大会一致通过废止1962年OAS中止古巴成员资格的决议。

2010年6月，美洲国家组织第40届大会在秘鲁利马市举行，主题是“美洲和平、安全与合作”，就应对经济危机、加强美洲民主建设、防止地区军备竞赛、洪都拉斯重返OAS等问题进行了讨论，通过了《利马宣言》和多项决议。

2011年6月，美洲国家组织第41届大会在圣萨尔瓦多举行，主题是“美洲公民安全”，各国重点讨论了打击毒品、贩卖人口、暴力及有组织犯罪等威胁公民安全的议题，会后发表《圣萨尔瓦多宣言》。

2012年6月，美洲国家组织第42届大会在玻利维亚科恰班巴省举行，主题是在保护和合理利用自然资源基础上保障粮食安全及主权，会议通过《美洲粮食主权安全宣言》和《美洲社会宪章》，并就泛美人权体系改革通过决议，委托OAS常设理事会与有关各方展开对话并研究具体措施。

【**同中国的关系**】2004年3月，李肇星外长致函加维里亚秘书长，正式提出中国成为该组织常驻观察员的申请；5月，该组织审议通过申请，中国成为其第

60个常驻观察员。中国政府出资100万美元，设立为期5年的“中国—美洲国家组织合作基金”。5月和6月，李肇星外长先后向该组织新当选的正、副秘书长致电祝贺。2005年2月，“中国—美洲国家组织合作基金”正式启动，首批7个项目顺利实施。2005年12月，全国人大副委员长成思危应邀访问美洲国家组织总部并发表演讲。自2005年起，中国常驻美洲国家组织观察员代表中国政府出席了该组织第35届至41届年会。2006年6月，拉姆丁副秘书长率部分加勒比和中美洲国家常驻美洲国家组织代表访华。2009年11月，拉姆丁副秘书长率部分加勒比和中美洲国家常驻美洲国家组织代表再度访华。2009年12月15日，周文重大使和OAS秘书长因苏尔萨分别代表中国政府和OAS秘书处在华盛顿OAS总部签署了《中国和OAS关于建立合作基金的协议的补充议定书》和《中国教育部和OAS秘书处关于人力资源开发和奖学金项目的谅解备忘录》。根据协议，2010 ~ 2015年，中国政府将继续提供总额100万美元的“中国—美洲国家组织合作基金”；中国教育部每年将向OAS提供10个政府奖学金名额。2010年3月，杨洁篪外长致电祝贺因苏尔萨再次当选OAS秘书长。 （曹航）

拉美和加勒比国家共同体

La Comunidad de Estados Latinoamericanos y Caribeños—CELAC

【成立日期】2011年12月2 ~ 3日，拉美和加勒比地区33个独立国家的国家元首、政府首脑或代表在委内瑞拉首都加拉加斯举行会议，宣布正式成立“拉美和加勒比国家共同体”（简称“拉共体”）。

【宗旨】在加强团结和兼顾多样性基础上，深化地区政治、经济、社会和文化一体化建设，实现本地区可持续发展；继续推动现有区域和次区域一体化组织在经贸、生产、社会、文化等领域的对话与合作，制定地区发展的统一议程；在涉及拉共体重大问题上进行协调并表明成员国共同立场，对外发出“拉美声音”。

【成员】正式成员33个：阿根廷、安提瓜和巴布达、巴巴多斯、巴哈马、巴拉圭、巴拿马、巴西、秘鲁、玻利维亚、多米尼加、多米尼克、厄瓜多尔、哥伦比亚、哥斯达黎加、格林纳达、古巴、海地、洪都拉斯、墨西哥、尼加拉瓜、萨尔瓦多、圣卢西亚、圣文森特和格林纳丁斯、圣基茨和尼维斯、苏里南、特立尼达和多巴哥、危地马拉、委内瑞拉、乌拉圭、牙买加、智利、圭亚那、伯利兹。

【组织机构】（1）国家元首和政府首脑会议：拉共体最高机构，定期在轮值主席国召开，制定拉共体的指导原则、大政方针、优先任务、行动战略和计划等。（2）外长会：负责筹备拉共体峰会并执行会议有关决定，协调各成员国在拉美一体化等重要问题上的立场，每年举行两次例会。（3）轮值主席国：拉共体机制、技术和行政性辅助机构，负责筹备和召开首脑会议和外长会等。2011 ~ 2013年期间，轮值主席国任期为一年，2013年首脑会议将决定今后轮值主席国任期。现任轮值主席国为智利。（4）国家协调员会议：负责各成员国和轮值主席国的联系沟通，国家协调员直接负责议题的跟踪和协调，每国可任命一名国家协调员。（5）专业领域会议：负责讨论推动拉共体地区团结、合作与一体化进程中的重要优先议题，与会人员由具有涉拉共体相关事务决策权的高级官员组成。（6）三驾马车：由前任、现任和候任轮值主席国组成，协助现任轮值主席国开展工作，目前三驾马车成员为智利、委内瑞拉和古巴。

【主要活动】2011年12月，拉共体首届峰会在委内瑞拉首都加拉加斯召开，会议通过了《加拉加斯宣言》、《2012年行动计划》、《拉共体章程》和《维护民主和宪政的特别宣言》等重要文件。

【同中国的关系】尚未建立正式关系。2011年12月2日，中国国家主席胡锦涛致电拉共体筹备委员会“统一论坛”共同主席委内瑞拉总统查韦斯和智利总统皮涅拉，祝贺拉共体成立，表示中方愿同拉共体及地区各国加强交流、协商与合作，共同为建立和发展中拉平等互利、共同发展的全面合作伙伴关系而努力。 （曹航）

南美国家联盟

Unión De Naciones Suramericanas—UNASUR

【成立经过】前身为南美国家共同体（Comunidad Sudamericana De Naciones，简称“南共体”）。2000年，巴西在第一届南美国家首脑会议上提出建立南共体的倡议。2004年12月南共体正式宣告成立。2007年4月，南共体首届能源会议决定该组织更名为南美国家联盟（简称“南美联盟”）。2008年5月，南美12国元首在巴西利亚签署《南美国家联盟组织条约》，宣告南美联盟正式成立。2011年3月，该条约正式生效，南美联盟正式成为具有国际法人地位的地区组织。

【宗旨】增进南美国家间政治互信，促进经济、社会一体化，强化南美国家特性。实现地区政治、经济、社会和文化领域的全方位一体化，优先促进政治对话并深化在社会政策、教育、能源、基础设施、金融和环境领域合作。

【成员】正式成员12个：阿根廷、巴西、乌拉圭、巴拉圭、委内瑞拉、玻利维亚、哥伦比亚、厄瓜多尔、秘鲁、智利、圭亚那和苏里南。2012年轮值主席国原为巴拉圭。2012年6月，因巴拉圭总统卢戈突遭弹劾引发争议，南美联盟决定在巴明年大选前暂停其成员国资格，由秘鲁临时接替巴担任轮值主席国。墨西哥和巴拿马为观察员国。

【主要负责人】2011年3月南美联盟外长会决定由玛利亚·梅希亚（María Emma Mejía，哥伦比亚前外长）和阿里·罗德里格斯（Alí Rodríguez，委内瑞拉电力部长）轮流担任秘书长，任期各一年。梅希亚于2011年5月就任。2012年6月梅希亚卸任，罗德里格斯就任。

【组织机构】（1）国家元首和政府首脑委员会：最高机构，每年举行一次例会。（2）外长委员会：负责筹备国家元首和政府首脑委员会会议并执行其决定，协调南美一体化等重要问题的立场，每半年召开一次例会。（3）代表委员会：由各成员国派一名代表组成，负责筹备外长委员会会议，并执行国家元首和政府首脑委员会会议及外长委员会会议决定，每两个月召开一次例会。（4）秘书处：设在厄瓜多尔首都基多，负责处理日常事务。（5）专门委员会：南美联盟成立两年来，先后成立了防务、卫生、能源、反毒、基础设施和计划、社会发展和教育、文化和科技创新等多个专门委员会。（6）南美国家联盟议会：尚在筹建中，拟在玻利维亚的科恰班巴设立。（7）南方银行：2009年9月正式成立，总部设在委内瑞拉首都加拉加斯。

【主要活动】2008年5月，南美联盟特别首脑会议在巴西首都巴西利亚召开，12个成员国元首或代表与会并共同签署《南美国家联盟组织条约》，完成该组织建章立制，明确南美联盟是具有国际法人资格的地区组织。这标志着该组织正式成立，南美国家以共同身份出现在国际舞台。

2008年12月，南美联盟领导人特别会议在巴西举行，宣布成立“南美防务理事会”和“南美卫生理事会”。

2009年8月，南美联盟2009年度首脑会议在厄瓜多尔首都基多举行，会议讨论了国际金融危机、洪都拉斯局势、美国在哥伦比亚设立军事基地等议题，发表了《基多声明》，并宣布成立南美反毒、基础设施和计划、社会发展和教育、文化和科技创新四个专门委员会。

2010年2月，南美联盟特别首脑会议在基多举行，宣布设立总计3亿美元的海地震后重建基金，其中1亿美元自筹，2亿美元将寻求美洲开发银行贷款。

2010年5月，南美联盟特别首脑会议在阿根廷布宜诺斯艾利斯省卡达莱斯镇举行，会议以协商一致方式推举阿根廷前总统基什内尔担任联盟首任秘书长。会议还就南美能源战略及行动计划和南美能源条约框架达成一致。

2010年11月，南美联盟2010年度首脑会议在圭亚那首都乔治敦举行。会议期间，各方签署了民主议定书，规定对发生政变等违宪行为的成员国采取外交、政治和贸易制裁。各方就加强团结、推进地区一体化、推动能源可持续发展、应对气候变化等议题进行了讨论。圭亚那接替厄瓜多尔担任联盟轮值主席国，任期一年。

2011年3月，南美联盟外长会在厄瓜多尔基多举行，宣布具有宪章性质的《南美国家联盟组织条约》生效，标志着联盟成为具有国际法人地位的地区组织。会议决定由哥伦比亚前外长梅希亚和委内瑞拉电力部长罗德里格斯先后担任联盟秘书长（任期各一年），接替于2010年10月去世的前任秘书长基什内尔。会后，各国外长还出席了联盟秘书处大楼奠基仪式。

2011年10月24日，南美联盟获得联合国观察员地位。29日南美联盟在巴拉圭首都亚松森举行第五次峰会，会议发表联合声明，决定成立南美联盟选举理事会，巴拉圭接替圭亚那担任轮值主席国至2012年秘鲁峰会，会议还就主权、领土完整、人权、多元化发展和提高人民生活水平等议题进行了讨论。

2012年6月，南美联盟在阿根廷门多萨市召开首脑特别会议，讨论因巴拉圭总统卢戈突遭弹劾带来的问题和影响，会议要求巴遵守民主秩序，决定在2013年4月巴举行民主大选前暂停巴会员国资格，并由秘鲁临时接替巴担任轮值主席国。2012年11月，南美联盟在秘鲁首都利马召开第六次峰会，会议发表《利马宣言》等多个文件。

【同中国的关系】无正式关系。2011年5月，杨洁篪外长致电祝贺梅希亚就任南美联盟新任秘书长。2012年6月，杨洁篪外长致电祝贺罗德里格斯就任南美联盟秘书长。（薛远）

拉丁美洲议会

Parlamento Latinoamericano—PARLATINO

【成立日期】1964年12月7～11日，在秘鲁国会倡议下，阿根廷、巴西、哥伦比亚、哥斯达黎加、智利、萨尔瓦多、危地马拉、尼加拉瓜、巴拿马、巴拉圭、秘鲁、委内瑞拉和墨西哥等13国的119名议员在秘鲁利马召开会议，决定成立拉丁美洲议会。

【宗旨】促进拉美和加勒比国家的团结和地区一体化。

【成员】由拉美和加勒比的23个国家和地区的议员组成（截至2011年5月）：阿根廷、荷属阿鲁巴、玻利维亚、巴西、智利、哥伦比亚、哥斯达黎加、古巴、多米尼加、厄瓜多尔、萨尔瓦多、危地马拉、洪都拉斯、墨西哥、荷属库拉索、荷属圣马丁、尼加拉瓜、巴拿马、巴拉圭、秘鲁、苏里南、乌拉圭和委内瑞拉。每个成员国议会各选出12名议员作为拉美议会议员参加活动，其任期由各成员国议会确定。

【主要负责人】现任议长埃利亚斯·冈萨雷斯（Elias Ariel Castillo González，巴拿马前议长），2010年12月当选。2012年11月连任，任期至2014年。

【总部】设在巴拿马首都巴拿马城（1993年7月前设在秘鲁利马，2007年12月前设在巴西圣保罗）。网址http：//www.parlatino.org。

【组织机构】（1）大会：最高权力机构，每年举行1次会议。（2）领导委员会：大会休会期间负责日常工作，每6个月举行1次会议，必要时可举行特别会议。由议长、候补议长（2名）、副议长（每成员国1名）、秘书长、候补秘书长（1名）、秘书（3名）、前议长和协商理事会等组成。议长由各成员国议员轮流担任。（3）总秘书处：办事机构，兼有协调和监督的职能。负责召集会议，协助领导委员会准备大会议程和起草工作文件，散发协议、提案或声明，执行预算并向大会提出财政报告等。（4）常设委员会（13个）：政治、城市和一体化事务委员会，经济、社会债务和地区发展委员会，公民安全、预防和打击贩毒、恐怖主义及有组织犯罪委员会，教育、文化、科技和通信委员会，卫生委员会，人权、公正和监狱政策委员会，性别平等、儿童和青年委员会，公共服务和保护用户及消费者委员会，劳动、社会保障和司法委员会，农业、畜牧业和渔业委员会，能源和矿产委员会，环境和旅游委员会，土著人和种族事务委员会。（5）特别委员会（3个）：经济紧急状况委员会，拉美监狱政策委员会，美洲自由贸易区研究委员会。（6）协商理事会：咨询机构，负责立法和政治咨询工作。

【主要活动】截至2012年11月，共举行了28次年会。2006年12月，拉美议会第22届年会在巴西圣保罗举行，主要就拉美议会在维护地区稳定、巩固民主体制和促进地区一体化方面所发挥的作用进行了讨论。2007年12月，拉美议会第23届年会在巴拿马城举行，决定把改善民生等社会问题和推动地区一体化进程作为会后工作重点。2008年1月，拉美议会总部由巴西圣保罗市迁至巴拿马首都巴拿马城。2008年12月，拉美议会第24届年会在巴拿马城举行，主要就当前国际金融危机对拉美的影响，欧洲新移民政策对拉美移民的影响等议题进行了讨论。2009年12月，拉美议会第25届年会在巴拿马城举行，着重就国际金融危机对拉美的影响、拉美社会经济政策以及消除贫困和不公等议题进行了讨论。2010年12月，拉美议会第26届年会在巴拿马城举行，重点就拉美议会在拉美和加勒比地区一体化中应发挥的作用进行了讨论，表决通过洪都拉斯重返拉美议会，选举冈萨雷斯为拉美议会新议长。2011年12月，拉美议会第27届年会在巴拿马城举行，会议就世界经济形势对拉美各国影响、拉美地区移民问题及拉美各国如何实现联合国千年发展目标等议题进行了深入讨论。2012年11月，拉美议会第28届年会在巴拿马城举行，会议就当前严峻的世界经济形势及食品安全问题进行了深入讨论。

【同中国的关系】拉美议会重视发展对华关系，双方互访不断。2003年6月，拉美议会议长洛佩斯致函中国驻巴西大使蒋元德，告知拉美议会领导委员会决定接纳中国全国人大为该组织观察员。2004年3月，双方签署《中华人民共和国全国人民代表大会常务委员会和拉丁美洲议会的合作协议》，中国全国人大正式成为拉美议会观察员。2006年6月，拉美议会副议长皮萨罗率团访华。9月，吴邦国委员长访问拉美议会总部并会见洛佩斯议长。12月，全国人大副主任委员吕聪敏以观察员身份出席拉美议会第22届年会。2007年12月，全国人大副主任委员吕聪敏以观察员身份出席拉美议会第23届年会。2008年12月，全国人大副主任委员马文普以观察员身份出席拉美议会第24届年会。2009年7月，拉美议会议长皮萨罗率团访华。2009年12月，全国人大副主任委员马文普以观察员身份出席拉美议会第25届年会。2010年12月，全国人大常委会委员长吴邦国致电祝贺冈萨雷斯当选拉美议会新议长。2011年12月，全国人大副主任委员马文普以观察员身份率团出席了拉美议会第27届年会。　（曹航）

美洲玻利瓦尔联盟

Alianza Bolivariana Para Los Pueblos De Nuestra America—ALBA

【成立经过】前身为“美洲玻利瓦尔选择”（又译为“美洲玻利瓦尔替代计划”）。2001年12月，委内瑞拉总统查韦斯在第三届加勒比国家联盟峰会上首次提出成立“美洲玻利瓦尔选择”的倡议。2004年12月，查韦斯访问古巴，与古国务委员会主席卡斯特罗发表关于创立该组织的联合声明并签署实施协定。2009年6月24日，“美洲玻利瓦尔选择”第六届特别峰会在委内瑞拉举行，宣布该组织更名为“美洲玻利瓦尔联盟”（ALBA）。

【宗旨】公正、互助、平等、合作、互补和尊重主权，以南美解放者玻利瓦尔的一体化思想为指导，通过“大国家”方案，加强地区政治、经济和社会合作，发挥各国优势解决本地区人民最迫切的社会问题，消除贫困和社会不公，推动可持续发展，实现人民的一体化和拉美国家大联合，抵制和最终取代美国倡议的美洲自由贸易区。

【成员】8个：安提瓜和巴布达、玻利维亚、古巴、多米尼克、厄瓜多尔、尼加拉瓜、圣文森特和格林纳丁斯、委内瑞拉。洪都拉斯原为成员国，2010年1月正式退出。观察员国3个：圣基茨和尼维斯、乌拉圭、格林纳达。海地为长期受邀成员国，苏里南和圣卢西亚为特别受邀成员国。

【主要负责人】2012年2月，委内瑞拉驻厄瓜多尔大使鲁道夫·桑斯（Rodolfo Sanz）被任命为ALBA执行秘书长。网址：http://www.alianzabolivariana.org/。

【组织机构】最高领导机构是总统理事会，下设部长理事会和社会运动理事会，另设政治、社会、经济、投资金融、能源、环境、青年等委员会。2009年10月第七届峰会决定成立地区主权和防务常设委员会。上述机构定期召开会议，研究成员国间及与本地区其他国家发展与合作的相关问题。

【主要活动】截至2012年6月，美洲玻利瓦尔联盟共举行了11届峰会。最近几届峰会情况如下：

2009年10月，第七届峰会在玻利维亚科恰班巴市举行，9个成员国元首或代表、4个观察员国及俄罗斯、多米尼加等国代表出席。会议围绕建立地区统一货币机制“苏克雷”、设立区域仲裁机构、洪都拉斯局势及美国与哥伦比亚签订军事协议等议题进行了讨论，并发表共同声明。会议宣布将于2010年正式启用地区统一货币机制“苏克雷”。

2009年12月，第八届峰会在古巴首都哈瓦那举行，古巴、委内瑞拉、玻利维亚、尼加拉瓜四国元首与会，厄瓜多尔、洪都拉斯外长及多米尼克、安提瓜和巴布达、圣文森特和格林纳丁斯等国代表出席。会议总结了ALBA成立5周年来在经济、社会领域加强合作所取得的进展，各方围绕地区统一货币机制“苏克雷”、人民贸易协定、粮食安全、气候变化等议题进行讨论。

2010年4月，第九届峰会在委内瑞拉首都加拉加斯举行，委内瑞拉、古巴、玻利维亚、尼加拉瓜四国元首和联盟其他成员国代表与会，阿根廷和多米尼加总统作为特邀嘉宾出席。会议围绕“加勒比石油计划”、大型跨国企业、地区统一货币机制“苏克雷”等议题进行了讨论，并就加强ALBA银行及文化和体育领域合作进行交流。此外，与会各国领导人和代表还出席了委内瑞拉独立200周年庆祝活动。

2010年6月，第十届峰会在厄瓜多尔奥塔瓦洛举行，厄瓜多尔、委内瑞拉、玻利维亚3国总统、古巴国务委员会副主席及其他成员国代表与会。会议重点讨论了建设包容性社会、尊重多元文化、促进种族融合和保护环境等议题。

2012年2月5日，第11届峰会在委内瑞拉首都加拉加斯举行。会议就建立ALBA经济政策委员会、社会政策委员会和执行秘书处等问题达成一致，决定设立ALBA经济区以协调各成员国经济货币政策，推动相互间经贸往来，加快生产领域联合等。会议还就ALBA支持阿根廷声索马岛主权、支持古巴参加当年4月在哥伦比亚举行的第六届美洲峰会、支持波多黎各人民独立自主权利、谴责有关国家试图颠覆叙利亚政府的行径以及增加各成员国对海地援助等问题发表特别声明或公报，决定在ALBA银行框架下建立储备基金。

（薛远）

加勒比共同体

The Caribbean Community

【成立日期】1973年8月1日。

【宗旨】提高生活和劳动水准；实现充分就业并发挥其他生产要素作用；促进经济的快速、持续、协调发展；扩大与第三国的经贸关系；提高国际竞争力；加强组织，以提高生产和生产力水平；在与第三国、国家集团或任何性质的实体交往时，更有效地发挥成员国经济杠杆的作用；加强协调成员国的外交政策和对外经济政策；并在下述领域加强合作：1.为了人民的福祉而更有效地开展公共服务和活动；2.不断增进各国人民之间的相互了解，提高其社会、文化和技术发展水平；3.加强卫生、教育、交通和通讯等领域合作。

【成员】15个：安提瓜和巴布达、巴哈马、巴巴多斯、伯利兹、多米尼克、格林纳达、圭亚那、海地、牙买加、圣基茨和尼维斯、圣卢西亚、圣文森特和格林纳丁斯、苏里南、特立尼达和多巴哥、蒙特塞拉特。准成员：安圭拉、百慕大、英属维尔京群岛、开曼群岛、特克斯和凯科斯群岛。观察员：阿鲁巴、哥伦比亚、多米尼加、墨西哥、荷属安的列斯、波多黎各、委内瑞拉。

【主要负责人】秘书长欧文·拉罗克（Irwin LaRocque，多米尼克人），2011年7月上任。

【总部】秘书处设在圭亚那首都乔治敦。地址：P.O.Box10827，Georgetown，Guyana。电话：（592）2220001-75；传真：（592）2220171。E-mail：info@caricom.org。网址：http://www.caricom.org。

【出版物】《加勒比共同体观察》（Caricom Perspective），季刊；《加勒比共同体消息》（Caricom Release），不定期；《加共体观点》（Caricom View），双月刊；《事实档案》（Facts on File），年刊；《秘书长年度报告》。

【组织机构】1.政府首脑会议：系最高权力和最终决策机构。由成员国政府总理组成（圭亚那和苏里南为总统，蒙特塞拉特为首席部长）。主要职责：制定共同体方针政策；代表共同体对外缔结条约，与其他国际组织或国家建立关系；负责共同体财务安排。1992年10月，政府首脑特别会议决定设立首脑会议局，它由政府首脑会议本届、上届和下届主席及共同体秘书长4人组成，主要职责是推动落实共同体的各项决定。2.部长理事会：其权力仅次于政府首脑会议，由各成员国负责共同体事务的部长或其他部长组成。主要职责：制定共同体战略计划，协调地区经济一体化、功能性合作和对外关系。3.专业部长理事会：（1）贸易与经济发展理事会；（2）外交与共同体事务理事会；（3）人文与社会发展理事会；（4）金融与计划理事会；（5）国家安全与执法理事会。4.专门委员会：（1）法律事务委员会；（2）预算委员会；（3）中央银行行长委员会。5.秘书处：设秘书长和副秘书长各1人。秘书长是共同体的首席行政长官，由政府首脑会议根据部长理事会的推荐任命，任期五年，可连任。秘书处的主要职能：为共同体上述主要机构的会议提供服务，实施适当的后续行动落实会议决定；提议、组织和进行与实现共同体宗旨相关的专题研究；为成员国收集、储存并提供与实现共同体宗旨相关的信息；协调与共同体相关的捐助机构和国际、地区、国家机构的活动；制定共同体预算草案；根据授权调查成员国相关情况等。

【专门机构】加勒比灾难急救署、加勒比气象研究院、加勒比气象组织、加勒比食品公司、加勒比环境卫生研究院、加勒比农业研究与开发所、加共体议员联合会、加勒比开发管理中心、加勒比食品与营养研究所、加勒比法院。

【联系机构】加勒比开发银行、圭亚那大学、西印度大学、加勒比法律研究院、加勒比法律研究中心、东加勒比国家组织。

【主要活动】截至2012年7月，加勒比共同体共举行了33届首脑会议、23次届间首脑会议和13次特别首脑会议。

第32届政府首脑会议于2011年7月1～4日在圣基茨和尼维斯举行。会议发表联合公报，阐明了与会各国在建设单一市场经济、推动海地重建等问题上的立场。与会领导人还讨论了公共卫生、气候变化、农业、交通运输、信息技术应用、打击犯罪等问题，并宣布成立加勒比地区公共卫生署。

第23次届间政府首脑会议于2012年3月8～9日在苏里南举行，智利总统皮涅拉应邀与会。会议就深化秘书处改革、打击犯罪、推进可持续发展、援助海地重建等议题达成一致。

第33届首脑会议于2012年7月4～6日在圣卢西亚举行。会议发表公报，称各国将继续推进单一市场建设，推动加勒比共同体机制改革，便利人员自由往来；加强协调统一外交政策及同南美国家联盟、美洲国家组织等地区组织联系，争取在气候变化谈判等国际问题上发挥更大作用；进一步调整财政政策，平衡财税收支，刺激旅游业、农业和建筑业等经济支柱增长，探讨设立加勒比投资计划的可行性等。

【同中国的关系】无正式关系。2008年11月，加勒比共同体时任秘书长卡林顿访华，杨洁篪外长会见。访华期间，卡林顿代表加共体签署2010年上海世博会参展协议。2010年7月，卡林顿来华出席上海世博会加共体主题馆日活动。2011年7月，张昆生部长助理致电祝贺拉罗克就职。（夏少杰）

加勒比国家联盟

Association of Caribbean States—ACS

【成立日期】1990年加勒比共同市场协调委员会会议提出建立加勒比国家联盟（简称“加国联”）的倡

议。1993年6月，第14届加勒比共同体政府首脑会议决定以加勒比共同体为核心建立加国联。1994年7月24日，加勒比地区25个国家和12个未独立地区的代表在哥伦比亚海滨城市卡塔赫纳签署纪要，正式成立加国联。1998年10月加国联被联合国接纳为观察员。

【宗旨】加强各成员国在政治、经济、文化、科学和社会等各个领域的磋商、合作和协调行动，以促进经济和社会发展，维护本地区在国际经济贸易组织中的利益，实现地区经济一体化，最终建立一个广大的自由贸易区。

【成员】25个：安提瓜和巴布达、巴哈马、巴巴多斯、伯利兹、哥伦比亚、哥斯达黎加、古巴、多米尼克、多米尼加、萨尔瓦多、格林纳达、危地马拉、圭亚那、海地、洪都拉斯、牙买加、墨西哥、尼加拉瓜、巴拿马、圣基茨和尼维斯、圣卢西亚、圣文森特和格林纳丁斯、苏里南、特立尼达和多巴哥、委内瑞拉。准成员4个：阿鲁巴、法国（代表法属圭亚那、瓜德罗普和马提尼克）、荷属安的列斯、特克斯和凯科斯群岛。观察员18个：阿根廷、巴西、加拿大、智利、厄瓜多尔、埃及、印度、意大利、韩国、荷兰、摩洛哥、秘鲁、俄罗斯、西班牙、英国、土耳其、芬兰、乌克兰。

【主要负责人】秘书长阿方索·穆尼拉·卡瓦迪亚（Alfonso Múnera Cavadía，哥伦比亚人），2012年4月就任。

【总部】秘书处设在特立尼达和多巴哥首都西班牙港。地址：5-7 Sweet Briar Road，St. Clair，P.O.Box 660，Port of Spain，Trinidad and Tobago。电话：（001-868）6229575；传真：（001-868）6221653。E-mail：mail@acs-aec.org。网址：http：//www.acs-aec.org。

【组织机构】部长理事会是加国联主要的决策机构。下设六个专门委员会：1.贸易发展和对外经济关系委员会；2.环境和加勒比海保护及自然资源委员会；3.科学、技术、卫生、教育和文化委员会；4.预算和行政委员会；5.可持续旅游委员会；6.运输委员会。

【主要活动】截至2012年7月，加国联举行了4届首脑会议和17届部长理事会会议。

2005年7月28～29日，加国联第四届首脑会议在巴拿马首都巴拿马城召开。会议重点讨论了旅游业的持续发展、贸易、交通和自然灾害等问题。

2009年1月30日，加国联第14届部长理事会会议在海地首都太子港举行。会议决定接纳欧盟委员会为加国联观察员。

2010年1月21～22日，加国联第15届部长理事会会议在哥伦比亚卡塔赫纳举行。会议就海地地震发表声明，对海受灾表示慰问，支持海灾后重建。

2011年1月28日，加国联第16届部长理事会会议在特立尼达和多巴哥西班牙港举行。会议讨论了加国联国家开展游轮合作、加强机制建设等问题。

2012年2月8～10日，加国联第17次部长理事会在特立尼达和多巴哥西班牙港举行。会议选举阿方索·穆尼拉·卡瓦迪亚为新任秘书长。

【同中国的关系】无正式关系。（夏少杰）

东加勒比国家组织

Organization of Eastern Caribbean States—OECS

【成立日期】1981年6月18日，东加勒比地区的7个岛国和未独立地区在圣基茨和尼维斯首都巴斯特尔签署《巴斯特尔条约》，正式成立东加勒比国家组织（OECS）。

【宗旨】促进成员国之间的合作，维护成员国主权、独立和领土完整；推动成员国实现经济一体化；协助成员处理国际事务并尽可能协调成员国外交政策以及国际事务立场；在可能的情况下，在海外设立联合外交机构。

【成员】9个：安提瓜和巴布达、多米尼克、格林纳达、圣基茨和尼维斯、圣卢西亚、圣文森特和格林纳丁斯6个主权国家和蒙特塞拉特、安圭拉、英属维尔京群岛3个未独立地区。其中安圭拉、英属维尔京群岛为联系成员。该组织成员总面积为3160平方公里，人口63.6万。

【主要负责人】东加勒比国家组织主席由各成员政府首脑轮流担任，每年轮换一次，现任主席为圣基茨和尼维斯总理登齐尔·道格拉斯（Denzil Douglas）。秘书长莱恩·伊什梅尔（Len Ishmael，圣卢西亚人），2003年5月就任。

【总部】秘书处设在圣卢西亚首都卡斯特里。地址：P.O. Box 179，Castries，Saint Lucia。电话：（001-758）4522537、4556327；传真：（001-758）4531628。E-mail：oesec@oecs.org。网址：http：//www.oecs.org。

【组织机构】（1）政府首脑会议为最高权力机构，每年召开两次会议。（2）秘书处为常设工作机构，下设以下主要部门：教育和人力资源开发部、出口发展部、法律部、环境和可持续发展部、药品采购部、社会发展部以及运动部等。（3）其他主要机构有：东加电信局、民航局、东加勒比中央银行、东加勒比最高法院。根据《新巴斯特尔条约》，该组织将成立东加组织议会、部长委员会、经济事务委员会，并将秘书处改组为OECS委员会。

该组织在世贸组织、欧盟总部、加拿大、比利时和波多黎各设有代表处。

【主要活动】2009年12月，东加勒比国家组织在圣基茨签署《新巴斯特尔条约》，宣布于2010年6月成立东加勒比国家组织经济联盟。

2010年6月，第51届政府首脑会议在圣卢西亚举行，签署《东加勒比国家组织经济联盟条约》，宣布东加经济联盟正式启动。条约规定，联盟将实现人员、商品、服务和资本自由流动，成员国将在立法、司法、外交、国际贸易协定、商品和服务贸易、教育、通信、知识产权保护、交通、公共管理等领域采取共同立场和共同措施。

2011年1月，《新巴斯特尔条约》已经5个成员国批准，正式生效。同月，第52届政府首脑会议在格林纳达举行，会议讨论了落实《东加勒比国家组织经济联盟条约》各项措施，成立组织议会等新机构和改组OECS委员等问题。

2011年3月，东加勒比国家组织举行特别首脑会议，讨论了OECS委员会等机构组成、预算以及驻外代表机构等问题，原则同意设立东加勒比能源管理局。

2011年5月，第53届政府首脑会议在圣文森特和格林纳丁斯举行，审议了2011年至2012年度预算和工作计划，讨论了东加勒比经济联盟建设及《新巴斯特尔条约》批约等议题。圣卢西亚总理金接任该组织轮值主席，任期一年。

2012年1月，第54届政府首脑会议在圣卢西亚举行，敦促各国尽快完成东加勒比增长和发展战略，批准了共同旅游政策，讨论了东加经济联盟运行情况等。

【同中国的关系】无正式关系。2010年3月，东加勒比国家组织秘书长伊什梅尔访华，这是该组织秘书长首次访华。 （夏少杰）

太平洋岛国论坛

Pacific Islands Forum—PIF

【成立日期】1971年8月5～7日，斐济、萨摩亚、汤加、瑙鲁、库克群岛、澳大利亚和新西兰在惠灵顿召开南太平洋七方会议，正式成立“南太平洋论坛”，并决定此后每年召开一次会议。2000年10月，论坛更名为“太平洋岛国论坛”。

【宗旨】加强论坛成员间在贸易、经济发展、航空、海运、电讯、能源、旅游、教育等领域及其他共同关心问题上的合作和协调。近年来，论坛加强了在政治、安全等领域的对外政策协调与区域合作。

【成员】16个成员国：澳大利亚、新西兰、斐济、萨摩亚、汤加、巴布亚新几内亚、基里巴斯、瓦努阿图、密克罗尼西亚联邦、所罗门群岛、瑙鲁、图瓦卢、马绍尔群岛、帕劳、库克群岛、纽埃。2个联系成员：新喀里多尼亚、法属波利尼西亚；4个观察员：托克劳、瓦利斯和富图纳、英联邦、亚洲开发银行；1个特别观察员：东帝汶。

2009年5月，太平洋岛国论坛宣布中止斐济成员资格。

【主要负责人】秘书长图伊洛马·内洛尼·斯莱德（Tuiloma Neroni Slade，萨摩亚人）于2008年8月当选，2011年9月连任。负责战略伙伴关系与总体协调事务的副秘书长费莱蒂·特奥（Feleti Te'o，图瓦卢人）。负责经济管理和安全事务的副秘书长安迪·冯泰（Andie Fong Toy，新西兰人）。

【总部】论坛秘书处设在斐济首都苏瓦。网址：www.forumsec.org.fj。

【出版物】《秘书处年度报告》（Pacific Islands Forum Secretaritat Annual Report）；《论坛述评》（Forum Review），月刊。均为英文。

【组织机构】1972年建立常设机构——南太经济合作局（SPEC），1988年改称“南太论坛秘书处”。设论坛秘书长，由论坛成员国政府代表投票产生，对论坛成员国负责；设副秘书长，系合同聘用，协助秘书长工作。下设政治、国际和法律事务司、贸易和投资司、发展和经济政策司、协同服务司（行政），各司设司长。论坛秘书处总部共有约120名官员和职工。在悉尼、奥克兰设有贸易与投资专员署，在东京设有太平洋岛屿中心，2002年在北京开设驻华贸易代表处（2012年更名“太平洋岛国贸易与投资专员署”），2003年底在日内瓦设立驻世界贸易组织代表处。

论坛秘书处财政预算由澳大利亚和新西兰各支付1/3，其余部分由其他岛国成员分摊。目前向秘书处提供捐助的国家、地区和组织有：中国、澳大利亚、加拿大、欧盟、法国、法属波利尼西亚、德国、日本、韩国、马来西亚、新西兰、菲律宾、英国、联合国开发计划署，台湾当局也向秘书处提供捐助。

论坛秘书处和8个相对独立的机构组成太平洋地区组织理事会（CROP），由论坛秘书长担任主席。这8个组织为：论坛渔业局（FFA）、斐济医学院（FSchM）、太平洋岛屿发展署（PIDP）、太平洋电能协会（PPA）、太平洋区域环境规划署（SPREP）、太平洋共同体秘书处（SPC）、南太平洋旅游组织（SPTO）、南太平洋大学（USP）。2004年太平洋岛国论坛首脑会议通过决议，决定对地区组织进行机构重组。2006年，论坛首脑会议审议通过了《改革地区机制框架报告》，为地区组织机构重组描绘了“路线图”。根据论坛有关决议和《报告》，地区组织将整合为3大类，分别是政治政策类、技术服务类和教育培训类。

【**主要活动**】论坛首脑会议：论坛一般每年召开一次政府首脑会议，在各成员国或地区轮流举行。迄今，已举行了42届论坛首脑会议（1972年召开了两次）。

2010年8月，第41届论坛首脑会议在瓦努阿图首都维拉港举行。会议以“引导地区机遇与挑战”为主题，讨论了气候变化、发展援助协调、联合国千年发展目标、贸易、环境、能源、地区组织改革、打击跨国犯罪等问题，并就斐济局势交换看法，发表了《加快实现千年发展目标维拉港宣言》。

2011年9月，第42届论坛首脑会议在新西兰奥克兰举行。会议以“将潜力转化为繁荣”为主题，讨论了可持续发展、气候变化、发展援助协调、论坛与联合国关系及斐济局势等问题，发表了《论坛公报》、《可持续发展怀希基宣言》、《论坛领导人关于非传染性疾病的声明》、《论坛领导人与联合国秘书长联合声明》。

论坛会后对话会：从1989年起，论坛决定邀请中、美、英、法、日和加拿大等国出席论坛首脑会议后的对话会议。1991～2007年，论坛先后接纳欧盟、韩国、马来西亚、菲律宾、印度尼西亚、印度、泰国、意大利为对话伙伴。目前，论坛共有14个对话伙伴。

论坛外交部长会议：为协调并解决成员国共同关心的政治问题，首脑会议不定期授权论坛成员国外长就特定议题召开会议。

论坛经济部长会议：为协调和支持各成员的经济改革，从1997年起，论坛每年在首脑会议前召开经济部长会议。

论坛贸易部长会议：为协调和推动地区贸易自由化，从1999年起，论坛每年在首脑会议前召开贸易部长会议。

论坛与日本领导人会议由日本倡议和推动，始于1997年，每三年举办一次，旨在密切日本与论坛国家关系。2009年5月，在日本冲绳举行了第五届会议，日本承诺3年内向岛国提供500亿日元援助，为岛国培训人员并开展人员交流。会议并决定设立“太平洋环境共同体”以共同应对面临的环境问题。2010年10月，在日本东京首次召开“日本—太平洋岛国部长级会议”，与会方就气候变化等问题达成若干共识，太平洋岛国重申支持日本成为联合国安理会常任理事国。2012年5月，在日本冲绳举行了第六届会议，发表共同宣言，强调日本和岛国将加强在减灾、环境和气候变化、可持续发展、人员交流以及海洋安全等五大领域合作。日本承诺3年内向岛国提供5亿美元援助。

论坛自1989年亚太经合组织成立时起即为其观察员。1994年起，论坛成为联合国观察员。

【**同中国的关系**】1988年2月，中国驻斐济大使徐明远应邀参加论坛地区机构协调委员会在苏瓦召开的关于建立对话关系的讨论会。1990年起，中国连续22次派政府代表出席对话会，加强了中国同论坛及其成员国的合作关系。2010年8月，外交部副部长崔天凯率团出席了在瓦努阿图首都维拉港举行的第22届太平洋岛国论坛会后对话会，在会上阐述了中国对太平洋岛国政策，宣布了中方支持岛国经济社会发展的具体措施，重申帮助岛国应对国际金融危机和气候变化问题的积极态度和政策主张，呼吁国际社会给予岛国更多关注和支持，强调中方重视发展同岛国关系，愿在和平共处五项原则基础上推动双方关系不断向前发展。2011年9月，外交部副部长崔天凯率团出席了在新西兰奥克兰举行的第23届太平洋岛国论坛会后对话会，在会上重申中方高度重视发展同太平洋岛国关系，介绍了中国支持岛国经济可持续发展、应对气候变化、实现千年发展目标等方面的举措，表示中国将继续与论坛成员国及其他对话伙伴密切协调与合作，为促进岛国地区稳定、发展与繁荣作出不懈努力。

论坛秘书长亨利·纳萨利（1991年4月）、耶雷米亚·塔巴伊（1992年9月）、诺埃尔·莱维（1999年5月、2002年9月）和格雷戈里·厄尔文（2006年8月）以及副秘书长威廉·萨瑟兰（1994年3月）、安东尼·斯莱切耶（1997年7月）、约瑟法·迈亚瓦（2004年4月参会）、彼得·福劳（2007年8月参会）曾访华。2001年10月，论坛秘书长莱维率观察员代表团出席了在上海举行的亚太经合组织外交外贸双部长会议。

2000年10月，中国政府代表、外交部副部长杨洁篪与论坛秘书长莱维换文，中国政府捐资设立中国—论坛合作基金，用于促进双方在贸易投资等领域内的合作。基金设立后，已先后资助了论坛驻华贸易代表处、投资局长年会、论坛秘书处信息存储系统更换、论坛进口管理等项目。2005年10月，中国政府决定资助“太平洋计划”项下港口综合开发、地区航空安排、乡村边远地区信息化建设3项目（2006～2010年），并向地区安全基金捐款。2010年8月，外交部副部长崔天凯在出席第22届太平洋岛国论坛对话会期间，宣布中国政府决定2011～2015年间为中国—论坛合作基金增资200万美元，用于双方商定的合作项目。2011年，中方通过基金资助太平洋岛国论坛继续实施港口综合开发、地区航空安排、乡村边远地区信息化建设等项目。

2006年4月，国务院总理温家宝出席在斐济举行的“中国—太平洋岛国经济发展合作论坛”首届部长级会议开幕式期间，会见了与会的论坛秘书长厄尔文。2010年1月，中国—太平洋岛国论坛对话会特使杜起文访问斐济期间会见论坛秘书长斯莱德。2008年9月，“中国—太平洋岛国经济发展合作论坛投资、贸易、旅游部长级会议”在厦门举行，库克群岛和萨摩亚副总理及其他太平洋岛国多位部长级官员出席。

2010年1月，中国—太平洋岛国论坛对话会特使杜起文访问斐济期间会见太平洋岛国论坛秘书长斯莱德。2011年9月，外交部副部长崔天凯在新西兰奥克兰出席第23届太平洋岛国论坛会后对话会期间会见太平洋岛国论坛秘书长斯莱德。

2004年10月、2006年11月、2008年11月、2009年11月和2011年6月，中国外交部举办5期太平洋岛国论坛高级外交官培训班，来自中国8个建交岛国和论坛秘书处的外交官应邀参加。2003年8月、2005年9月、2007年11月和2011年9月，中国外交部先后邀请太平洋岛国联合新闻团来华参观采访。2010年5月，上海世博会南太平洋旅游组织、太平洋岛国论坛荣誉日活动在上海世博园举行。7月，太平洋岛国论坛驻华贸易代表处在上海举办中国—太平洋岛国旅游、贸易与投资合作研讨会。

【驻华代表机构】太平洋岛国贸易与投资专员署。2002年9月正式开馆，前称“太平洋岛国论坛驻华贸易代表处”，2012年3月更现名。宗旨是“为太平洋岛国和中国创造更多机会”，主要工作是促进太平洋岛国与中国之间的贸易、投资和旅游合作。贸易专员：萨穆埃拉·萨武（Samuela Savou，斐济人），2008年4月就任。专员署地址：北京市朝阳区塔园外交人员公寓5号楼1单元3层1号。电话：010-65326622。电子信箱：answers@pifto.org.cn。网址：www.pifto.org.cn。（刘洋）

经济合作与发展组织

Organization for Economic Cooperation and Development—OECD

【成立日期】1961年9月30日在法国巴黎正式成立。

【宗旨】促进成员国经济和社会的发展，推动世界经济增长；帮助各成员国制定和协调有关政策，以提高各成员国的生活水平，保持财政的相对稳定；鼓励和协调成员国为援助发展中国家作出努力，帮助发展中国家改善经济状况，促进非成员国的经济发展。

【成员】34个：澳大利亚、奥地利、比利时、加拿大、智利、捷克、斯洛伐克、丹麦、爱沙尼亚、芬兰、法国、德国、希腊、匈牙利、冰岛、爱尔兰、以色列、意大利、日本、韩国、卢森堡、墨西哥、荷兰、新西兰、挪威、波兰、葡萄牙、斯洛文尼亚、西班牙、瑞典、瑞士、土耳其、英国、美国。

【负责人】秘书长安赫尔·古里亚（Angel Gurria，前墨西哥外交部长、财长），2006年6月1日就任。

【总部】法国巴黎，地址：2 Rue Andre Pascal F 75775 Paris Cedex16 France。网址：http: //www.oecd.org。电话：+33 1 45248200。传真：+33 1 45249700。

【出版物】《经合组织活动》（秘书长年度报告）、《经合组织消息》（月刊）、《经合组织观察家》（双月刊）、《金融统计》、《经合组织经济调研》、《外贸统计》（月刊）、《经合组织经济展望》（半年一期）等。经合组织每年出版数百种研究报告。

【组织结构】经合组织最高权力机构为理事会，理事会分为每周举行一次的常驻代表级（各成员国代表团团长具有大使级资格）会议和至少每年举行一次的部长级会议，负责处理该组织总政策的各项问题，以及决定成立附属机构、批准预算等。理事会的决议和建议须经全体成员国同意（协商一致原则）。经合组织理事会每年选出14名成员国的代表组成执行委员会，研究处理理事会交办的各项工作。秘书处设有秘书长和副秘书长，负责处理经合组织的日常事务，为理事会、执行委员会和其他有关机构服务。

【主要活动】该组织的活动实际上包括了成员国经济政策的所有方面。该组织下设200多个专业委员会、工作组和专家组，负责各个领域的具体工作。它们通过评估该组织最新研究成果和审议成员国政策实施情况，促进成员国政府间合作，协调国内政策，尤其是贸易和投资政策，最大限度地减少各成员国间的矛盾和冲突。

经合组织的研究内容和政策协调范围几乎包括了经济和社会发展的各个方面，涉及宏观经济、贸易、金融、投资、财政、公共管理、环境、农业、科技、教育、就业、税收、企业发展、发展援助等领域。

20世纪90年代以来，经合组织积极发展同非成员的关系，以加强经济政策的协调，促进投资贸易关系的发展，为此还专门设立了促进经合组织与非成员合作的“全球关系秘书处”。目前已有70多个经合组织非成员国家和地区（包括中国香港、中国台北）参加了与经合组织有关的对话活动。其中，中国、巴西、印度、印度尼西亚和南非于2007年的理事会部长级会议上受邀成为经合组织“加强联系五国”，2012年的理事会部长级会议上改称“主要伙伴国家”。

2011年5月25 ~ 26日，经合组织理事会部长级会议在法国巴黎召开，主要讨论世界经济形势、绿色增长等问题。

【同中国的关系】中国于1995年7月与经合组织正式建立政策对话合作关系。中国30多个部门参与了与经合组织的政策对话和技术合作活动，对话与合作领域涉及宏观经济政策、税收、统计、农业、科技、教育、环保、贸易投资、城建、交通、钢铁、造船、银行、保险、证券、社会保险、竞争政策、电子商务等，合作形式包括联合研究、对话交流、人员培训和工作访问等。2001年，经合组织正式接纳中国为其科技政策委员会观察员。2004年，中国成为经合组织财政事务委员会观察员。近年来，经合组织重视与中国关系，希望双方开展更密切合作。现任秘书长古里亚于2008年3月首次正式访华，此后于2009年3月和4月、2010

年3月、2011年3月多次访华。商务部多次应邀组团出席了经合组织理事会部长级会议和经合组织与中国部长级对话会。（卢毓辉）

世界经济论坛

World Economic Forum—WEF

【成立日期】1971年由瑞士日内瓦大学教授施瓦布倡议创建。

【宗旨】研究和探讨世界经济领域存在的问题，促进国际经济合作与交流。

【成员】论坛主要由会员与合作伙伴组成。会员是1000多家全球顶级公司。他们向论坛缴纳会费，并遵守论坛“致力于改善全球状况”宗旨，同时享有论坛独特的内部网络和前沿科技。论坛有选择地与其会员或企业组织建立合作伙伴关系。

【负责人】克劳斯·施瓦布（Klaus Schwab，瑞士人），自该机构成立起一直担任主席。

【总部】瑞士日内瓦。网址：http://www.weforum.org。

【出版物】1988年1月开始出版《世界联系》（World Link）季刊、《世界竞争力报告》（The World Competitiveness Report）。此外，还不定期出版一些专题研究报告和文集。

【组织结构】论坛设有两个由会员组成的外部管理机构：施瓦布基金会（Schwab Foundation）和论坛委员会（Forum Council）。基金会在施瓦布主席的直接领导下与国际公共社会和企业团体共同制定论坛的长远发展方向和目标。委员会代表论坛会员与合作伙伴的利益，其目标是实施论坛的长远战略，并保证论坛会员和伙伴长期积极参与论坛的活动。

论坛的内部管理机构是理事会（Managing Board），负责日常管理。理事会也是论坛与会员和合作伙伴，以及更广泛的国际社会交流和联系的纽带。

【主要活动】每年1月末在瑞士达沃斯召开“世界经济论坛年会”，简称为“达沃斯会议”，在西方被称为“非官方的国际经济最高级会议”。每年均有来自数十个国家的千余位政界、企业界和新闻机构的领袖人物与会。还在非洲、中东、拉美、东亚、印度、俄罗斯等地举办地区性会议。

2011年1月26～30日，世界经济论坛第41届年会在瑞士达沃斯举行。会议以“新形势下的共同准则”为主题。2500多名代表出席了会议，其中包括30多位国家元首或政府首脑。代表们围绕“应对新形势”、“经济前景和制定包容性增长政策”、“支持二十国集团的行动计划”和“建立全球风险应对机制”四大论题进行了讨论。

【同中国的关系】中国同世界经济论坛保持着密切的联系。自1979年以来，中国多次应邀派团参加达沃斯会议。1992年李鹏总理应邀出席会议，发表了题为《九十年代的中国经济》的重要讲话。1995年朱镕基副总理应邀出席会议，发表了题为《中国的改革和发展》的讲话。1998年李岚清副总理应邀出席会议，发表了题为《中国经济稳步前进》的讲话。2000年吴邦国副总理应邀出席会议，并发表了题为《迈向二十一世纪的中国经济》的重要讲话。2003年全国人大常委会副委员长成思危以中国跨国公司研究会名誉会长的身份出席年会并作了关于中国经济的专题演讲。2005年黄菊副总理与会并发表题为《科学发展观与21世纪的中国经济》的特别致辞。2006年曾培炎副总理与会并发表题为《开拓创新，把握未来》的重要讲话。2007年华建敏国务委员与会并发表《科学发展、和谐发展、和平发展》的特别致辞。2008年曾培炎副总理与会并发表题为《协同创新，互利共赢》的特别致辞。2009年温家宝总理与会并发表题为《坚定信心加强合作推动世界经济新一轮增长》的特别致辞。2010年李克强副总理与会并发表题为《合作包容共创未来促进世界经济健康复苏和持续发展》的特别致辞。

自1993年起，中国还多次派团参加世界经济论坛举办的地区经济峰会。1981～2006年，世界经济论坛与中国企业联合会每年联合在华举办“企业高级管理人员国际研讨会”（1996年起更名为“中国企业高峰会”）。

2007年开始，论坛每年在华举办世界新领军者年会（“夏季达沃斯”论坛）。前五届“夏季达沃斯”论坛分别于2007年9月在大连、2008年9月在天津、2009年9月在大连、2010年9月在天津、2011年9月在大连举行。温家宝总理出席了上述会议。

【驻华机构】2006年6月，世界经济论坛在北京成立了其在亚洲的首个代表处，现任负责人施力伟（Olivier Schwab）。机构地址：北京东三环中路1号环球金融中心西楼501-503，邮编：100020。（唐晓妍）

二十国集团

Group of 20—G20

【成立日期】二十国集团（G20）由七国集团财长和央行行长会议于1999年倡议成立，参与方财长和央行行长定期对话，促进国际金融货币政策稳定和世界经济发展。世界银行行长、国际货币基金组织总裁等也作为特邀代表参加。2008年，国际金融危机爆发后，G20上升到领导人层面，并于2008年11月在华盛顿召开“金融市场和世界经济峰会”。

【宗旨】推动发达国家和新兴市场国家就国际经济和金融领域的重大问题开展对话与合作，努力推动世界经济实现强劲、可持续、平衡增长，维护国际金融体系稳定。

【网址】http：//www.g20.org。

【成员】阿根廷、澳大利亚、巴西、加拿大、中国、法国、德国、印度、印度尼西亚、意大利、日本、韩国、墨西哥、俄罗斯、沙特阿拉伯、南非、土耳其、英国、美国、欧盟。

【组织结构】G20无常设秘书处，峰会筹备工作由“三驾马车”（前任、现任和候任主席国）牵头、各成员共同参与，采取G20协调人、G20财金副手双轨筹备机制。G20协调人由成员国领导人指定，多由各国负责外交、经济、金融事务的政府高官担任，协调人每年定期召开3 ~ 6次会议，协调峰会各项筹备工作，重点是政治筹备工作，包括峰会成果文件磋商。G20财金渠道负责就具体经济金融问题进行磋商，并提出建议。G20还视情况举行有关专业部长级会议或设立专家工作组。

2009年9月，G20领导人在美国匹兹堡举行第三次峰会，将G20确定为国际经济合作主要论坛。2010年6月和11月分别由加拿大和韩国举办一次峰会。从2011年法国峰会起G20每年举行一次峰会，这标志着G20峰会步入机制化。G20戛纳峰会决定，2012 ~ 2015年的G20主席国分别为墨西哥、俄罗斯、澳大利亚和土耳其。从2016年起，峰会主席在G20的5个小组中依次轮任。第一组为中国、印尼、日本、韩国；第二组为法国、德国、意大利、英国；第三组为阿根廷、巴西、墨西哥；第四组为印度、俄罗斯、南非、土耳其；第五组为澳大利亚、加拿大、沙特、美国。

【主要活动】2008年11月14 ~ 15日，为应对国际金融危机，美国推动G20领导人在华盛顿召开“金融市场和世界经济峰会”。会议通过了“二十国集团领导人金融市场和世界经济峰会宣言”。宣言分为正文和附件两部分。正文主要阐述了对此次国际金融危机根源的看法，评估了国际社会就应对危机已经和即将采取的措施，确定了解决金融危机的基本原则和具体行动，责成部长和专家提出具体建议，并重申了对开放全球经济的承诺等。附件主要就上述原则提出了近50项具体行动。

2009年4月1 ~ 2日，在英国伦敦举行G20领导人第二次峰会。会议通过了《伦敦峰会公报：全球复苏和改革计划》，决定采取经济刺激措施和金融支持计划恢复经济增长和就业、确定加强金融监管和加强国际金融机构的一系列措施、确保公平和可持续的全球复苏、重申抵制保护主义和促进全球贸易与投资、承诺要确保公平和可持续的全球复苏。

2009年9月24 ~ 25日，在美国匹兹堡举行了G20领导人第三次峰会。会议通过了《二十国集团匹兹堡峰会领导人声明》，内容涉及建立“强劲、可持续、平衡增长框架”，加强国际金融监管体系，改革国际金融机构以及能源安全、气候变化、发展、就业和贸易等问题。峰会决定把二十国集团确立为国际经济合作的主要论坛，将国际货币基金组织份额从高估国向份额被低估的新兴市场和发展中国家转移至少5%的份额，将发展中国家和转轨国家在世界银行的投票权提高至少3%。

2010年6月26 ~ 27日，在加拿大多伦多举行了G20领导人第四次峰会。会议通过了《二十国集团多伦多峰会宣言》，决定强化“强劲、可持续、平衡增长框架”及该框架下的G20相互评估机制，要求平衡经济复苏和财政整顿的关系。G20中的发达经济体承诺在2013年前将财政赤字至少减半，在2016年前稳定或降低政府债务占国内生产总值的比重。世界银行投票权改革已经完成，发展中国家和转轨国家投票权较2008年增加4.59%。峰会要求国际货币基金组织在G20首尔峰会前完成份额改革目标；将反对贸易保护主义的有关承诺延长至2013年。

2010年11月11 ~ 12日，在韩国首尔举行了G20领导人第五次峰会，主题为“超越危机、共享增长”。峰会启动了《首尔行动计划》，加强各成员在货币、贸易、财政、结构改革等方面宏观经济政策协调；决定完成国际货币基金组织份额向富有活力的新兴市场和发展中国家以及份额低估国转移6%以上的目标；加强对影子银行和大宗商品贸易的规范和监管；继续抵制贸易保护主义，促进贸易和投资；批准《首尔发展共识》及其跨年度行动计划。

2011年11月3 ~ 4日，在法国戛纳举行了G20领导人第六次峰会，主题为“新世界、新观念”。峰会通过了“促进增长和就业的戛纳行动计划”，既包括各国短期内保增长、促稳定的举措，也包括开展结构改革、巩固经济增长基础的中长期计划。峰会呼吁建立一个更稳定和更能抗风险的国际货币体系，扩大国际货币基金组织特别提款权货币组成篮子；决定继续加强国际金融监管，提升金融体系应对危机的能力；呼吁加强对粮食生产的投入，完善国际能源市场，加强对大宗商品金融衍生品市场的监管；承诺反对贸易保护主义并根据多哈授权继续推动谈判；承诺继续把发展问题作为未来G20峰会的重要议题。

【同中国的关系】中国是创始成员国。中国组团出席了历次G20峰会及财长和央行行长会。中国是2005年G20主席国，成功举行了第七届G20财长和央行行长会议、两次副手级会议以及相关研讨会等活动，赢得各方好评。胡锦涛主席出席了第七届G20财长和央行行长会议开幕式，并发表重要讲话，就会议主题——“加强全球合作：实现世界经济平衡有序发展”提出四点主张：要尊重发展模式的多样性，尊重各国根据自己国情选择的发展道路；要加强各国宏观经济政策的对话与协调，推动世界经济的平衡有序发展；要完善国际经济贸易体制和规则，推动布雷顿森林机构的改革；要帮助发展中国家加快发展等。胡锦涛主席还就进一步加强同包括二十国集团在内的国际金融机构和论坛关系阐述了中方立场，并介绍了当前中国经济社会的发展状况，受到与会各方的高度评价。

2008年11月，胡锦涛主席出席了在美国华盛顿举行的“金融市场和世界经济峰会”，发表题为“通力合作共度时艰”的讲话。胡锦涛主席强调，有效应对金融风险，维护国际金融稳定，促进世界经济发展，需要国际社会增强信心、加强协调、密切合作、共同应对。各国应该加强宏观经济政策协调，采取一切必要的财政、货币手段，遏制金融危机扩散和蔓延，避免发生全球性衰退；把握建立公平、公正、包容、有序的国际金融新秩序的方向，坚持全面性、均衡性、渐进性、实效性的原则，对国际金融体系进行必要改革，创造有利于全球经济健康发展的制度环境；切实改变不可持续的经济增长模式，解决好各自经济发展存在的深层次问题；向受危机影响的发展中国家提供支持，帮助其保持发展势头。

2009年4月，胡锦涛主席出席了G20领导人第二次峰会，发表了题为“携手合作同舟共济”的讲话。胡锦涛主席强调，要落实华盛顿峰会共识、坚定信心、加强合作，努力实现共同确定的目标。各国应保持宏观经济政策导向总体上的一致性、时效性、前瞻性，加强协调与合作，共同应对国际金融危机；抓紧落实华盛顿峰会关于加强金融监管合作、国际金融机构增长对发展中国家的援助、国际金融机构治理结构改革、完善国际货币体系等方面达成的共识；共同反对任何形式的贸易保护主义和投资保护主义；继续推进联合国千年发展目标进程，发达国家应保持和增加对发展中国家的援助。

2009年9月，胡锦涛主席出席了G20领导人第三次峰会，发表了题为“全力促进增长推动平衡发展”的讲话。胡锦涛主席强调，要推动世界经济健康复苏，推进国际金融体系改革，在解决全球发展不平衡进程中实现世界经济全面持续平衡发展。各国应保持经济刺激力度，努力促进消费、扩大内需；提高发展中国家在国际金融机构的代表性和发言权，推动改革取得实质性进展；完善促进平衡发展的国际机制，推动优先解决发展不平衡问题。

2010年6月，胡锦涛主席出席了G20领导人第四次峰会，发表了题为“同心协力共创未来”的讲话。胡锦涛主席为推动世界经济尽早进入强劲、可持续、平衡增长提出三点建议：一是推动二十国集团从应对国际金融危机的有效机制转向促进国际经济合作的主要平台；二是加快建立公平、公正、包容、有序的国际金融新秩序；三是促进建设开放自由的全球贸易体制。胡锦涛主席强调，要牢牢把握强劲、可持续、平衡增长三者之间的有机统一。同时，要照顾到不同国家国情，尊重各国发展道路和发展模式的多样性。

2010年11月，胡锦涛主席出席了G20领导人第五次峰会，发表了题为“再接再厉共促发展”的讲话。胡锦涛主席强调，国际金融危机深层次影响仍在发酵，全球发展问题更加突出。为实现促进世界经济强劲、可持续、平衡增长这一目标，胡锦涛主席提出四点建议：第一，完善框架机制，推动合作发展；第二，倡导开放贸易，推动协调发展；第三，完善金融体系，推动稳定发展；第四，缩小发展差距，推动平衡发展。

2011年11月，胡锦涛主席出席了G20领导人第六次峰会，发表了题为“合力推动增长合作谋求共赢”的讲话。胡锦涛主席指出，国际金融危机暴露出若干体制机制、政策理念、发展方式的弊端，需要G20继续发扬同舟共济、合作共赢的精神，抓住主要矛盾，共同提振市场信心。为此，胡锦涛主席提出五点建议：第一，坚持在增长中兼顾平衡；第二，坚持在合作中谋求共赢；第三，坚持在改革中完善治理；第四，坚持在创新中不断前进；第五，坚持在发展中共促繁荣。此外，胡锦涛主席还在峰会上宣布，中方愿在南南合作框架内，对同中国建交的最不发达国家97%的税目产品给予零关税待遇。　　（张顺）

二十四国集团

Group of 24—G24

【成立日期】1971年11月，七十七国集团在利马举行部长会议，决定由七十七国集团中的24个成员国组成二十四国集团，全称是“关于国际货币和发展事务的二十四国集团”（The Intergovernmental Group of Twenty Four on International Monetary Affairs and Development，G24）。

【宗旨】为发展中国家在国际金融与货币领域内协调立场和政策，制定发展中国家关于国际货币制度改革、债务问题与资金转移等重大问题的共同政策和方针。

【网址】http://www.G24.org。

【成员】由分别来自三个地域的发展中国家组成，即非洲的阿尔及利亚、科特迪瓦、埃及、埃塞俄比亚、加蓬、加纳、尼日利亚、南非、刚果（金），拉美和加勒比的阿根廷、巴西、哥伦比亚、危地马拉、墨西哥、秘鲁、特立尼达和多巴哥、委内瑞拉，亚洲的印度、伊朗、黎巴嫩、巴基斯坦、菲律宾、斯里兰卡、叙利亚。

【组织结构】该集团每年举行部长级会议，由各国参加国际货币基金组织和世界银行联合年会的理事或副理事参加（一般是各国的财政部长或中央银行行长）。会议设主席，第一、第二副主席各一名（分别来自三个地域），实行轮任。部长级会议一般在世界银行和国际货币基金组织的发展委员会会议前夕于同地召开，以协调立场。部长级会议前先举行副手级会议。七十七国集团的其他成员国可作为观察员与会。二十四国集团设有技术组和联络办公室，不设秘书处，使用基金组织的秘书处。

【主要活动】2011年4月14日，G24第85届部长级会议在华盛顿召开。会议讨论了后危机时代的经济增长与发展、世界银行改革等议题，并对2010年国际货币基金组织份额改革方案获得通过表示欢迎。会后发表了联合公报。

2011年9月22日，G24第86届部长级会议在华盛顿召开，会议讨论了全球经济复苏所面临的威胁、创造就业岗位、加强金融机构监管等议题。会后发表了联合公报。

【同中国的关系】中国政府代表团作为观察员出席了2011年4月和9月的G24会议，阐述了中国在相关问题上的原则立场。 （卢毓辉）

七十七国集团

Group of 77—G77

【成立日期】1964年3月，在日内瓦召开的第一届“联合国贸易和发展会议”期间，亚非拉76个国家和南斯拉夫发表《77个发展中国家联合宣言》，提出了关于国际经济关系、贸易与发展的一整套主张。该集团遂告成立，并由此得名。为发展中国家政府间国际组织。

【宗旨】在国际经济领域内加强发展中国家的团结与合作，推进建立新的国际经济新秩序，加速发展中国家的经济社会发展进程，促进南南合作。

【成员】截至2011年底，该组织共有131个成员。

【主要负责人】七十七国集团（G77）主席由来自亚非拉三大区域的成员国按地区原则轮流担任，任期一年。2012年主席国为阿尔及利亚。

【总部】纽约和日内瓦是G77两个主要活动中心，在维也纳、罗马等多边外交活动较多的地点均有分支。网址：http://www.g77.org。

【资金来源】G77活动经费来自成员国自愿捐款。中国自1994年开始每年向其捐款1万美元，1998年起增至2万美元，2004年起增至4万美元，是最大的捐助国。

【主要活动】每年联大前夕（或初期）举行集团外长会议或专门领域的部长级会议。在联合国和一些专门机构会议前或会议期间，召集成员国与会代表开会协调立场，然后发表立场声明或共同提出案文等。此外，各区成员还举行各种层次的区域级会议。议事时采取协商一致原则作出决定。

该集团成立后，主要致力于维护发展中国家民族独立和国家主权，争取经济利益，在一些涉及重大共同利益的问题上协调立场，发挥积极作用。近年来，G77要求进一步加强团结与合作的愿望和呼声日益强烈。G77要求平等地参与国际经济事务的决定，强调在国际金融机构中加强协作与配合，对国际金融体制改革和建立多边贸易体制等提出具体主张。

2000年4月，122个发展中国家在古巴哈瓦那举行了G77成立以来的首次南方首脑会议。2003年12月，G77在摩洛哥马拉喀什召开南南合作部长级会议，会议通过了《马拉喀什宣言》和《行动纲领》，回顾哈瓦那南方首脑会议行动计划的执行情况，为今后南南合作制订行动计划。2004年6月在巴西圣保罗举行了G77

成立40周年纪念大会。2005年6月在卡塔尔多哈举行了第二届南方首脑会议，会议主题为“实现千年发展目标”。

【同中国的关系】中国一贯支持其正义主张和合理要求。20世纪90年代以来，中国同该集团的关系在原有基础上有了较大的进展。1991年在联合国环境与发展大会筹备会上，中国同该集团首次以“七十七国集团加中国”的方式共同提出立场文件。随着中国参与程度的不断加深，这一合作模式从最初的环发领域逐渐扩展到经济、社会、联合国财政和预算等诸多领域，中国参与程度也不断深化。目前，中国已全面参与该集团的所有会议和活动。

李岚清副总理和曾培炎副总理曾分别率团出席首届和第二届南方首脑会议。（刁君妹）

世界能源理事会
World Energy Council—WEC

【成立日期】1924年成立。原名“世界电力大会”，1968年后改称“世界能源大会”，1989年改称“世界能源理事会”。

【宗旨】促进能源的可持续供应和使用；研究和交流能源工业与国民经济间的重大关系、能源开发利用战略、环境保护和可持续发展等领域的问题，协调各国能源与环保、能源与社会发展的宏观经济政策。

【性质】非政府国际组织。

【主要负责人】执行理事会主席嘉德奈（Pierre Gadonneix，法国电力公司董事长）。

【总部】英国伦敦。网址：http://www.worldenergy.org。

【成员】94个。

【组织机构】世界能源理事会每三年召开一次大会。最高权力机构为执行理事会。

世界能源理事会由三个组织构成：一、世界能源理事会：系根据英格兰和威尔士法律成立的一个公益事业机构。二、世界能源理事会服务有限公司：是为执行理事会下设的官员委员会、财政委员会、信息委员会、规划委员会、研究委员会和秘书处处理日常事务的办事机构。三、世界能源理事会基金会：成立于1990年，旨在接收并管理来自个人、组织和全球能源公司的财政捐款。

【资金来源】成员会费、企业捐款等。

【出版物】《世界能源理事会年度报告》及与能源相关的专题研究报告等。

【主要活动】世界能源理事会的工作涵盖全部能源领域，包括煤、电、石油、天然气、核能、水能及其他可再生能源等，重点放在市场重组、能源效率、能源与环境、能源资金系统、能源价格和补贴、解决贫困地区的用能、建立能源标准、推广新技术应用以及就发展中国家、经济转型国家和发达国家的能源问题发表专题研究报告，为成员、能源产业和大众提供广泛的服务，以具权威的报告、研究、案例分析、中长期能源项目和政策及战略建议而著称。

【同中国的关系】中国于1983年加入世界能源理事会，并于同年成立了由16个有关部委和公司组成的中国国家委员会。中国台湾地区和香港地区也是该组织的成员。中国国家委员会作为理事会成员积极参加每年的执行理事会会议。（唐晓妍）

亚太经济合作组织
Asia Pacific Economic Cooperation—APEC

【成立】1989年11月5～7日，澳大利亚、美国、日本、韩国、新西兰、加拿大及当时的东盟六国（印度尼西亚、泰国、菲律宾、马来西亚、新加坡、文莱）在澳大利亚首都堪培拉举行亚太经济合作组织（APEC）首届部长级会议，标志APEC正式成立。

【宗旨】1991年11月汉城APEC第三届部长级会议通过了《汉城宣言》，正式确定该组织的宗旨和目标为“为本地区人民的共同利益保持经济增长与发展；促进成员间经济依存；加强开放的多边贸易体制；减少区域贸易和投资壁垒”。

【成员】21个（2012年7月）：澳大利亚、文莱、加拿大、智利、中国、中国香港、印度尼西亚、日本、韩国、墨西哥、马来西亚、新西兰、巴布亚新几内亚、秘鲁、菲律宾、俄罗斯、新加坡、中国台北、泰国、美国和越南。

【合作原则和方式】APEC采取自主自愿、协商一致的合作原则，所作决定必须经各成员一致同意。

【秘书处】APEC的服务性执行机构，负责行政、财务、信息收集、出版和工作组会议协调等事务性工作，设在新加坡。秘书处的最高职务为执行主任，2010年之前由APEC当年东道主指派，任期一年。2010年起通过公开招聘方式任命，任期三年。目前执行主任为穆罕默德·诺尔·雅各布（Mohammad Noor Yacob）大使（马来西亚籍），2010年1月1日上任，任期至2012年底。秘书处网址：http：//www.apec.org。

【出版物】每年出版《APEC经济政策报告》、《经济技术合作报告》以及《贸易投资委员会年度报告》等。APEC秘书处还不定期出版一些电子刊物。

【组织机构】（1）领导人非正式会议：1993年11月，首次APEC领导人非正式会议在美国西雅图召开，之后每年召开一次。自1993年以来共举行了19次，分别在美国西雅图、印尼茂物、日本大阪、菲律宾苏比克、加拿大温哥华、马来西亚吉隆坡、新西兰奥克兰、文莱斯里巴加湾、中国上海、墨西哥洛斯卡沃斯、泰国曼谷、智利圣地亚哥、韩国釜山、越南河内、澳大利亚悉尼、秘鲁利马、新加坡、日本横滨和美国檀香山举行。（2）部长级会议：每年领导人非正式会议前举行一次，各成员外交部长（中国台北、中国香港除外）和经贸部长出席。自APEC成立以来共举行了23届。此外，APEC还定期或不定期举行一些专业部长级会议，包括贸易、财政、中小企业、能源、矿业、电信、旅游等17个部长级会议机制。（3）高官会：每年举行3～4次会议，由各成员指定的高官（一般为副部级或司局级官员）组成，负责执行领导人和部长会议的决定，审议各委员会、工作组和秘书处的活动，筹备部长级会议、领导人非正式会议及协调实施会议后续行动等事宜。（4）委员会和工作组：高官会下设4个委员会，即：贸易和投资委员会（CTI）、经济委员会（EC）、经济技术合作高官指导委员会（SCE）和预算管理委员会（BMC）。高官会下设14个工作组和2个特设工作组，从事专业活动和合作。为加强与工商界的联系，自1995年起成立了APEC工商咨询理事会（ABAC），由每个成员推荐3名著名工商界人士（共63名）组成，负责对APEC贸易投资自由化、经济技术合作及创造有利的商业环境提出建议，并向领导人会议提交咨询报告。

【主要活动】APEC在推动区域和全球范围的贸易投资自由化和便利化、开展经济技术等合作方面不断取得进展，为加速区域经济融合、促进亚太地区经济发展和共同繁荣作出了重要贡献。

APEC第19次领导人非正式会议于2011年11月12～13日在美国檀香山举行，主题是“紧密联系的区域经济”，重点围绕深化区域经济一体化和拓展贸易、促进绿色增长、加强规制合作和规制衔接性三大议题，讨论了“下一代”贸易投资问题、环境产品和服务、经济结构改革、粮食安全、能源安全、规制合作等问题。会议通过了《檀香山宣言——迈向紧密联系的区域经济》及四个附件。

【同中国的关系】中国自1991年加入APEC以来，一直积极支持、参与各领域合作。2001年，中国在上海成功举办APEC第九次领导人非正式会议，通过了《APEC领导人宣言》、《上海共识》和《APEC领导人反恐声明》，有力地推动了APEC合作进程。

1993～2011年，中国国家主席出席了历次APEC领导人非正式会议，就全球及地区形势、亚太区域合作、APEC未来发展等一系列重大问题阐述看法和主张，为历次会议取得成功发挥了积极和建设性的作用。

2011年11月，中国国家主席胡锦涛出席了在美国檀香山举行的APEC第19次领导人非正式会议并发表了《转变发展方式实现经济增长》的重要讲话，阐述了中国对当前世界经济形势、加强全球经济治理、推进经济全球化和区域经济一体化等问题的立场和主张，呼吁APEC各成员全面推进贸易和投资自由化便利化、深化亚太地区绿色增长合作、加强经济结构改革和规制合作，推动在本地区营造充满活力、富有效率、更加开放、有利于贸易和投资发展的政策环境。胡锦涛主席还出席了APEC工商领导人峰会和领导人与工商咨询理事会代表对话会，发表了题为《携手并进共创未来》的重要演讲，深入介绍了中国对未来一段时间世界经济发展和区域合作发展的看法，介绍了中国转变经济发展方式和调整经济结构的政策举措，积极宣介了中国“十二五”规划实施和经济社会发展为亚太地区带来的机遇。胡锦涛主席还会见了美国总统奥巴马，并与日本等成员领导人交谈，就双边关系及国际和地区重大问题交换了看法，促进了中国与有关成员关系的发展。

2011年，中国共派团出席APEC工作组级别以上会议和活动70余次，在华主办APEC活动十余次，深入参与APEC各领域合作，为推动APEC合作不断向前发展作出了积极贡献。（刘鹏程）

石油输出国组织

Organization of the Petroleum Exporting Countries—OPEC

【成立日期】1960年9月10～14日，5个产油国的代表在巴格达开会，宣告成立石油输出国组织，简称“欧佩克”。它是一个政府间国际组织。

【宗旨】协调和统一成员国的石油政策，并确定以最适宜的手段来维护它们各自和共同的利益。

【成员】12个（2011年底）：科威特、沙特阿拉伯、委内瑞拉、伊拉克、伊朗（以上为创始成员）、卡塔尔（1961年加入）、利比亚（1962年）、阿联酋（1967年）、阿尔及利亚（1969年）、尼日利亚（1971年）、安哥拉（2007年1月）、厄尔多尔（1973～1992年，2007年11月重新加入）。加蓬（1975～1994年）、印度尼西亚（1962～2008年）曾是该组织成员。

根据《BP世界能源统计2011》，2010年底该组织成员石油总储量为10684亿桶，约占世界石油储量的77.2%，其中排在前五位的成员分别是沙特阿拉伯（2645亿桶）、委内瑞拉（2112亿桶）、伊朗（1370亿桶）、伊拉克（1150亿桶）和科威特（1015亿桶）。2010年该组织成员原油产量为16.233亿吨，约占世界原油产量的39%，其中排在前五位的成员分别是沙特阿拉伯（4.678亿吨）、伊朗（2.032亿吨）、阿联酋（1.308亿吨）、委内瑞拉（1.266亿吨）和科威特（1.225亿吨）。

【主要负责人】2011年轮值主席罗斯塔姆·卡希米（Rostam Ghasemi，伊朗石油部长）。秘书长巴德里（Abdalla Salem El-Badri，利比亚人），2007年1月1日任职，任期三年。2009年3月，该组织决定巴德里连任秘书长（自2010年1月1日起）。

【总部】在奥地利维也纳。网址：http：//www.opec.org/。

【出版物】《石油输出国组织公报》（OPEC Bulletin），月刊；《石油输出国组织评论》（OPEC Review），季刊；《年度报告》（Annual Report）；《统计年报》（Annual Statistical Bulletin，ASB）等。

【组织机构】（1）大会（Conference）：最高权力机构。各成员国向大会派出以石油、矿产和能源部长（大臣）为首的代表团。大会奉行全体成员国一致原则，一般每年春秋季在维也纳召开会议（必要时可召开特别会议），以制定总政策，通过理事会提交的报告和建议，批准成员国委任的理事和选举理事会主席。（2）理事会（Board of Governors，BoG）：负责执行大会决议和指导该组织的管理。由各成员国派一名代表组成，任期两年，每年至少开会两次。（3）秘书处（Secretariat）：在理事会指导下承担执行职能。秘书长是该组织依法授权的代表，任期三年。秘书处内还设一专门机构——经济委员会（Economic Commission Board），协助该组织把国际石油价格稳定在公平合理的水平上。

欧佩克国际发展基金（the OPEC Fund for International Development，OFID）是欧佩克于1976年发起成立的国际开发金融机构，通过向其他发展中国家的社会经济发展项目提供开发援助贷款，促进欧佩克成员国与受援国之间的合作。

【主要活动】欧佩克自成立以来，各成员国主要通过协调各自的石油政策，尤其是协调各自的石油生产配额来维护它们的共同利益。但是，近年来，影响国际油价的因素日趋复杂，不再是简单的供求关系，欧佩克左右国际油价的能力实际上已大为降低，加上其对成员国石油生产限额执行情况缺乏足够有力的监督，其国际影响力逐渐有所减弱。为了更全面地反映欧佩克成员的油价，欧佩克采用的欧佩克原油参考一揽子［the new OPEC Reference Basket of crudes（ORB），下称“欧佩克油价”］由12种市场监督原油组成，截至2010年底，欧佩克油价组成的原油包括：撒哈纳原油（Saharan Blend，阿尔及利亚），吉拉索原油（Girassol，安哥拉，2007年1月起）、Oriente原油（厄瓜多尔，2007年10月19日起）、伊朗重质原油（Iran Heavy）、巴士拉轻质原油（Basra Light，伊拉克）、科威特出口原油（Kuwait Export）、锡德尔原油（Es Sider，利比亚）、博尼轻质原油（Bonny Light，尼日利亚）、卡塔尔海上原油（Qatar Marine）、阿拉伯轻质原油（Arab Light，沙特）、穆尔班原油（Murban，阿联酋）、马瑞原油（Merey，委内瑞拉）。

2011年，国际油价依旧震荡上涨，欧佩克油价（每桶）1月3日为89.81美元（此也为1～10月最低价），10月24日为109.11美元，其间最高价为120.01美元（4月28日）。

2011年6月8日，欧佩克第159次部长级会议在维也纳举行。据报道，沙特、科威特、卡塔尔和阿拉伯联合酋长国提议增加原油日产量150万桶，至每天3030万桶，遭阿尔及利亚、安哥拉、委内瑞拉、伊拉克、伊朗和利比亚反对，会议无果而终。会后，国际市场原油价格应声走高。

近年来，欧佩克先后同欧盟、俄罗斯、中国、国际能源机构（IEA）、国际货币基金组织等建立了能源对话或工作研讨会机制。

2010年6月28日和2011年6月27日，欧佩克与欧盟先后在布鲁塞尔和维也纳举行了第七次和第八次部长级能源对话。

【同中国的关系】2005年12月，欧佩克首次派团访华，“中国—欧佩克能源对话”机制宣告正式建立。2006年4月，首次中国—欧佩克能源高层圆桌会议在奥地利维也纳欧佩克秘书处召开。2007年10月24～25日，欧佩克秘书长巴德里率代表团访问中国。2007年10月24日，由中国国家发展和改革委员会与欧佩克秘书处共同主办的第二次中国—欧佩克能源高层圆桌会议在北京举行。（亦名）

附录：（1）欧佩克成员国已探明原油储量等数据（2011年）

国家	已探明原油储量（十亿桶）	占欧佩克储量（%）	已探明天然气储量（十亿立方米）	原油产量（千桶/日）	原油出口量（千桶/日）
沙特阿拉伯	265.4	22.1	8151	9311	7218
委内瑞拉	297.6	24.8	5528	2881	1553
伊朗	154.6	12.9	33620	3576	2537
伊拉克	141.4	11.8	3158	2653	2166
科威特	101.50	8.5	1784	2659	1816
阿联酋	97.80	8.2	6091	2565	2330
利比亚	48.0	4.0	1547	489	300
尼日利亚	37.20	3.1	5154	1975	2377
卡塔尔	25.4	2.1	25110	734	588
阿尔及利亚	12.20	1.0	4504	1162	698
安哥拉	10.5	0.9	366	1618	1543
厄瓜多尔	8.2	0.7	7.00	500	334

（2）欧佩克油价（OPEC Basket Price）（年平均价；单位：美元/桶）

年份	1995	1996	1997	1998	1999	2000	2001	2002	2003
价格	16.86	20.29	18.68	12.28	17.48	27.6	23.12	24.36	28.1
年份	2004	2005	2006	2007	2008	2009	2010	2011	2012
价格	36.05	50.64	61.08	69.08	94.45	61.06	77.45	107.46	109.45

（3）欧佩克油价（OPEC Basket Price）（2011～2012年月平均价；单位：美元/桶）

2011年	1月	2月	3月	4月	5月	6月
价格	92.83	100.29	109.84	118.09	109.94	109.04
2011年	7月	8月	9月	10月	11月	12月
价格	111.62	106.32	107.61	106.29	110.08	
2012年	1月	2月	3月	4月	5月	6月
价格	111.76	117.48	122.97	118.18	108.07	93.98
2012年	7月	8月	9月	10月	11月	12月
价格	99.55	109.52	110.67	108.36	106.86	106.55

资料来源：http://www.opec.org/。

阿拉伯石油输出国组织

Organization of Arab Petroleum Exporting Countries—OAPEC

【成立日期】1968年1月9日，由利比亚、沙特阿拉伯、科威特在贝鲁特成立。

【宗旨】加强和密切成员国在石油工业方面的关系与合作，维护其在石油领域的个体和整体权益，协调各成员国的行动以公平、合理的份额向消费市场供油，为石油工业吸引资金和技术创造良好环境。

【成员】11个：阿尔及利亚、巴林、埃及、伊拉克、科威特、利比亚、卡塔尔、沙特、叙利亚、阿拉伯联合酋长国、突尼斯。其中，突尼斯1986年以来在自己的要求下，成员国资格一直被冻结。2011年，成员国的已探明原油蕴藏量约为957.02亿吨，约占全球已探明原油储量的45.86%。

【主要负责人】秘书长阿巴斯·阿里·纳奇（Abbas Ali Naqi，科威特人）。

【总部】设在科威特城。网址：www.oapecorg.org。

【出版物】《秘书长年度报告》，阿拉伯文、英文；《石油与阿拉伯合作》季刊，阿文，附英文摘要和参考书目；OAPEC月报，阿文、英文；《能源观察》季刊，阿文；《OAPEC年度统计报告》，阿文、英文。

【组织机构】（1）部长理事会（Council of

Ministers)：最高权力机构，由各成员国石油部长或相应官员组成，主席由各国轮流担任，每年召开两次会议。负责制定宏观政策和管理规章，指导各项工作。(2)执行局(Executive Bureau)：由各成员国副部长组成，每年至少召开三次会议，主席由各国轮值。协助部长理事会指导该组织的活动，审议预算草案，处理有关协议的执行及其相关事务，制订部长理事会的日程安排。(3)秘书处(General Secretariat)：设秘书长一职，每三年改选，可连选连任。按理事会和执行局制定的政策处理日常事务。下设能源、经济与技术、信息与资料、财政与公共管理等部门。(4)裁决法庭(Judicial Tribunal)：由正副5名主席和5名法官组成。负责调解成员国之间或成员国与有关石油公司发生的纠纷。该法庭亦负责提供咨询，其裁决对成员国具有约束力。此外，该组织下辖阿拉伯海洋石油运输公司、阿拉伯船舶建造及维修公司、阿拉伯石油投资公司、阿拉伯石油服务公司、阿拉伯油井钻探与维修公司、阿拉伯地球物理勘探服务公司、阿拉伯石油培训学院等企业。

【对外关系】该组织已与阿盟、海湾合作委员会等地区政府间组织，欧盟、欧佩克、联合国开发计划署、联合国环境规划署、联合国贸发会议、伊斯兰发展银行等国际组织以及国际能源机构等非政府组织建立了联系，参加各种形式的讨论会，并与非阿拉伯国家的组织举办了多次讨论会。

【主要活动】协调成员国的石油经济政策，在一定程度上协调成员国行动中应遵循的法律机制，交流技术和情报，尽可能为成员国公民提供培训和就业机会，利用成员国的资源和潜力参与石油工业项目，并负责承办四年一届的“阿拉伯能源会议”。2010年5月，该组织在卡塔尔多哈承办了第九届“阿拉伯国家能源会议”。2010年12月25日，该组织在开罗召开第85次部长级会议，决定秘书长纳奇的任期延长三年。2012年5月，该组织第88次部长级会议在开罗举行。 (奚栋)

附：主要成员国2010年、2011年石油产量(单位：万吨)

国家	2010年(实际值)	2011年(估计值)
阿尔及利亚	6250	6375
埃及	3375	3475
伊拉克	11850	12400
科威特	10150	10925
利比亚	7750	2200
卡塔尔	4000	4075
沙特	40650	45000
阿联酋	11533.5	12491.5
巴林	155	180
叙利亚	1950	1650

资料来源：《国际石油经济》(2012年第1～2期)。

亚洲开发银行

Asian Development Bank—ADB

【成立日期】亚洲开发银行章程于1966年8月22日生效，11月在东京召开首届理事会，宣告该行成立，12月19日开始营业。简称“亚行”。

【宗旨】通过向亚太区域的发展中国家(地区)提供项目贷款和技术援助，促进和加速本区域的经济合作。

【成员】亚行不是联合国下属机构，但同联合国及其区域和专门机构有密切联系。亚行章程规定，凡联合国亚洲及太平洋经济社会委员会成员及准成员，以及是联合国及其专门机构成员的本地区其他国家和非本地区的发达国家，均可申请加入。亚行现有成员67个。

【负责人】行长黑田东彦(日本人)。

【总部】菲律宾马尼拉。网址：http：//www.adb.org。

【出版物】《年度报告》、《亚行季评》等。

【组织结构】理事会是亚行最高决策机构，由各成员派正、副理事各一名组成，每年召开一次会议。董事会是亚行执行机构，由理事会选出的12名董事组成，其中8名为亚太区域代表，4名为其他区域代表。除日本、美国和中国董事外，其他董事均代表几个国家和地区。董事任期两年，常驻亚行总部，可连任。董事会根据理事会的授权负责业务的总政策方向和日常业务。行长是该行的合法代表，须是本区域成员的国民，由理事会选举产生，任期五年，可连任。历任行长均由日本人担任。行长同时也是董事会主席，无表决权。但一旦董事会表决时正反双方票数相等，行长拥有决定性的一票表决权。副行长由行长提名，董事会任命。

【股本和资金来源】主要是各成员的认股，其次是向世界资本市场借款和发行债券。亚行各成员的认股额根据按人口数调整后的国内生产总值、税收和出口值等数据加权计算的公式确定。除初始股本外，亚行根据融资情况和业务规模已引进了五次普通增资。亚行开展业务的资金来源包括普通资金和专门基金，其中专门基金主要有亚洲发展基金、技术援助特别基金等。日本和美国是最大的股东，拥有的投票权也最大。

【主要活动】亚行贷款对象是亚太区域发展中成员，主要用于基础设施、环境、区域合作与一体化、金融部门发展、教育等重点领域。贷款分为两种：普通贷款，主要是提供给经济状况较好的成员；优惠贷款，主要对象是较贫困的低收入成员，来源主要是亚洲发展基金。此外，亚行还通过技术援助特别基金向较贫穷的成员提供赠款形式的技术援助。

2011年5月3 ~ 6日，亚行理事会第44届年会在越南首都河内举行。亚行67个成员的政府高级官员和国际金融机构代表出席了会议。亚行中国副理事、财政部副部长李勇率中国政府代表团与会。会议主要讨论了如何采取有效措施，抑制本地区出现的新一轮高通胀问题、亚洲国家如何经济转型、加强风险管理和保持经济增长势头等议题。

【同中国的关系】亚行成立之初，台湾当局盗用中国名义参加。1983年2月，中国政府决定正式申请加入亚行，要求亚行当局采取措施，妥善解决中国在亚行的代表权问题。1985年3月，中国政府再次向亚行重申：中华人民共和国政府是代表中国的唯一合法政府，只有中华人民共和国才能在亚行代表中国，并要求亚行当局在此前提下解决台湾当局在亚行的名称问题。1985年11月26日，亚行董事会就台湾当局在亚行改称为“中国台北”通过决定。1986年3月10日，中国成为亚行第47个成员。其后中国代表团参加了该组织的历届年会。2003年7月，中国前财政部副部长金立群被任命为亚行副行长，成为亚行历史上第一位中国籍副行长。2008年8月，亚行董事会任命时任中国进出口银行副行长赵晓宇为亚行副行长，接替于同年7月31日任满回国的金立群。2011年9月，赵晓宇副行长延期继任两年。截至2011年底，亚行中国籍职员人数已达68人，其中处级及以上职员22人。

中国于1986年3月10日加入亚行，现有认购股份68.4万股，占总份额的6.46%，投票权占总票权的5.47%。截至2011年年底，亚行共批准对华贷款资金近250亿美元。同时，2011年，亚行还批准对华私营部门贷款2.25亿美元和技术援助赠款约1210万美元。中国是亚行第三大股东国和第二大借款国。

【驻华代表机构】该组织于2000年在北京设立代表处。现任代表哈米德·谢里夫（Hamid L. Sharif），于2012年7月到任。办公室：北京朝阳区建国门外大街国贸大厦17层。电话：010-85730909；传真：85730808。

（卢毓辉）

湄公河委员会

Mekong River Commission—MRC

1995年4月，泰国、老挝、柬埔寨和越南四国在泰国清莱签署《湄公河流域可持续发展合作协定》，并依照协定成立湄公河委员会（简称“湄委会”），旨在协调成员国综合开发利用和保护湄公河流域水资源等。湄委会常设机构包括理事会、联合委员会和秘书处。湄委会预算90%来自丹麦、荷兰、芬兰、法国、德国、澳大利亚、日本、美国和世界银行、亚洲开发银行等主要捐助方。

1996年，中国与湄委会建立对话伙伴关系。自1996 ~ 2011年，中国连续16次与湄委会举行对话会，积极宣传中国在澜沧江水资源开发利用过程中保护生态环境、充分照顾下游国家利益的具体措施，推动与湄委会在各领域的互利合作。自2003 ~ 2011年，中国连续9年向湄委会提供澜沧江汛期水文数据，为湄公河沿岸国家防洪减灾发挥了积极作用。为帮助湄公河沿岸国家应对极端气候导致的旱灾，2010年，中国向湄委会应急提供了特枯情况下的旱季水文资料。

2011年，中国与湄委会开展了广泛深入的交流合作。3月9 ~ 11日，中国代表团出席在泰国清迈举行的湄公河流域管理国际会议，积极宣传中国在澜沧江水资源开发利用问题上充分照顾下游国家利益和关切，以及为改善下游通航条件、帮助下游防洪抗旱和农田灌溉、促进沿岸经济发展所做贡献，并主动介绍了长江流域综合治理的经验做法。8月29日，中国与湄委会在老挝万象举行第16次对话会，中国介绍了在澜沧江水电开发利用过程中充分照顾下游国家利益、保护生态环境的具体措施，进一步缓解了下游国家疑虑，并推动了与湄委会在各领域的互利合作。湄委会和下游国家对中国坦诚、透明和开放的合作态度表示赞赏。

（支璐莹）

环印度洋地区合作联盟

The Indian Ocean Rim Association for Regional Cooperation—IOR-ARC

【成立日期】1997年3月5～7日，环印度洋地区14国外长聚会毛里求斯首都路易港，通过《联盟章程》和《行动计划》，宣告环印度洋地区合作联盟（以下简称"环印联盟"）正式成立。

【宗旨】遵循尊重国家主权、领土完整、政治独立、不干涉内部事务、和平共处、平等互利与协商一致等原则，不卷入双边等有争议的问题，推动区域内贸易和投资自由化，促进地区经贸往来和科技交流，扩大人力资源开发、基础设施建设等方面的合作，加强成员国在国际经济事务中的协调。

【成员】截至2011年，共有19个成员国、5个对话伙伴国和2个观察员。成员国：南非、印度、澳大利亚、肯尼亚、毛里求斯、塞舌尔、阿曼、新加坡、斯里兰卡、坦桑尼亚、马达加斯加、印度尼西亚、马来西亚、也门、莫桑比克、阿拉伯联合酋长国、伊朗、孟加拉国、泰国。对话伙伴国：中国、日本、埃及、英国、法国。观察员：环印度洋旅游组织和印度洋研究组。

环印联盟是目前环印度洋地区唯一的经济合作组织，地跨亚洲、非洲和大洋洲，拥有丰富的自然资源、巨大的人力资源、广阔的市场和便利的交通。联盟成员国面积总和2024万平方公里，占世界陆地总面积的13.5%；人口约20亿，占世界人口总数的29.7%；国内生产总值占世界国内生产总值的9.55%；贸易总额占世界贸易总额的11.97%。

【主要负责人】主席国由成员国按国名英文字母顺序轮流担任，任期两年。印度和澳大利亚分别为现任和候任主席国，澳大利亚为现任副主席国。现任主席为印度外交部长克里希纳（S.M.Krishna）。

【总部】秘书处（Secretariat of the IOR-ARC）：常设机构，设在毛里求斯。负责协调联盟政策的执行，处理日常行政事务。现任秘书长巴吉拉特（K.V. BHAGIRATH，印度人），2012年1月上任，任期三年，到期可连任。地址：毛里求斯共和国数码城新太康大厦一座3层（3rd Floor，Tower I，NeXTeracom Building，Cybercity，Ebene，Republic of Mauritius）。电话：(230) 4541717。传真：(230) 4681161。电子信箱：iorarcsec@iorarc.org。网址：http: //www.iorarc.org。

【组织机构】（1）部长理事会（Council of Ministers—COM）：最高权力机构，由成员国外长或经济合作部长组成，负责制定联盟政策，决定合作领域和项目。联盟成立之初每两年召开一次例会，2003年起改为每年召开一次例会。可根据需要举行特别会议。（2）高官委员会（Committee of Senior Officials—CSO）：执行机构，由成员国政府官员组成，会期一年一次或视需要召开。负责监督和审查部长理事会决议执行情况，审议联盟高级别工作组、学术组、贸易和投资工作组、商业论坛提交的工作报告，确定联盟合作重点并向部长理事会提出政策建议，有关建议连同上述机构报告一并提交部长理事会审批。（3）环印度洋商业论坛（Indian Ocean Rim Business Forum—IORBF）：由成员国政府官员和工商界人士组成，每年举行一次会议。负责就促进联盟成员国在贸易、投资、金融和旅游等方面合作、减少贸易壁垒、加强科技交流和人力资源开发等问题提出政策建议，并实施联盟合作项目和工作计划。（4）环印度洋学术组（Indian Ocean Rim Academic Group—IORAG）：由成员国学术界人士组成，每年举行一次会议。负责开展联盟学术合作和信息交流。（5）贸易和投资工作组（Working Group on Trade and Investment—WGTI）：由成员国技术官员组成，会期每年一次或视需要召开。负责协调和拟订联盟合作项目和工作计划。（6）高级别工作组（High Level Task Force—HLTF）：以联盟前任、现任和候任主席国政府主管官员为主体组成。负责就联盟发展方向、内部组织建设和推动对话伙伴国参与联盟活动等问题进行研究并提出政策建议。

【主要活动】截至目前，已举行11届部长理事会会议。

2007年3月7～8日，环印联盟第七届部长理事会在伊朗德黑兰举行。会议决定将伊朗主席国任期延长一年，成立联盟特别基金用于联盟开展合作项目，伊朗、阿曼和印度自愿认捐。7月，环印联盟秘书处在毛里求斯举行与对话伙伴国使节会议。

2008年5月4～5日，环印联盟第八届部长理事会会议在伊朗德黑兰举行。会议审议并通过了联盟2007年财政决算和2009年财政预算报告、联盟特别基金管理委员会关于各项目拨款计划、联盟未来3～4年行动计划以及联盟商务峰会进展情况的报告；通过了《德黑兰宣言》，其中包括关于修改联盟宪章、实行机构改革、加强各领域合作等内容。

同年10月，成立环印度洋合作联盟技术转移中心，总部设在伊朗德黑兰，旨在推动成员国间的技术转移，促进科研成果商业化和标准化。迄今，该中心顾问委员会已举行四次会议商讨其《章程草案》。

2009年6月25日，环印联盟第九届部长理事会会议在也门萨那举行。会议审议了联盟秘书处和特别基金委员会财务报告。通过了《萨那公报》，鼓励成员国加强各领域交流与合作；批准修改联盟章程；同意建立审查委员会对提交联盟商业论坛的项目进行优先排序和审查；支持在也门建立打击海盗地区信息共享中心；支持阿联酋竞争国际可再生能源机构总部设立权。

2010年8月5日，环印联盟第十届部长理事会会议在也门萨那举行。会议强调要加强机制建设，由部长理事会现任、候任及前任主席组成“三驾马车”主持常务，由成员国常驻南非使节组成“使团工作组”定期开会协调检查后续工作。会议发表《萨那公报》，呼吁各成员国和对话伙伴国重点支持渔业中心、海运理事会和区域科技转让中心三个合作项目。

2011年11月15日，环印联盟第11届部长理事会会议在印度班加罗尔举行。会议同意接收2003年退出联盟的塞舌尔重新加入，通过了区域科技转让中心谅解备忘录和章程草案，联盟秘书处并与阿曼政府签署了渔业中心总部协议。会议发表《班加罗尔公报》，并提出将工作重点放在海事安全、贸易和投资便利、渔业管理、减低灾害风险、学术和科技合作以及促进旅游业和文化交流等六大领域。

【同中国的关系】中国于2000年1月成为环印联盟对话伙伴国。2001年4月，外交部部长助理张业遂率团参加了在阿曼召开的联盟第三届部长理事会会议。此后，中国驻斯里兰卡大使孙国祥、前亚太经合组织高官王嵎生、前驻肯尼亚大使安永玉、时任驻伊朗大使刘振堂、现任驻伊朗大使解晓岩、驻也门大使罗小光、外交部大使舒展、外交部参赞杜小丛等分别出席了其他历届部长理事会会议。

2011年，中国与环印联盟各成员国贸易额为6331.7亿美元，同比增长30%。中国与联盟各成员国贸易额在中国对外贸易总额中的比重逐年上升，2009～2011年分别为15.7%、16.4%和17.3%。

目前，中国与新加坡、印度尼西亚、马来西亚、泰国、阿曼、阿联酋、澳大利亚、南非8个环印联盟成员正在商谈自贸区，其中与东盟（含新加坡、印度尼西亚、马来西亚、泰国）自贸区已于2010年1月全面建成。（李天民）

非洲开发银行

African Development Bank—AFDB

【成立日期】非洲开发银行（简称“非行”）成立于1964年11月。1966年7月1日开始营业。

【宗旨】通过提供投资和贷款，促进成员国经济发展和社会进步；帮助成员国研究、制定、协调和执行经济发展计划；优先向有利于地区经济合作和扩大成员国间贸易的项目提供资金和技术援助，促进非洲经济一体化。

【成员】共有78个成员国，分为非洲区内成员国和非洲区外成员国。区内成员国包括53个非洲独立国家（南苏丹尚未成为非洲开发银行成员国）。区外成员国共有25个，分别是：中国、阿根廷、巴西、加拿大、美国、印度、日本、科威特、沙特阿拉伯、奥地利、比利时、丹麦、芬兰、法国、德国、意大利、瑞典、挪威、葡萄牙、瑞士、荷兰、英国、韩国、西班牙、土耳其。

【主要负责人】行长兼董事长唐纳德·卡贝鲁卡（Donald Kaberuka，卢旺达人），2005年7月当选，2010年5月连任。

【总部】总部原设在科特迪瓦首都阿比让。因科于2002年发生未遂政变导致政局动荡，非行于当年临时搬迁到突尼斯首都突尼斯市办公至今。

网址：http://www.afdb.org/。

【出版物】《年报》（Annual Report）；《千年发展目标》（MDGs Report）；《非洲发展报告》（African Development Report）；《非洲经济展望》（African Economy Outlook）；《非洲竞争力报告》（African Competitiveness Report）；《非洲石油与天然气》（Oil and Gas in Africa）；《非洲开发银行统计手册》（AfDB Statistics Pocketbook）等。

【组织机构】（1）理事会：最高权力机构，负责制定银行的工作方针和政策，就重大事宜作出决策，处理日常业务。由各成员国一名理事组成，一般为成员国的财政、经济部长或央行行长，通常每年举行一次会议，必要时可举行特别理事会。理事会年会负责非行行长和秘书长的选举工作。（2）董事会：由理事会选举产生，是银行的执行机构，负责制定非行各项业务政策。共有20名执行董事，其中非洲以外国家占6名，任期三年，一般每月举行两次会议。

【银行资本】非行资金来源包括成员国认缴股本、在国际市场举债集资、非行的储备净收入滚存。其中，非洲国家资本占2/3。截至2010年底，非行核定资本金约为1000亿美元。

【主要活动】非行与其附属的非洲开发基金（African Development Fund—ADF，下称“非发基金”）、尼日利亚信托基金（Nigeria Trust Fund—NTF）共同组成非洲开发银行集团（African Development Bank Group—ADB Group）。非行行长兼任非洲开发银行集团董事长。

非行是非洲最大的地区性政府间开发金融机构。非行贷款的对象是非洲地区成员国，主要用于农业、运输、通信、供水和公共事业等领域项目开发。非行还同非洲其他金融机构及非洲以外有关机构开展金融合作，并在一些地区性金融机构中参股。

2011年6月9 ~ 10日，非洲开发银行第46届年会在葡萄牙首都里斯本召开，来自非洲开发银行成员国的财政、经济等部门，银行金融界以及国际金融机构的近2000名代表出席会议。会议以“为促进非洲包容性增长制定日程”为主题，评估了在国际金融环境下非洲经济发展状况，并展望了非洲经济发展方向。非行还与参会的中国和巴西代表签署了基础设施、农业、信息技术、清洁能源等领域合作协议。

【同中国的关系】中国于1985年5月8日和10日先后加入非发基金和非行（注：加入非发基金是加入非行的先决条件）。

中国积极参与非行业务活动和决策，并参加了非洲开发基金第4 ~ 12次捐资。

1996年，中国与非行签订双边技术合作协定，由中国出资设立一项基金，用于资助中国专家向非洲介绍中国的优势项目和技术，提供咨询。目前，在该协定项下共开展项目14个，资金已全部拨付。

中国参加了非发基金落实多边减债动议的捐资行动，已向非行递交了2006 ~ 2007年和2008 ~ 2015年的认捐书。

为帮助中国企业更多了解非洲的商机，探讨加强与非行的合作，中国积极推动非行来华举办研讨会，目前已举办六届商业机会研讨会，使国内企业对非行的业务、招标采购程序、相关法律法规等有了较为全面深入的了解，有助于其更加积极地参与非行项目。

2010年2月3 ~ 6日，卡贝鲁卡行长访华。中国国务院副总理王岐山会见卡一行。周小川行长与卡举行会谈。

（王硕）

西非国家经济共同体

Economic Community of West African States—ECOWAS

【成立日期】1975年5月28日正式成立，简称“西共体”。成员国总面积511万平方公里，占非洲总面积的1/6多；人口约3亿，占非洲总人口近1/3。

【宗旨】促进成员国在政治、经济、社会和文化等方面的发展与合作，提高人民生活水平，加强相互关系，为非洲的进步与发展作出贡献。

【成员】15个：贝宁、布基纳法索、多哥、佛得角、冈比亚、几内亚、几内亚比绍、加纳、科特迪瓦、利比里亚、马里、尼日尔、尼日利亚、塞拉利昂、塞内加尔。

【主要负责人】现任执行主席科特迪瓦总统阿拉萨内·德拉马内·瓦塔拉（Alassane Dramane Ouattara），委员会主席卡德尔·德西雷·韦德拉奥果（Kadré Désiré Ouédraogo）。

【总部】委员会设在尼日利亚阿布贾。网址：http://www.ecowas.int/。

【组织机构】（1）国家元首和政府首脑会议：最高权力机构，原则上每年召开一次。执行主席由各成员国国家元首或政府首脑轮流担任。（2）部长理事会：由每个成员国两名部长组成，每年举行两次会议，负责监督西共体机构运转情况，审查并通过委员会和专门委员会的建议。（3）委员会：由主席、副主席和7名委员组成，负责西共体日常事务，设在尼日利亚阿布贾。（4）技术和专门委员会：共有6个，负责为部长理事会准备工作报告，审核提交部长理事会的计划。（5）西共体法院：由7名大法官组成，负责监督各成员国遵守西共体条约和有关法律，调解成员国之间的分歧。（6）西共体议会：2000年11月成立，总部设在阿布贾，参与西共体部分政策制定。此外西共体还设有西非中央银行委员会、西共体商业银行、西共体投资和开发银行等机构。

【主要活动】截至2012年6月共举行40届国家元首和首脑会议。2009年6月22日召开的第36届首脑会议决定争取在2020年设立“西共体中央银行”并发行西非统一货币，推动西共体与西共体投资发展银行合作设立“西非基础设施基金”，2013年第一季度前各成员国完成对银行和金融机构的监管体系和本区跨国贸易与支付系统的建设工作。

2010年2月16日，西共体在阿布贾举行第37届首脑会议。会议就解决西非地区政治危机、推动西非民主化和经济一体化进程以及合力应对西非社会经济发展挑战等议题进行了讨论。

2010年7月2日，西共体在佛得角举行第38届首脑会议暨西共体—巴西特别首脑峰会，会议就进一步加强西共体与巴西关系，深化双方在政治、安全、经济及文化等领域合作进行了讨论。会后双方发表了共同宣言。

2011年3月23日，西共体在阿布贾举行第39届首脑会议。会议讨论了科特迪瓦局势，要求联合国尽快授权西共体武力解决科问题；决定恢复几内亚、尼日尔成员国资格，取消对两国的一切制裁；将尼日利亚总统乔纳森的轮值主席职务任期延至2011年12月31日；吸收乍得为西共体观察员。8月，西共体在阿布贾举行第三届议会成立大会。会议选举尼副参议长埃奎莱马杜为议长，87名西共体议员宣誓就职。

2012年2月16日，西共体在阿布贾举行第40届首脑会议。会议任命布基纳法索前总理韦德拉奥果接任西共体委员会主席，选举科特迪瓦总统瓦塔拉接替尼日利亚总统乔纳森任西共体轮值主席。会议重申将致力于深入推动地区一体化进程，并就地区形势、深化地区民主等问题进行了讨论。

【同中国的关系】除布基纳法索和冈比亚外，中国与西共体其他13个成员国均保持良好合作关系，自20世纪90年代以来，中国先后参与联合国在利比里亚、塞拉利昂和科特迪瓦的维和行动。2003年8月，中国向西共体派驻大使（由驻尼日利亚大使兼任）。2000年以来，西共体先后列席中非合作论坛北京峰会和历届部长级会议有关活动。2007年4月，应商务部邀请，西共体委员会主席钱巴斯率团访华。

2008年9月，首届中国—西共体经贸论坛在北京召开，西共体成员国20余位部长级官员以及中、西非方数百名企业家参加。王岐山副总理集体会见西共体部长级官员。

2009年5月，西共体委员会主席钱巴斯率团来华出席“中国—非洲现代农业项目洽谈会”，双方企业就加强农业合作进行了积极探讨。

2011年6月，西共体委员会主席贝霍应中国贸促会邀请率团访华。

2012年3月，中国—西共体第二届经贸论坛在加纳首都阿克拉举行。

2011年，中国与西共体国家贸易总额为278亿美元。 （黄雪青）

西非经济货币联盟

Union Economique et Monétaire Ouest-Africaine—UEMOA

【成立日期】1994年1月10日成立，其前身是“西非货币联盟”。《西非经济货币联盟条约》于同年8月1日起正式生效。

【宗旨】促进成员国间人员、物资和资金流通，最终建立西非共同体。

【成员国】8个：贝宁、布基纳法索、科特迪瓦、马里、尼日尔、塞内加尔、多哥和几内亚比绍。

【主要负责人】执行主席（2012年）多哥总统福雷·埃索齐姆纳·纳辛贝（Faure Essozimna GNASSINGBE）。联盟委员会主席谢赫·哈吉布·苏马雷（Cheikh Hadjibou SOUMARE，塞内加尔人）。

【总部】设在布基纳法索首都瓦加杜古。网址：http://www.uemoa.int。

【组织机构】（1）国家元首和政府首脑会议：最高权力机构，每年至少召开一次会议，执行主席由成员国国家元首轮流担任。（2）部长会议：各成员国包括财长在内的两位部长参加，每年至少召开两次会议。（3）联盟委员会：联盟常设领导机构，由各成员国分别推举一名委员组成。委员不代表派出国，任期四年，不可中途罢免，可连任。（4）联盟法院：1995年1月27日正式成立，为联盟的司法监督机构，由各成员国分别推举一名成员组成，任期六年，可连任。院长乌斯曼·迪亚凯特（Ousmane DIAKITE，马里人）。

根据联盟条约，还设立了联盟审计法院、商会等机构。

联盟下设两个银行：（1）西非国家中央银行：发行非洲金融共同体法郎（简称“非洲法郎”），总部设在塞内加尔首都达喀尔，在各成员国均设有分支机构。行长蒂耶莫科·梅里埃·科内（Tiémoko Meyliet KONE，科特迪瓦人），于2011年8月就职。（2）西非开发银行（简称“西非行”）：系区域性政府间开发金融机构，旨在促进联盟成员国经济平衡发展和西非经济一体化。其成员分A、B两类，A类为贝宁、布基纳法索、科特迪瓦、几内亚比绍、马里、尼日尔、塞内加尔、多哥、西非国家中央银行，B类为法国、德国投资与开发有限公司（代表德国政府）、欧洲投资银行（代表欧盟）、非洲开发银行、比利时、印度进出口银行（代表印度政府）、中国人民银行（代表中国政府）。总部设在多哥首都洛美。行长克里斯蒂安·阿多维兰德（Christian ADOVELANDE，贝宁人），2011年1月任职。

【主要活动】截至2011年，西非经济货币联盟共召开了15届国家元首和政府首脑会议，分别在瓦加杜古（1996.5，2007.1，2008.1，2009.3）、洛美（1997.6，1999.1，1999.12）、巴马科（2000.12，2010.2，2011.1）、达喀尔（2001.12，2003.1）和尼亚美（2004.1，2005.3，2006.3）举行。

2011年5月30日，西非经济货币联盟国家元首和政府首脑特别会议在洛美举行。会议主要讨论了科特迪瓦局势，对科局势恢复正常表示高兴，祝贺瓦塔拉总统正式就职，决定向科提供20亿非洲法郎支持科的民族和解行动。联盟还对贝宁、尼日尔顺利举行总统选举表示祝贺。联盟决定通过内部融资，在“区域可持续能源倡议（IRED）”框架下向成员国提供总额1300亿非洲法郎资金支持。联盟对地区武器扩散、武装团伙犯罪、毒品走私和恐怖主义上升表示担忧，决定将这一领域作为联盟的主要工作之一。会议上通过了新的联盟委员会委员和西非央行行长任命。

2012年6月6日，西非经济货币联盟第16届国家元首和政府首脑会议在洛美举行。会议谴责马里、几内亚比绍发生的政变，呼吁马过渡政府和有关各方尽力恢复北方和平，维护马领土完整；呼吁几比各方尊重宪政、维护民主成果和社会团结。会议对撒哈拉—撒赫勒地区武装袭击、武器扩散的加剧和恐怖主义活动阻碍联盟人员和货物自由流动表示忧虑，重申了维护成员国和平和安全的决心。会议对联盟宏观经济前景持乐观态度，但对部分成员国农业歉收表示担忧。联盟决定多哥总统福雷连任执行主席。

【同中国的关系】2004年11月，中国人民银行代表中国政府同西非开发银行签署了《中国人民银行和西非开发银行谅解备忘录》，正式加入该行。2011年6月，西非行董事会通过增资50%的决议。2011年9月，人民银行参与增资，增资后在该行所占股份比例保持不变，是B类成员中第二大股东。

2006年11月，中国人民银行与西非开发银行签署了100万美元的双边合作基金协定，中国进出口银行与西非开发银行签署了7000万欧元的信贷额度协定。

2009年2月23～27日，西非开发银行行长比奥—查内访华。6月15日，西非开发银行第73届董事会在上海举行，这是该行董事会第一次在亚洲国家举行。16日，中国—西非开发银行合作与发展研讨会在上海举行。中国人民银行副行长马德伦和西非开发银行行长比奥—查内出席开幕式并致辞。此次研讨会旨在增进中国与西非地区国家的相互了解，促进双方经贸合作，积极推动中国金融机构和企业“走出去”，开拓西非市场。西非开发银行各成员国董事、中国有关部委、金融机构和企业代表百余人参加了研讨会。

2010年11月，中国人民银行与南京财经大学为西非开发银行部分官员共同举办了为期一周的“中小企业发展与金融支持研修班”。

2011年8月，国家开发银行江苏省分行在洛美与西非行签署协议，向西非行提供6000万欧元低息贷款，为西非地区农业、能源、交通和基础设施等领域项目及当地私营部门的中小企业发展提供支持，以推动域内社会经济快速发展。（周康宁）

中部非洲经济与货币共同体

Communauté Economique et Monétaire de l’Afrique Centrale—CEMAC

【成立日期】1999年6月25日正式成立，取代原中部非洲关税和经济联盟。

【宗旨】建立日益紧密的联盟，加强成员国在人力和自然资源方面的合作；协调成员国政策法规，促进一体化进程；通过多边监测机制保证各国经济政策协调一致；消除贸易壁垒，促进共同发展。

【成员国】6个（2008年）：赤道几内亚、刚果（布）、加蓬、喀麦隆、乍得、中非共和国。

【主要负责人】现任执行主席为加蓬总统阿里•邦戈•翁丁巴（Ali Bongo Ondimba）。共同体委员会主席为刚果人，但尚未确定具体人选。

【总部】共同体委员会（前身为执行秘书处）设在中非首都班吉。地址：Immeuble CEMAC，Avenue des martyrs，Bangui，République Centrafricaine。邮政信箱：BP 969，Bangui，République Centrafricaine。电话：（236）612179 / 614781。传真：（236）612135。网址：http：//www.cemac.int。电子邮箱：secemac@cemac.cf；secemac@hotmail.com。

【组织机构】共同体由4部分组成：（1）中部非洲经济联盟，负责协调成员国的经济、预算政策，以及行业发展政策，逐步建立次区域共同市场，提高经济竞争力。（2）中部非洲货币联盟，负责制定共同体的货币政策、发行货币，下设中部非洲国家银行（BEAC）、中部非洲银行委员会（COBAC）、证券交易所、中部非洲反洗钱行动小组等专业机构，均设于喀麦隆雅温得。（3）共同体议会，现尚未成立，暂由成员国立法机构各推选5名议员组成的议会间委员会代行其职，负责对共同体的决策机构进行民主监督，总部设于赤道几内亚首都马拉博。委员会有权审阅执行秘书提交的年度报告及要求质询部长理事会主席、部长委员会主席、共同体委员会主席及BEAC行长。（4）共同体法院，由13名法官组成，分司法和审计两院，负责共同体各决策机构预算执行情况的司法监督，法院设在乍得首都恩贾梅纳。

共同体机构运作方式如下：（1）首脑会议，由成员国国家元首组成，共同体的决策机构，每年举行一次例会，必要时随时召开特别首脑会议，执行主席由各国国家元首轮流担任。（2）部长理事会，中部非洲经济联盟的领导机构，由成员国主管财政和经济的部长组成，每年举行两次例会，由执行主席国有关部长任主席。（3）部长委员会，中部非洲货币联盟的领导机构，负责审查成员国的经济政策和协调共同体的货币政策，由各国负责财政的部长和另外一名有关部长组成；会议主席按成员国字母顺序由各国负责财政的部长轮流担任。（4）共同体委员会：部长理事会和部长委员会报告人，其前身为执行秘书处，委员会主席对外代表共同体。

共同体还设有以下专门机构：中部非洲国家银行、中部非洲国家开发银行、海关国际学校、项目规划和评估跨行业次地区研究院、实用统计次地区研究院、畜牧和水产经济委员会等。

中部非洲国家银行是共同体的中央银行，总部设在喀麦隆雅温得，发行中非金融合作法郎。

【主要活动】1994年3月16日，中部非洲关税和经济联盟六成员国元首在乍得恩贾梅纳签署了建立中部非洲经济与货币共同体的条约。1998年2月5日，联盟第33次首脑会议决定正式成立中部非洲经济与货币共同体。1999年6月25日，中部非洲国家经济与货币共同体第一次首脑会议通过《马拉博宣言》和共同体章程，共同体正式启动。

迄今共同体已召开了10次峰会：1999年6月马拉博峰会、2000年2月恩贾梅纳峰会、2001年12月雅温得峰会、2003年1月利伯维尔峰会、2004年1月布拉柴维尔峰会、2005年2月利伯维尔峰会、2006年3月巴塔峰会、2007年4月恩贾梅纳峰会、2008年6月雅温得峰会、2010年1月班吉峰会。

2007年4月25日，共同体第八次首脑会议在乍得恩贾梅纳举行。乍得、加蓬、刚果（布）、赤道几内亚、中非总统及喀麦隆总理与会。利比亚领导人卡扎菲、圣多美和普林西比总统以观察员身份与会。会议讨论了共同体机构改革、地区经济发展多样化、完善共同体金融体系、成立联合航空公司、使用统一护照等问题；决定由成员国各指定一名特派员组成共同体委员会，取代原执行秘书处；扩大BEAC领导机构并撤换行长；在利伯维尔建立中部非洲地区特警参谋部等。会议对便利共同体区域内交通、推动能源工业发展及用光缆连接各国通讯网络等地区一体化项目取得进展表示祝贺，并通过了关于加快非洲政治、经济、社会一体化进程，最终建立"非洲合众国"的声明。此外，会议还通过特别声明，支持乍得和中非维护国家安全与稳定的努力及与苏丹发展睦邻友好关系的政策。

2008年6月24～25日，共同体第九次首脑会议在喀麦隆雅温得召开。喀麦隆、加蓬、刚果（布）、赤几、中非五国总统和乍得总理与会。会议发表联合公报，要求各成员国深化区域一体化进程，为实现域内人员自由往来、货物无障碍流通加强磋商与协调。会议就共同体与欧盟签署经济伙伴协议、组建CEMAC航空公司、各成员国统一使用CEMAC护照达成一致，并确定每年3月16日为"CEMAC"日。会议并决定由中非总统博齐泽接任共同体主席。

2010年1月16～17日，共同体第十次首脑会议在中非首都班吉召开。中非、喀麦隆、加蓬、刚果（布）、赤几、乍得六国总统与会。会议发表最后公报，对域内人员自由往来路线图的实施情况表示满意，各成员国允将在2010年第一季度颁发共同体护照；重申各成员国将采取一切措施与欧盟签署经济伙伴协议；决定将共同体航空公司总部设在布拉柴维尔；决定按成员国首字母排序轮流担任共同体专门机构负责人，撤换中非国家银行行长；决定于2010年3月在马拉博新落成的共同体议会大厦举行共同体议会成立仪式。

2010年6月7日，共同体特别峰会在刚果（布）首都布拉柴维尔召开。刚果（布）、喀麦隆、中非、加蓬、赤几、乍得六国总统与会。会议发表最后公报，要求成员国履行承诺，尽快交付其分摊的共同体机构改革费用；要求共同体委员会采取必要措施，尽早完成共同体护照的制作并投入使用；要求共同体委员会继续与南非航空公司磋商，以尽快建立共同体航空公司。

2012年7月25日，中部非洲经济与货币共同体第11次首脑会议在刚果（布）首都布拉柴维尔举行。刚果（布）、喀麦隆、中非、加蓬、赤道几内亚和乍得等六国国家元首一致确定了新一任委员会主席人选。新任主席为刚果人，但会议最后公报中并未明确具体人选。（高蕾）

中部非洲国家经济共同体

Communauté Economique des Etats d'Afrique Centrale—CEEAC

【成立日期】1983年10月18日，中部非洲国家元首和政府首脑在加蓬首都利伯维尔签署成立"中部非洲国家经济共同体"条约。

【宗旨】促进和加强成员国间的协调、合作与均衡发展，提高在经济和社会各领域的自主能力，改善人民生活水平，保持经济稳定发展，巩固和平，为非洲的进步与发展作贡献。主要目标是取消成员国之间的关税和各种贸易壁垒，制定共同的对外贸易政策，建立共同的对外贸易关税率；协调各成员国的国内政策，逐步取消在人员、财产、劳务、资金等方面自由流动的障碍，建立合作和发展基金，促进内陆、小岛和半岛欠发达国家的发展。

1999年第九次峰会确定如下的优先目标：提高维护和平、安全与稳定的能力，加快经济、货币和人文一体化进程；设立共同体财政自主机制。

【成员】10个（2008年）：安哥拉、布隆迪、喀麦隆、中非、乍得、刚果（布）、刚果（金）、加蓬、赤道几内亚、圣多美和普林西比。

卢旺达于2007年6月退出中部非洲国家经济共同体。

【主要负责人】现任执行主席为乍得总统伊德里斯·代比·伊特诺（Idriss Deby）。秘书长纳苏尔·盖朗杜克西亚·瓦伊杜（Nassour Guelendouksia Ouaido），乍得人。

【总部】总秘书处设在加蓬首都利伯维尔。地址：Libreville Mairie de Haut Gue，Gabon。邮政信箱：2112 Libreville，Gabon。电话：（241）444731。传真：（241）444732。网址：http://www.ceeac-eccas.org。电子信箱：ceeac.orgs@inet.ga。

【组织机构】（1）共同体国家元首和政府首脑会

议：最高决策机构。每年开会1次，轮流在各成员国举行，由东道国元首任主席。（2）部长理事会：每年召开2次，主席由各成员国有关部长轮流担任。（3）总秘书处：主持共同体日常工作，设秘书长1人，副秘书长3人。（4）法院、咨询委员会、专门技术委员会等。

【主要活动】截至2012年6月共召开了15次峰会，地点和时间分别是：布拉柴维尔（1984年12月）、雅温得（1986年1月）、利伯维尔（1987年8月）、金沙萨（1988年2月）、班吉（1989年3月）、基加利（1990年1月）、利伯维尔（1991年1月）、布琼布拉（1992年5月）、马拉博（1999年6月）、马拉博（2002年6月）、布拉柴维尔（2004年1月）、布拉柴维尔（2005年6月）、布拉柴维尔（2007年10月）、金沙萨（2009年10月）、恩贾梅纳（2012年1月）。

因乍得国内局势动荡，原定2006年由乍得主办的共同体第13次峰会改于2007年10月30～31日在布拉柴维尔举行。会议通过了关于"成立非洲合众国联合政府"、"地区经济共同体合理化调整"、"边境安全"、"地区水资源共同管理"等12项声明及关于"派遣国际选举观察团"、"创立负责协调打击贩卖人口工作的机构"、"共同体环境和自然资源管理共同政策"等17个决议。会议重申将继续与欧盟就签订经济伙伴协议问题进行谈判，呼吁中非国家保持团结；决定赋予共同体秘书处与之职责相匹配的资金和权限；设立领导委员会，加快共同体在政策、规划等方面的一体化进程；在建立美国非洲司令部问题上保持磋商以形成共同立场；支持加蓬副总理让·平竞选非盟委员会主席。会议提出到2025年将中共体建成和平、繁荣、团结的区域组织。刚果（金）总统卡比拉接任共同体执行主席，刚果（布）人路易·西尔万—戈马连任秘书长。

2008年3月10日，共同体在金沙萨举行特别峰会，讨论乍得2月初武装冲突事件后国内及周边地区的政治安全形势。会议谴责利用武力及其他非宪法手段夺权的行径，谴责一切破坏乍得民主体制稳定的行为；对乍得现政府和人民表示支持，呼吁所有国家放弃一切可能破坏乍得宪法秩序及乍得安全和领土完整的企图；呼吁冲突各方履行之前签署的和平协议；鼓励乍得政府加强国家法治建设，建立持久最终和平；承诺为乍得重建提供紧急援助，呼吁国际社会向乍提供各类援助；欢迎欧盟在乍部署军队，保护难民营、流离失所者及人道主义机构工作人员；要求联合国非盟混合维和部队加快在达尔富尔地区的部署。

2009年10月24日，共同体第14次峰会在刚果（金）首都金沙萨举行，重点讨论了地区和平、安全和稳定、经济与货币等问题。会议强调要加快落实在刚果（布）黑角建立中部非洲地区海事安全中心的经费，组织成立地区海事大会；在非盟边境计划框架内执行地区边境合作计划，采取更全面快速的预警机制平息武装冲突，打击跨国犯罪；调整中非维和特派团的部署，授权加蓬总统阿里·邦戈领导中非维和特派团的工作；对共同体为应对国际金融危机所采取措施和取得的进展表示肯定，决定建立成员国央行行长年会机制；审议了制定共同体农业政策及地区粮食安全计划的情况，决定设立地区农业发展特别基金；决定在加蓬修建共同体会议中心。乍得总统代比接任共同体执行主席。

2012年1月15～16日，共同体第15次峰会在乍得首都恩贾梅纳举行，讨论了布隆迪安全形势、刚果（金）选后局势及地区一体化等问题。本次会议上，乍得总统代比连任共同体执行主席，乍得前总理瓦伊杜出任秘书长。

（包伟）

东部和南部非洲共同市场

Common Market for Eastern and Southern Africa—COMESA

【成立日期】前身为1981年成立的东部和南部非洲优惠贸易区（Preferential Trade Area for Eastern and Southern Africa—PTA）。1993年11月，东部和南部非洲优惠贸易区第12次首脑会议在乌干达首都坎帕拉召开，通过了把贸易区转变为共同市场的条约。1994年12月8～9日，优惠贸易区首脑会议正式批准了该条约，宣布东部和南部非洲共同市场（简称"科迈萨"）正式成立。目前，科迈萨区内的国内生产总值（GDP）超过5000亿美元，人口4.5亿，面积约1200万平方公里。

【宗旨和目标】废除成员国之间关税和非关税壁垒，实现商品和劳务的自由流通；协调成员国关税政策，分阶段实现共同对外关税；在贸易、金融、交通运输、工业、农业、能源、法律等领域进行合作；对外债问题采取统一立场，协调各国经济结构调整方案；建立货币联盟，发行共同货币。

【成员】19个（2012年8月）：布隆迪、科摩罗、刚果民主共和国、吉布提、埃及、厄立特里亚、埃塞俄比亚、肯尼亚、利比亚、马达加斯加、马拉维、毛里求斯、卢旺达、塞舌尔、苏丹、斯威士兰、乌干达、赞比亚、津巴布韦。

【主要负责人】主席任期一年，由成员国轮流担任。现任主席马拉维共和国总统乔伊斯·班达（Joyce Banda）。秘书长辛迪索·恩格温亚（Sindiso Ngwenya，津巴布韦籍），系1994年科迈萨成立以来第三任秘书长。

【总部】秘书处设在赞比亚首都卢萨卡。地址：COMESA SECRETARIAT，Ben Bella Road，P.O.Box 30051，LUSAKA，Zambia。电话：00260-211-229725/32/35。传真：00260-211-225107。网址：http://www.comesa.int。电子信箱：info@comesa.int。

【组织机构】（1）首脑会议：最高决策机构，一般每年举行一次。如有需要，可以临时举行特别会议。（2）部长理事会：向首脑会议提交报告和对共同市场进行全面管理，负责共同市场的规划、发展和外交事务，包括财务和行政管理的监督和审议。（3）政府间委员会：跨部门机构，由各成员国的政府高级官员组成，负责不同合作领域的项目与行动计划的执行和管理。（4）技术委员会：由各领域的专家组成，负责行政和预算以及各经济部门事务。（5）秘书处：常设机构，由秘书长领导，负责该组织的日常协调事务。设2名助理秘书长，辅助秘书长工作。各成员国均派有代表，约有工作人员180人，设12个部门。（6）贸易与开发银行：是东南部非洲最大的次区域开发银行，1985年11月6日成立，除科迈萨成员国外，还接纳域外国家或机构成员加入，中国人民银行和非洲开发银行现是该行成员。总部应设在布隆迪首都布琼布拉（目前暂设在肯尼亚首都内罗毕），在肯尼亚内罗毕和津巴布韦首都哈拉雷分别设有办公室。布隆迪办公室主管中部地区事务，内罗毕办公室主管东部和北部地区事务，哈拉雷办公室主管南部和岛国事务。（7）结算银行：设在津巴布韦哈拉雷。（8）共同市场法院：设在赞比亚卢萨卡。

【主要活动】截至2012年8月，共召开了15届首脑会议，分别为：1994年12月（利隆圭）、1997年4月（卢萨卡）、1998年6月（金沙萨）、1999年5月（内罗毕）、2000年5月（路易港）、2001年5月（开罗）、2002年5月（亚的斯亚贝巴）、2003年3月（喀土穆）、2004年6月（坎帕拉）、2005年6月（基加利）、2006年11月（吉布提市）、2007年5月（内罗毕）、2009年6月（维多利亚瀑布城）、2010年8月（姆巴巴内）、2011年10月（利隆圭）。第16届首脑会议定于2012年11月在乌干达首都坎帕拉召开。

2000年10月，科迈萨在卢萨卡举行特别首脑会议，决定正式启动自由贸易区，吉布提、马达加斯加、马拉维、毛里求斯、苏丹、赞比亚、埃及、肯尼亚、津巴布韦9国加入，成为非洲大陆第一个自由贸易区。

2001年8月，由科迈萨发起的非洲贸易保险局成立。该机构的主要任务是向同该组织成员国进行贸易的国家、国际发展金融机构、区域经济组织以及私营企业提供贸易风险担保。

2002年5月，科迈萨在亚的斯亚贝巴召开第七届首脑会议，主要讨论财政和地区合作问题，决定设立科迈萨基金，通过了关税管理一体化宣言以及与南部非洲发展共同体等非洲其他次地区组织合作的文件。

2005年6月，科迈萨在基加利召开第10届首脑会议，主题是“通过科迈萨关税同盟深化地区一体化”，决定于2008年12月建立关税同盟。

2007年5月，科迈萨在内罗毕召开第12届首脑会议，重申将于2008年12月正式启动关税同盟，对外采用共同关税，其中对中国产品征收10%的关税。

2008年10月，科迈萨—东共体—南共体（COMESA-EAC-SADC，简称“三方”）首届“三方会员国首脑峰会”在乌干达坎帕拉举行，会议确定了三方的发展远景目标是通过深化三方等各次区域组织之间的经济一体化，建立“三方区域内单一市场”。

2009年6月，科迈萨在津巴布韦维多利亚瀑布城召开第13届首脑会议，东南非共同市场关税同盟正式建立，所有成员国对外将采用统一关税。关税同盟内容包括：成员国之间免关税和贸易配额；对贸易商品进行统一分类；统一关税评价体系；对外采取共同的保护级别和贸易政策；统一海关和收费等的行政管理结构。建立关税同盟后，对外部资本货物和原料免收关税，半成品征收10%的关税，成品征收25%的关税。

2010年8月，科迈萨在斯威士兰姆巴巴内召开第14届首脑会议，主题是“科技促进发展”，就科迈萨自贸区、三方大自贸区、关税同盟、同其他经济体合作以及多边贸易、科技促进发展等问题进行了探讨。

2011年6月，科迈萨—东共体—南共体第二届“三方会员国首脑峰会”在南非约翰内斯堡举行，回顾了三方关于经济一体化及大自贸区建设进展情况，确立了贸易自由化和投资便利化、基础设施、工业发展等实现经济一体化的三大支柱，并制定了协商一致、对外灵活性和差别待遇、对内非歧视性原则、透明、互惠互利、实质性关税自由化等自贸区谈判指导原则。

2011年10月，科迈萨在马拉维首都利隆圭召开第15届首脑会议，回顾了过去一年科迈萨自贸区建设发展情况及当前所面临的挑战。会议期间，还讨论了关税同盟路线图、服务贸易、知识产权、三方大自贸区等问题。

2012年7月，科迈萨—东共体—南共体在第19届非盟峰会期间签署了关于在东部和南部非洲地区采取措施应对气候变化的三方协议。三方将制定五年行动计划，联合应对气候变化带来的挑战。

【同中国的关系】中国与科迈萨保持友好关系。1999年4月，中国进出口银行与科迈萨下属机构东南非贸易与开发银行签订了出口信贷协议。2000年5月，中国人民银行代表中国政府加入东南非贸易与开发银行，成为该行的区外股东，拥有一个董事席位。自2002年起，中国政府代表均应邀出席科迈萨首脑会议。2004年2月，中国正式向科迈萨派驻特别代表，由中国驻赞比亚大使兼任。中国人民银行李东荣行长助理率团出席了2011年12月20日在毛里求斯举行的东南非贸易与开发银行第27届理事会。

2001年3～4月，科迈萨部长理事会轮值主席、毛里求斯外交与地区合作部长加扬率科迈萨代表团访华，与中方商讨在信息产业领域的合作事宜。2002年10月和2005年4月，科迈萨副秘书长恩格温亚和秘书长姆温查应中国信息产业部邀请分别访华。2007年10月，津巴布韦工业和国际贸易部长姆波夫率科迈萨代表团访华，探讨在中非合作论坛框架下与中方扩大合作的可能性。科迈萨派代表团参加了中非合作论坛历届部长级会议。（朱悦）

印度洋委员会

Commission de l'Océan Indien

【成立日期】1982年12月，毛里求斯、马达加斯加、塞舌尔三国外长在毛里求斯首都路易港召开会议，签署《路易港协定》，决定成立印度洋委员会（简称“印委会”）。1984年1月，三国外长在塞舌尔首都签署《维多利亚总协定》，印委会正式成立。

【宗旨】促进成员国间合作，协助本地区国家融入区域和世界一体化进程，并在国际合作中维护印度洋岛国的利益。

【成员】现有毛里求斯、马达加斯加、塞舌尔、科摩罗和以法国名义加入的留尼汪5个成员国及欧盟1个观察员。（1986年第四届部长级会议吸收科摩罗、留尼汪为成员。）

【主要负责人】现主席国为塞舌尔（2011年10月至今）。秘书长为让·克洛德·德莱斯特拉克（Jean-Claude de l'Estrac）。

【总部】常设秘书处位于毛里求斯卡特邦市，1989年设立。网址：http://www.coi-ioc.org。

【组织机构】（1）首脑会议：负责解决重大方向性问题，原则上每四年举行一次。（2）部长级会议：最高权力机构，负责决定委员会的具体战略方针。由成员国指定1名政府成员或政府代表组成，主席由各成员国按法文字母顺序轮流担任，每届任期一年。每年举行一次例会，目前共举行26届部长级会议。（3）常务联络官委员会：协助部长级会议并负责执行有关决议，每个成员国指派1名常务联络官，每年举行3次会议。（4）秘书处：设秘书长、5名专员、1名行政和财政助理。秘书长负责协调印委会内部活动，并保证该委员会的各种机构正常运转。秘书长由部长级会议任命，任期四年，不得连任。（5）专门委员会：主要任务是就不同问题进行研究，并确定合作项目。现已设立商业与贸易、旅游、手工业、地区工业合作、环境保护、地区海运交通、体育、金枪鱼8个专门委员会。另外，还设有一些专家小组，每半年举行一次专家会议。

【资金来源】行政经费由各成员国分摊。从1995年起，各国的份额调整为：马达加斯加29%，留尼汪（法国）40%，毛里求斯20%，科摩罗6%，塞舌尔5%。发展经费主要靠欧盟、世界银行、法国援助。

【主要活动】1984年，毛里求斯、马达加斯加、塞舌尔三国外长在塞舌尔首都维多利亚召开该组织首届部长级会议，签署了成员国合作总协定，提出了地区合作的目标以及实现这些目标的手段，制订了中期行动计划。1991年3月，在马达加斯加首都塔那那利佛召开第一届首脑会议，发表了加强合作的声明。1999年，印委会第二届首脑会议在留尼汪圣但尼召开。2005年7月，该组织第三届首脑会议在马达加斯加塔那那利佛召开，确定了加强政治、外交和安全合作，拓宽经贸交往，促进持续发展，弘扬本地区特性的新战略方针。2008年在塞舌尔召开的第24届部长级会议和2009年在科摩罗召开的第25届部长级会议在渔业、旅游、交通、环保、卫生、信息通信等领域强化合作，提出了16个合作项目。根据2009年第25届部长级会议决议，印委会作为马达加斯加问题国际接触小组成员参与了马政治危机的调解工作。2010年在留尼汪召开的第26届部长级会议通过了涉及战略、政治与外交、经济、商业和基础设施、渔业、农业和能源、环境和自然资源、人力资源开发和地区安全、文化和社会等领域的一系列决议。会议还讨论了打击海盗、马达加斯加局势、与法语国际组织（OIF）加强合作等议题。2011年10月在毛里求斯召开的第27届首脑会议重申印委会将继续在维护地区稳定，捍卫成员国作为岛国在国际和地区组织内的利益，推进地区经贸融合、保护环境、维护地区安全、促进人文发展等领域发挥积极作用。会议决定成立一个由印委会秘书长负责，各成员国专家组成的打击海盗小组，机构设在塞舌尔。

【同中国的关系】中国与印委会成员均关系友好。2008年印委会第24届部长级会议后，该组织秘书处表示希望同中国建立合作关系。2009年和2010年，中国每年向印委会秘书处捐款5万美元。2010年3月，印委会秘书长卡利克斯特·多菲应邀访华，与外交部翟隽副部长会见，与外交部非洲司张明司长举行会谈。

（李天民）

政府间发展组织

Intergovernmental Authority on Development—IGAD

【成立日期】1986年1月成立。前身是由东非国家组成的政府间抗旱与发展组织，1996年3月改为现名（简称“伊加特”）。

【宗旨】将伊加特建设成为在政治、经济、社会、人道主义事务、环保等领域进行全面合作的地区组织。有三大战略目标：保护环境，确保粮食安全；维护和促进地区和平、安全和人道主义事业；加强经济合作，实现区域经济一体化。

【成员国】7个：埃塞俄比亚、吉布提、肯尼亚、苏丹、南苏丹、索马里、乌干达（厄立特里亚曾是成员国之一，2007年4月厄以伊加特“通过许多有损地区和平与安全的决议”为由，宣布暂时退出该组织）。

【主要负责人】主席由成员国轮流担任，一般为每届正式首脑会议的东道国领导人，可因连续主办会议连任。现任主席为埃塞俄比亚总理梅莱斯·泽纳维（Meles Zenawi），2008年6月就职，2012年8月病逝。执行秘书为肯尼亚水利灌溉部前任常秘马哈布·马阿林（Mr. Mahboub M. Maalim），2008年6月就职。

【总部】秘书处设在吉布提首都吉布提市。网址：http：//www.igad.org。

【组织机构】（1）国家元首和政府首脑会议：最高决策机构，以促进地区政治、安全和经济合作为主要任务。每年至少举行1次会议，并可应成员国要求且经多数成员国同意，随时举行特别首脑会议。（2）部长理事会：由成员国外长和1名联络部长（可由外长兼任）组成，负责制订组织方针和行动计划，批准拨款和预算。每年至少举行2次会议，并可应成员国请求且获多数成员国同意，随时召开特别会议。所有决议原则上应经一致同意；如有分歧，则投票以2/3多数通过。（3）大使委员会：由成员国驻总部国家大使或特别代表组成，向执行秘书提供咨询。（4）秘书处：系常设机构，由执行秘书主持日常工作，经国家元首和政府首脑会议任命，任期四年。下设3个部门：农业与环境保护部、政治与人道主义事务部、经济合作部。

【主要活动】截至2011年底，伊加特共召开12次首脑会议和12次特别首脑会议，其中首脑会议为1986年1月（吉布提）、1990年1月（吉布提）、1993年9月（亚的斯亚贝巴）、1994年9月（内罗毕）、1996年11月（吉布提）、1998年3月（吉布提）、1999年11月（吉布提）、2000年11月（喀土穆）、2002年1月（喀土穆）、2003年10月（坎帕拉）、2006年3月（内罗毕）、2008年6月（亚的斯亚贝巴）；特别首脑会议为1988年3月（吉布提）、1995年4月（亚的斯亚贝巴）、1996年3月（内罗毕）、1997年7月（内罗毕）、2001年6月（喀土穆）、2004年10月（内罗毕）、2010年3月（内罗毕）、2010年7月（亚的斯亚贝巴）、2010年11月（亚的斯亚贝巴）、2011年1月（亚的斯亚贝巴）、2011年7月（亚的斯亚贝巴）、2011年11月（亚的斯亚贝巴）。

1993年起，伊加特着手调解苏丹北南冲突，自2002年7月以来促成双方就政教分离、南方民族自决、过渡期内权力和资源分配及最终停火等关键问题达成8个议定书。2005年1月9日，苏丹北南双方在内罗毕签署《全面和平协议》，结束了长达21年的战争。2010年3月，伊加特在内罗毕召开特别首脑会议，讨论苏丹北南和平进程和《全面和平协议》落实情况，重点商谈苏丹南方问题公投后有关问题的安排及面临的挑战。2011年11月，伊加特在亚的斯亚贝巴召开特别首脑会议，正式接受南苏丹为其成员国。自1991年索马里陷入无政府状态后，伊加特积极调解索派别冲突。2003年10月，伊加特成立索马里和平进程促进委员会，成员有肯尼亚、埃塞俄比亚、吉布提、厄立特里亚和乌干达。2004年8月以来，由伊加特支持、在内罗毕召开的索马里和会选举产生了索过渡联邦议会、总统，并成立了索过渡联邦政府。2009年5月，伊加特发表公报谴责厄立特里亚支持索反政府武装，要求联合国安理会立即对其进行制裁。2010年7月，伊加特特别首脑会议一致要求由联合国维和部队取代目前在索执行维和任务的非索团，并促请非盟和联合国落实索过渡政府和反政府武装此前达成的分权协议。

2011年7月，伊加特特别首脑会议对厄立特里亚支持极端势力破坏地区稳定予以强烈谴责，呼吁非盟和联合国安理会在全面实施现有对厄立特里亚制裁的基础上，加大对其经济和矿业部门的制裁。

【同中国的关系】1987年2月，伊加特派代表团访华。中国驻吉布提、肯尼亚、埃塞俄比亚、苏丹大使先后代表中国政府以观察员身份应邀列席第2、3、4、8、9届首脑会议。1995年和1996年，中国驻埃塞俄比亚和吉布提大使分别代表中国政府以观察员身份应邀列席了特别首脑会议。2003年10月，中国驻乌干达大使以观察员身份应邀列席了第10届首脑会议。2004年6月，中国向伊加特捐款，支持其在肯召开索马里和会。2011年11月，中国向伊加特捐款10万美元。

（董杰）

东非共同体

East African Community—EAC

【成立日期】东非共同体最早成立于1967年，成员有坦桑尼亚、肯尼亚和乌干达三国，后因成员国间政治分歧和经济摩擦于1977年解体。1993年11月，坦、肯、乌三国开始恢复合作。1996年3月14日，三国成立东非合作体秘书处。1999年11月30日，三国总统签署《东非共同体条约》，决定恢复成立东非共同体。2001年1月15日，三国在坦桑尼亚阿鲁沙举行东非共同体正式成立仪式。2001年11月，东非议会和法院成立。2007年6月，卢旺达、布隆迪正式加入共同体。

【宗旨】加强成员国在经济、社会、文化、政治、科技、外交等领域的合作，协调产业发展战略，共同发展基础设施，实现域内国家经济和社会可持续发展，逐步建立关税同盟、共同市场、货币联盟，并最终实现政治联盟。

【成员】坦桑尼亚、肯尼亚、乌干达、卢旺达和布隆迪。

【主要负责人】首脑会议主席由成员国轮流担任。现任主席为肯尼亚总统姆瓦伊·齐贝吉（Mwai Kibaki），2011年11月上任。秘书长为卢旺达人理查德·塞兹贝拉（Richard Sezibera），2011年4月任职。

【总部】秘书处设在坦桑尼亚阿鲁沙市（Arusha）。

【组织机构】（1）首脑会议：由成员国元首组成，每年至少举行一次会议，应成员国要求可举行特别会议，其决定须一致通过。主席任期一年，由成员国元首轮流担任。（2）部长委员会：由成员国负责地区合作或指派的其他部长组成，是共同体的政策机构。其职能是：在协商一致的原则下，负责为共同体有效与协调运行及发展制定政策；向东非议会提交法案；向首脑会议提交年度报告；建立处理不同事务的部门委员会；向成员国的其他机构（除法院和议会外）下达指示等。每年举行两次会议，应成员国或委员会主席要求可举行特别会议。部长委员会主席由成员国轮流担任，任期一年。（3）协调委员会：由成员国负责地区合作事务或指定的政府部门的常秘组成，负责向部长委员会提交执行条约的报告和建议、执行部长委员会的决定。一般每年举行两次会议，应委员会主席要求可举行特别会议。主席由成员国轮流担任。（4）部门委员会：应部长委员会指示成立，负责处理部长委员会指定的事务。（5）东非法院：系共同体司法机构。职责是确保条约得到履行，负责相关条约的解释，并向首脑会议、部长委员会、成员国和秘书处等提供法律咨询。每个成员国可提名2名法官，由首脑会议批准任命。院长和副院长须来自不同成员国，院长由成员国法官轮流担任。（6）东非议会：系共同体立法机构。每年至少举行一次会议。议会由27名选举产生的议员及5名官职议员组成。议员由成员国议会从非议员国民中各推举9名，所推举的议员不能是成员国的现任部长和共同体官员。官职议员包括成员国负责地区合作的部长、共同体秘书长和法律顾问，官职议员无投票权。议长由成员国议员轮流担任。议员任期五年。（7）秘书处：是共同体的常设机构，负责处理日常事务。设秘书长、副秘书长、法律顾问等。秘书长和副秘书长由首脑会议任命，由成员国轮流担任，任期五年。

2004年11月，东共体召开第六届首脑会议，三国总统签署了“加快东共体一体化进程时间表”，同意2010年1月前成立“东非联邦”，三国在保留各自议会、总统和国旗的同时共同组建联邦议会、内阁和司法机构。2006年4月，东共体召开第七届首脑会议，决定2010年1月建立东非共同市场，2008年12月签署相关议定书；审议了“东非联邦快车道计划”的执行情况报告；讨论了布隆迪、卢旺达两国申请加入东共体的问题；还制定了《东非共同体第三个发展战略（2006～2010）》。2007年6月，东共体召开了第五届特别首脑会议，签署了卢旺达、布隆迪两国加入共同体的协定，正式吸纳两国为东共体成员；并计划于2009年就建立联邦举行全民公决，同年年底发行东非先令；2010年成立东非共同市场，并建立东非联邦；2013年选举联邦总统。2009年4月，东共体在阿鲁沙召开第十届首脑会议，五国元首发表联合声明，表示将于2009年11月签署建立共同市场的条约，争取在2010年年初正式启动共同市场。2009年11月，东共体在阿鲁沙召开第11届首脑会议，五国元首共同签署了《东非共同体共同市场议定书》。2010年7月，该议定书正式生效。2010年12月，东共体在坦桑尼亚阿鲁沙召开第12届首脑会议，发表公报，呼吁成员国进一步加大力度推进地区一体化进程，落实东共体粮食安全行动计划和东共体气候变化政策，保护环境，加强自然资源管理。2011年11月，东共体在布隆迪召开第13届首脑会议和首届坦噶尼喀湖盆地发展国际会议，审议通过了东共体未来五年发展战略等文件。

【同中国的关系】1998年5月，中国驻坦桑尼亚大使代表中国政府出席东非合作体道路网捐助会议。2003年5月，中国驻乌干达大使应东非共同体秘书处邀请出席在坦桑尼亚举行的东非共同体使节会议。2008年5月，东共体五国负责东共体事务的部长代表团访华，此系东共体首次派团访华。外交部副部长王毅、商务部副部长高虎城分别会见代表团。2010年12月，国务院批准驻坦桑尼亚大使兼任驻东共体大使。

2011年11月，中国与东共体双边经贸联委会成立并召开第一次会议，双方签署了中国与东共体经贸合作框架协议。

（张磊）

南部非洲发展共同体

Southern African Development Community—SADC

【成立日期】其前身是1980年成立的南部非洲发展协调会议。1992年8月17日，南部非洲发展协调会议成员国首脑在纳米比亚首都温得和克举行会议，签署了有关建立南部非洲发展共同体（简称“南共体”）的条约、宣言和议定书，决定朝着地区经济一体化方向前进。

【宗旨】在平等、互利和均衡的基础上建立开放型经济，打破关税壁垒，促进相互贸易和投资，实行人员、货物和劳务的自由往来，逐步统一关税和货币，最终实现地区经济一体化。

【成员】15个：南非、安哥拉、博茨瓦纳、津巴布韦、莱索托、马拉维、莫桑比克、纳米比亚、斯威士兰、坦桑尼亚、赞比亚、毛里求斯、刚果（金）、塞舌尔、马达加斯加（2009年3月，因马政权出现非正常更迭，南共体暂停了马在该组织的成员资格）。总面积987万平方公里，约占全非面积的33%。总人口2.6亿，约占全非人口的27%。2010年成员国国内生产总值总和为4711亿美元。

【主要负责人】2011/2012年度轮值主席国为安哥拉，副主席国为莫桑比克。政治、防务和安全机构主席国为南非，副主席国为坦桑尼亚。执行秘书托马斯·萨洛芒（Tomaz A. Salomao）。

【秘书处】设在博茨瓦纳首都哈博罗内。地址：SADC Secretariat，SADC House，Government Enclave，P/Bag 0095，Gaborone，Botswana。电话：00-267-3951863；传真：00-267-3972848/3181070。电子信箱：registry@sadc.int。网址：http：//www.sadc.int。秘书处每年出版英文版《年度报告》（Annual Report）。

【组织机构】（1）首脑会议：最高决策机构，每年举行一次会议，地点不固定。主席、副主席经选举产生并由成员国首脑轮流担任，任期一年。（2）部长理事会：由各成员国经济计划或财政部长组成，对首脑会议负责。其主要职责是监督共同体运行及政策和计划的实施。每年至少举行一次会议。部长理事会主席和副主席分别由共同体主席国和副主席国任命。（3）部门技术委员会：对理事会负责，与常设秘书处密切配合。其主要职责是指导、协调专门技术部门的合作和一体化政策及计划。（4）官员常设委员会：由各成员国经济计划或财政部常秘或同级别官员组成，是理事会技术咨询机构，每年至少举行一次会议，其主席和副主席由理事会主席国和副主席国任命。（5）常设秘书处：主要执行机构，负责实施首脑会议和部长理事会的决议及共同体的计划，协调成员国政策和战略。执行秘书对部长理事会负责，由首脑会议根据理事会推荐任命，任期四年。（6）政治、防务和安全机构：1996年6月成立，直接对首脑会议负责，主席国由各成员国轮流担任。主要职责为促进各成员国之间的政治合作，发展地区集体防务能力，处理和预防地区冲突，调解地区争端，推动各成员国在利益相关的领域制定共同的外交政策。（7）法庭：确保遵守和正确解释条约及其辅助文件的条款，向首脑会议和理事会提供咨询意见。

【主要活动】作为非洲具有活力的次区域组织，近年来南共体积极调解刚果（金）冲突和莱索托、津巴布韦国内危机，促进成员国的团结与合作；制定地区自主维和机制和成员国民主选举原则与指南，推进地区和平和民主建设。南共体为维护南部非洲的和平稳定发挥了重要作用，受到国际社会普遍关注。

2011年1月，南共体部长理事会会议在温得和克召开，主要讨论了财政预算及地区一体化问题。4月，南共体选举咨询委员会在博茨瓦纳哈博罗内成立，旨在向南共体成员国选举机构提供咨询，推广他国选举成功经验。6月，南共体在南非约翰内斯堡召开特别峰会，主要讨论津巴布韦问题和马达加斯加问题。7月，南共体在哈博罗内召开农业和食品安全部长理事会，正式启动南部非洲农业研究及发展协调中心。8月，南共体第31届首脑会议在安哥拉首都罗安达举行，安哥拉接任轮值主席国，会议通过《南共体第31届首脑会议公报》，并确定2012年在莫桑比克召开下届首脑会议。

【同中国的关系】中国与南共体及其大多数成员国（除斯威士兰为未建交国外）保持着良好的合作关系。中国驻博茨瓦纳大使兼任驻南共体代表。中国邀请南共体以观察员身份出席了中非合作论坛历次部长会和高官会，并多次参加南共体与国际合作伙伴的部长级磋商会议。

2004年南共体执行秘书拉姆萨米访华。2005年8月，南共体举行第25次首脑会议暨成立25周年庆祝活动，温家宝总理致电祝贺。2005年11月，黄菊副总理访问博茨瓦纳期间会见了南共体执行秘书萨洛芒。2006年11月，南共体执行秘书萨洛芒来华出席中非合作论坛第三届部长级会议。2011年3月，中国外交部与南共体在哈博罗内举行首次司局级政治磋商。6月，纳米比亚总统波汉巴以南共体轮值主席身份访华。

2011年，中国与南共体国家贸易总额达871.48亿美元，占中非贸易额的52.4%。

2008年5月中国四川汶川发生特大地震灾害后，南共体驻华使团向灾区捐款10万元人民币。2010年4月青海玉树地震后，南共体执行秘书萨洛芒致信中国驻博茨瓦纳大使兼驻南共体代表刘焕兴表示慰问，南共体成员国驻华使节并向灾区捐款3万元人民币。6月，南共体外交妇女协会向儿童基金会、特奥天使艺术团、爱心蓝天等中国数家慈善机构捐赠35万元人民币善款。

中国驻南共体代表：刘焕兴。馆址：NO.3096，3097 North Ring Road Gaborone P. O. Box 1031。电话：00267-3952209（办公室）；传真：3900156。（周颖）

欧洲自由贸易联盟

European Free Trade Association—EFTA

【成立日期】1960年1月4日，奥地利、丹麦、挪威、葡萄牙、瑞典、瑞士和英国在瑞典首都斯德哥尔摩正式签订《建立欧洲自由贸易联盟公约》（即《斯德哥尔摩公约》）。该公约经各国议会批准后于同年5月3日生效，欧洲自由贸易联盟（简称“欧贸联”）正式成立。修订后的公约于2002年6月1日生效，亦称《瓦杜兹公约》。冰岛、芬兰、列支敦士登分别于1970年3月、1986年1月、1991年5月加入。英国和丹麦于1973年1月，葡萄牙于1986年1月，奥地利、瑞典、芬兰于1994年12月退出欧贸联，加入欧盟。

【宗旨】在联盟区域内实现成员国之间工业品的自由贸易并扩大农产品贸易；保证成员国之间贸易在公平竞争的条件下进行；发展和扩大世界贸易并逐步取消贸易壁垒。

【成员】4个（截至2011年）：冰岛、列支敦士登、挪威、瑞士。

【主要负责人】秘书长凯尔·布莱恩（KARE BRYN，挪威人），2006年9月1日上任，任期三年，2009年连任一届。副秘书长伊沃·考夫曼（IVO KAUFMANN，瑞士人）和贝尔伊迪斯·埃勒茨多蒂尔（BERGDIS ELLERTSDOTTIR，冰岛人）。

【总部】瑞士日内瓦。地址：9-11，Rue de Varembé，1211 Geneva 20，Switzerland。电话：41-22-3322600；传真：3322677。网址：http://www.efta.int。电子信箱：mail.gva@efta.int。

【出版物】《欧洲自由贸易联盟公报》（EFTA Bulletin），季刊，用英、法、德和斯堪的纳维亚诸国文字出版；《欧洲自由贸易联盟贸易》（EFTA Trade），年刊，英、法、德文合订本；《欧洲自由贸易联盟年度报告》（EFTA Annual Report），英、法、德文；《这就是欧洲自由贸易联盟》（This is EFTA），年刊。

【组织机构】（1）理事会：最高权力机构。由成员国部长或常驻代表组成，每月一次常驻代表会议，每年两次部长级会议。主席由成员国轮流担任，任期半年。有关承担新义务的决定须全体一致通过，其他问题以多数通过。下设关税、贸易专家、预算、农渔业、经济等常设委员会。（2）秘书处：处理日常事务。设秘书长1人，副秘书长2人，分管内外关系和欧洲经济区（欧经区）事务。（3）咨询委员会：由各国指定的雇主、工会代表和个人组成，在每次理事会开会前举行会议。此外还设有成员国议员委员会等机构。（4）监督局：1993年1月成立，1994年1月1日正式工作，设在比利时首都布鲁塞尔，负责监督成员国遵守欧经区协议，各国企业遵守欧经区竞争原则，并可主动或根据举报调查侵权行为。（5）法院：1994年1月1日在日内瓦正式成立，由5名法官组成，其职责和权限与欧洲法院相似。1995年6月起变更为3名常设法官及6名临时法官。1996年9月1日，法院也由日内瓦迁至卢森堡。

【主要活动】加强内部经贸政策协调，支持并积极参与在世界贸易组织范围内举行的多边贸易谈判，反对贸易保护主义，发展同区外国家的贸易关系。

欧贸联十分重视同欧盟（欧洲共同体）发展经贸关系。1991年10月22日，欧贸联与欧共体在卢森堡达成建立欧洲经济区（EEA，下称“欧经区”）协议，规定从1993年1月1日起，两大经济组织间实现商品、服务、资本和人员的自由流通，取消关税和进口限额，统一工业和产品标准，加强和扩大在环保、交通、教育、科技、旅游和社会政策领域里的合作。欧贸联成员国同意将欧共体有关法规作为欧经区的法律基础，由欧贸联和欧共体共同组成的部长理事会作为欧经区最高决策机构。发生贸易纠纷时，纯属欧贸联或涉及双方贸易中欧贸联占1/3份额以上的案件，由欧贸联法院审理，其他案件由欧洲法院裁决。

1992年2月14日，欧贸联与欧共体在布鲁塞尔就欧经区协议的最后文本达成一致，决定协议于1993年1月1日与欧共体内部统一大市场文件同时生效。由于瑞士在1992年12月6日举行的公民投票中决定不加入欧经区，协议不得不推迟实施。直至1994年1月1日，由欧共体12国和除瑞士、列支敦士登之外的欧贸联5国组成的欧经区才正式成立。1995年5月1日，列支敦士登也正式成为欧经区成员国。目前，欧经区已成为由欧盟27国和欧贸联3国（冰岛、列支敦士登、挪威）组成的单一市场（即“内部市场”），实现了区内货物、服务、人员和资金的自由流动。

欧贸联积极与区外国家开展自由贸易协定（自贸协定）谈判，迄已签署24个协定，涵盖33个国家和地区，包括：土耳其（1991年12月签署，1992年4月生效）、以色列（1992年9月签署，1993年1月生效）、摩洛哥（1997年6月签署，1999年12月生效）、巴勒斯坦（1998年11月签署，1999年7月生效）、马其顿（2000年6月签署，2002年5月生效）、墨西哥（2000年11月签署，2001年7月生效）、约旦（2001年6月签署，2002年9月生效）、克罗地亚（2001年6月签署，2002年4月生效）、新加坡（2002年6月签署，2003年1月生效）、智利（2003年6月签署，2004年12月生效）、黎巴嫩（2004年6月签署，2007年1月生效）、突尼斯（2004年12月签署，2005年6月生效）、韩国（2005年12月签署，2006年9月生效）、非洲关税同盟（2006年6月签署，2008年5月生效）、埃及（2007年1月签署，2007年8月生效）、加拿大（2008年1月签署，2009年7月生效）、哥伦比亚（2008年11月签署，2011年7月生效）、海湾合作委员会国家（2009年6月签署，目前仅与列支敦士登和瑞士的协定生效）、塞尔维亚（2009年12月签署，2010年10月生效）、阿尔巴尼亚（2009年12月签署，2010年11月生效）、乌克兰（2010年6月签署，2012年6月生效）、秘鲁（2010年7月签署）、中国香港（2011年6月签署）、黑山（2011年11月签署）。

目前，欧贸联继续与以下国家和地区进行自贸协定谈判：阿尔及利亚（2008年5月和11月分别展开第三、四轮谈判）、波黑（2011年3月和5月分别展开第一、二轮谈判）、印度（2008年1月开始，迄已进行十一轮谈判）、印度尼西亚（2011年2月开始，迄已进行五轮谈判）、俄罗斯、白俄罗斯、哈萨克斯坦（2011年1月开始，迄已进行五轮谈判）、泰国（2006年1月展开第二轮谈判）、中美洲六国（哥斯达黎加、萨尔瓦多、危地马拉、洪都拉斯、尼加拉瓜、巴拿马）（2012年3月和6月分别展开第一、二轮谈判）、越南（2012年5月启动谈判）。欧贸联还表示希望进一步发展与亚洲国家，特别是中国和日本的贸易关系，以推动世界自由贸易的发展。（张谦）

欧洲复兴开发银行

European Bank for Reconstruction and Development—EBRD

【成立日期】1991年4月14日正式成立。

【宗旨】本着加强民主、尊重人权、保护环境的精神，帮助和支持中东欧和中亚国家向市场经济和民主化社会过渡。

【成员】65个（截至2011年年底，包括63个成员国和2个国际机构）。其中欧洲44个：阿尔巴尼亚、亚美尼亚、奥地利、阿塞拜疆、白俄罗斯、比利时、波斯尼亚和黑塞哥维那、保加利亚、克罗地亚、塞浦路斯、捷克、丹麦、爱沙尼亚、芬兰、法国、格鲁吉亚、德国、希腊、匈牙利、冰岛、爱尔兰、意大利、拉脱维亚、列支敦士登、立陶宛、卢森堡、马其顿、马耳他、摩尔多瓦、荷兰、挪威、波兰、葡萄牙、罗马尼亚、俄罗斯、塞尔维亚、黑山、斯洛伐克、斯洛文尼亚、西班牙、瑞典、瑞士、乌克兰、英国；亚洲11个：土耳其、以色列、约旦、日本、哈萨克斯坦、韩国、吉尔吉斯斯坦、蒙古、塔吉克斯坦、土库曼斯坦、乌兹别克斯坦；美洲3个：加拿大、墨西哥、美国；大洋洲2个：澳大利亚、新西兰；非洲3个：埃及、摩洛哥、突尼斯。2个国际机构：欧洲联盟和欧洲投资银行。

【负责人】苏马·查克拉巴提爵士（Sir Suma Chakrabarti，英国人），第六任行长，2012年7月3日就任，任期四年。

【总部】在英国伦敦。网址：http://www.ebrd.com/。

【出版物】《年度报告》（Annual Report），《转型报告》（Transition Report）等。

【组织机构】理事会是最高权力机构，由各成员国委派的正副理事各一名组成，每年举行一次年会。董事会代理事会行使权力，由23名成员组成，董事任期三年。董事会负责指导银行的日常业务工作，并负责选举行长。董事会主席兼任行长，任期四年。

【股本和资金来源】欧盟委员会、欧洲投资银行和63个成员国拥有股权，总资本约300亿欧元。最大的股份拥有者是美国，其次是法国、德国、意大利、日本和英国。

【主要活动】投资主要目标是中东欧国家和中亚国家的私营企业和基础设施，是该地区最大的金融投资机构。自1991年以来，共完成3374个项目，独自提供逾710亿欧元的资金，与公共和私营投资者一道共提供了近2100亿欧元的资金。

主要业务为：1.提供必要的技术援助和人员培训。2.帮助受援国政府制定政策及措施，推动经济改革，帮助实施非垄断化、非中央集权化及非国有化。3.参加筹建金融机构及金融体系，其中包括银行体系及资本市场体系。4.支持筹建工业体系，尤其注意扶持中小型企业的发展。奉行“兼顾发展银行和商业投资银行业务”的经营方针。目前，该行表示愿受邀向其他地区国家，甚至是受国际金融危机冲击严重的部分发达经济体提供帮助。

2011年欧洲复兴开发银行共进行了380项投资，

投资额90.5亿欧元，带动投资208亿欧元，总投资逾290亿欧元，比2010年增长27%。其中向农业、生产和服务、固定资产、旅游及电信等领域企业部门投资占30%；能源领域占20%；通过金融机构向中小企业投资占32%；市政、交通等基础建设领域投资占18%。

2011年底，吸收约旦和突尼斯为成员国，为进一步向地中海南部和东部地区拓展业务打下基础。

迄今已举行21届年会及商业论坛。2012年5月18～19日，第21届年会及商业论坛在伦敦召开，2000多位政府官员、企业界人士、民间团体人士和记者与会。会议的主题是"混乱中的管理"，重点讨论快速变化的经济和社会产生的影响、能源问题、资本市场以及金融危机的影响。5月19日，银行董事会推选苏马·查克拉巴提爵士为第六任行长。查克拉巴提系印度裔英国人，曾任英司法部高级官员、英国国际发展部大臣，在国际发展经济领域和政策制定方面有丰富经验。（秦朗）

中欧倡议国组织

Central European Initiative—CEI

【成立日期】1990年5月20日成立。曾称"五国集团"（匈牙利、捷克斯洛伐克、南斯拉夫、意大利和奥地利），1991年波兰加入，变5国集团为6国集团，1992年3月在奥地利召开的外长会议上更名为现称。

【宗旨】致力于发展经济、科技、文化及政治领域的合作。

【成员国】18个（截至2011年）阿尔巴尼亚、奥地利、白俄罗斯、波黑、保加利亚、捷克、克罗地亚、意大利、马其顿、摩尔多瓦、黑山、波兰、斯洛伐克、斯洛文尼亚、塞尔维亚、乌克兰、匈牙利、罗马尼亚。

【主要活动】2007年11月，中欧倡议国组织首脑会议在保加利亚首都索菲亚举行，会议对《2007—2009行动计划》进行了修改。该计划对未来中欧倡议国组织在经济发展、人力资源开发和跨地区、跨国合作三大领域进行了规划。

2008年11月，中欧倡议国组织首脑会议在摩尔多瓦首都基希讷乌召开，就该组织宗旨、改革进程、政治和经济合作等问题进行了讨论，强调将通过一系列共同发展项目深化与欧盟及其他地区组织合作关系。

2009年11月，中欧倡议国组织首脑会议在罗马尼亚首都布加勒斯特举行，会议呼吁欧盟加大推动西巴尔干国家入盟进程力度；呼吁欧盟实现能源供应渠道和线路多样化，进一步巩固欧盟内部能源和天然气市场，并通过使用再生能源来减少常规能源的消耗量。

2010年6月，中欧倡议国组织外长会议在黑山布德瓦举行。会议主要关注近年来的地区发展以及如何发挥该组织作用，重点讨论了该组织政策、结构和财政等情况，确认组织的基本任务是促进非欧盟国家向欧盟靠拢，强调加强组织与欧盟关系的重要性，愿与欧盟委员会探索合作渠道，与欧洲复兴开发银行建立并加强伙伴关系。

2011年，联合国大会授予中欧倡议国组织观察员地位。

2012年6月，中欧倡议国组织外长会议在意大利特里亚斯特举行。会议再次确认该组织是欧洲一体化的政治论坛和中东欧推行经济改革的主要平台之一。要求充分发挥该组织的结构优势和合作优势，促进非欧盟国家向欧盟靠拢，提升中东欧地区的整体发展水平。（熊君）

北美自由贸易协定

North American Free Trade Agreement—NAFTA

【成立日期】1992年8月12日，美国、加拿大、墨西哥三国签署北美自由贸易协定，该协定于1994年1月1日正式生效。

【宗旨】减少贸易壁垒，促进商品和劳务在缔约国间的流通；改善自由贸易区内公平竞争的环境；增加各成员国境内的投资机会；在各成员国境内有效保护知识产权；创造有效程序以确保协定的履行和争端的解决；建立机制，扩展和加强协定利益。

【成员】美国、加拿大、墨西哥。

【组织机构】（1）自由贸易委员会：由三个成员国的内阁级代表组成，是北美自由贸易协定的中央机构，统管协定的实施和争端的解决，监督各工作小组、委员会和其他附属机构的工作。（2）协调员：由分别来自三国的三位高级贸易官员构成，负责协定实施过程中的日常工作。（3）秘书处：负责根据协定相关条款解决争端。（4）另设30多个工作小组、委员会及附属机构。

【主要活动】1992年8月12日，美国、加拿大、墨西哥三国签署三边自由贸易协定，决定在自1994年1月1日协定生效之日起15年内逐步消除贸易壁垒、实施商品和劳务的自由流通，建成世界最大的自由贸易区。1994年12月第一届美洲国家首脑峰会上，各国一致同意美国关于用10年时间建立美洲自由贸易区（FTAA）的倡议。1995年2月，由美、墨两国政府出资的北美开发银行开始营业。1996年11月，加同智利签署自由贸易协定，为智未来加入NAFTA构建桥梁。1998年4月，经美、加推动，第二届美洲国家首脑峰会通过《圣地亚哥宣言》，宣布启动关于建立FTAA的谈判。2001年4月22日，美国总统布什、加总理克雷蒂安、墨总统福克斯在加拿大魁北克市会晤并发表联合声明，表示要继续推进实施NAFTA，保证北美贸易和投资的进一步发展。2004年1月，美洲国家领导人特别峰会通过了2005年内完成FTAA谈判的时间表。北美自由贸易区区内基本实现零关税。据美国商务部统计，2011年，美国对区内贸易伙伴的货物贸易额为10575亿美元，比2010年上升15.2%。（戴鑫）

美洲开发银行

Inter-American Development Bank—IDB

【成立日期】1959年12月30日成立。该行是美洲国家组织的专门机构，其他地区国家也可加入。非拉美国家不能使用该行资金，但可参加该行组织的项目投标。

【宗旨】集中各成员国的力量，对拉丁美洲国家的经济、社会发展计划提供资金和技术援助，并协助它们单独和集体为加速经济发展和社会进步作出贡献。

【成员】48个（截至2012年5月）。其中美洲28个：阿根廷、巴巴多斯、巴哈马、巴拉圭、巴拿马、巴西、秘鲁、玻利维亚、多米尼加、厄瓜多尔、哥伦比亚、哥斯达黎加、圭亚那、海地、洪都拉斯、墨西哥、尼加拉瓜、萨尔瓦多、苏里南、特立尼达和多巴哥、危地马拉、委内瑞拉、乌拉圭、牙买加、智利、伯利兹、加拿大、美国；欧洲16个：奥地利、比利时、丹麦、德国、法国、芬兰、荷兰、挪威、葡萄牙、瑞典、瑞士、西班牙、意大利、英国、克罗地亚和斯洛文尼亚。亚洲4个：日本、以色列、韩国、中国。

【主要负责人】行长路易斯·阿尔贝托·莫雷诺（Luis Alberto Moreno，哥伦比亚人），2005年7月当选。

【总部】设在美国华盛顿。网址：http：//www.iadb.org。

【出版物】《年度报告》（Annual Report），英文，在美国出版；《拉美一体化》（Integración Latinoamericana），月刊，西班牙文，在阿根廷出版。

【组织机构】（1）理事会：最高权力机构，由各成员国委派1名理事组成，每年举行1次会议。理事通常为各国经济、财政部长、中央银行行长或其他担任类似职务者。（2）执行董事会：理事会领导下的常设执行机构，由14名董事组成，其中拉美国家9名，美国、加拿大和日本各1名，其他地区国家2名，任期3年。（3）行长和副行长：在执行董事会领导下主持日常工作。行长由执行董事会选举产生，任期5年，副行长由执行董事会任命。（4）分支机构：在拉美各成员国首都及巴黎和伦敦设有办事处。（5）投资机构：美洲投资公司（Inter-American Investment Corporacion—IIC），1989年成立，以不易获得优惠条件贷款的中小企业为主要服务对象；多边投资基金（Multilateral Investment Fund—MIF），1993年成立，主要为私营企业创造更好的投资环境，促进其发展。（6）拉美一体化研究所：1964年成立，设在阿根廷首都布宜诺斯艾利斯，负责培养高级技术人才，研究有关经济、法律和社会等重大问题，为成员国提供咨询。

【银行资本】（1）成员国分摊；（2）发达成员国提供；（3）在世界金融市场和有关国家发放债券。各成员国的表决权依其加入股本的多寡而定。其中拉美国家共占50%（阿根廷和巴西各占11%），美国占30%，日本5%，加拿大占4%，其他非本地区成员国11%。按章程规定，拉美国家表决权在任何情况下不得低于现比例。1960年该行开业时拥有8.13亿美元资金。截至2008年年底，该行总资产为1010亿美元。

【主要活动】提供贷款促进拉美地区的经济发展、帮助成员国发展贸易，为各种开发计划和项目的筹备和执行提供技术合作。银行的一般资金主要用于向拉美国家公、私企业提供贷款，年息通常为8%，贷款期10～25年。特别业务基金主要用于拉美国家的经济发展优惠项目，年息1%～4%，贷款期20～40年。银行还掌管美国、加拿大、德国、英国、挪威、瑞典、瑞士和委内瑞拉等政府及梵蒂冈提供的“拉美开发基金”。20世纪60、70年代，该行主要为卫生和教育等公共项目提供资金，90年代起逐渐加大对私营企业的贷款。2010年，该行向拉美和加勒比地区贷款127亿美元，为促进拉美经济社会发展发挥了重要作用。

该行成立以来每年均举行年会。2010年3月，美洲开发银行第51届年会在墨西哥坎昆举行，通过《坎昆宣言》，就美洲行增资、援助海地等达成一致。2011年3月，美洲开发银行第52届年会在加拿大卡尔加里举行，会议向各成员国报告了有关普遍增资和发展战略的落实情况，并选举出2011～2014年各选区执行董事。2012年3月，美洲开发银行第53届年会在乌拉圭举行，会议讨论了有关增资事宜，承诺将开拓更多融资渠道和工具来应对金融危机，帮助弱小经济体渡过难关。

【同中国的关系】中国自1991年起连续18年应邀派团以观察员身份参加了美洲开发银行年会。1993年9月，中国人民银行正式向美洲开发银行提出了入行申请。2004年3月，黄菊副总理致函伊格莱西亚斯行长，重申中国人民银行加入美洲开发银行的申请。2008年10月，美洲行执董会决定接受中国人民银行为正式成员；美洲行行长莫雷诺访华，杨洁篪外长和周小川行长分别会见。2009年1月12日，中国人民银行代表中国正式加入美洲开发银行集团。3月，中国人民银行行长周小川代表中国以正式成员身份出席在哥伦比亚麦德林举行的美洲开发银行成立50周年年会。2010年3月，中国人民银行行长周小川代表中国出席在墨西哥坎昆举行的美洲开发银行第51届年会。9月，王岐山副总理和杨洁篪外长分别会见来华出席第四届中拉企业家高峰会的美洲行行长莫雷诺。2011年3月，中国人民银行郭庆平行长助理率团出席在加拿大卡尔加里举行的美洲行第52届年会。2012年3月，中国人民银行刘士余副行长率团出席在乌拉圭举行的美洲行第53届年会。（曹航）

拉丁美洲经济体系

Sistema Económico Latinoamericano—SELA

【成立经过】1975年10月17日，拉美23国政府代表签署《巴拿马协议》，宣告成立拉丁美洲经济体系。1976年6月7日协议正式生效。官方语言为西班牙语、英语、法语和葡萄牙语。

【宗旨】本着平等、主权、独立、团结、互不干涉内政、互相尊重各国政治、经济和社会制度差异的原则，促进拉美地区合作，推动地区一体化进程，制定和执行经济、社会发展规划与项目，协调拉美各国有关经济和社会问题的立场与战略，切实维护拉美国家的合法权益，为建立公正、合理的国际经济新秩序而努力。

【成员】28个（2011年6月）：阿根廷、巴巴多斯、巴哈马、巴拉圭、巴拿马、伯利兹、巴西、秘鲁、玻利维亚、多米尼加、厄瓜多尔、哥伦比亚、哥斯达黎加、格林纳达、古巴、圭亚那、海地、洪都拉斯、墨西哥、尼加拉瓜、萨尔瓦多、苏里南、特立尼达和多巴哥、危地马拉、委内瑞拉、乌拉圭、牙买加、智利。50多个拉美、欧洲和联合国的政治、经济和社会组织为观察员。

【主要负责人】秘书长何塞·里贝拉·巴努埃特（José Rivera Banuet，墨西哥经济学家），2008年4月就职，任期四年。

【总部】常设秘书处，设在委内瑞拉首都加拉加斯。网址：http：//www.sela.org/。

【出版物】《拉美经济体系简讯》（SELA Noticias），《拉美经济体系动态》（SELA en Acción），均为西班牙文。

【组织机构】（1）拉丁美洲理事会：最高机构。由各成员国政府任命1名全权代表组成，每年举行1次部长级例会，确定拉美经济体系的总政策。如理事会作出决定或不少于1/3的成员国提出要求，可举行部长级或非部长级特别会议。理事会设主席1人、副主席2人、报告员1人（共同组成主席团），由各国代表轮流担任。（2）行动委员会：临时性的合作机构。每个委员会至少由3个成员国组成，其他成员国可以自由加入或退出。任务是就一些专门问题制定共同纲领和计划，并协调行动。任务完成后，委员会可解散或转变成常设机构。（3）常设秘书处：执行机构。常任秘书由拉丁美洲理事会选举产生，任期四年。

【主要活动】2009年10月，第35届拉美理事会例会在加拉加斯举行，会议就呼吁美国停止对古巴经济封锁及气候变化问题发表声明。2010年10月，第36届拉美理事会例会在加拉加斯举行，会议发表声明，呼吁国际社会为海地、伯利兹、危地马拉灾后重建提供援助并加强在此问题上的南南合作，反对破坏厄瓜多尔民主秩序的行为，坚决维护地区和平与民主，呼吁美国停止对古巴经济封锁。2011年12月，第37届拉美理事会例会在加拉加斯举行，会议就当前国际经济形势与拉美和加勒比地区面临的挑战等问题发表声明。2012年10月，第38届拉美理事会例会在加拉加斯举行，会议就呼吁美国停止对古巴经济封锁发表声明。

【同中国的关系】1996年11月14日，应拉美经济体系的邀请，国务院总理李鹏在访问委内瑞拉期间在该组织总部发表了题为《共同谱写中拉友好合作的新篇章》的重要演讲，阐述了中国关于发展与拉美关系的五项原则和扩大经贸合作的四个重点。1998年，拉美经济体系常设秘书处与中国国际贸易促进委员会签订合作协议，旨在增进拉美和加勒比国家与中国企业界之间的经贸合作关系。拉美经济体系常任秘书长莫内塔于1997年、1999年两次率团访华。1999年11月，贸促会会长俞晓松致电祝贺博耶当选拉美经济体系常任秘书长。2003年12月，贸促会会长万季飞电贺瓜尔涅里当选拉美经济体系常任秘书长。（薛远）

拉丁美洲一体化协会

Asociacion Latinoamericana De Integracion—ALADI

【成立经过】拉丁美洲一体化协会的前身是1960年成立的拉美自由贸易协会。1980年8月12日，该协会11个成员国的外交部长在乌拉圭首都蒙得维的亚签署了《蒙得维的亚条约》，宣告拉丁美洲一体化协会成立。1981年3月18日《条约》正式生效，拉美自由贸易协会自行停止活动。该协会是拉美地区重要的政府间促进一体化组织。

【宗旨】促进和协调成员国相互间的贸易，扩大出口市场和经济合作，在双边和多边合作的基础上，实现地区经济一体化，最终建立拉美共同市场。基本职能是为拉美小地区一体化组织和拉美国家双边协定提供保护，为双边和多边贸易提供方便和咨询。

【成员】12个（截至2012年6月）：阿根廷、玻利维亚、巴西、哥伦比亚、智利、厄瓜多尔、墨西哥、巴拉圭、秘鲁、乌拉圭、委内瑞拉和古巴。各成员国按经济发展水平分为三个等级，巴西、墨西哥、阿根廷为经济“高等发展”水平，智利、哥伦比亚、秘鲁、乌拉圭、委内瑞拉和古巴为“中等发展”水平，厄瓜多尔、巴拉圭和玻利维亚为“低等发展”水平。

向该协会派常驻观察员的国家有（截至2012年6月）：萨尔瓦多、洪都拉斯、西班牙、葡萄牙、危地马拉、多米尼加、哥斯达黎加、尼加拉瓜、意大利、巴拿马、瑞士、俄罗斯、罗马尼亚、中国、韩国、日本、乌克兰、巴基斯坦。

向该协会派常驻观察员的国际组织有（截至2012年6月）：联合国拉美和加勒比经济委员会、美洲国家组织、美洲开发银行、联合国开发计划署、欧盟、拉美经济体系、安第斯发展公司、泛美农业合作委员会、泛美卫生组织、世界卫生组织、伊比利亚美洲秘书处。

【主要负责人】卡洛斯·阿尔瓦雷斯（Carlos Alvarez，阿根廷人），2011年8月当选，任期至2014年。

【总部】设在乌拉圭首都蒙得维的亚。

【出版物】《拉美一体化协会概况》（Sintesis ALADI）月刊，西班牙文；《时事通讯》（News Letter）双月刊，英文。网址：http：//www.aladi.org。

【组织机构】（1）外长理事会：最高决策机构。（2）代表委员会：常设政治机构，由各成员国派一名代表组成，每年举行一次会议，必要时可召开特别大会。该委员会还下设金融货币事务委员会（由成员国中央银行行长组成）、金融货币事务顾问委员会和各国海关关长会议。（3）评审和汇总会议：由各成员国政府的全权代表组成。每三年召开一次会议，必要时可召开特别会议。（4）秘书处：行政技术机构。秘书长任期3年。（5）商会理事会：1986年10月成立，负责协调企业间贸易活动等。

【主要活动】2005年12月，第60届联大通过决议，接受拉美一体化协会为观察员。2006年5月，秘书长奥佩蒂出席第四届欧拉首脑会议。7月，奥佩蒂出席第30届南共市首脑会议。

2008年3月，第14届外长理事会在蒙得维的亚召开，选举巴拉圭资深外交官萨吉尔为新任秘书长。2008年12月，萨吉尔出席了南共市第36届峰会和第一届拉美加勒比峰会。2010年5月，第43届金融和货币理事会在布宜诺斯艾利斯召开。2011年8月，第16次外长理事会在阿根廷召开，选举阿根廷前副总统卡洛斯·阿尔瓦雷斯为拉美一体化协会新任秘书长。2012年8月，拉美一体化协会召开拉美主要地区组织协调会，旨在加强组织在拉共体框架内的合作和相互协调，更有效地推进地区一体化进程。

【同中国的关系】1994年6月15日，拉美一体化协会常设政治机构代表委员会第525次会议决定，接纳中华人民共和国为该协会观察员。中国是拉美一体化协会的第一个亚洲观察员。现任中国常驻ALADI观察员是中国驻乌拉圭大使屈生武。2011年8月，杨洁篪外长致电祝贺阿尔瓦雷斯当选。（夏少杰）

加勒比开发银行

The Caribbean Development Bank—CDB

【成立日期】1969年10月18日。

【宗旨】促进加勒比地区成员国经济协调发展；推动本地区成员间经济合作和地区一体化进程，对本地区欠发达成员的需要予以特别关注。

【职能】（1）协助本地区成员相互协调发展计划，以便更有效利用其自身资源，增强经济互补性，推动本地区成员有序拓展国际贸易，尤其是区内贸易。（2）充分利用区内外各种资金渠道，促进地区发展。（3）为有助于本地区或地区成员发展的项目或计划提供融资服务。（4）向本地区成员提供投资可行性研究和项目立项建议等方面的技术性服务。（5）通过资助本地区金融机构和支持建立大型经济联合体，促进对本地区开发项目的公共和私人投资。（6）同其他地区机构共同努力和合作，促进地区性或成员内部金融机构的发展，建立地区信贷和储蓄市场。（7）鼓励发展本地区资本市场。（8）开展或推动其他有利于上述宗旨的活动。

【成员】现有成员26个，其中本地区成员21个：安提瓜和巴布达、巴哈马、巴巴多斯、伯利兹、多米尼克、格林纳达、圭亚那、海地、牙买加、圣基茨和尼维斯、圣卢西亚、圣文森特和格林纳丁斯、特立尼达和多巴哥及未独立地区安圭拉（英属）、开曼群岛（英属）、蒙特塞拉特（英属）、特克斯和凯科斯群岛（英属）、英属维尔京群岛（上述18个成员为借款成员）、墨西哥、哥伦比亚和委内瑞拉（上述3个成员为非借款成员）；非本地区成员5个：加拿大、中国、德国、意大利、英国。此外，加行理事会已通过决议，批准苏里南和巴西的入行申请，但尚未完成有关手续。

【主要负责人】行长：沃伦·史密斯（Warren Smith），牙买加经济学家，2011年5月就任。

【总部】设在巴巴多斯的维尔迪市。地址：P.O. Box 408，Wildey，St. Michael，Barbados，W.I.。电话：（001-246）4311600；　传　真：（001-246）4267269。E-mail：info@caribank.org。　网　址：http：//www.caribank.org。

【组织机构】权力机构有理事会和董事会。理事会：系银行的最高决策机构，现有理事和副理事各22名。原则上每个成员国任命理事和副理事各1名，但安圭拉、开曼群岛、蒙特塞拉特、特克斯和凯科斯群岛、英属维尔京群岛5个未独立地区共享1个席位。各理事代表本国行使投票权，投票权大小基本依各国认缴股本的多少而定，对小成员国略有倾斜。理事会每年召开1次例会，也可根据需要召开特别会议。董事会负责制订银行的总体政策和运作方向，行使理事会授予的权利、就提供贷款、担保或选择投资方式以及制订借款计划等问题作出决定。董事会现由18名董事组成，其中13名代表本地区成员，5名代表非本地区成员。行长兼任董事会主席，负责银行的组织和运作，包括任命职员和审查贷款建议案，任期五年，可以连选连任。副行长两位，一位负责业务，一位负责综合服务和文秘。加行下设4个部门：财务部、项目部、经济计划部和法律部。工作人员约210人。2010年5月，第40届年会在巴哈马举行，会议讨论了国际金融危机影响，并同意将银行资本金总规模扩大150%。

【资产】由普通资本和特别基金两部分组成。普通资本是各成员国认购的股本以及银行自筹的借款；特别基金主要来源于银行接受的捐款。特别基金又分为特别发展基金和其他特别基金。特别发展基金是加行的软贷款窗口，其资金来源为每四年一次的成员捐资。其他特别基金的资金来源为加行成员和其他机构所提供的有附带条件的资金。

【主要活动】主要在以下四个方面开展工作：（1）向成员提供资金，主要用于农业、采矿、制造业、旅游、交通运输、能源、海洋开发以及社会发展等部门。从1979年开始在11个欠发达借贷国改善基础设施，扩大农村就业机会。（2）促进本地区成员之间的经济合作和一体化进程。（3）设立技术援助基金，在工程项目、环境影响分析、人力资源开发等领域提供技术援助。（4）对本地区的援助进行协调，参加加勒比经济发展合作集团的工作。建立加勒比开发资金，向加勒比国家提供特别外部援助。

【同中国的关系】1989年，中国开始以观察员身份出席加行年会。1997年5月，加行理事会第27届年会决定接纳中国为正式成员。中国在加行享有一个董事席位，代表中国以及在中国之后加入加行的非本地区国家。1998年初，中国在加行的成员国地位正式生效。2000年1月，中国人民银行在巴巴多斯设立驻加行联络处。2002年5月，中国在出席加行第32届年会时宣布将在加行建立一项100万美元的技术合作基金，用于向加方介绍中国经济发展的经验和技术。2002年12月13日，中国政府和加行签署了《加勒比开发银行和中华人民共和国政府咨询服务和培训活动的技术合作基金协定》。自加入加行起至今，中国参与了该行“特别发展基金”第4至7次增资，以及2010年进行的第四次普通股本普遍增资。加行时任行长伯恩曾于2001年、2006年两次访华。2005年12月，中国人民银行行长周小川访问加行，与伯恩行长探讨了中国与加勒比地区合作的领域与方式。（夏少杰）

南方共同市场

Mercado Común del Sur—MERCOSUR

【成立日期】1991年3月26日，阿根廷、巴西、巴拉圭和乌拉圭4国总统在巴拉圭首都签署《亚松森条约》，宣布建立南方共同市场（简称“南共市”）。该条约于当年11月29日正式生效。1995年1月1日南共市正式运行，关税联盟开始生效。

【宗旨】通过有效利用资源、保护环境、协调宏观经济政策、加强经济互补，促进成员国科技进步和实现经济现代化，进而改善人民生活条件，推动拉美地区经济一体化进程。

【成员】4个（2012年6月）：阿根廷、巴西、巴拉圭（2012年6月因国内政治危机被南共市暂时中止成员资格）、乌拉圭。委内瑞拉于2006年7月被接纳为成员国，但尚待巴拉圭议会批准。智利（1996年）、玻利维亚（1997年）、南非（2000年）、秘鲁（2003年）、哥伦比亚和厄瓜多尔（2004年）先后成为南共市的“联系国”。智利已就成为正式成员同南共市进行谈判，玻利维亚也已向南共市提出加入申请。

【主要负责人】 2012年8月，南共市理事会任命伊万·拉马略（Ivan Ramaiho，巴西前发展、工业和外贸副部长）为该组织首任高级总代表，任期至2014年2月。

【组织机构】（1）共同市场理事会：最高决策机构。由成员国外交部长和经济部长组成。理事会主席由各缔约国外长轮流担任，任期半年。2012年上半年轮值主席为阿根廷，下半年轮值主席为巴西。一般每年举行2次成员国首脑会议，理事会负责首脑会议的筹备和组织工作。（2）共同市场小组：执行机构。负责实施条约和理事会作出的决议，就贸易开放计划、协调宏观经济政策、与第三国商签经贸协定等提出建议。由各成员国派出4名正式成员和4名候补成员组成，代表本国外交部、经济部和中央银行。下设贸易事务、海关事务、技术标准、税收和金融政策、陆路运输、海上运输、工业和技术政策、农业政策、能源政策和宏观经济政策协调等10个工作组。（3）南共市贸易委员会：区内贸易事务机构。下设税务和商品名录、海关事务、贸易规则、保护竞争力等8个分委会。（4）南共市议会：立法机构。实行一院制，由各成员国各18个议员组成，总部设在乌拉圭首都蒙得维的亚。（5）南共市秘书处：行政机构，设在乌拉圭蒙得维的亚。（6）南共市常设仲裁法院：司法机构，解决成员国间争端。

【网址】 http://www.mercosur.org.uy。

【主要活动】 截至2012年6月，南共市共举行了43届首脑会议。

2009年7月，南共市第37届首脑会议在巴拉圭首都亚松森举行。会议发表声明谴责洪都拉斯政变，宣布不承认洪临时政府及其举行的任何选举。会议还讨论了应对国际金融危机、取消双重征税及区内贸易壁垒、地区统一货币、加强南共市建设、甲型H1N1流感等议题。2009年12月，南共市第38届首脑会议在乌拉圭首都蒙得维的亚举行，各国重点围绕加强南共市建设、推动与欧盟签署自贸协定等议题进行了讨论。

2010年8月，南共市第39届首脑会议在阿根廷圣胡安举行，成员国通过了《共同关税条例》，并就取消成员国间双重征税、加强基础设施一体化、加快与欧盟商签自贸协定等议题达成一致。

2010年12月，南共市第40届首脑会议在巴西伊瓜苏举行，会议发表共同声明，成员国签署了一系列旨在进一步强化南共市经济和社会一体化的合作文件。

2011年6月，南共市第41届首脑会议在巴拉圭亚松森举行，各国讨论了宏观经济政策协调、货物自由流通、基础设施和科研一体化等议题，发表了联合声明。

2011年12月，南共市第42届首脑会议在乌拉圭蒙得维的亚举行，各国就委内瑞拉和厄瓜多尔“入市”、加强贸易保护措施、加大区内外贸易合作等议题进行了讨论并发表联合声明。

2012年6月，南共市第43届首脑会议在阿根廷门多萨省举行，各国讨论了加快经济一体化进程等议题，宣布暂时中止巴拉圭成员国资格，同意委内瑞拉作为完全成员国加入南共市。

【同中国的关系】 2004年6月，周文重副外长与以南共市轮值主席国阿根廷副外长雷德拉多为团长的南共市代表团在北京举行中国—南共市第五次对话。2005年12月，胡锦涛主席特使、建设部部长汪光焘应邀出席南共市第29届首脑会议。2011年1月，李金章副外长致电祝贺吉马良斯担任南共市首任高级总代表。2012年6月，温家宝总理在访问阿根廷期间与南共市轮值主席阿根廷总统克里斯蒂娜及巴西总统罗塞芙、乌拉圭总统穆希卡共同出席中国与南共市国家领导人视频会议，就深化双方关系、加强经贸合作交换意见，达成广泛共识，并就发表《中华人民共和国与南方共同市场关于进一步加强经济、贸易合作联合声明》达成一致。2012年6月，南共市第43届首脑会议正式发表《中华人民共和国与南方共同市场关于进一步加强经济、贸易合作联合声明》，中国驻阿根廷大使殷恒民作为中国政府代表应邀与会。（曹航）

安第斯共同体

La Comunidad Andina—CAN

【成立经过】 1969年5月，秘鲁、玻利维亚、厄瓜多尔、哥伦比亚和智利政府的代表在哥伦比亚的卡塔赫纳城举行会议，讨论小地区经济一体化问题，26日在波哥大签署了《小地区一体化协定》，后称《卡塔赫纳协定》。同年10月16日，该协定生效。因成员国均系安第斯山麓国家，故称“安第斯集团”或“安第斯条约组织”。1973年2月13日，委内瑞拉加入。1976年10月30日，智利退出。1992年9月，秘鲁中止对伙伴国承担经济义务。1995年9月5日，安第斯集团总统理事会第七次会议决定建立安第斯一体化体系。1996年1月，秘鲁政府宣布全面加入安第斯一体化体系，承担成员国所有义务。1996年3月9日，更名为安第斯共同体（简称“安共体”）。1997年8月1日，安共体开始正式运作。

【宗旨】充分利用本地区的资源，促进成员国之间平衡和协调发展，取消成员国之间的关税壁垒，组成共同市场，加速经济一体化进程。

【成员】4个（2011年6月）：秘鲁、玻利维亚、厄瓜多尔和哥伦比亚（2006年4月22日委内瑞拉正式宣布退出）。巴西、阿根廷、乌拉圭、巴拉圭、智利是联系国。

派有观察员的国家或国际组织：阿根廷、埃及、澳大利亚、奥地利、巴拉圭、巴西、比利时、丹麦、德国、法国、芬兰、加拿大、美国、南斯拉夫、日本、瑞典、瑞士、乌拉圭、塞尔维亚、西班牙、意大利、印度、英国、以色列、韩国、美洲开发银行、欧洲联盟、国际劳工组织、世界卫生组织、美洲国家组织。墨西哥和巴拿马为永久观察员国。

【主要负责人】设秘书长一名，现空缺。代理秘书长阿达里·孔特雷拉斯·巴斯皮涅罗（Adalid Contreras Baspineiro，玻利维亚人）。前任秘书长弗雷迪·埃勒斯（Freddy Ehlers，厄瓜多尔人），2007年2月就职，2010年4月20日辞职。

【总部】设在秘鲁首都利马。网址：http://www.comunidadandina.org。

【出版物】《安第斯集团》（Grupo Andino）月刊，西班牙文。

【组织机构】（1）总统理事会（1995年以前称“卡塔赫纳协定委员会”）：最高决策机构，确定该组织一体化进程的方向。每年开会一次。（2）外长理事会：由成员国外交部长组成，负责协调成员国的对外政策。每年至少举行两次会议。（3）总秘书处：取代原卡塔赫纳协定委员会，是安共体的执行机构，有权代表安共体同其他一体化组织对话。秘书长由各成员国外长选举产生，任职四年，最多可连任一届。秘书长任职期间，不得兼任它职，不得要求、接受任何国家政府和国际机构的指示；若犯有严重错误，经全体成员国同意可予撤换。（4）安共体委员会：由各成员国总统任命的全权代表组成。同外长理事会一同负责制定一体化政策，协调和监督该政策的落实，并可以召集其他各部部长举行扩大会议，研究制定有关部门政策。（5）安第斯议会：1979年10月25日成立，系安共体的咨询机构。由每个成员国议会各派五名议员组成，任期不得超过五年。每年召开一次例会，总部和常设秘书处设在哥伦比亚首都波哥大。

【主要活动】2006年4月，因为哥伦比亚、秘鲁两国与美国签署自贸协定，委内瑞拉宣布退出安共体。2007年6月14日，安共体第17届首脑会议在玻利维亚首都塔里哈市举行，玻利维亚、哥伦比亚、厄瓜多尔、秘鲁和智利与会，会议共同签署了《塔里哈宣言》，包括正式宣布接纳智利为安共体联系国，宣布启动与欧盟的贸易谈判。2008年10月14日，安共体特别首脑会议在厄瓜多尔的瓜亚基尔市举行，厄瓜多尔、秘鲁、玻利维亚三国元首及哥伦比亚外贸副部长与会，主要讨论了加强安第斯地区一体化、与欧盟开展贸易谈判等议题。2010年2月5日，安共体四国外交部长和外贸部长通过了安第斯地区一体化进程指导方针及加强地区合作的战略议程。2011年5月，安共体委员会决定加强对移民、人员和商品运输的统计工作，建立促进中小企业发展委员会等。2011年11月8日，安共体总统理事会特别会议在哥伦比亚首都波哥大召开，哥伦比亚、厄瓜多尔、玻利维亚和秘鲁四国元首出席，会议发表联合声明，表示安共体将继续致力于推进次区域一体化进程，加强共同体内部现有规则的执行，深化各成员国在能源、安全和环境保护等领域的合作。

【同中国的关系】2004年9月，中国—安共体第二次政治磋商在北京举行，唐家璇国务委员和李肇星外长分别会见安共体代表团，周文重副外长主持磋商。2005年1月，曾庆红副主席访问秘鲁期间，集体会见安共体五国外长和该组织秘书长，提出内容涵盖电信、能源、基础设施建设、企业交流、农业、检验检疫、反毒、扶贫、新闻、议会和人力资源培训等重点合作领域的10项倡议，并代表中国政府向安共体秘书处捐赠100万元人民币。9月，安共体咨询和审议机构——安第斯议会同中国全国人大签署友好合作协议。2006年9月，杨洁篪副外长访问秘鲁期间在安共体秘书处会见安共体代理秘书长富恩特斯。2008年5月26日，安第斯议会领导委员会通过决议，就中国四川汶川特大地震所造成重大损失向中国政府和灾区人民表示声援，呼吁国际社会及相关社会团体、金融机构对灾区的安置、重建提供帮助。（薛远）

太平洋共同体

Pacific Community—PC

【成立日期】1947年2月6日，当时在太平洋岛国地区有属地和托管地的美国、英国、法国、澳大利亚、新西兰和荷兰6国政府签署了《堪培拉协议》，宣布成立南太平洋委员会（South Pacific Commission—SPC）。1998年更名为太平洋共同体（Pacific Community）。

1950年，该委员会为使南太地区的属地和托管地有发表意见的机会，决定每三年召开一次南太平洋会议。1967年改为每年召开一次。1973年，根据澳大利亚建议，南太平洋委员会和南太平洋会议决定自1974年起每年举行一次联席会议，通称“南太平洋会议”，就财政预算、资金使用方向、优先项目、吸收合作伙伴、选举和任命委员会主要官员等重大事务作出决策，但仅美、英、法、澳、新、西萨摩亚（后更名为“萨摩亚”）、斐济、巴布亚新几内亚、库克群岛、所罗门群岛、瑙鲁、图瓦卢和纽埃13个政府成员代表有选举权。在1983年第23届南太平洋会议上，根据澳大利亚的提议，规定当时27个成员都有选举权。1997年9月，第37届会议在澳大利亚首都堪培拉举行，会议决定每两年举行一次“南太平洋会议”。

【宗旨】促进南太平洋各国（地区）的经济发展、社会福利和进步。与其他国际组织合作，向南太岛国提供经济技术援助。

【成员】26个：美国、法国、澳大利亚、新西兰、汤加、萨摩亚、斐济、巴布亚新几内亚、基里巴斯、瓦努阿图、密克罗尼西亚联邦、帕劳、库克群岛、所罗门群岛、瑙鲁、图瓦卢、马绍尔群岛、美属萨摩亚、关岛、法属波利尼西亚、新喀里多尼亚、瓦利斯和富图纳群岛、纽埃、托克劳、皮特凯恩群岛、北马里亚纳群岛。

荷兰曾为南太平洋委员会创始成员，1962年在把西伊里安移交给印度尼西亚后退出。英国曾于1996年退出，1998年1月重新加入，2005年1月再次退出。

【主要负责人】现总干事吉米·罗杰斯（Jimmie Rogers，所罗门群岛人），2006年1月就任，后连任至今。总干事下设2名副总干事：理查德·曼恩（Richard Mann，德国人），负责社会资源部，涉及人力资源建设、公共卫生及统计项目等；费基塔莫埃洛拉·卡托阿·乌托伊卡马努（Ms Fekitamoeloa Katoa' Utoikamanu，汤加人），主持驻斐济的地区办事处工作。

【总部】设在新喀里多尼亚首府努美阿。网址：www.spc.org.nc。

【出版物】《活动月刊》（Monthly News of Activities）；《南太平洋会议报告》（Report of the South Pacific Conference），年刊。两刊均为英、法双语。

【组织机构】下设9个主要部门：分别是经济发展司；渔业、水产和海洋生态系统司；陆地资源司；公共卫生司、教育、培训和人文发展司（合并南太教育评审委员会职能）和应用地学科技司（合并南太应用地学委员会后增设），另设有：战略与政策规划局，发展数据署，运营管理部等部门。在斐济苏瓦设有地区办事处，在多数岛国设有办事处，负责具体实施既定项目。此外，还有一个行政小组，负责协助总干事和2名副总干事工作。

目前，太平洋共同体每两年召开一届会议，制定相关政策并决定总干事人选。闭会期间，政府及行政机关代表委员会（The Committee of Representatives of Government and Administrations）有权就重要事项作出决策。

资金来源分3部分：（一）会员费，总额约1000万美元，90%由澳、美、法、新4大国缴纳，其余10%由22个岛国和地区负担；（二）澳等4大国提供的项目援助；（三）欧盟、联合国开发计划署、世界粮农组织、世界卫生组织等国际组织以及各国通过多边组织或直接向太平洋共同体秘书处提供的援助。

【主要活动】在医疗卫生、经济发展、社会进步方面提供培训、咨询服务和协助，侧重落实各国和国际组织对南太地区的经援项目。在1976年举行的第16届会议上，南太平洋委员会的活动范围扩大到乡村发展、青年和团体事务、特别专家协商、文体、教育交流以及海洋资源的开发和研究等。

1999年12月，太平洋共同体首届会议在法属波利尼西亚举行，通过了规定该组织机构设置和工作规则的《塔希提宣言》，任命劳迪斯·潘吉莉南女士为首任总干事。

2001年11月，太平洋共同体第二届会议在努美阿举行，制定了2003～2005年期间的5项重大战略规划，即人力资源开发、在太平洋地区实现国际开发目标、在经济社会领域进行政策分析与建议、与相关国际机构加强沟通与协调、提升机构自身计划与执行能力等，其中人力资源开发被定为核心任务。

2003年11月，太平洋共同体第三届会议在斐济首都苏瓦举行，会议主题是“太平洋岛屿应对传染病”，主要讨论了防治艾滋病、疟疾、肺结核全球基金；法国和新西兰资助的“太平洋地区妥善应对流行病计划”（PREPARE）；太平洋海洋战略；共同体就执行“千年发展目标”向岛国提供援助；在帕劳举办太平洋艺术节等。

2005年11月，太平洋共同体第四届会议在帕劳首都科罗尔举行，会议主题是“发挥青年作用，创造安全、繁荣及可持续的未来”，还讨论了太平洋共同体《机构述评》（Corporate Review）以及大流感、艾滋病地区战略、地区卫生基金、渔业、“太平洋计划”等问题，并任命吉米·罗杰斯为总干事。

2007年11月，太平洋共同体第五届会议暨该组织成立60周年会议在萨摩亚首都阿皮亚举行，会议主题是“太平洋渔业的未来：做好规划和管理，实现食品安全、民生及经济可持续发展”，还讨论了城市化、气候变化、数字化战略等问题。

2009年9月，太平洋共同体第六届会议在汤加首都努库阿洛法举行，会议主题是“在国家层面实现地区项目效益最大化”，还讨论了太平洋共同体的作用及其长期可持续融资战略、核心发展指标、卫生领域优先工作等。

2011年11月，太平洋共同体第七届会议在新喀里多尼亚首府努美阿举行，会议主题是“气候变化和粮食安全”。

【同中国的关系】中国曾向该组织“南太森林保护”、“偏远地区卫星通讯”和“南太地区码头升级”等项目提供过小额援助。2010年8月，外交部副部长崔天凯在瓦努阿图出席第22届太平洋岛国论坛会后对话会期间会见太平洋共同体总干事罗杰斯。同年11月，卫生部长陈竺在北京会见来华出席国际会议的罗杰斯总干事。2010年7月和2011年9月，太平洋共同体应邀出席中国农业部在厦门和斐济举办的第二届和第三届“中国—太平洋岛国农业合作论坛”。（刘洋）

国际世界语协会

Universala Esperanto-Asocio—UEA

【成立日期】由1908年成立的“环球世界语协会”和1936年成立的“国际世界语联盟”在1947年合并而成。

【宗旨】该会是一个旨在宣传和推广世界语的国际性组织，对民族、种族、宗教和社会问题采取中立态度。其目的在于使用世界语，加强各国世界语者之间的联系，促进各国世界语组织之间的合作，进行文化交流，使世界语最终成为国际通用语，主张以世界语作为国际共同语，消除大国语言排除小国语言的不平等现象，呼吁联合国等国际组织采用世界语为工作语言。

【会员】有个人会员和团体会员。个人会员分布于近120个国家（地区）。团体会员截至2011年12月共有70个。它们是下列国家（地区）的世界语组织：中国、阿根廷、爱尔兰、爱沙尼亚、澳大利亚、奥地利、巴基斯坦、巴西、保加利亚、贝宁、比利时、布隆迪、多哥、俄罗斯、格鲁吉亚、哥斯达黎加、克罗地亚、罗马尼亚、秘鲁、冰岛、波斯尼亚和黑塞哥维那、波兰、丹麦、德国、法国、芬兰、哥伦比亚、古巴、韩国、荷兰、加拿大、捷克、科特迪瓦、拉脱维亚、立陶宛、卢森堡、马其顿、马尔加什、马耳他、美国、墨西哥、蒙古、南非、尼泊尔、尼日利亚、挪威、葡萄牙、日本、瑞典、瑞士、塞尔维亚、斯洛伐克、斯洛文尼亚、塔吉克斯坦、委内瑞拉、乌克兰、乌拉圭、西班牙、希腊、新西兰、匈牙利、亚美尼亚、伊朗、以色列、意大利、印度、英国、越南、刚果、智利。

【主要负责人】会长普罗巴尔·达斯古普塔（Probal Dasgupta，印度人）和秘书长巴巴拉·皮特扎克（Barbara Pietrzak，波兰人）均于2010年国际世界语协会改选年获连任并分工任原职，任期为三年。

【总部】在荷兰鹿特丹，地址：Nieuwe Binnenweg 176，NL—3015 BJ，Rotterdam，Nederlando。电话：+31-10-436-1044。传真：+31-10-436-1751。电子信箱：uea@co.uea.org。网址：http：//www.uea.org。

【出版物】《世界语》（Esperanto）月刊，世界语文。

【组织机构】（1）委员会：由各团体会员和个人会员分别照章选出，每三年改选一次。主要职能为制定总的工作方针，选举领导机构，决定财政预决算等。（2）理事会：领导机构。由委员会选出的会长、副会长、秘书长及若干理事组成。协会在各国设有代表及总代表，负责征收会费、联系会员和为会员服务等。

【主要活动】该会每年举行一次国际世界语大会，轮流在各国召开。2011年7月23 ~ 30日在丹麦哥本哈根召开了第96届国际世界语大会，有66个国家（地区）的1458人报名参加了大会。

丹麦已于1956年、1962年、1975年三年成功地举办了三届国际世界语大会，2011年是第四次举办大会，成了举办国际世界语大会次数最多的国家之一。

丹麦各大媒体：报纸、广播、电视、网络对大会都进行了广泛的报道，为了扩大世界语对社会非世界语者的影响，大会组委会特别安排了大会动态新闻、图片新闻、专栏报道和网络报道四个小组对国内外及时报道了大会的实况。

大会开幕式于7月24日举行，会上宣读了联合国教科文组织总干事伊琳娜·博科娃（Irina Bokova）女士和世界语创始人柴门霍夫之孙柴列斯基给大会发来的贺词。

大会的议题是：《对话与相互理解》。

在对议题的讨论过程中，大家认为：本届大会议题的选择，加强在不同文明、文化和民族之间的对话，增进相互理解，以“于人之思想中筑起保卫和平之屏障”是符合联合国教科文组织使命的核心思想的。同时认为：要增加国际和地区对话的渠道，创造对话与相互理解的良好氛围，各文明之间只有尊重他人、和平共处，才能实现安全与稳定，实现真正的思想、文化和信仰的多样化，允许各国都有完全自主地选择自己发展的道路；支持不同文明之间的相互理解与交融，实现共同发展。

作为非政府组织的国际世界语协会要充分利用世界语的特点，应该并也有可能在加强对话、增进相互理解、构建和谐世界中发挥作用。

除了大会议题讨论以外，还安排了国际世界语研究院语言发展研讨会、“战略论坛”、大会大学、学术交流、专业会议和各项世界语活动。另外，大会还举办了世界语教师短训班、世界语国际水平考试、世界语原文文学创作比赛、世界语演讲比赛。

但是，2011年的大会与以往的大会不同的是，为了配合联合国大会通过并宣布从2010年8月12日起至

2011年8月11日止为“国际青年年”的决议，大会组委会决定：与大会平行举办一次“会中会”——国际青年大会，以此表明我们世界语界与国际社会一样注重青年问题。在“对话与相互理解”这一主题下，世界语者青年所应担负的职责与“青年年的目标：促进和平理想、对人权的尊重以及不同世代、文化、宗教和文明之间的团结”的精神是一致的。大会号召与会者青年要以世界语为工具，要在各自的岗位上发挥作用!

为了适合青年人的特点，会议期间每天都安排了文娱活动，如相识晚会、美食晚会、丹麦（民族）晚会、国际晚会、舞蹈晚会和告别晚会。

另外，与大会平行召开的还有第42届国际儿童世界语大会。该会于7月23 ~ 30日在哥本哈根以北的一个小城市举行，有来自15个国家的32位小朋友参加。因为第一届国际儿童世界语大会是与1956年在丹麦哥本哈根的第41届国际世界语大会平行举行的，所以以这样的历史机缘在会场挂了一条横幅：从第41届国际世界语大会走向第42届国际儿童世界语大会。

另外，于7月13 ~ 20日在乌克兰基辅召开了第67届国际青年世界语大会。于7月14 ~ 21日在捷克奥洛穆茨召开了第77届国际盲人世界语者大会。

至此，国际世界语协会工作范围内所管辖的四个主要国际大会均已召开。

大会期间，中国世界语代表团参加了各项活动，其中有两项是：(1)《中国报道》杂志网络版翻译刘子佳做了以《“中国报道”杂志的过去与未来》为题的介绍报告；(2)代表团介绍了2011年中国国内为庆祝中华全国世界语协会成立60周年所举办的活动，并提供给大会一份以“与希望同行”为主题，主要介绍自1951年3月11日协会成立以来，在中国宣传、推广世界语和开展国内、国际世界语活动情况的U盘，受到了欢迎。此外，与参加大会的亚洲世界语运动委员会委员一起举行了工作会议。会议听取了越南世界语协会所做的有关将于2012年7月28日至8月4日在河内召开第97届国际世界语大会的筹备情况汇报，并初步商量了亚洲各国，特别是中、日、韩三国，如何组团参加大会等事宜。国际世界语协会对2012年国际世界语大会议题初步商定为：世界语——通向和平、友谊、发展的桥梁。

会上，还介绍了2011年8月12 ~ 15日在中国天津市举办的有中、日、韩、蒙古4国80多人参加的第一届东亚世界语教学研讨会的情况；通报了中国将于2012年7月在云南省昆明市承办第45届国际世界语教师大会事项。

另外，会议还商定了第七届亚洲世界语大会将于2013年6月27日至7月1日在以色列耶路撒冷举行。

本届大会参会者对国际世界语协会如何真正落实宣传、推广世界语和发展世界语事业安排了“战略论坛”讨论，广泛征求意见：对提高世界语的教学水平安排了“世界语教师短训班”给予了好评。

会后，国际世界语协会专门成立了“战略委员会”，研究落实论坛会上大家所提的意见和建议。在会刊《世界语》10月号上正式公布了计划完成的下列事项：

1. 于2013年将国际世界语协会现在主办的单一世界语网络版改成多语种网络版，扩大世界语对全世界非世界语者的影响；

2. 从2014年起，每隔三年，配合国际社会活动举行一次伸张语言正义大会；

3. 努力做到在2015年一年内在世界范围内通过电视媒体发表有关世界语的报道总数不少于500次。

中国国际广播电台世界语部派了一位记者出席大会，对有关大会情况向国内进行了实时报道。另外，在座谈会上介绍了筹备庆祝中国国际广播电台创建70周年纪念活动和国际台工作现状。

大会决定：2012年第97届国际世界语大会将在越南河内召开。2013年第98届国际世界语大会将在冰岛雷克雅未克召开。

在闭幕式上，本届大会组委会主席将国际世界语大会会旗转交给了下届大会举办国越南河内市和越南世界语协会代表。

最后，国际世界语协会会长普罗巴尔·达斯古普塔做了发言，宣布大会闭幕。

【同中国的关系】中华全国世界语协会于1980年8月正式作为团体会员加入该协会。此前，中华全国世界语协会曾于1956年、1959年、1964年、1978年派团参加国际世界语大会。1980年以后，中国派团参加每届国际世界语大会。2011年中国派出了以中华全国世界语协会常务副秘书长王瑞祥为团长的6人代表团出席了在丹麦哥本哈根举行的第96届国际世界语大会。

（祝明义　新明）

海牙国际私法会议

Hague Conference on Private International Law

【成立日期】海牙国际私法会议于1893年在荷兰政府的倡议下成立并召开了第一届会议。1951年通过其组织章程，正式成为政府间国际组织。

【宗旨】海牙国际私法会议的宗旨是“促进国际私法规范的逐步统一”（to work for the progressive unification of the rules of private international law）。

【成员】截至2012年7月，海牙国际私法会议有71个成员国和1个成员组织——欧盟。

【主要负责人】秘书长：汉斯·范鲁（Mr. J.H.A Hans Van Loon，荷兰人），1996年当选。

【总部】荷兰海牙。地址：6，Scheveningseweg，2517 KT THE HAGUE，the Netherlands。传真：+31（0）70 360 4867。电子信箱：secretariat@hcch.net。网址：http：//www.hcch.net/。

【出版物】（1）海牙国际私法会议记录汇编（Proceedings of Hague Conference on Private International Law）；（2）海牙公约集（Collection of Conventions）；（3）解释性报告（Explanatory Reports）；（4）实用手册（Handbooks）（5）良好实践指南（Guides to Good Practice）；（6）关于国际儿童保护的法官通讯（The Judges' Newsletter on International Child Protection）。

【组织机构】（1）外交大会（Diplomatic Session）；（2）总务与政策理事会（Council on General Affairs and Policy），由全体会员组成；（3）荷兰常设政府委员会（Netherlands Standing Government Committee on Private International Law），依1897年2月20日荷兰国王敕令而成立；（4）常设局（Permanent Bureau），由正副秘书长（Secretary General）各一名和秘书四名组成；（5）外交代表理事会（Council of Diplomatic Representatives），负责该组织的预算批准事宜。

【主要活动】海牙国际私法会议原则上每四年召开一次外交大会，总务与政策理事会经与荷兰常设政府委员会协商，可以请求荷兰政府召开特别外交大会。除外交大会外，海牙国际私法会议还经常召开起草新公约或监督公约执行情况的特委会或进行非正式磋商。从1977年起，海牙国际私法会议鉴于成员国的增加，开始关注有关公约的执行情况，并定期或不定期就有关公约的执行情况召开会议，特别是针对涉及缔约国司法机关或行政机关之间的合作的公约。

该组织2011～2012年度的主要活动有：

2012年1月下旬，《国际诱拐儿童的民事方面公约》特委会第二阶段会议在海牙举行。会议讨论了促进缔约国履约的工作方向，建议请总务与政策理事会授权设立工作组，就条约所规定的家庭暴力例外条款制定良好实践指南。中国派出包括港澳特区代表的代表团出席了会议。俄罗斯、日本和韩国通报了本国批约的进展情况。

2012年4月中旬，"判决项目"小范围专家会在海牙举行，讨论民商事案件的管辖权、判决承认与执行方面国际规则的近期进展，以评估是否重启就此制定公约的进程。中国、美国、印度、俄罗斯、南非、日本、巴西等14个国家和欧盟专家与会。与会专家均认同重启"判决项目"的重要意义，并应就此制定有拘束力的公约，但认为应采取务实做法，先将各方无异议的判决承认与执行问题明确为未来文书内容，文书还应包括判决得以承认与执行的管辖权标准（间接管辖权基础），同时对文书是否对直接管辖权作出规定的问题继续进行研究。

【同中国的关系】海牙国际私法会议同中国保持着良好的合作关系。1981年中国与海牙国际私法会议建立联系，并多次以观察员身份出席会议。1987年7月3日，中国政府正式加入该组织，并指定外交部条法司为负责与该组织联系的"国家机构"（National Organ）。该组织秘书长汉斯·范鲁和前副秘书长邓肯曾多次来华访问，对增进双方合作起到了积极作用。

目前中国加入海牙国际私法会议通过的公约共三项：《关于向国外送达民事或商事司法文书和司法外文书公约》、《关于从国外调取民事或商事证据的公约》及《跨国收养方面保护儿童及合作公约》。

此外，根据《香港特别行政区基本法》和《澳门特别行政区基本法》，中国通过作出一定安排，将一些海牙公约单独适用于香港和澳门特区。单独适用于香港特区的公约包括：《遗嘱形式公约》、《外国公文书免除认证公约》、《承认离婚及分居公约》、《国际诱拐儿童的民事方面公约》、《信托公约》。单独适用于澳门特区的公约包括：《民事程序公约》（1958年）、《抚养儿童法律适用公约》、《保护未成年人公约》、《外国公文书免除认证公约》、《国际诱拐儿童的民事方面公约》。经中央政府同意，香港及澳门特区代表作为中国代表团成员参加了海牙国际私法会议举办的一些会议。

经商中国及亚太区域有关国家，2012年度总务与政策理事会决定，在中国香港特区设立海牙国际私法会议亚太区域办事处，负责向亚太国家推广海牙国际私法会议和海牙公约。　（吴海雯）

红十字国际委员会

International Committee of the Red Cross—ICRC

【成立日期】1863年。

【宗旨】根据《日内瓦公约》以及国际红十字与红新月运动章程所赋予的使命和权力，在国际性或非国际性的武装冲突和内乱中，以中立者的身份，开展保护和救助战争和冲突受害者的人道主义活动。

【主要负责人】主席彼得·毛雷尔（Peter Maurer，瑞士人），2012年7月当选。

【总部】瑞士日内瓦。网址：http：//www.icrc.org。

【出版物】《年报》(Annual Report);《国际红十字评论》(International Review of Red Cross),季刊,英、法文。

【组织机构】(1)、代表大会:最高权力机构。制定工作原则和总政策并监督委员会的全部活动。代表大会由国际委员会委员组成。委员以自行遴选的方式在瑞士公民中选举产生,每4年选举一次。(2)、执行理事会:负责指导日常事务和监督行政管理工作,成员由代表大会选举产生。

【主要活动】包括探视战俘和被拘押的平民,协助战俘交换,为战乱情况下的受害者提供医疗服务和救济,开展国际寻人工作帮助失散亲人团聚,传播国际人道法。

【同中国的关系】中国是《日内瓦公约》缔约国,积极参与国际人道主义事务,支持红十字国际委员会的工作,双方建立了良好的合作关系。

2011年2月17 ~ 18日,红十字国际委员会行动部主任皮埃尔来华。中国外交部部长助理刘振民会见,国际司参赞钱波会谈。皮埃尔还会见了中东问题特使吴思科大使。中国红十字会副会长郝林娜会见。

6月13 ~ 17日,中国红十字会总会与红十字国际委员会合作举办"灾难中的重建家庭联系培训班"。

6月29日至7月2日,红十字国际委员会在新疆举办西部教师人道法培训班。

7月12 ~ 15日,红十字国际委员会后勤部主任访问中国红十字会总会,中国红十字会副会长郝林娜与其商谈了与中国红会备灾中心合作等事宜。

7月19 ~ 22日,中国红十字会总会与红十字会国际委员会合作在山东省日照市举办了2011年第一期国际红十字运动基本知识传播骨干培训班。

8月25 ~ 27日,红十字国际委员会主席雅各布·克伦贝格尔访华。25日,外交部部长杨洁篪会谈。26日,克伦贝格尔出席在人民大会堂举行的中国红十字会第43届南丁格尔奖章颁奖大会。

9月5 ~ 10日,中国红十字会总会与红十字会国际委员会合作在陕西省榆林市举办了2011年第二期国际红十字运动基本知识传播骨干培训班。

11月21 ~ 25日,中国红十字会总会与红十字会国际委员会合作在江苏省连云港市举办了2011年中国红十字会全国传播骨干提高班。

11月24 ~ 27日,中国红十字会总会与红十字国际委员会东亚地区代表处合作举办了第五届大陆高校国际人道法模拟法庭比赛。

11月28日至12月1日,第31届红十字与红新月国际大会在日内瓦召开。驻日内瓦代表团何亚非大使和中国红十字会总会常务副会长赵白鸽分别率中国政府代表团和红会代表团与会,香港、澳门红会人员以中国红会代表团成员身份参会。

【驻华代表机构】红十字国际委员会于2005年7月在北京设立东亚地区代表处。代表处主任:梅拉(Thierry Meyrat,瑞士人),2007年11月上任,任期至2012年12月。办公地址:北京市朝阳区齐家园外交公寓3-2号。电话:010-85323290。 (张哲)

红十字会与红新月会国际联合会

International Federation of Red Cross and Red Crescent Societies—IFRC

【成立日期】1919年。

【宗旨】激励、鼓舞、协助和促进各国红十字会开展旨在防止和减轻人类痛苦的各种形式的人道主义活动,从而为维护和增进世界和平作出贡献。

【成员】187个成员。

【主要负责人】主席近卫忠辉(Tadateru Konoé,日本人),2009年11月就任,任期四年。

【总部】瑞士日内瓦。网址:http: //www.ifrc.org。

【出版物】《聚焦》(Spotlight),季刊;《国际融合》(Transfusion International),季刊;《青年公报》(Youth Bulletin),季刊;《年报》(Annual Report);《世界灾害年度报告》(World Disasters Report)。均为英文、法文。

【组织机构】(1)大会:最高权力机构,由其成员国家红会的代表组成,每两年举行一次。(2)领导委员会:是大会闭幕期间的最高决策机构,由主席、5名副主席和20名国家红会成员组成,每年举行两次常会。其职能主要有负责和促进大会决议的解释、执行和实施,准备下届大会议程,并向主席提供咨询、指导秘书处的工作等。(3)秘书处:负责日常工作。秘书长为最高行政长官,由领导委员会推荐、主席任命。

【主要活动】宣传红十字运动原则,救灾,备灾,与各国红十字会或红新月会合作开展各项人道主义工作。

【同中国的关系】红十字会与红新月会国际联合会是新中国成立后最早接纳中国的国际组织,与中国保持着良好的合作关系。

2011年5月5日,红十字会与红新月会国际联合会主席近卫忠辉应邀参加中国红十字会汶川地震三周年国际研讨会。

11月7日,红十字会与红新月会国际联合会亚太地区后勤中心主任访问中国红十字会总会机关服务中心,并拜访总会备灾中心。

【驻华代表机构】红十字会与红新月会国际联合会

于2000年2月在北京设立东亚地区代表处。驻华代表马丁·法勒（Martin Faller，德国人），2010年9月上任，任期至2012年9月。办公地点：北京市建国门外外交公寓4-1-133号。电话：010-65327162。（张哲）

国际刑事警察组织

International Criminal Police Organization（ICPO）—Interpol

【成立日期】成立于1923年，前身是“国际刑事警察委员会”，1956年更名为国际刑事警察组织，简称“国际刑警组织”。

【宗旨】保证和促进各国警方之间最广泛的相互支援与合作，建立和发展有助于有效预防和打击普通犯罪的各种机构和制度。

【成员】截至2013年1月，共有成员190个。

【主要负责人】主席米雷耶·巴莱斯塔兹（Mirelle Ballestrazzi，法国人），2012年11月当选，任期至2016年。秘书长罗纳德·诺布尔（Ronald K·Noble，美国人），2000年上任，连续三次连任，本届任期至2015年。

【总部】设于法国里昂。网址：http：//www.interpol.int。

【组织机构】（1）代表大会：是该组织的最高权力机关，由各成员国委派代表组成。大会每年召开一次，主要任务是决定该组织的战略方针、制定规则、批准活动计划及与其他国际组织间的协议、接纳新成员国、选举产生主席和副主席等人选、审核决定财政预算以及修改有关基本性文件等。各成员国有一票表决权。（2）执行委员会：由大会选出的13个成员国的代表组成。按地区分配，欧洲4人，亚洲3人，美洲3人，非洲3人。其中设主席1人，副主席3人，执委9人。主席任期四年，副主席和执委任期三年。执行委员会的主要任务是监督大会决议的实施、拟定大会日程、向大会提交工作计划和方案、监督秘书长日常工作和行使大会授予的一切职能。（3）总秘书处：总秘书处由秘书长和该组织的技术、行政人员组成。负责执行大会和执行委员会的决议、协调各国警察部门的活动、组织有关警察专家研讨会和专题讨论会、编辑出版各种刊物和资料、通缉作案逃犯和通报被盗物品等。秘书长是总秘书处的最高行政长官，由执行委员会提名，经全体大会通过，任期五年，对执行委员会和全体大会负责。（4）国家中心局：是国际刑警组织在各国的常设机构，由各国自行指定的警察机构担任。它既是各成员国的一个警察部门，依法承担本国的警察职能；又是国际刑警组织的法定机构，在国际范围内代表本成员国履行联络和执法合作事务。具体负责收集有关国际法律实施的文献和资料，转交其他国家中心局和总秘书处；保证在本国内执行其他国家中心局所要求的警务协作任务；接受其他国家中心局有关情报和工作要求，并负责作出回答；向其他国家中心局提出需要国外合作的要求等。

【主要活动】国际刑警组织的主要任务是汇集、审核国际犯罪资料，研究犯罪对策；编写有关刑事犯罪方面的资料，供成员国参考；根据全球发案趋势，组织各成员国警务部门针对不同种类犯罪开展专项打击行动等。活动围绕四项核心内容展开：全球加密警务通讯、警务数据库查询、24小时行动支援、警务发展及培训。

此外，国际刑警组织为实现各成员国共享涉及犯罪的关键信息，设立了分类通报系统。目前设有八种通报：红色通报、蓝色通报、绿色通报、黄色通报、黑色通报、紫色通报、橙色通报、国际刑警组织—联合国安理会特别通报。其中，最著名的就是“红色通报”（红色通缉令），用以提出对犯罪嫌疑人进行临时逮捕以便引渡的国际性请求，是国际刑警组织应其成员国请求发布的、唯一得到大多数国家认可、以引渡为目的临时扣留嫌疑犯的国际通报。

【同中国的关系】1984年，在国际刑警组织第53届大会上，国际刑警组织正式接纳中国政府作为代表中国的唯一合法代表成为其成员国。同年，中国组建国际刑警组织中国国家中心局，开始了与该组织各成员国协查案件和交换犯罪情报的正常业务。1995年，国际刑警组织第64届大会在北京成功举行。时任中国国家中心局局长朱恩涛被授予国际刑警组织终身名誉副主席。1997年和1999年香港和澳门两个特别行政区回归祖国后，根据香港特别行政区基本法和澳门特别行政区基本法的精神，保留了香港和澳门特区原有的国际刑警支局，分别从英国和葡萄牙中心局归属到中国中心局。此外，中国曾经有三人次当选过国际刑警组织大会执委会副主席及执委。在1985年第54届全体大会上，时任中国国家中心局副局长朱恩涛当选为执委；1987年，朱恩涛在执委任期内被选为执委会副主席；2000年，在第69届全体大会上，时任公安部外事局副局长刘志强当选为执委会委员。

近年来，中国中心局一直与国际刑警组织保持着良好的合作关系，积极参与国际刑警组织的各项活动，保持高层接触与沟通，加强情报信息交流，推动跨国追逃合作，深化协查办案合作，在众多国际执法合作领域开展合作，为建立世界性预防和打击犯罪机制、创造一个安全、和谐的社会而不懈努力。（张哲）

国际移民组织

International Organization for Migration—IOM

【成立日期】在比利时和美国的倡议下，1951年12月5日在布鲁塞尔召开了“国际移民会议”并决定成立欧洲移民问题政府间委员会（ICEM）。该组织章程于1953年产生，1954年生效。1980年，该组织改名为“移民问题政府间委员会”（ICM）。1987年5月，该组织修改章程，新章程于1989年11月14日生效。根据新章程，该组织改用现名国际移民组织（IOM）。

【宗旨】在全世界范围内确保移民有序流动，并协助有关国家处理移民问题。

【成员】149个成员，12个观察员国（截至2013年1月）。

【主要负责人】总干事威廉•斯温（William Lacy Swing，美国人），2008年10月1日上任，任期五年。

【总部】瑞士日内瓦。网址：http://www.iom.int/。

【出版物】《国际移民》(International Migration)，季刊，英文；《国际移民组织拉丁美洲移民杂志》(IOM Latin American Migration Journal)，英、西文；《移民与健康》(Migration and Health)，季刊，英文；《国际移民组织新闻》(IOM News)，月刊，英、法、西文；《年度报告》(Annual Report)，英、法、西文。

【组织机构】(1)理事会：由全体成员国组成，是国际移民组织最高权力机构，每年举行一次会议，负责决定组织政策、批准并指导执行委员会及总干事活动、审议并批准组织活动方案和预算等。(2)执行委员会：由理事会选举产生的33个成员国组成，任期两年，主要职责是检查审议组织政策、行动计划和行政事务。(3)行政署：由总干事、副总干事和理事会决定的其他工作人员组成。总干事和副总干事由理事会选举产生，任期五年，可连任。总干事对理事会和执委会负责。

【主要活动】(一)安排由于现有设施服务不足或没有特别协助不能移民者有组织地迁移至那些提供有秩序移民机会的国家；(二)参与对难民、流离失所者和其他需要国际移民服务的个人进行有组织的迁移，对这些人可由本组织和有关国家，包括承诺接受这些人员的国家作出安排；(三)应有关国家的要求并同其达成协议，提供移民服务，如招募、选择、分类、语言培训、定向活动、医疗检查、安置、有助于接收和融合的活动，并就移民问题提供咨询服务和符合本组织目标的其他协助；(四)应各国要求或同其他有关国际组织合作，为移民自愿返回包括自愿遣返提供类似的服务；(五)为各国及国际组织和其他组织提供论坛，交换意见和经验，促进各方在国际移民问题上的合作和协调，包括对这些问题进行研究以寻求切实的解决方法。

【同中国的关系】2001年6月，中国成为IOM观察员国。2007年12月，中国与IOM签署《中国移民管理能力建设项目合作谅解备忘录》。2010年，该项目顺利结束并取得积极成果，中国政府继续加强与IOM的合作。

2011年3月30日，中国与IOM共同签署《中国移民管理能力建设二期项目谅解备忘录》，该项目主要由欧盟出资，基本沿袭一期项目框架与形式，新增了了解欧盟移民签证政策、欧盟劳动力市场对中国劳务的需求、欧盟国家的社会保障和医疗保险政策、旅游从业者培训、被贩卖人口权益保护等内容。

4月26～29日，IOM总干事斯温访华，参加中国移民管理能力建设二期项目启动仪式并致辞。中国外交部副部长张志军、部长助理吴海龙、国家人口和计划生育委员会副主任赵白鸽、民政部副部长孙绍骋、商务部部长助理俞建华、公安部出入境管理局局长郑百岗、中国武警学院副院长高太存分别与其会见。

10月17～21日，中国与IOM在北京举办查验伪假旅行证件培训班，就查验伪假旅行证件的技术性问题进行研讨，交流工作经验和实践做法。

12月5～7日，IOM第100届理事会在瑞士日内瓦举行。中国驻日内瓦代表团何亚非大使率团与会，呼吁将移民纳入发展框架统筹考虑，切实保障移民合法权益，加强移民问题的国际合作，实现共同发展，并介绍了中国在移民管理方面所做的工作和开展国际合作的情况。

【驻华代表机构】IOM于2007年3月19日在北京设立驻华联络处。主任利耶特（Par Liljert），2011年10月上任。地址：北京市朝阳区塔园外交公寓9-1-82。电话：010-85321834。

（杨力扬）

世界动物卫生组织

World Organisation for Animal Health，Office International des Epizooties—OIE

【**成立日期**】1921年3月25～28日在法国巴黎召开了国际动物卫生问题的国际会议，就成立控制动物疫病的国际组织达成共识。1924年1月25日，28个国家的代表签署协议，世界动物卫生组织成立。

【**宗旨**】改善全球动物和兽医公共卫生以及动物福利状况。主要职能是收集并通报全世界动物疫病的发生发展情况及相应控制措施；促进并协调各成员加强对动物疫病监测和控制的研究；制定动物及动物产品国际贸易中的动物卫生标准和规则。

【**成员**】截至2011年12月，共有178个成员。

【**主要负责人**】总干事贝尔纳·瓦莱特（Bernard Vallat，法国人），2000年5月当选，2005年和2010连任，任期五年。

【**总部**】法国巴黎。网址：http：//www.oie.int。

【**出版物**】《世界动物卫生组织公报》（Bulletin），季刊;《疫情信息》（Disease Information）、《世界动物卫生状况》（World Animal Health）、《科学技术评论》（Scientific and Technical Review），英、法、西班牙语。

【**组织结构**】（1）世界代表大会（前身为国际委员会大会，2009年5月第77届全会期间通过决议，改为现名）：最高权力机构，由成员代表组成，每年5月在世界动物卫生组织总部举行全体会议。（2）理事会：由世界代表大会主席、副主席、上任主席和六位代表组成。主要负责财务管理和总体发展规划等宏观管理工作。（3）总部：日常工作承办机构（秘书处），由总干事负责，主要职责是贯彻执行世界代表大会决议；承担世界代表大会年度全体会议、委员会会议及技术会议的组织工作等。（4）专业委员会：主要负责研究动物疾病流行和防控，制定、修订世界动物组织国际标准。现设动物疾病科学委员会、陆生动物卫生标准委员会、水生动物疾病委员会和生物制品标准委员会。（5）地区委员会：主要负责开展地区合作，协商制定重大动物疫病监测和控制的区域计划。现设非洲、美洲、亚洲、远东和大洋洲、欧洲和中东五个地区委员会。（6）区域和次区域代办处：主要职责是协调地区内成员，促进地区动物疾病监测与控制能力的提高。现在非洲、美洲、亚太地区、东欧和中东地区设立了5个区域代办处和南非、北美、东非和非洲之角、中美洲、东南亚、布鲁塞尔等6个次区域代办处。

【**资金来源**】主要来自于成员缴纳的会费。另包括一些投资性收入、出版物销售收入及赞助费等。

【**主要活动**】收集、分析和发布兽医科学信息；开展国际协作，提供专家协助，防控动物疾病；通过发布动物及动物产品国际贸易卫生标准保护国际贸易安全；促进各国改革兽医部门结构和资源，完善兽医服务体系；保证动物源性食品安全，提高动物福利水平。

2011年5月，世界动物卫生组织国际委员会第79届全体大会在巴黎总部举行，对组织机构设置、职责、内部运行程序等进行了修订。

【**同中国的关系**】2007年5月，世界动物卫生组织第75届国际委员会大会通过决议，决定中华人民共和国恢复行使在世界动物卫生组织的合法权利与义务。

中国与世界动物卫生组织交流合作日益增多。中国每年派代表团出席世界动物卫生组织大会。2009年11月，农业部在上海举办第26届世界动物卫生组织亚洲远东及太平洋地区委员会会议。动物卫生组织总干事瓦莱特、国际委员会主席奥尼尔出席，全国人大副委员长乌云其木格出席会议开幕式并致辞。

2008年5月，该组织第76届国际委员会大会选举中国驻世界动物卫生组织代表、时任农业部兽医局副局长张仲秋为亚洲、远东及大洋洲地区委员会副主席，认可中国国家禽流感参考实验室为世界动物卫生组织禽流感参考实验室。

2010年5月，中国加入世界动物卫生组织"东南亚口蹄疫控制行动计划"，世界动物卫生组织正式将该行动计划更名为"东南亚—中国口蹄疫控制行动计划"。

2011年，世界动物卫生组织第79届国际代表大会认可中国为无牛肺疫国家，认可中国农科院兰州兽医研究所国家口蹄疫参考实验室等五家兽医实验室为其参考实验室。（刁君姝）

亚非法律协商组织

Asian-African Legal Consultative Organization—AALCO

【**成立时间**】亚非法律协商组织（简称"亚非法协"）成立于1956年11月，始称亚洲法律协商委员会；1958年，该组织吸收非洲国家入会，改称为亚非法律协商委员会。2001年，改名为亚非法律协商组织。

【宗旨】致力于研究成员国共同关注的国际法问题，在国际法领域为各成员国政府提供咨询，协助亚非国家参与国际法实践，并推动国际法的逐步发展与编纂。

【成员】截至2012年共有47个正式成员，2个常任观察员。正式成员（以加入年份为序）：埃及、印度、印度尼西亚、伊拉克、日本、缅甸、斯里兰卡（以上7国为创始成员国）、巴基斯坦（1958）、泰国（1961）、加纳（1963）、约旦（1968）、塞拉利昂、伊朗、肯尼亚、韩国、科威特、马来西亚、尼日利亚、新加坡、叙利亚（1970）、尼泊尔（1971）、毛里求斯（1972）、坦桑尼亚（1973）、孟加拉国、冈比亚、朝鲜、博茨瓦纳（1974）、沙特阿拉伯、土耳其（1975）、利比亚、阿曼、卡塔尔、索马里、阿拉伯联合酋长国、也门（1976）、乌干达（1979）、塞浦路斯、蒙古、塞内加尔（1980）、中国（1983）、苏丹（1986）、巴勒斯坦（1990）、巴林（1993）、黎巴嫩（1999）、文莱（2003）、南非（2004）、喀麦隆（2006）；常任观察员：澳大利亚、新西兰。

【主要负责人】秘书长拉马特·穆罕默德，马来西亚籍，2008年6月当选，任期四年。

【总部】秘书处设于印度新德里。地址：29 C Rizal Marg，Diplomatic Enclave，Chanakyapuri，New Delhi-110021（India）。电话：+91 11 26117641，26117642。

网址：www.aalco.int。电子信箱：mail@aalco.int。

【出版物】亚非法协年鉴、季度公告、亚非法协简讯等。

【组织机构】（1）委员会：最高权力机构，由参加年会的各国代表团团长组成。（2）秘书处：常设机构，负责处理日常事务并贯彻委员会的决定。设秘书长1人、副秘书长3人。秘书长由各成员国选举产生，并从亚非两洲中轮流推选。（3）名人小组：系法协的顾问和指导，于2011年建立。小组成员主要来自成员国的联合国国际法委员会委员，以及一些司法界高级官员。每年不定期召开会议。（4）联络官：由成员国驻印度的外交官组成，负责成员国与秘书处的沟通，并对秘书处工作进行监督。联络官会议每两个月召开一次。

【主要活动】亚非法协通常每年召开一次年会，截至2011年年底，共召开了50届年会。其主要活动是对亚非地区国家所关心的重大法律问题交换意见和情况，并就联合国大会第六委员会（法律委员会）、国际法委员会、国际贸易法委员会、联合国海洋法相关会议等讨论的一些法律问题协调立场和提出建议。

2011年6月27日至7月1日，亚非法协第50届年会在斯里兰卡科伦坡举行，斯总统拉贾帕克萨、外长佩里斯、国际法院院长小和田恒等出席开幕式并致辞。32个亚非国家成员派代表出席。各国对亚非法协成立以来在促进亚非国家交流与合作方面发挥的积极作用给予了高度评价。

中国外交部条法司副司长徐宏率代表团参加了本届年会。本届年会主要围绕国际法委员会工作报告、海洋法、环境与可持续发展、国际贸易法委员会工作报告、民间文学艺术及其保护等5项议题进行主题讨论，并就“打击非法贩运妇女儿童、移民劳工保护”和“国际商事仲裁”举行特别会议。本届年会通过了秘书长工作报告、2012年预算方案及18项决议。中国代表团在一般性发言中赞扬了亚非法协自成立以来所取得成就，重点阐述了国际局势的深入调整对国际法体系发展带来的机遇和挑战，并在绝大部分议题下发言，阐明了中国政府在有关问题上的立场与看法，受到与会各国的重视。

除每年的年会外，该组织还召开一些届间会议讨论组织事项或年会未能解决的问题，并与其他国际组织共同举办专题研讨会或开办培训班。此外，亚非法协与联合国及其专门机构，以及其他一些国际组织建立了密切的联系。1980年第35届联大通过决议，接纳亚非法协为联合国常任观察员。亚非法协还与国际海事组织（IMO）、联合国环境规划署（UNEP）、联合国工业发展组织（UNDIO）、国际原子能机构（IAEA）、世界知识产权组织（WIPO）、联合国难民事务高级专员（UNHCR）、联合国大学（UNU）、联合国培训研究所（UNITAR）、联合国人权事务高级专员办公室（Office of UNHCHR）、国际移民组织（IOM）、红十字国际委员会（ICRC）、阿拉伯国家联盟（League of Arab States）、英联邦秘书（Commonwealth Secretariat）、欧洲委员会（Council of Europe）以及非洲统一组织（Organisation of African Unity）签署了合作协议。

【同中国的关系】亚非法协同中国保持着友好合作的关系。1980年，该组织在印尼首都雅加达举行第21届年会，并庆祝万隆会议召开25周年，中国首次应邀派观察员代表团与会。1983年11月14日，中国正式加入亚非法协，此后以正式成员国身份参加了亚非法协历届年会，并于1990年在北京主办了第29届年会。中国大力支持法协工作，至今已派遣过一人出任秘书长，五人出任副秘书长，现任中国籍副秘书长为徐杰，2006年6月就任。2011年，外交部条法司司长黄惠康以国际法委员会委员的身份受邀成为法协“名人小组”成员。

（武矗）

国际海底管理局

International Seabed Authority—ISA

【成立日期】国际海底管理局（下称“管理局”）是根据1982年《联合国海洋法公约》（下称“公约”）所设立的国际组织，于公约生效之日（1994年11月16日）宣布成立。1996年6月，管理局开始正式运作；同年10月，成为联合国大会观察员。

【性质】管理局是公约缔约国按照公约有关规定组织和控制“区域”内活动，特别是管理“区域”资源的组织。“区域”是指国家管辖范围以外的海床和洋底及其底土。

根据公约，“区域”及其资源是人类的共同继承财产。对“区域”内资源的一切权利属于全人类，由管理局代表全人类行使。“区域”内活动应为全人类的利益而进行。管理局应在无歧视的基础上公平分配从“区域”内活动取得的财政及其他经济利益。

【成员】《公约》所有缔约国均是管理局的当然成员。截至2012年5月12日，管理局有162个成员（161个国家和欧盟）。

【主要负责人】现任秘书长为尼·阿洛泰·奥敦通（Nii. A. Odunton，加纳籍），2008年6月当选，2009年1月1日开始履职，任期四年。

【总部】在牙买加金斯敦。网址：http://www.isa.org.jm。

【组织机构】管理局的主要机关是大会、理事会和秘书处。（1）大会：由管理局的全体成员组成，是管理局的最高机关，有权依照公约，就管理局权限范围内的任何问题或事项制定一般性政策。（2）理事会：是管理局的执行机关，有权依公约和大会制定的一般性政策，制定管理局对于其权限范围内的任何问题或事项所应遵循的具体政策。理事会由36个成员国组成：A组4个成员，来自在有统计资料的最近五年中，对于可从“区域”取得的各类矿物所产的商品，其消费量超过世界总消费量2%，或其净进口量超过世界总进口量2%的缔约国；B组4个成员，来自直接或通过其国民对“区域”内活动的准备和进行作出了最大投资的8个缔约国；C组4个成员，来自缔约国中因在其管辖区域内的生产而为可从“区域”取得的各类矿物的主要净出口国；D组6个成员，来自发展中国家缔约国，代表特殊利益；E组18个成员，按照确保理事会的席位作为一个整体予以公平地区分配的原则选出。法律和技术委员会为理事会下设机构之一，主要负责制定国际海底区域资源探矿、勘探和开发规章草案，供理事会审议；就指导承包者的工作提出技术或行政方面的建议以协助承包者履行管理局的规则、规章和程序；审查承包者根据勘探合同提交的年度报告等。（3）秘书处：由秘书长及所需工作人员组成，负责执行大会和理事会指定的日常任务，秘书长为行政首长。

此外，管理局还设有财务委员会，委员由大会选举产生，负责监督管理局的资金运作和财务管理。

【主要活动】根据公约及《关于执行1982年12月10日<联合国海洋法公约>第十一部分的协定》（下称“执行协定”）的有关规定，在第一项开发工作计划获得核准以前，管理局工作将集中于执行协定附件第1节第5段所列的资源勘探、制度建设、信息数据的收集和评估以及海洋科研等11个工作领域。迄今为止，管理局的主要工作成果是：（1）2000年7月出台《“区域”内多金属结核探矿和勘探规章》，根据该规章，管理局于2001～2002年间与中国大洋协会等七个先驱投资者、2006年与德国联邦地球科学及自然资源研究所、2011年分别与瑙鲁海洋资源公司和汤加近海采矿有限公司签订了多金属结核勘探合同；（2）2010年5月，出台《“区域”内多金属硫化物探矿和勘探规章》，根据该规章，管理局于2011年11月18日与中国大洋协会签订了第一份多金属硫化物勘探合同。管理局结合“区域”活动进展，确定了2012～2014年间的工作方案。主要包括：持续监督勘探合同并视需要授予新的合同；逐步制定调控“区域”内活动的制度；监测有关深海海底采矿活动的趋势和发展，包括世界金属市场情况和金属的价格、趋势和前景，以及在海底采矿活动方面富有成本效益和环保型技术的开发情况；收集和评估探矿和勘探所产生的数据并对结果进行分析；推动和鼓励在“区域”内进行海洋科学研究，特别侧重于“区域”内活动对环境影响的研究；开发与管理局工作有关的专门数据库等。

【同中国的关系】中国是国际海底活动的投资国和与国际海底资源相关的矿产品消费大国。自1996年管理局成立之初，中国就是理事会B组成员。在2004年理事会成员改选中，中国成功当选A组成员，并在2008年改选中获得连任，任期至2012年。管理局法律和技术委员会、财务委员会中一直有中国籍委员。

中国是从事国际海底资源勘探活动的国家之一。中国大洋协会于2001年与管理局签订多金属结核勘探合同，在东北太平洋获得15万平方公里国际海底多金属结核勘探矿区；2011年与管理局签订多金属硫化物勘探合同，在西南印度洋海域获得1万平方公里多金属硫化物勘探矿区。

中国积极促进发展中国家参与国际海底事务，与管理局开展了多项相关合作。截至2011年年底，中国累计向管理局自愿信托基金捐款4万美元，为管理局财务委员会和法律和技术委员会中的发展中国家委员出席委员会会议提供资助；同济大学与管理局合作，为发展中国家海洋科研人员开设短期培训班并提供留学奖学金。 （匙文宇）

国际海洋法法庭

International Tribunal for the Law of the Sea—ITLOS

【成立日期】国际海洋法法庭（下称“法庭”）是《联合国海洋法公约》（下称“公约”）设立的主要解决《公约》解释和适用的争端的司法机构，1996年10月成立。

【总部】在德国汉堡。网址：http：//www.itlos.org/。

【组织机构】根据《公约》规定，法庭由21名法官组成。他们应具有以下条件：（一）享有公平和正直的最高声誉，并在海洋法领域内具有公认资格；（二）不得执行任何政治或行政职务，也不能与“勘探和开发海洋或海底资源”或“与海洋或海底的其他商业用途有关”的任何企业的任何业务有“积极联系”或“有财务利益”。法庭作为一个整体，还必须能代表世界各主要法系和公平地区分配。

法官由公约缔约国会议选举产生，任期九年（但在第一次选举出的法官中，有七人任期三年，另七人任期六年，具体人选通过抽签决定），可连选连任。现任法官分别来自日本、南非、巴西、格林纳达、印度、黎巴嫩、德国、塞内加尔、佛得角、法国、特立尼达和多巴哥、波兰、奥地利、坦桑尼亚、中国、阿尔及利亚、俄罗斯、韩国、阿根廷、马耳他和乌克兰。现任庭长为日本籍法官柳井俊二（Shunji Yanai），副庭长为南非籍法官艾伯特·霍夫曼（Albert Hoffmann）。现任中国籍法官高之国于2008年1月举行的补缺选举中当选，接替原中国籍法官许光建，并于2011年6月成功连任，任期至2020年9月30日。

【分庭】法庭原则上由全庭审理提交法庭的一切争端和申请，但在公约明确规定或当事各方按照公约提出请求的情况下，可由分庭审理案件；任何分庭作出的判决，均应视为法庭作出的判决。法庭的分庭包括两种：一是根据公约附件六《国际海洋法法庭规约》第四节设立的海底争端分庭，二是特别分庭。特别分庭包括法庭认为必要而设立的处理特定种类争端的分庭，经当事各方请求处理某一特定争端的分庭，以及为了迅速处理事务而设立的适用简易程序的分庭；如经当事各方请求，争端将由相关特别分庭审理。

【管辖权】根据《国际海洋法法庭规约》规定，法庭的管辖权包括按照《公约》向其提交的一切争端和申请，和将管辖权授予法庭的任何其他国际协定中具体规定的一切申请。

【审理案件】法庭迄今共受理19个案件，17个已审结，其中包括法庭海底争端分庭首次发表的咨询意见，即“个人和实体的担保国对‘区域’内活动的责任和义务”咨询案，和法庭受理的首宗海域划界案“孟加拉国和缅甸在孟加拉湾的海洋划界案”。 （匙文宇）

国际刑事法院

International Criminal Court—ICC

【成立日期】根据《国际刑事法院罗马规约》（下称“规约”）设立。规约于2002年7月1日生效。

【职能】根据规约，对犯有灭绝种族罪、危害人类罪和战争罪的个人追究刑事责任。规约还规定，在确定侵略罪定义和法院对其行使管辖权的条件之后，法院可对侵略罪行使管辖权。2010年在乌干达召开的规约审查会议通过了侵略罪条款修正案，对侵略罪定义及管辖条件作出规定。目前该修正案尚未生效，法院尚不能就侵略罪行使管辖。

【成员】截至2012年6月，规约缔约国已达121个。规约缔约国大会每年召开一届会议，负责审议法院预算。选举法官、检察官、书记官长，监督管理法院行政工作等。大会设有主席团和秘书处。2011年12月，《国际刑事法院罗马规约》第十届缔约国大会在纽约联合国总部召开，会议举行了一般性辩论，审议了法院活动报告、法院预算、受害人赔偿等议题，并选举产生法院第二任检察官、缔约国大会新一届主席团和六名法官。

【主要负责人】现任院长宋相现（Sang-Hyan Song，韩国籍）。现任检察官本苏达（Fatou Bensouda，女，冈比亚籍）于2012年6月上任，接替法院首任检察官奥坎波（Luis Moreno-Ocampo，阿根廷籍）。现任书记官长阿比亚（Silvana Arbia，女，意大利籍）。

【总部】荷兰海牙。地址：PO Box 19519；2500 CM，The Hague，the Netherlands。电话：31（0）705158515。传真：31（0）705158555。

【出版物】各种定期官方刊物和ICC通讯等。

【组织机构】法院由四个部门组成。院长会议主要负责管理除检察官办公室以外的其他法院机构的工作，并履行规约规定的其他职能。18名法官分别组成的预审庭、审判庭和上诉庭负责案件的预审、审判和上诉。检察官办公室作为法院的一个单独机关独立行事，负责调查相关情势并在法院进行诉讼。书记官处负责非司法方面的行政管理和服务。

【主要活动】法院已进入全面司法运作阶段。截至2012年7月13日，共有涉及8个国家的情势进入调查或审理程序，包括：刚果（金）、乌干达、中非共和国和马里4个缔约国主动向法院提交的情势；安理会2005年第1593号决议提交的苏丹达尔富尔情势、2011年第1970号决议提交的利比亚情势；检察官主动展开调查的肯尼亚情势和科特迪瓦情势。2012年3月14日，法院作出其成立十年以来的首例判决，判定刚果（金）叛军领导人鲁邦加因在内战中征募并使用不满15岁的儿童士兵犯有战争罪。2012年7月10日，法院判处鲁邦加14年监禁，刑期自2006年3月16日鲁邦加被移交法院时起算。

【同中国的关系】中国支持建立了一个独立、公正、有效和具有普遍性的国际刑事司法机构，积极参加了规约谈判。但由于对规约的某些规定有保留，中国未参加规约。法院成立后，中国一直密切关注法院工作，派观察员团出席了历届缔约国大会和规约审查会议，并积极参与了相关议题讨论。（李炳卓）

前南斯拉夫国际刑事法庭

International Court of Justice

【成立日期】前南斯拉夫国际刑事法庭（下称“前南刑庭”）根据1993年5月25日联合国安理会第827号决议设立，于1994年正式成立。

【职能】前南刑庭的职能是起诉和审判自1991年以来在前南斯拉夫境内实施了严重违反国际人道法行为的人。刑庭管辖的罪行包括违反日内瓦四公约的行为、违反战争法的行为、灭绝种族罪和危害人类罪。

【总部】在荷兰海牙。地址：Churchillplein 12517JW, The Hague, The Netherlands。通信地址：P.O. Box 13888 2501 EW，The Hague，The Netherlands。网址：http：//www.icty.org。

【出版物】前南刑庭年度报告等。

【组织机构】前南刑庭由分庭、检察官办公室和书记官处组成。（1）前南刑庭：设三个审判分庭和一个上诉庭，由16名常任法官和最多（同一时期）12名审案法官组成。前南刑庭的上诉庭同时也是卢旺达刑庭的上诉庭，组成上诉庭的7名常任法官中，5名来自前南刑庭，另外2名来自卢旺达刑庭。常任法官和审案法官均由联大选举产生，任期四年。（2）检察官办公室：由检察官领导，负责案件的调查和起诉。（3）书记官处：负责刑庭的行政管理和服务，由书记官长领导。

【主要活动】刑庭迄今已审结50余起案件，另有1项在预审阶段，8项正在审理过程中，6项进入上诉程序。2010年12月，安理会通过第1960号决议，决定设立国际刑庭余留机制，下设前南刑庭分支和卢旺达刑庭分支，旨在以高效率小型临时机构的工作方式，完成前南刑庭和卢旺达刑庭关闭后的基本职能，其中前南刑庭分支将于2013年7月1日开始运作。

【同中国的关系】中国籍法官李浩培、王铁崖和刘大群先后担任前南刑庭上诉庭同时也是卢旺达刑庭上诉庭的法官。2011年12月20日，刘大群法官在联合国大会进行的国际刑庭余留机制法官选举中成功当选，成为国际刑庭余留机制的25名法官之一。（杨毓娅）

卢旺达国际刑事法庭

International Criminal Tribunal for Rwanda—ICTR

【成立日期】卢旺达国际刑事法庭（下称“卢旺达刑庭”）根据1994年11月8日联合国安理会第955号决议设立，于1995年正式成立。

【职能】卢旺达刑庭的职能是起诉和审判两类罪犯，一类是在1994年一年间在卢旺达境内实施了灭绝种族及其他严重违反国际人道法行为的个人（包括非卢旺达国民），另一类是同一时期在卢旺达的邻国境内实施了此类罪行的卢旺达人。刑庭管辖的罪行包括灭绝种族罪、危害人类罪和严重违反1949年日内瓦公约共同第三条及1977年公约第二附加议定书的行为。

【总部】在坦桑尼亚阿鲁沙，Arusha International Conference Center，Arusha，Tanzania。通信地址：P.O. Box 6016，Arusha，Tanzania。网址：http：//www.unictr.org。

【出版物】卢旺达刑庭季刊等。

【组织机构】卢旺达刑庭由分庭、检察官办公室和书记官处组成。卢旺达刑庭设三个审判分庭和一个上诉庭，由16名常任法官和最多（同一任期内）9名审案法官组成。卢旺达刑庭的上诉庭同时也是前南刑庭的上诉庭，组成上诉庭的7名常任法官中，2名来自卢旺达刑庭，另外5名来自前南刑庭。常任法官和审案法官均由联大选举产生，任期四年。检察官办公室由检察官领导，负责案件的调查和起诉。书记官处负责刑庭的行政管理和服务，由书记官长领导。

【主要活动】刑庭迄今已审结38起案件，另有16项进入上诉程序，7项案件正在审理过程中。2010年12月，安理会通过第1960号决议，决定设立国际刑庭余留机制，下设前南刑庭分支和卢旺达刑庭分支，旨在以高效率小型临时机构的工作方式，完成前南刑庭和卢旺达刑庭关闭后的基本职能，其中卢旺达刑庭分支于2012年7月1日开始运作。

【同中国的关系】中国籍法官李浩培、王铁崖和刘大群先后担任前南刑庭上诉庭同时也是卢旺达刑庭上诉庭的法官。2011年12月20日，刘大群法官在联合国大会进行的国际刑庭余留机制法官选举中成功当选，成为国际刑庭余留机制的25名法官之一。（杨毓娅）

全面禁止核试验条约组织筹备委员会

Preparatory Commission for the Comprehensive Nuclear-Test-Ban Treaty Organization

【成立日期】1996年11月19日。

【职责】全面禁止核试验条约组织筹备委员会（下称“筹委会”）的职责是为《全面禁止核试验条约》生效做好各项准备工作。

【成员】所有条约签字国均为筹委会成员。截至2011年7月，共有182国签署条约，其中154国已经批准条约。

【负责人】2005年7月开始，匈牙利前驻日内瓦代表团大使蒂伯·托特（Tibor Toth）任筹委会临时技术秘书处执行秘书。

【总部】在奥地利维也纳。网址：http://www.ctbto.org。

【组织机构】筹委会主要包括全会和临时技术秘书处。全会是筹委会的决策机构。临时技术秘书处负责日常工作，下设行政、法律与外联、国际监测系统、国际数据中心和现场视察五个司。

【主要活动】筹委会每年召开两次全会，审议条约筹备相关事宜并作出决定。全会下设A、B两个工作组，分别就行政和核查事务进行讨论，并向全会提出建议。临时技术秘书处负责为国际监测系统提供技术和法律援助，并负责国际监测系统台站的监督、管理和维护，以及台站数据的接收、分析和处理。

【同中国的关系】中国于1996年9月24日签署《全面禁止核试验条约》，是筹委会首批成员国之一。中国常驻维也纳代表兼任中国常驻条约组织筹委会代表。中国积极参加筹委会会议，并与临时技术秘书处密切合作。临时技术秘书处两任执行秘书先后对中国进行了七次工作访问。（孔君）

拉丁美洲和加勒比禁止核武器组织

Organismo para la Proscripcion de las Armas Nucleares en la America Latina Y El Caribe—OPANAL

【成立经过】1962年10月“古巴导弹危机”后，巴西、玻利维亚、厄瓜多尔和智利向第17届联大提出关于建立拉美无核区的提案。1963年4月29日，上述四国元首以及墨西哥总统在各自首都发表声明，要求拉美国家缔结多边协定，使拉美尽快成为无核区。同年，第18届联大通过了包括上述五国在内的11个国家关于建立拉美无核区的提案。1964年11月，17个拉美国家决定成立拉丁美洲非核化筹备委员会。1967年2月14日，巴拿马、秘鲁、玻利维亚、厄瓜多尔、哥伦比亚、哥斯达黎加、海地、洪都拉斯、墨西哥、萨尔瓦多、危地马拉、委内瑞拉、乌拉圭和智利在墨西哥城签署《拉丁美洲禁止核武器条约》，即《特拉特洛尔科条约》。条约于1969年4月25日生效。为保证履行条约的各项义务，根据该条约规定，缔约国在条约生效后成立了拉丁美洲禁止核武器组织。1985年该组织第九届例会决定在正式文件中使用“拉丁美洲和加勒比禁止核武器组织”（简称“拉美禁核组织”）的名称。

【宗旨】条约规定，缔约国的核材料和核设备只能用于和平目的；禁止在各自领土上试验、使用、制造生产或取得核武器；禁止在各自领土上接受、储存、设置、部署或以任何其他形式拥有核武器。条约有两项附加议定书：第一号附加议定书要求在拉美拥有领土或属地的国家承担条约规定的有关义务。第二号附加议定书要求世界上拥有核武器的国家充分尊重条约，不对拉美国家使用或威胁使用核武器。

【成员】33个国家（截至2012年6月）：巴巴多斯、巴哈马、巴拉圭、巴拿马、古巴、秘鲁、玻利维亚、多米尼加共和国、厄瓜多尔、哥伦比亚、哥斯达黎加、格林纳达、海地、洪都拉斯、墨西哥、尼加拉瓜、萨尔瓦多、苏里南、特立尼达和多巴哥、危地马拉、委内瑞拉、乌拉圭、牙买加、巴西、智利、阿根廷、安提瓜和巴布达、伯利兹、圭亚那、多米尼克、圣基茨和尼维斯、圣文森特和格林纳丁斯、圣卢西亚。

观察员国（截至2012年6月）：德国、加拿大、韩国、塞浦路斯、西班牙、菲律宾、芬兰、希腊、伊朗、以色列、日本、马来西亚、摩洛哥、南非、瑞士、澳大利亚和新西兰。

联系国（截至2012年6月）：中国、英国、美国、俄罗斯、法国和荷兰。

【主要负责人】常务秘书长乔孔达·乌贝达·里维拉（Gioconda Ubeda Rivera，哥斯达黎加人），2010年2月1日就职，任期至2013年12月31日。

【总部】设在墨西哥首都墨西哥城。墨西哥为存约国。网址：http：//www.opanal.org。

【组织机构】（1）大会：最高权力机构。由全体缔约国组成，每两年召开一次。理事会认为必要时可召开特别大会。（2）理事会：由5个理事国组成，经大会选举产生，任期四年。（3）秘书处：大会和理事会领导下的常设办事机构。秘书长由大会选举产生，任期四年，可连任一次。

【出版物】《拉丁美洲和加勒比禁止核武器组织文件集》（OPANAL-Documentos），不定期，西班牙文。

【主要活动】2005年4月26～28日，世界无核武器地区会议在墨西哥城举行，拉美禁核组织代表拉美和加勒比无核武器区出席。出席会议的还有代表南太、东南亚、非洲和蒙古无核武器区的《拉罗汤加》、《曼谷条约》、《佩林达巴条约》缔约国和蒙古。各方就加强各无核武器区建设、密切相互合作、推动全球防核武扩散与核裁军等议题进行讨论。2005年11月8日，拉美禁核组织第19届例会在智利首都圣地亚哥举行，会议发表《圣地亚哥声明》，决定加强同其他无核武器区组织的协调，推动国际裁军和防核扩合作，要求核武器国家有效保证不使用也不威胁使用核武器，强调全面禁止核试验的重要性，重申各国拥有和平研究、生产及使用核能的权力，主张通过加强裁军与防核扩教育推动无核区的发展。2007年11月、2009年11月拉美禁核组织第20届例会、第21届例会在墨西哥城举行。2011年10月11日向联合国递交《拉美和加勒比33国关于建立无核区的声明》。2011年11月17日，拉美禁核组织在墨西哥城举行第22届例会。2012年2月14～15日，拉美禁核组织在墨西哥城举办“特拉特洛尔科条约”签署45周年纪念活动和“拉美和加勒比无核区的经验及2015年展望”国际研讨会。

【同中国的关系】1972年11月24日姬鹏飞外长声明，中国政府尊重和支持拉美无核区的正义主张，并同意拉美禁核条约第二号附加议定书的基本内容。1973年8月21日，中国政府签署了该议定书。1975～2001年，除个别情况外，中国均派观察员出席该组织的历届年会。1983年5月，中国代表在出席该组织在牙买加金斯敦举行的第八届例会期间发言，重申中国决不对拉美国家和无核地区使用或威胁使用核武器，也不在拉美国家和地区试验、制造、生产、储存、安装或部署核武器，或使自己带有核武器的运载工具通过拉美国家领土、领空和领海。在第14届例会上，中国驻智利大使朱祥忠与会并讲话，阐述了中国对核裁军、无条件不对无核国家和无核区使用或威胁使用核武器及《核不扩散条约》延期问题的立场和主张。该组织两任秘书长格罗斯和马丁内斯·科沃分别于1975年和1983年访华。2003年11月，中国驻古巴大使王治权代表中国政府以观察员身份出席该组织第18届例会，重申了中国不使用和不威胁使用核武器的承诺。　（夏少杰）

禁止化学武器组织

Organisation for the Prohibition of Chemical Weapons

【成立日期】根据1997年生效的《禁止化学武器公约》（简称《公约》），禁止化学武器组织于1997年5月23日成立。

【宗旨】《公约》包括序言、24条正文和3个附件。《公约》的宗旨和目标是全面禁止和彻底销毁所有化学武器，并为此规定了严格的核查机制；促进化工领域的国际交流与合作。

禁止化学武器组织是监督《公约》实施的机构，以确保《公约》的各项条款得到有效执行，并为缔约国提供进行协商与合作的论坛。

【成员】截至2012年12月，共有成员国188个。

【主要负责人】第一任总干事何塞·布斯塔尼（Jose M.Bustani，巴西人），任期1997年5月至2002年4月。第二任总干事罗赫略·菲尔特（Rogelio Pfirter，阿根廷人），任期2002年7月至2010年7月。第三任总干事阿赫迈特•尤祖姆居（Ahmet Üzümücü，土耳其人），2010年7月就任，任期至2014年7月。

【总部】在荷兰海牙。网址：http：//www.opcw.org。

【组织机构】（1）缔约国大会：由全体成员国组成。每年召开一次例会，可审议《公约》范围内任何问题并作出决定。（2）执行理事会：由41个成员组成，是禁止化学武器组织的执行机构，向大会负责。执理会成员由大会选出，任期两年。（3）技术秘书处：协助大会和执行理事会行使其职能，包括执行《公约》的核查条款。技秘处由总干事领导，下设决策机构、核查司、视察局、技术合作与援助司、对外关系司、法律事务办公室、行政司、特别项目司、内部监察办公室等。此外，还有科学咨询委员会、保密委员会等附属机构。

【主要活动】至2012年5月，禁止化学武器组织进行了4700余次视察。2011年，禁化武组织召开了第16届缔约国大会和第63～66届执行理事会，讨论了化学武器销毁、化工国际合作、促进国家履约措施及大量履约相关问题。第16届缔约国大会并通过了关于库存化武销毁逾期问题的决定。

【同中国的关系】1993年1月13日，中国签署《公约》。1996年12月30日，全国人大常委会正式批准《公约》。1997年4月25日，中国交存了批准书，成为《公约》的原始缔约国。中国自1997年5月当选为执行理事会成员以来，一直连选连任。中国在海牙设有常驻禁止化学武器组织代表团，代表由中国驻荷兰大使兼任。2011年6月，中国与禁止化学武器组织在西安联合举办"亚洲地区援助与化学武器防护研讨会"，来自20个国家的40余名代表与会，交流了援助与化武防护方面的经验。截至2012年5月，中国已顺利接待禁化武组织300次视察。（孔君）

桑戈委员会

Zangger Committee

【成立经过】1971～1974年，由美、英、法等15个国家组成的小组，在瑞士教授桑戈主持下，在维也纳举行了一系列非正式会议，就核出口"竞争规则"和"触发清单"达成了谅解。该小组被称为"桑戈委员会"，又称"核出口国委员会"。

【宗旨】桑戈委员会根据《不扩散核武器条约》有关规定，制定向未参加条约的无核武器国家出口核材料、设备和技术的控制条件和程序。

【成员】桑戈委员会现有38个成员国（截至2011年7月），包括：阿根廷、澳大利亚、奥地利、白俄罗斯、比利时、保加利亚、加拿大、中国、克罗地亚、捷克、丹麦、芬兰、法国、德国、希腊、匈牙利、爱尔兰、意大利、日本、哈萨克斯坦、韩国、卢森堡、荷兰、挪威、波兰、葡萄牙、罗马尼亚、俄罗斯、斯洛伐克、斯洛文尼亚、南非、西班牙、瑞典、瑞士、土耳其、乌克兰、英国和美国。

【控制机制】桑戈委员会通过"触发清单"实施核出口控制。"触发清单"，由A、B两个备忘录和一个附件组成。备忘录对原材料和特种裂变材料以及为加工、使用或生产特种裂变材料而设计或制造的设备或材料出口作了定义，并规定出口"触发清单"物项须接受国际原子能机构保障监督。

桑戈委员会的决定及包括"触发清单"仅对各国制订核出口政策起指导作用，无法律约束力。各成员国以信函模式接受"触发清单"，即，由各国常驻国际原子能机构代表致函机构总干事，对"触发清单"及其修改予以确认。

【主要负责人】桑戈委员会现任主席为珀沃·克鲁斯基（Pavel Klucky，捷克人），于2006年8月上任。网址：http：//www.zanggercommittee.org。

【主要活动】桑戈委员会每年定期召开春、秋两次会议，主要讨论核出口控制政策，以及有关触发清单的问题。

【同中国的关系】1997年5月，中国以观察员身份出席桑戈委员会会议，1997年10月16日，中国正式加入桑戈委员会。此后，中国积极参加了每年"桑戈委员会"例会的讨论并发挥建设性作用。（孔君）

核供应国集团

Nuclear Suppliers Group—NSG

【成立经过】1975年，加拿大、法国、联邦德国、日本、英国、美国和苏联七个主要核出口国在伦敦多次开会，讨论加强和完善核不扩散的政策和措施及敏感核材料和设备的出口控制等问题，并通过了《核转让准则》和《触发清单》，此后，会议形成年度机制，被称为"伦敦核俱乐部"。1992年，机制更名为"核供应国集团"。

【宗旨】核供应国集团通过加强核及核两用品和相关技术的出口管制，防止核武器扩散。

【成员】核供应国集团现有成员46个（截至2011年7月），包括阿根廷、澳大利亚、奥地利、白俄罗斯、比利时、巴西、保加利亚、加拿大、中国、克罗地亚、塞浦路斯、捷克、丹麦、爱沙尼亚、芬兰、法国、德国、希腊、匈牙利、冰岛、爱尔兰、意大利、日本、哈萨克斯坦、韩国、拉脱维亚、立陶宛、卢森堡、马耳他、荷兰、新西兰、挪威、波兰、葡萄牙、罗马尼亚、俄罗斯、斯洛伐克、斯洛文尼亚、南非、西班牙、瑞典、瑞士、土耳其、乌克兰、英国和美国。

【控制机制】核供应国集团通过“准则”和“清单”对核及核两用品和相关技术实施出口管制。确保出口的物项和技术不被转用于核爆炸或其他非和平目的，以防止核武器扩散，“准则”规定以进口国接受国际原子能机构全面保障监督作为核出口的条件；转让“触发清单”中的物项和技术须接受国际原子能机构保障监督；进口国执行国际原子能机构保障监督附加议定书或相应地区性保障监督安排系向其转让铀浓缩和后处理技术的条件。“准则”和“清单”一俟当事国书面通知国际原子能机构总干事表示接受即对该国产生约束力。

核供应国集团与桑戈委员会均是由核供应国单方面组成的非正式安排，目标均是防止核武器扩散。两组织绝大部分成员重叠，但在控制原则和范围上存在差别，主要体现在：核供应国集团将进口国接受全面保障监督为核出口条件；核供应国集团出口控制范围还包括与核有关的两用物项和技术等。

【主要活动】集团每年召开一次全会。全会下设咨询组和信息交流组。咨询组主要负责对“准则”和“清单”的执行情况进行审议、更新及修订，信息交流组主要就出口控制领域的经验及信息进行交流。需要时也召开专家会议，就专门问题交换意见。集团采取协商一致方式作出决定。2011年在荷兰诺德惠克举行的全会上，各国就将进口国执行国际原子能机构保障监督附加议定书或相应地区性保障监督安排作为铀浓缩和后处理技术的转让条件达成一致。

【网址】http：//www.nuclearsuppliersgroup.org。

【联络点】日本常驻维也纳代表团。地址：Andromeda Tower，Donau-City Strasse 6A-1220，Vienna，Austria。

【同中国的关系】中国于2004年6月10日在瑞典哥德堡年会上正式加入核供应国集团。此后，中国以建设性姿态参与了核供应国集团历次全会及咨询组会议。中国已完成对国内相关出口控制法规及清单的修订，使其与核供应国集团准则及清单保持一致。（孔君）

澳大利亚集团
Australia Group—AG

【成立经过】为加强两用化学品出口管制，协调各国化学武器相关物项出口管制范围及管制方式，1985年4月，澳大利亚提议召开会议，协调各国的出口控制措施、加强各国在防止化学武器扩散方面的合作。首次会议于同年6月在布鲁塞尔举行，由澳大利亚主持，其后每年在巴黎举行年会，“澳大利亚集团”因此得名。1990年，澳大利亚集团开始采取措施以防止生物武器的扩散。

【成员】澳大利亚集团现有41个成员（40国和欧盟委员会）。澳大利亚是常任主席国。集团所有成员国均为《禁止生物武器公约》和《禁止化学武器公约》缔约国。

【网址】http：//www.australiagroup.net。

【运作机制】澳大利亚集团是一个非正式安排，旨在加强成员国现行出口控制机制的有效性，防止生化武器扩散。集团控制措施对成员国不具法律约束力，由成员国自行实施。

【出口控制机制】澳大利亚集团通过出口许可证、出口管制准则和管制清单等措施，对生化两用物项及相关设备、技术和软件进行出口管制，防止其用于生化武器目的。2002年，集团制定了《生化敏感物项出口控制指导原则》，其中明确引入全面管制（catch-all）和协商原则（no undercut）。近年来，集团注重对无形敏感技术、中介活动、新兴技术及二手设备转让的管制，并加强与亚太地区及独联体国家在出口管制领域的对话与交流。

【同中国的关系】中国不是澳大利亚集团成员。近年来，澳大利亚集团加强了与中方的沟通和交流。自2004年起，中国与集团建立了年度磋商机制。迄今，双方已进行了五轮磋商，就生化领域防扩散形势、集团运作情况等问题交换了看法。（孔君）

瓦森纳安排
Wassenaar Arrangement

【成立经过】1993年，巴黎统筹委员会解散。1995年9月，包括“巴统”17国在内的28个国家在荷兰瓦森纳召开高官会议，决定建立常规武器和双用途物品及技术出口控制机制。1996年7月，“关于常规武器和双用途物品及技术出口控制的瓦森纳安排”（The Wassenaar Arrangement on Export Controls for Conventional Arms and Dual-use Goods and Technologies，简称“瓦森纳安排”）在奥地利维也纳正式成立。

【性质与宗旨】瓦森纳安排是一种建立在自愿基础上的集团性出口控制机制，通过成员国间的信息通报制度，提高常规武器和双用途物品及技术转让方面的透明度，以达到对常规武器和双用途物品及相关技术转让的监督和控制。

【成员国】瓦森纳安排现有41个成员国（截至2012年6月）：阿根廷、澳大利亚、奥地利、比利时、保加利亚、加拿大、克罗地亚、捷克、丹麦、爱沙尼亚、芬兰、法国、德国、希腊、匈牙利、爱尔兰、意大利、日本、拉脱维亚、立陶宛、卢森堡、马耳他、墨西哥、荷兰、新西兰、挪威、波兰、葡萄牙、韩国、罗马尼亚、俄罗斯、斯洛伐克、斯洛文尼亚、南非、西班牙、瑞典、瑞士、土耳其、乌克兰、英国、美国。

【秘书处】在奥地利维也纳。网址：http：//www.wassenaar.org。

【运行机制】瓦森纳安排成员国对控制清单上物项的出口实行国家控制，即由各国政府自行决定是否允许或拒绝转让某一物品，并在自愿基础上向其他成员国通报有关信息，协调出口控制政策。信息交换仅限于向非成员国的出口，成员国间的贸易无需通报。控制物品清单分为军品清单、双用途物品及技术清单两部分。

成员国同意相互通报许可或拒绝转让申请的信息。一国通报拒绝转让某一项目，并不意味着其他成员国有拒绝类似转让的义务。但是，如一成员国批准了一个转让许可证，而过去三年中另一成员国曾拒批“基本相同”的转让，前者有义务在60天之内（最好在30天之内）向其他成员国通报，但其他成员国无权否决此项交易。交换的信息保密，并视同享有特权的外交通讯。各国对同意转让或拒绝转让项目的通报建立在“自行全权决定”的基础上，所有措施均由各国自主决定执行。

【全会】瓦森纳安排成员国定期举行会议，审查受控项目清单，考虑协调发展有效出口控制机制的努力，并讨论其他共同关心的问题。全会每年至少召开一次，由各成员国逐年轮流担任会议主席，实行协商一致的原则。

2011年12月13～14日，瓦森纳安排成员国第17次会议在维也纳举行。会议通过了瓦森纳安排有关双用途物品及技术内部控制、常规武器再出口等最佳操作准则。全会由轮值主席国捷克主持。同时，确定2012年轮值主席国为德国。

【同中国的关系】中国不是瓦森纳安排成员国。2004年4月，中国与瓦森纳安娜在维也纳举行了首轮对话会。近年来，中国与瓦森纳安排保持着交流和对话。双方迄今已举行了五次对话会。（孔君）

导弹及其技术控制制度

Missile Technology Control Regime—MTCR

【成立经过】“导弹及其技术控制制度”是美国等西方七国制定的集团性出口控制制度，旨在防止可运载大规模杀伤性武器的导弹和无人驾驶航空飞行器及其相关技术的扩散。1985年7月，美、英、法、德、意、日、加七国召开会议，就制定“导弹及其技术控制制度”达成一致意见。1987年，“导弹及其技术控制制度”建立并正式对外公布。此后，“导弹及其技术控制制度”的准则和附件历经数次修改。

【成员国】现有34个成员国（截至2011年6月）：阿根廷、澳大利亚、奥地利、比利时、保加利亚、巴西、加拿大、捷克、丹麦、芬兰、法国、德国、希腊、匈牙利、冰岛、爱尔兰、意大利、日本、韩国、卢森堡、荷兰、新西兰、挪威、波兰、葡萄牙、俄罗斯、南非、西班牙、瑞典、瑞士、土耳其、乌克兰、英国、美国。

【联络处】“导弹及其技术控制制度”没有常设性机构或秘书处，仅在法国外交部设立了一个联络点。网址：http：//www.mtcr.info。

【主要规定】“导弹及其技术控制制度”由“准则”和“设备、软件和技术附件”组成。“准则”规定了“导弹及其技术控制制度”的目标和导弹及相关物项的出口控制指导原则框架。“设备、软件和技术附件”罗列了应受控制的导弹及相关物项和技术。各成员国通过国家立法实施“准则”，并将附件所列物项纳入本国的出口管制体系。

“准则”规定，“导弹及其技术控制制度”通过对可能有助于大规模杀伤性武器（WMD）运载系统（有人驾驶飞行器除外）发展计划的转让进行控制，以达到减少WMD扩散风险的目的。“准则”的另一个目的是防止受控物项和技术落入恐怖组织和个人之手。“准则”不妨碍各国发展空间计划或开展相关国际合作。“附件”所列一切项目的转让均应受到限制并适用逐项审批原则。成员国在处理有关转让申请时，应综合考虑对WMD扩散的关切、接受国的导弹和空间计划的能力和目标、有关转让对WMD运载系统发展的重要性等因素。在转让可能促进WMD运作系统研制的情况下，转让国政府必须要求接受国政府保证，未经同意不得改变项目的申明用途。不得将转让的项目或其仿制件、改形件再次转让。

受控物项分为两大类：“Ⅰ类项目”是最敏感的项目，包括主要参数超过300公里射程/500公斤载荷的完整火箭系统（包括弹道导弹、空间运载火箭和探空火箭）和无人驾驶航空飞行器系统（包括巡航导弹、靶机和侦察机），以及上述系统的生产设施、主要分系统（包括火箭各级）、再入飞行器、火箭发动机、制导系统和弹头机制。Ⅰ类项目在转让时不论目的如何，均应加以特别限制，适用“强烈推荐不予转让”原则；Ⅰ类项目生产设施的转让一般不应批准。

“Ⅱ类项目”包括可用于运载WMD、但未包括Ⅰ类项目中的完整火箭系统（包括弹道导弹、空间运载火箭和探空火箭）和无人驾驶航空飞行器系统（包括巡航导弹、靶机和侦察机），以及可用于Ⅰ类项目中各系统的设备、材料和技术。Ⅱ类项目在转让时应予逐案审批。

【运作和主要活动】“导弹及其技术控制制度”每年举行一次年会，由各成员国轮流主办，主办国即为当年轮值主席国。各成员国根据“导弹及其技术控制制度”准则和附件，制定有关出口控制法规；由各成员国政府自行判断有关转让是否会被用于运载大规模杀伤性武器，并据此决定是否批准某一项出口。各成员国定期相互通报发放导弹相关出口许可证的情况，并对出口控制中的有关问题进行讨论。

2011年4月，成员国第25次全会在阿根廷布宜诺斯艾利斯召开。阿根廷担任轮值主席国至下次全会召开。

【同中国的关系】中国不是“导弹及其技术控制制度”成员国。2004年2月和6月，中国与“导弹及其技术控制制度”分别在巴黎和北京举行了两轮对话会。2004年9月，中国正式申请加入。2009年4月，中国派员出席了在巴黎举行的首届“导弹及其技术控制制度”技术外联会。2010年7月，“导弹及其技术控制制度”轮值主席、巴西外交部莫朗公使率团来华与中国进行了对话。（孔君）

防止弹道导弹扩散海牙行为准则

Hague Code of Conduct against Ballistic Missilc Prolifcration—HCOC

【成立经过】2000年10月，“导弹及其技术控制制度”成员国提出建立“防止弹道导弹扩散国际行为准则”，并于2001年9月在“导弹及其技术控制制度”国家内部通过。2002年11月，“防止弹道导弹扩散海牙行为准则”在荷兰海牙正式成立。

【参加国】现有134个成员国（截至2012年6月）：阿富汗、阿尔巴尼亚、安道尔、阿根廷、亚美尼亚、澳大利亚、奥地利、阿塞拜疆、白俄罗斯、比利时、贝宁、波斯尼亚和黑塞哥维那、保加利亚、布基纳法索、布隆迪、柬埔寨、喀麦隆、加拿大、佛得角、中非共和国、乍得、智利、哥伦比亚、科摩罗、刚果（布）库克群岛、哥斯达黎加、克罗地亚、塞浦路斯、捷克、丹麦、多米尼加、厄瓜多尔、萨尔瓦多、厄立特里亚、爱沙尼亚、埃塞俄比亚、斐济、芬兰、法国、加蓬、冈比亚、格鲁吉亚、德国、加纳、希腊、危地马拉、几内亚、几内亚比绍、圭亚那、海地、梵蒂冈、洪都拉斯、匈牙利、冰岛、伊拉克、爱尔兰、意大利、日本、约旦、哈萨克斯坦、肯尼亚、基里巴斯、拉脱维亚、利比里亚、利比亚、列支敦士登、立陶宛、卢森堡、马达加斯加、马拉维、马尔代夫、马里、马耳他、马绍尔群岛、毛里塔尼亚、密克罗尼西亚、摩尔多瓦、摩纳哥、蒙古、黑山、摩洛哥、莫桑比克、荷兰、新西兰、尼加拉瓜、尼日尔、尼日利亚、挪威、帕劳、巴拿马、巴布亚新几内亚、巴拉圭、秘鲁、菲律宾、波兰、葡萄牙、韩国、罗马尼亚、俄罗斯、卢旺达、萨摩亚、圣马利诺、塞内加尔、塞尔维亚、塞舌尔、塞拉利昂、新加坡、斯洛伐克、斯洛文尼亚、南非、西班牙、苏丹、苏里南、瑞典、瑞士、塔吉克斯坦、坦桑尼亚、马其顿、东帝汶、汤加、突尼斯、土耳其、土库曼斯坦、图瓦卢、乌干达、乌克兰、英国、美国、乌拉圭、乌兹别克斯坦、瓦努阿图、委内瑞拉、赞比亚。

【联络处】“防止弹道导弹扩散海牙行为准则”不设常设性机构或秘书处，在奥地利设有紧急联络中心。

【基本情况】“防止弹道导弹扩散海牙行为准则”的核心内容是通过透明和建立信任措施等政治手段，防止可运载大规模杀伤性武器的弹道导弹扩散。要求成员国对弹道导弹和空间运载火箭的发射和试验飞行实行发射前通报。成员国还应逐年宣布弹道导弹和空间运载火箭的政策大纲、前一年发射数量与种类、发射基地等。

“防止弹道导弹扩散海牙行为准则”每年举行一次全会，截至2011年底已举行10次。2011年6月2～3日，第十次全会在维也纳举行。全会一致认为“防止弹道导弹扩散海牙行为准则”作为多边透明和建立信任措施机制的重要性，对准则的实施情况进行了总结，并呼吁未加入国家尽早加入。第11次全会于2012年5月31日至6月1日在维也纳举行。

【同中国的关系】中国积极参与了制定“防止弹道导弹扩散海牙行为准则”草案的讨论，但由于中国有关在自愿基础上实施透明和建立信任措施的关切未被采纳，中国未加入该机制。（孔君）

打击核恐怖主义全球倡议

The Global Initiative To Combat Nuclear Terrorism

【成立经过】2006年7月15日，美俄共同提出“打击核恐怖主义全球倡议”（简称“倡议”），旨在通过开展国际合作，加强各国能力建设，采取有效措施共同打击核恐怖主义。

【宗旨】倡议以安理会有关决议、《制止核恐怖主义行为国际公约》等为基础，主要原则和目标是：完善核材料及放射性物质的实物保护体系；加强民用核设施的安保；提高对上述物资的探测、搜寻和控制能力，防止非法贩运；提高应对核恐怖袭击的能力；防止向核恐怖主义提供庇护及金融和经济资源；确保恐怖主义及其支持者得到刑事及民事处罚；加强情报交流。倡议系非正式安排，对所有致力于打击核恐怖主义的国家开放。参加国在自愿基础上参与倡议及其活动，开展相关国际合作。

【成员】倡议目前共有82个成员国。中国、美国、俄罗斯、英国、法国、德国、意大利、日本、加拿大、澳大利亚、土耳其和哈萨克斯坦12国是创始伙伴国。国际原子能机构、欧盟、国际刑警组织和联合国毒品和犯罪问题办公室是观察员。

【近期主要活动】2011年6月29～30日，倡议2011年全会在韩国大田举行。会议回顾了倡议过去一年的工作进展，并同意在核分析鉴定和核探测两个领域的基础上，将“应对和减缓核恐怖主义”新增为倡议第三个优先工作领域，以帮助各国提升对核恐怖主义时间的应对能力。

【同中国的关系】中国一贯反对包括核恐怖主义在内的任何形式的恐怖主义，支持倡议的宗旨和目标。作为创始伙伴国，中国积极参加了倡议历次全会和有关演练活动，并采取有效措施，致力于实现倡议的目标。

（孔君）

伊朗核问题

Iranian Nuclear Issue

近年来，伊朗核问题持续升温。联合国安理会已通过第1696号决议（2006年7月）、第1737号决议（2006年12月）、第1747号决议（2007年3月）、第1803号决议（2008年3月）、第1835号决议（2008年9月）和第1929号决议（2010年6月），要求伊朗遵守国际原子能机构（简称“机构”）的决定，暂停铀浓缩等活动，同时对伊朗实施制裁。

2011年，伊朗核问题六国（中、美、俄、英、法、德）与伊朗的对话进展有限，有关国家进一步加大对伊朗的单边制裁，伊核问题形势紧张严峻。

1月21～22日，六国与伊朗在土耳其伊斯坦布尔举行对话会，各方集中围绕伊朗核计划、德黑兰研究堆燃料交换方案和透明措施等问题进行反复辩论，但由于双方分歧巨大，对话无果而终，对话陷入僵局。

国际原子能机构总干事于5月、9月、11月三度发布伊核问题报告，指出伊朗未完全执行其接受保障监督的义务。11月的报告首次详细披露伊朗在2003年底之前曾开展核武器研发活动的信息。11月18日，机构理事会通过决议，对伊核计划未决问题严重关切，并要求伊朗全面遵守安理会和机构理事会决议。

12月1日，欧盟决定对伊朗百余个实体实施制裁；31日，美国总统奥巴马签署《2012财年国防授权法》，其中包括冻结伊朗金融机构在美资产，制裁与伊央行有大额交易往来的外国实体，要求总统敦促各国减少自伊朗石油进口等严厉制裁措施。

伊朗继续坚定推进核计划，其生产和积累的丰度3.5%和20%的浓缩铀不断增加。伊朗于1月宣布开始自行制造德黑兰研究堆所需核燃料。9月，俄罗斯援建伊朗的布什尔核电站开始并网发电。

在伊朗核问题上，中国支持维护国际核不扩散体系，主张通过外交谈判解决伊朗核问题，维护中东地区和平与稳定。中国呼吁有关各方加大外交努力，充分体现灵活，坚持对话与谈判，寻求全面、长期、妥善解决伊朗核问题的办法。中国以建设性态度参与联合国安理会、国际原子能机构关于伊朗核问题相关工作，严格履行安理会有关决议。中国积极参与六国机制处理伊朗核问题相关进程，为推动通过谈判解决伊朗核问题发挥了积极作用。

（孔君）

亚欧会议

Asia-Europe Meeting—ASEM

【成立】1994年7月，欧盟制定了《走向亚洲新战略》，主张与亚洲进行更广泛的对话，建立一种建设性、稳定和平等的伙伴关系。1994年10月，新加坡总理吴作栋访法期间倡议召开亚欧会议，得到广泛积极响应。1996年3月1日至2日，首届亚欧首脑会议在泰国曼谷举行。

【宗旨】通过对话增进了解，加强合作，为经济和社会发展创造有利条件，促进建立亚欧新型全面伙伴关系。

【成员】2010年10月，亚欧会议成员有48个。亚洲成员20个，包括中国、日本、韩国、印度、巴基斯坦、蒙古、俄罗斯、澳大利亚、新西兰、东盟10个成员国以及东盟秘书处；欧洲包括欧盟27个成员国及欧盟委员会。2012年11月，在老挝万象举行的第九届亚欧首脑会议正式吸收孟加拉国、瑞士和挪威3国加入，亚欧会议成员增至51个。

【原则】首届亚欧会议明确提出，亚欧合作应遵循以下原则：相互尊重、平等、促进基本权利、遵守国际法规定的义务、不干涉他国内部事务、开放和循序渐进的合作进程、在协商一致的基础上开展后续行动、由首脑会议决定增加新成员等事宜。

【合作领域】主要包括政治对话、经贸合作、社会文化及其他领域交流三大支柱领域。政治对话主要涉及亚欧政治与安全形势及重要国际和地区问题。经贸合作涉及亚欧贸易、投资、金融等领域合作。社会文化及其他领域的合作包括文明对话和文化交流、人权、科技、劳动、司法、环境、青年等。

【活动机制】以非机制化方式在多层次上开展活动。

首脑会议负责确定亚欧会议的指导原则和发展方向。隔年在亚洲和欧洲轮流举行。迄今已在泰国曼谷、英国伦敦、韩国汉城、丹麦哥本哈根、越南河内、芬兰赫尔辛基、中国北京、比利时布鲁塞尔举行过八届。第九届亚欧首脑会议将于2012年11月在老挝万象举办。第十届首脑会议将于2014年在比利时布鲁塞尔举行。

外长会议与首脑会议隔年举行。高官会每年不定期举行。外长会议和高官会负责对亚欧会议活动进行政策规划和整体协调，并筹备首脑会议。此外，还不定期举行经济、财政、文化、科技、环境、海关、检察、劳工和就业、中小企业等专业部长级会议，负责在各自领域落实首脑会议决定，制定合作规划和开展相关活动。亚欧双方各两个成员轮流担任协调员，负责协调本地区成员立场。

亚欧基金是亚欧会议框架下负责开展学术、文化和人员交流活动的常设机构，秘书处设在新加坡。

【2011年主要活动】4月至10月，亚欧会议先后举行三次高官会，主要讨论第十届亚欧外长会议和第九届亚欧首脑会议各项筹备工作。

6月6日至7日，第十届亚欧外长会议在匈牙利格德勒举行。各方就共同关心的国际和地区问题深入交换了意见，通过了《主席声明》。会议决定于2013年10月在印度举行第11届亚欧外长会议。

2011年还举行了第三届亚欧教育部长会议（丹麦哥本哈根）、第二届亚欧交通部长会议（中国成都）、第七届亚欧不同信仰间对话会议（菲律宾马尼拉）、第九届亚欧反恐会议（印度尼西亚日惹）、亚欧水资源研究与利用中心揭牌仪式暨亚欧水资源合作研讨会（中国长沙）、第九届亚欧海关署长会议（泰国华欣）、第十届亚欧移民局长会议（蒙古乌兰巴托）、第11次亚欧非正式人权研讨会（捷克布拉格）、第五次亚欧海关事务工作组会议（荷兰乌得勒支）、亚欧劳动和就业高官会（越南河内）、亚欧绿色增长论坛（越南河内）、亚欧生物能源标准统一与汽车应用技术研讨会（菲律宾马尼拉）、亚欧职业技术教育研讨会（中国青岛）、亚欧森林可持续管理应对气候变化高级研讨会（中国临安）等活动。

【中国与亚欧会议的关系】中国一贯重视并本着"积极参与、求同存异、扩大共识、加强合作"的方针参与亚欧会议各领域活动，提出一系列合理建议和建设性倡议，主办了多个专业领域的部长级会议，为巩固和发展亚欧新型全面伙伴关系发挥了重要作用。中国国务院总理出席了历届亚欧首脑会议，有针对性地阐述了中国立场和主张，倡导在相互尊重、平等互利基础上开展务实合作，为会议成功发挥了积极和建设性作用。中国于2008年10月在北京成功主办了第七届亚欧首脑会议，为进一步深化亚欧伙伴关系作出了重要贡献。

中国国务院副总理张德江出席了在四川成都举行的第二届亚欧交通部长会议开幕式并致辞，就扩大亚欧交通运输合作和促进亚欧交通运输事业发展提出以下建议：（一）推动建立亚欧交通基础设施网络体系；（二）推动建立亚欧便捷高效交通运输体系；（三）推动建立亚欧绿色交通运输体系；（四）推动建立亚欧交通安全应急保障体系。

中国外交部长杨洁篪率团出席了在匈牙利格德勒举行的第十届亚欧外长会议。这是亚欧会议第三轮扩员后首次外长会议。杨洁篪介绍了中方对合作应对非传统安全挑战的看法，并就朝鲜半岛、西亚北非局势、缅甸等国际和地区热点问题阐述中方立场。杨洁篪指出，随着新成员加入，亚欧会议的地位和影响进一步上升，亚欧合作大有可为，应从战略高度和长远角度推进亚欧合作。各方应加强沟通协调，全面提升亚欧战略合作水平；密切经贸往来，稳步提高亚欧贸易投资规模；深化交流互鉴，共同促进世界文化文明进步；改善工作方法，平稳推动亚欧合作健康发展。杨洁篪还介绍了中国落实第八届亚欧首脑会议各项倡议的进展情况。

2011年，中国积极参与了亚欧会议框架内各项重要活动，先后主办了亚欧职业技术教育研讨会、亚欧森林可持续管理应对气候变化高级研讨会、亚欧水资源研究与利用中心揭牌仪式和第二届亚欧交通部长会议。中国还积极出席亚欧基金历次董事会议，并参与基金开展的文化、教育交流合作等活动。　（金雷鸣）

八国集团首脑会议

G8 Summit—G8

八国集团首脑会议，简称“G8峰会”。

八国集团成员国包括美国、英国、法国、德国、意大利、加拿大、日本和俄罗斯。

第38届八国集团首脑会议于2012年5月18 ~ 19日在美国马里兰州戴维营举行。

俄罗斯总统普京以新上任公务繁忙为由没有出席会议，改由新任总理梅德韦杰夫参加。另外，出席八国峰会的领导人中间有多位“新人”引起了人们的关注，如法国总统奥朗德、意大利总理蒙蒂以及日本首相野田佳彦等，这些都反映了一年之间发达国家政经局势的急速变化。

由于欧债危机持续恶化，美欧金融市场剧烈动荡，新一轮危机阴影笼罩西方国家，使得经济问题重新成为了这次八国峰会的焦点。除了经济议题外，峰会还讨论了若干重大国际问题，如叙利亚问题、伊朗核问题、朝鲜半岛核问题、中东北非局势以及缅甸局势等。

本届峰会的口号是“共同行动”。

【峰会概况】八国集团领导人的第一场活动是18日晚的工作晚宴，讨论了伊朗核问题、叙利亚问题、朝鲜半岛核问题和缅甸变革等政治与安全议题。在两个小时的讨论中，伊朗核问题成为关注焦点。与会领导人同意伊朗必须采取行动以证明其核计划目的不是制造核武器。

根据日程安排，在次日的会议上，与会者重点讨论了目前正在不断恶化的欧债危机问题，一致表示，促进经济增长和创造就业是八国集团面临的迫切任务，希腊应留在欧元区之内，八国集团将采取所有必要的努力来重振经济增长并应对金融市场的压力。

为期两天的八国集团领导人会议于19日落下帷幕，在发表共有39项条款的《戴维营宣言》中指出，全球经济复苏出现积极迹象，但是依旧面临严峻挑战，欢迎欧洲关于如何在提振经济增长的同时推进结构性财政整顿的讨论。

宣言说，八国集团强调希腊应留在欧元区之内并遵守其承诺，强大且有凝聚力的欧元区对全球稳定和经济复苏至关重要，欢迎欧元区领导人通过具有可信度、及时的方式来解决欧债危机的决心，八国集团将采取所有必要的努力来重振经济增长并应对金融市场的压力。

宣言强调，各国政府应采取提振信心和推动增长的举措，这些举措包括在可持续、具有可信度且不加大通胀压力的环境下来提高生产率、经济增长和需求，但是各国应采取的正确经济政策不会完全相同。

宣言表示，强劲的国际贸易、投资和市场融合都是经济可持续、平衡增长的重要推动力，八国集团承诺反对贸易保护措施并保护投资，应通过双边和多边的努力来减少贸易和投资壁垒。

宣言指出，随着经济增长，通过传统能源和可再生能源等多种途径来满足能源供应具有重要性，通过可持续能源政策和低碳政策来应对全球气候变化也具有重要性。

八国集团还发表了另一份声明指出：在过去几个月，全球石油供应出现波动，给全球经济增长前景带来严峻挑战，八国集团正在紧密跟踪石油市场动态，并准备敦促国际能源署采取必要举措来保障市场充分供应。

本次八国集团峰会还启动了一项新计划，旨在保障非洲粮食安全，推动非洲农业生产。

现任非盟轮值主席国贝宁总统亚伊、埃塞俄比亚总理梅莱斯、加纳总统米尔斯和坦桑尼亚总统基奎特受邀出席了此次八国集团峰会，共同探讨了保证非洲粮食安全问题。

奥巴马呼吁发达国家履行此前对非洲援助的承诺。在2009年意大利拉奎拉举行的八国集团峰会上，有关国家曾经承诺在之后的3年内提供220亿美元用于农业和粮食援助。

峰会同意2013年在英国举办下届首脑会议。东道国英国表示要对峰会的内容和形式进行改革，改革的力度可能将出乎人们的预料。

【峰会浅析】八国峰会结束，与会国成员在会后签署了《戴维营宣言》，表示八国集团将共同应对来自全球经济和政治方面的挑战。尽管本次峰会提出的口号也是“共同行动”，但是，因为美国和欧洲在很多关键问题上分歧严重，使得本次八国峰会就很难取得实质性的成果。

这次普京总统不去出席，改由总理前往，美国一些舆论认为，这是普京在“冷落”美国，表明普京不想上任后首访美国，以及对峰会的不支持与“分歧”。

外界还注意到，最后发布的宣言中加入了这样的一句话：八国集团“承认各国应采取的正确经济政策不完全相同”。另外，美国是本次峰会的主办国，它把本国关注的问题带到了峰会当中。希望能在2012年连任的美国总统奥巴马把会议的一个重点，放在了确保美国经济增长方面，而对于援助欧洲则显得不太关心。

由于欧债危机日益恶化，欧元区有解体之虞，因而本届峰会全力讨论了如何拯救西方经济问题。但是，各成员国内部分歧严重，领导人之间争论激烈。

分歧的焦点集中于当前的首要经济对策，究竟是促进经济增长还是推动紧缩改革。法国总统奥朗德、意大利总理蒙蒂支持保增长，德国总理默克尔则要求促改革。

美国媒体普遍评论，因为与会国首脑心事重重，因此悲观情绪弥漫会场内外。而欧洲媒体认为，八国集团的作用和意义早就受到质疑，债务危机困扰下的八国集团更是早就失去了过去的魅力。

【同中国的关系】自2003年以来，中国领导人每年都出席八国集团峰会。但是，中国没有参加2010年、2011年、2012年的八国集团首脑会议。

（祝明义　新明）

附：有关历届八国集团首脑会议资料

届次	举行日期	主办国	主办国首脑	主办城市及备注
第1届	1975年11月15 ~ 17日	法国	瓦莱里·吉斯卡尔·德斯坦	朗布依埃
第2届	1976年11月27 ~ 28日	美国	杰拉尔德·福特	波多黎各圣胡安
	注：首次G7峰会			
第3届	1977年5月7 ~ 8日	英国	詹姆斯·卡拉汉	伦敦
第4届	1978年7月16 ~ 17日	西德	赫尔穆特·施密特	波恩
第5届	1979年6月28 ~ 29日	日本	大平正芳	东京
第6届	1980年6月22 ~ 23日	意大利	弗朗切斯科·科西加	威尼斯
第7届	1981年7月20 ~ 21日	加拿大	皮埃尔·特鲁多	魁北克省蒙特贝洛
第8届	1982年6月4 ~ 6日	法国	弗朗索瓦·密特朗	凡尔赛
第9届	1983年5月28 ~ 30日	美国	罗纳德·里根	弗吉尼亚州威廉斯堡
第10届	1984年6月7 ~ 9日	英国	玛格丽特·撒切尔	伦敦
第11届	1985年5月2 ~ 4日	西德	赫尔穆特·科尔	波恩
第12届	1986年5月4 ~ 6日	日本	中曾根康弘	东京
第13届	1987年6月8 ~ 10日	意大利	阿明托雷·范范尼	威尼斯
第14届	1988年6月19 ~ 21日	加拿大	布赖恩·马尔罗尼	多伦多
第15届	1989年7月14 ~ 16日	法国	弗朗索瓦·密特朗	巴黎
第16届	1990年7月9 ~ 11日	美国	乔治·H. W. 布什	得克萨斯州休斯敦
第17届	1991年7月15 ~ 17日	英国	约翰·梅杰	伦敦
第18届	1992年7月6 ~ 8日	德国	赫尔穆特·科尔	慕尼黑
第19届	1993年7月7 ~ 9日	日本	宫泽喜一	东京
第20届	1994年7月8 ~ 10日	意大利	西尔维奥·贝卢斯科尼	那不勒斯
第21届	1995年6月15 ~ 17日	加拿大	让·克雷蒂安	新斯科舍省哈利法克斯
非正式	1996年4月19 ~ 20日	俄罗斯	鲍里斯·叶利钦	莫斯科
	注：核子安全特别高峰会议			
第22届	1996年6月27 ~ 29日	法国	雅克·希拉克	里昂
第23届	1997年6月20 ~ 22日	美国	比尔·克林顿	科罗拉多州丹佛
第24届	1998年5月15 ~ 17日	英国	托尼·布莱尔	伯明翰
	注：首次G8峰会			
第25届	1999年6月18 ~ 20日	德国	格哈德·施罗德	科隆
第26届	2000年7月21 ~ 23日	日本	森喜朗	冲绳
第27届	2001年7月20 ~ 22日	意大利	西尔维奥·贝卢斯科尼	热那亚
第28届	2002年6月26 ~ 27日	加拿大	让·克雷蒂安	艾伯塔省卡尔加里

（续表）

届次	举行日期	主办国	主办国首脑	主办城市及备注
第29届	2003年6月2～3日	法国	雅克·希拉克	埃维昂莱班
第30届	2004年6月8～10日	美国	乔治·W. 布什	佐治亚州
第31届	2005年7月6～8日	英国	托尼·布莱尔	苏格兰格伦伊格尔斯
第32届	2006年7月15～17日	俄罗斯	弗拉基米尔·普京	圣彼得堡
第33届	2007年6月6～8日	德国	安格拉·默克尔	海利根达姆
第34届	2008年7月7～9日	日本	福田康夫	北海道札幌市洞爷湖町
第35届	2009年7月7～9日	意大利	贝卢斯科尼	阿布鲁佐大区首府拉奎拉
第36届	2010年6月25～26日	加拿大	斯蒂芬·哈珀	马斯科卡地区亨茨维尔
第37届	2011年5月26～27日	法国	萨科齐	海滨小城多维尔
第38届	2012年5月18～19日	美国	奥巴马	马里兰州戴维营

（祝明义　新明）

金砖国家领导人第四次会晤

BRICS Leaders Meeting

2012年3月29日金砖国家领导人第四次会晤在印度新德里举行，中国国家主席胡锦涛、巴西总统罗塞芙、俄罗斯总统梅德韦杰夫、印度总理辛格、南非总统祖马出席。

【会晤纪实】于当地时间上午10时举行会晤，印度总理辛格主持会议。

为了契合当前国际政治与经济形势，新德里峰会主题定为“金砖国家致力于稳定、安全和繁荣的伙伴关系”，重点探讨全球治理与可持续发展两大议题，并就金砖国家合作等问题深入交换意见。

胡锦涛在会上发表题为《加强互利合作共创美好未来》的重要讲话。

胡锦涛指出，金砖国家是新兴市场国家和发展中国家大家庭的重要组成部分，是维护世界和平、促进共同发展的积极力量。当前，金砖国家合作正处在新的起点，应该继往开来、开拓进取，迈向新的台阶。

胡锦涛就加强金砖国家合作提出4点建议：第一，坚持共同发展，促进共同繁荣。坚持办好自己的事情，保持经济增长、民生改善的良好势头，这本身就是对世界经济复苏和增长的重大贡献。第二，坚持平等协商，深化政治互信，充分照顾彼此重大利益和关切，成为国际上相互尊重、平等协商的典范，永远做好朋友、好伙伴。第三，坚持务实合作，夯实合作基础，努力使各领域合作发挥应有作用，巩固合作的经济、社会、民意基础，加强财政金融部门磋商和合作，打造品牌项目。第四，坚持国际合作，促进世界发展，推动全球经济治理改革，增加新兴市场国家和发展中国家代表性和发言权，推动南南合作、南北对话，加强在国际经济、金融、贸易、发展领域的沟通协调，加强在二十国集团、联合国等多边机制中的沟通协调，体现对多边主义的重视和支持。

辛格、罗塞芙、梅德韦杰夫、祖马分别发言，积极评价金砖国家合作取得的重要进展，一致认为，当前世界经济形势不容乐观，引发全球金融危机的深层次原因依然存在，欧洲主权债务危机仍在持续，给新兴市场国家和发展中国家带来严重风险和挑战。国际社会应该共同致力于推动世界经济尽快复苏和强劲、可持续、平衡增长。发达国家应该采取负责任政策，稳定本国货币和金融。金砖国家将努力促进本国经济增长，拉动内需，改善民生，扩大相互贸易和投资。

与会领导人还表示，应该以联合国为主渠道，推动全球治理，妥善应对各种全球性挑战。要发挥二十国集团的作用，继续推进全球经济治理改革，落实国际货币基金组织份额改革方案，推动建立公平、公正、包容、有序的国际金融体系，深化金砖国家在金融、能源和粮食安全、环境保护、气候变化、联合国千年发展目标等领域合作，加强在重大国际和地区问题上的协调和配合，推动以和平对话方式解决巴以、叙利亚、伊朗核等热点问题，推动国际关系民主化，维护世界和平稳定。

会前，胡锦涛主席同南非总统祖马在首尔核安全峰会期间举行了双边会见。在赴新德里出席金砖国家领导人第四次会晤前夕，3月28日接受了《巴西商报》、《俄罗斯报》、《印度教徒报》、《人民日报》、南非《商业日报》等金砖国家媒体的联合书面采访，就金砖国家领导人第四次会晤、新兴市场国家和发展中国家实力增强对世界格局的影响、金砖国家在全球治理中的作用、金砖国家间务实合作、中国同其他金砖国家关系等回答了提问。与会期间，胡锦涛主席分别同俄罗斯总统梅德韦杰夫、印度总理辛格、巴西总统罗塞芙

举行会见会谈，就双边关系和共同关心的国际和地区问题交换了看法。

【会晤成果】此次会晤再次体现了金砖国家同舟共济的合作伙伴精神，对外释放了金砖国家团结、合作、共赢的积极信号，推动金砖国家合作进程取得重要进展，会议取得了成功。

首先，会晤在推动全球经济治理方面达成共识；其次，会晤在推动解决全球发展问题方面取得重要成果；第三，会晤在深化金砖国家各领域务实合作方面取得新进展；第四，会晤在共同关心的重大国际和地区热点问题上达成重要共识。

此次会晤明确提出，金砖国家将在开放、团结、互谅互信基础上深化共同发展的伙伴关系。这是金砖国家下一步开展合作重要指导原则。

会晤再次表明，金砖国家合作符合和平、发展、合作的时代潮流，有利于世界经济更加平衡、国际关系更加合理、全球治理更加有效、世界和平更加持久；金砖国家合作将继续向更高水平发展，继续在带动全球经济增长、完善全球经济治理、加强多边主义和国际关系民主化方面发挥建设性作用，并对金砖国家发展和金砖国家合作充满信心。各国领导人就全球治理、可持续发展、金砖国家合作及共同关心的国际和地区问题交换了看法，达成重要共识，会后发表了《德里宣言》和行动计划。

会晤规划了下阶段合作，宣布下次会晤2013年在南非举行。

【会晤评析】此次会晤是在国际形势继续发生深刻复杂变化、世界经济复苏面临不确定性因素、新兴市场国家和发展中国家在国际事务中的地位和作用不断上升的背景下举行的。作为世界五大新兴经济体，金砖国家领导人在此背景下相聚一处，协调立场，寻求共识，对世界繁荣与稳定具有重要意义。

随着金砖国家在国际事务中的作用不断上升，这些国家彼此合作要求也在不断增加。因而，金砖国家近年来就逐步形成了包括领导人会晤、安全事务高级代表会议、外长会晤、专业部长会晤、协调人会议、常驻多边机构使节不定期沟通以及各领域务实合作在内的多层次合作机制。

中国是金砖国家合作的积极参与者，始终把同其他金砖国家的合作作为外交政策的重点之一。

上届峰会以来，金砖国家的成长环境似有恶化倾向。世界范围内有两大重灾区：一是动荡难平的叙利亚正处于关键时期，二是背负重债的西方诸国正濒临新一轮债务危机。而后者对金砖国家的影响尤为深重。

但是，金砖国家并没有停止改写世界经济格局的脚步。2011年，除南非外，其余四个金砖国家均跻身世界GDP总量前十名，五国对世界经济增长的贡献也已超过50%。但必须看到，所有金砖国家的人均GDP均远远低于西方发达经济体，按照世界银行划分各国贫富的标准，金砖国家均属于中等收入国家。

广大发展中国家希望金砖五国能作为其代言人，在南北对话的平台上发出统一的声音。虽然，金砖国家的合作并非一片坦途——由于文化背景、地理位置、发展程度、现实环境的不同，五国对于不少国际问题的一致性仍有欠缺；而且与发达国家相比，五国参与国际事务的经验还不够丰富，参与国际事务的意愿仍待增强；此外，西方国家也难免会因担心自身整体实力的急速下降，而想制造矛盾话题，挑拨分化金砖五国。

但是，随着金砖国家经济实力的持续增长和彼此合作的不断深化，这五个各具产业优势、同处成长阶段的新兴经济体，将在实现各自利益的同时，推动国际关系走向民主化。

展望未来，尽管金砖国家国情各不相同，在进一步深化合作时难免会遇到挑战。但总体看，随着经济实力的整体提升，金砖国家未来合作空间必将更加广阔。正如胡锦涛主席在会前接受金砖国家媒体联合书面采访中所说："金砖国家合作基础牢固，潜力巨大，前景广阔。""只要各成员国继续遵循开放、团结、互助的原则，共同作出努力，金砖国家各领域务实合作一定能不断取得进展，造福各国人民。"

2012年6月，金砖国家五国领导人在二十国集团洛斯卡沃斯峰会前进行了简短会晤。（祝明义　新明）

附：有关历次金砖国家领导人会晤资料

历次	举行日期	主办国	主办国首脑	主办城市及备注
第一次	2009.6.16	俄罗斯	总统梅德韦杰夫	叶卡捷琳堡
第二次	2010.4.15	巴西	总统卢拉	巴西利亚
第三次	2011.4.14	中国	主席胡锦涛	三亚市
第四次	2012.3.29	印度	总理辛格	新德里

伊比利亚美洲首脑会议

Cumbre Iberoamericana

【召开经过】为纪念哥伦布“发现”美洲新大陆500周年，西班牙国王胡安·卡洛斯一世倡议召开伊比利亚美洲（简称“伊美”）首脑会议，拉美西、葡语国家和葡萄牙给予热烈响应和支持。在西班牙赞助和墨西哥积极组织下，首届首脑会议于1991年在墨西哥举行。此后每年召开一届首脑会议，截至2012年已举行22届。2003年，第13届首脑会议决定在西班牙首都马德里设立常设秘书处。

【宗旨】建设互信的多边交流论坛，使各国在其框架内分享经验、协调立场，共同建设和平、民主、人权、经济和社会可持续发展的伊美社会。

【成员国】由拉美19国和伊比利亚半岛3国组成：阿根廷、巴拉圭、巴拿马、巴西、秘鲁、玻利维亚、多米尼加、厄瓜多尔、哥伦比亚、哥斯达黎加、古巴、洪都拉斯、墨西哥、尼加拉瓜、萨尔瓦多、危地马拉、委内瑞拉、乌拉圭、智利以及西班牙、葡萄牙和安道尔。

【主要负责人】秘书长恩里克·伊格莱西亚斯（Enrique V. Iglesias，乌拉圭人），2005年10月1日任职。

【总部】常设秘书处设在西班牙马德里。每年由首脑会议主办国设立临时秘书处。网址：http://www.segib.org。

【组织机构】（1）首脑会议：每年举行一次，由成员国元首或政府首脑参加。（2）外长会议：每年首脑会议前举行，协商首脑会议相关事宜。（3）部长会议：不定期举行，由成员国各部长及伊美合作项目高级负责人参加。

【历次峰会时间和地点】前21届峰会分别在墨西哥（1991）、西班牙（1992）、巴西（1993）、哥伦比亚（1994）、阿根廷（1995）、智利（1996）、委内瑞拉（1997）、葡萄牙（1998）、古巴（1999）、巴拿马（2000）、秘鲁（2001）、多米尼加（2002）、玻利维亚（2003）、哥斯达黎加（2004）、西班牙（2005）、乌拉圭（2006）、智利（2007）、萨尔瓦多（2008）、葡萄牙（2009）、阿根廷（2010）、巴拉圭（2011）举行。第22届峰会于2012年11月在西班牙举行。

【近年主要活动】2009年11月，第19届伊美首脑会议在葡萄牙埃斯托里举行，峰会以“创新与知识”为主题，就气候变化等问题展开深入讨论，发表《里斯本宣言》、《里斯本行动计划》及《洪都拉斯局势特别公报》。

2010年12月，第20届伊美首脑会议在阿根廷马德普拉塔举行，主题为“教育推动社会包容”，21个成员国元首或其代表出席。会议通过了《马德普拉塔宣言》，重申反对美国对古巴的封锁，支持阿根廷在马岛问题上的立场；各方签署了“2021年教育目标行动计划”，承诺增加教育投入，促进社会公正；发表了捍卫民主和宪政宣言，承诺采取集体行动抵制本地区政变行为。此外，峰会还就共同应对金融危机、气候变化、恐怖主义和有组织犯罪等进行了讨论。

2011年10月，第21届伊美首脑会议在巴拉圭亚松森举行，主题为“转换国家角色和发展模式”，22个成员国元首、政府首脑和高级代表与会。会议发表《亚松森宣言》，要求与会各国加强公共管理、推动经济可持续发展、促进社会公平与公正；要求美国履行联大决议，停止对古巴封锁；呼吁英国和阿根廷尽快通过谈判解决马岛问题。2012年11月，第22届伊美首脑会议在西班牙加迪斯举行，主题为“《加迪斯宪法》诞生两百周年之际的全新关系”，22个成员国元首、政府首脑和高级代表与会。（薛远）

博鳌亚洲论坛

Boao Forum for Asia

【成立经过】博鳌亚洲论坛由菲律宾前总统拉莫斯、澳大利亚前总理霍克和日本前首相细川护熙发起，于2001年2月27日在中国海南省博鳌正式成立，成立大会通过了《博鳌亚洲论坛宣言》。同年8月，论坛在中国民政部注册成立，并在北京举办了北京办事处成立暨会员招募启动仪式。

【性质和宗旨】论坛属非官方国际会议组织，旨在进一步促进亚洲各国之间以及亚洲与世界其他地区之间的相互了解与互利合作。

【会员】论坛共有171名会员（截至2012年6月），其中包括8名荣誉会员、41名发起会员（由23个论坛发起国选派的前政要、知名人士和非营利机构组成）、37名钻石（基础）会员、14名白金会员和71名普通会员。

【主要组织机构与负责人】会员大会为最高决策机构，理事会为最高执行机构，秘书处为常设执行机构。现任理事长为日本前首相福田康夫，副理事长为中国国务院前副总理曾培炎，秘书长为中国前驻美国大使周文重。

【总部与秘书处】论坛定址于中国海南省琼海市博鳌镇。总部地址：海南省琼海市博鳌金海岸大道1号。邮编：571434。电话：86-898-62778703；传真：62778702。电子邮件：bfa@boaoforum.org。网址：http://www.boaoforum.org。秘书处地址：北京市朝阳区建国门外大街1号，国贸大厦2210室。邮编：100004。电话：010-65057377；传真：65051833。

【主要活动】论坛每年举办一次年会。首届年会于2002年4月12～13日举行，主题为“新世纪、新挑战、新亚洲—亚洲经济合作与发展”。第二届年会于2003年11月2～3日举行，主题为“亚洲寻求共赢：合作促进发展”。第三届年会于2004年4月24～25日举行，主题为“亚洲寻求共赢：一个向世界开放的亚洲”。第四届年会于2005年4月23～24日举行，主题为“亚洲寻求共赢：亚洲的新角色”。第五届年会于2006年4月21～23日举行，主题为“亚洲寻求共赢：亚洲的新机会”。第六届年会于2007年4月20～22日举行，主题为“亚洲制胜全球经济：创新和可持续发展”。第七届年会于2008年4月11～13日举行，主题为“绿色亚洲：在变革中实现共赢”。第八届年会于2009年4月17～19日举行，主题为“经济危机和亚洲：挑战与展望”。第九届年会于2010年4月9～11日举行，主题为“绿色复苏：亚洲可持续发展的现实选择”。第十届年会于2011年4月14～16日举行，主题为“包容性发展：共同议程与全新挑战”。第11届年会于2012年4月1～3日举行，主题为“变革世界中的亚洲：迈向健康和可持续发展”。

2011年，论坛还举办了一系列活动和会议。7月11～12日，在澳大利亚珀斯举行能源、资源与可持续发展会议（Energy，Resources & Sustainable Development Conference）。8月27～28日，论坛研究院与中国国家林业局、黑龙江省人民政府共同举办第二届东北亚生态（伊春）论坛。9月15日，论坛与香港精英会（The Y. Elites Association）在香港共同主办“2011博鳌青年论坛（香港）”[2011 Boao Youth Forum（Hong Kong）]。11月4～6日，在青岛举行国际能源资源青岛圆桌会议[Global Energy & Resources Roundtable（Qingdao）]。11月22～24日，在法国巴黎举办论坛2011国际资本会议（International Capital Conference 2011）。

【同中国的关系】作为论坛的东道国，中国积极支持论坛发展壮大。中央政府和海南省政府对论坛历次年会均给予了大力支持。国家主席江泽民、国务院总理朱镕基、国务院总理温家宝、国家主席胡锦涛、全国政协主席贾庆林、国家副主席曾庆红、全国人大常委会委员长吴邦国、国家副主席习近平、国务院副总理李克强分别出席了论坛成立大会和2002年、2003年、2004年、2005年、2006年、2007年、2008年、2009年、2010年、2011年、2012年年会。（王军垒）

中日韩合作

Trilateral Cooperation among the People's Republic of China，the Republic of Korea and Japan

【成立经过】1999年11月，时任中国国务院总理朱镕基、日本首相小渊惠三、韩国总统金大中在菲律宾出席东盟与中日韩（10+3）领导人会议期间，举行早餐会，启动了三方在10+3框架内的合作。2000年，三方领导人在第二次早餐会上决定在10+3框架内定期举行会晤。

【成员】中国、日本、韩国。

【协调国】三国按中、韩、日顺序轮流担任三国合作协调国。2012年协调国是中国。2013年协调国是韩国。

【网址】中日韩三国合作秘书处官方网站为：http://www.tcs-asia.org。

【主要活动】（一）领导人会议。自1999年起，中日韩三国领导人原则上每年在出席10+3等领导人系列会议期间举行会晤。中国国务院总理出席了历次会晤。2003年，温家宝总理出席第五次领导人会晤，与日韩领导人共同签署并发表了《中日韩推进三国合作联合宣言》，这是三国领导人首次就三国合作发表共同文件，初步明确了三国合作的原则和领域，并决定成立三方委员会总体协调三国合作，标志着三国合作进入新阶段。2004年，第六次领导人会晤通过《中日韩三国合作行动战略》，为全面推进各领域合作作出了具体规划。2005年，第七次领导人会晤因日本前首相小泉纯一郎坚持参拜靖国神社而被迫推迟。2007年1月，第七次中日韩领导人会晤在菲律宾宿务恢复举行，会议发表《联合新闻声明》，向外界传递了三国致力于互信、友好与合作的政治意愿。11月，第八次中日韩领导人会晤在新加坡举行，确定了三国合作的一系列具体项目，原则上同意在三国不定期轮流召开三国领导人会议。

2008年12月13日，首次10+3框架外的中日韩领导人会议在日本福冈举行。三国领导人签署的《三国伙伴关系联合声明》指出，三国合作的原则是公开透明、互信共利、尊重差异，目标是建立面向未来、全方位合作的伙伴关系，致力于本地区的和平、繁荣与可持续发展。会议还通过了《国际金融和经济问题的联合声明》、《三国灾害管理联合声明》和《推动中日韩三国合作行动计划》。

2009年4月，在泰国东亚领导人系列会议期间，温家宝总理主持了中日韩领导人简短会晤。10月10日，第二次中日韩领导人会议在北京举行，温家宝总理主持了会议。三国领导人回顾了三国合作历程，总结了三国合作经验，指明了未来发展方向。会议发表的《中日韩合作十周年联合声明》指出，相互尊重、平等互利、开放透明、尊重彼此文化差异是三国合作的基础和保障，也是三国合作应该遵循的原则。三国将秉承正视历史、面向未来的精神，推动三国关系朝着睦邻互信、全面合作、互惠互利、共同发展的方向前进。会议还通过了《中日韩可持续发展联合声明》，就三国在环境、循环经济、科技与新能源、农林水利、气候变化等领域的合作作出规划。

2010年5月29～30日，第三次中日韩领导人会议在韩国济州岛举行，就未来10年三国合作进行了规划，发表了《2020中日韩合作展望》、《中日韩加强科技与创新合作联合声明》和《中日韩标准化合作联合声明》，同意继续深化三国经贸财金合作，推动可持续发展，加强社会人文交流，保持在国际与地区问题上的沟通与协调。10月29日，温家宝总理在越南河内东亚领导人系列会议期间再次出席了中日韩领导人会晤。三国领导人对三国合作的进展表示满意，强调应从战略视角审视和把握三国合作，同意深化三国在5大领域的40多项重点合作内容，包括：机制化与提升三国伙伴关系、可持续经济合作、环保合作、人文交流等。

2011年5月21～22日，第四次中日韩领导人会议在日本东京举行。会议发表了领导人宣言以及灾害管理、核安全、可再生能源和能效合作三个文件。三国领导人同意年内结束三国自贸区联合研究并即采取后续步骤，尽早就三国投资协定谈判达成实质性共识。温家宝总理在印度尼西亚巴厘岛东亚领导人系列会议期间出席了中日韩领导人会晤。

2012年5月13～14日，第五次中日韩领导人会议在北京举行。会议发表了《关于提升全方位合作伙伴关系的联合宣言》、《关于加强农业合作的联合声明》和《关于森林可持续经营、荒漠化防治和野生动物保护合作的联合声明》。三方宣布将于年内启动三国自贸协定谈判，并于会后签署了《中日韩关于促进、便利和保护投资的协定》。三方就拓展经贸投资、财金、环保、教育、农业林业、社会文化等领域务实合作进行了深入探讨。

（二）三方委员会。自1999年起，中日韩三国外长在东盟系列外长会议期间举行午餐会。随着三国合作范围不断扩大，2003年发表的《中日韩推进三国合作联合宣言》提出，应成立由三国外长牵头的三方委员会，负责研究、规划、协调和监督三国合作，每年向领导人会议提交进展报告。2004年6月，三方委员会首次会议在中国青岛举行，会议讨论并通过三方委员会职责范围（TOR），明确了三方委员会的职能、原则及运作方式。三方委员会迄今已举行五次会议（2004年6月于中国青岛，2004年11月于老挝万象，2005年5月于日本京都，2007年1月于菲律宾宿务，2007年11月于新加坡），通过了三份《中日韩合作进展报告》。自2008年起，三方委员会未再举行会议。

（三）外长会议。外长会议机制于2007年建立，主要就三国合作进展与未来规划、当年领导人会议筹备工作以及共同关心的地区和国际重大问题交换意见，迄今已举行6次。为筹备三国外长会议和领导人会议，三国于2007年启动外交高官磋商，迄今已举行7次。

（四）具体领域合作。2002年，三国领导人会晤将经贸、信息产业、环保、人力资源开发、文化确定为5大重点合作领域，2007年第七次三国领导人会晤将财金、科技、物流、卫生、旅游、青少年交流6个领域列入重点合作领域。截至2012年4月，三国已经建立外交、科技、信息通信、财政、人力资源、环保、运输及物流、经贸、文化、卫生、央行、海关、知识产权、旅游、地震、灾害管理、水资源、农业等18个部长级会议机制和50多个工作层交流合作平台。

（五）机制化建设。2009年10月，由韩国总统李明博提议，第二次中日韩领导人会议决定筹建中日韩三国合作秘书处。2010年5月，三国外长签署了《中日韩三国政府关于建立三国合作秘书处的备忘录》，同意2011年在韩国建成秘书处。2010年12月，三国在韩国首尔签署了《关于建立三国合作秘书处的协议》，并开始启动秘书处筹建工作。2011年9月1日，三国合作秘书处在韩国首尔开始运行。秘书处旨在为三国务实合作、友好交流提供支持，主要职能包括为三国领导人会议、外长会议、各领域部长级会议等磋商机制提供行政和技术支持，同三方及其他国际组织沟通协调，探讨并确定可行的三国合作项目，评估合作项目并起草年度进展报告，研究三国合作重要课题及管理秘书处网站等。申凤吉（Shin Bong-kil，韩国）担任秘书处首任秘书长，毛宁（Mao Ning，中国）和松川瑠衣（Matuskawa Rui，日本）担任首任副秘书长。

（佟曌）

东盟地区论坛

ASEAN Regional Forum-ARF

【成立】冷战结束，两极格局解体后，亚太国家普遍认为有必要开展多边安全对话。1992年初东盟首脑会议就加强地区政治、安全对话达成共识。1993年7月，第26届东盟外长会议在新加坡举行。会议特别安排了东盟6个成员国、7个对话伙伴国、3个观察员国和2个来宾国外长参加“非正式晚宴”。各国外长同意于1994年在曼谷召开东盟地区论坛（ARF），就地区政治安全问题进行非正式磋商。1994年7月25日，ARF首次会议在曼谷召开。ARF是目前亚太地区最主要的官方多边安全对话与合作渠道，自成立以来，已经举行了18次外长会议。

【成员】目前共有27个成员：文莱、柬埔寨、印度尼西亚、老挝、马来西亚、缅甸、菲律宾、新加坡、泰国、越南、中国、日本、韩国、朝鲜、蒙古、印度、巴基斯坦、孟加拉国、斯里兰卡、俄罗斯、美国、加拿大、澳大利亚、新西兰、巴布亚新几内亚、东帝汶和欧盟。

【网址】http：//www.aseanregionalforum.org。

【主要活动】每年轮流在东盟主席国举行外长会议。前19届外长会议分别在泰国（1994）、文莱（1995）、印度尼西亚（1996）、马来西亚（1997）、菲律宾（1998）、新加坡（1999）、泰国（2000）、越南（2001）、文莱（2002）、柬埔寨（2003）、印尼（2004）、老挝（2005）、马来西亚（2006）、菲律宾（2007）、新加坡（2008）、泰国（2009）、越南（2010）、印尼（2011）和柬埔寨（2012）举行。此外，ARF每年还举行一次高官会、两次建立信任措施与预防性外交会间辅助小组会议、四次会间会（救灾会间会、反恐与打击跨国犯罪会间会、海上安全会间会和防扩散与裁军会间会）、一次安全政策会议和四次国防官员对话会。2012年起，国防官员对话会改为每年三次。

ARF进程分为建立信任措施、开展预防性外交和探讨解决冲突的方式三个阶段。目前，ARF正处于由建立信任措施向预防性外交阶段过渡的时期。截至2011/2012年度，ARF已经实施了100多个建立信任措施项目。

2011年7月，ARF第18届外长会在印尼举行，会议审议并通过了《ARF预防性外交工作计划》、《ARF海上安全工作计划》、《ARF反恐与打击跨国犯罪工作计划（2011—2012）》等文件。

外交部长杨洁篪出席了ARF第18届外长会。杨洁篪外长在讲话中指出，过去几十年来，亚太地区总体保持和平、稳定局面，地区经济持续高速增长，充满活力，已成为全球经济增长的重要引擎。区域合作蓬勃发展，东盟、中国与东盟自由贸易区（10+1）、东盟与中日韩（10+3）、中日韩、东亚峰会、ARF、亚太经合组织（APEC）等各种机制日益完善，协调并进。本地区经济持续增长得益于亚太几十年来相对和平与稳定的大环境，各国都从中受益。亚太地区的和平与稳定来之不易，是有关各方共同努力的结果，须予倍加珍惜。不可否认，亚太地区也存在不稳定因素，包括历史遗留的领土争端、传统和非传统安全威胁等，但通过对话谈判解决分歧，通过合作应对共同挑战，是本地区国家的共识。维护亚太地区的良好局面符合各方利益，也是各方的责任。亚太地区当前最重要的议程仍是发展经济、改善民生。我们必须始终把维护地区和平稳定作为出发点，实践新安全观，相互信任而不是彼此猜疑，相互合作而不是彼此对抗，尊重和照顾彼此安全关切，以和平方式解决国家间争端，共同维护亚太地区的和平稳定。过去三十多年来，中国为亚太地区的和平、稳定与发展作出了重要贡献。中国将坚持走和平发展道路，奉行互利共赢的开放战略，坚持与邻为善、以邻为伴的睦邻友好政策，在和平共处五项原则基础上与所有亚太国家开展友好合作，共同营造和平稳定、平等互信、合作共赢的地区环境。会上，杨洁篪外长还就朝鲜半岛局势、缅甸问题和南海问题阐述了中方看法及主张。

2月23～25日，中国与美国、新加坡在美国共同举办了ARF第三届防扩散与裁军会间会。

2011年，ARF还举办了高官会、建立信任措施与预防性外交会间辅助小组会议、安全政策会议、国防官员对话会、第三届海上安全会间会、第九届反恐与打击跨国犯罪会间会、第二次救灾演习、第五届专家名人会等活动，中国均派团参加。（谈天）

东盟与中日韩（10＋3）合作

【启动日期】1997年12月，首次东盟与中日韩（最初为9+3，柬埔寨加入东盟后称10+3）领导人非正式会议在马来西亚吉隆坡举行，10+3合作进程由此启动。

【成员】13国：东盟10国（文莱、柬埔寨、印度尼西亚、老挝、马来西亚、缅甸、菲律宾、新加坡、泰国、越南）、中国、日本、韩国。

【主要机制】10+3合作以每年一度的领导人会议（1～3届为非正式会议）为核心。第一次10+3领导人会议于1997年12月在马来西亚举行，江泽民主席出席。胡锦涛副主席出席了第二次会议，朱镕基总理出席了第三至第六次会议，温家宝总理出席了第七至第十四次会议。10+3框架下已建立外交、财政、经济、劳动、农林、旅游、环境、卫生、打击跨国犯罪、文化、能源、信息通信、社会福利与发展、科技、青年、新闻及教育等17个部长级会议机制。

【主要活动】1999年11月，第三次10+3领导人非正式会议发表了《东亚合作联合声明》，将经济、货币与金融、社会及人力资源开发、科技发展、发展合作、文化和信息、政治安全、跨国问题确定为东亚合作的重点领域。

2002年11月，第六次10+3领导人会议通过了《东亚研究小组最终报告》，就推动东亚合作提出一系列短期和中长期政策措施。

2004年11月，第八次10+3领导人会议将东亚共同体确定为10+3合作的长远目标，同意2005年在马来西亚召开首届东亚峰会。

2005年12月，第九次10+3领导人会议签署并发表了《关于东盟与中日韩领导人会议的吉隆坡宣言》，重申将进一步巩固和推进10+3各领域合作。

2007年1月，第十次10+3领导人会议重申将继续以10+3为主渠道实现东亚共同体这一长远目标，支持于10+3十周年之际发表第二份《东亚合作联合声明》，为10+3未来合作作出战略规划。

2007年11月，第11次10+3领导人会议发表了第二份《东亚合作联合声明》及《2007～2017年东盟与中日韩合作工作计划》，重申了10+3主渠道地位和东盟的主导作用以及相互尊重、平等相待、协商一致、开放包容等原则，确定了东亚合作的发展方向和目标，并就政治安全、经济金融、社会文化、能源环境等领域合作作出规划和部署。

2008年10月，出席第七届亚欧首脑会议的东盟10国和中国、日本、韩国领导人在北京举行早餐会，就国际金融危机及其对东亚地区的影响等问题交换看法。温家宝总理主持早餐会，阐述了中方对国际金融危机的看法和主张，介绍了中国经济发展情况。

2009年10月24日，第12次10+3领导人会议在泰国华欣举行。会议重点回顾了10+3合作进展，讨论了未来发展方向，并就气候变化、灾害管理、粮食和能源安全、公共卫生、经济和金融以及教育合作展开讨论。会议还就地区和国际问题交换了看法。会议发表了《10+3粮食安全和生物能源开发合作华欣声明》。同年6月，10+3国家还发表了《东盟与中日韩合作应对全球经济和金融危机联合新闻声明》。

2010年10月29日，第13次10+3领导人会议在越南河内举行。会议重点回顾了10+3合作进展，展望了未来发展方向，并就共同关心的国际和地区问题交换了看法。

2011年11月18日，第14次10+3领导人会议在印尼巴厘岛举行。会议重点回顾了10+3合作进展，讨论了未来发展方向，就进一步促进财金、经贸、粮食安全、互联互通和灾害管理等合作以及共同关心的国际和地区问题交换了看法。与会领导人普遍认为，10＋3是东亚合作最具活力的机制，各方应认真落实业已达成的共识，加强务实合作，促进可持续发展，造福本地区人民。（蔡菲菲）

东亚峰会

East Asia Summit

【启动日期】2005年12月，首届东亚峰会在马来西亚吉隆坡举行，东亚峰会由此启动。

【成员】现有18个参与国，即东盟10国（文莱、柬埔寨、印度尼西亚、老挝、马来西亚、缅甸、菲律宾、新加坡、泰国、越南）、中国、日本、韩国、印度、澳大利亚、新西兰、美国、俄罗斯。

【主要机制】东亚峰会是年度领导人会议机制，由当年的东盟轮值主席国主办和主持，迄今已举行六届。峰会是“领导人引领”的战略论坛，未正式设立各领域和各层级支撑机制，但每年均定期举行外长及高官会晤，并初步形成经贸、能源、环境、教育部长的定期会晤机制。

【主要活动】首届东亚峰会于2005年12月14日在马来西亚吉隆坡举行，领导人就经贸、金融、能源及跨国问题交换了意见，提出17项具体领域合作倡议。会议发表了《关于东亚峰会的吉隆坡宣言》和《关于预防、控制和应对禽流感的东亚峰会宣言》。

第二届东亚峰会于2007年1月15日在菲律宾宿务举行，领导人主要讨论了峰会初步确定的五大重点合作领域（能源、金融、教育、禽流感和减灾），就峰会未来发展交换了意见。会议发表了《东亚能源安全宿务宣言》。

第三届东亚峰会于2007年11月21日在新加坡举行，领导人主要讨论了能源、环境、气候变化和可持续发展问题，就东亚峰会未来发展交换了看法。会议发表了《气候变化、能源和环境新加坡宣言》。

第四届东亚峰会于2009年10月25日在泰国华欣举行，领导人讨论了峰会五大重点合作领域，就推动地区合作及共同关心的国际和地区问题交换了意见。会议发表了《东亚峰会灾害管理华欣声明》。

第五届东亚峰会于2010年10月30日在越南河内举行，领导人主要讨论了东亚峰会合作进展和未来发展方向，就共同关心的国际和地区问题交换了意见。会议决定接纳俄罗斯、美国加入东亚峰会，于2011年正式参加峰会活动。会议发表了《东亚峰会成立五周年纪念河内宣言》。

第六届东亚峰会于2011年11月19日在印尼巴厘岛举行。领导人主要讨论了东亚峰会未来发展、重点领域合作，就应对国际金融危机、地区和国际问题交换意见。会议发表了《东亚峰会互利关系原则宣言》和《东亚峰会关于东盟互联互通的宣言》。

温家宝总理出席了历届东亚峰会，与各方就增进睦邻友好、深化区域合作深入交换了意见。（夏少杰）

东亚—拉美合作论坛

Forum for East Asia and Latin America Cooperation—FEALAC

【成立经过】1998年10月，新加坡与智利倡议建立东亚—拉美论坛，以促进两区域交往。1999年9月，论坛成立大会暨首次高官会在新加坡召开，会议暂定论坛名为东亚—拉美论坛。2001年3月，论坛首届外长会决定将论坛正式定名为东亚—拉美合作论坛（FEALAC）。

【宗旨】论坛是目前唯一跨东亚和拉美两区域的官方多边合作论坛，旨在增进两区域之间的了解，促进政治、经济对话及各领域合作，推动东亚和拉美国家之间建立更为密切的关系。

【成员】36个（截至2012年6月）：中国、日本、韩国、蒙古、新加坡、印度尼西亚、马来西亚、泰国、菲律宾、文莱、越南、老挝、柬埔寨、缅甸、阿根廷、巴西、智利、哥伦比亚、委内瑞拉、玻利维亚、巴拿马、巴拉圭、秘鲁、乌拉圭、厄瓜多尔、墨西哥、哥斯达黎加、萨尔瓦多、古巴、尼加拉瓜、危地马拉、多米尼加、苏里南、洪都拉斯、澳大利亚和新西兰。

【网址】http：//www.fealac.org。

【主要机制】论坛每两到三年召开一届外长会，每年召开一次高官会，会议在亚拉地区轮流举办。论坛在东亚、拉美各指定一协调国，负责协调、承办论坛各级别会议，每届外长会改选一次。智利和新加坡、菲律宾和哥伦比亚、巴西和韩国、日本和阿根廷、印度尼西亚和阿根廷先后出任协调国，现任协调国为印度尼西亚和哥伦比亚。论坛下设政治/文化/教育/体育、经社和科技三个工作组，其中经社组下还设旅游次工作组，原则上每年各举行一次会议。工作组主席分别由两区域各一个国家共同担任，任期同协调国。

2010年1月，论坛第四届外长会通过决议，设立论坛协调委员会，由两个协调国、两个副协调国、三个工作组的主席国以及论坛网络秘书处主办国韩国组成，负责协调论坛事务、推动落实外长会有关决议。

此外，论坛还设前瞻小组和网络秘书处。2012年3月，前瞻小组首次会议及网络秘书处成立一周年研讨会在韩国首尔召开。

【主要会议和成果】论坛迄今已召开五届外长会。2001年3月，首届外长会在智利首都圣地亚哥举行，通过论坛《框架文件》，规定了论坛宗旨、目标和运作方式，并将论坛正式定名为东亚—拉美合作论坛。会议决定论坛下设政治/文化、经济/社会、教育/科技三个工作组。会议接纳哥斯达黎加、萨尔瓦多和古巴三个新成员。

2004年1月，论坛第二届外长会在菲律宾首都马尼拉举行，通过《马尼拉行动计划》，决定将原有三个工作组调整为政治/文化/教育、经社和科技工作组。会议吸收尼加拉瓜和危地马拉两国为新成员。

2007年8月，论坛第三届外长会在巴西利亚举行，通过《巴西利亚部长宣言及行动纲要》，确认贸易和投资为论坛的合作重点，决定在经社工作组内成立旅游小组。会议接纳多米尼加为新成员国。

2010年1月，论坛第四届外长会在东京举行，通过《东京宣言》。为进一步提高论坛工作效率，会议通过三项举措，一是成立协调委员会；二是设立论坛网络秘书处；三是决定今后工作组会议原则上与高官会在同一地点连续举行。会议一致同意吸收蒙古为新成员。

2011年8月，论坛第五届外长会在布宜诺斯艾利斯举行，通过《布宜诺斯艾利斯宣言》。会议决定成立“前瞻小组”，吸收苏里南和洪都拉斯为新成员。

【同中国的关系】中国积极参与论坛的各项活动，提出并举办了多个合作项目。中国举办的主要项目有：拉美和加勒比国家青年外交官培训班和高级外交官访华团、中拉智库交流论坛、东亚—拉美大学校长论坛、南方共同市场国家经济管理官员研修班、中拉贸易与相互投资研讨班、安第斯共同体“中国经济增长模式研修班”、拉美公务员培训班、农产品加工技术培训班、沼气技术培训班等。

唐家璇外长、王毅副外长、李金章副外长、杨洁篪外长、张昆生部长助理分别出席论坛前五届外长会。此外，中国还出席了历次高官会。（夏少杰）

亚洲合作对话

Asia Cooperation Dialogue—ACD

【成立】2002年6月，亚洲合作对话（ACD）第一次外长非正式会议在泰国举行，ACD机制启动。

【成员】31国（截至2012年6月）：东盟10国（文莱、柬埔寨、印度尼西亚、老挝、马来西亚、缅甸、菲律宾、新加坡、泰国、越南）、中国、日本、韩国、印度、巴基斯坦、孟加拉国、巴林、不丹、卡塔尔、哈萨克斯坦、斯里兰卡、阿曼、科威特、伊朗、蒙古、俄罗斯、沙特阿拉伯、阿拉伯联合酋长国、吉尔吉斯斯坦、塔吉克斯坦、乌兹别克斯坦。

【协调国】泰国是ACD协调国，并设立了专门网站：www.acddialogue.com。

【主要活动】（一）外长会：ACD第一次和第二次非正式外长会议先后于2002年和2003年6月在泰国昌安和清迈举行。2004年6月22日，第三次外长会议在中国青岛举行，泰国总理塔信出席。会议发表了《亚洲合作宣言》和关于能源合作的《青岛倡议》。2005年4月5～6日，第四次外长会议在巴基斯坦首都伊斯兰堡举行，重点关注亚洲范围的经济合作并为亚洲合作对话成员国间及与其他亚洲国家的合作提出远景规划。会议发表了《伊斯兰堡宣言》和《关于亚洲经济合作的伊斯兰堡倡议》。

第五次外长会议于2006年5月23～24日在卡塔尔首都多哈举行，重点讨论了ACD具体领域合作及下一步发展等问题，并发表了《多哈宣言》。第六次外长会议于2007年6月4～5日在韩国首都首尔举行，主要讨论了亚洲合作对话未来发展方向、主要领域合作以及共同关心的国际和地区问题，并发表了《首尔信息技术宣言》。第七次外长会议于2008年10月16日在哈萨克斯坦首都阿斯塔纳举行，主要讨论了地区形势、ACD未来发展方向等问题，并就以下问题达成共识：将促进“亚洲互联互通”和培育“亚洲意识”、逐步建立亚洲共同体作为ACD远景目标；设立ACD虚拟秘书处，由外长会主办国轮流负责管理；加强现有的“ACD思想库网络”，每年举行一次会议；将文化合作新增为ACD第20个合作领域；同意吸收吉尔吉斯斯坦和摩洛哥分别成为ACD成员国和发展伙伴等。会议发表《ACD第七次外长会宣言》。

第八次ACD外长会议于2009年10月15日在斯里兰卡首都科伦坡举行。会议就亚洲形势、ACD未来发展方向及具体领域合作等问题交换了意见，并发表了《科伦坡宣言》。第九次ACD外长会议于2010年11月8～9日在伊朗首都德黑兰举行。会议主要就亚洲地区形势和全球问题交换了意见，回顾和展望了ACD各领域合作，就深化互利合作及加强机制建设等问题进行探讨，并发表了《德黑兰宣言》。

第十次外长会于2011年10月10～11日在科威特举行。会议就国际和地区形势、ACD未来发展、ACD具体领域合作等进行讨论并发表了《科威特宣言》。会议决定，ACD第11、12和13次外长会将分别于2012年、2013年和2014年在塔吉克斯坦、巴林和沙特阿拉伯举行。科威特埃米尔（国家元首）在会上提议，2012年在科主办首次亚洲首脑会，获各方积极响应和支持。

中国外长参加了前六次外长会议，外长代表出席了第七至第十次外长会议。国务院总理温家宝在第三、四次外长会议开幕式上分别发表了题为《共同推进新世纪的亚洲合作》和《做亚洲人民可信可靠的合作伙伴》的讲话。

（二）领域牵头国：ACD以经济合作为重点，各国自愿牵头进行具体领域合作。目前已有20个国家自愿担任20个领域合作的牵头国。一些国家提出了牵头领域合作的概念文件，主办了相关研讨会或论坛等活动。中国积极参与ACD相关活动，现担任农业、能源领域合作牵头国。2004年5月，ACD农业部长级研讨会在北京举行，通过了《ACD农业部长级研讨会联合倡议》。作为该倡议的后续行动，中国又先后举办了亚洲水稻发展研讨会、农业政策论坛和农业生物技术培训班等活动。2008年9月22～25日，中国农业部对外经济合作中心在北京举办“亚洲合作对话批发市场论坛”。中国国际扶贫中心自2008年12月在湖北武汉举办“亚洲国家发展（减贫）理论与实践研修班”以来，迄今已举行四期研修班，得到各方好评。

（三）高级研究小组会：ACD第六次外长会批准成立高级研究小组，旨在就ACD的终极目标、资金来源、建立秘书处和二轨参与等问题进行研究。2007年8月20～21日，小组首次会议在泰国曼谷举行；2008年4月17～18日，小组第二次会议在韩国首尔举行；8月18～19日，小组第三次会议在哈萨克斯坦阿斯塔纳举行。高级研究小组最终就ACD未来发展方向的有关问题达成共识，将有关建议提交第七次外长会。2011年2月28日至3月1日，高级研究小组第四次会议在伊朗德黑兰举行，讨论ACD引入新项目标准、秘书处、融资机制和二轨等问题。第十次外长会议审议通过了会议报告。（肖丽）

裁军谈判会议

Conference on Disarmament—CD

【成立日期】裁军谈判会议（简称“裁谈会”）是目前唯一的多边裁军谈判机构。其前身可追溯至20世纪50年代末的十国裁军委员会，1984年2月根据联大决议更改为现名。

【成员】裁谈会现有正式成员65个：阿尔及利亚、阿根廷、埃及、埃塞俄比亚、澳大利亚、奥地利、巴基斯坦、巴西、白俄罗斯、保加利亚、比利时、波兰、朝鲜、韩国、德国、俄罗斯、法国、芬兰、中国、哥伦比亚、古巴、荷兰、加拿大、喀麦隆、肯尼亚、罗马尼亚、美国、蒙古、孟加拉国、秘鲁、缅甸、摩洛哥、墨西哥、南非、尼日利亚、挪威、日本、瑞典、瑞士、塞内加尔、斯里兰卡、斯洛伐克、土耳其、委内瑞拉、乌克兰、西班牙、匈牙利、伊拉克、伊朗、以色列、叙利亚、意大利、印度、印度尼西亚、英国、越南、津巴布韦、新西兰、刚果（金）、智利、厄瓜多尔、爱尔兰、哈萨克斯坦、马来西亚和突尼斯。

由于历史原因，裁谈会成员分成西方集团、东欧集团和21国集团（又称“不结盟国家集团”）三大集团，中国为独立一方。各集团由其协调员组织内部磋商，有时以集团名义提出建议或工作文件。

【主要负责人】裁谈会会议期间，由各成员国按其国名的英文字母顺序逐月轮流担任主席，每届主席主持四个工作周的会议。会议秘书长由联合国秘书长指派，并作为其私人代表。现任秘书长由联合国日内瓦办事处总干事托卡耶夫（Kassym-Jomart Tokayev，哈萨克斯坦人）兼任。

【总部】在瑞士日内瓦。网址：http: //www.unog.ch/。

【组织结构】裁谈会不是联合国的直属机构，但与联合国关系密切。它在确定会议议程时通常需考虑联合国大会的建议，且每年向联合国大会提交工作报告。

裁谈会以协商一致的方式进行工作。会议形式包括全会、非正式会议、主席团会议等。为谈判工作的需要，裁谈会可下设特设委员会和专家组等，分别举行相关会议。非成员国提出申请并经全会通过后可作为观察员参加全体会议。

【主要活动】裁谈会每年举行三期会议。2011年三期会议分别于1月24日至4月1日、5月16日至7月1日、8月2日至9月16日举行。其中正式全体会议45次，各成员国和应邀参加讨论的非成员国就会议各项议题阐述看法；非正式会议10次，讨论议程、工作计划、组织程序和其他事项。加拿大、智利、中国、哥伦比亚、朝鲜和古巴担任主席。

各方继续就工作计划问题进行讨论，但未能达成一致。各方围绕“核裁军”、“禁止生产核武器用裂变材料条约”、“防止外空军备竞赛”、“无核国家安全保证”、“新型大规模杀伤性武器”、“综合裁军方案”、“军备透明”等议题进行了非正式讨论。会议通过了向联大提交的程序性年度报告。

【同中国的关系】1980年2月，中国正式参加裁谈会。1983年起，中国派出专职裁军大使常驻日内瓦，参加裁谈会工作。

2011年3～5月，中国担任裁谈会轮值主席，秉承公平、公正、公开、务实的精神，积极推动裁谈会工作。一是召集八次全会，其中三次讨论工作计划问题，最大限度探寻各方共同点。二是安排九次非正式会议，主要就四项核心议题，特别是“禁产条约”问题进行深入讨论。三是在全会上就裁谈会扩员问题交换意见，并与各地区组协调员及38个观察员国代表就此举行了对话会。四是与民间社会代表就裁军相关问题进行了对话。五是与包括裁谈会轮值主席国、各地区协调员在内尽可能多的成员国，保持密切沟通，共举行了近80场磋商，认真听取各方建议。六是完成裁谈会秘书长的交接工作。为维护裁谈会权威地位，促进各方凝聚共识，推动裁谈会尽早开展实质性工作作出了积极贡献。

2011年10月，中国成功接待联合国日内瓦办事处总干事兼裁谈会秘书长托卡耶夫访华。（孔君）

大湄公河次区域经济合作

Greater Mekong Subregion Economic Cooperation Program—GMS

【成立时间】1992年，在亚洲开发银行的推动下，澜沧江—湄公河流域内的中国、缅甸、老挝、泰国、柬埔寨、越南六个国家共同发起大湄公河次区域经济合作机制（GMS）。

【宗旨】通过加强各成员间的经济联系，促进次区域的经济和社会发展。

【成员】6国：中国、缅甸、老挝、泰国、柬埔寨、越南。亚行作为参与方和出资方，主要负责为GMS有关会议及具体项目的实施提供技术和资金支持。

【合作原则与方式】采取协商一致的合作原则，所作决定需经各成员国一致认可。

【秘书处】日常事务由设在菲律宾马尼拉的亚行总部秘书处负责处理。

【组织机构】最高决策机构为领导人会议，每三年举行一次。各成员国按照字母顺序轮流主办，目前已举行三届。GMS日常决策机构是部长级会议，下设高官会、工作组及专题论坛等。

【主要活动】GMS机制成立20年来，在交通、能源、电信、环境、旅游、农业、人力资源开发、贸易和投资9个重点合作领域开展了富有成效的合作。截至2011年底，GMS共开展56个投资项目，总投资额约150亿美元，其中亚行自身提供贷款51亿美元，GMS国家政府提供配套资金43亿美元，联合融资56亿美元。技术援助项目177个，总额约为2.9亿美元，其中亚行自身提供赠款1.1亿美元，GMS国家政府提供配套资金2000万美元，联合融资1.6亿美元。

GMS首次领导人会议于2002年11月在柬埔寨金边举行。第二次领导人会议于2005年7月在中国昆明举行。第三次领导人会议于2008年3月在老挝万象举行。第四次领导人会议于2011年12月在缅甸内比都举行。会议通过了《大湄公河次区域经济合作新十年（2012～2022）战略框架》，确定交通、能源、信息通信、农业、环保、旅游、人力资源开发和经济走廊建设为八大重点合作领域。

【同中国的关系】中国一贯重视并积极参与GMS合作，主张项目主导、注重实效、突出重点、循序渐进。中国重视GMS在消除贫困和区域合作方面的积极作用，积极参与GMS项目的规划与实施，并结合区域特点不断提出合作倡议，不断深化与GMS各国的合作，为本地区以及亚洲地区的繁荣与稳定作出了重要贡献。云南和广西是中国参与GMS具体合作项目的主要省份。

朱镕基总理出席了2002年GMS首次领导人会议并发表讲话。温家宝总理主持了2005年第二次领导人会议并发表主旨讲话，出席了2008年第三次领导人会议。戴秉国国务委员率中国代表团出席了2011年的第四次领导人会议。（杨葆华）

《联合国气候变化框架公约》及其《京都议定书》

United Nations Framework Convention on Climate Change and Its Kyoto Protocol

【基本情况】《联合国气候变化框架公约》是1992年里约环境与发展大会通过的《二十一世纪议程》框架下的三大环境公约之一。公约于1992年5月9日在美国纽约联合国总部通过，1994年3月21日生效。《京都议定书》的全称是《〈联合国气候变化框架公约〉京都议定书》，是落实《联合国气候变化框架公约》的重要法律文件。议定书于1997年12月11日在日本京都通过，2005年2月16日生效。

【目标】公约的目标是将大气中温室气体的浓度稳定在防止气候系统受到危险的人为干扰的水平上。这一水平应当在足以使生态系统能够自然地适应气候变化、确保粮食生产免受威胁并使经济发展能够可持续地进行的时间范围内实现。

【缔约方】截至2012年7月15日，公约共有195个缔约方，议定书共有192个缔约方。

【组织机构】（1）缔约方会议：公约和议定书的最高决策机构，公约和议定书的决定分别由公约缔约方会议（COP）和议定书缔约方会议（COP/MOP）作出。（2）附属科技咨询机构（SBSTA）：就与公约和议定书有关的科学和技术事项，向缔约方会议并酌情向缔约方会议的其他附属机构及时提供信息和咨询。（3）附属履行机构（SBI）：协助缔约方会议评估和审评公约的有效履行。（4）秘书处：作为缔约方会议的常设执行机构，负责安排会议并提供必要的服务，汇编和转递各类文件，协调公约内外关系。

【"巴厘路线图"】2007年底在印度尼西亚巴厘岛举行了公约第13次缔约方会议暨议定书第3次缔约方会议（COP13/CMP3）。此次会议达成的关于加强应对气候变化国际合作的一系列决定，统称"巴厘路线图"（Bali Roadmap，BAP），其中最主要的是第1号决定（1/CP.13）"巴厘行动计划"（Bali Action Plan）。"巴厘行动计划"包含五个"要素"，即长期合作行动"共同愿景"、减缓、适应、技术、资金。"巴厘路线图"与2005年议定书第一次缔约方会议第1号决议（1/CMP.1）共同构成了"双轨"（two-track）谈判进程。"巴厘路线图"授权设立公约长期合作行动特设工作组（AWG-LCA），就加强公约的全面、有效和持续实施展开谈判；1/CMP.1授权设立议定书发达国家缔约方进一步减排指标特设工作组（AWG-KP），以谈判确定议定书发达国家缔约方2012年后的减排指标。

【"哥本哈根协议"及"坎昆协议"】2009年底在丹麦哥本哈根举行了公约第15次缔约方会议暨议定书第5次缔约方会议（COP15/CMP5），缔约国大会通过决议，表示注意到"哥本哈根协议"。该协议是一个政治协议，凝聚了各国的共识，特别是认识到"科学意见认为全球温升幅度应在2摄氏度以下"。2010年底在墨西哥坎昆举行了公约第16次缔约方会议暨议定书第6次缔约方会议（COP16/CMP6），会议在"哥本哈根协议”的基础上达成了“坎昆协议”，内容包括：重申了全球温升控制在2度以下的目标；根据“巴厘行动计划”就加强气候变化框架公约实施作出了框架性安排；重申尽快完成京都议定书第二承诺期谈判。

【“德班平台”谈判进程】2011年底在南非德班举行的公约第17次缔约方会议暨议定书第7次缔约方会议（COP17/CMP7）上，决定设立“加强行动德班平台特设工作组”，围绕减缓、适应、资金、技术转让、能力建设等内容确定适用于所有缔约方的进一步行动安排。该进程于2012年启动，最迟于2015年完成工作，其结果将自2020年起开始生效实施。

【主要负责人】克里斯蒂安娜·菲格雷斯女士（Christiana Figueres，哥斯达黎加人），2010年5月17日由联合国秘书长指定为公约执行秘书。

【资金机制】全球环境基金（GEF）、绿色气候基金、气候变化特别基金、最不发达国家基金和适应基金。

【总部】秘书处设在德国波恩。网址：http://www.unfccc.int。

【主要活动】每年举行一次缔约方会议，会期两周；两次附属机构会议，其中第二次附属机构会议与缔约方会议同时举行。2011年11月28日至12月11日在南非德班举行了公约第17次缔约方会议暨议定书第7次缔约方会议（COP17/CMP7）。

【同中国的关系】中国于1992年6月11日在里约环境与发展大会上签署公约，并于1993年5月7日批准公约，公约1994年3月21日起对中国生效。中国于1998年5月29日签署议定书，并于2002年8月30日核准议定书，议定书2005年2月16日起对中国生效。

（易晨霞）

联合国防治荒漠化公约

United Nations Convention to Combat Desertification—UNCCD

【基本情况】《联合国防治荒漠化公约》全称是《联合国关于在发生严重干旱和（或）荒漠化的国家特别是在非洲防治荒漠化的公约》（下称“公约”），是1992年里约环境发展大会通过《21世纪议程》框架下的三大环境公约之一。公约于1994年6月17日在法国巴黎通过，于1996年12月26日生效。

【目标】在发生严重干旱和（或）荒漠化的国家，特别是在非洲防治荒漠化、缓解干旱，以期协助受影响的国家和地区实现可持续发展。

【缔约方】截至2009年8月，共有193个缔约方。

【主要负责人】执行秘书纳卡加（Luc Gnacadja），原贝宁环境、住房和城市发展部长，2008年起负责公约秘书处工作。

【组织机构】（1）缔约方大会：公约的最高决策机构。（2）科技委员会：为缔约方大会提供科技方面的建议和信息。（3）履约审查委员会：由2001年第五次缔约方大会决定成立，负责审查、敦促缔约方履行公约。（4）公约秘书处：作为有地方会议的常设执行机构，负责安排会议、准备会议文件、协调公约内外关系等日常工作。

【资金机制】（1）全球机制（GM）；（2）全球环境基金（GEF）。

【总部】秘书处设在波恩。网址：http://www.unccd.int。

【主要活动】从1997年至2001年，每年举行一次缔约方大会，2002年以后，每两年举行一次缔约方大会。第10次缔约方大会于2011年10月在韩国昌原市举行。

【同中国的关系】中国于1994年10月14日签署了公约，并于1997年2月18日交存批准书。公约于1997年5月19日对中国生效。

（尚宝玺）

地区合作委员会

Regional Cooperation Council

【成立经过】地区合作委员会，即原《东南欧稳定公约》组织。1999年6月10日，由欧盟发起并主持的东南欧问题外长会议在德国科隆举行。欧盟成员国、八国集团、土耳其、巴尔干7国（南斯拉夫联盟除外）等38个国家的外长以及联合国、北约、欧洲委员会及国际货币基金组织、世界银行等国际金融机构代表与会。会议通过《东南欧稳定公约》。同年7月30日在波黑首都萨拉热窝举行首次《东南欧稳定公约》国家首脑会议，正式签署了该公约。2006年，《东南欧稳定公约》贝尔格莱德会议决定该公约于2008年初停止运作，由地区合作委员会取代。2008年，首届地区合作委员会会议在索非亚召开，实现了从《东南欧稳定公约》组织向地区合作委员会的结构性转变。

【宗旨】旨在促进东南欧国家相互合作，推动东南欧融入欧洲一体化和跨大西洋一体化进程，提升东南欧地区发展水平。

【成员】地区合作委员会现有46个成员（截至2010年年底），它们是：阿尔巴尼亚、奥地利、波黑、保加利亚、加拿大、克罗地亚、捷克、丹麦、德国、芬兰、法国、希腊、匈牙利、爱尔兰、意大利、拉脱维亚、马其顿、摩尔多瓦、黑山、挪威、波兰、罗马尼亚、塞尔维亚、斯洛伐克、斯洛文尼亚、西班牙、瑞典、瑞士、土耳其、英国、美国、欧洲委员会、欧洲委员会发展银行、欧洲复兴开发银行、欧洲投资银行、欧盟、北约、经合组织、欧安组织、东南欧合作倡议组织、世界银行、联合国、联合国欧洲经济委员会、联合国开发计划署、联合国驻科索沃临时行政特派团、国际移民组织。其中29个成员为地区合作委员会理事会成员。

【组织机构】地区合作委员会会议有年度会议和理事会会议。会议采用协商一致方式对重大问题进行决策。

地区合作委员会在萨拉热窝设有秘书处。秘书处设秘书长一名，任期三年，可延长两年。现任秘书长为克罗地亚人希多·比什切维奇（Hido Biscevic），任期至2012年底。2013年1月1日，塞尔维亚人戈兰·斯维拉诺维奇（Goran Svilanovic）将接任秘书长。

地区合作委员会在布鲁塞尔设有联络办公室。

【主要活动】2006年5月，《东南欧稳定公约》圆桌会议在贝尔格莱德召开。80多个国家和国际组织的300余名代表与会。与会者一致同意该公约到2008年初停止运行，并由地区合作委员会取代。地区合作委员会的工作主要集中在5个领域，即经济和社会发展、基础设施建设、司法体系建设、防务合作和人力资源培训等。

2008年2月，《东南欧稳定公约》成员国在保加利亚首都索非亚召开首届地区合作委员会会议，实现《东南欧稳定公约》组织的结构性转变。地区合作委员会由欧洲地区国家（包括联合国科索沃特派团）和国际组织代表组成，旨在维护东南欧地区的政治稳定和经济发展，促进欧洲一体化进程。地区合作委员会强调与各国政府、国际组织、国际金融机构、地区组织、公民社团和私人组织保持密切联系。

2009年4月和9月，地区合作委员会两次在波黑首都萨拉热窝召开主题为“发展中的西巴尔干地区科研战略”部长级会议，旨在促进和加强西巴国家科研机构间的合作。6月，地区合作委员会年会在摩尔多瓦首都基西纳乌召开。会议肯定了一年来该组织在促进地区合作方面取得的成绩，审议了关于东南欧国家合作情况的报告和未来一年工作计划。

2010年6月，地区合作委员会在土耳其首都伊斯坦布尔召开首脑会议，决定希多·比什切维奇继续担任地区合作委员会秘书长。会议通过了地区委员会2011～2013年战略和工作计划。决定2010年底前将经合组织的东南欧投资委员会转移至地区合作委员会；对在东南欧建设机场网络进行可行性研究；研究制定2011～2014年地区司法和内务战略；建立东南欧和中欧地区灾难风险工具和东南欧地区救火中心网络；重新规划东南欧教育倡议；将卢布尔雅那文化遗产进程从欧盟委员会和欧洲委员会转移至地区合作委员会。

2012年6月，地区合作委员会在塞尔维亚首都贝尔格莱德召开年度会议，决定塞尔维亚人戈兰·斯维拉诺维奇将于2013年接任地区合作委员会秘书长。会议审议了2011～2013年战略和工作计划第一年实施情况，回顾了将经合组织的东南欧投资委员会转移至地区合作委员会、地区司法和内务战略、地区防务合作机制、文化和社会行动小组以及媒体合作等工作的落实情况。（熊君）

残疾人权利公约

Convention on the Rights of Persons with Disabilities

【制定时间】2001年11月，第56届联大三委通过墨西哥等国提交的“促进和保护残疾人权利和尊严的全面综合国际公约”决议，决定设立特设委员会，审议有关制定残疾人权利公约的建议。2002年7月至2006年8月，特委会召开了8次会议，最终制定并通过《残疾人权利公约》（下称《公约》）。

2006年12月13日，第61届联大正式通过《公约》及其议定书，并于2007年3月30日开放供各国签署。2008年5月3日，《公约》正式生效，成为国际上第一个专门保护残疾人权利、促进残疾人发展的具有法律约束力的国际文书。

【宗旨】促进、保护、保障残疾人全面平等地享有所有人权和基本自由，并促进对残疾人固有尊严的尊重。

【缔约国】152个国家和1个区域一体化组织（欧盟）签署《公约》，116个国家批准《公约》和1个区域一体化组织（欧盟）批准《公约》。

【同中国的关系】中国是《公约》最早发起国之一，参加了公约特委会及工作组历次会议，并于2007年3月30日在《公约》开放签署仪式上签署公约。全国人大常委会于2008年6月26日批准《公约》。同年8月31日，《公约》对中国正式生效。

2010年8月31日，中国政府正式向联合国残疾人权利委员会提交了首次履约报告，详细介绍了中国执行公约的情况，详细列举在保障残疾人生命权、健康权、人身安全、言论自由，提高残疾人就业和社会保

障水平、促进残疾人参与政治生活等方面采取的各项措施及进展，通过案例和数据展现中国残疾人事业发展成就和亮点。（乐爽）

不扩散核武器条约

Treaty on the Non-Proliferation of Nuclear Weapons—NPT

【审议机制】该条约于1968年达成，1970年3月生效。条约规定每五年召开一次审议大会，审议条约实施进程中的有关问题，每次审议大会前召开三次筹备会。

【主要内容】条约规定核武器国家不得向无核武器国家转让核武器或其他核爆炸装置，不得以任何方式协助、鼓励或引导无核武器国家获取核武器或其他核爆炸装置；无核武器国家不得接受核武器或其他核爆炸装置，不得制造或以其他方式取得核武器或其他核爆炸装置，不得寻求在制造核武器和其他核爆炸装置方面的任何协助；各缔约国承诺在接受国际原子能机构保障监督的前提下促进和平利用核能活动，各国应就早日停止核军备竞赛和核裁军的有效措施及缔结一项全面彻底核裁军条约进行谈判。条约还特别规定，核武器国家系指在1967年1月1日前制造并爆炸核武器或其他核爆炸装置的国家。

【成员国】条约缔约国皆有资格参加审议大会和筹备会。截至2011年6月，条约共有190个缔约国。巴基斯坦、印度、以色列未加入条约。朝鲜于2003年1月10日宣布退约，但仍被列为缔约国。朝虽不再参加此后有关审议大会和筹备会，但会议仍保留朝名牌，以避免朝地位争议。

【组织机构】大会无常设机构，由美、俄、英三个存约国负责召集会议。根据会议第八条第3款规定，条约生效五年后，应召开审议大会（Review Conference），此后每五年召开一次。条约第十条第2款规定，条约生效25年后应召开缔约国会议，就条约延期问题作出决定。缔约国于1995年召开《不扩散核武器条约》（NPT）审议和延期大会，无限期延长条约并决定今后每次审议大会前召开三次筹备会，以加强条约的审议机制。审议大会和筹备会的主席由西方、东方和不结盟集团轮流担任，会议具体时间与地点由缔约国商定。

自1985年开始，审议大会依据条约确立的核裁军、防扩散与和平利用核能三大目标，设立三个主要委员会（Main Committees）进行工作。1995年NPT审议和延期大会决定，继续保留设立三个主要委员会的工作模式，并同意在委员会下就相关问题设立附属机构（Subsidiary Body）。

【历次审议大会情况】自条约生效以来，已经召开了八次审议大会。

第一次审议大会于1975年召开。会议达成《最后文件》，对核军备竞赛表示严重关切，敦促核武器国家切实有效履行核裁军义务，并早日谈判缔结《全面禁止核试验条约》。

第二次审议大会于1980年召开。由于不结盟国家与核武器国家在核裁军问题上对立严重，会议无果而终。

第三次审议大会于1985年召开。会上首次设立核裁军、防扩散、和平利用核能三个主要委员会。各国在核裁军问题上分歧依旧。为防止审议大会再次失败，会议主席起草了一个客观陈述各方立场的《最后文件》，获得一致通过。

第四次审议大会于1990年召开。由于美、英等核武器国家反对将立即开始谈判《全面禁止核试验条约》的内容纳入《最后文件》，会议未就该文件达成一致。中国作为观察员参加了本次会议。

第五次审议与延期大会于1995年召开。会前，法国和中国于1992年以核武器国家的身份加入条约。为推动条约无限期延长，五核国分别就向无核武器国家提供积极和消极安全保证发表了国家声明，并推动联合国安理会通过了关于积极安全保证的984号决议；在审议大会通过的《关于核不扩散及核裁军原则与目标的决定》中，核武器国家承诺采取一系列核裁军措施；通过了中东问题决议，呼吁中东地区未加入NPT的国家尽快加入，尽早建立中东无核武器和其他大规模杀伤性武器区。这些积极因素，使无核武器国家同意条约无限期延长。

第六次审议大会于2000年召开。会议协商一致通过了《最后文件》，对自1995年审议大会以来的核裁军、防扩散及和平利用核能的情况进行了审议，并确定了今后五年上述各领域的行动纲领。会议期间，五核国还首次在审议会上发表了共同声明，阐述了在核裁军、防扩散及和平利用核能方面的一贯立场。

第七次审议大会于2005年召开。由于各方在核裁军、防扩散与和平利用核能之间的关系和中东无核武器区等问题上分歧严重，大会最终未能达成实质性成果。

第八次审议大会于2010年召开。会议全面审议了2005年以来条约的执行情况，并协商一致通过了《最后文件》，就推进核裁军、加强核不扩散及促进和平利用核能提出64项行动计划，并就建立中东无核武器区等问题提出建议。会议期间，五核国还发表了共同声明，阐述了在核裁军、防扩散及和平利用核能方面的立场。

【同中国的关系】中国于1992年加入条约，从1995年开始参加此后的历次审议大会。在1995年条约审议和延期大会上，中国支持条约的无限期延长。在随后的历次审议大会和筹备会上，中国代表团以发言和提交工作文件、国家报告等形式，全面阐述了中国在核裁军、防扩散、和平利用核能等方面的政策主张和立场，积极对会议施加影响，体现了维护和加强NPT的建设性姿态。 （孔君）

禁止生物武器公约

Biological Weapons Convention—BWC

【概况】《禁止生物武器公约》（下称《公约》）全称为《禁止发展、生产、储存细菌（生物）及毒素武器和销毁此种武器的公约》[The Convention on the Prohibition of the Development, Production and Stockpiling of Bacteriological (Biological) and Toxin Weapons and on Their Destruction]。《公约》目前有165个缔约国，12个签约国。《公约》保存国为俄罗斯、美国和英国。

【网址】http://www.unog.ch/。

【主要内容】《公约》由序言和15条正文组成，主要内容包括：禁止发展、生产、储存和取得或保有生物武器；销毁生物武器或转用于和平目的；禁止转让或协助他国、国家集团和国际组织制造或取得生物武器；生物领域的和平利用与国际合作等。

【主要活动】鉴于《公约》缺乏核查机制对各国遵约情况进行监督和核查，缔约国于1995年开始谈判包括义务性宣布及现场核查条款的议定书。2001年7月，议定书谈判因美国反对被迫终止。2002年《公约》第五次审议大会复会决定在2003年至2006年期间召开缔约国专家会和缔约国年会，讨论国家履约立法等五项议题。

2006年的《公约》第六次审议大会（下称“六审会”）对上述议题做了总结，达成最后文件，决定设立临时性履约支持机构（ISU），负责会务服务、收发各国建立信任措施（CBM）资料，加强缔约国与有关国际组织交流等工作。六审会鼓励缔约国指定国家联络点，负责协调国内履约及其他缔约国和相关国际组织的联系。

2011年《公约》第七次审议大会（简称“七审会”）全面审议《公约》五年来的执行情况，在建立国际合作数据库、改进建立信任措施等方面取得一定实质性成果，并确定2012年至2015年讨论生物科技发展评估、建立信任措施宣布、国家履约、国际合作与援助等议题。

【同中国的关系】中国于1984年11月加入《公约》。自加入《公约》以来，中国一贯全面严格履约，反对以任何方式向任何国家扩散生物武器，支持加强生物军控多边进程的努力，积极参加了《公约》议定书谈判及相关国际会议。自1988年以来，中国每年均按时提交《公约》建立信任措施材料。 （孔君）

特定常规武器公约

Convention on Certain Conventional Weapons—CCW

【概况】全称《禁止或限制使用某些可被认为具有过分伤害力或滥杀滥伤作用的常规武器公约》（Convention on Prohibitions or Restrictions on the Use of Certain Conventional Weapons Which May be Deemed to be Excessively Injurious or to Have Indiscriminate Effects）（下称《公约》），1981年4月10日在纽约开放签署，1983年12月2日生效，无限期有效。联合国秘书长为《公约》保存人。截至2011年6月，《公约》共有114个缔约国。

【网址】http://www.disarmament.un.org/ccw/index.html。

【主要内容】《公约》包括序言和11条正文，并附有5个议定书。主要内容是：武装冲突各方选择作战方法和手段的权利并非毫无限制，禁止使用可能引起过分杀伤或不必要痛苦的武器、弹药和作战方法、务必使平民和战斗员无论何时均受人道原则、公众良知和既定惯例的保护。

《第一议定书》，即《关于无法检测的碎片的议定书》，禁止使用其主要作用是以碎片伤人且碎片在人体内无法使用X射线检测的任何武器。截至2012年6月，共有110个缔约国。

《第二议定书》，即《禁止或限制使用地雷（水雷）、饵雷和其他装置的议定书》及其《技术附件》，对地雷（水雷）、饵雷等武器的使用作出限制。该议定书于1996年5月进行修订，进一步限制地雷的使用和转让，对杀伤人员地雷的可探测性、自毁/自失效、自失能等技术指标作出了规定。经修订的《第二议定书》1998年12月生效。截至2012年6月，《第二议定书》共有91个缔约国，经修订的《第二议定书》共有98个缔约国。

《第三议定书》，即《禁止或限制使用燃烧武器议定书》，对燃烧武器的使用作出了规定。截至2012年6月，共有106个缔约国。

《第四议定书》，即《激光致盲武器议定书》，禁止使用以致人眼永久性失明为作战目的的激光武器。1995年9月达成，1998年7月31日生效。截至2012年6月，共有100个缔约国。

《第五议定书》，即《战争遗留爆炸物议定书》，主要包括清除“战争遗留爆炸物”（ERW）等“战后一般性补救措施”和提高弹药可靠性等“一般性预防措施”的自愿性“最佳操作规范”。2003年11月28日达成，2006年11月生效。截至2012年6月，共有78个缔约国。

【主要活动】《公约》在常规军控和人道主义领域发挥了积极作用，并不断得到充实和发展。自《公约》生效以来，《公约》缔约国已召开三次审议大会，审议《公约》的执行情况，并根据形势的发展不断完善《公约》。1995年《公约》第一次审议大会制定了《第四议定书》；1996年完成《第二议定书》的修订工作；2001年《公约》第二次审议大会通过了《公约》第一条修正案，将《公约》适用范围由国际武装冲突扩大到包括非国际武装冲突；2003年11月达成《第五议定书》；2006年《公约》第三次审议大会就“遵约机制”、“促进《公约》普遍性”、“成立《公约》支助计划”等问题达成最后文件。2007年《公约》政府专家组会议和缔约国年会重点从技术、法律和军事角度讨论了集束弹药问题。《公约》2008年、2009年、2010年缔约国年会有关决定授权《公约》2009年、2010年、2011年政府专家组谈判一项处理集束弹药人道主义影响的建议。有关谈判已结束，谈判未就集束弹药相关文书达成共识。

2009～2012年，根据《公约》缔约国大会授权，经修订的《第二议定书》专家组会、《第五议定书》专家会连续四年在日内瓦召开，相关议定书缔约国和观察员国专家出席。各方主要就议定书履约工作交流经验，提出建议，并就“简易爆炸装置”问题进行了讨论。

【同中国的关系】中国参加了拟定该《公约》的国际会议、《公约》审议大会、缔约国会议以及各次专家组会议，积极参与了修订《第二议定书》和《公约》第一条、制定《第四议定书》和《第五议定书》的谈判。中国于1981年9月4日签署《公约》，1982年4月7日批准了《公约》及第一、二、三议定书，1998年11月4日批准了经修订的《第二议定书》和《第四议定书》，2003年8月11日批准了《公约》第一条的修正案。2010年4月29日，中国第十一届全国人大代表大会常务委员会第十四次会议决定批准《战争遗留爆炸物议定书》（即《第五议定书》）。（孔君）

世界知识年鉴

2012/2013

主　　编／闵永年

副 主 编／范建民

责任编辑／吴　捷　杨志芬　符沛迪

责任出版／王勇刚

责任校对／张　琨

图书在版编目（CIP）数据

世界知识年鉴 . 2012 ~ 2013/世界知识出版社编 . —北京：世界知识出版社，2013 . 4

ISBN 978 - 7 - 5012 - 4124 - 8

I . ①世… II . ①世… III . ①世界—知识—2012 ~ 2013—年鉴 IV . ①Z5

中国版本图书馆CIP数据核字（2013）第043871号

世界知识年鉴 WORLD AFFAIRS ALMANAC 2012/2013

Shijie Zhishi Nianjian

主　　管 / 中华人民共和国外交部

主　　办 / 世界知识出版社

出　　版 / 世界知识出版社

邮　　编 / 100010

地　　址 / 北京市东城区干面胡同51号

电　　话 /（86）（10）65265928

网　　址 / www.wap1934.com

编 辑 者 /《世界知识年鉴》编辑部

电　　话 /（86）（10）65265945，65252333

E - mail / waa1936@yahoo.com.cn

排　　版 / 北京世知文化创意有限公司

印　　刷 / 北京新华印刷有限公司

出版日期 / 2013年4月第一版　2013年4月第一次印刷

开本印张 / 787 × 1092毫米　1/16　75¼印张　4插页　2720千字

标准书号 / ISBN 978 - 7 - 5012 - 4124 - 8

ISBN 978 - 7 - 900159 - 72 - 4

定　　价 / 248.00元